U0638820

刘国新 贺耀敏 刘晓 武力 主编

第九卷 大事记卷 II

中华人民共和国史长编

HISTORY OF THE PEOPLE'S REPUBLIC OF CHINA

天津人民出版社

大事记卷 II

（1979 — 2009）

大事记 II
（1979—2009）

1979 年

1月1日　全国人大常委会发表《告台湾同胞书》，提出台湾回归祖国的方针，建议台湾和大陆之间尽快实现通邮通航。

同日　国防部长徐向前发表声明，宣布从今日起，停止对大金门、小金门、大担、二担等岛屿的炮击。

同日　因美与台中止"外交关系"，台湾驻美国"大使"沈剑虹返台。

1月4日　台湾当局决定成立"国防工业发展政策指导小组"，计划设立发展基金，辅助企业生产军用品及武器。

1月4日—22日　中共中央纪律检查委员会第一次全体会议在北京举行。陈云主持会议并作重要讲话。

1月5日　邓小平回答美国记者关于台湾回归祖国的问题时表示："我们将采取多种方法同台湾当局，特别是同蒋经国先生商谈祖国统一的问题。"

1月9日　台湾"立法院"通过《所得税法修正条例》。

1月10日　新华社报道：《浙江日报》开展"铁饭碗"问题的讨论，在社会上引起很大的反响。

1月11日　中共中央发出《关于加快农业发展若干问题的决定（草案）》和《农村人民公社工作条例（试行草案）》。

同日　中共中央作出关于地主、富农分子摘帽问题和地、富子女成分问题的决定，决定地、富、反、坏、右分子（除极少数坚持反动立场的以外），一律摘掉帽子。

同日　孙运璇就全国人大常委会发表的《告台湾同胞书》发表声明，称统一应在台湾当局领导下实现。

1月16日　美国国务院宣布建立"美国在台湾协会"，负责处理美台之间非官方往来事宜。

1月17日 中共中央批转中央统战部等6个单位《关于落实对国民党起义、投诚人员政策的请示报告》。

1月18日—4月3日 中共中央宣传部在北京召开理论务虚会。3月30日,邓小平发表讲话,强调在中国实现四个现代化,必须坚持四项基本原则,即坚持社会主义道路,坚持无产阶级专政,坚持共产党的领导,坚持马列主义、毛泽东思想。

1月21日 前高雄县长余登发及其子余瑞言,被台湾当局以涉嫌参与叛乱逮捕。

1月22日 台湾非国民党地方人士就余氏父子被捕发表"告同胞书",并聚集在高雄县桥头乡散发传单,举行示威游行。

1月22日—24日 中共中央统战部在京召开大型座谈会,重申党对民族资产阶级的一贯政策。

1月24日 全国高等学校科研工作会议认为1961年广州会议具有重要意义,周恩来、陈毅在会上的讲话是完全正确的,知识分子是劳动人民的一部分。

同日 台湾当局军事法庭以"涉嫌叛乱案"对吴春发等5人进行公开审理。

1月27日 台湾当局勒令《夏潮》杂志停刊。

1月29日—2月8日 邓小平访问美国、日本。1月30日,邓小平在华盛顿说:"我们不再用'解放台湾'这个提法了。只要台湾回归祖国,我们尊重那里的现实和现行制度。"1月31日,中美两国签订科学合作协定和文化协定。

2月1日 台湾"中央银行"成立外汇市场,实施机动汇率。

2月5日 美国国防部长称,将继续向台湾当局出售武器。

2月8日 我国与葡萄牙建交。

2月10日 外交部照会越南驻华大使馆,强烈抗议越南当局从1月15日到2月7日,又打死打伤七十多名我边防人员和边民。

2月11日 李先念会见巴基斯坦军事友好代表团,警告越南不要把中国的话当做耳边风。

2月12日 台湾当局设立"国防工业发展基金会"。

2月14日 中共中央发出《关于对越进行自卫反击、保卫边疆战斗的通知》

同日 叶剑英接见新华社记者时说:"全国人民代表大会常务委员会已在着手组织有关方面的力量研究拟定或修改刑法、刑事诉讼法、民法、婚姻法和各种经济法规等",要"尽快完善我国的法制,做到有法可依、有法必依、执法必严、违法必究"。

同日 国务院同意广东省宝安和珠海两县的规划设想,决定在宝安和珠海两县建立外贸基地。

2月15日 台湾当局设立"北美事务协调委员会",负责处理台美间事宜。

2月16日 台湾当局决定集资200亿元,分期开发彰化滨海工业区。

2月17日 中国边防部队在广西、云南边境地区被迫对不断武装侵犯我领土的越南侵略者奋起还击。新华社奉我政府之命发布声明。

2月17日—23日 五届全国人大常委会第六次会议在北京举行。会议通过《中华人民共和国逮捕拘留条例》;原则通过《中华人民共和国森林法(试行)》;决定3月12日为我国的植树节;决定设立全国人大常委会法制委员会,任命彭真为主任;批准设立国家农业委员会、林业部、农业机械部;批准农林部改名农业部,将水利电力部分设电力工业部和水利部。

2月28日　全国政协副主席许德珩代表政协全国委员会宣布,邀请台湾各界人士来大陆参观访问,同时也准备组织大陆各界人士去台湾参观访问。

同日　团中央决定围绕四化活跃团的工作,号召青年争当"新长征突击手"。

同日　国务院决定从3月份起,提高部分农产品收购价格。18种主要农产品的收购价格,平均提高24.8%,预计当年可使全国农民增加收益约70亿元。

同日　台湾正式关闭设在华盛顿的"大使馆"。

3月5日　新华社奉中国政府之命发表声明:中国边防部队被迫对越南侵略者进行自卫还击作战,达到保卫边疆、创造和平的国际环境和安定的边境的预期目的,奉命5日起全部撤回中国境内。并再次建议中越双方迅速举行谈判。

3月8日　北回铁路南澳隧道全线贯通。

3月9日　中共中央对外联络部发出《关于所谓"三和一少"、"三降一灭"问题平反的通报》。

同日　台湾当局军事法庭对余登发父子进行公开审理。

3月10日　台湾"新闻局"宣称,台湾的民主运动是受中共统战宣传所致。

3月12日　华国锋、邓小平、李先念等党和国家领导人在我国第一个植树节到京郊同干部群众一起植树。

3月14日　李先念、陈云在《关于财经工作给中央的一封信》中提出,要有两三年的调整时期,才能把各方面的比例失调情况大体上调整过来。

3月16日　中国人民解放军广西、云南部队从越南全部撤离完毕,回到我国境内。自卫反击战历时28天,我军连续攻克谅山、高平、老街三个省会和同登、禄平、复和、七溪、广渊、下琅、脱浪、和安、东溪、重庆、茶灵、通农、朔江、柑糖、孟康、坝洒、沙巴、铺镂、郭参、封土等越南城镇和战略要地,在这些地区给了越南正规部队和地方武装以歼灭性的打击。

同日　台湾"行政院""农业发展委员会"正式成立。

3月17日　拉萨市举行宽大处理参叛人员大会,宣布西藏自治区司法机关决定宽大释放1959年参加西藏武装叛乱的376名罪犯;同时宣布,刑满就业后继续戴叛乱分子帽子和在社会上戴叛乱分子帽子监督改造的六千余人,一律摘掉帽子,并发给摘帽通知书。至此,1959年在西藏服刑的参叛人员全部得到了人民政府的宽大处理。

3月19日　国务院成立进出口领导小组,余秋里任组长。

3月20日　经国务院批准,广东省宝安县和珠海县,分别改为省辖市——深圳市、珠海市。

同日　蒋经国指示"行政院",用"自强救助捐款"购买18架F—5E战斗机。

3月21日—23日　中共中央政治局开会讨论1979年计划和国民经济调整问题。陈云和邓小平在会上作重要讲话。会议同意国家计委修改和调整1979年国民经济计划的意见,并决定用三年时间调整国民经济。

3月25日　王震、方毅率领中央慰问团赴广西、云南慰问自卫还击越南侵略者胜利归来的边防部队指战员、民兵和支前民工。

3月27日　中共中央决定在国务院下设立财政经济委员会,陈云为主任,李先念为副主任。

3月28日　美国众议院通过《与台湾关系法》。

3月29日　美国参议院通过《与台湾关系法》。

3月30日　台湾"外交部"对美国国会和参众两院通过《与台湾关系法》表示欢迎。

4月1日—3日　五届全国人大常委会第七次会议在北京举行，通过《关于不延长中苏友好同盟互助条约的决议》。

同日　中国人民银行提高人民币定期储蓄存款利率。

4月3日　台湾"立法院"通过《专利法》修正案，放宽申请专利要件。

4月5日　由于老挝当局单方面停止工程，我国派遣参加援建老挝北部地区孟南巴至琅勃拉邦市公路的中国工程技术人员全部撤回国内。

4月5日—28日　中共中央召开工作会议，决定对整个国民经济实行"调整、改革、整顿、提高"八字方针。

4月10日　美国总统卡特签署《与台湾关系法》。

4月11日　《人民日报》发表社论《实现四化是最大的政治》。

4月16日　台湾"警备总部"军事法庭判处吴春发死刑，余登发有期徒刑8年，余瑞言有期徒刑2年。

4月18日　中越两国副外长级谈判首次全体会议在越南河内举行。26日，举行第二次全体会议，韩念龙团长提出处理中越两国关系问题的8项原则。

4月20日　台湾"监察院"以许信良擅离职守、签署诬蔑当局的文件、参与非法游行等通过对其提出的弹劾案。

4月23日　《人民日报》报道：黑龙江省破获一起严重贪污集团案件，首犯王守信贪污人民币53万余元，后经审判处以死刑。

4月25日　国民党决定，"中央银行"改为隶属"行政院"。

4月30日　美国撤走驻台的最后一批军事人员。

5月2日—9日　中国社会科学院纪念五四运动60周年学术讨论会在北京举行。这是新中国成立以来的第一次纪念五四运动学术讨论会。中国社会科学院副院长周扬作《三次伟大的思想解放运动》的报告。会议一致通过了关于征集五四运动历史文物的倡议书和重修李大钊烈士陵墓的倡议。

5月3日　由共青团中央举办的纪念五四运动60周年大会在人民大会堂举行。华国锋作重要讲话。

同日　中国出席联合国裁军委员会首届会议代表团团长赖亚力在委员会的全体会议上发言，阐述中国政府在裁军问题上的立场，提出《关于综合裁军方案主要内容的建议》。

5月6日　台湾"内政部"完成《老人福利法》草案。

5月7日—6月5日　以廖承志为团长、粟裕为最高顾问的"中日友好之船"访日团访问日本。

5月8日　台湾"立法院"通过《国民教育法》。

5月10日　台湾"行政院"通过《奖励投资条例》修正草案，奖励企业合并经营及投资开发国外资源。

同日　台湾"行政院"通过抑制经济犯罪的8项措施。

5月11日　台美就修改双边纺织品协议达成协议。

5月19日　台湾"行政院"核准"中国石油公司"投资开发海外油源。

5月25日　台湾"立法院"通过《货物税条例》修正案。

5月31日　"台湾电力公司"决定在

宜兰兴建一座火力发电厂。

6月1日　台湾"省政府"决定开发南回铁路,完成环岛铁路网。

6月2日　台湾非国民党人士成立"中央民意代表选举"党外候选人联谊会。

6月7日　台湾"行政院"通过《关税法》修正草案,将对生产事业合并经营进口设备免征关税。

6月7日—12日　五届全国人大常委会第八次会议在北京举行。会议通过五届全国人大二次会议议程草案、人大常委会工作报告和将提请五届全国人大二次会议审议的《中华人民共和国刑法》、《中华人民共和国刑事诉讼法》、《中华人民共和国中外合资经营企业法》等七个法律草案;通过关于设立国务院秘书长、农垦部、粮食部的决定;任命金明为国务院秘书长。

6月15日—7月2日　全国政协五届二次会议在北京举行。邓小平在会上全面阐述了新时期统一战线的特点和任务。

6月18日—7月1日　五届全国人大二次会议在北京举行。会议讨论通过了华国锋作的《政府工作报告》;讨论并同意了国家计委提出的《1979年国民经济计划》和财政部提出的1979年国家预算;审议通过了《关于修正〈中华人民共和国宪法〉若干规定的决议》、《中华人民共和国地方各级人民政府组织法》、《中华人民共和国全国人民代表大会和地方各级人民代表大会选举法》、《中华人民共和国刑法》、《中华人民共和国刑事诉讼法》、《中华人民共和国人民法院组织法》、《中华人民共和国人民检察院组织法》、《中华人民共和国中外合资经营企业法》八个法律。会议决定集中三年时间,认真搞好国民经济的调整、改革、整顿、提高工作。

6月22日　美国总统卡特签署实施《与台湾关系法》的命令。

6月29日　台"公务员惩戒委员会"根据"监察院"对桃园县长许信良的弹劾,议决许信良休职二年。

7月1日　五届全国人大常委会举行第九次会议,决定设立国务院财政经济委员会,任命陈云副总理兼主任。

同日　高雄市升格为"行政院"院辖市。

同日　"十项建设"之一的纵贯铁路电气化工程完工,今举行通车仪式。

7月3日　中共中央纪律检查委员会发出《关于不准干扰大学生毕业分配工作的通知》。

同日　国务院颁布《关于发展社队企业若干问题的规定(试行草案)》。

同日　美国国防部通知国会,将向台湾当局出售2.4亿美元的武器。

7月4日　叶剑英委员长发布命令,公布《中华人民共和国地方各级人民代表大会和地方各级人民政府组织法》、《中华人民共和国全国人民代表大会和地方各级人民代表大会选举法》(1980年1月1日起施行)。

7月5日　叶剑英发布命令,公布《中华人民共和国人民法院组织法》、《中华人民共和国人民检察院组织法》(1980年1月1日施行)。

7月6日　叶剑英发布命令,公布《中华人民共和国刑法》(1980年1月1日起施行)。

7月7日　叶剑英发布命令,公布《中华人民共和国刑事诉讼法》(1980年1月1日起施行)。

同日　中美贸易关系协定在北京签字。

7月8日　叶剑英发布命令,公布《中华人民共和国中外合资经营企业法》。

同日　新华社报道：国务院批准成立中国国际信托投资公司。

7月9日　江苏溧阳县发生六级地震。

7月10日　台湾军方研制成功昆吾、青蜂导弹。

7月13日　中共中央发出《关于对被定为右倾机会主义分子平反、改正问题的通知》。

同日　国务院发布《关于扩大国营企业经营管理自主权的若干规定》。

同日　台湾"行政院"决定成立"肃清贪污督导会报"。

7月15日　中共中央、国务院批准中共广东省委、福建省委关于对外经济活动实行特殊政策和灵活措施的两个报告。

7月17日　李先念会见美国工业研究人士代表团时说，欢迎外国公司到中国投资，合办工厂。

7月19日　台湾"行政院"通过台北市区铁路改为地下铁路方案。

7月24日　我外交部照会苏联大使馆。就苏联边防军人7月16日在我新疆维吾尔自治区塔城县铁尔沙地区开枪打死打伤中国公民，蓄意制造边界挑衅和流血严重事件，向苏联政府提出强烈抗议。

同日　新华社报道：党组织为马寅初彻底平反，恢复名誉。

7月26日—8月9日　全国物价工资会议在北京举行。会议讨论了调整农副产品销价和给职工副食品价格补贴以及增加职工工资问题。

7月28日　国务院正式下达《关于扩大国营工业企业经营管理自主权的若干规定》、《关于国营企业实行利润留成的规定》、《关于提高国营工业企业固定资产折旧率和改进折旧费使用办法的暂行规定》、《关于国营工业企业实行流动资金金

额信贷的暂行规定》、《关于开征国营工业企业固定资产税的暂行规定》五个文件。

同日　台湾非国民党地方人士在台中召集民众大会，与警方发生冲突。

7月29日　邓小平接见出席海军党委常委扩大会议的全体同志，并发表题为《思想路线政治路线的实现要靠组织路线来保证》的讲话。

7月30日　新华社报道：中共中央纪律检查委员会在北京召开全国纪律检查工作会议，胡耀邦在会上就搞好党风问题作重要讲话。

同日　五届全国人大常委会第十次会议决定设立外国投资管理委员会和进出口管理委员会，任命谷牧副总理兼这两个委员会的主任。

8月4日　中共中央批转中央组织部《关于为小说〈刘志丹〉平反的报告》。

同日　中共中央批准中央组织部《关于"文化大革命"前一些案件的处理意见》。

8月8日　新华社报道：摆脱越南当局的政治迫害，越南国会常务委员会副主席黄文欢已于最近到达北京。9日，黄文欢举行中外记者招待会，散发了《致越南同胞的一封信》。

8月9日　华国锋、叶剑英、邓小平、李先念会见并宴请黄文欢，对他安全来到中国表示很高兴。

同日　台湾新竹县六福村野生动物园落成开幕。

8月10日　台湾北部滨海公路开放通车。

8月11日　《人民日报》发表陈慕华《实现四个现代化，必须有计划地控制人口增长》一文。

同日　新华社报道：在全国工艺美术艺人、创作设计人员代表大会上，授予34人"工艺美术家"称号。这在我国工艺美

术史上还是第一次。

8 月 15 日　台湾党外人士主办的《美丽岛》杂志创刊，发刊词中提出，"推动新生代政治运动，让民主成为我们的政治制度"。

8 月 16 日　就民社党主席团主席蒋匀田前往大陆并发表"违反国策"的言论，民社党主席团举行临时会议，决定开除蒋匀田的党籍并解除其主席职务。

8 月 28 日　国务院批转国家计委、国家建委、财政部《关于基本建设投资试行贷款办法的报告》及《基本建设贷款试行条例》，要求各地区、各部门试行。

同日　台湾"行政院"核定本年 10 月 31 日蒋介石诞辰纪念日为第一届"荣民节"。

9 月 4 日　美籍物理学家丁肇中领导的高能物理实验小组，在联邦德国汉堡的一台高能加速器上找到一种新粒子——胶子。中国科学院高能物理研究所唐孝威等二十多位科学工作者参加了这项实验工作。

9 月 6 日　台湾当局公布"领海"扩为 l2 海里，经济海域 200 海里。

9 月 8 日　台湾《美丽岛》杂志举办创刊酒会。

9 月 9 日　根据中美两国政府关于解决资产要求的协议，中国政府授权中国银行负责收回被美国政府冻结的中国资产。

9 月 10 日　云南省委宣布，经党中央批准，对所谓"沙甸反革命事件"予以平反。

9 月 11 日　台湾"内政部"拟订《职业训练法》草案。

9 月 11 日—13 日　五届全国人大常委会第十一次会议在北京举行。会议原则通过了《中华人民共和国环境保护法（试行）》和人大常委会关于省、自治区、直辖市可以在 1979 年设立人大常委会和将革命委员会改为人民政府的决议，任命姬鹏飞为国务院副总理，并决定设立司法部、第八机械工业部和地质部。

9 月 14 日　台湾"外交部"针对菲律宾提出对南沙群岛的主权要求，重申南沙群岛为中国固有领土。

9 月 15 日—30 日　第四届全国运动会在北京举行。开幕式表演了大型团体操——《新长征》。有 5 人 5 次破 5 项世界纪录，2 人 3 次破 3 项青年世界纪录。3 人 3 次平 3 项世界纪录。

9 月 17 日　中央军委发布命令，授予对越自卫还击、保卫边疆战斗中的 143 个英雄模范单位和个人以荣誉称号。

9 月 20 日　台湾"行政院"通过《社会救助法》草案。

9 月 25 日—28 日　中共十一届四中全会在北京举行。全会一致通过叶剑英代表中共中央、人大常委会和国务院在庆祝建国 30 周年大会上的讲话和《中共中央关于加快农业发展若干问题的决定》。全会增选彭真、赵紫阳为政治局委员。

9 月 26 日　台湾"经济部国贸局"决定不再限制重要物资机械设备进口。

9 月 27 日　中苏国家关系谈判预备会议在莫斯科开始举行。我国代表团团长王幼平出席了会议。

9 月 28 日　国务院在人民大会堂举行隆重授奖仪式，嘉奖工业、交通、基本建设战线的先进企业和劳动模范。118 个先进企业代表和 222 名劳动模范接受国家授予的崇高奖励。

9 月 29 日　中共中央、人大常委会、国务院在人民大会堂举行大会，热烈庆祝中华人民共和国成立 30 周年。叶剑英委员长发表重要讲话。

同日　首都国际机场候机楼及配套

工程竣工,举行落成典礼。它是我国最大的现代化航空港。

10 月 4 日—10 日　各省、市、自治区党委第一书记座谈会在北京召开。邓小平副主席在会上指出,经济工作,经济问题,现在是最大的政治问题,说得更准确一点,是压倒一切的政治问题。

同日　中国国际信托投资公司董事会正式成立,荣毅仁任董事长兼总经理。中国国际信托投资公司为社会主义国营企业,是国务院直接领导的业务机构。

10 月 5 日　台美贸易谈判在美达成协议,双方分别降低关税。

10 月 11 日　台湾“行政院”通过《全面推动基层建设方案》,将动用 200 亿元完成六项重要建设。

10 月 11 日—22 日　中国国民党革命委员会第五届全国代表大会、中国民主同盟第四次全国代表大会、中国民主建国会第三次全国代表大会、中国民主促进会第四次全国代表大会、中国农工民主党第八次全国代表大会、中国致公党第七次全国代表大会、九三学社第三届全国社员代表大会、台湾民主同盟第二次全盟代表大会、中华全国工商业联合会第四届会员代表大会分别在北京举行。各党派代表大会选举的主要中央领导人是:民革中央主席朱蕴山,民盟中央主席史良,民建中央主任委员胡厥文,民进中央主席周建人,农工民主党中央主席季方,致公党中央主席黄鼎臣,九三学社中央主席许德珩,台盟总部理事会主席蔡啸,工商联执委会主任委员胡子昂。

10 月 12 日　中共中央批转中央组织部、统战部《关于在国务院各部委和在地方各级人民政府中安排党外人士担任领导职务的请示报告》。

10 月 14 日　中共中央批转中央统战部《关于地方民族主义分子摘帽问题的请示》。

10 月 17 日　台海空军启用电子作战电脑装备。

10 月 17 日—11 月 30 日　第一轮中苏国家关系谈判在莫斯科举行。

10 月 21 日　台湾与沙特阿拉伯签订石油供应合约。

10 月 25 日　国际奥林匹克委员会执委会在日本名古屋一致通过决议,决定恢复中国在国际奥委会的合法席位。

10 月 27 日　台湾“交通部”决定投资 400 亿元扩增公路运输设施。

10 月 30 日　台湾“立法院”通过《自卫枪支管理》修正案。

10 月 30 日—11 月 6 日　中国文艺工作者第四次全国代表大会在北京举行。邓小平代表中共中央和国务院向大会祝词,周扬作题为《继往开来,繁荣社会主义新时期的文艺》的报告。16 日,全国文联第四届委员会选举茅盾为中国文联名誉主席,周扬为主席,巴金为副主席。

10 月 31 日　新华社报道:中共中央、国务院联合发出通知,决定从 11 月 1 日起适当提高猪肉、牛肉、蔬菜、水产等 8 种主要副食品的销售价格,同时决定给城市居民以副食品价格补贴。

同日　中共中央、国务院联合发出通知,决定从今年 11 月份起给全国 40％的职工升级,增加工资。

11 月 1 日　中共中央发出《关于出国人员同台方人员交往问题的通知》和《对于去台人员在大陆亲属政策的通知》。

同日　台湾“经济部”成立“能源委员会”。

11 月 6 日　北京市高级人民法院开庭审理魏京生上诉案。魏因犯向外国人提供军事情报及煽动推翻我国无产阶级专政的政权和社会主义制度的反革命罪行被判处有期徒刑 15 年,刑满后剥夺政治权利 3 年。

同日　台湾"立法院"通过《师范教育法》,将扩大师范教育范围。

11 月 12 日　中共中央批转中央统战部等六部门《关于把原工商业者中的劳动者区别出来问题的请示报告》。

11 月 13 日　台湾军队举行全面实兵作战演习。

11 月 14 日　美国通知台湾当局:《台美空中运输协定》将于年后终止。

11 月 19 日—27 日　全国保险会议在北京举行。经国务院批准,中国人民保险公司将从 1980 年开始逐步恢复已经停办 20 年的国内保险业务。

11 月 20 日—12 月 21 日　国务院召开全国计划会议。会议讨论拟定了 1980 年国民经济计划,讨论确定了财政体制改革。

11 月 23 日—29 日　五届全国人大常委会第十二次会议在北京举行。会议通过关于 1949 年以来制定的法律、法令效力问题的决议,批准国务院关于劳动教养的补充规定的决议和关于彭真兼任常委会代秘书长的决议。委员们还就如何加强社会主义法制和整顿城市社会秩序等问题进行了讨论,认为北京"西单墙"一事可由北京市革委会采取措施予以解决。

11 月 25 日　海洋石油勘探局"渤海二号"钻井船在渤海翻船。造成重大事故,死亡职工 72 人,直接经济损失 3735 万元。

11 月 26 日　国际奥林匹克委员会经过全体委员的通讯表决,通过执委会在 10 月名古屋作出的关于中国代表团的决议,承认中华人民共和国奥林匹克委员会是全中国的代表,中国台北奥林匹克委员会是一个地方机构。中国在奥林匹克运动中的合法权利得到恢复。同时,批准一项决议,决定中华人民共和国奥林匹克委员会的名称为"中国奥林匹克委员会",它使用中华人民共和国的国旗和国歌;设在台北的奥委会的名称为"中国台北奥林匹克委员会",不能使用目前使用的歌、旗和会徽。

同日　国际奥委会决定恢复中国在国际奥委会的合法权利,中国奥委会使用中华人民共和国的国旗、国歌;设在台北的奥委会为中国的一个地方机构,不能再使用目前的歌、旗和会徽。

11 月 27 日　台湾奥委会就国际奥委会的决定提出抗议。

12 月 4 日—18 日　中共党史人物研究会主持召开的中共党史人物传讨论会在广州举行。会议选举何长工为中共党史人物研究会会长。

12 月 6 日　北京市革命委员会发出通告,决定今年凡在自己所在单位以外张贴大字报(包括小字报)一律改在月坛公园内的大字报处张贴,禁止在"西单墙"和其他地方张贴。

同日　台湾"行政院"通过《奖励保护检举贪污渎职办法》。

12 月 7 日　新华社报道:国务院最近发布《中华人民共和国自然科学奖励条例》。自然科学奖分为四等:一等奖,1 万元;二等奖,5000 元;三等奖,2000 元;四等奖,1000 元。

同日　台湾"省政府"公布《废耕农地限期复种实施要点》。

12 月 10 日　国务院颁发《工程技术干部技术职称暂行规定》。

同日　我国驻联合国日内瓦办事处代表团向裁军谈判委员会递交一封信,宣布中国决定从 1980 年起参加裁军谈判委员会的工作和会议。

同日　台湾《美丽岛》杂志社在高雄发起游行，与警方发生冲突，造成几百人受伤，酿成重大政治事件。

12月10日—14日　国民党十一届四中全会在台北召开。

12月15日—20日　全国各省、市、自治区和全军计划生育办公室主任会议在成都举行。陈慕华在会上强调，"计划生育工作的重点，转移到一对夫妇最好生一个孩子上来，是解决我国人口问题的战略任务"。

12月17日　中共中央批转中央统战部等5个部门《关于对原工商业者的若干具体政策的规定》。

同日　海外"台独"分子在美国成立"台湾建国联合阵线"。

12月20日　孙运璇称对"高雄事件"将依法"秉公处理"。

12月25日　"十项建设"项目之一北回铁路试车成功。

12月27日　中国科学工作者成功地用人工办法合成了有41个核苷酸组成的核糖核酸半分子，为天然核糖核酸的人工合成打开了一条通路。这是我国继世界上首次人工合成结晶胰岛素以后提出的又一项重大的基础理论课题。

同日　新华社报道：我国首次举办的全国最佳运动员（1979年度）评选活动评出的十名最佳运动员是：陈肖霞（跳水）、陈伟强（举重）、葛新爱（乒乓球）、吴数德（举重）、容志行（足球）、聂卫平（围棋）、栾菊杰（击剑）、邹振先（田径）、宋晓波（篮球）、吴忻水（篮球）。

12月30日　我国政府发表声明，强烈谴责苏联悍然发动对阿富汗的大规模军事入侵，坚决要求苏联停止对阿富汗的侵略和干涉，从阿富汗撤出一切武装部队。

1980 年

1月1日　全国政协举行新年茶话会。邓小平在会上发表讲话，指出，党的领导是四项基本原则中的根本一条。

同日　蒋经国主持元旦团拜典礼并致辞。

1月3日　美国宣布，向台湾当局出售价值2.8亿美元的武器。

1月8日　台湾《美丽岛》杂志社总经理施明德，被以"高雄事件"主要嫌犯为由逮捕。

1月10日　台湾"行政院"通过《动员戡乱时期公职人员选举罢免法》草案，规定助选员或候选人不得利用选举暴动，违者最高可处无期徒刑。

1月15日　新华社报道：四川发现大煤田——筠连煤田，探明储量在24亿吨以上。

1月16日　中共中央在首都人民大会堂召集干部会议，邓小平代表中央作《目前形势和任务》的报告。

同日　国务院最近批准将广东省深圳市的蛇口工业区划为特区。

1月17日　"美国在台协会"主席丁大卫接见"高雄事件"被捕人士家属。

1月24日　中共中央发出《关于成立中央政法委员会的通知》。

1月25日　台湾"行政院""新闻局长"宋楚瑜指责美国《新闻周刊》对"高雄事件"的报道歪曲事实，破坏了台湾当局的形象。

1月26日　新华社报道：国务院最近批转了中国人民银行《关于维护人民币统一市场，禁止外币在国内市场流通的报告》。

1月28日　辽河油田建成。

同日　美国国防部通知国会,决定向台湾出售价值1200万美元的导弹。

1月29日　中共中央决定成立中央党史委员会,由华国锋等人组成。

1月30日　外交部公布题为《中国对西沙群岛和南沙群岛的主权无可争辩》的文件,揭穿和驳斥了越南当局编造的谎言。

2月1日　国务院发出《关于实行"划分收支,分收包干"财政管理体制的暂行规定的通知》,要求按照经济管理体制规定的隶属关系,明确划分中央和地方财政收支范围。

同日　外交部新闻司发言人发表谈话指出,在苏联入侵阿富汗的情况下,在莫斯科举行第二十二届夏季奥林匹克运动会是不适宜的。

同日　外交部和美国驻华大使馆在北京互换照会,中美贸易关系协定开始生效。

同日　"十项建设"中施工最艰巨的北回铁路工程竣工,今天举行通车典礼。

2月5日—12日　五届全国人大常委会第十三次会议在北京举行。会议通过《关于县级直接选举工作问题的决定》、《关于刑事诉讼法实施问题的决定》、《中华人民共和国学位条例》、《关于中华人民共和国国籍法草案的决定》、《关于设立国务院机械工业委员会的决议》;任命薄一波兼任机械工业委员会主任。

2月9日　国务院发出《关于改革海关管理体制的决定》。

同日　哥伦比亚与台湾当局"断交"。

2月12日　孙运璇在记者招待会上称,将在本年预算中编列巨额款项,发展精密武器,以实现"反攻大陆"的目的。

2月13日—24日　中国体育代表团首次参加在美国普莱西德湖举行的第十三届冬季奥运会。

2月15日　全国政协发出《致台湾同胞春节慰问信》,希望台湾各界人士敦促国民党当局接受中国共产党关于和平解决台湾问题的主张,首先实现通邮、通商、通航。

2月21日　新华社报道:内蒙古新发现一个大煤田,已探明储量146亿吨,远景储量超过360亿吨。

2月22日　中央同意将省、市、自治区和省、市、自治区以下各级党的纪律检查委员会的领导关系,由受同级党委领导改为受同级党委和上级纪委双重领导,而以同级党委领导为主。

2月23日—29日　中共十一届五中全会在北京举行。会议的主要议题是加强和改善党的领导,提高党的战斗力。会议讨论并通过了《关于党内政治生活的若干准则》。会议增选胡耀邦、赵紫阳为政治局常委;决定重新设立中央书记处,选举胡耀邦为中央委员会总书记,万里、王任重、方毅、谷牧、宋任穷、余秋里、杨得志、胡乔木、胡耀邦、姚依林、彭冲为中央书记处书记。会议决定批准汪东兴、纪登奎、吴德、陈锡联的辞职请求,免除或提请免除他们所担负的党和国家的领导职务。会议通过为刘少奇平反的决议,决定撤销党的八届十二中全会强加给他的"叛徒、内奸、工贼"的罪名和把他永远开除出党、撤销其党内外一切职务的错误决议。会议建议全国人民代表大会修改宪法第四十五条,取消公民"有运用大鸣、大放、大辩论、大字报的权利"的规定。会上,邓小平、叶剑英、陈云作了重要讲话。邓小平指出,十一届三中全会解决了政治路线、思想路线问题,这一次主要解决组织路线问题。

2月25日　中共中央发出《关于为所谓"习仲勋反党集团"平反的通知》。

2月28日　因"高雄事件"而被捕的林义雄家发生令全岛震惊的"灭门血案"，林义雄的母亲及两个女儿被杀害，大女儿受重伤。

3月2日　中共中央决定，邓小平免兼中国人民解放军总参谋长、总参谋部党委第一书记；杨得志任中国人民解放军总参谋长、总参谋部党委第一书记。

3月3日　孙运璇在接见记者时声称，中共必须先放弃马列共产主义，中国统一才能实现。

3月5日　中共中央、国务院发出《关于大力开展植树造林的指示》，要求到本世纪末，力争使我国森林覆盖率从目前的12.7％提高到20％。

3月6日　台湾与美国签署空运协定。

3月8日—11日　全国高级人民法院院长会议在北京召开，决定要依法及时惩办严重危害社会治安的现行犯罪分子。

3月13日　台湾"行政院"通过《司法院组织法》修正草案及《法院组织法》部分条文修正案。

3月14日　刘少奇《论共产党员的修养》重新出版发行。

同日　"台湾电力公司"与南非核能燃料公司签订供铀合同，从1984年到1990年南非将向台湾出售4046吨铀原料。

3月14日—15日　中共中央书记处召开西藏工作座谈会。

3月15日　中共中央公布《关于党内政治生活的若干准则》。

3月15日—25日　中国科学技术协会第二次全国代表大会在北京举行。大会通过《中国科学技术协会章程》。

3月17日　中共中央政治局常务委员会决定，成立中央财政经济领导小组，赵紫阳任组长，撤销原国务院财政经济委员会。

3月18日　台湾"警备总司令部军事法庭"今起对"高雄事件"涉案人员进行公开审理。

3月27日　邓小平同中国人民解放军总政治部领导谈话指出，对电影文学剧本《苦恋》要批判，这是有关坚持四项基本原则的问题。

同日　新华社报道：经国务院批准，并经联合国教科文组织人与生物圈理事会执行局通过，我国长白山、卧龙、鼎湖山三处自然保护区已列为国际生物圈保护区。

同日　台湾"行政院"通过《国家安全赔偿法》。

3月28日　新华社报道：中央宣传部和组织部最近发出《关于加强党员教育健全党的组织生活的意见》。

4月1日　国务院授权中国银行，在国内发行外汇兑换券。

同日　中国人民银行自即日起提高城乡个人储蓄存款和华侨用人民币存款利率。

4月2日　蒋经国发表专文《回顾苦难而充满希望的五年》。

4月4日　蒋经国主持"中正纪念堂"落成典礼。

4月6日　《中国农民报》创刊。1985年1月1日改为《农民日报》。

4月8日　中共中央、国务院发出《关于加强物价管理、坚决制止乱涨价和变相涨价的通知》。

4月8日—16日　五届全国人大常委会第十四次会议在北京举行。会议讨论了中共中央关于取消"四大"的建议，通过了《关于建议修改宪法第四十五条的议案》。会议还通过了《关于召开第五届全国人民代表大会第三次会议的决定》、《关于实施刑事诉讼法规划问题的决议》、《关于中华人民共和国婚姻法修改草案的决议》。会议任命赵紫阳、万里为国务院副总理,免去纪登奎、陈锡联的国务院副总理职务,接受吴德辞去本届人大常务委员会副委员长职务的请求。

4月11日　台湾"警总军事法庭"审理洪志良"叛乱案"。

4月12日　中共中央办公厅发出通知指出,今后各部门召开的专业会议,除书记处和国务院主管的领导同志外,其他中央领导一般不接见、不讲话和不照相。

4月14日　中共中央、国务院、中央军委发出《关于制止滥放"内部参考影片"的通知》。

4月14日—22日　意大利共产党总书记贝林格访问我国,中意两党恢复关系。

4月15日　中国人民银行发行四种金属人民币:一角、二角、五角、一元。

4月17日　新华社报道:经国务院批准,我国长江沿岸的江苏张家港、南通、南京,安徽芜湖,江西九江,湖北武汉,湖南城陵矶,四川重庆,开办为对外贸易运输港口。

同日　国际货币基金组织恢复我国在该组织的代表权。

同日　我国与津巴布韦建交。

4月18日　台湾"外交部"为抗议国际货币基金组织恢复中国代表权一事,宣布退出国际货币基金会。

同日　"高雄事件"涉案人员黄信介、施明德分别被判处14年有期徒刑和无期徒刑。

4月21日　中共中央书记处召开会议,对北京市的工作方针提出四条建议:一、在社会治安、社会秩序方面,北京市要成为全国的模范,在全世界也应是最好的;二、改造北京的环境,搞好绿化、卫生,利用有山有水有文物古迹的条件,把北京建成优美、清洁,具有第一流水平的现代化城市;三、要使首都成为全国文化科学技术最发达、教育程度最高的城市;四、经济要不断繁荣,人民生活要安定方便。

4月22日　台湾"省政府"决定投资700亿元完成环岛铁路网。

4月23日　中央政治局会议讨论通过《关于丧失工作能力的老同志不当"十二大"代表和中央委员候选人的决定》。

同日　台湾当局对美国国务院评论对"高雄事件"的审判一事表示不满。54名"立法委员"联名指责美国干涉台"内政"。

4月24日　中国奥委会决定,苏联当局在5月24日以前不从阿富汗全部撤出其武装部队,中国奥委会将不派运动员参加在莫斯科举行的第二十二届奥运会。

同月　经专家证实台湾地区已出现酸雨。

5月1日　北京至内蒙古自治区通辽县的京通铁路建成通车,全长806公里。这条铁路是华北通往关外的第二条铁路交通干线。

5月3日　台湾当局决定筹款559.5亿元,兴建七座大型水库。

5月5日　华国锋、叶剑英、邓小平同志致电南斯拉夫党政领导人,沉痛哀悼铁托逝世。

5月6日　台湾"立法院"通过《动员戡乱时期公职人员选举罢免法》。

5月6日—9日　华国锋率中国代表团赴南斯拉夫参加铁托葬礼,并访问南、罗两国。

同日　我国政府发表声明，指出日本政府决定同南朝鲜当局在东海大陆架片面划定的"共同开发区"西侧开始进行钻探试采，是无视中国主权，不以中日友好关系为重的行为。

5月15日　世界银行执行董事会决定恢复我国在世界银行、国际开发协会和国际金融公司的代表权。

5月16日　中共中央转发《广东、福建两省会议纪要》。中央批语指出，一年来的实践证明，中央决定广东、福建两省在对外经济活动中，实行特殊政策和灵活措施是正确的。

同日　中共中央办公厅转发中央书记处批准的国家科委和中国科协党组《关于中国科学技术协会领导关系的请示报告》，确定中国科协的工作由方毅领导。

同日　台湾"警总军事法庭"审理高俊明等16人被控藏匿施明德案。

5月17日　中共中央副主席、中华人民共和国主席刘少奇同志追悼大会在北京隆重举行。邓小平致悼词，郑重宣布为刘少奇平反、昭雪，恢复名誉。

5月18日—21日　我国第一次成功地向太平洋预定海域发射运载火箭。18日，我国第一枚洲际导弹试验成功。

5月20日　中共中央发出《关于为罗瑞卿同志平反的通知》。

同日　台湾"立法院"通过《残障福利法》。

5月27日　台湾"立法院"通过修正《营业税法》和《娱乐税法》，废止了征收达30余年的宴席税。

5月27日—6月1日　华国锋总理访问日本。

5月31日　邓小平谈处理兄弟党关系的一条重要原则："我们反对人家对我们发号施令，我们也决不能对人家发号施令。"

同日　邓小平同中央负责同志谈农村政策问题。他指出，农村政策放宽以后，一些适宜搞包产到户的地方搞了包产到户，效果好，变化很快。

6月2日　中共中央、国务院批转《关于第三次全国人口普查工作安排意见的报告》。

6月3日　台湾"财政部"拟定《购屋储蓄存款办法》，贷款限额为100万元，还款期可达20年。

6月9日　蒋经国在扩大早餐会上声称，以三民主义来统一中国是唯一可行的道路。

6月11日　中共中央批转中央统战部《关于爱国人士中的右派复查问题的请示报告》。

6月16日—21日　中共中央纪律检查委员会召开贯彻《关于党内政治生活的若干准则》座谈会。

6月19日　中共中央发出《关于处理"文化大革命"中一些干部在报刊和电文上被点名批判问题的通知》。

6月20日　西藏自治区人民政府发布布告，决定在全自治区放宽一系列经济政策。

6月24日　台湾"立法院"通过《麻醉品管理条例》。

6月26日　台湾"行政院"核定中文书写方式，直式由右而左，横式自左而右，从7月1日起实施。

6月30日　国家商品检验总局正式成立。

同日　我国和世界野生生物基金会在荷兰签署一项在我国四川省建立保护大熊猫研究中心的议定书。

同日　台湾当局收回1867年清政府租给英国的淡水红毛城。

6 月 30 日—7 月 11 日　国务院在北京召开海南岛问题座谈会。国务院决定加快海南岛建设,把海南岛尽快建设成为我国主要热带经济作物和热带珍贵林木的基地。

7 月 1 日　南回铁路举行典礼正式开工。

7 月 8 日　国务院颁发《关于推动经济联合的暂行规定》。

同日　台湾"立法院"通过修正《海关进口税则》,将单行税率改为复式税率。

7 月 8 日—10 日　华国锋总理赴日本东京参加大平正芳葬礼。

7 月 14 日—30 日　全国妇联主席康克清率领中国妇女代表团出席在丹麦召开的联合国"妇女十年"(1976—1985)世界会议。17 日,中国代表团在《清除对妇女的任何形式歧视公约》上签字。

7 月 16 日　国务院决定,中国国际贸易促进委员会对外贸易仲裁委员会改名对外经济贸易仲裁委员会。

7 月 18 日—26 日　中国共产党党史研究会在北京举行第一次会议,宣布正式成立。

7 月 19 日　新华社报道:国家进出口管理委员会和对外贸易部最近颁发《关于出口许可证制度的暂行办法》。

同日　外交部发言人就苏、越签订所谓《在越南南方大陆架合作勘探、开采石油和天然气协定》发表声明,重申西沙、南沙群岛和东沙、中沙群岛一样,历来是中国领土的一部分,任何国家未经中国许可,进入上述区域从事勘探、开采活动都是非法的。

同日　台湾第一座污水处理厂迪化污水处理厂投入使用。

7 月 24 日　中南海开办新课堂,中央领导当学生听专家讲课,带头知识化。钱三强教授讲第一课。

7 月 26 日　国务院作出《中外合资经营企业劳动管理规定》。

7 月 27 日　台湾以台北世界贸易中心名义加入世界贸易中心。

7 月 28 日　中共中央批转总政治部《关于黄克诚同志复查结论》,为他平反。

7 月 31 日　台湾"行政院"通过《改善地方财政》、加强地方建设,并针对今年出现的 1949 年以来最严重的旱灾制定了四项措施。

8 月 2 日—7 日　中共中央在北京召开全国劳动就业工作会议。会议提出解决劳动就业问题的根本途径是:解放思想,放宽政策,发展生产,广开就业门路,实行劳动部门介绍就业、自愿组织起来就业和自谋职业相结合的方针。

8 月 5 日　蒋经国向各级"政府"下达指示,要求全力解决缺水问题。

8 月 6 日　中共中央、国务院批转西藏自治区党委和人民政府《关于大批调出进藏干部、工人的请示报告》。

8 月 10 日　台湾"经济部"决定投入 282 亿元,推行淡水河污染防治计划。

8 月 12 日　国务院中央财政经济领导小组组织成立有中国社会科学院、中央各有关部、委 16 个综合性研究所及中国科学院情报所和国家统计局等 18 个单位参加的"经济研究中心"。它的主要任务是组织各个研究单位对发展国民经济带有全局性、战略性、综合性和长远性的问题有计划地展开研究,深入讨论,提出研究报告,供财经领导小组参考。

8 月 13 日　中共中央、国务院发布《关于设置顾问的决定》。

8 月 17 日　新华社报道:《中国青年》杂志开展的《人生的意义究竟是什么》的讨论,受到广大青年的欢迎。这次讨论是由北京青年潘晓写的一封信《人生的道路为什么越走越窄……》开始的。

8月18日 台湾当局决定加速推动第二阶段农地改革，扩大办理农地重划。

8月18日—23日 中共中央政治局（扩大）会议在北京举行。邓小平在会上作了《党和国家领导制度的改革》的重要讲话，提出改革党和国家领导制度的六项措施和反对资产阶级侵蚀、肃清政治思想上的封建余毒的历史任务。

8月21日—26日 五届全国人大常委会第十五次会议在北京举行。会议通过《中华人民共和国律师暂行条例》；批准在广东省的深圳、珠海、汕头和福建的厦门设置经济特区；批准《广东省经济特区条例》，并予公布。会议决定设立国家能源委员会，任命余秋里、姚依林、万里分别兼任能委、计委、农委主任。

8月22日 台湾"经济部"发表公告，禁止台湾厂商同大陆进行贸易。

8月25日 国务院作出关于处理"渤海二号"翻沉事故的决定。

8月26日 中共中央、中央军委批转《总政治部关于为李德生同志平反的报告》。

8月28日—9月12日 全国政协五届三次会议在北京举行。邓小平在会上对我国统一战线范围的表述作了进一步说明："我国革命的爱国的统一战线具有空前的广泛性，它在社会主义和爱国主义的基础上更加巩固和发展了。我们要进一步加强全体社会主义劳动者、拥护社会主义的爱国者和拥护祖国统一的爱国者的广泛团结，使我国统一战线和人民政协在发挥社会主义制度优越性的实践中，作出积极的贡献。"

8月30日—9月10日 五届全国人大第三次会议在北京举行。会议讨论了制定发展国民经济长远规划和继续推进经济改革等问题。会议检查了因经济建设上的高指标所造成的一百几十亿元财政赤字的问题。会议根据中共中央建议，决定接受华国锋辞去国务院总理的请求，由赵紫阳接任总理；接受邓小平、李先念、陈云、徐向前、王震、王任重辞去国务院副总理的请求，增补杨静仁、张爱萍、黄华为副总理；接受聂荣臻、刘伯承、张鼎丞、蔡畅、周建人辞去全国人大常委会副委员长职务的请求，补选彭冲、习仲勋、粟裕、杨尚昆、班禅额尔德尼·确吉坚赞为副委员长，杨尚昆兼人大常委会秘书长；接受陈永贵要求解除他国务院副总理职务的请求。会议通过了《中华人民共和国婚姻法》、《中华人民共和国国籍法》、《中华人民共和国中外合资经营企业所得税法》、《中华人民共和国个人所得税法》。会议还通过了关于修改《中华人民共和国宪法》第四十五条的决议。

9月2日 国务院批转国家经委《关于扩大企业自主权试点工作情况和今后意见的报告》。

9月4日 台湾与美国签署科学技术合作协定。

9月5日 新华社报道：国务院最近批准卫生部《关于允许个体开业行医问题的请示报告》。

同日 台湾《钟鼓楼》杂志因创刊号出版《高雄事件特辑》，被停刊一年。

9月14日—22日 中共中央召开省、市、自治区党委第一书记座谈会，着重讨论加强和完善农业生产责任制问题。

9月15日 中华人民共和国宪法修改委员会举行首次会议，并宣布正式成立。

9月17日 我国政府与美国政府民航协定、海运协定、纺织品协议和领事条约在华盛顿签订。

9月22日　中共中央批转最高人民法院党组《关于复查纠正"文化大革命"期间错判死刑案件的几点意见的请示报告》。

9月23日　台湾"内政部"为抑制土地投资垄断,修正《平均地权条例》,将土地空地税率提高5至10倍。

9月26日　台湾"国防部"宣布,自制的导弹快艇"自强中队"编入海军作战部队。

9月26日—29日　五届全国人大常委会举行第十六次会议。会议成立最高人民检察院特别检察厅和最高人民法院特别法庭,检察审判林彪、江青反革命集团案。该案主犯江青、张春桥、姚文元、王洪文、陈伯达、黄永胜、吴法宪、李作鹏、邱会作、江腾蛟。主犯林彪、康生、谢富治、叶群、林立果、周宇驰已经死亡,不再起诉。会议任命黄火青检察长兼任特别检察厅厅长,江华院长兼任特别法庭庭长,决定特别法庭公开进行审判。会议还通过了《国务院关于老干部离职休养的暂行规定》,并批准了中国参加签署的《消除对妇女一切形式歧视公约》。

9月27日　中共中央发出《关于进一步加强和完善农业生产责任制的几个问题》的会议纪要,肯定了三中全会以来党在农村实行的各项经济政策。

9月30日　"台湾电力公司"宣布,电价调整幅度为28.67%。

9月　中共中央重新审理胡风一案,决定予以平反,恢复胡风自由。胡风出狱后,先后被选为全国政协常委、中国文联委员,并被任为中国作协顾问和中国艺术研究院顾问。

10月2日　台湾与美国签署《"北美事务协调委员会"与"美国在台协会"之间特权与豁免协定》。

10月5日—15日　全国城市规划工作会议在北京召开。会议提出今后城市发展的方针是:控制大城市规模,合理发展中等城市,积极发展小城市。

10月6日　外交部照会苏联驻华大使馆,强烈抗议苏联武装人员侵入我国内蒙古自治区境内制造流血事件。

10月10日　我国政府正式加入保证民用航空安全的《海牙公约》和《蒙特利尔公约》。

10月15日　胡耀邦在中央和国家机关思想政治工作座谈会上作《关于思想政治工作的若干问题》的讲话。

10月16日　中共中央批转中央纪律检查委员会关于康生、谢富治的两个审查报告。中共中央指出,康生、谢富治在"文化大革命"期间,直接参与林彪、江青等人篡党夺权的反革命阴谋活动,犯下严重罪行。中央决定开除他们的党籍,撤销他们的《悼词》。

同日　台湾"内政部"拟订《社会福利中长程计划》草案。

10月17日　国务院常务会议通过《关于开展和保护社会主义竞争的暂行规定》。

10月20日　中央书记处会议决定,在今后二三十年内,一律不挂现任中央领导人的像,以利于肃清个人迷信。

同日　中共中央办公厅发出经中央书记处批准的《关于为原中央办公厅和杨尚昆等同志平反问题的请示报告的通知》。

10月23日　台湾"行政院"通过重新制定的《奖励投资条例》草案,鼓励企业更新设备,进行技术升级。

10月27日　中共中央办公厅通知:经书记处讨论决定,各地过去和现在为毛泽东和中央其他负责同志视察准备的住房（包括住过的和未住过的）一律开放，做招待所。

10月29日 据《光明日报》报道，1949年后第一次人性和人道主义学术讨论会在天津举行。

10月30日 国务院发布《关于管理外国企业常驻代表机构的暂行规定》。

10月 中共中央为瞿秋白恢复名誉。

同月 中共中央书记处研究室编辑出版《陈云同志文稿选编》。

11月2日 最高人民检察院特别检察厅提出对林彪、江青反革命集团案的起诉书。

11月4日 北京至香港定期航空班机开航，航线全长2,081公里。

11月6日 中共中央书记处最近批准中共湖北省委决定，为原人大常委、武汉大学校长李达平反昭雪。

同日 中共中央党校召开大会，为杨献珍彻底平反。

11月7日 台湾"立法院"通过《发展观光条例》修正案。

11月8日 台湾"经济部"采取三项稳定物价措施：研订公平交易法、掌握进口原料、提高劳动生产率。

11月10日 最高人民法院特别法庭在审查了最高人民检察院特别检察厅对林彪、江青反革命集团的起诉书后，决定受理此案，并将起诉书副本送交江青等十名被告。

11月10日—12月5日 中共中央政治局连续召开九次会议，讨论批准向十一届六中全会提出的人事更动方案。会议决定：一、向六中全会建议，同意华国锋辞去中央委员会主席、中央军委主席职务的请求。二、向六中全会建议，选举胡耀邦为中央委员会主席，邓小平为中央军委主席。

11月14日—29日 中共中央纪律检查委员会在北京召开第三次贯彻《关于党内政治生活的若干准则》座谈会。胡耀邦作《改善和加强党的领导》的重要讲话，陈云提出关于执政党的党风问题是有关党的生死存亡的问题的重要思想。

11月15日 国务院发出《关于在对外活动中不赠礼、不受礼的决定》和《关于在对外活动中赠送和接受礼品的几项规定》。

11月20日 最高人民法院特别法庭开庭公审林彪、江青反革命集团主犯江青、张春桥、姚文元、王洪文、陈伯达、黄永胜、吴法宪、李作鹏、邱会作、江腾蛟。

11月21日 台湾"增额中央民意代表"选举开始竞选活动。

11月22日 台湾当局决定年内开工兴建第三条纵贯公路。

11月29日 荷兰批准该国一家公司与台湾当局洽谈销售两艘潜艇和其他装备事宜。

12月1日 林业部、司法部、公安部、最高人民检察院联合发出通知规定，在重点林业区建立和健全林业公安、检察、法院组织机构。

12月2日 《人民日报》发表社论《全面实行和坚决贯彻调整方针》。

12月3日 中共中央、国务院作出《关于普及小学教育若干问题的决定》。

12月6日 台湾举行"增额国大代表立法委员"选举投票。这次选举共选出"国大代表"76人、"立法委员"70人。

12月7日 国务院发出《关于严格控制物价、整顿议价的通知》。

12月14日 经国务院批准，财政部公布《中华人民共和国个人所得税法施行细则》和《中华人民共和国中外合资经营企业所得税法施行细则》。

同日　新华社报道:国务院设立学位委员会,并任命方毅为主任委员,负责领导全国学位授予工作。

12 月 15 日　台第一座科学工业园区——"新竹科学工业园区"揭幕。

12 月 16 日—23 日　中国佛教协会第四届全国代表会议在北京举行。会议选举班禅额尔德尼·确吉坚赞为名誉会长,赵朴初为会长。

12 月 16 日—25 日　中共中央在北京召开工作会议,对新中国成立以来经济建设中存在的左倾错误作了分析,并提出了纠正措施。会议确定了经济上进一步调整、政治上进一步巩固安定团结的重要方针。

12 月 18 日　国务院发布《中华人民共和国外汇管理暂行条例》。

12 月 22 日　我国第一座三层立体交叉工程在北京西直门建成。

同日　中国佛学院恢复并开学。

同日　台湾"省政府"决定用 57 亿元兴建苗栗县鲤鱼潭水库。

12 月 24 日　国务院批转国家人事局等单位制定的《经济专业干部业务职称暂行规定》。

12 月 25 日　中国科学院陕西天文台短波授时台建成,通过技术鉴定。这是我国第一座专用短波授时台。

12 月 27 日　台湾进行户口及住宅普查。普查结果显示,到 1980 年底,台湾人口为 1780 万人,人口密布每平方公里 495 人。

12 月 28 日　《周恩来选集》(上卷)出版。

12 月　国务院批准在福建厦门成立经济特区。

1981 年

1 月 1 日　第六个五年计划开始执行。

同日　经国务院批准,全国统一的省、市、自治区标准排列顺序开始实行:北京、天津、河北、山西、内蒙古、辽宁、吉林、黑龙江、上海、江苏、浙江、安徽、福建、江西、山东、河南、湖北、湖南、广东、广西、四川、贵州、云南、西藏、陕西、甘肃、青海、宁夏、新疆、台湾。

同日　蒋经国发表《迎接一个重光大陆的年代》,称要早日"使三民主义仁政光辉重见大陆"。

1 月 4 日　长江葛洲坝水利枢纽工程大江截流戗堤胜利合龙。

1 月 5 日　陈香梅访问北京后抵台进行访问。

1 月 7 日　国务院发出关于加强市场管理、打击投机倒把和走私活动的指示。

同日　中国民航首航美国纽约成功。全线航程为 15800 多公里。

1 月 12 日　蒋经国在军事会议上称,绝不与中共谈判是"永不改变的决策"。

1 月 13 日　国务院批转教育部关于《高等教育自学考试试行办法》的报告,决定建立高等教育自学考试制度。

1 月 14 日　《人民日报》报道:全国 700 多个县、市、自治州召开党代会,选举产生了县、市、自治州党的委员会。

1 月 15 日　《人民日报》报道:我国第一座原子能反应堆改建成功,进入国际同类反应堆的先进行列。

同日　新华社报道:国际《小行星星历表》已将紫金山天文台发现的两颗小行星正式标名为"江苏"和"南京"。

同日　台湾"行政院"通过《推动核能发电之有关政策及措施》。

1月16日　国务院通过《中华人民共和国国库券条例》，决定从1981年开始在国内发行国库券。

1月17日　《人民日报》发表社论《政治安定是经济调整的保证》。

1月23日　台北"自来水事业处"士林净水场放水清污，未先示警，致使正在郊游的15人死亡、数十人受伤。

1月24日　新华社报道：我国除了原有的全民和集体两种所有制之外，出现了八种新的经济形式：全民企业和集体企业合营；全民企业和私人合营；集体企业和私人合营；中外合营；华侨和港澳工商业者经营；外资经营；个体经营；私人集资经营。

1月25日　最高人民法院特别法庭判决林彪、江青反革命集团十名主犯。江青、张春桥被判处死刑，缓期二年执行，剥夺政治权利终身；王洪文、姚文元、陈伯达、黄永胜、吴法宪、李作鹏、邱会作、江腾蛟分别被判处无期徒刑和有期徒刑。

1月28日　台湾首座气象卫星资料地面接收站举行落成启用仪式。

2月4日　新华社报道：我国自己设计建造的第一座大型高通量原子反应堆最近在西南建成。

2月9日—16日　弗朗索瓦·密特朗率领法国社会党政治代表团访华。中国共产党和法国社会党正式建立关系。

2月12日　新华社报道：国务院作出加强信贷管理、严格控制货币发行的八条决定。

同日　台湾"经济部"宣布调整油价，平均调升幅度为9.8%。

同日　台湾"行政院"通过"台湾经济建设十年人力发展计划"。

2月23日　"中华经济研究院"正式成立。

2月25日　全国总工会、共青团中央、全国妇联等9个单位联合发出《关于开展文明礼貌活动的倡议》，号召全国人民特别是青少年开展"五讲"、"四美"文明礼貌活动。

同日　"台独"分子林建民投案自首。

2月28日　中共中央宣传部、教育部、文化部、卫生部、公安部联合发出关于开展文明礼貌活动的通知，要求积极支持全国总工会等9个单位倡议开展的"五讲"、"四美"文明礼貌活动。

3月1日　孙运璇赴南朝鲜参加全斗焕就职典礼。

3月2日　台湾经济、法务、警政三部门联手成立"仿冒商品查禁小组"。

3月8日　"自强"号北上特快列车，在新竹头前溪铁桥南端与一货车相撞，酿成伤亡百余人的车祸。

3月9日　《人民日报》发表社论《党风问题是有关党的生死存亡的问题》。

3月14日　教育部给各地教育部门发出通知，要求自1981年秋季开始，小学各年级普遍设立思想品德课。

3月17日　费希平、康宁祥等十名非国民党籍的"立法委员"，联名向"行政院"提出书面质询，提出解除戒严令，开放党禁等政治要求。

3月20日　孙运璇在"立法院"声称，为防止中共"渗透颠覆"，"不轻易解除戒严令"。

3月20日—26日　国务院在北京召开全国职工教育工作会议。

3月26日　新华社报道：我国国家标准《信息交换用汉字编码字符集》（基本集）已由国家标准总局批准，正式颁布执行。

3月27日　我国伟大的革命文学家、卓越的无产阶级文化战士沈雁冰（茅盾）在北京逝世,终年85岁。31日,党中央决定恢复他的党籍,党龄从1921年算起。

3月29日—4月5日　国民党第十二次全国代表大会在台北召开。大会通过《贯彻以三民主义统一中国案》等。大会选举蒋经国连任主席。

4月4日　台湾"省政府"决定将无独占性公营事业开放民营。

4月9日　台湾"行政院"核定翡翠水库建筑经费为131万元。

4月14日—26日　第三十六届世乒赛在南斯拉夫诺维萨德市举行。中国队首次夺得全部七项比赛的冠军。

4月15日—25日　全国工业交通工作会议在上海举行。袁宝华在会上指出,工交企业也要像农村搞联产责任制那样实行经济责任制。

4月16日　中共中央、国务院转发国家科委党组《关于我国科学技术发展方针的汇报提纲》。

4月24日　《人民日报》发表特约评论员文章《执行三中全会路线,坚持四项基本原则》。

同日　洛阳浮法玻璃工艺正式通过国家级技术鉴定。

同日　阿里山森林铁路隧道塌方,造成28人死伤或失踪。

4月28日　台湾当局宣布,德意志民主共和国、波兰、捷克斯洛伐克、匈牙利及南斯拉夫五国主管商务的政府官员和商人,可以自由进出台湾接洽生意,台商也可前往这五国进行贸易。

5月1日　《立法院委员互选院长副院长办法》修正通过。

5月3日　台湾当局决定逐步推动全民保险,拟订十年计划。

5月4日　国务院作出关于社队企业贯彻国民经济调整方针的十六条规定。

5月5日　我外交部照会荷兰驻华大使馆:中国政府决定自即日起将中国驻荷兰大使馆降为代办处,并期待荷兰政府也采取同样措施。

5月5日—9日　全国书法家第一次代表大会在北京举行。中国书法家协会成立,舒同当选为主席。

5月8日　台湾"立法院"通过《房屋税条例》第十五条修正案,将住家房屋税起征点提高5.4亿元。

5月10日　台湾举办的为期七天的"第一届欧洲产品展"结束。

5月11日—21日　中国科学院第四次学部委员大会在北京召开。会议通过《中国科学院试行章程》,选举卢嘉锡为中国科学院院长,钱三强、胡克实、冯德培、李薰、严东升、叶笃正为副院长。

同日　中共中央政治局一致决定,接收宋庆龄为中共正式党员。

5月16日　五届全国人大常委会第十八次会议通过决议,授予宋庆龄中华人民共和国名誉主席称号。

5月20日　国务院批准实施《中华人民共和国学位条例暂行实施办法》(6月12日公布)。

5月21日　经水污染防治所对岛内151条河川中的35条进行抽样检测,发现13条重要河川已受到严重污染,有8条受到中度污染。

5月22日　国务院发布关于加强医药管理的决定。

5月23日　中国电影协会举办的第一届电影"金鸡奖"评选揭晓:最佳故事片《巴山夜雨》、《天云山传奇》;最佳导演谢晋;最佳女主角张瑜。

5月25日　全国优秀中篇小说、报告

文学、新诗发奖大会在京举行,共有 89 人的 80 篇作品获奖。这是迄今为止我国规模最大的一次文学评奖活动。

5 月 27 日 台湾"行政院""户口普查处"普查房屋状况结果显示,台湾有 45 万户空屋,同时都市地区有 20％的户数为两户以上合住一屋。

5 月 28 日 台湾"行政院"通过《国家赔偿法施行细则》。

5 月 29 日 中华人民共和国名誉主席、全国人大副委员长宋庆龄在北京逝世,终年 90 岁。中共中央、人大常委会、国务院发布公告,宣布为宋庆龄举行国葬。6 月 3 日,追悼大会在北京人民大会堂举行,邓小平致悼词。

6 月 1 日 新中国第一张全国性英文报纸《中国日报》在北京正式创刊。

同日 台湾"行政院卫生署"成立"立法专案小组",决定两年内完成《公害防治基本法》。

同日 我国第一个儿童电影制片厂——北京儿童电影制片厂在北京成立。

6 月 5 日—10 日 五届全国人大常委会第十九次会议在北京举行。

6 月 6 日 国家科委、国家农委联合召开授奖大会,授予籼型杂交水稻科研协作组袁隆平等特等发明奖。同时,授予棉花良种鲁棉一号一等发明奖。

6 月 12 日 国务院批准公布《中华人民共和国学位条例暂行实施办法》。

6 月 17 日 彭加木在新疆考察罗布泊时失踪,以身殉职。

同日 美国总统表示将根据《与台湾关系法》规定向台出售武器。

6 月 20 日 台湾"内政部"公布实施《土地登记专业代理人管理办法》。

6 月 25 日 台湾当局将设立保护消费者中心,并拟订公平交易与保护消费法。

6 月 27 日—29 日 中共十一届六中全会在北京举行。会议审议并一致通过《关于建国以来党的若干历史问题的决议》;一致同意华国锋辞去党中央主席和中央军委主席职务的请求;选举胡耀邦为中央委员会主席,赵紫阳、华国锋为副主席,邓小平为中央军委主席;决定政治局常委由胡耀邦、叶剑英、邓小平、赵紫阳、李先念、陈云、华国锋组成。会议还选举习仲勋为中共中央书记处书记。

6 月 29 日 台湾"外交部"否认台与南非、以色列合作制造核武器,并重申和平使用核能的立场。

6 月 30 日 济南黄河铁路新桥建成正式通车,全长 5.7 公里。这是建国后黄河上建设的十三座铁路桥中最长的一座。

7 月 1 日 中国共产党成立 60 周年庆祝大会在北京隆重举行。胡耀邦在会上作重要讲话。

同日 中国人民银行开始定期发表全国金融统计数字。

7 月 2 日—4 日 在中共中央召开省、自治区、直辖市党委书记座谈会上,陈云、邓小平分别作题为《成千上万地提拔中青年干部》和《老干部第一位的任务是选拔中青年干部》的讲话。

7 月 3 日 旅美数学家陈文成博士被台湾警方"约谈"后突然死亡,死因可疑,引起岛内外关注。

7 月 7 日 国务院发布《关于城镇非农业个体经济若干政策性规定》。

7 月 13 日 中共中央、国务院转发中华全国总工会、国家经委、中共中央组织部 6 月 15 日制定的《国营工业企业职工代表大会暂行条例》,并为此发出通知。

7 月 17 日 邓小平同中央宣传部门有关负责同志谈话,指出当前思想战线和文艺战线的领导存在着涣散软弱状态;强调不能搞自由化,搞无政府主义状态。对当前出现的问题,要开展批评和自我批评。

7月18日　台湾"立法院"通过《行政院文化建设委员会组织条例》。

7月19日　1949 年以来长江最大的一次洪峰顺利通过葛洲坝水利枢纽工程。

7月22日　外交部新闻司发言人郑重声明,苏联同第三国签订涉及中苏帕米尔争议地区的边界走向条约是非法的。

7月24日　台湾"立法院"通过《农产品市场交易法》。

7月26日—8月2日　国务院学位委员会学科评议组第一次会议在北京举行。会议通过我国首批博士授予单位的专业点、可以指导博士的导师和硕士授予单位的专业点。

7月28日　中国儿童和少年基金会成立。

7月30日　台湾"行政院"通过《空气污染防治法》修正草案,规定对违反者最高可处以 15 万元罚款。

7月31日　新华社报道:陕西咸阳博物馆首次全部展出 3000 件 1965 年 8 月在咸阳东北处杨家湾村出土的西汉时期的彩绘兵马俑。

8月3日—8日　中共中央宣传部根据党中央决定,在北京召开全国思想战线问题座谈会。会议讨论了加强党对思想战线的领导,改变涣散软弱状态的问题,强调要开展批评和自我批评,克服各种错误倾向。

同日　新华社报道:中国学者对距今两千四百多年的曾侯乙墓音乐文物经过三年认真的考察研究,结果表明,曾侯乙墓所出的 64 件编钟是目前世界上已知最早的具有 12 半音阶关系的特大型定调乐器,它证明我国早就运用 7 声音阶,而且还能旋宫转调。

8月6日　台北市第一女子中学仪仗队访美回台,由于访美女学生发式被特准破例,再次引起师生对"教育部""发禁"规定的质疑。

8月8日　台湾空军少校飞行考核官黄植诚驾机起义,降落在福州机场。

8月18日　第一届中国工艺美术品万花奖评选揭晓。

8月18日—26日　首次全国人民调解工作会议在北京召开。

8月22日　远东航空公司一架波音737 客机失事,机上 110 人全部遇难。

8月28日　新华社报道:国务院最近在北京召开广东、福建、浙江三省打击走私工作会议,要求把反走私斗争持续下去。

同日　我国第一座预应力混凝土铁路斜拉桥——红水河大桥建成。

8月29日　美商在台湾成立核化公司,帮助台湾处理核废料。

9月3日　台湾"行政院"通过《强迫入学系列》修正案,明定 6 岁至 15 岁必须入学接受教育。

同日　台湾中南部发生严重水灾。

9月3日—10日　五届全国人大常委会第二十次会议在北京举行。

9月4日　我国最大的稀土生产线在甘肃第一冶炼厂内建成,年产 6000 吨氯化稀土。

9月5日　国务院最近决定增拨 100亿斤粮食,发展食品工业生产。一次增拨这么多粮食用于发展食品工业,这是 1949年以来第一次。

9月11日　台湾与美国签订谷物贸易协定,5 年内台将向美国购买 50 多亿美元的谷物。

9月12日　重新编辑和注释的《鲁迅全集》由人民出版社出版。

9月14日　我国建造的第一艘2.7万吨出口远洋货轮"长城"号在大连下水。

9月17日　中共中央发布《关于整理我国古籍的指示》。

9月20日　我国首次用一枚运载火箭发射三颗空间物理探测卫星成功。

9月25日　我国伟大文学家、思想家、革命家鲁迅诞生一百周年纪念大会在北京隆重举行。胡耀邦在会上作重要讲话。

同日　台湾"内政部户政司"表示，台湾人口已突破1800万。

9月27日　首届北京国际马拉松赛举行。

9月28日　中国国际交流协会在北京成立。

9月30日　叶剑英委员长向新华社记者发表谈话，进一步阐明关于台湾回归祖国，实现和平统一的九条方针政策。建议举行中国共产党和国民党两党对等谈判，实行第三次合作。

同日　宋楚瑜以"政府发言人"名义声称，以三民主义统一中国是台湾当局的基本政策。

9月　中共中央、国务院发出《关于引滦入津的指示》。

10月2日　《人民日报》发表社论《为台湾回归祖国，完成统一大业共同奋斗》。

10月4日　台湾"教育部"决定修改《学位授予法》，博士学位改由学校授予。

10月5日—21日　农业部在北京召开全国农业工作会议。会议强调基本生产资料集体所有制长期不变，农业生产责任制长期不变。

10月9日　首都各界人士一万多人在人民大会堂隆重举行大会，纪念辛亥革命70周年。

10月10日　蒋经国在"双十节"祝词中称"以辛亥开国精神，重光中国大陆"。

10月11日　从零点起，中国铁路实行新的列车运行图，除西藏外，全国各省省会、自治区首府都有了直通北京的旅客快车。

10月18日　全国政协在北京举行大会，纪念人民教育家陶行知先生90诞辰。

同日　台湾"经济部国贸局"决定开放石化基本及中间原料进口。

10月22日　台湾"行政院"通过《食品卫生法施行细则》。

10月22日—23日　赵紫阳总理出席在墨西哥坎昆城举行的关于合作和发展的国际会议，提出中国政府关于建立国际经济新秩序的五项原则。

10月26日—29日　我国第一个行业管理组织——中国食品工业协会在北戴河召开成立大会，推举经委主任袁宝华为名誉会长，选举杜子端为会长。

10月27日　台湾人口密度突破每平方公里500人。

11月1日　中国画研究院在北京成立，李可染任院长。

11月2日　《人民日报》转载《红旗》杂志刊登的《邓小平同志谈端正党风》一文。

11月3日　台湾同学会在北京成立。

11月6日　新华社报道：国务院最近批转国家经委《关于加强领导，抓好企业整顿工作的意见》，提出要对企业进行全面治理。

11月6日—16日　第三届世界杯女子排球赛在日本大阪市举行。中国女排首次荣获世界冠军。

11月7日　新华社报道：我国首次人工合成胰岛素原C肽，并建立放射免疫分析技术。这一科学成果填补了国内生物化学和医学科学研究的一项空白,使中国这一研究工作进入世界先进行列。

同日　中国社会人类学家费孝通在伦敦经济学院接受赫胥黎奖章。他是第一位接受这项荣誉的中国学者。

11月11日　"行政院文化建设委员会"成立。

11月14日　台湾地方选举揭晓。

11月20日—26日　五届全国人大常委会第二十一次会议在北京举行。

11月21日　台湾当局举行"三民主义统一中国研讨会",会议决定提请当局成立"三民主义统一中国大同盟"。

11月23日　教育部发出通知,决定我国1981年招收首批攻读博士学位的研究生。

11月24日　新华社报道:经国务院批准,中国国际信托投资公司将在今年底或明年初在日本发行日元私募债券一百亿日元,这是中国首次在国外发行债券。

11月25日　新华社报道:坐落在北京城区东北部什刹后海北沿的国家名誉主席宋庆龄故居和上海宋庆龄墓,已经由国务院批准列为全国重点文物保护单位。

11月26日　蒋经国任命李登辉为"省主席"。

11月28日—12月14日　全国政协五届四次会议在北京举行。

11月29日　新华社报道:经国务院批准,从1982年起中国科学院将设立科学基金。中国科学院颁布《中国科学院科学基金试行条例》。

11月30日—12月13日　五届全国人大四次会议在北京举行。赵紫阳作题为《当前的经济形势和今后经济建设方针》的政府工作报告,提出今后经济建设的十条方针。会议通过关于推迟审议《中华人民共和国宪法》修改草案的决议;通过《中华人民共和国经济合同法》和《中华人民共和国外国企业所得税法》等法律。

12月2日　台湾"经济部"为解决外销中小企业面临的困难制定紧急方案。

12月4日　孙运璿在经济会议上强调"调整工业结构,促进复苏,开创新局"。

12月11日　邓小平题词纪念广西百色起义32周年。

12月11日—12日　五届全国人大民族委员会第三次会议在北京举行,起草《中华人民共和国民族区域自治法》。

12月18日—28日　民政部在北京召开全国殡葬改革工作会议,要求推行火葬,改革土葬,节俭办丧事。

12月20日　台湾东线铁路光复河底隧道正式通车,成为台第一条河底铁路隧道。

12月22日—29日　全国台湾同胞第一次代表会议在北京举行。27日,中华全国台湾同胞联谊会正式成立;选举以林丽韫为会长的第一届理事会。

12月23日　中国投资银行在北京正式成立。

12月24日　广东省人大常委会公布《广东省经济特区入境出境人员管理暂行规定》、《广东省经济特区企业登记管理暂行规定》、《广东省经济特区企业劳动工资管理暂行规定》和《深圳经济特区土地管理暂行规定》。以上于1982年1月1日起施行。

12月31日　台湾当局正式确定机械、运输工具、电机、电子和资讯五项工业为未来四年策略性发展产业。

12月底　中共中央、国务院、中央军委正式决定恢复新疆生产建设兵团。

同月　中国科学院上海生物化学研究所等单位胜利完成酵母丙氨酸转移核

糖核酸的人工合成,标志着我国在人工合成生物大分子的研究方面继续居于世界先进行列。

1982 年

1月1日 中共中央向全国转发《全国农村工作会议纪要》。

同日 《中华人民共和国律师暂行条例》正式施行。

同日 蒋经国发表元旦文告。

1月3日 邓小平在中央政治局讨论中央机构精简问题会议上作重要讲话,题为《精简机构是一场革命》。

1月5日 台湾"经济部长"指出"呆人"(上班不干事)、"呆时"(工作不按进度完成)、"呆料"(机器设备购买后不使用或不堪使用)是台"国营"事业的严重缺失。

1月8日 国务院发出《关于坚决稳定市场物价的通知》。

1月10日 《刘少奇选集》上卷出版发行。

1月11日 中共中央发出紧急通知,要求打击走私贩私、贪污受贿等违法犯罪行为。

同日 美国国务院宣布将向台湾当局提供包括战斗机在内的所谓"防御物品",并宣布延长与台合制F—5E战斗机计划。

1月13日 新华社报道:我国研制的电火箭最近首次进行空间飞行试验成功。中国是世界上第四个进行电火箭空间飞行试验的国家。

1月15日 新华社报道:我国高等学校从今年起授予本科毕业生学士学位。

同日 台湾"立法院"通过《商品标示法》。

1月20日 1981年10月中旬开始的引黄济津任务胜利完成。

同日 蒋经国号召任公职的国民党员,人人做"公仆"。

1月23日 胡乔木在中国文字改革委员会主任会议上重申党中央、国务院50年代规定的文字改革三项任务:推广普通话、推广汉语拼音方案、简化汉字。

1月26日 北回铁路一列特快列车在观音隧道内发生爆炸,伤亡17人。

1月30日 中共中央发出《关于检查一次知识分子工作的通知》,提出对知识分子要真正做到政治上一视同仁,工作上放手使用,生活上关心照顾。

2月3日—5日 团中央和教育部在北京联合召开1949年以来第一次全国三好学生、优秀学生干部和先进集体代表会议。

2月4日 美国国务院称,对台军售设有截止期限。

同日 台湾"行政院"通过"内政部"提案,减免11项警察协办业务。

2月5日 新华社报道:中国最大的烷基苯厂——南京烷基苯厂建成投产。

2月8日 国务院批准北京、承德、大同、南京、苏州、扬州、杭州、绍兴、泉州、景德镇、曲阜、洛阳、开封、江陵、长沙、广州、桂林、成都、遵义、昆明、大理、拉萨、西安、延安24个城市为国家第一批历史文化名城。

2月9日 新华社报道:经国务院批准,《中华人民共和国国境口岸卫生监督办法》最近颁布。

2月10日 "大台北防洪计划"开始施工。

2月18日 邓小平会见诺罗敦·西哈努克亲王。在谈到我国的机构改革时,他强调必须克服官僚主义、机构臃肿、人浮于事的现象。

同日　台湾"行政院"通过"东部区域综合开发计划"。

2月20日　中共中央发出《关于建立老干部退休制度的决定》。

同日　中共中央、国务院制定关于加强职工教育工作的决定。

2月21日　财政部发布《中华人民共和国外国企业所得税法施行细则》。

2月22日—3月8日　五届全国人大常委会第二十二次会议在北京举行。赵紫阳在会上作《关于国务院机构改革问题的报告》。会议通过关于国务院机构改革问题的决议,原则批准国务院机构改革的初步方案。

2月25日　邓小平会见摩洛哥首相马蒂·布阿比德一行。他说,我们主要是引进先进的技术和管理知识,吸收对我们有用的资金。贪污、行贿、走私等坏东西、腐朽的东西决不能引进来。

同日　台湾"行政院"通过《劳动基准法》草案,决定扩大"劳基法"适用范围。

2月27日　国务院公布第二批全国重点文物保护单位,共62处。

2月28日—3月10日　福建省五届人大四次会议在福州举行,通过《福建省厦门经济特区条例》和有关法规。

3月1日　第一个全民文明礼貌月活动在全国展开。

3月2日　教育部颁布《高等学校学生守则》、《中等专业学校学生守则》。

同日　台湾"国防部"称,台与美合作生产 F—5E 战斗机,自制率已达五成。

3月4日　因装设有色情及赌博性的电动玩具,严重危害社会风气,台湾"行政院"决定全面查禁电动玩具业,并停发营业执照。

3月10日　台湾"行政院经建会"决

定投资 800 亿元,分三年推动《加强基层建设,提高农民所得案》。

3月15日　外交部向各国驻华外交代表机关发出照会,表示坚决反对任何国家允许台湾设立甚至同台湾互设带有官方性质的代表机构,以及同台湾进行官方性质的来往。

3月17日　国家体委向首批获得围棋高段位的聂卫平等十名运动员颁发证书。这是我国第一次向围棋运动员正式颁发段位证书。

3月20日　孙运璿要求公务人员力行十项革新指示。

3月26日　孙运璿在"立法院"声称,台湾军备必须优于中共,纵使因此举债,亦在所不惜。

3月31日　中共中央就印发《关于我国社会主义时期宗教问题的基本观点和基本政策》发出通知。

同日　我国第一个公证条例——《中华人民共和国公证暂行条例》由国务院发布施行。

4月2日　台湾"经济部"修正《纺织品出口配额处理办法》,改变以往纺织品配额核配方式。

4月15日　台湾"行政院"通过《改善投资环境及促进投资方案》,拟采取九项刺激景气复苏措施。

4月22日—5月4日　五届全国人大常委会第二十三次会议在北京举行。彭真作《关于宪法修改草案的说明》。会议通过决议,公布《中华人民共和国宪法修改草案》。赵紫阳作《关于国务院机构改革进展情况和三项议案的说明》,宣布国务院各部、委机构的组建工作已经完成。会议通过《关于国务院部委机构改革实施方案的决议》。

4月27日　台湾"立法院"通过《空气

污染防治法》修正案,对工厂排放有害气体予以管理。

4月30日　台湾"立法院"通过修正《强迫入学条例》。

同月　台湾警方破获一个国际贩婴集团,查出有数十名婴儿已被卖到外国。

5月4日　台湾"经济部"宣布,机械及资讯两大类工业被列为策略性工业范围,享有优惠奖励。

5月7日—9日　美国副总统乔治·布什正式访问我国。邓小平会见布什时阐述了中国对台湾问题,特别是美国向台湾出售武器问题的立场。

5月10日　著名经济学家、教育家马寅初在北京逝世,终年101岁。

同日　孙运璇在台湾"立法院"称,不轻言解除《戒严法》。

5月10日—21日　第十二届国际羽毛球锦标赛(汤姆斯杯)在英国举行。中国首次参加,夺得冠军。

5月11日　台湾当局要求美国切实履行《与台湾关系法》,并重申台不与中共接触的立场。

5月13日　台湾"行政院"通过《公务人员眷属疾病保险条例》草案。

5月14日　国务院公布施行《国家建设征用土地条例》。1958年1月6日国务院公布的《国家建设征用土地办法》即行废止。

5月15日　新华社报道:中共中央最近任命了中央直属机关部分单位的领导干部:中央办公厅主任胡启立;中央宣传部部长邓力群;中央统战部部长杨静仁;中央对外联络部部长乔石;中央党校校长王震;中央书记处研究室主任邓力群(兼);中央文献研究室主任李琦;中央党史研究室主任胡绳;中央党史资料征集委员会主任委员冯文彬;人民日报社社长胡

绩伟,总编辑秦川;红旗杂志社总编辑熊复;中央编译局局长宋书声。

5月17日　中国第一个现代化农业测试中心——湖北省农业科学院农业测试中心在武汉落成并投入试运转。

5月18日　台湾"立法院"通过《文化资产保存法》,将依法对古物、古迹、民族艺术及有关文物自然景观进行保护。

5月20日　台湾"行政院"通过《优生保健法》草案,明定可有条件施行人工流产。

5月26日　新的国家经济委员会在北京成立。

5月29日　中共中央、人大常委会、国务院举行仪式,隆重纪念宋庆龄同志逝世一周年。宋庆龄在北京的居处命名为"中华人民共和国名誉主席宋庆龄同志故居"。纪念宋庆龄国家名誉主席儿童科学公园基金会在北京成立。

5月29日—6月3日　我国首次毛泽东教育思想学术讨论会在武汉举行。

6月6日　台湾"行政院"通过《行政机关贯彻十项革新要求实施要点》。

6月7日　台与美国签订为期五年的新渔业协定。

6月10日　台湾"行政院"通过五项刺激经济景气措施。

6月17日　国务院作出《关于疏通城乡商品流通渠道扩大工业品下乡的决定》。

6月18日　全国图书发行体制改革座谈会最近在北京举行。会议建议大力支持出版社自办发行,允许出版社开设自办的与合办的图书门市部门,设立特约经销处,以及开展邮购和流动供应图书的服务工作。

6月21日　台湾当局在台北召开农业会议,提出:推行"农地改革",农业经营企业化,调整农业生产方向。

6 月 26 日　中国建筑工程总公司在北京成立。

7 月 1 日　我国进行第三次人口普查,这是世界历史上一次规模最大的人口普查。普查结果显示:全国总人口为1031887961人,大陆29个省、市、自治区共1008180738人。

7 月 2 日—6 日　全国政协五届常委会第十九次会议举行。

7 月 8 日　台湾"行政院"通过《刑事诉讼法》修正草案,明定警察约谈程序,并赋予警察径行拘提权等。

7 月 10 日—24 日　全国政法工作会议在北京举行,这是建国以来规模最大的一次政法会议。

7 月 14 日　台湾"法务部调查局"宣布侦破高中联考试题外泄案。

7 月 15 日　《光明日报》发表社论《逐步改善中年知识分子的工作和生活条件》。

同日　台湾"行政院"通过《提高台在远东地区经贸地位方案要点》。

7 月 16 日　国务院批转教育部、公安部、外交部、劳动人事部《关于自费出国留学的规定》。

同日　台湾"立法院"通过《奖励投资条例》修正案、将大贸易商增列为奖励对象。

7 月 17 日　教育部印发《关于招收博士学位研究生的暂行规定》。

7 月 18 日　我国自然科学奖励委员会宣布,包括"人工合成牛胰岛素研究"、"哥德巴赫猜想研究"、"配位场理论"在内的 122 项重要成果获自然科学奖。

7 月 21 日　新华社报道:一种新型的异常血红蛋白——"血红蛋白沈阳"最近正式通过鉴定。这是我国在世界范围内首次发现的一种血红蛋白新变种。

7 月 28 日　美国总统里根声称,美保证履行《与台湾关系法》,对台政策不变。

7 月 29 日　中国人民解放军国防科学技术工业委员会正式成立。

7 月 30 日　《人民日报》发表邓小平题为《顾问委员会是废除领导职务终身制的过渡办法》的讲话。

7 月 30 日—8 月 4 日　中华全国总工会第九届执委会第十四次会议在北京召开,批准组成全国总工会新的领导班子,倪志福为主席。

7 月 31 日　台湾当局对日本文部省篡改第二次世界大战时日本侵华史实,向日本交流协会提出备忘录,要求日本慎重检讨处理。

8 月 1 日—10 日　教育部、国家计委、国家经委和财政部在北京联合召开 1949年以来第一次全国中小学勤工俭学工作会议。会议制定了《中小学勤工俭学工作条例(试行)》和《普通中学开设劳动技术教育课的试行意见》。

8 月 3 日　新华社报道:经国务院批准,中国开始试行颁发生产许可证制度。

8 月 5 日　中国儿童少年活动中心在北京开幕。

同日　台湾"行政院"通过家庭计划四年计划,将引进长期避孕剂。

8 月 6 日　中共十一届七中全会在北京举行。全会审议并通过了中央委员会向党的十二大的报告及《中国共产党章程(修改草案)》,一致决定提交十二大审议。

8 月 12 日　国务院向河南、山东两省军民发出电报,祝贺他们战胜了黄河1958年以来的最大洪水。

8 月 15 日　新华社报道:我国自行设计制造的第一艘新型导弹驱逐舰——海军北海舰队 105 舰,圆满完成试验任务,为研制新型舰艇提供了科学依据。

8月17日 中美两国政府就分步骤直到最后彻底解决美国向台湾出售武器问题发表联合公报。我国外交部发言人和美国总统里根分别就联合公报发表声明。

同日 宋美龄在美国发表致廖承志公开信，攻击廖承志致蒋经国信中的主张。

同日 台湾当局就中美发表联合公报发表声明，重申美国政府与中共政权达成的任何协议，台湾当局一律视为无效。

8月19日—23日 五届全国人大常委会第二十四次会议在北京举行。会议通过关于召开五届人大五次会议的决定，通过《中华人民共和国海洋环境保护法》和《中华人民共和国商标法》，决定我国加入《关于难民地位公约》和《关于难民地位的议定书》。会议批准国务院直属机构由原来的41个单位调整为15个，其余并入有关部委。会议作出关于将新华通讯社作为国务院的组成部分的决议和关于设立国防科学技术工业委员会的决议，同时任命穆青为新华社社长，卢嘉锡为中国科学院院长，马洪为中国社会科学院院长。

8月19日 美国政府通知国会，决定向台湾出售60架F—5E及F—5F战斗机。

8月27日 新华社报道：党的十一届三中全会以来，我国八个民主党派的组织有了很大的发展，近三年来共发展新党员三万五千多人，现在共有七百多个地方组织，四千多个基层支部。

同日 台湾"行政院国家科学委员会"决定与多所大学共同成立"贵重仪器使用中心"，以提高贵重仪器使用效率。

8月 中共中央发出通知，为潘汉年平反昭雪，恢复名誉，恢复党籍。

9月1日 经国务院批准，财政部税务总局自今日起在全国办理税务登记。

9月1日—11日 中国共产党第十二次全国代表大会在北京举行。邓小平致开幕词。胡耀邦代表第十一届中央委员会作题为《全面开创社会主义现代化建设的新局面》的报告。中共十二大充分肯定并充实和发展了十一届三中全会以来党的路线、方针、政策；提出了到20世纪末工农业的年总产值翻两番的宏伟战略目标。大会通过了《中国共产党章程》，选出了中央委员会、中央顾问委员会和中央纪律检查委员会。

9月2日—8日 新中国第一次举行的全国少数民族传统体育运动会在呼和浩特市举行。

9月6日 台湾"行政院"向"立法院"提出的施政报告中强调，加速研制精密武器。

9月12日—13日 中国共产党十二届一中全会在北京举行，选举胡耀邦、叶剑英、邓小平、赵紫阳、李先念、陈云为中央政治局常委；胡耀邦为中央委员会总书记；邓小平为中央军事委员会主席，叶剑英、徐向前、聂荣臻、杨尚昆为副主席；万里、习仲勋、王震、韦国清、乌兰夫、方毅、邓小平、邓颖超、叶剑英、李先念、李德生、杨尚昆、杨得志、余秋里、宋任穷、张廷发、陈云、赵紫阳、胡乔木、胡耀邦、聂荣臻、倪志福、徐向前、彭真、廖承志为中央政治局委员，姚依林、秦基伟、陈慕华(女)为中央政治局候补委员。

9月13日 中共中央顾问委员会第一次全体会议在北京举行。邓小平作重要讲话。全会选举邓小平为中央顾问委员会主任，薄一波、许世友、谭震林、李维汉为副主任。

同日 中共中央纪律检查委员会全

体会议在北京举行。陈云作了重要讲话。全会选举陈云为第一书记，黄克诚为第二书记，王鹤寿为常务书记。

9 月 15 日　中央军委下达军队体制改革精简整编方案，决定将军委炮兵、装甲兵、工程兵机关，分别改为总参炮兵部、装甲兵部、工程兵部；铁道部和铁道兵合并；撤销军委基建工程兵。

9 月 15 日—25 日　朝鲜劳动党中央委员会总书记、朝鲜民主主义人民共和国主席金日成到我国进行正式国事访问。

9 月 16 日　台湾"行政院"通过"全面防止盗窃与暴力犯罪案"。

9 月 17 日　我国第一家电视制片厂——北京电视制片厂在北京成立。

9 月 18 日　我国著名古人类学家、中国猿人第一个头盖骨发现者裴文中在京逝世，终年 79 岁。

同日　台湾各界展开"九一八事变"回顾活动，抗议日本篡改侵华史实。

9 月 21 日　我国测绘部门在世界上第一次成功地完成了全国地面测量控制网的整体平差工作，精确地计算出五万多个测绘点的地理坐标，建立了中国独立的高精度的大地坐标系统。

同日　我国第一个农业生物遗传生理研究所——江苏省农业科学院农业生物遗传生理研究所在南京建成。

9 月 22 日—26 日　英国首相撒切尔夫人访问我国。

9 月 24 日—26 日　全国政协五届常委会第十二次会议在北京举行。

9 月 25 日　台湾"行政院"通过"公务员退抚制度改革方案"。

9 月 29 日　石太线（石家庄—太原）电气化铁路正式通车，全长 235 公里。这是我国第一条双线电气化铁路。

10 月 3 日　中共中央、国务院作出关

于中央党政机关干部教育工作的决定。

10 月 4 日　台湾当局决定采取九项措施，推行人口政策以降低人口自然增长率。

10 月 5 日　商人杜绍溪、张荣一因与大陆进行商业交易，被台警方以"叛乱案"罪嫌逮捕。

10 月 9 日　经我国政府确定，即日起，外国人不需办理旅行证，不需事先通知，可以到北京市、天津市、上海市、秦皇岛市、太原市、沈阳市等 29 个市县旅行。

10 月 14 日—26 日　由乔治·马歇总书记率领的法共中央代表团应中共中央邀请访问我国。双方一致同意正式恢复两党关系。

10 月 22 日　"三民主义统一中国大同盟"在台北正式成立。

10 月 23 日—25 日　全国科学技术奖励大会在北京举行。会议向 428 项发明和 124 项自然科学成果奖获得者的代表颁发了发明和自然科学奖证书和奖章。

11 月 4 日　台湾"行政院"通过《第二阶段农地改革方案》，对要扩大经营规模的农户将提供期限为 15 年的购地贷款。

11 月 4 日—8 日　共青团十届四中全会在北京举行。会议选举王兆国为团中央书记处第一书记。

11 月 5 日　台湾"立法院"通过《台湾省建设公债发行条例》。

11 月 11 日　人大常委会电唁苏联最高苏维埃主席团主席勃列日涅夫逝世。14 日至 16 日，黄华特使赴莫斯科参加勃列日涅夫葬礼。

11 月 12 日—19 日　五届全国人大常委会第二十五次会议在北京举行。会议通过《中华人民共和国文物保护法》和《中华人民共和国食品卫生法（试行）》。会议还作出《关于批准长江南通港、张家港对

外国籍船舶开放的决定》。会议任命吴学谦为外交部长，张爱萍为国务委员兼国防部长。

11月16日 我国第一座太阳塔已在南京紫金山建成。

11月19日 台湾"经济部"宣布，自22日起解除697项日货进口限制。

11月24日—12月11日 全国政协五届五次会议在北京举行。

11月25日 中央军委发布命令，授予第四军医大学学员张华以"富于理想勇于献身的优秀大学生"称号。

11月26日—12月10日 五届全国人大五次会议在北京举行。会议通过了《中华人民共和国宪法》、关于本届全国人大常委会职权的决议和关于恢复《义勇军进行曲》为国歌的决议，批准了《中华人民共和国国民经济和社会发展第六个五年计划（1981—1985）》、《中华人民共和国1983年国民经济和社会发展计划》等。大会还通过了《中华人民共和国全国人民代表大会组织法》、《中华人民共和国国务院组织法》等。

12月2日 台湾"行政院"通过修正《公司法》及《证券交易法》，防止少数股东利用委托书不法取得企业经营权。

12月3日 我国第一座生产彩色显像管的现代化大型企业——陕西彩色显像管总厂经国家验收批准，正式投产。

12月6日 中国作家协会宣布，《许茂和他的女儿们》等六部作品荣获首届茅盾文学奖。

12月9日 副外长韩叙在第三次联合国海洋法会议上宣布，中国政府决定正式签署《联合国海洋公约》。

12月17日 新华社报道：甘肃省金川矿已建成为中国最大的镍生产基地和提炼白金等贵重金属的中心。

12月20日 台湾"行政院"公布电影分级要点。

12月20日—30日 共青团第十一次代表大会在北京举行。会议通过《中国共产主义青年团章程》，选出新的团中央委员会。31日，共青团十一届一中全会选举王兆国为团中央书记处第一书记。

12月21日 教育部、文字改革委员会等15个单位联合发出《大家都来说普通话倡议书》。

12月22日 我国第一台质子直线加速器在中国科学院高能物理研究所建成。

同日 中国煤炭进出口总公司在北京成立。

12月23日 新华社报道：国务院同意在广东兴建一座装机容量为180万千瓦的核电站。电站站址初步选定在广东大鹏半岛大亚湾。

12月25日 《毛泽东农村调查文集》已由人民出版社出版发行。

12月28日 台湾国际贩婴案两名主犯褚丽卿、金淑华被判无期徒刑。

12月28日—1983年1月3日 全军参谋长会议在北京举行。邓小平、叶剑英、徐向前、聂荣臻就加强军队建设作了重要指示。

1983 年

1月1日 《经济日报》创刊。

1月2日 国务院侨务办公室和全国侨联主持召开的全国归侨、侨眷、侨务工作者先进集体表彰大会在人民大会堂开幕。

同日 《华声报》创刊。

1月3日 国务院发布《植物检疫条例》。

1月4日　台湾当局为促进工业升级、提高外销能力决定全面取消现行退税制度。

1月7日　新华社报道：人民公社政社分开建立乡政权的试点工作已经在全国各地陆续展开。

1月8日　胡耀邦同墨西哥统一社会党代表团举行会谈时代表中央宣布：中国共产党同墨西哥统一社会党正式建立友好关系。

1月9日　台湾"经济部长"赵耀东发表题为"我们不要再等待"的谈话，指出第三次工业革命已来临，台应全力推动"技术升级"和"管理扎根"。

1月11日　蒋经国在其所主持的军事会议上称，"大陆动乱必日趋严重"，要求台湾军队作好准备，以便"光复大陆"。

1月16日　我国第一个冷冻精液人工授精孕育的婴儿在湖南常德诞生。4月8日，第二个冷冻精液人工授精孕育的婴儿在湖南长沙诞生。

1月17日　台湾"行政院国家科学委员会"决定改组五大科学中心，重新确立研究方向，推动大型研究计划。

1月18日—28日　中共中央组织部在北京召开整顿党的基层组织和整党试点工作座谈会，为全面整党作好准备。

1月21日　台湾"财政部"宣布，1982年出口实绩达 2000 万元美金以上的大贸易商，将获减免税赋的优待。

1月25日　首都军民隆重集会纪念延安拥军优属、拥政爱民运动 40 周年。

同日　最高人民法院刑事审判庭裁定，依法将江青、张春桥由死刑减为无期徒刑，原判处剥夺政治权利终身不变。

1月26日—2月2日　首次全国农村科技工作会议在北京召开。

1月30日　北京卫戍区和北京市公安局完成了首都内卫任务的交接工作，把军队担负的内卫任务移交给公安部门。

1月　中共中央发出《当前农村经济政策的若干问题》（即 1983 年一号文件）。

2月1日　台北市开封街发生重大火灾，12 人死亡，24 人受伤。

2月4日　台湾"省政府"决定用 2.56 亿元资金，在屏东县开辟具有传统山地文化特色的观光乐园。

2月6日　"二七"大罢工 60 周年纪念大会在长辛店举行。叶剑英、邓小平、李先念、陈云为纪念"二七"大罢工 60 周年题词。

2月9日　美国国务院宣布向台湾当局出售一批 F—104G 战斗机。

2月17日　《人民日报》发表社论《坚决而有秩序地改革》。

同日　台湾"行政院"通过《境外金融业务分行特许条例》草案和《枪炮弹药刀械管制条例》草案。

2月18日　中央最近批准中央党校改革办学的方案。

2月19日　新华社报道：国务院决定授予赵春娥、罗健夫、蒋筑英全国劳动模范称号。

2月20日　胡耀邦会见日本记者时说，中国的经济有许多弊病，如效率低、官僚主义严重。我们要通过今年、明年、后年这三年全面系统的改革，提高效率，提高发展速度，加强劳动纪律，通过改革出效益、出速度、出人才、出财源、出精神文明。

2月22日　著名经济学家孙冶方逝世，终年 71 岁。

2月25日　《人民日报》发表评论员文章《军队建设的一项重要改革》，指出培养军队和地方两用人才，是新时期军队建设的一项重要改革。

2月27日　台湾当局正式公布实施《加强中小企业融资辅导方案》。

2月28日—3月5日　五届全国人大常委会第二十六次会议在北京举行。

3月1日　国务院批转财政部制定的《国营企业利改税试行办法（草案）》。

3月3日　劳动人事部发出通知，要求积极有步骤地推行劳动合同制。

同日　台湾"行政院"核定《台湾地区农业信用保证制度实施方案》。

同日　台湾当局与象牙海岸"断交"。

3月5日　中共中央、国务院发出《关于发展城乡零售商业、服务业的指示》。

3月7日　全国纪念马克思逝世一百周年学术报告会在北京举行。

同日　共青团中央作出关于授予张海迪"优秀共青团员"称号和向张海迪学习的决定。

3月12日　南水北调东线第一期工程方案经国务院批准。第一期工程的主要任务是：打通长江到黄河南岸的输水线路，将长江水从江苏向北送到山东东平湖。

3月13日　胡耀邦在中共中央举行的纪念马克思逝世一百周年大会上作题为《马克思主义伟大真理的光芒照耀我们前进》的报告。

3月18日　台"立法委员"康宁祥等就"解除戒严"问题提出质询。孙运璿在答询时称"戒严令"须继续实施。

3月21日　我国短跑宿将、中国奥林匹克委员会副主席刘长春逝世，终年74岁。他是我国第一个参加奥运会的运动员。

3月24日　新华社报道：国家与地方共同投资、联合建设商品粮基地试点县（市）协议在北京签字。这批商品粮基地试点县（市）分布在8个省的50个县（市）。

同日　台湾"行政院"通过《加强培育及延揽高级科技人才方案》。

3月30日　中央"五讲四美三热爱"活动委员会成立，万里任主任。

同日　台湾"行政院"通过《复苏经济景气促进工商业发展方案》及《遏止色情污染实施要点》。

3月　《中国教育报》创刊。

4月1日　国务院颁布《国营工业企业暂行条例》。

同日　台湾当局规定，从本日起对三家电视台的综艺和戏剧节目实施先审后播规定，违反此规定者，除罚款外，并处以停播的处罚。

4月2日　国画大师张大千在台北病逝，享年85岁。

4月5日　中国人民武装警察部队总部在北京宣告成立。李刚任司令员，赵苍璧兼任政治委员。

4月6日　政协全国委员会主办的《人民政协报》正式创刊。

4月9日　国务院批准交通部关于长江航运体制改革方案，决定组建长江航务管理局，统一负责长江干线的航政、港政、航道整治管理、发展规划工作。

4月11日　台日香蕉贸易会议达成协议。

4月13日　国务院发布《关于严格保护珍贵稀有野生动物的通令》。

4月21日　全国29个省、市、自治区的中国共产党领导机关已经全部调整完毕，并获中共中央批准。

同日　著名妇产科专家林巧稚在北京逝世，终年82岁。

4月23日—5月16日　南布迪里巴德总书记率领印度共产党中央代表团访问中国。胡耀邦与他们进行了会谈。双方一致同意恢复和发展自1963年以来中断了的两党关系。

4 月 24 日　《人民日报》发表胡耀邦《关于思想政治工作问题》一文,对新闻不能没有阶级性的问题进行了阐述。

4 月 25 日—28 日　全国政协五届常委会第二十三次会议在北京举行。25 日,中央统战部部长杨静仁宣布:中共中央决定,在政协六届全国委员会的委员中,共产党员的比例将由五届的 60% 减少到 40%。

4 月 27 日　国务院发出通知,要求各地各部门认真贯彻执行国务院批准、财政部制订的《关于国营企业利改税试行办法》。征税工作从 6 月 1 日起开始办理。

4 月 28 日　国务院批转教育部、国家计委《关于加速发展高等教育的报告》。

4 月 29 日　台湾"立法院"通过《华侨回国投资条例》及《外国人投资条例》修正案。

5 月 2 日　国务院决定加快建设以山西为中心的能源基地。国务院山西能源基地规划办公室成立。

5 月 3 日　台湾"立法院"通过《噪音管制法》。

5 月 5 日　台湾"行政院"通过《教育人员任用条例》草案。

同日　卓长仁等六人将中国民航客机劫持到南朝鲜,台湾当局要求南朝鲜当局将卓长仁等六名劫机犯释放到台湾。

5 月 5 日—9 日　五届全国人大常委会第二十七次会议在北京举行。会议决定六届全国人大一次会议于 6 月 6 日在北京召开。会议通过关于地区和市合并后市人民代表大会提前换届问题的决定和关于批准加入《南极条约》的决定。

5 月 6 日　新华社报道:国务院最近颁发《关于城镇集体所有制经济若干政策问题的暂行规定》。

5 月 7 日　中国政法大学正式成立。

5 月 9 日　教育部等有关部门发出《关于改革城市中等教育结构、发展职业技术教育的意见》。

5 月 11 日　叶剑英、邓小平、李先念、陈云、彭真、邓颖超、徐向前、聂荣臻分别题词,号召向优秀共青团员张海迪学习。

5 月 13 日　台湾"交通部"批准美国泛美航空公司复航台北。

5 月 14 日　莱索托与台湾台局"断交"。

5 月 16 日　《人民日报》发表社论《坚持有领导有步骤的改革》。

5 月 17 日　台湾"立法院"通过修正《水污染法》,提高了对违法者的罚款。

5 月 20 日　《人民日报》报道:中共中央作出关于实现党校教育正规化的决定。

5 月 27 日　国务院学位委员会和北京市人民政府在北京联合召开博士和硕士学位授予大会。我国自 1980 年建立学位制度以来,全国已先后授予 18 人博士学位,近 15000 人硕士学位,32 万多人学士学位。

5 月 30 日　全国政协五届常委会第二十四次会议在北京举行。

5 月 31 日—6 月 1 日　中共中央在人民大会堂邀请五届全国人大常委会、政协五届全国委员会、各民主党派、各人民团体的负责人和无党派人士代表举行民主协商会,就如何开好六届全国人大一次会议和全国政协六届一次会议问题进行了充分商讨。

6 月 1 日　全国开始推行利改税第一步改革。

6 月 2 日　我国第一条从天津到西欧的集装箱货物远洋运输航线开航。

6 月 4 日　台湾中南部暴雨成灾,死伤惨重。

6月4日—22日　全国政协六届一次会议在北京举行。邓颖超致开、闭幕词。大会选举邓颖超为政协六届全国委员会主席，杨静仁、刘澜涛、陆定一、程子华、康克清、季方、庄希泉、帕巴拉·格列朗杰、王昆仑、钱昌照、李立、董其武、陶峙岳、周叔弢、杨成武、肖华、陈再道、吕正操、周建人、周培源、包尔汉、缪云台、王光英、邓兆祥、费孝通、赵朴初、叶圣陶、屈武、巴金为副主席。

6月6日　中共中央、国务院作出关于加强出版工作的决定。

6月6日—21日　六届全国人大一次会议在北京举行。彭真致开幕词，赵紫阳作《政府工作报告》，姚依林作《关于1983年国民经济和社会发展计划报告》，王丙乾作《关于1982年国家决算报告》，杨尚昆、江华、黄火青分别作书面工作报告。会议选举李先念为中华人民共和国主席，乌兰夫为副主席；选举彭真为全国人大常委会委员长，陈丕显、韦国清、耿飚、胡厥文、许德珩、彭冲、王任重、史良、朱学范、阿沛·阿旺晋美、班禅额尔德尼·确吉坚赞、赛福鼎、周谷城、严济慈、胡愈之、荣毅仁、叶飞、廖汉生、韩先楚、黄华为副委员长；决定赵紫阳为国务院总理，万里、姚依林、李鹏、田纪云为副总理；选举邓小平为中央军委主席，叶剑英、徐向前、聂荣臻、杨尚昆为副主席。

6月10日　中共中央政治局委员、五届人大常委会副委员长廖承志在北京逝世，终年75岁。

同日　台湾"立法院"通过《冤狱赔偿法修正案》，冤狱赔偿金将比原来提高10倍。

6月11日　朱建华在北京以2.37米的成绩打破男子跳高世界纪录。

同日　著名画家李苦禅逝世，终年85岁。

6月14日　国务院发布《中华人民共和国金银管理条例》。

6月19日　孙冶方经济科学奖励基金委员会在北京成立。

6月28日　台湾"交通部"公布《台北都会区大众捷运系统计划》。

7月1日　《邓小平文选》在全国出版、发行。

同日　台湾全面实施《加强机动车辆排烟管制措施》。

同日　国家安全部正式成立，凌云任部长。

7月7日—17日　全国宣传工作会议在北京举行。会议指出《邓小平文选》是我们建设有中国特色的社会主义的建国大纲，制定党的路线、方针、政策的理论基础，是毛泽东思想的继承和发展。

7月9日　台湾"行政院"决定成立"同步辐射研究中心。"

7月12日　中共中央发出关于全党学习《邓小平文选》的通知。

同日　中国石油化工总公司在北京成立。

7月12日—13日　中英双方开始通过外交途径就香港问题进行会谈。

7月13日　台湾"外交部"声称，英国与中共关于香港问题会谈及可能达成的协议均属无效。

7月21日　台湾"财政部"通过《税务行政革新方案》。

7月27日　新华社报道：中共中央最近批转了《国营企业职工思想政治工作纲要（试行）》。

8月1日　国家外汇管理局公布《侨资企业、外资企业、中外合资经营企业外汇管理施行细则》。

8月2日　中共中央、国务院批准《北

京城市建设总体规划方案》，同时决定成立首都规划建设委员会。

8 月 4 日　台湾"行政院"通过《国民住宅条例施行细则》修正案。

8 月 9 日　台湾"内政部"决议将劳资争议有关权利事项案件，改由劳工法庭审判。

8 月 10 日　中国医学科学院肿瘤研究所和肿瘤医院在北京建成，正式开诊。这是我国目前最大的肿瘤研究所和医院。

同日　世界名园圆明园举行整修工程奠基仪式。

8 月 14 日　《人民日报》报道：中共中央、国务院发出关于进一步办好暨南大学和华侨大学的通知。

8 月 21 日　菲律宾民航局下令中止"华航"至菲律宾航权。

8 月 22 日　国务院公布《经济合同仲裁条约》。

8 月 23 日—29 日　1949 年以来首次全国发展集体和个体经济安置城镇青年就业先进表彰大会在北京举行。

8 月 24 日　台湾一所中学礼堂突然倒塌，伤亡学生达百余人。

8 月 25 日—9 月 2 日　六届全国人大常委会举行第二次会议。会议通过关于严惩严重危害社会治安的犯罪分子的决定，关于迅速审判严重危害社会治安的犯罪分子的程序的决定，关于修改《中华人民共和国人民法院组织法》的决定，关于修改《中华人民共和国人民检察院组织法》的决定，关于《国家安全机关行使公安机关的侦查、拘留、预审和执行逮捕的职权的决定》和关于修改《中华人民共和国中外合资经营企业所得税法》的决定。

8 月 26 日　民政部颁布《中国公民同外国人办理婚姻登记的几项规定》。

9 月 2 日—12 日　中国妇女第五次全国代表大会在北京举行。会议选举产生了全国妇联第五届执行委员会。在执委会第一次全体会议上，康克清当选为主席，罗琼等当选为副主席。张帼英任书记处第一书记。

9 月 2 日　台湾宣布中止菲律宾航空公司飞机在台湾降落权。

9 月 3 日　台湾十家党外政论杂志编辑和作者召开会议，通过《党外编辑作家联谊会组织章程》。

9 月 8 日　台湾"行政院"通过《选举罢免法施行细则》修正案。

9 月 10 日　台三十余位现任无党籍"民意代表"和党外杂志代表集会通过《党外人士竞选立法委员后援会草案》。

9 月 11 日　引滦入津工程正式建成通水，全长 234 公里。

9 月 14 日　台湾与菲律宾同时宣布解除飞航禁令。

9 月 15 日　中华人民共和国审计署成立。

9 月 17 日　国务院作出关于中国人民银行专门行使中央银行职能的决定，中国人民银行不再兼办工商信贷和储蓄业务。

9 月 18 日　由台湾无党籍人士筹组的"党外中央后援会"举行成立大会。

9 月 18 日—10 月 1 日　第五届全国运动会在上海举行。22 日，朱建华以 2.38 米的成绩再创男子跳高世界纪录。本届运动会共打破两项世界纪录，平三项世界纪录，破一项世界青年纪录。

9 月 20 日　国务院公布《中华人民共和国中外合资经营企业法实施条例》。

9 月 22 日　《中国教育报》发表社论《教育工作者必须反对精神污染》。

同日　原中共中央委员、外交部长乔冠华逝世，终年 70 岁。

9月23日　国务院发布《烟草专卖条例》，决定对烟草的种植、卷烟的生产和销售实行国家统一计划、管理和经营。为此，设立国家烟草专卖局。

9月24日　台湾"经济部"公布实施《建立中心卫星工厂体系方案》。

9月29日　台湾"教育部"法规会宣布，恢复国民教育中的留级制度。

10月1日　中国石油公司从今日起发行全国通用柴油票和汽油票。

同日　台湾"经济部"公布新修正的《纺织品出口配额处理办法》，增列了对仿商标、顶名出口等行为的处罚条目。

10月7日　孙运璇在"立法院"称，台湾当局不承认中英香港谈判任何协议。

10月8日　财政部税务总局发出《关于个体商业户必须依法纳税的通告》。

10月9日　新华社报道：中共中央组织部和国家劳动人事部最近发出《关于严格控制机构膨胀的通知》。

10月11日　国际原子能机构第二十七届大会一致通过决议，接受中国为该机构的成员国。同年12月30日，我国政府把中国接受国际原子能机构规约的接受书送交保存国——美国政府，从而自1984年1月1日起正式取得在该机构的成员国资格。

10月11日—12日　中共十二届二中全会在北京举行。全会一致通过《中共中央关于整党的决定》。会上，邓小平、陈云分别就整党问题作了重要讲话。邓小平在讲话中还提出了加强思想战线工作的问题。

10月15日—16日　中共中央顾问委员会第二次全体会议在北京举行。

10月16日　台湾"文复会"举行孝道与孝行研讨会，提出推行新孝道运动。

10月17日—25日　中共中央纪律检查委员会第三次会议在京举行。会议认真讨论了抵制和清除精神污染的问题，原则通过《加强党的纪律的若干规定》（草案）。

10月18日—29日　中国工会第十次全国代表大会在北京举行。大会通过《中国工会章程》，选举产生了全总第十届执行委员会。在执委会第一次会议上，倪志福当选为主席、第一书记。

10月23日　台湾党外人士召开"竞选立法委员中央后援会"推荐大会。

10月24日　1949年以来首次全国经济理论研究工作会议在沈阳召开。

10月26日　广东海南岛三亚港经国务院批准辟为对外开放口岸。

10月27日　台首家"国际证券投资信托公司"开业。

10月28日　台湾"行政院"通过《科技资料保密制度草案》。

10月29日　李大钊烈士陵园落成典礼在北京隆重举行。胡耀邦等党和国家领导人、各方面人士五百多人参加，薄一波主持典礼，彭真宣读中共中央为李大钊烈士撰写的碑文。

同日　台湾"行政院资讯策进推动小组"决定采用《运用汉字标准交换码》及《全汉字标准交换码》两种汉字编号。

10月31日　《人民日报》发表评论员文章《高举社会主义文艺旗帜，坚决防止和清除精神污染》。

同日　国务院批准，从1984年起，我国将采用国民经济收入指标作为衡量经济发展情况的综合指标之一。

11月2日　台"增额立法委员"选举候选人登记截止，177名候选人登记参选。

11月3日　台湾"行政院"通过《防止经济犯罪出国潜逃执行要点》。

11月8日　台湾"立法院"通过《电

影法》。

11 月 15 日　针对"党外后援会"提出的十项共同政见,台湾"中央选举委员会"表示,"台湾前途应由全体住民共同决定"不得列为竞选主张。

11 月 24 日　台湾"行政院"通过台与南朝鲜签订的《海运协定》。

11 月 25 日—12 月 8 日　六届全国人大常委会第三次会议在北京举行。会议讨论了加强精神文明建设、争取社会风气根本好转的问题,通过了《中华人民共和国统计法》,通过了关于外交工作报告和谴责美国国会制造"两个中国"严重事件的决议、关于我国加入"各国议会联盟"的问题的决议、关于我国加入 1967 年《关于各国探索和利用包括月球和其他天体在内外层空间活动的原则条约》的决定。

11 月 28 日—12 月 8 日　新中国成立以来规模最大的全国集邮展览在北京举行,展出了 15 万枚中外邮票珍品。

11 月 30 日　《人民日报》发表社论《坚持党的领导,改善党的领导》。

12 月 1 日　中共中央、国务院发出关于县级党政机关机构改革问题的通知。

12 月 3 日　台"增额立法委员"选举揭晓。非国民党人士候选人得票率达 28.91%。

12 月 6 日　我国第一台亿次计算机试制成功。

12 月 12 日　台湾"法务部调查局"宣布,今年 4 月间《中央日报》、《联合报》爆炸案是"台独"组织所为。

12 月 13 日—22 日　全国科学技术工作会议在北京举行。

12 月 22 日　台湾"行政院"核定"稻米生产及稻田转作六年计划"。

12 月 23 日　台湾"立法院"通过《出版奖助条例》。

12 月 26 日　《人民日报》发表社论《毛泽东思想永放光芒》和胡耀邦《最好的怀念》一文。全国开始发行毛泽东的三本著作《毛泽东书信选集》、《毛泽东书信手迹选》和《毛泽东新闻工作文选》。《毛泽东题词墨迹选》、《毛泽东手书古诗词选》随后出版发行。

12 月 28 日　国民党中常会决定开除 21 名在 1983 年选举中违纪竞选、助选的党员。

12 月 29 日　台湾"经济部"宣布今年对外贸易增长 13%。

12 月 30 日　中国工商银行成立。

1984 年

1 月 1 日　中共中央发布《关于 1984 年农村工作的通知》(即 1984 年 1 号文件)。

同日　蒋经国发表《新年祝词》,声称要使 80 年代"成为三民主义胜利成功的年代"。

1 月 4 日　国务院决定 1984 年发行 40 亿国库券。

同日　台湾当局宣布,去年美台贸易超过 160 亿美元,台已成为美国第六大贸易伙伴。

1 月 5 日—9 日　我国第一次农村科学技术推广工作经验交流会在北京举行。会议宣布给在基层从事农村科技推广工作 25 年以上者颁发荣誉证书。

1 月 6 日　高雄海底过港隧道全线通车。

1 月 7 日　台湾"内政部"拟订《自然生态保育方案》草案。

1 月 8 日　台湾党外人士筹组"党外选举后援会"。

1月11日 新华社报道:我国目前已经建立106处自然保护区。

1月24日 胡耀邦在回答法国记者的提问时说,通过三年整党,中国共产党将变得更加坚强,更加朝气蓬勃,更加有能力领导中国人民实现社会主义现代化。台湾将来同祖国大陆统一后,台湾的头面人物可以被吸收到全国性的机构中,参与国家大政方针的决策。

1月24日—29日 邓小平、王震、杨尚昆视察深圳、珠海两个经济特区。邓小平为深圳特区题词:"深圳的发展和经验证明我国建立经济特区的政策是正确的。"

1月26日 新华社报道:国务院最近颁发了《中华人民共和国进口货物许可证制度暂行条例》。

1月27日 《中国人民解放军纪律条令》颁发全军执行。

1月28日 国务院发布《中华人民共和国进出口商品检验条例》。

1月29日 新华社报道:1949年后首次进行的全国农村五保户普查工作基本结束。全国无劳动能力、无生活来源的老人264万多人,残疾人19.8万多人,孤儿14万多人。

同日 台湾"行政院经建会"称,台外汇存底累计已达137亿美元。

2月7日—10日 邓小平、王震视察福建省厦门市和正在建设的厦门经济特区。9日,邓小平题词:"把经济特区办得更快些更好些。"

2月8日 人民解放军总政治部最近发出通知,要求各部队以加强爱国主义和共产主义思想教育为内容,深入开展"学雷锋,树新风"活动。

2月11日 《人民日报》报道:台湾已故"监察院院长"于右任的两本书《于右任诗集》、《于右任墨迹选》最近出版,胡耀邦为这两本书题了书名。这是新中国成立以来,大陆第一次出版国民党重要军政人员的著作。

2月14日 我国第一批自学者133人,在北京市高等教育考试颁发毕业证书大会上领到了大专毕业证书。

2月14日—2月15日 国民党十二届二中全会在台北召开。会上提名蒋经国、李登辉为"总统"、"副总统"候选人。

2月15日 邓小平视察上海宝山钢铁总厂,并题词。

同日 《陈云文选》(1926—1949年)出版发行。

2月16日 台湾"行政院"核定《台湾沿海地区自然环境保护计划》。

2月20日—3月25日 "国民大会"第七次会议在台北召开。

2月22日 邓小平、赵紫阳、邓颖超分别会见由布热津斯基和乔丹率领的美国战略和国际问题研究中心代表团。邓小平在会见时说,中国统一后,台湾可以搞它的资本主义,大陆搞社会主义,可以实行一个中国两种制度,双方互不伤害。

2月25日 由党外公职人员筹组的台湾"党外公共政策研究会"宣布成立。

2月27日 国务院发布《关于在我国统一实行法定计量单位的命令》,同时公布《中华人民共和国法定计量单位表》。

同日 国务院发布《关于农村个体工商业的若干规定》。

2月28日 新华社报道:中国开始实行市领导县的行政体制改革。

2月29日—3月12日 六届全国人大常委会第四次会议在北京召开。会议通过《中华人民共和国全国人民代表大会代表参加各国议会联盟代表团章程》、《中华人民共和国专利法》(1985年4月1日起施行）。

3月1日　中共中央、国务院发布关于深入扎实地开展绿化祖国运动的指示。

3月11日　中国厂长（经理）工作研究会在北京成立。

3月15日　中国残疾人福利基金会在北京成立，王震任名誉理事长，崔乃夫任理事长。

3月16日　台湾与美国食米谈判达成协议。

同日　台湾"行政院"通过《科技人员管理条例草案》。

3月21日　"国民大会"推举蒋经国连任"总统"。

3月22日　"国民大会"推举李登辉出任第七任"副总统"。

3月23日—26日　日本首相中曾根康弘访问我国。中日两国领导人在会谈中一致同意设立"中日友好二十一世纪委员会"。

3月26日—4月6日　中共中央书记处和国务院在北京召开沿海部分城市座谈会。会议建议进一步开放由北至南14个沿海港口城市作为我国实行对外开放的一个新的重要步骤。这14个港口城市是：大连、秦皇岛、天津、烟台、青岛、连云港、南通、上海、宁波、温州、福州、广州、湛江、北海。

4月6日　国务院发布《中华人民共和国居民身份证试行条例》。

同日　台湾"教育部"订定《大学通识教育实施要点》。

4月7日　台湾"教育部"规定，中学生不得着便服到校，校服式样由各校自行订定。

4月8日　我国一些大中城市出现了一种新的市场形式——农副产品批发市场。

同日　我国发射第一颗试验同步通信卫星，16日成功地定点于东经125度赤道上空，通信、广播和电视传输等试验正常。

4月18日　《人民日报》发表评论员文章《领导干部要同知识分子广交朋友》。

同日　台湾"立法院"通过《民法亲属篇修正案》。

4月20日　台湾"行政院"修正《道路交通管理处罚条例》。

4月24日　台湾"立法院"通过《气象法》。

4月26日　"高雄事件"受刑人黄信介等在狱中开始以绝食抗议狱政违反基本人权。

4月26日—5月1日　美国总统里根访问我国。中国政府和美国政府在北京草签《中美和平利用核能合作协定》。

5月　中共中央办公厅、国务院办公厅发出通知，要求在国营工业企业进行厂长负责制试点。

5月1日　我国第一条高原铁路——横贯柴达木盆地的西（宁）格（尔木）铁路（全长834公里，是世界上海拔最高的铁路之一）举行通车典礼，正式交付国家运营。

5月2日　1983年全国农业总产值达到3121亿元，是三十多年来第一次突破3000亿元大关。

5月4日　台湾大学代联会前任主席吴睿等七人前往"教育部"请愿，要求检讨教育政策，挽救教育危机。

5月5日—11日　六届全国人大常委会第五次会议在北京举行。会议通过《中华人民共和国水污染防治法》和关于批准《中华人民共和国消防条例》的决议。

5月8日　国务院作出关于环境保护工作的决定，成立环境保护委员会，李鹏任主任。

5月9日　台湾"教育部"公布《强迫入学条例施行细则》。

5月13日　国务院公布《中华人民共和国消防条例》（10月1日起施行）。

5月15日—31日　六届全国人大二次会议在北京召开。会议通过了关于政府工作报告的决议、关于1984年国民经济和社会发展计划报告的决议，通过了《中华人民共和国民族区域自治法》和《中华人民共和国兵役法》，通过了关于海南行政区建制的决定。

5月16日　我国第一家生产全自动滚筒式洗衣机工厂——中国济南洗衣机厂建立，年生产能力10万台。

5月18日—24日　以南斯拉夫主席团主席马尔科维奇为首的南共联盟代表团访问我国。

5月20日　蒋经国、李登辉宣誓就任第七任"总统"、"副总统"。

5月25日　邓小平在会见港澳地区出席六届全国人大二次会议的代表和出席全国政协六届二次会议的委员时强调，我国在恢复对香港的主权之后，有权在香港驻军。

同日　台湾"立法院"通过俞国华出任"行政院长"。

5月28日　国民党中常会确定"新内阁"人选和"省政府主席"人选。

5月31日　李先念签署中华人民共和国主席令，公布《中华人民共和国民族区域自治法》和《中华人民共和国兵役法》，10月1日起施行。

6月3日　中共中央、国务院决定在武汉进行经济体制综合改革试点。武汉市的经济计划实行单列，享受省级的经济管理权限。

同日　台湾北部地区暴雨成灾，死伤47人。

6月7日　台湾"行政院"通过《调整基本工资案》。

6月9日　黄埔军校建校60周年纪念会在北京举行。会议宣布正式成立黄埔军校同学会，徐向前任会长。

6月18日　美国宣布向台湾当局出售12架运输机。

6月20日　台北县海山煤矿发生严重塌方，困在矿中的100多位工人，仅有20余人生还。

6月22日—7月7日　全国第二步利改税工作会议在北京举行。

6月26日—29日　第二次中日民间会议在北京举行。这次会议的主题是发展中日友好和维护亚洲及世界和平。

6月29日　《优生保健法》完成立法程序。依此法，怀孕妇女可依据规定中的几种情况，自愿施行人工流产。

6月30日—7月4日　万里等考察黄河，提出要在本世纪末基本解决洪水为害的问题。

6月底　海军海测部队完成台湾海峡的测量任务。这次海测开始于1983年4月。

7月1日　毛泽东纪念堂实行新瞻仰办法，持本人工作证或单位介绍信，到现场排队即可。

7月4日—7日　六届全国人大常委会第六次会议在北京举行。

7月5日　我国现代杰出的爱国民主战士、社会活动家、模范的新闻工作者邹韬奋逝世40周年纪念会在北京举行。

同日　中国国际文化交流中心在北京成立。

同日　台湾《前进》等十家无党籍政论刊物，联名向"立法院"请愿，要求有关单位明确订定查禁杂志的客观标准。

7月10日　台湾瑞芳煤矿发生爆炸，

致使 102 人罹难。

7 月 12 日　国务院指定的专利代理机构——中国国际贸易促进委员会专利代理部正式成立。

7 月 14 日　《陈云文选》第二卷(1949—1956)出版。

7 月 19 日　中共中央书记处决定,改革干部管理权限,适当下放干部管理权限,采取分级管理、层层负责的办法,缩小由中央管理干部的范围。

同日　台湾"立法院"通过《劳动基准法》。

7 月 26 日　台湾当局要求南朝鲜特赦卓长仁等六名劫机犯。

7 月 28 日—8 月 12 日　第二十三届奥运会在美国洛杉矶举行。29 日,中国选手许海峰以 566 环的成绩,获得本届奥运会的第一枚金牌,从而打破了中国在奥运会金牌榜上"零"的纪录。在这届奥运会上,中国运动员参加了 16 个项目的比赛,一共取得 15 枚金牌、8 枚银牌和 9 枚铜牌。

7 月 29 日　台湾体育代表团以"中国台北"名称参加第二十三届奥运会。

8 月 3 日　台湾当局警告党外政论性杂志停止过激言论。

8 月 9 日　台湾"行政院"通过《所得税法细则修正案》。

8 月 10 日　台湾"内政部"统计表明,台湾人口已达 18903783 人,人口密度为每平方公里 532 人。

8 月 11 日　中顾委副主任李维汉在北京逝世,终年 88 岁。

8 月 13 日　卓长仁等六名劫机犯被南朝鲜释放后抵达台湾,次日受到蒋经国接见。

8 月 25 日—9 月 4 日　全国企业领导班子建设工作座谈会在北京举行。乔石宣布,明年开始在全国三千多个国营骨干企业中实行厂长任期制。

8 月 26 日　菲律宾批准台驻菲人员享受相当程度的"外交特权"。

8 月 26 日—9 月 3 日　我国第一次全国食品工业会议在北京举行。

8 月 30 日　中国人民银行首次向国内发行 1984 年版熊猫金、银币。

9 月 6 日　台湾"行政院"通过取消丰田汽车与台合作建厂计划。

9 月 10 日　邓小平发布嘉奖令,表彰参加云南边境老山、者阴山地区对越南自卫还击作战的全体指挥员、战斗员和民兵、民工为祖国建立的功勋。

9 月 11 日　台湾当局针对部分党外人士筹设组党促进会,明确当局尚未考虑开放"党禁"。

9 月 11 日—20 日　六届全国人大常委会第七次会议在北京召开。会议通过了《中华人民共和国森林法》、《中华人民共和国药品管理法》等。

9 月 17 日　"爱我中华、修我长城"社会赞助第一二期工程竣工典礼在北京八达岭长城前举行。

9 月 18 日　国务院批转财政部《关于在国营企业推行利改税第二步改革的报告》,并批准颁发《国营企业第二步利改税的试行办法》(10 月 1 日起试行)。

9 月 21 日　台湾"行政院"通过《都市垃圾处理方案》。

9 月 26 日　中国政府和英国政府在北京草签关于香港问题的联合声明,确认中国将在 1997 年 7 月 1 日收回香港,恢复行使主权。为了保持香港的稳定和繁荣,中国政府决定在收回香港以后维持香港的现行社会制度、经济制度、生活方式 50 年不变,在香港设立直辖中央人民政府的特别行政区,由香港当地人治理,享有高度的自治权。

10月1日 首都举行盛大的庆祝建国35周年阅兵仪式和群众游行,党和国家领导人及首都50万军民参加了庆祝活动。邓小平在庆祝典礼上发表讲话。

同日 《人民日报》发表社论《大鼓劲、大团结、大繁荣——国庆35周年献词》。

10月2日 "台湾电力公司"与美国能源部、法国核燃料公司签订15年浓缩铀代炼合约。

10月4日 新华社报道:全国28个省、自治区、直辖市的县级领导班子调整工作已基本结束。

同日 台湾"外交部长"朱抚松在"立法院"攻击中英《香港前途协议》是骗局。

10月6日 台湾"立法院"通过《著作权法修正草案》。

10月8日 我国第一支南极考察队在京举行成立大会。13日,万里、胡启立会见即将出征的我国首次南极考察队全体队员和南大洋洲考察队在京队员。15日,邓小平题词"为人类和平利用南极作出贡献"。11月20日,考察队由上海起航。

同日 蒋经国在专文《三民主义统一中国必胜必成》中,重申"反共复国",攻击"一国两制"政策。

10月16日 《蒋经国传》作者江南(刘宜良)在美国被谋杀,台情报机关是凶犯幕后指使者。

10月20日 中共十二届三中全会在北京举行。全会一致通过《中共中央关于经济体制改革的决定》。会议决定1985年9月召开党的全国代表会议。

11月1日 新华社报道:全国最后一批七万九千多名"地、富、反、坏分子"摘帽工作结束。至此,我国自1949年以来对二

千多万名四类分子进行教育改造的历史任务胜利完成。

同日 我国与阿拉伯联合酋长国建交。

11月6日—14日 六届全国人大常委会第八次会议在北京举行。会议通过中英两国政府关于香港问题的联合声明的议案的决议和关于在沿海港口城市设立海事法院和加入《保护工业产权巴黎公约》的决定;初步审议了《草原法(草案)》。

11月12日 台湾当局全面展开"一清专案"采取扣黑行动,逮捕竹联帮首脑陈启礼等人。

11月15日 国务院发布《关于经济特区和沿海14个港口城市减征、免征企业所得税和工商统一税的暂行规定》。

11月16日 台湾"内政部"研拟"都市计划"修正草案,以解决公共设施保留地征收期限问题。

11月17日 中共中央、国务院发出《关于严格控制成立全国性组织的通知》。

11月22日 中共中央整党工作指导委员会发出第10号通知,要求各整党单位在基本完成整改阶段的任务后,即可转入下一阶段,认真做好组织处理和党员登记工作,以保证党组织的纯洁性和先进性。

同日 台湾"行政院"审查《动员戡乱时期检肃流氓条例》草案。

11月26日—28日 朝鲜国家主席金日成对我国进行内部非正式访问。

11月28日 全国优秀新闻工作者表彰大会在北京召开。这是1949年以来的第一次。

12月1日 台湾"行政院经济建设委员会"拟定汽车发展方案。将降低欧美汽车进口关税,对日本汽车进口实行限量。

12月3日 中共中央、国务院作出关于严禁党政机关和党政干部经商、办企业

的决定。

12 月 5 日　国民党中常会通过《枪炮弹药刀械管理条例》和《警械使用条例》部分条文修正案。

12 月 7 日　台湾"立法院"通过《特殊教育法》。

12 月 8 日　国务院批准设立国家环境保护局。

12 月 11 日　台湾"新闻局"为端正社会风气,以"顺风专案"为名,全面展开"扫黄行动"。

12 月 11 日—14 日　共青团十一届三中全会在北京召开。全会选举胡锦涛为团中央书记处第一书记。

12 月 14 日　《周恩来选集》下卷出版发行。

12 月 15 日　国务院决定从 1985 年 1 月 1 日起,国营企业的厂长(经理)实行任期制度。

12 月 19 日　《中华人民共和国政府和大不列颠及北爱尔兰联合王国政府关于香港问题的联合声明》在北京由赵紫阳总理和英国首相撒切尔夫人分别代表本国政府正式签字。

12 月 20 日　邓小平、胡耀邦分别会见香港环球航运集团主席包玉刚。邓小平说,解决香港问题的经验用于台湾,对大家都有利,对美国也有利。

12 月 25 日　蒋经国在"行宪纪念大会"上称,"反共复国之战是理念之争,是制度之争"。

12 月 26 日　我国首批考察队员抵达南极洲。31 日,在乔治岛举行中国南极长城科学考察站奠基典礼,五星红旗首次插上南极洲。

同日　引滦入唐工程建成通水,全长 52 公里。

12 月 28 日　台湾"外交部长"朱抚松声称,只有中共放弃"四个坚持",海峡两岸才有接触可能。

12 月 30 日　12 月中下旬,中共中央在北京召开了全国农村工作会议,确定了今后农村工作任务,强调要在国家计划指导下扩大市场调节,促使我国农村的产业结构合理化,进一步把农村经济搞活。

年底　全国政社分开建立乡政府的工作已基本结束。全国共建立 84340 多个乡、822000 多个村民委员会。

1985 年

1 月 1 日　邓小平《建设有中国特色的社会主义》一书出版发行。

同日　蒋经国发表《元旦祝词》,声称要给大陆同胞指引一条"光明"的中国前途。

1 月 3 日　台湾"行政院"通过《优生保健法施行细则》。

1 月 5 日　美国政府官员声称,美将继续向台湾提供"防卫武器",不会强迫台湾与中共谈判。

1 月 6 日　巴金当选为中国作协主席。

同日　《教师报》正式创刊。

1 月 10 日—21 日　六届全国人大常委会第九次会议在北京举行。会议决定六届全国人大三次会议 3 月下旬在京召开。会议通过《中华人民共和国会计法》(5 月 1 日起施行),通过关于授权国务院在经济体制改革和对外开放方面可以制定暂行的规定或者条例的决定草案。会议同意国务院关于建立教师节的议案,决定每年 9 月 10 日为教师节。

1 月 15 日　台湾"立法院"通过《海关进口税则》修正案,大幅降低进口关税。

1月16日 台湾"行政院经济建设委员会"审议通过《台湾电力公司核能四厂投资计划》，规定总投资不得超过1784亿元。

1月17日 中共中央在北京召开遵义会议50周年纪念大会，杨尚昆在会上讲话。

1月18日 台湾"内政部"指出台人口已超过1900万人。

1月19日 经国务院批准，中国专利局公布《中华人民共和国专利法实施细则》，4月1日起施行。

1月21日—24日 全国卫生厅局长会议在北京举行。会上宣布，卫生部不再使用"赤脚医生"名称。

1月25日—31日 国务院召开长江、珠江三角洲和闽南厦（门）、漳（州）、泉（州）三角地区座谈会。会议建议将这三个"三角"地带开辟为沿海经济开放区。

2月2日 全国优秀青年厂长（经理）表彰大会在北京举行，一百多名青年企业管理者当选。他们当中的前十名被命名为"优秀青年企业家"。这项活动在我国是第一次开展。

2月4日 台湾"新闻局"宣布，涉嫌"江南命案"的陈启礼、吴敦将由台北"地方法院"侦办；介入此案的"情报局长"汪希苓等人由军法机关侦办。

2月6日—14日 全国经济工作会议在天津召开。会议提出要树立有计划的商品经济思想。

2月6日—8日 全国统一战线理论工作会议召开。这是1949年以来中央统战部召开的第一次统战理论工作会议。

2月7日 台湾"行政院"通过《玉山国家公园计划》。

2月8日 国务院发布《中华人民共和国城市维护建设税暂行条例》。

2月9日 "十信事件"（台北第十信用合作社违规营业及舞弊案）爆发。台湾"财政部"勒令十信停业三天，引发挤兑风潮。

2月12日 台湾"财政部"宣布，限制与"十信事件"有关人员蔡万春、蔡辰洲等人出境并禁止其财产转移。

2月18日 台湾合作金库接管经营台北第十信用合作社。

2月20日 中国南极长城站举行落成典礼。

2月25日 中华全国总工会公布关于颁发"五一节劳动奖章"和"五一节劳动奖状"的决定。

2月27日 涉嫌杀害江南（刘宜良）的陈启礼、吴敦及董桂森被依法提起公诉。

2月28日 台湾"行政院"通过《汽车工业发展方案》，决定逐步降低小型车进口关税。

3月1日 台湾"立法院"举行秘密会议，决定逮捕"立法委员"、十信理事会主席蔡辰洲。

同日 《劳动基准法施行细则》开始实施。

3月2日—7日 全国科技工作会议在北京举行。7日，邓小平在会上发表重要讲话。

3月3日 台湾"财政部"与"中央银行"联合宣布，指定"交通银行"、"中央信托局"、"中国农民银行"等组成银行团，接管国泰信托投资公司。

3月11日 台湾"经济部长"徐立德为"十信事件"引咎辞职获准。

3月13日 中共中央发布关于科学技术体制改革的决定。

同日 李达海继任台湾"经济部长"。

3月15日 中国从今天起成为《保护

工业产权巴黎公约》成员国。

3月15日—21日　六届全国人大常委会第十次会议在北京举行。会议通过《中华人民共和国涉外经济合同法》，7月1日起施行。

3月20日　江南命案在台北地方法院公开审理。

3月21日　上海大众汽车有限公司正式成立，生产"上海—桑塔纳牌"轿车。

3月25日—4月8日　全国政协六届三次会议在北京举行。会议增选华罗庚为全国政协副主席。

3月26日　台湾"国防部"对涉嫌江南命案的汪希苓、胡仪敏、陈虎门提起公诉。

3月27日—4月10日　六届全国人大三次会议在北京举行。会议通过关于批准《中华人民共和国政府和大不列颠及北爱尔兰联合王国政府关于香港问题的联合声明》的决定，关于成立中华人民共和国香港特别行政区基本法起草委员会的决定等，还通过《中华人民共和国继承法》（10月1日起施行）。

3月28日　邓小平会见外宾时指出，改革是中国的第二次革命。我们的方针是：胆子要大，步子要稳。走一步，看一步，总结经验，看到不妥当的，就赶快改。

3月　我国第一个核电站浙江秦山核电站开始施工建设。

3月初　国务院发布《中华人民共和国进出口关税条例》和《中华人民共和国海关进出口税则》，3月10日起实施。

4月1日　新中国颁布的第一部专利法正式生效。

同日　因高雄事件而被判刑的施明德在狱中发表声明并开始绝食。

4月4日　台北地方法院以违反票据法判处蔡辰洲15年有期徒刑。

4月9日　杀害江南的陈启礼、吴敦被判无期徒刑。

4月15日　邓小平在会见外宾时强调，我们搞经济体制改革，要坚持共产主义远大理想，坚持社会主义制度。他指出，不发展生产力，不提高人民的生活水平，就不能说是搞社会主义。

4月16日　台湾第一个试管婴儿在台北"荣民总医院"诞生。

4月18日　邓小平在会见英国前首相希思时说，我们将按解决香港问题的方式解决台湾问题。对解决台湾问题的条件更宽，就是台湾可以保留自己的军队。

4月19日　经军法审判，江南命案背后指使人，台"国安局"情报局长汪希苓被判无期徒刑。

4月25日　台湾"行政院长"俞国华召集会议，决定成立一个由官员、专家学者和工商界人士组成的"经济革新委员会"。

4月底　全国总工会首次颁发"五一节劳动奖章"。

5月1日　人民解放军陆、海、空军换新的制服装。

5月2日　台湾"行政院经济革新委员会"正式成立。

5月3日　台湾"教育部"决定指定学校试行大学双主修双学位制度。

5月8日　我国自行研制的计算机——激光汉字编辑排版系统和新华社中间试验工程，通过专家鉴定与验收。

5月10日　台湾"立法院"通过《银行法》部分条文修正案，明定银行具法人资格，大幅改革信托公司业务。

5月14日　《中华人民共和国最高人民法院公报》正式出版。

5月15日—20日　中共中央和国务院在北京召开全国教育工作会议。邓小平、万里作重要讲话。

5月16日　台湾14位无党籍"省议员"，因不满"省议会"强行通过"省政府委员会"的超额预算，集体辞职以示抗议。

5月23日　国务院批准改革我国农业税收制度，从今年起，不再征收实物，改为折征代金。

5月23日—6月6日　中央军委在北京召开扩大会议。6月4日，中央军委主席邓小平宣布中国政府决定军队减少员额100万。

5月24日　国务院发布《中华人民共和国技术引进合同管理条例》。

5月25日　美国第二次世界大战时援助中国抗日的空军14航空队人员及家属抵台访问。

5月27日　中共中央制定《关于教育体制改革的决定》。

同日　中英两国政府关于香港问题的联合声明的批准书互换仪式在北京举行，中英联合声明正式宣告生效。

5月29日　中国福利会最近设立"中国福利会妇幼事业樟树奖"。这是我国第一个以发展妇女儿童事业为宗旨的专项奖。

5月　国家科委提出"星火计划"，决定抓一批"短、平、快"科技项目。

6月3日　台湾"国营事业委员会"完成《国营事业管理法修正草案》研拟工作。

6月4日　全国农村建乡工作全部完成，全国建立乡、镇人民政府92000多个，建立村民委员会820000多个。

6月5日　台"参谋总长"郝柏村主持"汉光演习"。

6月8日—18日　六届全国人大常委会第十一次会议在北京举行。会议通过《中华人民共和国草原法》；通过中华人民共和国香港特别行政区基本法起草委员

会名单，姬鹏飞任主任委员；通过关于设立国家教育委员会和撤销教育部的决定，李鹏兼任主任；通过关于批准《国际电信公约》的决定等。

6月9日　新华社报道：中央军委颁布命令，授予云南老山地区对越防御作战英雄单位和个人荣誉称号。

6月9日—15日　首次全国法制宣传教育工作会议在北京举行。会议通过了《关于向全体公民基本普及法律常识的五年规划》。

6月11日　国民党"立法委员"党部决定，开除蔡辰洲党籍。

6月11日—16日　黄埔军校同学会在北京举行第一次会员代表大会。

6月13日　台湾"立法院"通过《惩治走私条例》部分条文修正案。

6月18日　中共中央召开纪念会，纪念伟大的马克思主义者瞿秋白就义50周年。同日，《瞿秋白选集》、《瞿秋白文集》文学篇第一卷发行。

同日　台湾"立法院"通过《国立空中大学设置条例》。

6月25日　台湾"立法院"通过《煤业安全基金条例》。

6月26日　我国目前技术最先进、环境保护最好的炼钢厂——宝钢炼钢厂全部建成。

6月28日　台湾"立法院"通过《著作权法》修正案，扩大了著作权范围，并延长了一些类别的著作权期限。

7月1日　我国开始实行新的工资制度。

同日　《人民日报》海外版正式创刊。

同日　蒋经国称台坚持"三民主义统一中国"立场，不与中共谈判。

同日　台湾"国防部"成立"军事情报局"。

7月1日—5日 中华人民共和国香港特别行政区基本法起草委员会第一次全体会议在北京举行。会议决定在香港成立一个民间的、有广泛代表性的基本法咨询委员会。

7月3日 台湾"国防部"决定对"绝食"逾3个月的施明德,施以强制进食。

7月4日 台湾新竹市长施性忠因贪污案被判处2年半有期徒刑。

同日 台湾"新闻局长"张京育提出与大陆转口贸易三大原则。

7月7日 "台湾电力公司"核能三厂1号机房发生氢爆炸,引起火灾。

7月10日 新华社报道:国家体委近日批准了我国第一批国际级运动健将,共42名。

7月11日 台湾当局与玻利维亚"断交"。

7月13日 《人民日报》报道:国务院批准同意国家科委、原教育部和中国科学院报告,决定在我国试行博士后研究生制度。

7月16日 中组部召开座谈会交流落实知识分子政策的经验和规划,党中央限期十三大召开前完成落实知识分子政策和解决历史遗留问题的任务。

7月18日 台北地方法院开庭审理第十信用合作社及国泰塑胶公司舞弊案。

同日 台湾12家党外政论刊物50位左右编辑人员赴"行政院"请愿,要求台湾当局改善查扣、查禁党外杂志的做法。

7月19日 台湾"国防部"宣布研制成功"天弓"防空导弹。

7月20日 西藏大学在拉萨成立。

7月25日 国家版权局正式成立,直属国务院。

同日 印尼同我国恢复直接贸易。

7月31日 台湾"省烟酒公卖局"宣布,米酒、龙凤酒、长春酒等可能因用了有毒玉米为原料而含有毒素,立即停止销售。

8月1日 台湾"内政部"决定从本年度起停征空地税。

8月8日 台湾"行政院"原则同意"经革会"提出的《所得税制度改进方案》及《适度放宽外汇管制之具体建议》。

8月13日 全面反映中华民族抗日战争的军事博物馆"抗日战争馆"开馆。

8月15日 台湾"财政部长"陆润康为"十信事件"负政策责任提出辞职。

8月25日 国家工商行政管理局公布《公司登记管理暂行规定》。

8月26日—9月6日 六届人大常委会第十二次会议在北京举行。会议通过《中华人民共和国居民身份证条例》、《中华人民共和国计量法》和关于中国加入《防止倾倒废物及其他物质污染海洋公约》的决定。

8月29日 台湾发现首例艾滋病患者。

8月30日 《张闻天选集》由人民出版社出版发行。

9月1日 拉萨集会隆重庆祝西藏自治区成立20周年,胡启立在会上宣读中共中央、国务院贺电。

9月3日 首都隆重集会纪念抗战和世界反法西斯战争胜利40周年。

9月9日 台湾"省政府"通过《农民健康保险暂行试办要点》。

9月10日 首都隆重集会庆祝第一个教师节。

9月12日 中共中央发出通知,要求改革学校思想品德和政治理论课程教学。

9月15日 耗资240亿元的台第一座抽蓄水力发电厂竣工使用。

9月16日 中共十二届四中全会在

北京举行,为即将召开的中国共产党全国代表会议作准备。全会讨论确定了关于进一步实现中央领导机关成员新老交替的原则,同意一批老同志不再担任中央委员会、中央顾问委员会、中央纪律检查委员会成员的请求,并向党的全国代表会议报告。

9 月 18 日—23 日　中国共产党全国代表会议在北京举行。会议同意一部分老同志不再担任中央三个委员会成员,增选了中央三个委员会成员。会议还通过了中共中央关于制定国民经济和社会发展第七个五年计划的建议。

9 月 19 日　中共中央提出"七五"期间经济和社会发展的主要目标,到 1990 年工农业总产值 1.6 万亿元。

9 月 20 日　参与杀害江南的另一凶手董桂森在巴西被捕。

同日　台湾"法务部调查局"破获一起以馊水回收制造食用油案件。该种以馊水回收制造的食用油在市面销售已达 10 年之久。

同日　台湾"内政部长"吴伯雄宣布,到 8 月 31 日止,"一清专案"共取缔 2346 名不良帮派分子,收缴各类枪支 266 把,子弹 1531 颗,刀械 270 把。

9 月 21 日　"第一钢铁工业公司"在高雄开工生产。

9 月 24 日　中共十二届五中全会在京举行。全会增选田纪云、乔石、李鹏、吴学谦、胡启立、姚依林为中央政治局委员;增选乔石、田纪云、李鹏、郝建秀(女)、王兆国为中央书记处书记。

9 月 29 日　王震率中央代表团抵乌鲁木齐,同新疆人民一起庆祝新疆维吾尔自治区成立 30 周年(10 月 1 日)。

10 月 2 日　蒋经国在国民党中常会上称,大陆"开放"不可能,"变革"行不通,

"走投无路"。

10 月 4 日　台湾 6 名"立法委员"要求俞国华辞职。

10 月 4 日—8 日　全国政协第六届常务委员会第十次会议在北京举行。会议根据邓颖超主席的建议,通过了《关于筹备纪念孙中山先生诞辰 120 周年的决议》。

10 月 9 日　邓小平在京会见罗马尼亚共产党总书记、国家总统齐奥塞斯库,齐奥塞斯库向邓小平授予"罗马尼亚社会主义共和国之星"一级勋章。

同日　台美贸易咨商谈判在美国华盛顿结束,台湾同意降低烟酒等 192 项进口产品关税,并放宽对外商投资服务业营运等限制。

10 月 10 日　故宫博物院举行建院 60 周年纪念会。

10 月 16 日　台湾"行政院经建会"通过放宽岛内厂商对海外投资计划。

10 月 21 日　台湾在新竹湖口陆军基地举行战力展示作战演习。

10 月 21 日—26 日　中国第七次成功地利用本国自行研制的"长征二号"火箭发射科学探测和技术试验卫星,应用于大规模国土资源普查。26 日,卫星按预定计划返回地面。

10 月 24 日　国务院、中央军委发布《征兵工作条例》。

10 月 27 日　台湾"教育部"决定动支 27 亿元经费,奖助私立大学专科学校改善师资。

11 月 1 日　我国直接从北京通过国际通讯卫星向全国传送电视节目。

11 月 2 日　台首届农民运动会在台中举行。

11 月 3 日　《人民日报》报道:我国第一台弧焊机器人制作成功。

11 月 8 日　台湾"立法院"通过《废弃

物清理法》修正案,规定对污染环境制造公害行为,将加重处罚。

同日　全国村镇建设展览会在北京开幕。

11月8日—22日　六届全国人大常委会第十三次会议在北京举行。会议通过《中华人民共和国外国人入境出境管理法》、《中华人民共和国公民出境入境管理法》;通过《关于在公民中基本普及法律常识的决议》,批准联合国教科文组织大会第十七届会议于1972年在巴黎通过的《保护世界文化和自然遗产公约》。

11月10日　中国人民解放军海军编队驶离上海,前往巴基斯坦、斯里兰卡和孟加拉国进行友好访问。这是新中国的海军舰只第一次出国访问。

11月15日—30日　亚太地区国际贸易博览会在北京举行。26个国家和地区的1200多家公司参加展出。

11月16日　台湾县市长省市议员选举揭晓。

11月19日　台湾"立法院"通过《消防法》。

11月20日　持续一年多的(第一届)中日围棋擂台赛结束,聂卫平在京击败日本棋圣藤泽秀行,中国队以8∶7获胜。

11月25日　台湾"行政院"原则决定制定《动员戡乱时期台湾省政府组织法》。

11月28日—29日　共青团全国代表会议在北京举行。会议通过《关于动员和带领全国各族青年在"七五"期间建功立业、做四有新人的决议》和《关于团十一届中央委员会局部调整名单》。

12月1日　台湾开始实施电影分级制度。

12月5日　台湾"警备总司令部"对与大陆进行直接贸易的贸易商陈国勋等人,分别判处有期徒刑。

同日　台湾"经济部"重申,不与中共通商为基本政策,违者必究。

12月5日—21日　中共中央、国务院在京主持召开中央农村工作会议。会议充分肯定1985年农村改革又迈出了新的一步,提出1986年农村工作的总要求是:坚定地贯彻执行农业是国民经济基础的战略方针,进一步贯彻落实党中央制定的各项农村政策,继续进行农村改革,改善农业生产条件,组织产前产后服务,推动农村经济持续稳定协调发展。

12月7日　台湾当局与尼加拉瓜"断交"。

12月16日　国务院决定将中国文字改革委员会改名为国家语言文字工作委员会。

12月18日　香港特别行政区基本法咨询委员会在香港成立。

12月19日　台湾"教育部"草拟的《语文法》因限制在公共场所使用方言,引起争议,俞国华宣布此法不列入立法计划。

12月20日　长江葛洲坝水利枢纽大江工程基本建设正式通过国家中间验收。

同日　台湾第八届"省议员"宣誓就职,15位党外"省议员"退出"议长"、"副议长"选举,抗议"省政府"组织违宪违法。

12月25日　蒋经国在"行宪38周年纪念大会典礼"上表示,"总统"选举依"宪法"产生,蒋家不会也不可能有人竞选下一任"总统"。

12月28日　新华社报道:第六个五年计划期间,中国成功地发射了9颗各种用途的人造地球卫星,研制成功了能发射地球静止轨道卫星的运载火箭,使我国的航天技术跨入了世界先进行列。

12月30日　台湾第一届电脑围棋大赛开幕。

1986 年

1月1日 第七个五年计划开始执行。

同日 国务院全国工业普查领导小组宣布，第二次全国工业普查正式开始。

同日 蒋经国发表《元旦祝词》，称要"厚植反共力量，完成三民主义统一中国"。

同日 台湾第一座科学博物馆——"国立自然科学博物馆"举行开幕典礼。

1月4日 台"中国石油公司"决定投资1300万美元，与美国4家公司合作在厄瓜多尔探油。

1月4日—8日 全国职称改革工作会议在北京举行会议宣布：经党中央、国务院批准，我国将改革职称评定制度，实行专业技术职务聘任制；中央职称改革工作领导小组已经成立，职称改革工作将有计划、有领导、有步骤地分批实施。

1月6日 台驻美代表在"立法院"谈台美关系，称台驻美人员工作原则是多做少说，防弊兴利，发展实质关系。

1月6日—9日 中共中央书记处在北京召开中央机关干部8000人大会，号召中央党政机关的全体党员、干部在纠正党风中做全国的表率，为实现党风和社会风气的根本好转，为把以城市为重点的整个经济体制改革逐步引向胜利，为完成"七五"计划、建设有中国特色的社会主义而奋斗。9日，胡耀邦作题为《中央机关要做全国的表率》的讲话。赵紫阳、田纪云、杨尚昆等也在会上讲了话。

1月6日—13日 全国语言文字工作会议在北京举行。万里代表党中央和国务院讲话。会议提出新时期语言文字工作的方针是贯彻、执行国家关于语言文字工作的政策法令，促进语言文字规范化、标准化，继续推动文字改革工作，使语言文字在社会主义现代化建设中更好地发挥作用。

1月7日 国务院发布施行《中华人民共和国银行管理暂行条例》。

1月10日—20日 六届全国人大常委会第十四次会议在北京举行。会议通过《中华人民共和国渔业法》，通过关于批准长江南京港对外国籍船舶开放的决定、关于将广播电视部改为广播电影电视部的决定。

1月15日 国防大学举行成立大会。它是以人民解放军军事学院、政治学院、后勤学院为基础合并组建的。这标志着人民解放军干部培训体制改革迈出了重要的一步，它将成为当代第一流的具有我国我军特色的高等军事学府。

1月17日 邓小平在中央政治局常委会上发表关于纠正不正之风的重要讲话。

同日 台湾"立法院"通过《海关进口税则部分修正案》，变更税则达933项，其中减税777项，最高税率降至67.5%。

1月23日 云林县15名县议员候选人被指控集体贿选。

1月28日—2月1日 中纪委第七次全体会议在北京举行。会议强调当前端正党风是党的一项紧迫任务。

1月28日 中共中央发出关于严格按照党的原则选拔任用干部的通知。

1月29日 外贸部新闻发言人宣布，到1985年底，全国已兴办中外合资企业二千三百多个。

2月1日 台湾省县市议员及乡镇市长选举举行投票。

2月2日 台湾举行"春元十三号"冬

防演习。

2月3日　俞国华声称,不接受亚洲开发银行为接受中共入会而改变台会籍名称的安排。

2月4日　中共中央、国务院发出《关于进一步制止党政机关和党政干部经商、办企业的规定》。

2月8日　中共中央、国务院、中央军委就县(市)人民武装部改归地方建制交接工作中的有关问题发出通知,要求各地认真贯彻执行《关于县(市)人民武装部改归地方建制后有关问题的规定》。内地人武部于1986年6月底以前交接完毕,陆海边防一线县人武部,除暂缓移交的外,在1986年底以前交接完毕。全国县(市)人民武装部由军队建制改归地方建制,是精简常备军、加强国防后备力量的重要决策。

2月15日　蒋经国指示"经济部",油价应尽速反映成本,依进口原油跌幅调整油价,让民众享受降价实惠。

2月20日　台湾"行政院"通过"台湾电力公司"、台中火力发电厂及"中国石油公司"第五轻油裂解厂兴建计划。

2月27日　新华社报道:国务院决定设立国家自然科学基金委员会(唐敖庆为主任),以加强基础研究和部分应用研究工作,逐步试行科学基金制。

同日　台湾"行政院"通过《劳资争议处理法》修正草案,决定扩大该法适用范围。

3月1日　香港特别行政区基本法咨询委员会在香港举行全体委员第一次会议。

3月3日　经国家批准,中国新闻学院在京成立,穆青任院长。

3月4日　俞国华在"立法院"答询时称,"一国两制"否定了"中华民国"的存在。

3月6日　国务院第三次人口普查领导小组宣布,世界上规模空前巨大的我国第三次人口普查工作已胜利完成。通过普查取得的准确、丰富的国情资料,对于从我国实际情况出发指导社会主义现代化建设,更好地制定和执行人口政策,安排好人民的物质和文化生活具有重大意义和长期有益的作用。这项普查对世界人口情况的研究也是一个重要贡献。

3月9日　《人民日报》报道:我国有史以来规模最大的一部辞书《汉语大字典》编纂完成。

3月10日　我国正式成为亚洲开发银行(亚行)成员。

同日　台湾"省政府委员会"通过《台湾省煤矿工团体平安保险办法》。

3月11日—19日　六届全国人大常委会举行第十五次会议。会议通过《中华人民共和国矿产资源法》(同日公布,1986年10月1日起施行)等,决定批准《中华人民共和国和朝鲜民主主义人民共和国领事条约》。

3月13日—18日　全国政协六届常委会第十一次会议在京举行。

3月15日　经国务院批准,民政部发布施行新的《婚姻登记办法》。1980年11月11日发布的《婚姻登记办法》同时废止。

3月16日　李梦华当选为中华全国体育总会主席和中国奥委会主席。

3月17日　台湾"外交部长"朱抚松重申,反对以"改名换姓"方式申请重返政府间国际组织。

3月18日　胡耀邦在中南海会见西哈努克、宋双、乔森潘,指出中国政府和人民支持民主柬埔寨联合政府关于政治解决柬埔寨问题的建议,重申全力支持民柬的救国斗争。

3月23日—4月11日 全国政协六届四次会议在北京举行，会议增选王恩茂、钱学森、雷洁琼为全国政协副主席。

3月25日—4月12日 六届全国人大四次会议在北京召开。大会通过关于第七个五年计划和第七个五年计划的报告的决议，原则批准国务院制定的中华人民共和国民经济和社会发展第七个五年计划；通过关于1986年国民经济和社会发展计划的决议；通过关于1985年国家预算执行情况和1986年国家预算的决议。大会还通过了《中华人民共和国民法通则》、《中华人民共和国义务教育法》、《中华人民共和国外资企业法》；决定任命乔石为国务院副总理，任命宋健为国务委员；补选楚图南为六届全国人大常委会副委员长。

3月26日 台湾"国防部"宣布，"天弓"全功能战争导弹试射成功。

3月29日—3月31日 国民党十二届三中全会在台北召开，会议通过《承先启后，开拓国家光明前途》等案。

4月1日 中央电视台、中央人民广播电台和国际广播电台开始每天定时发布中央气象台提供的我国责任海区的海洋气象预报。

4月2日 台湾"外交部长"朱抚松称"亚行"会籍问题是中共利用"一国两制"对台湾统战的重要环节，台不能妥协。

4月6日 国务院发布施行《民用机场管理暂行规定》。

4月12日 中共中央办公厅、国务院办公厅发出关于在全国范围内实行夏时制的通知。

4月14日 台湾"省政府委员会"修正《爱国奖券发行要点》。

4月17日 台湾"行政院"通过《劳工保险条例》修正草案。

4月18日 李登辉称，中国未来必然统一是可预期的，但"必须统一在三民主义制度下"。

4月18日—22日 香港基本法起草委员会第二次会议在北京举行。22日通过《香港特别行政区基本法结构（草案）》。

4月20日 中国长城工业公司同美国特雷卫星公司在纽约签署一项协议备忘录。双方商定，中国将于1987年12月用"长征三号"火箭为美国发射第一颗通讯卫星，第二颗卫星将于1988年发射。这是我国自1985年10月宣布用我国的运载火箭承揽国际卫星发射业务以来第二次同外国公司签署有关卫星发射的协议备忘录。

4月20日—5月4日 全国图书展览在北京举行，共展出各类图书三万五千多种。它们是从新中国成立以来出版的六十多万种图书中精选出来的，80%是党的十一届三中全会以来出版的新书。

4月21日 国家教委要求大力加强和发展师范教育，建成一支足够数量的、合格而稳定的教师队伍。

同日 台湾当局表示不派员参加"亚行"第十九届理事会，以示不接受"中国台北"的称谓。

4月24日 台湾"行政院"通过修正《创业投资公司管理规则》。

4月29日 广播电影电视部发出通知，宣布从今年6月1日起，实行电视剧制作许可证制度。

5月2日 台湾"立法院"通过《管理外汇条例》修正案，对以非法买卖外汇为业者，最高可处3年有期徒刑。

5月3日 《人民日报》报道：国家组织的38项"六五"科技攻关重大项目，经参加攻关的十多万科技人员历时3年的奋斗，已按计划圆满完成预定任务，共获得

3896 项重要成果,其中已用于重点建设、技术改造和工农业生产的 3100 项。

同日　台"中华航空公司"机长王锡爵驾驶"中华航空公司"波音 747 货机飞抵广州白云机场要求在大陆定居。

5 月 4 日　中国男子羽毛球队在雅加达举行的汤姆斯杯羽毛球团体决赛中,以 3∶2 打败上届冠军印尼队,夺回汤姆斯杯。中国男女队在代表世界羽毛球团体赛最高水平的汤杯和尤杯赛中,第一次双双夺冠。

5 月 5 日　新华社报道:《马克思恩格斯全集》50 卷中文版全部出齐,收入二千多篇著作、四千多封书信、四百多件文献资料。

5 月 10 日　颜锦福、陈水扁等人宣布成立"党外公政会"台北分会。

5 月 12 日　中华人民共和国居民身份证开始在北京颁发。

5 月 18 日　台湾"国防部"宣布"天剑"空对空导弹试射成功。

5 月 19 日　二百余名无党籍人士在台北市上街游行,要求解除戒严。

5 月 20 日　邓小平会见澳大利亚总理罗伯特·霍克。他说,我们在本世纪末的目标是翻两番。到下一个世纪,再花 30 年至 50 年,确切地说,是 50 年时间,争取接近发达国家的水平,再翻两番,即国民人均收入 4000 美元。如果这个目标达到了,中国可以算是一个中等发达的国家。

5 月 22 日　台湾"行政院"通过《毒性化学物质管理法》草案。

5 月 26 日—29 日　被称为我国北方"金项链"的丹东、大连、营口、盘锦、锦州、秦皇岛、唐山、天津、沧州、惠民、东营、潍坊、烟台、青岛等 14 个环渤海的市(地区)在天津举行市长联席会议,确定建立环渤海经济区。

5 月 30 日　国民党中常会下发党内文件称,台与中共"不接触、不谈判、不妥协的政策"不变。

6 月 3 日　台湾"行政院卫生署"拟订《人工生殖技术伦理指导纲领》。

6 月 11 日　台湾举行"汉光三号"实战演习。

6 月 15 日　《陈云文选》第三卷出版发行。至此,《陈云文选》全部出齐,共收入陈云 1926 年至 1985 年的 157 篇著作。

6 月 16 日—25 日　六届全国人大常委会第十六次会议在京举行。会议审议了土地法、破产法和外交特权豁免条例等草案。会议通过了《中华人民共和国土地管理法》(1987 年 1 月 1 日起施行)和《关于 1985 年国家决算的报告》,决定任命王蒙为文化部部长。

6 月 24 日　台湾鹿港民众举行示威游行,反对美国杜邦公司在漳滨工业区设厂。

6 月 26 日　我国首次公布城市人口统计资料:到 1985 年底,城市总户数为 5351 万户,总人口数为 21187 万,城市数为 324 个。

7 月 3 日　俞国华称,美国杜邦公司在彰化建厂一事,短期内将不予核定。

7 月 5 日—7 日　首次全国律师代表大会在北京举行。7 日,中华全国律师协会成立,邹瑜任会长,刘复之任名誉会长。

7 月 11 日　国务院批转国家教委、财政部《关于改革现行普通高等学校人民助学金制度的报告》并发出通知,规定在普通高等学校实行奖学金和学生贷款制度。

7 月 12 日　为强化环保政策的制定与执行,台"行政院"决定成立"环境保护小组"。

7 月 17 日　台湾"行政院卫生署"拟订《水污染防治实施方案》。

7月21日 新华社报道：吴玉章奖金基金委员会成立。

7月24日 为解决外汇存底过高等问题，台湾"行政院"宣布采取放宽外汇管制、侨外投资、进口管制及降低关税四项措施。

8月6日 台湾"新闻局长"张京育指出，"党外公证会"如不依循法律途径活动，将依法处理。

8月8日 台湾"财政部"宣布从10月起取消关税完税价格表，为此美国同意停止采取301法案报复行动。

8月9日 西藏藏学学会成立。

8月22日 强台风袭击台湾，造成严重灾害。

8月27日—9月5日 六届全国人大常委会第十七次会议在北京举行。会议通过了《中华人民共和国治安管理处罚条例》（1987年1月1日起施行）、《中华人民共和国外交特权与豁免条例》（自公布之日起施行）、《全国人民代表大会常务委员会关于县、乡两级人民代表大会选举时间的决定》，批准《中华人民共和国和匈牙利人民共和国领事条约》的决定。中央电视台首次播出全国人大常委会讨论《国营企业破产法（试行）》（草案）的实况。

9月1日 台湾停刊达20年之久的《文星》杂志复刊。

9月3日 台北市议员林正杰被以"意图使候选人不当选、散布不实文字"判处有期徒刑一年半。林正杰不服，展开一系列示威活动以示抗议。

9月5日 首届北京国际图书博览会开幕。

9月9日 《毛泽东著作选读》新编本出版，新编《毛泽东诗词》、《毛泽东的读书生活》同时发行。

同日 国务院公布改革劳动制度的四项暂行规定，即《国营企业实行劳动合同制暂行规定》、《国营企业招用工人暂行规定》、《国营企业辞退违纪职工暂行规定》、《国营企业职工待业保险暂行规定》（10月1日起实行）。

同日 台湾"财政部"为配合贸易自由化政策，拟订关税改革方案。

9月14日 中国女排在第十届世界排球锦标赛中夺得世界冠军，创"五连冠"佳绩。

9月20日 我国首座现代化海洋采油平台建成。

同日 台湾"行政院经济建设委员会"研拟兴建高速公路。

同日 台湾"行政院"通过，实施机动降低进口成衣、布料等351项纺织品进口税率。

9月21日—10月5日 第十届亚运会在韩国汉城等地举行。中国队获得金牌总数第一（共计94枚）。

9月28日 中共十二届六中全会在北京召开。会议通过了《中共中央关于社会主义精神文明建设指导方针的决议》和《关于召开党的第十三次全国代表大会的决议》。

同日 由台湾党外人士发起的"台湾民主进步党"宣布成立。

10月1日 国家教委颁布的中小学教师考核合格证制度开始在全国实施。按照这一制度，今后只有具备合格学历或考试合格证书的人才能任教。

10月2日 台湾当局宣布，除黄金出口仍受管制外，黄金进口及在市场买卖均不再受管制。

10月12日—18日 英国女王伊丽莎白二世访华。这是历史上英国国家元首对中国的第一次访问。

10月15日 国民党中常会通过《动

员戡乱时期国家安全法令》及《动员戡乱时期民间社团组织法》两项政治革新议题，提出将解除戒严令，另订《国家安全法》，修改《非常时期人民团体组织法》和《选举罢免法》。

10 月 20 日　国务院发出《关于完善粮食合同定购制度的通知》。

同日　台湾民进党召开党务工作委员会会议。通过党纲、党章草案。

10 月 22 日　久经考验的忠诚的共产主义战士、伟大的无产阶级革命家、政治家、军事家，中国人民解放军的缔造者之一，长期担任党和国家重要领导职务的卓越领导人叶剑英在北京逝世，终年 89 岁。

10 月 28 日　我国公布第一批全国重点烈士纪念建筑物保护单位。

10 月 30 日　新华社报道：我国决定从今年起设立"国家社会科学基金"。

11 月 8 日　中日青年交流中心奠基典礼在北京举行。胡耀邦总书记、中曾根首相出席并为基石培土。

11 月 9 日　邓小平会见日本首相中曾根时谈"四有教育"（有理想、有文化、有道德、有纪律）。他强调，有理想和纪律就能克服任何困难。

11 月 10 日　民进党在台北召开党员代表大会。

11 月 11 日　台湾"立法院"通过《医疗法》。

11 月 15 日—12 月 2 日　六届全国人大常委会第十八次会议召开。会议通过《中华人民共和国企业破产法（试行）》（自全民所有制工业企业法实施满 3 个月之日起试行）、《全国人民代表大会常务委员会关于修改〈中华人民共和国地方各级人民代表大会和地方各级人民政府组织法〉的决定》、《中华人民共和国邮政法》（1987 年 1 月 1 日施行）、《全国人民代表大会常务委员会关于修改〈中华人民共和国全国人民代表大会和地方各级人民代表大会选举法〉的决定》、《中华人民共和国国境卫生检疫法》（1987 年 5 月 1 日施行）；决定设立中华人民共和国监察部、国家机械工业委员会，撤销机械工业部、兵器工业部；决定我国加入《承认及执行外国仲裁公约》。

11 月 23 日　宋健在全国"星火计划"工作会议上透露，允许、支持以至鼓励一部分科技人员到中小城市和农村承包和领办集体乡镇企业、创办股份企业和个体企业，允许他们先富起来。这是今后科技体制改革的内容。

11 月 28 日　公安部公布施行居民身份证条例实施细则。

11 月 29 日　新华社报道：我国首次实行夏时制，全国节电 6 亿度。

11 月 30 日　新华社报道：我国已有244 个市县对外国人开放。

同日　为迎接前桃园县长许信良返台，民进党成员和数千名接机民众在机场与警方发生冲突。

12 月 2 日　新华社报道：第一次全国城镇房屋普查结果公布。资料显示人均居住面积 6.36 平方米，1949 年后新建房占 91％。

12 月 6 日　台湾 1986 年"增额国大代表"及"立法委员"选举揭晓，刚成立的民进党获 10 席"国大代表"，12 席"立法委员"。

12 月 8 日　台湾与美国烟酒谈判达成协议。

12 月 15 日　新华社报道：我国首次进行精神文明社会调查，涉及心理健康、价值观念等十个方面。

12 月 23 日　台湾"财政部"通过《股票上市前承销方式改进方案》。

12 月 24 日　蒋经国指示"行政院"研

究设立"劳工局",强化劳工行政效率。

12月26日 公安部、外交部、交通部公布《中华人民共和国公民出境入境管理办法实施细则》。

12月29日 国民党在台湾宣布研拟完成《动员戡乱时期国家安全法》。

12月30日 台湾"立法院"通过《关税降低案》。

12月31日 外交部发言人发表谈话,宣布我国2000年前坚决收回澳门。

1987 年

1月1日 《人民日报》发表元旦献词《坚持四项基本原则是搞好改革、开放的根本保证》。

同日 蒋经国在台湾发表《元旦祝词》,提出"以新的认识,新的做法,开展新的形势"。

1月3日 台湾公布《经济落后地区发展方案》。

1月6日 《人民日报》发表社论《旗帜鲜明地反对资产阶级自由化》。

1月8日 台湾"行政院"通过《动员戡乱时期国家安全法》草案。

1月12日 六届全国人大常委会第十九次会议在京举行。会议决定3月25日召开六届人大五次会议;通过关于加强法制教育、维护安定团结的局面的决定和海关法;批准《万国邮政联盟组织法第三附加议定书》;任命周光召、滕藤为中科院正副院长。

同日 台湾"内政部"决定取消对一贯教布教的禁令。

同日 台湾"教育部"宣布废除对学生发式的统一限制。

1月16日 中共中央政治局举行扩大会议。会议决定:一、一致同意接受胡耀邦辞去党中央总书记职务的请求;二、一致推选赵紫阳代理党中央总书记;三、以上两项决定,将提请党的下一次中央全会追认;四、继续保留胡耀邦中央政治局委员、中央政治局常委的职务。

1月21日 新华社报道:国务院决定成立新闻出版署。

同日 台湾各警察单位实施以防犯罪、破大案、抓要犯为重点的"春元十四号"演习。

1月22日—25日 全国经济工作会议在京举行。李鹏指出,企业实行厂长负责制,党委对搞好思想政治工作负有全面责任。会议提出1987年全国经济工作的中心任务是深化企业改革,努力增产节约,全面提高经济效益,确保国民经济持续、稳定、协调地向前发展。

2月3日 新华社报道:国务院决定进一步推进科技体制改革,搞活科研机构,加速技术成果商品化。

2月4日 由尤清、康宁祥等人组成的台民进党代表团抵美访问,宣传该党对"台湾前途"的主张。

2月5日 台湾"行政院"通过《社会秩序维护法》草案。

2月13日 民航管理体制改革方案出台,全国成立六大骨干航空公司,民航局不直接经营航空企业。

2月15日 李鹏指出教育战线今年要抓好两件大事:开展反对资产阶级自由化斗争,继续进行教育领域的各项改革。

2月17日 台外汇存底突破500亿美元。

2月18日 邓小平会见外宾时强调指出,中国搞的是社会主义四个现代化。如果只说四个现代化,而不讲社会主义,就离开了问题的本质,也就是离开了中国的发展道路。

2月23日　中国佛教协会会长赵朴初宣布,十年动乱对佛教造成的严重后果已基本消除,中国佛教开始走上与具有中国特色的社会主义相协调的道路。

2月24日　台湾"立法院"发生几十年来首次扭打事件。民进党"立委"朱高正强行上台质问,与前来阻拦的国民党"立委"周书府发生扭打,致使会场大乱。

2月25日　新华社报道:党中央批转中央军委《关于新时期军队政治工作的决定》并发出通知,望各级党组织结合实际运用。

同日　外交部新闻发言人宣布,中苏同意核定两国边界全线走向。

2月26日　国务院港澳办公室主任姬鹏飞重申我对香港政策,指出,中国实行"一国两制"方针不变,香港保持资本主义制度50年不变。

3月1日　台湾"内政部警政署"全面展开"正风专案",在各地进行检肃贩卖人口、根绝雏妓、取缔非法色情营业行动。

3月12日　美国杜邦公司宣布取消在台湾鹿港设立二氧化钛厂的计划。

3月15日—19日　六届人大常委会第十四次会议在京举行。

3月20日　邓小平重要著作《建设有中国特色的社会主义》增订本出版发行。增订本增加22篇文稿,包括一些首次公布的内部谈话,全部经本人审定。新增文稿突出坚持四项基本原则,反对资产阶级自由化,坚持改革开放的思想。

同日　由于从美国、澳大利亚进口的300头乳牛带有病毒,致使台1000多头乳牛被传染。

3月23日　台湾当局就中国与葡萄牙达成关于澳门前途的协议称,台不承认关于澳门问题的任何协议。

3月24日—4月8日　全国政协六届五次会议在京举行。会议增选汪锋、钱伟长为全国政协副主席。

3月25日—4月11日　六届全国人大五次会议在北京举行。会议通过关于政府工作报告等9项决议、决定。会议号召全国各族人民在中国共产党领导下,坚持四项基本原则,坚持改革、开放、搞活的方针,艰苦奋斗、勤俭建国,巩固发展安定团结,保持国民经济的长期稳定发展。

3月26日　中葡关于澳门问题的联合声明在北京草签。根据声明,中国政府将于1999年12月20日对澳门恢复行使主权。

3月27日　邓小平在会见外宾时指出,评价一个国家政治制度、结构和政策是否正确有三条标准:第一看政局是否稳定,第二看能否增进人民的团结、改善人民的生活,第三看生产力是否得到持续发展。

同日　台湾当局宣布放宽外汇管制。

4月1日　新华社报道:中宣部发出通知,要求各级干部认真学习《建设有中国特色的社会主义》和《坚持四项基本原则,反对资产阶级自由化》。

同日　国民党中常会核定废止施行了几十年的《屠宰税法》。

4月5日　台湾"经济部"商检局为提高玩具安全性,决定将儿童玩具纳入检验项目。

4月10日　台湾"行政院卫生署"决定立法防治艾滋病。

4月13日　中葡关于澳门问题的联合声明在北京正式签署。声明宣布中华人民共和国政府将于1999年12月20日对澳门恢复行使主权。赵紫阳和葡萄牙总理席尔瓦分别代表各自政府签字。

4月16日　新华社报道:今年起设立

建筑工程鲁班奖，奖励质量特别优良的工程。

4月18日 台湾"外交部长"朱抚松称，台实行的"三不政策"是外交的最高方针。

4月26日 台湾"中国石油化学开发公司"大社厂反应炉发生连续爆炸。

5月7日 邓小平亚共产党中央总书记、国务委员会主席托·日夫科夫。双方表示过去问题一风吹，一切向前看。这是中保建交以来保加利亚党和国家最高领导人第一次对我国进行友好访问。

同日 台湾当局规划成立"总农会"，统筹农产品运销，联系投资事宜。

5月8日 国务院发布《加强生产资料价格管理，制止乱涨价、乱收费的若干规定》。

5月19日 台湾民进党发动"五一九"抗议活动，要求无条件解除戒严。

5月20日 中央组织部和劳动人事部门在京召开全国控制编制、调查干部结构工作会议。为适应经济体制改革要求，控制干部队伍盲目膨胀，中央决定调整干部部分结构，充实政法、经济监督调节部门。

5月23日 台湾"教育部"拟延长国民义务教育为10年。

5月25日 台湾总人口达1947.7万人。

5月29日 新华社报道：国务院发出通知，要求控制大城市规模，合理发展中等城市，积极发展小城市。

5月30日 "高雄事件"受刑人黄信介、张俊宏等获假释出狱。

6月4日 大兴安岭扑火前线指挥部负责人宣布，经5万军民奋战25昼夜，大兴安岭扑火取得彻底胜利。

6月5日 俞国华称，解严后，台湾人应把握"三项基本认识"，即不能松弛居安思危的警觉；更要重视法治精神；不同的政见，应该在选举及议事堂上表达，而不是走向街头。

6月10日 台湾民进党从本日起举行三天抗议制定"国安法"活动，引发流血冲突。

6月11日—23日 六届人大常委会第二十一次会议在京举行。会议通过《技术合同法》（11月1日施行），批准《中葡两国政府关于澳门问题的联合声明》。

6月12日 邓小平会见外宾时强调，我国改革的步子要加快，旧的一套经过几十年的试验不成功，不改革就没有出路。

6月15日 台湾"立法院"审查通过《国家安全法》。

6月20日 台湾十一位民进党籍"国大代表"要求见蒋经国未成硬闯禁区，与警务人员发生推搡事件。

6月28日 邓小平会见中日政府成员会议日方人员时说，中日双方要立足长远处理两国关系，中国不会改变世世代代同日本友好的政策。

同日 "外省人返乡探亲促进会"在台北举办"想回家，怎么办——打开海峡两岸探亲管道"座谈会。

6月30日 台湾翡翠水库落成启用。

7月1日 《人民日报》发表社论《把政治体制改革提到日程上来》。

同日 为纪念建党66周年，薄一波答记者问，指出政治体制改革的主要内容是实行党政分开、权力下放、进行机构改革和干部制度改革，加强社会主义民主和法制建设。

同日 蒋经国明令公布《动员戡乱时期国家安全法》。

7月3日 台湾"财政部"成立"赋税改革委员会"。

7月7日 台湾"立法院"通过《台湾地区解严案》。

7月14日 蒋经国宣布"台湾地区"自1987年7月15日零时起解严。台湾"行政院"同时发布命令,解严同日开始实施《国安法》。

同日 台湾"国防部"宣布,非军人受军法审判的237位受刑人,获减刑并恢复公民权。

7月17日 台湾首次实施心脏移植手术获成功。

7月27日 台湾当局宣布,解除台湾居民前往港澳观光为第一站的限制。

8月1日 中共中央、人大常委会、国务院电祝内蒙古自治区成立40周年。

同日 台湾"行政院"成立"劳工委员会"。

8月12日 国民党中常会决定取消田赋。

8月15日 新华社报道:我国著名控制论专家宋健获艾伯特·爱因斯坦奖。

8月21日 台湾"中央选举委员会"规定选举期间禁止的各种行为。

8月25日 国家经委、中央组织部、全国总工会提出,大中型工业企业年内普遍实行厂长负责制,全民所有制工业企业要在明年底以前完成。

同日 国民党中央原则决定,调整现行大陆政策,采取政府与民间区分的原则。

8月28日 台湾"国防部"称,"金马地区"位处敌前,此时不宜解严。

8月28日—9月5日 六届全国人大常委会第二十二次会议在京举行。会议通过大气污染防治法和档案法;授权国务院成立海南建省筹备组。

8月29日 邓小平向意共领导人约蒂介绍中国情况时说,中共十三大是改革开放的大会,党和国家领导层将更年轻化。

8月31日 新华社报道:党中央、国务院同意体改委、劳动人事部推进中等城市机构改革试点的新部署。

9月2日 新华社报道:国务院办公厅印发城镇住房改革试点工作座谈纪要,要求改革住房制度,逐步实现住房商品化。基本构思是:提高房租,增加工资,鼓励职工买房。

同日 国民党中常会通过《现阶段加强农村建设政策纲要》。

9月5日—25日 首届中国艺术节在京隆重举行。

9月6日 民主自由党在台湾宣布成立。

9月11日 台《自立晚报》派两名记者李永得、徐璐取道东京前往大陆进行民间采访。

9月12日 台北地方法院开庭审理"六·一二事件",民进党组织的声援者与警方发生冲突。

9月17日 台湾"行政院"通过《集会游行法》草案。

9月20日 我国第一所培养从事现代化、高层次金融管理和决策专门人才的高等学府——中国金融学院在北京成立。

9月21日 国民党中常会专案小组审定"大陆探亲入出境要点"。

9月22日—29日 全国计划会议和经济体制改革工作会议在京举行。会议强调要搞好企业承包经营深化改革,推动双增双节活动稳定经济,当前必须首先稳定物价,控制预算外投资项目。

9月24日 台湾"经济部"强调,工商界不得直接与大陆进行经贸活动。

10月2日 俞国华在"立法院"称,台湾当局准备允许民众赴大陆探亲,但不包括赴大陆观光旅游。

10月9日 "吴玉章奖金"首次评奖。

同日 台湾"新闻局"拟订《申请出版大陆出版品要点》草案。

10月11日 蒋经国赴陆军湖口基地主持军队"侨泰演习"。

10月15日 台湾"行政院"通过赴大陆探亲办法。

10月16日 为接待台胞来祖国大陆探亲旅游,国务院办公厅公布七条办法。

10月20日 中共十二届七中全会公报发表。公报指出,全会决定党的十三次全国代表大会25日召开;全会讨论通过了中央向十三大的报告和《中国共产党章程部分条文修正案》;原则同意《政治体制改革总体设想》并决定将主要内容写入大会报告;确认了政治局扩大会议关于接受胡耀邦请辞总书记职务和推选赵紫阳代理总书记的决定。

同日 高雄后劲地区居民抗议"中国石油公司"兴建五轻炼油厂,在"立法院"前与警察发生冲突。

10月25日—11月1日 中国共产党第十三次全国代表大会在京举行。邓小平主持开幕式,赵紫阳作题为《沿着有中国特色的社会主义道路前进》的政治报告,提出我国处在社会主义初级阶段的理论。会议通过了关于十二届中央委员会政治报告和关于党章部分条文修正案等四项决议,选举产生了十三届中央委员会和新一届中央顾问委员会、中央纪律检查委员会。

10月28日 新华社报道:"杂交水稻之父"袁隆平获联合国科学奖。

同日 因赴大陆进行民间采访,《自立晚报》社长和记者李永得、徐璐被台北地方法院传讯。

11月2日 中共十三届一中全会在京举行,选举产生中央领导机构:赵紫阳任中央委员会总书记,邓小平任中央军委主席,陈云任中顾委主任,乔石任中纪委书记,万里、田纪云、乔石、江泽民、李鹏、李铁映、李瑞环、李锡铭、杨汝岱、杨尚昆、吴学谦、宋平、赵紫阳、胡启立、胡耀邦、姚依林、秦基伟任中央政治局委员,丁关根任中央政治局候补委员,赵紫阳、李鹏、乔石、胡启立、姚依林任中央政治局常委。

同日 台湾红十字总会受理民众赴大陆探亲登记事宜,红十字总会门前申请领表的人排起长队。

11月3日 中宣部要求认真组织好中共十三大文件的学习和宣传,进行社会主义初级阶段基本路线教育。

同日 香港中国旅行社首次发出台胞赴大陆新旅行证。

11月9日 台湾"内政部"初步拟订《消费者保护法》草案。

同日 民进党在台湾召开二次大会。会上爆发互殴事件。次日,姚嘉文当选第二任主席。

11月12日—24日 六届全国人大常委会第二十二次会议在京举行。

11月14日 十三届中央政治局举行首次全会,通过政治局、政治局常委会、书记处工作规则(试行);讨论同意《关于改革中央党校工作的报告》;决定江泽民任上海市委书记。

11月20日—12月5日 我国历史上规模最大的体育盛事——第六届全运会在广州隆重举行。这次全运会共打破和超过17项世界纪录,平3项世界纪录,刷新和超过48项亚洲纪录和亚洲最好成绩,改写85项全国纪录和全国最好成绩。何灼强等4人当选为全运会"新星"。

11月21日 新华社报道:中央决定广东为全面改革试验区,要求商品经济进入更深层次,扩大市场调节。广东省委、省府规划两三年内过渡到以新的经济体制为主。

11 月 24 日　台一渔船在印尼海域因拒绝印尼军舰检查遭炮击。

11 月 27 日　杨尚昆兼任中央军委秘书长,迟浩田任总参谋长,杨白冰任总政治部主任,赵南起任总后勤部部长。

12 月 1 日　深圳首次公开拍卖土地使用权。

同日　台湾当局宣布明年元月起解除报禁。

12 月 4 日　邓小平在会见外宾时重申,会晤戈尔巴乔夫有先决条件,苏联必须让越南从柬埔寨撤军。

12 月 7 日　台驻美国代表钱复在"立法院"称,美国朝野对台各项"政治革新"表示赞许。

12 月 11 日　泰山被接纳为世界自然遗产。

12 月 13 日　台湾"司法院"拟订革新司法六计划。

12 月 15 日　台湾"立法院"国民党籍"立委"与民进党籍"立委"发生群殴事件。

12 月 16 日　中共中央政治局召开第二次全会,同意党中央、国务院机构改革方案。

12 月 18 日　中央领导指出,明年经济体制改革的重点是完善和发展企业经营机制,搞活企业,多出效益、商品、人才、经验;外贸将层层推行包干制。

同日　台湾向荷兰订购的海龙号潜艇运抵高雄港。

12 月 22 日　台湾"立法院"通过将"不得违背宪法或主张共产主义或主张分裂国土"三原则纳入《动员戡乱时期集会游行法》。

12 月 25 日　民进党在台湾发动抗议示威活动,要求全面改造"国民大会"。

1988 年

1 月 1 日　蒋经国在《元旦祝词》中声称,当前正是我们握机造势,再创新运的时刻。

同日　台湾当局对报纸登记及张数限制正式解除。

1 月 6 日　台湾宣布接受国际奥林匹克委员会邀请,参加汉城奥运会。

1 月 9 日　中央政治局召开第三次全会,原则同意《企业法(草案)》。

同日　新华社报道:全国县乡人大换届选举基本完成,许多县乡正职领导人实行差额选举。

1 月 10 日　台湾"立法院"通过《动员戡乱时期集会游行法》,明确规定不得违背"三原则"。

1 月 11 日—21 日　六届人大常委会举行第二十四次会议,决定七届人大 3 月 5 日召开。

1 月 12 日　《人民日报》报道:人大常委会办公厅和国务院办公厅发出通知,全文公布《企业法(草案)》,广泛征求意见。

1 月 13 日　蒋经国于台北去世,"副总统"李登辉继任"总统"。

1 月 14 日　中共中央电唁蒋经国逝世。

同日　中共中央就蒋经国病逝向国民党中央发出唁电。

1 月 15 日　中葡关于澳门问题的联合声明的批准书互换仪式在京举行。

同日　新华社报道:我国黑白电视机生产为世界之首,彩电居世界第三,城乡电视机总数突破 1 亿。

1 月 15 日—18 日　全国住房制度改革会议在京举行。会议宣布住房制度改革今年起正式在各地推行。

1月20日 台湾"立法院"通过《海关进口税则修正案》，税率平均降幅超过50%。

1月21日 李先念主席发布命令，公布《中华人民共和国水法》(7月1日施行)，公布施行《关于惩治走私罪的补充规定》和《关于惩治贪污罪贿赂罪的补充规定》。

1月26日 《人民日报》报道：国家决定大力开发三江和黄淮海平原，计划到本世纪末垦荒改造22000万亩耕地。

1月27日 国民党中常会通过推举李登辉出任国民党代理主席。

1月30日 《人民日报》报道：普通高校首次教师职务聘任工作基本完成，全国已聘任教授副教授近九万名。

同日 李登辉主持蒋经国追思礼拜及移灵礼。

2月3日 我国与乌拉圭建交。

同日 李登辉主持国民党中常会，通过《充实中央民意代表机构革新案》。李登辉提出要全力办好十三大筹备工作，加速推动"六大政治革新"方案。

2月4日 我国教育领域开始实行督学制度。

2月6日 中共中央政治局召开第四次全会，讨论经济形势和当前的经济工作。指出去年经济发展相当好，突出的问题是物价上涨幅度过大。今年要组织实施沿海地区经济发展战略。

2月7日 李登辉强调，国民党对民进党主张"台独"及分离意识态度不变，仍坚持"依法处理"。

2月15日 国家计生委称，今明年人口增长率将达高峰，要推广计划生育承包责任制，实现人口控制指标。

2月18日 台湾"省政府"制定10年

安老计划，从下年度起将推动老人福利工作。

2月21日 李登辉举行记者会，提出必须用新观念处理海峡两岸统一问题。李还宣称，台湾当局不改变"三不政策"。反对"一国两制"，"依法处理""台独"问题。

2月23日 电影《红高粱》获西柏林国际电影节最高奖"金熊奖"。

2月28日 新华社报道：中共中央决定成立中直机关和国家机关两个工作委员会，作为中央派出机构领导中央党政机关党的工作。

同日 中共中央建议修改宪法个别条款，增加允许私营经济在法律规定范围内存在发展、土地的使用权可以依照法律的规定转让等内容。

同日 数千人参加民间在台南市举办的"二二八"四十一周年纪念集会。

2月29日 12名国民党籍"立法委员"发表共同声明，呼吁当局"尽速厘订大陆政策，与大陆接触、沟通"。

3月1日 俞国华表示，台湾当局禁止业者与大陆直接通商，对间接转口贸易则不过问。

3月2日 新华社报道：国务院最近发布《全民所有制工业企业承包经营责任制暂行条例》。

同日 台"统一民主党"成立。

3月3日 《人民日报》报道：国家语委、国家教委发布《现代汉语常用字表》。

同日 《人民日报》报道：广州"民间银行"生机勃发，11家城市信用社吸纳资金7000多万元，放贷5000多万元。

3月5日 国务院严肃处理两起重大交通事故，接受铁道部长丁关根辞职请求，给予民航局长胡逸洲记大过处分。

同日 少数分裂主义分子在拉萨市

闹事,蓄意制造骚乱,很快被平息。

同日　台"世界中华民族统一大同盟"成立。

3 月 9 日　台"中华共和党"宣布成立。

3 月 10 日　大陆首例试管婴儿在北京医科大学第三医院诞生。

3 月 11 日—15 日　中国残疾人联合会首届全国代表大会举行,邓朴方当选为主席团主席。

3 月 12 日　新华社报道:国务院对外贸体制进行重大改革,全面推行外贸承包经营制。

3 月 14 日　越方在南沙海域武装挑衅,我方被迫有限还击,击沉击伤越南三艘舰船。我外交部照会越使馆,强烈抗议越武装舰船侵入我南沙群岛袭击我船只。

同日　最高人民法院、最高人民检察院发表公告,宣布不再追诉去台人员建国前罪行。

3 月 15 日　新华社报道:国务院最近批准广东为综合改革试验区。

3 月 16 日　台"农民权益促进会"在台北游行示威,反对开放美国农产品进口。

3 月 17 日　台湾当局决定组团参加亚行年会,但声称这并不意味着接受"中国台北"的名称。

3 月 20 日　台湾《美丽岛》杂志创办人黄信介、张俊宏等人加入民进党。

3 月 21 日　《人民日报》:发表赵紫阳在十三届二中全会上作的工作报告。报告重点提出:国务院机构改革的重点是转变职能;要运用价值规律促进经济发展;加快沿海经济发展是全国战略;颁布实施企业法时机成熟,搞好企业党政分开是核心问题;党政干部要廉洁奉公,对腐败分子要坚决清除;协商对话要为改革顺利实

施服务。

3 月 23 日　台湾"教育部"修正公布留学规程,高中毕业生及高普考及格者均可申请留学。

3 月 24 日　台湾"国防部"否认台湾向泰国出售军机,并表示今年将裁军 1 万人。

同日　台湾《自立晚报》记者赴大陆采访一案,经台北地方法院初审,社长和记者被判无罪。

3 月 24 日—4 月 10 日　全国政协七届一次会议在京举行。会议原则通过政治决议;选举李先念为全国政协主席,王任重、阎明复、方毅、谷牧、杨静仁、康克清、帕巴拉·格列朗杰、胡子昂、钱昌照、周培源、缪云台、王光英、邓兆祥、赵朴初、屈武、巴金、马文瑞、刘靖基、王恩茂、钱学森、钱伟长、胡绳、孔晓村、程思远、卢嘉锡、钱正英、苏步青、司马义·艾买提为副主席。

3 月 25 日—4 月 13 日　七届全国人大一次会议在京举行。会议通过中华人民共和国宪法修正案、李鹏代总理作的《政府工作报告》、关于设立海南省的决定及全民所有制工业企业法等;选举杨尚昆为国家主席,王震为国家副主席;选举万里为全国人大常委会委员长,习仲勋、乌兰夫、彭冲、韦国清、朱学范、阿沛·阿旺晋美、班禅额尔德尼·确吉坚赞、赛福鼎·艾则孜、周谷城、严济慈、荣毅仁、叶飞、廖汉生、倪志福、陈慕华、费孝通、孙起孟、雷洁琼、王汉斌为副委员长;选举邓小平为中央军委主席,任命赵紫阳、杨尚昆为中央军委副主席;任命李鹏为国务院总理,姚依林、田纪云、吴学谦为副总理,李铁映、秦基伟、王丙乾、宋健、王芳、邹家华、李贵鲜、陈希同、陈俊生为国务委员;选举任建新为最高人民法院院长,刘复之

为最高人民检察院检察长。

3月29日　民进党组织车队到台北市近郊大湖山庄向"资深中央民意代表"示威，与警方发生冲突。

3月30日　台湾"监察院"公布当年对孙立人一案调查报告全文。

4月1日　台湾"国防部长"郑为元表示，军队"国家化"是理所当然的，军中以后不会再有国民党党部。

4月4日　"一清专案"首批被捕各帮派首要分子331人经三年"感训"后获释。

同日　由"立法委员"胡秋原发起的"中国统一联盟"在台北成立。

4月6日　李登辉在国民党中常会上表示，有必要重新检讨开放大陆探亲政策，研拟有效办法，巩固"国人心防"。

4月8日　新华社报道：我国决定扩大沿海经济开放区范围，扩大到288个市县，面积增加到32万平方公里。

4月11日　中意英合拍影片《末代皇帝》获九项奥斯卡奖。

同日　在新加坡举办的1988年亚洲大专辩论会上，海峡两岸的两所大学代表队在决赛时相遇，经过激烈角逐，结果上海复旦大学获冠军，台湾大学获亚军。

4月13日　杨尚昆主席发布命令，公布《中华人民共和国全民所有制工业企业法》（8月1日施行），公布施行《中华人民共和国中外合作经营企业法》。

同日　七届全国人大常委会举行一次会议。万里委员长在会上指出，要抓紧立法，加强监督，完善选举，发展民主。

同日　台湾"行政院"决定，台湾民众可通过台湾红十字会转投写给大陆亲人的信件。

4月18日　国务院召开首届全体会议。李鹏宣布总理、副总理、国务委员分工，强调要为政清廉，加强纪律性，克服官僚主义。

同日　台红十字总会今起受理转寄大陆信件工作。

4月19日　新华社报道：国务院最近批转《1988年深化经济体制改革的总体方案》，通知各地各部门制订具体实施方案，认真落实。

4月20日　中国企业家协会在京成立，党和国家领导人授予马胜利等20位优秀企业家金球奖。

同日　台湾"经济部常务次长"王建煊表示，台湾已考虑开放大陆棉花、煤等原料间接进口。

同日　台湾"内政部"表示民众可申请将先人骨骸运回大陆埋葬。

4月21日　台湾1988年《罪犯减刑条例》今起实施，首日有6054人获释，其后还将有两万多受刑人陆续获减刑出狱。

4月26日　台湾"中山科学院"大树乡火箭燃料实验室发生爆炸。

4月27日　邓小平主席发布命令，颁行《中国人民解放军文职干部暂行条例》。

4月上旬　国务院原则批准福建进行综合改革，加速经济发展。

5月1日　台湾铁路局司机"集体休假"，致使南北铁路交通几乎全面瘫痪。

5月3日　国务院确定行政机构设置，包括41个部委、办公厅，19个直属机构，5个办事机构，16个部委归口管理的国家局，5个事业单位，43个非常设机构。

5月4日—8日　共青团第十二次全国代表大会在京举行。会议选举产生了新一届团中央，通过了实行团员证制度等决议，将《光荣啊，中国共青团》定为代团歌。10日至11日，共青团十二届一中全会在京举行，宋德福当选为团中央第一书记。

5月10日　新版人民币壹佰元、贰

元、壹元、贰角券发行。

同日 台湾当局决定废除《战士授田条例》分期分批收购授田凭证。

5月12日 由厦门飞往广州的厦门民航737客机被两名歹徒劫持到台湾。

5月13日 台湾"新闻局长"邵玉铭表示,台湾不容忍也不鼓励劫机事件。台湾当局决定收容两位劫机犯,准许被劫持的民航飞机飞回厦门。

5月15日 近百名民进党人士在高雄文化中心前举行升党旗活动,与警方发生冲突。

5月20日 台湾南部农民北上游行请愿,在"立法院"前与警方发生激烈冲突。

5月21日 中组部等就改革企业人事制度发出通知,要求推广招标选聘企业经营者的办法。

同日 李登辉指示对"五二〇事件"要从速侦结,依法严惩。

5月29日 台湾当局成立"大陆探亲政策专案小组"。

5月30日 中共中央作出关于委托中央党校创办《求是》杂志的决定。

6月2日 台湾"行政院"通过《大学法》修正草案,使大学享有一定自主权。

6月3日 邓小平强调,我们有条件冒全面改革物价工资的风险。

同日 国务院发布《企业法人登记管理条例》,7月1日起施行。

6月4日 台湾"内政部"核准红十字会为赴大陆探亲民众提供服务。

6月5日 国务院发布《全民所有制工业企业租赁经营暂行条例》,7月1日起施行。

6月6日 新华社报道:我国首家民间影视企业——海南影视公司在海南问世。

6月7日 李登辉称,"三不政策"是对付中共统战最有效的武器,并说"三不政策"只是台湾大陆政策的一部分,并非全部。

6月15日 国民党中常会原则通过《现阶段大陆政策案》和《党章修订案》。

6月16日 "五二〇事件"侦查终结,有93人被提起公诉。

6月20日 台湾"教育部"表示,对大陆学者来函检举岛内学者抄袭大陆音乐著作一事将严肃处理。

6月24日 "立法委员"赵少康等人发动连署,敦促国民党落实五大革新方案,改组内阁。

6月25日 国务院发布有关私营企业的暂行条例和规定。

6月25日—7月1日 七届全国人大常委会举行第二次会议。会议通过关于批准中央军委《关于授予军队离休干部中国人民解放军功勋荣誉章的规定》的决定、《中国人民解放军军官军衔条例》,关于确认1955年至1965年期间授予的军官军衔的决定等。以上决定、条例,7月1日由杨尚昆主席、邓小平主席公布施行。

6月30日 李登辉称,"现阶段施政重点,是加速政治革新优先于对大陆开放政策的研订"。

7月1日 中纪委作出《党员领导干部犯严重官僚主义失职错误党纪处分的暂行规定》和《共产党员在涉外活动中违反纪律党纪处分的暂行规定》,今日起施行。

同日 《求是》杂志创刊,邓小平题写刊名。

同日 中英联合联络小组双方办事处在香港成立。

同日 中国国际航空公司正式成立。

7月3日 国务院发布关于鼓励台湾

同胞投资的规定。

同日 新加坡总理李光耀抵台访问。

7月5日 新华社报道：国务院最近下放外资企业审批权，授权省、区、市、经济特区和计划单列市审批。

7月7日—7月13日 国民党第十届"全国"代表大会在台北召开。会议选举李登辉为国民党主席，通过了《中国国民党政纲案》《党章修订案》《中国国民党现阶段党务革新纲领》和《现阶段大陆政策》。

7月12日 国务院决定13省市今年起财政包干。

7月15日 台"中国石油公司"员工2000多人游行请愿。提出改善基层员工工资和福利的要求。

7月20日 台湾"行政院"高层人事进行大幅改组。

7月21日 "监察委员"谢昆山指出，"雷震事件"的重要人物——雷震在狱中十年撰写的400余万字的《雷震回忆录》，已于4月30日被"国防部"新店军人监狱焚毁。

7月25日 中央军委决定，《中国人民解放军进行曲》为我军军歌。

7月26日 台湾有关部门研拟完成《大陆人士来台奔丧、探病作业要点》。

7月28日 经国务院批准，全国各地放开名烟名酒价格，适当提高部分高中档卷烟和粮食酿酒价格。

同日 台湾"行政院新闻局"宣布大陆出版品、影片、广播电视节目新管理要点。

7月30日 中央军委召开驻京部队文职干部大会。我军历史上首次出现一支10多万人的文职干部队伍。

7月31日 新华社报道：中共中央同意并转发中纪委《关于逐步撤销国务院各部门党组纪检组和中纪委派驻纪检组有关问题的意见》。

8月1日 台湾"经济部"表示，已拟订"大陆产品间接输入处理原则"，规定有近50项大陆产品，可间接输入台湾。

8月5日 台湾"经济部"正式公布准许自大陆间接进口水泥、煤、生铁、棉花等50项农工原料。

8月6日 台湾与美国就农产品的谈判，因双方意见差距太大而破裂。

8月8日 台湾"监察院"决定追究销毁《雷震回忆录》的责任。

8月14日 一场三十年罕见的暴雨，给台湾中南部造成严重灾害。

8月15日—17日 中央政治局举行第十次全体会议，原则通过价格工资改革初步方案，决定9月召开中央工作会议和十三届三中全会。

8月16日 台湾当局对大陆探亲限制进一步放宽，四等亲以内的血亲、姻亲或配偶均可赴大陆探亲。

8月18日 "行政院大陆工作会报"正式成立。

8月19日 台奥委会主席张丰绪表示，台将以"奥会模式"参加在大陆举行的国际性正式体育比赛。

8月24日 国民党中常会通过李登辉提议，设置"中央大陆工作指导小组"。

8月27日 台湾"高等法院"以涉嫌"叛乱罪"分别判处主张"台独"的蔡有权、许曹德7年和4年徒刑。

8月30日 李鹏总理主持召开国务院第20次常务会议，决定做好物价工作，稳定市场。强调下半年不出台新的调价措施。

9月1日—6日 第六次全国妇女代表大会在京举行。会议制定了妇联体制改革方案，选举产生了全国妇联新的领导机构,康克清担任名誉主席,陈慕华当选主席。

9 月 2 日　中央政治局举行第十一次全会,原则通过加强和改进企业思想政治工作文件。

同日　台湾当局放宽大陆民众申请去台限制。年龄 75 岁以上或 16 岁以下有直系血亲在台的大陆民众可申请去台。

9 月 3 日　中国人民银行发布关于开办人民币长期保值储蓄存款的公告。宣布从本月 10 日起对城乡居民三年以上定期存款均予保值。

9 月 5 日　杨尚昆主席发布命令,公布《中华人民共和国保守国家秘密法》(1989 年 5 月 1 日起施行),公布施行《关于惩治泄露国家秘密犯罪的补充规定》和公布《中国人民解放军现役军官服役条例》(1989 年 1 月 1 日起施行)。

同 5 日　台湾“省政府”决定出售第一、华南、彰化三家商业银行的公股。

9 月 7 日　台湾“内政部”审查通过《农民健康保险条例》。

9 月 10 日　台湾“行政院大陆工作会报”通过《现阶段大陆同胞申请来台奔丧探病作业规定》草案。

同日　台湾三位代表以“台北科学会”名义到北京参加第二十二届国际科学联合总会年会。这是台首次组团参加在大陆举行的国际会议。

9 月 13 日　国民党“立法委员”胡秋原在北京受到政协主席李先念的接见。同月 21 日国民党为此给胡秋原以开除党籍处分。

9 月 14 日　中央军委举行上将军衔授衔仪式,军委副主席赵紫阳、杨尚昆为 17 位上将(洪学智、刘华清、秦基伟、迟浩田、杨白冰、赵南起、徐信、郭林祥、尤太忠、王诚汉、张震、李德生、刘振华、向守

志、万海峰、李耀文、王海)授衔,军委主席邓小平会见 17 位上将。

9 月 14 日—27 日　我核潜艇进行水下发射运载火箭试验,获得圆满成功。

9 月 15 日—21 日　中央工作会议在京举行。会议决定明后两年重点治理经济环境、整顿经济秩序,并提出抑制通货膨胀、深化改革的重要政策建议。

9 月 16 日　台湾“五二〇事件”结案宣判。有 79 名被告被判刑。

9 月 17 日—10 月 2 日　第二十四届奥运会在韩国汉城举行。我国金牌总数列第 11 位,我运动员许艳梅获女子跳台跳水金牌、楼云获男子跳马金牌、高敏获女子跳板跳水金牌、陈龙灿和韦晴光获乒乓球男双金牌、陈静获乒乓球女单金牌。

9 月 26 日—30 日　中共十三届三中全会在京举行。会议听取并审议通过了赵紫阳总书记代表中央政治局作的报告,批准了政治局提出的治理经济环境、整顿经济秩序、全面深化改革的指导方针和政策、措施,原则通过了《关于价格、工资改革的初步方案》和《中共中央关于加强和改进企业思想政治工作的通知》。

9 月 27 日　国务院发布《城镇土地使用税暂行条例》(11 月 1 日起施行),发布施行《基金会管理办法》。

9 月 29 日　台湾“内政部”表示,核准来台奔丧探病的大陆民众,在台只能停留两个月,逾期将依规定强制离境。

10 月 1 日　全军今日起佩戴军衔。

10 月 2 日　台湾第一个由民间业者组成的贸易考察团赴苏联访问。

10 月 3 日　党中央、国务院作出关于清理整顿公司的决定,以解决政企不分、官商不分、转手倒卖牟取暴利问题。

10 月 4 日　新华社报道:国务院近日发出关于清理固定资产投资在建项目、压

缩投资规模、调整投资结构的通知。

10月9日—16日 首届全国农民运动会在京举行。

10月11日 台湾高雄林园石油化学工业区排出污水造成严重污染。引发民众抗议，迫使多家石化工厂停产。

10月13日 新华社报道：国务院最近作出关于化肥、农药、农膜实行专营的决定，制止多头插手倒买倒卖。

10月15日 台湾64名"立法委员"连署要求"行政院"解除对不涉密公务人员赴大陆探亲限制。

10月22日—28日 中国工会十一大在北京举行。在十一届执委会上，倪志福当选为全国总工会主席，朱厚泽任第一书记。

10月25日 台湾"农民权益促进会总会"发起游行活动，抗议对"五二○事件"审判不公正。

10月27日 首届影视十佳歌手评选揭晓，刘欢、蒋大为、陈力、郭峰、李谷一、何纪光、骆玉笙、殷秀梅、李双江、郑绪岚当选。

同日 被台湾当局收容的中国民航劫机犯张庆国、龙贵云被判3年半徒刑。

10月29日 民进党召开第三届全代会。30日，黄信介当选为民进党主席。会上民进党以《台湾的希望在我们的手中》为题发表宣言，重申其"台湾住民自决"主张，并要求国民党宣布终止"动员戡乱时期"、废除"临时条款"。

11月2日 台湾"资深立法委员"上书李登辉，反对"立法院"审议退职条例。

11月3日 台湾"经济部"核准台湾塑胶企业集团在桃园县兴建第六轻油裂解厂。

11月4日 台湾当局规定，凡参加共产党或相关组织者不得入境，违者一经发现，将"依法侦办"。

11月8日 国务院发布《土地复垦规定》（1989年1月1日起施行）。

同日 杨尚昆主席发布命令，公布施行《关于惩治捕杀国家重点保护的珍贵、濒危野生动物犯罪的补充规定》。

11月8日—12日 中国文联第五次代表大会在京举行。胡启立代表党中央、国务院致祝词，邓小平等会见了与会代表。会议通过了五届全委会名单和中国文联新章程。13日，曹禺当选为文联执行主席。

11月9日 就胡秋原因赴大陆被国民党开除一事，"中国统一联盟"20余名国民党党员赴中央党部举行退党仪式。

11月14日 李登辉称，台在追求现代化过程中，主要帮助来自美国，吾人至为珍视此一传统的友好关系。

11月24日 台湾"新闻局"明确，凡是中共官方制作的影片，一律禁止在岛内播映。

11月28日—12月5日 国务院在京举行全国计划会议、全国经济体制改革会议。李鹏强调明后两年改革建设要突出治理整顿，确保明年物价涨幅明显低于今年。

11月29日—12月4日 全国人事工作会议在京举行。会议决定：我国地方机构改革明年相继展开；公务员制度改革明年开始试点。

11月30日 国务院发布《中华人民共和国审计条例》（1989年1月1日起施行）。

12月1日 国务院发布施行《国家行政机关及其工作人员在国内公务活动中不得赠送和接受礼品的规定》。

同日 台湾"教育部"公布赴大陆参加国际会议办法。

12月6日　民进党籍"立委"在台湾"立法院"持续发言,造成议事瘫痪,"立法院"动用警察权,维持秩序。

12月8日—25日　全国财政工作会议在京举行。会议确定明年财政将实行紧缩政策。26日,《人民日报》发表评论员文章《过两三年紧日子》。

12月10日　台湾试制的IDF战斗机"经国号"出厂。

12月17日　国务院、中央军委发布施行《武警部队实行警官警衔制具体办法》。

12月18日—22日　纪念党的十一届三中全会召开10周年理论讨论会在京举行。赵紫阳作题为《用十三大的理论进一步武装全党》的讲话。

12月25日　"行宪纪念大会"前,民进党"国大代表"与安全人员发生激烈冲突,10名民进党"国大代表"被驱离会场。

12月29日　俞国华称,台湾当局决心积极在"一个中国"原则下推行"弹性外交",开拓"崭新的外交关系"。

12月30日　赵紫阳主持召开中共中央书记处会议,讨论廉政建设问题。会议强调党和国家机关必须保持廉洁,反对腐败,决定集中力量查处一批严重经济犯罪案件。

12月31日　我国最新工艺浮法玻璃生产线——上海耀华玻璃公司建成投产,年产400万重量箱。

12月　我国最大现代化化纤工业——江苏仪征化纤联合公司建成投产,年产涤纶短纤维24万吨、聚酯切片25.2万吨。

1989 年

1月1日　李登辉在《元旦祝词》中称要奉行蒋经国"遗嘱",完成"未竟事业",并声称要向大陆推展"台湾经验"。

1月4日　俞国华指出,台湾面临治安、交通、环保及民众不守法等严重问题。

1月6日　国民党与民进党协调同意选举诉讼由一审改为二审,并建立"公费竞选"制。

1月10日　台湾"立法院"通过《少年福利法案》。

1月11日　国民党中常会决议,缩小台湾"增额立委"选区为25个,引起民进党强烈反对。

1月18日　美国国务卿贝克称,美将根据"与台湾关系法",继续向台湾当局出售"防御武器",并坚守对台"安全"上的承诺。

1月20日　台湾"立法院"通过《动员戡乱时期人民团体组织法》。

1月26日　台湾"立法院"通过《选罢法修正案》和《资深中央民代自愿退职条例》。

1月27日　中央政治局举行会议,讨论在改革开放的新形势下加强政法工作,稳定社会治安问题。会议指出,解决社会治安问题,必须动员全社会的力量,要把综合治理和集中打击、集中整顿结合起来。会议强调,必须继续加强政法队伍建设,提高广大政法干警的政治素质和业务素质。2月17日,中共中央批转了中央政法领导小组的《全国政法工作座谈会纪要》。

2月1日　国民党中常会通过《对增额中央民意代表名额及其分配之建议案》,决定大幅增加代表名额。

2月11日　台空军中校林贤顺驾驶一架F—5E战斗机起义。

2月14日　中央书记处听取了参加廉政制度建设座谈会的部分同志的汇报,

强调进行廉政制度建设，就是要适应发展社会主义商品经济和建设社会主义民主政治的需要，提高政府部门管理工作的规范程度和公开程度，通过公开办事制度，公开办事结果，依靠群众监督，以消除权力与金钱交易的温床。党要在廉政制度建设中起促进和保证作用。

2月15日 《李先念文选》在全国发行。

同日 台湾桃园县八德乡空军监狱发生犯人暴动。

2月17日 中共中央作出《关于进一步繁荣文艺的若干意见》。提出文艺要坚持"为人民服务，为社会主义服务"的方向，坚持"百花齐放、百家争鸣"的方针，在努力改善和加强党对文艺事业的领导的基础上，加快和深化文艺体制改革，加强文艺队伍的自身建设。

2月19日 国民党为年底选举进行宣传，展开"名嘴下乡"活动，组织人力对其政策进行广泛宣传。

2月25日—26日 美国总统布什访问我国。26日邓小平会见并宴请布什时指出，中国有一个稳定的环境是十分重要的，没有一个稳定的国内环境，就难以取得成绩，已经取得的成绩也会失去，希望外国朋友理解这一点。

2月27日 为检肃贪污，台有关情治部门合组"彩虹专案"，计划对有关人员进行电话监听，以求查取违法证据。

2月28日 台湾"行政院长"俞国华称，全民健康保险将于1995年实施。

3月3日 台湾"内政部长"许水德称，台将于3月底前开始接受滞留大陆台籍老兵返台定居申请。

3月5日 西藏少数分裂主义分子在拉萨蓄意制造了一起严重骚乱事件。国务院决定自3月8日零时起在拉萨市实行戒严，由西藏自治区人民政府组织实施。

3月6日 李登辉夫妇抵新加坡进行访问。

3月9日 李登辉结束对新加坡的访问。李对记者称，"双重承认"如有可能，他将乐意接受。李对有人称他为"台湾来的总统"表示，虽"不满意"，但"可以接受"。

3月13日 台湾"行政院新闻局"通过开放记者赴大陆采访，电影、电视、录像带赴大陆拍摄方案。

3月20日—4月4日 七届全国人大二次会议在北京举行。李鹏作《坚决贯彻治理整顿和深化改革的方针》的政府工作报告，提出，治理经济环境和整顿经济秩序，是今明两年我国建设和改革的重点，也是政府工作的重点。会议还审议通过了有关的工作报告，审议通过了《中华人民共和国行政诉讼法》、《中华人民共和国全国人民代表大会议事规则》等。

3月21日 台湾当局解除对开拓东欧市场的禁令，核准在匈牙利设办事处。

3月26日 台"大陆工作会报"讨论《两岸人民关系暂行条例》。

3月28日 俞国华在台湾"立法院"称，"一个中国，两个政府"是台反制中共统战政策的一个"不错的构想"。俞表示将把这一构想列为现阶段制定大陆政策的参考。

3月29日 台湾"劳动党"宣布成立，该党党纲明确宣布，该党为主张社会主义的阶级政党，该党将以和平民主的方式争取劳动人民的权益，共同为实现社会主义而努力。

4月1日 国民党临时中常会决定，十三届二中全会6月3日举行，并通过"党内初选制"。

4月3日 中正机场海关人员以集体

请假的形式抗议司法部门扩大侦办海关官员涉嫌集体受贿案,造成通关缓慢。

4 月 6 日　台湾"行政院"通过派遣官方代表团赴北京参加亚洲开发银行年会。

4 月 7 日　被台警方指控为"涉嫌叛乱"的《自由时代》杂志负责人郑南榕,抗拒拘提,自焚身亡。

4 月 8 日　台湾"外交部长"连战称,"一国两府"是一项非常实际的构想,"外交部"已奉命对此一问题的内涵加以研议充实。

4 月 9 日　国民党中央原则决定修订"宪法"临时条款。

4 月 12 日　台湾 70 个残疾人团体数百人到"立法院"请愿,要求迅速通过《残障福利法修正案》。

4 月 15 日　中共中央政治局委员、前中共中央总书记胡耀邦因病在北京逝世。22 日,追悼大会在人民大会堂举行,赵紫阳致悼词,高度评价了胡耀邦伟大光辉的一生。

4 月 15 日—4 月 24 日　在胡耀邦逝世后的悼念活动中,北京出现学潮,并逐步波及地方一些主要城市。党和政府对广大青年学生反对腐败、推进民主的爱国热情给予了充分肯定。但是在极少数别有用心的人的煽动和策划下,学潮日益明显地发展成为政治动乱。24 日,北京市委向中央提出四点建议:①中央必须旗帜鲜明地对当前事态明确表明态度;②中央报刊等宣传舆论工具必须坚决服从中央的统一指挥;③授权北京市委、市政府放手发动群众,组织反击,打退反动思潮的进攻;④建议党中央、国务院尽快拿出几条过硬的措施,解决群众长期以来议论最多、反映最大、意见最集中的一些问题。

4 月 17 日　台湾组队赴北京参加亚洲青年体操赛。

4 月 24 日　李鹏主持政治局常委会议,同意中共北京市委、北京市政府对当前首都形势的分析和所提出的四点建议。

同日　民进党修正通过该党《现阶段大陆政策草案》,强调台"国际主权独立",主张"准两国政府"。

4 月 25 日　邓小平对中央常委的决定表示赞同和支持,并强调这不是一般的学潮,而是一场否定共产党的领导,否定社会主义制度的政治动乱。

4 月 26 日　《人民日报》发表题为《必须旗帜鲜明地反对动乱》的社论。

同日　北京、上海召开万人党员干部大会,号召坚决、迅速地制止动乱,维护安定团结的政治局面。

5 月 1 日　台湾"财政部长"郭婉容一行抵达北京,参加"亚行"年会。

5 月 4 日　赵紫阳会见出席亚洲开发银行第 22 届年会代表,对学潮发表了与中央常委相对立的观点。9 日、10 日继续有数万学生上街示威游行。一些反对党的领导、反对社会主义道路的政治主张和社会思潮继续蔓延。

同日　台湾"行政院"通过《残障福利法》修正案。

5 月 8 日　台湾当局发言人称,参加"亚行"年会必然导致当局检讨大陆政策,但不致影响当局的大陆政策。

5 月 13 日　台湾"经济部长"重申,禁止台企业界直接对大陆进行投资。

5 月 13 日—19 日　极少数动乱的组织者和策划者,于 13 日发动绝食请愿,向政府施加压力。从 15 日开始,爆发了大规模的群众游行。上街人数由几万发展到几十万,极少数人变本加厉地提出各种攻击共产党和社会主义的政治口号,把攻击的矛头集中指向邓小平。

5 月 15 日—18 日　苏联最高苏维埃

主席团主席、苏共中央总书记戈尔巴乔夫访问我国。这是自 1959 年以来苏联最高领导人对我国的首次访问。16 日戈尔巴乔夫同邓小平举行了会晤,并在此前后分别同杨尚昆、赵紫阳、李鹏进行了会谈。这次中苏高级会晤,标志着中苏两国关系实现了正常化。中国共产党和苏联共产党的关系也随之正常化。18 日《中苏联合公报》发表。

5 月 17 日 台湾"行政院"卫生署防疫处宣布,台湾进入狂犬病警戒期。

5 月 19 日 中共中央、国务院召开中央和北京市党政干部大会。

同日 郑南榕出殡游行在台湾引起骚乱,一名为詹益桦的青年在出殡行列中自焚身亡。

5 月 20 日 李鹏签署国务院关于在北京市部分地区实行戒严的命令,决定自 5 月 20 日 10 时起实施。同日,北京市市长签署了北京市第一号、第二号、第三号人民政府令,决定对东城、西城、崇文、宣武、石景山、海淀、丰台、朝阳八个区实行戒严。21 日,中国人民解放军戒严部队指挥部发表告北京市民书指出,执行戒严任务完全是为了恢复正常秩序,决不是对付学生。希望学生和社会各界人士能充分理解,给予大力支持协助。同日,新华社转发了《解放军报》题为《维护首都和全国稳定的重大措施》的社论。由于戒严部队的陆续进驻,5 月下旬后,北京的秩序一度好转。

同日 美国决定售予台湾 E-2C 鹰眼空中早期预警机。

5 月 25 日 台湾"行政院长"俞国华主持任内最后一次院会,接受 18 位"内阁阁员"总辞。

5 月 30 日 台湾"立法院"通过李焕出任"行政院长"。

6 月 1 日 台湾"行政院"废止《取缔"匪伪"物品办法》,核定《大陆地区物品管理办法》。

6 月 3 日 凌晨开始,戒严部队奉命进驻包括天安门广场在内的各个执勤位置,同时,北京市人民政府、戒严部队指挥部为了避免伤害群众,通过电台、电视台发出紧急通告,要求市民提高警惕,坚守岗位,不要上街,不要到天安门广场去。

6 月 3 日—6 月 5 日 国民党十三届二中全会在台北召开。会议三项中心议题是强化政治民主、持续经济增长、促进政治革新。

6 月 4 日 李登辉就人民解放军戒严部队在北京天安门广场清场发表声明。

6 月 5 日 中共中央、国务院发表《告全体共产党员和全国人民书》:全体共产党员、广大人民群众和各界爱国人士,一定要响应党和政府的号召,明辨是非,顾全大局,为稳定局势创造安定和良好的社会环境而斗争。

6 月 6 日 国民党中常会商讨"有效支援大陆民主运动方案"。

6 月 7 日 中央纪委发出《关于严明党的纪律维护党的团结统一的通知》。

6 月 9 日 邓小平接见首都戒严部队军以上干部并发表重要讲话。邓小平指出,这场风波迟早要来,这是国际的大气候和中国自己的小气候所决定了的,现在来对我们比较有利。邓小平强调,党的十一届三中全会制定的路线方针政策,包括我们发展战略的"三部曲",不能因这次事件的发生,就说错了。党的十三大概括的"一个中心、两个基本点"没有错。如果说有错误的话,就是坚持四项基本原则还不够一贯,没有把它作为基本思想来教育人民,教育学生,教育全体干部和共产党员。

6 月 10 日 台湾"交通部电信总局"

宣布,开放两岸自动转接电话。

6 月 14 日　中共中央、国务院在转发中共北京市委、北京市人民政府《关于彻底清查、坚决镇压反革命暴乱分子的工作方案的请示》的通知中指出,北京市和所有发生动乱的大中城市,都必须在党委、政府的统一领导下,由主要领导同志负责,组织专门班子,充分发动和依靠群众,从追查当地的重点事件、重点单位和重点对象的问题入手,深入开展清查工作。在这场斗争中,既要态度坚决,毫不手软,又要实事求是,防止扩大打击面。

6 月 15 日　台湾海军完成"武进三号"全自动化火力装备计划。

6 月 17 日　台"中央银行"宣布提供200 亿元贷款,协助岛内产业升级。

6 月 20 日　李焕称,台湾当局要以"政治反攻"来推翻中共政权。

6 月 21 日　国民党中常会通过《端正选举风气实施办法》。

6 月 23 日—24 日　中共中央在北京召开第十三届中央委员会第四次全体会议。全会审议并通过了李鹏代表中央政治局提出的《关于赵紫阳同志在反党反社会主义的动乱中所犯错误的报告》。全会决定,撤销赵紫阳的中央委员会总书记、中央政治局常务委员会委员、中央政治局委员、中央委员会委员和中共中央军事委员会第一副主席的职务。全会对中央领导机构的部分成员进行了必要的调整:选举江泽民为中央委员会总书记;增选江泽民、宋平、李瑞环为中央政治局常务委员会委员;增补李瑞环、丁关根为中央书记处书记;免去胡启立中央政治局常务委员会委员、中央政治局委员、中央书记处书记的职务,免去芮杏文、阎明复中央书记处书记的职务。全会强调,要继续坚决执行党的十一届三中全会以来的路线、方针

和政策,继续坚决执行党的十三大确定的"一个中心、两个基本点"的基本路线。

6 月 24 日　中央顾问委员会十三届四次全体会议和中央纪律检查委员会十三届四次全体会议分别举行,讨论通过了会议公报,坚决拥护《中国共产党十三届中央委员会第四次全体会议公报》。

6 月 28 日　中共中央举行党外人士座谈会,江泽民就社会各界关心的问题发表讲话。江泽民指出,彻底平息反革命暴乱和制止动乱的工作,既要坚决、抓紧,又要严格区分两类不同性质的矛盾;要继续以经济建设为中心,搞好经济工作;要继续坚持改革开放;要继续坚持共产党领导的多党合作制和政治协商制度,更好地发挥人民政协、各民主党派、各人民团体在国家政治生活中的作用。

6 月 29 日—7 月 6 日　七届全国人大常委会第八次会议在北京举行。会议通过了《关于撤销赵紫阳的中华人民共和国中央军事委员会副主席职务的决定》和《关于制止动乱和平息反革命暴乱的决议》等。会议决定公布中华人民共和国集会游行示威法草案,广泛征求意见。10 月25 日至 31 日七届全国人大常委会第十次会议通过了《中华人民共和国集会游行示威法》。

7 月 1 日　台湾与美国签订渔业新协定。

7 月 7 日　台湾无住屋者团结组织展开首次行动,散发传单,抗议不合理的房价。

7 月 10 日　中共中央、国务院在转发国家教委《关于高等学校工作中几个问题的意见》的通知中指出.培养什么样的人始终是教育战线的根本问题。各级党委、政府和教育部门要切实加强对高等学校工作的领导,把坚定正确的政治方向放在教育工作的第一位,坚持社会主义方向,

坚持马克思主义、毛泽东思想的教育，加强思想政治工作，严格校纪、校风管理，搞好教育改革，真正把高等学校办成培养社会主义接班人的坚强阵地。

7月11日 台湾23家民营医院联合发表声明，抨击现行劳保费用偏低且支付不公。

7月12日 台湾"立法院"通过《银行法》修正案，标志台金融体系进入自由化阶段。

7月15日 据人口普查数据，台湾人口突破2000万大关。

7月20日 台湾当局与格林纳达"建交"。

7月21日 台湾证券市场开户人数突破300万。

7月28日 中共中央发出《关于加强宣传、思想工作的通知》，指出，要宣传四中全会重大组织决定的意义；加强建设、改革和廉政的宣传；坚决妥善地整顿宣传舆论文化阵地，加强和改进思想政治工作，稳定充实政工干部队伍；做好理论研究、理论宣传、理论教育工作；严格宣传纪律，加强法制建设，加强对外宣传，维护社会主义中国的尊严。

7月29日 民进党第三届二次临时会议在台湾阳明山中山楼举行。

8月1日 台"中央银行"宣布成立外币折款市场。

8月3日 国民党中央就"资深中央民意代表"退职拟就"劝退方案"。

8月10日 台湾"法务部调查局"将8家地下投资公司交地方法院检察处侦办。

8月15日 最高人民法院、最高人民检察院发布关于贪污受贿投机倒把等犯罪分子必须在限期内自首坦白的通告。19日，监察部发布《关于有贪污、贿赂行为的国家行政机关工作人员必须在限期内主动交代问题的通告》。

8月17日 中共中央、国务院作出《关于进一步清理整顿公司的决定》，《决定》指出，近年来由于对清理整顿公司的艰巨性和复杂性认识不足，措施不够明确有力，一些地方和部门犹豫观望，行动迟缓，这一工作远没有取得预期效果。由于公司发展过多过滥，以致出现混乱现象，严重干扰了为政清廉和建立健全社会主义的经济秩序，加剧了社会分配不公的矛盾，影响了社会安定。《决定》强调要进一步把清理整顿公司的工作抓紧、抓好、抓到底，坚决排除一切干扰和阻力，决不能搞形式主义，决不能走过场。中共中央、国务院决定成立以田纪云为组长的全国清理整顿公司领导小组。

8月18日 台湾"法务部"部长萧天讚被指曾为第一高尔夫球场取得设立许可而进行关说，引起舆论大哗。

8月20日 《邓小平文选》（1938—1956年）在全国开始发行。《文选》编入了邓小平在"文化大革命"以前28年中的重要文章、讲话共39篇。

8月24日 中共中央、国务院召开全国整顿清理报刊及音像市场电话会议。李瑞环在会议上强调，对"扫黄"工作要加强领导，要认真掌握政策界限，要把"扫黄"同繁荣文艺、活跃群众文化生活结合起来。

8月25日 台湾"财政部"研拟完成《商业银行设立标准草案》。

8月26日 台湾无住屋者团结组织在台北忠孝东路举行万人露宿街头活动，抗议岛内房价高涨。

8月28日 中共中央政治局在京举行全体会议，讨论并通过了《中共中央关于加强党的建设的通知》。《通知》指出，从现在起，各级党委必须按照党的基本路线的要求,聚精会神地抓党的建设,下决心解决好当前党的建设中的迫切问题。否则,不仅我们国家长期积累下来的各种严重问题不可能得到解决,而且会留下隐患,难免发生新的政治风波。《通知》要求,认真做好清查清理、考察领导干部、民主评议党员的工作;切实搞好思想和作风整顿,克服消极、腐败现象;严格党员标准,确保发展党员的质量,加强基层党的组织建设;加强党建理论的学习、宣传和研究。

9 月 5 日　台湾"外交部长"连战称,台"中长程外交政策"的最高目标是重新加入联合国,现阶段则以参加区域性或功能性国际组织为重点。

9 月 7 日　中共中央转发《中央组织部关于在部分单位进行党员重新登记工作的意见》。中央组织部认为,党员重新登记是加强党的建设的一项重要措施。通过清查、清理和党员登记,坚决消除党内的敌对分子、反党分子,消除政治隐患;清除党内的腐败分子,妥善处置不合格党员,保持党的纯洁性和先进性,增强党的战斗力。

同日　最高人民法院、最高人民检察院发布《关于不再追诉去台人员在中华人民共和国成立后当地人民政权建立之前的犯罪行为的公告》。

9 月 15 日　由侯孝贤执导的电影《悲情世界》在 46 届威尼斯影展中获最佳影片金狮奖。

9 月 26 日　台湾当局发言人邵玉铭称,台"基本国策"是建设台湾、"光复大陆"。

9 月 28 日　来自台湾 20 余所大学的 1200 名大学教授和学生举行示威游行,要求建设学术自由、校园民主的新大学。

9 月 29 日　首都各界群众万余人在人民大会堂隆重集会,庆祝中华人民共和国成立 40 周年,杨尚昆主持大会,江泽民在长篇重要讲话中充分肯定了在党的领导和社会主义制度下,共和国 40 年建设与改革开放取得的辉煌成就。讲话着重总结了 40 年历史经验,提出了四条基本结论:社会主义制度的确立、巩固和发展,体现了中国现代社会运动的客观规律,是中国历史上最伟大、最深刻的变革;社会主义制度是在自身基础上不断发展和完善的制度;发扬爱国主义精神,坚持独立自主、自力更生的方针,是中国革命也是中国社会主义建设取得胜利的一条根本途径;用马克思列宁主义、毛泽东思想武装起来的中国共产党,在国家独立和发展过程中担负着极其重要的使命。报告还就党和国家工作中需要特别注意统一认识的若干重要问题作了论述。

10 月 1 日　首都各界 100 多万人在天安门广场举行国庆四十周年联欢晚会。江泽民、邓小平、杨尚昆、李鹏、陈云、万里、李先念等出席了晚会。同日,《人民日报》发表《沿着社会主义大道奋勇前进》的社论。

10 月 6 日　台湾"法务部长"萧天赞为涉及第一高尔夫球场关说案提出辞职,次日获准。

10 月 10 日　民进党聚众声援陈婉真、许信良,要求释放政治犯,与警察发生冲突。

10 月 13 日　台湾"行政院长"李焕在"立法院"声称,中国统一的障碍在中国共产党,中国统一之路不在和谈,而在大陆的政治民主、经济自由、社会平等、舆论开放。

10 月 26 日　台湾"中华航空公司"一架班机于花莲失事,造成 54 人丧生。

10 月 29 日　黄信介当选为民进党第

四届主席。

10 月 30 日 北京市人民政府、戒严部队指挥部发布通告说，首都形势日趋稳定，即日起戒严部队在立交桥和路口的执勤岗哨全部撤离；11 月 1 日起，天安门广场将由武警部队接替戒严部队执勤。

11 月 2 日 台湾无住屋者团结组织发起给"行政院长"送蜗牛活动，嘲讽台当局无视无住屋者的困境。

11 月 3 日 台湾"参谋总长"郝柏村指出，不许"台独"分子到军队中渗透。

11 月 6 日 30 余位民进党"立法委员"及省、市"议员"候选人在台北成立"新国家连线"工作委员会，提出"新国家、新宪法"、"建立东方瑞士台湾国"的主张。

11 月 6 日—9 日 中共十三届五中全会在北京举行。全会之前，中央政治局于 10 月 30 日至 11 月 3 日召开了中央工作会议，认真讨论和研究了我国当前的经济问题。全会审议并通过了《中共中央关于进一步治理整顿和深化改革的决定》。全会认为党的十三届三中全会决定对国民经济进行治理整顿是正确的。继续坚定不移地贯彻治理整顿和深化改革的方针，是克服当前经济困难，实现国民经济持续、稳定、协调发展的根本途径。9 月 4 日，邓小平致信中央政治局，恳切希望中央批准他辞去中央军委主席职务的请求。全会讨论并通过了《关于同意邓小平同志辞去中共中央军事委员会主席职务的决定》。决定江泽民为中共中央军事委员会主席，杨尚昆为中共中央军事委员会第一副主席，刘华清为中共中央军事委员会副主席，杨白冰为中共中央军事委员会秘书长；决定增补杨白冰为中共中央书记处书记。

11 月 13 日 邓小平在人民大会堂会见 1989 年度日中经济协会访华团。邓小平对日本客人说，我想利用这个机会，正式向政治生涯告别。你们这个团是我见的最后一个正式的代表团。退就要真退，要百分之百地退下来，不要使新的领导感到工作困难。

11 月 16 日 台湾"行政院"通过《危害治安治罪暂行条例》。

11 月 25 日 李瑞环在全国省、市、自治区党报总编辑新闻工作研讨班上发表《坚持正面宣传为主的方针》的长篇讲话。讲话强调坚持正面宣传为主是一条成功的经验，新闻的党性同人民性是统一的，新闻改革必须坚持社会主义方向。28 日，江泽民在会见参加研讨班的成员时指出，社会主义新闻事业作为我们意识形态的重要组成部分，必须遵循为社会主义服务、为人民服务的基本方针。

11 月 28 日 台湾近千名股市投资人群集于国民党中央党部门口，抗议国民党以"利多与长红"广告误导投资人。

11 月 30 日 民进党不顾台湾当局禁令，创办电视台，并宣布绿色民主进步电视台正式开播。

12 月 2 日 台湾进行"解严"后首次大选。在 101 席"增额立委"中，国民党获 72 席，民进党获 21 席；在 171 席省市议员中，国民党获 101 席，民进党获 38 席；在最受瞩目 21 席县市中，国民党获 14 席，民进党获 6 席，无党籍人士获 1 席。选举结果表明，民进党的政治活动空间有大幅增加。

12 月 5 日 台"参谋总长"调任"国防部长"。

12 月 11 日—17 日 全军政治工作会议在北京举行。会议通过了《关于新形势下加强和改进军队政治工作的若干问题》的重要文件。会议号召在以江泽民为核心的党中央和中央军委的领导下，进一步加强和改进政治工作,保证党对军队的绝对领导,保证军队在政治上永远合格。

12 月 13 日　国民党中央提出"省议会"正副议长名单,引起强烈反对。

12 月 14 日　经过国民党昨日就证券交易税率召开党政协调会议后,备受争议的证券交易税率最终确定为 6%。

12 月 19 日　国家科学技术奖励大会在北京举行。江泽民在"推动科技进步是全党全民的历史性任务"的讲话中指出,近千万科技大军真正属于中华民族的精英。我们要坚持把科学技术放在优先发展的战略地位,坚持依靠科技进步来提高经济效益和社会效益。

12 月 21 日　中共中央发出《关于加强和改善党对工会、共青团、妇联工作领导的通知》,指出,各级党委必须牢固树立全心全意依靠工人阶级和广大人民群众的思想,高度重视工会、共青团、妇联工作。党组织要对工会、共青团、妇联实行统一领导,并支持其依照法律和各自的章程独立自主地开展工作,支持其在维护全国人民总体利益的同时,更好地维护各自所代表的群众的具体利益,发挥其在思想政治教育和国家、社会事务管理中的民主参与、民主监督作用,增强其组织活力,加强干部队伍建设。

同日　江泽民、李瑞环会见由大公报社社长杨奇率领的香港新闻界访京团。江泽民重申内地与香港实行"一国两制",我国无意输出革命,但也不许别人扭转中国航向。

12 月 23 日　前桃园县长、"高雄事件"最后一名被告许信良,因"预备叛乱罪"被判 10 年徒刑。

12 月 27 日　中共中央在《关于建立健全省部级在职领导干部学习制度的通知》中指出,要通过有领导、有计划地学习培训,帮助党的高级干部提高马克思主义的理论素养,增长领导才干。

同日　国民党中央对党务人员进行大幅调整,这是今年选举受挫后所进行的一次高层党务人事变动。

12 月 29 日　江泽民和中央政治局常委在中央党校同党建理论班全体成员进行座谈。江泽民就党的建设问题作重要讲话,强调党和国家各级领导权必须掌握在忠于马克思主义的人手里。

同日　台湾"立法院"通过《政务官退职酬金给予条例》增列条例。

同日　"立法院"还通过《所得税法部分条文修正案》,规定夫妻的薪资所得可以分开计算申报,薪资所得特别扣除额提高为 4.5 万元。

12 月 30 日　中共中央在《关于坚持和完善中国共产党领导的多党合作和政治协商制度的意见》中指出,中国共产党领导的多党合作和政治协商制度是我国一项基本政治制度,它根本不同于西方资本主义国家的多党制或两党制,也有别于一些社会主义国家实行的一党制,它是马克思列宁主义同中国革命与建设相结合的一个创造,是符合中国国情的社会主义政党制度。《意见》强调,要加强中国共产党和各民主党派之间的合作与协商;进一步发挥民主党派成员、无党派人士在人民代表大会中的作用;举荐民主党派成员、无党派人士担任各级政府及司法机关的领导职务;进一步发挥民主党派在人民政协中的作用;支持民主党派加强自身建设。

本年　我国各族人民在党的领导下,经历了惊心动魄的斗争和严峻的考验,平息了北京及一些地方出现的政治风波,战胜了帝国主义的"和平演变"阴谋,克服了重重困难,巩固和发展了社会主义阵地。

全年国民生产总值 15677 亿元，比上年增长 3.9%，国民收入 13000 亿元，比上年增长 3.7%。农业总产值 6550 亿元，比上年增长 3.3%，工业总产值 21880 亿元，比上年增长 8.3%，但经济方面多年积累下来的产业结构失调、经济体制和运行机制不合理、经济效益差等深层次问题远远没有解决，在治理整顿中又出现了市场销售疲软，工业增长回落过猛、停产半停产企业增加等新的矛盾和问题。廉政建设虽有进展，但某些单位和部分干部中仍然存在消极腐败现象，社会还存在一些不安定因素。

1990 年

1月1日 李登辉发表《元旦祝词》。李登辉在祝词中表示，中国的前途应"依据全体中国人民的自由意识决定"。李登辉还表示，"完成复国建国"大业是台湾当局今后"奋力以赴的目标"。

1月4日 台湾正式以"台澎金马关税领域"名称向国际关税及贸易总协定总部提出入会申请。

1月4日—8日 国务院在北京召开全国经济体制改革工作会议。会议的主要议题是：深入学习贯彻十三届五中全会精神，围绕治理整顿，继续深化改革。会议提出了在治理整顿中深化企业改革的七条主要措施：①完善发展承包经营责任制；②继续实行和完善厂长负责制；③增强大中型企业的活力，充分发挥大中型企业的骨干作用；④进一步发展企业集团；⑤采取措施推进企业兼并；⑥强化企业管理，向经营管理要效益；⑦有计划地推进各项改革试点工作。李鹏在会议结束时指出，这次会议的召开，向全国和全世界

说明：我们中国将继续坚持改革开放的政策不变，而且要搞得更好。

1月5日—10日 中宣部、文化部在京召开全国文化艺术工作情况交流座谈会。李瑞环在会上发表了"关于弘扬民族优秀文化的若干问题"的讲话。他强调，要继续坚持一手抓"扫黄"，一手抓繁荣文艺；繁荣文艺必须注意弘扬民族优秀文化；要积极借鉴一切对我有用的外来文化，着力讴歌社会主义的时代精神，全面贯彻"百花齐放、百家争鸣"的方针；要造成重视民族文化的舆论环境。

1月7日 台湾"内政部"完成《平均地权条例修正草案》。

1月10日 李鹏签署国务院令，宣布从 1990 年 1 月 11 日起，解除在北京市部分地区的戒严。同日，北京市市长陈希同也签署了关于解除戒严的相应命令。当晚，李鹏就此发表电视讲话指出，北京市部分地区戒严的解除，标志着首都和全国局势稳定，社会秩序恢复正常。

1月16日 台湾"立法院"完成《残障福利法修正草案》，强制规定各公司机构雇用残障人员的比例。

1月16日—20日 国家教委 1990 年工作会议在京召开。国家教委主任李铁映在会上指出，今后几年我国教育的主要任务是加强学校思想政治工作，抓好教育事业的治理整顿和深化改革，促进教育事业持续、稳定、协调地发展。

1月18日 新华社报道：公安部宣布，最近有 573 名因参与去年北京发生的政治事件而被审查的违法犯罪人员，在被审查期间认罪态度较好，确有悔改表现，得到宽大处理，经教育后已经释放。

2月1日 台湾"行政院"院会审查通过《促进产业升级条例草案》。

2月5日—8日 国务院在深圳召开

经济特区工作会议。李鹏在会上指出,经济特区的发展方向是进一步发展外向型经济。特区经济同全国一样,也要实行计划经济与市场调节相结合的原则。要坚持四项基本原则,大力加强社会主义精神文明建设。据会议介绍,中国的五个经济特区在过去一年的治理整顿中经济实力的增长位居全国之首,截至去年年底,已批准外商投资项目5700多个,协议外资金额94亿美元,实际利用41亿多美元,占全国的1/4以上。外贸出口已达38.5亿美元,占全国出口总额近1/10。过去一直困扰特区发展的外汇紧缺,也因近几年出口创汇的增加而转为整体上外汇收支的平衡,并且略有结余。

2月8日 国务院秘书长罗干宣布,至今年1月底,全国已撤并公司6万多个,占清理前29.9万个公司的20.4%。

2月11日 国民党中央举行第十三届临时全会,与会者经过对"总统"、"副总统"党内选举办法激烈争论后,推举李登辉、李元簇为第八任"总统"、"副总统"候选人。

2月13日—17日 香港特别行政区基本法起草委员会第九次会议在北京举行。会议通过了体现"一国两制"伟大构想的《香港特别行政区基本法(草案)》,评选出了香港特别行政区区旗和区徽图案(草案)。会议决定,把经过修改的基本法(草案)和区旗区徽图案(草案)提交人大常委会审议。17日,邓小平会见了出席会议的委员,并发表即席讲话说:你们经过将近五年的辛勤劳动,写出了一部具有历史意义的法律著作。这是一个具有创造性的杰作。

3月6日 李登辉在国民党中常会上就分裂国土主张发表谈话,李称分裂国土的主张是"背弃历史"的主张,将陷台湾全

体军民于"万劫不复的境地"。

3月9日—12日 中共十三届六中全会在北京召开。会议审议通过了《中共中央关于加强党同人民群众联系的决定》。全会提出,鉴于历史和现实的经验,今后必须从以下七个方面坚持不懈地努力加强党同人民群众的联系:①坚持从群众中来、到群众中去,建立健全民主的、科学的决策和决策程序,保证决策和决策的执行符合人民的利益;②坚持各级领导干部经常深入基层、深入群众的制度,扎扎实实做好工作,把党的路线、方针、政策落到实处;③坚持在深化政治体制改革中。加强社会主义民主和法制建设,积极疏通和拓宽党同人民群众联系的渠道;④继续坚定不移地加强廉政建设和党风建设,大力发扬艰苦奋斗精神,克服党内存在的消极腐败现象;⑤建立和完善党内监督与党外监督制度,切实加强对各级领导机关和领导干部的监督;⑥充分发挥党的基层组织的战斗堡垒作用和共产党员的先锋模范作用,宣传和组织群众,带领群众一道前进;⑦在党内普遍深入地进行马克思主义群众观点的教育,增强执行党的群众路线的自觉性。全会要求,各级党组织要组织广大党员用整风精神认真学习和贯彻中央的决定。当前特别要注意切实解决群众最为关心而又有条件解决的问题,以实际行动密切党群关系。

3月13日 台湾"行政院长"李焕在"立法院"谈大陆政策时称,台湾当局目前对大陆工作仍将坚持四项原则:"主动积极,维护台湾安定,以渐进式逐步开放与大陆接触,一切工作必须以政治民主、经济自由为前提。"

3月20日—4月4日 七届全国人大三次会议在北京举行。会议审议并批准了李鹏作的政府工作报告;通过了中华人

民共和国香港特别行政区基本法,包括三个附件和区旗、区徽图案;通过了关于设立香港特别行政区的决定、关于香港特别行政区基本法的决定、关于香港特别行政区第一届政府和立法会产生办法的决定、关于批准香港特别行政区基本法起草委员会关于设立全国人大常委会香港特别行政区基本法委员会的建议的决定。会议通过了接受邓小平辞去中华人民共和国中央军事委员会主席职务的请求的决定,选举江泽民为中华人民共和国中央军事委员会主席。会议根据江泽民的提名,决定任命刘华清为国家军委副主席,免去洪学智的国家军委委员职务。

3月21日　台湾"国民大会"选举李登辉、李元簇为第八任"总统"、"副总统"。

3月23日　台湾"外交部"发言人谈"弹性外交"时称,台湾当局推行"弹性外交""乃是确认一个中国国策下的前瞻性、开创性做法",绝非"独台"做法。

4月4日　国民党大陆工作指导小组决定进一步放宽对前往大陆人员的限制。

4月5日　台湾与莱索托王国"复交"。

4月7日　我国在西昌卫星发射中心用"长征三号"火箭发射了由美国制造的"亚洲一号"卫星。这是我国首次为国外用户发射卫星,取得圆满成功。

4月13日　台湾"教育部"公布"现阶段国际会议或活动涉及大陆有关问题作业要点"。

4月18日　李鹏在上海宣布,党中央和国务院同意上海市加快浦东地区开发,在浦东实行经济技术开发区和某些经济特区的政策。

4月25日　李登辉提出对大陆经贸政策将作整体规划。

4月30日　李鹏签署国务院令,决定从5月1日起,解除在西藏自治区拉萨市的戒严。

5月2日　李登辉决定提名现任"国防部长"郝柏村担任"行政院长"。

5月4日　台湾和美国在华盛顿就保护战略商品与技术资讯的贸易,初签一项临时协议备忘录。

5月5日　首都青年举行纪念五四运动71周年报告会。江泽民作了"爱国主义和我国知识分子的使命"的长篇讲话。

5月12日—17日　江泽民在海南经济特区考察时指出,中央关于兴办海南经济特区的战略决策是正确的,在海南实行的各项政策不变,海南省吸引外商投资,进行成片开发,党中央和国务院是支持的。海南要通过改革开放,加快经济开发,改变经济比较落后的面貌。

5月15日　李登辉接见"立委"丁守中等人时就"谈判"问题称,国家统一不是两党的事,党对党不可以谈,政府对政府可以谈。

5月20日　李登辉发表"总统就职演说"。李登辉表示,将在短期内依法终止"动员戡乱时期",并实现"宪政体制"改革。

5月25日　中共中央印发《关于县以上党和国家机关党员领导干部民主生活会的若干规定》,并发出通知指出,健全并严格执行党员领导干部民主生活会制度,对加强领导班子思想、作风建设,依靠自身力量解决矛盾,有效地进行党内监督,增强团结,改进作风,保证党的路线、方针、政策和决议的正确执行,都是非常重要的。县以上各级党组织尤其是主要负责同志要高度重视,认真组织,开好民主生活会。上级党组织要加强检查和指导。

5月29日　郝柏村被"立法院"通过就任"行政院长"。

6月6日　公安部发言人宣布,最近又有97名参与去年政治风波的违法犯罪人员,被解除审查,获得宽大处理,并已释放。

6月7日　国民党中常会对赴大陆投资的厂商发出警告,称不要纯就经济的动机而忽略政治层面的考量。

6月11日—15日　全国统战工作会议在北京举行。江泽民在开幕会上作了题为"努力发展最广泛的爱国统一战线"的重要讲话。

6月16日—22日　中央政策研究室在北京召开农村工作座谈会。江泽民、李鹏、姚依林、宋平等中央领导同志出席。江泽民在会上强调指出:11亿人民吃饭是个头等大事。要把农业放在经济工作的首位,深化农村改革要继续稳定和完善以家庭承包为主的联产承包责任制。所谓完善,核心是从当地实际情况出发,逐步健全统分结合的双层经营体制,把集体经济的优越性和农民家庭经营的积极性都发挥出来。我们要进一步加强和改进党对农民和农村工作的领导,落实好党在农村的各项方针政策。

6月28日　台湾当局举行"国是会议"。

7月10日　台湾警方发动全岛性大规模"扫黑"行动。

7月12日—28日　中纪委先后分片召开中央和国家机关、中南、西南、西北地区和东北、华东地区纪检工作座谈会。会议总结、交流了纪检工作经验,强调要从严治党,继续坚定不移地抓好党风、党纪和廉政建设。11月4日,中共中央批转中纪委《关于加强党风和廉政建设的意见》。

7月21日　沙特阿拉伯王国政府同台湾"断交"。

7月22日　台湾以极不人道的方式遣返私自渡海入台的大陆同胞,将被遣返人员关在封住舱盖的船舱里,致使25人因缺氧窒息死亡。

8月5日—10日　经中共中央批准,中央组织部、中央政策研究室、民政部、共青团中央、全国妇联等联合召开的全国村级组织建设工作座谈会在山东举行。12月13日,中共中央转发了该座谈会纪要,要求各地结合各自实际,认真贯彻执行。

8月8日　台湾"国防部长"陈履安表示,今后遣返大陆和自入台民众将交由台湾红十字会负责。

8月31日　台湾"行政院"针对两岸关系的变化,提出"一国两区"的观念。

9月1日　"行政院长"郝柏村宣布"六年国家建设计划"三大政策目标。

9月12日　国民党中常会讨论通过"国家统一委员会设置要点"。

同日　民进党中常会决议不参加"国家统一委员会"。

9月22日—10月7日　第十一届亚洲运动会在北京举行。在"团结、友谊、进步"的主旨下,来自亚洲37个国家和地区的体育代表团共6578人参加了这届运动会。中国运动员顽强拼搏,获金牌183枚、银牌107枚、铜牌51枚,第三次获得亚运会金牌总数第一。

10月8日　"行政院长"郝柏村对民进党"事实主权"决议文表明态度说,假如民进党通过"事实主权"决议文违法的话,将依法处理。

10月22日—26日　全国"扫黄"工作会议在北京举行。中共中央政治局常委李瑞环在讲话中充分肯定了一年来"扫黄"工作的成绩,要求全党必须牢固树立常抓不懈的思想,努力把"扫黄"斗争引向深入。

10月23日　台湾成立"中东危机紧

急应变小组"。

10月30日　国家统计局发布第四次全国人口普查结果。这次全国人口普查登记工作是在本年7月进行的。截至1990年7月1日零时,我国大陆总人口为113368.2501万人。台湾省和福建省的金门、马祖等岛屿人口为2025.4880万人(1990年3月数据);香港、澳门地区中国同胞人口为613万人(1989年底数据)。全国总人口为116017.7381万人。

11月6日　台湾与尼加拉瓜恢复"外交关系"。

11月13日　新华社报道:自1989年中共中央作出《关于进一步治理整顿和深化改革的决定》一年来,治理整顿工作取得了明显成效。一是制止了物价大幅度上涨,控制了通货膨胀。本年头十个月物价上涨幅度仅为4%左右,低于计划要求的目标。二是过高的工业发展速度、过大的建设规模和过热的消费都已降了下来。工业生产由一度滑坡转到逐步回升,全年工业总产值可增长6%;基建规模得到控制,消费市场由疲软渐趋复苏,并日趋活跃。三是调整经济结构的工作有了良好开端。在工农业比例得到调整的同时,工业生产内部结构也正在朝着合理方向优化。四是经济秩序混乱的状况有了很大改观。撤销合并了占全国公司总数1/3的公司,查处了一批违法乱纪案件,新经济流通秩序正在形成。

11月21日　台湾成立"海峡交流基金会"。

11月25日　李登辉在"行宪"纪念大会上称,1991年5月前终止"动员戡乱时期",1992年年中完成"宪政"改革。

11月26日　郝柏村以私人名义到新加坡进行活动。

12月1日　中共中央、国务院发出《关于一九九一年农业和农村工作的通知》。《通知》要求各级党委和政府继续把农业和农村工作摆在首位,认真抓好六个方面的工作,进一步发展农村的大好形势。这六项工作是:一、稳定完善以家庭联产承包为主的责任制,建立健全农业社会化服务体系。二、坚持不懈地抓好农田水利基本建设。三、扎扎实实地组织农业综合开发。四、千方百计解决农产品卖难问题。五、开展社会主义思想教育。六、抓好农村基层组织建设。

12月5日—9日　国务院召开的全国宗教工作会议在北京举行。

12月6日—12日　中共中央召开的全国对台工作会议在北京举行。会议认为,国共两党应尽早接触谈判,并可吸收两岸其他政党、团体有代表性的人士参加。谈判可以在高层进行,也可以先从较低层次开始。对于台湾当局坚持一个中国的言论,以及缓和两岸关系、放宽双方交往的措施,应予热诚欢迎;对于台湾当局推行"一国两府"、"弹性外交"、制造"两个中国"、"一中一台"和姑息"台独"活动的行为,必须坚决反对。会议强调,对于台湾各政党、团体和各界人士要进行广泛的接触沟通,以消除隔阂,增进了解,建立共识。会议期间,江泽民、杨尚昆、李鹏分别作了重要讲话。

12月25日—30日　中国共产党十一届七中全会在北京举行。全会审议并通过了《中共中央关于制定国民经济和社会发展十年规划和"八五"计划的建议》。江泽民在会上发表重要讲话,李鹏就《建议》草案作了说明。全会强调指出,制定和实施十年规划和"八五"计划,标志着我国社会主义现代化建设将进入一个新的发展阶段。

12月30日　中央顾问委员会第七次

全体会议和中央纪律检查委员会第七次全体会议在北京分别举行。会议讨论通过了会议公报,一致拥护党的十三届七中全会审议通过的《中共中央关于制定国民经济和社会发展十年规划和"八五"计划的建议》,完全赞同江泽民的重要讲话和李鹏对《建议》草案所作的说明。

1990 年是执行"七五"计划的最后一年。在全国人民的努力和改革开放的推动下,"七五"计划目标得到基本实现。据有关资料,"七五"期间,国民生产总值年平均增长 7.6%,国民收入年平均增长 7.2%。其中工业生产年平均增长 12.4%,农业生产年平均增长 4.2%,都高出国家计划指标。60 种重要工农业产品指标大多数达到或超过计划指标。固定资产投资、社会商品零售总额、进出口贸易额等的增长均高于原定指标。生产能力进一步增强,人民生活继续得到改善。科教文卫事业也有了新的发展。由于新旧体制交替和工作上的某些失误,"七五"期间国民经济出现较大波动,通货膨胀一度比较明显,党和政府在"七五"后期进行了以治理整顿、深化改革为主要内容的第三次经济大调整。尽管国民经济发展中还存在严重困难,但我国经济发展的第一步战略目标,即实现国民生产总值比 1980 年"翻一番"的计划已经顺利实现。

1991 年

1月1日 李登辉发表《元旦祝词》。李登辉在祝词中说,90 年代是"国家统一积极策进的年代"。

同日 "中华黄埔四海同心会"成立。

1月2日 李登辉在国民党中常会上强调,继续推动"宪政改革",积极开展台湾建设,是台 1991 年首要任务。

1月4日 李鹏总理签署国务院令,发布《中华人民共和国土地管理法实施条例》,自 1991 年 2 月 1 日起施行。

同日 知名女作家三毛(陈平)于台北自缢身亡。

1月5日 北京市中级人民法院分别对 1989 年北京发生的动乱、暴乱中触犯刑律的 9 名犯罪分子公开宣判。李玉奇、庞志红犯罪情节较轻,确有悔改表现,被免予刑事处罚;郑旭光被判处有期徒刑 2 年;张前进、薛建安各被判处有期徒刑 2 年,剥夺政治权利 1 年;张铭、马少方、孔险峰各被判处有期徒刑 3 年,剥夺政治权利 1 年;王有才被判处有期徒刑 4 年,剥夺政治权利 1 年。

1月7日 中央政治局常委李瑞环主持召开中央宣传、思想工作领导小组会议,讨论《1991 年宣传工作要点》。

1月7日—11日 全国政协第七届常委会第十二次会议在京举行。会议传达、讨论了中共十三届七中全会精神,听取了关于国际形势和外交工作的报告。会议通过了本次常委会会议公报、关于召开全国政协七届四次会议的决定、关于纪念辛亥革命 80 周年的决定,通过了《关于恢复中国科协和全国侨联作为全国政协组成单位的决定》和《全国政协提案工作条例》。

1月7日—13日 江泽民总书记在吉林省考察。江泽民重点考察了一批大中型骨干企业,他强调要认真贯彻落实党的十三届七中全会精神,并指出搞活大中型企业关系到国民经济发展和社会主义制度的巩固。

同日 李鹏总理邀请部分企业厂长(经理)到中南海,就如何进一步搞活国营大中型企业进行座谈。在座谈会上,李鹏听取了厂长(经理)们的情况汇报,指出,结构调整,技术进步,新产品开发,是搞好企业特别是提高大中型企业效益的重要措施,技术改造是搞活企业的关键;外贸体制的改革,要实行自负盈亏,要提倡工贸结合,可以考虑选择一些有条件的大中型企业特别是生产机电产品的企业,给予他们外贸权,让他们直接进入国际市场。

1月8日 李瑞环同电视连续剧《渴望》剧组进行座谈。李瑞环提出文艺作品要寓教于乐,希望文艺工作者贴近群众,贴近生活,贴近实际。

1月10日 国务院举行第七十五次常务会议。会议讨论并原则通过了《中华人民共和国水土保持法(草案)》。

1月11日 台"外交部"为拓展与东欧关系,正式成立东欧小组。

1月11日—14日 李鹏总理考察天津。考察中,李鹏就如何提高企业经济效益提出八点意见:①要把提高企业效益作为今年企业工作的重点;②运用计划经济和市场调节相结合的原则来推动企业的进步;③搞好经济结构调整;④充分利用对外开放的条件搞好企业技术改造;⑤在增强企业活力中处理好内因和外因的关系;⑥建立企业技术后方,搞好新产品开发;⑦加强企业管理,向管理要效益;⑧充分发挥企业的政治优势。

1月12日 历时24天的"纪念徽班进京200周年振兴京剧观摩研讨大会"在京结束,李瑞环等出席闭幕式。来自中国大陆和香港、台湾及美国等地的4000多名艺术家在这次盛会中共演出了166场戏,北京17万人次以上的观众观看了演出。期间,江泽民等观看了演出并为大会题了词。江泽民的题词是:"百花齐放,推陈出新,适应新时代需要,促进精神文明建设。"李鹏的题词是:"弘扬民族文化,振兴

京剧艺术。"李先念的题词是:"弘扬国粹,共襄盛举。"李瑞环的题词是:"继承发展结合,普及提高并举。"王震的题词是:"弘扬中华民族优秀文化,繁荣社会主义文化艺术。"李铁映的题词是:"继承创新发展。"宋任穷的题词是:"京剧艺术繁花似锦后继有人。"李瑞环还在学术讨论会上作了长篇重要讲话,强调要振兴京剧,弘扬中华民族优秀文化。

1月15日—21日 全国社会治安综合治理会议在烟台举行。会议根据党的十三届七中全会精神研究部署了今后一个时期的社会治安综合治理工作和今后的政法工作。中央政治局常委乔石在讲话中强调要加强政法工作,维护社会稳定,要求进一步提高政法队伍政治、业务素质。

1月16日 全国宣传部长会议开始在京举行。李瑞环19日同代表会谈时指出,贯彻落实好党的十三届七中全会精神,是党的宣传部门首要任务。

同日 北京市中级人民法院公开审理刘晓波反革命宣传煽动案。刘晓波认罪态度较好,未做辩护,仅要求从宽处理。

1月17日 李登辉就海湾战争爆发发表谈话,称支持多国部队对伊拉克的攻击行动。

1月18日 国务院举行第七十六次常务会议。会议审议并原则通过《城市房屋拆迁管理条例(草案)》、《禁止使用童工的规定(草案)》。

同日 全国职业技术教育工作会议在京举行。国家教委主任李铁映在会上说,争取到本世纪末使企业新增职工都受到必需的职业技术教育,使农村新增劳动者都能获得必需的实用技术培训。

1月21日 因江南命案而被判无期徒刑的汪希苓、陈启礼、吴敦,经两次减刑

获假释出狱。

1 月 22 日 我国第一枚 120 公里高空低纬度探空运载火箭"织女三号"在海南探空发射场首发试验成功。这标志着我国探空火箭研制跃上新台阶。

同日 台湾"行政院"提出,以推动"六年国建计划"、厉行政治与行政革新、健全法制基础、稳定发展经济为施政重点。

1 月 23 日 全国农业工作会议在京结束。会议期间,宋平、王震会见了与会代表。国务院授予 86 个地(市)、424 个县(市)粮食生产先进单位称号。田纪云副总理在会上指出,对农业只能加强不能削弱,农村深化改革的重点是完善联产承包责任制,壮大集体经济实力。李鹏总理在同与会代表座谈时强调,对当前农业形势的估价应坚持"两点论",要再接再厉为实现农业发展目标努力奋斗。

同日 北京市中级人民法院开庭审理王丹反革命宣传煽动案。王丹有悔罪表示,并要求从宽处理。

1 月 25 日 国务院举行第七十七次常务会议。会议讨论并原则通过《大中型水利水电工程建设征地补偿和移民安置条例(草案)》。

同日 1990 年度全国企业管理优秀奖(金马奖)评选揭晓。天津铁路分局等 10 家企业榜上有名。

同日 台湾"行政院长"郝柏村在科学会议致辞中称,为解决台湾科技人才荒,当局有必要突破行政限制,以弹性政策延揽大陆杰出人才及海外优秀学者参加台湾建设行列。

1 月 26 日 北京市中级人民法院对刘晓波、王丹等人进行宣判。刘晓波等 3 人被免予刑事处分,王丹等 5 人分别被判处有期徒刑 2 至 17 年。

1 月 29 日 新华社播发中共十三届七中全会通过的《中共中央关于制定国民经济和社会发展十年规划和"八五"计划的建议》。

1 月 30 日 江泽民邀请各宗教团体领导人到中南海做客,就如何保持宗教政策的稳定性连续性问题与各宗教团体领导人坦诚谈心。江泽民指出,处理同宗教界朋友之间关系的原则是政治上团结合作,思想信仰上互相尊重。

2 月 1 日 全国高级法院院长会议在京举行。会议传达了江泽民、乔石要求全体干警认真贯彻党的七中全会精神的重要批示,要求各级法院提高执法水平,加强队伍建设,为社会稳定和建设服务。

同日 《人民日报》报道:中国南方航空公司在广州成立。

2 月 2 日 新华社报道:国务院最近就调整粮食购销政策有关问题发出通知。通知说,近两年主要是通过稳购、压销、调价、包干,缩小国家粮食收支缺口,逐步解决粮食购销价格倒挂,使粮食流通走上健康发展的轨道。

同日 我国选手叶乔波在挪威举行的世界女子速滑锦标赛中获 500 米速滑冠军。

同日 台湾"司法院"通过《法官案》草案,规定法官任职期间不得参加党务活动。

2 月 4 日 卫生部长陈敏章获世界卫生组织首次颁发的最高奖——"人人享有卫生保健"金质奖章。陈敏章是各国最高卫生行政长官中获此殊荣的第一人。

2 月 5 日 台湾"行政院长"郝柏村称,"戡乱时期"终止后,"两岸仍处于交战状态"。

2 月 5 日—11 日 江泽民在河南考察。江泽民到工矿、油田、农村、部队、高校和科研单位调查研究,强调要加强党的领导,抓好党的建设,用中央精神统一全党思想。

2月7日 梅里雪山遇难的17名中日登山队员追悼会在京举行。

同日 外交部发言人就美国"人权报告"有关问题举行记者招待会,指出美国国务院在2月1日发表的"人权报告"中,竟然把中国的人口政策、购买国库券、公众为亚运工程作贡献和兴修农田水利等事情都说成是侵犯人权,这只能说明报告起草人的偏见和对中国情况的无知。发言人指出,自新中国成立以来,中国人民自己当家做主,享受着广泛的民主和自由的权利,这是任何歪曲和攻击都不能改变的事实。

2月7日—11日 国务院在京召开全国企业工作会议。会议要求动员经济战线广大职工,振奋精神,以提高效益为中心,开创企业工作新局面,促使全部经济工作转到以提高经济效益为中心的轨道上来,力争今年工业生产的质量、品种、效益有一个明显的进步。李鹏总理在闭幕会上作了重要讲话,强调企业要千方百计、扎扎实实地把经济效益抓上去。

2月9日 首都文艺界举行春节团拜会。李瑞环发表讲话,指出,文艺工作要坚持"为人民服务,为社会主义服务"的方向和"百花齐放,百家争鸣"的方针,下大气力繁荣文艺。

同日 新华社全文播发国务院关于开展"质量、品种、效益年"活动的通知。通知要求:①提高认识,统一思想,深刻领会开展"质量、品种、效益年"活动的重要意义,充分认识目前存在的质量低劣、品种短缺(特别是产品不适销对路)、效益下降的状况亟待扭转的迫切性和重要性。②制订明确的奋斗目标,眼睛向内,认真找差距、挖潜力;抓住社会需求,注重实际效果;紧紧抓住提高效益这个中心,迅速扭转企业利润下降的局面;搞好生产、经营、科研单位之间的配合协调工作;计划、财税、金融、物资、商贸、物价等部门要积极为企业创造良好的外部环境。③把开展"质量、品种、效益年"活动与继续治理整顿、深化改革等项工作紧密结合起来,确保活动年目标的实现,要把这一活动同深化企业改革、强化企业管理、调整产业结构、推进企业技术进步和技术改造、开拓国际国内市场、减轻企业负担、增强企业后劲等结合起来。④加强对"质量、品种、效益年"活动的组织领导。

同日 北京市中级人民法院开庭审理陈子明阴谋颠覆政府、反革命煽动一案。陈子明和辩护律师作了无罪辩护,法庭内外秩序良好。

2月12日 北京市中级人民法院对陈子明、王军涛等依法进行判决。法庭分别判处陈子明、王军涛有期徒刑13年,剥夺政治权利4年;判处刘刚6年徒刑,剥夺政治权利2年。由于陈小平投案自首,并能认罪悔罪,被依法免予刑事处分。

2月19日 国务院办公厅发出通知,要求学习武汉钢铁公司走"质量效益型"企业发展道路的经验,努力提高管理水平,把我国产品质量的总体水平提高到一个新高度。

同日 新华社报道:我国年产30亿件服装,居世界第一。现有一半以上的产值、七成以上的产量、2/3的出口创汇额、服装行业约一半的税收,均来自乡镇企业。

2月21日 新华社报道:由江南造船厂设计建造的我国第一艘大型海上液化石油气船最近建成。

同日 我红十字会从人道主义出发,

决定通过红十字国际委员会向海湾地区受害平民提供价值 100 万元人民币的药品和儿童食品。

2 月 22 日　国家统计局发布 1990 年国民经济和社会发展统计公报。公报显示:1990 年我国国民生产总值为 17400 亿元,比上年增长 5%。

同日　新华社报道:1990 年全国产值过亿元的乡镇企业和村庄约有 50 家,总产值共达 80 亿以上,江苏省吴江县盛泽镇印染总厂和天津市静海县大邱庄名列榜首。

2 月 23 日　新华社报道:国务院企业管理指导委员会最近宣布,撤销 23 家企业的国家二级企业称号,并对 178 个国家二级企业提出警告,限期整改。

同日　《人民日报》报道:国家旅游局和国家民航局决定明年举办“中国友好观光年”。

同日　新华社报道:至上月底,全国农田水利建设已累计完成 56 亿立方米,比以往同期增长 19%。

同日　台湾“国统会”通过《国家统一纲领》。

2 月 24 日　新华社报道:中共中央、国务院最近就批转《中宣部、司法部关于在公民中开展法制宣传教育的第二个五年规划》发出通知,要求各地组织实施《规划》,在公民中开展法制宣传教育。《规划》本日由新华社发布。

2 月 28 日　我国驻美、英、苏大使馆分别向所在国政府递交了中国加入《禁止在海床洋底及其底土安置核武器和其他大规模毁灭性武器条约》的加入书,宣布中国正式加入该组织。美、英、苏三国是该《条约》的保存国。

同日　有关方面报道:综合北京、江西、宁夏、山东等 14 个省、市、自治区的信息,各地自去年底开展农村社会主义教育活动以来,已经取得初步成效。一是农村干部、群众的思想觉悟有了提高,办公益事业难、计划生育难等有了缓解;二是以党支部为核心的村级组织建设得到加强,党群、干群关系有所改善;三是群众法制观念增强,社会治安有所好转;四是推动了农业生产,山东、江西、陕西等省掀起了近年来所没有的大搞农田基本建设的热潮。

3 月 1 日　台湾“行政院长”郝柏村在“立法院”谈“戡乱时期”终止后的大陆政策时称,台湾当局对大陆政策由原来“以武力统一中国”的方针,转变为“以和平民主方式”统一中国。但其反共“国策”“不会随之改变”,金马外岛的交战状态,也依然存在。

3 月 2 日　七届全国人大常委会第十八次会议闭幕。会议经过常委会委员表决,通过《中华人民共和国国徽法》和几项决议报告。

3 月 3 日　新华社报道:经中共中央政治局批准,中央顾问委员会常务委员会、中央纪律检查委员会常务委员会讨论决定,撤销许家屯中央顾问委员会委员职务,开除其党籍。

3 月 4 日　全国科技工作会议开幕。会上,国家科委首次披露了中国“八五”期间科技发展的总体设想,主要内容包括:继续推进旨在将高技术成果商品化的“火炬”计划;抓紧实施“八六三”高技术研究发展计划,在一些跟踪国外先进水平的重大研究项目上缩短与世界水平的差距;逐年增加对基础性研究的投入,从 15 个学科选出 79 个优先领域,给以重点支持;采取新的措施,加快科技体制改革等。

同日　《人民日报》报道:中国原油加工能力居世界第四位。到 1990 年底,我国年乙烯生产能力已达 200 万吨以上,居世界第 8 位；原油年加工能力达 1.4 亿多吨，居世界第 4 位。

同日 "行政院长"郝柏村就"海基会"职责与未来运作提出 5 点"注意事项"。

3 月 5 日 台湾"经济部长"肖万长谈禁止台塑赴大陆投资一事时说，现阶段绝对不会核准台塑赴大陆投资。两岸经贸及投资关系将视"国统纲领"进程发展状况而定。

3 月 6 日 台湾"总统府"公开"二二八"档案资料。

3 月 8 日 中国政府决定向国际奥委会申请在北京举办 2000 年奥林匹克运动会。

3 月 9 日 第三届茅盾文学奖评选揭晓。路遥的《平凡的世界》，凌力的《少年天子》，孙力、余小惠的《都市风流》，刘白羽的《第二个太阳》，霍达的《穆斯林葬礼》获奖。尚克的《浴血罗霄》和已故徐光业教授的《金瓯缺》获荣誉奖。

同日 新华社信息：为制止企业效益连续 3 年下滑的势头，帮助企业做大"蛋糕"，上海市推出 7 条宏观配套措施：①从企业销售收入中提出 1％作为技术开发费，以鼓励企业开发新产品；②由市财政先拿出 1 亿元，建立"上海工业技术改造贴息贷款基金"，支持企业技改；③采取优惠政策，鼓励优势企业兼并劣势企业；④从经营、分配、物价和机构四个方面落实企业自主权；⑤切实减轻企业负担；⑥大力发展企业集团；⑦进一步扩大企业改革试点。

同日 江泽民致信李铁映、何东昌，强调进行中国近代史、现代史及国情教育，目的是要提高中国人民特别是青少年的民族自尊心、民族自信心。关于国情教育，建议还是要多作正面宣传。

3 月 10 日 张学良四十多年来首次

离开台湾偕夫人赵一荻赴美国探亲。

3 月 13 日 正在香港访问的国务院港澳办公室主任鲁平，在香港举行的记者招待会上说，中国政府对香港兴建新机场的立场是一贯的。第一，我们赞成香港要有一个新机场；第二，这个机场应该是投资少、效益高的机场；第三，在新机场和大型基建问题上，希望增加对广大香港市民的透明度。

3 月 14 日 外交部发言人代表中国政府提出解决中东问题的五点主张：①中东问题应通过政治途径解决，各方都不诉诸武力；②支持召开在联合国主持下、有安理会 5 个常任理事国和有关各方参加的中东国际和平会议；③支持中东有关各方进行他们认为合适的、各种形式的对话，包括巴解组织和以色列的直接对话；④以色列必须停止在占领区对巴勒斯坦居民的镇压，撤出被占领的阿拉伯领土，相应地，以色列的安全也应得到保证；⑤巴勒斯坦国和以色列相互承认，阿拉伯民族和犹太民族和平共处。

同日 台湾"行政院"通过《国家统一纲领》，郝柏村指出"国统纲领"是台大陆政策最高指导原则。

3 月 15 日 中共有关方面负责人就台湾当局通过的"国家统一纲领"发表谈话，指出"统一纲领"是台湾当局对祖国统一作出的有意义的表示，但其中一些不合情理之条件只能人为拖延统一进程；希望台湾当局拆除障碍，多做实事，以利统一。表示中共"和平统一、一国两制"方针切合实际，富有远见，已为实践证明，中共和国民党应及早直接对等协商。

3 月 18 日 中国政府签署《儿童生存、保护和发展世界宣言》和《执行九十年代儿童生存、保护和发展世界宣言行动计划》。

3 月 19 日—20 日 七届全国人大常委会举行第十九次会议。万里主持会议。会议审议了七届全国人大四次会议议程草案。

3 月 21 日 全国合理化建议表彰大会在京召开。这是新中国成立以来第一次召开的合理化建议表彰大会。

3 月 22 日 中央社会治安综合治理委员会成立。委员会由 31 位成员组成,乔石为主任,任建新、王芳担任副主任。

3 月 23 日 全国政协七届四次会议开幕。近 2000 名政协委员出席开幕大会。

3 月 24 日 七届人大四次会议新闻发言人姚广在新闻发布会上说,张学良先生是中国现代史上的一个杰出人物。现在他和他的夫人到了美国,从有关报道上得知他身体健朗,我们对此感到很高兴。如果他本人愿意回大陆看一看,我们当然非常欢迎,我们将尊重他本人的意愿。

3 月 25 日 七届全国人大四次会议在京开幕。2661 名代表听取了国务院总理李鹏作的《关于国民经济和社会发展十年规划和第八个五年计划纲要的报告》。

3 月 26 日 山西大同老震区发生 5.8 级地震,有 4 个乡的部分房屋倒塌,少数人受伤。

3 月 28 日 台湾当局发言人邵玉铭说,台当务之急是推动"六年国建","有关统一问题并不急切,可慢慢来"。邵玉铭还说,中共应从"两德统一过程中学取经验","正视、尊重我为一政治实体","唯此两岸才能加速统一步伐"。

4 月 1 日 台湾"外交部长"钱复在"立法院"谈申请加入"关税及贸易总定"时说,台湾以"台澎金马关税领域"的名义申请加入,正符合台湾"一个中国两个政治实体"的精神。

4 月 2 日 全国党员登记工作已基本结束。在参加登记的党员中,有 356.7 万名准予登记,占 99.4%;有 2.65 万名党员受到组织处理,其中有 9286 名暂缓登记,6662 名清除出党。

同日 统计局报道:第四次全国人口普查 10% 提前抽样汇总资料表明,90 年代我国人口控制面临着三个突出问题:①平均每年处于 21—29 岁生育高峰年龄段的妇女达 1.1 亿,平均每年出生的人口将超过 2400 万;②在多孩生育普遍存在的情况下。今后 10 年如果控制不住,则生育二孩、三孩的可能性将明显增大;③生育年龄提前,早育比例上升。15 到 20 岁生育的妇女占当年全部生孩子妇女的比例,1981 年为 3.68%,1989 年上升为 12.61%。现在每 8 名婴儿中就有 1 个是低于或刚达到法定婚龄妇女所生的。

4 月 4 日 全国政协七届四次会议闭幕。会议增选叶选平为全国政协副主席;补选宋德敏为全国政协秘书长;增选王文元、叶选平、多杰才旦、贡唐仓、丹贝旺旭、李默庵、陈仲颐、陈灏珠、帕提曼·贾库林、周光春、蒋民宽为全国政协常委。会议还表决通过了全国政协七届四次会议政治决议,关于常委会工作报告的决议和政协七届四次会议提案审查情况的报告。

4 月 8 日 七届全国人大四次会议举行第五次全体会议。会议决定任命邹家华、朱镕基为国务院副总理,任命钱其琛为国务委员;补选周南为七届全国人大常委会委员。

同日 国家统计局报告我国少数民族人口增长情况:1982—1990 年,我国少数民族人口增长 2506 万人,年平均增长率为 4.04%。预计到本世纪末,我国少数民族人口将达 1.3 亿人。

4 月 9 日 七届全国人大四次会议圆满结束。会议批准了国务院提出的《国民经济和社会发展十年规划和第八个五年计划纲要》以及李鹏总理就这一纲要所作的报告。会议通过了关于1990年国民经济和社会发展计划执行情况与1991年国民经济和社会发展的计划决议、关于1990年国家预算执行情况和1991年国家预算的决议；通过了《中华人民共和国民事诉讼法》、《中华人民共和国外商投资企业和外国企业所得税法》；还通过了关于全国人大常委会工作报告的决议、关于最高人民法院工作报告的决议、关于最高人民检察院工作报告的决议。

4月10日 台湾"行政院"经建会委员会议讨论通过废止《实施耕者有其田条例》，并决定以《共有耕地自耕保留部分交换移转登记作业要点》办理后续事宜。

4月11日 经国务院批准，北京2000年奥林匹克运动会申办委员会正式成立。这是申办委员会主席陈希同是日在北京举行的中外记者新闻发布会上宣布的。

4月13日 《人民日报》全文刊载由杨尚昆签署命令公布的《中华人民共和国民事诉讼法》。这个法自公布之日起施行。

4月14日 台湾"统一联盟"召开会议发表宣言指出，两岸应立即展开谈判，开放"三通"以利双方交流。

4月16日 李鹏会见出席全国个体劳动者第二次代表大会暨第二次全国先进个体劳动者表彰大会的代表。李鹏说，发展多种经济成分并存的所有制结构，是建设有中国特色的社会主义的主要内容之一，是一项长期的方针，不是权宜之计。广大个体劳动者大可消除疑虑，安心守法经营。

同日 李登辉发表谈话强调，"宪政改革"不是革命，依宪法规定程序办理，才是追求民主正途。

4月19日 为期五天的全国纪律检查工作会议在济南结束。会上，中共中央政治局常委乔石强调指出，从严治党，严肃党纪，搞好党风建设，是全党和全国人民普遍的强烈要求。一定要结合经济建设和改革开放的实际，结合社会主义精神文明建设的实际，来加强党风和廉政建设，从严治党。

4月24日 台湾当局设立厂商赴大陆间接投资及技术合作辅导小组。

4月25日 台湾"海基会"正式接受"陆委会"委托办理有关纠纷处理及犯罪防治等19项业务。

4月27日 新华社报道：国务院决定，从1991年5月1日起调整粮油统销价格。这次粮油统销价格的调整，对解决粮油购销价格倒挂，搞活粮油流通，理顺工农、城乡关系，促进节约用粮，都具有重要意义。据介绍，这一决定是国务院在全面分析经济形势的基础上，按照七届全国人大四次会议的精神，为进一步深化经济体制改革，逐步理顺价格关系作出的重大决策，是向计划经济和市场调节相结合的经济运行机制迈出的重要的一步。

同日 中国民主同盟成立50周年纪念大会在京举行。乔石等到会祝贺，统战部部长丁关根代表中共中央讲话。民盟中央名誉主席楚图南主持会议并致开幕词。民盟中央主席费孝通发表讲话指出，民盟在50年曲折前进道路上取得的基本经验是：坚持接受中国共产党的领导，坚持走社会主义道路。这是我们唯一的历史选择。这是中国民主同盟在任何历史时期不可动摇的根本原则，也是中国民主同盟取得一切成就的根本原因。

4月30日 李登辉宣告在台湾施行了43年的"动员戡乱时期"于5月1日零时终止。李登辉表示，"动员戡乱时期"终止后,台湾当局将视中共为控制大陆地区的"政治实体",称其为"大陆当局"或"中共当局"。

同日　台湾当局决定为"二二八"事件死难者建纪念碑。

5月3日　中日青年交流中心开业典礼在京举行。

5月4日　姚依林代总理主持国务院第一百四十次总理办公会议,听取调整粮油统销价格决定执行情况的汇报。会议认为,在这次调价过程中,各级地方政府和粮食、商业系统广大职工做了大量工作,调价方案得到了广大干部、职工的理解和支持。现在,市场价格平稳,群众情绪稳定,社会秩序安定。

5月6日　李鹏签署国务院第八十三号令,发布《中华人民共和国产品质量认证管理条例》,自发布之日起施行。

同日　为期14天的第四十一届世界乒乓球锦标赛在日本千叶结束。中国队获得女子单打、女子双打和混合双打3项冠军及女子团体等4项亚军。

5月8日　最高人民检察院举行新闻发布会,公布《最高人民检察院关于保护公民举报权利的规定》。

5月8日—14日　我国首次承办的最高审计机关亚洲组织第五届大会和第四次国际研讨会在京举行。李鹏总理会见了与会代表和首席观察员。大会发表了以促进公共财务与投资有效管理为主要内容的《北京宣言》。

5月9日　党和国家领导人江泽民、杨尚昆、李鹏、万里、乔石、宋平、李瑞环、王震等会见出席全国助残先进集体、个人暨自强模范表彰大会全体代表。江泽民等还与代表进行了座谈,提出全党、全国人民都要继承和发扬自强不息的精神,为加快社会主义现代化步伐而奋斗。

5月10日　《人民日报》全文刊登中宣部、文化部和广播影视部下发的《关于当前繁荣文艺创作的意见》。《意见》指出,繁荣文艺创作,必须坚持以马克思列宁主义、毛泽东思想为指导,坚持"为人民服务、为社会主义服务"的方向和"百花齐放、百家争鸣"的方针,坚持文艺的多种功能的统一,坚持发展多样化和突出旋律的统一。《意见》重点阐述了组织和引导作家艺术家学习马克思列宁主义、毛泽东思想,学习党的路线、方针、政策,学习科学文化知识;采取多种形式,组织作家、艺术家深入生活;加强创作规划和对重点创作的领导;搞好二度创作,调动导演、表演、指挥、演奏、音乐、美工、摄像、录制等各类创作人员的积极性,合力推出高水平、高质量的艺术品;建立一支宏大的专业与业余相结合的创作队伍;加强文艺作品传播手段的管理;加强和改进对文艺创作的评论;加强文艺创作的对外宣传推荐;设立创作基金,改进奖励制度;加强文艺法制建设,促进文艺创作繁荣,保证文艺事业健康发展等十条意见。

5月11日　国务委员陈俊生就残疾人保障法的实施发表广播电视讲话,指出,我国残疾人事业在比较低的起点上,正以较快的速度发展,以康复工作为例,仅两年多时间,就使43万名白内障患者复明,做了14万例小儿麻痹后遗症矫治手术,13万名聋儿经过语言训练后开口讲话。讲话强调,国务院要求各级政府全面贯彻残疾人保障法,使残疾人事业与经济、社会协调发展;号召全社会弘扬中华民族互助互济、扶弱助残的传统美德,发扬社会主义的人道主义精神,理解、尊重、关心、帮助残疾人;希望广大残疾人发扬乐观进取精神,自尊、自信、自强、自立,为社会主义建设贡献力量。

同日　第四次台湾同胞代表会议在京开幕。党和国家领导人乔石、丁关根、谷牧等出席开幕式，吴学谦代表中共中央、国务院祝贺。会议通过了修改后的《中华全国台湾同胞联谊会章程》，选举了第四届全国台联理事会，张克辉当选为新一届全国台联会长。会议于15日在京结束。

5月14日　第二届全面乡镇企业出口工作会议在京召开。会议认为，乡镇企业在实现国民经济十年规划和"八五计划"的历史进程中，担负着重要的历史使命，按照"积极扶持、合理规划、正确引导、加强管理"的指导方针，大力发展乡镇企业，推动乡镇企业出口创汇，是实现社会主义现代化建设第二步战略目标的全局性问题。为此，第一，要大力提高产品质量；第二，要加强企业管理；第三，要进一步推动工贸结合；第四，要积极与国营大中型企业搞好协作配套；第五，在沿海和有条件的地区要积极发展"三资"企业和"三来一补"企业。

5月15日—19日　江泽民访问苏联。这次访问，是对戈尔巴乔夫总统1989年5月访华的回访。访问期间，戈尔巴乔夫总统欢宴江泽民，并与江泽民举行了会谈，双方就中苏关系的各个方面和共同关心的迫切国际问题交换了意见。江泽民重申了在台湾问题上的立场，苏联方面表示支持中国的这一原则立场。江泽民还分别会见了苏联最高苏维埃主席卢基扬诺夫、总理帕夫洛夫和苏中友协积极分子及苏联其他各界友好人士。16日，中苏边界协定签字仪式在莫斯科举行。17日，江泽民在克里姆林宫同苏联公众代表会见并发表了题为《走向二十一世纪的中国》的重要讲话。19日，《中苏联合公报》在莫斯科发表。《公报》指出，苏联支持中国关于

中华人民共和国政府是代表全中国的唯一合法政府，台湾是中国领土不可分割的一部分，坚决反对旨在制造"两个中国"、"一中一台"、"一国两府"或"台湾独立"的任何企图和行动的立场。

5月16日　"台湾建国运动组织"举行成立大会。负责筹组该组织的民进党成员陈婉真宣称要发动全民"完成台湾独立建国大业"。

5月17日　台湾"立法院"通过废止《惩治叛乱条例》。

5月18日—28日　李铁映率中央代表团到拉萨参加西藏和平解放40周年庆祝活动。22日，庆祝大会在拉萨隆重举行，会上宣读了中共中央、全国人大常委会、国务院、中央军委的贺电，李铁映和阿沛·阿旺晋美副委员长等在大会上讲了话。当晚，西藏举行盛大招待会，中央代表团全体出席。中央代表团在西藏期间，还慰问了驻藏部队武警官兵，看望了西藏农牧民和进藏老同志，并邀请西藏宗教界人士进行了座谈。

5月19日　《人民日报》刊登李鹏4月16日签署的国务院第82号令，发布《中华人民共和国固定资产投资方向调节税暂行条例》，自1991年度起施行。

5月21日　第二次全国律师代表大会召开。乔石到会祝贺，邹瑜作《努力建设具有中国特色的社会主义律师制度》的报告。会议修改通过了全国律师协会章程，选出全国律协第二届理事会，任继圣当选为全国律协会长。

5月22日　李登辉宣布废除《惩治叛乱条例》。

5月23日　首都各界隆重集会纪念西藏和平解放40周年。乔石、司马义·艾买提在会上讲话。

同日　中国科协四大在北京开幕。

江泽民、李鹏、乔石、宋平、李瑞环出席开幕式，江泽民发表重要讲话。江泽民指出，我们正处在新旧世纪交替的重要历史时期。我们面对的是一个充满矛盾和激烈竞争的世界。国际间的竞争，说到底是综合国力的竞争，关键是科学技术的竞争。坚持科技是第一生产力，把经济建设真正转移到依靠科技进步和提高劳动者素质的轨道上来，是一场广泛而深远的变革。90 年代我们的科技工作必须在以下几个方面取得重大进步：一是面向经济建设主战场，运用现代科学技术，特别是以电子学为基础的信息和自动化技术改造传统产业，使这些产业的发展实现由主要依靠扩大外延到主要依靠内涵增加的转变；二是有重点地发展高科技，实现产业化；三是要在调整人和自然关系的若干重大领域，特别是人口控制、环境保护、资源能源的保护和合理开发利用等方面取得扎实的成果；四是要在基础性研究方面取得显著进展。钱学森作了题为《90 年代中国科技工作者的历史责任》的工作报告。朱光亚当选为科协新一届主席，钱学森、钱三强被推举为科协名誉主席。

5 月 24 日 国务院举行第八十三次常务会议，审议并原则通过《计算机软件保护条例（草案）》；决定每年的 6 月 25 日为全国的"土地日"。

5 月 27 日 新华社播发《中华人民共和国大气污染防治法实施细则》，自今年 7 月 1 日起施行。

同日 《人民日报》报道：1979—1990 年，全国 1000 多万科技人员奋发努力，取得重大科技成果 12 万多项，其中 6049 项成果获国家级科技奖。这些成果到报奖时所获经济效益已达 2280 亿元。

5 月 29 日 《彭真文选》(1941—1990)出版发行。

5 月 30 日 《人民日报》全文刊登国务院《关于进一步增强国营大中型企业活力的通知》，《通知》指出，国营大中型企业是我国现代化建设的重要支柱和骨干力量，是国家财政收入的主要来源。增强企业的活力，特别是国营大中型企业的活力，既是经济体制改革的中心环节，也是实现我国经济发展战略目标的关键所在，直接关系到我国经济的发展和社会主义制度的巩固。十一届三中全会以来，由于多年积累的一些深层次的矛盾，仍面临着经济循环不畅、资金占用增加、各种摊派繁多、企业留利减少、经济效益下降、技术改造能力不强、缺乏发展后劲等问题，1990 年年底以来，国务院先后采取了一系列增强企业活力的政策和措施。①适当增加企业技术改造的投入；②酌情减少部分企业的指令性计划任务，扩大其产品自销权；③适当提高部分企业的折旧率，逐步完善折旧制度；④适当增加新产品开发基金；⑤补充一些企业的自有流动资金；⑥适当降低贷款利率；⑦给予部分企业外贸自主权；⑧进一步做好若干国营大中型企业的"双保"工作；⑨继续清理"三角债"；⑩选择一百个左右大型企业集团分期分批进行试点；⑪切实减轻企业负担。

同日 台湾"行政院"修正通过《劳资争议处理法》草案，对影响民生的水、电、燃气及医疗行业实行限制，不准罢工。

6 月 1 日 新华社全文播发《中华人民共和国著作权法实施条例》。《条例》于 6 月 1 日起生效。

6 月 4 日 新华社报道：江青在保外就医期间于今年 5 月 14 日在北京她的居住地自杀身亡。

同日 台湾"立法院"通过《公营事业转移民营条例修正案》。

6 月 6 日 外交部发言人就香港立法

局通过"人权法案"一事发表评论,指出,英方不顾中国政府多次申明的立场,执意要在香港制定一个将对香港特别行政区《基本法》的贯彻执行产生不利影响的"人权法案"。对此,中方表示遗憾,并保留在1997年后适当时候按《基本法》的有关规定,对香港的现行法律包括"人权法案"进行审查的权利。

6月7日 中央台办负责人就海峡两岸关系与和平统一问题发表谈话,提出三条建议:①由海峡两岸有关部门和授权团体或人士,尽快商谈实现直接三通和双向交流的问题,扩大交往,密切联系,繁荣民族经济,造福两岸人民。②中国共产党和中国国民党派出代表进行接触,以便创造条件,就正式结束两岸敌对状态、逐步实现和平统一进行谈判。③中共中央欢迎国民党中央负责人以及国民党中央授权的人士访问大陆。

6月9日 国务院发出关于继续积极稳妥地进行城镇住房制度改革的通知,指出,要合理调整现有公有住房的租金,有计划有步骤地提高到成本租金;要实行新房新租,先卖后租,优先出售或出售给无房户和住房困难户等办法;住房建设应推行国家、集体、个人三方共同投资体制;要发展住房金融业务,开展个人购房、建房储蓄和贷款业务,实行抵押贷款购房制度,从存贷利率和还款期限等方面鼓励职工个人购房和参加有组织的建房。

6月10日 国民党高层党政负责人决定促请国民党籍"主委"撤回向"立法院"提交的"重新加入联合国"提案。

6月12日 中共中央、国务院作出关于加强计划生育工作、严格控制人口增长的决定,主要内容有:①争取今后十年平均年人口自然增长率控制在12.5‰以内。②统一认识,切实加强对计划生育工作的

领导。③坚决贯彻落实现行政策,依法管理计划生育。④抓住重点,扎实稳妥地做好计生工作。⑤齐抓共管,保证计生工作顺利开展。

6月13日 台湾军舰拦截并带走被厦门海关缉获押回的巴拿马籍走私船"鹰王号",并将厦门海关6名缉私人员带往台湾。

6月17日 李鹏在全国治理"三乱"工作会议上讲话,要求各地要把治理"三乱"(乱摊派、乱收费、乱罚款)工作抓到底,国务院各部委要带头做表率。

同日 外交部发言人批评梵蒂冈干涉中国内政,指出梵蒂冈最近宣布教皇任命龚品梅为红衣主教是对中国内政的干涉,是不能接受的。18日中国天主教主教团、爱国会和教育委员会就此事发表联合声明,批评罗马教廷干涉中国天主教事务。

6月19日 台湾当局拟订《产业自动化十年计划》。

6月21日 国务院举行第八十六次常务会议,讨论并原则通过了《中华人民共和国城镇集体所有制企业条例(草案)》。

同日 七届全国人大常委会第二十次会议在京举行。会议通过了《中华人民共和国烟草专卖法》、《关于修改文物保护法第三十条、第三十一条的决定》、《关于惩治盗掘古文化遗址古墓葬犯罪的补充规定》、《中华人民共和国水土保持法》。会议批准了《制止危及海上航行安全非法行为公约》、《制止危及大陆架固定平台非法行为议定书》、中国和古巴领事条约、中国和阿根廷领事条约,批准了1990年国家决算。会议还通过了人事任免事项。

6月23日 台湾"外交部"宣布台将以"中华民国"名义加入中美洲开发银行。

6 月 24 日　台湾"行政院"陆委会决定开放两岸航空挂号邮件。

6 月 28 日　国务院第八十七次常务会议讨论并原则通过《中华人民共和国防汛条例(草案)》。

6 月 29 日　台湾"立法院"通过《社会秩序维护法》。

6 月 30 日　新华社报道:中共中央文献编辑委员会修订的《毛泽东选集》第一至四卷已由人民出版社出版,7 月 1 日起在全国发行。

同日　李鹏签署国务院第八十五号令,公布《中华人民共和国外商投资企业和外国企业所得税法实施细则》,自 1991 年 7 月 1 日起施行。

7 月 1 日　中共中央在人民大会堂隆重举行庆祝建党 70 周年大会,江泽民、杨尚昆、李鹏、万里、李先念、乔石、宋平、李瑞环、王震等和首都各界一万余人出席,江泽民发表长篇重要讲话。"讲话"分三个部分:一、中国共产党 70 年的奋斗历程,二、当代中国共产党人的庄严使命,三、进一步加强中国共产党的建设。江泽民在"讲话"第一部分中指出,我们党领导各族人民为中国社会的进步,做了许多事情。第一,完成反帝反封建的新民主主义革命任务,结束了中国半殖民地半封建社会的历史;第二,消灭剥削制度和剥削阶级,确立了社会主义制度;第三,开创建设有中国特色社会主义的道路,逐步实现社会主义现代化,这件事情还正在做。这三件大事,使中国发生了翻天覆地的变化。70 年来的历史证明,只有在中国共产党领导下,走社会主义道路,国家才能强盛,民族才能振兴,人民才能富裕。江泽民指出,党的基本路线和十三届七中全会提出的建设有中国特色社会主义的十二条原则,总起来说,就是要通过社会主义制度的自我完善和发展,建设有中国特色社会主义的经济、政治、文化,以适应和促进社会生产力的不断发展和社会的全面进步,实现社会主义现代化。

7 月 2 日—14 日　国务院总理李鹏访问埃及、约旦、伊朗、沙特阿拉伯、叙利亚和科威特,受到了六国政府和人民隆重热情的欢迎。访问期间,李鹏同六国领导人就进一步加强双边关系、中东问题、军控问题及国际政治经济新秩序问题举行了会谈,深入坦诚地交换了意见,达成了广泛的共识,并分别和六国发表了联合公报或新闻公报。陪同李鹏访问的钱其琛外长等先后同六国有关部门负责人就发展双边关系举行了会谈。7 日,中国政府和约旦政府科学技术合作协定等文件在安曼签署。8 日,中国和伊朗两国政府 1991 年至 1992 年文化、艺术、教育交流计划在德黑兰签署。14 日,中国石油工程建设公司同科威特国家石油公司就中国参加科威特油井灭火工程合同在科威特城正式签署。

7 月 5 日　上海市执行国家防汛总指挥部的命令,炸开红旗塘堵坝,为太湖流域泄洪排涝开道。沪、浙、苏三省市团结战洪涝,万余解放军官兵奋战在太湖抗灾第一线。7 日,湖南洞庭湖区连降暴雨,造成洪涝,全省军民奋力抗洪救灾。7 至 8 日,江泽民、田纪云等赴安徽察看灾情,部署防汛工作。此后,江泽民一行又赴浙江、上海、江苏察看灾情,现场指挥防洪抗灾。8 日,国务院召开防汛救灾紧急会议,要求有关部门进一步行动起来,做好抗洪救灾工作。连日来贵州省有近 30 个市县遭暴雨山洪袭击。9 日,人民解放军自入夏以来,已出动 50 多万人次,组织民兵和预备役人员 200 多万人次参加抗洪救灾。10 日,乔石、任建新代表中央政法委致电慰问奋力抗灾的公安干警和武警官兵。11日,受国务院委托,中国国际减灾十年委员会举行新闻发布会,通报安徽、江苏灾情,紧急呼吁国际社会提供人道主义的救灾援助。12日,全国政协致电慰问灾区干部和群众。此后,全国各地纷纷捐款捐物支援灾区。港澳各界也纷纷为内地捐款赈灾。国际社会开始向我灾区提供援助。15日,中纪委发出通知,要求各级党组织和全体党员严明纪律,确保抗洪救灾斗争的胜利。同日,新华社香港分社社长周南受党中央和国务院的委托发表谈话,高度赞赏港澳同胞捐款赈灾。同日,农业部召开紧急会议,进一步部署救灾、抗灾措施。16日,江泽民主持召开中共中央政治局会议,听取部分地区灾情、汛情的汇报,研究部署抗灾救灾工作。同日,李鹏打电话了解安徽、江苏灾情时,要求确保灾区人民生命安全,尽力安排好群众生活。同日,中国国际减灾十年委员会副主任崔乃夫呼吁社会各界踊跃捐款,援助灾区。16日、18日,国务院赴安徽和江苏抗洪救灾工作组先后结束对两省的灾情考察。17日,中共中央举行党外人士座谈会,通报严重灾情,征求抗灾意见。江泽民主持会议并讲话。同日,卫生部号召开展义诊活动支援灾区。最高人民法院、最高人民检察院和公安部要求加强灾区治安工作。18日,民政部发出通告,要求切实做好国内救灾捐赠工作。20日,李鹏再次到安徽察看灾情,慰问受灾群众。同日,万里、彭冲、陈慕华听取田纪云关于抗洪救灾汇报。21日,李鹏考察江苏和浙江灾区。22日,李鹏在上海主持召开安徽、江苏、浙江和上海三省一市负责人会议,贯彻7月16日中央政治局会议精神,研究做好抗灾救灾工作和进一步治理淮河、太湖等问题。26日,最高人民法院发出通知,要求各级审判机关严厉打击破坏抗洪救灾犯罪活动。27日,国务院办公厅发出通知,要求切实安排好灾区群众的生活,非灾区各地政府要认真做好支援灾区的工作。同日,军委三总部在南京召开大会,亲切慰问抗洪救灾部队。同日,新华社报道:在安徽视察灾情的联合国救灾署高级代表埃沙德先生说,中国向国际社会通报的灾情是属实的,表示要给予中国有效的国际援助。同日,北京文艺界人士举行大型赈灾义演,200多单位与个人捐款3000多万元。同日,香港举行"演艺界总动员忘我大汇演",香港、台湾、大陆的歌星、影星同台联袂演出,筹款超过1亿港元以赈济华东灾区。至29日,香港赈灾捐款已逾6亿港元,创历次募捐最高纪录。30日,国务院召开抗灾防疫电话会议。国务院已成立了国家救灾防病领导小组,并要求受灾地区都要建立救灾防病领导组织。同日,团中央表彰王诗超等11名抗洪救灾模范青年。同日,李鹏打电话询问吉林省灾情,要求确保丰满水库大坝安全。31日,联合国驻京机构公布联合国系统向我国洪水灾区提供700多万美元紧急救灾援助款额分配方案。同日,民政部副部长陈虹说,灾区急需的仍是救灾资金。至30日,民政部接收救灾捐赠办公室已收到大陆各界捐款1.9亿多人民币,收到港澳同胞捐款2.794亿港元、200万澳门元,外国政府、国际组织及一些友好团体和个人认捐900多万美元。同日,新华社报道:台湾红十字会收到各界捐款已近4亿元新台币。

7月8日 台湾当局宣布同中非共和国恢复"外交关系"。

同日 台湾"行政院"新闻局在美国《纽约时报》登出政治广告,称台愿接受"双重承认"。

7月9日—13日 澳门特别行政区基

本法起草委员会第七次全会在京举行。会议修改并通过了《中华人民共和国澳门特别行政区基本法(草案)征求意见稿》,通过了《关于公布〈中华人民共和国澳门特别行政区基本法(草案)征求意见稿〉和开展征询工作的决定》。

7 月 11 日 外交部发言人在记者招待会上就美国众议院阻挠延长美国对华最惠国待遇发表谈话说,这是对中国内政的粗暴干涉,中国政府对此坚决反对。22日,发言人在答记者问时对布什总统19日在致鲍克斯参议员的复信中坚持无条件延长对华最惠国待遇并重申只有一个中国,台湾是中国的一部分的立场表示欢迎。24日,发言人就美国参议院23日通过有条件延长美国对华最惠国待遇议案答记者问说,有条件延长对华最惠国待遇是对中国内政的干涉,中方不能接受。

同日 外交部发言人就中国已表示将派人出席7月中旬即将在印尼万隆召开的第二次南海问题研讨会一事答记者问说,中国对南沙群岛、西沙群岛及其附近海域拥有无可争辩的主权。中国专家出席南海问题研讨会并不意味着中国对南海问题的立场有任何变化。中国主张通过和平方式解决有关争端。我们愿意同有关国家探讨进行合作和共同开发的途径和方法。25日,外交部亚洲司负责人指出,第二次南中国海问题研讨会增进了有关各方的相互了解,有利于促进和平解决南海争端和开展互利合作,具有积极意义。这次研讨会于15日至18日在印尼万隆市举行,中国、中国台湾、印尼、越南、马来西亚、菲律宾、文莱、泰国、新加坡和老挝等南中国海有关国家和地区的专家学者共66人与会。

7 月 16 日 新华社报道:国务院最近撤销国务院生产委员会,成立国务院生产

办公室,朱镕基兼任生产办公室主任。

7 月 21 日 台湾军舰将福建省与台湾渔民发生渔事纠纷的渔船强行带往台中港。

7 月 22 日 国家工商行政管理局发布经国务院批准的《企业名称登记管理规定》,自9月1日起施行。

7 月 25 日 联合国教科文组织颁发《世界遗产》证书仪式在京举行。我国的长城、故宫、北京人遗址、秦始皇陵、莫高窟被列入"世界遗产"名录。

7 月 26 日 台湾"总统府"发言人邱进益宣布改由李元簇代替李登辉访问中美洲三国。

7 月 31 日 国务院在沈阳召开东北3省4市清理"三角债"试点工作会议。

8 月 1 日 国务院举行第十一次全体会议,讨论当前工作情况,李鹏就当前经济形势和如何做好今年后5个月工作发表重要讲话。

同日 李登辉在接见"国防部"8位高级将领时说,做任何事"不要看人要看国家"。

8 月 2 日 《人民日报》报道:审计署日前电告苏、皖、浙等省,要求对救灾款物进行审计监督。同日,中国红十字会宣布,至7月底,该会共收到救灾物资14批,折合人民币500万元以上,救灾款合人民币2170余万元。7月中旬以来,全国文艺界举行赈灾义演义卖活动,已募集捐款8000万元。15日,新华社报道:为解决灾区人民口粮和住房,帮助他们恢复生产重建家园,国务院最近进一步作出具体部署,并决定中央财政再追加1.5亿元用于重点灾区。至今日,民政部接受救灾捐赠办公室已接收到的国内外捐款6.4亿余元和价值2.3亿余元的捐赠物资分送到灾区。

同日 国务院召开第八十八次常务

会议,讨论并原则通过《中华人民共和国进出境动植物检疫法(草案)》。

8月6日 台湾"经济建设委员会"主任委员郭婉容提出台湾工业发展策略的十大方向。

8月9日 国务院召开第八十九次常务会议,讨论并原则通过《中华人民共和国教师法(草案)》。

8月20日 外交部发言人就记者关于苏联局势的提问在北京发表谈话说,苏联发生的变化是苏联内部的事务。中国政府的一贯立场是,反对干涉别国内政,尊重各国人民自己的选择。我们希望并相信,苏联人民能够克服困难,自己解决自己的问题,保持政治稳定,实现经济发展。建立在和平共处、平等互利、睦邻友好原则基础上的中苏关系不会受到影响,将继续得到发展。22日,钱其琛会见苏联驻华大使索洛维耶夫。会见时,钱其琛外长说,苏联内部事务应由苏联人民自己处理,相信在戈尔巴乔夫总统恢复职责以后,中苏睦邻友好关系将继续得到发展。

同日 中国红十字会代表曲折、庄仲希抵台北,探视被台湾扣押的福建渔民。

8月25日 民进党"人民制宪会议"通过《台湾宪法草案》。该《草案》中将台湾定名为"台湾共和国"。

8月26日 台湾当局拟定《两岸经济交流管理与辅导办法草案》。

8月26日—29日 杨尚昆访问蒙古。这是中蒙建交41年来中国国家主席对蒙古的第一次访问。访问期间,蒙古总统彭·奥其尔巴特欢宴杨尚昆主席,杨尚昆主席同彭·奥其尔巴特总统举行了会谈,宾巴苏伦总理和蒙中友协主席、乌兰巴托市市长额奈比希先后拜会了杨尚昆主席。26日,中蒙两国政府《关于蒙古通过中国领土出入海洋和过境运输的协定》等5个

文件在乌兰巴托签署。

8月27日 国务院召开"质量、品种、效益年"活动第二次电话会议。朱镕基在会上对如何进一步开展这项活动提出具体要求。

同日 《人民日报》报道:国家教委和全国教育工会近日颁布《中小学教师职业道德规范》,并要求各地认真贯彻。

8月27日—9月4日 七届全国人大常委会第二十一次会议在京举行。会议听取了关于防汛抗洪救灾情况汇报,万里委员长在大会上发表讲话,指出人大常委会肯定国务院领导抗洪救灾得力。会议通过了《中华人民共和国未成年人保护法》、全国人大常委会关于严禁卖淫嫖娼的决定以及关于严惩拐卖、绑架妇女儿童的犯罪分子的决定,会议还批准了中国和罗马尼亚领事条约、控制危险废物越境转移及其处置巴塞尔公约,会议还通过了常委会的决定和有关任免事项。

8月28日 中国证券业协会在京成立。

同日 国民党"中央文工会"主任祝基滢针对民进党《台湾宪法草案》发表声明指出,民进党制定《台湾宪法草案》,明列"台湾的国名"为"台湾共和国",表明民进党就是"台独",国民党"决不接受"。

8月31日 《人民日报》发表社论《要进一步改革开放》。《社论》指出:改革是社会主义制度的自我完善。社会主义制度已经在中国大地扎根并初步显示出优越性,但是由于它是一个新生的制度,还很不成熟,生产关系和上层建筑中还存在不适应生产力发展的方面和环节,妨碍了社会主义制度优越性的发挥。社会主义制度只有在坚持自身改革的进程中,才能逐步走向健全、走向完善、走向成熟,这是社会发展的辩证法。我们已经确定的建

设有中国特色的社会主义的各项基本要求,都需要通过改革来实现。我们在实现现代化的战略目标过程中面临的大量新问题,都需要用改革的精神来解决。实行对外开放,是改革的重要方面。他山之石,可以攻玉。吸收国外先进科学技术、管理经验和优秀文化成果,能够更快地发展自己,增强我国自力更生的能力,使社会主义制度的优越性更加充分地显示出来。

8 月 31 日—9 月 4 日　全国清理"三角债"工作会议在京举行。李鹏同与会代表座谈时强调,要上下一心解决"三角债"问题。国务院清理"三角债"领导小组决定自 9 月 20 日至 10 月 20 日为连环清欠期。

9 月 2 日—8 日　全军政治工作座谈会在广州召开。会议研究了如何加强和改进部队经常性思想工作问题,讨论和修改了总政起草的《军队经常性思想工作要则》。

9 月 4 日　杨尚昆发布主席令第 50、51、52 号,公布《中华人民共和国未成年人保护法》,自 1992 年 1 月 1 日起施行;公布《全国人民代表大会常务委员会关于严禁卖淫嫖娼的决定》和《全国人民代表大会常务委员会关于严惩拐卖、绑架妇女、儿童的犯罪分子的决定》,均从公布之日起施行。

9 月 9 日　李鹏签署第 88 号国务院令,发布《中华人民共和国城镇集体所有制企业条例》,自 1992 年 1 月 1 日起施行。

9 月 10 日—15 日　国家体改委在京召开"城市改革试点工作座谈会"。

9 月 11 日　第二次全国城市规划工作会议在京举行。邹家华副总理出席开幕式并讲话,他指出,城市规划要为发展商品经济服务。

同日　新华社报道:从 1979 年到 1990 年,我国职工的货币工资已由年人均 668 元提高到 2140 元,扣除物价上涨的因素,实际工资年均增 3.8%。

9 月 13 日　"台湾加入联合国宣达团"前往纽约活动,向联合国安理会递交了一份鼓吹以台湾名义加入联合国的宣言。

9 月 14 日—18 日　为纪念"九一八"事变 60 周年,北京、辽宁、吉林、南京、广东等地分别举行各种座谈会、学术讨论会和举办展览等活动,出版有关"九一八"事变历史专著。

9 月 15 日　全国数百万大中学生走出校门参加"责任与奉献行动日"活动,以宣传、募捐、义卖、义务劳动等形式支援灾区。

9 月 17 日—20 日　国务院召开治理淮河、太湖会议。邹家华在会上强调要加强水的基础产业地位,并说中央投入主要用于长江等 7 大江和洞庭湖等 5 大湖的综合治理。20 日,李鹏同与会代表座谈时提出,今冬明春要掀起一个兴修水利的高潮。

9 月 20 日—28 日　第二届全国城市运动会在唐山市举行。有 12 人 12 次超 4 项亚洲纪录,2 人 2 次平 2 项亚洲纪录。沈阳市获金牌 24 枚,居第一。

9 月 21 日　纪念中央革命根据地创建暨中华苏维埃共和国临时中央政府成立和湘赣革命根据地创建六十周年座谈会在京举行。江泽民、邓小平、李鹏、王震分别题词,乔石等出席,王震在会上讲了话。

9 月 23 日—27 日　中共中央在京召开中央工作会议。会议着重研究了如何进一步搞好国营大中型企业的问题。江泽民主持会议并作了总结讲话,李鹏受中央政治局委托作了题为"关于当前经济形势和进一步搞好国营大中型企业的问题"的讲话。江泽民主要讲了两个问题:一、关于搞好国营大中型企业问题。江泽民指出,要把搞好国营大中型企业作为坚持社会主义道路的一件大事,摆到突出位置,集中精力抓下去;要把经济工作真正转移到调整结构和提高效益的轨道上来,体现速度和效益的统一;要给国营大中型企业逐步创造良好的外部环境;国营大中型企业要眼睛向内,自立自强;发展经济、搞好企业,要发挥中央和地方两个积极性;搞好国营大中型企业,要继续坚持深化改革、扩大开放;搞好国营大中型企业,既要抓紧工作,又要有长期打算。二、关于改进领导工作。江泽民指出,善于从政治上提出和处理问题,保证革命和建设任务的完成,是我们党的工人阶级先锋队性质决定的,也是我们党的一个优良传统。现在以经济建设为中心,其他各项工作都要服从、服务和保证这个中心任务的完成。经济建设要搞上去,必须要有正确的政治方向,必须要有安定团结的环境,必须协调各方面的关系和调动各方面的积极性,必须及时而果断地消除不安定因素。没有政治条件和政治保证,社会不稳定,经济就搞不上去,古今中外概莫能外。几年前,在资产阶级自由化思潮泛滥的时候,邓小平同志就严肃地提醒全党同志:"在工作重心转到经济建设以后,全党要研究如何适应新的条件,加强党的思想工作,防止埋头经济工作、忽视思想工作的倾向。"我们的领导干部一定要加强马克思主义理论学习,加强政治学习,增强政治敏感性,善于从政治上观察和处理问题,发挥我们党的政治优势,保证经济和各项建设事业的健康发展。李鹏讲了三个问题:一、关于当前经济形势。二、关于明年的经济工作。三、关于进一步搞好国营大中型企业的问题。

9月23日—27日 全国政协常委会第十六次会议在京举行。会议讨论了关于《中华人民共和国澳门特别行政区基本法(草案)征求意见稿》,听取和讨论了关于农业情况与农业发展的报告和关于科教兴农工作情况的汇报、关于今年抗灾救灾情况的汇报、关于我国的人口形势与计划生育工作的汇报。

9月24日 鲁迅诞生110周年纪念大会在中南海怀仁堂举行。江泽民、李鹏、李瑞环、李铁映等出席纪念大会,江泽民在纪念会上发表题为"进一步学习和发扬鲁迅精神"的讲话,贺敬之致开幕词。同日,上海市和鲁迅故乡浙江绍兴市也举行了纪念活动,鲁迅铜像在绍兴市揭幕。

9月26日 中国老龄委在京举行座谈会,庆祝第45届联合国大会确定每年的10月1日为"国际老人节",聂荣臻为此题词。

9月29日 李登辉在召见11位台湾省籍人士时称,台湾"已经是个主权独立的国家",不要有统,也不要有独,目前现状最好。

10月3日 新华社报道:中共中央最近发出关于在全国开展爱惜粮食节约粮食活动的通知。

10月4日—13日 朝鲜劳动党中央委员会总书记、朝鲜国家主席金日成访问我国。访问期间,江泽民和杨尚昆欢宴金日成;江泽民同金日成举行了会谈;李鹏和杨尚昆先后会见了金日成;邓颖超委托徐敦信副外长向金日成转赠了花篮;万里陪同金日成出席了专场文艺晚会;江泽民专程赴南京陪同金日成在南京、扬州参观。

10月6日 新华社报道:国务院最近

决定自 1992 年 4 月 1 日起提高小麦定购价格,全国平均每 50 公斤提高 6 元。

10 月 8 日　新华社报道:福建省台办发言人日前发表谈话指出:10 月 4 日福建连江县两艘"闽连渔"号拖网渔船在台湾海峡进行作业时,因渔网被台湾渔轮拖破双方发生过争执,但事后台军方出动军舰将渔船及 29 名渔民强行押往台湾,台有关方面将其中 15 名渔民交新竹"地查署"侦办。发言人希望台湾有关方面合情合理解决"闽连渔"事件。

10 月 9 日　首都各界隆重集会纪念辛亥革命 80 周年。江泽民、杨尚昆、李鹏、万里、乔石、宋平、李瑞环等 5000 多人出席,杨尚昆、屈武先后发表讲话。杨尚昆在讲话中指出,中国共产党人始终把自己奋斗的事业,视为辛亥革命的继续和发展。中华人民共和国成立后的四十二年间,特别是实行改革开放的十多年里,我国的现代化事业获得了巨大进步。但是,我们的经济发展和科学技术水平,与世界发达国家相比,还有很大差距。当今世界正在兴起一场广泛而深刻的新的科学技术革命,各国之间综合国力的竞争日趋激烈。落后就会挨打,就会受欺侮,这是全部中国近代史给予我们的基本教训。今后的一二十年,我们干得怎么样,对于我们国家的前途和命运至关重要。我们要保持清醒的头脑,对经济建设这一条要始终扭住不放,除非发生大规模的外敌入侵,都要坚定不移地干下去。所有其他工作都要服从和服务于经济建设这个中心,决不能冲击和干扰这个中心,决不要分散和转移自己的注意力。中国共产党十一届三中全会以来,邓小平同志作为我国改革开放的总设计师,带领全党和全国人民,从中国的实际出发,解放思想,探索出一条建设有中国特色社会主义的正确道路,逐步形成了党在社会主义初级阶段的一整套理论、路线、方针和政策,并在实践中取得了举世瞩目的成就。在国际风云变幻中,我们之所以能够站稳脚跟,是同改革开放的伟大成果分不开的。中国人民从改革开放中看到了社会主义的光明前途,看到了民族振兴的希望。改革开放已经深入人心。我们要坚定不移地沿着这条道路走下去,坚持四项基本原则,继续推进改革开放,改革会有风险,这种风险我们能承受;而停止甚至倒退,是绝没有出路的。现在,一些同志对中国社会主义的前途有些担忧,甚至怀疑。这需要进行教育,但根本的是要把经济搞上去。邓小平同志说得好:坚持社会主义道路,"既是斗争的过程,也是说服教育的过程,但最终说服不相信社会主义的人要靠我们的发展。如果我们本世纪内达到了小康水平,那就可以使他们清醒一点;到下世纪我们建成中等发达水平的社会主义国家时,就会进一步地说服他们,他们中的大多数人才会真正认识到自己错了"。

10 月 13 日　民进党五大通过将"台独条款"纳入党纲。许信良当选为民进党主席。

10 月 14 日　国务院台湾事务办公室发言人就台湾省民进党将建立"台湾共和国"列入该党党纲一事发表谈话指出,对于少数"台独"分子的分裂国土的活动,中国政府不会坐视。

10 月 16 日　国务院和中央军委授予钱学森"国家杰出贡献科学家"荣誉称号和一级英雄模范奖章仪式在京举行。杨尚昆向钱学森颁发荣誉证书,江泽民发表了讲话。李鹏、邓颖超、聂荣臻等写信表示祝贺。

同日　国民党中常会就民进党将"台独条款"纳入党纲一事发表声明。声明中指出民进党这一行为"是一项不负责任祸国殃民的行为，令人深感痛心"。

10月18日—22日 国际传统医药大会在北京举行并通过《北京宣言》。江泽民、李鹏、李先念、王震等为大会写祝词，世界卫生组织总干事中岛宏向大会发来贺信。19日，李鹏总理会见了出席大会的40个国家的专家、学者、官员等。

10月23日 国务院知识产权领导小组成立。

10月25日—30日 七届全国人大常委会第二十二次会议在京举行。会议通过了《中华人民共和国进出境动植物检疫法》，关于批准武汉、九江、芜湖港对外国籍船舶开放的决定，关于批准《万国邮政联盟组织法第四附加议定书》的决定。会议还通过了全国人大内务司法、财经、教科文卫委员会关于七届全国人大四次会议主席团交付审议的代表提出的议案审议结果的报告及有关任免事项。

10月29日 江泽民在中南海接受美国《华盛顿时报》原主编、现任无任所编辑博奇格雷夫的采访，就社会主义前途、民主、自由和人权、建立国际新秩序、台湾问题、中美关系等问题，详细地阐明了他的看法。江泽民强调：①中国始终不渝坚持改革开放的方针；②根据我国的国情，我们确定了走有中国特色的社会主义道路，我们对未来充满信心；③试图用某种单一的模式来套住这个丰富多彩的世界是不现实的、有害的，甚至是危险的。国际新秩序应该建立在和平共处五项原则基础之上。处理国家关系，不要把意识形态放在首位；决定国家关系好坏的，不是社会制度和意识形态的异同，而是看双方是否有共同利益，是否遵循和平共处五项原则。

11月1日 国务院新闻办公室在北京发表题为《中国的人权状况》白皮书。白皮书阐述了中国关于人权问题的基本立场和基本政策，以大量的事实介绍了新中国建立后中国人权状况发生的根本变化，以有助于国际社会正确地了解中国的人权状况。这份长约45000字的文件包括前言和十个部分：一、生存权是中国人民长期争取的首要人权。二、中国人民获得了广泛的政治权利。三、公民享有经济、文化和社会权利。四、中国司法中的人权保障。五、劳动权利的保障。六、公民享有宗教信仰自由。七、少数民族的权利保障。八、计划生育与人权保护。九、残疾人的人权保障。十、积极参与国际人权活动。白皮书指出，人权首先是人民的生存权。没有生存权，其他一切人权均无从谈起。中华人民共和国建立后，中国人民的生命安全获得了根本保障。人民的温饱问题基本解决了，人民的生存权问题也就基本解决了。这是中国人民和中国政府在争取和维护人权方面取得的历史性的成就。保持国家稳定，沿着已取得成功的路线，集中精力发展生产力，坚持改革开放、努力把国民经济搞上去，增强国力，从而使人民的生存权不致受到威胁，这是中国人民最根本的愿望和要求，也是中国政府一项长期而紧迫的任务。

11月5日—9日 越共中央总书记杜梅和越南部长会议主席武文杰率越南高级代表团访问我国。访问期间，江泽民、李鹏同杜梅、武文杰举行了会谈。会谈时，两国领导人一致认为中越两国关系已经实现正常化。杨尚昆会见了杜梅和武文杰。7日，中越两国政府签署《中华人民共和国和越南社会主义共和国政府贸易协定》等文件。10日，中越就越南高级代表团访问中国发表联合公报。

11月9日 经国务院批准，中国科学院 553 名为国家作出突出贡献的专家从今年 7 月 1 日起享受政府特殊津贴。

11 月 11 日—14 日　由中央政策研究室、中央宣传部、中央组织部联合召开的"部分省区市农村社会主义思想教育工作座谈会"在北京举行。会议期间，江泽民、宋平同出席会议的同志进行了座谈，就进一步搞好农村社会主义思想教育工作发表了重要意见，强调教育要切合实际，领导要深入下去，具体指导。

11 月 16 日　李鹏签署国务院第九十一号令，发布《国有资产评估管理办法》，自发布之日起施行。

同日　台湾"行政院"陆委会公布 38 项两岸交流计划。

11 月 19 日　上海市区首座跨越黄浦江的大桥——南浦大桥建成。李鹏总理在建成典礼上剪彩。他赞扬大桥工程体现了上海的水平、风格、效率和精神。大桥全长 8346 米，是我国最大、世界第二大斜拉索桥。

11 月 23 日　李登辉说两岸交流计划中文教项目可以优先推动。

11 月 25 日—29 日　中共十三届八中全会在北京举行。出席这次会议的有中央委员 171 人，候补中央委员 105 人。中央顾问委员会委员、中央纪律检查委员会委员和有关方面负责人列席了会议。全会由中央政治局主持，江泽民作了重要讲话。全会审议并通过了《中共中央关于进一步加强农业和农村工作的决定》。《决定》共十个部分：一、80 年代农业和农村工作的成就与 90 年代的主要任务；二、稳定和完善党在农村的基本政策，继续深化农村改革；三、继续调整农村产业结构，促进农村经济全面发展；四、抓紧实施科技、教育兴农的发展战略；五、加快大江大河大湖综合治理，广泛开展农田水利基本建设；六、较大幅度地增加农业投入，加快发展农用工业；七、做好扶贫和地区间协调发展工作，促进共同富裕；八、切实加强农村基层组织建设；九、继续深入开展社会主义思想教育，加强农村精神文明建设和民主法制建设；十、进一步加强党对农村工作的领导。全会审议并通过了《关于召开中国共产党第十四次全国代表大会的决议》，确定党的十四大于明年第四季度在北京举行。

11 月 26 日　台湾"中央选举委员会"规定在选举公报中所刊登的政见，只要不出现"台湾独立"、"建立台湾共和国"、"废除中华民国宪法"等政见，其余则从宽处理。

11 月 27 日　长江葛洲坝水利枢纽工程宣告全部竣工，全面发挥效益。

11 月 30 日　经批准，上海首次发行总计 1 亿元面额、共 100 万股的人民币特种股票（B 种股票）。股票由上海真空电子器件股份有限公司向境内外发行。

12 月 1 日　北京举行北京市承办 2000 年奥运会申请书递送仪式。会上宣读了李鹏给国际奥委会主席和全体委员的信。4 日，张百发在洛桑向国际奥委会呈交我国承办奥运会申请书。

12 月 6 日　经国务院批准，卫生部发布《中华人民共和国传染病防治办法》，自公布之日起施行。

同日　全国居民身份证工作表彰会在京举行，公安部表彰颁证工作先进集体和个人，乔石、彭冲等接见会议代表。会议宣布：我国目前已有 7.5 亿多公民持有居民身份证。

12 月 10 日　首届中国新闻奖、范长江新闻奖在京颁奖。李瑞环出席了颁奖大会。

12 月 11 日　首都各界人士隆重举行

纪念"西安事变"55周年座谈会,江泽民、万里等出席座谈会,江泽民发表重要讲话,邓颖超作书面发言。

12月11日—16日 李鹏访问印度。这是中国总理31年来对印度的首次访问,也是对印度已故总理拉·甘地1988年访华的回访。访问期间,拉奥总理欢宴李鹏;文卡塔拉曼总统和夏尔马副总统分别会见了李鹏;李鹏同拉奥就中印双边关系、重大国际问题和地区问题广泛地交换了意见。李鹏还会见了印度各主要政党领导人以及各界知名人士和印中友好团体的负责人。陪同李鹏访印的钱其琛国务委员兼外长和李岚清经贸部长分别同印度外长索兰基和商业国务部部长奇丹巴拉姆进行了对口会谈。13日,李鹏在新德里尼赫鲁纪念堂发表演讲。同日,中印两国政府签署中印领事条约等五项协议和备忘录。16日,关于李鹏访问印度的《中印联合公报》在新德里发表。

12月12日 外交部发言人在新闻发布会上表示,中国愿意在中苏两个联合公报的基础上,继续发展同苏联和各共和国的睦邻友好合作关系。25日,外交部发言人发表谈话说,鉴于苏联各加盟共和国已宣布成为独立国家,中国政府本着不干涉别国内政的原则,尊重各国人民自己的选择。中国政府愿意继续履行与苏联签署的各项条约、协定和有关文件所规定的义务,希望有关各共和国也继续履行苏联与中国签署的各项条约、协定和有关文件所规定的义务。

同日 台湾当局拟订1992年建设计划。

12月13日—22日 全国企业技术进步会议在京举行。会议透露:经国务院同意,我国采取12条政策措施,全面推进企业技术进步。李鹏总理21日在同会议代表座谈时强调,技术进步是提高效益的根本措施。

12月14日 江泽民、李瑞环等会见出席全国哲学社会科学"八五"规划工作会议和中国社科院工作会议的同志,并发表了重要讲话。

12月15日 我国大陆第一座核电站——秦山核电站并网发电,标志着我国自己建造的核电站投入试运行。李鹏、聂荣臻致函电祝贺。

同日 第十一届亚运会财务决算结束,共筹资金221538万元,总支出215404万元,节省6134万元。

12月16日 海峡两岸关系协会在京成立。协会理事会推举荣毅仁任名誉会长,选举汪道涵为会长。吴学谦出席协会成立大会并作重要讲话。

12月16日—17日 汕头举行特区建立10周年暨区域扩大的庆典活动。江泽民、田纪云出席了17日的庆祝大会,江泽民为汕头海湾大桥奠基。

12月17日 李鹏签署第93号国务院令,发布《中国公民往来台湾地区管理办法》,自1992年5月1日起施行。

12月21日 台湾二届"国民大会"代表选举完成,在325席名额中国民党获254席,民进党获66席,非政党联盟获3席,无党籍人士获2席。

12月23日—29日 七届全国人大常委会第二十三次会议在京举行。万里主持会议。会议通过了《中华人民共和国收养法》,通过了关于加入《不扩散核武器条约》的决定、关于批准《儿童权利公约》、《中国和老挝边界条约》的决定及一些人事任免事项。

12月26日 经国务院批准,计划生育委员会发布《流动人口计划生育管理办法》,自公布之日起施行。

同日 西安至延安铁路贯通。庆祝大会在延安举行。

同日 台湾当局成立"中华民国国家统一促进会"。李登辉被该促进会聘为名誉理事长。

12 月 28 日 李登辉在接受"美国之音"专访时表示,在台湾的台湾人和外省人都是中华民族的一分子,我们不能切断与中华民族的关系,也不能切断和中国文化的关系。从现实利益看,台湾未来经济的发展,不能局限于这一小岛,必须有大陆作为腹地来维持、来支持。

12 月 29 日 我国今年钢产量已超过 7000 万吨,成为目前世界上除苏联、日本、美国外第四个钢产量超过 7000 万吨的国家。

同日 杨尚昆发布第 54 号主席令,公布《中华人民共和国收养法》,自 1992 年 4 月 1 日起施行。

12 月 31 日 台湾"立法院"、"国民大会"、"监察院"三个机构的"资深中央民意代表",全部完成退职,实现了台"宪政改革"一项重要目标。

1992 年

1 月 1 日 澳葡政府征收离境人头税,每位 20 澳门元。

1 月 2 日 中国同乌兹别克斯坦共和国建立大使级外交关系。

同日 新 1 元及 5 元硬币在澳门市面流通。

1 月 3 日 中国同哈萨克斯坦共和国建立大使级外交关系。

同日 《人民日报》报道:经国务院审查批准,210 名科技专家当选为新的中科院学部委员。至此,中科院学部委员已有

515 人。

同日 台湾"行政院研究二二八事件专案小组"决定成立"二二八事件建碑委员会",并在台北市兴建"二二八事件纪念碑"。

同日 台湾"内政部入出境管理局"正式办理大陆配偶赴台定居申请。

1 月 4 日 中国同塔吉克斯坦共和国建立大使级外交关系。

同日 中国同乌克兰共和国建立外交关系。

同日 新华社报道:目前全国 1200 多个县配备了科技副县长,25000 多个乡(镇)配备了科技副乡长,全国每年参加科技兴农的科技人员多达 50 万人。

1 月 6 日 为期 7 天的中国基督教全国会议在京结束。会议决定继续坚持"三自"(自治、自养、自传)旧原则办好教会。乔石会见了与会代表,丁光训当选为会长。

同日 中国同土库曼斯坦共和国建立大使级外交关系。

同日 周恩来纪念馆在江苏淮安落成,邓小平题写馆名,江泽民、杨尚昆、李鹏、李先念等题词。

同日 陈毅铜像在北京中国棋院落成。

同日 《人民日报》报道:我国已消灭森林赤字,全国森林资源年总生长量为 3.66 亿立方米,年消耗量为 3.27 亿立方米。

1 月 6 日—10 日 全国经济体制改革工作会议在北京举行。

1 月 7 日 新华社报道:去年《毛泽东选集》第一至四卷第二版全国发行总量超过 1000 万套。

1 月 8 日 首届中国外商投资企业出口商品交易会在厦门开幕。

同日　台"经济部国贸局"通过开放36项大陆农工原料直接进口，使从大陆间接进口的农工原料达231项。

同日　海协会致函邀请海基会董事长辜振甫到大陆访问。

1月10日　劳动部和国务院生产办发出通知，决定对关停企业被精简的职工实行待业保险。

同日　台"行政院长"郝柏村在向台"警政署"作指示时表示，今后有关海峡两岸渔船、渔民的海上纠纷，台海军不宜介入，应由警方出面处理。

1月10日—16日　中美两国知识产权谈判团在华盛顿举行磋商并达成一致意见。17日，中美关于保护知识产权的谅解备忘录在华盛顿签署。

1月11日　新华社报道：中国教育考试制度的一项重大改革——普通高中毕业会考制度目前正在全国推开。

1月12日　国务院就进一步贯彻《中华人民共和国民族区域自治法》发出通知，为加速发展民族地区经济文化事业提出十一条措施。

同日　世界最长的引水隧洞——盘道岭隧洞在甘肃贯通。盘道岭隧洞全长15.723公里，是"引大（通河）入秦（王川）"工程最长的隧洞，也是世界上包括铁路、公路及其他隧洞在内的世界十条最长隧洞之一。

1月13日　江西警民破获一起4名持枪歹徒行凶杀人特大案件，击毙歹徒3名，击伤1名，公安部、铁道部致电祝贺。民警屈正明壮烈牺牲，铁道部部长李森茂到鹰潭慰问。

同日　《政府公报》公布法令，中文在澳门享有官方地位，立即生效。

1月14日　纪念中国银行成立80周年暨表彰大会在京举行。江泽民、李鹏等

会见了与会代表。

同日　中国社会发展科学研究会成立，费孝通、宋健任名誉理事长，李绪鄂为理事长。

1月14日—18日　中共中央、国务院在京召开中央民族工作会议。

1月15日　新华社报道：国务院最近批准了《中国残疾人事业"八五"计划纲要（1991年—1995年）》。

同日　中国兴奋剂检测中心通过国际奥委会医学委员会年度考试，保持承担各类国际体育比赛中兴奋剂检测资格。

1月16日　海协会答复海基会，同意在双方方便的时间就两岸开办挂号函件的查询、补偿事宜进行商谈。3月22日，海基会法律服务处处长许惠佑一行6人抵达北京，与海协会就两岸公证文书使用和两岸开办挂号函件查询及补偿业务进行磋商。

1月18日　中国国际友好联络会在北京举行成立大会，王震任名誉会长，黄华任会长。

同日　澳门国际机场跑道区填海及堤坝工程合约签署，总造价30.38亿澳门元。

1月18日—2月21日　邓小平到我国南方视察，先后在武昌、深圳、珠海和上海等地发表了重要谈话。

1月19日—24日　白俄罗斯部长会议主席克比奇访问我国。20日，中国同白俄罗斯建交协议和两国政府经济贸易合作协定分别在北京签署。

1月20日　中国同白俄罗斯共和国建立外交关系。

1月21日　世界首套"北大方正彩色激光照排系统"正式在《澳门日报》投入使用。

1月21日—25日　国家主席杨尚昆

考察深圳。

1 月 22 日—26 日　以色列外长利维访问我国。利维是第一个访问我国的以色列政府官员。

1 月 24 日　国务院举行第九十六次常务会议,审议并通过了《中华人民共和国税收征收管理法(草案)》和《九十年代中国儿童发展规划纲要》。

同日　中国和以色列两国政府自今日起建立大使级外交关系。

1 月 25 日　外交部发言人在新闻发布会上答记者问时说:中国政府曾多次声明,中国对南沙群岛及其附近海域拥有无可争辩的主权。

同日　国务院环境保护委员会召开第二十一次会议,原则通过《国家环境保护十年规划和“八五”计划纲要》。

1 月 26 日—2 月 6 日　李鹏访问意大利、瑞士、葡萄牙和西班牙。27 日,中意两国政府经济和文化协定在罗马签订。2 月 3 日,中葡投资保护协定在里斯本签署。5 日,中西两国政府两个经济合作项目的合同和《投资保护协定》在马德里签署。

1 月 26 日—2 月 16 日　杨尚昆考察珠海市、中山市和上海市。

1 月 27 日　江泽民、宋平、李瑞环等领导人观看总政演出的民族歌剧《党的女儿》。

同日　台湾治安警察厅身份证科正式结束对外服务。

1 月 28 日　江泽民邀请宗教团体领导人到中南海座谈,就如何政治上团结合作、信仰上互相尊重和积极投身经济建设坦诚谈心。

同日　新华社报道:今年是国际空间年,聂荣臻为此题词:“发展航天事业,造福全人类。”

同日　澳葡政府开投有争议的新口岸七地段中的两个地段。

1 月 30 日　江泽民会见长期在我国工作的 20 多位外国老专家。

同日　中国同摩尔多瓦共和国政府决定建立大使级外交关系。

1 月 31 日　国务院举行第九十七次常务会议,讨论并原则通过了《储蓄管理条例(草案)》。

同日　外交部发言人对 1 月 29 日拉脱维亚共和国与台湾当局签署所谓《建立领事关系的联合声明》和拉方最近与台湾进行了一系列官方接触,发表声明重申:坚决反对任何旨在制造“两个中国”、“一中一台”、“一国两府”或“双重承认”的图谋和行径。

2 月 1 日—3 日　《人民日报》报道:李鹏总理参加联合国安理会首脑会议,并于 2 月 1 日接受纽约《侨报》和“中文电视台”记者采访,就中美关系等问题回答了记者的提问。

2 月 7 日　新华社报道:我国油气普查连获突破,在塔里木、东海、鄂尔多斯和松辽盆地相继发现一批重要油气田。

2 月 8 日　据中国国际减灾十年委员会提供的消息说,至去年 12 月 31 日,全国共接受境内外救灾捐赠 25 亿多元,有效地解决了灾区人民的生活困难。

同日　藏匿 5 个月之久的“台独”骨干分子、“台湾建国运动”负责人陈婉真在台被捕。3 月 14 日,台中高分院以预备内乱罪判处陈婉真 3 年 10 个月徒刑,并剥夺公权 3 年。

2 月 9 日　新华社报道:我国自行设计的第一个大型远程无线电导航系统——“长河二号”工程南海台组建成。

2 月 10 日　新华社报道:目前我国大地上已拥有 700 多个卫星定点位,成为世界上卫星定点位最多的国家之一,卫星定位技术也达到国际先进水平。

同日 澳门身份证明司开始换发统一的澳门居民身份证。

2月10日—22日 朱镕基访问澳大利亚和新西兰。

2月11日 台"行政院陆委会"表示,1997年后不撤退驻港机构,将继续加强台湾与香港的关系。

2月11日—15日 国务委员兼外长钱其琛访问柬埔寨和越南。

2月12日 国务院批准颁布《中华人民共和国陆生野生动物保护实施条例》,自发布之日起施行。

同日 澳督府宣布正式延长关闸开关时间至午夜12时。

2月13日 新华社报道:今后几年里我国将新建自然保护区100余个,新增面积约1000万公顷,占国土总面积4%以上。

同日 台"经济部"开放第五批准许间接进口的大陆产品项目,共计35项,间接进口项目累计已达236项。

2月14日 新华社报道:我国经过30多年努力,一个具有国际先进水平的大型航天试验通信网初步建成。

2月15日 外交部发言人发表谈话说,荷兰政府2月14日重申信守1984年中荷恢复大使级外交关系的联合公报,决定不批准向台湾出售潜艇和零部件。中国方面赞赏荷兰政府的这一决定。

2月16日 国家教委作出今年成人高校招生规定,部分成人高校将试招本科班。

同日 葡萄牙最高法院院长狄嘉道访问澳门。

2月17日 新华社报道:国务院决定成立统一着装管理委员会,加强对全国统一着装管理工作的领导,王丙乾担任

主任。

2月18日 第三届中国艺术节在昆明隆重开幕。56个民族8000多名代表表演了本民族的精彩舞蹈。

2月19日 中葡联合联络小组双方组长会议讨论东方基金会问题。

2月20日 新华社报道:经中央军委批准,解放军三总部最近发布命令,将《中国人民解放军警备勤务暂行条令》颁发全军施行。

同日 外交部发言人在记者招待会上就"大赦国际"等非政府组织在西藏问题上对我国进行指责一事发表评论说,大赦国际等非政府组织在西藏问题上对我国的指责是没有根据的。西藏问题不是什么人权问题,而是涉及中国的主权和领土完整的问题。

同日 第三届澳门新春艺术节揭幕。

2月20日—21日 中印边界问题联合工作小组第四轮会谈和副外长磋商在新德里举行,并发表联合公报。21日,印度总理拉奥在新德里会见了参加会谈的中国副外长徐敦信。

2月20日—25日 七届全国人大常委会第二十四次会议在京举行。会议决定于3月20日在京召开七届全国人大五次会议,并通过了《中华人民共和国领海及毗连区法》和《中苏国界东段协定》。

2月22日 外交部发言人在记者招待会上说:"我们注意到,美国政府于2月21日宣布打算取消去年6月实施的对华三项制裁。""我们希望,去年11月17日中美两国外长所达成的各项协议和谅解尽快得到全面落实,以利于中美关系的改善和发展。"26日,发言人在回答记者提问时表示:美国国会参议院通过有条件延长对华最惠国待遇议案,违反了两国贸易互惠的原则,中国绝对不能接受。

2月23日　为期16天的第16届冬季奥运会在法国阿尔贝维尔闭幕,中国女运动员叶乔波获两枚银牌,李琰获一枚银牌。这是中国首次在国际冬季奥运会上获得奖牌。

2月24日　新华社报道:我国已有154个海、陆、空一类口岸对外开放,比1978年增加两倍。

2月24日—28日　哈萨克斯坦总理捷列先科访问我国。26日,《中哈两国政府联合公报》及《中哈两国政府关于中国向哈萨克斯坦提供商品的政府贷款协定》等8项文件在北京签署。

2月25日　杨尚昆发布第五十五号主席令,公布《中华人民共和国领海及毗连区法》,自公布之日起施行。

同日　新华社报道:我国是世界最大的稀土资源国,工业储量占世界探明储量80%,且品种全。去年国内稀土消费量比上年增加35%。

2月27日　江泽民会见独联体联合武装力量总参谋长萨姆索诺夫上将。

同日　外交部发言人在记者招待会上答记者问时重申钓鱼岛属于中国,中国《领海法》的公布与中日邦交正常化20周年没有关系。

同日　新华社报道:全军第一个跨行业集团——深圳三九企业集团成立。

同日　《人民日报》报道:我国先后投资近亿元建起十余个野生动物繁育研究中心,多种濒临绝迹的珍稀动物得到拯救。

2月28日　李鹏主持召开国务院第九十九次常务会议,讨论并原则通过了《中华人民共和国出口货物原产地规则(草案)》和《国务院关于修改〈中华人民共和国进出口关税条例〉的决定(草案)》。

同日　国家统计局公布《关于1991年国民经济和社会发展的统计公报》。公报表明,1991年我国治理整顿和深化改革取得明显成效。

同日　国民党"立法院"党团书记长王金平在"立法院"提案,要求台当局查明"二二八事件"受难者人数和名单,并研究办法,对无辜受难者家属采取适当抚慰措施及筹建纪念馆。

同日　台湾少数民族传统歌舞团一行42人由广州飞抵昆明参加第三届中国艺术节,这是台湾少数民族第一次派团到大陆进行文艺表演。

2月29日　台"行政院陆委会"修正通过有关规定,开放台"公立"大专院校(院)长及职务在政务官以下的公务员(以"专家"身份)赴大陆从事文教等活动。

2月　李登辉以"度假外交"之名访问菲律宾、印尼和泰国。

3月1日　国务院批准发布实施《中华人民共和国陆生野生动物保护实施条例》。

同日　国际化学裁军核查第三轮对比实验结果在荷兰海牙揭晓:中国的实验检测准确率最高,成绩最佳。这一结果表明,中国人民解放军的防化检测分析水平已跻身世界先进行列。

3月2日　国务院举行第十三次全体会议,通报国内经济情况和国际形势、外交工作。

同日　我国常驻联合国代表李道豫向联合国递交了中国关于接受联合国《儿童权利公约》的批准书。

3月2日—6日　全国对台工作会议在京举行。

3月2日—9日　田纪云考察三峡库区移民工作。

3月3日　《人民日报》报道:日地物理预报中心在北京天文台成立,以监测太阳活动及其对地球空间环境的影响。这一中心已加入世界警报局。

3月4日　中宣部、国务院办公厅、团中央等联合召开"岗位学雷锋、行业树新风"座谈会，要求各地重点立足本职，在岗位上体现出奉献精神。

3月5日　新华社报道：中央军委日前发布命令，授予北京卫戍区仪仗大队"军旅标兵"荣誉称号。

同日　新华社报道：国务院办公厅通知，今年起暂停实行夏时制。

同日　外交部发言人就联合国人权委员会第八十四届会议以压倒多数票通过一项动议，决定对一些西方国家提出的"中国/西藏局势"决议草案不予表决一事发表谈话指出，这项决议草案公然干涉中国内政，理所当然遭到大多数国家反对。

3月5日—9日　澳门特别行政区基本法起草委员会第八次会议在广州举行并发表公报。会议通过《中华人民共和国澳门特别行政区基本法（草案）》及有关文件，并决定提请全国人大常委会审议公布，进一步征求意见。

3月6日　为期6天的中国道教协会第五届全国代表会议在京结束。会议号召道教界人士和信教群众为社会主义建设事业作贡献。

同日　澳门行政教育暨青年事务政务司黎祖智官式访问珠海。

3月7日、9日　宋平和江泽民先后会见以越共中央政治局委员、中央组织部部长黎福寿为团长的越南共产党代表团。以黎福寿为团长的越共代表团，是中越关系正常化以后越南派来我国访问的第一个代表团。

3月8日　李鹏签署国务院第94号令，发布《中华人民共和国出口货物原产地规则》，自1992年5月1日起施行。

同日　国务院颁布《国家长期科学技术发展纲领》。

同日　中越两国政府在北京签署关于交通、运输和邮电合作的四项双边协定。

同日　澳门基本法起草委员会通过基本法全部条文。

3月8日—14日　国务委员兼外长钱其琛访问英国、德国和欧共体委员会。

3月9日　李鹏会见世界银行副行长卡奇一行。

同日　上海外高桥保税区投入运营。

同日　"世界体育奖"创立100周年纪念、颁奖仪式在美国洛杉矶举行，中国游泳运动员林莉获此奖项。

3月9日—10日　中共中央政治局在京召开全体会议，讨论我国改革和发展的若干重大问题，江泽民主持会议。

3月10日　国务院召开电话会议，部署改革核算制度工作。邹家华副总理强调建立全新的国民经济核算体系。

同日　新华社报道：党中央、国务院日前批准全军400多名有突出贡献的高级专家享受政府特殊津贴。

同日　教育委员会重组后召开首次会议。

3月10日—14日　全国科技工作会议在京举行。会议确定20世纪90年代科技改革的重点是从根本上解决面向经济建设主战场的问题。

3月11日　为首批香港事务顾问颁发聘书仪式在京举行。

同日　新华社报道：国务院、中央军委近日发布命令，授予李鸿武"抗洪抢险模范民兵营长"荣誉称号。

同日　新华社报道：国务院决定进一步开放黑龙江省黑河市、绥芬河市，吉林省珲春市和内蒙古自治区满洲里市，在这四个城市建设边境经济合作区。

同日　中国国际友好城市联合会在京成立。王震、邓颖超分别致信祝贺。

同日　《人民日报》报道:国家级自然保护区评审委员会成立。

同日　外交部公布中国参加《不扩散核武器条约》的加入书。

同日　国务院港澳办和新华社香港分社在北京举行向首批44名香港事务顾问颁发聘书仪式。

3月11日—15日　全国政协七届常委会第十八次会议在京举行。邹家华受国务院委托,向常委们通报了三峡工程可行性研究报告的审查情况。

3月12日　江泽民会见由总书记赫里斯托菲亚斯率领的塞浦路斯劳动人民进步党代表团。

同日　外交部发言人在答记者问时辟谣说,《华盛顿时报》关于"中国向以色列购买导弹或技术"的报道是"毫无根据、不负责任的"。

同日　中国最大滑石出口集团——辽宁五金矿产进出口公司滑石集团公司在辽宁建成。

3月12日—14日　乌兹别克斯坦总统卡里莫夫访问我国。13日,中乌两国政府14项合作协定签字仪式在北京举行。14日,中乌两国联合公报在北京发表。

3月13日　江泽民会见朝鲜《劳动新闻》代表团。

同日　新华社报道:国务院批准海南省吸收外资开发洋浦经济开放区。开发区内实行保税区的各项政策措施。

同日　南海天然气销往香港的原则协议在北京签署。

3月14日　中共中央举行党外人士座谈会,江泽民通报中央政治局全会精神。

同日　经国务院批准,国家教委颁布施行《中华人民共和国义务教育法实施细则》。

同日　国务院关税税则委员会决定,从当年4月1日起全部取消进口调节税,同时调整一般摄像机和小汽车的进口关税税率。

同日　卫生部负责人宣布,由中国红十字会领导的非血缘关系供者骨髓移植工作,从即日起在我国正式开始。

3月14日—16日　七届全国人大常委会第二十五次会议在京举行。会议通过了关于公布《中华人民共和国澳门特别行政区基本法(草案)》的决议。

3月16日　中共中央、全国政协常委会发布讣告:无产阶级革命家、全国政协副主席王任重因心脏病突发在京逝世,终年75岁。

同日　公安部公布:1991年底我国人口总数为1141907793人(不包括港、澳、台人口及现役军人)。

3月16日—17日　俄罗斯联邦外长科济列夫访问我国。钱其琛和科济列夫互换了关于中俄国界东段的协定批准书,并签署了互换批准书的证书。

3月16日—19日　中葡联合联络小组第十三次会议在里斯本举行。

3月16日—22日　尼泊尔首相柯伊拉腊访问我国。

3月17日　李瑞环等先后会见了参加第三届全国残疾人运动会的各代表团代表和应邀来华的国际残疾人奥委会主席斯特德沃德等客人。

同日　中国500家最大服务企业评价结果首次揭晓。

3月18日　李鹏签署国务院第95、96号令,发布《中华人民共和国国库券条例》和《国务院关于修改〈中华人民共和国进出口关税条例〉的决定》,分别自发布之日起和1992年4月1日起施行。

同日 新华社报道:国务院最近发出通知,决定今年4月1日起适当提高粮食统销价格,实现购销同价。城镇居民将给予适当补贴。

同日 《人民日报》报道:我国已获准在太平洋规定海域开发多金属结核。

同日 《人民日报》报道:中国核动力研究院院长钱积惠已被任命为国际原子能机构下一任负责技术援助与合作的副总干事。钱积惠是中国1984年加入国际原子能机构以来第一位担任这一高级职务的中国人。

同日 澳门机场填海区基础工程动工.澳督韦奇立主持仪式。

3月18日—22日 第三届全国残疾人运动会在广州举行。这是新中国成立以来规模最大的一次残疾人体育盛会。

3月18日—22日 全国政协七届五次会议在北京举行。会议通过了全国政协七届五次会议政治决议、关于常委会工作报告的决议和关于全国政协七届五次会议提案审查情况的报告。

3月20日 中国歌剧艺术团首次应邀抵达澳门,演出《白毛女》等歌剧。

3月20日—4月3日 七届全国人大五次会议在北京举行。会议审议并批准了关于兴建长江三峡工程的决议。会议还通过了《中华人民共和国全国人民代表大会和地方各级人民代表大会代表法》、《中华人民共和国工会法》、《中华人民共和国妇女权益保障法》。

3月21日 新华社报道:国务院日前批准设立温州经济技术开发区。开发区面积为5.11平方公里,首期开发1.8平方公里。

3月22日 因一级发动机推力不正常,我国为澳大利亚发射的卫星未能升空。

3月23日 全国军队转业干部安置工作会议在北京举行。会议提出要引导转业干部走向经济建设的主战场。

同日 安哥拉外长邓艾访问澳门。

同日 澳门国际机场专营公司董事局决定,机场跑道采用全填海式兴建。

同日 台"立法院"通过《台湾地区与大陆地区人民关系条例》草案。该草案在拟订、审查过程中颇有争议,已三易其稿,费时两年有余。7月16日,台"立法院"正式通过《台湾地区与大陆地区人民关系条例》,共6章96条,涉及两岸民间的各种交往和交流,包括通讯、通航、投资、贸易、婚姻、继承等问题。

3月23日—25日 海峡两岸关系协会和台湾海峡交流基金会就海峡两岸公证文书使用和两岸开办挂号函件查询及赔偿业务,在京进行商谈。

3月24日 新华社报道:上海桑塔纳轿车最近通过了70.37%国产化鉴定。这表明"桑塔纳"已被认定为真正的国产轿车。

3月24日—26日 中英联合联络小组第22次会议在香港举行,并发表新闻公报。

3月26日 新华社报道:我国从4月1日起实行91《服装号型》国家标准。这标志着我国服装号型标准进入了世界先进行列。

3月27日 全国政协七届常委会第十九次会议在京举行。

同日 新华社报道:国务院最近批转了《国家体改委关于一九九二年经济体制改革要点》,并发出通知,要求各地根据实际情况认真贯彻实施。

3月28日 中组部等六部门联合发

出通知,要求从 1992 年起在全国开展转业干部预备役登记工作。

3 月 29 日 党中央、国务院召开计划生育座谈会。

同日 《人民日报》报道:国务院最近正式批转了农业部《关于促进乡镇企业持续健康发展的报告》,并发出通知,要求认真贯彻执行。

3 月 30 日 我国首次粮食远期合同价格由郑州粮食批发市场向海内外发布。第一笔粮食远期合同已于 3 月 28 日在郑州圆满结算。

同日 卫生部宣布成立麻醉品专家委员会,以加强麻醉品的管理和推进戒毒工作的开展。

同日 港英当局向中方提出修订新机场成本和财务安排的建议,中方指出这项安排使新机场成本大幅上升,违反新机场谅解备忘录的原则。

3 月 31 日 李鹏打电话询问江西洪涝灾情,希望做好工作,把损失减少到最低限度。3 月份以来,江西连降暴雨,造成洪涝面积达 276.1 万亩,受灾人口 201.6 万人。

同日 首都各大报转载《深圳特区报》3 月 26 日的报道《东方风来满眼春——邓小平同志在深圳纪实》。

3 月 31 日—4 月 2 日 中美两国就市场准入问题的第六轮谈判在华盛顿举行。

4 月 1 日 江泽民在北京接受日本驻华记者的联合采访并回答了他们提出的有关中日关系、中国国内和国际形势等方面的问题。

同日 中越两国间的重要通道——友谊关开关。这是中越目前正式恢复开通的第一个口岸。

同日 新华社报道:国务院办公厅最近发出通知,转发国家国有资产管理局等

部门《关于一九九二年在全国范围内开展国有资产产权登记工作的请示》,要求各地、各部门遵照执行。

4 月 2 日 中国和阿塞拜疆建交公报在巴库签署。中阿两国政府决定自 1992 年 4 月 2 日起建立大使级外交关系。

同日 澳门传播旅游暨文化政务司司长高树维称,政府决定终止澳门国际商业信贷银行的牌照,并进行法律程序外的清盘。

同日 《澳门司法组织纲要法》在澳门生效。

4 月 3 日 杨尚昆发布第 56、57、58 号主席令,分别公布《中华人民共和国全国人民代表大会和地方各级人民代表大会代表法》《中华人民共和国工会法》,均自公布之日起施行;公布《中华人民共和国妇女权益保障法》,自 1992 年 10 月 1 日起施行。

同日 澳督韦奇立上任后举行首次记者招待会,谈及澳门传播旅游暨文化政务司司长高树维应邀到广东省访问 4 天。

4 月 4 日 以阿沛·阿旺晋美为理事长的援助西藏发展基金会在京成立。

4 月 5 日 江泽民、杨尚昆、李鹏、万里、乔石、姚依林、李瑞环等领导人同 200 万军民参加首都义务植树。

4 月 5 日—7 日 中、日、美、俄"关于亚太地区安全问题四边研讨会"在北京举行。6 日,李鹏会见与会代表。

4 月 6 日 中国和亚美尼亚建交公报在奥尼涅签署。中亚两国政府决定自 1992 年 4 月 6 日起建立大使级外交关系。

4 月 6 日—7 日 第六次中日亚洲和平讨论会在东京举行。

4 月 6 日—8 日 由中国国际文化交流中心和世界犹太人大会共同举办的"中国—犹太人文化国际研讨会"在北京

举行。

4月6日—10日　江泽民访问日本，这是江泽民就任总书记以来首次访问西方经济发达国家。

4月7日　《人民日报》报道：国务院最近正式下达《国家中长期科学技术发展纲要》。

同日　我国正式采用《国际核事件分级表》，评定和报道核安全事件。

同日　世界水下活动联合会执委会决定，将第一枚世界优秀运动员奖章授予多次创造蹼泳世界纪录的中国运动员郑世玉。

4月8日　公安部出入境管理局负责人就《中国公民往来台湾地区管理办法》有关问题发表谈话。《办法》自5月1日起施行。

同日　世界第一例完全靠人工合成营养液孕育的婴儿在上海中山医院诞生。

同日　新华社报道：中科院从今年起拿出50万美元设择优支持专项经费，鼓励优秀人才回国开展科研工作。

4月9日　我国参加第二十届日内瓦国际发明展的30项发明荣获28块金牌。

同日　外交部发言人就美国助理国务卿所罗门4月2日在美参院外委会关于"1991年美国对香港政策法案"听证会上表示"行政当局支持这项立法的目标"一事发表评论说，1997年7月1日之前香港问题是中英两国之间的事情，在此之后，则是中国的内政。我们坚决反对任何国家以任何借口插手香港问题，坚决反对任何将香港问题"国际化"的图谋。

4月9日—11日　柬埔寨国家元首、柬全国最高委员会主席西哈努克亲王率领柬埔寨全国最高委员会代表团访问我国，这是西哈努克亲王返回金边后，以国家元首和全国最高委员会主席身份首次

率团访华。11日，《中柬联合公报》在北京发表。

4月10日　国家机关扶贫工作经验交流会在北京召开。

同日　国有资产管理学会在京成立。

同日　《人民日报》报道：浙江嵊县75吨/时循环流化床锅炉日前运转成功。这标志着我国节能技术有重大突破。

4月11日　第三届孙子兵法国际研讨会在山东临沂市召开。

4月12日—14日　由国际产业协会中国分会主办的中国知识产权法律制度国际研讨会在北京举行，40多个国家和地区的400多名知识产权界知名人士与会。

4月13日—17日　杨尚昆访问朝鲜。访问期间，金日成主席欢宴杨尚昆，并同杨尚昆举行了会谈。杨尚昆应邀参加金日成80寿辰的庆祝活动。

4月14日　新华社报道：中共中央、国务院、中央军委最近发出通知，批转全国双拥工作领导小组、民政部、总政治部《关于当前全国双拥工作的情况和进一步加强军政军民团结的意见》，要求各地结合实际情况贯彻执行。

4月14日—17日　联合国秘书长加利访问我国，并出席4月14日在北京举行的联合国亚太经社会第48届会议的开幕式。这是加利自1992年1月1日就任联合国秘书长以来首次访问我国。

4月15日　团中央中国青少年发展基金会公布，自1990年9月以来邓小平、江泽民和李鹏为"希望工程"的题名和题词，并宣布即日起在全国实施"希望工程——百万爱心行动"计划。

4月16日　外交部发言人在记者招待会上就利比亚与西方的争端问题发表谈话说，中国将执行联合国安理会748号决议的有关规定。

同日　应联合国秘书长请求,中国人民解放军军事工程大队先遣部队一行 10 人抵达柬埔寨的金边,参加联合国驻柬埔寨临时权力机构的维持和平行动。这是中国历史上第一次派遣部队参加联合国维持和平的行动。

4 月 17 日　中国东方文化研究会丝绸之路工作委员会在京成立。薄一波等出席成立大会。

同日　宝钢二期工程全部建成投产,国务院致电祝贺。宝钢将与上海钢铁工业联合,三期工程即将上马。

4 月 19 日—24 日　民进党发起大游行,进行街头抗争,导致台北市部分交通瘫痪,沿街商家停业,市民生活受到严重影响。24 日凌晨 4 时,台警方采取行动,将集结在台北闹市区的 1000 多名民进党支持者驱散,并拆除他们在台北火车站搭建的临时建筑物。

4 月 20 日　江泽民和李鹏分别会见日本通产大臣渡部恒三一行。

同日　澳门立法会主席宋玉生在香港病逝,享年 63 岁。

4 月 20 日—25 日　中科院第六次学部委员大会在京举行,456 位学部委员出席会议。会议审议修改了《中国科学院学部委员条例(试行)》,选举王德宝等 19 人为中科院学部主席团成员,周光召为执行主席,吴文俊、严东生、邹承鲁、涂光炽、师昌绪为 5 个学部主任。24 日,江泽民同部分委员举行了座谈。

4 月 21 日　由 46 名中外著名专家组成的高级咨询机构——中国环境与发展国际合作委员会在京成立。

同日　新华社报道:我国最大的受控核聚变实验装置——"中国环流器一号"成功地进行了一系列重大实验,使这一装置的物理实验水平步入世界先进行列。

4 月 21 日—5 月 6 日　由国家体改委与联合国经济部联合举办的经济机制转换国际研讨会在北京举行。21 日,李鹏总理会见了与会的各国代表和联合国代表。

4 月 22 日　中共中央、全国政协常委会发出讣告:无产阶级革命家、中国妇女运动卓越领导人、全国政协副主席、全国妇联名誉主席康克清在京逝世,终年 81 岁。

同日　张百发率团出席第十一届亚奥理事会全体代表大会,并作了北京申办 2000 年奥运会的准备情况的专题报告。

同日　新华社报道:我国科学家在北京正负电子对撞机上的一项实验研究,获得了 τ 粒子质量的最新数据,这项成果被认为是国际高能物理界近期取得的最重要的成果之一。

同日　澳门中国企业协会成立,首任会长为曹万通。

4 月 23 日—28 日　马达加斯加第一副总理拉武尼访问我国。25 日,中国政府和马达加斯加政府经济技术合作协定在北京签署。

4 月 24 日　国务院召开第一〇二次常务会议,讨论并通过了《国务院关于修改〈国营企业实行劳动合同制暂行规定〉第二条和第二十六条的决定(草案)》。

同日　新华社报道:我国第一家合资饭店北京建国饭店开业 10 周年,已赚回了 7.6 个"建国饭店"。

同日　国家"863"高技术项目——人 αⅠ型基因工程干扰素大规模生产技术开发研究项目通过专家鉴定,成为中国第一个进入产业化的生物高技术产品,标志中国生物高技术产品开发能力已跻身世界先进行列。

同日　1991 年度中国电影"政府奖"评选揭晓,《大决战》等 13 部影片获奖。

同日　梅杰任命前保守党主席彭定康为末任港督。

4月25日　新华社报道：国务院住房制度改革领导小组最近批准浙江省房改方案。

同日　国务院台湾事务办公室发言人李庆洲就《中国公民往来台湾地区管理办法》即将实施发表谈话。

同日　外交部发言人就彭定康（英国名为克里斯托弗·帕滕）被任命为香港新总督一事答记者问时说，我们希望彭定康先生接任香港总督将有助于《中英联合声明》的继续贯彻执行和双方在香港问题上的磋商和合作，以利于保持香港的长期稳定繁荣和1997年的顺利交接。

4月25日—28日　中国科协首届青年学术年会在京举行，海内外青年科技工作者3200余人出席。这是新中国成立以来规模最大的全国性、多学科学术年会。

4月26日　中央军委发布命令，给国防科工委西安卫星测控中心喀什测控站记集体一等功，以表彰该测控站取得的突出成绩。授予国防科工委白城常规兵器试验中心的高级工程师陆载德同志以"国防科技工作模范"荣誉称号，以表彰他为我国常规兵器试验作出的突出贡献。

4月27日　江泽民总书记和李鹏总理分别会见香港已故知名人士包玉刚先生的三个女儿包陪庆、包陪丽、包陪慧。

同日　国务委员兼外长钱其琛致电斯洛文尼亚和克罗地亚两共和国外长，宣布中国政府承认斯洛文尼亚共和国和克罗地亚共和国。

4月27日—5月2日　联合国第四十六届大会主席希哈比访问我国。访问期间，杨尚昆、李鹏和钱其琛外长分别会见了希哈比。

4月28日　林绮涛以14票当选为澳门立法会主席。

4月28日—5月5日　匈牙利外长耶森斯基访问我国。28日，中匈重新签署关于互免签证的协定。

4月29日　中国目前最大的光纤、光缆生产企业——武汉长飞光纤光缆有限公司建成投产，结束了中国长期依赖进口光纤光缆建设长途通信干线的历史，标志着中国光纤光缆产业发展到一个新的阶段。

同日　文化部主办的第二届全国新剧目"文华奖"（1991年度）评选揭晓。

5月1日　万里、李瑞环会见国际奥委会前主席、现任国际奥委会新财源委员会主席庞德及随行人员。

5月3日　《人民日报》报道：机电部已制定《计算机软件著作权登记办法》，从5月1日起受理软件著作权登记。

5月4日　首都万名团员青年在人民大会堂同庆共青团建立70周年和五四运动73周年，江泽民、乔石、宋平等参加联欢，江泽民祝青年们节日愉快并讲话。

同日　《人民日报》报道："1990至1991年度全国优秀报告文学评奖"近日揭晓。《无极之路》等8部长篇和25部中短篇作品获奖。

同日　田纪云副总理在北京会见港澳地区赴皖苏灾区考察、捐赠代表团，高度评价港澳同胞的救灾贡献。

5月5日　《人民日报》报道：经国务院批准，国家在每年安排文物抢救性维修保护经费5000万元基础上，今明两年分别增加经费7000万元和8000万元。

同日　经国务院批准，《中华人民共和国文物保护法实施细则》由国家文物局发布施行。

5月5日—8日　日本前首相竹下登访问我国。访问期间，江泽民、杨尚昆、李鹏和万里分别会见了竹下登。8日,竹下登参加了中日友好环境保护中心奠基仪式并发表讲话。

5月7日—11日　蒙古总理宾巴苏伦访问我国,这是30年来蒙古总理首次访华。9日,中蒙两国政府经济合作协定等四项协定在北京签署。

5月8日　李鹏签署第97号国务院令,批准中国人民银行自1992年6月1日起发行1元、5角、1角三种金属人民币。

同日　台"经济部"公布第六批开放项目,准许115项大陆产品间接入台。

5月8日—11日　玻利维亚总统萨莫拉访问我国。8日,中玻两国在北京签署经济技术合作协定等文件。

5月9日　新华社报道:江泽民、聂荣臻分别题词,号召向优秀共产党员张培英学习。张培英生前所在的军事医学科学院今日召开深入学习张培英动员大会。

同日　澳门中国银行大厦揭幕,中国人民银行行长李贵鲜、澳督韦奇立主持剪彩。

5月9日—13日　爱沙尼亚总理维亚希访问我国。12日,中爱两国政府经济贸易协定等文件在北京签署。

5月10日　在第83届巴黎国际发明展览会上,我国展团获2项金奖、1项国际发明奖、1项银奖、4项铜奖和1项法国邮电部专项奖。

5月11日　新华社报道:经环境科学家综合评价,我国生态环境浙江、广东、江苏、福建、安徽、山东六省最优。

同日　《人民日报》报道:中科院研究人员徐庆华今年1月9日在云南保山发掘到人类祖先下颌骨化石。

5月11日—13日　日本前首相海部俊树访问我国。访问期间,江泽民和杨尚昆分别会见了海部俊树。

5月12日　中宣部、民政部、司法部等九部门发出关于开展第二次"全国助残日"活动的通知。

同日　中国同斯洛文尼亚建交公报在卢布尔雅那签署,两国政府决定从1992年5月12日起建立大使级外交关系。

5月12日—16日　吉尔吉斯斯坦共和国总统阿卡耶夫访问我国。14日,中吉两国外交部合作议定书等文件在北京签署。16日,中吉两国联合公报在北京发表。

5月13日　李鹏签署第98号国务院令,发布《国务院关于修改〈植物检疫条例〉的决定》,自发布之日起施行。

同日　中国同克罗地亚建交公报在萨格勒布签署,两国政府决定自1992年5月13日起建立大使级外交关系。

5月14日　杰出的、忠诚的无产阶级革命家、军事家、中国人民解放军的缔造者之一,长期担任党、国家和军队重要领导职务的卓越领导人聂荣臻因病于当晚在京逝世,享年93岁。

同日　江泽民会见美国斯坦福大学教授拉尔森博士。

同日　外交部发言人在记者招待会上答记者问时说,如果法国向台湾出售100架战斗机,中国方面将作出强烈反应。

5月15日　江泽民、李鹏视察北京高新技术开发区。他们指出,尊重知识、尊重人才应成为全党全社会的共识,并强调要发展高新技术以加快科技成果向产业转化。

同日　陈云为中华社会大学题词:"社会办学,培养更多有用人才。"中华社会大学办学十年来为社会培养了5000多名各类人才。

同日　团中央、全国青联和中国青少年发展基金会共同为45周岁以下的青年科技工作者设立"中国青年科学家奖"。

同日　世界首例宫腔配子移植婴儿在山东省立医院诞生。

同日　澳门行政、教育暨青年政务司司长黎祖智在北京与国家教委港澳办公室签订教育合作备忘录。

5月15日—25日　中国海峡两岸关系协会代表团应洛杉矶海峡两岸关系研究会邀请到美国访问，海协会常务副会长唐树备在16日、20日谈话中阐述了发展海峡两岸关系促进和平统一的基本立场和主张。

5月16日　中国展团在第八届美国匹兹堡发明与新产品展览会上，获17项金奖、18项银奖、4项铜奖。

同日　第6届世界女子举重锦标赛在保加利亚举行，中国女队获26枚金牌和团体总分第一名。

同日　姬鹏飞等基本法起草委员会内地委员访问澳门。

5月16日—19日　马绍尔群岛共和国总统卡布阿非正式访问我国。18日，卡布阿在北京参加了马绍尔群岛驻华大使馆开馆仪式。

5月17日　台湾著名物理学家吴大猷抵达北京参加学术活动。23日，北京大学授予吴大猷名誉教授称号。吴大猷邀请谈家桢等六位科学家去台湾访问。

5月18日　李鹏签署第99号国务院令，发布《国务院关于修改〈国营企业实行劳动合同制暂行规定〉第二条、第二十六条的决定》，自发布之日起施行。

同日　《人民日报》报道：国家环保局局长曲格平最近荣获联合国授予的"1992国际环境奖"。这是我国第一人获得国际环境领域最高荣誉奖。

5月18日—22日　以欧文为组长的国际原子能委员会检查组应邀对我国大亚湾核电站运行前的生产准备工作进行跟踪检查。

5月18日—24日　印度总统文卡塔拉曼访问我国，这是印度总统对我国的首次访问。

5月19日　香港民主建港联盟筹委会正式宣布筹组政治团体。筹委会成员共18人。21日，外交部发言人在记者招待会上说："对任何根据香港法律成立的社团，只要是出于维护香港的繁荣稳定的目的，拥护'一国两制'和《香港特别行政区基本法》，我们都表示赞赏。"

同日　云南"引洱入宾"水利工程贯通。工程总长8262米。

同日　新华社报道：经中央军委批准，总政治部最近分三批组织全军各大单位的61名领导赴广东特区参观学习，实地了解特区建设的情况。

5月19日—22日　中美知识产权管理研讨会在北京举行。

5月19日—24日　全国民兵、预备役部队基层建设工作会议在烟台召开。

5月19日—30日　杨亨燮议长率领朝鲜最高人民会议代表团访问我国。访问期间，万里和江泽民先后会见了杨亨燮一行。

5月20日　江泽民与首都应届高校毕业生座谈时，勉励大家积极投身到改革开放的洪流中去，并指出，要把国外包括资本主义国家的一切好的先进的东西学过来，为我所用。

同日　国务院召开第一〇五次常务会议，讨论并原则通过了《城市市容与环境卫生管理条例（草案）》和《城市绿化条例（草案）》。

同日　中宣部在北京首次颁发"五个一工程"组织工作奖和入选作品奖。

同日　新华社报道：国务院最近批准

国家体改委、国务院生产办《关于股份制企业试点工作座谈会情况的报告》。

同日　国家安全部门一位负责人在北京说,5 月 17 日下午,北京市国家安全局人员依法对美国《华盛顿邮报》驻京记者孙晓凡的办公室进行搜查,查得孙非法获取的机密文件十多份。中国国家安全人员向孙晓凡指出,她从事了与外国驻京记者身份不符的活动,违犯了中国的法律,向她提出严重警告。21 日,外交部发言人在记者招待会上说,中国公安人员是根据中国的刑事诉讼法和其他法律对孙晓凡采取上述行动的。他奉劝孙晓凡要遵守中国的法律和法规。24 日,中国驻美国大使馆新闻参赞陈国清在《华盛顿邮报》刊登文章驳斥《华盛顿邮报》19 日就该报驻北京记者孙晓凡办公室被搜查一事发表社论对中国的攻击。

同日　新华社报道:国家核安全局向中国核动力研究设计院颁发了我国第一座脉冲反应堆等 5 个民用核设施运行许可证。

同日　外港新码头首期工程完工。

5 月 21 日　北京隆重召开革命战争历史剧片《大决战》表彰大会。杨尚昆、李瑞环等会见剧组主创人员和立功受奖的同志。

同日　上海股价全部放开。

5 月 21 日—22 日　中美第七轮市场准入谈判在北京举行,双方通过对有关分歧进行深入具体的讨论,向签订谅解备忘录方向又迈进了一步。

5 月 21 日—24 日　第一届东亚—太平洋—美国超导超级对撞机物理、实验和技术研讨会在北京举行,美方代表 33 人、中方代表 78 人(包括台湾 7 人)和分别来自日本、加拿大等 6 个国家的 120 名代表与会。这次研讨会是由著名美籍华裔物理学家李政道倡议,由中国科学院、美国超导超级对撞机实验室联合组织召开的。

5 月 21 日—25 日　李鹏在江苏考察,并出席了在常熟市召开的全国县级综合改革经验交流会。

5 月 22 日　首都举办"丰收大地"文艺晚会,李瑞环等观看演出。同日,为纪念《讲话》发表 50 周年,中国文联等举行"坚持和发展毛泽东文艺思想理论研讨会"。

同日　中葡联合联络小组第十七次组长会晤在澳门结束。

同日　内地基本法起草委员会结束访问澳门,返回内地。

5 月 23 日　为支持基础研究,国家自然科学基金拨款将在去年较大增加的基础上再增加 5000 万元,今年基金总额 2.16 亿元,增幅为 28.4%。

同日　我国经营规模最大、销售额最高的上海市第一百货商店宣布改为股份有限公司。

同日　葡萄牙公开大学与东亚公开学院签约,在澳门设立亚洲(澳门)国际公开大学。

5 月 25 日　台"行政院陆委会"通过台湾地区与大陆地区各级学校学生双向交流的规定。

5 月 25 日—31 日　第三次全国古籍整理出版规划会议在京举行。会议决定,未来 10 年,我国每年将整理出版 150 种古籍。

5 月 26 日　《人民日报》报道:中央军委近日颁发《关于进一步加强军队财务管理的若干规定》。

同日　新华社报道:由张庆勤教授科研组等研究的世界首例以非小麦族的通北野燕麦为亲本的小麦远缘杂交育种在贵州获得成功。

同日 外交部发言人就美国参议院 5 月 21 日表决通过了"1992 年美国对香港政策法案"一事答记者问时说："香港问题在 1997 年 7 月 1 日前是中英两国之间的事，在这之后则是中国的内政。我们坚决反对任何国家以任何借口插手香港问题。"

5 月 26 日—31 日 贝宁共和国总统索格洛访问我国。27 日，中贝两国政府签署关于互免签证的协定和中国政府向贝宁政府提供贷款的协定。

5 月 27 日 昆明经济技术开发区破土动工。开发区总面积为 10 平方公里。

同日 全国白内障手术复明暨防盲治盲工作总结表彰会在京举行。全国有 54 个县达到防盲治盲县标准。

5 月 28 日 新华社报道：国务院最近批准设立大连保税区。

同日 中国第一个国家级期货市场——上海金属交易所正式开业。这是物资流通体制改革迈出的重要一步。

5 月 30 日 江泽民主席签发中央军委命令，授予速滑运动员叶乔波"体坛尖兵"荣誉称号。

同日 自 3 月 20 日开始的担负"实质修宪"任务的台湾第二届"国民大会"临时会，在经过 70 多天的争吵和冲突后，勉强通过国民党提出的 8 条"修宪案"，于今日草草收场。

5 月 31 日 中国当代物理学家在京举行联谊活动。严济慈、周培源、赵忠尧、朱光亚、王淦昌、汪德昭、李政道、杨振宁、吴健雄、任之恭、吴大猷等三百多位海内外物理学家出席。江泽民、杨尚昆、李鹏、宋平会见了出席联谊招待会的物理学家。

同日 台"行政院陆委会"决定再放宽大陆民众前往台湾探亲奔丧及赴台定居的规定：探亲奔丧的范围扩大至（外）祖父母、（外）孙子女，年龄放宽为 70 岁以上。在台 70 岁以上因病乏人照顾者，将允许大陆家属一人来台长期照料。台湾公务人员赴大陆探病奔丧对象也括及于（外）孙子女。11 月 18 日，台"内政部入出境管理局"再次放宽大陆同胞赴台限制：探病范围增加祖父母、外祖父母、配偶之父母、孙子女及外孙子女或兄弟姐妹，探病对象年龄由逾 80 岁降为 70 岁。

6 月 1 日 公安部发言人宣布，经国务院批准，我国又有 7 个县、市对外国人开放。至此，我国已有 754 个县、市对外国人开放。

同日 根据李鹏总理签署的命令，中国人民银行即日起发行 1 元、5 角、1 角三种金属人民币。

同日 《中央在京党政机关住房制度改革实施方案》开始实行。

同日 徐特立铜像、徐特立纪念馆在长沙师范学校揭幕。

6 月 1 日—4 日 由北京大学、中国力学学会和中国物理学会共同主办的国际流体力学和理论物理科学讨论会在北京举行，包括陈省身、李政道教授在内的美、英、法、日和台湾等国家和地区的专家学者 80 多人与会。

6 月 2 日 中国规模最大的纺织、印染、服装配套成龙、工业与外贸一体化的集团公司——上海康达纺织印染服装集团公司，在上海开业。

6 月 3 日 "1991 年中国 500 家最大工业企业评价"结果揭晓。大庆石油管理局位居榜首。

同日 外交部发言人在答记者问时对美国总统布什 6 月 2 日向国会建议无条件延长对华最惠国待遇发表谈话说，中国政府赞赏布什总统作出这一现实而明智的决定。

6月3日—14日　李鹏总理在里约热内卢举行的联合国环境与发展大会上，代表中国政府签署了《气候变化框架公约》和《保护生物多样性公约》。

6月4日—5日　江泽民会见著名美籍华裔科学家陈省身及夫人郑士宁、杨振宁和李政道。

6月5日　国务院召开第一〇五次常务会议，讨论并原则通过了《中华人民共和国海商法（草案）》和《中华人民共和国专利法修正案（草案）》。

6月6日　李鹏在中南海同西北五省区负责同志就加快西北经济发展问题进行座谈，他说，中央决定采取一些新政策、新措施，力争全国经济更好更快地迈上新台阶。

同日　《人民日报》报道：由南开大学、中国科大、复旦大学、北京大学、西北大学联合研究的"可积动力系统及低维凝聚态模型"项目，目前通过国家级鉴定。有关专家认为这一成果已达到国际先进水平。

同日　安徽小张庄获"全球五百家"环境奖。

同日　外交部发言人在答记者问时对德国议会外委会通过议案，决定向中国提供6亿马克贷款用于购买3艘船只一事发表评论说，中国欢迎德国采取一切有利于中德贸易关系发展的措施。

6月7日　国务院总理李鹏复信河北省少先队员，指出保护环境要从小做起。

6月7日—12日　港督卫奕信到北京做离职前访问。

6月8日　国家教委发言人对美国参议院最近通过"1992年中国学生保护法案"一事发表谈话说：我们认为，这项法案试图以美国国内立法的形式，阻挠中国留学人员回国服务，严重违反中美之间的协议，中方对此表示严重关切和强烈不满。

同日　新华社报道：国家科委、国家体改委决定，在北京、沈阳、武汉、重庆、中山5个开发区，进行综合改革试点，以率先探索和实施各项改革开放措施。

6月8日—10日　中、朝、日、蒙、俄、美等国家和地区的22位学者就东北亚国家的"历史、文化和多边合作"这一专题在北京举行了讨论会。

6月8日—18日　首批赴台科学家张存浩、吴阶平、卢良恕、邹承鲁、谈家桢、华中一及他们的夫人访问台湾。

6月9日　江泽民在中央党校省部级干部进修班上作"深刻领会和全面落实邓小平同志的重要谈话精神，把经济建设和改革开放搞得更快更好"的讲话，主张我国经济体制改革的目标，使用"社会主义市场经济体制"这一提法。

同日　国家体委、全国体总、中国奥委会在人民大会堂举行纪念毛泽东同志"发展体育运动，增强人民体质"题词40周年大会。会上表彰了48个全国群众体育先进单位。

同日　中国同格鲁吉亚建交联合公报在第比利斯签署。中格两国政府决定从1992年6月9日起建立大使级外交关系。

6月10日—7月10日　由中央政法委、中宣部、司法部、全国妇联等15个部委举办的《妇女权益保障法》宣传月活动在全国展开。

6月11日　江泽民等到首都剧场，看望北京人民艺术剧院艺术工作者，听取他们对繁荣话剧事业的意见和建议。

同日　新华社报道：国务院最近决定撤销国务院生产办公室，并在其原来的基础上成立国务院经济贸易办公室。朱镕基兼任办公室主任。

同日　《人民日报》报道:国务院学位委员会近日完成换届选聘工作,712 名专家被聘为第三届学科评议组成员。

同日　物理学家吴大猷结束对大陆的访问后返回台湾,他说此行最大观感是"学然后知不足"。5 日,吴大猷被授予南开大学名誉博士学位。

6 月 12 日　澳门立法会通过《调整本地区自我管理机构成员及市政职位权利人薪酬》法案。

同日　澳督府首次开放,让居民参观。

6 月 13 日　著名的政治活动家、民革卓越的领导人、第七届全国政协副主席、民革中央名誉主席屈武因病在京逝世,终年 94 岁。

6 月 14 日　人民日报社创办的《人民论坛》杂志创刊。江泽民题写刊名,李鹏题写贺词。

同日　新华社报道:我国立交工程设计达到国际水平,全国自行设计的大中城市立交工程有 100 多座。

6 月 15 日　国家体改委、国家计委等五部门联合颁布《股份制企业试点办法》。同日,国家体改委发布《股份有限公司规范意见》、《有限责任公司规范意见》。

同日　新华社报道:国务院决定进一步对外开放广西南宁市、凭祥市、东兴镇和云南昆明市、畹町市、瑞丽县、河口县。

同日　台湾海峡交流基金会访问团到达深圳特区,对广东省珠江三角洲作为期 10 天的考察访问。

6 月 15 日—20 日　国务委员兼外长钱其琛访问新西兰和澳大利亚。15 日,钱其琛出席了中国驻新西兰最大城市奥克兰领事馆开馆仪式并发表讲话。

6 月 16 日　中共中央、国务院作出《关于加快发展第三产业的决定》。

同日　经国务院批准,公安部今日发布《中华人民共和国集会游行示威法实施条例》,自发布之日起施行。

同日　澳督韦奇立在卢森堡签署澳门与欧洲共同体协议。

6 月 16 日—18 日　中英联合联络小组第二十三次会议在北京举行并发表新闻公报。

6 月 17 日　江泽民在中南海会见了由李鹏飞率领的香港启联资源中心访京团。

同日　新华社报道:中组部、人事部最近发出关于加强干部退休工作意见的通知,要求凡到退休年龄者,除按国家规定延长或留任者外,应按时办理退休手续。

6 月 18 日　河南省郑州市财税专科学校发生约 700 名师生砷中毒事件。上海医药站应河南要求通过东航公司紧急运药。经各方共同努力,中毒师生全部脱险。李鹏和国务院对此事十分重视。经查中毒事件系人为投毒所致,重大嫌疑人已被传讯。

同日　新华社报道:国务院批准 21 个大中型电力基本建设项目上马。

同日　新华社报道:最近,我国又决定开放长江沿岸芜湖、九江、岳阳、武汉、重庆 5 个内陆城市。至此,长江沿岸 10 个主要中心城市已全部对外开放。

6 月 18 日—19 日　中国与不丹第八轮边界会谈在北京举行。23 日,中不第八轮边界会谈联合新闻公报在北京发表。

6 月 19 日　国务院电贺上海 30 万吨乙烯工程全面建成投产。

同日　新华社报道:经国务院批准,财政部决定今年起在浙江、辽宁、新疆、天津市及武汉市、青岛市、大连市、沈阳市、重庆市 9 个省、区、市率先实行分税制财政体制改革。

同日　公安部新闻发言人宣布,经国务院批准,我国又有 45 个市、县对外开放。至此,我国已有 799 个市、县对外国人开放。

同日　国际原子能机构理事会批准中国向巴基斯坦提供 30 万千瓦核电站的监督协定。

6 月 20 日　中共中央就加快改革开放和经济发展问题在中南海怀仁堂举行党外人士情况通报会。

同日　国家监督局、人事部在江苏省响水县召开命名表彰大会,授予共产党员、江苏省响水县监察局长王益民“全国监察系统模范工作者”称号。

同日　新华社报道:公安部经国务院批准,决定从 7 月 1 日起进一步简化我国公民因私事再出境手续。

同日　国家“七五”重点项目——上海 30 万吨乙烯工程全部建成投产。

同日　经国务院批准,中国最大的感光材料和磁性记录材料企业集团——中国乐凯集团公司,在河北省保定市成立,并被国家定为全国 55 家大型集团公司试点之一。

6 月 20 日—7 月 11 日　以国家计委副主任甘子玉为团长的中国大型赴欧洲采购团访问欧共体总部和比利时、荷兰、意大利、卢森堡、瑞士、希腊、葡萄牙、西班牙、英国及德国等国家,并洽谈业务。访问期间,中国采购团从比利时、荷兰、意大利等欧共体国家采购成交额达 20 亿美元。

6 月 21 日　伟大的无产阶级革命家、政治家、军事家、坚定的马克思主义者,党和国家的卓越领导人,全国政协主席李先念在京逝世,享年 83 岁。

6 月 22 日　李鹏签署第 100 号国务院令,发布《城市绿化条例》,自 1992 年 8

月 1 日起施行。

6 月 23 日　国务院人口普查领导小组宣布,全国第四次人口普查圆满结束。截至 1990 年 7 月 1 日零点,全国人口为 1130510638 人。

同日　财政部、国家体改委公布《股份制试点企业会计制度》。

同日　我国第二大水电站吉林的白山水电站全部建成投产。

同日　乌鲁木齐至哈萨克的阿拉木图国际列车开行。

6 月 23 日—25 日　第七届全国政协常委会第二十次会议在京举行。

6 月 23 日—7 月 1 日　七届全国人大常委会第二十六次会议在北京举行。会议通过了《中华人民共和国人民警察警衔条例》,通过了关于授权深圳市人大及其常委会和深圳市人民政府分别制定法规和规章在深圳经济特区实施的决定以及关于县、乡两级人大代表选举时间的决定。会议决定批准中国和意大利关于民事司法协助的条约、中国和罗马尼亚关于民事和刑事司法协助的条约、中国和印度领事条约、关于解决国家和他国国民之间投资争端公约,并批准我国加入伯尔尼公约和世界版权公约。会议还通过了关于批准 1991 年国家决算的决议和人事任免事项。

6 月 24 日　新华社报道:中央军委最近批准颁布《中国人民解放军机关公文处理条例》,7 月 1 日起全军施行。

同日　外交部发言人应记者要求,对英国方面对郭丰民大使就香港问题发表的谈话表示不满一事发表评论时说,根据中英《联合声明》的有关规定,中英联合联络小组中方首席代表郭丰民有权利和责任对在香港过渡时期中涉及香港政权顺利交接的问题表明中方的立场。

同日　德国著名教练施拉普纳接受中国足球队主教练聘书，合同为期一年。

6月24日—27日　长江三角洲及沿江经济规划座谈会在京召开。江泽民、李鹏在会上就如何贯彻落实邓小平"南方谈话"及党中央关于"以上海浦东开发为龙头，进一步开放长江沿岸城市"的决策发表了重要讲话。

6月25日　外交部发言人说：中国和美国近日就禁止监狱劳动产品进出口问题初步达成协议，双方近期将就此签署谅解备忘录，这将有利于促进双边贸易的发展。

6月25日—7月2日　以东盟各国议会组织，本届主席、印尼国会议长苏胡德为团长的东盟各国议会组织代表团访问我国。

6月26日　江泽民、宋平等参观北京国际汽车工业展览会时指出，要加快我国汽车工业发展。

同日　新华社报道：《党和国家领导人论科学技术工作》最近由科学出版社出版。

同日　国家禁毒委员会举行国际禁毒日新闻发布会，通报中国禁毒工作情况：从1991年初到今年一季度，中国公安机关和海关破获毒品案10746起，缴获海洛因2621公斤，鸦片2327公斤，大麻704公斤，吗啡37公斤，查获毒品犯罪分子23056名。

同日　港督卫奕信告别访问澳门。

6月27日　江泽民会见马来西亚郭氏兄弟集团董事长、香港嘉里贸易发展有限公司董事长郭鹤年一行。

同日　西藏著名的噶玛噶举教派十七世活佛在距拉萨70公里的楚布寺被正式认定。这是自西藏1959年民主改革以来首次由中央政府正式批准认定的转世大活佛。

6月28日　国务院总理李鹏签署第101号国务院令，发布《城市市容和环境卫生管理条例》，自1992年8月1日起施行。

同日　成都集会庆祝新中国第一条铁路成渝铁路通车40周年。29日，国务院发来贺电。

同日　我国原子能科学事业的创始人、中国科学院学部委员、中国共产党优秀党员钱三强在京逝世，终年79岁。

6月29日—7月9日　中俄联合勘界委员会首次会议在莫斯科举行，并签署《中俄联合勘界委员会条例》。

6月29日—7月11日　杨尚昆访问摩洛哥、突尼斯和科特迪瓦。30日，中摩两国经济技术合作协定和中国向摩洛哥提供无偿援助的换文在拉巴特签署。7月4日，中突两国经济技术合作协定在突尼斯城签署。10日，中国政府向科特迪瓦政府提供贷款的协定和关于中国到阿比让对建设剧场进行考察的换文在阿比让签署。

6月30日　国务院召开第一○六次常务会议，讨论并原则通过了《全民所有制工业企业转换经营机制条例》。

同日　《人民日报》报道：国家决定拨专款支持冀鲁豫等十省建设秸秆养牛示范县。

同日　澳门国际机场跑道工程合约签署，造价12.5亿澳门元。

6月30日—7月4日　首次全国少数民族计划生育工作会议在长春召开。会议提供的情况表明，中国少数民族人口目前达到9120万人，比1953年增加1.58倍，少数民族生育水平也高于全国平均水平。

7月1日　杨尚昆发布第59号主席令，公布《中华人民共和国人民警察警衔条例》,自公布之日起施行。

同日　新华社报道:国务院办公厅日前转发了中国人民银行关于辽宁、重庆、厦门等地擅自公开发行股票认购证和股票的通报,并发出通知要求各地发行上市股票要严格按程序审批。

同日　澳葡政府批准电力公司加价70%,由7月起生效。

7月1日—14日　大陆电影评论学家蔡洪声、黄式宪、陈飞宝应邀在台湾进行访问。

7月2日　外交部发言人在记者招待会上说,中国一直致力于维护南沙及整个亚太地区的和平与稳定,提出了搁置争议、共同开发南沙的主张。他重申,中国对南沙群岛拥有无可争辩的主权。

7月2日—6日　亚美尼亚共和国副总统兼总理阿鲁秋尼扬访问我国。4日,中亚两国签署联合公报、两国外交部磋商议定书和关于中国向亚美尼亚提供商品的政府贷款协定等文件。6日,《中国和亚美尼亚联合公报》在北京公布。

7月3日　卫奕信离港返英。

7月3日—6日　中英两国政府关于香港新机场财务安排问题的高层会谈在北京举行。6日,吴学谦会见了参加中英高级会谈的英国首相特使、英国外交部副次官科尔斯爵士。宾主就香港新机场财务安排等问题交换了意见。21日,国务院港澳办官员就香港新机场建设问题向香港和内地记者发表谈话时重申,中英双方应互谅互让平等磋商解决问题。

7月4日　《人民日报》报道:中共中央办公厅和国务院办公厅最近转发了中宣部、国家教委等部门《关于广泛深入持久地开展高等学校学生社会实践活动的意见》。

同日　新华社报道:国务院最近决定给予新疆相应的类似沿海乃至特区的8条优惠政策和措施。

同日　新华社播发了国家国有资产管理局等部门5月11日颁布的《国有资产产权登记管理试行办法》。

同日　《人民日报》报道:公安部决定,自8月1日起,公路交通检查站一律撤销。

同日　新华社报道:经过30年的攻关,我国固体火箭已跻身于世界先进行列,我国已能生产出宇航、战略、战术等数十种型号、几十种固体火箭发动机。

同日　《人民日报》报道:我国眼科专家赵文清经过十年攻关,研制成色盲镜。这项发明为世界首创。

7月5日　国家"八五"重点建设项目、中国首条沙漠戈壁原油输送管道——新疆塔里木油田的轮台至库尔勒输油管线建成投产。管线全长192公里,所经大部分为沙漠戈壁砾石段,并经过14公里盐沼地段。

7月6日　我国农村综合实力百强县(市)评比揭晓。无锡县、武进县等列前十名,鲁、苏、浙、粤、沪等沿海地区占八成以上。

7月6日—10日　中葡联合联络小组第十四次会议在澳门举行并发表新闻公报。

7月7日　第一部表现弱智儿童生活的影片《启明星》电影招待会在京举行。李瑞环等出席,并同创作人员进行了座谈。

同日　新闻出版署和国家语言文字工作委员会联合制定了《出版物汉字使用管理规定》,自8月1日起施行。

同日　《人民日报》报道:财政部日前颁布了《中华人民共和国外商投资企业财务管理规定》和《中华人民共和国外商投

资企业会计制度》。

同日　中葡土地小组中方代表发表声明称，南湾工程批地不符合联合声明，不予承认。

7月8日　国家体委、中国奥委会成立"中国奥委会反兴奋剂委员会"，袁伟民任主任。

同日　南湾海湾整治工程动工。

7月8日—10日　第二届海峡两岸关系与和平统一研讨会在香港召开。中国和平统一促进会和台湾中国统一联盟共同发表公报，呼吁海峡两岸尽快开放直接三通。

7月9日　中国历史博物馆成立80周年之际，江泽民、李鹏等题词表示祝贺。

同日　彭定康抵港就任第28任港督。

7月10日　中国常驻联合国日内瓦代理代表侯志通在日内瓦向世界知识产权组织总干事鲍格胥博士正式递交了《伯尔尼文学艺术作品公约》加入书。30日，中国常驻联合国教科文组织使团代表秦关林代表中国政府向教科文组织总干事马约尔的代表格雷先生递交了加入《世界版权公约》的官方文件。

7月11日　伟大的无产阶级革命家、政治家、著名社会活动家、坚定的马克思主义者、党和国家的卓越领导人、中国妇女运动的先驱，原中共中央政治局委员、全国人大常委会副委员长、全国政协主席邓颖超在京逝世，享年88岁。

同日　江泽民、李鹏、姚依林、宋平、李瑞环等听取奥申委汇报时再次表示，全力支持北京申办奥运会。

同日　国家体委、国家教委联合下发《中等体育运动学校合格评估标准》和《中等体育运动学校办学水平评估标准体系》。

7月12日　李鹏签署第102号国务院令，发布《关于外商参与打捞中国沿海水域沉船沉物管理办法》，自发布之日起施行。

同日　我国大陆首例赠卵试管婴儿在北京医科大学第三临床医学院诞生。

7月13日　江泽民会见孙中山先生嫡孙、美中文化交流协会会长孙治强和夫人。

同日　《人民日报》报道：劳动部、国家体改委日前公布了《股份制试点企业劳动工资管理暂行规定》。

同日　第25届奥运会奥林匹克运动科学大会在西班牙举行。陈英杰代表我国领取"国际奥林匹克运动委员会主席奖"。

同日　参加第22届国际物理奥林匹克竞赛的我国5名中学生全部获得金牌，金牌总数第一。15日—16日，参加第33届国际数学奥林匹克竞赛的我国6名选手均获金牌，总分第一。20日，参加第4届国际信息学奥林匹克竞赛的我国4名选手获3枚金牌、1枚银牌，团体总分第一。21日，参加第24届国际化学奥林匹克竞赛的我国4名选手获3枚金牌、1枚银牌，团体总分第一。

7月14日　由上海航空工业公司组装的首架MD—83大型客机返销美国。

7月14日—15日　美国前国务卿黑格访问我国。访问期间，江泽民、朱镕基和钱其琛外长分别会见了黑格一行。

7月15日　在第一汽车制造厂建厂39周年之际，"中国第一汽车集团"和"中国第一汽车集团公司"正式成立。

同日　西北地区最大的铁路枢纽工程、国家"八五"重点项目——西安枢纽新丰镇编组站工程竣工。

同日　西藏自治区边境口岸普兰正式对印度开放。

7月16日　外交部发言人在记者招待会上就欧洲议会通过《欧共体与香港经贸关系决议》发表评论时指出，中国坚决反对任何国家或集团以任何借口插手香港问题。

7月17日　新华社报道：清华大学核能技术设计研究院等单位首创使用水力驱动控制棒技术，完成核反应堆功率调节，使我国核反应控制技术取得新的突破。

同日　新华社报道：我国学者李泉根和他的同事们在国际上首次发现艾滋病毒包含体。

同日　国际奥委会副主席、中国奥委会主席何振梁，在巴塞罗那举行的国际奥委会执委会和国际奥委会第99届全体委员会议上，当选国际奥委会第一副主席。

7月20日　新华社报道：国务院最近批准正式颁布使用国家地震局组织编制的《中国地震烈度区划图（1990年版）》。

7月21日—31日　中共中央台湾工作办公室、国务院台湾事务办公室发言人李庆洲和海峡两岸关系协会负责人分别就台湾当局通过"两岸关系条例"向新华社记者发表了谈话。

7月22日　国家科委召开攀登计划实施大会，正式推出攀登计划。

7月23日　李鹏签署第103号国务院令。发布《全民所有制工业企业转换经营机制条例》，自发布之日起施行。

同日　外交部发言人指出，美国国会众议院企图通过立法取消对华最惠国待遇或对其延长附加条件，违反了两国贸易互惠原则，是我们绝对不能接受的。

7月23日—29日　全国财政会议在北京举行，会上财政部推出六大改革措施。

7月25日　新华社报道：中组部、人事部最近颁发了《关于加强国家行政机关工作人员晋升行政职务管理工作的通知》。

同日　外交部发言人就美国总统乔治·布什批准向台湾出租军舰发表评论时说，中国政府已就此向美国政府提出强烈抗议，要求美方立即停止一切向台湾出租武器的活动。

同日　济南机场通过国家验收并正式启用。该机场工程总投资2.6亿元人民币，设计年客运量50万～80万人次，货运量2.5万吨。结束了山东无民航专用机场的历史。

7月25日—8月9日　第二十五届奥运会在西班牙巴塞罗那举行。中国体育代表团在15个比赛项目中夺得54枚奖牌，其中金牌16枚、银牌22枚、铜牌16枚，金牌数和奖牌数均居第4位。中国台北运动员获得银牌1枚。

7月27日　《人民日报》报道：国家科委日前发布了《科技人员出国工作若干问题的暂行规定》。

同日　新华社报道：我国胸外科专家刘锟、张凡在西安唐都医院成功地进行了一例不开胸摘除胸内肿瘤手术。

7月28日　珠澳第二条光纤电缆开通。

7月29日　庆祝中国人民解放军通信兵诞生65周年大会在北京举行。江泽民为通信兵诞生65周年题词。

同日　公安部新闻发言人宣布，经国务院批准，我国又有26个县市对外国人开放。至此，我国已有825个市、县对外国人开放。

7月30日　中国驻尼日尔大使武东和向尼政府进行严正交涉，并郑重声明，由于尼日尔共和国政府同台湾当局建立所谓"外交关系"，中国政府向尼政府提出强烈抗议,并宣布终止同尼日尔共和国的外交关系。

7 月 31 日 国防部为庆祝建军 65 周年在人民大会堂举行盛大招待会。江泽民、杨尚昆、李鹏、姚依林、宋平、李瑞环等出席。

同日 解放军总政治部为庆祝建军 65 周年在中国剧院主办文艺晚会,演出大型歌舞《长城之歌》。江泽民、杨尚昆、李鹏、姚依林、宋平、李瑞环等出席观看。

同日 《人民日报》报道:经国务院批准,我国已决定加入《关于特别是作为水禽栖息地的国际重要湿地公约》。从 7 月 31 日正式生效。

同日 中国通用航空公司由南京飞往厦门的 2755 号航班在起飞滑跑途中失事,机上 116 名乘客和 10 名机组人员已有 100 人死亡。

8 月 1 日 新华社报道:全长 249 公里、被国内外专家称为"亚洲第一"的煤气管道——哈尔滨至依兰县长输煤气管道全面竣工。哈依管道总投资 1.54 亿元,于 1990 年 10 月动工。

同日 台"国统会"按照李登辉的指示重新解释"一个中国"含义,称"'一个中国'应指 1912 年成立迄今之中华民国,其主权及于整个中国","中国处于暂时分裂状态,由两个政治实体,分治海峡两岸","中华民国目前之治权,则仅及于台澎金马"。

8 月 3 日 林彪、江青反革命集团主犯王洪文在京病亡。

8 月 4 日 海协会致函海基会,建议在台湾就两岸公证文书使用问题进行商谈,并再次向辜振甫发出举行"汪辜会谈"的邀请。8 月 22 日,辜振甫接受邀请。

8 月 4 日—6 日 由中国政府和联合国儿童基金会联合主办的第二届东亚与太平洋区域《儿童权利公约》协商会在北京举行。

8 月 4 日—6 日 第二届海峡两岸关系学术研讨会在京召开,来自中、美、日的 130 多位学者参加。

8 月 4 日—6 日 亚洲中学体育联合会成立大会在广州举行。

8 月 5 日 国务院召开第一一○次常务会议,讨论并原则通过了《中华人民共和国测绘法(草案)》和《中华人民共和国矿山安全法(草案)》。

同日 新华社报道:国务院最近批准了《关于进一步扩大首钢自主权改革试点的报告》,决定赋予首钢投资立项权、外贸自主权和资金融通权。

同日 中科院上海原子核研究所首次发现新核素铂—202。

8 月 6 日 北京市高级人民法院对鲍彤泄露国家重要机密、进行反革命宣传煽动一案作出二审裁定,驳回鲍彤的上诉,维持一审作出的决定,执行有期徒刑 7 年,剥夺政治权利 2 年的判决。

8 月 7 日 中国内陆最大港口武汉港正式对外轮开放。首批开放的白浒山外贸码头、青山外贸码头港区总占地 68 万平方米,拥有 5 个 5000 吨级泊位,年吞吐能力 150 万吨。

8 月 7 日—10 日 哈萨克斯坦外长苏列伊麦诺夫访问我国。10 日,中哈两国政府在北京签署了有关经贸、文化、教育、领事和铁路运输、开辟边境口岸等七个协议。

8 月 8 日 朱镕基在全国棉花工作会议上宣布,国务院决定今年棉花购销政策保持稳定,对国家合同定购和储备计划之外的棉花,由产棉省区试行购销体制改革。

同日 新华社报道:国有资产管理

局、国家科委、国家体改委最近发布《关于科研机构兴办科技开发企业国有资产管理暂行规定》。

同日　国家工商局和国家医药管理局发布《医药器械广告管理办法》,自 10 月 1 日起执行。

同日　位于昆明市呈贡县的全国第一家民办高新技术产业园成立。它开创了中国高新技术产业开发区"官办"与"民办"并举的新格局。园区一期开发面积 3.5 平方公里。

8 月 9 日　中国和格鲁吉亚共和国建立外交关系。

同日　我国研制的新型科学探测和技术试验卫星在酒泉卫星发射中心用"长征二号"运载火箭首次发射升空。卫星于 25 日安全返回四川中部预定地区。至此,我国已发射 13 颗返回式卫星,回收成功率保持 100%。

同日　新华社报道:国务院最近决定,从进出口贸易、固定资产投资、借用外资等六个方面,进一步放宽、放活对海南的政策。

同日　《人民日报》刊登国家土地管理局和国家体改委 7 月 9 日发布的《股份制试点企业土地资产管理暂行规定》。

同日　全国人大常委会副委员长陈慕华私人访问澳门半天。

8 月 10 日—12 日　由中国国际问题研究中心举办的"90 年代亚太地区形势研讨会"在北京举行,来自亚太地区 13 个国家的近 40 位专家、学者与会。

8 月 10 日—13 日　全国首届产学研联合开发工程工作会议在京举行。产业部门、高校和科研院所首期将开发转移 5 万项新产品技术。

8 月 11 日　国务院新闻办公室在京发表《中国改造罪犯的状况》白皮书。

8 月 11 日—14 日　共和国成立以来首次全国成人高等教育工作会议在京召开。

8 月 12 日　公安部新闻发言人宣布,经国务院批准,我国又有 4 个县对外国人开放。至此,我国已有 829 个市、县对外国人开放。

8 月 13 日　《人民日报》报道:国务院近日发出通知,决定进一步对外开放重庆等 5 个长江沿岸城市,哈尔滨等 4 个边境、沿海地区省城,太原等 11 个内陆地区省城,实行沿海开放城市的政策。

8 月 14 日　李鹏在三峡工程库区移民对口支援工作会议上说,各地要支援三峡移民安置工作。

同日　我国自行研制的"长征二号 E"捆绑式火箭成功地把美制澳大利亚"澳塞特 BI"通信卫星送入预定轨道。

同日　第二届中国国际民间艺术节在北京开幕。16 个国家近 500 名民间艺术家参加演出。

同日　共青团中央作出《关于授予邓亚萍同志"全国新长征突击手标兵"、陈跃玲等 16 名同志"全国新长征突击手"称号的决定》。

8 月 15 日　新华社报道:最近召开的国务院环委会第二十三次会议通过关于行动起来,进一步改善首都环境质量,为申办奥运会创造良好环境的决定。

同日　新华社报道:文化部最近发出通知,提出深化文艺体制改革,加快文化事业发展的十点意见。

同日　澳葡当局正式开始检控"垃圾虫"。

8 月 17 日　新华社报道:全国清理三角债工作基本完成,两年来国家共注入 510 亿元资金,共解开企业债务链 2000 多亿元。

同日　新华社报道:国家自然科学基金会从今年起设立优秀中青年人才专项基金。

8月17日—19日　由联合国裁军事务署同上海国际问题研究所共同组织的联合国裁军和安全问题亚洲和太平洋地区研讨会在上海举行。

8月17日—25日　中国红十字会总会副会长孙柏秋一行三人应台湾红十字组织邀请赴台访问,对台湾红十字组织和各界同胞去年对大陆华东水灾地区的倾力捐助表示答谢,同时就两岸红十字会工作的有关业务问题交换了意见。

8月18日　中国光大(集团)总公司暨中国光大银行、中国光大国际信托投资公司成立庆祝招待会在京举行。

8月19日—21日　中美双方就市场准入问题举行第八轮正式会谈。

8月20日　新华社报道:国务院办公厅最近发出《关于在外留学人员有关问题的通知》。通知说,党和政府热情关怀在外留学人员,祖国期望他们学成回国建功立业。

同日　经国务院批准,中国人民银行从今日起发行1990年版50元、100元人民币。

同日　新华社报道:低温核供热制冷运行近日在清华大学获得成功。

8月22日　江泽民会见以瓦霍诺总主席为首的印尼专业集团代表团。

同日　新华社报道:国务院最近批转了财政部《关于停止批发环节代扣营业税的请示》,决定9月1日起停止执行批发扣税办法。

同日　新华社报道:铁路部门从9月1日起对京沪13/14次等7对新型全列空调列车,在现行票价基础上提价50%。

同日　亚太地区农业生物技术会议在北京开幕。

8月23日　新华社报道:第二届中国新闻奖评选揭晓,152件优秀新闻作品获奖。

8月23日—25日　韩国外长李相玉访问我国。24日,中韩两国建交联合公报在北京签署,中国政府和韩国政府决定自1992年8月24日起互相承认并建立大使级外交关系。

8月23日—28日　中国首届电影节在长春举行,有30个国家和地区的700多人参加,展映中外影片55部。

8月24日—26日　发展中国家与国际法研讨会在北京举行。

8月24日—30日　坦桑尼亚总统姆维尼访问我国。26日,中坦两国政府在北京签署两国政府间经济技术合作协定等文件。

8月25日　乌鲁木齐高新技术开发区成立。该开发区位于乌鲁木齐新市区内,集中发展区为4.26平方公里,首期开发2.09平方公里。

同日　马克思主义哲学家、理论家、教育家,原中顾委委员、中央党校顾问杨献珍在京病逝,终年97岁。

8月25日—31日　基里巴斯总统蒂安纳吉访问我国。26日,《中国政府向基里巴斯政府无偿提供一批物资的换文》在北京签署。

8月26日　马王堆汉墓国际学术讨论会在长沙举行。

8月27日　河北唐山市开平区半壁店村1100位农民奖励"澳星"发射有功科技人员10万元人民币。

8月28日　第十二届电影金鸡奖和第十五届《大众电影》百花奖揭晓。

同日　破产的天津辛普森家用电器有限公司财产被整体拍卖给中国银行天

津市分行。这是中国首例公开拍卖破产的中外合资企业。

8 月 28 日—29 日 王震、李鹏、江泽民先后会见了日本前首相田中角荣。30日，田中角荣向中国残疾人捐赠轮椅的捐赠仪式在北京举行。

8 月 28 日—9 月 4 日 七届全国人大常委会第二十七次会议在京举行。会议根据委员长会议决定临时增加一项议程：通过关于美国政府向台湾出售 F—16 战斗机的严正声明。会议通过了《中华人民共和国税收征收管理法》、《全国人大常委会关于惩治偷税、抗税犯罪的补充规定》、《全国人大常委会关于修改〈中华人民共和国专利法〉的决定》、《台湾省出席第八届全国人民代表大会代表协商选举方案》、《第八届全国人民代表大会少数民族代表名额分配方案》。

8 月 30 日 新华社报道：国务院日前正式同意设立昆山经济技术开发区，规划面积为 10 平方公里，享受沿海开放城市经济技术开发区有关优惠政策。

同日 全国侨联名誉主席、六届和七届全国人大代表、北京市人大常委、北京市文史馆馆长、华侨教育家张国基因病在京逝世，享年 99 岁。

同日 中日两国部分女科学家在北京举行"妇女与科学技术——女科学家的贡献"研讨会。

9 月 1 日 国家科委副主任惠永正在华盛顿向美国前总统科技顾问基沃思博士颁发了"中国国际科技合作奖"。

同日 国家物价局在价格改革方面出台两项重大措施：放开一大批生产资料价格，进一步缩小国家管理价格的范围；取消原油、钢材等计划外生产资料全国统一限价。

同日 90 位 35 岁以下的研究人员获

得中国社会科学院首届青年优秀成果奖。

同日 澳门身份证明司正式发出欧共体式葡籍认别证。

9 月 1 日—2 日 中日友好 21 世纪委员会第八次会议在北京举行。会议通过并发表了中日友好 21 世纪委员会共同文件。

9 月 2 日 上钢和宝钢实行大联合，组建成国内最大、国际著名的钢铁联合企业——宝钢集团。

同日 美国总统布什同意向台湾出售价值 52 亿美元的 150 架 F—16 战斗机。

9 月 3 日 新华社报道：外交部副部长刘华秋近日紧急召见美国驻华大使芮效俭，就美国政府决定向台湾出售 F—16战斗机一事奉命向美国政府提出最强烈的抗议。

同日 国家旅游局新闻发布会宣布，国务院决定试办国家旅游度假区，区内实行八项优惠政策。

同日 第十四届国际声学学术会议在北京举行。

同日 新华社报道：中国数学地质学家赵鹏大教授因在数学地质学科领域作出突出贡献，荣获克伦宾奖章，成为获此殊荣的第一名亚洲的数学地质学家。

同日 中国卫生部部长陈敏章访问澳门。

9 月 3 日—14 日 第九届残疾人奥运会在巴塞罗那举行。包括中国在内的 85个国家和地区的近 4000 名残疾运动员参加了比赛。我国派出的 24 名残疾运动员夺得 11 枚金牌、7 枚银牌、7 枚铜牌，5 人破了 5 项世界纪录，金牌总数排在第 11位，奖牌总数排在第 18 位。

9 月 4 日 杨尚昆发布第 60、61、62号主席令，公布《中华人民共和国税收征收管理法》、《中华人民共和国全国人民代表大会常务委员会关于惩治偷税、抗税犯罪的补充规定》、《中华人民共和国全国人民代表大会常务委员会关于修改〈中华人民共和国专利法〉的决定》，均从 1993 年 1 月 1 日起施行。

9 月 5 日 中共中央、国务院发出《关于加强对固定资产投资和信贷规模进行宏观调控的通知》。

同日 外交部发言人在答记者有关越南要求中国的两艘石油钻探船撤出北部湾的问题时说："中国石油钻探船的活动是在北部湾海域中心线的中国一侧，属中方管辖的海域。中国船只进行钻探并不是新的行动，而是过去一个时期以来勘探工作的继续。中越之间就北部湾海域的划分有不同认识，我们一贯主张双方通过谈判和平解决，中国的这一立场没有任何变化。"

9 月 5 日—12 日 大陆 18 名记者首次正式组团赴台湾采访。

9 月 6 日 新华社报道：国家科委和国家体改委最近制定了《关于分流人才、调整结构、进一步深化科技体制改革的若干意见》。

9 月 6 日—10 日 纳米比亚总统努乔马访问我国。8 日，中纳两国政府经济技术合作协定在北京签署。

9 月 8 日 新疆维吾尔自治区教育委员会获联合国教科文组织颁发的国际扫盲奖——野间奖。这是我国第八次获得国际扫盲奖。

9 月 9 日 新中国成立以来最大的一项跨世纪文化工程《中华大典》编纂工作开始进行。

同日 全国十佳体育教师评选揭晓。

同日 重庆歌舞杂技团莅临澳门作慈善演出。

9 月 9 日—12 日 伊朗总统拉夫桑贾尼访问我国。10 日，中国和伊朗和平利用核能合作协定在北京签署。

9 月 9 日—15 日 "妇女在环境和持续发展中的作用国际研讨会"在北京举行。

9 月 10 日 外交部发言人在记者招待会上说，中国与别国进行军贸合作与美国向台湾出售大批武器是性质截然不同的两回事。中美关系恶化与中国加入关贸总协定也是两个性质不同的问题。

同日 首届中国丝路节在兰州开幕。

9 月 10 日—19 日 大陆著名科学家赵忠尧、汤佩松、黄汲清、冯德培应台湾"中央研究院"院长吴大猷邀请访问台湾。

9 月 11 日 参加亚—太经济合作会议部长级会议的钱其琛外长在曼谷举行的联合记者招待会上谈到中国关贸总协定席位问题时说，中国是关贸总协定的缔约国，我们要求关贸总协定恢复中国在关贸总协定的缔约国地位。在此情况下，中国台北作为单独关税区也可以参加进来。

同日 北京十三陵抽水蓄能电站主体工程揭幕和奠基仪式在电站工地举行。

同日 新华社报道：由清华大学核能技术设计研究院完成的低温核供热堆制冷实验最近获得成功。

同日 我国儿童故事片《特混舰队在行动》和动画片《葫芦兄弟》在第三届开罗国际儿童电影节上分别获铜奖。

同日 澳门基本法咨询委员会举办基本法中秋游园会，逾 3 万人次出席。

9 月 12 日 李鹏签署第 104 号国务院令，发布《人民警察警衔标志式样和佩戴办法》，自发布之日起施行。

同日 外交部发言人在答记者问时对美国总统布什宣布取消对中国出口方面的限制发表评论说，这是美国政府早就该做的事情。

同日　由张艺谋执导的故事片《秋菊打官司》在第四十九届威尼斯电影节上获金狮奖。影片女主角巩俐获最佳女演员奖。

9 月 12 日—14 日　中俄联合勘界委员会第二次会议在北京举行。双方就有关中俄国界东段勘界问题交换了意见并签署了有关勘界文件。

9 月 13 日　《人民日报》报道：第十二届全国电视剧"飞天奖"评选结果日前揭晓。

同日　"澳门周"在广州开幕,传播旅游暨文化政务司司长高树维主持开幕式。

9 月 14 日　新华社报道：中央军委发布命令,授予成都军区某部三营"墨脱成边模范营"荣誉称号。

同日　《人民日报》报道：国家工商局最近决定沿海、沿江、沿边部分城市实行"先开放,后规范"的原则,促进这些地区开发开放。

同日　西北五省区、西安市和新疆生产建设兵团与联合国工业发展组织首次联合举办的西北地区国际经济技术合作洽谈会在西安举行。

同日　中国科学院院长周光召访问澳门。

同日　台"行政院陆委会"公布《两岸直航问题与展望说明书》。

9 月 14 日—15 日　"中日青年友好会议"在北京举行。

9 月 15 日　湖南省委、省政府授予著名育种专家袁隆平"功勋科学家"荣誉称号。

同日　中国科学院与澳门基金会签订合作协议,首次招收澳门学生读研究生。

9 月 15 日—16 日　由中国国际技术智力合作公司与美国斯坦福国际研究院联合举办的以"发展中的中国经济区域"为主题的国际商务研讨会在北京举行。

9 月 15 日—19 日　中国天主教第五届代表会议在京举行。会议审议并通过了《中国天主教主教团章程》,修改了《中国天主教爱国会章程》,通过了调整组织机构的决议,宗怀德主教当选为中国天主教主教团主席暨中国天主教爱国会主席。

9 月 15 日—22 日　首届弱智人奥运会在马德里结束。中国 8 名男女运动员参加了田径、游泳等 3 项比赛,共获金牌 5枚、银牌 1 枚,列奖牌数第 7 位。

9 月 16 日　新华社报道：经党中央和国务院批准,中办和国办最近转发了外交部、国家环保局《关于出席联合国环境与发展大会的情况及有关对策的报告》。

同日　广西岩滩水电站比计划提前一年并网发电。这是我国继葛洲坝、龙羊峡、白水之后投产发电的第四个超百万千瓦的大型水电站。

同日　新华社报道：中科院近代物理研究所最近在世界上首次人工合成并鉴别了汞—208、铪—185 两种新核素。这是中国科学家在国际上远离稳定线核的合成和研究中取得的重大成果。

同日　兰新铁路复线开工。

9 月 17 日　《人民日报》报道：国家科委决定把"科技情报"这一名称改为"科技信息"。

同日　台"行政院陆委会"召开协调会议,决定开放海峡两岸旅游业直接往来。

9 月 17 日—22 日　密克罗尼西亚联邦总统奥尔特访问我国。19 日,中密两国政府文化合作协定等三项文件在北京签署。

9 月 18 日　国务院举行第一一二次

常务会议,原则通过《国务院关于发展高产优质高效农业的决定》。

9 月 19 日　我国工程热物理学科创建人、杰出科学家吴仲华在京病逝,享年 76 岁。

同日　《人民日报》报道:中日科学家经七年攻关,在腾格里沙漠栽种葡萄成功。

9 月 20 日　新华社报道:国务院近日发出通知,决定从今年起在全国分两步实施新国民经济核算体系方案。

同日　《人民日报》报道:中宣部、国家体改委、司法部、国务院经贸办最近联合印发《全民所有制工业企业转换经营机制条例宣传提纲》。

同日　澳门第五届立法会投标选举,9 组 50 名候选人竞逐 8 个议席,梁庆庭、唐志坚、高开贤、吴国昌、崔世安、曹其真、罗拨度、何谦在直选中当选。

9 月 21 日　这是中国航天史上一个值得被永远记住的日子——这一天,中央正式批复载人航天工程可行性论证报告。中国载人航天工程正式立项,代号为"921 工程"。

9 月 21 日—25 日　中英联合联络小组第二十四次会议在伦敦举行并发表新闻公报。

9 月 21 日—25 日　第十八届国际航空科学大会在北京举行。

9 月 22 日　《人民日报》报道:国务院日前授予 7951 海洋直升机组"海上救险英雄机组"称号。

同日　国务院新闻办公室在京发表《西藏的主权归属与人权状况》白皮书。

同日　第十届大众电视金鹰奖在杭州揭晓。

同日　外交部发言人就美国参议院 17 日通过已经众院修改的《1992 年美国—香港政策法》向记者发表谈话,要求美国政府认真考虑中方的立场,不支持该项法案。

9 月 23 日　新华社报道:中共中央近期在京召开党外人士座谈会,征求他们对党的十四大报告(征求意见稿)的意见。

同日　卫生部提出《深化卫生改革的几点意见》,指出今后卫生工作要保证农村卫生和预防保健,放开城市医疗。

同日　澳葡政府公布批出地段,给予 16 个机构办学。

9 月 24 日　江泽民分别会见美国宇航专家、宇航员张福林博士和日本广播协会会长川口干夫一行。

同日　《人民日报》报道:国家计委提出从八个方面转变职能,第一次把培育市场列为计划部门的一项主要职责。

9 月 25 日　国务院举行第一一三次常务会议,原则通过了《关于当前语言文字工作的请示》。

同日　国务院公布《关于发展高产优质高效农业的决定》。

同日　李鹏签署第 105 号国务院令,发布《实施国际著作权条约的规定》,自 1992 年 9 月 30 日起施行。

同日　上海海关宣布:国务院已批准成立上海浦东海关。

同日　新华社报道:国务院、中央军委日前批准修建四川阆中民用机场。

9 月 26 日　《人民日报》报道:《学科分类与代码》国家标准近日在京通过专家审定。

同日　自本月 1 日开始的巴黎—莫斯科—北京马拉松汽车越野赛在北京八达岭长城脚下结束。法国车手获总成绩冠军。

同日　我国驻德国大使梅兆荣在波恩向德国退休专家协会干事长舒斯特尔

和诺德西克授予"友谊奖章"。

同日　亚洲第一所欧洲资讯中心在澳门开幕。

9 月 27 日　国务院公布《关于发展高产优质高效农业的决定》。

同日　藏传佛教噶玛噶举派第十七世活佛噶玛巴坐床典礼在楚布寺举行。国务院宗教局正式批准十六世噶玛巴的转世灵童伍金卓堆·赤列多杰为第十七世噶玛巴活佛。

9 月 27 日—30 日　韩国总统卢泰愚访问我国。他是中韩建交后来华访问的第一位韩国总统。

9 月 28 日　中顾委常委,中共中央党史工作领导小组副组长,中国社会科学院名誉院长胡乔木因病在京逝世,终年 81 岁。

同日　沈阳军区雷锋纪念馆在辽宁省抚顺市建成并开馆,江泽民题写了馆名。

同日　《人民日报》报道:国家物价局进一步放开农产品价格,国家定价的农产品只有粮、棉、烟叶等八种。

同日　广东省省长朱森林官式访问澳门三天。

9 月 29 日　国务院在京召开漳河水事协调会。会议决定对漳河上游实行统一管理。

同日　新华社报道:我国已出版发行邓小平著作 1.0115 亿册,基本上适应了改革开放和建设有中国特色的社会主义的需要。

9 月 29 日—10 月 4 日　第四届全国大学生运动会在武汉举行。有 28 个代表团获得奖牌,湖北、北京、上海名列奖牌总数前三名。

9 月 30 日　中葡联合联络小组在澳门就关于《公民及政治权利国际公约》和《经济、社会、文化权利国际公约》适用于澳门的问题取得一致意见并签署了会谈纪要。

同日　新华社举行盛大国庆酒会,澳督韦奇立、广东省省长朱森林等出席。

同日　海协会致函海基会,就汪道涵会长与辜振甫董事长的会晤问题提出建议。海协会的函电说,"汪会长与辜先生的会晤,尚属首次,为保证会晤成功,我会建议双方有关人士在北京或大陆其他适当的地方及早进行预备性磋商,议定会晤的时间、地点、议题及其他各项有关事宜"。10 月 20 日,台湾高层人士原则同意海基会和海协会在"汪辜会谈"之前举行预备性磋商。11 月 2 日,海协会再次致函海基会,建议预备性磋商在两岸适当地点举行。

10 月 1 日　中国人民解放军陆、海、空军三军仪仗队单独执行司礼任务时,开始分别使用本军军旗。同时,三军仪仗队一律换着新式礼宾服装。

同日　华东铁路南北第二通道开通。它北起商丘,南抵杭州,全长 838 公里,累计投资 20 余亿元。

同日　香港财政司麦高乐表示,全球资产最大的 100 家银行中,有 83 家在港经营业务,香港已发展为主要国际银行业中心。

10 月 2 日　深圳市房管局荣获联合国 1992 年住房荣誉奖。

10 月 3 日　《人民日报》报道:由湖南农学院万文举等人主持的"遗传工程水稻研究"课题,首次把玉米 DNA 导入水稻并育成高产优质水稻品系。

同日　参加第四十届国际军事五项锦标赛的中国男、女选手获得本届赛事的全部四块金牌。

10 月 5 日　《中国人民解放军基层后

勤管理条例》经中央军委批准,正式颁发部队执行。

同日 我国著名科学家张弥曼当选为国际古生物协会第 14 任主席。

10 月 5 日—9 日 中国共产党十三届九中全会在北京举行。全会通过了中央委员会向党的十四次全国代表大会的报告和中国共产党章程（修正案）。会议同意中央政治局关于对赵紫阳同志在 1989 年政治动乱中所犯错误继续审查情况的汇报,同意维持十三届四中全会对赵紫阳同志所犯错误的结论并结束审查。

10 月 6 日 我国在酒泉卫星发射中心用一枚运载火箭成功发射我国第 14 颗返回式科学探测与技术试验卫星和瑞典的"弗利亚"科学试验卫星。13 日,我国的科学试验卫星顺利返回四川省中部。

同日 首届农业博览会在京开幕。10 月 9 日,650 多个优质产品获农业博览会奖。这是新中国成立以来我国农业系统优质产品的最高奖。

同日 国家语言文字工作委员会举行全体委员会会议,通过《国家语言文字工作十年规划和八五计划纲要》（草案）。

10 月 6 日—10 日 巴基斯坦总理谢里夫访问我国。7 日,中巴两国政府在北京签署中巴领事条约等三项协议。

同日 《人民日报》报道:国家科委、人事部等最近联合发布《全民所有制技术开发型科研机构技术经济承包责任制暂行办法》。

10 月 7 日 彭定康发表第一个施政报告,提出"宪政方案"。8 日,国务院港澳办发言人指出,该方案同联合声明相违背,后果只能是给平稳过渡和政权的顺利交接造成障碍。

10 月 7 日—16 日 "'92 国际发明展览会"在京举行。中科院上海生化所汪垣的乙肝基因工程疫苗、台湾吴宗正的嗅觉生物感测器等获联合国世界知识产权组织设立的金奖。

10 月 8 日 国务院港澳办公室和外交部发言人就香港总督彭定康 10 月 7 日在港英立法局宣读的施政报告中的"宪制方案"内容对新华社记者发表谈话指出,中方认为港督彭定康的施政报告不符合中英联合声明的有关规定和精神,中方对此深感忧虑。

同日 首家全国性证券评估公司——中国诚信证券评估有限公司在京成立。

同日 澳督委任 7 名立法议员及 5 名咨询委员。立法议员:罗新耀、罗立民、施白蒂、华年达、郭栋梁、潘志辉、艾维斯。咨询委员:赵汝能、廖泽云、崔乐其、菲若翰、陈炳华。候补:黄如楷、李安道、马有恒。

10 月 9 日 中美双方就市场准入问题的最后一轮谈判在华盛顿举行并达成原则协议。10 日,《中华人民共和国和美利坚合众国政府关于市场准入的谅解备忘录》在华盛顿签署。

同日 逾百名各界同胞在青洲中山公园孙中山铜像前,举行纪念辛亥革命 81 周年仪式。

10 月 9 日—11 日 图们江地区开发项目管理委员会第二次会议在北京举行。中、蒙、朝、韩、俄五国高级政府官员签署了有关图们江地区开发的协议。

10 月 10 日 新华社报道:《马克思、恩格斯、列宁、斯大林、毛泽东论人权》一书最近出版。

10 月 10 日—18 日 第二届全国农民运动会在湖北孝感举行。1400 多名运动员参加了 9 项正式比赛和 1 项表演赛。17 个代表团获得了金牌,23 个代表团获得了奖牌。湖北、山东、辽宁列奖牌总数前三名。

同日　新华社报道:刘华秋副外长近日召见美国驻华大使芮效俭,就美国总统签署美国国会制订的"1992 年美国—香港政策法"一事,奉命向美国政府提出抗议。

同日　北京国际马拉松赛举行,日中两国选手分获男女冠军。

10 月 11 日　澳门首宗眼角膜移植手术在镜湖医院成功施行,由何志平、白彼德两位医生操刀。

10 月 12 日　正在联合国参加联大关于残疾人问题特别全会的中国残联主席邓朴方接受记者采访,就全国残疾人现状和残疾人事业的发展回答了记者的提问。

10 月 12 日—17 日　中越专家小组首轮会谈在北京举行。双方就南沙问题交换意见并取得了一定进展。

10 月 12 日—18 日　中国共产党第十四次全国代表大会在北京举行。出席会议的代表 1989 人,特邀代表 46 人,代表着全国 5100 万党员。大会通过了关于《中国共产党章程》(修正案)的决议,将建设有中国特色社会主义的理论和党的基本路线写进党章。大会同意关于不再设立中顾委的建议,并向中顾委和老同志们表示衷心的谢意和崇高的敬意。

10 月 13 日　中国编辑学会在北京成立。

同日　台"经济部"决定再开放 23 项大陆半成品间接进入台湾。

10 月 14 日　李鹏签署第 106 号国务院令,发布《中药品种保护条例》,自 1993 年 1 月 1 日起施行。

同日　新华社报道:吉林省西部的向海自然保护区被列入"国际重要湿地地名册"。

同日　我国第二座大陆桥——北疆铁路正式开通。它东起乌鲁木齐,西至阿拉山口,全长 460 公里。

同日　新华社报道:湖南衡阳市农科所周庭波,最近培育出籼型水稻低温雄性不育系衡农 S—3,为两系法杂交水稻研究打开新的突破口。

同日　国家版权局宣布,中国已成为世界上最早最全面的国际版权保护公约——《伯尔尼公约》的第 93 个成员国。该公约将于 15 日起在中国正式生效。

同日　澳门邮电司首次引用邮政条例,扣留速递公司人员的包裹。

10 月 15 日　新华社报道:中共中央、国务院近日发出关于《全民所有制工业企业转换经营机制条例》的通知。

10 月 16 日　中央社会主义学院在京举行新校舍落成典礼暨建校 36 周年和复校十周年纪念会。邓小平题写校名。

同日　中英联合联络小组机场委员会中方代表罗家欢在香港重申,英方最近提出的有关新机场问题的新方案不仅没有真正解决香港社会和中方对香港新机场和机场铁路财务方面关注的主要问题,而且有些方面还比原来的财务安排倒退了,所以中方不能接受。

10 月 17 日　大连保税区正式启动。1992 年 5 月 13 日国务院正式批准建立的大连保税区,总面积为 1.25 平方公里。

10 月 19 日　中国共产党第十四届中央委员会第一次全体会议在北京举行。全会选举江泽民、李鹏、乔石、李瑞环、朱镕基、刘华清、胡锦涛为中央政治局常务委员会委员;江泽民为中央委员会总书记;江泽民为中央军事委员会主席,刘华清、张震为中央军事委员会副主席。全会还批准了中央纪律检查委员会第一次全体会议选举产生的书记、副书记和常务委员会委员人选。

同日　邓小平同新当选的党中央领导同志在人民大会堂与出席党的十四大的代表亲切见面，合影留念。

同日　澳门第五届立法会举行首次会议。

10月20日—23日　彭定康应国务院港澳事务办公室主任鲁平的邀请首次访问北京。21日，鲁平与彭定康举行会谈。22日，国务委员兼外长钱其琛会见彭定康总督时说，港英当局不久前发表的施政报告中提出对香港的政治体制进行重大改变，这违背了中英联合声明的有关规定和精神。

10月21日　江泽民在中共十四大报告中提出：在一个中国前提下，什么问题都可以谈。

10月23日　林绮涛当选为澳门第五届立法会主席。

10月24日　台"行政院陆委会"通过开放第一批服务业赴大陆投资项目，共计158项，其中"许可类"包括批发零售、国际贸易、饮食娱乐业等141项；"专案许可类"包括资讯服务、租赁业等17项。"未经许可已赴大陆投资的服务业者，将在3个月内补行报备手续。"

10月25日　第六届澳门国际音乐节揭幕。

10月28日　国家环保局发布对全国32个重点城市环境综合治理定量考核结果，苏州、广州、北京、武汉、大连、天津、成都、杭州、石家庄、长沙位居全国前十名。

同日　中国最大的制药联合企业华北制药厂开始实行股份制经营方式。

同日　中英双方关于香港政制问题7个文件公布。29日，国务院港澳办公室发言人就这7个外交文件作了说明。

10月29日　联合国人居中心中国信息办公室在北京成立。在办公室成立仪式上，联合国副秘书长马昌德兰博士向获得1992年度联合国"人居"荣誉奖的深圳市住宅局授奖。

同日　海协会与海基会的代表就海峡两岸文书使用问题，28日和29日在香港进行了事务性商谈，双方已有共识，皆承认"一个中国"。

10月30日　港督彭定康官式访问澳门，次日返港。

10月30日—11月7日　第七届全国人大常委会第二十八次会议在北京举行。会议通过了《中华人民共和国海商法》、《中华人民共和国矿山安全法》、关于批准《联合国气候变化框架公约》的决定、关于批准《生物多样性公约》的决定等。

10月31日　因窃取国家机密而被北京市国家安全局依法拘留审查的香港《快报》记者梁慧珉，由于认罪态度较好，北京市国家安全机关决定对她免予刑事处理，限期离境，两年内不得再入境。

11月1日　中国人民大学庆祝建校55周年。江泽民、杨尚昆、李鹏等题词祝贺。

11月3日　重庆针织总厂宣告破产，这是目前中国最大的一桩国有企业申请破产案。

同日　第12届中国电影金鸡奖、第15届《大众电影》百花奖颁奖典礼在桂林举行。

11月4日　首届"华罗庚数学奖"颁奖仪式在北京举行。中国著名数学家陈景润和陆启铿分别以在解析数论与多复变函数论方面的杰出工作，荣获首届"华罗庚数学奖"。

同日　葡土地小组通过本年度批地计划36公顷。

同日　澳门政务司司长高树维宣布，南湾发展公司原向政府让出部分地段，以调整南湾批地溢价金额,南湾整治工程问题圆满解决。

11月5日 首钢总公司在国际招标竞争中获胜,以 1.2 亿美元购买了年产成品矿 1000 万吨的秘鲁铁矿公司的全部资产。

11月6日 朱镕基受李鹏委托,主持召开国务院第五次常委会。会议审议并原则通过了《全民所有制富余人员安置规定(草案)》、《全民所有制企业职工待业保险规定(草案)》。

11月7日 从 10 月 30 日开始举行的七届全国人大常委会第二十八次会议闭会。会议通过了《海商法》、《矿山安全法》等有关议案。

11月8日 第六届国际音乐节圆满结束。

11月10日 新华社香港分社社长周南应港督彭定康之邀在香港会晤彭定康时重申了中国政府对港督施政报告所持的严正立场。12 日,新华社香港分社发言人就香港立法局辩论通过麦理觉修订动议一事指出,香港立法局无权改变中英协议。13 日,中英联合联络小组中方代表在香港指出,违背新机场备忘录单方采取行动,中方决不接受,后果将由英方承担。14 日,国务院港澳办公室发言人在北京说,不同基本法衔接的政制安排没有前途。15 日,中英联合联络小组中方发言人在香港就新机场问题发表谈话表示,不支持英方违背备忘录的单方行动。19 日,中英联合联络小组中方首席发言人郭丰民在香港向记者发表谈话表示,香港新机场建设任何单方行动中方都不同意。23 日,李鹏总理在会见由港事顾问罗德丞和"新香港联盟"主席韦基舜率领的"新香港联盟"访京团谈到港督政制方案问题时说,中国政府在原则问题上决不妥协让步。

26 日,外交部发言人在记者招待会上说,彭定康最近四出活动为其政改计划寻求国际支持是无济于事的,唯一的出路是重新回到根据《中英联合声明》的规定进行磋商与合作的轨道上来。27 日,郭丰民在香港就港英当局决定批出(即同意)9 号货柜码头的合约一事发表谈话指出,港英当局无权单方面作出决定。28 日,郭丰民在香港就港英政府执意单方面提出机场平台合约发表谈话指出,港英这种单方面行为意味着它已决心抛弃中英有关新机场的谅解备忘录。中方郑重声明,由此产生的一切后果将由港英负责。30 日,国务院港澳办公室发言人对记者发表谈话说,根据中英联合声明,英国对香港行使管治权将于 1997 年 6 月 30 日终止,它无权处理任何涉及 1997 年 6 月 30 日以后的事务。

11月11日 中葡联合联络小组第十一次会议在北京举行。

11月12日 经国务院批准,上海高新技术产业开发区宣布成立。该开发区由漕河泾新兴技术开发区和浦东新区的张江高科技园区组成。

同日 新华社报道:唐山港通过国家验收、正式对外开放。

11月15日—22日 江泽民在上海进行调查研究。

11月18日 原贵州省仁怀县荣禄宫酒厂贵阳经营部经理罗德明在贵州因制造、销售假茅台酒而被处决,这是中国人民法院第一次对制售假冒伪劣商品虽未造成消费者死亡但情节特别严重的犯罪分子处以死刑。

11月19日 外交部发言人就法国达索公司已与台湾签订了法售台 60 架幻影 2000 型战斗机合同在记者招待会上说,中方已多次阐明坚决反对任何国家向台湾出售武器的严正立场。我们强烈要求法国政府恪守中法建交原则，拒绝批准有关公司同台湾签订的出售战斗机的合同。

同日 由国防科技大学计算机研究所研制的中国第一台通用 10 万亿次并行巨型计算机——银河—Ⅱ巨型计算机通过国家鉴定。

11 月 19—27 日 民建第六次全国代表大会在北京举行。

11 月 20 日 国务院三峡工程建设工作会议在武汉举行。

11 月 21 日 台"内政部入出境管理局"宣布，两岸居民于 1949 年前已结婚者，即日起可直接申请赴台居留。

11 月 22 日 台湾"中国统一联盟"联合岛内数十个政治、文化、企业界团体在台北发起"两岸直航大游行"，历时 3 小时，受到许多民众支持。

11 月 23 日 以振兴、发展京剧艺术，弘扬民族文化为宗旨的中国京剧艺术基金会在北京成立。

同日 《人民日报》报道：最近河北省农林科学院谷子研究所的专家应用细胞工程新技术，选育成功了直穗型谷子新品种——"矮 88"。这在世界上属于首创。

11 月 23 日—28 日 台盟第五次全盟代表大会在北京举行。

11 月 24 日 中央军委最近作出了《关于发扬优良传统，加强廉政建设的决定》。

同日 新华社报道：中国钢产量达到 7101 万吨，提前 38 天完成今年 7100 万吨的国家计划。

同日 港府宣布 1993 年初开始发行新设计的硬币及纸币。硬币正面图案将以香港市花洋紫荆取代英女王像。

11 月 26 日 国务院环境保护委员会举行表彰会，授予大连、北京、杭州、天津、广州、武汉、长沙、苏州、海口和南京市 10 个城市"城市环境综合整治十佳城市"称号。

11 月 27 日 《人民日报》报道：目前，全国已有 70% 的县（市）选派了科技副县（市）长。

11 月 28 日 澳门同善堂举行成立 100 周年盛大酒会，澳督韦奇立出席。

11 月 30 日—12 月 4 日 李鹏总理访问越南。这是自已故周恩来总理 1971 年率中国党政代表团访问越南以来，中国总理首次访问越南。

12 月 1 日 新华社香港分社社长周南在会见香港 15 位区议会主席时指出，中国政府将排除一切阻力坚决贯彻中英联合声明和基本法。2 日，新华社香港分社副社长郑国雄、张浚生分别发表谈话指出，港督彭定康坚持对抗，一意孤行推行其"政改方案"，影响和破坏了香港繁荣稳定的局面。10 日，外交部发言人在记者招待会上谈到香港问题时说，解决问题的唯一办法是港英当局根本改变立场，回到中英已达成的协议的轨道上来。16 日，新华社香港分社副社长张浚生在一次公开场合指出，港督彭定康并无与中方磋商的诚意，并重申中方立场，要求港督收回他"三违背"的"政制改革"方案。22 日，国务院港澳办公室主任鲁平在会见由主席曾钰成率领的香港民主建港联盟访京团时说，现在中英在香港问题上的争论和分歧的本质是要不要守信义的问题。24 日，新华社香港讯，新华社香港分社有关部门负责人日前指出，香港大律师公会执委会发表的《就中方不承认跨越九七年契约和专营权合约的声明》，曲解基本法，误导香港市民。

同日 国民党中常会发表"一个中国"政策声明，指出台湾之法律地位明确，归属无可争议，久经国际社会承认，所谓

"台独"与"一中一台"主张系属永久分裂国土,无异自绝于统一,该党绝不容"台独"与"一中一台"之企图得逞。

12月2日　中央军委全体成员到国防大学听取学员对军队建设和改革的意见。

12月3日—5日　刘伯承诞辰100周年军事理论研讨会在北京举行。江泽民题词并出席开幕式。《刘伯承传》日前出版发行,邓小平为该书题写书名。

12月3日—8日　中国农工民主党第十一次全国代表大会在北京举行。

12月4日　首都举行纪念1982年《中华人民共和国宪法》颁布10周年大会。

同日　新华社报道:国务院关税税则委员会决定从1992年12月31日起降低3000多个税目商品的进口关税税率。

12月5日　中国第一条平原电气化铁路——京广线郑武铁路电气化工程全线完工。

同日　垃圾焚化炉中心揭幕启用。

12月6日　中国面积最大、保存最完好的热带原始雨林海南尖峰岭正式开辟为国家森林公园。这是中国第一个热带国家森林公园。

12月7日　1992年度国家科技奖评审结果揭晓,共有980项科技成果、4474位科技人员获奖。

12月8日　第6届全国优秀科技图书奖评选揭晓,93种图书获奖。江泽民题词祝贺。

12月8日—10日　中英联合联络小组第25次会议在香港举行。中方首席代表郭丰民会后在记者招待会上宣布:因为中英两国政府合作的基础受到严重破坏,这次会议没有达成任何协议。

12月10日　中国第一部《中华人民共和国工种分类目录》由劳动部正式颁布。这一《目录》共包括46个行业、4700多个工种。

同日　新华社报道:中国首航东北太平洋海区从事国际海底多金属矿藏勘探调查的"海洋四号"科学考察船,完成任务后返航。这是中国人第一次在国土之外的地区从事的自然资源开发活动。

同日　在今天结束的第五届巴黎国际舞蹈比赛中,上海的谭元元获古典芭蕾舞少年组女子第一大奖,是在这次比赛中唯一获大奖的选手。

12月11日　鲁布革水电站通过国家验收。这座水电站装机60万千瓦。它是国家选定的水电管理体制改革和对外开放的试点企业,被称为中国水电建设第一个对外开放的"窗口"。工程部分投资利用世界银行贷款,引水隧洞实行国际公开招标,最后由日本大成公司中标承建。

12月11日—18日　中国民主促进会第七次全国代表大会在北京召开。

12月12日　国务院授予人民警察警衔仪式在北京举行。

同日　我国影片《留守女士》获第十六届开罗国际电影节最高大奖。该片女主角扮演者修晶双获最佳女主角奖。

12月13日　新华社报道:中国运载火箭技术研究院七〇四所最近首次研制成功全球卫星导航定位仪,其主要技术指标达到国际20世纪90年代水平。

同日　由李琰、王秀兰、郑春阳、张杰组成的中国女子接力队在亚洲杯短跑道速滑赛上以4分32秒40创造了新的女子3000米接力世界纪录。

同日　澳门"'92公益金百万行"隆重举行,澳督韦奇立等主持剪彩起步。共筹得善款530万澳门元。

12月14日　国家重点工程——万安水电站4号机组并网成功。至此,该电站

4台10万千瓦机组已全部发电。

同日 新华社报道：国务院批准河南省商丘地区为农村流通体制改革试验区，陕西延安地区为扶贫综合开发改革试验区，福建宁德地区为开放促进开发扶贫综合改革试验区，辽宁大连市甘井子区、金州区、普兰店市为发展乡镇企业出口创汇集团试验区，广东清远市为扶贫经济开发试验区。至此，经国务院批准建立的全国农村改革试验区已达26个。

12月14日—22日 中国国民党革命委员会第八次全国代表大会在北京举行。

12月15日 江泽民在中南海会见出席海峡两岸关系协会成立一周年座谈会的有关方面负责人。

12月15日—20日 中国致公党第十次全国代表大会和十届一中全会在北京举行。

12月17日 劳动部长阮崇武在全国劳动局长会上宣布，我国明年普遍实行弹性工资计划。

12月17日—19日 俄罗斯联邦总统叶利钦访问中国。叶利钦是第一位访华的俄罗斯国家元首。

12月18日 《人民日报》报道：我国经济类型划分新标准出台，分为国有经济、集体经济、私营经济、个体经济、联营经济、股份制经济、外商投资经济、港澳台投资经济、其他经济九种。

同日 建设部授予天津、北京、长春、石家庄、合肥、哈尔滨、南京、济南、海口和深圳10个城市"全国城市环境综合整治优秀城市"称号。

12月19日 台第二届"立委"选举结果揭晓。国民党获得53.02%的选票及96席，民进党获31.03%的选票及50席。此次选举结果，使国民党与民进党在"立法院"的席次对比发生变化，影响台湾政局

的发展。

12月20日 经国务院批准，江苏张家港保税区宣告成立。该保税区位于张家港港区东侧，面积为4.1平方公里，总投资24.5亿元人民币。

同日 新华社报道：经国务院批准，黄河三角洲被正式批准为国家级自然保护区。黄河三角洲地区属黄河泥沙填充渤海成陆的海相沉积平原，面积为15.1万公顷。

12月21日 我国"长征二号E"捆绑式火箭再次成功地将第二颗澳大利亚通信卫星送入太空。中共中央、国务院、中央军委向参加"澳星"发射的全体人员致电表示祝贺。

同日 1992年度全国城市卫生检查评比揭晓。大连、马鞍山、江阴等市分别获"十佳卫生城市"称号。

同日 大同—秦皇岛铁路二期工程建成，至此，大秦铁路全线通车。大秦铁路是中国西煤东运的大动脉，是中国建成的第一条双线电气化重载铁路。

12月22日—28日 七届全国人大常委会第二十九次会议在北京举行。会议通过了《中华人民共和国测绘法》、《关于惩治劫持航空器犯罪分子的决定》，通过了关于我国加入《反对劫持人质国际公约》的决定。

12月22日—29日 中国民主同盟第七次全国代表大会和民盟七届中央一次会议在北京举行。

12月23日 航空航天部向10名有突出贡献的专家颁发航空金质奖章，并授予荣誉证书，各颁发10万元奖金。

同日 新华社报道：我国的武陵源、九寨沟、黄龙三个风景名胜区最近被联合国教科文组织列入《世界遗产名录》。

12月24日 为期4天的全国经济工

作会议在北京闭幕。

12 月 26 日—31 日　九三学社第六次全国代表大会在北京举行。

12 月 28 日　国家主席杨尚昆签署主席令,公布《全国人大常委会关于惩治劫持航空器犯罪分子的决定》,该决定自公布之日起实施。

12 月 31 日　我国 1992 年进出口额为 1656.3 亿美元,成为世界第十一大贸易国。

1993 年

1 月 1 日　中国 13 个油田的商品原油开始全部实行国际油价。

同日　新华社报道:山东大学考古工作者去年在山东邹平县丁公村发现的一件龙山文化刻字陶片,把我国有文字记载的历史提前了约 800 年左右。

同日　台"经济部"原则决定,许可 22 类服务业赴大陆投资。至此,开放赴大陆投资项目增加到 4000 多项。

1 月 5 日　新华社报道:中国测试技术研究院和中国计量科学院在国内首次直接复现高准确度、高稳定性的 1 伏特电压基准。

同日　新华社香港分社副社长郑国雄重申,中国不能接受港督彭定康的"政改方案"。

同日　新华社香港分社副社长郑国雄、张浚生重申:中方不能接受彭定康的所谓"政改方案",也不会接受立法局在港英当局操纵下所通过的任何与基本法不衔接的"折中方案"。

1 月 5 日—10 日　全国经济体制改革工作会议在北京召开。

1 月 6 日　中华炎黄文化研究会宣布,由 10 大部 100 卷组成的文化巨著——《中华文化通志》开笔。

同日　新华社报道:我国科学家利用第 14 颗返回式卫星将一个携带有数种藻类、微生物和昆虫的试验盒送入太空,获得了固氮能力提高的蓝藻新品系。

同日　中国最大的煤气工程——哈依煤气工程的一期工程完工。这个国家重点工程是 1990 年 8 月开工的,总投资为 15.8 亿元。

同日　美国国务院证实,已批准向台湾出售"爱国者导弹"。

1 月 6 日—8 日　香港中华总商会代表团访问北京。8 日,江泽民、李鹏分别会见了代表团团长霍英东,副团长曾宪梓、梁銶等,重申中国将继续按照中英联合声明等协议的原则办事,保证香港的平稳过渡。

1 月 7 日　经中共中央、国务院、中央军委批准,总参谋部、总政治部发出《关于加强预备役部队基层建设的意见》和《关于加强民兵基层建设的意见》。

同日　1992 年度全国十大科技成就发布暨表彰大会在北京召开。宋健等为十大科技成就荣誉获得者颁奖。

1 月 8 日　白俄罗斯最高苏维埃主席舒什克维奇开始访问我国。

同日　法国外交部证实,已正式批准向台湾出售 60 架幻影 2000-5 型战斗机。

1 月 9 日　经国务院批准,由经贸部和中国石油天然气总公司联合组建的中国联合石油公司在北京成立。

1 月 10 日　经中共中央、国务院、中央军委批准,全国双拥领导小组和民政部、总政治部在延安召开大会,纪念双拥运动 50 周年。中共中央政治局委员、国务院副总理邹家华主持会议。中共中央政治局常委、中央军委副主席刘华清代表党中央、国务院和中央军委发表讲话。民政部部长崔乃夫在会上宣读了关于命名全国双拥模范城（县）的决定，全国 56 个市（区）县荣获全国双拥模范城（县）称号。

1 月 11 日　中共中央在北京召开老同志座谈会，江泽民总书记在会上作了关于当前形势和工作的重要讲话。

同日　中国华北、东北、华东、华中、西北五大电力集团在北京宣告成立。

同日　新华社报道：1500 余年前中国匈奴族所创"大夏国"的一批重要文物，最近在内蒙古乌审市境内发掘出土。

同日　北京 2000 年奥运会申办委代表团向国际奥委会呈交申办报告。

同日　澳门国际商业信贷银行行址拍卖，诚兴银行以 1500 万澳门元投得。

同日　澳门新世界帝豪酒店解款车在酒店后巷遇劫，两持枪劫匪掠走现金及支票 30 万澳门元。

1 月 11 日—13 日　全国省市自治区纪委书记、监察厅（局）长会议在北京召开。根据党中央、国务院决定，中纪委、监察部从今年开始合署办公。

1 月 13 日　新华社报道：塔里木石油勘探开发指挥部日前宣布，新疆塔里木盆地沙漠腹地发现了一个储量超过一亿吨的整装大油田。这是迄今为止塔里木盆地石油勘探中最重大的发现。

同日　澳门大西洋银行发行新版 100 元及 50 元纸币。

1 月 13 日—15 日　中华人民共和国澳门特别行政区基本法起草委员会第九次全体会议在北京举行。会议决定将经修改通过的《中华人民共和国澳门特别行政区基本法（草案）》《澳门特别行政区区旗、区徽图案（草案）》以及为全国人民代表大会草拟的《全国人民代表大会关于澳门特别行政区第一届政府、立法会和司法机关产生办法的决定（草案）》和《澳门特别行政区基本法起草委员会关于设立全国人民代表大会常务委员会澳门特别行政区基本法委员会的建议》提请全国人大常委会审议，并建议全国人大常委会提请八届人大一次会议审议。

同日　澳门基本法起草委员会第九次全体会议在北京举行。通过澳门特别行政区基本法草案。

1 月 14 日　新华社报道：国家投资计划作重大调整，我国农业投资今年将比去年增长 31%。

同日　新华社香港分社社长周南在参加香港十九区区议会主席团晚宴时重申：1997 年前基本法一个字都不能改。

1 月 15 日　全国宣传部长座谈会在北京举行。

同日　新华社报道：国务院 1992 年 12 月 17 日发出了关于进一步加强证券市场宏观管理的通知。国务院证券委员会发言人今天就贯彻执行这一通知回答了记者的提问。

1 月 16 日　江泽民、李鹏、万里等接见澳门基本法起草委员会全体委员，祝贺澳门基本法草案顺利完成。

同日　九江长江大桥建成。九江长江大桥是中国迄今跨度最大的双层双线铁路、公路桥。它的铁路桥长 7675 米，比南京长江大桥还长 900 米；桥墩跨度 216 米，在世界同类桥梁中列第三名。九江长江大桥先后获得国家优质工程"鲁班奖"和国家科技进步一等奖。

同日　首届王丹萍科学奖在北京颁奖，赵忠贤等 5 名专家获奖。该奖由设在香港的王丹萍基金会设立。

1 月 17 日　新华社报道：在党中央、国务院提出保持农业发展十项措施后，已有 17 个省制定了减轻农民负担的措施，农业部根据国务院授权就农民负担问题提出了"十个不准"。

1月19日　李瑞环邀请全国性宗教团体十位领导人到中南海做客,坦诚谈心,共迎新春。

同日　全国"扫黄"工作电话会议在北京召开。会议对今年春节后在全国范围内再开展一次"扫黄"的集中行动进行了部署。

同日　在意大利举行的第二届维罗纳国际杂技艺术节上,我国参赛节目全部获奖。27日,我国演员在巴黎举行的第十六届"世界明日杂技节"上获2项金奖、1项银奖。31日,我国杂技节目"三人顶碗"获第十七届蒙特卡洛国际马戏节最高奖"金小丑"奖。

同日　位于台北市松江路的"论情"西餐厅发生大火,造成33人死亡,21人受伤的重大惨案。

1月20日　首都各界及海外来宾隆重集会,纪念宋庆龄诞辰100周年。

同日　上海市党政领导人看望在上海的陈云,广东党政军领导人看望在广州的王震。

1月21日　中共中央召开党外人士迎春座谈会。江泽民、李鹏等和各民主党派、全国工商联负责人、无党派人士欢聚一堂,共迎新春。

同日　台当局发表《外交报告书——对外关系与外交行政》,全书27万余字,强调"一个中国"即"中华民国",发展与其他国家的关系已不再考虑中共因素,并要"尽速重返联合国"。

1月22日　邓小平在上海同各界人士共迎新春佳节。他说,实践证明,以江泽民同志为核心的党中央领导集体工作做得是好的,是可以信任的。

1月25日　中共中央、国务院在人民大会堂举行春节团拜会。

同日　澳门首个高尔夫球场——澳门高尔夫球乡村俱乐部揭幕,澳督韦奇立主礼。

1月26日　我国政府决定加入《反对劫持人质国际公约》。

同日　德国政府决定禁止向台湾出售潜艇和护卫艇。

1月27日　云南思茅地区普洱附近发生6.3级地震。云南省军民迅速开展抗震救灾工作。29、30日,江泽民、李鹏分别打电话慰问地震灾区人民。

同日　新华社报道:我国将继续对有突出贡献的专家、学者、技术人员发放特殊津贴。目前全国已有6万多人获得政府特殊津贴。

1月29日　新华社澳门分社举行盛大春节酒会,澳督韦奇立等各界人士出席。

同日　"行政院大陆委员会"通过"经济部"所提《台湾地区与大陆地区贸易许可办法》,规定两岸贸易应以间接方式进行。

1月30日　台"新闻局"与"交通部"宣布开放28个地区性调频广播频率供各界申请设立电台,并以民营电台优先,这意味着自1959年以来禁止民间设立电台的禁令解除。

1月31日　《人民日报》报道:国务院近日批转了国家教委《关于加快改革和积极发展普通高等教育的意见》。

2月1日　刘松藩、王金平当选为台第二届"立法院"正、副院长。

2月2日　国家自然科学基金委新闻发言人宣布,"八五"后三年国家自然科学基金经费每年增拨7000万元。

2月3日　台湾"灾胞救总会"召开紧急会议,决定"济助大陆云南地震灾区同胞食米 100 吨"。

2 月 4 日 中国相声艺术大师、语言大师、北京大学兼职教授侯宝林因病医治无效在北京逝世，终年 75 岁。

同日 司警破获河南开封国宝盗窃案，起出一级、二级国宝 7 件，总值逾 2000 万元人民币。国宝送返内地。

2 月 6 日 江泽民、李鹏、万里等中央领导人同首都文艺工作者共度元宵佳节。江泽民代表党中央、国务院向全国文艺工作者致以节日问候。

同日 首都集会纪念"二七"大罢工 70 周年。江泽民、李鹏为纪念活动题词。倪志福等在纪念大会上讲话。

2 月 7 日 新华社报道：1992 年我国有近 200 所大学接受了来自 126 个国家的 1.3 万名留学生，超过了改革开放前 30 年我国接受留学生的总和。

2 月 8 日 中国第一家铁路集团企业——广州铁路（集团）公司在广州成立。广州铁路（集团）公司管辖广东、湖南、海南三省境内的 3990 公里铁路。它的成立，标志着中国铁路运输业在改革中迈出了重要一步，开始了公司化、集团化经营的新探索。

2 月 9 日 国务院致电宁夏回族自治区政府，祝贺宁夏西海固地区 80% 农户解决了温饱，10% 的农户走上了富裕之路。西海固地区是历史上全国最贫穷地区之一。

同日 新华社报道：我国去年进出口总额超过西班牙和韩国，在世界贸易大国排名中列第 11 位。

2 月 10 日—15 日 西班牙首相冈萨雷斯访问我国。

2 月 12 日 新华社报道：国务院已成立三峡建设委员会，目前各项准备工作已加紧进行，已有 1500 多人的施工队伍在坝区修建建设用水、电等基础设施。

同日 新华社报道：为加速雅鲁藏布江、拉萨河和年楚河中部流域地区的综合开发建设，到本世纪末，国家和地方将在该地区投资 21 亿元，以促进西藏经济腾飞。

同日 国家自然科学基金委员会公布首次"优秀中青年人才"专项基金评审情况，14 位年轻有为的科学家获得这项基金。

同日 台"行政院国科会"的高速电脑中心启用比当时电脑快 100 倍的世界超级电脑。这是台湾科研机构与产业界所拥有的最佳运算工具。

2 月 13 日 中共中央、国务院印发《中国教育改革和发展纲要》，并发出通知，要求各地、各部门贯彻执行。

同日 《人民日报》报道：中国空间技术研究院成立 25 年来，成功地研制并提供了 4 个系列 33 颗卫星。江泽民、杨尚昆、李鹏分别题词表示祝贺。2000 年前我国将发射约 20 颗应用卫星。

同日 《人民日报》报道：我国已展开保护濒危物种七大系列工程建设。第一所野生动物资源学院在东北林业大学成立。

2 月 14 日 为期 9 天的第十六届世界大学生运动会在波兰扎科潘内闭幕。中国队获得 6 枚金牌、2 枚银牌、4 枚铜牌，在金牌榜上列第三。

同日 中共中央向七届全国人大常委会提出关于修改宪法部分内容的建议，并提请八届全国人大一次会议审议。

2 月 15 日—22 日 七届全国人大常委会第三十次会议在京举行。会议通过了将《中华人民共和国宪法修正案（草案）》提请八届全国人大一次会议审议的决定，《中华人民共和国国家安全法》、《全国人大常委会关于修改《中华人民共和国商标法》的决定》、《全国人大常委会关于惩治假冒注册商标犯罪的补充规定》、《中华人民共和国产品质量法》。

2 月 16 日　中国远洋运输集团在北京成立。

2 月 16 日—19 日　七届全国政协常委会第二十二次会议在京举行。会议通过了八届全国政协参加单位、委员名额和人选名单,并公布了八届政协委员名单共2093 人。

2 月 17 日　新华社报道:经国务院同意,1993 年财政部将发行 370 亿元人民币国债,其中向社会发行 300 亿元国库券,向金融机构发行 70 亿元财政债券。

同日　有 43 年历史的国民党喉舌《香港时报》停刊。

2 月 18 日　北大方正集团公司在北京成立。北大方正集团是由北大新技术公司发展而来的。它开发成功的激光汉字排版系统和彩色排版系统,使得中国印刷业告别了铅与火,步入了光与电的时代。

2 月 19 日　过去由港督出任的立法局主席改由全体立法局非官守议员互选产生。

2 月 20 日　由邹家华任组长的国务院京九铁路建设领导小组举行会议,研究"三年铺通,一年配套"的总体部署和加快建设的主要措施。

同日　国务院京九铁路建设领导小组成立。

2 月 21 日　台《自立晚报》报道,台湾地区肝癌死亡率为世界之冠。

2 月 22 日　全国人大常委会发表公告说,2977 名八届人大代表资格全部有效,并将代表名单予以公布。

同日　我国大陆影片《香魂女》和台

湾影片《喜宴》在第四十三届柏林国际电影节上共获"金熊奖",我国儿童影片《天堂回信》获国际儿童青年电影中心奖。

2 月 23 日—25 日　全国粮食产销政策发布及订货会在京举行。陈俊生在会上宣布了国务院为推动粮食购销改革、促进生产发展而采取的 8 项措施,国务院有关部委发布了 5 项粮食产销政策。

2 月 25 日　首届"中国青年科学家奖"评选揭晓。堵丁柱等 6 人获奖,另有 7 人获提名奖。

同日　由国防科技大学计算机所研制的银河智能工具计算机系统在长沙通过鉴定。

同日　外交部发言人指出,台湾作为中国的一部分没有资格"重返联合国"。

同日　第四届澳门艺术节开幕。

2 月 26 日　新华社全文播发了中共中央、国务院印发的《中国教育改革和发展纲要》。

2 月 27 日　我国运动员伏明霞荣获世界业余体育基金会授予的最佳运动员奖。

同日　我国运动员叶乔波在世界短距离速滑锦标赛上蝉联女子全能冠军。

2 月 28 日　中央军委发布命令,授予沈阳军区某炮兵团原参谋长苏宁"献身国防现代化的模范干部"荣誉称号。

同日　澳门中华总商会成立 80 周年,数百名中外嘉宾出席盛大酒会。

3 月 1 日　连战及新任"阁员"宣誓就职,连战成为第一位台籍"行政院长"。

同日　台湾玉山发生的森林大火火灾损害的森林面积估计达 100 公顷。

3 月 1 日—2 日　中美两国关贸总协定磋商代表团就中国"复关"进行磋商并在一些具体问题上达成谅解。

3 月 1 日—4 日　中国全民教育国家

级大会在北京举行。

3月2日 中国科学院高能物理研究所租用 AT&T 公司的国际卫星信道建立的接入美国斯坦福线性加速器中心（SLAC）的64K专线正式开通。专线开通后，美国政府以 Internet 上有许多科技信息和其他各种资源，不能让社会主义国家接入为由，只允许这条专线进入美国能源网而不能连接到其他地方。尽管如此，这条专线仍是我国部分连入 Internet 的第一根专线。

3月4日 纪念毛泽东等老一辈革命家为雷锋题词30周年纪念大会在北京举行。

同日 新华社报道：国务院日前发出关于进一步加强造林绿化工作的通知。

同日 李鹏总理会见以郑明训会长为首的香港总商会访京团时说，中国对香港"一国两制"方针不变。

3月5日 海峡两岸关系协会第一届理事会第二次会议在北京举行。会议审议通过了《海协1992年会务报告》、《海协1993年的工作要点》。

同日 台"立法院"次级团体"新国民党连线"向"内政部"申请成立政治团体，国民党高层对此"深表不快"。

3月5日—7日 中共十四届二中全会在北京举行。江泽民在会上作重要讲话。全会审议通过了《关于调整"八五"计划若干指标的建议》、《关于党政机构改革的方案》。

3月6日—8日 国际奥委会考察团在北京进行考察。李鹏在会见考察团时说，中国政府全力支持北京申办2000年奥运会。

3月7日—11日 塔吉克斯坦国家元首拉赫莫诺夫访问我国。

3月8日—10日 国务院召开全国棉花工作会议。朱镕基副总理在会上说，国家鼓励农民多种棉花，种好棉花。国家今年将采取重要措施，促进棉花生产发展。

同日 台湾"高等法院"首次开庭审理"华隆案"，"立委"翁大铭等6名被告都当庭否认涉及"利益输钱"。

3月9日—12日 中葡联合联络小组第十六次会议在澳门举行会议期间，双方就澳门过渡时期的语文、公务员本地化、法律三大问题进行了磋商，并签署了关于澳门加入亚太发展中心和参加世界卫生组织西太平洋区域委员会的会谈纪要。

3月10日 1992年全国十佳运动员评选揭晓，邓亚萍等10人当选。

同日 联合国人权委员会第四十九届会议决定不将美国等提出的"中国人权局势"决议草案付诸表决。

同日 海峡两岸联合登山队攀登珠穆朗玛峰。

同日 澳门路环女子监狱重修启用。

同日 国民党中常会通过中央委员会秘书长宋楚瑜请辞，并由驻日代表许水德接任的人事案。3月16日，台湾省议会以表决方式，同意宋楚瑜出任下任台湾省政府主席。

3月11日 《人民日报》报道：全国森林面积已达到19.64亿亩，活立木蓄积量达到109亿立方米，森林覆盖率上升到13.63%，林业总产值达到1265亿元。

3月12日 伟大的无产阶级革命家、政治家、军事家，坚定的马克思主义者，党和国家的卓越领导人，中华人民共和国副主席王震因病在广州逝世，享年85岁。

同日 朱镕基副总理主持会议，提出和部署建设国家公用经济信息通信网（简称金桥工程）。

同日 彭定康发表声明，决定在港府宪报上刊登其政改方案，将其以立法形式公布。

3 月 14 日　"新国民党联线"在高雄市中学举行"南北新联线·拯救美丽岛"国事说明会时,发生暴力流血的"雄中事件"。在事件中,民进党公职人员煽动民众,对进军南部的"新联线"及其支持者采取谩骂、暴力方式予以反制。而对暴力事件,台湾警方事前未能疏导,事后又不能有效阻止,使事态失控。该事件混杂着省籍问题、李登辉情结、统"独"问题与族群误解,借着社会边缘人士或有心人士赤裸裸的暴力直接宣泄出来。

3 月 14 日—27 日　全国政协八届一次会议在北京召开。会议选举了八届政协主席、副主席、秘书长和常务委员。李瑞环当选政协主席,叶选平等五人当选政协副主席。会议还通过了政协八届一次会议政治决议和关于修改政协章程第四章第 41 条的决议。

3 月 15 日—31 日　八届全国人大一次会议在北京召开。会议通过了《宪法修正案》、《关于国务院机构改革方案的决定》,通过了《关于设立澳门特别行政区的决定》、《关于澳门特别行政区基本法(包括三个附件和区徽、区旗图案)的决定》、《关于澳门特别行政区的第一届政府立法会和司法机关产生办法的决定》、《关于授权全国人大常委会设立香港特别行政区筹备委员会的准备工作机构的决定》。会议选举江泽民为国家主席、中央军委主席,乔石为全国人大常委会委员长,荣毅仁为国家副主席,决定李鹏任国务院总理。会议还决定了国务院组成人员和全国人大常委会各专门委员会组成人员。

3 月 15 日—31 日　第八届全国人民代表大会第一次会议在北京举行,会议通过了中华人民共和国澳门特别行政区基本法,包括三个附件和区旗区徽图案;关

于设立澳门特别行政区的决定,关于《中华人民共和国澳门特别行政区基本法》的决定,关于澳门特别行政区第一届政府、立法会和司法机关产生办法的决定,关于批准澳门特别行政区基本法起草委员会关于设立全国人大常委会澳门特别行政区基本法委员会的建议的决定;通过了关于授权全国人大常委会设立香港特别行政区筹备委员会的准备工作机构的决定。

3 月 16 日　澳门高等法院首任院长李柏立、助理总检察长贾乐安就职。

同日　连战在"立法院"答询时称,台湾申请加入联合国,西德模式值得参考,但不能忽视两岸良性互动关系。

3 月 18 日　《台湾地区人民进入大陆地区许可办法》由台"行政院陆委会"修正通过,今后除少数人因为身份限制外,民众都可不分事由前往大陆。

3 月 21 日　中共中央和国务院在中南海召开计划生育工作座谈会。

3 月 22 日　以中国科大校长谷超豪教授为团长的第二批访台著名科学家,经过在台湾 9 天半的访问后回到北京。

3 月 23 日　国家气象局首次发布1992 年度《中国气候公报》。去年我国气象灾害属中等年份,旱灾居各种灾害之首,热带风暴、冷(冻)害重于往年。

同日　粤港澳旅游洽谈会开幕。

3 月 28 日　新中国第一条中外合资铁路——深圳平(湖)南(头)铁路建成通车。这条铁路全长 50.2 公里,总投资 4 亿多元。

3 月 31 日　第八届全国人民代表大会第一次会议通过澳门特别行政区基本法。

4 月 1 日　南方航空公司一架 B-2811波音 757 型客机由深圳飞往北京途中,被歹徒黄树刚、刘保才劫持到台湾。飞机和

机组人员、旅客下午返回大陆，劫机犯被移送台湾桃园地方检察署侦办。

4月2日　国务院成立三峡工程建设委员会，李鹏任主任委员。委员会第一次会议在北京中南海举行。

同日　国务院港澳办和新华社香港分社向第二批49名港事顾问颁发聘书。

4月2日—7日　奥地利总理弗拉尼茨基访问我国。

4月3日　新华社报道：我国航天运载器的总体设计已达国际先进水平，已成功地设计了近程、中近程、中程、中远程和远程火箭，以及长征一号、二号、三号和长征二号捆绑式大推力运载火箭。

4月5日　新华社报道：国务院办公厅日前转发了《国家体改委等部门关于立即制止发行内部职工股不规范做法的意见》。

4月6日　中国南方航空公司3157号班机在深圳飞往北京途中被两名劫机犯劫持到台湾台北桃园机场。劫机犯被台湾警方扣留。飞机和机上人员于当天安全返回广州。

同日　中葡联合联络小组中方组长康冀民举行离任酒会，澳督韦奇立出席。

同日　台《经济日报》报道，台湾"中央银行"持有黄金约1300多万两，在世界各大银行中排名第13位。

4月7日　新华社报道：国务院最近发出关于开展加强环境保护执法检查严厉打击违法活动的通知。

4月8日　世界上跨径最大的斜拉桥——上海杨浦大桥合龙，其误差不超过0.3毫米。

同日　中总、工联、街总及妇联联合议决，由4会代表组成专责小组，就合罗山迁坟事件与珠海进行洽商。

4月8日—10日　台湾海基会副董事长兼秘书长邱进益在北京同大陆海协会常务副会长唐树备就"汪辜会谈"问题进行了预备性磋商，并达成8点共识。双方同意"汪辜会谈"将于4月27日—4月28日在新加坡举行；双方草签了《两岸公证书使用查证协议》、《两岸挂号函件查询，补偿事宜协议》。

4月10日　国务院成员举行首次全体会议，通过了国务院直属机构、办事机构及其他机构设置，国务院总理、副总理、国务委员的工作分工，国务院工作规则和国务院组成人员内外事活动等有关制度。

同日　《人民日报》报道：我国科学家首次在南京汤山溶洞发掘出早期人类头骨化石。

4月12日　澳门《政府公报》颁布《重整及调整有关发展房屋合约规范》法令。

同日　中葡联合联络小组前中方组长康冀民离任返回内地。

4月13日　新华社报道：国务院批准哈尔滨经济技术开发区为国家级开发区。哈尔滨经济技术开发区始建于1991年6月。

同日　经党中央批准，中宣部、新闻出版署联合发出《关于发表和出版有关党和国家主要领导人工作和生活情况作品的补充规定》。

同日　新华社报道：世界首例鸭胚胎壳外孵化的小鸭日前在北京农业大学动物生化实验室诞生。

4月14日—20日　江泽民在海南考察工作，并看望了驻守边防海岛的解放军官兵。

4月15日　中国外交部驻澳门办事处开始为台湾同胞办理《台湾居民来往大陆通行证》及其签注的申请。

同日　外交部驻澳门签证办事处接受台湾同胞申请办理《台湾居民来往大陆

通行证》。

4 月 15 日—16 日　国务院为维护正常的金融秩序,促进国民经济健康发展,分别发出关于坚决制止乱集资和加强债券发行管理的通知,以及关于禁止印发、购买和使用各种代币购物券的通知。

4 月 16 日　第三届新剧目文华奖评选揭晓,共评出剧目综合奖 33 个(台)。

同日　国家体委重新下发《全国体育先进县标准和评选办法》和《全国体育先进县标准的细则》。

4 月 17 日　我国最大的海上油田——南海流花 11—1 油田总体开发方案最近已被我国政府批准,正式投入开发建设。开发总面积为 317 平方公里,控制石油地质储量为 2.33 亿立方米,由中国海洋石油南海东部公司和阿莫科东方石油公司合资建设。

同日　葡萄牙科技部国务秘书杜马到澳门访问。

4 月 18 日　中葡联合联络小组中方新任组长过家鼎抵澳门履新。

4 月 19 日　国务院作出有关机构改革决定。国务院的直属机构由 19 个调整为 13 个,办事机构由 9 个调整为 5 个,国务院直属事业单位也作了调整。

4 月 19 日—28 日　新加坡总理吴作栋访问我国。

4 月 21 日　国家计生委主任彭珮云在中外记者招待会上强调,发展经济的同时必须做好计划生育工作,现行计划生育政策不变。

4 月 22 日　新华社报道:解放军第二炮兵工程学院工程师王贵海攻克了世界性科技难题——非圆齿轮计算机辅助设计与制造技术,在国际科技界引起轰动。

同日　中英代表开始就香港 94/95 年度选举安排问题举行第一轮会谈。至 11 月 20 日共举行 17 轮会谈。

4 月 22 日—24 日　第一轮中英关于香港问题的会谈在北京举行。

4 月 24 日　国务院通过了《国家公务员暂行条例》。该条例自 10 月 1 日起施行,这标志着国家公务员制度的建立已经走上实际操作的轨道。

同日　澳门粤华中学课室有土制炸弹爆炸,无人受伤。

4 月 25 日　纪念“南京路上好八连”命名 30 周年大会在上海举行。会上宣读了江泽民等为好八连的题词。

4 月 25 日—30 日　菲律宾总统拉莫斯访问我国。

4 月 27 日　国务院和中央军委发布《国务院、中央军事委员会关于修改〈中国人民解放军现役士兵服役条例〉的决定》。《决定》自发布之日起施行。《决定》中增设了士官军衔等级,以便于军队的指挥和管理,增强士官的责任心和荣誉感。

4 月 27 日—29 日　第一次“汪辜会谈”在新加坡举行。这是海峡两岸授权的民间机构最高负责人之间的首次会晤,也是 40 余年来,两岸高层人士的首次接触商谈。29 日上午,汪道涵会长和辜振甫董事长代表两会正式签署了《两岸公证书使用查证协议》、《两岸挂号函件查询、补偿事宜协议》、《两会联系与会谈制度协议》及《汪辜会谈共同协议》4 个文件。

4 月 28 日　澳门氹仔北安湾的两块政府地开投,成交价 2.401 亿澳门元。

4 月 30 日　江泽民视察军事科学院时强调,军事科学研究要与现代作战紧密结合,要与我军建设现实紧密结合。

5 月 1 日　我国选手在汉城世界杯射击赛中获 5 枚金牌,列金牌数之首。刘海英和岳勇创两项世界纪录。

同日　台“行政院长”连战表示,大陆

与台湾都是中国的一部分,都是我们的故土,为千秋万世着想,为子孙后代着想,人们都不能放弃大陆。

5月2日 劳动部、农业部和国务院发展研究中心决定,从1993年7月起,正式开展省级农村劳动力开发就业试点工作。湖北、河北、甘肃、山东、安徽、广东、四川、江苏八省成为试点省。

同日 我国徐荣祥教授在京接受美国全美烧伤受难者基金会主席盖纳先生颁发的"人道主义奖"。徐荣祥所创"烧伤湿润暴露疗法"及"湿润烧伤膏"已在国际上得到广泛承认和应用。

同日 我国"向阳红16"号科学考察船在前往太平洋执行调查任务时被塞浦路斯籍"银角"号货轮撞后沉没,船上3人遇难,其余107人于5月4日乘坐我国派去的营救船返回上海。

5月3日—10日 共青团第十三次全国代表大会在京举行。李克强当选为新一届团中央第一书记。

5月5日 中央军委在京召开纪念伟大的无产阶级革命家、政治家、军事家彭德怀元帅诞辰95周年座谈会。江泽民在会上讲话。

同日 海峡两岸珠峰联合登山队6名队员分两批登上珠穆朗玛峰顶峰。

5月6日 澳门特别行政区基本法咨委会举行最后一次全体会议,通过何厚铧所作的工作总结报告。

5月7日 新华社报道:中共中央办公厅和国务院办公厅日前发出通知,严禁党政机关及其工作人员在公务活动中接受和赠送礼金和有价证券。

5月7日—11日 津巴布韦总统穆加贝访问我国。

5月8日 国务院批准7个内地省会和沿江开放城市设立经济技术开发区,实行沿海城市经济开发区的政策。这7个城市是:沈阳、杭州、武汉、哈尔滨、重庆、长春、芜湖。至此,国务院批准设立的经济技术开发区已有27个。

同日 第十届戏剧"梅花奖"在京揭晓。22名演员榜上有名。

5月8日—11日 江泽民在上海主持召开华东六省一市经济工作座谈会。

5月9日—18日 首届东亚运动会在上海举行。国际奥委会主席萨马兰奇等出席开幕式。9个国家和地区的1200多名运动员进行了12个项目的比赛。我国运动员夺得105枚金牌,名列第一。

5月11日 氹仔七潭公路一政府地段拍卖,以高于底价21倍成交,成交价1.58亿澳门元,创澳门卖地新高。

5月11日—23日 我国运动员在哥德堡举行的四十二届世界乒乓球锦标赛上,夺得女子团体、女子双打、男子双打和混合双打4项冠军。

5月12日 河姆渡遗址博物馆在宁波余姚开放。

同日 内地基本法起草委员会代表团抵澳门,参加基本法咨委会解散活动。

5月12日—14日 全国科技工作会议在京召开。

5月14日 中国人民银行经国务院批准决定从5月15日起提高现行人民币存款和贷款利率。财政部决定提高今年国库券票面利率。

同日 中葡联合联络小组中方代表处及外交部驻澳门签证办事处门前的国徽及铜牌遭油漆泼污。肇事的一葡籍土生男子被拘控。

5月14日—17日 新西兰总理博尔格访问我国。

5月15日 新华社报道:国务院最近发出关于严格审批和认真清理各类开发

区的通知。

5 月 17 日—21 日　全国政协八届常委会第二次会议在京举行。会议通过部分修改《中国人民政治协商会议章程》的决定。

5 月 18 日　澳门士多纽拜斯与美副将马路交界地段拍卖,地产商冯志强以破纪录的地价投得。

5 月 20 日　1992 年度中国电影政府奖在京颁奖。《蒋筑英》等影片获奖。

5 月 21 日　江泽民主席在北京接受美国有线电视公司北京分社社长齐迈可的采访。

5 月 23 日—6 月 2 日　第三届中国戏剧节在福州举行。

5 月 24 日　1993 年度国家社会科学基金项目评审会议结束。近 500 个课题通过评审,重点突出了对建设有中国特色社会主义理论等问题的研究。

同日　我国导演陈凯歌执导的影片《霸王别姬》获得第四十八届嘎纳国际电影节"金棕榈奖"。

同日　中国和厄立特里亚签署两国建交公报。

5 月 24 日—25 日　1992 年度精神产品生产"五个一工程"表彰大会在京举行。13 个省区市党委宣传部和 66 部作品获奖。

5 月 25 日　三峡工程初步设计通过专家审查。

5 月 26 日　中央各部门开始清理涉及农民负担的文件和项目,12 类有关文件项目将被取消。农业部受权宣布:纠正 10 种错误收费与管理方法,取消 43 项农村达标升级活动。国务院要求 6 月底前把涉及农民负担的文件和项目清理完毕。

5 月 28 日　我国吕圣荣女士当选为国际羽联主席。

5 月 30 日　新华社报道:我军预备役部队组建十年来成绩显著。江泽民、刘华清、张震分别为此题词祝贺。

同日　澳门第二届市政议会选举进行投票。澳门区 5 名直选议员:温泉、姚汝祥、张裕、梁庆球、区锦新;海岛市 3 名直选议员:岑玉霞、莫德岳、梁少佳。间选议员分别为澳门区李康、崔世昌、冼志耀、何汉、唐坚谋;海岛市阮子荣、杨景开、何亮照。

6 月 1 日　我国运动员在今日结束的第八届世界杯跳水赛中夺得全部 9 枚金牌。

同日　澳门《道路法典》实施。

同日　台湾邮局开办收寄大陆地区航空及水陆挂号函件业务。

6 月 2 日—4 日　格鲁吉亚国家元首谢瓦尔德纳泽访问我国。

6 月 3 日　台"经济部"提出《经济政策白皮书》,到公元 2000 年,台湾的"国民"生产毛额预计达到 4400 亿美元,每人平均所得突破 2 万美元,制造业总值达 3000 亿美元,进出口贸易额逾 3000 亿美元,把台湾发展成为西太平洋地区的交通转运中心、金融中心和科技重镇,跻身全球五大集成电路工业地区。

6 月 4 日　新华社报道:中央军委最近发布通令,给西昌卫星发射中心发射测试站记集体一等功,授予国防科工委某基地研究所第二研究室"勇攀科技高峰研究室"荣誉称号,授予国防科技大学电子计算机研究所"科技攻关先锋"荣誉称号。

同日　《1992 年中国环境状况公报》发表。

同日　国家"八五"期间重点项目——清江隔河岩水电站一号机组正式投产发电。这座总装机 120 万千瓦的水电站位于湖北省长阳土家族自治县境内。

同日　首批台湾挂号邮件总包运到北京，至此，北京、台湾挂号函件业务步入正轨。

6月5日　新华社报道：中国第一座静止轨道气象卫星地面站落户京城。中国是世界上第四个能够自行设计和建造这种地面站的国家。

同日　江西省政府和中科院紫金山天文台在南昌召开命名大会，宣布以著名企业家张果喜命名一颗小行星。张果喜星的国际编号为3028。这是紫金山天文台首次以国内优秀企业家的名字为小行星命名。

同日　20世纪华人音乐经典系列活动在北京开始举行。

同日　上海市闸北中学7名初中生组成的中国队在美国举行的第十四届世界头脑奥林匹克比赛中获得金牌。世界头脑奥林匹克赛为综合性的智力竞赛。

6月7日　军委主席江泽民发布命令，给下列人员晋升上将军官军衔：中央军委委员、解放军总参谋长张万年，中央军委委员、解放军总政治部主任于永波，中央军委委员、解放军总后勤部部长傅全有，国防大学校长朱敦法，海军司令员张连忠，空军司令员曹双明。

同日　中国新文化运动先驱、文艺界卓越领导人阳翰笙在北京逝世，享年91岁。

6月8日　中国航天工业总公司（国家航天局）成立大会在北京举行。李鹏总理题词祝贺。

同日　澳门清洁工人全面罢工。9日，清洁工人发表声明，深夜复工，限期专营公司回应所提要求。11日，清洁工人再度罢工。12日，清洁专营公司聘逾千临时工，暂行清理市面垃圾。13日，清洁工人全面复工。

6月9日　《人民日报》报道：中科院北京电镜实验室和大连理工大学研制成功我国第一台光子扫描隧道显微镜，其主要指标达到国际领先水平。

6月10日　《人民日报》报道：在包头市白云鄂博矿区48平方公里土地上，已探明稀土的工业储量占世界总储量的77%以上。

同日　台"行政院"通过《二·二八事件处理条例》草案，并给予"二·二八"受难者家属最高500万元新台币的抚慰金。21日，台"立法院"完成该草案的审查，决定每年2月28日为"二·二八事件纪念日"。

6月11日　《人民日报》报道：中纪委、监察部会同国家税务总局最近严肃查处了湖北咸宁市五家企业与骗税犯罪分子相勾结，并伙同税务部门开具空头发票和假完税证明，造成国家出口退税款1200多万元被骗的案件。

6月12日　受国务院委托，农业部、国家计委和卫生部联合召开新闻发布会，颁布《九十年代中国食物结构改革与发展纲要》。

同日　民进党第三次党员代表大会在基隆召开。

6月13日　我国研制的世界上第一台超灵敏小型回旋加速器质谱计通过鉴定。

6月13日—14日　江泽民在西安主持召开西北五省区经济工作座谈会，研究进一步深化改革、扩大开放、促进西北经济发展问题。

6月13日—22日　马来西亚总理马哈蒂尔访问我国。

6月14日　中英两国关于香港问题的第五轮会谈在北京开始举行。双方就香港1994/1995年选举安排问题举行为期三天的会谈。

6月15日 《人民日报》举行创刊45周年纪念活动。

同日 台"立法院"三读通过《公职人员财产申报法》,从1993年9月1日起实施。该法强调四项强制原则:强制申报、强制公开、强制信托、强制处罚。按该法规定,约有2.3万公职人员必须申报个人、配偶及其未成年子女的财产。

6月16日 中国红十字会在北京举行南丁格尔奖章和无偿献血金质奖杯获得者颁奖大会。张谨瑜、李桂美、张水华获本届南丁格尔奖章。

同日 台湾专案批准全国人大常委张克辉入台奔丧。

6月17日 国民党中常会决定,将原党章中的"革命民主政党"改为"具有革命精神的民主政党"。25日,国民党"党章研修小组"初步决定,党主席由全体党员代表以无记名方式产生。

6月20日 国务院召开全国减轻农民负担工作电话会议,宣布第一批取消中央国家机关各有关部门涉及农民负担的37个集资、基金、收费项目,同时宣布要纠正的强制性、摊派性和"搭车"收费的有关政策和要求。

6月21日 中国纺织总会成立大会在北京举行。根据国务院机构改革方案,撤销纺织工业部,组建中国纺织总会。

6月21日—23日 中英联合联络小组在香港举行第26次会议。这是1992年12月中断后复会的第一次会议。

同日 英外相赫德表示,英内阁会议全力支持彭定康政改建议,九五立法局必须整体过渡。

6月22日 标志我国高科技领域又一重大突破的"银河全数字仿真—Ⅱ"计算机通过国家鉴定。

6月22日—25日 中葡联合联络小组第十七次全体会议在澳门举行。双方就澳门国际机场有关的悬而未决问题达成协议,并签署了航空运输协议的有关文件。葡方提交了澳门拟优先加入的其他国际组织的名单。

6月22日—7月2日 第八届全国人大常委会第二次会议在北京召开。会议通过了《科技进步法》、《农业科技推广法》、《农业法》;通过关于惩治生产、销售伪劣商品犯罪的决定等。

6月23日 江泽民致信国际奥委会委员,重申中国政府和人民支持北京申办2000年奥运会。

同日 台"立法院"审议"核四"预算案时,反对该提案的民进党"立委"黄昭辉指挥由民进党策动的"反核联盟"、"主妇会"成员约六七百人组成反核示威队伍,到"立法院"门前示威。示威者甚至冲进会场,动手抢票,遭到国民党籍"立委"的阻拦,发生肢体冲突。25日,"立法院"再次审理"核四"案,双方再次爆发冲突。

6月24日 中共中央、国务院印发《关于当前经济情况和加强宏观调控的意见》。

同日 厦门航空公司2501号班机在常州飞往厦门途中,被歹徒张文龙劫至台湾桃园机场。当晚,该机及机组人员和乘客安全返回厦门。劫机歹徒被台湾警方留下。

同日 澳门国际龙舟大赛,中外37队竞逐三项锦标。

6月25日 江泽民在中南海举行的纪念七一座谈会上强调,在我国改革开放和现代化建设的关键时期,必须进一步加强党的领导,搞好党的建设。

同日 卫生部宣布,我国目前发现的艾滋病感染者已超过千例,分布于19个省、自治区、直辖市。

同日 当代杰出的雕塑艺术大师、著名美术教育家、中国美术馆事业的开创者刘开渠因病逝世,享年89岁。

同日 圣多美和普林西比总统特罗瓦达私人访问澳门一天。

6月25日—27日 澳大利亚总理基廷访问我国。

7月1日 中国开始实行新的财会制度,《企业财务通则》《企业会计准则》以及分行业企业财务、会计制度正式生效。这是为中国财会制度与国际惯例接轨而采取的重要举措。

7月2日 国家主席江泽民签署发布《中华人民共和国农业法》和《中华人民共和国农业技术推广法》。两项法规均于公布之日起施行。国家主席江泽民签署发布《中华人民共和国科技进步法》,该法于1993年10月1日起施行。

同日 八届全国人大第二次会议通过成立由内地和香港各界人士组成的香港特别行政区筹委会预备工作委员会。

7月5日 中共中央总书记、国家主席江泽民为第7届全国运动会题词:"发展体育运动,为建设有中国特色的社会主义服务。"

7月8日—9日 英国外交大臣赫德访问中国。

7月8日、9日 英外相赫德在京就香港问题与中方举行会谈。

7月8日—18日 我国选手在美国布法罗举行的第十七届世界大学生运动会上获得17枚金牌、6枚银牌和5枚铜牌,金牌数名列第二,奖牌数名列第四。

7月9日 新华社报道:中国科大地球与空间科学系最近被第三世界科学院执委会选定为高级研究中心。

同日 台"立法院"院会通过废止实行了40年之久的《耕者有其田条例》。

7月10日 经国务院批准,中国人民银行决定自7月11日起提高人民币存、贷款利率,并对3年以上定期储蓄存款实行保值。同日,财政部发布公告,决定调整1993年国库券利率,并对1992年和1993年发行的国库券实行保值。

同日 《人民日报》报道:由西北核技术研究所等单位研制的"闪光Ⅱ号"低能强流脉冲相对论电子束加速器日前通过国家鉴定。

同日 新华社报道:国务院决定今年起对第三产业进行普查,为制订发展规划和政策提供基础资料。

同日 新华社报道:湖北省文物工作者在对英山县发现的一墓碑进行半年多的研究后,确认这块墓碑确属北宋活字术发明者毕昇的墓碑,从而使这位中国古代"四大发明"之一的发明者的生平终于得到实证。

7月12日 我国第一个社会体育科学研究所在天津体育学院成立。

7月13日 为期7天的第八次驻外使节会议结束。

同日 澳门第二届市政议会成立,麦健智任市议会主席。

7月13日—17日 香港特别行政区筹委会预委会在北京举行第一次全体会议。会议讨论了预备委员会工作规则,并决定预委会下设政务、经济、法律、文化、社会及保安等五个专题小组。

7月15日 澳门行政执照新制度实施,禁止卡拉OK在午夜后营业。

7月16日—17日 全国人民代表大会常委会香港特别行政区筹备委员会预备工作委员会第一次全体会议在北京举行。

7月17日 京剧表演艺术家俞振飞

在上海逝世,享年 90 岁。

7 月 19 日　国务院、中共中央军委决定调整全国拥军优属拥政爱民工作领导小组成员。罗干任组长,多吉才让、周子玉、胡生宝、李树文、龚心瀚、杨福根任副组长。

同日　国家统计局发布上半年我国国民经济发展状况统计情况,初步测算上半年国民生产总值达 12647 亿元,比去年同期增长 13.9%。总的评价是经济发展势头强劲,制约因素趋向突出。

7 月 20 日　驻港英军司令霍立言在记者会上称,英国防部作出提前撤走部分驻港英军的安排。

同日　因不满《道路法典》,澳门机动营业车辆采取工业行动停驶,交通运输行业于深夜开始复工。

同日　民进党籍姚嘉文、谢长廷等七人组成的"大陆访问团"于 20 至 28 日访问北京、上海、深圳、厦门等地。

7 月 21 日　新华社报道:中科院高能物理所研制的北京自由电子激光装置已成功地产生了亚洲第一束红外自由电子激光。这标志我国在激光和加速研究上获突破性进展。

同日　《人民日报》报道:国家教委日前发出《关于重点建设一批高等学校和重点学科点的若干意见》,这项被命名为"211 工程"的高校建设计划是:面向 21 世纪,重点建设 100 所大学和一批重点学科点。

7 月 21 日—24 日　全国机构改革工作会议在北京举行。江泽民在同与会代表座谈时指出,机构改革是一项战略举措,事关社会主义现代化全局。

7 月 22 日　中共中央办公厅和国务院办公厅发出关于涉及农民负担项目审核处理意见的通知。

同日　首次大规模展示在大陆台湾企业概貌的台资企业技术产品博览会在北京开幕。

同日　新华社报道:世界首例双下肢再植术在上海第六人民医院骨科获成功。这一成功填补了世界医学一项空白。

7 月 25 日　抗美援朝纪念馆开馆典礼在丹东举行。江泽民、李鹏为纪念馆题词。江泽民的题词是:"中国人民志愿军的爱国主义、国际主义和革命英雄主义精神永放光芒。"李鹏的题词是:"纪念抗美援朝保家卫国的伟大胜利!"邓小平为抗美援朝纪念塔题写塔名。

同日　西北航空公司一架客机在银川起飞时冲出跑道坠毁,已死亡 59 人。邹家华当天赶往银川看望空难伤员。

7 月 26 日　国务院三峡工程建设委员会举行第二次会议,审查批准了《长江三峡水利枢纽工程初步设计报告》。至此,三峡工程建设进入正式施工准备阶段。

7 月 27 日　参加今年国际数、理、化和生物奥林匹克赛的我国 19 名中学生回到北京,受到热烈欢迎。19 名学生在四项比赛中共获得 19 枚奖牌。

同日　中国奥委会发表声明,强烈谴责美众议院 26 日通过反对北京举办 2000 年奥运会的议案。

同日　新华社报道:西汉景帝阳陵从葬俑坑,经过三年的进一步发掘清理和勘探,又有数量可观的各类稀世文物及另一大型从葬坑面世,出土了三千多件男女彩绘陶俑。

同日　香港政府宣布:从 1993 年 8 月 1 日起,中国内地居民过境香港无须签证。

7 月 29 日　澳门警方首批"飞虎队"30 人完成训练,配合警队应付严重罪案。

7 月 30 日　亚洲规模最大的,总水平属世界一流的北京仿真中心通过国家验收。

同日 港府决定容许外籍合约公务员归化后以本地条件续约。立法局公务员事宜小组批评此做法是变相将海外公务员本地化,令真正的本地化政策名存实亡。

8月1日 李鹏签署国务院令,发布《国务院关于修改〈扫除文盲工作条例〉的决定》,自发布之日起施行。

同日 经国家出入境管理机关批准,即日起,持有双程赴港探亲证件的内地居民可从厦门乘船出境。

8月3日 台"行政院长"连战指示开放大陆半成品进口,以配合"振兴经济方案"的顺利开展。26日,台"经济部"原则决定全面开放大陆半成品进口。

8月4日 中共中央政治局委员、中宣部部长丁关根在首都召开的加强新闻职业道德建设座谈会上,要求各新闻单位采取切实可行的措施,坚决刹住"有偿新闻"这股不正之风。

8月6日 第一条中日海底光缆通信系统在大隅海峡全线贯通。这条光缆从中国上海南汇至日本九州宫崎,全长1300公里,总投资达7700多万美元。

同日 在台湾当局策动下,中美洲七国联名向联大提出要求把台湾问题列入联大第48届会议议程。

8月7日 我外交部长助理秦华孙紧急召见美国驻华大使芮效俭,就美无端指责"银河号"货轮载有危险化学品并干扰该船正常商业运输事,向美国提出强烈抗议。

8月10日 中国和利比亚恢复外交关系。

同日 中国航空公司一架由北京飞往雅加达的波音客机被劫往台北后安全返回厦门。劫机犯被台湾警方扣留。

同日 赵少康等七人宣布退出国民党,另组"新党"。22日,新党举行成立大会并通过党章。

8月12日 我外交部发言人发表谈话说,中国在联合国的代表权问题早已完全解决,根本不存在台湾"重返联合国"问题。

同日 澳门国际机场一艘工程运沙船在距澳门8海里的东澳岛触礁沉没,六人下落不明。

8月14日 美国休斯空间通信公司和中国长城工业总公司及中国运载火箭技术研究院就澳星B2故障调查作出结论,双方发表联合声明说,中国火箭或整流罩没有导致此次故障的缺陷。

同日 李鹏签署国务院令,发布《国家公务员暂行条例》,自今年10月1日起施行。

同日 新华社报道:北工大教授戴乾圜创立和阐明的致癌机理"双区理论"和"转录基因"致癌学说引起国际科技界瞩目,被推崇为"来自中国的理论"。

8月14日—22日 在斯图加特举行的世界田径锦标赛上,我国选手黄志红获女子铅球金牌,曲云霞、王军霞、刘冬分获女子3000米、10000米、1500米金牌。中国健儿共获4金、2银、2铜,奖牌数居美国之后列第二。

8月15日 《澳门日报》创刊35周年,出版《澳门手册》以志纪念。

8月15日—24日 第七届全国运动会四川赛区隆重开赛。刘华清等领导同志出席了开幕式。40个代表团3200名健儿参加了12个项目的比赛。

8月16日—22日 国民党召开第十四次"全国"代表大会。国民党主席李登辉致辞,连战作政治报告。17日,会议通过修订的党章,将每四年一次的代表大会改为每两年一次。18 日,大会以无记名投票方式选举李登辉为党主席,并以举手方式同意由李登辉提名的李元簇、郝柏村、林洋港和连战等四人为副主席;同时,大会还选出 210 名中央委员、105 名候补委员;增聘 28 人为中央评议委员会主席团主席;增聘 196 人为中央评议委员。8 月 23 日,在十四届一中全会上产生出 31 名中央常务委员。

8 月 17 日　新华社报道:《续修四库全书总目提要》目前已由中华书局出版了"经部"上下册,全书计划到 1998 年出齐。

8 月 18 日　中共中央在中南海怀仁堂召开党外人士情况通报会,通报中共中央关于开展反腐败斗争的部署和意见。

8 月 19 日　江泽民总书记电贺李登辉再次当选国民党主席。

8 月 22 日　《毛泽东手书选集》开始出版发行。

8 月 23 日　新华社报道:国务院日前发出关于严格控制财政支出和社会集团购买力过快增长的通知。

8 月 23 日—24 日　天津市中级人民法院依法判处犯有窝藏罪、妨害公务罪等五项罪行的天津市静海县大邱庄企业集团总公司原董事长禹作敏有期徒刑 20 年,并对七名同案犯分别作了判决。27 日对非法审讯,残暴殴打职工致死的大邱庄万全集团公司原经理刘云章等 18 名罪犯分别判处死缓和有期徒刑。

8 月 23 日—25 日　'93 海峡两岸法学学术研讨会在京举行。21 日,江泽民会见了参加会议的台湾东吴大学校长章孝慈。

8 月 24 日—28 日　全国第五届中学生运动会在青岛市举行。山东队获足球、田径冠军,广东队获篮球金牌。

8 月 25 日　江泽民在大连接见第 4 届民办田径锦标赛的中国田径队,对马俊仁教练率领的辽宁女子中长跑队"坚忍不拔,锲而不舍,艰苦奋斗,勇攀高峰"的精神给予高度评价。

8 月 25 日—27 日　江泽民在大连主持召开华北、东北八省区市经济工作座谈会。

8 月 25 日—9 月 2 日　第八届全国人大常委会第三次会议在北京举行。会议通过了经济合同法修正案和反不正当竞争法等。

8 月 27 日　中国正式加入海关合作理事会《伊斯坦布尔公约》,从而成为正式批准加入该项公约的第五个理事会成员。

同日　李鹏总理批准使用 300 万美元总理预备金支持启动金桥前期工程建设。

同日　外交部副部长刘华秋奉命就美国政府依据所谓大量情报分析,认定中国向巴基斯坦进行了与导弹相关的技术转让而决定对华实行制裁一事,向美方提出强烈抗议。

同日　青海海南藏族自治州共和县境内的沟后水库大坝决口,造成 242 人死亡,136 人受伤。

8 月 28 日　1993 年度澳门小姐竞选在综艺馆举行,毕嘉丽夺冠。

8 月 30 日　台"法务部"《肃贪行动方案》开始实施,"行政院长"连战声称,此次检肃贪渎,"只许成功不许失败",要使公务员"不敢贪、不能贪、不愿贪、不必贪",以建立清廉政府。

8 月 30 日—9 月 1 日　海协会副秘书长孙亚夫与海基会副秘书长许惠佑在北京举行了"汪辜会谈"后两会第一次工作性商谈。双方就全面落实"汪辜会谈"有关协议等问题广泛交换了意见。

8 月 31 日　国务院第九次常务会议

原则通过《国务院关于近期开展反腐败斗争的实施意见》。

同日　国务院台湾事务办公室和国务院新闻办公室发表《台湾问题与中国的统一》白皮书，阐述中国政府关于台湾问题的立场与主张。

同日　广东大亚湾核电站1号机组并网发电成功。并网功率为4.5万千瓦。

9月1日　《中华人民共和国产品质量法》即日施行。

同日　解放军总参谋部、总政治部和国家体改委等七个部门联合发布《关于企业民兵、预备役工作的规定》。《规定》指出，企业民兵是中国国防后备力量的组成部分；战时，是城市防卫作战的一支重要力量，是补充扩大人民解放军所需军官和专业技术兵的重要来源，是坚持生产、保卫生产、支援战争的骨干力量；平时，是发展生产、担负战备执勤、维护社会治安、完成急难险重任务的骨干。

同日　针对国务院台湾事务办公室与国务院新闻办公室发表的《台湾问题与中国的统一》白皮书，台湾当局口径一致指称"了无新意"，并声称在两岸关系中"没有台湾问题，只有中国问题"。

9月1日—6日　中国妇女第七次全国代表大会在京举行。会议修改了全国妇联章程，并选出了新一届领导机构。陈慕华继续当选为全国妇联主席。

9月2日　历时8天的八届全国人大常委会第三次会议闭会。会议通过关于修改经济合同法的决定和《反不正当竞争法》等两个法律草案及其他决议。

9月4日　第十世班禅大师灵塔祀殿落成典礼及开殿仪式在西藏扎什伦布寺隆重举行。国务委员兼国务院秘书长罗干，全国人大副委员长、自治区政协主席帕巴拉·格列朗杰，全国政协副主席杨汝

岱等出席了落成典礼和开殿仪式。罗干同志并代表国务院宣布，修建灵塔祀殿的所有节余资金、黄金、白银等都留给扎什伦布寺，用于灵塔祀殿的维修和其他佛事活动。

同日　台湾从美国购买41枚"鱼叉"反舰导弹，这是继美国向台湾出售Ｆ—16战斗机后又一恶例。

9月4日—15日　第七届全国运动会在北京举行。45个代表团参加了43个项目的比赛。共有4人4次创4项世界纪录，18人4队43次超21项世界纪录，4人4次平3项世界纪录，54人1队93次创34项亚洲纪录，61人3队143次超66项亚洲纪录，130人14队273次创117项全国纪录。

同日　中国和沙特政府代表以及作为沙特方顾问的美国政府技术专家签署报告确认，中国货轮"银河号"完全没有运载美方所指控的两项化学品。

9月6日—9日　印度总统拉奥访问我国。7日，中印两国签署了《关于在中印边境实际控制线地区保持和平与安宁的协定》等四项文件。

9月9日　全国5000多名优秀教师在京受到党和国家的奖励和表彰。

同日　海南洋浦经济开发区正式封关运行。这是中国迄今批准的最大的封闭式境内海关监管区。

9月10日　英方代表兼驻华大使麦若彬在港表示，中英之间仍有实质分歧。但否认谈判破裂的说法。

9月10日—14日　推行国家公务员制度和工资制度改革工作会议在京举行。党中央和国务院决定1993年10月1日起实施两项制度的改革。

9月11日　首届"中华人口奖"颁奖大会在人民大会堂举行。赵志浩、吴阶

平、马寅初(已故)等 11 人获奖。"中华人口奖"是国家常设的人口事业最高奖,每两年颁发一次。

同日　《我的父亲邓小平》(上卷)出版发行。

同日　6000 人进行缓步跑,支持北京申办奥运。

9 月 14 日　中央军委主席江泽民发布命令,授予解放军总医院耳鼻咽喉研究所所长、卫生部专家组组长姜泗长"模范医学教授"荣誉称号。

同日　北京首都国际机场高速公路建成通车。这条高速公路东起首都国际机场、西至三元立交桥,全长 18.735 公里,路宽 34.5 米,为三上三下双向六车道的全封闭、分立交双幅路。

9 月 15 日　彭定康表示,中英谈判如果第 12 轮仍未取得结果,港府将自行安排一套政改建议交立法局。

9 月 17 日—24 日　毛里塔尼亚总统塔亚访问我国。

9 月 18 日　武警部队晋升武警警衔仪式在北京举行。仪式上宣读了国务院、中央军委命令:晋升巴忠倓为中将警衔,安鲛驹、张钰钟、冯延龄为少将警衔。

同日　台"陆委会"召开第一次咨询委员会议,23 名咨询委员中,有 4 名民进党籍委员。这是民进党第一次参加咨询大陆政策。

9 月 18 日—21 日　第一次由国务院召开的全国乡镇企业工作会议在北京举行。

9 月 20 日—27 日　尼泊尔国王比兰德拉访问我国。

9 月 21 日　第四十八届联大开幕。22 日,联大总务委员会会议决定不将台湾"加入"联合国问题列入联大议程。

同日　港府宣布,下任布政司由陈方安生担任。

9 月 22 日—24 日　巴勒斯坦国总统阿拉法特访问我国。

9 月 25 日　在摩纳哥举行的国际奥委会第 101 次会议投票表决中,悉尼得 45 票获 2000 年奥运会申办权。北京得 43 票。

同日　京津塘高速公路全线通车。京津塘高速公路是国务院批准建设的第一条高速公路,也是中国第一条跨省市的高速公路,全长 142.69 公里。

同日　香港群星抵澳门,参与支持中国救灾扶贫义演,掀起澳门救灾扶贫运动高潮。

同日　台"行政院"同意设立"全民健康保险推动小组",以推动全民保险。

9 月 26 日　中英两国政府代表就香港问题在北京举行第 12 轮会谈。

9 月 27 日　在党中央、国务院的亲切关怀和国家有关部门的大力支持下,西藏贡噶机场扩建工程总体工程胜利竣工,并通过国家验收。

同日　海口市中级人民法院召开宣判大会,依法对新中国成立以来最大的贪污案(共贪污银行公款 3344 万元,其中 600 万元贪污未遂)中的五名主犯薛根和、陈贻全、熊道先、赵东方、杨绍琼处以死刑。

9 月 27 日—29 日　江泽民在广州主持召开中南西南十省区经济工作座谈会,强调要不失时机地推进改革开放。

10 月 3 日　中国技巧队在索非亚举行的第十届世界杯技巧赛中,夺得 13 枚金牌,名列榜首。

10 月 4 日　新华社报道:在全国大城市中,大连成为第一个被全国爱委会命名的"国家卫生城市"。授匾仪式在大连举行。

10月5日　中共中央、国务院作出关于反腐败斗争近期抓好几项工作的决定。

中国进行了一次地下核试验。同日，中国政府发表了《中国政府关于核试验问题的声明》，重申了中国政府在核试验问题上的一贯立场。

同日　以新闻媒介为主体的"中华环保世纪行"宣传活动，即日起在全国各地全面展开。这种大型宣传活动在全国尚属首次。

同日　2000多名劳工到台"立法院"请愿，要求退回"行政院劳动基准法修正草案"，希望"立委"支持工人版"劳基法修正草案"。

10月6日　中国首家航空运输集团——东方航空集团在上海成立。这标志着中国民航管理体制的重大转变。

10月6日—9日　全国政协八届常委会第三次会议在京举行。会议的中心议题是讨论当前国家的经济形势。

10月6日—9日　中国残联二大在京举行。邓朴方再次当选为中国残联主席。

10月7日　香港《明报》记者席扬因从事窃取、刺探国家金融秘密活动，证据确凿，经北京市人民检察院分院批准，依法将其逮捕。向席扬非法提供国家金融秘密的田野也被捕。

10月8日　首都各界人士集会庆祝《中国大百科全书》胜利完成。编纂该书历时15年，全书共74卷，1.25亿字，77859个条目。

10月8日—14日　第一届上海国际电影节在沪举行。中国台湾电影《无言的山丘》获最佳影片奖，香港电影《笼民》获"评委会特别奖"。

10月10日—14日　以色列总理拉宾访问我国。

10月12日　我国和马其顿共和国正式建交。

同日　"澳门与基本法"知识竞赛在上海举行。

同日　台"经济部"重申，台商赴大陆投资、贸易以及其他商业行为仍维持"许可制"，否定"报备制"。

10月13日—17日　全国工商联第七届会员代表大会在京举行。经叔平当选为全国工商联主席。

10月14日　历时7天的上海国际电影节闭幕。

同日　全国足球工作会议在大连棒槌岛召开。此次会议制定、公布了《中国足协俱乐部章程》、球员转会、俱乐部体制等20个文件，正式提出了《中国足球事业十年发展规划》，全面铺开了足球改革。俱乐部锦标赛首次采用主客场制。

10月15日　世界最长的一条光缆——（北）京（武）汉广（州）暨广邕（广西）、广琼（海南）光缆通信干线开通。京汉广暨广邕光缆全长4700多公里。

同日　澳门市政厅全面执行管制色情物品条例。

10月18日—21日　中共中央在京召开农村工作会议。江泽民、李鹏先后在会上作重要讲话，强调农业的基础地位丝毫不能动摇。

10月18日—21日　哈萨克斯坦总统纳扎尔巴耶夫访问我国。

10月19日　中越两国政府代表团在河内签署关于解决中越两国边界领土问题的基本原则协议。

10月20日—21日　中英两政府就香港1994/1995年选举安排举行第十四轮会谈。

10月22日　"恐龙在澳门"展览开幕。这是全东南亚最大规模的恐龙展览。

10月22日—31日　八届全国人大常

委会第四次会议在京举行。会议通过《中华人民共和国消费者权益保护法》、《注册会计师法》、《红十字会法》、《教师法》。

10 月 23 日 由邓小平题写桥名的世界第一斜拉桥——上海杨浦大桥通车。总投资 13.3 亿元的杨浦大桥全长 7658 米，其中主桥长 1172 米，主跨 602 米，主塔高 208 米。

同日 中国首届国际攀岩比赛在武汉举行，中国武汉地质队获团体冠军。

同日 第七届国际音乐节开幕。

10 月 24 日—30 日 中国工会十二大在京举行。尉健行当选为全总主席，张丁华为第一书记。

10 月 25 日—30 日 喀麦隆总统比亚访问我国。

10 月 26 日 中宣部和新闻出版总署发出《关于禁止"买卖书号"的通知》。

同日 京九铁路东大门第一座特大桥——跨京山线特大桥竣工。跨京山线特大桥位于天津北辰区，它是京九线铺轨的东起点。大桥全长 2107.6 米。

10 月 28 日 中国第一头试管水牛在南宁顺利降生。这一国家"八五"科技攻关项目，是由广西农业大学副研究员蒋和生主持的。

10 月 29 日 555 香港—北京汽车拉力赛经 7 天角逐结束。

10 月 29 日—31 日 葡萄牙总统苏亚雷斯第三次访问澳门。

10 月 31 日 国家主席江泽民签署主席令，发布《中华人民共和国教师法》，自 1994 年 1 月 1 日起施行；发布《中华人民共和国红十字会法》，自公布之日起施行。

同日 我国选手王军霞等包揽了 1993 年世界杯马拉松赛女子组前 4 名，王军霞获得冠军。

11 月 1 日 中央军委在人民大会堂

举行《贺龙传》出版发行暨纪念贺龙诞辰 97 周年座谈会。

11 月 2 日 中共中央文献编辑委员会编辑的《邓小平文选》第三卷由人民出版社出版并在全国各地发行。

同日 新港澳码头正式启用。

11 月 2 日—7 日 海协会与海基会为落实"汪辜会谈"有关协议进行的第二次工作商谈在厦门举行，双方就部分问题取得共识。

11 月 4 日 港督彭定康应澳督邀请，抵澳门欣赏国际音乐节表演及恐龙展览。

同日 台"经济部长"江丙坤表示，对台商赴大陆投资，将放弃过去"不鼓励、不干预"态度，"政府"将主动介入辅导，并由工商团体以集体合作方式前往。

11 月 5 日 中共中央、国务院印发《关于当前农业和农村经济发展的若干政策措施》。

同日 新华社全文播发邓小平 1992 年 1 月 18 日—2 月 21 日在武昌、深圳、珠海、上海等地的谈话要点。

11 月 7 日 由中华全国新闻工作者协会和中国韬奋基金会联合主办的首届韬奋新闻奖揭晓。朱承修等八名编辑获奖。

11 月 8 日 国务院港澳办副主任王启人访问澳门。

11 月 9 日—12 日 中葡联合联络小组在澳门举行第十八次全体会议。会议研究了澳门过渡时期中文官方地位、法律本地化和公务员本地化问题。

11 月 11 日—14 日 中共十三届四中全会在京举行。全会审议并通过了《中共中央关于建立社会主义市场经济体制若干问题的决定》。

11 月 12 日 第 2 届世界武术锦标赛在马来西亚举行，中国队获 11 枚金牌。

11月13日　香港70多名小业主派代表，就氹仔宝龙花园购楼事件抵澳门，向澳门消费者委员会求助。

11月14日　万名台北市各界人士举行"反雏妓华西街慢跑"活动，并发动签署《反雏妓公约》。

11月15日—20日　德国总理科尔访问我国，中德双方共签署20余项文件，双方合同金额和意向金额共达28亿美元。

11月16日　首届中国艺术博览会在广州开幕。

同日　我国选手谢军在国际象棋女子世界冠军卫冕赛中卫冕成功。

11月17日—19日　全国血吸虫病防治工作在南京举行。经过5年努力，我国血吸虫病急性感染人数由1989年的13191例减少到1992年的1781例。

11月17日—19日　亚太经合组织第五届部长级会议在美国西雅图举行。由钱其琛副总理率领的中国政府代表团出席了会议。20日，亚太经合组织首次非正式首脑会议在西雅图举行。江泽民出席会议，并就当前世界经济形势和亚太经济发展问题发表谈话。

11月18日　台"行政院"决定在"人机分离"的前提下，将大陆劫机犯判决或服刑后，予以遣返。

11月19日　江泽民和美国总统克林顿在西雅图举行正式会晤。双方都认为中美关系十分重要，两国在维护世界和平上负有共同责任，在经济合作上可以互相补充。

11月20日　第40届格兰披治大赛车揭开战幕。新赛车中心启用。赛车博物馆亦同时落成。

同日　台当局决定大幅开放金融管制，包括解除华侨和外国人投资台湾银行的禁令，取消侨外投资保险、证券与期货等金融服务业股权比例的限制。

11月21日　德国车手梅拿勇夺第40届澳门格兰披治三级方程式大赛冠军。

同日　台"经济部长"江丙坤在美国西雅图亚太经合会议上举行记者会，代表台湾当局发出"关于两个中国政策的说明"，公开提出"中华民国和中华人民共和国是两个互不隶属的主权国家，台北是以'一个中国'为指向的阶段性两个中国政策"。台湾当局公然抛出所谓"阶段性两个中国"政策，是其打出"两个中国"招牌的开始。

11月21日—29日　江泽民先后访问古巴、巴西和葡萄牙。访问期间，江泽民先后同古巴国务委员会主席卡斯特罗、巴西总统佛朗哥及巴西各界领导人、葡萄牙总统苏亚雷斯和总理席尔瓦举行了会谈或会见。

11月23日　中国最大的浅海采油平台——胜利开发二号平台建成下水。它长56米，宽22米，可同时满足三口油井采油的需要。

11月24日　全国政协副主席、著名政治活动家、科学家周培源在京逝世，终年91岁。

11月25日　国务院召开反腐败工作座谈会。

11月27日　"百部爱国主义影片座谈会"在京举行。

同日　我国选手在今天闭幕的第二届世界武术锦标赛上获11枚金牌。

同日　台湾地区县市长选举揭晓，国民党固守13席，得票率47.47%；民进党获6席，丢失1席，得票率41.03%；无党籍获2席，增加1席，得票率8.4%。

11月28日　因民进党在县市长选举中未获得过半数席位，许信良辞职以示负责，主席一职由首席中常委施明德接任。

12 月 1 日—4 日 国务院在京召开全国经济工作会议。江泽民强调,要努力在本世纪末初步建立社会主义市场经济体制。

12 月 2 日 外交部发言人指出,港英总督彭定康当天宣布决定将部分所谓"政改方案"提交立法局讨论,将意味着中英谈判中断,责任完全在英方。

同日 国务院港澳办主任鲁平在港澳中心会见以曾钰成为团长的香港民主建港联盟访京团一行 20 人,双方就会谈有关情况交换意见。

同日 海基会进行高层人士改组,辜振甫连任董事长,焦仁和接替邱进益任副董事长兼秘书长。

12 月 5 日 全国经济体制改革工作会议、全国计划会议、全国财政工作会议、全国经贸工作会议同时在京举行。

同日 国际刑警中国国家中心局局长朱恩涛率中国国际刑警代表团访问澳门。

12 月 7 日—8 日 共青团十三届二中全会在北京召开,会议通过了《在建立社会主义市场经济体制进程中我国青年工作战略发展规划》,提出实施"跨世纪文明工程"和"跨世纪青年人才工程"。

12 月 8 日 中国最大的高科技电子市场——中关村电子市场在北京竣工。

12 月 9 日—11 日 香港特别行政区筹委会预委会第 2 次全体会议在北京举行。会议讨论并原则同意预委会政务、经济、法律、文化、社会及保安五个专题小组的工作规划。李鹏在闭幕会上指出,英方单方面中止谈判理应承担由此产生的一切后果,无论发生什么情况,都不会影响中国政府恢复行使香港主权,维护香港稳定繁荣的决心和信心。

12 月 10 日 中央军委在京举行《朱德传》出版发行暨纪念朱德诞辰 107 周年座谈会。

同日 中国国际航空集团在北京成立。中国国际航空集团是国务院首批批准的 55 家大型试点企业集团之一,从 1994 年开始实行计划单列。

同日 中国最大的水电建设工程——二滩水电站截流成功。位于四川攀枝花市境内的二滩水电站拥有中国第一座 240 米的高坝,第一次采用单机容量 55 万千瓦的大水轮发电机组,总装机容量 330 万千瓦,位居全国第一。

12 月 11 日 大秦铁路二期工程正式通过国家验收,全线正式投入运营。

12 月 12 日 第十届公益金百万行在澳门举行,2.5 万多人参加,筹得善款逾 500 万澳门元。

12 月 13 日 国务院发布《中华人民共和国增值税暂行条例》,从 1994 年 1 月 1 日起执行。这标志着我国税制改革进入了实施阶段。

同日 国民党"党营事业管理委员会"主委刘泰英称,现阶段不准国民党党营事业赴大陆投资。

12 月 14 日 中国最大的人工半岛——天津港东突堤工程全部竣工。这一工程总投资 1.4 亿美元和 9 亿多人民币,陆域面积 100 万平方米,全部陆域都是浅海滩填造而成。

同日 台湾通过修正法,禁止政党在大学、法院和军队设党团组织。

12 月 15 日 国务院作出关于实行分税制财政管理体制的决定。

同日 中国第一条海底光缆——上海南汇至日本九州宫崎海底光缆系统正式开通。这一系统通信总容量达 7560 通话线路。

同日 国民党中常会通过放宽国民

党各级干部赴大陆探亲办法,规定中央各单位甲等职以上人员由秘书长核定,其余各级干部由各单位主管核定。

12月16日 外交部发言人就港英当局在中英两国政府还未达成协议的情况下悍然将有关香港1994/1995选举安排的部分立法草案提交立法局讨论发表谈话。发言人说,英方采取这一行动,就意味着谈判的终止,英方必须承担由此产生的一切严重后果。中国政府重申,在中英双方未达成协议的情况下,对香港立法局讨论通过的有关1994/1995年选举的任何立法,中方都不予接受,据此产生的任何机构都不能过渡到1997年6月30日之后。

12月16日—19日 墨西哥总统萨利纳斯访问我国。

12月18日 济(南)青(岛)高速公路全线正式通车。济青高速公路全长318公里,长度仅次于沈大高速公路,居全国第二位。

12月19日 国民党举行中评委及中央委员会座谈会,李焕等人强烈反对"总统直选"。

12月20日 毛泽东同志铜像在韶山揭幕。

同日 新澳氹大桥桥面合龙。

12月21日 新华社报道:经中共中央批准编辑的《毛泽东文集》、《毛泽东军事文集》、《毛泽东读文史古籍批语集》和编撰的《毛泽东年谱(1893—1949)》已出版,即日起在全国发行。

同日 全国人大常委会副委员长田纪云在北京会见澳门扶贫代表,赞扬澳门同胞以实际行动,支持祖国扶贫救灾的高尚情操。

12月23日 公安部在北京举行仪式,宣布国务院、中央军委命令,晋升和授予孙中国、孟振德、呼延振邦、张志华、朱新加、刘殿玉、刘良顺、蒋志、严焰南、李克忠、章珠、刘式浦12名同志以武警少将军衔。

12月24日 江泽民、李鹏在同全国政法工作会议代表座谈时强调,要采取有力措施维护社会政治稳定。

同日 前"总统"严家淦病逝,享年90岁。

12月25日 国务院作出关于金融体制改革的决定,确立中国人民银行作为独立执行货币政策的中央银行的宏观调控体系;实行政策性银行与商业银行分离的金融组织体系;从1994年起实行汇率并轨。1995年八届全国人大三次会议通过《中国人民银行法》。从1996年12月1日起,我国实现了人民币在经常项目下的可兑换。

同日 海协会和海基会就两岸劫机犯遣返等问题举行的商谈结束。商谈取得阶段性积极成果。

12月25日—27日 巴基斯坦总理贝·布托访问我国。中巴两国签署了经济合作协议等五个文件。

12月26日 中共中央、全国人大常委会、国务院、中央军委、全国政协在人民大会堂举行毛泽东诞辰一百周年纪念大会。江泽民总书记发表了长篇讲话。

同日 国务院在京召开全国平抑粮油价格工作会议。

12月29日 历时10天的八届人大常委会第五次会议闭幕。会议通过了我国第一部《公司法》,并决定1994年3月10日召开八届全国人大第二次会议。

同日 中国人民银行发布公告说,我国外汇管理体制有重大改革,1994年1月1日起实行汇率并轨。

12月30日 中国第一家国家级常设技术交易所在上海正式向全国开放。上海技术交易所是无形商品和高新技术产品的交易市场。

1994 年

1月1日　《人民日报》报道:1993年4月劫机去台的刘保方、黄树刚已分别被判处有期徒刑10年。

同日　中国人民银行发出通知,外汇券照常使用不受时间限制,收外汇券商品不得擅自涨价。

国务院办公厅发出通知,要求各地方、各部门制止以过低价格出售公有住房。

同日　我国从即日起正式成为专利合作条约成员国。

同日　旧版100元、50元澳门币在市面停止流通。

1月2日　我国首家"中国地球科学家数据库"在兰州建成。

1月3日　江泽民、李鹏致信全国军转干部安置工作会议,指出军队转业干部是国家的宝贵财富,各级党委和政府要认真做好这件关系大局的事。

同日　新版1毫、2毫、5毫澳门硬币发行流通。

1月4日　团中央开展"东西互助——劳务协作"活动,旨在为贫困地区培养青年致富带头人。

同日　非中共领导干部理论研讨班开学。这期理论研讨班以学习《邓小平文选》第三卷为主要内容。

1月5日　《人民日报》报道:经贸委、内贸部积极部署推行新税制。

同日　《人民日报》报道:宝钢设高雅艺术奖励基金,出资1000万元,设作品奖、

表演奖、编导奖、园丁奖。

同日　李鹏会见美国参议院代表团,希望中美抓住两国首脑正式会晤后的契机,保持两国关系中已开始的良好势头。

同日　台"教育部"决定开放岛内青少年民俗访问团利用寒暑假赴大陆表演,以促进两岸文化交流。

1月5日—8日　全国农业工作会议在北京召开,会议提出1994年的目标是稳定农民收入和农产品有效供给。

1月7日　《人民日报》发表《关于香港1994/1995年选举安排问题问答录》。

同日　李鹏主持召开国务院第十四次常务会议,审议劳动法(草案)和外资金融机构管理条例(草案)。

同日　美国国务院说,出售F—16战斗机给台湾的事已成定案,美将不会作重新考虑,并称"美国对台湾的所有军售皆完全符合与中共之间有关此问题的1982年公报以及与台湾关系法"。

同日　台"陆委会"主委黄昆辉向国民党大陆工作指导小组提出现阶段两岸文化交流指导原则:①认识两岸文化状况,增加彼此了解;②秉持平等善意态度,加强文化交流;③展现台湾发展特色,交换成功经验;④善用两岸文化资源,增进文化发展;⑤扫除文化交流障碍,促进良性互动;⑥鼓励民间共同推动,提供一切协助。

1月11日　国务院作出《关于进一步深化对外贸易体制改革的决定》。从1996年4月1日起,我国对4000多种商品进口关税进行大幅度削减,关税总水平降至23%。

同日　中国田径运动员王军霞获1993年欧文斯奖。这是中国运动员首次获此殊荣。

同日　国家教委召开1994年全国教

育工作电话会议,部署今年教育工作。

1月12日 中国与莱索托王国恢复大使级外交关系。

同日 澳门关闸边检大楼正式开幕使用。

同日 台"外交部"宣布终止与莱索托的"外交"关系。

1月14日 《人民日报》全文发表江泽民在中国共产党第十四届中央委员会第三次全体会议上的讲话。

同日 新华社报道:中纪委、监察部等有关部门近日发文要求各地、各部门认真贯彻《中共中央办公厅、国务院办公厅关于严禁用公费变相出国(境)旅游的通知》,对1992年7月1日以来用公费出国(境)团组进行全面、认真的清理,务必在近期内把过多过滥的公务出国(境)活动压下来。

同日 财政部代表我国政府正式向美国证券交易委员会注册登记发行10亿美元全球债券。这是中国政府发行的首笔全球债券。

1月15日 外交部发言人答记者问,批评台湾当局推行"度假外交"。

同日 新华社报道:《邓小平文选》发行超过2000万册。

1月16日 广西钦州港万吨级码头落成开港,实现了孙中山《建国方略》中提出的把钦州列为中国南方大港的凤愿。

1月16日—30日 全国人大常委会委员长乔石访问德国、瑞士和奥地利。

1月17日 新华社消息:税收财务物价大检查办公室公布,1993年共查出违纪金额154亿元。

同日 新中国成立以来首次规模最大、规格最高的国家图书奖评选揭晓,135种图书分别获得国家图书奖荣誉奖、国家图书奖、国家图书奖提名奖。颁奖大会30日在人民大会堂举行。

1月18日 江泽民为第5届全国大学生运动会题词:"发展学校体育运动,促进社会主义文明建设。"

1月19日 《人民日报》公布《九十年代中国农业发展纲要》。

1月20日 台"经济部"召开"赴大陆地区投资及技术使用专案审查小组"会议,决定开放营建业、租赁业以及工程顾问业赴大陆间接投资。

1月21日 新华社报道:国务院日前同意建设部、国家文物局关于第三批国家历史文化名城的报告,正定、新绛、海康等37座城市跻身历史文化名城行列。至此,全国共有99座城市成为国家历史文化名城。

同日 《人民日报》报道:国务院日前决定,中国科学院学部委员改称为中国科学院院士。

1月22日 《人民日报》报道:山东提前七年实现第二个翻番,1993年全省国民生产总值突破2500亿元。

1月24日 全国宣传思想工作会议在京召开。江泽民发表重要讲话强调,要以科学理论武装人,以正确舆论引导人,以高尚精神塑造人,以优秀作品鼓舞人。

1月26日—27日 国务院在北京召开全国粮棉油及"菜篮子"工作会议。

1月28日 江泽民、李鹏分别会见俄罗斯外长科济列夫,双方强调要发展中俄友好互利合作关系。

同日 美国参议院通过修正案,要求派内阁级官员访台。

1月29日 新华社报道:国务院近日发出关于继续加强固定资产投资宏观调控的通知。

1月30日 国务院发布《关于对农业特产收入征收农业税的规定》,自1994年

1月30日起施行。

1月31日 我国第六次国家自然科学奖评审结果揭晓,52项优秀成果获奖,181位科学工作者榜上有名。

同日 海基会副董事长焦仁和一行11人抵达北京。2月1日,海协会与海基会负责人的会谈正式开始,双方就"汪辜会谈"各项协议的执行情况,当前影响两会会谈取得进展的一些观念性问题进行了沟通和交换意见,认为两会事务性谈判中应以务实的态度回避政治问题,并就遣返劫机犯、偷渡客及处理渔事纠纷等三项事务性议题取得了高度共识。2月5日,双方就会谈签署发表"共同新闻稿",表示双方将全面履行"汪辜会谈"各项协议,保持两会联系,会谈管道畅通,并为第二次"汪辜会谈"创造有利条件。

1月 《新体育》1994年第1期报道:1993年我国运动员38人7队124次创造57项世界纪录,获得103个世界冠军。

同月 彭定康返英述职,由布政司陈方安生出任署理港督,成为首位华人和首位女性署理港督。

2月1日 财政部决定在2月份再向社会公开发行100亿元非实物国库券。

同日 中国引进外国资金、先进设备和技术建设的第一座大型核电站——广东大亚湾核电站一号机组投入商业运行。

同日 第14届杰西·欧文斯国际奖颁奖仪式在美国纽约举行,中国女子田径运动员王军霞获此殊荣,她是亚洲和中国第一位获此奖者。

同日 市政厅严格执行检控"垃圾虫"条例。

同日 水费加价,每度由3.7澳门元增至3.8澳门元。

同日 台"交通部电信局"决定,两岸今起开始电脑连线。这是继两岸间接通话后,两岸可通过电脑设备相互沟通交换资讯。

2月2日 《人民日报》发表社论《全党都要重视宣传思想工作》。

同日 纪念邓颖超同志诞辰九十周年暨《邓颖超文集》、《忆邓大姐》出版座谈会在北京举行。李瑞环发表讲话,胡锦涛等出席。4日,天津邓颖超纪念馆落成开馆,江泽民题写馆名。

同日 台"行政院主计处"宣布,台湾现有人口2090万人。

2月2日—4日 全国环境保护工作会议在北京召开,会议推出今后五年(1994年至1998年)全国环境保护工作纲要。宋健提出1994年环保工作重点抓执法检查。

2月3日 国务院发布《国务院关于职工工作时间的规定》,规定从1994年3月1日起施行每周44小时工作制度。

同日 江泽民开始考察山西,要求全党牢记党的根本宗旨和工作路线,处处关心群众,事事依靠群众,一切为了群众。

同日 中国交通部部长黄镇东官式访问澳门。

2月4日 中国驻布基纳法索大使李永谦向布基纳法索政府进行严正交涉,郑重声明,由于布基纳法索政府同台湾当局"恢复"所谓"外交关系",中国政府向布基纳法索政府提出强烈抗议,并宣布中止同布基纳法索的外交关系。

同日 国家体委下发《社会体育指导员技术等级制度》。

2月5日 江泽民在会见徐洪刚等20名来自全国的双拥模范代表时指出,要弘扬中华民族的传统美德,在全社会形成良好的社会风尚。徐洪刚是济南军区某部通信连班长,1993年8月17日在公共汽车上勇斗歹徒、保护群众时身负重伤。

2月6日 澳门警方在氹仔南新花园破获"外围马"集团，检获电脑等器材，并拘三男子。

2月7日 港英政府律政司司长马富善访问澳门一天。

同日 台"经建会"主委萧万长在国民党中央总理纪念会上表示，台湾可发展为九大项目的亚太营运中心："高附加价值产品研发制造中心"、"人员培训中心"、"经营管理中心"、"航海货运转运及分装配送中心"、"航空货运及旅客转运中心"、"货物快递转运中心"、"电讯传输中心"、"媒体事业中心"及"金融中心"。

2月8日 我国新型运载火箭"长征3号甲"在西昌卫星发射中心首次发射成功。15日，同时搭载的"实践四号"卫星近日向地面发回的一系列数据表明，我国这次搭载发射已取得圆满成功。

2月9日 邓小平同上海人民共迎新春佳节；陈云在上海欢度春节。

同日 中央领导同志向老同志祝贺新春。江泽民、李鹏、刘华清、胡锦涛看望彭真、万里；李瑞环、胡锦涛看望宋平、薄一波、宋任穷；谢非在珠海、广州看望杨尚昆、姚依林。

2月9日—16日 李登辉经菲律宾出访印尼、泰国，搞所谓的"务实外交"。就印尼、菲律宾接受李登辉往访、经停，我外交部召见两国驻华使节提出抗议，两国表示将坚持并恪守"一个中国"政策。

2月12日 第七届冬季奥运会开幕。23日，中国运动员叶乔波获得女子1000米速滑铜牌；24日，中国运动员张艳梅获得女子500米速滑银牌；26日，中国运动员陈露获女子单人滑铜牌。

2月15日 李鹏主持国务院全体（扩大）会议，讨论政府工作报告（征求意见稿）。

同日 第三届全国人大常委会副委员长、全国总工会原主席刘宁一在北京逝世。

2月16日 新华社澳门分社举行新春酒会，澳督韦奇立及各界嘉宾近千人出席。

2月18日 《人民日报》发表长篇通讯，题为《一曲时代正气歌——记"见义勇为的英雄战士"徐洪刚》。

同日 一架西南航空公司编号B—2559班机，由长沙飞往福州途中被乘客林文强劫持到台湾桃园机场。

2月20日—24日 斯洛伐克共和国总理梅恰尔对我国进行正式访问。21日，李鹏同梅恰尔举行了会谈。会谈后，双方签署了两国经济贸易协定和两国文化合作计划。

同日 《邓小平特区建设思想与实践》、《邓小平特区建设思想研究》出版。

2月21日 新华社报道：新发现的湖南澧县城头山古城遗址第二期发掘工程春节前结束。此次发掘收获重大，出土了稻谷、豆类、瓜类、蔬菜类等的籽实数十种，还有象、鹿、猪、鱼等遗骸，这在新石器时代考古中还是第一次，超过河姆渡遗址。

2月22日 中美关于中国"复关"问题第八轮磋商结束。双方认为，此轮磋商为即将于3月在日内瓦召开的中国工作组第十六次会议取得建设性成果进行了充分准备。

同日 中国第一座海事卫星地面站通过验收。它的建成填补了中国高科技的一项空白。

2月23日 朱镕基副总理离京赴日本访问。24日，日本首相细川护熙会见了朱镕基；25日，日本天皇会见了朱镕基；3月4日，朱镕基结束访问回国。

2 月 25 日　中纪委第三次全体会议在京召开。会议强调,要深入持久地开展反腐败斗争。

同日　连战在台"立法院"答复新党"立委"赵少康质询时称,中国将来的统一可以有很多途径,两岸未来合组"联邦"或"邦联"不失为可以考虑的发展方向。

2 月 27 日　为科学家教育家老干部献爱心青年志愿者行动拉开帷幕。

2 月 28 日　中央军委主席江泽民签署命令,发布《中国人民解放军绿化条例》。《条例》对军队绿化建设、绿化管理、绿化资源的保护等作出明确规定。

同日　经国务院同意,国家计委发布《关于商品和服务实行明码标价的规定》,自 1994 年 3 月 1 日起执行。

同日　国家统计局发表关于 1993 年国民经济和社会发展的统计公报。据初步统计,1993 年国内生产总值 31380 亿元,比上年增长 13.4%。农业增加值比上年增长 4%;工业增加值比上年增长 21.1%;居民人均收入:城镇实际增长 10.2%,农村(纯收入)实际增长 3.2%。经济运行中的主要问题是,市场价格涨幅高,固定资产投资在建规模过大,基础产业和设施发展不适应国民经济的快速发展。

2 月 28 日—3 月 3 日　国务院在北京召开全国扶贫开发工作会议。会议要求力争在本世纪末最后的七年内基本解决目前全国八千万贫困人口的温饱问题。

3 月 1 日　新华社发表中纪委第三次全会公报。公报强调要狠抓落实领导干部廉洁自律规定。

同日　经国家文物局批准,秦始皇兵马俑 2 号坑的发掘工作正式开始。

3 月 2 日—5 日　八届全国人大常委会第六次会议在北京举行。5 日,会议通过了《全国人民代表大会常务委员会关于严惩组织、运送他人偷越国(边)境犯罪的补充规定》和《中华人民共和国台湾同胞投资保护法》,并于当日公布施行。会议还通过了《全国人大常委会关于我国加入〈统一船舶碰撞某些法律规定的国际公约〉的决定》。

3 月 3 日　第五届澳门艺术节开幕。

3 月 4 日　经中央机构编制委员会批准,国家体委乒乓球管理中心成立,相继成立了冬季运动管理中心,航空无线电模型、射击射箭、自行车、摩托运动、水上、足球、网球、武术、棋类、登山、拳击、桥牌等运动管理中心和社会体育指导中心。这是国家体委实行体育体制改革的重大举措。

3 月 3 日—5 日　全军法制工作会议在北京召开。这是人民解放军历史上第一次全军性的法制工作会议。

3 月 5 日　全国人大常委会通过《中华人民共和国台湾同胞投资保护法》并正式颁布实施。这是 40 年来大陆首次针对台湾同胞在大陆投资权益所订立的特别法,显示大陆对台经贸政策将朝规范化、程序化的管理方向发展。

3 月 6 日　中共中央总书记、国家主席、中央军委主席江泽民,国务院总理李鹏分别为徐洪刚题词。江泽民的题词是:"向徐洪刚同志学习。"李鹏的题词是:"向见义勇为不畏强暴的英雄战士徐洪刚同志学习。"

同日　台"经济部"订颁《台湾地区与大陆地区贸易许可办法》,开放大陆文教类用品输入台湾。

3 月 7 日　国务院召开第三次专题研究部署反腐败工作会议。李鹏在会上强调要把改革发展与反腐败结合起来,政府系统的反腐败斗争在新的一年要取得新的阶段性成果。

同日 《政府公报》颁布 10 年车龄以上的机动车必须强制验车的训令，即日实施。

3 月 8 日—19 日 全国政协八届二次会议在北京举行。会议通过了全国政协八届二次会议政治决议，全国政协八届二次会议关于常务委员会工作报告的决议，关于《中国人民政治协商会议章程》（修正案）的决议，政协章程修正案把参政议政列入政协的主要职能。会议增选朱光亚、万国权为全国政协副主席，王蒙等 7 人为全国政协常委，补选朱训为秘书长。

3 月 9 日 联合国人权委员会第五十届会议通过中国提出的动议，决定对由一些西方国家提出的所谓"中国人权状况"决议草案不采取行动，使西方国家借人权问题向中国施加压力的企图再次受挫。

3 月 10 日—22 日 八届全国人大二次会议在北京举行。会议通过了关于李鹏作的政府工作报告的决议，通过了关于 1993 年国民经济和社会发展计划执行情况与 1994 年国民经济和社会发展计划的决议等议程。会议通过关于授权厦门市人大及其常委会和厦门市人民政府分别制定法规规章在厦门经济特区实施的决定。会议补选聂力、曾宪梓为全国人大常委会委员。乔石在闭幕会上发表了讲话。

3 月 11 日 新华社报道：国务院发出通知，决定建立中国工程院，并设立院士制度。中国工程院是以中国工程技术专家为主体的独立最高荣誉性、咨询性学术机构。

3 月 12 日 国务院批准《汽车工业产业政策》。

3 月 13 日 新华社报道：国务院近日发出《关于加强对居民基本生活必需品和服务价格监审的通知》。国务院将加强对居民基本生活必需品和服务价格监审，通过调价备案制度，监测其价格走势，为宏观决策提供信息；必要时对其中部分品种提价行为进行审核，进行适度干预。监审价格的具体种类包括面粉、籼米、粳米、食用植物油、猪肉和牛羊肉、鸡蛋、牛奶等共 20 项。

3 月 14 日 国务院发布《教学成果奖励条例》，自 1994 年 3 月 14 日起施行。

3 月 15 日 山顶医院 4 名骨科医生联同两名日本专家，成功施行澳门首例脊柱侧弯矫形手术。

3 月 17 日 澳门财政司税务法庭专业财务助理技术员田龙涉嫌侵吞公款逾千万，被反贪公署拘往法院起诉。

3 月 18 日 1993 年度国家科技奖励大会在北京举行。江泽民、李鹏会见部分获奖者代表。获奖项目 781 项，其中自然科学奖 52 项，发明奖 175 项，国家科技进步奖 441 项，国家星火奖 113 项。获奖者共 4484 名。

同日 财政部决定 4 月 1 日起发行二年期和三年期国库券，年利率为 13% 和 13.96%。

3 月 19 日 政协第八届全国委员会第二次会议在人民大会堂闭幕。会议增选朱光亚、万国权为八届全国政协副主席，补选朱训为秘书长；增选王蒙等 7 人为常务委员。会议通过了政协八届二次会议政治决议等多项决议。

3 月 19 日—21 日 日本首相细川护熙访问我国。

3 月 20 日—22 日 全国计划生育工作会议在北京举行。会议确认：1993 年我国人口出生率为 19‰，使我国跨入了低出生率国家行列，但我国人口出生的绝对数仍很大，不容乐观。22 日，中共中央、国务院召开计划生育工作座谈会，江泽民发表重要讲话,强调要坚持不懈地抓紧抓好计划生育工作,党政第一把手应亲自抓这项工作,在建立社会主义市场经济体制条件下,控制人口增长属于政府调控的职能。

3 月 21 日　第五届澳门艺术节闭幕。

3 月 22 日　八届全国人大二次会议在人民大会堂闭幕。会议通过了关于政府工作报告的决议、关于 1993 年国民经济和社会发展计划执行情况与 1994 年国家预算的决议。《中华人民共和国预算法》,经大会审议和修改获得通过。

同日　中共中央、国务院召开全国计划生育工作座谈会。

同日　中葡联合联络小组第 19 次全体会议在北京举行,批准澳门与荷兰、比利时及卢森堡等三国签署的航空协议。

3 月 23 日　中共中央农村工作会议在京举行。

3 月 24 日　国务院向全国各省、自治区、直辖市人民政府,国务院各部委、各直属机构发出关于开展物价大检查的通知。

同日　海基会副秘书长许惠佑一行 8 人抵达北京。25 日,海协会与海基会第四次事务性商谈正式开始。双方在违反相关规定"进入对方地区人员的遣返"、"劫机犯遣返"和"海上渔事纠纷处理"三项议题协议草案的框架下,深入进行细节探讨。经过 6 天紧张的磋商,取得了一些进展,但未能在具体议题上达成任何协议。

3 月 25 日　国务院举行第十六次常务会议,讨论通过了《中国 21 世纪议程——中国 21 世纪人口、环境与发展白皮书》。会议还通过《90 年代国家产业政策纲要》。

3 月 26 日　新华社报道:农业部召开农村工作会议,贯彻落实中央农村工作会议精神,安排部署当前春耕生产工作。

3 月 26 日、27 日　香港特别行政区筹委会预委会经济专题小组会议在北京举行。会议讨论并通过了对港英政府公开咨询的关于香港新机场管理和运作方式的《机场公司条例(草案)》修改意见和英方最近提交中方的关于香港新机场建设的第四个财务安排方案,并提出了处理的建议。

3 月 26 日—30 日　韩国总统金泳三访问我国。

3 月 28 日　外交部发言人公布有关中英会谈中几个主要问题的真相。中方严正重申,根据中英联合声明的规定,英国对香港的行政管理到 1997 年 6 月 30 日止,中国政府于 1997 年 7 月 1 日对香港恢复行使主权。作为英国管治香港政制架构的组成部分,即港英最后一届区议会、两个市政局和立法局,必将随英国管治期的结束而终结。

同日　新界乡议局致函彭定康,反对港府修订《新界土地(豁免)条例草案》。

3 月 29 日　新华社报道:李鹏总理主持召开国务院第十七次常务会议,讨论并原则通过《中华人民共和国城市房地产管理法(草案)》。

同日　国家教委、国家体委、共青团中央联合发出通知,在全国各族青少年中开展"到阳光下,到操场上,到大自然中去陶冶身心"的活动,要求各地有关部门针对青少年学生的身心状况和年龄特点开展活动,达到强健体魄、磨炼意志、培养能力、陶冶情操的目的。

同日　国务院港澳办发言人指出,新界原居民合法权益须受到保护,不应取消。

3 月 30 日　新华社报道:中科院北京物理实验室的科技人员仅用几个月时间,就以比较自如地移走和植入硅原子的出色成绩,使我国突入国际纳米高科技领域的前沿，并推断出 30 多种硅表面畴界原子排列类型，在世界上属首创。

3月31日 澳门基本法协进会举办"迈向美好的明天"基本法展览，纪念《澳门基本法》颁布 1 周年。

同日 浙江淳安发生"千岛湖事件"。这是一起特大抢劫纵火杀人刑事案件，导致 24 位台湾游客罹难。事件发生后，大陆有关部门迅速行动予以善后，并于 4 月 17 日抓获了三名涉案犯罪人员，使案件真相大白。但台湾当局却利用这一事件大做文章。4 月 6 日，台"陆委会"召集相关部会和旅行业代表协调会议，决议旅行业即日起停止刊登赴大陆地区旅游广告及招揽新团赴大陆，直至 5 月 25 日，台"陆委会"和海基会才决定解禁"大陆游"。

4月5日 《人民日报》报道：著名考古学家贾兰坡最近完成的对河北阳原县小长梁遗址的石器发掘研究，证实人类起源的地点在亚洲，人类起源的时间至少应往前推至距今四五百万年前。

同日 经中央机构编制委员会批准，国家体委成立体育彩票中心。

4月6日 《人民日报》报道：中科院发育生物学研究所与江苏农学院合作的"山羊连续细胞核移植"已经顺利完成。这是世界上首次获得的连续细胞核移植山羊，从而使我国跻身该领域研究的国际先进行列。

4月7日 万宝路全国足球甲级联赛正式揭幕，中央电视台出资 1000 万元购买了联赛转播权。

4月8日 《人民日报》报道：国务院办公厅近日转发农业部关于实施"绿色证书工程"的意见，要求各地政府把这项工程作为科教兴农的一项重大举措，结合实际情况，认真实施。目前试点县已有 8 万多农民获得这项技术资格证书。

4月9日 国务院台办负责人就 3 月 31 日千岛湖发生"海瑞号"游船火灾事故致使 24 位来大陆旅游的台湾同胞和 8 名大陆同胞遇难一事发表谈话，对遇难者表示哀悼，并向遇难的台湾、大陆同胞的亲属表示深切慰问。17 日，千岛湖游船失事原因初步查明。浙江省检察机关 19 日批准依法逮捕纵火杀人案犯吴黎宏、胡志瀚、余爱军。6 月 19 日，杭州市中级人民法院召开宣判大会，三案犯被处决。

同日 治安警察厅、移民局在码头实施澳门居民持居民身份证离境法，无须递交出入境表格。

4月11日 新华社报道：中华全国总工会首次评选出全国十大杰出职工。他们是包起帆、郭玲华、冯长根、余国印、孙春明、侯振清、鲁冠球、陶建幸、王振华。

同日 六届全国人大常委会副委员长楚图南在北京逝世。楚图南生于 1899 年，云南文山县人。

4月11日—15日 国务院在北京召开对台经济工作会议。江泽民、李鹏、李岚清、钱其琛作了重要讲话。江泽民强调要不断加强两岸经济交流与合作，推动两岸关系发展和国家统一。

4月12日—15日 关贸总协定部长级会议在摩洛哥举行。15 日，中国代表团团长谷永江在乌拉圭回合最后文件和世界贸易组织协定上签字。

4月13日 新华社报道：国务院决定组建国家开发银行。为保证重点项目的资金供应，开发银行 1994 年将发行 650 亿元的金融债券。

同日 中国人民银行外事局办公室副主任田野、香港《明报》记者席扬因窃取、刺探国家金融、经济秘密，分别被北京市高级人民法院判处有期徒刑 15 年和有期徒刑 12 年。

4 月 14 日　高等法院合议庭对刘果、杨沃亮案的上诉作出判决,押解两犯人返内地受审。

同日　李登辉接受台湾《自由时报》专访,公开否认"一个中国"原则。

4 月 15 日　新华社全文播发《中国共产党纪律检查机关案件检查工作条例》(中纪委常委会会议 1 月 28 日通过),自 1994 年 5 月 1 日起施行。

4 月 16 日　葡萄牙总理席尔瓦访华后到澳门访问。

4 月 17 日　葡萄牙总理席尔瓦为友谊大桥主持揭幕礼,两万市民步行过桥,场面壮观热闹。

4 月 18 日—29 日　国务院总理李鹏访问乌兹别克斯坦、土库曼斯坦、吉尔吉斯共和国、哈萨克斯坦和蒙古。19 日,李鹏在塔什干发表重要演讲,系统、完整地提出中国发展同中亚国家关系的四项基本政策。26 日,李鹏在阿拉木图提出中国同中亚国家进一步发展经贸关系的六点主张。同日,《中国和哈萨克斯坦边界协定》在阿拉木图签署。29 日,中蒙签署友好合作条约。

4 月 19 日　葡萄牙总理席尔瓦结束访问澳门,转往香港访问。

4 月 19 日—24 日　中国运动员在 1994 年世界体操锦标赛中夺得 2 枚金牌、1 枚银牌。

4 月 20 日　NCFC 工程通过美国 Sprint 公司连入 Internet 的 64K 国际专线开通,实现了与 Internet 的全功能连接。从此我国被国际上正式承认为有 Internet 的国家。此事被我国新闻界评为 1994 年中国十大科技新闻之一,被国家统计公报列为中国 1994 年重大科技成就之一。

4 月 21 日　新华社报道:"中国大陆助孤救孤社会福利计划"在全国展开后引起各界广泛关注。救孤计划是在民政部的指导下,中国社会服务促进会于 1993 年 10 月 23 日推出的。

4 月 23 日　首都举行《任弼时传》和《任弼时年谱》出版发行暨任弼时同志诞辰九十周年纪念座谈会。江泽民、李瑞环、朱镕基出席会议,江泽民发表重要讲话,他回顾了任弼时同志光辉战斗的一生,指出他在我们党的历史上立过大功,党和人民将永远怀念他。

同日　卫生部、人事部召开表彰大会,将首枚"白求恩奖章"授予山西省长治市人民医院妇产科主任赵雪芳,李鹏为此题词:救死扶伤,无私奉献。

4 月 23 日—25 日　中国红十字会成立九十周年暨第六次全国会员代表大会在北京举行。会议确定了"认真实施红十字会法,努力发展中国特色红十字"的工作方向。江泽民当选为名誉会长,钱正英任会长。

4 月 26 日　两巴士公司是日起加价,票价由 1.8 澳门元增至 2 澳门元。

同日　中国对外贸易经济合作部部长吴仪抵澳门访问,并出席南光集团董事会会议。

4 月 28 日　美众议院通过法案,认定《与台湾关系法》优于美国与中华人民共和国之间签署的三项"联合公报",承诺确保台湾拥有足够的自卫能力,取消对台军售的金额限制。

4 月 28 日—5 月 6 日　江泽民总书记在上海考察工作。江泽民在考察期间强调,搞好大中型企业的根本出路在于深化改革,在改革开放和现代化建设中要注重加强党的建设。

4 月 30 日　台"陆委会"通过《大陆地区人民进入台湾地区许可办法》部分条文的修正案,对于主管机关核准海基会与大陆海协会在台湾举行两岸会谈时，大陆海协会人员来台，可经专案许可，不必申报。

同日 台《自立晚报》自是日起分三次连载李登辉与日本作家司马辽太郎谈话——《生为台湾人的悲哀》。谈话的主要内容涉及台湾的地位、前途以及两岸关系等问题。李登辉表示，他的愿望是"希望使台湾成为一个夜晚可以安眠的国家"。

5月1日 民进党"六全"大会闭幕，施明德再次当选主席。

5月2日 中国银行正式参与港币发行。

同日 中国银行在香港发行港币。中国银行发行港币庆祝典礼和剪彩仪式在香港中银大厦隆重举行。中国银行在香港发行港币钞票，这是除汇丰银行和渣打银行外第三家在香港发钞的银行。中国银行发行的港币同日起在香港正式流通。

5月2日—21日 全国政协主席李瑞环访问芬兰、瑞典、挪威、丹麦、比利时。

5月2日—7月29日 台湾召开二届"国大"第四次临时会，通过了国民党版的第三阶段"宪法增修条文"。这次"修宪"的结果使"总统"的权力大增。

5月3日 新华社报道：世界首例转基因水稻最近在安徽省合肥市问世。

5月5日 台"经济部"决定再开放633项工业产品赴大陆投资，累计准许赴大陆投资的项目已增至4444项，占所有台湾工业产品近7成。

5月5日—12日 八届全国人大常委会第七次会议在北京举行。会议通过关于《中华人民共和国对外贸易法》（自1994年7月1日起施行）、《中华人民共和国国家赔偿法》（自1995年1月1日起施行）以及全国人大常委会关于修改《中华人民共和

国治安管理处罚条例》的决定、关于修改《中国人民解放军现役军官服役条例》的决定、关于修改《中国人民解放军军官军衔条例》的决定（自1994年5月12日起施行）。上述五个法律文件于5月12日公布。

5月6日 中共中央发出《关于新形势下加强党校工作的意见》。

同日 新华社全文播发中纪委4月20日制定的《关于中央纪委三次全会重申和提出的党政机关县（处）级以上领导干部廉洁自律"五条规定"的实施意见》。

5月7日 中国跳水名将、1984年洛杉矶奥运会跳水冠军周继红入选国际游泳联合会评选的"国际水上名人堂"。她是第一位获此荣誉的中国人。

5月8日 首届全国优秀发明企业家评选在北京揭晓。台震林、伍尚魁等10位优秀发明企业家上榜，另有15位优秀发明家获提名奖。李鹏在会前会见10位优秀发明企业家。

同日 以国民党"非主流派"成员为主体的"新同盟会"成立，"总统府国策顾问"许历农为首任会长。该组织是3月4日向台"内政部"登记的政治团体。5月14日，该会举行第一次理监事会议，确定工作发展方向，包括促进两岸交流为重点工作项目。

5月10日 《汉语大词典》编纂出版庆功会在人民大会堂举行。江泽民、李鹏到会祝贺并题词。他们的题词分别是："发扬中华民族优秀文化，建设社会主义精神文明"；"继往开来，源远流长"。该书共13卷，收词语共37.5万余条，约5000万字，是千余名专家学者18年艰苦努力的结果。

5月11日 李登辉参加南非总统曼德拉就职典礼并分别与南非总统、副总统

会晤,接受南非对海峡两岸的"双重承认"。

5 月 12 日 江泽民签署主席令,发布《全国人民代表大会常务委员会关于修改〈中国人民解放军军官军衔条例〉的决定》《全国人民代表大会常务委员会关于〈修改中国人民解放军现役军官服役条例〉的决定》,自发布之日起施行。

同日 新华社报道:国家"八五"重点项目——黄河小浪底水利枢纽前期准备工程,已全部竣工。小浪底工程的工期为11年,其中前期准备工程于 1991 年 9 月开工,历时 3 年完成。

5 月 13 日 胡锦涛代表党中央参加河南省委主持的纪念焦裕禄逝世 30 周年集会,他在讲话时指出,认真学习和弘扬焦裕禄精神是时代的要求和人民的呼唤。

5 月 15 日 新华社报道:国务院办公厅日前发出关于加强国有企业产权交易管理的通知。指出国有企业的产权属国家所有,严禁低价折股、低价出售,甚至无偿分给个人。

同日 中国科学院高能物理研究所设立了国内第一个 WEB 服务器,推出中国第一套网页,内容除介绍我国高科技发展外,还有一个栏目叫"Tour in China"。此后,该栏目开始提供包括新闻、经济、文化、商贸等更为广泛的图文并茂的信息,并改名为《中国之窗》。

5 月 15 日—20 日 我国中学生代表队在塞浦路斯举行的第十届世界中学生运动会上夺得 13 枚金牌,与意大利队并列第一,还夺得 8 枚银牌和 3 枚铜牌。

5 月 16 日 据台湾媒体报道,台湾警方两艘 400 吨级的巡务船日前完成对南沙群岛的巡弋任务。这是台湾警方首次到南沙群岛活动。

5 月 18 日 新华社报道:国务院日前

发出通知,要求各级政府和各部门,结合实际,认真贯彻执行《国家八七扶贫攻坚计划》。新华社同日播发了《国家八七扶贫攻坚计划》(摘要)(1994—2000 年)。

5 月 19 日 台"行政院"讨论通过《台湾地区与大陆地区贸易许可办法》部分条文修正案,决定大幅简化自大陆进口物品的签审程序。今后只要经过台湾主管机关公告委托签证项目,都不必向"国贸局"申请许可;而加工出口区或科学工业园区厂商,自大陆输入自用的研究样品及依大陆地区产业技术引进许可办法规定输入的物品,都可直接向各管理处提出申请。

5 月 21 日 中国科学院计算机网络信息中心完成了中国国家顶级域名(CN)服务器的设置,改变了中国的 CN 顶级域名服务器一直放在国外的历史。

5 月 23 日 台湾颁布修正后的《非都市土地使用管制规定》,规定对不适合农业用地的调整及其使用分区,使土地管制和实际情况相互结合。

5 月 24 日 江泽民总书记为"跨世纪中国少年雏鹰行动"题词:"自学、自理、自护、自强、自律,做社会主义事业的合格建设者和接班人。"

5 月 25 日 大亚湾输电网故障,引致港澳部分地区同时停电。澳门大部分地区停电 1—2 小时。

5 月 26 日 第三批港事顾问和新增补预委会委员颁发聘书、任命书仪式在北京举行。江泽民、李鹏、乔石、朱镕基会见了第三批港事顾问(49 名)和新增补的预委会委员。从 1992 年起至此,三批港事顾问的总人数已达 141 人。

5 月 26 日—29 日 俄罗斯联邦政府主席切尔诺梅尔金对中国进行首次正式访问。

5 月 29 日 第 22 届世界跳伞锦标赛

在四川成都举行，30个国家和地区的230名选手参赛，中国队获得7枚金牌、2枚银牌、2枚铜牌。

5月30日 台"陆委会"通过"开放公营事业赴大陆申请专利及商标注册案"。

6月1日 著名艺术家黄佐临在上海逝世。黄佐临1906年生于广东番禺。

6月2日 国务院新闻办公室在北京发表《中国妇女的状况》白皮书，从八个方面介绍中国妇女在经济、社会生活等各个领域里的地位、权利及组织保障。10月11日，《人民日报》全文刊登1994年3月我国政府向联合国提交的《中华人民共和国执行〈提高妇女地位内罗毕前瞻性战略〉国家报告》。

6月3日 联合国世界环境日活动在英国伦敦举行，中国兰州铁路局的中卫固沙林场荣获了联合国环境规划署颁发的本年度"联合国全球500佳环境奖"。

6月3日—8日 中国工程院成立大会、中国科学院第七次院士大会在北京举行。巴顿、李政道、李约瑟等14位学者被选为中科院首批外籍院士。与此同时，朱光亚当选为中国工程院院长。中国工程院是全国工程技术界的最高荣誉性、咨询性学术机构，首批产生了96名院士。

6月7日 前基本法起草委员会副主任李后、港澳办副主任陈滋英率部分前基本法内地起草委员会委员抵澳门访问。

6月8日 中央军委主席江泽民发布命令，给下列人员晋升上将军官军衔：解放军副总参谋长徐惠滋、李景，总参谋部警卫局局长杨德中，总政治部副主任王瑞林，总后勤部政治委员周克玉，国防科工委主任丁衡高，国防科工委政治委员戴学江，国防大学政治委员李文卿，沈阳军区司令员王克，北京军区司令员李来柱，北京军区政治委员谷善庆，兰州军区司令员刘精松，兰州军区政治委员曹芃生，济南军区司令员张太恒，济南军区政治委员宋清渭，南京军区司令员固辉，广州军区司令员李希林，广州军区政治委员史玉孝，成都军区司令员李九龙。

6月10日 宝（鸡）中（卫）铁路全线铺通庆祝大会在甘肃平凉火车站举行。宝中铁路穿越14个县、市，全长498.19公里。

同日 《社会体育指导员技术等级制度》在全国实施。

6月13日 由国家环保局、国家计委、中科院、农业部、林业部等13个部委编制的《中国生物多样性保护行动计划》正式发布并实施。

同日 澳大利亚、英国分夺澳门龙舟赛两项锦标。

6月14日—17日 中共中央、国务院主持召开全国教育工作会议。李鹏作主题报告。江泽民发表重要讲话，他说，真正把教育放在优先发展的战略地位，努力提高全民族的思想道德和科学文化水平，这是实现我国现代化的根本大计。财政再困难，也必须投资把义务教育办好，这是提高全民素质的奠基工程。会议要求全党、全社会积极行动起来，努力为繁荣我国的教育事业作出应有的贡献。

6月15日 新华社报道：中共中央办公厅、国务院办公厅最近就严格彩票市场管理、禁止擅自批准发行彩票问题发出通知。

6月15日—21日 江泽民在广东考察，提出要坚定不移地把经济特区办得更好，要求经济特区增创新优势，更上一层楼。

6月16日 全国政协在北京召开黄埔军校建校七十周年暨黄埔同学会成立十周年纪念大会。李鹏、胡锦涛等会见代表,李瑞环讲了话。

同日　国务院新闻办公室发表《中国知识产权保护状况》白皮书。白皮书阐明了中国保护知识产权的基本立场和态度。

同日　新华社报道：国务院办公厅最近转发国务院证券委员会《关于坚决制止期货市场盲目发展的若干意见》，要求各有关方面密切配合，认真贯彻落实。

同日　澳门国际机场债券正式发行，总值 12 亿港元。

同日　澳门立法会通过《土地法》。

6 月 21 日—30 日　中英联合联络小组第 29 次会议在香港举行并发表新闻公报。会上，中英双方代表就目前香港用于防务目的的土地的前途问题达成了协议。

6 月 22 日　本年度首次官地拍卖，反应热烈。新口岸新填海区一段以 3.245 亿澳门元成交。

6 月 26 日　甘肃"引大入秦"工程总干渠全线贯通。"引大入秦"工程是将甘肃、青海交界处的大通河水调至兰州市以东 60 公里的秦王川，全长 86.95 公里，是中国难度最大的引水工程。

6 月 27 日　北京举行和平共处五项原则发表四十周年纪念大会，李鹏在会上发言强调，五项原则是普遍适用的国际关系准则，是国与国之间建立和发展关系的基础。

同日　全国政协八届七次常委会在北京召开。

6 月 28 日　澳门法院试用即时传译系统。

同日　澳门国际机场工地行车在天桥建筑中突然倒塌，30 工人坠下，15 人受伤。

6 月 28 日—7 月 5 日　八届全国人大常委会第八次会议在北京举行。会议通过了《中华人民共和国劳动法》、《中华人

民共和国城市房地产管理法》（自 1995 年 1 月 1 日起施行）、《全国人大常委会关于惩治侵犯著作权的犯罪的决定》（自 1994 年 7 月 5 日起施行）。三个法律文件于 7 月 5 日公布。

6 月 29 日　中国和安道尔公国建立外交关系。

6 月 29 日—7 月 12 日　国务院总理李鹏访问奥地利、德国和罗马尼亚。7 月 5 日，李鹏在波恩发表的演讲中，提出了中国发展对德关系的四项原则。11 日，李鹏在罗总统伊利埃斯库为他举行的欢迎宴会上致答词时，提出中国同东欧国家发展关系的基本政策。12 日，中罗两国签署《中罗关于相互友好合作关系的联合声明》。

6 月 30 日　投资 3.5 亿港元的九澳油库落成试用，澳督韦奇立主持剪彩。

7 月 3 日　我国运用"长征二号丁"运载火箭成功地发射了一颗科学探测与技术试验卫星。18 日，卫星顺利返回四川省中部预定地区，卫星上仪器完好。23 日，我国"长征三号"运载火箭在西昌成功地把亚太通信卫星公司的"亚太一号"卫星准确送入预定轨道。

7 月 4 日—5 日　台召开"94 年大陆工作会议"，发表了《台海两岸关系说明书》（即所谓的《大陆政策白皮书》）。这是台湾当局又一个有关大陆政策的纲领性、政策性文件，标志着台湾当局的大陆政策已彻底脱离"一个中国"，迈向了"两个中国"或"一中一台"的轨道。

7 月 5 日　国家主席江泽民签署主席令，发布《中华人民共和国劳动法》。该法自 1995 年 1 月 1 日起施行。

同日　国务院作出《关于进一步加强知识产权保护工作的决定》。

7 月 7 日　中央军委颁布命令，授予

空军某雷达团甘巴拉雷达站"甘巴拉英雄雷达站"荣誉称号。这个雷达站自1965年10月组建以来，一直驻守在西蒙贡嘎县海拔5374米的甘巴拉山顶，担负对空警戒和西藏空中航线的飞行引导任务，先后安全引导民航班机、战斗机和专机22万多架次，出色地完成了上级交给的各项任务，连续15年被评为优质情报连。

7月7日—8日　中宣部在北京召开1993年度精神文明建设"五个一工程"工作会议。8日，1993年度"五个一工程"组织工作奖和入选作品在北京揭晓。北京、山西等10个省市的党委宣传部获组织工作奖；《苍儿胡同》等15部戏剧、《凤凰琴》等8部电影、《北京人在纽约》等21部电视剧（片）、《中国有个毛泽东》等20部图书及《论毛泽东的现代化观》等20篇文章获奖。

同日　台"立法院"通过"省县自治法"和"直辖市自治法"，将1950年实行的"县市自治"提高到"省市"层次，使台湾所有地方层级的行政长官全部实行"民选"。

7月7日—9日　香港特别行政区筹委会预委会第三次全体会议在北京举行。

7月8日　中央军委颁布命令，授予第89医院外二科"勇攀创伤医学高峰的先进科"荣誉称号。这个科成立于1964年，到1993年底共实施各类显微外科手术7052例，成功率达到97.3％，使数千名创伤病人免除截肢、残废之苦；共获得国家和军队科技成果奖76项，其中6项填补了国内空白，10项达到世界先进水平。

7月12日　第25届国际物理、第35届国际数学奥林匹克竞赛分别在北京、香港开幕。

7月15日　新华社报道，中共中央办公厅、国务院办公厅日前就转发《国务院纠正行业不正之风办公室关于清理党政机关及其工作人员利用职权无偿占用企业钱物的实施意见》向各地区、各部门发出通知，要求各地遵照执行，并在1994年11月底以前向党中央、国务院写出清查情况的专题报告。

7月17日—22日　苏梅克—列维9号彗星的21块碎片相继撞击木星，我国8个天文观测站捕捉到彗木相撞重要信息，为开展天体相撞研究提供了珍贵资料。

7月18日　国务院作出《关于深化城镇住房制度改革的决定》。

7月20日　新华社报道：中共中央办公厅、国务院办公厅近日转发了农业部等部门《关于1993年农民负担检查情况的报告》，要求各地区、各部门认真对照检查，切实解决工作中存在的问题。

同日　中央军委颁布命令，授予海军潜艇基地第11艇员队以"水下先锋艇"称号，授予第二炮兵某部测试转运连控制排长曾蛟以"爱兵习武标兵"称号。

同日　《人民日报》报道：中国联通日前在北京成立。它的成立是对中国通讯管理体制的一大改革。

7月20日—23日　中共中央、国务院在北京召开第三次西藏工作座谈会。江泽民、李鹏、李瑞环在会上作重要讲话。江泽民在讲话中指出，加快西藏经济社会的发展，关键是把中央的大政方针同西藏的具体实际结合起来。西藏的稳定是前提。他号召全国各地方和中央各部门都要大力支持西藏的建设。李鹏宣布，国务院决定在财税、金融、投资、价格和外贸等方面，继续对西藏实行特殊政策和灵活措施。会议确定由一些省市和部委对口支援西藏。

7月22日　首届宋庆龄奖学金在上海颁奖，全国300名中小学生获得此项奖励。由国家教委和中国福利会共同设立的这个奖项是全国中小学生最高荣誉奖，每三年评选一次。

7 月 24 日　国务院颁布《国有企业财产监督管理条例》。

7 月 25 日　卫生司明令禁止外地海鲜运抵澳门，输入澳门海鲜须停留 24 小时，经化验合格始准发售。

同日　澳门关闸马路怡南大厦发生怀疑奸杀案，疑凶 27 岁闽籍男子陈国忠被捕候审。

7 月 28 日　台第二届"国民大会"第四次临时会通过"宪法增修条文"十条，主要内容是：台湾地区领导人直选，采相对多数制；台湾地区领导人经"国大"、"立法院"同意任命人员，无需经"行政院长"副署；"国大"自第三届起增设"议长"、"副议长"。

7 月 29 日　参加海峡两岸第五次事务性商谈的海协会副秘书长孙亚夫一行 7 人抵台，与海基会就"遣返劫机犯"等三项事务性议题进行商谈，未能取得明显进展。

7 月 30 日　《大众报》前社长蔡克铭病逝。

7 月 31 日　来往港澳的高速双体船"港轮二号"晚上 8 时在外港友谊大桥航道撞沉船舨，3 人失踪，港澳客运停顿 1 小时。

8 月 3 日　参加海协会与海基会负责人会谈的海协会常务副会长唐树备一行 6 人赴台，进行为期 4 天的会谈。在唐树备与焦仁和会谈后，双方同意扩大文化、科技交流。此次两会台北商谈就三项议题中主要分歧达成共识，在两会联系等八个方面达成高度共识，发表了"海协与海基会台北会谈新闻稿"。

8 月 5 日　新华社报道：中共中央组织部最近发出通知，要求在新形势下，切实加强以公有制成分为主的股份制企业中党的工作。

同日　台"经济部"宣布再开放 187 项大陆半成品入台。

8 月 7 日　艺术大师刘海粟在上海逝世。刘海粟 1896 年生于江苏常州。

同日　澳门连场暴雨，黑沙环菜园山边一木屋被山泥大石冲毁，西望洋山腰的地盘下塌，海事署停车场毁 5 辆车，美丽街 15 号 3 层大屋塌墙，幸无人受伤。

8 月 8 日　新中国规模最大的文物维修工程——西藏布达拉宫维修工程全面竣工。布达拉宫维修工程于 1989 年 10 月 11 日正式动工，此项工程经过藏、汉族工程技术人员 5 年的努力，工程劳动总投入 60 多万个工日，完成 111 个维修工程项目，维修总面积达 3.39 万余平方米。

8 月 9 日　李登辉接见"台独"组织"世台会"骨干，这是 30 年来台"总统"的破例行为。

8 月 11 日　香港特区预委会政务小组决定成立公务员事务研究小组。

8 月 15 日　第三届中国国际民间艺术节在北京开幕。李瑞环等出席了开幕式并观看了演出。16 个国家的 400 多位民间艺术家参加了本届艺术节。

同日　中国商业联合会首届代表大会暨成立大会在北京举行。荣毅仁、薄一波题词祝贺。姜习当选为会长。

8 月 18 日　台"国民大会"同意施启扬出任台"司法院长"。

8 月 18 日—28 日　第四届中国艺术节在兰州举行。江泽民为艺术节题词："加强精神文明建设，促进国民经济发展。"艺术节中正式演出了 32 台中外剧目，观众近万人。艺术节各项经贸活动成交总额突破 10 亿元。

8 月 22 日　新华社报道：《邓小平文选》第三卷英文版，已由外文出版社出版，在国内外发行。

8月23日 中共中央向各地印发《爱国主义教育实施纲要》，要求各地认真贯彻执行。

8月24日 新华社报道：国务院日前发出关于1994年下半年各级政府不再出台新的调价措施的通知。要求各地各部门采取措施把过高的物价涨幅降下来。

同日 全国政协主席李瑞环在新疆伊犁会见澳门新闻界赴新疆采访团。

8月24日—31日 八届全国人大常委会第九次会议在北京举行，乔石主持会议。会议通过了《中华人民共和国仲裁法》《中华人民共和国审计法》等。31日，仲裁法和审计法公布，分别于1995年9月1日和1995年1月1日起施行。1988年11月30日发布的审计条例同时废止。

8月24日—31日 八届全国人大常委会第九次会议在北京举行。会议通过决定由香港特别行政区筹备委员会根据香港特别行政区第一届政府和立法会产生办法的决定，负责筹备成立香港特别行政区的有关事宜。

8月26日 国务院举行第七次全体（扩大）会议，李鹏在会上指出，我国国民经济正向着宏观调控目标发展，下半年的首要任务是抑制通货膨胀，使物价上涨过猛的势头得到缓解。朱镕基、钱其琛分别就经济和外交工作讲话。

8月27日 新华社报道：国务院日前发布《关于中国教育改革和发展纲要的实施意见》，要求各地组织实施。

同日 新华社报道：人事部发出通知，今后国务院各部委、各直属机构授予部级荣誉称号的名称统一规范为"劳动模范"和"先进工作者"，并在其称号前冠以系统名称。"劳动模范"称号授予企业职工和农民，"先进工作者"称号授予国家机关和事业单位工作人员。通知提出建立部级荣誉称号评审表彰工作的计划申报制度。

8月28日 我国"长征二号E"捆绑式运载火箭成功地发射美国休斯公司为澳大利亚制造的"澳普图司B3"通信卫星。

8月29日—31日 国务院在北京召开全国棉花工作会议。国务院最近决定，当前棉花购销体制还是实行由国家统一定价、统一经营，不放开棉花市场，也不搞"双轨制"。31日，朱镕基在会上要求积极稳妥地推进棉花流通体制的改革，千方百计把棉花收上来，确保国家掌握充足的棉花资源。

8月30日 唐家璇副外长同朝鲜政府特使会谈时表示，中国政府考虑到朝鲜方面的要求，根据朝鲜方面已召回军停会中的朝方代表团以及军停会事实上已停止运转的现状，决定调回军停会中的中国人民志愿军代表团。

同日 澳督韦奇立应邀官式访问北京。

8月31日 中共中央发布《关于进一步加强和改进学校德育工作的若干意见》，要求各级党委、政府和教育部门结合本部门、本地区的实际提出贯彻落实文件的具体实施办法。

9月1日 李鹏总理在北京会见澳督韦奇立。

9月2日—12日 国家主席江泽民访问俄罗斯、乌克兰和法国。3日，中俄签署关于两国采取措施不将各自控制的核武器瞄准对方的联合声明和指导两国关系发展的《中俄联合声明》。同日，江泽民就中国社会主义建设、对外政策等问题发表演讲并提出建立中俄两国新型关系的六点原则主张。中俄还签署了中俄国界西段协定等文件。6日，中乌签署关于两国关系原则的《中乌联合声明》。12 日,江泽民提出中国对发展同西欧国家关系的四项原则。访法期间,中法双方还签署了 19 个经贸合作的合同、协议和意向书,总金额达 181 亿法郎。

9 月 4 日—10 日   第六届远南残疾人运动会在北京举行。李鹏宣布运动会开幕。有 42 个国家和地区的代表队参赛,共打破或超过 98 项次残疾人运动世界纪录。中国选手共获得 298 枚金牌、238 枚银牌、148 枚铜牌,52 项次超世界纪录,名列奖牌榜榜首。

9 月 7 日   澳督韦奇立返抵澳门。

9 月 8 日   美国政府宣布"调整对台政策"框架,提升台美关系。

9 月 10 日   《人民日报》报道:国家"八五"重点建设项目西安—兰州—乌鲁木齐光缆干线正式开通。这条总干线贯穿陕、甘、宁、新四省区 39 个城市,全长 3130 公里。

同日   职业性噪音规章正式执行。

9 月 11 日   中国选手在罗马举行的第七届世界游泳锦标赛上共获得 16 枚金牌、10 枚银牌和 2 枚铜牌,名列金牌和奖牌榜榜首。中国选手在 16 个女子游泳项目中夺得 12 枚金牌。

同日   第十届澳门小姐竞选,陈季敏夺魁,兼得"最上镜小姐"称号。

9 月 12 日   澳门机场管理公司正式成立,首期资金为澳门币 500 万元。

同日   机场人工岛北联络桥通车。

9 月 15 日   首都各界代表集会,纪念我国人民代表大会成立四十周年。乔石在会上发表讲话指出:人民代表大会制度是适合我国国情的根本政治制度,要进一步坚持和完善人民代表大会制度,更好地发挥国家权力机关的作用。

9 月 16 日   国家"八五"重点建设项目——兰新铁路复线提前全线铺通。邹家华等出席通车典礼。这条长达 1622 公里的铁路复线全面投入运营后,将使大西北铁路运输的"瓶颈"制约大为缓解。

同日   台湾海峡 7 级地震。澳门有震感。

同日   据台湾媒体报道,台与塞拉利昂达成"建交"协议。

9 月 17 日   澳门体育代表团从亚运会凯旋。武术与空手道分夺 1 银 1 铜奖牌;游泳、田径破多项澳门纪录。

9 月 20 日   宝钢三期工程的第一个大项目——宝钢三号高炉点火投产。这是中国自行设计、自行安装、容积为 4350 立方米的特大型高炉,于 1991 年 7 月 15 日动工兴建。它的建成,标志着中国大型高炉的设计、制造和安装达到了世界先进水平。

9 月 21 日   全国政协召开纪念人民政协成立四十五周年座谈会。李瑞环在会上发表讲话指出:人民政协是我国社会主义民主政治建设的一大创造、一大特色,要认真研究、努力保持人民政协的特点和优势,使之发挥更大的作用。

同日   以培训高、中级国家公务员为主要任务的国家行政学院在北京成立,江泽民、李鹏、乔石、刘华清等题词祝贺。

同日   第 49 届联大总务委员会决定不将尼加拉瓜等少数国家提出的台湾在联合国的所谓"代表权"问题提案列入本届大会议程。

9 月 22 日   中国引进的首套 30 万吨乙烯装置——北京燕山石化公司乙烯改扩建工程一次投料开车成功,并生产出合格乙烯。燕化 30 万吨乙烯改扩建工程是国家"八五"期间重点技术改造项目,总投资 28 亿元。

9 月 23 日   《巨人之声——邓小平原

始讲话录音》出版,即日起向海内外发行。

9月25日—28日 中共十四届四中全会在北京举行。全会作出《中共中央关于加强党的建设几个重大问题的决定》。《决定》指出:在当代世界风云变幻的条件下,在当代中国改革开放和现代化建设的伟大变革中,把党建设成为用建设有中国特色社会主义理论武装起来、全心全意为人民服务、思想上政治上组织上完全巩固、能够经受住各种风险、始终走在时代前列的马克思主义政党,这是以邓小平同志为核心的第二代中央领导集体开创的、以江泽民同志为核心的第三代中央领导集体正在领导全党继续进行的新的伟大的工程。

9月29日 中共中央纪律检查委员会第四次全体会议在北京举行并发表公报。全会通过了尉健行代表常委会作的报告。

9月29日—30日 国务院第二次全国民族团结进步表彰大会在北京举行,会议表彰了1200多个模范单位和个人,江泽民、李鹏、乔石、李瑞环等领导同志出席大会。江泽民在讲话中强调,各级党委和政府要切实加强领导,把民族团结进步事业继续推向前进。李鹏也在会上发表了讲话。

9月30日 新华社澳门分社举行盛大国庆酒会,庆祝建国45周年,澳督韦奇立及各界嘉宾千余人出席。

9月 中国电信与美国商务部部长布朗签订中美双方关于国际互联网的协议,协议中规定中国电信将通过美国Sprint公司开通两条64K专线(一条在北京,另一条在上海)。中国公用计算机互联网(CHINANET)的建设开始启动。

10月2日 台"行政院"副院长徐立德以2002年亚运会台湾申办委员会主任身份赴广岛出席了开幕式。

10月2日—16日 第十二届亚洲运动会在日本广岛举行。中国运动员共获得137枚金牌、92枚银牌、60枚铜牌,奖牌合计289块,名列榜首,并打破21项世界纪录,40项亚洲纪录。

10月3日 新华社报道:中央办公厅、国务院办公厅、中央军委办公厅发出通知,转发了解放军总参谋部《关于我军预备役部队10年建设的情况和进一步加强预备役部队建设的意见的报告》。

同日 中央统战部在北京举行纪念包尔汉诞辰一百周年座谈会,李瑞环出席,王兆国在会上讲了话。

10月5日 台"立法院外委会"通过台当局应以台湾名义申请加入联合国及所有国际组织的临时提案。19日,该会通过以"新会员国"方式加入联合国。

10月5日—8日 孔子诞辰2545周年纪念会与国际儒学研讨会暨国际儒学联合会成立大会在北京举行,来自世界各地近30个国家和地区的学者出席了会议。李瑞环在开幕式上说,要用科学的方法对儒学加以总结,为现实服务。7日下午,江泽民会见了部分代表并合影留念。

10月7日 外交部发言人就当天中国进行了一次地下核试验发表谈话指出,中国拥有少量核武器完全是为了自卫,并且主张核武器国家早日彻底销毁所有核武器。中国在核国家中核试验的次数最少,在核试验问题上一贯并将继续持十分克制的态度。

10月8日 公安部在北京举行仪式,宣布国务院、中央军委关于武警15位警官晋升中将、少将的命令。

10月9日 新华社报道:国务院最近就切实做好1994年度棉花购销工作发出通知。通知说,国务院决定,当前不放开棉花经营、棉花市场和棉花价格,继续实行国家统一定价,由供销社统一经营。

10 月 10 日　甘肃引大(大通河)入秦工程总干渠全线通水。工程总干渠、干渠和支渠共长 868.17 公里,是中国水利史上规模最大的跨双流域调水自流灌溉工程。

同日　新华社全文播发今年 3 月我国政府向联合国提交的《中华人民共和国执行〈提高妇女地位内罗毕前瞻性战略〉国家报告》。

10 月 14 日　新华社报道:国务院最近就进一步加强药品管理工作发出紧急通知。31 日,国务院在北京召开电话会议,提出严厉查处制售假劣药品违法犯罪行为的五点意见。

10 月 15 日　第八届国际音乐节揭幕。

10 月 17 日　新华社报道:秦山核电站二期工程建设拉开序幕。二期工程计划建造两台 60 万千瓦核电机组。

10 月 19 日　美国国防部长佩里结束了为期四天的访华。此次访问是在中美关系继续保持发展势头这一背景下进行的一次重要访问,标志着中美两军最高层接触已经恢复。双方讨论并签署了中美国防工业军转民联合委员会原则声明。

同日　中国国际减灾十年委员会访问团抵澳门访问。

10 月 19 日—23 日　国务院在北京召开全国社会发展工作会议。这是新中国成立以来国务院召开的第一次全国性的社会发展工作会议。会议确定了从 1996 年到 2010 年今后 15 年我国社会发展工作的重点。

10 月 20 日　首届世界太极拳大会在北京举行。36 个国家和地区的 1200 多人参加。

10 月 21 日—27 日　第八届全国人大常委会第十次会议在北京举行。会议通过了《中华人民共和国母婴保健法》、《中华人民共和国广告法》(10 月 27 日公布,分别于 1995 年 6 月 1 日和 1995 年 2 月 1 日起施行)。

10 月 25 日　新华社全文播发中国政府与美国政府 1992 年 1 月 17 日签订的《关于保护知识产权的谅解备忘录》,共 7 条。

同日　国务院发出《关于在若干城市试行国有企业破产有关问题的通知》。

同日　中共十二届中央政治局委员杨得志在北京逝世。杨得志生于 1911 年,湖南醴陵人。

同日　全国政协副主席侯镜如在北京逝世。侯镜如生于 1902 年,河南永城人。

同日　我国内湖第一长桥太湖大桥正式通车。大桥全长 4308 米,181 孔,桥面宽 12 米。

10 月 26 日　《人民日报》报道:国务院、中央军委发出《关于 1994 年冬季士兵退出现役工作的通知》,对退伍军人安置政策作出重大调整。

中国运动员叶江川在南京举行的中国首届国际象棋棋王赛上,以 4 胜 3 和的不败成绩,荣膺“棋王”桂冠,成为国际象棋史上首位中国棋王。

同日　国务院港澳办澳门司司长莫瑞琼抵澳门访问。

10 月 26 日—29 日　全国农村基层组织建设工作会议在北京举行。胡锦涛代表党中央作重要讲话。会议集中研究了新形势下加强农村基层组织建设问题。29 日,江泽民会见与会同志时强调,各级党委和政府要把农业和农村工作摆在经济工作首位。

10 月 27 日　最高人民法院新闻发布

会宣布：五起重大非法印刷、倒卖、虚开、代开增值税专用发票的六名犯罪分子当天被处决。

10月28日 首都举行纪念叶圣陶一百周年诞辰座谈会，李岚清出席并讲了话。

10月28日—30日 第十一届世界技巧锦标赛在北京举行。中国选手共获15块金牌，取得了中国队参加世锦赛以来的最好成绩。

10月29日 新华社报道：从1991年起，中国开始"科技兴市"试点工作。先在抚顺、绵阳等12个城市试点，后扩大到沈阳、汉口等36个大中城市。科技兴市主要是构筑以科技为支柱的城市发展格局，依靠科技进步促进经济和社会的全面发展。

10月30日 新华社报道：国务院最近决定，授予我国文化界、电影界老前辈夏衍"国家有杰出贡献的电影艺术家"称号。当天，李铁映代表党中央、国务院前往医院看望夏衍，并向他致贺。28日，首都举行报告会，纪念夏衍革命文艺生涯六十五周年。

10月31日—11月4日 国务院总理李鹏访问韩国。这是中韩建交以来我国总理首次对韩国进行正式访问。

10月 由国家计委投资，国家教委主持的中国教育和科研计算机网（CERNET）开始启动。

11月1日—29日 全国人大常委会委员长乔石访问新西兰、澳大利亚、阿根廷、巴西，并顺访斐济。

11月2日 《邓小平文选（1938—1965年）》和《邓小平文选（1975—1982年）》，经邓小平同志同意，由中共中央文献编辑委员会修订，人民出版社出第二版，改称《邓小平文选》第一卷、第二卷。从即日起在全国新华书店发行。同日，中央办公厅转发了中宣部、中组部关于学习《邓小平文选》第一、二卷的通知，要求各级党委切实加强对学习的领导，结合实际，抓好落实。10日，电子版《邓小平文选》问世。

同日 新华社报道：中央办公厅、国务院办公厅近日联合发出《关于加强和改进书报刊影视音像市场管理的通知》。

同日 新华社报道：九江长江大桥7675米的双线普通轨成功换铺成无缝钢轨，成为中国首座无缝双线铁路桥。

11月2日—4日 国务院在北京召开全国建立现代企业制度试点工作会议。朱镕基在会上指出，企业改革是明年经济体制改革的重点。

11月2日—6日 全国国有资产管理暨全国清产核资工作会议在北京举行。会议提出，将在三五年内为初步建立起具有中国特色的、适应社会主义市场经济要求的国有资产管理和经营体制打好基础。

11月3日 新华社报道：国务院决定选择100家大中型企业进行现代企业制度试点，另有中国石油化学工业总公司、中国航空工业总公司和中国有色金属工业总公司为国家控股公司试点。

11月4日 中英就香港新机场财务安排作出决定。中英联合联络小组机场委员会就香港新机场及机场铁路总体财务安排签署会议纪要。纪要说，新机场及机场铁路的举债总额不超过230亿港元。

11月6日—13日 乔石委员长访问澳大利亚。这是中澳两国自1972年建交以来，中国全国人大常委会委员长首次访问澳大利亚。

11月8日 国际商会在巴黎召开理事会，同意中国以国家委员会名义加入国际商会，并建立国际商会中国国家委员会。

11 月 8 日—22 日　国家主席江泽民访问新加坡、马来西亚、印度尼西亚和越南,并于 15 日出席在印尼茂物举行的亚太经济合作组织第二次领导人非正式会议,发表了主旨讲话,阐述了亚太经济合作的五项原则。会议期间,江泽民与美国总统克林顿举行正式会晤,提出中美在三个联合公报的基础上建立新型的中美关系五项主要原则。

11 月 9 日　国务院发出《关于严格控制消费基金过快增长和加强现金管理的通知》,并于 10 日在北京召开全国电视电话会议进行具体部署。李鹏要求各地区各部门进一步采取切实有效的措施,在短期内抓出成效,以保证国民经济健康发展和市场物价稳定。

同日　新华社报道:中共中央组织部近日发出《关于坚决防止和纠正选拔任用干部工作中不正之风的通知》。

11 月 9 日—10 日、11 日—12 日、13 日—14 日、15 日—17 日　香港特别行政区筹委会预委会政务小组第十二次会议、经济小组第十一次会议、社会及保安小组第七次会议、文化小组第七次会议分别在北京举行。

11 月 14 日　我国 CIMS 工程研究中心获美国制造工程师学会颁发的国际大奖——“大学领先奖”。

同日　上午 10 时 40 分左右,小金门方向台湾驻军至少发射十几发炮弹,落在厦门市郊黄厝村塔头自然村,打伤 4 人,其中重伤 2 人。

11 月 14 日—20 日　1994 年世界体操团体锦标赛在德国多特蒙德市举行。中国体操男队荣获世界冠军,中国女队名列第四。

11 月 15 日　澳门特区土地基金会投资委员会、咨询委员会成立。

11 月 17 日　中宣部、总政治部发出通报,表彰 132 对军民共建社会主义精神文明先进单位。

同日　新华社报道:国家重点建设项目宝中铁路投入试运营。宝中铁路横跨陕西、甘肃、宁夏三省区,全长 298 公里。

11 月 18 日　“邓小平大型图片展”在澳门展览中心揭幕,澳督韦奇立、新华社澳门分社社长郭东坡等主持剪彩。

11 月 18 日—27 日　1994 年世界举重锦标赛在土耳其伊斯坦布尔举行。中国女队共获得 18 枚金牌、3 枚银牌和 3 枚铜牌,名列奖牌榜和团体总分第一名。

11 月 19 日　经国务院批准组建的中国又一家政策性银行——中国农业发展银行在北京宣告成立。中国农业发展银行是直属国务院领导的政策性金融机构,承担国家规定的农业政策性金融业务。

同日　第 41 届格兰披治大赛车揭幕,日籍车手鸟取克裕在赛事中失事死亡。德国车手美臣获三级方程式赛车冠军。

11 月 21 日　中国人民银行发布公告,决定 1995 年 1 月 1 日起停止外汇兑换券在市场上流通,并限期在 1995 年 6 月 30 日之前,境内外持券者办理完兑换事宜。

同日　新华社报道:中国广播电影教育 15 年来已形成了由中央电大、44 所省、市、自治区和计划单列市电大、690 所地市电大和 1600 多所县级电大组成的覆盖全国城乡的广播电视教育网络,初步建成了一个具有中国特色的远距离教育系统。

同日　港英政府第一阶段放宽澳门新移民到港探亲及简化持 CI 居民过境手续。

同日　台“内政部”审查《台湾地区人民进入大陆地区许可办法》修正草案,决定开放现职荐任第九职等及相当荐任九职等以下公务员进入大陆探亲;同时简化一般民众申请进入大陆地区手续,一般民众得一次许可,三年内可多次进入大陆地区。

11月22日—27日 海协会和海基会副秘书长级第六次事务性商谈在南京举行,双方就"遣返劫机犯"等议题进行事务性商谈。会谈中,双方初步商定将在近期开办两岸信函、文件、资料的快捷邮递业务,并指定北京、上海、广州,以及桃园中正机场等四处为两岸间接快捷邮件互换局;如快捷邮件遗失,两岸采取"互不结算,各自理赔"方式处理。

11月23日—25日 在北京举行的共青团十三届三中全会审议通过了《共青团中央关于加强团的建设若干问题的决定》。

11月24日 新华社报道:中共中央近日发出《关于加强农村基层组织建设的通知》,要求各地各部门认真贯彻执行。

11月26日 国家重点建设项目,湖北隔河沿水电站建成投产。电站总装机容量121.1万千瓦,总投资36亿元。工程改善了清江航道90公里。

同日 山西侯马至河南月山铁路全线铺通,国务院致电祝贺。侯月铁路全长256.6公里,为电气化复线。

11月27日 新华社报道:晋煤外运南部通道——侯月铁路全线铺通。

11月28日 新华社报道:中国首家拥有粮食自营出口权的中外合资企业KK盘锦绿色食品金源国际谷物有限公司在辽宁省盘锦市开业,它是由中国绿色食品总公司、辽宁农垦大洼谷物集团总公司、中国天诚（集团）总公司、香港金源国际米业有限公司、泰国全球贸易有限公司共同投资兴办的。这个项目是国家首批利用外资发展外向型高产优质高效农业的试

点基地项目,也是中国目前生产开发绿色食品的最大生产基地。

同日 中国复关谈判代表团团长龙永图在日内瓦会见关贸总协定总干事萨瑟兰时通报,经过八年复关谈判,中国决定,1994年底前结束中国复关实质性谈判。超出这一时限后,中国不再作新的让步。

同日 新华社报道:公安部等部门联合发出《关于制止外国人在华非法就业的通知》。

11月28日—12月1日 中共中央和国务院在北京召开中央经济工作会议。会议总结了一年来的改革和发展工作,研究确定了1995年经济工作指导思想、主要任务和政策措施。江泽民、李鹏分别作了题为《认清形势,统一思想,做好明年经济工作》和《继续加强和改善宏观调控,确保明年国民经济持续、快速、健康发展》的重要讲话。

11月29日 新华社报道:中国第一个国家科技成果推广示范基地在辽宁省辽阳市举行揭幕仪式。

11月30日 我国新研制的"东方红三号"通信卫星由"长征三号甲"运载火箭送入太空,卫星顺利进入地球同步转移轨道。

同日 新华社报道:中国政府自70年代起把计划生育、合理控制人口作为一项基本国策后,中国人口数量自然增长已得到合理控制,人口自然增长率从1970年的25.83‰降至1993年的11.45‰,人口出生率也从33.43‰下降到18.09‰,基本遏制住了人口过快增长的势头。

11月30日—12月3日 全国组织工作会议在北京举行。12月2日,江泽民在会上发表讲话时强调,要抓紧建设好县以上各级领导班子,抓紧培养选拔优秀年轻

干部,努力造就大批能够跨世纪担当重任的领导人才。

12 月 2 日 新华社报道:中央办公厅、国务院办公厅近日联合发出《关于加强和改进书报刊影视音像市场管理的通知》。

12 月 3 日 首次台湾省长、台北市长、高雄市长民选活动举行。选举结果,国民党籍候选人宋楚瑜获得省长宝座,民进党籍候选人陈水扁和国民党籍候选人吴敦义赢得台北市长、高雄市长职位。

12 月 5 日 中共中央、国务院发布《关于加强科学技术普及工作的若干意见》。

12 月 8 日 首届全国青年优秀社会科学成果奖颁奖大会在北京举行。李鹏为大会题词。李铁映致信祝贺。组委会共评出一等奖 3 篇、二等奖 12 篇、三等奖 22 篇、优秀奖 45 篇。

同日 新疆克拉玛依市友谊馆发生重大火灾,造成正在馆内观看文艺演出的 325 人死亡,其中中小学生 288 人。经查这是一次特大恶性安全责任事故。事故发生后,国务院马上召开紧急会议,江泽民、李鹏指示有关部门要认真处理好这次事件。15 日,已查明的 19 名火灾事故责任者被依法查处。

12 月 8 日—10 日 香港特别行政区筹委会预备工作委员会第四次全体会议在北京举行。会议通过了新闻公报。预委会主任钱其琛主持会议并致闭幕词,预委会副主任鲁平作了关于 1995 年上半年预委会工作设想的报告。

12 月 9 日 中共中央举办法律知识讲座。江泽民在讲座开始前讲话指出,各级领导干部必须学习和掌握法律知识。

12 月 10 日 中国民政部副部长阎明复应澳门日报读者公益基金会邀请访问澳门。

12 月 11 日 党和国家的优秀领导人、杰出的无产阶级革命家、中国经济工作的卓越领导人,原中共中央政治局常委、国务院副总理姚依林,因病医治无效,在北京逝世,终年 77 岁。

同日 第 11 届公益金百万行有 2.8 万人参加,共筹得善款 540 万澳门元。

12 月 13 日 中国民政部副部长阎明复结束访问澳门返京。

12 月 14 日 当今世界上最大的水利枢纽工程——长江三峡工程正式开工。李鹏出席开工典礼并发表重要讲话,指出三峡工程功在当代,利在千秋,我们一定要把它建成世界第一流的工程。

12 月 15 日 1958 年留驻朝鲜的中国人民志愿军驻朝鲜军事停战委员会代表团奉调回国。

12 月 16 日 新华社报道:西藏的布达拉宫、河北的避暑山庄、山东的孔府及孔庙和湖北的武当山古建筑等四处名胜古迹被列为世界文化遗产。

12 月 19 日 新华社报道:18 年来,中国的改革主要经过了三次大的思想解放,并相应可以分为三个阶段。第一次思想解放以 1978 年中共十一届三中全会为标志,重新确立了解放思想、实事求是的思想路线,否定了"以阶级斗争为纲",党的工作重点转移到以经济建设为中心上来,提出了改革开放的任务。第二次思想解放以 1984 年党的十二届三中全会为标志,否定了传统的计划经济体制,明确提出我国社会主义经济是有计划的商品经济,要通过全面改革实现社会主义制度的自我完善和发展。第三次思想解放以 1992 年邓小平视察南方发表重要讲话和党的十四大为标志,确立了社会主义市场经济的改革目标。

同日　中葡联合联络小组和中国民航总局及澳门民航局就澳门国际机场空域和空中交通管理问题及机场谅解备忘录举行签字仪式。

12月20日　梅兰芳、周信芳诞辰一百周年纪念活动在北京正式拉开帷幕，江泽民、李瑞环等出席了当晚的纪念演出开幕式。27日，江泽民、李瑞环与部分在京的京剧、戏曲艺术家和专家在中南海进行了座谈。

12月20日—23日　全国经济体制改革工作会议在北京举行。

12月21日　中葡土地小组达成协议，本年度澳葡政府批地逾22公顷。

12月21日—29日　八届全国人大常委会第十一次会议在北京举行。会议通过了新中国第一部监狱法。29日，《中华人民共和国监狱法》发布，自1994年12月29日起施行。

12月22日　中国第一条时速160公里的准高速铁路广（州）深（圳）准高速铁路正式建成通车。铁路全长147公里。

12月23日　新华社报道：中国人民银行决定，改革中国投资银行的管理体制，并核准了新的《中国投资银行章程》，明确中国投资银行为中国人民建设银行的全资附属商业银行，并扩大了投资银行业务范围，在业务上接受中国人民银行的领导和监督。

12月26日　新华社报道：自1993年6月开始的全国首次第三产业普查完成。1992年全国第三产业单位共2184万个，从业人员共11484万人，第三产业增加值为9140亿元。

12月27日—29日　全国城镇企业职工养老保险制度改革试点工作会议指出，养老保险总的办法就是用社会基本养老保险、企业补充养老保险和个人储蓄性保险三个层次的保险。养老保险金由企业和个人共同负担，实行社会统筹和个人账户相结合。会议确定，由劳动部负责推动指导这项改革的试点工作。

12月28日　新华社报道：李鹏总理近日代表中国政府正式签署《关于亚太地区残疾人全面参与和平等的宣言》。

同日　澳门工会联合总会创办人梁培病逝。

12月30日　亚洲跨铁路第一长桥——郑州北郊环路跨郑州北编组站特大高架公路立交桥建成通车。这座特大高架公路立交桥全长2400米，宽28米，高15.7米。

12月　经国务院批准，江苏省镇江市、江西省九江市在全国率先开始了职工医疗保险制度改革的试点。

本年　中国人口增长速度稳中有降，全国人口出生率为17.7‰，是新中国成立以来最低水平。

本年　APNG（亚太地区网络工作组）年会在清华大学召开。这是国际Internet界在中国召开的第一次亚太地区年会。

1995 年

1月1日　中国实行《国有资产收益收缴管理办法》。由财政部等单位联合制定的这个管理办法，对国有资产收益及收益收缴入库等作了明确规定。

1月4日　中宣部、解放军总政治部、全国妇联在北京举行好军嫂韩素云爱国拥军先进群体事迹报告会。

1月5日　彭定康接受记者访问时表示，"我们只愿见到在1996年是一个政府，在1997年也是同一个政府"。

1月6日　新华社报道：中央军委最

近作出了《关于贯彻党的十四届四中全会精神进一步加强军队党的建设的决定》,强调要确保党对军队的绝对领导,确保政令军令的畅通。

同日　新华社香港分社副社长张浚生指出,港英政府与未来香港特区政府是两个性质不同的政府,彭定康之论非常荒谬。

1月7日　中共中央印发《中国共产党党员权利保障条例(试行)》。7月28日,《人民日报》全文刊载了这一文件。

同日　新华社报道:国家体改委提出,1995年深化流通体制改革的重要任务是:整顿流通秩序,规范交易,稳定物价,打击哄抬物价、垄断市场、欺诈消费者的不法行为,保障公开、公平、公正竞争。

1月8日　新华社报道:中国考古工作者在辽宁省北票市上园镇炒米甸子村发现了世界最早的有喙鸟化石。

同日　新华社报道:中国佛教文化研究所所长吴立民教授等专家破译发现,陕西法门寺地宫原是唐密曼荼罗(即唐代佛教密宗汇集佛和菩萨以实现修法"即身成佛"的道场),这一发现成为具有世界意义的极为重要的发现。

1月9日　新华社报道:1995年全国各级国家行政机关将整体推进公务员考试录用制度。省、地、县、乡四级政府补充工作人员,一律实行考试录用。

1月10日　香港首席大法官杨铁梁表示,本立法年度在地方法院及以上各级法院分期使用中文。

1月11日—14日　八届全国政协常委会第九次会议通过《政协全国委员会关于政治协商、民主监督、参政议政的规定》。

1月12日　国务院发布《强制戒毒办法》,自发布之日起施行。

同日　新华社报道:今年中国将对境内外所有的国有企业、单位统一编制国有企业代码,以便为现代化的国有资产统计监测制度和方法创造条件。

同日　何梁何利基金首届颁奖大会在北京举行。李鹏等为钱学森、黄汲清、王淦昌、王大珩等24位科学家颁奖。

1月13日　新华社报道:全国首例著作权自愿登记仪式在北京举行。青年作家关海民的纪实文学《审判海盗》为中国版权第1号。

同日　澳门管制环境噪音法例生效。

1月15日　中国政府和法国政府在北京签署关于建设广东大亚湾第二核电站的谅解备忘录。法国法玛通公司将为该工程的前两台机组供应核岛设备,法国巴黎国民银行将为该工程提供贷款。

1月15日—24日　第八届全国冬季运动会在吉林举行。长春、解放军和哈尔滨名列金牌榜前三名。在短道速滑比赛中,运动员超两项世界纪录和两项亚洲纪录。

1月16日　《国家赔偿费用管理办法》经国务院第二十九次常务会议通过,将于25日发布施行。

同日　中国与摩纳哥建立领事关系。

同日　最高人民法院通报贵州省两起重大贪污受贿案审理结果:原贵州省计委副主任、省政协常委、省国际信托投资公司董事长阎健宏犯贪污、挪用公款、投机倒把、受贿罪,被判死刑;原贵州省公安厅厅长郭政民犯受贿罪,被判死缓。

同日　香港律师会通过议案,支持尽快成立终审庭。

1月17日　纪念遵义会议60周年座谈会在北京举行。江泽民、李鹏、李瑞环、朱镕基、刘华清、胡锦涛等出席了座谈会。

同日　新华社报道:中组部、中宣部

近日联合发出《关于在党员中开展建设有中国特色社会主义理论和党章学习活动的意见》，以更好地贯彻落实党的十四届四中全会关于用三年时间，在全党有计划、有步骤地开展一次建设有中国特色社会主义理论和党章学习活动的决定。进一步加强党的建设，改善党的领导，提高党的战斗力。

同日　中国致公党中央原主席黄鼎臣在北京逝世。黄鼎臣1901年生于广东海丰。

1月18日　国务院召开首次全国农业普查联席会议，对首次农业普查进行具体部署。为清楚掌握我国农村的实际情况，正确地制定和完善有关宏观政策，为制定农村下一步战略目标搜集重要的科学依据，促进农业和农村经济稳步发展，我国将着手建立十年一次的定期农业普查制度，并决定于1997年进行第一次全国农业普查。

1月19日　江泽民同出席16日至21日在北京召开的全国宣传部长会议的同志座谈时强调，要充分发挥党的宣传思想工作的政治优势，努力为改革和建设提供有力的思想保证和良好的舆论环境。

同日　中国外交部发言人指出，英方有责任将香港政府档案在1997年移交给中国政府。

1月20日　台"经济部投审会"决定，除特殊情况外，今后岛内厂商申请赴大陆投资金额逾1000万美元项目，凡属已准许类以内的将免送"经济部"进行专案审查。

1月20日—23日　中共中央纪律检查委员会举行第五次全体会议，研究部署1995年深入开展反腐败斗争的工作。江泽民在会上讲话指出：在新形势下加强思想政治建设，提高干部和党员的思想政治素质，最根本的是要解决好世界观、人生观问题。

1月22日—27日　海协会与海基会负责人会谈（即第三次"唐焦会谈"）暨第七次副秘书长级事务性商谈在北京举行，仍未能签署协议，但取得重要进展。

1月26日　新华社报道：国家教委将对农村初中教育实施重大改革，目的是改变以升学为主要目标和课程结构和教学内容，以体现素质教育的要求，把社会发展需要和学生个性发展需要统一起来，把学文化和学技术结合起来，把预备升学和预备就业统一起来，并根据这一原则，把必修课由13门减为8门。

同日　国务院妇女儿童工作委员会二届三次全体会议通过了《中国妇女发展纲要》(1995—2000年)。《纲要》提出本世纪末妇女在参政就业方面的10项目标。

1月27日　中国副总理朱镕基在达沃斯世界经济论坛第二十五届年会上作《中国的改革和发展》的演讲。

1月30日　江泽民在中共中央台湾工作办公室、国务院台湾事务办公室等单位举办的茶话会上发表题为《为促进祖国统一大业的完成而继续奋斗》的讲话，就现阶段发展两岸关系推进祖国和平统一进程的若干重要问题，提出八点看法和主张。

同日　江泽民发表了题为《为促进祖国统一大业的完成而继续奋斗》的重要讲话。

1月31日　世界贸易组织在日内瓦召开第一届总理事大会，有76个会员国的20多位代表参加，会中通过台湾为该组织观察员。

1月　由教育部（当时国家教委）主管主办的《神州学人》杂志，经中国教育和科研计算机网（CERNET）进入Internet，向广大在外留学人员及时传递新闻和信息，成为我国第一份中文电子杂志。

2 月 5 日　全国男篮甲 A 联赛正式开始,这是我国篮球史上首次实行主客场赛制。8 支队伍将在两个月零四天的时间内分别在 8 个城市进行 14 轮 56 场的比赛。

2 月 6 日　中国影协主席、杰出的革命文艺家夏衍在北京逝世。夏衍原名沈乃熙,1900 年生于浙江杭州。

同日　新华社举行新春酒会,澳督韦奇立及逾千嘉宾出席。

2 月 10 日　中国选手孙彩云在德国国际室内田径赛上先后以 4 米 12、4 米 13 和 4 米 15 破室内撑竿跳高世界纪录,这是当年 1 月 27 日以来,孙彩云连续五次打破此项世界纪录。

2 月 14 日　中国代表在联合国人权会议上阐述中国关于保护少数民族四点主张:坚持各民族一律平等;以和平和建设性的方式方法促进对少数民族权利的保护;帮助少数民族发展经济、文化及社会各项事业;从本国国情出发,制定并采取有利于各民族共同发展繁荣的政治体制。

同日　京、澳、港三方民航局代表草签三地机场离境程序协议书。

2 月 15 日　当日零时,中国人口达 12 亿(不含港澳台地区)。同日,中宣部、国家计生委、国家计委等部门在北京联合举行了"中国 12 亿人口日大会"。

2 月 16 日　新华社报道:为推动城镇住房制度改革工作,国务院批准下发《国家安居工程实施方案》,标志着国家安居工程正式启动。

同日　华晖阁等三大厦多户住客接炸弹恐吓信,警方设专案组调查。

同日　台"行政院"院会通过"国家安全法修正草案"的条文,规定:台湾地区的人民团体,为大陆地区的机构团体传递、收集台湾地区公务上的机密,或为大陆地区的机构团体在台湾地区发展组织从事具有明显危害"国家"安全和社会秩序者,可处 5 年以下有期徒刑、拘役或科或并科新台币 100 万元以下罚金的处罚。

2 月 17 日　《国务院关于修改〈国务院关于职工工作时间的规定〉的决定》经国务院第八次全体会议通过,于 3 月 25 日发布,自 1995 年 5 月 1 日起施行。该决定规定"职工每日工作 8 小时,每周工作 40 小时"。

2 月 18 日　第 17 届世界大学生冬运会在西班牙举行。中国队获得 3 枚金牌、4 枚银牌、3 枚铜牌。

2 月 21 日—28 日　八届全国人大常委会第十二次会议在北京举行。28 日,会议通过了全国人大常委会关于修改选举法的决定和关于修改地方各级人大和地方各级政府组织法的决定,并于当日公布施行;通过了《中华人民共和国法官法》、《中华人民共和国检察官法》、《中华人民共和国人民警察法》并予公布。人民警察法于当日施行,法官法、检察官法于 1995 年 7 月 1 日施行。28 日还通过了全国人大常委会关于惩治违反公司法的犯罪的决定、关于修改税收征管法的决定,并于当日公布施行。

2 月 22 日　中国人民银行发布通告,自 1995 年 3 月 1 日起发行 1990 年版壹圆券人民币。

2 月 24 日　李鹏总理、中央军委主席江泽民签署中华人民共和国国务院、中华人民共和国中央军事委员会第 173 号令,发布《国防交通条例》,自发布之日起施行。

2 月 24 日—28 日　中共中央和国务院在北京召开农村工作会议。27 日,江泽民在会上强调指出在发展社会主义市场经济的新形势下，一定要正确处理农业、农村和农民问题；李鹏在会上作题为《增加粮棉生产开创农村经济新局面》的重要讲话。

2月25日 新华社报道：由国家自然科学基金会组织实施的首次国家杰出青年科学基金揭晓。49位青年学者分获资助。

2月26日 中美两国在北京就知识产权问题达成协议，从而使双方避免了一场贸易战，也结束了中美关于知识产权问题长达20个月的九轮磋商。3月11日，中国对外贸易经济合作部部长吴仪和来访的美国贸易代表坎特大使在北京分别代表本国政府正式签署了中美关于知识产权的协议。3月12日，中美达成协议，同意重开关于中国复关的谈判。

同日 国务院新闻办公室针对美国国务院1995年2月1日发表的1994年《人权报告》中歪曲事实、颠倒是非的中国部分，发表题为《歪曲事实、颠倒是非的报告》的长篇批驳文章。

2月27日 中共中央、国务院发布《关于深化供销合作社改革的决定》。

2月28日 国家统计局发布《1994年我国国民经济和社会发展的统计公报》。公报说，1994年全年国内生产总值43800亿元，比上年增长11.8％。其中第一产业增加值8231亿元，增长3.5％；第二产业增加值21259亿元，增长17.4％；第三产业增加值14310亿元，增长8.7％。经济发展中的主要问题是：市场价格涨幅过高，农业发展滞后，部分国有企业生产经营仍面临较多困难。

同日 "幸福工程——救助贫困母亲行动"正式启动。

同日 台湾媒体报道，李登辉已核定"国家统一委员会"改组名单，李亲自兼任主任委员，三位副主任委员分别由"副总统"李元簇、"行政院长"连战及"总统府"资政高玉树担任，新聘32名委员，其中新委员19名。

2月 《中共中央、国务院关于做好1995年农业和农村工作的意见》中明确提出，要根据城镇建设的发展和居民消费需要的变化，抓紧组织实施新一轮"菜篮子工程"。

3月1日—4日 全国体委主任会议在北京召开，会议讨论通过了《1995—2010年体育产业发展纲要》。

3月2日 新华社报道：1994年1月1日起，税制、金融、外贸外汇、投资、价格、流通体制改革陆续出台，中国以建立社会主义市场经济体制为目标的改革开始进入整体实施阶段。

3月3日—14日 全国政协八届三次会议在北京举行。会议通过了全国政协八届三次会议政治决议、常委会工作报告决议、政协八届三次会议提案审查情况报告。全国政协主席李瑞环在闭幕会上发表讲话。

3月4日 新华社报道：中共中央、国务院日前发出关于深化供销合作社改革的决定。

同日 第六届澳门艺术节揭幕。

3月5日—18日 八届全国人大三次会议在北京举行。会议通过关于政府工作报告的决议等文件，通过《中华人民共和国教育法》、《中华人民共和国中国人民银行法》（教育法自1995年9月1日起施行，中国人民银行法自公布之日起施行）。

3月7日 中葡联合联络小组举行第22次会议。

3月9日 中华全国体育基金会在北京成立。

3月10日 澳门国际机场跑道混凝

土工程提前 70 多天完成。

3 月 11 日 国务院总理李鹏在丹麦哥本哈根举行的联合国社会发展问题世界首脑会议上发表讲话，阐述中国对当前国际问题以及社会发展问题的看法并提出五点主张。

同日 中美知识产权协议在北京签署。这一协议是中美双方经过长达 20 个月九轮磋商后达成的。

同日 年仅 18 岁的中国选手陈露在伯明翰举行的世界花样滑冰锦标赛上，夺得女子单人滑冠军，为中国在世界大赛中赢得第一枚花样滑冰金牌。

3 月 13 日 台"陆委会"主委萧万长在"立法院"答询时称，李登辉可应邀以"总统"身份去大陆会谈。并称，中共是否支持台申办亚运会，即可作为中共对台有无善意与诚意的试金石。

3 月 16 日 新华社报道：国务院近日发出关于深化企业职工养老保险制度改革的通知，对这一制度改革的目标原则、养老保险费用的负担、养老保险基金的管理等问题作出原则回答。

3 月 18 日 国家主席江泽民签署第 45 号主席令，发布《中华人民共和国教育法》，自 1995 年 9 月 1 日起施行。

同日 国家主席江泽民签署第 46 号主席令，发布《中华人民共和国中国人民银行法》，自公布之日起施行。

同日 中共中央、国务院在中南海怀仁堂召开全国计划生育工作座谈会。江泽民指出人口问题从本质上讲是发展问题，计划生育工作不能有丝毫松懈，要坚持党政一把手亲自抓、负总责，党员和干部要起表率作用。

3 月 19 日 民进党六全二次会议，在"研修党纲研讨会"的与会者一致反对删除"台独"条款的情况下，通过维持"台独"

党纲的相关决议案。

3 月 21 日 中华全国新闻工作者协会主办的首届"全国百佳新闻工作者"评选揭晓，55 名记者、35 名编辑、10 名评论员获得此项殊荣。

3 月 22 日 一代地质大师黄汲清在北京逝世。黄汲清 1904 年生于四川仁寿县。

3 月 25 日 李鹏总理签署国务院令，决定自 1995 年 5 月 1 日起，实行 5 天工作制，即职工每日工作 8 小时，每周工作 40 小时。

3 月 27 日 国有资源性资产全国工作会议在北京举行。这是新中国成立以来首次召开的关于资源性资产管理工作会议。

同日 交通部长黄镇东抵澳门访问五天。

3 月 28 日 澳门国际机场人工岛和联络桥全面提前竣工。

3 月 29 日 中国资产评估协会在国际资产评估标准委员会第十四届年会上被接纳为这个委员会的会员国。这标志着中国资产评估业开始与国际接轨。

3 月 30 日 纪念《澳门基本法》颁布两周年文艺晚会在北京电视台举行，澳门有关人士及演出团体专程赴会。

3 月 31 日 中国考察队首次对北极进行考察。这次考察也是中国首次以社会集资方式进行的重大科技活动。北京时间 5 月 6 日 10 点 55 分，考察队胜利到达北极点，把五星红旗插到北极点上。

4 月 3 日 纪念民族音乐家刘天华诞辰一百周年音乐会在北京音乐厅举行。江泽民和首都千名观众一起欣赏了这位中国现代民族音乐宗师的代表作品。

同日 中国与波斯尼亚和黑塞哥维那共和国建立外交关系。

4月5日 外交部发布中国关于安全保证问题的国家声明,声明包括中国承诺在任何时候、任何情况下不首先使用核武器。

4月7日 《人民日报》发表社论《向孔繁森同志学习》,并发表新华社等记者采写的长篇通讯《领导干部的楷模——孔繁森》,记述了以身殉职的原中共西藏阿里地委书记孔繁森的感人事迹。8日,由中组部、中宣部共同组织的孔繁森事迹报告会在北京人民大会堂举行。14日,中组部、中宣部发出关于开展向孔繁森同志学习活动的通知。29日,江泽民、李鹏等亲切会见孔繁森同志的亲属及孔繁森事迹报告团成员。6月28日,中共中央组织部作出决定,追授孔繁森"模范共产党员、优秀领导干部"称号。

同日 葡萄牙总统苏亚雷斯抵澳门访问。

4月8日 李登辉以"国统会"主任委员身份,主持"国统会"改组后的第一次会议,并在会议讨论议程后发表谈话回应江泽民的八点主张,宣称:在承认两岸分治的现实上寻求国家统一方式;主张促进两岸经贸往来和文化交流,共同维护港澳繁荣和民主;鼓吹两岸平等参与国际组织,双方领导人借此自然见面;声称一旦大陆宣布放弃使用武力,即在适当时机就举行结束两岸敌对状态谈判进行预备性协商。

4月9日 台"行政院农委会"决定从5月1日起正式开放大陆专业农业人士来台。

4月10日 伟大的无产阶级革命家、政治家,杰出的马克思主义者,中国社会主义经济建设的开创者和奠基人之一,党和国家久经考验的卓越领导人陈云,因病在北京逝世,享年90岁。

同日 我国目前现代化程度最高的城市快速有轨干道系统——上海地铁一号线全线投入试运营。

同日 葡萄牙总统苏亚雷斯结束访问澳门,启程访华。

4月10日—22日 全国人大常委会委员长乔石访问日本和韩国。

4月11日 人大常委会立项起草香港特区全国人大代表的产生办法。

4月12日 在泰国普吉举行的联合国教科文组织世界遗产委员会第18届会议上,中国西藏的布达拉宫,承德的避暑山庄及周围寺庙,曲阜的孔庙、孔林、孔府及湖北的武当山古建筑群被批准列为世界文化遗产。

同日 十世班禅的经师——十三世嘉雅活佛的转世灵童洛桑巴旦曲杰旺秀坐床,成为塔尔寺第十四世嘉雅活佛。

4月17日 解放军总参谋部、总政治部、总后勤部联合修订的《军队基层建设纲要》,经中央军委主席江泽民批准,正式颁发全军执行。中央军委主席江泽民发布命令,颁发《中国人民解放军审计条例》。《条例》即日起在全军施行。

4月18日 澳门社会协调常设委员会通过长期停工补偿法,只待咨询会通过即颁布实施。

4月20日 中央军委在北京举行《叶剑英传》出版发行暨纪念叶剑英诞辰98周年座谈会。江泽民、李瑞环、朱镕基、刘华清等出席。江泽民在会上发表了重要讲话。

同日 由德国大众与上海大众联合设计开发的桑塔纳2000型下线。上海大众汽车二厂全面竣工。

4月21日 国务院原副总理康世恩在北京逝世。康世恩生于1915年,河北怀安县人。

4月24日 为期三天的全国乡镇企

业东西合作会议在北京结束,乡镇企业东西合作示范工程将全面启动。

4 月 27 日　中共中央任命尉健行为中共北京市委书记,批准陈希同引咎辞职。7 月 4 日,鉴于在调查王宝森违法犯罪活动的过程中,发现有些重大问题涉及陈希同,中共中央决定,由中纪委对陈希同的问题进行审查。9 月,中共十四届五中全会审议并通过了中央纪律检查委员会关于陈希同问题的审查报告,决定撤销他的中央政治局委员、中央委员会委员的职务,并建议依照法律程序,罢免其全国人大代表职务,对他的问题继续进行审查。

同日　世界上最高的民航机场——西藏邦达机场正式通航。机场拥有世界民航机场的三个之最:跑道最长(5500 米)、海拔最高(4300 米)、离城市最远(130 公里)。

同日　中国外交部发言人明确表示,台湾申办 2002 年亚运会的真正目的是借机在国际上制造"两个中国"或"一中一台",我们对此坚决反对。

4 月 29 日　中共中央、国务院在人民大会堂隆重召开大会,庆祝"五一"国际劳动节。国务院决定授予郭玉明等 2157 名同志全国劳动模范荣誉称号,授予罗玲等 716 名同志全国先进工作者荣誉称号。江泽民在会上强调,工人阶级是我们党的阶级基础,是我们国家的领导阶级。我们党所领导的改革和社会主义现代化建设的全部活动与整个进程,都必须全心全意地依靠工人阶级,这在任何时候、任何情况下都不能动摇。

同日　澳门工联举行盛大酒会,庆祝"五一"暨成立 40 周年,澳督韦奇立及 600 多嘉宾出席。

5 月 1 日　亚洲第一、世界第三高的上海东方明珠广播电视塔落成并开播。

5 月 1 日—14 日　第四十三届世界乒乓球锦标赛在天津举行。有 116 个国家和地区的运动员参赛。我国运动员继第三十六届世乒赛后又一次囊括世乒赛全部七项冠军。

5 月 2 日　美众议院通过一项决议案,敦请美国务院彻底改变其对台政策,允许李登辉以个人身份访美。3 日,美国务院发表声明,不同意李登辉访美。

5 月 5 日—10 日　八届全国人大常委会举行第十三次会议,10 日,会议通过了《中华人民共和国商业银行法》、《中华人民共和国预备役军官法》、《中华人民共和国票据法》并予公布,商业银行法自 1995 年 7 月 1 日起施行,预备役军官法、票据法自 1996 年 1 月 1 日起施行。会议还审议了关于惩治破坏金融秩序的犯罪分子的决定草案,批准中国和秘鲁、中国和阿塞拜疆领事条约。

5 月 6 日　中共中央、国务院作出《关于加速科学技术进步的决定》,确定实施科教兴国战略。

同日　国际军事理事会第五十届代表大会在北京召开,80 个国家的 137 位代表参加。

5 月 7 日—9 日　江泽民主席访问莫斯科并参加纪念反法西斯战争胜利五十周年庆典活动,他在莫斯科卫国战争纪念馆揭幕式上发表讲话,高度评价世界反法西斯战争胜利的重大意义。

5 月 9 日　公安部宣布,经国务院批准,我国又有 29 个县(市)列入对外国人开放地区。至此,我国已有 1176 个县(市)对外国人开放。

同日　我国自己设计、研制的国内最大的无导体壳托卡马克受控核聚变装置——中国环流器新一号通过鉴定。

5月10日 中共中央发出关于印发《邓小平同志建设有中国特色社会主义理论学习纲要》的通知。

5月11日 新华社报道:中国第一台载人磁悬浮列车在国防科技大学研制成功,使中国成为继德国、日本、英国、俄罗斯、韩国之后第六个研制成功磁悬浮列车的国家。

5月12日—15日 全国供销合作社第二次代表大会在北京举行。会议宣告成立中华全国供销合作总社。

5月14日—17日 应中国奥委会邀请,国际奥委会主席萨马兰奇率国际奥委会代表团访问北京。中国奥委会与国际奥委会在北京举行工作会议。萨马兰奇对中国提出的"全国健身计划"和"奥运争光计划"给予了很高的评价,建议中国申办2004年奥运会,并邀请伍绍祖访问国际奥委会总部瑞士洛桑。

5月15日 我国进行了一次地下核试验。外交部发言人就此发表谈话,重申中国主张全面禁止、彻底销毁核武器,并积极参加日内瓦全面禁止核试验条约的谈判。

同日 国际奥委会主席萨马兰奇向全国政协副主席霍英东、原中国奥委会副主席栗树彬、著名跳高运动员郑凤荣授予银质"奥林匹克勋章"。

5月16日 新华社报道:中共中央最近发出关于印发《党政领导干部选拔任用工作暂行条例》的通知。

同日 《国务院关于修改〈人民警察警衔标志式样和佩戴办法〉的决定》发布,自1995年7月1日起施行。

5月17日 新华社报道:中国古生物研究工作者在浙江发现国内首具晚白垩世鸟类化石,填补了中国在晚白垩世纪层中没有化石的空白。

同日 香港特区筹委会预委会政务小组会议讨论通过了关于组建香港特区终审法院的原则性意见。

5月18日 辜振甫正式表示,同意赴北京举行第二次"汪辜会谈"。

5月19日 新华社澳门分社新任社长王启人抵澳门履新。

5月19日—23日 第五次全国台湾同胞代表会议在北京举行。

5月20日 新华社澳门分社举行酒会,欢迎新任社长王启人,欢送原社长郭东坡。

5月22日 新华社全文播发江泽民1994年12月27日在纪念梅兰芳、周信芳诞辰一百周年座谈会上的讲话。

同日 美国政府宣布允许李登辉以"私人"、"非官方"身份访问美国。23日,中国外交部发表声明,就美允许李登辉访美一事向美国政府提出强烈抗议,召回驻美大使。

5月22日、6月26日 江泽民先后在上海、长春召开的企业座谈会上发表讲话,要求坚定信心,明确任务,积极推进国有企业改革。他说,建立现代企业制度是十几年来经济体制改革特别是企业改革经验的总结和理论的发展,我们一定要坚持这个改革方向,认真组织好试点工作。现代企业制度的基本特征"产权清晰、权责明确、政企分开、管理科学"这四句话,是相互联系的统一整体,必须全面准确地领会贯彻。

5月22日—28日 中国运动员参加了在瑞士洛桑举行的第九届世界羽毛球锦标赛,并获得了混合团体赛冠军,叶钊颖和韩晶娜获得了女单冠、亚军。这是中国队首次捧回苏迪曼杯。

5月23日 中国外交部就美国政府宣布允许李登辉进行所谓"私人访问"一

事发表声明。声明指出:这是美国政府完全违反中美三个联合公报根本原则,损害中国主权和破坏中国和平统一大业的极为严重的行为,中国政府和人民对此表示极大愤慨,并向美国政府提出强烈抗议。

同日 鲁平抵澳门作官式访问。

5月24日 新华社报道:中共中央办公厅和国务院办公厅最近印发关于党政机关县处级以上领导干部收入申报的规定。

同日 中国九段棋手马晓春在汉城举行的第六届世界围棋锦标赛上夺得冠军。这是中国棋手在世界性围棋比赛中获得的第一个冠军。

5月26日 我国首次整车正面碰撞试验成功。这次试验是由北京吉普汽车有限公司委托清华大学汽车研究所黄世霖教授主持进行的。

同日 新华社香港分社社长周南敦促英方接受预委会就成立终审法院提出的原则意见。

同日 海协会常务副会长唐树备一行8人抵达台北。27日至28日,唐树备与海基会副董事长焦仁和为第二次"汪辜会谈"进行第一次预备性磋商,就第二次"汪辜会谈"的时间、地点、议题等达成共识,预定7月20日左右在北京钓鱼台举行,并决定将于6月27日至7月1日在台北举行第二次预备性磋商。

5月28日 新修改的《中国人民解放军政治工作条例》,经中共中央、中央军委批准颁布。

同日 新华社报道:科学工作者在湖北郧县青龙山发现了大型恐龙蛋化石群。该化石群是目前世界上保存最为完好的恐龙蛋化石群。

6月1日 澳门信用卡使用葡币结账法例即日生效。

6月1日—4日 中国少年先锋队第三次全国代表大会在北京举行。大会以培养跨世纪的社会主义事业合格建设者和接班人为主题,进一步明确了新时期中国少先队肩负的历史重任和时代要求,提出了新时期少先队工作的方针和原则:少先队工作应当坚持在继承中创新,少先队的教育应当着眼于提高队员的综合素质,少先队组织应当注重在实践中育人。大会通过了关于《中国少年先锋队章程修正案》的决议,选举产生了中国少年先锋队第三届全国工作委员会。

6月2日—5日 全国政协八届常委会第十三次会议在北京举行。

6月3日 中国宣布与摩纳哥从1996年1月16日起建立领事关系。

同日 李鹏总理、中央军委主席江泽民签署中华人民共和国国务院、中华人民共和国中央军事委员会第178号令,发布《民兵武器装备管理条例》。《条例》自发布之日起施行。

6月6日 新华社报道:由邓小平同志亲笔题写书名,徐向前和聂荣臻元帅生前题词的10卷本《解放军烈士传》由长征出版社隆重出版。

6月6日—9日 国务院召开全国扶贫开发工作会议。据国家统计局最近报告,全国农村没有解决温饱的绝对贫困人口正在明显下降,已经从1992年底的8000万人减少到1994年底的7000万人。国务院提出,今后要以每年解决1000万以上贫困人口的速度,推进扶贫开发工作,力争到本世纪末使现有的7000万贫困人口脱贫。

6月7日—11日 李登辉以私人身份访美。9日,李登辉在康奈尔大学发表题为《民之所欲,长在我心》的演讲,并散布分裂言论。鉴于李登辉的言行,大陆海协会于 16 日致函海基会，推迟举行第二次"汪辜会谈"及预备性磋商。

6 月 8 日　澳门市政议会通过《市政条例法典》，将于 1996 年实施。

6 月 12 日—28 日　全国政协主席李瑞环访问古巴、牙买加、巴西和智利。

6 月 13 日　中共中央在人民大会堂举行《陈云文选》（1—3 卷）、《陈云》画册出版发行暨纪念陈云诞辰九十周年座谈会。经过增补和修订的《陈云文选》由人民出版社出版，共收入陈云主要著作 190 篇。

同日　"东星"号喷射船遭三枪匪骑劫，船上护卫公司押运香港的 1000 万港元银行款项被掠走。15 日，"东星"号械劫案后，港警拘四男女，澳门有司法警员涉案被捕。18 日，"东星"号械劫案侦缉又有进展，广东警方通缉中山三疑匪，起回劫案赃款近 300 万港元。20 日，"东星"号械劫案两作案男子张少棉、周汉濂在中山投案。21 日，"东星"号械劫案中山最后一名案犯陈文健在湖南落网。23 日，"东星"号劫案主犯陈文健自湖南押解返中山受审。

6 月 14 日　国际奥委会决定：授予徐才"奥林匹克勋章"。

同日　江门一游客在葡京摇老虎机中彩，彩金 2100 多万澳门元，为澳门历史纪录。

6 月 14 日—18 日　第一届世界龙舟锦标赛在湖南岳阳举行，14 个国家和地区 39 支队伍参加比赛，中国队获 9 枚金牌。

6 月 15 日　由文化部、北京市政府、中国文联、中国美协联合主办的徐悲鸿诞辰一百周年纪念活动在北京拉开帷幕。

6 月 15 日—19 日　朱镕基在全国银行业经营管理工作会议上指出：提高我国银行业经营管理水平，必须进一步完善和深化金融体制改革。要贯彻好《中国人民银行法》，充分发挥人民银行在国务院领导下独立执行货币政策和对金融机构实行监督管理的作用。要尽快把我国各专业银行办成具有国际先进经营管理水平的商业银行。

6 月 16 日　新华社报道：国务院制定并实施的扶贫攻坚计划初战告捷，1000 万人告别绝对贫困。国务院要求从今年起每年必须解决 1000 万以上贫困人口温饱问题。

同日　国家体委下发《体育产业发展纲要》。

6 月 18 日　位于武汉长江大桥下游 6.8 公里处的武汉长江二桥建成通车。大桥长 4407.6 米，正桥长 1876 米，设 6 车道，日通车能力 5 万辆。

同日　澳门国际机场正式试飞。

6 月 21 日—28 日　国务院总理李鹏访问白俄罗斯、乌克兰和俄罗斯。访问期间，中方同三国分别签署了联合公报和一系列合作文件。

6 月 22 日　国务院发布《全民健身计划纲要》。

6 月 22 日—24 日　香港特别行政区筹委会预委会第五次全会在北京举行。钱其琛在会上代表国务院宣布了中央人民政府确定的处理"九七"后香港涉台问题的七条基本原则和政策。

6 月 23 日—30 日　八届全国人大常委会第十四次会议在北京举行。30 日，会议通过了《中华人民共和国担保法》、《中华人民共和国保险法》、《全国人民代表大会常务委员会关于惩治破坏金融秩序犯罪的决定》并予公布。惩治破坏金融秩序犯罪的决定自公布之日起施行，担保法、保险法自 1995 年 10 月 1 日起施行。

6 月 25 日　漫湾水电站第一期工程全部建成。该电站是澜沧江上建设的第一座大型水电站，装机 150 万千瓦机组，其中第一期工程包括 5 台 25 万千瓦机组，1986 年 5 月 1 日正式动工。

6 月 26 日　新华社报道：为实现到本世纪末我国基本普及九年义务教育的目标，中央决定在原来每年 2 亿元的基础上，1995 年再增拨 2 亿元义务教育专款，并逐年增加，计划三年内增加到每年 10 亿元。

同日　解放军三总部下发《军用土地使用权转让管理暂行规定》，规定在保证部队战备、使用和长远建设需要及确保军事秘密安全的前提下，军用空闲土地等可依法进行转让。

同日　台"外交部长"钱复签名，正式代表台湾当局发函给联合国总部，提供 10 亿美元的基金，作为资助低开发国家之用。

6 月 28 日　国务院批准的《全民健身计划纲要》正式颁布实施。

6 月 29 日　中国红十字会代表红十字国际委员会在北京举行大会。国家主席、中国红十字会名誉会长江泽民为第三十五届南丁格尔奖章获得者孙静霞和邹瑞芳颁发奖章。

6 月 30 日　中共中央组织部在北京举行表彰大会，表彰百名优秀县（市）委书记。江泽民在会上强调，为了更好地发挥党的领导核心作用，党必须在新形势下不断加强自身建设，努力提高执政水平和领导水平。县以上各级领导同志，要按照十四届四中全会的要求锻炼和提高自己，努力成为新时期合格的领导干部。尤其要在坚持正确的政治方向、增强全局观念、加强理论学习、带头身体力行党的全心全意为人民服务的宗旨等方面有一个大的进步。

同日　京、澳、港三方签署进出澳门机场飞行仪表程序协议。

7 月 1 日　罗湖桥头矗立香港回归倒计时牌正式开始倒计时。

同日　因受"东星"号劫案影响，澳门银行自即日起征收港币存款手续费，每万港元收费 15 港元。

7 月 2 日　江泽民、李鹏先后打电话亲切慰问湖南、江西灾民。6 月 20 日以来，我国长江中下游及其以南地区出现一次强降雨过程，部分地区出现暴雨或大暴雨。长江中下游干流及洞庭湖、鄱阳湖流域发生大洪水，湖南、江西两省局部地区遭受严重洪涝灾害。

7 月 5 日　国务院发布《中华人民共和国知识产权海关保护条例》，自 1995 年 10 月 1 日起施行。

同日　经国务院批准，从 1995 年起中国开始组建城市合作银行。组建工作先在京、津、沪、深圳和石家庄等 5 个城市进行试点。这是中国深化金融体制改革，建设规范化商业银行的重要内容。

7 月 5 日—15 日　国家主席江泽民访问芬兰、匈牙利和德国。他在波恩发表题为《阔步前进中的中国与世界》的演讲。

7 月 6 日　《中华人民共和国出境入境边防检查条例》经国务院第三十四次常务会议通过，于 20 日发布，自 1995 年 9 月 1 日起施行。

同日　澳门立法会通过租务法草案，1996 年 1 月生效。

7 月 7 日　中央军委发布命令，授予北京军区和济南军区 10 名老红军、老八路以红星功勋荣誉章或独立功勋荣誉章。至此，全军参加过抗日战争的老红军、老八路，已有 57394 人分别获得这两种功勋荣誉章。

同日　中国工程院宣布第一次增选院士工作结束。216 名为中国工程技术作出重要贡献的专家当选为中国工程院院士。至此，中国工程院院士总数已达

309 人。

7 月 10 日—13 日 中组部、中宣部和国家教委党组在北京联合召开第五次全国高校党建工作会议。7 月 11 日,李鹏在会见与会代表时提出,我国发展高等教育的出路在于改革,要靠改革解决高校发展中面临的一些困难问题。李岚清在会上讲话时强调,加强思想、组织和作风建设是当前高校一项刻不容缓的任务。

7 月 11 日 在巴黎召开的证监会国际组织第二届年会上,中国证监会被接纳加入证监会国际组织。

同日 世界贸易组织决定接纳中国为该组织的观察员。

7 月 11 日—14 日 中国工程院第二次院士大会在北京举行。216 位工程技术专家被增选为中国工程院院士。至此,成立刚满一年的中国工程院院士人数已达 309 名。

7 月 12 日—14 日 全国推行公务员辞职辞退制度工作会议在青岛召开。我国干部人事制度将推出一项重大改革:在国家行政机关中正式实行辞职辞退制度。

7 月 13 日 中国自行设计、建造和管理的第一座核电站——秦山核电站通过了国家工程竣工验收,结束了我国大陆无核电的历史。

7 月 18 日—22 日 全国青联八届一次会议、全国学联二十二大同时在北京举行。大会制定了青联和学联今后五年的工作方针和任务,修改了青联和学联的章程,选举产生了新一届青联和学联的领导机构。

7 月 20 日 中央军委主席江泽民签署命令,颁发《中国人民解放军后勤条例》。

同日 中国常驻联合国代表秦华孙就尼加拉瓜等 15 国向联合国提出所谓台湾在联合国的"代表权"问题一事致函加利秘书长,坚决反对外国势力插手台湾问题。

同日 大连港大窑湾港区新建铁路——金窑铁路正式通车。这是我国北方第一条跨海铁路。

7 月 21 日—26 日 中国人民解放军向东海北纬 26 度 22 分、东经 122 度 10 分为中心,半径 10 海里圆形海域范围内的公海上,进行地地导弹发射训练,发射的六枚地地导弹全部准确命中目标。

7 月 21 日—26 日 中国人民解放军在台湾东北方向进行地对地导弹发射训练。

7 月 23 日 国务院决定全国粮食系统由过去的统购统销改为实行政策性业务和商业性经营分开两线运行。这是粮食部门深化改革的重大举措。

同日 新华社报道:中国科学院近代物理研究所最近合成了重丰中子新核素镁—239。这在世界上尚属首次。

7 月 24 日 是日始,《人民日报》、新华社连续发表评论员文章,深入批驳李登辉的分裂观点,揭露李登辉上台以来的分裂活动。

7 月 25 日 中国政府宣布,因冈比亚政府同台湾当局恢复所谓"外交关系",自即日起中止同冈比亚外交关系。

同日 新华社报道:在秦始皇陵陵冢封土北 130 米处的地下,发掘出一处大型陵寝建筑遗址。这是秦陵继兵马俑、铜车马之后又一重大发现。

同日 澳门新口岸水塘拟建亚洲最大的音乐喷泉签约。

7 月 27 日 台"行政院"允许"内阁级"官员访问大陆。

7 月 30 日 中国银行即将发行的新钞由内地运抵澳门。

7月　中央、国家机关面向社会公开招考495名工作人员和国家公务员。这次招考首次打破地域和身份限制,由过去规定必须具有"全民所有制职工"身份改为凡具有北京市城镇居民户口并符合规定的资格条件的人员都可以报名。

7月初　香港布政司陈方安生秘密访京,副总理钱其琛、港澳办主任鲁平会见。

8月2日　澳门工联为失业工人登记。

8月3日　《人民日报》报道:中国中学生在最近举行的国际数、理、化、信息、生物奥林匹克赛上共获得18枚金牌、4枚银牌、1枚铜牌。

8月4日　我国第一条利用世界银行贷款修建和管理的高速公路——京津塘高速公路,正式通过国家验收。京津塘高速公路西起北京市朝阳区十八里店,东至天津市塘沽区河北路,全长142.69公里。

8月8日　建在中国教育和科研计算机网(CERNET)上的水木清华BBS正式开通,成为中国大陆第一个Internet上的BBS。

8月11日　第一家得到中国人民银行颁布许可证的中外合资投资银行公司——中国国际金融有限公司正式宣告开业,注册资本1亿美元。其总部设在北京。

8月13日　澳门房屋司印备10万份表格,公开接受购买居屋者申请。

同日　澳门小姐竞选总决赛,大热门毕嘉宝夺魁。毕家一门三杰三度夺得澳门小姐名衔。

8月15日　江泽民参观中国人民抗日战争纪念馆和卢沟桥。江泽民强调指出,波澜壮阔的抗日战争,是中国近代史上我国人民反对外敌入侵第一次取得完全胜利的民族解放战争,也是世界反法西斯战争的重要组成部分。中国人民在中国共产党的领导下,为赢得抗日战争和世界反法西斯战争的胜利,承受了最大的民族牺牲,作出了不可磨灭的贡献。

8月15日—25日　中国人民解放军在东海北纬27度16分、东经121度26分,北纬27度16分、东经122度30分,北纬26度30分、东经122度05分,北纬26度30分、东经121度00分四连线内海域和海域上空进行导弹、火炮实弹射击演习。

8月15日和25日　中国人民解放军进行导弹、火炮实弹射击演习。

8月16日　位于藏北草原上的那曲查龙电站第一台机组并网发电。从此结束了中国两个无电地区之一的那曲地区无电的历史。

8月17日　我国进行了一次地下核试验。外交部发言人就此指出:中国在核试验问题上一贯持十分克制的态度,试验次数极为有限。中国积极参加全面禁核试条约的谈判,争取不晚于1996年达成该条约。条约一旦生效,中国将停止核试验。

同日　台"监察院长"陈履安宣布角逐下届"总统",并于次日向国民党中央寄出党证,不久又辞去"监察院长"职务。

8月19日—22日　第3届世界武术锦标赛在美国巴尔的摩举行,56个国家和地区派队参加,中国队获10枚金牌、1枚银牌。赛前,于17日—18日召开了国际武术联合会代表大会和执委会会议。国家体委主任伍绍祖出席并当选为国际武术联合会主席。

8月21日　澳门《政府公报》颁布停工补偿法令。

8月22日—23日　国民党召开第十四次代表大会第二次会议,会议通过了国民党"总统"、"副总统"提名办法，并票选出新一届中常会成员。

8月23日　国务院新闻办公室发表《中国的计划生育》白皮书。

同日　六届全国人大常委会副委员长陈丕显在北京逝世。

8月23日—29日　八届全国人大常委会第十五次会议在北京举行。29日，会议通过了关于修改大气污染防治法的决定和《中华人民共和国体育法》。修改大气污染防治法的决定于当日公布施行，体育法自1995年10月1日起施行。

8月23日—9月3日　第十八届世界大学生运动会在日本福冈举行。中国体育代表团共获得13枚金牌、10枚银牌和16枚铜牌，名列奖牌榜第四位。

8月24日　我国第一部农业发展年度报告（农业白皮书）正式出版，面向国内外公开发行。

8月26日　中总、工联、街总、妇联、归侨总会、教育会合办纪念双五十图片展览开幕。

8月27日　新华社报道：国务院批准成立神华集团有限责任公司。这是自《公司法》颁布以来第一家由国家按现代企业制度的原则投资组建的国有独资公司，负责开发经营中国最大的神府东胜煤田。

8月28日　澳葡政府公布护督李必禄签署之批示，无限期延长临时逗留证有效期。

8月30日　《张闻天文集》一至四卷出版暨纪念张闻天同志九十五周年诞辰座谈会在北京举行。江泽民、李鹏、胡锦涛等出席。

8月30日—9月8日　'95北京非政府组织妇女论坛在北京怀柔举行。来自世界近200个国家和地区2000多个组织的3.1万名妇女参加了此次世界妇女运动

史上规模空前的聚会。

8月　中英联合联络小组中方代表表示，港府资产移交问题是政权交接中很重要的组成部分，中英双方即将进行磋商。

9月1日　西藏各族各界三万多人在拉萨隆重集会，庆祝西藏自治区成立三十周年。中共中央、全国人大常委会、国务院、全国政协、中央军委发去贺电。吴邦国率中央代表团参加了当地的庆祝活动。

同日　中国加入《关于商标国际注册马德里协定议定书》。我国是继西班牙、瑞典、英国之后第四个加入马德里议定书的国家。

同日　九三学社建社50周年纪念大会在北京举行。

同日　国民党中央正式提名李登辉、连战作为国民党候选人，竞选第九任台湾地区领导人。

9月3日　首都各界举行纪念抗日战争暨世界反法西斯战争胜利五十周年大会。江泽民发表讲话指出，中国抗日战争是世界反法西斯战争的重要组成部分，是世界反法西斯战争的东方主战场。中国共产党及其领导的人民抗日力量，是中华民族抗战的中流砥柱。中华民族为世界反法西斯战争的胜利付出了巨大的民族牺牲，为人类文明进步事业作出了彪炳千古的历史贡献。

同日　台空军总司令黄显荣证实，台向美购买的E—2T预警飞机已运抵台湾。

9月4日　旧澳氹大桥维修后恢复通车。

9月4日—15日　联合国第四次世界妇女大会在北京举行。会议的主题是"以行动谋求平等、发展与和平"，次主题是"教育、健康、就业"。会议通过《北京宣言》和《行动纲领》。

9月5日—9日　第九届世界杯跳水

赛在亚特兰大举行。中国队以 10 枚金牌的出色成绩居金牌榜首位。

9 月 6 日　中宣部、国家教委在北京举行田沛发优秀事迹报告会。田沛发是贵州松桃苗族自治县格老村小学校长、民办教师。他把 30 年的时光和心血默默奉献给了山村的教育事业。

同日　新华社报道:国家教委自 1995 年秋季起,在全国 10 个省、自治区、计划单列市广播电大试行招收高等专科"注册视听生"。这种"宽进严出"的开放型办学模式,是中国成人高教的又一重要改革。

9 月 6 日—16 日　第一届世界军人运动会在罗马举行,90 个国家和地区的 4000 余名运动员参加,中国队获 13 枚金牌、21 枚银牌和 15 枚铜牌。

9 月 13 日　新华社报道:经国家科委批准,中国第一条星火产业开发带——苏北星火产业开发带启动。

9 月 14 日　《人民日报》报道:江泽民和李鹏为祝贺我国国有特大型企业宝钢投产 10 周年,分别题词祝贺。宝钢投产 10 年间,累计实现销售收入 962 亿元,实现利税 243 亿元,已收回了一二期工程的全部投资。

9 月 17 日　国务院办公厅转发国家教委《关于深化高等教育体制改革的若干意见》。

同日　新华社报道:河南郑州西山发掘出一座淹埋数千年之久的仰韶时代古城址。它的发掘,将中国城市起源的历史推前 800~1000 年。

9 月 19 日　新华社报道:林业部提出,从 1996 年开始实施"森林能源工程",将用 20 年时间在中国严重缺柴地区营造薪炭林 1.8 亿亩,从根本上解决中国农村生产生活用柴严重不足问题。

9 月 20 日　第 50 届联大总务委员会决定,不将少数国家提出的所谓台湾在联合国"代表权"问题列入本届联大议程。

9 月 22 日　第五十届联合国大会根据联大总务委员会的建议,决定不将尼加拉瓜等少数国家提出的所谓台湾在联合国的"代表权"提案列入本届联大议程,台湾当局企图"重返联合国"的图谋连续第三年遭到失败。

9 月 23 日　国务院发布《中华人民共和国注册建筑师条例》,自发布之日起施行。

9 月 25 日　新华社报道:根据中共中央决定,《万里文选》已由人民出版社出版,10 月 1 日起在全国发行。

9 月 25 日—28 日　中共十四届五中全会在北京举行。全会的主要议题是审议通过《中共中央关于制定国民经济和社会发展"九五"计划和 2010 年远景目标的建议》。全会增补张万年、迟浩田为中央军委副主席,王克、王瑞林为中央军委委员。全会审议并通过了中纪委《关于陈希同同志问题的审查报告》,决定撤销他的中央政治局委员、中央委员职务。

9 月 27 日　江泽民在中共十四届五中全会召集人会议上说:领导干部一定要讲政治。这里所说的政治,包括政治方向、政治立场、政治观点、政治纪律、政治鉴别力、政治敏锐性。11 月 8 日,他在北京市考察工作时又说:在对干部进行教育当中,要强调讲学习,讲政治,讲正气。

9 月 28 日　江泽民在中共十四届五中全会闭幕时发表讲话,强调要正确处理社会主义现代化建设中的若干重大关系,系统阐述了改革、发展、稳定的关系,速度和效益的关系,经济建设和人口、资源、环境的关系,第一、二、三产业的关系,东部地区和中西部地区的关系,市场机制和宏观调控的关系,公有制经济和其他经济成分的关系，收入分配中国家、企业和个人的关系，扩大对外开放和坚持自力更生的关系，中央和地方的关系，国防建设和经济建设的关系，物质文明建设和精神文明建设的关系。

9月29日 新华社澳门分社举行盛大酒会，庆祝建国46周年，澳督韦奇立及各界嘉宾近千人出席。

10月1日 来自天山南北的各族各界两万多群众在乌鲁木齐集会，庆祝新疆维吾尔自治区成立四十周年。中共中央、全国人大常委会、国务院、全国政协、中央军委发去贺电。姜春云率中央代表团参加了庆祝活动。

同日 全国开始1%人口抽样调查。

10月1日—10日 第三十一届世界体操锦标赛在日本鲭江举行。中国健儿共夺得3枚金牌、6枚银牌和1枚铜牌，金牌数和奖牌总数均列第一位。

10月3日 英首相在伦敦会见钱其琛时，双方表示愿进一步改善发展中英关系，确保香港政权在1997年实现顺利交接。

10月3日—17日 国务院总理李鹏访问摩洛哥、墨西哥、秘鲁、加拿大和马耳他。途中还经停古巴和意大利。

10月4日 横穿"死亡之海"，创造世界第一的塔里木沙漠公路全线通车。公路全长522公里，其中沙漠路段长446公里。

10月5日 中国致公党成立70周年纪念大会在人民大会堂举行。

10月7日 新华社报道：中国粮食生产格局发生重大变化，全国粮食生产中心开始北移和西移，东北黄淮甘新成为重要商品粮基地，历史上长期"南粮北调"的局面宣告结束。

10月11日 江泽民主席会见美国《新闻周刊》高级代表团和《美国新闻与世界报道》周刊总编辑，就中美关系、台湾问题和中国发展前景发表讲话并回答了客人的提问。

10月12日 国家"八五"计划重点工程中国国际广播中心落成。广播中心1992年9月2日正式动工兴建，总建筑面积为5万平方米，可供50种语言广播。

10月13日 澳葡政府与中国银行及大西洋银行签署发钞代理合约，有效期15年。

10月16日 中国银行正式参与发行澳门元钞票，从而确定了中国银行作为政府代理发钞银行的法律地位。

同日 中国银行举行盛大仪式，庆祝发行澳门币新钞，国务院港澳办副主任陈滋英、澳督韦奇立等出席。

10月16日—29日 第四届中国戏剧节暨第十二届中国戏剧"梅花奖"颁奖活动在成都举行。

10月17日 澳、台草签航空协议，同意航机在澳门换航班号后，直飞两岸。

10月18日 江泽民等中央军委领导人视察海军部队并观看海上演习。江泽民说：我们必须把海军建设摆在重要地位，加快海军现代化建设步伐，确保我国海防安全，促进祖国统一大业的完成。

10月18日—22日 由中宣部和国务院办公厅联合召开的全国精神文明建设经验交流会在张家港市举行。

10月20日 国家国有资产管理局和"中国经济效益纵深行"组委会共同发起和组织的"中国的脊梁"——国有企业500强评选揭晓。这些仅占全国国有企业户数0.22%的企业，占有国有企业总资产的36.04%和实现利润总额的78.39%。

10月22日—24日 江泽民主席出席联合国成立五十周年特别纪念会议，并在

24 日发表题为《让我们共同缔造一个更美好的世界》的讲话。这是我国国家元首首次参加联合国大会并发表讲话。江泽民与美国、日本、科威特等 17 个国家领导人和联合国秘书长加利举行了会晤,就共同关心的双边问题和国际形势交换了意见,中国向联合国赠送了一尊"世纪宝鼎"。

10 月 22 日—30 日　第三届城市运动会在南京举行。有 4 人 10 次超 6 项世界青年纪录,8 人 10 次超 5 项亚洲纪录,16 人 26 次超 19 项亚洲青年纪录,14 人 16 次创 8 项全国纪录。

10 月 23 日—30 日　八届全国人大常委会第十六次会议在北京举行。30 日,会议通过了全国人大常委会关于惩治虚开、伪造和非法出售增值税专用发票犯罪的决定及《中华人民共和国食品卫生法》,并于当日公布施行;通过了《中华人民共和国民用航空法》、《中华人民共和国固体废物污染环境防治法》,并予公布。航空法自 1996 年 3 月 1 日起施行,固体废物污染环境防治法自 1996 年 4 月 1 日起施行。

10 月 24 日　首都各界 300 多人在人民大会堂集会,纪念台湾光复 50 周年。李鹏在会上强调台湾是中国领土不可分割的一部分,号召所有的中国人团结起来,反对"台独",反对分裂,为实现中国统一大业共同奋斗!

10 月 26 日　新华社报道:由中共中央马克思恩格斯列宁斯大林著作编译局编译的新版马列著作——《马克思恩格斯全集》中文第二版首批第 1、11、30 卷和《马克思恩格斯选集》中文第二版,《列宁选集》中文第三版,最近由人民出版社出版。这批著作总计约 835 万字,是我国编译工作者直接对原著原文的重新编译,即对德、法、英、西、意等多种文字的原著直接进行编译,与从俄文转译的第一版相比,依据的文献更全,译文更准确,体例更合理,资料更翔实,有助于读者系统地、全面地了解马列主义的基本原理。

10 月 29 日　澳门赛马由香港亚洲电视英文台转播。

10 月　我国决定从空军歼、强击机飞行员中选拔首批预备航天员。不久,12 名预备航天员从数千名候选者中脱颖而出,连同 2 名航天员教练员,组成中国首批航天员队伍。

11 月 2 日　国务院第三十七次常务会议通过了《中华人民共和国预算法实施条例》和《国务院关于股份有限公司境内上市外资股的规定》,分别于 1995 年 11 月 22 日和 12 月 25 日发布施行。

11 月 3 日　中科院新闻发布会宣布,1995 年中科院院士增选工作结束,新增选院士 59 名,使院士总数达 579 名,平均年龄由 71.1 岁降到 69.9 岁。其中,港澳地区第一次有了中科院院士。

同日　第四届工业展览会揭幕。

11 月 4 日—20 日　全国人大常委会委员长乔石访问巴基斯坦、埃及和印度。

11 月 5 日　首都各界 200 多人在人民大会堂隆重集会,纪念邹韬奋同志诞辰一百周年。在纪念邹韬奋诞辰一百周年之际,总共 14 卷本的《韬奋全集》由上海人民出版社出版。同日,第二届韬奋新闻奖和第四届韬奋出版奖,在人民大会堂隆重颁奖。

同日　澳门航空公司首架航机飞抵澳门国际机场。

11 月 5 日—12 日　第五届全国少数民族传统体育运动会在昆明举行。来自全国各地的 55 个少数民族共 6000 余名运动员参加了 11 个项目的比赛和 130 多个项目的表演,显示出我国少数民族传统体育项目有了新的发展。

11月9日　澳门国际机场开航,首班航机由澳门飞北京,澳门嘉宾团随行。同日共 10 个航班进出。

11月10日　最高人民检察院反贪污贿赂总局正式成立。这标志着中国检察机关惩治贪污贿赂犯罪的工作步入专门化、正规化轨道。

11月12日　国务院正式批准中国人民银行《关于中国人民保险公司机构体制改革方案的报告》。根据改革方案,中国人民保险公司将改建成中国人民保险(集团)公司(简称"中保集团")。

11月13日—17日　国家主席江泽民访问韩国,在韩国国会发表了题为《加深相互了解,促进共同繁荣》的演讲。

11月15日　国务院决定,从1996年起开展全面勘界工作,力争用 5 年左右的时间基本完成省、县两级行政区域界线的勘定任务。由国家组织全面勘界,在中国还是第一次。

同日　台湾前"司法院长"林洋港与国民党副主席郝柏村正式宣布,以"公民连署"方式搭档竞选下一届"总统"、"副总统"。

11月16日　中国铁路建设史上规模最大、投资最多,一次建成里程最长的大干线——京九铁路全线贯通。它北起北京西客站,经由京、津、冀、鲁、豫、皖、鄂、赣、粤等9省,到达深圳,与香港九龙相连,全长 2381 公里,加上两条联络线,总长 2536 公里。它是于 1993 年全面动工兴建的。

同日　新华社全文播发国务院新闻办公室发表的题为《中国的军备控制与裁军》白皮书,再次向世人昭示:中国对军控与裁军问题的态度是积极、认真和负责任的,中国始终是维护世界和平、促进人类共同发展的一支可靠力量。

11月16日—26日　第九届女子和第六十七届男子世界举重锦标赛在广州举行。中国男女团体总分均获第一。这是中国队在世锦赛上成绩最好的一次。

11月17日—20日　江泽民主席出席19日在日本大阪举行的亚太经济合作组织第三次领导人非正式会议,并发表了重要讲话,提出开展经济合作的五项主张,宣布中国将从 1996 年起大幅度降低进口关税税率总水平,降幅将不低于 30%。会议发表《大阪宣言》,讨论通过《行动议程》。

11月17日—24日　首届中国京剧艺术节在天津举行。

11月19日　国务院批准中国高等教育跨世纪战略工程——"211 工程"总体建设规划,即"面向 21 世纪、重点建立 100 所左右的高等学校和一批重点学科",并将由国家计委、国家教委和财政部发布实施。

11月20日　中华全国慈善总会首届全国会员代表会在北京开幕,标志在中国中断 40 多年的有组织慈善事业重新起步。

11月22日　新华社报道:中共中央办公厅、国务院办公厅近日就转发《中央宣传部、国家经贸委关于加强和改进企业思想政治工作的若干意见》发出通知。

11月23日　东南(福建)汽车工业有限公司取得批准证书和营业执照,在福州正式成立,成为海峡两岸迄今为止最大的汽车生产合资企业。东南汽车公司的成立,带动了我国台湾数十家汽车零部件生产企业到大陆投资建厂。

11月28日　西昌卫星发射中心用"长征二号"捆绑式运载火箭成功地将"亚洲二号"通信卫星送入太空。

11月29日　认定十世班禅大师转世灵童的金瓶掣签仪式在拉萨大昭寺释迦

牟尼佛像前举行。国务委员罗干等人主持仪式,嘉黎县坚赞诺布中签,取法名为吉尊·洛桑强巴伦珠确吉杰布·白桑布。国务院特准坚赞诺布继任第十一世班禅额尔德尼。12月8日,第十一世班禅坐床典礼在日喀则扎什伦布寺举行,李铁映代表国务院向第十一世班禅颁授金册、金印。

同日　新华社报道:中共中央办公厅、国务院办公厅最近发出通知,转发了《中央宣传部、农业部关于深入开展农村社会主义精神文明建设活动的若干意见》。

同日　中共第十、十一届中央政治局委员吴德在北京逝世。吴德生于1913年,河北丰润人。

11月29日—12月3日　第二届世界短池游泳锦标赛在巴西里约热内卢举行。中国队获得5枚金牌、2枚银牌和2枚铜牌,金牌总数列第二位。

11月下旬　中国人民解放军南京战区陆海空部队在闽南沿海地区成功举行了三军联合作战演习。

12月1日　中国最长的一条合资铁路——集通铁路全线开通运营。集通铁路是由中央和地方合资兴建的,全长943公里,总投资为21.7亿元,是1990年6月开工兴建的

同日　新加坡至澳门首航。

12月2日—8日　中央军委副主席刘华清率中国政府代表团访问俄罗斯。

12月4日　中华人民共和国国歌纪念音乐会在人民大会堂举行,江泽民、李鹏、乔石、朱镕基、胡锦涛等出席。

同日　台湾复兴航空公司客机试航抵澳门。

12月5日　江泽民在深圳会见知名人士时表示,香港回归后将"高度自治"、"港人治港"。

同日　台湾长荣航空公司波音客机试航抵澳门。

12月5日—7日　中共中央和国务院在北京召开中央经济工作会议。

12月5日—8日　国际乒乓球联合会执委会会议和执行局会议在塞浦路斯举行,国家体委副主任、国际乒联副主席徐寅生出席并被确认为国际乒联主席。

12月5日—27日　全国政协主席李瑞环访问柬埔寨、缅甸、马来西亚、新加坡和泰国。

12月6日　首届全国社科期刊评选揭晓,《考古》《半月谈》等21种期刊分获'95优秀社科学术理论、优秀时事政治、优秀综合文化生活期刊奖。

12月7日　葡萄牙总统苏亚雷斯与中国国家副主席荣毅仁飞抵澳门,出席澳门国际机场开幕典礼。

12月7日—8日　香港特别行政区筹委会预备工作委员会第六次全体会议在北京举行。这是预委会结束工作前的最后一次全体会议。两年半来,预委会共召开六次全体会议,八十九次小组会议,圆满完成预定的各项任务。

12月8日　香港特区筹委会预委会公布《关于保持香港公务员队伍和制度稳定的若干意见》。

同日　澳门国际机场隆重开幕,葡萄牙总统苏亚雷斯、中国国家副主席荣毅仁出席剪彩。澳门取洁学校师生示威游行,到澳督府静坐,警方防暴队凌晨采取强硬手段清场,3人受伤。

12月9日　荣毅仁结束访问澳门,飞返北京。

同日　林洋港和郝柏村发表《给国民党党员的一封信》,指责李登辉为首的国民党少数当权派"毁党叛国"。12月13

日,国民党召开中常会,通过考纪会提交的撤销林、郝党员资格的备查案。

12月10日 澳门公益金百万行隆重举行,葡萄牙总统苏亚雷斯、中国民政部副部长徐瑞新等主持剪彩,参加人数破纪录,筹得善款560万澳门元亦破纪录。

12月12日 国务院发布施行《教师资格条例》。

同日 中国民主促进会成立50周年庆祝大会在北京举行。

同日 中科院微生物所研制的具有重大科研和实用价值的世界第一株太空双歧杆菌正式通过验收,被正式命名新大地NC—8太空双歧杆菌。

同日 澳门工业展览会圆满闭幕,10天观众逾90万人次。

12月16日 中国民主建国会成立50周年纪念大会在北京举行。

12月18日 第42届澳门格兰披治大赛揭幕。

12月19日 三级方程式大赛"破纪录",14台车在嘉思栏山脚连环相撞,拉夫舒麦加以第一回合成绩夺冠。

同日 澳门经济委员会重新厘定投资居留法中的不动产投资标准,由原来200万澳门元降至100万澳门元。

12月20日 江泽民、李鹏同出席全国政法工作会议的部分代表进行座谈。江泽民强调,政法工作的首要任务是维护国家政治和社会的稳定。李鹏指出,政法工作的中心任务是为改革开放和经济建设提供良好的社会环境和法制环境。

12月20日—28日 八届全国人大常委会第十七次会议在北京举行。28日,会议通过了《中华人民共和国电力法》并予公布。电力法自1996年4月1日起施行。会议还批准了香港特别行政区筹委会委员名单。

12月21日—22日 首次全国音像工作会议在北京举行。会议强调禁止买卖版号,坚决扫除"黄毒"。

12月22日 新华社报道:考古专家在被黄沙淹没1600多年的古尼雅遗址,发掘出10余种稀世织锦及其他大量珍贵文物,这是中国1995年考古学界最重大的发现之一。

同日 "东星"号劫案在中山宣判,主犯陈文健、张少棉及周汉濂被判死刑。

同日 台第三届"立法委员"选举揭晓。国民党获85席,民进党获54席,新党获21席并成功跨过浊水溪和大甲溪。

12月25日 奥比斯眼科飞行医院抵澳门访问一天。

12月27日 江泽民会见出席纪念世界电影诞生100周年、中国电影诞生90周年大会的电影工作者代表。

同日 国务院新闻办公室发表《中国人权事业的进展》白皮书。这是中国政府自1991年11月发表《中国的人权状况》白皮书,向国际社会阐述中国在人权问题上的基本立场和实践后,再次向世界介绍中国人权事业取得的新进展。

12月28日 新华社报道:国务院日前就改革和调整我国进口税收政策发出通知,决定1996年4月起进口关税总水平降至23%。

同日 广梅汕铁路全线通车,汕头海湾大桥建成通车。广梅汕铁路全长480公里,1991年5月动工兴建。汕头海湾大桥是中国第一座大跨度、现代化悬索桥,全长2500米。

同日 我国制造的"长征二号"捆绑式运载火箭发射艾科斯达一号通信卫星成功。

12月29日 中葡联合联络小组双方签署澳台航班安排会谈纪要。

12 月 30 日　中国石油天然气总公司帮助科威特建设石油集输站的合同在科威特签署。中国将在科威特西部修建两个年生产能力总计为 2050 万吨的集油站、10 条总长为 270 公里的输油管道,全部工程将耗资约 4 亿美元。这是迄今为止中国公司在参加国际投标竞争中所获得的合同额最大的工业建设项目。

12 月 31 日　新华社报道:1995 年我国运动员在 18 个项目上获得世界冠军 102 个,并创造了 13 项世界纪录。

12 月　中国教育和科研计算机网(CERNET)网络一期工程提前一年完成并通过了国家计委组织的验收。

12 月中旬—1996 年 1 月　四川省甘孜藏族自治州 9 个县遭受罕见寒潮雪灾。

本年　中国农村贫困人口由 1994 年的 7000 万减少到 6500 万人,一年脱贫 500 万人。

1996 年

1 月 1 日　全国开始进行新中国成立以来首次行政事业单位产权登记工作,以加强资产管理,防止资产流失。

同日　新对外贸易法正式实施。

1 月 2 日　江泽民视察解放军报社。

同日　解放军驻港部队组建完毕。

同日　澳门身份证明司开始接受居民换领居民身份证。新身份证无有效日期,跨越 1999 年。

1 月 3 日　国务院批转国家经贸委、冶金部《关于邯郸钢铁总厂管理经验的调查报告》,要求结合实际学习、推广邯钢经验。

同日　新华社报道:中国对外开放的一类口岸发展到 227 个,二类口岸有 350 多个,基本形成从沿海到沿江,从沿边到内陆,水陆空立体交叉的口岸开放新格局。

1 月 4 日—11 日　第三届亚洲冬季运动会在哈尔滨举行。本届亚冬会共有 17 个国家和地区的 700 多人参加,有两队破一项世界纪录,54 人次破 13 项亚洲纪录,181 人次破 18 项亚冬会纪录。中国代表团以 15 枚金牌、7 枚银牌、15 枚铜牌名列金牌总数第一。

1 月 5—8 日　中央农村工作会议在北京举行。国务院副总理姜春云作了题为《为实现"九五"农业发展目标,争取今年农业有一个好收成而奋斗》的讲话。会议提出了 1996 年农业和农村工作的总要求,坚持把加强农业放在国民经济的首位。

1 月 7 日　第五、六、七届全国人大常委会副委员长朱学范在北京逝世。

1 月 8 日　国务院第四十一次常务会议通过《中华人民共和国人民警察使用警械和武器条例》(1996 年 1 月 16 日发布施行)和《中华人民共和国外汇管理条例》(1996 年 1 月 29 日发布,4 月 1 日起施行)。

同日　北京城市合作银行正式挂牌开业。组建城市合作银行是党中央和国务院作出的深化中国金融体制改革的一项重大决策。经国务院批准,组建工作首先在北京、上海、深圳、天津、石家庄 5 个城市进行试点。

1 月 9 日　鉴于塞内加尔政府同台湾当局宣告 1996 年 1 月 3 日"重新建立"所谓"外交关系",中国政府决定自即日起中止同塞内加尔的外交关系。

同日　解放军总后勤部印发《军队物资供应管理规定》,在全军开始推行集中筹措、统一供应、归口管理的物资筹措模式,使军队物资筹供规范、有序、健康地走向市场。

1月10日 中英经磋商达成协议,香港特区护照签发的准备工作开始。

1月12日 江泽民在中南海接受第十一世班禅和扎什伦布寺致谢团的拜见,希望第十一世班禅额尔德尼好好学习,健康成长,继承和发扬历世班禅的爱国主义精神,做一个拥护党的领导,热爱祖国,热爱人民,热爱社会主义,有渊博知识和佛教造诣,又具有现代科学文化知识的新一代爱国爱教的宗教领袖。

同日 中国同俄罗斯、哈萨克斯坦、吉尔吉斯斯坦、塔吉克斯坦四国已协商一致边界地段地形图交换仪式在北京举行。这标志着中国与俄罗斯等四国的边界谈判取得了重要成果。

同日 我国首家主要由民营企业投资的全国性股份制商业银行——中国民生银行在北京宣告成立。

同日 我国哲学界、体育界的领导和知名人士在京聚会,隆重纪念毛泽东《关于如何打乒乓球》的批示发表31周年,并祝贺中国体育哲学发展研究会的成立。

1月13日 京呼银兰(北京经呼和浩特、银川至兰州)通信光缆全线贯通。干线总长2052公里,总投资4亿多元。

1月15日 中央军委主席江泽民签署命令,发布施行《中国人民解放军军需条例》。这是新中国成立以来中国军队第一部综合性的军需基本法规。

1月16日 李鹏总理签署第191号国务院令,发布《中华人民共和国人民警察使用警械和武器条例》。条例自发布之日起施行。1980年7月5日公布施行的《人民警察使用武器和警械的规定》同时废止。

同日 中英联合联络小组就香港军事用地的有关具体问题达成共识。

同日 台"立法院"三读通过电信三法:①电信法修正案,②"中华电信公司"条例。③电信总局条例,确立电信业务自由化与电信总局改制为公营公司。

1月17日 中央军委发布命令授予总参某通信团长话站"模范通信站"荣誉称号,授予吴孟超"模范医学专家"荣誉称号,授予李国安"模范团长"荣誉称号,授予黄炳华"献身国防现代化模范科技干部"荣誉称号,授予云南省军区第一扫雷队"英雄扫雷队"荣誉称号,给沈阳军区所属81123部队、81178部队、81233部队和81815部队等4个单位记功,给海军飞行学院记一等功。

1月18日 中央军委主席江泽民签署命令,颁布《中国人民解放军测绘条例》。这是中国人民解放军第一部规范军事测绘活动的基本法规。

1月21日 北京西站正式开通运营。北京西站是京九铁路的"龙头",是我国铁路建设史上规模最大、功能最齐全、现代化程度最高的特大型客运站,其规模居世界第四位。

1月22日—26日 全国宣传部长会议在北京举行。会议明确了今后五年宣传思想工作的指导思想,提出了做好宣传思想工作必须坚持的十条重要方针原则,要求切实做好八个方面的工作。

1月23日 中央军委举行晋升上将军官军衔仪式,江泽民向周子玉、于振武、丁文昌、隋永举颁发授予上将军衔的命令状。

同日 国务院第四十二次常务会议通过《中华人民共和国计算机信息网络国际联网管理暂行规定》,于2月1日发布施行。

同日 "模范团长"李国安事迹报告

会在人民大会堂举行。

同日　1995 年国家自然科学奖、国家发明奖、国家科学技术进步奖、国际科技合作奖揭晓,共有 795 项榜上有名。其中,国家自然科学奖 57 项,国家发明奖 131 项,国家科学技术进步奖 607 项。受奖总人数为 4600 余人,其中含国际科技合作奖受奖 6 人,他们分别是英国的李约瑟、德国的豪伊塞尔、美国的陈省身、杨振宁、李政道、日本的原正市。颁奖大会于 29 日在北京举行。

1 月 24 日—27 日　中共中央纪律检查委员会第六次全体会议在北京举行。

1 月 25 日　国务院发布施行《企业国有资产产权登记管理办法》。

1 月 26 日　全国人民代表大会香港特别行政区筹备委员会在北京宣告成立。这标志着成立香港特别行政区的各项筹备工作进入具体实施阶段。筹委会于 26 日至 27 日在北京召开了第一次全体会议,讨论通过了筹委会的工作规则。

同日　香港特区筹备委员会在京宣告成立,人大常委会委员长乔石向全体委员颁发了任命书。特区筹委会首次全会在京开幕,讨论通过了筹委会工作规则,确定设立 6 个工作小组。

1 月 28 日　国务院、中央军委宣告:中华人民共和国中央人民政府派驻香港特别行政区的部队在深圳组建完成。这支部队由中国人民解放军陆军、海军和空军部队组成,隶属中华人民共和国中央军事委员会领导,将于 1997 年 7 月 1 日零时正式进驻香港。江泽民为该部队题词:保持人民军队本色,维护香港繁荣稳定。

同日　国务院、中央军委发表公告说,中华人民共和国中央人民政府派驻香港特别行政区的部队,经过精心准备,现已组建完成。

1 月 30 日　新华社报道:劳动部、公安部等联合发布了《外国人在中国就业管理规定》。《规定》自 1996 年 5 月 1 日起施行。按照规定,对来中国就业的外国人将实行就业许可证制度。

同日　第二届国家图书奖颁奖。《中国军事百科全书》等 92 种图书获奖。

1 月 31 日　中央军委主席江泽民签署命令,发布实施《中国人民解放军卫生条例》。这是中国军队第一部卫生工作的基本法规。它的施行标志着中国军队卫生工作跨入了正规化建设的新阶段。

同日　新华社报道:中国乡镇企业建立现代企业制度工作正式起步,农业部公布了 100 家进行试点的乡镇企业名单。

1 月　国务院信息化工作领导小组及其办公室成立,国务院副总理邹家华任领导小组组长。

2 月 1 日　在台第三届“立法院”正、副院长选举中,刘松藩、王金平击败施明德、蔡中涵当选为新一届“立法院”正、副院长。

2 月 2 日　全国人大常委会副委员长、民革中央主席李沛瑶在北京不幸逝世。李沛瑶生于 1933 年,广西苍梧人。

2 月 3 日　云南省丽江纳西族自治县发生 7.0 级地震,震中位于北纬 27.2 度,东经 100.3 度。5 日凌晨丽江震区又发生了 6 级强余震,损失加剧。地震发生后,党中央、国务院十分关心,向地震灾区发出慰问电,同时派出慰问团。此次地震涉及 4 个少数民族地区,受灾人口约 100 万,其中重灾民达 30 万。

2 月 4 日　第 3 届亚洲冬季运动会在哈尔滨开幕。17 个国家和地区的代表参加了入场式。中国代表团以 15 枚金牌列金牌总数第一位。

2 月 5 日　我国目前最大一起走私伪

造货币案的 5 名被告人陈其鹏、徐金狂、林登峰、吕逸生、苏火明由广东省汕尾市中级人民法院在当地执行了死刑。陈其鹏伙同他人三次走私、贩卖伪造的人民币共计 2700 余万元；林登峰伙同他人走私伪造的人民币 550 万元；其余三人伙同他人三次走私贩卖伪造的人民币共计 2750 余万元。

2 月 6 日　国务院召开第四次反腐败工作会议。

2 月 7 日—9 日　全国科普工作会议在北京举行。这是新中国成立以来第一次全国科普工作会议。

同日　中英联合联络小组第 35 次会议在香港举行，并取得进展。

2 月 8 日　中共中央在中南海怀仁堂举办中央领导同志法制讲座，江泽民、李鹏、乔石、刘华清、胡锦涛等参加。

2 月 9 日　国家计委副主任陈耀邦在全国农村经济计划工作会议上提出，"九五"要实现农村经济由传统的计划经济体制向市场经济体制转变；农业和农村经济增长方式要从粗放型向集约型转变。

同日　澳门与韩国正式通航。

同日　台"行政院"敲定 1997 年度"国防部"预算为 2700 余亿元新台币，约占总预算的 22%；与 1996 年度相比增加 7%，武器购置费增加 50 亿元新台币。

2 月 11 日　国务院第 195 号令发布了《中华人民共和国计算机信息网络国际联网管理暂行规定》。

同日　香港举行"万众同心庆回归"大会，新华社香港分社副社长张浚生致词说，香港如期回归是大势所趋，人心所向。

同日　中国太平洋保险公司同香港亚太通信卫星有限公司签署了亚太 1A 号通信卫星发射和在轨运行保险及第三者责任保险的保单，保额分别为 1.3 亿美元

和 1 亿英镑，共计约 23 亿元人民币。

2 月 13 日　新华社报道：国务院决定把"优化资本结构"试点城市由 18 个扩大到 50 个大中城市，这是 1996 年加快和深化国有企业改革的一项重大措施。

2 月 16 日　澳门教育司、耶稣会分别发出公告，暂时中止取洁中学运作。

2 月 23 日　台"中选会"公告第九任正、副"总统"候选人名单。四组候选人抽签号依次是：第一号为陈履安、王清峰，第二号为李登辉、连战，第三号为彭明敏、谢长廷，第四号为林洋港、郝柏村。首次公民"直选"活动正式开始起跑。

2 月 25 日　台湾股市创下三年来最低单日成交量。26 日，跌破台湾当局固守的 4800 点最低关口。

2 月 26 日　中央军委批转总政治部制定的《关于加强军队高中级干部教育管理的意见》。

同日　香港导演严浩导演的《太阳有耳》在第 46 届柏林电影节上获得导演银熊奖。

同日　新华社澳门分社举行盛大新春酒会，澳督韦奇立及各界人士近千人出席，气氛热烈。

2 月 27 日　新华社报道：位于甘肃、青海两省交界处的祁连山自然保护区被纳入中国生物圈保护网络，这标志着中国西北的这一绿色宝库保护工作进入国际生态保护工程的范畴。

2 月 28 日　中央军委主席江泽民签署命令，发布施行《中国人民解放军油料条例》。这个条例是中国人民解放军第一部系统规范油料工作的基本法规。

同日　李登辉主持新任"行政院长"连战的宣誓典礼。

2 月 28 日—3 月 1 日　八届全国人大常委会第十八次会议在北京举行。会议

通过了《中华人民共和国戒严法》；通过了关于批准中国和俄罗斯引渡条约、中国和白俄罗斯引渡条约、中国和匈牙利关于民事和商事司法协助的条约、核安全公约的决定。

2月29日　新华社全文播发了中共中央、国务院1991年2月19日作出的关于加强社会治安综合治理的决定。

同日　台湾"中央社"报道，台放宽中小企业赴大陆投资的金额至新台币6000万元（折合200多万美元）。

2月　中国人民银行和香港金融管理局在北京签署双边回购协议。

3月1日　国家主席江泽民签署第61号主席令，公布《中华人民共和国戒严法》。《戒严法》自公布之日施行。

同日　《董必武》画册出版暨董必武同志诞辰一百一十周年纪念座谈会在北京举行。江泽民出席座谈会并发表重要讲话。乔石、李瑞环、朱镕基、刘华清、胡锦涛出席座谈会。

3月1日—2日　首届亚欧会议在泰国曼谷举行。来自中、日、韩、东盟7国和欧盟15国的领导人以及欧盟委员会主席出席了会议。李鹏总理出席了会议并就建立面向21世纪的亚欧新型伙伴关系等问题阐述中国立场。会议最后通过了《主席声明》，确立了未来亚欧关系的基本框架。

3月3日　江泽民在参加全国人大、全国政协两会的党员负责同志会议上讲话指出：社会主义现代化建设是最大的政治，我们要求领导干部讲政治，是为了创造更加充分的政治条件和提供更强有力的政治保证，确保全国人民一心一意地把经济建设更好更快地搞上去。全党同志首先是各级领导干部必须坚持不懈地学习马列主义、毛泽东思想，特别是邓小平

同志建设有中国特色社会主义理论，全面地正确地积极地贯彻党的基本路线。领导干部在原则问题上要旗帜鲜明，要注意分清一些基本界限。

3月3日—13日　全国政协八届四次会议在北京举行。会议通过政治决议，表示赞同《国民经济和社会发展"九五"计划和2010年远景目标纲要》与李鹏关于《纲要》所作的报告。会议通过关于常务委员会工作报告的决议、关于提案审查情况的报告；增选何鲁丽为八届全国政协副主席；增选艾知生等8人为常务委员会委员。

3月4日　英国首相梅杰宣布，将豁免香港特区护照人入境签证。

3月5日—17日　八届全国人大第四次会议在北京举行。李鹏在大会上作关于《国民经济和社会发展"九五"计划和2010年远景目标纲要》的报告。会议审议通过了纲要和报告。会议还审议通过了《中华人民共和国行政处罚法》（17日公布，1996年10月1日起施行）、《全国人民代表大会关于修改〈中华人民共和国刑事诉讼法〉的决定》（17日公布，1997年1月1日起施行）。

3月6日　澳门教育司查封江海补习社，200名无证学生家长游行到澳督府请愿。

3月8日—15日　中国人民解放军向东海和南海进行地对地导弹发射训练。12日—20日中国人民解放军在东海和南海进行海空实弹演习。18日—25日中国人民解放军在台湾海峡进行陆海空联合演习。

3月8日—15日　中国人民解放军在基隆港和高雄港近海进行地对地导弹发射训练。

3月9日　国务院批准发行1996年、1997年度体育彩票。

3月10日 中央计划生育工作座谈会在北京举行,江泽民主持座谈会。他强调,各级领导要从可持续发展的战略高度认识人口问题的重要性,为2000年将我国人口控制在13亿以内努力奋斗。李鹏、乔石、李瑞环、朱镕基、刘华清、胡锦涛等出席座谈会。

3月12日—20日 中国人民解放军在福建厦门以南至广东汕头一线,进行海空实弹演习。

3月13日 美宣布由洛克希德公司为台湾生产150架价值11.5亿美元的F-16战斗机。

3月13日—14日 中英联合联络小组关于香港过渡期财政预算案编制及有关问题的第七次专家会议在香港举行,并签署纪要。

3月14日 两匪持防暴枪打劫沙梨头海边街一火锅店,掠逾万澳门元逃去。

3月17日 葡萄牙总统沈拜奥委任韦奇立继续担任澳督。

同日 澳门护督李必禄妻及友在河边新街遇袭。

3月18日 国家科技领导小组成立暨第一次会议在中南海举行。这一小组的主要职责是研究、制定国家科技政策,讨论、决定重要科技任务与项目,协调全国各部门科技工作的关系等。国家科技领导小组组长李鹏在会上指出,必须以市场为导向,以经济建设的效益为标准,切实推动经济建设向依靠科技进步和提高劳动者素质的轨道转移,努力促进经济增长方式由粗放型向集约型转变。

3月18日—25日 中国人民解放军在台湾海峡北部西侧,进行大规模的陆海空联合演习。

3月19日 著名数学家陈景润在北京逝世。陈景润1933年生于福州。

同日 澳门国际玩具厂200多外来劳工因突遭解雇,游行到劳工司交涉。

3月21日 纪念贺龙同志诞辰一百周年座谈会在北京举行。刘华清在会上发表讲话。《贺龙文选》、《贺龙年谱》、《贺龙画册》和《新中国体育事业奠基人》四本书正式出版发行。

3月22日 中国轻工业"九五"期间重点实施的"2152"工程开始实施。这项工程是:力争创20个国际名牌产品,形成100家年销售额20亿元以上的大型企业集团,培育500家年创汇额1000万美元以上的企业,重点抓好200家企业建立现代企业制度的工作。

3月23日 台"总统"选举结果揭晓,李登辉、连战得票581.3699万张,得票率54%,当选台湾地区正副领导人。

3月23日—24日 香港特别行政区筹委会第二次全体会议在北京举行。会议讨论通过了《全国人民代表大会香港特别行政区筹备委员会关于设立香港特别行政区临时立法会的决定》等文件。

3月24日 中央军委主席江泽民签署命令,发布施行《中国人民解放军保密条例》。

同日 香港特区筹委会第二次会议通过设立特区临时立法会的决定,关于1997年下半年和1998年全年香港公众假日安排的决定,关于成立"香港各界庆祝香港回归祖国活动委员会"的决定,关于对《中华人民共和国国籍法》在香港特别行政区实施作出解释的建议,还通过了香港特别行政区筹委会第二次全体会议新闻公报。前港督卫奕信、麦理浩等呼吁上议院接受临立会。

3月25日 新华社报道:人事部下发《人事工作1996—2000年规划纲要》,提出人事工作到2000年初步建立起与社会主义市场经济体制相配套的人事管理体制。

3 月 26 日 中国人民建设银行改名为中国建设银行。建设银行决定启用新行名,是这家银行为适应向国有独资商业银行转轨而采取的一项重大措施。

3 月 27 日 国家体委、国家教委、卫生部、国家民委、国家科委联合发出通知,要求全社会都来关心青少年身体健康。

3 月 28 日 中英联合联络小组在香港举行香港政权交接仪式第三次专家会议。

3 月 28 日—4 月 20 日 全国人大常委会委员长乔石访问乌克兰、俄罗斯、希腊、古巴和加拿大。

3 月 29 日 人事部建立公务员录用监督巡视员制度并聘用首批 22 名司局级以上领导干部为国家公务员考试录用监督巡视员。

3 月 31 日 新华社报道:全国已有 35 个大中城市全部建立住房公积金制度。国务院房改领导小组要求,1996 年全国地级以上城市要全部建立起住房公积金制度。

3 月 清华大学提交的适应不同国家和地区中文编码的汉字统一传输标准被 IETF 通过为 RFC1922,成为中国国内第一个被认可为 RFC 文件的提交协议。

4 月 1 日 经国务院批准,中国人民银行决定自即日起停办新的保值储蓄业务。此公告公布前已存入三年以上人民币定期储蓄的存款,继续给予保值。中国人民银行从 1993 年 7 月 11 日开始办保值储蓄业务。

同日 经国务院批准,中国人民银行开始发行 1990 年版贰圆券人民币。新发行的 1990 年版贰圆券人民币与 1980 年版贰圆券人民币在市场上同时流通使用。

同日 香港特区筹委会向港府递交

希望当局提供协助的十项清单。港府拒绝全面协助。

同日 台"国贸局"表示,自 7 月 1 日起,对大陆物品进口实施负面表列。

4 月 1 日—3 日 国务院经济特区工作会议在广东省珠海市召开。

4 月 2 日 葡国航空公司首航班机抵澳门。

4 月 2 日—5 日 "863 计划"十周年工作会议在北京举行。29 个为"863 计划"作出重大贡献的先进集体和 59 名先进工作者受到国家科委和国防科工委的表彰。4 日,江泽民、李鹏、刘华清会见了与会代表并观看了"863 计划"十周年成果展览。

4 月 3 日 国务院新闻办公室发表《中国的儿童状况》白皮书。

同日 全国矿产资源委员会第一次会议召开。国务院副总理、全国资源委主任邹家华说,国务院决定成立全国矿产资源委员会,取代原来的全国矿产储量委员会,这是国务院为了全面加强矿产资源管理的一项重要措施,是我国矿产资源管理体制上的一项重要改革。

同日 台下年度"国防"预算编列新台币 2722 亿元,占总预算的 2.45%。

4 月 9 日 《人民日报》报道:国务院近日发出通知,批转国家经贸委《关于1996 年国有企业改革工作的实施意见》,在总结以往改革经验的基础上提出了1996 年企业改革的七条政策措施。

同日 中国人民银行开办国债市场业务。中央银行开展国债公开市场操作,是加强和改善金融宏观调控的重大举措,标志着中国金融体制改革进入一个新的发展阶段。

同日 彭明敏宣布成立"建国会",目标包括:①从事台湾"建国"的启蒙运动,

②结合有志于台湾"建国"的个人和团体参与"建国大业"，③争取台湾的国际承认和国际地位。

4月9日—13日 国务院总理李鹏访问法国。李鹏在巴黎工商会发表演讲时提出了今后发展中法关系的四点建议。

4月11日 "东星"号劫案在澳开审，案犯胡树祥被控以海盗罪，此为澳门有刑法100多年以来被控同罪的第二人。

4月14日 中共中央组织部、中共中央宣传部发出关于开展向孔繁森学习活动的通知。孔繁森生前是西藏阿里地区地委书记。他两次赴藏，历时十载，为西藏的建设、发展和稳定作出了突出的贡献，1994年11月不幸以身殉职。人民群众称他为"90年代的焦裕禄"。

4月15日 《林伯渠文集》出版暨林伯渠诞辰一百一十周年纪念座谈会在北京举行。

4月17日 中宣部、建设部和上海市委在北京举行徐虎同志先进事迹报告会。徐虎是上海西部企业集团中山物业公司的一名普通房修水电工，十年如一日为居民解决水电急修困难，体现了"辛苦我一人，方便千万家"的无私奉献精神。

4月18日 劳动部要求所有用人单位在1996年内全面建立劳动合同制度。这是继80年代中期在新招职工中推行劳动合同制之后，新旧两种用人制度的全面"合轨"，标志着中国延续几十年、被称为"铁饭碗"的固定工制度将成为历史。

同日 台"交通部"宣布全面开放大陆货柜直接来台，并可望下月实施。

4月20日 澳督韦奇立应邀访问珠江三角洲。

4月21日 中央军委发出《关于评定授予预备役军官评授军衔工作的指示》，决定1996年为全国预备役军官评授军衔。

4月22日 澳门投资居留法由《政府公报》刊登实施，投资金额为100万澳门元。

4月22日—28日 全国哲学社会科学研究"九五"规划工作暨项目评审会议在北京举行。

4月23日 中国正式获准加入国际北极科学委员会，从而成为这个委员会的第16个成员国。

4月24日 台"立法院"通过"外交部"机密预算新台币42亿元，并通过附带协议，即未来推动参与联合国文宣费用将改为公开编列。

4月25日 江泽民主席与来华访问的俄罗斯总统叶利钦在北京签署中俄联合声明，两国宣布决心发展平等信任的、面向21世纪的战略协作伙伴关系。26日，中国、俄罗斯、哈萨克斯坦、吉尔吉斯斯坦、塔吉克斯坦五国元首在上海正式签署在边境地区加强军事领域信任的协定。叶利钦于4月24至26日对我国进行了国事访问。

同日 新华社报道：经过一年时间的外汇管理体制改革，中国实现了人民币经常项目下的可兑换，以市场供求为基础的、单一的、有管理的浮动汇率机制已基本形成。

4月29日 工联在海洋酒楼举行庆祝"五一"酒会，政务司司长贝锡安代表澳督出席。

同日 大三巴遗址首期陈列区开幕，澳督韦奇立主持剪彩。

4月30日 《人民日报》报道：经国务院批准，中国人民银行决定从5月1日起，降低金融机构各项存、贷款利率。存款利率平均降低0.98个百分点，贷款利率平均降低0.75个百分点。8月23日，中国人民银行再次降低金融机构各项存、贷款利率。存款利率平均降低 1.5 个百分点,贷款利率平均降低 1.2 个百分点。

4 月 30 日—10 月 4 日 第三届全国工人运动会在全国 17 个城市的 15 个赛区举行。全国 55 个代表团参赛。共有 541 支男女代表队、近 7000 名运动员参加了总数为 3368 枚奖牌(其中金牌 221 枚)的角逐。本届工运会对比赛办法进行了重大改革,取消了中心赛区。工运会的开幕典礼在北京天安门广场举行。

4 月 中共中央指示在全国迅速组织开展严厉打击严重刑事犯罪活动。

5 月 2 日 新华社报道:国务院最近批转中国残疾人事业"九五"计划纲要,要求各地、各部门贯彻执行。

5 月 4 日 江泽民在上海召集的上海、江苏、浙江、山东四省市企业改革和发展座谈会上讲话,阐述了国有企业改革的八条基本方针。

5 月 5 日 著名诗人艾青在北京逝世。

5 月 6 日 北京军区某部步兵侦察兵伞降训练成功,标志着中国步兵机动方式和快速反应能力开始发生历史性变化。

5 月 7 日 新华社报道:历时四年的国有企业清产核资工作结束。通过清产核资,摸清了国有企业资产负债、经营性国有资产及非经营性国有资产情况,并在清产核资基础上,将国有资产统计纳入了国家统计体系。

同日 "东星"号巨劫案案犯胡树祥押解法院侦讯,胡否认主谋,只认把风拉赃。

5 月 7 日—15 日 八届全国人大常委会第十九次会议在北京举行。15 日,会议通过了关于修改统计法的决定、关于修改水污染防治法的决定,并于当日公布施行。同日,《中华人民共和国律师法》

(1997 年 1 月 1 日起施行)、《中华人民共和国促进科技成果转化法》(1996 年 10 月 1 日起施行)和《中华人民共和国职业教育法》(1996 年 9 月 1 日起施行)经会议通过并予以公布。会议还通过了全国人大常委会关于批准《联合国海洋法公约》的决定。

5 月 8 日 国务院总理李鹏在北京会见澳门新闻界高层访京团。

5 月 8 日—22 日 国家主席江泽民首次访问非洲,先后访问了肯尼亚、埃塞俄比亚、埃及、马里、纳米比亚和津巴布韦 6 国。访非期间,江泽民阐述了全面发展面向 21 世纪中非关系的五点建议。

5 月 9 日 中共八届中央政治局候补委员、国务院原副总理陆定一在北京逝世。

5 月 10 日 新华社报道:国务院近日发出通知,要求各地各部门督促所属各单位依法开展会计工作,建立规范的会计工作秩序。

5 月 10 日—15 日 以"平等、参与、自强、共进"为宗旨的第四届全国残疾人运动会在大连举行。共有 33 个体育代表团 1673 人参加,其中运动员 1103 名。获得总分前三名的是:辽宁、湖南、大连,获得金牌总数前三名的依次是:广西、湖南、大连和辽宁。

5 月 11 日 中德合资的联合汽车电子有限公司在上海浦东新区举行开业和开工奠基庆典。该项目总投资达 26.68 亿元,是我国目前一次性投资规模最大的以生产发动机控制系统为主的合资企业。

同日 新华社澳门分社社长王启人应邀访问葡萄牙。

5 月 13 日 国务院副总理朱镕基在印尼高级经济论坛会议上发表讲话,指出从 1979 年到 1995 年,中国国民经济生产总值以年均 9.9% 的速度增长。整个经济开始进入持续、快速、健康发展的轨道,社会主义市场经济体制的基本框架已经初步形成。

同日 由中共中央文献编辑委员会编辑、人民出版社出版的《叶剑英选集》在全国各地新华书店陆续发行。该选集收入了叶剑英从 1937 年至 1983 年间的重要文章、报告、讲话、谈话和书信等共 85 篇,43 万余字。

5 月 14 日 中共中央办公厅、国务院办公厅、中组部、中宣部等联合在人民大会堂举行吴天祥同志事迹报告会。吴天祥是武汉市武昌区信访办副主任。他在信访工作岗位上六年接待上访群众万余人次,处理问题近万件,为数十户贫困户排忧解难。

5 月 15 日 中国政府根据 1992 年 2 月 25 日《中华人民共和国领海及毗连区法》,宣布中华人民共和国大陆领海的部分基线和西沙群岛的领海基线。

同日 新华社报道:中共中央、国务院近日发出关于转发《中央宣传部、司法部关于在公民中开展法制宣传教育的第三个五年规划》的通知。这一规划从 1996 年开始实施,到 2000 年结束。

5 月 16 日 台“行政院长”连战率副院长、政务委员及八部二会主管集体总辞。

5 月 17 日 “东星”号巨劫案犯胡树祥因海盗及抢劫、藏械三罪成立,共被判处监禁 19 年半,成为澳门第一名被控海盗罪成立而被判刑者。

5 月 18 日 台公布第三版《“国防”报告书》,全书分为军事情势、“国防”政策、“国防”资源、武装部队、“国防”重要施政和“国防”公共事务等六部分。

5 月 20 日 公安部宣布,经国务院批准,我国又有 40 个县(市)列入对外国人开放地区。至此,我国已有 1260 个县(市)对外国人开放。

同日 李登辉、连战在“总统府”大礼堂宣誓就任台湾第九任“总统”、“副总统”,并在大会上发表就职演说(“5·20讲话”)。

5 月 23 日 中英达成香港新通用邮票协议。

同日 美国正式宣布向台湾出售 465 枚价值 8400 万美元的毒刺导弹,及 55 套机动发射架装置和 55 枚教练弹。

5 月 24 日—25 日 香港特别行政区筹委会第三次全体会议在珠海举行。这是筹委会第一次在北京以外的地区召开全体会议。

5 月 25 日 香港特区筹委会作出关于推选委员会产生办法的原则设想、关于建立香港回归祖国纪念碑、关于教科书问题的决议。

5 月 27 日 台“陆委会”通过决议,放宽大陆物品进口及影艺、新闻、法律人士赴台限制。

5 月 27 日—31 日 中国科协第五次全国代表大会在北京举行。大会通过了中国科协第四届全国委员会主席朱光亚所作的工作报告,修改了《中国科学技术协会章程》,选举产生了中国科协新一届领导机构。

同日 中国最大海上油田流花 11—1 油田全面投产。

5 月 28 日 台“经济部”公告,自 7 月 1 日起对进口大陆工业品改采负面表列、加上准许进口的大陆农产品,并开放 4502 项大陆物品进口。

5 月 29 日 《电影管理条例》经国务院第四十五次常务会议通过,于 6 月 19 日发布,自 1996 年 7 月 1 日起施行。

同日　台《工商日报》报道,台湾决定"九七"后循世贸组织架构处理台、港两地的各项交流关系,将香港视为有别于大陆地区的"第三地"。

5 月 31 日　中央军委在北京举行纪念中国人民抗日军事政治大学建校六十周年大会。

5 月初　彭定康访美、加,攻击香港临时立法会,诬陷香港工商界人士。21 日,香港七大商会致函梅杰,指出彭定康在美言论对香港造成莫大损害。

6 月 1 日—5 日　江泽民在河南考察农业和农村工作。

6 月 2 日　全国政协和中央统战部在北京举行座谈会,纪念李维汉同志诞辰一百周年。

同日　秦山核电二期主体工程开工。二期工程设计为两台 60 万千瓦压水堆型核电机组。

6 月 3 日—7 日　中国科学院第八次院士大会和中国工程院第三次院士大会在北京举行。大会修订通过了《中国科学院院士章程》,选举产生了新一届学部主席团。中国工程院选举产生了第一批外籍院士 7 名,中国科学院选举产生了第二批外籍院士 10 名。中国工程院评选出首届中国工程科技奖,中国科学院评选出第六届陈嘉庚奖。

6 月 4 日　国务院发布《城市道路管理条例》,自 1996 年 10 月 1 日起施行。

同日　国务院新闻办公室发表《中国的环境保护》白皮书。

6 月 5 日　台"立法院"三读通过 1997 年度"中央政府"总预算案,共编列总预算新台币 11975.8 亿元。

6 月 8 日　中国进行了一次核试验,同日,外交部就此发表声明,指出,中国拥有少量核武器完全是为了自卫,不对任何

国家构成威胁。中国单方面承诺,在任何时候,任何情况下不首先使用核武器,并承担不对无核武器国家或无核武器区使用或威胁使用核武器的义务。同时宣布,在 1996 年 9 月再进行一次核试验后,中国将实行暂停核武器试验。

同日　台"经济部投审会"召开跨部会会议,决定开放 451 项制造业及证券、金融、信托和期货等事业赴大陆投资。

6 月 9 日　新华社报道:我国 1996 年将在全国范围内逐步推进城市最低生活保障制度,旨在保障城市居民最基本的生活。

6 月 10 日　江泽民在视察八一电影制片厂时,勉励广大电影工作者以饱满的热情,努力创作出更多思想精深、艺术精湛、制作精致,具有强烈吸引力、感染力的优秀作品,促进我国电影事业进一步繁荣,推动社会主义精神文明建设的发展。

同日　中宣部、新闻出版总署、国家计委、外经贸部、海关总署、国家工商局、国家版权局联合发出《关于进一步加强光盘复制管理的通知》。

6 月 13 日—17 日　中美知识产权正式磋商在北京举行,最终以双方达成一致而告结束。美方将取消拟对华采取的贸易报复措施,并承诺将中国从特殊 301 重点国家名单中去掉,中方同时取消拟对美国的贸易反报复。

6 月 14 日　中央军委主席江泽民签署命令,颁布实施《中国人民解放军物资条例》,《条例》自发布之日起施行。这是中国军队第一部系统规范军队物资工作的基本法规。原《中国人民解放军物资工作规定》即行废止。

同日　模范气象工作者陈金水事迹报告会在北京举行。陈金水一生三次进藏,在雪域高原奋斗了 33 个春秋,在极端

困难的条件下，艰苦创业，敬业爱岗，无私奉献，为发展西藏的气象事业作出了突出的贡献。

6 月 16 日 民进党召开第七次代表大会，许信良蝉联主席。

6 月 19 日 李登辉表示要推动第二阶段"宪政改革"。

6 月 20 日 全军首届专业技术重大贡献奖颁奖大会在北京举行。39 名干部获解放军专业技术重大贡献奖。

6 月 21 日 江泽民在中共中央举行的纪念中国共产党成立七十五周年座谈会上作题为《努力建设高素质的干部队伍》的讲话，提出了新的历史时期党的干部首先是领导干部都要具备的五条基本的政治业务素质。

6 月 23 日—7 月 6 日 国家主席江泽民访问西班牙、挪威、罗马尼亚、乌兹别克斯坦、吉尔吉斯斯坦和哈萨克斯坦，在哈萨克斯坦议会发表题为《共创中国和中亚友好合作的美好未来》的演讲。

6 月 24 日 美国决定向台湾出售 300 辆 M60-A3 型坦克、315 副 PVS7B 夜视镜、30 个备用战车引擎、330 支 MZ40 机关枪、烟幕弹发射器和相关辅助配件，总价值约 2.23 亿美元。

6 月 26 日 国务院在北京召开金融系统"反腐败、防抢劫、防诈骗、防盗窃、保护金融资产安全"会议。

6 月 28 日 中共中央组织部决定授予李国安、吴天祥、陈金水、徐虎、李双良、史来贺、牛玉琴、米吉提·艾力、邹竞、张在军、刘平、袁庭钰等 12 名同志"优秀共产党员"称号，并表彰一批先进基层党组织和优秀党务工作者。

同日 中国人民银行发布《贷款通则》，该条例自 1996 年 8 月 1 日起实施。这是中国人民银行在改进和加强信贷管理方面推出的一项重大措施，是新中国建立以来第一部最全面、最系统的贷款管理制度。

6 月 28 日—7 月 5 日 八届全国人大常委会第二十次会议在北京举行。7 月 5 日，《中华人民共和国拍卖法》（1997 年 1 月 1 日起施行）、《中华人民共和国枪支管理法》（1996 年 10 月 1 日起施行）经会议通过并予公布。会议还通过了全国人大常委会关于修改档案法的决定，于当日公布施行。

7 月 1 日 经国务院批准，在全国范围开始对外商投资企业实行银行结售汇。这些改革措施的实施，是中国货币管理制度上的一个重大突破，也是中国进一步扩大改革开放的重要标志。

同日 "英皇御准香港赛马会"取消"英皇御准"四个字，改名为"香港赛马会"。

同日 民进党主席许信良应国民党主席李登辉之邀，夜赴"总统"官邸会谈，就政党合作、两岸关系和宪政改革交换意见，此举引发民进党内部强烈不满。

7 月 3 日 我国西昌卫星发射中心用"长征三号"运载火箭成功地将"亚太 1A"通信卫星送入太空。

同日 澳门与美国签署航空协议。

7 月 4 日 首都文化界在人民大会堂集会，纪念我国伟大的革命文学家茅盾诞辰一百周年，缅怀这位享誉国内外的文学巨匠在我国革命事业、文化事业上作出的不可磨灭的辉煌业绩。

7 月 6 日 国务院发布施行《中华人民共和国民用航空安全保卫条例》。

7 月 8 日 《政府公报》颁布澳督批示，7 月下旬为持有临时逗留证人士换证。

7 月 8 日—12 日 中国海军舰艇编队首次出访朝鲜。出访的海军舰艇编队由

"哈尔滨"号和"西宁"号两艘导弹驱逐舰组成。

7月9日　钱复、谢隆盛分别当选台第三届"国民大会"正、副议长。

7月10日　"特区活雷锋"陈观玉同志事迹报告会在北京举行。陈观玉是广东省深圳市沙头角镇水产公司的退休职工,她三十年如一日地学雷锋做好事。

7月12日　新华社报道:山东省泰安市原市委书记胡建学、原市委副书记孙庆祥、原市委秘书长卢胶青、原副市长孔利民、原市公安局长李惠民、原泰山石化公司总经理徐洪波等6人受贿索贿案,已经山东省高级人民法院审理终结,胡建学、卢胶青、孔利民被分别判处死缓;孙庆祥、徐洪波被分别判处无期徒刑;李惠民被判处死刑。

7月13日—14日　全国农村金融体制改革工作会议在北京举行。朱镕基在会上提出,建立和完善以合作金融为基础,商业性金融、政策性金融机构分工协作的服务体系。

7月14日　台"国防部"属下的《台湾日报》宣布自7月15日起停刊。

7月15日—17日　第四次全国环境保护会议举行。江泽民在会上讲话指出:在社会主义现代化建设中必须把贯彻实施可持续发展战略始终作为一件大事来抓。李鹏在会上讲话指出:建设有中国特色社会主义,实现现代化,包括要保护和创造良好的生态环境。环保事业是功在当代、泽及子孙的高尚事业。

7月16日—17日　中国人民解放军驻香港部队司令员刘镇武少将应邀访问香港。访问期间,刘镇武与驻港英军司令员邓守仁少将就香港防务交接的有关问题进行会谈并达成一致意见。

7月17日　在台湾当局的撺掇下,塞内加尔等16国又向联合国提出台湾参与联合国问题。

7月19日　党中央、国务院召开会议,听取汛情汇报,研究部署防汛工作。自7月份以来,湖南、湖北两省连续降大到暴雨,长江中游、洞庭湖流域的资水和沅水出现特大洪水,多处水位超过了历史最高水位,造成两省严重的洪涝灾害。江泽民主持会议并作了重要讲话。20日、21日,李鹏专程前往湖南、湖北察看灾情。

7月19日—8月4日　第二十六届夏季奥运会在美国佐治亚州亚特兰大市举行,197个国家和地区的一万多名运动员会聚五环旗下。中国体育代表团获得16枚金牌、22枚银牌和12枚铜牌的好成绩,金牌和奖牌总数均列第四位。美国、俄罗斯、德国居前三位。

7月22日　澳门政府即日起分批为持有临时逗留证的人士换领身份证,预计为期半年。

7月23日　经国务院批准,由中国人民保险公司改建而成的中国第一家保险集团公司——中国人民保险(集团)公司在北京正式成立。它的成立标志着中国保险业进入集团化分业经营的新阶段。

同日　中国人与生物圈国家委员会获得国际自然保护联盟国家公园与保护区委员会颁发的最高奖——弗雷德•帕卡德国际公园成就奖。

7月25日　国务院港澳办公室副主任陈滋英访问澳门,出席"澳门后过渡期与基本法学术研讨会"。

7月26日　江泽民到河北省唐山市考察工作。

7月27日　中英联合联络小组在香港举行专家会议并达成一致,同意批出6个香港流动通讯服务牌照。

7月28日　唐山市各界干部群众隆

重集会,纪念唐山抗震救灾20周年。李鹏出席纪念大会并发表讲话。

7月29日 中华人民共和国政府发表声明,当日,中国成功地进行了一次核试验,同时郑重宣布:从1996年7月30日起中国开始暂停核试验,并向世界各国特别是核武器国家提出五条呼吁。

同日 新华社报道:经中央军委批准,由总政治部统一制作的党的三代领导核心关于加强军队建设的题词和六位著名英模画像,八一前夕印发全军,在连以上单位悬挂、张贴。这是加强我军思想政治建设的一项重要举措。毛泽东的题词是:"坚定正确的政治方向,艰苦朴素的工作作风,灵活机动的战略战术。"邓小平的题词是:"为把我军建设成为一支强大的现代化正规化革命军队而奋斗。"江泽民的题词是:"政治合格,军事过硬,作风优良,纪律严明,保障有力。"被印发画像的六位著名英模是:张思德、董存瑞、黄继光、邱少云、雷锋、苏宁。

同日 大连经济技术开发区法院刑事审判庭副庭长谭彦先进事迹报告会在北京举行。年仅36岁的谭彦在身患重病的情况下,勤奋工作,秉公执法,创造了一流的工作业绩。

同日 台"陆委会"通过开放省、县、市长赴大陆访问及同意大陆新闻人员长驻台湾案。

8月1日 中央军委决定,全军从1996年开始为被评为优秀士兵的战士颁发证章。江泽民为《优秀战士》证章题名。

同日 澳葡政府颁布自置物业贴息制度,即日起生效。

同日 大陆去台探亲或考察人员改用"大陆居民往来台湾通行证"。

8月3日 国务院作出《关于环境保护若干问题的决定》。

8月4日—14日 第三十届国际地质大会在北京举行。中国国务院总理、第三十届国际地质大会荣誉主席李鹏致开幕词。中国科学院院士、中国地质科学院成都地质矿产研究所所长刘宝珺教授,在闭幕式上接受了由俄罗斯科学院颁发的国际地质斯潘迪亚罗夫奖。

8月5日 新华社报道:国务院近日发布了《关于加强预算外资金管理的决定》。

同日 中共中央宣传部、国家体委等七部委局联合下发《关于加强社会气功管理的通知》。

8月6日 新华社报道:中科院近代物理研究所在世界上首次合成并鉴别了新核素镅－235,标志着我国新核素合成与研究进入又一个重要核区——超铀缺中子区。

8月7日 国民党中央召开(蒋介石、蒋经国)奉安研究小组第一次会议,一致认为目前两蒋移灵大陆不是适当时机。两蒋移灵问题由前"总统府"资政蒋纬国于7月8日召开的国民党中央直属第六小组的会议上提出来,因事关重大,全案移送国民党中央处理。

8月9日—10日 香港特别行政区筹委会第四次全体会议在北京举行。会议通过了《中华人民共和国香港特别行政区第一届政府推选委员会的具体产生办法》和筹委会关于实施基本法第二十四条第二款的意见,以及香港特别行政区区旗、区徽使用暂行办法等三份文件。

8月9日—10日 香港特别行政区筹委会第四次全会在北京举行,会议通过了特区第一届政府推选委员会具体产生办法,特区基本法第二十四条第二款的意见,特区区旗、区徽使用暂行办法等三份文件。

8 月 10 日　横跨峡江的西陵长江大桥正式通车。该桥位于三峡大坝下游 4.5 公里处,为钢箱梁悬索桥,全长 1118.66 米,桥宽 18.5 米,主孔跨度为 900 米,其跨度在同类型桥梁中居国内第一、世界第一。

同日　无党籍"立委"廖学广在自己家中遭四名歹徒绑架并囚入狗笼。廖广学强势问政,时常对黑金政治予以痛斥。因此,此案发生后在台湾政坛引起震动,岛内许多"立委"深感在黑金政治猖獗的时代,只要问政稍有不慎,即可惹祸上身。

8 月 13 日　新华社报道:中国石油天然气勘探进入第三个发展时期。原油年产量 1.4 亿多吨,居世界第五位,进入了世界产油大国的行列。

8 月 14 日　优秀村支部书记王廷江事迹报告会在北京举行。王廷江是山东临沂市罗庄镇沈泉庄村党支部书记,他带领群众共同富裕,被农民群众称为艰苦创业带头人。

同日　李登辉在台第三届"国民大会"上就台湾对大陆的经贸政策提出三点看法:①岛内投资重于大陆投资,②必须注意台湾资金经香港流往大陆,③台湾银行到大陆设立分支机构宜先在外国设子银行再转进大陆。

8 月 14 日—23 日　中国人民解放军驻港部队司令刘镇武少将访问香港,为将来的香港防务交接工作做准备。

8 月 15 日　新华社报道:国务院作出《关于环境保护若干问题的决定》。

8 月 15 日—25 日　第十届残疾人奥运会在美国亚特兰大举行,120 多个国家和地区的 3500 余名运动员参赛,共打破 225 项世界纪录。中国代表团共夺得 16 枚金牌、13 枚银牌和 10 枚铜牌,位居奖牌榜第九位,在亚洲国家和地区中名列第一。美国、澳大利亚、德国列奖牌榜前三名。

8 月 16 日　纪念邓子恢同志诞辰一百周年座谈会在人民大会堂举行,《邓子恢文集》、《邓子恢传》、《回忆邓子恢》也同时出版发行。

同日　台塑集团致函"经济部投审会",撤回赴漳州投资电厂案。

8 月 19 日　新华社报道:中共中央日前发出关于印发《1996 年—2000 年全国干部教育培训规划》的通知,要求各地区、各部门结合本地区、本部门的实际情况,认真贯彻执行。

同日　中国与尼日尔共和国签署联合公报,决定自即日起恢复大使级外交关系。

同日　台"外交部"宣布与尼日尔中断"邦交"。

8 月 20 日、21 日　交通部和外经贸部先后发布《台湾海峡两岸间航运管理办法》和《关于台湾海峡两岸间货物运输代理业管理办法》。

8 月 23 日—29 日　八届全国人大常委会第二十一次会议在北京举行。29 日,《中华人民共和国老年人权益保障法》(1996 年 10 月 1 日起施行)、《中华人民共和国煤炭法》(1996 年 12 月 1 日起施行)经会议通过并予公布。会议还通过了全国人大常委会关于修改矿产资源法的决定,该决定当日公布,自 1997 年 1 月 1 日起施行。

8 月 26 日　《王稼祥》画册暨王稼祥同志诞辰九十周年纪念座谈会在北京举行。刘华清、胡锦涛出席座谈会。

8 月 26 日—30 日　第六十二届国际图联大会在北京举行,来自世界 90 个国家和地区的近 3000 名代表参加了这一盛会。李鹏总理致了开幕词。

8月27日 江泽民总书记为第5届全国大学生运动会题词："发展学校体育运动,促进社会主义精神文明建设。"

同日 新华社报道:国家计委等部门联合发出通知,将选择第二批大企业集团参加试点工作,立足点是建立现代企业制度,转换经营机制,构造母子公司体制。

8月29日 英国驻港三军司令邓守仁公布英军撤离香港的计划和详细日程。

8月29日—30日 中英联合联络小组关于香港过渡时期财政预算案编制及有关问题的第11次专家会议在香港举行,双方完成了原定的议程。

8月30日 香港各界抗议日外务大臣池田行彦的荒谬言论,指出钓鱼岛自古就是中国领土。

同日 香港求是科技基金会在京举行第三届"杰出科学家、杰出科技成就集体奖和杰出青年学者奖"颁奖仪式,18位科学家20位青年学者获奖。

8月31日 澳门统计普查司一连10天进行1996年中期人口统计。

9月1日 京九铁路全线正式开通运营。京九铁路北起北京西站,跨越京、津、冀、鲁、豫、皖、鄂、赣、粤九省市的98个市县,南至深圳,连接香港九龙,包括同期建成的天津至霸州和麻城至武汉的两条联络线在内,全长2553公里。

同日 新华社报道:中宣部、国家科委、中国科协最近发出《关于加强科普宣传工作的通知》,提出加强科普宣传工作的若干意见。

同日 京九铁路全线通车。

同日 台"考试院"、"监察院"新旧院长交接,许水德、王作荣上任。

9月2日—7日 第十三届国际档案大会在北京举行。本次大会的主题是:本世纪末的档案工作——回顾与展望。来自130个国家和地区的2600多名代表出席这一盛会。

9月3日 纪念胡愈之诞辰一百周年座谈会在人民大会堂举行。为纪念这位著名政治活动家、我国进步文化出版事业的先驱诞辰一百周年,《胡愈之文集》六卷也已正式出版发行。

9月4日—6日 全国政协主办的"展望21世纪论坛"首次会议在北京举行,中外500多人出席了开幕式。李鹏总理在开幕式上发表了题为《中国的发展和亚洲的崛起对世界未来的影响》的讲话。

9月5日—26日 全国政协主席李瑞环访问波兰、荷兰、奥地利、瑞士和俄罗斯。

9月6日 中国金桥信息网(CHINAGBN)连入美国的256K专线正式开通。中国金桥信息网宣布开始提供Internet服务,主要提供专线集团用户的接入和个人用户的单点上网服务。

9月7日 1996年澳门小姐竞选,毕美琪荣登澳门小姐宝座。毕家一门四后,成为佳话。

9月8日 新华社报道:经中共中央批准编辑的《毛泽东文集》第三至五卷、《毛泽东诗词集》和经中共中央批准编写的《毛泽东传》(1893—1949)日前出版发行。同时出版发行的还有《毛泽东致韶山亲友书信集》。《毛泽东文集》由中共中央文献研究室编辑,人民出版社出版。《毛泽东传》则是第一部由中共中央批准编写的毛泽东传记。

9月10日 新华社报道:国务院批复,原则同意实施《国家环境保护"九五"计划和2010年远景目标》及两个附件《"九五"期间全国主要污染物排放总量控制计划》和《中国跨世纪绿色工程规划》。

同日 中央军委在北京举行座谈会,

纪念中国人民解放军创建人之一、伟大的无产阶级革命家、军事家、忠诚的共产主义战士叶挺同志诞辰一百周年。江泽民出席会议并作重要讲话。

同日　中国外交部亚洲司司长王毅奉命紧急约见日本驻华使馆临时代办，就日本右翼团体 9 日再次侵犯我钓鱼岛主权向日方提出强烈抗议。自 1996 年 7 月以来，日本少数右翼团体分子围绕中国领土钓鱼岛采取了一系列挑衅行动。

9 月 10 日—12 日　全国棉花工作会议在北京举行。

9 月 14 日　香港海关日前截获一批重型军火，从 18 个集装箱内查获大量榴弹炮组件。这是香港历年来查获的最大一宗偷运军火案。

同日　李登辉在第三届经营者大会上致辞，攻击大陆对台政策是"以民逼官"、"以商围政"，并提出"戒急用忍"以阻碍两岸关系的发展。

9 月 16 日　新华社报道：国务院就进一步深化农村金融体制改革作出决定。改革主要包括改革农村信用社管理体制、建立农村合作银行、增设中国农业发展银行的分支机构、逐步建立各类农业保险机构及清理整顿农村合作基金会等。

同日　首届香港"亿利达科技奖"在北京举行颁奖大会。五项重大应用性研究成果和 14 位科技工作者获奖。

9 月 16 日—19 日　台湾召开第五次科技会议。会议以"科技资源规划与有效运用"、"高科技发展之体系建立"及"以科技引领现代化"等三项议题为讨论重点，共提出 200 条结论和建议。

9 月 16 日—20 日　各国议会联盟第九十六届大会在北京举行。来自 124 个国家的 1400 多名代表和来宾出席了会议。会议通过了关于"进一步促进尊重和保护普遍人权，特别是妇女和儿童的权利"的决议；关于"在经济全球化和贸易自由化的今天，确保人类享有食物的权利的政策和战略"的决议。

9 月 16 日—21 日　江泽民考察京九铁路沿线贫困地区和革命老区。

9 月 18 日　经全国哲学社会科学规划领导小组批准，体育学被正式纳入由国家统一规划、管理的哲学社会科学学科领域，列为国家一级学科。

同日　著名电影表演艺术家白杨在上海逝世。白杨原名杨成芳，祖籍湖南汨罗，1920 年生于北京。

9 月 19 日　中央军委在北京举行《罗瑞卿传》、罗瑞卿画册出版发行暨纪念罗瑞卿同志诞辰九十周年座谈会。

9 月 20 日　"经济部投审会"根据李登辉"戒急用忍"的指示，开会决定对台资企业赴大陆投资将采取控制投资规模、"管大不管小"的原则。

9 月 22 日　澳门第六届立法选举，有 7.5 万选民投票，情况空前热烈。陈继杰、梁庆庭、唐志坚、冯志强、周锦辉、吴国昌、廖玉麟、高开贤直选胜出；何厚铧、吴荣恪、许世元、曹其真、刘焯华、关翠杏、欧安利、林绮涛间选入局。

9 月 23 日—25 日　中央扶贫开发工作会议在北京召开。

9 月 24 日　美国众议院通过议案，支持欧洲议会 7 月 18 日通过的支持台湾加入联合国的议案。

9 月 25 日—27 日　全国"星火"计划工作会议在北京举行。会议强调要以求实创新的精神，大力推动星火计划再上新台阶。"九五"期间，以"西部拓展、中部燎原、东部升华"的总体发展战略推进星火计划发展。

9 月 26 日　江泽民视察人民日报社。

他在视察时指出，历史经验反复证明，舆论导向正确与否，对于我们党的成长壮大，对于人民政权的建立巩固，对于人民的团结和国家的繁荣富强具有重要的作用。舆论导向正确，是党和人民之福；舆论导向错误，是党和人民之祸。

同日　香港同胞陈毓祥等为抗议日本右翼分子在钓鱼岛建造非法标记，组织了一艘"保钓号"抗议船驶抵钓鱼岛海域时，遭到日本巡逻艇的阻拦。陈毓祥等数名香港同胞先后跳海以示抗议，陈毓祥不幸溺水身亡。27日，唐家璇副外长紧急约见日本驻华大使，就此事向日方提出交涉。29日，香港各界举行追悼会，悼念港事顾问陈毓祥。

9月27日　就香港政权交接仪式主要事项，中英达成原则性框架性协议。

9月28日　新华社报道：中国28个农村改革试验区围绕农村改革中的热点、难点和重大关键问题，择定了26个重点试验项目进行试验，取得突破性进展，农村改革试验区已进入"调整充实、巩固提高"的新阶段。

9月30日　国务院发布《中华人民共和国野生植物保护条例》，自1997年1月1日起施行。

同日　新华社澳门分社举行盛大国庆酒会，澳督韦奇立及逾千嘉宾出席。

10月1日　广西壮族自治区桂林两江国际机场正式建成通航。

10月3日　新华社报道：国务院最近作出了《关于"九五"期间深化科学技术体制改革的决定》。

10月4日—5日　香港特别行政区筹委会第五次全体会议在北京举行。会议通过了《中华人民共和国香港特别行政区第一任行政长官人选的产生办法》和《中华人民共和国香港特别行政区临时立法会的产生办法》等。

10月6日　"建国党"举行成立大会，李镇源、林山田分别任主席、副主席，李胜雄任秘书长。"建国党"党纲以"建立新而独立的台湾共和国"为"永不改变"的最高宗旨。

10月7日　中国建设部部长侯捷获联合国颁发的人居奖的最高奖——"特别荣誉奖"。这是中国首次以个人名义获得联合国人居奖。

同日　李素丽同志事迹报告会在人民大会堂举行。李素丽是北京市公交总公司21路车队的优秀售票员。她十五年如一日，用爱心及真情架起与人民沟通理解的桥梁。

同日　由台港澳地区近300名保钓人士组成的保钓护土团队登陆钓鱼岛成功。台、港人士分别插上"中华民国国旗"和中华人民共和国国旗，向世人进行主权宣示。

10月7日—10日　中共十四届六中全会在北京举行。会议分析了精神文明建设面临的形势，主要讨论思想道德和文化建设方面的问题。全会审议通过《中共中央关于加强社会主义精神文明建设若干重要问题的决议》，确定党的十五大于1997年下半年在北京举行。

10月7日—11日　第47届国际宇航联合会大会在北京举行。江泽民主席出席大会开幕式并发表重要讲话。来自世界54个国家和地区的1099名代表参加了会议。

10月8日　澳葡政府公布七位官委议员名单：华年达、艾维斯、潘志辉、罗立文、罗新耀、欧若坚、戴明扬。

10月10日　中英双方在香港就大屿山及新机场公共巴士服务专营权问题达成协议，并签署了会议纪要。16日—17

日，中英关于香港过渡期财政预算案及有关问题的专家会议在香港举行并达成共识，双方同意在预算中为特区政权交接预留资金。24 日—25 日，中英联合联络小组关于防务与治安问题的第 20 次专家会议在香港举行，并就中国人民解放军驻港部队先遣组提前进港事宜达成共识。

10 月 11 日 中共中央纪律检查委员会第七次全会在北京举行。全会通过了中纪委书记尉健行代表中纪委常委会所作的《加强党风廉政建设，推动社会主义精神文明建设健康发展》的报告。

同日 台湾"国家发展会议"召开首次筹备会议，国民党、民进党、新党达成共识，讨论议题为：①宪政体制与政党政治，②经济发展，③两岸关系。会议定于12 月 23 日至 28 日举行。

10 月 12 日—19 日 第三届全国农民运动会在上海举行。共有 1864 名运动员参加了 13 个项目的比赛和表演。

10 月 15 日 国务院发布施行《旅行社管理条例》。

同日 第六届立法会举行首次全体大会。

10 月 17 日 中央军委在北京举行纪念长征胜利 60 周年红军老战士座谈会。22 日，中共中央、中央军委在人民大会堂隆重举行纪念红军长征胜利 60 周年大会，江泽民在会上发表了重要讲话。李鹏、乔石、李瑞环、朱镕基、刘华清、胡锦涛等出席了纪念大会。

10 月 18 日 台"立法院"通过"核四"覆议案，推翻 5 月 24 日"立法院"通过的废止"核四厂"兴建计划决议，"核四"计划将按预算继续进行。

10 月 20 日 我国在酒泉卫星发射中心用"长征二号丁"运载火箭成功发射了一颗科学探测与技术试验卫星。这是我国发射的第 17 颗返回式遥感卫星。

10 月 23 日 中共中央国务院发布《中共中央国务院关于尽快解决农村贫困人口温饱问题的决定》。《决定》提出今后五年扶贫工作的基本方针、任务，强调继续坚持开发式扶贫，实现到 20 世纪末基本解决农村贫困人口的温饱问题的战略目标。

同日 澳门新福利公共汽车公司试行巴士自动收费系统，首在三号线试行聪明卡。

10 月 23 日—29 日 八届全国人大常委会第二十二次会议在北京举行。29 日，《中华人民共和国乡镇企业法》(1997 年 1 月 1 日起施行)、《中华人民共和国环境噪声污染防治法》(1997 年 3 月 1 日起施行)、《中华人民共和国人民防空法》(1997 年 1 月 1 日起施行)经会议通过并予以公布。大会还通过了修订后的解放军选举全国人大和县级以上地方各级人大代表的办法。

10 月 24 日 国务院新闻办公室发布《中国的粮食问题》白皮书。

10 月 25 日—11 月 3 日 江泽民先后在贵州、广西重点考察了扶贫开发工作。

10 月 28 日 我国培训高、中级国家公务员的新型学府国家行政学院举行落成暨开学典礼。江泽民为学院题词："永做人民公仆。"李鹏为学院落成剪彩，并讲了题为"中国将长期保持一个良好的发展势头"的第一课。

10 月 29 日 中葡联合联络小组第 27 次会议在北京举行。

10 月 30 日 纪念治理黄河 50 周年大会在郑州举行。李鹏代表党中央、国务院向大会发来贺信。国务委员、国务院秘书长罗干到会祝贺。

11 月 1 日—2 日 香港特别行政区筹

委会第六次全体会议在北京举行，会议通过了《中华人民共和国香港特别行政区第一届政府推选委员会委员守则》。会议期间召开的主任委员会议通过了《关于设立香港特别行政区第一届立法会产生办法小组的决定》、《香港特别行政区第一任行政长官参选人名单》及《关于香港特别行政区第一任行政长官候选人人选的提名办法及有关事宜的决定》。

11月1日—2日　香港特别行政区筹委会第六次全体会议在北京举行。大会产生了由400名委员组成的香港特区第一届政府推选委员会，通过了香港特区第一届政府推选委员会委员守则。15日，香港特区第一届政府推选委员会正式宣告成立并在香港举行第一次全体会议。经会议提名，吴光正、董建华、杨铁梁三位参选人成为特区首任行政长官的候选人。

11月3日　第3届全国农民运动会在上海举行。

11月4日　台"行政院长"连战批准"交通部"关于允许在海外注册的船只（包括台湾拥有的船只）可直航两岸港口的建议。

同日　台"陆委会"通过大陆记者赴台常驻规定。规定常驻时间不得超过两年，可携眷同行，但眷属不得在台工作。

11月4日—23日　全国人大常委会委员长乔石访问土耳其、约旦、伊朗、越南和老挝。

11月6日　国务院决定从1996年开始，在继续坚持棉花由供销社统一收购、统一加工、统一经营政策的基础上，对省际间调出、调入的棉花，在国家计划指导下，通过组织交易会衔接供需。棉花供应价格由国家定价改为国家指导价。

同日　首届全国棉花交易会在郑州举行。

11月6日—17日　国务院总理李鹏访问智利、巴西、委内瑞拉和意大利。

11月7日　中央军委主席江泽民签署命令，颁布《中国人民解放军司令部条例》。同时颁布的还有《中国人民解放军军区司令部工作条例》、《中国人民解放军合成军队集团军师旅团司令部工作条例》、《中国人民解放军省军区和预备役师团司令部工作条例》。

11月8日　台"经济部国贸局"召开大陆物品进口审查会，决定再开放43项大陆农工产品入台。

11月12日　全国政协在人民大会堂隆重举行孙中山诞辰一百三十周年纪念大会。

同日　国家计委、国家科委和财政部在人民大会堂联合召开"八五"国家科技攻关工作总结表彰大会。江泽民、朱镕基、胡锦涛会前亲切会见了与会代表。

同日　刘华清在考察驻香港部队时强调：驻香港部队官兵要高标准要求自己，除了执行好进驻任务外，还要善于与香港市民融洽相处，树立人民解放军威武、文明之师的良好形象，不辜负党中央、国务院、中央军委和全国人民的重托。

11月13日　中共中央党史研究室在北京举行座谈会，纪念久经考验的无产阶级革命家、杰出的政治活动家、忠诚的共产主义战士王若飞同志诞辰一百周年，深切缅怀王若飞的光辉业绩，学习他的崇高精神。李瑞环出席座谈会，胡锦涛发表讲话。

同日　新华社报道：国务院日前发出《关于进一步完善文化经济政策的若干规定》。

11月13日—17日　世界粮食首脑会议在罗马举行。这是历史上第一次关于粮食问题的世界首脑会议。15日，中国代表团团长、国务院总理李鹏在会上发表了题为《中国是维护世界粮食安全的重要力量》的讲话。

11 月 14 日 最高人民法院公布北京市法院对首钢原助理总经理周北方等六起受贿案的判处结果：周北方犯受贿罪、行贿罪被判处死缓；北京市政府原副局级干部李敏、北京市委办公厅原副主任陈健、原北京市村镇通信开发公司经理何世平、北京市财政局原局长助理兼预算处长、第三分局局长张鲁平、李敏之妻曲爱群等五犯分别受到法律制裁。

11 月 15 日 香港特区推委会首次会议，提名吴光正、董建华、杨铁梁为特区首任行政长官候选人。

11 月 15 日—19 日 第 24 届世界海洋和平大会在北京举行。大会通过了《北京海洋宣言》。通过一项宣言，在世界海洋和平大会的历史上还是第一次。

11 月 16 日 第 43 届澳门格兰披治大赛车举行。次日，英国车手费明勇夺三级方程式冠军。

11 月 18 日 经国务院批准，由交通部和上海市政府共同组建的上海航运交易所成立。这是中国国内水运行业的第一个国家级交易市场。

11 月 20 日 香港嘉利大厦发生特大火灾，29 人死亡，77 人受伤。

11 月 21 日 台湾桃园县长刘邦友官邸发生重大屠杀命案，包括刘邦友在内多人遭到枪击，8 死 1 重伤。

11 月 21 日—24 日 中共中央、国务院召开经济工作会议。会议认为，经过近三年的努力，以治理通货膨胀为首要任务的宏观调控基本上达到预期目的。

11 月 23 日—12 月 5 日 国家主席江泽民访问菲律宾、印度、巴基斯坦和尼泊尔，并出席 11 月 25 日在菲律宾苏比克举行的亚太经济合作组织第四次领导人非正式会议。江泽民在会上作主旨发言，强调开展经济技术合作的重要性，提出了"亚太经合组织方式"，即承认多样性，强调灵活性、渐进性和开放性；遵循相互尊重、平等互利、协商一致、自主自愿的原则；单边行动与集体行动相结合。

11 月 24 日 南非总统曼德拉宣布南非将于 1997 年 12 月 31 日与台湾"断交"。

11 月 26 日 英方宣布修订《刑事罪行条例》。28 日，中方发言人指出，修订《刑事罪行条例》违反中英联合声明和《基本法》。

11 月 27 日 中国人民银行行长戴相龙宣布，从 1996 年 12 月 1 日起接受国际货币基金组织协定第八条款的义务，实行人民币经常项目下的可兑换。

12 月 2 日 新华社澳门分社社长王启人就近期澳门治安恶化问题发表谈话，督促澳葡当局切实搞好社会治安。

同日 辜振甫被海基会第三届董事会议推选为第三任董事长。

12 月 3 日 民进党中央党部妇女部主任彭婉如自 11 月 30 日失踪后，今被发现赤身陈尸荒野。

12 月 4 日—6 日 中英联合联络小组第 38 次会议在香港举行。双方就香港新机场三项专营合约等签署了会议纪要，并就英国官方保密法的本地化达成了一致。6 日，该小组中方首席代表赵稷华在会后举行的记者招待会上说，英方单方面修订《刑事罪行条例》违反联合声明和《基本法》。

12 月 7 日 司警与治安警察当日起在全澳门各赌场进行联合值班，打击犯罪活动。

12 月 8 日 第 13 届公益金百万行有近 3 万人参加，筹得善款 570 多万澳门元。

12月9日 新华社播发长篇通讯《乡镇党委书记的榜样——吴金印》，介绍河南省卫辉市委副书记兼唐庄乡党委书记吴金印带领山区人民艰苦创业，改造山河，使荒山野沟变成米粮川的业绩。

12月9日—12日 全国卫生工作会议在北京举行。

12月10日 朱德同志诞辰一百一十周年纪念座谈会在人民大会堂举行，《朱德军事文选》、《朱德》画册、《朱德手迹选》出版发行。

同日 公安部长助理兼国际刑警、中国国家中心局局长朱恩涛访问澳门。

同日 根据11月1日台"立法院"通过的《原住民委员会组织条例》，"行政院"原住民委员会今日正式挂牌。

12月11日 香港特别行政区第一届政府推选委员会举行第三次全体会议，董建华当选为香港特别行政区第一任行政长官人选。12日，香港特别行政区筹委会在深圳举行第七次全会，通过关于报请国务院任命特区首任行政长官的报告。16日，李鹏签署国务院第207号令，任命董建华为香港特别行政区第一任行政长官，于1997年7月1日就职。21日，香港特别行政区第一届政府推选委员会第四次全体会议选举产生香港特别行政区临时立法会的60名议员。

12月11日—13日 全国保密工作会议在北京举行。

12月13日 北京市最大的工业建设项目——北京乙烯工程通过国家验收。该工程包括年产15万吨乙烯裂解装置、年产5万吨的环氧乙烷装置、年产4万吨的EVA树脂装置和年产7万吨的丁辛醇装置。工程于1992年5月破土动工，总投资60多亿元。

同日 中国文联执行主席、戏剧大师曹禺在北京逝世。

12月16日—20日 中国文联第六次全国代表大会、中国作协第五次全国代表大会在北京举行。周巍峙当选为文联第六届全委会主席，巴金再次当选为中国作协主席。

12月17日 我国第一座大型商用核电站——广东大亚湾核电站工程正式通过国家验收。李鹏发来贺信。

12月18日 1996年度国家科技奖励大会在人民大会堂举行。江泽民、李鹏、胡锦涛会见了获奖代表。该奖共授奖647个项目，其中包括国家技术发明奖111项，国家科技进步奖536项，受奖人员近4000人。此外，为我国科技事业作出突出贡献的丁肇中、格·比施根斯、乌里·施瓦茨、贝聿铭被授予国际科技合作奖。

同日 中央军委发布命令，授予广州军区某部六连"深圳特区精神文明好六连"荣誉称号。

同日 国务院总理李鹏在京会见董建华，颁发任命令。

12月19日 国务院同意建立内蒙古大兴安岭汗马，黑龙江五大连池、洪河，河南豫北黄河故道湿地鸟类，湖南张家界大鲵，四川小金四姑娘山、攀枝花苏铁等7处国家级自然保护区。

12月20日 英外相发表反对成立特区临时立法会的声明。

同日 新华社澳门分社社长王启人发表专题文章，纪念澳门回归倒计时三周年。

同日 "东星"号械劫案疑犯陈桂清自台北解返澳门受审。

12月21日 香港特区第一届政府推选委员会第四次会议在深圳选举产生了特区临时立法会60名议员。

12月23日 国民党籍屏东县长伍泽

元，在担任省住都局长主管全省公共工程建设期间，借修建台北县板桥汴头抽水站之机，营私舞弊，收受贿赂，被板桥地方法院判处无期徒刑，剥夺公权终身，成为台湾司法史上第一位依贪污治罪条例判处无期徒刑的现任县市长。

12 月 23 日—28 日 "国家发展会议"在台北举行，达成 190 项共识。经济组的共识包括：对推动"亚太营运中心"的做法，排除投资障碍与促进产业升级，公营事业须于五年内完成民营化，明订政党不介入营利事业之投资与经营。两岸组的共识是"自 1912 年起，中华民国即为一主权国家，自 1949 年中共政权建立后，两岸即成为两个对等政治实体"。

12 月 24 日 美国宣布将向台湾出售总额超过 1.5 亿美元的军火，包括陆军改良式机动战术通讯系统，配备在 F-16 战斗机上的电子反制装置及一定数量的车载式毒刺导弹发射器等。

12 月 24 日—30 日 八届全国人大常委会第二十三次会议在北京举行。30 日，《中华人民共和国香港特别行政区驻军法》(1997 年 7 月 1 日起施行)经会议通过并予公布。

12 月 25 日 国务院、中央军委发布命令，授予广东省公安边防总队第六支队十三中队"沙头角模范中队"荣誉称号，授予中国人民武装警察部队浙江省总队一支队三中队"钱塘江守桥模范中队"荣誉称号。

12 月 26 日 新华社报道：中宣部等十部委日前发出《关于开展文化科技卫生"三下乡"活动的通知》。

12 月 26 日—28 日 李鹏总理对俄罗斯进行工作访问。

12 月 27 日 澳门统计暨普查司公布，1996 年中期人口统计，全澳门总人口45.5 万人。

12 月 28 日 《人民日报》报道：湖南省长沙市中心的古代文化遗址日前发掘出距今约 1700 余年的三国孙吴纪年简牍，总数达数十万片，超过了以往发现的所有简牍的总和。

同日 特首董建华会见港府布政司陈方安生时表示，保持公务员队伍稳定，有助于香港平稳过渡。

12 月 30 日 中共中央国务院发出《中共中央国务院关于切实做好减轻农民负担工作的决定》。

12 月 31 日 新华社报道：1996 年中国运动员共获得 105 项世界冠军，并创造22 项世界纪录，另有 1 人 1 队的成绩被列为新设的世界纪录。

同日 冶金部负责人宣布，1996 年我国的钢产量突破一亿吨。

同日 台湾省长宋楚瑜为抗议废省之决定，宣布辞去国民党中常委和台湾省省长职务。

同日 大法官会议就"副总统"能否兼任"阁揆"作出 491 号解释："与宪法设置副总统及行政院长职位分由不同之人担任之本旨未尽相符"，"应以上开解释意旨为适当之处理。"

1997 年

1 月 1 日 大型电视文献纪录片《邓小平》播出，在海内外引起强烈反响，舆论纷纷赞扬这部反映邓小平光辉业绩和思想的优秀作品。

1 月 2 日 国务院发布《出版管理条例》，自 1997 年 2 月 1 日起施行。

1 月 3 日 新华社报道：历时三年多、十六易其稿的《质量振兴纲要》近日由国务院颁布实施。

同日 中葡联合联络小组两名中方人员被殴伤,中方代表处提出强烈谴责。澳警方即日拘疑殴人三凶徒。

1月5日 1996年世界杯短池游泳系列赛第一站在香港结束,中国队共夺得7枚金牌。

1月6日—9日 国务院在北京召开全国国有企业职工再就业工作会议。

1月8日 经国务院、中央军委批准,由解放军总后勤部等单位在北京召开的全国第九次军粮工作会议,传达了国务院、中央军委下发的《关于深化军粮供应体制改革的通知》。

1月9日 英国宣布,英女王将派王储查尔斯于6月底到香港,代表英方出席香港主权移交仪式并参加有关活动。

同日 台"陆委会"副主委高孔廉表示,"九七"后台驻港机构将分为经济、新闻与服务三组。

1月10日 国产高速列车试验成功。列车时速达200公里,各项动力学性能指标和安全性能指标优良,达到了国际先进水平。此前,中国速度最快的列车时速为160公里。

1月10日—13日 中央农村工作会议在北京举行。会议提出,要再接再厉,乘势前进,确保1997年农业增产、农民增收、农村稳定,实现农村经济全面发展和社会全面进步。

1月11日 中共中央作出《关于进一步做好文艺工作的若干意见》。

同日 珠海市市长黄龙云应邀正式访问澳门,翌日返回珠海市。

同日 台"陆委会"主委张京育宣布,"陆委会"原定开放大陆记者赴台常驻采访以及开放台湾省、市长赴大陆访问已被"行政院"搁置。

1月13日—16日 全国金融工作会议在北京召开。朱镕基在会上指出,经过三年多努力,以抑制通货膨胀为首要任务的宏观调控基本上达到预期目标。

1月14日 《国务院关于修改〈中华人民共和国外汇管理条例〉的决定》发布并施行。

同日 澳门司警司公布,10岁男童林东雄被绑架失踪,司警拘疑涉案者三名男女。

1月15日 中共中央国务院发布《中共中央国务院关于卫生改革与发展的决定》。

同日 全国双拥模范城(县)命名大会在北京召开,会上授予197个市(区)县全国双拥模范省(县)荣誉称号。

1月16日 中华全国体育总会第六次全国代表大会在北京举行,大会审议通过了上届委员会的工作报告、全国体总新章程和新一届委员会领导机构。国家体委主任伍绍祖当选为主席。

同日 新党"立委"朱高正召开记者会,指控该党"立委"姚立明涉嫌诈骗,并指责新党高层包庇,进而抨击新党的路线和领导风格,引发新党内讧。

1月17日 江泽民、李鹏接见"新时期的铁人"、大庆石油勘探开发研究院院长王启民。

1月18日 新华社报道:考古工作者1996年对位于北京市区西南40公里的房山区琉璃河乡的琉璃河遗址的考古发掘,使北京的建城历史向上推移到距今3000多年前。

1月18日—2月1日 中国南极考察队首次南极内陆冰盖考察获得成功,标志着中国南极科学研究迈上了新台阶。

1月20日 纪念著名革命烈士、西北红军和西北革命根据地的创始人之一谢子长同志诞辰一百周年座谈会在北京举行。刘华清代表中共中央、中央军委作了重要讲话。

同日 中国科学院北京天文台在狮子座内发现一颗近地小行星·现已被国际小行星中心证实,编号为 1997BR。这是我国迄今发现的第一颗近地小行星。

1 月 21 日 中国农民体育协会第三届全国会员代表大会暨十周年庆祝大会在北京举行。来自全国 30 个省区市及总参的近 200 名代表参加。会议对十年工作作了总结,修改了《中国农民体育协会章程》,还表彰了李·巴特尔、马友泉等 54 名为发展农民体育事业作出突出贡献的先进个人。

同日 台湾省长宋楚瑜暂回省府,表示"请辞待命"直到办理交班。

1 月 22 日 国家体委下发《关于加强体育法制建设的决定》。

同日 大陆的海峡两岸航运交流协会和台湾的海峡两岸航运协会在香港举行两岸航运协商并签订了《会谈纪要》。双方议定两岸的船舶由各自的航运协会认证后,就可以提出航线申请。

同日 经各方人士一年多的共同努力,在海峡两岸拥有 700 万信徒的湄洲岛妈祖元始金身终于赴台百日巡游。

1 月 23 日 新华社报道:中宣部、广电部、新闻出版总署、中国记协在北京联合召开全国新闻系统电视电话会议。会上宣读了新修订的《中国新闻工作者职业道德准则》和由中宣部、广电部、新闻出版署、中华全国新闻工作者协会联合发出的《关于禁止有偿新闻的若干规定》。1 月 28 日,全国出版系统电视电话会议在北京举行。会上宣读了新修订的《中国出版工作者职业道德准则》和新闻出版总署《关于严格禁止买卖书号、刊号、版号的若干规定》。

同日 全国艺术表演团体体制改革工作会议在北京召开。会议提出今后一个时期艺术表演团体改革的三项任务是建立科学合理的布局结构、建立充满活力的用人机制及建立长期稳定的经费来源渠道。

同日 台"行政院"院会通过《未来 10 年国家经建目标》(1997—2006)。依据该规划,年平均经济增长率为 6.5%,人均"国民"生产毛额达 30600 美元。其总目标在提升"国家"竞争力、增进"国民"生活品质、促进永续发展,成为现代化已开展"国家"。

1 月 23 日—25 日 全国住房制度改革工作会议在成都召开。

1 月 24 日 香港特别行政区候任行政长官董建华公布特区第一届行政会议成员名单·锺士元为召集人。

同日 据"中央社"报道,到 24 日止,台湾共有 10 个帮派解散,202 名帮派分子宣布脱离。

1 月 24 日—2 月 2 日 第十八届世界大学生冬季运动会在韩国举行。有 47 个国家和地区的 1780 名选手参加 53 个项目的争夺。中国代表团以 7 金 4 银 7 铜仅次于日本、俄罗斯,名列奖牌榜第三位。这是我国运动员参加这项运动会历史上的最好成绩。

1 月 25 日 香港特别行政区临时立法会在深圳迎宾馆举行第一次会议,60 位议员以无记名投票的方式选举范徐丽泰为临时立法会主席。至此,香港特区临立会的组建工作宣告完成。

同日 震惊全国的云南省会泽县假酒中毒案,已经云南省高级人民法院终审。经最高人民法院核准,李荣平、蒋红梅、尹广才、彭传云、陈建武等五犯分别被判处死刑。

同日　香港特别行政区临时立法会第一次会议互选范徐丽泰为临时立法会主席。

1月27日　新华社报道：财政部出台了10项政策措施，以促进个人参与国债市场和方便个人投资者买卖国债。

同日　台"二二八"事件基金会召开董事会，通过"二二八"事件纪念碑文。

同日　台"经济部"决定，严格管制台商赴祖国大陆投资。

1月27日—29日　中共中央纪律检查委员会第八次全体会议在北京举行。29日，江泽民在会议上发表讲话，号召全党大力发扬艰苦奋斗的精神。5月15日，新华社播发该讲话的摘要《大力发扬艰苦奋斗的精神》。

1月31日　国务院在北京举行第五次反腐败工作会议，李鹏强调要把反腐败斗争和勤政廉政建设更加深入、更加扎实、更有成效地开展下去。

同日　经国务院批准，国家开发银行首次在美国发行3.3亿美元扬基债券。发债所筹资金将主要用于广东岭澳核电站、四川二滩水电站和大乙烯改扩建等国家重点项目。

1月31日—2月1日　香港特区筹委会第八次全会在北京举行。会议通过了《关于香港特别行政区第一任行政长官、临时立法会在1997年6月30日前开展工作的决定》和《关于设立香港特别行政区临时性区域组织的决定》及附件，通过了将提交全国人大常委会审议的《关于处理香港原有法律问题的建议》及三个附件。

2月2日　全国人大常委会副委员长秦基伟在北京逝世。秦基伟生于1914年，湖北黄安（今红安）人。

同日　据《工商时报》报道，台"交通部"已通过《开放大陆地区人民组团来台旅行方案》，分三阶段开放。第一阶段限定为大陆政府机关及公营事业人员，第二阶段核准有相当收入或财产的一般民众，第三阶段才开放一般大陆人民来台旅行。

2月2日—9日　第六届特殊冬季奥运会在加拿大多伦多市举行。香港队获得6金、6银、7铜。

2月4日　新华社报道：中纪委、中组部最近印发了《关于提高县以上党和国家机关党员领导干部民主生活会质量的意见》。

同日　中共中央在中南海举行党外人士迎春座谈会。江泽民在会上强调：团结就是力量，团结就是胜利，团结是实现民族振兴、完成祖国统一的重要保证。

2月11日　从武汉飞往珠海的一架客机发生劫机事件。事后，台湾一旅行团经澳门返回台北。

2月12日　新华社澳门分社举行盛大新春酒会，澳督韦奇立及逾千嘉宾出席酒会。

2月12日—16日　香港九七邮票展览举行。

2月13日　香港特别行政区行政长官办公室正式启用。

同日　中英联合联络小组关于香港过渡期财政预算案编制及有关问题的第18次专家会议在香港举行，并完成了全部议程。

2月15日　全国政协副主席刘靖基在上海逝世。刘靖基生于1902年，江苏常州人。

2月18日　在邓小平同志1992年视察南方发表重要谈话五周年之际，中央财经领导小组办公室在北京举行学习邓小平经济理论座谈会，并出版发行《邓小平经济理论学习纲要》、《邓小平经济理论

（摘编）》。江泽民为《纲要》作了题为《坚持把邓小平建设有中国特色社会主义理论的学习引向深入》的序言。

同日 《人民日报》报道：历时一年的第三次全国工业普查结束。普查结果表明，我国工业经济总量规模不断扩大，工业发展速度明显加快。到 1995 年末，全国工业企业和工业生产单位总计为 734.2 万个，从业人员 14735.5 万人。

同日 葡萄牙总统沈拜奥抵澳门，进行官式访问。

2 月 19 日 伟大的马克思主义者、无产阶级革命家、政治家、军事家、外交家，中国社会主义改革开放和现代化建设的总设计师，建设有中国特色社会主义理论的创立者邓小平同志，患帕金森病晚期，并发肺部感染，因呼吸循环功能衰竭，在北京逝世，享年 93 岁。邓小平同志的亲属在 15 日致信江泽民总书记并党中央，根据邓小平的嘱托，提出："捐献角膜。解剖遗体供医学研究。"24 日，邓小平同志遗体在北京八宝山革命公墓火化。25 日，邓小平同志追悼大会在人民大会堂举行，江泽民主席致悼词，首都各界 1 万人参加追悼大会。3 月 2 日上午，邓小平同志的骨灰由邓小平的夫人卓琳等亲属撒向大海。3 月 12 日，联合国大会举行仪式，追悼中国杰出领导人邓小平。

2 月 19 日—23 日 八届全国人大常委会第二十四次会议在北京举行。23 日，《中华人民共和国合伙企业法》经会议通过并予公布，自 1997 年 8 月 1 日起施行。

2 月 20 日 根据香港特别行政区行政长官董建华的提名，国务院任命了香港特别行政区第一届政府 23 名主要官员，这些官员将于 1997 年 7 月 1 日就职。

同日 新华社澳门分社设灵堂，供中外人士悼念邓小平逝世。

同日 国民党及台"总统府"、"行政院"发表声明，对邓小平病逝表示悼念，向遗属深致慰问。

2 月 20 日—5 月 28 日 中国海军舰艇编队出访美国、墨西哥、秘鲁、智利四国。这次出访总航程 2.4 万多海里，实现了海军舰艇编队首次横渡太平洋、首次抵达美国本土和南美大陆的历史性突破，创下了中国海军对外交往史上出访规模最大、时间最长、航程最远、访问国家和城市最多的纪录。

2 月 22 日 台"行政院新闻局"发表《透视一个中国问题》的说帖，以"一个分治的中国"取代"一个中国"的说法。这是台湾当局定义两岸关系的新口径。

2 月 23 日 葡萄牙总统沈拜奥离开澳门，赴北京进行访华活动。

2 月 24 日 台"陆委会"主委张京育表示，不同意台商出任中共政协委员。

2 月 26 日 首都各界人士聚会人民大会堂，举行纪念台湾省人民"二·二八"起义 50 周年座谈会。李瑞环出席了座谈会。

同日 据台报报道，海峡两岸电话从本月起将陆续直接通话。

2 月 27 日 中共中央发布《中国共产党纪律处分条例（试行）》，要求全党自发布之日起贯彻执行。4 月 10 日，新华社全文播发了该条例。

同日 国务院军安领导小组、民政部、总政治部发布《培养和使用军地两用人才工作发展规划》。

同日 中国邮政航空有限公司开通天津—上海—厦门的邮政航线任务。这是中国开通的第一条空中邮政航线。

2 月 27 日—3 月 12 日 全国政协八届五次会议在北京举行。会议通过了政协八届五次会议政治决议和关于常务委员会工作报告决议,通过了政协提案委员会关于政协八届五次会议提案审查情况的报告。

2月28日 中贝签署两国政府关于贝宁和香港特区互免签证的协定。

同日 "二·二八"纪念碑在台北市"二·二八"和平公园耸立不到 4 小时,即被破坏和拆卸。

3月1日—14日 第八届全国人大第五次会议在北京举行。会议通过了《关于政府工作报告的决议》、《关于批准设立重庆直辖市的决定》及修订的《中华人民共和国刑法》和《中华人民共和国国防法》等。会议还批准国务院提出的 1997 年国民经济和社会发展计划。

3月2日 厦门至高雄的第一班直航货轮抵达高雄。5 日,台"交通部"决定从本月中旬起,取消大陆船舶来台的禁令。

3月4日 江泽民在八届全国人大五次会议解放军代表团全体会议上讲话强调,要实现我国的现代化和中华民族的振兴,最重要最根本的就是坚定不移地高举邓小平建设有中国特色社会主义理论的伟大旗帜,坚定不移地贯彻执行党的基本路线。

3月8日 国务院发布《印刷业管理条例》,自 1997 年 5 月 1 日起施行。

同日 中央计划生育和环境保护工作座谈会在北京召开。

同日 香港特别行政区行政长官办公室与港府警方一起研究在行政长官办公室所在的亚太金融大厦外设立示威区,以保障市民示威请愿的权利,同时不致让亚太金融大厦的租户受到过分的滋扰。

3月8日—9日 港督府开放让市民赏花,前往者近十万人,创历年最高纪录。

3月9日 新华社报道:中组部、国家经贸委、人事部、全国总工会最近发出关于做好国有企业领导班子考核建设工作的通知。

同日 位于中国最北端的黑龙江省漠河县上空出现日全食与彗星同现的天文奇观。

同日 台湾新党廉政勤政委员会以"诋毁新党同志,自称在搞斗争,致新党形象严重受损"等理由决定开除朱高正的党籍。

3月10日 新华社全文播发中共中央 1997 年 1 月 24 日下达的《中共中央关于进一步加强和改进国有企业党的建设工作的通知》。

同日 台湾 B2700 民航客机被劫持至厦门。该机于当晚飞回台北,劫机犯刘善忠被厦门公安机关拘留审查。海协会负责人发表谈话,表示双方应按"金门协议"遣返劫机犯,希望台湾方面迅速采取遣返劫机犯的实际行动,以有利于两岸共同打击劫机犯罪活动。是年 5 月 14 日,劫机犯刘善忠被押解回台北。7 月 23 日,刘善忠被判无期徒刑。

3月10日—4月18日 联合国人权委员会第五十三届会议在日内瓦举行。中国第七次挫败某些西方国家在人权问题上搞反华提案的图谋。

3月11日 新华社报道:自 3 月份起,中国人民银行总行开始对中国工商银行、中国农业银行、中国银行和中国建设银行等四家国有独资商业银行总行开办再贴现业务。这是中国中央银行为加快改进金融宏观方式所采取的又一项重要措施。

同日 国家主席江泽民颁布第 83 号主席令,公布由八届全国人大五次会议修定的《中华人民共和国刑法》,并自 1997 年 10 月 1 日起施行。这是中国立法史上的又一座里程碑,从此,中国有了一部刑法典,标志着中国刑事立法和司法制度的进一步完善。

同日　新华社报道:中国科学家通过在科学探测和技术实验卫星上进行 33 个生物样品的空间生物学搭载实验,首次获得 4 个前所未有的突破性成果。这是中国空间生命科学研究的重要成果。

3 月 12 日　截至本月 31 日,港府的财政储备结余达 1897 亿元,加上特区政府土地基金 1700 亿元结余,合计预留给香港特别行政区政府的财政储备共为 3597 亿元。

同日　《现代澳门日报》记者在凌晨采访交通意外新闻时,被三名土生葡人殴打受伤,澳门记协、记联分别发表声明予以谴责。

3 月 14 日　在北京举行的全国人民代表大会八届五次会议通过《中华人民共和国香港特别行政区选举第九届全国人民代表的办法》和《关于全国人民代表大会香港特别行政区筹备委员会工作报告的决议》。

同日　江海学生家长会组织 3000 多人游行至澳督府,引起市面大塞车。

3 月 15 日　桃园县长补选结束,民进党候选人吕秀莲当选。

同日　中国奥委会主席伍绍祖率领奥运金牌运动员抵台进行为期 8 天的访问,台湾“教育部长”吴京举行晚宴欢迎。

3 月 16 日—19 日　全国普通高校招生工作会议在山西太原举行。会议提出,1997 年要坚持改革方向,巩固改革成果,圆满、全面地完成所有普通高校招生并轨改革。1996 年,全国有 660 余所高等学校进行了招生并轨,占全国招生学校总数的三分之二,招生人数约占全国招生总数的三分之二。并轨之后的教学、专业设置等方面的改革,奖、贷、助、补、减、免及毕业生就业等政策相继出台。

3 月 18 日　江泽民主席签署命令,颁布《中国人民解放军军事交通运输条例》(这是中国第一部全面规范军事交通运输工作的基本法规);颁布《中国人民解放军团级以上领导干部职务任免暂行条例》。

同日　国家“八五”重点建设项目京(北京)呼(呼和浩特)银(川)兰(兰州)光缆通信干线工程全面竣工,并通过验收。光缆全长 2052.47 公里,于 1993 年开始设计运作,总投资 2.7 亿多元。

同日　南昆铁路全线铺通庆祝大会在广西百色市举行,李鹏出席大会。南昆铁路东起广西南宁,西至云南昆明,北接贵州红果,所经地区地质极为复杂。途经桂、黔、滇三省区的 19 个县(市),全长 898.7 公里,为国家一级干线(单线),一次建成电气化。南昆铁路是沟通西南与华南沿海的一条重要通道,被称为国家最大的扶贫项目。

同日　中宣部、公安部、江西省委在人民大会堂联合举行江西省南昌市筷子巷派出所民警邱娥国先进事迹报告会。邱娥国 17 年来在公安工作的岗位上做出了不平凡的业绩。

3 月 19 日　新华社报道:由财政部拨专款建立的专项科技出版基金——国家科学技术学术著作出版基金正式启动,这是国家首次建立专项科技出版基金。同时,《国家科学技术学术著作出版基金管理办法》颁布实行。

3 月 20 日　纪念著名的教育家、法学家杨秀峰同志诞辰一百周年座谈会在人民大会堂举行。李瑞环出席座谈会,薄一波、宋任穷同志分别致信、致电以示纪念。

同日　中国银行在英国伦敦设立了首家全资附属的商业银行——中国银行国际控股有限公司。这是中国在海外设立的第一家商业银行。

同日　候任行政长官董建华出席英国利物浦大学在香港举行的学位颁发仪式，接受该校授予的荣誉法学博士学位。

同日　台湾发现口蹄疫，遍及台北、桃园、苗栗、彰化、云林、嘉义、台南、高雄、屏东等 12 个县市，至 20 日已波及 717 个养猪场，至少死亡 3.7 万头猪，感染的猪高达 14.4 万头，损失惨重。这场横扫全岛的口蹄疫是台湾养猪事业的一场劫难。

3 月 21 日　中央军委在人民大会堂举行《伟大的军事家周恩来》出版发行座谈会。江泽民为该书题写书名并作序，刘华清出席座谈会并发表讲话。

同日　国务院新闻办发表《关于中美贸易平衡问题》白皮书。

3 月 22 日　历时一年的 CCTV 杯乒乓球擂台赛结束，丁松、邓亚萍分别登上男女擂主宝座。

3 月 22 日—27 日　在台当局的精心策划下，达赖喇嘛以"传教布道"为幌子，到台湾活动，宣扬"藏独"，吹捧"台独"，"藏独"与"台独"有合流之势。

3 月 24 日　新华社报道：中共中央办公厅、国务院办公厅最近印发了《关于领导干部报告个人重大事项的规定》。

3 月 25 日　国务院发布施行《中华人民共和国反倾销和反补贴条例》。

同日　新华社报道：中纪委、监察部近日就江西省广丰县原县委书记郑元盛、山西省汾西县原县委书记郑泽生等人受贿卖官案件发出通报，要求各级党组织和各级领导干部从中吸取深刻教训，严肃组织人事纪律，严惩卖官鬻爵者，坚决杜绝买官卖官歪风。

同日　中美环境与发展讨论会在北京举行。李鹏总理和美国副总统戈尔主持会议。

同日　中美合资上海通用汽车有限公司暨泛亚汽车技术中心有限公司的合同和章程在北京人民大会堂签字。上海通用公司成为当时最大的汽车合资企业。

3 月 25 日—4 月 15 日　全国人大常委会委员长乔石访问法国、挪威、意大利和蒙古。

3 月 26 日　江泽民来到中国美术馆，参观《潘天寿百年纪念展》。27 日，全国美术界代表 200 余人在北京集会，纪念现代中国画艺术大师潘天寿先生诞辰一百周年。

3 月 30 日　香港知名人士、全国人大代表廖瑶珠逝世。

同日　工人体育场举行"携手建澳创明天"大型游园会，3 万人参加宣传基本法。

3 月 31 日　新华社报道：1996 年 12 月 30 日通过的《中共中央、国务院关于切实做好减轻农民负担工作的决定》公布。

同日　国务院新闻办公室发表《1996 年中国人权事业的进展》白皮书。

同日　中国铁路列车新运行图和列车提速（由每小时 160 公里提到 200 公里）开始实施。这标志着中国铁路实现了历史新飞跃。

同日　香港政府经营的香港电台，从即日起每天 10 时至 22 时开播中国普通话台。

同日　澳督府《政府公报》宣布重新批准纺织业及制衣业申请输入外劳。

4 月 1 日　中国人民银行开始发行 1996 年版壹圆券人民币。新发行的壹圆券人民币与 1980 年版以及 1990 年版壹圆券人民币同时流通使用。

同日　新华社报道：中国的峨眉山—乐山大佛、庐山两处风景名胜被列入《世界遗产名录》。至此，中国共有 7 处风景名胜被列入《世界遗产名录》。

同日　澳门各界同胞成立"澳门同胞庆祝香港回归筹备委员会"，筹备香港回归的各项庆祝活动。

4月2日　国家体委、国家教委、民政部、建设部、文化部联合下发《关于加强城市社区体育工作的意见》。

同日　1996年亚洲十佳运动员评选日前揭晓，中国运动员伏明霞、王军霞、邓亚萍、占旭刚及香港运动员李丽姗当选。

4月4日　新华社报道：《国家统计局关于1996年国民经济和社会发展的统计公报》公布。公报说，1996年全年国内生产总值67795亿元，比上年增长9.7%。其中第一产业增加值13550亿元，增长5.1%，第二产业增加值33148亿元，增长12.3%，第三产业增加值21097亿元，增长8%。人均国内生产总值5569元，全社会劳动生产率9902元，扣除价格因素，分别比上年增长8.6%和8.3%。

4月6日　新华社报道：被誉为"世界第八奇迹"的秦始皇陵兵马俑二号坑的第一阶段发掘基本结束。二号坑于1994年3月开始发掘，同年10月建成展厅边发掘边向公众展出。

4月7日　新华社报道：上海第九人民医院整形外科专家曹谊林在世界上首次采用体外细胞繁殖的方法，成功地在动物身上复制出人耳。这项成果填补了世界医坛的一项空白，使人体器官修复或重建等的整形医疗产生突破性变革。

4月9日　美术大师吴作人在北京逝世。吴作人1908年生于苏州。

同日　第二届澳门国际贸易及投资展览会开幕。

4月11日　中行发行3亿美元亚欧浮息债券签字仪式在香港举行。这是中国第一次在国际市场发行此种债券。

同日　英国驻香港海军基地——昂船洲添马舰海军基地正式关闭。

同日　澳督韦奇立宣布由本年新学年开始，实施十年免费教育。

4月12日　香港特别行政区临时立法会第四次会议在深圳举行。会议通过了《香港特别行政区临时立法会议事规则》、《财务委员会、内务委员会及议员个人利益监察委员会的运作》的议案。

4月14日　国务院港澳办公室在北京人民大会堂举行"纪念中葡联合声明签署十周年座谈会"，澳门各界人士应邀出席。副总理钱其琛会见出席会议者。

4月15日　国务院发布施行《中国人民银行货币政策委员会条例》。

4月16日　新华社报道：中共中央近日印发《中国共产党党员领导干部廉洁从政若干准则（试行）》，要求全党认真贯彻执行。12月22日，新华社报道：中纪委9月3日印发了《〈中国共产党党员领导干部廉洁从政若干准则（试行）〉实施办法》，要求各地各部门遵照执行。

4月17日　新华社报道：国务院最近发出了关于加强和改善文物工作的通知，要求正确处理好文物保护与经济建设的关系、文物事业发展中社会效益和经济效益的关系，建立与社会主义市场经济体制相适应的文物保护体制。

同日　《澳门日报》当天出版报纸19大张，创澳门报业多张数纪录。

同日　台"外交部"召开紧急记者会，宣布与巴哈马"断交"。

4月17日—20日　第三届世界短池游泳锦标赛在瑞典哥德堡市举行。中国队获6金5银2铜，位居第二。

4月18日　国家重点建设项目北京—太原—西安光缆通信干线工程通过国家验收。该光缆途经北京、河北、山西、陕西四省市的 13 个地市，全长 1708 公里，总投资 3.1 亿元人民币。

4 月 18 日—21 日 国务院在深圳召开全国信息化工作会议。会议确定了国家信息化体系的定义、组成要素、指导方针、工作原则、奋斗目标、主要任务，并通过了"国家信息化九五规划和 2000 年远景目标"，将中国互联网列入国家信息基础设施建设，并提出建立国家互联网信息中心和互联网交换中心。

4 月 19 日 港督彭定康在总督府主持授勋仪式，向王鸣等 176 人获授勋。

同日 厦门轮船总公司所属"盛达"轮驶进高雄港。这意味着隔绝 48 年的两岸航运终于解冻。

4 月 21 日 根据中英联合联络小组达成的协议，未携带武器的中国人民解放军驻香港部队首批 40 名先遣人员进入香港。

4 月 22 日—26 日 国家主席江泽民访问俄罗斯，同叶利钦总统签署了《中俄关于世界多极化和建立国际新秩序的联合声明》。访问期间，中国、俄罗斯、哈萨克斯坦、吉尔吉斯斯坦、塔吉克斯坦五国元首共同签署了关于在边境相互裁减军事力量的协定。

4 月 23 日 新华社报道：中共中央、国务院近日就转发农业部《关于我国乡镇企业情况和今后改革与发展意见的报告》发出通知。

同日 著名艺术家黄胄在广州逝世。黄胄 1925 年生于河北蠡县。

同日 澳门警方行动协调中心第一次策划大规模反罪恶行动，共出动警员 400 人搜查青洲坊，拘两名涉案青年及 16 名偷渡客。

4 月 24 日 李鹏会见出席纪念新华书店成立 60 周年座谈会代表时提出，要在社会主义市场经济的条件下，继承发扬新华书店的光荣传统，把全国新华书店办成一流的图书流通体系，为提高全民族素质，加强社会主义精神文明建设作出更大的贡献。

同日 数名立法议员在立法会上发言，批评澳门治安已陷于失控状态，敦促警方采取措施，彻底搞好治安。

4 月 24 日—5 月 5 日 第 44 届世界乒乓球锦标赛在英国曼彻斯特举行。中国运动员夺得男、女团体和混双、女双、男双、女单 6 项冠军。

4 月 25 日 纪念章乃器先生诞辰一百周年座谈会在人民大会堂举行。姜春云副总理出席了座谈会。

同日 中国常驻联合国代表秦华孙大使向联合国正式递交了中国批准《禁止化学武器公约》的法律文书。从而使中国成为第 78 个向联合国递交批准书的国家和该公约的原始缔约国。该公约 4 月 29 日正式生效。

4 月 26 日 杰出的国务活动家，中国社会主义法制的主要奠基人彭真同志，因病在北京逝世，享年 95 岁。

4 月 27 日 贯通香港岛与大屿山国际机场的青屿干线建成通车，耗资 110 亿元。

4 月 28 日 中共中央在人民大会堂举行纪念叶剑英同志诞辰一百周年座谈会。《叶剑英》画册、《叶剑英军事文选》出版发行。

同日 新华社报道：党中央、国务院决定建立稽查特派员制度，在实行政企分开，放手让国有企业自主经营的同时，强化政府对企业的监督。稽查特派员由国务院派出。

同日 台北县高中女生白晓燕被证实已遇害。4 月 10 日，白晓燕在上学途中被歹徒绑架,歹徒残忍地剁下了白晓燕一截手指向其母白冰冰勒索赎金 500 万美元。但白冰冰携款赴约时歹徒屡不露面,并杀害人质。事件引起台湾社会一片哗然,台湾媒体评述此事件"象征伦理规范已彻底瓦解","治安防线已彻底沦亡"。新党、民进党要求连战下台、改组"内阁",整顿社会治安。5 月 2 日,李登辉在"总统府"召开高层治安会议,要求检、调、警、宪全力缉凶。即或如此,台湾各界民众仍于 5 月 4 日、18 日和 24 日发动数千到数万人参与的大游行,要求"总统认错,阁揆下台"。是年 11 月 19 日,歹徒陈进兴被警察围捕,缴械投降。1998 年 1 月 22 日,陈进兴被判死刑。1999 年 10 月 6 日,陈进兴在台北市刑场被执行枪决。

4 月 29 日　台"经济部"拟定投资大陆新规范,上限为 5000 万美元。

4 月 30 日　香港第三条隧道、首条双管三线的西区海底隧道通车。

同日　香港青马大桥正式落成,这座大桥跨度 33 米,是一座铁路、公路双层两用跨海钢索吊桥。

同日　中葡关于澳门与内地大型基建协调小组在北京举行成立后的第一次会议,洽商两地基建协调问题。

4 月　一副空前完整的早期哺乳动物骨骼化石在我国辽宁省北票市被发现。这种动物被命名为"金氏热河兽"。其骨骼化石是由中国地质博物馆馆长季强领导的研究小组在晚侏罗世一早白垩世地层中发现的。

5 月 2 日　黑沙环消防分局揭幕,澳督韦奇立主持剪彩。

5 月 3 日—14 日　国务院总理李鹏访问赞比亚、莫桑比克、加蓬、喀麦隆、尼日利亚和坦桑尼亚,并对塞舌尔进行工作访问。

5 月 5 日　港府统计处公布未来香港人口推算,将由 1996 年年中的 629 万人增至 2006 年年中的 738 万人及 2016 年年中的 821 万人,平均每年增长率为 1.3%,增长人口逾半数来自内地。

5 月 6 日　台湾与圣多美普林西比签署"建交"协定,台湾"邦交国"增至 31 个。但 5 月 16 日该国内阁一致签署撤回与台"建交"案,双方的"外交"关系维持仅 10 天。

5 月 6 日—9 日　八届全国人大常委会第二十五次会议在北京举行。9 日,会议通过了《中华人民共和国行政监察法》,并于当日公布施行。

5 月 7 日　澳门"赌王"叶汉在香港逝世,享年 93 岁。

5 月 8 日　国务院发布施行《农药管理条例》。

同日　中国注册会计师会正式加入国际会计师联合会,并成为国际会计准则委员会的正式成员。这是中国注册会计师行业走向国际的重要标志。

同日　商务印书馆建馆暨中国现代出版一百周年座谈会在北京举行。江泽民、李鹏、乔石、李瑞环分别为商务印书馆建馆一百周年题词。朱镕基会见了出席座谈会的代表。

5 月 9 日　凌晨,澳门同善堂药局发生大火,烧至楼顶,配剂师傅李炎明被烧死。

5 月 10 日　香港特别行政区临时立法会三读通过首个法案《假日(1997—1998)条例草案》。

5 月 10 日—19 日　第二届东亚运动会在韩国釜山举行。中国队以 62 金 59 银 62 铜居金牌榜首位。

5 月 12 日　我国研制的新一代通信卫星"东方红三号"由新型的"长征三号

甲"运载火箭在西昌卫星发射中心发射升空。20日，卫星成功定点于东经125度赤道上空。研制、发射"东方红三号"通信卫星，表明我国通信卫星技术又上了一个新的台阶。

5月13日 江泽民、乔石、李瑞环、朱镕基、刘华清、胡锦涛等在人民大会堂会见出席第二次全国自强模范暨扶残助残先进集体和个人表彰大会的全体代表。

5月14日 "国家成年人体质监测中心"在国家体委科研所正式挂牌。这标志着我国成年人体质监测网络正式启动。

5月15日—18日 法国总统希拉克访问我国。

5月16日 新华社报道：国务院日前批转国家计委、国家经贸委、国家体改委《关于深化大型企业集团试点工作的意见》，对深化大型企业集团试点工作提出了新的要求，试点企业集团由57家扩大到120家。

5月18日 新华社播发中共中央、国务院《关于进一步加强土地管理切实保护耕地的通知》。

同日 《香港的历史与发展》大型图片展览在澳门开幕，是为澳门同胞庆祝香港回归祖国的重要活动之一。

5月18日、19日 京港、沪港直通旅客列车先后开行。

5月19日 国家科委发布《科研条件发展"九五"计划和2010年远景目标纲要》。这是中国第一次制作为衡量一个国家科技发展水平重要标志的科研条件发展的长远规划。

同日 首班京九直通车抵港。

同日 驻港中国人民解放军第二批66名先遣人员经落马洲口岸抵达香港。30日，驻香港部队第三批先遣人员90人经深圳皇岗口岸进入香港。

同日 粤澳警方高层领导在珠海举行工作会晤。广东警方表示有义务维护澳门治安。

5月19日—24日 第五届苏迪曼杯世界羽毛球混合团体赛在英国的格拉斯哥举行。中国羽毛球队蝉联苏迪曼杯赛桂冠。5月25日—6月1日，第十届世界羽毛球锦标赛在英国的格拉斯哥举行。中国选手夺得女单、女双、混双三项冠军。

5月20日 《国务院关于修改〈中华人民共和国计算机信息网络国际联网管理暂行规定〉的决定》发布并施行。

同日 纪念我国近代著名爱国民主人士、社会活动家、实业家、民族工商业者的杰出代表胡子昂先生诞辰一百周年座谈会在人民大会堂举行。

同日 香港执业大律师李国能被候任司法人员推荐委员会推荐为香港特别行政区终审法院首席法官。

5月21日 新华社报道：国务院证券委、中国人民银行、国家经贸委日前作出规定，严禁国有企业和上市公司炒作股票。

同日 世界经济论坛发表年度报告公布1997年国际竞争力排行榜。新加坡、香港和美国依次被列为世界上经济竞争力最强的三个国家和地区。

5月23日 '96中国电影华表奖、首届夏衍电影文学奖颁奖典礼在北京举行。夏衍电影文学奖是中国电影剧本最高奖，陆柱国编剧的《西南凯歌》获首届该项大奖的一等奖。

同日 中国工程院正式加入国际工程与技术科学院理事会。这说明中国工程科技界的水平和地位已得到国际承认。

同日 中国同巴哈马国建立外交关系。

同日 香港特别行政区筹委会第九

次全体会议通过《中华人民共和国香港特别行政区第一届立法会的具体产生办法》等文件。

5 月 26 日　中央精神文明建设指导委员会成立并举行首次全体会议。江泽民在会上指出，人类社会发展的历史证明，一个民族，物质上不能贫困，精神上也不能贫困。发展社会主义精神文明，关系党和国家的前途命运。精神文明建设工作必须服务于经济建设，服务于现代化建设。要办实事，求实效，切忌"一阵风"，严禁搞形式主义。

5 月 26 日—6 月 11 日　全国政协主席李瑞环访问葡萄牙、希腊和德国。

5 月 27 日　京剧艺术大师张君秋在北京逝世，享年 77 岁。

5 月 27 日—6 月 1 日　重庆直辖市第一次党代会举行。6 月 7 日和 8 日，重庆直辖市首届政协会和人代会先后隆重开幕。18 日，李鹏出席重庆直辖市领导机构挂牌揭幕仪式。

5 月 28 日　台"经济部"公布最新赴大陆投资审查标准，除资本额在新台币 6000 万元以下的中小企业投资上限仍维持现状之外，其他企业赴大陆投资上限均紧缩。依资本额或资本净值 40%、30%、20%累退比例进行规范。赴大陆投资单一个案最高不得逾 5000 万美元。

5 月 28 日—30 日　中英联合联络小组第 40 次会议在香港举行，并发表新闻公报。

5 月 29 日　江泽民在中共中央党校省部级干部进修班毕业典礼上发表讲话。他在讲话中阐述了四个问题：关于邓小平建设有中国特色社会主义理论，关于社会主义初级阶段，关于经济发展和经济体制改革，关于党的建设。

5 月 30 日　国务院信息化工作领导小组办公室发布《中国互联网络域名注册暂行管理办法》，授权中国科学院组建和管理中国互联网络信息中心（CNNIC），授权中国教育和科研计算机网网络中心管理中国互联网络的二级域名 edu。

同日　中国奥委会秘书长魏纪中重申，香港回归祖国后，继续保持在国际体育组织中的独立地位。

同日　近日澳门商贩发现 1000 澳门元伪钞票，其仿真程度极高，报纸呼吁市民多加小心。

6 月 1 日　香港"亚洲飞人"柯受良在 50 米宽的黄河瀑布处驾驶汽车成功飞越黄河。

同日　台"经济部"确定禁止业者赴大陆投资房地产开发和发电业。

6 月 2 日　澳门新 10 元硬币推出市面流通，9 个月内将代替 10 元纸币。

6 月 3 日　受国务院信息化工作领导小组办公室的委托，中国科学院在中国科学院计算机网络信息中心组建了中国互联网络信息中心（CNNIC），行使国家互联网络信息中心的职责。同日，国务院信息化工作领导小组办公室宣布成立中国互联网络信息中心（CNNIC）工作委员会。

6 月 4 日　《公安机关督察条例》经国务院第五十七次常务会议通过，于 6 月 20 日发布施行。

6 月 5 日　中国人民银行发出《关于禁止银行资金违规流入股票市场的通知》。

同日　香港会议展览中心新翼建成，全面亮灯。新翼建设耗资 48 亿元，历时 39 个月。

同日　国务院举行第 58 次常务会议，通过关于在香港特区同时升挂使用国旗区旗的规定，《规定》当天签发并自 1997 年 7 月 1 日起施行。

同日　外交部发言人宣布：根据《中华人民共和国香港特别行政区基本法》规定，中央人民政府决定于 1997 年 7 月 1 日在香港设立"中华人民共和国外交部驻香港特别行政区特派员公署"，并任命马毓真为特派员。

6 月 6 日　新华社报道：中纪委日前就海南省人大常委会原副主任韦泽芳受贿案件发出通报，要求各级领导干部要自觉加强世界观改造，加强学习和思想道德修养，保持革命晚节。

6 月 9 日　为纪念《全民健身计划纲要》颁布两周年、毛泽东同志"发展体育运动，增强人民体质"的题词 45 周年和《体育之研究》发表 80 周年，国家体委、全国体总在北京联合举行座谈会。

6 月 10 日　我国在西昌卫星发射中心用"长征三号"运载火箭，成功地将第二代气象应用卫星"风云二号"发射升空。17 日，卫星成功定点于东经 105 度赤道上空。

同日　香港人民入境事务处开始接受市民申请香港特别行政区护照。

6 月 11 日　《邓小平新时期军队建设思想学习纲要》出版座谈会在北京举行。

同日　北京宣布，江泽民主席将率代表团来港出席香港政权交接仪式和香港特别行政区成立暨宣誓就职仪式等活动。

6 月 11 日—14 日　第六次全国高校党建和中小学德育工作会议在北京举行。

6 月 12 日　澳督府修订投资居留法生效，投资金额由 100 万澳门元降至 50 万澳门元。

6 月 13 日　中国武术段位制全国考评委员会第一次会议在京举行。会上宣布中国武术界将实行段位制。

6 月 17 日　新华社报道：国务院日前批转国家经贸委《关于 1997 年国有企业改革与发展工作的意见》，要求各地区、各部门结合实际认真贯彻执行。

6 月 18 日　重庆直辖市挂牌揭幕。

6 月 19 日　由国防科技大学计算机研究所研制的"银河—Ⅲ"百亿次巨型计算机系统，在北京通过国家技术鉴定。

6 月 20 日　纪念中国共产党成立七十六周年座谈会在中南海怀仁堂举行。座谈会上，中组部授予王启民、李素丽、邱娥国、包起帆、吴金印、谭彦、赵雪芳、苏新添、朱彦夫、樊代明、朱德坤、胡忠诚、张伟基、邵玉镇、姜淑琴、刘昌建、陈德华、邹宪光等 18 名同志"全国优秀共产党员"称号。

同日　国务院发布关于进一步加强在境外发行股票和上市管理的通知。

同日　国务院办公厅转发《中国人民银行关于进一步做好农村信用社管理体制改革工作的意见》。

同日　中葡联合联络小组达成共识，解决东方基金会问题，协议成立澳门发展与合作基金会以代替之。

6 月 21 日　书画大师董寿平在北京逝世。

6 月 22 日　新华社报道：渤海绥中 36—1 油田确定了"半海半陆式"整体开发方案，这在中国油田开发史上还是首次。

同日　澳门第三届市政议会选举顺利进行，但投票率仅两成。

6 月 23 日　江泽民主席签署命令，颁布施行《中国人民解放军后勤司令部工作条例》、《中国人民解放军国防科工委司令部工作条例》、《中国人民解放军海军司令部工作条例》、《中国人民解放军空军司令部工作条例》、《中国人民解放军第二炮兵司令部工作条例》、《中国人民解放军武警部队司令部工作条例》。

同日　第一届"毕升印刷奖"颁奖，9 人获奖。

同日　新华社报道:中英联合联络小组双方已就中国人民解放军驻港先头部队 7 月 1 日零时前进入香港问题达成协议。

6 月 23 日—25 日　国家试点企业集团工作会议在北京召开。

6 月 24 日　中国最长的地方电气化铁路——大(同)准(格尔)电气化铁路正式投入运营。

6 月 26 日　香港特区行政长官办公室宣布,7 月 1 日起特区重要场所必须每天展示国旗区旗。

同日　香港特区行政长官办公室宣布,港台旅游手续维持不变。

同日　香港回归纪念性建筑回归殿在北京大运河起始地落成。

6 月 27 日　全国人大常委会批准设立由 12 人组成的香港特别行政区《基本法》委员会,将于 7 月 1 日开始工作。

同日　英国前首相撒切尔夫人抵港。

同日　中英联合联络小组在香港签署《关于香港政府资产和负债交接安排问题的会谈纪要》和《中英关于香港档案移交的纪要》。

同日　中国红十字会日前发布公告,接纳香港红十字会为分会。

6 月 27 日—7 月 3 日　八届全国人大常委会第二十六次会议在北京举行。7 月 3 日,《中华人民共和国公路法》(1998 年 1月 1 日起施行)、《中华人民共和国动物防疫法》(1998 年 1 月 1 日起施行)经会议通过并予公布。会议还通过了香港特区基本法委员会名单。

6 月 28 日　最高人民检察院原检察长杨易辰在北京逝世。杨易辰生于 1914年,辽宁法库县人。

同日　英皇储查尔斯率代表团抵港。

6 月 29 日　应邀参加香港主权交接仪式的台湾海基会董事长辜振甫一行抵达香港。

6 月 30 日　江泽民主席命令中国人民解放军驻香港部队进驻中华人民共和国香港特别行政区,于 1997 年 7 月 1 日零时开始履行防务职责。同日,江泽民率中国政府代表团抵达香港,准备出席香港政权交接仪式。这是中国最高领导人首次踏上香港的土地。午夜至 7 月 1 日凌晨,中英香港政权交接仪式在香港举行。江泽民庄严宣告:中国政府对香港恢复行使主权。交接仪式后,举行了中华人民共和国香港特别行政区成立暨特区政府宣誓就职仪式,江泽民宣告中华人民共和国香港特别行政区政府成立,李鹏发表讲话,他宣布《中华人民共和国香港特别行政区基本法》从 7 月 1 日起实施,香港特区首任行政长官董建华也作了讲话。

同日　中央军委主席江泽民签署命令,发布《中国人民解放军驻香港部队进驻香港特别行政区的命令》。由 509 名军事人员组成的中国人民解放军驻香港部队先头部队于 30 日晚 9 时经皇岗口岸进入香港。

同日　英国首相布莱尔抵港。

同日　香港总督彭定康于下午 4:10在总督府举行告别仪式。下午 6:15 英方在添马舰东面会场举行英国告别香港仪式,总督彭定康和查尔斯皇储先后致辞。晚 8:00,举行告别晚宴,中国副总理兼外长钱其琛出席。晚 11:30,中国代表团、英国代表团出席中英两国共同举办的香港交接仪式,查尔斯、江泽民先后致辞。

7 月 1 日　香港特区成立庆典在香港会展中心举行,江泽民在庆典上发表讲话。当日下午,国务院在北京人民大会堂举行庆祝香港回归盛大招待会。当日晚,首都各界庆祝香港回归祖国大会在北京工人体育场举行。

同日 中国海帆船拉力赛举行。这是香港回归后首次由内地选手和香港选手同时参加的体育赛事,这次拉力赛从大连港启程,途经青岛、上海、厦门、珠海,最后抵达香港,总航程2200海里。

同日 新华社澳门分社举行盛大酒会,欢庆香港回归。

同日 台"新闻局长"李大维在接受美国有线电视新闻网(CNN)访问时表示:台湾不同于香港,"一国两制"不适合台湾。

同日 台湾《港澳关系条例》生效。

7月2日 国务院总理李鹏在中南海紫光阁会见国际奥委会主席萨马兰奇一行。李鹏强调说,我们的根本目标是发展体育运动,提高全民的身体素质。

同日 位于深圳河畔有着110年历史的九龙海关,在香港回归祖国之后,正式更名为深圳海关。

7月3日 国务院发布施行《中华人民共和国烟草专卖法实施条例》。

7月4日 新疆"达瓦孜"传人阿地力徒步走钢丝绳跨越长江三峡,打破吉尼斯世界纪录,受到国务院委员李铁映、国家民委主任司马义·艾买提的接见。

同日 澳督委任两市政议会的官委议员,分别是麦健智、萧卫山、山度士、马家杰、张裕、邓华礼。

7月7日 中共中央、国务院作出《关于治理向企业乱收费乱罚款和各种摊派等问题的决定》。

同日 首都各界在卢沟桥畔的中国人民抗日战争纪念馆集会,纪念"七七事变"六十周年。江泽民为抗战馆题词:"高举爱国主义旗帜以史育人,弘扬中华民族精神振兴祖国。"

7月8日—14日 第十届女子、第二十九届男子举重锦标赛在扬州举行。中国男、女队在比赛中有10人13次打破10项世界纪录。中国男队获23金7银,中国女队获17金6银4铜,同列奖牌榜首,同获团体冠军。

7月9日—11日 全国粮食购销工作会议在北京举行。

7月10日 新华社全文播发《中共中央、国务院关于党政机关厉行节约制止奢侈浪费行为的若干规定》(1997年5月25日)。

同日 中央军委发布命令,授予北京军区步兵某团三连"基层建设模范连",黑龙江省军区边防某团八连"黑河好八连"荣誉称号,给第二炮兵某导弹旅记二等功,给济南军区第89医院副院长王成琪和北京白求恩国际和平医院心血管内科主任医师宁佩英分别记一等功和三等功。

同日 国务院召开全国大中城市"菜篮子"工作会议,贯彻国务院6月发出的《关于进一步加强"菜篮子"工作的通知》精神。

7月11日 香港特别行政区筹委会第十次全体会议在人民大会堂举行。这是筹委会的最后一次会议。当天下午,江泽民、李鹏、乔石会见与会全体委员。

同日 中国政府因圣普同台湾建立所谓"外交关系",决定即日中止同圣多美和普林西比民主共和国的外交关系。

同日 由国家体委、国家统计局、国家教委、全国总工会、农业部联合组织的第四次全国体育场地普查公布主要数据。以1995年底全国总人口计算,每万人拥有体育场地5个,人均体育场地面积0.65平方米。

7月14日 新华社报道:中办最近发出关于印发《关于对违反〈党政领导干部选拔任用工作暂行条例〉行为的处理规

定》的通知。

同日　劳动部宣布,我国今后实行劳动预备制度就业方式,城乡初、高中毕业后不能升入更高一级学校学习的青年,必须在就业前参加一至三年职业培训和相关教育,取得相应的职业证书资格后才能就业。

7 月 15 日　中央精神文明建设指导委员会召开全国电话会议,部署在全国开展"讲文明、树新风"为主题的群众性精神文明创建活动。

同日　国家体委、中国登山协会在人民大会堂举行庆功会,庆祝西藏登山队在五年内安全征服了世界 14 座海拔 8000 米以上高峰中的 7 座山峰。

同日　台"经济部"公告实施新版台商赴大陆投资规范,明列禁止赴大陆投资基础项目,包括铁路、公路、港口、机场、工业区等。

7 月 16 日　国务院发布关于建立统一的企业职工基本养老保险制度的决定。

同日　台"国民大会"表决通过"取消阁揆同意权"、"冻省"条款。省议会改为省咨议会,省长、省咨议员改由"行政院长"提请"总统"任命。宋楚瑜发表声明,不参选下届国民党中央委员,暂停参与党的活动。

7 月 18 日　台"国民大会"三读通过"中华民国宪法增修条文",确立"双首长制"。

7 月 19 日　走过 70 年光辉历程的中国军队培养的首批 5 名军事学博士在国防大学毕业。它标志着中国军队高层人才培养步入了崭新阶段。

7 月 20 日　中共中央、全国人大常委会、国务院、全国政协、中央军委电贺内蒙古自治区成立 50 周年。当日,内蒙古隆重庆祝自治区成立 50 周年,邹家华率中央代表团参加庆祝活动。

7 月 21 日　《中国军事百科全书》首发式在人民大会堂举行。中央军委副主席张震参加首发式并讲话。

7 月 23 日　新华社报道:中国已加入《国际统一私法协会关于被盗或者非法出口文物的公约》。这是第一个中国直接参与制定的国际性保护文物合约。

同日　澳督府与旅游娱乐公司签署新修订博彩专营合约,合约至 2001 年止。

7 月 24 日　立法会通过《有组织犯罪法》(即俗称"反黑法")。

7 月 25 日　中国同库克群岛正式建立外交关系。

同日　国家体改委发布《关于城市国有资本营运体制改革试点的指导意见》,决定在重庆、武汉、西安、合肥、苏州、平顶山、扬州、南通、岳阳和铜陵等 10 个城市进行国有资本营运体制改革试点。

同日　中国科协在中国科技会堂开会,热烈欢迎参加国际中学生物理、化学、生物学奥林匹克竞赛中国代表队载誉归来。从 1985 年开始参加国际奥林匹克学科竞赛以来,我国共派出 220 名选手参加各学科竞赛,获取奖牌 216 枚,其中金牌 126 枚、银牌 62 枚、铜牌 28 枚,团体总分多次位居参赛各国之首,我国成为世界公认的奥林匹克学科竞赛强国。

7 月 29 日　我国第一个农业示范区——杨凌农业高新技术产业示范区在陕西成立。

7 月 31 日　中共中央、国务院、中央军委在北京举行大会,隆重庆祝中国人民解放军建军七十周年。江泽民在大会上发表讲话指出:要实现我们的宏图大业,要维护我们国家的统一和安全,要促进世界的和平与稳定,我们必须有一支强大的军队,有一个巩固的国防。全军同志一定要高举邓小平建设有中国特色社会主义理论伟大旗帜不动摇,进一步认清国际国内形势,居安思危,增强责任感和使命感,全面加强军队建设,走有中国特色的精兵之路,努力开创我军革命化、现代化、正规化建设的新局面。

同日 国务院发布《社会力量办学条例》,自1997年10月1日起施行。

8月1日 国务院第六十一次常务会议通过《广播电视管理条例》(1997年8月11日发布,9月1日起施行)、《营业性演出管理条例》(1997年8月11日发布,10月1日起施行)、《中华人民共和国核出口管制条例》(1997年9月10日发布施行)。

同日 由国务院任命的中国人民银行货币委员会第一届委员会成立。

8月2日 飓风“维克托”袭击澳门,气象台悬九号风球,市面破坏不大。

8月3日 国务院发布施行《国务院行政机构设置和编制管理条例》。

8月5日 《澳门日报》正式上互联网。

8月6日 新华社报道:国家体改委制定的《关于发展城市股份合作制企业的指导意见》经国务院领导同意,已于近日印发各地体改委。

8月8日 新华社报道:中国第一个国家一类内陆口岸——哈尔滨铁路货运内陆口岸建成正式对外开放。该口岸的建成从根本上解决了东北内陆地区出口交通“瓶颈”问题。

8月8日—17日 第5届世界运动会在芬兰体育名城拉赫蒂市体育中心举行。世界运动会是非奥运会项目和群众性项目的一次盛会。来自世界75个国家和地区的约1900名选手参赛。我国首次参赛,共夺得19枚金牌、12枚银牌和7枚铜牌,并刷新3项女子举重世界纪录,列奖牌总数第二。

8月9日 国家“九五”重点工程——兰(州)西(宁)拉(萨)通信光缆全线铺设完工。

8月12日 台湾与乍得签署“复交”联合公报。台湾与乍得曾于1962年“建交”,1972年“断交”。

8月15日 因乍得政府同台湾当局宣布于1997年8月12日恢复所谓“外交关系”,中国政府决定自即日起中止同乍得的外交关系。两国政府间的一切协议也随即停止执行。

8月16日 中共中央总书记、国家主席江泽民为体育工作题词:“全民健身,利国利民,功在当代,利在千秋。”

8月18日 第11号台风(温妮台风)横扫台湾北部,造成人员与财产的重大损失。据不完全统计,共有31人死亡、14人重伤、70人轻伤。

8月19日—31日 第十九届世界大学生运动会在意大利西西里大区举行。中国代表团以10金9银7铜的成绩,名列奖牌榜第五位。前四名为美国、乌克兰、日本和俄罗斯。

8月20日 我国自行研制、目前运载能力最大的新型捆绑式运载火箭“长征3号乙”,在西昌卫星发射中心成功地将美国劳拉空间系统公司为菲律宾制造的马部海卫星送入预定轨道。这表明长征系列运载火箭具备了能把5000公斤的有效载荷送入高轨道的能力。

8月20日—24日 世界羽坛史上最后一届世界杯羽毛球赛在印度尼西亚日惹举行(1998年国际羽联将推出新的比赛方法,所以本次比赛结束后,每年一届的世界杯赛将成为历史)。中国队夺得3项冠军。

8月21日 连战率“内阁”正式向李

登辉提出总辞。

8 月 21 日—26 日 国务院总理李鹏访问马来西亚和新加坡。

8 月 24 日—28 日 台湾中国国民党十五大在台北召开。李登辉当选国民党主席,连战、李元簇、俞国华、邱创焕为副主席。

8 月 25 日 新华社报道:江泽民最近在《国家科技领导小组第三次会议纪要》上作重要批示指出,必须从社会和经济的长远发展需要出发,统观全局,突出重点,实行"有所为有所不为"的方针,继续加强基础科学研究。同时,必须改革科技体制,从政策上支持和鼓励企业从事科研、开发和技术改造,加强应用技术的开发和推广,促进科技成果更快更好地向现实生产力转化。集中必要的人力、财力、物力,发展具有战略意义的一些高新技术项目。既要积极学习国外的先进科技,又要坚持扬长避短,自主创新,努力形成和发展我国自身的科学技术优势。

同日 国民党第十五次"全国"代表大会在台北举行,中国共产党中央委员会发去贺电。在"十五全"上,李登辉以 93.4% 的高票当选连任国民党主席,连战、李元簇、俞国华、邱创焕被提名为副主席。

8 月 25 日—29 日 八届全国人大常委会第二十七次会议在北京举行。29 日,《中华人民共和国防洪法》(自 1998 年 1 月 1 日起施行)经会议通过并予公布。

8 月 28 日 在北京人民大会堂东门外广场,中共中央总书记、国家主席江泽民亲自点燃了八运会"奔向新世纪"的火炬。国务委员兼国务院秘书长罗干宣布火炬传递点火起跑仪式开始。

同日 郑州新郑机场正式通航。

8 月 29 日 中共中央纪律检查委员会决定开除原中共中央政治局委员、北京市委书记陈希同党籍。随后,检察机关对其依法立案侦查。

同日 澳门小姐竞选,罗慧云艳压群芳夺魁。在同时举行的国际旅游小姐竞选中,菲律宾山祖莎获冠军。

同日 台"外交部"发表声明,终止与圣卢西亚的"外交"关系。

8 月 30 日 公安部宣布,经国务院批准,我国又有 18 个县列入对外国人开放地区。至此,我国已有 1306 个县(市)对外国人开放。

9 月 1 日 我国制造的"长征二号丙"改进型运载火箭在太原卫星发射中心首次发射升空,成功地将美国摩托罗拉公司制造的两颗"铱星"模拟卫星送入预定轨道。12 月 8 日,长征 2 号丙改进型运载火箭在太原卫星发射中心发射升空,成功地将美国摩托罗拉公司制造的两颗铱星送入预定轨道。

同日 中国同圣卢西亚建立外交关系。

同日 台湾新任"行政院长"萧万长宣誓就职。

9 月 1 日—7 日 第三十三届世界体操锦标赛在瑞士洛桑举行。中国健儿获男团冠军和女团第三名。

9 月 2 日 中宣部在北京召开精神文明建设"五个一工程"第六届工作会议暨颁奖大会。

同日 新华社报道:江泽民和李鹏近日在姜春云《关于陕北地区治理水土流失建设生态农业的调查报告》上作了批示,充分肯定了陕北地区治理水土流失,改善生态环境的措施和经验。强调"大抓植树造林,绿化荒漠,建设生态农业","再造一个山川秀美的西北地区"。

同日 中国红十字会代表红十字国

际委员会在北京举行颁奖大会,中国红十字会名誉会长江泽民为荣获第三十六届南丁格尔奖章的五位中国优秀护士颁奖。获奖章者是:汪赛进、陆冰、关小瑛、孔芙蓉、黎秀芳。

9月3日 新华社报道:国务院发出通知,决定从1997年起到1999年底以前,在全国建立起城市居民最低生活保障制度,使城市居民的基本生活得到保障。

同日 台报报道,台湾有12项资讯产品产量占世界第一位。

9月4日 台"经济部"决定,自即日起,全面开放加工出口区内所有厂商进口大陆物品,并不再有产品项目限制,也可委托加工区外业者代为加工。

9月6日 新华社报道:国务院发出关于改革和加强医药储备管理工作的通知,决定改革原有的中央一级医药储备制度,并自1997年起,在中央统一政策、统一规划、统一组织实施的原则下,建立中央与地方两级医药储备制度,实行动态储备、有偿调用的体制。

同日 第三届国家图书奖揭晓。《韬奋文集》等109种图书获奖。

9月6日—9日 中共十四届七中全会在北京举行。全会通过向党的十五大的报告和《中国共产党章程修正案》,并决定将这两个文件提请党的十五大审议。

同日 中共中央纪律检查委员会第九次全体会议在北京举行。会议通过中纪委给党的十五大的工作报告。

9月6日—10月5日 "辉煌的五年——十四大以来我国经济建设和精神文明建设成就展"在北京展览馆举办。全国各省、区、市,中央各部委共102个单位参加,接待各界观众120万人。

9月9日 中国因利比里亚发展同台湾的官方关系,决定自即日起中止同利比

里亚的外交关系。

9月10日—14日 第十届世界杯跳水赛在墨西哥城举行。中国选手总共获得6金3银5铜,在男女团体总分排行榜上名列第一。男子团体和女子团体也均列第一名。

9月12日 江泽民总书记在中共十五大报告中宣布:在80年代裁减军队总额100万的基础上,中国将在今后三年内再裁减军队员额50万。

9月12日—18日 中国共产党第十五次全国代表大会在北京举行。本次大会把邓小平理论确立为全党的指导思想。江泽民代表第十四届中央委员会向大会作题为《高举邓小平理论伟大旗帜,把建设有中国特色社会主义事业全面推向二十一世纪》的报告。大会还通过了关于《中国共产党章程修正案》的决议,修改后的党章明确规定:中国共产党以马克思列宁主义、毛泽东思想、邓小平理论作为自己的行动指南。把作为毛泽东思想的继承和发展的邓小平理论正式写在了党的旗帜上。大会还通过了关于中央纪律检查委员会工作报告的决议。大会选出了新一届中央委员会、中央纪律检查委员会。

9月13日 第五届全国人大常委会副委员长王首道在北京逝世。

9月15日 著名京剧表演艺术家刘长瑜莅临澳门,表演一场,受到市民欢迎。

9月17日 第五十二届联大总务委员会作出决定,不将尼加拉瓜等极少数国家提出的所谓台湾"重返"联合国的提案列入本届联大会议的正式议程。这是自1993年以来总务委员会连续第五年挫败台湾当局在联合国内制造"两个中国"和"一中一台"的图谋。

同日 第52届联大驳回布基纳法索

等 14 个国家提出的要求台湾参加联合国的提案,台湾企图挤进联合国的图谋再次失败。

9 月 19 日　中共十五届一中全会在北京举行。全会选举产生了中央领导机构:江泽民任中共中央总书记、中央军委主席;江泽民、李鹏、朱镕基、李瑞环、胡锦涛、尉健行、李岚清任中央政治局常委。

9 月 21 日　一运猪油船自港赴珠海,在澳门以东海面遇大风浪而沉没,9 名船员及时获救。

9 月 23 日　国务院总理李鹏在珠海会见新华社澳门分社负责人,勉励办好澳门回归祖国的盛事。

9 月 23 日—25 日　世界银行和国际货币基金组织理事会 1997 年度年会在香港举行。本届年会的主题是"亚洲与世界——资本、竞争和社会"。这次年会是香港回归祖国后在港举办的规模最大的国际会议,也是世界银行和国际货币基金组织第一次在中国举行年会。

9 月 24 日—25 日　李鹏总理对哈萨克斯坦进行工作访问。访问期间,两国签署了中哈国界补充协定、中哈石油天然气政府协定、石油合同协议三个重要文件。

9 月 25 日　新华社报道:国家决定从 1997 年 10 月 1 日起降低进出口商品关税税率,平均关税水平由 23% 降低到 17%,降税幅度为 26%。

9 月 26 日　中葡大型基建协调组在澳门举行会议,对兴建澳珠大桥达成共识。

9 月 30 日　庆祝中华人民共和国成立四十八周年招待会在人民大会堂举行。

同日　新华社澳门分社举行盛大国庆酒会,澳督韦奇立及各界人士共 1000 多人出席。

10 月 1 日　中国降低进出口商品关税税率,平均关税水平由 23% 降至 17%,降税幅度为 26%,共涉及 4874 个税号商品,降税面达 73% 以上。这是实现江泽民主席在 1996 年亚太经合组织首脑会议上提出的到 2000 年将中国关税总水平争取降低到 15% 左右的一个重要步骤,也是扩大开放的重要举措。

10 月 2 日　连战提出"务实外交"三目标:"发展邦交关系、参与国际组织、建立非传统外交关系。"

10 月 7 日　台湾"国防部"表示,台军事设施已完成地下化构建。

10 月 8 日　粤澳举行大规模反偷渡演习,双方出动船艇 6 艘、警员 2000 多人。

10 月 9 日　新华社报道:江泽民日前签署命令,颁发重新修订的中国人民解放军《内务条令》、《纪律条令》、《队列条令》和《警备条令》。新条令自颁发之日起在全军部队施行。

同日　针对利比里亚政府公然制造"两个中国"的行为,中国决定关闭利比里亚驻香港特别行政区名誉领事馆。

10 月 12 日—16 日　第十五届世界石油大会在北京举行。这是世界石油大会第一次在中国举行,也是第一次在发展中国家举行。江泽民出席开幕式并致辞。

10 月 12 日—17 日　第二十三届国际人口科学大会在北京举行。李鹏在大会开幕式上发表了讲话。

10 月 12 日—24 日　第八届全国运动会在上海举行。这是本世纪最后一次全国综合性运动会。来自全国各省、自治区、直辖市、香港特别行政区和解放军以及 13 个行业体协的共 46 个代表团参加了比赛。上海、辽宁、山东列金牌榜前三名。本届全运会共有 179 人 659 次超 41 项世界纪录,其中 16 人 19 次超 7 项奥运项目世界纪录,4 人 4 次平 3 项世界纪录,100

人3队367次超55项亚洲纪录。88人6队142次创66项全国纪录。

10月15日 北京图书馆迎来新馆开馆10周年暨建馆85周年馆庆。江泽民、李鹏、乔石、李瑞环、李岚清等题词祝贺。

同日 经国务院批准，中国人民银行决定从今日起，逐步允许中资企业保留一定限额的外汇收入。

10月16日 新华社报道：中纪委近日制定了对违反《关于党政机关厉行节约制止奢侈浪费行为的若干规定》行为的党纪处理办法。

同日 中国文化部副部长李源潮抵澳门访问。

10月17日 国务院新闻办公室发表《中国的宗教信仰自由状况》白皮书，以大量事实表明，新中国成立以来，特别是改革开放近20年来，中国人民的宗教信仰自由的权利得到了充分的尊重和保护。

同日 长征三号乙运载火箭在西昌卫星发射中心又一次发射升空，将亚太二号R通信卫星成功地送入预定轨道。

同日 中共第十一、十二届中央政治局委员，国务院原副总理方毅在北京逝世。方毅生于1916年，厦门市人。

同日 独行贼再次劫掠殷皇子马路顺发押，掠去白金劳力士表一只，价值23万澳门元。

10月17日—22日 中国民主同盟第八次全国代表大会在北京举行。姜春云代表中共中央致了贺词。大会选出了新的中央委员会，通过了《中国民主同盟章程》等文件。丁石孙再次当选为主席。

10月20日 军队学位委员会在北京成立。这标志着中国军队学位工作和研究生教育进入了一个新的发展阶段。

同日 朱镕基副总理在北京会见澳门银行界代表团。

10月21日 国务院发布施行《中华人民共和国审计法实施条例》、《中华人民共和国民用航空器国籍登记条例》、《中华人民共和国民用航空器权利登记条例》。

10月22日 国务院、中央军委发布《中华人民共和国军品出口管理条例》，自1998年1月1日起施行。

同日 中纪委、监察部在北京举行新闻发布会，公布贵州省政协副主席常征受贿案。中纪委决定并报中共中央批准，给予常征开除党籍处分。贵州省政协撤销其省政协副主席职务和省政协委员、常委资格。

同日 台"教育部"公布施行《大陆地区学历检核及采认办法》，北京大学、中国人民大学等73所大陆高等院校的学历被直接采认。但此项研究了五年之久的政策在遭到国民党党务系统抨击后无故被封杀。11月11日，"行政院"表示，开放大陆学历的认证不会改变，但要从严把关。

10月23日 经中央军委主席江泽民批准，重新修订的新版《中国人民解放军军语》由三总部颁发全军部队施行。

同日 经国务院批准，中国人民银行从今日起降低金融机构存、贷款利率。这是继1996年5月和8月后，中国人民银行连续第三次下调利率。

10月25日—11月5日 第五届中国艺术节在四川成都隆重举行。在"爱国、团结、繁荣，荟萃艺术精品，弘扬民族文化，振奋民族精神，欢庆十五大，迎接新世纪"的主题下，近50台形式多样、题材丰富的优秀剧（节）目先后登台，多姿多彩地展现在观众面前。

10月26日—11月3日 江泽民主席访问美国。这次访问是12年来中国国家元首第一次正式访美，也是自1979年邓小平访美以来中国领导人对美国进行的最重要的一次访问。访问期间,江泽民与克林顿举行正式会谈。30 日,江泽民主席在美中协会等六团体举行的午餐会上发表演讲,提出发展面向 21 世纪中美两国关系的五条指导方针。两国政府签署了《中美联合声明》、《中华人民共和国和美利坚合众国能源与环境合作倡意书》、《中华人民共和国国家计划委员会和美利坚合众国能源部关于和平利用核技术合作的意向性协议》。

10 月 27 日—11 月 1 日　八届全国人大常委会第二十八次会议在北京举行。11 月 1 日,《中华人民共和国节约能源法》(1998 年 1 月 1 日起施行)、《中华人民共和国建筑法》(1998 年 3 月 1 日起施行)经会议通过并予公布。会议还通过了香港特区九届全国人大代表选举会议成员名单等文件。

10 月 27 日—11 月 1 日　中国农工民主党第十二次全国代表大会在北京举行。罗干代表中共中央向大会致贺词。大会修改了农工党章程,选举产生了新一届领导机构。农工党十二届一中全会推举卢嘉锡为名誉主席,蒋正华当选为新的主席。

10 月 28 日　黄河小浪底水利枢纽工程成功实现大河截流。李鹏出席截流仪式并讲话。

同日　"东星"号劫案主犯之一的陈桂清被判入狱 18 年零 6 个月。

10 月 28 日—31 日　第八届全国人大常委会第二十八次会议在北京举行。会议通过了节约能源法和建筑法、中华人民共和国香港特别行政区第九届全国人民代表大会代表选举会议成员名单,人民解放军选举委员会主任、副主任、委员名单。

11 月 1 日—6 日　中国致公党第十一次全国代表大会在北京举行。李铁映代表中共中央致贺词。大会通过了致公党新的党章,选举产生了新一届领导机构。致公党十一届一中全会推举董寅初为名誉主席,罗豪才当选为新一届主席。

11 月 2 日　国家重点古籍整理出版项目——《四库全书存目丛书》出版。该书共收录古籍珍本 4508 种。

同日　第六、七届全国人大常委会副委员长、著名科学家严济慈在北京逝世。

同日　朱镕基副总理在上海会晤澳门企业家代表团,认为澳门经济的暂时困难是可以克服的。

11 月 3 日　《红河谷》、《大转折》、《离开雷锋的日子》获第二十届大众电影百花奖最佳故事片奖。

11 月 3 日—7 日　中华全国工商业联合会第八届会员代表大会在北京举行。田纪云代表中共中央、国务院致贺词。大会通过了全国工商联的新章程,选举产生了新一届领导机构。全国工商联八届一次执委会推举王光英为名誉主席,经叔平再次当选为主席。

11 月 4 日—8 日　第 4 届世界武术锦标赛在意大利罗马举行,共设 25 个正式比赛项目,50 多支代表队的 800 多名运动员参赛。中国队有 11 名运动员参加,以 8 枚金牌和 2 枚银牌的成绩名列榜首,中国香港队以 3 金 4 银 2 铜位居第二。

11 月 5 日　中葡联合联络小组举行第 30 次全体会议。

11 月 6 日　中华全国新闻工作者协会庆祝成立 60 周年。江泽民、李鹏、乔石、李瑞环、刘华清、荣毅仁等分别题词祝贺。

同日　美国众议院通过"美台反弹道导弹防御合作法案"。美国国会认为,将"台湾、金门与马祖纳入美国为亚洲太平洋地区盟国及友邦设立的导弹防御系统,符合美国的国家利益"。

11月8日 长江三峡工程胜利实现大江截流。李鹏宣布截流成功,江泽民发表了重要讲话。大江截流成功,标志着三峡水利枢纽一期工程顺利完成,并转入二期施工。当天,江泽民、李鹏在三峡文化中心会见了三峡建设者和移民工作先进代表。

同日 台"总统府"发布"国统会"第三届成员名单。李登辉担任主委,连战、萧万长、"总统府资政"黄信介、新党"国代"许历农为副主委。并聘"国大"议长钱复及"立法"、"司法"、"考试"、"监察"四院院长,"总统府资政"辜振甫,《中央日报》社长黄珍辉,"国家政策研究中心"主任田弘茂等31人为委员。另外,还聘台大教授包宗和、"国代"江素惠等20人为研究委员。

11月8日—13日 九三学社第七次全国代表大会及七届一中全会在北京举行。会议通过了《关于第六届中央委员会报告的决议》及修改的《九三学社章程》,选举产生了七届中央委员会,吴阶平任主席。

11月9日 原中顾委常委伍修权在北京逝世。

11月9日—11日 俄罗斯总统叶利钦访问我国。这是叶利钦担任俄罗斯总统以来第三次访华,也是中俄两国第五次最高级正式会晤。访问期间,江泽民主席同叶利钦总统举行会谈,双方正式宣布中俄东段国界勘界工作已全部完成,并签署了中俄联合声明。

11月10日 第六、七届全国人大常委会副委员长、著名历史学家周谷城在上海逝世。周谷城生于1898年,湖南益阳人。

11月10日—12日 香港特区第九届全国人大代表选举会议第一次会议在香港举行。

11月11日—16日 国务院总理李鹏访问日本。这是近八年来中国总理首次访问日本。他在日中友好团体联合举行的招待会上提出了发展中日关系的五项基本原则:相互尊重,互不干涉内政;求同存异,妥善处理分歧;加强对话,增进相互了解;互利互惠,发展经济合作;面向未来,实现世代友好。

11月12日—17日 台湾民主自治同盟第六次全盟代表大会及六届一中全会在北京举行。会议通过了《台湾民主自治同盟第六次全盟代表大会决议》及台湾民主自治同盟新盟章,选举产生了六届中央委员会,张克辉任主席。

11月13日 新华社报道:国家教委、财政部决定设立"国家贫困地区义务教育助学金"。这是中国继实施"国家贫困地区义务教育工程"之后,为加快贫困地区实施义务教育步伐的又一重大举措。

同日 台"经济部"宣布,1998年编列科技专案预算新台币6亿元,协助中小企业研发高新技术,并让中小企业运用军方设备与人才资源从事研究与开发。

11月13日—17日 黄埔军校同学会第二次会员代表会议在北京举行。李默庵再次当选会长。

11月13日—18日 中国民主建国会第七次代表大会及七届一中全会在北京举行。大会作出了《关于第六届中央委员会工作报告的决议》,通过了经过修订的中国民主建国会章程,选举产生了七届中央委员会,成思危当选为主席。

11月15日 中国南极考察队乘"雪龙"号科学考察船从上海出发,进行为期140多天的第14次科学考察活动。

同日 瑞士车手荷夫曼夺得澳门格兰披治摩托车大赛冠军。

11 月 16 日　法国车手瓦亚雷勇夺第 44 届澳门格兰披治大赛冠军。

11 月 17 日　国务院发布《罚款决定与罚款收缴分离实施办法》，自 1998 年 1 月 1 日起施行。

11 月 17 日—19 日　中共中央、国务院在北京召开全国金融工作会议。会议提出力争用三年左右时间大体建立与社会主义市场经济发展相适应的金融机构体系、金融市场体系和金融调控监管体系，基本实现全国金融秩序明显好转。

11 月 18 日—21 日　中国环境论坛在北京举行。这是我国首次由非政府组织发起的高层次国际环保会议。

11 月 19 日　国务院发布施行《中华人民共和国合伙企业登记管理办法》。

11 月 20 日—24 日　第六次全国台湾同胞代表大会及台联六届一中全会在北京召开。会议审议通过了全国台联第五届理事会的工作报告及全国台联章程修改案，选举产生了六届中央委员会，杨国庆当选为会长。

11 月 23 日—25 日　江泽民主席出席 25 日在温哥华举行的亚太经济合作组织第五次领导人非正式会议并发表讲话，阐述中国对亚太经合组织运行与发展原则的看法，就加强亚太地区经济技术合作问题提出四点意见，建议制定《走向 21 世纪的科技产业合作议程》。23 日及 24 日，江泽民还在亚太企业领导人会议上就加强企业间合作基本原则等问题发表重要演讲，会见了一些国家领导人。

11 月 24 日　台"陆委会"通过《大陆地区专业人士来台从事专业活动邀请单位及应具备之申请文件表》，开放 15 类大陆专业人士赴台，包括：宗教、土地及经营、财会、文教与学生、体育、法律、经贸、交通、大众传媒、卫生、环境保护、农业、杰出民族艺术及民俗技艺、科技、工会等。

11 月 24 日—30 日　中国国民党革命委员会第九次全国代表大会及九届一中全会在北京召开。会议作出了《中国国民党革命委员会第九次全国代表大会决议》，通过了经过修订的《中国国民党革命委员会章程》，选举产生了九届中央委员会，何鲁丽当选为主席。

11 月 25 日　我国跨世纪工程神华工程的重要组成部分——黄骅港暨朔黄铁路（山西朔州至河北黄骅）建设正式开工。

11 月 26 日　由中国人民银行、各政策性银行和国内各商业银行等 20 个单位共同组建的金融清算中心在北京成立。中心为会员制事业法人单位，接受中国人民银行的领导和监督。

11 月 26 日—12 月 2 日　中国民主促进会第八次全国代表大会在北京举行。大会通过了民进新章程，选举产生民进第十届中央委员会。民进十届一中全会推举雷洁琼、谢冰心、赵朴初为名誉主席，许嘉璐当选为民进中央主席。

11 月 26 日—12 月 3 日　国家主席江泽民访问加拿大和墨西哥。

11 月 27 日　中国奥林匹克委员会在北京举行庆祝会，庆祝《中国体育》杂志社记者卜凡舟奥林匹克世纪之行凯旋，他是从 1996 年 6 月 23 日　自现代奥运发源地希腊雅典开始，骑自行车 15000 公里，于 1997 年 10 月 29 日抵达 2000 年奥运会举办地悉尼，历时一年零四个月。国际奥委会主席萨马兰奇先生特发来贺电，称之为"奥林匹克百年纪念活动中独具特色的创举"，并向卜凡舟的非凡伟绩致敬。

11 月 29 日　新华社报道：国务院办公厅近日发出关于切实抓好清理欠税工作的紧急通知。

同日　中国选手申雪和赵宏博在日

本长野举行的 NHK 杯花样滑冰赛上获得双人滑冠军。这是中国双人滑选手在重大国际赛事中获得的最佳战绩。

同日 台湾县市长选举揭晓，23 席县市长中国民党仅获 8 席，总得票率为 42.06%；民进党获 12 席，得票率为 43.47%；无党籍 3 席，得票率为 12.99%；新党席次挂零，得票率为 1.28%。国民党主席李登辉认为选举结果对国民党是一次挫折；民进党主席许信良则将成功归结于民进党的转型。是日晚，吴伯雄举行记者会，坦承要为败选负责，准备请辞中央秘书长。12 月 3 日，国民党中常会通过章孝严接替吴伯雄出任国民党中央秘书长，同时批准吴伯雄的辞呈。

12 月 1 日 据《联合报》系民意调查中心调查显示，李登辉的民间支持率由 1996 年 5 月"总统"就职时的 75% 下降到此次县市长选举后的 39%，为历次调查的最低点。

12 月 3 日 《国务院关于修改〈中华人民共和国水路运输管理条例〉的决定》发布并施行。

12 月 4 日 中国科学院、中国工程院院士增选评审揭晓。中国科学院共新增院士 58 人，中国工程院新增院士 116 名。至此，中国科学院和中国工程院的院士分别达到 610 人和 439 人。香港首次有了中国工程院院士。

同日 据《联合报》报道，国民党基层退党风潮正在蔓延，花莲、台中、桃园等地登记退党的党员达 200 多人。

12 月 6 日 新华社报道：财政部近日与国家经贸委、国家计委、审计署、监察部、国务院纠风办联合发布了《关于公布第一批取消的各种基金（附加、收费）项目的通知》，共取消了 217 个基金项目，预计每年可减轻企业负担 30 多亿元。

同日 中国最大的水运工程建设企业集团——中港集团成立。

12 月 6 日—14 日 第十一届世界女子和第六十八届世界男子举重锦标赛在泰国清迈举行。中国女队获 16 枚金牌，中国男队获 10 枚金牌，均列团体总分第一名。中国选手崔文华在第六十八届世界男子举重锦标赛 108 公斤级的比赛中，以抓举 195 公斤，挺举 220 公斤，总成绩 415 公斤的成绩夺得了 3 块金牌，为中国举重取得重量级突破性成绩，也是有史以来第一位在该重量级中夺得挺举和总成绩世界冠军的亚洲人。

12 月 7 日—20 日 全国政协主席李瑞环访问越南、新西兰和澳大利亚。

12 月 8 日 国务院信息化工作领导小组审定通过《中华人民共和国计算机信息网络国际联网管理暂行规定实施办法》。

12 月 9 日—11 日 中共中央、国务院在北京召开中央经济工作会议。会议认为，1997 年经济形势总体上是好的，国民经济实现了稳中求进的总体要求，主要经济指标基本达到国家宏观调控的预期目标，"九五"计划的良好开局得到巩固和发展。

12 月 11 日 中国外交部副部长王英凡等来澳门，主持中国外交部驻澳门特别行政区机构大楼奠基仪式。

12 月 12 日 纪念京剧宗师谭鑫培诞辰一百五十周年活动开幕式在北京举行。

同日 《澳门日报》出报 22 大张，再创澳门报业多张数新纪录。

同日 台"陆委会"公布民调显示，台湾民众赞成维持现状的比例超过 80%。

12 月 13 日 新华社报道：著名历史学家章开沅近日披露了一份真实地纪录日军南京大屠杀罪行的珍贵历史资料《贝

德士文献》。该文献是迄今批量最大、最完整的南京大屠杀英文原始文献。

12 月 14 日 1997 年世界羽毛球大奖赛总决赛结束。中国选手勇夺男、女单打和女双、混双四项冠军。

同日 "'97 公益金百万行"在澳门工人球场举行起步礼,共筹得善款 500 万澳门元,计有 3.5 万人参加步行,创历史纪录。

12 月 14 日—16 日 江泽民主席出席 15 日和 16 日分别在吉隆坡举行的东盟—中国、日本、韩国和中国—东盟首脑非正式会晤,发表了题为《携手合作、共创未来》和《建立面向 21 世纪的睦邻互信伙伴关系》的重要讲话,与东盟国家首脑签署了会晤声明。

12 月 15 日 历史片《鸦片战争》获第十七届中国电影金鸡奖最佳故事片奖。

同日 台"行政院"审查通过《中央机关组织基准化》草案。此案立法完成后从"总统府"、"国民大会"到"五院"及下辖各部会都将面临大幅裁并。"中央机关"五级制缩减到四级,大幅减少各机关幕僚单位与业务部门,打破人事、主计、政风"一条鞭"制,文员总额由上限的 17.2 万人缩减到 15 万人。

12 月 16 日 中国—东盟首脑非正式会晤在马来西亚吉隆坡举行。江泽民主席在会晤时发表题为《建立面向 21 世纪的睦邻互信伙伴关系》的重要讲话。

12 月 17 日 中国公安部部长助理兼国际刑警中国国家中心局局长朱恩涛,率公安代表团访问澳门,商谈有关两地打击越境犯罪活动问题。

12 月 18 日 《人民日报》报道:经国务院减轻企业负担部际联席会议批准,近日,国家计委会同财政部联合发出通知,公布第一批 13 个部门收取的 22 项管理费的收费标准,平均降幅为 35%,降低收费标准后每年可减轻企业负担约 40 亿元。

同日 中央人民广播电台主办、澳门基本法协进会和澳门日报社协办的"澳门基本法讲座"开播仪式在北京举行。

12 月 21 日—24 日 全国组织工作会议在北京召开。22 日,江泽民在会上强调,要巩固和发展好的形势,解决前进道路上面临的问题,完成我国跨世纪发展的各项任务,一靠正确的理论和路线的指导,二靠广大人民群众的团结奋斗,三靠党的各级组织坚强有力。这三条中,干部是一个重要的决定因素。

12 月 24 日—29 日 八届全国人大常委会第二十九次会议在北京举行。29 日,《中华人民共和国价格法》(1998 年 5 月 1 日起施行)、《中华人民共和国献血法》(1998 年 10 月 1 日起施行)、《中华人民共和国防震减灾法》(1998 年 3 月 1 日起施行)经会议通过并予公布。会议决定 1998 年 3 月 5 日召开九届全国人大一次会议。

12 月 25 日 中国人民银行决定从 1998 年元月 1 日起,取消对国有商业银行贷款限额控制,实行资产负债比例管理和风险管理。

同日 1997 年度国家科技奖揭晓,共有 626 项优秀科技成果分别获得四类国家级科技奖励。

12 月 26 日 李登辉在出席"跨世纪青年领袖国务研讨会"时说,台湾要推行"正式外交"与"务实外交"并进的做法。

12 月 29 日 江泽民在中央委员、候补中央委员学习邓小平理论和十五大精神研讨班结业式上强调指出,党的高级干部,第一位的是要加强理论学习,要用马列主义、毛泽东思想,尤其是邓小平理论武装起来。同时,还要放开眼界,注意了解反映世界新发展新变化的各种思潮和动向。全党要形成学习邓小平理论的新高潮，把这一学习提高到十五大所达到的新水平。

同日 中国话剧九十年纪念大会在北京举行。

12月30日 正在南非访问的钱其琛副总理兼外长和南非外交部长恩佐分别代表各自政府签署中国和南非从1998年1月1日起建立外交关系的联合公报。

同日 公安部发布了由国务院批准的《计算机信息网络国际联网安全保护管理办法》。

同日 受香港禽流感影响，澳门海岛市政厅限令氹仔养鸡场停止营业。路环鸡场延至新春初八停业。卫生司宣布加强活鸡禽进口检疫。

本年 中国公用计算机互联网（CHINANET）实现了与中国其他三个互联网络即中国科技网（CSTNET）、中国教育和科研计算机网（CERNET）、中国金桥信息网（CHINAGBN）的互联互通。

1998 年

1月1日 江泽民主席发表元旦讲话，断言澳门一定能于1999年12月20日顺利回归祖国。

1月4日 中央军委主席江泽民签署命令，颁发实行《中国人民解放军后方仓库条例》。

同日 据全国铁路领导干部会议消息，到1997年底，我国铁路营业里程已达6.6万公里，居亚洲第一；电气化铁路达到11999公里，成为世界上第九个拥有1万公里以上电气化铁路的国家。

1月5日 "中国光明工程"正式启动，将给7200万无电人口送去光明和温暖。

同日 福州市人民法院开庭审判了一起1949年以来罕见的副局级干部为夺权谋私、雇人谋杀上级领导的案件，杨锦生、郑铭华被一审判处死刑。

1月6日 江泽民等观看由南京军区前线话剧团创作演出的话剧《虎踞钟山》并会见参加话剧90年纪念活动的著名艺术家。

同日 中国最大的磷化工基地——湖北荆襄磷化学工业集团在湖北建成。

1月7日 国务院发布施行《关于修改〈电力设施保护条例〉的决定》。

同日 国务院总理、国家科技领导小组组长李鹏主持召开国家科技领导小组第4次会议。会议审议并原则通过了国家科委《关于贯彻十五大精神，深化科技体制改革，加速科技进步的汇报提纲》及国家计委、国家科委拟订的《全国科技发展"九五"计划和2010年远景目标纲要（草案）》。

同日 《人民日报》报道：国家重点建设项目京郑（州）铁路电气化工程——石家庄至安阳电气化铁路最近开通。铁路全长225.9公里。

1月7日—9日 中央农村工作会议在北京举行。会议提出1998年任务是：粮食总产稳定在4900亿公斤，棉花总产稳定在400万吨，农民人均纯收入增长5％，农村贫困人口减少1000万以上。

1月7日—18日 第八届世界游泳锦标赛在澳大利亚举行。中国队共获得6枚金牌，名列奖牌榜第四位。

1月8日 新华社报道：由中央文献研究室和军事科学院编辑的《周恩来军事文选》已由人民出版社出版，在全国发行。

同日 新华社报道：农业部命名天津市大港区中塘镇工贸小区等60个乡镇企

业小区为第二批全国乡镇企业示范区。

1月10日　河北张北—尚义发生里氏6.2级地震。江泽民、李鹏打电话亲切慰问灾区人民。包括香港特区在内的全国各界纷纷援助灾区人民。

同日　从今日起台湾正式实施每隔一周休息两日制度。

1月11日　以澳门土生协会主席华世华为团长的澳门协会代表团,应新华社澳门分社邀请赴北京访问,向国务院港澳办公室反映澳门土生葡人关注的问题。陈滋英副主任接见了代表团,表示盼望澳门的土生葡人安心留在澳门。

1月12日　《人民日报》报道:1997年我国新建光缆逾3.3万公里,使我国光缆总长达82万公里。

同日　《人民日报》报道:1997年,全国又有400个县(市、区)(含其他县级行政区划单位36个)达到基本普及九年义务教育和基本扫除青壮年文盲要求。

同日　澳督韦奇立返葡萄牙述职,重申澳门政府要努力解决澳门面临的各种困难;强调葡方与中方合作,保持澳门顺利过渡。

1月12日—15日　全国宣传部长会议在北京举行。

1月14日　台"行政院"举行第一次"精省"会议,确定"精省"原则,并通过"台湾省政府功能业务与组织调整作业原则"。

1月15日　《罗荣桓军事文选》出版座谈会在北京举行,江泽民出席并发表重要讲话。

同日　制造台湾前桃园县长刘邦友灭门血案的重点调查对象宋新荣在高雄机场被捕。

1月16日　《人民日报》报道:1998年我国11亿亩主要农作物将实行统一供种,标牌统供率将达80%,其中主要农作物杂交品种达100%,常规种子达60%。

同日　联合国秘书长发言人宣布,由中国政府向联合国提供的三名中国武器专家将于2月份开始参加伊拉克的武器核查工作。这是中国政府首次派遣有关专家参加此项工作。

1月17日　中葡大型基建协调小组在北京举行会议,双方对珠澳大桥的准备工作表示满意。运输暨工务政务司长鲍维立宣称,澳门政府支持珠澳大桥的建设。中方出席会议的有港澳办公室澳门司司长谢后和等,葡方有中葡大型基建协调小组长苗蓝图等。

1月17日—20日　中国天主教第六届全国代表会议在北京举行。会议通过了新修改的《中国天主教爱国会章程》和《中国天主教主教团章程》等文件,选举产生新一届领导班子,傅铁山任中国天主教爱国会主席、刘元仁任中国天主教主教团主席。

1月18日　广东省第八届人民代表大会第一次会议结束,澳门代表冼为铿、李鹏翥被选为常务委员。

1月19日　台"中华奥委会"改选,选出19位执行委员,黄大洲任主席,前任主席张丰绪为荣誉主席,汤新铭任秘书长。

1月21日　新华社报道:财政部颁布实施《行政单位财务规则》,这是继企业和事业单位财务制度改革后,财政部推出的又一项重大财务制度改革。

同日　新华社澳门分社社长王启人,副社长宗光耀、柯小刚、王今翔到广州拜会广东省领导谢非、朱森林、卢瑞华、郭荣昌,就加强粤澳交流和合作交换意见。

1月22日　公安部新闻发言人宣布,经国务院批准,我国又有16个县(市)对外国人开放。至此,我国对外国人开放地区已达 1330 个。

同日 第八世夏茸尕布活佛转世灵童认定仪式在青海塔尔寺举行。黄南藏族自治州泽库县王加乡东却村 6 岁藏族男童央杰本继位为第九世夏茸尕布活佛。

1 月 23 日 总政治部发出通知，要求全军和武警部队向献身扶贫工作、作出突出成绩的湖南省军区吉首军分区司令员彭楚政学习。国家民委授予彭楚政"全国民族团结进步模范"荣誉称号。

同日 中纪委、监察部就海南省人大常委会副主任辛业江受贿案发出通报，强调严禁党员干部利用职权收受股票。6 月 16 日，新华社报道：辛业江被依法判处有期徒刑五年。

同日 上海销毁 12 万只纱锭，为全国实现国务院要求的"三年压锭 1000 万"任务拉开序幕。国务院最近提出把纺织工业作为国有企业改革解困的突破口，用三年时间压掉 1000 万纱锭，减少 120 万人，到 2000 年实现整体扭亏为盈。

同日 首届中国曹禺戏剧文学奖·评论奖在北京颁奖。共有 5 篇文章获奖。

同日 为庆祝澳门回归，中央电视台社会教育中心开始拍摄《澳门岁月》大型电视纪录片。该中心主任高长龄，带领摄制组到澳门拍外景，新华社澳门分社社长王启人接见了全体摄制组成员并鼓励他们拍好影片。

1 月 24 日 台第十四届县、市议员和乡镇市长选举结果揭晓，国民党得票率最高，为 48.92%，获得 890 席中的 524 席，占绝对优势。

1 月 25 日 《人民日报》报道：我国目前最大的海上稠油田绥中 36—1 油田 J 区近日建成投产，年最高产油量为 33 万吨。

1 月 27 日 中远集装箱运输有限公司在上海浦东新区正式成立。该运输公司现有总资产达 230 亿元，拥有集装箱船舶 140 余艘，标准箱位超过 21 万箱，整体实力跃居世界第五位。

1 月 29 日 中国和中非共和国恢复外交关系。

同日 台"外交部"发表声明，从是日起终止与中非的"外交"关系，停止一切合作。

同日 美国宣布，将向台湾出售 3 艘诺克斯级巡防舰及舰载密集阵防空火炮和鱼叉式舰对舰导弹，总额 3 亿美元。

1 月 31 日 李岚清副总理在达沃斯举行的世界经济论坛年会上发表讲话，介绍中国经济发展情况，展望 21 世纪的发展前景。

2 月 1 日 国际奥委会决定授予李铁映、徐寅生银质"奥林匹克勋章"。至此，中国共有 19 人获"奥林匹克勋章"。

2 月 4 日 国家主席江泽民就中国科学院《迎接知识经济时代，建设国家创新体系》的研究报告作了重要批示：知识经济、创新意识对于我们 21 世纪的发展至关重要。东南亚的金融风暴使传统产业的发展会有所减慢，但对产业结构调整则提供了机遇。科学院提了一些设想，又有一支队伍，我认为可以支持他们搞些试点，先走一步。真正搞出我们自己的创新体系。

同日 新华社报道：山西省朔州市部分群众春节期间饮用不法分子制造和贩卖的含有过量甲醇的散装白酒造成 27 人中毒死亡。江泽民得悉此事后批示，要全力以赴抢救受害群众，依法严惩制假犯罪分子。12 日，国家经贸委等三部委联合召开电视电话会议，要求严厉打击制售假酒行为。16 日，新华社报道：国家经贸委等八个部委联合发出通知要求严厉打击制售假冒伪劣酒类产品违法行为，并决定对制酒企业将核发生产许可证。4 月 16 日，山西吕梁地委召开反对官僚主义大会，对发生在本地的"1·26"假酒案所涉及的 24 名失职的党员干部分别给予了党纪政纪处分，其中 13 人被撤职和罢免。

同日 新华社澳门分社举行盛大新春酒会，澳门各界人士出席酒会。社长王启人发表讲话，认为解决涉及明年政权交接等三大问题列入刻不容缓阶段。澳督韦奇立称，努力克服经济和治安的各种困难，保持澳门稳定。

2 月 5 日 国务院召开第六次反腐败工作会议，对政府机关反腐败工作作出安排。

2 月 7 日 第 18 届冬季奥运会在日本长野举行。中国运动员共获得 6 枚银牌、2 枚铜牌，超过了以往 5 届成绩，中国队排在奖牌榜的第 16 位。

同日 《健康报》报道：我国首例成人母子外周血干细胞移植在兰州军区总医院获得成功。

同日 海基会召开临时董监事会，通过副董事长兼秘书长焦仁和请辞案，由国民党秘书处主任许惠佑接任。

2 月 8 日 新华社报道：中国人民银行公布从 1998 年开始，取消对国有商业银行的贷款限额控制，实行资产负债比例管理和风险管理。它表明中国金融宏观调控方式开始向间接调控过渡。

同日 由四十多个"独"派团体组成"台湾独立建国联合阵线"召开第一次大会，通过"以建立新而独立的台湾共和国为目标"的组织章程，选出陈永兴等 11 人为共同召集人。

2 月 9 日 首届鲁迅文学奖（1995—1996 年）评选在北京揭晓。史铁生创作的《老屋小记》等 64 篇（部）作品分别荣膺各单项奖；冰心等 31 位老作家分别获散文杂文以及文学翻译荣誉奖。4 月 20 日，首届鲁迅文学奖单项奖和第四届茅盾文学奖颁奖。

同日 中科院院士曾溢滔在上海医学遗传研究所国家重点实验室学术委员会会议上公布：我国转基因羊的研究已获得重大突破。由上海医学研究所承担的这项研究经过两年努力，获得 5 头与人凝血因子 IX 基因整合的转基因山羊，其中 1 头已进入泌乳期。

2 月 10 日 国家科委公布 1997 年全国重大科技成果 30566 项，其中基础研究成果占 2727 项，应用技术成果占 26244 项，软科学成果占 1595 项；达到国际领先水平的 783 项，国际先进水平的 4484 项。同时公布推荐成果 180 项。

2 月 11 日 台湾新任"福建省政府"主席颜忠诚首次组织省府工作业务会报。

2 月 12 日 国务院发布施行《矿产资源勘察区块登记管理办法》和《探矿采矿权转让管理办法》。

同日 新华社澳门分社社长王启人宴请将出第九届全国人民代表大会第一次会议的代表和全国政协委员，5 名代表和 26 名政协委员应邀出席。王启人盼望他们发挥作用，做好澳门回归准备工作。

同日 民进党籍台北市长陈水扁称"台湾、中国，一边一国是事实"，台湾前途应由 2100 万住民"公投"是颠扑不破的"真理"。

2 月 12 日—17 日 国务院总理李鹏访问卢森堡和荷兰。17 日—18 日，李鹏访问俄罗斯，并出席中俄总理第三次定期会晤。

2 月 13 日 施明德提出"大华国协"主张，称这是"捍卫台主权独立"的办法。

2 月 15 日 民进党"中国政策研讨会"闭幕，党内四大派系经过三天九场辩论,形成"强本西进"共识。

2 月 16 日 台"华航"客机失事,包括"中央银行"总裁许远东在内的 202 人罹难。许远东于 12 日赴印尼参加第 33 届东南亚国家和地区中央银行总裁联合会议,返台时罹难。17 日,萧万长任命"中央银行"副总裁梁成金代理总裁职务。26 日,新任"中央银行"总裁彭淮南上任。

2 月 17 日 中葡联合联络小组三大问题工作小组举行会议,双方组长表示,司厅级公务员本地化问题要解决。葡方承诺今年年底完成此项工作。

2 月 19 日 邓小平同志逝世一周年纪念日。全国各大报纸刊登了江泽民的文章《深入学习邓小平理论》。在邓小平的故乡、当年邓小平工作过的地方、香港等地,人们纷纷举行纪念活动。人民出版社出版了由江泽民题写书名的《邓小平文选》典藏本,编号发行,供海内外读者珍藏。

2 月 21 日 第九届澳门艺术节揭幕。同时举行"万寿图"董世华书法展览。该图共 100 幅,每幅有 100 个"寿"字,蔚为壮观,甚受市民赞赏。

2 月 22 日 新华社报道:1979—1998 年的 20 年间,全国人大及其常委会共制定了 327 件法律和有关法律问题的决定。这标志着以宪法为核心的有中国特色社会主义法律体系基本框架已经形成。

同日 新华社报道:国家级高科技项目——兰州重离子加速器放射性束流线装置日前通过中科院鉴定。这标志着我国核物理研究获得重大成果。

2 月 23 日 中共中央在人民大会堂举行大会,隆重纪念周恩来同志诞辰一百周年。江泽民主席发表重要讲话。为了纪念周恩来诞辰一百周年,大型文献片《周恩来外交风云》、《周恩来》、《百年恩来》先后摄制完成并播出。《周恩来》画册、《周恩来传》、《周恩来手迹大字典》等图书陆续出版发行。周恩来遗物陈列馆在江苏省淮安市桃花垠落成,周恩来邓颖超纪念馆在天津开馆。我国驻外机构和一些国家的友好人士也举行了各种纪念活动。

2 月 24 日 国务院新闻办公室发表《西藏自治区人权事业的新进展》白皮书。"白皮书"介绍了西藏自治区 1992 年以来人权事业新进展的事实。

同日 国家统计局公布我国第一次基本单位普查结果:到 1996 年底,我国境内除农户、个体户外,共有各类法人单位 440.2 万个。其中,企业法人单位 262.8 万个,行政法人(国家机关和政党机关)单位 28 万个,社会团体法人单位 4.4 万个,其他非营利性机构 61 万个,社区管理型机构(居委会和村委会)84 万个。

2 月 25 日—26 日 中共十五届二中全会在北京举行并发表公报,中央政治局主持会议,江泽民作重要讲话。全会审议通过了拟向九届全国人大一次会议推荐的国家机构领导人员人选名单和拟向全国政协九届一次会议推荐的全国政协领导人员人选名单,审议通过了《国务院机构改革方案》,建议国务院将这个方案提交九届全国人大一次会议审议。

2 月 27 日—28 日 第八届全国人大常委会第三十次会议在北京举行。会议通过了八届全国人大常委会代表资格审查委员会关于九届全国人大代表的代表资格的审查报告,并决定会后公布 2979 名九届全国人大代表的名单;通过了九届全国人大一次会议主席团和秘书长名单;通过了九届全国人大一次会议议程草案;原则通过全国人大常委会工作报告稿。会议决定了九届全国人大一次会议列席人员名单。会议批准国务院提出的由财政部发行特别国债补充国有独资商业银行资本金的决议。会议还批准通过了关于批准中华人民共和国和哈萨克斯坦共和国关于中哈国界的补充协定的决定。

2月中旬　中国第一个专利技术园区——中国厦门专利技术园区成立。

3月1日　台湾省、"福建省"新任县市议员及乡镇市长就职,并选举产生了23个县市正、副议长,其中国民党获得20个。

3月3日　第九届全国政治协商会议第一次会议在北京召开。澳门地区委员26人出席会议。马万祺、王启人、吴福、何鸿燊等4人选为主席团成员;马万祺选为大会常务主席。

3月3日—14日　中国人民政治协商会议第九届全国委员会第一次会议在北京举行。李瑞环再次当选为全国政协主席。会议通过了政协九届一次会议政治决议等。李瑞环在闭幕会上致闭幕词。自这届起,政协的"香港同胞"界改为"特邀香港人士"界,"澳门同胞"界改为"特邀澳门人士"界,"农林"界改为"农业"界。

3月5日　第九届全国人民代表大会第一次会议在北京召开。澳门地区的5名代表出席会议。李鹏在政府工作报告中,谈到澳门回归的各项准备工作正在积极有序地进行,明年定能按时顺利回归。

3月5日—19日　第九届全国人民代表大会第一次会议在北京举行。会议通过关于政府工作报告的决议等文件,批准了国务院机构改革方案。会议选举江泽民为中华人民共和国主席、中华人民共和国中央军事委员会主席,李鹏为第九届全国人民代表大会常务委员会委员长,胡锦涛为中华人民共和国副主席,朱镕基为中华人民共和国国务院总理。会议决定了新一届国务院组成人员。

3月6日　《澳门日报》举办"澳门同胞纪念周恩来总理诞辰100周年"座谈会,出席座谈会的各界人士缅怀周总理的丰功伟绩,指出周总理的一生是革命爱国的一生,深受澳门同胞钦佩。

3月8日　澳督夫人欧文雅、立法会主席林绮涛出席澳门妇女纪念三八妇女节酒会,呼吁各界妇女为澳门顺利回归作出贡献。

同日　法国《世界报》透露,台湾花费28亿美元向法国采购的"拉法叶"护卫舰,其中有5亿美元是给法国高级官员的佣金。3月10日法国媒体再次披露,台湾以76亿美元从法国购买的"幻影"战斗机及其配套导弹,有15%的钱是用来行贿的。自此之后一个月里,共有十多起台湾军方采购武器和工程招标舞弊案被陆续检举揭发,导致军队的黑洞越掏越深。

3月9日　台"行政院农委会"主委彭作奎称,台加入世界贸易组织将造成台湾542亿元新台币的损失。

3月10日　根据国务院机构改革方案,国家体委改组为国家体育总局。

同日　澳门电讯有限公司总裁林浩贤宣布,澳门已投资1亿澳门元,建设澳门与欧洲、亚洲的海底电缆,使澳门的电讯业日益现代化,以沟通信息,繁荣经济。

3月12日　我国第一代电子学家朱物华在上海逝世。

3月15日　新华社报道:国家统计局近日发布的1997年全国人口变动情况抽样调查结果表明,1997年我国人口出生率与1996年相比下降了0.41个千分点。

3月16日　第九届全国人大常委会第一次会议在北京举行。会议选举李鹏为全国人大常委会委员长,田纪云等19人为全国人大常委会副委员长。

3月16日—18日　全国计划生育工

作会议在北京举行。国家计生委提出的，到本世纪末和 21 世纪中叶我国人口与计划生育工作奋斗目标已获中央原则同意。这个目标是：2000 年人口总数控制在 13 亿以内，2010 年人口总数控制在 14 亿以内，2021 年人口增长进一步得到控制，21 世纪中叶全国人口总量在达到峰值后缓慢下降。

3 月 17 日 饱受台湾环保团体抗争的德国拜耳公司宣布取消在台湾的投资计划。

3 月 19 日 九届全国人大一次会议举行记者招待会，朱镕基总理在回答记者提问时说，本届政府必须做到"一个确保、三个到位、五项改革"。科教兴国是新一届政府最大的任务。

3 月 21 日 经国务院批准，中国人民银行决定：自当日起对存款准备金制度实行改革，并降低中央银行对金融机构的存、贷款利率；自 25 日起降低金融机构存、贷款利率。这次存款利率实行小幅下调，贷款利率降幅大于存款利率降幅。存款年利率平均下调 0.16 个百分点，贷款利率平均下调 0.6 个百分点。

3 月 22 日 中国选手在历时三天的维也纳世界短道速滑锦标赛中，夺得 12 枚金牌中的 6 枚，及 3 银 2 铜。

3 月 23 日 首获中国证监会批准的开元证券投资基金和金泰证券投资基金在证券所公开上网发行。这标志着我国证券投资基金正式启动，是发展证券市场的重大举措。

3 月 24 日 新一届国务院召开第一次全体会议，朱镕基主持会议并发表讲话。会议讨论通过了《国务院机构设置和调整国务院议事协调机构方案》和修订后的《国务院工作规则》。

同日 新华社报道：在谈家桢教授指导下，复旦大学遗传学研究所在克隆新基因上取得了重大进展，共分离和克隆到新的人类重要功能基因 27 个，已经在国际基因银行注册，并获得了基因知识产权。

3 月 26 日 我国"长二丙"改进型火箭成功地将美国摩托罗拉公司设计制造的两颗"铱星"送入预定轨道。这次发射是长征系列运载火箭第 50 次飞行。

3 月 27 日 中央军委在北京隆重举行晋升上将军衔警衔仪式，中央军委主席江泽民向曹刚川、杨国梁、张工、邢世忠、王茂润、李新良、方祖岐、陶伯钧、张志坚、杨国屏等 10 位晋升上将军官警官颁发命令状。

3 月 29 日 新华社报道：我国考古工作者前不久在汉江流域湖北郧县发现三处旧石器时代文化遗址，表明汉江流域是中华远古文明的重要发祥地之一。

同日 就执法人员连续被枪杀和治安日趋恶化的情况，新华社澳门分社发言人发表谈话，表示严重关注，敦促社会各界采取有效措施维持治安，振兴经济及稳定环境。

3 月 30 日 总后勤部向全军印发新修订的《中国人民解放军公务事业费标准》。新修订的《标准》，对全军公务事业费标准进行了不同程度的调整和提高，重点是向基层总队和驻艰苦地区部队倾斜。

3 月 31 日 徒步穿越世界第一大峡谷科学探险队出发仪式在北京举行。首次徒步穿越世界第一大峡谷——雅鲁藏布江大峡谷科学探险分两步进行，一是春季科学探险，二是秋季科学探险（10 月 9 日开始）。春季科学探险队由 19 人组成，并于 4 月 6 日从北京启程赴藏。

3 月 31 日—4 月 2 日 联合国秘书长安南访问我国。

3 月 31 日—4 月 5 日 国务院总理朱

镕基访问英国,4 月 3 日至 5 日,朱镕基总理出席了在伦敦举行的第二届亚欧会议,在会上发表题为"加强互利合作促进共同发展"的讲话。

4 月 1 日　我国参加第 26 届日内瓦国际发明与新技术展览会的八个项目全部获奖。

同日　澳门基本法协进会主持召开纪念澳门基本法颁布五周年大会。会议假中华总商会何贤纪念堂举行。协进会主席何厚铧主持会议,从北京专程抵澳门参加会议的原澳门基本法起草委员会代表团团长、全国政协副主席钱伟长出席会议并发表讲话,他认为,只要坚持"一国两制"的方针政策,坚持按基本法办事,澳门的回归与香港一样,完全可以顺利实现。

4 月 2 日　经中共中央批准,中央纪委发布对《中国共产党党员领导干部廉洁从政若干准则(试行)》的补充规定。规定指出,省(部)级以上领导干部的配偶、子女及其配偶,不准在该领导干部管辖的地区及管辖的业务范围的中外合资企业中接受外方委派或者推荐出任董事长、副董事长、董事及总经理、副总经理等高级职务。

同日　国际货币基金组织总裁称,台湾不可能以经援方式取得该组织会员身份。

4 月 3 日　中央军委决定,组建中国人民解放军总装备部。这对于进一步加强中央军委对全军武器装备建设的集中统一领导,促进国防和军队现代化建设,具有深远意义。

同日　我国第 14 次南极考察队历时 142 天,安全、圆满地完成了南极考察"九五"计划第二年的科学考察和运输的预定任务,返回上海。

同日　中国科学院派出以技术司长石定寰为团长的科技代表团访问澳门,对澳门经济发展表示关注,认为今后澳门以科技推动经济发展至关重要。

4 月 3 日—4 日　朱镕基总理出席在英国伦敦召开的第二届亚欧会议。朱镕基在会上作了讲话。4 月 2 日,朱镕基同欧盟轮值主席国英国首相布莱尔和欧盟委员会主席桑特在伦敦举行了中国—欧盟领导人之间的首次正式会晤。朱镕基自 3 月 31 日至 4 月 7 日先后对英国、法国进行了访问。

4 月 5 日　新华社报道:我国科学家最近对"巫山人"遗址鉴定证实,我国 200 万年前已出现了在长江三峡一带活动的古人类,从而进一步动摇了"人类起源于非洲"这一人类进化学说。这一最新发现不仅把中国人的进化史向前推进到 200 万年前,而且为在我国境内寻找更为古老(200 万到 400 万年前)的人类化石以及文化遗存,从而揭开人类起源之谜,提供了更为扎实的科学依据。

4 月 6 日　由新闻出版总署和中国作协共同主办的"八五"全国优秀长篇小说评选颁奖。《逐鹿金陵》、《失态的季节》、《南方有嘉木》等 20 部作品以及它们的作者和责任编辑,在这一首次举办的大奖中获奖。

同日　国家体育总局挂牌,标志着新的机构正式开始运行。

4 月 7 日　科学技术部在北京发布《科学技术白皮书第七号——中国科学技术政策指南》。白皮书集中记录和阐明了近两年制定的科技发展和各项主要科技政策的要义、依据和执行情况。

同日　中科院在北京宣布:从今年开始建立高级访问学者制度。

4 月 9 日　著名语言学家吕叔湘在北京逝世。

4月10日　新华社报道：中央军委日前发出《关于非作战部队不搞经营性生产的实施意见》的通知。

4月11日　台"建国党"召开临时党代表大会，前"台独"联盟主席许世楷当选为该党主席。

4月12日　新华社报道：中组部等五部门近日作出决定，号召全国科技工作者向蒋新松同志学习。蒋新松是中国共产党党员、中国工程院院士、国家"863计划"自动化领域首席科学家、中国科学院沈阳自动化研究所原所长，因突发心脏病，经全力抢救无效，于1997年3月30日逝世，终年66岁。

4月13日　《人民日报》报道：我国目前已设立450个博士后流动站，全国已累计招收7840多名博士后人员。

同日　《人民日报》报道：教育部日前颁发《中小学德育工作规程》。

4月16日　国家发展计划委员会、国家统计局首次向社会发布第一季度全国35个大中城市房地产价格指数。这是我国首次编制并向社会发布房地产价格指数。

4月17日　国家决定适当降低棉花收购价格。这是国家首次将长期以来棉花收购价格实行政府统一定价改为政府指导价。

同日　葡萄牙总理古特雷斯抵澳门访问，澳督韦奇立在市政厅主持欢迎仪式。古特雷斯发表讲话，表示葡萄牙政府履行联合声明承担的责任，维持澳门平稳过渡，保持澳门繁荣。

4月18日　中共中央办公厅、国务院办公厅发出通知，要求在全国农村普遍实行村务公开和民主管理制度。

同日　中国空气动力研究中心建成两座目前中国最大、亚洲领先的新型特种风洞试验设备——高频等离子体风洞和直径1米高超声速推进风洞。

同日　澳门博物馆开馆揭幕，总理古特雷斯出席并亲自揭幕。他认为博物馆融会中西传统及不同的文化。

4月19日　在瑞士洛桑国际管理学院公布的世界竞争力排名上，台湾居全球第16位。

4月20日　邓小平理论教学课座谈会在中南海召开。李岚清在会上强调，用邓小平理论教育大学生有特殊重要意义。北京大学从去年下半年开始，先在5个院系试点，后扩大到全校范围，为三年级本科生开设了邓小平理论课。

4月21日　新华社报道：国务院近日发出关于禁止传销经营活动的通知。要求自通知发布之日起，禁止任何形式的传销经营活动。此前已经批准登记从事传销经营的企业应一律停止传销经营活动。

同日　本年度陈嘉庚奖颁奖大会在新加坡举行，杨乐等8位在科技领域取得杰出成就的中国科学家获奖。1988年中国设立的陈嘉庚奖是由中国科学院学部负责评选的中国科学最高奖，每两年评选一次。获奖者大部分是在其研究领域作出最高成就的中科院和中国工程院院士。

4月21日—30日　中共中央政治局常委、国家副主席胡锦涛访问日本和韩国。

4月22日　最高人民法院宣布：三起虚开增值税专用发票案的主犯原浙江省建德市特达贸易有限公司经理吴永贵，原浙江省磐安县安文镇企业总公司下属的磐安骏野公司经理兼驻金华办事处经理吴天红，原湖北省武汉市武昌金属容器厂职工徐世铁，已分别被判处死刑，于当天在当地伏法。

4月23日　中国与几内亚比绍正式

恢复外交关系。

同日 葡萄牙总理古特雷斯访问北京,与朱镕基举行会谈,朱镕基表示,中葡双方均应多关心中葡联合联络小组的工作,解决澳门过渡时期的具体问题。李鹏会见古特雷斯,他透露澳门政权交接仪式达成协议,中葡两国共同举行。

4 月 24 日 新华社报道:国务院日前决定,解散中国有色金属工业总公司,组建国家有色金属工业局。这个局为国家经贸委管理的国家局,其债权债务由中国有色金属工业贸易集团公司承继。

同日 台"外交部"宣布与几内亚比绍终止"外交"关系。

4 月 26 日 新华社播发《残疾人扶贫攻坚计划(1998—2000 年)》。《计划》提出,经过三年左右的努力,争取达到:通过扶贫开发,基本解决适合参加生产劳动的贫困残疾人的温饱;通过社会保障,基本解决缺乏劳动条件的特困残疾人的温饱。

4 月 26 日—29 日 九届全国人大常委会第二次会议在北京举行,会议通过关于修改森林法的决定和《中华人民共和国消防法》(4 月 29 日公布,1998 年 9 月 1 日起施行);通过全国人大澳门特别行政区筹委会组成人员名单以及其他任免名单。

4 月 27 日—29 日 全国粮食流通体制改革工作会议在北京召开。会议出台了粮食流通体制改革方案,确定了此项改革的基本原则。

4 月 28 日 国务院派出的第一批国有重点大型企业稽查特派员及其助理培训班在中南海举行开班仪式。

4 月 29 日 国务院批准《中华人民共和国减灾规划(1998—2010 年)》。

同日 经中央军委批准,总参谋部、总后勤部联合发出通知,调整全军义务兵和军队院校供给制学员的津贴费标准。

调整后的义务兵、供给制学员月津贴费标准,比原标准提高了 30%,最高津贴费标准义务兵为 85 元,供给制学员为 110 元。

同日 轰动全国的原辽宁省锦州市黑山县检察长谭安州去年 11 月 29 日酒后驾车撞死 2 人一案由凌海市人民法院一审审结。谭安州等 6 名涉案人员均受到法律制裁。谭安州被判处有期徒刑 6 年。

同日 第九届人大常委会第二次会议通过澳门特别行政区筹委会组成人员名单;主任委员钱其琛,副主任委员谢非、马万祺、廖晖、王启人、王英凡、何厚铧、吴福、曹其真、何鸿燊。委员 100 人,其中澳门人 60 名。

同日 澳门总督韦奇立公开表示全力协助澳门特别行政区筹委工作。并指定黎祖智任澳门政府与筹委会联络人。

4 月 30 日 日本众院通过修法,承认台湾护照为有效护照。

5 月 2 日 中国自行研制生产的"长二丙"改进型运载火箭在太原卫星发射中心发射成功。标志着中国具有参与国际中低轨道商业发射市场竞争力。

5 月 3 日 澳珠大桥经国家批准兴建,但改名为"莲花大桥",全长 1400 多米,珠海方面负责 600 米桥段,澳门方面负责 800 多米桥段的建桥任务。

同日 台"陆委会"表示,不鼓励台商收购大陆国有企业。

5 月 4 日 北京大学在人民大会堂庆祝建校一百周年。江泽民、李鹏、朱镕基、李瑞环、李岚清和各界人士一起参加了庆典。江泽民发表讲话,向全国大学生和各界青年提出四点希望。江泽民还会见了参加庆典的 80 多位海外大学校长和著名科学家。

同日 第三届亚洲申诉专员协会大会在澳门举行,来自 24 个国家和地区的

59 名代表出席会议，国际申诉专员协会主席奥斯汀、中国监察部副部长李至伦出席会议。

同日 澳门特别行政区筹委会首次主任委员会议于当天下午在港澳中心举行。筹委会主任钱其琛、副主任谢非、马万祺、廖晖、王启人、王英凡、何厚铧、吴福、曹其真、何鸿燊，秘书长陈滋英等出席会议。钱其琛强调完成组织产生推选委员会等九项任务。

5 月 5 日 中共中央发出纪念十一届三中全会召开 20 周年通知。

同日 新华社报道：江泽民主席和俄罗斯联邦总统叶利钦直通保密电话通信线路已正式开通。这是中国领导人同外国领导人之间建立的首条热线电话。

同日 澳门特区筹委会在北京宣告成立。李鹏出席成立大会并向筹委会全体委员颁发了任命书。钱其琛为主任委员，谢非、马万祺等 9 人为副主任委员，特区筹委会委员共 100 名。当天，澳门特区筹委会举行首次全体会议，会议通过了筹委会工作规则，决定设立四个工作小组。筹委会的成立，标志着澳门回归祖国的工作进入实质性阶段。

同日 澳门回归祖国倒计时揭幕仪式当天中午在天安门东侧的革命历史博物馆前举行。

同日 台俄签署双边科技合作协议，并举行科技合作咨商会议。

5 月 6 日 新华社报道：中共中央发出关于印发《中国共产党党和国家机关基层组织工作条例》的通知。条例自下发之日起施行。

同日 江泽民、李鹏、朱镕基等国家领导人会见澳门特区筹委会第一次会议全体委员。江泽民说，筹委会的成立标志着澳门回归准备工作进入新里程。

5 月 7 日 台"经济部"核定，自即日起台商赴大陆投资，投资额在 300 万美元以下的，审查程序将简化。

5 月 8 日 纪念真理标准讨论 20 周年座谈会在北京召开。

5 月 9 日 "复旦大学—新黄浦人类基因工程推进大会"公布，复旦大学科研人员已完成 100 条人类全长新基因的克隆及测序，并获得 40 个有重要功能的人类新基因。

5 月 10 日 新华社报道：中共中央国务院决定建立稽查特派员制度，国务院任命了首批 21 名稽查特派员。

5 月 11 日 由澳葡政府 19 位司厅级官员组成的澳门高级公务员访问团访问北京，国务院港澳办公室副主任陈滋英会见访问团成员，希望澳门现有公务员安心工作，明年澳门回归后留下来，继续为澳门居民服务、为特区政府服务。

5 月 12 日 中国外交部发言人朱邦造在今天的新闻发布会上表示，中国政府对葡萄牙方面采取的维护澳门社会治安和秩序的措施表示支持和合作。

5 月 14 日 新华社报道：国务院机构改革中部委领导班子的组建调整工作圆满完成。这次政府换届和机构改革，涉及 82 个单位领导班子的组建和调整，涉及领导干部 515 名。其中，留任的占 36.1%，新任职的占 48.2%，安排做其他工作和到龄免职的占 15.7%。有 17 名正部长级干部担任副部长职务，有 28 名副部长级干部担任国家局副局长级职务。29 名国务院组成部委正职平均年龄 57.45 岁，国务院直属机构、办事机构、直属事业单位的正职平均年龄 57.44 岁。

同日 新华社报道：近日中国人民银行为支持城镇居民购买自用普通住房，规范个人住房贷款管理，正式推出《个人住房贷款管理办法》。

5 月 14 日—16 日　中共中央、国务院召开国有企业下岗职工基本生活保障和再就业工作会议。

5 月 14 日—30 日　全国政协主席李瑞环访问罗马尼亚、意大利、西班牙和法国。

5 月 15 日—24 日　第 20 届汤姆斯杯和第 17 届尤伯杯羽毛球赛在香港举行。中国女队夺得尤伯杯,成为尤伯杯赛史上第一支六度捧杯的队伍。

5 月 18 日　中葡联合联络小组举行会议,就有关中方参与 1999 年及 2000 年预算编制等问题进行磋商,中方组长韩肇康表示承诺,中方在参与 1999 年预算编制时不会干预澳葡政府的日常行政管理。

5 月 20 日　台“经济部国贸局”宣布,今后台将以一般国际贸易惯例采行的进口货品原产地认定标准,认定大陆地区物品。

5 月 21 日　1997 年度中国电影华表奖颁奖典礼在京举行,荣获本届电影华表奖优秀故事片奖的影片共有 10 部,3 部影片获优秀儿童片奖。第二届夏衍电影文学奖颁奖仪式同时举行。

同日　台“行政院”通过《国防法》草案及《国防部组织法》,确定军政、军令一元化的体制架构。草案规定,“总统”行使统帅权指挥军队,直接命令“国防部长”责成参谋总长指挥执行。

5 月 22 日　第 8 次粤澳公安、保安部门联络官工作会议在澳门召开。历时 3 小时,会议发表公报宣称,粤澳全面合作,打击罪案。

5 月 23 日　在纪念毛泽东同志《在延安文艺座谈会上的讲话》发表 56 周年之际,新华社全文播发江泽民 1995 年 5 月 20 日给参加中国文联“万里采风”活动文艺家们的一封信。自 1995 年春以来,中国文联、各文艺家协会和各地文联组织文艺家进行“万里采风”活动,已连续开展三年。

5 月 25 日　香港特区第一届立法会选举产生,60 位议员在两年任期内行使基本法赋予的职权。

同日　台“陆委会”表示,未来编选地理教材将把北平改为北京,行政区划也将采用大陆现行区界。

5 月 25 日—28 日　以色列总理内塔尼亚胡访问我国。

5 月 26 日　联合国教科文组织驻北京代表在中国人与生物圈国家委员会成立 20 周年纪念大会上宣布:中国已有 4 个新的生物圈保护区得到联合国教科文组织的认定。至此,我国已有 14 个生物圈保护区。

同日　全长 17.1 公里、总投资 11.79 亿元的全国最长公路桥——温州大桥开通。这座桥被列为交通部“九五”重点建设工程。

5 月 27 日　“红军书法家”舒同在北京逝世。

同日　澳门特区筹委会的政务、法律、经济、社会文化四小组在珠海市举行首次会议;同时举行筹委会秘书长会议。秘书长陈滋英表示,筹委会开始进行实际工作。

5 月 28 日　国务院新闻办公室发表《中国海洋事业的发展》白皮书。这份中国政府首次发表的关于海洋方面的白皮书指出,中国是一个发展中的沿海大国。中国高度重视海洋的开发和保护,把发展海洋事业作为国家发展战略。

同日　国内第一条高速电气化铁路——广深线全线建成。它北起广州东站,南至深圳罗湖桥,全长 139.46 公里。

该工程于 1993 年 12 月动工修建。

同日 著名物理学家赵忠尧逝世。

同日 大陆破获台湾间谍案,台"中国两岸民间交流协会"秘书长寇建明、韩岳廷、陈绍瑜和周昌明等 4 人被捕。

5 月 29 日—7 月 30 日 以"珍爱生命,拒绝毒品"为主题的全国禁毒展览在北京举办。这是中国禁毒历史上第一次,也是中华人民共和国成立后,由中国政府首次主办的全国性禁毒展览。

5 月 30 日 我国"长征三号乙"运载火箭在西昌成功地将"中卫—1 号"通信卫星送入预定轨道。"中卫—1 号"卫星,是由美国洛克希德·马丁公司制造、中国东方通信卫星有限责任公司经营的地球同步轨道卫星。

同日 国家重点建设工程项目(北)京郑(州)铁路电气化改造工程全面竣工,将于 1998 年 7 月 1 日正式开通电气化运营。工程北起北京,南到郑州,全长 698 公里,工程开工于 1993 年 7 月。

5 月 30 日、31 日 中国选手在日本鲭江举行的世界杯体操系列赛总决赛上取得 6 枚金牌、1 枚银牌和 2 枚铜牌。

6 月 1 日 《新华每日电讯》报道:瑞士洛桑国际管理开发研究院最新公布的"国际竞争力报告"显示,我国科技竞争力已从 1997 年的第 20 位上升到 1998 年的第 13 位,成为推动我国国际竞争力提高的重要因素之一。

同日 美国防部宣布,将向台湾出售 28 套 F—16 战斗机的导航和瞄准装置及提供相关技术、服务支援,总值约 1.6 亿美元。这些设备将提高台湾 F—16 的夜战能力。

6 月 1 日—5 日 中国科学院第九次院士大会、中国工程院第四次院士大会在北京举行。中科院院长路甬祥在院士大会上第一次明确提出把中国科学院建设成"国家科学思想库"的设想。大会分别修订通过了《中国科学院院士章程》和《中国工程院章程》;选举产生了中国工程院新一届领导机构;两院各学部的常务委员会顺利进行了换届选举;大会选举产生了中国工程院第二批外籍院士 5 名、中国科学院第三批外籍院士 8 名。两院大会决定,中国从今年起在两院院士中实行资深院士制度。年满 80 周岁的两院院士将被授予"中国科学院资深院士"或"中国工程院资深院士"称号。年满 80 岁的院士自动转为资深院士。会议还向 8 位科技专家颁发了第七届陈嘉庚奖,向 14 位科技专家颁发了第二届中国工程科技奖;会议宣布了首批资深院士名单(中科院 145 名、工程院 30 名)。

6 月 2 日 第二期中央委员和候补委员学习邓小平理论和十五大精神研讨班结业。

同日 澳督韦奇立预料今年澳门经济下调,盼望与香港特区政府合作,解决共同面对的经济困难。

同日 台军发言人称,台军"精实案"第二阶段将于 1998 年 7 月 1 日展开,1999 年 6 月 30 日完成。第二阶段的主要目标是组织兼并,完成后的总兵员将由 45 万减为 40 万。

6 月 3 日 朱镕基在国务院召开的全国粮食购销工作电视电话会议上强调,推进粮食流通体制改革、做好当前粮食购销工作,要抓住重点。当前的重中之重是坚决贯彻按保护价敞开收购农民余粮、粮食收储企业实行顺价销售、农业发展银行收购资金封闭运行三项政策,加快国有粮食企业自身改革。

同日 新华社报道:国务院最近发出《关于取消铁路地方建设附加费的通知》,

决定对铁路地方建设附加费进行清理,取消未经国务院批准的铁路地方建设附加费(基金)或车站建设费。

同日　《1997 年中国环境状况公报》发布。

同日　中葡大型基建协调小组举行会议,商定澳门大桥月底动工兴建,争取澳门回归前落成通车。

6 月 5 日　台"行政院长"萧万长称,为因应潜在危机,台将采取五大经济政策:①积极寻求总体经济各部门间的均衡发展;②在强调金融纪律的前提下,持续推动经济自由化和国际化;③积极推动高科技产业发展,拉大与竞争对手的差距;④推动"政府"再造,提升行政效率;⑤加强"政府"之间的沟通,建立危机协调机制。

6 月 6 日　江泽民在参观我国首次举办的大型禁毒展览时说,禁毒斗争是全民族的一件大事,关系到中华民族的兴亡。要在全国范围内广泛开展禁毒教育和禁毒斗争。青少年是我们的未来,要十分重视对青少年的禁毒教育,保护他们的身心健康。

同日　国务院发布施行《粮食收购条例》。

6 月 7 日　新华社报道:我国科研机构逐渐形成市场主体型、混合型、政府主体型三大类。800 家科研机构中,主体型 346 家,占总数 42.9%,其人均经费达 8.7 万元,大大高于其他类型机构;混合型机构 195 个,其机构或职能尚处于改革的过渡期;政府主体型机构 281 个,这类机构的科技经济总体实力较弱。

同日　澳门贸易投资促进局主办的"世界华商聚濠江,开拓经贸新里程"研讨会开幕,300 名华商及 200 名澳门商人出席,澳督韦奇立、中华总商会会长马万祺出席。马万祺致辞,表示澳门要开拓经济对外关系,加强国际联系,吸收外资,解决目前经济困难。

同日　在民进党第八届主席直选中,林义雄高票当选。

6 月 8 日　新华社报道:新中国成立以来国家直接投资最大的高等教育项目"211 工程",目前已基本完成"九五"期间立项审核任务,进入全面建设阶段:在部门预审的基础上,共安排 60 余所高等学校和两个高等教育公共服务体系进行立项建设,安排建设资金 130 多亿元,其中中央专项资金近 28 亿元。

同日　《光明日报》和《经济日报》两大报业集团同日挂牌,成为首批成立的中央级报业集团。这是推进新闻改革的重大举措,也标志着中国报业发展进入了一个新的阶段。

6 月 8 日—10 日　中共中央委员、中共中央对外联络部部长戴秉国与日共中央书记处书记、国际部部长西口光在北京就实现两党关系正常化问题举行了会谈。双方确认,通过这次会谈,两党之间存在的历史问题已经得到基本解决。双方一致同意中国共产党与日本共产党实现关系正常化。

6 月 9 日　中共中央、国务院发出《切实做好国有企业下岗职工基本生活保障和再就业工作的通知》。

同日　国务院总理、国家科技教育领导小组组长朱镕基在中南海主持召开国家科技教育领导小组第一次会议。会议审议并原则通过了中国科学院关于开展"知识创新工程"试点的汇报提纲,讨论了今年实施科教兴国战略的工作要点和安排。

6 月 10 日　国务院发布施行《中华人民共和国核两用品及相关技术出口管制

条例》。

同日　新华社播发中共中央办公厅、国务院办公厅4月18日发布的《关于在农村普遍实行村务公开和民主管理制度的通知》。

同日　新华社报道：国务院最近发出通知，要求在国有中小企业和集体企业改制过程中加强金融债权管理。

6月11日　中国第一条内地与香港合资的地方铁路金（华）—温（州）铁路全线通车营运。工程起自浙西金华市新东孝，终至浙南温州市龙湾区，全长251.5公里，于1992年12月开工。

同日　澳门特区筹委会秘书处澳门办事处举行启用仪式，秘书长陈滋英专程抵澳门主持揭牌仪式。他致辞希望办事处协助筹委会完成筹组澳门特区各项工作。

6月12日　新华社报道：国务院办公厅日前发出关于切实做好扶贫开发工作的通知。通知指出，要在今后三年完成扶贫攻坚任务，必须争取1998年解决1000万以上农村贫困人口温饱问题。

6月13日　台湾地区乡镇市民代表及村里长选举完成，共选出7752位村里长和3726席乡镇市民代表。

6月15日　《人民日报》举行创刊50周年纪念大会。江泽民为《人民日报》创刊50周年题词："坚持正确舆论导向，积极宣传党的理论路线方针政策，发挥全国报纸排头兵作用。"

6月15日—17日　全国城镇住房制度改革与住宅建设工作会议在北京召开。会议确定了深化城镇住房制度改革的四项重点工作。

6月17日　国务院学位委员会召开第16次会议。

6月18日　中宣部、公安部、黑龙江省委在北京联合举办哈尔滨市东莱街派出所先进事迹报告会。东莱街派出所从60年代起，就以"拒腐蚀、永不沾"、"警民鱼水情"和"百家熟"的先进事迹闻名全国公安战线，1997年被国务院授予"人民满意的派出所"光荣称号。

6月19日　国务院第二次全体会议在北京召开。朱镕基指出，各部门的"三定"方案已全部经国务院批准，机构改革进入了实施"三定"的攻坚阶段，人员分流即将开始。国务院部门内设的司局级机构减少200多个，精简了1/4；人员编制总数基本达到了精简一半的预期目标。

同日　1998年世界博览会在葡萄牙里斯本举行，博览会"澳门日"同时举行，澳督韦奇立出席，澳门社会各界代表200多人参加盛会。澳督在会上致辞，表示澳门参与"世博"意义重大，透过博览会，让世界认识澳门。

6月19日—25日　中国共产主义青年团第十四次全国代表大会在北京举行。大会通过关于团十三届中央委员会报告的决议和中国共产主义青年团章程修正案的决议。6月23日，共青团十四届一中全会第一次会议选举周强为团十四届中央委员会书记处第一书记。

6月20日　文化部、广播电影电视总局、中国文联在人民大会堂举行纪念田汉诞辰一百周年座谈会。

6月22日　经中共中央批准，中共中央金融工作委员会正式成立。它是党中央的派出机关，职责是领导、保证、管理、监督、协调，坚持政企分开，不领导金融业务。

6月22日—26日　九届全国人大常委会第三次会议在北京举行。会议通过《中华人民共和国执业医师法》、《中华人民共和国专属经济区和大陆架法》（6月26

日公布,分别自 1999 年 5 月 1 日和 1998 年 6 月 26 日起施行),通过了全国人大常委会关于批准中华人民共和国和蒙古国引渡条约的决定,批准国务院副总理兼外交部长钱其琛代表中华人民共和国于 1997 年 8 月 19 日在乌兰巴托签署的《中华人民共和国和蒙古国引渡条约》。会议还初步审议了村民委员会组织法修订草案,决定把这个草案公布于众,由全民进行讨论。

6 月 24 日　中共中央发布《关于在全党深入学习邓小平理论的通知》。

同日　台"中央社"报道,台将于 7 月 1 日正式实施《大陆地区专业人士来台从事专业活动许可办法》,将申请手续的时间由原来的二三个月缩短为一个月,但在台的停留时间每次不超过两个月,每年不超过四个月的规定不变。

6 月 25 日—7 月 3 日　美国总统克林顿访问我国。访问期间,江泽民主席和克林顿进行了会谈,双方就中美关系和重大国际和地区问题深入地交换了意见,达成了广泛而重要的共识,并在会谈之后,共同会见了中外记者。中美两国元首签署了关于《生物武器公约》议定书的联合声明、中美两国元首关于杀伤人员地雷问题的联合声明和中美两国元首关于南亚问题的联合声明。

6 月 28 日　中央军委近日发布命令,授予第二炮兵某部发射三连"导弹发射先锋连"荣誉称号;授予第四军医大学第二学员大队"模范学员大队"荣誉称号。

同日　澳门特区筹委会四个工作小组在珠海举行第二次会议,指出澳葡政府司级官员华人数量太少,促请葡方加快公务员本地化。

6 月 30 日　新华社报道:中国人民银行决定,从 7 月 1 日起降低金融机构存、贷款利率,并同时降低中央银行准备金存款利率和再贷款利率。此次降息,金融机构存款利率平均下调 0.49 个百分点,贷款利率平均下调 1.12 个百分点。

同日　克林顿访华并在上海与各界人士会晤时首次明确表示美国将不支持"两个中国",不支持台湾独立,不支持台湾重返联合国。

7 月 1 日　香港特别行政区政府在红磡体育馆举行盛大隆重集会,热烈庆祝香港回归祖国一周年。江泽民主席出席大会并发表重要讲话。

7 月 2 日　香港新国际机场开幕典礼隆重举行,江泽民为新机场建成和启用揭幕。当天,江泽民还检阅了中国人民解放军驻香港部队陆海空三军。

同日　国务院下发《关于调整撤并部门所属学校管理体制的决定》,并将河南和江苏两省确定为工作试点省。

同日　香港特区政府宣布香港回归以来首份授勋名单,运动员黄金宝和吴小清名列其中。

同日　江泽民出席香港特区成立一周年大会,致辞表示祖国不会坐视港澳恶势力猖獗,相信当局有能力打击犯罪活动。

7 月 3 日—4 日　江泽民主席在阿拉木图出席中国、哈萨克斯坦、吉尔吉斯斯坦、俄罗斯联邦、塔吉克斯坦五国会晤,并对哈萨克斯坦进行了工作访问。中哈两国元首在会谈结束后签署了《中哈国界补充协定》。

7 月 8 日　经国务院、中央军委批准,解放军总参谋部、总政治部、总后勤部、总装备部日前联合发出通知,向全军印发《军人保险制度实施方案》,我国军人保险制度正式启动。

同日　国务院发布施行《国务院稽查

特派员条例》。

7月9日 经中共中央批准,中共中央大型企业工作委员会正式成立。

同日 新华社报道:国家经贸委和外经贸部近日对我国首例新闻纸反倾销案作出了初步裁定。为了消除倾销进口产品给我国国内产业造成的损害,外经贸部根据调查结果和《中华人民共和国反倾销和反补贴条例》,决定从今年7月10日起,对原产于加拿大、韩国和美国进口到我国的新闻纸实施临时反倾销措施。

同日 经中共中央批准,中共中央大型企业工作委员会正式成立。该委员会是党中央的派出机关,其主要职责是:负责管理国务院监管的大型国有企业和国家控股企业中党的领导职务,以促进党的路线方针政策和党中央、国务院有关精神在大中型企业的贯彻落实;研究探索改革和加强大型国有企业党的领导班子建设;完成中央交办的其他有关工作。

同日 布基纳法索等11国向联合国提案要求重新审议联大2758号决议。9月11日,第53届联合国总务委员会再次否决将台湾参与联合国的提案列入大会议程。56个发言国中,有16国支持,40国反对。

7月9日、14日、28日 新华社报道:我国参加第29届国际中学物理奥林匹克竞赛的代表队再次摘取总分第一名,这是我国自1986年参加这一竞赛以来第六次夺冠;我国黑龙江中学生刘铭钊,在第30届国际中学生化学奥林匹克竞赛中获得金牌,并获个人总分第一,这是我国自1987年组团参加这项竞赛以来第六次荣获个人总分第一名,参赛的其他3名中国选手分获银奖;我国参加第九届国际生物学奥林匹克竞赛的4名选手荣获团体总分第一,这是我国自1993年正式组队参加这项竞赛以来第二次获得团体总分第一。

7月10日 美参议院通过两项支持台湾的决议案,一项促请克林顿总统要求中国大陆放弃对台湾使用武力,另一项则是要求美国以支持修改国际货币基金组织章程方式协助台湾加入基金会及其他经济组织。

7月10日—12日 澳门特别行政区筹备委员会第二次全体会议在人民大会堂举行,通过了筹委会《关于加快澳门公务员本地化的意见》、《关于2000年度澳门财政预算草案编制问题的意见》、《关于澳门社会治安问题的意见》等文件。

7月11日 北京市第一中级人民法院一审审理八一电影制片厂、北京电影制片厂、峨眉电影制片厂等10家电影制片厂诉电影作品著作权被侵犯案,并通过中央电视台进行现场直播。

同日 国家"九五"重点科技攻关项目——新型投影电视机在成都通过国家发展计划委员会组织的专家鉴定。

7月12日 国家计划生育委员会公布的《全国人口与生殖健康抽样调查结果公报》显示:1990年以来全国人口出生率持续下降,1991年以来全国总和生育率稳定在更替水平以下,妇女的平均初婚年龄1997年为23.4岁,较1990年提高了1.5岁。

7月13日 国务院发布施行《非法金融机构和非法金融业务活动取缔办法》。

同日 澳门总督韦奇立应港澳办公室邀请到北京及中国内地访问一周,与有关领导人就澳门平稳过渡、政权交接、社会治安等三大问题进行会谈。着重讨论了澳葡政府公务员本地化特别是司厅级公务员本地化问题。中方表示,希望澳葡政府兑现今年底基本完成司厅级公务员本地化的承诺。

7 月 13 日—15 日　中共中央、国务院在北京召开全国打击走私工作会议,决定对现行缉私体制进行重大改革。

7 月 15 日　国务院总理朱镕基在北京接见澳督韦奇立,表示中葡两国应站得高,看得远,进一步加强合作,本着谱写澳门新篇章的意愿,友好磋商,没有什么问题不好解决。韦奇立盼望中方支持建设澳门深水港码头和广珠铁路延伸至澳门计划。

7 月 16 日　为时 7 天的第三届中国曲艺节在呼和浩特落下帷幕。来自全国各地和部队文艺团体的 230 多名演员展演了他们精心排演的 50 多个曲种的 80 多个曲目。

7 月 17 日　台湾嘉义地区发生 6.2 级地震,农业损失严重。

7 月 17 日—19 日　学习邓小平理论工作会议在北京举行。另据新华社报道:中共中央组织部、中共中央宣传部近日发出关于组织广大党员、干部学习《邓小平党的建设理论学习纲要》的通知。

7 月 18 日　我国制造的“长征三号乙”运载火箭在西昌卫星发射中心再次发射升空,成功地将法国宇航公司为主承制的“鑫诺 1 号”通信卫星送入预定轨道。这是中国长征系列运载火箭发射的第一颗由欧洲国家制造的通信卫星。

同日　为期两天的民进党第八届全代会在台北举行,修正了公职候选人提名条例,改选 30 位中执委和 10 位中常委。

7 月 19 日　经过 9 天激烈争夺,首届世界青年运动会在莫斯科落下帷幕。中国派出 50 名选手参加了 8 个项目的比赛,共获得 21 枚金牌、7 枚银牌和 4 枚铜牌,排在金牌榜第二位。

7 月 20 日　国务院发布施行《城市房地产开发经营管理条例》。

7 月 21 日　新华社报道:国务院近日发出《关于进一步深化城镇住房制度改革加快住房建设的通知》。

同日　澳督韦奇立结束北京、蒙古访问回澳重申,土地基金即特区政府备用款,显示澳门政府设财政储备。

7 月 21 日—22 日　中国人民解放军四总部召开会议,贯彻落实全国打击走私工作会议精神。江泽民在会上指出:中央决定,军队和武警部队对所属单位办的各种经营性公司要认真进行清理,今后一律不再从事经商活动。中央同时决定,地方各政法部门对所属单位办的各种经营性公司也要认真进行清理,今后也一律不再从事经商活动。

7 月 23 日　首届“中国武警十大忠诚卫士”颁奖大会在北京举行。雷敏、吴宏权、热依木江、方红霄、张锁明、严晓新、刘文斌、吴章宏、宁远俊和张殿友获此殊荣。

7 月 26 日　《人民日报》报道:6 月下旬以来,长江干流洪水一直居高不下。自 7 月 21 日起,长江中下游再次出现强降雨过程。长江上游出现了第三次洪峰,出现了继 1954 年之后的第二次全流域性洪水,中下游部分河段和洞庭湖水位接近或超过历史最高水位。党中央、国务院极其重视长江防汛工作。江泽民、朱镕基先后就当前防汛抗洪斗争作出重要指示。

同日　《人民日报》报道:文物考古专家新近在南京东郊发掘的六朝古墓群中,首次发现六朝时期南方士族的家族墓地,同时出土的成组精美玉器随葬品,填补了我国文物考古史上六朝玉器的空白。

同日　澳门新闻界高层人士访穗团共 15 人访问广州市,受到广州市政府的热情接待,并与广州新闻界人士互相交流办报经验。

7 月 27 日　国务院新闻办公室发表

《中国的国防》白皮书。

同日 中国石油、石化集团公司成立。组建两大集团，是中国石油石化管理体制的一项重大改革。

同日 民进党高雄市议员林滴娟随其男友韦殿刚在辽宁省大连市处理商务时，被不法分子非法拘禁。因被注射过量麻痹药药物，林滴娟在送往医院后死亡。"林案"出现后，民进党中央于8月1日召开临时中常会，在张俊雄等5人小组的主导下，发表三点所谓"全面断流"的声明：要求大陆同意海基会人员前往大陆，以人道立场协助家属，并尊重家属对尸体的处理方式，同意民进党派员前往大陆协助家属。并称如果大陆不能善意回应，民进党将责成"立法院"党团与"陆委会"、海基会磋商，不排除施压终止两岸文化、体育交流，以及对大陆官员来台采取严格管制措施。

7月28日 中共中央纪委、中央政法委召开贯彻中央关于军队、武警部队、政法机关不再从事经商活动决定电视电话会议。

同日 新华社报道：中共中央宣传部、解放军总政治部日前在大连联合举行海军优秀舰长柏耀平先进事迹电视报告会。

7月29日 第47届世界射击锦标赛在巴塞罗那落下战幕。中国射击队夺得12枚金牌、10枚银牌和4枚铜牌，打破和创造6项世界纪录，金牌和奖牌总数均列各队之首。

7月30日 第八届文华奖评奖结果正式公布。共评出"文华剧目奖"32个，"文华新节目奖"23个，"文华新剧目特别奖"8个。还评选出70个"文华单项奖"。

7月31日 北京市最高人民法院对原北京市市长、市委书记陈希同贪污、玩忽职守案进行了公开宣判：以贪污罪判处陈希同有期徒刑13年；以玩忽职守罪判处陈希同有期徒刑4年；两罪并罚，决定执行有期徒刑16年。赃物没收上缴国库。陈希同是中华人民共和国成立以来因经济犯罪而受到法律惩处的党政职务最高的干部。

8月1日 中国人民解放军军人伤亡保险正式施行。即日起，军人因战、因公死亡或者致残，除得到原有抚恤金外，还将得到一笔比抚恤金有较大幅度提高的保险金。此项保险，是国家出台《军人保险制度实施方案》后率先施行的第一个军人保险险种。

同日 特区筹委会政务小组在珠海举行，商讨了有关特区政府设立廉政公署、审计署和海关问题，并提出建议如特区政府架构设置主要官员界定等，请特区筹委会第三次全体会议论通过。

8月2日 第四届友好运动会结束。中国队名列第三，共获7金7银6铜。

8月3日 中国外交部长唐家璇在菲律宾参加东盟地区论坛外长会及中国与东盟对话会后返回北京途经香港时，对新闻界发表谈话，阐述了中国政府对印尼华人华侨问题的立场和看法。

8月4日 新华社报道：三千多件（套）从新石器时代到明清时期的中国文物，被英国走私团伙走私出境数年，终于被我有关部门历尽艰辛追索回国，国家的尊严得以捍卫。

8月5日 国务院发布施行《粮食购销违法行为处罚办法》。

8月6日 中共中央、国务院、中央军委发布致全国抗洪军民的慰问电。截至22日初步统计，全国共有29个省（区、市）遭受了不同程度的洪涝灾害，受灾面积3.18亿亩，成灾面积1.96亿亩，受灾人口

2.23 亿人,死亡 3004 人(其中长江流域 1320 人),倒塌房屋 497 万间,各地估报直接经济损失 1666 亿元。江西、湖南、湖北、黑龙江、内蒙古和吉林等省(区)受灾最重。汛情发生后,各级党委、政府按照党中央、国务院的部署,带领和组织广大军民团结奋战。人民解放军和武警部队奉命先后调动 30 余万兵力,日夜奋战在抗洪抢险第一线,110 多名将军亲临一线指挥。社会各界捐款捐物,支援灾区抗洪救灾斗争。

同日 第六、七、八届全国政协副主席邓兆祥在北京逝世。

8 月 7 日 国家"九五"重点工程——兰州—西宁—拉萨光缆干线全线开通。这条通信大动脉,全长 2754 公里,跨越 3 省区,途经县级以上城市 23 个,设置各种局站 33 个,投产初期可提供长途话路 2.1 万多路。

8 月 8 日 国家重点建设项目——北京至郑州电气化铁路正式开通运营。

8 月 10 日 历时三天的中国电影家协会第六次全国代表大会在北京闭幕,选举出了新一届的理事会,谢铁骊当选为中国电影家协会第六届主席。

同日 澳门中华总商会于近日募捐得首批救灾善款 148 万澳门元,送交新华社澳门分社转交给湖北、江西等灾区。

8 月 12 日 "认识澳门,共迎回归"大型图片展览会在厦门市举行,特区筹委,澳门基本法协进会副理事长吴荣恪亲临开幕式,表示澳门顺利回归不成问题。

8 月 14 日 中央军委主席江泽民发布命令,授予 8 月 1 日在湖北省嘉鱼县簰洲湾执行抢险救灾任务中,为抢救人民群众和战友而英勇献身的空军某高炮团政治指导员高建成"抗洪英雄"荣誉称号。

同日 国家体育总局游泳运动管理中心在北京公布了《全民健身游泳锻炼标准》。它属于基础性普及标准,分为一级(飞鱼)、二级(鲸鱼)、三级(海豚)和四级(海豹)4 个等级,达标者可获得相应的等级证书和证章。

8 月 15 日 澳门各界踊跃捐款逾 1125 万澳门元送交新华社澳门分社转交灾区救灾,体现澳门同胞血浓于水、休戚与共的深切情谊。王启人赞扬澳门同胞的热情难能可贵。

同日 《澳门日报》成立 40 周年,报社举行庆祝宴会,近千人出席,澳督韦奇立、新华社澳门分社社长王启人出席。他们分别致辞,赞扬《澳门日报》对澳门贡献良多。社长李成俊向海内外给予报社的支持和友好表示感谢和敬意。

8 月 18 日 期限 30 年的 2700 亿元特别国债今天开始发行。筹集的资金将用于拨补国有独资商业银行资本金。

8 月 19 日 中葡联合联络小组举行第二次组长会议,讨论 1999 年公众假期达成共识。

8 月 20 日 我国自行研制的"长二丙"改进型运载火箭在太原卫星发射中心点火升空,将美国摩托罗拉公司"铱星"系统的两颗补网星送入预定轨道。这是我国圆满完成铱星组网发射任务后成功实施的铱星第一次补网发射。

8 月 20 日—24 日 中国道教协会第六届全国代表会议在北京举行。会议选举产生了中国道教协会会长闵智亭等 11 人组成的新一届领导班子,通过了中国道教协会第五届常委会工作报告和新修改的《中国道教协会章程》等文件。

8 月 21 日 据《中国时报》报道,台对美军购政策将作重大调整,改以采购"软体"为主。

8 月 22 日 国民党十五届二中全会

在台北开幕。

8月24—29日 第九届全国人大常委会第四次会议在北京召开。会议通过了高等教育法和土地管理法,通过决定加入《国际植物新品种保护公约(1978年文本)》,批准常规武器公约所附的修正的地雷议定书和附加议定书。

8月26日 中国银行澳门分行举行总经理交接招待酒会,中国银行行长王雪冰亲临主持仪式,澳门总督韦奇立、新华社澳门分社社长王启人出席。王雪冰宣布朱赤为澳门分行总经理,并在会上宣称,人民币不存在贬值可能性。

8月27日 新华社报道:国务院日前下发文件,批转公安部关于解决当前户口管理工作中几个突出问题的意见。

8月28日 中国第一条时速200公里电气化铁路——广深电气化铁路全线建成。它西起广州东站,东到罗湖桥,与广九铁路相接,全长139.46公里。

同日 中国第一列时速200公里的"新时速"旅客列车从广州至九龙开始运营,这标志着中国铁路客运提速又翻开新的一页。

同日 澳门社会协调常设委员会举行临时会议,讨论澳门失业率高等问题,宣称目前澳门失业率达到4.7%。经济暨协调政务司贝锡安重新检讨劳动就业市场,认为减少外劳以舒缓失业工人的困难。

8月29日 江泽民主席签署第8号主席令,发布经过修订的《土地管理法》。本法自1999年1月1日起施行。新《土地管理法》将以一种新型的土地用途管制制度取代长期以来中国实行的土地分级限额审批制度。

8月30日 我国第一条跨海铁路——粤海铁路通道全面开工。粤海铁路通道北起粤西重镇湛江,穿越雷州半岛,铁路轮渡横跨琼州海峡与海南岛西部既有铁路接轨,直达三亚,是全国铁路今年十大开工重点项目之一。

8月31日—9月5日 中国妇女第八次全国代表大会在北京召开。会议提出了到2010年中国妇女发展的总目标、今后5年中国妇女运动的指导思想和主要任务,修改了《中华全国妇女联合会章程》。会议向全国各族各界妇女发出了"姐妹携手,共建家园"的倡议书。会上,全国妇联向全国妇女发出"巾帼创新业"的号召。

9月1日 中共中央办公厅、国务院办公厅发出《关于增收节支制止浪费支援抗洪救灾工作的通知》。

同日 经国务院批准,四川省在全国率先启动天然林资源保护工程。即日起,四川省西部原始天然林区全面停止砍伐,关闭林区原木加工企业和木材交易市场,4万多名森工企业职工分别转向造林、护育林和多种经营。

9月3日 新华社报道:全国养老保险制度改革推出重大举措,基本养老保险行业统筹全部移交地方管理。

同日 特区筹委会举行为期3天14场的大规模咨询活动,向300多个社团咨询推委产生办法。

9月3日—6日 江泽民考察湖南、江西、黑龙江的抗洪救灾和恢复生产、重建家园工作。10日,据新华社报道:经长江、松花江和嫩江沿线灾区政府机关和卫生单位共同奋斗,协同工作,各受灾地区没有发生大的疫情,抗灾防病取得了阶段性胜利。

9月6日 第九届世界蹼泳锦标赛在哥伦比亚卡利市落下帷幕,中国队在24个项目的比赛中共夺得16枚金牌、9枚银牌、3枚铜牌,取得了金牌总数、奖牌总数、团体总分三个第一的优异成绩。

9月10日　江泽民邀请全国妇联新一届领导班子成员和妇女八大部分代表在中南海座谈。

9月11日　第53届联合国大会总务委员会决定,不把尼加拉瓜等极少数国家提出的所谓台湾"重返"联合国的提案列入本届联大议程。这是台湾当局"重返"联合国的图谋自1993年以来第六次遭到失败。

同日　第46届军事五项世界锦标赛在北京举行,其规模超过以往任何一届。中国队摘取4项桂冠,并打破男女团体、女子个人3项世界纪录。

9月12日　中国美术家协会第五次全国代表大会在北京闭幕。与会代表选举产生了中国美协新的一任理事会和主席团。

9月13日　中央军委主席江泽民发布命令,授予南京军区安徽省安庆军分区司令部勤务队汽车班专业军士吴良珠"抗洪钢铁战士"荣誉称号。

9月14日　伟大的无产阶级革命家、政治家、军事家,坚定的马克思主义者,党、国家和人民军队的卓越领导人杨尚昆同志在北京逝世,享年92岁。

同日　国家主席江泽民在北京会见联合国人权事务高级专员玛丽·罗宾逊夫人。双方就加强、促进和保护人权领域的国际合作等问题进行了友好交谈。

9月15日　中国高教管理体制改革推出重大举措,由原浙江大学、杭州大学、浙江农业大学和浙江医科大学四校合并组建的新的浙江大学在杭州宣告成立,校长由中国工程院院士、计算机专家潘云鹤担任。

同日　美国传统基金会就"三不"问题和美对两岸政策举行研讨会,参议院能源委员会主席穆尔科斯基宣称美国国会对两岸政策有另外的"三不",即不应接受对两岸歧义的任何非和平的解决,不应迫使台北与北京谈判,不应背弃民主的台湾人民。

9月16日　新华社报道:国家外汇管理局新闻发言人近日表示,中国有信心有能力使人民币汇率继续保持稳定。

同日　徐文良等10名记者荣获第三届范长江新闻奖。

同日　为时一周的第46届军事五项世界锦标赛在北京结束。中国军人独揽男、女团体金牌,包揽了男女个人赛的前三名,并打破了男、女团体总分和女子个人总分世界纪录。

9月18日　西藏羊卓雍湖抽水蓄能电站通过国家组织的竣工验收,由武警水电部队正式移交到西藏人民手中。

同日　钱其琛在北京澳门特别行政区筹委会第三次全体会议上宣布,澳门回归后将派驻适量、精干的军队。

9月18日—19日　澳门特别行政区筹备委员会第三次全体会议在北京举行。会议通过三个文件,决定在澳门特别行政区设立廉政公署、审计署和海关,并对解决澳门公务员退休金问题提出意见,对澳门2000年公众假日作出安排。

9月20日　中国科学技术大学喜庆建校40周年。中国科技大学1958年9月20日创立于北京,1970年迁址安徽合肥,是我国高尖端科技人才培养和基础研究的重要基地。

同日　李炳彦等9人荣获第三届韬奋新闻奖。

9月21日　新华社报道:由江苏省农科院培育的两系法亚种间杂交中稻新组合,在大面积试种示范中显示了高产、优质、多抗等特性,达到国际水稻学界提出的"超级稻"指标,可望成为长江流域和黄淮地区一季中稻的新一代优良品种。

9月22日 各民主党派中央领导人在北京隆重举行各民主党派响应中共"五一"口号,为建立新中国而奋斗50周年纪念座谈会。1948年4月30日,中共中央发布"五一"口号,号召"各民主党派、各人民团体、各社会贤达迅速召开政治协商会议,讨论并实现召集人民代表大会,成立民主联合政府"。各民主党派纷纷通电或发表公告,热烈响应中共中央的历史性号召,并于下半年接受中共中央的邀请,相继派代表分赴河北省平山西柏坡解放区和哈尔滨,后又汇集北京参加筹建新中国的工作。

9月22日—23日 《人民日报》报道:据国家统计局统计,从1979年以来的19年间,我国国内生产总值(GDP)由3624.1亿元人民币猛增到74772.4亿元,按可比价格计算,平均每年增长9.8%。并于1995年提前5年实现了GDP比1980年翻两番的计划目标。到1997年,我国经济总量已居世界第七位,增长速度居世界首位。同期,人均GDP由379元提高到6079元,剔除价格因素,平均每年实际增长8.4%。农村居民家庭人均纯收入由1978年的133.6元,提高到1997年的2090.1元,扣除价格因素,实际增长3.4倍,平均每年增长8.1%,比1953—1978年的年均增长速度3.3%快4.8个百分点。城镇居民家庭人均可支配收入由1978年的343.4元,提高到1997年的5160.3元。扣除价格因素,实际增长2.1倍,平均每年增长6.2%,比1953—1978年的年均增长速度1.1%快5.1个百分点。

9月24日 《人民日报》报道:我国1978年外贸总额位居世界第27位,进出口总额仅为206亿美元。到1997年,进出口贸易总额达3251亿美元,比1978年扩大17.7倍,年均增长15.6%,列世界第十位。中国的外汇储备1978年仅有1.67亿美元,到1997年底达1399亿美元,居世界第二位。

同日 《人民日报》报道:改革开放的20年里,我国出国留学人数已近30万人,他们分布在103个国家和地区。20年间,留学回国人数达到9.6万人。据统计,在中国工程院的院士中,有157人是近十年来回国的留学人员,比例为51.6%。

9月25日 江泽民在安徽合肥考察时就我国农业和农村工作发表重要讲话。

同日 北京集会庆祝中国社会科学院研究生院建院20周年。江泽民为研究生院题词:"把中国社会科学院研究生院办成一流的人文社会科学人才培养基地。"社科院研究生院20年来共为国家培养了博士研究生893名,硕士研究生2235名。

9月27日 新华社报道:国务院近日发出通知,要求进一步加强外汇外债管理,开展外汇外债检查。

9月28日 中共中央、国务院在北京隆重举行全国抗洪抢险总结表彰大会。

9月29日 新华社报道:国家统计局最近制定了《关于统计上划分经济成分的规定》,将我国经济成分划分为两大类别,共五种成分类型。第一大类为公有经济,包括国有经济和集体经济两种成分类型;第二大类为非公有经济,包括私有经济、港澳台经济、外商经济三种成分类型。

9月30日 第15届中国戏剧梅花奖在杭州颁奖,来自全国戏剧界的26名优秀戏剧演员获得此项殊荣。

同日 新华社澳门分社举行盛大国庆酒会,澳督韦奇立及各界人士1000多人出席。

10 月 1 日 新华社报道：据国家统计局提供的资料，到 1997 年底，我国运输线路总里程达 284 万公里，比 1978 年增长 1.3 倍。其中，铁路营业里程 5.76 万公里，公路通车里程 122.6 万公里，民航航线里程 142.5 万公里，管道里程 2 万多公里。1997 年底，铁路复线率超过 33％，电气化率近 21％。民用汽车拥有量达到 1219 万辆，机运运输船舶净载重吨位达 3875 万吨，民用飞机达到 770 架，沿海主要港口新增码头泊位 1201 个，新增万吨级泊位 312 个。

同日 中国人民解放军即日起使用新的《军官证》和《文职干部证》。新的《军官证》和《文职干部证》是证明中国人民解放军现役军官身份的有效证件。

10 月 2 日 新华社报道：截至 1997 年底，全国通过"两基"验收的县为 1882 个，人口覆盖率已达 65％以上。普及初等义务教育的地区达 91％，小学学龄儿童入学率已接近 99％。初中在校学生数达到 5167.8 万，比 1980 年增加 14％。1997 年，高中阶段职业教育在校学生数已达 1089.5 万，比 1980 年增长了 3.8 倍，占全部高中阶段在校生的比重超过了 50％。1997 年普通高等学校招生为 100 万人，比 1978 年增加了 1.5 倍，在校生 317.4 万人。20 年来，共培养本专科毕业生 910 万人。成人教育 20 年来共培养毕业生约 1000 万人。

10 月 3 日 《人民日报》报道：中国工业从 1978 年到 1997 年以年均 12％的增长速度取得了举世瞩目的发展成就。到 1997 年底，全部工业企业资产总额近 11.6 万亿元，比 1978 年增长 26.6 倍；完成工业增加值 3.2 万亿元，比 1978 年增长 7.6 倍；实现利税 7602 亿元，增长 7.3 倍。

同日 新华社报道：1981—1997 年，我国共取得重大科技成果 43.6 万项，其中达到国际先进水平的 7.4 万项，应用科技成果 35 万项。1997 年国有企事业单位拥有专业技术人员 2049.5 万人，全国从事科技活动人员 262 万人，其中科学家工程师 168 万人。

10 月 4 日 新华社报道：目前全国已有七成农民签订了第二轮土地延包合同。

10 月 5 日 中国常驻联合国代表秦华孙代表中国政府在联合国总部签署了《公民权利和政治权利国际公约》。

10 月 6 日 公安部新闻发言人宣布，经国务院批准，我国又有五县一区对外国人开放。至此，我国对外国人开放地区已达 1336 个。

10 月 6 日—10 日 英国首相托尼·布莱尔访问我国。中英双方发表了联合声明。

10 月 7 日 江泽民结束为期 4 天的对江苏、上海、浙江的考察。

同日 中共中央、国务院、中央军委在北京召开为时两天的军队武警部队政法机关不再从事经商活动工作会议结束。

同日 朱镕基视察中央电视台时赠给编辑、记者们四句话："舆论监督，群众喉舌，政府镜鉴，改革尖兵。"

10 月 8 日 中央军委在北京隆重举行全军抗洪抢险庆功表彰大会。会上，江泽民等党和国家领导人向被中央军委授予荣誉称号和记功，以及解放军总部通报表彰的先进单位和个人代表颁发了奖旗、奖状、证书和军功章。

同日 《文汇报》报道：日前在葡萄牙锡图巴尔举行的第十届国际信息学奥林匹克竞赛中，有 66 个国家和地区的代表队参赛，我国派出的 4 名选手获得 3 块金牌和 1 块银牌。

同日 广东省公安边防两个中队进驻珠海横琴,以保障粤澳边境的安宁。

同日 澳门保安政务司孟明志率代表团访问北京。

10月9日 中央纪委、监察部新闻发布会宣布,中央纪委会同原国家土地管理局,在广东省纪委及有关部门的协助下,严肃查处了广东省人大常委会原副主任于飞利用职务之便,为其子女开办的香港德成公司在非法受让、转让土地使用权中牟取私利的案件。中央纪委决定并经中共中央批准,开除于飞的党籍。中央纪委近日就此发出了通报。

同日 中国电视事业暨中央电视台诞生40周年大会在北京举行。目前,中央电视台8套节目,每天平均播出160多个小时。中央电视台的节目能覆盖全球98%的国家和地区。

同日 公安部长贾春旺在北京会晤澳门保安政务司孟明志。

10月12日 新华社报道:中国科学院实施知识创新工程的首批12项试点工作将在今年内全部正式启动。12项试点工作共涉及34个研究所,占科学院122个研究所的近1/3。

同日 中国女队在俄罗斯埃里斯塔进行的第33届奥林匹克国际象棋团体赛最后一轮比赛中,以29分夺得本届比赛的冠军。

10月12日—14日 中共十五届三中全会在北京举行。会议审议通过了《中共中央关于农业和农村工作若干重大问题的决定》。

10月13日 国务院决定取消在全国范围开展财税物价大检查这种形式。1985年至1997年连续开展了13年财税物价大检查,共查处各种违纪资金2044亿元。随着改革的不断深入,大检查也逐渐暴露出某些难以避免的局限性。

10月14日 台海基会董事长辜振甫以参访的名义率海基会大陆参访团抵达上海。访问期间,江泽民总书记和钱其琛副总理分别会见了辜振甫一行。这是两岸分离49年来,两岸中国人第一次在自己的土地上进行的最高层级的接触。汪辜两位授权代表再次会晤并达成"四点共识"。19日,访问结束。对辜振甫大陆行,岛内三党各有评价:国民党表示肯定,认为对未来两岸关系有积极意义;民进党认为双赢,为缓和僵局跨出了和解的一步;新党则认为在成员组织安排和原则设定等方面不妥。

同日 台"经济部"投资审议委员会公布,放宽台商对大陆投资项目,将"专案审查类"中的60项产品修正为"准许类",其中包括宝石、贵金属、机械用具、电机设备、车辆零件等。

10月14日—19日 台湾海基会董事长辜振甫夫妇率海基会参访团在祖国大陆参观访问,15日,海峡两岸关系协会会长汪道涵和辜振甫及有关人员,在上海通过交换意见,达成四点共识。

10月15日—18日 亚洲和太平洋地区议员环境与发展大会第六届年会在桂林市举行。李鹏委员长到会发表演讲。

同日 由万名太极拳爱好者组成的方阵在天安门广场表演了24式太极拳,并首次通过卫星向世界转播,成为中国武术史上最壮观的一幕。

10月16日—19日 中国残疾人联合会第三次全国代表大会在北京举行。邓朴方再次当选为中国残联主席。会议通过了关于中国残联章程(修正案)的决议。

10月18日 为期4天的'98世界中学生运动会在上海举行。中国中学生体育代表团共获金牌41枚、银牌28枚和铜牌 17 枚,成绩遥居各队之首。来自 28 个国家和地区的选手展开激烈竞技。

同日　新华社报道:经国务院批准,同意将雅鲁藏布江大拐弯峡谷命名为雅鲁藏布大峡谷,其罗马字母拼写为 Yarlung Zangbo Daxiagu。地处藏东南的深 5382 米、长 496 公里的雅鲁藏布大峡谷,是 1994 年初,经我国科学家和新闻工作者共同合作,被发现为世界第一大峡谷的,并于同年 4 月 16 日经过科学论证,得到确认。

10 月 19 日—23 日　越南总理潘文凯访问我国。

10 月 19 日—24 日　中国工会第十三次全国代表大会在北京举行。尉健行再次当选全国总工会主席。

10 月 20 日　由共青团中央、中央组织部、科学技术部、人事部主办,中华全国青年联合会、中国青少年发展基金会承办,国家自然科学基金委员会协办的第四届"中国青年科学家奖"揭晓。

同日　澳门路环监狱 200 多名囚犯绝食抗议。

10 月 22 日　江泽民致信中共中央党史研究室:"学习理论要同了解历史实践、总结历史经验结合起来。我们党领导人民进行革命、建设和改革的历史,是一部蕴含和体现马列主义、毛泽东思想和邓小平理论的活生生的教科书。""我希望各级党委重视党史工作,充分发挥党史资政育人的作用。从事党史工作的同志,要看到自己肩上的责任,拿出更多的成果,来纪念十一届三中全会 20 周年,迎接新中国成立 50 周年和新世纪的到来。"

同日　何梁何利基金在北京举行 1998 年度颁奖大会。

10 月 23 日　中央军委在人民大会堂举行座谈会,隆重纪念德高望重的老一辈无产阶级革命家、政治家和军事家,党、国家和军队的杰出领导人,中国人民解放军的缔造者之一,中华人民共和国的开国元勋彭德怀同志诞辰一百周年。

同日　伦敦国际战略研究所称,台湾 1997 年军品对外采购金额超过 70 亿美元,位居世界第二,仅次于沙特。

10 月 25 日　宁夏各族各界 5000 人集会庆祝宁夏回族自治区成立 40 周年。中央代表团团长温家宝出席庆祝大会并发表讲话。中共中央、全国人大常委会、国务院、全国政协、中央军委致贺电。

同日　国务院发布施行《事业单位登记管理暂行条例》、《社会团体登记管理条例》、《民办非企业单位登记管理暂行条例》。

同日　第九届"中国十大杰出青年"在济南市颁奖。

10 月 26 日　纪念刘斐诞辰一百周年座谈会在人民大会堂举行。李瑞环出席座谈会。

同日　信众迎福建湄洲妈祖驾临澳门巡游。

10 月 27 日—11 月 4 日　九届全国人大常委会第五次会议在北京举行。会议通过了修订后的《中华人民共和国村民委员会组织法》(11 月 4 日公布施行)和全国人大常委会关于修改收养法的决定(11 月 4 日公布,自 1999 年 4 月 1 日起施行)。通过了全国人大常委会关于增加《中华人民共和国香港特别行政区基本法》附件三所列全国性法律的决定、关于批准《中华人民共和国和吉尔吉斯共和国引渡条约》的决定、关于批准 1998 年《中华人民共和国和哈萨克斯坦共和国关于中哈国界的补充协定》的决定、关于批准《制止在用于国际民用航空的机场发生的非法暴力行为以补充 1971 年 9 月 23 日订于蒙特利尔的制止危害民用航空安全的非法行为的公约的议定书》的决定。

10 月 28 日 朱镕基主持召开国家科技教育领导小组第二次会议，听取并讨论教育部拟订的《面向 21 世纪教育振兴行动计划》。会议原则通过了这个计划。

10 月 29 日 台"行政院"通过"1998 年起每年大陆地区人民在台湾居留数额表"，增加台在大陆配偶到台居留数至 2400 人。

10 月 30 日 澳葡政府公布 7—9 月份的失业率升至 5.3%，为历史新高。

10 月 31 日 葡萄牙航空公司里斯本至澳门航班停航，澳门再无直航欧洲大陆航班。

11 月 2 日 中国同汤加王国今日起建立大使级外交关系。

同日 台"外交部"宣布终止与汤加王国的"外交"关系，召回驻汤加"大使"并终止与汤加各项协定与合作关系。

11 月 4 日 新华社报道：新中国成立以来发生的全国第一大税案——浙江省金华县巨额虚开增值税专用发票案，受到有关方面严肃查处。涉及此案的党员干部分别受到党纪、政纪、法纪的追究。自 1994 年 5 月至 1997 年 4 月，金华县共有 218 户企业参与虚开增值税专用发票，开出发票 6000 余份，虚开价税总额 6.4 亿余元，骗取国家税收 8900 余万元。1999 年 3 月 7 日，"金华税案"两名主犯胡银峰、吕化明被核准死刑，于当天在当地执行。

11 月 6 日 新华社报道：国务院批准 50 亿元赈灾专项福利彩票开始在全国发行，这是中国首次开展福利彩票专项募集工作，标志着中国彩票事业的发展进入了一个新阶段。

11 月 6 日—7 日 澳门特别行政区筹备委员会第四次全体会议在珠海举行。会议审议通过了《中华人民共和国澳门特别行政区第一届政府推选委员会具体产生办法》等文件。

11 月 8 日 新华社报道：自 1978 年到 1998 年上半年，我国累计生产粮食 82.127 亿吨。粮食产量年均增长速度达 2.7%，远远超过人口增长速度。人均粮食产量现为 400 公斤，比 1978 年的 318.7 公斤增长了 28%，比 1949 年的 208.9 公斤增长了近 1 倍。我国粮食总产量相继登上了 3.5 亿吨、4 亿吨、4.5 亿吨三个台阶，1996 年更突破了 5 亿吨大关，成为世界最大的粮食生产国。

11 月 9 日 经过八年筹划、编撰，中国第一部系统全面的文化通志——《中华文化通志》全部出齐。《中华文化通志》共 101 卷、4000 余万字，由上海人民出版社出版。

11 月 11 日 中国就美国政府近日派遣能源部长理查森访问台湾，及允许达赖喇嘛访美并安排其会见美领导人，向美国政府提出抗议。

同日 台北股市大跌至 6700 点，并连带期货市场一跌再跌。13 日，台"财政部"推出稳定股市五大措施。

11 月 11 日—15 日 韩国总统金大中访问我国。

11 月 12 日 新华社报道：迄今为止全国最大的企业破产案——黑龙江省阿城糖厂破产案，在哈尔滨市结案。

11 月 13 日 中央统战部和教育部在人民大会堂举行座谈会，隆重纪念朱自清先生诞辰一百周年。

11 月 15 日 新华社报道：中共中央、国务院最近作出决定，对中国人民银行管理体制实行改革，撤销省级分行，组建天津、沈阳、上海、南京、济南、武汉、广州、成都和西安 9 个跨省（自治区、直辖市）分行。

同日　新华社报道：中共中央、国务院最近决定，从今日起，党和国家主要领导人出访的送迎均在人民大会堂进行，参加送迎的领导同志相应减少；其他党和国家领导人出访，一般只安排部门负责同志送迎；领导人出访送迎的新闻报道也作了简化。

同日　中国空军八一飞行表演队首次参加国际性航展，标志着中国空军飞行表演开始走向世界。

同日　第69届男子和第12届女子世界举重锦标赛经过6天鏖战在芬兰结束。中国选手共夺得14枚金牌、8枚银牌和5枚铜牌，名列金牌和奖牌总数第一，并6次打破世界和世界青年纪录。中国女队共夺13枚金牌、4枚银牌和2枚铜牌。

同日　第18届中国电视剧"飞天奖"评选结果揭晓，《水浒》、《人间正道》等72部作品获奖。"飞天奖"于1980年创办。

11月17日　经国务院批准，由宝钢、上海冶金、梅山三家钢铁企业联合组建的上海宝钢集团公司在上海正式成立。

11月17日、25日　新华社报道：我国法官、检察官等级评定工作全面展开，这标志着我国法官、检察官等级制度正式实行。

11月18日　亚太经合组织第六次领导人非正式会议在吉隆坡举行。中国国家主席江泽民出席会议。与会领导人通过了《走向21世纪的亚太经合组织科技产业合作议程》，这个文件是根据江泽民去年在温哥华会议上提出的建议而制定的。

同日　中国保险监督管理委员会成立大会在北京举行。

11月19日　云南省宁蒗彝族自治县连续发生里氏5.0和里氏6.2级两次地震，震中附近损失严重。灾情发生后，抗震救灾工作有条不紊地进行。

11月20日　中共中央在人民大会堂举行大会，纪念刘少奇同志诞辰一百周年。

同日　第45届格兰披治大赛车举行。

同日　台"外交部"宣布，与马绍尔群岛共和国"建交"。

11月21日　中共中央、国务院印发《关于实行党风廉政建设责任制的规定》。

同日　中共中央作出关于在县级以上党政领导班子、领导干部中深入开展以"讲学习、讲政治、讲正气"为主要内容的党性党风教育的意见。

同日　台"内政部"民政司长纪俊臣表示，"精省"政策将朝"福建省化"规划，未来的台湾省府组织将以设置直属、幕僚、业务三机关为设计方向，省府原29个厅、处、会将一律裁撤。

11月22日　国家税务总局公布河北省南宫市虚开增值税专用发票大案，共查出虚开增值税专用发票17587份，涉及全国35个省、自治区、直辖市和计划单列市，虚开发票金额10.65亿元，造成国家税款流失1.37亿元。

同日　第7届中国金鸡百花电影节落下帷幕。第18届中国电影金鸡奖和第21届大众电影百花奖已分别揭晓。

11月22日—25日　国家主席江泽民访问俄罗斯。23日，江泽民同俄罗斯总统叶利钦举行非正式会晤后，发表了关于世纪之交中俄关系的联合声明。24日，江泽民在新西伯利亚科学城会见科技界人士时发表了讲话。

11月23日　《中华人民共和国台湾同胞投资保护法实施草案》起草工作完成。

同日　为期两天的亚洲银行协会第15届年会在台北市圆山饭店举行。

11月25日　新华社报道：中华民族

基因组结构和功能研究项目论证会日前在上海第二医科大学结束。我国人类基因组研究已取得重大进展：由上海、北京、昆明等地16个科研单位联合开展的中华民族基因组若干位点基因结构的研究，已在基因多样性和疾病基因及功能基因的定位克隆、结构和功能研究方面取得一批国际水平的研究成果。

同日 北京市正式向中国奥委会递交了申办2008年奥运会的申请书，正式拉开了北京再次申办奥运会的序幕。

11月25日—30日 国家主席江泽民访问日本。26日，中日双方发表了关于建立致力于和平与发展的友好合作伙伴关系的联合宣言。28日，江泽民在早稻田大学发表了题为"以史为鉴 开创未来"的演讲。

11月26日 台向法国采购的60架幻影战斗机全部交货完毕，台幻影战机联队正式成军服役。

11月26日—27日 全国城镇职工医疗保险制度改革工作会议在北京召开。会议决定，自1999年起，在全国范围内进行城镇职工医疗保险制度改革，于当年底完成。与此同时，已实行40多年的公费医疗和劳保医疗制度将自动取消。

11月27日 新华社报道：中国科学家在辽宁省北票地区发现了距今约1.45亿年的世界上最早的被子植物化石——辽宁古果，在国际古生物学界引起轰动。这一重大发现人是首席科学家、中科院南京地质古生物所孙革等人。

11月28日 中国大型农业产业化项目——金河工程在内蒙古自治区启动。该项目完成后，将形成一个以兽药生产为龙头，种植业、养殖业、加工业联动发展的大型农业产业化基地。工程总投资35亿元，预计10年完成。

同日 亚洲最大的客车生产基地在宇通建成。

11月29日 国务院发布施行《建设项目环境保护管理条例》。

12月1日 新华社报道：中共中央国务院决定，改革工商行政管理体制，省级以下机关实行垂直管理。改革的基本内容包括机构管理、编制管理、干部管理和经费管理四方面。

同日 新华社报道：中共中央办公厅、国务院办公厅最近发出通知，严禁党政机关到风景名胜区开会。

同日 二滩水电站头两台机组暨送变电工程正式投产。总投资285亿元的二滩水电站是我国实施雅砻江流域滚动开发的第一个大型梯级电站，其规模仅次于长江三峡工程。

同日 中国人民银行和国家外汇管理局决定从今日起，在全国范围内取消外商投资企业外汇调剂业务，外商投资企业的外汇买卖均纳入银行结售汇体系。

同日 台首枚商用通讯卫星"中新一号"启用。

12月2日 新华社报道：《邓小平论十一届三中全会》、《邓小平思想年谱（一九七五——一九九七）》已由中央文献出版社出版。

12月3日 北京颐和园和天坛被联合国教科文组织世界遗产委员会正式通过列入世界遗产名录。至此，中国的世界遗产总数已达21处，在数量上与印度并列世界第四位。

12月5日 中共中央召开电视电话会议，部署1998年、1999年在县以上各级党政领导班子和领导干部中开展以"讲学习、讲政治、讲正气"（"三讲"）为内容的党性党风教育。

同日 由极端"台独"分子张灿鍙担

任市长的台南市就统一问题举行"公民投票",有 12 万人参加,78% 的人不赞成中国统一。12 月 9 日,中台办、国台办发言人就此发表谈话,强烈谴责这种分裂祖国的行动。

同日　台湾举行第四届"立法委员"、第二届"直辖市长"及"市议员"的"三合一"选举结果揭晓。选举以国民党"立法院"实质过半和夺回台北市长的胜利而告终。

12 月 6 日　《毛泽东选集》(1—4 卷,第二版)壮文版在广西壮族自治区南宁市出版发行。

同日　中国公安部长助理兼国际刑警组织中国国家中心局局长朱恩涛抵澳门访问。

12 月 6 日—20 日　第 13 届亚洲运动会在曼谷举行。中国运动员在本届亚运会上共夺得 129 枚金牌,77 枚银牌,68 枚铜牌,实现了金牌总数和奖牌总数两个第一。

12 月 7 日　中国人民银行从今日起降低金融机构存、贷款利率,并同时降低中央银行准备金存款利率和再贷款利率。此次降息,金融机构存款利率平均下调 0.5 个百分点。

12 月 7 日—9 日　中共中央、国务院召开中央经济工作会议。江泽民在会上回顾了 1998 年的经济工作,分析了当前经济形势,提出了 1999 年经济工作的总体要求、重点工作和需要把握的重大问题。朱镕基就明年经济工作部署作了讲话。

12 月 8 日　新华社报道:由安徽省农科院水稻所等单位攻关选育成功的水稻新组合——"协优 57"日前通过专家鉴定。中国工程院院士袁隆平认为,协优 57 是三系中籼杂交稻育种上的新突破。

同日　湖南医科大学"中国医学遗传学国家重点实验室"宣布,这个实验室在国际上首次克隆成功神经性耳聋疾病基因。

同日　朱恩涛结束访问澳门转回珠海。

12 月 10 日　中共中央组织部、中共中央宣传部、国家经贸委在北京联合召开学习吉林化纤集团董事长、党委书记傅万才同志座谈会。宋平在座谈会上指出,傅万才同志的事迹和吉林化纤的经验给全国的国有企业克服困难,走出困境树立了信心。

同日　新华社报道:中国工业经济联合会全国会员代表大会日前在京举行。会议推举吕东为名誉会长,林宗棠当选为会长。

同日　著名核物理学家、中国核科学的奠基人和开拓者之一、中国科学院资深院士、九三学社中央名誉主席王淦昌同志因病在北京逝世,享年 91 岁。

同日　李登辉任命赵守博为台湾省政府委员兼主席。

12 月 10 日—15 日　蒙古国总统那楚克·巴嘎班迪访问我国。

12 月 11 日　广西各族各界群众 25000 人在南宁集会,庆祝广西壮族自治区成立 40 周年。中央代表团团长吴邦国出席庆祝大会并发表讲话。中共中央、全国人大常委会、国务院、全国政协、中央军委致贺电。

12 月 11 日　中国中止与马绍尔的外交关系。

12 月 12 日　第 16 届"中国电视金鹰奖"颁奖。由中国文联和中国电视艺术家协会主办的"中国电视金鹰奖",是一年一度的国家级电视艺术最高权威奖,也是全国唯一以观众投票为主,并采取观众投票和专家评选相结合方式产生的全国性奖项。

12月13日 第八届中国新闻奖、第三届范长江新闻奖、第三届韬奋新闻奖颁奖。

同日 "公益金百万行"顺利举行，共筹得善款500多万澳门元。

12月15日 第十届"半月谈思想政治工作创新奖"评选揭晓。创新奖是新华社半月谈杂志社在1988年设立的。10年来，共评出近500位获奖者。

同日 国家副主席胡锦涛抵达河内，出席东盟—中国、日本、韩国领导人非正式会晤和东盟—中国领导人非正式会晤。并于17日至19日访问越南。

同日 全国军队、武警部队所办的经营性企业，即日起与军队、武警部队彻底脱钩，由全国交接工作办公室和各省、自治区、直辖市交接工作办公室接收。自此，党中央作出的军队、武警部队一律不再从事经商活动的重大决策顺利实现。

12月16日 国务院副总理钱其琛在中南海会见澳门《中文日报》负责人采访团，谈及澳门回归事务。

12月17日 江泽民主席就美、英两国对伊拉克进行军事打击一事，通过电话与俄罗斯总统叶利钦交换了意见。同日，江泽民在致美国总统克林顿的回信中呼吁美、英停止军事行动，为各方通过对话寻求解决办法创造条件。

同日 国务院发布施行《地震预报管理条例》。

同日 由中央民族语文翻译局翻译、四川民族出版社出版的《毛泽东选集》1—4卷，《邓小平文选》1—3卷彝文版在成都发行。

同日 新华社报道：据国家统计局和联合国粮农组织公布的最新统计资料，1997年，在8种主要农产品中，我国有6种人均占有量超过世界平均水平，它们分别是粮食、棉花、油料、肉类、禽蛋和水产品。除油料外，其他5种农产品总产量居世界首位。

同日 澳门各界同胞举行多种活动，庆祝澳门回归倒计时一周年。澳门与内地职工4000多人在珠海市联欢，共同庆祝澳门回归倒计时一周年。

12月18日 中共中央在人民大会堂举行中共十一届三中全会召开二十周年纪念大会。江泽民在大会上发表讲话强调，十一届三中全会是新中国成立以来我党历史上具有深远意义的伟大转折。它是一个光辉的标志，表明中国从此进入了社会主义事业发展的新时期。纪念大会由李鹏主持。朱镕基、李瑞环、尉健行、李岚清出席大会。

12月19日 著名学者、作家钱钟书在北京逝世。

同日 台湾在第13届亚运会上夺得19块金牌、17块银牌和41块铜牌。

12月20日 在太原卫星发射中心，我国自行研制生产的"长二丙"改进型火箭以一箭双星的方式，成功地将美国摩托罗拉公司"铱星"系统的两颗卫星送入太空预定轨道。

同日 澜沧江上首座百万千瓦级水电站——漫湾电站一期工程全面竣工，并经过国家总体验收。

12月21日 文化部、中国社会科学院、国家文物局在人民大会堂举行纪念郑振铎同志诞辰一百周年座谈会。

同日 由中央人民广播电台、澳门基本法协进会、《澳门日报》联合编辑的《澳门与澳门基本法》繁体字本首发仪式在帝濠新世界酒店会议厅举行。

12月23日 江泽民在与参加全国政法工作会议的代表进行了座谈时，强调我们任何时候都不能忘记"稳定是压倒一切的"这个重要原则，必须坚持"两手抓，两手都要硬"，确保改革开放和建设的顺利进行。

12 月 23 日—29 日 九届全国人大常委会第六次会议在北京举行。会议通过了《中华人民共和国证券法》(12 月 29 日公布，自 1999 年 7 月 1 日起施行)、全国人大常委会关于修改兵役法的决定和全国人大常委会关于惩治骗购外汇、逃汇和非法买卖外汇犯罪的决定(均于 12 月 29 日公布施行)。

12 月 24 日 新华社报道：国务院最近发出关于深化棉花流通体制改革的决定。从 1999 年 9 月 1 日新的棉花年度起，棉花的收购价格、销售价格主要由市场形成，国家不再作统一规定。国家主要通过储备调节和进出口调节等经济手段调控棉花市场，防止棉花价格大起大落。

同日 中宣部、中央政法委等部门联合召开第十一次全国扫黄工作电视电话会议，部署 1999 年上半年扫黄打非集中行动。

12 月 25 日 江泽民在军队一次重要会议上发表讲话——关于 20 年来军队建设的历史经验。

同日 中央文献研究室编辑出版的大型多媒体只读光盘《毛泽东》出版座谈会在北京举行。

同日 南昆铁路通过国家验收，正式交付使用。南昆铁路东起南宁，西至昆明，北接红果，途经广西、贵州、云南三省(区)的 19 个县、市，全长 899.68 公里。

12 月 27 日 国务院发布《中华人民共和国土地管理法实施条例》、《基本农田保护条例》，自 1999 年 1 月 1 日起施行。

12 月 27 日—29 日 中国戏剧家协会第五次全国代表大会在北京举行。李默

然当选为新一届中国剧协主席，张庚被推举为中国剧协名誉主席，于是之等 13 人被聘为顾问。

12 月 28 日 中国人民银行和国家外汇管理局宣布：自 1999 年 1 月 1 日起，我国金融机构、企业及个人在与欧元区 11 国的经贸、金融等方面的往来中可以接受和使用欧元。

同日 公安部宣布，经国务院批准，我国又有 56 个县(市)对外国人开放。至此，我国对外国人开放地区已达 1392 个。

同日 澳门治安当局应耶稣会要求派警员进驻取洁学校，以便耶稣会对该校恢复行使运作权。

12 月 28—30 日 中央农村工作会议在北京召开。会议提出：1999 年要着力抓好增加农民收入和保持农村稳定这两件关系全局的大事，完成明年农业和农村工作的目标任务要抓好六方面的工作。

12 月 30 日 国家主席江泽民签署第 13 号主席令，公布《全国人民代表大会常务委员会关于修改〈中华人民共和国兵役法〉的决定》。该法自公布之日起施行。《决定》对中国的兵役制度作出调整，将义务兵服役期改为二年，并取消超期服役的规定。

同日 民进党党章党纲研修小组确定未来修法方向，即三权分立原则和中央、县市两级党部原则，计划废除中常会，将现行的合议制改采主席制。

12 月 30 日—1999 年 1 月 10 日 第二届中国京剧艺术节开幕式暨'99 新年京剧晚会在北京举行。江泽民、朱镕基、李瑞环等出席开幕式并观看演出。来自 10 省 3 市的 19 个京剧院团在北京 6 大剧场上演了 20 台优秀剧目。香港特别行政区和台湾的京剧演员也参加了演出。

12 月 31 日 朱镕基主持召开国家科

技教育领导小组第三次会议,听取并审议科技部关于全国技术创新工作会议筹备工作和科技型中小企业创新有关问题的汇报,确定将于1999年召开全国技术创新工作会议和全国教育工作会议的有关事项。

同日　台"行政院"通过台"第一批领海基线、领海及邻近区外界线"草案。

1999 年

1月1日　经国务院批准,从今日起,我国提高部分商品的出口退税率。

1月5日　根据党中央、国务院的决定,海关总署走私犯罪侦查局和北京海关的侦查分局正式挂牌办公。另有18个沿海沿边直属海关的侦查分局本月内陆续挂牌办公。这标志着我国专司打击走私犯罪的执法队伍——海关缉私警察队伍正式成立。

1月6日　新华社报道:《全国生态环境建设规划》已经国务院常务会议讨论通过。日前,国务院发出通知,要求各地结合本地区的具体情况,组织全社会的力量,投入生态环境建设。

同日　中国奥委会在北京举行全体会议,审议并批准了北京市政府关于举办2008年奥运会的申请。

1月7日　科学技术部公布1998年度国家技术发明奖、国家科技进步奖及国际科技合作奖的评审结果。获得这三项国家科技奖励的项目有543项,其中国家技术发明奖72项,国家科技进步奖471项;法国科学院院长利翁斯和加拿大国际开发署高级项目经理萨朴汉获国际科技合作奖。获奖人员共计3447人。

1月9日　云南省高级人民法院对原云南玉溪红塔烟草(集团)有限责任公司董事长、总裁褚时健、总会计师罗以军、副董事长乔发科贪污,褚时健巨额财产来源不明案进行一审公开宣判。褚时健犯贪污罪和巨额财产来源不明罪,被判处无期徒刑,剥夺政治权利终身,并处没收财产人民币20万元。

1月10日—16日　第七届远南运动会在曼谷举行。中国残疾人体育代表团共夺得206枚金牌、90枚银牌和45枚铜牌,居金牌榜和奖牌榜之首。

1月10日—19日　第九届全国冬季运动会在长春市举行。长春市队以17枚金牌的战绩列金牌榜首位。

1月11日　江泽民在省部级主要领导干部金融研究班结业式上发表讲话,向各级干部和全党同志提出:学习、学习、再学习,实践、实践、再实践。他强调,不仅党的高级干部要加强学习,各级干部和全党同志都要加强学习,还要通过我们以身作则的实际行动,努力把勤奋好学的风气推广到全社会。

同日　民进党召开党章党纲小组会议,决定以重新诠释"台独"而不修改"台独党纲"的方式,解决备受瞩目的党纲修正问题。

1月12日　《人民日报》报道:由国家智能计算机研究开发中心承担的国家863计划重大项目"曙光2000—Ⅰ超级服务器"的研制成功并通过国家鉴定。

同日　台"立法院"废止实行70年之久的"出版法"。

1月12日—13日　国务院召开国有企业下岗职工基本生活保障和再就业工作会议,研究和部署今年的工作。

1月13日　"国大"完成正副议长补选、"监察院"正副院长及27位"监委"同意权行使,国民党提名的苏南成与陈金让分别以 167 票和 170 票当选"国大"正、副议长,钱复、陈孟铃分任"监察院"正、副院长。

1月15日　台第三届"立法委员"任期结束。第四届"立委"2月1日报到、宣誓就职,同时改选"立法院"负责人。2月1日,国民党籍王金平、饶颖奇分别以 134 票和 133 票当选"立法院"正、副院长。

1月15日—16日　澳门特别行政区筹备委员会第五次全体会议在北京举行。钱其琛在会上代表国务院宣布了中央人民政府关于处理"九九"后澳门涉台问题的基本原则和政策。会议通过了《中华人民共和国澳门特别行政区第一任行政长官人选的产生办法》等文件。

1月19日　澳门特区区旗区徽国家标准审查会议在京举行。

1月21日　江泽民在与出席全国宣传部长会议的同志座谈时强调,宣传思想战线的同志要增强政治意识、大局意识、责任意识,兢兢业业地工作,努力为改革开放和现代化建设提供良好的舆论环境和有力的思想保证。

同日　国务院扶贫开发领导小组举行第二次全体会议,强调必须有针对性地采取措施,力争今年解决 1000 万以上农村贫困人口的温饱问题。

同日　澳门特别行政区筹委会秘书处宣布参选澳门特别行政区第一届政府推选委员会的报告时间和报名办法。

1月22日　中共中央向全国人大常委会提出关于修改宪法部分内容的建议,请全国人大常委会依照法定程序提出宪法修正案议案,提请九届全国人大二次会议审议。《建议》主要内容为:一、将宪法中的"我国正处于社会主义初级阶段",修改为"我国将长期处于社会主义初级阶段",并在宪法中确立邓小平理论的指导思想地位;二、宪法第五条增加一款,即"中华人民共和国实行依法治国,建设社会主义法治国家";三、宪法第六条增加"国家在社会主义初级阶段,坚持公有制为主体、多种所有制经济共同发展的基本经济制度,坚持按劳分配为主体、多种分配方式并存的分配制度";四、宪法第八条增加"农村集体经济组织实行家庭承包经营为基础、统分结合的双层经营体制";五、宪法第十一条中的"在法律规定范围内的城乡劳动者个体经济,是社会主义公有制经济的补充",修改为"在法律规定范围内的个体经济、私营经济等非公有制经济,是社会主义市场经济的重要组成部分。""国家保护个体经济、私营经济的合法的权利和利益。国家对个体经济、私营经济实行引导、监督和管理";六、宪法第二十八条,将其中"反革命的活动"修改为"危害国家安全的犯罪活动"。

同日　国务院发布施行《失业保险条例》、《社会保险费征缴暂行条例》。

同日　澳门庆回归活动筹备工作正式启动。

1月23日—2月4日　国家副主席胡锦涛访问马达加斯加、加纳、科特迪瓦和南非。

1月24日　新华社报道:中央军委主席江泽民日前签署命令,颁发施行《中国人民解放军联合战役纲要》,陆军、海军、空军、第二炮兵战役纲要和后勤保障纲要以及合同战斗条令等十三部作战条令。这标志我军作战训练进入一个新的历史发展时期。

1月25日　中国奥委会发言人说,中国奥委会相信国际奥委会会妥善处理近一段时间陆续披露的国际奥委会委员在申办过程中涉嫌受贿问题,中国奥委会尊重国际奥委会执委会的有关决定,支持

2000 年夏季奥运会、2002 年冬季奥运会继续分别在悉尼和盐湖城举行。

同日 "国大"通过翁岳生、城仲模出任"司法院"正、副院长。

1 月 26 日 国务院召开廉政工作会议，部署今年的廉政建设和反腐败工作。朱镕基强调指出，各级政府要从严治政，反腐倡廉，标本兼治，综合治理，把廉政建设提高到一个新水平。

1 月 27 日 新华社报道：1998 年我国新签合同外资金额 521.32 亿美元，扭转了 1996、1997 年连续大幅下降的局面，实现了恢复性增长，增长幅度为 2.21%。截至 1998 年底，全国累计批准外商投资企业 32.4712 万家，合同外资金额 5725.2 亿美元，实际利用外资金额 2674.5 亿美元。

同日 国民党中常会通过萧万长续任"行政院长"以及"行政院"、"总统府"人事改组案。

同日 台"外交部"宣布与马其顿建立"外交"关系。

1 月 28 日 外经贸部公布，1998 年海峡两岸贸易总额达 205 亿美元，比 1997 年增长 3.3%。

1 月 29 日 中共中央在人民大会堂隆重召开纪念瞿秋白诞辰一百周年座谈会。尉健行出席大会并发表讲话。

同日 外经贸部新闻发言人说，1998 年我国对外经贸遇到了空前的困难，对亚洲地区出口大幅下降，平均降幅 9.9%，但对欧美等其他地区的出口均有不同程度增长，部分抵消了亚洲金融危机对我外经贸造成的冲击；出口商品结构进一步改善，机电产品出口显著增长，增幅达 12.2%；国有企业仍是外贸出口主力军，外商投资企业出口增长，占出口总额的 44.1%。

1 月 29 日—30 日 九届全国人大常委会第七次会议在北京举行。会议决定，将全国人大常委会关于宪法修正案（草案）提请九届全国人大二次会议审议。中共中央关于修改宪法部分内容的建议提交全国人大常委会后，本次会议进行了认真讨论，并形成了全国人大常委会关于《中华人民共和国宪法修正案（草案）》。

1 月 30 日—2 月 6 日 第四届亚洲冬季运动会在韩国江原道举行。共有 5 人次打破世界纪录，37 人次打破亚洲纪录。中国代表团获得了 15 枚金牌、10 枚银牌和 11 枚铜牌，金牌总数列参赛各队之首，与上届哈尔滨亚冬会持平。

1 月 中国教育和科研计算机网（CERNET）的卫星主干网全线开通，大大提高了网络的运行速度。

2 月 1 日 新华社报道：中国社会科学院第一届学术委员会日前在北京成立，李铁映任主任。

同日 新华社报道：中国科学院物理研究所解思深教授领导的研究小组成功合成的 3 毫米长、外形颇似牙刷的定向碳纳米管列阵，长度居世界之最，使我国在"超级纤维"碳纳米管的研究，特别是合成方法上达到国际领先水平。

2 月 3 日—4 日、5 日—6 日 澳门特区筹委会政务小组、所属法律、经济小组第九次会议分别在珠海市举行；27 日—28 日，政务小组第十次会议在京举行。

2 月 4 日 新华社报道：江泽民题写书名的《中国军事通史》，近日由军事科学出版社出版发行。

2 月 3 日 国务院原副总理，中共第十一届、十二届中央政治局委员余秋里在北京逝世。

2 月 8 日 "行政院主计处"公布，1998 年台湾经济增长率为 4.83%，是 1983 年以来最低水平。

2月9日　海基会在金门将刘保才、罗昌华、王玉英、李向淮、邹维强等5名大陆劫机犯遣返,另4名因有新罪嫌被留置。

2月9日—12日　柬埔寨政府首相洪森访问我国。

2月10日　中葡双方就澳门政权交接仪式地点达成共识。

2月11日　中央文史馆馆长、作家翻译家萧乾先生在北京逝世。

2月14日　澳门特别行政区第一届政府推选委员会报名工作结束,有2291人报名参选。

2月15日　新华社报道:1998年全国出生人口1991万人,死亡人口807万人,净增人口1184万人。人口出生率为16.3‰,死亡率为6.5‰,自然增长率为9.53‰,首次降至10‰以下,实现了当年周恩来总理提出的20世纪内使中国人口净增率降到百分之一以下的夙愿。

2月22日　国务院发布施行《金融违法行为处罚办法》。

同日　国务院新闻办公室、国务院港澳事务办公室公布"庆祝澳门回归祖国标志图案"。

2月24日—27日　国务院总理朱镕基访问俄罗斯联邦,并出席中俄总理第四次定期会晤。

2月25日　新华社报道:我国科学家经过分析研究后确认,近年在云南发现的距今4.1亿年的斑鳞鱼化石,是迄今已知最早的硬骨鱼化石。这标志着我国早期脊椎动物起源和演化的研究取得突破性进展。

同日　由于驻在马其顿的联合国预防性部署部队(联预部队)已经完成了自己的使命,中国常驻联合国代表秦华孙在联合国安理会就有关延长驻在马其顿的联预部队任期的决议草案进行表决时,投了反对票。

2月25日—3月2日　越南共产党中央总书记黎可漂访问我国。

2月26日　中宣部、解放军总政治部、共青团中央联合举办新时期的好战士李向群先进事迹报告会。李向群是广州军区"塔山英雄团"战士,在1998年8月湖北抗洪抢险斗争中献出了年仅20岁的生命。

同日　国家统计局发布《中华人民共和国1998年国民经济和社会发展统计公报》,1998年国内生产总值79553亿元,比上年增长7.8%。其中,第一产业增加值14299亿元,增长3.5%;第二产业增加值39150亿元,增长9.2%;第三产业增加值26104亿元,增长7.6%。

同日　海基会致函海协会,建议海协会派遣副秘书长于3月15日至17日去台磋商,以便尽速安排汪道涵会长访台事宜。3月2日,海协会致函海基会,表示将于3月17日派遣副秘书长李亚飞赴台,就两岸对话及汪道涵访台进行磋商。17日,李亚飞等4人如期赴台,与海基会副秘书长詹志宏会面,就汪道涵会长秋天访台达成共识。

2月28日　民进中央名誉主席、中国作协名誉主席、著名作家冰心在北京逝世。

2月　中国国家信息安全测评认证中心(CNISTEC)正式运行。

3月1日　《人民日报》报道:教育部决定从今年起向社会征集高考综合能力和单科能力测试试题。高考科目设置分步骤推行"3+X"科目设置方案。"3"指语文、数学、外语,为每个考生的必考科目。"X"指物理、化学、生物、政治、历史、地理六个科目或"综合科目",由高等学校确定一门或几门考试科目。

3月1日—2日 澳门特别行政区筹备委员会第六次全体会议在北京举行。出席会议的93位委员提出了澳门特区第一届政府推选委员会候选人的建议人选。

3月2日 中共中央纪律检查委员会原第二书记王鹤寿在北京逝世。王鹤寿1909年生于河北省唐县。

同日 著名电影艺术家凌子风在北京逝世。凌子风1917年出生于四川合江县。

3月3日 新华社报道：中国人民银行近日发布《关于开展个人消费信贷指导意见》，要求各有关金融机构积极稳妥地开展消费信贷业务。中国人民银行决定，从1999年起，允许所有中资商业银行开办消费信贷业务。

3月3日—11日 全国政协九届二次会议在北京举行。会议通过了政协九届全国委员会第二次会议政治决议、政协九届全国委员会第二次会议关于常务委员会工作报告的决议等。会议经过表决增选卢荣景为政协九届全国委员会常务委员。李瑞环在闭幕会上发表了讲话。

3月3日—4日、22日—23日、24日—25日、25日—26日 澳门特区筹委会法律小组第十次会议、第十一次会议，政务小组第十一次会议，经济小组第八次会议，社会文化小组第九次会议分别在北京、珠海举行。

3月5日—15日 九届全国人大二次会议在北京举行。会议通过中华人民共和国宪法修正案，根据这一修正案，邓小平理论的指导思想地位、依法治国的基本方略、国家现阶段的基本经济制度和分配制度以及非公有制经济的重要作用等被写进中华人民共和国宪法。会议通过了《中华人民共和国合同法》（3月15日公布，自1999年10月1日起施行，《经济合同法》、《涉外经济合同法》、《技术合同法》将同时废止）。会议通过了《中华人民共和国澳门特别行政区第九届全国人民代表大会代表的产生办法》，根据这一办法，澳门回归后，将产生澳门特别行政区九届全国人大代表12名。

3月6日 中国选手申雪/赵宏博在圣彼得堡举行的国际滑冰联合会花样滑冰大奖赛总决赛中，赢得双人滑项目冠军，又在3月24日结束的世界花样滑冰锦标赛双人滑比赛中获银牌。中国男、女队3月7日在美国圣·路易斯举行的1999年短道速滑世界团体锦标赛上双双获得冠军。

3月10日 最高人民法院公布《关于严格执行公开审判制度的若干规定》。

3月12日 江泽民在出席九届全国人大二次会议的解放军代表团全体会议上发表讲话时指出，要毫不放松地抓好思想政治建设，确保党绝对领导下的人民军队永不变色；要大力加强质量建设，坚定不移地走有中国特色的精兵之路；要坚持依法治军，保障我军建设更好更快地发展；要加紧选拔和培养优秀年轻干部，从组织上为我军跨世纪发展提供坚强保证。

3月13日 中共中央在人民大会堂举行中央人口、资源、环境工作座谈会。江泽民主持座谈会并发表讲话强调，人口、资源、环境这三方面的工作，是一个具有内在联系的系统工程，各级党政一把手要负总责、亲自抓。这三项工作搞得如何，成效怎样，要拿一把手是问，任期内要逐年考核，离任时要作出交代，工作失职的要追究责任。

3月16日 国务院新闻办、国务院港澳办以及国家质量技术监督局在京联合发布了《澳门特别行政区区旗》、《澳门特别行政区区徽》两项国家标准，该标准于

1999 年 3 月起实施。同时确定定点生产经营企业。

3 月 18 日 中共中央总书记、国家主席、中央军委主席江泽民为"新时期英雄战士"李向群题词:"努力培养和造就更多李向群式的英雄战士。"4 月 1 日中央军委颁布命令,授予广州军区某部战士李向群"新时期英雄战士"荣誉称号。李向群在 1998 年参加长江流域抗洪抢险时献出年仅 20 岁的生命。他牺牲 8 天前在抗洪前线火线入党。4 月 2 日共青团中央、全国青联决定,追授新时期英雄战士李向群"中国青年五四奖章",号召全国各族青年向李向群学习。4 月 21 日,"新时期英雄战士"李向群的铜像,被中国军事博物馆收藏。李向群铜像是继雷锋铜像后第二个被中国军事博物馆收藏的全军英雄模范人物铜像。

3 月 19 日—21 日 中共中央召开全国"三讲"教育工作会议,胡锦涛出席会议并发表讲话。

3 月 20 日—30 日 国家主席江泽民访问意大利、瑞士、奥地利,并在日内瓦裁军谈判会议上发表了讲话。27 日,江泽民在巴塞尔发表讲话,就建立国际政治经济新秩序提出五点主张。

3 月 23 日 中国代表团在日内瓦向国际植物新品种保护联盟递交了中华人民共和国加入《国际植物新品种保护公约(1978 年文本)》。

3 月 24 日 新华社报道:中国大洋协会负责人日前宣布,经过多年努力,我国已经在北太平洋圈定了一块 7.5 万平方公里、面积大约相当于渤海的大洋矿区,从而为我国的可持续发展开辟了一块战略性资源基地。

3 月 25 日 外交部就北约部队 24 日空袭南斯拉夫联盟发表声明说,中国政府强烈要求立即停止对南斯拉夫的军事袭击行动,呼吁国际社会及南当事各方共同努力,尽快平息事态,化解危机,以早日恢复巴尔干地区的和平。24 日、25 日,正在意大利、瑞士访问的江泽民主席先后发表谈话指出,中方强烈要求北约立即停止对南斯拉夫的军事干涉,使科索沃问题重新回到政治解决的轨道上来。29 日,江泽民就北约对南斯拉夫发动军事攻击致口信给南斯拉夫联盟共和国总统米洛舍维奇,并复信美国总统克林顿,再次表明中国政府的立场。

同日 国家文物局宣布,西沙群岛水下文物抢救性发掘工作现已完成。所获的 1500 余件出水文物,是中国人最早到达、最先开发南海诸岛的最好历史见证。1998 年 12 月 18 日至 1999 年 1 月 25 日,水下考古专业人员共发现五代、宋、元、明、清各时期的水下文物遗存 13 处,其中有的属古代沉船遗址,以瓷器为大宗,另有少量铁器、铅锡、象牙、船板等。

同日 新华社报道:上海医学遗传研究所运用自己创立的转基因羊新技术路线,成功培育出我国第一头转基因试管牛;专家们同时还摸索出一种可以大大提高基因表达水平的新方法,使转基因动物乳汁中的药物蛋白含量提高 30 多倍。这头取名为"滔滔"的转基因试管牛,诞生于今年 2 月 19 日,出生时体重 38 公斤。

3 月 26 日 中共中央、国务院决定质量技术监督管理体制实施重大改革,在全国省以下质量技术监督系统实行垂直管理。

同日 国务院发布《娱乐场所管理条例》,自 1999 年 7 月 1 日起施行。

3 月 27 日 澳门各界庆祝澳门回归祖国活动委员会(简称"庆委会")在著名的万豪轩大厅正式宣告成立。

3月28日　民进党前文宣部主任、新兴民族基金会董事陈文茜宣布脱离民进党。

3月29日　新华社全文播发《中国共产党农村基层组织工作条例》。

3月30日—4月18日　全国人大常委会委员长李鹏访问希腊、土耳其、叙利亚、巴基斯坦、孟加拉国和泰国。

4月1日—4日　新华社报道：中华人民共和国中央军事委员会日前颁布命令，授予广州军区某部战士李向群"新时期英雄战士"荣誉称号。江泽民主席，中央军委副主席张万年、迟浩田，最近分别为"新时期英雄战士"李向群题词。江泽民的题词是：努力培养和造就更多李向群式的英雄战士。

同日　"康威杯"1998年全国十佳运动员评选活动在北京揭晓。王楠、李雪梅、孙天妮等当选。

4月2日　"长江学者奖励计划"首批特聘教授受聘暨首届"长江学者成就奖"颁奖典礼在北京举行。上海第二医科大学陈竺、湖南医科大学夏家辉小组获一等奖，清华大学范守善获二等奖。

4月3日　国务院发布施行《住房公积金管理条例》。

同日　重庆市第一中级人民法院对重庆綦江虹桥垮塌案作出一审判决，涉案的13名被告人和一个被告单位皆被判有罪。其中，被判有受贿罪和玩忽职守罪的原綦江县委副书记林世元被判极刑，并被剥夺政治权利终身。今年1月4日，綦江县虹桥整体垮塌，造成40人死亡、14人受伤，直接经济损失达600余万元。

同日　台湾前"行政院长"郝柏村经香港赴江苏盐城扫墓。这是郝柏村阔别家乡61年后首次返乡。

4月5日—9日　埃及总统穆巴拉克访问我国。

4月6日　江泽民在观看北京军区科技强军成果网上演示时强调，全军同志必须居安思危，常备不懈，按照新时期军事战略方针的要求，努力提高部队打赢未来高技术条件下局部战争的能力。

同日　《人民日报》报道：60多位语言学专家耗时近十载编纂的41卷本《现代汉语方言大词典》近日由江苏教育出版社出版。此套书由中国社会科学院语言研究所1991年开始负责编纂，约2200万字，李荣担任主编。

同日　新华社报道：中国第十五次南极考察队历时149天，圆满地完成本航次科学考察和运输任务后，日前乘"雪龙"号考察船回到上海。"雪龙"号是在1998年11月5日从上海港起航的，往返航程20326海里。这次考察成功地完成了我国南极考察史上首次冰上卸货、把两支考察队的大型设备和物资及时运上中山站，为内陆考察奠定了基础。

4月6日—20日　国务院总理朱镕基访问美国和加拿大。10日，朱镕基总理和美国总统克林顿就中国加入世界贸易组织问题发表了联合声明。16日，朱镕基总理与加拿大总理克雷蒂安发表了关于中国加入世界贸易组织问题的联合声明。

4月7日　新华社报道：由中国文联、中国戏剧家协会主办的第十六届中国戏剧梅花奖日前在北京揭晓，13个戏曲剧种的23名优秀演员榜上有名。

4月9日—10日　澳门特别行政区筹委会第七次全体会议在北京举行。会议以无记名和差额选举的方式选举产生了185名澳门特别行政区第一届政府推选委员会委员。4月23日，推选委员会首次全会产生了澳门特区首任行政长官人选候选人。

4月9日—10日　澳门特区筹委会第七次全体会议在京举行。

4月10日　经过5个小时的选举,澳门特区第一届政府推选委员会在北京诞生。该委员会由200名具有广泛代表性的澳门永久性居民组成。

同日　上百名民进党、"独派"团体及社会各界人士由"台湾公民投票行动委员会"发起在"立法院"门前广场进行"4·10绝食公投活动",要求"公民投票立法"。20日,该委员会决定停止绝食活动,但同时声称,这不是"公投立法"行动的结束,而是开始。

4月12日—20日　荷兰女王贝亚特丽克丝访问我国。

4月13日　新华社播发国务院新闻办公室发表的《1998年中国人权事业的进展》白皮书。

同日　新华社报道:中共中央办公厅、国务院办公厅日前发出关于在建国50周年庆祝活动中严禁铺张浪费的通知。

同日　参加大洋钻探国际合作计划的中外科学家顺利完成在中国海区的第一次大洋钻探,到达香港。中外科学家们于今年2月18日从澳大利亚出发,跨越40个纬度,行程5000公里,超额完成了预定任务。共有9位中国学者参加这次大洋钻探。

4月15日　国内23家有影响的网络媒体首次聚会,共商中国网络媒体发展大计,并原则通过《中国新闻界网络媒体公约》,呼吁全社会重视和保护网上信息产权。

4月18日　中央军委主席江泽民,中央军委副主席张万年、迟浩田分别为中国人民解放军海军成立50周年题词。江泽民的题词是:"为建设具有强大综合作战能力的现代化海军而奋斗。"张万年的题词是:"建设强大海军　不辱历史使命。"迟浩田的题词是:"强我海军　振兴中华。"

同日　第六、七届全国人大常委会副委员长叶飞在北京逝世。

同日　人民解放军总参谋部发布命令,授予短短4年创造了中国陆军航空兵"八个第一"的中士李洪涛"科技练兵好战士"称号。这是新中国成立以来第一位因军事训练成绩卓著而被最高军事领导机关授予荣誉称号的士兵。

4月20日　新华社报道:我国贫困人口已由1978年的2.5亿下降到1998年的4200万人。1986年至1998年,中央的专项扶贫投入已累计达到1100多亿元,地方政府配套投入为中央投入的三分之一,社会各界捐款捐物每年折款30亿元以上。目前,我国贫困人口的年均纯收入已由1986年的206元提高到1200多元。

同日　新华社报道:经国务院同意,国务院办公厅近日转发科技部、教育部、人事部、财政部等部门《关于促进科技成果转化的若干规定》要求各地、各部门认真贯彻执行。

同日　经国务院批准,我国第一家经营商业银行不良资产的公司——中国信达资产管理公司在北京成立。

同日　"纪念吴作人诞辰90周年暨吴作人艺术大展"在北京中国美术馆开幕。李瑞环出席开幕式。

4月22日　江泽民在成都主持召开四省市国有企业改革和发展座谈会。他强调指出,全面推进国有企业的改革和发展,是一个非闯不可、也绕不过去的关口。打好这场攻坚战,不仅关系到国有企业改革的成败,也关系到整个经济体制改革的成败。

同日　世界贸易组织公布1998年世

界贸易排名,中国的商品出口额在世界的排名从 1997 年的第十位升至第九位。排名前十位的国家和地区是美国、德国、日本、法国、英国、意大利、加拿大、荷兰、中国、中国香港。

4 月 23 日 美国提出的所谓"中国人权状况议案"在联合国人权委员会第 55 届会议上被否决。美国在联合国人权委员会会议上利用人权问题干涉中国内政的图谋第八次遭到失败。

同日 澳门特区首届政府推委会第一次全体会议产生特区首任行政长官候选人人选。

4 月 24 日 纪念中国企业管理协会成立 20 周年暨更名组建中国企业联合会大会在人民大会堂举行。

4 月 25 日—5 月 1 日 以色列总统魏茨曼访问我国。

4 月 26 日 北京师范大学集会,庆祝著名历史学家白寿彝教授从事学术活动 70 周年以及由他主持编写的《中国通史》全部出版。刚刚全部完成由上海人民出版社出版的 12 卷《中国通史》约 1200 万字,记述了自远古时代至 1949 年中华人民共和国成立的中国历史的发展过程,500 余位专家学者参加了撰稿工作。

4 月 26 日—29 日 九届全国人大常委会第九次会议在北京举行。会议通过《中华人民共和国行政复议法》(4 月 29 日公布,自 1999 年 10 月 1 日起施行)。

4 月 27 日 国务院办公厅转发科学技术部等部门《关于促进科技成果转化的若干规定》。

同日 人民音乐家贺绿汀在上海逝世。

同日 民进党党务发展委员会提出《台湾前途决议文》草案。5 月 8 日,民进党召开八届二次全代会,以 233 票赞成、21 票反对,通过"台湾前途决议文"案。

4 月 27 日—5 月 3 日 泰国总理川·立派访问我国并出席昆明世界园艺博览会开幕式。

4 月 29 日 "中国人民解放军海军诞生地纪念馆"在江苏省泰州市白马乡落成开馆。中共中央总书记、国家主席、中央军委主席江泽民为纪念馆题写馆名。

4 月 30 日 第 22 次世界园艺博览会开幕式在昆明拓东体育场举行。江泽民主席出席开幕式,并宣布中国'99 昆明世界园艺博览会开幕。以"人与自然"为主题的本次博览会,是我国政府首次举办的世界博览会。95 个国家和国际组织以及中国各省市的园艺界代表参加了博览会。5 月 1 日,博览会正式开园。

同日 中国第一个军事后勤博物馆——中国人民解放军军事后勤馆正式开馆。军事后勤馆坐落于中国人民解放军后勤指挥学院,建筑面积 7000 多平方米,分为军事后勤历史和军事后勤装备两个分馆。

同日 台北刑事警察局电脑犯罪小组约谈超级电脑黑客陈盈豪。陈所制造的 CIH 病毒在 4 月 26 日造成一场全球损失最严重的电脑病毒灾难,受害国家遍及亚洲、中东及美洲。

5 月 1 日 我国住房制度改革又出台一项重要举措——开放住房二级市场。从今日起,已取得合法产权证书的已购公有住房和经济适用住房可以上市出售。

5 月 2 日 "建国党"举行第三次党代表大会,郑邦镇当选新任党主席。

5 月 3 日 "当代青年的榜样"、青海油田高级钻井工程师秦文贵先进事迹报告会在北京举行。

同日 台"陆委会"主委苏起称,对中华人民共和国既不承认,也不否认,而台湾在终止"动员戡乱"时期之后,也不再与中共在国际上争取所谓"正统"。

5月4日 五四运动80周年纪念大会在北京人民大会堂隆重举行。江泽民、李鹏、朱镕基、李瑞环、胡锦涛、李岚清出席大会。

5月5日 中共中央政治局决定,1999年秋天在北京召开中国共产党第十五届中央委员会第四次全体会议,主要任务是,贯彻党的十五大提出的战略部署,就国有企业改革和发展的若干重大问题作出决定。

5月5日—7日 南非共和国总统曼德拉访问我国。

5月6日 国家"九五"重点工程南疆铁路西延工程,经过1.5万名铁路建设者近三年的艰苦施工,实现全线铺轨贯通。江泽民为南疆铁路建设题词:"修好南疆铁路,造福各族人民。"南疆铁路东起吐鲁番,西抵喀什,全长1451公里,其中吐鲁番至库尔勒段已于1984年建成通车。

5月7日 民进党前主席许信良发表题为"同志们,我们在此分手"的退党演说,宣布退出民进党,投入2000年"总统"大选。

5月7日午夜(贝尔格莱德时间) 以美国为首的北约悍然使用5枚导弹,从不同角度袭击了中国驻南斯拉夫联盟共和国大使馆,造成馆舍严重毁坏,造成新华社和光明日报驻南记者邵云环、许杏虎、朱颖3人死亡,20余人受伤。5月8日,中国政府发表严正声明,最强烈抗议以美国为首的北约悍然轰炸我国驻南使馆,指出,以美国为首的北约必须对此承担全部责任,中国政府保留采取进一步措施的权利。当天,全国人大外事委员会、全国政协外事委员会、各民主党派全国工商联负责人及无党派人士代表、五大宗教组织、

中国人权发展基金会和对外友协等分别发表严正声明或召开座谈会,京沪穗蓉高校学生举行示威游行,最强烈抗议以美国为首的北约轰炸我使馆的暴行。9日,胡锦涛代表党中央和中国政府就北约袭击我驻南使馆发表电视讲话指出,中国人民对以美国为首的北约袭击我驻南使馆暴行表现出极大愤慨和强烈的爱国热情。中国政府坚决支持、依法保护一切符合法律规定的抗议活动。我们相信,广大人民群众一定会从国家的根本利益出发,自觉维护大局,使这些活动依法有序地进行。10日,江泽民主席与叶利钦总统通电话时指出,北约的野蛮行为是对中国主权的粗暴侵犯,在外交史上是罕见的,以美国为首的北约必须对这一事件承担全部责任,否则中国人民不会答应。同日,外交部长唐家璇代表中国政府再次向美方提出严正交涉,中国向以美国为首的北约提出四项严正要求:一、公开、正式向中国政府、中国人民和中国受害者家属道歉。二、对北约导弹袭击中国驻南斯拉夫联盟共和国大使馆事件进行全面、彻底的调查。三、迅速公布调查的详细结果。四、严惩肇事者。同日,中国外交部发言人宣布,中方决定:推迟中美两军高层交往,推迟中美防扩散、军控和国际安全问题磋商,中止中美在人权领域的对话。11日,江泽民会见俄罗斯总统特使切尔诺梅尔金时强调,以美国为首的北约必须按中国严正要求对中国人民作出交代,解决科索沃危机前提是停止轰炸。连日来,社会各界和全国各地群众及人民解放军和武警官兵集会座谈发表声明,坚决拥护我国政府严正声明,强烈谴责美国霸权主义行径。国际舆论纷纷谴责北约,声援中国。12日,邵云环、许杏虎、朱颖的骨灰和负伤人员及部分使馆工作人员回到北京。当日,江

泽民、李鹏、朱镕基、胡锦涛、尉健行、李岚清到新华社、光明日报社悼念三位烈士并慰问烈士亲属。13日，党中央、国务院隆重召开大会，热烈欢迎我国驻南工作人员，江泽民主席作重要讲话。他指出，一切爱好和平、维护正义的国家和人民，应该团结起来，为反对霸权主义和强权政治，推动建立公正合理的国际新秩序而共同奋斗。江泽民强调，中国人民将始终不渝地坚持邓小平理论和党的基本路线，按照党的十五大提出的跨世纪发展的战略目标，把建设有中国特色社会主义的伟大事业全面推向21世纪。同日，中共中央、国务院决定，对驻南使馆工作人员和新闻工作者给予表彰。国务院有关部门批准邵云环、许杏虎、朱颖为革命烈士。同日，江泽民看望重伤员，并会见烈士和负伤人员亲属。14日，美国总统克林顿与江泽民主席通电话，克林顿再次就我驻南使馆遭袭击事件道歉并保证查清原因公布真相，江泽民重申了我国政府的严正立场。

同日　澳门特区第一届政府推委会举行第二次全体会议，听取候选人施政设想。8日，澳门特区第一届政府推委会召开答问会。15日，澳门特区第一届政府推委会举行第三次全体会议，何厚铧当选为澳门特区首任行政长官。16日，澳门特区筹委会召开第八次全体会议，通过报请国务院任命特首的报告。20日，国务院举行第四次全体会议，决定任命何厚铧为澳门特别行政区首任行政长官。24日，江泽民会见何厚铧。同日，朱镕基向何厚铧颁发任命令。25日，李鹏会见何厚铧。

5月9日—26日　全国政协主席李瑞环访问韩国、阿联酋、阿曼、埃及。

5月10日　我国在太原卫星发射中心用一枚"长征四号乙"运载火箭，成功地将"风云一号"气象卫星和"实践五号"科学实验卫星，送入轨道高度为870公里的太阳同步轨道。

5月12日　台"行政院长"萧万长同意"台南科学工业园区"的面积由1928公顷扩增至3299公顷，预定2021年完成计划目标，届时可提供13万个就业机会。

5月13日—14日　全国粮食流通体制改革工作会议在北京召开。

5月14日　国务院发布《导游人员管理条例》，自1999年10月1日起施行。

5月15日　澳门特别行政区第一届政府推选委员会第三次全体会议选举产生何厚铧为中华人民共和国澳门特别行政区第一任行政长官人选，由澳门特别行政区筹委会报请中央人民政府任命。16日，澳门特别行政区筹委会第八次全会通过关于报请国务院任命特区首任行政长官的报告。20日，朱镕基主持召开国务院第四次全体会议，就澳门特区筹备委员会报请国务院任命澳门特区第一任行政长官作出了决定。朱镕基签署了国务院令，任命何厚铧为中华人民共和国澳门特别行政区第一任行政长官，于1999年12月20日就职。24日，朱镕基在北京代表国务院向何厚铧颁发了任命令。24、25日，江泽民和李鹏分别会见了何厚铧。

同日　新华社报道：我国对外国人开放地区已达1394个。根据有关规定，外国人持有效签证或居留证件，即可前往上述地区旅行，不必申办旅行许可。

同日　澳门特区首届政府推选委员会以无记名投票方式选出何厚铧为澳门特区首任行政长官。

5月17日—18日　澳门特别行政区筹备委员会法律小组第十三次会议在珠海结束。

5月18日　新华社报道：教育部近日公布的1998年全国教育事业发展统计公

报表明,全国普及九年义务教育的人口覆盖率达到 73%。1998 年全国共有小学 60.96 万所,在校生 13953.80 万人,小学适龄儿童入学率为 98.93%。小学五年巩固率为:90.05%;全国初中学校 6.54 万所,在校生 5449.73 万人;全国高中阶段教育共招生 930.61 万人,在校学生 2445.5 万人;高中阶段职业教育共招生 530.03 万人,在校生 1467.87 万人;全国共有普通高等学校 1022 所,其中大学、学院 590 所,高等专科学校和职业技术学院 432 所;全国培养研究生单位 736 个,共招收研究生 7.25 万人,在校研究生 19.89 万人;全国成人高等学校去年发展到 962 所,共招收本专科生 100.14 万人。

5 月 19 日　台湾出版李登辉的新书《台湾的主张》,明确将台湾定位为"在台湾的中华民国",而且将中国分为台湾、西藏、新疆、蒙古、东北等七区。

5 月 20 日　1998 年度中国电影"华表奖"、第三届夏衍电影文学奖揭晓。一年一度的电影"华表奖"是广播电影电视总局颁发的政府最高奖。《春天的狂想》、《男妇女主任》等 10 部影片获优秀故事片奖。

5 月 21 日　国务院办公厅转发科学技术部、财政部《关于科技型中小企业技术创新基金的暂行规定》。

同日　全军第一个力学学科博士后流动站在解放军总装备部所属空气动力研究基地挂牌。

5 月 23 日　国务院发布施行《国家科学技术奖励条例》。

5 月 25 日　国家海洋局宣布,经国务院批准,中国首次北极科学考察活动在 7 月至 9 月间进行。7 月 1 日,极地考察船"雪龙"号驶离上海码头,首航北极,船上共有 124 人,其中科技人员 54 人,记者 20

人。8 月 25 日,考察队结束考察活动返航。

同日　新华社报道:由劳动和社会保障部、国家质量技术监督局、国家统计局近日联合正式颁布的《中华人民共和国职业分类大典》,将我国职业归为 8 个大类,共 1838 个职业。

5 月 26 日　新华社报道:我国科技体制改革有重大举措,经国务院批准,国家经贸委管理的 10 个国家局所属 242 家科研机构向企业化转制已进入具体实施阶段。6 月 30 日,转制工作全部完成。

5 月 27 日　新华社报道:"九五"国家重点建设项目——兰州经西宁至拉萨光缆通信干线,日前通过信息产业部竣工验收。

同日　前台北市长陈水扁正式宣布接受党内推荐参与 2000 年"总统"大选。陈水扁获得 94% 的党内联署推荐。7 月 10 日,民进党召开第八届第一次临时全代会,出席会议的 391 位代表一致通过提名陈水扁代表民进党竞选"总统"。

5 月 29 日　国务院发布施行《饲料和饲料添加剂管理条例》。

5 月 30 日　全国人大外委会负责人就美众参两院通过所谓"六四"十周年反华决议发表谈话指出,美国国会众参两院于 5 月 25 日和 27 日以所谓"六四"十周年为由,分别通过反华决议,肆意歪曲历史事实,攻击中国的人权状况,利用早经历史定论的事件,煽起新的反华浪潮,妄图破坏中国的稳定,干扰中美关系的发展。对此,我们坚决反对。

同日　新华社报道:我国执行仅三年的"九五"科技攻关计划已取得喜人成果。据对 98 个项目执行情况的不完全统计,1996—1998 年累计已创造新增产值 313.3 亿元,净利润额 31.6 亿元,上缴税金 5.4

亿元，出口额 3.3 亿美元。这些指标年平均增长率达到或接近 100%。

5月31日 国务院新闻办公室主任赵启正就美国国会的《考克斯报告》发表谈话，指出《考克斯报告》是煽动反华情绪、破坏中美关系的一出闹剧。赵启正说，以考克斯为代表的美国一些反华政客，经过半年多时间的精心策划，炮制了一份冗长的所谓调查报告，于今年5月25日公开出笼。这篇报告把中国自力更生、独立自主发展起来的国防尖端技术和关系到国民经济发展的重大科学技术都诬蔑为从美国"窃取"或非法"获得"。对这种捏造事实、颠倒黑白、无中生有、捕风捉影的攻击，中国政府和中国人民表示极大的愤慨。

同日 新党与民进党双方代表会面协商"修宪"事宜，达成坚决反对"国民大会"扩权与"国会"两院制，并主张必须有效规范政党经营事业等三项共识，双方同意就"国大"代表以政党比例方式产生、加强对"总统"制衡等议题进一步协商。

5月 在清华大学网络工程研究中心成立了中国第一个安全事件应急响应组织 CCERT (CERNET Computer Emergency Response Team)。

6月1日 台"经济部长"王志刚访问韩国，参加 APEC 第一届投资展览会。这是台韩"断交"后台"部长"级官员第一次前往韩国。

6月2日 国务院发布《期货交易管理暂行条例》，自1999年9月1日起施行。

同日 台湾航空警察局在桃园机场货运站进口仓的3只进口机械模具的夹层中，查获20多公斤海洛因，价值新台币10亿元以上。这是桃园机场开航以来所破获的最大毒品走私案。

6月3日—4日 全国棉花工作会议在北京召开。

6月3日—7日 朝鲜最高人民会议常任委员会委员长金永南率领朝鲜民主主义人民共和国代表团访问我国。

6月4日 由台"内政部长"主持，"陆委会"、"外交部"和军方人士参加的"南中国海特别对策委员会"召开会议。会议同意积极开发台湾实际控制的南中国海东沙群岛和南沙群岛的太平岛。东沙岛是东沙群岛的最大岛屿，有台湾军队驻扎，并建有机场和气象台。5月，已有2名居住在高雄市的渔民将户籍迁往东沙岛。

6月5日 国务院下发《关于建设中关村科技园区有关问题的批复》。

6月6日 澳门14个公务员社会团体、组织，共同发起成立"澳门公务员庆祝澳门回归祖国活动委员会"。

6月7日 广东湛江特大走私、受贿案被查处。香港走私分子李深、张猗、邓崇安和内地走私分子林春华、湛江海关原关长曹秀康、湛江海关调查处原处长朱向成等6名主犯已于今天在广东被执行死刑。其余25名罪犯也受到严厉惩处。湛江特大走私案是新中国成立以来走私数额最大，涉及党政机关、执法部门人员最多的严重经济犯罪案件，涉及的公职人员超过200人，其中厅局级干部12人，处级干部45人，科级干部53人。

6月8日—9日 中央扶贫开发工作会议在北京举行。改革开放20年来，我国扶贫开发工作取得了巨大成就。农村尚未解决温饱的贫困人口由1978年的2.5亿人减少到1998年的4200万人，农村贫困发生率从30.7%下降到4.6%。贫困地区的生产生活条件明显改善，科技、教育、文化、卫生等社会事业较快发展，沂蒙山区、井冈山区、闽西南地区等革命老区群众的温饱问题已经基本解决，"三西"地区、秦巴山区、武陵山区等其他重点贫困地区的面貌也有很大改变。

6 月 10 日　第二届"中国武警十大忠诚卫士"评选活动在北京揭晓。当选"十大忠诚卫士"的是：孙小强、杨瑞、卢涛、青治、宋波、张丙德、蒋剑辉、郑文宝、吴玉娟、罗海宁。9 月 8 日颁奖大会在北京举行。

同日　据新华社讯　经国务院批准，中国人民银行决定从今日起降低金融机构存、贷款利率，并同时降低中央银行准备金存款利率、再贷款和再贴现利率。金融机构存款利率平均下降 1 个百分点，贷款利率平均下降 0.75 个百分点。其中，一年期定期存款利率由现行的 3.78% 降为 2.25%，一年期贷款利率由现行的 6.39% 降为 5.85%。

同日　中共第九、十、十一届中央政治局委员，国务院原副总理陈锡联在北京逝世。

同日　联合国安理会以 14 票赞成、1 票弃权的表决结果通过了关于政治解决南联盟科索沃危机的决议。中国投了弃权票。当日，中国外交部发言人对此发表谈话说，中国对八国集团提出的决议草案一些内容有严重保留，但是没有阻拦该决议草案的通过，投了弃权票。中国政府的这一决定，是基于独立自主的和平外交政策和以下主要考虑：一、北约已正式宣布暂停对南联盟的轰炸，特别是南联盟政府和议会已接受了有关"和平计划"，并希望安理会尽快通过决议。二、决议草案承认了安理会在维护国际和平与安全方面的首要作用，重申了所有成员国对南联盟主权和领土完整的承诺。三、尽快通过决议，有利于早日结束北约轰炸给包括科索沃阿族在内的南联盟各族人民造成的苦难，启动政治解决的进程。

6 月 10 日—11 日　科技部与外经贸部在上海联合召开全国高新技术产业开发区促进高技术产品出口工作座谈会。两部将共同组织实施"科技兴贸行动计划"，把 53 个国家高新区建成我国高新技术产品出口基地。

6 月 11 日　常昊执黑以一又四分之三子击败马晓春，从而以总比分 4 比 3 战胜对手，荣获首届"围棋棋圣"称号。

6 月 13 日　中共中央、国务院作出《关于深化教育改革全面推进素质教育的决定》。

6 月 14 日　中宣部、建设部、天津市委在北京联合举行天津建工集团三建公司项目经理范玉恕同志先进事迹报告会。范玉恕在建筑行业工作了整整 30 年，先后负责组织了 18 项、30 万平方米工程施工任务，工程质量优良率达到百分之百。

同日　中国红十字会在人民大会堂召开第 37 届南丁格尔奖章颁奖大会。中国红十字会名誉会长江泽民为本届奖章中国获得者曾熙媛、王桂英、秦力君颁奖。

6 月 15 日—18 日　中共中央、国务院在北京召开全国教育工作会议。

6 月 16 日　美国总统特使、副国务卿皮克林在北京向中国政府报告美国政府对以美国为首的北约袭击中国驻南斯拉夫联盟共和国大使馆事件的调查结果。中国方面指出，美方迄今对此事件发生原因所作出的解释是难以令人信服的，由此得出的"误炸"结论是中国政府和人民不能接受的。

同日　中央军委发布通令，给中国驻南联盟大使馆武官任宝凯同志记一等功。以表彰他在以美国为首的北约对南联盟空袭的 50 多天里，不负重托、不辱使命，出色地完成了任务。

6 月 17 日　江泽民在西安主持召开

西北五省区国有企业改革和发展座谈会。

同日 经中央军委批准，人民海军第一所综合性大学——海军工程大学在武汉成立。新成立的海军工程大学由原海军工程学院和海军电子工程学院合并组建而成，是目前全军五所综合性大学之一。

6月18日 中央军委主席江泽民签署命令，组建新的中国人民解放军国防科学技术大学。中央军委决定，在原国防科技大学的基础上，长沙地区四所军队院校合并，组建为新的国防科技大学，由军委直接领导。这是军委为实施科技强军战略，加速高素质人才培养，推进我军质量建设的一项重大举措，也是创办我军具有世界先进水平的一流综合性大学的一个尝试。

6月20日 许信良提出台湾经济纲领，要求台湾当局开放与大陆直接"三通"。

6月21日 江泽民在郑州主持召开黄河治理开发工作座谈会。

同日 中央军委发布全军院校体制编制调整改革的命令，全面推进面向新世纪的院校建设，以培养大批高素质的新型军事人才，实现国防和军队现代化建设跨世纪发展的战略目标。据新华社6月30日、7月2日报道，江泽民主席已签署命令，组建中国人民解放军陆军航空兵学院和中国人民解放军石家庄陆军指挥学院、信息工程大学、理工大学、炮兵学院。7月22日，空军工程大学正式成立。它是由原空军工程学院、导弹学院、电讯工程学院三所院校合并而成的，是空军唯一的一所综合性大学。

同日 科学技术部印发《国家高新技术产业开发区评价指标体系（试行）》。

同日 新华社报道：北京大学纳米技术研究近日取得重大突破，电子学系教授薛增泉领导的研究组在世界上首次将单壁碳纳米管组装竖立在金属表面，并组装出世界上最细且性能良好的扫描隧道显微镜用探针。

同日 李登辉在台第三届"国民大会"第四次会议上提出"国情报告"，首度提出以"平行"观念开展对外关系，强调在"外交"上以"面对现实、为所当为、灵活务实、平行三赢、立场不变"为主轴，建构"全民外交"与"总体外交"。

6月22日—28日 九届全国人大常委会第十次会议在北京举行。会议通过了全国人大常委会关于香港特别行政区基本法第二十二条第四款和第二十四条第二款第（三）项的解释。根据这个解释，各省、自治区、直辖市的公民，包括香港永久性居民在内地所生的中国籍子女，进入香港特别行政区，如未按国家有关法律、行政法规的规定办理相应的批准手续，是不合法的。会议通过《中华人民共和国预防未成年人犯罪法》（6月28日公布，自1999年11月1日起施行）、《中华人民共和国澳门特别行政区驻军法》（6月28日公布，自1999年12月20日起施行）、《中华人民共和国公益事业捐赠法》（6月28日公布，自1999年9月1日起施行）。

6月22日—23日、23日—24日、24日—25日 澳门特别行政区筹备委员会法律小组第十四次会议、经济小组第九次会议、政务小组第十三次会议分别在澳门和珠海举行。

6月23日 今天12时25分，中国泰达棉登山队队员李致新、王勇峰成功登上了大洋洲最高峰——海拔5030米的查亚峰。至此，李致新、王勇峰历时10年完成了攀登世界七大洲最高峰的壮举，成为最先登上七大洲最高峰的中国人。

6 月 25 日　中组部、中宣部、卫生部和新疆维吾尔自治区党委在人民大会堂联合举办新疆乌恰县人民医院院长吴登云事迹报告会。吴登云从江苏水乡来到祖国的西北边陲,刻苦学习,救死扶伤,无私奉献,成为一名深受各族人民爱戴的优秀医生。

同日　《人民日报》报道:据外经贸部最新统计,截至 1999 年 5 月底,全国共批准外商投资企业 331024 个,合同外资金额 5870.51 亿美元,实际使用外资金额 2813.56 亿美元。

6 月 25 日—26 日　江泽民在青岛主持召开华东七省市国有企业改革和发展座谈会。

6 月 26 日　科技型中小企业技术创新基金正式启动。

6 月 27 日　江泽民在会见第十四次全军院校会议代表时强调,全军各部队必须更加自觉、更加坚定地贯彻科技强军战略,加紧培养和造就出一大批忠于党和人民、掌握高技术本领的新型军事人才。

同日　新华社记者从中共中央组织部获悉,截至 1998 年底,全国党员总数已达 6100 万名,党员约占全国人口总数的 5.1％。其中,女党员 1029 万名,占党员总数的 16.6％;少数民族党员 379 万名,占 6.1％。

6 月 28 日　纪念中国共产党成立 78 周年座谈会在人民大会堂举行。中共中央总书记、国家主席、中央军委主席江泽民在会上发表讲话。

同日　江泽民致信祝贺国防科技工业十大集团公司成立。十大集团公司是:中国核工业集团公司、中国核工业建设集团公司、中国航天科技集团公司、中国航天机电集团公司、中国航空工业第一集团公司、中国航空工业第二集团公司、中国船舶工业集团公司、中国船舶重工集团公司、中国兵器工业集团公司、中国兵器装备集团公司。朱镕基出席 7 月 1 日举行的成立大会并作重要讲话。

同日　新华社报道:中共中央办公厅、国务院办公厅近日向全国发出关于印发《县级以下党政领导干部任期经济责任审计暂行规定》和《国有企业及国有控股企业领导人员任期经济责任审计暂行规定》的通知。通知说,上述两个文件已经党中央、国务院批准,现印发,请遵照执行。

同日　全国人民代表大会常务委员会第十次会议通过了中华人民共和国澳门特别行政区驻军法。国家主席江泽民于 29 日签署了主席令。8 月 12 日,根据澳门特别行政区行政长官何厚铧的提名,国务院任命了澳门第一届政府七名主要官员和澳门特别行政区检察长。

6 月 30 日　新华社报道:毛泽东的重要著作集《毛泽东文集》第六、第七、第八卷,已由人民出版社出版,陆续在全国各地发行。至此,经中共中央批准由中央文献研究室编辑的八卷本《毛泽东文集》全部出齐。《毛泽东文集》是继《毛泽东选集》之后编辑出版的又一部综合性的多卷本毛泽东著作集。文集编入《毛泽东选集》第一至四卷以外的重要著作 803 篇,230 万字,是从毛泽东 1921 年至 1976 年的大量文稿和讲话、谈话记录中精选出来的。这次出版的《毛泽东文集》第六、七、八卷,编入的是毛泽东新中国成立后的重要著作,近 300 篇,其中不少是第一次公开发表。

同日　朱镕基在中南海主持国家科技教育领导小组第四次会议,听取科技部、农业部关于制定《农业科技发展纲要》,中国科学院关于进行国家知识创新工程试点情况和关于中国高能物理发展战略的汇报。

同日　江泽民、朱镕基、李岚清在北京会见《当代中国》丛书暨电子版完成总结大会的代表，江泽民讲了话。《当代中国》丛书是我国第一部全面记录中华人民共和国国史的大型丛书，共 150 卷，1 亿字、3 万幅图片，从 1983 年开始启动，经过广大国史研究者和出版工作者 10 万多人的共同努力，于去年基本完成，并于今年 6 月出版了电子光盘版。

同日　国务院、中央军委发布施行《国务院、中央军事委员会关于修改〈中国人民解放军现役士兵服役条例〉的决定》。

同日　经中央军委批准组建的中国人民解放军陆军航空兵学院成立大会在北京举行。

同日　朱镕基签署国务院令，中国人民银行自 1999 年 10 月 1 日起陆续发行第五套人民币。第五套人民币有 100 元、50 元、20 元、10 元、5 元、1 元、5 角和 1 角八种面额。

同日　新华社报道：截至今日，我国外汇储备余额达 1470.5 亿美元，比年初增加 20.9 亿美元。人民币币值稳定，6 月末，汇率保持在 1 美元兑 8.278 元人民币的水平上，与上年末基本持平。

7 月 1 日　香港回归祖国纪念碑揭幕仪式在香港会议展览中心新翼广场隆重举行。国家副主席胡锦涛代表中央政府和全国各族人民对此表示热烈的祝贺并发表讲话。当天，胡锦涛还出席了香港特别行政区政府在香港会议展览中心新翼广场举行的隆重升旗仪式。

同日　为了进一步支持外贸出口，促进国民经济发展，经国务院批准，从今日起，提高部分商品的出口退税率。经过此次调整，我国出口商品的综合退税率平均提高了 2.95 个百分点，退税率档次由现行的 17%、13%、11%、9%、5% 五档简并为 17%、15%、13%、5% 四档。

7 月 2 日　中央军委主席江泽民签署命令，组建中国人民解放军石家庄陆军指挥学院、信息工程大学、理工大学、炮兵学院。这四所院校成立暨授军旗大会分别在驻地举行。

7 月 2 日—3 日　澳门特别行政区筹备委员会第九次全体会议在北京举行。会议审议通过了澳门特别行政区筹备委员会关于澳门特区第一任行政长官在 1999 年 12 月 19 日前开展工作的决定、关于澳门特区有关人员就职宣誓事宜的决定和澳门特别行政区司法机关具体产生办法。

7 月 3 日—13 日　第二十届世界大学生运动会在西班牙帕尔玛举行。中国选手在跳水、柔道和女排比赛中夺得 9 枚金牌，在金牌榜上名列第五，名次与上届相同。

7 月 4 日　历时 9 天的第 10 届国际特殊奥林匹克夏季运动会在美国东南部的北卡罗来纳州三角地区结束。中国队在本届特奥会上共夺得 18 枚金牌、14 枚银牌和 15 枚铜牌。

7 月 5 日　台湾与巴布亚新几内亚宣布"建交"。但在 21 日，巴布亚新几内亚新总理莫劳塔宣布取消与台湾新建立的"外交"关系，强调巴新政府坚持"一个中国"政策，维护巴布亚新几内亚与中华人民共和国的外交关系。

7 月 5 日—6 日　国务院召开全国依法行政工作会议。

7 月 5 日—9 日　全军政治工作会议在北京举行。江泽民主席出席了会议并发表了重要讲话。会议形成了《关于改革开放和发展社会主义市场经济条件下军队思想政治建设若干问题的决定》。

7月7日 《人民日报》报道：与1998年相比，1999年全国普通高校招生计划名额增加48万，总数达156万人。

7月8日—9日 全军政治工作会议在北京举行。会议提出，新形势下军队思想政治建设，必须坚持以邓小平理论为指导，全面贯彻落实江泽民主席关于思想政治建设的重要论述，为打赢未来高技术战争提供强大的精神动力，为保持人民军队的性质、本色和作风提供可靠的政治保证。江泽民出席了会议并发表重要讲话。

7月8日—10日 日本首相小渊惠三访问我国。9日，中国和日本两国政府代表团在北京发表了《关于中国加入世界贸易组织双边谈判的联合新闻公报》。

7月9日 李登辉在接受德国一家电视台采访时提出大陆与台湾的关系是"国与国关系，至少是特殊的国与国的关系，而非一合法政府、一叛乱团体，或一中央政府、一地方政府的'一个中国'的内部关系"。李登辉的"两国论"出笼后，两岸关系骤然紧张，台湾股市重挫，加权指数由9日的8592.43点跌至16日的7411.43点。魏镛等百余名台湾大专院校教授发表联署声明，呼吁李登辉停止推动"两国论"。24日，新党发起"和平反战大游行"，约3000名新党支持者走上街头，高喊"打倒李登辉"，反对李登辉的"两国论"。

7月10日 中国女子足球队在美国洛杉矶举行的第三届世界杯女子足球赛决赛中，同美国队激战120分钟未分胜负。在随后进行的点球大战中，中国女足以4∶5一球惜败，获得亚军，美国队获得冠军。赛前，江泽民打电话给中国女子足球队，赞扬她们在比赛中表现出来的顽强拼搏精神。13日，江泽民、李鹏、李瑞环、胡锦涛、尉健行、李岚清，在人民大会堂会见

了载誉归来的中国女子足球队。正在外地的朱镕基特地向中国女足发来了贺信，他说，国务院决定，对中国女子足球队予以表彰并予奖励。当晚，国家体育总局、全国总工会、共青团中央、全国妇联在人民大会堂共同举行了欢迎中国女子足球队凯旋庆功会，国家体育总局授予中国女足"体育运动荣誉奖章"、全国总工会授予女足"五一劳动奖状"、团中央授予女足"新长征突击队标兵"称号、全国妇联授予女足"三八妇女红旗集体"称号。7月11日，江泽民与克林顿就中美女子足球队取得优异成绩互致贺信。

同日 我国中学生在瑞典结束的第10届国际中学生生物学奥林匹克竞赛中，获得团体总分第一，个人夺得2枚金牌和2枚银牌；12，在曼谷结束的第31届国际中学生化学奥林匹克竞赛中，获得2枚金牌、2枚银牌；20日，在罗马尼亚结束的第40届国际中学生数学奥林匹克竞赛中，获得4枚金牌和2枚银牌，与俄罗斯代表队并列团体总分第一；26日，在意大利结束的第30届国际中学生物理奥林匹克竞赛上，我国选手获得2枚金牌和3枚银牌。

7月11日 中共中央台湾工作办公室、国务院台湾事务办公室发言人发表谈话指出，李登辉公然将两岸关系歪曲为"国与国的关系"，再一次暴露了他一贯蓄意分裂中国的领土和主权、妄图把台湾从中国分割出去的政治本质，与"台独"分裂势力的主张沆瀣一气，在分裂祖国的道路上越走越远。7月9日，李登辉在接受德国媒体采访时公然宣称台湾当局已将两岸关系定位在"国家与国家，至少是特殊的国与国的关系"。台湾当局有关负责人也一唱一和，宣称两岸会谈是"国与国会谈"。对此，世界舆论哗然，台湾岛内人心惶惶，股市暴跌。7月12日，中国外交部

发言人正告李登辉和台湾当局,不要低估中国政府维护国家主权、尊严和领土完整的坚定决心,不要低估中国人民反分裂、反"台独"的勇气和力量。中国统一是大势所趋,人心所向。同日,海协会长汪道涵要求台湾海基会董事长辜振甫先生对他所说的两岸会谈就是"国与国会谈"予以澄清。连日来,各地各界人士纷纷严斥李登辉分裂祖国的言论。一些国家政府和领导人先后发表声明或谈话,重申只承认一个中国、台湾是中国一部分的立场。7月18日,应美国总统克林顿的要求,江泽民主席同克林顿总统通了电话。克林顿表示,美国坚持一个中国的政策。江泽民严正指出:台湾问题攸关中国的主权和领土完整,事关中国的和平统一大业和全体中国人民的民族感情。实现祖国统一,这是中国政府的坚定决心,也是全中国人民,包括台湾同胞,以及海外同胞的共同愿望。7月20日,中央台办、国务院台办负责人表示,坚决反对台湾分裂势力按照李登辉"两国论"进行"修宪"的图谋。7月30日,鉴于海基会当日来函及所附"辜董事长谈话稿"严重违背了海协与海基会1992年达成的"海峡两岸均坚持一个中国原则"的共识,海协对来函和"谈话稿"不予接收,正式退回。

7月12日　中华网在纳斯达克首发上市,这是在美国纳斯达克第一个上市的中国概念网络公司股。

7月12日—15日　第六次全国归侨侨眷代表大会在北京举行。12日,江泽民、李鹏、朱镕基、李瑞环、胡锦涛、尉健行、李岚清会见了与会的全体代表。大会通过了关于中国侨联章程修正案决议,选举产生了中国侨联第六届委员会和以林兆枢为主席的新一届中国侨联领导班子。

7月15日　朱镕基在党中央、国务院召开的省部长经济工作座谈会上指出,去年以来中央采取的扩大内需和积极的财政政策是正确的,效果是明显的。

同日　国务院新闻办公室主任赵启正再次发表谈话,对《考克斯报告》在核武器的制造、商业卫星发射、科技交流和经贸合作、机床设备、高性能计算机等方面对中国的歪曲、攻击,用大量事实进行了详细的批驳和澄清。当日,国务院新闻办公室发表了题为《事实胜于雄辩,谎言不攻自破——再驳〈考克斯报告〉》的文章,指出《考克斯报告》完全是缺乏基本科学常识的编造。

7月15日—17日　国家主席江泽民访问蒙古国。

7月16日　国家统计局新闻发言人指出,今年以来国民经济继续保持良好的运行态势,经济增长结构出现了积极的变化,经济运行质量有所提高。上半年,国内生产总值达到36189亿元,按可比价格计算,比去年同期增长7.6%。上半年农业生产形势平稳,夏粮、夏油获得较好收成,但生猪价格下跌较多,存栏下降;工业生产保持较快增长,上半年全国完成工业增加值9703亿元,同比增长9.4%;上半年国有及其他经济类型固定资产投资(不含城乡集体、个人投资)6687亿元,比上同期增长15.1%。上半年进出口总额1580亿美元,比上年同期增长4.4%,其中出口总额下降4.6%,进口总额增长16.6%;居民消费价格下降1.8%;居民收入继续增加,据初步预计,上半年城镇居民、农村居民人均可支配收入实际增长分别为7.8%和4.7%左右。

7月19日　中共中央发出《关于共产党员不准修炼"法轮大法"的通知》。同日,公安部发布通告,禁止从事任何维护、宣扬"法轮大法"("法轮功")、扰乱社会秩序的活动。公安部研究室发表了《李洪志其人其事》,揭露了李洪志编造"法轮大法"和操纵"法轮功"组织腐蚀人们思想,扰乱公共秩序,破坏社会稳定的事实。7月23日,新华社报道,共青团中央和人事部近日分别发出通知,规定共青团员和国家公务员不准修炼"法轮大法"。连日来,全国各地各界干部群众纷纷表示坚决拥护中央关于处理"法轮功"的决策,纷纷揭露李洪志的歪理邪说,进一步认清"法轮功"组织的政治本质和严重危害。7月29日,公安部公开通缉自任非法组织"法轮大法研究会"会长的李洪志,并通过国际刑警组织中国国家中心局向国际刑警组织各成员国发出国际协查通报,缉拿李洪志。

7月20日 新华社报道:我国民营经济改革开放后获得快速发展,私营企业自1989的以来,注册户数平均每年增长34.3%,从业人数递增30.1%,注册资本递增67.2%,总产值递增58.8%。截至1998年底,我国私营企业发展到120多万户,个体工商户3120多万户,城乡个体私营企业从业人员7823.48万人。1998年,城乡个体私营企业安置下岗职工383.82万人。

7月20日—21日 澳门特别行政区筹备委员会法律小组第十五次会议在珠海举行。

7月21日 新华社报道:中央军委日前批准颁发施行《中国人民解放军文职干部条例》。修改后的《中国人民解放军文职干部条例》共9章34条,主要是重新明确了文职干部的性质、管理办法、来源和培训、平时服现役的最高年龄和最低年限,补充了选拔任用的方针原则、着装、级别和主管机构等内容。

同日 新华社报道:中科院紫金山天

文台新近研制成功安装在13.7米毫米波射电天文望远镜上的超导SIS接收机。这是我国首次将低温超导技术应用于实践,对加强国民经济和国防建设具有重大意义。

7月23日 江泽民视察国庆50周年首都阅兵部队,并发表重要讲话。

7月29日 23时30分,台湾发生有史以来最大一次断电,全台湾4/5的发电机组接连跳脱,只剩下兴达火力发电厂四部机组发出410万千瓦的电力,从而造成全省大停电。造成这次大停电的原因是台南县左镇山区因连续暴雨导致山崩,致使位于山坡上的高压输电铁塔倒塌。估计此次断电造成的损失将超过30亿元新台币。

7月31日 国防部在人民大会堂举行盛大招待会,热烈庆祝中国人民解放军建军72周年。中共中央政治局委员、中央军委副主席、国务委员兼国防部长迟浩田上将在致祝酒词时指出,中国人民解放军严阵以待,时刻准备捍卫祖国的主权和领土完整,坚决粉碎任何分裂祖国的图谋。

同日 新华社报道:今年入汛以来,我国南方部分江湖多次发生洪涝灾害。人民解放军和武警官兵积极投身艰苦的抗洪抢险斗争中去。截至7月30日,人民解放军和武警部队投入长江、太湖等流域支援地方抗洪抢险的兵力已达10万余人。

同日 据新华社报道:今年上半年,我国乡镇企业增加值同比增长16.5%,利润和税金同步增长,增速在14%以上,经济效益逐渐好转。随着国家环保和产业政策的调整,1998年,乡镇集体企业减少了22万个,其中工业企业减少了13.9万个。现在全国大中型乡镇企业有近7000家。

8月1日 台"行政院陆委会"公布一

份"对等、和平与双赢——中华民国对'特殊国与国关系'的立场"书面说明，主要内容是：①以对等地位开创跨世纪的两岸关系。②反对中共霸权式的"一个中国原则"。③政治谈判慎于始。④两岸应该回到"一个中国，各自表述"的共识。⑤陈述现状，不是改变现状；追求和平，不是制造麻烦。⑥竭诚欢迎汪道涵先生来访。⑦对待和平，共造"双赢"。

8月2日 我国在境内成功地进行了一次新型远程地地导弹发射试验。

同日 我国政府就美国政府宣布将向台湾出售大量先进武器装备向美方提出强烈抗议。

8月2日—8日 第45届世界乒乓球锦标赛5个单项比赛在荷兰艾恩德霍芬举行。中国乒乓健儿包揽5项比赛的全部金银牌。本次世乒赛由大维集团等中国企业赞助。

8月3日 国家经贸委副主任郑斯林就国有企业改革与发展问题回答记者提问时说，到1998年，6599户国有大中型工业亏损企业中，已有1478户通过兼并破产、企业重组、加强管理等方式，实现了脱困。今年1—5月，国有大中型企业实现利润由去年的38亿元增加到160亿元，亏损额下降17.4％。

同日 中共中央宣传部、解放军总政治部和中共云南省委在人民大会堂联合举办方红霄先进事迹报告会。武警云南总队二支队五中队中队长方红霄在自己的岗位上面对死神不后退，面对困难不低头，面对金钱不伸手，面对美色不动心，经受住了复杂环境中的各种考验。

8月4日 中共中央台湾工作办公室、国务院台湾事务办公室负责人就8月1日台湾当局的"大陆委员会"发表一份所谓"对特殊国与国关系论书面说明"，为李

登辉的"两国论"百般辩解一事发表谈话正告李登辉：坚持"两国论"，诡称"特殊两国论"，就是挑战中国的主权和领土完整，挑战台湾同胞的切身和长远利益，挑战亚太地区的和平与稳定，必将受到历史的严惩。台湾当局只有抛弃"两国论"、"特殊两国论"，回到一个中国的立场上来，才是唯一的明智之举。8月31日，中共中央台湾工作办公室负责人就8月28日至29日国民党召开的"十五大"二次会议在李登辉的操纵下，将"以'特殊的国与国关系'明确定位两岸关系"写入此次会议通过的决议一事发表谈话，严厉谴责李登辉将"特殊两国论"纳入国民党文件，指出：李登辉分裂中国的主张，这不仅是对自己历史的背叛，也是对中华民族的背叛，我们希望并相信，会有越来越多的国民党有识之士和广大国民党党员，看透李登辉分裂祖国的本质。

8月6日 中国铝业集团公司、中国铜铅锌集团公司、中国稀有稀土金属集团公司宣布成立。这是我国有色金属工业管理体制的重大改革。

同日 新华社报道：去年，面对亚洲金融危机和国内市场需求不足的双重压力，我国通过采取一系列宏观调控措施，有效地推动了国有经济的稳步发展，国有企业结构调整进程明显加快。据财政部统计，1998年底，我国国有资产总量达82211亿元，比1997年增长13.8％，其中经营性国有资产为62405亿元，占75.9％，比上年增长15.4％；非经营性国有资产19806亿元，占24.1％，比上年增长9.3％。

8月7日 国务院总理朱镕基视察西安高新技术产业开发区和杨凌农业高新技术产业示范区。

8月7日—19日 第六届中国戏剧节

在沈阳举行。本届戏剧节有来自全国 7 个省、11 个市和部队的 23 个文艺团体近1500 名文艺工作者参加,共有 14 个剧种,24 台参演剧目在沈阳上演。戏剧节期间,第六届 BESETO(北京、汉城、东京)戏剧节和第 16 届中国戏剧梅花奖颁奖活动在沈阳举行。

8 月 8 日—17 日 第二届世界军人运动会在克罗地亚萨格勒布举行。中国代表团共夺得 29 枚金牌、22 枚银牌和 15 枚铜牌,居金牌榜第二名,俄罗斯队以 45 枚金牌居金牌榜首位。

8 月 9 日 中央军委主席江泽民签署命令,颁布施行新的《中国人民解放军工程建设管理条例》。

同日 《人民日报》报道:国务院近日批准《国家科学技术奖励条例》和《科学技术奖励制度改革方案》,作为本次科技奖励制度改革的重要内容,我国政府决定设立国家最高科学技术奖。500 万元奖金中50 万元属获奖者个人所得,450 万元由获奖者自主选题,用作科学研究经费。国家最高科学技术奖授予在当代科学技术前沿取得重大突破或者在科学技术发展中有卓越建树的科学技术工作者;或者在科学技术创新、科学技术成果转化和高技术产业化中,创造巨大经济效益的科学技术工作者。每年获奖人数不超过 2 人。在设立国家最高科技奖的同时,还设立"中华人民共和国科学技术合作奖"。与此同时,国家自然科学奖、国家技术发明奖、国家科技进步奖的奖金标准也调整为一等奖 9 万元,二等奖 6 万元。奖励的总数量也由原来每年的 600 至 800 项减少到每年的 400 项以内。

8 月 11 日 上午 10 时,中国中越边境的最后一枚地雷在广西靖西县庭毫山地区被排除,宣告历时 7 年的中国中越边境大排雷行动胜利结束。在 1993 年至1994 年和 1997 年 11 月至 1999 年 8 月的中国中越边境两次大排雷行动中,共清除了 400 多平方公里的雷区,排除地雷 220多万枚,销毁其他爆炸物 400 多吨,完成永久性封围雷场数十平方公里。

同日 科学技术部印发《关于加强国家高新技术产业开发区发展的若干意见》。

同日 国务院任命澳门特别行政区第一届政府七名主要官员和澳门特别行政区检察长。

8 月 11 日—12 日 江泽民在辽宁大连主持召开东北和华北地区八省区市国有企业改革和发展座谈会。他在会上发表了题为"坚定信心,深化改革,开创国有企业发展的新局面"的重要讲话。

8 月 11 日—14 日 塔吉克斯坦共和国总统埃莫马利·拉赫莫诺夫访问我国。13 日,中塔两国签署了关于进一步发展两国睦邻友好和互利合作关系的联合声明。

8 月 12 日 新华社全文播发《李洪志策划指挥"四二五"非法聚集事件真相》一文。文章指出,今年 4 月 25 日,首都北京突然发生了一起大规模的非法聚集事件。在"法轮功"的总头目李洪志直接策划、指挥下,一万多名来自北京、天津、河北、山东、辽宁、内蒙古等地的"法轮功"练习者,有组织地集合起来围住了中南海,矛头直指党中央、国务院,严重干扰了党和国家最高领导机关的正常工作,扰乱了首都的社会秩序。这是 1989 年那场政治风波以来最严重的政治事件,在国内外造成了极其恶劣的政治影响。"四二五"非法聚集事件真相公布后,连日来,全国各地干部群众纷纷表示,要与党中央保持高度一致,深入揭批李洪志的歪理邪说,进一步剥去"法轮功"组织的伪装,自觉维护来之不易的安定团结的政治局面。8月24日，新华社报道，中共中央办公厅、国务院办公厅近日发出通知，要求严格掌握政策界限，进一步做好绝大多数"法轮功"练习者教育转化和解脱工作。

同日　台"外交部"次长李大维表示，今年台湾"参与联合国"案将强调"两岸对等参与"，并首度将"两国"摆在一起。

8月14日　澳门特区筹委会政务小组第十五次会议在京举行，会议就组建特区临时性市政机构等问题达成共识。

8月15日　中共中央总书记江泽民视察沈阳东大软件园。该软件园是我国第一个国家火炬计划软件产业基地。

同日　新华社报道：上海第二医科大学附属上海血液学研究所以陈赛娟、陈国强、沈志祥、陈竺教授为首的研究组在白血病分化、凋亡基础理论和临床基因治疗研究领域获得重大突破，使我国白血病新型治疗研究整体水平跃入世界领先地位。

8月16日　中共中央办公厅、国务院办公厅转发建设部、国家计委等部门关于《在京中央和国家机关进一步深化住房制度改革实施方案》。该方案的基本原则是：国家、单位、个人合理负担，量力而行，新房新制度，老房老办法，一次性补贴和按月补贴相结合。依据方案，没有住房和新参加工作的职工按照职工工资的一定比例发放住房补贴，实现住房的货币工资分配。

8月17日　第十七届中国电视金鹰奖在深圳揭晓，123个奖项各有得主。本届金鹰奖由观众投票评选的奖项共93个，占全部奖数的74.4％。

同日　第六届少数民族运动会拉萨分赛场拉开序幕。

8月18日　新党"全国竞选及发展委员会"召开全委会决定，提名作家李敖参加2000年"总统"大选。

8月20日　中共中央、国务院作出《关于加强技术创新发展高科技实现产业化的决定》。这是我国在新的历史时期，加强技术创新，加速科技成果商品化和高新技术产业化的纲领性文件。

同日　解放军总政治部、中共中央党史研究室在人民大会堂举行座谈会，纪念伟大的无产阶级革命家、军事家，杰出的农民运动领袖，土地革命战争时期赣东北和闽浙赣革命根据地的创建人方志敏同志诞辰一百周年。

同日　江泽民到中国科学院大连化学物理研究所，重点就实施国家知识创新工程工作进行调研。

8月22日　新华社报道：自1947年5月1日我国成立了中国共产党领导下的第一个民族自治地方——内蒙古自治区，到目前，我国已建立5个自治区，30个自治州，120个自治县（旗），还在民族散杂居地区建立了1200多个民族乡，全国共有44个少数民族实行了民族区域自治。

同日　中国棋手谢军在国际象棋女子世界冠军赛第十五盘的比赛中与俄罗斯选手加里亚莫娃走和，从而以8.5分比6.5分的优势获胜，重新夺回失去三年的世界冠军称号，使她成为41年来首位收回失落冠军的女棋手，也是国际象棋传统赛制下最后一位女子世界冠军。

同日　"建国党"主席郑邦镇正式宣布代表"建国党"参加2000年"总统"大选。

同日　"中华航空公司"一架自泰国曼谷飞抵香港的客机晚6时48分降落香港新机场时，因舱内发生火警和碰上台风的高速风力导致整架飞机翻覆，酿成2死212伤的惨剧。

8月23日　澳门同胞成立国庆50周年筹委会并举行第一次会议，商讨国庆期间举行各种庆祝活动事宜。

8 月 23 日—26 日 中共中央、国务院在北京召开全国技术创新大会。部署贯彻落实《中共中央、国务院关于加强技术创新，发展高科技，实现产业化的决定》。

8 月 23 日—9 月 15 日 第二十二届万国邮政联盟大会在北京举行。大会中国组委会名誉主席江泽民出席开幕式，并宣布大会开幕。来自 120 多个国家和 30 多个国际组织的 2200 多名代表参加了大会。

8 月 24 日—26 日 国家主席江泽民出席在吉尔吉斯斯坦首都比什凯克举行的中国、吉尔吉斯斯坦、俄罗斯、哈萨克斯坦和塔吉克斯坦五国元首会晤，并在会晤时发表讲话，提出了为进一步加强五国间的友好合作的五点主张。五国领导人在本次会晤中就当前国际形势、地区安全和区域经济合作等问题签署了声明。25 日，江泽民主席与阿卡耶夫总统、纳扎尔巴耶夫总统共同签署了《中吉哈三国国界交界点协定》，同日，江泽民会见俄罗斯总统叶利钦。26 日，江泽民与阿卡耶夫总统签订了《中吉国界补充协定》。

8 月 24 日—30 日 九届全国人大常委会第十一次会议在北京举行。大会通过了《中华人民共和国个人独资企业法》和《中华人民共和国招标投标法》（均于 8 月 30 日公布，2000 年 1 月 1 日起施行）；通过了《全国人民代表大会常务委员会关于修改〈中华人民共和国个人所得税法〉的决定》（8 月 30 日公布施行），批准对储蓄存款利息开征个人所得税；通过了关于批准增发国债和 1999 年中央财政预算调整方案的决议，决定批准增发 600 亿元长期国债，用于增加固定资产投资。

8 月 25 日 "新中国舞台、影视艺术精品选系列光盘"出版座谈会在北京举行。丁关根、周铁农出席座谈会。这套光盘共 1153 张，收录了新中国成立以来，7 个艺术门类的艺术精品，特别是著名艺术家创作表演的艺术作品，共 500 部。其中电影 100 部，电视剧（片）50 部，戏剧 115 部，音乐 105 首，舞蹈 30 个，曲艺 50 个，杂技 50 个。该光盘已全部出齐，开始面向全国发行。

8 月 27 日 中国选手刘宏宇和王妍在第七届世界田径锦标赛女子 20 公里竞走比赛中获金、银牌。这是自 1993 年世锦赛以来中国选手夺得的第一个田径世界冠军头衔。

同日 原广西壮族自治区政府副主席徐炳松因受贿罪被南宁市中级人民法院一审判处无期徒刑，剥夺政治权利终身，并没收财产 10 万元及一批财物。徐炳松在任职期间，先后非法受贿 55 万元人民币，于 1998 年 6 月被依法逮捕。

同日 国民党临时中常会核备通过"连萧配"，"连萧配"正式被确定为国民党 2000 年"总统"大选的参选搭档。

8 月 28 日 澳门特别行政区筹委会第十次全体会议通过了确认决定，原澳门最后一届立法会 15 名议员过渡为澳门特别行政区第一届立法会议员。8 月 30 日，澳门特区筹委会主任钱其琛在筹委会全体会议上宣布，澳门特区筹委会九大任务已基本完成。9 月 24 日，澳门特区行政长官委任 7 名立法会议员。至此，澳门特别行政区第一届立法会的议员已经全部产生。

同日 国民党十五届二次会议召开。

8 月 28 日—29 日 澳门特别行政区筹委会第十次全体会议在北京举行。国务院副总理、筹委会主任委员钱其琛在讲话中指出，筹委会已基本完成预定任务，为澳门回归奠定了坚实的基础。会议通过了《关于对原澳门最后一届立法会由选举产生的议员过渡为澳门特别行政区第一届立法会议员的资格确认和缺额补充的决定》等五个决定和建议。

8月30日 "新中国体育五十星"评选结果揭晓。许海峰等50名为新中国体育事业作出杰出贡献的运动员榜上有名。

同日 海南省高级人民法院对海南席世国窃密案作出终审判决。海南省政府办公厅原助理调研员席世国被以为境外窃取、非法提供国家秘密罪依法判处无期徒刑，剥夺政治权利终身。

8月31日 新华社报道：中共中央最近发出通知，转发《关于改革开放和发展社会主义市场经济条件下军队思想政治建设若干问题的决定》，指出其精神不仅对加强军队思想政治建设具有重要的指导作用，也适用于全党的思想政治建设。

9月2日—16日 江泽民访问泰国、澳大利亚和新西兰，并于13日出席在新西兰奥克兰举行的亚太经合组织第七次领导人非正式会议。3日，江泽民在泰国发表题为"增进睦邻友好 共创光辉未来"的演讲。8日，江泽民在堪培拉答记者问时就台湾问题和中国加入世贸组织问题阐述了中国的原则立场。

9月4日 "国民大会"三读通过"宪法"增修条文，"国代"延任案、"立委"任期改为4年案过关。按修改条文规定，此届"国代"将延任2年1个月，"立委"将延任半年。

9月5日 新华社报道：江泽民最近写信给北京师范大学教授白寿彝，祝贺他主持编写的《中国通史》全部出版。

同日 新华社报道：党中央、国务院决定，从今年7月1日起提高城镇中低收入居民的收入，以扩大内需，拉动经济增长。10日，新华社报道，财政部要求9月15日前兑现这部分新增加的收入。

同日 北京2008年奥运会申办委员会在京成立。

9月6日 中国第一长隧道——秦岭隧道全线贯通，全长18.45公里。

同日 一汽—大众公司引进开发的奥迪A6高级轿车开始生产。

同日 中国国际电子商务应用博览会在北京举行。本届博览会由外经贸部和信息产业部主办，是首次由中国政府举办的电子商务应用博览会，也是中国第一次全面推出的电子商务技术与应用成果大型汇报会。

同日 台"经济部长"王志刚率团赴新西兰奥克兰参加亚太经合组织部长级会议，同行的还有"财政部长"邱正雄。

9月7日 外交部发言人在记者招待会上发表谈话指出，中方对日本右翼分子日前登上中国固有领土钓鱼岛表示强烈愤慨，要求日方立即采取措施惩处肇事者。

9月8日 国民党中常会通过开除"国大"议长苏南成党籍案，苏南成的"国代"及"国大"议长身份因此失去。"国大"议长一职由陈金让代理。

9月9日 国家图书馆揭牌仪式在京举行。江泽民题写馆名，李鹏出席仪式并讲话。

9月10日 新华社报道：我军南京、广州战区陆海空三军、第二炮兵和民兵预备役部队，在浙东、粤南沿海举行大规模诸军兵种联合渡海登陆作战实兵演习。

同日 新华社报道：到1998年底，全国已有私营企业120万户，从业人员超过1700万人，注册资金为1.02万亿元。

9月11日 澳门举行回归祖国倒计时100天座谈会。

同日 外交部就启用中华人民共和

国澳门特别行政区护照和旅行证发布公告。

9 月 11 日—20 日　第四届城市运动会在西安举行。江泽民、李鹏、李瑞环题词,李岚清出席开幕式。本届城运会共决出 220 枚金牌,有 22 人超 19 项世界纪录。

9 月 14 日　联合报系的网络新媒体(UDN)联合新闻网(udnnews. com)上线。联合新闻网集中了联合报系旗下的联合报、经济日报、民生报、联合晚报、星报等五家主要媒体的内容,数千名记者 24 小时提供随时更新的全球新闻,是一家由最多专业记者供稿、网站资讯流最庞大、新闻传播速度最快的华文网站。

同日　冈比亚等 12 国在纽约第七次向联合国提出"台湾参与联合国"提案。15 日,第 54 届联大总务委员会根据绝大多数成员的意愿,决定不把所谓"台湾参与联合国"提案列入大会议程。美、英、法三个常任理事国代表也明确表示反对台湾加入联合国,重申"一个中国"的立场。

9 月 17 日　新华社报道:我国对外国人开放地区已达 1405 个。

9 月 18 日　中共中央、国务院、中央军委在京举行为研制"两弹一星"作出突出贡献的科技专家表彰大会。江泽民发表重要讲话,李鹏、朱镕基等出席。23 位科技专家被授予或被追授"两弹一星功勋奖章"。

同日　国务院修订发布《全国年节及纪念日放假办法》。国务院办公厅发出通知,要求各地区、各部门做好全国节日放假期间有关工作。

9 月 19 日—22 日　中共第十五届四中全会在京举行,江泽民作了重要讲话。会议通过了《中共中央关于国有企业改革和发展若干重大问题的决定》,通过《中共中央纪律检查委员会关于许运鸿问题的审查报告》。决定撤销原浙江省委常委、宁波市委书记许运鸿中央委员会候补委员职务,开除其党籍。

9 月 20 日　第四届国家图书奖在京揭晓,148 种图书获奖。

同日　第 22 届大众电影百花奖在京揭晓。《男妇女主任》等三部电影获奖。赵本山、刘欣分获男女最佳演员奖;牛犇、李晓红获最佳男女配角奖。

9 月 21 日　台湾省花莲西南发生里氏 7.6 级地震,造成严重人员伤亡和经济损失。当日,江泽民主席和国务院台办等部门表示亲切慰问。中国红十字会决定提供紧急援助。23 日,海协会就赈济台湾灾区提供协助事宜致函海基会。

同日　台湾发生百年未遇的大地震,强度达里氏 7.3 级,震源距地表仅 1 公里,震中为南投县集集镇。这次地震造成 2274 人死亡、8300 多人受伤,其中重伤 4129 人,房屋全倒 8457 间,半倒 6204 间,数十万人无家可归,财产损失 2920 亿元新台币。25 日,台湾当局发布紧急命令,将南投县、台中县列为紧急命令的实施灾区,实施范围包括筹措重建财源、简化行政程序等 12 项,为期半年。这是国民党政权迁台以来第四次发布紧急命令。

9 月 22 日　庆祝人民政协成立 50 周年大会在京举行,江泽民发表重要讲话。江泽民、李鹏、李瑞环为庆祝人民政协成立 50 周年题词。21 日,全国政协在京举行《人民政协五十年》大型画册首发式。

9 月 24 日—30 日　第六届全国少数民族传统体育运动会开幕式在京举行。江泽民、李鹏、李瑞环题词,朱镕基宣布开幕。30 日,北京主赛场闭幕。23 个代表团分享 71 枚金牌。

9 月 25 日　澳门特别行政区行政长官何厚铧委任 10 位澳门特别行政区行政

会委员。

同日 澳门举行庆祝新中国成立 50 周年大会。

9 月 27 日—29 日 以"中国：未来 50 年"为主题的'99《财富》全球论坛年会在上海举行。江泽民出席开幕式，并在开幕晚宴上发表重要讲话。27 日和 30 日，江泽民和朱镕基分别会见与会的李光耀、基辛格以及时代华纳集团董事长兼首席执行官杰·李文等外宾。

9 月 27 日 新华社报道：世界上最小的直升机（机身长 18 毫米，高 5 毫米，重 100 毫克），最近在上海交大研制成功。

9 月 28 日 中国悬索第一桥——江阴长江公路桥正式通车，全长 3071 米，总投资 33.7 亿元。

9 月 29 日 中央军委隆重举行晋升上将军衔仪式，江泽民为这次晋升上将的郭伯雄、徐才厚颁发命令状。

9 月 招商银行率先在国内全面启动"一网通"网上银行服务，建立了由网上企业银行、网上个人银行、网上支付、网上证券及网上商城为核心的网络银行服务体系，并经中国人民银行批准首家开展网上个人银行业务，成为国内首先实现全国联通"网上银行"的商业银行。

10 月 1 日 首都举行盛大阅兵仪式和群众游行，隆重庆祝中华人民共和国成立 50 周年。这次阅兵式是共和国历史上的第十二次，它以崭新内容呈现在全国人民面前，包括陆海空三军、人民武装警察、预备役民兵的 17 个徒步方阵、25 个战车方阵，还有 132 架飞机组成的 10 个空中梯队雄壮、威武地通过天安门。江泽民检阅受阅部队并发表重要讲话，他向世界宣布：从本世纪中叶到下世纪中叶，中国人民经过一百年的艰苦创业，将基本实现社会主义现代化。中华民族将以更加强劲

的英姿屹立于世界民族之林。中国的未来是无限光明的。李鹏、朱镕基、李瑞环、胡锦涛、尉健行、李岚清等同 50 万军民参加庆典。当晚，首都举行盛大国庆联欢晚会，党和国家领导人江泽民等与群众共度节日之夜。同日，全国各地都举行活动，热烈庆祝新中国成立 50 周年。

同日 "卫生署疾病管制局"公布，台湾累计共有 2504 名艾滋病感染者。

10 月 2 日 党和国家领导人江泽民、李鹏、朱镕基、李瑞环、胡锦涛、尉健行、李岚清与首都各族各界群众一起，参加游园活动，共庆国庆佳节。

10 月 4 日 美国众议院通过一项支持台湾参与世界卫生组织的法案。

10 月 7 日 孔子诞辰 2550 周年国际学术讨论会在京举行。9 日，李瑞环在京会见参加"纪念孔子诞辰 2550 周年大会暨国际儒学联合会第二届会员大会"的中外专家学者。

10 月 8 日—16 日 1999 年天津世界体操锦标赛举行。江泽民、李瑞环等出席开幕式。中国选手获得男子团体、吊环、跳马和女子平衡木 4 枚金牌及女团第三名和个人一银三铜的好成绩。

10 月 11 日 中央军委发布命令，授予南京军区某部五连"基层安全保卫工作模范连"荣誉称号；授予青海省玉树军分区独立骑兵连"高原民族团结模范连"荣誉称号。中央军委同时发出通令，给空军某飞行学院一团记一等功一次；给在军队科研和教学工作中作出突出贡献的 8 位同志分别记功：给姚世贵、赵煦、王汉功、张斌记一等功，给周殿元、张宝仁、刘传绩、蔡锦芳记二等功。

同日 《中华人民共和国政区标准地名图集》首发式在京举行，我国现有乡以上政区 5.2 万多个。

同日 国务院新闻办公室和国务院港澳事务办公室公布迎接澳门回归祖国的标语口号。标语口号共 10 条。

10 月 12 日—13 日 澳门特别行政区第一届立法会在澳门举行第一次全体会议。曹其真当选为立法会主席。

10 月 13 日 新华社报道:我国专家学者日前推定出夏商周三代纪年:夏商两代的分界点在公元前 1600 年至公元前 1500 年左右,商周两代的分界点在公元前 1050 年至公元前 1020 年之间。

同日 原浙江省宁波市委书记许运鸿,由于涉嫌职务犯罪,被浙江省人民检察院依法逮捕。

10 月 14 日 我国在太原发射中心用"长征四号乙"运载火箭,成功地将中国和巴西联合研制的"资源一号"地球资源遥感卫星送入预定轨道,一颗巴西小型科学应用卫星也同时搭载升空。江泽民和巴西总统互致贺电。

同日 新华社播发《对储蓄存款利息所得征收个人所得税的实施办法》,自 1999 年 11 月 1 日起施行。

10 月 14 日—15 日 第 11 届国际中学生信息学奥林匹克竞赛在土耳其安塔利亚市举行。参赛的 4 名中国选手获得 2 枚金牌、2 枚银牌及个人总分第一名。中国香港特别行政区代表队获得 2 枚银牌和 1 枚铜牌。

10 月 15 日 新华社报道:国务院办公厅近日发出通知并转发《人事部、监察部关于对国家公务员修炼"法轮大法"等问题的若干处理意见》。

10 月 19 日 "法轮大法研究会"主要骨干李昌、王治文、纪烈武、姚洁被北京市公安局依法逮捕。25 日,新华社报道:公安机关近日破获一批"法轮功"组织及负责人员非法获取、泄露国家秘密文件的案件。

10 月 21 日 "中选会"公布取消 2000 年"国代"选举。

10 月 22 日 经中共中央、国务院批准,全国老龄工作委员会成立,并在京举行第一次全体会议。

10 月 25 日—31 日 第九届全国人大常委会第十二次会议在京举行,会议决定任命胡锦涛为中华人民共和国中央军委副主席。会议通过关于取缔邪教组织、防范和惩治邪教活动的决定;通过《中华人民共和国气象法》(10 月 31 日公布,自 2000 年 1 月 1 日起施行)和修改后的《中华人民共和国会计法》(10 月 31 日公布,自 2000 年 7 月 1 日起施行)、《中华人民共和国公路法》(10 月 31 日公布并施行)。

10 月 26 日 美国众议院国际关系委员会以 32∶6 通过《加强台湾安全法》。2000 年 2 月 1 日,该法案获美国众议院通过。

10 月 27 日 中共中央政治局委员、全国人民代表大会常委会副委员长谢非在广州逝世。

10 月 29 日 《李大钊文集》出版暨纪念李大钊诞辰 110 周年座谈会在京举行,胡锦涛发表讲话。

同日 何厚铧任命未来澳门特区检察官。

10 月 30 日 新华社报道:中央军委发布《中国人民解放军联勤条例》。实行三军联勤在中国人民解放军军史上是第一次,也是新中国成立以来军队后勤保障制度的一次重大变革。三军联勤体制将于 2000 年 1 月 1 日正式启动。

同日 最高人民法院、最高人民检察院公布《关于办理组织和利用邪教组织犯罪案件具体应用法律若干问题的解释》。

11 月 1 日 澳门《民法典》、《民事诉讼法典》、《商法典》、《刑法典》和《刑事诉讼法典》今起全部生效。

11月2日　庆祝中国科学院建院50周年大会在人民大会堂举行。朱镕基出席会议并讲话。江泽民为中国科学院建院50周年题词:攀登科学技术高峰,为我国经济发展、国防建设和社会进步,作出基础性、战略性、前瞻性的创新贡献。

同日　"邓小平新时期统一战线理论研究班"座谈会在京举行。李瑞环在座谈时指出:马克思主义关于人民群众的观点,是统一战线理论的一个基石;求同存异、体谅包容,是统一战线工作的一个原则;形象好、人缘好、富有人格力量,是统一战线干部的一个重要条件。

同日　信息产业部电信管理局陈因副局长作为中国代表参加了ICANN政府咨询委员会大会。

11月2日—5日　德国总理施罗德访问我国。

11月3日　澳门特区行政会举行第一次全体会议,讨论并通过了行政会的通则和章程。

11月4日　中共中央宣传部等部门在京联合举办海军工程大学"衡阳抢险英雄群体"先进事迹报告会。7月9日,由武昌开往湛江的461次旅客列车,行至衡阳市郊茶山坳地段时脱轨。乘坐这次列车的海军工程大学13名应届毕业学员,在自身受伤的情况下,抢救、转移乘客300多人。学员刘晓松壮烈牺牲。

11月6日　云林县长补选结果揭晓,无党籍人士张荣味战胜国、民两党候选人,以137106票当选。2000年2月8日,国民党中央考纪会无异议通过恢复张荣味党籍。

11月8日　中共中央日前发出《关于加强和改进思想政治工作的若干意见》。

同日　中央军委主席江泽民、中央军委副主席张万年、迟浩田,分别为中国人民解放军空军成立50周年题词。江泽民的题词是:为建设一支强大的现代化的攻防兼备的人民空军而奋斗。张万年的题词是:走科技强军之路　筑蓝天坚固长城。迟浩田的题词是:练过硬本领　振蓝天雄风。

11月9日　原中共中央顾问委员会常务委员,最高人民检察院原检察长黄火青在北京逝世。

11月10日　国务院、中央军委发布公告宣布:中华人民共和国中央人民政府派驻澳门特别行政区的部队,现已组建完成。中国人民解放军驻澳门部队隶属中华人民共和国中央军事委员会领导,将于1999年12月20日起正式担负澳门特别行政区防务。12月17日,中共中央总书记、国家主席、中央军委主席江泽民,中央军委副主席张万年、迟浩田,分别为中国人民解放军驻澳门部队题词。江泽民的题词是:"发扬我军优良传统　建设威武文明之师。"12月19日,中央军委主席江泽民发布《中国人民解放军驻澳门部队进驻澳门特别行政区的命令》,命令驻澳部队于1999年12月20日开始履行防务职责。12月20日12时整,由500名官兵组成的驻澳部队,驶入澳门特别行政区,开始担负澳门特别行政区的防务。这是100多年来中国政府派遣的第一支军队正式进入澳门。

同日　中葡联合联络小组举行最后一次全体会议,双方就过渡期最后安排达成多项共识。

同日　国务院、中央军委宣布中国人民解放军驻澳部队组建完成。

11月11日　全军参谋长会在京举行,江泽民发表重要讲话。

11 月 12 日　民盟中央等在北京人民大会堂集会,纪念中国民主同盟的杰出领导人、忠诚的共产主义战士楚图南同志诞辰一百周年。李瑞环出席座谈会。

11 月 14 日　新华社报道:中共中央组织部最近发文,就 1999 年冬和 2000 年农村基层组织建设工作作出部署安排。

11 月 15 日　外经贸部部长石广生和美国贸易代表巴尔舍夫斯基分别代表中美两国政府在北京签署关于中国加入世界贸易组织的双边协议,这标志着中美就中国加入全球最大贸易组织的双边谈判正式结束,从而为中国"入世"迈出了重要的一步。

11 月 15 日—12 月 4 日　全国人大常委会委员长李鹏访问毛里求斯、南非、肯尼亚、以色列、巴勒斯坦国和阿曼。

11 月 15 日—17 日　中共中央、国务院召开的中央经济工作会议在京举行。江泽民、朱镕基发表重要讲话。

11 月 16 日　中华全国总工会和中共中央党史研究室在北京联合举办纪念李立三同志诞辰一百周年座谈会,缅怀李立三同志为中国革命和建设事业,尤其是为工人运动的发展作出的积极贡献。尉健行出席座谈会并发表讲话。

同日　科学技术部印发《国家高新技术产业开发区高新技术产品出口基地认定暂行办法》。

同日　国民党中央考纪会通过开除宋楚瑜党籍和撤销吴容明等 6 人党籍的处分。次日,国民党中常会通过此案。12 月 6 日,国民党中央考纪会对拥宋的党员进行党纪处分,共撤销 21 位党员的党籍,其中包括 7 位"立委"、2 位"国代"、2 位市议员以及宋楚瑜的核心干部。2000 年 1 月 31 日,国民党中央考纪会又通过决议惩处倒戈挺宋的党员,包括前"立法院长"刘松藩、前"新闻局"副局长颜昌荣等共 9 人被撤销党籍。3 月 1 日,国民党中央考纪会再次宣布党纪处分决定,撤销包括前国民党社工会主任李本仁、前省警务处长陈璧、前"蒙藏委员会委员长"张骏逸等 16 人党籍,另有两人被停止党权,一人被申诫。

11 月 19 日　澳门特别行政区筹备委员会第 11 次全体会议在珠海举行,这是回归前最后一次会议。

11 月 20 日　我国第一艘载人航天试验飞船"神舟"号,在中国酒泉卫星发射中心发射升空。在完成预定的空间科学试验之后,于 11 月 21 日凌晨,飞船在内蒙古自治区中部地区成功着陆。这是我国载人航天工程的第一次飞行试验。江泽民为飞船题名"神舟"。中共中央、国务院、中央军委致电热烈祝贺。

11 月 22 日　民盟中央等在北京举行纪念闻一多诞辰一百周年座谈会,李瑞环出席座谈会。

11 月 22 日—12 月 4 日　朱镕基总理访问马来西亚、菲律宾、新加坡和越南。出席第三次东盟与中日韩领导人非正式会晤。12 月 3 日,中越双方就两国陆地边界谈判达成共识,并确认陆地边界问题已完全得到解决。

11 月 23 日　罪行累累的澳门黑社会头目叶成坚等 3 人在广东被执行枪决。

11 月 23 日—27 日　哈萨克斯坦共和国总统努·阿·纳扎尔巴耶夫访问我国。23 日中哈两国签署边界问题的联合公报和 21 世纪继续加强全面合作的联合声明。

11 月 24 日　山东航运集团有限公司控股企业——烟大汽车轮渡股份有限公司所属客滚船"大舜"轮,当日从烟台驶往大连途中在烟台附近海域倾覆,282 人遇难,直接经济损失约 9000 万元。

11 月 26 日　中国政府代表团赴澳出

席澳门政权交接仪式的成员名单确定。出席在澳门举行的有关庆祝活动的观礼团已经组成。

12月1日—3日 印度尼西亚共和国总统阿卜杜勒—拉赫曼·瓦希德访问我国。

12月2日 海基会举行第四届董监事第一次联席会议，辜振甫第四度连选连任，许惠佑续聘为副董事长兼秘书长，另两位副董事长谢森中、许胜发也获连任。

12月2日—16日 全国政协主席李瑞环访问斯里兰卡、马尔代夫和日本。

12月6日 澳门特别行政区立法会举行全体会议，讨论特区成立时必备的法律。8日、9日，澳门特区立法会完成对《居民办理国籍申请的具体规定》和《澳门特区立法会议事规则》的审议程序。

同日 澳门身份证明司从即日起接受澳门居民办理特区护照及旅行证的申请。

同日 南疆铁路今日通车。该线东起吐鲁番，西至南疆重镇喀什，全长1446.371公里。其中，吐鲁番至库尔勒段已于1984年建成并交付运营，全长476.49公里。这次开通的为库尔勒至喀什段工程，全长969.881公里，是国家"九五"重点建设项目，于1996年9月6日开工，历时3年零3个月。

12月6日—8日 约旦国王阿卜杜拉二世访问我国。

12月7日 科学技术部、外经贸部、财政部、国家税务总局、海关总署联合发布《中国高新技术产品出口目录》。

12月8日 江泽民看望为新中国科技事业建立卓著功勋的著名科学家钱学森。

同日 《乔木文丛》出版座谈会在京举行，丁关根等出席了座谈会。

12月9日 国民党籍"立委"杨吉雄召开记者会，揭露年仅24岁的宋楚瑜之子宋镇远于1991年和1992年间共购买价值新台币1.2亿元"中兴事业"票券（目前账户为1.4亿元新台币）。事件曝光后，宋楚瑜反应迟钝，对外辩称1400万元新台币是自己家人多年的积蓄，而1亿元新台币则是一位长辈为鼓励宋镇远学成就业而提供的，但拒绝提供该长辈的姓名。受此事影响，两天后的民调显示宋楚瑜的支持率大幅下降，首次跌到30%以下，最低时降到25%左右。14日，宋楚瑜召开记者会，就"兴票案"提出说明，指称这是当年国民党主席李登辉特别批示他转存的一笔用于照顾蒋家后代及其政党运作的款项，共1.4646亿元新台币。2000年1月14日，宋楚瑜两度委托律师寄出存证信函，希望李登辉领回2.4亿元"主席委托专款"，但遭"总统府"和国民党中央党部拒收。2月10日，"监察院"有关独立"总统"参选人宋楚瑜"兴票案"调查报告出炉，指宋所涉及的各项相关款项达11.76亿元新台币，并认定宋在担任公职期间涉及多笔财产申报不实。2月16日，国民党委托律师至台北地检署递状，正式起诉宋楚瑜涉嫌侵占、伪造文书等罪。

12月9日—10日 俄罗斯联邦总统鲍·尼·叶利钦访华。两国元首在北京举行第二次非正式会晤。

12月13日 台"内政部"修订《台湾地区人民进入大陆地区许可办法》草案，决定开放警察和一般公务人员经审查许可后可赴大陆探亲、探病或奔丧。

12月14日 中共中央纪律检查委员会书记尉健行视察西安高新技术产业开发区。

同日 大型画册《中国》在澳门举行首发式和赠送仪式，江泽民主席题写书名。当天,"澳门情"歌舞音乐会在京举行。15 日,江泽民为"首都各界庆祝澳门回归祖国大会"题词。

12 月 14 日—15 日　科技部、中宣部、中国科协在京召开全国科普工作会议。

12 月 16 日　中央军委主席江泽民签署命令,发布《中国人民解放军边防执勤条令》。这是中国人民解放军第一部边防执勤工作法规。

12 月 17 日　中央军委在人民大会堂举行座谈会,纪念党和国家的卓越领导人,中国人民解放军的创建人之一,聂荣臻诞辰一百周年。江泽民出席座谈会并发表讲话。

同日　江泽民等为驻澳门部队题词。

同日　中葡联合联络小组举行回归前最后一次会晤。

同日　澳门特区行政长官何厚铧任命陈致平为澳门特区新闻局局长。

12 月 18 日　江泽民率中国政府代表团赴澳门出席澳门政权交接仪式。

同日　国务院发布《中华人民共和国国务院关于授权澳门特别行政区政府接收原澳门政府资产的决定》。

12 月 19 日　江泽民发布《中国人民解放军驻澳门部队进驻澳门特别行政区的命令》。当日,驻澳部队进驻澳门欢送大会在广东省珠海市隆重举行,张万年发表讲话。20 日中午 12 时整,中国人民解放军驻澳门部队近 500 名官兵由拱北口岸顺利进驻澳门,开始担负澳门特别行政区的防务。当天,江泽民看望刚刚进驻的驻澳门部队全体官兵。21 日早上 8 时整,中国人民解放军驻澳门部队在临时驻地举行升国旗仪式。

12 月 20 日　中国葡萄牙两国政府澳门政权交接仪式在澳门隆重举行江泽民主席郑重宣告:中国政府对澳门恢复行使主权。当天凌晨,中华人民共和国澳门特别行政区成立暨特区政府宣誓就职仪式在澳门综艺馆隆重举行。上午,澳门特别行政区成立庆祝大会在澳门举行,江泽民在庆祝会上发表重要讲话。下午,国务院在北京人民大会堂举行庆祝澳门回归祖国盛大招待会,朱镕基发表讲话。当晚,中共中央、全国人大常委会、国务院、全国政协、中央军委在首都体育馆隆重举行"首都各界庆祝澳门回归祖国大会"。当天,中华人民共和国外交部驻澳门特别行政区特派员公署开署。

同日　朱镕基签署国务院令,公布《中华人民共和国澳门特别行政区行政区域图》。

同日　澳门特区立法会举行特区成立后首次会议,审议通过《回归法草案》。

同日　澳门回归。

12 月 21 日　台"总统府"秘书长章孝严由发言人丁远超代为发表声明,承认自己发生婚外情,并于次日提出辞呈,获准。"总统府"秘书长由丁懋时接任。

12 月 23 日　国家信息化工作领导小组成立,国务院副总理吴邦国任组长。并将国家信息化办公室改名为"国家信息化推进工作办公室"。

12 月 24 日　原中共中央顾问委员会常务委员、最高人民法院原院长江华在杭州逝世。

12 月 25 日　上海大众帕萨特轿车下线,为中国的中级轿车设定了标准。

12 月 26 日　台驻澳机构更名,由原来的"驻澳门台北贸易旅游办事处"改为"台北经济文化中心"。

12 月 29 日　台湾与只有 1.8 万人口的太平洋岛国——帕劳共和国"建交"。

同日　北京市第一中级人民法院对"法轮功"邪教组织骨干李昌等人组织、利用邪教组织破坏法律实施，组织、利用邪教组织致人死亡和非法获取国家秘密一案作出一审判决，依法分别判处李昌、王治文、纪烈武、姚洁 18 年、16 年、12 年和 7 年有期徒刑。

2000 年

1月1日 从 1999 年 12 月 31 日深夜到 2000 年 1 月 1 日凌晨，"首都各界迎接新世纪和新千年庆祝活动"在北京中华世纪坛隆重举行。江泽民总书记在庆祝活动上发表 2000 年新年贺词。

同日 全国政协举行 2000 年新年茶话会。

同日 由国家保密局发布的《计算机信息系统国际联网保密管理规定》开始施行。

1月3日 新华社报道：中国航天远洋测量船"远望三号"首次远征太平洋、印度洋和大西洋取得圆满成功。

1月4日 《人民日报》报道：江泽民总书记在宣传思想工作的一份报告上作重要批示强调指出，宣传思想工作和精神文明建设，事关建设有中国特色社会主义事业的大局。越是深化改革、扩大开放，越是发展社会主义市场经济，越要重视和加强这方面的工作。这一点，要在全党特别是领导干部中经常讲、反复讲。

同日 新华社报道：科技部近日发布《国家科学技术奖励实施细则》《省、部级科学技术奖励管理办法》和《社会力量设立科学技术奖管理办法》。

同日 新华社报道：人事部、全国博士后管理委员会日前作出决定，设立中国优秀博士后奖。

1月5日 新华社报道：中宣部等六部门联合发出通知，要求在 2000 年全国开展"百城万店无假货"活动，并于 6 日在京召开电视电话会议。

同日 历时两天的 2000 年世界杯游泳系列赛上海站比赛落幕，中国选手共夺得 28 枚金牌，2 人超 5 项全国纪录。9 日，在香港站的比赛中，中国选手共夺得 11 枚金牌，名列第一。15 日，在澳大利亚霍巴特站比赛中，中国选手共夺得 4 枚金牌。18 日，在悉尼站比赛中，我国选手共夺得 4 项冠军。

1月5日—6日 中央农村工作会议在北京举行。

1月5日—7日 全国第三次"三讲"教育工作会议在北京召开。

1月6日 新华社报道：中国历史学家新近发现一批世界最早的活字印刷品，是中国西夏王朝时期的文物，证明活字印刷术的确源自中国。

1月8日 首届国家电子出版物奖在北京颁奖。

1月9日—11日 中共中央政治局常委、中央书记处书记胡锦涛在全国宣传部部长会议上强调：宣传思想战线要坚决贯彻党的基本路线和党在新时期指导宣传思想工作的一系列方针和原则，坚持唱响主旋律、打好主动仗，最大限度地发挥好党的宣传思想工作的优势，把全党的思想更好地统一起来，把全国各族人民的力量更好地凝聚起来，为实现我国跨世纪发展的宏伟目标而奋斗。

1月10日 上海血液学研究所副所长陈赛娟获得 2000 年世界杰出女生物学家奖最终候选人提名。

1月12日 全国双拥工作领导小组、民政部、总政治部在北京人民大会堂召开全国双拥模范城（县）命名大会，授予北京市西城区等 245 个市（区）县全国双拥模范城(县)荣誉称号。

1月12日—14日　中共中央纪委第四次全体会议在北京举行。中央纪委书记尉健行在工作报告中说,1999年全国纪检监察机关已查结案件130414件;给予党纪政纪处分的132447人;在受处分的人员中,县(处)级干部4092人,地(厅)级干部327人,省(部)级干部17人。

1月16日　《中共中央国务院2000年农业和农业工作的意见》下达。

同日　新华社报道:日前在石家庄发现了一张由清道光年间官员自己绘制的世界地图。它是中国地图史上注释最多的世界地图。

1月17日　信息产业部正式同意由中国国际电子商务中心组建"中国国际经济贸易互联网",英文名称为"China International Economy and Trade Net"(简称"中国经贸网",CIETnet)。

同日　台"交通部"表示,"行政院陆委会"已同意采取专案方式,核准大甲镇澜宫包租外籍客轮,经弯靠第三地,赴大陆湄洲岛妈祖庙进香。

1月18日　台"经济部投审会"审查通过32件岛内厂商赴大陆投资或增资案,投资总金额高达2.71亿美元,其中2/3以上是电子产品。

1月19日—20日　教育部、科技部在沈阳召开国家大学科技园试点工作会议,15个被列为试点的大学科技园已全部开始运作。

1月20日　台"行政院"通过《台湾地区与大陆地区人民关系条例》第十七条之修正案,有条件开放依规定申请居留的大陆配偶,在获得许可前可申请在台工作。

1月21日　台"行政院农委会"证实,沉寂半年的牛"口蹄疫"在云林县再度复发。23日,"农委会"再次对外宣布,疫情已扩散至嘉义县。

1月23日　首届国家音像制品奖在北京颁奖。

同日　《人民日报》报道:首届国家期刊奖、国家期刊提名奖暨第二届全国百种社科期刊近日揭晓。

新华社报道:中国科学家最近破译了一种嗜热菌的遗传密码,这是中国人首次破译微生物的遗传密码。

1月24日　中宣部、解放军总政治部联合在京召开许志功学习研究宣传邓小平理论先进事迹座谈会。今年54岁的许志功,是国防大学政治理论教研室主任、教授,全军、全国优秀教师。20多年来,在邓小平理论教学、研究和宣传工作上作出了突出贡献。

同日　中国女足队长孙雯在比利时布鲁塞尔接受国际足联颁发的金球奖和金靴奖。

同日　首届郭沫若中国历史学奖在北京颁奖。

1月26日　中共中央办公厅、国务院办公厅向中央和国家机关各部委发出通知,要求春节期间党政机关不搞相互走访等拜年活动。

同日　零时45分,我国研制的运载火箭"长征三号甲"在西昌卫星发射中心将"中星—22号"卫星发射升空,卫星已进入预定轨道。这次发射是长征系列运载火箭的第60次飞行,也是自1996年10月以来连续第18次成功发射。

1月29日　国务院发布《中华人民共和国森林法实施条例》,自发布之日起施行。

同日　第十二次全国扫黄打非工作电视电话会议召开。

同日　为期5天的世界杯跳水赛在悉尼落幕。中国选手赢得全部10项比赛中的 7 个冠军。

1 月 30 日 国务院发布《建设工程质量管理条例》，自发布之日起施行。

2 月 1 日 江泽民发表题为《关于教育问题的讲话》。

同日 国务院办公厅日前转发教育部等部门《关于进一步加快高等学校后勤社会化改革的意见》。

同日 台"行政院海岸巡防署"正式挂牌成立，首任"署长"姚高桥上任。

2 月 1 日—17 日 1999 至 2000 赛季世界杯短池游泳系列赛举行。1 日，中国选手在柏林站的比赛中获得 1 金 3 银。10 日，意大利站的比赛结束，中国选手夺得 2 金 4 银。13 日，巴黎站的比赛结束，中国选手获得 2 枚银牌。17 日，世界杯短池游泳系列赛在瑞典落幕，中国选手夺得四项排名第一。

2 月 3 日 《中华人民共和国人民币管理条例》自 5 月 1 日起施行。

2 月 3 日—6 日 中国人民解放军军乐团第一次参加在德国不来梅市举行的"2000 不来梅国际音乐节"。不来梅国际音乐节是以弘扬"和平、友谊和理解"为宗旨的国际性军乐盛会，始于 1965 年，每年举行一次，本次是第 36 届。中国军乐团是中国第一个赴德的大型戎装团体。

2 月 4 日 中共中央总书记、国家主席、中央军委主席江泽民在 2000 年新春佳节之际题写新春祝词，通过中央电视台春节联欢晚会，向全国各族人民和海外华人华侨祝贺新春。

2 月 5 日 中国选手大杨扬在荷兰海伦芬举行的世界杯短道速滑赛上获得女子 1500 米冠军。

2 月 6 日 中国于 1 月 26 日发射的"中星—22 号"通信卫星成功定点于东经 98 度赤道上空。

同日 中国广播民族乐团在维也纳举行龙年春节民族音乐会赴欧巡演首场演出。

2 月 9 日—20 日 第 50 届柏林国际电影节举行，中国演员巩俐出任本届电影节评委会主席。18 日，张艺谋在柏林被意大利电影评论家及记者协会授予本年度"巴科大奖"。20 日，由张艺谋执导、章子怡主演的《我的父亲母亲》获得本届电影节"银熊奖"的评委会大奖。

2 月 10 日 第五届全国人民代表大会常务委员会副委员长，国务院原副总理，原中共中央顾问委员会常务委员姬鹏飞在北京逝世。

2 月 14 日 台"中选会"举行"总统候选人号次抽签"仪式，独立参选人宋楚瑜抽中一号；国民党"连萧配"二号，新党李敖三号，独立参选人许信良四号，民进党参选人陈水扁五号。

2 月 15 日 江西省南昌市中级人民法院对江西省人民政府原副省长胡长清受贿、行贿、巨额财产来源不明案作出一审判决，胡长清因大肆收受、索取巨额贿赂被判处死刑，剥夺政治权利终身。3 月 8 日，江西省南昌市中级人民法院根据最高人民法院下达的对江西省人民政府原副省长胡长清因犯受贿、行贿、巨额财产来源不明罪被依法核准死刑的执行命令，对胡长清执行死刑。

2 月 16 日 由国家税务总局组织编写的《领导干部税收知识读本》发行座谈会日前在北京举行。

2 月 17 日 国务院第二次廉政工作会议在京召开。

同日 新华社报道：为了帮助广大干部群众更好地学习毛泽东、邓小平、江泽民同志关于思想政治工作的论述，认真贯彻落实中共中央《关于加强和改进思想政治工作的若干意见》，中央宣传部编辑了《毛泽东邓小平江泽民论思想政治工作》一书，最近由学习出版社出版。

同日　国务院新闻办公室发表题为《中国人权发展 50 年》的白皮书，对中国 50 年人权发展状况进行了全面的回顾和展望。

同日　台"教育部"政务次长吴清基表示，"教育部"已和"行政院陆委会"等部门达成共识，将专案报请"行政院"同意，"教育部"已认可台商在广东东莞设立第一所台商学校，未来北京、上海等台商聚集地区，也可比照申请设立台商学校，"教育部"等相关部门将积极协助予以认可。

2 月 18 日　韩国棋院客座棋手、中国籍女棋手芮乃伟获得第一届"兴仓杯"世界女子围棋锦标赛冠军。21 日，又获得韩国围棋"国手"桂冠。

2 月 19 日—26 日　第 45 届世界乒乓球团体锦标赛在吉隆坡举行。中国女队获团体冠军，中国男队获亚军。王楠荣获"大维"杯最有价值女运动员称号。

2 月 20 日　江泽民出席广东省高州市领导干部"三讲"教育会议，并发表重要讲话。

同日　新华社报道：中国科学家最近在国际上首次发现具有中国人特征的人胸腺素原 a 基因，并于日前被美国国立卫生研究院基因库收入登录正式命名。

同日　在两岸红十字会的协助下，两岸遣返作业在马祖港恢复，大陆方面将从台湾潜逃至大陆的六名通缉要犯移送台湾警方，使两岸合作打击犯罪向前迈出了一步，台湾也将滞留马祖的大陆偷渡客予以遣返。

同日　国务院台湾事务办公室和国务院新闻办公室联合发表《一个中国的原则与台湾问题》白皮书。以政府文告的方式，详细、系统、全面地向国际社会阐述中国政府有关一个中国原则的基本立场和政策，和对两岸关系、在国际社会中坚持一个中国原则若干问题的态度主张。

同日　日本筑波大学授予中国知名日本问题专家张香山名誉博士称号，1992 年他曾被授予日本"勋一等瑞宝章"。

2 月 21 日—25 日　江泽民在广东考察工作，围绕加强新时期党的建设和推进高新技术产业发展这两个题目进行调研。

2 月 22 日　新华社报道：中国工程院最近接到美国国家工程院正式函告：中国工程院院长宋健当选为美国国家工程院外籍院士。

2 月 23 日　中央军委主席江泽民签署命令，颁布施行《中国人民解放军司令部建设纲要》。这是我军历史上第一部专门规范、指导司令部建设的法规。《纲要》自发布之日起施行。

同日　《人民日报》报道：河南安阳农民冀书春日前在北京安贞医院度过了肺移植后的第五个生日，从而创造了亚洲肺移植存活期最长纪录。

同日　国际青少年消除贫困奖在北京颁发，共有 10 人获奖。他们是：张忠、次仁拉宗、柳教军、刘若尘、冯圣兵、谢国江、樊红平、邓学丽、陈秋香和新西兰的艾伦·麦德莫。

2 月 24 日　林业老英雄马永顺先进事迹报告会在北京举行。国务院副总理、全国绿化委员会主任温家宝出席会议并讲话。马永顺是黑龙江省铁力林业局退休工人，2 月 10 日，因心脏病突发去世，享年 87 岁。

2 月 26 日　第六届世界大学生羽毛球锦标赛在索非亚落幕，中国大学生代表队获得女单、女双、男单、男女混双 4 枚金牌，列金牌和奖牌总数第一。

同日 第一个国家863计划成果产业化基地在深圳启动。

2月27日 中央企业工委工作会议在北京召开。朱镕基作了重要批语。

同日 新华社报道:国务院办公厅近日发出通知说,从今年起,北方部分地区春小麦和南方早籼稻、江南小麦退出保护价收购范围,长江流域及其以南地区的玉米也退出保护价收购范围。

2月28日 中央军委主席江泽民签署命令,发布施行《中国人民解放军院校教育条例》。《条例》自发布之日起施行。

同日 国家统计局发布1999年统计公报。我国国内生产总值达82054亿元,按可比价格计算,比上年增长7.1%,达到预期的增长目标。

同日 新华社报道:国务院近日召开会议,听取国家计委和中国石油天然气集团公司关于"西气东输"工程方案的论证汇报,主要内容有:"西气东输"工程将建设4200公里管道,将塔里木盆地的天然气东送,经七省(区)到上海,供应长江三角洲地区和沿线各省(区)工业和居民用气。初期年供气120亿立方米,初步预测第一期工程投资将达1200亿元。

3月1日 教育部发出通知,要求认真学习贯彻江泽民总书记《关于教育问题的谈话》。

3月2日 由中国空间技术研究院和巴西空间研究院合作研制的"资源一号"卫星,经过130多天的在轨测试和试运行,在北京正式交付使用。

同日 台"行政院"批准《台湾地区与大陆地区保险业务往来许可办法》,开放岛内保险业赴大陆设立办事处。

3月3日 台"经济部国贸局"召开大陆物品开放进口审查会议,同意开放44项大陆家电产品入台。

3月3日—11日 全国政协九届三次会议在京举行。会议通过政协九届全国委员会第三次会议政治决议、关于常委会工作报告的决议、关于中国人民政治协商会议章程修正案的决议、关于九届二次会议以来提案工作情况报告的决议以及政协九届全国委员会提案委员会关于政协九届三次会议提案审查情况的报告。

3月4日 著名物理学家、教育家谢希德在上海逝世。

3月5日 中国选手在第45届德国罗斯托克国际跳水赛上共获得三项冠军、两项亚军和一个第三名。

3月5日—15日 第九届全国人民代表大会第三次会议在北京举行。通过关于政府工作报告的决议。会议通过关于1999年国民经济和社会发展计划执行情况与2000年国民经济和社会发展计划的决议等文件和《中华人民共和国立法法》(自2000年7月1日起施行)。15日,国务院总理朱镕基会见中外记者。

3月6日 中国国家女子足球队荣获国际奥委会2000年"妇女与体育"奖杯。

同日 台"内政部"发布《台湾地区人民进入大陆地区许可办法》修正案,开放在大陆地区有三等亲亲属的警察人员,可比照公务员,申请赴大陆探亲、探病或奔丧。

3月8日 美国防部宣布两笔对台军售,一笔是162枚"鹰式"防空导弹,一笔是雷达更新设备,两笔军售总价值为2.06亿美元。

3月10日 台"中央研究院"院长李远哲与陈水扁会面后联合举行记者会,公开表态支持陈水扁,同意若陈当选将出任其"国政顾问团"顾问。李远哲此举对已进入关键时刻的"总统"选战形成强烈冲击。

3月12日　新华社报道:中央人口资源环境工作座谈会在京举行。江泽民主持座谈会并发表重要讲话。

3月14日　中国奥委会致函国际奥委会,正式推荐邓亚萍参加国际奥委会运动员委员会委员竞选。

3月15日　国务院发布施行《国有重点金融机构监事会暂行条例》(2000年1月10日通过)、《国有企业监事会暂行条例》(2000年2月1日通过)。

同日　新华社报道:中央组织部、中央统战部和国家民委联合制定《2000至2009年选派西部地区和其他少数民族地区干部到中央、国家机关和经济相对发达地区挂职锻炼工作规划》。

3月16日　《人民日报》报道:根据中央决定,国务院西部开发领导小组办公室已于近日正式成立并开始工作。

同日　《人民日报》报道:国务院西部开发办公室正式成立。

同日　联合国教科文组织在北京向安徽黄山风景区颁发了首届国际梅利娜·迈尔库里文化景观保护与管理荣誉奖。

3月17日　新华社报道:北京近日发现一座距今2000多年的大型汉代陵墓——老山汉墓。24日,在原址东南角墓壁上又发现两座战国时代的小墓葬。30日,根据在墓中发现的"黄肠题凑"可以断定此墓为汉代王墓。

3月18日　台湾地区领导人的选举活动结束。民进党候选人陈水扁得票率为39.3%,独立参选的候选人宋楚瑜得票率为36.84%,国民党候选人连战得票率为23.1%。当日,中央台办、国务院台办就台湾地区产生新的领导人发表声明,指出台湾地区领导人的选举及其结果,改变不了台湾是中国领土一部分的事实。24

日,李登辉在抗议声中下台。国民党现任副主席连战将代理主席职务,并出任新设立的"国民党改造委员会"召集人。

同日　台湾地区领导人选举活动揭晓,民进党候选人陈水扁当选。国民党的惨败引起广大基层党员和支持群众的强烈不满,数千群众当晚包围了国民党中央党部大楼,强烈要求李登辉下台。19日,国民党秘书长黄昆辉提出辞呈,以示对败选负责。台北市长马英九声明辞去中常委职务,呼吁国民党加紧改造。在临时中常会上,国民党副主席连战、邱创焕及中央政策会副执行长丁守中请辞,并决定即起成立国民党"改造委员会"。24日,在党内基层及社会各界人士连日愤怒声讨中,李登辉在临时中常会上宣布卸去国民党主席职,由连战代理党主席,"交通部长"林丰正出任秘书长一职。

3月19日　为期四天的第五届世界短池游泳锦标赛在雅典落幕,中国队共获得2枚金牌、2枚银牌和2枚铜牌。

同日　宋楚瑜的"新台湾人服务团队"团长刘松藩宣布,将筹组新政党。31日,亲民党举行成立大会,宋楚瑜正式出任党主席,张昭雄为副主席,钟荣桔任秘书长。

3月20日　国家主席江泽民在同刚果共和国总统萨苏举行会谈时说,关于台湾问题,在九届全国人大三次会议闭幕后,我们的朱镕基总理在答记者问时,已经把我们的立场和观点讲得很清楚了。他说,台湾地区的选举已经结束了。我们过去说过,现在仍然认为,台湾不管谁当权,我们都欢迎他来大陆谈,同时,我们也可以到台湾去。但是,对话谈判要有个基础,就是首先必须承认一个中国的原则。在这个前提下,什么都可以谈。

同日　集历代"本草"文献之大成、洋洋四百卷、重一吨半的传世巨典《中国本草全书》在北京举行首发式。该书由中国文化研究会编纂、北京版权代理公司负责版权总代理、华夏出版社出版。

同日　国务院发布《个人存款账户实名制规定》，自2000年4月1日起施行。

3月21日　著名史学家、教育家和社会活动家白寿彝在北京逝世。

同日　台"立法院"三读通过《离岛开发建设条例》，规定在台湾本岛与祖国大陆全面通航前，可先试办金门、马祖、澎湖等离岛与大陆通航，不受《两岸人民关系条例》的限制。

3月22日　中央文明办和中国科协联合举办的"崇尚科学文明、反对迷信愚昧"大型图片展览在北京举行。

3月23日　《人民日报》报道：在西藏第二大城市日喀则，80%以上的居民在家中打开水龙头就能喝上清洁卫生的自来水，永远结束了长年在河边、水池或水井旁排队提水的历史。这是全国支援西藏62项建设工程之一。1994年7月，党中央、国务院召开第三次西藏工作座谈会，决定全国支援西藏，帮助西藏经济建设、社会发展，迫切需要的62个工程项目。62项援藏工程实际落实投资达48亿元，其中中央有关部委和全国各省区市承担44.84亿元。目前，工程已全部交付使用。

3月24日　《人民日报》报道：由江泽民总书记题写书名、国家经济贸易委员会主编的我国第一部特大型工业经济通鉴《中国工业五十年——新中国工业通鉴》近日出版。这套大型工具书共9部20卷，4500万字。

同日　台"司法院大法官会议"通过"第499号解释案"，宣布第三届"国民大会"1999年9月"修宪"通过的"国代延任案"，"违反宪政精神及议事法规"，即日起失效。

3月27日—29日　全国基础研究工作会议在北京举行。

3月28日　首届中国民间文艺山花奖成就奖在北京揭晓，钟敬文等9人获奖。

同日　台"立法院"三读通过"烟酒税法"，台湾烟酒专卖制度正式成为历史。

3月29日　国民党中常会通过"改造委员会"成员名单，连战任召集人，"行政院"副院长刘兆玄、"经建会"主委江丙坤任副召集人，决定由台湾省主席赵守博任组工会主任，前"外交部长"胡志强任文工会主任，"经济部"政务次长张昌邦任投管会主委。

3月30日　北京国家级互联网交换中心开通，使中国主要互联网网间互通带宽由原来的不足10兆比特每秒提高到100兆比特每秒，提高了跨网间访问速度。

同日　中国证监会发布《网上证券委托暂行管理办法》。

3月31日　新华社报道：国务院办公厅日前转发了民政部等11个部委的《关于加快实现社会福利社会化的意见》。

4月1日　国务院发布《个人存款账户实名制规定》。从4月1日起，个人在金融机构新开立存款账户办理储蓄存款时，必须出示本人身份证件，使用实名。

4月3日　沈阳军区某集团军工兵团等18支工程兵部队被总部确定为抗洪抢险专业应急部队，担负全国7大流域、9条江河和两大湖泊的抗洪抢险任务。确定抗洪抢险专业应急部队，在我军历史上尚属首次。

同日　新华社报道：北京大学和北京医科大学近日合并，组建新的北京大学。

同日　《张澜纪念文集》出版座谈会在北京举行。

同日　新华社报道：中美科学家日前

在英国《自然》杂志上发表论文,通过对在山西发现的世纪曙猿化石的研究,证实了人类的远祖起源于中国。

同日　国民党同意唐飞以个人名义"组阁",但须"暂时停止政党活动",国民党对唐飞施政"不协助,也不负责"。

4 月 5 日　新华社报道:我国史学研究最高成就的《中国历史大辞典》,历经 22 个春秋编纂而成。1978 年,由中国社会科学院发起,动员全国史学界 800 多名一流专家学者共同撰写。这部辞典共收词近 7 万条,字数达 1100 万,包罗了中国从先秦时代到清朝灭亡的各个断代史和大量专门史的重要历史内容。

同日　中国第 16 次南极考察队和执行"一船两站"环球航行的"雪龙"号船全体船员以及第 15 次南极考察队中山站越冬队员胜利回到上海。

同日　新华社报道:中国科学家在破译水稻遗传基因密码的研究上取得重大突破。

4 月 6 日　新华社报道:由财政部组织编写的《领导干部财政知识读本》日前出版发行。江泽民为本书题写了书名并作批语,要求各级领导干部坚持学习财政知识,十分重视和支持财政工作。

4 月 7 日　"建国党"创党主席李镇源、第二届主席许世楷及前秘书长李胜雄等 23 人发表声明,称"建国党"阶段任务已经完成,宣布集体退党。

4 月 11 日　《人民日报》报道:中国人权研究会组织编写的中国第一部《中国人权年鉴》日前由当代世界出版社出版。

同日　新华社报道:国务院办公厅日前发出《关于推动东西部地区学校对口支援工作的通知》。25 日,《人民日报》报道:教育部等六部门日前印发了《关于东西部地区学校对口支援工作的指导意见》。25

日,国务院办公厅在北京召开东西部地区学校对口支援工作座谈会。

4 月 12 日—27 日　江泽民主席访问以色列、巴勒斯坦、土耳其、希腊、南非五国,其中对以、巴、希、南的访问是我国国家元首首次到这些国家访问。

4 月 14 日　新华社报道:中共中央、国务院最近发出通知,决定在安徽全省和由其他省、自治区、直辖市选择少数县(市)进行农村税费改革试点,探索建立规范的农村税费制度和从根本上减轻农民负担的办法。

同日　世界贸易组织秘书处的统计显示,1999 年,我国进出口总额跃居世界第九位,比 1998 年又提前了两个位次。

4 月 16 日　《人民日报》报道:全国爱卫会近日宣布,授予大连等 31 个城市国家卫生城市称号。

4 月 17 日　美台举行军售会议,美国确定暂不售台"宙斯盾"级驱逐舰,但可卖给台湾远程预警雷达、中距离空对空导弹、改良型空对地导弹等。

4 月 18 日　在日内瓦举行的联合国人权委员会第五十六届会议以 22 票赞成、18 票反对、12 票弃权的结果,通过了中国代表团提出的"不采取行动"动议,决定对美国提出的所谓"中国人权状况"议案不予审议和表决。

同日　新华社报道:江泽民为光彩事业题词:"发扬中华民族传统美德促进共同富裕。"

4 月 19 日　新华社报道:国务院新闻办公室负责人日前接受香港《文汇报》记者采访时指出,我们同"法轮功"邪教组织的斗争已经取得了决定性胜利,但是,李洪志一伙并不甘心失败,仍在不断地捣乱滋事。特别是今年以来,"法轮功"邪教组织与国际反华势力勾结,充当反华势力的政治工具，不断从事反华活动，今后的斗争还将是长期的、尖锐的、复杂的。

4月20日 中央纪委召开新闻发布会，公布全国人民代表大会常务委员会副委员长成克杰严重违纪违法案件情况。中央纪委决定并经中共中央批准，给予成克杰开除党籍处分。建议依法罢免其全国人民代表大会代表职务和撤销其全国人民代表大会常务委员会副委员长职务，鉴于成克杰涉嫌触犯刑律，建议移送司法机关依法处理。25日，九届全国人大常委会第十五次会议通过了关于撤销成克杰全国人大常委会副委员长职务的公告。7月31日，成克杰因单独或伙同情妇李平收受巨额贿赂，被北京市第一中级人民法院判处死刑，剥夺政治权利终身，并处没收个人全部财产。8月22日，北京市高级人民法院驳回成克杰的上诉，维持一审判决。9月14日，经最高人民法院核准，北京市第一中级人民法院对成克杰执行了死刑。北京市第一中级人民法院8月9日作出一审判决，李平因伙同成克杰受贿和另外参与走私犯罪，数罪并罚被判处无期徒刑，剥夺政治权利终身，并处没收个人财产港币2688万余元，罚金人民币40万元，其他赃款予以追缴。

同日 国家文物局正式致函香港苏富比和嘉士德拍卖行，要求他们停止在5月2日公开拍卖两件原属于圆明园的珍贵文物。

同日 在瑞士洛桑国际管理学院发布的《世界竞争力年报》上，台湾竞争力排名从第18名降至第22名。

4月22日 新华社报道：第四届"中国青年科技创新奖"近日揭晓。

同日 中国环保领域最高奖——地球奖在北京颁奖。

同日 国民党代主席连战首度表示，

在5月20日之后，他就是百分之百的平民，当然有可能在适当的时候，前往西安清凉寺，将先祖母的遗骨迎回台湾。

4月22日—24日 由国家中医药管理局和世界卫生组织共同主办的国际传统医药大会在北京举行。大会通过《北京倡议》，呼吁国际社会加强合作，充分发挥传统医药在现代社会医疗保健中的重要作用。

4月24日 台"国民大会"三读通过"修宪案"，"国大"走向"虚级化"，多数职权转至"立法院"，施行50多年的"五权宪法"体制正式成为历史。

4月25日 中央军委在京举行许志功先进事迹报告会。中共中央政治局委员、书记处书记、中央军委副主席张万年，中共中央政治局委员、中央军委副主席、国务委员兼国防部长迟浩田高度称赞许志功同志是我军思想理论战线上的一个先进典型，是"忠诚的理论战士"。许志功是国防大学政治理论教研室主任。

同日 台"中选会"公告中止第四届"国代"选举。

4月26日 纪念史良同志诞辰一百周年座谈会在人民大会堂举行，中共中央政治局常委、全国政协主席李瑞环出席座谈会。

4月29日 全国劳动模范和先进工作者表彰大会在北京人民大会堂举行，江泽民在会上发表讲话。大会宣读了《国务院关于表彰全国劳动模范和先进工作者的决定》，授予1931人全国劳动模范荣誉称号、授予1015人全国先进工作者荣誉称号。

同日 中国科学院资深院士、"863"计划发起人之一、"两弹一星"功勋奖章获得者、顾问陈芳允在北京逝世。

同日 中国科学院院士、中科院固体物理研究所创始人葛庭燧在合肥逝世。

5月1日　经中央军委批准，人民解放军陆海空三军开始启用99式长、短袖制式衬衣和贝雷帽，同时取消已装备部队多年的87式长、短袖制式衬衣。

5月5日　国际奥委会在京举行授勋仪式，向李铁映、徐寅生、徐才颁发奥林匹克勋章。

5月6日　中国11项发明在巴黎举行的第91届列宾国际发明展览会上获奖。

5月6日—14日　第五届全国残疾人运动会在上海举行。有53人87次超46项世界纪录；253人471次破196项全国残运会纪录，占所设纪录的60%。团体总分名列前三名的代表团是：辽宁、上海一队、云南。香港、澳门特别行政区代表团首次参加。

5月7日　《人民日报》报道：五一长假使我国消费品市场高潮又起，京津沪商业呈现火暴场面，百姓消费积极踊跃。

同日　新华社刊发《中共中央国务院关于加强人口与计划生育工作稳定低生育水平的决定》。

5月7日—14日　丹麦王国首相波尔·尼鲁普·拉斯穆森访问我国，并出席中丹建交50周年庆祝活动。

5月8日　全国政协主席李瑞环对加拿大、委内瑞拉、特立尼达和多巴哥、秘鲁四国进行国事访问。

同日　新华社报道：1999年度中国电影华表奖评选近日在京揭晓。《横空出世》等10部影片获优秀故事片奖。同时获得优秀故事片奖的为《大进军——大战宁沪杭》、《国歌》、《紧急迫降》、《我的1919》、《黄河绝恋》、《我的父亲母亲》。

同日　台"三军大学"合并"国防医学院"、"国防管理学院"与"中正理工学院"，正式成立"国防大学"。

5月9日　海峡两岸关系协会常务副会长唐树备在两岸关系研讨会上作大会发言时指出，当前，两岸关系能否改善，两岸关系发展能否争取一个和平稳定的前景，完全取决于台湾当局是否承认一个中国的原则，承认台湾是中国的一部分。只有明确承认一个中国原则、承认台湾是中国的一部分，两岸关系的和平稳定、改善发展才会有广阔的空间。

5月12日　中国中学生在2000年英特尔国际科学和工程大奖赛上夺得6枚奖牌。

同日　内定"外交部长"田弘茂提出六项"外交政策"主张，宣称要主打"财经"和"民主"牌，延续"邦交"国家关系，加强和"无邦交国"的实质关系，并推动民间组织扩大参与国际社会活动。

5月12日—14日　朱镕基总理在河北、内蒙古考察防沙治沙工作。

5月17日　江泽民在北京接受《科学》杂志主编埃利斯·鲁宾斯坦独家专访。

同日　中国移动互联网（CMNET）投入运行。中国移动正式推出"全球通WAP（无线应用协议）"服务。

5月18日　即将接任"国防部长"的伍世文在一次座谈会中指出，台军坚守《"中华民国"宪法》，不因政党轮替而改变立场，坚决反对分裂国土的主张。

5月19日　江泽民在北京会见国际特殊奥林匹克委员会代表团，对国际特奥会支持和发展中国弱智人体育运动的努力表示赞赏。20日，中国特奥世纪行特奥活动日在北京举行，来自北京7个区的近百名运动员参加了举重、游泳、乒乓球、足球、篮球比赛。

同日　中国与欧盟在北京就中国加入世界贸易组织达成双边协议。

5月20日 新华社报道：江泽民最近在一批示中说："中国文联组织开展'万里采风'活动，是一件很好的事情，促进了文艺家们的思想进步和创作活动。'问渠那得清如许，为有源头活水来。'社会生活是文艺创作的唯一源泉。只要我们坚持贯彻落实党的文艺方针，真正投身人民群众进行改革开放和现代化建设的伟大实践，深入体验当代中国发展和进步的历史进程，就一定能不断创作出无愧于我们这个时代的优秀作品。希望你们再接再厉，把采风活动深入持久地开展下去。"

同日 中文域名协调联合会（CDNC）在北京成立，承担中文域名的民间协调和规范工作。

同日 中国羽毛球女队在吉隆坡第七次夺得尤伯杯。21日，中国羽毛球男队夺得汤姆斯杯赛亚军。

同日 陈水扁发表就职演说，新"内阁"组成。

5月21日 中国人民政治协商会议第九届全国委员会副主席、中国佛教协会会长赵朴初在北京逝世。赵朴初1907年生于安徽省太湖县。

5月22日 中共中央在人民大会堂举行纪念李富春、蔡畅同志诞辰一百周年座谈会。中共中央政治局常委、国务院总理朱镕基出席座谈会并发表讲话。

同日 新华社报道：中宣部等四部委近日联合发出通知，部署今年暑期大中专学生志愿者文化、科技、卫生"三下乡"社会实践活动。

5月23日 中共中央总书记、国家主席、中央军委主席江泽民日前为全军"优秀学员"证章题名。经中央军委批准统一制作的"优秀学员"证章，将于近期发给军队院校。

同日 "中国现代文学馆"新馆开馆。

5月24日 中国选手姜翠华在世界杯场地自行车赛莫斯科站女子500米计时赛上夺得冠军。

同日 科技部宣布，2000年度国家级火炬计划项目共立项1047项，其中重点国家级火炬计划项目58项。

5月28日 国家主席江泽民与美国总统克林顿通电话，同他就中美关系交换了看法。

同日 中央军委颁发《指挥自动化建设纲要》，标志我军指挥自动化建设迈出了重要的一步。该纲要是我军第一部专门规范、指导指挥自动化建设的法规性文件。

同日 由国家体育总局、中华全国体育总会主办，宁波市人民政府承办的2000年全国体育大会在宁波开幕。

5月28日—6月3日 印度总统科切里尔·拉曼·纳拉亚南访问我国。访问期间，江泽民主席对中印未来关系发展提出四点意见。

5月29日—31日 朝鲜劳动党总书记、国防委员会委员长金正日对我国进行非正式访问。

6月1日 中共中央总书记、国家主席江泽民致电张学良先生并赠送花篮，祝贺张先生百年华诞。

同日 全军第一家科技创新工作站在西安总参谋部某测绘研究所成立，首批进站工作的80名专家全部到位，将对首批26项重大科研课题展开攻关。

同日 第三届亚洲艺术节在北京开幕。

6月3日 中国人民政治协商会议第九届全国委员会副主席安子介先生在香港逝世。

6月4日 由两院院士撰写的跨世纪出版工程——《院士科普书系》首发式在

北京举行。江泽民为该书作序。

6月5日 中共中央作出《关于面向21世纪加强改进党校工作的决定》。

6月5日—9日 中国科学院第十次院士大会和中国工程院第五次院士大会在北京举行。江泽民在会上发表讲话。大会修订了《中国科学院院士章程》、《中国工程院院士章程》,讨论了《中国科学院院士增选工作实施细则》,选举产生了两院新的学部领导机构,决定在中国工程院设立工程管理学部。目前,中国科学院和中国工程院分别有625名、544名院士和36名、18名外籍院士。

6月6日 历时10天的2000年全国体育大会在宁波闭幕,共决出金牌184枚,有35个代表团、4个代表队获得了奖牌;3人3次打破3项航海模型世界纪录。

6月8日 新华社报道:由于气候原因,今年夏季蝗虫呈偏重发生态势。目前东亚飞蝗在山东、河南、河北、天津、安徽、山西、陕西等省市发生面积已达1400万亩。

同日 中国中学生在土耳其举行的第八届国际环境科研项目奥林匹克竞赛上获得一枚金牌和一枚银牌。

6月9日 江泽民在全国党校工作会议上就加紧培养适应新世纪要求的中青年领导干部问题发表讲话。

6月11日 江泽民与首都观众一起观看辽宁芭蕾舞团创作演出的大型芭蕾舞剧《二泉映月》。

同日 凌晨2时23分,台湾地区又发生里氏6.7级地震,震中在玉山北方47.4公里,深度10.2公里。

6月11日—26日 李鹏委员长访问南斯拉夫联盟、斯洛文尼亚、克罗地亚、斯洛伐克、阿塞拜疆、乌克兰。

6月12日 经国务院批准,国家科技

图书文献中心正式成立。

6月13日 国家林业局公布了第五次森林资源清查结果。我国森林面积为15894.1万公顷,全国森林覆盖率达到16.55%,森林蓄积量112.7亿立方米。全国除香港、澳门、台湾地区外,人工林面积4666.7万公顷,居世界首位。

6月15日 国家药品监督管理局在北京颁布《中华人民共和国药典》2000年版,于7月1日起执行。

同日 "高等学校优秀青年教师教学科研奖励计划"首届"青年教师奖"在北京颁奖。

6月16日 纪念徐海东同志诞辰一百周年座谈会在京举行。同日,《徐海东纪念文集》、《徐海东大将》画册出版。

同日 世界上第一例成年体细胞克隆山羊"元元"在西安诞生。18日,因肺部发育缺陷,导致呼吸衰竭死亡。

6月17日 国家林业局发布的一项调查表明,我国已经成为受荒漠化危害最为严重的国家之一。目前,全国四分之一以上的国土荒漠化,每年因荒漠化造成的直接经济损失达540亿元。

同日 国民党代主席连战在国民党第十五全临时会上以94.83%的高得票率当选党主席;萧万长、王金平、蒋仲苓、吴伯雄和林澄枝当选为副主席。19日,国民党新中央常委会选举产生,其中"立法部门"当选12席,占中常委席次1/3强,前政务官系统10席,李系人马渐被连系所取代。

6月20日 由欧美同学会编辑的大型画册《学子之路》在北京举行首发式。

同日 陈水扁在记者会上表示,1992年两岸对"一个中国"有讨论,无共识,如果有共识,"就是没有共识的共识"。

6月21日 中央军委在北京举行晋

升上将军衔警衔仪式。晋升上将军衔警衔的军官警官是：副总参谋长隗福临、吴铨叙、钱树根、熊光楷，总政治部副主任唐天标、袁守芳、张树田，总后勤部政委周坤仁，总装备部政委李继耐，海军司令员石云生、政委杨怀庆，空军司令员刘顺尧，军事科学院院长王祖训，北京军区政委杜铁环，成都军区司令员廖锡龙，武装警察部队政委徐永清。至此，人民解放军自1988年恢复军衔制以来，中央军委共授予74位高级将领上将军衔、警衔。

同日　国务院公布《企业财务会计报告条例》，自2001年1月1日起施行。

同日　中国电子商务协会正式成立。该协会旨在加强中国与世界各国在电子商务领域的交流与合作，推进电子商务在中国的应用与发展，促进我国经济的全面发展。

6月22日　国务院新闻办公室发表《西藏文化的发展》白皮书，全面介绍了西藏和平解放以来，特别是改革开放20多年来，西藏文化在继承传统优秀文化和保持藏民族文化特色基础上取得的巨大发展，深刻揭露了达赖集团的政治本质。

同日　国务院、中央军委日前下发了《关于建立依托普通高等教育培养军队干部制度的决定》。这是80年代初，中央军委决定实行经军队院校培训提拔干部制度以来，我军干部培养制度的又一次重大改革。

同日　下午3时许，武汉航空公司一架运七—100型客机，在从湖北恩施飞抵武汉途中，不幸坠毁于武汉郊区，机组人员及乘客42人全部遇难。飞机失事时，正在事发地点工作的武汉第二砖瓦厂7名职工也不幸遇难。

同日　联合国教科文组织遗产委员会在北京向中国的武夷山、颐和园、天坛和重庆的大足石刻分别颁发了"世界文化遗产"证书，其中武夷山被授予"世界文化与自然遗产"证书。

6月22日—26日　伊朗总统赛义德·穆罕默德·哈塔米访问我国。

6月23日　中国共产党第十一届中央政治局委员，国务院原副总理，第六届全国人民代表大会常务委员会副委员长耿飚在北京逝世。

同日　中华人民共和国中央军事委员会发布命令，授予驻香港部队步兵旅一营二连"香港驻军模范红二连"荣誉称号。该连的前身是饮誉全军的英雄"大渡河连"。7月5日，命名大会在驻香港部队隆重举行。

6月25日　我国在西昌卫星发射中心用"长征三号"运载火箭，成功地将"风云二号"卫星送入太空。这是我国发射的第二颗地球同步轨道气象卫星。

同日　中国选手在维也纳举行的世界杯赛艇比赛决赛中获得一枚金牌和一枚银牌。

同日　由科学出版社、北京希望电脑公司、北京科海高技术公司、中国科技大学出版社及北京中科进出口公司五家单位共同组成的中国科学出版集团在北京成立。

同日　谢长廷在民进党第九届党主席选举中，顺利当选民进党主席。

6月25日—29日　西班牙首相何塞·玛丽亚·阿斯纳尔访问我国。

6月26日　国务院新闻办公室发表《中国的禁毒》白皮书，全面介绍了中国在禁毒问题上的原则立场以及多年来为此付出的巨大努力。

同日　人类基因组的工作草图已经绘制完毕并向全世界公布。1999年9月，我国积极加入这一研究计划，负责测定人类基因组全部序列的 1％,也就是 3 号染色体上的 3000 万个碱基对。28 日,江泽民在中央思想政治工作会议上就这一重大科学进展发表了讲话,他向参与这一工作并作出杰出贡献的中国科技人员表示衷心感谢。

6 月 27 日—7 月 13 日　国务院总理朱镕基访问保加利亚、德国、卢森堡、荷兰、意大利、比利时和欧盟总部。

6 月 28 日　空军评出首届"空军十大杰出青年"。崔文戈、席吉虎、刘宝生、王亚林等 10 人获此殊荣。

6 月 29 日　新华社报道:第三军医大学西南医院日前成功施行了中国首例心脏肾脏联合移植手术并获得成功。

同日　我国科学家在世界上率先启动家猪基因组测序计划,并将尽快拿到"工作框架图",从而为家猪品种改良、医学研究、生物医药工业发展提供基因组序列信息。

6 月 30 日　中央军委最近批转下发了总参谋部、总政治部、总后勤部、总装备部《关于军队参加和支援西部大开发的意见》,要求全军和武警部队认真贯彻党中央、江主席的决策指示,积极做好参加和支援西部大开发工作。

同日　新华社报道:我国实施的绿色证书工程成效显著,目前已有 1029 万农民接受培训,458 万人获得绿色证书。

7 月 3 日　承担 1％人类基因组测序主要任务的中科院遗传所人类基因中心在北京举行颁奖大会,表彰参与该计划的科学家和有关合作单位,朱丽兰致信祝贺。

同日　以创作人民大会堂巨幅国画《江山如此多娇》闻名于世的我国当代著名国画艺术大师关山月在广州逝世。

7 月 3 日—7 日　国家主席江泽民出席中国、俄罗斯、哈萨克斯坦、吉尔吉斯斯坦、塔吉克斯坦"上海五国元首"在杜尚别的第五次会晤,并对塔吉克斯坦、土库曼斯坦进行国事访问。5 日,江泽民作重要讲话,就五国进一步加强合作提出四点建议。

7 月 3 日—8 日　九届全国人大常委会第十六次会议在京举行。会议通过《中华人民共和国种子法》(7 月 8 日公布,自 2000 年 12 月 1 日起施行),通过全国人大常委会关于修改产品质量法的决定、关于修改海关法的决定(7 月 8 日公布,分别自 2000 年 9 月 1 日和 2001 年 1 月 1 日起施行)。

7 月 4 日　新华社报道:中共中央、国务院近日出台《关于促进小城镇健康发展的若干意见》。《意见》指出,当前,加快城镇化进程的时机和条件已经成熟。抓住机遇,适时引导小城镇健康发展,应当作为当前和今后较长时期农村改革与发展的一项重要任务。

同日　国土资源部宣布,到 1996 年 10 月 31 日,全国耕地面积为 19.51 亿亩,还有园地 1.5 亿亩、林地 34.14 亿亩、牧草地 39.91 亿亩、居民点及工矿用地 3.61 亿亩、交通用地 0.82 亿亩,其他为水域和未利用土地。按调查数计算,我国人均耕地 1.59 亩,仍不到世界人均指标的一半。

7 月 5 日—7 日　中国文化遗产与城市发展国际会议在北京举行,并发表《北京共识》。

7 月 5 日—9 月 7 日　由中国自行研制的"深圳"号导弹驱逐舰、"南仓"号综合补给舰组成的海军舰艇编队,在南海舰队参谋长黄江少将的率领下,从湛江启程,前往马来西亚、坦桑尼亚和南非三国进行访问。这次出访亚非三国,是中国人民海军友好交往史上舰艇编队首次穿行三大洋（太平洋、大西洋、印度洋）、首次横渡印度洋，首次通过好望角，首次访问非洲大陆。往返航程达 16000 多海里。

7 月 6 日 新华社报道：国务院办公厅日前转发了公安部等四部门《关于开展加强娱乐服务场所管理严厉打击卖淫嫖娼赌博吸毒贩毒等社会丑恶现象专项行动的意见》。

同日 由于民进党当局的梗阻，谢长廷访问厦门计划搁浅。

7 月 7 日 由国家经贸委、信息产业部指导，中国电信集团公司与国家经贸委经济信息中心共同发起的"企业上网工程"正式启动。

7 月 9 日 中国队在亚洲保龄球锦标赛上获得一枚金牌、四枚银牌，实现了零的突破。

7 月 9 日—16 日 我国中学生在第 11 届国际生物学奥林匹克竞赛上获得 2 枚金牌、2 枚银牌。17 日，在英国落幕的第 31 届国际物理学奥赛中，我国中学生吕莹以个人总分第一成为本次竞赛的状元。24 日，新华社报道：我国 6 位中学生在第 41 届国际数学奥赛中全部荣获金牌，并以 218 分的总成绩获团体总分第一。

7 月 10 日 中央军委主席江泽民签署命令，颁布施行新的《中国人民解放军房地产管理条例》。

7 月 11 日 国务院、中央军委发布命令，追授在抗洪抢险中为抢救落水战友而英勇献身的武警警官邵荣雁同志"舍己救人好干部"荣誉称号。邵荣雁生前是武警部队广东省总队江门市支队副政委，广西苍梧县人。1999 年 8 月，他在抗洪抢险中为抢救落水战友光荣牺牲，年仅 40 岁。

7 月 11 日—14 日 中华全国青年联合会第九届委员会第一次全体会议、中华全国学生联合会第二十三次代表大会在

北京举行。国家副主席胡锦涛出席大会，并代表党中央、国务院向大会表示热烈的祝贺。团中央书记处常务书记巴音朝鲁再次当选为全国青联主席。清华大学学生申跃当选为全国学联主席。

7 月 12 日 国务院办公厅在中南海举办今年第四次科技知识讲座，邀请中科院院士陈竺作"人类基因组计划进展和我国人类基因组学研究"的报告。

7 月 13 日—15 日 老挝人民民主共和国主席坎代·西潘敦访问我国。

7 月 15 日 民进党召开第九届全体党员代表大会。

7 月 16 日 据最新统计，6599 户国有及国有控股大中型亏损企业中，目前已有 3463 户实现脱困，占 52.5%。一批机制转换快、管理水平高、经营业绩好的国有企业不断涌现。分行业看，14 个重点工业行业中，除煤炭、军工外，其他行业都实现盈利。

同日 第三届"中国武警十大忠诚卫士"评选在京揭晓。获得"中国武警十大忠诚卫士"荣誉的有：马卫华、李勇、赵秀玲（女）、陈攀峰、李玉明、李明康、李效武、杨洪福、龚时荣、蒋顺林。9 月 5 日，第三届"中国武警十大忠诚卫士"颁奖大会在北京举行。

同日 京沪等地区上空出现百年一遇的最长月全食天象。

同日 中国获首届奥林匹克合唱比赛三项金奖。

7 月 16 日—30 日 国家副主席胡锦涛访问缅甸、泰国、印度尼西亚、白俄罗斯、哈萨克斯坦。

7 月 17 日—19 日 俄罗斯总统普京访问我国。江泽民主席与普京举行会谈，双方签署了《中华人民共和国和俄罗斯联邦北京宣言》和《中华人民共和国主席和

俄罗斯联邦总统关于反导问题的联合声明》。

7月18日　中国科学院计算机网络信息中心钱华林研究员全票当选亚太地区顶级域名组织（APTLD）理事会主席。

7月19日　中国联通公用计算机互联网（UNINET）正式开通。

7月21日　中科院南京地质古生物所金玉玕研究员等人经科学研究证实，2.5亿年前发生的地球生物大绝灭，不是以往认识的逐渐消亡或分期绝灭，而是一次突然爆发的灾难性事件。今天出版的美国《科学》杂志发表了这项成果的研究论文。

7月22日　台湾嘉义发生八掌溪事件，4名在八掌溪下游进行河床固体工程的工人因山洪暴发躲避不及被困湍急溪流中，而救援直升机迟迟未到，导致4人被洪水吞噬。事件发生后激起岛内民怨，身兼"中央防灾会报召集人"的"行政院"副院长游锡堃下台，由"总统府"秘书长张俊雄接任。

7月24日　中华人民共和国国务院、中华人民共和国中央军事委员会发布命令，公布《中华人民共和国飞行基本规则》。该规则自2001年8月1日零时起施行。

7月25日　从今天起，目前国内最先进的大规模并行计算机系统——"神威I"面向社会开放使用。"神威I"的峰值运算速度为每秒3840亿浮点结果，在世界已投入商业运行的前500台高性能计算机中排名第48位，其主要技术指标和性能达到国际先进水平。

7月31日　新华社报道：我国国有资产总量继续实现稳步增长。1999年底我国境内外各类企业和行政事业单位占用的国有资产总额为90964.2亿元，比上年增加8753.1亿元，增长10.6%。在全部国有资产总量中，经营性国有资产总额66748.4亿元，占73.4%，比上年增长7%；非经营性国有资产总额24215.8亿元，占26.6%，比上年增长22.3%。

8月2日　由共青团中央和中共中央文献研究室共同编辑的《毛泽东邓小平江泽民论青少年和青少年工作》一书出版发行。

同日　连战首次到民进党中央党部，拜会民进党主席谢长廷，双方除敲定政党圆桌会议举行会前会外，未达成任何共识。

8月3日　新华社发表《中国反兴奋剂十年》的总结报告。

8月5日　国家主席江泽民在北戴河会见杨振宁、李政道、丁肇中、马库斯、米歇尔、丘成桐等6位国际著名科学家。

8月6日　历时10天的第10届世界航海模型锦标赛（仿真项目）在比利时落幕。中国队获得12枚金牌、7枚银牌、2枚铜牌。

同日　《人民日报》报道：近日，党中央、国务院邀请文化界优秀工作者到北戴河休假，李岚清会见并同代表们座谈。

8月7日　新华社报道：湖南省教育厅近日批准了湖南省农科院的申请，同意此院主办袁隆平科技学院，这是全国首家以科学家命名的高等院校。

8月8日　中国中西医结合学会烧伤专业委员会在北京举行新闻发布会，公布徐荣祥教授等利用原位培植干细胞再生新皮肤技术治疗大面积深度烧伤获得成功的研究成果，表明中国这一研究处于国际领先水平。

8月10日　北京体育大学教师张健经过50多小时的徒手泅渡，成功地横渡渤海海峡，创造了男子横渡海峡最长距离的世界纪录。张健于上午 10 时 22 分在蓬莱上岸，直线距离为 109 公里，实际距离为 123.58 公里，时间为 50 小时 22 分钟，符合规则。

8月11日 中国农工民主党成立 70 周年纪念大会在北京人民大会堂隆重举行。中共中央总书记、国家主席江泽民为农工党成立 70 周年题词："团结奋斗，振兴中华。"中共中央政治局常委、全国政协主席李瑞环代表中共中央到会祝贺并讲话。

同日 记者从国家广电总局获悉，上海电影制片厂摄制的新片《生死抉择》，今年 6 月公映以来，引起了强烈的社会反响，在上海创下了 1450 万元的国产影片票房收入的最高纪录。影片展示了党和政府从严治党、反对腐败的坚定信心和决心。

8月14日 国家主席江泽民在北戴河同专程前来中国访问的巴勒斯坦总统阿拉法特举行会谈，双方就中东问题深入交换了意见。

8月14日—19日 第 48 届军事五项世界锦标赛在丹麦举行，中国军事五项队共夺得 4 金 2 银 3 铜的好成绩，包揽了男、女个人前三名，并 9 次打破 5 项世界纪录。

8月15日 国家主席江泽民在北戴河接受美国哥伦比亚广播公司"60 分钟"节目主持人麦克·华莱士的专访，就中美关系、中国国内问题等回答了他的提问。

同日 中国科学家在国际上首次完成了人类下丘脑—垂体—肾上腺轴这一神经内分泌重要系统的基因表达谱的绘制。同时在下丘脑—垂体—肾上腺轴克隆了 200 条人类新基因。表明中国人类功能基因研究获得了重要进展。

8月17日 由国务院任命的首批 36 位国有重点大型企业监事会主席派向中央管理的 100 家国有企业。

同日 为确保民营化后的工作权，台"中华电信工会"发动近万人前往"行政院"游行示威。在群情激愤奋及不满当局态度消极的情况下，抗议现场一度出现冲击场面，直到"行政院"官员出面作出书面承诺后抗争行动才暂告一段落。

8月18日 西康铁路——我国西部又一条南北大通道提前半年铺通。

同日 我国面积最大、海拔最高的自然保护区——三江源自然保护区正式成立。三江源自然保护区地处青藏高原腹地，位于长江、黄河和澜沧江的源头地区。总面积 31.6 万平方公里，平均海拔 4000 多米，人口有 55.72 万，是目前我国面积最大、世界高海拔地区生物多样性最集中的自然保护区，也是我国海拔最高的天然湿地和三江生态系统最敏感的地区。

8月20日 据新华社报道：中共中央办公厅近日印发经中央批准的《深化干部人事制度改革纲要》。

8月20日—10月11日 由中国自行设计制造的 113 导弹驱逐舰（青岛号）和 575 综合补给舰（太仓号）组成的中国海军舰艇编队，在北海舰队参谋长吕芳秋少将率领下，从青岛港启航，应邀前往美国夏威夷、西雅图和加拿大温哥华进行友好访问。这是中国海军战舰编队首次抵达美国西雅图，首次出访加拿大。航程 1.4 万海里，历时 53 天。

8月21日 第 16 届世界计算机大会在北京国际会议中心隆重举行，国家主席江泽民为大会题词并在开幕式上发表了重要讲话。

8月21日—25日 九届全国人大常委会第十七次会议在北京举行，通过了修改专利法的决定等。国家主席江泽民签署主席令公布了修改专利法的决定。会议审议批准国务院关于增发 500 亿元长期建设国债用于增加固定资产投入。

8 月 21 日—26 日　由中国五大宗教七位主要负责人组成的中国宗教领袖代表团访问美国,并出席于 28 日至 30 日在联合国总部召开的世界宗教领袖和平千年大会。

8 月 22 日　新华社报道:中央军委最近发出通知,转发总政治部《关于新形势下加强军队院校思想政治建设的意见》。

同日　台风"碧丽斯"过境台湾,当天深夜全台湾笼罩在暴风雨之中,全省共有 11 人死亡、101 人受轻重伤并有 8 人失踪,农业损失近 41 亿元新台币。

8 月 24 日　大型国际文化交流活动"2000 年中华文化美国行"在纽约联合国总部拉开序幕。

同日　新华社报道:近年来我国耕地面积逐年递减,1999 年与 1996 年相比,耕地面积净减 1300 万亩,平均每年净减 433 万亩,土地资源形势很不宽松。

8 月 27 日　江泽民在长春主持召开东北三省党的建设和"十五"期间经济、社会发展座谈会。

同日　新华社报道:不久前,中科院金属研究所在世界上首次直接观察到纳米金属材料具备的"奇异"性能——室温下的超塑延展性,从而标志中国纳米材料研究再获新突破。

8 月 28 日　国际奥委会执委会宣布,北京得到国际奥委会认可,获得 2008 年夏季奥运会申办资格,成为五个获准申办城市之一。其他四个获准申办城市为法国巴黎、日本大阪、土耳其伊斯坦布尔和加拿大多伦多。

8 月 28 日—9 月 19 日　全国人大常委会委员长李鹏出席在纽约联合国总部举行的千年议长大会并访问冰岛、白俄罗斯、立陶宛、爱沙尼亚、拉脱维亚、俄罗斯。

8 月 29 日　中国第一部大型综合性军事工具书《军事辞海》已由浙江教育出版社出版。

8 月 30 日　中共中央在北京举行纪念张闻天同志诞辰一百周年座谈会。

8 月 30 日—9 月 1 日　李鹏委员长出席在纽约联合国总部举行的各国议长大会。大会通过的宣言承诺,各国议会将致力于密切同联合国的工作关系,推动以联合国为核心的国际合作,共同应对世界面临的挑战,实现国际和平与安全。李鹏主持了 31 日会议。

8 月　新华社报道:中共中央、国务院本月发出《关于加强老龄工作的决定》,号召全党全社会从改革、发展、稳定的大局出发,高度重视和切实加强老龄工作,发展老龄事业,大力营造全社会敬老养老助老风气。

9 月 1 日　中国自行研制的"长征四号乙"型运载火箭在太原发射中心成功将"中国资源二号"卫星送入预定轨道。

同日　国民党开始展开党籍总检查暨党员重新登记作业。2001 年 1 月 30 日,党员重新登记作业截止,登记的党员人数逾 93 万。

9 月 2 日　台"外交部"撤除刚果民主共和国、安哥拉、马达加斯加等三国驻外馆处。

9 月 3 日—11 日　第六届全国大学生运动会在成都举行。共有 31 人次打破 15 项大运会纪录,2 人次打破 1000 米竞走全国纪录,创造了历届大运会的最好成绩。

9 月 5 日—7 日　中华全国供销合作社第三次代表大会在北京举行。大会根据《中华全国供销合作总社章程》选举产生了第三届中华全国供销合作总社理事会、监事会组成人员及领导班子,全国政协副主席白立忱继续当选为理事会主任。

9 月 6 日—8 日　中国国家主席江泽

民在出席联合国千年首脑会议期间，于 7 日上午参加了分组讨论会，并就经济全球化、联合国作用和人权与主权关系等重大问题阐述了中国政府的立场。

9 月 7 日 新华社报道：天津市北辰区农村妇女马学凤因依靠科技勤劳致富，热心扶贫，获得 2000 年度世界妇女创造奖。

9 月 8 日 乌鲁木齐一辆运载准备销毁的爆炸物的车辆行至西郊西山路段时发生爆炸，造成 60 人死亡，173 人受伤。经查，此事故系意外爆炸事故。

9 月 9 日 台"经济部长"林信义表示，未来企业对大陆投资，将采取"总量管制"的原则，个案投资不能超过 5000 万美元的上限也将适度放宽。

9 月 10 日 国务院发布《关于进一步做好退耕还林还草试点工作的若干意见》。

同日 中国一个研究小组首次利用碳纳米管研制出新一代显示器样品，至今已连续无故障运行 1600 小时，显示质量和性能没有出现任何衰减，标志着中国在碳纳米管应用上取得了重要突破。

9 月 12 日 由中国记协主办的第四届范长江新闻奖、韬奋新闻奖、全国百佳新闻工作者评选揭晓。121 名德才兼备的新闻工作者获此三项殊荣。

9 月 13 日 民进党表示，如果"行政院"执意要兴建"核四厂"，民进党将不为总预算护航。

9 月 14 日 国务院、中央军委公布《中国人民解放军实施〈中华人民共和国执业医师法〉办法》，自公布之日起施行。

9 月 15 日 中共中央在中南海召开座谈会，听取各民主党派中央、全国工商联负责人和无党派人士关于实施西部大开发战略的意见和建议。江泽民主持座

谈会并发表讲话。

同日 京沈高速公路通车，全长 658 公里。

9 月 15 日—10 月 1 日 第 27 届奥运会在悉尼举行。中国体育代表团以 28 枚金牌、16 枚银牌和 15 枚铜牌名列金牌榜和奖牌榜第三位，美国和俄罗斯名列前两位。28 日，江泽民致电祝贺。

9 月 18 日 新华社报道：自启动以来一直受到海内外各界人士广泛关注的夏商周断代工程，日前通过验收。这个工程提出的新《夏商周年表》，被认为是迄今最有科学依据的夏商周年代学研究成果。

同日 《人民日报》报道：四川世红生物技术有限公司的专家们经过数年不懈努力，日前采用生物技术研制成功拥有自主知识产权的生物制品——猪白细胞干扰素，攻克了动物病毒性疾病只能防、不能治的难题。此药已经农业部审批同意生产，属国家级新兽药。

9 月 19 日—20 日 中国杂技家协会第四次全国代表大会在北京举行。夏菊花再次当选为中国杂技家协会主席，宁根福、边发吉、齐春生、孙力力、李西宁、何天宠、阿迪力·吾守尔、程海宝、戴武琦当选为副主席。

9 月 19 日—22 日 第 20 届国际大坝会议在北京举行。

9 月 19 日—24 日 首届中国评剧艺术节在河北唐山市举行。共评出优秀剧目、演出、编剧、导演、表演、伴奏、舞美等 8 个奖项，45 位演员分获优秀表演奖和表演奖。

9 月 20 日 国务院办公厅日前发出通知，强调西部大开发要加强保护文物。

9 月 21 日 新华社报道：江西省 39 岁的农民邓福建经过一年的术后观察，这一亚洲第一例、世界第三例异体手移植

术,是当今术后效果最成功的一例,标志着中国异体手移植已居于世界领先水平。

同日　《中共中央关于控制我国人口增长问题致全体共产党员、共青团员的公开信》发表 20 周年新闻发布会透露,20 年来,中国少出生 2.5 亿个孩子。

9 月 21 日—25 日　由海军大连舰艇学院院长郑宝华少将率领的我海军第一艘远航训练舰"郑和"号在俄罗斯符拉迪沃斯托克(海参崴)进行友好访问。

9 月 23 日　新华社报道:中国基督教三自爱国运动 50 周年庆祝大会在人民大会堂举行。中共中央政治局常委、全国政协主席李瑞环出席大会。

9 月 24 日　《人民日报》报道:国家社科基金项目《计划生育投入与效益研究》课题组日前公布:我国 4 口人及以下的小家庭所占比重从 1982 年的 53.7% 升至 76.7%。据估算,20 年来,因推行计划生育政策,我国少出生 2.5 亿个孩子,平均每个家庭少生了 0.74 个孩子,如果每个孩子在 0—16 岁期间抚养费平均为 1.9 万元,则计划生育为每个家庭至少节省了 1.4 万元。

9 月 24 日—29 日　第 12 届国际信息学奥林匹克竞赛在京举行。中国选手取得 2 金 1 银 1 铜的好成绩。江泽民致信祝贺。

9 月 25 日　国务院公布施行《中华人民共和国电信条例》、《互联网信息服务管理办法》、《建设工程勘察设计管理条例》。

同日　为筹集和积累社会保障资金,进一步完善社会保障体系,经党中央批准,国务院决定建立"全国社会保障基金",并设立"全国社会保障基金理事会",同时任命刘仲藜为理事长。

同日　中国工程院院长宋健宣布,中国工程院工程管理学部正式成立。

同日　《人民日报》报道:中央纪委、监察部最近严肃查处了神华集团有限责任公司副董事长、党组成员李大强在任湖北省副省长期间收受贿赂和礼金的违纪违法问题。经党中央、国务院批准,中央纪委、监察部决定开除李大强党籍和公职。

9 月 28 日　美国宣布四宗对台军售案,项目包括 200 枚先进中程空对空导弹、71 枚舰对舰导弹、146 辆自走炮和陆军保密通讯设备,总价值 13.08 亿美元。

9 月 28 日—29 日　第六届世界大城市首脑会议在北京举行。朱镕基总理出席开幕式并致辞。出席首脑会议的市长通过并签署《北京宣言》。

9 月 28 日—10 月 13 日　第六届中国艺术节在南京举行。本届艺术节在 31 个场馆上演了 105 台剧节目,演出 172 场,观众达 20 万余人次。举行了 40 余场广场群众文艺演出,近 10 万观众竞相观看。

9 月　清华大学建成中国第一个下一代互联网交换中心 DRAGONTAP。

10 月 1 日　中国外交部发表声明,对梵蒂冈于 10 月 1 日举行"封圣"仪式,把曾经在中国犯下丑恶罪行的一些外国传教士及其追随者册封为"圣人",表达了极大愤慨和强烈抗议。

10 月 3 日　中共中央办公厅、国务院办公厅隆重举行招待会,热烈欢迎参加第 27 届奥运会的中国体育代表团。胡锦涛、李岚清等出席。当天,中央领导同志集体会见奥运健儿,江泽民发表重要讲话。4 日,中国体育代表团团长袁伟民在总结大会上通报,中国运动员在第 27 届奥运会上共有 117 人次接受了兴奋剂检测,结果未发现一例阳性。同日,中华全国总工会向在第 27 届奥运会上取得优异成绩的先进集体和先进个人颁发全国五一劳动奖状、奖章。6个运动队和36名运动员获奖。7日，霍英东体育基金会向第二十七届奥运会中国获奖运动员颁奖，李瑞环出席颁奖大会。国家体总、中国奥委会等致信社会各界，为他们对中国体育代表团的支持和鼓励表示感谢。8日，中国体育代表团举行报告会。

同日 台"行政院长"唐飞被迫下台。4日，张俊雄接任。国民党"立法院"党团决议，"除非是党对党协商，国民党党员不得以个人名义入阁"。

10月5日 北京电影学院庆祝成立50周年，江泽民、李鹏分别题词祝贺。

10月7日 据全国假日办统计，十一黄金周全国旅游人数超过5500万人次，旅游综合收入预计超过220亿元，均比今年五一有较大增长。

同日 台"教育部"公布《以通用拼音作为中文译音统一规定》草案，遭到各界强烈反对。

10月8日 新华社报道：经党中央、国务院同意，30个中央和国家机关有关部门最近共同建立了全国青少年校外教育工作联席会议，8日召开的第一次全会确定了2000年专项资金使用方案。

10月9日—11日 中国共产党第十五届中央委员会第五次全体会议在北京举行。中纪委常委和有关方面的负责同志列席会议。全会审议并通过了《中共中央关于制定国民经济和社会发展第十个五年计划的建议》。全会按照党章规定，决定递补中央候补委员岳海岩、黄智权、王正福同志为中央委员。全会审议并通过了《中共中央纪律检查委员会关于徐鹏航同志问题的审查报告》。

10月10日—12日 "中非合作论坛—北京2000年部长级会议"在北京举行。江泽民主席在开幕式上致辞。中

国务院总理朱镕基、阿尔及利亚总统布特弗利卡和非洲统一组织秘书长萨利姆出席了闭幕式。朱镕基发表了题为"加强团结合作 实现共同发展"的讲话。

10月11日 中国工程院院长宋健当晚向今年当选为中国工程院外籍院士的何毓琦、邓文中、普赖斯颁发院士证书。

10月11日—14日 新中国成立以来中国工程科技界规模最大、级别最高的国际会议——2000年国际工程科技大会在北京举行。国家主席江泽民在开幕式上致辞。

10月12日 第23届大众电影百花奖评选结果在北京揭晓，潘长江、章子怡分获最佳男女演员奖。

同日 卫生部、中国残疾人联合会和国际狮子会在北京联合举行"视觉第一中国行动"中期评估会，卫生部副部长王陇德代表中国政府宣布，中国已于1999年实现白内障致盲人数负增长，比预期计划提前两年。国际狮子会2000年世界视觉日活动也于当日在北京举行。

10月12日—22日 国务院总理朱镕基访问日本、韩国。

10月12日—30日 中共中央政治局常委、书记处书记尉健行及其率领的中国共产党代表团访问德国、摩尔多瓦、芬兰和蒙古。

同日 第五届茅盾文学奖评选结束。张平的《抉择》、阿来的《尘埃落定》、王安忆的《长恨歌》和王旭烽的《茶人三部曲》（1、2）四部作品获奖。

10月13日 引黄济津工程胜利完工，黄河位山闸开启，开始向天津送水。从70年代后，国家曾五次从黄河向天津调水。这次调水线路主要利用现有渠道和河道，从山东省聊城市东阿县位山闸和阳谷县陶城铺闸引黄河水，经位山三干渠至

临清穿过卫运河进入河北省境内的清凉江,在沧州市泊镇附近进入南运河,在九宣闸进入天津市,输水线路全长 580 公里。

10 月 14 日　今天是新中国治淮 50 周年纪念日。50 年来,在党中央、国务院的领导下,经过沿淮人民的不懈努力,淮河治理取得了举世瞩目的成就。50 年总投入 923 亿元,获得直接经济效益 5660 亿元,相当于 80 年代中期全国的财力。全流域兴建水库 5700 多座,开挖大型人工河道 2164 公里,加固大堤 5 万多公里,有效地改善了两岸生产条件,淮河流域成为我国重要的商品粮基地。粮食产量由 1949 年的 120 亿公斤上升到 1999 年的 876 亿公斤,占全国粮食产量的近 1/5。人均占有粮食产量 531 公斤,提前并超额实现了到本世纪末人均占有粮食产量 400 公斤的指标。

同日　成都市开展我国首个"无车日"活动,显示出在环境保护方面的决心。

10 月 15 日　新中国创办的第一所新型综合重点大学——中国人民大学今天举行命名组建 50 周年纪念大会。李鹏出席大会并发表讲话。

10 月 16 日　国务院新闻办发表《2000 年中国的国防》白皮书。中国在 1995 年发表《中国的军备控制与裁军》白皮书的基础上,于 2000 年正式发表了国防白皮书。2000 年的白皮书包括前言、安全形势、国防政策、国防建设、军队建设、国际安全合作、军控与裁军 7 个部分,约 2.5 万字。

同日　原中国纺织总会会长、第九届全国政协常委吴文英因严重违纪受到留党察看两年的处分。中共中央纪律检查委员会今天公布了对吴文英违纪问题的审查结果。

10 月 17 日　原中央候补委员、宁波市委书记许运鸿被杭州市中级人民法院以滥用职权罪一审判处有期徒刑 10 年。

10 月 18 日—29 日　第 11 届残疾人奥运会在悉尼举行。中国残奥代表团参加了本届残奥会田径、游泳、举重、乒乓、柔道、射击 6 个大项的全部比赛,共获得金牌 34 枚,银牌 22 枚和铜牌 16 枚,列金牌榜第六位,取得了历届残奥会中最好的成绩。

10 月 19 日　2000 年度何梁何利基金颁奖大会在北京举行。张香桐、吴汝康获科学与技术成就奖。

10 月 20 日　人事部、全国博士后管委会在北京授予 10 名博士后"首届中国优秀博士后奖"。他们是:韩德民、李德发、李嘉禹、蔡国飙、王天宇、车静光、张扬军、吴忠良、武强、郑晓瑛。

10 月 20 日—21 日　第三届亚欧会议 20 日上午在韩国首都汉城举行。中国总理朱镕基率团出席此次会议并发表重要讲话。

10 月 21 日　全国铁路第三次大面积提高列车运行速度和调整列车运行图。

10 月 21 日—23 日　法国总统雅克·希拉克访问我国。同时作为欧盟理事会主席与欧盟委员会主席罗马诺·普罗迪同中国国务院总理朱镕基举行第三次中欧领导人会晤。

10 月 22 日　国务院公布《中华人民共和国车辆购置税暂行条例》,自 2001 年 1 月 1 日起施行。

同日　新华社报道:考古专家经过 15 个月的勘探发掘,在济南市附近发现了占地达 2 万平方米、距今已 2100 多年的西汉早期诸侯王墓,它被认为是迄今发现的中国最早的西汉王陵。

10 月 22 日—26 日　应朝鲜人民武装力量部的邀请,中央军委副主席、国务委员兼国防部长迟浩田率中国高级军事代表团对朝鲜进行友好访问。

10 月 23 日 新华社报道：国务院近日发出《关于进一步精简会议和文件的通知》，要求国务院各部委、各直属机构带头做好精简会议和文件的工作，采取有力措施，切实把各类会议和文件精简下来。

10 月 23 日—31 日 九届全国人大常委会第十八次会议在京举行。会议通过了《中华人民共和国国家通用语言文字法》（31 日通过，自 2001 年 1 月 1 日施行）、《全国人民代表大会常务委员会关于修改〈中华人民共和国渔业法〉的决定》（31 日通过，自 2000 年 12 月 1 日起施行）、《全国人民代表大会常务委员会关于修改〈中华人民共和国归侨侨眷权益保护法〉的决定》（31 日通过，自公布之日起施行）、《全国人民代表大会常务委员会关于修改〈中华人民共和国中外合作经营企业法〉的决定》（31 日通过，自公布之日起施行）、《全国人民代表大会常务委员会关于修改〈中华人民共和国外资企业法〉的决定》（31 日通过，自公布之日起施行）。

10 月 25 日 首都各界纪念中国人民志愿军抗美援朝出国作战 50 周年大会在人民大会堂隆重举行。江泽民出席大会并发表讲话。

同日 《人民日报》报道：从全国中小学信息技术教育工作会议上获悉：教育部决定从 2001 年起用 5 到 10 年左右时间在全国中小学基本普及中小学信息技术教育，全面实施"校校通"工程，以信息化带动教育现代化，努力实现基础教育跨越式发展。

10 月 26 日 文化部举办座谈会，纪念杰出的革命文艺家夏衍诞辰一百周年。中共中央政治局常委、国务院副总理李岚清出席座谈会并发表讲话。

10 月 27 日 中国 2000 年实现消除碘缺乏病阶段目标总结暨再动员大会在北京召开。会议宣布：我国已基本实现消除碘缺乏病的阶段目标。

同日 连战与陈水扁举行会谈，双方没有达成共识。

同日 台"行政院长"张俊雄正式宣布，停建第四核发电厂，引发岛内各界强烈反应。29 日，国民党连署发动罢免"总统"案，并与其他在野党组成在野联盟，对抗民进党当局。11 月 7 日，在野联盟将攸关罢免"总统"的"立法院职权行使法第四十四条之一条文"排入院会，并强势完成三读程序。

10 月 29 日—11 月 4 日 第四届全国农民运动会在四川举行。四川、北京、广东代表团名列奖牌榜前三名。

10 月 30 日—11 月 2 日 台风"象神"袭击台湾。截至 2 日凌晨，台风已造成 51 人死亡、11 人失踪、6 人受伤，灾情尤以台北县最为严重。

10 月 31 日 《人民日报》报道：1992 年以来，有 556 所高校（其中普通高校 387 所，成人高校 169 所）合并调整为 232 所高校（其中普通高校 212 所，成人高校 20 所），净减 324 所高校。其中，在今年国务院部门（单位）所属学校管理体制调整中，有 53 所普通高校合并成 20 所普通高校，有 6 所成人高校并入 5 所普通高校。通过合并组建了一批文、理、工、农、医等各大学科门类比较齐全、规模较大的综合性大学。

同日 我国自行研制的第一颗导航定位卫星——"北斗导航试验卫星"，凌晨零时零二分在西昌卫星发射中心发射升空，并准确进入预定轨道。

11 月 1 日 中国互联网络信息中心（CNNIC）发布《中文域名注册管理办法

（试行）》和《中文域名争议解决办法（试行）》，并委托中国国际经济贸易仲裁委员会成立中文域名争议解决机构。

11 月 2 日—12 月 1 日　第二届中国上海国际艺术节举行。由文化部主办、上海市政府承办的中国上海国际艺术节，是目前我国规模最大的国家级国际艺术节。

11 月 3 日　新华社报道：最近，台湾岛内为了是否停止兴建第四座核能发电厂一事引发朝野政治势力的激烈冲突，国民党、亲民党、新党等发起了连署"罢免"台湾当局领导人的行动。

11 月 3 日—4 日　俄罗斯联邦政府总理卡西亚诺夫访问我国并同朱镕基举行中俄总理第五次定期会晤。

11 月 4 日　第四届全国农民运动会在四川绵阳落幕。四川代表团居奖牌榜首。

同日　台召开"全国知识经济发展会议"，计划以十年为期建设知识化绿色硅岛。

11 月 5 日　著名的马克思主义理论家、历史学家，中国人民政治协商会议第七、八届全国委员会副主席胡绳同志，因病在上海逝世。

11 月 5 日—8 日　中共中央政治局常委、全国政协主席李瑞环在香港考察访问，并出席了香港中华总商会成立 100 周年庆祝活动。

同日　国务院公布《广播电视设施保护条例》，自公布之日起施行。

11 月 6 日　新华社报道：国务院近日发出关于开展严厉打击制售假冒伪劣商品违法犯罪活动联合行动的通知。

同日　国务院新闻办公室、信息产业部发布《互联网站从事登载新闻业务管理暂行规定》；信息产业部发布《互联网电子公告服务管理规定》。

11 月 6 日—8 日　第四次全国人民防空会议在北京举行。会议总结了中国开展人防工作 50 周年特别是改革开放以来人民防空事业取得的巨大成就，表彰全国人民防空先进单位和个人，研究部署中国人民防空跨世纪发展面临的形势和任务。

11 月 7 日　国务院公布《煤矿安全监察条例》，自 2000 年 12 月 1 日起施行。

同日　信息产业部发布《关于互联网中文域名管理的通告》，对境内中文域名注册服务和管理加以规范，并明确授权 CNNIC 为中文域名注册管理机构。

11 月 8 日　中央纪委、监察部召开新闻发布会，通报厦门特大走私案首批案件中，25 名涉案党员的党纪、政纪处理情况。据通报，厦门特大走私案是新中国成立以来发生的涉案金额特别巨大、案情极为复杂、危害极其严重的走私犯罪案件。根据党中央、国务院的部署，1999 年 8 月中旬，中央专案组对厦门特大走私案展开全面调查。该案的首批案件已于今年 9 月中旬在厦门、福州等地法院开庭审理。

同日　首都新闻界举行首届中国记者节庆祝大会。

11 月 9 日　"夏商周断代工程"正式公布的《夏商周年表》，把我国的历史纪年由西周晚期的共和元年，即公元前 841 年向前延伸了 1200 多年。根据这份年表，我国的夏代始年约为公元前 2070 年；夏商分界约为公元前 1600 年；盘庚迁殷约为公元前 1300 年；商周分界为公元前 1046 年。年表还排出了西周十王具体在位年，排出了商代后期从盘庚到帝辛（纣）的十二王大致在位年。

同日　台"总统府"宣布"中央银行"总裁彭淮南为 APEC 非正式领袖会议特使。

11 月 10 日　台发布"大陆地区新闻

人员来台驻点采访"相关规定,表示自即日起开放大陆新闻记者申请赴台驻点采访。

11 月 11 日 国、亲、新三党首脑首度举行高峰会,并发表"护宪救台湾"等六项共识声明。

11 月 11 日—18 日 江泽民主席访问老挝、柬埔寨、文莱并出席在文莱斯里巴加湾市举行的亚太经合组织第八次领导人非正式会议。

11 月 12 日 第 34 届国际象棋奥林匹克竞赛在伊斯坦布尔落幕,中国女队蝉联冠军。

同日 中国选手在世界杯短池游泳系列赛里约热内卢站的比赛中,获得 3 金 2 银。

11 月 13 日 中国反邪教协会在北京成立,并通过了《中国反邪教协会章程》。选举产生了本协会第一届理事会和常务理事会,庄逢甘为理事长,龚育之、潘家铮、傅铁山、王家福、圣辉、何祚庥、郭正谊为副理事长,王渝生为秘书长,聘请王绶琯、张光斗、胡亚美、梁守槃、梁思礼等一批老科学家为荣誉理事。

11 月 14 日 邓小平同志塑像落成揭幕仪式在深圳莲花山公园山顶广场举行,中共中央总书记、国家主席、中央军委主席江泽民为塑像揭幕。

同日 深圳经济特区建立 20 周年庆祝大会下午在深圳举行。江泽民出席庆祝大会并发表讲话。他指出,发展经济特区,是建设有中国特色社会主义事业的重要组成部分,将贯穿我国改革开放和现代化建设的全过程。

同日 民进党前主席施明德宣布退党。

11 月 15 日 民进党成立九人决策小组,作为执政党最高决策核心。

11 月 16 日 亚太经合组织第八次领导人非正式会议在斯里巴加湾杰鲁东马球俱乐部举行。江泽民主席在会上发表讲话,就世界和亚太地区经济形势、经济全球化、"新经济"、亚太经合组织的作用和人力资源开发等方面,提出了中国的主张。

11 月 16 日—21 日 第九届中国金鸡百花电影节在南宁举行。21 日,第二十届中国电影金鸡奖在南宁揭晓。

11 月 17 日 《人民日报》报道:国务院近日在北京召开全国打击骗取出口退税工作会议。

11 月 18 日 中国影片《一声叹息》在第 24 届开罗国际电影节上获得了包括最佳影片奖在内的 5 项大奖。

11 月 20 日 中国选手在加拿大进行的国际泳联世界杯游泳赛中,夺得 3 枚金牌。

同日 新华社报道:中国地质学家最近提出,中国大陆是由南北两大板块碰撞而成的。

同日 台股市跌破 5000 点大关,21 日盘中创下 4760 点新低。12 月 27 日更是下降至 4614 点,创下 1996 年台海危机以来的新低点。

11 月 21 日 江泽民主席会见联合国人权事务高级专员玛丽·鲁滨逊,双方就人权问题进行了友好交谈。

11 月 22 日 国务院新闻办公室发表题为《中国的航天》的白皮书,对中国发展航天事业的宗旨原则、发展现状、未来发展和国际合作等作简要介绍。

同日 中国选手吴珍艳在第九届巴黎国际舞蹈比赛现代舞决赛中获女子独舞金奖。

11 月 24 日 新华社报道:国务院近日发出关于加强城市供水节水和水污染

防治工作的通知。

11 月 24 日—25 日 朱镕基总理出席在新加坡举行的第四次东盟—中国、日本、韩国领导人会晤(10＋3)和中国—东盟领导人会晤(10＋1)。

11 月 26 日 北京有色金属研究总院宣布,该院超导材料研究中心近期研制成功我国第一根百余米长的铋系高温超导带材,表明我国超导材料研究开始从实验室迈向应用阶段。专家指出,这项技术成果达到国际先进水平。

11 月 27 日 新华社报道:中国电影《世纪大阅兵》日前在意大利举行的第 11 届国际军事纪录片电影展上荣获"影展评委会特别奖"。

11 月 28 日 新华社报道:中美科学家最新一项研究成果证实,现代汉族人和现代藏族人拥有共同的祖先。

11 月 29 日 由国防科技大学研制的我国第一台类人型机器人"先行者"在长沙首次亮相。"先行者"具有人的外观特征,身高 1.4 米,体重 20 公斤,可模拟人的基本行为动作。

同日 中国女足运动员孙雯、刘爱玲、高红、温丽蓉和范运杰与美国足球大联盟签约。孙雯当晚赴美。

11 月 30 日 针对目前棉花收购中存在的严重掺杂使假的情况,国务院办公厅今天发出紧急通知要求立即开展棉花打假专项行动。

同日 洛阳龙门石窟,青城山和都江堰,明清皇家陵寝:明显陵和清东陵、清西陵,安徽古村落西递、宏村四个项目被正在举行的联合国教科文组织第 24 届世界遗产委员会会议列为新的世界遗产。迄今,中国已有 27 处世界文化遗产和自然遗产。

12 月 1 日—2 日 2000—2001 年度世界杯短池游泳系列赛上海站比赛,中国选手共获得 10 枚金牌,刷新两项全国纪录。5 日、6 日,世界杯游泳系列赛墨尔本站的比赛,中国选手又收两金。

12 月 2 日 我国著名诗人、翻译家、文学研究家卞之琳在北京逝世。

12 月 3 日 为期 3 天的世界杯短道速滑赛东京站比赛落幕,中国选手摘取金银牌各两枚。10 日,为期 3 天的世界短道速滑赛长春站比赛落幕,中国队共夺得 6 枚金牌和 5 枚银牌。

同日 经萨马兰奇提名,邓亚萍再次出任国际奥委会运动员委员会委员。

12 月 4 日 台"外交部"通令所属各单位,未来在使用官方请柬、宴客菜单、名牌、座位牌等标志上,取消与国民党党徽相近的"国徽",改用"国旗"。

12 月 4 日—6 日 江泽民总书记在全国统战工作会议上就做好进入新世纪党的统战工作发表重要讲话。

12 月 5 日 据中国医药报报道:中国针灸专家卫雪苔在韩国举行的世界针联第五届会员大会上当选为该组织终身名誉主席。

12 月 6 日 中国计划生育协会第五次全国会员代表大会暨先进表彰会在北京举行,朱镕基等出席大会。中国计生协会成立于 1980 年,目前全国有 100 多万个协会组织,8000 多万名会员。

同日 台"总统府"九人决策小组确定分阶段实施金马"小三通"方案,初步以"单向"方式推动,并成立"金马小三通指导委员会"。13 日,"行政院"院会通过"试办金门马祖与大陆地区通航实施办法"、"小三通法源"草案。19 日,台"内政部"入出境管理局开始受理金马地区居民申请进入大陆的"入出境证"及大陆地区人民申请进入金马的"旅行证"。"陆委会"也完成了金马试办两岸"小三通"的说明书，并于 27 日正式公布"小三通推动方案及实施计划"。

12 月 6 日—7 日　中国舞蹈家协会第七次全国代表大会在北京举行。白淑湘连任中国舞协第七届主席，刀美兰、左青、史大里、冯双白、刘敏、吕艺生、李毓珊、张玉照、陈翘、陈爱莲、迪丽娜尔·阿不都拉、查干朝鲁、赵青、赵汝蘅、资华筠、崔善玉等 16 人当选为副主席。

12 月 7 日　由文化部、共青团中央、广电总局、全国学联、国家信息化推进办公室、《光明日报》、中国电信、中国移动等单位共同发起的"网络文明工程"在京正式启动。"网络文明工程"的主题是："文明上网、文明建网、文明网络。"

12 月 8 日　全国政协在北京举行座谈会，纪念老一辈无产阶级革命家、卓越的军事家何长工同志诞辰一百周年。李瑞环出席座谈会。

同日　中国科学家在北京宣布，中国在世界上首次发现会爬树的恐龙化石。

12 月 8 日—13 日　首届中国民营企业交易会在昆明举行。交易会签约项目总金额 291.94 亿元。

12 月 9 日　经国家人事部、全国博士后管委会批准，全军首家博士后科研工作站在西安解放军总参谋部某测绘研究所挂牌。

同日　西夏王陵考古发掘工作最近取得重大进展：在出土的一批文物中，发现了罕见的"妙音鸟"。

12 月 10 日　新华社报道：中国科学家张立德率领的研究小组日前成功合成出只有头发丝 5 万分之一细的纳米级同轴电缆。

同日　2000 年世界杯体操总决赛落幕。中国选手在本届世界杯上共获得 1 金

3 铜。

12 月 11 日　国际足联根据网上评选结果，授予中国女足运动员孙雯"本世纪最佳女子足球运动员"。

12 月 12 日　人民网、新华网、中国网、央视国际网、国际在线网、中国日报网、中青网等获得国务院新闻办公室批准登载新闻业务，率先成为获得登载新闻许可的重点新闻网站。

同日　台"经济部"决定开放影像扫描等 27 项大陆农工产品进口来台。

12 月 14 日　国家科技教育领导小组在中南海举办科技知识讲座，朱镕基、李岚清等出席。

12 月 16 日—17 日　全国"三讲"教育工作总结会议在北京举行。这次总结会标示着"三讲"集中教育基本结束。

12 月 18 日　交通部宣布，我国第一条国道主干线京沪高速公路已经全线贯通。京沪高速公路全长 1262 公里，总投资 393 亿元。

同日　9 位勘察设计者获首届"梁思成建筑奖"。

同日　国土资源部等部门发布《关于进一步鼓励外商投资勘察开采非油气矿产资源的若干意见》。

12 月 19 日　国务院新闻办发表《中国 21 世纪人口与发展》白皮书。我国实行计划生育政策以来，全国累计少出生 3 亿多人。1992 年以来，特别是"九五"期间，我国妇女总和生育率保持在更替水平以下，1998 年人口自然增长率下降到千分之十以下，人口再生产类型实现了从高出生、低死亡、高增长到低出生、低死亡、低增长的历史性转变，我国已进入世界低生育水平国家行列。

12 月 19 日—21 日　中共中央总书记、国家主席、中央军委主席江泽民出席

中华人民共和国澳门特别行政区成立一周年庆祝活动，并在庆祝大会上发表讲话。

12 月 20 日—21 日 中国书法家协会第四次全国代表大会在北京举行。沈鹏当选本届中国书法家协会主席。当选副主席的有张飙、申万胜、朱关田、旭宇、刘炳森、何应辉、张海、陈永正、林岫(女)、周慧珺(女)、钟明善、段成桂、聂成文、尉天池。启功先生继续担任本届书协名誉主席。

12 月 21 日 新华社报道：我国自行研制的第二颗"北斗导航试验卫星"，在西昌卫星发射中心用"长征三号甲"火箭发射升空，并准确进入预定轨道。它与今年 10 月 31 日发射的第一颗"北斗导航试验卫星"一起，构成了"北斗导航系统"。

同日 朱镕基在中南海主持召开国家科技教育领导小组第八次会议，听取中科院全面推进知识创新工程试点工作、科技部"十五"期间"863"计划总体考虑和中国工程院工作情况的汇报并讲了话。

同日 新华社报道：日前，国务院发出通知，印发国家环保总局会同有关部门制订的《全国生态环境保护纲要》。

12 月 24 日 北京市科委宣布，中国农业大学教授李宁等于今年 12 月获得的 4 只人基因转基因羊，日前通过两种分子生物学技术鉴定，证明转基因成功。

12 月 25 日 中共中央文献研究室和人民出版社在毛主席纪念堂联合举行《毛泽东文集》研究座谈会。《毛泽东文集》经中共中央批准，由中央文献研究室编辑、人民出版社出版。这套文集共八卷，编入《毛泽东选集》(1—4)卷以外的重要著作 803 篇，约 230 万字，1993 年 12 月开始出版，1999 年 7 月全部出齐。

同日 当日晚 21 时 35 分，洛阳市东都商厦发生特大火灾，在商厦四楼歌舞厅参加圣诞节活动的群众及大楼内施工的部分民工被困，造成 309 人死亡。

12 月 25 日—27 日 中共中央纪委第五次全体会议在北京举行。

12 月 25 日—28 日 九届全国人大常委会第十九次会议通过了《中华人民共和国引渡法》、关于修改中国人民解放军现役军官服役条例的决定(均为 2000 年 12 月 28 日发布施行)。

12 月 25 日—29 日 越南国家主席陈德良访问我国。

12 月 26 日 中共中央办公厅、国务院办公厅下发通知：党中央、国务院决定，在全国乡镇政权机关和派驻乡镇的站所全面推行政务公开制度。

12 月 27 日 新华社报道：中央军委主席江泽民日前签署命令，颁布实施《中国人民解放军装备条例》。

同日 新华社报道：《国务院关于实施西部大开发若干政策措施》已经正式出台。

同日 外经贸部发布《对台湾地区贸易管理办法》。

同日 纪念著名科学家、教育家、社会活动家严济慈诞辰一百周年座谈会在北京举行，李瑞环出席。

同日 台"行政院"首次提出以"瘫痪战"替代"滩岸决战"的构想。

12 月 28 日 国家主席江泽民签署第 43 号主席令，公布《全国人民代表大会常务委员会关于修改〈中国人民解放军现役军官服役条例〉的决定》(2000 年 12 月 28 日第九届全国人民代表大会常务委员会第十九次会议通过)。该决定自公布之日起施行。

同日 九届全国人大常委会第十九次会议表决通过《全国人民代表大会常务

委员会关于维护互联网安全的决定》。

同日　台湾"工时案"三度闯关失败，双周 84 小时工时案，2001 年元旦将正式上路。

12 月 30 日　迄今为止我国最大的债转股企业——鞍钢集团新钢铁有限责任公司正式挂牌。

2001 年

1 月 1 日　全国政协举行新世纪、新千年第一个新年茶话会。江泽民总书记在茶话会上讲话说，中央希望全国各族人民和各界人士要进一步认清形势、坚定信心，统揽全局、把握重点，狠抓落实、乘势前进。

同日　今日起，我国关税总水平从 16.4％下降为 15.3％，平均降幅为 6.6％。

同日　互联网"校校通"工程进入正式实施阶段。

1 月 2 日　新华社报道：2000 年，中国运动员共取得 110 个世界冠军，创 22 项世界纪录。

同日　台湾 500 名马祖香客乘船抵达福州马尾港，并由福州转赴莆田市湄州岛，参加妈祖祭奠活动。当轮船停靠在马尾港时，香客们受到祖国大陆同胞的热情欢迎。

同日　台湾当局单方面规划的所谓"小三通"正式起航。

1 月 3 日　中国地震局在北京举行地震台网开通仪式，目前中国已有 47 个数字地震台，表明中国地震观测已进入"数字时代"。

同日　新华社报道：中国首例大熊猫血液图谱日前在北京完成。

同日　国民党主席连战举行《连战的主张：新蓝图、新动力》新书发表会。在书中，连战主张以"邦联制"的方式完成中国的统一。6 月 28 日，国民党政策会公布"国民党政策纲领"草案，提出两岸迈向阶段性的"邦联"。

1 月 3 日—5 日　中央农村工作会议在京召开。会议传达了江泽民近日就做好农业和农村工作所作的重要指示。江泽民指出，进入新世纪，巩固和加强农业基础的工作仍要坚持不懈地抓下去，一刻都不能放松。关键要通过改革开放和科技进步，依靠亿万农民的创造精神，大力推进农业和农村经济结构调整，努力增加农民收入，确保国家粮食安全，保持农村社会稳定。5 日，《人民日报》报道，在遭受特大旱灾和农产品价格持续低迷的情况下，去年我国农业和农村经济运行平稳。初步预计，2000 年全国粮食总产量比上年减产 9％左右，但由于库存比较充裕，总量仍能满足市场需求；棉花生产有所恢复。农业发展的预期目标基本实现，为"九五"计划的完成作出了积极贡献。

1 月 4 日　国防科工委在北京举行颁奖大会，表彰 1999 年度和 2000 年度为中国国防科技事业作出突出贡献的集体和个人。

同日　台湾民进党新生代中常委高志鹏呼吁进行"新政纲运动"，以跳脱修改"台独"党纲或废"台独"党纲的制式思考。9 日，民进党"全面执政规划小组"通过"新政纲运动"提案，希望有助于民进党弹性调整重大政策立场，让民进党执政有更大的施展空间。

1 月 5 日　中共中央政治局委员、国务院副总理钱其琛在中南海分别会见了何智辉率领的国民党"三通参访团"和冯沪祥率领的新党"三通参访团"。

同日　中国科学考察队在新疆罗布

沙漠中找到了失踪 66 年的小河遗址 5 号墓地。

1 月 5 日—20 日 国家副主席胡锦涛访问伊朗、叙利亚、约旦、塞浦路斯和乌干达。

1 月 6 日 《邓小平论侨务》出版座谈会在北京人民大会堂举行。

1 月 8 日 国家"九五"重点建设项目——西安至安康铁路提前一年建成,今日通车运营。西康铁路北连陇海、侯西、神朔及包西铁路,南与阳安、宝成、襄渝、川黔、黔桂、黎湛、贵昆等铁路相接,西康铁路 1996 年 12 月 18 日全面开工,总投资 102.5 亿元。

1 月 8 日—11 日 全国宣传部长会议在北京举行。10 日,江泽民总书记与参加全国宣传部长会议的同志座谈时指出,进入新世纪,宣传思想工作要继续宣传好抓住机遇、加快发展的思想。要积极、全面、准确、深入地宣传贯彻中央的这一重要指导思想,为抓住机遇、加快发展提供强有力的思想保证和舆论支持。这是宣传思想战线要着力把握的工作基点。要继续唱响主旋律,打好主动仗。要坚持马克思主义的指导地位,不断用马列主义、毛泽东思想、邓小平理论武装全党和教育全国人民。必须牢牢掌握舆论工作的领导权和主动权。一切思想文化阵地,一切精神文化产品,都要努力宣传科学理论,传播先进文化,弘扬社会正气,倡导科学精神,不断提高全民族的思想道德素质和科学文化素质。要在全社会大力宣传和弘扬为实现社会主义现代化而不懈奋斗的精神。伟大的事业需要并将产生崇高的精神,崇高的精神支撑和推动着伟大的事业。没有坚强精神的民族,是没有前途的。新时期的宣传教育工作必须努力把马克思主义理论、建设有中国特色社会主义的思想道德观念的宣传教育的一致性,与社会不同群体的特点和要求的多样性统一起来;必须努力把理想信念和道德观念的宣传教育的理论性,与人民群众日常工作和生活的实践性统一起来。江泽民指出,在建设有中国特色社会主义,发展社会主义市场经济的过程中,要坚持不懈地加强社会主义法制建设,依法治国,同时也要坚持不懈地加强社会主义道德建设,以德治国。

1 月 9 日—17 日 李鹏委员长访问印度。在印度期间,与印度总统、总理、两院议长、外长等高层领导人进行了会见和会谈,与印度各界人士进行了广泛的接触,参观考察了印度高科技尤其是软件、信息产业和文化事业。

1 月 10 日 北京时间 2001 年 1 月 10 日 1 时零分,我国自行研制的"神舟二号"无人飞船在酒泉卫星发射中心发射升空,10 分钟后成功进入预定轨道。这是我国载人航天工程第二次飞行试验,它标志着我国载人航天事业取得了新进展。飞船于 16 日在内蒙古中部准确返回着陆。

同日 《人民日报》报道:2000 年我国外贸进出口总值达 4743 亿美元,比上年增长 31.5%,创改革开放以来进出口总值和增长速度两个新高。其中出口 2492 亿美元,增长 27.8%;进口 2251 亿美元,增长 35.8%。全年实现贸易顺差 241 亿美元。

同日 《人民日报》报道:经过"九五"国家科技攻关,我国国家种质库长期贮存的种子数量达到 332835 份,从而使我国库存作物种质资源量跃居世界第一。

1 月 12 日 中央军委和国务院公布《中华人民共和国军事设施保护法实施办法》,自公布之日起施行。

1 月 14 日 一艘 3.5 万吨级的希腊籍"阿玛斯号"货轮在台湾南端垦丁公园

生态保护区海域触礁搁浅，船体破裂油料外泄。由于有关部门处理不及时，造成巨大经济与生态损失，台"环保署长"林俊义因此下台。

1月15日　北大地质学系副教授李江海博士与美国科学家2000年底联合在中国发现形成于27亿年前、世界上最古老的完整大洋地壳残片。

1月15日—17日　全国农业科学技术大会在北京召开。朱镕基会见与会代表。

1月15日—20日　朝鲜劳动党总书记金正日对我国进行非正式访问。

1月16日　国务院第三次廉政工作会议在北京召开。

同日　以秘书长王伟为团长的北京奥申委代表团当天下午飞赴洛桑，向国际奥委会送交《申办报告》。

1月18日　谢长廷以城市交流为名，前往日本大阪、京都、横滨进行为期10天的访问。

1月20日　外交部发言人发表谈话说，根据中美两国达成的协议，美国政府已于本月19日向中国政府支付轰炸中国驻南联盟大使馆所引起的中方财产损失2800万美元。

1月21日　中共中央下发《2001年—2005年全国干部教育培训规划》的通知。

1月23日　天安门广场发生几名"法轮功"痴迷者自焚事件。新华社当天播发的长篇通讯《邪教"法轮功"又一滔天罪行》，以详尽的事实，披露了几名"法轮功"痴迷者除夕在天安门广场制造自焚事件的始末。

1月24日—25日　中国女选手齐晖在世界杯短池游泳系列赛斯德哥尔摩站的比赛中获得两枚金牌并刷新200米蛙泳世界杯记录。27日—28日，齐晖在世界杯短池游泳系列赛巴黎站的比赛中又获2枚金牌，并打破200米蛙泳世界纪录。

1月27日　中科院院士、复旦大学教授杨福家从上海启程，赴英国就任诺丁汉大学第五任校长。

1月31日　《人民日报》报道：中共中央组织部日前制定下发了《关于推行党政领导干部任前公示制的意见》。

2月1日　台"陆委会"专案核准十家台商直接从金门直航厦门港，创下金、厦开办直航的新案例。

2月2日　国家林业局野生动植物保护司司长张建龙宣布，截至2000年底，我国共建立各种类型自然保护区1276处，总面积占国土面积的12.44%。

2月6日　江泽民《论科学技术》一书，由中共中央文献研究室编辑，中央文献出版社出版。该书收入1989年12月至2000年10月期间江泽民关于科学技术问题的讲话、文章、书信和批示等共49篇，约15万字。其中不少文稿是第一次公开发表。

同日　中科院上海生命科学研究院宣布，通过定位克隆的方式，两家机构最近分别成功地克隆了遗传性乳光牙本质Ⅱ型基因。这两家机构是该院上海生命科学研究院生物工程研究中心和中国医学科学基础医学研究所医学分子国家重点实验室。这一成果，表明我国在口腔遗传病研究以及人类遗传疾病基因定位克隆领域取得重大进展。

同日　科技部宣布，中国科技人员在"九五"期间共育成作物新品种411个。

2月7日　《人民日报》报道：全国供销合作社系统以改革为动力，通过体制创新出效益，2000年结束了连续八年严重亏损的状况，实现扭亏为盈，与上年相比，减亏增盈143.35亿元，实现利润13.77

亿元。

2月7日—17日　第二十届世界大学生冬季运动会在波兰扎科帕内举行。此次中国只派来21名运动员,且都是二线选手,他们未能拿到金牌,仅取得3银、5铜的成绩。

2月8日　为贯彻西部大开发战略,日前召开的国务院总理办公会议,对青藏铁路建设方案进行了研究。

同日　《人民日报》报道:"九五"国家科技重大项目畜禽规模化养殖研究获重大突破。

同日　首批获准在台驻点采访的大陆驻台记者抵台北。

2月9日　祖国大陆首批赴台湾记者——新华社记者范丽青、陈斌华抵达台北。

2月10日　我军历史上第一次军队医院药品集中招标采购信息发布会在北京举行,解放军总医院等16家军队驻京医院参与招标。

2月10日—18日　加拿大总理让·克雷蒂安访问我国。

2月12日　新华社全文播发《中共中央、国务院关于做好2001年农业和农村工作的意见》。

同日　新华社报道:中、美、日、德、法、英等六国科学家和美国塞莱拉公司联合公布人类基因组图谱及初步分析结果。这次公布的人类基因组图谱是在2000年6月26日公布"工作框架图"的基础上,经过整理、分类和排列后得到的,它更加准确、清晰、完整。对它的初步分析表明,人类基因组由31.647亿个碱基对组成,共有3万至3.5万个基因,比线虫仅多1万个,比果蝇多2万个,远小于原先10万个基因的估计。另外,科学家还发现与蛋白质合成有关的基因只占整个基因组的2%。

2月12日—14日　中共中央在北京召开中央工作会议。会议分析了当前的国际国内形势,研究和部署了新世纪初全党必须做好的重要工作。

2月13日　新华社报道:经过一年多的努力,我国科学家最近测定了一种嗜热菌的全部序列,覆盖率达到100%,准确率达到99.99%,从而获得了国内第一张微生物基因组"完成图"。

2月14日　经中央军委批准,四总部联合下发通知,提高军队部分高级专家待遇。院士每月发放两千元津贴,技术三级以上干部配工作车。

同日　台"行政院长"张俊雄被迫宣布第四核能电厂("核四")复工、续建,长达数月的"核四"存废之争告一段落。

2月15日　新华社报道:中共中央、国务院、中央军委日前发出通知,决定颁布实施《军队转业干部安置暂行办法》。今后,国家对军队转业干部采取计划分配和自主择业相结合的方式进行安置。

2月16日　旅韩中国女棋手芮乃伟获第二届兴仓杯世界女子围棋赛冠军。

2月17日　由中国科学院计算机技术研究所研制的曙光3000超级服务器在北京通过专家鉴定。此前,该项目已通过国家科技部组织的项目验收。曙光3000是国家"863"计划和中国科学院知识创新工程的重大成果,也是继曙光1000和曙光2000之后我国高性能计算机领域中新的里程碑。

2月18日　新华社报道:中国多基因疾病研究取得突破,找到了人类2号染色体上高血压易感基因位点。

2月19日　中共中央、国务院在北京举行国家科学技术奖励大会。江泽民出席大会并为获奖代表颁奖。朱镕基代表党中央、国务院在大会上讲话。李岚清宣读了《国务院关于 2000 年度国家科学技术奖励的决定》。会上，江泽民首先向获得 2000 年度国家最高科学技术奖的中国科学院系统科学研究所研究员、中国科学院院士吴文俊和湖南杂交水稻研究中心研究员、中国工程院院士袁隆平颁发由他亲笔签发的奖励证书和奖金。还向获得国家自然科学奖、国家技术发明奖和国家科学技术进步奖的代表颁奖。

同日　国家经贸委召开新闻发布会，宣布国家经贸委及委管国家局机构进行重大改革和调整。这次改革撤销了国家经贸委管的 9 个国家局：国家国内贸易局、国家煤炭工业局、国家机械工业局、国家冶金工业局、国家石油和化学工业局、国家轻工业局、国家纺织工业局、国家建筑材料工业局、国家有色金属工业局，有关行政职能并入国家经贸委。与此同时，组建国家安全生产监督管理局，与国家煤矿安全监察局一个机构两块牌子；保留国家烟草专卖局。

同日　经国务院批准，中国证监会决定，允许境内居民以合法持有的外汇开立 B 股账户，交易 B 股股票。目前，中国证监会正在会同有关部门抓紧制订具体操作方案，将于近日付诸实施。

同日　中国科技金融促进会风险投资专业委员会成立。这是由中国科技金融促进会和科技部火炬高技术产业开发中心联合发起成立的、我国首家经民政部批准的全国性风险投资行业社团组织。

2 月 20 日　第 12 届中国图书奖颁奖大会在北京举行，《邓小平理论与社会主义的历史命运》、《中华大典》、《中国民族建筑》、《人力资源管理》等 149 种图书获奖。

2 月 21 日　中宣部举行学习江泽民同志在今年年初全国宣传部长会议上提出的"以德治国"重要思想座谈会。

2 月 21 日—24 日　国际奥委会评估团对北京进行考察，对北京申奥工作表示充分肯定。

2 月 22 日　中宣部、公安部、中共江西省委在北京举行全国公安系统一级英模、江西省南昌市东湖分局刑侦大队大队长潘璧同志先进事迹报告会。2000 年 12 月 31 日，潘璧在一次缉捕持枪绑架人质的战斗中，为了保护人民生命财产安全，为了掩护战友，奋不顾身，献出了宝贵的生命。

2 月 23 日　经国务院批准，中国铝业公司在北京成立。

2 月 26 日　国家经贸委宣布：2000 年纺织行业实现利润 290.1 亿元，同比增长 1.2 倍，创历史最高水平。其中国有及国有控股纺织企业实现利润 67.1 亿元，比上年增加 57.6 亿元。国有纺织企业从 1996 年亏损 83 亿元到去年盈利 67 亿元；淘汰了 34 万锭落后棉纺锭。至此，棉纺行业共淘汰落后棉纺锭 940 万锭。

2 月 26 日—28 日　九届全国人大常委会第二十次会议在北京举行。会议表决通过修订后的《中华人民共和国药品管理法》（2 月 28 日通过并施行）和《全国人民代表大会常务委员会关于修改〈中华人民共和国民族区域自治法〉的决定》（2 月 28 日公布，同年 12 月 1 日起施行）。

2 月 27 日　博鳌亚洲论坛成立大会在海南举行，26 个国家的数百位中外嘉宾出席了成立大会。中国国家主席江泽民出席成立大会并致辞。"博鳌亚洲论坛"是 1998 年由澳大利亚、日本和菲律宾前政要倡导成立的。"论坛"是一个非官方、非盈利、定期、定址、开放性的国际会议组织，也是首个永久定址中国的国际会议组织。

同日　全国政协、中央统战部在北京召开纪念忠诚的共产主义战士、彝族人民的杰出代表张冲诞辰一百周年座谈会。李瑞环出席座谈会。

同日　空军第一个博士后科研工作站在位于北京的空军某研究所成立。这个工作站是我军首批获国家人事部批准建立的三个博士后科研工作站中的一个。

2 月 28 日　国家统计局发布"2000 年国民经济和社会发展统计公报"。初步统计,全年国内生产总值为 89404 亿元,按可比价格计算,比上年增长 8.0%,增速加快 0.9 个百分点。其中第一产业增长 2.4%,第二产业增长 9.6%,第三产业增长 7.8%。按现行汇率计算,国内生产总值突破 1 万亿美元。

2 月　下旬,被李登辉称为"代表了台湾价值观的一切"的、由日本右翼漫画家小林善纪编造的《台湾论——新傲骨精神》在台湾正式发行,台湾各界对此书进行了严厉的批驳。

3 月 1 日　《人民日报》报道:朱镕基总理日前主持国务院总理办公会议,批准了塔里木河流域综合治理方案。塔里木河是我国最大的内陆河,流域覆盖新疆南部地区,面积 102 万平方公里,人口 825.7 万,分别占新疆维吾尔自治区的 61% 和 47%,是我国重要的棉花生产基地、石油化工基地。

3 月 2 日　钱华林研究员和清华大学李星教授当选为新一届 APNIC 执行委员会委员。

3 月 3 日—12 日　全国政协九届四次会议在北京举行。会议经过逐一表决,增选叶少兰、却西、张榕明、陈抗甫、邵华泽、郝建秀、桂世镛、梁从诫、舒圣佑为政协第九届全国委员会常务委员。会议通过了政协九届全国委员会第四次会议政治决议、关于常委会工作报告的决议等文件。

3 月 5 日—15 日　第九届全国人民代表大会第四次会议在北京举行。朱镕基总理向大会主席团分别提交了关于国民经济和社会发展第十个五年计划纲要草案修改情况的报告、关于国民经济和社会发展第十个五年计划纲要的报告修改情况说明。通过了关于国民经济和社会发展第十个五年计划纲要,关于 2000 年国民经济和社会发展计划执行情况与 2001 年国民经济和社会发展计划的决议等文件;通过了《关于修改中外合资经营企业法的决定》(2001 年 3 月 15 日公布施行)。

3 月 8 日　曾主导 1992 年香港会谈的台海基会前秘书长陈荣杰证实,"九二共识"全文为,"在海峡两岸共同努力谋求国家统一的过程中,双方虽均坚持一个中国原则,但对一个中国的含义,认知各有不同"。

3 月 11 日　杭州雷峰塔遗址地宫开始发掘。14 时许,备受世人关注的雷峰塔千年地宫舍利函被成功开启。

3 月 16 日　新华社报道:继英国发生口蹄疫后,近日法国、阿根廷、沙特阿拉伯和印度也相继发生了口蹄疫,为防止该病传入我国,农业部和国家出入境检验检疫局当日发出新的公告。并为防止疯牛病和痒病传入,我国禁止从疯牛病和痒病区的国家或地区进口动物性饲料产品,并已从 2001 年 1 月 1 日起禁止从欧盟进口这类产品。

3 月 17 日　"世界台湾人大会"("世台会")举行首次年会,几乎囊括了所有海外"台独"团体,现场充斥"台独"气氛,"台独"分子狂呼"台湾国"等"独立"口号。陈水扁、谢长廷等台湾当局党政要员出席。

3 月 21 日—22 日　中国民间文艺家协会第六次全国代表大会在北京举行。

3 月 22 日　中华人民共和国主席江泽民应第三世界科学院的请求，欣然命笔题写赞词："当今世界，科学技术已成为经济和社会发展的决定性因素。第三世界要摆脱贫困，实现发展和繁荣，必须依靠科技进步。第三世界科学院为第三世界各国推进科技发展，提高创新能力，加强广泛合作作出了重要贡献，无愧为第三世界科学家自己的科学院。我完全相信，在新的世纪里，第三世界科学院将为促进第三世界科学事业，培养青年科学家，推动南南以及全球平等互利的科技合作与交流，作出新的贡献。"

同日　经中央军委主席江泽民批准，中央军委日前向全军和武警部队批转了总后勤部制定的《军队预算编制改革实施方案》。

同日　阴山北麓科尔沁沙地保护区、三江平原保护区、鄱阳湖保护区、洞庭湖保护区、若尔盖—玛曲保护区、秦岭山地保护区、黑河流域保护区、长江源保护区、黄河源保护区、塔里木河保护区，成为我国首批确定的 10 个国家级生态功能保护区建设试点。

3 月 23 日　国家主席江泽民在中南海会见《华盛顿邮报》执行总编辑史蒂夫·科尔一行。

同日　《人民日报》报道：中国"地球空间双星探测计划"启动。

3 月 24 日　中央军委主席江泽民签署命令，颁布施行《中国人民解放军军事科学研究条例》。这是我军第一部规范军事科学研究工作的基本法规。

3 月 24 日—25 日　中国选手在世界短道速滑赛上获一金一银。

3 月 25 日　中文影片《卧虎藏龙》荣膺第 73 届奥斯卡最佳外语片、最佳艺术指导、最佳摄影和最佳原配音乐四项大奖。

同日　连战当选国民党建党 107 年以来第一次由党员票选的国民党主席，得票率高达 97％。

3 月 26 日　南京长江第二大桥今天建成通车。江泽民题写了桥名。1997 年 10 月 6 日开工兴建的南京长江第二大桥工程投资概算 33.5 亿元，全长 21.197 公里。桥下可容 5000 吨级海轮双向通航。

同日　为期 6 天的首届世界太极拳健康大会在三亚降下帷幕。世界 4000 多名太极拳爱好者参加大会。

同日　名为"银河玉衡"的中国首台核心路由器通过技术鉴定。

同日　由国民党副主席、前"行政院长"萧万长与台积电、统一、台泥、国泰、裕隆等 20 家岛内重量级企业集团负责人共同发起筹组的"财团法人两岸共同市场基金会"正式成立。首任董事长萧万长强调，"两岸共同市场基金会"以建构两岸经济统合、促进两岸经济发展、提升两岸人民福祉，并借以促进全球经贸繁荣与和平为宗旨。5 月 8 日，"两岸共同市场基金会"大陆访问团在基金会董事长、国民党副主席萧万长率领下，来祖国大陆北京、上海、深圳等地参观访问。

3 月 28 日　根据国务院的决定，我国于 2000 年 11 月 1 日进行的第五次全国人口普查的主要数据公布。全国总人口为 129533 万人。其中：祖国大陆 31 个省、自治区、直辖市（不包括福建省的金门、马祖等岛屿，下同）和现役军人的人口共 126583 万人。香港特别行政区人口为 678 万人。澳门特别行政区人口为 44 万人。台湾省和福建省的金门、马祖等岛屿人口为 2228 万人。祖国大陆同第四次全国人口普查 1990 年 7 月 1 日 0 时的 113368 万人相比，共增加了 13215 万人，增长 11.66％。年平均增长率为 1.07％。祖国大陆人口中,男性为 65355 万人,女性为 61228 万人;65 岁及以上的人口为 8811 万人,占总人口的 6.96%;汉族人口为 115940 万人,占总人口的 91.59%,各少数民族人口为 10643 万人,占总人口的 8.41%;接受大学(指大专以上)教育的 4571 万人,接受高中(含中专)教育的 14109 万人,接受初中教育的 42989 万人,接受小学教育的 45191 万人,文盲人口(15 岁及 15 岁以上不识字或识字很少的人)为 8507 万人,同第四次全国人口普查相比,文盲率由 15.88% 下降为 6.72%;居住在城镇的人口 45594 万人,占总人口的 36.09%;居住在乡村的人口 80739 万人,占总人口的 63.91%。

同日 台当局决定把达赖的身份认定为"外国人",准许达赖持"国际难民证"入境。

3 月 30 日 《人民日报》报道:"中国 20 世纪 100 项考古大发现"近日评出,北京周口店猿人遗址、河南安阳殷墟商代晚期都城遗址等 100 项考古发现名列榜中。

4 月 1 日 今日夜间,外交部部长助理周文重紧急召见美国驻华大使普理赫,就当日上午美国军用侦察机在南海上空撞毁中国军用飞机事件向美方提出严正交涉和抗议。4 月 1 日上午,美电子侦察机一架,飞抵我国海南岛东南海域上空活动。8 时 36 分,我发现美机正向我三亚外海抵近侦察;8 时 45 分,我航空兵歼八双机起飞,对美机的侦察进行例行性跟踪监视;9 时 07 分,我机航向 110 度,美机在我右侧 400 米同向平行飞行,突然大动作向大陆内侧我机方向转向,其机头、左翼撞在我一架飞机尾部,使我飞机失去控制坠海,飞行员王伟跳伞后失踪。另一架飞机安全返航,于 9 时 23 分着陆。美机未经许可进入中国领空,于 9 时 33 分在陵水机场

着陆。美机组人员共 24 人全部安然无恙。本着人道主义精神,我方对美方人员进行了妥善安置。4 月 14 日,海军党委批准王伟为革命烈士。

同日 新华社报道:全国通电行政村已基本通广播电视。

4 月 2 日 《人民日报》报道:国务院办公厅近日发出通知,决定成立国务院安全生产委员会。吴邦国任主任。

同日 4 月 2 日国家统计局公布的第五次全国人口普查主要数据第二号公报显示,河南省人口达 9256 万人,是我国人口最多的省份,山东省人口数以 9079 万紧随其后。根据公报公布的快速汇总人口地区分布数据,人口超过 5000 万人的省份还有:广东、四川、江苏、河北、湖南、湖北、安徽。

同日 国务院公布《集成电路布图设计保护条例》,自 2001 年 10 月 1 日起施行。

同日 《人民日报》报道:教育部近日就 2001 年普通高等学校招生工作宣布,进一步放宽考生条件:报考普通高校年龄、婚否不限;应届中等职业学校毕业生不再限报高等职业学校,而且可在毕业当年参加普通高考、报考普通高校本专科。

4 月 2 日—3 日 全国社会治安工作会议在北京举行。

4 月 2 日—4 日 国务院在北京召开全国整顿和规范市场经济秩序工作会议。

4 月 3 日 信息产业部、公安部、文化部、国家工商行政管理总局联合发布《互联网上网服务营业场所管理办法》,自即日起执行。

4 月 5 日 中外专家联手考察广西乐业天坑群。

4 月 5 日—17 日 江泽民主席访问智利、阿根廷、乌拉圭、古巴和委内瑞拉,并

对巴西进行工作访问。

4月6日　台"立法院跨党派台商权益促进会"和台"中国台商发展促进协会"在"立法院"召开"解决大陆台商经营困难八项诉求"公听会，近百位台商出席。八大诉求主要内容为：准许岛内各银行赴大陆设立办事处或分行、准予台商半成品回流组装、适度开放大陆配偶返台居留权及健保权、放宽引进大陆高科技人才及技术转移、赋予各地台商协会邀请大陆专业人士来台之权利、准予台商学校设立高中部等。

4月9日　国务院新闻办公室发表题为《2000年中国人权事业的进展》白皮书，阐述了在过去一年里，中国人权事业在各个方面所取得的成就。

同日　从海关总署获悉，2000年我国外贸进出口额世界排名继续上升，出口额上升至第7位，进口额上升至第8位。

同日　科学技术部印发《国家火炬计划"十五"发展规划纲要》。

4月11日　江泽民向新华社记者发表谈话指出：美国政府就美军侦察机撞毁中方飞机一事，已经向中方递交了致歉信。出于人道主义考虑，中国政府决定允许美方机组人员离境。这一事件并未完全了结。希望美方认真对待中方的立场，妥善处理。

4月12日　财政部部长项怀诚宣布：机关事业单位4月开始执行涨工资政策。这次涨工资从1月1日开始算起。从2001年开始，实行考核称职干部的制度。只要是称职的干部，在年终将发相当于本人一个月的工资作为奖励。这次调整工资涉及4500多万人，大概要花800亿元。

同日　第六、七届全国政协副主席王恩茂在北京逝世。

同日　国务院公布《国务院关于修改《中华人民共和国外资企业法实施细则》的决定》，自公布之日起施行。

4月13日　第二次全国残疾人事业工作会议在北京举行。中共中央政治局常委、全国政协主席、中国残联名誉主席李瑞环会前亲切接见了与会代表并讲话。

同日　今天是中国共产党早期杰出的无产阶级革命家，著名的工人运动领袖赵世炎诞辰一百周年。中共中央党史研究室、中共重庆市委、中华全国总工会在人民大会堂召开纪念座谈会，李鹏出席座谈会并发表讲话。

同日　刘晖在全国游泳赛上超女子200米蛙泳世界纪录。

4月15日　神（木）至延（安）铁路全线铺通。

4月16日　中央军委主席江泽民签署命令，授予王伟同志"海空卫士"荣誉称号。24日，在北京举行了中央军委授予王伟同志"海空卫士"荣誉称号命名大会。

4月16日—20日　新西兰总理海伦·克拉克访问我国。

4月16日—5月2日　全国政协主席李瑞环访问毛里求斯、摩洛哥、南非、土耳其。

4月17日　全国女子举重锦标赛结束，共超5项世界纪录。

同日　陶璐娜在世界杯射击赛上创女子运动手枪新世界纪录。

4月18日　联合国人权委员会第57届会议决定对美国提出的所谓"中国人权状况"议案不予审议和表决。这是美国在人权会议上利用人权问题干涉中国内政的图谋第十次遭到失败。

同日　新华社报道：340米铋系高温超导近日在清华大学应用超导研究中心研制成功。

4月19日　中国共产党代表团团长

胡锦涛在越南共产党举行的第九次全国代表大会上发表讲话。

4月20日　《人民日报》报道:中央纪委制定并印发《关于各级领导干部接受和赠送礼金、有价证券和支付凭证的处分规定》。中央纪委日前发出通知,要求各有关部门严格执行规定的内容。

同日　外交部副部长王毅奉命紧急约见日本驻华大使阿南惟茂,就日本政府决定允许李登辉赴日表明中方的严正立场。王毅指出,日方不顾中方的多次交涉和严正立场,执意为李登辉放行,中国政府对此表示强烈抗议。

同日　第20届全国电视剧"飞天奖"揭晓,《钢铁是怎样炼成的》等79部722集电视剧获奖。

4月21日　国务院公布《国务院关于特大安全事故行政责任追究的规定》、《国务院关于禁止在市场经济活动中实行地区封锁的规定》,自公布之日起施行。

同日　我外交部发言人就美国允许李登辉访美一事向美方提出严正交涉。

同日　张君、李泽军特大系列抢劫杀人案分别在重庆市、湖南省常德市公开进行一审宣判。张君、李泽军等14名罪犯被依法判处死刑,剥夺政治权利终身,其他4名犯罪分子被判处死缓和无期徒刑。张君、李泽军特大系列抢劫杀人案是新中国成立以来罕见的暴力集团犯罪案件。

4月22日—24日　白俄罗斯共和国总统卢卡申科访问我国。

4月23日　中国证监会作出决定,PT水仙股票自今日起终止上市。PT水仙已经连续四年亏损,且未能就近期扭亏为盈作出具体安排。

4月23日—5月6日　第46届世界乒乓球锦标赛在日本大阪举行。在本届决赛中,中国乒乓球运动员继1981、1995年之后第三次包揽世乒赛七项奖杯。

4月24日—28日　第九届全国人民代表大会常务委员会第二十一次会议在北京举行。会议通过《全国人民代表大会常务委员会关于修改〈中华人民共和国婚姻法〉的决定》、《中华人民共和国国防教育法》(均于4月28日公布施行)、《中华人民共和国税收征收管理法》和《中华人民共和国信托法》(4月28日通过,分别自2001年5月1日和10月1日起施行)。

同日　美台军售会议召开。美国对台军售项目包括:4艘纪德级驱逐舰、8艘柴油动力潜水艇、12架P—3反潜飞机、MH—53E直升机、反舰"鱼叉"导弹、陆军车载防空导弹,总额达60亿美元。4月25日,美国总统布什接受《华盛顿邮报》等多家媒体专访时表示,美国已向台湾表明,今后美台所谓的年度军售检讨将改为视台湾实际需要随时会商。美国"将采取一切可能帮助台湾自卫的行动",同时美国政府也强力支持"一个中国"政策,并希望两岸歧见能够和平解决,美国将会与台湾方面合作来确保"独立"的事不会发生。

4月25日　由全国妇联、《人民日报》等15单位联合主办的首届"中国十大杰出母亲"评选在京揭晓。她们是:于英、王立琼、刘金鱼、刘素敏、庄印芳、次仁卓嘎、杨友秀、沈利萍、赵定军、晋朝荣。

同日　国家天文台在北京成立。

4月26日　新华社报道:中央纪委、中组部、中宣部等近日作出关于开展向郭秀明同志学习活动的决定。郭秀明生前是陕西省铜川市印台区红土镇惠家沟村党支部书记。他舍生忘死,呕心沥血,带领全村群众向贫穷挑战,初步改变了贫穷落后的面貌。由于积劳成疾,于1999年12月20日不幸去世,年仅49岁。

同日　《人民日报》报道:中央纪委、

监察部最近严肃查处了海关总署副署长王乐毅严重受贿、非法占有国家和他人财物等问题的案件。经党中央、国务院批准，中央纪委、监察部决定开除王乐毅党籍和公职，并移送司法机关依法处理。

同日 科学技术部印发《国家火炬计划软件产业基地骨干企业认定条件和办法》。

4 月 27 日 国务院作出关于整顿和规范市场经济秩序的决定。

同日 海基会董事长辜振甫在"汪辜会谈"8 周年记者会上发表谈话称，1992 年两岸两会达成"一个中国，各自表述"的共识是双方恢复对话协商的基础，两岸对"共识与协议的诚实遵守，对于双方互信的累积与正常往来，乃是绝对必要的"。

4 月 28 日 国务院发布《农业科技发展纲要（2001—2010 年）》。

同日 解放军总政治部发出通报，表彰第二届全军十大学习成才标兵和开展学习成才活动先进单位。这次受表彰的全军十大学习成才标兵是：葛基明、赵卫茹、董卫疆、黄斌、李刚、周自明、邓晓宏、崔文戈、刘平、邢喜平。

4 月 29 日 清华大学举行建校 90 周年庆典。江泽民、朱镕基、胡锦涛、李岚清等出席。

5 月 1 日 台湾民众发动"万名劳工大游行"，要求陈水扁切实解决失业问题。

5 月 2 日 由"哈尔滨"号导弹驱逐舰和"太仓"号综合补给舰组成的中国海军舰艇编队，在北海舰队副司令员张岩少将率领下，从青岛启程，前往巴基斯坦、印度进行友好访问。5 月 20 日至 23 日，舰队对巴基斯坦进行友好访问。5 月 27 日至 30 日，舰队对印度进行友好访问。这是中国战斗舰艇编队首次访问印度，也是对 2000 年印度海军"德里"号驱逐舰访问上海的回访。

5 月 4 日 江泽民在科技部关于在全国开展群众性的"科技活动周"的情况报告上作了重要批语。经国务院批准，自今年起，每年 5 月的第三周在全国开展群众性的"科技活动周"。

同日 北京长安大戏院举行马连良诞辰一百周年纪念演出，缅怀马连良先生对中国京剧艺术所作的卓越贡献。

5 月 6 日 4 月 23 日开始举行的第 46 届世乒赛在大阪结束，中国队继 1981 年、1995 年后第三次包揽世乒赛七项冠军。4 月 26 日，国际乒联决定：乒乓球每局改为 11 分制；运动员发球时不准有遮挡和隐藏动作。

5 月 8 日 以"亚洲新一代"为主题的"2001《财富》全球论坛香港年会"开幕。中国国家主席江泽民出席开幕晚宴并发表讲话。

5 月 11 日 在亚洲开发银行理事会会议上，中国当选为亚行第 35 届理事会主席。

5 月 14 日 台湾第五次加入世界卫生组织的闯关活动失败。

5 月 14 日—20 日 中国举办首届"科技活动周"。

5 月 15 日 科技部等四部委在北京表彰"九五"国家科技攻关先进成果，19 项重大科技成果和 551 项优秀科技成果受到表彰。

5 月 15 日—16 日 2001 年亚太经合组织人力资源能力建设高峰会议在北京举行。中国国家主席江泽民和文莱达鲁萨兰国苏丹哈桑纳尔·博尔基亚出席开幕式并发表讲话。江主席对推进亚太经合组织人力资源能力建设提出五点主张。

同日 总投资 520 多亿元的上海宝钢三期工程通过竣工验收。宝钢三期工程是我国"八五"、"九五"期间国家重点建设项目,自 1993 年 12 月起,分批开工建设,至 2000 年底基本建成。工程总投资 520 多亿元,建设资金比概算节约 5.86%。目前,宝钢设计总规模已达到年产钢 1100 万吨、铁 975 万吨、钢材 753 万吨,商品钢坯 176 万吨,产品可顶替进口钢材 441 万吨。单厂生产规模已位居世界第二。

5 月 17 日　庆祝季羡林先生九十华诞暨从事东方学研究 66 周年大会在北京大学举行。

同日　台"外交部"首度证实,台当局将在"护照"上加注"台湾"英文。

5 月 19 日　新华社报道:由国务院残疾人工作协调委员会制定的《残疾人事业"十五"计划纲要(2001—2005 年)》近日经国务院同意并批转各地、各部门执行。

5 月 19 日—27 日　东亚运动会在日本大阪举行。中国代表团在本届东亚运动会上创造了喜人的佳绩,获得了 85 枚金牌、48 枚银牌、58 枚铜牌,共 191 枚奖牌,在金牌榜上名列第一。

5 月 20 日　岛内"中国统一联盟"等团体发起"五二○和平大游行"活动,呼吁陈水扁遵守"一个中国"原则。

5 月 21 日　《人民日报》报道:日前,国家计委宣布,自 2001 年 5 月 10 日起放开国产轿车价格,由生产经营企业根据市场供求情况自主定价。

同日　经人事部批准,全军第一个"电气工程"博士后科研流动站在海军工程大学正式建立。

5 月 22 日　中央文献出版社、人民日报出版社和中共党史人物研究会在京联合举行《中共党史人物传》精选本出版座谈会,祝贺该套丛书出版。

同日　《中国妇女发展纲要(2001—2010 年)》、《中国儿童发展纲要(2001—

2010 年)》经国务院常务会议讨论通过,正式发布实施。

同日　第四届"中国武警十大忠诚卫士"评选活动在北京揭晓。当选"十大忠诚卫士"的是:朱广英、刘建林、何方礼、宋华平、包伟成、王立伟、苏伟、刘小宁、罗斌、李兴海。

5 月 24 日—25 日　中央扶贫开发工作会议在北京召开。江泽民出席会议并发表讲话。朱镕基主持开幕大会。李瑞环、胡锦涛、尉健行、李岚清出席大会。20 多年里,全国农村 2.2 亿贫困人口解决了温饱问题,贫困人口占农村总人口的比重从 1978 年的 30.7% 降为 2000 年的 3% 左右。按照解决温饱的标准,目前全国没有解决温饱的贫困人口还有 3000 万人。

5 月 25 日　中国互联网协会成立。它是在信息产业部的指导下,经民政部批准,由国内从事互联网行业的网络运营商、服务提供商、设备制造商、系统集成商以及科研、教育机构等 70 多家互联网从业者共同发起成立的。

5 月 27 日　《人民日报》报道:我国第一个两英寸直径双面超导薄膜日前在北京有色金属研究总院研制成功。

同日　马其顿外交部表示,将与台湾终止"外交"关系。6 月 18 日,台"外交部"宣布,终止双方"外交"关系。

5 月 28 日　中国公布人类组织器官原位再生复制图谱。

5 月 29 日　新华社报道:中共中央纪律检查委员会、中共中央组织部近日发出《关于坚决防止和查处干部选拔任用工作中的不正之风和违纪违法行为的通知》。

同日　国务院作出关于基础教育改革与发展的决定。决定要求到 2010 年,基础教育总体水平接近或达到世界中等发达国家水平。

5月30日 新华社报道:国务院日前发出《关于加强国有土地资产管理的通知》。

5月31日 科技部和教育部发布《国家大学科技园"十五"发展规划纲要》。

6月2日 第七届苏迪曼杯世界羽毛球赛在西班牙塞维利亚落幕。中国队第四次捧杯。5至10日,第12届世界羽毛球锦标赛在当地举行。中国队夺得3枚金牌。

6月2日—5日 第22届世界头脑奥林匹克决赛在美国举行。中国上海曹光彪小学队荣获"音响"赛题小学组冠军,徐汇区青少年科技指导站初中队荣获"机器宠物"赛题初中组冠军。

6月3日 新华社报道:中国科学家日前在世界上率先提出,亚洲季风早在260万年前就已基本形成,中国气候格局也在那时"大势已定"。

同日 中国首次水下古代建筑遗址考古调查在云南省澄江县抚仙湖展开。

6月4日 国家科技领导小组在中南海举办科技知识讲座,邀请中科院院士何德全作"信息安全知识"报告,朱镕基、李岚清等出席。

同日 著名的科学家、八届全国人大常委会副委员长,全国政协第七、第九届副主席卢嘉锡在福州逝世。

同日 世界最大的宇宙射线实验室在西藏落成。

同日 台"经济部长"林信义率团到上海参加亚太经合会(APEC)第七届贸易部长会议。

6月5日 国家环保总局发布2000年《中国环境状况公报》。公报显示,全国环境污染恶化的趋势得到基本控制,部分城市和地区环境质量有所改善,但生态破坏加剧的趋势尚未得到有效遏制,环境治理和生态建设任务艰巨。

6月6日 新华社报道:国家计生委决定,在"十五"期间,组织实施计划生育/生殖健康优质服务三大工程,即避孕节育、出生缺陷干预、生殖道感染干预工程。

6月8日 文化部召开"保护和振兴昆曲艺术"座谈会,出台八条保护措施,确定昆曲为国家重点保护艺术。

6月9日—17日 第五届上海国际电影节在沪举行。中国演员彭玉获得本届电影节"金爵奖"最佳女演员奖。

6月10日 中国队在第12届世界羽毛球锦标赛中获混双、女单、女双冠军。

同日 为期4天的世界杯射击赛在德国落幕,中国队共夺得3枚金牌、3枚银牌和1枚铜牌。

6月11日 国务院在北京召开全国基础教育工作会议。14日,新华社全文播发国务院关于基础教育改革与发展的决定。

同日 中共中央宣传部公布了以反映党的光辉历史为主要内容的第二批百个爱国主义教育示范基地。

6月11日—13日 全国基础教育工作会议在北京召开。朱镕基发表讲话强调,必须充分认识基础教育的重要作用,把它放在更加重要的战略地位,要完善管理体制,确保经费投入,全面推进素质教育,努力开创我国基础教育改革和发展的新局面。

6月12日 国务院发布《减持国有股筹集社会保障资金管理暂行办法》。

6月13日 国务院公布《计划生育技术服务管理条例》,自2001年10月1日起施行。

6月14日 国家主席江泽民与俄罗斯联邦总统普京、哈萨克斯坦共和国总统纳扎尔巴耶夫、吉尔吉斯共和国总统阿卡耶夫、塔吉克斯坦共和国总统拉赫莫诺夫、乌兹别克斯坦共和国总统卡里莫夫在上海西郊宾馆举行"上海合作组织"成员国元首非正式会晤，并签署《哈、中、吉、俄、塔、乌联合声明》，决定接受乌兹别克斯坦共和国作为完全平等成员加入"上海五国"。

同日　青岛 14 岁小棋手王帅在匈牙利国际象棋国际大师赛上获得冠军。

同日　台"行政院"客家委员会成立。

6 月 15 日　中国、俄罗斯、哈萨克斯坦、吉尔吉斯斯坦、塔吉克斯坦、乌兹别克斯坦六国成立了上海合作组织。"上海合作组织"的前身是"上海五国"会晤机制。1996 年 4 月 26 日，中国、俄罗斯联邦、哈萨克斯坦、吉尔吉斯斯坦、塔吉克斯坦五国元首在上海举行首次会晤，从此，"上海五国"会晤机制正式建立。2001 年 6 月 14 日—15 日，"上海五国"元首在上海举行第六次会晤，乌兹别克斯坦以完全平等的身份加入"上海五国"。15 日，六国元首举行了首次会议，江泽民主席在会上发表了题为《深化团结协作共创美好世纪》的讲话。六国元首签署了《"上海合作组织"成立宣言》，"上海合作组织"正式成立。这一组织成立后签署发表了《打击恐怖主义、分裂主义和极端主义上海公约》、国防部长联合公报、总理声明、执法安全部门领导人声明和外交部长联合声明。

6 月 18 日　全国耕地保护会议在郑州召开，全国已划定基本农田 16.22 亿亩。

同日　中国中央芭蕾舞团演员王启敏、韩波分别获得第九届莫斯科国际芭蕾舞比赛女子组金奖和男子组铜奖。

6 月 19 日　中国民主同盟举行大会，纪念民盟成立 60 周年。李瑞环代表中共中央到会祝贺并讲话。

6 月 20 日　国务院公布《中华人民共和国母婴保健法实施办法》，自公布之日起施行。

同日　台军方试射"爱国者"导弹，这是"爱国者"导弹首次在美国本土以外进行试射。

6 月 22 日—25 日　中国科学技术协会第六次全国代表大会在北京举行。江泽民在会上发表讲话。周光召再次当选为全委会主席，王选、韦钰、左铁镛、白春礼、旭日干、杨福家、张玉台、张启发、陆延昌、赵忠贤、胡启恒、钱易、徐善衍、栾恩杰、韩启德、曾庆存为副主席。

6 月 23 日　世界著名三大男高音歌唱家帕瓦罗蒂、多明戈和卡雷拉斯联袂来到紫禁城午门广场，登台放歌，掀起北京申奥活动的高潮。

6 月 25 日—27 日　中共中央、国务院在北京召开第四次西藏工作座谈会。江泽民发表讲话强调全党同志必须站在党和国家工作大局的战略高度，扎扎实实地做好新世纪的西藏工作。

6 月 26 日　江泽民为第 38 届南丁格尔奖章中国获得者吴景华、王雅屏、李秋洁颁奖。

6 月 26 日—30 日　九届全国人大常委会第二十二次会议在北京举行。会议通过全国人大常委会关于修改《中华人民共和国法官法》、《中华人民共和国检察官法》的决定（6 月 30 日公布，均于 2002 年 1 月 1 日起施行）。

6 月 27 日　新华社报道：20 多年来，中央文献研究室已经先后完成了毛泽东、周恩来、刘少奇、朱德、任弼时、邓小平、陈云等党和国家主要领导人的选集、文选、文集、专集 89 种 3650 万字的编辑出版工作。

同日　《人民日报》报道：世界首例成人神经干细胞自体移植治疗脑损伤手术

日前在上海复旦大学附属华山医院成功实施。

6 月 28 日 新华社报道：自 1996 年以来，我国一直保持世界第三大船舶出口国的地位，仅次于韩国和日本。

6 月 29 日 新华社报道：为纪念中国共产党成立 80 周年，中央批准在毛主席纪念堂增设邓小平、陈云同志革命业绩纪念室，同时对 1983 年建成的毛泽东、周恩来、刘少奇、朱德同志革命业绩纪念室的陈列内容和形式进行调整和补充，使纪念堂成为缅怀以毛泽东、周恩来、刘少奇、朱德、邓小平、陈云为代表的老一辈无产阶级革命家革命业绩的重要场所，成为对广大人民群众特别是青少年进行革命传统教育、爱国主义教育和社会主义教育的重要基地。

同日 新华社报道：国务院总理朱镕基日前签署第 308 号国务院令，公布母婴保健法实施办法，自 6 月 20 日起施行。

同日 青藏铁路开工典礼在青海格尔木和西藏自治区首府拉萨同时举行。

6 月 30 日 各民主党派中央、全国工商联致信中国共产党中央委员会，祝贺中国共产党成立 80 周年。

7 月 1 日 中共中央在人民大会堂举行大会，隆重庆祝中国共产党成立 80 周年。中共中央总书记江泽民在大会上发表讲话，系统总结了中国共产党 80 年来光辉历程和基本经验，全面阐述"三个代表"重要思想的科学内涵，提出了新的历史条件下加强和改进党的建设的重大任务，要求全党同志居安思危，增强忧患意识，不骄不躁，继续为实现党的基本路线和历史任务而奋斗。中共中央政治局常委李鹏、朱镕基、李瑞环、胡锦涛、尉健行、李岚清出席了大会。

7 月 3 日 新华社报道：国务院办公

厅日前发布通知，批准新建 16 处国家级自然保护区：内蒙古自治区大黑山国家级自然保护区、乌拉特梭梭林—蒙古野驴国家级自然保护区、鄂尔多斯遗鸥国家级自然保护区、辽宁省成山头海滨地貌国家级自然保护区、浙江省古田山国家级自然保护区、福建省虎伯寮国家级自然保护区、江西省桃红岭梅花鹿国家级自然保护区、河南省董寨国家级自然保护区、湖北省青龙山恐龙蛋化石群国家级自然保护区、湖南省小溪国家级自然保护区、重庆市缙云山国家级自然保护区、四川省亚丁国家级自然保护区、贵州省雷公山国家级自然保护区、云南省金平分水岭国家级自然保护区、大围山国家级自然保护区、新疆维吾尔自治区甘家湖梭梭林国家级自然保护区。

7 月 5 日 台"陆委会"公布《开放大陆地区人民来台观光方案》。11 月 23 日，"行政院"通过《开放大陆地区人民来台观光推动方案》，但仅以旅居海外的大陆人士为开放对象。

7 月 8 日 著名古人类学家贾兰坡在北京病逝。

同日 我国首枚实用化 32 位 CPU 芯片"方舟—1"在北京通过专家鉴定。

7 月 9 日 国务院公布《行政执法机关移送涉嫌犯罪案件的规定》，自公布之日起施行。

7 月 10 日 新华社报道：中国科研人员利用全基因组筛查技术最近发现，在人体 9 号染色体内，有两处 2 型糖尿病易感基因的新位点，这使中国的糖尿病基因研究获得重要突破。

7 月 11 日 中共中央在中南海怀仁堂举办法制讲座，内容是运用法律手段保障和促进信息网络健康发展。中共中央总书记江泽民主持讲座并作重要讲话。

7月13日　北京在国际奥委会第12次全会选定2008年奥运会主办城市的第二轮投票中,就以过半数优势赢得2008年第29届夏季奥运会和第13届残奥会主办权。当日夜,40万北京群众自发来到天安门广场,欢庆申奥成功。江泽民、李鹏、朱镕基、李瑞环、胡锦涛、尉健行在世纪坛和天安门广场,与各界群众共庆这一喜悦的时刻。14日,江泽民致信萨马兰奇,表示中国政府和中国人民将全力支持北京办好2008年奥运会。同日,北京奥申委举行新闻发布会,承诺确保2008年奥运会成功举行。

7月14日　第12届国际生物学奥林匹克竞赛在布鲁塞尔落幕,4名中国学生夺得3枚金牌和1枚铜牌。中国台湾地区代表队获得2枚金牌和2枚银牌。同日,第33届国际化学奥赛在印度孟买结束,中国代表队获得团体总分第一名,并获得3枚金牌、1枚银牌。20日,第13届国际信息学奥赛在芬兰落幕,中国代表队获得1金、2银、1铜的好成绩。

7月15日　科学技术部印发《中国科技企业孵化器"十五"期间发展纲要》。

7月15日—25日　国家主席江泽民访问俄罗斯联邦、白俄罗斯共和国、摩尔多瓦共和国、乌克兰和马耳他。

7月16日　江泽民主席和俄罗斯总统普京在莫斯科签署了《中华人民共和国和俄罗斯联邦睦邻友好合作条约》。

同日　新华社报道:国务院新近发出通知,公布我国第五批全国重点文物保护单位518处以及与现有全国重点文物保护单位合并项目23处。至此,我国的全国重点文物保护单位已达1268处。

7月17日　财政部宣布,2000年末,全国国有及国有控股企业(不含金融)总户数为19.1万户,资产总额为160068亿元(会计合并口径),比上年增长10.2%;实现销售收入75081.9亿元,比上年增长8.6%;实现利润总额2833.8亿元,比上年增长147.3%,比历史最高年份(1994年)高出1478亿元。

7月19日　拉萨各族各界2万多人集会,庆祝西藏和平解放50周年。中央代表团团长胡锦涛出席庆祝大会并发表讲话。中共中央、全国人大常委会、国务院、全国政协、中央军委为庆祝西藏和平解放50周年发来贺电。中央代表团18日代表中央人民政府在拉萨向西藏自治区赠送了"民族团结宝鼎"。

7月22日　国务院公布《国务院关于修改〈中华人民共和国中外合资经营企业法实施条例〉的决定》,自公布之日起施行。

7月24日　"李系政团"正式公布党名为"台湾团结联盟",简称"台联"。

7月27日　国务院和中央军委公布《国务院、中央军委关于修改〈中华人民共和国飞行基本规则〉的决定》,于2001年8月1日零时起施行。

同日　科技部等九部门在北京举行联席会议,共同推出"奥运科技(2008)行动计划"。

7月29日　第9届世界游泳锦标赛在日本福冈落幕,中国队共夺得10枚金牌,名列金牌榜第二。

同日　北京体育大学教师张健13点30分从英国多佛尔的莎士比亚海滩下水,30日凌晨1点25分横渡英吉利海峡取得成功,成为首位实现横渡英吉利海峡的中国人。

同日　国民党第十六次全体代表大会揭幕。

7月29日—30日　国民党第十六届代表大会在台北召开。会议通过的《宣言》强调,两岸关系攸关台海安全和人民福祉,呼吁台湾当局务实面对"国家统一纲领",在"九二共识"基础上恢复两岸协商,创造两岸和平互利的双赢局面。会议全面改组了原国民党决策结构,确立了以连战为领导的国民党权力核心。据悉,出席此次会议的人员共 2001 人,其中代表为 1467 人。国民党前主席李登辉未受邀出席此次大会。29 日,中国共产党中央委员会致电国民党中央委员会,祝贺国民党第十六届代表大会召开。

7 月 29 日—31 日 台风"桃芝"袭击台湾,导致 93 人死亡、127 人失踪、189 人受伤,农林渔牧及农业设施损失 66.3 亿元新台币。

7 月 由清华大学、中国科学院计算机信息网络中心、北京大学、北京邮电大学、北京航空航天大学等单位共同承担的国家自然基金重大联合项目"中国高速互联研究试验网络 NSFCNET"(1999—2000)通过鉴定验收,建成了中国第一个下一代互联网学术研究网络。

8 月 2 日 国务院公布《石油天然气管道保护条例》、《印刷业管理条例》,自公布之日起施行。

8 月 3 日 范匡夫先进事迹座谈会在北京人民大会堂举行。范匡夫同志是浙江省军区副政委兼金华军分区政委,同时也是中共金华市委常委。他以自己对理想信念的执著追求和表里如一的言行,向人民群众展示了当代共产党人的先进本色、纯洁思想和高尚情操。

同日 国务院公布《棉花质量监督管理条例》,自公布之日起施行。

8 月 7 日 《人民日报》报道:《中国遏制与防治艾滋病行动计划》日前经国务院批准公布。

8 月 8 日 新华社报道:中共中央文献研究室编辑的江泽民《论"三个代表"》一书,近日由中央文献出版社出版。这是继《论科学技术》之后江泽民同志的又一部专题著作集。

同日 江泽民在北戴河会见美国《纽约时报》董事长兼发行人小阿瑟·苏兹伯格和执行总编以及代表团并接受采访。

同日 第 29 届奥运会组委会筹备办公室在北京成立。

8 月 9 日 亲民党提出两岸"三阶段整合论",主张两岸从经贸互惠合作开始,发展成社会整合,最后再进行政治整合。

8 月 10 日 中国在东山岛举行以联合登陆作战为背景的代号为"解放一号"的实兵演习。这是人民解放军有史以来最大规模的三军联合登岛作战演习,使用武器装备最先进,科技含量最高的演习,跨区域最远的演习,解放军参与将领最多的演习,等级层次最高的演习,军兵种最全、人数最多的演习。

同日 国务院、中央军委发布命令,授予云南省公安边防总队德宏傣族景颇族自治州支队木康公安边防检查站"缉毒先锋站"荣誉称号。

8 月 12 日 新华社报道:人类基因组计划日前在中国取得突破,"中国卷"率先绘制完成,中国科学家共识别出 122 个基因,其中 36 个为首次发现的新基因。28 日,江泽民在中南海会见来华参加"人类基因组测序第十次战略会议"的科学家。

8 月 13 日 外交部副部长王毅紧急约见日本驻华大使阿南惟茂,就日本首相小泉纯一郎当天参拜靖国神社奉命向日方提出严正交涉。

同日 新华社报道:国务院近日印发《中国老龄事业发展"十五"计划纲要(2001—2005 年)》。

8 月 14 日 台"内政部"宣布放宽大

陆科技人士赴台限制。10 月 29 日，"陆委会"通过《大陆专业人士来台从事专业活动许可办法》修正案，放宽大陆经贸人士赴台限制。

8 月 15 日　联合国教科文组织向我国龙门石窟和明、清皇家陵寝、大昭寺和苏州古典园林颁发文化遗产证书。至此，我国已有世界文化遗产 27 处(组)。

同日　民进党成立"台日友好协会"，作为民进党对日本的联系窗口。

8 月 21 日　中国军控与裁军协会在人民大会堂宣告成立，这是中国在军控与裁军领域的首家全国性非营利、非政府组织。

8 月 22 日—9 月 1 日　第 21 届世界大学生运动会在北京举行。江泽民、李鹏、朱镕基、李瑞环、胡锦涛、尉健行、李岚清出席 22 日晚的开幕式，江泽民宣布大运会开幕。有 168 个国家和地区的 6800 名运动员、教练员、官员参加本届大运会。22 日晚，大运会文化节在人民大会堂开幕。31 日，大运会比赛全部结束，中国代表团共获得 52 枚金牌、25 枚银牌、24 枚铜牌，名列金牌榜和奖牌榜之首。当天，李岚清会见国际大体联主席基里安，基里安认为本届大运会是历史上最成功的一届，他代表国际大体联授予李岚清、贾庆林、刘淇金质荣誉勋章，吕福源、张发强、刘敬民等获得银质荣誉勋章。

8 月 23 日　中央军委在北京举行座谈会，隆重纪念党和国家的卓越领导人，中华人民共和国开国元勋陈毅元帅诞辰一百周年。江泽民出席座谈会并发表讲话。

同日　国家信息化领导小组重新组建，中央政治局常委、国务院总理朱镕基任组长。

8 月 23 日—11 月 16 日　由中国自行设计制造的"深圳"号导弹驱逐舰和"丰仓"号综合补给船组成的海军舰艇编队，在东海舰队参谋长吴福春少将率领下，从上海吴淞军港起航，前往德国、英国、法国和意大利欧洲四国进行友好访问。11 月 10 日，舰艇编队在返程途中抵达香港昂船洲码头，进行为期三天的短期休整。这是除驻港部队外的解放军建制部队第一次抵达香港。

8 月 24 日—29 日　国际军体第 49 届军事五项世界锦标赛在比利时举行。中国军事五项代表团共获得 5 枚金牌、2 枚银牌和 1 枚铜牌。中国男队取得了团体"七连冠"。

8 月 26 日　为期三天的"经发会"全体委员会议闭幕，共通过 322 项共识意见，其中两岸方面的共识主要有：确定"戒急用忍"政策改为"积极开放，有效管理"，建立两岸资金流动的灵活机制，开放两岸直接贸易及两岸直接通邮通讯等业务，开放大陆地区人民来台观光等。但最具关键意义的"承认九二共识"并未列入"共识意见"。

8 月 29 日　在第 10 届"爱尔纳·突击"国际侦察兵竞赛中，代表中国军队参赛的北京军区特种部队荣获了外国队总分第一名。"爱尔纳·突击"国际侦察兵竞赛始于 1992 年，是远距离敌后侦察作战比武活动，由爱沙尼亚国防部、国防军司令部等机构联合主办，邀请各国特种部队参加，地点选在环境极为恶劣的爱沙尼亚东北部的原始森林里。来自主办国爱沙尼亚和中国、美国、英国等 13 个国家的 31 支代表队参加了这次比赛。北京军区特种部队参赛人员创下了这项竞赛的多项新纪录，夺得了外国参赛队团体总分第一名和 19 个正式比赛课目中的 9 个第一，并获得唯一的"军事技能最佳表现奖"。

8月31日 江泽民在与军队高级干部理论研讨班学员座谈时发表重要讲话。

同日 第九届全国人大常委会第二十三次会议闭幕。会议通过《中华人民共和国防沙治沙法》（2001年8月31日公布，2002年1月1日起施行），通过《中华人民共和国刑法修正案（二）》（2001年8月31日公布并施行）。会议还表决通过了全国人大常委会关于刑法第二百二十八条、第三百四十二条、第四百一十条的解释，以及关于设立全民国防教育日的决定。

同日 由西北农林科技大学窦忠英教授率领的科研小组第六次从人胚胎干细胞分化诱导得到心脏跳动样细胞团，这是中国在人类胚胎干细胞克隆领域取得的重大成就。

同日 台中地方法院对台中县议长颜清标等三人被控贪渎等案件作出判决，认定颜清标到酒店消费以公款支付犯贪污罪，并另犯富豪轿车枪击杀人未遂案、持有枪弹案及教唆顶罪案，判处颜清标20年重刑，并科罚金新台币1000万元，剥夺公民权10年。

8月 国家计算机网络与信息安全管理中心组建"中国计算机网络应急处理协调中心"，简称CNCERT/CC。

9月2日—15日 国务院总理朱镕基访问爱尔兰、比利时、俄罗斯和哈萨克斯坦并出席中欧领导人第四次会晤、中俄总理第六次定期会晤和"上海合作组织"成员国总理首次会晤。

9月3日 科学技术部印发《关于表彰为国家高新技术产业开发区发展作出突出贡献的单位和个人的通知》，对18个先进国家高新区、32个国家高新区先进孵化服务机构、8名杰出贡献个人、175名突出贡献个人给予表彰，为国家高新区初创发展作出突出贡献的71人被授予"拓荒牛"荣誉称号。

9月3日—5日 中共中央总书记、国家主席江泽民访问朝鲜。

9月5日 中共中央、国务院做出《关于进一步加强社会治安综合治理的意见》，《意见》对进一步做好新世纪初的社会治安工作从五个方面提出了要求。

同日 台"行政院"通过《试办金、马与大陆地区通航实施办法》修正案、《台湾地区与大陆地区人民关系条例》修正案。

9月7日 《信息产业"十五"规划纲要》正式发布，这是国家确立信息化重大战略后的第一个行业规划。

同日 国家信息化推进工作办公室发布《中国互联网络信息资源数量调查报告》，该调查是受国家信息化推进工作办公室委托，由中国互联网络信息中心（CNNIC）与中国电子信息产业发展研究院及国家信息资源管理南京研究基地一起开展，这是中国首次对网络信息资源进行调查。结果显示，截至2001年4月30日，中国互联网络的域名总数为692490个，网站总数为238249个，网页总数为159460056页，在线数据库的总数为45598个。

同日 新华社报道：最新考古研究发现，台湾史前文化源自贵州，经福建传入台湾。

9月7日—10日 中共中央政治局常委、全国人大常委会委员长李鹏访问越南。

9月9日 中国队在第五届友好运动会上以12金、8银、1铜的成绩名列奖牌榜第四位。

9月11日 当天上午，纽约世界贸易中心和华盛顿五角大楼接连遭到飞机撞击而引发爆炸，一些地方受到严重袭击，造成重大人员伤亡。当晚，江泽民主席致电美国总统布什,代表中国政府和人民,向美国政府和人民表示深切的慰问,对死难者家属表示哀悼。并表示中国政府一贯谴责和反对一切恐怖主义的暴力活动。12 日—30 日,江泽民应约同美国、俄罗斯、法国、巴基斯坦、斯里兰卡等国领导人先后通电话,就美国“911”事件后的国际局势交换意见。

同日　团中央宣传部等联合发起实施中国青少年新世纪读书计划助学行动,首批项目签字仪式在北京举行,来自陕西等西部地区的 318 名贫困学子将免费就读于北京 11 所民办高校。

9 月 13 日　中央文明办、建设部、国家旅游局联合推出第四批全国文明风景旅游区示范点和首批全国文明导游员。

9 月 14 日　新华社报道:卫生部等 30 个部门和单位共同制定的《中国遏制与防治艾滋病行动计划(2001—2005 年)》已经国务院批准,国务院办公厅最近印发了这个行动计划。

同日　台湾当局推动“参与联合国”的活动遭到第九次失败。

9 月 15 日—25 日　第二届全国少数民族文艺会演举行。此次文艺会演,是新中国成立以来规模最大的一次,也是继 1980 年成功举办第一届少数民族文艺会演之后,又一次民族文艺盛会。

9 月 16 日—17 日　纪念邓小平“发展高科技,实现产业化”题词十周年暨国家高新技术产业开发区所在市市长座谈会在武汉召开。全国人大常委会委员长李鹏为纪念活动题词,国务院副总理李岚清作书面讲话。

9 月 16 日—22 日　第 41 届世界射箭锦标赛在北京举行。中国女队首次夺得世界冠军,男队获得铜牌。

9 月 16 日—10 月 30 日　由中国自行

研制的最新型导弹护卫舰“宜昌”号和“太仓”号综合补给舰组成的海军舰艇编队,在编队指挥员、南海舰队副司令员杨福成的率领下,从湛江军港出发,前往澳大利亚、新西兰两国进行友好访问,并参加在悉尼举行的澳大利亚联邦成立 100 周年及国际舰队检阅活动。

9 月 17 日　世贸组织中国工作组第 18 次会议在世贸组织总部举行正式会议,通过了中国加入世贸组织的所有法律文件。1987 年 3 月 4 日成立的中国工作组也随之结束了历时 14 年零 6 个月的历史使命。

同日　“纳莉”台风重创台湾北部地区,造成 85 人死亡。

9 月 17 日—19 日　第六届世界华商大会在南京举行。

9 月 19 日　新华社播发《中国农村扶贫开发纲要(2001—2010 年)》。

同日　云南昭通火车站举行内昆铁路全线铺通庆典活动。内昆铁路北起四川内江,南至云南昆明,全长 872 公里。

9 月 21 日　新华社报道:《钱学森手稿》已由山西教育出版社出版。

同日　国民党中央考纪会决议开除李登辉党籍。

9 月 23 日　国务院公布《国务院关于修改〈中华人民共和国对外合作开采海洋石油资源条例〉的决定》,自公布之日起施行。

同日　国防科工委、教育部、北京市政府和中国工程院签署协议,共建北京航空航天大学。

9 月 24 日—26 日　中国共产党第十五届中央委员会第六次全体会议在北京举行。全会由中央政治局主持。中央委员会总书记江泽民同志作了重要讲话。全会审议通过了《中共中央关于加强和改进党的作风建设的决定》和《关于召开党的第十六次全国代表大会的决议》。全会决定递补中央候补委员汤洪高同志为中央委员。全会审议并通过了《中共中央纪律检查委员会关于石兆彬问题的审查报告》《中共中央纪律检查委员会关于李嘉廷问题的审查报告》。全会决定：撤销石兆彬、李嘉廷中央委员会候补委员职务，给予其开除党籍处分。

9月25日 新华社报道：国家知识产权局与中国发明协会日前联合开展发明与专利问卷调查显示，20世纪中国最有影响的前五位发明人依次是：袁隆平、王永民、王选、包起帆、倪志福。

同日 台湾股市终场以3493点做收，跌破3500点。

9月27日 中国共产党中央纪律检查委员会第六次全体会议在北京举行。中央纪委委员列席了中国共产党第十五届中央委员会第六次全体会议。

9月28日 台"财政部"公布包括世华、"中国商银"、土银、一银、合库、华南、彰银及"中国信托"等8家商业银行通过审核，可以赴大陆设立代表人办事处。

10月7日 中国男子足球队在沈阳主场击败阿曼队提前两轮从亚洲区出线，获得2002年韩日世界杯参赛资格。中国足球队经过44年的努力，终于闯进世界杯决赛圈。

同日 《人民日报》报道：我国2000年女性从业人员达到3.3亿人，占全国从业人员总数的46.7%。2000年妇女人均受教育年限超过6.5年。目前，我国各类女专业技术人员1.1亿多人，占专业技术人员总数的40.6%。

同日 《人民日报》报道：2000年，全国妇幼保健机构达到3180所，建立了县、乡、村三级医疗保健网络。婴儿死亡率、5岁以下儿童死亡率分别从20世纪90年代初的50.2‰和61‰下降到2000年的32.2‰和39.7‰，孕产妇死亡率从1989年的94.7/10万下降到2000年的53.0/10万，计划免疫四苗接种率达到90%以上，消灭了脊髓灰质炎，5岁以下儿童低体重患病率从1990年的21%下降到2000年的10%，基本普及了食盐加碘。到2000年，中国在85%的人口地区普及了九年义务教育。小学适龄儿童净入学率由1990年的96.3%上升到2000年的99.1%，青壮年文盲率2000年下降到5%以下。

10月8日 外交部发言人答记者问，就美国刚开始在阿富汗实行军事打击一事指出，中国政府一贯反对一切形式的恐怖主义，支持联合国大会和安理会通过的有关决议，支持打击恐怖主义的行动。有关军事行动应针对恐怖主义的具体目标，避免伤及无辜平民。我们希望和平能尽早得到恢复。同日晚，国家主席江泽民应约与美国总统布什通了电话。江泽民重申，中国政府历来反对一切形式的恐怖主义。

同日 日本首相小泉纯一郎对我国进行一天工作访问。江泽民主席在中南海会见小泉。小泉再次就侵略历史表示道歉。江泽民强调，如何对待历史是中日关系的政治基础，也是面向未来的出发点，要"以史为鉴、面向未来"。小泉还前往卢沟桥中国人民抗日战争纪念馆参观。

10月9日 首都各界人士6000余人在人民大会堂隆重集会，纪念辛亥革命九十周年。江泽民出席大会并发表讲话。

10月10日 世界神经外科联合会授予王忠诚院士世界神经外科最高奖，成为唯一获此殊荣的中国医生。

10月11日 科技部等部门宣布：按照国际通用的科技投入强度衡量指标，

2000 年我国科学研究与试验发展（R&D）与国内生产总值（GDP）的比重达到 1.0%,跃居发展中国家前列。

同日　新华社报道:《杨尚昆回忆录》、《杨尚昆日记》和杨尚昆所著《追忆领袖战友同志》,经中共中央批准,已由中央文献出版社出版,陆续在全国各地发行。

10 月 12 日　由台湾全部 6 家航空公司负责人组成的"两岸空运直航访问团",拜会了中国民航协会海峡两岸航空运输交流委员会。两岸航空业界人士就两岸空运直航相关问题交换了意见,获得了多项共识。

同日　《人民日报》报道:北京大学第三医院眼科教授赵光喜日前被第 11 届中华医学会眼科界学会授予"金蛇奖",成为新中国建立以来获此殊荣的第一人。

同日　中科院、国家计委、科技部联合在北京宣布,中国水稻（籼稻）基因组"工作框架图"和数据库已经完成,温家宝代表国务院致信祝贺。

10 月 13 日　《人民日报》报道:我国第一款通用式计算机中央处理器（CPU）——"龙芯"问世。

10 月 14 日　伟大的爱国者张学良先生因病抢救无效,在美国夏威夷逝世,享年 101 岁。江泽民主席向张学良的亲属发去唁电,高度评价了张学良先生的历史功绩,代表中国共产党和中国人民表示深切哀悼。23 日,受中国政府委托,中国驻美大使馆临时代办何亚非参加了葬礼。

同日　搭载在中国"资源一号"卫星上的两台卫星遥感器——CCD 相机和红外多光谱扫描仪服役满 2 年,工作正常,标志中国遥感技术跨入世界先进行列。

同日　2001 先锋北京国际马拉松赛暨九运会马拉松决赛在北京举行。中国选手宫科、刘敏包揽男女金牌。

10 月 15 日　台"经济部长"林信义和"经建会主委"陈博志一行飞抵上海,参加亚太经合会年度部长会议。19 日,台湾正式宣布缺席上海 APEC 峰会。对于台宣布不参加在上海举行的 APEC 领导人非正式会议,我外交部表示,中国台北没有提出符合有关 APEC《谅解备忘录》惯例的人选,对此我们表示遗憾。

10 月 18 日—20 日　亚太经济合作组织 2001 年工商领导人峰会在上海金茂君悦酒店隆重举行。江泽民主席在晚宴上发表了题为"合作发展　共创辉煌"的演讲。19 日,江泽民在上海与美国总统布什举行了会谈。这是江泽民与布什的首次会晤。

10 月 18 日—22 日　第 10 届中国金鸡百花电影节在宁波举行,第 21 届中国电影金鸡奖揭晓;第 24 届《大众电影》百花奖也同时颁奖。

10 月 19 日　国务院原副总理,全国政协第五、六、七、八届副主席杨静仁在北京逝世。杨静仁 1918 年生于甘肃兰州。

10 月 20 日　民进党举行九届二次全代会,通过"台湾前途决议文"位阶等同"台独党纲"案。

10 月 21 日　亚太经合组织（APEC）第九次领导人非正式会议在上海科技馆举行,中国国家主席江泽民主持。江泽民与其他成员领导人就全球及地区宏观经济形势、人力资源能力建设以及 APEC 的未来发展方向等议题进行了务实友好、坦诚热烈的讨论。与会各成员领导发表了《领导人宣言》、《亚太经合组织领导人反恐声明》。江泽民在会上发表题为"加强合作,共同迎接新世纪的新挑战"的讲话。

同日　我国铁路今日起第四次大面积提速。

10 月 22 日　北京市第一中级人民法

院对公安部原副部长李纪周受贿案作出一审判决，以受贿罪、玩忽职守罪数罪并罚，判处其死刑，缓期二年执行，剥夺政治权利终身，并处没收个人全部财产。法庭经审理查明，自1994年下半年至1997年8月间，李纪周利用其担任公安部部长助理、副部长的职务便利，多次收受贿赂，干预下级公安机关查处不法分子的走私犯罪活动。其中，收受厦门远华公司董事长赖昌星（在逃）通过各种手段贿赂的人民币100万元、美元50万元、港币3万元，并受赖昌星请托，干预海南公安边防部门对某外籍油轮违法进口柴油的查处。

10月22日—27日 九届全国人大常委会第二十四次会议在北京举行。会议通过了全国人大常委会关于修改中华人民共和国著作权法的决定（10月27日公布并施行），修改商标法的决定（10月27日公布，2001年12月1日起施行），修改工会法的决定（10月27日公布并施行），还通过了《中华人民共和国职业病防治法》（10月27日公布，自2002年5月1日起施行）、《中华人民共和国海域使用管理法》（10月27日公布，自2002年1月1日起施行）。

10月24日 新华社报道：中共中央日前发出通知指出，加强社会主义思想道德建设，是发展先进文化的重要内容和中心环节。各地区、各部门一定要把公民道德建设放在突出位置来抓，认真贯彻执行《公民道德建设实施纲要》。

10月25日 新华社报道：中央纪委、中央组织部、中央宣传部近日联合作出关于开展向优秀党员领导干部汪洋湖同志学习活动的决定。汪洋湖同志是吉林省水利厅厅长、党组书记。他参加革命工作40余年，岗位变动16次，与其妻子、女儿两地分居30年。不论组织怎样安排、条件如何艰苦、生活上有什么困难，他都毫无怨言，表现出一个共产党员和领导干部应有的思想境界和高尚品质。

同日 中国人民解放军总政治部发出通知，颁发施行《军人道德规范》。

同日 国务院公布《长江河道采砂管理条例》，自2002年1月1日起施行。

10月26日 历时10天的首届中国杂技艺术节在北京落下帷幕，同时首届中国杂技金菊奖剧目、节目及各单项奖评选结果揭晓。

10月27日—11月11日 国家副主席胡锦涛访问俄罗斯、英国、法国、西班牙。

10月28日 《人民日报》报道：天津大学材料学院高后秀教授经过10年研究，在国际上首次发现固体内存在"流动的液体"，日前通过了专家鉴定。

同日 新华社报道：第一军医大学神经科学研究所舒斯云教授不久前在人的大脑中发现了一个和学习、记忆功能有关的新区域，并得到国际科学界的承认，被国际权威专家称为"舒氏区"。

10月29日 江泽民主席在中南海会见了由王津平率领的台湾"中国统一联盟"访问团。

同日 新华社报道：中国科学家最近完成了三种重要的人类和植物病原微生物——钩端螺旋体、表皮葡萄球菌和黄单胞菌的全基因组测序。国家人类基因组南方研究中心宣布：将这三种病原微生物的全基因组序列测序信息向国际公共数据库正式释放。

10月29日—31日 菲律宾总统格洛丽亚·马卡帕加尔·阿罗约访问我国。

10月30日 国家科技教育领导小组在中南海举办科技知识讲座，邀请中科院院士张启发作"转基因科技知识"报告，朱镕基、李岚清等出席。

10 月 31 日—11 月 2 日　德国总理格哈德·施罗德访问我国。

10 月 31 日—11 月 17 日　李鹏委员长访问阿尔及利亚、古巴、阿根廷、乌拉圭、突尼斯。

11 月 1 日　中科院正式实施"科技创新战略行动计划"，首批启动五个面向国家战略需求的重大项目。

11 月 1 日—3 日　第六届世界武术锦标赛在亚美尼亚埃里温举行。中国队获得 12 枚金牌，第六次蝉联金牌榜第一。

11 月 4 日—11 日　国务院总理朱镕基出席在文莱举行的第五次东盟与中国、日本、韩国（10＋3）领导人会议，东盟与中国（10＋1）领导人会议和中日韩三国领导人非正式会晤，并对印度尼西亚进行正式访问。

11 月 7 日　中央军委在北京举行座谈会，隆重纪念中国人民解放军的缔造者之一、长期担任党、国家和军队重要领导职务的卓越领导人徐向前同志诞辰一百周年。江泽民出席座谈会并发表讲话。

同日　台"行政院"通过调整"戒急用忍"方案，拟放宽企业对大陆的投资限制。

11 月 8 日　国务院新闻办公室发表《西藏的现代化发展》白皮书。

同日　新华社报道：由中共中央文献研究室编辑的江泽民《论党的建设》一书，近日由中央文献出版社出版。

11 月 10 日　世界贸易组织第四届部长级会议在卡塔尔首都多哈以全体协商一致的方式，审议并通过了中国加入世贸组织的决定。在中国政府代表签署中国加入世贸组织议定书，并向世贸组织秘书处递交中国加入世贸组织批准书 30 天后，中国将正式成为世贸组织成员。11 日，中国外经贸部部长石广生代表中国政府在中国加入世贸组织的议定书上签字。同日，世贸组织第四届部长级会议通过决定，同意台湾以"台湾、澎湖、金门、马祖单独关税区（简称中国台北）"的名义加入世贸组织。中国台北代表 12 日晚签署了加入世贸组织的议定书。

同日　国民党在全台各县市举行"反失业救经济大游行"。

11 月 10 日—16 日　世界上首次大规模网上国际会议——全球高性能计算和通信国际会议在全球下一代互联网上举行。15 日，中国学者在清华和北航两个节点的三个会场参加会议，说明中国下一代互联网基础设施建设及有关技术研究已经处于国际同步水平。

11 月 10 日—23 日　全国政协主席李瑞环访问斐济、巴布亚新几内亚和新加坡。

11 月 11 日　第四届 WTO 部长会议审议通过台湾以"台澎金马独立关税区"（中国台北）的名义入会案。

11 月 11 日—25 日　第九届全国运动会在广州举行。江泽民和朱镕基分别出席开幕式和闭幕式。共有 32 个代表团获得金牌、37 个代表团获得银牌、24 人 35 次超 7 项世界纪录。广东代表团名列奖牌榜第一。

同日　国务院公布《地震安全性评价管理条例》，自 2002 年 1 月 1 日起施行。

11 月 12 日　《人民日报》报道：国办、中央军委日前转发了教育部和解放军总参、总政《关于在普通高等学校和高级中学开展学生军训工作的意见》。

11 月 14 日　国家计委、科技部印发《当前优先发展的高技术产业化重点领域指南（2001 年度）》。

11 月 16 日　台"财政部"修正《两岸金融业务往来许可办法》，开放岛内银行国际金融业务分行（OBU）与大陆各金融机构办理直接通汇业务。

11 月 19 日 《人民日报》报道：中华医学会有关负责人日前在京宣布：我国科学家成功地将干细胞在体外培养成胃和肠黏膜组织，标志着人体胃肠黏膜损伤后可以获得再生。

同日 凌晨 1 时 30 分起，中国首次观测到狮子座流星雨，目测最大强度为每小时一万颗以上。

同日 《人民日报》报道：来自国家自然基金委的消息说，中国科学家在国际上首先利用超声波技术，将高密度金属钨饼悬浮在空中，美国航空航天局技术备忘录和英国《自然》杂志都对此给予了肯定。

11 月 19 日—22 日 中国海军"玉林"号导弹护卫舰在南海舰队驱逐舰支队支队长、"玉林"号导弹护卫舰指挥员曲立树大校的率领下，抵达胡志明市西贡港，对越南进行友好访问。这是中国人民解放军海军军舰第一次访问越南。

11 月 20 日 中国电子政务应用示范工程通过论证，这标志着中国向"电子政府"迈出了重要一步。

11 月 21 日 西北大学舒德干教授等最近在国际权威学术刊物《自然》杂志上刊登一篇论文中公布，他们发现了"寒武纪生命大爆发"中早已绝灭的动物门类——"古虫动物门"。

11 月 22 日 共青团中央、教育部、文化部、国务院新闻办公室、全国青联、全国学联、全国少工委、中国青少年网络协会向社会正式推出《全国青少年网络文明公约》，全国亿万青少年从此有了自己的网络行为道德规范。

11 月 23 日 国务院公布《金融机构撤销条例》，自 2001 年 12 月 15 日起施行。

同日 台"经济部"决议开放资讯软硬体、通信及消费性电子等三大类共 120 项产品赴大陆投资。

11 月 26 日 国务院公布《中华人民共和国保障措施条例》、《中华人民共和国反倾销条例》、《中华人民共和国反补贴条例》，均自 2002 年 1 月 1 日起施行。

同日 台"陆委会"通过"允许大陆台商子弟学校增设高中部"及"允许台湾地区运动员、教练与裁判员前往大陆地区发展"两项议案。

11 月 27 日 新华社报道：中国科学家日前在华北发现留存至今的 25 亿年前大陆碰撞的板块缝合线至少超过 200 公里。这是目前世界上发现的大陆碰撞最早的直接证据。

11 月 27 日—29 日 中共中央、国务院在北京召开中央经济工作会议，江泽民和朱镕基在会上作了重要讲话。会议从八个方面具体部署了 2002 年的经济工作。

11 月 29 日 国务院公布《国务院关于修改兽药管理条例的决定》、《国务院关于修改〈饲料和饲料添加剂管理条例〉的决定》，均自公布之日起施行。

同日 卫生部明确表示对研究克隆人的态度：不支持、不允许、不接受任何克隆人实验。

11 月 30 日 中共中央总书记、国家主席江泽民在人民大会堂同前来进行正式友好访问的越南共产党中央委员会总书记农德孟举行会谈，双方取得了广泛、重要的共识。

同日 科学技术部印发《关于进一步加强国家火炬计划软件产业基地建设的若干意见》。

同日 台"交通部邮政总局"开办代理大陆快递货物业务。

12 月 1 日 台湾县市长及"立委"选举结果揭晓。在"立委"选举中，民进党获

87 席,国民党获 68 席,亲民党获 46 席,台联 13 席,新党 1 席;在县市长选举中,民进党、国民党各获 9 席,亲民党 2 席,新党 1 席。

12 月 2 日　2001 年第四届国际泳联跳水大奖赛在雅典落幕,中国选手在 4 个项目的比赛中获得 3 枚金牌、2 枚银牌和 1 枚铜牌。

12 月 3 日　中国互联网络信息中心(CNNIC)第一次发布《中国互联网络带宽调查报告》。截至 2001 年 9 月 30 日,中国国际出口带宽达到 5724M。

同日　《人民日报》报道:中国第一条铋系高温超导线材生产线日前在北京建成并正式投入生产。

12 月 4 日　全长 1709 公里,贯穿四川、贵州、广西三省区的西南公路出海通道正式建成通车。

同日　中国证监会发布新的退市办法——《亏损上市公司暂停上市和终止上市实施办法(修订)》。

12 月 5 日　卫生部宣布,首批批准五家医疗机构开展人类辅助生殖技术和两家医疗机构设置人类精子库。有关负责人指出,我国对人类辅助生殖技术和精子库技术实行严格准入制度,不符合条件者一律不予批准。

同日　《人民日报》报道:中国科学家近期对河北省小长梁文化遗址的研究结果表明,亚洲在 136 万年前即有人类活动。

12 月 6 日　经党中央、国务院批准,中国广播影视集团在北京正式成立。

同日　《中国食物与营养发展纲要(2001—2010 年)》正式颁布实施。

12 月 9 日　叶朝辉等 56 名科学家当选为中科院院士,其中 3 名新院士的年龄在 40 岁以下。

12 月 9 日—11 日　南非共和国总统塔博·姆约耶尔瓦·姆贝基访问我国。

12 月 10 日　国务院公布《中华人民共和国货物进出口管理条例》,自 2002 年 1 月 1 日起施行。

同日　卫生部有关负责人今天指出,我国不批准外资独资医疗机构,只批准中外合资、合作医疗机构。

同日　我国今天正式加入世界贸易组织(WTO),成为其第 143 个成员。中国外经贸部首席谈判代表龙永图等六名中国政府代表 19 日在日内瓦首次以正式成员身份出席世贸组织总理事会。

同日　国务院公布《外商投资电信企业管理规定》、《中华人民共和国国际海运条例》、《国务院关于修改〈旅行社管理条例〉的决定》,均自 2002 年 1 月 1 日起施行。

12 月 10 日—12 日　中共中央、国务院在北京召开全国宗教工作会议。江泽民在会上讲话。

12 月 11 日　江泽民到钱学森家中看望这位人民科学家。

同日　《人民日报》报道:经国务院关税税则委员会全体会议审议通过,并报国务院批准,我国将从 2002 年 1 月 1 日起,履行我国加入世贸组织承诺的 2002 年关税减让义务,关税总水平由 15.3% 降至 12%。

12 月 12 日　国务院公布《中华人民共和国外资保险公司管理条例》,自 2002 年 2 月 1 日起施行。

12 月 12 日—15 日　国家主席江泽民访问缅甸。

同日　81 名工程科技领域的杰出专家当选为中国工程院院士。至此,工程院院士总数已达 616 人。泌尿科专家、台湾阳明大学原校长张心湜成为第一位当选中国工程院院士的台湾科学家。从今年开始,外籍院士与中国籍院士的增选实现同步,全体院士从 11 名候选人中选举产生了 7 名新的外籍院士,从而使工程院外籍院士总数达到 24 人,他们分布在美、英、德、俄、法、日、瑞典 7 个国家。

12 月 13 日 第 29 届奥运会组委会在北京成立,李岚清出席成立大会,国际奥委会主席罗格致信祝贺。

同日 《人民日报》报道:山西省大同市云冈石窟被联合国教科文组织世界遗产委员会第 25 届会议评审通过,列入《世界遗产名录》。

同日 台"经济部"召开专案会议,决定解除发光二极体(LED)、液晶显示器后段模组制程等 52 项赴大陆投资禁令。

12 月 14 日 国务院公布《法规规章备案条例》,自 2002 年 1 月 1 日起施行。

同日 2001 年国际象棋世界锦标赛女子决赛在克里姆林宫举行。中国棋手诸宸以 3∶1 战胜俄罗斯科斯捷纽克。

同日 台"经济部"专案小组决定开放 636 项医药及一般化学品登陆投资。

12 月 16 日 四大洲艺术体操锦标赛在巴西落幕,中国队获得 3 金、5 银、1 铜的好成绩。

12 月 17 日 中共中央在中南海召开座谈会,听取各民主党派中央、全国工商联负责人和无党派人士关于农业发展问题的意见和建议。江泽民发表讲话。

同日 《人民日报》报道:中央纪委、监察部近日就河北省国税局原党组书记、局长李真大肆收受贿赂、非法占有公私财物等问题的案件发出通报,要求必须加强对走上领导岗位的年轻干部的教育、管理和监督。中央纪委决定给予李真开除党籍处分,国家税务总局决定给予李真开除公职处分。检察机关已将李真依法逮捕。据查,李真在担任省政府办公厅秘书、省

办公厅秘书、副主任,担任省国税局副局长、局长期间,利用职务之便,先后收受贿赂折合人民币 868 万余元,以及非法占有公、私财务,收受贵重物品等,共折合人民币 1051.09 万元。2002 年 8 月 30 日,河北省唐山市中级人民法院一审判处李真死刑。2003 年 11 月 13 日,唐山市人民法院根据最高人民法院对该案的复核裁定,当天对李真执行死刑。

12 月 18 日 新华社报道:我国公路总里程达 143.5 万公里。

12 月 18 日—22 日 中国文学艺术界联合会第七次全国代表大会、中国作家协会第六次全国代表大会在北京人民大会堂举行。江泽民在会上发表讲话。著名作曲家周巍峙再次当选为新一届文联主席。98 岁的文坛泰斗巴金,再一次当选中国作家协会主席。

12 月 19 日 朔黄铁路今天正式建成通车。

12 月 20 日 国务院公布《中华人民共和国外资金融机构管理条例》、《计算机软件保护条例》,分别自 2002 年 2 月 1 日和 2002 年 1 月 1 日起施行。

同日 由信息产业部、全国妇联、共青团中央、科技部、文化部主办的"家庭上网工程"正式启动。

同日 国际经济合作发展组织(OECD)理事会通过台湾以观察员身份申请加入该组织的"竞争法与政策委员会"。

12 月 20 日—24 日 巴基斯坦总统佩尔韦兹·穆沙拉夫访问我国。

12 月 21 日 全国野生动植物保护及自然保护区建设工程在京正式启动。今后 10 年,重点实施大熊猫等 15 个珍稀濒危物种的拯救和繁育,全国自然保护区总数发展到 1800 处,增加国际重点湿地 80 处,使 90% 以上的国家重点保护野生动植

物和典型自然生态系统得到有效保护。

同日　人民医学家林巧稚诞辰 100 周年纪念大会在北京举行。

同日　由中科院紫金山天文台发现的国际编号为 3763 号的小行星被正式命名为"钱学森星",命名仪式当日在北京举行。

同日　台"经济部"专案会议决定,农业赴大陆投资将采取审慎方式,现阶段不宜贸然大幅开放,并将农业赴大陆投资"禁止类"项目大幅扩增。

12 月 22 日　中国政府致电阿富汗临时政府主席赛义德·哈米德·卡尔扎伊,祝贺他就任阿富汗临时政府主席。

同日　中国联通 CDMA 移动通信网一期工程如期建成,并将于 2001 年 12 月 31 日在全国 31 个省、自治区、直辖市开通运营。中国联通 CDMA 网络的建成,标志着中国移动通信技术的发展进入了一个新领域。

12 月 24 日—29 日　九届全国人大常委会第二十五次会议在北京举行。会议通过了《中华人民共和国人口与计划生育法》、《中华人民共和国刑法修正案(三)》(均于 12 月 29 日公布,分别自 2002 年 9 月 1 日和公布之日起施行),通过全国人大常委会关于修改律师法的决定(12 月 29 日公布,自 2002 年 1 月 1 日起施行)。

12 月 25 日　国务院公布《电影管理条例》,自 2002 年 2 月 1 日起施行。

同日　中共中央政治局常委、国务院总理、国家信息化领导小组组长朱镕基主持召开国家信息化领导小组第一次会议。

12 月 26 日　台"外贸协会"召开年终记者会宣布,为因应两岸加入世界贸易组织(WTO)后的经贸新情势,锁定电子业、食品业、机械业和建材业等产业,于明年展开大陆市场"抢攻计划"。

12 月 27 日　朱镕基在国家科技教育领导小组第十次会议上讲话指出,加入 WTO 将对我国的经济、社会、科技等产生重大影响,科技、教育工作和发展战略必须作出相应的调整。我们要实施若干重大科技项目,以突出原始性创新、实现技术跨越为途径,以技术集成创新、开发新产品、壮大新产业为目标,集中力量,突出重点,完善政策,充分调动各方面的积极性,合理配置科技教育资源,抢占一批 21 世纪世界科技制高点,力争在较短时间内取得技术突破并实现产业化。

同日　第五届国家图书奖颁奖大会在北京举行。此次评奖共评出获奖图书 130 种,其中《李大钊全集》等 11 种获国家图书奖荣誉奖,《马寅初全集》(社科类)等 31 种图书获国家图书奖。

同日　美国总统布什签署命令,正式宣布给予中国永久正常贸易关系地位。困扰美中贸易关系 20 多年的一个难题由此结束。

同日　新华社报道:由教育部、国家语委主持制定的《第一批异形词整理表》和《GB13000.1 字符集汉字折笔规范》近日发布。《第一批异形词整理表》自 2002 年 3 月 31 日起试行,《GB13000.1 字符集汉字折笔规范》自 2002 年 3 月 31 日起实施。

12 月 30 日　中共中央下达《关于做好农户承包地使用权流转工作的通知》。

同日　株洲至六盘水铁路复线正式开通。株六铁路复线东起湖南省株洲市,西至贵州省六盘水市,途经湘潭、怀化、凯里、贵阳、六枝等市县,全长 1139 公里,其中新建复线 835 公里,总投资 200.6 亿元。

12 月 31 日　国务院决定,今日在全国开展第二次基本单位普查。

12 月　"中国教育和科研计算机网

CERNET"高速主干网建设项目（1999—2001）通过国家验收。该项目是中国"面向 21 世纪教育振兴行动计划"中"现代远程教育工程"的重要组成部分，是构筑中国终身教育体系的重要基础。

2002 年

1 月 1 日　台湾正式成为世界贸易组织（WTO）第 144 个会员。

1 月 2 日　台"行政院"通过加入WTO 后两岸经贸调整原则，包括"首先尽速开放两岸直接贸易"、"分阶段扩大开放大陆农工产品进口"等。

1 月 3 日　新华社报道：根据国家体育总局竞技体育司提供的统计资料，2001年，中国运动员有 8 人 2 队 12 次创 10 项世界纪录，在世锦赛、世界杯赛的 23 个项目中共获得 90 个世界冠军，其中奥运会项目的世界冠军 42 个，占总数的 46%。

1 月 6 日—7 日　中央农村工作会议在北京举行。会议讨论了《中共中央、国务院关于做好 2002 年农业和农村工作的意见（讨论稿）》。

1 月 7 日—12 日　蒙古国总理那木巴尔·恩赫巴亚尔访问我国。

1 月 8 日　中国联通 CDMA 网开通仪式在北京举行。

1 月 9 日　《人民日报》报道：第五次全国环境保护会议日前在北京召开。

同日　全国科技大会开幕，中国决定实施人才、专利和技术标准三大科技战略，以应对加入世贸组织后所面临的机遇和挑战。

同日　中国医师协会在北京成立。

1 月 9 日—11 日　南斯拉夫联盟共和国总统沃伊斯拉夫·科什图尼察访问我国。

1 月 10 日　在我国民俗学、民间文艺学界享有盛誉的百岁老先生、北京师范大学教授钟敬文在北京逝世。

同日　《人民日报》报道：中国科学院等离子体物理研究所实验组 HT—7 超导托卡马克的研究全面步入世界磁约束核聚变研究的前列，成为世界上仅有的两套高参数稳态条件下开展等离子体物理研究的实验装置之一。

同日　陈水扁接见美国大西洋理事会访问团时，提出"提升并改善两岸关系的五个关键点"：第一，能否以"民主、自由、人权"为信仰；第二，能否尊重台湾人民自由意志的选择；第三，能否接受与尊重"在台湾的中华民国是一个主权独立的国家"；第四，能否尊重陈水扁出任第十任"总统"的选举结果；第五，能否以搁置争议、加强接触与对话，来改善两岸关系，降低、化解争议歧见于无形。

同日　台"立法院内政委员会"审查通过"行政院"所提"大陆地区人民在台湾地区居留数额表"。

1 月 11 日—18 日　国务院总理朱镕基访问孟加拉国和印度。

1 月 12 日　中国派员观摩了新加坡主办的，有日本、美国、澳大利亚等 16 个国家海军参加的"第一届西太平洋扫雷演习"。这是亚洲地区第一次进行多国扫雷演习，也是中国军队积极参与亚太地区安全对话与合作的开端。4 月，中国派员观摩了日本主办的西太平洋地区潜艇搜救演习；5 月，派员观摩了美国、泰国、新加坡"金色眼镜蛇"联合军事演习。

同日　"铁路部分旅客列车票价实行政府指导价听证会"在北京铁道大厦举行。这是国家计委主持的首次全国范围的价格听证会。

1月13日　陈水扁在"台湾人公共事务会(FAPA)庆祝成立20周年大会"上宣布,已于11日批准"外交部"所呈"将中华民国护照加注台湾英文字样"公文,并强调"这是送给FAPA20周年庆典最重要的礼物"。

1月14日　新华社报道:中央军委主席江泽民日前签署命令,批准颁发《中国人民解放军现役军官职务任免条例》,这是我军历史上正式颁发的第一部军官职务任免条例。

同日　全国黄金局长会议公布,我国今年正式开放黄金市场。

1月16日　台"行政院"院会通过"加入WTO两岸经贸政策调整执行计划",包括开放两岸直接贸易、分阶段扩大开放大陆物品进口(含农产品901项,工业产品1225项)、调整大陆物品进口审查机制,以及强化大陆物品进口防御机制。

1月17日　台"立法院"三读通过"离岛建设条例"部分条文修正案。

1月18日　副总参谋长隗福临代表中国国防部与来访的哈萨克斯坦边防军代表团签署了《中哈边防合作协议》。

同日　中国自行培育繁殖的克隆牛"委委"在山东诞生,1小时后不幸夭折。19日,第二头克隆牛"科科"顺利诞生。

同日　台"内政部"公布《大陆地区专业人士来台从事专业活动许可办法》修正案,对大陆专业人士赴台放宽限制。

1月19日　由上海、昆明、南京三家医院神经外科专家组成的联合攻关组成功地对一只3岁的雌猴实施了超低温脑部阻断血流实验达80分钟之久,这一成果为中国脑外科开辟了新的前景。

1月21日　国际羽毛球联合会日前发布新闻说,中国女子双打名将高崚荣膺2001年世界羽毛球最佳运动员称号。

1月22日　中国广州战士杂技团表演的《东方天鹅——芭蕾对手顶》荣获蒙特卡洛第26届国际杂技节最高奖——"金小丑"奖和两项特别奖。另一节目《滚环》荣获蒙特卡洛电视特别奖。

同日　全国首例成人亲体肝移植在四川大学华西医院宣告成功。

1月23日　中国疾病预防控制中心和卫生部卫生监督中心在北京成立。

同日　中美科学家近日联合完成了《辽西早期被子植物及伴生植物群》专著,以大量资料证明:中国的辽西一带是包括花朵在内的被子植物的起源地。

1月24日　钱其琛副总理在纪念江泽民主席"为促进祖国统一大业的完成而继续奋斗"重要讲话发表7周年座谈会上发表了重要讲话。25日,民进党秘书长吴乃仁就此表示,只要大陆可以接受民进党的党职身份,民进党的党务人员可以用公假与公费访问大陆。

1月26日　国务院公布《危险化学品安全管理条例》,自2002年3月15日起施行。

1月27日　世界杯短池游泳系列赛柏林站比赛落幕,中国选手共获得2项冠军、1项亚军、1个第三名。

同日　台湾县市议员及乡镇市长选举结果揭晓,国民党在乡镇市长部分,若计入该党同意以无党籍身份参选者,共计取得225席,占乡镇市长总席次的7成;在县市议员部分,有424人当选,占4.7成。民进党乡镇市长维持原有的28席,县市议员147席,比上届增加32席。亲民党当选4席乡镇市长,49席县市议员。台联党则仅当选7席县市议员。此次基层选举的政党县市议员得票率分别为:国民党35.93%、民进党18.26%、亲民党7.01%、新党0.41%、台联党1.48%、无党籍以及未经政党推荐候选人 36.77%。2 月 23 日，县市议长、副议长选举，国民党提名者多数顺利过关，党籍当选者达 74%，如加上无党籍党友，国民党仍有 90% 影响力，民进党及"泛绿"阵营几乎全军覆没，仅 3 人当选副议长。

1 月 28 日 中国作家协会党组书记、副主席，著名诗人、编辑家张光年在北京逝世。

1 月 30 日 北大医学部教授童坦君、张宗玉领导的科研小组经过多年研究，日前揭示了 P16 是人类细胞衰老遗传控制程序中的主要环节，从而初步揭开了人类细胞衰老之谜。

同日 中国决定斥资 22.5 亿元改建各省市区的中心血站。

1 月 中国正式参加联合国维和行动第一级待命安排机制，并准备在适当时候向联合国维和行动提供工程、医疗、运输等后勤保障分队。这是自 1997 年 5 月中国政府决定原则上参加联合国维和待命安排后，中国在参加联合国维和行动上做出的实际行动。

2 月 1 日 国家科学技术奖励大会在北京人民大会堂隆重举行。江泽民出席大会并为获得 2001 年度国家最高科学技术奖的王选、黄昆颁发奖励证书和奖金。李岚清宣读了《国务院关于 2001 年度国家科学技术奖励的决定》。

同日 江泽民在国家广电总局观看了西部地区广播电视覆盖工程大屏幕演示，强调加强西藏、新疆等边远地区的广播电视覆盖，让党和国家的声音传入千家万户。

同日 首届中华医学科技奖在北京颁奖。

同日 台"行政院"举行交接典礼，游锡堃从张俊雄手中接过"行政院长"职位。

同日 台第五届"立法院"正、副院长选举，国民党籍"立委"王金平、江丙坤当选。

2 月 2 日 新华社报道：今天是第六个世界湿地日。我国又有 14 块湿地被国际组织批准列入国际重要湿地名录，生效时间为 2002 年 1 月 11 日。至此，我国的国际重要湿地数量增加到 21 块，总面积达到 303 万公顷。

2 月 3 日—7 日 老挝总理本南·沃拉芝访问我国。

2 月 4 日 中共中央政治局常务委员会召开会议，专门听取有关部门关于当前困难群众生产和生活的情况汇报，研究进一步安排好困难群众生产和生活的工作。

同日 国务院公布《奥林匹克标志保护条例》，自 2002 年 4 月 1 日起施行。

2 月 4 日—9 日 摩洛哥王国国王穆罕默德六世陛下访问我国。

2 月 5 日—7 日 中共中央、国务院召开全国金融工作会议，江泽民、朱镕基发表讲话。

2 月 6 日 中国驻阿富汗使馆复馆仪式在喀布尔举行。

2 月 8 日 中共中央组织部、中共中央宣传部、全国农村"三个代表"重要思想学习教育活动联席会议领导小组今天联合作出决定：开展向张荣锁同志学习活动。张荣锁现任河南省辉县市上八里镇回龙村党支部书记。1993 年，张带领全村干部群众在悬崖绝壁上修筑了 8 公里公路，开凿了千米隧道，使农民人均纯收入从 1993 年的 600 元增加到 2001 年的 2300 元。

2 月 8 日—24 日 第 19 届冬季奥运会在美国盐湖城的埃克尔斯体育场隆重举行。第七次参加冬奥会的中国代表团由杨扬夺得短道速滑女子 500 米冠军，实现了冬奥会金牌"零"的突破,并以 2 金、2 银、4 铜的成绩在奖牌榜上排到了历史上最高的第 13 位。

2 月 9 日　经国务院批准,国家扶贫开发工作重点县已经确定,并将立即付诸实施。这标志着,在我国使用了 16 年之久的"国定贫困县"的称谓将从此退出历史舞台。

同日　厦门部分台商及眷属在台当局"专案许可"下,第一批 181 人从厦门乘船直航金门再搭机返台过节,第二批 108 人 10 日经由金门中转返台。

2 月 10 日　中国人权领域第一份专业杂志——《人权》正式创刊。

2 月 11 日　国务院公布《指导外商投资方向规定》,自 2002 年 4 月 1 日起施行。

2 月 15 日　台"经济部"公布两岸加入世贸组织(WTO)后第一批大陆物品开放进口清单,共 2058 项。

2 月 16 日—17 日　全国人大常委会委员长李鹏考察访问澳门。

2 月 21 日　陈水扁出席"台商春节联谊晚宴"时表示,希望朝野各政党能够积极参与,重新启动"跨党派两岸小组"机制。

2 月 21 日—22 日　美国总统乔治·沃克·布什对中国进行工作访问。布什此次抵达中国之日,又恰是 30 年前美国总统尼克松来华访问的同一日。国家主席江泽民与美国总统布什举行会谈。

2 月 22 日　一个由中、美、加科学家组成的研究小组最近对小型恐龙的研究取得重要进展,结果表明中国猎龙在系统演化上和鸟类最为接近。

2 月 23 日　上海交大经过两年的研究,破译了人类遗传学百年之谜,首次把"A—1 型短指(趾)症"基因定位于 2 号染色体的长臂的特定区域。

同日　经中央政府特别批准,被佛教界喻为"世界第九大奇迹"的陕西扶风法门寺释迦牟尼佛指舍利在两岸佛教界人士的护送下,经香港抵台北,引来两岸十多万佛教信众沿途顶礼膜拜。4 月 1 日,在赴台巡礼 37 天后,佛指舍利送回陕西扶风法门寺。

同日　释迦牟尼指骨舍利赴台湾地区供奉。

2 月 25 日　江泽民在与省部级主要领导干部"国际形势与世贸组织"专题研究班学员进行座谈。

同日　由中国民间文艺家协会召集的中国民间文化遗产抢救工程研讨会在北京举行,标志着这一工程正式启动。

2 月 26 日　陈水扁与美国哈佛大学学者举行视讯会谈,称 WTO 是两岸最好的对话平台,但不是唯一的舞台,"在民主、对等、和平的基础原则下,双方可进行任何对谈"。

同日　针对"行政院"日前修订《两岸人民关系条例施行细则》将外蒙排除在"大陆地区"之外,台"外交部"表示今后外蒙地区人士来台将比照外国人,由"外交部"办理签证。

2 月 27 日　中宣部、国家计委、湖南省委在北京举办龙清秀先进事迹报告会。龙清秀生前是湖南省计委以工代赈办主任。十几年来,她足迹踏遍了全省 31 个贫困县的山山水水,建起了一座座深受群众欢迎的"民心工程",极大地改善了当地的生产、生活条件。

同日　隶属于厦门轮船总公司的"中洲轮"自厦门同益码头出港,直航驶入金门料罗码头,创下两岸"小三通"以来,首艘大陆籍的货轮经两岸相关部门核准,载货穿越金厦海域直接靠岸的新纪录。

2 月 27 日—3 月 1 日　中共中央总书

记、国家主席江泽民访问越南。28 日上午,江泽民在河内国家大学向师生们发表了题为"共创中越关系的美好未来"的重要演讲。

2 月 28 日 中俄在北京互换江泽民主席和普京总统日前分别签署的《中俄睦邻友好合作条约》批准书并签署互换批准书的证书。

同日 香港特别行政区第二任行政长官选举今天圆满结束。竞选连任的现任行政长官董建华成为唯一获得有效提名的候选人而自动当选为香港特区第二任行政长官候任人,所获选举委员会委员的支持率达到 90%。3 月 4 日,国务院全体会议决定任命董建华为香港特别行政区第二任行政长官,于 2002 年 7 月 1 日就职。

同日 中国人民大学公共管理学院的 MPA(公共管理硕士)班开学,标志着中国首届 MPA 班教学正式开始。

3 月 1 日 落实"军政军令一体化"的"国防二法"正式实施。台"国防部"下辖"军政、军令与军备"三个体系,分别由"军政与军备副部长"及"参谋总长"督导。是日,"国防部"所属"军备局"正式挂牌运作,原先隶属"参谋本部"的陆、海、空三军总部改隶"国防部"。

3 月 2 日 教育部等三部委日前发出通知,要求 2002 年国家扶贫开发工作重点县农村义务教育阶段均要试行"一费制"。

3 月 3 日—13 日 全国政协九届五次会议在京举行。会议通过了政协第九届全国委员会第五次会议政治决议、政协九届五次会议关于常委会工作报告的决议、政协九届五次会议关于政协九届四次会议以来提案工作情况报告的决议,以及政协第九届全国委员会提案委员会关于政协九届五次会议提案审查情况的报告。

3 月 5 日 卫生部公布《保健食品禁用物品名单》及《既是食品又是药品的物品名单》和《可用于保健食品的物品名单》。

3 月 5 日—15 日 第九届全国人民代表大会第五次会议在北京举行。会议通过关于政府工作报告的决议和关于 2001 年国民经济和社会发展计划执行情况与 2002 年国民经济和社会发展计划的决议等文件。

3 月 6 日 画家吴冠中当选法兰西学院艺术院通讯院士。这是法兰西学院艺术院自 1816 年建立以来第一次选举中国画家为通讯院士。

3 月 7 日 中科院等联合宣布,经专家鉴定,首批国产克隆牛确系"正宗"克隆牛,实现了中国成年体细胞克隆牛成活群体零的突破。

3 月 8 日 台"行政院长"游锡堃在"立法院"接受质询时提出开放晶圆厂登陆四大原则:总量管制、相对投资、研发技术留在台湾、0.25 微米以下精密技术须管制。9 日,包括台湾教授协会、台湾团结联盟、"建国党"、台湾工程师协会、台湾教师联盟、台湾笔会、台湾北、中、南社等十多个岛内"独派"团体发起"8 寸晶圆延缓开放,根留台湾减少失业"的千人游行,并向"经济部"递交抗议声明,要求台当局必须在"有效管理"的前提下才能开放 8 寸晶圆厂登陆。11 日,"立法院科技及资讯委员会"再邀请"经济部"、"陆委会"、"国科会"、"财政部"、"法务部"与"央行"等相关"部会"首长专案报告 8 寸晶圆登陆案,一致支持在"有效管理"的前提下开放 8 寸晶圆厂登陆投资。22 日,台"经济部大陆投资产官学专案小组"就 8 英寸晶圆厂登陆案达成三点共识,同意"在尽速建立有效管理机制"前提下,开放 8 英寸晶圆旧厂赴大陆投资。29 日,台"行政院长"游锡堃召开记者会,宣布小规模开放 8 寸晶圆厂赴大陆投资,开放项目以 8 寸以下晶圆厂旧设备作价投资为优先,并采取总量管制,以 2005 年以前核准投资三家为上限,持续多时的 8 寸晶圆登陆争议暂时画下句号。

3 月 10 日　中央人口资源环境工作座谈会在北京人民大会堂举行。江泽民主持座谈会并发表讲话。

3 月 11 日　国务院新闻办公室发表《2001 年美国人权纪录》,回击美国国务院 3 月 4 日发表的《2001 年国别人权报告》对中国的攻击。

同日　国际水科学院近日宣布,授予 35 位世界上最受尊敬的水科学家为国际水科学院终身院士,中国哈尔滨工业大学王宝桢教授成为唯一一名中国院士。

同日　中国人民银行行长戴相龙宣布核准台湾世华银行在上海浦东、彰化银行在昆山设立办事处,台有关当局表示欢迎,认为这是两岸金融良性互动的开始。

3 月 14 日　信息产业部第 9 次部务会议审议通过《中国互联网络域名管理办法》,自 2002 年 9 月 30 日起施行。

同日　欧洲议会通过联合决议案,支持台湾以观察员身份参与世界卫生大会(WHO)。

3 月 15 日　台"经济部长"宗才怡在"立法院"表示,只要法律许可,会采取"积极协商、个案处理"方式,开放"国营"事业赴大陆投资。"陆委会"主委蔡英文也表示,"国营"事业赴大陆投资"有讨论的空间"。

3 月 17 日　《人民日报》报道:进入 21 世纪后,我国 60 岁以上老年人口已达 1.32 亿,并且以每年 3.2% 的速度急剧增长。人口老龄化的严峻形势以及带来的各种社会经济问题,引起了党中央、国务院的高度重视。

同日　2002 年"世界台湾人大会"在台举行,"台独"组织发起所谓"台湾全国站起来运动"大游行,叫嚣"台湾正名"、"国家制宪",推动 3 月 18 日成为"三一八台湾日"。

3 月 18 日　六年前在台湾中正机场设立"亚太转运中心"的美商优比速(UPS)公司,鉴于两岸无法直航,决定启用设在菲律宾的转运中心,以抢占大陆庞大的市场商机,引起岛内各界震惊。

3 月 19 日　2001 年"大红鹰"杯全国十佳运动员评选活动举行颁奖晚会,田亮、王楠、郝海东、龚智超、郭晶晶、李小鹏、罗雪娟、王励勤、杨扬、袁华获奖。

同日　国务院公布《地质资料管理条例》、《人工影响天气管理条例》,分别自 2002 年 7 月 1 日和 2002 年 5 月 1 日起执行。

3 月 19 日—20 日　沙尘暴袭击了甘肃、内蒙古、宁夏、山西、陕西、河北、北京、天津等八省(市、区)120 多个县,总面积 140 万平方公里,耕地 428 万亩,草地 3540 万亩,总人口 1.3 亿。

3 月 20 日　我国选手申雪、赵宏博在日本举行的世界花样滑冰锦标赛上获双人滑金牌。

3 月 21 日　江泽民在北京人民大会堂会见了我国首批 41 名大法官、41 名大检察官,并发表了重要讲话。

3 月 24 日　国务院公布《国务院关于修改〈住房公积金管理条例〉的决定》,自公布之日起施行。

3 月 24 日—28 日　印度尼西亚总统迪雅·帕尔玛塔·梅加瓦蒂·斯迪雅瓦蒂·苏加诺普特丽访问我国。

3 月 25 日　我国研制的"神舟"三号飞船在酒泉卫星发射中心发射升空并成

功进入预定轨道。江泽民来到载人航天发射场观看飞船发射，并发表讲话。"神舟"三号飞船经过7天的飞行试验，装载有科学技术实验仪器和设备的返回舱于4月1日准确返回地面。此次重点进行的空间生命与空间材料科学领域的相关实验，获得了地面环境条件下无法取得的重要结果。

同日 海南省海口市中级人民法院对香港港澳国际（集团）投资有限公司原董事长兼海南国际投资集团有限公司原董事长李耀祺贪污案作出一审公开宣判，以贪污罪、挪用公款罪、私分国有资产罪数罪并罚，判处李耀祺死刑，剥夺政治权利终身，并处没收个人全部财产。法庭经审理查明，李耀祺在1992年10月至1997年7月间，利用职务便利，采取各种手段，单独或伙同他人共同作案，大肆贪污、私分和挪用国有企业资产，供其个人炒股、投资、挥霍，其中贪污公款共计人民币6100多万元，港币150多万元，私分国有资产共计人民币410多万元，挪用公款共计港币490万元。

3月26日 国务院办公厅日前转发教育部等四部委《关于进一步深化普通高等学校毕业生就业制度改革有关问题的意见》。

同日 国务院办公厅日前转发文化部等三部委《关于进一步加强基层文化建设的指导意见》。

同日 中国互联网协会在北京发布《中国互联网行业自律公约》，该公约的推出为建立中国互联网行业自律机制提供了保证。

3月27日 国际特奥委考察团就上海申办2007年特奥会在上海进行为期三天的考察。29日，考察团表示上海有能力举办特奥会。

同日 国务院台办发言人指出，将表述一个中国原则的"新三句"郑重写入政府工作报告，并由九届全国人大五次会议审议通过，充分反映了全国人民早日实现祖国统一的意愿。

同日 台"行政院"通过《台湾地区与大陆地区人民关系条例》部分条文修正草案，适度开放陆资入岛。4月2日，台"立法院"三读通过"两岸关系条例修正案"，开放陆资入台投资土地及不动产。台"行政院长"游锡堃作出政策性宣示，为配合"中华旅行社"香港机场办事处的设置，将扩大开放大陆人士来台观光。

3月28日 中国正式通知国际原子能机构，中国已完成《不扩散核武器条约》中保障监督附加议定书生效的国内法律程序，该附加议定书同日起对中国生效。中国是核武器国家中第一个完成上述程序的国家。

3月29日 新华社报道：中央军委日前发布施行新的《中国人民解放军内务条令》、《中国人民解放军纪律条令》。

同日 台"行政院长"游锡堃在"立法院"总质询时声称，因为行政、考试等"五院中央机关"都设在台北市，所以"中华民国的首都就是台北"，"教育部"应尽可能赶在下学期前将教科书里的"中华民国首都"更改为台北市。

3月30日 中国队在美国的西艾利斯夺得世界短道速滑团体锦标赛男团冠军，女队获得亚军。

同日 台湾团结联盟"立委"陈建铭拟提案修改"国籍法"部分条文，将"中华民国国籍"取得方式从现行的"血统（属人）主义"为主，改为"出生地（属地）主义"为主，即必须出生在台、澎、金、马等"中华民国"有效管辖领域者才可拥有"国籍"，借此排除"非台生"者竞选"总统"。

同日　台"政府改造委员会"第 3 次会议通过"行政院组织调整方案"。"行政院"将设"海洋事务部"等 18 个"业务机关"、3 个"政策统合机关"、2 个"行政管理机关"。另外,拟设 7 个"独立机关"。18 个"业务机关"包括:"内政部"、"外交部"、"国防部"、"财政部"、"教育部"、"法务部"、"经济贸易部"、"通讯运输部"、"卫生及社会安全部"、"环境资源部"、"农业部"、"文化体育部"、"劳动及人力资源部"、"海洋事务部"、"原住民委员会"、"客家委员会"、"退伍军人事务部"和"侨务委员会",3 个"政策统合机关"包括设立"国家发展委员会"(由"经建会"和"研考会"合并)、"科技委员会"(由"国科会"与部分"原能会"单位合并)、"大陆委员会"等,2 个"行政管理机关"包括"主计总署"、"人事总署"。"故宫博物院"改隶"总统府"。裁撤的"新闻局"业务分别并入"外交部"、"文化体育部"、"通讯运输部",而"蒙藏委员会"业务并入"外交部"和"陆委会"。

4 月 2 日　台"立法院"三读通过《台湾地区与大陆地区人民关系条例》部分条文修正草案,包括开放陆资来台投资土地及不动产、未经核准赴大陆投资厂商补登记、大陆投资盈余汇回重复征税问题。

4 月 2 日—9 日　李鹏委员长访问日本。

4 月 3 日　据中国载人航天工程航天员系统有关专家披露,"神舟"三号飞船拟人载荷试验效果良好。15 日,北京跟踪与通信技术研究所透露,中国载人航天测控系统达到国际先进水平。

4 月 3 日—7 日　第六届世界短池游泳锦标赛在莫斯科举行。中国队共获得 3 枚金牌、4 枚银牌、5 枚铜牌。

4 月 4 日　国务院公布《医疗事故处理条例》,自 2002 年 9 月 1 日起施行。

同日　中科院和美国《科学》杂志在北京联合举行通报会宣布:中国科学家率先绘制出水稻基因图谱。5 日,《科学》杂志以封面文章的形式发表了中国科学家的《水稻(籼稻)基因组的工作框架序列图》论文。

4 月 5 日　外交部长唐家璇分别同巴勒斯坦国总统亚西尔·阿拉法特和阿拉伯国家联盟秘书长阿姆鲁·马哈茂德·穆萨通了电话,转达江泽民主席和中国政府对阿拉法特总统的亲切问候和慰问。

同日　中国选手杨扬在蒙特利尔举行的世界短道速滑锦标赛中夺得女子 1500 米项目金牌。7 日,在 1000 米比赛中,杨扬又夺一枚金牌。

同日　公祭轩辕黄帝典礼仪式在陕西黄陵县隆重举行。

同日　美国总统布什正式签署美国参议院 3 月 19 日通过的"支持台湾参与国家卫生组织"众议院第 2739 号法案,授权美国国务卿支持台湾以观察员身份参加 5 月召开的世界卫生大会。

4 月 5 日—6 日　首届中国气候大会在北京举行。会议通过《关于加强我国气候工作的建议》。

4 月 7 日　中国"神光二号"巨型激光器日前研制成功。

4 月 8 日—22 日　国家主席江泽民访问德国、利比亚、尼日利亚、突尼斯和伊朗。

4 月 9 日　中国出版集团成立大会在北京举行。中国出版集团是党中央、国务院批准组建,由中宣部领导,国家新闻出版总署实施行业管理。

4 月 10 日　秦山核电站二期工程一号机组在完成 750 项试验后,进入满功率运行考验,并于 4 月 17 日分别通过核电机组 100 小时考验期和火电机组考验期,比原计划提前 47 天投入商业运行。

4 月 11 日 国务院发布《关于进一步完善退耕还林政策措施的若干意见》。

4 月 12 日 博鳌亚洲论坛首届年会在万泉河畔开幕，国务院总理朱镕基出席年会并发表致辞和主旨演讲。

同日 中科院院士刘东生在美国洛杉矶获 2000 年度"泰勒环境奖"。

同日 第 19 届中国戏剧梅花奖在北京揭晓。京剧演员尚长荣获得戏剧界的第一个"梅花大奖"，濮存昕等 6 位演员获得"二度梅"奖。

4 月 14 日 为期 4 天的"2002 国际人类基因组大会"在上海开幕。

4 月 15 日 纪念谭震林同志诞辰一百周年座谈会在人民大会堂举行。胡锦涛出席座谈会并发表讲话。

同日 当天上午 10 时 40 分（当地时间 11 时 40 分）左右，中国国际航空公司一架波音 767—200 客机在韩国金海市池内洞附近的神鱼山坠毁。机上有乘客 155 人和 11 名机组人员，其中有中国旅客 19 名，韩国旅客 135 人，乌兹别克斯坦旅客 1 人。仅有 38 人生还。

4 月 15 日—26 日 国务院总理朱镕基访问土耳其、埃及和肯尼亚。

4 月 16 日 由金门县政府经营的"太武"号客轮驶往厦门，金门、厦门之间每周二、五各往返一航次的定期航班客轮正式开航。

4 月 16 日—19 日 亚洲议会和平协会（AAPP）第三届年会 4 月 16 日在北京开幕，17 日移至重庆进行。中国全国人大常委会委员长李鹏当选亚洲议会和平协会新任主席。会议通过了《亚洲议会和平协会重庆宣言》。

4 月 17 日 台"行政院国科会"公布《台湾地区特定高科技人员进入大陆地区任职许可办法》。

4 月 19 日 第二届"迈向未来"国际青少年科学研究者大会在莫斯科落幕，中国 6 名高中生首次参加了生命、环境和信息科学两大类的竞赛活动，分获一、二、三等奖和特别参与奖。

4 月 20 日 民进党召开"临时全国代表大会"，表决通过包括"总统兼任党主席"等多项重要的党务改造案。

4 月 21 日 《人民日报》报道：由中央组织部、中央宣传部、中央党校等 13 个部门、单位共同组成的全国干部培训教材编审指导委员会组织编写的首批全国干部培训教材，已经由人民出版社出版发行。

4 月 22 日—28 日 世界杯射击赛在上海举行，中国队获得 5 枚金牌，同时领到 5 张雅典奥运会入场券。

4 月 23 日—5 月 3 日 国家副主席胡锦涛访问马来西亚、新加坡和美国。

4 月 24 日—28 日 九届全国人大常委会第二十七次会议在人民大会堂举行。会议通过《全国人民代表大会常务委员会关于修改〈中华人民共和国进出口商品检验法〉的决定》（4 月 28 日通过，自 2002 年 10 月 1 日起施行）。会议分别表决通过了全国人大常委会关于《中华人民共和国刑法》第 294 条第一款和第 384 条第一款的解释。

4 月 25 日 国土资源部在北京宣布：中国辽宁省凌源新发现的攀缘始祖兽化石，最近被确认世界最早的有胎盘类哺乳动物化石。

4 月 28 日 江泽民到人民大学考察工作，亲切看望学校的师生员工。

4 月 29 日 全国总工会决定对 300 个先进集体和 997 名先进个人予以表彰，向他们颁发全国"五一劳动奖状"和"五一劳动奖章"。

同日　文化部、国家文物局、国家计委等 9 部门联合发出《关于加强和改善世界遗产保护管理工作的意见》。

5 月 1 日　台"行政院"通过第二阶段开放大陆人民来台观光案,自 5 月 10 日起,赴境外旅游、商务考察或旅居国外(包括港澳地区)4 年以上的大陆地区人民、随行配偶及直系亲属皆可来台观光。

5 月 2 日　新华社报道:我国团员队伍发展稳定,截至 2002 年初,共有共青团员 6841 万人,基层团委 18 万个,团总支 26 万个,团支部 253 万个,专职团干部 18.1 万人。

5 月 3 日　美国《科学》杂志向全世界宣布:在中国辽宁省西部发现了"迄今为止世界上发现的最早的被子植物",一个新的基本被子植物科——古果科诞生。

5 月 4 日　台湾金门地区持续干旱造成严重水荒,福州马尾经济技术开发区向马祖紧急试供水,解燃眉之急。

5 月 5 日　2002 年世界杯击剑系列赛瑞典站比赛结束,中国选手李娜夺得女子重剑个人冠军。

5 月 7 日　北方航空公司的一架 MD82 飞机 B2138 号执行 6136 次航班任务,从北京起飞,飞往大连,在大连海域失事。机上乘客 103 人、机组人员 9 人全部遇难。

同日　台"行政院长"游锡堃正式宣布将推动"挑战 2008 国家发展重点计划",预计 6 年内投入新台币 26500 亿元。围绕该计划将实行"政治改革、贯彻金融改革、健全财政改革""三大改革"和"投资人才、投资研发创新、投资全球运筹通路、投资生活环境""四大投资"。

5 月 8 日　朱镕基主持召开国务院常务扩大会议。他强调,当前交通、生产安全形势相当严峻,各地区、各部门、各企业都要切实树立安全第一的观念,高度重视和集中精力抓安全生产,坚决采取有力措施,防止各类重大安全事故发生。

5 月 9 日　新华社报道:中共中央文献研究室编辑的《毛泽东文艺论集》,近日由中央文献出版社出版发行。

同日　世界贸易组织日前公布的 2001 年世界贸易最新统计数据表明,2001 年我国出口总额为 2662 亿美元,进口总额为 2436 亿美元,出口和进口排名均居第六位。美国、德国、日本、法国、英国名列前五位。

同日　国家外汇管理局宣布,2001 年我国国际收支经常项目、资本和金融项目继续保持双顺差,我国国际收支经常项目顺差 174.05 亿美元。

同日　陈水扁偕媒体主管展开"用心看台湾"之旅,在首站金门大担岛发表谈话,称邀请江泽民到台湾访问,并提出所谓"三项主张":①两岸关系的正常化必须是从经贸关系正常化开始,两岸政治统合的第一步必须从经贸及文化的统合开始着手;②两岸必须重启协商大门,方能减少误会及误判,复谈的第一步就是先行互访;③两岸"三通"是必走的一条路。

5 月 10 日　中央文明办、国务院纠风办联合推出第三批共 119 个全国创建文明行业活动示范点。

5 月 10 日—12 日　亚洲开发银行理事会第 35 届年会在上海国际会议中心举行。江泽民主席出席开幕式,并发表了题为"加强亚洲团结合作,促进世界和平发展"的讲话。

5 月 11 日　"台湾正名运动联盟"举行上万人参加的"五一一台湾正名游行"。

5 月 12 日　内昆(内江—昆明)铁路全线开通。

同日　为期 8 个月的首届中国职工艺

术节在人民大会堂隆重开幕。

5月13日 国务院公布《行政区域界线管理条例》，自2002年7月1日起施行。

同日 中国在第93届法国列宾国际发明展览会上获得4个金奖、5个银奖和5个铜奖。

同日 第55届世界卫生大会（WHO）在瑞士开幕，对尼加拉瓜等国提出的所谓"邀请台湾以观察员身份参与世界卫生组织大会"的提案，会议以主席裁决方式作出决定，不将此案列入大会议程。

5月14日 中国政府有关部门与国际狮子会在北京共同宣布，为期五年的"视觉第一中国行动"第二期项目正式启动，全国将有250万白内障患者得到治疗。

同日 首届"造型表演艺术创作研究成就奖"在北京颁发，共有11位艺术家获奖。他们是：王朝闻、艾中信、华君武、启功、张仃、侯波、曾竹韶、王金璐、邝健廉（红线女）、袁世海、戴爱莲。

5月15日 纪念中国共产主义青年团成立80周年大会在人民大会堂举行。江泽民在大会上发表讲话。

同日 我国自行研制的"长征四号乙"运载火箭在太原卫星发射中心顺利升空，将气象卫星"风云一号D"和我国第一颗海洋探测卫星"海洋一号"一同送入太空预定轨道。

同日 中国海军舰艇编队首次进行环球航行访问。5月至9月，中国海军编队航行3万余海里，访问了10个国家。

同日 亲民党首届党主席直选，时任党主席的宋楚瑜在同额竞选的情况下，以63.39%的投票率，99.46%的得票率当选。

5月16日 经国务院批准，中国电信集团公司与中国网络通信集团公司经重组后正式宣布成立。

5月16日—19日 塔吉克斯坦总统埃莫马利·沙里波维奇·拉赫莫诺夫对我国进行工作访问。

5月16日—31日 全国政协主席李瑞环访问保加利亚、斯洛文尼亚、乌克兰、英国。

5月17日 中共中央组织部、中共中央党史研究室、中共上海市委、中共湖南省委在北京举行纪念罗亦农同志诞辰一百周年座谈会。李鹏、胡锦涛出席并发表讲话。

同日 中国与塔吉克斯坦签订《中华人民共和国和塔吉克斯坦共和国关于中塔国界的补充协定》。这一协定全面解决了历史遗留的边界问题。

同日 中国移动率先在全国范围内正式推出GPRS业务。11月18日，中国移动通信与美国AT&T Wireless公司联合宣布，两公司GPRS国际漫游业务正式开通。

同日 中国艺术研究院日前召开座谈会，正式启动"中国口头和非物质遗产的认证、抢救、保护、开发和利用工程"。

5月18日 中国女队在第19届尤伯杯世界羽毛球赛中以3∶1艰难战胜韩国队，实现了三连冠。19日，中国男队以3∶2险胜马来西亚队，连续第五次夺冠。

同日 首届中国舞蹈节在云南闭幕。第三届"荷花奖"同时颁奖。

5月19日 由"中国统一联盟"发起的"反台独、救台湾万人大游行"在台北街头热烈举行，同时发表《向台独说不——反台独暴力宣言》，呼吁台湾当局立即扬弃一切"台独"政策，承诺"九二共识"，重启两岸谈判。

5月20日 我国与东帝汶民主共和国建立外交关系。

同日　国务院批准并转发《关于国家科研计划项目研究成果知识产权管理的若干规定》。

同日　为纪念《在延安文艺座谈会上的讲话》发表60周年,大型京剧交响乐《杨门女将》在北京首演,丁关根观看演出。同日,大型展览《毛泽东与文艺》在北京开幕。李鹏、江泽民于22日、26日先后观看了展览。22日,纪念毛泽东《在延安文艺座谈会上的讲话》发表60周年群众歌咏大会在北京举行。丁关根等观看了演出。

同日　昆剧《班昭》荣获“中国戏曲学会奖”。

5月21日　财政部、教育部联合宣布设立国家奖学金。从2002年9月1日起施行。

同日　中国广播影视节目交易中心在北京成立。

同日　主题为“科学与社会进步”的世界著名科学家论坛在南京大学开幕。

5月22日　中国基督教第七次全国代表会议在北京召开。通过了中国基督教三自爱国运动委员会和中国基督教协会章程,通过了《关于反对邪教、抵制异端邪说的决议》。

5月24日　国务院原副总理,中共第十二届中央政治局委员、书记处书记,第五届、第七届全国人大常委会副委员长习仲勋在北京逝世。

5月25日　台湾“中华航空公司”一架从台北飞往香港的波音747—200型客机坠落在澎湖马公外海,机上206名乘客和19名机组人员全部遇难。

同日　《人民日报》报道:我国科技工作者发现我国迄今规模最大的天然气田——苏里格大气田。到目前为止,该气田天然气探明地质储量达到6025.27亿立方米,行政区划属内蒙古自治区伊克昭盟。

5月26日　中国农业大学与北京基因达科技有限公司与河北芦台农场合作,日前在国际上首次通过体细胞克隆技术成功地克隆了中国第一头优质黄牛——红系冀南牛“波娃”。

5月27日　国务院公布《中国公民出国旅游管理办法》,自2002年7月1日起施行。

同日　国、亲两党“立法院”党团举行联合记者会,表示将共同提案修正“两岸人民关系条例”,解除现行两岸直航限制,全面开放两岸直航。

5月28日—30日　中国科学院第11次院士大会、中国工程院第六次院士大会在北京举行。江泽民在会上发表讲话。李鹏、朱镕基、胡锦涛、尉健行出席大会。中国科学院第11次院士大会产生了第五批外籍院士7名。至此,中国科学院的外籍院士总数达到41人。中国工程院第六次院士大会选举产生了中国工程院新一届领导班子。张光斗获得第四届光华工程成就奖,柳百成等13人获得光华工程科技奖、另有5人获得光华工程科技奖青年奖。

5月29日　全总和中航集团公司授予在“神舟”三号飞船试验中有突出贡献的3个先进集体、4名先进个人全国“五一劳动奖状”和“劳动奖章”荣誉称号。

同日　“中国少年儿童海尔科技奖”在北京设立,每年50万元的大奖将颁发给全国范围内6至16周岁的“儿童发明家”。

5月30日　台“立法院外交委员会”通过民进党“立委”蔡同荣与无党籍“立委”陈文茜等人的“临时动议”,决议“建请政府在护照封面上的英文Passport前增列Taiwan字样”。

5月31日　江泽民在中央党校省部

级干部进修班毕业典礼上发表讲话。

5月　国务院学位委员会审议通过了《军事学硕士专业学位设置方案》，决定设置和试办军事学硕士专业学位，标志着军队高层次应用型专门人才的培养迈上一个新的台阶。

6月2日　中央军委在中南海举行晋升上将军衔仪式。这次晋升上将军衔的高级军官是：空军司令员乔清晨、军事科学院政治委员温宗仁、沈阳军区司令员钱国梁、沈阳军区政治委员姜福堂、济南军区司令员陈炳德、南京军区司令员梁光烈、广州军区政治委员刘书田。

6月3日　中央办公厅和国务院办公厅下发《关于在国有企业、集体企业及其控股企业深入实行厂务公开制度的通知》。

同日　卫生部和全球疫苗免疫联盟日前签署一项关于儿童乙肝疫苗的合作项目，中国西部12省区的儿童将实施乙肝疫苗计划免疫。

同日　历时10天的第二届全国体育大会在四川绵阳落幕。先后有3人4次创造或超过4项世界纪录，1人1次超过1项世界青少年纪录，9人1队11次创9项全国纪录。26个代表团、6个代表队获得金牌。

同日　台"立法院"通过"集会游行法"修正案，删除了集会游行不得宣传共产主义和分裂国土的禁令。

6月3日—18日　国家主席江泽民出席"亚洲相互协作与信任措施会议"阿拉木图峰会、上海合作组织成员国元首圣彼得堡会晤，并访问拉脱维亚、爱沙尼亚、冰岛、立陶宛。4日，江泽民发表了题为"加强对话与合作，促进和平与安全"的讲话。

6月8日　第29届奥林匹克运动会科学技术委员会在北京成立。

同日　台闽地区乡镇市民代表暨村里长选举结果揭晓，平均投票率分别为68.28%和62.71%。国民党拿下2291席，民进党72席，亲民党20席，无党籍4440席。

6月10日　卫生部等7部委日前联合印发《中国农村初级卫生保健发展纲要（2001—2010年）》。

6月11日　由团中央、科技部和民进中央共同发起的全国"青年星火西进计划"正式启动。

同日　台"卫生署"公布，2001年岛内民众十大死亡原因，癌症连续20年名列榜首，平均每4人死亡就有1人死于癌症。民众平均寿命则延长，男性为72.8岁，女性为78.48岁。

6月12日　卓越的科学家、教育家、社会活动家童第周诞辰100周年纪念座谈会在北京举行。李瑞环出席座谈会。

同日　中宣部、公安部、上海市委在人民大会堂联合举行学习肖玉泉同志的先进事迹座谈会。

同日　中国从2002年起开始在出版行业实行专业技术人员职业资格制度，首次全国统考将于2002年9月22日举行。

6月13日　据瑞典"斯德哥尔摩国际和平研究所"（SIPRI）发表的年度报告，台湾以114亿美元的5年进口总额，成为1997年至2001年间最大的军火进口地区。

6月15日　文化部等三部门联合在北京举办第六期中央国家机关部级领导干部历史文化讲座。

6月16日　北京市海淀区一非法营业的网吧凌晨发生火灾，造成24人死亡。北京市当天宣布，对所有网吧及娱乐场所进行整顿。

6月17日　《大公报》创刊一百周年

纪念会在北京举行。

6 月 18 日　财政部宣布,据最新会计决算统计,2001 年底我国国有资产总量突破 10 万亿元,达到 109316.4 亿元,比上年增加 10457.2 亿元,增幅为 10.6%。在全国国有资产中,经营性资产 73149.3 亿元,占 66.9%;非经营性资产 36167.1 亿元,占 33.1%。

6 月 19 日　民革中央在北京举行王昆仑同志诞辰一百周年纪念座谈会。李瑞环出席座谈会。

同日　全国绿化委、中宣部和国家林业局联合召开学习治沙英雄石光银先进事迹座谈会。

6 月 20 日　法国文化部近日向中国作家韩少功颁发"法国骑士文艺奖"。

同日　台"立法院"进行"大法官"、"监委"、"考试委员"及"考试院"正副院长人事同意权投票,除赖英照外,"大法官"和"监委"提名人全部被在野党封杀,"考试院长"提名人姚嘉文过关,"副院长"提名人张博雅落选,19 位"考试委员"全部通过。

6 月 21 日　黑龙江鸡西矿务局城子煤矿发生特大瓦斯爆炸,115 人遇难。

6 月 23 日　新华社报道:国务院决定,除企业海外发行上市外,对国内上市公司停止执行《减持国有股筹集社会保障资金管理暂行办法》中关于利用证券市场减持国有股的规定,并不再出台具体实施办法。

6 月 24 日　全国农村"三个代表"重要思想学习教育活动联席会议领导小组、中共中央组织部表彰 255 个全国农村"三个代表"重要思想学习教育活动先进集体和 31 名全国农村学习实践"三个代表"重要思想基层干部标兵。

同日　南宁市中级人民法院依法对原中共广西壮族自治区党委常委、自治区人民政府副主席刘知炳受贿案作出一审判决:被告刘知炳犯受贿罪,判处有期徒刑 15 年,剥夺政治权利 3 年;并处没收个人财产人民币 25 万元;刘知炳违法所得的人民币 866322 元,依法没收,上缴国库。

6 月 24 日—29 日　九届全国人大常委会举行第二十八次会议。会议通过《中华人民共和国中小企业促进法》、《中华人民共和国清洁生产促进法》、《中华人民共和国政府采购法》(均于 6 月 29 日公布,自 2003 年 1 月 1 日起施行)、《中华人民共和国安全生产法》(于 6 月 29 日公布,自 2002 年 11 月 1 日起施行)、《中华人民共和国科学普及法》(6 月 29 日公布,自公布之日起施行)。会议还通过关于第一任全国人大常委会香港基本法委员会成员继续履行职责的决定、全国人大常委会关于批准禁止和立即行动消除最恶劣形式的童工劳动公约的决定等文件。

6 月 24 日—29 日　第 14 届世界杯跳水赛在西班牙塞维利亚举行。中国队夺得 12 枚金牌中的 10 枚。

6 月 25 日　中央军委颁布实施《中国人民解放军装备维修工作条例》。

同日　南京大学等三单位联合在北京宣布,他们发现铝酸镧(LAO)和镧铝氧氮(LAON)两种新一代半导体材料。

6 月 27 日　《人民日报》报道:据世界旅游组织最新发布的新闻公报,2001 年我国国际旅游收入达 178 亿美元,仅次于美国、西班牙、法国和意大利。

同日　中共中央宣传部、内蒙古自治区党委在北京举行廷·巴特尔先进事迹报告会。内蒙古自治区锡林郭勒盟阿巴嘎旗洪格尔高勒苏木萨如拉图亚嘎查党支部书记廷·巴特尔扎根草原 28 年,带领牧民脱贫致富,把党和人民的事业放在首位,真心诚意为人民谋利益。

同日 新闻出版总署和信息产业部联合出台《互联网出版管理暂行规定》,该规定将于2002年8月1日起正式实施。

同日 上海东方男篮中锋姚明获得2002年NBA"状元秀"的荣誉,成为美国休斯敦火箭队的一员。

6月28日 国务院公布《中华人民共和国内河交通安全管理条例》自2002年8月1日起施行。

6月29日 吉林省汪清县发生7.2级地震。

同日 耗时一年之久,历经七次谈判,"港台新航约"终于在延期截止日前一天正式完成签约。

6月30日 历时一个月的第十七届世界杯足球赛在韩国结束。中国队首次参赛,巴西队夺冠。

7月1日 庆祝香港回归祖国5周年大会暨香港特别行政区第二届政府就职典礼在香港会议展览中心隆重举行。江泽民主席出席大会并发表讲话,香港特别行政区第二届政府的19名主要官员由董建华先生带领上台宣誓就职。江泽民监誓。

7月2日 广东岭澳核电站一号机组投产。李鹏出席庆祝大会。

同日 以国务委员吴仪为团长的中国政府代表团2日出席了国际展览局第131次全体代表大会,并就中国上海申办2010年世博会作了陈述。

同日 中国红十字总会和卫生部日前联合下发《关于加强中国造血干细胞捐献者资料库(中华骨髓库)及分库建设的通知》。

7月4日 国家信息化领导小组第二次会议召开。会议通过了《国民经济和社会信息化专项规划》、《关于我国电子政务建设的指导意见》和《振兴软件产业行动纲要》。

7月5日 国家科技教育领导小组在中南海举办科技知识讲座,朱镕基、李岚清等国务院领导出席。

同日 京剧《贞观盛世》等7台剧目获文华大奖。

7月6日 两岸直接通汇正式上路。

7月7日 中共中央组织部、中共中央宣传部、人事部、科学技术部作出决定,授予李桓英等50名同志"杰出专业技术人才"荣誉称号。

7月8日 覆盖全国的鑫诺卫星自6月23日至6月30日,陆续遭到"法轮功"非法电视信号攻击,卫星转发器传输的"村村通"广播电视工程中的中央电视台9套节目和10个省级电视台节目受到严重干扰,全国部分农村、边远山区的"村村通"用户无法正常收看迎接七一、香港回归5周年庆典等重大电视新闻和世界杯足球决赛阶段电视转播及各电视台电视节目。各界人士严厉谴责"法轮功"邪教组织践踏国际法则和公共秩序的卑劣行径。

7月9日 中共中央关于印发《党政领导干部选拔任用工作条例》的通知。

同日 人事部宣布,除按照国家公务员制度进行人事管理及转制为企业的单位外,其他所有事业单位都将逐步推行人员聘用制度。

7月9日—15日 尼泊尔王国国王贾南德拉·比尔·比克拉姆·沙阿·德瓦访问我国。

7月10日 国务院办公厅近日转发公安部等九部委联合制定的《关于为外国籍高层次人才和投资者提供入境及居留便利的规定》。

同日 台"教育部国语推行委员会"召开会议,在近半数委员缺席下表决通过决议,建议"教育部"对中文译音系统采"通用拼音"版本。此举立即引起岛内各界的强烈反对。

7 月 11 日　由中央文明办出资 2500 万元的"扶残助学"项目正式启动。

同日　中国当代文学大师孙犁逝世,享年 90 岁。

7 月 12 日　民政部发布灾情信息,截至 7 月 8 日,我国今年以来已有 24 个省、自治区、直辖市和新疆生产建设兵团的 1 亿多人次不同程度遭受洪涝灾害,受灾人口和农作物受灾面达到 20 世纪 90 年代以来的同期最大值。陕西、福建、湖南、四川、重庆、广西、湖北、江西、贵州 9 个省、自治区、直辖市的损失较为严重。

7 月 13 日　我国中学生在第 13 届国际生物奥林匹克竞赛中获得 3 枚金牌和 1 枚银牌,陈栩获得个人总分第一名;台湾地区代表队获得 3 金 1 银的好成绩。18 日,我国 4 名中学生日前在第 34 届国际化学奥林匹克竞赛中全部获得金牌,囊括了个人总分第一名和最佳选手奖,并获得团体总分第一。19 日,6 名中国选手参加第 43 届国际数学奥林匹克竞赛全部获得金牌,并获团队总分第一。中国香港代表队获得 1 枚金牌。

7 月 14 日　中共中央办公厅、国务院办公厅发出《关于进一步做好村民委员会换届选举工作的通知》。

同日　《人民日报》报道:国家质检总局日前宣布,对今年第二季度产品质量国家监督抽查中存在严重质量问题的家庭及类似用途插头插座产品,从本月起予以强制收回。这标志着我国对产品质量管理开始实施缺陷产品召回制。

7 月 15 日　《毛泽东邓小平江泽民论工人阶级和工会工作》出版座谈会在北京举行。尉健行发表讲话。

7 月 16 日　江泽民来到中国社会科学院考察工作。

同日　2001 年度中国国际科学技术合作奖在北京颁奖。共有 6 位外国科学家获奖。

同日　第 48 届世界射击锦标赛在芬兰降下帷幕。参赛的中国射击队共夺得 17 枚金牌、18 枚银牌和 11 枚铜牌,并打破 5 项世界纪录和 4 项青少年世界纪录。

7 月 17 日　中山大学肿瘤防治中心经过多年研究,将鼻咽癌的易感基因定位在人类 4 号染色体的 4P15.1—4P12 区域。国际权威刊物《自然遗传学》公布了这一研究成果。

7 月 19 日　台"陆委会"召开委员会议,通过修正《大陆地区人民相关许可办法》。同时通过的《大陆地区人民来台定居居留许可办法》,增列了未来台湾配偶死亡后,如果其大陆配偶须照顾 65 岁以上的父母或未成年子女,可以申请专案居留。"陆委会"也宣布,已取得居留权的大陆配偶返回大陆探亲的期限延长为 120 天。

7 月 21 日　中国同瑙鲁建立大使级外交关系。

同日　民进党召开第十届第一次"全国党代表大会",陈水扁兼任党主席。

同日　瑙鲁在香港与我签署建交公报,宣布与台"断交"。

7 月 22 日　新华社报道:党中央、国务院近日下发了《关于进一步加强和改进新时期体育工作的意见》,这是继 1984 年党中央发出《关于进一步发展体育运动的通知》之后,关于体育工作的又一个纲领性文件。

同日　中国队在世界青年田径锦标赛上以 2 金、8 银、1 铜的成绩位居奖牌榜第二位。

7月23日 卫生部与中国残联于近期共同制定颁布了《中国提高出生人口素质、减少出生缺陷和残疾行动计划（2002—2010年）》。

同日 台军方"国防报告书"（白皮书）出炉，首度将"建立两岸军事互信机制"列为重要篇章。

7月24日 《人民日报》报道：中共中央组织部制定的《党政领导干部选拔任用工作条例》近日公开发表。

同日 中国航空模型队在德国举行的世界线操纵航空模型锦标赛F2B—特技飞行比赛中，获得两个五连冠。

7月25日 中央军委主席江泽民签署命令，颁布施行《中国人民解放军后勤装备条例》。

同日 福建省泉州市天后宫妈祖及护驾团乘船直航澎湖马公港，实现了两岸分离半个世纪以来，祖国大陆与台湾省澎湖县之间首度直航。

7月25日—27日 首届世界杯武术散打赛在上海举行，中国队共获得6枚金牌。

7月26日 第五次全国民族教育工作会议在北京召开。截至目前，共有1948.88万少数民族学生在各级各类学校就读，与1991年相比，各级各类学校少数民族在校学生数量增长39%。

7月27日 国务院公布《专职守护押运人员枪支使用管理条例》，自公布之日起施行。

7月29日—30日 全国职业教育工作会议在北京举行。朱镕基、李岚清发表讲话。

7月31日 在东盟地区论坛举行的第九届论坛外长会议上，中国提交了"中国关于新安全观的立场文件"，全面系统地阐述了中方在新形势下的安全观念和政策主张。

同日 台"陆委会"宣称将修正"两岸人民关系条例"，把现行台湾民众赴大陆须经主管机关"许可"的制度，改为"查验制"或"申报制"；公务员、涉及"国家安全"机密的人员仍维持"许可制"，违反相关规定者，将加重处罚，处新台币20万至100万元罚款。

8月2日 国务院公布《中华人民共和国著作权法实施条例》、《社会抚养费征收管理办法》，自2002年9月15日和9月1日起施行。

8月3日 陈水扁向在日本东京开幕的"第29届世界台湾人大会"年会发表电视讲话时，声称要"走我们台湾自己的路"；"台湾是一个主权独立的国家"，即"台湾跟对岸中国一边一国，要分清楚"；并称"要认真思考公民投票立法的重要性和迫切性"。受"一边一国"论影响，5日，台北股市集中市场加权指数大跌284.22点，以4636.67点收盘，店头市场下跌7点，以111.86点收盘，双双创下当年新低。台湾证券交易所统计，当日股票总市值共缩水新台币5743亿元。6日，陈水扁在民进党中常会上就其有关两岸关系的谈话提出"五点说明"，称"一边一国论"可能会造成误解，"主权对等论"应较符合完整意旨。

8月3日—4日 国务院先后公布《中华人民共和国商标法实施条例》、《中华人民共和国药品管理法实施条例》，均自2002年9月15日起施行。

8月3日—8日 第50届军事五项世界锦标赛在荷兰举行。中国队获得4枚金牌、2枚银牌、2枚铜牌。并打破1项世界纪录，男子团体实现了八连冠，女子团体实现了三连冠，女子个人连续第三次夺得冠军。

8月5日　陈水扁8月3日向在日本东京举行的"世界台湾同乡联合会第二十九届年会"发表讲话,公然声称"台湾跟对岸中国一边一国",鼓吹要用"公民投票"方式决定"台湾的前途、命运和现状"。中共中央台湾工作办公室、国务院台湾事务办公室新闻发言人就此发表谈话指出,这些言论与李登辉"两国论"如出一辙,充分暴露了他顽固坚持"台独"立场的真面目,是对包括台湾同胞在内的全体中国人民的公然挑衅,也是对国际社会公认的一个中国原则的公然挑衅,必将对两岸关系造成严重的破坏,影响亚太地区的稳定与和平。

8月8日　原国务委员、第九届全国政协副主席陈俊生在北京逝世。

同日　台"陆委会"宣布"禁止台湾各县市政府与对岸地方政府缔结姐妹市"。

8月11日　在2002年世界杯场地自行车总决赛女子500米计时赛中,中国女将江永华以34秒的优异成绩一举夺冠并打破了这个项目的世界纪录。

8月13日　新华社报道:我军军事五项代表团在国际军体第五十届军事五项世界锦标赛上夺得4枚金牌,男子团体实现"八连冠",女子团体实现"三连冠"。

8月14日　科技部公布《可持续发展科技纲要》。

同日　中宣部等七部门近日发出通知,要求保证科学技术普及法顺利实施。

同日　吕秀莲一行赴印尼进行所谓"烽火外交",被拒入境、被迫停留巴厘岛。

8月15日　中共中央、国务院、中央军委下发《关于加强和改进城市民兵工作的意见》。

8月17日　国民党十六届二中全会通过中常委改选案,从210名中委中选出31位新任中常委。18日,会议通过决议,推举主席连战参选2004年台湾地区领导人。

8月17日—23日　2002年世界击剑锦标赛在里斯本举行。中国队共获得1枚金牌和2枚铜牌。

8月18日　国家重大科技项目"牛和人类胚胎干细胞研究"通过教育部组织的成果鉴定。

8月18日—23日　第八届全国中学生运动会在南京举行。李岚清出席开幕式。共有53人(队)62次超18项中运会纪录,17人共26次达到国家运动健将标准。游泳项目有19人达到国家运动健将标准。

8月18日—25日　2002年国际信息学奥林匹克竞赛(IOI2002)在韩国举行。中国队4名选手获得3金1银的好成绩。

8月19日　江泽民主席在中南海会见参加北京国际弦理论会议的斯蒂芬·霍金教授等国际知名科学家。

同日　中共中央宣传部等部门在北京联合举行黎昌和先进事迹报告会。黎昌和同志1980年应征入伍,1998年转业到地方工作,生前是重庆市石柱土家族自治县国土资源和房屋管理局党组成员、副局长。2002年5月19日,为抢救一名落水学生英勇牺牲,年仅39岁。

同日　新华社报道:国务院最近发出通知指出,新阶段"菜篮子"工作的任务是:以保障长期稳定供给为目标,以提高"菜篮子"产品质量卫生安全水平为核心,加快实现由比较注重数量向更加注重质量,保证卫生和安全转变,让城乡居民真正吃上"放心菜"、"放心肉";逐步实现由阶段性供求平衡向建立长期稳定供给机制转变,让城乡居民长期吃上"放心菜"、"放心肉",促进农业增效、农民增收。

同日　中国选手谭雪在世界击剑锦

标赛女子佩剑个人决赛中夺得冠军，实现了中国击剑世锦赛金牌零的突破。

同日 教育部、国家体总颁布《学生体质健康标准》试行方案。

8月20日—28日 第24届国际数学家大会在北京举行。江泽民出席开幕式，并为本届菲尔茨奖获得者颁奖。李岚清代表中国政府致辞。19日，江泽民在北京会见斯蒂芬·霍金教授等国际知名科学家。27日，著名数学家吴文俊在会上呼吁要"复兴中国数学"。

8月22日 国务院总理朱镕基在上海与应邀来华进行正式访问的俄罗斯联邦政府总理卡西亚诺夫举行了中俄总理第七次定期会晤，双方就积极落实《中俄睦邻友好合作条约》，扩大两国在政治、经贸、科技和人文等各领域的全面互利合作深入交换了意见，并达成一系列重要共识。

同日 国务院公布《中华人民共和国导弹及相关物项和技术出口管制条例》，自公布之日起施行。

8月22日—24日 全国体育工作会议表彰颁奖会在北京举行。23日，江泽民接见会议代表并发表讲话。刘淇等7位同志和徐寅生、刘吉等26位同志分别被授予"体育工作荣誉奖章"，杨阳等94名运动员、辛庆山等69名教练员被授予体育运动荣誉奖章，吉林省体育局等10个在2001年为我国体育事业作出突出贡献的单位同时受到表彰。

8月23日—29日 九届全国人大常委会第二十九次会议在北京举行。会议通过修订后的《中华人民共和国农村土地承包法》、《中华人民共和国水法》、《中华人民共和国测绘法》，均于8月29日公布，分别自2003年3月1日，2002年10月1日，2002年12月1日起施行。

8月24日 中国奥委会全会在北京召开。

同日 中国选手在德国举行的世界杯射击总决赛中共夺得6枚金牌、3枚银牌、4枚铜牌。

8月25日—9月6日 国务院总理朱镕基访问阿尔及利亚、摩洛哥、喀麦隆，对南非进行工作访问，并于9月3日出席了在南非约翰内斯堡举行的联合国可持续发展世界首脑会议。朱镕基代表中国政府在会上讲话强调，中国将坚定不移地走可持续发展的道路，并宣布中国已核准《〈联合国气候变化框架公约〉京都议定书》。

8月26日 第五届范长江新闻奖、韬奋新闻奖、全国百佳新闻工作者评选揭晓。

8月27日 中共中央办公厅转发《中共中央组织部、中共中央宣传部关于学习〈江泽民论有中国特色社会主义〉（专题摘编）的通知》。

同日 日本东京地方法院开庭，对持续5年之久的侵华日军细菌战中国受害诉讼案作出一审判决，认定侵华日军在中国发动细菌战杀害中国人民这一事实，但法院驳回了180名中国原告向被告日本政府提出赔礼道歉和赔偿损失的要求。

同日 纪念我国著名科学家、教育家周培源同志诞辰一百周年座谈会在北京举行。李瑞环出席座谈会。

同日 为期9天的2002年第24届国际数学家大会在北京闭幕。国际数学联盟主席帕利斯表示，在中国举办的本届大会对世界数学的发展必将起到良好的促进作用。

同日 2002年世界少年国际象棋奥林匹克团体赛在吉隆坡落幕，中国人大附中国家少年队获得团体冠军，并赢得两块个人台次的金牌和一块银牌。

同日 由台"全国总工会"、"全国劳动联盟总会"、"全国产业总工会"、"全国联合总工会"、"职业工会全国联合总会"和"医疗改革基金会"等 60 多个团体合组的"八二七全民反健保调涨大联盟"发动 20000 名劳工上街游行,得到"立法院"国、亲党团全力声援。

8 月 28 日 中国政府颁布了《中华人民共和国导弹及相关物项和技术出口管制条例》及《管制清单》。这是中国政府根据防扩散政策采取的又一项重要举措。

同日 我外交部发言人指出,侵华日军二战时使用细菌化学武器残害中国人民是铁的事实,日方应正确认识和对待这段历史。

同日 台"内政部"发布新修正的"进入大陆地区许可办法"。

8 月 29 日 中国研制成功的万亿次计算机联想深腾 LSSC－Ⅱ实际速度达到每秒 1.027 万亿次浮点运算,列世界速度最快计算机第 24 位。

9 月 1 日 《中华人民共和国计划生育法》正式实施。据统计,20 年来,全国少生人口近 3 亿。

同日 中国队在澳门举行的第 10 届世界杯女子曲棍球赛上获得冠军。2 日,国家体育总局等致电祝贺。

9 月 2 日 甘肃礼县大堡子山发现的古墓群近日被专家一致认定为秦始皇第一祖陵,礼县也被认定为秦人的发祥地。

9 月 3 日 台湾地区登革热疫情持续扩大,累计病例达 1644 例,已有 3 人因出血性登革热死亡。

9 月 3 日—21 日 人大常委会委员长李鹏访问泰国、印度尼西亚、菲律宾。

9 月 4 日 卫生部宣布,我国政府将艾滋病专项防治经费由每年 1500 万元人民币增加到每年 1 亿元。我国政府建立了艾滋病防治协调会议制度。

9 月 5 日 台"行政院"通过修正《试办金门马祖与大陆地区通航实施办法》。

9 月 7 日 国务院公布《中华人民共和国税收征收管理法实施细则》,自 2002 年 10 月 15 日起施行。

9 月 8 日 江泽民出席在人民大会堂举行的北京师范大学建校 100 周年庆祝大会,并发表讲话。

同日 新华社报道:经党中央、国务院同意,中共中央办公厅、国务院办公厅近日转发《关于"十五"期间扫除文盲工作的意见》,要求各地区、各部门结合实际情况,认真贯彻执行。

9 月 8 日—13 日 规模空前的中华人民共和国第三届特殊奥林匹克运动会在古城西安隆重举行。共有 32 个代表团获得体育道德风尚奖。

9 月 9 日 旅居美国的著名教育家、科学家顾毓琇病逝于美国俄克拉荷马大学医疗中心,享年 100 岁。江泽民、朱镕基分别致唁电。

同日 《人民日报》报道:2001 年底,全国小学专任教师总数为 579.77 万人,学历达标率由 1977 年的 47.1% 上升到了 96.81%;初中教师总数为 334.84 万人,学历达标率由 1977 年的 9.8% 提高到了 88.81%;普通高中教师总数 84 万人,学历达标率由 1977 年的 45.9% 提高到 70.71%。

9 月 10 日 经国务院批复同意,国家海洋局今天在北京发布《全国海洋功能区划》。国务院在批复中强调指出,海洋功能区划是我国海域使用管理和海洋环境保护的依据,具有法定效力,必须严格执行。

9 月 11 日 新华社报道:中央军委日

前发布施行新的《中国人民解放军军事训练条例》。

同日 台"内政部"公布修正的《大陆地区人民在台湾地区定居或居留许可办法》及《大陆地区人民进入台湾地区许可办法》。

同日 台湾"加入联合国"图谋第十次失败。

9月12日 2010年上海世博会申办委员会在北京举行申办情况介绍会，向与会的各国驻华大使和中外记者介绍情况。

同日 第八届中国电影华表奖揭晓。《毛泽东在1925》、《冲出亚马逊》、《背水一战》等获奖。

9月12日—13日 中共中央、国务院召开全国再就业工作会议。

9月14日 南京江宁区汤山镇作厂中学和东湖丽岛工地部分学生和民工因食用饮食店内的油条、烧饼、麻团等食物后发生中毒。据初步调查，中毒者达200多人，经抢救无效陆续有38人死亡。经过公安机关78小时的连续奋战，案件成功告破。

9月16日 教育部宣布："十五"期间"211工程"建设项目正式启动，国家投入专项资金60亿元。

9月16日—20日 首届国际水稻大会在北京中国国际科技会展中心召开，中国国家主席江泽民出席开幕式并讲话。

9月16日—20日 中国佛教协会第七次全国代表大会在北京召开。会议审议通过《中国佛教协会第六届常务理事会工作报告》和修改通过《中国佛教协会章程》等文件，会议推选帕巴拉·格列朗杰为中国佛教协会名誉会长，选举产生了新一届领导机构。

9月18日 中宣部等在北京联合宣布，中央文明委2002年在全国为西部开发助学工程开办了42个面向特困生的高中"宏志班"，共资助学生2100人。

同日 中国气象局等在北京举行"风云一号"D星/"海洋一号"A星交付签字仪式。

9月19日 《北京历史文化名城保护规划》正式实施。

9月19日—28日 国务院总理朱镕基出席第四届亚欧首脑会议和第五次中欧领导人会晤，并访问奥地利、丹麦和法国。

9月20日 纪念杰出的无产阶级革命家、军事家、党和军队的卓越领导人黄克诚诞辰一百周年座谈会在人民大会堂举行。

同日 中央企业工委在北京举行石屏同志先进事迹报告会。石屏是中国航空工业第二集团公司所属洪都航空工业集团公司K8飞机总设计师。

同日 全国政协《文史资料存稿选编》首发式暨赠书仪式在北京举行，李瑞环出席并讲话。

9月21日 北京天坛公园、吉林松花湖风景名胜区、江苏花果山风景名胜区、江西三清山风景名胜区、海南三亚南山文化旅游区、四川九寨沟风景名胜区、云南中国科学院西双版纳热带植物园、山西大同云冈石窟、湖南岳麓山风景名胜区、河南开封市龙亭湖风景旅游区等10个风景旅游区被授予第五批全国文明风景旅游区示范点牌匾。至此，全国各地已有50个景区成为全国文明风景旅游区示范点。

9月23日 人民海军首次环球航行访问舰艇编队回到祖国。由"青岛"号导弹驱逐舰、"太仓"号综合补给舰组成的舰艇编队，于5月15日从青岛军港起航，横跨印度洋、太平洋、大西洋，远涉亚洲、非洲、欧洲、南美洲和大洋洲，先后对新加

2

坡、埃及等 10 个国家和港口进行了友好访问,总航程 33000 多海里,途经 14 个主要海峡和苏伊士、巴拿马运河,横跨 68 个纬度,6 次穿越赤道,7 次经历大风浪和强低压气旋的考验,创造了人民海军舰艇编队出访时间最长、航程最远、航经海域最广、访问国家最多等纪录。

9 月 24 日　国务院作出《关于大力推进职业教育改革与发展的决定》。

同日　教育部负责人说,到 2000 年,我国如期实现了基本普及九年义务教育、基本扫除青壮年文盲的目标。

9 月 25 日　东盟地区论坛"军队后勤保障社会化研讨会"在北京开幕。来自东盟地区论坛 23 方 39 名代表,围绕军队后勤保障社会化这一主题进行交流,共同推动各国军队的信任与合作。

同日　中国互联网络信息中心(CNNIC)发布《域名注册实施细则》、《域名争议解决办法》、《域名注册服务机构认证办法》等文件。

同日　《大辞海》编纂工作在沪启动。

同日　国务院台湾事务办公室负责人表示,"法轮功"在台湾台北市地区发射非法电视信号,干扰鑫诺卫星,是严重违法犯罪活动,台湾方面有责任立即制止这种犯罪行为。26 日,国家无线电监测中心公布干扰鑫诺卫星测试结论,确定干扰源位于台北市,位置为东经 121 度 30 分 30 秒,北纬 24 度 51 分 04 秒周围。

同日　台"行政院"通过"两岸关系条例"修正草案。

9 月 26 日　美国洛克菲勒大学艾滋病研究中心宣布,中国学者张林琦博士及其同事已经发现了可以有效控制艾滋病的人体小分子蛋白——三种"阿尔法—防御素"。这是艾滋病研究领域的一个新突破。

9 月 27 日　新华社报道:中共中央党史研究室近日推出《中国共产党历史》第一卷。

同日　首都教育界、学术界、新闻界的专家学者在北京大学隆重纪念冯定同志百年诞辰。与会专家学者充分肯定了冯定在马克思主义哲学研究和发展上所作的重要贡献。

同日　李登辉在日本《冲绳时报》刊出的专访中称钓鱼岛"是日本的领土",遭到岛内各界强烈反对。"行政院长"游锡堃在"立院"答询时被迫表示,钓鱼岛是"中华民国领土,属于宜兰县头城镇"。

9 月 28 日　中国科学院计算所宣布,由该所研制的商品化通用高性能中央处理器(CPU)芯片——"龙芯"1 号投产成功。

同日　中国社科院台湾史研究中心在北京成立。

同日　教师为争取自身权益,在台北市发动"团结九二八教师大游行",来自全台各地的教师约 3 万人参加游行。这是台教育史上首度教师走上街头。

9 月 29 日　国务院、中央军委发出《关于推进军队后勤保障社会化有关问题的通知》。

同日　国务院总理朱镕基签发中华人民共和国国务院第 363 号令,公布《互联网上网服务营业场所管理条例》,于 2002 年 11 月 15 日起施行。

10 月 7 日　新华社报道:中央军委日前批转《总后勤部关于实行军队后勤保障社会化若干问题的意见》。

10 月 9 日　《人民日报》报道:由全国人大常委会法工委编纂、司法部法律出版社出版的《中华人民共和国法典》已编纂 120 卷,现已出版 83 卷。

同日　著名教育家钱伟长在上海喜

度九十华诞，上海市委书记黄菊受中共中央和江泽民、李瑞环、李岚清委托，亲切看望钱伟长。

10月10日—11日 中国与吉尔吉斯共和国联合反恐军事演习在两国边境地区成功举行。这是我国军队第一次与外国军队联合举行实兵演习。

10月11日 中共中央在人民大会堂举行纪念彭真同志诞辰一百周年座谈会。

同日 民航六大集团公司今天在京正式宣告成立。这六大集团分别是中国航空集团公司、中国东方航空集团公司、中国南方航空集团公司三大航空运输集团，以及中国民航信息集团公司、中国航空油料集团公司、中国航空器材进出口集团公司三大航空服务保障集团。

10月13日 《人民日报》报道：目前我国能源消费已居世界第二位。我国发电装机容量和发电量均已跃居世界第二位。我国石油消费已居世界第三位，占全国能源消费总量的22%左右。

同日 据台"内政部户政司"统计，2002年1至9月台出生登记人数为18万人，比上年同期减少6%，估计年出生率为10.7‰，创历年新低。

10月14日 历时16天的第14届亚洲运动会在韩国釜山结束。中国健儿第六次蝉联亚运会金牌总数第一，共夺得150枚金牌、84枚银牌、74枚铜牌，6人3队17次超创13项世界纪录，3人1队5次平5项世界纪录。

同日 国务院公布《中华人民共和国生物两用品及相关设备和技术出口管制条例》，自2002年12月1日起施行。

同日 新华社报道：到2002年7月底，我国固定电话用户一举突破2亿，移动电话目前也已经接近2亿，用户数均已跃居世界首位，电话普及率超过30%。

同日 中国在国防大学举办第四期国际问题研讨班，有来自31个国家的军官参加。

同日 全国教育援藏工作会议在北京举行。

10月15日 新华社报道：反映我国法制建设成就的法律全书《中华人民共和国法库》近日出版。中共中央书记、国家主席江泽民为这部法库作序。

同日 国务院、中央军委公布《国务院、中央军事委员会关于修改〈中华人民共和国军品出口管理条例〉的决定》，自2002年11月15日起施行。

同日 国务院副总理钱其琛会见台湾访问团时表示，两岸"三通"是"经济问题"，"三通"谈判可以不涉及"一个中国"的政治含义，只要两岸通过民间组织协商达成共识，由双方各自确认就可以尽快通起来；如果双方无法就"国际"或"国内"航线取得共识，不如称为"两岸三通"航线。

同日 台"经济部"通过"华航"投资大陆中国货运航空公司案，"华航"准备投资15亿元台币购买中国货运航空公司25%的股权，这是两岸航空业至此为止最大的合作投资案。

10月16日 2002年度"何梁何利基金科学与技术进步奖"在北京颁奖。共有57位科学家获奖。

同日 著名教育家傅鹰先生诞辰一百周年纪念大会在北京大学举行。李岚清致信祝贺。

10月17日 民革中央在北京举行纪念著名的政治活动家、爱国将领侯镜如诞辰一百周年座谈会。

10月18日 新华社报道：《江泽民论有中国特色社会主义》（专题摘编）和江泽民《论科学技术》、《论"三个代表"》、《论党的建设》这四部论著的电子版图书，近日由中央文献音像出版社出版。

同日　中共中央政治局常委、书记处书记尉健行会见郑培民先进事迹报告团成员和采访郑培民先进事迹的记者。郑培民为湖南省人大常委会副主任，2002 年 3 月 11 日因突发心肌梗死，在北京逝世，享年 59 岁。

10 月 19 日　国务院颁布《有关化学品及相关设备和技术出口管制办法》（含出口控制清单）。

10 月 20 日　台"经济部长"林义夫与"财政部长"李庸三搭机经由美国前往墨西哥参加亚太经合会（APEC）年度部长会议。

10 月 21 日　新华社报道：中央军委主席江泽民日前签署命令，颁布施行《中国人民解放军战役装备保障纲要》。

同日　第 57 届联合国大会举行会议，选举来自中国的现任国际法院副院长史久镛等五人为海牙国际法院法官。

同日　中国农业科学院等 107 个公益类科研机构开始机构改革。

10 月 22 日　国家科技教育领导小组在北京举办科技知识讲座，邀请国际著名物理学家李政道讲课，朱镕基、李岚清等出席听课。

同日　台"国防部长"汤曜明就开放两岸直航，明确提出"战管反应不及、预警时间不足、台湾空军训练空域受到压缩"等 8 项严重危害"台海安全"的问题，为此还提出了"两岸直航必须定点、定航、定时"等 28 项建议。

10 月 22 日—25 日　国家主席江泽民访问美国，26—27 日出席在墨西哥洛斯卡沃斯举行的亚太经济合作组织第十次领导人非正式会议。江泽民主席访美期间，在得克萨斯州克劳福德美国总统布什的私人牧场与他举行了会晤。江泽民还会见了美国前总统乔治·布什，并在乔治·布什总统图书馆就中美关系、中国的改革开放、完成祖国统一大业、国际和亚太地区的和平与发展等问题发表重要演讲。

10 月 23 日　由中宣部、最高人民检察院等举办的方工同志先进事迹报告会，在北京举行。北京市检察院第一分院副检察长方工从事检察工作 23 年，参与和主办了近 3000 件刑事案件的审查和起诉，无一错案，出色完成了对成克杰、李纪周、朱小华等一批贪官的起诉工作。

同日　第七次全国台湾同胞代表会议在北京闭幕。杨国庆再次当选全国台联理事会会长。

10 月 24 日　新华社报道：中共中央日前决定：曾庆红同志不再兼任中共中央组织部部长职务；贺国强同志任中共中央组织部部长。丁关根同志不再兼任中共中央宣传部部长职务；刘云山同志任中共中央宣传部部长。

10 月 25 日—28 日　九届全国人大常委会第三十次会议在京举行。会议表决通过修订后的《中华人民共和国文物保护法》《中华人民共和国环境影响评价法》（均于 10 月 28 日公布，分别自 2002 年 10 月 28 日和 2003 年 9 月 1 日起施行）、全国人大常委会关于修改保险法的决定（10 月 28 日公布，自 2003 年 1 月 1 日起施行）。

10 月 26 日—31 日　全球互联网地址、域名管理机构国际互联网络名字与编号分配公司（ICANN）在上海举办会议，这是 ICANN 会议第一次在中国举行。

10 月 26 日—11 月 1 日　第八届远东及南太平洋地区残疾人运动会在韩国釜山结束。中国代表团以 191 金、90 银、50 铜的战绩连续五届蝉联奖牌榜榜首。共有 13 名中国运动员刷新 11 项世界纪录。

10 月 27 日　太原卫星发射中心用

"长征四号乙"运载火箭,成功地将"中国资源二号"卫星送入太空。

10月28日 中科院院士陈竺获得法国政府颁发的法兰西共和国总统骑士荣誉勋章。

同日 台湾团结联盟中执会决议,大陆"必须先撤飞弹,才能谈两岸直航",提出在年底台北高雄市长、市议员选举时举办"三通"咨询性"公投",将其结果作为台当局制定政策的依据。

10月29日 全国农村卫生工作会议在北京召开。会议就贯彻《中共中央国务院关于进一步加强农村卫生工作的决定》,做好今后一个时期的农村卫生工作进行部署。

同日 为抗议民进党有意消灭农渔会信用部,全台10万名农渔民走上街头,希望民进党勿为政治因素取消农渔会信用部。

同日 200多位大陆新娘首次走上街头,抗议台湾"陆委会"版"两岸关系条例"修订案将取得身份证的居留期限从8年延长为11年。

10月30日 第12届中国新闻奖、第5届范长江新闻奖、韬奋新闻奖和全国百佳新闻工作者颁奖会暨优秀新闻工作者先进事迹报告会在北京举行,丁关根出席。

11月1日 中央军委主席江泽民签署命令,颁布实施《中国人民解放军装备采购条例》。这是军队装备管理体制调整后,中央军委制定和颁布的规范武器装备采购工作的第一部基本法规。

同日 香港第十届全国人大代表选举会议举行首次会议。25日,第十届港区全国人大代表78名候选人公布。

同日 澳门第十届全国人大代表选举会议举行首次会议,推选何厚铧为主席团常务主席。

同日 中国人民大学庆祝建校65周年,李鹏出席大会并发表讲话。

11月1日—4日 国务院总理朱镕基访问柬埔寨,并出席在金边举行的大湄公河次区域经济合作领导人会议、第六次东盟与中日韩(10+3)领导人会议和东盟与中国(10+1)领导人会议。会议期间,中国与东盟发表《关于非传统安全领域合作联合宣言》、《南海各方行为宣言》,启动了中国与东盟在非传统安全领域的全面合作。

11月3日 中国第一根直径18英寸(450毫米)直拉硅单晶日前在北京研制成功。

11月3日—5日 中医药现代化国际科技大会在成都召开。4日,由科技部、中科院等八单位共同制定的《中药现代化发展纲要》公布。

11月5日 第九届农业高新科技成果博览会在西安杨凌开幕。

11月7日 台"考试院"院会作出决议,自2003年起,"国家考试"应试科目凡涉"中国"字样的均改为"本国"。

11月8日—14日 中国共产党第十六次全国代表大会在北京举行。江泽民代表第十五届中央委员会作题为《全面建设小康社会,开创中国特色社会主义事业新局面》的报告。大会选出新一届中央委员会和中央纪律检查委员会。大会通过关于《中国共产党章程(修正案)》的决议。

11月10日 中国女队在第35届国际象棋赛上喜获三连冠。

11月12日 中国10月27日在太原发射中心发射的"中国资源二号"卫星进入工作轨道,与两年前发射的第一颗"中国资源二号"卫星正式组网运行。

11月15日 中共十六届一中全会在

北京举行。胡锦涛同志主持会议并作了重要讲话。全会选举了中央政治局委员、候补委员,中央政治局常务委员会委员,中央委员会总书记;根据中央政治局常务委员会的提名,通过了中央书记处成员;决定了中央军事委员会组成人员;批准了中央纪律检查委员会第一次全体会议选举产生的书记、副书记和常务委员会委员人选。

11 月 17 日　为期两天的第三届全球脑库论坛在深圳举办。主题是"加入WTO 后的中国"。

同日　台湾团结联盟与"独盟"、北中南社、"台教会"等团体共同发动"台湾正名运动"大游行。随后,台湾团结联盟在"立法院"提出"公投法"草案。

11 月 17 日—20 日　乌克兰总统库奇马访问我国。

11 月 18 日—26 日　第 72 届男子世界举重锦标赛在华沙落幕。中国队以 8 金4 银 1 铜、总分 484 分的成绩获奖牌榜首位和团体总分第一。

11 月 19 日—20 日　第 16 届世界会计大会在香港举行。朱镕基总理出席大会并发表演讲。

11 月 20 日　澳门特区行政长官何厚铧在特区立法会发表 2003 财政年度施政报告。

11 月 21 日　科技部、中国科学院、上海市人民政府联合宣布:我国科学家完成了所承担的国际水稻基因组计划第四号染色体精确测序任务,使我国对国际水稻基因组计划测序工作的贡献率达 10%。这是迄今为止我国独立完成的最大的基因组单条染色体精确测序。

同日　教育部等四部委近日联合发出通知,要求各地严格就业准入制度,允许毕业生跨省就业。

同日　中国人民解放军驻澳门部队部分人员进行正常轮换。25 日,中国人民解放军驻香港部队部分人员进行正常轮换。

11 月 22 日　全国防盲技术指导小组提出防盲规划:2020 年以前,中国将消除包括白内障、沙眼、河盲、儿童盲及低视力与屈光不正在内的一切可以预防和可以治疗的致盲眼病。

同日　信息产业部公布《关于中国互联网络域名系统的公告》。

同日　广西南宁国际民歌艺术节开幕。

11 月 23 日　农渔民大游行在台北市举行,总计至少有 2500 辆游览车从各地开抵台北,参加游行的达 13 万人。国民党主席连战、亲民党主席宋楚瑜到场声援。24日,"行政院长"游锡堃、"副院长"林信义、"财政部长"李庸三、"农委会"主委范振宗相继请辞。

11 月 23 日—27 日　中华全国工商业联合会第九次会员代表大会在北京举行。黄孟复当选为新一届执行委员会主席。全国工商联九届执委共有 412 名执委,其中非公有制经济代表人士有 233 名,所占比例为 56%,这是非公有制经济代表人士在执委中首次超过半数。

11 月 24 日　受中共中央的委托,上海市委书记陈良宇到上海华东医院看望巴金先生,祝贺他 99 岁华诞。

11 月 25 日　海基会和台"陆委会"宣布,从 2003 年 1 月 26 日至 2 月 10 日春节期间,将准许台商通过"间接包机"与"小三通包船"等海空路线返乡,其适用对象将弹性处理。

11 月 26 日　中央军委举行纪念罗荣桓诞辰一百周年纪念会,江泽民发表重要讲话。

同日 由中国科技发展基金会和中科院出版委员会联合主办的"高校科普工程"在北京启动。

11月28日—12月3日 台湾民主自治同盟第七次全盟代表大会在北京举行。会议选举产生了台盟第七届中央委员会，张克辉连任台盟中央主席。

12月1日 世界杯短道速滑赛圣彼得堡站落幕，中国队获得8金3银1铜的好成绩。

同日 为期一个月的第四届中国上海国际艺术节落幕。

同日 第14届中国国际科学与和平周在北京开幕。

同日 2002年世界杯体操总决赛在斯图加特落幕，中国队以3金2银1铜的成绩居各队之首。

同日 "高雄市失业劳工自救联盟"发起"反失业、争生存"大游行，要求高雄市长谢长廷保障劳工的工作权和尊严，呼吁当局重视日益严重的失业问题。

12月1日—3日 俄罗斯联邦总统弗拉基米尔·普京访问我国，并在北京大学举行演讲会。

12月2日 中国地震学界日前举行纪念中国近代地震学的开创者李善邦先生诞辰100周年铜像揭幕仪式和纪念册发行仪式。

同日 海基会举行第五届董监事第一次联席会议，推举辜振甫续任第五届董事长，并以鼓掌方式通过辜振甫提名的许惠佑、许胜发、张俊宏为副董事长。

12月3日 国际展览局主席诺盖斯宣布，在摩纳哥举行的国展局第132大会进行了四轮投票，中国上海在第四轮投票中赢得54票，以88%的得票率胜出，成为2010年世博会的主办城市。

12月3日—8日 九三学社第八次全国代表大会在北京举行。韩启德当选为新一届中央委员会主席。

12月3日—9日 中国国民党革命委员会第十次全国代表大会在北京举行。何鲁丽再次当选新一届民革中央委员会主席。

12月4日 2002—2003赛季世界杯游泳赛上海站比赛落幕，中国选手共获得15枚金牌。

12月4日—8日 中国农工民主党第十三次全国代表大会在北京举行。蒋正华再次当选新一届中央委员会主席。

12月5日 中国文联和文化部在北京举行座谈会，纪念优秀的马克思主义文艺战士、中国新文化运动的先驱者之一和文艺界卓越领导人阳翰笙诞辰一百周年。李鹏出席座谈会并讲话。

同日 国家体总在北京举行新闻发布会，公布中国群众体育现状调查结果。

12月6日 《人民日报》报道：胡锦涛和中央书记处同志到西柏坡考察，回顾党带领人民进行伟大革命斗争的光辉历史，重温毛泽东在党的七届二中全会上的重要讲话，特别是其中关于"两个务必"的重要论述。号召全党同志特别是领导干部大力发扬艰苦奋斗的作风，为全面落实党的十六大确定的目标和任务，开拓进取、团结奋斗。

同日 我国科学家与日本、美国同行同时宣布在中微子实验方面的重大发现——核反应堆中产生的中微子消失的现象。

同日 霍英东教育基金会第八届青年教师基金暨青年教师奖在北京颁奖，269名教师获奖。

12月7日 国家药品监督局在北京宣布，从2002年12月1日起，取消所有中成药地方标准。

同日 澳门特别行政区第十届全国人民代表大会代表选举会议举行第三次会议,正式选举产生 12 名澳门特区第十届全国人大代表。

同日 台北、高雄市长、市议员选举结果揭晓,马英九拿到民选市长以来最高的 64% 得票率,并以多出对手李应元 38 万多张选票的优势蝉联;谢长廷也以过半数连任高雄市长。台北市议会国民党 20 席、亲民党 8 席、新党 5 席、无党籍 2 席、民进党 17 席,台联党则全军覆没。高雄市议会国民党 12 席、亲民党 7 席、无党籍 9 席、民进党 14 席、台联党 2 席。

12 月 8 日—10 日 中国曲艺家协会第五次全国代表大会在京举行。曲艺表演艺术家刘兰芳当选为新一届中国曲艺家协会主席。

12 月 8 日—11 日 中国艺术研究院在北京举办"人类口头和非物质遗产抢救与保护国际学术研讨会",来自世界各国各地的 100 多名专家学者出席了会议。

12 月 9 日 国务院新闻办公室发表《2002 年中国的国防》白皮书。这是中国政府自 1995 年发表《中国的军备控制与裁军》白皮书以来,第四次发表有关国防的白皮书。

同日 中国常驻联合国代表王英凡大使发表中国政府在纽约联合国总部签署了《联合国打击跨国有组织犯罪公约》所附的《打击非法制造和贩运枪支及其零部件和弹药的补充议定书》。

12 月 9 日—10 日 中共中央、国务院召开中央经济工作会议。胡锦涛总书记作了讲话。

12 月 9 日、11 日 朱镕基、江泽民、胡锦涛先后会见来京述职的香港特别行政区行政长官董建华和澳门特别行政区行政长官何厚铧。

12 月 10 日 首都学术界在京隆重纪念著名哲学家贺麟诞辰一百周年。

12 月 10 日—14 日 中国致公党第十二次全国代表大会在北京举行。罗豪才再次当选为中国致公党新一届中央委员会主席。

12 月 11 日 著名京剧表演艺术家袁世海在北京逝世,享年 87 岁。

12 月 12 日 中科院等四单位在北京宣布,中国水稻(籼稻)基因组"精细图"已由中国科学家正式完成。这在世界上尚属首次。

12 月 13 日—18 日 中国民主同盟第九次全国代表大会在北京举行。在 19 日举行的民盟九届一中全会上,丁石孙再次当选为新一届中央委员会主席。

12 月 14 日 国务院公布《退耕还林条例》自 2003 年 1 月 20 日起施行。

同日 第二届宋庆龄少年儿童发明奖在北京颁奖。150 名 7—16 岁少年儿童获奖。

同日 连战、宋楚瑜会面,并由国民党秘书长林丰正代表宣读三点共同声明,包括 2004 年"大选",国、亲两党共同推荐出一组人选。

12 月 14 日—18 日 中国民主建国会第八次全国代表大会在北京举行。成思危再次当选为民建中央主席。

12 月 15 日 世界大学生柔道锦标赛在南斯拉夫落幕,中国选手共获得 4 金 1 银 4 铜,并蝉联女子团体总分第一名。

12 月 16 日 全国爱国卫生运动委员会在北京召开纪念爱国卫生运动 50 周年总结表彰电视电话会议,李岚清讲话。

同日 中国互联网络信息中心(CNNIC)作为域名注册管理机构不再面向用户受理域名注册申请,该服务改由域名注册服务机构承担。这是中国自 1990

年设立 CN 域名以来，域名注册服务体系的又一次重大变革。

12 月 16 日—21 日 中国民主促进会第九次全国代表大会于 21 日在北京举行。许嘉璐再次当选民进新一届中央委员会主席。

12 月 18 日 第三次全国科普工作会议在北京举行。

同日 中国·联合国发展计划署 403 远程教育项目在兰州正式启动。未来 5 年内，甘肃、四川、云南三省的约 2 万名农村小学教师将得到高质量的远程培训。

同日 台"行政院"通过《政治献金管理条例》草案，明定个人捐给同一政党金额每年累计不得超过 10 万元新台币（以下均为新台币），总额不超过 20 万元；捐给拟参选人，每位每年不得超过 2 万元，总额不得超过 4 万元；营利事业对同一政党每年捐献不得超过 200 万元，对不同政党捐献总额每年不得超过 400 万元。对于收取大陆、香港、澳门等地的献金，或是外国献金等，情节严重者将采取重罚原则，处以 5 年以下有期徒刑。

12 月 19 日 李岚清在中华再造善本出版座谈会上强调，要开发和利用好中国优秀古代文化典籍。

同日 中国青少年发展基金会在北京宣布，希望工程自 1989 年实施以来，筹集捐资逾 20 亿元，救助失学儿童 50 多万名。

同日 台"经济部投审会"正式公告，即日起有条件开放岛内业者赴大陆投资房地产。

12 月 19 日—20 日 全国文物工作会议在北京举行。李岚清在会上讲话。

12 月 22 日 纪念中国乒乓球队建队 50 周年座谈会在北京举行。李瑞环出席并讲话。

同日 卫生部表彰有突出贡献的中青年专家，79 名医务人员获"卫生部有突出贡献中青年专家"荣誉称号。

同日 第 20 届中国电视金鹰奖颁奖晚会暨第 3 届金鹰节闭幕式在湖南举行。

12 月 23 日 中国科学家最近在宁夏发现距今大约 3.55 亿年的中国螈化石。将亚洲地区四足动物的化石纪录提前了近 1 亿年。

同日 陈水扁在接见第一届"杰出外交人员"时，称台湾要推动"全方位外交"，包括"元首外交"、"政党外交"、"国会外交"、"县市长外交"，以及经贸、科技、环保、人道、学术等"国民外交"。

12 月 23 日—27 日 中华全国工商业联合会第九次会员代表大会于 23 日在北京举行。黄孟复当选全国工商联主席。梁金泉为第一副主席。

12 月 23 日—28 日 九届全国人大常委会第三十一次会议在人民大会堂举行，会议表决通过了《中华人民共和国民办教育促进法》（12 月 28 日公布，自 2003 年 9 月 1 日起施行）、修订后的《中华人民共和国农业法》、修订后的《中华人民共和国草原法》（12 月 28 日公布，均于 2003 年 3 月 1 日起施行）、《中华人民共和国刑法修正案（四）》（12 月 28 日公布施行）。

12 月 26 日 中共中央政治局召开会议研究明年农业和农村工作。

同日 世界举重锦标赛在华沙落幕。中国女队共获得 9 金 8 银 1 铜，名列第 15 届女子世锦赛金牌榜和团体总分第一；中国男队以 8 金 4 银 1 铜获第 72 届男子世锦赛奖牌榜首和团体总分第一。

12 月 27 日 举世瞩目的南水北调工程开工典礼在北京和江苏省、山东省施工现场同时举行。朱镕基在北京人民大会堂主会场宣布工程正式开工，温家宝发表讲话。

同日　第 13 届中国图书奖揭晓,《伟大的理论创新:江泽民"三个代表"思想研究》、《经济学原理》、《中国新闻事业编年史》、《中国科学思想史》等 145 种图书榜上有名。

12 月 27 日—28 日　中华全国总工会十三届五次执委会议在北京召开。中共中央政治局委员王兆国当选为中华全国总工会主席。

12 月 28 日　新华社报道:胡锦涛总书记近日逐一走访了各民主党派中央和全国工商联,同各民主党派中央和全国工商联的领导机构成员进行了座谈并发表讲话。

同日　为期三天的中国摄影家协会第六次全国代表大会在北京闭幕。会议选举产生了新一届理事会和主席团,邵华当选为新一届中国摄影家协会主席。

12 月 30 日　我国自行研制的"神舟"四号无人飞船在酒泉卫星发射中心发射升空并成功进入预定轨道。这是我国载人航天工程的第四次飞行试验。1 月 5 日,"神舟"四号飞船在完成预定空间科研任务后成功返回地面。

12 月 31 日　世界第一条商业化运营的高速磁浮交通系统——上海磁浮示范运营线举行通车典礼,国务院总理朱镕基和正在中国访问的德国总理施罗德出席典礼并发表讲话。施罗德于 29 日至 31 日访问我国。

同日　美国"在台协会"理事会宣布夏馨出任美"在台协会"理事会主席。

2003 年

1 月 2 日　国务院公布《排污费征收使用管理条例》,自 2003 年 7 月 1 日起施行。

1 月 3 日　纪念无产阶级革命家、军事家、人民海军的主要创建者萧劲光诞辰一百周年座谈会在人民大会堂举行。

1 月 4 日　卫生部等五部门联合出台《关于农村卫生机构改革与管理的意见》,保护和扶持农村民办医疗机构。

1 月 5 日　国务院办公厅发出关于做好农民进城务工就业管理和服务工作的通知。

同日　中国 2002 年 12 月 30 日发射的"神舟"四号飞船在完成预定空间科学和技术试验后成功返回。7 日,返回舱交接仪式在北京举行。

同日　卫生部等三部委联合在北京宣布:为期三年的第三批老中医药专家学术经验继承工作正式启动,马占山等 586 名专家为指导教师,朱蜀云等 942 名专家为学术继承人。

1 月 5 日—17 日　第十届全国冬运会在哈尔滨举行。哈尔滨队夺得 76 枚金牌中的 37 枚,位居金牌榜榜首,长春代表队和解放军代表队以 13 枚、8 枚金牌的成绩分列第二、第三位。

1 月 6 日　国务院公布《无照经营查处取缔办法》,自 2003 年 3 月 1 日起施行。

同日　《人民日报》报道:首届全国民办教育十大杰出人物近日揭晓,他们是:张杰庭、于果、顾文晓、李作君、汤有祥、张克强、胡大白、马鸿旺、周桂林、任书良。

1 月 6 日—11 日　缅甸联邦国家和平

与发展委员会主席丹瑞大将访问我国。

1月7日 我国第一条跨海大通道（穿越琼州海峡）正式开通。

1月7日—8日 中央农村工作会议在北京举行。

1月7日—8日 国家外专局在北京举行全国引进国外智力工作会议。会议透露，中国每年引进海外专家44万人次。

1月7日—10日 全国政协主席李瑞环对澳门特别行政区考察访问。

1月8日 香港特区行政长官董建华，在立法会宣读了他连任特首后的第一份施政报告。

同日 国防科技工作会议在北京举行。

1月10日 国家主席江泽民应约与美国总统布什通电话，就朝鲜核问题交换了意见。

同日 新华社报道：国务院总理朱镕基，中央军事委员会主席江泽民日前签署命令，发布《通用航空飞行管制条例》。这是我国首次颁发这样的条例，从2003年5月1日起实施。

同日 京九铁路最后一段复线——广东龙川至东莞东段正式开通运营。京九铁路复线全线贯通。

同日 为期8个多月的首届中国职工艺术节在北京落幕。

同日 国际权威学术刊物《科学》刊登中国科学家陈义汉等人发现的家族性心房颤动致病基因——KCNQ1，这是迄今发现的第一个家庭性房颤致病基因。

1月12日 新华社报道：中央军委日前颁布施行《中国人民解放军武器装备管理条例》。

1月13日 民进党改选"立法院"党团负责人，柯建铭将续任总召集人，邱垂贞任总书记长，陈其迈任总干事长。

同日 台"中央银行外汇局"称，2002年台湾出口1424.88亿美元，进口1222.11亿美元，分别较2001年同期增加3.8%及2.8%，2002年累计外贸顺差为202.77亿美元，创下1989年以来的新高。

1月14日 我外交部发言人说，中国政府和人民对日本首相小泉纯一郎当天再次参拜靖国神社表示强烈不满和愤慨。

同日 新华社报道：国家经贸委等部门近日印发《关于国有大中型企业主辅分离辅业改制分流安置富余人员的实施办法》。

同日 台"劳委会"修法放宽大陆配偶工作资格，对于尚未取得居留证及工作证、还在停留团聚阶段的大陆配偶，即日起，只要台湾配偶每月收入低于29214元新台币，就可向"劳委会"申请工作许可。

1月16日—26日 第21届世界大学生冬季运动会在意大利举行，中国选手共获得6金2银2铜。

1月17日 第二次全国基本单位普查已告结束。

同日 《人民日报》报道：由文化部、财政部联合实施的国家舞台艺术精品工程已于2002年12月启动。

1月20日 "台湾西藏交流基金会"正式成立。陈水扁致辞时称，"台湾与蒙古和西藏关系能够改善和提升的关键"，就是"不再把蒙古共和国人民和西藏流亡政府人民视为大陆人士"。

1月22日 2003年世界杯短池游泳系列赛斯德哥尔摩站比赛结束，中国选手获得2金1银1铜。26日，世界杯短池游泳系列赛柏林站比赛落幕，中国选手获得2枚金牌。

同日 台"教育部"公布"九年一贯课程纲要"，语文和社会领域增加重视"台湾文化"及认识"台湾主体性"内容。

1月23日 《人民日报》报道:国务院办公厅近日转发卫生部等三部委《关于建立新型农村合作医疗制度意见的通知》,开始推行新型农村合作医疗制度。

同日 英国《自然》杂志以封面文章的形式报道了中国学者徐星、周忠等的研究成果:鸟类的恐龙祖先长着4个翅膀。

同日 钱其琛接见刚刚获颁委托公证人证书的95名香港律师。

同日 解放军驻香港部队司令员进行调整,熊自仁离任,王继堂接任。

1月26日 王兆国代表党中央看望钱学森、王大珩、何泽慧、张光斗,向他们祝贺新春并祝健康长寿。

同日 全国"文化信息进社区"活动启动。

同日 新华社报道:中央文明办等日前联合发出通知,向561个贫困县图书馆赠送一批图书。

同日 台湾"中华航空公司"一包机在上海浦东机场降落,这是50多年来首架降落在祖国大陆的台湾民航客机。

同日 两岸春节包机首航。是日凌晨3时55分,台湾一架编号为CI585的波音747—400型客机从桃园机场空机起飞,飞往大陆上海浦东机场。这是53年来台湾飞机因商业目的的首次飞入大陆上空。至2月10日,共飞行16班、32架次的台商春节包机活动结束。

1月28日 中共中央政治局召开会议,听取中央纪律检查委员会关于2003年工作的汇报,分析党风廉政建设和反腐败斗争面临的形势,研究和部署当前和今后一个时期党风廉政建设和反腐败工作。

同日 中共中央政治局进行第二次集体学习,胡锦涛讲话强调,要注重学习世界经济知识和分析世界经济形势,不断提高在对外开放条件下推动我国经济发展的规律性认识。

同日 李岚清出席清史编纂工作座谈会,强调努力做好清史编纂工作,为中国特色社会主义建设服务。

1月29日 国民党公开就"兴票案"向宋楚瑜道歉。

1月31日 台"内政部警政署"统计资料显示,2002年1月至11月间,岛内集会游行件数高达5575件,较上年同期增加8.5%,其中政治性活动逾八成。

2月6日 我国著名法学家史久镛先生当选为国际法院院长。史久镛1994年起当选国际法院法官,2000年当选副院长。

2月7日 美国总统布什给国家主席江泽民打电话,通报美国对伊拉克和朝鲜核问题的立场和考虑。江泽民说,中国主张支持联合国两机构继续加强核查。处理像伊拉克这样的重大问题,维护安理会的权威是国际社会的共同愿望。江泽民指出,实现朝鲜半岛无核化、维护半岛和平稳定是国际社会的共识。希望各方共同努力,推动朝鲜核问题得到和平解决。

同日 香港特区政府宣布,至2003年1月底香港外汇储备达1156亿美元。

2月9日—19日 全国政协主席李瑞环访问坦桑尼亚、纳米比亚、赞比亚,并在回国途中经停塞舌尔。

2月11日 国家主席江泽民当日晚接到法国总统希拉克就伊拉克问题打来的电话。江泽民对希拉克表示,中国支持法、德、俄三国联合声明的内容。我们坚持主张在联合国框架内政治解决伊拉克问题。

同日 相声大师马三立在天津逝世,享年90岁。

同日 著名物理学家袁家骝在北京逝世,享年91岁。

同日　民进党中常会决议，党职、公职人员和"官股"全面退出广播电视媒体。台"国防部"和"教育部"随后表示将配合政策退出"华视"。

2月12日　中科院动物研究所研究员、国际生物科学联盟中国国家委员会主席汪松获得2003年爱丁堡奖章，这是中国科学家首次、也是亚洲学者第一次获此殊荣。

同日　新华社报道：深圳市检察院依法逮捕香港"陆羽茶室"枪杀案四名嫌疑人。

2月12日—15日　第五届四大洲花样滑冰锦标赛在北京举行。

2月13日　全军建成一批重点生态工程。全军和武警部队重点参与了黄河、长江上中游生态环境治理和"三北防护林"、环北京地区防沙治沙工程建设，开展了保护母亲河和绿化长江行动，营造"解放军青年万亩林"，建设"江河源头国防民兵林带"，共造林138万亩，植树6800余万株，飞播造林种草502万亩，建成千亩以上的植树基地205个。

2月14日　国、亲两党主席连战、宋楚瑜会面，发表两党"共同书面声明"与"国亲政党联盟备忘录"。在随后的记者会上，连战宣布"连宋配"定局。

2月15日　中国电影《英雄》在第53届柏林国际电影节上获得阿尔弗雷德·鲍尔奖。

2月17日　中共中央纪律检查委员会第二次全体会议在北京举行。会议审议通过了中纪委书记吴官正代表中央纪律检查委员会常务委员会所作的《全面贯彻党的十六大精神，努力开创党风廉政建设和反腐败工作新局面》的工作报告。

同日　新华社报道：教育部近日公布的首份中国教育与人力资源问题报告指出，全国高中与高等教育教师短缺120万人。

同日　国家科技教育领导小组在中南海举办科技知识讲座，朱镕基等国务院领导出席听课。

2月18日　"中国民间文化遗产抢救工程"启动仪式在北京举行。该工程将持续10年。

同日　科技部有关人士在当天召开的"新世纪生命科学论坛"上宣布，未来5至10年，中国将重点发展基础生物学等领域。

2月18日　陈水扁批准未来台湾"护照"封面加注"TAIWAN"的方式，是将"TAIWAN"英文字样并排加列于"REPUBLIC OF CHINA"之后，字体将醒目显示，"TAIWAN"6个英文字母不会加上括弧。

2月19日　祖国大陆部分网络媒体负责人和编辑组成的参访团开始访问台湾。

2月21日　卫生部公布全国重点传染病2002年疫情。2002年，发病数居前十位的甲、乙类传染病依次为病毒性肝炎、肺结核、痢疾、淋病、麻疹、伤寒、梅毒、疟疾、流行性出血热、猩红热，与2001年基本相同。2002年全国报告狂犬病死亡数996例，病死率89.33%，仍高居甲、乙类传染病的首位。

2月22日　世界首例高原高寒动车在青岛研制成功。

2月23日　《人民日报》报道：全国首批51个艾滋病综合防治示范区日前确定。

同日　《人民日报》报道：目前全国低视力门诊已发展到1000余个，14万人获得视觉康复。

2月24日　台"主计处"统计，2002年台湾内部投资率降到16.77%，创近40年来的新低。

同日 新疆巴楚、伽师一带发生 6.8 级强烈地震。已造成 266 人死亡,4000 余人受伤,其中重伤 2050 人,8861 户农房倒塌,17 所小学遭到严重破坏,倒塌校舍 900 多间。

同日 首届国家奖学金发放仪式在北京举行,李岚清出席大会,4.5 万名品学兼优的全国普通高校学生获得奖学金。

2 月 24 日—26 日 中国共产党第十六届中央委员会第二次全体会议在北京举行。全会审议通过了中央政治局拟向十届全国人大一次会议推荐的国家机构领导人员人选建议名单和拟向全国政协十届一次会议推荐的全国政协领导人员人选建议名单。全会审议通过了《关于深化行政管理体制和机构改革的意见》,建议国务院根据这个意见形成《国务院机构改革方案》提交十届全国人大一次会议审议。

2 月 26 日—3 月 2 日 古巴国务委员会主席兼部长会议主席菲德尔·卡斯特罗访问我国。

2 月 27 日 纪念中国人民解放军的卓越领导人,新中国国防科技、教育事业的奠基者之一陈赓诞辰一百周年座谈会在人民大会堂举行。

2 月 27 日—28 日 九届全国人大常委会第三十二次会议举行。会议主要是为即将召开的十届全国人大一次会议作准备。会议通过《中华人民共和国海关关衔条例》(于 2 月 28 日公布施行)。

2 月 28 日 中共中央、国务院在北京举行国家科学技术奖励大会,江泽民、胡锦涛等党和国家领导人出席大会并为 2002 年国家最高科技奖获得者金怡濂等颁奖,授予德国罗伯特·昂格特、日本平野敏右、法国罗伯特·迪盖特、美国汉密尔顿和曹韵贞等 5 人中华人民共和国国际科学技术合作奖。

同日 国家统计局发布 2002 年国民经济和社会发展统计公报:全年国内生产总价达 102398 亿元,按可比价价格计算,比上年增长 8%。

同日 中国国家博物馆成立暨挂牌仪式在北京举行。江泽民题写牌匾,李岚清出席并揭幕。

同日 中科院院士李方华教授获得 2003 年度联合国教科文组织世界杰出女科学家成就奖。

3 月 1 日 《人民日报》报道:中国"863"计划又取得一项重大成果:由清华大学设计建造的 10 兆瓦高温气冷堆,近日成功实现 72 小时连续满功率运行,成为世界首座投入运行的模块式球床高温气冷实验堆。

同日 朱镕基签署国务院令,公布《中华人民共和国中外合作办学条例》,将于 2003 年 9 月 1 日起施行。

同日 总政治部和全国妇联通报表彰了全国百名好军嫂。

3 月 3 日—14 日 中国人民政治协商会议第十届全国委员会第一次会议在北京举行。会议通过了政协第十届全国委员会第一次会议政治决议、政协十届一次会议关于政协第九届全国委员会常务委员会工作报告的决议、政协十届一次会议关于政协第九届全国委员会常务委员会提案工作情况报告的决议。贾庆林当选全国政协主席。

3 月 5 日—18 日 第十届全国人民代表大会第一次会议在北京举行。吴邦国当选为第十届全国人民代表大会常务委员会委员长;胡锦涛当选为中华人民共和国主席;江泽民当选为中华人民共和国中央军事委员会主席。温家宝为中华人民共和国国务院总理。会议通过了十届全国人大专门委员会组成人员名单和国务院各部部长、各委员会主任、中国人民银行行长、审计长名单。根据国务院机构改革方案，国家计委改组为国家发展和改革委员会，组建商务部，国家计划生育委员会更名为国家人口和计划生育委员会，不再保留国家经贸委、外经贸部。经过改革，除国务院办公厅外，国务院组成部门设置28个。设立国务院国有资产监督管理委员会、中国银行业监督管理委员会，组建国家食品药品监督管理局，调整国家安全生产监督管理局的体制。

3月9日 中央人口资源环境工作座谈会在人民大会堂举行。胡锦涛总书记发表讲话。

3月11日 国务院公布《特种设备安全监察条例》，自2003年6月1日起施行。

3月12日 国务院公布《中华人民共和国中外合作办学条例》，于9月1日起施行。

3月15日 原中央顾问委员会委员、第六届全国政协常委李雪峰在北京逝世。李雪峰1907年生于山西省永济县。

同日 李登辉在"世界台湾人大会"上声称，现在最重要的是"中华民国"要改名"台湾国"。

3月17日 杰出的数学家、教育家，著名的社会活动家，中国人民政治协商会议第七、八届副主席苏步青院士在上海逝世。

同日 中国国家顶级域名.CN下正式开放二级域名注册，用户可以在顶级域名CN下直接注册二级域名，这是我国自有域名体系以来一次重大变化。

同日 台湾已出现SARS（"非典型性肺炎"）疫情。台"卫生署长"涂醒哲称，WHO（世界卫生组织）对台湾"视而不见"，"台湾加入世界卫生组织的必要性不能再被忽视"。

3月18日 中国21家世界遗产地在四川都江堰共同发起成立世界遗产工作委员会。

同日 台"调查局"查出刘泰英以"中华开发"员工作为人头账户，提供李登辉大选的政治献金、选举经费10多亿元新台币。

3月19日 国务院总理温家宝主持召开国务院常务会议。新一届国务院已正式开始运作，全面履行职责。会议通过改革方案，并通过了国务院直属特设机构、直属机构、办事机构、直属事业单位、部委管理的国家局以及国务院议事协调机构和临时机构等的设置。

3月20日 我国外交部就美国等国家对伊拉克发动军事行动发表声明指出，美国等国家绕开联合国安理会，对伊拉克发动军事行动，中国政府对此表示严重关切。

同日 中国第19次南极考察队圆满完成各项科考任务，"雪龙"号科考船安全抵达上海。

同日 台"交通部长"林陵三宣布，因应美伊战争开打，台籍航空飞往欧洲的航线，"可按国际惯例"，申请飞越大陆领空。

3月21日 温家宝主持召开新一届国务院第一次全体会议，并发表讲话。会议通报了国务院领导同志分工，宣布了国务院机构设置，讨论通过了《国务院工作规则》。

同日 中华全国新闻工作者协会主席邵华泽获得意大利第38届圣万森新闻特别奖。

3月22日 中科院、北大、清华联合宣布，共建国家纳米科学中心。

3月24日 解放军总参谋部在北京

举行大会,沉痛悼念 3 月 13 日在伊拉克执行联合国武器核查任务中不幸牺牲的我国优秀化学专家郁建兴。胡锦涛、江泽民等向烈士献了花圈。

3 月 25 日 《人民日报》报道:由中国著名杂交小麦育种专家张改生教授主持完成的"新型杀雄剂 SQ—1 诱导小麦雄性不育研究"项目日前通过鉴定。

3 月 26 日 《人民日报》报道:中共中央组织部、中共中央宣传部近日联合发出《关于开展学习郑培民同志活动的通知》。11 日,胡锦涛总书记就学习郑培民先进事迹作出重要批示。

3 月 27 日 国务院召开廉政工作会议。温家宝在会上发表讲话。

同日 国务院发布《关于全面推进农村税费改革试点工作的意见》。

同日 卫生部向韦加宁颁发中国卫生界最高荣誉——白求恩奖章。韦加宁是北京积水潭医院医生。他医术精湛,医德高尚,已做过 5 万多例手术,参加了 28 部医学专著的编写工作。韦加宁在身患重病的时候,仍争分夺秒地编辑绘制有关图谱。

同日 旨在提高中国人口综合素质的"护苗工程"在北京正式启动。

3 月 28 日 中共中央政治局召开会议,胡锦涛主持会议。会议讨论了《关于进一步改进会议和领导同志活动新闻报道的意见》《关于中央政治局同志出国访问的规定》。《意见》和《规定》将于近日实施。

同日 胡锦涛在中共中央政治局第三次集体学习时强调,实行促进就业的长期战略和政策,齐心协力做好就业和再就业工作。

同日 2002 年度全国十佳运动员选出,他们是:杨扬、姚明、张怡宁、李小鹏、陶璐娜、郭晶晶、诸宸、聂亚丽、隋菲菲、刘翔。

同日 "与艾滋病作斗争——121 联合行动计划"启动,主题为"互相关爱,共享生命"。中国预防性病艾滋病基金会 121 艾滋病捐助中心同时在北京成立。

3 月 28 日—29 日 "国际人类基因组单体型图计划"(HapMap)中国协作组首次协调会议在北京举行,这意味着该计划的中国卷正式启动。

3 月 29 日 26 名演员获得第 20 届"中国戏剧梅花奖"。

3 月 30 日 2003 年世界花样滑冰锦标赛落幕,中国队申雪/赵宏博获得双人滑冠军。

同日 国民党"十六全"二次会议召开,党主席连战发表"政策白皮书",称在赢得"总统"选举后立即访问大陆;在"九二共识"基础上,与大陆签署"投资保障协议"、"租税协定"以及综合性的"两岸协议"。大会通过连战代表国民党与亲民党主席宋楚瑜搭档参选下届正、副"总统";任命江丙坤、马英九为副主席,副主席人数增至 6 人,依序为萧万长、王金平、吴伯雄、林澄枝、江丙坤、马英九。同日,在亲民党举行的"一届二次全国委员会"上,党主席宋楚瑜也获提名,代表亲民党与国民党合作参加 2004 年正、副"总统"选举。

3 月 31 日 新华社报道:中国首例成人胰岛细胞移植治疗 I 型糖尿病在福州获得成功。

4 月 1 日 中国赴刚果(金)执行联合国维和任务的官兵踏上远赴非洲维和的征程。

同日 香港著名艺人张国荣从香港中环文化酒店坠楼自杀,终年 46 岁,在香港等地演艺界引起很大反应。

4 月 3 日 卫生部宣布中国局部地区

发生的非典型肺炎（简称非典）已得到有效控制。4日，国务院新闻办举行记者招待会，卫生部长张文康就非典防治情况答记者问。6日，温家宝到中国疾病预防控制中心考察工作时表示，中国政府完全有能力控制非典。12日，温家宝到北京佑安医院看望参加非典防治工作的医务人员。13日，国务院在北京召开全国非典防治工作会议，温家宝发表重要讲话。同日，《人民日报》报道：卫生部日前发出通知，将非典列入法定传染病进行管理。14日，卫生部、科技部启动非典防治紧急科技行动，为防治非典提供有效的技术支撑。15日，《人民日报》报道：国家质检总局、卫生部日前联合发出紧急公告，要求确保出入境人员安康；民航、铁道部门日前出台措施，积极预防非典。当晚，我国专家成功地完成了对冠状病毒的全基因组序列测定。18日，温家宝到北京市大中小学和幼儿园检查非典防治工作。20日，国务院新闻办举行记者招待会，卫生部常务副部长高强就非典防治答记者问。同日，胡锦涛考察军事医学科学院微生物流行病研究所和中科院北京基因组研究所。21日，国务院决定今日起由原来五天公布一次改为每天公布一次非典疫情。21日、22日，国务院决定向部分省区市派出第二批和第三批非典防治工作督查组，温家宝对督查组工作作重要批示。首批督查组于4月15日派出。23日，胡锦涛作出重要批示，向因救治非典患者光荣牺牲的广东中山大学附属第三医院传染科主任医师邓练贤同志表示沉痛悼念。23日、24日，海峡两岸预防控制非典型肺炎学术研讨会在北京举行。两岸医学专家呼吁合作防治非典。24日，全国防治非典指挥部成立，吴仪任总指挥。25日，文化部发出紧急通知，要求各地严格控制在近期举办各种会

议和活动。26日，温家宝考察北京建筑工地、超市、社区、高校非典防治工作。27日、30日，国务院派出的第四批、第五批非典防治工作督查组赴天津、河北等13个省市开展督查工作。29日，财政部、卫生部联合发出紧急通知，对农民和城镇困难群众中的非典患者免费治疗，费用由救治地政府负担。同日，全国防非典指挥部在京召开会议，部署加强北京及周边地区防治工作，温家宝作重要批示。4月30日10时至5月1日10时，我国内地累计报告非典病例3638例。

4月4日 新华社报道：中央军委发布施行《军事法规军事规章条例》。

同日 《人民日报》报道：在日前结束的HT－7超导托卡马克2002—2003年冬季实验中，中国科学家获得超过1分钟的等离子体放电，从而刷新了高约束等离子体存在时间的世界纪录。

4月6日 "五一一台湾正名运动联盟"等"台独"组织、团体举行"五一一台湾正名青年军誓师大会"，相约5月11日在"总统府"前誓师推动"台湾正名活动"。4月27日，"五一一台湾正名运动联盟"再次举行"誓师大会"，要求民众5月11日到"总统府"前举行集会，"向全世界发声要求台湾正名"。但因SARS疫情，"五一一台湾正名运动联盟"不得不于4月30日宣布活动顺延至9月6日。

4月7日 《人民日报》报道：中国动物防疫体系日臻完善，已建成相对完整的疫情监测体系。

同日 台检方就高雄市议长贿选案起诉40名被告，其中涉案市议员达34人。议长朱安雄被求刑2年6个月，副议长蔡松雄被求刑2年4个月。

4月7日—11日 越南共产党中央委员会总书记农德孟访问我国。

4 月 8 日　新华社报道:中央军委日前发布施行《中国人民解放军安全工作条例》。这是我军第一次发布施行这样的条例。

同日　全国劳动保障厅局长座谈会提出,今年国家将重点做好大龄困难群体的再就业工作,争取安置 100 万以上"4050"人员实现再就业。"4050"人员是指女 40 岁以上、男 50 岁以上的下岗失业人员,他们是就业难度最大的一个群体。

同日　在济南举行的大辛庄遗址重大考古发现新闻发布会透露,大辛庄商代遗址出土的甲骨文,年代距今约 3200 年。

同日　集医疗、教学、科研、科普为一体的青藏高原光明行动在北京启动。

4 月 9 日　中宣部、公安部、上海市委在人民大会堂举行陈卫国先进事迹报告会。上海普通民警陈卫国临危不惧、勇斗持刀歹徒,不幸以身殉职。

同日　《人民日报》报道:世界诗人大会、世界文化艺术学院最近授予中国著名诗人臧克家荣誉人文博士、贺敬之荣誉文学博士。

同日　新华社报道:第 22 届香港电影金像奖揭晓,《无间道》和《英雄》分获多项大奖。

同日　《人民日报》报道:为期 8 个月的首届中国少年儿童艺术节在北京开幕。

同日　著名剧作家吴祖光在北京逝世,享年 86 岁。

4 月 10 日　当日出版的英国《自然》杂志发表了中国科学家在水稻高产方面的研究成果:发现了控制水稻"分蘖"的基因并成功分离和克隆了这一基因。

4 月 12 日　我外交部发言人刘建超在答记者问时对中国驻伊拉克大使馆遭匪徒抢劫予以强烈谴责。自 9 日上午,美军坦克从伊西北和东南两个方向开进巴格达,美国白宫发言人 11 日宣布以萨达姆总统为首的伊拉克政府已"不复存在"后,巴格达西部使馆区的许多外国使馆连日来遭到洗劫。

4 月 14 日　国务院总理温家宝主持召开国务院常务会议。会议听取并原则同意卫生部关于建设完善国家突发公共卫生事件应急反应机制问题的汇报。会议认为,为应对突发性公共卫生事件,切实保障人民群众的健康与生命安全,尽快建设和完善国家突发公共卫生事件应急反应机制是完全必要的。

4 月 15 日　科技部、中国科学院、国家自然科学基金委员会在北京联合召开新闻发布会,宣布温家宝总理与美国、英国、日本、法国、德国等国政府首脑联名发表的《六国政府首脑关于完成人类基因组序列图的联合声明》,对人类基因组计划的完成表示祝贺。人类基因组计划于 1990 年 10 月在美国正式启动,中国于 1999 年起开始参与人类基因组计划这一重大科学工程。我国承担的工作区域位于人类 3 号染色体短臂上。该区域约占人类整个基因组的 1%,因此简称"1%项目"。

同日　全军规模最大的军需自动化立体库在总后军需供应局正式投入使用,标志着我军军需物资供应开始步入自动化。

4 月 17 日　中共中央政治局常务委员会召开会议,专门听取有关部门关于非典型肺炎防治工作的汇报,并对进一步做好这项工作进行了研究和部署。

同日　台"行政院"宣布将裁撤"新闻局",并规划将"新闻局"现有广电业务以及电信产业的监理与管制业务交由"国家通讯传播委员会"接手,国际宣导业务移至"外交部",出版业务由"文建会"承接。

4月20日 新华社报道:中共中央日前决定高强任卫生部党组书记,王岐山任北京市委副书记,免去张文康卫生部党组书记职务,免去孟学农北京市委副书记职务。26日,十届全国人大常委会第二次会议免去张文康的卫生部部长职务,任命吴仪为卫生部部长(兼)。22日,孟学农在北京市第十二届人大常委会第三次会议上辞去北京市市长职务,由王岐山任代市长。

同日 温家宝看望外国老专家爱泼斯坦,祝贺他在华工作70年暨88寿辰。

同日 全军第一个工程装备科研博士后工作站在总装备部工程兵某研究所挂牌。

4月24日 英国科学杂志《自然》刊登中国科学家的科研成果,首次破译问号钩端螺旋体基因组。

4月25日 纪念中国人民解放军优秀领导干部邓兆祥同志诞辰一百周年座谈会在北京举行。贾庆林出席座谈会。

4月25日—26日 十届全国人大常委会第二次会议在北京举行,通过了关于卫生部部长决定任免的名单,会议通过全国人大常委会关于中国银行业监督管理委员会履行原由中国人民银行履行的监督管理职责的决定。

4月26日 中国选手在维也纳举行的第12届世界航海模型赛F5—E级比赛中囊括了金、银、铜3块奖牌。

4月28日 中共中央政治局28日召开会议,研究在全党兴起学习贯彻"三个代表"重要思想新高潮等工作。

4月29日 胡锦涛在中共中央政治局第四次集体学习时强调,要大力弘扬中华民族精神,充分运用科技力量,坚决打赢防治"非典"攻坚战。

5月1日 胡锦涛在天津检查非典防治工作时强调,要万众一心、众志成城、科学防治、战胜非典。同日,用7天时间建成的北京小汤山医院投入使用。2日,卫生部新闻发言人刘培龙就台湾非典疫情发表谈话,指出中国政府一直高度关注台湾疫情,将继续开展同台湾地区的交流与合作,共同战胜非典,并同意世卫组织派专家赴台考察非典疫情。4日,温家宝、吴仪、陈至立看望清华大学、中国农业大学学生。5日,温家宝在京考察非典防治工作。6日,国务院在京召开全国农村非典防治工作电视电话会议,温家宝在会上讲话。同日,中央财政再次预拨非典防治专项经费9000万元,对山西等9个中西部省(自治区)给予补助。至当日,中央已经拨款直接用于非典防治专项经费近9亿元。8日,吴仪与在京知名中医药专家座谈时强调充分发挥中医药在抗非典中的作用。同日,中央政府援港首批抗非典物资在深圳交接。9日下午,世界卫生组织专家詹姆斯·马圭尔和渡边浩来到河北保定徐水县考察中国农村非典防治工作。10日,温家宝在山西考察非典防治工作。11日,卫生部发布《传染性非典型肺炎流动人员现场防护指导原则(试行)》;财政部、国家税务总局发出紧急通知,对受非典疫情直接影响比较突出的部分行业从5月1日至9月30日期间实行税收优惠政策;11至14日,胡锦涛在四川考察非典防治工作。14日,全国防非典指挥部在京召开会议,部署加强华北地区非典联防联控工作,吴仪在会上讲话。15日,国务院召开贯彻实施《突发公共卫生事件应急条例》座谈会,温家宝讲话时强调,要加快建立我国突发公共卫生事件应急机制。同日,国务院新闻办举行记者招待会宣布,我国农村没有出现大面积疫情。同日,小汤山医院首批非典康复患者出院。16日,中科院上海生命科学研究院药物研究所所长陈凯宣布，我国科学家完成了 SARS 病毒三种重要蛋白基质的克隆和表达。22 日，全国防非典指挥部科技攻关组举行新闻发布会宣布，我国中药防非典研究取得阶段性成果，已初步筛选出针对非典可能有效的 8 个中成药。23 日，世界上第一个针对 SARS 建立的基因工程抗体库在上海落成。同日，世界卫生组织正式宣布取消对中国广东省和香港特区的旅游警告。同日，《人民日报》报道：记者从农业部冠状病毒疫源调查组获悉，我国 SARS 病毒起源研究取得突破，证实人类 SARS 病毒来自野生动物。26 日，海协会负责人接受记者采访，对台湾当局拒绝接受祖国大陆各界捐赠的防非典医疗物品表示遗憾。27 日，中央政府援赠的抗非典物品运抵澳门。28 日，卫生部等六部委联合制定印发《关于加强农村传染性非典型肺炎防治工作的指导意见》。截至 5 月 31 日 10 时，我国内地累计报告非典临床诊断病例 5328 例，治愈出院 3371 例，死亡 332 例，目前在医院接受治疗的患者为 1625 例，疑似病例合计为 1003 例。

同日 《人民日报》报道：中央组织部日前作出决定，追授在防治非典型肺炎斗争中光荣殉职的邓练贤、叶欣、梁世奎、李晓红同志"全国优秀共产党员"称号，号召全国共产党员向他们学习。

同日 因 SARS 疫情恶化，世界卫生组织将台从"局限性"病例集中区恢复为一般病例集中区。8 日，世界卫生组织发布台北旅行警告。直至 6 月 7 日，世卫组织才宣布解除台湾的旅游警告。

5 月 2 日 新华社报道：我海军一艘常规动力潜艇近日在内长山以东我领海进行训练时，因机械故障失事，艇上 70 名官兵不幸全部遇难。军委、总部和有关部队领导对事故处理高度重视，对遇难烈士表示沉痛哀悼，对其亲属表示亲切慰问。江泽民 2 日发唁电，对遇难官兵表示深切哀悼，向遇难官兵亲属表示亲切慰问。5 日，江泽民、胡锦涛在大连接见海军 361 号潜艇遇难官兵亲属代表和所在部队代表。20 日，遇难烈士追悼大会在大连举行。

5 月 7 日 国家统计局发布公告，从今年开始，包括 GDP 在内的国民经济核算将实行新的方案。新核算体系的实施，将更加全面、系统地反映国民经济的发展水平和运行情况，为宏观经济管理和决策提供更加准确、可靠的依据。

同日 冈比亚、尼加拉瓜等 21 国联合致函联合国秘书长安南，要求世界卫生组织执行长布伦特·兰德邀请台湾以"卫生实体"身份及"观察员"地位参与该年世卫大会年会。5 月 9 日，美国国务院发布新闻称，美参议院于 5 月 1 日一致通过法案，要求国务卿鲍威尔协助台湾争取在世卫组织大会上获得"观察员"地位。12 日，日本厚生劳动大臣坂口力也声称，日本"支持台湾参与 WHO"。欧洲联盟执委会则于 15 日称，欧盟 15 国"支持台湾以观察员身份参与世界卫生组织大会"，但基于"一个中国"的原则，仍坚持台湾以"非政府组织"名义加入世卫组织运作。5 月 19 日，在日内瓦召开的世卫大会上，台湾争取"以观察员身份参与 WHA（世界卫生组织大会）"的图谋再度失败。

5 月 9 日 云南省原省长李嘉廷受贿一案在北京市第二中级人民法院一审宣判，以受贿罪判处李嘉廷死刑、缓期二年执行，剥夺政治权利终身，并处没收个人全部财产。法院经审理查明，1994 年至 2000 年 7 月，被告人李嘉廷在担任中共云南省委常委、省委副书记、云南省人民政府副省长、省长期间，利用职务上的便利，单独或伙同其子李勃（另案处理）收受他人贿赂共计折合人民币1810万余元。

同日 国务院公布《突发公共卫生事件应急条例》，自公布之日起施行。

5月10日 继上个世纪50年代具有广泛影响的《劳卫制》和60年代的《青少年体育锻炼标准》之后，国家体育总局公布了《普通人群体育锻炼标准》（试行），并从今日起在全国施行。

5月11日 新华社报道：国家体总日前公布了《普通人群体育锻炼标准》，自5月10日起施行。

5月12日 解放军总政治部日前通报表彰了第四届全军十大学习成才标兵和十个学习成才活动先进单位。

5月13日 《光明日报》报道：中国研制出世界上第一块32位S698处理器芯片，近日在珠海通过运行测试。

5月14日—16日 罗马尼亚总理阿德里安·讷斯塔塞访问我国。

5月18日 国务院公布《中华人民共和国文物保护法实施条例》，自2003年7月1日起施行。

同日 中国女选手张莉和沈巍巍在国际剑联世界杯女子重剑个人赛意大利站比赛中获冠、亚军。

5月21日 国务院在北京召开第二次全体会议。温家宝发表讲话强调，要一手抓非典防治工作，一手抓经济发展和其他工作，建立防治非典特殊时期良好的工作秩序，努力减少非典造成的损失，夺取防治非典和经济建设双胜利。

同日 中国业余登山队A组队员陈俊池、梁群成功登上世界最高峰珠穆朗玛峰。中韩联合登山队A组6名队员21日14时53分成功登顶珠穆朗玛峰。

5月22日 《人民日报》报道：据国家统计局新颁布的《三次产业划分规定》，我

国三次产业有了新的划分标准。

5月23日 中共中央政治局召开会议，研究和部署进一步加强人才工作等问题。胡锦涛主持会议。当日下午中共中央政治局进行第五次集体学习。

同日 中国政府决定派出地震紧急救援队，赶赴阿尔及利亚地震灾区，协助开展搜索救援。这是中国国际救援队第一次参与国际地震灾害救援的行动。

5月25日 温家宝看望著名科学家侯祥麟和王大珩，代表党中央国务院向两位科学家致以亲切的问候。

同日 我国用"长征三号甲"运载火箭，成功地将第三颗"北斗一号"导航定位卫星送入太空。前两颗"北斗一号"卫星分别于2000年10月31日和12月21日发射升空。这次发射的是导航定位系统的备份星。它与前两颗"北斗一号"工作星组成了完整的卫星导航定位系统，确保全天候、全天时提供卫星导航信息。

同日 历时7天的第47届世界乒乓球锦标赛在巴黎结束。中国乒乓球队夺取女单、女双、男双、混双4项冠军。男子单打冠军被奥地利夺走。中国队在全部比赛中还获得4项亚军和6个第三名。

5月26日 国务院新闻办公室发表《新疆的历史与发展》白皮书。

同日 《人民日报》报道：日前，瑞士银行有限公司、野村证券株式会社合格境外机构投资者（QFⅡ）资格已获中国证监会批准。

同日 国际足联紧急委员会确定，将原定于2003年在中国举办的世界杯女子足球赛转移到美国举行，中国将举办2007年世界杯女足赛。同时还决定，中国队将直接入围决赛圈。

5月26日—6月5日 国家主席胡锦涛访问俄罗斯、哈萨克斯坦、蒙古国，出席

在莫斯科举行的上海合作组织成员国元首第三次峰会、圣彼得堡举行的建市 300 周年庆典和在法国埃维昂举行的南北领导人非正式对话会议。

5 月 27 日 国务院公布施行《企业国有资产监督管理暂行条例》。

5 月 28 日 台"立法院内政委员会"完成"公投法"草案初审。

5 月 30 日 温家宝在中南海主持召开国家科技教育领导小组第一次会议,研究制定国家科技发展规划和农村教育工作。

6 月 1 日 当今世界最大的水利枢纽工程三峡水库下闸蓄水成功。

6 月 2 日 全国非典防治指挥部举行新闻发布会,宣布中国非典科技攻关获阶段性成果。同日,卫生部发出通知,加强群体性发热疫情控制。3 日,贾庆林在北京会见香港特别行政区部分全国政协委员,高度评价港澳委员对内地抗非典工作的支援。4 日,《人民日报》报道:中国气象局国家气象中心的科研人员通过研究得出结论,认为 SARS 病毒与气象条件有关。5 日,教育部召开全国教育系统非典型肺炎及其他传染病预防与控制网络视频会议,要求把学生健康放在第一位。8 日,新华社报道:卫生部近日要求各地及时调整发热门(急)诊及非定点医疗机构,尽快恢复正常诊疗秩序;全国防非指挥部近日要求,对非典病人进行详细流行病学调查;卫生部近日要求各地对艾滋病合并非典患者就地收治。9 日,全国防非指挥部在北京召开华北五省区市第三次非典联防联控会议,吴仪主持会议并讲话。10 日,《人民日报》报道:卫生部日前发出通知,要求做好非典型肺炎病人及疑似病人的病历和标本管理工作。12 日,卫生部与世界卫生组织在北京共同举行新闻发布

会,卫生部副部长高强说,中国将与世卫组织在非典防治方面继续加强合作;卫生部新闻办表示,医院发热门诊将长期保留,"四早"措施将制度化。13 日,世卫组织宣布从即日起解除对中国天津、山西、河北和内蒙古四省区市的旅游限制建议,并将天津、河北、山西、内蒙古、吉林、江苏、湖北、广东、陕西从"近期有当地传播"的名单中删除。16 日,世卫组织负责防治传染病的执行干事戴维·海曼在香港特区会见新闻界时说,中国政府通报的非典疫情是负责任的。17 日,世卫组织宣布,撤销对台湾地区的旅行警告;卫生部和世卫组织联合工作组抵达山西和内蒙古考察非典防治工作。同日,温家宝主持召开专家座谈会,听取关于加强公共卫生建设,促进经济社会协调发展的意见,并作了重要讲话。20 日,北京小汤山医院送走最后 18 位非典治愈患者,圆满完成抗击非典使命。22 日,中央军委发布通令,嘉奖小汤山医院全体官兵。同日,首都人民感谢子弟兵战非典夺胜利表彰欢送大会隆重举行,沈阳军区等 19 个医疗队获得先进集体、453 位个人荣获先进个人称号。同日,新华社报道:全国防非指挥部近日发出关于科学规范非典型肺炎防治措施的通知。23 日,世界卫生组织将香港从非典疫区名单中除名。24 日,卫生部和世卫组织联合在北京举行新闻发布会,世卫组织官员宣布:从即日起解除对北京的旅行警告,并将北京从"近期有当地传播"的非典疫区名单中删除。北京已连续 20 天没有发现新的非典患者。当日上午,吴仪在中南海会见世卫组织西太区主任尾身茂及驻华代表贝汉卫一行。25 日,国务院新闻办举行记者招待会,介绍中国在防治非典科技攻关方面的进展,全国防非指挥部科技攻关组副组长李学勇宣布,中国非典病

毒灭活疫苗研制取得突破。26日，全国防非指挥部在北京召开会议，吴仪强调切实巩固非典防治工作成果。28日，全国防非典工作先进基层党组织和优秀共产党员代表座谈会在北京召开，中组部对在抗击非典中作出了突出贡献的全国基层党组织和共产党员进行了表彰。30日，温家宝出席香港特区政府表扬医护及各界成功克服非典型肺炎集会并发表重要讲话。同日，卫生部直属机关防治非典先进基层党组织和优秀共产党员表彰大会在北京举行，吴仪致信表示祝贺和慰问。同日，新华社报道：国务院办公厅近日发出关于进一步开展非典型肺炎防治督查工作的通知。

同日 中科院大气物理研究所获得美国"计算机世界荣誉奖励计划"21世纪成就大奖。颁奖典礼当晚在华盛顿举行。

6月3日 新华社报道：5月25日发射的中国第三颗"北斗一号"导航定位卫星，于当日5时0分成功定点，顺利进入地球同步轨道。

同日 《人民日报》报道：文化部日前发布《互联网文化管理暂行规定》，自2003年7月1日起施行。

6月4日 财政部宣布，截至2002年底，我国国有资产总量共计118299.2亿元，比上年增加8982.8亿元，增长8.2%。在全部国有资产总量中，经营性资产76937.8亿元（占65%），非经营性资产41361.4亿元（占35%）；中央占用国有资产为56594.2亿元（占47.8%），地方占用国有资产为61705亿元（占52.2%）。

6月8日 中共中央发出关于印发《"三个代表"重要思想学习纲要》的通知。

同日 国务院公布《物业管理条例》，自2003年9月1日起施行。

同日 为期8天的第29届世界青年男子暨第八届世界青年女子举重锦标赛在墨西哥结束，中国队共夺得22枚金牌。

6月9日 新党时任主席郁慕明以98%的得票率当选新党首次直选的党主席。

6月10日 团中央、教育部联合在北京启动大学生服务西部计划，首批招募5000～6000名毕业生到西部贫困地区服务1至2年。教育部等四部委日前联合作出决定，参加计划的志愿者除享受国家规定的高校毕业生就业优惠政策外，还可以享受八项优惠政策。

6月12日 新华社报道：经中共中央批准，中央军委近日发布命令，任命张定发为海军司令员、胡彦林为海军政治委员。免去石云生的海军司令员职务、杨怀庆的海军政治委员职务。

6月12日—14日 老挝人民革命党中央主席、老挝人民民主共和国主席坎代·西潘访问我国。

6月13日 新华社报道：海军361潜艇失事原因已查明，是由于指挥操纵不当造成的。近日，中央军委作出决定，对361潜艇特大事故负有责任的有关人员进行严肃处理。给予济南军区副司令员兼海军北海舰队司令员丁一平、海军北海舰队政治委员陈先锋行政降职处分，同时分别给予其他8名有关人员以行政撤职、降职等纪律处分。

同日 世界卫生组织宣布取消我国天津、河北、山西、内蒙古的旅行限制建议，并将天津、河北、山西、内蒙古、吉林、江苏、湖北、广东、陕西从近期有当地传播名单中去除。

6月14日 19名地方普通高校应届毕业生被空军飞行学院正式录取为飞行学员。这是自1987年招飞制度改革以来，空军首次在普通高校毕业生中招收大学生飞行学员。

同日　新华社报道：历经 50 年成就的《中国断代史系列》共 16 部 1000 余万字，近日编纂完成，由上海人民出版社出版。

6 月 15 日　新华社全文播发《中共中央关于在全党兴起学习贯彻"三个代表"重要思想新高潮的通知》。

同日　国务院公布《海关关衔标志式样和佩戴办法》，自公布之日起施行。

6 月 16 日　国务院公布《医疗废物管理条例》，自公布之日起施行。

6 月 17 日　中科院和中国人民银行宣布，共同出资 3000 万元，设立陈嘉庚科学奖，重奖原创科技成果。

6 月 18 日　香港特区立法会通过"感谢中央政府在对抗非典行动中给予香港特区的支持"的动议。

同日　中国援外指导扫雷的 18 名专家，圆满完成在厄立特里亚人道主义扫雷培训任务后回到北京。

6 月 19 日　经党中央同意，中共中央办公厅印发《党政领导干部选拔任用工作监督检查办法（试行）》。

6 月 20 日　国务院公布《城市生活无着的流浪乞讨人员救助管理办法》，自 2003 年 8 月 1 日起施行。

6 月 21 日　连战、宋楚瑜就"公投立法"等问题达成共识，"国亲联盟"将推动在"宪政"体制内不涉及"国体"、"国号"内容的针对公共政策的体制内"公投立法"，也就是落实"宪法"中规定的"创制复决权"。22 日国民党还称，将"坚决反对民进党用公投决定统'独'问题"。

6 月 21 日—29 日　第 11 届夏季特殊奥林匹克运动会在爱尔兰首都都柏林举行。中国代表团共获得 19 枚金牌、10 枚银牌、3 枚铜牌。

6 月 22 日—27 日　印度共和国总理阿塔尔·比哈里·瓦杰帕伊访问我国。6 月 23 日，国务院总理温家宝与瓦杰帕伊总理签署了《中华人民共和国和印度共和国关系原则和全面合作的宣言》。

6 月 23 日—28 日　十届全国人大常委会第三次会议在北京举行。会议通过了《中华人民共和国居民身份证法》、《中华人民共和国港口法》、《中华人民共和国放射性污染防治法》（这三部法律于 6 月 28 日公布，分别于 2004 年 1 月 1 日、2004 年 1 月 1 日、2003 年 10 月 1 日起施行）。会议还通过全国人大常委会关于批准《〈禁止或限制使用某些可被认为具有过分伤害力或滥杀滥伤作用的常规武器公约〉第一条修正案》的决定、关于批准《万国邮政联盟组织法第六附加议定书》的决定、关于加入《东南亚友好合作条约》及其两个修改议定书的决定。

6 月 24 日　世界卫生组织官员郑重宣布：从即日起解除对北京的旅行警告，并将北京从"近期有当地传播"的非典疫区名单中删除。

6 月 25 日　中共中央国务院作出《关于加快林业发展的决定》。

6 月 26 日　我国计算机网络与数据通信专家、中科院研究员钱华林当选 ICANN 理事，任期三年。这是中国专家第一次进入全球互联网地址与域名资源最高决策机构的管理层。

6 月 26 日—27 日　国务院先后公布《公共文化体育设施条例》和《中华人民共和国渔业船舶检验条例》，均自 2003 年 8 月 1 日起施行。

6 月 27 日—28 日　全国文化体制改革试点工作会议在北京召开。

6 月 28 日　"世界第一钢拱桥"——上海卢浦大桥通车，至此，黄浦江上架起了 6 座大桥。

同日　广东东莞经深圳至香港的跨流域大型调水改造工程，经过近 3 年奋斗，正式宣布全线完工，提前两个月全线向香港供水。

同日　首届中国少年儿童艺术节在北京开幕。

同日　国际奥委会执委会决定，2008 年奥运会的日期将比原定日期推迟 2 周，改在 8 月 8 日至 24 日举行。

6 月 29 日　温家宝总理出席《内地与香港关于建立更紧密经贸关系的安排》签署仪式和香港回归祖国 6 周年庆祝活动。30 日，温家宝视察香港大学。7 月 1 日，温家宝出席香港回归祖国 6 周年升旗仪式。当天上午，香港特区政府举行盛大酒会，庆祝香港回归祖国 6 周年，温家宝出席并讲话。

同日　历经 9 天的紧张争夺，第 11 届世界夏季特殊奥林匹克运动会结束。中国代表团的 34 位特奥运动员共获得 19 枚金牌、10 枚银牌、3 枚铜牌。

6 月 29 日—7 月 1 日　温家宝总理赴香港出席《内地与香港关于建立更紧密经贸关系的安排》签署仪式和香港回归祖国 6 周年活动，看望慰问抗击非典赢得胜利的香港民众和医护人员代表，并与香港各界人士就香港未来发展广泛交流意见。

6 月 30 日　新华社报道：第一部全面反映中国人权发展和建设情况的大型画册《中国人权》日前由中国画报出版社出版发行。

同日　《人民日报》报道：卫生部近日印发《2003—2010 年全国保持无脊髓灰质炎状态行动计划》，开展脊髓灰质炎强化免疫。

同日　民进党版"公民投票法"草案明订"台湾遇有紧急危难或现状改变，总统经行政院院会同意后，得就攸关台湾安全重大事项提出防御性公投"。

7 月 1 日　"三个代表"重要思想理论研讨会在北京开幕。胡锦涛总书记在会上发表讲话。

7 月 4 日　新华社报道：人民出版社组织出版了由中国社会科学院马克思列宁主义毛泽东思想研究所选编的《马克思恩格斯列宁斯大林毛泽东邓小平江泽民论工人阶级政党的先进性》一书。

同日　连、宋决定国、亲两党推动"公投法"的立场为：排除"改变中华民国现状"的内容，纳入"政务官为公投结果下台"的责任制条文，公投时间按"人、事分离"原则，与"总统"选举脱钩。

7 月 5 日　世界卫生组织宣布，决定把中国台湾地区从非典疫区名单上排除。中国台湾地区是最后一个被从非典疫区名单上除名的地区，这标志全球抗击非典斗争取得了阶段性胜利。

同日　全国人大法工委负责人就香港基本法第 23 条立法发表谈话。同日，香港特别行政区行政长官董建华在新闻发布会上就基本法第 23 条立法发表讲话。

同日　"中华遗珍重现北京"文物展暨"国宝工程"启动仪式在北京举行。

同日　国务院原副总理，原国务委员兼国防部长，原中共中央顾问委员会常务委员，原副总参谋长兼国防科学技术委员会主任张爱萍在北京逝世。

同日　新华社报道：6 月下旬以来，淮河流域出现持续强降雨。淮河干支流发生了超过 1991 年的大洪水。安徽、江苏、河南等省沿淮地区遭受严重洪涝灾害。7 月 12 日至 13 日，温家宝实地察看淮河水情和防洪设施，深入行蓄洪区转移群众安置点慰问受灾群众。

7 月 7 日　中科院和北京市政府宣布，北京周口店遗址附近的田园洞发掘出山顶洞人时期的晚期古人类化石,这将弥补山顶洞人化石在抗战期间全部丢失的遗憾。

7 月 7 日—10 日　韩国总统卢武铉访问我国。中韩双方一致认为应维护朝鲜半岛和平与稳定,确保朝鲜半岛无核化地位,确信朝核问题可以通过对话和平解决。

7 月 9 日　《人民日报》报道:科技部日前发布《关于加强国家科技计划成果管理的暂行规定》。

7 月 10 日　香港屯门发生重大交通事故,有 22 人死亡。

7 月 12 日—28 日　中国队在世界游泳锦标赛中共取得 7 金 4 银 8 铜,其中跳水为金银铜牌各 4 枚,游泳为 3 金 4 铜。排在奖牌榜第四位,列金牌榜前三位的分别是:美国 12 金,俄罗斯 10 金,澳大利亚 8 金。

7 月 13 日　我国中学生在第 35 届国际化学奥林匹克竞赛中获 4 枚金牌;7 月 16 日在第 14 届国际生物学奥赛中获 3 枚金牌;7 月 18 日在第 44 届国际数学奥赛中获 5 枚金牌;8 月 23 日在第 35 届国际信息学奥赛中获 1 枚金牌。

7 月 15 日　第六届"中国武警十大忠诚卫士"评选在北京揭晓。尼玛扎西、欧阳运华、刘兴京、陈源、丁贵华、郭春耀、刘正志、杜振高、周春光、裴雷等 10 人荣膺"中国武警十大忠诚卫士"荣誉称号。

同日　《人民日报》报道:全国爱卫会日前命名江苏省 6 个镇及广东省 9 个镇为"国家卫生镇"。

同日　百名北极科学考察队员乘"雪龙"号科学考察船从大连起航,开始中国第二次北极考察。

7 月 17 日　新华社报道:中国地质调查局天津地矿研究所研究员朱士兴等人

最近研究发现,13 亿年前地球每年有 540 多天。

同日　《人民日报》报道:由国家图书馆历时 9 个月完成的馆藏 221 册《永乐大典》修复面世。原书至今不知踪迹,副本目前在全世界仅存 400 册左右。

7 月 18 日　首批复合型舰艇航空部门长奔赴部队。我海军首批舰艇航空部门长班学员,历经 3 所院校 5 年跨学科、跨专业的联合培养,圆满完成全部学业,奔赴海军舰艇部队。他们的"出炉",改写了我海军舰艇航空部门长期没有"科班生"的历史。

7 月 19 日　中央人民政府决定,任命杨文昌为外交部驻香港特别行政区特派员公署特派员。

同日　胡锦涛、温家宝在北京分别会见香港特别行政区行政长官董建华。

7 月 20 日　世界杯击剑赛暨奥运会资格赛(悉尼站)比赛落幕,中国女子重剑队荣获冠军;赵刚夺得本站比赛男子个人冠军。

同日　第 42 届世界射箭锦标赛在纽约落幕,中国 3 名女选手和 1 名男选手获得 2004 年奥运会入场券。

同日　《人民日报》报道:中组部等五部委近日联合发出通知,要求选拔优秀大学毕业生到西部基层工作。

7 月 20 日—22 日　英国首相托尼·布莱尔访问我国。

7 月 21 日　中共中央政治局召开会议,研究部署进一步做好经济工作和公共卫生建设工作等问题。胡锦涛主持会议。

同日　胡锦涛在中共中央政治局第六次集体学习时强调,要加强党的思想理论建设,坚持用科学的理论指导实践。

同日　国务院公布《法律援助条例》,自 2003 年 9 月 1 日起施行。

同日 新华社报道：目前，在全球正式命名或允许生产推广的彩棉品种中，我国居世界首位。

同日 教育部发出紧急通知，要求确保高校经济困难新生入学。

7 月 22 日 国家信息化领导小组第三次会议在北京召开。温家宝主持会议并作重要讲话。

同日 新华社报道：日前在上海举办的朵彩彩棉服饰招商会上透露，中国彩棉开发研究达到世界领先水平。

7 月 22 日—26 日 共青团第十五次全国代表大会在北京举行。大会通过了中国共产主义青年团第十五次全国代表大会关于《中国共产主义青年团章程（修正案）》的决议，选举周强为团十五届中央委员会书记处第一书记。

同日 云南省大姚县发生 6.2 级强烈地震。

7 月 23 日 中央军委主席江泽民日前签署命令，批准施行《中国人民解放军计量条例》。该条例是中央军委制定颁布的第一部规范全军计量工作的基本法规。

同日 《国务院关于克服非典型肺炎疫情影响促进农民增加收入的意见》下达。

7 月 24 日 新华社全文播发《中国 21 世纪初可持续发展行动纲要》。

7 月 25 日 卫生部近日追授陈洪光、张普善、丁秀兰、裴鸿烈、孙晓荣、孙家华、马宝璋、赵世勇、王晶、段力军等 10 位同志"人民健康好卫士"荣誉称号，称颂他们是广大投身抗击非典型肺炎斗争医疗卫生人员中的杰出代表和时代楷模。

7 月 27 日 中国青年赛艇队在贝尔格莱德举行的世界 23 岁以下赛艇比赛——国家杯赛上，获得 2 枚金牌、1 枚银牌和 1 枚铜牌。

7 月 28 日 全国防治非典工作会议在北京举行。

同日 "功勋飞行员"广州军区空军副参谋长岳喜翠在北京被授予人民解放军空军少将军衔，成为我军第一位女飞行员将军。

同日 第十届世界游泳锦标赛落幕，中国队共获得 7 枚金牌、4 枚银牌、8 枚铜牌，居金牌榜第四。

7 月 29 日 由乌鲁木齐陆军学院编撰的中国第一部《边防学》最近问世，从而填补了中国军事科学体系的一项空白。《边防学》包括边防理论、边防建设、边防法规、未来边防等 12 章，共计 40 多万字。

同日 台"行政院"透露，台湾与日本已就钓鱼岛海域达成"搁置政治争议、共同开发"共识，规划北纬 27 度至 29 度有主权争议的钓鱼岛往北 200 海里处，均为台日双方渔船可活动捕鱼区域。

7 月 30 日 经中央军委批准，由总政治部组织编写的《江泽民国防和军队建设思想学习纲要》正式出版并印发全军。

同日 新华社报道：中国科学院高能物理研究所一位负责人介绍，最近在一项夸克物理研究项目中，中美科学家合作分析研究从北京正负电子对撞机和北京谱仪上得到的 5800 万个 J 粒子事例的数据时，发现了新的短寿命粒子。

8 月 1 日 《人民日报》报道：经中央军委批准，由总政治部组织编写的《江泽民国防和军队建设思想学习纲要》印发全军。

8 月 3 日 第 29 届奥运会会徽"中国印·舞动的北京"发布仪式在北京天坛祈年殿隆重举行。吴邦国出席发布仪式。

同日 首届"全国十大科技前沿人物"颁奖仪式在京举行，获奖的 10 人是：王永义、王涛、田捷、白春礼、俞亚鹏、袁家军、倪志福、高精錬、雷凡培、廖波。

同日 第 13 届世界羽毛球锦标赛在英国落幕。中国选手共获得 3 枚金牌、3 枚银牌和 3 枚铜牌。

同日 花莲县长补选结果揭晓,国、亲两党共同推出的谢深山以 73710 票、51.4% 的得票率当选。

8 月 5 日 中国红十字会代表红十字国际委员会在北京人民大会堂举行第 39 届南丁格尔奖章颁奖大会。在本届 45 位获奖者中,我国有 10 位护士获奖,是获奖人数最多的一次。

同日 国务院公布《乡村医生从业管理条例》,自 2004 年 1 月 1 日起施行。

8 月 6 日 在纪念我军预备役部队组建 20 周年之际,解放军总参谋部、总政治部日前发出通报,对全军 180 个预备役部队建设先进单位和先进个人进行表彰。

同日 台湾当局鼓动 15 个"邦交国"提案,以"中华民国(台湾)"名称第 11 次提出"加入联合国"申请。9 月 18 日,这一企图再因联合国大多数成员国的反对而失败。

同日 台"行政院离岛建设指导委员会"作出决议,金门之大担、二担岛等 7 个地方解除军事管制。

8 月 6 日—12 日 上海合作组织成员国武装力量举行联合反恐军事演习,这是上海合作组织框架内首次举行的多边联合反恐军事演习。我军首次参加如此大规模的多边联合反恐演习。

8 月 8 日 中国外交部亚洲司司长傅莹紧急约见日本驻华使馆公使时表示,日方应本着对历史负责的态度,认真对待日本遗弃在华化学毒剂伤人事件,对中方的损失承担应有的责任和义务。4 日,黑龙江省齐齐哈尔市一建筑工地发生化学毒剂伤人事故。经中国方面专家鉴定,这些毒剂系二战期间侵华日军所遗弃。截至 12 日,齐齐哈尔"八四"中毒事件的住院人数已增加到 36 人。

同日 国务院公布《婚姻登记条例》,自 2003 年 10 月 1 日起施行。

同日 由中国互联网协会和中国互联网络信息中心联合编写的第一部《中国互联网发展报告》在北京正式出版。这是互联网 1994 年进入中国以来第一部比较全面地反映我国互联网发展状况的综合性大型文献资料。

8 月 9 日 《人民日报》报道:经中共中央批准,中央纪律检查委员会对河北省人大常委会原主任程维高严重违纪问题进行了审查,决定给予其开除党籍处分,撤销其正省级职级待遇。

同日 代表弱势的"公平正义(泛紫)联盟"正式成立,总召集人为原民进党新潮流系核心人物简锡阶。该联盟以"追求公平、正义的社会福利"为诉求主轴,要推出自己的正、副"总统"候选人,替社会基层和弱势团体发声。

8 月 10 日 敖鲁古雅乡鄂温克猎民部落走出大山迁新居。敖鲁古雅乡鄂温克猎民生活在内蒙古根河市的大兴安岭原始森林中,他们靠打猎和饲养驯鹿生活,被称为中国最后的"狩猎部落"。现在的敖鲁古雅乡有 230 名鄂温克人,其中有 30 多人至今仍保留着祖先原始的生活方式。

8 月 12 日 胡锦涛在中共中央政治局第七次集体学习时强调,要坚持先进文化的前进方向,大力发展各类文化事业和文化产业。

同日 国务院发布《关于促进房地产市场持续健康发展的通知》。

8 月 13 日 新华社报道:《大辞海》由上海辞书出版社开始出版,共 38 卷,收录条目 25 万,5000 万字,2010 年出齐。

同日　中国首例网上配型成功的造血干细胞运往广州治疗患者,捐献者为湖南理工学院大二学生陈欣。

8 月 15 日　中共中央、国务院、中央军委印发《关于加强和改进城市民兵工作的意见》。

同日　国务院公布施行《中央储备粮管理条例》。

8 月 15 日—16 日　全国再就业工作座谈会在北京举行。胡锦涛在会上发表讲话指出,各级党委和政府要充分认识做好就业和再就业工作的重要性、紧迫性和长期性,切实加强对再就业工作的领导,坚决落实中央关于促进再就业工作的方针政策和各项措施,发动社会各界共同努力,开拓创新,扎实工作,不断取得再就业工作的新成绩。温家宝主持会议并发表讲话。

8 月 16 日　伴随北京地坛医院最后两名非典患者康复出院,我国内地已无非典患者。

8 月 16 日—23 日　第 15 届国际信息学奥林匹克竞赛在美国举行。中国选手获得 1 金 2 银 1 铜的好成绩。

同日　北京 10 岁女孩王一妍经过 10 小时 05 分的奋力拼搏,成功横渡琼州海峡。

8 月 19 日　新华社报道:我国审计事业从 1983 年创立至今,取得了显著成绩。全国共审计 300 多万个单位,审计处理后已上缴财政 1400 多亿元,追还被挤占挪用资金 1300 多亿元。

8 月 19 日—26 日　罗马尼亚总统扬·伊利埃斯库访问我国。

8 月 21 日—31 日　第 12 届世界大学生运动会在韩国大邱举行。172 个国家和地区的 7000 余名选手参赛。中国体育代表团以 41 金、27 银、13 铜的战绩蝉联金牌榜首。

8 月 22 日　中国首支预备役航海特种分队在大连组建。大连海事大学和大连理工大学一批身体素质好的技术骨干、业务尖子、学科带头人编入预备役航海特种分队。他们都拥有大学本科以上学历,其中博士 11 名,硕士 44 名。

同日　《人民日报》报道:卫生部日前制定了《食品安全行动计划》,以指导今后五年全国的食品安全工作。

同日　《人民日报》报道:第三届电影电视"百花奖"日前在京颁奖。

8 月 22 日—26 日　中国妇女第九次全国代表大会在北京举行。大会还通过了关于《中华全国妇女联合会章程(修正案)》的决议。全国妇联第九届执委会第一次会议,推举陈慕华、彭珮云为全国妇联名誉主席。选举顾秀莲为全国妇联主席。

8 月 22 日—27 日　十届全国人大常委会第四次会议在北京举行。会议通过了《中华人民共和国行政许可法》(8 月 27 日公布,2004 年 7 月 1 日起实施),通过了全国人大常委会关于批准中国和南非关于刑事司法协助的条约的决定,关于批准中国和吉尔吉斯斯坦关于打击恐怖主义、分裂主义和极端主义的合作协定的决定,关于批准联合国打击跨国有组织犯罪公约的决定。

8 月 24 日　新华社报道:中央军委日前颁发《军队基层建设纲要》。

同日　新华社报道:大连残疾人谢延红于英国当地时间 8 月 24 日 0 时 30 分成功横渡英吉利海峡。

同日　第 37 届世界体操锦标赛在美国阿纳海姆落幕,中国选手以 5 金 2 银 1 铜的成绩居奖牌榜首。

8月25日 来自美国、英国、法国、俄罗斯、德国、加拿大、泰国、埃及等15个国家的27名军事观察员在中国最大的训练基地——内蒙古朱日和合同战术训练基地,观摩了北京军区"北剑0308"装甲旅纵深突击作战演习。这是中国军队首次邀请外军观摩实兵军事演习,首次开放中国军队最大的合同战术训练基地。

同日 台"外交部领事事务局"首度将"中国"列入"外国"旅游预警分级表,中国也是唯一被列入橙色警戒的亚太国家,台"外交部"建议民众暂缓前往中国大陆。

8月26日 吴邦国在人民大会堂香港厅亲切会见了全国人大常委会香港特别行政区基本法委员会全体成员。

同日 2001、2002年度第16、17届全国电视文艺"星光奖"和第22、23届全国电视剧"飞天奖"颁奖典礼当晚在北京举行。

同日 全国纳米科技工作会议在北京举行。会议透露,中国纳米科研部分领域世界领先。

同日 大陆26名女子搭乘快艇私渡赴台,在台湾苗栗县海边被海巡部门发现后遭追缉,从事私渡的台湾蛇头见事情败露,将13名私渡女子强行推落下海,造成6死3失踪的重大惨剧。

8月27日—29日 朝核问题北京六方会谈举行。中国代表团团长王毅29日说,通过北京六方会谈,朝鲜半岛无核化的目标已经确立,和平解决的进程已经开始。朝、美、韩、俄、日感谢中方促成六方会谈。

8月27日—30日 匈牙利总理迈杰希·彼得访问我国。

8月29日 台"行政院长"游锡堃宣布在"内政部"之下成立"移民署",优先解决偷渡客问题。

8月30日 第九届中国电影华表奖、第六届夏衍电影文学奖、第十一届中国电影童牛奖当晚在北京同台颁奖。

8月30日—9月10日 全国人大常委会委员长吴邦国访问菲律宾、韩国和日本并出席亚洲议会和平协会第四届年会。

8月31日 正在上海考察工作的温家宝到华东医院看望百岁作家巴金先生。

同日 2003年全国大学生志愿服务西部计划出征仪式在北京举行。

同日 为期10天的第七届"桃李杯"青少年舞蹈比赛在上海落幕,来自全国各地的1300多名选手分获三大舞种、八个级别的表演、剧目创作、音乐创作等项目的百余项奖。

8月 国务院正式批复启动"中国下一代互联网示范工程"——CNGI(China Next Generation Internet)。CNGI是实施我国下一代互联网发展战略的起步工程,由国家发展和改革委员会主持,中国工程院技术总协调,由国家发展和改革委员会、科学技术部、信息产业部、国务院信息化工作办公室、教育部、中国科学院、中国工程院、国家自然科学基金委员会等八部委联合领导。

9月1日 中央军委主席江泽民在出席国防科学技术大学50周年庆典活动时郑重宣告:党中央、中央军委决定,将在"九五"期间裁减军队员额50万的基础上,2005年前我军再裁减员额20万。

同日 从全军遴选的首批13名军、师职指挥员教官走上国防大学讲坛,开始执教生涯。这是中央军委、解放军总部为推进中国特色军事变革、提高教学科研水平和人才培养质量,实现军队现代化跨越式发展而采取的重要举措。

同日 中国55个少数民族全部有了自己的书面文学作家。

9月2日 台军方"参谋本部"报告

称,台湾只能承受大陆96枚导弹攻击,若大量导弹来袭,台湾防御体系将遭致命打击。

同日 被称为"台日政策对话第二轨道"的"台日论坛2003年东京会议"在日本东京举行,台"总统府"秘书长邱义仁等赴会。

9月3日—9日 中共中央举办的省部级主要领导干部学习贯彻"三个代表"重要思想专题研讨班举行开班仪式。胡锦涛在开班式上发表讲话。

同日 国务院公布《中华人民共和国认证认可条例》,自2003年11月1日起施行。

9月4日 《人民日报》报道:日前,北京天坛医院介入外科专家吴中学在国内首次应用颅内专用支架治愈三例复杂性颅内动脉瘤患者。

9月5日 香港特区政府决定撤回《国家安全(立法条文)条例草案》。

9月6日 "台湾正名"游行登场,李登辉率领民众走上街头并发表演讲,声称"中华民国已经不存在","现在的中华民国只剩下国号而没有领土"。

9月6日—13日 第七届全国少数民族传统体育运动会在宁夏银川举行。

9月7日 中央军委正式颁发《实施军队人才战略工程规划》。这个规划是中央军委根据世界军事变革发展趋势作出的科学决策,是我军第一个人才建设宏观发展规划。

同日 "中华教授协会"、"中华战略协会"、"中国统一联盟"等数十个团体联合发起大游行,其主要诉求为"反台独、救台湾、反失业、要工作、反军购、要福利",抗衡"台湾正名运动"。

9月8日—10日 中国残疾人联合会第四次全国代表大会在北京举行。会议通过关于《中国残疾人联合会章程(修正案)》的决议。邓朴方再次当选为中国残联主席。李瑞环继续担任中国残联名誉主席。

9月9日 首届高等学校教学名师奖颁奖会在北京举行。100名教师获奖。同日,温家宝会见全国农村中小学优秀教师代表和首届高等学校教学名师奖获得者并发表讲话。

9月10日 温家宝主持召开国务院常务会议,研究实施东北地区等老工业基地振兴战略问题,提出了振兴东北地区等老工业基地的指导思想和原则、主要任务及政策措施。

同日 第5届全国优秀科普作品奖颁奖大会在北京举行。王兆国出席大会并为获奖者颁奖。

同日 第8届中国国际新闻奖在北京颁奖。

9月10日—14日 2003年亚洲举重锦标赛在秦皇岛举行,中国队获得11个级别的总成绩冠军,并打破9项世界纪录。

9月10日—17日 德国总统约翰内斯·劳访问我国。

9月11日 新华社报道:经党中央同意,中央精神文明建设指导委员会决定,从今年开始,将《纲要》印发的9月20日定为"公民道德宣传日"。

同日 国务院、中央军委公布《民用运力国防动员条例》,自2004年1月1日起施行。

9月12日 国务院授予海关关衔仪式在人民大会堂举行。温家宝为海关总监、副总监和一级关务监督代表颁发授衔命令证书。首批277人被授予海关总监、副总监、一级关务监督、二级关务监督的高级关衔。这是中华人民共和国成立以来首次授予海关关衔。

同日　第六届中国北京国际科博会开幕。

同日　新华发行集团总公司在北京成立。

9 月 14 日　中国科学院自动化研究所宣布成立生物特征认证与测评中心。

9 月 16 日　经中央军委批准,总参谋部、总政治部、总后勤部、总装备部颁发《关于进一步做好干部交流工作的意见》。

同日　科技部部长徐冠华在国务院新闻办举行的记者招待会上宣布,中国火炬计划实施 15 年来,53 家国家高新区累计创造税收 2808 亿元。

9 月 16 日—24 日　第六届全国残疾人运动会在南京举行。共有 789 人超 95 项次全国纪录,3 人平 3 次世界纪录,269 人破 447 项次全国纪录。

9 月 17 日　《人民日报》报道:最近在波兰闭幕的联合国教科文组织世界记忆工程咨询委员会第六次会议上,中国纳西族东巴古籍入选《世界记忆名录》。至此,中国已有三项文献遗产入选该名录,前两项是传统音乐录音档案和清朝内阁秘本档。

同日　"台北驻美机构"内部的旅行组改称"领务组",秘书组改称"政治组",业务组改称"国会组"。此外,包括旧金山在内的 12 个驻美"台北经济文化办事处"也跟着同步改名,各办事处秘书改称所谓"领事"或"副领事"。

9 月 18 日　新华社播发《中央精神文明建设指导委员会关于深入贯彻党的十六大精神进一步加强公民道德建设的意见》。

9 月 19 日　财政部负责人宣布,财政性教育经费占 GDP 的比重从 1998 年的 2.59% 提高到 2002 年的 3.41%,2002 年中央财政用于农村义务教育的预算内教育经费投入达 359 亿元。

9 月 20 日　国务院作出关于进一步加强农村教育工作的决定。

同日　因不满台湾当局准备将大陆配偶赴台申请定居时间由 8 年延长至 11 年,3000 名在台大陆配偶及其子女走上街头,抗议台湾当局的歧视政策。

9 月 21 日　主题为"魅力北京、文化奥运"的"北京 2008"首届奥林匹克文化节开幕。

9 月 22 日　中国伊斯兰教协会第五届会长沈遐熙在北京逝世。沈遐熙,回族,1921 年生于上海。

同日　台湾 2005 学年度《高级中学历史课程纲要》草案出炉。依据该草案,明代中叶以后的历史包括清朝及中华民国的建立、海峡两岸的关系等,全部归类到高二要学的"世界史"中。

9 月 22 日—26 日　中国工会第十四次全国代表大会在北京举行。大会通过关于《中国工会章程(修正案)》的决议。王兆国当选为中华全国总工会主席。

9 月 23 日　内蒙古举行大规模反恐怖演练。此次代号为"护城河一号"的演练,是内蒙古自治区党委、政府根据中央反恐怖工作部署,结合自治区实际开展的首次大规模反恐怖综合演练,由装备展示和综合演练两部分组成。

同日　近 5000 名"中华电信"员工高举"官商勾结、人神共愤"的标语在"立法院"前举行抗议活动,要求台湾当局检讨民营化政策。

9 月 26 日　《人民日报》报道:2002 年,我国人造板产量达到 2930 多万立方米,居世界第二位;经济林产品产量达到 6880 万吨,居世界第一位;全年林业总产值达到 4380 亿元,是改革开放初期的 20 多倍。

9月27日　胡锦涛在人民大会堂会见以霍英东为团长的香港工商界知名人士访京团。

同日　《江泽民论党风廉政建设和反腐败斗争》一书出版座谈会在北京举行。

同日　亚太互联网研究联盟 APIRA（Asia-Pacific Internet Research Alliance）在北京成立，该组织由中国互联网络信息中心（CNNIC）牵头发起，首批成员单位还有韩国互联网信息中心（KRNIC）、香港城市大学、澳门大学和台湾网路资讯中心（TWNIC）。

9月28日　国务院下达关于贯彻实施《中华人民共和国行政许可法》的通知。《通知》要求地方各级人民政府、国务院各部门对行政许可法的实施要高度重视，切实做好相关工作。

同日　纪念刘志丹诞辰一百周年座谈会在京举行。

同日　全体"教师会"发动万人走上街头，提出"倾听基层教师声音"等五项诉求。

9月29日　中共中央政治局召开会议，讨论十六届一中全会以来中央政治局的工作，研究完善社会主义市场经济体制、修改宪法部分内容的建议和实施东北地区等老工业基地振兴战略等问题。胡锦涛主持会议。

同日　联合国秘书长发言人宣布，已有147个国家签署了《联合国打击跨国有组织犯罪公约》，其中51个国家批准了该公约。这个公约今天正式生效。中国已经签署和批准了《联合国打击跨国有组织犯罪公约》，并在9月23日由中国常驻联合国代表王光亚向安南秘书长交存了中国加入该公约的批准书。

同日　新华社报道：国务院办公厅近日转发教育部等15部门《关于开展经常性助学活动的意见》。

同日　《人民日报》报道：商务印书馆近日出版大型汉语工具书《故训汇纂》。

同日　针对陈水扁抛出"2006年催生台湾新宪法"议题，美国国务院发言人发表正式评论，美国会继续严肃看待陈水扁2000年就职时做的"四不一没有"宣示，并"相信它们会得到遵守"。

9月30日　胡锦涛在中共中央政治局第八次集体学习时强调，要全面贯彻依法治国的基本方略，推进社会主义政治文明建设。

同日　2003年度中国政府"友谊奖"在北京颁奖。温家宝接见获奖的外国专家及其眷属。

10月1日　曾庆红看望著名科学家钱学森、金怡濂和农科院副院长屈冬玉。

10月2日　第六届北京国际艺术博览会在国贸中心举行。

10月2日—8日　中国6名中学生在第八届国际天文奥赛中分别获得一等奖、三等奖和最佳成绩奖、奖牌总数位居第二。

10月4日　香港特区政府在中区大会堂纪念花园举行纪念仪式，悼念1941年至1945年间在保卫香港战事中捐躯的人士。

10月5日—11日　2003年世界击剑锦标赛在哈瓦那举行。中国队获得三枚奖牌。

10月7日　台湾省主席范光群辞去主席职务，正式接任"司法院"秘书长。10月14日，台湾省政府新任省主席兼省政府委员林光华正式宣誓就职。

10月7日—8日　国务院总理温家宝在印度尼西亚巴厘岛出席第七次东盟与中日韩（10＋3）领导人会议、东盟与中国（10＋1）领导人会议及第五次中日韩领导人会晤。8 日,温家宝总理与东盟 10 国领导人共同出席了中国加入《东南亚友好合作条约》的签字仪式,中国和东盟国家领导人签署了《中华人民共和国与东盟国家领导人联合宣言》,宣布建立"面向和平与繁荣的战略伙伴关系"。

10 月 8 日　胡锦涛出席欧美同学会成立 90 周年庆祝大会并发表讲话。

同日　香港特区立法会举行 2003/2004 年度第一次会议,标志本年度立法会正式复会。

同日　世界首例冷冻克隆牛胚胎移植牛犊"蓓蓓"在山东莱阳农学院诞生。

同日　受李长春委托,刘云山到北京协和医院看望著名诗人臧克家,祝贺他 99 岁寿辰。

10 月 9 日　中国超级杂交稻研究在湖南取得突破,平均亩产超过 800 公斤。

10 月 9 日—12 日　法尔胜第 24 届世界杯乒乓球赛在江苏省江阴市举行。中国选手马琳获得男单冠军。

10 月 9 日—22 日　第八届中国戏剧节在西安举行。

10 月 10 日　在"中西医结合治疗 SARS 国际研讨会"举行的新闻发布会上,世界卫生组织肯定中西医结合治疗非典安全并具有潜在效益。

同日　《永乐大典》等 35 件(组)珍品入选第二批中国档案文献遗产名录。

10 月 11 日　我国和利比里亚恢复大使级外交关系。

同日　国家体育总局颁布《国民体质测定标准》。

同日　中国政法大学举行仪式,授予香港特区立法委员会主席范徐丽泰女士法学名誉博士称号。

10 月 11 日—14 日　中国共产党第十六届中央委员会第三次全体会议在北京举行,全会听取和讨论了胡锦涛受中央政治局委托作的工作报告,审议通过了《中共中央关于完善社会主义市场经济体制若干问题的决定》,审议通过了《中共中央关于修改宪法部分内容的建议》并决定提交第十届全国人民代表大会常务委员会审议。

10 月 12 日　台湾与利比里亚终止"外交"关系。

10 月 12 日—14 日　"中国—葡语国家经贸合作论坛"在澳门举行。

10 月 12 日—17 日　第五届中国国际高新技术成果交易会在深圳举行,成交额达 128 亿美元。

10 月 13 日　国务院发布关于改革现行出口退税机制的决定,对现行出口退税机制进行改革。

同日　中国政府发表《中国对欧盟政策文件》,阐述中国对欧盟的政策目标和今后五年的合作措施。

10 月 15 日　我国自主研制的"神舟"五号载人飞船在酒泉卫星发射中心用"长征"二号 F 型运载火箭发射升空。9 时 9 分 50 秒,飞船准确进入预定轨道,将中国第一名航天员杨利伟成功送上太空。胡锦涛在现场观看飞船发射。"神舟"五号飞船在经过了绕地球 14 圈飞行后,圆满地完成了各项科学实验,于北京时间 10 月 16 日 6 时 23 分在内蒙古中部地区安全着陆,航天员的身体状况非常好。我国首次载人航天飞行获得圆满成功。

10 月 15 日—19 日　第三世界科学院第十四届院士大会、第九次学术会议暨建院 20 周年纪念大会,以及第三世界科学院科学组织网络第八届大会在北京召开。国家主席胡锦涛出席大会开幕式并致词。大会通过《北京宣言》。

10 月 15 日—11 月 21 日　由"深圳"

号导弹驱逐舰和"青海湖"号综合补给舰组成的中国海军舰艇编队，在编队指挥员、海军南海舰队副司令员薛天培少将率领下，从湛江军港起航，对美国关岛、文莱和新加坡进行友好访问，历时37天。这是中国海军舰艇编队首次访问美国关岛和文莱达鲁萨兰国、第二次访问新加坡共和国。

10月16日 新华社报道：中共中央宣传部组织编辑的《毛泽东、邓小平、江泽民论弘扬和培育民族精神》一书近日出版。

10月17日 《内地与澳门关于建立更紧密经贸关系的安排》在澳门正式签署。国家副主席曾庆红出席仪式并对这一重要安排的签署表示祝贺。

10月17日—18日 曾庆红赴澳门出席《内地与澳门关于建立更紧密经贸关系的安排》签署仪式。

10月17日—27日 国家主席胡锦涛在曼谷出席亚太经合组织第11次领导人非正式会议前后，应邀对泰国、澳大利亚和新西兰进行国事访问。

10月18日 第5届中国上海国际艺术节开幕。

同日 《人民日报》报道：今天是圆明园罹难143周年纪念日，流失海外的国宝猪首铜像与牛首、猴首、虎首三件铜像在圆明园展出。

同日 李远哲率团赴泰国参加亚太经济合作会议领袖会议。

10月18日—27日 全国第5届城市运动会在长沙举行。62个城市获得了奖牌，占参赛单位的80%。共有4人8次超5项世界纪录，6人8次平6项世界纪录，8人12次超6项亚洲纪录。

10月21日 温家宝主持召开国务院常务会议，会议认真分析了当前农民收入和粮食生产的形势，研究了关于增加农民收入、保护和提高粮食生产能力的有关问题。

同日 加拿大总理约瑟夫·让·克雷蒂安访问我国。

同日 太原卫星发射中心用"长征四号乙"运载火箭成功地将中国与巴西联合研制的第二颗"资源一号"卫星和中国科学院研制的"创新一号"小卫星送入太空。

同日 纪念陈嘉庚创办集美学校90周年大会在厦门举行。

10月22日 中国海军舰艇编队与来访的巴基斯坦海军舰艇编队，在中国上海长江口附近海域举行了代号为"海豚0310"的联合搜救演习。这是中国海军首次与外国海军进行非传统安全领域的联合演习。

10月23日 中国留美研究人员王磊因在研究生命遗传"蓝图"方面取得的成就获得美国"青年科学家奖"最高奖。

10月23日—28日 十届全国人大常委会第五次会议在北京举行。会议通过《中华人民共和国道路交通安全法》、《中华人民共和国证券投资基金法》（于10月28日公布，分别自2004年5月1日、6月1日起施行）。

10月24日 全国政协主席贾庆林给宋美龄亲属发唁电，对宋美龄女士逝世表示深切哀悼。贾庆林并发表谈话说，宋美龄女士是中国近现代史上有影响的知名人士，她曾致力于中国人民抗日战争，反对国家分裂，期盼海峡两岸和平统一、中华民族兴盛。宋美龄于纽约时间23日在曼哈顿家中去世，享年106岁。

同日 曾庆红在北京会见香港影视演艺界访京团。

同日 宋美龄在美国纽约去世，享年106岁。11月3日，陈水扁指派"监察院长"钱复代表台湾当局和他本人参加 11 月 5 日在纽约举行的追思会。4 日上午，国民党主席连战也率团前往纽约参加追思会。

10 月 25 日　甘肃省张掖市民乐、山丹县之间先后发生 6.1 级、5.8 级地震。

同日　民进党在高雄举行"全民公投"、"催生新宪"的"台独"游行。同时，岛内数家民间机构自发组织"民间保台大联盟"大游行，主题为"庆祝台湾光复，反对台独制宪"。

同日　台军方在台湾南部屏东九鹏基地试射秘密研制的新式中程地对地导弹以失败告终。

10 月 27 日　第 5 届全国城运会在长沙落幕。共有 62 个城市获得了奖牌，4 人 8 次超 5 项世界纪录，6 人 8 次平 6 项世界纪录，8 人 12 次超 6 项亚洲纪录。

同日　《人民日报》报道：北京东胡林人遗址发掘获重大突破，发现了中国最早的新石器早期完整人类骨架，填补了山顶洞人以来一万年左右人类发展中的空白。

同日　中国民族民间文化保护试点工作全面展开。

10 月 28 日　新华社报道：中宣部等部门近日联合发出《关于在新闻战线深入开展"三个代表"重要思想、马克思主义新闻观、职业精神职业道德学习教育活动的通知》。

同日　经人事部批准，海军第一个博士后科研工作站在北京海军装备研究院揭牌，首批 7 名博士研究生开始进站工作。这是全国第十个具有独立招收权的博士后科研工作流动站。

10 月 29 日　中国体细胞克隆牛"双双"的自繁后代——雌性幼牛"健健"在山东莱阳农学院诞生。

同日　台"行政院"通过《公民投票法》草案。该版本主要源自民进党版《公民投票法》。

10 月 29 日—31 日　全国人大常委会委员长吴邦国访问朝鲜。30 日朝鲜劳动党总书记、国防委员会委员长金正日会见了吴邦国。中朝双方支持通过对话和平解决核问题，原则同意继续六方会谈进程。

10 月 30 日　第六次中国—欧盟领导人会晤在北京举行。

10 月 31 日　《人民日报》报道：中国第一部《工人组歌》近日在湖南株洲问世。

10 月 31 日—11 月 1 日　意大利总理西尔维奥•贝鲁斯科尼访问我国。

11 月 1 日　"香港各界欢迎杨利伟一行访港"庆祝活动在香港大球场举行。曾宪梓在欢迎宴会上宣布，捐资 1 亿港元设立"曾宪梓航天科技发展基金"，以支持国家航天事业的发展。5 日，澳门特区政府举行盛大仪式，欢迎中国首次载人航天飞行代表团。

同日　1000 多名烟酒公司员工赴台"财政部"抗议当局"扩大失业、变卖公产、图利财团"等。

11 月 1 日—5 日　第 12 届中国金鸡百花电影节在浙江嘉兴市隆重举行。5 日，中国电影金鸡奖揭晓。

11 月 1 日—15 日　第 9 届女排世界杯赛在日本东京和鹿儿岛举行。中国女排以 11 战全胜的战绩获得冠军，巴西队和美国队分获第二、第三名。19 日，全总、全国妇联和团中央联合举行表彰会，授予中国女排多项殊荣。

11 月 2 日　中国国际象棋小将侯逸凡、丁亦昕、魏晨鹏在希腊结束的国际象棋世界青少年冠军赛上分别夺得女子 10 岁，12 岁，男子 12 岁组冠军。

11 月 2 日—3 日　博鳌亚洲论坛

2003 年年会在海南省博鳌举行。温家宝总理出席年会并发表题为"把握机遇，迎接挑战，实现共赢"的演讲。

11 月 3 日　酒泉卫星发射中心用"长征二号丁"运载火箭，成功地发射一颗返回式科学与技术试验卫星。卫星圆满完成各项预定试验任务，于 21 日在四川中部地区成功回收。

同日　《人民日报》报道：教育部近日颁布《中小学环境教育实施指南》，教育部为此荣获世界自然基金会颁发的"献给地球的礼物"奖。

11 月 3 日—5 日　巴基斯坦总统佩尔韦兹·穆沙拉夫访问我国。

11 月 3 日—7 日　第 7 届世界武术锦标赛在澳门举行。3 日，国际武联第七届代表大会在当地举行，中国奥委会副主席于再清当选为新一届国际武联主席。7 日，比赛落幕，中国队共获得 17 枚金牌，第 7 次列金牌榜第一，越南、俄罗斯分列第二、第三位。

11 月 4 日—6 日　曾培炎访问香港，参加《商业周刊》第七届行政执行官年会，并考察工业企业和基础设施项目。

11 月 5 日　第 13 届中国新闻奖和第 3 届中国新闻名专栏奖在北京颁奖。

同日　我军首次试行直接从公民中招收士官。最近，我军首次从非军事部门具有专业技能的公民中招收士官的试点工作在南京军区进行。这是我军士官制度的又一重大改革。此前，我军士官均从服役期满或超期服役的义务兵中选改。

11 月 7 日　中共中央、国务院、中央军委在人民大会堂举行庆祝我国首次载人航天飞行圆满成功大会。胡锦涛发表讲话。江泽民为杨利伟颁发了"航天功勋奖章"和"航天英雄"荣誉称号、"航天功勋奖章"证书。

同日　中国古琴艺术入选联合国教科文组织公布的第二批"人类口述和非物质遗产代表作"。

同日　台湾宣称与基里巴斯"建交"。

11 月 8 日　中央军委主席江泽民签署命令，授予总装备部航天员大队"英雄航天员大队"荣誉称号。12 月 2 日，命名大会在北京航天城隆重举行。

11 月 9 日　湖南省委、省政府和公安部联合召开的衡阳"一一三"灭火抢险牺牲公安消防官兵追悼会隆重举行。11 月 3 日，湖南衡阳发生一起特大火灾事故，张晓成等 20 名消防官兵在灭火抢险过程中英勇牺牲。

11 月 11 日　民进党中常会通过陈水扁为该党"总统"候选人资格审查。12 月 10 日，民进党中执会正式提名陈水扁为"总统"候选人。12 月 11 日，陈水扁宣布"扁莲配"，确定与吕秀莲搭档参选，并组织竞选团队。

11 月 12 日　最高人民法院、最高人民检察院、公安部联合发布通知，要求严格执行《中华人民共和国刑事诉讼法》，有罪依法追究，无罪依法放人，切实纠防超期羁押现象。

11 月 12 日—16 日　首届中国国际农产品交易会在北京举行。

11 月 14 日　中印海军舰艇编队在上海附近的东海海域正式开始联合搜救演习。这是中国海军首次与印度海军进行非传统安全领域的联合演习。这次演习是在印度海军东部地区司令班索尔中将率领的 D53 号驱逐舰、P63 号轻型护卫舰和 A58 号综合补给舰舰艇编队结束为期 5 天的访华后进行的。

11 月 14 日—24 日　2003 年世界举重锦标赛在加拿大温哥华举行。中国队以 21 金、7 银 4 铜位列金牌榜首。

11 月 15 日　我国自行研制的"中星"20 号通信卫星在西昌卫星发射中心由"长征三号甲"运载火箭发射升空,卫星准确进入预定轨道。

同日　第九届女排世界杯最后一轮比赛中,中国队以 3∶0 击败日本队,以 11 战全胜的战绩获得冠军。这是中国女排于 1986 年获得第十届世锦赛冠军、成就五连冠辉煌后,时隔 17 年再一次站在世界最高领奖台。

同日　《巴金百岁喜庆艺术大展》在中国现代文学馆举行,贾庆林出席开幕式。25 日,李长春到上海华东医院看望巴金,出席国务院授予巴金"人民作家"荣誉称号的颁证仪式并向他颁发证书。

11 月 17 日　新华社报道:目前全国建制镇已达 20600 个,其中县城 1660 个,非农业人口约 1.5 亿人。全国镇区人口在 3 万人以上的小城镇达 800 个,小城镇集中了具有一定规模的乡镇企业 100 多万家,共吸纳农村剩余劳动力 6000 多万人。

同日　"内地企业在香港上市十年回顾和展望"论坛在北京举行。同日,香港交易所北京代表处揭牌。

同日　新华社报道:第六届"中国青年科技创新奖"近日在北京揭晓。"神舟"五号飞船副总设计师杨宏等获奖。

同日　第四届中国金唱片奖在北京颁奖。

11 月 18 日　香港特别行政区行政长官董建华宣布,经国务院批准,中国人民银行同意为香港试行办理个人人民币业务提供清算安排。业务范围目前只限于方便个人消费,不涉及投资等资本项目的交易。

同日　《人民日报》报道:卫生部日前新修订的《人类辅助生殖技术规范》规定,禁止克隆人,多胎须减胎。

11 月 19 日　著名文学家、翻译家、教育家、华东师范大学中文系教授施蛰存在上海逝世。

11 月 20 日　国家统计局宣布,我国统计制度将采取两项重大改革措施。

11 月 22 日　新华社报道:国务院日前发出通知,要求地方各级人民政府、国务院各部门根据党的十六届三中全会要求和国务院农业和粮食工作会议精神,进一步加大治理整顿土地市场秩序的力度,采取有效措施,善始善终地完成治理整顿的各项任务。

同日　台"行政院长"游锡堃宣布"5 年 5000 亿新十大建设"计划,进行政策性拉票,为"拼经济"做宣传。

11 月 23 日　国务院公布《中华人民共和国进出口关税条例》,自 2004 年 1 月 1 日起施行。

11 月 23 日—12 月 7 日　全国政协主席贾庆林访问印度、斯里兰卡、孟加拉国、尼泊尔、巴基斯坦。

11 月 24 日　中共中央政治局召开会议,分析当前经济形势,研究明年经济工作;讨论进一步加强人才工作、实施人才强国战略问题。胡锦涛主持会议。

同日　胡锦涛在中共中央政治局第九次集体学习时强调,要进一步认识掌握社会历史发展规律,增强推进改革发展的自觉性和主动性。

同日　莫斯科卢蒙巴各族人民友谊大学外国留学生楼当地时间凌晨发生重大火灾,造成包括中国留学生在内的重大人员伤亡,有 11 名中国留学生不幸罹难。我外交部、教育部联合工作小组赴俄处理善后事宜。

同日　国务院公布《建设工程安全生产管理条例》、《地质灾害防治条例》,分别自 2004 年 2 月 1 日和 2004 年 3 月 1 日起执行。

同日 《人民日报》报道:2003年中国科学院院士增选工作日前结束。中国科学院学部主席团执行主席路甬祥院士宣布,58名科技工作者当选为中国科学院院士。

同日 中国军事科学学会国际军事分会在北京正式成立,标志着我军国际军事研究进入了一个新的发展阶段,将对加速建立有中国特色的军事科学研究体系起到推动作用。

同日 中共第十、十一届中央政治局候补委员,第一、二、三、四、五、六、七届全国人民代表大会常务委员会副委员长,第八届全国政协副主席赛福鼎·艾则孜在北京逝世。

同日 北社等13个"台独"社团当天以"非常行动台湾街头大队"名义,在台北市13处街头上演"台独"闹剧,提出"公投立法、国会改革、制定新宪、台湾正名"等"台独"主张。

11月25日 香港驻军进驻香港以来进行第六次轮换,轮换单位包括部分陆军分队、海军舰艇和空军直升机大队。

同日 第2届亚洲体操锦标赛在广州落幕,中国队共获得26枚金牌。

11月27日 台"立法院"三读通过《公民投票法》。

11月27日—29日 中共中央、国务院召开中央经济工作会议。胡锦涛、温家宝在会上发表讲话。2004年经济工作的总体要求是:以邓小平理论和"三个代表"重要思想为指导,全面贯彻十六大和十六届三中全会精神,坚持以人为本,树立全面、协调、可持续的发展观,按照稳定政策、适度调整、深化改革、扩大开放、把握全局、解决矛盾、统筹兼顾、协调发展的思路,做好各项工作。坚持扩大内需的方针,继续实施积极的财政政策和稳健的货币政策,保护好、引导好、发挥好各方面加快发展的积极性,切实把工作重点转到调整经济结构、转变增长方式、提高增长质量和效益上来,实现国民经济持续快速协调健康发展和社会全面进步。

11月28日 《人民日报》报道:中国科技工作者运用现代科技初步解开秦始皇地宫之谜——秦皇陵就在封土堆下。

11月29日 连战提出五大民生及经济公投议题,包括"族群和解"公投、债留子孙公投、教改公投、健保双涨公投以及高雄自由贸易港"直航"公投,要求2004年3月20日与"总统"选举同步进行。

11月30日 历时10年的全国足球甲A联赛最后一轮比赛落幕,上海申花队夺冠。甲A联赛至此结束,将被代之以"中国超级联赛"的新名称。

12月1日 我国新疆维吾尔自治区和哈萨克斯坦边境地区发生6.1级地震。

同日 我国卫生部和联合国艾滋病中国专题组公布了《中国艾滋病防治联合评估报告》。《报告》指出,艾滋病在中国的流行经历了传入期、播散期和增长期三个阶段。近年来,艾滋病流行形势日益严峻。目前,中国现有艾滋病病毒感染者约84万人,艾滋病病人约8万例。

同日 美国国务院发言人表示,美国反对任何会改变台湾地位或走向"台湾独立"的公民投票;美方很严肃地看待陈水扁的"四不一没有"承诺。这是美国首次公开明确表示"反对台独公投"。

12月1日—5日 德意志联邦共和国总理格哈德·施罗德访问我国。

12月2日 《人民日报》报道:我国现在使用的数据为石油资源量1069亿吨,天然气资源量53万亿立方米。专家利用各种系数对以上数据进行校正,估算出中国石油最终可采资源量为 130 亿～160 亿吨,天然气最终可采资源量为 10 万亿～15 万亿立方米。

同日 国务院公布《中华人民共和国知识产权海关保护条例》,自 2004 年 3 月 1 日起施行。

12 月 3 日 国务院新闻办公室发表《中国的防扩散政策和措施》白皮书。

同日 胡锦涛、温家宝分别会见来北京述职的香港特区行政长官董建华和澳门特区行政长官何厚铧。

同日 农业部负责人说,截至目前,全国秋冬种农作物 6.17 亿亩,比上年同期增加 810 多万亩。冬小麦播种面积是近 5 年减少最少的一年,基本遏制了粮食面积连年大幅度下滑的势头。

12 月 3 日—4 日 中国美术家协会第六次全国代表大会在北京举行,靳尚谊当选为新一届美协主席。

12 月 4 日 国家海洋局等三部委在大连共同举办纪念郑和下西洋 600 周年专题报告会。中国政府主办的纪念郑和下西洋 600 周年系列活动由此拉开序幕。

12 月 5 日 《人民日报》报道:今天是国际志愿者日,我国经过规范注册的青年志愿者超过 420 万人,遍布全国的青年志愿者组织网络已初步形成。

同日 陈水扁在接受《纽约时报》访问时正式采用"防卫性公投"的提法。民进党高层狡辩"防卫性公投"是为了维持"台湾和平现状",而非进行"统'独'公投",并称陈水扁"反飞弹、爱和平""公投"立场已获美国理解。

12 月 5 日—7 日 中共中央召开全国宣传思想工作会议。胡锦涛在会上讲话。

12 月 7 日 2003—2004 年短道速滑世界杯北京站比赛落幕,中国队夺得 2 枚金牌。中国选手王曼丽在意大利举行的世界杯速滑赛分站赛中夺得 500 米冠军。

同日 世界杯短池游泳系列赛南非站比赛落幕,中国选手夺得 2 枚金牌。

同日 陈水扁声称,2004 年 3 月 20 日选举时将同步举行"防卫性公投","公投"的题目是"2300 万人民要求中华人民共和国撤除瞄准台湾的 496 枚飞弹,并公开宣示不再对台湾使用武力"。2004 年 1 月 16 日,陈水扁宣布 3 月 20 日"和平公投"的题目是:第一,"如果中共不撤除瞄准台湾的导弹、不放弃对台湾使用武力,你是否赞成政府增加购置反导弹装备,以强化台湾自我防范能力";第二,"你是否同意政府与中共展开协商,推动建立两岸和平稳定的互动架构,以谋求两岸的共识与人民的福祉"。

12 月 7 日—16 日 国务院总理温家宝访问美国、加拿大、墨西哥、埃塞俄比亚并出席中非合作论坛第二届部长级会议开幕式。

12 月 8 日 《人民日报》报道:中共中央文献研究室撰写和编辑的《毛泽东传(1949—1976)》、《毛泽东著作专题摘编》等图书出版发行。

同日 历时 3 年的国家重点文化项目"送书下乡工程"在西柏坡正式启动。

同日 纪念程砚秋诞辰一百周年座谈会在京举行。

12 月 9 日 《人民日报》报道:联想计算机公司研制的国家网格主结点"深腾 6800"超级计算机峰值运算速度每秒 5.324 万亿次,实际运算速度居全球第 14 位。

同日 2003 年度国防科学技术奖在北京颁奖,693 个项目获奖。黄菊会见获奖代表并与之座谈。

同日 《人民日报》报道:我国国际科技论文数继 2001 年超过意大利和加拿大

之后,2002 年又超过法国,跃居世界第五位。

同日 新华社报道:中国工程院院士王振义日前荣获美国血液病学会 2003 年度哈姆·沃瑟曼大奖。

同日 台"立法院"三读通过"广播电视法"、"有线广播电视法"、"卫星广播电视法"(简称"广电三法"),为党政军退出媒体提供了法源。

12 月 10 日 中国外交部副部长张业遂 10 日在联合国高级别政治会议上代表中国政府签署了《联合国反腐败公约》。

同日 2003 年 12 月 10 日,山东省济南市中级人民法院公开开庭审理了济南市人民检察院指控被告人安徽省原副省长王怀忠犯受贿罪、巨额财产来源不明罪一案,并于同年 12 月 29 日作出刑事判决,认定被告人王怀忠犯受贿罪,判处死刑。2004 年 2 月 12 日,经最高人民法院核准,王怀忠在济南被执行死刑。

同日 第八届李四光地质科学奖在北京颁奖。

12 月 12 日 中共中央就关于修改宪法部分内容向全国人大常委会提出 14 项建议。

同日 中国残疾人联合会主席邓朴方荣获 2003 年"联合国人权奖"。他是获得这个奖项的第一位中国人,也是全球第一位获得这个奖项的残疾人。

同日 我国的吴建民,在国际展览局第 134 次全体大会上,顺利当选为新一任主席。

12 月 13 日 我外交部发言人就伊拉克前总统萨达姆被抓获发表谈话说,希望这一最新事态发展有利于早日实现伊拉克的和平稳定。

12 月 14 日 新华社报道:经党中央、中央军委批准,《中国人民解放军政治工作条例》,日前颁布全军执行。

同日 记者从教育部获悉:到 2002年,我国累计接受外国留学生 55 万人次,其中享受中国政府奖学金的近 10 万人次,自费留学生约 45 万人次。

同日 连宋竞选总部主委王金平称,国、亲两党将不再谈"九二共识、一中各表",以"反对急统和急'独'、台湾主权、维持现状"为主轴。"泛蓝"阵营不否认"一边一国",也绝对不会反对'台独',在维持现状的前提下,不排除'台独'成为台湾未来选项之一"。

12 月 14 日—20 日 以色列国总统摩西·卡察夫访问我国。

12 月 15 日 北京蛋白质组研究中心在北京成立,中国领导的第一个大型国际科研合作计划"人类肝脏蛋白质计划"随之正式启动。

12 月 16 日 新华社报道:我国目前已建成 16 条 7 个系统的国际海底光缆系统,通达世界 30 多个国家和地区的海底光缆登陆站,形成覆盖全球的高速数字光通信网络。

12 月 17 日 2003 年女子乒乓球世界杯赛在香港落幕,中国选手王楠、张怡宁、牛剑锋包揽前三名。

12 月 18 日 《人民日报》报道:截至 2003 年 10 月底,福建沿海与金门、马祖及澎湖间的海上直接往来客运共运营 1254个航次,运送旅客 206555 人次;货运共运营 269 个航次,运输货物 180518 吨。迄今台湾船舶公司已在大陆设立了 7 家经营性机构和 37 个航运代表处。

12 月 19 日—20 日 中共中央、国务院在北京召开全国人才工作会议。胡锦涛在会上发表讲话指出,全党同志必须把实施人才强国战略作为党和国家一项重大而紧迫的任务抓紧抓好,努力造就数以亿计的高素质劳动者、数以千万计的专门人才和一大批拔尖创新人才。要坚持党管人才原则,坚持以人为本,坚持尊重劳动、尊重知识、尊重人才、尊重创造的方针,把促进发展作为人才工作的根本出发点,紧紧抓住培养、吸引、用好人才三个环节。要牢固树立人才资源是第一资源的观念,牢固树立人人都可以成才的观念,坚持德才兼备原则,把品德、知识、能力和业绩作为衡量人才的主要标准,不唯学历,不唯职称,不唯资历,不唯身份。

12 月 20 日 国务院公布施行《国务院关于修改〈国家科学技术奖励条例〉的决定》。

同日 第三届宋庆龄少年儿童发明奖揭晓。

同日 首届中国轻音乐协会"学会奖"在北京颁奖。

同日 由一汽集团公司自主开发的国内第一台拥有自主知识产权、具有国际先进水平的 CA6DL—"奥威"四气门大功率重型柴油机投产。

12 月 20 日—21 日 欧美同学会第五届理事会第一次会议在北京举行。韩启德当选会长。

12 月 21 日 《人民日报》报道:目前全国已建湿地自然保护区 353 处,其中国家级保护区 46 处,湿地面积为 402 万公顷。总面积 1600 万公顷的天然湿地和 33 种国家重点保护水禽,在保护区内得到了较好保护。

12 月 22 日 国民党开始陆续公布 24 件前国民党主席李登辉在卸任前从未曝光但牵涉利益输送及贱卖党产的疑案。

12 月 22 日—27 日 十届全国人大常委会第六次会议在北京举行。会议通过将全国人大常委会关于提请审议宪法修正案草案的议案提请十届全国人大二次

会议审议。会议通过了《中华人民共和国银行业监督管理法》、《关于修改〈中华人民共和国中国人民银行法〉的决定》、《关于修改〈中华人民共和国商业银行法〉的决定》(于 12 月 27 日公布,均自 2004 年 2 月 1 日起施行)。

12 月 23 日 中共中央政治局 23 日召开会议,讨论《中国共产党党内监督条例(试行)》稿和《中国共产党纪律处分条例》修订稿。胡锦涛主持会议。

同日 国务院新闻办公室发表《中国的矿产资源政策》白皮书。这是中国首次发表关于矿产资源政策的白皮书。

同日 中央军委主席江泽民最近签署命令,授予空军航空兵某团飞行二大队"科技练兵先锋飞行大队"荣誉称号。

同日 重庆市开县境内川东北气矿 16H 矿井发生天然气井喷事故,造成 234 人死亡。胡锦涛、温家宝、黄菊等同志作出重要批示,要求地方和有关部门全力搜救中毒和遇难人员,27 日上午,16H 井喷已成功压井封堵。

12 月 24 日 《人民日报》报道:第三届中国音乐"金钟奖"日前在广州揭晓。

同日 全国 65 个基层文化工作集体受到文化部表彰。

同日 全军第一个军队政治工作学博士后科研流动站和第一个政治学博士后科研流动站在解放军南京政治学院挂牌成立。这是我军政工系统设立的第一批博士后流动站。

同日 由台湾自制的两节式"探空火箭三号"在屏东九鹏基地发射,这是世界上首度在热带发射的探空火箭。

12 月 25 日 第六届国家图书奖在北京颁奖。获"国家图书奖荣誉奖"的有 12 种,其中有《郭沫若全集·考古编》、《吕叔湘全集》、《梁思成全集》等;《中国佛教哲

学要义》等图书 30 种获"国家图书奖"。

12 月 25 日—27 日　中国电影家协会第七次全国代表大会在北京召开。会议修改了《中国电影家协会章程》。吴贻弓当选为协会主席。

12 月 26 日　中共中央在人民大会堂举行座谈会，纪念毛泽东同志诞辰 110 周年。

同日　《中共中央、国务院关于进一步加强人才工作的决定》正式颁布。

同日　以王勇峰为首的中国登山队 7 名队员成功登上南极洲最高峰——海拔 5140 米的文森峰。

12 月 27 日　卫生部新闻办公室通报，广东省报告 1 例非典疑似病例。

12 月 28 日　国务院、中央军委发布命令，授予西藏自治区公安边防总队日喀则支队帕里边防派出所"模范边防派出所"荣誉称号。

同日　经国务院、中央军委批准，国务院办公厅、中央军委办公厅联合下发了《军人配偶随军未就业期间社会保险暂行办法》。该办法从 2004 年 1 月 1 日起施行。

12 月 29 日　国务院、中央军委发布命令，授予江西省公安消防总队吉安市支队井冈山大队"井冈山模范消防大队"荣誉称号。

同日　2004 年起内地香港海关互认查验结果。

同日　《人民日报》报道：国家科技基础性专项"中医药基本名词术语规范化研究"日前通过科技部专家组的验收，中医药名称混乱现象有望杜绝。

12 月 30 日　我国与欧洲空间局的合作项目——"地球空间双星探测计划"拉开序幕。西昌卫星发射中心用"长征二号丙/SM"型运载火箭，成功地将计划中的第一颗卫星——"探测一号"赤道星送上太空。

同日　据新华社报道：2003 年中国体育健儿在 17 个项目中获得 87 个世界冠军，9 人 1 队 19 次 16 项创世界纪录。

同日　香港著名艺人梅艳芳在港病逝，时年 40 岁。

12 月 31 日　中共中央、国务院作出关于促进农民增加收入若干政策的意见，这是改革开放以来中央关于"三农"问题的第六个"一号文件"。

同日　《人民日报》报道：中共中央近日颁布《中国共产党党内监督条例（试行）》和《中国共产党纪律处分条例》，并发出通知，要求党的各级组织和党员干部严格遵照执行。

同日　《人民日报》报道：经国务院批准，《中华人民共和国进出口税则》的税目、税率自 2004 年 1 月 1 日起进行调整，调整后关税总水平由 11% 下降至 10.4%。

同日　解放军四总部在北京召开大会，表彰参加第三届世界军人运动会的中国获奖运动员。

2004 年

1 月 1 日　经中央军委批准，总政治部主任徐才厚签发命令，新的《中国人民解放军现役军官休假探亲规定》开始施行。

1 月 2 日　台湾当局公布新修正的《大陆地区从事投资或技术合作审查原则》。

1 月 3 日　新华社报道：国务院办公厅近日发出关于切实解决建设领域拖欠工程款问题的通知。

同日　全国政协第六、七届副主席马

文瑞在北京逝世。

1月5日　卫生部公布,广东省2003年12月27日报告的一例非典疑似病例为确诊病例。这是入冬以来内地首例确诊病例。同日,《人民日报》报道:香港及广东的专家最新确认,果子狸为SARS冠状病毒主要载体。

同日　欧洲物理学会评选的2003年度国际物理学十大进展揭晓,中国科技大学潘建伟教授的论文《自由量子态隐形传输》上榜。

同日　高雄市举行议长补选,无党籍议员蔡见兴当选议长并就任。

1月6日　国务院决定中国银行和中国建设银行实施股份制改造试点。针对两家试点银行目前的财务状况,国务院决定动用450亿美元国家外汇储备等为其补充资本金。

同日　新华社转发国务院《国家科学技术奖励条例》。

1月8日　中央军委授予空军航空兵某团飞行二大队"科技练兵先锋飞行大队"荣誉称号命名大会在北京隆重举行。

1月8日—9日　全国双拥工作领导小组、民政部、总政治部在北京召开全国拥军优属拥政爱民工作会议。国务院总理温家宝出席命名表彰大会并作了重要讲话。会议宣读了表彰309个全国双拥模范城(县),206个爱国拥军模范单位、拥政爱民模范单位和99名爱国拥军模范、拥政爱民模范的决定。

1月9日　国务院作出关于进一步加强安全生产工作的决定。

1月10日　因不满政党操弄族群议题造成岛内社会对立不安,台湾文化界、社运界与学界人士宣布成立"族群平等行动联盟",由台湾导演侯孝贤担任召集人。联盟成立后发起"反操弄、反撕裂、反歧视"宣言联署。

1月11日　国家科技教育领导小组通过教育部制定的《2003—2007年教育振兴行动计划》,明确提出要加大教育经费投入。

1月11日—13日　中共中央纪委第三次全体会议在北京举行。胡锦涛在会上发表讲话。

1月12日　民进党"立法院"党团负责人改选,柯建铭续任总召集人,蔡煌琅任干事长、李俊毅任书记长。

1月12日—14日　亚太议会论坛第十二届年会在北京举行。全国人大常委会委员长吴邦国出席开幕式并发表讲话。

1月13日　国务院公布《安全生产许可证条例》《反兴奋剂条例》,分别自公布之日和2004年3月1日起施行。

1月14日　财政部、教育部联合发出《关于严禁截留和挪用学校收费收入加强学校收费资金管理的通知》。

同日　世界杯短池游泳系列赛瑞典站比赛落幕,中国选手共获得4枚金牌、3枚银牌。18日,世界杯短池游泳系列赛柏林站比赛落幕,中国选手共夺得5枚金牌3枚银牌1枚铜牌。

1月15日　卫生部发出紧急通知,加强禽流感的监测和防治工作。同日,质检总局、农业部发出公告,严防禽流感传入中国。

同日　第29届奥运会组委会第一次全体会议在北京举行。

1月17日　温家宝在中科院考察工作时强调,要把科技创新摆到更加突出的位置。

同日　李长春考察中国国家博物馆,强调大力加强公益性文化事业建设。

1月18日　中国具有完全自主知识产权的高端集成电路"汉芯二号"和"汉芯

三号"在上海面世,其中"汉芯三号"达到了国际高端DSP设计水平。

同日 中国杂技团的"集体顶碗"节目获得蒙特卡洛第28届国际杂技节最高奖项"金小丑"奖。

1月20日 《人民日报》报道:中国地磁研究日前取得重要进展,全国范围内的三级地磁观测网络建成并投入运行。

1月21日 "国防部"所属各军种刊物包括"中国海军"、"中国空军"、"中国联勤"等都去掉"中国"之名而冠以"中华民国",并将英文名称也从"CHINA"改为"ROC"。除刊物外,原写有"中国"字样的部分陆军、海军的导弹也被迷彩涂装替代。

1月22日 新华社报道:国务院近日下发通知,发布第五批国家重点风景名胜区名单,共26处。

1月25日 温家宝到北京医院和协和医院看望两位经济学泰斗薛暮桥和陈翰生。

1月26日 14位"泛蓝"县市长发表"反对违法公投、谴责企图利用公投操控总统选举"的联合声明,质疑"公投"的合法性。2月4日,台北市长马英九公开表达"反对违法公投"。2月6日,"中选会"委员、无党籍人士王清峰因不愿为"违法公投"背书,不满"行政院"介入"中选会"运作而递出书面辞呈。

1月26日—2月4日 国家主席胡锦涛访问法国、埃及、加蓬和阿尔及利亚。在1月27日,即中法建交40周年的当天,胡锦涛同希拉克总统签署联合声明,提出了发展中法全面战略伙伴关系的指导方针。

1月27日 据报告,1月27日国家禽流感参考实验室最终确诊1月23日发生在广西隆安县丁当镇的禽只死亡为H5N1亚型高致病性禽流感。当地政府按规定将病料送国家禽流感参考实验室进行病原分离和鉴定,同时依照《动物防疫法》对疫区进行了封锁,扑杀了疫点周围3公里范围内所有1.4万只家禽,对5公里范围内的家禽进行了强制免疫。至30日,湖南、湖北、安徽、上海的个别地方相继发生疑似高致病禽流感,当地政府及时采取了有力防治措施。

1月28日 新华社报道:中国首台生物计算机在上海研制成功。

1月29日 温家宝主持召开国务院常务会议,研究部署高致病性禽流感防治工作。

同日 新华社报道:中美科学家最近在纳米光波导研究领域取得重大原创性成果,发表在第426期的《自然》杂志上。

同日 《人民日报》报道:中国首例异体克隆动物——北山羊在新疆诞生。

1月31日 国务院下达关于推进资本市场改革开放和稳定发展的若干意见。

2月1日 被"行政院"列为"十大通缉要犯"的前东帝士集团董事长陈由豪发表公开信,惊爆陈水扁收受政治献金的肮脏内幕,质疑"总统府已成为黑金政治的中心"。

2月2日 全国高致病性禽流感指挥部召开第一次全体会议。2日,全国高致病性禽流感防治科技组在北京成立并举行第一次会议。3日,全国防禽指挥部召开第二次会议。同日,广东潮安县禽流感疫情确诊,甘肃、陕西等省发生疑似禽流感疫情。4日,云南呈贡县禽流感疫情确诊,昆明、甘肃发生疑似疫情。同日,卫生部召开全国卫生系统禽流感防治工作电视电话会议,要求坚决阻止禽流感对人的感染。5日,安徽广德县、马鞍山市、界首市、阜阳市发生的疑似疫情确认,江西省、云南省、广东省各发生一起疑似疫情。同日,国务院新闻办举行新闻发布会,介绍中国高致病性禽流感防治工作情况。6日,全国防治禽流感专家咨询会在北京召开;回良玉会见联合国粮农组织和世卫组织驻华代表贝汉卫及有关专家;卫生部发布公告,不得销售死鸡死鸭等禽肉;国家质检总局就禽类出口发出通知,切实降低疫情对中国出口的不利影响;国家工商总局再次发出紧急通知,要求关闭禽流感疫区周边10公里活禽市场。7日,湖北、河南、江西发生的疑似疫情确诊;昆明、兰州各发生一起疑似病例。同日,国家质检总局等国务院九部门联合发出紧急通知,要求群防群控做好禽流感防治工作。8日,湖北、西安、甘肃、湖南、广东、浙江的禽流感疫情确诊,广西、珠海市、茂名市发生疑似疫情。同日,国家林业局作出部署,严防鸟类迁飞扩散禽流感;卫生部要求疫情地区实行人禽流感疫情日报告制度。9日,天津、湖北、云南、陕西发生疑似疫情。10日,国家工商总局发出通知,严厉打击假冒伪劣禽流感疫苗。同日,农业部、国家质检总局紧急公告,暂停美国禽类及其产品入境。11日,温家宝主持召开国务院常务会议,研究部署当前防治禽流感工作;卫生部公布2003年全国法定报告传染病疫情信息。同日,湖北、湖南、广东发生疑似疫情;《人民日报》报道:国家林业局近日发出通知,停止一切猎捕野生鸟类活动,暂停2004年春季鸟类环志工作;商务部近日发出通知,要求各地加强餐饮业管理,建立禽流感应急预案。12日,广东韶关发生疑似疫情;国家食品药品监管局发出紧急通知,开辟防治禽流感药物和医疗器械快速审批通道。13日,全国防禽指挥部召开第3次会议,传达贯彻党中央国务院关于进一步做好禽流感防治工作的指示精神。同日,昆明市、广东罗定市、揭东县、上海南汇区、天津津南区的禽流感疫情确诊。14日,新华社报道:中国已完成对4株禽流感病毒的全基因序列测定。同日,广东阳扛市、茂名市、珠海市、广西南宁市发生的疑似疫情确诊。15日,湖北黄冈市、云南嵩明县各发生一起疑似疫情。16日,湖北、广东、西藏拉萨市等地的疫情确诊,吉林省白城市发生一起疑似疫情。17日,湖南邵东、益阳的禽流感疫情确诊。21日,全国防禽指挥部召开第4次会议,听取国务院防禽工作督查组的汇报。同日,新华社报道:财政部会同国家发改委近日发出通知,明确了四项对家禽业减免部分政府性基金和行政事业性收费的政策。22日,广西隆安县疫区解除封锁。同日,农业部、国家质检总局联合公告,暂停从加拿大进口禽类及其产品。23日,上海市南汇区和浙江永康市疫区解除封锁。截至24日,中国内地确诊禽流感的地区涉及16个省份。25日,广东揭东县、湖南武岗市、安徽马鞍山市雨山区和新疆生产建设兵团农12师疫区解除封锁。至此,全国已有7个地方的高致病性禽流感疫区解除了封锁。28日,西安市长安区、河南平舆县、广东潮安县、罗定市、湖北麻城市、洪湖市疫区解除封锁。

同日　布达佩斯第5届国际杂技节落幕,中国天津杂技团的参赛节目"陶艺——坛技"获本届杂技节的银奖,遵义杂技团的"女子造型"获特别奖。

2月3日　中科院院长路甬祥获得"意大利总统科学与文化金质奖章"和"学校、文化和艺术功勋证书"。

2月5日　著名诗人、作家臧克家在北京逝世。

2月6日　中国成年体细胞克隆山羊"阳阳"的第四代"笑笑"在陕西杨凌诞生。

2月6日—12日　第2届香港国际武术节举行。

2月10日　中共中央在人民大会堂举行座谈会，纪念邓颖超同志诞辰100周年。

2月11日　国务院总理温家宝主持召开国务院常务会议，研究部署当前防治禽流感工作，批准扶持家禽业发展的若干措施，讨论并原则通过《关于改进和加强国内突发事件新闻发布工作的实施意见》。

2月13日　《人民日报》报道：第5届中国话剧"金狮奖"近日在北京颁奖。

同日　新华社报道：中国已经启动月球探测计划，第一期工程总投资约14亿人民币。

同日　国家质检总局发出紧急通知，严防口蹄疫传入中国。

同日　安徽黄山、江西庐山、河南云台山、云南石林、广东丹霞山、湖南张家界、黑龙江五大连池和河南嵩山被联合国教科文组织评为世界地质公园。

2月14日　第六届全国政协副主席、中国人民解放军原代总参谋长杨成武在北京逝世。

2月15日　中宣部、新闻出版总署联合发出《关于对管办分离和划转报刊加强管理的通知》。

同日　世界短道速滑锦标赛意大利博尔米奥站比赛落幕，中国队共获得2枚金牌。

2月17日　宋楚瑜明确表态"不领非法公投选票"。21日，连战也表明个人拒领"违法公投"选票的立场；新党主席郁慕明则表示将发动民众拒领"公投"票，勿投废票。在各界强烈反弹下，台湾"中选会"于25日决定：3月20日选举与"公投"投票方式采用"分开领投票"方式，即先领

"总统"选举票，完成圈票、投票后，再领、圈、投"公投"票；先开"总统"票、再开"公投"票。若场地和人力许可，"总统"与"公投"票可同时开。"行政院"版的"同时领、圈、投票"的方式被迫取消。

2月19日　新华社重新发表1984年发表的邓小平关于"一国两制"的讲话。香港及各地华侨华人社团反响热烈，各界人士普遍认为，"爱国者治港"是一个重要原则，香港政制发展必须符合基本法和"一国两制"方针。

同日　全国爱卫会决定开展一次以防控禽流感为重点的春季爱国卫生运动。

2月20日　中共中央、国务院20日上午在北京隆重举行国家科学技术奖励大会。温家宝代表党中央、国务院在大会上讲话。胡锦涛向获得2003年度国家最高科学技术奖的刘东生、王永志颁发奖励证书和奖金。

2月22日　中央军委主席江泽民签署命令，颁布施行《中国人民解放军预防犯罪工作条例》。以条例的形式规范军队预防犯罪工作，这在我军历史上是第一次。该《条例》自发布之日起施行。

同日　全国科技工作会议在北京举行。

同日　雅典世界杯跳水赛落幕，中国队获得5枚金牌、3枚银牌、2枚铜牌。

2月23日　中共中央政治局召开会议，讨论《政府工作报告》稿和修改《中国人民政治协商会议章程》部分内容。胡锦涛主持会议。

同日　中共中央政治局当日下午进行第十次集体学习。

2月25日—28日　第二轮北京六方会谈举行。中国、朝鲜、美国、韩国、日本和俄罗斯代表团出席。

2月26日　《中共中央国务院关于进

一步加强和改进未成年人思想道德建设的若干意见》下达。

同日　国家统计局发布《2003 年国民经济和社会发展统计公报》，全年国内生产总值 116694 亿元，按可比价格计算，比上年增长 9.1%，加快 1.1 个百分点。

同日　《人民日报》报道：国务院决定成立防治艾滋病工作委员会。吴仪任主任。

同日　国家体总首次向现役和退役的优秀运动员颁发奖学金和助学金，鼓励运动员成为复合型人才。

同日　中国足球超级联赛委员会在上海成立。

2 月 26 日—29 日　十届全国人大常委会第七次会议在北京举行。会议任命薄熙来为商务部部长。

2 月 28 日　"泛绿"阵营发动"二二八手护台湾"活动，李登辉与陈水扁同台。"泛蓝"阵营也于同日举办"二二八千万人心连心和平圣火路跑"活动与之抗衡。

3 月 1 日　许信良等数十位民进党创党"大老"举行"相信台湾，不再相信陈水扁"记者会，抨击陈水扁心中"只有权力，没有道德"。

3 月 2 日　中国—东盟防治禽流感特别会议在北京举行，会议发表了联合声明，温家宝会见出席会议的各国代表团团长。

同日　农业部防治高致病性禽流感工作新闻发言人宣布：黄冈、昆明、南昌、平江等 4 起禽流感疫情已被扑灭，疫区封锁解除。3 日，湖南益阳、江西东乡县、贵溪市等 5 起禽流感疫情已被扑灭，疫区封锁解除。4 日，云南安宁市、湖北襄樊市等两起禽流感疫情被扑灭，疫区封锁解除。8 日，吉林白城市禽流感疫情被扑灭，疫区封锁解除。同日，南宁市和拉萨市的疫区解除封锁，至此，全国 49 起禽流感疫情全部扑灭。

同日　台"陆委会"宣布正式实施大陆配偶在台停留等相关新制定的内容，调整大陆配偶在台停留与申请工作许可的条件。此规定的部分苛刻条件引发民众强烈不满。在民众的强烈抗议下，4 日，台"行政院"不得不取消两天前公布的"娶大陆新娘要先有 500 万新台币财力证明"的无理规定。

3 月 3 日—12 日　全国政协第十届二次会议在北京举行。胡锦涛、江泽民、吴邦国、温家宝等出席了大会开幕会和闭幕会。贾庆林作工作报告。

3 月 4 日　国家质检总局发出通知，要求加强对供澳的内地活鸡、冰鲜家禽肉和冷冻家禽肉的检验检疫。

同日　香港电影金像奖颁奖，张国荣、梅艳芳获得"演艺光辉永恒大奖"。

3 月 5 日　国务院公布《中华人民共和国民办教育促进法实施条例》，自 2004 年 4 月 1 日起施行。

3 月 5 日—14 日　第十届全国人民代表大会第二次会议在北京举行。胡锦涛、江泽民、温家宝、贾庆林、曾庆红、黄菊、吴官正、李长春、罗干等和大会主席团成员出席开幕会和闭幕会。会议通过了中华人民共和国宪法修正案。会议表决通过了关于 2003 年国民经济和社会发展计划执行情况与 2004 年国民经济和社会发展计划的决议等。

3 月 6 日　在多哈举行的第 47 届世乒赛决赛中，中国女队以七战全胜的战绩获得冠军。

3 月 7 日　中国男队七战全胜，捧起了斯韦思林杯。

同日　国际天文学联合会小行星提名委员会正式批准，将国家天文台 1999 年发现的国际编号为 56088 的小行星命名为"武衡星"。18 日，科技部与中科院在北京联合举行命名仪式。

3 月 8 日　原中共中央顾问委员会常务委员、北京市委原第一书记段君毅在北京逝世。

同日　国务院公布《基金会管理条例》，自 2004 年 6 月 1 日起施行。

同日　中国研制出世界第一个 SARS 疫苗，获得世卫组织专家的高度评价。

3 月 10 日　中央人口资源环境工作座谈会在人民大会堂举行。胡锦涛主持座谈会并发表讲话强调，要深刻认识科学发展观对做好人口资源环境工作的重要指导意义，切实做好新形势下的人口资源环境工作。

同日　朝野"立委"达成共识，从 2007 年第 7 届"立委"选举开始，席次由现在的 225 席缩减为 113 席；采用"单一选区两票制"等。

3 月 11 日　国务院颁布《国务院关于进一步推进西部大开发的若干意见》。

同日　全国绿化委员会办公室发布的《2003 年中国国土绿化状况公报》显示，2003 年，全国造林绿化速度取得了历史性突破，共完成造林和封育面积 1109.51 万公顷，使当年我国国土绿化面积首次超过国土面积的 1%。

3 月 12 日　台"中选会"举办陈水扁、连战电视政见发表会。连战提出当选后在"对等、尊严"的原则下建立两岸对话机制等四项诉求，陈水扁则称要完成"台湾主体性"等"五大使命"。

3 月 13 日　"泛蓝"阵营举办"换总统、救台湾"大游行，参加人数达 250 万人。同一天，"泛绿"阵营也在高雄举办有 50 万人参加的"牵手公投大游行"。

3 月 14 日　中华人民共和国宪法修正案已由第十届全国人大第二次会议通过，并公布施行。

3 月 16 日　中法两国海军在中国黄海以外的公海海域，举行联合军事演习。这次演习是中国海军迄今与外国海军之间举行的内容最为丰富、规模最大的一次联合军事演习。

同日　《人民日报》报道：第 26 届戏剧梅花奖近日揭晓：何冰、陈智林获二度梅奖，其余 23 位演员获得"梅花奖"。

3 月 17 日　台"中研院"院长李远哲发表声明，强调今年"大选"依旧支持民进党候选人。

3 月 18 日　中共中央政治局常务委员会召开会议，对进一步学习和贯彻实施《中华人民共和国宪法》进行研究部署。

同日　首届"中国十佳劳伦斯冠军奖"在上海揭晓：郭晶晶、王楠、罗雪娟、杨扬、张怡宁、刘翔、申雪和赵宏博、李小鹏、姚明、赵蕊蕊获奖。

同日　中国光合作用膜蛋白研究获得重大进展：国际权威科学杂志《自然》以文章的形式发表了由我国科学家完成的"菠菜主要捕光复合物（LHC—Ⅱ）晶体结构"研究成果，并将晶体结构图选作封面图案。20 日，项目主要负责人在北京发布了这一成果。

同日　台"立法院"三读通过"政治献金法"。

3 月 19 日　全国首批 42 名公共管理硕士（MPA）学位在中国人民大学颁发。

同日　陈水扁、吕秀莲遭枪击，两阵营立即取消所有造势活动及行程。岛内舆论对事件发生的时间、地点、过程充满疑问。

3 月 20 日　新华社报道：中共中央最近发出《关于进一步繁荣发展哲学社会科学的意见》。

同日　中共中央台湾工作办公室、国务院台湾事务办公室就台湾当局举办公民投票发表声明。

同日　台"中选会"主委黄石诚于晚间 9 时 15 分公布,陈吕得票数为 647.1970 万张,连宋得票 644.2452 万张,双方得票率差距仅为 0.22%;总投票率为 80.28%,废票高达 33.7 万张。连宋阵营随即提出"选举无效"和"当选无效"两项选举诉讼,声请查封选票,保存证据。21 日,25 个选委会所保管的全部选票(含空白选票、有效票、无效票)、选举人名册、工作人员名册被查封。24 日,台地方法院以"程序不符"为由驳回连宋提出的"选举无效"、"当选无效",连战提出"重新投票"、"重新选举",立即、公开、公平、集中验票以及"中选会"在争议未决暂缓公告当选人名单等要求。26 日,"中选会"径自公告台湾地区领导人当选名单。亲民党"立委"邱毅等人率众抗议,前后引发七波警民冲突。29 日,连宋再次向法院提起"选举无效"和"当选无效"的诉讼,内容包括票数不实、"公投"绑"大选"、"枪击案"疑云、启动"国安"机制剥夺"军警宪"投票权等。

3 月 21 日　新华社报道:国务院办公厅最近转发了教育部等部门出台的《国家西部地区"两基"攻坚计划(2004—2007 年)》,从 2004 年到 2007 年实施"农村寄宿制学校建设工程"。

3 月 22 日　新华社报道:国务院日前发出《关于坚决制止占用基本农田进行植树等行为的紧急通知》。

同日　国务院继 1999 年发布《国务院关于全面推进依法行政的决定》后,又发布《全面推进依法行政实施纲要》。

3 月 23 日　国务院召开全国农业和粮食工作会议作出部署:2004 年在黑龙江、吉林两省先行免征农业税改革试点;河北、内蒙古、辽宁、江苏、安徽、江西、山东、河南、湖北、湖南、四川等 11 个粮食主产省(区)降低农业税税率 3 个百分点,并主要用于鼓励粮食生产;其他地区降低农业税税率 1 个百分点。沿海及其他有条件的地区也可以进行免征农业税试点。同时对重点粮食品种实行最低收购价。

同日　我国和多米尼克国建立大使级外交关系。

3 月 24 日　七位登上钓鱼岛的中国民间保钓人士被日本海上保安厅人员扣留,准备返回钓鱼岛接回登岛保钓志愿者的船只受到日本军舰和飞机的围堵。3 月 26 日,经中国政府反复严正交涉,日前登上中国固有领土钓鱼岛后被日方非法扣留的七名中国公民,于当日晚离开日本,安全归来。

同日　丘成桐、伏格乐、水岛裕和马塔切纳等四位外国专家获得 2003 年度中国国际科技合作奖。

3 月 26 日　中央军委主席江泽民签署命令,颁布实施《中国人民解放军装备科研条例》。

3 月 27 日　《人民日报》报道:教育部近日修订并发布了新的《中小学生守则和日常行为规范》。

同日　国、亲两党在"总统府"广场发动 50 万人大游行,高喊"立即验票"、"枪击调查"与"补救启动国安机制"等口号。游行结束后,国、亲两党的抗争活动暂告一段落,但仍有数千抗议民众转往"中正纪念堂"广场继续抗议。

3 月 29 日　中共中央政治局召开会议,研究支持粮食主产区和种粮农民的政策措施及干部人事制度改革等问题。

同日　中共中央政治局举行第十一次集体学习,内容是当今世界农业发展状况和我国农业发展。

同日 总部在美国艾奥瓦州的世界粮食奖基金会宣布,中国水稻研究专家袁隆平和塞拉利昂水稻专家蒙迪·琼斯被共同授予2004年度世界粮食奖。该奖是国际粮食领域最高的荣誉。

同日 中央军委日前批准颁发《军队医疗保障制度改革方案》,从2004年5月起在全军正式施行。

3月30日 中国国务院新闻办公室发表题为《2003年中国人权事业的进展》白皮书。

同日 鉴定"枪击案"的美籍专家以非常谨慎的口吻说,从照片和当初医疗人员的口中证实陈水扁的伤应是枪击所致,且是新伤口,但无法判断是在8天、10天还是12天前受的枪伤。

同日 台湾宣布与多米尼克"断交"。

3月31日 国务院公布《国务院关于修改〈中华人民共和国反倾销条例〉的决定》、《国务院关于修改〈中华人民共和国反补贴条例〉的决定》、《国务院关于修改〈中华人民共和国保障措施条例〉的决定》,自2004年6月1日起施行。

4月1日 第11届国际机构学与机器科学世界大会在天津开幕。

同日 中国残疾人奥林匹克运动管理中心在北京成立。

4月2日 台"高等法院"首次开庭审理连战控诉陈水扁"当选无效"案。

4月2日—6日 十届全国人大常委会第八次会议在北京举行,会议通过了《中华人民共和国对外贸易法》(4月6日公布,自2004年7月1日起施行)、《中华人民共和国香港特别行政区基本法》附件一第七条和附件二第三条的解释。

同日 新华社报道:中宣部、教育部日前制定并印发了《中小学开展弘扬和培育民族精神教育实施纲要》。

4月3日 "泛蓝"阵营举办"人民要真相"集会活动,晚间因警察强制驱离而引发流血事件。4月10日,"国亲联盟"在"总统府"前再次举行"公投拼真相"集会。会上除"国亲联盟"提出"立即验票、追求真相、说明国安机制依何激活"等三项主张外,还举办"成立三一九枪击真相调查委员会"联署行动。会后,因部分民众不愿离去再次引发警民严重流血冲突。

4月4日 新华社报道:国务院近日批准中国出版集团转制为中国出版集团公司。原属中国出版集团的人民出版社仍保持事业单位性质。

4月5日 中国对外文化集团公司成立。中国对外演出中心和中国对外艺术展览中心在结束了长达50余年事业单位的历史之后,转制为企业。

同日 《人民日报》报道:全国首批51个艾滋病综合防治示范区名单日前公布。

同日 云南"三江并流"、北京"明十三陵"、南京"明孝陵"和山西"云冈石窟"获得世界遗产证书。

4月6日 世界贸易组织公布,2003年我国货物进出口总额和出口额世界排名均从上年的第五位上升至第四位,进口额从世界第六位跃升至第三位,进口额占世界进口额的比重比上年提高0.9个百分点。

4月7日 中共中央、国务院、中央军委下发《关于进一步加强预备役部队建设的意见》。

4月9日 国务院总理温家宝主持召开国务院常务会议。

同日 国土资源部公布,2003年全国海洋产业总产值达到10077.71亿元,增加值达到4455.54亿元,占国内生产总值的3.82%。全国耕地面积全年净减少

253.74 万公顷,人均耕地已由 2002 年的 0.098 公顷降为 0.095 公顷。

同日　国务院公布《兽药管理条例》,自 2004 年 11 月 1 日起施行。

同日　新华社报道:中宣部、新闻出版总署日前发出《关于对管办分离和划转报刊加强管理的通知》。

同日　中国新型歼击机枭龙 03 型飞机在成都首飞成功,表明我国已经具备了连续批量生产枭龙战机的能力。

4 月 9 日—11 日　美国刑事鉴定专家李昌钰抵台调查"枪击案"。经现场鉴定,李昌钰公布三项事证和两点结论。两点结论是:此案不是反对党"意图谋杀",不是陈水扁自己开枪。

4 月 12 日　国防科工委在北京举行"双星探测计划"近地赤道卫星探测一号交付仪式。

同日　教育部等四部委在北京联合召开 2004 年大学生志愿服务西部计划电视电话会议。13 日,团中央、教育部在北京举行新闻发布会,全面启动 2004 年大学生服务西部计划。人事部等四部门联合出台十项政策,鼓励高校毕业生服务西部。

4 月 13 日　《人民日报》报道:卫生部、财政部近日下发《艾滋病及常见机会性感染免、减费药物治疗管理办法(试行)》。14 日,《人民日报》报道:卫生部、财政部近日制定了《艾滋病免费自愿咨询检测管理办法(试行)》。15 日,《人民日报》报道:卫生部日前制定了《医务人员艾滋病病毒职业暴露防护工作指导原则(试行)》,自 6 月 1 日起施行。

同日　中国民族民间文化保护工程第二批 29 个试点名单公布,试点工作全面铺开。

4 月 14 日　温家宝主持召开国务院常务会议,听取监察部关于中石油川东钻探公司井喷特大事故、北京市密云县"二五"特大伤亡事故和吉林省吉林市中百商厦"二一五"特大火灾事故调查情况的汇报,并对有关责任人作出处理决定。

同日　台"立法院修宪委员会"初审通过"宪法修正案"第一条,废止"任务型国民大会",其原有的"宪法修正案"、"领土变更案"复决权改由"公投"复决。

4 月 15 日　新华社报道:国务院办公厅最近转发卫生部等部门《关于进一步做好新型农村合作医疗试点工作指导意见》。

同日　联合国第 60 届人权会议以 28 票赞成、16 票否决,9 票弃权通过了中国代表团提出的动议,决定对美国提出的所谓"中国境内的人权状况"的反华提案不予审议。

同日　英国标准协会向中国奥委会反兴奋剂委员会颁发 ISO9000 认证证书。这标志着中国兴奋剂控制工作通过了国际质量认证。

同日　知识产权出版社在全国率先启动按需出版工程。

同日　台"立法院内政委员会"通过"内政部"提出的"水陆地图审查条例",未来台湾民间出版"中华民国"地图将不用送审,意味着"台独"地图将和其他地图一样可以公开发行。

4 月 16 日—23 日　捷克共和国总统瓦茨拉夫·克劳斯访问我国。

4 月 18 日　我国在西昌卫星发射中心用"长征二号丙"运载火箭,成功地将"试验卫星一号"和搭载的"纳星一号"科学实验小卫星送入太空,这标志着我国小卫星研制技术取得了重要突破。

同日　全国铁路自今日起第五次大面积提速。铁路几大干线的部分地段线路基础达到时速 200 公里的要求，提速网络总里程达到 16500 多公里。

4月19日—21日 朝鲜劳动党总书记、国防委员会委员长金正日对中国进行非正式访问。

4月19日—25日 柬埔寨王国政府首相云升访问我国。

4月20日 卫生部、人事部决定，城市医疗机构取得医师执业证书的新聘人员定期到农村医疗卫生机构服务。

同日 胡锦涛在北京会见世卫组织总干事李钟郁博士，指出中国愿继续开展同世界卫生组织的交流与合作。

同日 中宣部、交通部等联合举办许振超同志先进事迹报告会。青岛港工人许振超三十年如一日，爱岗敬业、刻苦钻研技术，创造出世界一流工作效率的先进事迹。

4月21日 《人民日报》报道：我国农民用电价格高于城市居民的历史已告结束，全国除西藏自治区以外的地区，均已实现城乡居民用电同价（西藏自治区目前农村电价低于城市电价）。

同日 全国首届全民健身万人行活动（健步走）启动仪式在北京举行。

4月22日 新华社报道：温家宝近日作出指示，责成国务院有关部门和地方政府对阜阳等地劣质婴儿奶粉事件进行全面调查。彻底查清劣质奶粉的生产源头、销售渠道和销售范围，并对受害儿童采取妥善医治措施。安徽阜阳自去年5月以来因食用劣质奶粉出现营养不良综合征的住院儿童约 170 名，其中因并发症死亡的儿童 12 名。5月16日，据新华社报道：经国务院调查组督查，阜阳市共抽检各类奶粉 586 组，扣留、封存、暂停销售奶粉 10 多万袋；立案查处涉嫌销售不合格奶粉案件 39 起，打掉生产及分装窝点 4 个，刑事拘留 47 人，宣布正式逮捕 31 人。

同日 新华社报道：日前，卫生部制定了《关于加强卫生行业作风建设的意见》。

同日 《人民日报》报道：2003 年，全国 592 个扶贫开发工作重点县的农民人均纯收入提高了 5.8%，比全国高出 1.5 个百分点。这是扶贫开发进入新阶段后，贫困地区农民增收首次高于全国平均水平。农村农民人均纯收入低于 882 元的贫困人口减少了 128 万。

4月23日 卫生部公布，经卫生部专家组复核，安徽省发现一例非典确诊病例和一例疑似病例，北京 22 日报告的疑似病例确诊，并新增一名疑似病例。专家初步判定，此次疫情可能源于实验室工作人员感染。5月21日19时30分，北京及全国在今春疫情中最后一位确诊非典患者张某 SARS 病愈，安然转出北京地坛医院，转入综合医院——广安门外医院，接受医学观察和基础病治疗。自4月22日以来，北京市报告 7 例传染性非典型肺炎确诊病例（已全部治愈出院），安徽省报告 2 例传染性非典型肺炎确诊病例（其中 1 例治愈出院，1 例死亡）。卫生部通报调查认定：这次疫情源于实验室内感染，是一起因实验室安全管理不善，执行规章制度不严，技术人员违规操作，安全防范不力，导致实验室污染和工作人员感染的重大责任事故。

4月24日 博鳌亚洲论坛 2004 年年会在海南博鳌开幕。国家主席胡锦涛在开幕式上发表主旨演讲。

同日 中外科学家从 4 万多个人类基因全长 cDNA 克隆中整合出 5000 多个以前未识别的基因，中国科学家克隆了 758 个新基因。

同日 李登辉诬蔑"泛蓝"阵营进行

的抗争活动是"军事政变"。25 日,陈水扁声称,"泛蓝"阵营在 3 月 21 到 27 日进行的抗争活动是"流产的 7 日政变"。陈、李的言论一出,立即引起岛内一片哗然。

4 月 25 日—26 日　十届全国人大常委会第九次会议在北京举行,通过全国人大常委会关于香港特别行政区 2007 年行政长官和 2008 年立法会产生办法有关问题的决定。

4 月 26 日　中共中央政治局召开会议,分析当前我国经济形势,研究进一步做好经济工作的政策措施。

同日　中共中央政治局进行第十二次集体学习。

同日　新华社报道:41 岁的美籍华人科学家王晓东日前获得美国"国家科学院院士"称号。

同日　中国工程院院士、中国国家杂交水稻工程技术研究中心主任袁隆平教授获得 2004 年度以色列沃尔夫农业奖。

4 月 27 日　胡锦涛会见出席中央实施马克思主义理论研究和建设工程工作会议的全体代表。

同日　新华社报道:近日国务院发出通知,决定适当提高钢铁、电解铝、水泥、房地产开发固定资产投资项目资本金比例。

同日　2004 年度,武警部队将依托 3 所地方高校,为水电、森林等警种部队培养 150 名国防生,这是武警首次为警种部队培养国防生。

4 月 28 日　温家宝主持召开国务院常务会议,责成江苏省和有关部门对江苏铁本钢铁有限公司违规建设钢铁项目有关责任人作出处理,研究部署土地市场治理整顿和严格土地管理工作。

4 月 29 日　民进党提出"公投法修正案"版本,把提案、连署门槛分别降至 0.2％和 2％;通过门槛更大幅降低,只要 30％的投票人投下赞成票,"公投案"就算通过。

4 月 30 日　中共中央在人民大会堂举行座谈会,纪念任弼时同志诞辰一百周年。胡锦涛发表讲话。

同日　国务院公布《中华人民共和国道路交通安全法实施条例》《中华人民共和国道路运输条例》《兽药管理条例》,分别自 2004 年 5 月 1 日、7 月 1 日和 11 月 1 日起施行。

同日　台"陆委会"通过《大陆地区人民来台从事观光活动许可办法》修正草案,以后大陆地区人民赴台观光,不受"团进团出"的限制,将"不得变更行程"的规定改为"只需旅游业者通报变更行程"即可。

4 月 30 日—5 月 5 日　为庆祝中国人民解放军海军诞生 55 周年,经中央人民政府批准,由 8 艘舰艇、2 架舰载机组成的舰艇编队,于训练途中停靠香港昂船洲军港。在为期 6 天的停靠中,向香港同胞展示人民海军现代化建设的雄姿风采,使香港同胞进一步了解人民海军,了解祖国国防现代化建设取得的辉煌成就。

5 月 2 日—12 日　国务院总理温家宝访问德国、比利时、欧盟总部、意大利、英国和爱尔兰。

5 月 3 日　共青团中央、全国青联、全国学联、全国少工委共同设立中国青少年科技创新奖励基金。这项基金是按照邓小平同志遗愿设立的。

5 月 5 日　台"高等法院"首次开庭审理国、亲两党提出的"选举无效"诉讼。合议庭理出四大争议点,作为未来该诉讼审理范围。10 日,司法验票全面展开。18 日,选票查验完毕,近 4 万张有争议的选票有待"高院"进一步裁定。随后,验票进入全面比对选举人名册阶段。

5 月 7 日　新华社报道：中国学者发现非免疫细胞也可产生免疫球蛋白。

5 月 7 日—17 日　汤尤杯羽毛球赛在印尼首都雅加达举行。15 日，中国女队获得尤伯杯，实现了"四连冠"。17 日，中国男队再次夺得汤姆斯杯。

5 月 8 日　中国红十字会建会 100 周年纪念大会在北京举行。温家宝向大会发来贺词，吴仪到会并讲话。

同日　在大阪举行的国际田径大奖赛中，中国跨栏名将刘翔以 13 秒 06 的成绩打破男子 110 米栏亚洲纪录，力压世锦赛三冠王、美国名将阿·约翰逊夺得该项目冠军。

5 月 9 日　新华社报道：中央军委最近颁发《中国共产党军队委员会工作条例（试行）》。

同日　新华社全文播发《国务院关于切实加强艾滋病防治工作的通知》。

同日　《人民日报》报道：截至 2003 年底，我国农村养老保险累计参保人数已接近 6000 万人，基金积累总额 260 亿元，共有 140 多万农民开始领取养老金。

5 月 10 日　《人民日报》报道：我国积极的财政政策在过去 6 年间，平均每年增加就业岗位 120 万～160 万个，6 年共增加就业 700 万～1000 万人。

5 月 10 日—11 日　中共中央在北京召开全国加强和改进未成年人思想道德建设工作会议。

5 月 12 日　浪潮（北京）电子信息产业有限公司宣布，浪潮公司的英信"超能 3000"服务器刚刚刷新商业智能计算的世界纪录。这是中国人在该领域创造的首项世界纪录。

5 月 13 日　《人民日报》报道：中国残疾人联合会近日公布，在残疾人人口中处于就业年龄段的残疾人为 2400 万人。截至 2003 年底，城镇就业年龄段中的残疾人已安排就业人数为 403 万人，未就业残疾人 100 万人。农村残疾人就业人数达 1685 万人。全国残疾人就业率达 83.9%。

同日　新华社报道：解放军总政治部日前制定《全军文艺创作五年规划（2005 年至 2009 年）》。

同日　2003 年中国作家大红鹰集团文学奖颁奖大会在北京举行，共有七部作品获奖。

5 月 14 日　首届中国人民解放军文艺大奖在北京颁奖，电影《惊涛骇浪》等 9 部作品获奖。

同日　《人民日报》报道：科技部和农业部日前联合举办的"超级稻育种技术论坛"透露，中国超级稻育种技术达到国际领先水平。

5 月 16 日—19 日　哈萨克斯坦共和国总统努·阿·纳扎尔巴耶夫访问我国。

5 月 17 日　中共中央台湾工作办公室、国务院台湾事务办公室受权就当前两岸关系问题发表声明。

同日　国家统计局对 2004 年一季度 GDP 初步核算数据进行了修订，并首次发布了修订数据。修订后，GDP 初步核实数为 27128 亿元，与初步核算数相比，GDP 增加了 22 亿元。

同日　台通过"友邦"向世卫组织提出的"邀请台湾成为世界卫生大会观察员"提案在第 57 届世界卫生大会表决中以 134 票反对、25 票赞成、2 票弃权而未能列入大会议程，台参与世卫组织的图谋第八次失败。

5 月 19 日　联合国粮农组织第 27 届亚太区域部长级会议在北京举行。国家主席胡锦涛出席开幕式并致词。

5 月 20 日　中国人民对外友好协会

成立 50 周年庆祝大会在人民大会堂召开，胡锦涛出席大会并致词。

同日　《人民日报》报道：由中宣部等共同组织的全国宣传文化系统"四个一批"人才培养工程日前全面启动。

同日　中国科技发展基金会在北京召开颁奖大会，"詹天佑铁道科学技术奖"等 6 个全国性科技奖在北京颁发，50 余人获奖。

同日　陈水扁、吕秀莲宣誓就职，陈水扁发表"就职演说"。同日，"行政院"也举行新旧任主管交接仪式。

5 月 20 日—21 日　全国血吸虫病防治工作会议在湖南省岳阳市召开。胡锦涛作重要指示。

同日　科技部副部长邓楠介绍，我国纳米国际专利申请件数继美国、日本之后排名世界第三。

5 月 20 日—24 日　越南社会主义共和国政府总理潘文凯访问我国。

5 月 21 日　温家宝主持召开国务院常务会议。

同日　经解放军总后勤部批准，我军第一支海上医院船医疗队日前在海军总医院成立。

同日　我国已建立自然保护区 1999 个，占国土面积的 14.4％，初步形成了全国性的保护区网络。我国已有 21 处自然保护区加入"世界人与生物圈保护区网络"，21 处自然保护区被列入"国际重要湿地名录"，3 处自然保护区被列为世界自然遗产地。

同日　台第一颗自主遥测卫星"中华卫星二号"于是日凌晨在美国加州范登堡空军基地发射成功。

5 月 22 日　著名血液学家邓家栋在北京逝世。

5 月 22 日—27 日　巴西总统路易斯·伊纳西奥·卢拉·达席尔瓦访问我国。

5 月 22 日—6 月 4 日　全国人大常委会委员长吴邦国访问俄罗斯、保加利亚、丹麦和挪威。

5 月 23 日　国务院新闻办公室发表《西藏的民族区域自治》白皮书。

同日　《人民日报》报道：至 2003 年年底，全国城乡共有就业人员 74432 万人，比上年末增加 692 万人。全国城镇登记失业人数为 800 万人，城镇登记失业率为 4.3％，比上年末上升 0.3 个百分点。

5 月 23 日—24 日　新华社报道：黑龙江省齐齐哈尔市又发现侵华日军遗弃的化学武器，当地政府对事发现场做了妥善处理。同时，中方向日方提出外交交涉，强烈要求日本政府切实采取措施加快销毁过程。日方专家 5 月 31 日经过确认，承认中方发现的铁桶和炮弹系日本遗弃的化学武器。

5 月 24 日　《人民日报》报道：国务院近日决定第三批取消和调整 495 项审批项目。自 2002 年 10 月和 2003 年 2 月以来，国务院分三批共取消和调整的部门审批项目 1795 项，占取消和调整前总数的近一半。

同日　中科院和国家自然科学基金委签署了《柏林宣言》，以推动网络科学资源全球科学家共享。

5 月 25 日　在陕西周公庙遗址考古的陕西省考古所和北京大学考古文博学院组成的联合考古队发现一处目前所知最高等级的西周墓葬。

同日　高雄地检署指挥高雄县调查站等 10 多个单位，出动 300 多人，搜索全台包括"刑事局"、"海巡署"与电信业者等 47 处据点，查获以萧荣祥为首的盗卖个人资料集团。这是台湾爆发的最大宗个人资料盗卖案，200多万笔个人资料被外泄。

5月26日　国务院公布施行《粮食流通管理条例》。

5月26日—27日　由世界银行发起的首届全球扶贫大会在上海隆重举行。国务院总理温家宝发表了题为"为减少全球贫困而携手行动"的讲话。

5月28日　中共中央政治局召开会议，研究健全和完善村务公开和民主管理制度。

同日　中共中央政治局进行第十三次集体学习。

同日　第7届"中国武警十大忠诚卫士"评选在北京揭晓。

同日　新华社报道：截至2003年底，中央企业资产总额达到8.09万亿元，比2002年底增长11.2%。此外，中央企业所有者权益达到3.47万亿元，增长5.6%，其中国有权益2.76万亿元，增长7.5%。

同日　在瑞典哥德堡举行的核供应国集团（NSG）年会上，经全会审议，一致同意接纳中国为核供应国集团成员。核供应国集团成立于1975年，是一个由拥有核供应能力的国家组成的多国出口控制机制，现有40个成员国。2004年1月26日，我国正式申请加入核供应国集团。

5月29日　国家主席胡锦涛应约同美国总统布什通电话。

同日　《人民日报》报道：我国1978年没有解决温饱的贫困人口达2.5亿人，到2003年，这一数字减少至2900万人，贫困发生率从30%下降至3.1%。

5月30日　国务院公布《危险废物经营许可证管理办法》，自2004年7月1日起施行。

同日　《人民日报》报道：2003年度电视电影"百合奖"日前在北京颁奖。

同日　"中国关心下一代身心健康工程启动式暨全国义演首演式"在北京举行，曾庆红出席并观看演出。

同日　《人民日报》报道：国防科工委和国家发改委日前联合发布《国防科技工业产业政策纲要》。

同日　高雄捷运出现首次严重事故。由于站区上方被掏空，导致两侧建筑物地基严重下陷，形成大面积坑洞，大批民众受灾。

5月31日—6月1日　全国粮食流通体制改革工作会议在北京召开。

6月1日　著名豫剧表演艺术大师常香玉在河南去世。17日，新华社报道：中宣部、文化部、中国文联发出通知，决定在全国文艺系统广泛开展向常香玉同志学习活动。7月26日，国务院决定追授已故豫剧大师常香玉"人民艺术家"荣誉称号。

同日　第8届中国国际儿童电影节在浙江落幕，2003年中国儿童电影童牛奖同时揭晓颁奖。

同日　《人民日报》报道：新闻出版总署决定，从2004年起，每年六一前夕向社会公布百种适合青少年阅读的优秀图书。

同日　新华社报道：中宣部、新闻出版总署近日联合发出《关于进一步加强和改进未成年人出版物出版工作的意见》。

6月2日—6日　中国科学院第十二次院士大会、中国工程院第七次院士大会在北京举行。胡锦涛出席会议并讲话。大会选举产生了新一届学部主席团，各学部主任、副主任，组成了学部咨询评议工作委员会和学部科学道德建设委员会，选举产生了第六批外籍院士6人。中科院从原有的5个学部扩大为6个学部，技术科学部一分为二为信息技术科学部和技术科学部；原生物学部正式更名为生命科学和医学学部。6月4日，我国著名材料科学专家师昌绪荣获第五届"光华工程科技奖成就奖"。

6 月 3 日　《人民日报》发表长篇通讯,介绍河南登封市公安局局长任长霞爱民、亲民、敬民、为民的感人事迹。4 月 14 日,任长霞遇车祸因公殉职。4 月 17 日,14 万名群众自发为她送行,为千年历史的古城登封前所未有。胡锦涛、李长春、罗干就学习任长霞同志先进事迹作出重要指示。

6 月 4 日　温家宝主持召开国务院常务会议,研究控制城镇房屋拆迁规模、严格拆迁管理的有关问题,同意湖南省对嘉禾县珠泉商贸城建设中违法违规有关责任人所作出的严肃处理。

同日　国民党副主席萧万长提出以"一中市场"取代"台湾中立",把经贸关系作为未来两岸互动的主轴。

6 月 6 日　财政部决定发行 2004 年凭证式(三期)国债(电子记账)。

6 月 7 日　著名地质学家黄汲清先生诞辰一百周年纪念大会在北京举行。

同日　由西北农林科技大学何蓓如教授主持的"YS 型小麦温度敏感雄性不育系创立及遗传特性研究"成果,通过了陕西省科技厅组织的成果鉴定。

6 月 8 日—18 日　国家主席胡锦涛访问波兰、匈牙利、罗马尼亚、乌兹别克斯坦并出席了在塔什干举行的上海合作组织成员国第四次元首会晤。胡锦涛 6 月 14 日在罗马尼亚议会发表了题为"巩固传统友谊,扩大互利合作"的演讲;6 月 16 日在乌兹别克斯坦最高会议发表题为"深化睦邻互信　开创美好未来"的演讲。

6 月 9 日　《鲁迅全集》修订工作委员会宣布,《鲁迅全集》修订工作结束。新版《鲁迅全集》由原来的 16 卷增至 18 卷,总字数约 700 万。

同日　雅典奥运会火炬全球传递活动在具有 3000 多年建城史和丰厚人文底蕴的现代化城市中国北京举行。

同日　陈水扁声称,"宪政改革"是未来四年任内最重要的事情,要留下一部"合身、合用、合时"的"台湾新宪法";现行"修宪程序"是必走的过程。

6 月 10 日　当日出版的《自然》杂志报道了中国科学院古脊椎动物与古人类研究所汪筱林和周忠和两位研究员在我国辽西热河生物群中发现世界上首枚翼龙胚胎化石的情况。

同日　根据国务院的决定和中国银行业监督管理委员会的批准,建设银行以分立的方式设立中国建设银行股份有限公司和中国建设银行集团有限公司。

同日　国家林业局公布首次全国主要野生动植物资源调查结果。经查我国的濒危物种为 104 个,占调查总数的 55%;野外大熊猫数量已由 1988 年的 1110 多只增加到目前的 1590 多只,且分布范围有所扩大。

同日　中国中铁十四局集团公司援建阿富汗公路建设项目盖劳盖尔工地,当日凌晨遭一伙武装分子袭击并造成 11 名中国工人死亡、4 名工人受伤。胡锦涛等国家领导人获悉后,强烈谴责这一惨无人道的恐怖行径,并指示全力以赴抢救伤员,做好遇难人员的善后工作。

6 月 11 日　台"立法院"三读通过"扩大公共建设投资特别条例","行政院"将依此法分五年以 5000 亿元新台币为上限编制"特别预算"。

6 月 14 日　中国人民解放军防空兵指挥学院成立大会在河南省郑州市举行。

同日　台"行政院"公布"提名中选会委员名单",主委由现任"中选会"委员张政雄接任。

6 月 15 日　新华社报道:建设部近日

发布 2003 年城市建设统计公报：2003 年末，全国设市城市 660 个，城市人口 33805 万人。城市面积 39.9 万平方公里，其中建成区面积 2.8 万平方公里。城市范围内人口密度 847 人/平方公里。

同日　无党联盟正式成立"无党团结联盟"，张博雅担任该组织首任负责人。

6 月 16 日　《人民日报》报道：国家文物局日前在北京为中国文物研究所等 24 家首批获得文物保护工程资质的单位颁发证书。国家文物局 2001—2002 年度田野考古奖同时颁发。

6 月 17 日　全国政协在北京召开黄埔军校建校 80 周年纪念大会。

同日　国务院公布《地震监测管理条例》，自 2004 年 9 月 1 日起施行。

同日　军事学核心期刊授牌仪式在北京举行，《中国军事科学》、《军事通信学术》等 16 种军事学期刊，被解放军总参谋部、总政治部批准为军事学核心期刊。

6 月 18 日　中国人民解放军海军兵种指挥学院挂牌仪式在广州举行。海军兵种指挥学院的前身是原中国人民解放军海军广州舰艇学院，组建于 1978 年。

同日　新华社报道：线装《四库全书》近日出版，全书共 1184 卷，限印 300 套。

同日　由中国残疾人艺术团制作的舞台艺术片《我的梦》及纪录片《与梦同行》，在首届好莱坞国际电影电视节上分获最佳电视艺术片和最佳电视专题片奖。

6 月 19 日　新华社报道：目前我国个体户已经达到 3200 万户，平均每 40 个人中就有一个是个体户，民营企业的投资人数也已经达到 770 多万人。

同日　"教改"、环保、学生等民间团体在台北举行近千人的"反军购、要公投"游行。27 日，民主行动联盟发表"反 6108 亿军购万言书"。

6 月 20 日　中央军委在北京中南海举行晋升上将军衔警衔仪式。被晋升上将军衔警衔的是葛振峰、张黎、由喜贵、张文台、胡彦林、郑申侠、赵可铭、朱启、李乾元、刘冬冬、雷鸣球、刘镇武、杨德清、吴双战、隋明太。

同日　中国海军军舰同来访的英国海军军舰在青岛附近的黄海海域举行海上联合搜救演习。

同日　新华社报道：文化部等四部委决定暑假期间在全国开展禁止未成年人进入网吧特别行动。

6 月 21 日　胡锦涛致电慰问中国南极长城站、中山站的全体考察队员，鼓励他们为人类和平利用南极作出更大贡献，并祝大家仲冬节快乐。

同日　中国西藏文化保护与发展协会在北京成立。

同日　由科技部和美国科学基金会共同发起的中美青年科技人员交流计划在北京正式启动，首批 27 名美方学生来京"取经"。

6 月 21 日—25 日　叙利亚总统巴沙尔·阿萨德访问我国。

6 月 21 日—25 日　十届全国人大常委会第十次会议在北京举行。会议通过《中华人民共和国农业机械化促进法》，6 月 25 日公布，自 2004 年 11 月 1 日起施行。

6 月 22 日　第 28 届世界遗产委员会会议主席、教育部副部长章新胜说，迄今我国共有 29 处文物古迹、历史名城和自然景区被列入世界遗产名录，成为继意大利、西班牙之后的第三遗产大国。此外，遗产预备清单中还有 100 多个项目，居世界首位。

6 月 23 日　国务院公布《中华人民共和国归侨侨眷权益保护法实施办法》自

2004 年 7 月 1 日起施行。

6 月 23 日—28 日　中、朝、日、韩、俄、美在北京举行朝核问题第三轮六方会谈。

6 月 27 日　国务院公布施行《国务院关于修改〈事业单位登记管理暂行条例〉的决定》。

6 月 27 日—29 日　第一届世界地质公园大会在北京举行。2001 年至今,我国已正式批准建立了 85 个国家地质公园,其中五大连池、云台山、黄山、庐山、石林、嵩山、张家界、丹霞山等 8 个国家地质公园被联合国教科文组织批准为世界地质公园。

6 月 28 日　和平共处五项原则创立 50 周年纪念大会在北京举行,温家宝总理发表了题为"弘扬五项原则,促进和平发展"的讲话。

6 月 28 日—7 月 7 日　联合国教科文组织第 28 届世界遗产委员会会议在苏州市举行。胡锦涛主席发了贺词。会议通过了"苏州决定"等 200 多项大会决定,并发表了《世界遗产青少年教育苏州宣言》。由我国申报的高句丽王城、王陵及贵族墓葬和沈阳故宫、盛京三陵 3 个项目,全部通过世界遗产委员会审议,被列入《世界遗产名录》。至此,我国已拥有 30 处世界遗产。全球世界遗产总数达到 788 个。

6 月 29 日　中共中央政治局召开会议,研究进一步做好新形势下发展党员工作。胡锦涛主持会议。

同日　中共中央政治局就加强党的执政能力建设问题进行集体学习。

同日　北京市第二中级人民法院对贵州省原省委书记刘方仁受贿案作出一审判决,以受贿罪判处刘方仁无期徒刑,没收赃款人民币 661 万元、美元 1.99 万元,并处没收个人全部财产。

同日　科技部宣布:"863 计划"重点项目——"曙光 4000A"以每秒 10 万亿次的运算速度成为国内计算能力最强的超级计算机。我国自行研制的超级计算机跻身世界十强。

同日　《人民日报》报道:王永民教授的又一项原创性发明——"数字五笔"日前在北京正式公布。

同日　卫生部宣布,我国现有艾滋病病毒感染者约 84 万人,其中艾滋病病人约 8 万例;我国目前现有肺结核病人约 450 万,其中传染性肺结核病人约 150 万。每年约有 145 万新发病例,每年因结核病死亡人数达 13 万,我国结核病人数居全球第二位。

6 月 30 日　《人民日报》报道:国际数学奖"邵逸夫奖"日前在香港揭晓,93 岁的陈省身获奖。

7 月 1 日　国务院发布决定,对法律、行政法规以外的规范性文件规定的,但确需保留且符合《中华人民共和国行政许可法》第十二条规定的行政审批事项,依据《中华人民共和国行政许可法》第十四条第二款的规定,予以保留并设定行政许可,共 500 项。

同日　《人民日报》报道:在第 23 届亚奥理事会全体会议上,亚奥理事会主席法赫德宣布:中国广州获得 2010 年亚运会主办权。

同日　李登辉举行"制宪运动誓师大会",强调"中华民国"不可在"新宪法"中存在,要改"国号"。

7 月 1 日—6 日　蒙古总统那楚克·巴嘎班迪访问我国。

7 月 2 日　陈水扁正式完成财产信托后的申报手续,股票全归夫人吴淑珍。

7 月 4 日　新华社报道:经济合作与发展组织最近发表的一份报告说,2003 年中国接受的外国直接投资达到 530 亿美元,首次成为全球接受外国直接投资最多的国家。

7月5日 中央军委下发《关于加强军队专业技术人才队伍建设的意见》。

同日 军队指挥学博士后科研流动站在国际关系学院挂牌。

7月6日 陈水扁宣布成立"三一九枪击案特别调查委员会"，由"监察院长"钱复担任召集人，要求先"立法"，后成立"特调会"。

7月8日 中国民航总局正式将兰州、敦煌、嘉峪关、庆阳四个机场移交甘肃省政府管理。至此，我国90个机场平稳移交地方政府管理，民航航空运输公司与服务保障企业完成联合重组，政企分开、垂直领导的民航行政管理体制建立，国务院规定的民航体制改革各项任务已告完成。

7月9日 胡锦涛主席在北京会见了来访的美国总统国家安全事务助理赖斯。

7月10日 自月初袭击台湾的"蒲公英"台风至是日已造成27人死亡、16人受伤、13人失踪，农业灾害损失达85.3亿元新台币。

7月11日—17日 缅甸总理钦纽访问我国。

7月13日 北京2008年残奥会会徽发布仪式暨第2届"北京2008"奥林匹克文化节闭幕式在北京举行。

同日 国民党党章修改小组通过删除"排宋条款"决议，被开除党籍党员恢复党籍后可以参选中常委及党主席，决议还增订专章说明政党合并缘由。

7月15日 由中宣部、教育部、共青团中央、全国少工委、中国科协和国家国防教育办公室联合举办的"爱中华、奔小康、强国防"国防教育系列活动，在北京隆重召开组委会、评委会成立大会。

7月16日 国务院发布《国务院关于投资体制改革的决定》。

同日 新华社报道：2003年，我国电子信息产业实现销售收入1.88万亿元人民币，折合2200多亿美元，同比增长34%。从规模上讲，中国电子信息产业销售收入已超过日本，仅排在美国之后，居世界第二位。

7月17日 在第15届国际生物奥林匹克竞赛上，中国4名选手取得了2金2银的好成绩，中国台北队获得1枚金牌和3枚银牌。

7月18日 民进党召开党代会，选出30位中执委和10位中常委。谢长廷等10位当选为中常委，陈水扁、民进党"立院"党团总召柯建铭为当然中常委，游锡堃、苏贞昌、吕秀莲被陈水扁指定为中常委。

7月19日 新华社报道：又一批新中国成立以来的外交档案向公众开放，档案共计5042件。此次开放的是1949至1955年间形成的档案。

同日 30位来自戏剧、电影、电视、音乐、舞蹈、美术、摄影、书法、曲艺、杂技以及民间艺术等艺术门类的文艺工作者被授予"全国中青年德艺双馨文艺工作者"称号，这是我国首次向优秀文艺界人士正式颁发这一光荣称号。

同日 台"中选会"将本年度举行的"立委"选举投票日改为12月11日，打破"12月第一个周末是投票日"的惯例。因和纪念"美丽岛事件"活动时间太近，国、亲两党质疑民进党企图以造势活动影响选情。

7月19日—23日 全球华人生物科学家大会在北京举行，主题是"科学为了更美好的生活"。路甬祥出席开幕式并讲话。23日，吴曼、李家洋、张亚平三位中科院院士获得生物科学奖。

7月20日 贾庆林在北京会见来京参加"香港领袖生奖励计划——国情教育

课程"的全体学员。

7 月 20 日—23 日　　第七次全国归侨侨眷代表大会在人民大会堂举行。中国侨联第七届委员会选举林兆枢为中国侨联主席。

7 月 20 日　《人民日报》报道:2003 年全国共完成造林面积 1.64 亿亩,首次超过我国国土总面积的 1%。造林面积核实率达 95% 以上,合格率在 90% 以上。

7 月 23 日　　中共中央政治局召开会议,决定今年 9 月在北京召开中国共产党第十六届中央委员会第四次全体会议,研究加强党的执政能力建设问题。会议还讨论研究了当前的经济形势和经济工作。

7 月 24 日　　中共中央政治局进行第十五次集体学习。

7 月 25 日　　"探测二号"卫星成功从太原卫星发射中心发射升空,30 分钟后准确进入预定轨道。至此,我国科学家于 1997 年提出的"地球空间双星探测计划"得以真正实现。

7 月 25 日—31 日　　第 89 届世界语大会在北京举行。大会发表了《北京宣言》。

7 月 26 日　　新华社报道:国务院近日召开促进非公有制经济发展座谈会。

同日　　新华社报道:教育部等五部委日前联合制定《关于大力培养少数民族高层次骨干人才的意见》。

7 月 26 日—31 日　　约旦哈希姆王国阿卜杜拉二世国王访问我国,其间 27 日至 29 日访问香港。

7 月 27 日　　西藏登山探险队当地时间 6 时 50 分成功登上海拔 8611 米的乔戈里峰。

同日　　台"陆委会"宣布以试办方式开放第五家大陆新闻媒体——中国新闻社的两名记者赴台采访,试办期两个月。

7 月 28 日　　我国第一个北极科学考察站——中国北极黄河站在挪威斯匹次卑尔根群岛的新奥尔松建成并投入使用。

7 月 29 日　　在上海东海港"大洋一号"万吨轮上,由上海交通大学水下工程研究所研制的 3500 米水下机器人开展海底水下操作测试获得圆满成功。

7 月 31 日　　经中共中央和中央军委批准,由中共中央文献研究室和军事科学院编辑的《邓小平军事文集》,已由军事科学出版社和中央文献出版社出版,当日起开始在全国陆续发行。江泽民为文集题写了书名。

同日　　第 8 届全军文艺汇演在北京开幕。

8 月 2 日　　由中共中央文献研究室编辑、中央文献出版社出版的《邓小平年谱(1975—1997)》从即日起在全国发行。5 日,纪念邓小平诞辰 100 周年图书出版座谈会在人民大会堂举行。

8 月 3 日—9 日　　第 3 届亚太经合组织青年科学节在北京举行,主题是"科学、青年、未来"。陈至立在开幕式上讲话。

8 月 4 日—10 日　　第 2 届中外大学校长论坛在北京举行,陈至立在开幕式上讲话。

8 月 5 日　《人民日报》报道:卫生部日前公布《全国不明原因肺炎病例监测实施方案(试行)》。

8 月 7 日—11 日　　首届中国青年文化周在深圳举行。

8 月 8 日　《人民日报》报道:2004 年我国夏粮总产量达到 10105 万吨,比 2003 年的 9622 万吨增产 4.8%,夏粮产量扭转连续四年减产的局面。2004 年上半年农村居民人均现金收入 1345 元,同比增长 16.1%,扣除价格因素的影响,实际增长 10.9%,这是 1997 年以来增收形势最好的一年。

同日　台"新闻局长"林佳龙公布"无线广播频谱重整政策"及时间表，预计在2005年3月完成所有换频作业，届时将有150家"地下电台"合法化。

8月9日—12日　首届哲学界全学科大会——中国哲学大会在北京举行，主题是"新世纪的哲学与中国"。

8月10日　中央军委委员、总装备部部长李继耐，总装备部政委迟万春签署命令，授予酒泉卫星发射中心发射测试站三室、某研究所二室、航天医学工程研究所三室、航天指挥控制中心二室等4个单位"载人航天功勋室"称号。

同日　冈比亚、尼加拉瓜等15国向联合国递交提案，要求"联合国大会确认台湾人民在联合国的代表权"。9月15日，台湾加入联合国的图谋第12次失败。

8月11日　新华社报道：2004年1至6月份，全国城镇新增就业人员590万人，完成全年目标任务900万的65％。从1998年到2003年，我国累计有1890多万名下岗职工通过各种渠道和方式实现再就业。

同日　国家航天局宣布，7月25日发射的"探测二号"卫星已成功完成在轨测试等作业，目前一切进展顺利。

8月13日　邓小平铜像揭幕仪式在四川省广安市隆重举行。胡锦涛出席仪式并为铜像揭幕。同日，在邓小平家乡四川广安建设的邓小平故居陈列馆正式开馆，江泽民为陈列馆题写馆名。另据新华社报道：中共中央宣传部、新闻出版总署为纪念邓小平诞辰一百周年组织出版了百种重点图书。20日，大型文艺晚会《小平你好》在人民大会堂举行。胡锦涛、江泽民等同6000余名首都各界人士一起观看了演出。21日，邓小平生平和思想研讨会在北京举行，李长春发表讲话。22日，

中共中央、全国人大常委会、国务院、全国政协、中央军委在人民大会堂隆重举行大会，纪念伟大的马克思主义者，伟大的无产阶级革命家、政治家、军事家、外交家，中国社会主义改革开放和现代化建设的总设计师邓小平同志诞辰一百周年。

同日　《人民日报》报道：河南省淅川县境内近日发现一处特大古生物化石群。该化石群拥有马、牛、虎、豹等20余种古生物遗迹，占地面积约5平方公里。

8月13日—29日　第28届夏季奥林匹克运动会，在它的发源地雅典举行。中国选手以32金、17银、14铜的成绩居奥运会金牌榜第二位，美国名列第一，俄罗斯名列第三位。31日，《人民日报》报道：全国妇联日前决定，授予获奥运会金牌的女运动员全国"三八红旗手"称号。

8月15日　公安部、外交部正式发布施行《外国人在中国永久居留审批管理办法》，这标志着中国"绿卡"制度正式实施。

8月16日　《人民日报》报道：到2003年底，我国建立的各级自然保护区达到1700多个，占国土面积的13％以上，远远超出国际平均水平。

8月19日　第一次全国经济普查领导小组召开会议。全国经济普查是我国规模最大的一次经济调查活动。

同日　藏传佛教学衔委员会在拉萨正式成立。

8月22日　第6届亚洲艺术节在长春开幕。

8月23日　台"立法院"举行首次"修宪"院会。24日，会议通过"国会席次减半"、"单一选区两票制"、"废除任务型国代"及"公投入宪"等4个议题的"修宪"案。另外，会议还通过了"三一九枪击事件真相调查特别委员会条例"、"新十大建设首年预算"等多项法案。

8 月 23 日—27 日　第 19 届国际动物学大会在北京举行,陈至立出席开幕式并致辞。

8 月 23 日—28 日　十届全国人大常委会第十一次会议在北京举行。会议通过修订后的《中华人民共和国传染病防治法》(8 月 28 日公布,2004 年 12 月 1 日起施行)、《中华人民共和国电子签名法》(8 月 28 日公布,自 2005 年 4 月 1 日起施行)、《中华人民共和国公路法》、《中华人民共和国公司法》、《中华人民共和国证券法》、《中华人民共和国票据法》、《中华人民共和国拍卖法》、《中华人民共和国野生动物保护法》、《中华人民共和国渔业法》、《中华人民共和国种子法》、《中华人民共和国学位条例》、《中华人民共和国土地管理法》等十部法律修正案(均于 8 月 28 日公布,自公布之日起施行)。会议还通过了全国人大常委会关于完善人民陪审员制度的决定,通过了关于加入联合国人员和有关人员安全公约的决定,批准了中国和乌兹别克斯坦关于打击恐怖主义、分裂主义和极端主义的合作协定,批准了保护非物质文化遗产公约。

8 月 23 日—30 日　首届中非青年联欢节在北京举行,胡锦涛致信祝贺。

8 月 24 日　《人民日报》报道:近日,中央财政大幅增加免费教科书专项资金,2004 年秋季开学后,中国西部地区 2400 万农村贫困生将免费使用教科书。

同日　经党中央、国务院和中央军委批准,第一军医大学、军需大学、第四军医大学吉林军医学院和第三军医大学成都军医学院整体移交地方办学。

同日　《人民日报》报道:到 7 月底,我国电话用户已经突破 6 亿户,达到 6.09214 亿户。

8 月 25 日　中国地质学家张宏仁在佛罗伦萨举行的第 32 届国际地质大会上当选为新一届国际地质科学联合会主席。

8 月 26 日　经我国政府批准,中国银行股份有限公司在北京成立。

同日　教育部发布并实施《高等学校哲学社会科学研究学术规范(试行)》。

同日　《人民日报》报道:卫生部和国家中医药管理局日前制定《处方管理办法(试行)》,以促进合理用药,保障患者用药安全。

8 月 27 日　第 24 届全国电视剧“飞天奖”颁奖,长篇电视剧《延安颂》、《亲情树》等获奖。

8 月 28 日　第 10 届中国电影华表奖和第 7 届夏衍电影文学奖颁奖。

8 月 28 日—9 月 6 日　第 7 届全国大学生运动会在上海举行。共有 137 人、278 人次打破全国大学生运动会纪录。

8 月 29 日　为期 4 天的第十次驻外使节会议在北京结束。

同日　何厚铧在选举澳门特区第二任行政长官大会上,以 296 票高票当选第二任行政长官候任人。9 月 1 日,国务院全体会议作出决定,任命何厚铧为澳门特别行政区第二任行政长官,于 2004 年 12 月 20 日就职。

同日　新华社报道:据不完全统计,全国各地已经建立政府法律援助机构 2892 个,共有法律援助专职人员 9798 名,10 年来共解答法律咨询近 600 万人次,办理各类法律援助案件 81 万余件,有 130 余万人获得了法律援助诉讼服务。

同日　我国在酒泉卫星发射中心用“长征二号丙”运载火箭,成功发射了一颗返回式科学与技术试验卫星。约 9 分钟后,卫星顺利进入预定轨道。

同日　台“教育部”公布“2004 年至 2008 年教育纲要”,将“台湾主体性”纳入其中。

8 月 30 日　《人民日报》报道：具有我国自主知识产权的生物氧化提金技术通过国家鉴定，标志着我国难处理金矿提金技术获得重大突破。

同日　台"财政部长"林全率团赴智利圣地亚哥参加第 11 届亚太经合组织会议。

8 月 31 日　新华社报道：到 2004 年 7 月，我国共有 9 台核电机组投入运行，总装机容量 701 万千瓦。2003 年一年，核电上网电量达到 415 亿千瓦时。在浙江、广东两省，核电上网电量已经超过总发电量的 13%。

9 月 1 日　国务院召开全体会议，就任命何厚铧为澳门特别行政区第二任行政长官作出决定。20 日、21 日，胡锦涛、温家宝分别会见何厚铧，对何厚铧当选并被任命为澳门特别行政区第二任行政长官表示祝贺。

同日　自 8 月 28 日至 9 月 1 日吴邦国在辽宁考察工作。

同日　中宣部、中央文明办、共青团中央、国务院新闻办公室联合举办"感动——首届全国青少年网络短信作品大赛"。

同　国家主席胡锦涛与法国总统希拉克通电话。

9 月 1 日—3 日　菲律宾总统格洛丽亚·马卡帕加尔·阿罗约访问中国。访问期间，胡锦涛与阿罗约举行会谈；江泽民、温家宝分别会见阿罗约。

9 月 1 日—4 日　亚太地区职业安全健康组织第 24 届年会在北京举行。

9 月 1 日—5 日　全球首届国际人居节在中国威海举行。

9 月 1 日、6 日　国务院召开常务会议，研究解决高校贫困家庭学生困难问题

和部署近期经济工作。

9 月 2 日　胡锦涛就俄罗斯发生恐怖爆炸和劫持人质事件致电俄罗斯总统普京。

同日　第 8 届北京·香港经济合作研讨洽谈会暨奥运会经济市场推介会在香港举行。

同日　胡锦涛等党和国家领导人在北京会见参加第 28 届奥运会的中国体育代表团全体成员。中华全国总工会、共青团中央和全国青联、全国妇联分别授予获得金牌的运动员和集体全国五一劳动奖状、奖章；"中国青年五四红旗集体"、"中国青年五四杰出贡献奖章"；全国"三八红旗手"等荣誉称号。

同日　江泽民致信清华大学首届国防生，对他们积极投身国防事业予以充分肯定并提出殷切希望。

9 月 3 日　中央政法委、中央综治委、中宣部、司法部、安徽省委省政府在北京举行曹发贵同志先进事迹报告会。

同日　国务院台湾事务办公室新闻发言人批驳陈水扁所谓"国号简称"言论。15 日，国务院台办发言人在新闻发布会上指出，陈水扁所谓"国号简称"的言论，再一次暴露了他企图制造"台独"分裂的本质。

同日　《人民日报》报道：第 3 届中国曲艺牡丹奖日前揭晓，并将于 9 月 5 日在山东淄博市颁奖。

9 月 3 日—5 日　第 3 届亚洲政党国际会议在北京举行。胡锦涛会见出席会议来宾和代表并举行欢迎宴会，吴邦国、温家宝会见出席会议来宾。

9 月 3 日—24 日　第十一世班禅额尔德尼·确吉杰布在其主寺扎什伦布寺集中学经和佛事活动全部圆满结束。

9 月 4 日　重庆市第二中级人民法院

第一审判厅公开宣判中石油川东北气矿"12·23"井喷事故案，6 被告重大责任事故罪成立，分别被判处 3 年至 6 年有期徒刑。

9 月 4 日—9 日　委内瑞拉玻利瓦尔共和国外长赫苏斯·阿纳尔多·佩雷斯访问中国，并出席中国—安第斯共同体政治磋商与合作机制第二次会议。

9 月 5 日　《人民日报》报道："绿色无公害仓储设备系统"已经云南、江西、河北等省使用，效果良好。

同日　财政部发行总额为 200 亿元的 2004 年凭证式（5 期）国债；20 日续发行 2004 年记账式（5 期）国债，总面额 303 亿元；27 日决定 10 月 1 日起发行 2004 年凭证式（6 期）国债，总额为 200 亿元。

9 月 6 日　《最高人民法院、最高人民检察院关于办理利用互联网、移动通讯终端、声讯台制作、复制、出版、贩卖、传播淫秽电子信息刑事案件具体应用法律若干问题的解释》正式施行。

同日　中国奥运金牌选手访问香港，特区政府举行欢迎酒会，董建华致辞祝贺。

同日　《人民日报》报道：从 1984 年至今的 20 年，全国高校教师和中小学教师的年平均工资分别增长 17.8 倍和 10.9 倍。

同日　第 3 届全国师德标兵和师德先进个人表彰暨庆祝教师节座谈会在北京举行。10 位教师荣获"全国师德标兵"称号。

同日　第 7 届全国大学生运动会在上海落幕，共有 37 人 278 人次打破全国大运会纪录。

9 月 7 日　中共中央政治局召开会议，讨论十六届三中全会以来中央政治局的工作，研究加强党的执政能力建设等问题。

同日　国务院新闻办发表《中国的社会保障状况和政策》白皮书。

同日　前"立法院长"、时任亲民党"立委"的刘松藩因涉嫌背信罪被判处 4 年徒刑，并处以 1000 万元新台币的罚金。

9 月 7 日—9 日　国际人口与发展论坛在湖北武汉举行。

9 月 8 日　《人民日报》报道：中共中央颁布《公开选拔党政领导干部工作暂行规定》等文件。

同日　纪念彭雪枫壮烈殉国 60 周年暨《彭雪枫传》出版座谈会在北京举行，江泽民题写书名，郭伯雄出席座谈会并讲话。

同日　《李岚清音乐笔谈》首发式暨交响音乐会在北京大学举行。李岚清出席并给读者代表签名赠书。

9 月 9 日　《人民日报》报道：2005 年，军队系统将继续面向地方招收研究生，数量 1000 名左右。

同日　全国首宗传播淫秽物品案在深圳宣判，深圳市罗湖区人民法院以制作、复制、传播淫秽物品牟利罪，分别判处卢敬德等四名案犯 8 个月到 1 年零 6 个月有期徒刑。

同日　南南合作伙伴组织成立 10 周年暨南南合作日庆祝活动在武汉举行。

同日　奥运金牌获得者抵达澳门访问，何厚铧主持隆重的欢迎仪式。

同日　中国太原卫星发射中心用"长征四号乙"运载火箭同时将两颗"实践六号"空间环境探测卫星成功送入太空。

同日　《人民日报》报道：人事部、教育部近日决定，追授吴玲、马祖光、陈学求"全国模范教师"荣誉称号。

9 月 10 日　"中国经济与世界经济共同发展"国际研讨会在北京举行。黄菊致辞。

同日　商务部决定对原产于俄、韩、哈、乌克兰四国和台湾地区的进口冷轧板卷中止征收反倾销税。这是中国首次依法中止执行反倾销措施。

同日　全国优秀教师表彰大会在北京举行。

9月10日—26日　第7届中国艺术节举行。25日，第13届"群星奖"在宁波揭晓。26日，闭幕式在绍兴举行，文华大奖同时揭晓。从本届艺术节开始，"中国艺术节奖"、"文华奖"评奖合并。改为每三年评选一次，并将"群星奖"纳入中国艺术节。

9月11日—18日　第16届中学生国际信息学奥林匹克竞赛在雅典举行。中国参赛4名选手全部获得金牌。

9月12日　新华社报道：国务院国有资产管委会近日决定，中央企业负责人离任要过"审计关"。

同日　中国纳税百强排行榜揭晓，大庆油田居榜首。13日，外企、私企纳税百强榜公布，上海大众居首。

9月12日—18日　国际社会保障协会第28届全球大会在北京举行。

9月13日　香港特区第三届立法会选举结果揭晓。

同日　国务院召开首次全国经济普查电视电话会议，普查领导小组组长曾培炎讲话。

9月13日—17日　世界卫生组织西太平洋地区委员会第55届会议在上海举行。

9月13日—19日　阿尔巴尼亚总理法托斯·纳诺访问中国。中阿两国发表联合公报。

9月14日　国务院召开参事座谈会，听取他们对国务院工作的意见和建议。

同日　中国外交部对美国国会通过一干预香港事务的决议案表示强烈不满和坚决反对。

同日　新华社报道：国家工商总局出台《经纪人管理办法》。

9月15日　首都各界代表在北京隆重集会，纪念全国人民代表大会成立50周年，胡锦涛发表重要讲话。

9月15日—17日　为纪念全国人民代表大会成立50周年，全国人大常委会办公厅召开社会主义民主法制建设座谈会，吴邦国出席并发表重要讲话。

9月16日　第22届中国电视金鹰奖评选揭晓。23日—26日，第5届中国金鹰电视艺术节在长沙举行。

同日　胡锦涛《在首都各界纪念全国人民代表大会成立50周年大会上的讲话》一书，由人民出版社出版发行。

同日　新华社报道：中央军委签署命令，颁布重新修订的《中国人民解放军环境保护条例》。

同日　最高人民法院发布《关于人民法院民事调解工作若干问题的规定》，该规定于2004年11月1日正式实施。

同日　中国外交部发言人就第59届联合国大会总务委员会拒绝将所谓台湾"参与"联合国提案列入联大议程发表谈话指出，作为中国的一部分，台湾根本没有资格参加由主权国家组成的联合国。

同日　中国外交部发言人在答记者问时说，美国国务院所谓《2004年度国际宗教自由报告》的涉华部分不顾事实，无端指责中国的宗教政策和宗教自由状况，践踏了国际关系基本准则，干涉了中国内政。中国对此表示强烈不满和坚决反对。

同日　据美国媒体报道，美国国务院负责东亚事务的前助理国务卿帮办唐纳德·W.凯泽，因涉嫌"借公干之机秘密前往台湾"，并且"多次向台湾特工传递情报",已于 9 月 4 日被美国联邦调查局（FBI）工作人员逮捕并以"虚假陈述"罪名移送美国亚历山大德里亚联邦法院。两名在美国的台湾情报人员黄光勋和程念慈也随之曝光。"凯泽案"是继"江南案"后又一震撼美台关系的大案,台湾当局将情报触角伸进美国国务院核心,极大地震惊美国,也在台湾引起轩然大波。为消除此案对美台关系的负面影响,台湾当局命"国安局"秘书长邱义仁紧急处置,并派"外交部长"陈唐山立即飞往美国道歉、"解释"。

9 月 16 日—18 日　第 11 届全球女企业家会议在北京举行。

9 月 16 日—19 日　中共十六届四中全会在北京举行,会议通过关于加强党的执政能力建设的决定,关于同意江泽民辞去中共中央军事委员会主席职务的决定等,胡锦涛作重要讲话。

9 月 16 日—19 日　第 13 届金鸡百花电影节在银川举行。19 日,第 24 届中国电影金鸡奖、第 27 届大众电影百花奖颁奖典礼同时举行。

9 月 17 日　中国维和防暴警察先遣队一行 30 人启程赴海地执行任务。

同日　全国首家农业保险公司——上海安信农业保险股份有限公司在沪成立。

9 月 17 日—29 日　第 12 届残疾人奥运会在雅典举行。中国代表团以 63 金 46 银 32 铜的成绩名列奖牌榜首。30 日,李长春在北京会见中国残奥会代表团全体成员。

9 月 18 日　首届中国公民道德论坛在江苏南通举行,会议发表了首届中国公民道德论坛宣言,刘云山为论坛致贺信。

9 月 19 日—20 日　首届世界工商协会峰会在北京举行。

9 月 20 日　中央军委召开扩大会议,江泽民、胡锦涛出席并发表重要讲话。

同日　中央纪律检查委员会第四次全体会议在北京举行。

同日　中共十届全国人大常委会党组召开扩大会议,学习贯彻党的十六届四中全会精神,吴邦国作重要讲话。

同日　刘延东受中共中央委托,向党外人士通报中共十六届四中全会精神。

同日　黄菊会见香港银行公会代表团。

9 月 21 日　首都各界代表在北京隆重集会,庆祝中国人民政治协商会议成立 55 周年,胡锦涛发表重要讲话。

同日　中国军事科学学会战略分会成立,并举行了"21 世纪初叶战争理论基本问题"研讨会。

同日　庆祝中国人民政治协商会议成立 55 周年座谈会在北京举行,贾庆林出席并讲话。

同日　中国建设银行股份有限公司在北京成立。

同日　首届"中国青年女科学家奖"在北京揭晓,杨洸、林琳、龙亚秋、侯亚梅四位女性获奖。其中杨洸还获得了"西部特别贡献奖"。

同日　台"内政部"宣布,现行的婚姻制度由"仪式婚"修正为"登记婚",未经登记的"仪式婚"无法律效力。

9 月 21 日—25 日　温家宝总理正式访问吉尔吉斯斯坦共和国并出席在比什凯克举行的上海合作组织成员国总理第三次会议、正式访问俄罗斯并举行中俄总理第九次定期会晤。

9 月 22 日　第 6 届范长江新闻奖、韬奋新闻奖、全国百佳新闻工作者评选揭晓。

9 月 22 日—25 日　全国政协第十

常委会第七次会议在北京举行，贾庆林出席并讲话。25日，全国政协第十届常委会举行第四次学习讲座。

9月23日 新华社报道：中央文明委日前颁发《全国文明城市测评体系（试行）》。

同日 胡锦涛会见埃及武装部队总司令、国防和军工生产部长穆罕默德·坦塔维一行。

同日 贾庆林会见英国国防大臣杰夫·胡思一行。

同日 《人民日报》报道：从1976年起到2003年，全国累计种植杂交稻45亿亩，增产稻谷4500亿公斤。

9月24日 新华社报道：贵广300万千瓦直流输电工程近日竣工投产。

同日 《人民日报》报道：财政部等部门近日规定，2004年7月1日起，黑、吉、辽三省和大连市实行扩大增值税抵扣范围等三项税收政策。

同日 新华社报道：国家林业局近日颁布《天然林资源保护工程森林管护管理办法》。

同日 台"行政院长"游锡堃称，未来所有的"公文"、文书将一律称呼大陆为"中华人民共和国"，即"中国"。游锡堃还挑衅说，"大陆有能力毁灭我，台湾也有能力毁灭大陆。大陆打台北和高雄，台湾就打上海，只要有反制力量，台湾就安全"。

9月25日 中央军委在北京举行晋升上将军衔仪式，胡锦涛向晋升上将军衔的同志颁发命令状。

同日 中国自行研制的第19颗返回式科学与技术试验卫星，在太空按计划运行27天后，于当日7时55分成功返回地面。

同日 反军购大联盟、民主行动联盟在台北市发动民众走上街头反军购，国民党、亲民党、无党联盟等近万人冒雨参加。他们痛批陈水扁的军购政策是"钱进美国、债留台湾"，也批"行政院长"游锡堃是"台湾头号的恐怖主义者"，并要求"国防部长"李杰立即下台。

9月26日 庆祝中国宗教界和平委员会成立10周年座谈会在北京举行，贾庆林出席会议。

同日 "我最喜爱的十大人民警察"座谈会在北京举行。

同日 首次落户中国的2004年度F1大奖赛中国站比赛在上海举行。法拉利车队车手巴里切罗夺冠，英美车队车手巴顿获亚军。

9月26日—27日 温家宝在新疆考察工作。

9月26日—27日 中国和平统一促进会在北京召开第七届理事大会。

9月27日 中国政府举行庆祝中华人民共和国成立55周年外国专家国庆招待会，黄菊出席并致辞。

同日 当代中国史国际高级论坛在北京举行。

9月28日 全国行政监察工作座谈会在北京举行，吴官正出席并讲话。

同日 中央精神文明建设指导委员会召开第四次全体会议，李长春主持会议并讲话。

同日 全国职工技术创新成果表彰大会在北京举行，黄菊出席并讲话。

同日 温家宝会见美国花旗集团首席执行官普林斯和美国前财长鲁宾一行。

同日 温家宝会见来华参加首届中国—东盟青年事务部长会议的东盟各国青年事务部长。

9月29日 国务院召开常务会议，研究部署解决困难群众生产生活问题。

同日 曾庆红在北京举行华侨港澳

台同胞和外籍华人国庆招待会,并致祝酒词。

同日　2004 年度中国政府"友谊奖"颁奖大会在北京举行,84 位外国专家获奖。

同日　国务院台办发言人在记者招待会上回答关于大陆对台政策的问题时指出,我们将坚定不移地捍卫国家主权和领土完整。

同日　新华社报道:甘肃省佛教协会贡唐仓活佛转世工作指导小组第五次会议在夏河县召开,会议根据嘉木样活佛提交的书面确认保管,确认贡唐仓活佛转世灵童已经诞生。

同日　胡锦涛会见港澳各界人士国庆观礼团。

同日　宋健荣获日本早稻田大学名誉博士学位。

10 月 1 日　为庆祝中华人民共和国成立 55 周年,党和国家领导人胡锦涛、吴邦国、温家宝、贾庆林同首都各族各界群众一起,分别在中山公园、劳动人民文化宫、北海公园、天坛公园和中华民族园北园参加盛大游园联欢活动。

10 月 2 日　胡锦涛在北京市考察工作。

同日　《人民日报》报道:中宣部等十部门提出加强和改进爱国主义教育基地工作,更好地为青少年思想道德建设服务。

同日　国家主席胡锦涛、全国人大常委会委员长吴邦国、国务院总理温家宝、全国政协主席贾庆林分别与俄罗斯总统普京、俄罗斯联邦委员会主席米罗诺夫、国家杜马主席格雷兹洛夫和总理弗拉德科夫相互致电,祝贺中俄建交 55 周年。

10 月 2 日—12 日　第 6 届中国国际民间艺术节举行。

10 月 3 日　中国人民解放军驻澳部队新营区首次向市民开放。

同日　新华社报道:中国科学家刘树生在不久前召开的第 22 届国际昆虫学大会上荣获"国际昆虫学杰出成就奖"。

10 月 4 日　中国厦门市人民政府获得 2004 年度"联合国人居奖"。

同日　"三一九枪击案真相调查委员会"成立,前"司法院长"施启扬任召集委员。

10 月 5 日—6 日　温家宝在云南考察工作。

10 月 6 日　香港特区第三届立法会举行首次会议,范徐丽泰连任香港新一届立法会主席。

10 月 6 日—9 日　温家宝出访越南,并出席在河内举行的第五届亚欧首脑会议。

10 月 7 日　胡锦涛应约同美国总统布什通电话。

同日　主题为"浪漫、创新而又以人为本"的法国文化年开幕式暨雅尔音乐会在紫禁城午门广场举行。9 至 10 日,《法国时尚 100 年》等五大重点项目陆续在北京拉开帷幕。

10 月 8 日　西藏举行珠峰自然保护区立碑揭幕仪式。

同日　第六届"立委"候选人开始登记。12 日,登记结束,共有 387 人角逐 176 个区域"立委"。

10 月 8 日—9 日　2004 东北亚经济合作论坛在山东威海举行,吴仪出席开幕式并发表演讲。

10 月 8 日—12 日　法国总统雅克·希拉克访问中国并出席法国文化年开幕活动。

10 月 9 日　全国军事交通运输正规化建设工作会议在北京举行,民政部、铁道部、交通部、民航总局和解放军总后勤部表彰了228个军交运输正规化建设先进单位。

同日　全国街道社区党的建设工作座谈会在天津召开。

同日　新疆生产建设兵团在乌鲁木齐召开大会，隆重庆祝兵团成立50周年。受中共中央、国务院、中央军委的委托，华建敏率团专程前往祝贺并参加兵团的庆祝活动。

同日　两名中国工程师在巴基斯坦西北边境被武装分子劫持。

同日　中国作协在北京举行纪念丁玲诞辰100周年座谈会。

同日　纪念孔子诞辰2555周年国际学术研讨会暨国际儒学联合会第三届会员大会在北京举行。

10月9日—13日　曾庆红在河南考察工作。

10月9日—13日　联合国秘书长科菲·安南访问中国。

10月10日　最高人民法院派出10个巡视组分赴部分省，检查、督导当地法院工作。这标志着最高人民法院巡视工作制度正式实施。

同日　公安部奖励举报淫秽色情网站线索者，自7月16日全国打击淫秽色情网站专项行动开展以来，至10月8日，公安部共受理群众举报线索42055条，其中淫秽色情网站线索7222条。

同日　《人民日报》报道：全军第一个军事体育综合训练基地最近建立。

同日　共青团中央在山东电视台演播厅举行颁奖典礼，对中国青年学习成才奖获得者和全国优秀青年学习组织进行表彰。

10月10日—11日　"经济全球化与工会国际论坛"在北京举行，胡锦涛会见

出席国际论坛的世界工会联合会、非洲工会统一组织、阿拉伯工人工会国际联合会、独联体总工会联合会的主要领导人。

10月11日　《人民日报》报道：近日，民政部作出决定，号召在全国民政系统广泛深入地开展向周国知学习的活动。人事部、民政部在湖北省恩施土家族苗族自治州举行表彰大会，追授该州宣恩县椿木营乡原民政助理周国知"为民模范"荣誉称号。19日，胡锦涛、温家宝等就学习周国知先进事迹作出重要指示。22日，中组部、中宣部、民政部、人事部、湖北省委在北京联合举行学习"为民模范"周国知先进事迹座谈会。26日，中组部等发出通知，要求在全体党员和全体公务员，特别是广大基层干部中广泛开展向周国知学习的活动。

10月12日　由共青团中央、教育部、全国少工委和中央电视台联合评选和表彰的第九届"全国十佳少先队员"在北京揭晓，小次旦卓嘎等10人当选。王兆国出席表彰会并讲话。

同日　中国侨联和全国政协港澳台侨委员会在北京举行座谈会，纪念伟大的爱国主义者、教育家和爱国华侨领袖陈嘉庚先生诞辰130周年。王忠禹、罗豪才出席座谈会。

10月13日、27日　国务院先后召开常务会议，会议通过《中华人民共和国公证法（草案）》和《劳动保障监察条例（草案）》并部署加强和改进土地管理工作。

同日　国务院台办发言人指出，陈水扁讲缓和是假，搞"台独"是真。

10月14日　中国和澳大利亚海军在青岛附近的黄海海域举行联合搜救演习。这是两国海军首次进行的非传统安全领域的联合演习。

10月14日—16日　俄罗斯联邦总统

弗拉基米尔·弗拉基米罗维奇·普京访问中国。访问期间,胡锦涛与普京举行会谈后共同宣布,中俄边界线走向已经全部确定,中俄发表联合声明。吴邦国、温家宝分别会见普京。

10 月 15 日　胡锦涛在观摩全国公安民警大练兵汇报演练时,强调坚持人民公安为人民,开创公安工作新局面。

同日　中宣部、教育部、团中央负责人就学习贯彻落实中共中央、国务院《关于进一步加强和改进大学生思想政治教育的意见》答记者问。

同日　纪念邓小平为南极考察题词 20 周年座谈会在北京举行。16 日—17 日,中国第二届极地科学国际研讨会在北京举行。

同日　中国第 20 颗返回式科学与技术试验卫星在太空运行 18 天后,于当日 10 时 43 分返回地面。

同日　为期一个月的第 6 届上海国际艺术节开幕。

10 月 16 日　中国驻伊拉克使馆所在地遭武装分子炮弹袭击,没有造成人员伤亡。

同日　国内首座双层多拱桥——复兴大桥通车。

10 月 16 日—20 日　首届世界传统武术节在郑州举行,陈至立宣布开幕。

10 月 17 日　首届中国消除贫困奖评选揭晓暨颁奖仪式在北京举行。

同日　中国派往海地的维和警察防暴队 95 名队员安全抵达海地首都太子港,与一个月前到达的 30 名先遣队员会合。

同日　中国两名同胞在南非司法首都布隆方丹遭抢匪杀害。案发后,中国驻约翰内斯堡总领事唐庆恒火速赶往现场协助处理善后事宜。当地警方已截获了被抢劫的车辆,抓获 3 名嫌犯。

同日　首届中国消除贫困奖揭晓,颁奖大会在北京举行。

10 月 18 日　胡锦涛会见汤加国王图普四世。

同日　第 15 届东亚及西太平洋电力工业协会大会(简称亚太电协大会)在上海举行。

同日　新华社报道:商务部等七部门发布《关于扩大农产品出口的指导性意见》。

同日　中国地震台网中心在北京成立。

同日　中国人民银行发布《证券公司短期融资券管理办法》。

10 月 18 日—20 日　中非合作论坛在北京举行首次人权研讨会。

10 月 18 日—24 日　第 5 届全国农运会在江西宜春举行,曾庆红宣布开幕。

10 月 19 日　云南保山发生 5 级地震。

10 月 20 日　《人民日报》报道:2003 年共计减轻农民负担 280 亿元左右。

同日　第 5 届世界龙舟锦标赛在上海青浦开幕。

10 月 21 日　中共中央政治局召开会议,决定在全党开展以实践"三个代表"重要思想为主要内容的保持共产党员先进性教育活动。

同日　《人民日报》报道:美国麻省理工学院《技术评论》杂志近日评出 2004 年度全球青年技术杰出人物 100 名,中国陈天桥、张前获计算机新锐奖。

10 月 21 日—23 日　国际滑联大奖赛美国站比赛在匹茨堡举行,中国选手张丹、张昊获双人滑金牌。

10 月 22 日　贾庆林在北京会见了以杨孙西为团长的香港中华厂商联合会访京团一行。

同日 《人民日报》报道：15年来长江流域治理水土流失8万平方公里，解决1000多万人的温饱问题。

10月22日—24日 2004—2005波司登国际滑联短道速滑世界杯赛哈尔滨站举行，中国选手获2金2银2铜。29至31日，北京站比赛中，中国选手获得1金1银2铜。

10月22日—27日 十届全国人大常委会第十二次会议在北京举行，会议通过关于修改全国人大和地方各级人大选举法的决定，关于修改地方各级人大和地方各级政府组织法的决定、决议和其他任免名单。

10月23日 2004年全国新型农村合作医疗试点工作会议在北京召开。

10月24日 中共中央发出关于认真贯彻执行《中国共产党党员权利保障条例》的通知。25日，学习贯彻《中国共产党党员权利保障条例》座谈会在北京举行。

同日 《中国共产党党员权利保障条例》由人民出版社出版发行。

同日 《人民日报》报道：中国保监会和中国证监会近日发布《保险机构投资者股票投资管理暂行办法》。

10月25日 台盟中央、全国台联、全国台湾研究会在人民大会堂台湾厅举行座谈会，纪念台湾光复59周年。

同日 国务院南水北调工程建设委员会第二次全会在北京召开，温家宝发表讲话。

同日 《人民日报》报道：中国学者赫克明日前荣获美国哥伦比亚大学2004年度教育与人类发展杰出贡献奖。

同日 中国青年羽毛球队获得2004年世界青年羽毛球赛团体冠军，实现了三连冠。

10月25日—26日 全国扶助贫困残疾人工作会议在北京举行，回良玉出席会议并讲话。

10月26日 香港中华总商会新一届领导层产生，霍震寰当选为中总第四十四届会长。

同日 中国外交部发言人在例行记者会上说，针对北京发生的几起不明身份人员冲闯外国驻华外交机构和学校事件，中方将依法严惩组织"闯馆"和"闯校"活动的"蛇头"。

10月27日 十届全国人大常委会第十二次会议通过中国与塔吉克斯坦关于打击恐怖主义、分裂主义和极端主义的合作协定。至此，中国最高立法机关已经批准了全部4个与中亚国家签署的打击"三股势力"双边合作协定。

同日 中央军委授予第三军医大学第一附属医院烧伤科"模范军事医学烧伤科"荣誉称号命名大会在重庆举行。

同日 国务院台湾事务办公室发言人在例行记者会上指出，只要台湾当局承认一个中国原则，承认"九二共识"，两岸对话与谈判随时可以恢复。

10月27日—29日 中国红十字会第八次全国会员代表大会在北京举行，胡锦涛会见与会代表并发表重要讲话。29日，大会根据中国红十字会章程，聘请国家主席胡锦涛为中国红十字会名誉会长。

10月27日—31日 国家信息化领导小组第四次会议在北京举行，温家宝发表讲话。

10月27日—31日 第25届男子、第8届女子"波司登·三弘"世界杯乒乓球赛在杭州举行。马琳、张怡宁分别夺得世界杯男单、女单冠军，双双成为三冠王。

10月28日 首届中国国际信用和风险管理大会在北京召开。

同日 台"内政部"修正通过《大陆地

区人民进入台湾地区许可办法》。

10 月 29 日　中国外交部部长助理李辉表示,中国、俄罗斯、哈萨克斯坦、吉尔吉斯斯坦、塔吉克斯坦 5 国边境地区裁军,促进了 7000 多公里边境地区的安宁以及 5 国关系和地区合作的发展。

同日　中国人民银行决定今起上调存贷款基准利率。

同日　国家气象卫星中心成功获取风云二号 C 静止气象卫星发回的可见光云图。

同日　中国女队夺得国际象棋奥林匹克团体赛冠军。

10 月 29 日—31 日　第三届中国环境与发展国际合作委员会第三次会议在北京召开。

10 月 30 日　射击世界杯总决赛在泰国曼谷落幕,中国队收获 2 枚金牌。

同日　6108 亿新台币的军购案在台"立法院程序委员会"闯关失败。

10 月 31 日　《人民日报》报道:国际奥委会雅典奥运会总结会在北京召开。

同日　2004 年世界青年羽毛球锦标赛在加拿大落幕,中国队夺得 3 枚金牌。

同日　为期一周的第五届中国国际航空航天博览会在珠海开幕。

11 月 1 日　国家主席胡锦涛会见国际奥委会主席罗格。

同日　胡锦涛与阿联酋总统扎耶德·本·苏丹·阿勒纳哈扬互致贺电,庆祝两国建交 20 周年。

同日　第二届海峡两岸中华传统文化与现代化研讨会在江苏省淮安市举行。

同日　卫生部下发《2004—2005 年冬春全国非典型肺炎及流感防治工作方案》。

11 月 1 日—3 日　国务院在西安召开全国扶贫开发工作会议。

11 月 2 日　中国注册会计师协会第四次全国会员代表大会在北京召开。

同日　《人民日报》报道:中国保监会日前启动第一次保险业经济普查工作。

11 月 2 日—4 日　全国妇联家庭教育工作会议在成都举行。

11 月 2 日—5 日　2004 年世界工程师大会在上海举行并通过《上海宣言》。

11 月 3 日　胡锦涛致电祝贺乔治·布什连任美国总统,曾庆红致电祝贺理查德·切尼再次当选美国副总统。

同日　中国—东盟商务与投资峰会在广西南宁举行。

同日　"军事翻译成就展览"在北京举行。

11 月 3 日—6 日　首届中国—东盟博览会在广西南宁举行。

11 月 4 日　新华社报道:民政部、教育部和解放军总政治部最近联合下发《优抚对象及其子女教育优待暂行办法》。

同日　胡锦涛致电哈米德·卡尔扎伊,祝贺他当选阿富汗总统。

同日　《人民日报》报道:最近,中央纪委严肃查处了黑龙江省原政协主席韩桂芝严重违纪违法案件。

同日　由国务院有关部委组成的"境外中国公民和机构安全保护工作部际联席会议"在北京成立。

同日　《人民日报》报道:至 10 月 22 日,全国 2003 年内拖欠的农民工工资已基本解决,2003 年前拖欠的 171 亿元,已偿付 146 亿元。

同日　新华社报道:农业部日前启动"科技入户工程"。

同日　财政部开始发行面值 240 亿元的 2004 年记账式(9 期)国债。25 日发行 2004 年记账式(10 期)国债,实际面值为 389.1 亿元。

同日　台"高等法院"宣告国、亲提出的"陈吕当选无效诉讼案"败诉。连战、宋楚瑜表示，国、亲两党将继续上诉。

11月4日—6日　东盟地区论坛首届安全政策会议在北京举行。温家宝、李肇星分别会见出席会议的各方代表团团长。

11月4日—9日　第六届上海国际工业博览会举行。

11月5日　全国侦破命案工作会议在南京举行。

同日　第二次全国残疾人抽样调查正式启动。

11月5日、10日、26日　国务院先后召开常务会议，研究部署财政工作，改善农民进城就业环境，当前农业和农村工作等。

11月6日　全军军职以上领导干部学习贯彻"三个代表"重要思想理论轮训班在北京结业。

同日　新华社报道：全国发电装机总量已达4亿千瓦，成为继美国后的世界第二发电大国。

同日　中国自行研制的"中国资源二号"03星在太原卫星发射中心发射成功。至此，中国航天发射自1996年10月以来已连续40次获得成功，发射成功率达到世界先进水平。

同日　卫生部等6部委印发《血吸虫病综合治理重点项目规划纲要（2004—2008年）》。

11月6日—9日　第六届上海国际工业博览会举行。

11月7日　温家宝在北京市考察工作。

同日　教育部决定在全国教育系统中开展向霍懋征、邹有云、黄静华、盘振玉、林崇德五位模范教师学习活动。

同日　陈水扁声称，"本国史地不该

包括中国与蒙古在内"。"公务员初考典试长"林玉体也称，"本国史地就是台湾史地，中国不但是外国，而且是敌国"。13日，林又称，"孙中山是外国人"。

11月8日　中共中央在中南海召开党外人士座谈会，就经济工作听取各民主党派中央、全国工商联领导人和无党派人士的意见和建议。胡锦涛主持座谈会并发表重要讲话。

同日　胡锦涛主席与美国总统布什通电话。李肇星与美国国家安全事务助理赖斯通电话。

同日　回良玉会见由台湾知名人士许信良率领的台湾"两岸农业交流访问团"。9日，贾庆林会见台湾"两岸农业交流访问团"。

同日　福州市公安局台湾居民办证中心正式启动。

11月9日　全国机关后勤先进工作者和先进集体代表暨机关事务工作协会第三次会员代表大会在北京举行，温家宝会见与会代表。

同日　"统筹城乡发展"理论研讨会在北京举行，贾庆林出席。

同日　解放军四总部在北京联合召开士兵退役工作电视电话会议。

同日　卫生部等三部委制定《全国重点地方病防治规划（2004—2010年）》。

同日　台"教育部"上网公告全新《高中历史课程纲要草案》，将"中华民国史"割裂，以1945年为界一分为二，之前列入中国史，之后列入台湾史，各自独立成册；增加台湾史分量，中国史、世界史和台湾史各占三分之一；被"台独"人士奉为"台湾法律地位未定论"重要法理基础的《旧金山和约》和《中日和约》，也列入2006年学年度实施的《高中历史课程纲要草案》中。但因各界强烈反弹，"教育部"在29日被迫删除课程纲要中的《旧金山和约》和《中日和约》。12 月 30 日,《高中历史课程暂行纲要草案》正式定调,"教育部"最后将《开罗宣言》、《旧金山和约》和《中日和约》等涉及"主权"争议的叙述一并删除。

11 月 9 日—12 日　李长春在河北考察工作。

11 月 9 日—13 日　刘云山在河南考察宣传思想工作和精神文明建设。

11 月 10 日　人事部与外交部在北京联合召开"先进外交工作者"和"先进外交集体"表彰大会,唐家璇出席并颁奖。

同日　何梁何利基金 2004 年度颁奖典礼暨基金成立 10 周年纪念大会在北京举行,49 位优秀科学家荣获本年度"科学与技术进步奖"。

11 月 10 日—15 日　贾庆林在重庆调研。

11 月 10 日—28 日　由海关总署、公安部、国家工商总局共同举办的《以国门的名义——全国打击走私成果展览》在中国人民革命军事博物馆举行。10 日,温家宝、曾庆红、罗干等参观展览。

11 月 11 日　"二十一世纪论坛"2005 年会议组委会成立暨第一次会议在北京举行,贾庆林任组委会名誉主席。

同日　新华社报道:全国开始启用新的军人残疾级别标准。日前,民政部、劳动和社会保障部、卫生部、解放军总后勤部联合下发了《军人残疾等级评定标准(试行)》。

同日　新华社报道:中国农业发展集团总公司在北京成立。

11 月 11 日—13 日　2004—2005 赛季花样滑冰大奖赛中国站比赛中国选手获一金二银。20 日,申雪、赵宏博在法国站比赛中夺得冠军。

11 月 11 日—23 日　胡锦涛对巴西、阿根廷、智利、古巴进行国事访问。其间,出席于 11 月 20 日至 21 日在智利首都圣地亚哥举行的亚太经济合作组织第十二次领导人非正式会议。

11 月 12 日　全国政协举行仪式纪念孙中山先生诞辰 138 周年,南京、广州、上海分别举行纪念活动。

同日　新华社报道:针对台湾当局日前在其高中历史课程纲要草案中歪曲历史的行径,北京学者指出台湾当局编造"历史"掩盖不了事实。

同日　新华社报道:中国保监会和公安部日前发布《关于严厉打击非法销售境外保单活动的通知》。

11 月 12 日—17 日　吴邦国在福建考察工作。

11 月 14 日　海协负责人就所谓"九二香港会谈基础"问题发表谈话。

同日　最高人民法院公布《关于人民法院民事执行中查封、扣押、冻结财产的规定》。

11 月 15 日　《人民日报》报道:中国思想政治工作研究会日前在武汉召开全国社区思想政治工作现场经验交流会,刘云山出席并作指示。

11 月 15 日—20 日　贾庆林在湖北调研。

11 月 16 日　中央统战部、全国人大民委、国家民委、全国政协民宗委、西藏自治区人民政府在北京召开座谈会,纪念西藏江孜抗英 100 周年。

同日　全国政协、铁道部在北京举行座谈会,纪念滕代远诞辰 100 周年。

同日　云南省怒江傈僳族自治州庆祝建州 50 周年,全国人大常委会、国务院致贺电。

同日　中国人民银行发布《个人财产对外转移售付汇管理暂行办法》。

11月17日 经中央军委批准，军队参加和支援西部大开发工作会议在北京举行。

同日 民进首届全国参政议政工作年会在北京举行。

同日 温家宝在北京会见欧洲粒子物理研究中心主任罗伯特·爱玛尔博士和诺贝尔奖获得者、美籍学者丁肇中博士。

同日 国务院台办发言人指出，陈水扁如胆敢借"宪改"制造"台独"事变，我们将不惜代价坚决彻底予以粉碎。

同日 中国人民银行今起上调境内美元存款利率上限，1年期利率上限调为0.875%。

同日 台"行政院"通过"公民投票法修正草案"，除维持"公投法"中有关领土变更、"防御性公投"原条文外，"行政院"拟降低"投票率门槛"，将"投票人数须达到有投票权人1/2以上"变为"同意票数多于不同意票数，且同意票数达投票权人数25%以上"即为通过。

11月17日—21日 吴邦国在广东考察工作。

11月18日 公安部、铁道部、中华全国铁路总工会在长沙联合举行追授广州铁路公安局株洲车站派出所民警易长庚荣誉称号表彰大会，追授易长庚为"全国公安系统二级英雄模范"荣誉称号、"人民铁道卫士"荣誉称号、"火车头奖章"。

同日 首届中国城市森林论坛在贵阳召开，贾庆林作出批示。

同日 首列国产跨座式单轨车在长春下线。

同日 中国在西昌卫星发射中心成功发射"试验卫星二号"。

同日 中国军人在智利举行的国际军体第52届军事五项世界锦标赛上，获得5金1银2铜及男子团体"十连冠"和女子团体"五连冠"。

11月18日—19日 全国政务公开工作经验交流会在北京举行，华建敏出席会议并讲话。

同日 重庆江津市纪念聂荣臻元帅诞辰105周年。

11月19日 新华社报道：国务院办公厅近日转发《国务院安全生产委员会办公室关于加强煤矿安全监督管理，进一步做好小煤矿关闭整顿工作意见》。

同日 首次全国文化系统文化产业工作会议在深圳闭幕。会议透露，全国文化产业发展迅速，已成为国民经济支柱产业。

11月20日 河北沙河市白塔镇一铁矿发生火灾，造成65人死亡。温家宝对事故处理作出指示。

同日 一个月前成功发射的"风云二号"C星，顺利获取了第一幅完整的红外、水汽圆盘图像。至此，"风云二号"C星实现了5个通道图像获取的全部功能。

11月21日 新华社报道：中共中央办公厅转发《中共中央组织部关于进一步加强和改进街道社区党的建设工作的意见》。

同日 第15届"中国十大杰出青年"评选活动在北京揭晓，刘翔等10人荣获此称号。

同日 《人民日报》报道：中央国家机关档案移交工作进展顺利，中央档案馆已接收32个单位移交的28万多卷档案。

同日 东航云南公司一架CRJ—200客机执行包头至上海航班任务时坠毁，机上53人均遇难。胡锦涛、温家宝对事故处理作重要指示。当日，东航停飞所有CRJ客机。

11月21日—25日 曾庆红在江苏考

察工作。

11 月 22 日　吴官正在全国落实党风廉政建设责任制会议上强调,要认真落实党风廉政建设责任制,把反腐倡廉工作不断引向深入。

同日　中宣部、卫生部、总政治部、北京市委在北京联合举行学习李素芝先进事迹座谈会。23 日,三部委和中共西藏自治区党委在北京举行学习李素芝先进事迹报告会。

同日　新华社报道:中国科学家近日在世界上首次发现人体抵御重大疾病的新型细胞群体——新树突状细胞亚群。

11 月 22 日—23 日　世界海关组织知识产权保护地区论坛在上海举行并通过《亚太地区海关共同打击假冒盗版违法行为上海倡议》。

11 月 22 日—25 日　唐家璇在江苏、江西考察对台工作。

11 月 23 日　温家宝应约与德国总理施罗德通电话。

同日　民政部召开会议,要求做好今冬明春困难群众生活安排。

同日　南京大屠杀幸存者夏淑琴诉日本右翼作者松村俊夫侵害名誉权案在南京市玄武区人民法院正式开庭。这是侵华日军南京大屠杀受害者对日诉讼案件首次在中国法院提起诉讼。

11 月 24 日　新华社报道:经中央军委批准,解放军四总部近日联合颁布《军队领导干部经济责任审计规定》。

同日　贾庆林在政协秘书长工作座谈会上强调,增强责任感和使命感,努力开创统一战线和人民政协工作新局面。

同日　纪念戴安澜百年诞辰座谈会在北京举行。

同日　公安部悬赏 38 万元通缉五大毒贩,这是公安部首次悬赏通缉毒贩,最

高奖金为 20 万元。

同日　首届全国数控技能大赛结束,30 人获奖。

11 月 25 日　2004 年“民政论坛”在北京举行。

同日　新华社报道:国家发展和改革委近日发布《节能中长期专项规划》。

同日　中国职工红丝带健康行动在北京正式启动。

同日　台新版《高中语文课程纲要》将“中国文化基本教材”课程改为选修,同时大量删减文言文比重。

同日　困扰台湾社会长达一年之久、布下 17 颗炸弹的系列“白米炸弹案”(嫌犯在公共场所放置的炸弹中均有少量白米,并贴有“不要进口稻米”字条)终于告破,系曾在台湾陆军“两栖侦搜营”特种部队服役的杨儒门所为。案件告破后,台湾舆论对杨普遍同情,认为其作案动机并非恶意伤人,而是希望台湾当局照顾人民、不要进口大米等诉求,只不过用错方式导致犯罪。

11 月 26 日　全国农村党员干部现代远程教育试点工作领导协调小组第四次会议在北京举行。

同日　新华社报道:军人新旧残疾等级套改办法出台,新式伤残人员证于 12 月 1 日起启用。

同日　国土资源部公布首批通过规划审核的 52 个国家级经济技术开发区名单。

同日　文化部等单位在北京举行《中国京剧音配像精萃》新闻发布会,宣布二期工程取得重大进展。

11 月 26 日、27 日　世界杯短道速滑赛美国站比赛,杨扬获得两枚金牌。

11 月 27 日　由最高人民检察院挂牌督办的河北省邯郸“六三”矿难瞒报渎职

案,在河北省人民检察院统一指挥下,16 名渎职犯罪嫌疑人被依法查处。

同日　中国女子足球队在曼谷举行的世界青年女子足球赛上获得亚军,德国队夺冠。

同日　第 6 届亚洲武术锦标赛在缅甸落幕,中国队共获 21 枚金牌。

11 月 28 日　陕西铜川矿务局陈家山煤矿发生特大瓦斯爆炸,166 名矿工遇难。胡锦涛、温家宝要求全力做好救援工作。

同日　世界杯短池游泳系列赛澳大利亚站比赛,中国选手高畅获得冠军。

11 月 28 日—30 日　温家宝出席在老挝首都万象举行的第八次东盟与中日韩领导人会议、中国与东盟领导人会议及第六次中日韩领导人会议,并对老挝进行正式访问。

11 月 29 日　《人民日报》报道:中纪委、中组部、监察部、人事部、审计署近日联合发文,决定自 2005 年 1 月 1 日起,将党政领导经济责任审计范围从县级以下扩大到地厅级。

同日　"为了明天——预防青少年违法犯罪工程"正式启动。

同日　首届"全国马克思主义论坛"在北京举行。

同日　2010 年上海世博会组委会第二次会议在沪举行,吴仪发表讲话。2010 年上海世博会会徽揭晓。

同日　新华社报道:国家发展和改革委员会发布实施《外商投资项目核准暂行管理办法》。

11 月 30 日　胡锦涛就学习牛玉儒作出重要指示。牛玉儒先进事迹报告会在北京举行,李长春会见报告团成员。

同日　中纪委、中组部、中宣部、中央保持共产党员先进性教育活动领导小组联合发出《关于开展向牛玉儒同志学习活动的决定》。

同日　全国组织系统以公道正派为主要内容的"树组工干部形象"集中学习教育活动总结表彰会在北京举行,贺国强发表讲话。

同日　国资委确认并公布首批 49 家中央企业的业主。

同日　《2004 年中国艾滋病防治联合评估报告》正式发布。同日,胡锦涛到北京佑安医院看望住院治疗的艾滋病患者,慰问工作在防艾一线的医务人员和志愿者。新华社当天报道:温家宝日前在《卫生部关于艾滋病防治工作进展情况的报告》上作出重要批示,坚决遏制艾滋病的流行和蔓延。

同日　《人民日报》报道:全国昆曲工作会议近日在苏州举行。从 2005 年到 2009 年,国家财政每年将投入 1000 万元人民币,作为抢救、保护和扶持昆曲艺术的专项资金。

同日　纪念梅兰芳、周信芳诞辰 110 周年座谈会在北京举行。

同日　《人民日报》报道:中国工程院院士傅廷栋近日获得 2003 年第三世界科学院农业科学奖。

12 月 1 日　中共中央政治局召开会议,分析当前经济形势,研究 2005 年经济工作。

同日　澳门地区中国和平统一促进会成立。

同日　新华社报道:全国今起允许外资金融机构经营人民币业务扩大到昆明、北京、厦门、西安、沈阳。

同日　胡锦涛对中国军事五项代表团在国际军体第 52 届军事五项世界锦标赛上取得的优异成绩表示祝贺。2 日,徐才厚会见载誉归来的军事五项代表团。

同日　第 4 届中国京剧艺术节在上海

开幕。

同日 第7届中国黑龙江国际滑雪节在哈尔滨开幕。

12月1日—2日 全国档案局长馆长会议在北京举行。

12月2日 中共中央政治局举行第十七次集体学习。

同日 《世纪伟人邓小平》展览在澳门开幕。展览在2005年2月27日闭幕。

同日 中纪委、中组部、中宣部和内蒙古自治区党委及中央党校师生代表学习牛玉儒先进事迹座谈会在中央党校举行。

同日 中国关心下一代工作委员会在北京举行"关爱智障儿童特别行动",呼吁社会各界对智障人士尤其是智障儿童给予特别关注。

同日 中国常驻联合国教科文组织代表张学忠在巴黎向该组织总干事松浦晃一郎递交了由国家主席胡锦涛签署的《保护非物质文化遗产公约》批准书。

同日 新华社报道:国家发改委近日发布《境外投资项目核准暂行管理办法》。

同日 中国人民银行公告,2005年1月1日起,出入境携带人民币限额增至2万元。

12月3日 帮助失学残疾儿童慈善活动在北京举行,吴仪等参加。

同日 中央纪委、监察部机关举行"党的好干部,人民的贴心人"牛玉儒先进事迹报告会。6、10、13日,上海、广东、辽宁分别举行牛玉儒先进事迹报告会。

同日 中国公布《食品安全监管信息发布暂行管理办法》。

同日 贵州纳雍县鬃岭镇左家营村发生岩体崩塌地质灾害,44人遇难。胡锦涛、温家宝对处理事宜作出指示。

同日 国际数学大师陈省身在天津病逝,享年93岁。

12月3日—5日 中共中央、国务院召开中央经济工作会议。胡锦涛、温家宝作重要讲话。

12月4日 国务院任命澳门特区政府主要官员和检察长。

12月4日—9日 意大利总统卡洛·阿泽利奥·钱皮访问中国。访问期间,胡锦涛与钱皮举行会谈;吴邦国、温家宝分别会见钱皮;李肇星与意副总理兼外长菲尼举行会谈。

12月5日 胡锦涛应约同法国总统希拉克通电话,双方就双边关系和当前重大国际问题交换看法。

同日 全国首趟跨海旅客列车从海口开往广州。

同日 科技部等宣布:首个SARS灭活疫苗完成Ⅰ期临床试验。

同日 国民党、台联党各发动逾10万人大游行,台北市成为"蓝"、"绿"双方"捍卫中华民国VS支持台独"的战场。民进党则由陈水扁和四大助选团在台湾中部举办车队大游行。

12月5日、10日、11日、16日 九三学社十一届三中全会,农工民主党十三届三中全会,民进十一届三中全会,民建八届三中全会,民盟九届三中全会分别在北京举行。《人民日报》20日讯,全国工商联九届三次执委会在重庆举行。

12月6日 贾庆林在北京会见以陈有庆为团长的香港侨界社团联会访京团一行。

同日 王树明先进事迹报告会在北京举行,黄菊会见报告团成员并讲话。

12月6日—8日 德国总理格哈德·施罗德访问中国。访问期间,胡锦涛、吴邦国分别会见施罗德;温家宝与施罗德举行会谈。

12 月 7 日　国务院台办主任陈云林指出，"台湾"当政者企图分裂国家绝不可能得逞。

同日　《人民日报》报道：2003 年全国 11 条大江大河流域水土流失大幅度减少，三峡库区水土流失面积减少 23.9%。

12 月 7 日—8 日　全国政法工作会议在北京举行，罗干发表讲话。

12 月 7 日—9 日　温家宝赴海牙与欧盟主席国荷兰首相巴尔克嫩德、欧盟委员会主席巴罗佐和欧盟理事会秘书长兼欧盟共同外交与安全政策高级代表索拉纳举行第七次中欧领导人会晤并访问荷兰。

12 月 8 日　新华社报道：2004 年全国新增电力装机容量达 5100 万千瓦，居世界第一。

同日　联想集团公司以 12.5 亿美元收购 IBM 个人电脑事业部。

同日　《人民日报》报道：国家广电总局近日向社会公布了《中国广播电视编辑记者职业道德准则》和《中国广播电视播音员主持人职业道德准则》。

同日　亚洲足球年度最佳评选在吉隆坡揭晓。中国足球共获得三项荣誉：中国男足获公平竞赛奖，中国青年女足荣膺最佳女队奖，陆俊当选最佳裁判员。

12 月 9 日　天津市第二中级人民法院依法对中共湖北省委原副书记、湖北省原省长张国光受贿案作出一审判决，以受贿罪判处张国光有期徒刑 11 年。

同日　全国优秀组工干部先进事迹报告会在北京举行，贺国强会见报告团全体成员。

同日　全国人大常委会法工委、司法部、中国法学会和中国监狱学会联合在北京召开纪念监狱法颁布施行 10 周年座谈会。

同日　世界著名杂志《自然》发表中科院北京基因组研究所关于原鸡基因组和家鸡基因组多态性研究的重大成果。

同日　台北市火车站在 5 小时内接连发生 3 起疑似炸弹恐怖攻击活动。"炸弹客"向电视台投书要求陈水扁放弃"台独"诉求。

12 月 10 日　民政部授予中国钢铁工业协会等 500 多家民间组织"全国先进民间组织"荣誉称号。这是新中国成立以来，首次在全国范围内对民间组织进行表彰。

同日　新华社报道：国家发改委等最近新颁《外商投资产业指导目录》。

同日　新华社报道：10 部《中国民族民间文艺集成志书》已经编纂完成，并将于 2006 年全部出齐。

同日　温家宝签署国务院令，发布《国务院关于修改〈计划生育技术服务管理条例〉的决定》，自公布之日起施行。

12 月 10 日—11 日　全国组织部长会议在北京举行，贺国强发表讲话。

12 月 11 日　全国妇联九届二次执委会在北京举行，王兆国出席并讲话。

同日　由中国福利会主办的第 12 届宋庆龄樟树奖在北京揭晓，彭珮云、陈香梅、伍德琛、白坚龙、祝燕涛五位知名人士获奖。

同日　台湾地区第六届"立法委员"选举结束。

同日　广西壮族自治区百色市纪念百色起义 75 周年。

同日　中国科学家在世界上率先完成了家蚕基因组框架图及基因组生物学分析，共获得 18510 个家蚕基因，这一成果发表在《自然》杂志上。

同日　世界生产率科学院院士表彰大会在北京举行。中国杨兴富等 24 位专家、学者当选该院院士并获得证书。

12 月 11 日—12 日　全国村务公开和民主管理工作经验交流会议在江苏举行。

12 月 12 日　新华社报道:中央军委近日下发《中央军委关于加强军队党组织能力建设的意见》。

同日　2004 年国际乒联职业巡回赛总决赛在北京落幕,中国队包揽全部 4 项冠军。

同日　台第六届"立委"选举结果揭晓。据台"中选会"统计,国、亲、新三党拿下 114 席,超过"立法院"总数 225 席的半数,"绿营"两党仅获 101 席。"绿营"总得票率为 43.5％,"蓝营"为 46.8％,基本维持上届"立委"选举态势。

12 月 12 日—16 日　俄罗斯国防部长谢尔盖•伊万诺夫访问中国。访问期间,胡锦涛、郭伯雄分别会见伊万诺夫,曹刚川与伊万诺夫举行会谈。

12 月 13 日　温家宝会见世界粮食计划署执行干事詹姆斯•莫里斯一行。

同日　《人民日报》报道:"春蕾计划"实施 15 年,已筹集资金累计 6 亿多元,覆盖全国 30 多个省市区,共救助失学女童近 150 万人次。

12 月 13 日—14 日　全军深入开展四个教育座谈会在北京举行。

12 月 14 日　第九届"中国杰出青年农民"颁奖大会在北京举行,回良玉发表讲话。

同日　世界最大的小卫星研制基地——"小卫星及其应用国家工程研究中心"在北京航天城正式落成。

同日　陈水扁辞去民进党党主席职务,由民进党"立法院"党团总召柯建铭担任代理党主席。

同日　针对国、亲两党合并问题,宋楚瑜提出支持王金平连任"立法院长"、不排除国、亲合并、不会加入民进党"内阁"或参加"组阁"事宜等三原则。

12 月 14 日—16 日　中国音乐家协会第六次全国代表大会在北京召开。傅庚辰当选为新一届音协主席。

12 月 14 日—18 日　巴基斯坦总理肖卡特•阿齐兹访问中国。访问期间,胡锦涛、贾庆林、吴仪分别会见阿齐兹;温家宝与阿齐兹举行会谈。

12 月 15 日　共青团十五届三中全会在北京举行,王兆国出席会议并讲话。

同日　新华社报道:国务院、中央军委发布《中国人民解放军实施〈中华人民共和国药品管理法〉办法》。

同日　国务院台办发言人指出,逐步升级的"台独"分裂活动,势必断送台海和平。

同日　韶山毛泽东故居维修后重新开放。

同日　《人民日报》报道:从 2004 年 11 月至 2005 年 11 月,公安部在全国开展为期一年的打击侵犯商标专用权犯罪"山鹰行动"。

同日　2004 年第十一期记账式国债开始发行。

同日　台"司法院大法官会议"宣告"三一九真调会""违宪","真调会"委员的任命也被"大法官"认为未完成程序。即日起,"真调会"主要权力俱失,在"立法院"另订条文之前,"真调会"已无法运作。

12 月 15 日、17 日、22 日、29 日　国务院先后召开常务会议,听取审计查出问题整改情况汇报和研究推进国有商业银行股份制改革问题等。

12 月 16 日　全国行政学院院长会议在北京举行,华建敏出席会议并讲话。

同日　《人民日报》报道:中国内地又有一批科学家当选为第三世界科学院院士,从而使中国第三世界科学院院士达到

105 名。

12 月 17 日 国务院新闻办举行新年招待会,来自国务院各有关部门的新闻发言人、新闻官员与外国驻华使节和国际组织代表、外国和港澳台驻京记者约 300 人出席。

同日 全国劳动和社会保障工作会议在北京举行。2004 年以来,全国社会保险覆盖范围继续扩大,全年社保基金收支将首次超过 10000 亿元。

同日 第七届中华技能大奖和全国技术能手表彰大会暨全国劳动保障工作会议在北京举行,黄菊出席会议并讲话。

同日 中国外交部发言人就中国渔民在几内亚海域遇害一事表示,希望几方高度重视此事,尽快查明事件真相,严惩凶手,并采取切实有效措施保障中国渔民的人身财产安全,避免类似事件再次发生。

同日 《人民日报》报道:2004 年全国因灾核减农业税 30 亿元,其中中央财政补助 15 亿元。

同日 为期 6 天的第三世界华人数学家大会(ICCM)在香港举行。刘克峰、蒙民伟、辛周平获得晨兴数学金奖,另有 7 名华人数学家分获晨兴应用数学金奖、银奖和陈省身奖。

12 月 17 日—18 日 全国宣传部长会议在北京举行,李长春发表讲话。

12 月 18 日 新华社报道:2004 年 11 月 30 日,国务院颁布了《宗教事务条例》,2005 年 3 月 1 日起正式施行。

同日 首届"中国农村发展研究奖"在北京颁发。

12 月 19 日 教育部部长周济向青海省颁发 2004 年国际扫盲奖。

同日 中法两国测控网成功携手,对法国一颗试验卫星进行了联合测控。

12 月 19 日—20 日 胡锦涛出席庆祝澳门回归祖国 5 周年大会暨澳门特别行政区第二届政府就职典礼并发表讲话。

12 月 20 日 《人民日报》报道:全国首例海域管理行政处罚案件终审,海达公司状告国家海洋局败诉。

同日 国家统计局负责人说,经国务院批准,2005 年全国进行 1% 人口抽样调查。

同日 国家统计局宣布,2005 年各省不再自行发布 GDP 数据。

同日 中国自主生产的支线客机新舟 60 飞机首次出口。

12 月 21 日 《人民日报》报道:近三年来,最高人民法院、最高人民检察院不断加大对知识产权刑事司法保护。

同日 2004 年度全国"爱心捐助奖"表彰大会在北京举行,回良玉向获奖单位和个人颁发证书并发表讲话。

同日 全国妇女"巾帼建功"活动领导小组第十四次会议在北京举行,顾秀莲出席并讲话。

同日 国务院召开会议部署全国首次经济普查工作。

同日 黄菊在北京会见曾宪梓一行和荣获首届"曾宪梓载人航天基金会"特别贡献奖和突出贡献奖的航天科技人员。

12 月 21 日—22 日 胡锦涛在广东考察工作。

12 月 21 日—22 日 全国统战部长会议在北京举行,贾庆林发表讲话。

12 月 21 日—23 日 中央纪委、中央组织部巡视组 2004 年度巡视工作总结会议在北京举行。

12 月 22 日 《人民日报》报道:国务院、中央军委日前决定,追授原福建省公安消防总队三明市支队将乐县大队一中队一班班长郑忠华"抢险救援勇士"荣誉称号。

同日　由团中央、劳动和社会保障部等联合主办的首届中国青年创业周在武汉举行。

同日　中国第二批赴利比里亚维和医疗、运输分队共166名官兵从北京启程。他们将与首批赴利比里亚中国维和医疗、运输分队队员进行轮换。

12月22日—26日　委内瑞拉总统乌戈·拉斐尔·查韦斯·弗里亚斯访问中国。访问期间，胡锦涛与查韦斯举行会谈；吴邦国、温家宝、曾庆红分别会见查韦斯。

12月23日　胡锦涛、吴邦国和贾庆林分别会见哈萨克斯坦上院议长努尔泰·阿贝卡耶夫。

同日　新华社报道：《江泽民军事人才思想研究》一书，近日由解放军出版社出版发行。

同日　《人民日报》报道：全国妇联和文化部近日联合推出100个全国"美德在农家"活动示范点。

同日　中国保监会出台《保险代理机构管理规定》和《保险经纪机构管理规定》。

12月24日　新华社发表《国务院关于深化改革严格土地管理的决定》。

同日　国务院三峡工程建委会第十四次全会召开，温家宝发表讲话。

同日　中国首次表彰百名非公有制经济人士。

同日　新华社报道：胡锦涛近日分别看望著名核物理学家朱光亚和著名数学家杨乐，向他们表示新年祝福并听取他们对中国科技事业发展的意见。

12月25日　截至目前，已有36个国家承认中国完全市场经济地位。

同日　新华社报道：河南、宁夏、江苏、贵州、安徽2005年全部免除农业税；内蒙古全部免除农牧业税。

同日　国家发改委等八部委在北京联合宣布，中国第一个下一代互联网——CEBNET2主干网正式开通。

12月25日—29日　第十届全国人大常委会第十三次会议在北京举行，会议决定将反分裂国家法草案提请十届全国人大三次会议审议。

12月26日　胡锦涛分别致电印度尼西亚、印度、斯里兰卡、孟加拉国、马尔代夫、泰国、马来西亚领导人，代表中国政府和人民对上述国家遭受强烈地震和海啸造成重大人员伤亡和财产损失表示慰问，对遇难者表示哀悼；中国政府决定根据灾情向印度、印度尼西亚、斯里兰卡、马尔代夫和泰国五国提供人道主义紧急救灾援助。27日，胡锦涛向缅甸国家和平与发展委员会主席丹瑞致慰问电；温家宝分别向印尼、马尔代夫、印度、斯里兰卡、孟加拉国、泰国、马来西亚、缅甸领导人致慰问电。28日，中国外交部发言人说，中国政府和人民对东南亚国家在近日地震和海啸中遭受的损失表示同情和慰问，中国将向有关国家提供价值为2163万人民币的紧急救援物资。29日，中国政府决定大幅增加对海啸受灾国的紧急援助。30日，35名中国国际救援队成员奔赴印尼苏门答腊重灾区开展国际救援。31日，温家宝会见印尼等十国驻华使节和国际组织代表，宣布中国政府将再向地震和海啸受灾国提供价值5亿元人民币的援助。中国政府派出的DNA鉴定专家组抵达曼谷。

同日　全国公安厅局长会议在北京举行。

同日　"毛泽东著作重要历史版本展示"活动在毛主席纪念堂举办，《伟人毛泽东书法宝典》（金版）、《毛泽东颂诗大典》

和《老一辈革命家颂诗大典》等图书也于当天出版发行。

同日　中国科协等五单位在北京联合举行朱光亚院士科技思想座谈会暨"朱光亚星"命名仪式，温家宝出席。

12月27日　中共中央政治局召开会议，研究部署党风廉政建设和反腐败工作。

同日　中共中央政治局举行第十八次集体学习。

同日　新华社报道：中央军委颁布实施《中国人民解放军装备预先研究条例》。

同日　《人民日报》报道：全国县处级以上党政领导干部在企业兼职清理工作日前基本完成，全国共有8000余名县处级以上党政领导干部辞去或被免去所兼职务。

同日　第四届"全国各族青年团结进步奖"表彰大会在北京举行，马云等十人荣获此奖。

同日　2004年全年共有752名政协委员参加了30个视察团的视察。

同日　海口、烟台、扬州获2004年"中国人居环境奖"。

12月28日　新华社报道：国务院办公厅发布《2004年中国的国防》白皮书。

同日　《"三个代表"重要思想反腐倡廉理论学习纲要》学习座谈会在北京举行，吴官正发表讲话。

同日　全国五好文明家庭创建活动协调小组第九次工作会议在北京举行。

同日　国务院新闻办主任赵启正在北京指出：我国政府三个层次的新闻发布体制已基本建立，新闻发布会的数量质量不断提高，为中外新闻界及时、准确、全面地提供了政府信息。

同日　水利部宣布，1999年以来，黄河连续五年枯水年份不断流。

同日　中国首套大型氮肥国产化装置在山东投产。

12月28日—29日　中央农村工作会议在北京召开。

12月29日　新华社报道：中央军委发布新修订的《中国人民解放军档案条例》。

同日　十届全国人大常委会举行第十二次法制讲座，听取《统计法及其需要完善的几个问题》。

同日　胡锦涛在中科院考察工作时强调，大力提高我国科技自主创新能力，加快建设中国特色国家创新体系。

12月29日—30日　全国民政工作会议在北京举行。

12月30日　中央纪委、监察部发出通知，要求元旦、春节期间严格遵守廉洁自律规定，坚决禁止奢侈浪费行为。

同日　第三届"党风廉政建设好新闻奖"颁奖大会在北京举行，何勇发表讲话。

同日　内蒙古自治区人民检察院对涉嫌经济犯罪的五名伊利高管采取了逮捕措施。

同日　西气东输工程全线投产并正式运行，胡锦涛致贺信。

同日　中国终止对原产于俄罗斯进口中国境内的冷轧硅钢片征收反倾销税。这是中国首次对进口产品终止反倾销措施。

同日　连宋在"三二○"选举后提起的"选举无效"诉讼案一审宣判，台湾"高等法院"合议庭判决连宋败诉。国、亲两党同声谴责"高等法院"判决结果，决定继续上诉。

12月31日　胡锦涛发表题为《共同创造人类的美好未来》2005年新年贺词。

同日　总政治部、总后勤部发布《军队领导干部经济责任审计评价标准》。

同日　由中宣部等单位联合举办的全国"爱中华、奔小康、强国防"国防教育系列活动在北京举行总结表彰大会。

2005 年

1月1日　第一次全国经济普查登记工作拉开序幕。

1月1日—2日　中共中央政治局常委、国务院总理温家宝专程来到陕西省铜川矿务局,代表党中央、国务院看望"11·28"矿难职工家属。

1月3日　中共中央发出关于印发《建立健全教育、制度、监督并重的惩治和预防腐败体系实施纲要》的通知。

同日　台湾海峡交流基金会董事长、国民党中央评议委员会主席团主席辜振甫在台北病逝。海峡两岸关系协会会长汪道涵、中共中央台湾工作办公室主任陈云林、海峡两岸关系协会及福建省有关方面分别发了唁电。

1月5日　中共中央保持共产党员先进性教育活动工作会议在北京召开。

同日　国务院总理温家宝主持召开国务院常务会议,审议并原则通过《信访条例(修订草案)》。

1月6日　我国第13亿个公民于当日零时2分诞生于北京妇产医院,这个小公民为男性。至此,中国人口(不包括香港、澳门特别行政区和台湾省)达到13亿。

1月8日　宋任穷同志因病医治无效,于当日在北京逝世,享年96岁。

1月9日　中国南极内陆冰盖昆仑科考队登上卫星遥测标识的南极内陆冰盖冰穹A的"北高点"。

1月10日—11日　中央纪律检查委员会第五次全体会议在北京举行。

同日　国务院召开常务会议,讨论并原则通过《国务院关于鼓励支持和引导非公有制经济发展的若干意见》和《北京城市总体规划(2004—2020年)》。2月19日,国务院发布《关于鼓励支持和引导个体私营等非公有制经济发展的若干意见》。

1月13日　新华社报道:到2004年12月末,国家外汇储备余额为6099亿美元,再创历史新高。2004年全年外汇储备比上年增加2067亿美元。

同日　商务部宣布,2004年我国实际使用外资突破600亿美元。

同日　新华社报道:针对日益严重的赌博违法犯罪问题,从2005年1月到5月,我国将在全国范围内组织开展集中打击赌博违法犯罪活动专项行动。

同日　新华社报道:我国将用30年时间,形成8.5万公里国家高速公路网。新路网由7条首都放射线、9条南北纵向线和18条东西横向线组成,简称为"7918网",将把我国人口超过20万的城市全部用高速公路连接起来。

1月14日　中共中央举行新时期保持共产党员先进性专题报告会。

同日　台"行政院"要求台"中国石油公司"更名为"中油公司","中国造船公司"更名为"中央造船"或"中船船舶公司"。

1月15日　海峡两岸航空运输交流委员会与台北市航空运输商业同业公会就2005年春节包机事宜达成共识。

同日　据民政部介绍,截至当日,我国内地民间援助印度洋海啸灾区捐款累计达2.8亿元人民币。

同日　两岸代表在澳门就两岸双向春节包机协商达成十项共识:2005年春节期间,两岸春节包机不必经第三地飞到彼岸。然而，为避免外界对包机有"直航"的感觉，27 日，台"陆委会"称，"所有春节包机不能只经过香港飞航情报区就交接到大陆航空管理局手中，必须先飞到香港机场定位地点后，才能前往大陆各航点"。28 日，"陆委会"又在两岸春节包机"首航庆祝仪式"上强令台湾相关部门对飞往台湾的大陆航班采取"从简、低调、低度新闻采访"的处理原则。

1 月 16 日 经中央同意，中共中央政策研究室、中共中央文献研究室编辑的《江泽民论加强和改进执政党建设（专题摘编）》一书，由中央文献出版社、研究出版社出版在全国发行。

1 月 17 日 赵紫阳同志因长期患呼吸系统和心血管系统多种疾病，多次住院治疗，经抢救无效，于当日在北京逝世，终年 85 岁。

1 月 17 日—18 日 全国加强和改进大学生思想政治教育工作会议在北京召开。

1 月 18 日 中国南极内陆冰盖昆仑科考队确认找到了南极内陆冰盖的最高点，这是人类首次登上南极内陆冰盖最高点。

1 月 24 日 中央政治局召开会议，研究加强中国共产党领导的多党合作和政治协商制度建设问题。2 月 18 日，中共中央颁发《关于进一步加强中国共产党领导的多党合作和政治协商制度建设的意见》。这是继 1989 年以后，中国共产党历史上第二个关于多党合作和政治协商制度的文件。

同日 中共中央政治局进行第十九次集体学习，内容是新时期保持共产党员先进性研究。

同日 台"行政院"在召开最后一次院会后，由"行政院长"游锡堃率领总辞。

25 日，陈水扁正式任命高雄市长谢长廷担任"行政院长"，同时宣布卸任的游锡堃回任"总统府"秘书长。2 月 1 日，谢长廷正式就职。

同日 台"行政院"临时会议通过"兵役制度改革方案"。方案规定，到 2008 年，台兵员总额将由目前的 38 万人减少到 28 万人，募兵与征兵的比例调整为 6：4，服役年限将由 2 年 10 个月减为 1 年。

1 月 25 日 国家统计局宣布，2004 年我国国内生产总值同比增长 9.5％。2004 年我国经济没有出现大的起伏，经初步核算，全年国内生产总值达 136515 亿元，同比增长 9.5％。居民消费价格同比上涨 3.9％。预计 2005 年我国居民消费价格指数（CPI）可控制在 4％以内。

1 月 26 日 国务院常务会议审议并原则通过《国家突发公共事件总体应急预案》。

1 月 27 日 台湾宣布终止与格林纳达的"外交"关系。

1 月 28 日 首都各界在人民大会堂集会，隆重纪念江泽民"为促进祖国统一大业的完成而继续奋斗"重要讲话发表 10 周年。

1 月 29 日 上午 7 时 40 分，国航 CA1087 班机起飞，为 2005 年台商春节包机拉开序幕。这是 56 年来大陆航班首次以正常途径降落在台湾。

同日 两岸首度"双向、对飞、不中停"包机正式起航。

1 月 30 日 新华社受权全文播发《中共中央国务院关于进一步加强农村工作提高农业综合生产能力若干政策的意见》。

同日 台湾民进党第十一届党主席选举结束，苏贞昌当选为党主席。

2 月 1 日 国台办副主任兼海协会副

会长孙亚夫与国台办综合局局长兼海协会秘书长李亚飞抵达台北,代表海协会长汪道涵吊唁已故海基会董事长辜振甫。

同日 台第六届"立法院"举行正、副院长选举,国、亲两党推举的王金平、钟荣吉顺利当选。

2月3日 国家主席胡锦涛在人民大会堂亲切接受了第十一世班禅额尔德尼·确吉杰布的拜见。

2月4日 西部大开发五周年座谈会在北京举行,胡锦涛对会议作出指示。

2月5日 面对社会普遍关注的安徽等省发生的局部地区流脑疫情,卫生部常务副部长高强特别指出:当前我国流脑疫情处于平稳常态。从全球范围看,我国目前流脑的发病率稳定在 0.2/10 万左右,比一些欧美国家的发病率都低。

2月6日 国民党中央举办"第十六届中央评议委员会主席团主席"茶会,台湾前"行政院长"郝柏村、前"司法院长"林洋港等前国民党"大老"正式重回国民党,并获聘"中央评议委员会主席团主席"。

2月14日 马英九正式宣布参选国民党主席。3月17日,台"立法院长"王金平也正式宣布参选国民党主席。

2月16日 台检调单位对"晶圆双雄"之一的联华电子公司进行突击检查,由联电出身的和舰科技公司(苏州)董事长徐建华遭羁押,"联电案"爆发。岛内各界对台湾当局"选择性办案"极为不满。

2月19日 中共中央举办的省部级主要领导干部提高构建社会主义和谐社会能力专题研讨班在中央党校开班,胡锦涛在开班式上讲话。

2月20日 外交部发言人孔泉答记者问时说,中国政府和人民坚决反对美日将涉及中国国家主权、领土完整和国家安全的台湾问题列入其2月19日发表的共同声明中。2月19日,美日安全磋商委员会会议在华盛顿举行并发表共同声明,将鼓励通过对话和平解决台湾海峡相关的问题以及鼓励中国增加军事透明度列入美日在亚太地区的共同战略目标。

同日 自1月19日起航的台商春节包机至今全部顺利执行完毕,为两岸民航飞机56年来首次双向、对飞航行画上完美句号。

2月21日 中共中央政治局进行第二十次集体学习,内容是努力构建社会主义和谐社会。

2月23日 国务院总理温家宝主持召开国务院常务会议,研究部署进一步加强煤矿安全生产工作。

2月24日 新华社受权全文播发《国务院关于鼓励支持和引导个体私营等非公有制经济发展的若干意见》。

同日 陈水扁与宋楚瑜举行"扁宋会",会后双方共同发表"十点声明",内容涉及以"宪法"作为"国家定位"依据,两岸"维持现状","宪改不涉国家主权、领土及台海现状的改变"等两岸、"国防"和族群三方面内容。

2月25日 教育部公布大学英语四、六级考试改革方案。

2月27日—28日 全国侨务工作会议在北京召开,胡锦涛会见与会代表并讲话。

2月28日 民进党举办"和平手牵手、团结心连心""二二八"58周年音乐会,吕秀莲、谢长廷、苏贞昌都应邀出席,但"独"派团体全部缺席。同日,"独"派团体"手护台湾大联盟"则举办"反吞并、护台湾"的"二二八台湾之光全球闪耀"游行活动。

3月1日 全国党校哲学社会科学教学科研骨干研修班在中央党校开班。中组部、中宣部、中央党校、教育部、解放军总政治部决定,用三年左右的时间,分期分批组织高校哲学社会科学教学科研骨干进行马克思主义理论和党的方针政策的轮训。

同日　陈水扁通过视讯会议方式向欧盟议员强调,他"任内不可能更改'国号'"。

3月2日　以环境核算和污染经济损失调查为内容的绿色GDP试点在北京市、天津市、河北省、辽宁省、浙江省、安徽省、广东省、海南省、重庆市和四川省十省市同时启动。

3月3日—12日　全国政协十届三次会议在北京举行。会议讨论了政府工作报告、最高人民法院工作报告、最高人民检察院工作报告和《反分裂国家法(草案)》,对上述报告和《反分裂国家法(草案)》表示赞同。

3月4日　胡锦涛在看望参加全国政协十届三次会议的民革、台盟、台联委员时,就新形势下发展两岸关系提出四点意见:坚持一个中国原则决不动摇,争取和平统一的努力决不放弃,贯彻寄希望于台湾人民的方针决不改变,反对"台独"分裂活动决不妥协。

同日　国家主席胡锦涛就两岸关系发表四点谈话。台"行政院长"谢长廷随即以"四点声明"予以攻击。

3月5日—14日　全国人大十届三次会议在北京举行。国务院总理温家宝作政府工作报告。通过了关于接受江泽民辞去中华人民共和国中央军事委员会主席职务的请求的决定、关于2004年国民经济和社会发展计划执行情况与2005年国民经济和社会发展计划的决议、关于2004年中央和地方预算执行情况及2005年中央和地方预算的决议,选举胡锦涛为中华

人民共和国中央军事委员会主席。会议还通过了《反分裂国家法》,自2006年3月14日起公布实施。

3月6日　台联党在高雄市举办"反吞并、护台湾"游行。民进党则在台北市举办"捍卫台湾反对吞并"誓师大会,但仅有2000多人参与,陈水扁、吕秀莲均未参加。

3月10日　香港特首董建华因健康原因辞职,由政务司司长曾荫权继任。

3月12日　中央人口资源环境工作座谈会在北京召开,胡锦涛主持并发表讲话,强调调整经济结构和转变经济增长方式是缓解人口资源环境压力的根本途径。要缓解人口资源环境压力,实现经济社会全面、协调、可持续发展,必须加快调整不合理的经济结构,彻底转变粗放型的经济增长方式,使经济增长建立在提高人口素质、高效利用资源、减少环境污染、注重质量效益的基础上。

同日　陈水扁在民进党临全会上呼吁"百万人站出来"反制《反分裂国家法》。

3月14日　国务院办公厅转发民政部、卫生部等单位《关于建立城市医疗救助制度试点工作的意见》。

同日　全国人大以高票通过《反分裂国家法》。该法通过后,"陆委会"主委吴钊燮发表强硬声明,攻击《反分裂国家法》是片面改变台海现状。"行政院长"谢长廷宣布"暂缓两岸货运便捷化及产业来往等议题"。针对《反分裂国家法》,国民党发表"坚守宪法、反对台独、反对动武、交流促和"四点声明;宋楚瑜则提出"三反三要",即"反吞并、反台独、反战争;要和平、要对等、要尊严"。在国际社会上,美国表示,美国信守"一个中国政策"、"不支持台湾独立"。欧盟发表声明称,对《反分裂国家法》提到"使用非和平方式"

表示忧虑,欧盟一贯的政策是秉持"一个中国原则"和"和平解决歧见","反对使用任何武力"。日本首相小泉纯一郎称,"希望此事不要给两岸关系带来坏影响,期待两岸能彼此努力、和平解决,日本未来也会继续努力呼吁双方和平解决"。

3 月 17 日　中国人民银行决定从当日起调整商业银行自营性个人住房贷款政策。

3 月 19 日　山西省朔州市平鲁区白堂乡细水煤矿发生爆炸,爆炸波及相邻的康家窑煤矿。此次矿难最终造成 72 名矿工遇难。

同日　"三一九枪击案"届满周年,国民党举行大游行。

3 月 20 日　新华社报道:中共中央颁发了《关于进一步加强中国共产党领导的多党合作和政治协商制度建设的意见》。这是我国政治生活中特别是统一战线和多党合作中的一件大事。

同日　据新华社报道:中共中央宣传部、国家广播电影电视总局、国家新闻出版总署最近发出《关于新闻采编人员从业管理的规定(试行)》。

3 月 21 日　国务院办公厅转发商务部、国土资源部、建设部《关于促进国家级经济技术开发区进一步提高发展水平的若干意见》。

3 月 22 日　由中国人民银行牵头,国家发改委、财政部、劳动和社会保障部、建设部、国家税务总局、国务院法制办、银监会、证监会、保监会参加的"信贷资产证券化试点工作协调小组"在京成立并召开第一次工作会议,信贷资产证券化试点工作启动。

3 月 24 日　中共中央办公厅、国务院办公厅发布《关于进一步推行政务公开的意见》。

3 月 26 日　"三二六大游行"在台北市登场,陈水扁及家人走上街头参与游行,全程未发表任何演讲。主办单位号称有超过百万人参加此次游行活动,但据台北市警察局估计,游行人数约为 27.5 万人。

同日　与"独"派关系深厚的奇美实业创办人许文龙发表公开信,称"两岸同属一个中国"。他认为,"台湾的经济发展离不开大陆,搞'台独'只会把台湾引向战争,把人民拖向灾难"。

3 月 28 日　中共中央、国务院在北京举行国家科学技术奖励大会。2004 年度国家自然科学奖授奖项目二等奖 28 项;国家技术发明奖授奖项目 28 项,其中一等奖 2 项,二等奖 26 项;国家科学技术进步奖授奖项目 244 项,其中一等奖 16 项,二等奖 228 项;授予 5 名外籍科学家中华人民共和国国际科学技术合作奖。

同日　国民党副主席江丙坤率领的"国民党大陆参访团"乘飞机抵达广州,开始为期五天的大陆之行。这是自 1949 年以来国民党首次正式组团赴大陆参访。3 月 31 日,全国政协主席贾庆林在与江丙坤见面时,正式邀请国民党主席连战在合适的时候访问大陆。

3 月 28 日—4 月 1 日　中国国民党副主席江丙坤率领中国国民党参访团访问了广州、南京和北京。

3 月 29 日　全国文化系统推进体制改革工作座谈会在北京举行。

同日　教育部颁布修订后的《普通高等学校学生管理规定》,将于 2005 年 9 月 1 日起施行。

同日　一辆在京沪高速公路行驶的罐式半挂车在江苏淮安段发生交通事故,引发车上罐装的液氯大量泄漏,造成 29 人死亡,436 名村民和抢救人员中毒住院治疗。

3 月 30 日　温家宝主持召开国务院常务会议，讨论并通过《国务院 2005 年工作要点》和《关于推进 2005 年经济体制改革的意见》。

同日　台"任务型国代"选举登记结束，共有 12 个政党或联盟送件登记，688 人将角逐 300 位"国大代表"席次。

3 月 31 日　国务院在北京召开全国整顿和规范市场经济秩序电视电话会议。

4 月 2 日　我国远洋科学考察船"大洋一号"从青岛起航，开始执行我国首次环球大洋科学考察任务。

4 月 4 日　台联党主席苏进强赴日参拜靖国神社，遭到岛内各界强烈抨击。

4 月 5 日—12 日　温家宝总理对巴基斯坦、孟加拉国、斯里兰卡和印度进行正式访问并出席在伊斯兰堡举行的亚洲合作对话第四次外长会议开幕式。访问期间，中巴、中印宣布确立战略合作伙伴关系，中孟、中斯宣布确立全面合作伙伴关系。

4 月 6 日　台"法务部长"施茂林声称，"高检署"以涉嫌"外患罪"对国民党副主席江丙坤访问大陆的举动进行侦查。对此，国民党以"关闭所有朝野协商大门"进行反制。

4 月 10 日　为反制《反分裂国家法》，台"陆委会"宣布中止新华社、人民日报社记者赴台驻点采访。

4 月 13 日　国务院发布《关于非公有资本进入文化产业的若干决定》。

同日　亲民党"立委"周锡玮弃橘投蓝，恢复国民党党籍，引起岛内各界高度关注。

4 月 14 日　中共中央政治局委员、国务委员、国家禁毒委员会主任周永康在部署开展禁毒人民战争电视电话会议上强调，各地区、各有关部门要认真贯彻中央领导同志的重要指示精神，迅速组织开展广泛、深入的禁毒人民战争。

4 月 15 日　中央政治局举行第二十一次集体学习，内容是关于我国经济社会发展战略的若干问题。

4 月 17 日　为提高政府保障公共安全和处置突发公共事件的能力，国务院印发《国家突发公共事件总体应急预案》。

4 月 18 日　科技部、信息部、中国科学院在京联合宣布，由中科院计算机所研制的高性能通用处理器"龙芯"二号，单精度峰值浮点运算速度为 20 亿次每秒，双精度峰值浮点运算速度为 10 亿次每秒，总体性能已达到 2000 年左右的国际先进水平。

同日　中共中央总书记胡锦涛邀请亲民党主席宋楚瑜来大陆访问，亲民党表示"欣然接受，积极规划"。

4 月 20 日—28 日　胡锦涛对文莱、印度尼西亚和菲律宾进行国事访问，并出席在印度尼西亚举行的 2005 年亚非峰会和万隆会议 50 周年纪念活动。其间，胡锦涛全面阐述了中国愿携手亚非国家共同发展的明确立场，即政治上相互尊重、相互支持，经济上优势互补、互利共赢，文化上相互借鉴、取长补短，安全上平等互信、对话协作。胡锦涛还签署了本次峰会通过的《亚非新型战略伙伴关系宣言》。

4 月 21 日　针对我国水资源紧缺而又浪费严重的问题，国家发改委、科技部会同水利部、建设部和农业部联合发布《中国节水技术政策大纲》。这是我国首次发布节水技术政策大纲。

4 月 22 日—24 日　贾庆林应博鳌亚洲论坛的邀请，出席在海南省举行的博鳌论坛 2005 年年会，并发表题为"推进全面合作共建和谐繁荣的亚洲"的主旨演讲。

4 月 23 日　胡锦涛会见联合国秘书

长安南时表示,安理会改革事关重大,涉及各方利益,有分歧就更需要充分讨论和酝酿。6月7日,中国政府发布《中国关于联合国改革问题的立场文件》。

4月24日 台联党秘书长陈建铭转述,在年底县市长选举方面,李登辉下令台联党对民进党"全面宣战"。

4月25日 全国宣传部长座谈会在北京召开。

4月26日 中国国民党主席连战率领国民党大陆参访团来大陆展开"和平之旅"。连战一行访问南京、北京、西安和上海,5月3日返台。中共中央总书记胡锦涛、中共中央政治局常委贾庆林分别会见了连战,胡锦涛就两岸关系提出四点主张,并与连战共同发布新闻公报。

4月26日—5月3日 应中共中央总书记胡锦涛邀请,中国国民党主席连战率中国国民党大陆访问团,到南京、北京、西安、上海参观访问。这是1949年以后首位访问中国大陆的国民党主席。29日,胡锦涛与连战举行会谈。

4月27日 《中华人民共和国公务员法》在十届全国人大常委会第十五次会议上获得通过,自2006年1月1日起施行。这是我国第一部干部人事管理的法律。

同日 温家宝主持召开国务院常务会议,分析当前房地产市场形势,研究进一步加强房地产市场宏观调控问题。5月9日,国务院办公厅转发建设部等部门《关于做好稳定住房价格工作的意见》的通知。

4月29日 经国务院批准,中国证监会下发《关于上市公司股权分置改革试点有关问题的通知》,正式启动股权分置改革试点工作。

5月5日 由共青团中央、教育部主办的首届"全国十佳中学生"表彰会在京举行。黑龙江省江川农场中学单洪波等10名同学受到表彰。

同日 宋楚瑜率亲民党访问团来大陆展开为期9天8夜的参访活动。12日,胡锦涛总书记与宋楚瑜举行历史性会晤,并发表会谈公报。

5月5日—13日 应胡锦涛邀请,宋楚瑜率领亲民党大陆访问团全体成员访问西安、南京、上海、湖南、北京等地。12日,胡锦涛在北京会见了宋楚瑜率领的亲民党大陆访问团全体成员。

5月7日 中共中央发出通知,对中国人民抗日战争暨世界反法西斯战争胜利60周年纪念活动作出安排部署。

5月8日 胡锦涛抵达莫斯科,出席俄罗斯纪念卫国战争胜利60周年庆典。

5月12日 国务院召开经济形势座谈会,国务院总理温家宝主持会议并讲话。

5月13日 中共中央台湾工作办公室、国务院台湾事务办公室主任陈云林宣布,大陆有关方面将进一步为台湾居民入出境提供便利,对在高等院校就读的台湾学生按照大陆学生标准同等收费,并逐步放宽台湾同胞在大陆就业的条件。

5月14日 台湾当局恢复与瑙鲁之间的"外交"关系。

同日 台"任务型国代"选举结果揭晓,在300名"国代"中,民进党得票率为42.52%,当选127席;国民党得票率38.92%,117席;台联党为7.05%,21席;亲民党6.11%,18席。赞成"修宪"的政党得票率合计83.14%,反对"修宪"的政党得票率合计16.86%。但此次选举的投票率仅为23.25%,创下历史新低。

5月16日 2005年北京《财富》全球论坛开幕,国家主席胡锦涛出席开幕式并发表演讲。这次论坛的主题是"中国与新的亚洲世纪"。

同日 第 58 届世界卫生大会总务委员会决定，拒绝将少数国家提出的"邀请台湾作为观察员参加世界卫生大会"的提案列入大会议程。台湾当局加入世界卫生组织的图谋连续第九次失败。

5 月 18 日 国务院召开常务会议，讨论并原则通过《扶持人口较少民族发展规划（2005—2010 年）》。

5 月 20 日 国家旅游局公布"开放大陆居民赴台旅游"三大原则：一、这是两岸中国人之间的事情；二、将有计划、有步骤、循序渐进地开展；三、大陆旅游业界将与台湾旅游业界及相关人士协作推动。

5 月 22 日 我国成功进行珠峰登顶测量。我国将在对取得的数据进行分析处理的基础上确定珠峰精确高程，并有望在 8 月向全世界公布。

5 月 23 日 新华社报道：针对我国水资源紧缺而又浪费严重的问题，国家五部委联合发布了《中国节水技术政策大纲》。这是我国首次发布节水技术政策大纲。

5 月 25 日 中国第一座外海跨海大桥——东海大桥全线结构贯通。

5 月 26 日 中共中央转发《中共全国人大常委会党组关于进一步发挥全国人大代表作用，加强全国人大常委会制度建设的若干意见》。6 月 20 日，全国人大常委会办公厅出台关于加强和规范全国人大代表活动的若干意见。

5 月 27 日—28 日 中央民族工作会议暨国务院第四次全国民族团结进步表彰大会在北京举行。国务院决定授予 642 个集体全国民族团结进步模范集体荣誉称号，授予 676 人全国民族团结进步模范个人荣誉称号。

5 月 30 日 中国证监会、国资委联合发布《关于做好股权分置改革试点工作的意见》。

5 月 31 日 中央政治局召开会议，会议审议了《中共中央、国务院关于进一步加强民族工作，加快少数民族和民族地区经济社会发展的决定》。

同日 中共中央政治局进行第二十二次集体学习，内容是经济全球化趋势与当前国际贸易发展的新特点。

同日 新华社报道：国家发展和改革委员会启动燃煤工业锅炉（窑炉）改造、区域热电联产、余热余压利用、电机系统节能、能量系统优化、建筑节能、绿色照明、政府机构节能以及节能监测和技术服务体系建设十大重点节能工程。通过实施这十大工程，"十一五"期间我国将节约 2.4 亿吨标准煤。

同日 新华网消息，大贪官杨秀珠已在荷兰被国际刑警组织抓获。中国政府正在积极办理有关引渡手续。杨秀珠曾任温州市副市长、浙江省建设厅副厅长。据介绍，杨秀珠案涉案金额 2.5 亿元。

同日 台第六届"立法院"第一会期结束。该会期通过 46 个议案，与前两届会期相比，是通过法案数最少的一个会期。

6 月 1 日 国务院召开常务会议，讨论并原则通过《国务院关于促进煤炭工业健康发展的若干意见》，研究当前农村税费改革试点工作。6 日—7 日，全国农村税费改革试点工作会议在北京召开。

6 月 1 日—3 日 中国少年先锋队第五次全国代表大会在京举行。

6 月 2 日 国家能源领导小组召开第一次会议。会议对近期工作做出部署。

同日 中国和俄罗斯在符拉迪沃斯托克互换《中华人民共和国和俄罗斯联邦关于中俄国界东段的补充协定》批准书，这标志着两国彻底解决了所有历史遗留的边界问题。

6 月 7 日　国务院发布《关于促进煤炭工业健康发展的若干意见》。

同日　台"国民大会"复决通过"立法院"提出的"宪法修正案"。随后,陈水扁称,"第一阶段宪改"完成之后,将正式激活"第二阶段宪改"。

6 月 9 日　国家人口和计划生育委员会主任张维庆在北京评价农村部分计划生育家庭奖励扶助制度为一项重大改革和制度创新。

6 月 10 日　大陆直接为台湾建造的第一艘现代巨轮"中华和平"号在上海交船下水,中国国民党主席连战的夫人连方瑀女士应邀为新船命名,全国政协副主席董建华出席命名仪式。"中华和平"号是一艘大陆自主开发建造的 17.5 万吨好望角型散货船。

同日　黑龙江省牡丹江宁安市沙兰镇发生特别重大突发山洪灾害,包括沙兰镇中心小学 103 名学生、2 名幼儿在内共 117 人遇难,直接经济损失初步计算 1.2 亿元。

同日　张俊雄当选为海基会董事长。

6 月 11 日　中国商务部部长薄熙来与专程来访的欧盟贸易委员曼德尔森在上海就中国部分输欧纺织品问题签署了备忘录。欧盟承诺对源自中国的 10 类纺织品终止调查,中欧双方还就到 2007 年底这 10 类纺织品的对欧出口达成一致。

6 月 13 日　中共中央在北京隆重举行陈云同志诞辰 100 周年纪念大会。同月,《陈云传》《陈云文集》(1—3 卷)由中央文献出版社出版发行。

6 月 14 日　"无党团结联盟""立委"高金素梅率领"高砂义勇队"遗族代表赴日,要求日本撤下高山族"高砂义勇队"牺牲者在靖国神社的灵位,并要求迎灵回台。

6 月 16 日　曾荫权当选为香港新的行政长官人选。21 日,国务院总理温家宝签署国务院第 437 号令,任命曾荫权为中华人民共和国香港特别行政区行政长官,即日起就职,任期至 2007 年 6 月 30 日。24 日,香港特别行政区新任行政长官宣誓就职仪式在北京人民大会堂香港厅举行。

同日　陆空军首次联合卫勤演习在秦川古战场成功举行。

6 月 16 日—17 日　安徽省泗县大庄镇防保所未经批准,擅自组织数名乡村医生,对该镇 19 所中小学的 2500 多名学生接种甲肝疫苗,部分学生接种疫苗后出现不良反应。

6 月 17 日　国、亲两党上诉陈水扁"当选无效"案遭台"最高法院"驳回,"三一九枪击案"草率结案,国、亲两党强烈不满。

6 月 20 日　证监会推出上港集箱、宝钢股份、长江电力等 42 家第二批股权分置改革试点公司。

6 月 22 日　国务院召开常务会议,研究建设节约型社会和发展循环经济问题,提出了加快建设节约型社会和发展循环经济的措施。

6 月 23 日　国务院、中央军委发布《中国人民解放军文职人员条例》,自 2005 年 8 月 1 日起施行。

同日　第二批保持共产党员先进性教育活动工作会议在北京举行。

同日　中国海洋石油有限公司(简称中海石油)收购美国优尼科石油公司迈出了决定性的一步,中海石油宣布向优尼科公司发出要约,以每股 67 美元的价格全现金方式并购优尼科。

6 月 26 日　北京奥组委宣布"同一个世界、同一个梦想"(One world、One dream)成为北京 2008 年奥运会主题口号。

6月26日—7月1日 十届全国人大常委会第十六次会议在京举行。委员长会议研究决定,将物权法草案向社会全文公布,广泛征求意见。

6月27日 胡锦涛主持召开中央政治局会议,讨论国家中长期科学和技术发展规划的若干重大问题,研究部署加快我国科学技术事业发展的有关工作。

同日 中央政治局举行第二十三次集体学习,内容是国际能源资源形势和我国能源资源战略。

同日 国务院发出《关于做好建设节约型社会近期重点工作的通知》。

6月28日 新华社报道:经中共中央批准,中央保持共产党员先进性教育活动领导小组日前发出通知,就抓好第二批保持共产党员先进性教育活动提出指导意见。

同日 国家审计署审计长李金华在十届全国人大常委会第十六次会议上报告审计38个中央部门2004年度预算执行情况。

6月30日 温家宝总理在全国做好建设节约型社会近期重点工作电视电话会议上强调,加快建设节约型社会,事关现代化建设进程和国家安全,事关人民群众福祉和根本利益,事关中华民族生存和长远发展。

同日 国务院副总理吴仪主持召开国家知识产权战略制定工作领导小组第一次会议,正式启动国家知识产权战略制定工作。

6月30日—7月7日 胡锦涛应邀对俄罗斯、哈萨克斯坦进行国事访问,出席上海合作组织阿斯塔纳峰会和在英国鹰谷举行的八国集团与中国、印度、巴西、南非、墨西哥五国领导人对话会。

7月2日 国务院发布《关于加快发展循环经济的若干意见》。这是国务院发布的第一个关于发展循环经济的正式文件。

7月4日—5日 大湄公河次区域经济合作第二次领导人会议在中国云南昆明举行。这是中国政府今年主办的一次重要的区域合作会议,会议主题为"加强伙伴关系,实现共同繁荣"。

7月5日 中组部、人事部和教育部联合召开引导鼓励高校毕业生面向基层就业工作座谈会。14日,新华社报道:近日,胡锦涛就实施大学生志愿服务西部计划作出指示,强调各级党委、政府和有关部门一定要引导和鼓励更多的高校毕业生到西部、到基层、到祖国最需要的地方去。

7月6日 我国自行研制的"长征二号丁"运载火箭在酒泉卫星发射中心顺利升空,将"实践七号"科学试验卫星成功送入太空预定轨道。

同日 新党主席郁慕明率新党代表团一行30人抵达广州,开始其名为"民族之旅"大陆行。12日下午,中共中央总书记胡锦涛在人民大会堂会见了访问团。

7月6日—13日 台湾新党主席郁慕明率领新党纪念抗战胜利60周年大陆访问团,访问广州、南京、大连、北京,此行名为"民族之旅"。12日,胡锦涛在北京会见了访问团全体成员。

7月7日 由交通部、上海市人民政府共同举办的"2005年东海联合搜救演习"在上海洋山港水域举行。这是我国制定和实施《国家海上搜救应急预案》以来所举行的规模最大、参与单位最广的一次综合演习。

7月9日—10日 应中国外交部长李肇星的邀请,美国国务卿赖斯访华。

7 月 11 日   郑和下西洋 600 周年纪念大会在北京举行,会议宣布每年的 7 月 11 日为中国"航海日"。

同日   新疆阜康神龙煤矿发生瓦斯爆炸。截至 7 月 13 日,有 83 名矿工遇难,4 人生还。

7 月 12 日   由国家发展和改革委员会主办的中国改革论坛在北京举行。

7 月 13 日   逃亡 11 年、犯下至少 7 起重大绑架案、勒索赎金 5 亿元新台币的台湾头号枪击要犯张锡铭落网。

7 月 16 日   国民党就主席选举举行投票,马英九得票 37.5 万张,王金平 14.3 万票,马英九以压倒性优势获得下一届主席职位。此次选举的总投票率为 50.17%,马英九的得票率为 71.5%,王金平为 27.3%。

7 月 17 日   胡锦涛电贺马英九当选为中国国民党主席(在 16 日举行的中国国民党主席选举中,现任国民党副主席马英九当选为中国国民党新一任主席)。

7 月 18 日   台刑事局公布"三一九枪击案"侦查报告结果,声称"枪击案并非自导自演,凶手只有陈义雄,没有其他共犯"。

7 月 20 日   全国对外宣传工作会议在北京举行。

同日   国务院召开会议,部署城市总体规划修编工作。

同日   新华社报道:今年上半年我国经济总体运行态势良好。国家统计局的初步核算表明,上半年经济增长速度为 9.5%,这一速度比去年同期低 0.2 个百分点。

同日   国民党中常会无异议通过连战出任国民党荣誉主席的决议。

7 月 21 日   中国人民银行发布完善人民币汇率形成机制改革的公告,宣布自当日起,我国开始实行以市场供求为基础、参考一揽子货币进行调节、有管理的浮动汇率制度,人民币汇率不再盯住单一美元,形成更富弹性的人民币汇率机制。当日 19 时,美元对人民币交易价格调整为 1 美元兑 8.11 元人民币。

同日   台"教育部"公布 2005 学年度大专院校学杂费调整方案,在 158 所大专院校中,18 所确定调高学杂费,调涨金额从 408 元新台币到 3350 元不等,涨幅为 3% 至 5%。

7 月 21 日—22 日   全国煤炭工作会议在北京召开。

7 月 22 日   陈水扁向韩国总统卢武铉的特使称,他愿意以"中华台北"领导人的身份出席 11 月在韩国釜山举行的亚太经合组织非正式领袖高峰会。对此,韩国持保留态度。

7 月 23 日   胡锦涛电贺宋楚瑜,祝贺他当选并连任亲民党主席。

同日   全国应急管理工作会议在北京召开。

同日   亲民党主席选举揭晓,同额竞选的宋楚瑜以 90% 的得票率蝉联党主席。

7 月 25 日   卫生部新闻办公室、农业部办公厅新闻处联合通报,今年 6 月下旬以来,四川省资阳市相继发生了人感染猪链球菌病疫情。另据新华社报道:截至 8 月 3 日 12 时,四川省累计报告人感染猪链球菌病病例 206 例,这些病例中,死亡 38 例。8 月 3 日—8 月 8 日,四川省已连续 6 天没有新发病病例,疫情已得到有效控制。

7 月 26 日   中央军委颁布施行《中国人民解放军后勤科学技术条例》,这标志着我军后勤科学技术工作开始进入科学化、规范化、法制化的新阶段。

同日   陈水扁就两岸经贸交流议题

声称，台湾"若做不好'有效管理'，宁愿不再继续开放西进"。27 日，"行政院长"谢长廷指示"陆委会"，"尽快全面检讨整理两岸经贸政策"，并加强"有效管理"政策。

7 月　中央军委批转《总后勤部关于大力加强军队资源节约工作的意见》。

8 月 1 日　从即日起，祖国大陆对原产于台湾地区的椰子、菠萝、番石榴等 15 种鲜（包括冷藏）水果正式实施零关税措施。

8 月 2 日　我国第 21 颗返回式科学与技术试验卫星在酒泉卫星发射中心由"长征二号丙"运载火箭成功发射升空。

同日　陈水扁提出"中华民国四个不同演进阶段"，即"中华民国在大陆"、"中华民国到台湾"、"中华民国在台湾"、"中华民国是台湾"。

8 月 7 日　广东兴宁市大兴煤矿发生特大透水事故。据初步调查显示，这是一起典型的违法、违规、违章的特别重大的煤矿安全事故。根据专家意见，指挥部经认真研究并报经广东省政府同意，决定于 8 月 29 日终止抢险救援工作。这次事故被困矿工 123 人全部遇难，只找到其中 6 具遗体。

8 月 8 日　新华社受权播发了《国务院关于非公有资本进入文化产业的若干决定》。

同日　中央军委颁布施行《中国人民解放军装备科技信息工作条例》。这是由中央军委颁布的第一部规范全军装备科技信息工作的基本法规。

8 月 10 日　中国人民银行上海总部正式在上海挂牌成立。

8 月 12 日　台秘密部署自行研制的"雄风 2E"巡航导弹，并正式编制"国防部飞弹司令部第一中队"。这是台湾成立的首支战略部队。

8 月 13 日　台"警政署入出境管理局"宣布，"自 2005 年 9 月 1 日起，大陆地区人民进入台湾团聚、居留、定居者，需按两枚拇指指纹"。

8 月 14 日　中共中央总书记、国家主席、中央军委主席胡锦涛参观了《伟大胜利——纪念中国人民抗日战争暨世界反法西斯战争胜利 60 周年大型主题展览》。

同日　温家宝在长沙主持召开中部地区崛起座谈会，强调要全面落实科学发展观，充分发挥比较优势，促进中部地区崛起。

8 月 15 日　台"行政院"通过《台籍航空公司申请飞越大陆空域作业程序》案，16 日起接受台航空业者飞越大陆领空申请。当天，台湾的"华航"、长荣、立荣和华信航空公司向台"民航局"提出申请。9 月 2 日，国家民航总局正式批准四家台湾航空公司飞越大陆空域的申请。

8 月 15 日—16 日　第四次全国妇女儿童工作会议在北京举行。

8 月 18 日—25 日　"和平使命—2005"中俄联合军演在俄罗斯符拉迪沃斯托克和中国山东半岛及附近海域举行。

8 月 19 日—20 日　中国国民党举行第十七次全体党员代表大会并进行党主席交接。大会通过"党章修正案"、"荣誉党主席案"、"行使副主席同意任命案"、"中常委直选案"等议案，并将 4 月 29 日"胡连会"共同发布的"两岸和平发展共同愿景"列入政纲。

8 月 23 日　全国宣传部长座谈会在北京举行。

同日　中国证监会、国资委、财政部、中国人民银行、商务部联合发布《关于上市公司股权分置改革的指导意见》。

8 月 23 日—28 日　十届全国人大常委会第十七次会议在北京举行。会议通过了《中华人民共和国治安管理处罚法》和《中华人民共和国公证法》。实施时间均为 2006 年 3 月 1 日。会议还修改并通过了《中华人民共和国妇女权益保障法》，该法修改后自 2005 年 12 月 1 日起施行。

8 月 24 日　在联合国第四次世界妇女大会在北京召开十周年之际，国务院新闻办公室发表了《中国性别平等与妇女发展状况》白皮书。

同日　国台办、教育部、财政部、国家发改委宣布，于 2005 年秋季开学开始正式实施在大陆高校和科研院所就读的台湾学生与大陆学生同等收费政策。

同日　马英九首度完整陈述其"台湾论述"理念，包括国民党本来就是本土政党，不是外省党；台湾应建构去殖民化、有主体性的本土历史论述等内容。

8 月 26 日　中央政治局召开会议，研究进一步做好新世纪新阶段的西藏工作。

同日　中央政治局进行第二十四次集体学习，内容是世界反法西斯战争的回顾与思考。

8 月 29 日　第 22 颗返回式科学与技术试验卫星在酒泉卫星发射中心由"长征二号丁"运载火箭成功发射升空。

8 月 30 日　中央纪委、监察部等联合发出通知，要求坚决清理纠正国家机关工作人员和国有企业负责人投资入股煤矿的问题。截至 10 月 20 日，全国共报告登记在煤矿投资入股的国家机关工作人员和国有企业负责人 4578 人，其中国家机关工作人员 3002 人。登记入股金额 6.53 亿元，已经撤资 4.73 亿元。

同日　中国人民银行宣布，经国务院批准，2005 年版第五套人民币 100 元、50 元、20 元、10 元、5 元纸币和 1 角硬币于 8 月 31 日发行流通。

9 月 1 日　西藏各族各界两万多人隆重集会，热烈庆祝西藏自治区成立 40 周年。胡锦涛题写"共同团结奋斗，共同繁荣发展"的贺幛。贾庆林率中央代表团参加了庆祝活动。

9 月 3 日　纪念中国人民抗日战争暨世界反法西斯战争胜利 60 周年大会在北京人民大会堂隆重举行。

同日　国务院新闻办公室发表《中国的军控、裁军与防扩散努力》白皮书。

9 月 4 日　证监会制定的《上市公司股权分置改革管理办法》对外发布。

同日　《人民日报》报道：国家自然科学基金委员会日前查处了 19 起科技工作者违背科学道德的行为，三名相关科技人员被通报。

同日　《人民日报》报道：国家下拨 580 万元经费，启动传世藏经《大藏经》的保护工程。

同日　《人民日报》报道：宋庆龄基金会日前在京宣布启动"宋庆龄儿科医学奖"，填补了儿科医学奖项空白。

9 月 4 日—9 日　以"法治与国际和谐社会"为主题的第 22 届世界法律大会在北京、上海举行。来自 60 多个国家的 1500 多名代表参加了会议。

9 月 5 日　温家宝与英国首相布莱尔、欧盟委员会主席巴罗佐及欧盟理事会秘书长兼共同外交与安全政策高级代表索拉纳举行中欧第八次领导人会晤。双方发表了《第八次中欧领导人会晤联合声明》和《中欧气候变化联合宣言》，并签署了关于在交通运输、环境保护、空间开发、北京首都机场建设等领域开展合作的文件。

同日　由中国商务部、欧盟委员会举办的中欧工商峰会在北京举行。

同日　新华社受权发布《国务院关于预防煤矿生产安全事故的特别规定》。

9月7日 全国人大常委会委员长吴邦国出席第二届世界议长大会,并在全体会议上作了题为"加强多边合作促进共同发展"的发言。

同日 国务院台湾事务办公室主任陈云林与国家开发银行行长陈元在《关于支持台湾同胞投资企业发展开发性金融合作协议》上签字。该协议合作期限 5 年,开发性贷款额度共 300 亿元人民币。

同日 大型音乐舞蹈史诗《走进西藏》在京上演,周永康等观看演出。

同日 2004 年度中华人民共和国国际科学技术合作奖颁奖仪式在上海举行,肯·金特等三位外国专家获奖。

同日 国民党主席马英九和亲民党主席宋楚瑜会晤。宋楚瑜表示,绝不会让"凯子军购"过关。

9月8日 为挤入联合国,台湾当局抛出"两案并推"新策略,即分别向联合国大会提出"确认台湾 2300 万人民在联合国的代表权"、"联合国在维护台海和平方面扮演积极角色"案。13 日,台湾参与联合国活动连续第十三次失败。

9月8日—15日 胡锦涛出访加拿大、墨西哥两国,并出席联合国成立 60 周年首脑会议和安理会首脑会议。13 日,胡锦涛同美国总统布什举行会晤。14 日,胡锦涛出席在纽约举行的联合国成立 60 周年安理会首脑会议,并发表题为"维护安理会权威加强集体安全机制"的讲话。

9月9日 国资委公布《关于上市公司股权分置改革中国有股股权管理有关问题的通知》,这标志着我国股权分置改革进入积极稳妥推进阶段。

9月12日 香港迪斯尼乐园开幕,国家副主席曾庆红出席开幕仪式。

同日 台"劳委会"主委陈菊和高雄市代理市长陈其迈因高雄捷运泰劳风波辞职,遗缺分别由"行政院"秘书长李应元、"总统府"资政叶菊兰接任。

9月15日 以"促进两岸经济交流与合作"为主题的第一届两岸民间菁英论坛在上海开幕。

同日 侯祥麟同志先进事迹报告会在京举行,温家宝听取先进事迹报告并会见侯祥麟和报告团全体成员。

同日 中国第一历史档案馆纪念建馆 80 周年。

同日 《人民日报》报道:国际灌溉排水委员会第 19 届国际灌排大会暨第 56 届国际执行理事会近日在京召开。

9月16日 台"最高法院"驳回连战、宋楚瑜提出的"选举无效"上诉案,第 11 届正、副"总统"选举官司全部画上句号。

9月19日 新华社报道:中央军委下发通知,转发北京军区某防空旅全面加强部队建设的基本经验。

9月20日 全国实施公务员法工作会议召开。

9月21日 根据《中国人民银行关于人民币存贷款计结息问题的通知》,中国各银行即日起执行新的人民币存贷款计结息方式,其中引人注目的是活期存款由按年计结息改为按季度计结息。

9月27日 广受社会关注的个人所得税工薪所得减除费用标准听证会在北京举行。这次听证会由全国人大法律委员会、财政经济委员会和全国人大常委会法制工作委员会共同组织,是全国人大常委会在立法过程中的第一次立法听证会。

同日 "北剑—2005"军事演习在北京军区朱日和合同战术训练基地举行。

9月28日 国家发改委宣布,降低 22 种药品的最高零售价格,平均降幅 40% 左右,最大降幅达到 63%,按这些药品现在的销售量测算,降价金额约 40 亿元。

9 月 29 日　中央政治局召开会议,讨论十六届四中全会以来中央政治局的工作,研究制定国民经济和社会发展第十一个五年规划的建议等问题。会议决定,中国共产党第十六届中央委员会第五次全体会议于 10 月 8 日至 11 日在北京召开。

同日　中央政治局举行第二十五次集体学习,内容是国外城市化发展模式和中国特色的城镇化道路。

10 月 1 日　新疆维吾尔自治区成立 50 周年庆祝大会在乌鲁木齐举行。中共中央、全国人大常委会、国务院、全国政协、中央军委向庆祝大会发出贺电。罗干率中央代表团出席庆祝大会。

10 月 1 日—2 日　胡锦涛在天津考察工作。

10 月 2 日　受 19 号台风影响,福州地区因突降特大暴雨,当日傍晚造成山洪暴发,武警福州指挥学校训练基地突然受到山洪袭击。截至 4 日 17 时,共找到遇难者遗体 50 具,还有 36 人下落不明。新华社 11 月 13 日报道:国务院、中央军委决定,分别给予负有重要领导责任的武警福建省总队总队长于得水、政治委员陈庆耀行政记大过处分并免职。

10 月 5 日　台湾年底"三合一"选举截止登记,据"中选会"统计,共有 77 人登记参选 23 个县市长职位。

10 月 8 日—11 日　中共十六届五中全会在北京举行。全会审议通过了《中共中央关于制定国民经济和社会发展第十一个五年规划的建议》。

10 月 9 日　经国务院批准并授权,国家测绘局公布了 2005 年中国珠峰高程测量的结果:珠峰峰顶岩石面海拔高程为 8844.43 米,精度为 ±0.21 米,峰顶冰雪深度为 3.50 米。

10 月 11 日　亲民党提出的"两岸和平促进法"草案在"立法院"被搁置表决。

10 月 12 日—17 日　我国自主研制的"神舟"六号载人航天飞行获得圆满成功。这标志着我国在发展载人航天技术、进行有人参与的空间实验活动方面取得了又一个具有里程碑意义的重大成就。"神舟"六号载人飞船的飞行,是我国第二次进行载人航天飞行,也是我国第一次将两名航天员同时送上太空。

10 月 12 日—23 日　中华人民共和国第十届运动会在南京举行。

10 月 13 日　《人民日报》报道:教育部和公安部日前联合发布通知,要求严查高考移民现象,并加大对相关人员的惩治力度。

同日　新华社报道:国务院新闻办、公安部、信息产业部在全国范围内联合开展打击利用互联网视频聊天等从事淫秽色情活动专项行动。

同日　《人民日报》报道:国家广电总局日前向全国有关单位发出《广电总局关于进一步重申电视剧使用规范语言的通知》。

10 月 14 日　温家宝会见国际货币基金组织总裁罗德里戈·拉托。

同日　2005 年度何梁何利基金颁奖大会在上海举行。徐光宪、谷超豪获科学与技术成就奖,45 名专家荣获科学与技术进步奖。

10 月 14 日—17 日　第三轮中日战略对话在京举行。

10 月 15 日　青藏铁路全线铺通庆祝大会在拉萨隆重举行。青藏铁路穿越青藏高原腹地,全长 1956 公里,是世界上海拔最高、线路最长、穿越冻土里程最长的高原铁路。

10 月 15 日—16 日　第七届 20 国集团财长和央行行长会议在北京举行。本次会议的主题是"加强全球合作,实现世界经济平衡有序发展"。胡锦涛出席开幕式并发表题为"加强全球合作促进共同发展"的演讲。

10月17日 享誉海内外的文学大师巴金因病在上海逝世,享年101岁。

同日 陈水扁亲信、"中钢"董事长林文渊因领取巨额员工分红遭"绿营""立委"抨击,被迫辞职。

10月19日 国务院召开常务会议,讨论并通过《国务院关于完善企业职工基本养老保险制度的决定》。

同日 国务院新闻办公室发表《中国的民主政治建设》白皮书。这是中国政府首次发表关于民主政治建设的白皮书。

10月20日 截至当日,全国共报告登记在煤矿投资入股的国家机关工作人员和国有企业负责人4578人,其中国家机关工作人员3002人。登记入股金额6.53亿元,已经撤资4.73亿元。

10月21日 中央精神文明建设指导委员会第六次全体会议在北京召开。

10月25日 纪念台湾光复60周年大会在北京举行。全国政协主席贾庆林出席大会并发表题为"为推进祖国和平统一进程,实现中华民族的伟大复兴而努力奋斗"的讲话。

同日 中央社会治安综合治理委员会在北京召开全体会议。罗干在讲话时指出,要深入开展平安建设,切实做好流动人口管理和预防青少年违法犯罪工作,促进社会和谐稳定。

同日 台"国家通讯传播委员会组织法(NCC法案)"国亲版本在"立法院"三读通过。

同日 台"外交部"宣布与塞内加尔"断交"。

10月26日 荣毅仁同志因病在北京逝世,享年89岁。

同日 全国精神文明建设工作表彰大会在北京举行。会上,12个全国文明城市(区)、494个全国文明村镇、1001个全国文明单位和一批全国精神文明创建工作先进单位及100名全国精神文明建设先进工作者被授予荣誉称号。

同日 台"股市秃鹰案"完成第一波侦结,前"金检局"局长李进诚辞职下台并被判刑8年,多名高官及"立委"涉案。

10月27日 中国建设银行股份有限公司股票正式在香港挂牌交易,标志着该行在我国四大国有商业银行中率先实现海外成功上市。

10月28日 第十届全国人民代表大会常务委员会第十八次会议决定对《中华人民共和国个人所得税法》进行修改,规定个人所得税的起征点为1600元。

同日 根据国务院决定,并经中国银行业监督管理委员会批准,中国工商银行股份有限公司在北京正式成立。

同日 新华社报道:经国家禽流感参考实验室确诊,今秋以来我国内蒙古自治区、安徽省、湖南省先后各发生一起H5N1亚型高致病性禽流感疫情。农业部当日公布了这三起疫情的有关防控情况,三起疫情均已扑灭。26日,辽宁省黑山县八道壕镇江台村养殖户饲养的鸡出现死亡。11月6日,辽宁省阜新市阜新蒙古族自治县大阪镇朝阳寺村、锦州市南站新区大岭村、锦州市北宁市、安徽省淮南市田家庵区曹庵镇范圩村养殖户饲养的家禽出现死亡,9日,新疆泽普县奎依巴格镇第一社区、乌鲁木齐县安宁渠镇北大路村二队养殖户饲养的家禽出现死亡。经国家禽流感参考实验室确诊,疫情为H5N1亚型高致病性禽流感。

同日 前"总统府"副秘书长陈哲男

因涉嫌"高雄捷运弊案"声明退出民进党。30 日,民进党开除陈哲男党籍。

10 月 28 日—30 日　中共中央总书记、国家主席胡锦涛对朝鲜进行了正式友好访问。

10 月 31 日—11 月 2 日　中共中央总书记、国家主席胡锦涛对越南进行了正式友好访问。

11 月 1 日　新华社报道:经国务院同意,国家发改委、环保总局等部门联合下发通知,正式启动国家循环经济试点工作。

同日　国务院举办学习《中华人民共和国公务员法》讲座,温家宝主持并发表讲话。

同日　国务院南水北调东线治污工作现场会在山东济宁召开。

同日　中国人民银行公告,宣布扩大为香港银行办理人民币业务提供平盘及清算安排的范围。

11 月 2 日　国务院总理温家宝主持召开国务院常务会议,分析研究当前高致病性禽流感疫情形势,部署进一步加强防控工作。

同日　全国人大常委会在京召开立法工作会议,总结近三年来全国人大及其常委会的立法工作,研究部署下一阶段的立法任务。

同日　台"行政院"通过"中选会组织法"草案,将"中选会"委员从 16 人减为 7 人。

11 月 6 日　河北邢台县会宁镇尚汪庄康立石膏矿发生坍塌事故。截至 11 月 11 日,矿难已经造成 32 人死亡,33 人受伤,另有 4 人下落不明。

11 月 7 日　全国职业教育工作会议在北京召开,这次会议的主要任务是部署贯彻《国务院关于大力发展职业教育的决定》。

同日　中共中央办公厅、国务院办公厅发出《关于进一步加强农村文化建设的意见》。

11 月 8 日　中共中央政治局常委、国务院总理温家宝赴辽宁黑山检查禽流感防控工作。

同日　中美两国政府在伦敦达成《关于纺织品和服装贸易的谅解备忘录》。至此,中美双方经过七轮磋商最终就纺织品问题达成协议。

同日　全国优秀新闻工作者表彰大会在京举行,李长春出席并讲话。172 名新闻工作者获得"全国优秀新闻工作者"称号。

同日　国际奥委会第 29 届奥运会协调委员会第五次全会在京召开,刘淇出席会议并发表讲话。

同日　"全球禽流感及人类大流行会议"在日内瓦总部揭幕。台湾"卫生署疾管局"局长郭旭崧与"中研院"副研究员何美乡以观察员身份与会。

同日　台"新闻局长"姚文智宣称,"因 TVBS 电视台股权结构百分之百是外资,违反台湾相关规定,开出行政处分书,罚款新台币 100 万元"。

11 月 8 日—17 日　胡锦涛对英国、德国、西班牙、韩国进行国事访问,并于 11 月 18 日至 19 日出席在韩国釜山举行的亚太经合组织第十三次领导人非正式会议。

11 月 9 日　新华社受权发布《国务院关于大力发展职业教育的决定》。

同日　以"尊重文化多样性,共建和谐世界"为主题的"第三届全球文化论坛——世界文化多样性"在杭州落幕,会议通过了《杭州声明》。

同日　因韩国拒绝"立法院长"王金平出席 APEC 非正式经济领袖高峰会议,

台湾当局宣布由"总统府"资政兼"总统府经济顾问小组"召集人林信义参加。17日，林信义在 APEC 公开鼓吹"台湾是主权独立国家"。

11 月 11 日　北京奥组委和国际奥委会官员揭晓了北京 2008 年奥运会吉祥物。最终入选的是：鱼形象的福娃贝贝、大熊猫形象的福娃晶晶、奥林匹克圣火形象的福娃欢欢、藏羚羊形象的福娃迎迎和燕子造型的福娃妮妮 5 个拟人化福娃。五种造型名字合在一起就意味着"北京欢迎你！"

11 月 13 日　中国石油天然气集团公司吉林石化公司双苯厂发生爆炸事故，5人死亡、1 人失踪、60 多人受伤，造成大量苯类污染物进入松花江水体，引发重大水环境污染事件。这一事件给松花江沿岸特别是大中城市人民群众生活和经济发展带来严重影响。12 月 2 日，国家环保总局局长解振华辞职。

11 月 14 日　山西沁源县第二中学的学生在公路上跑步，一辆带挂车的大货车撞向学生队伍酿成特大交通事故。共有 20 名学生和 1 名教师遇难。

同日　"人用禽流感疫苗研制"项目通过科技部课题验收。这标志着我国已经完成人用禽流感疫苗临床前研究，表明我国在这一领域的科研水平已与全球同步。

11 月 15 日　针对大陆正式向国际奥委会提案希望 2008 年北京奥运会圣火传递路线经过台湾一事，台"行政院长"谢长廷表示，"如果北京奥运圣火传递至台湾后，继续传递至其他国家，即不必介意；若圣火抵台后又绕回大陆，就是把台湾当成中国的一部分，将会拒绝"。

11 月 15 日—16 日　李肇星、薄熙来共同率团出席在韩国釜山举行的亚太经合组织（APEC）第十七届部长级会议。

11 月 15 日—17 日　中国国际矿业大会在京召开。

11 月 17 日　台"行政院"核定台湾银行与"中央信托局"合并案，"台银"或成为岛内最大银行并升格为金控。

11 月 18 日　中共中央举行座谈会，纪念胡耀邦诞辰 90 周年。11 月，《胡耀邦传》第一卷由人民出版社和中共党史出版社出版。

同日　两岸授权的民航组织敲定明年春节包机相关事宜，国务院台办与台"陆委会"同步发布了"2006 年春节包机方案"。23 日，台"交通部民航局"邀请台湾六家航空公司就两岸春节包机事宜进行协商，并初步达成共识。

11 月 20 日　胡锦涛在会见美国总统布什时就进一步发展中美建设性合作关系提出五点建议。

同日　新华社受权发布《重大动物疫情应急条例》。

11 月 21 日　李登辉诽谤宋楚瑜"打麻将案"审结，判李登辉赔宋新台币 1000万元精神抚慰金，并在《中国时报》、《联合报》等九家报纸头版连续三天刊登半版道歉启事。

同日　高雄地检署就高雄捷运泰劳中介一案，分别按照图利、背信等罪名，起诉前"总统府"秘书长陈哲男、前"交通部"政务次长周礼良、前"高捷"副董事长陈肇敏等 18 名官商。

11 月 22 日　台"立法院"三读通过"兵役法"和"志愿兵服役条例"修改案，扩大志愿兵招募范围。

11 月 24 日　由"深圳"号导弹驱逐舰、"微山湖"号综合补给舰组成的我海军出访舰艇编队结束对巴基斯坦为期三天的友好访问后，首次在阿拉伯海北部海区与巴海军举行代号为"中巴友谊—2005"

的以联合搜救为主要内容的非传统安全领域演习。

11 月 25 日　中共中央政治局召开会议,分析当前经济形势,研究 2006 年经济工作,讨论深化文化体制改革工作。

同日　中央政治局进行第二十六次集体学习,内容是世界马克思主义研究与我国马克思主义理论研究和建设工程。

11 月 26 日　国务院总理温家宝到哈尔滨,察看松花江水体污染情况,了解群众生活用水供应情况,代表党中央、国务院,代表胡锦涛总书记看望了广大干部群众。

同日　江西省九江地区发生里氏 5.7 级地震。截至 11 月 26 日 14 时,地震已造成 14 人死亡、20 人重伤。受江西地震影响,湖北东部一些县市学校出现学生拥挤踩踏事故,造成 78 名学生受伤,其中 11 人重伤。

11 月 27 日　晚 9 时 40 分,黑龙江七台河东风煤矿龙煤集团七台河分公司东风煤矿发生爆炸事故。截至 12 月 2 日上午 9 时 30 分井下遇难人员达到 164 名,仍有 5 名矿工下落不明。此外,事故还造成井上 2 人遇难。

同日　国民党与民进党分别动员数十万民众举行选举造势游行。其中,民进党喊出“要改革,顾台湾”的口号,国民党则以“反贪腐,救台湾”的口号相对抗。

11 月 28 日　中央召开第三批保持共产党员先进性教育活动工作会议。

11 月 29 日　深圳证券交易所发布《关于编制和发布中小企业板指数的公告》。

11 月 29 日—12 月 1 日　中共中央、国务院召开的中央经济工作会议在京举行。

11 月 30 日　卫生部部长高强在国务院新闻办举行的新闻发布会上表示,我国政府对防治艾滋病已作出郑重承诺:一是各级政府要建立防治艾滋病协调领导机构;二是严厉打击非法采供血活动,有效遏制艾滋病经采供血传播;三是制定并落实“四免一关怀”政策;四是广泛开展艾滋病防治知识宣传教育;五是加大防治经费投入;六是加强疫情监测;七是推广行为干预和综合预防措施。

同日　中央文明办、建设部、国家旅游局发布《关于印发〈全国文明风景旅游区评选和管理办法〉》的通知。

11 月　近一个时期吉林、山西、贵州、河北等一些地方相继发生重特大安全生产事故,给人民群众生命财产造成严重损失,引起党中央、国务院高度关注。胡锦涛、温家宝等多次作出指示,要求有关部门迅速采取有效措施,切实加强安全生产工作,坚决遏制重特大事故多发势头,确保人民群众生命财产安全。

12 月 1 日　一批法律、法规和部门规章正式实施:新修订的《妇女权益保障法》、《直销管理条例》、《教育储蓄存款利息所得免征个人所得税实施办法》。

同日　香港特区政府和中央人民政府驻香港特区联络办在深圳举办香港政制发展座谈会。

12 月 3 日　胡锦涛会见中国残疾人艺术团演职人员代表并观看演出。

同日　国务院发布《关于完善企业职工基本养老保险制度的决定》、《关于落实科学发展观加强环境保护的决定》。

同日　“三合一”选举结果揭晓,在总数 23 个县市长的席次中,国民党当选 14 席次,民进党 6 席。民进党主席苏贞昌辞去党主席职务,由吕秀莲代理。

12 月 3 日—5 日　中央经济工作会议在北京举行,胡锦涛和温家宝在会上讲话。

12 月 4 日 新华社报道：近日，中共中央办公厅、国务院办公厅转发了《中央政法委员会、中央社会治安综合治理委员会关于深入开展平安建设的意见》。

同日 中央纪委、监察部召开新闻发布会，通报全党贯彻落实《建立健全教育、制度、监督并重的惩治和预防腐败体系实施纲要》情况。

同日 中国光彩事业基金会在京成立。

12 月 5 日—6 日 全国政法工作会议在北京召开。

12 月 7 日—8 日 全国宣传部长会议在北京举行。

12 月 7 日—9 日 全国对外宣传工作会议在北京召开。

12 月 8 日 台向美采购的首批两艘纪德舰，编号 1801 的"基隆舰"和编号 1802 的"苏澳舰"，抵宜兰县苏澳海军中正基地。

12 月 10 日 "台湾退休军警公教联盟"和"台湾教师会"举行"反斗争、要均富"大静坐，抗议台湾当局操弄退休金改革议题，搞阶级斗争。

12 月 10 日—11 日 全国组织部长会议在北京召开。

12 月 11 日 台首届"国家通讯传播委员会"（NCC）委员名单出炉，13 位委员中"泛蓝"阵营占 8 席，"泛绿"仅 5 席。

12 月 12 日 在最新一期的美国《科学》杂志发表的论文中，中、美、德科学家首次给出准确距离：银河系英仙臂与太阳的距离为 1.95 千秒差距，约 6360 光年。

同日 西藏萨迦寺新出土文物 500 多件（组）。

12 月 13 日 由"深圳"号导弹驱逐舰、"微山湖"号综合补给舰组成的我海军出访舰艇编队，在泰国湾南部海域与泰国海军成功举行了代号为"中泰友谊—2005"的非传统安全领域演习。这是中国海军首次与泰国海军举行联合搜救演习。

同日 50 人当选 2005 年中国工程院院士。16 日，51 人当选 2005 年中国科学院院士。

同日 台"立法院"三读通过修正《老年农民福利津贴暂行条例》部分条文，自 2006 年 1 月 1 日起，老农津贴由每月新台币 4000 元调高至 5000 元。

12 月 13 日—15 日 2005 女子世界杯乒乓球赛在广州举行，中国选手分获冠亚军。

12 月 13 日—18 日 世贸组织在香港举行部长级会议。

12 月 14 日 温家宝在吉隆坡出席首届东亚峰会，发表"坚持开放包容，实现互利共赢"的讲话，并于会上签署了东亚峰会《吉隆坡宣言》等文件。

12 月 14 日—17 日 首次试行 21 分新赛制的 2005 赛季世界杯羽毛球赛在湖南益阳举行。中国队囊括五项冠军。

12 月 15 日 台"总统府"秘书长游锡堃宣布参加民进党主席补选，并辞去"总统府"秘书长职务和当然中常委身份。16 日，民进党主席补选开始登记，民进党籍"立委"蔡同荣首先登记参选。20 日，前彰化县长翁金珠也登记参选。2006 年 1 月 15 日，游锡堃当选为民进党主席并于 1 月 26 日正式就职。

12 月 16 日 在香港出席 WTO 第六次部长级会议的中国商务部副部长易小准与乌克兰经济部副部长比亚特尼茨基签署了中乌 WTO 双边市场准入协议，正式结束双边市场准入谈判。

同日 中央军委在北京举行追授杨业功"忠诚履行使命的模范指挥员"荣誉

称号命名大会。

12 月 18 日　《人民日报》报道：建设部等八部委近日出台《关于进一步推进城镇供热体制改革的意见》。

同日　中国交通建设集团成立。

12 月 19 日　全国财政工作会议在北京召开。

同日　中共中央办公厅印发中央纪委、中央组织部《关于对党员领导干部进行诫勉谈话和函询的暂行办法》《关于党员领导干部述职述廉的暂行规定》的通知。

同日　广西壮族自治区人民政府与武汉钢铁（集团）公司在南宁正式签署《武钢与柳钢联合重组协议书》。

同日　台"内政部境管局"联审会宣布，驳回国民党智库日前针对国台办主任陈云林等人赴台参加"国共经贸论坛"一案所提出的申请。

12 月 20 日　中共中央政治局召开会议，研究推进社会主义新农村建设工作，研究部署 2006 年党风廉政建设和反腐败工作。会议决定近期召开中央农村工作会议。

同日　中央政治局举行第二十七次集体学习，内容是行政管理体制改革和完善经济法律制度。

同日　台"立法院"三读通过"证券交易法"修正草案，对内线交易、公司治理、会计师责任作出重大调整。

同日　新当选的台东县长吴俊立在宣誓就职后即被"内政部"宣布停职，成为岛内地方自治史上第一件"县长当选就职即停职"的案件。

12 月 21 日　台北地方法院宣判，连战与宋楚瑜控告陈水扁指称"柔性政变"的官司，陈水扁败诉。

12 月 22 日　新华社北京讯、国务院下发《关于加强文化遗产保护工作的通知》，要求进一步加强文化遗产保护，包括物质文化遗产和非物质文化遗产。《通知》决定从 2006 年起，每年 6 月的第二个星期六为我国的"文化遗产"日。

同日　马英九与宋楚瑜再度会面，就"朝野合作"、"军购案"及"监委人事同意权"交换意见，达成"先制度、再政策、后人事"共识。

12 月 23 日　中共中央、国务院发出《关于深化文化体制改革的若干意见》。

12 月 24 日　农业部宣布我国成功研制出世界上第一个禽流感—新城疫重组二联活疫苗，这种一苗可防两病的新疫苗已于 2005 年 12 月 23 日正式批准生产储备。这种新疫苗在国际上处于领先水平，我国完全拥有独立知识产权。

同日　海峡两岸关系协会会长，原中顾委委员，中共上海市委原书记、上海市原市长汪道涵同志在上海逝世。

12 月 27 日　台"检察总长"吴英昭为年底"三合一"选举查贿结果负责，决定辞卸总长职务并办理退休。

12 月 28 日—29 日　中央农村工作会议在北京召开。会议讨论了《中共中央、国务院关于推进社会主义新农村建设的若干意见（讨论稿）》。2006 年 2 月 21 日，新华社全文发布《中共中央、国务院关于推进社会主义新农村建设的若干意见》。

12 月 29 日　十届全国人大常委会第十九次会议决定，自 2006 年 1 月 1 日起废止《中华人民共和国农业税条例》。国家主席胡锦涛签署第 46 号主席令，公布了关于废止《农业税条例》的决定。

同日　十届全国人大常委会举行第十八次法制讲座，讲座的题目是《我国的劳动法律制度》。

12 月 30 日　台南地方法院裁定准予

前云林县长张荣味以新台币 1000 万元交保释放，但要求张荣味在停止羁押期间，定期到法院报到，并限制出境。

12 月 31 日 《解放军报》报道：人民解放军圆满完成军队体制编制调整改革方案确定的任务，如期裁减员额 20 万人。

2006 年

1 月 1 日 经国务院常务会议批准，中华人民共和国中央政府门户网站经过三个月的试运行于零时宣告正式开通。中国政府网的网址是 www.gov.cn。

同日 陈水扁在元旦讲话时称，台湾未来将以"积极管理、有效开放"代替"积极开放、有效管理"，作为未来两岸经贸政策的新思维和新作为；期许 2006 年产生民间版的"台湾新宪法"草案，并在社会条件成熟的情形下于 2007 年举办"新宪公投"。

1 月 3 日 《人民日报》刊登独臂英雄、武警某团政委丁晓兵的先进事迹。10 日，由中宣部、中央先进性教育活动领导小组、教育部和解放军总政治部联合主办的首都高校大学生学习丁晓兵同志先进事迹座谈会在北京大学举行。

同日 胡锦涛到解放军报社考察，会见了报社全体编辑、记者和职工代表，并祝贺军报创刊 50 周年。

同日 全国青联十届二次常委（扩大）会议在京举行，王兆国会见与会代表和第十六届"中国十大杰出青年"并讲话。

同日 台"立法院"三读通过《无线电视事业公股处理条例》。

1 月 4 日 连任成功的基隆市长许财利因迁移修车厂涉嫌图利，经基隆地检署 18 小时约谈后以新台币 250 万元交保候审。

1 月 5 日 人民解放军总政治部下发《关于在全军部队开展忠实履行新世纪新阶段人民解放军历史使命教育活动的意见》。

1 月 5 日—6 日 中共中央纪律检查委员会第六次全体会议在北京举行。

1 月 9 日 《人民日报》发表国务院制定的《国家突发公共事件总体应急预案》。2 月 26 日新华社报道：国务院近日发布四件公共卫生类突发公共事件专项应急预案：《国家突发公共卫生事件应急预案》、《国家突发公共事件医疗卫生救援应急预案》、《国家突发重大动物疫情应急预案》和《国家重大食品安全事故应急预案》。

同日 台"立法院"初审通过"所得税修正草案"，删除军教人员薪资免纳所得税规定。

1 月 9 日—11 日 全国科学技术大会在北京召开。国务院总理温家宝宣读了《国务院关于 2005 年度国家科学技术奖励的决定》。胡锦涛等党和国家领导人分别向获得国家自然科学奖、国家技术发明奖和国家技术进步奖的代表颁发奖励证书。这次大会部署实施《国家中长期科学和技术发展规划纲要（2006—2020 年）》。胡锦涛在大会开幕式上发表了题为"坚持走中国特色自主创新道路，为建设创新型国家而努力奋斗"的讲话。温家宝发表了题为"认真实施科技发展纲要，开创我国科技发展的新局面"的讲话。

1 月 10 日 首个三军联勤保障互动平台在北京战区正式建立。

1 月 10 日—18 日 应中共中央总书记、国家主席胡锦涛的邀请，朝鲜劳动党总书记、国防委员会委员长金正日对我国进行了非正式访问，并在湖北、广东、北京等省市参观考察。在北京期间，胡锦涛同金正日举行会谈。

1 月 12 日　中国政府正式发表《中国对非洲政策文件》。这是中国政府首次发表对非洲政策文件。

同日　《人民日报》报道：中共中央、国务院近日发出《关于深化文化体制改革的若干意见》。

同日　台"立法院"正式通过首届"国家通讯传播委员会"（NCC）委员名单，除民进党推荐的吕忠津因自行辞职而未被通过外，其他 12 名准委员全数通过。

1 月 17 日　"美国在台协会"（AIT）台北办事处处长包道格发出声明稿宣布，将结束三年半在台北的任职，于 1 月 25 日离开台北。

1 月 18 日　据国家发改委的信息，2006 年，中央政府将安排投资 40 亿元，加上地方各级政府的投入等，共约 80 亿元，用于解决农村 2000 万人的饮水困难和饮水安全问题。

1 月 19 日　中国出版集团公司与河南出版集团正式签署战略合作协议，开创了我国出版集团跨地区合作的先河。

同日　陈水扁宣布前民进党主席苏贞昌接任"行政院长"，前"陆委会"主委蔡英文出任"行政院"副院长。20 日，台新"内阁"名单确定，谢长廷率原"内阁"成员于 23 日提出总辞。25 日，苏贞昌正式就职。

1 月 20 日　国务院发布《关于加强地质工作的决定》。

同日　2006 年两岸春节包机正式起航，至 2 月 7 日圆满结束。

1 月 21 日　中共中央印发《干部教育培训工作条例（试行）》。

同日　中共中央办公厅、国务院办公厅印发《关于进一步加强和改进未成年人校外活动场所建设和管理工作的意见》。

同日　国民党政策会执行长曾永权、副执行长兼大陆事务部主任张荣恭等人举办记者会表示，继两岸春节包机后，国民党将推两岸客货包机周末化、常态化及开放大陆民众来台观光事宜。

1 月 23 日　胡锦涛亲切慰问工作在第一线的公安民警和武警官兵，并在国家反恐怖指挥中心观看了代号为"长城 2 号"的国家反恐怖指挥系统演习。

1 月 24 日　前民进党主席林义雄宣布退出民进党。

1 月 25 日　中共中央政治局召开会议，研究加强人民政协工作。2 月 8 日，中共中央发布《关于加强人民政协工作的意见》，这是指导今后人民政协事业发展的纲领性文件。

同日　中共中央政治局进行第 28 次集体学习，内容是建设社会主义新农村。

1 月 26 日　中共中央、国务院发布《关于实施科技规划纲要增强自主创新能力的决定》。

1 月 28 日　人民解放军四总部联合颁布《军队预防职务犯罪工作若干规定》。

1 月 29 日　国务院总理温家宝签署第 458 号国务院令，公布《娱乐场所管理条例》，自 2006 年 3 月 1 日起施行。

同日　河南林州一鞭炮厂发生爆炸，死亡 36 人。

同日　陈水扁借春节讲话提出三大诉求，一是"思考要废除国统会及国统纲领"，二是"今年内将台湾新宪法定稿，明年举办新宪公投"，三是希望以"台湾"为名称"申请加入联合国"。陈的讲话引起"泛蓝"阵营的强烈反弹。30 日，国民党中央政策会副执行长兼大陆事务部主任张荣恭认为，陈水扁主张"废除国统会的意图，是走向全面否定'四不一没有'，以及'急独导致急统'的开始"。美国国务院也发表声明指出，"美国政府不支持台湾独立,反对任何一方单方面改变现状";但"支持对话,对话有助于以台湾海峡两岸人民都能接受的方式和平解决两岸的歧见"。

同日 世界卫生组织秘书处以"不符合执委会议事规则"拒绝将"邀请台湾以观察员身份出席 WHA"提案列入执委会议程。

2月1日 山西省晋城煤业集团所属寺河煤矿发生瓦斯爆炸事故,造成23名矿工遇难,53人一氧化碳中毒。经初步了解,造成事故的原因是封闭的采区巷道内发生局部瓦斯爆炸,冲击波摧毁三道密闭墙,一氧化碳涌出,导致人员伤亡。

2月2日—6日 温家宝在中南海主持召开四次座谈会,征求对即将提请十届全国人大三次会议审议的《政府工作报告》（征求意见稿）的意见。6日—10日,温家宝主持召开座谈会,征求对政府工作报告和"十一五"规划纲要的意见。

2月3日 香港特区政府任命高层官员。

2月5日 新华社报道:经中央军委批准,解放军总政治部、军委纪委联合发出通知,要求开展学习党章遵守党章贯彻党章维护党章活动。

2月7日 国务院印发《实施〈国家中长期科学和技术发展规划纲要(2006—2020年)〉的若干配套政策》的通知。10日,《人民日报》发表国务院制定的《国家中长期科学和技术发展规划纲要(2006—2020年)》。

2月8日 国务院台湾事务办公室新闻发言人在例行新闻发布会上抨击台湾当局领导人新挑衅。

同日 商务部宣布,"十五"期间,我国商建自由贸易区达9个。

同日 《人民日报》报道:河南鹤壁发掘先商文化遗址。

同日 台"行政院"院会通过《行政院及所属机关政务人员办理财产强制信托实施要点》。

2月9日 著名舞蹈艺术家戴爱莲因病在京逝世,享年90岁。

2月10日 国防科工委月球探测工程中心在京发布,由上海设计师顾永江设计的作品被确定为月球探测工程标识。

同日 第七届"区域立委"单一选区的席次分配名额确定,有全台"一级战区"之称的台北市、台北县各分配8席、12席,桃园县、高雄市也各分得6席和5席。

2月10日—26日 第20届冬奥会在意大利都灵举行。我国选手取得2金4银5铜的成绩,名列奖牌榜第14位。

2月10日、11日 中国外交部副部长戴秉国同日本外务省事务次官谷内正太郎在日本举行第四次中日战略对话。

2月12日 "美国在台协会"宣布外交官杨苏棣将于3月份出任"台北办事处"新任处长,接替已经去职的包道格。3月18日,杨苏棣抵台就职。

2月13日 享誉海内外的著名科学家、中国计算机汉字激光照排技术创始人,杰出的社会活动家,中国人民政治协商会议第十届全国委员会副主席,九三学社中央副主席,中国科学院院士、中国工程院院士,北京大学教授王选同志因病在北京逝世,享年70岁。

2月14日 中共中央举办的省部级主要领导干部建设社会主义新农村专题研讨班在中央党校开班,胡锦涛在开班式上发表讲话。吴邦国、温家宝、贾庆林、吴官正、李长春、罗干出席开班式。曾庆红主持开班式。

2月15日 3名在巴基斯坦俾路支省的中国工程技术人员遭受枪击身亡。国家主席胡锦涛高度关切中国在巴工程技术人员的安危,当日深夜即指示外交部并中国驻巴使领馆,要求巴方缉拿凶手,确保中国在巴人员的安全,妥善处理遇难人员善后事宜。胡锦涛还对中方不幸遇难人员表示深切哀悼,并向遇难者亲属致以诚挚的慰问。

2 月 19 日　"二二八事件政治责任归属研究报告"发表,直指"二二八事件"背后"最大的元凶"是蒋介石,引起岛内的争议和"泛蓝"的强烈抗议。

2 月 21 日　中共中央政治局召开会议,讨论国务院拟提请第十届全国人民代表大会第四次会议审议的政府工作报告稿和审查中华人民共和国国民经济和社会发展第十一个五年规划纲要草案稿。

同日　中共中央政治局进行第二十九次集体学习,内容是世界产业结构调整的趋势和我国加快转变经济增长方式的战略抉择。

2 月 24 日　国务院在北京召开第四次廉政工作会议,温家宝发表讲话。

同日　"美国在台协会"(AIT)宣布由薄瑞光出任理事主席。

2 月 24 日—25 日　国务院召开全国城市社区卫生工作会议,全面部署发展城市社区卫生服务工作。

2 月 26 日　新华社报道:国务院最近发布四件公共卫生类突发事件专项应急预案。四件预案是:国家突发公共卫生事件应急预案,国家突发公共事件医疗卫生救援应急预案,国家突发重大动物疫情应急预案,国家重大食品安全事故应急预案。

2 月 27 日　在岛内外强烈反对下,陈水扁仍继续主持"国安"高层会议,决定终止"国家统一委员会"运作和"国家统一纲领"适用。

2 月 28 日　国家主席胡锦涛在会见瑞士国防部长施密德时重申,反对"台独"分裂势力及其活动,维护台海和平稳定,是我们坚定不移的意志和决心。我们将继续努力争取和平统一的前景,但决不允许把台湾从祖国分裂出去。

同日　中共中央台湾工作办公室、国务院台湾事务办公室授权就陈水扁决定中止"国统会"运作和"国统纲领"发表声明。

同日　联合国在利比里亚绥德鲁市举行授勋仪式,隆重表彰中国第三批驻利比亚维和官兵在执行联合国维和行动中作出的突出贡献。558 名中国维和部队官兵和 12 名中国驻利维和参谋军官、军事观察员被授予联合国维和勋章。

3 月 1 日　国务院新闻办举行新闻发布会,会上,中央保持共产党员先进性教育活动领导小组负责人在回答记者提问时介绍,截至 2005 年底,全国共产党员总数已经达到 7080 万人。全国目前有党的基层组织 352 万个,其中基层党委 17 万个、总支部 21 万个、支部 314 万个。

同日　2006 年是我国农村五保供养制度建立 50 周年,新修订的《农村五保供养工作条例》正式施行,标志着我国农村五保供养制度进入了一个新阶段。

同日　台湾各县市议会正副议长选举结束,国民党拿下 23 个县市中 17 个议会议长席次。

3 月 3 日—13 日　全国政协十届四次会议在北京举行。

同日　新华社报道:中央军委日前颁发《建立健全军队惩治和预防腐败体系实施意见》。

3 月 4 日　胡锦涛在参加全国政协十届四次会议民盟、民进联组讨论时指出,要引导广大干部群众特别是青少年树立社会主义荣辱观：坚持以热爱祖国为荣、以危害祖国为耻，以服务人民为荣、以背离人民为耻，以崇尚科学为荣、以愚昧无知为耻，以辛勤劳动为荣、以好逸恶劳为耻，以团结互助为荣、以损人利己为耻，以诚实守信为荣、以见利忘义为耻，以遵纪守法为荣、以违法乱纪为耻，以艰苦奋斗为荣、以骄奢淫逸为耻。

同日　中央军委颁布《中国人民解放军司令部条例》，自2006年4月1日起施行。

3月5日　国民党"立法院"党团表示，为防止陈水扁"违法滥权"，不排除发动修正"公投法"，拿掉第十七条"防御性公投"条款，取消"总统"发动"公投"权限，避免陈水扁以"新宪公投"再次绑"总统"选举。亲民党"立法院"党团对此表示赞同。

3月5日—14日　十届全国人大四次会议在北京举行。会议讨论并批准通过了温家宝作的政府工作报告，会议表决通过了关于国民经济和社会发展第十一个五年规划纲要的决议等。

3月7日　法国总理德维尔潘夫妇在总理府接见中国驻法国大使馆女性工作人员和随任家属。

3月9日　国务院新闻办公室公布《2005年美国的人权记录》白皮书。

3月11日　嘉义市举行"立委"补选，国民党候选人江义雄当选。

3月12日　自2月28日至今，中国共产党代表团访问黎巴嫩、也门和沙特阿拉伯。

同日　被台湾当局指为"三一九枪击案"主嫌、已自杀身亡的陈义雄家属召开记者会翻供，质疑警方在侦破过程中造假，指控检警方面以非法胁迫手段取得口供。

同日　国民党在台北市举行以"人民做主拼生活，统独休兵救台湾"为诉求的大游行。

3月14日　针对台湾当局玩弄"终统"字眼，美国国务院副发言人表示，"美国没有兴趣日复一日地与台湾玩文字游戏"，"美国立场十分明确，就是要求陈水扁必须坚守包括就职演说、'四不'及对'国统会'所做过的承诺"。

3月15日—16日　第七次中国—东盟联合合作委员会会议在广西南宁举行。

3月18日　中共代表团赴布鲁塞尔，对欧洲社会党进行友好访问。

同日　新华社报道：据农业部统计，2005年以来，我国共发生35起高致病性禽流感疫情，共有19.4万只禽发病，死亡18.6万只，扑杀2284.9万只，目前，所有疫情都已扑灭。

同日　"台独"团体"民主和平护台湾大联盟"举办"护民主、反吞并"大游行。

3月19日　亲民党和"反军购大联盟"举行"全民向扁呛声"活动。

同日　陈水扁下令撤除所有军事营区内蒋介石、蒋经国铜像。

3月21日　《人民日报》发表《全民科学素质行动计划纲要》（2006—2010—2020年）。

同日　财政部、国家税务总局联合下发通知，从4月1日起，对我国现行消费税的税目、税率及相关政策进行调整。此次政策调整是1994年税制改革以来消费税最大规模的一次调整。

3月21日—22日　俄罗斯联邦总统普京对我国进行国事访问，并出席"俄罗斯年"开幕式和中俄经济工商界高峰论坛开幕式。胡锦涛与普京举行会谈。会谈后，两国元首签署了《中华人民共和国与俄罗斯联邦联合声明》，还出席了外交、投资、交通、通讯、银行等领域合作文件的签字仪式。吴邦国、温家宝分别会见普京。

3 月 24 日　《人民日报》报道：由共青团中央、中央文明办、中央外宣办、国家广电总局等部委指导，"我们的文明"系列活动组委会主办的"树立社会主义荣辱观"主题网站（http://rrg.china5000.org.cn）正式启动。

3 月 26 日　经国务院批准，国家发展改革委决定将汽油和柴油出厂价格每吨分别提高 300 元和 200 元，同时建立对部分弱势群体和公益性行业给予适当补贴的机制。

同日　经中央军委批准，解放军四总部日前联合颁发《中国人民解放军专业技术人才奖励规定》。

3 月 27 日　胡锦涛主持召开中央政治局会议，研究促进中部地区崛起工作。

同日　胡锦涛主持中共中央政治局第三十次集体学习，内容是国外安全生产的制度措施和加强我国安全生产的制度建设。

3 月 28 日　《人民日报》发表《国务院关于解决农民工问题的若干意见》。

3 月 28 日—30 日　全国文化体制改革会议在北京召开。

3 月 29 日　民进党"立委"林为洲表示，由于对台湾政党对立、政治恶斗失望，他决定退党。

3 月 31 日　国家主席胡锦涛会见日本日中友好七团体负责人。

4 月 1 日　温家宝签署第 463 号国务院令，公布《血吸虫病防治条例》。13 日，《人民日报》报道：中外科学家联手攻关，1300 多个血吸虫特有基因被找到。

同日　香港特区政府内地事务联络办公室开始正式运作。

同日　全国地方志系统表彰先进会

议在京举行。

同日　第二次全国残疾人抽样调查将历时两个月，自即日起到 5 月 31 日。

同日　中国选手王和、付天余在美国举行的世界短道速滑锦标赛女子 500 米比赛中分获金、银牌。

同日　国民党提名的邝丽贞当选台东县长。

4 月 1 日—8 日　温家宝访问澳大利亚、斐济、新西兰、柬埔寨，并出席"中国—太平洋岛国经济发展合作论坛"首届部长级会议开幕式。温家宝与澳大利亚总理霍华德举行了会谈。两国签署了《中澳和平利用核能合作协定》、《核材料转让协定》、《中澳关于刑事司法协助的条约》等双边文件。温家宝与斐济总理恩加拉塞举行了会谈。两国签署了政府经济合作协定，发表了《中华人民共和国政府和斐济群岛共和国政府联合新闻公报》。温家宝与新西兰总理克拉克举行了会谈。两国签署了《中新刑事司法协助条约》、《中新政府文化协定》等双边合作文件。温家宝与柬埔寨首相洪森举行会谈，并共同出席了两国政府经济技术合作协定等双边合作文件的签字仪式，以及中方援建的柬政府办公大楼奠基仪式和甘再水电站象征性开工仪式。

4 月 2 日　《中华人民共和国政府与日本国政府海关互助与合作协定》在京签署。

4 月 2 日—7 日　土库曼斯坦总统萨帕尔穆拉特·尼亚佐夫访问我国。

同日　"执政能力与建设社会主义和谐社会"研讨会在中国延安干部学院举行。

4 月 3 日　我国自主研发的 l—15 猎鹰高级教练机在南昌正式亮相。

同日　我国"探月工程"40 米射电望

远镜主体工程在昆明竣工。

同日　在覆盖保护近三年后,西安半坡遗址重新对外开放。

同日　马英九与陈水扁举行"扁马会",但没有达成任何共识。

4月5日　"军购案"第五十次在"立法院"闯关失败。国民党表示,"拒不接受潜舰、爱国者三型导弹、P—3C反潜机这三项由美国提出、台湾被动接受的军购"。

4月6日　台"司法院"副院长、"大法官"城仲模因桃色事件请辞。

4月7日　陈水扁亲信、前"总统府"秘书长陈哲男因"政治献金弊案"被收押。

4月11日　第十七届中美商贸联委会在美国首都华盛顿举行。双方同意,在中美商贸联委会框架下成立旨在推动中美高科技贸易的"中美高科技与战略贸易工作组",继续开展"非正式钢铁对话",启动并加强知识产权保护合作机制,进一步加强旅游合作。双方还就中方有条件恢复进口美国牛肉,美方推动进口中国熟制禽肉解禁等达成共识。

同日　台"立法院"首度行使"检察总长"同意权,国、亲两党"立委"联手否决了"检察总长"谢文定人事任命案。

同日　台"立法院"三读通过《三一九枪击事件真相调查特别委员会条例》修正案。

4月13日　中共中央政治局常委李长春参观在中国国家博物馆举办的"三峡移民精神颂"展览。

4月14日—15日　两岸经贸论坛在北京举行。中共中央政治局常委、全国政协主席贾庆林和中国国民党荣誉主席连战出席论坛开幕式。贾庆林作了题为"以民为本,深化合作,共同开创两岸经贸互利双赢的新局面"的演讲。连战发表了题为"和平繁荣,共同期望"的演讲。论坛形成了"两岸经贸论坛共同建议"的文件。

4月14日—15日　两岸经贸论坛在北京举行,通过"共同建议"。中共中央台湾工作办公室主任陈云林受权宣布大陆未来进一步"促进两岸交流合作、惠及台湾同胞的15项政策措施"。

4月16日　中共中央总书记胡锦涛在北京会见前来参加两岸经贸论坛的中国国民党荣誉主席连战和台湾各界人士。胡锦涛就推动两岸关系和平发展提出四点建议。

同日　国家旅游局、公安部、国务院台湾事务办公室联合发布了《大陆居民赴台湾地区旅游管理办法》。该办法自发布之日起施行。

同日　受蒙古气旋南部偏西风的影响,我国内蒙古地区中西部、西北地区中东部和华北北部部分地区出现大范围浮尘天气。这是自2003年以来,我国北方地区出现最大范围的强浮尘天气。

同日　中共中央总书记胡锦涛与国民党荣誉主席连战举行二次"胡连会",胡锦涛就推动两岸关系和平发展提出四点建议。

4月17日　国家旅游局、公安部、国务院台办联合发布《大陆居民赴台湾地区旅游管理办法》。

4月17日—18日　第六次全国环境保护大会在北京召开,温家宝总理出席会议并发表重要讲话。

4月18日　国务院西部地区开发领导小组召开第四次全体会议。

4月18日—29日　胡锦涛访问美国、沙特阿拉伯、摩洛哥、尼日利亚和肯尼亚五国。胡锦涛主席于4月18日—21日对美国进行国事访问。其间,胡锦涛主席访问了西雅图、华盛顿等城市,还在耶鲁大学发表演讲。访问期间,胡锦涛与美国总统布什举行了务实、建设性的会谈,就中美关系和共同关心的重大国际和地区问题深入交换了意见,达成重要共识。胡锦涛同沙特阿拉伯阿卜杜拉国王举行了会谈。双方就加强两国各领域友好合作、推动两国战略性友好合作关系继续发展达成重要共识,并签署了有关合作的文件。胡锦涛同摩洛哥国王穆罕默德六世举行了会谈。双方表示,中摩关系已经进入新的发展阶段,将共同努力推动两国各领域友好合作继续深入发展。双方签署了经贸、科技、文化、卫生、旅游等领域合作协议。胡锦涛同尼日利亚总统奥巴桑乔举行了会谈。双方就发展中尼战略伙伴关系及共同关心的国际和地区问题深入交换了意见,同意在总结经验的基础上,共同谋划两国关系发展战略规划,推动中尼战略伙伴关系不断深入发展。两国签署了经贸、文化、卫生等领域的合作文件。胡锦涛同肯尼亚总统齐贝吉举行了会谈。双方表示将共同致力于发展中肯长期稳定、互利互惠的友好合作关系,继续深化双方各领域友好合作,并签署了经贸、文化、教育等领域的合作文件。

4 月 26 日　国务院召开常务会议,研究推进天津滨海新区开发开放的意见。

同日　上海合作组织成员国国防部长会议在中国北京举行。根据会议联合公报,上合组织成员国将于 2007 年在俄罗斯联邦境内举行联合反恐军事演习。

同日　新华社报道:国务院办公厅最近印发《保护知识产权行动纲要(2006—2007 年)》。

4 月 27 日　新华社报道:中共中央、国务院前不久转发《中央宣传部、司法部关于在公民中开展法制宣传教育的第五个五年规划》。

4 月 29 日　全国人大常委会批准中

国与西班牙签署的引渡条约。这是中国与欧美发达国家之间的第一个引渡条约。在中国所有对外引渡条约中,这个条约首次出现涉及死刑问题的条款。

同日　全国人大常委会会议表决通过农产品质量安全法,这部法律将于今年11 月 1 日起施行。

5 月 1 日　温家宝总理专程来到首钢总公司,和首钢工人共度五一国际劳动节。

同日　新华社报道:解放军总政治部日前发出通知,要求全军和武警部队深入学习贯彻胡锦涛总书记《牢固树立社会主义荣辱观》重要文章。

5 月 2 日　陈水扁约见"美国在台协会"台北办事处处长杨苏棣,宣称美方必须同意他"过境纽约,否则就不过境美国"。对此,美国强硬维持陈水扁"过境美国本土以外"的原案,并表示"否则以后过境就免谈"。

5 月 3 日　《人民日报》报道:共青团中央、全国青联日前作出决定,授予在改革开放和社会主义现代化建设中作出优异成绩和突出贡献的 10 名青年第十届"中国青年五四奖章"。8 日,第十届"中国青年五四奖章"颁奖座谈会在京举行,王兆国出席并讲话。

同日　"台肥"前董事长范振宗举行记者会,大曝陈水扁妻子吴淑珍及亲信介入该公司内部运作的内幕,并直指陈水扁会被围绕在身边的"一妻二秘三师"害死。

5 月 4 日　温家宝总理专程来到北京师范大学,亲切看望青年学生,与大家共度五四青年节。

同日　陈水扁启程"出访"中南美洲,由于"赌气"不接受美国的"过境"安排,所谓的"兴扬之旅"成为"迷航之旅"。

5 月 8 日　新华社报道:中共中央办

公厅、国务院办公厅近日印发《2006—2020年国家信息发展战略》。

5月9日 涉及焚化炉兴建弊案的云林县前县长张荣味二审获判无罪。

5月10日 国民党"立委"邱毅公开点名陈水扁女婿、台大医院骨科医生赵建铭，涉嫌台湾土地开发投资公司股票内线交易，短期内牟取巨额非法利益。17日，民进党中央发表措辞严厉的五点声明，强烈谴责赵建铭及其父赵玉柱，要求两人向民进党、陈水扁以及全体民众道歉。18日，赵建铭宣布退出民进党。24日，检调机关约谈赵建铭一家五人，认定赵建铭涉嫌违反"证券交易法"。25日，赵建铭被收押。

5月11日 新华社报道：教育部、国务院纠风办、监察部、国家发改委、财政部、审计署、新闻出版总署联合下发了2006年治理教育乱收费工作的实施意见。

同日 台"金管会"主委龚照胜被检举在任"台糖"董事长时，涉嫌"台糖"兰花咖啡馆采购案等三起图利案，遭台检调机关约谈后交保候传。12日，"行政院"决定主动将龚停职，但龚迟迟不肯宣布自动辞职。

5月12日 建设部发布《关于严格限制在风景名胜区内进行影视拍摄等活动的通知》。

同日 上海交通大学向新华社记者通报了"汉芯"系列芯片涉嫌造假的调查结论与处理意见。调查显示，陈进在负责研制"汉芯"系列芯片过程中存在严重的造假和欺骗行为，以虚假科研成果欺骗了鉴定专家、上海交大、研究团队、地方政府和中央有关部委，欺骗了媒体和公众。上海交大决定，撤销陈进上海交大微电子学院院长职务；撤销陈进的教授职务、任职资格，解除其教授聘用合同。

5月13日 新华社报道：中宣部、统战部、教育部日前联合决定，在广大知识分子和统一战线各界人士中开展向王选同志学习活动。

5月15日 彰化县地方法院以共同贪污罪，将彰化县议会议长白鸿森及其前机要秘书罗道坚各判刑8年，剥夺政治权利4年，追缴相关款项逾89万元新台币。

同日 台"行政院"推动召开的"台湾经济永续成长会议"举行首次预备会议，将原名改为"台湾经济永续发展会议"。

5月17日 国务院下发《关于完善大中型水库移民后期扶持政策的意见》。

5月17日—30日 吴邦国访问罗马尼亚、摩尔多瓦、希腊和俄罗斯，并出席上海合作组织成员国首次议长会议。

5月18日 新华社北京讯，中央纪委、中央组织部最近发出《关于在地方党委换届工作中进一步严肃组织人事纪律的通知》。

5月19日 中央精神文明建设指导委员会下发《关于深入学习实践社会主义荣辱观大力加强思想道德建设的意见》。

5月19日—23日 联合国秘书长安南正式访华，胡锦涛、温家宝、唐家璇会见了安南。

5月20日 14时，三峡坝顶上激动的建设者们见证了大坝最后一方混凝土浇筑完毕的历史性时刻。至此，世界规模最大的混凝土大坝终于在中国长江西陵峡全线建成。三峡大坝是三峡水利枢纽工程的核心，最后海拔高程为185米，总浇筑时间为3080天。建设者在施工中综合运用了世界上最先进的施工技术，高峰期创下日均浇筑2万立方米混凝土的世界纪录。

5月21日 亲民党主席宋楚瑜与马英九举行"马宋会"，达成反对"修宪"与不参加"经续会"的共识。

5月22日　在日内瓦召开的第59届世界卫生大会(WHA)再次否决了极少数国家提出的所谓"邀请台湾作为观察员参加WHA"的提案,这是台湾第十次闯关失败。

5月23日—26日　中国科学技术协会第七次全国代表大会在北京举行。韩启德当选为中国科学技术协会第七届全国委员会主席。周光召被授予中国科协名誉主席职务。邓楠当选为中国科协书记处第一书记。

5月24日　国民党主席马英九在中常会上决定将《中央日报》停刊。

5月25日　新华社报道:经胡锦涛主席批准,中央军委近日下发了《关于提高各级党委贯彻落实科学发展观能力的措施》。

同日　中国—哈萨克斯坦石油管道正式对华输油,这标志着我国首次实现以管道方式从境外进口原油。

5月26日　中共中央政治局召开会议,研究改革收入分配制度和规范收入分配秩序问题。

同日　胡锦涛主持中共中央政治局第三十一次集体学习,内容是国际知识产权保护和我国知识产权保护的法律和制度建设。

5月28日　为形成全民罢免陈水扁的压力,亲民党发起"总统下台"公民联署活动。

5月29日　国务院办公厅转发建设部等九部门《关于调整住房供应结构稳定住房价格的意见》。

5月30日　《人民日报》报道:自2007年1月1日起,全国公安民警将一律使用人民警察证作为民警身份凭证,各地自行制发的警察身份证件停止使用。其中,北京、天津、上海、重庆4个直辖市以及广东、陕西两个省的部分基层和一线公安民警于2006年5月31日率先配发使用人民警察证。《公安机关人民警察证使用管理规定》于2006年6月1日起施行。

5月31日　胡锦涛在北京市考察少年儿童工作,同孩子们一起庆祝节日。并代表党中央,向全国少年儿童致以节日的祝贺,向广大少年儿童工作者表示衷心的感谢。

5月31日—6月1日　中国—阿拉伯国家合作论坛第二届部长级会议在北京举行,会议的主题是建立中阿新型伙伴关系。22个阿拉伯国家的外长、部长或部长代表及阿拉伯国家联盟(阿盟)秘书长出席会议。会议通过并签署了《中国—阿拉伯国家合作论坛第二届部长级会议公报》、《中国—阿拉伯国家合作论坛2006年—2008年行动执行计划》、《中华人民共和国和阿拉伯国家联盟关于环境保护合作的联合公报》及《中阿企业家大会谅解备忘录》等文件。

6月1日　陈水扁亲信、"总统府"副秘书长马永成、"国安会"咨询委员林锦昌下台。

同日　国民党主席马英九表示,他"不是永远反对罢免案,而是说弊案还在向上发展、延烧,等到烧到陈水扁夫妇时,相信会有更多的人,包括民进党的人站出来支持,罢免案才有可能成功"。

6月3日　新华社报道:中山大学朱熹平教授和旅美数学家、清华大学兼职教授曹怀东破解了国际数学界关注上百年的重大难题——庞加莱猜想。

6月4日　中共中央总书记、国家主席、中央军委主席胡锦涛发唁电,对3日空军运输机遇难全体人员表示深切的哀悼,并向遇难人员亲属表示亲切的慰问。据空军提供的消息，6月3日下午在安徽某地失事坠毁的军用运输机上的40名人员不幸全部遇难。

6月5日 中国科学院第十三次院士大会和中国工程院第八次院士大会在人民大会堂隆重开幕。

6月6日 《人民日报》发表国务院新闻办公室发布的《中国的环境保护（1996—2005年）》白皮书。

同日 国民党"立委"邱毅表示，他手上的资料足以证明陈水扁夫人吴淑珍"不但涉嫌收礼券，之后更大胆卖礼券，因此陈水扁应该立即下台"！

6月7日 国务院总理温家宝主持召开国务院常务会议，讨论并原则通过《中华人民共和国反垄断法（草案）》。会议决定，《中华人民共和国反垄断法（草案）》经进一步修改后，由国务院提请全国人大常委会审议。

同日 国民党主席马英九下令启动罢免陈水扁机制。亲民党主席宋楚瑜表示，不管是"罢免"还是"倒阁"，亲民党都可以接受，"只要陈水扁下台，就算亲民党泡沫化，也在所不惜"。

6月8日 新华社受权播发了国务院残疾人工作委员会制定的《中国残疾人事业"十一五"发展纲要（2006—2010年）》。

6月10日 中国的第一个"文化遗产日"，主题是"保护文化遗产，守护精神家园"。国务院最近发出通知，公布了第一批国家级非物质文化遗产名录共计518项。

同日 台湾举行基层村里长选举，国民党拿下2197席，与四年前所获席次相比有所减少，民进党由四年前的125席增加至184席；亲民党、新党、台联党则继续失去发展空间。

6月11日 数万名"泛蓝"阵营的支持者在"总统府"前凯达格兰大道上举行"为检调打气、彻查弊案"的"呛扁"抗议活动。亲民党主席宋楚瑜和国民党主席马英九参与活动。

6月12日 台"立法院"通过在"临时会"时启动罢免陈水扁案。13日至30日，"立法院"召开临时会，主要处理"罢免陈水扁"等14项议案，并将"罢免案"排入首项议程。27日，"立法院"记名投票"罢免案"，在发放的133张票中，同意票119张，弃权票14张，反对票为零，未达到全体"立委"三分之二即148票的门槛，"罢免案"未能成立。

同日 成立三年之久的"泛紫联盟"宣布解散。

6月13日 劳动和社会保障部、国家统计局联合发布2005年劳动和社会保障事业发展统计公报。公报显示，2005年我国就业和社会保障事业迈出新步伐，全国就业人员75825万人，同比增加625万人。全年城镇单位在岗职工平均工资18364元，同比增加14.6%，扣除物价因素，实际增长12.8%。

6月14日 胡锦涛会见哈萨克斯坦总统纳扎尔巴耶夫、塔吉克斯坦总统拉赫莫诺夫、乌兹别克斯坦总统卡里莫夫。会见后，中国同上述三国分别签署了有关的合作文件。

同日 国务院总理温家宝主持召开国务院常务会议，分析当前经济形势，研究部署近期经济工作。

同日 国民党中央党部首度在新迁入的八德大楼举行中常会。

6月15日 上海合作组织成员国元首理事会第六次会议在上海举行。胡锦涛作为主席国元首主持会议并发表了题为《共创上海合作组织更加美好的明天》的讲话。会议结束后签署了《上海合作组织五周年宣言》,发表了《上海合作组织成员国元首理事会第六次会议联合公报》等文件。

同日　胡锦涛会见俄罗斯总统普京。双方就双边关系和共同关心的国际和地区问题交换了意见。两国签署了有关的合作文件。

6 月 16 日　胡锦涛会见巴基斯坦总统穆沙拉夫、蒙古总统恩赫巴亚尔、伊朗总统内贾德、印度政府代表石油和天然气部长德奥拉。

同日　胡锦涛出席在哈萨克斯坦阿拉木图举行的亚洲相互协作与信任措施会议成员国领导人会议。本次峰会的议题是讨论亚洲和世界安全与合作。18 个国家参加此次峰会。胡锦涛在会上发表了题为"携手建设持久和平、共同繁荣的和谐亚洲"的讲话。

同日　在 SOGO 礼券案中被封为"贵妇团长"的李碧君通过友人坦承,2005 年 9 月向 SOGO 订的 500 万元礼券是由吴淑珍代订,SOGO 提供九折优惠并派人送到玉山官邸,然后她再派司机去官邸取回。

6 月 16 日—21 日　应美军太平洋总部司令法伦上将的邀请,中国首次派团赴美观摩美军事演习。

6 月 17 日　"泛绿"阵营在台北市、高雄市和台南市等地共同发起"挺扁"大集会,发表"保卫本土民主政权"的行动宣言。

6 月 17 日—24 日　温家宝总理对埃及、加纳、刚果共和国、安哥拉、南非、坦桑尼亚和乌干达七国进行正式访问。

6 月 22 日　"台湾红"董事长李慧芬称,她的堂姐李碧君每年都拿走自己在台湾凯悦饭店消费的二三百万元新台币的发票送给吴淑珍使用。此言一出,无疑等同向台湾政坛投下一颗震撼弹。

6 月 23 日　中国人民银行首次发布《2005 年国际金融市场报告》。

6 月 24 日　中央军委举行仪式,晋升10 位高级军官上将军衔。

6 月 24 日—27 日　全军军事训练会议在北京召开。27 日,胡锦涛发表重要讲话。

6 月 25 日　葫芦岛百万日侨大遣返60 周年回顾暨中日关系展望论坛在辽宁省葫芦岛市举行,国务委员唐家璇和日本前首相村山富市共同出席开幕式。唐家璇在开幕式上发表了题为"以史为鉴,面向未来,努力推动中日世代友好"的讲话。

6 月 26 日　中国政府网发布了《国务院关于保险业改革发展的若干意见》。

同日　首届全军十大爱军精武标兵颁奖典礼在北京隆重举行。

6 月 28 日　新华社报道:中共中央办公厅近日印发《关于加强党员经常性教育的意见》、《关于做好党员联系和服务群众工作的意见》、《关于加强和改进流动党员管理工作的意见》和《关于建立健全地方党委、部门党组(党委)抓基层党建工作责任制的意见》,并发出通知要求各地区各部门结合实际认真贯彻落实。

同日　新华社受权发布《国务院关于加快振兴装备制造业的若干意见》。

同日　在中国战略导弹部队(第二炮兵)组建 40 周年之际,中共中央总书记、国家主席、中央军委主席胡锦涛到第二炮兵机关考察。

同日　台检方审计部门赴"总统府"查核"总统国务机要费"账目。

6 月 29 日　胡锦涛主持中共中央政治局第三十二次集体学习。这次集体学习安排的内容是坚持科学执政、民主执政、依法执政。

同日　十届全国人大常委会第二十

二次会议表决通过了《中华人民共和国刑法修正案（六）》和修订后的《中华人民共和国义务教育法》，国家主席胡锦涛签署第 51 号和第 52 号主席令予以公布。

6 月 30 日 庆祝中国共产党成立 85 周年暨总结保持共产党员先进性教育活动大会在北京举行。

7 月 1 日 青藏铁路通车庆祝大会在青海省格尔木市和西藏自治区拉萨市同时举行。胡锦涛专程前往格尔木市出席庆祝大会并发表讲话。青藏铁路西宁至拉萨全长 1956 公里。其中，西宁至格尔木段 814 公里已于 1984 年投入运营。2001 年 6 月开工修建的格尔木至拉萨段，全长 1142 公里，海拔 4000 米以上的地段达 960 公里，最高点海拔 5072 米，经过连续多年冻土地段 550 公里，是世界铁路建设史上最具挑战性的工程项目。

7 月 3 日 马英九在国民党十七全一中全会上表示，"叫陈水扁下台是国民党的目标"，但对于是罢免陈水扁还是"倒阁"仍要"谋定而后动"。

同日 亲民党在台北市举行"全民呛扁"活动，要求陈水扁下台，上万民众响应号召参加游行。

7 月 4 日 科技部、卫生部、国家中医药管理局在北京发布《中医药国际科技合作规划纲要》。第一个由中国政府倡议制定的国际大科学工程研究计划——"中医药国际科技合作计划"正式启动。

同日 太平洋流通公司董事长李恒隆和太平洋建设集团总经理章启明对话录音带曝光，透露新光医院副院长黄芳彦在 SOGO 股权转移的关键日约好与陈水扁等人见面，吴淑珍也涉入相关案情。

7 月 5 日 经国务院批准，中国人民银行决定上调存款类金融机构人民币存款准备金率 0.5 个百分点。农村信用社（含农村合作银行）的存款准备金率暂不上调。

7 月 6 日 新华社报道：中共中央日前在中南海召开党外人士座谈会，就改革收入分配制度和规范收入分配秩序听取各民主党派中央、全国工商联领导人和无党派人士的意见和建议。

同日 新华社报道：党中央、国务院在全面分析经济社会发展形势，统筹协调各方面利益关系的基础上，经过反复研究，决定改革公务员工资制度，规范公务员收入分配秩序；同时，改革和完善事业单位工作人员收入分配制度，合理调整机关事业单位离退休人员待遇，完善机关工人工资制度，适当提高企业离退休人员基本养老金标准、各类优抚对象抚恤补助标准、城市低保对象补助水平。

同日 新光医院副院长黄芳彦向检方承认，他"帮助太平洋流通公司董事长李恒隆向官邸刺探消息，事后收了李 100 多万元新台币 SOGO 礼券"。9 日，台检方在台大医院以证人身份秘密讯问吴淑珍，吴坦承收过 10 万元新台币 SOGO 礼券，但与 SOGO 案无关，也"没有介入 SOGO 经营权"。

7 月 10 日 中国就朝鲜试射导弹问题向联合国安理会散发了一份主席声明草案，呼吁有关各方共同努力尽早恢复六方会谈。12 日，中国和俄罗斯就朝鲜试射导弹问题联合向安理会成员国散发了一项决议草案，强烈敦促朝鲜立即无条件重返六方会谈，并呼吁有关各方共同努力以促成六方会谈尽早恢复。15 日，联合国安理会以 15 个成员国一致赞同的方式通过了关于朝鲜试射导弹问题的 1695 号决议。

同日 台北地检署侦结台开内线交易案。陈水扁女婿赵建铭被求刑 8 年，陈水扁亲家赵玉柱被求刑 10 年，其余被告各被求刑不等。之后,赵建铭以新台币 1000万元交保候传。

7 月 10 日—12 日　全国统战工作会议在北京举行。

7 月 12 日　在 2006 年瑞士洛桑田径超级大奖赛男子 110 米栏比赛中,刘翔以 12 秒 88 的成绩打破了英国运动员保持 13年之久的世界纪录并夺取该项目冠军。原来的世界纪录 12 秒 91 由英国的科林·杰克逊于 1993 年 8 月在斯图加特创造。

7 月 15 日　受今年第四号强热带风暴"碧利斯"影响,福建、湖南、广东、江西、浙江等省发生强降雨过程,湖南、广东、福建一些河流发生超过保证水位或警戒水位的洪水,其中湘江支流耒水、北江支流武水发生有记录以来的最大洪水,造成了严重的洪涝灾害。22 时左右,京广铁路张滩至乐昌区间水害严重,造成上下行线路中断,铁路运输严重受阻,湘鄂数万名旅客滞留。党中央、国务院高度重视抗洪抢险工作。国家防总、长江防总和珠江防总已分别派出工作组赶赴灾区。财政部紧急下拨 6500 万元特大防汛补助费支持湖南、广东、福建、江西等地抢险救灾。

同日　亲"绿"学者发起"倒扁"联署声明,呼吁陈水扁为贪腐辞职下台,引起民进党巨大震撼。16 日,陈水扁宴请多位重量级"独"派人士寻求支持,承诺未来两年内会认真推动包括"制宪"在内的 2004年许诺的竞选政见。

7 月 15 日—16 日　温家宝在河南考察工作。

7 月 16 日—18 日　国家主席胡锦涛赴俄罗斯圣彼得堡出席八国集团同发展中国家领导人对话会议。16 日下午,胡锦涛同美国总统布什会晤,就中美关系和共同关心的重大国际及地区问题深入交换了意见。17 日,八国集团同中国、巴西、印度、南非、墨西哥、刚果(布)6 个发展中国家领导人对话会议在圣彼得堡举行。会议讨论了全球能源安全、传染病防治、教育、非洲发展等议题。同日,胡锦涛还会晤了俄罗斯总统普京、法国总统希拉克、意大利总理普罗迪,就深化双边合作和重大国际和地区问题深入交换了意见。同日,胡锦涛同俄罗斯总统普京、印度总理辛格在圣彼得堡举行会晤,就加强三国合作交换了意见。

7 月 18 日　国民党"立委"邱毅指吴淑珍涉嫌以他人发票报销"国务机要费"。21 日,邱毅前往台"高检署查缉黑金行动中心"告发陈水扁夫妇涉嫌贪渎。

7 月 20 日　台北地检署侦办台北市北投空中缆车 BOT 工程弊案,"内政部"政务次长颜万进因涉嫌向厂商收贿被羁押。

7 月 21 日　中共中央在中南海召开党外人士座谈会,就当前经济形势和经济工作听取各民主党派中央、全国工商联领导人和无党派人士的意见和建议。

7 月 22 日　云南省盐津发生里氏 5.1级地震后,云南省及昭通市、盐津县等各级政府迅速组织力量投入抗震救灾,全力抢救受伤人员,妥善安排灾民生活。据昭通市委、市政府统计核实情况,地震共造成 22 人死亡,106 人受伤。地震的直接经济损失达 3 亿多元。

同日　民进党召开为期两天的"全代会",陈水扁未参加,但大会"挺扁"的气氛浓厚。23 日,新一届民进党中执委、中常委与中评委改选结果揭晓,以"苏系"、"新系"、"绿色连线"组成的"泛苏系"联盟大获全胜,共获得 16 席中执委、5 席中常委、7 席中评委。另外,该会还通过"廉正条例"、"解散派系提案"等提案。

7 月 24 日　胡锦涛主持召开中共中

央政治局会议。会议研究了当前的经济形势和经济工作,决定今年10月在北京召开十六届六中全会研究构建社会主义和谐社会问题。会议还研究了其他问题。

同日 中共中央颁发《关于巩固和壮大新世纪新阶段统一战线的意见》。

同日 经国务院同意,建设部、商务部、国家发展改革委、中国人民银行、国家工商总局、国家外汇管理局联合发布《关于规范房地产市场外资准入和管理的意见》。

7月25日 胡锦涛主持中共中央政治局第三十三次集体学习。这次学习安排的内容是红军长征胜利的回顾和思考。

7月26日 亲"绿"学者因对民进党及陈水扁有关弊案问题的回应相当失望而再度呼吁陈水扁请辞下台。

7月27日 为期两天的"经续会"登场。陈水扁出席致辞并声称,在"台湾优先、投资台湾优先"基本思维与架构下,"拟订两岸经贸政策"。"经续会"共达成516项共同意见,原在"小组会"中被台联党删除的两岸直航与赴大陆投资40%上限等议案列为"其他意见"。

7月28日 河北各界隆重集会纪念唐山抗震三十周年。

7月28日—29日 中共中央总书记、国家主席、中央军委主席胡锦涛在河北唐山市考察工作,深入唐山企业、农村、社区和曹妃甸工业区,了解新唐山建设情况,就贯彻落实科学发展观等问题进行调查研究。

7月29日 国民党举行中常委选举,"立法院"系统占21席,超过总席次31席的三分之二;工商企业界3席,女性10席,新当选9席,但马英九市府系统无人当选。

8月2日 亲民党"立法院"党团发布"讨扁檄文",共列陈水扁三大罪状,呼吁"朝野"共同联署并支持"弹劾陈水扁案"。

8月6日 国务院公布《关于加强节能工作的决定》。

同日 中国外交部长李肇星与乍得外交和非洲一体化部长艾哈迈德·阿拉米分别代表各自政府,在北京签署《中华人民共和国和乍得共和国关于恢复外交关系的联合公报》,决定自2006年8月6日起恢复大使级外交关系。

同日 台湾与乍得同时宣布断绝双方"外交"关系。

8月7日 前民进党主席施明德致函陈水扁,呼吁陈"勇敢认错,鞠躬下台"。10日,施明德表示,将发起"百万人倒扁运动"。12日,施明德宣示,如果捐款"反扁"人数提前达到100万人,他将在9月9日前到"总统府"前静坐,直到陈水扁下台为止。国民党主席马英九表示,国民党不会以党的名义配合施明德等人的"倒扁"运动,但他将全力支持。

8月10日 中共中央文献编辑委员会编辑的《江泽民文选》第一卷、第二卷、第三卷已由人民出版社出版,开始在全国发行。

同日 今年第八号超强台风"桑美"袭击了浙江和福建等地,这是50年来登陆我国大陆的最强台风,破坏力极强,造成了严重危害。据当地政府最新确认,截至8月19日20时,在核心灾区福建省福鼎市死亡人数已上升至218人,失踪74人。截至8月18日,浙江灾区死亡人数达到193人,失踪11人。

8月12日 新华社受权发布《大中型水利水电工程建设征地补偿和移民安置条例》。

同日 新华社报道:根据山西省卫生厅及卫生部赴山西乙脑疫情专家组报告,自7月13日山西运城市报告首发乙脑病例,截至 8 月 12 日,山西运城市累计报告乙脑病例 60 例,其中临床诊断 43 例,实验室确诊 4 例,疑似 13 例,累计报告死亡 19 例。疫情发生后,中央领导高度重视,指示卫生部派出专家组深入运城指导防控工作,疫情得到有效控制。

8 月 13 日　新华社受权发布《国务院关于完善大中型水库移民后期扶持政策的意见》。

8 月 15 日　中共中央在中南海怀仁堂举行学习《江泽民文选》报告会,胡锦涛发表讲话。

同日　我国外交部发表声明,强烈抗议日本首相小泉纯一郎再次参拜靖国神社。

同日　近百名台湾文艺界人士联署致信陈水扁,吁其立即下台。

8 月 16 日　内蒙古新丰电厂项目违规建设和发生的重大施工事故被处理。国务院总理温家宝主持召开国务院常务会议,会议听取了国家发展和改革委、监察部对内蒙古新丰电厂项目违规建设和发生的重大施工事故调查情况的汇报。

同日　台湾当局审定 2006 学年高中历史教材纳入"台独"人士奉为"台湾地位未定论"重要法理基础的《旧金山和约》和《中日和约》。

8 月 18 日　全国环保科技大会在北京召开。会议对未来 5 到 15 年的环境科技工作进行了部署。

同日　中国人民银行宣布,自 19 日起上调金融机构人民币存贷款基准利率。一年期存款、贷款基准利率均上调 0.27 个百分点。央行宣布,金融机构一年期存款基准利率由现行的 2.25% 提高到 2.52%;一年期贷款基准利率由现行的 5.85% 提高到 6.12%;其他各档次存贷款基准利率也相应调整,长期利率上调幅度大于短期利率上调幅度。

8 月 21 日　台联党主席苏进强转述李登辉的立场称,"倒扁呛扁无益于台湾社会","禁止所有台联党员、党籍公职人员参与或介入倒扁活动"。

8 月 21 日—23 日　中央外事工作会议在北京举行。

8 月 21 日—9 月 20 日　由 113 号导弹驱逐舰和 811 号综合补给舰组成的海军出访编队访问了美国、加拿大、菲律宾三国四港。20 日,中国海军舰艇还首次与美国海军举行了海上联合搜救演习。

8 月 22 日　应国家主席胡锦涛邀请,委内瑞拉玻利瓦尔共和国总统乌戈·拉斐尔·查韦斯·弗里亚斯抵达北京,对中国进行为期六天的国事访问。24 日,国家主席胡锦涛与查韦斯举行会谈。

同日　施明德发起"百万人倒扁捐款行动"达到 1 亿元新台币目标,累计捐款人数约 100 万人。28 日,施明德正式宣布 9 月 9 日静坐,并重申活动会持续到陈水扁下台为止。

8 月 23 日—25 日　回良玉副总理先后到江西省新干县、泰和县等地,实地考察集体林权改革情况,并出席在井冈山召开的全国集体林权制度改革现场经验交流会。

8 月 24 日—26 日　中哈联合反恐演习"天山—1 号(2006)"在哈萨克斯坦阿拉木图州和中国新疆维吾尔自治区伊宁市联合举行。这是上海合作组织框架内中哈执法安全部门首次举行的联合反恐演习。

8 月 27 日　十届全国人大常委会第二十三次会议闭幕。会议表决通过了监督法、企业破产法和修订后的合伙企业法,国家主席胡锦涛分别签署第 53 号、第 54 号和第 55 号主席令予以公布。

8月28日 台2007年"国防预算"大幅增加710亿元新台币,达3300多亿元,这是台20年来的最高纪录。

8月28日—9月9日 吴邦国对巴西、乌拉圭、智利进行正式友好访问,并访问总部设在巴西圣保罗的拉美议会。

8月29日 胡锦涛主持召开中共中央政治局会议,研究党员领导干部报告个人有关事项的规定等问题。

同日 胡锦涛主持中共中央政治局第三十四次集体学习,内容是世界教育发展趋势和深化我国教育体制改革。

8月30日 造成牤牛河水污染事件的原因现已查明:20日午夜,吉林省蛟河市吉林长白山精细化工有限公司在异地处理生产废液的运输途中,将约10立方米废液人为倾入松花江支流牤牛河内,致使河水污染。目前,7名肇事者及肇事企业的负责人已被刑事拘留,该厂已被责令停产。吉林市司法部门将严肃追究肇事人员的刑事和民事责任。

8月31日 国务院下发《关于加强土地调控有关问题的通知》。

9月1日—2日 国务院在北京召开全国农村综合改革工作会议。温家宝出席会议并发表了题为"不失时机推进农村综合改革为社会主义新农村建设提供体制保障"的讲话。

9月5日 第三届全国少数民族文艺会演在北京人民大会堂隆重开幕。党和国家领导人胡锦涛、温家宝、贾庆林、曾庆红、李长春、罗干等出席开幕式文艺晚会。来自全国各少数民族的4500多名演职员,定于9月5日至25日在北京分别展演33台优秀节目。

9月7日 我国首次发布绿色GDP报告。国家环保总局和国家统计局向媒体联合发布了《中国绿色国民经济核算研究报告2004》。这是中国第一份经环境污染调整的GDP核算研究报告,标志着中国绿色国民经济核算研究取得了阶段性成果。

同日 台"高检署"召开记者会,证实陈水扁夫妇在"国务机要费案"中涉嫌"伪造文书"及"贪污"罪。

9月9日 "百万人反贪腐倒扁静坐运动"正式登场。数万群众绕行其图腾"纳斯卡线"后正式展开静坐。施明德宣告,"陈水扁不倒,绝不离开凯达格兰大道"。亲民党主席宋楚瑜、国民党主席马英九晚间先后到静坐现场。

同日 马英九举行记者会,提议"二次罢免"陈水扁。

9月9日—16日 温家宝总理对芬兰和塔吉克斯坦进行正式访问,对英国和德国进行工作访问,并出席在赫尔辛基举行的第九次中欧领导人会晤及2006年中欧工商峰会、在汉堡举行的中欧论坛第二次会议和在杜尚别举行的上海合作组织成员国总理第五次会议。

9月12日 首席大法官、最高人民法院院长肖扬在北京宣布,最高人民法院和高级人民法院两级新闻发布体制正式建立。至此,全国各高级人民法院都已设立新闻发言人,加上此前最高人民法院设立的两位新闻发言人,两级法院现共有新闻发言人65位。

同日 第61届联合国大会举行首次会议,一致决定拒绝将所谓"台湾在联合国代表权"等提案列入本届联大议程。

9月13日 中共中央办公厅、国务院办公厅印发《国家"十一五"时期文化发展规划纲要》,并发出通知,要求各地各部门结合实际制订实施方案,认真贯彻落实。

9月14日 陆军部队首次跨区远程机动作战演练在北京军区合同战术训练

基地结束。

9 月 18 日 中共中央台湾工作办公室常务副主任郑立中及有关主管部门负责人与中国国民党副主席江丙坤率领的中国国民党台商服务中心访问团在北京举行了第二次保护台商合法权益工作会谈。双方达成十项共同意见。

9 月 22 日 中央宣传部、中央党校、中央文献研究室、教育部、中国社会科学院和解放军总政治部在北京联合召开学习《江泽民文选》座谈会。

同日 中央纪委、监察部、国务院国资委、工商总局、安监总局、国家煤矿安监局联合召开新闻发布会,通报深入开展清理纠正国家机关工作人员和国有企业负责人投资入股煤矿工作情况。

同日 中国和塔吉克斯坦两国军队首次联合反恐军事演习在塔吉克斯坦哈特隆州库利亚布市举行。这是中国军队首次成建制组织部队赴境外与外军进行联合军事演习。

同日 基隆市长许财利被判 7 年有期徒刑,国民党开除其党籍。

9 月 24 日 中共中央政治局召开会议,审议了中共中央纪律检查委员会《关于陈良宇同志有关问题初核情况的报告》。中央决定,由中共中央纪律检查委员会对陈良宇同志的问题立案检查,免去陈良宇同志上海市委书记、常委、委员职务,停止其担任的中央政治局委员、中央委员职务;韩正同志代理中共上海市委书记职务。

9 月 25 日 中共中央政治局召开会议,讨论十六届五中全会以来中央政治局的工作,研究构建社会主义和谐社会等问题。

9 月 26 日 亲民党提出的二次"罢免案"排进"立法院"院会报告事项。

同日 世界经济论坛(WEF)公布的全球竞争力排名报告显示,台湾从 2005 年的第 8 名退至第 13 名。在 28 日公布的商业竞争力指标报告显示,台湾从全球第 15 名降至第 21 名。

9 月 27 日 温家宝主持召开国务院常务会议严肃处理郑州市违法批准征收占用土地建设龙子湖高校园区问题。

10 月 2 日 台北地检署侦结"太平洋百货经营权争夺案"以及由此衍生的"SOGO 礼券案",前"国票金"董事长林华德、太平洋流通公司董事长李恒隆等 6 名被告,分别依背信、伪造文书等罪起诉求刑。但检方以"证据不足"为由,对涉案的吴淑珍"不予起诉"。

10 月 5 日 商务部新闻发言人就欧盟通过对中国皮鞋采取反倾销措施的决定发表谈话。

同日 台"后备司令"余连发因涉嫌财产申报不实,被移送"法务部"审裁。

10 月 8 日—9 日 日本首相安倍晋三对中国进行为期两天的正式访问,这是安倍就任日本首相以来首次访华,胡锦涛会见了日本首相安倍晋三。

10 月 8 日—11 日 十六届六中全会在北京举行。全会听取和讨论了胡锦涛受中央政治局委托作的工作报告,审议并通过了《中共中央关于构建社会主义和谐社会若干重大问题的决定》。吴邦国就《决定(讨论稿)》向全会作了说明。全会审议并通过了《关于召开党的第十七次全国代表大会的决议》,决定党的十七大于 2007 年下半年在北京召开。

10 月 13 日 国防科工委、总装备部在北京召开中国航天事业创建 50 周年纪念大会。《人民日报》发表国务院新闻办公室的《2006 年中国的航天》白皮书。

同日 国家主席胡锦涛在北京与来

华进行工作访问的韩国总统卢武铉举行会谈。双方就两国关系及共同关心的国际和地区问题深入交换意见,达成了重要共识。

10月10日 "倒扁"总部发动"天下围攻"活动。身穿"倒扁"红衣的亲民党主席宋楚瑜和数名"泛蓝""立委"在"双十节"会场展开活动。

10月11日 第四届台北市长选举开始领表登记。17日,宋楚瑜宣布以"独立候选人身份"参选台北市长。19日,台北市长选举登记结束,除宋楚瑜外,国民党的郝龙斌、民进党的谢长廷、台联党的周玉蔻以及无党籍人士李敖、柯赐海等人也登记参选。

10月13日 二次"罢免陈水扁案"失败。

10月13日—21日 2006年体操世锦赛在丹麦阿胡斯举行。中国队夺得总共14块金牌中的8块,尤其是同时拿到了男团和女团冠军,取得前所未有的好成绩。

10月14日 马英九与宋楚瑜就台北市长选举一事进行协商,但并没有任何结果。

10月15日 第100届中国出口商品交易会开幕式暨庆祝大会在广州隆重举行。中共中央政治局常委、国务院总理温家宝出席大会并作重要讲话。中国政府决定:从第101届开始,广交会更名为中国进出口商品交易会。

10月16日 "伟大壮举辉煌历程——纪念中国工农红军长征胜利70周年展览"在中国人民革命军事博物馆开幕,李长春出席开幕式并剪彩。胡锦涛、江泽民、吴邦国、温家宝、曾庆红、黄菊、吴官正、李长春、罗干先后分别参观了展览。22日,纪念红军长征胜利70周年大会在北京举行,约三千人参加了大会,胡锦涛发表讲话。

同日 台检调单位侦办"中信金并购兆丰金弊案",限制辜仲谅等四人出境。

10月17日 由中共中央台办海研中心与中国国民党国政研究基金会共同举办的两岸农业合作论坛在海南博鳌举行。来自海峡两岸的四百多位农业界人士、专家学者参加。论坛的主题是"加强两岸农业合作,实现两岸农业互利双赢"。在闭幕式上,中共中央台办主任陈云林受财政部、农业部、商务部、交通部等部门的委托,宣布了一系列扩大和深化两岸农业合作的新政策措施,涉及四大方面共20项;中共中央台办常务副主任郑立中宣读了本届论坛通过的共同建议。

10月18日 国务院总理温家宝主持召开国务院常务会议,分析今年前三季度经济形势,研究部署第四季度经济社会发展工作。

同日 台"行政院"通过"国家通讯传播委员会(NCC)组织法"修正案。

10月20日 美国国务卿赖斯抵达北京,开始对中国进行为期两天的访问。访华期间,国家主席胡锦涛、国务院总理温家宝、国务委员唐家璇分别会见赖斯,外交部长李肇星与赖斯举行会谈。双方将就中美关系和朝鲜半岛局势等共同关心的重大国际和地区问题交换意见。

10月22日 国际反贪局联合会第一次年会暨会员代表大会在北京开幕,胡锦涛出席大会并发表讲话。来自137个国家和地区、12个国际组织和机构的近千名代表出席了会议,共商打击贪污贿赂犯罪国际合作大计。

10月23日 胡锦涛主持召开中共中央政治局会议,研究2006—2010年全国干部教育培训规划。

同日　胡锦涛主持中共中央政治局进行第三十五次集体学习,内容是国外医疗卫生体制和我国医疗卫生事业发展。

同日　"反贪倒扁"运动总指挥施明德宣布启动第二阶段"倒扁"行动。

10 月 25 日　"左营"和"马公"两艘"纪德舰"抵达台湾苏澳海军基地,台自 2005 年向美购买的 4 艘"纪德舰"全部到位。

10 月 26 日　中华全国新闻工作者协会第七届理事会第一次会议闭幕。新华社社长田聪明当选新一届中国记协主席。本次大会是在党的十六届六中全会之后,我国新闻界的一次重要会议。大会开幕前,胡锦涛会见全体理事和会议代表,向大会表示热烈祝贺,向全国新闻工作者致以崇高的敬意和诚挚的问候。

同日　中国最大的银行——工商银行在世界最大的首次公开募股(IPO)中募得资金 219 亿美元,这也是首次在香港和上海同时上市。

同日　"美国在台协会台北办事处"处长杨苏棣称,台"立法院"本会期是军购案过关的最后关键。他还强调,"台湾加强军事防备能力的议题不应受岛内政治的挟持;美方会密切注意发展,看谁反对或借此大搞个人政治利益"。杨苏棣的强硬立场立即激起"泛蓝""立委"的强烈反弹。

同日　台"立法院"进行"党产条例"攻防战,民进党提案要求将"政党不当取得党产处理条例草案"送"立法院"院会二读,遭国民党、亲民党、无党籍联盟联手封杀。

10 月 27 日　三峡水库成功实现 156 米蓄水目标,意味着三峡工程由围堰发电期转入初期运行期,防洪、发电、通航等功能开始全面发挥。156 米蓄水完成后,三峡水库防洪库容达 110 亿立方米,将长江中下游的防洪标准提高到百年一遇。

10 月 29 日　我国自行研制的新一代大功率通信广播卫星"鑫诺二号",在西昌卫星发射中心用"长征三号乙"运载火箭发射成功。

10 月 30 日　中国—东盟建立对话关系 15 周年纪念峰会在广西南宁荔园山庄国际会议中心举行,中国国务院总理温家宝与文莱苏丹博尔基亚、柬埔寨首相洪森、印度尼西亚总统苏西洛、老挝总理布阿索内、马来西亚总理巴达维、缅甸总理梭温、菲律宾总统阿罗约、新加坡总理李显龙、泰国总理素拉育和越南总理阮晋勇共同出席会议。会议由温家宝和东盟轮值主席国菲律宾总统阿罗约共同主持。会后,各国领导人签署了《中国—东盟纪念峰会联合声明》。

同日　陈水扁宣布由台"半导体教父"、台积电董事长张忠谋作为领袖代表出席 11 月 18 日在越南河内举行的亚太经合组织领导人非正式会议。

10 月 31 日　十届全国人大常委会第二十四次会议表决通过了反洗钱法、农民专业合作社法、关于修改银行业监督管理法的决定、关于修改人民法院组织法的决定,国家主席胡锦涛分别签署第 56 号、第 57 号、第 58 号和第 59 号主席令予以公布。

11 月 3 日　"国务机要费案"侦结。检方认为,陈水扁夫妇以私人消费的发票连续诈领"机要费"1480 多万元新台币,吴淑珍、前"总统府"副秘书长马永成等人涉嫌贪污及伪造文书罪,已被起诉。4 日,"泛蓝"阵营发起连续两天的"促扁下台"游行活动,宋楚瑜和马英九先后表达"陈水扁应立即下台"的立场。

11 月 4 日—5 日　中非合作论坛北京

峰会在人民大会堂举行,胡锦涛主席同论坛共同主席国埃塞俄比亚总理梅莱斯等48个非洲国家元首、政府首脑等及国际组织代表出席开幕式。会议通过了《中非合作论坛北京峰会宣言》和《中非合作论坛——北京行动计划(2007至2009年)》。

同日　中非领导人与工商界代表高层对话暨第二届中非企业家大会在人民大会堂开幕,温家宝出席开幕式并发表了题为"加强中非合作促进互利共赢"的主旨讲演。27位非洲国家总统、6位政府首脑和国际组织的代表出席开幕式。国务院副总理曾培炎出席了闭幕式暨项目签约仪式。签约仪式上,中国国际贸促会会长万季飞与非洲工商会联盟主席麦斯里签署合作协议,宣告中国—非洲联合工商会正式成立。国家开发银行、中国出口信用保险公司、中国有色矿业集团等11家中方企业与非洲国家企业签订了14个合作协议,共计金额约19亿美元。

11月5日　为期六天的第六届中国国际航空航天博览会在珠海闭幕。据初步统计,截至11月5日14时,来自世界33个国家和地区的约550家航空航天企业参加航展,展出各种类型飞机52架。航展期间各国及地区的参展商之间签订了15个项目价值约30亿美元的合同、协议及合作意向,成交98架各种型号的飞机,共接待专业观众9万人次、普通观众18万人次。

同日　陈水扁召开记者会,说明"国务机要费案",宣称"只要一审吴淑珍有罪就下台"。

11月6日　前"总统府"副秘书长陈哲男因涉"司法黄牛案",被台检方起诉求刑12年。

11月8日　香港前卫生署署长陈冯富珍当选为国际卫生组织总干事。

11月9日　国民党"立委"赖士葆公布台湾当局"部会涉嫌贪污排行榜","内政部"以115人高居榜首,"交通部"以60人居次,"财政部"与"经济部"名列第三、第四位。

11月10日　台联党员周玉蔻因支持第三次"罢免案"违反党的决议,被开除党籍。台联党宣布即日起停止对周玉蔻台北市长的辅选。

11月12日　中国作协、文联新一届领导机构产生。中国作家协会第七届全国委员会第一次会议11月12日在北京举行,选出新一届领导机构,中国当代著名女作家铁凝当选新一届中国作协主席。第八次文代会同日选举产生了中国文联新一届领导机构,文化部部长孙家正当选为新一届文联主席。

同日　山西省灵石县王禹乡南山煤矿发生特大火灾事故,34名矿工遇难。

11月13日　新华社受权全文播发《中共中央办公厅国务院办公厅关于加强农村基层党风廉政建设的意见》。

同日　民进党"立委"、前"新潮流系"成员林浊水、李文忠宣布请辞"立委",以表达对陈水扁和民进党中央处置"国务机要费案"的不满。

11月14日　台"高检署"就"市长特别费"使用情况正式约谈台北市长马英九。15日,马英九召开记者会亲自说明相关情况。

11月15日　国家主席胡锦涛乘专机离开北京,前往越南、老挝、印度、巴基斯坦四国进行国事访问,并出席在越南河内举行的亚太经合组织第十四次领导人非正式会议。

同日　新华社受权全文播发《中华人民共和国外资银行管理条例》。根据加入世贸组织承诺,我国将在2006年12月11

日前向外资银行开放对我国境内公民的人民币业务，并取消开展业务的地域限制以及其他非审慎性限制，在承诺基础上对外资银行实行国民待遇。

11 月 16 日　经中央军委批准，全军首届优秀指挥军官和参谋人才表彰电视电话会议在北京召开，800 名优秀指挥军官和优秀参谋人员受到四总部通报表彰。

11 月 17 日—18 日　"促进非公有制经济健康发展论坛"举行，贾庆林讲话。

11 月 23 日　针对国、亲两党的第三次"罢免案"表决，民进党"立法院"党团总召集人柯建铭下令"党团不进场投票"。24 日，国、亲两党提出的第三次"罢免案"闯关失败。

同日　马英九在会见"立法院长"王金平时明确表示，一旦因首长特别费案遭检方起诉，会"立即辞去党主席职务"。

11 月 25 日　2007 年中央机关及其直属机构考试录用公务员公共科目笔试在全国 31 个省、自治区、直辖市同时举行。此次考试除在省会城市设置考点外，还在青岛、烟台、苏州、扬州、厦门等五个较大城市新增了考点。

1 月 27 日　国家工商总局、卫生部联合召开新闻发布会表示，双方将依法加强对医疗广告的监管，集中清理整顿医疗机构虚假违法医疗广告行为。

11 月 28 日　银监会正式公布《中华人民共和国外资银行管理条例实施细则》，并将与《中华人民共和国外资银行管理条例》一同自 12 月 11 日起施行。

同日　正在美国哈佛大学进修的陈水扁子弟兵、前"行政院客委会"主委罗文嘉在一场演讲中，批评陈水扁在"国务机要费"中"言词前后矛盾，涉及伪证，是很糟糕的事"。

11 月 29 日　北京奥组委公布了符合公众收入水平的奥运会门票价格。在全部可售票中，定价等于或低于 100 元的票数占 58%。其中，有一部分门票将以低于 10 元的价格向中国学生发售。根据票务政策，奥运会比赛门票最低价为 30 元，最高价为 1000 元。奥运会开幕式门票最低价为 200 元，最高价为 5000 元；闭幕式门票最低价为 150 元，最高价为 3000 元。

同日　台北地方法院首度对"SOGO百货经营权争夺案"开庭。

11 月 30 日　中共中央政治局召开会议，分析当前经济形势、研究明年经济工作，讨论人口和计划生育工作。会议决定近期召开中央经济工作会议。会议还研究了其他事项。

同日　中共中央政治局举行第三十六次集体学习，内容是我国社会主义基层民主政治建设研究。

12 月 1 日　有 29 部法规、规章、规范性文件开始实施，其中国家级法规 8 部、地方级 21 部。

同日　国民党人士透露，国民党主席马英九与亲民党主席宋楚瑜密会商讨北、高市长选举和国、亲合作问题，但马、宋对此予以否认。

12 月 5 日　"反贪倒扁运动"总指挥施明德宣布即日起比照坐牢标准，将自己"囚禁"在公寓里，直到陈水扁下台为止。

12 月 5 日—7 日　中央经济工作会议在北京召开。

12 月 8 日　国务院常务会议审议并原则通过《西部大开发"十一五"规划》。

同日　8 时 53 分，我国成功发射"风云二号"D 气象卫星。我国在西昌卫星发射中心用"长征三号甲"运载火箭，成功将"风云二号"D 气象卫星送入预定轨道。

12 月 9 日　台北、高雄市长及市议员选举结果揭晓，国民党籍郝龙斌和民进党籍陈菊分别当选新一届台北、高雄市长。宋楚瑜败选并当场宣布退出政坛。

同日 以 1114 票落选的国民党高雄市长候选人黄俊英向高雄地方法院声请保全证据，要求查封全市全部选票、选举人名册、投开票报告表等，法院合议庭 10 日清晨决定准予封存。

12 月 11 日 教育部部长周济透露，2007 年是农村教育的关键年，全国农村义务教育阶段中小学生将全部免收学杂费，同时要完成西部"两基"攻坚计划和全国农村远程教育系统。免除学杂费将惠及全国农村近 1.5 亿名中小学生。

12 月 12 日 马英九召集高层会议，决议推动"国亲政党联盟"协议。宋楚瑜也低调分批约见亲民党"立委"，承诺"不会抛下大家不管"，一定会促成"国亲政党联盟"。

12 月 13 日 中共中央印发《2006—2010 年全国干部教育培训规划》。

同日 台北地方法院判处前"总统府"副秘书长陈哲男有期徒刑 12 年，剥夺公权 10 年，追缴其诈取的 600 万元新台币活动费。

12 月 14 日 首次中美战略经济对话在北京人民大会堂开幕。中国国务院副总理吴仪和美国财政部长保尔森作为两国元首的特别代表共同主持此次对话。

12 月 15 日 "国务机要费"案首次在台北地方法院开庭审理，吴淑珍现身法院应讯，但在应讯 90 分钟后突然昏倒送医急救。22 日，"国务机要费"案再次开庭，吴淑珍请假缺席。

12 月 17 日 中共中央、国务院发布《关于全面加强人口和计划生育工作统筹解决人口问题的决定》。

12 月 19 日 宋楚瑜主动拜会国民党名誉主席连战，双方针对国、亲两党合作事宜进行长谈。

同日 台"中华文化复兴运动总会"更名为"国家文化总会"。

12 月 22 日—23 日 中央农村工作会议在京举行。

12 月 24 日 十届全国人大常委会第二十五次会议在北京人民大会堂举行，审议未成年人保护法修订草案、物权法草案、企业所得税法草案和劳动合同法草案等。

12 月 25 日 中央政治局召开会议，听取中央纪律检查委员会 2006 年工作汇报，分析当前党风廉政建设和反腐败工作形势，研究部署 2007 年党风廉政建设和反腐败工作。会议同意 2007 年 1 月召开中央纪律检查委员会第七次全体会议。

同日 中央政治局进行第三十七次集体学习，内容是关于我国建设资源节约型社会。

同日 台北市举行正副议长选举，国民党籍吴碧珠和陈锦祥分别当选正、副议长。

12 月 27 日 国务院总理温家宝主持召开国务院常务会议，审议并原则通过《国家教育事业发展"十一五"规划纲要》。

同日 台北地方法院宣判"台开内线交易案"，判处陈水扁亲家赵玉柱有期徒刑 8 年 4 个月、女婿赵建铭有期徒刑 6 年。

12 月 28 日 香港恒生指数首次突破两万点。

12 月 29 日 台"行政院"放宽准许赴大陆投资的八英寸晶圆厂制程技术由 0.25 微米调至 0.18 微米。

12 月 30 日 台北市里长选举结果揭晓，投票率为 31%，当选人中属政党提名或推荐者，国民党籍为 237 人，民进党籍 37 人，无党籍 175 人。

12 月 31 日 中央发出"一号文

件"——《中共中央国务院关于积极发展现代农业扎实推进社会主义新农村建设的若干意见》。

同日　国家主席胡锦涛通过中国国际广播电台、中央人民广播电台、中央电视台,发表了题为"共同谱写和平、发展、合作的新篇章"的新年贺词。

12 月　我国《全民国防教育大纲》由国家国防动员委员会公布施行。

2007 年

1 月 1 日　胡锦涛在全国政协新年茶话会上发表重要讲话。

同日　经中央军委批准,总政治部颁布《中国人民解放军思想政治教育大纲(试行)》。

1 月 3 日　马英九在国民党中常会上宣示,"以政党和解取代政治恶斗,'朝野和解'优先于国共合作",被外界解读为"马修路线"。

1 月 5 日　中国自行研制的第三代多用途战斗机歼－10 公开亮相。我国已为世界上第四个能同时自主研发先进战斗机、航空发动机和导弹的国家,缩短了与发达国家的差距。

同日　国家外汇管理局制定发布《个人外汇管理办法实施细则》,其中明确境内个人年度购汇总额由以前的 2 万美元大幅提高到 5 万美元,将有利于更好满足境内个人的用汇需求,藏汇于民。

同日　台湾高铁正式通车营运。

1 月 8 日—10 日　中央纪律检查委员会第七次全体会议在北京举行。

1 月 9 日　《人民日报》报道:财政部、国家税务总局日前制定下发了《关于豁免东北老工业基地企业历史欠税有关问题的通知》。

同日　备受瞩目的 A 股保险第一股——中国人寿(601628)在上海证券交易所挂牌上市。由此,中国人寿成为中国乃至世界第一家分别在纽约、香港、上海三地上市的保险公司,也是 2007 年 A 股上市的第一只新股。

1 月 10 日　中国铁道部新闻发言人宣布,今年铁路春运各类旅客列车一律不再实行票价上涨,今后也不再上浮。

1 月 11 日　中国人民币币值十三年来首次超过港币。

同日　国民党开除力霸集团创办人王又曾党籍。3 月 8 日,力霸金融案侦结,王又曾被求刑 30 年。

1 月 12 日　高雄市长落选人黄俊英提起"陈菊当选无效及选举无效之诉案"首次开庭。

1 月 13 日　温家宝出席在菲律宾宿务举行的第十次中国与东盟领导人会议、第十次东盟与中日韩领导人会议及第二届东亚峰会,并对菲律宾共和国进行正式访问。其间,温家宝还主持第七次中日韩领导人会议。

1 月 14 日　国家发改委决定,即日起,将汽油价格每吨降低 220 元,将航空煤油价格每吨降低 90 元。同时规定,中石油、中石化集团公司及社会成品油零售企业可在零售基准价格上下 8％的浮动幅度内,自主制定具体零售价格。

同日　中央组织部、人事部联合印发《公务员考核规定(试行)》,1994 年 3 月 8 日人事部印发的《国家公务员考核暂行规定》同时废止。

1 月 15 日　薄一波同志在北京逝世。

同日　台"交通部"公布春节民航春运计划,其中两岸春节包机各 96 架次,从 2 月 13 日至 26 日。

1月19日　台"立法院"第六届第四会期结束，"2007年度预算"及其他75个法案均未过关。

1月19日—20日　全国金融工作会议在北京召开。29日，中共中央、国务院发出《关于全面深化金融改革促进金融业持续健康安全发展的若干意见》。

1月21日—22日　全国统战部长会议在北京举行。

1月22日　国民党与亲民党透过视讯会议签署"国亲联盟协议"。

1月23日　胡锦涛主持中共中央政治局第三十八次集体学习。这次学习安排的内容是世界网络技术发展和我国网络文化建设与管理。

1月24日　台"最高法院检察署检察总长"陈聪明就职。

1月25日　国家统计局宣布，初步核算显示，2006年我国GDP为209407亿元，增长10.7％，增速比上年加快0.3个百分点。2006年我国国民经济总体呈现增长速度较快、经济效益较好、价格涨幅较低、群众受惠较多的良好发展态势，经济社会发展的协调性增强，实现了"十一五"良好开局。

同日　为迫使法院停止审理"国务机要费案"，陈水扁指派"总统府"副秘书长卓荣泰向"司法院"提交"释宪申请书"。

1月26日　国务院总理温家宝主持召开国务院第九次全体会议，讨论即将提请十届全国人大五次会议审议的《政府工作报告（征求意见稿）》。

同日　陈水扁再度鼓吹"制定新宪法"和"以台湾名义加入联合国"。

1月26日—28日　胡锦涛就贯彻落实科学发展观、构建社会主义和谐社会在吉林考察调研，此次考察的重点是老工业基地调整改造、社会主义新农村建设等。

1月28日　第六届亚洲冬季运动会开幕式在吉林省长春市隆重举行，中共中央总书记、国家主席、中央军委主席胡锦涛出席并宣布开幕。中国代表团在本届亚冬会上共获得19枚金牌、19枚银牌和23枚铜牌，无论金牌数还是奖牌总数，均列各参赛代表团首位。

1月29日　新华社受权全文播发《中共中央国务院关于积极发展现代农业扎实推进社会主义新农村建设的若干意见》。

1月29日—31日　北京、上海、福建、全国政协港澳台侨委员会、中国和平统一促进会、台盟中央、全国台联、黄埔军校同学会、广东、江苏分别举行座谈会和专题研讨会，纪念江泽民"为促进祖国统一大业的完成而继续奋斗"重要讲话发表12周年。

1月30日—2月10日　胡锦涛对喀麦隆、利比里亚、苏丹、赞比亚、纳米比亚、南非、莫桑比克和塞舌尔进行了国事访问。胡锦涛在南非比勒陀利亚大学发表了"加强中非团结合作，推动建设和谐世界"的演讲。

1月　中央军委转发四总部《关于进一步加强部队装备工作的意见》。

2月1日　中国证监会制订并发布《上市公司信息披露管理办法》，就上市公司信息披露质量、内容、相关各方的行为规范等作出明确要求。

同日　按照"面向三农、整体改制、商业运作、择机上市"的改革思路，中国农业银行股改大幕正式启动。

2月2日　《人民日报》报道：近日，国务院批准成立处置非法集资部际联席会议，并同时批复下发《处置非法集资部际联席会议制度》和《处置非法集资部际联席会议工作机制》，明确了部际联席会议的工作制度和工作机制。

2月2日—7日　中共中央在中央党校举办省部级主要领导干部学习《江泽民文选》专题研讨班。

2月3日—4日　中共中央政治局常委、国务院总理温家宝先后到吉林省长春市、松原市的企业、农村、医院、学校考察。

2月4日　"国防部"宣称,在今年的"二二八事件"60周年纪念日前,将移除各营区共200多座蒋介石铜像。

2月5日　中央马克思主义理论研究和建设工程工作会议在北京召开,总结工程实施以来的工作,研究部署2007年的工作。

2月7日　国务院总理温家宝主持召开国务院常务会议,审议并原则通过《期货交易管理条例(修订草案)》。

同日　1美元对人民币7.7496元,人民币汇率中间价再创汇改以来新高。

2月9日　国务院在北京召开第五次廉政工作会议。

同日　台湾的"中国石油"、"中国造船"、"中华邮政公司"分别召开董事会,将公司分别改名为"台湾中油"、"台湾国际造船"和"台湾邮政公司"。

2月12日　湖北省公安厅宣布,根据统一部署,湖北网监在浙江、山东、广西、天津、广东、四川、江西、云南、新疆、河南等地公安机关的配合下,一举侦破了制作传播"熊猫烧香"病毒案,抓获李俊、雷磊等多名犯罪嫌疑人。这是我国破获的国内首例制作计算机病毒的大案。

2月13日　"特别费案"侦结,马英九被指涉嫌贪污1117万元新台币。马英九立即辞去国民党主席,并宣布参选2008年"总统"。随即国民党召开临时中常会,强力修改"排黑条款",为马英九参选扫除障碍。

2月14日　中共中央办公厅、国务院办公厅印发《关于进一步加强西部地区人才队伍建设的意见》。

2月15日　《人民日报》报道:中央军委决定从2007年起在济南军区正式实行大联勤体制。

同日　胡锦涛主持中共中央政治局第三十九次集体学习,学习内容是国外区域发展情况和促进我国区域协调发展。

2月16日　中共中央总书记、国家主席、中央军委主席胡锦涛在甘肃走乡村、进企业,看望各族干部群众,慰问节日值班的干部职工,同大家一起过年,共祝祖国繁荣和谐、人民幸福安康。

2月17日　中共中央政治局常委、国务院总理温家宝先后到辽宁清原、沈阳等地农村、学校、医院和企业,代表党中央、国务院看望和慰问各界群众,向他们表示新春的祝福。

2月24日　国务院颁布《地方各级人民政府机构设置和编制管理条例》。

2月25日　中国人民银行决定从即日起,上调人民币存款准备金率0.5个百分点,由9.5%调至10%。这是今年第二次、去年7月份以来的第五次同幅上调。

2月27日　《人民日报》刊登温家宝《关于社会主义初级阶段的历史任务和我国对外政策的几个问题》的讲话。

同日　中共中央、国务院在北京举行国家科学技术奖励大会。胡锦涛、温家宝、曾庆红、李长春等出席大会并为获奖代表颁奖。中科院院士、中科院遗传发育所研究员李振声获得2006年度国家最高科学技术奖,"歼—10飞机工程"项目获得国家科学技术进步奖特等奖。

同日　国务院办公厅发出关于印发《少数民族事业"十一五"规划》的通知。

同日　最高人民法院发布《关于复核

死刑案件若干问题的规定》，对死刑复核案件裁判方式作出重大改革。

2月28日　国民党中央决定，3月1日进行党主席补选公告，4月7日完成补选投票。

同日　美国国防部防卫安全合作署宣布，将向台湾出售218枚AIM—120—C"先进中程空对空导弹"以及235枚"小牛空对地导弹"，整套军售方案约为4.21亿美元，包括人员培训、后勤补给和零件。

2月　中央军委下发《"十一五"期间推进军队后勤保障和其他保障社会化的意见》。

3月1日　中央纪委、监察部严肃查处国家食品药品监督管理局原局长郑筱萸严重违纪案件，郑筱萸受到开除党籍、行政开除处分，对其涉嫌犯罪问题移送司法机关依法处理。

同日　新型农村金融业务开始试点。中国第一家村镇银行——四川仪陇惠民村镇银行，在四川省仪陇县金城镇挂牌开业，标志着中国银监会放宽农村地区银行业金融机构准入政策进入实施阶段。同日，由中国银监会批准的第一家贷款公司——四川仪陇惠民贷款公司在四川仪陇县马鞍镇挂牌营业。9日，吉林省梨树县闫家村百信农村资金互助社正式挂牌，这是我国第一家经银行业监督管理机构批准挂牌营业的村级农村资金互助社。

3月2日　台"教育部"通过决议，将"中正纪念堂"改名为"台湾民主纪念馆"，两厅院院区转型为"台湾民主公园"。

3月3日—15日　全国政协十届五次会议在北京举行。会议通过了贾庆林作的全国政协常务委员会工作报告及政治决议等。

3月4日　陈水扁公然提出"四要一没有"，即"台湾要独立、台湾要正名、台湾

要新宪、台湾要发展；台湾没有左右路线、只有统独问题"。

3月5日　参加"和平—07"海上多国联合军事演习的中国人民解放军海军舰艇编队抵达巴基斯坦南部港口城市卡拉奇。这是中国海军首次参加海上多国联合军演。

3月5日—16日　十届全国人大五次会议在北京举行。会议通过了温家宝所作的政府工作报告。会议还表决通过了《中华人民共和国物权法》、《中华人民共和国企业所得税法》等。

3月7日　民进党中常会通过党内不分区"立委"初选民调方式，为"政党认同"的"扩大排蓝"的过滤式民调。

3月8日　国民党代主席吴伯雄与"立委"洪秀柱分别领表参加国民党主席补选。3月14日，吴伯雄辞去代主席职务，由第一顺位的副主席江丙坤代理。4月7日，吴伯雄以87％的高得票率击败洪秀柱当选国民党主席。

3月10日　中共中央、国务院颁发《关于进一步加强新时期信访工作的意见》。

3月12日　高雄市长选举验票开始，至3月27日选举验册结束。

3月15日　中共中央办公厅、国务院办公厅发出《关于进一步加强和完善机构编制管理严格控制机构编制的通知》。

同日　文化部、国家工商总局等14部门联合印发《关于进一步加强网吧及网络游戏管理工作的通知》。

3月16日　商务部新闻发言人宣布，大陆将于3月20日起，正式对原产台湾地区的11种蔬菜和8种水产品实施进口零关税措施。

3月18日　中国人民银行宣布，金融机构一年期存款基准利率上调0.27个百

分点,由现行的 2.52% 提高到 2.79%;一年期贷款基准利率上调 0.27 个百分点,由现行的 6.12% 提高到 6.39%;其他各档次存贷款基准利率也相应调整。

同日　前"陆委会"副主委陈明通抛出"第二共和宪法"草案。

3 月 22 日　全国农民科学素质行动协调小组组长、农业部副部长危朝安表示,今年,农业部、中国科协、中组部、中宣部等 17 个部门将面向 1 亿多农民开展农民教育、科技培训、技术推广、科学普及等工作,提高广大农民科学生产和生活能力,实现进一步增产增收。

3 月 23 日　中央政治局进行第四十次集体学习,内容是物权法。

同日　中共中央政治局召开会议,听取 2008 年北京奥运会筹办工作汇报。

3 月 25 日　曾荫权被选举为香港特首。

3 月 26 日—28 日　胡锦涛对俄罗斯进行国事访问并出席"中国年"开幕式等活动。

3 月 27 日—28 日　第六次全国信访工作会议在北京举行。中共中央政治局常委、国务院总理温家宝对信访工作提出四点要求。

3 月 29 日—30 日　全国治安管理工作会议在北京举行。我国将大力推进以建立城乡统一的户口登记制度为重点的户籍管理制度改革,逐步取消农业户口、非农业户口的二元户口性质,实现公民身份平等。河北、辽宁、山东、广西、重庆等12 个省(自治区、直辖市)近年来取消了农业户口和非农业户口的二元户口性质划分,统一了城乡户口登记制度,统称居民户口。

4 月 1 日　"小三通"扩及澎湖,大陆游客可经金门、马祖前往澎湖旅游,澎湖居民可经金、马来大陆。

4 月 2 日　温家宝签署第 490 号国务院令,任命曾荫权为中华人民共和国香港特别行政区第三任行政长官。

同日　国务院下发《关于加快发展服务业的若干意见》。

同日　首批四家外资法人银行正式开业。作为首批获准改制为中国本地法人银行的外资银行,东亚银行(中国)有限公司、汇丰银行(中国)有限公司、花旗银行(中国)有限公司和渣打银行(中国)有限公司 4 月 2 日正式开业。

同日　台"最高检察署特侦组"挂牌,陈云南任主任,原"高检署查黑中心"停止运作。

4 月 2 日—3 日　2007 年全国经济体制改革工作会议在成都举行。

4 月 3 日　马英九"特别费案"首度开庭。17 日,二度开庭。至 7 月 31 日,辩论结束,定于 8 月 14 日宣判。8 月 14 日,台北地方法院一审宣判马英九"特别费案"无罪,以伪造文书罪判处秘书余文有期徒刑 14 个月。

4 月 5 日　新华社报道:胡锦涛看望海军大连舰艇学院教授方永刚,高度赞扬方永刚深入学习党的理论、坚定信仰党的理论、积极传播党的理论、模范践行党的理论的先进事迹和崇高精神,号召广大共产党员和全军官兵向方永刚同志学习。中宣部、教育部、总政治部联合发出《关于贯彻落实胡锦涛同志重要指示精神,广泛开展向方永刚同志学习活动的通知》。

4 月 7 日　蒋介石在台北的旧居"草山行馆"被大火烧毁,据查有人纵火。

4 月 9 日　国家新闻出版总署与教育部、公安部等八部门联合下发《关于保护未成年人身心健康实施网络游戏防沉迷系统的通知》。该通知规定,网络游戏防沉迷系统从 4 月 15 日起在全国推行,7 月 16 日全面实施。

4 月 9 日—10 日　全国纠风工作会议召开,温家宝作出批示,指出纠正不正之风,关键在建立制度,国务院各部门要带头。

4 月 10 日—13 日　温家宝访问韩国和日本,这是中国总理七年来首次访问韩国和日本。

4 月 11 日　陈水扁抛出所谓"公民投票法修正方案",希望年底前完成修法并降低"公投"成案及通过门槛。

4 月 11 日—14 日　胡锦涛在宁夏考察工作。

4 月 12 日　台湾当局致函世界卫生组织(WHO)干事长陈冯富珍,要求以"台湾"名义申请成为 WHO 的新会员国。5 月 14 日,第 60 届世界卫生组织大会第十一次拒绝台湾"加入世界卫生组织"提案。

4 月 13 日　中宣部、教育部、总政治部在北京人民大会堂举行方永刚同志先进事迹报告会。

4 月 14 日　我国在西昌卫星发射中心用"长征三号甲"运载火箭,成功将一颗北斗导航卫星送入太空。

4 月 15 日　2008 年奥运会门票开始面向全球公众预售。

4 月 16 日　第三届世界植物园大会在武汉开幕,这是亚洲国家首次承办国际植物园界最高规格会议。来自世界 89 个国家和地区的近千名代表,围绕《构建可持续发展的未来:植物园的作用》这一主题,展开深入交流。

4 月 17 日　亲民党因不满国民党在"立委"提名中的表现,以缺席方式使民进党提出的"排马条款"即"总统副总统候选人一审有罪不得参选"议案在"立法院"程序委员会获得通过。20 日,国民党与亲民党就"立委"提名展开紧急会商并作出妥协,亲民党同意支持"泛蓝"阵营的"散会动议",将"排马条款"重新打回程序委员会。5 月 9 日,国民党中常会通过国、亲两党共同推举的"立委"提名名单,确认国民党礼让亲民党 4 席"立委"候选人。

4 月 18 日　中共中央办公厅、国务院办公厅发出《关于进一步严格控制党政机关办公楼等楼堂馆所建设问题的通知》。

同日　国务院总理温家宝主持召开国务院常务会议,分析一季度经济运行情况,部署当前经济工作。

同日　中国铁路第六次大面积提速调图全面实施,中国铁路发展进入一个新的历史阶段。

同日　辽宁省铁岭市清河特殊钢有限责任公司一条新建生产线发生钢包脱落事故,造成特大人员伤亡,其中 32 人死亡,6 人受伤,2 人伤势较重。事故善后处理工作正在进行。

4 月 21 日　台联党提出新党纲,主席黄昆辉表示,台联党将走与国、民两党不同的中间偏左路线,发挥关键制衡作用。

4 月 21 日—22 日　以"亚洲制胜全球经济——创新和可持续发展"为主题的博鳌亚洲论坛 2007 年年会在海南博鳌举行。

4 月 23 日　中共中央政治局召开会议,研究加强青少年体育工作和网络文化建设工作。中共中央总书记胡锦涛主持会议。

同日　中央政治局进行第四十一次集体学习,内容是我国农业标准化和食品安全问题研究。

4 月 24 日　新华社受权发布《中华人民共和国政府信息公开条例》。

同日　十届全国人大常委会第二十七次会议在人民大会堂举行,继续审议劳动合同法草案,首次审议城乡规划法草案、动物防疫法修订草案等。

同日　国家发展和改革委员会规划司公布的一份报告提出了"十一五"中国金融改革的总体目标。

4月26日　作为回归十年的礼物,中国政府赠送的两只大熊猫到达香港。分别名为盈盈和乐乐,意味着繁荣与快乐。

同日　中国奥委会公布2008年奥运圣火传递路线,2008年4月圣火将从越南胡志明市转入台北市,再由台北市传递至香港、澳门及中国其他城市。民进党以"矮化台湾主权"为由,拒绝接受该路线。

4月27日　国务院召开钢铁工业关停和淘汰落后产能工作会议。

4月28日　全国农村党员干部现代远程教育工作会议在北京召开。中央决定,全面推开全国农村党员干部现代远程教育工作。

4月28—29日　第三届两岸经贸文化论坛在北京举行。本届论坛主题是两岸直航、旅游观光、教育交流。

4月29日　新华社报道,国务院公布《行政机关公务员处分条例》。

5月1日　台"外交部"宣称,台湾于4月30日与圣卢西亚恢复"外交"关系。

5月2日　国民党中常会正式提名前党主席马英九为2008年"总统"候选人。

5月3日　在渤海湾滩海地区发现储量规模达10亿吨的大油田——冀东南堡油田。这是40多年来我国石油勘探又一个激动人心的发现。新发现的冀东南堡油田位于河北省唐山市境内(曹妃甸港区),地质上为渤海湾盆地黄骅坳陷北部的南堡凹陷,属中石油冀东油田公司勘探开发范围。

5月4日　台"立法院"通过"地方制度法第四条及第七条修正案",规定人口超过200万的县市可升格为"准直辖市",

拥有377万人口的台北县因此将升格,可先准用"直辖市"的财政规模及人事组织。

5月6日　民进党举行"总统"初选党员投票,前"行政院长"谢长廷以62849票胜出。"行政院长"苏贞昌获46994票,随即宣布退出初选。5月29日,民进党召开中执会,正式提名谢长廷为民进党2008年"总统"参选人。

5月10日　国家环保总局局长周生贤在长春举行的松花江流域水污染防治工作会议上提出,要让松花江休养生息,并宣布,"十一五"期间,将停批所有向松花江水体排放重金属和难降解有机污染物的项目。

5月11日　国务院办公厅印发《国家食品药品安全"十一五"规划》,这是我国在食品药品安全领域编制发布的第一个国家专项规划,也是对食品药品安全领域五年发展的战略部署。

同日　中国海军"襄樊"号护卫舰从海南三亚起航前往新加坡,参加15日—20日在新加坡附近海域举行的"第二届太平洋海军论坛多边海上演习"和新加坡主办的"2007亚洲国际海事防务展"。

5月12日　"行政院长"苏贞昌辞职获准。5月14日,陈水扁正式提名海基会董事长张俊雄接任"行政院长"。

5月12日—20日　第七届全国残疾人运动会在云南昆明市和玉溪市举行。第七届全国残运会共设20个竞赛项目,是我国历史上规模最大、人数最多、影响最广的一届残运会。

5月13日　中共中央办公厅、国务院办公厅印发《关于进一步加强西部地区人才队伍建设的意见》。

5月14日　"青年马克思主义者培养工程"启动。

同日　在西昌卫星发射中心,中国

"长征三号乙"运载火箭成功将尼日利亚通信卫星一号送上太空。这是中国首次以火箭、卫星以及发射支持的整体方式为国际用户提供商业卫星服务，也是首次为非洲国家发射卫星。

同日 由新闻出版总署、北京市人民政府、国际期刊联盟主办的第36届世界期刊大会在北京开幕，国务委员陈至立出席开幕式并致辞。本届世界期刊大会是中国期刊界首次举办的大规模国际盛会，大会的主题是"杂志丰富你的世界"。

5月16日 2007年非洲开发银行集团理事会年会在中国上海国际会议中心开幕，国务院总理温家宝出席开幕式并致辞。本届非行年会的主题是"非洲与亚洲：发展伙伴"，主要讨论非洲基础设施建设、地区一体化以及消除贫困等问题。这是非行首次选择在中国举行年会，也是非行第二次在非洲以外的地方举行年会。

5月17日 中国国家主席胡锦涛在人民大会堂同越南国家主席阮明哲举行会谈。会谈后，胡锦涛主席和阮明哲主席一起出席了两国经济、文化、运输和人力资源培训等领域合作文件的签字仪式。

同日 温家宝在上海主持召开长江三角洲地区经济社会发展座谈会。

同日 国防科工委、国家发改委和国资委联合发布《关于推进军工企业股份制改造的指导意见》。

5月18日 中国人民银行宣布，从2007年6月5日起，上调存款类金融机构人民币存款准备金率0.5个百分点。从2007年5月19日起，上调金融机构人民币存贷款基准利率。这是近十年来中国首次同时宣布上调存款准备金率和存贷款基准利率。

5月18日—27日 吴邦国访问埃及、匈牙利和波兰。

5月19日 "中正纪念堂"正式挂上"台湾民主纪念馆"招牌。国民党针锋相对，21日，台北市政会议通过将凯达格兰大道公园路至景福门间路段，定名为"反贪腐民主广场"。

5月20日 同济大学庆祝建校一百周年，胡锦涛致贺信。

5月21日 共青团中央联合中央宣传部、中央综治办、中央文明办等共同启动未成年人保护行动。

5月22—23日 第二次中美战略经济对话在华盛顿举行。22日，中美两国海关在华盛顿签署《关于加强知识产权执法合作的备忘录》。

5月23日 国务院召开常务会议，研究部署在全国建立农村最低生活保障制度工作。

5月24日 新华社受权全文播发《中共中央国务院关于加强青少年体育增强青少年体质的意见》。

5月25日 由全国妇联等13个部委共同推出的"共享蓝天"全国关爱农村留守流动儿童大行动启动电视电话会议在京召开。

同日 世界动物卫生组织（OIE）第75届国际大会以压倒多数通过决议，恢复中华人民共和国在OIE的合法权利。决议重申一个中国原则，指出中华人民共和国作为主权国家成员加入OIE，中国台湾作为非主权地区成员参加OIE活动。

5月26日 近来全国猪肉价格上涨较快。国务院总理温家宝十分关心生猪生产、市场供应和价格情况，前往陕西进行调查研究。

5月29日 中央纪委印发《中共中央纪委关于严格禁止利用职务上的便利谋取不正当利益的若干规定》的通知。

同日 台"行政院长"张俊雄核定"渔

业署""南迁"计划。

5 月 30 日　财政部决定从即日起调整证券（股票）交易印花税税率，由现行的 1‰调整为 3‰。这是我国继 2005 年下调证券交易印花税税率后，又一次对该税率进行大的调整。

同日　国家发改委、民政部印发《"十一五"社区服务体系发展规划》。

5 月 31 日　为进一步加大预防腐败工作的力度，加强反腐败国际合作，中共中央办公厅、国务院办公厅发出《关于设立国家预防腐败局的通知》，决定设立国家预防腐败局。

同日　台"立法院长"王金平明确谢绝与马英九搭档参加 2008 年"大选"。6 月 23 日，马英九宣布副手搭档为前"行政院长"萧万长。

6 月 1 日　中共中央办公厅、国务院办公厅发出《关于加强网络文化建设和管理的意见》。

同日　《人民日报》报道：截至 5 月底，"西气东输"塔里木油田首批"一大五中"六个气田已全部建成，可稳定向东部地区供气 30 年。

6 月 2 日　黄菊同志在京逝世。

6 月 3 日　国家发改委和建设部联合下发我国第一个供热价格管理办法《城市供热价格管理暂行办法》。

同日　凌晨 5 时 34 分，云南省普洱市宁洱哈尼族彝族自治县发生 6.4 级强烈地震。截至 5 日，地震已造成 3 人死亡，300 多人受伤，普洱市受灾人数达 100 多万。地震发生后，党中央、国务院十分关注。胡锦涛、温家宝和回良玉等中央领导同志作出重要指示，要求云南省委、省政府一定要以对人民极端负责的精神，切实做好抗震救灾工作。

6 月 4 日　《中国应对气候变化国家方案》正式发布，中国政府愿意与世界各国共同减缓气候变暖。国家环保总局发布《2006 年中国环境状况公报》。

同日　台"中选会"将第七届"立委"选举日期变更至 2008 年 1 月 12 日，比原投票日期延后约 1 个月。

6 月 5 日　《人民日报》报道：我国在南海北部成功钻获天然气水合物实物样品"可燃冰"，从而成为继美国、日本、印度之后第四个通过国家级研发计划采到水合物实物样品的国家。

6 月 6 日　台"行政院长"张俊雄宣布从 7 月 1 日起上调基本工资，由新台币 15840 元上调至 17280 元，涨幅 9.09％；时薪由新台币 66 元调至 95 元。该调资方案在苏贞昌任内即已提出但未获通过，民进党此时强力推行，政策买票意图明显。

6 月 6 日—10 日　胡锦涛出席在德国举行的八国集团同发展中国家领导人对话会并对瑞典进行国事访问。

6 月 7 日　国家发改委下发《关于批准重庆市和成都市设立全国统筹城乡综合配套改革试验区的通知》。《通知》要求重庆市和成都市根据统筹城乡综合配套改革试验的要求，全面推进各个领域的体制改革，尽快形成统筹城乡发展的体制机制，促进城乡经济社会协调发展，也为推动全国深化改革发挥示范和带动作用。

同日　哥斯达黎加宣布与台湾"断交"。

6 月 11 日　国务院太湖水污染防治座谈会在江苏无锡召开，温家宝作出重要批示。30 日，温家宝在无锡召开的太湖、巢湖、滇池治理工作座谈会上指出，要把治理"三湖"作为国家工程摆在更加突出、更加紧迫、更加重要的位置。

同日　国家环保总局发布《2006 年国家城市环境管理和综合整治年度报告》，

公布 2006 年度全国城市环境综合整治定量考核最新结果。

同日 台"内政部"再度缩减大陆配偶赴台配额，将依亲居留限制在每年 12000 人，长期居留改为每年 7000 人，定居人数减少到 4500 人。

6月12日 国务院振兴东北地区等老工业基地领导小组召开第四次全体会议，温家宝主持会议并讲话。

同日 国家统计局发布的最新统计显示，今年 5 月全国居民消费价格总水平（CPI）同比上涨 3.4%。从月环比看，居民消费价格总水平比上月上涨 0.3%。这是全国居民消费价格连续 3 个月同比上涨达到 3% 以上。今年 1 月份到 5 月份累计，全国居民消费价格总水平同比上涨 2.9%。

6月13日 国务院总理温家宝主持召开国务院常务会议，研究当前经济工作的突出问题。

6月15日 中国保监会公布《机动车交通事故责任强制保险费率浮动暂行办法（草案）》，向社会各界征求意见。

同日 高雄地方法院一审宣判高雄市长陈菊"当选无效"，陈菊提出上诉。11月16日，台"高等法院高雄市分院"对该案作出二审判决，驳回黄俊英提出陈菊"当选无效"的诉讼，维持一审"选举有效"的判决。

6月16日 中共中央政治局召开会议，研究加强公共文化服务体系建设。

6月17日 "中国社会工作与构建和谐社会高层论坛"在京举行。

6月18日 江苏省苏州与南通之间的苏通大桥合龙，苏通大桥采用了跨径超千米的斜拉桥方案，创造了最深基础、最高桥塔、最长拉索、最大主跨四项世界纪录。

同日 胡锦涛会见一至十届"中国武警十大忠诚卫士"并作重要讲话。同时，胡锦涛主席题写"中国武警忠诚卫士"奖章章名。

6月20日 国务院总理温家宝主持召开国务院常务会议，听取了劳动保障部、公安部、全国总工会联合调查组关于山西"黑砖窑"事件调查处理初步情况的汇报。

同日 《人民日报》报道：日前，中国证监会颁布《合格境内机构投资者境外证券投资管理试行办法》以及《关于实施〈合格境内机构投资者境外证券投资管理试行办法〉有关问题的通知》。

6月21日 陈水扁公布"中选会"16人名单，绿色背景浓厚的张政雄留任"主委"，任期至 2010 年 6 月。

6月22日 中国劳动和社会保障部、公安部、全国总工会联合工作组公布山西"黑砖窑"事件初步调查处理结果：截至 6 月 21 日 12 时，山西打击"黑砖窑"专项行动已解救农民工 359 人，其中，被拐骗的 174 人，被强迫劳动的 185 人，还有智障人员 65 名。已刑事拘留犯罪嫌疑人 35 人，其中批捕 10 人。

6月24日 国民党召开十七届二次"全代会"，推举马英九、萧万长为 2008 年正、副"总统"候选人，并提出竞选主轴和政策，通过了更改"排黑条款"等一系列党章修正案。

6月25日 胡锦涛在中央党校省部级干部进修班发表重要讲话。

同日 我国首部电子商务发展规划——《电子商务发展"十一五"规划》，由国家发改委、国务院信息办正式发布。

6月26日 杭州湾跨海大桥正式贯通，成为目前世界上已建成和在建中最长的跨海大桥。

同日　国家开发银行在香港举行债券发行仪式,宣布于 6 月 27 日至 7 月 6 日在港发行 50 亿元人民币债券,其中零售债券的最低发行量为 10 亿元。这是境内金融机构在香港特别行政区发行的第一只人民币债券。

同日　国土资源部发布 2006 年《中国国土资源公报》。

同日　"台开案"二审加重判决赵建铭有期徒刑 7 年,并处罚金 3000 万元新台币,判处赵玉柱有期徒刑 9 年 6 个月。

6 月 27 日　由香港特别行政区政府举办的"香港特区十周年成就展"在北京首都博物馆举行,曾庆红出席开幕式并为展览揭幕。当晚,胡锦涛参观成就展。

同日　中国金融期货交易所正式发布股指期货《交易规则》,其配套实施细则亦于同日发布。

同日　在新西兰举行的第 31 届世界遗产大会上,中国申报的"中国喀斯特"世界自然遗产项目通过缔约国表决,重庆武隆喀斯特与云南石林、贵州荔波喀斯特一起,成功列入《世界遗产名录》。28 日,代表中国申报世界文化遗产的唯一项目——广东"开平碉楼与村落"入选《世界遗产名录》,成为中国第 35 项世界遗产,也是广东省首个世界遗产项目。

同日　财政部部长金人庆说,我国将从 2007 年秋季学期开始,进一步建立健全家庭经济困难学生资助政策体系,今年将为此投入经费 154 亿元。

同日　台"行政院长"张俊雄表示,海基会董事长内定由民进党前新潮流系"立委"洪奇昌担任。7 月 12 日,海基会推举洪奇昌为新任董事长。

6 月 28 日　我国首架拥有完全自主知识产权的支线客机——ARJ21 在上海飞机制造厂实现了机身和机翼的总装

对接。

同日　国务院办公厅转发国家发改委《关于 2007 年深化经济体制改革工作的意见》。

6 月 29 日　十届全国人大常委会举行第二十七次专题讲座,讲座的题目是《关于循环经济及其立法的若干问题》。

6 月 29 日—7 月 1 日　胡锦涛主席赴香港出席庆祝香港回归祖国 10 周年大会暨香港特别行政区第三届政府就职典礼并发表讲话。30 日,胡锦涛视察驻港部队、出席香港特别行政区欢迎晚宴并发表讲话。7 月 1 日,庆祝香港回归祖国 10 周年大会暨香港特别行政区第三届政府就职典礼在香港举行。胡锦涛出席并发表讲话指出,中央政府关于香港大政方针的宗旨,就是为了香港好、为了香港明天更好,就是为了香港同胞好、为了香港同胞明天更好。在新的历史起点上,广大香港同胞同祖国人民心连心、肩并肩,一定能够创造香港发展的新辉煌,一定能够为实现中华民族的伟大复兴作出新贡献。

6 月　解放军四总部联合发出《关于全军换发 07 式服装的通知》。

7 月 1 日　国务院国资委、中国证监会公布了《国有股东转让所持上市公司股份管理暂行办法》、《国有单位受让上市公司股份管理暂行规定》,以及《上市公司国有股东标识管理暂行办法》三个政策性文件,规范国有单位转让、受让上市公司股份行为。

7 月 2 日　农业部发布《农业生物质能产业发展规划(2007—2015 年)》。

7 月 3 日　《中国履行〈关于持久性有机污染物(POPs)的斯德哥尔摩公约〉国家实施计划》正式启动。

7 月 4 日　中共中央办公厅印发《关于在全国农村开展党员干部现代远程教

育工作的意见》。

同日 国民党中常会通过"推动以务实、有弹性的策略重返联合国及加入其他国际组织公投案"，由"副总统"提名人萧万长担任联署提案人。8月28日，"行政院公投审议委员会"通过该案，但亲民党则对此案持保留态度。

7月6日 罗干在全国人民调解工作会议上强调，人民调解是一项中国特色的社会主义法律制度，是化解民间纠纷的有效手段，在社会矛盾纠纷调解工作体系中具有基础作用。要不断强化人民调解工作化解矛盾纠纷的功能，进一步发挥人民调解工作预防矛盾纠纷的作用，注重发挥人民调解工作的法制宣传教育功能，有效预防和化解矛盾纠纷，维护社会和谐稳定。

同日 中央军委隆重举行晋升上将军衔仪式，这次晋升上将军衔的是：许其亮、孙大发、吴胜利。

同日 台"中选会"宣布，台湾第十二任"总统副总统"选举投票日为2008年3月22日，与"立委"选举分开举行。

7月6日—9日 淮河发生了1954年以来第二位流域性大洪水，淮河干流普遍超过警戒水位。10日中午，淮河王家坝开闸分洪，向蒙洼蓄洪区蓄洪。截至16日，淮河洪灾导致直接经济损失120亿元，农作物受灾面积3370万亩，受灾人口2042万人。

7月9日 国家应对气候变化及节能减排工作领导小组第一次会议在北京召开，温家宝主持会议并讲话。

同日 据《联合报》报道，台湾陆军确定采购30架美国AH—64D长弓型阿帕奇攻击直升机，总经费730亿元新台币，2008年开始编列预算。

7月10日 我国首台国产70万千瓦水轮发电机组——三峡工程右岸电站26号机组正式并网运行。

7月11日 国务院发出《关于在全国建立农村最低生活保障制度的通知》，决定2007年在全国建立农村最低生活保障制度，并就相关问题作出部署。

7月12日 国家统计局公布了2006年全国及各地区单位GDP能耗的情况。2006年从全年能源消费情况看，能源利用效率有所提高，能源消费结构有所优化，单位GDP能耗三年来首次由升转降。但是，全国除北京以外，其他地区都没有完成2006年单位GDP能耗降低率的目标任务。

同日 台"行政院"通过"纪念日及节日实施办法"修正案，将7月15日定为"解严纪念日"，只纪念不放假。

7月14日 中共中央办公厅、国务院办公厅发出《关于进一步做好优抚对象和军队退役人员有关工作的通知》。

同日 台"行政院"宣布，将开放大陆人士赴台接受活体肝脏移植、颅颜重建、心血管侵入性治疗及外科手术、人工生殖技术、关节置换手术等五项医疗服务，并于8月1日起受理申请。

7月16日 新中国成立以来国防和军队建设成就展在京开幕，李长春出席开幕式。26日，胡锦涛、吴邦国、温家宝、贾庆林、曾庆红、吴官正、罗干参观成就展。31日，江泽民、李鹏、朱镕基、李瑞环、尉健行、李岚清一同参观展览。

同日 国家发改委、农业部、商务部召开部分省市生猪生产供应和价格工作座谈会。23日起，农业部派出20个督导组深入基层，督导生猪生产和疫病防控。30日，《国务院关于促进生猪生产发展稳定市场供应的意见》出台。

同日 山西省纪律检查委员会、山西

省监察委员会在太原联合召开新闻发布会宣布,因洪洞县广胜寺镇曹生村发生"黑砖窑"案件,洪洞县委书记高洪元受到党内严重警告处分,有关部门已免去洪洞县委副书记、县长孙延林的县委副书记职务,并建议免去其县长职务。芮城县县长陈杰受到行政记大过处分。截至16日,山西省共有95名党员干部、公职人员因"黑砖窑"事件受到党纪政纪处分。

同日 台"内政部"公告岛内政党财产。国民党财产有新台币254.57亿元,民进党为2.53亿元,台联党1449万元,亲民党则负债1.34亿元。

同日 台湾开始实施第五次全台减刑。

7月16日—22日 中央纪委、中央组织部、中央党校联合举办省部级领导干部纪检监察专题研讨班。

7月20日 中共中央举行座谈会,纪念杨尚昆同志诞辰一百周年,胡锦涛发表重要讲话。

7月23日 联合国秘书长潘基文的副发言人奥卡贝证实,潘基文"拒绝受理"陈水扁递交的"以台湾名义加入联合国"申请信函。

7月23日—24日 全国城镇居民基本医疗保险试点工作会议在北京召开。23日,温家宝与出席会议的部分代表进行了座谈,听取他们对试点工作的意见和建议,并作了重要讲话。

7月24日 国民党主席吴伯雄和亲民党主席宋楚瑜达成共识,2008年"立委"选举将采新党模式,即"区域立委"原则上将以国民党名义登记,但共同提名的亲民党候选人仍保有亲民党党籍,不分区部分则形同国、亲共同提名。国民党礼让亲民党2至3席不分区席次。

7月25日 国务院总理温家宝主持召开国务院常务会议,研究加强产品质量和食品安全工作。会议审议并原则通过了《国务院关于加强食品等产品安全监督管理的特别规定(草案)》。

同日 中共中央台办与中国国民党大陆台商服务联系中心访问团在钓鱼台国宾馆举行了国共两党有关机构第三次保护台商合法权益工作会谈。

7月25日—26日 马克思主义理论研究和建设工程召开"建设和谐文化与社会主义核心价值体系理论研讨会"。

7月26日 中共中央政治局召开会议,分析研究当前经济形势和经济工作。

同日 中共中央政治局会议审议了中共中央纪律检查委员会《关于陈良宇严重违纪问题的审查报告》,决定给予陈良宇开除党籍、开除公职处分,对其涉嫌犯罪问题移送司法机关依法处理。

同日 中央政治局进行第四十二次集体学习,安排的内容是南昌起义和井冈山革命根据地的建立。

同日 全国质量工作会议在北京召开。温家宝在会上强调,中国政府对产品质量和食品安全是高度重视和负责的,愿同各国加强交流与合作,共同解决面临的问题。

7月28日 国民党第十七届中常委选举结果出炉,共产生33名委员。

7月31日 国防部在京举行盛大招待会,热烈庆祝中国人民解放军建军80周年,胡锦涛、吴邦国、温家宝、贾庆林、曾庆红、吴官正、李长春、罗干出席。

同日 中央治理商业贿赂领导小组在京召开座谈会,研究推进市场诚信体系建设、深化治理商业贿赂专项工作。

8月1日 中共中央、国务院和中央军委举行庆祝中国人民解放军建军80周年暨全军英雄模范代表大会。胡锦涛在会上发表讲话。

8月3日 台北地检署以"天下围攻"属"非法集会游行"为由，对16名"倒扁"总部成员提起公诉。

8月5日 台"经济部"所属公营事业单位举行招录考试，参考人数达43025人，录取率为2.9%。

8月6日 联合国秘书长发言人称，陈水扁二次要求"入联"的信函，已被秘书长潘基文依"前例"由联合国法律事务厅退回。

8月7日 中共中央发出《关于省级人大、政府、政协换届工作的通知》，要求以换届为契机，按照新形势新任务的要求，进一步选好配强省级人大、政府、政协领导班子。

同日 国务院发出《关于解决城市低收入家庭住房困难的若干意见》。

8月8日 内蒙古各族各界群众庆祝内蒙古自治区成立60周年。曾庆红率中央代表团出席庆祝大会。中央人民政府赠送"民族团结宝鼎"。

同日 陈水扁指示"行政院长"张俊雄取消2008年"军公教"人员调薪计划，"军公教"人员在民进党执政期间实际收入呈下降趋势。

8月9日—17日 上海合作组织成员国武装力量，携手并肩进行了一场举世瞩目的"和平使命－2007"联合反恐军事演习。

8月10日 美宣布将出售60枚改良型AGM—84L鱼叉二型反舰巡弋导弹及相关设备给台湾，交易金额1.25亿美元。

8月13日 国务院发出紧急通知，要求各地区、各部门进一步落实促进生猪等副食品生产供应的各项政策措施，保证市场供应，维护副食品价格稳定。

同日 国务院发布关于在全国建立农村最低生活保障制度的通知。

同日 湖南省湘西自治州凤凰县沱江大桥发生坍塌事故，造成人员严重伤亡。党中央、国务院高度重视，温家宝总理作出重要批示，要求地方和有关部门尽快组织各方面做好抢救和善后工作，查明原因，严肃处理。

8月14日—18日 胡锦涛对吉尔吉斯斯坦、哈萨克斯坦进行国事访问，出席在吉尔吉斯斯坦比什凯克举行的上海合作组织成员国元首理事会第七次会议，赴俄罗斯观摩上海合作组织成员国联合反恐军事演习。

8月15日 国务院总理温家宝主持召开国务院常务会议，研究部署抗灾救灾工作。

同日 民进党"总统"候选人谢长廷宣布前"行政院长"苏贞昌已同意担任其副手，"谢苏配"成型。

8月17日 台当局唆使所罗门群岛、马拉维等16个"邦交国"致函联大主席，要求将"台湾加入联合国"问题列入第62届联大议程。这是台湾当局首次提出"以台湾的名义加入联合国"的申请。9月21日，第62届联合国大会举行全体会议，批准联大总务委员会决定，拒绝将所谓"台湾申请加入联合国"提案列入联大议程。

8月20日 台"华航"一架由台北飞往冲绳的波音737—800型客机，在降落机场4分钟后发生爆炸，未造成人员伤亡，事故原因初步判定是飞机引擎支架漏油。

8月22日 国务院总理温家宝主持召开国务院常务会议，研究做好城市饮用水安全保障工作。

同日 台"行政院"通过总额16994亿元新台币的2008年"中央政府总预算案"，其中"国防预算"3411亿元，占20.1%。

8月23日 沪深股市在上升通道中

收盘,上证综合指数收于 5032.49 点的历史新高,这是中国股市成立近 18 年来沪指首次跨越 5000 点这一整数关口。与此同时,沪深两市总账户出现大幅增长,每日 A 股新增开户数今年曾经持续 33 天保持在 20 万户以上。两市账户总数在 5 月 28 日突破 1 亿户,目前已经超过 1.15 亿户。

8 月 24 日　高雄地方法院就"高捷泰劳弊案"作出一审判决,以证据不足判前"总统府"副秘书长陈哲男无罪。

8 月 24 日—25 日　全国城市住房工作会议在京召开。

8 月 24 日—30 日　十届全国人大常委会第二十九次会议在北京举行。会议经表决通过了反垄断法、突发事件应对法、就业促进法、修改后的动物防疫法和全国人大常委会关于修改城市房地产管理法的决定。本次会议还初次审议了劳动争议调解仲裁法草案、循环经济法草案和水污染防治法修订草案等。

8 月 28 日　中共中央政治局召开会议,研究中国共产党第十六届中央委员会第七次全体会议和中国共产党第十七次全国代表大会筹备工作,审议中共中央纪律检查委员会向党的第十七次全国代表大会的工作报告稿,决定中国共产党第十七次全国代表大会于 10 月 15 日在京召开。

同日　中共中央政治局进行第 43 次集体学习,学习安排的内容是世界金融形势和深化我国金融体制改革。

8 月 29 日　贾庆林在北京会见农业科学家、无党派人士袁隆平。

8 月 30 日　民进党中执会正式通过"正常国家决议文"草案,"急独"内容如"正名为台湾及制定新宪法"、"新宪国土范围定为台澎金马"等在谢、苏的反对下全被删除。

8 月 31 日　全国优秀教师代表座谈会在中南海怀仁堂举行。胡锦涛出席座谈会,与来自全国各地的一百多位全国优秀教师代表共商教育发展大计。

8 月　国务院新闻办发布《中国的食品质量安全状况》白皮书。

9 月 1 日　由中央 17 个部门联合举办的"节能减排全民行动"系列活动在北京举行启动仪式。"节能减排全民行动"包括家庭社区行动、青少年行动、企业行动、学校行动、军营行动、政府机构行动、科技行动、科普行动、媒体行动等 9 个专项行动。

9 月 2 日　中组部、人事部、解放军总政治部联合印发《人事争议处理规定》,规定自 10 月 1 日起正式实施。

9 月 3 日　全国政务公开工作先进单位表彰暨全国政务公开示范点命名电视电话会议在北京召开。

同日　第一次全国法院人民陪审员工作会议在北京举行。

同日　台"高等法院"对马英九"市长特别费案"完成二审分案。11 月 2 日,该案进入实质审理阶段。12 月 28 日,二审宣判马英九无罪。

同日　巴塞尔公约第六次工作会议,以"台湾非联合国会员"为由拒绝接受台湾代表团报到。

9 月 3 日—9 日　胡锦涛对澳大利亚进行国事访问,出席在悉尼举行的亚太经济合作组织第十五次领导人非正式会议并发表重要讲话。会议期间,胡锦涛会见 9 个亚太国家领导人,就加强双边友好合作、增进在国际和地区问题上的协调与合作达成广泛共识。

9 月 4 日　纪念彭雪枫诞辰 100 周年座谈会在北京举行。

9 月 6 日—8 日　首届夏季达沃斯论

坛在大连举行。温家宝出席开幕式并发表题为"发展着的中国前景更加美好"的致词,介绍中国的发展情况。此次会议定名为"从达沃斯到大连——新领军者年会",主题是"变化中的力量平衡",主要探讨变化中的全球商业环境、竞争的新工具和新模式、新领军企业管理者能力、如何应对全球化机遇和挑战等问题。

9月7日 陈水扁将"国务机要费案"的相关发票、传票及检方传讯陈水扁等人的笔录、录音、电磁记录等,全部核定为"绝对机密"。10月5日,台北地方法院驳回陈水扁将"国务机要费案"相关案卷核定为绝对机密、发还相关证物的要求,陈水扁表示将在收到裁定五天内向台"高等法院"提出抗告。

9月8日 亚太经合组织第十五次领导人非正式会议召开,台当局派宏基董事长施振荣为代表与会。

9月10日 台湾当局召开以非政府组织为主的"台非进步伙伴论坛"。

9月12日 国务院台湾事务办公室举行新闻发布会。针对陈水扁近期的"台独"分裂言论,发言人指出,世界上只有一个中国,中国的主权和领土不容分割,不管陈水扁鼓吹什么"台独"分裂言论,都改变不了这些事实。图谋分裂国家的民族败类,最终逃脱不了历史的惩罚。16日,国务院台办发言人就陈水扁鼓吹"台独"分裂言论一事发表谈话。强调指出:台湾是中国不可分割的一部分,这是任何人都改变不了的事实。在维护国家主权和领土完整、制止分裂活动的重大原则问题上,我们绝不动摇、绝不妥协、绝不含糊,绝不允许任何人以任何方式把台湾从祖国分割出去。

同日 温家宝主持召开国务院常务会议,听取2010年上海世界博览会筹办情况汇报,研究加快新疆经济社会发展工作。

9月12日—18日 贾庆林对日本进行正式友好访问,期间出席第九届世界华商大会开幕式。

9月13日 新华社报道:近日,国务院军队转业干部安置工作小组、中央组织部、中央宣传部、人事部、解放军总政治部联合下发文件,决定授予林强同志"全国模范军队转业干部"荣誉称号。

同日 美国防部国防安全合作署宣布,将向台湾出售12架P—3C反潜机,以及144枚标准二型导弹,总价值22.3亿美元。

9月14日 中国人民银行宣布,自9月15日起,上调金融机构人民币存贷款基准利率0.27个百分点。这是央行继上周刚刚宣布上调存款准备金率之后,短期内再次出台紧缩性调控措施。

同日 台"中选会"表示,"讨党产公投"将与2008年"立委"选举同日进行。

9月15日 民进党当局在高雄市举行"台湾入联"大游行。国民党则在台中举行"全民拼生活,重返联合国"大游行。

9月17日 中共中央政治局召开会议,研究拟提请十六届七中全会讨论的十六届中央委员会向中国共产党第十七次全国代表大会报告稿和《中国共产党章程(修正案)》稿。

同日 国家土地副总督察甘藏春在新闻发布会上宣布,以查处"以租代征"为重点,包括查处违反土地利用总体规划扩大开发区用地规模、"未批先用"等土地违法行为在内的全国土地执法百日行动启动。

9月18日 胡锦涛会见全国道德模范并发表重要讲话。

同日 第62届联合国大会开幕。21

日,第六十二届联合国大会通过总务委员会报告,决定拒绝将极少数国家提出的"台湾申请加入联合国"提案列入联大议程。这是自 1993 年以来,联大总务委员会连续第 15 次明确拒绝所谓涉台提案。

同日　国家统计局发布《从十六大到十七大经济社会发展回顾系列报告》,指出:党的"十六大"以来,国民经济不仅增长速度快,而且持续时间长、稳定性好。2003—2006 年我国国内生产总值年平均增长 10.4%。2002 年我国国内生产总值 120333 亿元,2006 年达到 210871 亿元,突破 20 万亿元,在世界的位次由第六位跃居第四位。2002 年我国人均国民总收入首次超过 1000 美元,在短短的四年内于 2006 年又超过 2000 美元,在世界的位次也由第 132 位上升到第 129 位。按照世界银行的划分标准,我国已经由低收入国家步入了中等收入国家的行列。

9 月 19 日　温家宝主持召开国务院常务会议,研究促进油料生产和奶业发展工作。

同日　中国道教协会成立 50 周年庆祝大会举行,贾庆林出席并会见与会代表。

9 月 20 日　胡锦涛会见乍得总统伊德里斯·代比。双方就发展长期稳定、真诚友好、全面合作的中乍关系达成广泛共识。

9 月 21 日　民进党"四大天王"等人的"特别费案"侦结,共起诉 11 人、缓起诉 5 人、不起诉 3 人。其中,民进党正、副"总统"参选人谢长廷、苏贞昌未被起诉,"副总统"吕秀莲、党主席游锡堃与前"总统府"秘书长陈唐山被起诉。

同日　国际奥委会发言人证实,2008 年北京奥运会圣火的传递确定不经过台北。

9 月 23 日　外交部长杨洁篪同美国国务卿赖斯举行会谈。

9 月 24 日　外交部长杨洁篪在纽约出席美国对外关系委员会对话会并发表演讲,阐述中国对发展中美关系的政策主张。

同日　曾庆红与南非共和国副总统普姆齐莱·姆兰博—努卡举行会谈,并共同主持中南国家双边委员会第三次全体会议。

同日　2007 中国互联网大会在北京开幕。本届大会以"和谐网络、品质服务"为主题,倡导互联网服务商提高服务质量,弘扬绿色网络文化,营造和谐、健康的网络环境,共建人人受益的互联网。

9 月 25 日　温家宝会见库克群岛总理吉姆·马鲁雷。

9 月 26 日　温家宝主持召开国务院常务会议,讨论并原则通过《国家环境保护"十一五"规划》,决定取消和调整 186 项行政审批项目。

同日　中非外长首次政治磋商在纽约联合国总部举行,杨洁篪出席并与中非合作论坛第四届部长级会议主席国埃及外交部长盖特共同主持磋商。

同日　民进党通过"正常国家决议文"共识版。27 日,游锡堃宣布辞去民进党党主席职务。

9 月 27 日　赖英照、谢在全经台"立法院"同意,将出任正、副"司法院长"。

同日　中国人民银行、中国银监会联合下发关于加强商业性房地产信贷管理的通知。

同日　国家发改委副主任张晓强说,目前我国高技术产业规模跃居世界第二,出口总额跻身世界前两位,步入新的发展阶段。2006 年中国高技术产品出口达到 2815 亿美元,是 2002 年的 4 倍多,占全国外贸出口总额的 29%。预计 2007 年高技术产业总收入将超过 6.3 万亿元,高技术产品出口将达到 3500 亿美元。

9 月 28 日 中央政治局召开会议,讨论十六届六中全会以来中央政治局的工作。

同日 中央政治局进行第四十四次集体学习,内容是扩大对外开放和维护国家经济安全。

9 月 30 日 温家宝会见荣获 2007 年中国政府"友谊奖"的 50 名外国专家和他们的眷属。"友谊奖"是中国政府授予来华工作的外国专家的最高荣誉奖项。

10 月 2 日 2007 年世界夏季特殊奥林匹克运动会在上海体育场隆重开幕,胡锦涛出席开幕式并宣布运动会开幕。世界特殊奥林匹克运动会是面向智障人士的综合性大型运动会,这次在上海举办的特奥会,是第一次在发展中国家、在亚洲举办的夏季特奥会,来自 164 个国家和地区的一万多名运动员、教练员参加本届特奥会,是迄今为止我国举办的参赛国家和地区、参赛人员最多的体育赛事。

10 月 3 日 国际特奥会、中国残联和上海特奥会组委会共同主办的"智障人士福利全球政策高峰论坛"在上海举行。国务院副总理回良玉出席并代表中国政府致词。本次论坛以"全情投入、改变人生"为主题。论坛通过了《支持声明》,承诺在全球范围内,加强对智障人士和他们的家庭的服务和支持,在教育、就业、卫生保健、体育等各方面给智障人士创造机会,努力为智障人士创造平等参与、和谐包容的社会环境。

10 月 4 日 《中国时报》报道,台"太空中心"计划 2010 年用自行研发的火箭发射卫星,美国则强烈反对台湾发展火箭。

10 月 6 日 第 16 号强台风"罗莎"在台湾沿海登陆,共造成 8 死 4 失踪,农业损失达 26 亿元新台币,12 个县市达到"农业天然灾害救助办法"规定。

10 月 8 日 《人民日报》报道:中共中央组织部公布的全国党内统计最新数据显示,截至 2007 年 6 月,全国党员总数为 7336.3 万名,比 2002 年党的十六大时增加 642.2 万名,平均每年增加 142.7 万名,平均每年增长 2.1%。全国现有党的基层组织 360.7 万个,比 2002 年党的十六大时增加 14.2 万个。全国申请入党人数为 1960.8 万人,比 2002 年增加 448 万人。党员队伍结构不断改善,党的凝聚力进一步增强。

10 月 9 日—12 日 十六届七中全会在北京举行。会议听取和讨论了胡锦涛受中央政治局委托作的工作报告。全会讨论并通过了党的十六届中央委员会向党的第十七次全国代表大会的报告,讨论并通过了《中国共产党章程(修正案)》,决定将这两份文件提请党的第十七次全国代表大会审议。胡锦涛就党的十六届中央委员会向第十七次全国代表大会的报告讨论稿向全会作了说明。吴邦国就《中国共产党章程(修正案)》讨论稿向全会作了说明。全会审议并通过了《中共中央纪律检查委员会关于陈良宇问题的审查报告》《中共中央纪律检查委员会关于杜世成问题的审查报告》。

10 月 11 日 陈水扁赴马绍尔出席"第二届台湾与南太平洋友邦高峰会",美方拒绝陈水扁专机过境关岛,陈水扁只能搭乘"华航"班机前往。

同日 福建马尾"安麒"号客轮首航台湾马祖,改变了过去只有马祖客轮营运的局面,标志着"两马"航线双向对开成为现实。

10 月 11 日—12 日 中央纪律检查委

员会第八次全体会议在北京举行。全会审议并通过了中共中央纪律检查委员会向党的第十七次全国代表大会的工作报告,同意将报告提请党的第十七次全国代表大会审查。

10 月 15 日—21 日　中国共产党第十七次全国代表大会在北京举行。胡锦涛代表十六届中央委员会作了《高举中国特色社会主义伟大旗帜,为夺取全面建设小康社会新胜利而奋斗》的报告。大会通过了关于《中国共产党章程(修正案)》的决议,决定这一修正案自通过之日起生效。

10 月 16 日　台"立法院"就"公职人员选举罢免法修正草案"进行协商并取得建立"行政验票机制"的共识,选举中若得票数前一、二名的候选人差距在千分之三以内,候选人有权提出验票。

10 月 17 日　"关注贫困,行动起来"国际研讨会在北京召开。国务院副总理回良玉出席开幕式并代表中国政府致词。

同日　陈水扁正式就任民进党主席,并确定"集体领导、派系共治"模式。

同日　台"立法院"就"组织法修正草案"达成共识,决定下届"立法院"常设委员会由目前的 12 个减少为 8 个。

10 月 22 日　十七届中央委员会第一次全体会议在北京举行。会议选举胡锦涛、吴邦国、温家宝、贾庆林、李长春、习近平、李克强、贺国强、周永康为中央政治局常委,胡锦涛为中央委员会总书记;根据中央政治局常务委员会的提名,通过了中央书记处成员为习近平、刘云山、李源潮、何勇、令计划、王沪宁;决定胡锦涛为中央军事委员会主席,郭伯雄、徐才厚为中央军事委员会副主席,梁光烈、陈炳德、李继耐、廖锡龙、常万全、靖志远、吴胜利、许其亮为中央军事委员会委员;批准贺国强为中央纪律检查委员会书记,何勇等为副

书记。

同日　台"中选会"主委张政雄表示,如果采取"一阶段投票",也将"分桌领票",且投错票区仍属有效票,"蓝营县市长如不服从'中选会'安排,将被依法追究责任"。

10 月 23 日　十七届中共中央政治局召开第一次全体会议。会议专门对学习宣传贯彻党的十七大精神进行研究部署。

10 月 24 日　温家宝主持召开国务院常务会议,研究部署第四季度经济社会发展工作。

同日　我国自主研制的第一颗月球探测卫星"嫦娥一号"在西昌卫星发射中心发射成功,标志着我国实施绕月探测工程迈出重要一步。11 月 26 日,"嫦娥一号"传回第一张月面图片,标志着我国首次月球探测工程取得圆满成功。中共中央、国务院、中央军委致电祝贺。12 月 2 日,中共中央、国务院、中央军委举行大会,隆重庆祝我国首次月球探测工程圆满成功。我国首次月球探测工程的成功,是继人造地球卫星、载人航天飞行取得成功之后我国航天事业发展的又一座里程碑,标志着我国已经进入世界具有深空探测能力的国家行列。

同日　中共中央印发《关于认真学习宣传贯彻党的十七大精神的通知》。

同日　民进党推动的为期 10 天的"全民传圣火,前进联合国"环台路跑活动正式展开。

10 月 24 日—25 日　胡锦涛、吴邦国、温家宝分别会见哥斯达黎加共和国总统奥斯卡•阿里亚斯•桑切斯。

10 月 24 日—29 日　第十届全国人大常委会第三十次会议在北京举行。会议经表决,通过了城乡规划法、全国人大常委会关于修改民事诉讼法的决定、修改后

的律师法和节约能源法；会议表决通过了全国人大常委会关于批准修改《与贸易有关的知识产权协定》议定书的决定等。

10月25日—27日 由国际奥委会、北京奥组委和联合国环境规划署联合召开的第七届世界体育与环境大会在北京举行。大会的主题为"从计划到行动"，主要议题是宣传和回顾北京在筹备奥运会过程中开展的环保工作及取得的成就；评价上一届体育与环境大会决议的执行情况，为今后两年的体育、环境与可持续发展工作指明方向；考察体育运动对于国际社会环境保护能起到的作用并提出可行性建议等。大会闭幕式上发布了《北京宣言》。

10月25日—11月3日 第六届全国城市运动会在武汉举行。来自74个代表团的6300多名运动员在24个大项、288个小项的比赛中，共有1人1次超1项世界纪录，2人2次平1项世界纪录，4人4次改写4项全国纪录。

10月26日—29日 全国政协第十届常委会第十九次会议在北京举行。会议的主题是学习和贯彻中共十七大精神，并作出了关于学习贯彻中共十七大精神的决议。

10月27日 纪念井冈山革命根据地创建80周年大会在江西省井冈山市举行。

10月28日—31日 第四届中国—东盟博览会在广西南宁举行。

10月29日 台"行政院长"张俊雄核定从2008年起，为台湾12家公营单位董事长、总经理大幅加薪，上限将达每月30万元新台币。

10月30日—31日 胡锦涛、温家宝分别会见约旦国王阿卜杜拉二世。

10月31日 温家宝主持召开国务院常务会议，讨论并原则通过《中华人民共和国食品安全法（草案）》，审议并原则通过《综合交通网中长期发展规划》。

同日 国家发改委发出通知，自11月1日零时起将汽油、柴油和航空煤油价格每吨各提高500元。成品油价格调整后，相关的铁路货运、民航客运、公路运输等服务价格或收费需适当调整。为减少对群众生活的影响，铁路客运、城市公交、农村道路客运和民用天然气价格不做调整。同时，国家对农业、林业、渔业、城市公共交通和农村道路客运、出租车行业给予适当补贴。

同日 台"法务部"放宽贿选核定标准，并首次对"走路工"作出规定，明确"候选人提供选民往返居住地与投票地的交通费"即属贿选。

11月1日 中共中央印发《关于认真学习宣传贯彻党的十七大精神的通知》。

11月2日—6日 温家宝正式访问乌兹别克斯坦共和国、土库曼斯坦、白俄罗斯共和国和俄罗斯联邦，并出席在塔什干举行的上海合作组织成员国总理第六次会议，在莫斯科举行的中俄总理第十二次定期会晤和"中国年"闭幕式。

同日 民进党在凯达格兰大道举办"圣火护台湾、加入联合国"晚会，陈水扁在致辞中称，"入联公投"联署达到268万份，已达到第二阶段联署目标，至2008年3月份要拼到1000万份。

11月5日 由中央宣传部、中央直属机关工委、中央国家机关工委、教育部、解放军总政治部、北京市委联合举办的中央宣讲团党的十七大精神首场报告会在京举行。

同日 中共中央总书记、国家主席、中央军委主席胡锦涛，中共中央政治局常委、国务院总理温家宝，致电祝贺"嫦娥一号"卫星第一次近月制动取得圆满成功。

同日　第 24 次南极科学考察队从中国极地考察内基地码头启程,乘坐改装一新的"雪龙"号极地科学考察船,奔赴南极,执行我国 2007—2008 年度科学考察和后勤保障任务。我国第 24 次南极考察是第四次"国际极地年"(IPY)中国行动计划的首航,是我国在南极内陆建第三个考察站的起步年,具有重要意义。

同日　第八届中国艺术节在湖北开幕。第八届中国艺术节举办时间为 11 月 5 日至 20 日。由文化部主办、湖北省人民政府承办。主会场在武汉市,分会场设在宜昌、黄石、襄樊、荆门、鄂州。本届艺术节的主题是"繁荣先进文化,建设和谐文化"。

11 月 6 日　台"立法院"三读通过"公职人员选举罢免法修正案"。

11 月 8 日　台"反贪腐讨国产"审查通过,一并列入 2008 年"立委"选举时的"公投"项目。

11 月 11 日　台"内政部户政司"公布 2007 年岛内户口统计资料,截至 2007 年 10 月底,台湾人口总数达到 22934997 人。

11 月 12 日　我国在太原卫星发射中心用"长征四号丙"运载火箭,成功将"遥感卫星三号"送入太空。这是长征系列运载火箭第 104 次执行发射任务。

同日　全国农村人口和计划生育工作会议在河南郑州市召开,会议期间,国家人口计生委、国家发改委、农业部、教育部、卫生部、公安部、财政部、民政部等 14 个部委联合发出《关于全面加强农村人口和计划生育工作的若干意见》,全面指导各地加强农村人口计生工作。

11 月 14 日　温家宝主持召开国务院常务会议,研究部署稳定市场供应和保障困难群众生活工作。

11 月 15 日　国务院新闻办公室发表《中国的政党制度》白皮书。

同日　全国青年作家创作会议在北京召开。

同日　国家法定节假日调整方案民意调查结束。据初步统计,除掉无效投票外,大约 155 万网民参加了此项调查。所有收集的意见都将被归纳和汇总,然后上报国务院。最终的国家法定节假日调整方案有望年内正式公布。

11 月 16 日　台第七届"立委"选举登记开始,截至 20 日,总计有 13 个政党完成登记,共登记 132 名不分区参选人,以及 296 名区域暨原住民"立委"参选人。

11 月 16 日—23 日　中共中央政治局常委李长春主持召开宣传思想文化工作座谈会,讨论研究深入学习贯彻党的十七大精神,进一步加强和改进宣传思想文化工作。

11 月 17 日　台"中选会"决定下届"立委"选举并"公投"的领票采取"一阶段投票"方式,但国民党 18 个执政县市仍坚持"二阶段投票"。

11 月 17 日—12 月 21 日　中国民主同盟第十次全国代表大会、中国农工民主党第十四次全国代表大会、中国致公党第十三次全国代表大会、中华全国工商业联合会第十次会员代表大会、九三学社第九次全国代表大会、台湾民主自治同盟第八次全盟代表大会暨纪念台盟成立六十周年大会、中国民主建国会第九次全国代表大会、中国国民党革命委员会第十一次全国代表大会暨成立六十周年纪念大会、中国民主促进会第十次全国代表大会分别在北京举行。各代表大会讨论通过了各自的工作报告,审议通过各自的章程,讨论确定了各自今后的方针和任务,各自选举了新的中央领导机构和领导人。蒋树声当选为中国民主同盟中央主席,桑国卫当选为中国农工党中央主席，万钢当选为中国致公党中央主席，黄孟复当选为中华全国工商联主席，韩启德当选为九三学社中央主席，林文漪当选为台湾民主自治同盟主席，陈昌智当选为中国民主建国会中央主席，周铁农当选为中国国民党革命委员会中央主席，严隽琪当选为中国民主促进会中央主席。

11月18日—22日 温家宝正式访问新加坡，并出席在新加坡举行的第11次中国与东盟领导人会议、第11次东盟与中日韩领导人会议、第八次中日韩领导人会议和第三届东亚峰会。

11月20日 国民党"总统"参选人马英九提出"活路外交"模式，主张在"九二共识"基础上，两岸应先透过协商化解"外交"上的对撞、冲突的局面。

11月20日—21日 胡锦涛、吴邦国分别会见厄瓜多尔共和国总统拉斐尔·科雷亚·德尔加多。

11月23日 胡锦涛、温家宝分别会见香港特别行政区行政长官曾荫权、澳门特别行政区行政长官何厚铧。胡锦涛表示，新一届中央领导集体将继续坚定不移地贯彻"一国两制"、"港人治港"、"澳人治澳"、高度自治的方针，一如既往地全力支持特别行政区长官和政府依法行政。

11月26日 胡锦涛、吴邦国、温家宝分别会见法国总统萨科齐。

同日 中国国家航天局正式公布"嫦娥一号"卫星传回并制作完成的第一幅月面图像。首幅月图的完成和公布，标志着中国首次月球探测工程取得圆满成功。

11月26日—27日 全国政协反映社情民意信息工作座谈会在北京举行。中共中央政治局常委、全国政协主席贾庆林出席会议并讲话。

11月27日 中共中央政治局召开会议，分析当前经济形势，研究明年经济工作。

同日 十七届中央政治局以完善中国特色社会主义法律体系和全面落实依法治国基本方略为题进行第一次集体学习。胡锦涛主持学习并发表讲话。

11月28日 温家宝主持召开国务院常务会议，研究部署促进资源型城市可持续发展工作，讨论并原则通过《中华人民共和国社会保险法（草案）》，审议并原则通过《中华人民共和国企业所得税法实施条例（草案）》。

同日 温家宝与欧盟轮值主席国葡萄牙总统苏格拉底和欧盟委员会主席巴罗佐在北京举行第十次中欧领导人会晤。

11月28日—29日 全国政协新闻宣传工作座谈会在北京举行。中共中央政治局常委、全国政协主席贾庆林出席会议并讲话。

11月30日 胡锦涛到北京市朝阳区考察艾滋病防治工作。他代表党中央，向奋战在艾滋病防治第一线的医疗卫生工作者，向积极参与艾滋病防治工作的志愿者，致以诚挚的问候和崇高的敬意。

12月3日—5日 中央经济工作会议在北京举行。这是中共十七大之后召开的第一个中央经济工作会议。胡锦涛在会上全面分析了当前我国经济形势和国际经济环境，明确提出了2008年经济工作的指导思想和总体要求，深刻阐述了做好2008年经济工作的大政方针和主要任务。温家宝进一步阐述了2008年经济工作的重大问题，并就2008年经济工作的主要目标、任务作了具体部署。

12月7日 台"立法院"通过"立法院组织法修正案"，规定当选3席以上"立委"的前5个政党可组党团，席次相同者抽签决定，若未达5个将由4名以上"立委"合组"政团"。

12 月 8 日 中国人民银行宣布,从 2007 年 12 月 25 日起,上调存款类金融机构人民币存款准备金率 1 个百分点。此次调整后,普通存款类金融机构将执行 14.5% 的存款准备金率标准,该标准创 20 余年历史新高。

同日 民进党当局强行将"中正纪念堂"改名为"台湾民主纪念馆",将"大中至正"牌坊换成"自由广场",引发岛内轩然大波。

12 月 10 日 台湾最大的健身集团——亚历山大健身俱乐部宣告停业。

12 月 11 日 国务院总理温家宝签署第 512 号国务院令,公布《中华人民共和国企业所得税法实施条例》,条例自 2008 年 1 月 1 日起施行。

同日 经国务院批准,财政部会同国资委发布了《中央企业国有资本收益收取管理办法》,中央企业向国家分红的比例有了明确的标准。

同日 国家统计局发布最新统计,受食品价格持续上涨等因素影响,今年 11 月全国居民消费价格指数(CPI)同比上涨 6.9%,创今年月度新高。从月环比上看,比上月上涨 0.7%,1—11 月份累计,居民消费价格总水平同比上涨 4.6%。

同日 台"立法院""蓝""绿"阵营就"国防机密预算"达成协议,6 套"爱国者三型"导弹采购案放行 4 套,38 亿元新台币的"雄二 E 巡航导弹"研发费用则通过 1/3,冻结 2/3。

12 月 12 日 中共中央、国务院和中央军委在人民大会堂举行大会,隆重庆祝我国首次月球探测工程圆满成功。胡锦涛发表讲话强调。同日,人事部、国防科工委、国资委、总装备部和中国科学院联合对在我国首次月球探测工程研制、建设、发射、测控和科学应用等各项任务中作出突出贡献的单位和个人进行表彰,授予国防科工委月球探测工程中心等 22 个单位"首次月球探测工程突出贡献单位"称号,授予栾恩杰等 200 名同志"首次月球探测工程突出贡献者"称号。

12 月 13 日 亚洲开发银行发表报告称,台湾家庭负债率 9 月份达到 56.7%,为亚洲第一,房贷负债比高达 38.5%,创历史新高。

12 月 16 日 国务院公布修改后的《全国年节及纪念日放假办法》。从 2008 年起,全体公民放假的节日从之前的 10 天增加到 11 天,五一劳动节从放假 3 天减为 1 天,增设清明、端午、中秋三个假期。《职工带薪年休假条例》同时出台。

同日 台《联合晚报》报道,新"选罢法"规定,买票行为一经确定,将处 3 年以上,10 年以下徒刑,并处新台币 100 万元以上 1000 万元以下罚金,且无缓刑。

12 月 17 日—21 日 新进中央委员会的委员、候补委员学习贯彻党的十七大精神研讨班在北京举行。17 日,胡锦涛出席研讨班开班式并讲话。

12 月 18 日 中共中央政治局进行第二次集体学习,内容是当代世界宗教和加强我国宗教工作。

同日 上海世博会吉祥物"海宝"揭晓,"海宝"——一个头发翘起、圆眼含笑、腿臂舒展,外形就像中国传统汉字"人"的蓝色小孩,意为"四海之宝"。

12 月 20 日 中国人民银行宣布,自 12 月 21 日起上调金融机构人民币存贷款基准利率,这是央行 2007 年年内第六次上调银行基准利率。

同日 台"立法院"通过"2008 年度总预算",编列 16858.5 亿元新台币,仅删减 0.8%,创"立法院"改选后历史新低。

同日　台"立法院"通过"国家通讯传播委员会（NCC）组织法修正案"，委员改由"行政院长"提名，经"立法院"同意后任命。

12月22日—23日　中央农村工作会议在北京举行，会议回顾总结了过去5年的农业农村工作，重点研究了加强农业基础建设、促进农业发展农民增收的政策措施，安排部署了2008年及今后一个时期的农业农村工作。会议讨论了《中共中央、国务院关于切实加强农业基础建设、促进农业发展农民增收的若干意见（讨论稿）》。胡锦涛、温家宝对确保国家粮食安全、促进农民收入持续较快增长作重要指示。

12月23日　两蒋慈湖陵寝撤销，蒋氏后人蒋方智怡表示，可依蒋氏遗愿，将陵寝移至故土浙江奉化安葬。

12月24日　胡锦涛在中共中央召开的各民主党派中央、全国工商联新老主要领导人座谈会上发表重要讲话。

同日　中国政府网发布《国务院关于促进资源型城市可持续发展的若干意见》，提出了促进资源型城市可持续发展的工作目标。

同日　台"行政院"决议由"中选会"通知各县市选委会主委及各投开票所主任，要求2008年"立委"选举与"公投"贯彻一阶段领、投票，违者将被撤职甚至"法办"。

12月24日—25日　全国政法工作会议在北京召开。25日，胡锦涛同全国政法工作会议代表和全国大法官大检察官座谈。

12月26日　中国国务院新闻办公室发表长达1.6万字的《中国的能源状况与政策》白皮书，这是中国政府近十年来，在能源领域首次对外发布的白皮书。

12月29日　十届全国人大常委会第三十一次会议审议并通过了《全国人民代表大会常务委员会关于香港特别行政区2012年行政长官和立法会产生办法及有关普选问题的决定》。《决定》指出，2012年香港特别行政区第四任行政长官的具体产生办法和第五届立法会的具体产生办法可以作出适当修改；2017年香港特别行政区第五任行政长官的选举可以实行由普选产生的办法；在行政长官由普选产生以后，香港特别行政区立法会的选举可以实行全部议员由普选产生的办法。这是全国人大常委会依法对香港特别行政区政制发展问题作出的又一重要决定。

12月30日　国务院办公厅发布《关于严格执行有关农村集体建设用地法律和政策的通知》。

12月31日　中国国家主席胡锦涛通过中国国际广播电台、中央人民广播电台和中央电视台发表了题为"共同推进人类和平与发展的崇高事业"的新年贺词，向全国各族人民，香港、澳门、台湾同胞和海外侨胞，向世界各国朋友致以新年祝福。

同日　国务院办公厅下发《关于限制生产销售使用塑料购物袋的通知》。通知指出，从2008年6月1日起，在全国范围内禁止生产、销售、使用厚度小于0.025毫米的塑料购物袋。在所有超市、商场、集贸市场等商品零售场所实行塑料购物袋有偿使用制度，一律不得免费提供塑料购物袋。

2008 年

1月1日　胡锦涛在全国政协举行的新年茶话会上发表讲话指出，2008年是全面贯彻落实党的十七大作出的战略部署的第一年,是实施"十一五"规划承上启下的一年,将迎来改革开放 30 周年,还要举办北京奥运会和残奥会。做好 2008 年的工作,对保持和发展我国改革发展稳定的大局具有重大意义。

1 月 3 日　国务院《关于促进节约集约用地的通知》出台。

同日　《人民日报》报道,跨越钱塘江、曹娥江、甬江三大水系的杭甬运河全线建成。有千年历史的京杭大运河向东延伸 239 公里,首次实现"通江达海"。

1 月 4 日　国务院召开第一次全国污染源普查电视电话会议。会议强调,要科学普查、依法普查,为建设环境友好型社会提供全面准确的环境信息。

1 月 7 日　"2008 经济全球化与工会"国际论坛开幕,胡锦涛出席开幕式并致辞说,本次论坛以"可持续发展、体面劳动和工会的作用"为主题,围绕促进可持续发展、实现社会公平正义等人们普遍关心的问题进行研讨和交流,对增进各国工会的相互了解和合作、促进工会组织在经济社会发展中更好地发挥作用,对推动国际工会运动健康发展,具有十分重要的意义。

1 月 8 日　中共中央、国务院在北京隆重举行国家科学技术奖励大会。会前,胡锦涛等党和国家领导人会见了 2007 年度国家科学技术奖励获奖代表。会上,颁布了 2007 年度国家科学技术奖励获奖人选和项目。2007 年度国家自然科学奖二等奖获奖项目 39 项;国家技术发明奖获奖项目 51 项,其中一等奖 1 项、二等奖 50 项;国家科学技术进步奖获奖项目 255 项,其中特等奖 1 项、一等奖 19 项、二等奖 235 项;授予 4 名外籍科学家和 1 个外国组织中华人民共和国国际科学技术合作奖。

1 月 9 日　国务院总理温家宝主持召开国务院常务会议,研究部署保持物价稳定工作,作出修改《价格违法行为行政处罚规定》的决定。13 日,温家宝签署了第 515 号国务院令,公布《国务院关于修改〈价格违法行为行政处罚规定〉的决定》,新规自公布之日起施行。

同日　台"最高检察署"将马英九"特别费案"上诉至"最高法院"。

1 月 11 日　中共中央党校举行 2007 年秋季学期毕业典礼。

同日　2008 年两岸春节包机航班正式排定,共 12 家航空公司执行 94 个往返航班。

1 月 11 日—14 日　中共中央总书记、国家主席、中央军委主席胡锦涛来到安徽省考察工作。

1 月 12 日　台第七届"立委"选举结束,国民党获 81 席,政党得票率为 51.23%,民进党仅得 27 席,政党得票率为 36.91%。"讨党产公投"及"反贪腐公投"均未过关。

同日　陈水扁辞去民进党主席一职。

1 月 14 日　国务院召开全国保障市场供应加强价格监管电视电话会议。会议提出了当前依法加强市场价格监管的四项措施。16 日经国务院批准,国家发改委公布了《关于对部分重要商品及服务实行临时价格干预措施的实施办法》,宣布根据《价格法》有关规定,从即日起启动临时价格干预措施。

同日　国务院办公厅下发《关于限制生产销售使用塑料购物袋的通知》。

同日　全国林业厅局长会议召开,会议宣布,到 2007 年底,全国已完成承包到户的林地约 6.6 亿亩,占集体林业用地的 27.5%。2008 年我国将全面推开集体林权制度改革,计划到 2010 年基本完成以"明晰产权、承包到户、落实经营主体"为核心的集体林权制度主体改革任务。

同日 马拉维宣布与台湾"断交",台湾当局的"邦交国"减少至23个。

1月14日—16日 第十七届中共中央纪律检查委员会第二次全体会议在北京召开。会议审议通过了贺国强代表中央纪委常委会所作的《全面贯彻党的十七大精神,努力开创党风廉政建设和反腐败斗争新局面》的工作报告。

1月15日 国务院总理温家宝签署第516号国务院令,公布《国务院关于废止部分行政法规的决定》,共92件行政法规被废止或宣布失效。

同日 《联合报》报道,据台"内政部"公布资料显示,2007年台湾新生儿童204414人,出生率为0.892‰,创历史新低。

1月16日 国家批准实施《广西北部湾经济区发展规划》,这是党中央、国务院深入全面实施西部大开发战略、完善区域经济布局、促进全国区域协调发展和开放合作而作出的重大决策。

同日 全国宗教工作系统表彰大会暨2008年全国宗教工作会议在北京举行。对全国宗教工作系统先进集体和先进工作者进行表彰,在我国宗教工作历史上是第一次。

同日 中国人民银行宣布,从1月25日起,上调存款类金融机构人民币存款准备金率0.5个百分点。

同日 经国务院批准,发改委公布《关于对部分重要商品及服务实行临时价格干预措施的实施办法》。

同日 马英九重申"不统、不独、不武"的两岸政策。

1月21日—23日 全国宣传思想工作会议在北京召开。

1月21日—29日 国务院派出督察组,分11个组在全国22个省区市,对保障市场供应、加强市场监管和稳定市场价格情况进行检查,督促各地将党中央、国务院关于保障市场供应、加强市场监管、稳定市场价格的政策措施落到实处。

1月22日 在遭遇"黑色周一"之后,沪深股市延续前一交易日的下挫势头,继续大幅下挫,跌幅双双超过7%,并均创下A股市场历史下跌点数之最及2007年6月4日以来的最大单日跌幅。两市个股普跌,将近千只个股跌停。

1月23日 中宣部、财政部、文化部、国家文物局联合下发《关于全国博物馆、纪念馆免费开放的通知》。

1月24日 国家统计局宣布,2007年我国全年国内生产总值(GDP)比上年增长11.4%;居民消费价格指数(CPI)上涨4.8%,涨幅比上年提高3.3个百分点。

同日 台"行政院长"张俊雄宣布"内阁"总辞。28日,陈水扁以"退回总辞案"方式留任张俊雄"内阁",并称"行政院长"任命不需"立法院"同意。

1月25日 经国务院同意,国务院办公厅发布《关于进一步加强鲜活农产品运输和销售工作的通知》,决定从1月26日至2月5日,启动鲜活农产品运输应急机制。

1月27日 国务院召开电视电话会议,针对当前大范围雨雪冰冻灾害给煤电油运造成的严重影响,部署各项保障工作。

1月28日 纪念薄一波同志诞辰100周年座谈会在北京人民大会堂举行。

1月28日—30日 温家宝总理在湖南、广东考察抗灾救灾和春运工作。

1月29日 中共中央政治局召开会议,专门研究当前雨雪冰冻灾情,部署做好保障群众生产生活工作。

同日　中共中央政治局进行第三次集体学习,内容是实现全面建设小康社会奋斗目标的新要求和推动经济社会又好又快发展。

1月30日　新华社受权全文播发《中共中央国务院关于切实加强农业基础建设进一步促进农业发展农民增收的若干意见》。

1月30日—2月2日　受胡锦涛总书记委托,习近平、贾庆林、周永康、李长春、李克强、贺国强分别专程赶赴贵州、安徽、河南、湖北、四川和江西,代表党中央、国务院慰问受灾群众,指导抗灾救灾工作。

1月31日　胡锦涛先后来到山西省大同市和河北省秦皇岛市,深入大同煤矿集团大唐塔山煤矿有限公司、大秦铁路湖东站和秦皇岛港煤码头,实地考察煤炭生产和电煤供应情况。

2月1日　温家宝主持召开国务院常务会议,研究部署抢险抗灾和煤电油运保障工作。会议一结束,温家宝就带领有关部门的同志重返湖南并立即召开会议研究部署进一步做好抗灾救灾工作的措施。

同日　国务院新闻办举行的新闻发布会上,民政部救灾救济司副司长邹铭表示,截至1月31日18时,今年1月10日以来的低温雨雪冰冻灾害造成浙江、江苏、安徽、江西、河南、湖北、湖南、广东、广西、重庆、四川、贵州、云南、陕西、甘肃、青海、宁夏、新疆和新疆生产建设兵团等19个省(区、市、兵团)不同程度受灾。据介绍,持续低温雨雪和冰冻天气共造成60人死亡(因房屋倒塌、滑倒和溺水等原因),失踪2人,紧急转移安置175.9万人(含铁路、公路滞留需救助66.7万人);农作物受灾面积7270.8公顷;倒塌房屋22.3万间,损害房屋86.2万间;因灾直接经济损失537.9亿元。其中,湖南、湖北、贵州、广

西、江西、安徽6省(区)受灾最为严重。

同日　中台办、国台办就陈水扁当局公告3月22日举办所谓以台湾名义加入联合国的公投发表受权声明。声明称,2月1日,陈水扁当局不顾两岸同胞的强烈反对和国际社会的谴责,公然决定于3月22日举办所谓以台湾名义加入联合国的公投。我们十分关注“入联公投”事态的发展。陈水扁当局一意孤行,铤而走险,必将付出沉重代价。

同日　台第七届“立委”报到,选举“立法院”正、副院长,国民党“立委”王金平、曾永权分别当选。

2月2日　《人民日报》报道,近日,国务院决定成立国务院煤电油运和抗险救灾应急指挥中心,负责及时掌握有关方面的综合情况,统筹协调煤电油运和抢险抗灾中跨部门、跨行业、跨地区的工作。

2月3日　胡锦涛主持召开中共中央政治局常务委员会会议,进一步研究部署雨雪冰冻灾害抗灾救灾工作。

同日　国务院发布《国务院关于做好促进就业工作的通知》。《通知》把城镇新增就业、控制失业率、失业人员就业、就业困难人员就业及减少有劳动能力长期失业人员、城市居民最低生活保障人员作为就业工作主要目标任务。

2月5日—6日　胡锦涛专程到桂林灾情严重的山区农村和担负抗灾救灾重任的基层单位,实地了解保交通、保供电、保民生的落实情况,慰问灾区各族干部群众。胡锦涛指出,目前当务之急是把灾区群众尤其是困难群众的生活安排好,急灾区群众之所急,解灾区群众之所难,优先保交通、保供电、保民生,奋力夺取抗灾救灾斗争的全面胜利。10日胡锦涛作出重要指示,要求部队在前一段积极投身抢险救灾斗争的基础上,继续支持受灾地区搞

好恢复重建，为夺取抗灾救灾全面胜利作出更大贡献。

2 月 7 日　新中国成立以来首个海洋领域总体规划《国家海洋事业发展规划纲要》获批出台，规划涵盖了海洋资源、环境、生态、经济、权益和安全等方面的综合管理和公共服务活动。

2 月 11 日　搭载 664 名大陆游客的国际邮轮"海洋迎风号"抵达台湾基隆港，这是大陆观光客首度乘邮轮赴台，也是大陆人士赴台观光人数最多的一次。

2 月 13 日　信息产业部、国家发改委公布，3 月 1 日起实行手机漫游费上限标准新方案，即主叫上限标准降为每分钟 0.6 元，被叫上限标准降为每分钟 0.4 元。占用国内长途电路不再另行加收国内长途通话费。

同日　民进党中常会通过"不管是入联公投，或是返联公投，两案都支持"的决议，希望冲高"公投"投票率，避免国民党拒领"公投票"。

2 月 14 日　国务院新闻办举行新闻发布会指出，在党中央、国务院的坚强领导下，灾区各级党委、政府和有关部门积极努力，社会各界大力支持，抗击低温雨雪冰冻灾害取得了阶段性胜利。下一步救灾和市场保障指挥部将组织开展受灾群众倒塌房屋的恢复重建，扎实做好灾区物资供应工作，支持灾区群众开展生产自救。

同日　台"中选会"通过"入联"及"返联"两项"公投"案，并将于 3 月 22 日以"两阶段领票，一阶段投票"方式与"大选"捆绑进行。

2 月 15 日　台"中选会"进行第十二届正、副"总统"参选人号次抽签，谢、苏为 1 号，马、萧为 2 号。

2 月 17 日—19 日　全国组织工作会议在北京召开。

2 月 18 日　据国家统计局公布的最新统计数字，2008 年 1 月份我国工业品出厂价格（PPI）较上年同期增长 6.1%，增速创下三年来新高，显示未来消费物价的上涨压力也将相应增加。其中食品类价格上涨超过 10%。原材料、燃料、动力购进价格同比上涨 8.9%。19 日，国家统计局公布数据显示，受春节和雪灾等因素影响，今年 1 月份我国居民消费价格指数（CPI）同比上涨 7.1%，创 1997 年以来月度新高。

2 月 19 日　国务院在京召开全国农业抗灾减灾和春耕生产工作会议，部署灾后恢复农业生产、春耕备耕工作。

同日　中国政府网公布《国务院关于做好促进就业工作的通知》。

2 月 23 日　中共中央政治局进行第四次集体学习，内容是国外政府服务体系建设和我国建设服务型政府。

同日　台"国防部长"李天羽因"铋震"公司事件辞职，遗缺由"副部长"蔡明宪接任。早在 2 月 14 日，台湾媒体披露，民进党当局密设"铋震"公司，涉嫌主导军火交易，此事在台湾引起轩然大波。

2 月 23 日—3 月 2 日　第 49 届世界乒乓球锦标赛团体赛在广州举行，中国队包揽了本次世乒赛团体赛的两项冠军。

2 月 25 日　东北中小企业信用再担保股份有限公司成立大会暨揭牌仪式在北京人民大会堂举行。东北中小企业信用再担保公司是由辽宁、吉林、黑龙江、内蒙古四省区及大连市政府共同出资设立，为东北区域内各类中小企业信用担保机构提供增信和分险功能服务的政策性再担保机构，是全国第一家区域性中小企业信用再担保机构试点。

2 月 25 日—27 日　中共十七届二中

全会在北京举行,审议通过拟向十一届全国人大一次会议推荐的国家机构领导人员人选建议名单和拟向全国政协十一届一次会议推荐的全国政协领导人员人选建议名单;通过《关于深化行政管理体制改革的意见》和《国务院机构改革方案》,同意把《国务院机构改革方案》提请十一届全国人大一次会议审议。

2 月 26 日　国家主席胡锦涛、国务院总理温家宝分别会见了美国国务卿赖斯。

2 月 28 日　深入学习实践科学发展观活动试点工作座谈会在北京召开。

同日　国务院新闻办公室发表《中国的法制建设》白皮书。这是中国政府首次发表法制建设白皮书。

2 月 29 日　中共中央在人民大会堂举行座谈会,纪念周恩来同志诞辰 110 周年。由中共中央文献研究室编辑的《建国以来周恩来文稿》和《周恩来青年时代诗集》,近日出版发行。

同日　国务院总理温家宝主持召开国务院常务会议,研究部署事业单位工作人员养老保险制度改革试点工作。会议讨论并原则通过了《事业单位工作人员养老保险制度改革试点方案》,确定在山西、上海、浙江、广东、重庆五省市先期开展试点,与事业单位分类改革配套推进。

3 月 1 日　习近平在中央党校春季开学典礼上,从五个方面谈了对中国特色社会主义理论体系的学习体会和认识。

3 月 2 日　中央社会治安综合治理委员会近日决定,为深入贯彻落实党的十七大精神,为北京奥运会和改革开放 30 周年纪念活动安全顺利举办营造良好的社会环境,2008 年 3 月至 9 月,在全国范围内集中组织开展排查调处矛盾纠纷、排查整治治安混乱地区和突出治安问题活动,集中力量解决好影响社会和谐稳定的突出问题。

3 月 3 日　台"立法院"选举召集委员,"泛蓝"囊括 8 个"委员会"16 席召委,其中国民党 15 席,亲民党 1 席。

3 月 3 日—14 日　中国人民政治协商会议第十一届全国委员会第一次会议在北京举行。会议听取并赞同温家宝总理代表国务院所作的政府工作报告,赞同《国务院机构改革方案(草案)》,赞同最高人民法院工作报告、最高人民检察院工作报告以及其他报告。会议通过政协十一届全国委员会第一次会议政治决议等。贾庆林再次当选为全国政协主席。

3 月 4 日　胡锦涛看望参加全国政协十一届一次会议民革、台盟、台联委员时强调,要牢牢把握两岸关系和平发展的主题,真诚为两岸同胞谋福祉、为台海地区谋和平,维护国家主权和领土完整,维护中华民族根本利益。胡锦涛就发展两岸关系提出了重要意见。

同日　新华社受权发布中国共产党第十七届中央委员会第二次全体会议通过的《关于深化行政管理体制改革的意见》。

3 月 5 日　北京奥组委奥运村和残奥村建设团队副主任于德斌透露,北京奥运会最大的非竞赛场馆奥运村、残奥村开闭村时间已全部确定。奥运村 7 月 27 日正式开村,8 月 27 日闭村。8 月 30 日残奥村正式开村,9 月 20 日闭村。

3 月 5 日—18 日　中华人民共和国第十一届全国人民代表大会第一次会议在北京举行。会议审议通过了温家宝代表国务院向大会作的《政府工作报告》。会议经过表决,批准了国务院机构改革方案。这次国务院机构改革的主要任务是,围绕转变政府职能和理顺部门职责关系,探索实行职能有机统一的大部门体制,主要内容包括：合理配置宏观调控部门职能、加强能源管理机构、组建工业和信息化部、组建交通运输部、组建人力资源和社会保障部、组建环境保护部、组建住房和城乡建设部，国家食品药品监督管理局改由卫生部管理。根据国务院机构改革方案，这次改革涉及调整变动的机构15个，正部级机构减少4个。改革后，除国务院办公厅外，国务院组成部门设置27个。大会选举胡锦涛为中华人民共和国主席、中央军事委员会主席，吴邦国为第十一届全国人大常委会委员长，习近平为国家副主席；会议经过投票表决，决定温家宝为国务院总理；郭伯雄、徐才厚为中央军委副主席；大会依法选举和决定任命了新一届国家机构领导人员，李克强、回良玉、张德江、王岐山为国务院副总理；会议选举王胜俊为最高人民法院院长；曹建明为最高人民检察院检察长。

3月6日　国务院总理温家宝、中央军委主席胡锦涛签署国务院、中央军委令，公布《武器装备科研生产许可管理条例》。

3月7日　银监会下发《关于商业银行从事境内黄金期货交易有关问题的通知》，批准我国商业银行可从事境内黄金期货交易，这也是我国银行业首次从事境内期货业务。

3月9日　第五届东亚运动会筹备委员会揭晓了本届运动会的吉祥物"东仔"和"亚妹"。吉祥物的设计师毛沛畿和梁伯强在介绍吉祥物时表示，"东仔"和"亚妹"的头发象征火焰，代表香港人的活力，身上的烟花斑纹与2009年东亚运动会会徽相呼应，绽放出奥运五环的颜色，代表着发扬体育精神。

3月10日　台"法务部"统计，2003—2007年，岛内共有7025名公务员因贪腐案遭起诉，贪腐金额达新台币138.3616亿元。

3月12日　国民党中常会讨论"公投"领票议题，确定了"拒领入联票"、"支持领返联票"、"理解并充分尊重全面拒领"和"支持立法院前进联合国决议案"等四项主张。

同日　费鸿泰等4名国民党籍"立委"及"财政部长"何志钦等人勘查谢长廷竞选总部"台湾维新馆"，引发"蓝""绿"激烈冲突。马英九对此数次道歉，费鸿泰辞去"立院"党团书记长，由首席副书记长张硕文接任。

3月13日　国务院印发《关于天津滨海新区综合配套改革试验总体方案的批复》，原则同意《天津滨海新区综合配套改革试验总体方案》。

同日　台"中选会"公布"总统"选举细则。"总统"选举有投票权人数为17325508人，"公投"有投票权人数为17317738人。

3月15日　"中日青少年友好交流年"活动在中国人民大学隆重开幕，此项活动是中日双方以纪念《中日和平友好条约》缔结30周年为契机，进一步推动中日关系改善与发展势头的重要举措，也是继2007年"中日文化体育交流年"和纪念中日邦交正常化35周年之后，双方着眼于进一步增进两国国民感情，在两国大力培养友好事业接班人的一项重要交流活动。胡锦涛主席会见了日方代表团主要成员，观看了两国青少年的茶艺交流、书法交流，与两国青少年代表共同植下象征中日青年世代友好的樱花树和玉兰树。温家宝总理、福田康夫首相分别向"中日青少年友好交流年"发来贺词，希望两国青少年志存高远，胸怀天下，相互学习，共同进步，做和平的促进者、友谊的传承者、合作的拓展者,共同描绘两国未来的美好蓝图。

3月16日　国、民两党分别举办大型造势活动,拉抬各自选情。国民党为"台湾向前行"活动,民进党为"救台湾、救民主,百万击掌逆转胜"活动。

3月17日　西藏自治区主席向巴平措在国务院新闻办公室召开的新闻发布会上说,14日,拉萨市区发生了打砸抢烧事件,暴徒共砸烂、烧毁车辆56辆,烧死或砍死无辜群众13人。拉萨打砸抢烧事件是达赖集团有组织、有预谋、精心策划煽动,境内外"藏独"分裂势力相互勾结制造的。事件发生后,自治区党委、政府正确果断处置,拉萨社会秩序很快得到恢复。

3月18日　十一届全国人大一次会议在圆满完成各项议程,产生新一届国家机构组成人员后,3月18日上午在人民大会堂闭幕。会议经过表决,通过了关于政府工作报告的决议,批准了政府工作报告。会议表决通过了关于2007年国民经济和社会发展计划执行情况与2008年国民经济和社会发展计划的决议,批准了2008年国民经济和社会发展计划;表决通过了关于2007年中央和地方预算执行情况与2008年中央和地方预算的决议,批准了2008年中央预算。会议还表决通过了关于全国人大常委会工作报告的决议、关于最高人民法院工作报告的决议、关于最高人民检察院工作报告的决议,决定批准这三个报告。国家主席胡锦涛在闭幕会上发表了重要讲话。

3月19日　前"中央研究院"院长李远哲正式表态支持谢长廷。20日,李登辉也正式表态支持谢长廷。

3月21日　军事科学院迎来50周年院庆,胡锦涛专程来到军事科学院,代表党中央、中央军委,对军事科学院成立50周年表示热烈祝贺。

同日　温家宝主持召开新一届国务院第一次全体会议,会议宣布了国务院领导同志分工和国务院机构设置,讨论通过了《国务院工作规则》。

3月22日　新华社报道:3月中旬在西藏自治区拉萨和我国其他一些地区发生了打砸抢烧严重暴力犯罪事件,极少数人肆意进行各种破坏,扰乱社会秩序,危害各民族人民群众的生命财产安全。有足够证据表明,这一事件是达赖集团有组织、有预谋、精心策划和煽动的。其险恶用心,就是企图造成流血事件,借此向中国政府施压,干扰和破坏北京奥运会,破坏国内安定和谐的社会政治局面。这起打砸抢烧事件的受害者绝大多数是普通老百姓。这起暴力事件,引起各族群众和各界人士的强烈愤慨,纷纷谴责达赖集团的恶劣行径。这一事件再次证明,达赖集团标榜的所谓"和平非暴力",是彻头彻尾的谎言,它使更多的人进一步认清了其真实面目。事件发生后,各有关地区政府果断决策,妥善处置,紧紧依靠群众,采取有力措施,予以坚决斗争,控制了事态发展,恢复了城乡社会秩序。

同日　台湾第十二届"总统"选举结束。马英九、萧万长以7658724票当选,得票率为58.45%,得票率和得票数创1996年"总统"民选以来新的纪录。谢长廷、苏贞昌得票5445239张,得票率41.55%。

3月23日　经中央同意,中央组织部等有关部门决定,从2008年开始,用五年时间选聘十万名高校毕业生到村任职。

3月24日　第29届北京夏季奥运会圣火在希腊古奥林匹亚遗址成功点燃。随着希腊著名跆拳道运动员尼克拉泽斯举起手中的火炬,奥林匹克圣火在希腊境内的传递活动也正式拉开帷幕。

同日　中国和平出版社正式更名为"中国和平出版社有限责任公司"并挂牌。这个新的名称标志着和平出版社已由事业单位转企改制。此次改制重组是我国首家中央级出版单位实行股份制改造，也是第一次出版行业的跨地区重组，标志着中国新闻出版体制改革工作正在稳步推进。

3月25日　国务院召开新一届政府第一次廉政工作会议，这次会议的主要任务是，贯彻党的十七大、十七届二中全会、中央纪委二次全会和胡锦涛总书记重要讲话精神，总结过去五年政府系统反腐倡廉工作，部署 2008 年的工作。

3月26日　国务院总理温家宝主持召开国务院常务会议，研究扶持农业生产的政策措施。

3月27日　国务院召开全国农业和粮食生产工作电视电话会议，国务院在对当前形势进行认真分析研究的基础上，决定进一步加大对农业和粮食生产的政策支持力度。在今年预算安排"三农"投入 5625 亿元、比上年增加 1307 亿元的基础上，中央财政再增加 252.5 亿元投入，主要直接补贴给农民。

同日　中央纪委、监察部、人力资源和社会保障部、财政部、国家海洋局联合召开新闻发布会，宣布《海域使用管理违法违纪行为处分规定》已审议通过，自4月1日起施行。《处分规定》是我国第一部关于海域使用管理违法违纪行为处分方面的专门规章。

3月28日　中共中央政治局召开会议，对促进残疾人事业发展作出部署。

同日　国家发展和改革委员会宣布，考虑到今年粮食生产成本上升较多，为提高农民种粮积极性，进一步促进粮食生产发展，国家决定从新粮上市起再次提高 2008 年生产的稻谷和小麦最低收购价水平。

同日　财政部和中科院联合启动八个具有明显自主创新特点、意义重大的科研装备研制项目。作为贯彻落实《国家中长期科学技术发展规划纲要（2006—2020年）》的重要措施，此举标志着我国将大力推进重大科研装备的自主创新，以切实改变科研仪器大部分依赖进口的局面。

3月29日　温家宝抵达万象，开始对老挝进行工作访问，并出席 30 日至 31 日在万象举行的大湄公河次区域经济合作第三次领导人会议。此次大湄公河次区域经济合作领导人会议的主题是"加强联系性、提升竞争力"。31 日温家宝在会议上发表题为"合作的纽带共同的家园"的讲话。会议结束后，与会各国领导人共同签署《领导人宣言》。

3月31日　北京 2008 年奥运会圣火欢迎仪式暨火炬接力启动仪式在天安门广场隆重举行。胡锦涛在仪式上亲手点燃圣火盆，并宣布北京 2008 年奥运会火炬接力开始。北京奥运会的火炬将在我国 31 个省、自治区、直辖市的 113 个城市中传递。

4月1日　《大公报》报道，台"中选会"决议向国、民两党候选人发放选举津贴，其中马、萧二人可获新台币约 2.29 亿元，谢、苏二人约为 1.63 亿元。

4月7日　民进党召开中执会，决定将党主席选举提前到5月8日举行。5月14日，民进党开始办理党主席选举登记，民进党中常委蔡同荣、前"总统府资政"辜宽敏及前"行政院"副院长蔡英文分别登记参选。

4月8日　新华社报道：国务院批准设立天津滨海新区综合保税区，这是继国务院批复滨海新区综合配套改革试验总体方案后,支持滨海新区开发开放做出的又一重要举措。

4月9日 新华社报道,国际奥协主席拉涅亚在第 16 届国际奥协代表大会表示,全世界 205 个国家和地区奥委会都将参加北京奥运会。这意味着,北京奥运会将成为历史上参赛国家和地区最多的一届奥运会。

4月10日 国家统计局公布了 2006 年 GDP 数据最终核实结果以及 2007 年 GDP 数据初步核实结果。经最终核实,2006 年 GDP 现价总量为 211923 亿元,比初步核实数增加了 1052 亿元,按不变价格计算,比上年增长 11.6%,比初步核实数提高了 0.5 个百分点。经初步核实,2007 年 GDP 现价总量为 249530 亿元,比初步核算数增加了 2911 亿元,按不变价格计算,比上年增长 11.9%,比初步核算数提高了 0.5 个百分点。

4月11日 外交部发言人姜瑜在答记者问时表示,中方对欧洲议会通过涉藏决议表示坚决反对和强烈愤慨。14 日,外交部发言人姜瑜就美国参议院通过涉藏决议案答记者问时表示,中方对此表示强烈不满和坚决反对。16 日晚,外交部新闻司司长刘建超召见美国有线电视新闻网(CNN)驻京分社负责人,就该台主持人卡弗蒂发表恶毒攻击中国人民言论事提出严正交涉。外交部严正要求 CNN 和卡弗蒂本人向中国人民道歉。

4月12日 2008 年年会在海南博鳌开幕。本次年会的主题是"绿色亚洲:在变革中实现共赢"。

同日 中共中央总书记胡锦涛在海南博鳌会见萧万长率领的台湾两岸共同市场基金会代表团。

4月14日 马英九宣布任命台湾东吴大学校长刘兆玄为"行政院长",国民党副主席江丙坤为海基会董事长。候任的江丙坤提出两岸经贸开放的具体内容和时间表,两岸包机直航定于 7 月 4 日启动,年底前拟完成每日包机直航,并扩大人民币在台兑换范围,放宽大陆观光客赴台条件。

4月16日 国家统计局新闻发言人李晓超说,面对罕见的低温雨雪冰冻灾害、国际次贷危机不断蔓延和加深的严峻形势,我国国民经济保持了平稳较快发展。今年一季度,国内生产总值(GDP)同比增长 10.6%。今年以来经济增速出现回落,符合宏观调控的预期。今年一季度全国价格总水平处于高位,房屋销售价格继续上涨,其中居民消费价格总水平上涨 8.0%(3 月份同比上涨 8.3%,环比下降 0.7%),涨幅比上年同期高 5.3 个百分点。

4月18日 温家宝总理出席京沪高速铁路开工典礼,并宣布京沪高速铁路全线开工。京沪高速铁路自北京南站至上海虹桥站,新建双线铁路全长 1318 公里,是世界上一次建成线路最长、标准最高的高速铁路,也是新中国成立以来一次投资规模最大的建设项目。项目建成后,乘坐火车从北京至上海只需要 5 个小时。

4月20日 根据十一届全国人大常委会第二次委员长会议的决定,全国人大常委会办公厅向社会全文公布食品安全法草案,广泛征求各方面意见和建议,以更好地修改、完善这部法律草案。

4月24日 经国务院批准,财政部、国家税务总局决定调整证券(股票)交易印花税税率,由 3‰调整为 1‰。在证券交易印花税调降等利好政策下,沪深股市 4 月 24 日放量大涨,上证综指和深证成指双双出现 9% 以上的巨大涨幅,创下近 7 年来最大单日涨幅。4 月 21 日至 25 日一周内,沪深两市周升幅分别达到 14.96% 和

16.05%，创近12年来最大单周涨幅。

同日 欧盟委员会主席巴罗佐抵京对中国进行为期三天的正式访问。巴罗佐此访随行人员包括9名欧盟委员会委员，及其他官员共约60人。首次中欧经贸高层对话25日在人民大会堂举行。

同日 台"最高法院"针对马英九"市长特别费案"作出三审裁判，判定马英九无罪，台北市政府秘书长余文一年有期徒刑，全案定谳。

4月26日 海南各族各界群众在海南省人大会堂隆重集会，热烈庆祝海南建省办经济特区20周年。中共中央政治局常委、国务院副总理李克强出席庆祝大会，代表党中央、国务院发表重要讲话，强调要深入贯彻落实科学发展观，坚持以改革创新精神全面推进海南各项建设。

4月28日 4时38分，北京至青岛T195次客车下行到胶济线周村至王村区间时，客车尾部第9至第17节车厢脱轨，与上行的烟台至徐州的5034次客车相撞，致使机车和5节车厢脱轨，造成70多人死亡，400多人受伤，伤者中包括4名法国旅客。铁道部已作出决定，免除济南铁路局党政主要负责人职务，接受审查，听候处理。

4月29日 西藏自治区拉萨市中级人民法院举行宣判大会，对参与拉萨"三一四"打砸抢烧严重暴力事件的部分被告人进行了公开宣判。当日，有30名被检方提起公诉的被告人，分别被法院判处3年至20年不等的有期徒刑和无期徒刑。

同日 北京奥运会火炬接力境外第19站的传递在越南胡志明市顺利结束，为奥运圣火"和谐之旅"的国外行程画上了句号。北京奥运圣火于30日搭包机飞往我国香港。5月2日，北京奥运会火炬接力传递在香港举行。

5月1日 世界最长的跨海大桥——杭州湾跨海大桥通车仪式下午在大桥中央海中平台附近桥面举行。杭州湾跨海大桥是中国自行设计、自行管理、自行投资、自行建造的特大型交通基础设施。北起嘉兴市海盐郑家埭，跨越杭州湾海域，止于宁波市慈溪水路湾，全长36公里。杭州湾跨海大桥是世界上工程难度最大的桥梁之一，在这样的海域架桥，世界上还没有先例。

5月2日 台湾媒体曝光民进党当局"外交"丑闻。台当局在争取与巴布亚新几内亚"建交"过程中被侵吞新台币10亿元，"行政院"副院长邱义仁、"外交部"部长黄志芳、"国防部"副部长柯承亨等人涉嫌贪污。6日，3人辞职获准。

5月3日 新华社报道：截至5月2日，阜阳市累计报告手足口病3736例，其中痊愈1460例，死亡22例，重症30例，病危12例。今年3月上旬以来，阜阳市几家医院陆续收治了以发热伴口腔、手、足、臀部皮疹为主的疾病患者，少数伴有脑、心、肺严重损害。3月27日发现第一例死亡病例，经卫生部专家确定，该病为肠道病毒EV71感染。各有关方面的防控和救治工作还在进行中。

5月6日 国民党中常会核备通过"党政协调平台"规划草案，党政协调分"政策协调会报"和"委员会议"两级，试办6个月。

5月6日—10日 应日本国政府邀请，中国国家主席胡锦涛对日本进行了"暖春之旅"的国事访问。访问期间，胡锦涛主席会见了日本天皇，同福田康夫首相举行了富有成果的会谈，会见了众参两院议长、朝野主要政党领导人及老朋友，并与两国经济界领导人、友好团体主要负责人以及青少年和民众进行了广泛接触。

胡锦涛主席访日期间，双方发表了《中日关于全面推进战略互惠关系的联合声明》，双方还发表了《中日两国政府关于加强交流与合作的联合新闻公报》，涵盖了两国 70 项具体合作项目。

5 月 8 日 9 时 17 分，人类首次将象征"和平、友谊、进步"的奥运火炬在世界最高峰珠穆朗玛峰峰顶点燃。北京奥运火炬接力珠峰传递登山队 19 名优秀中华儿女，站在珠峰峰顶，高举起"祥云"火炬。百年奥运圣火，第一次到达地球第三极，来到海拔 8844.43 米的绝对高度。在现代奥林匹克运动诞生 112 年、距北京奥运会开幕 3 个月之际，以"和谐之旅"命名的北京奥运火炬全球传递，在地球之巅奏响了最为华彩的乐章。这一刻，将以其深远的象征意义载入奥林匹克运动史，也将写入中华民族伟大复兴的历史篇章。

5 月 11 日 中国商用飞机有限责任公司成立大会在上海隆重举行。中共中央政治局委员、国务院副总理张德江，中共中央政治局委员、上海市委书记俞正声出席成立大会并为公司揭牌。全国政协副主席、科技部部长万钢，全国政协原副主席、中国工程院院长徐匡迪等出席。

5 月 12 日 14 时 28 分，四川省汶川县发生 8.0 级强烈地震，震中位于北纬 31.0 度，东经 103.4 度。此次地震造成四川、甘肃、陕西、重庆、云南、山西、贵州、湖北等省市不同程度受灾。地震发生后，中共中央总书记、国家主席、中央军委主席胡锦涛立即作出重要指示，要求尽快抢救伤员，确保灾区人民群众生命安全。国务院总理温家宝第一时间飞抵四川地震灾区，现场指挥抗震救灾工作。为加强抗震救灾工作的领导，国务院成立了抗震救灾总指挥部，由温家宝任总指挥。中共中央政治局常务委员会多次召开会议，全面部

署抗震救灾工作。16 日上午，胡锦涛总书记乘飞机赶赴四川，慰问灾区干部群众，看望抗震救灾一线的部队官兵和医护人员。

同日 四川省汶川发生大地震，国民党发函慰问并组织捐款捐物。14 日，民进党当局宣布将向四川地震灾区捐款新台币 20 亿元。这是台湾当局有史以来第一次对大陆捐款。

5 月 18 日 国务院发布公告，决定 2008 年 5 月 19 日至 21 日为全国哀悼日。在此期间，全国和各驻外机构下半旗志哀，停止公共娱乐活动，外交部和我国驻外使领馆设立吊唁簿。5 月 19 日 14 时 28 分起，全国人民默哀 3 分钟，届时汽车、火车、舰船鸣笛，防空警报鸣响。

同日 北京奥组委决定，为表达对地震中遇难同胞的深切哀悼，5 月 19 日—21 日，奥运圣火在内地的传递活动暂停。

同日 民进党同时举行党主席、党职干部等多项选举，蔡英文以 73828 票、57.14% 的得票率当选党主席。

5 月 19 日 第 61 届世界卫生大会再次拒绝台湾申请成为观察员。

5 月 20 日 台举办台湾地区领导人交接仪式，马英九发表就职演说。同日，台"特侦组"将陈水扁列为"国务机要费案"被告，并列入"出境通知"中。

5 月 21 日 国民党主席吴伯雄宣布党中央人事任命，时任大陆事务部主任张荣恭升任副秘书长、台北县党部主委黄昭元升任组发委主委，主席办公室主任李建荣转任文传会主委。

同日 蔡英文正式接任民进党主席。前文建会主委、"立委"王拓出任党的秘书长。高雄市市长陈菊和民进党"立院"党团干事长赖清德一并宣誓就任中常委。

5 月 23 日—24 日 应国家主席胡锦

涛邀请,俄罗斯联邦总统梅德韦杰夫对中国进行为期两天的国事访问。两国元首高度评价中俄战略协作伙伴关系的建立和发展,一致同意继往开来,共同努力,推动中俄战略协作伙伴关系更好地向前发展。

5月26日 吴伯雄率团抵达大陆进行为期6天的访问,为两会复谈、兑现马、萧政见铺路。28日,中共中央总书记胡锦涛与吴伯雄会面,双方就新形势下发展两党与两岸关系达成多项共识。

同日 海基会改组,江丙坤出任董事长、高孔廉出任副董事长兼秘书长,亲民党前"立委"庞建国接任副秘书长。

5月27日 应国家主席胡锦涛邀请,韩国总统李明博抵达北京,对中国进行为期4天的国事访问。这是李明博今年2月就任韩国总统后首次访华。两国元首一致同意,顺应两国关系发展的现实需要和长远要求,将中韩全面合作伙伴关系提升为战略合作伙伴关系,共同开创中韩关系更加美好的未来。

5月28日 中共中央总书记胡锦涛同中国国民党主席吴伯雄举行了会谈。胡锦涛强调,在国共两党和两岸同胞共同努力下,台湾局势发生了积极变化,两岸关系发展面临着难得的历史机遇。这一局面来之不易,值得倍加珍惜。希望国共两党和两岸双方共同努力,建立互信、搁置争议、求同存异、共创双赢,继续依循并切实落实"两岸和平发展共同愿景",以富有成效的努力,扎扎实实推动两岸关系不断取得实际进展,增强广大台湾同胞对两岸关系和平发展的信心。

5月30日 中共中央总书记、国家主席胡锦涛在人民大会堂与越南共产党中央委员会总书记农德孟举行会谈。双方一致同意,在"长期稳定、面向未来、睦邻友好、全面合作"十六字方针和做"好邻居、好朋友、好同志、好伙伴"精神指导下,为发展中越全面战略合作伙伴关系而共同努力。

6月1日 按照国务院办公厅下发的《关于限制生产销售使用塑料购物袋的通知》,即日起,在全国范围内禁止生产、销售、使用厚度小于0.025毫米的塑料购物袋;所有超市、商场、集贸市场等商品零售场所实行塑料购物袋有偿使用制度,一律不得免费提供塑料购物袋。

6月2日 台"外交部长"欧鸿炼表示,马英九的"外交思维"是"与大陆休兵","跳出邦交数字迷思",因此,"争取新邦交国将不再是优先作为",未来会将资源"全力用在巩固现有邦交国"上。

6月3日 国务院任命外交部副部长王毅为国台办主任,原国台办主任陈云林当选为海协会会长。

6月4日 温家宝总理主持召开国务院常务会议,审议并原则通过《汶川地震灾后恢复重建条例（草案）》。会议决定,该《条例》草案经进一步修改后,由国务院公布施行。

6月7日 7时08分,唐家山堰塞湖泄流槽开始泄流,泄流高程为740.37米。

同日 中国人民银行宣布上调存款准备金率1个百分点。这是我国今年以来第五次上调存款准备金率,上调后的存款类金融机构人民币存款准备金率达到了17.5%的历史高位。同时,考虑到灾区重建的需要,地震重灾区法人金融机构暂不上调。

6月8日 国务院总理温家宝签署第526号国务院令,公布《汶川地震灾后恢复重建条例》,自公布之日起施行。这是我国首个专门针对一个地方地震灾后恢复重建的条例,将灾后恢复重建工作纳入法制化轨道。

6 月 9 日　台"内政部"资料显示,截至 2008 年 5 月底全台人口总数为 22988428 人,比 2007 年同期增加 94145 人,另外全台 25 个县市共有 7561422 户家庭,年增率为 1.73%,其中台北县以 132 万户居首。台湾人口中男性 11614850 人,女性 11373578 人,男女比例 1.02∶1。

6 月 10 日—13 日　中国共产主义青年团第十六次全国代表大会在北京召开。胡锦涛在同团中央新一届领导班子成员和团十六大部分代表座谈时希望广大青年把火红的青春奉献给中国特色社会主义壮丽事业。

6 月 11 日　海基会董事长江丙坤率海基会代表团抵达北京,重新启动中断近十年的两会协商。13 日,中共中央总书记胡锦涛会见代表团成员。海协会会长陈云林与海基会董事长江丙坤签署了《海峡两岸包机会谈纪要》和《海峡两岸关于大陆居民赴台旅游协议》。

同日　台"陆委会"资料显示,自 2002 年台湾当局开放第二、第三类大陆民众赴台旅游以来至 2008 年 4 月底,已有 22956 个团队、288402 人次赴台。两岸包机方面,共实施 7 次节日包机,飞航 301 个班次,另有货运包机 6 次,紧急医疗包机 36 次,特定人道包机 8 次。

6 月 12 日　国家统计局公布,5 月份居民消费价格总水平(CPI)同比上涨 7.7%,涨幅比上月回落 0.8 个百分点。这是中国 CPI 同比涨幅在连续 3 个月 8% 高位后,首度回落到 8% 以内。国家统计局 11 日公布 5 月份工业品出厂价格(PPI)同比涨幅为 8.2%。中国 PPI 已连续 3 个月在 8% 的高位平台上加速前行,将对物价总水平产生重要影响。

同日　海峡两岸关系协会会长陈云林与海峡交流基金会董事长江丙坤在北京钓鱼台国宾馆举行会谈。这标志着中断近 10 年的两会协商谈判正式恢复。13 日上午,陈云林与江丙坤签署了《海峡两岸包机会谈纪要》与《海峡两岸关于大陆居民赴台湾旅游协议》。纪要与协议都自签署之日起 7 日后生效。

同日　台"行政院"通过《公务员廉政伦理规范》,规定公务员收受馈赠不得超过新台币 3000 元,一年内同一来源受赠财物不得超过新台币 10000 元。8 月 1 日,该规范正式实施。

6 月 13 日　中共中央、国务院在北京召开省区市和中央部门主要负责同志会议。这次会议是在国际国内形势出现不少新的复杂因素、党和国家工作面临不少新的严峻挑战的情况下召开的。胡锦涛在会上发表重要讲话,全面分析了当前形势,提出了做好抗震救灾和恢复重建、推动经济社会又好又快发展、筹办北京奥运会等工作的总体要求和主要任务。

6 月 14 日　中华人民共和国中央军事委员会主席胡锦涛签署命令,授予成都军区某陆航团"抗震救灾英雄陆航团"荣誉称号。胡锦涛还签署通令,给邱光华同志追记一等功。5 月 31 日,成都军区某陆航团副师职飞行员邱光华同志率机组执行运送受伤群众任务,因高山峡谷局部气候瞬时变化、突遇低云大雾和强气流撞山失事,与机组成员一起不幸遇难,以身殉职。

6 月 16 日　据《联合报》报道,在野后的民进党陷入财务危机,资金缺口高达新台币 1 亿元。党主席蔡英文发起"挽救贫穷的作战"活动,带领党工到街头募捐。

同日　台"立法院"初审通过"行政院"所提新台币 583 亿元的"扩大公共建设投资计划特别预算案",扩大内需特别预算举债额度由原来的新台币773亿元调高到1301亿元。

6月17日 台"经济部"召开电价咨询会议，确定7月1日电价首次调涨12.6%，平均电价由目前的新台币2.14元调升为2.4元，第二波调整定在10月份，整体涨幅为25.2%，平均电价将达到2.67元。

6月18日 外交部发言人姜瑜发表谈话指出，中日双方经过认真磋商，同意在实现有关海域划界前的过渡期间，在不损害双方各自法律立场的情况下进行合作，在东海选定适当区域迈出共同开发第一步。

同日 台"司法院"大法官作出第644号解释，今后主张"台独"和"共产主义"的团体都可成立，但同时，大法官也设下"事后废止许可"的管制阀。

6月19日 台"总统府"公布第十一届"考试院"及第四届"监察院"提名人员名单，前交通大学校长张俊彦、国民党副秘书长伍锦霖被提名为"考试院"正、副院长，前"财政部长"王建煊、前民进党"立委"沈富雄被提名为"监察院"正、副院长。

6月20日 在《人民日报》创刊60周年之际，中共中央总书记、国家主席、中央军委主席胡锦涛和中共中央政治局常委李长春等来到人民日报社考察工作，并同人民日报社编委会全体成员、各部门主要负责人和一线编辑记者代表进行了座谈。胡锦涛在讲话中着重就提高舆论引导能力从五个方面提出了明确要求。

同日 国家发展改革委员会发出通知，决定自今日起将汽油、柴油价格每吨提高1000元，航空煤油价格每吨提高1500元；自7月1日起，将全国销售电价平均每千瓦时提高2.5分钱。液化气、天然气价格不做调整。

6月22日 中共中央印发《建立健全惩治和预防腐败体系2008—2012年工作规划》，这是当前和今后一个时期推进惩治和预防腐败体系建设的指导性文件，是以完善惩治和预防腐败体系为重点加强反腐倡廉建设的重要举措。

6月23日—27日 中国科学院第十四次、中国工程院第九次院士大会在北京举行。中共中央总书记、国家主席、中央军委主席胡锦涛出席会议并发表重要讲话。

6月25日 中共中央总书记、国家主席、中央军委主席胡锦涛实地考察了北京市奥运会配套交通设施，并亲切看望慰问工程建设者和技术人员。

6月26日 "行政院"通过"开放台湾地区办理人民币现钞买卖业务案"，人民币与新台币在岛内可进行双向兑换，最高限额为人民币2万元。

6月27日 中央文明办、教育部、共青团中央、全国妇联组织开展了"抗震救灾英雄少年"评选表彰活动。中央文明办等下发了表彰决定，林浩等20名同学荣获"抗震救灾英雄少年"，马小凤等30名同学荣获"抗震救灾优秀少年"称号。

6月28日 贵州省瓮安县，因对一名女中学生死因鉴定结果不满，死者家属聚集到县政府和县公安局上访。在有关负责人接待过程中，一些人煽动不明真相的群众冲击县公安局、县政府和县委大楼，最终酿成严重打砸抢烧事件。为此，贵州省委决定严查彻究在此次事件中严重失职渎职的干部特别是领导干部的责任。瓮安县委政法委书记、县公安局政委罗来平，县公安局局长申贵荣，县委书记王勤，县长王海平先后被免职。

7月3日 台"行政院"通过开放地方县市长登陆规定。

7月4日　8时零5分,东航 MU5001 航班从南京出发飞往台湾,这是南京首次发出两岸周末包机。该航班与北京、上海、广州、厦门同日发出的飞机一同开启两岸交流新篇章。海协会会长陈云林等参加了两岸周末包机暨大陆居民赴台旅游南京首航仪式。

同日　两岸周末包机顺利起航,时间为每周五至下周一共4天。大陆先行开放北京、上海(浦东)、广州白云、厦门高崎、南京禄口五个航点,台湾开放桃园、高雄小港、台中清泉岗、台北松山、澎湖马公、花莲、金门、台东等8个航点。航路方面比照现有节日包机,绕经香港飞航情报区。

同日　大陆居民赴台旅游首发团抵台。

同日　台"立法院"对马英九提名的"监察院"人事行使同意权。王建煊当选"监察院长","副院长"提名人沈富雄等4人被否决。另外,"考试院长"提名人张俊彦自行退出"立法院"审查程序。

7月10日　西藏自治区政府常务副主席白玛赤林在拉萨宣布,截至目前,西藏司法部门已经对参与拉萨"三一四"打砸抢烧严重暴力犯罪事件的42名不法分子判刑。这些犯罪分子涉及在"三一四"事件中的19起放火、盗窃、扰乱社会秩序和冲击国家机关等案件。

7月11日　台"考试院"副院长伍锦霖及19名"考试委员"在"立法院"同意权投票中全数过关。

7月12日　温家宝总理主持召开国务院抗震救灾总指挥部第二十三次会议,会议决定,在3个月临时生活救助政策到期后,政府对生活仍不稳定的受灾群众继续给予救助。救助对象主要包括"三孤"人员等。后续救助政策以现金补助为主,不再发放口粮。人均每月补助200元,在此基础上适当提高"三孤"等人员的补助标准。后续救助政策到期后,对于生活困难需救助的灾区群众,可分别纳入城乡低保、农村五保供养和冬春灾民临时生活困难救助制度,保障其基本生活。

同日　云林县长苏治芬抵达北京,成为两岸周末包机开航以来,首位登陆的"绿营"执政县市长。

7月13日　北京市政府发布通知,要求从7月20日至9月20日北京市各单位实行错时上下班。除承担城市运行和服务保障任务的企事业单位、社会团体、学校外,北京市其他各级国有企业上下班时间分别调整为9时和17时,大型商场上午开始营业时间调整为10时,晚上适当延长营业时间,其他事业单位和社会团体上下班时间分别调整为9时30分和17时30分。同时,鼓励适宜网上办公的企事业单位试行网上办公,适宜弹性工作制的企事业单位也可试行弹性工作制。根据通知内容,7月20日至9月20日,北京市各级党委、政府及其所属部门、北京市各级人大、政协办公厅的上下班时间不做调整。

7月14日　《中共中央国务院关于全面推进集体林权制度改革的意见》正式发布。

7月15日　新华社记者从中纪委了解到,中央纪委发布了《国有企业领导人员违反廉洁自律"七项要求"适用〈中国共产党纪律处分条例〉若干问题的解释》,就国有企业领导人员中的共产党员违反第十七届中央纪委第二次全会提出的廉洁自律"七项要求"行为适用《党纪处分条例》的规定给予处分的若干问题作出了明确规定。

同日　北京警方正式启动巡逻防控"三道治安防线",对进京车辆和人员实施安全检查。北京的三道治安防线由数百个卡点组成，民警、武警、辅警、治安保卫人员编制为联合工作小组。

同日　外交部发言人刘建超在例行记者会上表示：应俄方邀请，中国四川等地震灾区中小学生共 1000 人将于 7 月 17 日至 8 月 5 日期间在俄罗斯符拉迪沃斯托克市、图阿普谢市、鄂木斯克州、新西伯利亚州、克麦罗沃州和克拉斯诺亚尔斯克边疆区等地疗养。这是俄方邀请的 1570 名中小学生的第一批，第二批将于明年赴俄疗养。邀请中国地震灾区中小学生赴俄疗养是俄总统梅德韦杰夫的倡议，是中俄两国元首达成的重要共识，体现了俄罗斯人民对中国人民的深情厚谊，显示出中俄战略协作伙伴关系的高水平和特殊性。

同日　台"特侦组"侦结民进党执政时期遗留下来的"内阁首长"特别费案。前"教育部长"杜正胜、前"法务部长"施茂林、前"内政部长"李逸洋、前"考选部长"林嘉诚、前"铨叙部长"朱武献等 5 名"部会首长"及 4 名幕僚被起诉。

7 月 16 日　台当局松绑岛内企业登陆投资上限，由原来的"阶梯式级距"一律拉高到 60%，在台设立营运总部的企业不受限制，中小企业可在 8000 万元新台币与净值 60% 两者间择一适用。放宽个人投资上限，由新台币 8000 万元扩大至 1.5 亿元。

7 月 17 日　在上半年国民经济运行情况新闻发布会上，国家统计局新闻发言人说，我国国民经济继续朝着宏观调控的预期方向发展，总体保持了平稳较快运行的态势。根据国家统计局公布的数据，上半年我国 GDP 同比增长 10.4%；CPI 上涨 7.9%；我国城镇居民人均可支配收入 8065 元，同比实际增长 6.3%，农村居民人均现金收入 2528 元，实际增长 10.3%；上半年全国 70 个大中城市房屋销售价格同比上涨 10.2%，涨幅比上年同期高 4.2 个百分点。

7 月 17 日—19 日　台风"海鸥"突袭台湾，造成特大暴雨和严重灾情。据台"农委会"统计，至 21 日晚，台风共造成 18 人死亡，7 人失踪，整体农业损失达 10.1 亿元新台币。

7 月 20 日　台湾共产党在台南市成立，成员约 70 名，首任党主席黄老养。该党主张"社会福利与互助"，走"社会主义"路线。8 月 12 日，该党获"内政部"批准备案，成为岛内第 141 个政党。

7 月 21 日　台北地方法院开庭审理雷学明告陈水扁诽谤案，卸任"总统"职务后的陈水扁首次以被告身份出庭应讯，并在法院门口遭自称"爱国同心会"成员苏安生偷袭脚踹。

7 月 23 日　国务院总理温家宝主持召开国务院常务会议，研究部署加强节油节电工作和开展全民节能行动，审议并原则通过《公共机构节能条例（草案）》和《民用建筑节能条例（草案）》。

7 月 24 日　中共中央纪委、监察部、人力资源和社会保障部、国家信访局，就颁布实施《关于违反信访工作纪律适用〈中国共产党纪律处分条例〉若干问题的解释》和《关于违反信访工作纪律处分暂行规定》联合召开新闻发布会。

7 月 25 日　中共中央政治局召开会议，决定今年 10 月在北京召开中国共产党第十七届中央委员会第三次全体会议，主要议程是，中共中央政治局向中央委员会报告工作，研究推进农村改革发展问题。

7 月 26 日　国民党举行中常委选举，黄昭顺、连胜文等 32 人当选，"立院"系统成最大赢家，共 19 名"立委"当选。

7 月 27 日　南京市长蒋宏坤与台北县长周锡玮签订《南京市与台北县建立经

贸文化旅游交流与合作关系备忘录》,成为海峡两岸首个地方性全面合作框架协议。

7月29日 台"外交部"发言人称,台当局2008年参与联合国的相关提案,确定不会采用2007年"重返"或"加入"的方式,改以"温和"、"弹性"为主要原则。

7月30日 国务院总理温家宝主持召开国务院常务会议,研究部署全面免除城市义务教育阶段学生学杂费工作。会议决定,从2008年秋季学期开始,在全国范围内全部免除城市义务教育阶段学生学杂费。对享受城市居民最低生活保障政策家庭的义务教育阶段学生,继续免费提供教科书,对家庭经济困难的寄宿学生补助生活费。

8月1日 素有"经济宪法"之称的《中华人民共和国反垄断法》于即日起施行,这是我国市场经济法制建设走向完善过程中迈出的重要步伐。

8月3日 马英九在宴请历任"外交部长"时称,"活路外交"应建构在"两岸外交休兵"基础上,目的是维护"中华民国"权益,扩展与"邦交国"关系,恢复与"无邦交国"的互信。

8月4日 民进党主席蔡英文称,两岸互动应"以政府为主、政党为辅",民进党不排除与对岸做"辅助性、一般性沟通",但不希望在沟通与交往时,要民进党接受"一个中国、九二共识"等前提。

同日 台湾"中华邮政公司"在台北举行复名典礼,正式宣布把"台湾邮政"改回"中华邮政"。

8月6日 新华社报道:为全力保持经济平稳较快发展,支持中小企业解决生产经营困难,中国人民银行不久前与商业银行召开会议,提出商业银行在下半年信贷方面可加大对中小企业的支持,对全国性商业银行在原有信贷规模基础上调增5％,对地方性商业银行调增10％。

同日 台湾当局注销陈水扁所涉"国务机要费案"有关文件的"机密"核定,使案件得以继续侦办。

8月8日 晚8时,第29届奥林匹克运动会开幕式在北京国家体育场隆重举行。国家主席胡锦涛出席开幕式并宣布本届奥运会开幕。80多个国家和地区的领导人和贵宾聚首北京奥运会。204个国家和地区的一万多名运动员参加本届奥运会。名为《美丽的奥林匹克》的开幕式文艺表演,历经3年多的精心准备,近两万名中外艺术家和文艺工作者用奇妙的创意、高科技的手段、动人的表现手法,奉献给全世界一台经典的奥林匹克视听盛宴。海外媒体纷纷进行显著报道,称赞北京奥运会开幕式表演美轮美奂,令人震撼。

同日 台"游说法"正式实施。未来游说者向民意机关或各级政府游说影响法案政策内容时,需事前申请、事后申报财务,被游说者也必须公开游说案内容,否则最重可处250万元新台币的罚款,但公听会、演讲、陈情、请愿等公开行为不受"游说法"限制。

8月12日 国家汶川地震灾后重建规划组发布公告,全文公布《国家汶川地震灾后恢复重建总体规划(公开征求意见稿)》,即日起向国内外各界人士、特别是灾区广大干部群众征求意见和建议,以便进一步完善。据悉,恢复重建资金总需求经测算约为1万亿元。

8月13日 国务院总理温家宝主持召开国务院常务会议,审议并原则通过《全国土地利用总体规划纲要(2006—2020年)》。新修订的《纲要》围绕全面建设小康社会的总体目标,从保障粮食安全、经济安全和社会稳定出发,提出了坚守 18 亿亩耕地红线的目标，到 2010 年和 2020 年，全国耕地保有量分别保持在 18.18 亿亩和 18.05 亿亩。

同日 财政部、国家税务总局发出通知，决定从 9 月 1 日起调整汽车消费税政策。具体调整为：一是提高大排量乘用车的消费税税率，排气量在 3.0 升以上至 4.0 升（含 4.0 升）的乘用车，税率由 15% 上调至 25%，排气量在 4.0 升以上的乘用车，税率由 20% 上调至 40%；二是降低小排量乘用车的消费税税率，排气量在 1.0 升（含 1.0 升）以下的乘用车，税率由 3% 下调至 1%。

8 月 14 日 陈水扁公开承认将"选举结余款"汇往海外。

8 月 15 日 陈水扁、吴淑珍因海外洗钱案宣布退出民进党。

8 月 16 日 台"经建会"委托师范大学社工所教授所作的调查结果显示，过去 25 年来，台湾有 82 万户中产阶级消失，其中约 54 万户沦为下层阶级。岛内贫富差距已连续 6 年超过 6 倍，即最有钱的 146 万户家庭年所得是最穷 146 万户家庭年所得的 6 倍。

8 月 19 日 国家发展改革委员会发出通知，决定自 8 月 20 日起，将全国火力发电企业上网电价平均每千瓦时提高 2 分钱，电网经营企业对电力用户的销售电价不做调整。

8 月 20 日 中共中央总书记、国家主席、中央军委主席胡锦涛和中共中央政治局常委、中央书记处书记、国家副主席习近平实地考察了中国体育代表团备战北京残奥会和北京市社区残疾人服务情况。这次中国体育代表团共 547 人，将参加北京残奥会全部 20 个大项、295 个小项的比赛，是我国历次参加残奥会规模最大的代表团。

同日 中国共产党的优秀党员，久经考验的忠诚的共产主义战士，无产阶级革命家，曾担任党和国家重要领导职务的华国锋同志，因病医治无效，在北京逝世，享年 87 岁。

同日 国务院总理温家宝主持召开国务院常务会议，审议并原则通过《关于进一步促进宁夏经济社会发展的若干意见（送审稿）》、《废弃电器电子产品回收处理管理条例（草案）》和《中华人民共和国畜禽遗传资源进出境和对外合作研究利用审批办法（草案）》。

同日 《中国时报》报道，台北市社子岛永伦里一带爆发 10 年来最大规模本土登革热群聚感染，已有 11 人感染，全台累计 75 例。

8 月 22 日 经国务院批准，财政部、国家发展改革委、国家工商总局联合发出通知，决定从 9 月 1 日起在全国统一停止征收个体工商户管理费和集贸市场管理费。

同日 台"行政院"院会通过 2009 年度施政方针。在推动两岸金融方面，将扩大国际金融业务分行成为台湾资金调动中心，并逐步开放"陆资"赴台投资股市，建立两岸监理合作机制，修正银行、证券、期货及投信业来大陆发展相关规划，以利金融机构参与大陆市场。

8 月 24 日 第 29 届奥林匹克运动会闭幕式在国家体育场隆重举行。来自 204 个国家和地区的 1 万余名运动员刷新了 38 项世界纪录和 85 项奥运会纪录，多个国家和地区实现了奥运会金牌和奖牌零的突破。中国体育代表团取得了 51 枚金牌、100 枚奖牌的优异成绩，名列奥运会金牌榜首位，创造了中国体育代表团参加奥运会以来的最好成绩。

同日 北京奥运会闭幕，中华台北队夺取 4 枚铜牌。

8 月 25 日　台"陆委会"称,为给予大陆配偶在台定居更多便利,台"内政部"将大幅放宽大陆配偶申请定居所需检附的财力证明文件的种类和范围,并调降大陆配偶家庭年收入、岛内动产与不动产的估价总值。

8 月 25 日—30 日　国家主席胡锦涛应邀对韩国、塔吉克斯坦、土库曼斯坦进行国事访问,出席上海合作组织杜尚别峰会。胡锦涛主席此访是中国成功举办北京奥运会后,我领导人首次出访,是我对周边地区的一次重大外交行动,在当前国际和地区形势发生重要变化的情况下,此访对加强我同有关国家关系、促进上海合作组织合作、维护地区局势和平稳定具有重要战略意义。

8 月 26 日　台"经济部投审会"公布企业来大陆投资上限新规定,未来个人来大陆投资上限为每年 500 万美元,中小企业上限为 8000 万美元或净值、合并净值的 60%,两者中取较高者,其他企业为净值或合并净值的 60%。

同日　台"法务部"在"贪污治罪条例"中增订"财产来源不明罪",规定公务员本人、配偶及未成年子女的财产增加额度,超过去年其所申报所得税的额度,经有权机关说明而拒绝说明者,可处 3 年以下有期徒刑、拘役、罚金或并科其增加额度以下罚金。

8 月 28 日　北京 2008 年残奥会圣火采集暨火炬接力启动仪式在天坛公园祈年殿南广场举行。温家宝总理点燃圣火盆并宣布火炬接力开始。北京 2008 年残奥会火炬接力以"点燃激情,奉献关爱"为口号,自 8 月 29 日起,将分为"中华文明"和"时代风采"两条线路,前往 11 个省区市的 11 个城市进行传递。9 月 6 日,圣火将到达残奥会主会场——国家体育场,点燃残奥会的主火炬。

8 月 29 日　包括 63 位奥运冠军的北京奥运会内地金牌运动员代表团抵达香港,进行为期 3 天的交流访问。结束在香港的访问后,31 日傍晚,内地金牌运动员代表团抵达澳门,进行为期 3 天的访问和公开表演。

8 月 30 日　16 时 30 分,在四川省攀枝花市仁和区和凉山彝族自治州会理县交界处发生里氏 6.1 级地震,震中位于攀枝花市区东南约 50 公里山区,震源深度约为 10 公里。截至 9 月 2 日,攀枝花地震已造成 38 人死亡、109.7 万人受灾。

同日　"台湾社"串联"本土"社团、劳工、环保等民间团体,在马英九上任百日发起"顾主权、顾肚子"游行抗议活动。

9 月 1 日　中国实现了城乡义务教育全部免除学杂费。短短 3 年,中国义务教育事业发展实现了从农村到城市,从试点到推广,全面免除城乡义务教育学杂费的"四大步跨越"。2004 年,启动国家西部地区"两基"攻坚计划;2007 年春,免除全国农村义务教育学杂费;2007 年秋,实施新的高校和中职学校家庭经济困难学生资助政策;2008 年秋季,全国所有城市免除义务教育学杂费。

同日　正在四川地震灾区考察的温家宝总理来到北川中学临时学校参加开学典礼。温家宝总理发表讲话说,地震过去整整 110 天了,北川站起来了,北川中学站立起来了,独立无惧、坚忍不拔,靠自己的双腿站立起来了。

9 月 6 日　晚 8 时,第 13 届残奥会开幕式在北京国家体育场隆重举行。中国国家主席胡锦涛出席开幕式并宣布本届残奥会开幕。147 个国家的 4000 多名运动员参加了开幕式,国际残奥委会主席克雷文在致辞中表示,北京残奥会无论是运动员人数、参赛国家和地区数量还是体育项目数量,都超过往届残奥会,这是残奥运动史上的一座里程碑。参加开幕式演出的演员中有400多名是残疾人。海外媒体认为,精彩感人的开幕式实现了中国提出的"两个奥运,同样精彩"的目标。

9月8日 山西省临汾市新塔矿业有限公司尾矿库发生溃坝事故,事故至少已造成260人遇难。国务院调查组初步分析认定,山西襄汾溃坝事故是一起重大责任事故。依据《国务院关于特大安全事故行政责任追究的规定》和其他有关规定,经党中央、国务院批准,同意接受孟学农同志辞去山西省省长职务的请求,同意免去张建民同志的山西省副省长职务。对此次事故涉及的其他责任人员,由山西省委、省政府提出处理意见;涉嫌犯罪的,移送司法机关依法追究刑事责任。

9月8日—10日 党的十七届三中全会召开前夕,中共中央总书记、国家主席、中央军委主席胡锦涛来到河南省考察工作。胡锦涛先后到焦作、郑州等地,同基层干部群众共商推进新形势下农村改革发展大计。座谈会上胡锦涛发表重要讲话指出,要始终坚持农业基础地位,始终坚持保障农民权益,始终坚持农村改革的社会主义市场经济取向,始终坚持统筹城乡经济社会发展,始终坚持党对农村工作的领导。

9月10日 国务院总理温家宝主持召开国务院常务会议,审议《关于深化医药卫生体制改革的意见》,决定再次向社会公开征求意见。

9月11日 卫生部宣布,近期甘肃等地报告多例婴幼儿泌尿系统结石病例,调查发现患儿多有食用"三鹿牌婴幼儿配方奶粉"的历史。13日,卫生部党组书记高强在三鹿牌奶粉重大安全事故情况发布会上指出,"三鹿牌婴幼儿配方奶粉"事故是一起重大的食品安全事故。三鹿牌部分批次的婴幼儿配方奶粉中含有的三聚氰胺,是不法分子为增加原料奶或奶粉的蛋白含量而人为加入的。同日,党中央、国务院启动国家重大食品安全事故Ⅰ级响应机制,成立应急处置领导小组,全力救治患病婴幼儿,并对2008年8月6日前生产的"三鹿牌婴幼儿配方奶粉"全部停止销售,立即下架销毁,对所有奶制品实行全面检测,同时彻查事故责任。

同日 台"行政院"通过"因应景气整体对策方案",涵盖照顾弱势、促进消费、促进就业、加强公共建设、促进民间投资、稳定金融及股市、推动赋税改革等十大方面。

9月12日 马英九公布"考试院长"被提名人为国民党副主席关中,"监察院"副院长被提名人为前原住民"监委"陈进利。

9月16日 台"行政院"通过"教育部"提案,调整中文译音注音政策,舍弃通用拼音,改用汉语拼音。今后所有官方网站,若有涉及中文译音部分,都将要求改用汉语拼音。

9月17日 为期12天的北京残奥会圆满结束,闭幕式于当晚在国家体育场隆重举行。在残奥会赛场上,来自147个国家和地区的4000多名残疾人运动员顽强拼搏、奋勇争先,刷新了279项残疾人世界纪录和339项残奥会纪录。中国体育代表团获得89枚金牌、211枚奖牌,在金牌榜和奖牌榜上均名列首位,创造了中国体育代表团参加残奥会以来的最好成绩。

同日 台湾"邦交国"向第63届联合国大会提交的"台湾参与联合国专门机构活动"提案遭封杀,这是台湾连续第16次闯关失败。同日,美国驻联合国代表团发表声明称,支持台湾参与联合国专门机构,并强烈支持台湾成为世界卫生大会(WHO)观察员,但不支持台湾加入以国家为会员条件的国际组织。

同日　台"陆委会"宣称,政协委员的"政治与统战意涵甚高","目前不适宜"开放台湾民众担任此职。

9 月 21 日　中共中央政治局常委、国务院总理温家宝来到北京市医院、社区和商场,看望在"三鹿奶粉"事件中患病的儿童,了解救治情况和奶制品市场。"三鹿奶粉"事件发生后,党中央、国务院高度重视,及时部署了对这一事件的处置工作。根据《国家重大食品安全事故应急预案》,国务院启动了重大食品安全事故Ⅰ级应急响应,成立了国家处理三鹿牌婴幼儿奶粉事件领导小组。为继续做好"奶粉事件"处置工作,国务院督察组开始对有关政策措施落实情况进行全面督促检查。

9 月 23 日　宁夏各族各界群众热烈庆祝宁夏回族自治区成立 50 周年。中央人民政府向宁夏赠送由胡锦涛总书记亲笔题写鼎名的"民族团结宝鼎"祝贺自治区成立 50 周年。

9 月 25 日　国务院总理温家宝在纽约联合国总部出席了联合国千年发展目标高级别会议并作主旨发言,宣布为促进千年发展目标的实现,中方愿意采取增加援建发展中国家农业技术示范中心数量、向联合国粮农组织捐款设立信托基金、向粮食紧缺的国家增加出口和援助、向发展中国家增加来华留学奖学金名额、免除最不发达国家有关贷款以及为发展中国家援建清洁能源项目等六项行动。

同日　北京时间 21 时 10 分 4 秒,我国航天事业又迎来一个历史性时刻,我国自行研制的"神舟七号"载人飞船在酒泉卫星发射中心发射升空,21 时 19 分 43 秒准确进入预定轨道。27 日 16 时 41 分,中国航天员翟志刚打开"神舟七号"载人飞船轨道舱舱门,首度实施空间出舱活动,茫茫太空第一次留下中国人的足迹。28 日 17 时 37 分,"神舟七号"飞船返回舱成功降落在内蒙古中部预定区域。航天员翟志刚、刘伯明、景海鹏安全自主出舱,返回舱状态良好,中国"神舟七号"载人航天飞行获得圆满成功。

9 月 27 日　第二届夏季达沃斯论坛年会在天津滨海新区开幕,国务院总理温家宝出席开幕式并致辞。他强调,改革开放是决定当代中国命运的关键抉择。只有坚持改革开放,坚定不移地走中国特色社会主义道路,国家才有光明的前途。改革开放一定要贯穿于中国现代化建设的全过程。

10 月 1 日　党和国家领导人胡锦涛、吴邦国、温家宝、贾庆林、李长春、习近平、李克强、贺国强、周永康等,同首都各界代表一起来到天安门广场,向人民英雄纪念碑敬献花篮,深切缅怀为实现民族独立、人民解放和国家富强、人民幸福英勇献身的革命先烈。

同日　台"行政院"宣布大幅限制借券融券交易、股票平盘以下继续不得放空等六大救市措施。

10 月 3 日　美国政府宣布向台湾出售总价高达 64.63 亿美元的武器装备。

10 月 4 日　外交部发言人就美政府通知国会决定售台武器发表谈话时表示,中国政府和人民坚决反对和谴责美方这一严重损害中国利益和中美关系的行径。

10 月 5 日　中国证监会有关部门负责人表示,经国务院同意,证监会将于近期启动证券公司融资融券业务试点工作。

10 月 6 日　国务院总理温家宝主持

召开国务院常务会议，听取婴幼儿奶粉事件处置情况汇报，研究部署奶业整顿和振兴工作，审议并原则通过《乳品质量安全监督管理条例(草案)》。

10月9日 中国证监会正式发布《关于修改上市公司现金分红若干规定的决定》，提高了上市公司申请再融资时的现金分红标准，以带给投资者实实在在的回报。正式发布《关于上市公司以集中竞价交易方式回购股份的补充规定》，不再对回购期间的现金分红作出强制限制，同时增加了加强实时监测防范内幕交易的内容。

10月9日—12日 中国共产党第十七届中央委员会第三次全体会议在北京举行。会议的主要议程是研究推进中国农村改革发展问题。全会听取和讨论了胡锦涛受中央政治局委托作的工作报告，审议通过了《中共中央关于推进农村改革发展若干重大问题的决定》。全会提出到2020年我国农村改革发展六方面的基本目标任务。

10月10日 中国社会科学院发布的《2008年秋季报告》认为，总的来看，国际经济不利因素和严重自然灾害没有改变中国经济发展的基本面，国民经济继续朝着宏观调控预期方向发展。报告认为，中国经济保持了增长速度较快、价格涨幅趋缓、结构有所改善的较好态势。综合各方面的情况来看，2008年—2009年经济增长速度的减缓属于经济增长调整性波动，出现所谓下行拐点的证据尚不充分。

10月13日 台"陆委会"主委赖幸媛宣布退出台联党。

10月14日 国家发改委网站将《关于深化医药卫生体制改革的意见(征求意见稿)》全文公布，向社会征求意见。

10月15日 有台湾"经营之神"之称的台塑集团创办人王永庆辞世。

10月17日 国务院总理温家宝主持召开国务院常务会议，分析当前经济形势，安排部署四季度经济工作。

10月19日 党的十七届三中全会通过的《中共中央关于推进农村改革发展若干重大问题的决定》公布。

10月20日 国家统计局发布数据，今年前三季度我国国内生产总值增长9.9%；居民消费价格涨幅连续5个月回落，9月份同比涨幅已回落到4.6%，控制通货膨胀取得明显成效。国家统计局新闻发言人说，我国经济发展的基本态势未发生改变，主要表现在经济仍然保持平稳较快增长，消费价格涨幅回落趋势明显，结构调整取得积极进展，经济运行质量继续提高等四个方面。

同日 海协会副会长张铭清以厦门大学新闻传播学院院长的身份赴台参加学术研讨会，次日在参观游览过程中遭民进党台南市议员王定宇暴力袭击。

10月21日 《联合报》报道，台"总统府"向国民党中央提案，要求恢复指定中常委制，并建议33席中常委中，行政部门、县市长、"立委"、票选各占8席(另有1席为青年指定席次)。

10月22日 台特侦组侦办南港展览会馆招标弊案，认为前"内政部长"余政宪与吴淑珍共犯下"违背职务收贿罪"，力麒建设负责人郭铨庆涉及"行贿罪"，将3人共列受贿及洗钱两罪被告。

10月23日 经过长达数年的研究论证修改，国务院决定实施的《全国土地利用总体规划纲要(2006—2020年)》由新华社受权发布。纲要规划期内全国耕地保有量2010年和2020年分别保持在18.18亿亩和18.05亿亩。

10月25日 民进党纠集台联党、"北社"等"台独"社团举行"反黑心、救台湾"大游行。

10 月 27 日 国家统计局公布的报告显示,中国经济总量占世界经济的份额已从 1978 年的 1.8％提高到 2007 年的 6.0％。中国进出口贸易总额居世界位次已由 1978 年的第 29 位跃升到 2007 年的第 3 位,占世界贸易总额的比重也由 0.8％提高到 7.7％。中国与世界主要发达国家的差距缩小。30 年来,中国 GDP 居世界的位次由第 10 位上升到第 4 位,仅次于美国、日本和德国。按照世界银行的划分标准,中国已经由低收入国家跃升至世界中等偏下收入国家行列。

同日 海基会副董事长兼秘书长高孔廉到深圳,与大陆进行"陈江会"预备性磋商。双方决定,海协会长陈云林于 11 月 3 日赴台,4 日会见海基会董事长江丙坤,商谈两岸海运直航、货运包机、平日包机、邮政合作、食品安全等议题。

10 月 28 日 十一届全国人大常委会经表决高票通过企业国有资产法。这是我国国有资产立法迈出的第一步。

同日 民进党籍嘉义县长陈明文因涉嫌泄露底标案,遭检方羁押、停职,由该县副县长代理陈明文县长职务。

同日 孔子第七十七代嫡长孙、台湾前"考试院长"孔德成辞世。

10 月 28 日—31 日 中国妇女第十次全国代表大会在北京人民大会堂举行。会议通过了关于中华全国妇女联合会第九届执行委员会报告的决议。大会还通过了关于《中华全国妇女联合会章程(修正案)》的决议,决定这一修正案自通过之日起生效。会议推举陈慕华、彭珮云为全国妇联名誉主席。会议以无记名投票方式选举陈至立为全国妇联主席。

10 月 29 日 中国政府首次发表《中国应对气候变化的政策与行动》白皮书。

同日 台"中选会"决议,公职当选人兼具外国国籍者,应于当选后、就职前放弃外国国籍。逾期未放弃者,仍视为当选无效,由"中选会"撤销当选公告,并注销其当选证书。

10 月 31 日 前"国安会"秘书长邱义仁因涉嫌侵吞 50 万美元"外交"机密经费,被法院羁押禁见。

11 月 1 日 历时 7 天的第六届全国农民运动会在福建省泉州闭幕。快乐、共享、进步,成为本届农运会的三个关键词。本届农运会共设 15 个大项、180 多个小项,来自全国各地的 3000 多名运动员参加了比赛,比赛项目和运动员人数都是规模最大的一届。

11 月 3 日—7 日 海峡两岸关系协会会长陈云林率海协会协商代表团访问台湾,这是大陆海协会会长首次访问台湾,实现了两岸关系历史性的突破,是两岸关系改善的重要标志。4 日,陈云林与海基会董事长江丙坤在台北签署了《海峡两岸空运协议》、《海峡两岸海运协议》、《海峡两岸邮政协议》和《海峡两岸食品安全协议》四项协议。两岸同胞盼望已久的两岸直接通航、通邮即将变成现实。

11 月 4 日 云林县长苏治芬涉嫌在璟美环保科技公司投资案中受贿新台币 500 万元,遭法院羁押。

11 月 5 日 国务院总理温家宝主持召开国务院常务会议,研究部署进一步扩大内需促进经济平稳较快增长的措施。

11 月 10 日 国务院总理温家宝主持召开国务院常务会议,会议决定,自 2009 年 1 月 1 日起,在全国所有地区、所有行业推行增值税转型改革。改革的主要内容是:允许企业抵扣新购入设备所含的增值税,同时,取消进口设备免征增值税和外商投资企业采购国产设备增值税退税政策，将小规模纳税人的增值税征收率统一调低至3%，将矿产品增值税税率恢复到17%。

同日 台"教育部长"郑瑞成提出"陆生"赴台的"三限六不"原则。"三限"为"限校"、"限量"、"限领域"，"六不"为不加分优待、不影响台湾学生就读权益、不编列陆生奖学金、不允许校外打工、不可考专业证照、毕业后不可续留台湾就业或从事公职。

11月11日—13日 中国残联第五次全国代表大会在北京举行。大会选举邓朴方为中国残联第五届主席团名誉主席，选举张海迪为中国残联第五届主席团主席。

11月12日 依据"嫦娥一号"卫星拍摄数据制作的中国第一幅全月球影像图正式公布。我国此次公布的全月球影像图，是目前世界上已公布的月球影像图中最完整的一张。

同日 陈水扁因贪污、洗钱案被台北地方法院羁押禁见，成为台湾地区首位被收押的卸任领导人。

11月13日 国家发展和改革委员会公布了《国家粮食安全中长期规划纲要（2008—2020年）》。这是我国政府编制的第一个中长期粮食安全规划，对保障我国十多亿人口吃饭和经济社会发展具有重大战略意义。

11月14日 国家主席胡锦涛前往出席在美国华盛顿举行的二十国集团领导人金融市场和世界经济峰会、在秘鲁利马举行的亚太经济合作组织第十六次领导人非正式会议，并对哥斯达黎加、古巴、秘鲁、希腊进行国事访问。

11月17日 国民党荣誉主席连战启程赴秘鲁，代表马英九出席国民党重新执政后的首次亚太经合组织（APEC）非正式领导人会议。21日，国家主席胡锦涛与连战在秘鲁利马会谈。

11月19日 台"行政院"提出"振兴经济新方案"，包括发放消费券、扩大公共建设、都市更新、民间投资及产业再造等政策。

11月21日 台"陆委会"主委赖幸媛宣布六项扩大大陆配偶权益的政策，包括放宽大陆配偶工作权、缩短大陆配偶申请定居年限为6年、取消大陆配偶200万元新台币的继承额限制等。

11月22日 国民党召开第十七次代表大会临时会议，增列曾永权、吴敦义、蒋孝严、朱立伦、黄敏惠为副主席，并通过廉能条款，党员一审有罪停权，二审有罪撤籍或除籍。另规定"党主席指定本党籍政务官同志5人"，保留5席中常委给"内阁首长"。

11月26日 中国人民银行宣布，从2008年11月27日起，下调金融机构一年期人民币存贷款基准利率各1.08个百分点；自12月5日起，下调工商银行等大型存款类金融机构人民币存款准备金率1个百分点，下调中小型存款类金融机构人民币存款准备金率2个百分点。此次调整力度之重，为央行近年货币政策调控历史上所罕见。

11月28日 中共中央政治局召开会议，分析研究明年经济工作，讨论深化司法体制改革工作。

11月29日 中共中央政治局进行第九次集体学习，中共中央总书记胡锦涛主持。

12月1日 卫生部通报指出，截至11月27日8时，全国累计报告因食用三鹿牌奶粉和其他个别问题奶粉导致泌尿系统出现异常的患儿29万余人。通报说，自9

月 10 日卫生部每日统计临床现症病例以来至 11 月 27 日,未接到因泌尿系统结石致肾功能衰竭的现症病例死亡报告。

同日　残疾人事业发展研究会在京成立,邓朴方任名誉会长,程凯任会长。

同日　中国酒泉卫星发射中心用"长征二号丁"运载火箭将"遥感卫星四号"成功送入太空。

同日　第五届中国青年女科学家奖在京颁发。获奖的 5 位女科学家是:国家海洋局第二海洋研究所研究员韩喜球、中国科学院大连化学物理研究所研究员杨启华、中国医学科学院肿瘤研究所研究员谭文、西北工业大学航海学院环境工程系教授盛美萍、南京理工大学电子工程与光电技术学院教授车文荃。

同日　海湾合作委员会成员国驻华使节委员会举行仪式,授予我国著名阿拉伯问题学者、上海外国语大学中东研究所所长朱威烈教授"海湾合作委员会奖",以表彰他多年来从事阿拉伯问题和中东问题研究及其取得的成就,以及为增进中国与阿拉伯世界特别是中国与海合会成员国之间的友谊所作的贡献。朱威烈是第一位获此奖项的中国学者。

12 月 2 日　庆祝广西壮族自治区成立 50 周年座谈会在京举行。

同日　海基会通过董监事会,江丙坤、高孔廉分别续任正、副董事长,高孔廉留任秘书长。会议另推举"陆委会"副主委傅成栋和金仁宝集团董事长许胜雄出任副董事长。

12 月 3 日　国务院总理温家宝主持召开国务院常务会议,研究部署当前金融促进经济发展的九项政策措施。

12 月 4 日　继全国首批 19 家高校出版社转企改制试点基本完成后,上海外语教育出版社等 61 所大学出版社的体制改革又开始启动。至此,全国已有 80 家高校出版社进入转制改革行列,占全国 103 家大学出版社的 77.7%。

同日　中国最大的私立公益美术馆——华茂美术馆在浙江宁波开馆,并免费向社会开放。

同日　台"立法院"初审通过第二次"陈江会谈"达成的两岸四项协议。

同日　台"行政院"通过《大陆地区投资人赴台从事证券投资及期货交易管理办法》草案以及《台湾地区与大陆地区人民关系条例》部分条例修正案,开放"陆生"赴台及大陆学历采认正式进入立法程序。

同日　台"行政院"通过《集会游行法》修正草案,将目前"申请许可制"改为"报备制";取消刑罚规定,对负责人违法改依行政罚款,有暴力行为由刑法规范;限缩警察命令解散权;取消重要机关外围 300 米安全距离的统一限制,由"内政部"偕同各机关另订弹性规范。

12 月 4 日—5 日　第五次中美战略经济对话在京举行。

12 月 5 日　国家发改委、财政部、交通运输部和国家税务总局联合发布公告,就《成品油价税费改革方案》公开征求意见。这次调整税额形成的成品油消费税收入主要用于替代公路养路费等六项收费的支出,补助各地取消已审批的政府还贷二级公路收费,并对种粮农民、部分困难群体和公益性行业给予必要扶持。

同日　财政部决定发行 2008 年记账式(二十四期)国债,通过全国银行间债券市场、证券交易所市场及试点商业银行柜台面向社会各类投资者发行。

同日　"神舟七号"载人航天飞行代表团抵达香港访问。8 日,"神七"代表团离开香港抵达澳门。

12月6日 由中国文联、中共广州市委、中国电视艺术家协会联合主办的"改革开放30年电视剧歌曲盛典"在广州举行。30首歌曲被评为"改革开放30年最优秀电视剧歌曲"，乔羽等被评为优秀词作者，王立平等被评为优秀曲作者，杨洪基等被评为优秀演唱者。

12月6日—7日 2008—2009赛季国际滑联速度滑冰世界杯长春站比赛在吉林长春举行。中国选手于凤桐以34.97秒夺得男子500米冠军。

12月8日 美国联邦储备委员会正式批准中国建设银行股份有限公司设立纽约分行的申请。纽约分行将是建行获准设立的第七家海外分行，也是建行在美洲设立的第一家分行。

同日 据台"内政部"公布的数据显示，台湾贫苦线以下的家庭从2008年第一季度的83709户升至90846户，创历史新高。

12月8日—10日 中央经济工作会议在北京举行。

12月10日 国务院总理温家宝主持召开国务院常务会议，部署做好当前农民工工作，决定增加农机具购置补贴。

同日 第24届世界大学生冬季运动会火种采集仪式在哈尔滨工业大学体育场举行，世界冠军杨扬在火种盆中引燃了首棒火炬并完成了火种交接。

同日 苗栗县国民党籍"立委"李乙廷因涉嫌行贿，被台中高分院判决其"立委"当选无效，成为本届"立法院"第一位被判决当选无效的"立委"。

12月12日—14日 胡锦涛总书记到辽宁考察工作，同基层干部群众共商如何更好地完成保持经济平稳较快发展这项明年经济工作的首要任务，如何着力在保增长上下工夫，勉励大家坚定信心、迎难而上，奋力夺取经济社会发展新胜利。

12月13日 中国政府网发布了《国务院办公厅关于当前金融促进经济发展的若干意见》。

12月15日 备受海内外瞩目的两岸空运直航、海运直航及直接通邮正式启动。

同日 两岸海、空直航及直接通邮正式启动，两岸直航"三通"基本实现。

12月16日 广东阳江核电站正式开工。

同日 目前我国唯一位于县域口岸的保税港区——张家港保税港区，正式获得国务院批准设立，这是全国第十二个保税港区。

同日 广州珠江新城西塔项目施工工地上，具有完全自主知识产权的两台混凝土输送泵，成功将超高强度C100混凝土送上411米高的作业平台，创造了泵送施工的世界纪录。

12月17日 国台办表示，台湾参加世界卫生组织的有关活动，"在两岸关系新形势下更具备了相应的条件，大陆持积极的态度"。

12月18日 纪念党的十一届三中全会召开30周年大会在人民大会堂举行。胡锦涛总书记在会上发表重要讲话。

同日 为刺激消费，台"行政院"决定于2009年1月18日每人发放3000元新台币消费券。

同日 台"国防部长"陈肇敏在"立法院"宣布，自2009年起，原本每年都举行的"汉光演习"、各军种的年度例行演练和基地训练，将调整为"一年半实施一次"，其中实兵演练部分将调整为"隔年实施"。

12月19日 胡锦涛、温家宝分别会见向中央政府述职的曾荫权和何厚铧。

同日 陈水扁二度被台北地方法院

"无保释放"。

12 月 20 日　外交部发言人宣布，中国政府决定近期派海军舰艇赴亚丁湾、索马里海域，执行护航任务。

同日　纪念中国电视事业诞生暨中央电视台建台 50 周年大会在京举行。胡锦涛致贺信，江泽民题词。

12 月 21 日　国务院常务会议审议并原则通过《关于义务教育学校实施绩效工资的指导意见》。决定从 2009 年 1 月 1 日起，在全国义务教育学校实施绩效工资，确保义务教育教师平均工资水平不低于当地公务员平均工资水平，同时对义务教育学校离退休人员发放生活补贴。

同日　第四届两岸经贸文化论坛在上海闭幕。

同日　铁道部宣布，即日起，铁路儿童票身高调整为 1.1～1.5 米，以儿童实际身高为准。

同日　奥运冠军、中国选手佟文在首届世界无差别级柔道锦标赛中勇夺女子组冠军。

同日　台"交通部"放宽"陆客"赴台限制，"陆客"组团门槛由 10 人降为 5 人，签证期限由 10 天延至 15 天。

12 月 22 日　中国人民银行宣布，再度下调"双率"。根据公告，从 2008 年 12 月 23 日起，我国下调一年期人民币存贷款基准利率各 0.27 个百分点，其他期限档次存贷款基准利率作相应调整。

12 月 23 日　我国自主研制的第三颗业务静止气象卫星——风云二号 E 星在西昌卫星发射中心由"长征三号甲"运载火箭成功发射升空。

同日　赠台大熊猫"团团"、"圆圆"于下午 5 时许搭乘台湾长荣航空公司专机抵达台北机场。随后换乘专车，于晚间 7 时 30 分许抵达它们的新家——台北市立木栅动物园新光特展馆。这标志着"团团"、"圆圆"的赴台行程画上圆满句号。

同日　中国驻阿拉木图总领馆在哈萨克斯坦阿拉木图市举行开馆仪式。中国驻阿拉木图总领馆是中国在中亚地区设立的第一个总领馆。

同日　大陆赠台大熊猫"团团"、"圆圆"踏上宝岛土地，落户台北新家。大陆 17 株珙桐同时运至宜兰植物园。

12 月 24 日　青藏铁路西格（西宁—格尔木）二线关键路段连湖至浩鲁格实现双线开通，开通后柴达木盆地运能大幅提升。

12 月 25 日　石家庄市人民政府举行新闻发布会称，石家庄市中级人民法院已经受理了对三鹿集团进行破产清算的申请。据介绍，目前三鹿集团净资产为负 11.03 亿元（不包括 2008 年 10 月 31 日后企业新发生的各种费用），已经严重资不抵债。

同日　台"行政院"正式通过政务官登陆修正案，并简化许可手续，同时开放大陆党政人员赴台交流。

12 月 26 日　为纪念改革开放 30 年，中宣部、中央文献研究室、中央党史研究室、国家发展和改革委员会、中央电视台联合制作的 19 集大型电视专题片《改革开放 30 年纪实》日前在中央电视台第四套节目开播。解说词由人民出版社出版发行。

同日　国家发改委与联合国开发计划署、全球环境基金合作共同开展"中国逐步淘汰白炽灯、加快推广节能灯"项目，支持研究编制《中国逐步淘汰白炽灯、加快推广节能灯行动计划》。

同日　中国科学院上海生命科学研究院生物化学与细胞生物学研究所科研人员在国际上首次成功建立起两株大鼠的诱导多能干细胞。

12 月 27 日—28 日　中央农村工作会议在北京举行。

12 月 28 日　中国第三大水电工程——向家坝水电站顺利实现大江截流，这标志着向家坝水电站工程将进入大坝施工和厂房建设的关键阶段。

同日　武汉长江隧道通车试运行，中华民族实现了"隧穿长江"的梦想。

12 月 28 日—31 日　中越政府边界谈判代表团团长会晤在河内举行。双方就解决中越陆地边界勘界立碑全部剩余问题交换了意见，达成一致，并发表共同声明。

12 月 29 日　中央军委委员、中国人民解放军总参谋长陈炳德上将与俄罗斯联邦武装力量总参谋长马卡罗夫大将通过直通电话进行了首次通话。

同日　公安部出入境管理局公布了2009 年内地居民赴港澳地区定居各类申请审批分数线。

12 月 30 日　陈水扁被二次羁押。

12 月 31 日　纪念《告台湾同胞书》发表 30 周年座谈会在人民大会堂隆重举行。中共中央总书记、国家主席、中央军委主席胡锦涛出席座谈会并发表重要讲话。

2009 年

1 月 1 日　全国政协举行新年茶话会，胡锦涛发表重要讲话。

同日　胡锦涛《携手推动两岸关系和平发展　同心实现中华民族伟大复兴》单行本由人民出版社出版发行。

同日　中共中央总书记、国家主席、中央军委主席胡锦涛和朝鲜劳动党总书记、国防委员会委员长金正日互致贺电，宣布"中朝友好年"正式开始并表示热烈祝贺。

同日　中国国家主席胡锦涛与美国总统布什互致贺电，热烈庆祝两国建交 30 周年。

同日　中共中央台办海峡两岸关系研究中心与全国台湾研究会在京举办纪念《告台湾同胞书》发表 30 周年研讨会。

同日　《人民日报》报道：近日，中国乳制品工业协会有关负责人就患儿家长关心的患儿赔偿问题答记者问时说，三鹿集团等 22 家责任企业表示应承担社会责任，主动向患儿赔偿。赔偿所需资金已全部筹集到位。

同日　《人民日报》报道：财政部近日公布《中央级事业单位国有资产处置管理暂行办法》。

1 月 1 日—2 日　温家宝在山东考察工作。

1 月 3 日　《人民日报》报道：2008 年三峡过坝通航能力保持稳定增长，首次突破亿吨大关，达到 1.02 亿吨，创下历史最高水平。

1 月 4 日　胡锦涛应约同布什通电话。

同日　台盟中央、全国台湾同胞联谊会在京举行"学习贯彻胡锦涛总书记重要讲话暨纪念《告台湾同胞书》发表 30 周年座谈会"。

同日　《人民日报》报道：中央临时生活救助资金发放工作基本完成，四川、陕西、甘肃、重庆、云南等省市地震灾区 922.44 万受灾困难群众得到救助。5 日，《人民日报》报道：中央财政共安排四川、甘肃、陕西三省后续生活救助资金 25 亿元。截至 2008 年底，三省共救助困难群众349.25 万人。

同日　海关总署公布了海关缉私警察组建 10 年来侦破的 10 大典型案件。

1月4日—6日　全国对外宣传工作会议在京召开,部署做好今年的对外宣传工作。

1月5日　胡锦涛会见武警部队党委一届六次全体会议人员。

同日　记者从公安部召开的2009年全国边防检查工作电视电话会议上获悉,2008年出入境人员达3.5亿人次,比2007年略有增长。

同日　全国制止公款出国(境)旅游专项工作电视电话会议在京召开。2008年旅游业总收入可达1.14万亿元,增长约4%,继续保持平稳发展。

同日　中国环境报社在京发布2008年度国内国际十大环境新闻。

同日　历时117天,总航程23000余海里的"远望五号"测量船抵达中国卫星海上测控部港口。至此,顺利完成"神舟七号"海上测控任务的5艘远望号测量船全部胜利返回祖国,我国航天远洋测控史上最大规模的行动圆满结束。

同日　即日起到2月上旬,国务院新闻办、工业和信息化部、公安部、文化部、工商总局、广电总局、新闻出版总署等七部门联手在全国开展整治互联网低俗之风专项行动。

1月6日　《人民日报》报道:党的十七大以来领导干部廉洁自律工作成效明显,2万多领导干部上交现金、有价证券和支付凭证1.6亿元,查处违纪人员2177人。

同日　中国海军护航舰艇编队抵达亚丁湾、索马里海域预定海区,并组织实施了首次护航。首批受到护航的中国商船是:"哈尼河"号、"晋河"号、"河北翱翔"号、"观音"号。

同日　北京确诊一例人感染高致病性禽流感病例,患者死亡。

同日　《人民日报》报道:在近日公布的全球超级计算机500强排行榜中,安装了微软 Windows HPC Server 2008 操作系统的我国超级计算机曙光5000A,以每秒233.47万亿次浮点运算的系统理论峰值和每秒180.6万亿次浮点运算的实测 Linpack 峰值,跻身世界十强。我国成为除美国外第二个可以研发生产百万亿次超级计算机的国家。

同日　首届中国网民文化节活动在北京启动,公布了由网民投票选出的网民节日期和徽标,9月14日最终被定为网民节。

1月7日　2009年全国宗教工作会议在京举行,贾庆林会见与会代表并发表讲话。

同日　全国人事争议调解仲裁工作座谈会在南宁举行,会议指出,截至2008年底,全国已建立3515个劳动争议仲裁机构,其中758个实现了实体化,占全国劳动争议仲裁机构的21.6%;已建立2694个人事争议仲裁机构,绝大多数地市和多数区县设立了人事争议仲裁机构。

同日　陈云林会见江丙坤率领的海基会台资企业考察团。

同日　中华全国台湾同胞联谊会在京举行会徽发布仪式。全国台联八届二次理事会通过的会徽为圆形,圆内交握的双手形成"台"字形,意蕴是全国台联联谊、服务、团结广大台湾同胞,是"台胞之家",是党和政府联系广大台胞的桥梁和纽带。

同日　工业和信息化部宣布,批准中国移动、中国电信、中国联通增加3G业务经营许可。这意味着我国3张3G牌照已正式发放。

同日　国务院正式批复海南省政府,同意海口保税区区位调整至海南老城经济开发区内并设立海口综合保税区。这是我国第四个综合保税区。10 日，国务院正式批准设立广西凭祥综合保税区。这是我国第五个综合保税区。

同日　《人民日报》报道，近日，中共中央办公厅转发《中央人才工作协调小组关于实施海外高层次人才引进计划的意见》。

同日　中国第 25 次南极考察内陆冰盖队抵达南极之巅冰穹 A 地区，动工建设我国首个南极内陆科考站——昆仑站。27 日，我国第一个南极内陆科学考察站昆仑站在南极内陆冰盖的最高点冰穹 A 地区胜利建成，胡锦涛致电祝贺。30 日，《人民日报》报道：中国南极中山站临时邮政局日前在中山站挂牌设立。

同日　台"高等法院"驳回陈水扁对二度遭到羁押的抗告，且"全案羁押部分不得再提抗告"。

1 月 7 日、14 日、19 日、21 日　国务院先后召开常务会议。

1 月 8 日　中国国家主席胡锦涛与吉布提共和国总统伊斯梅尔·奥马尔·盖莱互致贺电，热烈庆祝两国建交 30 周年。

同日　纪念黄镇同志诞辰 100 周年座谈会在京举行，李长春出席。

同日　中国侨联七届六次全委会议在京召开，王兆国出席并讲话。

同日　最高人民法院向社会公布"五个严禁"的规定。

同日　《人民日报》报道，《全国矿产资源规划（2008—2015 年）》近日由国务院正式批复并由国土资源部组织实施。

同日　中国援助达尔富尔打井项目交接证书签字仪式在苏丹人道主义事务部举行。中国公司在苏丹西部极端干旱的南达尔富尔州打出了 10 眼水井并交付使用。

同日　新闻出版总署举行书号实名申领全面推开启动仪式，这标志着书号管理改革从试点阶段进入全面实施阶段。

同日　国民党籍"立委"李庆安因被指拥有双重"国籍"，宣布辞去"立委"职务。

1 月 9 日　第九次中日战略对话在东京举行。外交部副部长王光亚和日本外务省次官薮中三十二分别率团参加。

同日　中央财政紧急拨付城乡困难群众及优抚对象一次性生活补贴资金 90 余亿元。

同日　中共中央国务院隆重举行国家科学技术奖励大会，胡锦涛出席大会并为获奖代表颁奖，温家宝讲话。

同日　2009 年两岸春节包机方案正式确定，除平日班机外，两岸航空公司共增加 129 班航班。

1 月 9 日—11 日　温家宝到江苏省考察工作。

1 月 10 日　由公安部和中央电视台联合举办的第三届"我最喜爱的十大人民警察"评选结果揭晓，辽宁省丹东市公安局看守所管教员王晶等 10 名民警获此殊荣。12 日，周永康会见"我最喜爱的十大人民警察"，并勉励广大民警发扬成绩，甘于奉献，扎根基层，服务人民。

同日　全国总工会发布《关于深入扎实做好当前维护农民工合法权益工作的通知》。

同日　中国航天科技集团所属中国长城工业总公司正式向委内瑞拉科技部在轨交付委内瑞拉一号通信卫星（"委星 1 号"）以及相关地面测控和电信港系统。

1 月 10 日—11 日　习近平在澳门考察访问。

1 月 11 日　台"外交部长"欧鸿炼表示，世界卫生组织执委会将于本月 19 日召开会议,台湾将采取务实做法,不再提出参与案。

同日　海基会董事长江丙坤结束为期四天的"关怀台商之旅"。这是海基会成立以来首次由董事长率团来大陆探视台商。

同日　大陆海军编队在亚丁湾为四艘商船护航,其中包括台湾"宇善号",创两岸60年来首例。

1月11日—17日　中国四川汶川地震灾区100名中学生访问菲律宾。

1月12日　中央精神文明建设指导委员会召开全体会议,研究部署精神文明建设工作,李长春主持会议并讲话。

同日　"30年后再回首——纪念中美建交30周年图片展"开幕式在京举行。中国国家主席胡锦涛和美国总统布什分别为图片展致贺词。当天,中美建交30周年纪念晚宴在人民大会堂举行。中国国家副主席习近平,美国前总统卡特、前国务卿基辛格、前总统国家安全事务助理布热津斯基和斯考克罗夫特等共同出席。

1月12日—14日　中国共产党第十七届中央纪律检查委员会第三次全体会议在京举行。13日,胡锦涛发表重要讲话。

同日　据银监会最新统计,截至2008年底,全国已有105家新型农村金融机构获准开业。

同日　国务院防震减灾工作联席会议在京召开。

1月13日　中央军委举行慰问驻京部队老干部迎新春文艺演出,胡锦涛向全军老同志祝贺新春。

同日　第三届全国敬老爱老助老主题教育活动表彰大会在京举行。

同日　第二次全国立案审判工作会议在海口举行,会议指出,自2008年4月

1日到12月31日,最高人民法院立案庭受理的民事申请再审案件是2007年同期的近3倍;裁定提起再审的案件是2007年同期的1.8倍,审判监督力度明显加大。

同日　海关总署发布2008年我国对外贸易进出口情况。据海关统计,2008年我国外贸总值达25616.3亿美元,比上年增长17.8%。

同日　央行公布的金融统计数据显示,2008年全年货币信贷合理增长,人民币贷款增加4.91万亿元,国家外汇储备余额达1.95万亿美元。

同日　《人民日报》报道:美国传统基金会公布2009年"经济自由度指数"报告,香港获评为全球最自由经济体系,这是香港连续第十五年名列经济自由度榜首。

同日　中国商务部与美国商务部代表在北京签署了《中美关于经验证最终用户现场访问问题的换函》。这是中美两国在双边高技术与贸易合作方面所取得的又一项积极成果。

同日　中国互联网络信息中心(CNNIC)在京发布《第二十三次中国互联网络发展状况统计报告》。报告显示,截至2008年底,我国互联网普及率以22.6%的比例首次超过21.9%的全球平均水平。

同日　国家体育总局宣布,国务院已于日前批准同意,自2009年起,每年的8月8日为"全民健身日"。

同日　台"立法院"三读通过《振兴经济扩大公共建设特别条例》,四年内将投资5000亿元新台币用于公共建设。

1月14日　记者从海关总署获悉:2008年全国海关税收再创历史新高。净入库9161.1亿元,比2007年多收1576.4亿元,增长20.8%。

同日　国家发改委发出通知,决定自

2009年1月15日零时起将汽、柴油价格每吨分别降低140元和160元。这是自上个月18日以来第二次下调油价。

同日 国家统计局发布公告，2007年GDP最终核实同比增长13%。

同日 商务部与日本驻华大使馆在四川成都举行日本政府无偿援助汶川地震灾区"利民工程"项目签字暨急救车辆捐赠仪式。

同日 台"监察院"通过对前"国安会"秘书长邱义仁、前"外交部长"黄志芳及台东县长邝丽珍的弹劾案。

1月15日 中央国家机关第二十三次党的工作会议暨第二十一次纪检工作会议在京举行，温家宝会见与会代表。

同日 中共中央统战部、全国人大民族委员会、国家民族事务委员会、全国政协民族和宗教委员会、北京市人民政府在京举行首都各民族人士迎春茶话会，1000多名首都各民族兄弟姐妹欢聚一堂，辞旧迎新，畅叙友情，共贺新春。杜青林出席并讲话。

同日 中央纪委发出通知，要求认真学习贯彻胡锦涛同志重要讲话，深入推进党风廉政建设和反腐败斗争。

同日 国务院授权中华人民共和国驻美利坚合众国大使周文重，与美国国务院助理国务卿戈利·阿玛利女士在美国国务院签署了《中华人民共和国政府和美利坚合众国政府对旧石器时代到唐末的归类考古材料以及至少250年以上的古迹雕塑和壁上艺术实施进口限制的谅解备忘录》。

同日 国务院、中央军委在京举行首届全国国防动员建设年度人物颁奖仪式，来自全国国防动员系统的10名先进个人当选"2008年全国国防动员建设年度人物"，32人获得"2008年全国国防动员建

设年度人物"提名奖。

同日 2008年，我国实际利用外资923.95亿美元，同比增长23.58%，连续17年居发展中国家首位；全国新批设立外商投资企业27514家，同比下降27.35%。

1月16日 温家宝同国务院参事和中央文史馆馆员座谈，并向15位新聘参事馆员颁发聘书。

同日 中共中央党校举行2008年秋季学期毕业典礼，习近平出席并为学员颁发毕业证书。

同日 第六届中华人口奖颁奖仪式在京举行。

同日 2009年全国侨办主任会议在京召开，戴秉国出席并讲话。

同日 中华全国总工会、中央文明办等八家单位在京召开全国"创争"活动表彰电视电话会议。

同日 国家电网公司在京宣布：我国自主研发、设计和建设的具有自主知识产权的1000千伏交流输变电工程——晋东南—南阳—荆门特高压交流试验示范工程近日顺利通过试运行，正式投运。该工程是目前世界上运行电压最高的输电工程，具有完全自主知识产权。

同日 中国农业银行股份有限公司在京召开成立大会。

同日 美国贸易代表署认可台湾在保护知识产权方面取得的进展，宣布将台湾从"特别301"观察名单中除名，这是台湾11年来首次未被列入观察名单。

1月17日 李源潮受胡锦涛总书记的委托，到陕西省延安市和安塞县看望慰问老红军、老八路、老战士、老党员。

同日 中国科学院中国现代化研究中心在京发布《中国现代化报告2009——文化现代化研究》。报告依据2005年世界各国的各项指标数据，认为中国的文化影

响力指数在全世界排名第七。

1月18日　《人民日报》报道：第七届中国十大女杰评选揭晓。

同日　由中国科学院院士工作局、中国工程院学部工作局和科学时报社共同主办，552 名中国科学院院士和中国工程院院士投票评选出的 2008 年中国、世界十大科技进展新闻揭晓。

同日　在莫斯科举行的 2009 年国际滑联速度滑冰短距离世界锦标赛中，中国名将王北星夺得女子全能冠军。

同日　台湾当局首次推出的消费券正式在台各县市同步发放，岛内民众每人可领 3000 元新台币，指定用于消费。

1月18日—19日　习近平在天津市深入企业、港口、农村、学校、社区和农贸市场，看望慰问基层干部群众，实地调研经济社会发展和党的建设情况。

1月19日　国务院召开全体会议，讨论《政府工作报告（征求意见稿）》。

同日　由共青团中央建立的首批 1952 个共青团"青年就业创业见习基地"向社会公布。这批基地将提供 59802 个见习岗位。

同日　台北地方法院在陈水扁二度被羁押后首次开庭传唤陈水扁，审理其涉嫌四起弊案中的两起。

同日　西藏自治区九届人大二次会议表决通过将 3 月 28 日设为"西藏百万农奴解放纪念日"。

1月19日—21日　检方对陈水扁所涉四大弊案的"世纪大审"正式展开，台北地方法院连续三天召开准备程序庭，传讯包括陈水扁在内的 10 名被告。

1月20日　贾庆林邀请全国性宗教团体负责人到中南海座谈。

同日　全国精神文明建设工作表彰大会在京举行，李长春出席并讲话。

同日　国务院新闻办在京举行新闻发布会，总参作战部战略规训局副局长蔡怀烈上校在回答记者提问时表示，中华人民共和国成立 60 周年之际将举行国庆阅兵仪式，国庆 60 周年阅兵的准备工作已经展开。

同日　全国双拥工作领导小组在京召开全体会议，回良玉出席并讲话。

同日　公安部决定，自现在开始，在全国范围特别是广东、广西、福建、浙江、河南、湖南、四川、安徽、云南、江西等 10 个重点省区，公安机关开展打击假币犯罪"09 行动"。

同日　国务院新闻办发布《2008 年中国的国防》白皮书。

1月20日—21日　中国法学会第六次全国会员代表大会在京举行，周永康代表党中央、国务院致祝词，韩杼滨再次当选为会长。

1月21日　胡锦涛先后来到总参通信某团长途电话站和北京军区某部，亲切看望慰问部队官兵，代表党中央、中央军委向全军和武警部队官兵、民兵预备役人员致以亲切的慰问和节日的祝福。

同日　纪念陈再道同志诞辰 100 周年座谈会在京举行，贾庆林出席。

同日　全国总工会发布《关于废止全国总工会代管劳动保险工作期间部分劳动保险规章和政策文件的决定》。

同日　国务院台办举行新闻发布会，发言人就进一步开放 12 个省居民赴台旅游、开放陆资赴台等问题回答了记者的提问。

同日　大陆诞生首位台湾律师，北京律协已向其颁发实习证。

1月21日—22日　全国信访局长会议在京召开，马凯出席并讲话。

1月22日　中共中央在中南海召开

党外人士迎春座谈会。胡锦涛代表中共中央、国务院,向各民主党派中央、全国工商联领导同志和无党派人士,向统一战线广大成员,致以新春的祝福。

同日 国家统计局公布 2008 年国民经济统计数据,初步核算,全年国内生产总值 300670 亿元,比上年增长 9.0％。分季度看,一季度增长 10.6％,二季度增长 10.1％,三季度增长 9.0％,四季度增长 6.8％。2008 年居民消费价格上涨 5.9％,其中 12 月份 CPI 上涨 1.2 个百分点。

同日 三鹿系列刑事案件分别在河北省石家庄市中级人民法院和无极县人民法院等四个基层法院一审宣判。张玉军、耿金平一审被判处死刑,三鹿集团原董事长田文华被判无期徒刑。

同日 三峡电站 2008 年完成发电量 808.12 亿千瓦时,较上年增加 31.28％,创三峡电站 2003 年 7 月首台机组投产以来年发电量的历史纪录。

1 月 23 日 中共中央政治局召开会议,听取中央政治局常委参加深入学习实践科学发展观活动专题民主生活会情况的通报。

同日 中共中央政治局进行第十一次集体学习。

同日 《人民日报》报道:中央领导同志看望老同志,向老同志们致以亲切的节日问候,衷心祝愿老同志们新春愉快、健康长寿。

同日 国务院台办向台湾同胞发表了题为《两岸同胞共同谱写和平发展新篇章》的新春贺词。

同日 外交部发言人就 22 日英方发表对华战略框架文件回答记者提问时说,这是英方首次公开发表对华战略文件,充分体现了英方对发展中英关系的重视,也反映出两国合作的巨大潜力和广阔前景。

我们对此表示欢迎。

1 月 24 日 台北市木栅动物园举行熊猫馆开馆仪式,大陆赠台大熊猫"团团"、"圆圆"当晚公开亮相,并于 26 日正式与岛内民众见面。

1 月 24 日—25 日 胡锦涛在江西省井冈山市亲切看望慰问革命老区干部群众,代表党中央向全国各族人民致以节日的问候和新春的祝福。26 日,胡锦涛来到南昌市,在江西省委书记苏荣和省长吴新雄等陪同下,慰问坚守岗位的干部职工和公安民警,看望欢度节日的基层群众,代表党中央向大家致以新春的良好祝愿。

1 月 24 日—25 日 温家宝来到四川受灾最为严重的北川、德阳、汶川等地,和灾区人民一起过年。

1 月 25 日 李源潮在江苏看望慰问大学生村官时指出,选聘大学生到村任职是培养接班人的战略举措。

1 月 26 日 大陆赠送台湾的一对大熊猫团团、圆圆在台北动物园与民众正式见面。

1 月 27 日 中国驻法国大使馆举行两国友好交往图片展,庆祝中法建交 45 周年。

1 月 30 日 中国国家主席胡锦涛应约同美国总统奥巴马通电话。

同日 美国公共—私营部门合作伙伴(Public Private Partnership,简称 PPP)援助汶川地震灾区恢复重建谅解备忘录日前签署生效。我商务部有关负责人说,PPP 援助汶川地震灾区是中美两国政府在救灾领域的新合作,也是美国政府首次参与对华援助。

同日 国家卫生部发出紧急通知,立即停用"广西平南制药厂"的"糖脂宁胶囊"(批号为 081101)。通知称,据国家食品药品监督管理局报告,1 月 17 日和 19

日,新疆维吾尔自治区喀什地区莎车夏县两名糖尿病患者服用标识为"广西平南制药厂"的"糖脂宁胶囊"(批号为 081101)后死亡。新疆维吾尔自治区公安机关已经拘捕销售假药人员 4 人。

1 月 31 日　福建长乐一酒吧突发特大火灾,15 人死亡。

2 月 1 日　新华社报道:中央军委近日召开深入学习实践科学发展观活动专题民主生活会,胡锦涛主持会议并作重要讲话。

同日　《人民日报》刊登《中共中央国务院关于 2009 年促进农业稳定发展农民持续增收的若干意见》。

同日　国家食品药品监管局派出工作组赴新疆对假药"糖脂宁胶囊"案件进行督办。日前,新疆喀什地区有两名患者在使用了标识为广西平南制药厂生产的"糖脂宁胶囊"(批号 081101)后死亡。

同日　我外交部表示,中国政府高度重视我旅行团在美发生车祸,密切关注事故处理进展。

同日　台湾当局公布振兴经济的新方案,预计投入新台币 3200 亿元救经济。

2 月 2 日　澳门特区第三任行政长官选举管理委员会委员宣誓就职。

同日　中国南极昆仑站开站并投入使用。8 日,《人民日报》报道:我国科学家日前又在南极内陆冰盖最高点冰穹 A 地区建立了首个永久性 GPS 跟踪站"中国冰穹 A 卫星观测站",这将成为冰穹 A 地区测绘的大地基准。

同日　自 1 月 27 日至今,温家宝访问瑞士、德国、西班牙、英国和欧盟总部,并出席在瑞士达沃斯举行的世界经济论坛 2009 年年会。

2 月 3 日　经过 700 余名森警官兵和扑火队员 16 小时的奋战,发生在云南省昆明市晋宁县的森林火灾明火全线扑灭。

同日　《人民日报》报道:我国林业科学家日前完成了包括毛竹叶片、笋和萌发种子等在内的毛竹全长互补 DNA 文库构建,并精确测定了 1 万余条基因序列。

同日　300 余位文学、艺术、戏剧界人士和喜爱老舍作品的读者以及俄罗斯、日本、韩国等国的友好人士参加了由中国老舍研究会、北京语言大学、北京人民艺术剧院等单位主办的老舍先生诞辰 110 周年纪念会。

同日　我外交部发言人姜瑜就温家宝总理在英国演讲现场发生干扰事件答记者问时说,中方已对这一事件的发生表示强烈不满,英方向中方深表歉意,并表示将依法对此人进行处理。

同日　台北地方法院传讯前"总统府"出纳陈镇慧等人。

2 月 3 日、24 日　中央学习实践活动领导小组第四次会议、第五次会议分别在京举行,习近平主持会议并讲话。

2 月 4 日　中国国家主席胡锦涛与苏丹共和国总统巴希尔互致贺电,热烈庆祝两国建交 50 周年。

同日　新华社报道:解放军总政治部日前印发《军队干部选拔任用工作程序规定(试行)》。

同日　全国党史研究室主任会议在京召开,习近平在会前会见与会代表。

同日　新华社报道:中宣部、国家民委联合下发《关于党和国家民族政策宣传教育提纲》。

同日　《人民日报》报道:国家工商总局日前公布《股权出资登记管理办法》,于 2009 年 3 月 1 日起施行。

同日　《人民日报》报道:国家开发银行原副行长王益严重违纪违法被开除党籍和公职。

同日　公安部等五部门日前联合发出通知，决定从即日开始至 4 月中旬，在全国范围内组织开展专项治理利用手机传播淫秽视频违法犯罪活动。

同日　我国科学家在禽流感病毒研究上取得重大突破：从原子水平上揭开了禽流感病毒的"心脏"——核糖核酸聚合酶 PA 亚基的工作机制，为相关药物研发提供了新的靶标。当天，《自然》杂志社在线发表了这一研究成果，并专门配发新闻。

2 月 4 日、11 日、18 日、19 日、26 日　国务院先后召开常务会议。

2 月 5 日　《人民日报》报道：日前，中央社会治安综合治理委员会下发《2009 年全国社会治安综合治理工作要点》。

同日　财政部、国家税务总局发布通知，明确从 2009 年 2 月 1 日起将纺织品、服装出口退税率由 14% 提高到 15%。

同日　《人民日报》报道：国务院办公厅日前下发了《国务院关于推进重庆市统筹城乡改革和发展的若干意见》。

同日　外交部发言人表示，日本应立即停止任何加强对钓鱼岛实际控制的举动。

2 月 6 日　政协第十一届全国委员会第十一次主席会议在京召开，贾庆林主持会议并讲话。

同日　《人民日报》报道：全国老龄工作委员会近日在北京召开全体会议，回良玉出席并讲话。

同日　军事科学院军队政治工作研究中心在京揭牌，李继耐发来贺信表示热烈祝贺。

同日　欧洲议会通过"欧中贸易及经济关系决议案"，其中包括"支持台湾以观察员身份参与国际组织"修正案。

同日　马英九宣布启动"2009 旅行台湾年"。同日，"行政院"正式宣布"振兴经济扩大公共建设新方案"，释出 33 万个工作机会，台湾中小企业协会也发起"爱心企业约定宣言"，承诺"一年内不任意裁员"。

同日　《解放军报》报道：总政治部下发通知，要求全军和武警部队大力加强新形势下基层民主建设。

2 月 6 日—7 日　对台工作座谈会在京举行，贾庆林出席并作报告。

2 月 6 日—13 日　温家宝在中南海主持召开五次座谈会，征求对《政府工作报告（征求意见稿）》的意见。

2 月 7 日　欧盟决定终止对中国出口热浸镀锌板的反倾销调查程序，这是欧盟自 1979 年开始对华反倾销以来的最大案件。10 日，我商务部新闻发言人说，欧方的这一决定基于客观事实，中方对此表示欢迎和赞赏。

2 月 7 日—8 日　温家宝在河南检查指导抗旱工作。

2 月 7 日—13 日　第九届世界冬季特奥运动会在美国爱达荷州首府博伊西举行。中国体育代表团获得 33 枚金牌、34 枚银牌、27 枚铜牌。

2 月 8 日　中国国家主席胡锦涛与葡萄牙共和国总统阿尼巴尔·卡瓦科·席尔瓦互致贺电，热烈庆祝两国建交 30 周年。当天，中国国务院总理温家宝与葡萄牙总理苏格拉底，外交部长杨洁篪和葡萄牙国务兼外交部长阿马多也分别互致了贺电。

同日　《人民日报》报道：青海大学、海南大学、宁夏大学、西藏大学和石河子大学进入"211 工程"序列。至此，全国 31 个省、区、市都有了国家重点建设的大学。

2 月 9 日　中共中央举行元宵节联欢晚会，胡锦涛、吴邦国、温家宝、贾庆林等出席。

同日　刘延东在出席全国科技工作会议时强调,充分发挥科学技术的引领支撑作用,促进我国经济社会又好又快发展。

同日　中央电视台新址园区在建的附属文化中心工地发生火灾,火灾系违法燃放烟花所致。刘淇、刘云山、郭金龙等迅速赶赴现场指挥扑救。红庙消防中队指导员张建勇在深入火场搜救人员、察看火情时,因吸入大量有毒气体经抢救无效牺牲。张建勇被授予烈士称号。因涉嫌危险物品肇事罪,央视新台址建设工程办公室主任徐威等 12 人已被北京警方刑事拘留。

2 月 9 日—23 日　中国非物质文化遗产传统技艺大展举行,李长春、刘延东等参观。

2 月 10 日　中央综治委学校及周边治安综合治理工作领导小组 2009 年第一次全体会议在京召开。会议提出,要创造良好的学校及周边治安环境。

同日　中国与澳大利亚第十二次人权对话在堪培拉举行。

同日　我外交部亚洲司负责人奉命就日本在钓鱼岛海域常驻可搭载直升机巡视船事向日本驻华使馆官员提出严正交涉。

同日　全国集中清理执行积案活动督察工作动员会议在京召开。由中央纪委、中央政法委、最高人民法院、最高人民检察院和公安部领导担任组长的 7 个督察组,将分赴 13 个省(市、区)督察,确保清案活动取得预期效果。截至 1 月 31 日,全国累计执结有财产案件 196436 件,占有财产积案总数的 59.58%,累计执结标的额约 1894 亿元;全国累计执结重点案件 79028 件,占重点案件总数的 35.72%,清理活动取得阶段性成果。

同日　《中国青年报》报道:由共青团中央、水利部、农业部、财政部、国家林业局和全国青联共同组织开展的第 13 届中国杰出青年农民评选日前在京揭晓。

同日　新闻出版总署发出《关于 2009 年换发新闻记者证的通知》,从 2 月 25 日起,将在全国统一免费换发报纸、期刊、通讯社、广播电台、电视台等新闻机构的新闻记者证。7 月 1 日起,旧版记者证将全部作废。

同日　2008 年度"中国基础研究十大新闻"评选结果揭晓。"神舟七号"成功发射并完成各项既定任务、中国首幅全月球影像图公布、铁基高温超导研究取得系列重要进展、大天区面积多目标光纤光谱天文望远镜(LAMOST)落成、亚洲人二倍体基因组测序完成、过去 224000 年千年和轨道尺度东亚季风变化、兰州重离子加速器冷却储存环建成投入运行、流感病毒聚合酶 PA 亚基与 PBl 多肽复合体的精细三维结构、Ghd7 自然变异是调控水稻抽穗期和产量潜力的重要因素、发现暗物质湮灭的一个可能的证据等十项由我国科学家完成或为主完成的重要研究成果入选。

同日　吴淑珍在请假 17 次、时隔 787 天后再次出庭,并"部分认罪"。

2 月 10 日—14 日　贾庆林在重庆调研。

2 月 10 日—17 日　胡锦涛访问沙特阿拉伯、马里、塞内加尔、坦桑尼亚和毛里求斯。

2 月 11 日　全国基层检察院建设工作会议在京举行。

同日　人民法院反腐倡廉建设工作会议在京召开。

同日　中央纪委、监察部发出通报,要求各地区各部门采取有力措施,严肃查处并坚决纠正领导干部在住房上以权谋私的行为。

同日 全国"扫黄打非"办,新闻出版总署、国家版权局决定将原有的全国"扫黄打非"办举报中心、新闻出版总署举报中心、国家版权局举报中心合并为"全国'扫黄打非'办、新闻出版总署、国家版权局举报中心",由全国"扫黄打非"办负责举报中心的日常工作,及时受理群众举报并督办落实。

2月12日 新华社报道:贾庆林近日在重庆与统一战线各方面人士座谈。

同日 全国政府参事室文史研究馆工作会议在京举行,马凯出席并讲话。

同日 在扑救元宵夜中央电视台新址大火中英勇牺牲的消防战士张建勇,经公安部政治部批准被授予烈士称号。

同日 "2009经济全球化与工会"国际论坛举行,王兆国出席并讲话。

同日 石家庄市中级人民法院发出民事裁定书,正式宣布三鹿集团股份有限公司破产。

同日 2009亚太国家生物经济大会在黑龙江省哈尔滨市亚布力国际会展中心召开,全国政协副主席、科技部部长万钢出席会议并讲活。

同日 外交部发言人就法国佳士得公司拍卖圆明园兔首和鼠首铜像等问题回答记者提问时指出,中国对这些文物拥有不可置疑的所有权,这些文物理应归还中国。24日,巴黎一家法院对圆明园文物两个铜兽首是否能够被拍卖进行了开庭审理。在审理后进行宣判,宣布驳回中国追索圆明园流失文物律师团的禁拍请求。当天,国家文物局发表声明指出,中国政府坚决反对拍卖非法流失的中国文物,主张依靠国际合作追索非法流失海外文物。25日,佳士得拍卖行分别以1400万欧元拍出圆明园流失文物鼠首和兔首铜像。

同日 《人民日报》报道:中国首批援助埃及扫雷器材交接仪式日前在埃及国际合作部举行,这标志着中埃双方在扫雷领域的合作迈出了实质性的步伐。

同日 岛内六大工商团体联名呼吁台湾当局尽快与大陆签署CECA。

2月12日—14日 李源潮在福建考察调研。

2月13日 全国检察机关纪检监察工作会议在京召开,会议强调,要扎实推进检察机关反腐倡廉建设。检察机关去年28人被追究领导责任。

同日 国家海洋局发布《2008年中国海洋经济统计公报》。统计显示,2008年全国海洋生产总值29662亿元,同比增长11.0%,占国内生产总值的9.87%。

同日 农业部在全国范围内正式启动"农产品质量安全整治暨农产品质量安全执法年"活动。

同日 国家食品药品监管局通报对黑龙江乌苏里江制药有限公司佳木斯分公司生产的双黄连注射液所致不良事件的初步调查情况。经查,涉嫌药品双黄连注射液(批号:0809028、0808030)销往青海省、河北省、黑龙江省和山东省。企业已开始召回产品。11日,青海省大通县3名患者使用涉嫌药品发生不良事件,并有1例死亡。

2月14日 第二届大学生艺术展演活动在南京闭幕,刘延东出席闭幕式。

同日 温家宝与傣族舞蹈表演艺术家刀美兰亲切会面。

2月15日 在德国德累斯顿举行的国际滑联短道速滑世界杯德国站男子5000米接力比赛中,中国队以6分41秒221的成绩获得冠军。

同日 张志军率中共友好代表团离

京,访问德国、英国和欧洲议会;之后,应社会党国际邀请,他作为中共代表出席该国际"可持续世界社会委员会"在南非举行的会议。

同日　中资货船"新星"号在俄罗斯符拉迪沃斯托克附近海域遇险,船上 10 名中国船员中有 3 人获救,其余 7 人失踪。19 日,外交部发言人说,外交部领事司负责人已就"新星"号货轮遇险事再次向俄罗斯驻华使馆公使衔参赞提出紧急交涉。当天,我外交部副部长李辉紧急约见俄罗斯驻华大使拉佐夫,就俄罗斯军舰炮击挂塞拉利昂国旗的"新星"号货轮,致使该船沉没,7 名中国籍船员失踪事件进行交涉。李辉表示,中方对发生此事件感到震惊,表示严重关切。此次事件的细节虽需进一步调查,但俄方炮击民用商船、对落水船员施救不及时、长时间未向中方提供调查结果,中方对此不能接受并表示强烈不满。20 日,我外交部欧亚司司长张喜云向俄罗斯驻华使馆公使衔参赞莫尔古洛夫提出交涉,表示中方对俄罗斯外交部发言人就"新星"号事件的表态无法理解、不能接受,并再次强调中方的各项有关要求。

2 月 15 日—16 日　温家宝在天津就经济运行情况进行调查研究。

2 月 16 日　全国青联十届五次常委(扩大)会议在京举行,王兆国出席并讲话。会议选举王晓为全国青联主席,贺军科、卢雍政为全国青联副主席。

同日　国家广电总局、国家工商总局、卫生部、国家食品药品监管局、国家中医药管理局联合下发《关于进一步加强广播电视医疗和药品广告监管工作的通知》。

同日　柬埔寨太皇诺罗敦·西哈努克致函国务院总理温家宝,对中国部分省份遭受严重旱灾表示慰问,并以个人名义向中方捐款 5 万美元。

同日　中国第五批赴黎巴嫩维和工兵营和第四批维和医疗分队第一梯队 170 名官兵搭乘联合国包机抵达贝鲁特,他们将连夜从陆路前往黎巴嫩南部任务区。

同日　大陆公布第二批指定经营大陆居民赴台旅游业务的 113 家旅行社名单。

2 月 16 日—17 日　中美清洁能源论坛在美国华盛顿州西雅图举行。

2 月 17 日　十一届全国人大常委会第十八次委员长会议在京举行。

同日　全国军转安置工作总结座谈会在重庆举行,会上发布的最新数据显示,2008 年,全国 5.6 万名军队转业干部安置任务顺利完成,1160 余名参加抗震救灾、抗击雨雪冰冻灾害的军转干部得到了从优安置,1.2 万余名师团职军转干部以及功臣模范、长期在边远艰苦地区和从事飞行、舰艇工作的军转干部得到了照顾性安排。

同日　新华社报道:根据全国政协意见,经报中央军委和总政领导批准,总政机关日前专门设立全国政协军队委员联络员办公室,负责军队政协委员与全国政协的联系、沟通工作。

同日　周永康在东北地区政法暨维稳工作座谈会上强调,要顺应人民群众的新要求新期待,全力维护公平正义和社会稳定。

同日　中国国务院副总理王岐山在人民大会堂同俄罗斯副总理谢钦举行中俄能源谈判代表第三次会晤。当天,中方谈判代表和俄方谈判代表就中俄"贷款换石油"的合同细节达成一致,并签署了正式协议。

同日　国际奥委会名誉委员、国际单项体育联合会主席海因·维尔布鲁根在京获得 2008 年度中国政府"友谊奖"。

2 月 17 日—24 日 智利众议长恩西纳率智利众议院代表团访问我国。

2 月 18 日 政协第十一届全国委员会第十二次主席会议在京举行。

同日 全国行政复议工作经验交流暨"双先"、"双优"表彰大会在京召开，马凯出席并讲话。

同日 姜异康当选为山东省人大常委会主任。

同日 最高人民法院召开特邀咨询员座谈会，征求对《最高人民法院工作报告》（征求意见稿）的意见，同时听取各位专家学者对进一步加强和改进人民法院工作的意见和建议。

同日 由公安部举办的全国县级公安局长"学习实践科学发展观、推动公安工作上新水平"专题培训班在中国人民公安大学举行。

同日 内蒙古自治区国土资源厅举行新闻发布会透露，内蒙古已查明煤炭资源储量达到 7016 亿吨，居全国第一位。

同日 中国互联网络信息中心（CNNIC）在京发布《中国手机上网行为研究报告》，截至 2008 年底，中国手机用户已超过 6.4 亿，而通过手机上网的用户数量已超过 1.176 亿。

同日 中华人民共和国外交部就菲律宾国会通过"领海基线法案"发表声明。当天，我外交部副部长王光亚紧急召见菲律宾驻华临时代办巴伯，就菲律宾国会通过"领海基线法案"提出严正抗议。

2 月 18 日—28 日 第 24 届世界大学生冬季运动会在哈尔滨举行。中国代表团获 18 枚金牌、18 枚银牌、12 枚铜牌，位居奖牌榜首位，实现了历史性突破。

2 月 19 日 新华社报道：全军和武警部队积极响应胡主席号召，广泛开展培育当代革命军人核心价值观活动。

同日 全国人力资源和社会保障工作会议在京召开，会议指出，事业单位今年全面推行聘用制度。

同日 国务院法制办主任曹康泰在全国行政复议工作经验交流暨"双先"、"双优"表彰大上介绍，2008 年，国务院共收到行政复议申请 866 件，比 2006 年增长近 90%，全国每年通过行政复议化解的行政争议 8 万件左右。

同日 旨在为国家水体污染控制与治理提供全面技术支撑的"水体污染控制与治理"重大科技专项的实施工作在京启动。

同日 《人民日报》报道：首张全国湿地分布遥感制图近日完成。最新研究成果显示，2000 年我国湿地总面积为 30.8 万平方公里，比 1990 年减少 5.08 万平方公里。

同日 民进党公布"立法院"党团负责人人事安排，上会期由柯建铭任"总召集人"，下会期由蔡同荣接任；李俊义任"干事长"，高志鹏任"书记长"。

2 月 20 日 由台盟中央、全国台联和福建省档案馆共同举办的纪念台湾义勇队成立 70 周年座谈会在京召开，林文漪与台湾义勇队老队员代表、相关专家学者等参加了座谈会。

同日 《人民日报》报道：公安部近日发出紧急通知，要求各地从现在开始至 9 月中旬，集中力量组织开展公众聚集场所、高层和地下建筑消防安全专项整治行动。

同日 财政部公布：2008 年全国税收总收入完成 54219.62 亿元，较上年增长 18.8%，同比增收 8597.65 亿元。与 2007 年税收收入增长 33.7% 相比，增速回落了 14.9 个百分点。

同日　由于水厂受酚类化合物污染，江苏盐城市区出现大面积停水，居民生活受到较大影响。21日，盐城市区恢复自来水供应。

同日　为期40天的全国集中整治交通违法行为大行动拉开序幕。

同日　新疆阿克苏地区柯坪县发生里氏5.2级地震。截至2月23日7时，地震共造成柯坪县、阿合奇县28165人受灾，紧急转移安置3665人，未造成人员伤亡；因灾直接经济损失1.484亿元。

2月20日—21日　全国净化社会文化环境工作会议在京举行。

2月20日—22日　美国国务卿希拉里·克林顿访问我国。

2月20日—23日　巴基斯坦总统阿西夫·阿里·扎尔达里访问湖北、上海。

2月21日　西安发现罕见大型西汉壁画墓。

2月22日　《人民日报》报道：授予检察官喻中升"全国模范检察官"和"中央国家机关优秀共产党员"荣誉称号表彰会日前在京举行，会议由最高人民检察院和中央国家机关工委联合召开。

同日　山西省焦煤集团西山煤电屯兰煤矿发生瓦斯爆炸事故，78人遇难。

同日　2007—2008学年度国家奖学金颁奖大会在京召开，刘延东为国家奖学金获奖学生代表颁奖。

2月23日　中共中央政治局召开会议，讨论《政府工作报告》稿。

同日　全国工商行政管理系统党风廉政工作会议在京召，会议指出，2008年，共查处商业贿赂案件6227件，案值16.54亿元，向司法机关移送涉嫌犯罪的商业贿赂案件18件。

同日　《解放军报》报道：总参谋部、总政治部、总后勤部、总装备部日前联合颁发《关于进一步加强新形势下军队预防职务犯罪工作的意见》。

同日　中越双方在广西凭祥友谊关口岸举行仪式，共同庆祝陆地边界勘界立碑圆满结束。国务委员戴秉国和越南副总理兼外长范家谦分别代表两国政府出席仪式并致辞。

同日　我国水电开发已进入高峰期。装机容量达1.7亿千瓦，年发电量5600亿千瓦时，在建规模约7000万千瓦，居世界首位。

2月24日　中央组织部决定追授王瑛"全国优秀共产党员"称号。25日，王瑛同志先进事迹报告会在京举行。报告会开始前，贺国强亲切会见了报告团成员。胡锦涛就学习王瑛同志先进事迹作出重要指示，希望全国纪检干部向王瑛同志学习。

同日　全总第五届女职工委员会第一次会议在京召开，王兆国会见全体与会代表。

同日　2009年中央综治委预防青少年违法犯罪工作领导小组全体会议在京召开。会议系统总结了2008年全国预防青少年违法犯罪工作，对2009年预防青少年违法犯罪工作作出部署。

同日　"西藏民主改革50年大型展览"在京举行，这是我国第一个以西藏民主改革为主题的大型展览。刘云山出席开幕式并宣布展览开幕。

同日　第63届联合国大会主席米格尔·德斯科托·布罗克曼访问我国。

同日　《人民日报》报道：新一轮禁毒人民战争开局良好，去年全国共破获毒品犯罪案件6.2万起。

同日　台盟中央、全国台联在京召开座谈会，纪念台湾人民"二二八"起义62周年，缅怀起义中牺牲的烈士先贤和罹难的无辜同胞。

同日 截至 2008 年 9 月，淮河、海河、辽河、巢湖、滇池、松花江、三峡库区及其上游、黄河中上游八个流域规划安排的 2712 个治理项目完成投资 510 亿元，好于"十五"同期进展水平。

同日 "陆委会"副主委傅栋成表示，第三次陈江会谈将签订共同打击犯罪、定期航班、金融合作三项协议，"陆资"赴台议题将以"沟通对话"方式处理。

2 月 24 日—26 日 台北地方法院就龙潭购地案、"国务机要费案"及洗钱案召开准备程序庭，并传讯被告陈水扁。

2 月 25 日 中国中共文献研究会在京召开成立大会，习近平出席并讲话。

同日 我外交部发言人马朝旭就美国会少数众议员联署提出纪念《与台湾关系法》30 年决议案答记者问时表示，中方对此表示强烈不满，并已向美方提出了严正交涉。

同日 武警大理白族自治州森林支队洱源县中队战士刘安书，在中缅边境 6 号界碑西南侧 500 米处清理余火时，突遇山体滑坡，为保护群众英勇牺牲。

同日 台"中选会"宣布，年底县市长、县市议员、乡镇市长"三合一"选举将于 12 月 5 日举行。

同日 国台办针对吕秀莲欲访问大陆议题指出，"凡赞成两岸关系和平发展的台湾各界人士，大陆方面都欢迎他们以适当身份参访"。

2 月 25 日—27 日 政协第十一届全国委员会常委会第四次会议在京召开。

2 月 25 日—28 日 十一届全国人大常委会第七次会议在京举行。

2 月 26 日 中央党校召开学习实践活动总结大会，习近平出席并讲话。

同日 全国妇联纪念三八节 99 周年暨表彰大会在京举行，王兆国会见中国十大女杰及提名奖获得者。

同日 《人民日报》报道：中共中央组织部正式开通"12380"举报网站，主要受理反映县处级以上领导班子和领导干部违反《党政领导干部选拔任用工作条例》选人用人问题的举报。

同日 国务院新闻办发布《2008 年美国的人权纪录》。

同日 国土资源部发布的 2008 年度全国土地利用变更调查结果显示，我国耕地保护呈现向好势头，耕地面积净减少速度放缓。据 2007 年 11 月 1 日至 2008 年 12 月 31 日时段全国 31 个省（自治区、直辖市）统计，全国耕地面积由 2007 年 10 月 31 日的 18.2603 亿亩减少为 18.2574 亿亩，净减少 29.0 万亩，比上年度净减少数量下降 50%，耕地减少势头得到初步遏制。调查结果表明，2008 年度补充耕地 344.4 万亩，比上年度增加 51 万亩。

同日 国家统计局发布《中华人民共和国 2008 年国民经济和社会发展统计公报》。

同日 《中国出版通史》出版座谈会在国家新闻出版总署召开。《中国出版通史》（九卷本）日前由中国书籍出版社正式出版。

同日 两岸邮政直接通汇正式上路。

2 月 27 日 《人民日报》报道：胡锦涛日前就学习潘作良同志先进事迹作出重要指示。当天，潘作良同志先进事迹首场报告会在京举行。

同日 新华社报道：中共中央办公厅、国务院办公厅印发《关于党政机关厉行节约若干问题的通知》。

同日 我商务部新闻发言人姚坚就美国众议院通过的 2009 年综合拨款法案涉及我输美禽肉产品歧视性条款发表

谈话。

同日　全国村务公开和民主管理"难点村"治理工作电视电话会议在京召开，何勇出席并讲话。

2月27日—28日　深入学习实践科学发展观活动第一批总结暨第二批动员会议在京召开，习近平出席并讲话。

2月28日　十一届全国人大常委会在京举行第八讲专题讲座。

同日　政协十一届全国委员会常务委员会在京举办第三次学习讲座。

同日　温家宝来到中国政府网访谈室，与网友在线交流，并接受中国政府网和新华网的联合专访。

3月1日　新华社报道：中办、国办近日印发《关于坚决制止公款出国（境）旅游的通知》。

同日　习近平出席中央党校春季学期开学典礼并作重要讲话。

同日　新华社报道：中央深入学习实践科学发展观活动领导小组向地方第二批学习实践活动单位派出中央巡回检查组。

同日　自2月28日至今，日本国外务大臣中曾根弘文访问我国。

同日　"嫦娥一号"卫星受控撞月成功。

3月2日　培育当代革命军人核心价值观研讨会在上海召开，徐才厚作出批示。

同日　新华社报道：中央文明办近日作出决定，从今年起每年对部分城市进行公共文明指数测评，公布测评结果，并将测评结果作为评选全国文明城市的重要依据。

同日　最高人民法院和全国妇联联合召开表彰大会，表彰法院系统全国巾帼文明岗、巾帼建功标兵和优秀女法官。

同日　国务院发表《西藏民主改革50年》白皮书。

同日　记者从全国社保局长座谈会上了解到，我国养老、医疗、失业、工伤、生育五项社会保险去年全年总收入达到1.37万亿元，比计划增加946亿元，结余资金总额达1.52万亿元。

同日　国内首款万亿次桌面超级计算机"倚天"面世。

3月3日　《人民日报》报道：日前，中共中央纪委对吉林省人大常委会原党组副书记、副主任米凤君严重违纪违法问题进行了立案检查。决定给予米凤君开除党籍、开除公职处分；收缴其违纪所得；将其涉嫌犯罪问题移送司法机关依法处理。

同日　由共青团中央建立的第二批2131个共青团"青年就业创业见习基地"向社会公布。

同日　首次全国行政机关公务员管理工作会议在京召开。其间，一系列公务员新政策随之浮出水面。

同日　由中国公司承建的海外最大单项水电工程——苏丹麦洛维大坝正式落成并向苏丹电网发电。

同日　台北地方法院驳回陈水扁申请，决定自2月26日起，再延押两个月。

3月3日—12日　全国政协十一届二次会议在京举行。

3月4日　全国总工会下发《关于深入推进"共同约定行动"的意见》。

同日　在三鹿集团破产财产拍卖会上，北京三元与河北三元组成的"联合竞拍体"，以61650万元竞得三鹿集团核心企业财产及其所持有的河南新乡林鹤乳业有限公司98.8%的投资权益，并当场签署了成交确认书。

同日　7名盐城市政府官员因2月20日发生在盐城市区的自来水污染事件受

到处分。

3月5日　国务院确定了第二批 32 个资源枯竭城市，中央财政将给予包括此前确定的 12 个资源枯竭城市在内的共 44 个城市财力性转移支付资金支持。

3月5日—13日　第十一届全国人民代表大会第二次会议在京举行。

3月5日—14日　"和平—09"海上多国联合军演在巴基斯坦举行。中国海军"广州"号驱逐舰参加。

3月6日　我外交部发言人秦刚就马来西亚总理对南沙群岛弹丸礁宣示主权答记者问时表示，中方希望有关各方不要采取可能使争议复杂化、扩大化的行动。

同日　台"行政院长"刘兆玄提出签署"经济合作架构协议"（ECFA）"三要三不要"原则，即不矮化"主权"、不再开放大陆农产品、不开放大陆劳工；要透过协商解决关税问题、要同时与东盟洽谈 FTA、要在 WTO 精神架构下搁置争议。

3月6日—8日　2009 短道速滑世界锦标赛在维也纳举行，中国队以 5 枚金牌位居奖牌榜第一。

3月6日、7日、10日、11日　台盟八届六次中常会、九三学社十二届六次中常会、民革十一届六次中常会、民盟十届六次中常会、致公党十三届六次中常会、农工党中央十四届五次中常会分别在京举行。

3月7日　三峡电站已累计发电 2969.55 亿千瓦时，清洁能源惠及约半个中国。

3月8日　上海市交通港口局公布的数据显示，2008 年上海港货物吞吐量完成 5.82 亿吨，同比增长 3.6%，连续四年保持世界第一。

3月9日　在西藏平叛和民主改革 50 周年到来之际，中国人权研究会推出"西藏人权网"。这是我国第一个以西藏人权为主题的专题网站。

同日　《人民日报》报道：2008 年全国人大十大新闻评选揭晓。

同日　最高人民法院举行首批廉政监察员任命仪式，7 位资深审判长被任命为专职廉政监察员，将分别在最高法院的刑事、民事、立案、执行等 7 部门担任专职廉政监察员，其他审判部门也将陆续配备专职廉政监察员。

同日　中央财政下达 10 亿元中小企业信用担保业务补助资金，资助 330 家符合条件的信用担保机构。

同日　财政部决定发行 2009 年凭证式（一期）国债，发行总额 300 亿元。

同日　"'嫦娥一号'全月球三维立体图自动构建技术"项目通过了解放军总装备部组织的成果鉴定。

同日　《人民日报》报道：敦煌市博物馆近日新发现一汉代烽燧遗址，并进行了抢救性发掘。

3月10日　西藏自治区政府发布《西藏自治区布达拉宫保护办法》，为布达拉宫保护提供了更加具体和切合实际的法规依据。1997 年 11 月 18 日发布的《西藏自治区布达拉宫保护办法》同时废止。

同日　国家统计局发布统计数据，2 月份，居民消费价格总水平（CPI）同比下降 1.6%，工业品出厂价格（PPI）同比下降 4.5%。

同日　中央财政向各地预拨农作物良种补贴资金 149 亿元，农机具购置补贴资金 100 亿元。此前，财政部已提前拨付农资综合补贴和粮食直补资金 867 亿元，其中农资综合补贴资金 716 亿元，粮食直补资金 151 亿元。

3月12日　首都各界人士纪念孙中山先生逝世 84 周年。

同日　全国人大外委会负责人就美国会众议院通过涉藏反华决议案发表谈话。

同日　全国绿化委员会办公室发布《2008 年中国国土绿化状况公报》。我国已成为全球森林资源增长最快的国家。自全民义务植树运动开展以来至 2008 年底,全国共有 115.2 亿人次参加义务植树,植树 538.5 亿株。

同日　我外交部部长助理胡正跃紧急召见菲律宾驻华大使布蕾迪,就菲总统阿罗约签署"领海基线法案"事提出严正交涉。13 日,中国驻菲律宾大使刘建超在马尼拉也向菲外长罗慕洛提出了严正交涉。

3 月 13 日　外交部发言人就欧洲议会通过涉藏决议答记者问时表示,欧洲议会罔顾事实,在少数反华议员鼓动下,通过决议,在涉藏问题上对中方提出无理要求,干涉了中国的内政,伤害了中国人民的感情。中方对此表示强烈不满和坚决反对。

3 月 14 日　河北省唐山曹妃甸新区正式揭牌成立,标志着"渤海明珠"曹妃甸的开发建设进入了一个新阶段。据介绍,新区规划面积 1943 平方公里,陆域海岸线约 80 公里,目前常住人口 22 万。

同日　由国家质检总局主办、中国质量万里行促进会承办的"质量和安全年"中国质量万里行启程。

同日　苗栗县第一选区"立委"补选结果出炉,脱党参选的康世儒击败国民党提名人陈銮英当选。

同日　安利"万人陆客团"首批启程赴台旅游。

3 月 14 日—26 日　全国人大西藏代表团出访美国和加拿大。

3 月 15 日　第十一世班禅额尔德尼·确吉杰布来到北京民族文化宫,参观"西藏民主改革 50 年"大型展览。

同日　《政府工作报告》单行本、《十一届全国人大二次会议〈政府工作报告〉辅导读本》和《十一届全国人大二次会议〈政府工作报告〉学习问答》由人民出版社出版发行。

同日　《解放军报》报道:中央军委近日发布施行《中国共产党军队各级代表大会代表任期制实施办法(试行)》。

同日　中国银行业协会发布《2008 年度银行业改进服务情况报告》。

同日　中国人民银行与香港金融管理局签订有关建立内地与香港多种货币支付系统互通安排的谅解备忘录,决定自 2009 年 3 月 16 日起正式运行两地支付互通安排。

同日　我国第一批注册测绘师通过考核认定正式诞生,633 人获得该项资格。

3 月 16 日　国务院扶贫办宣布:今年我国将实行人均纯收入 1196 元的新扶贫标准,对农村低收入人口全面实施扶贫政策。

同日　北京铁路局与中国北车唐山轨道客车有限责任公司和中国北车长春轨道客车股份有限公司签署 100 列新一代高速动车组采购合同,总额达 392 亿元人民币,将于 2010 年 10 月开始陆续交付,全部用于京沪高速铁路。

同日　台军首度发布"四年期国防总检讨",从"由攻转守"、"备战止战"、"全募兵制"等方面进行重大调整。同日,"国防部长"陈肇敏也首度提出两岸军事交流的前提,包括大陆先放弃对台动武,撤除对台导弹、去除"一中"框架等三要素。

同日　台"立法院"通过四年 5000 亿元新台币的"振兴经济扩大公共建设特别预算案"。

3月17日 公安部党委出台《公安机关领导干部五个严禁》。

同日 承担我国第20航次大洋科考任务的"大洋一号"船凯旋青岛。"大洋一号"此次创下我国大洋科考时间最久、航程最长、成果空前的纪录，在科学考察上取得历史性重大突破，获得多项科研成果。

同日 《国家促进普通高校毕业生就业政策公告》公布。国家对到基层，到中西部地区，到中小企业就业，应征入伍，参加国家、地方重大科研项目以及家庭困难的五类大学毕业生将分别给予各种优惠政策。

3月17日—21日 朝鲜民主主义人民共和国内阁总理金英日访问我国。

3月18日 中央政法委员会第七次全体会议在京举行，周永康出席并讲话。

同日 国家旅游局和国务院法制办公室在京召开了《旅行社条例》新闻发布会。《条例》将于5月1日起施行。沿用22年之久的旅行社分类将被取消。

同日 蓝光光盘协会在京宣布：我国自主知识产权的数字音频标准DRA技术已经作为蓝光光盘格式的可选编解码技术，被写入BD—ROM格式的2.3版本，这标志着我国首次在国际蓝光光盘标准体系中占有一席之地，打破了这一领域技术长期由国外公司控制的局面。

同日 由科技部、国家测绘局、民政部、国家发改委等四部门联合主编、众多相关领域专家学者倾力打造的大型综合地图集《汶川地震灾害地图集》正式出版。

同日 商务部发布2009年第二十二号公告，对备受关注的可口可乐并购汇源案进行裁决。经过审查，商务部认定：可口可乐并购汇源案将对竞争产生不利影响，根据《反垄断法》第二十八条，决定禁止此项并购。这是我国《反垄断法》自去年8月实施以来首例未通过审查的案例。

3月18日、25日 国务院先后召开常务会议。

3月19日 我国科学家首次发现鸟臀类恐龙也有原始羽毛。该成果发表在当天出版的《自然》杂志上。

3月19日—23日 由科技部、国家发展改革委、教育部、工业和信息化部、财政部，环保部等13个部门联合主办的2009中国国际节能减排和新能源科技博览会在北京展览馆举行。胡锦涛、吴邦国、温家宝、贾庆林、习近平、李克强、贺国强、周永康等分别参观博览会。

3月20日 新华社报道：胡锦涛日前就向因公殉职的全国公安系统一级英模谭东同志学习作出重要指示，希望全国政法干警学习谭东同志一心为民、无私奉献的崇高精神。

同日 2009年中央财政预算在财政部官方网站正式公布。

3月20日—22日 温家宝在鞍山、沈阳、大连等地企业调研。

3月20日—24日 "雪域风情——藏族非物质文化遗产精粹展"在澳门举行。

3月20日—25日 贾庆林在广西调研时先后来到桂林、柳州、来宾、南宁等地，深入企业车间、农村乡镇、壮乡瑶寨进行调查研究，同各族干部群众亲切交谈，共商经济社会发展大计，共谋民族团结进步良策。

同日 2009年女子摔跤世界杯赛决赛在太原举行。中国队以5：2战胜加拿大队夺冠。

3月22日—23日 由国务院发展研究中心主办、中国发展研究基金会承办的中国发展高层论坛2009年会在京举行，主题为"国际金融动荡中的中国发展和改革"。

3 月 23 日　新华社报道:中央纪委、中组部、中宣部、中央深入学习实践科学发展观活动领导小组联合发出《关于开展向王瑛同志学习活动的通知》。

同日　中国国家主席胡锦涛和多米尼克总统尼古拉斯·利物浦互致贺电,热烈庆祝两国建交 5 周年。当天,中国国务院总理温家宝和多米尼克总理斯凯里特,中国外交部长杨洁篪和多米尼克外交、移民和劳动部长亨德森也分别互致了贺电。

同日　《政府工作报告》(单行本)由中国民族语文翻译局翻译、民族出版社用蒙古、藏、维吾尔、哈萨克、朝鲜等五种少数民族文字出版发行。

同日　中国人民银行、中国银监会发出《关于进一步加强信贷结构调整促进国民经济平稳较快发展的指导意见》。

同日　中国证监会批准郑州商品交易所开展早籼稻期货交易。

同日　涉案金额高达 16.8 亿余元的亿霖非法传销案在北京市第二中级人民法院作出一审判决,以赵鹏运为首的 28 名被告人因非法经营罪被分别判处 15 年至 1 年不等的有期徒刑。

同日　台"主计处"数据显示,2 月共有 62.4 万人失业,失业率达 5.75%,创历史最高纪录。

3 月 23 日—26 日　中国藏学家代表团访问英国。

3 月 24 日　国务院召开第二次廉政工作会议,温家宝发表讲话。

同日　全国政协十一届二次会议提案交办会在京举行,王刚出席并讲话。

同日　李源潮在江西调研时指出,以科学发展观为指导,保增长、保民生、保稳定,是第二批学习实践活动最大的实践主题。

同日　河北承德市检察院副检察长李永志,被最高人民检察院授予"全国模范检察官"称号,被河北省委授予"河北省优秀共产党员"称号。

同日　中央文明办、住房和城乡建设部、国家旅游局举行表彰全国创建文明风景旅游区电视电话会议,授予江西井冈山风景名胜区等 15 个景区第二批全国文明风景旅游区称号,授予北京八达岭长城景区等 55 个单位全国创建文明风景旅游区工作先进单位称号。同时,确认四川峨眉山风景名胜区等 11 个首批全国文明风景旅游区复查合格,继续保留其荣誉称号。

同日　国资委发出通知,要求中央企业对已开展的所有金融衍生业务包括期货、期权、远期、掉期及其组合产品进行全面彻底清理。

同日　第 14 届国际泳联世界锦标赛会徽、吉祥物在沪发布。

同日　外交部发言人表示,中国政府将以隆重、庄严的方式迎接在太平洋岛国巴布亚新几内亚的抗战将士的遗骸归国。

同日　台"法务部"通过特侦组换人名单,批准姜贵昌、庄正、郑富铭、蔡宗熙、林弘政、汪南均加入,朱朝亮、沈明伦、吴文忠归建。

3 月 25 日　最高人民法院出台《人民法院第三个五年改革纲要(2009—2013)》。

同日　外交部发言人就美国会众议院通过所谓纪念《与台湾关系法》30 年决议案答记者问,对美国会众院此举表示强烈不满。

同日　第五届国际新闻摄影比赛(华赛)在上海松扛新城揭晓了 8 大类 16 项金、银、铜奖和优秀奖。中国摄影师邹森拍摄的《母爱·地震》获最高奖项——2008 年度新闻照片奖。

同日　教育部召开新闻发布会:2008年度来华留学人数首次突破20万,韩国、美国、日本位列前三位。

同日　WTO公布2008主要国家和地区商品贸易排名,台湾的出口排名从去年第16名下滑至第18名,进口从第17名下滑至第18名。

3月26日　新华社报道:国务院办公厅日前发出通知,要求严格执行国家法定节假日有关规定。

同日　国务院残疾人工作委员会全体会议在京举行,回良玉发表讲话。

同日　中国国防部对美发表"中国军力报告"表示强烈不满。当天,外交部发言人举行例行记者会,回答了中外记者的提问。

同日　三鹿问题奶粉系列刑事案件二审在石家庄市中级人民法院依法公开审理。河北省高级人民法院裁定维持一审对三鹿集团原董事长田文华等人的判决。《人民日报》报道:河北省纪委、省监察厅近日对三鹿牌婴幼儿奶粉重大食品安全事故中负有直接责任和领导责任的24名责任人给予党纪政纪处分。

同日　我国科学家发现一条全球最古老的保存完整的硬骨鱼乃至有颌脊椎动物化石,该成果由中科院古脊椎动物与古人类研究所朱敏研究员带领的课题组完成,刊登在当天出版的《自然》杂志上。

同日　我国科学家最新的研究成果发现,一种名为DEP1的功能基因在超级稻增产中起到了关键作用,它能促进细胞分裂,使得稻穗变密、枝梗数增加和每穗籽粒数增多,从而促使水稻增产。

同日　台北地方法院首次传唤陈水扁出席实质审理庭,就龙潭购地案与证人对质。

同日　台"行政院"正式宣布启动"六大关键产业"中的"台湾生物科技起飞钻石行动方案"。该案主要吸引民间资金投入,预期四年内使生技产业产值倍增,十年内打造成新万亿元产业,为岛内民众带来更多的就业机会。同时,"行政院"还表示,未来将继续推出观光旅游、医疗照护、绿色能源、文化创意、精致农业等行动方案。

3月27日　新华社报道:胡锦涛、吴邦国、温家宝、贾庆林、李长春、习近平、李克强、贺国强、周永康近日分别来到北京民族文化宫,参观"西藏民主改革50年大型展览"。

同日　纪念西藏百万农奴解放50周年座谈会在京举行,贾庆林出席并讲话。

同日　中国"俄语年"开幕式在北京人民大会堂隆重举行。当天,第五届中俄投资促进会议在北京钓鱼台国宾馆举行。

同日　中国外交部副部长宋涛在上海合作组织阿富汗问题特别国际会议上代表中国政府宣布,将承诺向阿提供的7500万美元优惠贷款全部转为无偿援助。

3月27日—30日　中国藏学家代表团访问意大利、瑞士。

3月27日—28日　贾庆林在江苏无锡调研时来到无锡的产业园区、企业车间和农村乡镇,就贯彻落实全国两会精神,促进经济社会又好又快发展进行调研。

3月28日　西藏自治区在拉萨举行庆祝大会,庆祝首个西藏百万农奴解放纪念日。

同日　台北市大安区"立委"补选结束,国民党提名人蒋乃辛以46065票、48.91%得票率当选。

3月29日　"本同根、本同祖、本同源、血脉长;祈和平、祈和睦、祈和谐、四海囊"己丑年黄帝故里拜祖大典在河南省新郑市举行。

同日　中国人民银行和阿根廷中央银行在哥伦比亚第二大城市麦德林签署了 700 亿元等值人民币的货币互换框架协议，这是迄今中国和拉美国家历史上最大规模的金融交易。

同日　中国女子冰壶队在韩国江陵进行的 2009 年世界女子冰壶锦标赛决赛中以 8：6 战胜都灵冬奥会冠军瑞典队，首次捧起世锦赛冠军奖杯。

3 月 29 日—31 日　温家宝在湖北考察。

3 月 30 日　由中国藏学研究中心主编的《50 年真相：西藏民主改革与达赖的流亡生涯》一书由人民出版社出版发行。

同日　新华社报道：中国藏学研究中心发表《西藏经济社会发展报告》。

同日　世界知识产权组织跨区域知识产权高级论坛在北京开幕。国务院副总理王岐山、世界知识产权组织总干事弗朗西斯·高锐出席开幕式并致辞。

3 月 30 日—31 日　全国培养选拔年轻干部工作座谈会在京举行，习近平发表讲话。

3 月 31 日　中央社会治安综合治理委员会 2009 年第一次全体会议在京举行，周永康主持会议并讲话。

同日　中国与欧盟在布鲁塞尔签署关于《中欧海运协定》适用于保加利亚和罗马尼亚的修改议定书。这一议定书的签署标志着《中欧海运协定》欧盟一方的适用范围扩大到全部 27 个成员国。

同日　日本第二十四次悼念南京大屠杀遇难者植树访华团一行 25 人，在侵华日军南京大屠杀遇难同胞纪念馆举行了悼念活动，并在纪念馆的和平公园内修剪他们多年来植下的树木。

同日　台"立法院"三读通过修正"就业保险法"，授权"劳委会"得延长失业给付至 9 个月，最长不得超过 12 个月。

4 月 1 日　《人民日报》报道：中央企业参加第二批学习实践活动全面启动。

同日　中组部举行全国组织系统"12371"党员咨询服务电话开通仪式，李源潮出席并讲话。

同日　中国扶贫基金会成立 20 周年纪念表彰大会在京召开，贾庆林出席会议并讲话。

同日　中法两国外交部共同发布《中法新闻公报》。

同日　民进党主席蔡英文提名李俊毅参选台南县长，并获中执会通过。该提名人选公布后，立即引起党内强烈反弹，"民进党内的派系斗争，由台南县长提名而正式台面化"。

4 月 1 日、8 日、15 日、22 日、29 日　国务院先后召开常务会议。

4 月 2 日　最高人民法院和中国法学会在京联合举行纪念行政诉讼法颁布 20 周年座谈会。

同日　中国海军第二批护航编队从湛江出发，赴亚丁湾、索马里海域接替首批护航编队执行护航任务。

同日　据农业部初步统计，2008 年我国花卉面积 1163 万亩，同比增长 3.3%，产业规模居世界第一。

同日　在第三次全国文物普查中，甘肃省定西市安定区文物普查组发现一处距今约 4000 年左右的大型齐家文化遗址。

4 月 3 日　新华社报道：全军和武警部队第二批深入学习实践科学发展观活动全面展开。

同日　上海国际航运中心洋山深水港区装卸效率再创世界纪录。洋山港一二期码头运营方——上海盛东国际集装箱码头有限公司在对中远集装箱班轮"腾河号"装卸过程中，编号为 827 的桥吊仅用

5.17 小时就完成了 663 个自然箱的装船作业，创造了每小时 128.24 个自然箱的桥吊单机作业效率世界纪录。

同日　台"立法院"三读通过"贪污治罪条例"部分条文修正案，增设"不说明财产来源罪"。条文规定，"列为贪污罪被告"的公务员，检察官若发现其本人或配偶、未成年子女财产总额异常增加，可要求其说明来源；未说明或说明不实者，处 3 年以下有期徒刑、拘役或并科不明财产来源额度以下的罚金，相关财物则视为犯罪所得并予以追缴和没收。

同日　台"立法院"三读通过"地方制度法"修正案，赋予县市单独或合并升格的法源。该修正案规定，有意在 2010 年底合并升格的县市，需在 5 月 31 日前向"内政部"送交改制计划书，并在两个月内完成新版《行政区域划分法》及《财政收支划分法》，最后推动《区自治条例》完成自治体。

4 月 4 日　陕西黄陵县桥山轩辕殿前广场庄严肃穆，来自海内外的 8000 多名中华儿女聚集在黄帝陵前，共同祭拜中华民族的"人文始祖"轩辕黄帝，缅怀大家的共同先祖。

4 月 5 日　胡锦涛、吴邦国、温家宝、贾庆林、习近平、李克强、贺国强、周永康到北京永定河森林公园参加首都义务植树活动。

同日　我外交部长杨洁篪分别与美国国务卿希拉里·克林顿、俄罗斯外长拉夫罗夫、日本外相中曾根弘文、韩国外交通商部长官柳明桓通电话，就朝鲜宣布发射试验通信卫星事等交换意见。

同日　纪念容国团首获世界冠军 50 周年大会在容国团的家乡——广东省珠海市举行。徐寅生、李富荣、张怡宁等 14 位新老乒乓球世界冠军与广大乒乓球爱好者一起参观了容国团纪念馆，共同缅怀中国乒乓球首位世界冠军容国团。

4 月 5 日—8 日　第十三届中国东西部合作与投资贸易洽谈会在西安举行。主题为"开放合作，扩大内需，科学发展"。

4 月 6 日　中央深入学习实践科学发展观活动领导小组办公室发出通知，要求切实抓好地方所属高等学校学习实践活动。

同日　2008 年我国商标注册申请量近 70 万件，已连续 7 年居世界第一位。

同日　台"内政部"表示，"台湾共产党"和"中华民国共产党"已通过备案准予成立。"中华民国共产党"是台湾岛内第 147 个政党，成立于 2008 年 12 月 27 日，党旗为中华人民共和国国旗，总书记为陈水扁的堂弟陈天福。

4 月 7 日　世界第二长斜拉桥香港昂船洲大桥合龙。昂船洲大桥主跨长度 1018 米，与水面的距离有 73.5 米高，也是世界上最高大桥之一，可让最大的集装箱船通过，驶入葵涌集装箱码头。

同日　《人民日报》刊登中共中央、国务院《关于深化医药卫生体制改革的意见》。世界卫生组织总干事陈冯富珍在京表示，中国政府刚刚公布的新医改方案，与世界卫生组织倡导的原则相一致。10 日，深化医药卫生体制改革工作会议在京召开。

同日　台"卫生署"证实已获得"国际卫生条例（IHR）"的"公卫事件信息平台"密码，并推荐专家加入 IHR 专家群，完成参加世界卫生组织（WHO）IHR 的程序。

同日　台"陆委会"主委赖幸媛在该会举办的"两岸政策暨两岸协商"座谈会上提出 ECFA"四保"原则，即"保就业、保出口、保台商、保传产"，并将 ECFA 定位为"两岸经贸正常化的路线图"。

4月8日 中央学习实践活动领导小组第六次会议在京举行，习近平主持会议并讲话。

同日 全国人大常委会办公厅在京召开十一届全国人大二次会议代表建议交办会，将代表提出的 7426 件建议统一交由 173 个机关和组织办理，并确定 8 项内容为重点处理建议。

同日 全国妇联隆重举行纪念中华全国妇女联合会成立 60 周年座谈会，陈至立出席并讲话。

同日 全国公安机关进一步深化"大走访"爱民实践活动电视电话会议在京举行。

同日 《人民日报》刊登《医药卫生体制改革近期重点实施方案（2009—2011 年）》。

4月8日—11日 第十三届海峡两岸机械电子商品交易会暨厦门对台进出口商品交易会在厦门国际会展中心举行，60 多个境外客商团组、约 2.5 万名境内外专业客商参会。

4月9日 中央文明办发出通知，部署在全社会广泛开展"迎国庆讲文明树新风"活动。

同日 国家统计局发布的数据显示，2008 年全国城镇单位在岗职工平均工资为 29229 元，日平均工资为 111.99 元。

同日 人力资源和社会保障部、财政部共同下发《关于全面开展城镇居民基本医疗保险工作的通知》。明确提出 2009 年全国所有城市必须启动实施城镇居民基本医疗保险工作。

同日 台"行政院"通过"组织改造方案"，将现行 37 个"部会"整并为 13"部"、9"委员会"、2"总处"、1 行、1 附属机构及 3 独立机关等 29 个"部会"，新架构将于 2011 年正式实施。13"部"为"内政部"、"外交部"、"国防部"、"财政部"、"教育部"、"法务部"、"经济部"、"交通及建设部"、"卫生福利部"、"文化部"、"劳动部"、"农业部"、"环境资源部"。其中，"侨务委员会"因反对并入"外交部"的意见较大而仍然保留。

4月10日 全国公安交通管理工作会议在京召开，会议要求"交通管理执法要坚持教育与处罚相结合，扩大教育面，减少罚款处罚量，坚决杜绝给交警下达罚款指标"。

同日 历时 173 天、航程 2.5 万余海里，圆满完成南极昆仑站建设和各项科学考察任务后，我国第 25 次南极考察队乘坐"雪龙"号极地科考船返回位于上海浦东的中国极地考察国内基地码头。12 日，"雪龙"号极地科考船租用的舰载直升机，在完成科考任务从"雪龙"号返回驻地时失事坠海。中国海上搜救中心迅速组织力量，全力投入救助，落水的 4 人中 3 人获救，1 人失踪。

4月11日 司法部国家司法考试办公室在厦门举行仪式，为在 2008 年首次参加国家司法考试并成绩合格，被授予法律职业资格的 37 名台湾居民颁发《法律职业资格证书》。

4月12日 2009 年度西藏藏传佛教学经僧人考核晋升格西拉让巴学位立宗活动在西藏拉萨隆重举行，通过考评委员会的严格考评，洛桑龙多等 9 名考僧获得此学位。

同日 全国水土保持工作会议宣布：近 10 年全国累计治理水土流失面积 48 万平方公里，近 1.5 亿百姓从中直接受益，2000 多万山丘区群众的生计问题得以解决。

4月13日 十一届全国人大常委会第二十二次委员长会议在京举行。

同日　中宣部、国家信访局和中共辽宁省委联合组织的潘作良同志先进事迹报告会在上海举行。

同日　全国纠风工作电视电话会议在京召开，马凯出席并讲话。

同日　《人民日报》报道：北京市社会建设工作领导小组日前正式认定首批 10 家市级"枢纽型"社会组织。

同日　国务院新闻办发布《国家人权行动计划（2009—2010 年）》。

同日　由人力资源和社会保障部、卫生部、国家中医药管理局共同组织的首届"国医大师"评审工作结束，经过严格遴选和评委会专家组认真审核，方和谦等 30 位名老中医（民族医）入选"国医大师"。

同日　台"行政院经济委员会"邀集"经建会"、"经济部"、"陆委会"等单位，就"两岸经济合作架构协议（ECFA）构想及推动重点"首度提出项目报告，多项提案获得通过。

4 月 14 日　新华社报道：中共中央办公厅、国务院办公厅转发《关于领导干部定期接待群众来访的意见》、《关于中央和国家机关定期组织干部下访的意见》、《关于把矛盾纠纷排查化解工作制度化的意见》等三个文件。

同日　各民主党派中央、全国工商联参与毕节试验区建设座谈会在京召开，贾庆林出席并讲话。

同日　中央综治委流动人口治安管理工作领导小组在京召开 2009 年第一次全体会议。

同日　《人民日报》报道：最高人民法院近日下发《关于进一步加强民意沟通工作的意见》。当天，最高人民法院召开全国清理执行积案活动第五次视频会议，对各地法院贯彻执行《通知》进行部署、提出具体要求。

同日　刘云山在深入开展群众性爱国主义教育活动电视电话会议上发表讲话。

同日　环境保护部、发展改革委、监察部、司法部、住房和城乡建设部、工商总局、安全监管总局、电监会等国务院八部门联合召开电视电话会议，动员部署 2009 年全国整治违法排污企业保障群众健康环保专项行动。

同日　《关于长三角区域新闻出版合作发展的框架协议》在沪正式签署。这意味着，全国首个跨区域的新闻出版（版权）联盟已在长三角地区率先启动，江、浙、沪两省一市新闻出版行业的紧密合作迈出关键一步。

同日　"中国—东盟国家工会领导人研讨会"开幕，王兆国出席并讲话。

4 月 14 日—18 日　新西兰总理约翰·基访问我国。

4 月 14 日—19 日　巴布亚新几内亚独立国总理迈克尔·索马雷访问我国。

4 月 15 日　《人民日报》报道：最高人民法院、最高人民检察院于近日联合发布了《关于办理职务犯罪案件认定自首、立功等量刑情节若干问题的意见》。

同日　中央财政预拨新型农村合作医疗补助资金 198 亿元，对农民参加新型农村合作医疗给予补助。17 日，中央财政预拨城镇居民基本医疗保险补助资金 32 亿元。

同日　《人民日报》报道：由国务院批准立项的《中国大百科全书（第二版）》已由中国大百科全书出版社出版，在全国发行。

同日　我国在西昌卫星发射中心用"长征三号丙"运载火箭，成功将第二颗北斗导航卫星送入预定轨道。

同日　马英九接见即将启程参加博

鳌论坛的台湾代表团,希望他们能够传播"同舟共济、相互扶持、深化合作、开创未来"的两岸基本理念,并将 ECFA 的讯息带到大陆。17 日,国泰慈善基金会董事长钱复率台湾参与论坛史上最大的代表团,出席博鳌亚洲论坛,其间受到温家宝总理的接见。

4 月 15 日—19 日　哈萨克斯坦共和国总统努尔苏丹·纳扎尔巴耶夫访问我国。

4 月 16 日　《人民日报》报道:全国政务公开领导小组近日下发通知,对 2009 年政务公开工作进行部署。

同日　全国检察机关进一步深入推进查办涉农职务犯罪专项工作电视电话会议在京举行,会议指出,2008 年,全国检察机关共立案侦查涉农职务犯罪 11712 人,其中涉嫌贪污贿赂犯罪 9496 人,渎职侵权犯罪 2216 人。

同日　财政部、海关总署、国家税务总局联合发布《关于文化体制改革中经营性文化事业单位转制为企业的若干税收政策问题的通知》和《关于支持文化企业发展若干税收政策问题的通知》。

同日　新闻出版总署向全国青少年推荐百种优秀图书,以引导青少年健康阅读。

4 月 17 日　胡锦涛在京会见第十五次武官工作会议代表。

同日　中组部、中央统战部、国家宗教局和国家行政学院共同举办的省部级领导干部宗教工作专题研讨班在京结业,贾庆林出席并讲话。

同日　全国农村公路会议宣布:2008年,全国新改建农村公路 39.3 万公里,新增约 60 个乡(镇)、19811 个建制村通公路;新增约 1696 个乡(镇)、34310 个建制村通沥青(水泥路),超额完成了 2008 年农村公路建设预计目标。全年全社会完成农村公路建设投资 2052 亿元,较 2007 年增加 216 亿元,增幅逾 11%。

4 月 17 日—19 日　海峡两岸关系协会常务副会长郑立中率团抵达台北,与海基会进行两会领导人第三次会谈的预备性磋商。

4 月 17 日—21 日　阿尔巴尼亚共和国总理萨利·贝里沙访问我国。

4 月 17 日—23 日　贾庆林在河南调研时,先后来到南阳、信阳、漯河、许昌、郑州、安阳等地,深入工厂企业、农村乡镇、城市社区、科研院校,与干部群众共商经济社会发展大计。

4 月 18 日　沈阳直飞台北包机开通首航,厦航 MF897 航班 11 时 20 分从沈阳桃仙机场起飞,飞往台北松山机场。这是东北省会城市唯一直飞台湾的直航包机,也是目前航线最长的两岸包机。

同日　国家文物局和国家测绘局共同发布明长城调查成果——明长城全长 8851.8 公里。

同日　中国畜牧业协会和国家蛋鸡产业技术体系推出新培育的"京红 1 号"和"京粉 1 号"蛋鸡配套系。

同日　第三次"陈江会"预备性磋商在台北举行,大陆海协会副会长郑立中与台湾海基会秘书长高孔廉,就即将签署的定期航班、金融合作、司法互助等三项协议及陆资赴台共同声明,进行最后的业务磋商,并敲定"陈江会谈"的时间、地点与行程。4 月 25 日,海基会董事长江丙坤一行抵达会谈地南京。26 日,海峡两岸关系协会会长陈云林与台湾海峡交流基金会董事长江丙坤在南京签署《海峡两岸金融合作协议》、《海峡两岸空运补充协议》、《海峡两岸共同打击犯罪及司法互助协议》等三项协议。29 日,江丙坤返台。

4月18日—19日 温家宝在海南考察工作。

4月19日 李克强出席浙江三门核电一期工程开工仪式,宣布开工并看望工程建设者。

同日 新疆阿合奇县发生5.5级地震,震源深度约7公里。阿合奇县城有强烈震感。

4月19日—22日 芬兰共和国总理马蒂·万哈宁访问我国。

4月19日—26日 法兰西共和国国民议会议长贝尔纳·阿夸耶访问我国。

4月20日 最高人民检察院、公安部决定,对全国看守所开展为期5个月的监管执法专项检查活动。

同日 全国纪检监察案件审理工作会议在南昌召开,贺国强致贺信。

同日 新华社报道:中宣部等单位联合发出《关于评选表彰第二届全国道德模范的通知》。

同日 我国第一套单精度峰值超过每秒1000万亿次浮点运算的超级计算系统,由中科院过程工程研究所研制成功并投入使用。

4月20日—21日 周永康在京主持召开司法体制和工作机制改革汇报会并讲话。

4月20日—23日 海军为庆祝中国人民解放军海军成立60周年,在山东省青岛市及其附近海域举行多国海军活动。23日,胡锦涛主席出席庆祝人民海军成立60周年海上阅兵活动并会见29国海军代表团团长。24日,胡锦涛会见海军老同志和英模代表。25日,人民海军成立60周年庆祝大会在京举行。

4月20日—23日 习近平在江苏调研时强调,扎实抓党建,全力促"三保"。

4月20日—24日 十一届全国人大常委会第八次会议在京举行。

4月21日 全国纪检监察案件审理工作会议在江西南昌召开,何勇出席并讲话。

同日 为庆祝渡江战役胜利暨南京解放60周年,南京各界举办了多个纪念活动。

同日 王岐山在京同俄罗斯副总理谢钦举行中俄能源谈判代表第四次会晤,共同签署了《中俄石油领域合作政府间协议》,双方管道建设、原油贸易、贷款等一揽子合作协议随即生效。

同日 新华社受权播发《民用机场管理条例》,自7月1日起施行。

同日 在厦门大学举行的中国数学会2009学术年会上,中科院院士、北京大学教授张恭庆与中科院院士、中科院数学与系统科学研究院研究员李邦河荣获我国最高数学奖——第九届华罗庚数学奖;北京大学教授张继平、中国科技大学教授沈维孝荣获第十二届陈省身数学奖。另有袁巍、尹万科、葛灏和金春花四人荣获第九届钟家庆数学奖优秀博士论文奖。

同日 世界数字图书馆正式启用,中国国家图书馆首批精选20种珍贵文献入网。

同日 巴基斯坦国民议会议长法赫米达·米尔扎访问我国。

同日 据台《中国时报》报道,马英九在接受台媒专访时明确表示反对在台"立法院"另设两岸问题监督小组。马英九强调,在台湾"立法院"已有现成机制,不需要再另设新机构。马英九还表示,两岸还有很多经济议题要谈,恐怕未来三四年都谈不完,短期内不会谈及政治议题。

4月21日—22日 胡锦涛在山东考察工作。

4月22日 新华社报道:江泽民《论

中国信息技术产业发展》一书,由中共中央文献研究室和上海交通大学合作编辑,由中央文献出版社和上海交通大学出版社联合出版发行。

同日　为纪念五四新文化运动 90 周年,北京新文化运动纪念馆将重新开馆。

同日　我国在太原卫星发射中心用"长征二号丙"运载火箭成功将"中国遥感卫星六号"送入太空。

4 月 22 日—25 日　中国和平统一促进会第八届海外会长会议在京召开,来自 68 个国家和地区反"独"促统组织的 120 余位负责人出席会议。24 日,贾庆林会见出席会议的全体代表。

4 月 23 日　央企先进集体和劳模表彰大会在京召开,张德江出席并讲话。

同日　《人民日报》报道:最高人民法院近日向各高级人民法院印发了《关于当前经济形势下知识产权审判服务大局若干问题的意见》。

同日　今天是"世界读书日"。温家宝到商务印书馆和国家图书馆,与编辑和读者交流读书心得。

同日　科技部在京召开新闻发布会,宣布我国率先在世界上研制成功"口服重组幽门螺杆菌疫苗",给胃病预防带来新的希望。

同日　香港特别行政区与俄罗斯联邦在京签署互免签证协定。

4 月 24 日　十一届全国人大常委会在京举行第九讲专题讲座,题目是《关于加强社会领域立法的若干问题》。

同日　台北市信义区一工地发生起重机吊臂掉落事故,砸中一辆载有 25 名大陆游客的游览车尾部,造成大陆游客三死两伤。

4 月 25 日　国家外汇管理局公布 2008 年我国国际收支平衡表。统计显示,

2008 年,国际收支经常项目顺差 4261 亿美元,同比增长 15%。资本和金融项目顺差 190 亿美元,同比下降 74%。2008 年末,外汇储备资产较上年末增加 4178 亿美元,达到 19460 亿美元。

同日　国务委员兼国防部长梁光烈一行离京赴俄罗斯进行正式友好访问并出席在莫斯科举行的上海合作组织成员国国防部长会议。

4 月 25 日—26 日　海协会、海基会在南京举行第三次会谈并签署三项协议。

4 月 25 日—29 日　第 19 届全国图书交易博览会在山东济南举行。本届书博会参展规模与成交额均为书博会 29 年历史上的新高。

4 月 26 日　新华社报道:中共中央办公厅近日转发《中央宣传部关于围绕庆祝新中国成立 60 周年深入开展群众性爱国主义教育活动的意见》。

同日　由中国科协和中国科学院主办的 2009 国际天文年纪念大会在京召开。

4 月 27 日　孟建柱在全国消防工作会议上强调,要以贯彻实施新的消防法为契机,着力提高执法透明度和公信力。

同日　中央纪委、中组部、中宣部、中央深入学习实践科学发展观活动领导小组在京召开深入学习王瑛同志先进事迹座谈会。中组部追授王瑛同志为"全国优秀共产党员"。

同日　卫生部新闻发言人毛群安接受记者专访时表示,卫生部已对防控人感染甲型 H1N1 疫情作出部署,要求各级各类医疗机构加强对可疑病例的监测,一旦发现疑似病例要及时报告。28 日,《人民日报》报道:最近,墨西哥、美国等国家相继发生人感染甲型 H1N1 疫情,胡锦涛对此高度重视,专门就做好我防范人感染甲型 H1N1 疫情工作作出重要指示。同日,

温家宝主持召开国务院常务会议，听取卫生部等部门关于一些国家发生人感染甲型 H1N1 疫情的报告，研究部署我国加强人感染甲型 H1N1 预防控制工作。

同日 由德国图书艺术基金会等单位主办的 2009 年度"世界最美的书"评选揭晓，中国著名书籍装帧设计家吕敬人设计的大型画册《中国记忆——五千年文明瑰宝》荣获"世界最美的书"称号。

同日 中国和美国企业高层在华盛顿签署了多个贸易和投资协议，总额达 106 亿美元。

4 月 28 日 中国国家主席胡锦涛就墨西哥部分地区暴发甲型 H1N1 疫情，一些受感染者死亡一事致电墨西哥总统卡尔德龙，代表中国政府和人民并以个人名义，向卡尔德龙总统、墨西哥政府和人民表示诚挚的慰问。29 日，姜瑜宣布：中国政府决定向墨西哥提供 500 万美元人道主义援助。

同日 全总举行庆五一国际劳动节招待会，王兆国出席。

同日 海军首批护航编队 2008 年 12 月 26 日从三亚起航赴亚丁湾，为 41 批 166 艘船舶实施了伴随护航，为 46 艘船舶提供了区域护航，成功救援了 3 艘遇袭外国船只，安全、顺利、圆满地完成了护航任务后返回三亚。

同日 新华社报道：共青团中央、全国少工委日前发出通知，决定在全国广大青年和少年儿童中，分别以"我与祖国共奋进"、"祖国发展我成长"为主题，深入开展群众性爱国主义教育活动，在青少年中大力唱响中国共产党好、社会主义好、改革开放好、伟大祖国好、各族人民好的时代主旋律。

同日 监察部、人力资源和社会保障部、国家统计局联合公布《统计违法违纪行为处分规定》，自 5 月 1 日起施行。

同日 第五届中国国际动漫节在杭州萧山开幕。

4 月 29 日 全国人民法院队伍建设工作会议在京举行。

同日 国家禁毒委员会全体会议在京举行。

同日 全国总工会在京召开庆祝五一国际劳动节劳动模范座谈会，王兆国出席并讲话。

同日 新华社报道：中央政法委近期下发《关于开展向山东省东营市中级人民法院学习活动的通知》，要求全国政法系统开展向山东省东营市中级人民法院学习活动。

同日 新华社报道：中组部印发《关于加强村党支部书记队伍建设的意见》。

同日 "2008 中国大学生年度人物"评选揭晓并举行颁奖典礼。

同日 国家统计局发布今年第一季度全国城镇单位在岗职工平均工资为 7399 元，与 2008 年同期的 6524 元相比，增加了 875 元，同比增长 13.4%。

同日 我国最大的大科学装置"上海光源"竣工，刘延东、俞正声等共同启动竣工装置。

同日 美国商务部宣布其已于 4 月 28 日对中国油井管产品启动反倾销反补贴合并调查。30 日，中国商务部新闻发言人姚坚发表谈话表示，中国公众和业界对此强烈不满，中国政府对此严重关切。

4 月 29 日 国台办发言人在例行新闻发布会上说，我们对今年台湾参与世界卫生大会持乐观态度。同日，马英九在台湾正式宣布，经过多年的努力，台湾方面终于获邀以观察员身份出席今年的世界卫生大会（WHA），名义是"中华台北"。台"卫生署长"叶金川将率团，出席 5 月 18

日起在日内瓦召开的世界卫生大会。

4 月 29 日—30 日　日本国内阁总理大臣麻生太郎访问我国。

4 月 30 日　首个政府公开信息整合服务门户——中国政府信息整合服务平台(http://govinfo.nlc.gov.cn)开通。

同日　我国商务部新闻发言人发表谈话表示,华盛顿时间 4 月 29 日,美国商务部宣布其已于 4 月 28 日对中国油井管产品启动反倾销反补贴合并调查。中国公众和业界对此强烈不满,中国政府对此严重关切。

刘国新 贺耀敏 刘晓 武力 主编

第八卷 大事记卷 I

中华人民共和国史长编

HISTORY OF THE PEOPLE'S REPUBLIC OF CHINA

天津人民出版社

图书在版编目（CIP）数据

中华人民共和国史长编. 第 8、9 卷，大事记卷／刘
国新等主编. 一天津：天津人民出版社，2010.2
ISBN 978-7-201-06464-2

Ⅰ．①中…　Ⅱ．①刘…　Ⅲ．①中国一现代史一大事记
Ⅳ．①K27

中国版本图书馆CIP数据核字（2010）第 017616 号

天津人民出版社出版

出版人：刘晓津

（天津市西康路 35 号　邮政编码：300051）

邮购部电话：（022）23332469

网址：http://www.tjrmcbs.com.cn

电子信箱：tjrmcbs@126.com

山东新华印刷厂德州厂印刷　新华书店经销

2010 年 2 月第 1 版　2010 年 2 月第 1 次印刷

787×1092 毫米　16 开本　88.5 印张　10 插页

字数：1850 千字

定　价：490.00 元（八、九卷）

总 编 委 会

总 主 编　刘国新　贺耀敏　刘　晓
　　　　　武　力

副总主编　杨凤城　齐鹏飞　丁　明
　　　　　钟真真

编　　委　安建设　傅玉能　王树荫
　　　　　张　蒙　罗燕明　苏　浩
　　　　　何虎生　毛仲伟　夏　潮
　　　　　李松林　彤新春　陈思训
　　　　　彭　卫　于剑波　朱立南
　　　　　林　嘉

大事记卷Ⅰ

（1949 — 1978）

大事记卷　编委会

主　编　刘国新
副主编　张　蒙
作　者　（按姓氏笔画排序）

马金荣	马耀宗	毛仲伟	王忠禹
王林育	王贵海	母稷样	刘国新
朱文强	许士荣	牟丹渝	何书田
何虎生	何政兵	张　丽	张　蒙
李建辉	杨文利	杨荫予	沈治德
沈雪江	彤新春	里　凡	陈　夕
陈廷煊	陈有翠	陈祖洲	武　力
郑　珺	赵先明	赵克寒	赵学军
赵海松	赵锦章	赵燕华	钟真真
凌　云	袁秉中	郭　伟	顾菊敏
董志凯	韩少常	路瑞平	戴晨京

前　言

　　《中华人民共和国史长编》在中华人民共和国成立60周年之际由天津人民出版社出版，这是作者与编者共同努力的结晶。

　　写这本书的初衷就是"存史"。至于怎么存？却是有些说道的。

　　就共和国史而言，以单一的体裁述说历史，有时会显得力不从心。因为人类社会一旦搭上现代化这趟快车，就不太可能是一个直线的轨迹了，社会的整体性和网络化以及与外部世界的关联程度都决定了历史面貌的立体化结构。为了能对此有一个很好的表达，《中华人民共和国史长编》由"总论"、"重大事件"、"文献资料"、"人物"及"大事记"五部分组成。五个部分既是独立的，又能互为补充。

　　"总论"，顾名思义，是史论，是论说本阶段历史概貌。这部分内容侧重分析历史发展的阶段性，每个阶段有哪些不同的特点。此外，对主要成就的归纳和经验教训的总结，也是"总论"的题中之义。在写作方法上，不是就事论事，而是以事引论。在对成败的判断上虽然不可能用太多的笔墨，但也不是浅尝辄止。读者通过"总论"会得到一个总括性的印象。

　　"重大事件"就是按照中国传统史学纪事本末体的写法，尽可能完整地揭示重要事件的起因、过程和结局。哪些属于"重大事件"呢？首先是政治运动和社会变革，比如"三反"、"五反"运功，新中国成立初期的"禁毒运动"；接下来是重要的事件、决策和会议，比如抗美援朝战争、国民经济五年计划、全国人大和全国政协会议；再接下来就是治国理念和方略、重要的思想、重要成就，比如"三步走"发展战略、"三个代表"重要思想、科学发展观、中国成功举办奥运会等；还有主要的社会现象、社会思潮、社会习俗、突发公共事件以及重大自然灾害，比如知识青年上山下乡、防治"非典"、抗震救灾等等。大体说来，前30年因为政治运动较多，一个事件基本上就是一次运动，比较容易独立成篇；后30年国家各项工作的重点转到经济建设，不再搞运动，所以，"事件"更多的是表现为某个领域的发展、某项政策的贯彻、某一方略的提出。不管是政治运动也好，还是发展方略也罢，它们都是历史的关节点，点点相连，就组成共和国历史的脉络主线。我们在这部分里面还安排了"港澳台"专题，对于1997年前的香港和1999年前的澳门，为了照顾历史的完整性，也作了简单的引述性记载。在编排上，依照政治、经济、文化、军事、外交几大板块排列，每个板块内按时间的先后为序。

"人物"吸收了传统史学纪传体的长处，简述人物的经历。传主为在共和国创立、建设和改革过程中建功立业的人物，也适当地收录了其他方面的代表人物。这里有两个具体的标准，首先是已经去世的，仍然健在的不收。其次是凡党政军系统人物一般按正部级以上出条，其他方面如教育界、科技界、文艺界、学术界的人物则以其学术成就和社会影响为依据，这里面虽然很难定出一个明确的标准，但从约定俗成或公众认可的角度看，还是能够画出一个杠杠的。人

物按姓氏音序排列。

"大事记"是学习传统史学编年史体例，以年、月、日为经，以事件为纬。在遵守通常的编写大事记体例的基础上，本书还有自己的考虑。其一，从史学定位看，本书的"大事记"是中观史学，甚至包括一点点微观事件。因为以全书的互补关系，"重大事件"主要反映宏观史学，那么，"大事记"定位于中观带点微观就是恰如其分的，这充分体现本书各个部分所代表的不同层次。其二，从收录的领域看，"大事记"除了政治、经济、文化、军事、外交以外，还有教育、科技、新闻、出版、学术、卫生、体育、民族、宗教、国土、人口、气象等林林总总的事，它编织的是一幅更为细密的网络。"大事记"有部分内容同"重大事件"相重复，本书的处理办法是，凡"重大事件"已有的，"大事记"一概从简。

"文献资料"包括从中央到地方各级党、政、军、民主党派、人民团体的组织沿革和职官，以及研究成果总目。

本书的九卷分别是"重大事件"六卷：第一卷（1949—1956）、第二卷（1956—1966）、第三卷（1966—1978）、第四卷（1978—1991）、第五卷（1992—2002）、第六卷（2002—2009）。这种分法，不是本书的独创，完全是参照近些年学术界，包括党史学界和国史学界关于阶段的划分法，同时也自觉这六卷的编排无论从其所呈现出来明显的阶段性，还是从国

家最高层级的对应上也还说得过去。第七卷为"人物"卷,第八卷和第九卷为"大事记"卷。

粗粗算来,国内对于共和国史研究有近 30 年了,出版著作百十来部,时间和数量能不能成为一个标志,还很难说,因为绝大多数著作都是教材。我们认为,共和国史若真正成为一门学科,按史书范式写出一批论著是基本条件。本书不敢妄谈水平多高,但宽领域、多视角的记述,多多少少还是做到了存史的目的。把过去发生的事情娓娓道来,写清楚它们的来龙去脉,应了孔子所说的"物有本末,事有始终,知所先后,则近道矣"和刘知几所强调的"良史以实录直书为贵"的要求。如果条件允许,本书每隔 10 年重新补充修订一次,长此下去,也会成为一个可观的文化建设。

中华人民共和国史长编

（大事记卷）

目　　录

大事记卷 I

（1949—1978）

1949 年

9 月　中国人民政治协商会议第一届全体会议在北平召开，代行全国人民代表大会职权，制定起临时宪法作用的《中国人民政治协商会议共同纲领》，选举产生中华人民共和国中央人民政府，宣告中华人民共和国成立。

10 月 1 日　中华人民共和国开国大典在北京天安门广场隆重举行，毛泽东主席在天安门城楼上向全世界庄严宣告："中华人民共和国中央人民政府成立了。"

同日　北京新华广播电台在天安门广场进行开国大典实况转播。全国各地人民广播电台同时联播。

同日　《人民日报》发表《中华人民共和国万岁》的社论。

同日　朝鲜劳动党、朝鲜民主主义人民共和国内阁总理金日成、波兰统一工人党、澳大利亚共产党分别致电中共中央和毛泽东主席，祝贺中华人民共和国成立。

同日　朱德总司令宣读了《中国人民解放军总部命令》。《命令》要求，全体指战员"坚决执行中央人民政府和伟大领袖毛主席的一切命令，迅速肃清国民党反动军队的残余，解放一切尚未解放的国土，同时肃清土匪和其他一切反革命匪徒，镇压他们的一切反抗和捣乱行为"。

同日　中央人民政府政务院总理兼外交部部长周恩来致各国政府公函，将《中华人民共和国中央人民政府公告》随函送达，表示愿意同各国建立正常的外交关系。

同日　班禅额尔德尼·确吉坚赞致电毛泽东主席和朱德总司令，表示拥护中央人民政府。

同日　由团长法捷耶夫率领的苏联文化艺术科学工作者访华团到达北京。

中苏友好协会总会筹备会主任宋庆龄,副主任刘少奇、周恩来等到车站迎接。

同日　胡适辞去"外交部长"一职,叶公超接任"外交部长"。

10月2日—3日　中国保卫世界和平大会在北京举行成立大会。

10月3日　中国和苏联建交。

同日　"代总统"李宗仁发表文告,呼吁各国不要承认中华人民共和国中央政府。

10月3日—19日　全国新华书店出版工作会议在北京召开。这次会议奠定了全国新华书店在政策上、组织上、制度上、业务上走向统一的条件和集中管理的基础。

10月4日　中国和保加利亚建交。

同日　美国共产党领袖福斯特、总书记丹尼斯、保加利亚共产党中央委员会、荷兰共产党中央委员会分别致电中共中央及毛泽东主席,祝贺中华人民共和国成立。

同日　中国人民解放军第一野战军某部举行进驻新疆典礼。第一野战军司令员彭德怀、政治部主任甘泗淇和一兵团司令员王震出席并讲话。

10月5日　朱德在全国卫生行政工作会议上发表讲话。强调要保持过去艰苦奋斗的好作风,中西医务人员要团结起来,互相学习,共同进步。

同日　中华人民共和国政府任命王稼祥为中国驻苏联第一任大使。

同日　中国和罗马尼亚建交。

同日　中苏友好协会总会在北京举行成立大会。

10月6日　中国和匈牙利、朝鲜、捷克斯洛伐克建交。

同日　苏联塔斯社北京分社成立。

同日　青年团中央常委会扩大会议在北京召开。会议决定建立中国少年儿童队。

同日　上海军管会发出通告:凡与中华人民共和国无外交关系之各国报纸、刊物、通讯社、广播电台等在沪记者,无论其为中国籍或外国籍,自即日起一律停止以记者身份活动。

10月7日　中国和波兰建交。

同日　福建前线人民解放军对厦门、金门外围国民党军据点的扫荡结束,共歼敌14500余人。

10月8日　中央人民政府委员会秘书长林伯渠对新华社记者发表谈话说10月10日已不能成为国庆日。

同日　湘境各线人民解放军展开强大攻势,中部攻克邵阳进逼衡阳外围,东线切断粤汉铁路包围耒阳,西线横扫百余城镇直趋黔边。

同日　全国民主妇联在北京饭店举行茶会,欢迎由法捷耶夫率领的苏联文化艺术科学工作者代表团。

10月9日　中国人民政治协商会议全国委员会在北京召开第一次会议。

同日　巴黎前国民党驻法国大使馆暨巴黎总领事馆电呈外交部长周恩来,宣告与反动派脱离关系,听候指示接管。

同日　蒋介石在台北发表《告同胞书》,宣称坚持"反共抗俄"。

10月10日　苏联第一任驻华大使罗申乘专车抵达北京。

同日　中国文字改革协会在北京成立。该会宗旨是:提倡中国文字改革,研究和实验中国文字改革的方法,团结文字改革工作者。1952年2月5日,"中国文字改革研究委员会"成立,"中国文字改革协会"结束工作。

同日　毛泽东主席、朱德总司令电复前国民党海防第一舰队旗舰"长治"号全体起义官兵,勉励他们努力学习,积极参加建设人民海军。

同日 毛主席电复前新疆警备总司令兼南疆警备司令赵锡光,勉励他努力改造部队。

同日 中央人民政府副主席李济深发表"告华南、西南反动统治下的军政人员"的广播讲话,要求华南、西南反动统治下的军政人员"拿出理智和勇气来,举起义旗,走向新生"!

同日 外交部长周恩来电复巴黎前国民党政府驻法国大使馆及驻巴黎总领事馆全体成员,对他们宣告同反动派脱离关系的行动表示欢迎,并号召一切伪使领馆人员效法。

同日 中共中央华北局制定"关于新区土改决定"。

同日 人民解放军第一野战军第一兵团率第二、第六军开始向新疆进军。至1950年3月,各部队先后抵达指定地区,胜利完成了任务。

10月11日 中华全国总工会作出《关于文化教育经费用途的暂行规定》。

10月12日 中国人民解放军继续向新疆进军。同日,进驻军事要地星星峡。

同日 华中前线人民解放军在衡阳西南的黄山铺地区全歼国民党军白崇禧部主力4个师。湖南中部重镇邵阳解放。湘西人民解放军解放绥宁逼近广西边境。

同日 参加在北京举行的亚澳职工代表会议、亚洲妇女代表会议筹备工作的世界工联代表团、国际民主妇联代表团,到达北京。中华全国总工会副主席李立三、朱学范,中华全国民主妇女联合会主席蔡畅,副主席邓颖超、李德全等到车站迎接。

10月13日 毛泽东发出关于松江县召开各界人民代表会议经验给各中央局书记的电报。电文说,这是一件大事。如果全国一千几百个县都能开起全县代表会来,并能开得好,那就会对于我党联系数万万人民群众的工作,对于使党内外广大干部获得教育,都是极为重要的。

同日 华北人民政府委员会颁布《各大学专科学校文法学院各系课程暂行规定》。

同日 中国人民解放军进驻哈密城。

同日 中国新民主主义青年团中央委员会扩大常委会议通过《关于建立中国少年儿童队的决议》和《中国少年儿童队章程草案》。

10月14日 石景山发电厂6号发电机发生爆炸。

同日 华南重镇广州解放。

10月15日 中央人民政府公安部召开全国公安会议。参加会议的各有关部门负责干部20余人。公安部长罗瑞卿主持会议并致开幕词。会议讨论了公安工作的任务、方针及需要解决的若干问题。会议期间,毛泽东、朱德、周恩来、董必武分别作了重要指示。

同日 中国从苏联购买的20架雅克-12型飞机飞抵中国境内,这是新中国成立后首批进口的武器装备。

同日 毛泽东给湖南省立第一师范学校校长周世钊复信。信中说:"兄过去虽未参加革命斗争,教书就是有益于人民的。""兄为一师校长,深庆得人,可见骏骨未凋,尚有生气。倘有可能,尊著旧诗尚祈抄寄若干,多多益善。""除台湾、西藏外,全国各地大约几个月内即可完成军事占领。但大难甫平,民生憔悴,须有数年时间,方能恢复人民经济,完成土地制度的改革及提高人民政治觉悟水平,这些任务均有待于文教工作的努力。"

10月16日 中国和蒙古建交。

同日　苏联首任驻中国大使罗申，向毛泽东主席递交国书。

同日　国民党 C—47 型 284 号运输机由江富考驾驶起义。

同日　"革命实践研究院"正式成立，蒋介石任院长。

10 月 17 日　人民解放军第三野战军第十兵团解放漳州、厦门、同安、鼓浪屿等地，歼灭国民党军 5 万余人。

同日　新华总社作出"关于农村划分阶级的几点解释"。

同日　全国铁路工务会议在北京召开。铁道部部长滕代远出席会议并讲话。

同日　国民党 AT6 型 77 号高级教练机由魏昌蜀驾驶起义。

10 月 18 日　中国人民政治协商会议第一届全国委员会常务委员会第一次会议在京举行。

10 月 19 日　中央人民政府委员会在北京召开第三次会议，出席会议的有中央人民政府主席毛泽东，副主席朱德、刘少奇、李济深、张澜、高岗，委员陈毅、贺龙、李立三等 43 人。会议通过了政务院副总理、政务委员、秘书长及所属各委、部、会、院、署、行的负责人员，人民革命军事委员会的副主席、委员、总参谋长、副总参谋长，最高人民法院的副院长和委员，最高人民检察署的副检察长和委员，中央人民政府办公厅主任和副主任的任命。会议最后听取了周恩来总理就外交问题所作的简单报告。

同日　人民革命军事委员会组成。

同日　毛泽东发出关于进军西南的指示，指出：西南重心是四川，第二野战军必须于 12 月占领叙府（今四川省宜宾市）、泸州、重庆地区，贺龙率第十八兵团于次年 1 月占领成都一带，并迅速扩占全川；设立西南军政委员会，统筹西南全局。

同日　人民解放军第四野战军政治部颁布《挺进广西，全歼白匪宣传动员大纲》。

同日　暗杀东北抗日联军李兆麟将军的国民党军统特务阎钟章等 7 名凶犯经哈尔滨市人民公审由哈尔滨人民法院分别判刑。

同日　中央人民政府委员会任命马叙伦为教育部部长。

10 月 20 日　毛泽东主席宴请苏联驻华大使罗申。

同日　中国人民解放军进驻迪化。

同日　中国人民保险公司在北京成立。

同日　京绥铁路全线恢复通车。

同日　人民革命军事委员会在北京举行第一次会议。毛泽东主持会议。会议着重讨论了人民解放军继续向全国进军和今后的建军等问题，决定在人民革命军事委员会下成立国防研究小组，张治中为组长。

同日　中国首任驻苏大使王稼祥离京赴苏上任。当日，《人民日报》为欢送王稼祥大使发表了《把中国人民的友情带到苏联去》的社论。

同日　毛泽东为王稼祥赴苏致信斯大林。信中说，"王稼祥同志到苏联的任务，除担任我国驻苏大使并以我国外交部副部长资格兼管对东欧各民主国家的一般外交事务外，同时以中共中央代表的资格和你及联共中央接洽有关两党之间的事务。请你及联共中央同志们站在同志的立场上随时对他给以指导，使他的工作获得较多和较好的成就。"

同日　中财委发出《关于十一月二十五日起平稳物价具体措施的指示》。

10 月 21 日　中央人民政府政务院召开第 1 次扩大政务会议。会议讨论了按政务国民党政府中央各机关人员、档案、图书、财产、物资等问题以及政务委员及其所属机关的办公制度、办公程序问题,决定成立小组具体拟定规章,由董必武负责召集。

同日 毛泽东分别电复新疆省临时人民政府主席包尔汉、新疆保卫和平民主同盟中央组织委员会临时代理主席艾斯海提·伊斯哈科夫,感谢他们来电祝贺新中国的成立,希望他们为建设新新疆而努力。

10月21日 东北各地与广州间邮件、电报恢复。

10月22日 最高人民法院(沈钧儒为院长)、最高人民检察署(罗荣桓为检察长)、法制委员会(陈绍禹为主任)、民族事务委员会(李维汉为主任)、华侨事务委员会(何香凝为主任)5机关成立。

铁道部决定增开京满、京青、津石、徐汉等线直达快车。

同日 国民党海军舞风号炮艇及38号炮艇和40号巡逻艇在舞风号艇长李泉等率领下,于江门宣布起义。

同日 首都人民体育大会在先农坛体育场举行。北京市市长聂荣臻在会上讲话,号召发展人民体育事业。

同日 蒋介石急电汤恩伯,要其就地督战,坚守金门。

10月23日 捷克斯洛伐克共产党编译中国人民政协文献,毛泽东主席特撰序文。

同日 青年团中央扩大常委会通过《中国新民主主义青年团中央委员会关于建立中国少年儿童队的决议》。

10月24日 前国民党招商局"海辽"轮宣布脱离国民党政府。船长方枕流和全体船员50多人给毛泽东主席发了致敬电。毛泽东于同日复电慰勉。

同日 汕头解放。

同日 首都人民体育大会闭幕。政务院总理周恩来出席闭幕会。教育部长马叙伦在会上讲话,彭真致闭幕词并对优胜者授奖。

同日 中国新民主主义青年团中央委员会、中华全国民主青年联合会、中华全国学生联合会联合发出《关于庆祝世界青年日举行宣传周的通知》。

同日 察哈尔省发生鼠疫。省政府召开紧急会议,研究防疫措施。

同日 第三野战军第10兵团在金门战斗中失利,损失9000余人。这是人民解放军自掌握解放战争主动权以来遭致的最惨重损失。

10月25日 中共中央华北局发出《关于建立村、区、县三级人民代表大会或各界人民代表会议的决定》。

同日 新疆国民党军警备司令陶峙岳接受中国共产党的和平条件,通电起义。

同日 全国茶叶会议在北京召开。会议决定成立中国茶叶公司,统一收购及外销。会议还制定了明年的茶业经营计划。

同日 新法学会筹委会主席沈钧儒致电国际民主法学大会,请求接受中国新法学会筹委会加入该会。

同日 新疆省政府主席包尔汉率员通电起义,新疆和平解放。

同日 中央人民政府政务院召开第2次政务会议。会议决定:接收前国民党政府中央各机关人员档案物资,通过关于指导接收工作委员会工作条例的几项原则。决定由副总理陈云、董必武、政务委员邵力子等人组织政务院指导接收工作委员会,陈云为召集人。

同日 《人民文学》创刊。

同日 中国人民解放军强攻金门，苦战两天，未能成功。

10月26日 毛泽东在复函延安同志和陕甘宁边区同胞时说，延安和陕甘宁边区的人民对于全国人民是有伟大贡献的。我庆祝延安和陕甘宁边区的人民继续团结一致，迅速恢复战争的创伤，发展经济建设和文化建设。我并且希望，全国一切革命工作人员永远保持过去十余年间在延安和陕甘宁边区的工作人员中所具有的艰苦奋斗的作风。

同日 捷克斯洛伐克总统哥特瓦尔德颁布命令，授予中国青年代表团团长肖华一等白狮胜利勋章及一等金星自由勋章。

10月26日—27日 中华全国体育总会筹备会议在北京举行。与此同时，成立于1924年8月的"中华全国体育协进会"在北京召开理事会，宣布停止活动，改组为即将成立的"中华全国体育总会"。

10月27日 中国和德意志民主共和国建交。

同日 毛泽东命令政务院总理周恩来：希即令所属各单位与华北人民政府各有关机构分别接洽办理交接，并于数日内将交接手续办理完毕。

同日 政务院召开紧急防疫会议。会议决定严密封锁交通，派员赴疫区救治，并组织中央防疫委员会，由董必武负责。

10月27日—11月11日 中央人民政府采取紧急措施扑灭察北鼠疫。决定：①严密封锁交通。②赶调医疗防疫人员与药品加强疫区防治力量。③责成卫生部赶制宣传品，动员各地报纸、广播电台、电影，并组织各种宣传队，广泛开展宣传。④组织中央防疫委员会，由董必武任主任委员。下设封锁处、防疫处、宣传处、秘书

处和办公室，具体协调工作。

10月28日 中央人民政府政务院召开第三次政务会议。会议通过了《政务院所属各机关组织通则》、《政务院指导接收工作委员会工作条例》，推选副总理陈云为政务院指导接收工作委员会主任，董必武等为委员。会议还通过任命绥远省政府名单呈请中央人民政府批准，以及通过任命政务院参事32人。会议听取了董必武作的紧急防疫委员会情况报告。

同日 毛泽东致电斯大林请苏联帮助防治鼠疫。电报称，张家口以北地区发生肺鼠疫，死60余人。已蔓延至张家口，死4人，威胁平津。请考虑是否可以空运生菌疫苗400万人份，血清10万人份至北京应用，所需代价，中国政府当以物物交换办法照付。再则，苏联政府是否可以再派一防疫队来北京转往张家口帮助我们进行防治鼠疫工作。

同日 中央防疫委员会召开会议，决定组织3000人防疫大队前往察北疫区。

同日 苏联驻华大使罗申为苏联文化艺术科学工作者代表团到中国访问举行鸡尾酒会。

10月29日 中央军委决定：将在长沙起义的国民党军第一兵团改编为中国人民解放军第21兵团，辖第52、53军。

同日 苏联文化艺术科学工作者代表团离开北京回国。刘少奇副主席、郭沫若副总理等到车站送行。

同日 民革二届执委会全体会议在北京召开。会议决定筹备召开国民党民主派代表会议。

10月30日 中共中央发表声明，抗议美国、澳大利亚、希腊三国政府对美国共产党总书记丹尼斯、澳大利亚共产党总书记夏基、希腊革命妇女领袖卡特林·塔拉甘尼等实行野蛮迫害。

10月31日　华北人民政府正式向中央人民政府政务院办理移交手续。华北人民政府董必武主席、政务院齐燕铭代理秘书长等出席了交接仪式。

同日　毛泽东颁发中央人民政府人民革命军事委员会印信、中央人民政府政务院印信、中央人民政府最高人民法院印信、中央人民政府最高人民检察署印信。中央人民政府委员会同日颁发政务院各委、部、会、院、署、行的印信。

同日　中华全国总工会决定华北职工干部学校改名为中华全国总工会干部学校。

11月1日　周恩来总理通令所属各部门、各机关，凡需购房，均须向政务院呈报房屋情况价目，经指定机关审批始得购买，否则以违法论。同时函达政协全委会、中央军委、最高人民法院和最高人民检察署，希采取同一办法，通知所属遵照办理。

同日　中国科学院成立。

同日　政务院各委、部、会、院、署、行正式办公。

同日　中央人民政府卫生部正式成立。李德全任卫生部部长。

同日　第一次全国公安工作会议结束。会议期间，毛泽东、朱德、周恩来、董必武等到会并作指示。会议就全国公安工作的任务、方针及当前必须与可能解决的若干问题取得了一致的意见，并分别制订方案，呈请中央人民政府批准颁布施行。

同日　第二野战军和第一野战军、第四野战军一部，发起西南战役。

同日　《中苏友好》月刊创刊号出版。

同日　新疆保卫和平民主同盟中央组织委员会讣告：新盟中央主席阿哈买提江、新盟中央组织委员会委员伊斯哈克伯克、新盟中央委员情报处长阿不都克里木、新盟中央委员达列尔汉、中苏文化协会新疆分会会长罗志和其他随员、飞机驾驶员，于今年9月为出席全国新政协会议由伊宁飞往北京途中，因飞机失事不幸遇难。

11月2日　粤汉铁路岳阳至汨罗段修复通车。

11月3日　政务院总理周恩来向毛泽东报告，政务院印于1949年11月1日起启用。并函告了中央军委、最高人民法院、最高人民检察署、政务院所属各部门及华北5省2市。

同日　京汉路保石段修复通车。

同日　文化部设立戏曲改进局，田汉任局长。

11月4日　周恩来主持召开第4次政务会议。会议首先由政法委主任董必武、中财委主任陈云、文教委主任郭沫若、监委主任谭平山分别报告各委所属机构成立情况；周恩来总理兼外交部长报告了外交部、情报总署、华侨事务委员会成立情况。中财委主任陈云报告中财委所属各部门举行各种全国性的专业会议的计划，会议批准齐燕铭代秘书长作的《关于首都各机关房屋统筹分配委员会成立及其工作情况的报告》。

同日　天津工业展览会开幕。这次展览会是对新中国成立后10个月工业生产的检阅。

同日　中苏医务人员组成防疫队赴察北疫区工作。

11月5日　中国劳动协会代表会议在北京召开。劳协理事长朱学范致开幕词，中华全国总工会副主席李立三在会上讲话。

11月6日　上海公安机关连续破获国民党军统特务毛森系"上海挺进支队"、

中统特务系"中国国民党中央党员通讯局突击总队"和军统系"东南人民反共救国军海北纵队"等武装特务组织。其主犯全部落网。

同日　中国政法大学开学典礼在北京举行。朱德、董必武、沈钧儒等到会并讲话。

11月7日　毛泽东、朱德、刘少奇、李济深、张澜、林伯渠、周恩来、董必武、陈云、郭沫若、黄炎培及政府各机关、社会团体、民主党派负责人700余人，应邀前往苏联大使馆，出席罗申大使举行的庆祝"十月革命"32周年鸡尾酒会。下午，外交部周恩来部长举行盛大鸡尾酒会，庆祝十月革命节。苏联驻华大使罗申与使馆全体人员及在京全体苏联专家500余人应邀出席。

同日　陇海铁路全线通车。

同日　台湾"省政府主席"陈诚宣布明年施政方针：推行地方自治、提高人民生活水平，普及国民教育。

11月8日　周恩来在外交部成立大会上作新中国的外交工作报告。

同日　解放军海军第一支舰艇部队组成。

同日　人民公安部队中央纵队成立大会在北京举行。朱德副主席、罗瑞卿部长到会并讲话。

同日　解放区水利联席会议在北京召开。会议要求立即开始工作，把当前治水的紧迫任务与长远治水的根本问题结合起来。会议制定了1950年度水利工作计划。

同日　陈云在欢迎赴东北考察团归来的会上讲了新老干部要团结的问题。他说，南方的技术干部现在要向北调，由此带来新老干部之间的关系问题。老同志对原在国民党区工作的技术人员应该采取信任的态度。要看到，绝大多数的技术人员是愿意为人民服务，愿意改造思想的，有许多人将来还可以成为共产党员。我们应该使用他们，不能搞关门主义。当然也有顽固的，但这是极少数人。新老干部是相对而言的，希望互相之间打破隔阂，老同志必须信任新同志，新同志要尊重老同志。

11月9日　中央人民政府热烈欢迎率中国航空公司和中央航空公司全体员工（4000人）起义的刘敬宜总经理和陈卓林总经理。刘敬宜、陈卓林当天中午从香港飞抵北京后，发布全体员工起义通电，宣布脱离国民党政府，接受中华人民共和国中央人民政府的领导。"两航"的另11架飞机同时飞回祖国，其余70余架飞机尚留在香港。"两航"存港资财和中国航空公司在香港所设的飞机修理厂，都由"两航"留港人员负责保管，以待中央人民政府接收。

同日　中共中央政治局通过在中央人民政府内建立中国共产党党组及在中央人民政府内组织中国共产党党委会的决定。

同日　宋庆龄副主席在上海发表题为《华北之行所得到的印象》的广播讲话。

同日　中华全国民主妇联主席蔡畅在北京发表题为《迎接亚洲妇女代表会议》的广播讲话。

11月10日　中央财经委员会决定，豁免棉花进口税，准以布纱出口交换进口原棉。

同日　全国首届银行会计会议在北京召开。

同日　中国劳动协会代表会议闭幕。

11月11日　周恩来总理主持召开第5次政务会议。会议批准陈云作的《关于指导接收工作委员会工作的报告》。会议决议,首先组织华东区工作团,由董必武副总理领导,统筹指导和处理华东区有关原国民党政府中央各机关人员、档案、图书、财产、物资等接收事宜。会议通过《政务院组织条例(草案)》,呈请中央人民政府委员会批准后施行。

同日　中国人民解放军空军领导机构以第14兵团机关为基础在北京成立。刘亚楼任司令员,肖华任政治委员。

同日　《宁夏日报》创刊。

11月12日　毛泽东致电斯大林,告之准备于12月初旬动身前往莫斯科。

同日　毛泽东、周恩来分别致电致函原国民党政府"中国"、"中央"两航空公司总经理及全体员工,欢迎他们光荣起义。周恩来总理宣布"两航"公司为中华人民共和国的资产,受中央人民政府管辖;同时任命刘敬宜为中国航空公司总经理,陈卓林为中央航空公司总经理。

同日　中国国民党民主派代表会议在北京举行。

同日　中共中央办公厅主任杨尚昆通告周恩来,11月2日中央政治局会议决定,以周恩来为政务院党组书记。董必武、陈云为第一副书记、第二副书记。董必武为政法委党组书记;陈云为中财委党组书记,薄一波为副书记;陆定一为文教委党组书记,胡乔木为副书记;刘景范为监委党组书记。并决定以谢觉哉为内务部党组书记,周恩来为外交部党组书记,罗瑞卿为公安部党组书记,薄一波为财政部党组书记,叶季壮为贸易部党组书记,陈云为重工业部党组书记,陈郁为燃料工业部党组书记,曾山为纺织工业部党组书记,杨立三为食品工业部党组书记,龚饮冰为轻工业部党组书记,滕代远为铁道部党组书记,王净为邮电部党组书记,李运昌为交通部党组书记,罗玉川为农业部党

组书记,李范五为林垦部党组书记,李葆华为水利部党组书记,李立三为劳动部党组书记,周扬为文化部党组书记,钱俊瑞为教育部党组书记,贺诚为卫生部党组书记,李木庵为司法部党组书记,陈绍禹为法制委员会党组书记,乌兰夫为民族事务委员会党组书记,廖承志为华侨事务委员会党组书记,陈伯达为科学院党组书记,邹大鹏为情报总署党组书记,孔原为海关总署党组书记,胡乔木为新闻总署党组书记,胡绳为出版总署党组书记,南汉宸为人民银行党组书记。

11月13日　第四野战军发布华中、华南秋季战绩公报:在湖南、广东两省共歼敌10万余人,解放城市64座。

同日　原国民党资源委员会驻港员工宣布脱离国民党政府,并致电中央人民政府静候接收。

11月14日　毛泽东关于西北少数民族工作给彭德怀和西北局的指示:除大力剿匪,注意做艰苦的群众工作,在一切工作中坚持民族平等和民族团结政策外,各级政权机关均应按各民族人口多少,分配名额,大量吸收回族及其他少数民族能够和我们合作的人参加政府工作。在目前时期应一律组织联合政府,即统一战线政府。在这种合作中大批培养少数民族干部。一切有少数民族存在地方的地委,都应开办少数民族干部训练班,或干部训练学校。要彻底解决民族问题,完全孤立民族反动派,没有大批从少数民族中出身的共产主义干部,是不可能的。

同日　中国农工民主党第五次全国干部会议在北京召开。

11月15日　外交部周恩来分别致电联合国秘书长赖伊、联合国大会主席罗慕洛:目前以代表中国人民名义参加联合国组织并出席本届联合国大会的所谓"中国

国民政府代表团"已经变成了一小堆流亡分子的御用工具,绝对没有代表中国人民的任何资格;中华人民共和国中央人民政府正式要求联合国立即取消该"代表团"继续代表中国人民参加联合国的一切权利。

同日　世界工会联合会总书记路易·赛扬、副主席库兹涅佐夫,苏联、印度、印度尼西亚、伊朗等国工会联合会代表,到达北京。中华全国总工会名誉主席刘少奇等前往车站欢迎。

同日　贵阳解放。

同日　新中国第一份大型时政性、文献性综合月刊——《新华月报》创刊号出版发行。毛泽东为刊物题词,胡愈之撰写发刊词。

同日　周恩来外长致电联合国,中华人民共和国是代表中国人民的唯一合法政府,要求立即取消蒋介石集团在联大的合法席位。

同日　北京市开始封闭妓院,全国各地相继进行。

11月16日　亚洲、澳洲工会会议在北京举行。

同日　中国国民党民主派代表会议闭幕。

同日　上海电影制片厂成立。

11月17日　全国首届煤矿会议在北京召开。会议计划 1950 年产煤 3000 万吨。

同日　华北区及京津两市专科以上院校负责人联席会议在北京召开。会议主要是讨论高等教育改造方针。

11月18日　周恩来总理主持召开第 6 次政务会议。会议批准陈云作的《关于物价问题的报告》。会议通过北京市市长聂荣臻作的《关于筹备召开北京市第二届各界人民代表会议的报告》,并批准该代表会议执行人民代表大会的职权,选举北京市市长、副市长和政府委员;批准该代表会议讨论并通过征收工商业税、农业税、房产税、地产税、小学教育和清洁卫生费 5 个征税案。会议批准公安部部长罗瑞卿作的《关于公安会议的报告》。会议还批准水利部部长傅作义作的《关于各解放区水利联席会议的报告》。

同日　京汉铁路北京—石家庄段修复通车。

同日　第三野战军在福州、漳州两战役中,共歼敌 10 万余人。至此,华东地区国民党正规军全部肃清。

11月19日　毛泽东电复起义的国民党政府资源委员会驻香港员工,勉励他们坚持爱国立场,保护祖国财产,以待中央人民政府接收。

同日　政务院批准任命陈克寒为新华社社长,吴冷西为总编辑。免去胡乔木的兼职。

同日　国营华中运输公司在汉口正式开业。

11月20日　毛泽东主席、朱德总司令复电嘉慰班禅额尔德尼·确吉坚赞。

同日　李宗仁飞抵香港,称胃病复发将转美国就医。

11月21日　周恩来对政府机关全体工作人员发表讲话。他说,机关工作人员不仅要完成政府所决定的工作任务,更要负起改进政府工作责任;要有创造性和积极性;要注意发现我们的工作方法和组织形式方面的不完善之处,进而提出改进意见;要做新型的政府工作人员,不做旧社会那种墨守成规的"循吏";要多思考,善于发现新事物;还要挤时间学习和参加生产劳动。

同日　毛泽东主席设宴招待出席亚澳工会会议的世界工会联合执行局委员、

亚澳工会会议各代表团团长,祝贺世界劳动人民团结,祝贺亚澳工会会议成功。

同日 第二野战军司令员刘伯承、政治委员邓小平向四川、贵州、云南、西康四省国民党军政人员提出忠告:迅速脱离反革命阵营,停止抵抗,听候改编。

同日 北京和莫斯科之间的无线电话通话。中国邮电部部长朱学范和苏联邮电部部长恩波路施采夫,分别在两国首都亲自主持通话典礼。

11月22日 以原安东海军学校为基础的中国人民解放军海军学校在大连成立。肖劲光任校长兼政治委员。

同日 桂林解放。

同日 中国人民解放军在粤桂边境对国民党白崇禧部进行的大围歼战第一阶段结束,歼敌第三、第十一两个兵团大部,活捉"华东军政长官公署"副长官兼第三兵团司令张淦。

同日 贵州省会贵阳市军管会宣告成立,苏振华任主任。

同日 北京市第二届各届人民代表会议选举聂荣臻为市长,张友渔、吴晗为副市长。

同日 中华全国总工会发布《关于私营工商企业劳资双方订立集体合同的暂行办法》。

同日 中华全国总工会发布《关于劳资关系暂时处理办法》。

同日 中华全国总工会发布《关于劳动争议解决程序的暂行规定》。

11月23日 中国和阿尔巴尼亚人民共和国建立外交关系。

同日 亚洲妇代会国际筹委会成立。中国代表蔡畅为主任。

同日 遵义解放。

11月24日 中华全国社会科学工作者代表会议筹备会等团体举行会议,欢迎世界工联总书记路易·赛扬及世界工联执行局委员和出席亚澳工会会议的各国代表。

11月24日—12月9日 中央财政部召开全国税务会议。会议决定:①统一全国税收。②制定统一税法。③确定税务机构、编制和工作职责,制定《全国各级税务机关暂行组织规程》。④制定第一个全国性税收计划。

11月25日 周恩来总理主持召开第7次政务会议。会议原则批准文教委主任郭沫若作的《关于文教委工作的报告》。会议决议,由谢觉哉、章乃器政务委员等修改政务院及其所属机关工作人员任免暂行办法初稿。

同日 毛主席为《人民文学》创刊号题词:"希望有更多好作品出世。"

同日 北京邮政管理局调整国内及国际邮资。

同日 柳州解放。

11月26日 中央文化部发布经毛泽东主席亲自审阅的《关于开展新年画工作的指示》。

同日 中国农工民主党第五次全国干部会议闭幕。

同日 沈阳市人民法院审理并判决了美国前驻沈阳领事馆所指挥的间谍案。被告日本人佐佐木弘经等被判处有期徒刑2年至6年。掩护和指挥这一间谍案的美国前驻沈阳领事馆全体外籍人员,限期驱逐出中国国境。

11月27日 中国人民解放军在湖北西部咸丰东北地区歼灭蒋军宋希濂部5个师,俘敌13000多人。

同日 国民党中常会因李宗仁"擅离职守",主张蒋介石"复行视事"。

11月28日 周恩来总理主持召开第8次政务会议。会议原则通过《省各界人民代表会议组织通则》、《市各界人民代表会议组织通则》和《县各界人民代表会议组织通则》。会议通过《政务院关于任免工作人员的暂行办法》。会议还修订通过《政务院试行组织条例》。条例补充规定，秘书长主持政务院内部日常事务。

同日 铁道部、财经委员会决定自即日起调整客运运价率，按现行运价上调250%。

11月29日 外交部部长周恩来就国民党反动匪帮逃往越南等地发表声明，指出："彻底消灭国民党所有反动武装力量，是我政府不可动摇的政策。不管战败了的国民党反动军队，逃到什么地方，我中华人民共和国中央人民政府都保有权利过问这一事实，而容留国民党反动武装力量的任何国家的政府必须对此事实负责，并承担由此产生的一切后果。"

同日 中央人民政府机关节约救灾委员会成立，并在中央政府各机关中开展"一两米"节约运动，规定各机关工作人员自11月份起，至1950年2月底止，每人每月节约小米2斤，救助灾民。

11月30日 人民解放军解放重庆市。

同日 全国首届煤矿会议结束。会议计划1950年产煤3000多万吨。

12月1日 陇海铁路郑州—西安段开始办理客货运营业。

同日 由青岛四方铁路机车厂工人修成的"中苏友好"号机车，在北京举行命名典礼。

12月2日 董必武主持召开第9次政务会议。会议修订通过《政务院及其所属各机关组织通则》。

同日 毛泽东主持召开中央人民政府委员会第四次会议，会议在听取陈云作关于物价问题与发行公债问题的报告后，

通过《发行人民胜利折实公债的决定》。会议通过《1950年度全国财政收支概算》，会议还分别听取了李富春作的关于1950年东北财政经济计划的报告；饶漱石作的关于华东工作情况的报告；邓子恢作的关于中南工作情况的报告。通过政务院提请通过的《县各界人民代表会议组织通则》、《市各界人民代表会议组织通则》、《省各界人民代表会议组织通则》。通过政务院提请通过的《政务院及其所属各机关组织通则》。通过《关于中华人民共和国国庆日的决议》，会议还通过政务院提请批准的任命案。

同日 海外劳协致电全国总工会副主席朱学范，表示拥护中国劳动协会组织结束，愿意接受中华全国总工会的领导。

12月3日 政务院总理周恩来就中国、中央两航空公司留港财产问题发表声明指出，中国、中央两航空公司在港财产唯中华人民共和国政府有权处理，如被非法侵犯，香港政府须负全责。

同日 程潜、陈明仁两将军率领起义的原国民党第一兵团奉命改编为中国人民解放军第21兵团。第21兵团成立暨授旗授印典礼，即日在湖南浏阳举行。

12月4日 南宁解放。

12月5日 中央军委主席毛泽东发布《关于1950年军队参加生产建设工作的指示》。

同日 中共中央发出《关于中央政府成立后党的文化教育工作问题的指示》。

同日 教育部发出《关于开展一九四九年冬学工作的指示》。

同日 北京新华广播电台改名为中央人民广播电台。

同日 中国民主同盟四中全会扩大会议在北京召开。

同日 中华全国总工会发表《告全国

工人书》，号召工人踊跃认购公债，开展生产节约。

同日　由亚澳工会代表会议及亚洲妇女代表会议联合举办的亚洲工人妇女生活与斗争展览会，在北京中山公园开幕。

12 月 6 日　政务院文化教育委员会成立办理留学生回国事务委员会，统一办理留学生及学者回国事宜。

同日　同蒲路临汾—运城段修复通车。

同日　新华社新疆分社在迪化成立。

12 月 8 日　中央人民政府人民革命军事委员会设立民用航空局与气象局。钟赤兵、涂长望分别任局长。

同日　全国农业生产会议在北京召开。会议主要研究解决粮食与棉花的增产和兴修水利问题。

12 月 9 日　周恩来主持召开第 10 次政务会议。会议决定成立小组，起草《大行政区军政委员会人民政府委员会组织通则》，由谢觉哉召集。会议通过《关于统一发布中央人民政府及其所属各机关重要新闻的暂行办法》。会议还决定将华北军区后勤部接收的京津地区仓库中原存敌伪旧棉衣 30 余万套，救济热河、察哈尔、绥远、晋西北地区和京津两市的贫民。

同日　云南、西康两省宣告和平解放。

同日　"国民政府"迁到台湾，"行政院"今天开始在台北办公，并召开首次院会。

同日　前国民党 119 军副军长蒋汉城率部 8000 余人在甘南起义。同日，119 军军长王治岐和四个国民党县长也宣布起义。

12 月 10 日—16 日　亚洲妇女代表会议在北京举行。

12 月 10 日—28 日　首届全国邮政会议在北京举行，会议决定了全国邮政行政、业务和财务等事。

同日　首届全国税务会议结束。会议通过了统一全国税法、税率和征收办法；制定了 1950 年税收计划，确定了专卖事业范围和经营方针；确定了各级税收组织机构及其与各级政府的关系。

同日　首届东北区文学艺术联合会代表大会开幕，号召要在两三年内消失旧剧毒素。

同日　浙赣铁路全线通车。

同日　原国民党 22 集团军总司令郭汝瑰率部于宜宾起义。

12 月 11 日　毛泽东、朱德电复 12 月 9 日宣布起义的国民党云南省主席、云南绥靖公署主任卢汉。电称，云南宣告脱离国民党反动政府，服从中央人民政府，加速西南解放战争之进展，必为全国人民所欢迎。为便于具体解决云南问题，即盼迅速与重庆直接联络，接受刘伯承、邓小平两将军指挥，并望通令所属一体遵行下列各项：①配合我军消灭一切敢于抵抗的反革命军队。②保护一切国家财产，维持地方秩序，听候接收。③逮捕重要反革命分子，镇压反革命活动。④保护人民革命活动，并与云南人民革命武装建立联系。

同日　人民解放军解放凭祥并进驻边防要地镇南关。

同日　中财委发布《关于某些公营企业原有年终双薪或奖金问题的处理办法的通告》。

同日　中国共产党党员、人民革命英雄王荷波等 18 烈士移葬京郊革命公墓。周恩来主祭。

同日　长江上游重庆—汉口通航。至此，长江全线通航。

12 月 12 日　全国店员工会工作会议

在北京召开。

12 月 14 日　人民解放军解放广西全省。

12 月 15 日　农业部向全国农业会议提出 1950 年全国增产粮食 100 亿斤和生产棉花 13 亿斤的粮棉增产计划。

同日　中国人民外交学会在北京成立。推选周恩来为名誉会长，张奚若为会长。

同日　吴国桢接替陈诚出任"台湾省主席"并兼任"保安司令"。

12 月 16 日　周恩来总理主持召开第11 次政务会议。会议通过《1950 年第一期人民胜利折实公债条例》，通过《政务院关于生产救灾的指示》，通过《大行政区人民政府委员会组织通则》。会议还批准燃料工业部陈郁部长作的《关于全国煤矿会议的报告》和《政务院关于成立中国人民大学的决定》。周恩来总理通报外交工作情况。

同日　中财委主任陈云、副主任薄一波向中共中央报告公债和钞票的发行计划。

12 月 16 日—25 日　全国钢铁会议在北京召开。

12 月 16 日—1950 年 3 月 4 日　毛泽东对苏联进行友好访问。

12 月 17 日　新疆省人民政府成立。包尔汉任主席，高锦纯、赛福鼎任副主席。

同日　新疆军区成立，彭德怀任司令员兼政治委员。

同日　原国民党驻缅甸大使馆成员宣布与前国民党政府脱离关系，拥护中华人民共和国。

12 月 18 日　台湾当局宣布封锁大陆沿海各港口，施放水雷。

12 月 19 日　毛泽东从苏联致电刘少奇、周恩来。电称，缅甸政府要求与我国建立外交关系，应复电询问该政府是否愿意和国民党政府断绝外交关系，同时请该政府派一负责代表来北京商谈，依商谈结果再定建立外交关系。此种商谈手续是完全必要的，对一切资本主义国家都应如此。

同日　政务院发出《关于生产救灾的指示》。

同日　国民党"川湘鄂绥署主任"宋希濂在川西峨眉地区被俘获。

12 月 20 日　外交部部长周恩来对本月 14 日法国飞机侵犯我国领空事发表声明。指出由于这一敌意行为所引起的一切后果，应由法国政府承担。

同日　朱德、周恩来电复在昆明起义的卢汉。电称：昆明起义，有助于西南解放事业之迅速推进，为全国人民所欢迎。即望团结全省军政人员与人民游击部队，共同维护地方秩序，消灭反动残余，并改善官兵关系军民关系，为协助人民解放军建设人民民主的新云南而奋斗。

同日　毛泽东批准《中央人民政府最高人民检察署试行组织条例》。

同日　中苏友好协会总会举行酒会，庆祝斯大林 70 寿辰。中央人民政府副主席朱德、刘少奇、李济深等出席。

同日　全国农业生产会议闭幕。会议提出 1950 年农业生产的方针应以恢复生产为主。

12 月 21 日—27 日　财政部召开第一届全国粮食工作会议，拟定了 1950 年粮食调度计划。

12 月 21 日　苏联驻中国大使馆举行酒会，庆祝斯大林诞辰 70 周年。朱德、刘少奇、李济深、张澜、林伯渠、周恩来、陈云、郭沫若、黄炎培等中国领导人应邀出席。

同日　原国民党 19 兵团副司令王伯

励及 89 军军长张涛率部起义。

同日 原国民党川鄂绥署副主任董宗珩、第 16 兵团副司令曹苏元、41 军军长张宜武、47 军军长严翙、绥署直属纵队司令刘景素等部在成都以东地区宣布起义。

12 月 22 日 财政部上报中共中央《关于全国盐务会议的综合报告》。报告说,盐务会议议定:①生产、税收和运销分开,提高盐税。②产区与销区按各大行政区划分。③统一全国盐务组织。中共中央 1950 年 1 月 17 日批转此报告。

同日 华侨事务委员会致函海外华侨社团和华侨报馆、学校,希望建立直接联系。

12 月 22 日、23 日 周恩来向参加全国农业会议、钢铁会议、航务会议代表发表讲话。讲话指出,制定 1950 年财经计划应根据四个方面:①承受负担。②恢复生产。③开源节流。④掌握政策。新中国经济工作中应处理好几种关系:①城乡关系。②内外关系。③工商关系。④公私关系。⑤劳资关系。⑥上下关系。

12 月 23 日 周恩来总理主持召开第 12 次政务会议。会议原则批准农业部部长李书城作的《关于全国农业生产会议的报告》,原则批准财政部副部长戎子和作的《关于第一次全国税务会议的报告》,原则批准《关于中朝通邮通电问题的报告》。会议通过《政务院关于统一全国年节和纪念日放假办法》。陈云报告第一期人民胜利折实公债各大行政区分配比例为:华东 45%,华中 30%,华北 15%,西南 7%,西北 3%。

同日 中财委发言人谈中国银行商股股权及商股董事处理的有关问题。①商股股权的处理原则,接收其官股,没收商股中之战犯股权,对战犯以外的商股股权一律承认。②官股、商股董事的处理,

该行官股董事及监察人员须另行委派,其商股董事和监察人员除战犯及继续附敌作恶者外,凡愿为人民服务并有具体表示者,均得留任。③召开董事会时间,一俟商股董事到京,官股董事派定,并满法定人数后即可开会。④中国银行总处对海外行处从业人员的态度,只要他们决心为人民服务,我们一定给他们工作机会,凡建立功劳的,当给予奖励。

同日 宁夏省人民政府成立。潘自立任主席,邢肇棠、李景林、孙殿才任副主席。

12 月 23 日—31 日 第一次全国教育工作会议在北京召开。

12 月 24 日 朱德复电在西康省雅安县宣布起义的国民党西康省政府主席刘文辉,西南军政长官公署副长官邓锡侯、潘文华,希望他们协助人民解放军与人民政府,为肃清反动势力残余,建立革命秩序而奋斗。

同日 西安、重庆各界公祭杨虎城将军。

同日 原国民党第 15 兵团司令罗广元、20 兵团司令陈克非率 3 个军在四川彭县起义。

12 月 25 日 政务院政法委员会举行委员会议,讨论加强救灾工作的组织领导。

同日 中国与朝鲜互通邮电谈判结束。中朝关于通邮、通电协定在北京签字。

同日 同蒲铁路南段(太原至风陵渡)修复通车。

12 月 26 日 中华全国民主青年联合总会主席廖承志致电印度总理尼赫鲁,抗议海德拉巴军政府判处印度爱国分子死刑和长期徒刑。

同日 全国报纸经理会议闭幕。会

议通过了《关于报社经营的决议》，并决定从 1950 年起贯彻企业经营方针。

12 月 27 日 全国航务公路会议在北京结束。会议确定 1950 年交通工作的方针与任务是继续为革命战争服务。

同日 成都解放。至此，国民党残留在大陆上的最后一支主力胡宗南部被全部歼灭。

同日 绥远省军政委员会成立。主席傅作义，副主席高克林、乌兰夫、董其武、孙兰峰。

12 月 28 日 京汉、粤汉铁路全线修复通车。京汉间行直达快车。

12 月 29 日 政务院全国文化用纸管理委员会成立，黄炎培副总理为主任委员。

12 月 30 日 周恩来总理主持召开第 13 次政务会议。会议批准董必武副总理作的《关于政务院指导接收工作委员会华东区工作团的工作报告》，通过《政务院关于发行 1950 年第一期人民胜利折实公债的指示》和《政务院关于元旦春节不许宴客拜年的公告》。会议批准副秘书长郭春涛作的《关于政务院所属各委、部、会、院、署、行组织条例草案审查报告》。会议批准《海关总署试行组织条例（草案）》，条例规定，海关总署统一掌管全国一切海关事宜，执行贸易部根据中央人民政府对外贸易政策法令所颁布的有关进出口货物的决定。

同日 苏联驻上海总领事馆开馆。符拉基米洛夫为总领事。

同日 印度宣布同台湾当局"断交"，同中华人民共和国建交。

12 月 31 日 经改组合并的绥远省人民政府奉中央人民政府命令宣告成立。董其武任主席，杨植林、奎璧、孙兰峰任副主席。

12 月 人民解放军解放陕西、甘肃两省。

同月 中央财政部召开首届全国粮食会议。

同月 吴晓邦的《新舞蹈艺术初步教程》由华中新华书店出版，32 开，文图共 74 面。该书是新中国出版的第一本专业舞蹈艺术教材。

1950 年

1 月 1 日 朱德、刘少奇、李济深、周恩来为元旦题词。朱德的题词是："为建设新中国而努力。"刘少奇的题词是："1949 年是中国人民胜利最大的一年，也是困难最大的一年，1950 年就要在基本上克服我们的困难与巩固我们的胜利。同胞们！同志们！为克服我们的困难与巩固我们的历史性胜利而奋斗啊！"李济深的题词是："一切为着人民。"周恩来的题词是："人民胜利万岁。"

同日 《人民日报》发表题为《完成胜利，巩固》的元旦社论。社论指出，1950 年的主要任务是：第一，以一切力量完成人民解放战争，肃清中国境内的一切残余敌人，解放台湾、西藏、海南岛，完成统一祖国的大业；第二，厉行节约。动员全体人民，以最大努力恢复生产；第三，准备或着手进行解放区的土地改革；第四，继续加强全国人民的革命大团结，继续加强中国与苏联和人民民主国家的革命大团结。

同日 广东省人民政府成立。叶剑英任主席，方方、古大存、李章达任副主席。

同日 华东军区人民海军司令部机关刊物《人民海军》创刊。毛泽东为创刊号题词："我们一定要建设一支海军，这支海军要能保卫我们的海防,有效地防御帝国主义的可能的侵略。"

同日 北京人民艺术剧院成立,李伯钊任院长。1952 年 6 月 12 日,剧院的话剧团和中央戏剧学院话剧团合并,成为新的北京人民艺术剧院,曹禺任院长,焦菊隐任第一副院长、总导演。

同日 全国铁路 1949 年修复 8200 多公里,大陆铁道网基本恢复。

同日 上海市历史博物馆举办历代版画展览会。展出唐代以来木刻版画 200 余件。

同日 青海省人民政府成立。赵寿山任主席,喜饶嘉措、马朴等任副主席。

同日 蒋介石发表《告全国同胞书》。

1 月 2 日 中华人民共和国中央人民政府主席毛泽东在莫斯科答塔斯社记者问。毛泽东说:"目前,中国共产党和中华人民共和国中央人民政府正在转入和平的经济建设。""我逗留苏联时间的长短,部分地决定于解决有关中华人民共和国利益的各项问题所需的时间。""首先是现有的中苏友好同盟条约问题,苏联对中华人民共和国贷款问题,贵我两国贸易和贸易协定问题,以及其他问题。"

同日 刘少奇向正在苏联访问的毛泽东报告,新疆的同志要求中央人民政府与苏联政府议定一协定,内容大体同苏联与国民党政府议定的在新疆设立金属和石油两股份公司协定草案,以便利用苏联资本,开发新疆。这种租让或合办的企业不只在新疆,不仅与各新民主国家,在中国其他地方也可能合办,甚至帝国主义国家内的团体和资本家,也可能要求来办这种工厂和企业。

1 月 3 日 政务院决定:人民大学招收产业职工,要求各地介绍劳动英雄、生产模范、技术工人和熟练工人及有管理经验的职员入学。

1 月 4 日 印度政府照会外交部长周恩来,表示印度愿意同中国建立外交关系,并互派大使。周恩来外长即日复电请印度派代表来北京就此项问题进行谈判。

1 月 5 日 外交部长周恩来发表声明。郑重指出,所有国民党政府驻外使领馆及各机关派驻外国的办事机构和办事人员,在我中央人民政府派人接管以前,均应照旧供职,并负责保护一切资财、图表、账册、档案等,听候清点和接管。其保护有功者,中央人民政府当给予适当的奖励;其保护有功而又愿意继续服务者,在中央人民政府接管后准予量才录用;其胆敢执行国民党反动残余政权伪命、破坏文件、盗卖公产者,中央人民政府一定要严予惩处,决不姑宽。

同日 政务院发布《关于任免工作人员的暂行办法》。

同日 外交部长周恩来分别复电原国民党政府驻缅甸大使馆全体馆员及驻非洲马达加斯加岛首府安塔那那利佛总领事馆全体中国馆员,嘉勉其脱离国民党政府,接受中央人民政府领导的行动。

同日 美国总统杜鲁门发表关于台湾问题的声明,表示"美国对台湾或中国其他领土从无掠夺的野心。现在美国无意在台湾获得特别权利或建立军事基地,美国亦不拟使用武装部队干预其现在的局势。美国政府不拟遵循任何足以把美国卷入中国内争的途径。"

1 月 6 日 周恩来主持召开第 14 次政务会议。会议原则批准教育部长马叙伦作的《关于全国教育工作会议的报告》。会议原则批准交通部副部长李运昌作的《关于全国航务公路会议报告》。会议批准铁道部长滕代远作的《铁道部 1950 年工作计划报告》。会议还批准贸易部长叶季壮作的《关于全国城市供应会议报告》。会议批准陈云作的《发行大面额钞票计划的报告》和《新疆省人民政府委员会目前施政方针的报告》。原则通过《中央直属机关新参加工作人员薪金标准的暂行规定》。修改通过《省人民政府组织通则》、《市人民政府组织通则》、《县人民政府组织通则》。

1月7日　刘少奇主持召开中央人民政府委员会第五次会议。会议听取西北军政委员会主席彭德怀作的关于西北工作情况的报告。会议批准政务会议提请批准的中国和朝鲜民主主义人民共和国间通邮、电报通讯和有线电话通讯等三个协定和两个附加议定书。会议还批准任命鲍尔汉为新疆省人民政府主席。

同日　毛泽东从苏联致电周恩来并党中央，通报苏联外交部长维辛斯基当天上午与他谈话的内容。苏方特别提出，建议我外交部给联合国安全理事会发一个声明，否认国民党政府代表蒋廷黻继续为安理会中国代表的合法地位。如果中国发了这个声明，苏联准备采取一项行动，即如果蒋廷黻还留在安理会为中国代表，则苏联将拒绝出席安理会。请接电后速为办理。

1月8日　外交部长周恩来致电联合国大会罗慕洛主席和联合国赖伊秘书长，要求联合国安全理事会开除非法的国民党反动残余集团的代表。

同日　甘肃省人民政府成立。邓宝珊任主席，王世泰、张德生、马鸿宾任副主席。

1月9日　政务院总理周恩来发布命令，令驻在香港的国民党中央政府和地方政府的一切机构的员工，负责保护国家财产，听候接收。不让反动分子有任何偷窃、破毁、转移、隐匿等事情。其中保护国

家财产有功者，将予以奖励。违令，必予究办。

同日　政务院召开党组全体会议。党组书记周恩来宣布了政务院党组干事会、各委分党组干事会和党组小组的书记、副书记的名单，提出了党组的工作和任务。他说：①现在是联合政府，各单位都有许多党外人员，因此，党的活动一种是支部活动，要成立政府党委会，直接受中央组织部领导；另一种是党组活动，参加党组的都是负领导责任的同志，使自己在思想上和行动上一致起来，去推动工作，影响党外，保证党的领导。②要把中央政策贯彻下去。我们不仅要使每个党员了解政策，还要对党外人士进行说服与教育，遇事要与人商量，团结别人共同做事。③党组为领导机构，对于下面的意见要善于分析，辨别是非，好的意见要发扬，不正确的意见要批评。我们的工作不要在形式上管得那么多，行政上的事还是经行政机构去办。

1月10日　周恩来批准发布中央贯彻婚姻法运动委员会成员名单。

同日　陕西省人民政府成立。马明方任主席，张邦英、张凤翔、韩兆鹗任副主席。

1月13日　董必武主持召开第15次政务会议。会议通过《政务院关于处理老解放区市郊农业土地问题的指示》。会议原则批准邮电部长朱学范作的《关于全国邮政会议的报告》。会议批准重工业部副部长何长工作的《关于钢铁会议简要报告》。

同日　毛泽东从苏致电刘少奇，告之苏联外交部长维辛斯基建议我国向联合国去电派遣自己的代表出席联合国以代替国民党代表。因现在为国民党代表问题安理会斗争颇紧张，苏联主张开除国民

党代表,美、英等多数国家反对开除,故中国有进一步表示之必要。我同意他的建议,代表团首席人选请中央考虑电告。

同日　民航局钟赤兵局长电令在广州的中国航空公司总经理刘敬宜、中央航空公司总经理陈卓林,分别负责接收两航空公司在香港的一切资产。

1月14日—16日　北京市军事管制委员会分别收回了美国、法国、荷兰(占用纳粹德国兵营)之前在北京兵营的地产,并征用了各该地面上的兵营和其他建筑物。这是中国人民废除帝国主义在华特权的措施之一。

1月17日　南京成立革命历史画创作委员会。

同日　教育部作出《关于改革北京师范大学的决定》,规定北京师范大学主要是培养中等学校师资,其次是培养和训练教育行政干部。

同日　天津市第二届人民代表会议选举黄敬为市长,刘秀峰、周叔弢为副市长。

1月18日　外交部长周恩来照会答复越南民主共和国外交部长黄明鉴,欢迎中越两国建立外交关系。

同日　外交部长周恩来照会法国外交部长舒曼,郑重提出,法国武装部队对我越南华侨的暴行,是中国人民所不能忍受的,其全部责任应由法国政府负担。我国政府保留对上述及其他类似事件提出相应要求的一切权利。

同日　毛泽东从苏致电刘少奇,提出出席联合国中国代表团首席代表以张闻天担任为适宜。任命手续可待政府委员会第六次会议补办。

同日　毛泽东从苏联致电刘少奇指出,美国撤退在华的一切官方人员,此事对我们极有利,唯民主人士中害恐美病者

可能对我们征用外国兵营等行动有所不满,请注意解释。

1月19日　外交部长周恩来照会联合国大会罗慕洛主席和赖伊秘书长。电称,中华人民共和国中央人民政府业已任命张闻天为中华人民共和国出席联合国会议和参加联合国工作,包括安全理事会的会议及其工作的代表团的首席代表。我并要求速复何时开除中国国民党反动残余集团的非法代表出席联合国及其安全理事会,以张闻天为首席代表的合法的中华人民共和国的代表团,何时可以出席联合国及其安全理事会的会议并参加工作。

同日　西北军政委员会在西安成立。彭德怀任主席,习仲勋、张治中任副主席。西北军政委员会将代行西北人民政府职权,统一领导陕、甘、宁、青、新5省人民政府的工作。原陕甘宁边区政府在完成伟大的历史任务后,已告光荣结束。

1月20日　董必武副总理主持召开第16次政务会议。会议批准《河南省土地改革条例》。会议批准《政法委所属各部、会1950年春季工作计划报告》。会议还修订通过《关于中央直属机关新参加工作人员工资标准的试行规定》。

同日　政务院发布《关于全国盐务工作的决定》。

同日　外交部发言人就西藏问题发表谈话:西藏是中华人民共和国的领土,拉萨当局当然没有权利擅自派出任何"使团",更没有权利去表明它的所谓"独立"。西藏人民的要求是成为中华人民共和国民主大家庭的一员,是在中央人民政府统一领导下实行适当的区域自治,这在人民政协的共同纲领上是已经规定了的。如果拉萨当局违反西藏人民的意志,接受帝国主义侵略者的命令,派出非法的"使团"

从事分裂和背叛祖国的活动，中央人民政府将不能容忍这种背叛祖国的行为，任何接待这种非法"使团"的国家，将被认为对于中华人民共和国怀抱敌意。

1月23日 国民党中常会决议请蒋介石复"总统"职。

1月24日 中共中央指示中南、华东等中央局并转各省委：在各级人民政府内设土改委员会和组织各级农民协会，直接指导土改运动。在尚未进行土地改革的地区，在一个时期内，农民协会应该成为乡村中一切组织的中心，这也是彻底改革乡村政权的关键。

1月26日 外交部副部长李克农就泰国政府虐待和杀害华侨问题向泰国外交部提出严重抗议，要求泰国政府：①立即停止对于被拘押在曼谷大监狱的华侨的虐待行为；②立即释放这些被拘押的华侨，并停止驱逐华侨出境；③保证以后不再发生同样事件。

同日 中共中央决定，以后各大行政区政府、各省政府对于政府各种工作，一般应和同级党委向中央做报告的同时，也向政务院做工作报告。写这种报告时，应采取政府的公开的报告形式。

1月27日 董必武主持召开第17次政务会议。会议批准天津市副市长刘秀峰作的《关于天津市第二届人民代表会议的总结报告》。原则通过《全国税政实施要则》、《全国各级税务机关暂行组织规程》、《工商业税暂行条例》、《货物税暂行条例》。会议还原则通过《政务院关于关税政策和海关工作的决定》。

同日 华东军政委员会在上海成立。饶漱石任主席，曾山、粟裕、马寅初、颜惠庆任副主席。华东军政委员会统一领导山东、江苏、安徽、浙江、福建、台湾6省人民政府的工作。

同日 中央人民政府发布《关于关税政策和海关工作的决定》，随后又公布《中华人民共和国暂行海关法》和新的海关税则，并由国家管制对外贸易，实行进出口许可证制度。

同日 台湾"行政院"颁布《反共保民总体战动员纲要》，以实施人力、物力总动员。

1月28日 文化部戏曲改进局戏曲实验学校在北京成立，1954年改为中国戏曲学校。

1月29日 政务院发布关于《实现铁道部1950年工作计划的指令》。

同日 为了开展对结核病的预防，卫生部决定在各城市免费推广卡介苗接种。

1月31日 文化部文物局资料室主编的《文物参考资料》创刊。1959年更名《文物》，由《文物》编辑委员会编辑。

2月1日 中财委主任陈云、副主任薄一波向中共中央提出报告。报告指出：①各部门、各机关的高级干部对目前财政困难和解决办法不甚了解，拟采取"通气"办法，以后每旬、每半月或一月，发通报一次，以便统一看法，共同克服困难。②到目前为止，共发行人民币4.1万亿元，总值为214亿斤小米，因为贬值，现在只值49亿斤小米。这是人民生活水平降低的一个例证，继续下去，人民将很难支持。③粮、税都在省、县之手，中央只出不进，金融物价必然发生大乱。3月份实行粮、税及财政基本统筹。④收税和发钞这两者比较，在可能限度内，多收一点税，比多发钞票为害较小。⑤粮食、纱布是市场的主要物资，国家掌握多少，即是控制市场力量之大小。因此，必须对粮、布两项预有措施，应付游资冲击。⑥争取3月份基本收齐公债款。

同日 第四野战军第45军进行平而

关战役。广西战役中越境外逃的国民党军第 17 兵团残部 7000 余人在兵团司令刘嘉树指挥下由越南高平地区回窜广西,企图经海路逃向海南岛。经过精心谋划,第四野战军第 45 军在平而关一带设伏待机,并以突然动作包围该敌。经两天激战,歼敌 6700 余人,生俘敌兵团司令刘嘉树以下 6100 余人,缴获火炮 44 门,各种枪 2341 支(挺)。

同日 《人民美术》杂志在北京创刊。该刊为中国美协的机关刊物。

2 月 2 日 外交部副部长李克农致电联合国,告知我国政府已任命冀朝鼎为我国出席将于 2 月 7 日开会的联合国经济暨社会理事会的代表。李克农副部长认为联合国各组织迄今仍不开除国民党反动派残余集团的非法代表是不合理的,并要求联合国迅速通知以张闻天为首的代表团及冀朝鼎出席联合国有关组织的时间。

同日 李宗仁电复"监察院",以接洽美援为由,决在美国遥领国事,拒绝赴台。

2 月 3 日 董必武主持召开第 18 次政务会议。会议原则批准中苏邮政、电信两协定草案。批准文教委主任郭沫若作的《关于文教委召开第二次全体委员会议准备工作的报告》。会议通过《印信条例》,《条例》规定,印信分"印"、"关防"两种,前者正方形,后者为长方形。中央人民政府及所属各级机关暨中央军委直属各部以及总政治部所属各级政治部均用"印";中国人民解放军总司令部及其所属部队以及所有临时性军事机关均用"关防"。印信一律用宋体字。中央人民政府印边长 9 公分,边宽 8 公厘。省、直辖市以上政府,中央机关及驻外使馆的印信一律边长 7 公分,边宽 6 公厘。上述机关所属对外行文的各级机关的印信则边长 6 公分,边宽 6 公厘。中央军委所属机关、部队

的印信尺度由军委规定。常设机关印信用铜质或铜镶木质,临时机关用木质。会议还通过《政务院关于 1950 年公路工作的决定》、《政务院关于 1950 年航务工作的决定》。

2 月 5 日 中南军政委员会在汉口成立。林彪任主席,邓子恢、叶剑英、程潜、张难先任副主席。中原临时人民政府宣告结束。中南军政委员会为政务院领导中南区地方工作的代表机关,行使中南人民政府的职权,统一领导河南、湖北、湖南、江西、广东、广西 6 省人民政府的工作。

2 月 8 日 外交部副部长李克农照会苏联驻中国大使馆代办史白夫:完全同意苏联政府提出的于最近期内委任国际特别军事法庭,审讯罪大恶极损害人类的日本五大细菌战犯的提议。五大战犯是:日本天皇裕仁、石井四郎中将医官、北野政藏中将医官、若松次郎少将兽医官和笠原行雄关东军参谋长。

同日 政务院副总理董必武代表中央人民政府向深受国民党残匪疯狂轰炸的上海市全体人民致深切的慰问,并向死难的同胞致以哀悼。

同日 广西省人民政府成立。张云逸任主席,陈漫远、李任仁、雷经天任副主席。

同日 西南军政委员会在重庆成立。刘伯承任主席,贺龙、邓小平、王维舟、熊克武、刘文辉、龙云任副主席。

2 月 10 日 董必武主持召开第 19 次政务会议。会议听取华东军政委员会副主席马寅初作的关于该会成立经过的报告;曾山副主席作的关于华东区生产救灾、征收公粮、推销公债和最近国民党飞机轰炸上海情形的报告。会议决定,成立审查华东军政委员会组织条例小组,由邵力子召集;成立审查华东军政委员会各单

位人选小组,由章乃器召集;责成中财委审查华东区农业税征收通则、华东新解放区农村减租条例。会议批准内务部长谢觉哉作的《关于目前生产救灾的报告》。报告主要谈了深入灾区检查与布置工作的情况,扶持副业生产度过灾荒、加强以工代赈、发放急赈粮和救济粮等问题。会议还听取了平原省政府委员杜毓沄作的关于平原省灾情的报告。会议决定,发给平原省急赈粮350万斤小米,加发河北、平原两省救济粮1200万斤小米。会议听取监委主任谭平山作的关于各级政府工作人员保守国家机密办法要点草案的报告。

同日　美国国务院声明,继续承认台湾当局,提供经济援助,反对在台实行公民投票以决定台湾前途。

2月11日—12日　12个自然科学学会在北京举行联合年会。这12个学会是:数学会、物理学会、化学会、动物学会、植物学会、生理学会、心理学会、昆虫学会、药学会、地学会、地质学会、海洋湖沼学会。会议通过了《自然科学学会会章》、《北京区自然科学12学会联合年会决议》。

2月13日　中财委主任陈云在全国财政会议上作《关于财经工作统一的决定》的报告。

同日　铁道部发布《关于消灭事故保证行车安全的命令》。

2月14日　中华人民共和国与苏维埃社会主义共和国联盟在苏联莫斯科克里姆林宫签订《中苏友好同盟互助条约》、《关于中国长春铁路、旅顺口及大连的协定》、《关于苏联政府给予中华人民共和国政府以长期经济贷款的协定》。周恩来总理兼外交部长和维辛斯基外交部长代表双方签字。由于签订友好同盟互助条约和关于中国长春铁路、旅顺口及大连的协定,周恩来总理兼外交部长与维辛斯基外

交部长互换照会,声明1945年8月14日中苏间所缔结之相当的条约和协定,均失去其效力;同样,双方政府确认蒙古人民共和国之独立地位,已因其1945年的公民投票及中华人民共和国业已与其建立外交关系而获得了充分保证。同时,维辛斯基与周恩来对苏联政府将苏联经济机关在东北从日本所有者手中所获得之财产无偿地移交中华人民共和国政府的决定,以及苏联政府将过去北京兵营的全部房产无偿地移交中华人民共和国政府的决定互换了照会。

2月15日　刘少奇为庆祝中苏友好同盟互助条约的签订,在首都北京,邀宴中央人民政府各部门负责人、各外交使节、各民主党派和人民团体的领导人700余人。刘少奇、朱德、苏联驻华大使馆代办史白夫等发表演说。

2月16日　董必武主持召开第20次政务会议。会议通过政务院关于《各级政府工作人员保守国家机密的指示》。会议批准江西、河南、山东三省人民政府关于即将分别召开省各界人民代表会议,执行本省人民代表大会职权,选举本省人民政府主席、副主席、委员的申请。

同日　内蒙古自治区人民政府由乌兰浩特迁到张家口。

同日　中国美协、新华书店总店在北京联合举办1950年全国年画展览会。

2月17日　毛泽东、周恩来从苏联致电刘少奇建议《政务院关于新解放区土地改革及征收公粮的指示草案》中涉及分配土地问题的第四部分暂缓发表。因此事不但关系富农,而且关系民族资产阶级。江南地区土改法令必须和北方地区有些不同。

2月24日　董必武主持召开第21次政务会议。会议通过《政务院关于新解放

区土地改革及征收公粮的指示》,《指示》说,华东、华中、华南、西北、西南的新解放区,由于准备工作及群众的觉悟与组织还未达到应有的程度,决定 1950 年秋收以后,开始实行土改。准备工作仍不充分的地区,待 1951 年秋收后,再实行土改。所有新解放区,在土改以前,应一律实行减租。通过《中苏互相交换邮件和包裹协定》、《中苏建立电报电话联络协定》。通过《政务院严禁鸦片烟毒的通令》。

同日　"立法院"在台北首次集会,380 余名"立法委员"联名请蒋介石复"总统"职。

2 月 25 日　中央人民政府秘书长林伯渠主持中央人民政府委员会关于中苏友好同盟互助条约座谈会。外交部副部长章汉夫报告国际上对中苏签约的反应。

2 月 27 日　成立中央救灾委员会,以董必武为主任,薄一波、谢觉哉、傅作义、李书城为副主任。董必武在会上作了《深入开展生产救灾工作》的报告。《报告》说,救灾的方针是:生产自救、节约度荒、群众互助、以工代赈、辅以必要的救济。中央准备再拨出 1.3 亿斤到 2 亿斤粮食,作为急救用。

同日　周恩来总理发布指令,政务院已经批准农业部关于 1950 年农业生产方针及粮棉增产计划的指示。政务院要求,各级人民政府根据这一指示,并按照当地具体情况,切实地进行今年农业生产的布置、督促和检查,以保证实现生产计划。

同日　河南公营新豫煤矿公司宜洛煤矿于 18 时 45 分,发生井下沼气爆炸,工人死亡 174 名,残废 2 人,轻伤 24 人。灾变直接原因是该矿煤层内含大量沼气,工人在井下划火吸烟引起爆炸。

2 月 28 日　中财委发布《关于国营、公营工厂建立工厂管理委员会的指示》。实行工厂管理民主化。

同日　著名诗人戴望舒因病逝世。

2 月　青年团中央召开第一次学校工作会议,研究在学校中开展新民主主义的学习问题。

同月　中国人民解放军遵照《关于一九五〇年军队参加生产建设工作的指示》,先后有三十个师参加了农业生产建设。黑龙江、新疆、江苏、宁夏、山东等地陆续建立了一批军垦农场。华南的林建一师和林建二师在广东的海南、湛江两地开始筹建橡胶和其他热带作物军垦农场。

同月　王式廓、丁井文、顾群合作油画《毛主席和斯大林》。

3 月 1 日　林伯渠、董必武主持中央人民政府委员会召开的座谈会。会议听取了陈云副总理作的关于统一国家财经工作的报告。

同日　蒋介石在台北复任"总统"。

3 月 2 日　海关总署函请伦敦汇丰银行、加尔各答汇丰银行、香港中国银行,冻结原国民党海关总税务司署所存的外币存款。

同日　中国美协召开年画座谈会。

3 月 3 日　董必武主持召开第 22 次政务会议。会议通过《政务院关于统一国家财政经济工作的决定》,《决定》规定:①成立全国编制委员会。②成立全国仓库物资清理调配委员会。③厉行节约。④全国各地所收公粮,除地方附加粮外,全部归财政部统一调度使用。⑤除批准征收的地方税收外,所有关税、盐税、货物税、工商税的一切收入,均归财政部统一调度使用。⑥全国各地国营贸易机关的业务范围的规定与物资调动,由贸易部统一指挥。⑦凡属国家所有的工厂企业,分三种办法管理。⑧指定人民银行为国家现金调度的总机构。⑨财政部必须保证军队与地方人民政府的开支及恢复人民经济所必需的投资。此件同日发出。会议还通过《公营企业缴纳工商业税暂行办法》、《中央金库条例》。会议决定成立专门小组，审查《关于统一全国各级人民政府党派群众团体员额暂行编制》、《全国各级人民政府 1950 年度暂行供给标准》及《政务院关于统一管理 1950 年度财政收支的决定》3 个草案。另外分别成立小组，审查《政务院关于全国仓库物资清理调配的决定》、《政务院关于统一国家公粮收支保管调度的决定》、《政务院关于统一全国国营贸易实施办法的决定》、《中南军政委员会组织条例》及中南区各项名单草案，和《中南区 1950 年工作任务草案》。

同日 文化部文物局在北海团城承光殿举行"虢季子白盘"特展，董必武、郭沫若、沈雁冰等前往参观。沈雁冰部长向刘肃曾颁发了奖状。虢季子白盘后拨交故宫博物院。

3 月 5 日 政务院发布《关于加强土盐检查和管理令》。

3 月 8 日 山东省人民政府成立。康生任主席。

同日 陈诚出任"行政院长"。

3 月 9 日 周恩来总理批准中财委对冻结之美国在华财产所拟三条处理意见：①建筑物及相随家具可征用，但详细登记，负责保管。②急需又不易买到的物资及易霉烂损坏物资，可作价征购，价款存银行冻结。③其余物资应尽可能封存冻结。

同日 南京博物院正式成立（前身为 1933 年成立的中央博物院）。

3 月 10 日 董必武主持召开第 23 次政务会议。会议听取周恩来总理兼外交部长作关于外交问题的报告。介绍访苏情况。会议原则通过《政务院关于春耕生产的指示》、《政务院关于全国仓库物资清理调配的决定》、《政务院关于统一全国国营贸易实施办法的决定》、《关于统一全国各级人民政府党派群众团体员额暂行编制草案》和《全国各级人民政府 1950 年度暂行供给标准草案》。

3 月 11 日 周恩来就原美领事馆枪弹事指示上海外事处。指示提出，关于原美领事馆枪弹事，如彼请求将其运回美国，可予照准；不运走，则封存。个人请求保留的自卫手枪及猎枪，也应遵照法令向公安局登记，并签具保证书，不得作其他用途，但不发给枪照。

同日 交通部、林垦部联合发布《公路行道树栽植试行办法》。

同日 教育部发出《关于坚持灾区教育工作的指示》。

3 月 12 日 毛泽东就土改中暂不动富农的策略，征询有关中央局及省、市委同志的意见。毛泽东说，在今冬开始的南方几省及西北某些地区的土地改革运动中，不但不动资本主义富农，而且不动半封建富农，待到几年之后再去解决半封建富农问题。这样做的理由：第一是土改规模空前大，容易发生过左偏向，如果我们只动地主不动富农，则更能孤立地主，保护中农，并防止乱打乱杀；第二是过去北方土改，是在战争中进行的，战争空气掩盖了土改空气，现在基本上已无战争，土改就显得特别突出，给予社会的震动特别显得重大，地主叫唤的声音将特别显得尖锐，如果我们暂时不动半封建富农，待到几年之后再去动他们，则将显得我们更加有理由，即是说更加有政治上的主动权；第三是我们和民族资产阶级的统一战线，现在已经在政治上经济上和组织上都形成了，而民族资产阶级是与土地问题密切联系的，为了稳定民族资产阶级起见，暂时不动半封建富农似较妥当。关于暂时不动富农的问题,我曾提出过,现在已到需要作决定的时机了,否则将错过时机,陷于被动。

12 日　人民解放军成立高炮师。

3 月 14 日　周恩来对纺织等十个专业会议代表们讲话。讲话包括五个问题:①外交问题。《中苏友好同盟互助条约》缔结后,世界和平民主阵营的力量更强大地表现出来,已超过了帝国主义侵略阵营的力量,两个阵营的斗争更加尖锐,外交阵线上敌、我、友的形势表现得更为清楚。②军事问题。到现在为止,全国绝大部分地区都已解放,只剩下西藏和台湾、海南、金门、舟山四岛。彻底干净地消灭反动残余集团的最后根据地,解放全中国是现在的中心任务。要把更多的人力、物力、财力放在军事上。③土改问题。从全国范围来说,实行土改的地区还未过半数,封建势力的根子仍没有消灭,因此,我们就必须逐步地、分期地实行土改。④财经问题。应当采取在国家统一政策的领导下实行因地制宜,在因地制宜的发展上走向统一的原则。⑤公安问题。要提高警惕,防止麻痹。

同日　政协第一届全国委员会工作会议举行第一次会议。参加会议的有政协全国委员会秘书长、副秘书长、工作组组长、各民主党派秘书长。会议决定:①为充实政协全国委员会的日常工作,由秘书长每周召集一次工作会议。②采取以下办法加强各民主党派间的联系:属于各民主党派共同事务性质的问题,如有一方提议,政协全国委员会秘书长得召集各民主党派秘书长联席会议,进行协商;有关重要宣传事项,需经各方协商者,得由政协全国委员会秘书长邀请各有关单位宣传部门开会商讨;举行各民主党派座谈会,每两周一次。③成立高级学习组,推定王昆仑、章乃器、邢西萍 3 人拟定计划和方案,并进行筹备工作。④成立文化俱乐部。

3 月 15 日　中财委发出《关于抛售物资、催收公债、回笼货币、稳定物价的指示》。决定采取以下措施:①不抛出货币,加紧催收公债、税款,使银根紧的现象遍及全国各中小城市,使全国物价均可能下降 10%;②在物价下降至一定程度时,有把握地增发货币,使物价恢复正常;③贸易部要改变过去由于通货不断膨胀形成的保守思想,放手抛售货物,大力回笼货币。

3 月 16 日　政务院党组干事会议定关于与党外人士合作的综合意见。意见指出,政务院机构中的党组会议不要代替行政会议;要健全政务院各部门行政会议的制度、办公制度和汇报制度,要保有一定的必要的形式,不可党内外不分,要"公事公办",同时要使党外负责人加强责任感,在其分工的职权范围内敢于做主;要善于区别党外人士中不同的对象,加以不同的使用;注意掌握与党外人士共事的发展过程;党的干部要有争取与党外人士长期合作的思想准备;对党外人士要在工作中给予实际教育;加强政协全委会中各小组的工作,增强政府与政协全委会中各方面党外人士的联系。

同日　数学家华罗庚自美国返抵北京。

同日　新华社莫斯科分社成立,首席记者李何。

3 月 17 日　周恩来主持召开第 24 次政务会议。会议批准文教委郭沫若主任作的《关于文教委工作计划要点的报告》。会议还通过《政务院关于 1950 年水利春修工程的指示》。

3月18日　交通部长章伯钧发表声明,指出最近起义驶往新加坡的海玄轮和在香港起义的各轮,以及在各国港口原属于国民党政府及中国官僚资本所有的各轮,均应为中华人民共和国所有,受中央人民政府交通部直接管辖。各轮只有我中央人民政府和我中央人民政府所委托的人员,才有权处置,决不容许任何人以任何手段侵犯、损坏、扣留、转移或干涉其行动。我中央人民政府的此项神圣的产权,应受到新加坡政府、香港政府和各国政府的尊重。

同日　中共中央发出《严厉镇压反革命分子的指示》,《指示》指出,对于反革命活动"各地必须给以严厉的及时的镇压,决不能过分宽容,让其猖獗"。《指示》规定了5条政策。

3月19日　中国科学院创办《中国科学》、《科学通报》、《中国科学精华》三种杂志。

3月20日　公安部发出布告。布告要求,①凡在中国境内居留的外国侨民及其团体,一律不准私设电台,倘有违反,严惩不贷;②外国侨民已装设电台或持有类似电台的设备者,自本布告公布之日起,限7日内拆除,并将电台及其附属设备呈缴当地公安局。

3月22日　周恩来总理签署政务院关于加强中央人民政府对中国银行的领导和监督的命令。命令指定南汉宸、曹菊如、马寅初、胡景沄、沙千里、章汉夫、章乃器、王绍鏊、龚饮冰、冀朝鼎、詹武、孙晓村、郑铁如等13人为中国银行官股董事,何香凝、陈嘉庚、司徒美堂、许涤新、李世璋5人为官股监事。中国银行原有之商股董监事,除战争罪犯外,均继续有效。

同日　美国通过5000万美元援台案。

3月23日　教育部发出《华北区国立高等学校学生人民助学金暂行条例及各校人民助学金暂定限额的规定》。

3月24日　周恩来主持召开第25次政务会议。会议通过《政务院关于统一管理1950年度财政收支的决定》。《决定》规定:①国家财政统一于中央人民政府。税收制度、财政收支程序,供给工资标准、行政人员编制及全国总预决算,均由财政部根据中央人民政府委员会批准的全国财政收支总概算会商有关部门统一制定或编制,分别呈经政务院批准或转呈中央人民政府委员会批准后实行。②各地所收的国家公粮及其折征的代金或其他实物、关税、盐税、货物税、工商业税,均归中央人民政府所有。③军事开支统由军事系统按月按季编造预算,逐级审查,由中央军委总后勤部在全国财政收支概算军事部分范围内批准后,转请财政部按全国财政收支概算军事应支部分,加以核实支拨。④统一财政必须严格执行预决算、审会计制度及严格的财政监察制度。会议通过《政务院关于统一国家公粮收支、保管、调度的决定》,《政务院关于在国家财政经济部门中建立保卫工作的决定》,《政务院关于改变粮食加工标准、增加食用粮食的决定》。原则通过《关于废除各地搬运事业中封建把持制度暂行处理办法》。

3月25日　出版总署发出《关于统一全国新华书店的决定》。

3月25日—9月6日　西北各民族参观团在北京参观学习。

3月27日　中国和苏联两国政府在莫斯科签订关于创办中苏民用航空股份公司的协定以及创办两个股份公司的协定,其中一个为石油公司,另一个为有色金属公司。有效期为30年。

3月28日　中共中央发出《关于改新华社为统一集中的国家通讯社的指示》,

规定今后新华社的各总分社、分社和支社，除向总社发稿和印发总社的稿件外，不应再单独对外发稿；其所有人员，应全部交新华社统一调度与供给。

3 月 29 日　外交部长周恩来通知国际电讯联盟秘书长艾奈斯特博士，中华人民共和国中央人民政府业已任命邮电部电信总局局长李强为参加国际电讯联盟的首席代表，请予查照，并希转知国际电讯联盟有关各国及其行政理事会。通知还指出，本年 4 月 1 日在意大利召开的国际广播会议，如仍容许中国国民党的所谓"代表"参加，中华人民共和国中央人民政府将认为这是对我中国人民的一种最不友好的举动。

同日　新闻总署召开全国新闻会议，决定中央人民广播电台增设蒙语、藏语、朝鲜语广播。

同日　中国民间文艺研究会成立。郭沫若为理事长，老舍、钟敬文为副理事长。

3 月 29 日—4 月 16 日　全国新闻工作会议在北京召开，胡乔木作长篇报告《关于改进报纸工作问题》。

3 月 31 日　周恩来主持召开第 26 次政务会议。会议批准《邮电部关于全国电信会议综合报告》。会议通过《契税暂行条例》。会议还通过《政务院接受中国搬运工会第一届代表大会关于设立搬运公司废除各地搬运事业中封建把持制度之建议的决定》。

3 月　香港拍摄的电影《清宫秘史》在北京、上海等地上映，5 月 3 日停映。

同月　第一次全国统战会议在北京召开。中共中央统战部长李维汉在会上作了《人民民主统一战线的新形势与新任务》的报告，指出要加强民族团结，重视人民团体的重要作用，继续巩固同民主党派的合作，通过政权机关和人民政治协商机关，做好统战工作。就会议中反映出来的问题，周恩来、李立三、陈云到会作了报告，毛泽东作了重要指示。

4 月 1 日　中国和印度共和国建立外交关系。

同日　湖南省人民政府成立。王首道任主席，袁任远、唐生智、程呈龄、谭余保任副主席。

同日　中央美术学院在北京正式建立，徐悲鸿任院长。其前身为华北大学第三部和北京艺专。

同日　《人民戏剧》在上海创刊。创刊号卷首刊印了毛泽东 1944 年看了《逼上梁山》后写给杨绍萱、齐燕铭的亲笔信。

同日　台湾"立法院"修订《惩治叛乱条例》，扩大惩处范围，加重惩处标准。

4 月 2 日　中央戏剧学院在北京正式建立，欧阳予倩任院长。其前身为 1949 年 10 月建立的国立戏剧学院。

4 月 3 日　周恩来总理兼外交部长就我国民航飞机在香港被炸毁事发表声明，我国民航飞机 7 架，在由英警负责警卫的香港政府军事禁区内被炸毁事件，香港政府应负完全直接责任。并应立即将两航公司所有在港的资产，完全交由我中央人民政府民航局委托的人员处理。在两航公司飞机及其一切资产尚在香港期间，香港政府仍应对之负保护的全责。

4 月 3 日　中共中央发出指示要求在民族杂居地区成立民族民主联合政府。指示说，西南汉族与藏、苗、彝等族居住的专区和县的各级政府，若当地少数民族占多数时，原则上应按各民族人口比例，分配当地政府委员会及人民代表会议的名额，大量吸收少数民族中能够和我们合作的人参加政府工作。若当地少数民族占少数时，各少数民族在当地政府机关中均应有相当名额的代表。政府凡在处理关涉到少数民族的工作问题时，必须和少数民族的委员充分协商，力求取得他们的同意，然后做出决定。在初解放的地区一时不可能依上项原则组成政府委员会，则可先成立民族协商委员会，作为过渡方式。民族杂居地区政府的各种工作，无不与当地各个民族相关联，因此当地的整个政府都要做少数民族的工作，即不需要再设立民族事务委员会。

同日 教育部与北京市文教局联合创办的北京实验工农速成中学开学。

4月6日 中国科学院接收前中央研究院各机构。主要有前中央研究院的社会研究所、物理研究所、气象研究所、天文研究所、地质研究所及前中国地理研究所。

4月7日 周恩来总理主持召开第27次政务会议。会议通过《政务院关于实行国家机关现金管理的决定》。决定说，政务院为有计划地调节现金流通及节约现金使用，特决定对国家机关实施现金管理，并指定中国人民银行为现金管理的执行机关，负责办理及检查有关现金管理事宜。凡一切公营企业、机关、部队及合作社等所有现金及票据，除准予保留规定之限额外，其余必须按中国人民银行存款办法存入当地中国人民银行或其委托机构，不得存入私营行庄。

4月11日 毛泽东主持召开中央人民政府委员会第六次会议。会议听取周恩来报告中苏条约协定签订经过。批准了1950年2月14日在莫斯科签订的《中苏友好同盟互助条约》、《中苏关于中国长春铁路旅顺口及大连的协定》及《中苏关于贷款给中华人民共和国的协定》。会议听取中南军政委员会林彪主席作的中南工作情况的报告和西南军政委员会邓小平副主席作的西南工作情况的报告。任命李富春为政务委员兼政务院财政经济委员会副主任、重工业部部长（陈云副总理辞去重工业部部长兼职），张闻天为中华人民共和国出席联合国首席代表。批准任命杨秀峰为河北省人民政府主席，程子华为山西省人民政府主席，黄敬为天津市人民政府市长，李先念为湖北省人民政府主席，王首道为湖南省人民政府主席，邵式平为江西省人民政府主席，吴德峰为武汉市人民政府市长，卢汉为云南省军政委员会主席，陈赓为云南省人民政府主席，廖志高为西康省人民政府主席，阎红彦为川东人民行政公署主任，李大章为川南人民行政公署主任，李井泉为川西人民行政公署主任，胡耀邦为川北人民行政公署主任。

同日 周恩来批准发表《政务院财政经济委员会关于加强公粮保管工作的指示》。要求各级地方领导机关、财政及粮食管理部门提高政治警惕，注意保护公粮，严防敌特匪徒破坏、抢劫、纵火以及有组织有计划的偷盗，反对思想麻痹及工作不负责任的态度。一切较大的公粮库，均须组织武装警卫，建立健全公粮管理机构。

同日 中国科学院派出郭宝钧率领的发掘团前往安阳，恢复中断13年的殷墟发掘工作。

4月12日 中财委决定向农村投放5000亿元（旧币），以解决物价下落，银根吃紧，货币大量集中在城市，没有下乡的状况。

4月13日 毛泽东主持召开中央人民政府委员会第七次会议。会议批准中财委陈云主任作的《关于财政状况和粮食状况的报告》。会议通过《中华人民共和国婚姻法》。

同日　周恩来在统一战线工作会议上作《发挥人民民主统一战线积极作用的几个问题》的报告。指出，党政有联系也有区别。党的方针、政策要组织实施，必须通过政府，党组织要保证贯彻。党不能向群众发命令。非党人士要有职有权。有关文件等也要交非党人士审查，一切指示、法令也要他们修改。

4月14日　在第12兵团机关基础上组建的中国人民解放军海军领导机构，在北京宣告成立。肖劲光任司令员兼政治委员。

同日　周恩来主持召开第28次政务会议，会议批准《政务院关于全国林业工作的指示》。《指示》说，我国现存的森林面积约占领土面积的5%，木材产量向感不足。而大部分地区对森林的破坏和滥伐行动，迄未停止。当前林业工作的方针，应以普遍护林为主，严格禁止一切破坏森林的行为。其次，在风沙水旱灾害严重的地区，应选择重点，发动群众，斟酌土壤气候各种情形，有计划地造林。同时，应制订各森林区的合理的采伐计划，并推行节约木材的社会运动。会议批准绥远省人民政府董其武主席作的《关于绥远工作情况的报告》和山西省人民政府程子华主席作的《山西省第一届各界人民代表会议的总结报告》。

4月14日　民族事务委员会副主任委员乌兰夫、刘格平在上报中共中央《关于对新疆少数民族宗教问题的意见》提出，对于少数民族宗教问题的态度应十分审慎，切忌急躁。必须毫不动摇地坚持信教自由政策。在少数民族广大群众的觉悟未提高前，不要轻言改革。回教中的阿訇、满拉等在群众中都有一定的影响，目前不要反对他们一般的宗教剥削和宗教权利。对于勾结匪特及帝国主义的阿訇、满拉，处理时要向群众揭露其罪恶，而不要提及他们的宗教身份。6月10日中共中央批转了此件，并认为上述意见是正确的。

4月15日　周恩来在公安部长罗瑞卿4月15日报送的公安部第十次部务会议研究新解放区农村治安问题的简报上作出批示：起草指示时应掌握既坚决又慎重的方针。必须认清新区暴乱有为敌特组织或利用的，有落后群众在地方匪霸诱骗之下参加的，也有的是落后群众自发的。我们决定政策必须区别不同情况，对反革命的敌特匪霸头头必须坚决镇压，对被胁迫或被诱骗的落后群众要进行教育。

4月15日—18日　中国致公党在广州召开第四次全国代表大会。通过了政治报告，修改了党章，取消了"三大"所通过的政纲，接受中国人民政协共同纲领为政纲。会议决定停止在国内发展组织，加强团结华侨的工作，号召华侨回国投资参加社会主义建设。

4月15日—25日　中国民主促进会在北京举行建国后第一届全国代表大会。会议接受中国人民政协共同纲领为本会纲领，会议选举产生新的中央委员会，选举马叙伦为主席，王绍鏊、周建人为副主席，许广平为秘书长。

4月16日　毛泽东致电上海市长陈毅，称，目前处在转变的紧张时期，力争使转变进行得好一些，不应当破坏的事物，力争不要被破坏，或被破坏得少一些，把握住了这一点，就可以减少粗力，就有了主动权。

同日　中央文化部颁发1950年新年画创作奖金。

4月16日—5月5日　财政部召开全国农业税税法会议。会议修定新解放区农业税条例时，规定新解放区的负担面为

90%；各阶层负担比例：贫农 7%～10%，中农 17%～20%，富农 27%～30%，地主不超过 60%，特殊情况者不超过 80%。

4 月 19 日　中共中央发出《关于在报纸刊物上展开批评和自我批评的决定》。

4 月 21 日　周恩来主持召开第 29 次政务会议。会议通过劳动部长李立三作的《关于全国劳动局长会议综合报告》和《中华人民共和国工会法》、《劳动部关于在私营企业中设立劳资协商会议的指示》、《政务院关于开展职工业余教育的指示》。会议决议：成立小组审查《省、市劳动局暂行组织通则》、《劳动介绍所组织通则》和《失业技术员工登记介绍办法》三个草案。会议批准新闻总署胡乔木署长作的《关于新闻工作会议的报告》和《新闻总署关于改进报纸工作的决定》、《新闻总署关于建立广播收音网的决定》、《新闻总署关于分发"参考消息"的办法》。

同日　台湾"省政府"公布四种"地方自治"法规。

4 月 22 日　政务院复示西北军政委员会主席彭德怀，同意对青海游牧区旧千百户暂时给以委任状，使其在上级人民政府领导之下执行职务，以便安定社会秩序，接近群众，发现为多数人民所愿意采取的新的政权形式。

4 月 25 日　中国长春铁路公司正式成立。该公司理事会主席由中方代表充任，副主席由苏方代表充任，其他领导职位也由中苏两方分别担任，在共同管理期间，每隔一年轮换一次。

同日　新闻总署通过《关于统一新华通讯社组织和工作的决定》，以便充分发挥其作为国家通讯社的作用，真正成为代表国家发布新闻的机关。

4 月 26 日　中共中央就关于实行民族区域自治和其政府名称问题指示西南局并其他中央局。指示说，经中央人民政府认可为民族自治区者，其政府的名称可采用某某自治区人民政府，但不要在"政府"二字上面冠以"自治"二字。

4 月 28 日　周恩来主持召开第 30 次政务会议。会议批准《民族事务委员会关于当前民族工作问题报告》中提出的当前民族工作的方针，是如何尽量减除民族间残存的隔阂和歧视，加强和巩固各民族人民的团结及推行民族区域自治，并尽可能有计划、有步骤地帮助各少数民族逐渐发展其政治、经济和文化。由于各少数民族地区政治、经济、文化发展的极不平衡，我们的一切工作必须采取慎重缓进的方针，稳步前进。一切急性的做法，必会犯错误甚至造成严重的损失。会议还听取黄绍竑政务委员报告《关于奖励发明、生产技术改进与合理化建议的决定》及《保障发明权与专利权暂行条例》的审查意见。

同日　外交部长周恩来致电联合国赖伊秘书长并转达经济暨社会理事会与亚洲及远东经济委员会各会员国，中华人民共和国中央人民政府业已任命冀朝鼎为出席联合国经济暨社会理事会所属亚洲及远东经济委员会 5 月 16 日在曼谷召开的全体委员会会议的代表。中国国民党反动派残余集团的非法代表没有参加该委员会会议的资格，必须从该委员会驱逐出去。

同日，外交部长周恩来分别致电国际红十字协会秘书鲁希和红十字会国际委员会杜旭沙秘书长，中华人民共和国中央人民政府是代表中国人民的唯一合法政府。请即将中国国民党反动派残余集团的所谓"代表"从国际红十字协会开除出去，并转知国际红十字协会各机构及有关各国红十字会。

4 月 29 日　政务院秘书厅通知政务

院所属各部门,奉总理指示,上海失业工人亟待救济,现决定中央人民政府及其所属中央各机关之工作人员每人一次捐出小米 2 斤。各机关分别向工作人员传达并宣传动员,使其了解对于多年以来坚持反帝反国民党反动统治英勇斗争的上海工人给予救援,是我们光荣的任务。

4 月 30 日 教育部发出通告,根据政务院的决定,废除旧的 4 月 4 日儿童节,规定 6 月 1 日为儿童节。

4 月 中央音乐学院建立。

同月 电影局颁布《中央电影局各厂剧本及影片审查办法》。

同月 文化部和西北军政委员会商定,将敦煌艺术研究所改为敦煌文物研究所。

5 月 1 日 人民解放军解放海南岛。

同日 《人民教育》创刊。毛泽东为该刊题词:"恢复和发展人民教育是当前重要任务之一。"1951 年 7 月,教育部作出规定,《人民教育》为教育部机关刊物。

同日 中共中央发出《关于在全党全军开展整风运动的指示》。

同日 台湾当局在中国人民解放军强大攻势下,令海南岛守军撤往台湾。

5 月 5 日 周恩来主持召开第 31 次政务会议,会议批准《司法部 1950 年夏季工作计划》、《省、市劳动局暂行组织通则》、《东北人民政府组织大纲》。

同日 政务院颁发《各大行政区高等学校管理暂行办法》,规定除华北区高等学校由教育部直接领导外,其他各大区高等学校暂由各大行政区教育部或文教部代表教育部领导。

同日 外交部长周恩来分别致电联合国赖伊秘书长和万国邮政联盟执行及联络委员会赫斯秘书长,中华人民共和国中央人民政府业已任命我邮电部邮政总局苏幼农局长为参加万国邮政联盟执行及联络委员会代表,并出席该委员会本年 5 月 15 日起在瑞士蒙特罗举行的会议,请予查照电复,并通知万国邮政联盟为我代表办理进入瑞士之签证。

同日 中国国民党发起"战时生活运动"。

5 月 6 日 政务院就流入城市之灾民处理方针,致电华东军政委员会并转南京市并告各大行政区、直属省市。对进入城市的农村灾民,唯一的办法,只有遣送回乡,即由城市公安局负责办理登记,发给车船票或路费及若干救济粮,送其返乡。各大行政区军政委员会责成各省、县人民政府在有灾情的地区,采取一切方法阻止灾民入城。对城市若干游民,则应仿照上海办法,强制送往外地开垦生产。

同日 地质学家李四光自英国返抵北京。

5 月 6 日—26 日 中财委召开七大城市工商局长会议。会议分析了工商业普遍存在商品滞销、生产减产、私营工商业大批停工歇业、失业人数大幅度上升的原因,提出了具体措施,会议还着重研究了调整工商业的公私关系问题。

5 月 8 日 外交部长周恩来致电联合国赖伊秘书长并请转达经济暨社会理事会与亚洲及远东经济委员会各会员国:中华人民共和国中央人民政府业已任命出席亚洲及远东经济委员会的代表冀朝鼎兼任出席 5 月 9 日在曼谷召开的工业及贸易委员会会议的代表。请即转达有关各方,并迅速通知泰国政府对我代表给予入境签证。

同日 外交部副部长章汉夫就英国谈判代表胡阶森临时代办 4 月 28 日递交的公函,向英国政府提出抗议,并要求采取必要措施,立即撤销对中国人出入香港之一切限制。

5月9日　中国与瑞典王国建交。

5月10日　周恩来对中国保卫世界和平大会委员会郭沫若主席报送的《关于响应世界和平大会禁用原子武器的宣言在全国各地开展签名运动的报告》作出批示，指出，应即通知在京各机关单位、部队、学校、国营工厂，并告各级政府，发起保卫世界和平签名运动。

同日　出版总署胡愈之署长在华北区新华书店和三联书店分店经理会议上作《出版发行工作的新方向》的报告。

5月11日　第三野战军一部解放东山岛。

同日　中国与丹麦王国建交。

5月12日　周恩来主持召开第32次政务会议。会议批准《中苏贸易协定》，批准华侨事务委员会廖承志副主任作的《一二三月份华侨工作的报告》及侨委的工作方针，批准《法制委员会1950年夏季工作计划》。

同日　外交部周恩来部长分别致电联合国赖伊秘书长，联合国粮食及农业组织陶德总干事，世界卫生组织戚任姆总干事，联合国教育、科学及文化组织鲍台特总干事，及世界气象组织秘书处斯渥波达主任，通知他们，中华人民共和国中央人民政府是代表中国人民的唯一合法政府，中国国民党反动派残余集团的所谓"代表"现已完全没有资格参加各该组织，必须将这些非法"代表"从各该组织的各项机构和会议中驱逐出去。

5月13日　毛泽东转发上海市长陈毅关于上海打退四月危机的报告给各中央局，并批示：上海打退四月危机的经验及目前采取的各项政策，是各地大城市党委值得研究的，请将此项报告转发各主要城市党委研究。陈毅报告的主要内容为，

1950年3月和4月，上海社会秩序比较混乱，敌特活动表面化，税收、公债政策受到攻击，劳资关系紧张，人心浮动，上海市解决上述问题稳定局势的经验和采取的政策主要是：调整公私关系，实行公私兼顾政策；改善劳资关系，照顾双方利益；适当减少税收；救济失业工人；开展自我批评，纠正工作中的缺点等。

同日　周恩来同意水利部提出的组织各级防汛领导机关办法，中央级拟即指定董必武为主任，水利部长傅作义、军委作战部长李涛为副主任。

同日　蒋经国宣布破获中共台湾省工作委员会秘密组织。

5月15日　外交部长周恩来就驻日盟军最高统帅麦克阿瑟3月7日公布在日执行徒刑的一切战犯可获得提前释放一事发表声明。声明指出，中华人民共和国中央人民政府认为驻日盟军最高统帅麦克阿瑟违法越权的行为，不仅破坏了第二次世界大战中远东同盟国关于设立国际军事法庭的协议，不仅破坏了远东国际军事法庭惩治日本战犯的庄严判决，同时，这种狂妄行为，必然严重损害中国人民以八年血战换来的制裁日本战犯的基本权利，损害中国人民防止日本法西斯侵略势力复兴的基本利益。因此中华人民共和国中央人民政府对于麦克阿瑟以单方命令擅自规定提前释放日本战犯一节，绝对不予承认。同时郑重声明，美国政府对于麦克阿瑟这种违法越权行为，负有立即撤销与纠正的完全责任。

5月16日　政务院发布《关于全国林业工作指示》。

同日　蒋介石发表《为撤退海南、舟山国军告全国同胞书》，称此举为集兵保台，并声称：一年准备，二年反攻，三年扫荡，五年成功。

5 月 17 日 外交部副部长章汉夫就英国政府下令扣押我留港飞机一事,向英国政府临时代办胡阶森提出抗议,请他转达英国政府立即解除中国、中央两航空公司的 70 架飞机的扣押。

5 月 19 日 周恩来主持召开第 33 次政务会议。会议听取中央救灾视察团对皖北、苏北、山东灾情视察报告,并决议责成中央救灾委员会抓紧进行救灾工作,在董必武主任健康未恢复前,其职务由周恩来总理代替。会议通过《政务院关于救济失业工人的指示》及《救济失业工人暂行办法》。会议通过周恩来关于成立中央复员委员会的提请,决定设委员 17 人,周恩来为主任,聂荣臻为副主任。

同日 人民解放军解放舟山群岛。

5 月 20 日 毛泽东主席对沈阳市政府拟铸"毛泽东铜像"一事批示,铸铜像影响不好,故不应铸。

同日 刘少奇致信薄一波、刘澜涛,指出创办合作社,在目前新民主主义阶段,只能部分地代替私人商业,而不能也不应该全部代替私人商业,因而它不能完全免除商人的中间剥削。

5 月 21 日 中共中央发出《关于发展和巩固党的组织的指示》。

5 月 22 日 周恩来对政务院各部门中级干部讲话。他说,经济建设是今天一切工作的中心,我们决定政策都要以生产为中心。关于农业生产,农村的土地改革也是为了解放农业生产力。关于工商业,我们的政策是,凡有利于国计民生的,就要保护和尽力扶植,人民政府必须引导社会游资和无益于国计民生的商业资本投入工业及其他生产事业中去,现在就是要使五种经济在国营经济领导下分工合作各得其所。对逃往香港的工商界的态度是"允许观望,反对逃避"。现在回来,短期内不容易获得很好的利润,我们不勉强别人,同时我们也反对把资金逃到美国去。关于国营企业的经营,贸易公司、合作社等国营企业,是需要发展的,但要量力而为;粮食、布匹、煤我们是要掌握的,因为这是人民生活的必需品,但也不能把这些物资完全掌握在政府手里;机关生产为改善职工生活是好的,但不允许违反国家的经济政策,如自搞门市部,使市场受到影响,物价波动。

同日 外交部发言人就中英两国建立外交关系谈判事发表谈话。谈话指出,中英建立外交关系问题的谈判于 3 月 2 日正式开始。我方曾在谈判中,向英国代表提出关于中英两国建立外交关系的程序问题,其中最重要与必须先行解决者,为英国政府与中国国民党反动派残余的关系问题。事实上,英国政府五个月来在联合国所属一切机构中对中国代表权问题一贯投弃权票;而对现在香港为中华人民共和国中央人民政府民航局所属中国、中央两航空公司所直接保有的飞机,香港英国当局既多方阻难其起飞返回,又不真正负责保护,以致其中七架遭受破坏。中华人民共和国中央人民政府请英国政府对这种言行不符之中心问题,再进一步予以澄清。

5 月 24 日 毛泽东主席指示周恩来总理,西藏代表必须来京谈判,不要在香港谈判。

同日 政务院发布《禁止珍贵文物图书出口暂行办法》。为防止文物图书继续散佚制定了十条具体措施。

同日 政务院为颁发《古文化遗址及古墓葬之调查发掘暂行办法》,特发通令。通令说,我国所有名胜古迹,及藏于地下,流散各处的有关革命、历史、艺术的一切文物图书,皆为我民族文化遗产。各地原有或偶然发现的以及在反恶霸斗争、土改中应没收的有价值的建筑、文物、图书等文化遗产，应由各该地方人民政府及文教、公安机关妥为保护，严禁破坏、损毁及散佚，并详细登记呈报文化部。严禁任意采捕稀有生物和珍贵化石。并为有计划地调查及发掘古文化遗址及古墓葬，制订了21条具体办法。

5月25日　陈云在上海、北京等七大城市的工商局长会议上作总结报告。报告说，现在工商界主要的困难，是商品滞销，由此而引起工厂关门，商店歇业，失业者增加。解决目前工商业困难的办法是：重点维持生产，开导工业品的销路，组织资金周转，帮助私营工厂改善经营管理，重点举办失业救济。

同日　第四野战军一部解放万山群岛。

5月26日　教育部发出《关于高等学校一九五〇年度暑期招考新生的规定》，由各大行政区分别在适当地点定期实行全部或局部的联合或统一招生，并允许各校自行招生。

5月30日　周恩来主持召开第34次政务会议。会议批准《政务院关于1950年新解放区夏征公粮的决定》。

同日　外交部长周恩来致电联合国赖伊秘书长，我中央人民政府已任命孟用潜为出席联合国托管理事会的代表，联合国及所属各组织除万国邮政联盟外，迄今仍容留中国国民党反动派残余集团的非法"代表"是不合理的。

同日，外交部长周恩来分别致电联合国赖伊秘书长及国际民用航空组织罗拜秘书长，声明必须将中国国民党反动派残余集团的所谓"代表"从该组织的各项机构和会议中驱逐出去。

同日　电影局成立影片审查委员会。

5月31日　周恩来致电东北人民政府主席高岗，告之苏联大使馆5月初曾提出拟遣送曾参加日伪宪警之中国籍俘虏224名返国，我方于5月19日答复同意。外交部并于同日函请中央公安部指示东北公安部准备接收。这批俘虏可当中国战俘看待，但政治工作要加强。

5月　中共中央决定成立毛泽东著作出版委员会，以中央名义编辑一部具有权威性的《毛泽东选集》，在全国出版发行。

同月　吴晓邦的《新舞蹈艺术概论》由上海三联书店出版。这是中华人民共和国成立后出版的第一本舞蹈理论著作。

6月1日　毛泽东等国家领导人分别为"六一"儿童节题字、题词。毛泽东题字"庆祝儿童节"；朱德题词"新中国的儿童，要爱祖国，爱科学，爱劳动，准备好好的建设新中国"；刘少奇题词"重视儿童的权利，保护儿童的健康"；宋庆龄题词"今天是新中国成立后的第一个儿童节，我们要使他们得到温暖的保育，俾养成健全的体格，使成为革命的生力军，肩负建设新中国的伟大任务"；李济深题词"为着我们后一代的进步幸福，我们在今日就要尽力于保育工作"；张澜题词"幼有所长为大同之根基"；周恩来题词"为孩子们的健康祝福"。

同日　政务院发出《关于开展职工业余教育的指示》，要求争取在三五年内做到职工现有文盲一般能识字1000千个上下，并具有阅读通俗书报的能力。

同日　《大众电影》在上海创刊。

6月1日—9日　教育部在北京召开第一次全国高等教育会议。会议讨论了改造高等教育的方针和新中国高等教育建设的方向。通过了《高等学校暂行规程》《专科学校暂行规程》《关于实施高等学校课程改革的决定》《关于高等学校领导关系的决定》《私立高等学校管理暂行办法》等5项草案。

6月2日　周恩来主持召开第35次政务会议。会议原则批准监委处理河南新豫煤矿公司宜洛煤矿沼气爆炸灾变事件的通报。原则批准内务部谢觉哉部长作的《内务部1950年夏季工作计划的报告》。会议决议:监委组织条例草案和聘请监察通讯员试行办法草案皆可试行;监委工作人员可否兼任行政工作的问题,仍依照政协会议中所决定的精神处理,以不兼职为好。

6月3日　政务院成立1950年暑假高等学校毕业生工作分配委员会,直接办理全国公私立高等学校1.8万名毕业生的工作分配事宜。经全国统一调配,本年全国毕业生的半数分配到国家重点建设的东北地区。

同日　中央防汛总指挥部成立。

同日　台湾"教育部"订颁《戡乱教育实施纲要》。

6月5日　外交部长周恩来致电联合国赖伊秘书长,请其通知国际法委员会与国际劳工组织,应把国民党残匪代表驱逐出去。

6月5日—8日　林垦部召开春季造林会议。

6月6日　政务院颁发《政府系统机要部门组织暂行员额编制》。文件对各级机要部门的定员、密码方针、密码的颁发等作了规定。

6月6日—9日　中共七届三中全会在北京召开。会议确定了党在国民经济恢复时期的主要任务及所应采取的战略策略方针。

6月8日　周恩来在全国高等教育会议上发表讲话。他说,新民主主义的教育是民族的、科学的、大众的教育。我们的

高等教育首先就要向工农开门,培养工农出身的新型知识分子。劳动创造世界,科学也是体力劳动和脑力劳动的产物,我们应该以科学理论作为教育的内容,教育要有民族的形式。我们的教育应该理论与实际一致,不应该犯脱离实际的教条主义错误,也不应该陷入没有理论指导的经验主义错误中去,这样才能使青年少走弯路,少碰钉子。这是教育者的责任。

同日　中国与缅甸联邦社会主义共和国建交。

6月9日　中国与印度尼西亚联邦共和国建立外交关系。

6月10日　台湾当局以"通共罪",将前"副参谋总长"吴石和"第四兵站总监"陈宝全枪毙。

6月14日—23日　政协第一届全国委员会第二次会议在北京举行。

6月15日　政务院发布《关于禁止砍伐铁路沿线树木的通令》。

6月16日　政务院颁布《征集革命文物令》,中央革命博物馆业已在北京成立筹备处,正式开始征集整理工作。要求全国各地区对一切有关革命的文献与实物,即应普遍征集。

6月17日　中央音乐学院在北京成立。

6月18日　台湾当局以"通共策反汤恩伯罪",判处首任台湾行政长官,前"浙江省主席"陈仪死刑,执行枪决。

6月19日　毛泽东就学生健康问题写信给教育部长马叙伦。信中说:"要各校注意健康第一,学习第二。营养不足,宜酌增住费。学习和开会的时间宜大减。病人应有特殊待遇。全国一切学校都应如此。"

同日　新中国空军的第一支航空兵部队——第4混成旅在南京组建。

6 月 22 日 政务院颁布《关于分配全国公私立高等学校本年暑假毕业生工作的通令》。

6 月 24 日 周恩来主持召开第 36 次政务会议。

会议原则通过《中央人民政府人民革命军事委员会、政务院关于人民解放军 1950 年的复员工作的决定》。决定说，复员工作的总原则是，服从国家经济建设与国防军建设的需要。人民解放军和地方各级人民政府对复员军人必须妥为安置，使之各得其所。同日下午，中央军委与政务院联席会议通过了复员工作的决定。

同日 教育部颁发高等学校校历。校历规定：一学年分两学期，第一学期自 8 月 1 日至次年 1 月末，上课 145 天；第二学期自 2 月 1 日至 7 月末，上课 144 天。暑假 62 天，寒假 14 天。

同日 政务院公布《铁路留用土地办法》。

6 月 25 日 政务院公布第四十二次政务会议通过的《关于救济失业教师与处理学生失学问题的指示》。

6 月 26 日 周恩来主持召开第 37 次政务会议。会议批准新疆省人民政府鲍尔汉主席作的《新疆省人民政府成立后 5 个月工作总结报告》，批准青海省人民政府赵寿山主席作的《青海省工作报告》，批准甘肃省人民政府邓宝珊主席作的《甘肃省工作报告》。

周恩来在"关于西北地区民族问题"的总结发言中指出，要切实根据共同纲领中的民族政策办事，做好民族工作，要在经济工作方面多给少数民族地区一些照顾，多搞水利和轻工业。民族问题一不小心便会出乱子，凡涉及民族问题较重要的应请示大行政区，更重大的必须请示中央。

6 月 27 日 周恩来主持召开第 38 次政务会议。会议批准广东省人民政府叶剑英主席作的《广东省工作报告》，批准广西省人民政府张云逸主席作的《广西省人民政府半年来工作报告》，批准湖南省人民政府王首道主席作的《湖南省人民政府工作报告》。

同日 东北人民政府卫生部王斌部长因违反中央规定，擅自对外交涉事务，受到中共中央的通报批评。通报说，王斌 6 月 24 日致函苏联驻沈阳总领事，呼吁苏联帮助扑灭鼠疫。中央认为，东北人民政府应给卫生部长王斌以应得之处分，东北人民政府在领导上亦应注意检讨，以免重复此种错误。各地亦应以此为戒。

同日 美国总统杜鲁门下令美国第七舰队协防台湾，遏止对台湾的任何攻击，促使"台湾中立化"。杜鲁门发表声明，称"台湾未来地位的决定必须等待太平洋安全的恢复对日和约的签订或经由联合国考虑"。

6 月 28 日 毛泽东主持召开中央人民政府委员会第八次会议。周恩来总理兼外交部长作了关于目前国际形势的报告。报告说，杜鲁门制造了朝鲜事件，并于 6 月 27 日在华盛顿发表了一个破坏远东和平、挑战性的声明，他要以战争来干涉为民族独立而斗争的国家的内政。杜鲁门已命令美国的空海军部队给予南朝鲜政府部队以掩护及支持，并公开干涉我们对台湾的解放。我们要警惕、检举美帝对中国人民的敌视行动。联合国在美国的压力下通过是非颠倒的决议，要求北朝鲜停战并撤至三八线。对此我们不能不表态。会议通过《中华人民共和国土地改革法》，通过《中华人民共和国工会法》。

会议通过政协全委会第一届二次会议提出的中华人民共和国国徽图案及对

该图案的说明：国徽的内容为国旗、天安门、齿轮和麦稻穗，象征中国人民自五四运动以来的新民主主义革命斗争和工人阶级领导的以工农联盟为基础的人民民主专政的新中国的诞生。国徽及其说明9月20日公布。会议批准任命高扬为辽东省人民政府主席，周持衡为吉林省人民政府主席，刘云鹤为鞍山市人民政府市长，张澎为抚顺市人民政府市长，柯庆施为南京市人民政府市长，邓华为海南军政委员会主席，方仲如为西安市人民政府市长，贺龙、邓小平、熊克武、龙云、刘文辉、王维舟为西南军政委员会副主席。批准贾拓夫辞去西安市人民政府市长兼职。

同日 外交部长周恩来代表中华人民共和国中央人民政府发表声明说，美国总统杜鲁门6月27日发表声明宣布美国政府决定以武力阻止台湾的解放，美国第七舰队已奉杜鲁门之命向台湾沿海出动。这是对于中国领土的武装侵略，对于联合国宪章的彻底破坏。不管美国帝国主义者采取任何阻挠行动，台湾属于中国的事实，永远不能改变；这不仅是历史的事实，且已为开罗宣言、波茨坦宣言及日本投降后的现状所肯定。我国全体人民，必将万众一心，为从美国侵略者手中解放台湾而奋斗到底。

同日 台湾"外交部长"叶公超声明，称台湾当局原则上接受美国协防台湾的建议。

6月29日 中央人民政府颁布《中华人民共和国工会法》。

同日 蒋介石向美国提出，台湾愿派遣精锐部队参加朝鲜战争。蒋介石的建议未被美国接受。

6月30日 周恩来主持召开第39次政务会议。会议批准上海市人民政府潘汉年副市长作的《上海市工作报告》，批准

重庆市陈锡联市长作的《重庆市工作报告》，会议还听取董必武关于《政务院关于正确执行惩治反革命政策与清理积案的指示（草案）》的说明，决定该《指示》由政法委与有关方面再度研究。

同日 人民革命军事委员会、政务院联合作出军队复员工作决定。

同日 中共中央、中央人民政府人民革命军事委员会决定成立军委人民武装部。

7月1日 《新体育》杂志创刊，毛泽东主席为《新体育》题刊头，朱德副主席为《新体育》题词："提倡国民体育。"

同日 综合性半月刊《新观察》创刊。

7月2日 中央西南各民族访问团一行120余人，在团长刘格平率领下，分三个分团离京赴云南、西康、四川、贵州等民族地区，传达中央人民政府对各族的关怀，宣传党的民族政策。

同日 台湾省"地方自治"开始实施，花莲县开始投票选举第一届县议员。

7月5日—27日 中华全国合作社工作者召开第一次代表会议。会议通过《中华人民共和国合作社法草案》。

7月6日 外交部长周恩来代表中央人民政府向联合国安全理事会发表重要声明。声明说，安理会在美国政府指使和操纵下所通过的关于要求联合国会员国协助南朝鲜当局的决议是非法的，大大破坏了联合国宪章。美国总统的声明及美军侵入台湾沿海的行动，阻挠不了我国人民解放台湾。

同日 周恩来总理批示，同意文化部周扬副部长关于由梅兰芳担任文化部戏曲改进局京剧研究院院长和组织文化部戏曲改进委员会的报告。

同日 中央人民政府政务院发出《关于保护古文物建筑的指示》。

7月6日—8月12日　全国首次治安行政会议在北京举行。会议通过《城市治安条例草案》、《农村治安条例草案》。

7月7日　董必武主持召开第40次政务会议。会议原则批准监委刘景范副主任作的《监委半年工作初步总结及今后工作任务的报告》，批准中央代表团吴德作的《中央代表团平原工作视察的报告》。

同日　政务院颁布《关于保护古文物建筑的指示》。《指示》规定，①凡全国各地具有历史价值及有关革命史实的文物建筑，以及建筑物内原有附属物，均应加以保护，严禁毁坏。②凡因事实需要，不得不暂时利用者，应尽量保持旧观，经常加以保护；不得堆存容易燃烧及有爆炸性的危险物。③如确有必要拆除或改建时，必须经由当地人民政府逐级呈报各大行政区文教主管机关批准后始得动工。④对以上所列文物建筑保护有功者，得由各大行政区文教主管机构予以适当奖励；盗卖、破坏或因疏于防范而致损坏者，应予适当处罚。

同日　中央军委决定组成东北边防军。同日，美国操纵联合国安理会通过非法决议，以美国军队为主，组织"联合国军"，侵入朝鲜，扩大侵略战争。

7月9日　政务院批准陕西省划定为95县2市。设置1个行政区，辖12县1市1个专区；7个直属专区；1个直属县。

7月10日　出版总署召开京津出版工作会议，胡愈之署长在会上作了《出版事业中的公私关系和分工合作问题》的报告。

7月11日　文化部戏曲改进委员会成立。周扬任主任委员。首次会议决定以中央政府名义颁布对12个剧目的禁演决定，它们是《杀子报》、《九更天》、《滑油山》、《奇冤报》、《海慧寺》、《双钉记》、《探阴山》、《大香山》、《关公显圣》、《双沙河》、《铁公鸡》、《活捉三郎》。

同日　政务院批准，文化部公布《电影业登记暂行办法》、《电影新片领发上演执照暂行办法》、《电影旧片清理暂行办法》、《国产影片输出暂行办法》和《国外影片输入暂行办法》。

同日　戏曲改进委员会组成。该会为戏曲改革工作的顾问机关。周扬任主任委员，委员有田汉、洪深、欧阳予倩等43人。

同日　电影指导委员会成立。该会的任务是对电影事业，对国营厂的电影剧本、制片和发行计划，对私营电影企业的影片提出意见，并同文化部共同审查和评议。实践证明，这种做法束缚影片生产，这个机构后来撤销。

7月14日　周恩来主持召开第41次政务会议。会议通过《农民协会组织通则》。《通则》规定，农民协会是农民自愿结合的群众组织。其任务是，团结雇农、贫农、中农及农村中一切反封建的分子，遵照人民政府的政策法令，有步骤地实行反封建的社会改革，保护农民利益；组织农民生产，举办农村合作社，改善农民生活；保障农民的政治权利，提高农民的政治文化水平，参加人民民主政权的建设工作。农协还是农村中改革土地制度的合法执行机关。凡雇农、贫农、中农、农村手工业工人及农村中贫苦的革命知识分子，自愿入会者，得乡农民协会委员会批准后，即可成为农民协会会员。会议通过《人民法庭组织通则》。《通则》规定，为保障革命秩序和土改政策法令的实施，省及省以上人民政府得视情况需要，以命令成立或批准成立县（市）人民法庭。其任务是：运用司法程序，惩治危害人民与国家利益、阴谋暴乱、破坏社会治安的恶霸、土匪、特务、反革命分子及违抗土改法令的罪犯,以巩固人民民主专政,顺利地完成土地改革。关于土改中划分阶级成分的争执及其他有关土改的案件,亦均由人民法庭受理。该法庭任务完毕时,由省及省以上政府下令撤销。此件 7 月 20 日经毛泽东批准公布施行。

7 月 15 日　政务院明令禁止妇女缠足。命令说,我国尚有一部分妇女缠足,这是封建社会对妇女的压迫,且有害于妇女健康,妨害妇女参加生产,必须加以禁止。各级政权机关,应向群众深入进行宣传教育,结合生产,说明缠足之害,使群众自愿自觉地执行。并应号召当地民主妇女联合会及其他人民团体协助遵行。

7 月 15 日—8 月 5 日　第一届全国民政会议在北京召开。内务部长谢觉哉在《关于人民民主建政工作的报告》中指出,到目前为止,东北大行政区已召开了人民代表大会,选出东北人民政府;山东等九省已召开人民代表会议并代行省人民代表大会的职权,辽西等 10 省正在筹备召开人民代表会议;全国已有 210 个市、镇、城区召开过各界人民代表会议,其中北京、天津等市已代行市人民代表大会职权;全国已有 1707 个县召开过人民代表会议,其中有 18 个县已代行人民代表大会的职权。

7 月 16 日　北京市人民政府发布通告:回民新年节(即开斋节),回民放假一日。

7 月 17 日　政务院批准由中国人民救济代表会议通过的《中国人民救济总会章程》。章程规定该会为中央人民政府领导下的群众性救济组织。

7 月 19 日　毛泽东批示周恩来,称,吴耀宗文件是很有用的,请考虑用内部文件方式电告各中央局及各省市委,并要他们注意赞助。"吴耀宗文件"即指《中国基督教在新中国建设中努力的途径》,亦即"三自宣言"。此件提出中国基督教会及团体的基本方针应是:肃清教内的帝国主义影响,警惕帝国主义利用宗教的阴谋,培养一般信徒的爱国民主精神,实行自治、自养、自传。吴耀宗系中华基督教青年会全国协会出版组主任。

7 月 20 日　毛泽东批示周恩来,关于根治淮河,除目前防救外,须考虑根治办法,现在开始准备,秋起即组织大规模导淮工程,期以一年完成导淮,免去明年水患。

同日　政务院批准《西南军政委员会组织条例》公布施行。《条例》规定,西南军政委员会为西南区所辖省(行政区、市)高一级的地方政权机关,并为政务院领导地方政府工作之代表机关。本会所辖区域为云南、贵州、西康三省,川东、川西、川南、川北四行政区,重庆一直辖市及西藏。

7 月 21 日　周恩来主持召开第 42 次政务会议。会议通过《政务院、最高人民法院关于镇压反革命活动的指示》。会议原则通过《政务院关于救济失业教师与处理学生失学问题的指示》。会议决定,为研究救济失业的一般知识分子问题,成立小组,由董必武召集。会议还听取外交部长周恩来作关于外交问题的报告。报告说,印度驻华大使向我们提出愿意调处朝鲜事件,使该事件地方化。我们答复,首先要中国代表出席联合国并参加安理会和苏联代表回到安理会后,在安理会中提出和讨论这个问题才适当。对印度愿出面调处朝鲜事件的意见,我们是赞成的。印度所以这样做,是怕引起世界大战,这不仅是印度,印尼的阿拉伯国家也是这样的。这表明了美帝不仅在朝鲜遭受打击,在亚洲它统治的世界里也发生了裂痕。现在我们对印度及其他东方国家的关系要搞好一点。会议通过《政务院关于召开全国战斗英雄代表会议和全国工农兵劳动模范代表会议的决定》，定于1950年9月25日，在首都召开全国战斗英雄代表会议与工农兵劳动模范代表会议。战斗英雄代表名额为350人，工农兵劳动模范代表名额为460人。

7月21日—28日　西北民委举行首届会议。会议检查了西北地区1949年以来民族工作，讨论确定了今后民族工作的方针和任务。中央人民政府主席毛泽东为会议亲笔书写了"中华人民共和国各民族团结起来！"的巨幅贺帐。

7月21日　文化部文物局组织的"雁北文物勘察团"出发，裴文中任团长，勘察团分古建、考古两组，调查雁北地区古建筑和古遗址及古墓葬。

7月22日　中央人民政府政务院文化教育委员会批准成立全国卫生科学研究委员会。

同日　周恩来签发《对赴港九接收国民党物资机构的指示》。《指示》说，接收港九国民党机构的工作，是涉及外交、法律、统一战线各方面的复杂问题，因之领导必须统一，思想认识必须一致，始能完成任务。各单位必须在政务院派出的专员办事处领导下接收。采用一切可能的办法，抢运物资回国。英帝的阻挠是政治问题，不能过分依靠法律手段解决。

同日　国民党中常会通过《中国国民党改造方案》。

7月24日　周恩来召集李富春、薄一波、南汉宸等6人，研究货币改革问题。议定，货币改革应采取稳步前进方针，以两年后土改大体完成时再实施；但现在应立即着手研究实行币改的方针，草拟币改施行步骤。

7月24日—8月25日　教育部在北京召开全国高等学校政治教学讨论会。会议讨论解决政治思想教育中出现过的"左"情绪，教育方法上的教条主义偏向和教学内容上的讲授重点不明确和教学组织不健全等问题。

7月26日　毛泽东致电南非达兰士瓦州印度人大会主席约瑟夫·达杜博士。电称，我代表中国人民完全支持你们对于南非联邦政府歧视中、印及其他亚洲人民的所谓"种族隔离法案"的合理的抗议（"种族隔离法"指南非议会1950年5月通过的歧视压迫有色人种的《集团住区法》）。

同日　周恩来批复东北人民政府主席高岗、副主席林枫，同意将溥仪等战犯暂送抚顺市。

同日　中财委提出《关于统一航务港务管理的指示》。决定建立统一航务及港务的管理机构——中央人民政府交通部航务总局及各地港务局。7月27日政务院转发此件。

7月26日—8月11日　第一届全国司法会议在北京召开。会议讨论了人民法院暂行组织条例、刑法大纲、诉讼程序通则、犯人改造暂行条例、公司法等草案。最高人民法院院长吴溉之在《人民法院审判工作报告》中提出，要在人民法院审判制度中实行审级制度、上诉制度、复核制度、公开审判制度、陪审制度、巡回审判制度、调解制度、宣教制度等。

7月27日　政务院批准政务院文教委与各大行政区文教委关系的决定。各大行政区文教委应受各该大行政区人民政府或军政委员会与政务院文教委的双重领导，执行政务院文教委关于文教政策方针的决定或指示。其工作计划及各种重要决定，除呈请各该行政区政府或军政委员会批准外，应同时分呈政务院文教委备案。政务院文教委得随时检查各大行政区文教委的工作。

同日 中共中央转发《中央宣传部关于出版工作的通知》。

7月28日 董必武主持召开第43次政务会议。会议听取中财委秘书长薛暮桥作的私营企业投资暂行条例（草案）要点的报告。会议指定小组审查此条例，改为《私营企业暂行条例》。会议原则批准《商标注册暂行条例》。《条例》共分6章，34条。规定需要专用商标时，应申请注册。商标从注册之日起，注册人即取得专用权，专用权的期限为20年，期满得申请继续专用。会议还听取政务委员罗隆基作的对于《政务院关于高等学校领导关系的决定》、《教育部关于实施高等学校课程改革的决定》、《高等学校暂行规程》、《专科学校暂行规程》和《私立高等学校管理暂行办法》等5个文件的审查意见的报告。会议通过《政务院关于高等学校领导关系的决定》，公布施行。会议同时批准了其余4个文件，由教育部公布施行。

7月30日 政务院颁发关于纪念八一建军节的通令。决定全国各级政府、各机关、各企业、各学校、各界人民团体于8月1日悬挂国旗一天，以资庆祝。

同日 在捷克斯洛伐克共和国举行的第5届卡罗维发利国际电影节上，中国故事片《中华女儿》获"自由斗争奖"，石联星（《赵一曼》主演）获演员优胜奖，《踏上生路》获短片荣誉奖，《百万雄师下江南》、《大西南凯歌》、《东北三年解放战争》等四部纪录片获荣誉奖。这是新中国电影第一次在国际影坛上获奖。

7月31日 周恩来召集李德全等六人，研究红十字会改组问题。议定：①名称仍用"中国红十字会"。②红十字会理事会，经过协商加以改组。原有理事除逃到台湾及国外者外，均予保留；另由有关部门推派代表担任理事。新旧理事均由政务院聘任，将来由代表大会正式选举理事会。③改组后的红十字会作为卫生部及救济总会的助手。④经费暂由政府补助一部分。⑤新理事会成立后，对外可发表声明，宣告改组完毕，并通知国际红十字协会将派代表参加国际红十字大会。

同日 政务院发布《关于各地厂矿对于法定假日工资发放办法的决定》。决定说，政府法定假日，工资照发；在假期内必须工作者，应增发薪资。

7月 政务院颁布关于中央人民政府所属各机关发表公报及公告性文件的办法，要求凡属中央人民政府及其所属各机关一切公告及公告性新闻，均交由新华通讯社发布，并由《人民日报》负责刊载。

8月1日 毛泽东、周恩来联名颁发中央军委暨政务院令，通令实施新的《铁路军运暂行条例》。条例规定，铁路对一切军运（部队从事工农业生产的原料、成品运输，不属军运范围）应与一般商运有所区别，单独建立承运簿，优先拨车、运送；部队人员持正式护照乘坐各种客车、散座，一律享受半价优待，不受职级限制；运送伤病军人的列车或专车列为上级列车，尽一切可能优先运送。部队应按期向铁路提出托运计划，双方保证执行，若因铁路责任延误，得赔偿损失，责任在部队则应交付罚款。

同日 中国人民解放军炮兵司令部以第四野战军特种兵纵队机关为基础在北京正式成立。陈锡联任司令员。

同日 人民革命军事委员会发出经毛泽东亲自修改并署名的《关于在军队中实施文化教育的指示》。

同日 中国科学院考古研究所成立，郑振铎任所长。

同日 "联合国军总司令"麦克阿瑟访问台湾,考察台湾的防御力量。

8月2日 政务院公布《关于实施高等学校课程改革的决定》。

同日 周恩来召集胡乔木、章汉夫研究组建中国人民赴朝慰问团问题。议定,慰问团参加8月15日朝鲜国庆,并赴汉城慰问朝鲜人民军,庆祝其在反美帝侵略战争中的胜利。该团由对反美帝侵略运动能有好影响的代表性人物组成,团长为郭沫若。

8月2日—3日 在政务院领导下,中国红十字会总会进行改组,确定中国红十字会为人民卫生救护团体。

8月3日 毛泽东致电西北军政委员会主席彭德怀:我们对班禅的地位,终须有适当安置,先就班禅集团内选择适当人员参加西北军政委员会工作是需要的,请物色候选人报告中央,以便在适当时候发表。

8月4日 周恩来主持召开第44次政务会议。会议批准水利部长傅作义作的《水利部对于目前防汛与水灾情况的报告》、《查勘黄河的报告》。会议原则批准贸易部叶季壮部长作的《全国出进口贸易会议的总结报告》,原则通过《关于划分农村阶级成分的决定》。并增补《政务院的若干新决定》。

同日 农业、林垦、水利部联合发布《关于选送农林水利劳模代表的联合指示》。

8月5日 毛泽东批示周恩来:请令水利部限日作出导淮计划,送我一阅。此计划8月份务须做好,由政务院通过,秋初即开始动工。

同日 刘少奇在18个专业会议代表会上发表讲话。他说,现在司法工作存在的问题是积案太多。我们做任何工作都

要抓住重心。法院的中心工作就是镇压反革命活动和处理破坏建设侵犯人权等案犯。现在法院案件中最多的是婚姻案,可成立一个婚姻法庭专门处理这些案子,或临时调些干部集中解决这类问题,但绝不要被婚姻案件缚住了手脚,妨碍了中心工作。我们对有组织的,进行破坏活动的,并有确实证据的反革命分子,应严厉镇压,绝不应宽大;对反革命案件一定要很快处理,绝对不能积压。有些案件单靠法院得不到解决,还须从政策上考虑解决。

同日 蒋介石宣布成立"国民党改造委员会",具体负责实施对国民党的"改造"。

8月7日 毛泽东就中财委关于全国出进口会议情况摘报批示周恩来:政务院所属各部每次召集会议决定政策方针,都应如中财委所属某些部门一样,做出总结性报告,呈报我及中央书记处看过,经同意后,除用政务院、各委或各部自己名义公告执行外,有些须用内部电报通知各地。过去有些部门这样做了,有些部门尚未这样做,请通知所属一律照办。军委所属各部亦然。

同日 周恩来召集章汉夫等三人研究议定,今年3月3日政务会议通过《公营企业缴纳工商税暂行办法》后,公营企业一律课营业税。外国在我国内的各种企业,不论苏联及新民主主义国家的或资本主义国家的,均应照一般私营企业办法征收工商业税。

同日 周恩来召集叶季壮等5人审查铁道部所拟来宾至镇南关线修建计划等问题。议定:①原则同意铁道部拟定的7.5亿斤粮的修建计划,要求全线于1951年秋修成。此计划交中财委,限3日内提出审查意见。②进口24万吨钢轨,由中贸部向各国洽谈,能买现货更好。

同日　周恩来召集胡景沄、章汉夫等四人研究我驻外大使馆代理人民银行收付款项办法。议定：①驻外大使馆代理人民银行收付款项应仅限于大使馆工作人员及出国代表。华侨向国内汇兑不能使用此法，否则有违驻在国的法令，此点应明文规定。②国内各机关托各驻外大公使馆买物品，一定要经过财政部与外交部的批准，无此手续者，各驻外使馆得加以拒绝，否则，财政部不予报销。

8 月 7 日—19 日　第一届全国卫生会议在北京召开。会议提出以"面向工农兵"、"预防为主"、"团结中西医"为新中国卫生工作的三大原则。

8 月 8 日—9 月 6 日　西北各民族参观团在北京参观学习。

8 月 9 日　根据中苏两国 1950 年 2 月 14 日的协定，苏联经济机关在东北从日本所有者手中获得之财产无偿地移交给中华人民共和国的交接工作正式开始，苏联政府移交我国的财产包括工厂、影院、宅舍、仓库、地产等共 302 处。

同日　由韦国清任团长的中国军事顾问团应邀赴越，协助越南人民军抗法作战。

同日　周恩来总理召集李富春、薄一波、叶季壮等 4 人研究 1950 年下半年进口订货单及 1951 年财政收支概算等问题。

8 月 10 日　周恩来召集聂荣臻、戎子和、钟赤兵等 9 人研究军事建设有关事宜。议定，民航局对外名称，定为中央人民政府民航局。民航局的指挥权，属中央军委空军司令部，凡有关机场开建、航线区划及导航等事宜统归空军司令部指挥，由中央军委批准；行政领导属政务院，凡有关预决算应交财政部审核，任免事项由政务院公布。

8 月 11 日　周恩来主持召开第 45 次政务会议。

会议通过《政务院关于奖励有关生产的发明、技术改进及合理化建议的决定》及《保障发明权与专利权暂行条例》。

8 月 12 日　周恩来致电东北人民政府主席高岗、副主席林枫：①应将各省防疫队集中使用在防鼠疫上面。②首先应分配一部分力量放在哈长之间以扑灭铁路线上的鼠疫。③中央决定拨一部防疫装备给东北。④东北局及政府应指示各省县市党政机关对防疫工作给以更多的帮助。

同日　周恩来总理批示同意教育部关于恢复原由陶行知先生创办的南京晓庄学校的请示报告。

同日　毛泽东将《中央关于调整若干工作关系问题的指示（草案）》批转周恩来，要求在政府党组征求意见，并加以讨论，取得同意，然后发出。《指示》说，现在应以集中统一的整体思想和分工合作的科学方法来代替过去在长期农村分割环境中所形成的农村观点和一揽子的工作方法。无论中央与地方、上级与下级、这一部分与那一部分，都应在统一方针、统一政策、统一任务和统一计划下，适当地分工，密切地合作，建立起既有统一领导又有科学分工的工作关系。具体需调整几个方面的工作关系：中央政府所属某些组织既属中央各部门领导又属所在地方党委领导之间的关系，工会、青年团、合作社、妇女、文化等群众团体从中央到各级组织与地方党委之间的关系，城市内市和区之间的关系。

8 月 13 日　周恩来批复燃料工业部长陈郁，在目前条件下，可以临时同意日本船至秦皇岛运煤。

8 月 14 日　教育部公布经政务院第四十三次政务会议批准的《高等学校暂行

规程》、《专科学校暂行规程》和《私立高等学校管理暂行办法》。

8月14日—9月11日 中国学生男子篮球、排球队由领队吴功俊率领，参加了8月14日至23日在捷克斯洛伐克布拉格举行的世界学生第二次代表大会体育比赛。

8月16日 台湾"行政院"修正通过《台湾省各县市行政区域调整方案》，将8县9市改为16县5市。

8月17日 周恩来召集董必武、罗瑞卿、李维汉等6人研究关于治安行政会议及中央警卫局等问题。

8月18日 周恩来主持召开第46次政务会议。会议原则批准内务部谢觉哉部长作的《全国民政会议综合报告》。会议决议：成立小组，审查全国民政会议及全国治安行政工作会议和全国司法会议通过的有关文件，由董必武副总理和政协政法组组长许德珩负责召集；成立小组，研究大城市区人民政府和公安部派出所的职权问题，由董必武副总理召集。

同日 全国第一届自然科学工作者代表会议在北京召开，会议选举产生了中华全国自然科学专门学会联合会和中华全国科学技术普及协会。

8月19日 周恩来就接见西藏代表团问题指示驻印度使馆代办申健：一俟我国驻印度大使袁仲贤到职后，即可电约西藏夏古巴代表团至印度新德里晤面。袁大使可先表示中央人民政府欢迎西藏代表团前往北京商谈和平解决西藏问题。然后再解释西藏为中华人民共和国领土，西藏问题是中华人民共和国的内部问题，只能由中央人民政府与西藏地方当局自己商谈解决，外人不能干涉。我们认为西藏代表团是地方性的及民族性的代表团，而北京又是中央人民政府所在地，故亟愿

西藏代表团前往北京商谈。印度政府曾向我大使馆表示，甚愿我西藏代表团早日到达北京，并闻英国政府已撤销其拒发签证的决定。如此，西藏代表团更可早日动身，我大使馆愿尽一切力量予以帮助。

8月21日 周恩来召集滕代远等四人研究中苏铁路联运问题。议定：①自中苏边境至满洲里铁路，在我国境以内，应属我方所有；但在自满洲里至欧特波尔接轨铁路未筑竣前，因该段铁路养路、人工等均已由苏方维持，可暂同意由苏方代管。但需在协定上说明一个是永久性的原则，一个是临时性的办法。②如该段铁路暂归苏方管理，则自欧特波尔调车来满洲里，不应向我收费。如将来接轨铁路筑竣后，经我方收回，双方可彼此抵账或互不收费。③苏方军运系为维持旅大驻军需要，可按我方军运优待办法。

8月22日 周恩来召集廖承志、孔原、南汉宸、王净等六人研究华侨眷属福利问题。议定：①为照顾侨汇，不取"双程邮资"。②在厦门等因物资缺乏而致物价尚未稳定地点，暂时特准某些物资入口以便利侨眷。③对留用之海关人员应进行教育，使其改变过去对人民的不正确态度；对走私必须严禁。

8月23日 毛泽东指示西南、西北局为解放昌都作准备。指示说，现印度已发表声明承认西藏为中国领土，唯希和平解决勿用武力。英国原不许西藏代表团来京，现已允许。如我军能于10月占领昌都，有可能促使西藏代表团来京谈判，求得和平解决。现我们正采取西藏代表来京并使尼赫鲁减少恐惧的方针。西藏代表到京时，我们拟以既定的10条作为谈判条件，争取西藏代表签字，使10条变为双方同意的协定。果能如此，则明年进军拉萨会要顺利些。

8月24日　外交部长周恩来致电联合国安全理事会马立克主席及赖伊秘书长，控诉美国政府武装侵略我国领土台湾，要求安理会制裁美国政府的罪行。

同日　周恩来向毛泽东报告召集有关各方讨论边防军补充及东北供给问题的议决事项。关于东北供给问题，粮、草料、煤由东北供给；经常费用由第四野战军拨出，由总后勤部拨给东北；预算外之一切作战费用统由中央支出，东北代付；东北增加发行。为东北不致担负发行过重，应准备提早实行关内外货币统一。

8月25日　周恩来主持召开第47次政务会议。会议听取中国人民代表团团长郭沫若作的中国人民代表团参加朝鲜解放5周年庆典经过的报告。会议决定成立小组，审查政务院关于狱政工作的指示，和京、津、沪三市律师制度试行办法，由董必武副总理、政协政法组长许德珩召集。会议批准司法部史良部长作的《第一届全国司法会议的综合报告》，批准成立地质工作计划指导委员会，任命李四光为主任委员。

同日　川康公路(全长374公里)全线修复通车。

同日　美国驻联合国首席代表致函联合国秘书长主张"台湾地位未定论"。

8月26日　外交部长周恩来致电联合国赖伊秘书长，指斥联合国违背宪章，漠视我国人民正义要求，竟仍容留国民党反动残余集团的非法代表在其各个机构之内；并通知赖氏我国任命张闻天为出席联合国第五届大会的首席代表。

同日　外交部长周恩来致电联合国赖伊秘书长，并请转联合国国际儿童紧急救济基金执行局赖赫门主席、斐德总干事，我国已任命伍云甫为参加该执行局的代表；国民党反动残余集团的所谓"代表"

必须从该执行局及所属各项机构和会议中驱逐出去。

同日　外交部长周恩来致电国际电讯联盟缪拉齐埃秘书长，再度通知该联盟，我国已任命李强为出席该联盟行政理事会的中国理事，并要求其驱逐国民党反动残余集团的所谓"代表"。

同日　外交部长周恩来分别致电联合国赖伊秘书长、国际货币基金盖特总经理、国际复兴及发展银行布莱克总裁，要求将中国国民党反动残余集团的所谓"代表"，从国际货币基金与国际复兴及发展银行两组织的各项机构和会议中驱逐出去，并转知有关各方。

8月27日　外交部长周恩来致电美国艾奇逊国务卿，就美国飞机侵入我国领土上空，扫射我建筑物、车站、车辆和我国人民以致伤亡等事，向美国政府提出严重抗议，并要求美国政府惩办美国空军和赔偿一切损失。

同日　外交部长周恩来致电联合国安理会马立克主席及赖伊秘书长，就美国飞机侵入我国领土上空、扫射我建筑物、车站、车辆和我国人民以致伤亡等事，要求安理会制裁美国侵略朝鲜军队，并立即采取措施，使美国政府撤退其在朝鲜的侵略军队。

8月28日　周恩来召集陈郁、姚依林等9人研究议定：①中财委各部苏联专家反映工作少，把他们当做字典，对此颇为不满。各部首长应征询他们对我方的意见。②中财委派往苏联学习的人选应不分党派，能有党外人士，更可表现统战精神。

8月28日—11月28日　中国体育代表团13人，由团长余英超率领访问了苏联。

8月29日　周恩来批复东北人民政

府林枫副主席,原则同意东北人民政府公安部关于苏联移交的969名日籍战俘及溥仪等58名高级战犯的生活供给标准的意见,并修改补充如下:校级及大致相等的伪满文官人员应予以中灶待遇;尉级人员大灶待遇;各战犯均须予以拘禁不能行动自由;我方官长除因司法及业务上之必要外,不宜对战犯有何交接,以重体制。以上费用均由东北人民政府报销。

同日　中央西北各民族访问团一行50余人在团长沈钧儒、副团长萨空了等率领下离京赴新疆、甘肃、宁夏、青海等民族地区访问。

8月29日—9月10日　出版总署召开全国新华书店第二届工作会议。

8月30日　外交部长周恩来就美国侵略朝鲜军队的空军继续侵入我国领空,并杀伤我国人民等事,再度致电联合国安全理事会马立克主席及赖伊秘书长,要求安理会立即采取有效措施制止美国侵略朝鲜军队扩大侵略的行为,并从速撤退美国侵略朝鲜军队。

8月31日　周恩来召集薄一波、叶季壮、滕代远、南汉宸等九人研究外汇处理问题。议定,目前外汇积压仍在增加,现存外汇头寸折合美金已达1.7亿元。今年年底估计将达3亿美元。由此带来的问题是,贬值损失太大,4个月来,估计损失人民币1.48亿元以上,占用人民币共达10万亿元,比全国发行总额还要多2万亿元。主要的对策,是扩大进口。除扩大必需品输入外,尚可大量供给私商外汇,鼓励输入汽车、汽油甚至铁路设备等,引导私人资本发展国内生产交通事业。对资本主义国家应利用相互之间矛盾,有区别地做生意。尚可继续逐步降低外汇牌价,特别是降低港汇与其他外汇的比价。对苏非贸易汇兑协定应即签订。

同日　周恩来对贸易部关于香港各单位贸易机构统一领导方案的批示:关于统一我在香港各单位对外贸易机构的领导问题,酝酿了很久,这次得到一个"联合经营统一领导"的方案,可以批准。各单位的资本和利息仍归各单位支配。中共中央同日批转了贸易部的这一方案。

同日　周恩来批准中国红十字会章程及理事会人选。新的中国红十字会理事会确定李德全为会长,彭泽民、刘鸿生、熊瑾玎、胡兰生为副会长。

同日　政务院发出《关于向国外订货须先经中财委批准再交贸易部统一办理的通知》。

8月　中财委召开计划会议,讨论编制1951年计划和三年奋斗目标。会议提出,三年内必须做好以下几项工作:①组织生产过去依赖国外供应的原材料。②改变工业生产过分集中沿海地区的不合理现象,将一部分工厂迁移到接近原料、市场的地区。③根据产销平衡的原则,合理地安排工业各部门的生产。④对某些不合理的同类的大小工厂适当地组织合并。⑤在安排生产时应贯彻鼓励先进、淘汰落后的原则。⑥在全国范围内进行技术人员和工人的调整,以适应工业建设的需要。

同月　政务院发布《关于统一全国各级人民政府、党派、群众团体员额暂行编制草案》,要求按草案调整机构与编制。

同月　杨荫浏、曹安和在无锡寻访民间艺人华彦钧(阿炳),录了他亲自演奏的二胡独奏曲《二泉映月》等3首、琵琶独奏曲3首。华彦钧于当年12月病逝。

9月1日　周恩来主持召开第48次政务会议。会议批准公安部罗瑞卿部长作的《公安部关于第一次全国治安行政工作会议综合报告》。会议决议:成立小组,审查有关城市治安、农村治安及人民警察建设方案等草案,由董必武副总理和政协政法组许德珩组长召集。会议通过提请中央人民政府委员会批准的《新解放区农业税暂行条例》。会议决定政务院增设人事部和华北事务部,提请中央人民政府委员会批准。周恩来通报,为节省文书和行政人力,减少办事手续,决定政法委和文教委搬进中南海,和政务院合署办公。

同日 周恩来批准交通部呈报的国营轮船总公司船用旗帜式样及烟囱标志式样为五星下加三条水纹的方案。

同日 中国人民解放军摩托装甲兵领导机关以第二兵团机关为基础在北京成立。许光达任司令员。1951 年 7 月 16 日,改称装甲兵司令部。

同日 "中国国民党改造委员会"宣布《中国国民党现阶段政治主张》。

9 月 2 日 周恩来召集董必武、薄一波、傅作义等十三人研究治淮计划。议定,治淮必须苏皖豫三省同时动手,专家、群众与政府三者相结合,新式专家与土专家相结合。要求 9 月份订出动员和勘测的具体计划,10 月份动工,三年为期,根除淮患。

同日 政务院批准《西北军政委员会组织条例》。《条例》规定,西北军政委员会为西北区各省市高一级的地方政权机关,并为政务院领导地方政府工作的代表机关,该会辖陕西、甘肃、宁夏、青海、新疆 5 省及西安市。

同日 台湾"国防部"宣布破获苏联间谍案。

9 月 3 日 中共中央批转中财委《关于掌握今年下半年物价的方针的报告》。

9 月 4 日 中共中央指示建立各级政府检察机关限于本年内,将各大行政区各省、市检察署,全部建立,某些专区及县选择重点建立。1951 年普遍建立各县检察署。检察干部必须政治品质优良,能力相当,作风正派,不可滥竽充数。各级正副检察长,必须有能力较强资望较高的老干部负专责,切不可全是兼职,致同虚设。

同日 中央人民政府人民革命军事委员会总干部管理部在北京成立。罗荣桓任部长。1952 年 7 月 3 日,改称总干部部。1954 年 10 月 11 日起,改称中国人民解放军总干部部。

9 月 5 日 毛泽东主持召开中央人民政府委员会第九次会议。会议通过《新解放区农业税暂行条例》。财政部薄一波部长作了说明。会议听取外交部长周恩来作的外交问题的报告。报告说,两个多月的朝鲜战争,朝鲜人民对美国的侵略进行了坚决地抗击,迫使美国不得不以其五个师的兵力和李承晚的残余伪军退缩在大邱—釜山之间的地区。由于朝鲜战争已经成了东方问题的焦点,美国为了达到其扩大战争的企图,便极力想把欧洲的几个资本主义国家拉进这场战争的漩涡。对于美国的这种阴谋企图,中国提出的两次对美国的控诉案,已经被联合国安理会通过列入了议事日程。我们向安理会提出关于控诉美帝侵略台湾的议案。中国人民是有权利从美国手中解放台湾的。美国在侵略台湾、朝鲜之后,又在鸭绿江畔入侵了中国领空,扫射和杀伤我国人民,我们再度向安理会提出了对美国侵入中国领空的控诉,这又给了美国一个打击。毛泽东指出,我们对于社会主义国家的态度和对于资本主义国家的态度,要有所区别。一年来,我们与苏联的关系是很友好的。对朝鲜人民,我们要给以帮助和鼓励。就现在的情况看,朝鲜战争持久化的可能性正在增大,但最后胜利是朝鲜人民的。美帝国主义是流氓,我们要准备他来侵略，我们的军事、政治、经济、文化各方面以至 1951 年的概算，都要当做敌人在面前来讨论和制定。美国是有许多困难的，内部争吵，外部也不一致。他在军事上只有一个长处，就是钢铁多。但有三个弱点：战线太长，从柏林到朝鲜；路线太远，隔两个大洋；战斗力太弱。敌人是不可怕的，但美国可能乱来。对这一点我们应估计到，在朝鲜他已经干了，也可能在别处干。无非是打第三次世界大战，长期地打，而且"打"原子弹。我们是不要他"打"的，他一定要打，那就他打他的，我打我的，我们抓住他的弱点，最后打败他。对于资本主义国家的外交，平等互利的要做。英国对与我建立外交关系着急得很，因为他在上海有 2 亿英镑的投资。会议批准在政务院下增设中央人民政府人事部及中央人民政府华北事务部。会议任命安子文为中央人民政府人事部部长，刘澜涛为中央人民政府华北事务部部长。批准任命晁哲甫为平原省人民政府主席，张苏为察哈尔省人民政府主席，于毅夫为黑龙江省人民政府主席，王玉波为本溪市人民政府市长，康生为山东省人民政府主席，吴芝圃为河南省人民政府主席。

同日　《人民音乐》创刊。该刊为中国音协机关刊物。

9 月 6 日　中财委向毛泽东并中共中央报送《关于全国金融会议情况的报告》。《报告》说，目前私营银行钱庄困难很大，半年来，全国倒闭了一半。由于物价趋于稳定，私营行庄投机的可能亦日渐缩小，再加以私营工商业的好转，需要它们协助其资金周转。同时，金融业中公私力量的对比，已发生了变化，国家银行控制存款占总款的 90%，放款占 97.7%，已取得了巩固的领导地位。因之，私营行庄自觉地要求我们领导。改造和运用它们的条件，

可以说已经成熟。《报告》还提出了对私营行庄的方针等。

同日　周恩来在教育部长马叙伦《关于处理北京私立辅仁大学问题的报告》上作出批示。指出，芮歌尼（辅仁大学天主教圣言会代表）来信带示威作用，甚无道理，应由教育部邀其面谈，加以驳斥。同时告以我们对待教会设立的学校的原则：在遵守中央人民政府法令及共同纲领的条件下，可以继续办下去。教会与学校的关系，只是协助经费及主持宗教选科的关系。学校课堂礼堂中不容许做礼拜。学校中可以设立宗教选修科，圣言会可以保留，但学校人事和行政方面，绝不容许教会干涉。教会可以开除它认为所谓背叛教义的教徒的教籍，但绝不容许干涉这些教徒的教授地位。

同日　新中国的第一批出国留学生启程赴波、捷、罗、匈、保五国。

同日　台湾与日本签订贸易协定。

9 月 8 日　周恩来主持召开第 49 次政务会议。会议批准人民银行行长南汉宸作的《中国人民银行关于全国金融业联席会议的报告》。会议批准卫生部李德全部长作的《卫生部关于全国卫生会议的报告》。会议通过《政务院关于新解放区征收农业税的指示》。

9 月 9 日　政务院批复东北人民政府：大连港现在军事管理时期，所有东北各港港务局，准暂由交通部委托东北人民政府代管，并以东北航务总局负实际领导之责。关于航运工作，仍应依照指示精神，统一由国营轮船公司领导，同时受东北航务总局指导。

9 月 10 日　《北京文艺》创刊。创刊号上刊载了老舍的著名话剧《龙须沟》。

9 月 12 日　我国科技工作者计算出今日发生日食，预报出包括见食地点、各

地初亏、复圆的时刻等数据。

9月13日 毛泽东批示周恩来:政法系统各部门,除李维汉管的民族事务委员会与中央有接触外,其余各部门,一年之久,干了些什么事,推行的是些什么方针政策,谁也不知道,是何原因,请查询。中财委所属各部门,经过中财委向中央反映,有些是慢一些,但大体是好的;也有若干部门,例如重工业、燃料、农、林、水利等还没有反映。文教委系统状况,略同于中财委。以上情况,请作一总检查,并加督促。

同日 毛泽东在中财委副主任兼财政部长薄一波送审的 1951 年预算草案上批示:要有详细说明及两年比较,否则无法审查。因此:①概算表须列出今明两年比较数字及明年比今年增减数字,表尾说明栏内亦要将今明两年的比较变化加以说明,方明历史演进;②各部分支出预算,须另造几张详表,指明每部分中的各项细目,例如军费的各项细目及两年历史比较,投资的各项细目及历史比较(例如工业投资的各项细目及两年的历史比较,其中如铁路投资要有每一条铁路的预算数字,水利投资要有每一条河流的数字,文教费要有每一项文教事业的数字及比较),其他类推。

9月15日 周恩来主持召开第 50 次政务会议。会议批准中央合作事业管理局局长孟用潜作的《关于全国第一届合作社工作者代表会议向政务院的报告》。会议决定成立全国合作总社,并选举了薄一波、程子华等 31 人为理事,叶季壮等 10 人为监事。决定中华人民共和国合作社法、中华全国合作社联合总社章程等草案,由政协常委会座谈后,以草案形式公布。会议批准轻工业部黄炎培部长作的《全国火柴工业会议总结报告》《全国橡胶工业会议总结报告》。黄炎培说,火柴会议确定,组织全国火柴工业进行有计划地生产。

同日 中国和苏联合建的中苏石油公司在新疆迪化正式成立。

同日 中国和苏联合建的中苏有色金属及稀有金属公司在新疆迪化正式成立。

9月15至25日 出版总署召开第一次全国出版会议,朱德、郭沫若在会上讲了话。胡愈之作了《论人民出版事业及其发展方向》的报告。会议着重讨论了出版、印刷、发行事业的分工专业问题以及调整公私关系问题。

9月15日—10月3日 国庆节期间,来自内蒙古、新疆、延边和西南地区的少数民族文工团在北京参加国庆演出。内蒙古文工团的贾作光等人表演了《雁舞》、《马刀舞》;新疆的康巴尔汗表演了《盘子舞》、《打鼓舞》,米娜加表演了《莫拉加特舞》;延边朝鲜族舞蹈家表演了《丰收舞》、《洗衣舞》;西南地区的舞蹈家表演了《阿细跳月》、《朋友舞》(云南)、《芦笙舞》、《四方舞》(贵州)等,受到毛泽东、朱德、周恩来等领导同志的好评。

9月16日 毛泽东将中共西康区党委关于建立东藏自治区域人民政府的报告批转刘少奇、周恩来、朱德及李维汉,并批示说,区域自治问题,牵涉很广,有西藏、青海、宁夏、新疆、甘肃、西康、云南、广西、贵州、海南、湘西等处,有的须成立内蒙古那样的大区域政府,有的须成立包括几个县的小区域政府,有的是一个县或一个区的政府,疆域划分,人员配备,政策指导,问题甚多,须加统筹。

同日 毛泽东指示周恩来,东北及上海、山东沿海均继续发现美机或美舰侵袭,置之不理是不妥的,若每次抗议则不胜其烦,似宜每隔十天或半月汇集多案抗议一次。

同日　外交部长周恩来致电联合国安全理事会杰伯主席及赖伊秘书长，指出安全理事会9月11日的会议，在美国操纵和阻挠之下，竟使我国所提在该会讨论我国控诉美机侵犯我领空案时，必须有我国代表出席陈述意见和参加讨论的合理要求遭到拒绝。这完全违背了联合国宪章。为此坚决要求，程序上应首先决定，安全理事会在9月18日对我国控诉美国武装侵略台湾的议程进行讨论时，必须有我国代表出席陈述意见和参加讨论。安全理事会如果在没有中华人民共和国代表出席和参加讨论的情况下进行上述议程，则其所作的一切决议都将是非法的，因而也将是无效的。

9月17日　外交部长周恩来于联合国第五届大会即将开会之际，再次致电联合国赖伊秘书长，要求联合国五届大会必须将中国国民党反动残余集团的非法"代表"立即驱逐出去，同时立即办理一切必要手续，使中华人民共和国代表团得以出席本届联合国大会；并声明此届大会若无中华人民共和国代表参加，或竟容留中国国民党反动残余集团非法"代表"在内，则其所作的一切与中国有关的决议均将是非法的，因而也将是无效的。

9月18日　政务院通知，各级妇联会编制员额暂定：大行政区妇联会30至50人，省妇联会10至25人，专员公署妇联会5至7人，县妇联会4人。

9月19日　周恩来同意董必武关于成立劝募寒衣总会的报告。报告提出，中央救灾委员会决定要中国人民救济总会与红十字会负责筹备皖北、苏北、河北、河南劝募寒衣总会，该会今日成立，推定董必武为主任，张治中、杨立三、妇联一人为副主任，即日起开始工作，并电请有关大

区和省成立分会。

同日　周恩来批复东北人民政府主席高岗，同意东北人民政府8月8日请示的对苏移交战俘处理方案。指示唯第二类经法庭调查其应列入战犯者，仍应列入战犯，归入第一类处理。东北人民政府对苏移交战俘提出以下处理方案：①对滨江、四平2伪省长，吉林、长春、哈尔滨3伪市长，伪满最高检察官等6人，拟归并于中国籍伪满战犯管理所看管，待后审判。②对伪刑法院院长，市警察局长，省开垦厅长，建设厅长，警察厅长，县长，警察署长，警务科长，区长，警佐，地方检察官等23人，拟移交法院调查罪行，依法判处。③对伪警尉、警长、刑事、宪兵，一般日特及日特翻译，国境警察，特务，共计98名，拟交当地公安机关调查，作恶多端者，移交法院判处，作恶不多而又不宜释放者，进行劳动改造。④校级军医、军需、副官，日军中的劳役、厨子、翻译，劳联带去的翻译、船夫、厨子，苏军情报员，以及因嫌疑或牵连被捕的，共计97人，拟查明无罪后取保释放，送返原籍。

9月20日　中央人民政府委员会办公厅公布《中华人民共和国国徽使用办法》及国徽图案制作说明。

同日　政务院发布《关于调整财政收支米价的决定》。

同日　毛泽东致信中共湖南省委书记黄克诚、省政府主席王首道。信称，据说长沙地委和湘潭县委现正在我的家乡为我建筑一所房屋并修一条公路通我的家乡。如果属实，请令他们立即停止，一概不要修建，以免在人民中引起不良影响。

9月20日—29日　教育部、中华全国总工会在北京联合召开第一次全国工农教育会议。会议提出：当前工农教育实施

方针是：先着重工农干部和积极分子；根据地区不同，分别以文化教育（首先是识字）、政策时事教育为主要内容；因时因地制宜，有重点地稳步前进，创造典型，逐步推广。

9 月 21 日　毛泽东指示周恩来，现已9 月底，治淮开工期不宜久延，请督促早日勘测，早日做好计划，早日开工。

9 月 22 日　周恩来通知中财委陈云、薄一波、李富春，并转水利部傅作义、李葆华、张含英：昨晚毛主席又批告，治淮工程不宜延搁。故凡紧急工程依照计划需提前拨款者，亦望水利部呈报中财委核支；凡需经政务院令各部门各地方调拨人员物资者，望水利部迅即代拟文电交政务院核发。

同日　周恩来主持召开第 51 次政务会议。会议批准纺织工业部副部长钱之光作的《纺织工业部关于专业会议综合报告》。批准财政部副部长王绍鳌作的《财政部关于第二届全国盐务会议综合报告》。会议同意盐务缉私部队戴"八一"帽花，佩"盐警"胸章，家属按军属优待，以此作为过渡办法。

周恩来在会上指示，政务院今后每星期举行一次座谈会，研讨较重要的问题及文件，以便提请政务会议讨论或送请总理核处。座谈会由李维汉秘书长主持，邀请副总理及政务委员参加。

同日　外交部发言人发表声明，指出美国驻联合国代表奥斯汀在联合国安理会指责中国向朝鲜送出"大批原籍朝鲜的久经战斗的军队"，是蛮横无理的行为，也是怯弱无耻的表现。居留中国境内的朝鲜人民回去保卫自己的祖国，是他们的正当权利和神圣责任，任何国家都找不到借口可以妄加干涉。中国人民既不接受也不畏惧这种指责，并将永远站在朝鲜人民

方面，坚决地反对美帝的侵略罪行和扩大战争的阴谋。

9 月 23 日　全国 1527 名基督教负责人在北京发表《中国基督教在新中国建设中努力的途径》的宣言。

9 月 24 日　外交部长周恩来就美国侵朝军队的军用飞机再次侵入我中华人民共和国领土上空、在我辽宁省安东市区投弹 12 枚事，致电联合国赖伊秘书长，并请其转致联合国第五届大会安迪让主席及安全理事会杰伯主席，再次严重抗议美国军用飞机侵我领空，杀伤我国人民，损坏我国财产的罪行，要求联合国大会立即将我国对此事的提案列入大会议事日程，接纳我国代表出席陈述意见和参加讨论。

同日　全国科联主席李四光致电联合国大会主席安迪让、世界科学工作者协会书记克劳瑟博士，抗议美国政府迫害科学家，蹂躏人权，非法扣押航空动力学专家钱学森、原子物理学家赵忠尧和理工科学生罗时钧、沈善炯等四人。

9 月 25 日　全国战斗英雄代表会议和全国劳动模范代表会议同时在北京隆重开幕。毛泽东代表中共中央向大会宣读贺词："你们是全中华民族的模范人物，是推动各方面人民事业胜利前进的骨干，是人民政府的可靠支柱和人民政府联系广大群众的桥梁。中国共产党中央委员会号召全党党员和全国人民向你们学习，同时号召你们，亲爱的全体代表同志和全国所有的战斗英雄、劳动模范同志们，继续在战斗中学习，向广大人民群众学习。"

9 月 26 日　应周恩来总理邀请来北京参加国庆节的各地区各民族代表159 人及文工团的 222 名演员到京，在参加 10 月1 日国庆盛典后，于 10 月 3 日向中央人民政府和毛主席、朱德副主席、刘少奇副主席、周恩来总理献礼、献旗致敬。各民族

代表和文工团在京期间,还举行了各民族联欢大会。

同日　教育部发出高等学校文学院5个系,法学院4个系,理学院5个系和工学院6个系的课程草案。草案规定文法学院各系的总任务是培养学生全心全意为人民服务的观点,成为参加财政、经济、政治、法律、文化、教育等项工作的高级建设人才。理工学院各系的总任务是培养新民主主义建设中高级的科学技术及研究人才、中等以上学校的师资,研究和改进有关该系各方面的技术问题及协助工业、农业和卫生建设。草案还规定暂用学分制,以3个学习小时为一学分(包括听讲、自习、实验、实习)。1952年院系调整后,暂时停止学分制,普遍实行学时制。

9月27日　外交部长周恩来就美国侵略朝鲜军舰在成山角附近炮轰并非法盘查我国商船"安海二十一号"事致电联合国赖伊秘书长,并转联合国第五届大会安迪让主席及安全理事会杰伯主席,控诉美国政府破坏我国航行权利的新的侵略暴行,要求联合国大会立即将此案与我国控诉美机侵犯领空案一并列入议程,接纳我国代表出席陈述意见和参加讨论,并要求联合国制裁美国侵略罪行,从速撤退美国侵略朝鲜的一切武力,包括空军海军在内。

同日　毛泽东、朱德分别给全国战斗英雄题词。毛泽东的题词是:"战斗英雄们,你们是人民解放军的模范人物,希望你们继续努力,更加进步,为建设强大的国防军而奋斗。"朱德的题词是:"发扬革命的英雄主义。"

同日　周恩来和财政部部长薄一波联名签署《关于编造1951年度财政收支预算的指示》。《指示》说,1951年度的财政体制为在统一集中的总方针下,采取中央、大行政区、省(市)三级的分工管理制度,县以下不列入省的预算范围。预算编造年度用历年制。暂以货币为预算本位,为比照参考,实行粮食、款额两栏并列。

同日　周恩来发布政务院令,再次下发1950年6月13日《关于统一全国各级人民政府、党派、群众团体员额暂行编制草案》,以核定各级编制员额,并准备1951年度财政预算。政务院令说:①鉴于全国各地工作发展的不平衡,此编制草案只作为统一编制的一般标准,各地各工作部门得视具体情况加以适当调剂。②全国各县、市、省的等级划分,不以人口多寡为唯一标准,应结合地理、政治、经济各种条件划分之。③各级人民政府对于已参加各级政府工作之残废军人和妇女干部,应予以合理照顾,不应借口紧缩编制,随意编掉,不作合理处置。对编制以外人员不准擅自遣散,应缮具名册并将处理办法和步骤报经各大行政区及政务院各直属省市的编制委员会批准后执行,并报政务院备案。

同日　政务院公布《全国各级人民政府一九五〇年度暂行供给标准》。规定:①菜金及燃料每人每日供给标准。大灶:菜金按油3钱、盐5钱、肉4钱、粗菜1斤计算,燃料按原煤1斤4两或木柴2斤计算;中灶(轻伤病员同):菜金按大灶2.5倍计算,原煤1斤14两或木柴3斤;小灶(重伤病员同):菜金按大灶3.7倍计算,原煤2斤半或木柴4斤。②粮食。定量为每人每日米1斤半(小米、大米、高粱米同),并规定了细粮调剂的比例和折合率。该《标准》还对服装、津贴费、过节费、保健费、差旅费等分别作了明确规定。

9月29日　周恩来主持召开第52次政务会议。会议通过《社会团体登记暂行办法》。办法规定了社会团体的范围,应禁止成立或应撤销解散的反动团体,以及登记的手续等问题。

同日　周恩来盛宴欢迎参加国庆盛典的 400 余名各民族代表。

同日　"国民党中央改造委员会"通过《党员归队实施办法》等有关规定。

9 月 30 日　政协全国委员会在中山公园音乐堂举行建国一周年庆祝大会。政务院总理周恩来作了题为《为巩固和发展人民的胜利而奋斗》的报告。报告谴责美国政府侵略朝鲜、台湾及干涉亚洲事务等行为。庄严表示:"中国人民决不能容忍外国的侵略,也不能听任帝国主义者对自己的邻人肆行侵略而置之不理。"

9 月　政务院发出指示,宣布 3 月份政务院公布的关于统一管理 1950 年度财政收支决定和关于统一国家公粮收支、保管调度的决定,其中关于公粮超过任务部分八成留归地方、二成上解中央,税收超过任务部分七成留地方、三成上解中央的规定,现决定一律废止。

同月　毛泽东为黑龙江省克山"萌芽学校"题写校名,并赞扬这所学校的办学方向。萌芽学校原名萌芽乡村师范学校。该校一面学习,一面劳动,学生大都是贫下中农子女,由农会选送。

同月　西南、新疆、延边、内蒙四个兄弟民族文工团首次进京参加国庆演出。

10 月 1 日　北京 40 万人举行集会,庆祝中华人民共和国国庆节。出席大会的有中央人民政府主席毛泽东,副主席朱德、刘少奇、宋庆龄、李济深、张澜,秘书长林伯渠,总理周恩来,中央人民政府委员,政府各部门,政协全国委员会及各民主党派、各人民团体的负责人。朱德总司令检阅部队后,宣读中国人民解放军总部给全国武装部队和民兵的命令。命令说,美帝国主义现在正在用武力侵略我们的邻邦

朝鲜,同时与蒋匪帮勾结公开侵占我国领土台湾。因此,我命令全国武装部队和民兵进行充分准备,为解放全中国而奋斗,为保卫我国神圣的领土、领海、领空而奋斗,为与全世界爱好和平的人民共同捍卫世界和平而奋斗。

同日　毛泽东发布命令,公布《中华人民共和国国防军陆军部队暂行编制表》。《编制表》确定国防军以军为指挥单位,实行"三三制"编制,撤销兵团级机构,野战军机关分别与各军区机构合并。

同日　中华人民共和国艺术展览会在莫斯科特列嘉科夫画廊开幕,在莫斯科展出后移往列宁格勒展出。

同日　"国民党中央改造委员会"通过《省县市改造委员会组织章程》。

10 月 2 日　毛泽东主席就决定派军队入朝作战事致电斯大林。电称:①我们决定用志愿军名义派一部分军队至朝鲜境内和美国及其走狗李承晚的军队作战,援助朝鲜同志。因为如果让整个朝鲜被美国人占去了,朝鲜革命力量受到根本的失败,则美国侵略者将更为猖獗,于整个东方都是不利的。②我们认为既然决定出动中国军队到朝鲜和美国人作战,第一,就要能解决问题,即要准备在朝鲜境内歼灭和驱逐美国及其他国家的侵略军;第二,既然中国军队在朝鲜境内和美国军队打起来,就要准备美国宣布和中国进入战争状态,就要准备美国至少可能使用其空军轰炸中国许多大城市及工业基地,使用其海军攻击沿海地带。③这两个问题中,首先的问题是中国的军队能否在朝鲜境内歼灭美国军队,有效地解决朝鲜问题。只要我军能在朝境内歼灭美国军队,主要是歼灭其第八军,则第二个问题(美国和中国宣战)的严重性虽然依然存在,但是,那时的形势就变为于革命阵线和中

国都是有利的了。④在目前的情况下，我们决定将预先调至南满洲的 12 个师于 10 月 15 日开始出动，位于朝鲜的适当地区，一面和敢于进攻"三八线"以北的敌人作战，一面等候苏联武器到达，并将我军装备起来，然后配合朝鲜同志举行反攻，歼灭美国侵略军。

同日　周恩来总理批准《华北事务部暂行组织条例（草案）》试行。

同日夜　周恩来紧急约见印度驻华大使潘尼迦，请印度转告美国，美国军队企图越过"三八线"，扩大战争，美国军队果真如此做的话，我们不能坐视不顾，我们要管。我们主张朝鲜事件应该和平解决。朝鲜战事必须即刻停止，侵朝军队必须撤退。

10 月 3 日　中国人民大学举行开学典礼。中央人民政府副主席朱德、刘少奇出席开学典礼并讲话。

10 月 4 日　周恩来总理批示刘澜涛并中财委：内务部《关于华北各省灾情及有关问题的意见》所提 6391 万斤细粮和棉衣 59 万套，应立即照拨，其他各项亦须速予解决。

同日　教育部发出关于高等学校政治课教学讨论会情况通报。通报指出，目前高等学校政治思想教育首先并主要地要肃清封建的、买办的、法西斯主义的思想。提出政治思想教育的三个重点，即进行反帝教育、土改教育、"五爱"教育和三项规定，即不采取思想总结、思想检查、整风、坦白反省、斗争大会的方式；欢迎教职员自愿参加，不要规定或勉强；在教会学校注意不要刺激人们的宗教感情。

10 月 6 日　周恩来主持召开第 53 次政务会议。会议批准海关总署署长孔原作的《关于全国海关业务会议总结报告》。会议批准教育部马叙伦部长作的《关于处理北京私立辅仁大学问题的报告》。

同日　陈诚在台湾"立法院"提出 1951 年两大中心任务：建设台湾与"反攻大陆"。

10 月 6 日—20 日　全国人民武装干部会议在北京召开。

10 月 6 日—24 日　人民解放军发起昌都战役，进军西藏。

10 月 7 日　周恩来发布《政务院关于发动秋季种痘运动的指示》。

10 月 8 日　中央人民革命军事委员会主席毛泽东发布关于组成中国人民志愿军的命令。

同日　毛泽东就派遣志愿军入朝作战问题致电金日成。

10 月 9 日　中国人民志愿军司令员彭德怀在沈阳召开军以上干部会。阐明当时的形势和中共中央作出出兵参战决策的必要性，部署入朝作战的临战准备工作。接着，他召开师以上干部会议，强调指出"我们的任务是积极援助朝鲜人民反抗侵略者"，并提出要采取"阵地战与运动战配合"的作战方针。

10 月 10 日　中共中央发出《关于镇压反革命活动的指示》。

同日　外交部发言人就 10 月 7 日联合国大会非法通过英、澳等 8 国授权美国侵略整个朝鲜提案事发表声明。声明说，中国人民坚决反对美国扩大侵朝战争。美军正积极部署大规模地越过"三八线"，企图把侵略战争的火焰延烧到中国边境，中国人民对于这种严重状态不能置之不理。侵略者要对他们疯狂行为的一切后果负责。

同日　中国人民银行行长南汉宸致电国际复兴及发展银行总裁，声明我国在该行财产及权益只有中国人民银行才有合法权利处理。

10 月 11 日　毛泽东在我驻印度大使袁仲贤《关于印度对西藏问题态度报告》上批示外交部：①西藏是中国领土，西藏问题是中国内政问题。人民解放军必须进入西藏。首先希望不经战争进入西藏，故要西藏代表团 9 月来北京谈判，该团故意拖延，至今尚未动身。现人民解放军已向昌都前进，数日内可能占领昌都。如西藏愿意谈判，代表团应速来京。②朝鲜问题应照周恩来总理 9 月 30 日演说内容答复之，即中国不能坐视其邻人受侵略而置之不理，扩大战争的责任应由侵略国担负。

10 月 12 日　政务院批准《财政部设置财政检查机构办法》。《办法》对中央及地方各级政府财政部门设立财政检查机构、任务、职权、检查措施及人员编制作了统一规定。

同日　教育部明令接办辅仁大学。教育部部长马叙伦发表接办谈话，并提请任命陈垣为校长，负责主持校务。

10 月 13 日　郭沫若主持召开第 54 次政务会议。会议批准出版总署胡愈之署长作的《关于第一届全国出版会议的综合报告》，批准教育部马叙伦部长作的《关于接办辅仁大学经过情形的报告》。

同日　周恩来、沈钧儒联名发出政务院、最高人民法院《关于人民司法机关迅速清理积案的指示》。指出各级人民政府及人民司法机关应把积案的现状加以分析，采取慎重负责的态度和切实有效的办法，争取在一定时间内完成清理积案工作。

同日　中财委公布《关于统一整顿公私合营企业公股的决定》。要求：①凡公私合营企业中的公股，其股权属财政部。②凡公私合营企业公股的清理与股权管理，由财政部委托人民银行责成交通银行统一办理。③在《决定》公布以前，所有各部门接管公私合营企业的公股，应即转交通银行统一管理等等。

10 月 14 日　政务院发布《关于治理淮河的决定》。《决定》说，遵照毛泽东主席根治淮河的指示，拟定治理淮河方针，应是蓄泄兼筹，以达根治的目的。上游应筹建水库，以拦蓄洪水发展水利为长远目标；中游蓄泄并重；下游开辟入海水道，同时巩固运河堤防。洪泽湖仍作为中下游调节水量之用。淮河流域，内涝成灾，亦应列为今冬明春施工重点之一，首先保障明年的麦收。

同日　周恩来致电各省、市、行署，称，自 7 月发出《镇压反革命活动的指示》以来，各省市在清剿股匪、破获反革命组织、取缔会道门等方面都获有一定成绩。但据公安部、铁道部及若干省市报告，反革命分子的活动仍甚猖獗，特别在美帝侵略朝鲜以来，匪特更加积极进行各种破坏活动。为此，各级政府应把坚决肃清一切危害人民的土匪、特务、恶霸及其他反革命分子视为当前严重的政治任务。

10 月 15 日　公安部长罗瑞卿向中共中央报送《关于全国侦察会议的报告》。《报告》说，会议着重解决了三个主要问题：①统一了对敌情的认识，确定帝国主义特务是我们今后反特斗争中的主要敌人。②必须按照正确的方针方法去开展特情工作。③对肃清美蒋特务，加强技术侦察等项工作做了具体布置。中共中央 11 月 24 日批转此报告。

同日　为早日彻底消灭天花，卫生部颁发《种痘暂行办法》，规定中国人民普遍种痘。

10 月 16 日　《时事手册》创刊。该刊为讲解全国性政策和国内外重大时事的半月刊。

10 月 17 日 外交部长周恩来致电联合国大会安迪让主席及赖伊秘书长,向联合国第 5 届大会提出坚决要求:在联合国大会及其所属有关委员会进行美国侵略中国的控诉案及控诉美国侵犯中国领空、扫射与轰炸中国领土及炮轰中国船只案两项议程时,必须有中华人民共和国的代表出席陈述意见和参加讨论;并严重抗议联合国第 5 届大会将美国提出的所谓"福摩萨问题"无理地列入大会议程,坚决要求大会取消此项非法决定。

10 月 18 日 外交部长周恩来致电联合国赖伊秘书长,并转联合国第 5 届大会安迪让主席及安全理事会奥斯汀主席,严重抗议美国侵朝军用飞机于 13 日、14 日多次侵入我国领空,并再度向联合国提出控诉,要求安理会采取有效措施,制止美国侵朝军队扩大侵略的行为,并立即撤退美国侵朝军队,以免事态扩大。

10 月 19 日 政务院、中央军委发布《各级部队不得自行采伐森林的通令》。

同日 中国人民志愿军各部队第 13 兵团(司令员兼政治委员邓华)第 38、39、40、42 军和炮兵第一、第二、第八师遵照毛泽东命令,在彭德怀司令员率领下,分由安东、长甸河口、辑安等处渡过鸭绿江,开赴朝鲜战场。

同日 中国人民解放军解放昌都。

同日 许广平将北京西三条 21 号鲁迅故居全部捐献给国家。为此,文化部颁发了褒奖状。

10 月 20 日 黄炎培主持召开第 55 次政务会议。会议批准卫生部副部长苏井观作的《关于全国制药工业会议的综合报告》。通过《新区农村债务纠纷处理办法》。《办法》规定,新中国成立前农民及其他劳动人民欠地主的债务,一律废除。

同日 中财委发出《关于防止物价波动问题的指示》。为巩固币值,平稳物价,拟采取以下措施:①实物充足的商品,如旧秋粮及布、煤、盐、糖等,如价格有波动,即坚决大量出售,以资稳定市场。在局部地区对个别不充足的商品,采取有计划有步骤上提价格。对不十分充足的商品,主要是纱、煤油、工业器材及其他进口物资,则分别采取办法,或增加开班次增加产量,或争取多进口一部分,或集中使用商品力量,稳定主要市场,或对于几种重要工业原料如橡胶、钢、铜之类,只按工厂生产需要配售,不在市场出售,并按供需情况,适当调整价格。②加强行政管理,对投机、囤积居奇、哄抬物价、扰乱市场者,严格取缔。③对物资缺乏而又与人民生活关系重大的商品,如遇有特殊情况时,采取统购统销及配售禁卖办法。

同日 台湾"立法院"通过《战时军律案》及《登记救济忠贞人士以利反攻案》。

10 月 21 日 毛泽东电示志愿军放弃原先组织防御的计划,改取在运动中歼灭敌人的方针。

10 月 23 日 外交部长周恩来致电通知联合国赖伊秘书长:我国政府业已任命伍修权为大使衔特派代表,乔冠华为顾问,一行共九人,出席联合国安全理事会讨论中华人民共和国中央人民政府所提出控诉武装入侵台湾案的会议。

10 月 24 日 政务院批准《政务院监察委员会试行组织条例》。

10 月 25 日 中共中央决定,第 13 兵团领导机关与彭德怀司令员的指挥所合并组成中国人民志愿军领导机关,邓华任志愿军副司令员兼副政治委员,洪学智、韩先楚任副司令员,解方任参谋长,原政治部(主任杜平)及其他机构的负责人照旧负责。

同日 全国文联第六次常委扩大会

议发出《关于文艺界展开抗美援朝宣传工作的号召》。为了响应号召和声援志愿军,中央戏剧学院舞蹈团演出了由欧阳予倩编剧、戴爱莲主演的大型舞剧《和平鸽》。

10月25日—11月6日 中国人民志愿军和朝鲜人民军一部,在博川、云山、温井、熙川、楚山等地举行第一次战役,歼灭以美军为首的"联合国军"和南朝鲜军1.5万人,迫敌撤退到清川江以南地区,初步稳定了朝鲜战局。

10月26日 外交部长周恩来再次致电联合国赖伊秘书长,并转联合国第5届大会安迪让主席及安理会奥斯汀主席,指出美机侵入我国领空与实行扫射、轰炸的次数增加,证明美国扩大战争的罪行已经继续向我国东北发展,特再度向联合国提出控诉。

同日 公安部向中共中央报送《关于全国公安会议的报告》。《报告》说,朝鲜战争发生以后,反革命分子向我们发动了各种谣言攻势,加紧破坏经济建设,特别是破坏军运,积极策划暗害活动,组织武装暴乱。这种反革命活动确实很多,帝国主义的侵略战火给反革命分子很大鼓励和最近一时期对反革命活动镇压不够有关系。对此,拟采取的措施:①对于已被逮捕及尚未逮捕的反革命分子的处理仍按"杀一批、关一批、管一批"的原则办理,必须处决一批罪大恶极、在新中国成立后经过宽大处理仍然继续为恶的反革命分子。②对于帝国主义的特务间谍分子要关一批、赶一批。③彻底摧毁会道门,特别是一贯道反革命组织。④对付反革命谣言,必须实行讲、驳、追三个字的政策。⑤清理积案与侦捕新案相结合。⑥纯洁公安部门内部。中共中央10月28日批转此报告。

10月27日 黄炎培主持召开第56次政务会议。会议通过《政务院关于处理失业知识分子的补充指示》。《补充指示》说,处理失业知识分子的基本方针,应当是经过训练或其他方式帮助他们获得或增加为人民服务的观点和技能,尽可能吸收他们参加国家建设和社会服务的各种实际工作。此件1951年1月12日发布。会议原则通过《中华人民共和国劳动保险条例(草案)》。

同日 毛泽东在政务院转呈北京市人民政府《关于在天安门广场建立毛主席铜像》的议案上批示周恩来:不要这样办。同日,周恩来批复北京市,此事以照毛泽东主席指示暂行缓办为宜。

同日 财政部召开的全国预算、会计、金库制度会议通过《预算决算暂行条例草案》、《预算科目草案》、《国营企业财务收支计划草案及附表》、《国营企业提交利润办法草案》、《国营企业折旧基金提缴办法草案》、《暂行总预算会计制度草案及账表格式》、《暂行单位预算会计制度草案及账表格式》、《中央金库条例实施细则草案》和《货币管理实施办法》等9个文件。

10月28日 毛泽东批示周恩来并外交部,指出,我驻印度使馆政务参赞申健与印度外交部梅农次长关于西藏问题的谈话,申健回答得很正确,态度还应强硬点,应说中国军队是必须到达西藏一切应到的地方,无论西藏政府愿意谈判与否及谈判结果如何,任何外国对此无置喙的余地。

同日 周恩来签发《关于改进和发展全国出版事业的指示》。《指示》说,以统筹兼顾、分工合作的原则调整公私出版业之间的关系,并逐渐消除出版发行工作的无组织、无计划的现象,以求有计划地充分供给为人民所需要的各种出版物,这个方针是正确的。目前出版工作的主要缺点是，出版物种类的分布不尽合理和出版物的质量低劣。公私营的专业性出版社应尽可能与有关的部门建立固定的联系，使出版物的内容更能符合国家和人民的需要。现在出版力量多集中在北京和上海两处，大行政区或省很少或几乎没有自己的出版力量，这种状况应予改变。

同日　周恩来发出通知：在东北目前备战期间，中央人民政府各部门不得再向东北抽调干部。今后中央及各地政府部门需向军队抽调干部时，应一律经过中央组织部（政府则为人事部）统一向军委提出统筹解决，不要直接向军队要干部。

同日　外交部周恩来部长致电联合国，控诉美机侵犯我国山东沿海肆行低空侦察并扫射我渔船的暴行。再次要求安理会立即采取有效措施，制止美国这种侵略行为。

同日　中国和芬兰共和国建立外交关系。

10月29日　政务院批准《关于1951年盐务工作方针与任务的决定》。《决定》说，为了进一步做好盐务工作，达到产销平衡，保证民食与国家税收，根据我国盐产丰富、愁销不愁产的特点，和半年来各地执行情况及存在的问题，规定1951年的生产任务为6038万担，比1950年减产804万担。

同日　中央军委副主席朱德到山东第九兵团驻地，动员该兵团入朝作战。

10月29日—11月5日　文化部戏曲改进局在北京召开全国戏曲改进工作会议。

10月　国庆期间，中央戏剧学院舞蹈团演出了《各族人民大团结舞》。

同月　文化部戏曲改进委员会主办的《新戏曲》创刊。

11月1日　周恩来致信外交部办公厅主任王炳南，提出，外交部修建太费，必须节俭。东楼应停止装饰。西楼不得加修，只修补缮其破漏者。一切家具，不许购买。

11月2日　教育部发出废除所有公私立高等学校、中等学校入学保证书制度的通知。

11月3日　周恩来主持召开第57次政务会议。会议批准水利部部长傅作义作的《关于治理淮河问题的报告》。报告说，水利部召集豫、皖、苏三省代表开会，提出了"蓄泄并重"的计划。整个治淮预计5年完成。会议通过《大城市区各界人民代表会议组织通则》和《大城市区人民政府组织通则》。代表会议组织通则对代表名额、代表资格、选举产生和代表会议的职权等作了具体规定。政府组织通则对区长、副区长、委员的选举、批准任命，委员会任期、职权，区人民政府的工作机构、编制等作了具体规定。以上两件11月15日发布。

同日　周恩来总理签发《政务院关于加强人民司法工作的指示》。《指示》说：①各级人民政府必须切实采取必要办法，使人民司法制度在全国范围内有系统地逐步地建立和健全起来。②为了正确地从事人民司法工作的建设，必须划清新旧法律的原则界限。③司法工作的当前任务是镇压反动，保护人民。④必须配备一定数量的坚强的干部作为骨干，并须教育他们重视司法工作，帮助他们提高政策水平。⑤司法经费，由国库开支，所有司法罚款、没收财产等收入，均应统一缴归国库。

同日　中财委发出《关于冻结现金和物价措施的指示》。《指示》说，目前社会上存货不存钱的心理抬头，游资正集中购买短缺产品棉纱;一个多月以来,国家银行的存款不增加,而部队、机关、团体还向国家银行提存,且有续提之势;11、12 两月由于军费增支而来的财政赤字及收买外汇两项,现金支出至少 4 万亿元,加上部队等提取存款,则共缺现金 6 至 7 万亿元,这是金融上存在的很大危险。为此决定从 11 月 5 日起,冻结部队、机关、团体的存款,并缓购农产品,冻结期为一个月。同时采取措施,团结私人行庄,紧缩对私人工商业信用;严禁金银外币黑市,打击投机分子。

11 月 5 日　周恩来批准转发外交部《关于处理外侨的原则意见》和《关于外资企业处理办法初步意见》。

同日　人民革命军事委员会军事运输司令部成立。

11 月 6 日　毛泽东和周恩来批准决定,为精简起见,中央人民政府委员会办公厅办事机构撤销,政府委员会开会及招待宴会、典礼等项工作完全由政务院负责办理。

同日　外交部发言人发表声明,严厉驳斥麦克阿瑟及奥斯汀的无耻谰言。声明说,我国人民志愿援朝抗美是完全合理和正义的行为。中朝人民坚决要求美帝及其帮凶收起侵略的长矛,坚决主张外国军队撤出朝鲜,和平解决朝鲜问题。

11 月 7 日　政务院批准东北人民政府呈报的《中苏联合委员会对于确定向中华人民共和国政府移交大连苏联方面临时代管或租用财产的具体办法之议定书》和《关于 1945 年苏联机关自日本所有者手中获得之工商企业及其他财产无偿的移交给中华人民共和国政府之议定书》。

同日　西南军政委员会和西南军区司令部宣布和平解放西藏的政策:保护西藏全体僧侣、人民的生命财产。保障西藏全体人民之宗教信仰自由,保护一切喇嘛寺庙。帮助西藏人民开展教育和农牧工商业,改善人民生活。对于西藏现行政治制度及军事制度,不予变更。西藏现有军队成为中华人民共和国国防武装之一部分。各级僧侣、官员、头人等照常供职。一切有关西藏各项改革之事宜,完全根据西藏人民意志由西藏人民及西藏领导人员采取协商方式解决。

同日　中国人民志愿军第九兵团(辖第 20、26、27 军)在司令员兼政治委员宋时轮率领下由临江、辑安入朝,担负东线作战任务。

11 月 8 日　周恩来签发《政务院关于东北境内各中央直属部门委托东北人民政府领导的指示》。

同日　中国人民解放军公安司令部领导机关以第二十兵团部分人员为基础在北京成立。罗瑞卿任司令员兼政治委员。1952 年 10 月 22 日,中央军委决定,公安司令部改为公安部队司令部。1955 年 7 月 18 日,公安部队司令部改称公安军司令部,1957 年 9 月 1 日,撤销公安军番号,其机关改编为总参谋部警备部。

11 月 10 日　陈云主持召开第 58 次政务会议。会议通过《城市郊区土地改革条例》。《条例》规定,工商业家在城市郊区的其他财产和合法经营,如私人住宅、厂房、仓库以及在农村中有利于生产的投资等应加保护,不得侵犯。城市郊区所有没收和征收得来的农业土地,一律归国家所有,分配给无地少地的农民耕种使用。凡在城市郊区使用机器耕种或有其他进步设备的农田以及农事试验场、菜园、果园等,无论其为地主或农民所经营,无论其土地所有权有无变更,均由原经营者继续经营使用。此件 11 月 21 日公布。批准教育部长马叙伦作的《教育部关于第一次全国工农教育会议的报告》。原则通过《政务院关于举办工农速成中学和工农干部文化补习学校的指示》、《教育部关于开展农民业余教育的指示》和《各级职工业余教育委员会组织条例》。

同日　周恩来签发《政务院关于目前东北海关工作的指示》。

同日　周恩来就在世界和平大会上发言内容致电郭沫若。电称，中国人民委托我们向大会传达如下的要求：①制止美国和其他国家侵略朝鲜的战争，要求从朝鲜撤退一切外国侵略军。②要求美国立即停止对于中国人民解放台湾的任何干涉。③要求宣布麦克阿瑟是战争贩子。④坚决反对原子武器的使用。⑤要求世界各国同时裁减军备，建立有效的管制。

11月11日　外交部长周恩来致电联合国安理会，声明：我们不能接受1950年11月8日安全理事会第52次会议所决定的邀请。我代表中国人民政府提议，安全理事会应将我中华人民共和国中央人民政府控诉美国政府武装侵略台湾议案与美国政府武装干涉朝鲜问题合并讨论，以便我中华人民共和国代表出席安全理事会讨论"控诉武装侵略台湾"议案时，得以同时提出控诉美国政府武装干涉朝鲜问题。

11月13日　政务院举行欢送赴东北工作同志大会。周恩来、李富春作了报告。

同日　"国民党中央改造委员会"通过《党员速反党纪处分规程》。

11月15日　周恩来总理致电香港招商局汤传篪、陈天骏两经理并转全体员工，对起义员工将13艘起义轮船胜利驶回祖国表示慰问嘉勉。

同日　政务院批准财政部设置财政检查机构。规定在中央设检查局，各大区与各省市设检查处，各专区和省属市设检查科或股，各县设财政检查员，行使财政检查权，贯彻财政检查制度。

11月15日—27日　中财委召开全国财政会议。会议认为，1951年财经方针应放在战争的基础上，安排战争需要为第一，维持市场金融物价的稳定为第二，其余往后放。对支出用"削萝卜"的办法，对收入用"挤牛奶"的办法，以利财政和经济的发展。会议决定采取削减经济建设和文化建设投资，实行决算制度控制支出，增加公粮附加，征收契税，酌增若干货物税、进口出口税等增收节支措施，以保证战争需要。

11月16日　中央人民政府答复印度政府关于西藏问题的照会。再次申明西藏是中国领土不可分的一部分，西藏问题完全是中国的一个内政问题。中国人民解放军必须进入西藏，解放西藏人民，保卫中国边疆，这是中国政府的坚定方针。印度政府却企图影响和阻止中国政府对于西藏的国家主权的行使，这不能不使中国政府十分惊异。

同日　蒋介石在台湾下令，颁布重新修订过的《惩奸条例》和《潜台匪谍自首办法》。

11月17日　周恩来主持召开第59次政务会议。会议批准政务委员李立三作的《关于全国工农兵劳动模范代表会议的总结报告》。会议决定，由李立三召集有关同志起草《工农兵劳动模范条例》，由政法委负责召集有关部门起草《对残废军人及烈士家属的照顾办法》。会议批准燃料工业部副部长李范一作的《关于第一次全国水电工程会议的报告》。

11月18日　周恩来召开会议。会议决定，拟于今明两年，分期分批，选送84700名学生、6300名青年工人，入军事学校学习。会议责成安子文负责召集有关部门制订实施方案。

同日　中华全国体育总会对各地分会发出关于开展冬季体育运动的指示。

同日　中财委颁发《西南区森林收归国有实施办法》。

11 月 21 日　政务院秘书厅通知中国人民银行:《中国人民银行试行组织条例》经审查修订,准予试行。《条例》规定,中国人民银行受政务院领导及中财委指导,与财政部保持密切联系,主管全国货币金融事宜。

11 月 21 日—12 月 2 日　新华社第一次全国社务会议在北京召开。

11 月 22 日　《人民日报》发表题为《斥美国对西藏的阴谋》的短评,斥责美帝试图利用联合国干涉我国人民解放西藏。

11 月 23 日　外交部发言人发表声明,严重抗议中越边境法国陆军、空军不断侵入我国境及领空,法国政府对此应负全部责任及后果。中国政府已下令边防部队对挑衅者予以严厉回击。

11 月 24 日　周恩来主持召开第 60 次政务会议。会议原则批准民委主任李维汉作的《关于各民族代表参加国庆节的报告》和《培养少数民族干部试行方案》、《筹办中央民族学院试行方案》。两个《试行方案》12 月 28 日发布。

同日　西康省藏族自治区在康定成立。这是建国后成立的第一个专区级民族自治区。

11 月 24 日—12 月 16 日　中国政府特派代表伍修权出席联合国安理会。

11 月 25 日　周恩来签发《政务院对地方附加税的几点规定》的电报。《规定》说,为使地方财政有必要的收入,举办当地不可少的有益的事业,各大行政区可按本区的需要及可能,将公粮的地方附加部分,由原定公粮征收数的 15%,提高为 20%至 30%。城市征收附加税的范围及税率,得酌情扩大并提高。

同日　内务部发出《关于填发土地房产所有证的指示》。

11 月 25 日—12 月 24 日　中国人民志愿军和朝鲜人民军为粉碎"联合国军"的总攻势,举行第二次战役。此役共歼灭敌军 3.6 万人,收复了"三八线"以北(除襄阳外)的全部领土,解放了瓮津半岛和延安半岛,彻底粉碎了美国占领全朝鲜的战略企图,扭转了朝鲜战局。

11 月 26 日　《中国人民志愿军战歌》的歌词第一次在《人民日报》上发表。这是新华社记者陈伯坚写的一篇通讯中引用的。它原是志愿军战士麻扶摇写的一首诗。周巍峙为它谱了曲。此歌在 1954 年全国群众歌曲评奖中获一等奖。

11 月 26 日—12 月 10 日　民盟中央委员会第六次全体会议在北京举行。会议通过以抗美援朝为该党当前中心政治任务的决议与《关于发展组织的决议案》等。

11 月 27 日　周恩来签署政务院令,发布《进出口船舶船员旅客行李检查暂行通则》。

同日　中共中央委员、政治局委员、中央书记处书记任弼时因病在北京逝世,终年 46 岁。

同日　文化部召开全国戏曲工作会议。会议讨论如何贯彻党的戏曲改革政策以及帮助艺人学习、加强编写和修改剧本等问题。

11 月 27 日—12 月 11 日　文化部在北京召开全国戏曲工作会议,会议提出了《关于戏曲改进工作向中央文化部的建议》。

11 月 27 日—12 月 16 日　民革第二

届中央委员会第二次全体会议在北京举行。会议通过以抗美援朝为该党当前中心政治任务的决议与《关于发展组织的决议案》等。

11月29日　美国经济合作总署决定长期向台湾供应原油。

11月30日　周恩来签发《政务院关于铁路运输计划的指示》。

同日　波、捷、罗、匈、保等五国首批交换留学生35人陆续抵达北京，入清华大学外籍学生中国语文专修班学习。

同日　《人民日报》刊登歌曲《打败美帝野心狼》，周巍峙曲，麻扶摇词。后该曲以《中国人民志愿军战歌》之名，广泛流传。

11月　经出版总署批准，新华书店发出了《书稿报酬暂行办法草案》。

同月　上海各影院配合抗美援朝运动，一致停映美国影片。在此前后，全国各地也都停止上映美国影片。

11月至12月　北京电影制片厂派出新闻摄影队随志愿军入朝拍摄抗美援朝新闻纪录片。

12月1日　周恩来主持召开第61次政务会议。会议同意陈云关于财政问题的口头报告。通过《政务院关于决算制度、预算审核、投资的施工计划和货币管理的决定》。通报《人民革命军事委员会、政务院关于招收青年学生、青年工人参加各种军事干部学校的联合决定》。批准农业部李书城部长作的《农业部关于1950年秋季农业生产工作的报告》。

同日　重庆市军事管制委员会宣布解散晏阳初主持的"中华平民教育促进会"，并接收其所属乡村建设学院等机构。

同日　中央人民政府人民革命军事委员会、政务院联合发布决定：招收青年学生、青年工人参加各种军事干部学校。

8日，教育部指示各级教育部门和学校，按照决定的要求，完成招生计划。中等以上学校中掀起"参军参干"高潮。次年6月，各种军事干部学校再次在全国范围内招生。

同日　根据分工专业化的决定，新华书店出版部门改建为人民出版社，印刷部门改建为新华印刷厂，发行部门改为专营发行业务的新华书店。新华书店总管理处改为新华书店总店。成立新华印刷厂总管理处，管理京、津直属印刷厂、新华油墨厂、新华印刷器材行。

同日　内蒙古自治区民间艺人代表大会举行闭幕式。

12月1日—5日　九三学社全国工作会议在北京举行。会议通过当前的任务和工作的决议，决议指出，要以和全国人民一道，加强统一战线，巩固人民民主专政，坚持、贯彻并扩大抗美援朝运动为现阶段工作中心。

12月2日　毛泽东电复天津工商业界，希望全中国一切爱国的工商业家，和人民大众一道，结成一条比过去更加巩固的反对帝国主义侵略的统一战线。

同日　政务院颁令：为照顾民族习惯，遇伊斯兰教（回教）之尔代（新疆称肉孜节）、古尔邦（即宰牲节）、圣祭（新疆称冒路德节）节日，对信仰伊斯兰教各民族人民自己食用的牛羊，应予免征屠宰税。

12月2日　教育部颁布《一九五〇年度派往东欧人民民主国家交换留学生暂行管理办法》。

12月4日　外交部长周恩来就对日和约问题发表声明。声明说，中华人民共和国中央人民政府是代表中国人民的唯一合法政府，它必须参加对日和约的准备、拟制与签订。中国国民党反动派残余集团绝对没有资格代表中国人民，因而它没有资格参加任何有关对日和约的讨论和会议。对日和约的准备和拟制如果没有中华人民共和国的参加,无论其内容与结果如何,中央人民政府一概认为是非法的,因而也是无效的。美国政府在关于对日和约问题的备忘录中所拟订的方案,完全违反盟国共同对日作战的目的,并破坏所有有关对日政策的国际协议,同时,更抹杀我中国人民抗日奋战的基本利益,也无视日本人民的未来愿望。

同日　"国民党中央改造委员会"通过《耕地三七五减租条例》。

12月6日　中共中央批准公安部《关于经济保卫工作的报告》。《报告》提出,目前,工矿中隐藏有伪军官、土匪、逃亡地主(有的是还乡团人员),这些人既无技术,劳动力亦差,危险则大,应一律清洗交地方管制或另给别的生路,如工人不足者可吸收失业的真正工人。

同日　中国人民解放军防空司令部在北京成立。周士第任司令员,钟赤兵任政治委员。1955年8月11日,防空司令部改称防空军司令部。

同日　中国人民志愿军和朝鲜人民军收复平壤。

12月8日　陈云主持召开第62次政务会议。会议通过《对外贸易暂行条例》。此件12月9日公布。通过《区各界人民代表会议组织通则》、《乡(行政村)人民代表会议组织通则》、《区人民政府及区公所组织通则》和《乡(行政村)人民政府组织通则》。4个通则12月30日公布。

同日　人民教育出版社成立。叶圣陶任社长,柳湜任副社长。

12月9日　周恩来批准《关于加强专家工作的几项具体办法》。《办法》规定,每月由周恩来、陈云、李富春、薄一波分别向专家作一次关于中国政治情况及各种

政策问题的报告;将政府的各种政策性文件,编译成俄文供专家参考;每3个月召开一次专家工作汇报会。

同日　政务院、军委颁发《关于全国气象台、站的建制、管理、经费和技术问题的联合决定》。

12月11日　政务院批准内务部公布《革命烈士家属革命军人家属优待暂行条例》、《革命残废军人优待抚恤暂行条例》、《革命军人牺牲、病故褒恤暂行条例》、《革命工作人员伤亡褒恤暂行条例》和《民兵民工伤亡抚恤暂行条例》。

同日　周恩来致电香港各起义机构全体员工。电称,两个月以来,由于你们辛勤努力,完成护产任务,致使香港各起义机构重要物资得以及时抢运回国。此种爱护祖国的热情及为人民服务的精神,深堪嘉许。

12月12日　中财委向毛泽东、周恩来报告对美帝封锁我经济的七项对策。这七项对策是:①即令各地停开一切向美、日的购买证及许可证。②即令中央贸易部限期退购一切已开美、日两国的购买证;将撤回之外汇,经转存别国手续后,立即抢购任何物资运回。③装运在途之美货,应即与原代理行接洽,由银行担保,转装远东其他口岸或即委其转售,退回外汇。④向西德及其他欧洲国家所订之货及英镑区之订货,应尽速抢运,否则撤汇,或改买其他现货立即装回,以争取时间。⑤在中立国的存款,亦应购货运回,以策万全。⑥考虑出口的新方式,在未有决定以前,着令各地除易货外,一律暂停签发出口许可证,以免出口外汇遭受冻结。⑦改变今后在国际贸易上的做法,一般采取易货办法,凡须现汇购买者,须货到付款或付货;对资本主义国家的贸易,以后准备少做,尽量缩小与资本主义国家贸易的

结算差额，以减少贸易外汇遭受冻结的危险。中共中央 12 月 15 日批准中财委的七项对策，并批示，关于美帝在华一切资产，责成中财委及外交部会同各地限于年内进行普遍调查，于 1951 年 1 月上旬提出接收方案，报告中央，准备实施。

12 月 14 日 周恩来、海关总署署长孔原联名发出《政务院关于设立海关原则和调整全国海关机构的指示》。《指示》规定，必须一反过去反动统治为服从帝国主义大量倾销外货并廉价汲取我国原料的经济侵略措施，及滥行开放对外贸易，到处设立海关机构的方针，严格以独立自主精神，根据国家经济情况的需要，在应开放对外贸易的地方设立海关机构。

同日 周恩来签发关于在年终财政收支清理中纠正突击花钱的电报。

同日 政务院发出《关于举办工农速成中学和工农干部文化补习学校的指示》。

同日 公安部发出《关于统一人民警察名称的通知》。《通知》规定，各种警察统称"人民警察"，简称"民警"，需用"户籍"、"交通"具体名称时，仍可标明"户籍警"或"交通警"等字样。

12 月 15 日 周恩来、黄炎培主持召开第 63 次政务会议。会议通过《工商业税暂行条例》、《货物税暂行条例》、《印花税暂行条例》、《屠宰税暂行条例》、《利息所得税暂行条例》、《工商业税民主评议委员会组织通则》和《税务复议委员会组织通则》。七个文件于 12 月 19 日公布。会议批准文化部沈雁冰部长作的《文化部关于电影工作的报告》。

同日 周恩来总理签发《关于非运输部门自有公务船舶参加航运的有关规定》。规定要求，非运输部门自有公务船舶如参加航运，必须依照航务规定，办理

检查丈量及登记手续，服从统一管理，保证航行安全。

同日 台湾"省政府"颁布《整理地籍放领土地实施方案》，确定了全省应放领的公地数目。

12 月 16 日 中国人民解放军防空司令部成立。

12 月 16 日—24 日 中国人民解放军全军通讯工作会议在北京召开。会议讨论了军队通讯建设和通讯联络组织等问题。

12 月 18 日 毛泽东致信陈叔通委员，信称：全国有 500 万工商户，其中商业行户大约有 300 万，在整个经济事业由旧的轨道转入新民主主义轨道中，当有一大批商行和手工业需要转业和改组，这是不可避免的，政府应当妥为指导这件事。

同日 "国民党中央改造委员会"通过《反共建国联合阵线计划纲要》。

12 月 19 日 中央军委副主席朱德到山东第十九兵团驻地，动员该兵团入朝作战。

同日 北京市人民政府发出布告，规定严厉取缔一贯道及所有反动会道门办法。由此带动全国各地展开了一律取缔以推翻人民政府为目的的反动会道门的斗争。

12 月 20 日 教育部公布《各级职工业余教育委员会组织条例》。

12 月 21 日 教育部发出《关于开展农民业余教育的指示》。《指示》指出，要争取条件将农民季节性的业余学习（冬学）逐步转变为常年业余学习。农民业余教育一般地应以识字学文化为主，并配合时事政策教育和生产、卫生教育。

12 月 22 日 周恩来、陈云主持召开第 64 次政务会议。会议原则通过《中华人民共和国矿业暂行条例》。条例分为总

则、整理旧矿区、探矿及采矿人之责任、附则等 5 章 34 条。此件 1951 年 4 月 18 日公布。会议还听取郭沫若团长作的《出席第二届世界保卫和平大会情况报告》。

同日　外交部长周恩来就联合国大会非法通过成立"朝鲜停战三人委员会"决议事发表声明。声明说,我们坚持一切外国军队撤出朝鲜及朝鲜内政由朝鲜人民自己解决为和平调处朝鲜问题的谈判基础。美国侵略军必须退出台湾,我国代表必须取得联合国的合法地位。

同日　中财委公布《私营企业重估财产调整资本办法》。《办法》规定,重估财产一律以 1950 年 12 月 31 日实有财产以当时当地价格为估价根据,以人民币为计算单位,重估财产价值抵过账面价值后的余额,为重估财产增值额,列明账册,作为调整资本之用,不得视为盈余分配,亦不得征收所得税。

12 月 25 日　中国人民解放军工兵司令部在北京成立。1952 年 9 月,陈士榘任司令员。1955 年 8 月 11 日,工兵司令部改称工程兵司令部。

12 月 26 日　毛泽东主持召开中央人民政府委员会第十次会议。会议听取郭沫若团长作的《关于第二届世界保卫和平大会的经过、成就和我们今后的任务的报告》。

毛泽东指出,这个和平运动很有效力,帝国主义者害怕这个东西。现在有些人在思想上对战争与和平搞不清楚,为什么又要和平,又要打仗,又要和平签名,又要报名参军,一面说原子弹不可怕,一面又要禁止原子弹。对于这些问题,要加强宣传。会议一致通过关于第二届世界保卫和平大会的十项建议的决议。会议批准周恩来总理《关于目前时局问题的报告》。《报告》说,抗美援朝两个月了,我们

同头号帝国主义在正面战场上第一次交了手。证明我们有力量戳穿美帝这个纸老虎。我们是正义的,"和亦不怕,战亦不怕",愈战斗,愈能制止战争。今后的中心工作是,增强国防力量,巩固人民民主专政,稳定财政经济,加强文教战线。会议批准陈云副总理《关于 1951 年度全国财政收支总概算问题的报告》。《报告》说,1951 年财政概算收入以粮食计为 788 亿斤,比 1950 年多 193 亿斤。概算支出,国防费为 48.05%,经济建设费为 16.98%,文教社会费为 7.31%,行政费为 16.21%,预备费为 6.52%,其他为 4.93%。国防费约占支出的一半,稳定金融主要采取增加税收和发行公债的办法。会议通过《关于结束中央人民政府食品工业部的决议》。会议任命杨秀峰为河北省人民政府主席,朱其文为沈阳市市长,韩光为旅大市市长,马明方为陕西省人民政府主席,潘自力为宁夏省人民政府主席,张鼎丞为福建省人民政府主席,陈毅为上海市市长,柯庆施为南京市市长。毛泽东指出,从去年10 月 1 日中央人民政府成立到现在 14 个月,共开了 10 次会议。中央人民政府做了一年的工作,是有成绩的。工作中也发生了许多缺点和错误,尤其在上半年税收、公债工作中,下半年的镇压反革命工作中。关于镇压反革命活动,人民责备我们是"有天无法"、"宽大无边",现在情况已开始好转了。干部在工作中的脱离群众、官僚主义和强迫命令作风,是与政府的政策不对头有关系的。今年 6 月前后,政府公布了许多法令,使工作逐渐走上了轨道。今年一年,明年再一年,到后年,我们就可使国家情况基本好转。现在要继续努力,准备一切条件,有计划地进行建设。

同日　周恩来指示,中国人民救济总会及中国红十字总会两个人民团体,直属

政法委领导。救济总会及红十字总会业务中有关卫生部分，得同时受卫生部的指导；有关外交事项，得同时受外交部的指导。

12月27日 周恩来、财政部长薄一波联名发出《关于1950年度财政收支进行年终清理决算的指示》。

12月27日—1951年1月2日 西康省昌都地区举行首届各族各界人民代表会议。会议讨论了如何贯彻中央人民政府和平解放西藏的既定国策。12月31日，成立昌都地区僧俗人民争取和平解放西藏委员会，阿沛·阿旺晋美任主任。1951年1月1日，会议正式成立昌都地区解放委员会，西南军政委员会任命王其梅为主任，阿沛·阿旺晋美为副主任。

12月29日 周恩来主持召开第65次政务会议。周恩来作关于政务院发布管制美国在华财产、冻结美国在华存款命令的报告。周恩来说，政务院在本月28日曾发布了一项命令，决定由各地人民政府管制及清查美国在我国的一切财产并冻结其在我国的一切公私存款。过去我们曾设想，要把美帝国主义的残余势力从中国完全肃清，还需要三四年的时间。但是，最近美国宣布了冻结我国在美国境内的财产，这就给了我们一个很有利的机会，我们可以提早把美帝国主义在我国的残余势力肃清出去。据查，美国在中国的财产大约有1.3亿至2亿美元（码头、仓库未计入）；我国被美国冻结的财产约有2000万—3000万美元。现在我们宣布一方面管制其在我国的财产，一方面冻结其在我国的公私存款。这对美帝国主义是一个严重的打击。会议通过郭沫若作的《关于处理接受美国津贴的文化教育救济机关及宗教团体的方针的报告》。通过《政务院关于处理接受美国津贴的文化教育救济机关及宗教团体的方针的决定》、《接受外国津贴及外资经营之文化教育机关及宗教团体登记条例》。三个文件于12月30日发布。会议同意监委副主任刘景范作的《政务院及所属单位精简节约检查总结》。通过《私营企业暂行条例》，此件12月30日公布。

同日 政务院文化教育委员会批准教育部建议：托儿所事业归卫生部领导，幼儿园事业归教育部领导，托儿所与幼儿园的儿童以3周岁为分界线。

同日 外交部发言人发表声明，谴责英国殖民当局迫害马来亚华侨同胞。要求立即释放马来亚集中营关押的全部华侨，保障华侨的居住自由、生命财产的安全，并赔偿一切损失。

同日 台湾"立法院"同意蒋介石提出的将"立法委员"任期延长一年的"建议"。

12月30日 政务院发布通令，针对某些机关仍不经批准自行购买、典及租赁房屋，影响市民住房，违反群众利益甚为严重的现象，重申前令，并对审批手续和检查惩处违纪行为作了严格规定。

12月31日 政务院发出《关于处理接受美国津贴的医院的指示》。《指示》要求，在中央处理计划未决定前，各地对接受美国津贴的医院一律不要接收。防止帝国主义分子对这些医疗机构的破坏，并做好安定人心的工作。同时，对教会医院，应令其不得再接受美国津贴，对经费困难者，政府应给予补助。

同日 政务院发出《关于处理接受美国津贴的文教机关问题的指示》。对接受美国津贴的高等学校、中学、幼稚园及聋哑、盲童学校的具体办法作了规定。

同日 新华社柏林分社成立，社长陈适五。

12 月 31 日—1951 年 1 月 8 日　中国人民志愿军和朝鲜人民军发起第三次战役,各突击集团迅速突破以美军为首的"联合国军"和南朝鲜军的既设阵地,于 1951 年 1 月 4 日占领汉城,并继续追击敌人到"三八线"附近的平泽、安城、堤川、三陟地区。此役共歼敌 1.9 万余人。

12 月　新华社新德里分社成立,首席记者张维冷。

同月　九三学社选举许德珩为中央委员会主席,梁希为副主席,黄国璋为秘书长。

同月　教育部分别发出指示:加强高等学校和农民业余教育中抗美援朝时事教育。

同月　三联书店、中华书局、商务印书馆、开明书店、联营书店五个单位的发行部门联合组成公私合营性质的中国图书发行公司。

同月　电影《武训传》拍摄完成并在上海公映。影片受到观众热烈好评,并被《大众电影》杂志列为年度优秀电影评选十大候选影片之一。东影摄制的故事片《白毛女》在全国上映后受到热烈好评。该片并于翌年在卡洛维·发利国际电影节上荣获"特别荣誉奖"。由文华公司摄制的影片《我这一辈子》(根据老舍小说改编)摄制完成,成为春节期间最上座的影片,并获得文化部优秀影片二等奖。

同月　胡一川作《开镣》,莫朴作《入党宣誓》,王式廓作《参军》,董希文开始作《开国大典》。

1951 年

1 月 1 日　中共中央发布《关于在全党建立对人民群众的宣传网的决定》。

《决定》要求在党的每个支部设立宣传员,在党的各级领导机关设立报告员,并建立关于宣传员报告员的一定制度。

同日　以何长工为团长的三人代表团赴莫斯科,与苏联外长维辛斯基谈判,2 月 19 日双方达成苏联援助中国建设航空工业的协议,并经周恩来和斯大林批准。

同日　全国气象台、站自今日起执行统一的《气象测报简要》。

同日　蒋介石发表《告全国军民书》。

1 月 2 日　湖南湘潭县韶山冲毛泽东旧居开放。

1 月 4 日　经中共中央批准,成立中央人民政府人民革命军事委员会兵工委员会,由政务院总理周恩来兼任主任,聂荣臻、李富春任副主任,刘亚楼、陈锡联、肖劲光、许光达、杨立三、何长工、刘鼎、李涛、宋邵文为委员,雷英夫任秘书长。主要负责确定兵工建设的方针原则。1954年,该委员会撤销。

同日　中财委发布《关于统购棉纱的决定》。《决定》规定,凡公私纱厂自纺部分的棉纱自织的棉布以及现存的棉纱、棉布,均停止在市场出售,由国营花纱布公司统购。各地政府对纱布市场必须负责管理,取缔投机囤积,并协助国营花纱公司做好分配、销售工作。

同日　政务院批准中财委在各大行政区财委内设置私营企业局。

同日　中财委向中共中央转报贸易部《关于 1951 年国营贸易的方针任务和计划的决定》。《决定》说:1950 年全国国营贸易的总任务是,发展城乡内外交流,稳定物价,实现上缴利润 3 万亿元的计划(东北除外)。1951 年国营贸易总计划(东北除外),销售额为 74 万亿元,比 1950 年增加 75%。

1 月 5 日　政务院召开第 66 次政务

会议。会议通过《企业中公股公产清理办法》。《办法》规定，凡国民党政府及国家经济机关、金融机关等在企业中的股份及股产，前敌国政府及其侨民在企业中的股份及财产，业经依法没收归公的战犯、汉奸、官僚资本家等在企业中的股份及财产，以及其他依法没收归公的股份及财产，和解放后人民政府经济机关、企业机关对企业的投资，亦应转作公股，一律进行清理。公股的所有权属于中央人民政府财政部。在本办法公布后 3 个月内进行清理，逾期不报者，依法予以处罚。

同日 台湾"省政府"会议通过《台湾省公地公产整理办法方案》。

1 月 7 日 上海鲁迅纪念馆成立。

1 月 7 日—10 日 黄河水利委员会在开封召开首次委员会议。会议讨论和决定了 1951 年治黄工作的方针任务，即在下游继续加强堤防，大力组织防汛工作，在中上游大力筹建水库。

1 月 8 日 中财委向毛泽东主席并中共中央报送《关于全国棉纺织会议的综合报告》。中共中央 1 月 11 日批转此报告。

1 月 10 日 政务院发出《关于处理美国津贴的救济机关的指示》。指示说：①对全部或大部依靠美国津贴或资助的救济社团（如基督教世界服务委员会中国分会，全国天主教福利委员会等）及其在各地的分会，应由各地民政部门负责立即加以管制。②对仅接受美国少部分津贴或临时津贴的救济社团，暂时不予管制，维持现状。③对上述团体、机关中的工作人员和受益人员，应进行宣传解释工作，注意他们的生活不因听候处理而受到影响。④上述团体、机关如经费发生困难，可酌予补助。

同日 周恩来总理批准中华人民共和国邮电部同波兰共和国邮电部《互换邮件及包裹协定》和《电信协定》。

1 月 11 日 周恩来总理召集薄一波等 7 人开会，研究对苏军事订货和贸易问题。同意由姚依林为代表团团长，前往苏联谈判 1951 年对苏贸易协定。

同日 政务院批准文教委颁布《接受外国津贴及外资经营之文教救济机关宗教团体登记实施办法》。

1 月 12 日 政务院召开第 67 次政务会议。会议批准水利部傅作义部长作的《1950 年水利工作总结和 1951 年的方针与任务的报告》。

同日 政务院发布《关于处理失业知识分子问题的补充指示》。

1 月 15 日 中国人民解放军军事学院在南京成立。根据军委的决定，由刘伯承负责筹建的军事学院在南京成立，并举行了授旗阅兵式和成立典礼，刘伯承出任院长（后兼任政治委员），毛泽东为军事学院题词："努力学习，保卫国防。"军事学院直属军委领导，主要培训能够组织指挥现代条件下各军兵种协同作战的合成军队高级指挥员和高级参谋人员。

同日 中央贸易部召开全国对外贸易管理会议。会议起草并修订了《易货贸易管理暂行办法》和《易货贸易管理暂行办法实施细则》。

1 月 16 日 国务院公布《特种消费行为税暂行条例》。《条例》规定，特种消费行为税从价计征，由消费者负担，以营业者为代征义务人。对电影、戏剧、娱乐、舞场、筵席、冷食和旅馆的营业，按 5％ 至 50％ 的不同税率分别计征。凡富有政治教育意义之影片或戏剧，经当地人民政府或其所指定之文教机关审查证明，税务机关得准代征义务人按原定税率减半征收。

同日 台湾当局成立"行政院设计委员会"，作为反攻大陆设计蓝图总策划机构。

1月17日 毛泽东向各大区负责同志发出《关于在镇压反革命中要做到稳准狠的指示》。《指示》强调，只要不杀错，又注意策略（事先事后向各界人民多做宣传解释工作，注意时间地点，分期分批，分军队地方等等），对于真正的匪首、恶霸及坚决的特务分子，必须在人民群众拥护的基础上，坚决地处以死刑。特别是那些土匪猖獗、恶霸甚多、特务集中的地方，要大杀几批。所谓打得稳，就是要注意策略。打得准，就是不要杀错。打得狠，就是要坚决地杀掉一切应杀的反动分子（不应杀者，当然不杀）。

同日 外交部长周恩来复电联合国大会第一委员会阿彼拉兹主席。电称，联大第一委员会通过的关于朝鲜先停战后谈判的原则，只便利于美国维持侵略和扩张侵略，决不能导致真正的和平，因之中华人民共和国中央人民政府不能予以同意。为着朝鲜问题和亚洲重要问题真正能够得到和平解决，现向联合国提议：在同意从朝鲜撤退一切外国军队及朝鲜内政由朝鲜人民自己解决的基础上举行有关各国的谈判；谈判内容，必须包括美国武装力量从台湾及台湾海峡撤退和远东有关问题；举行谈判的国家，应包括中华人民共和国、苏联、英国、美国、法国、印度和埃及七国，中华人民共和国在联合国的合法地位即从举行七国会议起予以确定；七国会议的地点，应选在中国。

同日 周恩来总理出席华北区天主教人士茶话会，并作了讲话。他说，宗教界提出来的自治、自养、自传运动，是宗教界的爱国运动，应该提倡，人民政府应加以支持和赞助。爱自己的祖国人人有责，包括天主教徒在内。爱国和天下教友是一家，并不矛盾。天下教友是一家中所说

的教友，当然是指虔诚、善良的教友而言，教徒中的叛徒败类当然不能算作教友。

1月17日、19日 周恩来总理召集陆定一等15人开会，研究关于处理接受美国津贴的大学及医院问题。议定：接受美国津贴的大学，教职学员群众有了觉悟的，及其他条件已经成熟的可以接办；确实难以维持的亦可接办，但应集中力量接办政治上极反动者；神学院与宗教学院的外籍教职员，只要他不反动仍可留下。关于处理接受美国津贴的医院，不可企图一次全部接办，应以京、津规模较大的医院试办。

1月18日—27日 农业部召开第一次全国农具会议。

1月19日 毛泽东指示中国人民志愿军：中朝两国同志要亲如兄弟般地团结在一起，休戚与共，生死相依，为战胜共同的敌人而奋斗到底。中国同志必须将朝鲜的事情看作自己的事情一样，教育指挥员、战斗员爱护朝鲜的一山一水一草一木，不拿朝鲜人民的一针一线，如同我们在国内的看法和做法一样，这就是胜利的政治基础。只要我们能够这样做，最后胜利就一定会得到。

同日 政务院召开第68次政务会议。会议批准滕代远作的《铁道部1950年工作总结与1951年计划的报告》。报告说，1950年铁道工作提前21天完成年度运输计划。铁路总通车里程较1949年增加1000多公里，行车速度每小时提高5至25公里。通信建设除西南区及新线外，全国铁路均可举行电话会议，主要干线都有了行车号志。关内铁路营业收入及营业外收入，超过原定计划17%。批准钱之光作的《关于1950年工作总结及1951年工作方针和任务的报告》。报告说，全国公私营纺织厂完成棉纱生产计划121%，完成棉布生产计划103%，均超过战前最高年

产量。纺织工业还进行了初步的民主改革，公私营纺织厂大部已废除搜身制，调整了公私关系。1951 年的方针是，提高生产，改善管理，重点建设，准备发展。

1 月 20 日　卫生部正式接收了接受美国津贴的私立北京协和医学院。同年 2 月通过了《处理接受美国津贴的医疗机构实施办法》。

1 月 22 日　中国政府同匈牙利政府签订贸易协定。

1 月 24 日　全国职工业余教育委员会成立。

1 月 25 日　政务院决定，为了统一全国航运以提高运输能力，东北航务总局改为中央人民政府交通部北洋区航务局，并受东北人民政府指导。原东北航务总局所辖内河，仍由东北人民政府直接领导。

同日　政务院批复中南军政委员会，同意将广西省武鸣专署撤销，所辖武鸣、隆安、隆山、那马和都安五县划归南宁专署；果德、平治和镇结 3 县划归百色专署领导。

同日　新华社主办的《新闻业务》创刊。该刊 32 开本，不定期。

同日　中国人民志愿军举行第四次战役。是日，以美国为首的"联合国军"、南朝鲜军约 23 万余人，乘中朝人民军队连续大战后部队疲劳、后勤供应困难之机，以汉城为主要突击方向展开大规模进攻，妄图挽回败局。中朝人民军队顽强抗击，在大量歼灭敌人后主动撤出汉城，并将敌军阻止在"三八线"附近地区。是役历时 87 天，中朝人民军队共歼敌 7.8 万余人，实现了掩护后续兵团集结，为反击战役创造有利条件的意图。

同日　内务部发出《关于加强代耕工作的指示》、《关于检查救灾工作的指示》。

同日　台湾当局发表"省保安司令部"破获所谓中共华东军区潜台情报工作组织戴龙间谍案经过。

1 月 26 日　政务院召开第 69 次政务会议。会议同意沈钧儒团长作的《中央民族访问团访问西北各少数民族的总结报告》。报告提出 4 项建议：①盼望早日实施民族区域自治，希望酌量增加各级人民政府、各级人民代表会议中的少数民族干部和代表人数；②发展铁路公路交通，兴修水利，发展手工业及建立轻重工业工厂；③发展少数民族语言文字，用各民族语文出版书籍、杂志、报纸，尤其急需各民族文字的教科书，希望推进公费教育制度，得到师资、教材、经费等各方面的支持，多送各族青年进京学习，在少数民族区域推进电影、戏剧、歌舞、绘画等项文艺工作；④实行免费的医疗制度。

1 月 29 日　政务院批准聂荣臻辞去所兼任的北京市市长职务。

同日　中国和波兰两国政府在北京签订 1951 年中国波兰交换货物及付款协定、中国波兰航运协定、中国波兰互换邮件及包裹协定、中国波兰电讯协定。中国将从波兰获得必需的工业品及半制成品；波兰将从中国获得必要的工业原料。

同日　河南省文物保管委员会、河南省治淮总指挥部政治部联合发出通知，要求配合治淮工程，保护文物古迹。

1 月　北京开始推行"体育锻炼标准"。以后逐步传播到全国广大地区。

同月　中央军委决定培养新中国女飞行人员。从华东军政大学和航空预科总队选调的 55 名女学员，4 月进入牡丹江第七航校学习。第一批共培养女飞行员 14 名、空中领航员 6 名、空中通信员 5 名、空中机械员 30 名，毕业后全部分配到空军运输机部队。

同月　中共中央召开第 2 次全国统战

工作会议。会议讨论了帮助民主党派发展组织问题。中央统战部在会上提出《1951 年协助各民主党派发展党员的建议》，要求各地在 1951 年协助各民主党派发展成员 1 至 2 倍。

同月　中国人民志愿军发起第四次战役。至 4 月 21 日，将敌阻于"三八线"附近地区。共歼敌 78000 余人。

2 月 1 日　军委总参谋部奉人民革命军事委员会主席毛泽东命令，颁布中国人民解放军《内务条令（草案）》、《队列条令（草案）》和《纪律条令（草案）》。

同日　中国电影影片经理公司成立，统一经营全国电影影片发行业。

2 月 2 日　政务院召开第 70 次政务会议。会议通过《政务院关于 1951 年农林生产的决定》。并批准郭沫若作的《科学院 1950 年工作总结和 1951 年工作计划要点报告》。

同日　外交部长周恩来就联合国大会非法通过诬蔑中国的决议发表声明。指出其是非法的、诽谤的、无效的，中国人民坚决表示反对。

同日　中共中央发出《关于进一步普遍开展抗美援朝爱国运动的指示》。

2 月 3 日　政务院发布《关于实行国家机关、国营企业、合作社财产强制保险及旅客强制保险的决定》。

同日　中共中央批准并转发中财委《关于 1951 年银行工作方针和计划的决定》。决定提出，1951 年银行的工作方针是：稳定金融市场，开展货币管理工作。

同日　中国进出口公司青岛分公司移交文化部的文物运抵北京，计 15 箱，211 件。

2 月 5 日　政务院发出《关于民族事务的几项决定》。《决定》提出，认真推行民族区域自治及民族民主联合政府的政策和制度。有计划地培养少数民族干部。下半年召开有关少数民族的卫生、教育和贸易三个专业会议。责成中央政府各部门建立有关民族事务的业务。政务院文教委设民族语言文字研究指导委员会，指导和组织关于少数民族语言文字的研究工作，帮助尚无文字的民族创立文字，帮助文字不完备的民族逐渐充实其文字。扩大中央民族事务委员会名额，于下半年召开中央民委的扩大会议。

2 月 6 日　周恩来签发《重申毒品禁令》的电报。

2 月 7 日　天津举行全国年画展。

2 月 8 日　外交部与新闻总署联合发出《关于新华社国外分社、记者同我国驻外大使馆关系的规定》，指出，新华社派驻国外分社、记者除直接受新华社总社的领导外，同时受驻在国外我使馆或使团的领导。

2 月 9 日　政务院召开第 71 次政务会议。会议通过陈其瑗《关于处理马来亚归国难侨工作的报告》和《中华人民共和国惩治反革命条例》，提请中央人民政府委员会批准公布施行。

2 月 10 日　教育部颁发《工农速成中学暂行实施办法》和《工农干部文化补习学校暂行实施办法》。

2 月 11 日　周恩来总理召集有关负责同志，研究议定：①华北区天主教革新宣言，第一要明确表示肃清帝国主义在中国天主教中的影响；第二要坚持宗教与政治分开，梵蒂冈不能干涉中国的政治。对于愿意革新的教会，应帮助他们解决困难。②协和医院与中国医院应合并，名称可叫中国协和医院，原来经费不减少。

2 月 12 日　政务院发出《关于接受美国津贴的宗教学校处理办法》。《办法》规定，接受美国津贴的宗教学校，在停止接受美国津贴后，可允许其在中国教徒自办的原则下继续存在，其经费确有困难者，得由政府酌情予以临时补助；原设在高等学校内的神学院，其组织与行政领导及物资产权应与高等学校完全分开。神学院的名称亦不得冠以"某某大学"字样；宗教学校的外籍人员分别情况加以处理。

同日 台湾乌来发电所竣工启用。

2月15日 周恩来总理召集有关负责同志研究议定：凡接受外资津贴的医院，应有工会代表参加董事会，对非接受美国津贴的医院，只令其登记，现不表示接收。关于法国津贴的医院，立即以北京市军管会名义征购。

同日 政务院发表《关于1951年农林生产的决定》。

2月17日 毛泽东将广东、广西纠正镇反宽大无边的两份材料送黄炎培副总理参阅，并致信说，这两处是最典型的例子，其他地方不如此两处之甚，但亦大体相去不远，引起群众不满，极为普遍。不杀匪首和惯匪，则匪剿不净，且越剿越多。不杀恶霸，则农会不能组成，农民不敢分田。不杀重要的特务，则破坏暗杀层出不穷。总之，对匪首、恶霸、特务（重要的）必须采取坚决镇压的政策，群众才能翻身，人民政权才能巩固。当然，对可杀可不杀的那一部分人，应当判处徒刑，或交群众监视，用劳动去改造之，不要杀。如同宽大应有边，镇压也应有边，无边是不对的，已经解决了问题，群众已经满意了的地区，即不应再杀人了。

2月18日 毛泽东同志在《中共中央政治局扩大会议决议要点》中指出："土改完成，立即转入生产、教育两大工作。"

2月20日 刘少奇副主席主持召开中央人民政府委员会第11次政务会议。会议听取东北人民政府主席高岗、华东军政委员会主席饶漱石、中南军政委员会副主席邓子恢、西南军政委员会副主席邓小平、西北军政委员会副主席习仲勋关于本地区工作的报告。会议通过《中华人民共和国惩治反革命条例》。政法委副主任彭真作关于镇压反革命活动和惩治反革命条例问题的报告。此《条例》2月21日公布。会议任命赖若愚为山西省人民政府主席，邓宝珊为甘肃省人民政府主席，赵寿山为青海省人民政府主席，谭震林为浙江省人民政府主席。

2月21日 政务院召开第72次政务会议。会议听取黄炎培副总理作的《访察苏南土地改革的报告》。报告说，苏南的土改基本上是办得好的，好就好在农民站起来了。

2月22日 美国和台湾军方将领40余人在台北商讨台湾防务问题。

同日 美国政府批准5000万美元军事援助台湾当局。

2月23日 政务院召开第73次政务会议。会议原则通过《中华人民共和国劳动保险条例》。《条例》2月26日公布，从1951年3月1日起生效。

同日 新华书店总店召开成立大会，陆定一、胡愈之在会上讲了话。

2月26日 周恩来电告南京市柯庆施市长、宋庆龄副主席同意南京中山陵内孙中山先生卧石像上所覆国旗可以撤销，不必再用任何旗帜。

同日 中国林学会在北京成立。

2月27日—6月25日 中华全国体育总会代表团9人，由团长吴学谦率领访问了印度，并参观第一届亚洲运动会。

2月28日 刘少奇在北京市第三届人民代表会议上发表重要讲话。讲话肯定了北京市第三届人民代表会议在它的民主化的基础上比前两届更进了一步。

并指出,不独北京的人民代表会议应该如此,在其他地方,凡是条件业已具备了的,也应该如此地来召集人民代表会议。目前的各级人民代表会议已在代行各级人民代表大会的职权,在不久的将来,就要直接地过渡为各级人民代表大会。各级人民政府,各民主党派,各民主阶级的人民,都应该依据共同纲领和中央人民政府颁布的法令,按照各个地方实际可能的情况,积极地把各级人民代表会议建立起来,使它能够在最近几年内逐步地过渡为各级人民代表大会。

同日 政务院批准《中南区渔业暂行条例》《中南区渔业权登记暂行规则》、《中南定置渔业管理暂行规则》及《中南区水产动植物繁殖保护暂行规则》公布试行。

3 月 1 日 周恩来召集会议研究议定:在两年内有计划、有步骤、有区别地将反动外侨肃清。对政治犯及政治性的刑事犯一律驱逐出境。有血债者判罪或处死刑,大间谍案另案办理。

同日 教育部颁发《职工业余教育暂行实施办法》。

同日 全国新年画展览会在北京举办。

3 月 2 日 政务院召开第 74 次政务会议。会议听取安子文作的《人事部 1951 年中心工作纲要》的报告,孙起孟作的《政务院人事局一年工作总结报告》和章乃器主任委员作的《政务院所属单位机构编制审查委员会 1950 年下半年审查工作总结报告》。会议通过《人事部 1951 年中心工作纲要》,将《政务院及所属单位机构编制审查委员会 1950 年下半年审查工作总结报告》发政务院所属各单位研究修改后,作为人事工作会议的文件。

3 月 5 日 政务院发出《关于成立接

受美国津贴救济机关处理委员会的通令》。《通令》说,由于各地接受美国津贴的救济社团和救济机关情况复杂,为了顺利地进行处理工作,省市以上应设立各级接受美国津贴救济机关处理委员会,由中国人民救济总会或其分会、政府有关部门及其他有关团体和个人组成,统一进行调查、研究、计划、指导、处理等工作。

同日 政务院发出关于科学研究工作的指示。

同日 周恩来听取民航局钟赤兵局长关于民航局有关问题的汇报,并同意改组原中国航空公司、中央航空公司;民航局为两航人员开办学校,建立民航政治工作制度。

3 月 6 日 政务院就《华东军政委员会关于处理南京天主教拒绝与拖延登记的指示》,通报各大行政区、各省市。通报说,根据上海经验,在登记期间召集各教堂团体中负责的中国人开会,讲清登记意义和办法,并限期登记,否则予以处罚。通报要求,各地如有教会团体抗拒拖延登记的事情发生,亦可依照上海的办法办理。

同日 政务院发布《中华人民共和国禁止国家货币出入国境办法》。

同日 山西省农业劳动模范李顺达所领导的劳动互助组向全国各地互助组提出发展农业生产的挑战。

3 月 8 日 中国 26 个大城市举行国营电影制片厂新片展览月,共展出东影、北影、上影厂摄制的《白毛女》等 20 部故事片和 6 部纪录片。

3 月 9 日 政务院召开第 75 次政务会议。会议同意中国人民银行南汉宸行长作的《中国人民银行 1950 年工作简要总结与 1951 年工作计划的报告》和贸易部叶季壮部长作的《贸易部 1950 年工作总结与

1951 年工作计划的报告》。

同日　政务院批准文教委报送的卫生部《处理美国津贴的医疗机构实施办法（草案）》。《办法》规定，接受美国津贴医疗机构的总方针是：分别情况，或由政府予以接办改为国家事业，或由私人团体继续经营改为中国人民完全自办之事业。接受美国津贴的医疗机构，在改为国家事业或中国人民完全自办的事业之后，应保证其业务不受影响并充分发挥效能。

3 月 13 日　政务院发布《关于土地房产所有证收费的决定》。

同日　政务院发布《各级水利机关领导关系业务分工及互相联系办法》。办法规定，长江水利委员会、黄河水利委员会、治淮委员会、珠江水利工程总局，由水利部直接领导。

3 月 14 日　中国铁道部与苏联交通部在北京签订中苏铁路联运协定。

3 月 15 日　周恩来签署政务院令，颁发《1951 年国民经济计划表格及编制办法》。办法指出，计划表报制度，是制定国家经济计划的必要前提，望即遵照执行，以争取早日制定全国公私经济各主要部门的恢复和发展总计划。

同日　陈诚提出军队参加台湾建设。

3 月 16 日　政务院召开第 76 次政务会议。会议批准燃料工业部部长陈郁作的《燃料工业部 1950 年工作简要总结和 1951 年的方针与任务的报告》。报告说，1950 年国营煤、电、石油工业加强了生产的计划性，纠正了过去盲目生产状态，保证了军需、交通、工业和民用的需要。

3 月 17 日　政务院发布《关于春季严禁烧荒烧垦以防森林火灾的指示》。

同日　中国红十字会派出第一个国际医防服务大队参加抗美援朝，进行军民医防工作。以后又陆续派出六个国际医防服务大队。

同日　成渝铁路资阳工务段民工在建筑黄鳝溪桥基工程中，发现人类头骨化石。9 月，裴文中主持发掘。后命名为"资阳人"。

3 月 19 日　中财委向毛泽东报送《关于仓库清理调配工作的总结报告》。4 月 7 日中共中央批转此报告。

3 月 19 日—31 日　教育部召开第一次全国中等教育会议，制订发展和建设中等教育的工作方针。

3 月 20 日　周恩来颁布《政务院关于收回东北银行和内蒙古人民银行所发行的地方流通券的命令》。

同日　中央军委、政务院联合发出《关于人民武装经费开支的规定》。《规定》提出：①区以上各级人民武装部脱离生产之工作人员，统属军事系统管辖，其一切经费均由中央负责，开支国防费，由各级军区后勤部编报预算负责供给。②民兵事业费的预算制度及开支标准，由省人民政府、省军区根据本省地方粮款情况，及剿匪等任务，自行拟定，报上级备案。开支时，由县以上人民武装部，商同级政府编造预算，报上一级人民政府、军区批准后，向同级政府报领。

同日　台湾驻美"大使"与美国就"对日和约"问题进行磋商。

3 月 21 日　新闻总署和出版总署联名发出《关于全国报纸期刊均应建立书报评论工作的指示》。

同日　中苏联合摄制影片《解放了的中国》和《中国人民的权利》获斯大林奖金一等奖。

3 月 23 日　政务院召开第 77 次政务会议。会议原则批准海关总署孔原署长作的《1950 年海关工作总结和今后工作的方针任务的报告》。《报告》说，1950 年我国对外贸易情况发生了很大的变化,进出口货物总值不仅比新中国成立前有了很大增加,而且出现了 73 年以来未曾有过的第一次出超情况。会议通过《中华人民共和国暂行海关法》。该法于 4 月 18 日公布,自 5 月 1 日起施行。会议批准出版总署胡愈之署长作的《出版总署 1950 年工作总结和 1951 年工作计划要点的报告》。报告说,1949 年 11 月出版总署成立以来,印行了马克思、列宁、毛泽东著作及有关政治书籍 1000 万册。教科书的编审和供应工作大有改进,供应中小学教科书约 1.4亿册。翻译外文书籍也有进展。1951 年的工作计划要点为:全国出版图书、课本、期刊 5.3 亿册,比上年增加 100%;完成好《毛泽东选集》的出版发行工作;为加强爱国主义教育,有计划地编制中国历史、地理、近代科学著作,中国古典文学作品和"五四"以来的文学作品,编印注释本《鲁迅全集》。

3 月 24 日　周恩来召集沈雁冰、陆定一、胡乔木等负责同志研究电影工作的领导问题,决定:①目前电影工作的中心问题是思想政治领导,为此,要组织中央电影工作委员会,草拟一个关于电影工作的决定。对《武训传》的批评需事先与该片编剧孙瑜先生谈通。②加强电影编制力量,电影与戏剧合作,向全国征集已经上演获得观众好评的剧本,选择其中好的改编为电影剧本。③电影批评的标准,主要是大的政治方向正确,目前还不宜过分强调艺术性。

同日　人民革命军事委员会决定建立各级人民武装部。为统一和加强对民兵的领导,促进民兵的领导,促进民兵建设,人民革命军事委员会决定从军委到县属区一级均设立人民武装部,隶属军事系统领导,主要负责把广大青壮年在不脱离劳动的前提下组织起来,给他们以军事、政治训练。

3 月 26 日—4 月 3 日　人民教育出版社、新华书店总店联合召开第一次全国教科书出版工作会议和课本发行会议,讨论确定教科书出版发行的原则和方针。

3 月 28 日　中财委向周恩来并中共中央报送财政部《关于 1951 年度全国财政收支概算三次变动的报告》。《报告》说,去年 12 月 26 日中央人民政府委员会第 10 次会议通过的 1951 年度全国财政收支概算,总收入为 583444 亿元,总支出为 695011 亿元,赤字为 111567 亿元。经今年 2 月中财委核定调整和财政会议上与各大区磋商,并经中财委批准,全国财政总收入为 688234 亿元,总支出为 825021 亿元,收支相抵,财政赤字为 136787 亿元,除苏联贷款可抵补 18600 亿元外,银行发行需 118000 余亿元。中共中央 4 月 5 日批准了此报告,并要求努力组织收入,压缩支出,保证不再突破预算。

3 月 29 日　周恩来签发《政务院关于 1951 年度财政收支系统划分的决定》。《决定》说,自 1951 年起,国家财政的收支系统,采取统一领导分级负责的方针,实行三级制,即中央级财政、大行政区级财政、省(市)级财政。专署及县(市)的财政列入省财政内。

同日　美国在《对日和约草案》中规定:"日本放弃对朝鲜、台湾和澎湖列岛的一切权利……"有意不规定台湾主权的归属。

3 月 30 日　政务院召开第 78 次政务会议。会议批准财政部副部长戎子和作的《关于财政部 1950 年工作总结及 1951 年工作方针和任务的报告》。《报告》说,1950 年国家财政工作主要收获是,统一了国家财政收支管理,出现了收支接近平衡的局面。总收入超过原概算 31.7%，总支出超过原概算 14%，收支相抵，赤字为总支出的 16.7%。全国金融物价趋向平稳。

3 月 31 日 周恩来签发《政务院关于财政分级以后的几个重要问题的规定》，对追加预算的程序、编制批准的机关、中央与地方的财政管理、部队与地方的财务关系，作了具体规定。

同日 周恩来签署命令，公布财政部《关于进一步整理城市地方财政的决定》。

同日 政务院成立处理接受美国津贴救济机关委员会，谢觉哉为主任，伍云甫为秘书长。

同日 台湾"国防部"宣布破获蓬莱族解放委员会。

3 月 《摄影工作》创刊。这是新中国第一个关于摄影工作的全国性刊物。共出 5 期，1952 年 4 月停刊。

同月 电影局在全国 20 个大城市举办国营电影制片厂新片展览月，共展出 1950 年东影、北影、上影三厂摄制的故事片 20 部，纪录片 6 部。周恩来总理为展览月题词："新中国人民艺术的光彩。"

同月 文化部戏曲改进局并入文化部艺术事业管理局。

4 月 2 日 出版总署发出《关于做好〈毛泽东选集〉出版、印刷、发行工作的指示》。

同日 苏联宣传画和讽刺画展览会在中央美术学院举行。6 月 14 日移展上海。

4 月 4 日 政务院发布《关于各业务部门领导之高等学校毕业生统一由中央分配工作的规定》。

同日 卫生部公布《关于健全和发展全国卫生基层组织的决定》、《关于调整医药卫生事业中公私关系的决定》、《关于医药界的团结互助学习的决定》。

同日 卫生部、教育部联合发出《关于发展卫生教育和培养各级卫生工作人员的决定》。

4 月 5 日 "国民党中央改造委员会"通过《中国国民党从政党员管理办法》。

4 月 6 日 政务院召开第 79 次政务会议。会议批准中财委计划局局长宋劭文作的《关于第一届全国工业会议情况的报告》，通过《政务院关于 1951 年国营工业生产建设的决定》。批准轻工业部黄炎培部长作的《轻工业部 1950 年工作总结与 1951 年的工作方针和任务的报告》。

4 月 7 日 台湾"国防部"宣传军中文艺运动的意义，称"战斗的文艺"含有一种无形的伟大力量。同时"国防部"发表告文艺界人士书。

4 月 9 日 周恩来总理在外交学会年会上发表讲话。讲话指出，民族解放问题在今天的国际地位提高了。十月革命的胜利，世界上开始有了两个对立的营垒，从那时起，殖民地半殖民地国家的民族解放斗争不再是资本主义革命的一部分，而是社会主义革命的一部分了。同时，民族解放斗争在此期间也变得更加重要、更加扩大了。中国人民的胜利使世界力量的对比发生了根本的变化，使民族解放运动的比重大大地加强了。民族解放运动已经成为当前革命的主要力量，这个力量正在发展中，而且必然会得到最后胜利。我们的任务就是支持、推动民族解放运动的发展。

4 月 11 日 中华全国体育总会发出关于深入普及抗美援朝运动的通告。

4 月 12 日 福建省文教委员会接办美国津贴的协和大学和华南女子文理学院，将两校合并为福州大学。

4 月 12 日—22 日 第一次全国监察会议在北京召开。

4月13日　政务院召开第80次政务会议。会议批准林垦部副部长李范五作的《林垦部1950年工作总结及1951年工作计划的报告》、《1951年全国林业会议总结报告》和林垦部改为林业部的报告。会议同意政务院特派接收港九国民党政府机构专员办事处负责人雷任民作的关于接收工作的报告。报告说,接收国民党政府在香港、九龙的航空、航运、交通、贸易、银行等28个单位,接收官僚资本机构1个;接收资财计港币2.7亿多元(两航未计入),占可能接收资财总数的85%。起义人员共4855人(占原有人数的97%),均得到妥善安置。

同日　农业部发布《关于渔业生产的指示》,要求各产鱼区人民政府及水产部门抓紧时机,组织渔业生产,加强鱼货运销,完成全年生产任务。

同日　"敦煌文物展览"在北京历史博物馆开幕,展出莫高窟壁画摹本900多件,及敦煌文物被帝国主义劫掠的照片。

4月15日　气象局召开第一次全国气象工作会议。重点研究了各级气象台、站的领导体制和职责范围。

4月17日　周恩来批示,同意陈云关于1951年黄河防汛方案的请示。请示说,黄河多年失修,河床愈冲愈高,如发生2.3万流量的洪水,其灾情将比历史上的灾情为大。黄河水利委员会提出了"化大灾为小灾"的方案,必要时平原省主动淹掉三五百万亩土地,以避免淹掉四五千万亩土地的损失。蓄洪地区均有堤岸,只要花一二亿斤小米的代价加修堤闸,此方案即可实现。

同日　人民革命军事委员会航空工业管理委员会成立。政务院、人民革命军事委员会联合颁发《关于航空工业建设的规定》,为加强对航空工业建设的领导,加快航空工业建设,成立人民革命军事委员会航空工业管理委员会,聂荣臻任主任,李富春任副主任。

4月18日　周恩来批准成立中央防汛指挥部,董必武任主任,傅作义、李涛(总参作战部部长)任副主任。

同日　外交部副部长章汉夫发表声明,抗议英国政府劫夺我在香港修理的永灏号油轮。

同日　重工业部航空工业局成立,统一负责所有飞机的修理工作。段子俊任局长。周恩来总理签发中央人民政府文件,正式批准航空工业局成立,局址设在沈阳。1952年4月5日,航空工业局迁到北京。

同日　中央人民政府政务院批准《中医师暂行条例》。卫生部公布《中医诊所管理暂行条例》及其实施细则。

4月19日　周恩来颁发命令,公布《妨害国家货币治罪暂行条例》。《条例》规定,以反革命为目的伪造国家货币者,其首要分子或情节严重者处死刑,情节较轻者处无期徒刑或15年以下7年以上徒刑,并没收其财产之全部或一部。意图营利伪造国家货币者,其首要分子或情节严重者,处死刑或无期徒刑,其情节较轻者处15年以下3年以上徒刑,均得没收其财产之全部或一部。

同日　周恩来转发聂荣臻代总参谋长《关于订购军用雨衣所发生问题的报告》。《报告》说,总后军需部为准备志愿军行动,在北京、天津、青岛三地定制雨衣55万件,但厂商希图暴利,不断提高价格,仅原料超额即达人民币140亿元。《报告》建议:同资本家打交道必须掌握团结与斗争的原则;工厂不应擅自提高利润标准;制造军需物资,必须保证质量。周恩来指示,除对本案严予审究并谋补救办法外,报告中所提三点意见,值得各地财委及后勤部门严予注意。

4月20日　政务院召开第81次政务会议。会议批准文化部副部长周扬作的《文化部1950年全国文化艺术工作总结与1951年计划要点的报告》。会议批准《政务院关于调整省、市人民政府文化行政机构的规定》、《政务院关于戏曲改革工作的指示》和卫生部部长李德全作的《卫生部1950年工作总结和1951年工作计划要点的报告》。会议通过《关于戏曲改革工作的指示》。

4月21日　政务院发布《关于适当地处理林权明确管理保护责任的指示》。

同日　台湾"行政院"公布修正《国军人事行政权责划分办法》。

同日　美国向台湾派遣军事援助顾问团协助台湾防务。

4月21日—5月8日　政务院和政协全国委员会分别召开全国秘书长会议。4月29日李维汉秘书长在会议上作了《进一步加强政府机关内部统一战线工作的报告》。5月4日周恩来向会议作了《目前形势与任务的报告》。周总理在讲到抗美援朝问题时指出,抗美援朝是半年来也是今后一个时期的中心任务。中国人民从国内反对美帝国主义的走狗蒋介石,进入了直接和美帝国主义的斗争,这个发展是必然的。政务院秘书长会议通过了《保守国家机密暂行条例》、《各级人民政府保密委员会暂行组织通则》、《政务院关于加强政府机关内部统一战线工作的几项具体规定》、《关于各级政府机关秘书长和不设秘书长的办公厅主任的工作任务和秘书工作机构的决定》、《关于处理人民来信和接见人民工作的决定》和《公文处理办法》。

4月22日　政务院发出关于征用英国亚细亚火油公司的全部财产问题给各省市的电报。电报说,最近英帝国主义为了表示其与美帝国主义的一致,在美帝的压力下竟征用我15000吨级的永灏油轮,并企图掠夺我两航公司在港财产。为对英帝这一反动措施及时地予以适当回击,特决定征用英国在华的亚细亚火油公司的全部财产。各地应立即着手布置,待政务院公布征用命令时即开始行动。

同日　中国人民志愿军举行第五次战役。以美国为首的"联合国军"在"三八线"附近地区转入防御的同时,积极谋划在中朝军队侧后登陆,打破对峙局面。为粉碎敌登陆企图,夺取战场主动权,大量歼敌,志愿军集中3个兵团共11个军和4个炮兵师,人民军集中3个军团,发起第五次战役。至6月10日,战役胜利结束,中朝人民军队共歼敌8.2万余人,并将战线稳定在"三八"线附近地区,粉碎了其侧后登陆配合正面进攻,在朝鲜蜂腰部建立新战线的计划,迫使敌人接受停战谈判。

4月23日　周恩来、郭沫若及有关部门负责人前往车站,欢迎以噶伦阿沛·阿旺晋美为首席代表的西藏谈判代表团一行16人。

4月24日　周恩来签发《政务院关于人民民主建政工作的指示》。《指示》说,各级人民政府必须依照各级人民代表会议组织通则的规定,按期召开各级人民代表会议;各级人民政府的一切重大工作,应向各该级人民代表会议提出报告,并在代表会议上进行讨论与审查;凡尚未代行人民代表大会职权的县、市各界代表会议,应积极创造条件,以便代行人民代表大会的职权;已完成土改的地区,应酌量调整区、乡行政区划,发挥人民政权基层组织的作用;少数民族聚居地区,应认真地推行民族区域自治,适时建立民族自治机构。

同日 周恩来签发《关于 10 万人口以上的城市召开区各界人民代表会议的指示》。

4 月 25 日 中财委向中共中央报送《请求增加发行人民币的报告》。4 月 26 日,中共中央批转此报告。

4 月 26 日—5 月 2 日 治淮委员会第二次会议在蚌埠举行。

4 月 27 日 政务院召开第 82 次政务会议。会议批准邮电部部长朱学范作的《邮电部 1950 年工作总结与 1951 年邮电计划方针的报告》。

同日 中央人民政府副主席朱德、李济深,政务院总理周恩来、副总理郭沫若、黄炎培,政协全国委员会副主席陈叔通,政务院秘书长兼民委主任李维汉及政务院各部门和各人民团体负责人等 90 多人前往车站,欢迎班禅额尔德尼暨班禅堪布会议厅各负责官员一行 45 人抵达首都。当晚,周恩来总理设宴为班禅及随行官员洗尘。班禅在宴会上发表讲话。他说,西藏是中国不可分割的领土,西藏人民是中国人民不可分离的一部分。我们坚决拥护中央人民政府和毛泽东主席和平解放西藏的政策,并竭诚贡献出一切力量,使西藏早日回到独立、自由和统一的祖国大家庭中来。

同日 中财委发布《关于木材供应及收购问题的处理办法》。

同日 《中国青年报》在北京创刊。

4 月 28 日 周恩来设宴欢迎西藏地方当局谈判首席代表噶伦阿沛、扎萨凯墨巴(即克买扎萨)、堪仲土丹旦达、堪仲土登列门、桑珠颇章、登增顿珠(即桑株颇章色)。

4 月 30 日 周恩来颁布政务院命令。命令说,为了我国安全及公众利益起见,兹决定征用英国在我国各地的亚细亚火油公司(除其总公司和分支机构的办公处及推销处以外)的全部财产,并征购其全部存油。该亚细亚火油公司的各地负责人应即将其总公司和分支机构的办公处及推销处以外的全部财产造具清册,听候当地军事管制委员会及(或)当地人民政府处理。各该负责人应负责保证及移交这些财产,不得有任何偷窃、破坏、转移、隐匿等不法情事,否则定予严惩。

同日 中华人民共和国文学艺术展览会在苏联列宁格勒举行。

5 月 2 日 中央治淮视察团由北京出发前往淮河流域视察,视察团带有毛主席颁发给治淮委员会及河南、皖北、苏北三个省区治淮指挥机关的四面锦旗,上有毛主席的亲笔题字:"一定要把淮河修好。"

同日 美国军事援台顾问团开始办公。

5 月 4 日 政务院召开第 83 次政务会议。会议通过《政务院关于划分中央与地方在财政经济工作上管理权限的决定》,批准《中华人民共和国海关进出口税则》及《海关进出口税则暂行实施条例》。

5 月 4 日—18 日 全国篮、排球比赛大会在北京举行。这是新中国成立后举行的第一次全国性比赛。

5 月 5 日 政务院总理周恩来签发中央人民政府政务院《关于戏曲改革工作的指示》。

5 月 7 日 经政务院批准,文化部、内务部颁布《关于管理名胜古迹职权分工的规定》、《关于地方文物名胜古迹的保护管理办法》和《地方文物管理委员会暂行组织通则》。

5 月 10 日 全国合作总社向中共中央报送《关于试行重点配售的总结报告》。《报告》说,全国合作总社,于今年 1 月颁布了试行配售的决定以后,各地进行了重点试办。据统计,全国已有70万社员享受了配售优待,配出物资总值约在140亿元左右,配售品价格,在城市一般低于市场零售价10%左右,在农村低15%以上,煤油则低到20%~40%,社员普遍拥护,一致要求继续实行。第二季度,批准享受配售的社员,已达700万人。通过配售优待,端正合作社的业务方针,贯彻民主管理制度,加强经济计划和核算制度等方面,收效是很大的。同日,中共中央批转此件。

5月11日 政务院召开第84次政务会议。会议批准政法委彭真副主任作的《关于政法工作的情况和目前任务的报告》。《报告》说:全国已召开人民代表会议或人民代表大会的地区,计有26个省(区),8个行署区,129个专辖或盟辖以上的市,1961个县及65个旗;此外,还有10多个省、县以内的民族聚居地区,先后实行了民族区域自治。会议批准刘格平团长作的《中央西南访问团工作总结报告》。

同日 中共中央发出《关于新区建立合作社问题的指示》。

5月14日 政务院批复广东、广西省人民政府,同意广东省钦廉专区及其所属合浦、钦县、灵山、防城县与北海市委托广西省政府领导,广西省怀集县委托广东省政府领导。

5月16日 周恩来发布《政务院关于处理带有歧视或侮辱少数民族性质的称谓、地名、碑碣、匾联的指示》。

同日 为贯彻落实《中国人民政治协商会议共同纲领》关于民兵建设的规定,解决民兵建设存在的问题,建立统一的民兵制度,中共中央、人民革命军事委员会发出《关于加强民兵建设的指示》。

同日 《连环画报》创刊。

同日 蒋介石对美国记者称,国民党如"反攻大陆",可阻止中共在朝鲜战场的军事进展。

5月18日 政务院召开第85次政务会议。会议原则批准教育部马叙伦部长作的《教育部1950年全国教育工作总结和1951年全国教育工作的方针和任务的报告》。

5月20日 《人民日报》发表毛泽东写的社论:《应当重视电影〈武训传〉的讨论》。社论认为武训的丑恶行为,不应当歌颂。"电影《武训传》的出现,特别是对于武训和电影《武训传》的歌颂竟如此之多,说明了我国文化界的思想混乱达到了何等的程度!"

5月21日 中财委发文部署全国公私营纺纱厂停工一个半月。文件说,由于棉花产量不能保证全国纺锭全部开工的需要,外棉亦很难进口,国内棉农待价惜售,国家存棉甚微。为防止盲目停工,对市场造成恶劣影响,特规定,自6月1日起至7月15日全国各地公私营纺织厂一律停工一个半月。停工期间,各公私营纺织工厂工资可按照4月份平均工资75%发给,其工资包括公私营代纺与自纺,统由花纱布公司负担,按期支付。

同日 中国和巴基斯坦伊斯兰共和国建立外交关系。

5月22日 中财委向中共中央报送《关于实行酒专卖方针的报告》。5月23日中共中央批准此报告。

5月23日 中央人民政府和西藏地方政府双方全权代表在北京隆重举行《关于和平解放西藏办法的协议》签字仪式。仪式由朱德、李济深副主席和陈云副总理主持。

同日 我国外交部发言人对美国操纵联合国大会非法通过对中朝禁运案发表谈话,指出这是联大继非法通过诬蔑我国为侵略者的可耻提案后又一破坏联合国宪章,侵越安全理事会权限并蓄意扩大侵略战争的非法活动。

5 月 24 日　毛泽东致信达赖喇嘛。信中指出,西藏地方政府在你亲政以后,开始改变以往的态度,响应中央人民政府和平解放西藏的号召,派遣以阿沛·阿旺晋美先生为首的全权代表来到北京举行谈判。你的这项举措是完全正确的。现在,中央人民政府全权代表和西藏地方政府全权代表,在友好基础上,经过多次商谈,已签订了关于和平解放西藏办法的协议。这个协议是符合于西藏和西藏人民的利益,同时也符合于全中国各族人民的利益。同日晚,毛泽东举行盛大宴会,庆祝签订和平解放西藏办法的协议。

同日　周恩来签署命令,公布施行《进出口飞机、机员、旅客、行李检查暂行通则》和《进出口列车、车员、旅客、行李检查暂行通则》。

同日　美国总统杜鲁门向国会提出援外计划,其中包括对台湾当局的经济、军事援助计划。

5 月 25 日　政务院召开第 86 次政务会议。会议批准交通部部长章伯钧作的《交通部 1950 年工作总结与 1951 年方针任务的报告》。会议决议:批准交通部撤销航务总局和轮船总公司,成立 4 个专业的航务管理总局。原则同意各级政府增加交通工作人员编制。会议原则通过《政务院关于 1951 年民工修筑公路的规定》和《政务院关于 1951 年夏季征收公粮工作的指示》。

同日　台湾“立法院”通过《三七五减租条例》。

5 月 28 日　中财委发出《关于美帝操纵联合国大会非法通过对我实行禁运案后对各项工作的指示》:①贸易方面,工作重点将转移到华南,要求华南财委组织有关部门,团结私商,利用香港作跳板,多做小宗买卖,积少成多;坚持易货制度,力求在交换中不落空;加强缉私工作,防止猪鬃、矿砂等重要物资走私出口;结汇出口范围暂时不变。②金融方面,对欧洲资本主义国家的贸易,暂停开新购买证,已开出的购买证,应分别情况,采取不同办法,保证资金安全;对港贸易,要改变过去开新购买证方式,具体办法由银行另行通知。

5 月 30 日　政务院发出通知,自 1951 年 6 月份起,中央级行政经费的具体管理事务,由政务院机关事务管理局统一掌握。

同日　台湾“行政院”通过《台湾省放领土地扶植自耕农实施办法》。

同日　台南县麻豆镇 33 名地方人士被以“共同意图颠覆政府罪”逮捕。

5 月 31 日　周恩来签署命令,发布《对外关系应遵守的规定》。规定说,凡与各国或国际性的在华机构、团体或人员接洽公务者,必须事先征得外交部或各地外事机关的同意,不得直接联系;凡答复或处理各国或国际性的在华机构、团体或人员向我提出的问题、要求时,必须与外交部或各地外事机关商办,不得径行答复或处理。

同日　政务院、最高人民法院、最高人民检察署联合发出指示。指示规定,省级以上人民政府内设政治法律委员会,负责指导与联系民政、公安、司法、人民检察署、人民法院、人民监察委员会、民族事务委员会等部门的工作。协助政府首长主管政法各部门业务方针政策的研究和执行。组织机构应以精简为原则,委员会设主任 1 人,副主任 1 至 3 人。

同月　中央宣传部召开第一次全国宣传工作会议,会上专门讨论了通俗读物的出版工作问题。同月，中共中央批转中宣部《关于出版事业发展情况的报告》。

5月 中国科学院考古研究所河南省考古调查团由团长夏鼐率领赴成皋、巩县、洛阳、渑池等地调查；陕西省考古调查团由团长苏秉琦率领赴长安、武功、扶风、眉县等地调查。

6月1日 政务院召开第87次政务会议。会议通过《保守国家机密暂行条例》和《各级人民政府保密委员会暂行组织通则》。《条例》和《通则》分别于6月8日、6月18日发出。会议批准劳动部部长李立三作的《劳动部1950年工作总结及1951年工作计划纲要的报告》。会议决定公布《政务院关于购棉、储棉工作的指示》。《指示》说，目前各地棉农虽确有存棉在手，但不肯出售，因此国家购入棉花甚少，使全国纱厂的原料供应更加困难，纱厂已开始停工。为此，必须在全国棉农中展开一个爱国主义的售棉运动。国营贸易公司、合作社应规定合理牌价，收购棉农的棉花，合作社、人民银行应以有利于棉农的储蓄办法，吸收棉农的实物储蓄或折价储蓄。

同日 台湾"立法院"通过《台湾省中央地方税捐统一稽征条例》。

6月2日 全国合作总社发出《关于号召棉农开展售棉存棉竞赛的指示》。

6月7日 周恩来签发《政务院关于加强政府机关内部统一战线工作的几项具体规定》。

同日 政务院发出《关于处理人民来信和接见人民工作的决定》。

同日 中央人民政府为了将来有步骤地帮助西藏民族发展经济和文化的建设事业，特由政务院文教委组成西藏工作队，前往该区从事有关科学、文化、社会等方面的调查研究工作。全队分为地质地

理组、农业气象组、语言文艺组、社会科学组和医药组。

同日 政务院文化教育委员会奖励敦煌文物研究所全体工作人员典礼在中国科学院举行。经政务院批准，颁发了奖状和奖金。

6月8日 政务院召开第88次政务会议。会议通过《政务院关于加强防汛工作的指示》。批准监委主任谭平山作的《关于1950年人民监察工作总结及1951年工作任务的报告》和《第一次全国监察工作会议经过的报告》。谭平山说，截至现在，已有5个大行政区、1个中央直辖自治区、28个省、12个中央及大行政区直辖市、8个等于省的行署和345个县（市、旗），成立了人民监察委员会。

6月11日 中央民族学院举行开学典礼。该学校已有25个民族的学员。

6月12日—22日 教育部召开第一次全国中等技术教育会议。

6月13日 公安部部长罗瑞卿向毛泽东并中共中央报送《第一次全国公安人事工作会议的报告》。《报告》指出，近两年，公安机关吸收的6万多人，均未经过严格审查，现已证明问题复杂，并确已混入了一批不可靠分子与若干反革命分子。应该立即着手进行一次比较彻底的审查清理工作。全国各级公安机关干部，按编制为19万人，尚缺6万人，需予补充。今后公安人事工作的主要任务，应是加强公安部门的思想政治领导，其经常性工作，应是管理干部和进行政治宣传教育，大体像军队政治机关一样。同月18日，中共中央批转此报告。

同日 中华全国体育总会发出关于捐献"体育号"飞机的通知。

同日 为便利大陆反共人士来台，台湾"行政院"通过简化台湾省出入境申请

手续。

6 月 14 日   周恩来颁布命令,发布《关于财政收支系统划分后各级中央金库兼理地方金库事宜的决定》。

同日   政务院发布《规定人民币的英译名与符号的通知》。通知说,"元"的英译名统译为"YUAN"。符号统一规定为"¥"。

同日   美、英两国商定对日和约,台湾当局未被列入"签字国"。

6 月 15 日   政务院召开第 89 次政务会议。会议批准重工业部副部长何长工作的《关于重工业部 1950 年工作简要总结和 1951 年的方针与任务的报告》。会议通过《政务院关于 1951 年农业税收工作的指示》。《指示》说,鉴于我国幅员广大,各地区农业经济发展极不平衡,目前尚不可能实施统一的农业税率。老解放区,仍采用比例税制。新解放区尚未实行土地改革的地区,仍沿用 1950 年 9 月中央人民政府公布的《新解放区农业税暂行条例》,已完成土地改革的地区,一般仍沿用《新解放区农业税暂行条例》,唯农业税税率仍采用金额累进制,最高不得超过 30%,最低不得少于 5%。出租地和佃耕地的农业税,按业佃双方各自收入,分别依率计征。此件 6 月 21 日发布。

6 月 16 日   文化部文物局派人到敦煌勘察并拟定修整莫高窟的三年计划。

6 月 18 日   毛泽东主席颁布《保守国家军事机密条例》和《军事系统各级保密委员会组织条例》。

同日   蒋介石声明,"中华民国"参加对日和约不容置疑,任何歧视性条件,决不接受。

6 月 21 日   中国和捷克斯洛伐克两国政府在北京签订关于 1951 年贸易协定,双方贸易量超过 1950 年贸易协定的 4 倍。

6 月 22 日   政务院召开第 90 次政务会议。会议修正通过《政务院关于没收反革命罪犯财产的规定》。董必武副总理作了说明,他说,关于没收反革命罪犯财产,许多地方已有办法,但很不一致,毛泽东主席鉴此即令政法委草拟一个统一规定,使之在原则上达到一致。决定对没收反革命罪犯的财产标准、范围及其家属财产的处置、没收财产的处理办法等作了统一规定。此件同日发出。

6 月 25 日   政务院发出《关于各种军事干部学校招收学生的决定》。《决定》说,中央军委所属各种军事干部学校必须再在全国范围内广泛地招收一次学生,以应国防建设的需要。决定对招生办法作了具体规定。

同日   美国经济合作总署决定向台湾当局增拨 4170 万美元。

6 月 28 日   台湾当局称破获中共中央社会部在台的"工作站",先后有 100 多人受牵连遭逮捕。

同日   台北电信局桃园收报台林清良等 7 人因"共党嫌疑"遭逮捕。

6 月 29 日   政务院召开第 91 次政务会议。会议批准水利部傅作义部长作的《关于视察淮河的报告》和邵力子团长作的《关于中央治淮视察团工作经过的报告》。《报告》说淮河水灾的主要成因是,上游缺乏适当的拦蓄,中游不能全部承纳,下游不能顺利宣泄。因此水灾频繁,灾情严重。1950 年夏,三次暴雨,受灾农田 4350 万亩,受灾人口 1413 万人。根据政务院的决定,治淮的方针是蓄泄兼筹,根本消除淮河的水患。会议通过《政务院关于 1951 年暑期全国高等学校毕业生统筹分配工作的指示》。

同日   文化部召开全国文工团工作会议,确定文工团的任务是大力发展新歌剧、新话剧、新音乐和新舞蹈。

6月　文化部在北京召集全国私营电影公司负责人进行协商，决定逐步将私营电影业转为公有制。

同月　教育部召开高等学校课程改革讨论会，修订文、法、理、工各系及财经学院若干系的课程草案。

7月2日　农业合作银行在北京成立。

7月3日　刘少奇作出批评"空想的农业社会主义思想"的批示。批示指出，在土地改革以后的农村中，在经济发展中，农民的自发势力和阶级分化已开始表现出来了。党内已经有一些同志对这种自发势力和阶级分化表示害怕，并且企图去加以阻止或避免。他们幻想用劳动互助组和供销合作社的办法去达到阻止和避免此种趋势的目的。这是一种错误的、危险的、空想的农业社会主义思想。

7月5日　教育部颁发《各级教育行政部门管理外侨子女学校暂行办法》。

7月6日　政务院召开第92次政务会议。会议听取陈劭先委员作的《惩戒失职公务人员暂行条例（草案）》审查经过的报告。通过《各级人民政府人民监察委员会设置监察通讯员试行通则》、《大行政区人民政府（军政委员会）人民监察委员会试行组织通则》、《省（行署、市）人民政府人民监察委员会试行组织通则》和《县（市）人民政府人民监察委员会试行组织通则》。这四个通则9月8日公布。

7月7日　政务院批准陕西省撤销陕南行署，原归该行署直接领导的十三个县、市，另设立汉中专署领导，安康专区改由省政府直辖，唯汉中专署应以现驻地南郑市为名，改称南郑专署。

7月8日　周恩来批示同意政务院机关事务管理局《关于招待外国使节工作的改进办法》。并指示，一切招待，必须是国货，必须节约朴素，切忌铺张华丽，有失革命精神及艰苦奋斗的作风。

7月10日　周恩来召集章汉夫、伍修权等研究议定：①党内成立指导对外活动的党组。②使领馆只领导华侨事务，不作华侨运动。华侨只做公开合法援助祖国的工作，不应进行颠覆当地政府的活动。③对外侨犯罪情节严重者应判罪，不能仅采取驱逐出境办法。报道外侨罪状，应切实具体，不应夸张。

同日　朝鲜停战谈判首次会议在开城举行。中国人民志愿军代表邓华将军在会议发言中同意朝鲜人民军首席代表南日将军提出的3项建议，并指出，这是谈判的出发点。3项建议为：①在互相协议的基础上，双方同时下令停止一切敌对军事行动。②确定"三八线"为军事分界线，双方武装部分应同时撤离"三八线"10公里。③应在尽可能短的时间内撤退一切外国军队。

7月12日　政务院发出《关于设立省、市及省辖市宗教事务处的规定》。《规定》说，宗教事务处的任务是，研究有关基督教、天主教及佛教的政策，指导处理接受美国津贴的文化教育、救济机关及宗教团体的工作。

同日　教育部颁发《关于照顾归国华侨学生入学的暂行办法》。

同日　台湾"外交部长"叶公超就《对日和约草案》未将"中华民国"列入签字国，向美国提出抗议。

7月13日　政务院召开第93次政务会议。会议原则通过《政务院关于改善各级学校学生健康状况的决定》。通过《政务院关于充实国防建设中的卫生人员的决定》。《决定》说，为了适应加速国防建设，建立现代化的陆海空军的需要，要求各地号召公立和私立的卫生人员,积极自愿地踊跃参加国防建设中的卫生工作。两个文件分别于 8 月 6 日和 7 月 18 日公布。

同日　天津市军管会发出布告,取缔外国操纵的反动秘密组织"圣母军"。

7 月 17 日　以周巍峙为团长的中国青年文艺工作团共 216 人离京去柏林,参加 8 月举行的第三届世界青年学生和平联欢节,参加演出的有京剧《白蛇传》《三岔口》等。

7 月 18 日　中共中央作出《关于共产党员加入民主党派及民主党派加入共产党的规定》。《规定》要求,应选择一批政治觉悟较高,作风正派和有相当社会经验的党员,加入各民主党派。对民主党派中有地位的进步分子,应说服他们以非常进步分子身份,在民主党派内坚持工作,这样不在组织上加入共产党比他们加入共产党的作用还大。

7 月 20 日　政务院召开第 94 次政务会议。会议通过《中央人民政府任免国家机关工作人员暂行条例》,提请中央人民政府委员会批准。人事部副部长孙起孟作了说明。会议通过《预算决算暂行条例》。会议通过《政务院政治法律委员会关于筹设中央政法干部学校方案》。此件 8 月 2 日发出。

7 月 20 日—7 月 26 日　中华全国学生第十五届代表大会举行。会议通过了关于当前学生运动任务的决议。

7 月 21 日　周恩来签署政务院令,发布《关于对外文件上使用文字的规定》。《规定》说,我国各级政府机构在其职权范围内如以书面形式与外国政府、外交代表或其机构及外国侨民洽办事务时,一律使用中文,唯有中文为唯一合法之文字。但可视具体情况,附以俄文或英文译本。

7 月 24 日　外交部副部长章汉夫发表声明,严重抗议美机侵犯我国领空。声明说,美国 8 架飞机深入我东北地区上空挑衅,被我击落 7 架。美国政府对其狂妄行为后果应负全部责任。

同日　台湾省成立"保护养女运动委员会"。

7 月 25 日　毛泽东为老根据地人民题词:发扬革命传统,争取更大光荣。

同日　台湾"省政府"颁布管制各种书刊进口命令。同日,宣布征兵令,征召 15000 人入伍。

7 月 26 日　政务院发出《关于各级政府机关秘书长和不设秘书长的办公厅主任的工作任务和秘书工作机构的决定》。

同日　中财委发出《关于今后全国物价调整办法的指示》:①尽一切努力保证 9 月底以前全国纱厂每周开工 4 天 4 夜,10 月份每周开工 6 天 6 夜;②在 8、9、10 三个月中,银行应适当紧缩投放,尽量减少财政开支;③在各级党委集中统一领导下,把财政、银行、贸易、合作社和机关生产的力量组织起来,以共同对付市场;④从 8 月 1 日起,调整全国物价,把棉纱价格上提 7%～10%,布价上提 5%～8%,中南新粮收购价比现在大米牌价降低 10%～15%,均调低 1%～5%,争取做到总指数不变。

7 月 27 日　政务院召开第 95 次政务会议。会议批准农业部部长李书城作的《农业部 1951 年上半年农业生产工作报告》。会议原则通过《政务院关于节约木材的指示》。批准林垦部梁希部长作的《林垦部关于解决木材供应困难问题的建议的报告》。《指示》于 8 月 13 日发出。

同日　台湾"省政府"通过《台湾省征兵期间限制役男出境修正办法》。

7 月 28 日　政务院发出《贯彻保守国家机密暂行条例加强保密工作的通知》。

《通知》说，政务院保密委员会业经中央人民政府主席批准成立，并指定李维汉为主任，刘景范、屈武、周荣鑫为副主任。通知要求各级人民政府，在8月底以前一律建立保密委员会。

同日　中国政府与苏联政府签订在中国大连创办"中苏造船公司"的协定。

7月28日—9月6日　中国青年男子篮、排球队由领队晏福民率领，参加了8月5日至19日在德意志民主共和国柏林举行的第三届世界青年与学生和平友谊联欢节和第十一届世界大学生夏季运动会。

7月29日　中央人民政府政务院文史研究馆正式成立。毛泽东亲定馆名。周恩来选定北海静心斋为馆址。并聘任符定一为馆长，叶恭绰、柳亚子、章士钊为副馆长，聘任齐白石、陈云诰、潘龄皋、陈半丁、萧龙友等26人为馆员。

同日　中国影片《钢铁战士》在捷克斯洛伐克的卡罗维发利城国际电影赛会上荣获"和平奖"。

7月30日　政务院发出《关于各地区各机关招聘工作人员和招考干部训练学校、训练班学员的暂行规定》。

同日　"国民党中央改造委员会"通过《海外总支部及支部执行委员会与监察委员会组织通则》。

7月31日　人民革命军事委员会决定整编60个现代化步兵师。

7月下旬　根治淮河第一期工程胜利完成。

同月　教育部、文化部联合作出《关于整顿和改革全国艺术教育的决定（草案）》，决定了文化部所属三所艺术学院各自的任务以及全国艺术院校的整顿问题。

同月　在民主德国柏林举行的第三届世界青年联欢节上，中国杂技团的杂技表演获集体优秀表演奖。

8月1日　中国人民解放军军事医学科学院在上海成立。该院是全军军事医学的科研中心，是新中国成立后军事后勤系统的第一个科研机构。1958年5月，该院迁往北京。

8月2日　国家气象局发布台风警报办法，并由中央气象台执行。

8月3日　政务院召开第96次政务会议。会议批准公安部部长罗瑞卿作的《公安部关于镇压反革命工作的报告》。报告说，在此次镇反之前，由于发生对反革命分子处理宽大无边的错误倾向，给国家和人民造成严重的损失。仅在新解放区，就有近4万名干部和群众积极分子被反革命分子杀害。开展镇压反革命工作以来，至今年5月份，全国已逮捕大量的匪首、惯匪、恶霸、特务、反动党团骨干分子和反动会道门头子。有一大批血债甚多、犯有极严重罪行非杀不足以平民愤的首恶分子已被处死刑，其中匪首、惯匪占44.6％，恶霸占34.2％，反动会道门分子、反动党团骨干分子占7.7％，特务地下军头子占13.5％。会议通过政协全国常委会建议政务院发布的《政务院关于地方各级协商委员会的关系的决定》、《政务院关于县各界人民代表会议常务委员会职权的补充规定》、《关于省、市各界人民代表会议协商委员会组织通则》。这三个文件于8月18日公布。

8月4日　公安部公布《公共娱乐场所暂行管理规则》。

同日　青年团中央发出关于青年团各级组织建立"军事体育部"的通知。

8月6日　政务院发出关于改善各级学校学生健康状况的决定。

同日　教育部接收天津私立津沽大学。

同日　台湾"行政院"通过《台湾省都

市土地改革办法》。

8 月 8 日　周恩来颁发命令,公布《城市房地产税暂行条例》。《条例》对房地产税征收、减免范围、税率、计征办法、处罚等作了具体规定。

8 月 9 日　政务院批准湖北省撤销沔阳专区,并将所辖沔阳、监利、石首 3 县划归荆州专区,汉川、汉阳 2 县划归孝感专区,嘉鱼、蒲圻两县划归大冶专区。

同日　政务院批准江西省撤销赣西南行署,设置赣州专署,将原行署直辖市、县改由该专署领导。赣州、吉安、宁都专署均由江西省人民政府直接领导。

8 月 9 日—22 日　轻工业部召开第一次全国轻工业会议。会议确定轻工业的任务是保证军需供应,根据民需进行适当的扩充,降低成本,加速资金积累。

8 月 10 日　政务院召开第 97 次政务会议。会议通过《政务院关于改革学制的决定》。同意新闻总署胡乔木署长关于《新闻总署 1950 年 1 月至 1951 年 6 月工作及 1951 年下半年工作计划要点的报告》。报告说,全国专区以上报纸现有 462 种,发行总额 470 余万份。今年 1 至 5 月,省市以上 58 种报纸盈余 129 亿元。全国的广播电台现有 73 座,其中私营电台 23 座,公私合营电台 1 座。新华通讯社去年已完全统一起来。共有 8 个总分社、26 个分社、27 个记者组。下半年的工作计划要点是:新闻总署召集一次报纸工作会议,着重解决报纸的思想工作问题和通俗化问题。广播事业局召集一次广播会议,总结和扩大收音网工作。新华通讯社召集一次工作会议,讨论改善稿件质量问题。为 1952 年改组国际新闻局和新闻摄影局,成立外文出版局作准备。

8 月 13 日　政务院发布通告。通告说,查日本实际投降,系在 1945 年 9 月 2 日,日本政府签字于投降条约以后,故抗日战争胜利纪念日改为 9 月 3 日。

同日　政务院发布《关于节约木材的指示》。

同日　美国众议院外交委员会发表"9000 万美元援台方案"。

8 月 15 日　外交部部长周恩来发表《关于美英对日和约草案及旧金山会议的声明》。声明说,中华人民共和国中央人民政府认为美英两国政府所提出的对日和约草案是一件破坏国际协定基本上不能被接受的草案,而将于 9 月 4 日由美国政府强制召开,公然将中华人民共和国排斥在外的旧金山会议也是一个背弃国际义务,基本上不能被承认的会议。中华人民共和国政府再一次声明,对日和约的准备、拟制和签订,如果没有中华人民共和国的参加,无论其内容和结果如何,中央人民政府一概认为是非法的,因而也是无效的。

8 月 17 日　政务院召开第 98 次政务会议。会议批准华北事务部刘澜涛部长作的《华北农业生产和抗灾情况的报告》。

同日　北京市军事管制委员会军法处对充当美国政府特务、间谍、阴谋武装暴动的 7 名罪犯进行判决。主犯李安东(意大利人)、山口隆一(日本人)曾企图于 10 月 1 日炮击天安门,谋杀中国领导人,并将阴谋暴动的意图报告美国东京美国占领军总部。两犯被判处死刑。

8 月 18 日　中国人民志愿军进行夏季防御作战。在"联合国军"谈判代表提出将军事分界线划在中朝人民军队后方的无理要求遭拒绝后,美军两个师、南朝鲜军 5 个师各一部发起了"夏季攻势",企图以军事压力迫使中朝屈服。经 1 个月激战,中朝人民军队歼敌 7.8 万余人,"联合国军"仅突入东线阵地 2～8 公里。

8月19日　中国首批派往苏联的375名留学生启程,其中有研究生136名。

8月20日　周恩来致电王震并邓力群同志,对在新疆南疆的印度、巴基斯坦等外侨问题提出处理意见:①凡属自愿离开中国之印、巴外侨,如果没有未了之刑事案件或债务纠纷,应即批准出境,不必留难。②南疆印、巴等国外侨中,凡属获得土地及不动产,或已在中国成家立业者,应按照自愿原则,争取其加入中国国籍。③凡属获得土地及不动产,而又不愿加入中国国籍者,以及经营商业要求到处跑动者,应搜集其个人及一般材料,加以研究,并考虑处理办法。④印、巴外侨如有违法事件须进行逮捕、判刑或驱逐出境者,应事先报告公安部和外交部批准。

同日　政务院作出《关于发展橡胶树的决议(草案)》。

8月21日　蒋介石下令:"空军副总司令"兼出席联合国安理会军事参谋团"代表"毛邦初失职抗命,停职查办。

8月24日　政务院召开第99次政务会议。会议批准侨委副主任廖承志作的《侨委第一次侨务扩大会议的情况报告》。会议通过《关于成立塘沽建港委员会的决定》。塘沽建港委员会由14人组成,章伯钧为主任委员,黄敬等3人为副主任委员。此件于8月25日发出。

8月25日　台湾"行政院"订定10项节约措施。

8月27日　政务院周恩来总理、最高人民法院沈钧儒院长联名签发《关于清理反革命罪犯积案的指示》。《指示》说,在全国各地大张旗鼓地镇压反革命工作中,由于在押的反革命罪犯大大增加,积案甚多,清理反革命罪犯的积案已成为当前亟待进行的工作。指示提出了七条具体要求。

8月27日—9月4日　出版总署召开第一届全国出版行政会议。

8月27日—9月11日　教育部在北京召开第一次全国初等教育及师范教育会议。会议通过《小学暂行规程》、《幼儿园暂行规程》、《师范学校暂行规程》、《关于高等师范学校的规定》、《关于改善小学教师待遇的指示》、《关于切实解决市县地方教育经费的决定》、《关于大量培养初等及中等教育师资的决定》和《加强中小学教师在职学习的指示》等八个文件草案。

8月29日　台湾"行政院"通过《军法、司法机关管理案件划分原则》。

8月31日　政务院召开第100次政务会议。会议批准铁道部部长滕代远作的《铁道部1951年上半年工作报告》。会议通过《政务院关于扩大培植橡胶树的决定》。

8月　中国青年文工团赴民主德国柏林参加第三届世界青年与学生和平友谊联欢节,汉族民间舞《红绸舞》、藏族民间舞《春游》荣获一等奖,京剧片断《三岔口》荣获集体舞一等奖。

同月　首都上演李伯钊同志创作的歌剧《长征》,出现了毛主席的形象,这是舞台上第一次表现领袖形象的有意义的尝试。

同月　电影表演艺术研究所改建为北京电影学校,设艺术、技术两个系,白大方任校长。

同月　罗工柳作历史画《地道战》、《整风报告》。

9月1日　昆仑和长江两私营公司在上海成立公私合营性质的"长江昆仑联合电影制片厂"。

9月3日　李济深副主席主持召开中央人民政府委员会第12次会议。会议听取周恩来总理兼外交部长作的《关于外交问题的报告》。《报告》说：①从朝鲜战争开始到现在一年多来，可以看出美帝国主义既怕长期战争，又怕持久和平。一年多来，美军已伤亡十五六万人，除军队本身的费用不算，消耗达五十多亿美元。②关于对日和约问题。英美对日和约我们不能接受。因为这个和约的目的不是为和平，而是为了战争，是企图霸占世界，奴役世界人民。会议听取陈云副总理兼中财委主任作的《关于财经问题的报告》。会议通过《中华人民共和国人民法院暂行组织条例》、《最高人民检察署暂行条例》和《各级地方人民检察署组织通则》，会议任命彭真为北京市人民政府市长，黄敬为天津市人民政府市长，晁哲甫为平原省人民政府主席，韩光为旅大市人民政府市长，杨易辰为辽西省人民政府主席，冯仲云为松江省人民政府主席，罗成德为热河省人民政府主席，曹获秋为重庆市人民政府市长。

同日　政务院颁布命令，在财政部、贸易部、重工业部、燃料工业部、纺织部、铁道部、邮电部设置监察机构。

同日　叶公超发表声明，旧金山和会所签条约，对台湾当局无拘束力。

9 月 5 日　政务院致电广东省人民政府，电称：①对港、澳归国学生，不应也绝不能当华侨学生处理。②对港、澳学生应予适当的照顾，照顾办法一般可参考教育部今年 7 月 12 日颁布的关于照顾华侨学生的原则办理。③对港、澳学生的处理、照顾问题，应由各地省、市人民政府及各级文教机关、省文教厅、市文教局等负责。

同日　中财委向周恩来并中共中央报送《关于全国物资管理会议的报告》。

9 月 7 日　政务院召开第 101 次政务会议。会议听取内务部副部长陈其瑗作的《内务部关于全国各地最近灾情概况的报告》。会议批准《中苏两国政府关于在大连市创办中苏轮船修理建造股份公司的协定》。重工业部副部长何长工作《协定签订经过及主要内容的报告》。

9 月 8 日　中共中央发出《关于新区土地改革完成后在经济上应团结所有的人进行生产的指示》。《指示》要求，在经济上应该团结所有的人来进行生产。那些守法并认真进行生产的地主，应包括在团结和保护之列。他们在生产上和生活上的实际困难，应在可能范围内予以适当的解决。他们在生产中所积累起来的财产，应加以保护，不得再行分配。

9 月 9 日　执行和平解放西藏办法协议的人民解放军先遣部队进抵拉萨。受到各族人民及西藏地方政府官员约 3 万人的热烈欢迎。

9 月 11 日　台湾当局称愿与日本签订"双边和约"。

9 月 14 日　政务院召开第 102 次政务会议。会议批准外交部副部长章汉夫作的《外交部工作报告》。《报告》说，建国开始，截至 1951 年 8 月，与我国建立正式外交关系的共计 19 个国家。两年来，我国与许多国家先后签订政治、经济、财政、文化、贸易等重要协定 29 个。会议原则通过《政务院关于与外国订立条约、协定、议定书、合同等的统一办法之决定》、《中华人民共和国对各国外交官及领事官优待暂行办法》、《中华人民共和国对各国外交官及领事官的行李物品进出国境优待暂行办法》和《中华人民共和国对各国外交官及领事官豁免税费暂行办法》。罗隆基委员作关于上述几个文件的审查意见的报告。

同日　人民美术出版社在北京成立。

9 月 15 日　中财委向中共中央报送《关于全国清理资产核定资金会议的总结

报告》。9月21日中共中央批转此报告。

9月17日　公安部党组向中共中央报送《第四次公安会议的决议》。对彻底肃清土匪、恶霸、特务、反动党团和反动会道门的坚决反革命分子，清理"中层"、"内层"，清理军队内部，加强隐蔽战线的侦察工作，加强海边防工作等作出了多项决议。9月18日中共中央批示：这个决议是正确的。

9月19日　"国民党中央改造委员会"通过《中国国民党征选人才实施要点》。

9月20日—28日　教育部召开第一次全国民族教育会议，讨论制定新中国民族教育的方针、任务。会议还通过了加强民族教育工作的指示、建立民族教育行政机构、少数民族学生待遇等文件草案。

9月20日—30日　中共中央召开第一次互助合作会议。会议通过《中共中央关于农业生产互助合作决议（草案）》。12月15日，中共中央将这个决议发给各级党委试行。毛泽东为此写了通知，指示全党把农业互助合作当做一件大事去做。

9月21日　政务院召开第103次政务会议。会议原则通过《政务院关于检查婚姻法执行情况的指示》，并决定由司法部、内务部、公安部、监委和最高法院、最高检察署各单位派员会同全国妇联成立几个检查组，分赴各地检查婚姻法的执行情况。

同日　周恩来颁布命令：为统一币制，并照顾新疆各民族人民的习惯，决定自1951年10月1日在新疆省发行带维吾尔文的人民币，兑回新疆省银行发行的银元票。

9月24日　中央人民政府办公厅批复同意政务院文教委提出的《各级学校升降国旗办法》。《办法》规定，各级学校逢国庆节、劳动节、青年节、儿童节、新年元旦及其校庆日，应举行升降国旗的仪式。举行升降国旗仪式时，学校师生应全体参加。

同日　周恩来召集彭真、胡乔木等13人开会议定：①学校清理中层工作，中学不搞；大学今年只能选择典型，有重点有步骤地进行，以取得经验。北京以北京大学为重点，推动清华大学的清理工作；各大行政区亦可选择典型进行。公安部如发现学校内有真凭实据的现行犯，可以检举。②这次学习的内容，北京大学应强调学习毛泽东思想，分清敌我界限，明确爱国主义的立场，缩小资产阶级和小资产阶级思想的市场，并应着重掌握批评与自我批评的武器，保证学校的革命化。

9月25日　志愿军空军第4师12团1大队飞行员刘涌新击落美空军F－86型战斗机1架。这是志愿军空军第一次击落F－86飞机。

9月25日—29日　教育部、中共中央宣传部联合召开第一次全国俄文教学工作会议。会议规定了俄文专科学校的方针任务与学制，决定成立俄文教学指导委员会。

9月26日　出版总署发布《标点符号用法》。

同日　台湾"行政院"公布《台湾省临时省议会组织规程》及《台湾省临时省议员选举罢免规程》。

9月27日　台湾国民党军队为庆祝蒋介石65岁生日，发起献身效忠运动。

9月28日　政务院召开第104次政务会议。会议批准燃料工业部部长陈郁作的《燃料工业部1951年上半年工作的报告》。

9月29日　周恩来向参加改造思想、改革高等教育学习运动的京津两市高等学校教师作《关于知识分子改造问题》的报告。报告就知识分子如何取得革命立场、观点、方法的问题,作了详尽的阐述。周恩来指出,我们在学习和工作中,总有一个站在什么立场的问题。今天要求大家有一个共同的立场,这就是为绝大多数人民的最高利益着想的人民立场。一个人生活在社会中,生活在世界上,对遇到的任何一件事情总会有一个态度。立场不同,态度也就不同。首先要分清敌我友。周恩来号召高等学校教师要认真展开批评和自我批评,努力使自己成为文化战线的革命战士。

同日　中国人民志愿军进行秋季防御作战。"联合国军""夏季攻势"被粉碎后,不甘失败,又集中约 10 个师兵力先后在西、东两线发动"秋季攻势"。志愿军防守部队顽强抗击,多次打退敌人进攻。经过 24 天激战,至 10 月 22 日,歼敌 7.9 万余人,彻底粉碎敌"秋季攻势"。

10 月 1 日　首都隆重举行国庆节庆祝典礼。参加典礼的共有 40 多万人。毛泽东主席,朱德、刘少奇、宋庆龄、李济深、张澜副主席,林伯渠秘书长,周恩来总理,人民革命军事委员会副主席程潜,最高人民法院院长沈钧儒,最高人民检察署检察长罗荣桓,及中央人民政府委员,政协全委会在京常务委员,党政军各部门,各民主党派和各人民团体负责人出席了典礼。朱德总司令检阅部队后,宣读中国人民解放军总部给全国武装部队和民兵的命令。最后进行了群众游行。

同日　政务院公布第 97 次政务会议通过的《关于改革学制的决定》。

同日　创造全国棉田单位面积最高产量的曲耀离互助组,向全国产棉区互助组及棉农发起爱国售棉储棉挑战。

10 月 5 日　政务院召开第 105 次政务会议。会议批准轻工业部黄炎培部长作的《关于 1951 年 1 月至 8 月工作综合报告》。

同日　周恩来批准并转发贸易部《关于民族贸易会议的报告》,要求各大行政区、各省市及中央有关部门督促所属财经委员会及有关省人民政府认真办理少数民族地区的贸易工作,并依当地具体情况,制定适当计划。

同日　政务院发布《关于学习标点符号用法的指示》。《指示》说,目前全国各政府机关文件和各种出版物的稿件所使用的标点符号,混乱很多,往往有害文意的正确表达。为了解决这个问题,出版总署已于 9 月间公布《标点符号用法》,作为统一的标准。务望全国各级人民政府机关处理文件人员、各报刊出版机关编辑人员、各学校语文教员和学生,一律加以学习,务使今后一切文件和出版物,均按该件规定,统一标点符号的使用。

同日　台湾"立法院"通过《反共抗俄战士授田条例》。

10 月 9 日　政务院颁布命令,发布《中国人民政治协商会议全国委员会常务委员会关于省、市协商委员会及县常务委员会编制的规定》。命令说,省、市协商委员会及县常务委员会的专职工作人员人数,应依据本院 1950 年 6 月 13 日所颁发的《关于统一全国各级人民政府、党派、群众团体员额暂行编制草案》的规定调剂解决,不能另增编制。

同日　华东军政委员会文化部代表中央文化部举行授奖典礼,奖励潘达于将累世珍藏的大盂鼎和大克鼎捐献给国家。

10 月 12 日　政务院召开第 106 次政务会议。会议批准中央防汛总指挥部副总指挥傅作义作的《关于 1951 年防汛工作报告》和中央慰问团副团长陈其瑗作的

《东北灾区慰问团工作报告》。

同日　《毛泽东选集》第一卷出版发行。

同日　政务院文化教育委员会成立少数民族语言文字研究指导委员会。该委员会的任务是指导和组织关于少数民族语言文字的研究工作，帮助尚无文字的民族创立文字，帮助文字不完备的民族逐渐充实其文字。

10月17日　台湾"行政院"通过《台湾省戒严时期军法及司法机关受理案件划分暂行办法》。

10月18日　中国科学院考古研究所派出夏鼐率领的考古发掘团，开始发掘湖南长沙市郊战国和两汉墓葬。

10月19日　政务院召开第107次政务会议。会议批准卫生部部长李德全作的《卫生部全国防疫工作的报告》。报告说，全国的防疫工作，以对国防与经济建设威胁最大的天花、鼠疫、霍乱作为重点防治目标。经过21个月的努力，这几种烈性传染病，已显著减少。

10月20日　文化部、出版总署发布《关于加强年画工作的指示》。

同日　文化部文物局、故宫博物院等单位举办的《伟大祖国古代艺术展览》在故宫展出。

10月22日　台湾发生6级强烈地震。

10月23日—11月1日　中国人民政治协商会议第一届全国委员会第三次会议在北京举行。出席会议的政协全国委员会委员143人，列席会议的有各方面负责人及各界人士519人。毛泽东致开幕词，周恩来作《政治报告》。陈叔通作《中国人民政治协商会议全国委员会常务委员会工作报告》，彭真作《关于抗美援朝保家卫国运动的报告》，陈云作《关于经济工

作和财政工作的报告》，郭沫若作《关于文化教育工作的报告》。会议通过《关于中央人民政府各项工作报告的决议》、《关于常务委员会工作报告的决议》、《关于提案审查委员会提案审查报告的决议》、《关于支持五大国缔结和平公约的要求的决议》，并发出《致中国人民志愿军的贺电》、《致朝鲜人民军的贺电》、《致世界和平理事会电》和《复西藏地方政府电》。

10月25日　蒋介石发表《光复节告台胞书》，指示将台湾建成"三民主义模范省"。

10月26日　政务院召开第108次政务会议。会议批准《政务院关于整顿和发展中等技术教育的指示》。

同日　毛泽东主席电复达赖喇嘛，对他实行和平解放西藏协议的努力表示感谢。达赖喇嘛10月24日致电毛泽东主席，拥护和平解放西藏办法的协议。

同日　人民解放军进藏部队，在张国华、谭冠三两将军率领下胜利抵达拉萨。拉萨各界两万多人举行盛大欢迎集会。西藏地方政府代表噶伦阿沛讲话，他希望西藏人民团结起来，在中央人民政府领导下，坚决执行和平解放西藏协议，支援人民解放军，驱逐帝国主义侵略势力出西藏，巩固祖国国防。张经武代表毛泽东向达赖喇嘛赠送礼物，传达了毛主席、中央人民政府对达赖喇嘛的关怀。达赖喇嘛表示非常感谢，并敬祝毛主席身体健康。

10月27日　文化部发布《对地方博物馆的方针、任务、性质及发展方向的意见》。

10月29日　周恩来致电张经武：我们目前对在西藏的印度、尼泊尔、不丹等国代表的态度，应采取友好相处，保持现状的方针。至于对他们进行外交的具体政策，则待解放军入藏驻定，军政委员会

成立,加以具体研究后,再行商定。

同日　中共中央发出《关于在学校中进行思想组织清理工作的指示》。

10 月 30 日　中国人民志愿军进行局部反击作战。"联合国军"在夏秋季攻势连遭失败后,被迫于 10 月 25 日重新恢复谈判,但仍企图让中朝军队退出 1500 平方公里土地。为对敌施加压力,促进停战谈判,并收回一些阵地,志愿军决定乘敌疲惫之机,以歼灭敌人分队为目标举行局部反击。经约 1 个月作战,毙、伤、俘敌 1 万余人,攻占敌阵地 21 个,有力地配合了停战谈判。

11 月 1 日—7 日　郭沫若率中国代表团出席在维也纳举行的世界和平理事会第二届会议。

同日　台湾"立法院"内政、教育、民刑法三个委员会通过《出版法》草案整理修正 7 项原则。

11 月 3 日　政务院召开第 109 次政务会议,周恩来就政务院每年召开一次省市政府主席会议问题发表了讲话。他说,今后,政务院每年要召开一次省(市)级以上的主席会议,许多重要工作的布置在会议上进行传达和讨论。关于今后一年的中心工作,各级人民政府既要保证抗美援朝的胜利,又要保证国内物价的稳定,同时还要照顾国家的重点建设。关于中央与地方关系的问题,中央各部门对地方各业务部门的领导,重大的或新的有关政策性的决定、指示等,应先经政务院批准,而后由政务院通过各大行政区,各省市主席的领导系统分别转达所属的业务部门贯彻执行。地方上业务部门对重大问题的处理,除应向当地行政领导请示报告外,也应向中央主管业务部门请示报告。我们的领导方法,应该是统一与分权相结合。中国的情况复杂,中央不可能把一切

事情都统揽起来,必须进行适当分权,发挥地方的积极性。

11 月 3 日—9 日　教育部在北京召开全国工学院院长会议。

11 月 4 日　青年团中央发出关于青年团组织参加 1951 年冬季体育运动工作的指示。

11 月 5 日　朱德副主席主持召开中央人民政府委员会第 13 次会议。会议通过政务院提请批准的《中央人民政府任免国家机关工作人员暂行条例》。会议通过文化部副部长周扬作的《关于我国和波兰、匈牙利、德意志民主共和国签订文化合作协定的报告》。批准 1951 年 4 月 3 日在华沙签订的中波文化合作协定,1951 年 7 月 12 日在北京签订的中匈文化合作协定和 1951 年 10 月 9 日在北京签订的中德文化合作协定。会议批准周恩来《关于林垦部改名为林业部的报告》。会议任命吴德峰为武汉市人民政府市长。

同日　中共中央发出《关于清理工矿、交通等企业中的反革命分子和在这些企业中开展民主改革的指示》。《指示》提出具体步骤是:1.民主斗争,发动群众,打倒敌人。2.民主团结,通过开展批评与自我批评,加强工人阶级内部的团结。3.民主建设,整顿工人队伍,建立民主管理制度,开展生产运动。

同日　《中国少年报》在北京创刊。

11 月 5 日—12 日　第一届全国翻译工作会议在北京举行。

11 月 8 日　政务院发出《切实执行关于统一发布中央人民政府及其所属各机关重要新闻的暂行办法的通知》。《通知》规定,凡政务院所属各机关的公告(如文告、法律、法令、决议、命令、训令、通令、计划、方针、外交条约、外交文书、判决、起诉书等)和一切公告性新闻(如重要会议、重

要措施、政令解释、工作总结、外交事件、重要案件等）在送发之前，必须经由机关首长批准，尤其重要者，须由主管首长签送总理批准，始得发布。

同日 "国民党中央改造委员会"，通过《中国国民党各级委员会主任委员选举办法》。

11月9日 政务院召开第110次政务会议。会议批准华北事务部部长刘澜涛作的《华北事务部关于华北第一次县长会议的报告》，通过了《进一步加强县人民代表会议工作》、《认真加强优抚工作》和《关于县人民政府当前十项工作的决议》3个文件，作为华北全区各县（旗）人民政府今冬和明年的工作依据。会议决议，将以上3个文件印发各大区、省、市参考。

11月10日 中宣部和中组部向各地党委发出《关于加强对新华通讯社各地组织领导的指示》。规定了新华社在各地的组织应在政治上、业务上以及组织上受新华社直接领导，同时各地党委对新华社各地组织仍应在政治上负责领导、在工作上负责监督与帮助等五项要求。

11月16日 政务院召开第111次政务会议。会议批准李德全团长作的《中央民族访问团访问中南各民族的总结报告》。

会议决议：恢复海南岛黎族、苗族自治区。责成有关部门对训练民族干部所需经费、联合组织少数民族地区工作组等问题提出解决方案。并要求广泛开展关于民族情况和民族政策的宣传工作，首先在政府系统中进行。

11月17日 日本在台北设立海外事务所。

11月19日 外交部部长周恩来发表声明，对苏联政府向联合国第6届大会提出的四项和平建议表示完全赞同。苏联政府建议：①联合国会员国不应参加侵略性的北大西洋集团和美国不应在外国领土上建立陆、海、空军基地；②朝鲜境内敌对行动的参与各方立即停火，缔结停战协定，一切外国军队在3个月内撤出朝鲜；③举行世界会议，研究大量裁减军队和军备的问题，以及禁止原子武器；④美国、英国、法国、中国和苏联缔结和平公约。

同日 教育部发布决定：自1953年起，工农速成中学附设于高等学校。

11月20日 西康甘孜机场竣工。这是中国修建的第一个高原机场，跑道长3200米。

同日 文物局和故宫博物院在北京举办"伟大祖国古代艺术展览"。

同日 全国文联举行第八次常委扩大会，决定在北京文艺界组织整风学习，并且决定《人民戏剧》、《新戏曲》杂志停刊。

11月20日—29日 教育部召开全国工农速成中学工作会议。会议研究确定工农速成中学修业年限一律为3年，并按学生准备升入文法、理工、农医三类高等学校的需要，讨论、制订了三类教学计划。

11月23日 政务院召开第112次政务会议。会议批准贸易部部长叶季壮作的《关于全国民族贸易会议的报告》、教育部部长马叙伦作的《关于第一次全国民族教育会议的报告》和卫生部副部长贺诚作的《关于全国少数民族卫生会议的报告》。会议通过《政务院关于中央人民政府贸易部、教育部、卫生部提出的全国少数民族贸易、教育、卫生会议的报告的决定》。批准3个部的报告，并予公布；责成各大行政区人民政府（军政委员会）和华北事务部指导所属有关省（行署）人民政府分别制定少数民族地区1952年的贸易、教育和卫生工作计划；1952年少数民族贸易、教育和卫生工作需要中央人民政府额外补助的经费,由中央民族事务委员会和有关主管部门会商拟定,报送政务院核定。

11月24日 中华全国体育总会公布和推行第一套广播体操。体育总会、教育部、卫生部、人民革命军事委员会总政治部、全国总工会、青年团中央、全国妇联、全国青联、全国学联等9单位发出关于推行广播体操活动的联合通知。

11月26日 周恩来召集王稼祥、李德全、伍云甫等11人研究决定:由李德全、林士笑、纪锋组成我国红十字会代表团,参加12月6日在日内瓦举行的国际红十字会协会执行委员会会议。代表团应注意敌人可能在会议上策动提出朝鲜战争中的俘虏问题,要主动准备对案,谴责美帝在朝鲜杀害和平人民、狂轰滥炸、毁灭村庄城市、轰炸朝鲜红十字会与俘虏营的罪行;指出敌人俘虏在由我押送途中及优待收容之后,遭美机炸死甚多的事实;同时揭露敌人的各种无耻谣言。

11月28日 政务院颁布命令,公布《外国侨民出入及居留暂行规则》。规则对外侨入境、申请居留登记、户口管理,在中国境内旅行、出境、限令出境等作了具体规定。

11月29日 人民革命军事委员会发出《关于1952年军队训练的指示》。《指示》规定:1952年全军除海、空军及雷达部队之有文化者外,均执行以文化教育为主的方针。时间比重为军事30%、政治20%、文化50%。这是建国后我军大规模提高官兵科学文化素质的重要举措。

11月30日 政务院召开第113次政务会议。会议批准中华人民共和国邮电部与德意志民主共和国邮电部签订的邮政和电信协定。批准教育部部长马叙伦作的《教育部关于全国工学院调整方案的报告》。方案指出,目前全国共有工学院42所,大学设有工程系科的6所,工业专科学校17所,共有42种系和44种专科与专修科。学生总数4.2万人。这些院校存在着地区分布上很不合理,师资设备分散,系科庞杂,教学不切实际,培养人才不够精细等问题。会议决定:成立小组以李富春为召集人,负责实施计划和处理有关问题。会议还听取出版总署胡愈之署长作的《出版总署关于第一届全国出版行政会议的报告》。

同日 毛泽东以中共中央名义批转西南局关于开展"三反"斗争情况的报告。他指出,反贪污反浪费一事,是全党一件大事。我们需要来一次全党的大清理,彻底揭露一切大中小贪污事件,而着重打击大贪污犯,对中小贪污犯则取教育改造不使重犯的方针,才能停止很多党员被资产阶级所腐蚀的极大危险现象,才能克服七届二中全会所早已料到的这种情况,并实现七届二中全会防止腐蚀的方针。

同日 中共中央发出《关于在学校中进行思想改造和组织清理工作的指示》,要求在所有大中小学学校教职员和高中以上学生中普遍进行初步思想改造的工作,并在这个基础上,在所有学校的教职员和高等院校学生中进行组织清理工作,清查其中的反革命分子。

同日 前国民党台湾省党部副主任李友邦被台湾当局以"包庇匪谍罪"逮捕,其后被判处死刑。

11月 中共中央决定成立华南垦殖局(地址:湛江),下设海南、高雷、广西三个垦殖分局。

同月 全国文联常委会扩大会议通过"关于调整北京文艺刊物的决定"。根据这一决定,《大众电影》从上海迁至北京,加强为指导观众的全国性电影刊物。

同月下旬 周恩来批准逮捕大贪污犯刘青山（天津地委前书记）、张子善（天津地委书记）。河北省公安厅依法逮捕了刘、张二犯。

12月1日 中共中央作出《关于实行精兵简政、增产节约、反对贪污、反对浪费和反对官僚主义的决定》。《决定》把反贪污、反浪费、反官僚主义作为贯彻精兵简政、增产节约这一中心任务的重大措施，采取自上而下和自下而上相结合的方法，检查贪污浪费现象。

同日 毛泽东和周恩来联名颁布《中央军委、政务院关于人民解放军1952年回乡转业建设人员处理办法的决定》。

12月4日 周恩来召集外交部章汉夫、伍修权等七人研究议定：在整编部队、精简机构中，抽调适当人选，加强外交工作。并广泛吸收政治上无问题的党外专家及知名人士参加国际活动。

同日 贸易部党组向中共中央报送《关于开展反贪污和惩治贪污人员的报告》。《报告》说：①目前全国国营贸易企业共1万个单位，干部共30万人，由于经常和国内外资本家来往，直接掌握着大量资金和商品，管理着全国主要商品的商情，因此，大多数干部贪污腐化的机会较多，容易受到资本主义思想的包围和影响。所以在反贪污运动中，贸易部门，特别是国营贸易企业，应当是一个重点。②据部分单位的汇报估计，贪污人数可能占到全体职工总人数的30％～50％。③我们准备在增产节约运动中，把反贪污斗争当做一个重要的组成部分。造成一种群众性的仇视贪污、腐化、浪费和盗窃国家财产行为的气氛。我们在直属机关中成立了增产节约运动委员会，领导这一运动。12月5日，中共中央批示，贸易部的报告是完全正确的，党、政、军机关要参照这一报告的分析和办法，迅速订出自己的反贪污计划，并开始着手发动这一斗争。

12月4日、6日 财政部、水利部、轻工业部和中国人民银行党组分别向中共中央报送关于反贪污、反浪费、反官僚主义的报告。

财政部报告说，财政系统中贪污、浪费、官僚主义是很严重的。初步估计，贪污人数约占全国财政部门总人数的30％左右。在贪污事件中，问题严重须受法纪严厉制裁的约占财政部门总人数0.5/‰至1/‰。贪污的款额，初步统计5000人的贪污案件中，贪污公款约53亿元，平均每人106万元。此外，财政系统中，还相当普遍地存在着造假预算、搞两套账、打埋伏、虚报开支、下级套上级、损大公肥小公以及借口"改善生活"挪用公款等违犯财政纪律的恶劣行为。上述贪污浪费现象，充分证明资产阶级的影响日益侵蚀着我们的政府和党。为了进行"三反"工作，建立了部的增产节约运动委员会。

水利部报告说，已发现贪污者33人，另估计贪污机会较多者131人，以上共计164人，占机关全体人数的32.8％。根据1950年各直属机关报来的材料，贪污情况亦极为严重。有些单位，估计贪污机会较多者占全体人员的30.5％。此外，因计划不周，施工不当，检查不严，或对机械、资财保管不当，造成的浪费现象，亦极严重。

轻工业部报告说，初步了解，估计机关全体人员中，可能有贪污行为的占15％左右。贪污手法有三类：①盗卖情报；②蓄意贪污；③接受送礼，进而和商人勾结，贪污舞弊。浪费现象也是存在的。

人民银行报告说，已查出贪污浪费案件167起，贪污浪费的数字有15.7亿多元。贪污的办法是多样的。全行共有员工22.6万余人，估计各类贪污人员，约占全行人员的 30% 至 40%。12 月 7 日中共中央批转上述 4 个报告。

12 月 7 日　政务院召开第 114 次政务会议。会议原则通过《政务院关于调整机构紧缩编制的决定》,报请中央人民政府主席批准。会议听取中财委副主任薄一波作的《关于开展增产节约反贪污、反浪费、反官僚主义运动的报告》。《报告》指出,两年多来,由于没有大张旗鼓地、系统地进行反贪污运动,再加上旧社会遗留下来的坏风气吸引,贪污情况十分严重。尤其是财经系统情况更加严重,据统计,贪污人数约占这些部门总人数的 28%。贪污手法多种多样,大体有:出卖经济情报;勾结私商倒卖国家资财,非法贷款牟取暴利;造假账目、假票据,骗取公款;接收贿赂、吃回扣、敲诈勒索;大斗进、小斗出,贱买贵卖,套取公款;挪用公款、盗卖金银,从中取利;私刻图章,伪造证据,进行冒领;监守自盗;集体贪污;假公济私;盗窃公款公物。从各类贪污人员的比重上看,一般是新干部多于老干部,直接掌管资财的人员多于间接掌管资财的人员,外勤人员多于内勤人员,下级机关贪污分子比例大于领导机关,但是大宗严重贪污案件则上级机关比下级机关多。反贪污必须和反浪费结合进行,反贪污浪费又需要和反官僚主义结合进行。为根绝贪污、浪费现象,必须把财政纪律和财政检查制度建立和健全起来。会议决定成立以薄一波为主任,彭真、沈钧儒、李富春、谭平山为副主任的中央人民政府节约检查委员会。

同日　邮电部党组向中共中央报送《关于反贪污、反浪费的报告》。《报告》说,全国邮电部职工共 12.4 万人(其中老区人员 2.2 万),有较多贪污机会者约占总人数的 40%。据 300 余案件的统计,贪污者每人平均约 90 万元,全国全年贪污损失的总额,约在 200 亿元至 250 亿元之间,相当于 1952 年预定增产额的 1/6。邮电系统贪污案件,除一般贪污外,尚有与专门业务相结合的贪污案。例如,出卖商情电报;受贿增装与转让电话,要用户送礼方为其修理电话;毁灭函件贪污邮资;抽窃汇票与保险信中之现金,抽窃包件中贵重物品;利用邮运专车贩毒走私等。严重地影响邮电工作在人民中的信誉。12 月 11 日中共中央批转此报告。

同日　铁道部党组向中共中央报送《关于反贪污、反浪费的报告》。《报告》说,1951 年在 39.7 万铁路职工中,经发现并加以处罚的贪污浪费者有 2107 人。铁路系统的人员贪污的机会很多,而贪污现象最严重和最易发生的是材料人员、运输人员、总务人员、职工生活供应人员和财务人员。拟以全体铁路职工 15% 至 20% 的人员,作为此次反贪污斗争内部掌握的对象。铁道部机关,预定以一个月的时间,全力进行反贪污斗争。12 月 11 日中共中央批转此报告。

12 月 8 日　中共中央发出《关于反贪污斗争必须大张旗鼓地去进行的指示》。《指示》强调必须把"三反"斗争看作如同镇反一样的重要,一样的发动广大群众,一样的大张旗鼓去进行,一样的首长负责,亲自动手。

同日　公安部部长罗瑞卿向毛泽东主席、中共中央并政务院报送《关于在公安部及公安系统内开展反贪污、反浪费、反官僚主义斗争的报告》。《报告》说,从已经掌握的材料看,贪污腐化的现象,在公安部内是相当严重的。铺张浪费现象,是和贪污腐化倾向紧密相联的。公安部门有党和国家给予的镇压反革命权力,担负着重大责任,严格保持组织上、政治上、思想上以至生活上的纯洁和健康,特别重要。大批秘密工作人员,经常得不到党组织的监督,又经常而且必须在一些太阳照不到的地方与敌对阶级和坏人接触,如果缺乏高度的革命自觉性,对于某些人员随时都存在着被腐蚀的危险。某些公开工作的人员,因为手上有权,如果要贪污、讹诈,也有特殊的便利条件。因此,在全国公安系统内,普遍地无例外地坚决执行中央反贪污、反浪费、反官僚主义的指示,是十分必要的和十分迫切的政治任务。中共中央批转此报告,并批示各部门、各地区,要大张旗鼓地、雷厉风行地、公开地开展"三反"斗争。

12月10日 台湾"临时省议会"在台北成立。

12月12日 中国政府同罗马尼亚政府在北京签订《文化合作协定》。

12月14日 政务院召开第115次政务会议,会议批准谢觉哉团长作的《中央人民政府南方老根据地访问团工作报告》、刘景范团长作的《北方老根据地访问团工作报告》,听取卢郁文参事作的《老根据地人民要求解决的具体问题》的报告,通过《政务院关于加强老根据地工作的指示》。

同日 台湾"立法院"通过《兵役法》。

12月15日 毛泽东同志在为印发《中共中央关于农业生产互助合作的决议(草案)》发出的党内通知中指示全党:"把农业互助合作当做一件大事去做。"

12月18日 叶公超称,朝鲜战场双方交换的战俘,凡不愿返回大陆的,应不列入换俘名单。

12月19日 文教委党组向毛泽东并中共中央报送《关于反贪污、反浪费、反官僚主义的报告》。《报告》说,卫生部、新闻总署、出版总署,在上月底和本月初,已开

始初步检查,并成立了节约检查委员会。教育部、科学院因进行高等学校教师和科学研究工作者思想改造学习,开始较迟。文化部和文教委机关,正在进行文件学习。文教委节约检查委员会已成立。目前发现贪污案件28起,主要发生在文教企业部门,其次是机关事务管理部门。文教系统因人员工作条件不同,其贪污总数和贪污人员百分比虽不如财经系统严重,但也有许多企业单位漏洞很大。准备以4个月时间来进行这件工作,拟根据首长领导、亲自动手、发扬民主、上下结合的原则,普遍地发动群众,采取教育、坦白、检查、检举互相结合的方式来推进。12月20日中共中央批转此报告。

12月21日 政务院召开第116次政务会议。会议批准出版总署署长胡愈之作的《关于第一届全国出版行政会议的报告》。《报告》说,出版业的方向,从过去为少数人服务转变为为广大人民群众服务。学校教科书,已完全由国家经营。针对目前存在的问题,拟采取的措施是:①反对单纯追求数量,逐步实现出版、印刷、发行计划化。②书籍刊物的出版必须经过严格的审查,保证达到一定的政治质量和技术质量。③加强各级出版行政机关对于公私营出版业的管理和领导,坚决取缔投机出版业。④建议政务院颁布《国外印刷品进口暂行办法》。会议通过《国外印刷品进口暂行办法》、《统一运用公营铅印印刷厂生产力的指示》、《关于建立全国报纸书刊发行网的决定》、《管理书刊出版业印刷业发行业暂行条例》和《期刊登记暂行办法》。

同日 北京市人民政府委员会和北京市各界人民代表会议协商委员会授予话剧《龙须沟》作者舒舍予(老舍)以"人民艺术家"的荣誉奖状。

12 月 24 日—31 日　全国财经会议在北京召开。会议提出,1952 年工作方针是深入"三反",增产节约,改进工作,迎接建设。工作重点是:不放松财政,并逐渐转向经济,即转向工业、农业和贸易;财政工作在不放松收入的前提下,逐渐转向支出。

12 月 26 日　国家文教委员会决定成立中国文字改革委员会,马叙伦为主任委员。

同日　台湾省地方自治法规委员会修正"自治法规"。

12 月 28 日　政务院召开第 117 次政务会议。会议批准彭泽民团长作的《中央赴察、绥、内蒙古灾区慰问团工作报告》。会议批准华北事务部部长刘澜涛作的《筹设政务院华北行政委员会的报告》。该会计划于 1952 年 2 月成立,办公地址拟设在北京西苑。自该会成立之日起,即将华北事务部撤销。

12 月 29 日　政协全国委员会发布《关于增产节约运动与反贪污、反浪费、反官僚主义斗争的指示》。《指示》要求各地协商机关通过各民主党派、各人民团体,大力地协助这一运动,把这一运动发展到社会各阶层群众中,依靠群众,协助政府,大胆地检举贪污浪费,同时发动群众,无情地揭发某些奸商贿赂工作干部,盗取国家财富的犯罪行为,彻底地肃清腐朽的剥削阶级损人利己的作风,肃清一切反动的国民党作风的影响,树立新的社会风气。

12 月 31 日　中央直属机关总党委召开有 500 多人参加的党委扩大会议。中央委托薄一波、安子文等宣布中央决定,限期于 1952 年 1 月上旬所属一切单位务须发动群众实行坦白检举,否则一律撤职查办。这次会议在中央机关引起强烈反响,许多单位连夜开会部署。至 1952 年 1 月

3 日,几乎所有单位都召开了坦白检举的群众会议,纷纷向中央送交报告。

同日　教育部发出《关于京津高等学校教师学习及反贪污反浪费反官僚主义运动的指示》。

12 月　遵照周恩来指示,著名法书王献之的《中秋帖》、王珣的《伯远帖》由国家从香港购回。

同月　华东文物工作队在江苏淮安县青莲岗发现一处新石器时代文化遗址。后将此种文化命名为"青莲岗文化"。

同月　《中国考古学报》复刊(后改名《考古学报》)。

同月　文化部召开全国文工团整编会议,规定了全国话剧、歌剧等院团总数。

1952 年

1 月 1 日　毛泽东在中央人民政府举行的元旦团拜会上致祝词。他号召全体人员和一切工作人员一致起来,大张旗鼓地、雷厉风行地,开展一个大规模的反对贪污、反对浪费、反对官僚主义的斗争,把旧社会遗留下来的污毒洗干净。

同日　蒋介石在元旦讲话中号召推行社会、经济、文化和政治四大改造,完成"反共抗俄总动员"。

1 月 3 日　中央人民政府向云南省丽江专区拨款 30 亿元,紧急救济在去年 12 月 21 日遭受地震的灾民。

同日　台湾"省政府"公布《防卫捐征收办法》及《营业税自动报缴办法》。

1 月 4 日　政务院召开第 118 次政务会议。会议批准中国科学院院长郭沫若作的《关于科学院第二次院务会议的经过及今后科学院的任务和工作计划的报告》。明确了科学院今后的任务是:组织

全国各个岗位的科学家,配合财经部门有计划地研究和解决国家经济建设上各项迫切的科学问题;加强学术审议工作;加强对马克思列宁主义的学习,开展科学工作者自身的思想改造工作。

同日　中共中央发出《关于立即限期发动群众开展"三反"斗争的指示》。中央指定中央节约检查委员会主任薄一波用电话和各大区负责同志联络,每三天至五天通话一次,检查各区"三反"进度。

1月5日　周恩来在政协全国委员会第34次常委会上作《"三反"运动与民族资产阶级》的讲话,号召全国工商界人士参加"三反"斗争,进行检举和坦白运动。

同日　中共中央发出《关于在三反斗争中惩办犯法的私人工商业者和坚决击退资产阶级猖狂进攻的指示》。《指示》指出,一定要使一切与公家发生关系而有贪污、行贿、偷税、盗窃等犯法行为的私人工商业者,坦白或检举其一切犯法行为。借此给资产阶级三年以来在此问题上对于我党的猖狂进攻(这种进攻比战争还要危险和严重)以一个坚决的反攻,给以重大的打击,争取在两个月至三个月内基本上完成此项任务。

同日　毛泽东批准《军事整编计划》。该计划是于1951年11月根据国内形势逐渐稳定,国家进入大规模社会主义建设的形势制定的。《计划》规定:1952年,全军将由627万人缩编为341万人,同时大力加强特种兵的建设。到1954年,全军总员额控制在300万人左右。

同日　美国经济合作总署"中国"分署正式改为美国共同安全总署"中国"分署。

1月6日　周恩来批复陈云、薄一波、李富春并报毛泽东同意,正式宣布取消英国开平公司采矿权,并由政府宣布代管开滦煤矿公司。

1月7日　周恩来批复中财委并报毛泽东,同意中财委关于天兰铁路在1952年底铺轨通车的决定。

1月8日　中央人民政府党组干事会批复,同意邮电部党组小组由王诤同志任书记。

同日　公安部部长罗瑞卿向毛泽东报送《关于中央公安部猛烈开展"三反"斗争的报告》。据不完全统计,公安部"三反"运动中坦白及检举出的贪污分子共133名,其中处长、副处长即有9个。贪污钱数约10亿元。如行政处长宋德贵为修建需要去东北买木材,被奸商收买共同盗窃国家财产达7亿元。10日,毛泽东转发此报告并批示:这个报告很好。哪一处公安机关(包括警察)的斗争比不上中央公安部,就是那里的领导人不行,方针和办法不对,必须立即加以检讨和改正。公安部的做法也是一切机关、部队所应仿效的。

1月9日　周恩来召集中央一级、华北一级和京津两市的党政军机关、群众团体的高级干部,以及工商界人士,文艺、科学、新闻工作者共2300余人,举行关于反贪污、反浪费、反官僚主义运动的报告大会,并责成北京所有工作人员在收音机前收听播音。周恩来指出,全国社会人士,特别是工商界人士要积极参加这一运动,进行自我改造。全国人民和全体国家工作人员,应该响应毛泽东主席的号召,开展群众性的检讨、检举和坦白运动,来反对资产阶级的侵犯,来洗净旧社会留下来的污毒。中央节约检查委员会薄一波主任在会上作了题为《为深入地普遍地开展反贪污、反浪费、反官僚主义运动而斗争》的报告。报告指出:"三反"运动能否开展和深入的关键,首先在于各单位的首长们能否以身作则,带头检讨。一切贪污行为,都是犯法的,都应当按情节轻重分别受到适当处分。但是一切贪污分子,除罪大恶极者外,如能作自动的彻底的坦白,则重者可以酌予减罪,轻者可以免予治罪。如果在自己坦白之外,还能检举其他贪污分子,则可视其情况将功折罪。一切犯法的工商业者,应当限期向政府坦白。应当在工商界中开展一个反对行贿、反对偷税漏税、反对盗窃国家资财、反对偷工减料和反对盗窃国家经济情报的斗争。违反财政纪律的工作人员,应详细地说明情况,听候处理。有铺张浪费行为的工作人员和犯官僚主义错误的工作人员,应当公开检讨。

同日　中共中央发出《关于加强纪律检查工作的指示》。规定:①各级党委必须加强对纪律检查工作的领导,党委会议上应定期讨论纪律检查工作。②要选调和提拔一批忠实可靠、作风正派、具有一定的政治文化水平的党员干部到纪律检查部门工作。③各级党委的纪律检查委员会与各级人民监察委员会可酌情合署办公,分工合作,互相辅助,加强联系。

1 月 11 日　中财委主任陈云,副主任薄一波、李富春向毛泽东并中共中央报送《关于"三反"运动以来金融物价市场情况的报告》。《报告》说,去年 12 月份物价下落 1%,一反过去每月上涨 1% 的情况。纱布销售减少,某些工业品出现了一时供过于求的现象。金融物价市场情况:①银行存款 12 月份上中旬增加 13000 亿元,市场货币流通量 12 月份增加 12000 亿元,外汇收支差额缩小,外汇、金银黑市价格下落。②11 月末调整了部分产品价格,市价高于牌价的现象已基本上消灭。③市场上出现了私商求售心切,上市销售量多于国营公司出售量的现象。1 月 14 日毛泽东转

发此报告并批示:过去一个多月的"三反"斗争,在经济和财政方面开始见效,国家的支出已开始表现正常,资产阶级的反动行为已开始受到打击。

同日　台湾"监察院"决议通过《弹劾李宗仁违法失职案》,提请"国民大会"弹劾李宗仁。

1 月 12 日　政务院召开第 119 次政务(扩大)会议。会议听取中央节约检查委员会主任薄一波关于中央政府直属各单位"三反"运动情况的报告。周恩来指出,"三反"运动是适时的,运动的方向是积极的。有几个关键问题:一是资产阶级侵蚀问题,一定要向广大人民讲清楚,三年来资产阶级向工人阶级和中国共产党进行了猖狂的进攻;二是官僚主义问题,其特点是麻木不仁,看不见资产阶级的侵蚀;三是制度问题,如供给制、机关生产等问题都应研究解决。还需制订一些新的制度。对贪污浪费要依法制裁,需要起草一个文件。

同日　政务院发出《对于迅速处理外籍反革命之决定》。《决定》说,外籍反革命除极少数必须判刑执行者外,其余以驱逐出境为原则;各地应成立外籍反革命分子积案审理委员会,赴积案较多的县巡回审理。如逾期仍不处理,亦不上报备案和请示,有关公安部门的负责人应受失职处分。

1 月 15 日　中财委主任陈云,副主任薄一波、李富春向中共中央报告《1952 年财经工作的方针和任务》。

1 月 18 日　政务院召开第 120 次政务会议。会议通过《关于市、县地方教育经费的决定》和《关于适当改善小学教师待遇的指示》(这两个文件均未颁布)。

1 月 20 日　政务院颁发《1952 年各项财经控制数字的指示》。

同日　以"长江昆仑联合电影制片厂"为基础，联合文华、国泰、大同、大光明、大中华、华光等私营电影公司，改组为公营的"上海联合电影制片厂"，于伶任厂长，叶以群、吴邦藩任副厂长。

同日　文化部艺术管理局、全国剧协主办的《剧本》月刊创刊。

1月21日　国民党"中央改造委员会"通过《党员自清运动实施要点》。

1月24日　政务院、中央军委联合发出通知，要求各机关各部门在春节前后，采取紧急措施，防止大贪污分子和特务破坏分子的各种破坏活动。对大贪污分子或重大嫌疑分子，除应适当安定其情绪外，要作一些必要的管制，防止其逃跑、自杀或破坏。

同日　上海举办新年画展览会。

1月25日　政务院召开第121次政务会议。会议原则通过《政务院关于机关生产的决定》。会议原则通过《政务院关于全国供给制工作人员统一增加津贴的通知》。特对全国供给制工作人员拟定如下的统一增加津贴办法：各级人民政府供给制工作人员，从中央人民政府主席至勤杂人员，暂分为10等24级，每人每月津贴360万元至4.1万元。军队供给制工作人员，从中央军委主席至战士，暂分为11等23级，每人每月津贴300万元至4.1万元。党派、学校和人民团体供给制工作人员的津贴费应比照政府工作人员的等级发给。此件3月11日发布。

同日　外交部就1951年11月以来香港英国当局连续逮捕和驱逐中国居民出境一事发表声明，向英国政府提出严重抗议，并要求必须立即制止这类蛮横迫害中国居民并向中华人民共和国公开挑衅的暴行，否则，英国政府必须对一切后果担负全部责任。

1月26日　中共中央发出《关于在城市中限期展开大规模的坚决彻底的"五反"斗争的指示》。

同日　台湾当局向联合国大会提出《控诉苏联违背1945年条约案》。该案2月1日获通过。

1月28日　政务院发布《关于加强老根据地工作的指示》。《指示》强调，必须十分重视加强老根据地的工作，大力领导与扶植老根据地人民恢复和发展经济建设与文化建设。

同日　侵朝美军违反国际公法实施细菌战，中朝军民开展反细菌战斗争。28日起，朝鲜战场、中国东北地区相继出现美军撒布的各种带有传染病菌的昆虫、杂物。中朝军民立即开展反细菌战斗争，在战区内扑鼠、灭蛇、保护水源、清理驻区，并普遍注射疫苗。在中国境内，全国军民开展以防疫为中心的爱国卫生运动。至1952年底，中朝军民胜利粉碎了敌人的细菌战。

1月　卫生部发布《关于组织中医学会的指示》；并且公布了《关于中医学会会章》。

2月1日　政务院召开第122次政务会议。会议听取北京市彭真市长关于北京市"三反"运动情况的报告。彭真说，一个多月以来，市机关、企业、工厂、学校一共有22万人参加了运动，其中2.58万人交代了问题。机关、企业等部门约有5万人参加，其中有1万人贪污。已逮捕195人，撤职247人，停职反省640人，逃跑32人，此外还有自杀的。从运动的进展情况看，小贪污已交代得差不多了，中等贪污的也交代不少，大贪污交代得很少。

同日　最高人民法院临时举行公审大会。公审了7名贪污犯：判处薛昆山、宋德贵死刑。薛昆山曾任中国畜产公司业务处副处长,利用职权盗窃国家经济情报,为其经营的 19 家商号服务,非法所得财产达 23 亿元以上。宋德贵曾任公安部行政处处长,勾结奸商盗窃国家财产达 9 亿元以上,宋犯个人从中贪污 6.4 亿元,且执迷不悟,拒不坦白,和奸商勾结起来破坏"三反"运动。法庭宣布,夏茂如、杭效祖自动坦白、立功赎罪,免于刑事处分。对其余 3 名贪污犯判处了有期徒刑。

同日　"国民党中央改造委员会"通过《反共抗俄总动员纲领》。

2 月 3 日　中共中央发出《关于"三反"运动应和整党运动结合进行的指示》,到 1954 年春基本结束。

2 月 5 日　中华全国体育总会致函国际奥林匹克委员会,声明中华全国体育总会决定参加第十五届奥林匹克运动会,并声明中华全国体育总会是代表中华人民共和国的唯一体育组织,任何其他团体,包括台湾国民党反动残余集团的体育代表在内,不能作为中国的任何合法代表,亦不能容许其参加第十五届奥林匹克运动会及其有关的会议。

同日　教育部颁发《"四二"旧制小学暂行教学计划》,供未改行五年一贯制的小学执行。

同日　台湾"外交部长"叶公超声明,台湾当局与日本缔结"双边和约"以"旧金山和约"为蓝本。

同日　台湾当局接受美国《共同安全法案》所规定接受美援应负担义务及具备条件。

2 月 6 日　中央节约检查委员会主任薄一波向毛泽东报送《关于中央一级公审大贪污犯大会后打"虎"情况的总结报告》。毛泽东主席 2 月 7 日批转此报告,并请各中央局考虑在 2 月份仿照中央一级 2 月 1 日审判 7 名大贪污犯的办法,审判各

大行政区一级的数名大贪污犯,其中有判死刑的,有判死刑缓期的,有判长期徒刑的,有判短期徒刑的,有判徒刑缓期的,有判免予处刑的,借以推进打"虎"斗争。

2 月 7 日　台湾"省政府"为扶植民营企业,加强配给制度,决定设立"物资局"。

2 月 8 日　政务院召开第 123 次政务会议。会议通过《政务院关于大力开展群众性的防旱、抗旱运动的决定》。

2 月 10 日　周恩来签发《三反运动中对外侨外商案件处理的指示》。《指示》说,对外国商人一般不进行"五反"坦白运动;对外商外侨有关"五反"案件,不要急于处理,但要注意掌握材料。

同日　经最高人民法院批准,河北省人民法院判处大贪污犯刘青山、张子善死刑。刘青山曾任天津地委书记,张子善曾任天津地委副书记。他们在天津地区工作时,盗用飞机场建筑款、救济水灾区造船贷款、干部家属救济粮、地方粮、克扣民工供应粮及骗取银行贷款等总计达 171 亿余元,用于经营秘密掌握的"机关生产",供其挥霍浪费。

同日　志愿军空军第 4 师 12 团 3 大队大队长张积慧击落美空军 F－86 型飞机 2 架。美空军王牌飞行员、第 4 联队第 334 中队少校中队长、美国"空中英雄"乔治·阿·戴维斯被击毙。中国人民解放军总政治部给张积慧记特等功一次,并将其事迹通报全军。

2 月 11 日　周恩来总理签发《政务院关于发布有关外国俘虏材料的命令》。《命令》说:①所有关于外国俘虏的姓名、国籍、军号、部别、级别、职别、照片、影片、俘虏营名称、俘虏营内情况等,均属军事秘密。②各新闻、出版及摄影机关在公布有关外国俘虏材料而涉及第一条所述任何一点时,均须经中央军委总政治部审查

批准,否则不得发表。③各国际宣传机关,出国的各种访问团、代表团、红十字会,需要发往或携往国外应用之各种俘虏材料,均应事先送交中央军委总政治部审查,非经同意,不得公布。④无论何人,必须访问俘虏营时,须经中央军委总政治部批准与介绍。⑤凡违犯上述四项规定者,以泄露军事机密或违反军事纪律论处。

同日 台湾"省教育厅"为配合"反共国策",订定《改进全省影剧计划》。

2月12日 政务院决定自本日起撤销新闻总署。新华通讯社改由政务院文化教育委员会直接领导,国际新闻局改为外文出版社等等。

2月13日 中华全国体育总会代表盛之白在挪威奥斯陆举行的国际奥林匹克委员会第46届会议上散发了"中华全国体育总会继续参加国际奥林匹克组织"的书面发言。

同日 中央生产防旱办公室成立。

2月14日 教育部发出指示:废止对学生施行体罚或变相体罚。

2月15日 政务院召开第124次政务会议。会议原则通过《政务院关于1952年农业生产的决定》。

2月16日 林业部发出《关于1952年春季造林工作的指示》,重申了谁种归谁的政策和民造公助的方针。并要求积极推动合作造林和封山育林。

2月19日 中共中央转发中国人民银行《关于"三反"以来金融市场情况的报告》。《报告》提出银行拟采取下列措施:①结合"五反"运动,彻底整顿改造行庄。②适应物价稳定的新情况,对私利率应及时下降20%;货币储蓄月利降至1.2%左右。③适当增加贸易放款,以活跃市场,扩大国营贸易阵地,用以扶持生产。④外汇在保持一定库存的情况下,加强外汇的运用。⑤结合修改章程建立预算监理和集中信贷制度。本年公债似可考虑不发。

2月20日 周恩来签发《政务院关于1952年寒假全国高等学院毕业生统筹分配工作的指示》。分配工作的基本方针仍是"集中使用、重点配备",把专门技术人才放到经济建设最需要的岗位上。

同日 台湾当局与日本"和约会议"在台北开始举行,台湾当局提出约稿共7章22条。会议期间双方出现分歧。

2月21日 周恩来签发《关于由各大行政区及中央各部抽调技术员工加强国防工业建设的决定》。

2月22日 政务院召开第125次政务会议。会议原则批准《有关民族政策的若干问题》的报告,原则通过《民族区域自治实施纲要》、《各级人民政府民族事务委员会试行组织通则》、《政务院关于地方民族民主联合政府实施办法的决定》、《政务院关于保障一切散居的少数民族成分享有平等权利的决定》。

2月24日 外交部部长周恩来发表声明,声明说:根据朝鲜人民军和中国人民志愿军前线司令部的确实材料,美国侵略军自1952年1月28日起,连续多次使用以虐杀朝鲜和平人民及朝鲜人民军和中国人民志愿军为目的的、更大规模的细菌武器。朝鲜民主主义人民共和国政府朴宪永外务相,于本年2月22日发表声明,抗议这种新的罪恶行为,并号召全世界人民制止美帝国主义者的暴行,追究使用细菌武器的组织者的国际责任。我现受权正式声明,中华人民共和国中央人民政府和中国人民完全支持朝鲜民主主义人民共和国政府这一正义的主张。

同日 中财委发出指示,要求各级财委和各级财务部门在"三反"运动中抽出一定的力量,进行当前必需的业务工作,如贸易、税收、生产、运输等,并决定中央贸易部立即恢复收购土产及加工订货等工作。

2月26日　周恩来致电福建省张鼎丞主席并告华东军政委员会:美蒋特务近在有计划地谋害陈嘉庚,以图嫁祸于我,破坏"五反"运动。上述情形,请你们加以严重注意,切实责成保卫部门对陈的安全负起全部责任。并请迅即查明上述情形的详细经过电告。另请派员与陈面谈一次,示毛泽东主席对他安全甚为关心,并希望陈能来京居住,以保安全。

2月27日　周恩来批示中南军政委员会邓子恢代主席,同意有关该会任免案的请示。请示提出:①本会公安部部长卜盛光腐化堕落,敌我不分,且在"三反"运动中态度消极,打击群众批评,违抗上级指示,着即撤销本兼各职。副部长钱亦民贪污浪费,着即撤销本兼各职。工业部副部长兼有色金属管理局局长王盛荣违法乱纪,目无组织,盗用国家资金,腐化堕落,在"三反"运动中拒不坦白,着即撤销本兼各职并逮捕查办。②武汉市市长吴德峰对该市前副市长周季方与该市前卫生局副局长宋瑛压制民主,侵犯人权的行为,不但不予纠正反极力袒护,着即撤销本兼各职;又该市政府委员兼监委主任谢邦治对周季方、宋瑛违法乱纪行为,不坚持正确原则反而积极支持,有失职守,着即撤销其本兼各职。③武汉市监委委员王世勋对周季方、宋瑛违法乱纪行为始终坚持正确原则,着即提升为该市监委主任。④王首道调中央另有任用,任命本会副主席程潜兼任湖南省主席,金明为第一副主席。

2月29日　政务院召开第126次政务会议。会议通过《政务院关于统一处理机关生产的决定》。决定说,全国胜利后,

机关生产的分散和盲目性,与国家经济的集中和计划性发生抵触,尤其是由于资产阶级思想的侵蚀,致使许多国家工作人员分散精力,沉溺于机关生产之中,追逐利润,贪图享受,出现了严重的贪污、浪费现象,成为"三反"斗争中最普遍而又必须解决的问题。基于这些原因,政务院决定结束机关生产。会议批准劳动部部长李立三《关于一年半来救济失业工人工作的总结报告》。《报告》说,会议还原则通过《关于救济失业工人的补充指示》。

同日　美国飞机共14批148架次侵入我安东、抚顺、凤城等地,并在抚顺撒布带有病毒、细菌的昆虫,向我国发动了大规模的细菌战争。

3月1日　台日"和约会议"举行第二次会议。

3月2日　毛泽东批示,同意周恩来区分大、中、小贪污分子的意见。周恩来的意见是:先将贪污千万、百万以下两类分子的处理电告各地。关于大、中、小贪污分子的标准,仍照中央先前的指示将一千万以下的都算作小贪污分子,为此,对免于刑事处分而百万以下就不算贪污分子均较易解释,千万至一亿为中贪污分子,便可以多数实行管制或减免刑事处分。一亿以上方为大贪污分子,又可有一批从轻处理的。

3月4日　周恩来签发《政务院关于严防森林火灾的指示》。

3月5日　毛泽东根据"五反"运动进展情况,提出处理违法工商户的五条基本原则和具体划分工商户的五种类型。这五条原则是:过去从宽,今后从严(例如补税一般只补1951年的);多数从宽,少数从严;坦白从宽,抗拒从严;工业从宽、商业从严;普通商业从宽,投机商业从严。私人工商户的五种类型是:守法的、基本守

法的、半守法半违法的、严重违法的和完全违法的。这五类包括资产阶级和非资产阶级的独立手工业户及家庭商业户,不包括摊贩。

3月7日 政务院致电中南军政委员会并转湖南省政府:捷克驻沪总领事馆去年曾将若干礼品赠给湖南省优秀的学生、青年团员、少先队员及工会、文化团体中的合理化建议者,而该省政府办公厅收到礼品后,竟有意隐瞒,私自将礼品分掉。在3个月之后"三反"运动起来,才收回一部分礼品转到《新湖南报》,仅称系出于误会。此事如果属实,则湖南省政府办公厅犯了破坏国际威信的严重错误,而且是一种不顾国际影响的极端恶劣的行为,有关人员应作公开检讨,并受到应有的处分。

3月8日 外交部部长周恩来发表声明,严重抗议美国政府使用细菌武器屠杀中国人民、侵犯中国领空。

同日 政务院召开第127次政务会议。会议批准《中央节约检查委员会关于处理贪污、浪费及克服官僚主义错误的若干规定》。《规定》提出的原则是:有70%以上的贪污数目小的人可以摘掉贪污帽子;20%左右的贪污分子给予行政处分;10%以下给予刑事处分,其中只有极少数罪大恶极的判处死刑。此件3月11日公布施行。会议批准《北京市人民政府在"三反"运动中关于工商户分类处理的标准和办法》。办法规定了工商户中如何划分和判定守法户、基本守法户、半守法户半违法户、严重违法户、完全违法户的标准。

同日 中国人民解放军空军第一批女飞行员为首都人民飞行表演,并接受朱德、邓颖超等检阅。24日,毛泽东、刘少奇、周恩来等接见了参加飞行表演的女飞行员。

3月10日 政务院命令:同意平原省给予该省卫生局破坏百泉古迹的处分。

3月11日 政务院公布《关于贪污、浪费及克服官僚主义错误的若干规定》。《规定》指出,对于在"三反"运动中所揭发出来的贪污分子的处理,必须采取改造与惩治相结合的方针;对大多数情节较轻或彻底坦白,立功自赎者,从宽处理;对少数情节严重恶劣而又拒不坦白者,予以严惩。对浪费及官僚主义问题的处理,亦应以严肃态度,分别情况,予以适当解决,以教育干部,团结群众。在基本完成"三反"斗争任务之后,必须转入"三反"运动的建设阶段,即是要使全体工作人员进一步树立以工人阶级为领导的思想,检查各单位业务工作的政策思想,精简组织机构,建立工作、学习、生活的新制度,以期从思想上、作风上、组织上、制度上,保证洗除贪污、浪费和官僚主义这些污毒,树立廉洁的、朴素的,为人民服务的革命工作作风。

3月12日 蒋介石核准《军事主管官任期制度》。

3月13日 丁玲长篇小说《太阳照在桑干河上》、周立波长篇小说《暴风骤雨》、贺敬之和丁毅执笔的歌剧《白毛女》获苏联1951年科学和文学艺术斯大林奖金。

同日 "国防部"总政治部主任蒋经国宣布整顿军政三大措施:实施现职军官假退役,以刷新人事;建立主管官任期制度;建立实践制度。

3月14日 政务院召开第128次政务会议。会议决定成立中央防疫委员会,委员会由23人组成,主任周恩来,副主任郭沫若、聂荣臻。卫生部副部长贺诚报告了美帝国主义在我国撒布传染细菌的昆虫、毒物的情况及我国的防疫措施。

3月14日 铁道部党组向毛泽东主席和中共中央报送《关于铁路走私运毒等

情况及处理的意见》。

3 月 15 日 政务院发出《关于地方工业领导关系的决定》。指出：①省（市）工业厅（局）为地方公营工业的行政及管理机关，以直接领导企业为原则。地方公营工业中小型的企业，得分别按生产、地域的不同条件，联合为较大的生产单位，称为综合工厂或公司。②大行政区应分别根据本地情况，以精简为原则设置管理地方工业的机构。③中央各工业部对地方工业应按不同工业种类分别管理。地方工业中轻工业比重大，在轻工业部之下可设地方工业司，其他各工业部均应在其办公厅或计划司之下设地方工业处。④地方工业的经营、管理及其利润折旧的处理均由地方财委负完全责任，地方工业的计划应报中央审查核定。

同日 毛泽东和中国民主建国会总会主任委员黄炎培谈话。提出：①私人资本在新中国建设上是有贡献的，只是不要让它向坏的方向发展。②不能让资本家光是图私人的利，必须兼顾国家的利、工人的利。③很好地团结他们，教育他们，改造他们，先学习并实行共同纲领。

同日 政务院、人民革命军事委员会颁发《关于全国俄文专科学校的决定》。

3 月 16 日 农业部颁发命令，奖励1951 年农业丰产模范，公布第一批受奖名单。

3 月 17 日 政务院人民监察委员会发出《关于严防森林火灾对各级监委的指示》。

3 月 18 日 教育部颁发《幼儿园暂行规程（草案）》、《小学暂行规程（草案）》和《中学暂行规程（草案）》。

3 月 19 日 中央防疫委员会向各省、市、自治区发布反细菌战的指示。要求各地做好灭蝇、灭蚊、灭蚤、灭鼠以及其他病媒昆虫。

同日 全国文联发出通知，要求各地文联组织文艺工作者参加"三反"、"五反"运动，并组织创作以"三反"、"五反"为题材的作品。

3 月 20 日 政务院发出《对"三反"运动有关公营企业、机关、学校之外籍员工的指示》。《指示》说：①"三反"运动是中国人民内部自我改造的运动，外籍人员不需参加，也不要发动他们坦白检举。如有个别自动坦白检举者，可以接纳听取，如要求参加运动，应予劝阻；②外籍员工犯有贪污、泄密、欺诈、盗窃国家资财等罪行者，应先查明事实，在掌握确实材料后，再促其坦白检举，但须详细交代政策，解除其顾虑；③对待外籍员工的罪行不可用群众斗争的方法，而应分别情节轻重酌由行政给予处分或送法院依法制裁；④逮捕外籍员工仍按中央原来规定办理。如系苏联及新民主主义国家侨民，当地又有领事馆者，逮捕前应予通知。

3 月 21 日 政务院电复东北人民政府主席高岗、副主席林枫：①关于去年东北森林失火事件的处分问题，同意给予松江省政府主席冯仲云记大过一次和给予黑龙江省政府主席于毅夫记过一次的处分。②此案拖延未能及时处理，中央监委和政务院副秘书长齐燕铭均有责任，业由刘景范、齐燕铭分别作了检讨。③东北人民政府在失火事件发生后，即已提出对于松江、黑龙江两省政府的处分，并表扬了护林有功的吉林省政府，处理问题是及时的、正确的。因此，高岗主席、林枫副主席此次自请处分，应毋庸议。

同日 西藏工委和西藏军区联合决定，从驻拉萨机关、部队抽调 50% 至 70%人员，在西郊河滩进行大规模开荒生产，当年即春播蔬菜、粮食 3000 多亩。有效解决了驻藏机关、部队的给养问题。

3月22日　政务院召开第129次政务会议。会议原则通过《政务院关于1952年水利工作的指示》。会议原则通过《政务院关于"五反"运动中成立人民法庭的规定》。

同日　朱德致函刘少奇提出对城市工商业政策的意见，对城市中的独立劳动力（包括大量的小手工业者在内）应该与资产阶级严格区别开来。不应把独立劳动力与一般资本家放在一起，统称为工商户。

3月23日　中华全国体育总会秘书长荣高棠致函国际业余篮球、田径、游泳、足球、自行车等联合会，声明自1949年中华人民共和国成立以后，原"中华全国体育协进会"已改组为中华全国体育总会，中华全国体育总会是代表中国人民的唯一合法体育组织，并愿继续参加各个国际体育联合会的组织、会议与体育活动，决不允许台湾国民党反动残余集团盗用"中华全国体育协进会"的名义进行任何活动。

3月25日　台湾"立法院"通过修正《出版法》草案。

3月27日　政务院发出《对清理外侨积案的补充指示》。《指示》称，鉴于各地忙于领导"三反"运动，任务繁重，因此清理积压的外侨反革命案件工作延续到5月底结束。

3月28日　政务院召开第130次政务会议。会议通过《中华人民共和国惩治贪污条例》，提请中央人民政府委员会批准。原则通过《政务院关于"三反"运动中成立人民法庭的规定》。此件于3月30日公布。原则批准《中央节约检查委员会关于追缴贪污分子赃款赃物的规定》。规定说，为严肃国家纪律，凡已确定为贪污分子者，其赃款赃物应予追缴并根据贪污分子的不同情况分别进行处理。此件3月30日公布。

同日　薄一波向周恩来就有关上海市"五反"情况作电话汇报。薄一波说，上海市第一战役已基本结束，检查重点户74个，包括36个行业，资本家197人。已解决问题的有60户，违法所得近2000亿元，其中最少的7亿元，最多400亿元。特征是"五毒"俱全，但对行贿、盗窃经济情报不愿承认，其他3项则勇敢承认。梅林罐头公司行贿最多，达13亿元，驻沪空军司令部有他的坐探，因此，仅卖给空军酸黄瓜一项即获利17亿元。4月1日拟开始第二战役搞2000户。分两类处理：第一类约900户，其中500户依靠检查组直接突破；另390户经统战部等部门做工作促其坦白。第二类约1000户，可能做到"不战而胜"自行排队交代。如经叔平自己说是严重违法户。

同日　农业部发布《国营农场组织规程》、《国营农场工人技术标准》、《国营农场职工奖惩暂行办法》。

3月29日　世界和平理事会执行局会议在挪威首都奥斯陆开幕。中国代表郭沫若就美国在朝鲜战场对中朝两国人民进行细菌战作了详细报告。会议于4月1日通过了"反对细菌战"告全世界男女书，号召全世界男女为制止美国细菌战和禁止细菌武器进行坚决斗争。

3月31日　政务院发出《关于整顿和发展中等技术教育的指示》。

同日　农业部发布关于改进栽培技术提高棉花单位面积产量的指示。

3月　公安部向中共中央报送《必须坚决惩治与清洗公安部门的旧警察和留用人员中的违法乱纪分子的报告》。全国民警有80000人，旧警察有35000人左右，估计要洗刷掉 20000 人左右,才能解决问题。中共中央转发了此报告,并批示:司法部门的情况亦很严重,必须同样惩治与清洗。

同月　中共中央发出《关于处理贪污浪费问题的若干规定》和《关于处理贪污分子的五项规定》。

4 月 1 日　农业部发出《棉花丰产技术指导纲要》。

4 月 2 日　轻工业部党组向中共中央报送《关于普遍交代经济关系和社会关系的报告》。《报告》说,我部普遍交代经济关系与社会关系已基本结束。已普查 582 人,发现有各种问题的 231 人,占总人数的 39%。在普查方式上普遍填表,逐个由本人报告,小组讨论通过。在次序上是先易后难,使没有问题或问题较少的先通过,问题较严重复杂的放在后面。4 月 17 日中共中央批转此报告,并批示:轻工业部的这种交代和检查暴露了许多严重问题,其经验很值得重视,请你们一律仿行。必须把发动党内外干部(除某些民主人士外),普遍交代经济关系和社会关系当做一件大事来做,当做"三反"运动的一个阶段来做。要由首长负责,注意动员工作。

4 月 3 日　政务院发出《关于中央一级各机关"三反"运动中成立人民法庭的通知》。《通知》说:各单位人民法庭有传讯、逮捕、释放并判处机关管制、劳役改造、有期徒刑、无期徒刑、死刑,以及宣告追缴赃款赃物、没收财产、剥夺政治权利、缓刑、免刑、无罪之权。

4 月 3 日—27 日　中华人民共和国代表团出席在莫斯科举行的国际经济会议。42 个国家的 450 名代表讨论如何促进国际贸易以改善人民生活问题。中国代表团团长南汉宸作了发言,并与各国订立进出口总额约 2 亿多美元的贸易协议。

4 月 4 日　政务院召开第 131 次政务会议。会议原则批准《1952 年电影制片工作计划》,计划制作大型故事片 11—15 部,小故事片 5 部,纪录片 26 部,教育片 8—9 部,新闻纪录片 42 号;国外片拟译制 50 部又 30 号;国语片译成少数民族语言与中苏影片译成粤语的 20 部又 25 号。会议通过政务院撤销大盗窃犯贺衡夫(当时任中南军政委员会委员、中南财委委员兼武汉市政府委员)在政府中的一切职务,并予逮捕法办的命令。

4 月 5 日　周恩来召集王稼祥、陆定一等议定:为统一并加强反细菌战的对内对外宣传,决定成立反细菌战宣传委员会,陆定一为主任,章汉夫为副主任。

4 月 8 日　中苏两国在莫斯科签订交换贸易议定书。

同日　农业部发出《关于大力发展淡水养殖事业的通报》,号召发展淡水养鱼事业。

同日　台湾"教育部"颁布《戡乱时期中等以上学校精神、军事、体格、技能训练纲要》。

4 月 9 日　郭沫若在莫斯科接受斯大林国际和平奖金。

4 月 10 日　《毛泽东选集》第二卷出版。

4 月 11 日　政务院召开第 132 次政务会议。会议同意中财委陈云主任作的《关于财政经济问题的报告》,提请中央人民政府委员会批准。

同日　政务院致电中南军政委员会,同意将河南省洛阳、郑州两专区合并,定名洛阳专署,驻洛阳。

4 月 12 日　政务院发出《中央一级各部门抽调 1000 名青年知识分子干部升入高等学校学习的决定》。

4 月 13 日　周恩来电示各大区各省

市,要求各地在"五反"运动中,处理完全
违法及严重违法工商户罚退补款时,应注
意先将银行贷款、欠贸易公司的加工订货
及其他所欠国家的款都清还后,再令其交
罚退补款。工商户向银行贷款有押品者,
银行有权处理其押品,不能将贷款与制品
和罚退补款混同处理,否则即会造成以公
家的款抵交罚退补款,从另一方面重新造
成国家损失。

4月14日 中国代表和法国商人缔
结一项贸易协定,成交货物价值达 800 万
英镑。

同日 中国经济代表团和荷兰商人
签订一项贸易协定,成交货物价值达 460
万英镑。

4月15日 毛泽东、周恩来签发《关
于集体转业部队的决定》。

4月16日 政务院发出《关于建立民
族教育行政机构的决定》。

同日 周恩来批复内务部,准予外侨
加入中国国籍处理办法草案在南疆试行。

同日 全国合作总社党组向毛泽东
主席并中共中央报送《关于1951年工作总
结和1952年工作计划的报告》。

4月18日 李济深副主席主持召开
中央人民政府委员会第14次会议。会议
批准《中华人民共和国惩治贪污条例(草
案)》。通过《中华人民共和国和罗马尼亚
人民共和国文化合作协定》。批准成立中
央人民政府政务院华北行政委员会,该会
成立后撤销中央人民政府华北事务部。

4月19日 李济深副主席主持召开
中央人民政府委员会第15次会议。会议
批准政务院提请批准的中财委陈云主任
在第132次政务会议上作的《关于财政经
济问题的报告》。批准任命刘澜涛为华北
行政委员会主任,裴丽生为山西省政府主
席,杨耕田为察哈尔省政府主席,方治平

为鞍山市市长,邢肇棠为宁夏省政府主
席,程潜为湖南省政府主席。免去刘澜涛
华北事务部部长职务,赖若愚山西省政府
主席职务,张苏察哈尔省政府主席职务,
刘云鹤鞍山市市长职务,潘自力宁夏省政
府主席职务,王首道湖南省政府主席
职务。

4月22日 周恩来总理签发《政务院
关于防治害虫的紧急通知》。通知说,目
前各种害虫不仅普遍发生,而且时间提
早,繁殖很快,虫害发生地区,应以防治害
虫为当前中心任务,抽调负责干部具体掌
握,凡参加"三反"之农业干部,均应立即
返回工作岗位,迅速组织治虫力量。

4月23日 政务院文化教育委员会
为"速成识字法"创造者祁建华颁发奖状。
4月26日,《人民日报》发表社论《普遍推
广速成识字法》。

4月25日 政务院召开第133次政
务会议。会议基本批准内务部谢觉哉部
长作的《内务部1952年民政工作要点
的报告》。

同日 国际业余游泳联合会致函中
华全国体育总会,承认中华全国体育总会
代表前"中华全国体育协进会"为该会
会员。

4月28日 台湾当局与日本在台北
签订"和平条约"。

4月30日 政务院通知,为加强对审
判工作的领导,由各级人民法院、检察、监
察、司法、公安等部门合组专门委员会,对
各单位人民法庭进行巡视检查。专门委
员会由蓝公武任主任委员,刘景范任副主
任委员。

同日 周恩来总理在我国驻外使节
会议上阐述中国的外交方针和任务。他
说,新中国成立以来,我们一直坚持和平
的外交政策,不承认国民党政府同各国建

立的旧的外交关系,而要在新的基础上同各国另行建立新的外交关系。这一方针,使我国改变了半殖民地的地位,在政治上建立了独立自主的外交关系。我们要团结世界各国的人民,朋友方面以国家来分有两种:第一种是基本的朋友,第二种是一时的朋友。区别的主要关键是对战争与和平的态度。资本主义世界并不是铁板一块,我们应该区别对待。外交工作要绝对地接受无产阶级思想的领导,坚持国际主义,反对狭隘民族主义;坚持爱国主义,反对世界主义,坚持集体主义,反对个人主义;坚持无产阶级的纪律性,反对自由主义;坚持民主集中制,反对官僚主义。要求有高度党性,反对政治空气稀薄。提倡勤俭朴素的作风,反对资产阶级的铺张浪费思想。

同日　台湾"行政院"会议通过台日"和平条约",呈蒋介石咨送"立法院"审议。

4 月　中共中央批转中宣部《关于〈学习〉杂志错误的检讨报告》。

同月　文化部与中国音协联合主办的《歌曲》(月刊)创刊。

5 月 2 日　中共中央发出指示,要求各地迅速制止和纠正随便抽调学生参加工作,动员学生停课搞中心工作等妨碍国家教育顺利进行的做法。

同日　政务院召开第 134 次政务会议。会议批准公安部副部长徐子荣作的《公安部 1952 年 4、5、6 月份工作要点》。

同日　台湾"立法院"决议,同意蒋介石咨商,本届"立法委员"继续行使立法权一年。

5 月 4 日　台湾"立法院"院长张道藩发表《论当前文艺创作 3 个问题》,强调文艺应以创作"反共抗俄"为内容的作品。

5 月 5 日　外交部部长周恩来就美国宣布非法的单独对日和约生效发表声明。声明说,我们坚持一切占领军队必须撤离日本;对于美国所宣布生效的非法的单独对日和约,是绝对不能承认的;对于公开侮辱并敌视中国人民的吉田蒋介石"和约",是坚决反对的。

同日　政务院文化教育委员会批准《干部子女小学暂行实施办法》。

5 月 6 日　中共中央批转中财委《关于全国钢铁工业的发展方针、速度与地区分布问题的报告》。《报告》提出,要改变我国钢铁工业的落后状态,必须紧赶一步,于 8 年内达到 500 万～600 万吨的产量,才有可能在十二三年之后达到 1200 万吨的产量。同日,中共中央批准关于恢复与改造鞍钢初步设计的报告。

同日　中国政府与捷克斯洛伐克政府在北京签订中捷文化合作协定、中捷邮政协定、中捷电讯协定以及中捷科学与技术合作协定。

5 月 7 日　中央军委、政务院联合发出《关于整编民用航空的决定》。

同日　国际业余篮球联合会致函中华全国体育总会,承认中华全国体育总会为代表中国篮球界的组织,并为该会会员。

5 月 8 日　中央人民政府内务部、出版总署发出通报,"额菲尔土峰"应正名为"珠穆朗玛峰","外喜马拉雅山"应正名为"冈底斯山"。

5 月 9 日　政务院召开第 135 次政务会议。会议批准民委《1952 年工作要点》。会议基本批准监委《1952 年 4 月至 12 月监察工作要点》。要点是,结束本机关"三反"工作,协同中央及各地节约检查委员会总结"三反"运动经验,注意汲取有关监察工作的经验;协同有关部门审查处理"三反"运动中应受行政处分和刑事处分的人员；加强与建立各级监察机构，调整干部等。

同日 周恩来签发《关于外商在"五反"中有关问题的指示》。《指示》说，目前在有些城市的"五反"运动中，对外商厂店有过左的情绪和行动，如工人夺外籍经理的行政领导权，将外籍经理关禁闭等，这是不好的，应予妥善处理。

同日 外交部发表声明，抗议香港英国当局连续逮捕、驱逐和迫害中国居民，无理勒令香港大公报停刊并对该报负责人费彝民、李宗瀛处以罚金或徒刑的暴行。

5月12日 政务院批复内务部，西藏尚未成立自治区，西藏的行政地位，相当于内蒙古自治区，即大行政区一级的地位；西藏的隶属关系，属于西南军政委员会的行政系列。

5月14日 中央防疫委员会主任周恩来向毛泽东报送《关于4月份反细菌战防疫工作情况简要报告》。《报告》说，4月间敌机在我关内地区撒布的死鼠、死鸟、死鱼和撒布范围及次数较前大为增加，所携带的细菌主要是各型副伤寒、赤痢、霍乱、伤寒菌等。专家研究的结果，已确定今年东北所发生的脑炎，绝不是往年在北京和东北发生的"日本乙型脑炎"，非中国原来所有已确凿无疑。4月份主要筹备了美帝细菌战罪行展览，以供参加"五一"节的国际人士和大组织的国际代表团前来参观。报告还对今后的工作作了具体部署。

5月16日 政务院召开第136次政务会议。会议批准《财政部1951年农业税的征收情况和1952年新解放区农业税率方案的报告》。《报告》说，1951年农业生产的产量共折合细粮2949亿斤。农民的农业税等总负担量为386亿斤粮食，占农民实际总收入的13.8%。根据酌情减轻农民负担、取消附加、堵塞漏洞、查田定产、依率计征、统一累进的原则，1952年国家需要征收农业税粮食320亿斤至340亿斤，比去年少一些。新区多减些，老区少减些。征税统一，不许附加。据此报告改写为《政务院关于1952年农业税收工作的指示》，于6月16日发出。

同日 根据中央军委命令，中国人民解放军后勤学院在北京组建。李聚奎任院长。后勤学院以原高级后勤学校和西北军区第一高级步兵学校为基础组成，下设指挥、财务、军需、运输、油料等25个系，学制3年，负责训练全军团以上后勤领导干部。该院于1953年2月1日正式举行开学典礼，毛泽东、朱德分别为后勤学院作了训词、题词。

5月17日 外交部部长周恩来致电比利时布鲁塞尔万国邮政大会并转各国代表：我现代表中华人民共和国中央人民政府通知大会：中央人民政府已任命我邮电部邮政局苏幼农局长为出席本届大会首席代表，并要求大会立即驱逐蒋匪帮的非法代表。

5月19日 外交部就1952年5月5日美国政府代表在联合国麻醉药品委员会上无耻地提出诬蔑我中华人民共和国政府在日本私卖海洛因的捏造报告一事发表声明，抗议美国政府的这一捏造报告。

同日 台湾"省教育厅"推行教育改革，拟订并公布实施各种改革教育的纲要及办法。

5月21日 政务院发布《严禁鸦片烟毒的通令》。

同日 中央兵工委员会确定18种枪械、火炮及其弹药作为中国陆军第一批制式武器。

同日 台湾"行政院"通过《取缔地下钱庄办法》。

5月21日—6月5日 中财委召开全国财政会议。会议主要讨论了 1952 年财政概算、"三反"、"五反"运动中的市场问题和第一个五年计划的问题。

5月22日 蒋介石在台湾明令废止《政治犯大赦条例》。

5月23日 政务院召开第 137 次政务会议。会议批准《农业部、1951 年农业生产工作总结及 1952 年工作计划的报告》。

5月24日 教育部颁发《幼儿园暂行教育纲要》。

5月27日 刘少奇就新疆的寺院土地与少数民族地区镇压反革命问题电复王震、习仲勋。电称:1.清真寺、拱北和喇嘛寺的土地,已转给无地少地农民者,不要再从农民手中收回交给寺院,因为这些土地已不属于寺院所有了,但在你们的土改法令上应明确规定"保留清真寺、拱北和喇嘛寺的土地"。2.在牧区和半农半牧区不要同时进行土地改革,在土改法令上也应规定土改法令不适用于牧区或畜牧经济,以稳定牧区。3.新疆在土地改革中,特别在镇压武装叛乱中是要杀一些人的,但是必须少杀。

5月29日 国民党"中央改造委员会"正式决定,国民党"七届大会"于 10 月 10 日举行。

5月30日 政务院召开第 138 次政务会议。会议批准《政法委 1952 年下半年的工作要点》。主要内容是:①司法系统的中心工作是,清除和改造坏分子,肃清旧司法作风的残余,彻底改造和整顿各级法院,系统总结法院和人民法庭的经验,改进审判工作,督促、指导和协助清理积案工作;②公安系统的中心工作是,进一步整顿组织作风,清除坏分子和肃清旧警

察作风的残余,保持公安队伍纯洁,继续完成大规模镇压反革命工作,协同有关部门禁毒;③内务部中心工作是,整顿乡(村)政权,检查和清理民政事业费;④民委工作中心是,应继续贯彻民族区域自治及民族民主联合政府的政策。

会议批准中央节约检查委员会主任薄一波关于《结束"五反"运动的几个问题》的报告。薄一波说,"五反"运动已进入结束阶段,处理的原则是斗争从严,处理从宽。"五反"中各地对工商户违法所得数目的计算有偏高偏广的,必须重新核实定案,一般可采取自报公议、三审定案的方式解决。对违法工商户,一般只令其退财补税,少数才罚款。"三反"退赃与"五反"定案工作应相互配合。会议决定:将此报告改写为《政务院关于结束"五反"运动中几个问题的指示》,于 6 月 13 日发出。会议还决定董必武为中央防汛总指挥部主任,傅作义、张震为副主任。

5月31日 毛泽东在关于群众来信反映失业问题的报告上批示周恩来:失业问题仍颇严重,似宜由中央劳动部或直接由政务院召开一次失业问题会议,由各大城市及各省派员参加,定出可行的处理办法。

6月1日 中日贸易协议在北京签字。协议规定双方在以货易货的基础上每方购入与售出各为价值 3 万英镑的货物。12 月 31 日,经双方同意中日贸易协议延期半年至 1953 年 6 月 30 日为止。

6月4日 台湾"省政府主席"吴国祯表示,台湾当局将采取大步骤鼓励私人资本投资台湾工业。

6月5日 教育部公布汉字常用字表,列出常用汉字 1500 个。

同日 台湾"省政府"命令,光复前省民向日本抵押借款,一律免予清偿。

6月6日　政务院发出《关于市郊公路管理关系的决定》。

同日　政务院召开第139次政务会议。会议批准铁道部部长滕代远作的《铁道部1951年铁路工作总结与1952年的任务的报告》。

同日　毛泽东在中央统战部起草的一个文件上批语："在打倒地主阶级和官僚资产阶级以后，中国内部的主要矛盾即是工人阶级与民族资产阶级的矛盾，故不应再将民族资产阶级称为'中间阶级'。"

6月8日　毛泽东在《统战部长会议简报》第1号上批示周恩来：此件关于南京的情况可看一下。在南京这类城市，补退的数字、时间、比例均值得考虑。简报说，南京市共有私营工商业2.5万户，共有资金3200亿元，"五反"中经过几次审核降低，现拟退补800亿到900亿元（华东指示退补1000亿元）。"五反"以来已经批准歇业800户，未经批准自动歇业1300多户。若退补1000亿元，最低也还有1300户歇业，失业者将达1.3万多人。南京失业问题素来严重，现在完全靠政府养活的有1.1万多人，经常需要救济的有4万多人。周恩来批示廖鲁言：告柯庆施，南京退补数可降下来，时间也要退到过年以后再交，比例亦可改变。柯庆施报告说，最后审核数在700亿—800亿元之间。退现款300亿元，另有一百几十亿元为合营和公股，下余约300亿元只好打欠条。

同日　美国第七舰队司令克拉克宣布，美国驻菲律宾空军将协防台湾。

6月9日　政务院电告各大行政区政府，关于1952年农业税的税率（包括附加在内）为：老解放区仍采用比例税制，新解放区仍采用全额累进税制。

同日　人民武装部向军委提交《关于人民武装工作的报告》。报告总结了自1951年5月16日中央军委《关于加强民兵建设的指示》发出后一年来的民兵工作情况。报告指出，民兵在抗美援朝、土地改革、镇压反革命与爱国增产节约运动中发挥了重大作用；全国民兵已经发展到1800多万，占全国农村总人口的4.5%；结合三大运动，全国各地清洗了混入民兵组织的坏分子，达到了组织上的巩固；利用农闲时间，加紧了对民兵政治教育和军事训练，提高了民兵素质；华东、华北、东北、中南四大区的民兵在1951年的剿匪、反特斗争中歼敌149301人，缴获各种枪67115支（挺）、炮67门、子弹150万余发。报告还指出，实行义务兵役制度的时机已经成熟，建议在1952年下半年开始准备，1953年开始在老区试征。

6月11日　农业部颁布1951年度农业丰产模范的第二批获奖名单。

同日　北京市人民艺术剧院成立，曹禺任院长。

6月12日　教育部发出《关于全国高等学校1952年暑期招收新生的规定》，从本年起全国高等学校除个别学校经教育部批准者外，一律参加统一招生，招生日期和考试科目全国统一规定。

同日　全军开展大规模文化教育运动。

同日　台湾"省政府"会议通过《整理户籍办法》，决定换发新"国民身份证"。

6月13日　政务院召开第140次政务会议。会议批准轻工业部部长黄炎培作的《1951年工作总结与1952年工作计划要点》的报告。

同日　周恩来签发《关于1952年农业税夏征工作的指示》。

同日　政务院转发《最高人民检察署关于处理战犯、汉奸、官僚资本家及反革命分子财产的初步意见》，主要内容是：对战犯财产的处理,一般采取代管的形式。极少数始终坚决与人民为敌的首要战犯的财产,报经政务院认定者,予以没收,以蒋宋孔陈四大家族为首的官僚资本,一律予以没收。过去属官僚资本系统,目前情况尚未查明或未确定者,可暂予管理;对于业经政府处理的战犯财产或官僚资本案件,如有与上述处理意见不同者,一般不予变更,但过去如误将民族资本当成战犯或官僚资本处理者,则应重新处理。

同日 毛泽东主席给荆江分洪工程题词:"为广大人民的利益,争取荆江分洪工程的胜利!"

6 月 14 日 毛泽东指示周恩来:①如有可能,应全部接管私立中小学;②干部子弟学校,第一步应划一待遇,不得再分等级;第二步,废除这种贵族学校,与人民子弟合一。

同日 国际足球联合会致函中华全国体育总会,承认中华全国体育总会代替前"中华全国体育协进会"为该会会员。

6 月中旬至 9 月下旬 中央教育部对全国高等院校进行了院系调整工作。调整的总方针是:以培养工业建设人才和师资为重点,发展专门院校与专科学校,整顿和加强综合性大学,逐步创办函授学校和夜大学,并在机构上为大量吸收工农成分学生入高等学校准备条件。

6 月 17 日 台湾"省政府"初步决定扶植自耕农办法。

6 月 18 日 周恩来总理签发《政务院关于调整高等学校毕业生工作中几个问题的指示》:①对学非所用,用非所学,或使用极不妥当的,应进行必要的调整;②由于生病、体弱或地区气候不习惯以及家庭困难或爱人关系等实际问题而要求调动工作者,应根据具体情况分别处理;③对思想落后不安心工作者,主要应说服教育;④有政治问题与政治嫌疑的学生,应视具体情况分别处理。

6 月 19 日 周恩来在中共中央统战部召开的会议上就中国的民族资产阶级问题作了讲话。他说,中国的民族资产阶级有一个特点,从新民主主义到社会主义,它既是我们的朋友,又是要被消灭的阶级。我们对民族资产阶级的政策是团结改造的政策。在工作中应该采取坚定的、稳健的、谨慎的态度。

6 月 20 日 政务院召开第 141 次政务会议。会议批准交通部部长章伯钧作的《交通部 1951 年工作总结及 1952 年工作计划要点》的报告。

同日 由 4 月 5 日动工的荆江分洪工程完工。分洪区蓄水量可达 60 亿立方米。

6 月 20 日—30 日 中华全国工商业联合会筹备代表会议在北京召开。陈云到会讲话。他说,"三反"、"五反"运动后,为国家经济建设和正当的私营工商业的发展,创造了一个极为有利的条件。私营工商业不是没有前途,而是比过去更光明了,我们需要在新的基础上来调整公私关系、劳资关系。

6 月 20 日—24 日 中华全国体育总会成立大会在北京举行。会议讨论和听取了荣高棠《为国民体育运动的普及和经常化而奋斗》的报告,通过了《中华全国体育总会章程》。会议选举朱德为中华全国体育总会名誉主席,马叙伦为主席。毛泽东为该会的成立题词:"发展体育运动,增强人民体质。"朱德题词:"普及人民体育运动,为生产和国防服务。"

6 月 23 日 人民革命军事委员会颁布调整全军军事学校及学院(海、空军除外)的命令。命令调整整编了指挥学校、陆军各兵种学校、各类专业技术学校,还就军事院校的学制和培养体制作出了明确规定。

6月24日 中央国防体育俱乐部在北京成立。

6月25日 中国进出口公司与联邦德国"俄斯塔格"有限公司在莫斯科签订贸易协定。协定规定双方贸易总额为1.5亿卢布。中国方面输出矿砂、非铁金属、大豆、油子玉蜀黍、蛋和蛋品、皮革、毛皮、猪鬃、废棉和主要油类，联邦德国方面输出化学品、人造代用品、纸张、工作母机和其他机器、工具、纺织品、药品。

同日 台湾当局与美国就美国私人投资保证制度签署协定。

6月26日 政务院发出《中央节约检查委员会关于结束"五反"运动追缴财物的具体手续及入库办法的规定》。凡在此次"五反"运动中被检查出来的违法工商户，其所盗窃的国家资财及偷漏税款，均应依照政务院所批准公布的北京市政府《在"五反"运动中关于工商户分类处理的标准和办法》的原则及《政务院关于结束"五反"运动中几个问题的指示》进行处理。

同日 政务院发出《关于邮电部与地方政府对于邮电企业领导关系的决定》。

同日 周恩来签发《政务院关于紧急动员起来开展抗旱斗争的指示》。

6月27日 台湾当局与西班牙恢复"邦交"。

6月28日 政务院发出通知：①绥远省政府由本院和内蒙古自治区政府双重领导，但各有重点，省的一般行政事宜和非民族自治区工作，领导重点在中央；辖区内各盟旗民族事务，领导重点在内蒙。②内蒙古自治区政府机关即由张家口移往归绥市。③绥远省政府董其武主席辞职业已照准，遗缺即由乌兰夫兼任；苏谦益、杨植霖、奎璧、孙兰峰任副主席。④杨植霖兼任内蒙古自治区政府副主席。

6月30日 教育部、卫生部、人民革命军事委员会总政治部、青年团中央、全国总工会、全国妇联、全国青联、全国学联发出关于贯彻中华全国体育总会代表大会关于今后体育运动方针任务的联合通知。

6月 中南文化部派顾铁符、商承祚等配合湖南长沙近郊基本建设工程，进行考古发掘，至12月，共清理发掘古墓405座，其中春秋战国时期楚墓150余座，颜家岭乙35号墓出土有狩猎纹漆卮、玉具铁剑、铜砝码等。

7月1日 政务院召开第142次政务会议。会议通过《政务院关于颁发各级人民政府供给制工作人员津贴标准及工资制工作人员标准的通知》，自1952年7月起正式施行。会议通过《政务院关于调整全国高等学校及中等学校学生人民助学金的通知》。《通知》提出，为逐步统一学生待遇的标准，决定将高等、中等学校学生的公费制一律改为人民助学金制，并对原助学金标准作适当调整；助学金等级的评定，依标准和具体情况，由全体学生自报公议，学校批准，尽量照顾烈属、军人、工农干部、产业工人、少数民族及归国华侨子女。会议还通过《政务院关于全国各级人民政府、党派、团体及所属事业单位的国家工作人员实行公费医疗预防的指示》。财政部戎子和副部长就实行上述措施国家财政开支的情况作了说明。

同日 中国和波兰两国政府在华沙签订关于1952年交换货物及付款议定书。议定书规定，中国将向波兰出口矿石、有色金属、石墨、棉布、纺织原料、皮革、粮食、烟草、茶叶、花生及其他商品；波兰将向中国出口五金制品及其他金属、各种机器、化学品、纸张和其他商品。

同日　成渝铁路全线通车。毛泽东为之题词:"庆贺成渝铁路通车,继续努力修筑天成路。"该路全长505公里,东起重庆,西到成都,中间经过8个县。1950年6月15日开工。

同日　出版总署发出《关于查禁书刊问题的指示》。

7月2日　台湾"省政府"推行限田制度,决定发行土地债券,以实物还本。

7月3日—14日　全国合作总社召开各大区合作社主任会议。会议确定下半年工作方针是大力开展增产节约运动,巩固与扩大"三反"成果,保证全年供销计划完成。

7月4日　政务院召开第143次政务会议。会议原则批准中央节约检查委员会秘书长刘景范作的《关于反贪污、反浪费、反官僚主义运动结束工作的报告》。《报告》说,在已处理的人员中免予处分的占77%,受行政处分的占20%,受刑事处分的占3%。就全国已判处刑事处分案件的量刑情况看:机关管制的占36.5%,劳役改造的占28.2%,有期徒刑占34.8%,无期徒刑占0.3%,死刑不到0.2%。贪污赃物已追回者约占全部赃款的30%。会议原则通过《政务院关于"三反"运动中定案、追赃、处理工作的指示》。《指示》认为:①核实定案工作应采取实事求是、认真负责、坚持到底、不枉不纵的方针。无证据或证据不足的案件,应全部或部分具结了案,不留尾巴。如确无贪污而被误疑或核定为贪污分子的,必须予以平反。使国家损失甚大而又确无贪污证据的,以渎职论而不以贪污论。②赃款赃物原则上应予追缴,但应防止盲目地无范围地穷追乱追,绝不许可把贪污分子的家属当做贪污分子对待。③贪污分子的案情涉及工商户,除应按《政务院关于结束"五反"运

动中几个问题的指示》所定的原则进行处理外,还应在市节约检查委员会统一领导下进行。任何部门未经批准不得直接向工商户传讯、起赃或罚款。④行政处分应尽量少用开除,刑事处分应严格遵守既定的批准手续。⑤为巩固"三反"运动的成果,必须重视思想上、组织上和制度上的建设。

7月4日　公安部部长罗瑞卿向周恩来和毛泽东报送《关于公安部召开第一次全国劳改工作会议总结及决议的报告》。

7月4日—11日　教育部召开全国农学院院长会议。会议讨论制订了高等农业教育的方针、任务,拟定了农林院校的调整方案和专业设置草案。

7月5日　外交部副部长章汉夫就英国政府4月18日及5月19日有关中英两国间贸易问题的照会发表声明,严正指出,英国政府在照会中所谓的英国公司和厂商在中国遭遇到重大困难一事,完全是英国政府追随美国,实施敌视中国的管制禁运政策所给予他们的苦果。

同日　台湾"国防部总政治部"发表《"国军"政治大考的意义》。

7月7日　政务院发出《关于英商结束业务的对策与处理"五反"运动中英商违法案件的指示》。《指示》说,5月19日,英国政府照会我中央人民政府称,英国在华厂商拟"几乎全部"结束在华业务,并拟建立机构办理结束事宜;并将由"一些制造商的及海外买主的代表人"组成一协会形式的团体或贸易代表团。英国政府这一步骤的意图,在于打击与破坏我在莫斯科国际经济会议上取得的成就。以在华英商的集体力量对我斗争,在此种情况下,我们的对策仍然是实行有计划、有步骤、有重点的挤掉帝国主义在华的产业而与之加强进行平等、互利的贸易来往的总

方针，并应根据英商各集团、各系统、各行业、各厂商的具体情况进行个别处理和区别对待。我们对于英商集体结束业务的要求，决定不予理睬；只在英商个别申请结束时，方予处理。

7月8日 中共中央发出《关于目前开展增产节约运动中应注意的问题的指示》。11月29日，中财委向党中央报告，据不完全统计，1952年全国增产和节约的总值已达31.7亿元。

同日 政务院发出通知：自9月份起，将全国高等学校及中等学校学生的公费制一律改为人民助学金制，并对原有人民助学金的标准作适当的调整。

7月10日 毛泽东提出著名的"五统四性"要求。在军事学院高级速成系、上级速成系第一期学员结业之际，军委主席毛泽东为军事学院发出训词，表示祝贺。训词中提出了著名的"五统四性"，即人民解放军必须实行"统一的指挥、统一的制度、统一的编制、统一的纪律、统一的训练"；"加强整个工作上、指挥上，而首先又应该是从教育训练上来培养的那种组织性、计划性、准确性和纪律性"。毛泽东强调："这是建设正规化、现代化的国防部队所不可缺少的重要的条件之一。"

7月11日 政务院召开第144次政务会议。会议批准燃料工业部部长陈郁作的《燃料工业部1951年工作总结与1952年工作要点》的报告。

同日 台湾"省政府"会议决定设立"荣誉国民之家"，安置老弱伤残官兵。

7月12日 外交部部长周恩来发表声明，严重抗议7月11日下午美空军战斗机8架侵入我东北安东领空，滥行扫射，杀伤我国人民49人的挑衅行为。

7月13日 外交部部长周恩来发表声明：中华人民共和国中央人民政府承认

1949年8月12日在日内瓦以中国名义签字的《改善战地武装部队伤者病者境遇之公约》、《改善海上武装部队伤者病者及遇船难者境遇之公约》、《关于战俘待遇之公约》及《关于战时保护平民之公约》。同时声明，关于上述各公约，尚有经中央人民政府认为极属重要必须坚持的若干原则，中华人民共和国中央人民政府准备在批准各该公约时，提出关于这些方面的有关条款的保留，以便更有利于各该公约的有效和圆满的执行。

同日 外交部部长周恩来发表声明：中华人民共和国中央人民政府承认1929年8月7日以中国名义加入的，1925年6月17日在日内瓦订立的《关于禁用毒气或类似毒品及细菌方法作战议定书》，并在各国对于该议定书互相遵守的原则下予以严格执行。

7月14日 中华全国体育总会秘书长荣高棠和国际奥林匹克委员会中国委员董守义致电国际奥林匹克委员会主席艾德斯特隆并国际奥林匹克委员会，抗议该会将于7月16日召开的第47届委员会上，把所谓重新讨论承认中华全国体育总会（即中国奥林匹克委员）问题列入议程，抗议该会邀请国民党反动残余集团的运动员参加第15届奥林匹克运动会，并坚决要求取消孔祥熙、王正廷的国际奥林匹克委员会委员的资格。

7月16日 中华全国体育总会代表盛之白在芬兰赫尔辛基举行的国际奥林匹克委员会第47届会议上发表声明，要求将台湾国民党反动残余集团的体育组织和孔祥熙、王正廷驱逐出国际奥林匹克委员会，继续承认中华全国体育总会，并立即邀请中华全国体育总会派运动员参加第15届奥林匹克运动会。

7月17日 国际奥林匹克委员会第

四十七届会议作出决议,邀请中华人民共和国的运动员参加第 15 届奥林匹克运动会。但该会竟非法决议同时邀请台湾蒋帮的运动员参加第 15 届奥林匹克运动会。

同日　经政务院批准,公安部发布《管制反革命分子暂行办法》。办法说,管制的目的,是在政府管制与群众监督下,给反革命分子以一定的惩罚和思想教育,使其获得改造,成为新人。《办法》共 15 条。

同日　奥林匹克委员会决定台湾与大陆同时参加世界运动会,台湾当局决定退出世界运动会。

7 月 18 日　政务院召开第 145 次政务会议。会议同意纺织工业部副部长钱之光作的《纺织工业部 1951 年工作总结及 1952 年工作方针任务的报告》。

7 月 19 日　周恩来签发《政务院关于 1952 年暑期全国高等学校毕业生统筹分配工作的指示》。

同日　蒋介石在答复合众社记者时称,对中共采取积极措施"不会触发世界大战"。并称,确信我必可消灭中共政权,"毋须外来人力及地面部队协助"。

7 月 20 日　黑水剿匪战役开始。至 9 月中旬,黑水地区的残匪已基本肃清。

7 月 21 日　周恩来电示西南、中南军政委员会及广西、云南人民政府:关于中越边缘地区小额贸易问题,我方代表与越方商谈后已取得一致意见,同意开放中、越边缘地区小额贸易,并同意先在边界试办。

7 月 24 日　政务院颁发《关于加强革命残废军人学校正规教育的决定》。《决定》提出,有些地方办残废军人学校存在着只重养不重教的现象,甚至错误地认为是负担的倾向应予纠正。

7 月 25 日　政务院召开第 146 次政务会议。会议通过《政务院关于劳动就业问题的决定》。会议决定,成立政务院劳动就业委员会,李维汉任主任,安子文、李立三、章乃器、钱俊瑞任副主任。

同日　荣高棠率中国体育代表团离京前往赫尔辛基参加第 15 届奥运会。本次奥运会于 7 月 19 日开幕,8 月 3 日闭幕。7 月 31 日,荣高棠在赫尔辛基发表声明指出,由于种种不合理的阻挠和追发邀请而造成的延搁,中国代表团不能及时参加奥运会,但是代表团毕竟来了,而且带来了中国人民和中国运动员对芬兰及其他国家人民和运动员的友好感情,以及促进各国联系和交流体育活动的真诚愿望。

7 月 26 日—8 月 7 日　中国政府代表团和中国红十字会代表团出席第 18 届国际红十字大会。

7 月 27 日　为协助办理"限田"准备工作,台湾"农村复兴委员会"拨款 100 余万元。

7 月 31 日　台湾"立法院"通过台湾与日本"和平条约"。

7 月　中央军委、政务院发出《关于县区人民武装干部供给的规定》。《规定》决定县区人民武装干部人员统一按部队的供给标准,由军区、军分区直接供给。

同月　政法委分党组向中共中央报送《关于贯彻婚姻法情况及意见的报告》。提议在今年秋冬各地整党和"三反"时,将学习婚姻法、检查每一党员干部在婚姻问题上所存在的封建思想残余及其具体表现,列作县、区、乡整党内容之一。其次在广大干部觉悟提高的思想基础上,拟于今冬在有条件的汉族地区开展一个贯彻婚姻法的群众运动,使婚姻法家喻户晓,深入人心。

8 月 1 日　政务院召开第 147 次政务会议。会议原则通过《工商业联合会组织通则草案》。《通则》规定,工商业联合会是各类工商业者联合组成的人民团体,其基本任务是:领导工商业者遵守共同纲领及政府的政策法令;指导私营工商业者在国家总的经济计划下,发展生产,改善经营;代表私营工商业者的合法利益,向政府或有关机关反映意见,提出建议,并与工会协商有关劳资关系等问题;组织工商业者进行学习、改造思想和参加各种爱国运动。工商业联合会组织依照行政区域为范围,在市、县建立市、县工商业联合会;在省建立省工商业联合会;在全国建立中华全国工商业联合会。各级工商业联合会受同级政府的监督与指导。此件8月16日公布施行。

同日 政务院、解放军总参谋部联合发出《关于慢性伤病员移交地方收治问题的通知》。

同日 为庆祝中国人民解放军建军25周年,全军第一届体育运动大会、文艺竞赛会演于1日至11日在北京举行。毛泽东主席、周恩来总理、朱德总司令出席了大会。朱德总司令为大会题词:"锻炼自己成为铁的体质,保卫我们最可爱的国家。"参加这次"八一"运动大会的运动员和演员共3500人。大会的竞赛项目,包括军事体育、球类、田径、游泳、文艺、杂技等38种;表演项目,有航空体育、水上体育、马术、摩托车、团体操等20余种。观众达150多万人。大会取得了圆满的成功,田径赛有5项突破全国纪录,摩托车"腾空超越"创造了12米的世界纪录。

同日 中国人民解放军电影制片厂在京成立(后更名为"中国人民解放军总政治部八一电影制片厂",简称"八一厂")。

8月2日 外交部副部长章汉夫发表声明,严重抗议英国政府劫夺中国航空公司和中央航空公司留在香港的飞机和仓库并迫害护产员工。声明说,英国于本年7月28日又将我中央航空公司飞机40架及其他资财"判给"美国陈纳德的所谓"民用航空运输公司"。28日夜港英竟出动大批武装警察突袭殴打、逮捕我护产员工,并劫夺中国所属"中国"、"中央"两航空公司全部留港资产,包括70架飞机等。

同日 蒋介石签署台日"和平条约"。

8月2日—12日 教育部在北京召开中小学教育行政会议。

8月3日 出版总署党组向中共中央报送《关于查禁书籍错误的检讨报告》。《报告》说,1951年下半年,由于看到投机出版社与粗制滥造的出版物日渐增加,读者提出许多意见,用行政命令查禁书籍的事就逐渐增加。在"三反"运动中,由于党内外存在着左倾情绪,这种滥用禁令的错误更有了发展。经清查,自去年9月至今年5月,出版总署以行政命令查禁新书共57种,旧书26种。在北京、天津、上海等大城市,都曾发生过清查书摊、书贩的行为。被查禁的书,大部分是不应该查禁的。而且,由出版总署直接通令查禁书籍,在做法上也是不妥当的。今后除直接反对现实政治、对国家和人民利益有重大危害作用的反动书籍外,一般地一律不得采取查禁手段。如发现需要查禁的书籍时由司法、公安部门执行。8月10日中共中央批转此报告。

8月5日 台湾当局与日本交换"和平条约"批准书,"条约"即日起生效。日本同时在台湾设立"大使馆"。

8月6日 李济深副主席主持召开中央人民政府委员会第16次会议。会议通过1952年度国家财政收支预算。财政部部长薄一波作《关于1951年度国家预算的执行情况及1952年度国家预算草案编成的报告》。《报告》说,1951 年度国家预算执行结果,出现了远比原来预计良好的情况。收入方面,总收入超过原预算的80%。其中,城市各项税收超过 117%,农业税收超过 11%。支出方面,总支出比原预算增加了 46%。国家除完全保证了国防需要外,还以极大的力量稳定了物价。国家在恢复与改造经济及文化事业方面,也拨付了比 1950 年更多的资金,从而也就加速了经济及文化事业的恢复与改造的速度。人民生活也有所改善。1952 年度国家预算的总收入及总支出,与 1951 年度实际收支相比较,收入计划增加了 41%,支出计划增加了 55%,收支已经完全达到平衡。这是中央人民政府成立以来我国第一个财政收支平衡年度。

同日　台湾"行政院"会议作出决议:9 月 28 日为孔子诞辰纪念日和"教师节"。

8 月 7 日　朱德副主席主持召开中央人民政府委员会第 17 次会议。会议听取东北人民政府副主席林枫作的东北工作情况的报告。听取华东军政委员会委员陈毅作的华东工作情况的报告。会议批准《政务院关于与我国订立条约、协定、议定书、合同等统一办法之决定》。《决定》说,凡订立或加入国际公约及与外国订立政治经济文化条约、协定均由外交部主办。凡纯属业务性或纯属技术性的协定、议定书、合同等,应由主管机关会同外交部办理。关于批准程序,根据条约、协定、议定书、合同等的不同性质,分别规定:提经政务院政务会议通过后,转报中央人民政府委员会批准或报请中央人民政府主席先行批准,再提请中央人民政府委员会追认;由政务院政务会议批准,再报请中央人民政府委员会备案;由政务院总理核准。会议批准《中华人民共和国与捷克斯洛伐克共和国文化合作协定》、《中华人民共和国与保加利亚人民共和国文化合作协定》。通过《关于调整中央人民政府机构的决议》。《决议》提出:情报总署、新闻总署均即撤销;成立对外贸易部、商业部、撤销贸易部;成立第一机械工业部、第二机械工业部、建筑工程部、地质部、粮食部。会议通过《关于调整地方人民政府机构的决议》。《决议》提出:成立安徽省政府,撤销皖北行政公署、皖南行政公署;成立四川省政府,撤销川东行政公署、川南行政公署、川西行政公署、川北行政公署。会议还就人事任免事项作出了决定。

8 月 7 日—9 月 3 日　中国足球队由领队黄中率领,于 8 月 7 日至 13 日访问了苏联,8 月 15 日至 9 月 3 日访问了波兰。

8 月 8 日　刘少奇副主席主持召开中央人民政府委员会第 18 次会议。会议听取中南军政委员会副主席张难先作的中南工作情况的报告。听取湖南省政府主席程潜作的湖南工作情况的报告。听取西南军政委员会副主席邓小平作的西南工作情况的报告。听取华北行政委员会主任刘澜涛作的华北工作情况的报告。会议批准政务院 125 次政务会议通过的《中华人民共和国民族区域自治实施纲要》。

8 月 10 日　政务院党组干事会书记周恩来向毛泽东并中共中央书记处报告:鉴于政务院及所属委、部最近进行了人事调整,政务院党组干事会应予改组;同时,为了便于照顾整个政府部门的工作,拟扩大原有政务院党组的范围,并更名为中央人民政府党组干事会,直属中央政治局及书记处领导。新的政府党组干事会成员,除原参加政务院党组干事会的书记周恩来,副书记董必武、陈云、干事罗瑞卿、刘景范、薄一波、陆定一、胡乔木、李克农、李维汉及齐燕铭等 11 人均继续参加政府党组干事会外,拟再增加邓小平、林伯渠、彭真、李富春、曾山、贾拓夫、习仲勋、钱俊瑞、王稼祥、安子文、吴溉之、李六如、廖鲁言等13人,以上共计24人。拟以周恩来任政府党组书记,陈云、邓小平分任第一和第二书记,李维汉任党组秘书长,齐燕铭、廖鲁言分任第一第二副秘书长。8月13日毛泽东批示同意上述报告。8月20日政府党组干事会邓小平代书记向毛泽东并中央书记处请示,政府党组干事会同意再增加刘澜涛1人为干事。8月21日毛泽东批示同意。

同日　毛泽东对中财委《进出口会议报告》批示:政务院所属各部每次召集会议决定政策方针,都应如中财委所属某些部门一样,作出总结性报告,呈报我及中央书记处看过,经同意后,除用政务院、各委或各部自己名义公告执行外,有些须用内部电报通知各地。有些部门尚未这样做。请周恩来总理通知所属一律照办。军委所属各部门亦然。

8月11日　文化部文物局、中国科学院考古研究所、北京大学联合举办第一期考古工作人员训练班开学。

8月12日　政务院公布《受灾农户农业税减免办法》。凡农作物因水、旱、风、雹、病、虫及其他灾害而致歉收的受灾农户,其农业税依该户全年全部农作物歉收成数,分别减征或免征。

同日　政务院党组干事会批复华北行政委员会分党组干事会,由刘澜涛任书记。

8月13日　政务院召开第148次政务会议。会议原则批准司法部史良部长作的《司法部关于彻底改造和整顿各级人民法院的报告》。会上周恩来宣布:他奉毛泽东主席之命赴苏联,离职期间,由邓小平副总理代总理职务。

同日　周恩来通知:今后政务院所属各部门召集各种会议凡有关于政策、方针的决定时,均应作出总结性的报告交我阅后,呈报毛泽东主席及中央书记处,经批准后执行。

8月15日　航空工业局划归第二机械工业部领导,赵尔陆部长兼任航空工业局局长。

8月16日　政务院命令颁发施行《期刊登记暂行办法》《管理书刊出版印刷业发行业暂行条例》《国外印刷品进口暂行办法》。

8月17日—9月24日　中华人民共和国政府代表团首席代表、政务院总理兼外交部长周恩来率团出访苏联。代表团代表有:政务院陈云副总理、中财委李富春副主任、中国驻苏联大使张闻天、中央军委粟裕副总参谋长;代表团顾问有:重工业部王鹤寿部长、燃料工业部陈郁部长、中财委宋劭文秘书长、空军刘亚楼司令员、海军罗舜初副司令员、炮兵邱创成副司令员、第一机械工业部汪道涵副部长、邮电部王诤副部长、外交部政治秘书师哲等。

中华人民共和国政府代表团与苏联政府进行了谈判。中苏关于中国长春铁路移交中华人民共和国政府发表公告:为此目的已协议成立中苏联合委员会。中苏联合委员会应于1952年12月31日前将中国长春铁路向中华人民共和国移交完毕。访问期间,苏联部长会议主席斯大林和最高苏维埃主席团主席什维尔尼克分别接见了周恩来及陈云、李富春、张闻天、粟裕、师哲。中国代表团向列宁陵墓献了花圈,参观访问了斯大林格勒。中国政府代表团途经蒙古首都乌兰巴托,9月24日回到北京。

8月18日　政务院发出《关于学习民

族政策的通知》。

同日　蒋介石在孙中山纪念周活动宣读的论文中称,三民主义本质为伦理、民主与科学。

8 月 19 日　周恩来签发《关于对外商银行停业清理的指示》。《指示》说,对于停业的外商银行,应即进行清理。清理的方针是:彻底清理,全部保值,偿还中国人民的债务。

同日　周恩来签发《政务院关于加强人民监察通讯员和人民检举接待室的指示》。指示要求,普遍发展人民监察通讯员,设立人民检举接待室,设置人民意见箱,认真处理人民群众和人民监察通讯员的检举和意见,加强对人民监察通讯员、人民检举接待室的领导。

8 月 20 日—8 月 25 日　教育部党组先后向中共中央报送了《关于中、小学教育行政会议的报告》《关于六七月份的综合报告》《关于接办私立中、小学问题的专题报告》《关于实施小学 5 年一贯制问题的报告》。10 月 17 日中共中央批转上述报告。

8 月 22 日　劳动部党组向中财委并毛泽东、中共中央报送《关于解决天津、上海解雇工人日益增多问题的报告》。《报告》说,那些生产落后的小工厂被淘汰是不可避免的,但应采取缓慢的方针,如尚能维持的则说服劳资双方尽力设法维持;对敌视职工、进行反攻的资本家,情节严重的予以依法处理;一般的则予以批评教育。建议当地财委适当照顾小企业的困难。8 月 29 日中共中央转发此报告。

同日　政务院财政经济委员会批准农业部颁发《国营农场建场程序暂行办法》。

8 月 24 日　邓小平代总理批准卫生部制定的《国家工作人员公费医疗预防实施办法》。

8 月 25 日　政务院党组干事会批复中财委分党组干事会,同意王首道任交通部党组书记。

同日　中央军委作出《关于建筑国防工事的决定》,强调对沿海设防地区进行重点的分期设防,对设防规划、程序等提出明确要求。

同日　公安第十师第二十九团严重地打击了葡萄牙帝国主义在澳门关闸口地区的武装挑衅。7 月 25 日 16 时,葡方黑人士兵 1 名侵入中立区约 1 小时,18 时由关闸口又来葡方白人士兵 1 名、黑人士兵 8 名。其中 1 名侵入警戒线。值班班长为制止这种挑衅行为,即将越界之葡兵抓住,此时另 3 名葡兵过来以刺刀刺伤班长。班长自卫,予以还击,关闸口之葡军即以冲锋枪射击。从 25 日至 30 日,葡军射击 8 次,公安第 29 团第一连为了保障我国神圣领土、主权不受侵犯,对于帝国主义的挑衅给予了坚决还击。葡方在我方严重打击下,被迫于 30 日,向我方要求和谈。8 月 1 日至 23 日,中葡进行了 15 次谈判,葡方签送了道歉书,撤了哨,赔偿人民币(旧币)443723300 元。

同日　安徽省人民政府正式成立,曾希圣任省人民政府主席。

8 月 25 日—9 月 4 日　青年团中央一届三中全会在北京举行。毛泽东两次主持中央会议讨论团的工作,刘少奇为全会作政治报告。会议通过《关于当前工作问题的决议》。

8 月 25 日—9 月 5 日　全国合作总社召开第二次全国手工业合作会议。会议决定,合作社今后应有计划地组织生产大工业所必需的原料和大工业生产不足的产品,尤其要组织特种手工业生产,组织出口。

8 月 26 日　教育部党组向文教委党

组并中共中央报送《关于全国农学院系调整计划的报告》。9月30日中共中央批示，同意这个调整计划。

8月27日 政务院发出《关于对失业人员进行紧急救济的指示》。《指示》说，考虑到目前失业人员中确有一部分人生活已很困难，特于经常的失业救济费和社会救济费以外，再拨款2000亿元，进行紧急救济。

同日 台湾"省政府"颁布《推行地政7项便民实施办法》。

8月28日 中财委核资委员会向毛泽东并中共中央报送《关于自营企业清产核资工作简要报告》。9月13日中共中央转发此报告，并批示：凡经过清产核资的单位，就能做到心中有数，就能减少流动资金，加速资金的流转速度，能把有用而被搁置堆积起来的材料清理出来，变为有用的材料，从而加速经济核算制度的建立。

同日 湖南省人民政府公布《湖南省名胜古迹保护暂行办法》。

8月29日 政务院批复华北行政委员会，同意察哈尔省撤销察南专署。

同日 中财委党组、中央统战部向中共中央报送《关于处理资本家代理人问题的意见》。报告说，资本家代理人是资产阶级的一部分，但与资本家又有区别，我们的方针是：要他们继续做资本家代理人，进行学习和思想改造，积极从事生产和经营，不犯"五毒"，并推动资本家积极生产投资，监督他们不再施"五毒"。

同日 教育部颁发《中等技术学校暂行实施办法》、《各级中等技术教育委员会暂行组织条例》和《关于加强领导私立技术补习学校的指示》。

同日 台湾"省政府"宣布实施《农会改进办法》。

8月30日 教育部党组向中共中央报送《关于在高等学校试行政治工作制度的报告》。《报告》说，全国高等学校经过"三反"运动和思想改造组织清理以后，应有准备地在校内设立政治工作机构，可称为政治辅导处。任务为：指导全体教职员工的政治理论学习；协助教务处指导马克思主义列宁主义理论课程的教学；指导全校教职员工和学生的社会活动；掌握教职员和学生的政治思想情况，管理教职员和学生的历史、政治材料，主持毕业学生的鉴定，参加毕业生的分配工作，参与教职员的聘任、升迁、奖惩等工作。9月2日中共中央批转各地进行重点试验。

8月31日 农业部农政司公布1952年上半年全国互助合作运动情况。1952年上半年全国共有互助组600余万个，农业生产合作社3000余个，全国组织起来的农户有3500余万户，约占全国总农户40%左右。

8月 中央防疫委员会在北京举办爱国卫生运动展览，并先后在广州、昆明、武汉巡回展出，使广大群众进一步认识到美国进行细菌战的罪行。

同月 全军第一届文艺会演在京举行。十多个单位1500多人演出6台晚会，其中舞蹈节目24个。舞蹈《坑道舞》、《炮兵舞》、《筑路舞》、《轮机兵舞》、《藏民骑兵队》等获奖。

9月1日 政务院发出《政务院奖励学习俄文试行办法》，奖励用业余时间学习俄文有成绩者。奖励标准分别为：奖励原薪金或供给制标准的5%、10%、20%。

同日 国家统计局党组向中共中央报送《关于上半年国营工业生产情况及存在的主要问题的报告》。报告说，在五六月间的"三反"运动的基础上开展了增产节约运动，全国主要工业产品上半年生产一般的都完成了中央控制数字的要求,部分产品则未能完成计划。目前存在的主要问题是:各种主要产品的积压现象相当严重。在技术经济定额方面创造的新纪录很多,但重量不重质的倾向仍极严重。有些部门因物料供应的计划性差,也影响了生产。设备不能按时检修,不时发生事故。美帝破坏水丰电厂后,东北工业供电量减少,6 月份工业总产值减少 2% 左右。9 月 2 日中共中央转发此报告。

同日　四川省人民政府成立,李井泉任省人民政府主席。

同日　中央民族文工团成立,团长吴晓邦。1954 年改称中央民族歌舞团。

9 月 2 日　公安部部长罗瑞卿向中共中央报送《关于第三次全国经济保卫工作会议的决议》。9 月 4 日中共中央批转此决议。

同日　中宣部和总政宣传部发出联合通知,要求向国外宣传的图片,今后统一由新华社发布,各地区、各部门不得擅自将未经新华社发表的图片送往国外。

同日　文化部公布 1951 年、1952 年度年画创作评奖结果。

9 月 4 日　中央人民政府党组干事会批准对外贸易部党组由雷任民任书记;商业部党组由姚依林任书记。

同日　台湾"省政府"修正通过《妨害选举取缔办法》。

9 月 5 日　政务院召开第 149 次政务会议。会议批准教育部部长马叙伦作的《教育部 1952 年工作计划要点的报告》。会议通过《政务院关于设置文史研究馆的决定》。

同日　毛泽东致函黄炎培。指出,资产阶级作为一个阶级,在现阶段,我们只应当责成他们接受工人阶级的领导,亦即接受共同纲领,而不宜过此限度。

同日　台湾"省政府"通过《整理户籍实施暂行办法》。

9 月 6 日　全总发出《关于在工人群众中推行速成识字法、开展扫除文盲运动的指示》。

9 月 7 日　农业部公布《冬小麦丰产技术试行纲要》。

9 月 8 日　政务院批准撤销云南省军政委员会。

9 月 9 日　政务院函告中央军委总参谋部,同意将机要交通局设立在政务院之内的建议。

同日　中央人民政府党组干事会批准合作总社党组由程子华任书记。

同日　政法委分党组干事会向中共中央报送《关于全国司法改革运动情况的第 1 号报告》。《报告》说,全国各地法院组织不纯的严重情况,主要是在一般大、中城市和解放较晚地区的省、专、县各级法院。老区的省以下法院,主要问题是干部量少质弱,一般应是着重整顿思想和作风。10 月 12 日中共中央批转此报告。

9 月 9 日—13 日　中国男子篮球队由领队康力率领,参加了在罗马尼亚布加勒斯特举行的庆祝国际学联理事会运动会。

9 月 10 日　教育部发出指示:决定自 1952 年下半年至 1954 年,将全国私立中小学全部由政府接办,改为公立。

9 月 12 日　政务院发布《关于各级人民政府工作人员在患病期间待遇暂行办法的规定》。

同日　政务院召开第 150 次政务会议。会议批准中国科学院院长郭沫若作的《中国科学院 1952 年工作计划要点的报告》。

9 月 13 日　邮电部党组向中财委党组、政务院党组干事会并中共中央报送《关于清理邮电系统中机密和要害部门人员的报告》。《报告》说,为了确保机密,必须把下列十种人从上述各要害部位坚决地清出去:①特务分子,②反动党团骨干分子,③反动会道门头子,④普通反动成员中积极参加反动活动并有劣迹之分子,⑤反动军队校级以上军官和反动政府科长以上人员,⑥反动阶级及反革命家庭出身未经改造与反动阶级反动组织关系极复杂之人员,⑦其他反动组织基层组织以上之负责人员,⑧资产阶级家庭出身未经改造有窃取情报危险者,⑨应受刑事处分之贪污分子,⑩其他政治上之重大嫌疑分子和危险分子。10月4日中共中央批准此报告。

9月14日 中国新闻社在北京成立。

9月14日—16日 全国游泳比赛大会在广州举行。

9月16日 中央军委、政务院联合颁发《关于政府系统卫生部门接收解放军及志愿军慢性伤病员统一待遇标准的规定》。

9月17日 政务院发出《关于统一解决"三反"运动中受处分工作人员待遇的若干规定》。《规定》说,受记过、警告处分者,原待遇基本不变;受降职处分者,均依其降职后的现职确定其待遇;受撤职处分后已重新分配工作者,按现职确定待遇,拟予分配工作而尚未分配工作者,降级享受有关待遇;被管制人员及被判处徒刑而缓期执行留在机关改造者,一律按每人每月生活费75分发给,家属享受应有待遇;被判处劳役改造以上处分者,原则上劝其随住机关的家属回籍生产,有困难者按社会救济解决。

同日 台湾"行政院"通过《鼓励华侨及旅居港澳人士来台举办生产事业办法》。

9月18日 中国人民志愿军进行全线性战术反击作战。为配合停战谈判,粉碎"联合国军"可能的局部反攻,志愿军在朝鲜人民军配合下,以大量杀伤敌人为目的,采取集中优势兵力、火力,突然攻击的战法,发起全线性战术反击。经过44天作战,共计歼敌2.7万人,击毁击伤敌坦克67辆,击落敌机183架,击伤241架。

同日 文化部会同西北军政委员会组织的"炳灵寺石窟勘察团"前往甘肃永靖县勘察。勘察团由吴作人、常书鸿等13人组成。经调查,共有洞窟36个,佛龛88个,龛窟124个。发现"延昌"二年石刻题记。

9月19日 政务院召开第151次政务会议。会议批准卫生部李德全部长作的《卫生部1952年工作计划要点的报告》。

9月20日 空军第2师第6团飞行员何中道、李永年驾驶米格-15型歼击机在上海地区上空击落美空军B-29型飞机1架。这是空军在国土防空作战中第一次击落美军入侵飞机。战后,空军通报嘉奖空2师,并给飞行员何中道、李永年各记大功一次。

9月21日 中国、苏联、芬兰三国政府在莫斯科签订中、苏、芬三国关于在1952年内供应货物的协定及中苏、中芬交换货物议定书。协定规定,在1952年内,三方各以3400万卢布的货物由苏联供应芬兰,由芬兰供应中国,由中国供应苏联。

同日 台湾"天轮发电厂"竣工发电。

9月23日 外交部部长周恩来致电国际电信联盟秘书长缪拉齐埃,通知任命王子纲为中国出席10月1日召开的国际电信联盟全权代表大会的首席全权代表,并要求将台湾国民党残余集团的所谓代表,从该联盟的各项机构和会议中驱逐出去。

9月23日—27日 教育部、全国总工会联合召开全国扫除文盲工作座谈会。

会议提出:各级领导应以领导历次革命运动的精神来领导这一具有伟大历史意义的运动,以期在今后 5 至 10 年内基本上扫除全国文盲。

9 月 24 日　政务院发出《对被迫回国的难侨应予照顾的通知》。《通知》规定:①难侨携带的自用家用品,不论新旧一律免税;②难侨所带拟售出的物品,应由国营贸易公司全部收购;③难侨身份证明及组织出售等事,由当地侨务机关负责统一办理。

同日　中央人民政府党组干事会批准由宋劭文任中财委分党组书记。

同日　北京—莫斯科之间的新闻照片传真电路正式开通。

同日　中共中央书记处召开会议讨论第一个五年计划的方针和任务,听取周恩来关于"一五"计划轮廓问题同苏联商谈的汇报。在讨论中,毛泽东说:我们现在就要开始用十到十五年的时间基本上完成社会主义的过渡,而不是十年或者以后才开始过渡。

9 月 25 日　北京归国华侨学生中等补习学校开学。之后,广州、福建等地也陆续举办归国华侨学生中等补习学校。

9 月 26 日　政务院召开第 152 次政务会议。会议批准出版总署署长胡愈之作的《出版总署 1952 年出版工作计划大纲的报告》。《报告》说,1952 年内出版总署的主要任务是:①提高出版物质量,加强马列主义和毛泽东思想书籍的出版,增加学校课本以及财政经济、自然科学、应用技术、医药卫生等图书的出版,大量发行速成识字法课本与各种通俗读物;②加强对出版事业的管理与指导,调整、巩固和适当地发展国营出版、印刷、发行企业;③改进国际宣传书刊的出版工作,加强对于图书、期刊、报纸进出口贸易的管理和指导;④培养出版工作干部。

9 月 28 日　台湾当局决定将《扶植自耕农条例》改为《耕者有其田条例》。

9 月 29 日　元水到兰州铁路正式通车。元兰铁路全长 347 公里,沿线地形险要,地质复杂,工程艰巨,桥梁涵洞 100 多座,隧道 10 公里以上,1950 年春动工,1952 年 8 月 23 日胜利完成全线铺轨任务。

同日　新建的天兰铁路全线通车。

9 月　毛泽东在中央书记处会议上说,10 年到 15 年基本上完成社会主义,不是 10 年以后才过渡到社会主义。

同月　有四十年历史的上海美专和有三十年历史的苏州美专及山东大学艺术系合并为华东艺术专科学校,校址在无锡。由刘海粟任校长。

10 月 1 日　中华人民共和国成立 3 周年国庆节庆祝典礼,在首都天安门广场隆重举行,典礼中举行了盛大阅兵和各界人民大游行。毛泽东主席,朱德、宋庆龄、李济深、张澜副主席,林伯渠秘书长,周恩来总理,董必武、陈云、郭沫若、黄炎培、邓小平副总理和党政军各部门及各民主党派、人民团体负责人等出席检阅和观礼。

同日　苏联莫斯科画家之家举办中国年画展览会。

10 月 2 日—1953 年 1 月 11 日　刘少奇率中共中央代表团参加苏共第 19 次代表大会。团员有饶漱石、陈毅、李富春、王稼祥、刘长胜。10 月 20 日,刘少奇根据毛泽东的指示,写信给斯大林,谈了"关于中国怎样从现在逐步过渡到社会主义去的问题"。

10 月 3 日　政务院召开第 153 次政务会议。会议通过《中华人民共和国、蒙古人民共和国经济及文化合作协定》《中华人民共和国惩治毒犯条例》,这两个文件均提请中央人民政府委员会批准。

10月4日 政法委分党组干事会向中共中央报送《关于全国司法改革运动情况的第2号报告》。

同日 周恩来总理兼外交部长和蒙古人民共和国总理泽登巴尔在北京签订了中蒙经济及文化合作协定。毛泽东主席，李济深副主席，林伯渠秘书长，陈云、黄炎培、邓小平副总理参加签字仪式。

同日 中国和锡兰两国（今斯里兰卡，下同）政府签订贸易协定和中国政府售给锡兰政府8万吨大米的合同。

10月6日—21日 农业部召开全国农业工作会议，会上确定成立国营农场管理总局。

10月6日—11月14日 第一届全国戏曲观摩演出大会在北京举行。23个剧种37个剧团共演出了82个剧目。一批优秀剧目和戏曲工作者受到奖励。

10月7日 中央节约检查委员会主任薄一波向毛泽东并中共中央报送《关于检查违犯财政纪律的总结报告》。《报告》说，从各机关的检查情况看，值得注意的是工矿企业系统的财务管理问题。某些部门，重视行政财务管理，忽视企业财务管理；重视消费开支，忽视生产开支；只管预算，不管决算；只管拨款，不管监督，以致产生收入不缴公，虚报成本，挪用资金，私耗产品，盲目施工，资金用于行政管理的多、用于发展生产的少等现象。今后国家在经济建设方面投资愈大，问题也会越多，必须提醒大家，把工矿企业系统的财务管理工作提到重要地位上来。

同日 教育部发出《关于全国高等学校马克思列宁主义、毛泽东思想课程的指示》《关于工业、农业、财经性质中等技术学校教学计划的指示》。

10月10日 政务院召开第154次政务会议。会议听取中财委薄一波副主任作的《1952年上半年财经工作情况的报告》。

10月10日—10月20日 中国国民党第七次"全国"代表大会在台北阳明山举行。

10月11日 教育部颁发中等专业学校组织编制试行标准。

10月12日 中共中央批准政务院各分党组的书记及各党组小组的书记的任免名单：任命吴溉之为最高人民法院党组书记，罗荣桓为最高人民检察署党组书记，刘景范为监委党组书记，薛暮桥为中财委直属小组书记，戎子和为财政部党组书记，李富春为重工业部党组书记，张林池为农业部党组书记，恽子强为科学院党组书记，叶蠖生为出版总署党组书记。免去薄一波财政部党组书记职务，陈云重工业部党组书记职务，罗玉川农业部党组书记职务，胡乔木文教委直属小组书记职务，陈伯达科学院党组书记职务，胡绳出版总署党组书记职务。

同日 亚洲乒乓球联合会致函中华全国体育总会，接纳中华全国体育总会为该会会员。

10月12日—16日 全国乒乓球比赛大会在北京举行。

10月13日 教育部发出《关于各高等工业院校制定教学计划的指示》，并附发《关于制定高等学校工科本科和专修科各专业教学计划的规定（草案）》，要求各校根据《规定（草案）》所提原则，参考苏联相同专业的教学计划，暂时自行拟定各该院校所设置的各专业教学计划（草案）。自本年秋季起，在新生班试行。

10月14日 政务院批准将云南大理专区缅宁县，保山专区耿马、双江县，普洱专区沧沅县，合并成立缅宁专区。

同日 中国人民志愿军举行上甘岭

战役。

10 月 15 日　公安部部长罗瑞卿向中共中央报送对托匪处理与破案工作的请示报告。

10 月 17 日　政务院召开第 155 次政务会议。会议通过教育部副部长钱俊瑞作的《关于全国各级学校教师思想改造运动的报告》。《报告》说，全国高等、中等学校的思想改造运动，自 1951 年 9 月从北京、天津开始，逐渐推广到全国范围。截至今年 9 月，77% 的高等学校已经进行思想改造，91% 的教授、讲师、助教、职员参加了运动。中等学校 73% 的教职员已参加运动，预计今明两年可以全部完成。

同日　政务院副秘书长廖鲁言向周恩来并毛泽东、中共中央报送《关于结束"五反"运动的报告》。

同日　公安部部长罗瑞卿向中共中央报送《关于整顿人民警察需要解决的几个问题的报告》：①从解放军及城市公安总队抽调 1 万党员老战士、基层干部，即可解决民警领导骨干问题。②加强民警中党的工作和政治工作。③加强民警轮训，开办民警干部学校。12 月 16 日中共中央批转此报告，并批示，原则同意设民警学校，但宜缓办。

10 月 18 日　第五次全国公安会议作出决议。指出全国公安机关当前的中心任务是迅速扫清残余敌人，巩固镇反成果，系统地进行各项业务建设工作，迎接大规模的经济建设，争取半年左右，在全国范围内胜利结束镇反运动。

同日　人事部部长安子文向周恩来并毛泽东报送《关于结束"三反"问题的报告》。

10 月 21 日　政务院批复侨委，同意各地华侨机构的名称，除现称华侨事务委员会不变外，其他省一级称省华侨事务处，市一级称市华侨事务所。

10 月 22 日　政务院批准《各级人民政府工作人员退职处理暂行办法》。

同日　蒋介石明令公布《三军官兵在台期间假退（除）役办法》。

10 月 24 日　政务院召开第 156 次政务会议。会议同意文教委主任郭沫若作的《关于 1952 年几项文化教育工作的报告》。

同日　政务院通知，河北省将原属山东省之恩县、武城、夏津、临清、馆陶 5 县及临清镇，仍划归山东省领导；山东省将属河北省之南皮、东光、盐山、吴桥、宁津、庆云 6 县，仍划归河北省领导。11 月 22 日中共中央批转此报告。

同日　政协全国委员会和各民主党派联合致电彭德怀及全体志愿军，祝贺中国人民志愿军出国作战两周年。

10 月 25 日　周恩来邀集陈叔通、章乃器等人及各地来京的资本家代表人物盛丕华、苗海南、李烛尘等座谈。谈到"三反"、"五反"和私营工商业者的前途等问题，周恩来特别指出，对于正当的工商业资本家，要使他们的政治情绪提高，使他们既愿投资和积极生产经营，又能得到利润。对那些 3 年来参加国家经济恢复工作有了贡献，今天因为社会经济改组而破产的人，他们的生活国家应给予照顾，至于将来用什么方法走入社会主义，图案现在还不能说得完整，但总的有一条路，即和平转变，这要经过一个相当长的时间，而且要使转变得很自然，做到水到渠成，使每个人各得其所，要和平、愉快、健康地进入社会主义。

同日　中共中央批准了安子文、廖鲁言关于结束"三反"和"五反"运动的两个报告，"三反"、"五反"运动胜利结束。

同日　北京航空学院正式成立。

10 月 25 至 31 日　出版总署召开第

二届全国出版行政会议，着重讨论了出版计划化问题。

10月27日 外交部部长周恩来致电联合国第7届大会主席皮尔逊，抗议10月21日联合国第7届大会在美国政府代表强制之下，将美国政府提出的所谓调查美国进行细菌战的提案列入议程，同时拒绝苏联代表提出的邀请当事国——中华人民共和国和朝鲜民主主义人民共和国出席参加讨论的合理建议。周恩来要求联合国大会邀请中国代表出席大会，向大会提出关于美国在中国进行细菌战的报告。

10月28日 外交部副部长章汉夫发表声明，抗议香港英国高等法院10月8日将中华人民共和国留在香港的中国航空公司飞机31架及其他资财判给美国陈纳德的所谓"民用航空运输公司"。

同日 政务院批复内蒙古自治区政府，原则同意在内蒙古自治区东部地区设立东部区行政公署，机构力求精干，编制不宜过大。

同日 中央人民政府党组干事会批复，同意中财委分党组由陈云任书记，薄一波、李富春、曾山、贾拓夫、叶季壮任副书记。

同日 中华全国体育总会加入国际排球联合会为临时会员。1954年1月11日国际排球联合会来函，接纳中华全国体育总会为正式会员。

10月30日 毛泽东视察开封铁塔，看到塔北面有损坏（1938年被日本侵略军炮击损坏）时说：打不倒，共产党就该把它修起来。

同日 中央戏剧学院舞蹈团改建为中央歌舞团。代理团长周巍峙，副团长李凌、戴爱莲。

10月31日 政务院召开第157次政务会议。会议听取民政部谢觉哉部长作

的《1952年的灾情与救灾工作的报告》。

同日 政务院发出政务院劳动就业委员会第2次会议通过的8个文件，即《关于处理失业工人办法》、《关于解决失业知识分子问题的方针和办法》、《关于处理失业旧军官旧官吏的方针和办法》、《关于解决农村剩余劳动力问题的方针和办法》、《僧尼道士的生活情况及处理意见》、《关于处理少数民族劳动就业与救济问题的意见》、《对被迫害回国的难侨和有困难的归侨的安置问题》和《有关城市社会救济问题的情况及处理意见》。

同日 "中国青年反共救国团"成立，蒋经国任团主任。

10月 中财委向中共中央转报建筑工程部党组《关于城市建设问题的报告》。《报告》说，按5年经济建设计划草案中工业建设分布情况，拟将城市划分为4类。第一类，新的重工业中心共8个：北京、包头、大同、西安、兰州、成都、齐齐哈尔、大冶—武汉区。第二类，5年中工业发展比重较大的城市共14个：鞍山、抚顺、本溪、哈尔滨、沈阳、吉林、太原、石家庄、郑州、洛阳、武汉、邯郸、湛江、乌鲁木齐等。第三类，5年中建设一部分工业的城市及旧有的大城市需要改建者共17个：长春、佳木斯、大连、天津、唐山、上海、青岛、南京、杭州、济南、重庆、昆明、内江、贵阳、广州、湘潭、襄樊等。第四类，应采取维持的方针。

同月 出版总署发出《关于国营出版社编辑机构及工作制度的规定》。

同月 中国影片经理公司更名为中国电影发行公司。

同月 上影厂拍摄的《南征北战》摄制完成。这是新中国拍摄的第一部优秀的战争片。

同月 北京大学历史系设置考古专

业,由苏秉琦兼任专业主任。

11 月 1 日　国民党中央委员会成立,与"中央改造委员会"举行交接典礼。

同日　美国援台首批战斗机交接给台湾军方。

11 月 4 日　人民革命军事委员会军事建筑部成立。工兵司令员陈士渠兼任部长,负责全国国防建设的组织计划工作和技术指导,并直接负责某些重点工程的勘察设计、组织施工以及检查、验收等工作。1956 年 2 月 24 日,该部归入工程兵建制,改称工程兵国防工程建设部。

11 月 5 日　中央人民政府党组干事会批复,同意财政部党组由戎子和任书记。

11 月 7 日　政务院发出通知,将机要交通工作与军邮工作分开,在政务院秘书厅及各级政府办公厅(室)下设立各级机要交通机构。全国机要交通机构的业务人员与交通人员的总编制不得超过 1 万人。各大区编制人数由机要交通总局酌情规定。全国机要交通经费,由同级财政部门审核、拨付。

11 月 8 日　政务院发出《关于国家机关工作人员之行政处分批准程序的通知》。

同日　政务院批准贵州省独山专署改称都匀专署,兴仁专署改称兴义专署,贵阳专署改称贵定专署。

同日　华东体育学院在上海成立。这是我国历史上第一所体育学院,它是由南京大学、金陵女子文理学院和华东师范大学的体育系科合并组成的(1956 年改名为上海体育学院)。

同日　台湾"行政院"出售公营事业估计委员会成立并举行首次会议。

11 月 9 日　政务院发出《关于少数民族毕业生分配到少数民族地区工作的通知》:应注意分配少数民族毕业学生到少数民族地区工作或有关民族事务的业务部门工作。

同日　中共中央批准第五次全国公安会议关于建设公安部门政治工作的决议。

11 月 10 日　亚洲及太平洋区域和平会议代表拉丁美洲艺术家作品展览会在北京开幕。

11 月 11 日　政务院批复中财委,同意"中央私营企业局"改名"中央工商行政管理局"。省辖市以上工商局及省工业厅、商业厅除受当地人民政府领导外,有关工商行政工作并受该局指导。

11 月 12 日　周恩来签发《政务院关于处理日侨中若干问题的规定》。规定遣送日侨的办法、经费、财产处理、出境检查等。

同日　周恩来批准颁发《政务院关于军队转业人员的待遇问题及其他由供给制(包干制)改工资制的工作人员生活困难补助问题的规定》。

同日　台湾"行政院"通过《实施耕者有其田条例草案》。

11 月 13 日　强烈的台风横扫台湾西南海岸,造成 50 年来罕见的风灾。

11 月 14 日　政务院召开第 158 次政务会议。周恩来作关于改变大行政区人民政府机构与任务、调整省区建制和增设中央人民政府机构问题的报告。报告说,我国现在的政权机构,有 7 级之多,长期存在这么多的级,对工作是不利的。今后要逐步改变为"四实三虚"。"四实"即中央、省、县、乡;"三虚"即大行政区、专区、区。乡确定为最基层的政权。中央人民政府拟增设高等教育部、扫除文盲工作委员会、体育运动委员会。另外在中央人民政府下面设国家计划委员会。会议批准华北行政委员会副主任张苏关于撤销平原省、察哈尔省建制及调整区划问题的报告。

同日 荆江分洪工程第二期工程正式开工。

同日 台湾"立法院"通过《违反粮食管理治罪条例》。

11月15日 李济深副主席主持召开中央人民政府委员会第19次会议。会议通过《中央人民政府关于改变大行政区人民政府（军政委员会）机构与任务的决定》。决定大行政区政府或军政委员会一律改为行政委员会。大区行政委员会是代表中央人民政府在该地区领导与监督地方政府的机关。大区行政委员会主席、副主席和主要的行政人员由政务院提请中央人民政府委员会任免，原属于大行政区政府或军政委员会的政治法律、财政经济、文化教育、人民监察4个分委员会和办公厅的机构仍然保留，改属行政委员会；原大行政区政府（军政委员会）下设各部在行政委员会成立后，一律改为局（处）。大行政区最高法院分院和最高检察署分署的组织不变，它们和大区行政委员会及其所属的政治法律委员会的关系与过去和大区政府（军政委员会）及其所属的政治法律委员会的关系相同。此件11月15日发出。会议还通过《关于调整省、区建制的决议》和《关于增设中央人民政府机构的决议》。决议成立中央人民政府国家计划委员会，成立中央人民政府体育运动委员会，成立中央人民政府高等教育部，成立中央人民政府扫除文盲工作委员会。会议批准《中华人民共和国和蒙古人民共和国经济及文化合作协定》。

同日 中央人民政府委员会第19次会议通过成立中央人民政府体育运动委员会，并任命贺龙为中央人民政府体育运

动委员会主任，蔡廷锴为副主任。

同日 教育部发出《关于整顿和发展民办小学的指示》。

11月19日 中共中央发布《关于渔民工作的指示》。

11月20日 政务院财政经济委员会发布《关于自1953年度起全国统一试行木材规格、木材检尺法、木材材积表的命令》。

同日 教育部、出版总署联合发出指示，要求各地成立教科书出版发行委员会。并附发《教科书出版发行委员会组织条例（草案）》。

11月21日 政务院召开第159次政务会议。会议批准内蒙古自治区政府乌兰夫主席作的《内蒙古自治区人民政府3年来的工作报告》。

同日 政法委分党组干事会向中共中央报送《关于全国司法改革运动情况的第3号报告》。

11月22日 周恩来签发《政务院关于1953年度各级预算草案编制办法的通知》。

11月27日 教育部发出《关于翻译苏联高等学校教材的暂行规定》，组织高等学校翻译和出版苏联高等学校的各科教材。

11月28日 外交部部长周恩来发表声明，谴责美国政府对于战俘遣返问题的荒谬主张和虐待战俘的残暴行为，是有意地把战俘遣返问题变成阻挠朝鲜停战实现的唯一障碍，使远东与世界和平受到严重的威胁。为了不使遣俘问题再成为朝鲜停战的障碍和借口，我们特表示完全赞同苏联代表团所提的先在朝鲜停战，然后解决战俘全部遣返问题的全盘建议。同时，中央人民政府认为应当声明，在交战双方实现完全停火后，战俘全部遣返问题仍必须依照日内瓦公约的原则和国际处

理战俘的惯例来解决。

同日　政务院召开第 160 次政务会议。会议通过《中华人民共和国民兵组织暂行条例》。《条例》规定，民兵为不脱离生产的、人民群众的武装组织。凡年满 18 岁至 40 岁之男性公民，身无残疾或精神病者，均有参加民兵的权利和义务。民兵的主要任务是，保卫祖国，担负国家的兵役与战勤动员任务。从中央军委、各级军区，到各县、区、乡，均设立人民武装领导机关。同时在中央军委下，建立由中央到乡的各级人民武装委员会。12 月 11 日中央军委、政务院联合发布命令施行此条例。

同日　政务院发出《政务院关于处理行政区划变更事项的规定》。对行政区划变更的审批程序、办法、时限等作了明确规定。并指出，各级行政单位等级的变更，限于每年 10 月前申请，此项工作由内务部主管。

11 月 29 日　台湾"省政府"订定《复兴灾区善后拨款使用办法》。

11 月至 1953 年 1 月　苏军红旗歌舞团首次访华演出。全团一行 259 人，带来了《士兵休息舞》《大军舞》等歌舞节目，在北京等 11 个城市演出 60 场，观众达 100 万人次。

12 月 1 日—11 日　第一次全国广播工作会议在北京举行。

12 月 2 日　台湾"行政院长"陈诚发表谈话，说明在台湾进行"土地改革"的意义。

12 月 4 日　中共中央发出《关于建立各级人民武装委员会的决定》，各级人民武装委员会成立。

同日　政务院秘书长李维汉向毛泽东、中共中央书记处并政府党组干事会，转呈侨委党组《关于目前侨务基本情况及筹备全国侨务扩大会议的部署方案的报告》。《报告》说，个别地方在土地改革中发生了不少偏差。主要是对华侨土地财产等问题的处理过左，这就形成了侨汇相对减少，甚至严重缩减的现象。各地侨务机构不健全，干部少而弱。建议明年 1 月由华南分局召开广东、福建地方侨务会议，解决侨汇、土改复查、组织侨眷生产、侨务机构的干部和编制四个问题。

12 月 5 日　政务院召开第 161 次政务会议。会议听取农业部副部长张林池作的《参观苏联农业建设情况的报告》。

12 月 6 日　政务院通知：各地处理战犯、汉奸、官僚资本家在企业中的股份财产，必须报经政务院批准没收后，方得执行；不得径由主管机关擅自核定没收。

同日　教育部、青年团中央发出《关于中国少年儿童队工作的联合决定》。同日，青年团中央发出《进一步加强中国少年儿童队工作的指示》。

12 月 8 日—13 日　第二届全国卫生会议在北京举行。毛泽东主席为大会题词："动员起来，讲究卫生，减少疾病，提高健康水平，粉碎敌人的细菌战争。"周恩来总理作了报告。会议确定将"卫生工作与群众运动相结合"列为我国卫生工作四大方针之一，会议奖励了 150 个爱国卫生模范单位和模范个人。

12 月 9 日　美国军事援台顾问团团长蔡斯晤见蒋介石，称美国新任总统艾森豪威尔极为关注台湾海峡形势。

12 月 10 日　周恩来在全国卫生会议上发表讲话。他说，我们的爱国卫生运动是因为抗美援朝，特别是通过反细菌战才开展起来的。现在我们的经济恢复工作已经完成了。两年前，我们在卫生工作上提出了三大方针，即面向工农兵、预防为主、团结中西医，现在我想再提出一项，就是卫生工作与群众运动相结合。群众运动会促进中西医的团结,帮助中西医进步。只有把近代医学方法跟中国医学历史上的丰富经验相结合,跟今天中国广泛的卫生运动密切结合起来,中国的医学水平才能提高。

同日 台湾当局为达成经济自立,拟订第一期四年经建计划。该计划经蒋介石核定后将转送美国考虑。

12月11日 人民革命军事委员会、政务院联合颁发《中华人民共和国民兵组织暂行条例》。这是新中国成立后正式颁发的第一个民兵工作章程和具体法规。

12月12日 政务院召开第162次政务会议。会议听取了中国人民第2届赴朝慰问团总团长刘景范的工作报告。

同日 中央军委、政务院发出《捕获日本、南朝鲜之侵犯我国渔权的船舶渔民处理方案》。《方案》规定,捕获的侵渔船舶和人员统一交公安部门审查处理。捕获的渔民应采取分别对待的政策;其为特务、间谍或曾参加侵华战争负有重大罪恶者,应严予管押审讯,依法惩处;对于一般渔民,需进行教育,遣送出境,私人财产用品,除带有反动内容的图片杂志等没收外,其他一律发还本人,不准打骂、虐待。

同日 周恩来签发《政务院关于推行戒烟、禁种鸦片和收缴农村存毒的工作指示》:①对吸食毒品者,本着"教育改造、治病救人"的方针,采取动员规劝、自己戒烟为主,结合政府给予适当督促帮助的原则进行,不要采取过急的步骤和过多的强迫办法。②严禁种植鸦片。自政务院明令取缔后,已经基本禁绝。汉族地域必须严厉禁绝。对过去种植鸦片的劳动人民,只要以后不再种植,一律既往不咎,不予处分,但如果在1952年后仍继续偷种,则要依法惩办。③收缴农村存毒,本着"交出

毒品,不予处分"的原则进行,对因缴出毒品致生活困难的农民和其他劳动人民,政府还应酌予救济。④在少数民族地区,禁种、戒烟与收缴存毒工作一律暂不进行。

12月14日 外交部部长周恩来电复联合国大会主席皮尔逊,反对联合国第7届大会根据印度提案所通过的关于《朝鲜:联合国朝鲜统一复兴委员会报告》的议程的决议案。要求联合国大会取消这个非法决议案,责成美国政府立即恢复板门店谈判,并根据朝鲜停战协定草案首先实行全面停战然后再将战俘全部遣返问题交由苏联提案所提出的"和平解决朝鲜问题委员会"去解决。

同日 公安部部长罗瑞卿向中共中央报送《关于全国禁毒运动的总结》。《总结》说,禁毒运动于11月底结束。在禁毒重点地区共发现制造、贩卖、运送毒品的毒犯36.9万名,逮捕了8.2万名,占22%,已处决了其中成分坏、罪恶与民愤极大的毒犯880名。缴获毒品(折合鸦片)399.6万两,以及制毒机和贩毒工具,还有各式武器弹药等。此次运动已切实收到了狠狠打击毒犯,教育群众,肃清毒害的预期效果。12月18日中共中央批转此报告。

12月15日 政务院批准撤销陕西省咸阳专署,所辖县由省政府直接领导。

12月15日—24日 全军参谋长、政治部主任联席会议在北京召开。会议进一步明确和统一了建设现代化国防军事的指导思想,为即将开始的正规化军事训练作好了各方面准备。

12月16日 中共中央发出《关于华南垦殖橡胶工作的决定》。

12月17日 政务院通知,各县(市、旗)人民政府正副县(市、旗)长、委员及相当于县的民族自治区人民政府正副主任、

委员的任免事宜,均暂授权省、自治区人民政府办理。

同日　周恩来签发《政务院关于防止沥青中毒事故的指示》,并附发《劳动部关于防止沥青中毒的办法》。

同日　政务院决定,原属华东军政委员会直辖之南京市改为江苏省政府直辖市。

同日　台湾"行政院"通过《台湾省实物土地债券条例草案》。

12 月 18 日　人民解放军公安司令部于 18 日至 22 日召开了各大军区公安部队司令员会议。会议为了贯彻毛主席"对可能空降特务的山区,设武装便衣据点,专门对付敌空降特务;没事生产和学习,有事报信捉特务"的指示,专门研究了反空降特务斗争的各项问题,通过了《关于反空降斗争的决议》,规定了"依靠当地党委、军区的领导,广泛发动群众与重点建立据点相结合,而以发动群众为主"的方针。

12 月 19 日　政务院召开第 163 次政务会议。会议批准水利部部长傅作义作的《1952 年防汛工作总结》和《1952 年防旱抗旱运动中农田水利工作报告》。会议通过《政务院关于发动群众继续开展防旱抗旱运动并大力推行水土保持工作的指示》。此件 12 月 26 日发出。

12 月 20 日　中共中央作出关于加强报纸、期刊出版发行工作的规定。

同日　中国人民大学根据苏联经验,创办函授教育。

12 月 21 日　外交部部长周恩来致电联合国大会皮尔逊主席,对 12 月 14 日美国军队在蜂岩岛打死朝中方面被俘人员 87 人、打伤 120 人的彻底摧毁人道原则、根本破坏日内瓦公约的罪恶行为,提出严重抗议。

同日　周恩来批示,原则同意中财委《关于工业建设与城市建设增加防空措施问题的报告》。

12 月 22 日　中央人民政府党组干事会批复,同意滕代远任铁道部党组小组书记。

12 月 23 日　政务院批复,同意绥远省撤销萨县专署,将其原辖的 8 个县和原由省政府直辖的 7 县 1 镇合并为一个专区,成立集宁专署,统一领导。该专署计辖:萨拉齐、归绥、包头、托克托、武川、固阳、和林格尔、清水河、集宁、丰镇、凉城、兴和、陶林、卓资、武东及平地泉镇。专署驻平地泉镇。

同日　台湾"省政府"依据蒋介石行政革新的指示,拟订《推行行政三联制要点》。

12 月 24 日　第一届政协全国委员会常委会举行第 43 次会议。会议就中共中央提议由中国人民政治协商会议向中央人民政府委员会提出定期召开全国人民代表大会和地方各级人民代表大会并开始进行起草选举法和宪法草案等准备工作的建议交换意见。

同日　台湾"省政府"颁布《户口调查管理办法》。

12 月 25 日　周恩来发布命令,决定将海关总署划归对外贸易部领导,改称中央人民政府对外贸易部海关总署。任命原海关总署孔原署长为对外贸易部副部长兼海关总署署长。

12 月 26 日　文化部发出《关于整顿和加强全国剧团工作的指示》。

同日　政务院召开第 164 次政务会议。会议批准《政务院财政经济委员会关于税制若干修正及实行日期的通告》和《商品流通税试行办法》。财政部副部长吴波作了说明。上述两个文件 12 月 31 日公布,自1953年1月1日起施行。会议批准《中华人民共和国中央人民政府、锡兰政府贸易协定》和《中华人民共和国中央人民政府、锡兰政府关于橡胶和大米的5年贸易协定》。

同日 交通部副部长王首道向毛泽东并周恩来报送《关于全国民船工作会议的总结报告》。12月30日中共中央批转此报告。

同日 台湾"国防部"加强军事动员准备,在全省已成立4个师管区、12个团管区司令部。

12月27日 周恩来发布命令,颁发《省(市)以上各级人民政府财经机关与国营财经企业部门监察室暂行组织通则》。命令说,为巩固"三反"运动的成果,继续与贪污、浪费特别是官僚主义作斗争,以适应即将到来的大规模经济建设的需要,在财经各部门中有立即建立监察机构的必要。

12月28日 邮电部、出版总署联名发出《关于改进出版物发行工作的联合决定》,自1953年1月1日起,实行出版物的计划发行制度,报纸、杂志由邮电局总发行,图书由新华书店总发行。

12月29日 蒋介石命令公布《"国军"官籍整理原则》。

12月30日 中共中央、中央军委、政务院联合发出《处理伤病员工作的决定》。《决定》说,明春朝鲜战争可能扩大,故东北地区的伤病员,凡可以归队或分配工作或回乡转业者,应立即办理出院手续,另送一批到关内各地,以便空出医院的床位,接收新的伤员。

同日 农业部颁布命令,奖励1952年农业爱国丰产运动中的爱国丰产模范,并公布1952年度第一批农业丰产奖励名单。

同日 台湾"立法院"修正通过《台湾省内中央及地方税捐统一稽征条例》。

12月31日 周恩来签发《政务院关于1953年继续开展爱国卫生运动的指示》。《指示》说,由于美国帝国主义还继续在朝鲜和我国进行细菌战,同时为了保证我国国家建设的顺利进行,为了提高我国人民的健康水平,决定1953年在全国范围内继续开展爱国卫生运动。

同日 毛泽东致电苏联部长会议主席斯大林,代表中国人民和政府衷心感谢苏联政府在1952年底将共同管理中国长春铁路的一切权利以及属于该路的全部财产无偿地移交中华人民共和国政府。

同日 政务院发出《关于解决工资制工作人员多子女困难问题的通知》。《通知》说,从1953年国家预算中拨支1000亿元用于此项补助,分配给各地区及军队、教育系统,由县以上政府包干使用。

同日 国家统计局向毛泽东并中共中央报送《全国统计工作会议的报告》。《报告》说,为适应大规模的经济建设的需要,必须学习苏联的先进经验,建立全国统一的统计制度。统计工作的主要任务是,提供编制经济建设计划所必需的统计资料,并通过统计资料来检查计划的完成情况。建议大行政区及省、市设立统计局(处),直属政府,工作上受财经委指导;专署及县设统计科,区设统计干事一人。

同日 政务院财政经济委员会决定由林业部统一领导全国国营木材生产和木材管理工作。

同日 台湾"立法院"通过《台湾电费加价案》。

12月 政法委分党组干事会向中共中央报送《关于全国司法改革运动情况的第4号报告》。12月27日中共中央批转此报告。

12月 中央歌舞团成立。

1953 年

1月1日　《人民日报》发表题为《迎接1953年的伟大任务》的社论。社论提出了三大任务：第一，继续加强抗美援朝的斗争，争取更大的胜利；第二，开始执行国家建设的第一个五年计划，完成和超额完成1953年度建设计划；第三，召集全国人民代表大会，通过宪法，通过国家建设计划。

同日　蒋介石在台湾发表《告全国军民书》。

1月2日　政务院召开165次政务会议。会议通过《政务院关于中华人民共和国劳动保险条例若干修正的决定》和修正后的《中华人民共和国劳动保险条例》。

同日　中财委副主任薄一波、公安部部长罗瑞卿向中共中央报送《关于中央劳改委员会第1次会议的报告》。《报告》说，中央劳动改造生产管理委员会业已成立，薄一波为主任委员、罗瑞卿为副主任委员。在贯彻劳改政策方面，需要明确规定，对死刑缓刑罪犯缓刑期满后的处理，应根据刑期表现，分别改判10年以上15年以下或15年以上有期徒刑，对坚持反动立场拒绝改造者，有的可再缓期一两年，有的要立即执行死刑。对有期徒刑罪犯刑满后，应按反革命犯从严、一般刑事犯从宽的原则，分别处理。1月11日中共中央批转此报告。

1月3日　中国政府和锡兰政府发布关于批准两国贸易协定的公报。

同日　出版总署发出《关于坚决纠正书刊发行工作中强迫摊派错误的指示》。

1月5日　中共中央发出《关于反对官僚主义、反对命令主义和反对违法乱纪的指示》。根据中央指示，各地开展了"新三反"运动。

同日　黄河水利委员会黄河河源勘察队胜利完成黄河河源勘察工作。

同日　陈诚宣布实行"耕者有其田"、第一期四年经建计划为1953年两大施政方针。

1月7日　政务院发出《关于充实统计机构加强统计工作的决定》。

同日　北京举行画家齐白石90岁寿辰庆祝会。周扬代表文化部授予齐白石荣誉奖状。周恩来总理出席晚宴。

1月8日　政务院发出《关于我国出国的代表团及个人在苏联参观和访问的规定》。《规定》说，一切出国代表团及个人，除完成本身的专门任务外，非经对方邀请，不得随意要求作专门性的参观访问。

1月9日　政务院召开第166次政务会议。会议原则通过《中华人民共和国授予八一奖章条例（草案）》和《中华人民共和国授予荣誉奖章条例（草案）》，提请中央人民政府委员会批准。通过《国务院关于解放前银钱业未清偿存款给付办法》和《解放前银钱业存款登记办法》。会议通过《政务院关于海关与对外贸易管理机关实行合并的决定》，通过成立中央贯彻婚姻法运动委员会，主任为沈钧儒，副主任为刘景范、何香凝、彭泽民、邓颖超、史良、肖华。

同日　中华人民共和国与罗马尼亚人民共和国签订科学与技术合作协定。

1月10日　毛泽东在新华总社《内部参考》征求意见表上题写意见："我认为此种内部参考材料甚为有益。凡重要者，应发到有关部门和有关地方的负责同志，引起他们注意。各大区和各省市最好都有此种内部参考，收集和刊印本区本省本市的内部参考材料。"

1月10日—19日 全军第一次国防工程会议在北京召开。会议遵照1952年10月27日，毛泽东签署的关于在战略要点和重要的作战方向有步骤、有计划地建设永久性国防工事的决定，重点研究了全国设防修建永备工事等问题。会议确定了国防工程建设的组织实施原则。

1月13日 毛泽东主席主持召开中央人民政府委员会第20次会议。会议通过《关于召开全国人民代表大会及地方各级人民代表大会的决议》。周恩来对决议作了说明。他说，关于我们国家的各级政权制度，概括地说，是"四实三虚"，即中央、省（市）、县、乡四级政权是实的，都应该召开人民代表大会，选出政府机构；另外三级，即中央以下的各大行政区、省以下的专署、县以下的区是虚的，都成为上一级政府的代表机关（即督导机关），这些机关由上一级的政府来委任，不召开人民代表大会，也不选举政府。关于宪法问题，召开了全国人民代表大会，选举了政府后，《共同纲领》就不能成为政府的根本法律了。全国人民代表大会就应该有自己的宪法。至于中国人民政协，虽然它取消了执行全国人民代表大会的职权，但它本身还有很多工作要做，仍须保留，而且还要发展。毛泽东指出，现在进行全国性的选举条件已成熟了。召开人民代表大会，可以更加发扬人民民主，加强国家建设和加强抗美援朝的斗争。人民代表大会制的政府，仍将是全国各民族、各民主阶级、各民主党派和各人民团体统一战线的政府。关于代表的比例问题，跟过去的政协不一样，有改变，既要照顾多数，又要照顾少数。各民族、各党派、各阶级的代表性的人物都有份。我想多数代表人物是会被人民选举的，少数未被选上的人，

也会有妥当的安排。

1月14日 朱德副主席主持召开中央人民政府委员会第21次会议。会议讨论政务院提请批准的《中华人民共和国授予"八一"奖章条例（草案）》和《中华人民共和国授予荣誉奖章条例（草案）》。会议批准政务院提请批准的《政务院关于海关与对外贸易管理机关实行合并的决定》。

1月15日 国民党中央常务委员会通过《中国国民党党政关系大纲》。

1月16日 政务院召开第167次政务会议，批准卫生部副部长贺诚作的《关于卫生行政会议与第二届全国卫生会议报告》，并批准在全国范围内建立卫生防疫站。

同日 中国与蒙古人民共和国签订邮政及电信两个协定。

1月19日 中国和罗马尼亚两国政府在北京签订1953年交换货物及付款协定。协定规定，1953年的贸易额比1952年增加200%以上。

1月20日 台湾"立法院"通过《实施耕者有其田条例》。

1月21日 外交部部长周恩来发表声明，抗议美国派遣飞机侵入我国进行战略侦察。

1月22日 政务院批准内务部关于《部分调整5项优抚条例优待抚恤标准》的报告。

1月26日 劳动部向中共中央报送《关于1952年工作总结及1953年工作要点的报告》。《报告》说，劳动部1952年上半年主要是进行了"三反"、"五反"运动，批判了在劳资关系问题上的迁就过分、斗争不足的偏向，揭发了资产阶级对劳动部门的猖狂进攻，使所有工作人员受到了一次深刻的阶级教育。下半年进行了调整劳资关系、调配劳动力等方面的工作。2

月 18 日中共中央批转此报告。

同日　蒋介石明令公布《实施耕者有其田条例》、《台湾省实物土地债券条例》、《公营事业移转民营条例》。

1 月 27 日　西螺大桥建成通车,西螺大桥全长两公里,有 31 个桥孔,横跨浊水溪。

1 月 29 日　政务院决定,将财政部所辖物资管理总局改为"国家物资储备局",划归中财委直接领导。原各大区物资管理局改为"国家物资储备局××区分局",受国家物资储备局及大区财委或计委双重领导。

1 月 30 日　中央爱卫会发布《关于进行春季爱国卫生突击运动的指示》,指出春季爱国卫生突击运动的主要任务是,发动群众对于病媒昆虫孳生繁殖场所进行及早清除。

1 月　中共中央决定成立马克思、恩格斯、列宁、斯大林著作编译局,其任务是有计划地、系统地翻译出版马恩列斯的全部著作。

同月　商业部召开全国商业厅(局)长会议。会议片面理解经济核算,错误地确定压缩库存、挤出资金的"泻肚子"和"退缩阵地"的方针。致使各地国营商业只注重销售而不注重收购,甚至对国营和地方国营部分轻工业产品采取少购少销或不购不销,又不准其自销的错误做法。

同月　文化部邀请 5 位苏联电影专家来华帮助制定电影事业第一个五年计划。

2 月 1 日　政务院发出《关于贯彻婚姻法的指示》。

同日　中央军委、政务院联合发布命令,废除 1950 年 7 月 25 日颁布的铁路军运暂行条例。从 1953 年 1 月 1 日开始试行《中国人民解放军铁路运输规章(草案)》及《铁路军事运输付费办法》。

同日　中央军委颁发《中国人民解放军秘密文件保密工作纲则》。《纲则》指出,随着军队技术装备的增加需要保密的范围更加扩大了,加强我军的保密工作已经是刻不容缓的事。《纲则》草案曾经在 1952 年末的参谋长、政治部主任联席会议上研究讨论,经过修改后,以毛泽东主席的名义正式公布。

2 月 2 日　"上海联合电影制片厂"并入上海电影制片厂,于伶任厂长,叶以群、蔡贲、王其元任副厂长;新中国私营电影业的历史至此结束。从 1949 年至 1953 年 2 月,大陆的私营电影企业共拍摄了 50 余部故事片,其中如《我这一辈子》、《武训传》等不少影片均成为新中国电影的经典作品。

同日　上海科学教育电影制片厂成立。

同日　美国总统艾森豪威尔在致国会咨文中称,解除"台湾中立化",将下令第七舰队不再阻止台湾当局"反攻大陆"。

2 月 3 日　政务院发出《关于加速遣送在华日侨的紧急指示》。

同日　蒋介石声称,不要求"友邦"部队协助其对中共作战。

2 月 4 日—7 日　中国人民政协第一届全国委员会第四次会议在北京举行。

2 月 5 日　中财委向中共中央报送对劳动部关于各地工人来京请愿事件及处理报告的意见。中财委认为,在财经工作中很多地方存在着严重的官僚主义,对待工人生活特别是失业问题漠不关心,有些国营和地方国营企业,对待工人提出的明明是能够解决的问题,硬采取推脱办法不予解决;有的单纯为资本家讲话,有的作风、态度生硬引起工人不满。对待工人请愿、罢工等事,应首先切实检讨自己工作中的缺点并切实解决工人的问题。对可能有的破坏分子则应在事件中加以注意，事后加以调查处理。2 月 28 日中共中央批转中财委的意见。

同日 公安部部长罗瑞卿向中共中央报送《关于在公安部系统开展反官僚主义、反命令主义、反违法乱纪斗争的报告》。

同日 全国合作总社向中共中央并中财委报送《关于 1952 年工作总结和 1953 年工作要点的报告》。

同日 美国第七舰队接受艾森豪威尔命令放弃在台湾海峡从事"中立巡逻"。为此，蒋介石声明，称此举"实为美国最合理而光明的举措"，并宣称要"反攻大陆"。

2 月 10 日 全国边防检查站会议召开。

2 月 11 日 刘少奇副主席主持召开中央人民政府委员会第 22 次会议。会议通过《中华人民共和国全国人民代表大会及地方各级人民代表大会选举法（草案）》。选举法起草委员会委员邓小平作了说明。3 月 1 日毛泽东签署命令，公布施行选举法。会议还通过中央选举委员会名单，主席为刘少奇，委员为朱德、宋庆龄、李济深、李维汉、李四光、何香凝、沈雁冰、胡耀邦、高崇民、马寅初、马叙伦、张澜、陈叔通、章伯钧、郭沫若、习仲勋、黄炎培、彭真、程潜、程子华、刘格平、刘澜涛、刘景范、邓小平、邓子恢、邓颖超、赖若愚、谢觉哉。

2 月 12 日 毛泽东主席主持召开中央人民政府委员会第 23 次会议。会议通过《1953 年国家财政收支预算》。听取财政部薄一波部长作的《关于 1953 年国家预算的报告》。薄一波说，1953 年国家预算总收入与总支出均安排为 233.4991 万亿元，收支平衡。1952 年国家预算的执行情况是，总收入 189.2781 万亿元，超过预算的 19.15％；总支出 163.2186 万亿元，超

过预算的 2.75％。收大于支，预计可以盈余 30 万亿元。1952 年国家经济恢复并有发展，物价大幅下降，人民物质文化生活上升，表示了国家财政经济状况已经根本好转。毛泽东指出，这个预算报告准备发表，让全国人民都知道。过去我们有些东西不发表不好，不仅人民不知道，干部也不知道。现在我们走上轨道了，要发表，以便动员人民为完满地实现 1953 年的国家预算和国家建设计划而奋斗。

同日 政务院批准外交部《关于机关团体派遣人员出国申请出国护照临时规则》。

2 月 13 日 中共中央发出《关于建立计划机构的通知》。

2 月 15 日 中国共产党中央委员会通过《关于农业生产互助合作的决议》。这个决议于 1951 年 12 月 15 日以草案形式发给各级党委试行，1953 年 2 月 15 日中共中央通过成为正式决议，并作了部分修改。

2 月 15 日—19 日 全国冰上运动大会在哈尔滨举行。

2 月 17 日 政务院批复广州市人民政府，同意对香港英国当局公然以武力劫夺我留在香港的 5 艘渔船所提处理意见。即征用太古在穗的码头仓库（营业处所除外）及西堤楼房的全部财产，由广东省人民政府叶剑英主席发表抗议声明，发布新闻等 3 条意见。

2 月 18 日 美国总统提名蓝钦为驻台湾"大使"。

2 月 19 日 政务院发出《关于 1952 年寒假高等学校和中等学校毕业生参加工作后待遇规定的通知》。

同日 台湾"省政府"拟订《耕者有其田台湾省施行细则》。

2 月 19 日—3 月 15 日 中国乒乓球

队由领队晏福民率领,于 2 月 19 日至 3 月 8 日访问了捷克斯洛伐克,3 月 8 日至 15 日访问了匈牙利。

2 月 20 日　政务院召开第 168 次政务会议。会议批准出版总署胡愈之署长作的《关于出版总署召开第二届全国出版行政会议经过的报告》。

同日　台湾省"地政局"订定《耕地征收、保留、放领等问题处理办法》。

2 月 22 日　政务院发出《关于发给回国日侨资助金及日侨出境携带金银、兑换外币等问题的规定》。《规定》说,大多数回国的日本侨民,在经济上确有困难,为了照顾他们的物质生活,对机关、工矿、企业的日籍职工发给一定数额的回国资助金;对日侨存有之金银首饰,出境时依照对一般外侨的办法办理;对每一回国日侨,准予兑换外币的数额以 300 万元人民币为基数。

2 月 23 日—3 月 5 日　扫除文盲工作委员会召开第一次全国扫除文盲工作会议。会议提出要将扫盲工作纳入正轨,正常开展。

2 月 24 日　中华人民共和国与蒙古人民共和国签订非贸易贷款协定。

同日　台湾"立法院"通过废止《中苏友好同盟条约》。

2 月 27 日　政务院召开第 169 次政务会议。会议听取沈雁冰团长报告中华人民共和国访问波兰文化代表团工作总结。周恩来要求:①今后凡我国所派之代表团于出国前,应由外交部主管司负责介绍所访问国家的主要情况。②文教委要研究关于加强我国与各兄弟国家签订文化协定的监督执行和指导工作的具体办法。③由文教委指定出版总署研究印制标准领袖像供给驻外使馆使用。④苏联及各兄弟国家与我国进行技术合作,各有

关部门均应对其所供给的技术资料负责保密。

2 月 27 日—3 月 7 日　科学院、农业部在北京联合召开全国植物病理会议和中国植物病理学会全国代表大会联合会。大会一致同意成立"全国植物病理工作委员会"。

2 月 28 日　文化部批准国画研究所成立(后改为民族美术研究所),黄宾虹任所长,王朝闻任副所长。

同日　林业部发布《关于护林防火的指示》。

2 月　中共中央农村工作部成立,邓子恢任部长。中共中央批准县和专区两级党委设立生产合作部或农村工作部,作为党委的助手机构,负责农村战线的日常指导工作。

同月　毛泽东在中共中央书记处会议上说,在 10 年到 15 年或者还多一些的时间内,基本上完成国家工业化及对农业、手工业、资本主义工商业的社会主义改造。

同月　电影局科学教育电影制片厂在上海成立。洪林任厂长,许幸之、李资清、吴仞之任副厂长。

3 月 6 日　中共中央和毛泽东分别给苏共中央和苏联最高苏维埃主席团发去唁电,对斯大林 3 月 5 日去世,表示最沉痛的哀悼。

同日　毛泽东主席签署中央人民政府命令,自 3 月 7 日至 9 日全国下半旗为苏联部长会议主席斯大林逝世志哀。在志哀期间,全国一律停止宴会、娱乐活动。

3 月 7 日　周恩来总理率领中国党政代表团赴苏联参加斯大林葬礼。

3 月 8 日　对外贸易部向中共中央报送《关于过去工作基本总结及今后工作指示》。10 月 8 日中共中央批转此报告,并

批示,必须有计划按比例地积极发展我国与苏联和各人民民主国家的贸易。与资本主义国家进行贸易,必须依照平等互利的原则积极开展。全国私营进出口商虽为数不多,但其与国外贸易关系较多,因此,对私营进出口商,必须进一步加强国营贸易经济对他们的领导,并采取逐步代替的方针。对外贸易人员复杂、与国外接触甚多,因此要加强对他们的政治思想领导,严格纪律。

同日　中共中央在听取中央农村工作部关于农村工作中主要倾向是急躁冒进的汇报后,当天发出《关于缩减农业增产和互助合作发展的五年计划数字给各大区的指示》。

同日　轻工业部党组向中共中央报送《关于目前国营轻工业的情况及今后工作部署的报告》。10月8日中共中央批转此报告,并批示,第一个五年计划期内国家需要集中力量于重工业的建设,对轻工业的投资不可能太多。轻工业部的工作,应当在一定时期内,着重地搞好现在所属129个企业的经营管理,改进产品质量,降低成本,使各种产品物美价廉,以满足人民的需要。

同日　台湾"省政府"向全省农民、地主宣传实施"耕者有其田"的意义,要求双方"共同努力"。

3月9日　北京各界人民举行追悼斯大林大会。中国共产党中央委员会书记、中央人民政府副主席、中国人民解放军总司令朱德在会上致悼词,悼词说,中国革命的胜利和巩固,和斯大林的名字是完全分不开的。中国人民永远不会忘记斯大林同志对于中国人民的深厚友情。

同日　毛泽东为悼念斯大林写的《最伟大的友谊》在《人民日报》发表。

同日　宋美龄访问美国。

3月10日　中共中央发出《关于加强中央人民政府系统各部门向中央请示报告制度及加强中央对政府工作领导的决定(草案)》。《决定》指出,为了使政府工作避免脱离党中央领导的危险,今后政府工作中一切主要的和重要的方针、政策、计划和重大事项,均须事先请示中央,并经中央讨论和决定或批准以后,始得执行。

为了加强中央对于政府工作的领导,今后政府各部门的党组工作必须加强,并应直接受中央领导。现在中央人民政府党组干事会已无存在的必要,应即撤销。

3月12日　政务院发布《关于改变大行政区辖市及专署辖市的决定》。《决定》规定:①现行上海、武汉、广州、重庆、西安、沈阳、旅大、鞍山、抚顺、本溪10个大行政区辖市,一律改称为中央直辖市(连同北京、天津两个中央直辖市,全国共12个中央直辖市)。其等级编制不变,仍由各该市所在地区之大区行政委员会代表中央人民政府进行领导与监督。②各省现有之专署辖市一律撤销。撤销后由所属省人民政府视各市实际情况,提出改划意见,呈报本院审核施行。③内蒙古自治区之盟辖市及吉林省延边朝鲜族自治区辖之延吉市等,仍维持原状不予变更。

同日　政务院转发上海市政府《关于机关征用土地的建议》。政务院指出,根据中央统一的建设计划,持有中央各主管部所批准的计划任务书及要求拨用土地的介绍信者,市政主管部门在审查后,可按其请求并参照市政建设计划拨给其所需要的土地,否则得拒绝拨付。关于申请使用土地的详细程序和办法,责成建工部商内务部提出具体方案,经中央批准后公布施行。

3月13日　政务院召开第170次政

务会议。会议同意高等教育部部长马叙伦作的《关于目前高等学校教学改革的情况与问题的报告》。《报告》说,今后做好教学改革等工作的意见是:①团结、改造与提高旧有教师,大力培养新师资。②大力编译与修订苏联教学计划、教学大纲和教材。③学校领导应以做好教学改革为中心。④改进师生健康状况。

邓小平在讲话中指出,过去我们没有经验,各方面的任务都加到教育部身上,五年计划要 20 万大学生,究竟是否需要那么多? 需要那么多有无可能? 所有这些都没有考虑得很成熟,因此形成忙乱。忙乱与盲目性有关,盲目性是从十分积极里发生的。不积极不对,但积极性只能要八分时,就不能要十分。我们的问题常常是出在十分上。不仅高等教育部,各方面都有此问题。下面的强迫命令,多半是上面的官僚主义造成的。

3 月 15 日　台湾"省政府"开始复查耕地,并办理承领手续。

3 月 17 日　中央人民政府发布命令,3 月 19 日捷克斯洛伐克总统克利门特·哥特瓦尔德总统殡葬日,全国下半旗一日志哀。3 月 17 日周恩来总理率领我国代表团前往布拉格参加哥特瓦尔德总统的丧礼。

3 月 19 日　中共中央针对农村工作中存在的"五多"(即任务多、会议集训多、公文报告表册多、组织多、积极分子兼职多)的问题发出《关于解决区乡工作中"五多"问题的指示》。

3 月 20 日　政务院召开第 171 次政务会议。会议听取内务部副部长王一夫作的《关于目前灾区情况及预防春荒的报告》。

3 月 20 日—4 月 6 日　中国乒乓球队由领队晏福民率领,参加了 3 月 20 日至 29 日在罗马尼亚布加勒斯特举行的第二十届世界乒乓球锦标赛。这是我国运动员第一次参加世界乒乓球锦标赛。男队被评为一级第十名,女队二级第三名。中华全国体育总会代表晏福民等 3 人,还参加了同期举行的国际乒乓球联合会代表大会。在这次会议上,中华全国体育总会被接纳为该会会员。4 月 3 日至 6 日乒乓球队访问了罗马尼亚。

3 月 22 日　政务院、中央军委联合发布命令,为适应国家经济建设,发展对外贸易,提高商船周转率,在不影响国防安全情况下,即应昼夜开放上海、青岛、烟台三港口。此命令于 1953 年 4 月 1 日起执行。

3 月 24 日　政务院党组书记周恩来给各分党组、各党组小组发出《撤销政府党组干事会的通知》。《通知》说,根据中央关于加强中央人民政府系统各部门向中央请示报告制度及加强中央对于政府工作领导的决定,政府党组干事会自即日起正式撤销,今后各党组及党组小组均由中央直接领导;凡有关各委及各部门党组的人员变动以及其他有关组织问题的各项事宜,自即日起应直接向中央组织部请示或报告。

同日　台湾提出"多吃面,少吃米,把节省下来的食米外销,争取宝贵外汇"口号。

3 月 26 日　中苏签订关于 1953 年度货物周转议定书以及苏联帮助中国扩大现有电力站和建设新电力站协定议定书。协定规定,苏联将向中国供应冶金、采掘设备,机器制造、化工、电力和其他工业部门所需要的设备,工业和运输所需要的材料,新式的农业机械、种子及其他货物;中国则以有色金属、大米、植物油、油料、肉、烟叶、茶叶、水果、绒毛、黄麻、生丝、绸缎、皮革等供应苏联。

同日 台湾"省政府"订定 8 点耕地征、放程序。

同日 缅甸向联合国控诉台湾当局支持滇缅边境游击队。

3 月 27 日 政务院召开第 172 次政务会议。会议听取人事部安子文部长作的《关于 1952 年全国高等学校毕业生分配工作的报告》。

同日 文化部发布《关于各级各类歌舞团及省市音乐工作组的方针任务的规定》。

3 月 28 日 中共中央发出《关于在中央一级机关中具体执行"中央关于开展反对官僚主义、命令主义、违法乱纪斗争的指示"的决定》。《决定》说：中央一级机关应以开展反对官僚主义的斗争为重点。各部门应将几年来所发布的指示、决定和命令作一检查，哪些是正确的明确下来；哪些虽然是正确的，但必须加以补充；哪些是错误的，加以废止、纠正。把不适合于目前情况的组织形式、工作制度和工作方法加以改变，建立起按级负责的责任制度。在检查工作中，要充分发扬民主，开展批评与自我批评。在反对官僚主义的斗争中，必须把不同性质的问题加以区别，作不同的处理。绝不要牵涉到一般民主人士。

同日 政务院发出《关于出版总署姜信之同志擅自与德国出版社签订交换书刊协议问题的通报》。通报说，出版总署派往德国参加莱比锡博览会新中国馆图书展览部的工作人员姜信之，擅自与德国 3 家出版社签订了关于交换书刊的协议，姜信之出国前既未得到出版总署关于此种签约问题的指示，在签约时又未向国内请示。这种以自由主义态度对待外交事件的错误行为，是国家纪律所不能容许

的。为严肃纪律，引起警惕，特通报各部门，均应以此为戒。

同日 出版总署发出《关于图书、杂志版本记录的规定》。

3 月 30 日 周恩来总理兼外交部长发表《关于朝鲜停战谈判问题的声明》。声明说，中朝两国政府在共同研究了联合国军总司令克拉克将军提出的关于在战争期间先行交换双方病伤战俘的建议之后，一致认为这一问题完全可以得到合理解决。这对于顺利解决全部战俘问题显然具有极重大的意义。因之，我们认为，解决全部战俘问题以保证停止朝鲜战争并缔结停战协定的时机，应当说是已经到来了。中朝两国政府提议：谈判双方应保证在停战后立即遣返其所收容的一切坚持遣返的战俘，而将其余的战俘转交中立国，以保证对他们的遣返问题的公正解决。

同日 中国和匈牙利两国政府在北京签订 1953 年交换货物和付款协定。协定所规定的贸易额比 1952 年增加了 51.7%。

同日 为便利产品运销美国，台湾"行政院"公布《台湾产品输美产地证明书实行办法》。

3 月下旬 人民解放军西北军区部队全歼甘南马良股匪。

同月 教育部颁发试行中学物理、化学、生物、数学四科教学大纲和小学算术教学大纲的草案。

4 月 1 日 中财委发出《关于 1953 年棉粮比价的指示》。

4 月 1 日—14 日 文化部在北京举行首届全国民间音乐舞蹈会演，与会的有汉、回、蒙古、苗、维吾尔、哈萨克、乌孜别克、彝、侗、朝鲜等 10 个民族的 308 名民间艺人，演出了 27 场，表演了 100 多个有地

方特色的优秀音乐舞蹈节目。会演中涌现的舞蹈节目有《跑驴》、《采茶扑蝶》、《狮舞》、《花灯舞》、《打鼓舞》、《农乐舞》、《跳弦》等。

4月2日 毛泽东对中南行政委员会报送的《关于整顿小学若干问题的指示》一文，批示周恩来、习仲勋：此件我看很好。请习交教育部，加以研究，有不妥当处酌加修改，由政务院转发各大区、省、市，仿照施行。4月22日政务院批转此文件。

4月3日 政务院召开第173次政务会议。会议听取周恩来关于朝鲜停战谈判问题的报告。通过《政务院为准备普选进行全国人口调查登记的指示》。

同日 中共中央将《关于春耕生产给各级党委的指示》、《领导农业生产的关键所在》和《关于农业生产互助合作的决议》汇编成《当前农村工作指南》一书，发到全国。毛泽东写了学习这本书的通知，号召从事农村工作的人员"来一次认真的学习"，将思想水平提高一步，以保证党在农村工作中的不断胜利。

同日 中央生产实习指导委员会成立。

4月3日—23日 中央农村工作部受中共中央委托召开第一次全国农村工作会议。邓子恢传达毛泽东提出要在10年至15年或者更长一点的时间内，在全国范围内基本上完成社会主义改造的任务。根据这个部署，会议把原订全国互助合作5年发展计划达到占总户数80%，加以压缩，老区发展到70%～80%，新区发展到50%～60%左右；其中合作社的发展计划，老区由占总户数45%减为30%～40%，新区由占总户数12%减为6%～10%。合作社户数也要稍加约束，一般是15户～20户，以不超过20户为宜。总结

报告还指出，笼统地提"四大自由"的口号是不妥当的。但有条件地允许雇佣自由、借贷自由、土地买卖和租佃自由、贸易自由又是必要的。必须把当前政策和发展方向联系起来又区别开来，既稳定农民积极性，又有利于按总方向前进。

4月4日 台湾"省政府"通过《渔船放领办法》。

4月6日 台北县中和乡南势角后山储藏的废弃炸弹发生大爆炸，距爆炸中心1公里内的建筑物大部分被毁，死伤人数约300人。

4月7日 志愿军空军第15师43团飞行员韩德彩在安东地区上空击落美空军F—86型飞机1架。美空军第51联队上尉小队长、"双料王牌驾驶员"、"空中英雄"哈罗德·爱德华·费席跳伞后被俘。

4月9日 财政部向毛泽东主席并中共中央报送关于拟召开第4次全国农业税法会议问题的报告。4月16日毛泽东批示：农业税中存在的问题很严重，据湖北报告，有1/10的人口春荒断粮。大概全国农业人口中有4000万人左右到春季要闹荒，这是一个极大的问题，年年如此。必须从今年征粮中开始认真解决此问题。今年是否应比去年加征16亿斤和发40亿斤公债，也值得再考虑。

同日 中央人民广播电台民族乐团成立。

4月10日 政务院召开第174次政务会议。会议批准人民监察委员会刘景范副主任作的《关于1952年下半年监察工作要点执行情况及1953年1月至6月监察工作要点的报告》。

同日 毛泽东对地质部报送的《反官僚主义的检查报告》批示：就是要这样和被领导的单位密切联系、抓紧检查，全盘了解情况，发现问题及时解决，改正错误，

表扬成绩，使工作任务能按计划完成，才算有了合乎情况发展的领导。目前，我们的经济工作中，无领导的现象太多了，必须在反对官僚主义的斗争中学得做领导工作的能力和方法。领导者无领导，这是官僚主义者，不是领导者。

同日　人民革命军事委员会重新颁布陆军军和步兵师编制表。新的编制表在 1950 年 10 月、1952 年 10 月编制的基础上增加了特种兵的比例，提高了部队的合成程度。其中，军增编了炮兵、高射炮兵部队和通信兵分队；师增编了坦克兵、炮兵、防化学兵分队。

同日　《毛泽东选集》第三卷由人民出版社出版，在各地新华书店发行。

同日　台湾"省政府主席"吴国桢辞职。俞鸿钧继任"省政府主席"及省保安司令职。

4 月 11 日　蒋介石再次咨请"立法院"将"立法委员"行使立法权再延长一年。

4 月 14 日　中财委副主任邓子恢向中共中央转报《农业部党组关于检查官僚主义的报告》及其意见。

邓子恢说，农业部党组从检查过去工作及今后方针计划中开展了反官僚主义斗争，揭发了许多严重错误，并找出了造成这种错误的根源，在于长期忽视中国个体农民占优势的具体情况。一方面将经营集体农场及工业的一套方法搬用于个体农民；另一方面，将经营农业、手工业的一套方法用之于国营农场与机器站。在农具问题上，不帮助农民解决现有农具的困难，而是盲目地去大量制造和推广不是到处都适用的新式步犁。在技术指导上，不重视发现与推广各地原有的先进经验与良种，而机械地搬用并不适合各地实际情况的外来良种。在农贷发放上，则强调专款专用，实物贷款，以致发放不及时，反而形成强迫摊派的现象。建议将农业部党组关于反官僚主义的报告转发各地，以推动各地农业部门中反官僚主义运动的开展。4 月 21 日中共中央批转了农业部党组的报告和邓子恢的意见。

4 月 15 日—23 日　全国妇联第二次全国代表大会在北京举行。会议通过了《关于四年来中国妇女运动的基本总结和今后任务报告的决议》和修改后的《中华全国民主妇女联合会章程》，选出了全国妇联第二届执委会委员。

4 月 17 日　政务院召开第 175 次政务会议。会议通过《政务院关于劝止农民盲目流入城市的指示》。

4 月 20 日　人民解放军组建海军陆战队。经军委批准，海军司令部以陆军 1 个步兵团和 2 个步兵营为基础，在华东军区海军组建陆战队第 1 团。

4 月 21 日　中共中央批转《财政部关于 1952 年税收情形的报告》。《报告》说，1952 年税收计划数为 571100 亿元，实收 575283 亿元，完成计划 100.73%，税收计划已逐渐接近实际。

同日　教育部党组向中共中央报送《关于检讨官僚主义和对今后普通教育方针的报告》：三年来教育部召开的各种会议百余次，但多半由于准备不足，结合实际不够，贪多贪快，所制定的许多决定、指示和计划，有不少是错误的。例如要全国小学在 5 年内争取达到 80% 的学龄儿童入学，把民办小学全部由国家包下来；5 年至 10 年内基本上扫除全国文盲，5 年内培养百万小学师资等等。对中央的各项指示，缺乏系统研究，而系统地和及时地向中央反映情况，提出意见，则做得更差。对于部内的领导也没有抓得很拢，各司各科往往各自为政。9 月 24 日中共中央批转此报告。

4 月 22 日　中央军委、政务院联合发出《关于占用民地的处理办法》。

4 月 23 日　联合国大会政治委员会通过墨西哥提议案,要求缅甸境内国民党残余部队解除武装撤离缅甸,并请美国居间调停台、缅谈判。

4 月 24 日　政务院召开第 176 次政务会议。会议通过中国文化教育考察团团长韦悫作的《对东欧各人民民主国家文化教育考察报告》。

同日　《实施耕者有其田台湾省施行细则》公布实施。

4 月 25 日　中共中央下达《1953 年国民经济计划提要》。《提要》规定,1953 年工业总产值 886 亿元(包括个体手工业 51 亿元),比 1952 年实际增长 12.53%。农业总产值 506 亿,增长 6.4%。基本建设投资总额 74.3 亿元。对外贸易进出口总额 76.3 亿元。

4 月 27 日—30 日　中央人民政府体育运动委员会在北京召开了各大行政区委负责人会议。

4 月 28 日　政务院批准对外贸易部关于中华人民共和国海关关徽、关旗以及制帽帽徽、制服臂章等四种图案的请示。4 种图案于 1953 年 10 月 1 日起开始使用。

同日　外交部部长周恩来答复世界人民和平大会国际委员会,同意并支持世界人民和平大会关于要求五大国举行协商以缔结和平公约的建议。

4 月 29 日　台湾"省教育厅"拟定加强"国语"教育实施计划。

4 月 30 日　政务院批准对外贸易部海关总署所拟《国外赠送礼品进口免税暂行办法》。

同日　中国和德意志民主共和国两国政府在北京签订 1953 年交换货物和付款协定。

4 月　《毛泽东选集》第三卷出版。

同月　苏方正式向中方通报对中国"一五"计划轮廓草案的意见和建议。

5 月 1 日　《摄影业务》创刊。该刊为新华总社新闻摄影部主办,月刊。

5 月 2 日—11 日　中国工会第七次全国代表大会在北京举行。刘少奇代表中共中央致祝词,向大会传达了中共中央提出的实现国家工业化和逐步过渡到社会主义社会的任务。大会通过了《关于中国工会工作的报告的决议》、《关于修改中国工会章程的决议》、《中华人民共和国工会章程》,选举了中华全国总工会第七届执行委员会。12 日,在第七届执委会第一次会议上选举刘少奇为名誉主席,赖若愚为主席,刘宁一、刘长胜、朱学范为副主席。

5 月 2 日—12 日　全国篮、排、网、羽毛四项球类运动大会在天津举行。

5 月 4 日　政务院发出《关于"侨批员"身份及待遇等问题的指示》。《指示》说,凡替华侨携带侨汇、家信的水客,今后一律改称"侨批员"。对侨批员应采取团结和管理的方针,贯彻"便利侨汇"、"照顾华侨侨眷"的政策。应给侨批员以华侨身份,与华侨享受同等的地位和待遇。但在携带物品的待遇上,应与华侨有所区分。

5 月 5 日—5 月 7 日　国民党召开七届二中全会。为期三天的会议通过了《建立反共救国联合阵线》、《加强党的组织基础纲要》、《召开国民大会》等案。

5 月 7 日　政务院批准监委《1951 年至 1952 年监察工作总结及今后工作任务的报告》,同意所拟《各级人民政府人民监察机关设置人民监察通讯员通则》。

同日　中华人民共和国与捷克斯洛伐克共和国签订广播合作协定。

同日 中国和捷克斯洛伐克两国政府在北京签订关于 1953 年交换货物和付款协定。这个协定所规定的货易总额比 1952 年增加 33％。

5 月 8 日 政务院召开第 177 次政务会议。会议听取司法部部长史良作的《关于第二届全国司法会议情况的报告》，批准《第二届全国司法会议决议》。

同日 公安部部长罗瑞卿向中共中央报送《关于处理目前在押战犯问题的意见》。《意见》说：①现在大批处理战犯还不是时候，就是地方性战犯，亦不宜大批地普遍地处理，拟继续关押一个时候再说。②对有一些不是全国知名的在押未判决的地方性战犯，罪恶极大，非杀不足以平民愤的，其中有一部分是可以不用战犯名义治罪的，拟按照五个方面的反革命分子的罪行处刑，结合三期镇反杀掉。5月 14 日中共中央批转此意见。

5 月 9 日 政务院发出《政务院关于执行中共中央清理邮电系统要害部位人员以确保党和国家机密指示的决定》。5月 14 日中共中央批转此决定，并批示，各级党委应指定专人负责联系邮电部门，及时地给以具体的指导。

5 月 9 日—11 日 中国伊斯兰教协会成立会议在京举行。会议选举鲍尔汉为中国伊斯兰教协会委员会主任，杨静仁等5 人为副主任，委员 83 人。

5 月 11 日 政务院、中央军委联合发出《关于财经警卫武装领导问题的决定》。《决定》说，除重要的国防工业，重要的机械工业、重工业等，应由人民公安部队担任警卫外，其余的工厂、矿山、企业部门，均应自行组织警卫武装，一律定名为“中国人民经济警察”，为人民警察的组成部分。

同日 外交部部长周恩来发表声明，对侵朝美空军侵犯我国领空，杀伤我国人民的罪行，向美国提出严重的抗议。

5 月 13 日 文化部颁布《关于全国剧团整编工作的几项通知》。

5 月 15 日 政务院发出《关于中央人民政府所属各财政经济部门的工作领导的通知》。

同日 政务院召开第 178 次政务会议。会议听取内务部副部长武新宇关于最近发生霜灾及抢救情况的报告。会议通过《政务院关于加强增产粮食和救灾工作的指示》。邓小平在讲话中指出，为了救灾，各方面已经用了很大的力量，今年截至最近已支出 15000 亿元救灾款。我们还要在其他方面来节约，原定今年从 7 月 1 日起对各级政府工作人员增加一些工资，现在考虑不增加了，工厂企业少增加或者不增加。今年的农业税也要减征一些，而救济费却要增加一些，准备拿出 20000 亿元专作农村救济。

同日 中国和苏联在莫斯科签订了关于苏联政府援助中国政府发展国民经济的协定。协定规定，连同过去 3 年来苏联帮助中国建设与改建的 50 个企业在内，到 1959 年苏联将帮助中国新建和改建 141 个规模巨大的工程项目，总值约 30～35 亿卢布。

5 月 19 日 中国国民文化协进会在北京成立，选举刘格平为主任。

5 月 20 日 台湾“行政院”公布修正《统一募捐运动办法》。

5 月 22 日 政务院召开第 179 次政务会议。会议通过扫除文盲工作委员会主任委员楚图南作的《关于扫除文盲的工作报告》。邓小平在讲话中指出，盲目冒进不单单是扫盲工作中有，还有像农村中组织生产互助组和实行公费医疗等方面也有。这些事都不是坏事，正因为是好事才容易冒进。冒进了只有退一步,退一步可使之发展得更稳当。

5 月 23 日　政务院颁发《关于安徽、河南、江苏、山东、山西等省遭受灾荒地区减免税收办法》。

同日　台湾"国防部"总政治部主任蒋经国发表文告,号召军队实践"克难"、消灭"死角"。

5 月 26 日　中央军委、政务院发出《关于民兵任务和解决民兵误工问题的联合指示》。《指示》说,为了纠正各地民兵误工妨碍生产的严重现象,特规定民兵的任务主要是歼灭空降特务,维持地方治安,保护生产。铁路、工厂、矿山,一律不得使用民兵守卫。凡调动民兵剿匪、看守粮库等,其生活费由主管机关拨给。

5 月 27 日　中共中央统一战线工作部部长李维汉向党中央呈送他 1953 年春带领调查组在上海、南京、武汉等地调查后写出的《资本主义工业的公私关系问题》的报告。

5 月 29 日　政务院召开第 180 次政务会议。会议批准高教部《关于 1953 年全国高等学校院系调整的计划》。

同日　人民解放军攻占羊屿、鸡冠山和大、小鹿山等 4 岛,毙敌 53 名,俘敌纵队司令何卓权以下 186 人,击沉敌帆船 2 艘。

5 月 30 日—6 月 3 日　中国佛教协会成立。会议选举达赖喇嘛、班禅额尔德尼、虚云、查干葛根为中国佛教协会名誉会长,圆瑛为会长,喜饶嘉措、公德林·晋美吉村、能海、赵朴初、噶喇庄、祐巴、阿旺嘉错为副会长。

5 月 31 日　出版总署印刷管理局召开全国各大区新华印刷厂厂长会议。

5 月　中央有关部门和各地开始进行1953 年留苏预备生选拔工作。

同月　中央戏剧学院附属的歌舞剧院独立,改名为中央实验歌剧院,直属文化部领导,院长周巍峙。

6 月 1 日　人民解放军全军开始了以军事训练为主的正规训练。

同日　实施耕者有其田处理委员会经复查统计后,征收放领耕地有 17.9 万亩,约可用于扶植自耕农 30 万户。

6 月 2 日　政务院转发外交部关于《外国外交、公务人员在我国境内旅行地区范围内部规定》。《规定》提出:①开放地区,外人申请前往旅行,可发旅行证。②禁止地区,外人申请前往,一律不准。③特准地区,即不属于前两类地区,外人有业务工作需要,或由中央部门或地方邀请前往该类地区,由外交部及各地外事处掌握处理。

同日　台湾"省政府"通过《培养建设人才、鼓励私人设校办法》。办校范围以农、工、商业等职业学校为限。

6 月 5 日　政务院召开第 181 次政务会议。会议通过《政务院关于 1953 年农业税工作的指示》。《指示》说,1953 年征收农业税必须坚决实行"种多少田地,应产多少粮食,以率计征,依法减免,增产不增税"的公平合理、鼓励增产的负担政策。今后 3 年内,农业税的征收指标,应稳定在 1952 年实际征收的水平上,不再增加,但任务也要保证完成。此件 8 月 28 日发出。会议原则批准人事部安子文部长作的《关于今年后半年工资津贴不作普遍调整的报告》。

同日　中共中央批转国家计划委员会《关于编制 1953 年度计划工作的总结报告》。

同日　中国进出口公司与法国工商业贸易代表团在北京签订贸易协定,贸易总金额双方各为 1 千万英镑。

6 月 10 日　人民解放军总参谋部和

总政治部联合召开全国人民武装工作会议。

同日 中南行政委员会卫生局召开第一届中医代表会议。

6月11日 中国与捷克斯洛伐克共和国签订海上运输合作协定。

6月12日 政务院召开第 182 次政务会议。会议批准第一机械工业部副部长汪道涵作的《关于目前国营机械工业的情况及今后工作部署要点》的报告。

6月14日 台湾"省政府"确定台湾"新八景"。

6月14日—8月12日 中共中央召开全国财经工作会议。会议听取了高岗、李富春关于经济计划的报告,李维汉关于利用、限制、改造资本主义工商业的意见的报告。在党中央和毛泽东的号召下,会议彻底地揭发和批判了税收、商业、财政、银行工作中在最近一个时期的某些严重错误。会议期间,高岗利用党批评财经工作中的缺点错误的机会,进行分裂党的活动,攻击刘少奇和周恩来等党和国家领导人。

6月15日 文艺界展开纪念爱国诗人屈原逝世 2230 周年活动。

同日 毛泽东在中共中央政治局扩大会议上第一次对党在过渡时期的总路线和总任务的内容作了比较完整的表述:"党在过渡时期的总路线和总任务,是要在十年到十五年或者更多一些时间内,基本上完成国家工业化和对农业、手工业、资本主义工商业的社会主义改造。这条总路线是照耀我们各项工作的灯塔。不要脱离这条总路线,脱离了就要发生'左'倾或右倾的错误。"

同日 我国著名运动员吴传玉和河北师范学院体育系副教授张文广在中华全国民主青年联合会第二次代表大会上,

当选为全国青联委员,北京市第九女子中学体育教师孙淑芳当选为候补委员。

6月16日 台湾"省政府"通过《放领耕地地价缴纳办法》,及修正通过《征收耕地地价补偿要点》。

6月18日 瞿秋白就义 18 周年纪念日,《文艺报》发表了他的三篇遗著:《非政治主义》、《鬼脸辩护》、《"打倒帝国主义"的古典》。底稿为鲁迅生前珍藏下来的。

6月19日 政务院召开第 183 次政务会议。会议批准农业部李书城部长作的《关于 1953 年春季农业生产情况的报告》。周恩来在讲话中指出,农业生产有一个过程,不能乱来。过去有急躁情绪,想一步登天,结果犯了错误。我们国家总是要搞社会主义的,社会主义成分是一天天地增加的,我们既反对保守思想,也反对急躁情绪。

6月22日—7月6日 新华书店全国管理委员会召开第六次(扩大)会议,规定了整顿巩固,注意提高发行工作的质量和效果,稳步地实行计划发行,逐步求得供需要平衡的方针。

6月23日 台湾"立法院"通过《省内烟酒专卖暂行条例》。

6月23日—7月2日 青年团第二次全国代表大会在北京举行。刘少奇代表中共中央致祝词。朱德到会讲话。毛泽东接见了大会主席团,他说,青年团要配合党的中心工作,但在配合党的中心工作当中,要有自己的独立工作,要照顾青年的特点。要使青年身体好,学习好,工作好。大会通过胡耀邦作的《团结全国青年,在建设祖国的伟大行列中奋勇前进》的工作报告和《中国新民主主义青年团团章》。选举产生了第二届中央委员会。7月4日,青年团二届一中全会选举胡耀邦、廖承志、刘导生、罗毅、王宗槐、荣高棠、区棠亮(女)、章泽、胡克实为团中央书记。

6 月 24 日　中国与捷克斯洛伐克共和国签订科学技术合作议定书。

6 月 25 日　政务院召开第 184 次政务会议。会议批准重工业部部长王鹤寿作的《关于重工业部 1953 年工作要点》的报告。通过了《各级人民政府人民监察机关设置人民监察通讯员通则》。

同日　为推动四年经建计划,台湾"行政院"通过《经济安定委员会组织章程》。

6 月 27 日　公安部向中共中央报送《关于托匪案件破获情况的报告》和《关于处理托匪案件原则和量刑标准》。7 月 10 日中共中央批转上述两个文件。

同日　政务院财经委员会批准林业部建立中国木材公司。

6 月 29 日　政务院发出《关于分配 1953 年下半年解决工作人员特殊困难用费的通知》。《通知》说,今年内,国家工作人员的津贴、工资不作普遍调整,为解决工作人员中的特殊困难,决定下半年增拨一笔费用。

6 月 30 日　政务院发出《关于今年内各类国家工作人员津贴、工资不作普遍调整及有关事项的通知》。《通知》说,今年全国灾情比较严重,国家财政收入减少,开支增加,决定今年内各类国家工作人员的津贴、工资不作普遍调整。

同日　毛泽东主席接见青年团第二次全国代表大会主席团,提出"要使青年身体好,学习好,工作好"。

7 月 1 日　《译文》杂志创刊。茅盾任主编。这是全国文协创办的介绍外国进步文学作品的刊物。1959 年 1 月改名为《世界文学》。

同日　"经济安定委员会"成立,俞鸿钧出任主任委员。

7 月 2 日　朱德总司令在中国新民主主义青年团第二次全国代表大会的讲话中,号召青年必须具有健康的身体。

7 月 3 日　滞留越南的国民党军队被分批运抵台湾。

7 月 5 日　中国体育代表团 2 人,由团长黄中率领在保加利亚索非亚参观保全民体育节。

7 月 6 日　中国进出口公司和英国工商业贸易代表团在北京签订商业协议。

7 月 7 日　中共中央、政务院转发《新疆省政府抽查政府部门统战工作的报告》。

同日　中央新闻纪录电影制片厂在北京成立。

7 月 9 日　政务院召开第 185 次政务会议。会议通过《政务院关于发放农业贷款的指示》。此件 8 月 31 日发出。会议通过了《政务院关于发动群众开展造林、育林、护林工作的指示》。

同日　文化部组织麦积山勘察团,吴作人任团长。

7 月 10 日　"大法官会议"通过两项"宪法"解释案。

7 月 13 日　中国人民志愿军发起金城战役。战役历时 2 个半月,共歼敌 12.3 万余人,收复 238 平方公里土地,有力地促进了停战的实现。

7 月 16 日　中国与匈牙利人民共和国签订了邮政及电信两个协定。

同日　福建海防部队进行东山岛保卫战。此战歼灭了国民党军 3300 余人,炸毁坦克 2 辆,击沉登陆舰艇 3 艘,击落飞机 2 架;国民党军对大陆沿海骚扰也被迫转为以小股武装为主;人民解放军也取得了反联合登陆的海岛防御作战的宝贵经验。

7 月 17 日　台湾军队出动两栖突击队,偷袭福建东山岛,被守岛中国人民解放军击退。

7月18日 政务院批复东北行政委员会,同意将哈尔滨、长春两市改划为中央直辖市,由东北行政委员会代管。

7月21日 政务院发出《关于中等专业学校毕业生分配工作的指示》。

7月22日 中共中央批准外事会议上制定的《关于1953年—1954年内进一步基本上肃清帝国主义国家在华残余势力的方案》的报告。报告说,据估计,帝国主义国家在华企业约有913家,职工12万余人,投资总值9万余亿人民币;在上海、天津、北京、青岛、广州、汉口、重庆7个主要城市拥有土地共14万余市亩,房屋合80余万折间。为利于我国的经济建设,必须在1953年—1954年内将帝国主义在华经济残余势力进一步基本上予以肃清。

同日 中共中央发出《关于新华社记者采写内部参考资料的规定》。主要包括:党的政策方针在各地贯彻执行中的情况和问题,特别是那些对领导机关有参考价值的实际工作中的困难、偏向、错误和缺点的情况等。

7月27日 朝鲜停战协定完全达成协议,双方首席代表正式在朝鲜板门店签字。我方代表团首席代表南日大将与对方代表团首席代表哈利逊中将先行签字,然后送朝鲜人民军最高司令官金日成元帅及中国人民志愿军司令员彭德怀将军与联合国军总司令克拉克上将分别签字。

同日 金日成元帅和彭德怀将军发布停战命令:①朝鲜人民军和中国人民志愿军的陆军、空军、海军、海防部队全体人员应坚决遵守停战协定,自1953年7月27日22时起,即停战协定签字后的12小时起,全线完全停火;在1953年7月27日22时起的72小时内,即停战协定生效后的72小时内,全线一律自双方已经公布的

军事分界线后撤2公里,并一律不得再进入非军事区一步。②朝鲜人民军和中国人民志愿军的陆军、空军、海军、海防部队全体人员应保持高度戒备,坚守阵地,防止来自对方的任何侵袭和破坏行动。

7月28日 高等教育部、教育部联合发出指示,确定工农速成中学自本年起逐步实行"工人返还制"。

7月31日 政务院公布第一百八十次政务会议通过的《关于加强高等学校与中等技术学校学生生产实习工作的决定》。

7月 中国青年艺术团参加在罗马尼亚布加勒斯特举行的第四届世界青年与学生和平友谊联欢节。河北民间舞《狮舞》,古典歌舞剧《闹天宫》、《水战》、《雁荡山》荣获集体舞一等奖;汉族民间舞《荷花舞》、《采茶扑蝶》荣获集体舞二等奖;《秋江》荣获独舞一等奖;《跑驴》获三人舞二等奖。

同月 台湾开始全面办理补偿地主被征收耕地地价。

8月1日 中央军委主席毛泽东、政务院总理周恩来联合签署命令,发布《关于各级气象机构转移建制领导关系的决定》。

同日 政务院发出《关于1953年暑期全国高等学校毕业生统筹分配工作的指示》。

同日 政务院发出《关于1953年暑、寒假高等学校和中等专业学校毕业生参加工作后一律实行工资制待遇的通知》。

8月2日—16日 中国体育代表队(包括男女篮球队、排球队、田径队、游泳队)80人,由领队黄中率领,参加了在罗马尼亚布加勒斯特举行的第一届国际青年友谊运动会。

8月4日 国际草地网球联合会致函中华全国体育总会,承认中华全国体育总

会代替前"中华全国体育协进会"为该会会员。

8月5日　中共中央批转公安部《关于文化保卫工作的指示》。

同日　蒋介石发表"致反共战俘文告",宣称台湾欢迎反共战俘。

8月6日　中共中央批转中央劳动就业委员会、内务部、劳动部《关于劳动就业工作的报告》。

同日　周恩来批准中侨委、高教部、教育部《关于长期收容处理华侨学生工作方针与方案的报告》。

8月8日　政务院批复青海省人民政府,同意省建政计划:①玉树藏族自治区,增划中格、优秀两县;②建立海南、海北、黄南、果洛四个藏族自治区;③将原都兰县一级的民族自治区,改建为蒙、藏、哈族联合自治区。以上均相当专区一级。政务院9月10日又批复,将原拟改建的都兰蒙、藏、哈族联合自治区定名为海西蒙、藏、哈萨克族自治区。

8月9日　在罗马尼亚布加勒斯特举行的第1届国际青年联欢节大学生运动会上,中国25岁运动员吴传玉以1分8秒4的成绩夺得男子100米仰泳冠军。这是中国在国际体育比赛中取得的首枚金牌。

8月10日　毛泽东为人民解放军公安部队首届功臣模范代表会议题词:"提高警惕,保卫祖国。"

8月11日　周恩来在1953年夏季全国财政经济工作会议上作结论。周恩来说,近四年来的财政经济工作,头三年成绩是主要的,缺点和错误也是有的。近半年多,工作也做得不少,成绩还是有的,但错误却很突出。主要表现在以下几个方面:①修正税制的错误是很显然的,实施的结果,使税负公重于私,工重于商,打击了工业,帮助了私营商业,并使市场一度

发生混乱。②征收农业税,评产偏高,黑地算多了,农民负担有畸重畸轻的毛病。③商业工作,今年1月份商业厅局长会议后所造成的缩小国营商业阵地和某些市场脱销,利于私营经济发展,不利于国营经济、合作社经济的发展。④财政部门中某些同志有一种脱离党的政策的单纯财政观点,把财政收入当做最高目的,不顾经济的发展,不顾党的政策。编制今年预算的收入部分,有相当大的科目是虚假、膨胀的。⑤银行利息最近一年中没有及时调整。⑥财政、金融、贸易系统的政治工作和党的生活薄弱。今后财政经济工作的方针任务:第一,财政工作的任务是,合理地从增加生产、扩大物资交流方面去培养财源。财政体制是,在中央统一领导和计划下,划定职权范围,分级管理,层层负责。在国家统一预算内实行三级(中央、省市和县)预算制度,划分中央和地方收支范围。第二,税收工作的任务是,一方面要能更多地积累资金;另一方面要调节各阶级收入,有利于巩固工农联盟。税收政策是,对公私企业区别对待。农业税应坚决实行"种多少田地、应产多少粮食、依率计征、依法减免、增产不增税"的政策。第三,商业工作的任务是,从扩大城乡互助、内外交流中,稳定市场,促进工农业生产发展,增加国家税收和合理利润。商业政策是,大力巩固和有计划有步骤地发展国营商业。第四,粮食管理工作的任务是,切实组织征购,妥善调节支出,正确掌握价格,严密市场管理,加强调运保管。10月10日中共中央批转周恩来的结论,并要求县以上干部进行学习。

8月12日　毛泽东在全国财经工作会议上讲话。他说,这次会议开得很好,周总理的结论也作得好。现在我们可以看出,在"三反"、"五反"运动之后,党内有

两种性质的错误。一种是一般性的错误，如"五多"，大家都可能犯，什么时候都可能犯。另一种是原则性的错误，如资本主义倾向。去年12月提出"公私一律平等"的新税制。新税制的错误，是离开了党的总路线的问题。主要应当批判有利于资本主义，不利于社会主义的资产阶级思想。不仅在中央有，在大区和省市两级也有。各大区和省市要开一次会，根据七届二中全会的决议和这次会议的结论，检查自己的工作，借以教育干部。

8月13日　台湾"行政院"通过《戡乱时期检肃匪谍联保办法》。

8月14日　政务院发出《关于处理1953年国营企业工资及年终双薪问题的指示》。

同日　政务院发布《严禁挖掘坟墓盗取财物或任意平毁坟墓抛弃尸骨》。

同日　政务院发出《关于各级人民政府工作人员休假制度暂行规定补充通知》。

8月17日—9月22日　周恩来、陈云、李富春率中国政府代表团访问苏联，就五年计划轮廓草案与苏联有关方面交换意见，重点是争取苏联的援助。经过会谈，公布了《中苏关于中国长春铁路移交中华人民共和国政府的公报》和中苏两国外交部长《关于延长共同使用中国旅顺口海军基地期限的换文》。

8月18日　教育部党组向中共中央报送《关于解决学龄儿童入学和小学毕业生升学问题的报告》。8月23日中共中央批转此报告。

8月19日　我国第一部《中华人民共和国药典》正式出版。

8月20日　政务院召开第186次政务会议。会议批准水利部部长傅作义作的《关于农田水利工作的报告》。

同日　台湾军方与美国第七舰队共同举行全岛性训练大演习。

8月21日　青年团中央发出关于青年团第二次全国代表大会通过的把"中国少年儿童队"改名为"中国少年先锋队"的决定及对这一决定的说明。1954年6月1日，团中央公布了《中国少年先锋队队章》。

8月22日　美国第七舰队司令克拉克声明，台湾军队如决定反攻大陆，无须事先与美国商量，第七舰队奉命不干涉，不会采取任何妨碍进攻大陆的行动。

8月23日　台湾官商勾结盗伐八仙山林木案，有官商11人今天被提起公诉。

同日　台湾"行政院"公布《台湾省临时议会组织规程与议员选举罢免规程》。

8月24日　外交部部长周恩来就联合国关于政治会议问题发表声明：①政治会议应采取圆桌会议的形式，即朝鲜停战双方在其他有关国家参加之下共同协商的形式，而不采取朝鲜停战双方单独谈判的形式。会议的任何决议，必须得到朝鲜停战双方的一致同意，才能成立。②政治会议的职权范围，应根据朝鲜停战协定第60款的规定，先行协商从朝鲜撤退一切外国军队，及和平解决朝鲜问题，然后再讨论其他问题。③凡以军队参加联合国军在朝鲜进行战争的国家，可被考虑作为停战的一方参加会议。④联合国大会有责任将一切有关政治会议问题的各项提案和建议随时通知中朝两国政府。联合国大会的任何建议，如果符合于本声明中前述的各项原则，我国政府将予考虑作为举行政治会议的基础。

8月27日　政务院召开187次政务会议。会议批准邮电部部长朱学范作的《关于邮电工作基本情况与1953年下半年工作部署的报告》。

8月31日　政务院发出《关于发放农

贷的指示》。

同日　周恩来批示,同意公安部部长罗瑞卿关于高级干部及高级民主人士出国不必再经公安部审查的请示。

9月1日　中国人民解放军军事工程学院成立,并举行第一期学员开学典礼。陈赓出任院长兼政治委员。该院专门负责培养各兵种军事工程人员和国防技术人员。

同日　中南体育学院在南昌成立(1955 年中南体育学院由南昌迁武汉,1956 年改称武汉体育学院)。

9月3日　政务院召开第 188 次政务会议。会议批准民委副主任委员刘格平报告民委第 3 次(扩大)会议《关于推行民族区域自治经验的基本总结》和《关于内蒙古自治区及绥远、青海、新疆等地若干牧业区畜牧业生产的基本总结》。

9月4日　中共中央发出《关于城市建设中几个问题的指示》。《指示》要求对重要工业城市规划工作加紧进行,争取尽可能迅速地拟订城市总体规划草案,报中央审查。

同日　政务院批复华北行政委员会主席刘澜涛,原则同意将成吉思汗灵柩,从青海塔尔寺移回内蒙古伊克昭盟,并兴建陵园。1953 年内可由内蒙古、绥远两政府负责做好设计,1954 年奠基动工。

同日　台湾“考试院”公布《台湾省县市长候选人资格检肃规则》。

9月6日—28日　中国参加人民民主国家国际赛马大会代表团 4 人,由团长卜云龙率领,在波兰华沙参加国际赛马大会。

9月7日　毛泽东召集民主党派和工商界代表谈话,着重讲述了党在过渡时期对资本主义工商业进行社会主义改造的方针政策。毛泽东说,占有大约 380 万工人、店员的私营工商业,是国家的一大财富,在国计民生中有很大作用。党的方针是,经过国家资本主义,完成对私营工商业的社会主义改造。实行国家资本主义,要稳步前进,不能太急,至少需要 3 年至 5 年时间。实行国家资本主义,不但要根据国家的需要和可能,而且要出于资本家的自愿。

9月8日　周恩来在政协第 49 次常务委员会扩大会议上以《过渡时期的总路线》为题作报告。

同日　教育部批复广州市教育局,并转告各地教育行政部门:对私立补习学校要进行检查并加强管理。

9月10日　文化部党组向中共中央报送《关于目前文化艺术工作状况和今后改进意见的报告》。1954 年 1 月 8 日中共中央批转此报告。

9月10日—23日　高等教育部召开第一次全国综合大学会议。

9月12日　刘少奇副主席主持召开中央人民政府委员会第 24 次会议。会议听取中国人民志愿军司令员彭德怀关于中国人民志愿军抗美援朝工作的报告。毛泽东主席在会上讲话说,抗美援朝的胜利,领导方面是一个因素,但主要是因为我们的战争是人民的战争,全国人民的支援,中朝两国人民的并肩战斗。我们同美国帝国主义这样的敌人(武器比我们强多少倍)作战,能够打胜,打的结果,迫使它不能不和下来。为什么能够和下来?①在军事方面,美国侵略者处于不利状态,挨打状态。如果不和,它的整个战线就要被打破,汉城就可能落入朝鲜人民之手。②政治方面,敌人内部有许多不能解决的矛盾,全世界人民要求和下来。③经济方面,敌人在侵朝战争中用钱很多,它的预算收支不平衡。这几个原因合起来,使得敌人不得不和。当然我们也付出了代价。志愿军伤亡 33.6 万人，其中死 12 万人。用钱方面，初步算了一下，总共用了 60 万亿元人民币（合 24 亿美元），只等于美国耗用的 1/8。抗美援朝战争的胜利是伟大的，是有很重要意义的。会议通过《中央人民政府委员会给中国人民志愿军慰问电》。

9 月 13 日 外交部部长周恩来致电联合国秘书长哈马舍尔德。电报说，中国政府对于联合国大会第 430 次全体会议关于政治会议成员问题的决议表示不能完全同意。为尽速采取步骤来扩大政治会议的成员，使这个会议得以迅速召开，特提出如下建议：①参加政治会议的成员国，应为在朝鲜交战双方的全体国家，包括朝鲜民主主义人民共和国及南朝鲜在内，以及被邀请的有关中立国家苏联、印度、印度尼西亚、巴基斯坦、缅甸。②政治会议应采取圆桌会议形式。但政治会议的任何决议必须得到朝鲜交战双方的一致同意。③为使政治会议问题得以顺利解决，并为以和平协商方式解决国际争端树立典范，第八届联合国大会在讨论扩大政治会议成员问题时，应邀请中华人民共和国中央人民政府及朝鲜民主主义人民共和国政府派遣代表出席大会，共同协商。④在政治会议的成员问题经过协商解决之后，朝鲜交战双方应即对会议的地点和时间进行商洽和安排。

9 月 14 日 刘少奇副主席主持召开中央人民政府委员会第 25 次会议。会议批准陈云副总理兼中财委主任作的《关于财政经济工作的报告》。

9 月 15 日 高岗副主席主持召开中央人民政府委员会第 26 次会议。会议批准政务院财经委副主任李富春作的《关于与苏联政府商谈苏联对我国经济建设援助问题的报告》。李富春说，连同过去 3 年来帮助我国设计的企业在内，至 1959 年，苏联政府将帮助我国新建与改建 141 项规模巨大的工程。这些企业建成以后，我国的工业生产能力将大大提高。我国的工业化将获得一个稳固的基础。会议通过中央人民政府主席毛泽东致苏联部长会议主席马林科夫的感谢电。感谢苏联政府同意在建设和改建中国的 141 项企业中给以系统的经济的和技术的援助。

同日 高等教育部、教育部联合颁发《工农速成中学第一、二、三类教学计划（修订草案）》。

同日 台湾"立法院"通过《公务人员任用法》。

9 月 16 日 全国国画展览会开幕。

9 月 16 日—10 月 6 日 中国文学艺术工作者第二次代表大会在北京召开，同时召开全国剧协全委扩大会，决定全国剧协改组为中国戏剧家协会，田汉任主席，欧阳予倩、梅兰芳、洪深任副主席。

9 月 16 日、17 日 高岗副主席主持召开中央人民政府委员会第 27 次会议。会议通过政务院政法委副主任彭真作的《关于政治法律工作的报告》。会议通过郭沫若副总理兼文教委主任作的《关于文化教育工作的报告》。会议批判了政协委员梁漱溟的错误言论。梁漱溟在 16 日的中央人民政府委员会会议上发言说，我在政协全委会扩大会议第 3 小组会上发言曾说过，周总理报告中提到的总路线是没有什么问题的，问题在于做的时候很不容易做好。我也提到工农生活悬殊，有"九天九地"之差，革命在农村，但进了城却忘了农民，人力、财力都集中于城市等等。但我没有不同意总路线。

梁漱溟发言说，我唯一的要求是给我说话的时间，我要把事情都说清楚，说明白。再不给我充分说话的时间，是不公平的。共产党不会如此吧。我也还想考验一下领导党，我还想看一看毛主席有无雅量。毛泽东在大家的发言过程中作了多次插话。他说，梁漱溟反共反人民。在我们同国民党两次和平谈判的紧要关头，梁的立场是完全帮助蒋介石的。他是用笔杆子杀人，杀人不见血。香港的反动报纸也说梁先生是大陆上"最有骨气的人"，台湾的广播也大捧他。梁漱溟提出的所谓我们进了城市忘掉了农村，说什么"工人在九天之上"，"农民在九天之下"，还说党、团、妇联等也靠不住。这不是赞成总路线，是完全的彻底的反动思想，人民政府是不能采纳的。如果按照梁漱溟的办法去做，不是依靠农民自己劳动生产来增加他的收入，而是把工人的工资同农民的收入平均一下，拿一部分给农民，那不是要毁灭中国的工业吗？

9 月 18 日　高岗副主席主持召开中央人民政府委员会第 28 次会议。会议听取中央选举委员会委员邓小平关于推迟召开全国人民代表大会及地方各级人民代表大会的决议的说明。会议通过了这个决议。决议说，全国基层选举工作，一般推迟到 1954 年 1 月底以前完成；有些省市如有困难，尚可根据当地工作情况，推迟到 1954 年 3 月底以前完成。县人民代表大会的召开，一般应于 1954 年 2 月底以前完成；有些省份如有困难，尚可推迟到 1954 年 4 月底以前完成。至于省、市人民代表大会的召开时间，应与全国人民代表大会的召开时间相衔接。

同日　中央人民政府委员会第 28 次会议通过任命中央人民政府体育运动委员会委员：于北辰、马约翰、王纪元、韦愨、车向忱、田德民、刘子久、刘加林、刘裴、萧华、萧克、苏井观、陈沂、朋斯克、吴克坚、吴蕴瑞、杨成武、贺龙、荣高棠、徐英超、曾

昭抢、曾震五、黄中、章泽、傅秋涛、蔡廷锴、蔡树藩。

9 月 19 日　引黄灌溉济卫工程已全部修建完成。

9 月 20 日—28 日　中华全国音乐工作者协会召开全国委员会扩大会议，会议决定中华全国音乐工作者协会改组为中国音乐家协会（简称中国音协）。

9 月 21 日　中国和锡兰两国政府签订 1954 年买、卖大米和橡胶的两项合同，并决定将 1952 年 10 月签订的中锡贸易协定自 1954 年 1 月 1 日起延长两年。

9 月 22 日　教育部颁发《试行小学"四二制"教学计划（草案）》。

9 月 23 日—10 月 6 日　中国文学艺术工作者第二次代表大会在北京怀仁堂举行。出席大会的正式代表 581 人，列席代表 189 人。郭沫若致开幕词。周恩来作《为总路线而奋斗的文艺工作者的任务》的报告。周扬作《为创造更多的优秀的文学艺术作品而奋斗》的报告。会议期间，文联和各协会通过了章程，进行了改组。文联定名为中华全国文学艺术界联合会。选举郭沫若为主席，茅盾、周扬为副主席，委员 21 人。

9 月 24 日　政务院召开第 189 次政务会议。会议批准地质部部长李四光作的《关于 1953 年上半年地质工作情况和今后的工作布置的报告》。

9 月 25 日　政务院通知，为了加强对私营工商业的领导，决定政务院财政经济委员会关于这方面的分工由李维汉副主任负责，并设立财委第六（资字）办公厅。

同日　中国和波兰两国政府在北京签订关于 1953 年货物周转及付款协定。协定规定，波兰将向中国出口机器、压延金属、人民生活必需品等；中国将向波兰出口矿产品、大豆、粮食及人民生活必需

品等。

同日　台湾"立法院"通过《第一届"国民大会"代表出缺递补补充条例》。

9月26日　著名画家、中央美术学院院长、中国美协主席徐悲鸿在北京逝世。

9月27日　政务院转发国家计划委员会《关于编制国民经济年度计划暂行办法（草案）》。

同日　蒋介石决定采纳"行政院"建议，批准第一届"国民大会"继续行使职权，至次届"国民大会"依"法"召集开会之日止。

9月28日　周恩来总理接见了日本拥护和平委员会主席大山郁夫教授，并就中日关系发表谈话。周恩来说，日本军国主义分子的对外侵略罪行，不仅使中国人民和远东各国人民遭受了巨大的损失，同时更使日本人民蒙受了空前未有的灾难。我相信，日本爱好和平的人民将会记取这一历史教训。我们是主张恢复与世界各国的正常关系，特别是与日本的正常关系的。中日两国之间的贸易关系，必须建立在平等互利的基础之上。关于在中国的日本战犯，我国政府将本着宽大精神，处理其中一部分罪恶较轻者，并准备在最近释放一批。

9月29日　邓小平副总理举行宴会，招待西藏及其他藏族地区国庆观礼代表。邓小平发表讲话说，今天到会的共有200多位，包括西藏及其他藏族地区的各方面的代表，这是一个盛会，表现着祖国的民族团结更加亲密了。几年来我们在实现毛泽东主席的民族政策方面的成就是显著的、巨大的。西藏及其他藏族地区几年来各方面的进步和发展都是很大的，这是和达赖喇嘛、班禅额尔德尼以及其他爱国的先生们和藏族人民的努力分不开的，是和中国人民解放军以及进藏的汉族干部对藏族的帮助分不开的。希望今后获得更大的进步和发展。

同日　我国自制飞机成功。

9月30日　政务院发布《关于发动群众开展造林、育林、护林工作的指示》。

9月　全国中等专业学校调整、整顿工作基本完成。学校数由原来的794所调整为651所。

10月1日　新华总社建立北京—广州间无线电传真。总社将图片传至中国新闻社广州摄影组，由他们妥送香港，供大公、文汇、新晚等报刊用。

同日　台湾"省教育厅"通令"国民学校"审查学校全部图书，若有违禁书籍一律封存列册报厅销毁。

10月2日—7日　全国田径、体操、自行车运动大会在北京举行。

10月3日　中国政府与匈牙利人民共和国政府签订科学与技术合作协定。

10月4日　中国文学工作者代表大会通过《中国作家协会章程》。将中华全国文学工作者协会改组为中国作家协会。10月9日，中国作家协会理事会选举茅盾为主席。

同日　中华全国戏剧工作者协会改组为中国戏剧家协会，田汉任主席。

同日　中华全国美术工作者协会改名中国美术家协会，推选齐白石为美协主席。

10月5日　中国政府和德意志民主共和国政府协议，将两国外交使团改为大使馆并互派大使。

10月6日　政务院命令，批准中国人民银行总行关于《灾区到期农贷减免缓收处理办法》。《办法》规定，凡灾区农业贷款户所欠国家银行1953年到期农贷，得酌情免收本息一部或全部。

10月8日　政务院召开第190次政

务会议。会议批准交通部部长章伯钧作的《关于交通工作的基本情况与今后方针任务的报告》。

同日 外交部部长周恩来发表声明：中华人民共和国中央人民政府完全赞同苏联政府关于召开法、英、美、苏联和中国五大国外长会议的建议。由五大国的外长会议来审查缓和国际紧张局势的措施，是符合全世界爱好和平人民的愿望的。

10 月 10 日 陈云在全国粮食会议上作《实行粮食统购统销》的讲话。陈云说，在粮食问题上，有四种关系要处理好，这就是：国家跟农民的关系，国家跟消费者的关系，国家跟商人的关系，中央跟地方、地方跟地方的关系。处理这些关系所要采取的基本办法是，在农村实行粮食征购，在城市实行粮食定量配给。名称可以叫做"计划收购"、"计划供应"，简称"统购统销"。

同日 周恩来总理就美国政府关于政治会议的 3 项通知发表声明。同意由朝中两国政府指派代表与美国代表进行关于政治会议问题的会谈，会谈主要应当解决政治会议的成员问题，会谈地点在朝鲜板门店为宜。

10 月 11 日 政务院公布第 180 次政务会议通过的《关于修订高等学校领导关系的决定》。废除 1950 年 8 月 2 日发布的《关于高等学校领导关系的决定》。根据政务院的规定，高等教育部于 11 月 13 日发出通知，确定 148 所高等学校的直接管理关系。其中由高等教育部管理的 8 所，中央各业务部管理的 30 所，大区行政委员会管理的 72 所，省、市、自治区管理的 38 所。

同日 政务院颁发本年高等学校院系调整方案。至本年底，除农林、医药的系科专业设置尚须继续调整外，一般高等学校的院系调整工作基本完成。经过调整，全国共有高等院校 182 所。

10 月 12 日 政务院发布《关于在基本建设工程中保护历史及革命文物的指示》。

10 月 14 日 国家体委、高等教育部、教育部发出关于正确发展学校体育运动、防止伤害事故的联合指示。

同日 台湾当局与美国、泰国签订关于缅甸境内国民党游击队撤退计划。

同日 台湾实施"耕者有其田"案处理委员会通过《实施耕者有其田公营事业转移民营及民营后辅导办法》，并决定将工矿、农林、纸业、水泥 4 公司出售民营。

10 月 15 日 政务院发布命令：为了厉行节约，发扬艰苦朴素的优良作风，以便加强和集中力量顺利地实现国家建设计划，特规定：今后各级政府、军队、党派、团体各系统的任何负责人员，凡赴各地视察、参观、休养或旅行时，当地负责人员一律不许接送、宴会和送礼。除因视察工作须有当地有关人员随同前往外，一般参观游览可由招待人员引导，无须当地负责人陪同。各系统负责人员亦不得向当地负责人员作上述各种要求。

同日 中国与匈牙利人民共和国、波兰人民共和国、罗马尼亚人民共和国、保加利亚人民共和国分别签订了广播合作协定。

10 月 15 日、11 月 4 日 毛泽东两次同中共中央农村工作部负责人谈话。他说，各级农村工作部要把互助合作看做极为重要的事，对于农村阵地，社会主义不去占领，资本主义就必然会去占领。办合作社要有控制数字，摊派下去。摊派而不强迫，不是命令主义。"纲举目张"，社会主义和资本主义的矛盾，并且逐步解决这个矛盾，这就是纲。总路线就是逐步改变生产关系。在三亩地上"确保私有"，搞借贷、租佃、雇工、贸易"四大自由"，结果就是发展少数富农，走资本主义道路。到明年秋收前，合作社要发展到三万二千多个，要积极领导，稳步发展。

10 月 15 日 出版总署印刷管理局在上海创办上海印刷学校，培养印刷技术人才。

10 月 16 日 中共中央通过《关于实行粮食的计划收购与计划供应的决议》。11 月 15 日又作出《关于在全国实行计划收购油料的决定》，后来国家又对棉花和棉布实行了计划收购和供应。

10 月 20 日 现代中国美术展览会在日本神户举行。

10 月 23 日 董必武出席中华全国工商业联合会会员代表大会，并代表政务院致词。要求私营工商业者，爱国守法，清除五毒，纠正唯利是图的思想和作风，希望工商界的代表人物，对此作积极的努力。

10 月 25 日 国际业余摔跤联合会接纳中华全国体育总会为临时会员。1954年 5 月 20 日在日本东京召开的国际业余摔跤联合会代表大会上，一致通过中华全国体育总会为该会正式会员。

10 月 26 日—11 月 5 日 中共中央召开第三次农业互助合作会议，总结农业互助合作运动的经验，讨论《关于发展农业生产合作社的决议（草案）》。

10 月 27 日 为纪念中国人民志愿军出国作战 3 周年，朝鲜最高人民会议常任委员会在志愿军领导机关驻地桧仓举行隆重的授勋典礼，分别授予志愿军领导人和 165 名英雄、模范和功臣代表各种勋章和军功章。另外，荣获"朝鲜民主主义人民共和国英雄"称号的还有杨春增、杨育才，李家发、许家朋。

10 月 28 日 台湾省推行"渔者有其船"政策，第一批放领渔船在高雄市举行下水礼。

10 月 29 日 政务院召开第 191 次政务会议。会议批准铁道部部长滕代远作的《关于铁道工作情况及今后工作部署的报告》。

同日 政务院批准《中国银行条例》。条例规定，中国银行特许为外汇专业银行，以股份有限公司之组织设立之。中国银行股本总额定为人民币 1980 亿元，分为60 万股，每股 33 万元；公股 40 万股，私股 20 万股，均一次缴足。

同日 国家计划委员会向中共中央报送《关于当前增产节约情况的报告》。11 月 8 日中共中央批转此报告。

同日 政务院发布《关于中央人民政府任免国家机关工作人员新闻发布办法的规定》。规定凡不属于新华通讯社及北京《人民日报》发表所列范围者，如有必要交由新华通讯社、北京《人民日报》发表时，须经政务院批准。

同日 中国国际贸易促进委员会和日本国会议员促进日中贸易联盟在北京签订第二次中日贸易协议。该协议以1952 年 6 月 1 日签订的中日贸易协议为基础，规定每方购入与售出各为价值 3 千万英镑的货物。

10 月 30 日 邓小平批复公安部部长罗瑞卿和交通部王首道副部长，同意对外轮进入和停泊我国港口是否升挂我国国旗一事，政府不作明文规定；但对未挂我国国旗之外轮，可拒绝办理入港手续。

同日 中国与德意志民主共和国签订技术与科学技术合作协定。

10 月 中华全国体育总会致电亚洲乒乓球联合会，抗议该会非法接纳台湾蒋帮为会友，要求该会立即将台湾蒋帮驱逐出亚洲乒乓球联合会。

11月1日　中央体育学院在北京成立(1956 年改称北京体育学院)。

11月5日　政务院召开第 192 次政务会议。会议通过《政务院关于国家建设征用土地办法(草案)》。中财委第四办公厅主任廖鲁言对《办法》草案作了说明。

同日　上海电影制片厂摄制的越剧片《梁山伯与祝英台》完成,这是新中国第一部彩色片。

11月8日—12日　全国民族形式体育表演及竞赛大会在天津举行。运动会有武术、骑术、举重、摔跤、射箭、拳击、民间体育等项目,380 名运动员参加了竞赛和表演。

同日　美国副总统尼克松抵达台湾。

11月9日　中共中央发出《关于精简行政编制的通知》。

11月10日　政务院发出《关于编造1954 年预算草案的指示》。

11月11日　政务院召开第 193 次政务会议。会议批准中央贯彻婚姻法运动委员会副主任刘景范作的《关于贯彻婚姻法运动的总结报告》。

11月12日　国民党召开七届三中全会。

11月12日—25日　朝鲜民主主义人民共和国内阁首相金日成元帅率领朝鲜政府代表团访问中国。中国政府和朝鲜政府代表团,于 11 月 14 日至 22 日举行了谈判。11 月 23 日周恩来总理和金日成首相签订了中朝经济及文化合作协定,两国政府发表了谈判公报。公报说,中国政府决定将 1950 年 6 月 25 日至 1953 年 12 月31 日中国援朝的一切物资和费用(共计为人民币 72952.89 亿元),无偿地赠给朝鲜政府;并决定从 1954 年至 1957 年 4 年内再拨人民币 8 万亿元,无偿地赠给朝鲜政府,作为恢复其国民经济之费用。双方还

协议,中国政府将用上述款项供应朝鲜以有关恢复工农业生产和改善人民生活的各种物资。中国政府将协助朝鲜政府修建遭受破坏的铁道系统并供应机车、客车、货车,同意朝苏两国联合经营的朝苏航空会社的航线经过中国东北境内;同意朝鲜派遣技工和技师前来中国实习,中国派遣技工前往朝鲜协助工作;同意接受朝鲜派遣学生来中国各大学和各专科学院学习。在朝鲜政府代表团访问期间,毛泽东接见并设宴招待金日成首相及其率领的政府代表团。

11月14日　我国第一个制造精密工具的工厂——哈尔滨量具刃具厂建成。

同日　蒋介石在国民党七届三中全会上发表《民生主义育乐两篇补述》。

11月14日—15日　中华全国体育总会代表团 4 人,由团长黄中率领,在法国巴黎参加国际足球联合会临时代表大会。

11月14日—16日　中华全国体育总会代表张之槐等 3 人,在罗马尼亚布加勒斯特参加国际排球联合会代表大会。

11月16日　中共中央作出《关于成立国家计划委员会及干部配备方案的决定》,决定在中央人民政府下建立国家计划委员会,以加强对国家建设的集中领导。

11月17日　体委党组向中共中央报送《关于加强人民体育运动工作的报告》。1954 年 1 月 8 日中共中央批转此报告,并批示,改善人民的健康状况,增强人民体质,是党的一项重要政治任务。同时体育运动还是培养人民勇敢、坚毅、集体主义精神和向劳动人民进行共产主义教育的重要手段之一。各级党委对人民体育运动事业,必须予以充分重视,加强领导。要协助政府配备必要的干部,建立和充实各级体育运动委员会,使群众性的体育运

动首先在厂矿、学校、部队和机关中切实地开展起来。

11月19日　政务院召开第194次政务会议。会议通过《政务院关于实行粮食计划收购和计划供应的命令》、《粮食市场管理暂行办法》。粮食部部长章乃器对《命令》和《办法》作了说明。陈云在讲话中指出，粮食计划收购和计划供应是件大事。它与全国每一个人都有关系。实行计划收购与计划供应，可能出毛病；不实行，整个市场可能出乱子。两者比较，还是搞到了粮食比较好，所以要采取新措施。上述两个文件11月23日发布。

11月23日　台湾当局声明，反对美国将琉球群岛之奄美大岛交予日本。

11月24日　政务院扫除文盲工作委员会发出《关于扫盲标准、扫盲毕业考试等暂行办法的通知》。

同日　中央人民政府决定派遣中国语文教员出国教学，以促进文化交流，加强国际友谊。高等教育部为此发出《关于派赴苏联、东欧各兄弟国家中国语文教员的规定》。

11月26日　政务院召开第195次政务会议。会议通过《中华人民共和国和朝鲜民主主义人民共和国经济及文化合作协定》，提请中央人民政府委员会批准。会议听取教育部部长张奚若作的《教育部关于第二次全国教育工作会议的报告》和《教育部关于全国高等师范教育会议的报告》。通过《政务院关于整顿和改进小学教育的指示》和《政务院关于改进和发展高等师范教育的指示》。

11月27日　高等教育部发出《高等学校培养研究生暂行办法（草案）》。

同日　南朝鲜"总统"李承晚抵台访问。

11月28日　中财委向中共中央报送《关于目前副食品的产销情况及今后措施的报告》。12月1日中共中央批转此报告。

同日　政务院复电东北行政委员会并公安部、外交部、内务部、侨委：苏联政府根据今年3月大赦令减刑释放340名华侨，拟于本月底，在奥德堡站交我方。经研究，同意接收该批华侨归国。

11月30日　政务院通知，前发《奖励学习俄文试行办法》，执行起来有困难。为了更切实有效地鼓励和奖励国家工作人员学习俄文，必须从各地区、各部门的具体情况出发，区别对待，不必强求一致。奖励费用，一律在本单位经费中自行解决。

同日　中国政府和印度尼西亚共和国政府签订贸易协定。

11月—12月　中共中央发出《关于分期分批调配工业干部的通知》、《关于统一调配干部，团结、改造原有技术人员及大量培养训练干部的决定》、《关于加强干部管理工作的决定》及《关于加强干部文化教育工作的指示》，要求像战争年代选派大批干部到军队中去一样，下决心抽调大批地委级以上的优秀干部到工业战线上去，培养他们成为工业建设的领导骨干。此外，根据统一调整、重点配备、大胆提拔的原则，对全国地委以上党政机关和各厂矿企业进行一次全面调查，抽调一批条件适合的干部转入厂矿企业。

11月—12月　中华全国合作社联合总社召开了第三次全国手工业生产合作会议。会议确定：对手工业进行社会主义改造的方针是积极领导、稳步前进；组织形式是由手工业生产小组、手工业供销生产社到手工业生产合作社；方法是从供销入手，实行生产改造；步骤是由小到大，由低级到高级。

12 月 2 日　台湾"省教育厅"通知各县市,对电影片检查一律按新电影检查标准实施。

12 月 3 日　政务院召开第 196 次政务会议。会议通过《1954 年国家经济建设公债条例》和《政务院关于发行 1954 年国家经济建设公债的指示》。《条例》规定,本公债发行总额为人民币 6 万亿元。1954 年 1 月开始发行,利率为年息 4 厘,本金分 8 年作 8 次偿还。《指示》说,1954 年是我国第一个五年建设计划的第二年,经济建设所需资金,数目较巨,必须从多方面筹集。这次公债,预定在城市推销 42000 亿元,在农村推销 18000 亿元。推销方法,在城市,采取由人民自愿、一次认购的方法。在农民中,可采取定额分配与自愿认购相结合的方法。两个文件于 12 月 9 日公布。会议批准建筑工程部副部长万里作的《关于建筑工程部目前工作情况和今后任务的报告》。

同日　周恩来向毛泽东等领导同志报送《苏联政府 5 项货款逐年偿还初步计算》的报告。报告说,我国政府于 1954 年至 1963 年 10 年间将偿还苏联政府如下 5 项贷款:贸易贷款,援朝军事贷款,橡胶贷款,60 个步兵师武器贷款和海军贷款。总额共为 40.08 亿卢布。5 项贷款总额中,除 1954 年及 1963 年两个年份内各需偿还 1.81 亿卢布外,自 1955 年至 1962 年 8 个年份内,每年平均约需偿还 4.5 亿卢布左右,利息另计。

12 月 4 日　毛泽东提出海军建设总方针。毛泽东在中共中央政治局扩大会议审查海军建设五年计划方案时指出海军建设的近期和长期任务,建设海军的大体步骤和基本条件。这是新中国成立初期关于海军建设总方针的完整表述。

12 月 5 日　政务院命令公布《中央人民政府政务院关于征用土地办法》。

12 月 6 日　外交部部长周恩来发表声明,严厉谴责联合国大会非法通过诬蔑朝中人民部队的决议。声明指出,联合国大会公然根据美国政府所捏造的朝中人民部队对联合国军战俘和朝鲜平民施行"暴行"的报告,通过了一项由美国挟持着 4 个仆从国家联合提出的"表示严重关注"并"谴责"所谓"暴行"的决议案。这一决议显然是非法的、诽谤的、无效的,中国人民对此表示无限的愤慨。我受权代表中华人民共和国中央人民政府,对于联合国大会这一行动,提出严厉谴责。

12 月 7 日　政务院电告东北行政委员会副主席林枫并内务部和中国人民救济总会:金日成首相在北京谈判时商定,朝鲜在东北的难童 22735 名于今后 3 年内,即自 1954 年 1 月起至 1956 年 12 月止,仍由我国继续给予抚养和教育。教养这些难童所配备的朝鲜工作人员 7186 名及其家属 1417 名所需费用,亦仍由我国继续供给。

同日　全国军事系统党的高级干部会议在北京召开。

同日　农业部提出了《国营农场工作基本总结及五年发展计划方案》。

同日　台湾"行政院"公布《第一届国民大会职业团体及妇女团体代表缺额补充办法》。

12 月 9 日　李济深副主席主持召开中央人民政府委员会第 29 次会议。会议通过政务院提请批准的《中华人民共和国和朝鲜民主主义人民共和国经济及文化合作协定》和《1954 年国家经济建设公债条例》。

12 月 10 日　政务院召开第 197 次政务会议。会议批准《第二次全国民政会议决议》。听取内务部部长谢觉哉作的《关于第二次全国民政会议的报告》。

12月11日 徐悲鸿遗作展览会在北京中山公园开幕，展出油画、国画、素描、粉画作品226件，周恩来前往参观。

同日 董希文的油画《开国大典》完成，得到中央领导的好评。

同日 台湾"立法院"通过《妨害国家总动员惩罚条例》。

同日 台湾当局下令对投向人民怀抱的"国大代表"唐生智、傅作义等进行通缉。

12月16日 中共中央作出《关于发展农业生产合作社的决议》。

12月17日 政务院召开第198次政务会议。会议通过《政务院关于开展冬季农业生产工作的指示》《政务院关于增产油料作物的指示》《输出输入商品检验暂行条例》。

12月19日 政务院发出《关于宗教工作掌管问题的指示》。《指示》说，对天主教、基督教工作，由各级宗教事务处掌管；佛教、道教和伊斯兰教工作，由各级民族事务委员会掌管；无民族事务委员会又无宗教事务处的地区，由政府办公厅（室）或民政部门掌管。

12月23日 中苏两国交换文件，把苏制喷气式飞机米格—15比斯（含发动机）和教练机雅克—18（含发动机）的制造权转让给中国，并提供成套技术资料和样机。

12月24日 政务院召开第199次政务会议。会议批准文化部部长沈雁冰作的《文化部1953年工作的报告》《政务院关于加强电影制片工作的决定》《政务院关于建立电影放映网与电影工业的决定》。

同日 中共中央发出《关于加强干部文化教育工作的指示》。《指示》规定，现有的工农速成初等学校，从1954年起，一律改为干部文化补习学校或党校附设的干部文化补习班，交由当地党委直接领导。

12月24日—28日 第三届全国卫生行政会议在北京举行。

12月25日 政务院发出《关于开展冬季农业生产工作的指示》和《关于增产油料作物的指示》。

同日 政务院保密委员会向中共中央报送《关于一年来保密工作情况的报告》。1954年4月23日中共中央批转此报告，并批示，各级政府的监察部门，应抓住几件重大失密泄密事件，作出坚决的处理，以达到惩一儆百的目的。

同日 鞍山钢铁公司三大重点工程举行开工典礼。这三大工程是：鞍山无缝钢管厂、鞍山大型轧钢厂和鞍山第七号炼铁炉。毛泽东复电表示祝贺，称这是1953年我国重工业发展中的巨大事件，并向参加这三项工程的全体职工、鞍山钢铁公司全体职工和帮助鞍山建设事业的全体苏联同志，致以热烈的祝贺和深切的感谢。

12月28日 中共中央批转中共中央宣传部编写的《为动员一切力量把我国建设成为一个伟大的社会主义国家而斗争——关于党在过渡时期总路线的学习和宣传提纲》。这个提纲经毛泽东两次修改。

12月29日 台湾"立法院"修正通过《"国民大会"组织法》第八条，将"国民大会"开议人数由超过半数改为超过三分之一。

12月30日 台湾"经济安定委员会"工业小组召集人尹仲容发表《台湾工业政策试拟》。

12月31日 政务院召开第200次政务会议。会议批准轻工业部部长黄炎培作的《关于轻工业部工作的情况及今后工作部署的报告》,通过《政务院关于清理农业贷款中若干问题的指示》。

同日　周恩来在同印度政府代表团谈话时,提出了国家之间和平共处的五项原则:互相尊重主权和领土完整、互不侵犯、互不干涉内政、平等互利和和平共处。这五项原则写入了 1954 年 4 月双方达成的《关于中国西藏地方和印度之间的通商和交通协定》的序言中。

12 月　出版总署决定撤销中国图书发行公司,业务并入新华书店。

1954 年

1 月 1 日　《人民日报》发表题为《一切为了实现国家的总路线》的社论。社论总结了 1953 年所取得的成绩,指出 1954 年要在此基础上进一步贯彻总路线所规定的方针和政策,推进社会主义工业化和社会主义改造事业,使国民经济各个方面得到发展。

同日　重工业部发出《关于学习王崇伦首创精神的通报》。王崇伦是辽宁鞍山钢铁公司机械总厂的青年工人,他先后八次改进工具,并创造了"万能工具胎",提高了劳动生产率,解决了车间设备不平衡问题。按 1953 年定额计算,他在 1 年内完成了 4 年多的工作量,产品全部是一级品。

同日　彭德怀写信给志愿军全体指战员祝贺新年。信中高度赞扬了人民志愿军在 1953 年出色完成了人民交给的光荣神圣的任务。希望志愿军全体指战员在新的一年里,继续遵守停战协定,坚守阵地,提高警惕,防止敌人任何袭击和挑衅。继续帮助朝鲜人民重建家园,为"一五计划"的完成,祖国的安全,更快地过渡到社会主义,为保卫世界和平继续奋斗不懈。

同日　我国和苏联、朝鲜民主主义人民共和国、蒙古人民共和国、德意志民主共和国、波兰、捷克斯洛伐克、罗马尼亚、匈牙利、保加利亚、阿尔巴尼亚十个国家开始举办国际铁路客货联运;并决定将北京、天津、沈阳、哈尔滨、满洲里、大连、安东、上海、广州等九个车站作为旅客联运车站。

同日　人民体育出版社在北京成立。

同日　蒋介石在台湾发表元旦文告,宣称今年要奠定反攻基础。

1 月 3 日　中央人民政府政务院公布《输出输入商品检验暂行条例》。《条例》是 1953 年 12 月 27 日政务院第 195 次政务会议讨论通过的,它规定了执行本条例规定之任务的机构及其设置,以及实施法定检验的输出输入商品和一些具体的细则。条例自公布之日起开始施行。

1 月 4 日　中共中央批准中央人民政府政务院财政经济委员会《关于 1954 年扩展公私合营工业计划会议的报告》和《关于有步骤地将有十个工人以上的资本主义工业基本上改造为公私合营企业的意见》。

同日　中国政治法律学会派出了以国际民主法律工作者协会理事、中国政治法律协会副主席柯柏年为团长,雷洁琼、王斐然、陈守一为团员的代表团出席在维也纳召开的国际法律工作者保卫民主权利与自由会议。参加会议的有英国、法国、意大利、苏联、中国、各人民民主国家、拉丁美洲国家和其他国家的代表二百人左右。

1 月 5 日　中国第一座现代化纺织机械制造厂——经纬纺织机械制造厂全面完工。到 1953 年底,全面完成了建设任务,年初开始小量试造工作。各车间装备有现代化的生产设备,单产量以一班计算,可生产二十万纱锭的设备。

1月6日—16日 中财委召开1954年扩展公私合营工业计划会议。会议以中财委六办草拟的《中财委（资）关于有步骤地将有十个工人以上的资本主义工业基本上改造为公私合营企业的意见（草案）》为基础,进行了关于公私合营工业的方针政策的讨论。会议根据各地区准备工业合营总计企业1295个,年产值为25万9千余元的较高数字,明确提出1954年扩展公私合营企业,应以巩固阵地（对已有合营企业）、重点扩展、加强准备（对以后扩展）为工作方针。将企业缩减为651个,年产总值20万4千余亿元。

1月7日 政务院举行第201次政务会议。会议听取了燃料工业部副部长刘澜波所作的关于目前燃料工业情况及今后工作部署的说明后,批准了《中央人民政府燃料工业部关于目前燃料工业情况及今后工作部署的报告》。

同日 湖南湘江大铁桥修建完成。3月21日通车。湘江大桥三千多吨重的钢梁和全部施工设备,包括每次能吊重五吨的"德立克"大吊车在内,都是由我国山海关铁路桥梁工厂制造的。这座横跨湘江,长780多米的大铁桥建成后,粤汉铁路的火车就可以通过株（株洲）潭（湘潭）支线,直达新兴工业城市——湘潭市区,并可以为粤汉铁路的未来的湘黔铁路的连接作准备。

1月8日 中共中央发布《关于发展农业生产合作社的决议》。

同日 中国新闻工作者代表团到莫斯科访问。这次访问是应苏联《真理报》编辑部的邀请进行的。

同日 中共中央批转《中央人民政府体育运动委员会党组关于加强人民体育运动工作的报告》的指示。

1月9日 周恩来外长就恢复关于朝鲜政治会议问题的双方会谈发表声明。指出,美国方面无理地中断了关于朝鲜政治会议问题的双方会谈之后,又片面地宣布了终止对战俘的解释工作。这严重地破坏了朝鲜停战协定中关于战俘遣返问题的协议和朝中方面对战俘的解释工作,这又一次证明了美国政策的侵略性。声明说,"中立国遣返委员会的职权范围"的规定遭到破坏,它所体现的基本目标未能实现,所以,我们认为:应迅速召开朝鲜政治会议,设法解决战俘的处理问题;恢复解释工作,九十六解释期予以补足;肃清南部战俘营中李承晚、蒋介石特务分子。中国政府为推动朝鲜政治会议的召开作了不懈的努力,我们将坚持以和平协商方式解决朝鲜问题的一贯立场,坚决主张立即恢复关于朝鲜政治会议问题的双方会谈,以便迅速安排朝鲜政治会议的召开。

同日 蒋介石颁布"国民大会"一届二次会议召集令。

1月12日 政务院公布《关于加强电影制片工作的决定》和《关于建立电影放映网与电影工业的决定》。

1月13日 中共中央批转鞍山钢铁公司赴苏实习团《关于实习经验的报告》。中央在《报告》中指出,一切经苏联设计和供给设备的新的重要企业,凡不能掌握新的操作技术者,有关主管部门必须正确及时地挑选人员成批成套地组织赴苏实习,以保证新的企业能及时、顺利地进行生产。根据中央指示的精神,我国有关主管部门加强了实习生的派遣工作。1954年赴苏实习生约有1300人。

1月14日 政务院召开第202次政务会议。会议听取和批准了中央人民政府政务院政治法律委员会主任董必武所作的《1954年政法工作的主要任务的报告》。通过了《中央人民政府政务院关于撤销国家机关工作人员行政处分暂行办法》。此外,还通过了各项任免名单和提请中央人民政府委员会批准任免的各项名单。《暂行办法》对受撤职以下行政处分应予撤销处分的条件、撤销处分的程序、撤销处分的批准权限等,分别作了具体规定。

同日 中国文学艺术界联合会全国委员会主席团第二次扩大会议举行。会议讨论并通过了工作要点,即中国文联1954年的工作将以组织文艺界学习,协同政府举办优秀艺术作品评奖,会同各个协会加强对外联络工作为主要内容,并准备第二届全国委员会第二次会议。中国作家协会1954年的工作是以遵循国家总路线的精神,发展社会主义现实主义的创作与批评,发扬古典文学,特别是"五四"以来文学的现实主义传统,加强指导普及工作为中心任务。中国戏剧家协会1954年计划进行的工作有,在《剧本》月刊上推荐宣传总路线和社会主义精神的剧目,出版《戏剧报》,创作大型剧本,翻译国外优秀剧本,协助政府举办话剧会演和评奖等。中国音乐家协会1954年的工作有:组织会员根据总路线精神从事创作和演出,组织新作品演奏会和声乐观摩演唱会,经常进行理论报告会、座谈会、音乐欣赏会,有计划地进行音乐普及工作,指导群众音乐活动,编辑出版《人民音乐》、《歌曲》、《活页歌选》等。中国美术家协会1954年的工作有:组织美术家创作宣传总路线的作品,组织各种美术问题的讨论会,举办各种形式的美术展览,出版《美术》月刊,组织美术工作者到工厂加强普及工作。中国曲艺研究会1954年的工作有:收集各地的曲艺资料,整理群众喜爱的曲艺传统段子、编辑《中国曲艺作品选集》,创作新时期的曲艺若干篇,举办定期的曲艺观摩演唱会、座谈会等。

同日 中朝经济及文化合作协定批准书互换仪式在平壤举行。

1月14—27日 全国中学教育会议在北京举行。这次会议主要是解决关于当前中学教育的任务和工作方针问题;解决中学的发展以及高小初中毕业生参加劳动生产的问题;加强中学的思想政治教育,改进教学工作和学生健康状况问题;加强中学在职教师学习问题;关于中学师范教育今后的发展方针任务问题。

1月15日 新华社报道:《毛泽东选集》英文版第一卷已由印度孟买的人民出版社出版,并在印度各大城市发售。

同日 台湾"大法官会议"决定"立法委员"不得兼任"国民大会"代表。

1月16日 中共中央发出关于同意华东局"依靠贫农和中农的巩固联盟"的口号的请示的指示。指示指出,"依靠贫农,巩固地与中农联合"和"依靠贫农和中农的巩固联盟",其基本内容是一致的,但在党内必须说清楚,"依靠贫农"以及依靠贫农去团结中农的重要意义,而在公开文件及向农民宣传时,则应强调依靠贫农与中农的巩固联盟。在对待富农的政策问题上,两个提法的内容是有些不同的,其原因是在于前者说的是整个过渡时期农村工作的阶级路线,因此对富农的政策必须是"逐步由限制富农剥削到最后消灭富农剥削",而后者说的是目前时期的农村工作的政策,因此对待富农的政策还只是"限制富农剥削"。

1月16日—21日 中央体育运动委员会举行第一次全体会议。

1月18日 新华社报道:我国政府和印度尼西亚政府批准中印(尼)贸易协定并互致照会。

1月20日　中共中央举行列宁逝世三十周年纪念大会。中央书记处书记刘少奇作了重要报告。报告中高度评价了列宁伟大的一生。说列宁是全世界人民的革命导师，无产阶级社会主义革命的导师，国际共产主义运动的领袖，无产阶级伟大的思想家、战略家和组织家。

同日　中国美协机关刊物《美术》创刊。

同日　中国剧协机关刊物《戏剧报》创刊。

1月21日　中央人民政府政务院召开第203次政务会议。会议听取了中央人民政府铁道部部长滕代远所作的关于修建武汉长江大桥的报告，通过了《中央人民政府政务院关于修建武汉长江大桥的决定》。会议还通过了《中华人民共和国海港管理暂行条例》。《条例》对港务局的设置、港区的划分、港务局的职权等作了明确的规定。该条例于23日正式公布。此外，会议还通过了各项任免名单。

同日　中央人民政府文化部、教育部、扫除文盲工作委员会、内务部联合发出通知，指示各地继续贯彻婚姻法的宣传。

同日　波兰文化代表团来我国签订中波文化合作协定1954年执行计划。

1月22日　中共中央发布《关于加强干部文化教育工作的指示》。《指示》指出，大量培养与提拔工农干部和有计划地提高他们的政治、文化、业务水平，使他们成为各项建设事业中的骨干，是贯彻党在过渡时期总路线的一项重大的政治任务和组织任务。

1月23日　中苏1954年换货议定书在莫斯科签字。该议定书规定了中苏两国之间的换货的细则。

同日　台湾当局通过美国操纵联合国，将朝鲜战场的志愿军战俘1万4千多人，分批以"志愿遣俘"为名，运达台湾。

1月25日　中朝国境铁路协定在北京签字。

1月26日　全国总工会发出《关于开展厂矿企业中群众体育运动的指示》。

同日　新华社报道，中国文化用纸已能自给。

1月28日　中央人民政府政务院举行第204次政务会议。会议听取和批准了中国科学院院长郭沫若所作的《关于中国科学院的基本情况和今后工作任务的报告》和中国科学院访苏代表团团长钱三强所作的《关于中国科学院访苏代表团工作的报告》。会议一致同意《内蒙古自治区人民政府和绥远省人民政府关于将绥远省划归内蒙古自治区并撤销绥远省建制的报告》。这个报告将提请中央人民政府委员会批准。会议还通过了《中央人民政府政务院关于加强灾害性天气的预报、警报和预防工作的指示》。此外，会议还通过了各项任免名单和提请中央人民政府委员会批准的任免名单。

同日　台湾"行政院"通过《反共救国会议筹备委员组织规程》。

1月29日　周恩来外长发表声明强硬抗议美方强迫扣留朝中战俘。指出：中华人民共和国中央人民政府本着坚持和平解决朝鲜问题的一贯政策，特郑重声明：美国方面对于这次被强迫扣留的21900余名朝中战俘和1953年6月18日至22日被强迫扣留的27000多名朝中战俘在任何时候都负有全部返回，并向朝中方面提出交代的责任，我们并保留把这个问题提交朝鲜政治会议及其他有关国际会议讨论的权利。只要美方一天不把他们返回，我们就一天不放弃对美方这种罪行进行追究。

同日 台湾"大法官会议解释:在第二届"立法委员"及"监察委员"未能依法选出集会之前,应仍由第一届"立法委员"、"监察委员"继续行使权力。

1月31日 北京—莫斯科直达客车正式通车。

1月 中国人民解放军军事法庭成立。人民解放军的审判机构,在建军初期即开始成立了,经过历次革命战争,逐步形成军队的审判机构体系。新中国成立后,为了适应军队现代化、正规化建设的需要,中央军委决定成立军事法庭,统一管理全军的审判工作。

2月1日 中共中央发出《关于建立与充实各级计划机构的指示》。

同日 政务院批准新疆省更改歧视少数民族的地名。将新疆省会迪化市改为"乌鲁木齐市"。"乌鲁木齐"是蒙古语,意为"优美的牧场"。迪化县、迪化专区也相应更改。干德县改为"米泉县"、孚远县改为"吉木萨尔县"、绥来县改为"玛纳斯县"、景化县改为"呼图壁县"、承化县改为"阿勒泰县"、镇西县改为"巴里坤县"、巩哈县改为"尼勒克县"、阿山专区改为"阿勒泰专区"。

2月5日 政协全国委员会和抗美援朝总会决定派代表团慰问人民解放军。会议决定:慰问团设总团,由各大行政区及中国人民志愿军各组成一个总分团,代表包括各民主党派、各人民团体、各民族、各阶层人士以及革命烈士家属和革命军人家属、劳动模范、模范复员转业军人和革命残废军人。到会委员推选董必武为慰问团总团长,陈叔通等28人为副总团长。

2月6日—10日 中共中央召开七届四中全会,通过《关于增强党的团结的决议》。毛泽东因休假没有出席全会。中共中央书记处书记刘少奇受党中央政治局和毛泽东的委托作了《中共中央政治局向第七届第四次中央全会的报告》。朱德、周恩来、陈云、邓小平等44位同志在会上发言,揭露和批判了高岗、饶漱石分裂党、妄图篡党夺权的阴谋。四中全会经过认真讨论,完全同意刘少奇同志所作的报告。会议批准了中央政治局提出的党在过渡时期的总路线。全会号召全党同志要加强党的组织性、纪律性,加强党的团结,加强学习,继续深入进行总路线的宣传。

2月7日 中国回民文化协进会和中国伊斯兰教协会举行纪念回族革命先烈马本斋逝世10周年的大会。

2月8日 太原航空仪表厂成立。

同日 教育部颁发试行高等师范学校培养助教、培养研究生和教师进修三个暂行办法草案。

2月11日 中央人民政府政务院举行第205次政务会议。会议听取和批准了中央人民政府体育运动委员会主任贺龙所作的《中央人民政府体育运动委员会第一次全体会议的报告》、《中央人民政府体育运动委员会1954年的工作计划要点》的报告。

2月11日、12日 毛泽东和马林科夫主席互致贺电祝贺中苏友好同盟互助条约签订四周年。贺电高度评价了中苏之间的伟大同盟对于发展中苏两国人民的友谊和维护世界和平都具有重大意义,并希望这种合作能够永远地继续下去。

2月11日—14日 中国地质学会召开第一次全国会员代表大会。代表们认真讨论并通过了《中国地质学会会章》,选举了新的理事会,李四光等17人当选为第一届理事。大会还通过了关于发展与加强组织,清理学会财产和加强《会讯》等三个决议；通过了加强会员学习领导等三项建议。

2月12日 中共中央发出《关于传达和学习第七届中央委员会第四次全体会议的文件的通知》。《通知》要求各级党组织向干部和党员认真传达并组织学习《中共中央政治局向第七届第四次中央全会的报告》、《关于增强党的团结的决议》和《中国共产党第七届中央委员会第四次全体会议的决议》三个文件。中共中央书记处委托周恩来主持召开了高岗问题座谈会，委托邓小平、陈毅、谭震林主持召开了饶漱石问题座谈会。参加两个座谈会的中央委员和候补中央委员共37人。两个座谈会进一步揭发和查证了高岗、饶漱石反党阴谋的事实。在中共中央政治局的领导下，华北、华东、山东、上海等分局都召开了扩大会议，揭发和批判了高岗、饶漱石的反党阴谋活动，对一些犯了错误的人进行了批评教育。

2月14日 《人民日报》报道《斯大林全集》第二卷出版。该书是由中共中央马克思、恩格斯、列宁、斯大林著作编译局翻译、人民出版社出版的。

2月14日—16日 国民党召开七届中央委员会临时全体会议。通过蒋介石、陈诚为总统、副总统候选人。

2月15日 教育部颁发《小学"四二制"教学计划（修订草案）》，对1953年9月颁发的教学计划作了修订。

同日 北京苏联红十字医院建成开幕。北京苏联红十字医院，建筑面积达33000平方公尺，比临时院址扩大了近10倍。苏联不仅派来近60位专家，还供给大部分医疗设备和药品，培养我国青年医务人员，介绍苏联先进的医疗经验。

2月15日—3月1日 全国国营纺织厂厂长会议和中国纺织工会全国委员会第二届第二次会议联合举行。

2月16日—3月5日 中央人民政府国家统计局召开第三届全国统计工作会议。国家统计局局长薛暮桥作了《1953年工作检讨和1954年工作要点》的报告。

2月19日 中波两国1954年换货及付款协定在华沙签订。按照协定的规定，1954年两国的贸易额将比1953年有进一步的增加。我国将供给波兰以技术油类、油类种子、有色金属、矿物、原料丝织品、棉花和其他纺织原料、大米、茶叶、烟草及其他货物。波兰将供给我国以整套的工厂设备、车床、化学药品和药剂、实验室器材、织物、糖、纸张及其他工业品。

同日 台湾第一届"国民大会"二次会议开幕。

同日 台湾为防止股市人为操纵，台湾"行政院"公布《台湾证券商管理办法》，命令实施。

2月19日—25日 中国纺织工程学会举行第一次全国会员代表大会。大会一致通过了《中国纺织工程学会章程》，选出了第一届全国理事会理事。

2月20日 台湾当局决定推行"面粉代米运动"，决定加强面粉工业。

2月20日—3月7日 中国人民银行举行第一次农村信用合作座谈会议。会议初步拟定1954年全国要新建信用合作社26527个，供销合作社的信用部2965个。

2月21日—3月10日 中国人民银行总行召开全国金融会议。会议提出，在稳定金融的总方针下，1954年银行的主要任务是：实现现金管理，大量吸收存款，建立金库，掌握外汇，控制游资，以稳定金融，扶植生产。会议还制定了1954年全行的财务计划，外汇收支计划及全行存款计划。

2月25日　中央人民政府政务院举行第206次政务会议。会议听取了中央人民政府卫生部部长李德全所作的《中央人民政府卫生部关于第三届全国卫生行政会议的报告》和《第三届全国卫生行政会议决议》的说明。并批准了上述的报告和决议。会议还听取了司法部副部长魏文伯所作关于《人民调解委员会暂行组织通则》的说明，并通过了这个通则。《通则》提出，建立人民调解委员会，及时解决民间纠纷，加强人民中的守法教育，增进人民内部团结，以利于人民生产和国家建设，这是中国人民民主政权建设中的一个新鲜经验。3月22日政务院正式公布了《通则》。

2月27日　新华社报道，中国人民志愿军某部在2月上旬为荣获"共和国英雄"称号的一级英雄、特等功臣胡修道补行授勋仪式。朝鲜最高人民会议常委会授予他一级国旗勋章和金星奖章及奖状。

同日　台湾"立法委员"106人提案反对变革中国文字。

2月28日　中央人民政府政务院公布《关于实行粮食的计划收购和计划供应的命令》和《粮食市场管理暂行办法》。

同日　商业部向中财委和中共中央报送《关于1954年毛猪产销情况及亟待解决问题的请示报告》。《报告》说，粮食、油料统购后，毛猪减产严重。春节后全国各大城市猪肉供应不足，情况紧张，估计在今后一段时期内还不能得到妥善解决，而1954年猪肉内外销的任务很大。为保证国家出口计划的实现和国内市场与军需的供应，应积极维持与发展毛猪生产，采取切实而有效的办法，解决饲料供应问题，加强收购，适当紧缩小城镇和农村的猪肉供应。迅速健全中国食品公司的组织机构及干部配备，并适当解决必需的基本建设投资。3月22日中共中央批转此报告。

2月上旬　中国人民解放军击落窜入浙江的残余蒋军飞机两架。这两架飞机分别于2月1日和9日窜入我浙江上空，被解放军驻浙江部队击落。两架敌机都是美造蒋军F—47型战斗机。

2月　中共中央批准总政治部《关于加强军队党委和地方党委的联系的建议》并发出通知。总政治部根据全国军事系统党的高级干部会议上的一些提议，为了密切军队与地方党的联系，使军队和地方互通情况，协调工作，保证中央关于地方工作的政策、指示，通过地方党委传到军队，使之更有效地发挥军队"工作队"的作用。为此，向中共中央建议，各级军区及驻军和学校的军政负责同志中，有人参加各级地方党委为委员或列席地方党委会。中共中央批准了这一建议。

同月　中国美协公布《中国美术家协会章程》。

同月　董希文接革命博物馆通知，修改《开国大典》，将画面上的高岗形象涂去。是为《开国大典》的第一次修改。

3月1日　中央人民政府政务院发出《关于在政府机关中开展工间操和其他体育运动的通知》。通知中"正式规定在每天上午和下午工作时间中各抽出十分钟做工间操"，并"提倡早操和球类等多种多样的体育运动"。

同日　台湾当局正式下发四大公营公司股票，补偿地主地价。

3月2日　政务院通知，1953年寒假高等学校和中等专业学校毕业生参加工作后，一律实行工资制待遇。本通知颁发后，1953年8月1日的通知，即行废止。

3月3日　中国政府答复苏联政府，同意派全权代表参加日内瓦会议。日内瓦会议于 1954 年 4 月 26 日召开，讨论和平解决朝鲜问题和恢复印度支那和平问题。

同日 中财委公布《关于 1954 年棉粮比价的指示》。

3 月 4 日 中共中央批准《中财委（资）关于一九五四年扩展公私合营工业计划会议的报告》暨《中财委（资）关于有步骤地将有十个工人以上的资本主义工业基本上改造为公私合营企业的意见》。中共中央的批示中指示：希望各中央局、各省、市委据此进一步研究和制定各大区、省、市 1954 年扩展公私合营工业的正式计划；各省、市委并应据以制定分期的具体执行计划，按中财委（资）报告中所规定的审批程序批准执行；报告中提出的有关问题，请有关主管部门负责办理。

同日 台湾"立法院长"张道藩召开记者会，列举吴国祯的违法乱纪的"罪行"。

3 月 5 日 根据中央人民革命军事委员会 1953 年 10 月 10 日命令，中国人民解放军铁道兵领导机构，以中国人民解放军铁道兵团机关为基础，在北京成立。王震任司令员兼政治委员。原中国人民解放军铁道兵团和中国人民志愿军所属各铁道工程师，均划归中国人民解放军铁道兵建制。

3 月 6 日 中央人民政府政务院公布《关于加强灾害性天气的预报、警报和预防工作的指示》。规定现有中央气象台，各区气象台以及各地气象预报台、站，对于台风、寒潮和随之而来的大范围的暴风雨（雪）和霜冻等灾害可能发生的地区和时间，应注意具体、明确。各地人民广播电台和海岸电台应定时广播，必要时可临时增加广播次数，各地广播站要认真收听，及时向临近地区传达。

同日 中央人民政府政务院举行第 207 次政务会议。会议听取和批准了中央人民政府纺织工业部副部长陈维稷所作的《关于纺织工业目前基本情况与今后工作部署的报告》。

同日 绥远省撤销，正式划归内蒙古自治区。

同日 国际自行车联合会在法国巴黎召开的代表大会上，通过承认中华全国体育总会代替前"中华全国体育协进会"为该会会员。

3 月 6 日—21 日 第一机械工业部召开全国生产厂长会议。会议总结了 1953 年生产工作，提出了 1954 年生产工作的方针和任务。

3 月 8 日 中共中央批转中国科学院党组报告。批示指出：要把中国建设成为生产高度发达、文化繁荣的社会主义国家，一定要有自然科学和社会科学的发展；科学家是国家和社会的宝贵财富，必须重视和尊敬他们，必须争取和团结一切科学家为人民服务，要大力培养新生的科学研究力量；科学院和高等学校认真进行培养青年科学研究人员的工作，并建立制度加以保证；每年选拔一批最优秀的大学毕业生（包括基础科学、技术科学和社会科学）去做科学研究工作，在高等学校招生和选派留学生时，除应有大量学生学习技术科学以外，还应保证相当数量的优秀学生学习基础科学。

3 月 10 日 台湾"国民大会"决议罢免李宗仁"副总统"职务。

3 月 11 日 中央人民政府政务院举行第 208 次政务会议。会议听取和批准了中央人民政府出版总署署长胡愈之所作的报告。

同日 台湾"国民大会"决议《动员戡乱时期临时条款》继续适用。

3 月 12 日　中央内务部和劳动部联合发出关于继续贯彻《劝止农民盲目流入城市》的指示。

同日　中共中央同意成立黄河规划委员会。李葆华为主任。黄河规划委员会成立后，即组织一批力量，在苏联专家帮助下，根据"根治黄河水害，发展黄河水利"的方针，于 10 月份完成黄河综合规划的编制。综合规划包括远景计划和第一期计划两部分。远景计划的主要内容是：用几十年时间，在黄河上游修建一系列拦河坝，从而把黄河改造成梯河。第一期计划的主要任务是解决黄河的防洪、发电、灌溉和其他方面最迫切的问题。其内容包括修建三门峡和刘家峡两个综合性枢纽工程，修建青铜峡、渡口堂、桃花峪三座干流水库，改良耕地面积 1.27 亿亩，改良天然牧场 1.35 亿亩。1955 年 7 月 30 日，第一届全国人大二次会议批准了《关于根治黄河水害和开发黄河水利的综合规划的报告》，并决定开始进行勘察设计和施工。

3 月 12 日—23 日　全国文教工作会议举行。中央人民政府政务院文教委员会主任郭沫若致开幕词，习仲勋副主任作了关于 1954 年文教工作的方针和任务的报告。会议指出，1953 年全国文教战线纠正了全国文教事业中某些盲目发展的偏向，全国文教事业开始纳入国家建设计划的轨道。1954 年教育工作的主要任务是：发展和改进高等教育，整顿和发展中等专业教育；适当发展和改进普通教育，加强工农干部和工农群众的文化教育；发展少数民族的文化教育事业等。

3 月 13 日　中国军事顾问团帮助实施奠边府战役。1953 年冬，越南人民抗法斗争进入战略反攻阶段。法国殖民军为挽回败局，在奠边府屯驻重兵，苦心经营，希望以此为基地控制北越。1954 年 3 月 13 日，越南人民军在中国顾问团的帮助下，对包围了 3 个月的奠边府发起攻击。经连续 55 昼夜作战，歼敌 1.6 万余人，解放了奠边府。这次胜利对越南北方的解放起了决定性作用，成为越南历史上的重大事件。中国政府向越南人民军提供了战役所需的武器、粮弹、通信设备、医药物资等。

同日　农业部、公安部、水利部发出《关于国营机械农场暨万亩以上的劳改农场水利建设的几项规定的联合通知》。

3 月 15 日—21 日　中央人民政府燃料工业部石油管理总局召开全国石油勘探会议。会议初步估计了过去 4 年来我国石油勘探工作的成果，认为我国是一个石油资源蕴藏丰富的国家，必须进一步加强勘探工作，以满足国家对于石油产品的日益增长的需要，并为国家远期计划准备新的勘探区域。会议根据总的勘探方向，具体布置了 1954 年的勘探工作。

3 月 16 日—26 日　全国总工会召开私营企业工会工作座谈会。全国总工会主席赖若愚作总结。他说，私营企业中的工会工作者应该以生产为中心，发动工人监督资本家，防止其重犯"五毒"以及逃避资金、浪费资金等行为。工会要在"按照公私合同所规定的质和量，准时完成加工订货任务，以满足国家建设和人民的需要"的口号下，发动职工开展增产节约竞赛，为过渡到高级形式作准备。

3 月 17 日　蒋介石命令对吴国桢予以撤职查办。

3 月 17 日—4 月 10 日　中央人民政府最高人民检察署召开第二届全国检察工作会议。会议认为 1954 年应首先充实和健全省(市)以上的检察机构，并加强城市、工矿区人民检察署和有重点地建立铁路、水运沿线的专门人民检察署；同时在工作基础和干部条件较好的省，应尽可能有步骤地普遍建立县的检察机构。

3月18日 中央人民政府政务院召开第209次政务会议。会议听取了中央人民政府农业部部长李书成所作的关于春耕生产的说明，通过了《中央人民政府政务院关于春耕生产的指示》，并于3月31日公布。

同日 中国人民解放军驻浙部队击落击伤蒋军飞机各一架。

同日 人民解放军海军部队在浙东沿海进行护渔作战。大陆解放后，浙江沿海大陈、一江山、渔山、披山、南麂山及东矶列岛等岛屿仍被国民党军队占据。国民党海军利用这些岛屿作依托，经常向浙东沿海航道、渔场进行骚扰和破坏活动，袭击护渔舰艇。华东军区海军根据中央军委和海军给予的作战任务，为了摧毁敌人的破坏活动，确保渔业生产的安全，于春汛前后在猫头洋渔场和三门湾海区，先后出动了6艘护卫舰、10余艘炮艇和1个团的航空兵，与守卫海防的兄弟部队密切配合，对敌人展开了以夺取制海、制空权为目标的全面进攻。经过两月余英勇斗争，击伤国民党军军舰9艘、击沉与截获帆船各1只，击落飞机9架，击伤3架。并在5月15日解放了东矶列岛等几座原为国民党军盘踞的岛屿。

3月18日—4月22日 中华全国合作社联合总社召开全国合作社第二次省、市主任会议。会议提出供销合作社在过渡时期的三个基本任务：①为农业生产服务，发展城乡物资交流，支援国家工业化、巩固工农联盟。②根据国家计划和价格政策，通过各种合同制度和有计划的供销业务，逐步引导个体农民和手工业经济纳入国家计划轨道，以促进其社会主义改

造。③在国营商业机关领导下，扩大有组织的市场，加强对于农村市场的领导，逐步实现对农村私商的社会主义改造，以逐步代替资本主义商业在农村的阵地，切断农民和城市资本主义的联系。

3月20日 中共中央农村工作部作出关于收缩农业生产合作社的发展转入生产的指示。指示认为，华北局根据当前的情况，提出停止发展，全力进行巩固，转入生产的措施，这是正确的。目前各地已经建立和正在建立的农业合作社7万多个，超出最初拟定计划3.5万的一倍。这是个很大的胜利。但是这个胜利并不总是巩固的，切实巩固这个胜利，力争所有新建社都有必要的质量，把所有新、老社都办好，为将来更大发展打下结实的基础，乃是当前互助合作运动最重要的任务。

3月21日 中央人民政府农业部颁发1952年"爱国丰产金星奖章"。获此荣誉的有：模范工作者伍国栋、劳动模范李顺达、郭玉恩和吴春安四人。2月13日，山西省人民政府举行授奖大会，把奖章挂在李顺达、郭玉恩、吴春安胸前。2月18日，在黑龙江省第六届农业劳动模范代表会议上，也举行了隆重的授奖仪式，把金星奖章授予了伍国栋。

3月22日 教育部、扫盲委员会发出《关于1954年组织农民常年学习的通知》。

同日 蒋介石在台湾当选第二任"总统"。

3月22日—4月1日 中华全国总工会召开劳动保险工作会议。会议确定应做好以下工作：第一，和劳动保护与卫生医疗部门密切联系，分析职工病伤病因，研究预防办法，搞好安全生产和爱国卫生运动；第二，协助与监督卫生工作的执行；第三，对病伤职工进行慰问并予以积极帮

助;第四,办好疗养事业。对集体劳动保险事业,目前应以巩固整顿、提高质量为主,根据必要与可能的条件作稳步的发展。

3月23日　中华人民共和国宪法起草委员会举行第一次会议。毛泽东主席代表中国共产党向会议提出了中共中央起草的《中华人民共和国宪法草案(初稿)》。

同日　中共中央批转中财委和国家计划委员会《关于逐步推进煤炭分区产销平衡原理运输制度的报告》。根据全国产煤和用煤情况,划分 13 个产销区(包括由国家统一分配的 45 个煤矿),在按地区进行产销平衡的基础上,规定煤炭的基本流向及流动范围,限制和禁止边远的、对流的和重复的运输。中共中央认为,各种主要物资如粮食、木材等的运输,也要逐步推行这种制度。

同日　中财委发出《关于 1954 年农产品预购工作的指示》。

3月24日　中共中央发出《关于认真做好农村中的粮食计划供应工作的指示》。

3月24日—30日　中央人民政府文化部召开第四次全国文化工作会议。会议认为,今后各级文化主管部门要切实增进对文艺创作的领导。在为工农兵服务的政治方向和社会主义现实主义创作原则的指导下,鼓励各种文学艺术的自由竞赛,正确地开展文艺工作中的批评和自我批评,并采取积极适当的措施,改善文艺创作实践活动的条件,加强艺术工作的劳动纪律,以促进文学艺术创作事业的繁荣。

3月25日　中央人民政府政务院举行第 210 次政务会议。会议听取和批准了水利部部长傅作义所作的《关于四年水利工作总结和今后工作任务的报告》。

同日　中保两国 1954 年换货及付款协定在索非亚签字。同时,1954 年交货共同条件和 1952 年货物交换及付款协定清算议定书也签订。根据 1954 年的货物交换及付款协定,中保两国交换的货物将进一步增加。中国将供给保加利亚有色金属、棉花、茶叶、石棉以及生活日用品和其他生产建设所需的重要物资。

3月27日　毛泽东同志给"东北森林工业劳动模范大会"复电,祝贺森林工业生产所获得的成就。

同日　中央音乐学院民族音乐研究所成立。

3月29日　中央人民政府政务院政治法律委员会制定 1954 年政法工作的重要任务。规定 1954 年政法工作的总任务是:进一步健全人民民主制度,加强和运用人民民主法制,巩固人民民主专政,以保障国家的社会主义经济建设和各种社会主义改造事业的顺利进行;在政权建设工作方面,要求各级民政部门完成普选工作,及时召开地方各级人民代表大会,充分发扬民主,进一步健全人民民主制度;加强有关经济建设和各种社会主义改造事业的案件的检察和审判工作,是今年司法工作的一个中心环节。

3月30日　中朝两国互换邮政包裹协定在北京签字。

同日　中德两国 1954 年交换货物与付款协定在柏林签字。根据协定,中国将向德国输出矿产品、羊毛、丝绸、肠衣、皮毛、水果等物品;德国将输往中国各种车床、起重机、挖土机、载重汽车、自行车、球轴承、各种测验仪器、X 光及其他光学仪器、化学品、肥料、照相器材和乐器等。

同日　台湾当局宣布由 3 家商业银行发放普通民营工业贷款,扶植民营工业。

3月31日 林业部发布《育林基金管理办法》。

3月 文化部、中国文联、中国音协举办的三年来（1949年10月—1952年10月）全国群众歌曲评奖结果公布。

同月 中共中央发出《关于处理"五反"运动遗留问题的指示》。中央认为，"五反"遗留的问题主要有三类：①资本家翻案，要求复查。②尚有少数违法资本家拘押至今，对其处分问题还未解决。③有不少资本家对"五反"退补是在看风使舵，故意拖延，甚至抗拒退补。同时也有一些资本家确是退补不起，或者不能在短期内全部退补。为使各地处理遗留问题做法上大体一致，中央特规定几项原则：第一，凡是资本家翻案要求复查者，必须对其当时定案的证据和理由提出可靠的反证，方予受理，空口叫嚣翻案的不予受理。第二，对于尚在拘押的违法工商业者，如能定案，应迅速定案。如对一案不能全部审定，应先把其能定的部分定下来，未定部分可由其具结保留，准其找保后释放。迄今，定案工作，要求各地争取1954年上半年结束。第三，在退补工作中，应照顾到工商户退补后仍能继续维持生产和营业，分别情况处理。

4月1日 政务院召开第211次政务会议。会议批准劳动部李立三部长作的《关于劳动部过去工作总结及改进今后工作意见的报告》。

4月2日 我国著名考古学家梁思永先生逝世。

4月3日 《人民日报》报道了中央人民政府出版总署作出停止胡乱出版苏联文学名著改写本的决定。《决定》指出，上海等地的私营出版社，近来滥出了许多根据苏联文学作品中译本改写和缩写的改写本成"通俗本"。这些书质量一般都很低劣，有的还传播了一些错误的思想和知识，严重损害了原著的思想性和艺术性，并造成出版发行工作的混乱现象。指示规定：今后除个别书籍确有改编的必要和可能，经出版总署或大行政区出版行政机关特许，并取得原出版者和原作者或原译者同意外，一般地不得出版苏联文学名著通俗书、改编本及其他改窜文学名著的书籍。已出版的各种苏联文学作品的改写本或通俗本，一律不准再版；已出版者准予售完为止。

同日 政务院发出《关于全国俄文教学工作的指示》。指示规定：俄文专科学校的任务是培养翻译干部和一部分俄文师资，大学、高师俄文系（科）的任务是培养中学师资。

4月5日 政务院人民监察委员会召开第三次全国监察工作会议。会议指出：今后必须进一步加强监察工作，提高监察工作的效能，对财经企业部门的生产、经济、财务活动逐步实行严格的监督检查，为保护国家财产和积累国家资金而斗争。会议认为，要作好监察工作，必须依靠人民群众，开展批评和自我批评，加强对人民监察通讯员的领导，认真做好处理人民来信的工作；监察干部必须保持谨慎、严肃的态度，和大公无私、实事求是的作风，严格批评那种自以为是、骄傲自满情绪和钦差大臣作风。

同日 中蒙两国1954年换货议定书在乌兰巴托签字。中华人民共和国将供给蒙古人民共和国绸缎、皮革制品、干果、水果和其他货物；蒙古人民共和国将供给中国牲畜、皮毛和各种牲畜产品。

4月6日 蒋介石在台湾命令《惩治盗匪条例》施行期限，再延长一年。

同日 美国赠台湾当局的3艘巨型登陆艇驶抵台湾。

同日　台湾"考试院"副院长罗家伦演讲《中国文字简化问题》，宣传文字简化。

4月7日　政务院财政经济委员会颁发《关于发展毛猪生产的指示》。

4月8日　中央人民政府政务院举行第212次政务会议。会议听取和批准了中央人民政府教育部副部长黄纯才所作的《教育部关于全国中学教育会议的报告》和《全国普通教育与师范教育工作1953年的基本总结和1954年的任务》，通过了《政务院关于改进和发展中学教育的指示》。

同日　政务院发出《关于处理华侨婚姻纠纷问题的指示》。在处理华侨婚姻纠纷时，除按《婚姻法》办理外，还应照顾国外华侨并适当照顾侨眷妇女的要求。根据这一原则，目前处理华侨婚姻纠纷的办法是：女方以其丈夫在国外已重婚为理由提出离婚，查有实据者，一般应准予离婚；华侨久不回国，又杳无音讯，其国内配偶提出离婚，经查属实，或经一年调查仍无法查明者，应准予离婚；华侨未重婚，仍有通讯联系，并有汇款赡养家属，其国内配偶提出离婚时，应积极进行说服劝导，使其打消离婚之意，如其坚决要求离婚，经区、县人民政府进行调解无效，应先征求国外华侨意见，并根据具体情况，予以判离。童养媳、等郎媳及其他本指示中未规定的问题，悉依《婚姻法》与其他有关的规定处理。

4月9日　政务院决定成立政务院专家工作局，由杨放之任局长。原政务院专家工作办公室与政务院专家招待事务管理局即行撤销。

4月12日—21日　高等教育部召开中国人民大学教学经验讨论会，推广该校学习苏联进行教学改革的经验。

4月14日　毛泽东任命周恩来为出席讨论和平解决朝鲜问题和恢复印度支那和平问题的日内瓦会议的中华人民共和国代表团首席代表，张闻天、王稼祥、李克农为代表。

同日　中央人民政府任命张闻天为外交部副部长。张闻天仍兼任中华人民共和国驻苏维埃社会主义共和国联盟大使。

同日　中国第一台7000千瓦水轮机在国营沈阳高压开关厂试制成功。

同日　政务院文化教育委员会办公厅批准全国卫生科学研究委员会改组为卫生部医学科学研究委员会。

4月15日　中央选举委员会第四次会议和中央人民政府政务院第213次政务会议联合举行。会议根据邓小平的报告，对于即将召开的省、市、县人民代表大会的几个有关问题作了决定。为了使选举法第47条、第49条规定的代表候选人都能得到充分的酝酿，同时使各级人民代表大会的召开能互相衔接起见，规定县一级人民代表大会在1954年6月间召开；省、市人民代表大会暂定在1954年7月下旬或8月上旬召开；人口在50万以上的省辖工业市人民代表大会应先于省人民代表大会召开。人口在50万以上的省辖工业市应选到全国人民代表大会的代表由省人民代表大会一并选出。会议决定南京、青岛、成都、济南、太原、杭州、昆明、唐山、长沙、无锡等10个人口在50万以上的省辖工业市应按照选举法第20条的规定，按人口每10万人选全国人民代表1人。《中央选举委员会、中央人民政府政务院关于召开省、市、县人民代表大会的几个问题的决定》于4月16日公布。

同日　中共中央、人民革命军事委员会颁布《中国人民解放军政治工作条例（草案）》。《条例》（草案）对中国人民解放军政治工作的性质、任务、职责、组织形式、工作作风以及各方面的关系，都作了明确的规定。中共中央主席毛泽东在审批这一条例草案时作了修改，特别加写了"中国共产党在中国人民解放军中的政治工作，是我军的生命线"一语。

同日 高等教育部颁发《各人民民主国家来华留学生暂行管理办法》。

同日 台湾"行政院"通过《赴美特别移民申请及审核办法》。

4月16日 中央人民政府文化部批复东北文化局《建议停演或禁演评剧〈麻疯女〉的意见》。《批复》中指出，今后对于不良剧目，除在政治上内容反动者外，一般不宜过多采用行政命令禁演的办法，而应着重思想上的揭发和斗争，采取召开座谈会，在报刊上展开批评的方式，来影响其他民间职业剧团，启发自觉，自动放弃上演，较为妥善。

4月19日 中共中央决定成立编制五年计划纲要草案的八人工作小组。由陈云任组长。在工作小组领导下，对第一个五年计划纲要的工业发展速度，苏联援助的"一四一"项建设问题，投资比例问题，对农业、手工业和私营工商业社会主义改造的程度及稳定市场问题，进行了深入的研究。6月30日，陈云就第一个五年计划问题向党中央作了汇报。

同日 出版总署发出《应该组织重印一些有价值有内容的近代学术著译、文化知识读物》的通知。

同日 出版总署颁发《关于图书版本记录的规定》的通报。并附《出版总署关于图书版本记录的规定(1954年4月1日修订)》。

同日 中罗两国1954年交换货物及付款协定在布加勒斯特签订。协定规定中国将向罗马尼亚输出棉花、黄麻、有色金属、食品工业所需要的各种产品和绸缎等；罗马尼亚将向中国输出石油产品、化工原料、棉布和工业品等。

4月20日 首都各界人民举行庆祝世界和平运动5周年大会。

同日 西南第一座机械化火力发电厂——重庆507电厂正式发电。

4月20日—23日 中华全国总工会第七届执行委员会主席团第五次会议召开，通过《关于在全国范围内开展技术革新运动的决定》。

4月22日 中央人民政府政务院举行第214次政务会议。会议听取和批准了政务院文化教育委员会主任郭沫若所作的《关于全国文教工作会议的报告》，批准《关于全国第四次文化工作会议的报告》、《全国文化教育工作会议的总结》、《1954年全国文教计划草案提要》、《1954年文化教育工作的方针和任务》和《文化部关于加强对民间职业剧团的领导和管理的指示》。

同日 中国新民主主义青年团中央委员会发出《关于组织不能升学的高小和初中毕业生参加或准备参加劳动生产的指示》。

4月23日 成吉思汗727周年大祭和成吉思汗新陵园奠基典礼在伊克昭盟依金霍洛举行。大祭是在把国民党反动派劫走15年的成吉思汗灵柩由青海塔尔寺移回原地时举行的。大祭由乌兰夫主席主祭。祭灵后，大会在伊金霍洛的高地上举行了新建成吉思汗陵园的奠基典礼。中央人民政府拨巨款修建了这个陵园，满足了蒙族人民多年的夙愿。

4月24日 中央防汛总指挥部和中央生产防旱办公室发布《关于1954年防汛防旱工作的指示》。规定:1954年防汛、防旱的任务，是努力防止各大江河严重的决口改道,保障一般河流在保证水位下不溃堤并争取防御更大的洪水;同时要设法防止或缩小可能发生的旱灾与涝灾。

4 月 25 日 中央军委副主席朱德向中国人民解放军军事学院学员发表讲话。他指出,为了保卫国家的安全,保障社会主义现代化建设,中国人民解放军必须学习苏联军队的经验,把我军建设成为世界上优良的现代化革命军队。

同日 内蒙古自治区首府"归绥"改名为"呼和浩特"。这是自治区人民政府根据政务院《关于处理带有歧视或侮辱少数民族性质的称谓、地名、碑碣、匾联的指示》精神和各族各界人民的意见并报请中央人民政府政务院批准,而改名的。归绥北倚大青山,呼和浩特即蒙语"青色的城"。

4 月 26 日—5 月 8 日 中央人民政府高等教育部召开全国政法教育会议。会议确定了政法院系的具体任务、培养目标及学习年限。政法学院本科生主要是培养法院、检察署、民政部门及其他国家机关的政法工作干部,学制定为 4 年。综合大学法律系的培养目标,基本与政法学院相同,并培养一部分律师团体、公证所以及其他国家机关、企业部门的法律专门人才,学制也为 4 年。中国人民大学法律系继续招收研究生,为各政法院校培养师资和一部分法律科学研究人员。

4 月 26 日—7 月 21 日 周恩来总理兼外长率领中华人民共和国政府代表团出席日内瓦会议。会议签订了印度支那停战协议。朝鲜问题由于美国的阻挠没有达成协议。

4 月 27 日 中共中央政治局扩大会议通过关于撤销大区一级党政机构的决议。会议还通过任命,任命邓小平为中国共产党中央委员会秘书长。

同日 中捷两国 1954 年交换货物及付款协定在布拉格签订。捷克斯洛伐克将在 1954 年向中国输出冶金和机械工业制品,首先是电站和糖厂设备,各种金属加工机床、起重机、挖土机、柴油机、载重卡车、通讯设备,以及化学和造纸工业产品。中国将向捷克斯洛伐克输出冶金工业原料,其中包括各种矿石和有色金属,纺织、制革和化学工业原料,以及蚕品、茶叶、各种香料、罐头肉类、水果等。

4 月 28 日 政务部发出《关于在各地成立中国国际旅行社分社的通知》。《通知》说,除在北京设立总社外,在天津、上海、南京、杭州、广州、南宁、汉口、沈阳、哈尔滨、安东、满洲里、旅大等 12 个城市设立中国国际旅行社分社。

同日 教育部发出通知,规定从 1954 年秋季起,初中一律不设外语课。

4 月 28 日—5 月 18 日 齐白石绘画展览会在北京举行。此次展出了他自 1901 年到 1954 年来的 122 幅作品,包括花鸟虫鱼、山水和少数人物画。这批展品中特别引人注目的是 1952 年为亚洲及太平洋区域和平会议所作的大幅画《百花与和平鸽》。

4 月 29 日 中印两国关于中国西藏地方和印度之间的通商和交通协定在北京签订。协定规定了双方同意互设代理处以及代理处所享有的地位和待遇。规定了双方进行贸易的地点,两国香客朝圣的事宜,双方商人通过的山口道路等。该协定有效期为 8 年,协定期长 6 个月,如一方提出延长本协定并得到另一方同意后,双方可以谈判决定延长事宜。这个协定中第一次提出了和平共处五项原则。

4 月 30 日 中匈两国 1954 年交换货物及付款协定在布达佩斯签订。根据协定规定,中国将向匈牙利输出各种矿产、有色金属、皮张、羊毛、羽毛、肠衣、纺织原料、烤烟及其他土产和工业原料；匈牙利将向中国输出载重汽车、公共汽车、冷冻机、发电站设备、仪器、药品、医疗设备及其他工业品。

4月 中共中央批转中央宣传部《关于改进人民出版社工作状况的报告》。据此，人民出版社内成立三联书店编辑部。

同月 周恩来总理在日内瓦招待著名电影艺术家卓别林，观看《梁山伯与祝英台》。

同月 文化部、全国科协在全国各大城市联合举办第一次全国科学教育影片展览。

5月1日 首都举行庆祝"五一"国际劳动节游行大会，毛泽东等领导人检阅了首都各界50万人的游行队伍。

同日 专门出版高等学校和中等专业学校教材的高等教育出版社成立。

5月2日 台湾13县2市投票选举第二届临时省议员及县市长。

5月3日 中国人民对外文化协会在北京正式成立，这是由中国人民保卫世界和平委员会、中国文学艺术界联合会、中华全国自然科学专门学会联合会、中华全国总工会、中华全国妇女联合会、中华全国民主青年联合会、中华全国学生联合会、中印友好协会、中缅友好协会及中国人民外交学会等人民团体联合发起筹组的。成立大会上一致通过了中国人民对外文化协会简章，推选出理事116人，常务理事29人。同时推选楚图南为会长，丁西林、阳翰笙、洪深为副会长，陈忠经为秘书长。

5月4日 中央人民政府体育运动委员会公布《"准备劳动与卫国"体育制度的暂行条例》、《暂行项目标准及预备级暂行条例》。

5月5日 中共中央对中央宣传部《关于全国宗教工作会议的报告》及陆定一在全国宗教工作会议上的总结作出批示。中央指出，三年来党领导了基督教、天主教广大教徒群众的反帝爱国运动，获得了一定成绩，给帝国主义特别是美帝国主义以沉重打击。但是帝国主义绝不甘心放弃利用宗教进行侵略的阴谋，因此我们必须提高警惕，继续开展和深入基督教、天主教教徒的反帝爱国运动，继续进行斗争，肃清帝国主义势力及其影响，以便逐渐使中国基督教、天主教由帝国主义侵略的工具变为中国教徒自己办的宗教事业。为此，各地党委必须加强党的宗教工作，配备一定的宗教工作干部，健全党和政府的宗教工作机构，加强党的统一领导，把基督教、天主教工作做得更好。

5月6日 政务院召开第215次政务会议。会议听取并通过了中华全国总工会主席赖若愚代表中华全国总工会提出了关于颁布《国营企业内部劳动规则纲要》和《有关生产的发明、技术改进及合理化建议的奖励暂行条例》，并通过了关于颁布《国营企业内部劳动规则纲要》的决定。会议在听取中央人民政府对外贸易部副部长李哲人的说明后，通过了《关于在中国国际贸易促进委员会内设立对外贸易仲裁委员会的决定》。

5月9日—8月24日 中国人民解放军"八一"男子篮球队，由领队王克率领，于5月9日至6月1日访问了匈牙利，6月3日至22日访问了波兰，6月26日至7月26日访问了保加利亚，7月28日至8月24日访问了罗马尼亚。

5月10日 中共中央批准《中央商业部关于1953年工作的基本总结与1954年的任务》的报告，《报告》指出，鉴于自1953年下半年起，国营与合作社商业由于前进的步骤快了一些，对有些被代替的私商又未能及时适当安排,使城乡交流的某些方面发生了一些阻滞现象,中共中央同意商业部提出的国营与合作社商业批发零售总额的比重应暂停前进,就地踏步,到下半年后看情况再定前进步骤的意见,强调对被代替的私商一定要妥善安排,或转业,或负责接收。

5 月 11 日　中国和阿尔巴尼亚两国决定互派大使。中华人民共和国中央人民政府,任命徐以新为中华人民共和国驻阿尔巴尼亚人民共和国特命全权大使。

同日　台湾空军与中国人民解放军空军在浙海地区发生空战。

5 月 11 日—20 日　中央人民政府交通部召开 1954 年全国交通会议。会议总结了 1953 年全国的交通工作,研究了目前的交通事业的基本情况。1954 年交通部门基本建设工作量比 1953 年增加 20%,为保证完成和超额完成 1954 年的计划和各项主要指标,会议认为,在加强责任制的基础上,以切实推行计划管理为中心,确保安全生产,提高效率,保证质量,加强管理,加强对公私合营企业的领导,加强对资本主义运输业和个体运输业的社会主义改造工作。

5 月 11 日—6 月 5 日　中国人民解放军驻浙江沿海部队和空军、海军,击落击伤蒋军飞机 14 架。

5 月 12 日　李富春在第二次全国宣传工作会议上作《关于社会主义工业化问题的报告》。《报告》中指出:我国实现社会主义工业化,毛泽东主席提出大致需要 15 年左右。实现社会主义工业化的标志,从数量上看是社会主义工业产值占工农业总产值的 60% 左右;从质量上看,要有独立的工业体系和农业相应的协调发展。《报告》说,第一个五年计划期间"一四一"项工程建成后,将奠定我国社会主义工业化的基础。

5 月 13 日　政务院举行第 216 次会议。会议听取和批准了中央人民政府国家统计局局长薛暮桥所作的《关于第三届全国统计工作会议的报告》。

5 月 14 日　中国国家奥林匹克委员会的合法地位得到承认。在希腊雅典举行的国际奥林匹克委员会第 49 届会议上,中华全国体育总会作为中国奥委会的合法地位以 23 票对 21 票得到承认。

5 月 15 日　中央军委颁发空军机关编制。空军机关设司令部、政治部、干部部、军事训练部、军事学校管理部、工程部、军事订货部、修建部、后勤部、财务部、直属政治部和军法处。

5 月 18 日　中央高教部和中央教育部发出《关于全国高等学校 1954 年暑期招考新生的规定》。

5 月 19 日　《斯大林全集》第九卷中译本出版。该卷包括斯大林自 1926 年 12 月至 1927 年 7 月的著作。

5 月 20 日　中共中央向各级党委发出《关于保证完成 1954 年全国高等学校招生计划的决定》。《决定》指出:今年高等学校计划招生 9 万多人。但今年全国仅有高中毕业和工农速成中学毕业生 7 万多人。鉴于今年所招新生多半在 1958 年毕业,正当第一个五年计划末期及第二个五年计划初期,按当前招生计划,届时毕业的学生不仅在数量上及质量上也远不足适应建设需要。因此,今年招生计划必须全部完成,不得减少。

同日　政务院举行第 217 次政务会议。会议批准了《中央人民政府民族事务委员会 1953 年的几项重要工作和 1953 年工作要点报告》和《中央人民政府政务院文化教育委员会民族语言文学研究指导委员会及中央人民政府民族事务委员会关于帮助尚无文字的民族创立文字问题的报告》。这个报告分析了尚无文字的少数民族的7种不同情况，提出了制定少数民族语言文字的基本原则。即对于有自己的语言而没有文字或通用文字的民族，根据他们的自愿自择，应在经过一定时期的调查研究之后，帮助他们逐步创订一种拼音文字，或帮助他们选择一种现有的适用文字。

同日 中朝两国签订关于人民币与朝鲜币比值的协定。

同日 蒋介石、陈诚在台湾宣誓就任"总统"、"副总统"职。

5月23日 中央民族事务委员会举行西藏和平解决三周年庆祝会。

同日 中央人民政府文化部公布《关于加强对民间职业剧团的领导和管理的指示》。《指示》指出：①对于"共和班"式的剧团，应分别不同情况，采取具体的妥当的步骤，启发艺人的自觉自愿，积极帮助和鼓励其向以下几个方面努力，以逐步提高其政治质量和艺术水平。②对于尚存有剥削关系及其他严重不合理现象的业余班或变相业余班（即形式上为共和班，实则仍由业余主操纵的），应在提高艺人觉悟的基础上帮助其进行改革。③各级文化主管部门对于民间职业剧团，首先是对于"共和班"式的剧团，应有步骤有重点地进行具体帮助和辅导，培养典型，在实行艺术改革和建立剧团内部制度各方面积累经验，逐步推广。④对于在戏曲改革上有显著成绩的剧团，在表演艺术上有成就的演员和优秀剧团的演出，应给以荣誉的或物质的奖励。⑤应加强对剧场的领导。⑥各省（市）文化主管部门对本地区民间职业剧团尚未进行登记者，应根据规定予以登记。

同日 文化部发布《关于加强对民间职业剧团的领导和管理的指示》。

同日 台湾"立法院"俞鸿钧任"行政院长"职。

5月24日 郭沫若率中国代表团出席在东柏林举行的世界和平理事特别会议，并在会上作《为巩固亚洲和平与安全，进一步缓和国际紧张局势而努力》的报告。

同日 中共中央批发教育部贯彻《关于解决高小和初中毕业生学习与从事生产劳动问题的请示报告》。中共中央在批示中指出：小学教育应该是国民义务教育性质，随着国家生产的逐步发展，这种初等义务教育将逐步普及，义务教育的年限也将逐步延长，升学深造的只是其中的一小部分，绝大部分都应该从事工农业及其他生产劳动，这是一种正常的现象。目前，中小学毕业生之所以普遍发生紧张的升学问题，主要由于教育部过去几年中对中小学教育的指导思想上有忽视劳动教育的倾向，这是中小学教育方针上的一个带原则性的错误。各地党委必须加强对中小学和师范学校的政治思想工作的领导，继续进行教师的思想改造。

5月25日 中央人民政府高教部、教育部发出《关于工农速成中学招生工作的指示》。《指示》指出：工农速成中学招生工作是一次十分艰巨的政治任务和组织任务。为保证完成招生计划，进一步提高新生的质量，必须加强对招生工作的领导。必须争取多招产业工人，特别是劳动模范。在招收革命军人和国家工作人员时，首先应吸收有多年革命锻炼的、负有一定领导责任的工农干部入学。但优秀的警卫员、通讯员亦应根据条件适当吸收。

5月26日 文化部发布《关于加强民间职业剧团的领导和管理工作的指示》。

5月28日　中共中央转发华北局《关于在国营厂矿企业中实行厂长负责制的决定》。《决定》确定改变过去在国营厂矿企业中所实行的党委领导下的厂长负责制,而实行厂长负责制,并逐步推行生产区域管理制。要建立厂长、车间主任和工段长的三级一长负责制,建立生产指挥系统的单一领导关系,并相应地建立职能部门的专责制和生产工人的岗位责任制。

5月28日—6月18日　中央人民政府民族事务委员会举行第三次(扩大)会议。副主任委员刘格平就全国人民代表大会少数民族代表150人名额的分配原则作了说明。委员费孝通作了关于中华人民共和国宪法草案初稿的说明。全体到会人员就这两个问题分组进行了讨论。主任委员李维汉就宪法草案中关于各少数民族的地位、权利和讨论中提出的一些问题,作了扼要的补充说明。

5月29日　台湾"行政院"通过《结购外汇加征防卫捐办法》。

5月上旬　我国第一座巨型山谷水库——官厅水库全部胜利竣工。从此,永定河的47000平方公里的流域范围,将受到水库的控制,永远免除永定河洪水对首都和天津一带的威胁,减免下游千百万人民的灾难。官厅水库工程是1951年10月间开工的,5月13日,隆重举行了官厅水库竣工庆祝大会。

5月间　中共中央批准八个工业部关于1953年工业总结和1954年工业部署的报告。中央指出,1953年重工业部、燃料工业部、一机部、二机部、建工部、地质部、轻工部、纺织部八个工业部门,在加强计划工作,建立和健全企业的各种科学管理制度,提高工业企业的技术水平,以及加强党对工业企业的领导等方面取得了一定的成绩。但仍需不断地改正工作中的

缺点和错误,不断地学习科学技术。关于1954年工作的部署,中共中央指出:①切实改进和提高工业计划的工作质量。②切实加强工业基本建设工作。继续集中并提高基本建设力量,贯彻以"一四一"项及其直接有关的国内或其他兄弟国家设计的建设项目为重点的建设方针。③加强企业的管理工作。普遍推行作业计划,提高生产的计划性与均衡性。推广厂长负责制和区域管理制。

6月1日　青年团中央公布《中国少年先锋队章程》。

同日　我军三门岛海防部队扣留闯入我领海的9名英国海军人员。

同日　政务院、中央军委颁发《关于全国范围组织危险天气通报网的联合指示》。

同日　台湾"行政院长"及所属部会首长宣誓就职,蒋介石亲临监督,要求迅速完成"反攻准备"。

6月2日　台湾第二届"省临时议会"成立。

同日　台湾第二届县市长宣誓就职。

6月3日　中共中央批转中共中央农村工作部《关于第二次全国农村工作会议的报告》。《报告》认为:第一个五年计划,到1957年要做到:粮食年产4000亿斤至4200亿斤,棉花年产3800万担,油料作物、畜产品、木材等也要保持相应增长。农业生产合作社1955年计划发展到30万个或35万个,1957年计划发展到130万个到150万个,参加合作社的农户发展到占全国总耕地的40%以上;1960年前后,在全国主要地区争取基本上实现合作化。中共中央批示指出:各地要积极努力把现有的农业生产合作社切实办好,为迎接即将到来的合作社大发展的新形势做好准备工作,在发展工业特别是发展重工业的

同时,必须相应发展农业生产。

同日 中国著名戏剧家、中国戏曲研究院戏曲学校校长王瑶卿逝世。

同日 政务院举行第 218 次政务会议。会议听取了中央人民政府外交部副部长章汉夫所作的《订立中印两国关于中国西藏地方和印度之间的通商和交通协定经过的报告》,批准了《中华人民共和国、印度共和国关于中国西藏地方和印度之间的通商和交通协定》。会议听取了中央人民政府内务部副部长王子宜所作的说明后,批准了内务部 1954 年工作计划要点。

同日 中苏造船公司建造成功第一艘远洋拖船。这艘远洋拖船于 4 月 14 日进行了试航,在七级到八级大风和巨浪的冲击下,航行了 54 个小时,证明船的建造十分坚固,性能很好,这艘远洋拖船有 1200 匹马力,可以在海洋里航行 27 天不必靠岸。

同日 北京—平壤和平壤—北京直通客车通车。

同日 台湾"行政院"通过任命严家淦为"省政府主席"。

6 月 3 日—20 日 中央气象局在北京召开全国气象工作会议。

6 月 4 日 中国代表团和美国代表团就两国侨民问题举行了初步会谈。参加会谈的中国方面有王炳南、柯柏年、宦乡;美国方面有乌·亚历克西斯·约翰逊、埃德温·吴·马丁。这次会面是由英国的杜维廉介绍的。

同日 中国自己设计施工的第一座现代化造纸厂——国营安徽造纸厂正式投入生产。

6 月 6 日 中央教育部、高等教育部颁布《关于 1954 年全国中等学校招生工作的指示》。

同日 中国第一座钢筋混凝土连拱坝——佛子岭水库拦洪坝建筑工程基本完工。

6 月 7 日 全国兵役工作会议在北京召开。参加会议的有各省军区司令员、参谋长、政治部主任,以及各省农村工作部、中央有关部门的干部等。与会人员集中学习讨论了兵役法草案。草案确定:改志愿兵役制度为义务兵役制度,1955 年起开始征集兵员,1954 年试征。会议还讨论了兵员征集工作的组织、方法、原则等有关内容。

6 月 7 日—17 日 中央人民政府高等教育部召开全国专业教育行政会议。会议着重讨论关于全国中等专业学校(包括中等技术学校)的领导关系及教学改革问题,并确定了今后中等专业教育的方针和任务。

6 月 8 日 中央人民政府文化部、中华全国总工会颁布《关于加强厂矿、工地、企业中文化艺术工作的指示》。

6 月 10 日 中德两国关于广播合作协定在柏林签订。

6 月 10 日—28 日 建筑工程部召开第一次城市建设会议。会议提出,第一个五年计划期间,城市建设必须把力量集中在苏联援建的 141 项工程所在地的重点工业城市,以保证这些重要工业建设的顺利完成;在重点工业城市,市政建设也应把力量集中在工业区以及配合工业建设的主要工程项目上。

6 月 11 日 中央人民政府高等教育部、教育部、卫生部、体育运动委员会联合发出关于开展学校保健工作的指示。指示要求使所有师生员工切实认识:讲究体育和卫生是增强体质的积极办法;各级人民政府教育部门应加强对学校保健工作的领导。各地应组织学校保健指导委员会,确定当地学校保健工作的具体工作和任务,交由教育部门会同有关部门执行,并定期检查。各级部门应制定实施计划。学校内的卫生基层组织机构、高等学校设校医院、中等学校(包括中等技术学校和工农建成中学在内)一般应设卫生室,其医务人员应列入学校编制内,大、中城市的大型小学,如有条件,也可设立卫生室。一般小学则设保健药箱。

6 月 14 日　毛泽东主席主持中央人民政府委员会第 30 次会议。毛泽东就中华人民共和国宪法发表讲话,他认为从广泛讨论中可以看出,宪法草案是好的,是得人心的。他还指出:我们的总目标是为建设一个伟大的社会主义国家而奋斗。三个五年计划即 15 年左右可以打下一个基础,要建成一个伟大的社会主义国家,大概经过 50 年,即 10 个五年计划就差不多了!这次会议通过了《关于公布〈中华人民共和国宪法草案〉的决议》,《决议》要求全国地方各级人民政府应立即在人民群众中普遍地组织对于宪法草案的讨论,向人民群众广泛地进行对于宪法草案内容的说明,发动人民群众积极性,提出自己对于宪法草案的修改意见。宪法起草委员会应继续进行工作,收集人民的意见加以研究,在第一届第一次全国人民代表大会会议举行以前完成宪法草案的修改,并准备向全国人民代表大会提出关于宪法草案的报告。

同日　中国人民解放军驻厦门部队击落窜入我厦门上空的美造蒋军 F－47 型战斗机一架。被击落的敌机坠入大、小金门岛中间的海峡中。

6 月 16 日　中国人民保卫儿童全国委员会举办的四年来全国儿童文艺创作评奖结果公布,其中得奖歌曲 14 首。

6 月 16 日—17 日　中央人民政府委员会举行第 31 次会议。会议听取和批准了中央人民政府财政部部长邓小平所作的《关于 1954 年国家预算(草案)的报告》。

6 月 17 日　中华人民共和国政府和英国政府协议建立代办级外交关系。中央人民政府派遣代表驻在伦敦,其地位和任务与英国驻北京代办的地位和任务相同。

同日　高等教育部、教育部、卫生部、体育运动委员会发出《开展学校保健工作的联合指示》,要求省(市)成立"学校保健指导委员会",高等学校设"校医室",中等学校及城市大型小学设"卫生室",一般小学设"保健药箱"。

6 月 19 日　朱德副主席主持召开中央人民政府委员会第 32 次会议。会议听取了中央人民政府副主席刘少奇的说明后,通过了《关于撤销大区一级行政机构和合并若干省、市建制的决定》,通过了《关于批准将绥远省划归内蒙古自治区并撤销绥远省建制的决定》。会议还听取了中央选举委员会委员兼秘书长邓小平所作的《关于基层选举工作完成情况的报告》。

同日　海军第一支潜艇部队在青岛正式组建,番号为海军独立潜艇大队,主要装备了购自原苏军的 4 艘老式常规动力潜艇。

6 月 20 日　中央人民政府教育部发出《关于师范学校今后设置发展与调整工作的指示》。指出,初等教育是整个教育建设的基础,师范学校是办好初等教育的关键。根据国家过渡时期总任务的要求,应根据小学教育的发展计划与可能条件,有计划地发展师范学校,根据各地具体情况,将现有初级师范学校逐步转变为师范学校或改办为轮训小学教师的场所,以逐步达到提高小学教师质量的目的;小学师资的供应,除师范学校外,可另办师范速成班；幼儿师范学校，应有重点地设置和发展。

6月21日—22日 中华全国体育总会代表团4人，由团长李梦华率领，在瑞士伯尔尼参加国际足球联合会1954年代表大会。会上，国际足球联合会在帝国主义分子的操纵下，不顾我国代表的坚决反对，接纳台湾为会员。

6月22日 中共中央发出《关于〈第三次全国手工业生产合作会议的报告〉的指示》。指出：手工业在补充国营大工业生产的不足，满足广大人民日益增长的需要中是非常重要的，应引起全党重视。国营经济各个有关部门、各种合作社和各级工会，应对手工业生产合作社进行必要的援助，有效地协助手工业实行社会主义改造。为加强对手工业合作化运动的领导，各级人民政府应将手工业视为地方工业的重要组成部分。中央设手工业管理局，地方也应设立相应的机构以加强管理。

6月23日 中德技术与技术科学合作常任委员会第一届会议议定书在北京签订。议定书包括：中德技术与技术科学合作常任委员会章程，关于执行中德技术与技术科学合作常任委员会决议的共同条件、中华人民共和国方面提请德意志民主共和国方面援助的技术合作项目及德意志民主共和国方面提请中华人民共和国方面援助的技术合作项目等。

同日 台湾海军在台湾海峡拦截驶往大陆的苏联油轮陶甫斯号。

6月24日 政务院召开第219次政务会议。会议批准《关于第三次全国监察工作会议的报告》和《关于1953年人民监察工作总结及今后工作任务的报告》、《1953年财经部门监察室工作总结和今后工作意见》、《关于1953年处理人民来信和接见人民工作的报告》。会议还批准《政务院关于在铁道部建立人民监察局和加强监察工作的决定》、《铁道部人民监察局工作条例》。《决定》说，铁道部人民监察局受政务院监委和铁道部双重领导，并以政务院监委领导为主，铁道部以下的各级监察机构，统归铁道部人民监察局直接领导。铁道部原各级人民监察室和财务会计系统的稽核机构，应即撤销。这两个文件7月5日发出。

6月25日 政务院颁布《国家机关工作人员工资、包干费标准及有关事项的规定的命令》。《命令》说，为了使国家机关工作人员的工资制度进一步地统一、合理和使供给（包干）制工作人员的待遇逐步过渡到工资制，并在生产发展的基础上进一步提高工作人员的待遇，又一次修订了各类国家机关工作人员的工资标准及包干费标准表，一并颁发施行。评定国家机关工作人员工资、包干费的级别，应以其现任职务结合其"德"、"才"并适当地照顾其"资历"为原则，防止偏"才"、偏"资历"等偏向。"德"系指工作人员的政治品质；"才"系指工作人员担负某一种业务工作的能力；"资历"系指工作人员的革命斗争历史及其对革命事业的贡献。因此，担任同一职务的工作人员，其级别可以相同亦可以不同。工资、包干费标准规定，国家机关工资制、包干制工作人员的级别共29个，第1级的工资为2400分、包干费为1880分，第29级的工资为90分、包干费为89分。

同日 中国人民志愿军铁道部队烈士纪念碑在朝鲜平安南道新安州市区落成。

6月25日—28日 政务院总理兼外交部部长周恩来，应印度总理尼赫鲁的邀请访问印度和印度总理尼赫鲁举行了会谈。6月28日，两国总理发表联合声明，重申了本年 4 月 29 日两国签订的《关于中国西藏地方和印度之间的通商和交通协定》中所规定的两国之间关系的五项原则。

6 月 28 日　我国第一架井下电测仪试制成功。这是由中央燃料工业部石油管理总局地质局制造的，是石油及其他钻探工程中不可缺少的一种地球物理探测仪器。它能正确地探测油、气层及一切金属和非金属矿物层的存在位置，使地质工作者了解地层岩石的性质和地层变化情况。

6 月 28 日—29 日　周恩来总理应缅甸联邦总理吴努的邀请，访问了缅甸。两国总理举行了会谈，并发表联合声明，同意和平共处的五项原则也是指导中缅关系的原则。并指出：如果这些原则能为一切国家所遵守，则社会制度不同的国家的和平共处就有了保证。

6 月　中共中央批发中财委（资）《对天津市委关于改造资本主义工商业中若干政策问题的意见》。中财委（资）提出：关于私营企业的联营、并厂问题，应掌握下列几点：①私营企业的联营、并厂，应该在生产的协作与依存关系的基础上，根据改进和发展生产的需要，企业组合的可能和资本家的自愿，有领导、有步骤地进行。②私营企业的联营、并厂，应该适用和服从于国家对资本主义工商业的社会主义改造，如在扩展公私合营工业中，可根据生产的协作与依存关系，有领导地组织私营企业联营、并厂后再进行公私合营，或使私营企业的联营、并厂，与公私合营同时进行，或者在加工、订货中以私营大厂为核心吸收私营小厂进行联营、并厂等。③私营企业的联营、并厂，必须有适当的企业和进步的资本家作为核心和骨干；在联营、并厂前，必须在资本家、工人中反复进行酝酿。④应警惕和防止资本家借联营、并厂抗拒社会主义改造的违法行为。

同月　粮食部党组向中共中央报送《关于 1954 年新秋粮统购价格安排的请示报告》。《报告》说，1954 年小麦统购牌价调低，即：中央掌握的 84 个市场的价格，平均降低 2.61％；产地统购价格降低 5％左右。今年秋粮统购价格，建议暂时仍按"基本不动，个别调整，接壤地区摆平"的原则安排。7 月 4 日中共中央批转此报告。

同月　以王阑西为团长的中国电影工作者访苏代表团赴苏访问考察，回国后向中共中央呈报《电影工作者赴苏访问工作报告》，提出全面学习苏联电影事业及其他体制建设经验的计划和措施。

7 月 1 日　政务院召开第 220 次政务会议。会议通过《政务院关于逐步推行煤炭分区产销平衡合理运输制度的决定》。

7 月 2 日　外交部就 1954 年 5 月美国政府代表在联合国麻醉药品委员会上提出诬蔑我国政府向国外私贩毒品的捏造报告发表声明。声明说：我国政府在 1950 年就颁布了《关于严禁鸦片烟毒的通令》和《关于管理麻醉药品暂行条例的公布令》，并且早已在全国范围内禁绝了鸦片等毒品的种植、制造、使用和贩卖。我国政府和人民对美国政府代表在联合国麻醉药品委员会上的恶毒诽谤表示严重抗议。

7 月 3 日　台湾"临时省议会"修正通过《实施都市平均地权条例草案》。

7 月 3 日—5 日　周恩来总理和胡志明主席在广西柳州举行会谈。7 月 7 日发表了《关于中越会谈的公报》。

7 月 5 日　中财委向中共中央报送《关于上半年信贷计划的执行情况和下半年信贷计划的报告》。《报告》说，上半年信贷计划执行情况是，收入多支出少；下半年信贷计划初步计算，支出预计为 38 万亿元，收入预计为 21.5 万亿元，差额为 16.5 万亿元。预计下半年货币增加投放 16.5 万亿元，信贷计划是平衡的。

7月5日—14日 中央体委在北京召开全国"劳卫制"工作会议。

7月6日 台湾"立法院"通过《外国人投资条例》草案。

7月7日 中国、越南两国政府签订中越关于 1954 年货物交换的议定书和关于中越两国边境小额贸易的议定书。货物交换议定书规定，1954 年相互供应的货物将比 1953 年大大增加。中国将以棉布、棉纱、机器、交通工具和器材、电讯器材、医药、医疗器械、纸张等供给越南；越南将以有色金属、茶叶、砂仁、咖啡豆、胡椒、牲畜、皮革等供应中国。

7月8日 林业部与财政部联合发出《关于征收私有林育林费问题的联合通知》。

同日 中国造型艺术展览会在柏林开幕。

7月9日 政务院召开第 221 次政务会议。会议批准《高等教育部关于全国中等专业教育行政会议的报告》；通过《政务院关于改进中等专业教育的决定》和《中等专业学校试行章程》。批准高教部副部长黄松龄作的《关于全国综合大学会议、全国高等财经教育会议、中国人民大学教学经验讨论会、全国政法教育会议的报告》。

邓小平在讲话中指出，现在我们是搞建设，干部已成为决定性的因素。要充分发挥现有干部的作用，同时要培养大批各方面的建设人才。有些同志对培养干部重视不够，殊不知办好学校，培养干部，才是最基本的建设。教师的待遇，现在要普遍提高是很困难的，但是真正有本领的教授、高级工程师、高级医生，以及其他方面的高级专门人才的工资，应该提高。中小学教员贡献大的，工资待遇也应该有很高的，不能搞平均主义。

同日 公安部党组向中共中央报送《第六次全国公安会议的决议》和罗瑞卿在公安会议上作的报告。罗瑞卿的报告说，从 1950 年 10 月党中央发出镇压反革命指示以来，经过了三个阶段的斗争，全国共杀了反革命分子 71 万人；关押了 129 万人，其中刑满释放了 45 万人；管制了 123 万人，其中已经解除管制的 59 万人。在机关、企业和学校进行了清理"中层、内层"的工作，发现有各种政治问题的 24.6 万人，清查出五个方面的反革命分子 4.7 万人，逮捕惩办了 3800 人。在此期间，组织了 107 万犯罪分子的劳动改造。歼灭了空降特务 207 人。登记毒品制造、贩运犯 36 万人，关押了 3.5 万人，处决了 880 人。在全国建立了 17 万个群众性的治安保卫委员会。各级公安机关在今后一定时期内，必须确定以保卫国家的社会主义经济建设和国防建设、保障社会主义改造的顺利进行，作为自己的中心工作。8月6日中共中央批转公安部第六次会议的三个文件。并批示，大张旗鼓地镇压反革命运动给了反革命分子以沉重的打击，加强了人民民主专政。在这种情况下，我们有些同志，看不到由于我国社会主义建设正在大规模地展开，各项社会主义改造正在深入，国内一切残余的反革命分子必然与帝国主义相互勾结对我们的事业进行更加凶恶的破坏。因此，对反革命分子的斗争就更加复杂和紧张化了。公安会议确定的大力加强同隐蔽的敌人进行斗争的工作方针是正确的。

同日 高等教育部颁发《高等学校课

程考试与考查规程》,规定采用口试和以四级分制(优等、良好、及格、不及格)评定学生考试成绩。

7 月 10 日　政务院批准《市、镇公安派出所工作暂行条例》,由公安部颁布施行。

7 月 13 日　中共中央发出《关于加强市场管理和改造私营商业的指示》,指出:国家要对部分商品实行计划收购、计划供应,把现存的私营小批发商和私营零售商逐步改造为各种形式的国家资本主义商业。

7 月 13 日—8 月 17 日　中国体育代表团 15 人,由团长贺龙率领,访问了苏联,并参观了苏联体育节。

7 月 14 日　政务院发出《关于各级人民政府工作人员病假期间待遇的暂行规定》。

同日　中共中央政治局通过《关于改进报纸工作的决议》。规定新华社应尽力提早重要新闻与照片的发稿时间,做到每晚 12 时截止发稿。

7 月 16 日　台湾"总统府"设立"光复大陆设计研究委员会"。陈诚任主任。

7 月 16 日—30 日　农业部、中国科学院和中华全国自然科学专门学会联合召开了土壤肥料技术会议。会议宣告中国土壤学会成立。

7 月 16 日—31 日　农业部、第一机械工业部、中华全国供销合作总社联合召开全国新式畜力农具工作会议。会议确定今后推广新式畜力农具以犁为主,尤其是双轮双铧犁和双轮一铧犁。

7 月 20 日　中华人民共和国和波兰人民共和国签订技术合作协定。

7 月 20 日—25 日　中华全国合作社第一次代表大会在北京举行。中共中央代表邓子恢和中央人民政府代表林伯渠向大会致祝词。会议决定将中华全国合作社改名为中华全国供销合作总社,通过了《中华全国供销合作总社章程》。

7 月 21 日　新中国第一架国产螺旋桨式飞机在南昌飞机制造厂试制成功,通过国家鉴定。该机是仿造自原苏联雅克—18 型活塞式飞机的初级教练机,被命名为初教 5。

7 月 22 日　教育部、扫除文盲工作委员会联合发出通知:采取"政府领导,群众办学"的方针,切实做好城市劳动人民业余文化教育工作。

同日　林业部发布《关于加强和扩大森林更新和抚育工作的指示》。

同日　出版总署发出《改造木刻书业问题的通知》。

7 月 23 日—25 日　周恩来总理应邀访问德意志民主共和国。同格罗提渥总理进行了会谈,发表了《中德两国总理会谈公报》。访问期间,周恩来出席了柏林胡包特大学举行的授予周恩来名誉法学博士学位的仪式。

7 月 23 日—8 月 2 日　中央国防体育俱乐部代表张鸣等 2 人,以观察代表身份参加了在保加利亚举行的第八届黑海旅行活动。

7 月 24 日　林业部与中华全国合作联合总社联合发布《木材供应试行办法》。

同日　政务院发出《关于设立中国人民建设银行的决定》。《决定》说,建设银行是国家单独设立的专业银行,办理基本建设的拨款及监督业务。

7 月 26 日—28 日　周恩来总理应邀访问波兰。波兰国务委员会授予周恩来总理一级波兰复兴勋章。

7 月 27 日　外交部副部长章汉夫发表声明,抗议美国空军于 7 月 26 日侵犯我国领空并击落我国两架巡逻飞机。声明说,这是美帝国主义的又一次侵略暴行。中国政府为此严重警告美国政府立即停止此类侵犯行动,否则,美国政府将承担由其挑衅所引起的一切责任,并将自食其果。

同日　中央人民政府体育运动委员会公布和推行第二套广播体操。

7月28、29日　周恩来总理应邀访问苏联。

7月30、31日　周恩来总理访问蒙古人民共和国。

7月31日　台湾当局在台北成立"亚洲反共同盟中国总会"。

7月31日—9月8日　中国学生体育代表团(包括男女篮、排球、游泳、田径、乒乓球队)128人,由团长张之槐率领,参加了7月31日至8月8日在匈牙利布达佩斯举行的第十二届世界大学生夏季运动会。排球队于这次运动会前后曾访问苏联,8月11日至15日访问了匈牙利;篮球队于8月17日至9月8日访问了捷克斯洛伐克;乒乓球队于8月24日至9月4日访问了保加利亚。

7月　铁道兵第一批人员到黑龙江省虎林地区建立农场(即现在的八五〇农场)。

8月1日　政务院分别致电参加淮河和长江防汛抢险的工人、农民、部队、学生、机关工作人员和全体同志,电称,这是一个光荣而艰巨的任务,应该受到全国人民的感激和尊敬。现在防汛已经进入最紧急的阶段,特向你们致以深切的慰问;并盼严密注意,坚决防守,克服一切困难,再接再厉,为争取最后战胜洪水而奋斗。

同日　毛泽东复信国营三二〇厂全体职工,祝贺第一架雅克—18型飞机试制成功,并希望继续努力,进一步掌握技术和提高质量,保证完成正式生产的任务。

8月2日　周恩来总理举行宴会,招待应邀来访的越南民主共和国副总理兼代理外交部长范文同,并致词说,中国政府和人民对日内瓦会议恢复印度支那和平问题获致的协议,表示完全的支持,并愿意与各有关国家共同努力保障这一协议的实现。

8月2日—5日　国民党在台湾召开七届四中全会。

8月4日　政务院发出《关于国家机关工作人员调动中各项待遇问题的规定》。

同日　政务院发出《关于1954年暑、寒假高等学校和中等专业学校毕业生参加工作后工资待遇的规定》。

8月5日—16日　教育部、扫除文盲工作委员会联合召开第一次全国农民业余文化教育会议,提出今后农民业余文化教育必须紧紧跟随着和密切结合着农村互助合作运动和农业生产的发展,在生产发展的基础上,积极有计划地扫除农民中的文盲,并逐步提高农民的文化水平。会议还提出争取用15年左右的时间,基本上扫除农村两亿多青壮年文盲。对已经脱离文盲状态的农民和小学毕业生应该组织他们学习,以提高他们的文化水平。

8月6日　全国水彩、速写展览会在北京展出。

8月7日　教育部将中共北京市委6月23日《关于提高北京市中小学教育质量的决定》通报各地。29日,中共中央向全党转发了北京市委的这个决定。

8月8日　中央军委、政务院联合发布《抗美援朝无军籍工资制人员病、伤、残、亡优抚暂行办法》。

同日　台湾当局在文教界推行文化清洁运动。

8月10日　中共中央发出《关于在交

通部门中建立政治工作机构的决定》。

同日 林业部发出《关于配合收购粮棉等农产品作好农村木材供应的指示》。

8月10日—14日 十三城市中等以上学校田径、体操运动会在旅大举行。

8月11日 刘少奇副主席主持召开中央人民政府委员会第33次会议。会议通过《关于批准政务院总理兼外交部长周恩来的外交报告的决议》。委员们在讨论中一致认为,我国在这次日内瓦会议上取得的外交上的巨大胜利,是我国外交关系史上所未有过的。这次外交胜利,已经把我国过去受人欺凌的状况完全改变了。周恩来总理在日内瓦会议上表现出的大国风度,也大大加强了我国的国际威望。毛泽东指出,这次政府委员会开会以后,还要召开政协全体常委扩大会议,通过一个联合宣言,严正地向全世界宣告,台湾是中国的领土,中国人民一定要解放台湾。会议通过《关于召开中华人民共和国第一届全国人民代表大会第一次会议的决议》。第一届全国人民代表大会第一次会议,定于1954年9月15日召开。此件8月13日公布。会议讨论通过了任免事项。

8月12日 林业部发出《关于进一步开展与改进造林工作指示》。

8月14日 中宣部批转出版总署《关于改造私营图书发行业的报告》。

同日 中央体委、教育部、卫生部、广播事业局、青年团中央发出《关于在全国小学中推行少年广播体操的联合指示》。

8月15日 周恩来总理接见以克·艾德礼为首的英国工党访华代表团。周恩来说,台湾从任何方面都证明是中国领土的一部分,台湾应该由中国人民来解放。美国侵占台湾是最没有道理的。至于说我们解放台湾会引起世界大战,问题并不这样简单。相反,我们坚决解放台湾,就能阻止世界大战在东方发生,因为在东方引起世界大战的一个军事基地就会被去除。只要英国在联合国内投票驱逐国民党的代表,赞成中国的代表进入联合国,中英就可以互换大使。这是我们对于互换大使的唯一条件。8月24日,毛泽东主席接见以克·艾德礼为首的英国工党访华代表团。当谈到据说中国要"侵略"澳大利亚,因此美国和新西兰签订了一个条约,一齐反对共产党时,毛泽东说,美国反共是当做个题目做文章,他们的目的是首先占据从日本到英国的这个中间地段,欺负它们,控制它们的经济,建立军事基地。我们希望工党朋友们劝劝美国人:一把第七舰队拿走,不要管台湾的事;二不要搞东南亚公约,要搞就搞集体和平公约;三不要武装日本;四不要武装西德。

同日 中宣部批转出版总署《关于整顿和改造私营出版业的报告》。

同日 台湾"立法院"通过《实施都市平均地权条例》。

8月17日 总参谋部发出指示,要求全军于1955年3月1日同时开始对武器、器材、弹药、技术大检查。

同日 高等教育部颁发高等学校新校历,废止1950年颁发的校历。

8月18日 株洲发动机厂的爱姆—M—11发动机试制成功。10月25日,毛泽东主席亲自签署了嘉奖信。

同日 武汉关长江水位升至29.73米,大大超过历年最高水位。

同日 全国文学翻译工作会议在北京举行。

8月21日 毛泽东、刘少奇、周恩来在北京市第一届人民代表大会第1次会议的选举大会上,当选为全国人民代表大会代表。

同日 中国和苏联签订了广播事业合作协定。

8月23日 中央军委命令铁道兵抢建黎湛、鹰厦线铁路。黎湛铁路北起广西黎塘，南至广东湛江，全长315.7公里，于1954年10月开工，1955年7月1日通车，全线仅用了8个月的时间，按原计划提前一年半建成；鹰厦铁路北起江西鹰潭，南至福建厦门，全长697.7公里，于1955年3月全面开始动工，1956年12月全线通车，按原计划提前一年建成。

8月24日 国际业余田径联合会在瑞士伯尔尼召开的国际业余田径联合会代表大会上，一致通过中华全国体育总会为该会会员。

8月24日—10月8日 中央国防体育俱乐部代表团3人，由团长任超率领于8月24日至9月29日在苏联参观航空模型比赛和国际摩托车友谊比赛；10月3日至8日在罗马尼亚布加勒斯特参观国际射击比赛。

8月25日 政务院打电报给西藏地方政府，对江孜、日喀则地区遭受水灾的藏族人民表示深切关怀和慰问，并拨款50亿元，救济灾民。

8月26日 政务院召开第222次政务会议。会议通过《中华人民共和国劳动改造条例》和《劳动改造罪犯刑满释放及安置就业暂行处理办法》。

同日 中央人民政府体育运动委员会公布和推行第一套少年广播体操。

8月27日 台湾"内政部"下令对10种杂志分别予以定期停刊处分。

8月28日 中央防汛总指挥部负责人就1954年防汛第一阶段所取得的胜利，向新华社记者发表谈话。

9月1日 中国第一所舞蹈学校——北京舞蹈学校开学。

同日 台湾"行政院"公布《华侨回"国"投资办法》。

9月2日 政务院举行第223次会议。会议听取了水利部《关于当前水情与防汛工作情况的报告》。

同日 政务院召开第223次政务会议。会议通过《公私合营工业企业暂行条例》。《条例》分总则、股份、经营管理、盈余分配、董事会和股东会议、领导关系、附则，共7章。

9月3日 中央选举委员会主席刘少奇主持召开选举委员会第5次会议。邓小平委员作了《关于中华人民共和国第一届全国人民代表大会代表选举工作完成的报告》。会议批准邓小平的报告，并通过中央选举委员会关于公布中华人民共和国第一届全国人民代表大会代表名单的公告，审查和追认了代表当选证书的格式。

9月3日—22日 福建前线高炮部队击落击伤来犯的国民党飞机45架。为了反对美蒋签订"共同防御条约"的阴谋，惩罚国民党军的破坏骚扰，人民解放军福建前线部队于9月3日、22日先后两次炮击大、小金门岛。而后，国民党军在20天时间内出动飞机555架次窜犯大陆，进行报复。福建前线高炮部队对来敌猛烈打击，共击落击伤敌机45架。

9月5日 朱德副主席举行宴会，欢迎全国人民代表大会代表达赖喇嘛和班禅额尔德尼，并致欢迎词。达赖喇嘛致答词说，我们这次从拉萨出发来京，在沿途看到各级人民政府根据毛主席的民族平等团结政策和宗教信仰自由政策，保护了各民族的信教自由，少数民族实行了民族区域自治，从而使各民族间和民族内部的关系，从旧中国反动统治时期的压迫和仇视，从根本上一变而为友爱合作的兄弟关系。班禅额尔德尼致答词说,这次全国人民代表大会会议的召开,是新中国在各族人民的伟大领袖毛主席和中国共产党的正确领导下,短短 5 年来在各方面获得辉煌胜利的结果。它将给全国各兄弟民族、特别是西藏民族带来更大的幸福与光明。

同日 新华社报道:中国人民志愿军总部发言人宣布,中国人民志愿军司令员彭德怀将军业已辞职,现由邓华将军任司令员。发言人宣布:中国人民志愿军总部将于 9、10 两月从朝鲜撤出 7 个师回国。

同日 全国版画展览会在北京开幕,展出作品 196 幅包括 19 个省市和 85 位作者的木刻、石版、玻璃版画。展览在京闭幕后,又移至上海、广州展出。

9 月 5 日—11 月 2 日 中国人民解放军"八一"足球队,由领队戴夫率领访问了保加利亚。

9 月 8 日 国际射击联合会致函中华全国体育总会,接纳中华全国体育总会为该会会员。

9 月 9 日 政务院召开第 224 次政务会议。会议通过《政务院关于实行棉布计划收购和计划供应的命令》和《政务院关于实行棉花计划收购的命令》。商业部部长曾山作了《关于准备实施棉布计划收购、计划供应和棉花计划收购的报告》。两个《命令》于 9 月 14 日发布。会议通过《政务院关于征集补充兵员的命令》和《政务院关于设立中国人民建设银行的决定》。

同日 毛泽东主席主持召开中央人民政府委员会第 34 次会议。会议通过《中华人民共和国宪法草案》。免去刘澜涛华北行政委员会主席职务、高岗东北行政委员会主席职务、邢肇棠宁夏省人民政府主席职务。

同日 政务院发出《关于大区撤销之后有关地方工业的几个具体问题的指示》。《指示》说,大区撤销后,为了加强地方工业的领导,拟成立地方工业部。在这一机构尚未正式成立之前,各省市地方工业工作责成大区地方工业局继续维持,作为地方工业部未组成前的暂时工作机构。

同日 美国国务卿抵台湾进行访问。

9 月 11 日 政务院发布征集补充兵员的命令。命令规定,在兵役法公布前,从 1954 年 11 月 1 日到 1955 年 2 月 28 日,在年满 18 周岁到 22 周岁的男性公民中征集补充兵员 45 万人,服役期限为陆军 3 年、空军 4 年、海军 5 年。同时,一批现役军人复员回乡。这是国家兵役制度改革,由志愿兵役制过渡到义务兵役制的开端。

9 月 12 日 宪法起草委员会举行第 9 次会议。会议通过宪法起草委员会向第一届全国人民代表大会第一次会议作的《关于中华人民共和国宪法草案的报告》。会议还修正通过了《中华人民共和国全国人民代表大会组织法草案》、《中华人民共和国国务院组织法草案》、《中华人民共和国人民法院组织法草案》、《中华人民共和国检察院组织法草案》、《中华人民共和国地方各级人民代表大会和地方各级人民委员会组织法草案》。这 5 个组织法草案,即将提交第一届全国人民代表大会第一次会议审议。

同日 国家统计局发表《关于 1953 年度国民经济发展和国家计划执行结果的公报》。

9 月 14 日 毛泽东主席主持召开中央人民政府委员会临时会议。会议修正通过《中华人民共和国宪法(草案)》。毛泽东指出,有相当一部分朋友们觉得我们讲"辛亥革命是资产阶级民主革命"不妥。从社会发展历史上说,辛亥革命确实是一种资产阶级性质的民主革命。孙中山公开号召实行资产阶级民主革命，推翻了满清的统治，结束了中国两千多年的封建帝制，建立了中华民国和临时革命政府，并制定了一个临时约法。辛亥革命以后，谁要再想做皇帝，就做不成。所以我们说它有伟大的历史意义。辛亥革命没有成功，就是因为犯了错误。关于这一点，孙中山有过自我批评。他说当时向袁世凯妥协是不对的。

9月15日—28日　第一届全国人民代表大会第一次会议在北京举行。中央人民政府主席毛泽东主持开幕式，刘少奇作《关于中华人民共和国宪法草案的报告》。20日，通过《中华人民共和国宪法》。宪法除序言外，有总纲，国家机构，公民的基本权利和义务，国旗、国徽、首都，共4章，106条。23日，周恩来总理代表中央人民政府在全国人民代表大会第一次会议上作《政府工作报告》。26日，第一届全国人民代表大会第一次会议批准周恩来总理作的《政府工作报告》。27日，第一届全国人民代表大会第一次会议选举出国家领导人。28日，大会闭幕。

9月19日　政务院发出《关于发动农民增加油料作物生产的指示》。

同日　李可染、张仃、罗铭水墨写生画展览在北京开幕；黄宾虹作品观摩会在上海开幕。

9月22日　政务院电示各大区行政委员会及各省（市）自治区人民政府：农业生产合作社不应减税，应与普通农民一样照章纳税；歉收则照章减免。

9月24日　台湾空军袭击骚扰福建沿海。

9月26日　连环画原作展览会在北京举办。

9月28日　毛泽东主席颁布《中华人

民共和国国务院组织法》、《中华人民共和国人民法院组织法》、《中华人民共和国人民检察院组织法》、《中华人民共和国地方各级人民代表大会和地方各级人民委员会组织法》。

同日　中共中央政治局作出《关于成立党的军事委员会的决议》。党的中央军事委员会由毛泽东、朱德、彭德怀、林彪、刘伯承、贺龙、陈毅、邓小平、罗荣桓、徐向前、聂荣臻、叶剑英组成，毛泽东任主席，彭德怀主持军委日常工作。

同日　中华人民共和国国防委员会成立。根据第一届全国人民代表大会第一次会议的决定，成立中华人民共和国国防委员会，并任命国家主席毛泽东为国防委员会主席。会议还决定撤销中国人民解放军总司令一职。国防委员会是咨询性质的机构，不直接领导、指挥国家武装力量，先后共三届。

同日　中华人民共和国国防部成立。第一届全国人民代表大会第一次会议决定设立国防部，隶属于国务院，负责国防建设的具体工作。国务院副总理彭德怀兼任国防部长。国防部未设专门的办事机构，其工作由人民解放军总参谋部、总政治部、总后勤部和国防部办公厅（军委办公厅兼）等部门分别承担。

9月29日　毛泽东主席根据第一届全国人民代表大会第一次会议的决定，分别任命国务院副总理、各部部长、各委员会主任、秘书长和国防委员会副主席、委员。

同日　周恩来总理主持召开国务院常务会议。会议确定陈毅为国务院常务副总理。并商定总理、副总理对各兄弟国家参加国庆节观礼代表团的接见、招待分工办法。

9月29日—12月13日　中国青年足

球队由领队柯轮率领,于 9 月 29 日至 10 月 19 日访问了德意志民主共和国,11 月 26 日至 12 月 13 日访问了捷克斯洛伐克。

9 月 30 日　国家统计局发表《1952 年国民经济和文化教育恢复与发展情况的公报(修正本)》。

同日　首都各界在中南海怀仁堂隆重集会,庆祝中华人民共和国建国 5 周年。

9 月　山东大学《文史哲》月刊发表李希凡、蓝翎《关于〈红楼梦简论〉及其他》一文,批评俞平伯研究红楼梦的观点和方法。

同月　中央美术学院和浙江美术学院分别设立版画系,从此版画正式进入美术学院。除木刻外,还设有铜版和石版画的教学。

10 月 1 日　首都各界群众举行盛大阅兵式和群众游行。

10 月 2 日　北京苏联展览馆开幕,展出苏联美术作品 280 余件。

10 月 2 日—10 日　全国篮球联赛在北京举行。

10 月 5 日　中国和挪威王国同意建立正常的外交关系,并互派大使。

同日　高等教育部发出《关于重点高等学校和专家工作范围的决议》。决定中国人民大学、北京大学、清华大学、哈尔滨工业大学、北京农业大学、北京医学院六校为全国性的重点学校;并规定了在全国高等学校工作的苏联专家的主要任务和工作范围。

10 月 7 日　新疆生产建设兵团成立。新疆军区生产管理部与第 22 兵团(由新疆起义的国民党军队改编)合并,正式成立新疆生产建设兵团领导机构,陶峙岳任司令员,王恩茂任政治委员,下辖 10 个农业师、1 个建筑师另 2 个团。

同日　中华全国舞蹈工作者协会改名中国舞蹈艺术研究会在京成立(简称"舞研会")。主席吴晓邦,副主席戴爱莲。

10 月 9 日　台湾"行政院"公布制定《动员勘乱时期无线电器材管制办法》。

10 月 10 日　外交部长周恩来致电联合国大会第九届会议,控诉美国武装侵略中国领土台湾。

同日　徐悲鸿纪念馆在北京东城受禄街徐悲鸿故居建成开放,馆长吴作人主持开幕式。

10 月 10 日—31 日　中共中央农村工作部召开第四次互助合作会议。

10 月 12 日　中苏两国政府代表团发表《关于中苏举行会谈的公报》、《中华人民共和国政府和苏维埃社会主义共和国联盟政府联合宣言》、《中华人民共和国政府和苏维埃社会主义共和国联盟政府关于对日本关系的联合宣言》、《中苏关于苏联军队自共同使用的中国旅顺口海岸根据地撤退并将该根据地交由中华人民共和国完全支配的联合公报》、《中苏关于将各股份公司中的苏联股份交给中华人民共和国的联合公报》、《中苏关于修建兰州—乌鲁木齐—阿拉木图铁路并组织联运的联合公报》和《中华人民共和国政府、苏维埃社会主义共和国联盟政府和蒙古人民共和国政府关于修建从集宁到乌兰巴托的铁路并组织联运的联合公报》。此外,还签订了苏联政府给予中国 5.2 亿卢布的长期贷款协定,和苏联政府帮助中国建设 15 项工业企业和扩大原有协定的 141 项企业设备的供应范围(苏联补充供应的设备总值在 4 亿卢布以上)的议定书,以及中国和苏联之间的科学技术合作协定。协定规定,中国和苏联两国政府同意通过交流国民经济各部门的经验来实现两国间的科学技术合作;双方将互相供应技术资料,交换有关情报,派遣专家以进行技术援助和介绍两国在科学技术方面的成就；双方将互相供应技术资料，不付代价，仅支付用于复制各项资料的副本所需的实际费用；为制定实现合作的措施和便于向双方政府提出适当建议，成立中苏委员会，中苏双方各派委员 7 人组成，委员会的会议每年内至少召开 2 次，轮流在北京和莫斯科召开。

10 月 14 日　中国政府和印度政府第一个贸易协定在新德里签字。协定规定双方给予为数 200 多种商品以进出口便利。印度输往中国的货品包括大米、豆类、化学品、药品、机械等；中国输往印度的有大米、大豆、机器、变压器、羊毛等。19 日，两国又签订了中国自印度输入 900 万英镑烟叶和印度自中国输入 90 吨生丝的协议。

10 月 14 日—21 日　全国排球联赛在北京举行。

10 月 15 日　国务院举行全体会议第一次会议。会议听取了周恩来所作关于中苏会谈的报告，批准了中苏有关协定。会议同意周恩来作的《国务院的组织和工作问题》的报告，通过了《关于同外国缔结条约的批准手续的协定》等。

10 月 15 日—25 日　农业部召开全国棉产工作会议。

10 月 16 日　武汉市防汛总指挥部召开总结庆功大会。经过三个多月的艰苦努力，武汉人民终于战胜了该市自有水文记录以来的最高洪水。

同日　教育部颁发《关于坚持灾区教育工作的指示》。

10 月 16 日　毛泽东就《红楼梦》研究问题写信给中共中央政治局的同志和其他有关同志。提出应当批判俞平伯这一类资产阶级知识分子毒害青年的错误思想，不应当对他们投降。此后，在全国展开了对俞平伯的批判运动。

10 月 19 日—26 日　全国足球联赛在北京举行。

10 月 19 日—30 日　应中国政府邀请，印度总理尼赫鲁访问中国。

10 月 21 日　台湾"行政院"通过《实施耕者有其田、公营事业转移民营辅导办法》。

10 月 31 日　国务院召开第二次全体会议。会议听取周恩来作的《关于提请全国人大常委会批准国务院设立直属机构的报告》；通过《城市居民委员会组织条例》和《城市街道办事处组织条例》，原则通过《市、镇公安派出所组织条例》。会议还通过了人事任命。

同日　全国文联和作协主席团，本日起先后举行 8 次扩大会议，批判俞平伯研究《红楼梦》的观点和《文艺报》的错误；改组《文艺报》编辑部；决定批判《红楼梦》研究中的错误和进一步批判胡适派唯心主义错误。此后，即掀起了一场批判运动。

同日　台湾美国文化经济协会成立。

10 月　根据苏联政府建议，中国决定停止原定的试制米格—15BS 型喷气歼击机计划，改为试制性能更好的米格—17F型飞机及发动机。

同月　出版总署撤销，全国出版事业的管理归文化部领导，文化部成立出版事业管理局。

同月　音乐出版社在北京成立。

同月　董希文作《春到西藏》。

11 月 1 日　中华人民共和国国务院任命蔡廷锴、蔡树藩、卢汉、黄琪翔、荣高棠为中华人民共和国体育运动委员会副主任。

11 月 2 日—29 日　黄河水利委员会在郑州召开水土保持会议。

11 月 4 日　国务院召开常务会议。

会议通过了关于设立 20 个直属机构的报告;确定了总理、副总理、秘书长的分工和国务院各办公室的分工。

11 月 5 日 佛子岭水库工程完工。

同日 台湾"内政部"制定《战时出版品禁止或限制登载事项》,引起反对。

11 月 5 日—12 日 全国总工会和国家体委在北京召开了第一次全国职工体育工作会议。会议确定了对职工体育采取"积极领导,逐步发展"的方针。

11 月 7 日 台湾当局与美国商议签订"共同防御条约"事宜。

11 月 9 日 国防部颁布《中国人民解放军薪金、津贴暂行办法》,自 1955 年 1 月起开始实行。长期实行的供给制为军发薪金制所代替。

11 月 10 日 中央人民政府卫生部改称为中华人民共和国卫生部。

11 月 10 至 19 日 农业部、纺织工业部、对外贸易部和中华全国供销合作总社在北京联合召开全国桑蚕、蚕丝会议。

11 月 11 日 国务院召开常务会议。会议通过《中华人民共和国国务院关于发行新人民币和收回现行人民币的命令》。会议原则批准内务部关于地方各级人民委员会选举问题给国务院的报告。

11 月 14 日 台湾海军"太平"号战舰被中国人民解放军海军击沉。

11 月 15 日—7 日 国家体委在北京召集参加全国职工体育工作会议的各地体委负责同志举行座谈,听取汇报各地体育工作情况,并就开展群众性体育运动的问题交换了意见。

11 月 18 日—26 日 中央国防体育俱乐部代表团 3 人,由团长李雪率领,在苏联参观国际无线电运动友谊比赛。

11 月 19 日 外交部、高等教育部联合发出《派赴苏联及各人民民主国家留学生暂行管理办法》。

11 月 20 日 国务院任命吴玉章为中国文字改革委员会主任。

同日 台湾在台北成立"青年献舰复仇运动委员会"。

11 月 21 日—27 日 青年团中央在北京召开了第一次全国军事体育工作会议。会议确定各省、市(包括省辖市)团委应建立和健全军事体育部,并配备一定数量的专职干部;团的基层组织也应设立军事体育委员。

11 月 23 日 中共中央批转国务院文化教育委员会党组《关于改进中医工作问题的报告》。

同日 农业部决定,从 1955 年开始,三年内在黑龙江开垦荒地 300 万公顷。

11 月 24 日 高等教育部颁发经政务院第 221 次政务会议批准的《中等专业学校章程》。

11 月 29 日 美国将首批军刀式战斗机移交台湾空军使用。

11 月 中央批准中央文委党组《关于改进中医工作问题的报告》。卫生部正式成立中医司。

12 月 1 日 四川省都江堰水系的两处扩建工程开工。

12 月 1 日—16 日 缅甸总理吴努访问中国。12 日,两国总理发表会谈公报,规定 1955 年至 1957 年止,中国方面每年将由缅甸进口 15 万吨至 20 万吨大米;缅甸将由中国进口中国可能供应的工业设备、工业器材和日用必需品。

12 月 2 日 中科院院务会议和中国作协主席团举行联席会议,决定联合召开批判胡适思想的讨论会。

12 月 3 日 台湾当局与美国在华盛顿签订《共同防御条约》。

12 月 6 日—28 日 黄河水利委员会

在郑州召开黄河全河水文工作会议。

12月7日 国务院常委会议通过《关于建设国营友谊农场的决定》。

12月8日 外交部长周恩来发表声明，指出12月3日美国政府和台湾蒋介石集团签订《共同防御条约》实际上是割裂中国领土，侵犯中国主权和干涉中国内政，都是中国人民绝对不能同意的。

同日 洛阳城西发现700多座从西周到战国末期的古墓。

12月12日 中央军委召开扩大会议，讨论了义务兵役制、军衔制、军官薪金制三大制度，全国军区划分，以及部队的军事训练和干部的培养等问题。随后，全国人大常委会通过了三大制度的有关条例。

12月13日—24日 农业部、对外贸易部、中华全国供销合作总社联合召开全国茶叶专业会议。

12月15日 国务院召开常务会议。会议听取1955年全国民政工作任务的实施计划要点，批准董必武辞去中央救灾委员会和中央防汛指挥部两个机构的主任职务，改由邓子恢担任。原则同意张经武、范明关于西藏噶厦、拉章要求中央帮助解决的各项问题的处理意见和许涤新关于全国公私合营计划会议情况的报告。

12月16日 国务院召开第三次全体会议。会议通过《中华人民共和国兵役法（草案）》、《中国人民解放军军官服役条例（草案）》，提请全国人大常委会审议。通过《关于颁布中国人民解放军在中国人民革命战争时期有功人员勋章、奖章的决议（代拟草案）》、《授予中国人民解放军在中国人民革命战争时期有功人员的勋章、奖章条例（草案）》和《关于颁布中国人民解放军在保卫祖国和进行国防现代化建设中有功人员勋章、奖章的决议（代拟草

案）》，提请全国人大常委会审议。会议还通过《1955年国家经济建设公债条例（草案）》。

12月18日 蒋介石明令公布《请愿法》。

12月20日 高等教育部颁发《留学生注意事项》。

12月21日—25日 政协第二届全国委员会第一次全体会议在北京举行。周恩来在会上作政治报告，会议推举毛泽东为政协名誉主席，选举周恩来为主席，通过了《中国人民政治协商会议章程》。

12月23日 中国文字改革委员会正式成立，并通过《汉字简化方案（初稿）》等。

12月24日 中国政府同越南政府在北京签订关于援助越南修复铁路的议定书、关于援助越南恢复邮政电信议定书、关于援助越南修复公路、航运、水利问题会谈记录、关于中越两国民用航空通航和援助越南建立民用航空站、气象设备问题会谈记录、邮政协定、电信协定和邮政、电信两个协定的附加议定书。

12月29日 国务院召开常务会议。会议批准陈云所作的《关于调整工业的报告》，提请中央政治局讨论批准。会议通过林枫为爱国卫生运动委员会主任，李德全为副主任，贺诚为秘书长。

同日 中国科学院和作协联合召开胡适思想批判讨论会，分别举行"关于胡适的哲学思想批判"和"红楼梦的人民性和艺术成就"两个方面的第一次讨论会。

12月30日 中国和苏联两国政府在北京签订关于中苏两国间建立定期航空协定。协定规定，建立中苏双方的民用飞机在北京—莫斯科、乌鲁木齐—阿拉木图、北京—赤塔之间航行。

12月31日 中国和苏联联合成立的

中苏石油股份公司交接仪式的庆祝大会在新疆乌鲁木齐市举行(燃料工业部决定,自 1955 年 1 月 1 日起把这个公司名称改为"中华人民共和国燃料工业部新疆石油公司")。

同日　中国和苏联联合成立的中苏造船公司交接仪式庆祝大会在旅大市举行(第一机械工业部决定,自 1955 年 1 月 1 日起,在原中苏造船公司的基础上建立"国营大连造船公司")。

同日　蒋介石主持台美军事会议,与美国参谋首长会议主席雷德福上将讨论军事形势。

1955 年

1 月 1 日　国防部长彭德怀颁布《国防部关于对蒋军起义、投诚人员的政策及奖励办法的通告》。宣布对个别或集体投诚归来的蒋军官兵,一律给予宽大待遇。对蒋军起义部队,一律按人民解放军宗旨整编,政治上与本军一视同仁。

同日　彭德怀向中国人民解放军全军发布切实执行对投诚或自动放下武器的蒋军官兵的五项保证的命令,即①保证生命安全;②不打、不骂、不侮辱;③不没收私人财物;④伤病都给以治疗;⑤愿回家者发给路费。

同日　蒋介石在台湾发表《告军民书》。

1 月 2 日　中国同南斯拉夫建交。1 月 10 日发表了中国政府和南斯拉夫政府关于建立两国外交关系的公报。

1 月 4 日　邓子恢提出农业合作社转向控制发展,着重巩固的建议。建议认为:①需要制定一个全国性的章程,明确合作社的半社会主义性质,使干部不致乱立法,群众不致乱猜疑。②当前合作社的发展已离 60 万计划不远了。东北、华北、华南已接近完成计划。只中南、西南、西北须发展一些。整个运动须转向控制发展、着重巩固的工作阶段。

1 月 5 日　国务院发布《关于颁发中央级各机关 1955 年行政经费开支标准的通知》。

同日　内务部、农业部、粮食部、财政部、卫生部和中华全国供销合作总社负责同志在内务部开会,研究做好大雪以后的救灾工作。

1 月 6 日　国务院召开常务会议。会议决议:第一,政府系统工作人员自 1955 年 7 月 1 日起,一律实行薪金制,废除工资分办法、改为固定的货币计算办法;另外增加地区补贴。第二,全国人民代表大会代表每人每月一律发 50 万元的工作费。第三,人民政协全国委员会委员中,凡是没有工作职务而需要安置的,应予以安置。被安置的人员的生活费用,须有些差别。省、市协商机关中需要安置的人员,也应根据上述原则办理。第四,关于几个主要职务的排列及工资问题:①中华人民共和国主席、副主席列为 1 级;全国人民代表大会常务委员会委员长、副委员长和国务院总理、副总理分别列为 1 至 3 级;各部部长、各委员会主任列为 4 至 5 级;全国人民代表大会常务委员会委员一律列为 5 级。②省、市长列为 5 至 6 级;副省长、副市长列为 7 至 9 级。上列各项工作人员的级别,如因职务名义的变动,新的名义的级别规定得较其本人原有的级别为低,仍保留原来的级别,不再降低。③人民政协全国委员会常务委员会委员都不列级。省、市人民委员会委员应与厅、局长列为同级。④国防委员会副主席中程潜、张治中、傅作义、龙云 4 位,都用国防委员会的名义,按3级发给薪金。国防委员会委员中,凡是没有担任工作职务的一律每月发给200万元。以上各点,由人事局写成报告,送中央批示,并将现拟的国家机关工作人员工资、包干费级别标准的方案,加以修改,报总理核定后,提交国务院全体会议通过。

1月6至15日 国家体委在北京召开全国体育工作会议。

1月10日 中共中央发出《关于整顿和巩固农业生产合作社的通知》。《通知》指出:由于有相当部分新社在建立时没有准备,或准备很差,11、12两个月全党又集中力量抓粮食统购统销工作,因而在许多地方有新建社垮台散伙和社员退社现象发生。同时,许多地方出现大批出卖耕畜、杀羊、砍树等现象,这些都与合作化运动大发展中农民怕财产归公思想有关。因此,合作化运动应基本转入控制发展、着重巩固的阶段;要根据不同地区的情况,分别采取不同的措施。15日,中共中央又发出《关于大力保护耕畜的紧急指示》。

同日 中国京剧院在北京成立,梅兰芳任院长。

同日 周恩来总理兼外交部长和联合国秘书长达格·哈马舍尔德发表联合公报。公报说我们在1955年1月6日、7日、8日和10日在北京举行了会谈。在会谈中涉及了有关和缓国际紧张局势的各项问题。这些会谈是有益的,希望能够继续在这次会晤中所建立的接触。

1月11日 周恩来总理主持召开国务院汇报会。会议议定:"编制委员会"改称"编制工资委员会",主任贺龙,副主任习仲勋,并报请中共中央批准。争取在3年内,有步骤地将政府系统中应该退休和转到企业、投考学校的各种人员,分别妥

善处理完毕,初步作到政府系统中的定员定额。鉴于国防部已经决定今年军事系统的人员一律停止休假,全国政府机关工作人员休假制度,今年一年暂停执行。今后政府各部部长休假,须经过总理或常务副总理批准。

同日 台湾"立法院"通过《电影检查法》修正案。

1月12日 李先念向周恩来并中共中央报送《对历年财政结余的处理意见》。中共中央于1月15日批示,原则同意对历年财政结余的处理意见。因对商业部、粮食部等增拨流动资金而使国家银行少收的利息收入,应由财政部核算后,以增加商业部利润及减少粮食部亏损等方式收回来。

同日 国务院批复河北、山东省人民政府:因为宪法及有关组织法均没有规定人民法院院长必须是人大代表,故不是人大代表的人,可以当选各级人民法院院长。

1月13日 国务院召开常务会议。会议提出,关于粮食改征商品流通税问题,私商和农村中自由市场的粮食的买卖,仍照过去办法征税,不必改变。会议通过法制局提出的《关于法制局成立后工作部署和有关法制工作问题的报告》。同意中国文字改革委员会提出的修正后的该委员会组织大纲和汉字简化方案,提交政协全国委员会座谈后,由国务院批准颁布。

1月14日 国务院发布《关于提取企业奖励基金的工资总额范围的规定》。《规定》说,为鼓励节约刺激生产尽量减少非生产人员,自1955年起,一律以工业生产人员(非工业部门为基本业务人员)的工资总额为计算标准。1954年的企业奖励基金原则上亦应按此标准计算。其中

按全部人员工资总额计提更改有困难的，由财政部根据实际情况，与各有关部门洽商办理。

同日　胡适思想批判讨论工作委员会召集在北京的哲学家、科学家百余人，讨论与批判胡适的中国哲学史观点、政治思想及胡适派的资产阶级人生观。

同日　台湾"立法院"通过台美"共同防御协定"。

1月15日　周恩来主持召开国务院汇报会。会议议定：对高等学校的教授、科学院的研究人员和卫生部的科学技术人员的工资标准，可再略予提高，其最高者可超过行政人员的最高工资标准。上列人员中如有按照提高了的工资标准评定后，生活仍有困难者，可再给以补助，对上列各单位的行政人员，亦一律采取生活补助办法。中学教员的工资也可略予增加，特别是对那些表现进步、服务多年的中学教员，其工资更应提高，以示奖励。

同日　中共中央召开书记处扩大会议，作出发展原子能事业、研制原子弹的决定。

1月17日　中共中央组织部通知国务院机关党组，中央批准：习仲勋为国务院机关党组书记，齐燕铭为党组副书记。

1月18日　周恩来主持召开国务院汇报会。会议议定：1955年度北京市建筑任务，应不超过300万平方米。1954年寒假高等学校毕业生2600人的分配，其中应将物理、化学、数学、电机、机械5个系的毕业生的总数字和分配给中国科学院的数字列表说明，并由林枫写简要报告送总理审定。外交部要求增加3万平方米的建筑，其中3个使馆的1万平方米所需经费，在已批准的28万平方米的行政用房费项内调剂解决；国际俱乐部暂不修建。

同日　中国人民解放军开始解放一江山岛战役，最后全歼岛上守军，解放了一江山岛。

1月19日　国务院发布《关于各省人民委员会设立对资本主义工商业改造办公室的补充通知》。

同日　中华全国总工会颁发《关于开展职工体育运动暂行办法纲要》。

1月20日　中华人民共和国政府和阿富汗王国政府决定建立外交关系，双方同意互派大使。

同日　国务院召开常务会议。批准司法部部长史良关于《学习与贯彻法院组织法座谈会情况的报告》和高等教育部提出的《1954年寒假全国高等学校毕业生统一分配方案》。

同日　中共中央宣传部向党中央提交《关于开展批判胡风思想的报告》。

同日　中国绘画展览会在英国伦敦开幕。

同日　中国和罗马尼亚两国政府在北京签订1955年交换货物和付款议定书。议定书规定，中国将供给罗马尼亚矿产品、畜产品、蛋品、绸缎、桐油、生产建设所需要的原料等；罗马尼亚将供给中国发电设备、石油、各种化工原料、机械等。

同日　国务院工办就新华社地方分社与省人民委员会的关系问题复函内蒙古自治区人民政府。复函说，新华通讯社是国务院的直属部门，各地分社是新华社的派出机构，在业务上、政治上、组织上和财务上均由新华社直接领导和管理。分社的任务只是向总社发稿，不是为地方工作，因此，不应作为省人民委员会的直属部门，不必将新华社的工作任务列入省人民委员会的工作部门。

1月22日　国务院致电福建、广东两省人民政府，对福州、厦门、汕头等市居民遭受蒋军飞机轰炸表示慰问，并给福建省拨款 200 亿元，对受难人民进行抚恤。19 日、20 日，蒋军飞机轰炸福州、厦门等市，炸死炸伤 300 余人，炸毁房屋数千间。19 日轰炸汕头市，炸死炸伤 40 余人，炸伤商船、渔船 10 余艘。

1 月 23 日　周恩来总理接见日本国际贸易促进协会会长村田省藏一行。周恩来说，五年来，世界上绝大多数国家都不和我们来往，这个过错并不在我们，而是美国干涉和禁止他们和我国来往。关于中苏友好同盟互助条约缔结，当时新中国刚刚成立，美国军队还驻在日本，对日战争状态还没有停止，而美国就要武装日本，新中国如何能不担心日本军国主义的复活呢？关于旧金山和约，主要责任是美国，但是吉田政府也不能不负一定责任。因为和蒋介石缔结条约是吉田政府签字的。这是干涉中国的内政。只要美国政府放弃它的战争政策、侵略政策，愿意和新中国和平共处，我们当然愿意。

1 月 24 日　周恩来总理兼外交部长发表声明说，中华人民共和国政府曾一再向世界庄重宣告：中国人民一定要解放自己的领土台湾。美国政府企图用战争威胁和原子武器的恐吓，强使中国人民容忍美国侵占台湾，承认美蒋《共同防御条约》，容许美国利用台湾作为军事基地，准备新的战争。这是中国人民绝对不能容忍的。美国必须停止对中国内政的干涉，美国的一切武装力量必须从台湾和台湾海峡撤走。

同日　上海市博物馆举办民间木刻年画展览。

同日　美国总统艾森豪威尔要求国会授权他使用美国武装部队紧急出兵协防台湾及澎湖。

1 月 26 日　中共中央发出《关于在干部和知识分子中组织宣传唯物主义思想，批判资产阶级唯心主义思想的演讲工作的通知》。

1 月 27 日　国务院关于各级人民委员会的全称及省长称谓等问题，复电各省、自治区、直辖市人民政府：省级称"××省人民委员会"。县级称"××县人民委员会"。乡（镇）级称"××县（市）××乡（镇）人民委员会"。专员公署称"××省××专员公署"。区公所称"××县××区公所"。直辖市称"××市人民委员会"。省辖市称"××省××市人民委员会"。市辖区称"××市××区人民委员会"。省长称"××省省长"。直辖市市长、县长、市长、市辖区区长、乡长、镇长的称谓，前面都不冠各级人民委员会字样。区公所负责人仍称"区长"。地方各级人民委员会选出后即可公布，都不报请任命，但应报请上一级人民委员会备案，省、自治区、直辖市的应报请国务院备案，并抄告全国人民代表大会常务委员会。县、市的应报请省人民委员会备案，并抄告所隶属的专员公署。省人民委员会所设的办公室、办公厅、参事室、人事局、宗教事务管理处，都应在前面冠以省人民委员会字样。其余机构的名称，统按 1954 年 12 月 24 日国务院《关于各省人民委员会设置工作部门和办公机构的决定》中的规定办理。

1 月 27 日　美国第 18 战斗轰炸机航空队移驻台湾。

1 月 28 日　中央气象局颁发《灾害性天气警报发布暂行办法》。

同日　北京故宫博物馆展出明清绘画 400 多件。

同日　美国第七舰队及舰空母舰中途岛号集中台湾海峡进行巡防。

1 月 29 日　美国批准《台湾决议案》，授权美国总统协防台湾。

1月30日 《国务院关于国家机关印章的规定》颁发。《规定》说,1950年2月6日政务院颁发的印章条例,已不适用,应予废止。今后国家机关印章的制发和使用,依照下列的规定:①国家机关印章为圆形。②国印:直径7公分,中央刊国徽,国徽外刊"中华人民共和国"7字;国务院、国防委员会、最高人民法院、最高人民检察院的印:直径6公分,中央刊国徽,国徽外刊机关名称;国务院各部、各委员会、各办公室、秘书厅、各直属机构的印,省、直辖市人民委员会的印,自治区、自治州的自治机关的印:直径5公分,中央刊国徽,国徽外刊机关名称;县、市人民委员会的印,自治县的自治机关的印:直径4.5公分,中央刊国徽,国徽外刊机关名称;市辖区、乡、民族乡、镇人民委员会的印:直径4公分,不刊国徽,内刊机关名称。民族自治地方的自治机关和人民法院的印章的印文,应将汉字和当地通用的少数民族的文字并刊。

1月31日 国务院召开第4次全体会议。会议通过《国务院关于苏联建议帮助中国研究和平利用原子能问题的决议》。

同日 国务院发布命令,颁发《国营企业决算报告编送办法》。

同日 国务院电复湖南省人民政府,同意将湘西苗族自治区改为湘西苗族自治州。

同日 联合国安理会讨论"台湾海峡停火问题"。

1月 文化部电影局正式更名为国务院文化部电影事业管理局,王阑西任局长,陈荒煤、蔡楚生、司徒慧敏、王政新任副局长。

同月 《中医杂志》月刊发行。

2月2日 中国文字改革委员会发表《汉字简化方案草案》。

2月3日 周恩来总理兼外交部长电复联合国秘书长哈马舍尔德并转安全理事会主席贝朗德,中华人民共和国政府完全支持苏联代表在联合国安全理事会提出的关于"美国在中国的台湾和其他岛屿地区对中华人民共和国的侵略行为"的提案,要求美国立即终止它对中国的侵略和对中国内政的干涉,从台湾和台湾海峡撤走它的一切武装力量。同时指出,在没有中国参加讨论的情况下,安全理事会对有关中国问题的决定都是非法的,无效的。

2月5日 广播事业局就1957年在北京建立中等电视台一事向国务院提交报告。周恩来总理2月12日批示:"将此事一并列入文教五年计划中讨论。"

2月5日—7日 中国作协主席团召开扩大会议,决定开展对胡风资产阶级唯心主义文艺思想的批判。

2月6日 美国第七舰队协助台湾当局将大陈岛的军队撤至金门、马祖。

2月8日 国家主席毛泽东颁布军官服役条例。第一届全国人大常委会第六次会议通过的《中国人民解放军军官服役条例》,由毛泽东以国家主席令的形式颁布。《条例》共7章54条,对军官来源和条件、军官职务的任免原则、军官的权利和义务、军官军衔的评定等作了明确规定,并阐述了预备役军官制度的具体内容。1965年取消军衔制后,《条例》终止执行。

2月9日 全国人民代表大会常务委员会副委员长张澜逝世。

2月10日 国务院召开常务会议。会议通过关于4个中苏合营公司移交我国后几项主要问题的解决办法。通过《关于出版中华人民共和国国务院公报的决定》和《关于各部、各委员会停止出版公报和注意改善业务指导性刊物的质量的通知》、《国务院和国务院所属各部门行文关系的暂行规定》。

同日 国务院发布《关于发行新币防止发生物价波动的指示》。《指示》规定：①各种商品的折价不论国营、合作社营、公私合营或私营，均一律以旧币单位价按新币折算率折合，不得上调或下舍。②除合作社根据中央的指示，至迟在2月15日以前将零售价格基本上与国营商业拉平外，其他所有国营企业均应按中央原定自1月底至发行新币后两个月内，不得调高货物价格。③为确保市场物价稳定，防止不法私商趁机抬高物价，引起市场混乱，各地工商行政管理部门应注意加强对私营工商业的监督与管理。

同日 教育部公布《小学生守则》。

2月10日—3月24日 全国群众业余音乐舞蹈观摩演出会在北京举办。该次大会由文化部、全国总工会、共青团中央、高等教育部、教育部主办。汉、回、蒙古、朝鲜、黎、侗、壮、满等8个民族的演员参加演出，其中包括农民、民间艺人及专业文艺工作者共356人，学生224人，职工223人，总计800多人。

2月11日 6个大军区改划为12个大军区。国务院总理周恩来、国防部长彭德怀发布《关于全国军区重新划分的若干决定》。《决定》根据中共中央、中央军委对全国战略区的划分和党的中央局、中央分局的设置重新划分军区，并要求军区机构在4月底以前基本改编完毕。此后，在这个基础上，根据各个时期战略重点方向的不同，军区划分迭经变更，大军区最多时有13个，最少时有7个。

同日 地方工业部党组向中共中央报送《关于扩展公私合营工业计划会议对私营工业生产安排问题的报告》。3月3日中共中央批转此报告。

同日 中国和苏联两国政府在莫斯科签订关于1955年换货议定书。议定书规定，苏联将向中国供应新建和改建企业所需的设备，其中包括黑色冶金、机器制造、化工等设备，增加供应复杂的机床、石油钻探设备、拖拉机、石油产品、工业和运输业的各种器材；中国将供应苏联钨、锡、钼、黄麻、羊毛、生丝、生皮、大豆、大米、植物油、茶叶等。

2月12日 国务院通知：1954年10月中苏两国协议，由我国陆续动员青壮年去参加苏联的经济建设，并借以学习技术。工作期限为3年。

同日 全国人大常委会通过向解放军有功人员颁发勋章奖章的决议和条例。第一届全国人大常委会第七次会议讨论通过了《关于规定勋章奖章授予中国人民解放军在中国人民革命战争时期有功人员的决议》、《中华人民共和国授予中国人民解放军在中国人民革命战争时期有功人员勋章奖章条例》、《关于规定勋章奖章授予中国人民解放军在保卫祖国和进行国防现代化建设中有功人员的决议》、《关于授予中国人民志愿军抗美援朝保家卫国有功人员勋章奖章的决议》。根据上述决议和条例，同年9月底，人民解放军各大单位举行了隆重的授勋典礼。

2月12日—18日 黄河水利委员会在郑州召开治黄工作会议。会议讨论了1955年和今后的治黄工作任务。

2月14日 蒋介石在台湾记者招待会上宣称，决不放弃反攻大陆，反对停火提议和"两个中国"主张。

2月15日 国务院通知，省人民委员会所设办公室的名称为：负责掌管民政、公安、司法、监察等工作者，称"政法办公室"；负责掌管文化、教育、卫生、体育等工作者，称"文教办公室"；负责掌管工业、手工业、劳动等工作者,称"工业办公室";负责掌管财政、粮食、商业、对外贸易和银行等工作者,称"财粮贸办公室";负责掌管农业、林业、水利、气象等工作者,称"农林水办公室";负责掌管交通、邮电等工作者,称"交通办公室";负责掌管对资本主义工商业进行社会主义改造工作者,称"国家资本主义办公室"。

2月16日　国务院同意国家计委《关于编制外汇收支计划暂行规定》。

2月17日　国务院召开第5次全体会议。会议通过《国务院关于发行新的人民币和收回现行的人民币的命令》《国务院关于贯彻保护侨汇政策的命令》《慰问和欢送驻旅顺口地区苏军工作计划》。听取贺龙副总理《关于紧缩国家机关人员编制问题的报告》。

2月21日　国务院发布《关于发行新的人民币和收回现行的人民币的命令》。自3月1日起,中国人民银行发行新人民币,以新币1元等于旧币1万元的折合比率收回旧人民币。

2月21日—30日　林业部召开黄河流域营林座谈会。会议研究了黄河中上游水土流失严重地区的造林问题。

2月22日　国务院向全国人大常委会提出关于第一届地方各级人民代表大会任期计算问题的意见。全国人大常委会第8次会议决定:①第一届地方各级人民代表大会的任期,一律到第二届各该级人民代表大会举行第一次会议为止;②第二届地方各级人民代表大会代表的选举,直辖市、县、市、市辖区、乡、民族乡、镇一律在1956年进行;省一律在1958年进行。其具体时间由全国人民代表大会常务委员会规定。3月15日国务院转发了上述决定。

2月22日—3月7日　教育部、高等教育部、中华全国总工会联合召开全国工农速成中学教育会议和全国职工业余文化教育会议。

2月22日—3月18日　第五届国际肖邦钢琴比赛在波兰华沙举行,中国音乐家协会副主席马思聪被聘为评委;傅聪在比赛中获第三名及演奏《玛祖卡舞曲》最优秀奖。

2月23日　台湾空军刘若龙、宋全荣驾机起义,飞返大陆。

2月25日　中共中央发出《关于在少数民族地区进行农业社会主义改造问题的指示》,要求充分注意民族特点,采取慎重稳进的方针,逐步地把少数民族地区的互助合作运动健康地推向前进。

同日　国务院通知:为适应宪法公布后国家机构改变的新情况,现将政务院1954年6月25日颁发的国家机关《工资、包干制工作人员工资、包干费标准表》,修订为《国家机关工资、包干制工作人员工资、包干费标准表》(一)、(二),随通知附发,自1955年1月起施行。

2月26日　华东地区美术展览在上海开幕。

2月28日　台湾成立外汇贸易审委会。

2月　卫生部党组向中共中央报送《关于节制生育问题的报告》。认为在中国今天的历史条件下,是应当适当地节制生育的;在将来,也不应反对人民群众自愿节育的行为,我们这样主张,和反动的马尔萨斯人口论以及新马尔萨斯主义者毫无共同之点。中国现在已有6亿以上的人口,而且每年要增加人口1200万至1500万。节育应该一律不加限制,并应适当地加以提倡,给予指导。人工流产或绝育应加以限制,溺婴则应禁止。3月1日中共中央批转此报告。

3月1日　国务院批转中国人民银行总行《关于建立中国农业银行的请示报告》。并指出,农业银行作为人民银行总行的一个直辖行,人民银行总行所管农村业务,同时受国务院七办的指导。

同日　中共中央发出《关于宣传唯物主义思想、批判资产阶级唯心主义思想的指示》。指示提出,在各个学术和文化领域中对资产阶级唯心主义思想的代表人物进行批判,是在学术界、党内外知识分子中宣传唯物主义、推动科学文化进步的有效方法。全国报刊发表了一大批文章批判"代表人物"。许多文章简单粗暴,说理不足,以势压人,把思想方法、研究方法和具体学术问题上的唯心主义观点乃至某些需要进一步研究讨论才能分清是非的问题,同资产阶级政治立场、政治态度混为一谈,这就伤害了一些愿意从事有益于人民的工作的知识分子,给科学文化的发展带来了消极影响。

同日　中共中央对卫生部党组《关于节制生育问题的报告》作出批示,指出:节制生育是关系广大人民生活的一项重大政策性的问题。在当前的历史条件下,为了国家、家庭和新生一代的利益,我们党是赞成适当地节制生育的。各地党委应在干部和人民群众中(少数民族地区除外),适当地宣传党的这项政策,使人民群众对节制生育问题有一个正确的认识。

同日　高等教育部颁布《中等专业学校学科委员会工作规程》。此后又接连颁布了中等专业学校的《校长任免办法》、《课程设计规程》、《行政和教学辅助人员标准编制》、《学校设置、停办的规定》等文件。

同日　国民党在台湾召开七届五中全会。

3月1日—3日　黄河水利委员会在郑州召开水文调查会议。

3月3日　国务院召开第6次全体会议。会议通过《国务院关于春耕生产的决议》。批准农业部部长廖鲁言《关于1954年农业生产基本情况和当前农业增产措施的报告》。此件于3月10日发布。通过《中共中央、国务院关于迅速布置粮食购销工作,安定农民生产情绪的紧急指示》。

同日　台湾当局与美国"共同防御议定书",换文正式生效。

3月7日　中科院考古所西安工作队,在西安半坡村发掘出一处4000多年前的仰韶文化时代村落遗址。

同日　台湾"国防部",宣布坚守金门、马祖。

同日　美国援助台湾22艘登陆艇在高雄举行交接仪式。

3月13日　美国国务卿杜勒斯称,如果中共夺取金、马岛,而其目的显然在攻占台湾时,则美国海、空军将不惜一战。

3月15日　国务院发布《关于处理新币发行后降低商品价格问题的指示》。

同日　台湾"立委"揭发杨子木材公司官商勾结贪污诈财案。

3月17日　国务院秘书厅通知:国务院常务会议决定,各项法规的起草,必须依据工作发展的情况,采取逐步完备的方针。国务院各办公室对各部门起草、修改法规工作应迅速拟定计划。各部门起草和修改的需要送国务院审核决定的法规草案,都应由主管办公室审查后再送国务院。

3月21日　人民解放军空军首届英雄模范功臣代表大会在北京举行。毛泽东主席和朱德总司令给大会题词。毛泽东的题词是:"建立一支强大的人民空军,保卫祖国,准备战胜侵略者。"朱德的题词是:"发扬革命英雄主义,巩固国防,防御帝国主义的侵略。"彭德怀、徐向前、粟裕也题了词。

同日 中国四川省江油县首次发现3亿年前古生物——节甲类鱼化石。

同日 交通部党组向中共中央报送《关于港口外轮管理工作的报告》。4月6月中共中央批转此报告。

同日 中国和波兰两国政府在北京签订关于1955年交换货物及付款协定。协定规定,中国将向波兰提供矿产类、畜产类、食品类、茶叶类等国民经济所必需的商品;波兰将向中国供应成套设备、五金钢材、机械、车辆、化工原料等国民经济所必需的商品。

3月23日 中国和保加利亚两国政府在索非亚签订科学技术合作协定。根据协定,两国将交换国民经济各部门的经验,交换技术文件,并派专家在科学技术方面互相帮助。

同日 台湾"省议会"通过《保护自耕农办法》。

3月25日 著名画家、中央美术学院民族美术研究所所长黄宾虹逝世。

3月26日 台湾当局在军队全面推动"战斗文艺"。

3月27日 第二届全国美术展览会在北京开幕。展出彩墨画、油画、雕塑、版画、年画、连环画、招贴画、漫画、插图、水彩画、素描速写等作品996件。至5月15日结束。然后到上海、广州、武汉、重庆、西安、沈阳等地巡回展览。

3月29日 国务院发布《关于在农业、畜牧业、渔业生产合作社重点建立收音站的指示》。

3月 国务院发布《关于1955年预购棉花的指示》。《指示》说,为了继续贯彻棉花统购的政策,1955年除棉农留用棉和交农业税的棉花外,统购的棉花全部由国家向棉农预购。为了鼓励棉农按照国家计划生产与出售棉花,在预付定金的同时,凡棉农预售1担皮棉,国家即在粮食、棉布统销的定额以外,增加10斤粮食和10尺棉布的供应量,并保证供应相等于或稍高于去年当地棉田施肥水平的肥料。国家并在数量上保证棉农所需的煤炭供应。

4月1日 中华人民共和国政府、印度共和国政府发表公报说:中国和印度同意自1955年4月1日起,印度政府将其过去在中国西藏地方所经营的邮政、电报、电话等企业及其设备无偿地交给中国政府所有;双方同意12个驿站及其设备的价格为印币31.6828万卢比,中国政府于1955年3月31日将全部款项付清。

4月1日—10日 文化部举办的第一届木偶、皮影戏观摩演出会在北京举行,福建等12个省派代表团参加,共演出节目70多个。

4月4日 中央实验歌剧院成立。

同日 美国第16军刀机截机队调驻台湾。

4月6日 国务院召开第8次全体会议。会议批准教育部副部长董纯才作的《关于第一次全国农民业余文化学习会议的报告》,通过《国务院关于加强农民业余文化教育的指示》。通过设立第三机械工业部和城市建设总局,并提请全国人大常委会审议和《关于结束中华人民共和国和德国之间的战争状态的决议(草稿)》,提请全国人大常委会审议。

同日 中国和捷克斯洛伐克两国政府在北京签订关于1955年交换货物和付款协定。协定规定:中国将供应捷克斯洛伐克矿产品、畜产品、食品和茶叶等;捷克斯洛伐克将供应中国成套设备、五金钢材、机械、车辆和化工原料等。

4月7日 毛泽东主席签署《关于结束中华人民共和国同德国之间的战争状态的命令》。

4月8日 国务院批准铁道部《关于统一关内外铁路货物运价与改革运价制度的报告》及《关于调整铁路客运运价的报告》，并决定6月1日起公布实行。

4月9日 国家计委向中共中央报送《关于重工业产品价高利大问题的报告》。《报告》说，重工业产品中钢铁产品的平均利润率为57%，机械产品的平均利润率为37%，重化工产品的平均利润率为38%。为解决这个问题，提出以下两个方案：①1956年和1957年两年的重工业各部门产品调拨价格每年的下降幅度定为5%～10%，经过两三年后基本上达到合理的比价。②仍暂按过去2年"基本不动、个别下降"的方针，于9月前拟出一个方案，作为编制1956年度计划之用；以后再作进一步的解决。

同日 国务院批复河南省人民委员会并告各省、自治区、直辖市人民委员会：关于市辖区和县辖区公所的名称，重新统一规定，均按地名称呼，不按数字排列，如"北京市海淀区人民委员会"，"温江县寿安区公所"。

同日 国务院电复河南省人民委员会，同意对于各厅辖局或处冠上厅名，厅辖局所属机构的称谓冠上厅、局名。省辖局的称谓应为××省××局，以示与厅辖局有所区别。

同日 国务院批转全国供销合作总社《关于供销合作社调整零售价格的情况和意见的请示》，并批示，同意供销合作社自今年5月份起继续调整零售价格，在执行中切实注意不要因此引起市场物价的混乱。

同日 台湾"省议会"修正通过《都市平均地权施行细则》。

4月11日 国务院电复西安市并各省人民委员会：省辖市人民委员会所属工作部门的名称可不冠省名。

同日 首都文艺界举行梅兰芳、周信芳舞台生活五十周年纪念大会。

同日 台湾省前"民政厅长"任显群被以"掩护匪谍罪"逮捕。

4月12日 外交部发表声明：要求英国政府和香港英国当局彻底查究我国出席亚非会议代表团工作人员座机失事的责任。声明说，参加亚洲非洲会议的中华人民共和国政府代表团工作人员、越南民主共和国代表团工作人员和随同前往采访亚非会议新闻的中外记者共11人，乘坐由我国代表团包用的印度国际航空公司的星座式客机1架，于北京时间4月11日12时1刻自香港起飞，前往雅加达转赴万隆。该机在飞越北婆罗洲沙捞越西北的海面时，爆炸起火，机身坠入海中，机上全部人员下落不明，这一不幸事件绝非一般的飞机失事，而是美国和蒋介石的特务机关蓄意制造的谋杀。早在这批代表团人员和新闻记者启程前，中国政府即已获悉，美国和蒋介石的特务机关正积极布置对我国代表团将要包乘的印度飞机进行破坏，以实现它们暗杀我国以周恩来总理为首的参加亚非会议的代表团人员的破坏亚非会议的阴谋。中国外交部在4月10日9时半特将这一情况通知了驻北京的英国代办处，要求英国代办处转告香港英国当局注意。尽管如此，美蒋特务机关的阴谋仍然得逞。我们要求英国政府和香港英国当局对这一事件进行彻底查究，将参与这一阴谋暗害事件的特务分子逮捕法办，以明责任。

同日 外交部部长周恩来致电世界气象组织代理秘书长斯渥波达，抗议世界气象组织非法承认蒋介石集团对世界气象组织公约的所谓"批准",并容纳蒋介石集团非法窃据代表中国的地位。为了促进气象事业中的国际合作,第二届世界气象大会必须将蒋介石集团的代表从世界气象组织的一切机构和会议中驱逐出去,以便中华人民共和国的代表参加。

4 月 14 日—29 日 全军第一次装备计划会议在北京召开。会议由总参谋部召开,各大军区、军兵种、部分野战军、省军区,以及总参、总后、总军械部等有关部门派代表参加。会议讨论如何加强武器装备计划工作和建立健全计划工作制度。会议前后,各军兵种和军区司令部成立了统管武器装备计划工作的部门,基本形成了全军武器装备统一管理体制。

4 月 15 日 洞庭湖堤坝整修工程全部胜利完工。

4 月 17 日 黄河水利委员会等部门举办的治黄展览会在郑州市开幕。

4 月 18 日 台美军事联席会议在台北召开。

4 月 18 日—24 日 中国代表团首席代表、国务院总理兼外交部长周恩来率中国代表团,出席有 29 个国家参加的亚非会议。

4 月 21 日 国务院召开第 9 次全体会议。会议批准公安部副部长徐子荣作的《关于公安部 1954 年工作的简要总结与 1955 年工作计划要点的报告》,基本通过《国务院关于加强镇压反革命分子和各种犯罪分子的斗争的决议》。批准国家计委张玺副主任作的《关于第二次全国省(市)计划会议的报告》。

同日 国务院批转商业部《1954 年物价情况和 1955 年物价方针的请示报告》,并批示,巩固几年来已经获得的物价稳定的局面,是保证经济建设顺利进行的一个必要条件。但在许多商品供不应求、社会购买力与供应商品之间的差额继续扩大的趋势下,巩固市场物价的稳定也就具有不少困难,为此,应注意以下几点:①农产品价格基本不动。②工业品价格应继续稳定。目前市场上已出现许多工业品供不应求的情况,因此暂不宜再继续降低工业品价格。③安排城乡私营商业,活跃城乡经济。④改变由于供销合作社以及某些国营商店在初级市场出售商品价格偏低而造成的城乡价格倒挂与偏紧的现象。⑤加强对副食品生产的领导,注意市场管理和对价格的掌握。

4 月 22 日 中国、印尼两国关于双重国籍问题的条约签字,并发表了两国关于双重国籍问题谈判的公报。

同日 国务院发布《关于安置由日本归国华侨的规定》。《规定》安置原则是:对现住天津及下次回国的旅日华侨,原籍在大陆各省者,由天津接待站直接介绍回原籍省、市、县人民委员会安置。原籍系台湾,在台湾未解放前,由福建、浙江、江苏省人民委员会负责安置。有技能者尽量介绍工作。贫苦者可酌发安家费。

4 月 24 日 中国和民主德国两国政府在北京签订关于 1995 年交换货物和付款协定。协定规定,中国将向民主德国供应矿产品、畜产品、食品、绸缎、土产品等;民主德国将向中国供应发电设备、压延金属设备、各种车辆、机械、光学精密仪器、化工原料、肥料等。

4 月 25 日 周恩来总理在雅加达接见美国《民族》周刊记者贾菲,回答了他提出的关于中华人民共和国政府是否愿意坐下来同美国政府和国民党讨论台湾问题时,周总理说,这是两件完全不同的事。中国同美国的关系是国际问题;中华人民共和国同蒋介石集团的关系是内政问题。

这两件事不能混为一谈。在现在的台湾局势中的确存在着新的国际战争的危机，但是现在是否会导致第三次世界大战，决定于美国。

同日　国务院通知：各省、市、自治区应成立城市建设厅或城市建设局。没有或很少新建工业城市的省、自治区则维持原有机构，不要新成立或扩充城市建设领导机构。

4月26日　中国和匈牙利两国政府在北京签订《关于1955年交换货物和付款协定》。《协定》规定，中国将供应匈牙利矿产品、畜产品、食品、茶叶和土产品等；匈牙利将供应中国发电设备、各种机械、车辆、电讯器材、五金钢材、石油产品、化工原料、药品等。

同日　国务院发布关于女工作人员生产假期的规定：国家机关女工作人员生产假期，产前产后共给假56天，产假期间工资照发。

4月26日—28日　中华人民共和国总理周恩来，应印度尼西亚共和国政府的邀请，在亚非会议后，作为印度尼西亚共和国总统苏加诺阁下的正式客人，到印度尼西亚共和国首都雅加达作两天的访问。访问期间，周恩来总理同苏加诺总统、哈达副总统、沙斯特罗阿米佐约总理、苏纳约外交部长和其他领导人，友好诚挚地就两国共同有关的事项交换了意见，并发表了两国总理联合声明。

4月28日　中共中央、国务院发布《关于加紧整顿粮食统销工作的指示》。《指示》说，目前全国农村粮食的定产、定购、定销工作已经基本结束。但许多地区，由于没有做好本年3月份至6月份的粮食统销工作，许多并不缺粮的农民也要向国家买粮。而且正是销量越多的地方，叫喊"缺粮"的呼声越凶。这种状况是极端反常和极端危险的，必须立即加以扭转。

同日　美国第25战斗机拦截中队调驻台湾。

4月30日　国务院发布《关于对私商贷款的指示》。《指示》要求各地在掌握运用这项贷款时要注意以下几点：①目前解决私商困难的主要办法，是有计划地调剂货源，维持私商一定的营业比重。在对私商安排和改造过程中，除调整营业额以外，对资金确有困难的私商，给以适当的贷款。②对私商贷款必须掌握用途正确和"有借有还"的原则。③这次贷款的主要对象，是城市私营零售商和集镇乡村的商贩。对于采用经销方式的零售商，可给以贷款扶持；对于采用代销方式的零销商，一般不予贷款。④各地应把银行对私商的贷款工作，与统一安排私商的工作组织在一起，按行业统筹计划，确定贷款额度，确定贷户。

4月　夏衍调任文化部任副部长，主管电影工作。

同月　据统计，自1952年以来，我国高等学校先后制定出193个统一教学计划，其中工科119个、理科11个、农科19个、医科5个、文科5个、政法2个、财经12个、师范20个。修订教学大纲348种，其中工科基础课、基础技术课和部分专业课210种，农科44种，医科57种，理科、文科16种，师范21种。高等学校中，有苏联教材可供采用的已有620门课。

同月　文化部、文联、剧协联合举办"梅兰芳、周信芳舞台生活五十年纪念会"。

5月2日　第三次中日贸易谈判达成协议并发表联合公报。公报说，双方认为，关于支付清算和互设商务代表机构问题达成协议，对发展两国贸易有重大作用。双方还认为，要使中日两国间的贸易关系能够正常的发展,必须由两国政府就中日贸易问题进行商谈,并签订协定。

5 月 4 日 台湾文艺协会发表"文艺战斗宣言"。

5 月 5 日 毛泽东约见中央农村工作部部长邓子恢,告诫说"不要重犯 1953 年大批解散合作社的那种错误,否则又要作检讨"。9 日,毛泽东约见李先念、邓子恢等说,下年度粮食征购任务,原定 900 亿斤,可考虑压到 870 亿斤。这也是一个让步,粮食征购数字上减少一点,换来个社会主义。今后两三年是农业合作化的紧要关头,必须在这三年内打下合作化的基础。

同日 中国美术家协会第一届理事会第二次会议在北京举行,讨论继承遗产等问题。中国文联副主席周扬到会并作报告,提出反对虚无主义和保守主义两种倾向。

5 月 6 日 台湾"国防部"宣布,在各外岛领海内开始布雷。

5 月 7 日 国务院发出《关于农村土地的移转及契税工作的通知》。《通知》说:①对农村土地的买卖在法津上虽不禁止,但在实际工作中应防止农民不必要的出卖和出典土地。②凡设立乡村交易员的地区,应取消交易员。原交易员的工作,交由乡人民委员会负责办理。③县人民委员会,今后对于经过税契手续而发生的土地所有权的变动,应加以登记,并于每年年终时加以汇总,上报省人民委员会转报国务院。

5 月 9 日 《梁山伯与祝英台》在法国夏纳国际电影节上放映,并于 27 日在巴黎明星电影院正式上映。

5 月 10 日 国务院批复同意林业部发布试行《全国木材统一支拨暂行办法》和《全国木材送货暂行办法》。

同日 中华人民共和国政府委派国务院副总理兼国防部长彭德怀为代表,以观察员身份出席 5 月 11 日在华沙召开的欧洲国家保障欧洲和平安全会议第二次会议。彭德怀副总理兼国防部长在参加了华沙会议以后,应波兰政府的邀请访问了波兰;应苏联政府的邀请,访问了苏联,拜访了苏联共产党中央委员会第一书记赫鲁晓夫和苏联国防部长朱可夫;6 月 3 日,返回北京。

5 月 12 日 国务院关于县以上人民委员会委员的待遇问题致电各省、自治区、直辖市人民委员会:①省、县、市各级人民委员会委员中不脱离生产或有其他社会职业者,不评定级别,但可酌发一定的工作费;驻政府机关的专职委员仍应根据其所担负的工作任务及具体条件在表列各该级"人民委员"的等级内适当评定。各种委员会委员工作费可列入"其他行政费"内开支。国家机关各种委员会不包括乡(镇)人民委员会。②全国人民代表大会代表的工作费均由全国人大常委会直接发给本人。

5 月 13 日 教育部公布《中学生守则》。

5 月 17 日 粮食部党组向中共中央报送《关于本年度夏粮征购、农村统销和粮食调拨意见的报告》。稳定、防止 6、7、8 月间部分地区可能发生的粮食脱销的危险,必须及时掌握粮源,抓紧夏粮的征收和收购。6 月 4 日中共中央批转此件。

5 月 18 日 国务院通知:机关、团体、企业在职工作人员应征服兵役,一律由原工作单位发给到离职月份的全部标准工资;实行计件工资制者,可按其离职前 3 个月的实际平均工资计发。过去多发者不退,少发者照补。

同日 台湾国民党空军三大队七中

队中尉二级情报官何伟钦驾驶 F—47 战斗轰炸机 1 架自台湾飞返大陆。这是自元旦国防部长彭德怀发布《对国民党军起义、投诚人员的政策及奖励办法的通告》后首名驾机飞返大陆的国民党空军人员。

5 月 19 日 粮食部、商业部、农业部、中华全国供销合作总社联合发出《关于加强粮食、棉花、油料作物优良品种繁育推广工作的指示》。

5 月 19 日—6 月 10 日 全国文化教育工作会议举行。会议确定今后一个时期内各项文化教育工作以提高质量为重点，有计划有重点地稳步发展，同时贯彻在地区上合理部署和对公私文教事业统筹安排的方针。高等教育在最近时期内，发展速度要放慢一些，而以改进教学、提高与保证质量为中心任务。高等工业学校逐步由四年制改为五年制。专修科除必要者外，应早日停办。工农速成中学从本年起停止招生。大量举办正规的从小学到大学的业余工农学校。中小学教育必须贯彻全面发展的方针，注意学生的智育、德育、体育、美育，同时有步骤地实施基本的生产技术教育。

5 月 23 日 台湾"三七五耕地租约"全部换发完成。

5 月 25 日 中国政府和苏联政府发表联合公报。根据中苏关于旅顺口的协定，苏联政府已将它的军队自共同使用的中国旅顺口海军根据地撤退，并已将该地区的设备无偿地移交中国政府，中国政府已完全接管旅顺口海军根据地和该地区的设备。

同日 中国文联及作协主席团举行联席扩大会议，决定开除胡风会籍并撤销一切职务。

5 月 26 日—6 月 7 日 应中国政府的邀请印度尼西亚共和国总理阿里·沙斯特罗阿米佐约和夫人来我国访问。沙斯特罗阿米佐约总理同周恩来总理举行了会议。6 月 3 日两国总理就《中华人民共和国和印度尼西亚共和国关于双重国籍问题的条约》的实施办法达成谅解并互换了照会。

5 月 27 日 国务院电复黑龙江省并各省、自治区、直辖市人民委员会：依法选举的市长、副市长、县长、副县长及市、县人民法院院长，因故不能担任职务的，其缺额应依法补选。如在人代会闭会期间，市长、县长及市、县人民法院院长因故不能担任职务的，可由本级人民委员会推定副职一人，经报请上级人民委员会批准代理或代行其职务。副市长、副县长是协助正职进行工作的，因故不能担任职务时，可以暂缺，不必派人代理。

同日 台湾"立法院"通过《勘乱时期肃清烟毒条例》及《战地公务员管理条例》。

5 月 30 日 国务院通知：各部门对所属文工团（队）的发展应严加控制，并责成文化部统一计划，统筹安排。通知转发了文化部《建议各部和工会、企业单位文工团（队）停止发展》的报告。

5 月 31 日 国务院召开第 10 次全体会议。会议批准中国科学院副院长吴有训作的《关于筹组学部的经过和召开学部成立大会的报告》，内务部副部长王子宜作的《关于安置复员建设军人工作的报告》；通过《国务院关于安置复员建设军人工作的决议》，批准《体育运动委员会关于 1954 年体育工作的总结和 1955 年工作任务的报告》《体育运动委员会 1955 年工作计划要点》《监察部关于第四次全国监察会议的报告》《监察部关于 1954 年人民监察工作的报告》《监察部关于 1955 年监察工作的任务与具体工作》3 个文件。

同日　国务院召开第十次全体会议。会议批准了中国科学院《关于筹组学部的经过和召开学部成立大会的报告》和《中国科学院学部委员名单》。

6月1日—10日　中科院物理学、数学化学部,生物学地学部,技术科学部,哲学社会科学部在北京举行成立大会。周恩来代表国务院宣布四个学部委员会委员名单。

6月2日　国务院发出《关于加强农民业余文化教育的指示》。

6月3日　美国在台湾设立空军前进指挥所。

6月7日—30日　中苏科学技术合作委员会第二次会议在北京举行。会议签订进行科学技术援助的议定书。议定书规定,中国将无偿地供给苏联纺织、纸张、纸浆、钢筋混凝土管、用桐油制造干性油、某些食品及化学产品的技术资料、油料、挥发油料作物苗木以及木本、灌木植物种籽,中国还将接受苏联专家考察某些轻工业和食品方面的生产经验;苏联将无偿供给中国建设煤矿、选矿厂、电站、机车制造厂、车辆制造厂、石油厂、玻璃厂、机车和车辆修理厂,以及其他建筑物的技术资料;制造压延机、水轮机、机车、金属加工车床、水泵和其他机器的工作图纸,生产优质钢、钢材、油漆、颜料、磁漆,以及其他各种工业产品的工艺资料,并将供给机关内部文献、教学计划、教学大纲、技术标准、农作物种籽以及药剂样品,苏联还将接受中国专家考察某些工业部门的生产经验。

6月9日　国务院召开第11次全体会议。会议批准铁道部部长滕代远作的《铁道部1954年铁路工作总结和进一步提高铁路运输工作的措施的报告》、交通部副部长李运昌作的《交通部1954年工作基本总结和1955年工作部署的报告》、邮电部副部长范式人作的《邮电部1954年工作基本总结和1955年工作要点的报告》、中国民用航空局副局长王凤梧作的《中国民用航空局1954年工作基本总结和1955年主要工作措施的报告》。通过《国务院关于1956年国外进口订货编审工作的决定》。批准中央手工业管理局白如冰局长作的《关于第四次全国手工业生产合作会议的报告》。通过《国务院关于各省、自治区、直辖市人民委员会工作报告制度的规定》、《国务院关于所属各部门工作报告制度的规定》、《国务院关于建立经常户口登记制度的指示》、《国务院关于设置市、镇建制的决定》。

6月10日　高等教育部发出《关于改善国外留学生健康情况的指示》。

6月13日　二次大战后首部台语片《六才子西厢记》在台湾上映。

6月14日　台湾当局与美国初签《原子能和平用途协定》。(7月15日正式签字)

6月15日　国务院公布关于安置复员建设军人工作的决议。

6月18日　国务院召开第12次全体会议。会议通过《关于通过中华人民共和国发展国民经济的第一个五年计划草案的决议》和《关于国家机关工作人员自今年7月份起全部实行工资制待遇的通知》。

同日　瞿秋白烈士遗骨由福建省长汀县迁至北京八宝山革命公墓安葬。周恩来主祭,中宣部部长陆定一作瞿秋白生平的报告。

同日　中国木刻展览会在波兰华沙开幕。

6月21日　国务院批准公安部报送的《城市交通规则》,以公安部名义公布施行。1951年5月公安部公布的《城市陆上交通管理暂行规则》应即废止。

同日 国务院批复青海省人民委员会，同意在没有条件建立乡级政权的纯牧业区，可以将区暂作为一级政权，俟有条件建立乡级政权时，再考虑将区级政权过渡为县级政权的派出机关。

6月22日 国务院召开第13次全体会议。会议通过1954年国家决算草案、1955年国家预算草案，及财政部李先念部长关于两个草案的报告，并决定将两个草案及李先念的报告，提请第一届全国人代会第二次会议审议。原则通过成立煤炭工业部、电力工业部、石油工业部和农产品采购部，撤销燃料工业部。提请第一届全国人代会第二次会议审议。第一届全国人大第2次会议于7月30日通过上述议案。

同日 高等教育部发出《高等学校工作人员寒、暑假休假暂行规定（草案）》。

6月24日 国务院关于民族乡人民代表大会代表的选举问题，批复湖南省人民委员会：①区划不变但须改为民族乡的，在改成民族乡时，原来的乡人民代表大会代表不变；将分属于几个乡的少数民族聚居区单独划出成立一个民族乡的，应以该民族乡所辖区内的原有代表组成民族乡人民代表大会。②以上两种情况，一般都可以不再重新进行代表的选举。③为了增进民族乡的人民团结，保障少数民族的平等权利，新成立的民族乡，不论区域是否变动，均须重新选举民族乡人民委员会，民族乡人民委员会成员应当和民族乡的民族成分相适应。

同日 国务院批准撤销湖南人民军政委员会。

同日 国务院发布《关于节省中央级国家机关、党派、团体行政经费几项规定的通知》。①中央各机关、党派、团体的行政建房，能不建的就应停止建筑，凡必须建筑的，应按照即将通知的有关基本建设的新规定执行。②一律停止购买汽车、沙发、地毯及其他家具。以后如有需要，由国务院机关事务管理局统一调剂解决。③今后除招待外宾外，各种会议一律不招待纸烟、水果、糖果、点心。对会餐、便餐、看戏、看电影等一律自己出钱购票，不得向公家报销。④各机关在使用汽车上应严格控制以节省汽油。此外，对于业务、电讯、修缮以办公等费用的开支，必须认真进行检查，克服浪费，订立制度，严格掌握，加强管理，可花可不花的钱坚决不花。

同日 台湾"内政部"公布，截至1954年底，台湾人口已增至874万余人。

6月25日—7月1日 水利部在成都召开四川、云南、贵州和西康四省的农田水利工作会议。

6月25日—7月7日 越南民主共和国主席兼总理胡志明率领政府代表团访问中国。双方一致协议，两国在技术方面将进行充分合作。对于越南认为需要修复和新建的工厂、铁路、公路、桥梁等，中国将帮助进行设计、施工并派遣技术人员前往越南；同时，越南将派遣工人前来中国进行实习。为了促进两国经济的发展和人民生活的改善，双方同意根据平等互利的原则，逐步扩大互相之间的贸易。双方一致同意互相进行文化访问，互派留学生，交换图书、资料；中国方面并将派遣技术人员前往越南，赠送文化、教育、卫生方面的用品和仪器，以协助越南人民在这些方面的工作。在访问期间，胡志明主席拜会了毛泽东主席，访问了南宁、武汉等城市。

6月27日—7月13日 高等教育部召集全国30个农林院校的院长、教务长、教授270多人举行会议，审订了高等农林院校的农学、果树蔬菜、植物保护、土壤农化 4 个专业的 57 门课程的统一教学大纲。

7月1日　教育部发出《关于减轻中、小学学生过重负担的指示》。《指示》说，学生课外作业繁重，考试多，一些学校超出教科书、教学大纲和教学计划，任意补充教材内容，加快教学进度，增加课时，在课业负担过重的学校，学生学习时间普遍超过 1951 年 7 月政务院《关于改善各级学校学生健康状况的决定》所规定的时间。纠其原因，主要是由于教育部对某些分量过重的教材未及早精简，对提高师资水平和学校教导干部水平等基本问题缺乏具体指导，出现问题未及时纠正。

同日　北京市创办的全国第一所工读学校开学。这是一所专门对有较轻违法犯罪行为的中学生进行挽救、教育、改造的半工半读寄宿制学校，学校坚持"挽救孩子、造就人才，立足教育，科学育人"的方针。

同日　兰(州)新(疆)铁路黄河大桥正式通车。这是新中国成立后在黄河上修筑的第一座大铁桥。

同日　中共中央发出《关于开展斗争肃清暗藏的反革命分子的指示》。《指示》指出，随着我国社会主义事业的进展，阶级斗争必然日益尖锐化和复杂化；高岗、饶漱石事件，潘汉年、杨帆事件，胡风事件，就是这种阶级斗争状况的反映。反革命分子采取最阴险的、隐蔽的斗争方式，以两面派手法伪装革命，钻进革命队伍，甚至爬上革命工作的领导岗位，从革命队伍内部来进行破坏。这种暗藏的反革命分子是革命的最危险的敌人。正确的估计应当是：在很多部门，在很多地方，大量的暗藏的反革命分子是还没有被揭露和肃清的。为此决定，在全国范围开展一场肃清暗藏反革命分子的运动。

同日　自即日起，中央气象局开始对外发布每月全国气候公报。

7月2日　农业部向河北、河南、山东、江苏、安徽、新疆等省和内蒙古自治区的农业部门发出指示，要求总结夏蝗防治工作，并及时进行秋蝗防治。

7月3日　美国第 76 战斗轰炸机一中队移驻台湾。

7月4日　国务院第 14 次全体会议召开。会议通过了《中华人民共和国兵役法(修正草案)》，决定提交全国人大第二次会议审议。会议还通过了《关于建设湛江港的决定》。

同日　中共中央发出《关于厉行节约的决定》。《决定》指出，中央同意李富春 5 月 13 日在中央各机关、党派、团体的高级干部会议上所作的《厉行节约，为完成社会主义建设而奋斗》的报告，并将该报告发给各地方和各部门的党组织。

同日　中共中央指定陈云、聂荣臻、薄一波组成三人小组，负责指导原子能事业的发展工作。

同日　国家体委、青年团中央、解放军总政治部发出关于在青年中开展国防体育活动的通知。

7月5日　中华全国总工会发出《关于整顿互助储金会与改进困难补助工作的指示》。《指示》要求各级工会改变观念和作风，相信群众，依靠积极分子，总结与推广典型经验，加强对储金会的领导。已有的互助储金会必须加以巩固提高和发展，尚未建立储金会的工会组织应逐步把它建立起来。关于困难补助费，《指示》要求工会各级组织按不同情况，分别处理。

同日　卫生部发布《传染病管理办法》。

7月5日—30日　第一届全国人大第二次会议在北京召开。

7月7日—10日　世界母亲大会在瑞

士洛桑举行，李德全率中国代表团出席大会，并在会上作了"为孩子们创造和平宁静的环境"的发言。

7月10日 文化部、文字改革委员会联名通知全国省市各报社、杂志社、出版社及印刷厂试用第一、二批简化字。

7月11日 高等教育部颁发《高等学校教学研究指导组各级教师职责暂行规定》和《高等学校教师教学工作量和工作日试行办法》。次年6月5日，又通知停止试行教师教学工作量和工作日办法。

7月12日 教育部、高等教育部发出《关于工农速成中学停止招生的通知》。《通知》指出，实践证明，对工农干部文化科学知识的学习，不用循序渐进的方法而用短期速成的方法，使之升入高等学校，从根本上讲，并不能达到预期的目的。同时，要求大批优秀工人骨干和干部长期脱产学习，目前也是办不到的。今后除工农子女应按普通教育程序大量入校学习外，对广大工农干部和工农群众的学习，应坚决贯彻业余学习为主的方针，不再采用举办工农速成中学的办法。因此决定工农速成中学自1955年秋季起停止招生。

同日 国务院常务会议通过《关于发布〈基本建设工程设计和预算文件审核批准暂行办法〉的通知》，要求各部、委，各省、市、自治区、直辖市和国务院直属机构遵照执行。

7月12日—8月13日 农业部在哈尔滨召开中等农业学校教学大纲审订会议。会议制定了中等农业学校使用的"动物饲养"、"兽医"和"农业机械化"3个专门的33门课程的统一的教学大纲。

7月13日 教育部发出《关于举办小学语文教师标准语语音训练班的通知》。目的是训练小学语文教师学会注音字母，学会依照注音标准地读出标准音，尽可能

学会用标准的语调朗读课文。

同日 英国驻中国代办欧念儒向周恩来外长递交委任书。

7月15日 丰沙铁路正式通车。铁路全长105公里，由北京郊区丰台到河北沙城。

同日 中国人民解放军福建前线高炮部队在闽江口地区上空击伤蒋军飞机两架；7月16日又在厦门上空击落一架。

同日 淮河支流沙河上游泥河洼蓄洪工程全部修建完工。

7月18日 国务院召开第15次全体会议。会议通过《关于根治黄河水害和开发黄河水利的综合规划的报告》、《华侨申请使用国有的荒山荒地条例》。通过撤销热河、西康两省的决议。并建议将《地方各级人民代表大会和地方各级人民委员会组织法》第25条第2款第1项作必要的修改。

同日 国务院批准武汉长江大桥技术设计方案、施工进度计划和总预算。

7月19日 教育部发出《关于加强小学在职教师业余文化补习的指示》。《指示》指出：争取在若干年内有计划地将所有不及初师毕业水平的小学教师提高到初师毕业程度，同时进一步将所有不及师范学校毕业水平的小学教师提高到师范毕业程度。小学教师的业余进修应采用业余进修学校（主要设在城市）、函授师范学校（主要设在农村和小城镇）或业余文化自学小组等形式。

7月20日 国务院公布《管理书刊租赁业暂行办法》。《办法》指出，经营书刊图画租赁业务的，不论专营、兼营（包括书刊发行兼营租赁或书刊租赁兼营发行在内），不论已否领有营业许可证，都应备具营业申请书，向当地文化行政机关申请或重新申请核准营业，经文化行政机关核准

发给营业许可证后,凭证向当地工商行政机关登记,领取营业执照。

7 月 21 日 中国故事影片《鸡毛信》在洛迦诺第 9 届国际电影节闭幕式上放映,受到热烈欢迎,被认为是电影节中杰出的影片之一。

同日 台湾"行政院"通过《证券商管理办法》及《外销品退还税捐办法》。

7 月 22 日 国务院发出由周恩来总理签署的《关于处理反动的、淫秽的、荒诞的书刊图画的指示》。

7 月 23 日 公安部公布《无线电器材管理条例》。《条例》规定受管制的无线电器材为:整架的无线电发射机、收报机、收发话报机和收报收音两用机;内部装有高周率振荡设备的整机;各型成音周率扩大机;全部发射管,输出在 2 瓦以上的收讯管;耐直流电压在 1500 伏以上各型固定储电器;片距在 1 厘米以上的可变储电器、电键、发射机专用晶体等。《条例》规定,制造、修理、经销无线电管制器材的国营、公私合营的厂商和机关、团体、企业、学校、个人以非营业为目的的持有者,均依本条例管理。

同日 中共中央批转统战部《关于帮助民主党派工作的意见》和《关于几个民主党派召开全国代表大会和中央会议的情况报告》。要求各地党委加以研究,并据以帮助当地民主党派的工作。中央指出,根据我国情况,民主党派在新民主主义革命阶段已经和我党结成了统一战线,当我国进入社会主义革命阶段时又积极拥护社会主义革命。因此它们在社会主义社会里,还应当同我们党一起继续存在下去,并继续发挥其积极作用。这对人民民主专政的巩固和社会主义建设的成功很有益处。

7 月 27 日 北京举行拥护世界和平大会宣言和群众集会。大会由中国人民保卫世界和平委员会主席郭沫若主持,中国出席世界和平大会代表团团长茅盾作《向持久和平和友好合作的道路前进》的报告。大会一致通过了《拥护赫尔辛基世界和平大会宣言和各次建议的决议》。

7 月 29 日 财政部发布《1954 年和 1955 年国家经济建设公债还本付息办法》。《办法》决定,1954 年国家经济建设公债本金自 1955 年起至 1962 年止分 8 年作 8 次偿还,1955 年公债本金自 1956 年起至 1965 年止分 10 年作 10 次偿还,除最后一年对应还本金数额不举行抽签,全部偿还外,其余均按年抽签一次。每次抽签,定于每年 8 月 10 日在北京举行。两种公债,在还本年限内,每年 9 月 30 日至 12 月 31 日为兑付本息期,对未领取各次本息的,在最后一年再延长兑付期 9 个月,延期届满时如再不领取,债权即失时效,不予兑付。

7 月 30 日 国务院发出《关于专区、县公安部队改编为人民武装警察的命令》。经国防部与公安部议定,专区、县公安部队自本年 8 月 1 日起,一律改为人民武装警察,属各级公安机关建制。其原担负的逮捕反革命、看押人犯、机关警卫、搜捕零星小股土匪、维持地方治安看管专区、县两级劳改人犯等任务,应于同时移交给人民武装警察担任。公安部及省人民委员会的公安厅内将专设机构,管理这一工作。

同日 毛泽东颁布《中华人民共和国兵役法》。由第一届全国人民代表大会第二次会议通过的《中华人民共和国兵役法》,经毛泽东签署以国家主席令的形式公布。这是建国后颁布的第一部兵役法,其主要规定是改志愿兵役制为义务兵役制。它的颁布实施,是国家军事制度上的一项重大改革。

同日 一届全国人大二次会议通过《关于根治黄河水害和开发黄河水利的综合规划的决议》。

同日 中国和罗马尼亚《关于交换邮电的协定》在布加勒斯特签订。

7月31日 中共中央召集省、市、自治区党委书记会议，毛泽东作《关于农业合作化问题》的报告。他在报告中强调，中国广大农民有走社会主义道路的积极性，社会主义工业化不能建立在小农经济的基础上，只有实现农业合作化才能巩固工农联盟，合作化必须赶快上马。毛泽东批评主张发展合作社要适应群众的觉悟程度，稳步前进的同志像小脚女人，东摇西摆地在那里走路，老是埋怨旁人走快了，对合作化运动过多的评头品足，不适当的埋怨，无穷的忧虑，数不尽的清规戒律，看不到主流，犯了右倾的错误；是站在资产阶级、富农或具有资本主义自发倾向的富裕中农的立场上替少数人打主意。从而否定了1953年和1955年春对合作社的两次整顿工作。报告一再强调，"在发展问题上，目前不是批评冒进的问题。农村不久将出现一个全国性的社会主义改造高潮，到1957年，全国将有5500万户，2.5亿左右的人口加入半社会主义性质的合作社，到1960年基本上完成半社会主义的改造，并有更多的初级社转为高级社。

7月 全国各级各类学校原有供给（包干）制人员自本月起改行工资制，现行工资分工资标准作废，改为货币工资标准。

8月1日 中美两国大使级会谈在日内瓦举行。首次会议于下午4时在国联大厦举行。在9月10日举行的第14次会议上，双方就双方平民回国问题达成了协议，发表了《中华人民共和国和美利坚合众国两国大使协议的声明》。但在进入第二项议程的讨论上，美国方面坚持"在达成协议的关于遣返平民的声明得到履行之前，讨论其他问题未免为时过早"。中国方面则认为，中国方面是遵守它所达成的协议的，会谈应该不再迟缓地进行第二项议程的讨论。9月14日会谈中，王炳南提出了"禁运问题"和"准备更高一级的中美谈判问题"。此后，双方会谈不定期地举行，到1970年2月，共进行136次，在其他问题上，未取得任何结果。

同日 中国和尼泊尔两国政府在加德满都签署了关于建立正式外交关系的联合公报。同日，毛泽东主席任命袁仲贤为中国驻尼泊尔大使。

同日 为纪念中国人民解放军建军28周年，总政治部主任罗荣桓在《八一杂志》上发表题为《继续发扬我军的光荣传统》文章。

同日 中国人民解放军新疆军区农业生产建设部队，在准噶尔盆地修建的大泉沟水库完工。

同日 国营郑州第三棉纺织厂正式投产。

同日 台湾"临时省议会"致电美国总统，反对美国与中共的日内瓦谈判。

8月1日—2日 中华全国民主妇女联合会在北京举行第二届第二次执行委员会会议。会议讨论了全国妇联1955年的工作计划。通过了《关于拥护洛桑世界母亲大会宣言及各项文件的决议》。

8月1日—6日 中华全国学生第16届代表大会在北京举行。大会讨论并同意了中华全国学联第15届执行委员会的工作报告，讨论了全国学联和学校学生会的组织问题，修订了《中华全国学生联合会章程》。

8月1日—20日 中国与德意志民主

共和国技术与技术科学合作常任委员会在柏林举行第二届会议,并签订了第二届会议议定书。

8月2日　刘宁一率中国代表团赴日参加禁止原子弹和氢弹世界大会。

同日　中国、越南两国实行铁路联运,8月1日、2日先后在河内、北京两车站举行通车典礼。

8月3日　中共中央批转中华全国总工会党组《关于加强私营商业中店员工会工作的请示报告》。中央在批示中说:目前,在资本家零售商业中的从业人员有200万人左右,此外,还有小商小贩几百万人,私营商业在我国市场上仍占相当大的比重(1954年占全国社会商品零售总额的42.8%),因此,正确地贯彻党对私营商业的社会主义改造的政策,使之服务于社会商品流转,满足人民生活的需要,是有重要意义的。各级党委应指导各地工会组织加强这方面的工作。

同日　中国人民解放军空军在安徽省青阳县上空击伤、击落美造蒋军喷气式飞机各一架。

8月4日　中华人民共和国最高人民法院军事审判庭决定提前释放的美国间谍约翰、诺克斯、阿诺德等11人自广州赴香港离境。

8月5日　国务院举行第17次全体会议,通过了《农村粮食统购统销暂行办法》和《市镇粮食定量供应暂行办法》,批准了《中国科学院科学奖金暂行条例》和《中国科学院研究生暂行条例》。会议还批准了中国科学院各学部的主任、副主任人员。根据文化部代理部长钱俊瑞所作的《关于中埃文化合作会谈的报告》,会议批准了《中华人民共和国与埃及共和国政府代表关于两国文化合作的会谈纪要》。会议还批准了高等教育部1954年工作总

结和1955年工作要点,通过了《关于撤销湖南省江华县的建制,成立江华瑶族自治县的建制的决定》。

8月5日—10日　中华全国总工会第七届执行委员会第三次全体会议在北京举行。会议讨论和通过了赖若愚所作的《加强工会建设,密切工会与群众的联系,为胜利地完成国家的第一个五年计划而奋斗》的报告,并通过了《中华全国总工会为保证完成和超额完成发展国民经济的第一个五年计划告全国职工书》和《中华全国总工会关于加强积极分子工作的决定》等文件。会议通过补选张修竹为中华全国总工会主席团委员和全总书记处书记。

8月6日　第一届全国人大常务委员会第20次会议,通过《华侨申请使用国有的荒山荒地条例》。

同日　第一届全国人大常务委员会举行第20次会议。会议讨论和通过了《关于全国人民代表大会代表和省、自治区、直辖市人民代表大会代表视察工作的决定》。任命李士英为最高人民检察院副检察长。

8月8日　中国和芬兰签订《中芬1955年5月1日到1956年4月30日的贸易协定》。

8月9日　国务院发出《关于1955年暑假全国高等学校毕业生统筹分配工作的指示》。《指示》提出,全国高校本年的5.3万毕业生应根据"集中使用,重点配备"的分配方针和"学用一致"的原则进行分配,配备之重点主要是重工业部门(特别是156项工程)、出国留学研究生、中国科学院研究生和研究实习员及高校研究生和助教等。其中分配给重工业、机械工业、燃料工业、地质、建筑等部门的共1.4万余人,占毕业生总数的29%以上,约占

工科毕业生总数的 60%。

同日 教育部、体育运动委员会、卫生部联合发出指示:改进中小学体育工作。

8 月 10 日 中国进出口公司代表和埃及政府棉花委员会在开罗签订关于埃及售给中国 4 万包(合计 1.3 万吨)棉花合同。

8 月 10 日—15 日 水利部在沈阳市召开东北 4 省农田水利工作会议。除汇报工作和介绍经验外,还拟定了东北 4 省 1956 年农田水利工作计划。

8 月 10 日—30 日 全国少年儿童科学技术和工艺作品展览会在北京举行。全国各族少年儿童精心制作的近 1000 件作品在苏联展览馆展出。

8 月 11 日 外交部发表《关于南朝鲜当局企图以威胁行动破坏朝鲜停战协定的声明》。8 月 1 日南朝鲜当局公开宣布准备夺取军事分界线以北、"三八线"以南地区,并于 8 月 5 日正式通知中立国监察委员会,限期不迟于 8 月 13 日 24 时全部撤走。《声明》认为,这是一个企图破坏朝鲜停战协定的严重行动,有关各国不应置之不理。中国政府认为,代表联合国军在停战协定上签字的美国负有不可推卸的责任,根据停战协定的有关规定,立即采取有效措施制止李承晚集团的威胁行动,并使驻在南朝鲜的中立国监察委员会的一切机构和人员的安全和工作得到应有的保障。联合国军方面有关各国政府都负有责任使联合国军切实履行它在停战协定中所承担的国际义务。

同日 国防部长彭德怀、总政治部主任罗荣桓发出《关于军士和兵评定军衔的指示》。《指示》指出:待军官军衔评定工作告一段落后,即开始进行,以期于 1955 年 10 月底评定完毕。《指示》明确:军衔等级区分:陆军军士分为上士、中士、下士;兵分为:上等兵、列兵。海军舰艇部队和公安舰艇军士分为:海军上士、海军中士、海军下士;水兵分为:水兵上等兵、水兵。军士、兵的军衔一般应按编制军衔评定。上等兵由营首长命令公布;军士由团首长命令公布。

8 月 12 日 中国心理学会正式宣告成立。

8 月 14 日 国防部发布"关于组织预备师"的命令。兵役法公布后,全军每年将有一批战士退伍转入预备役,为了及时储备足够数量的经过训练的预备兵员,保证战时部队扩大和补充的需要,以应付可能发生的突然事变,国防部决定,组织预备役训练师,第一步先组成 10 个师,由各军区领导进行正规的军事训练。

8 月 15 日—25 日 轻工业部食品工业管理局召开全国卷烟工业技术会议。会议制定了《乙级卷烟暂行工艺规程》,并规定了为贯彻这一规程所必须的"统一检验方法"、"统一主要技术经济指标和计算方法"、"统一技术用语"等文件。

8 月 16 日—31 日 中国佛教协会理事会第 2 次(扩大)会议在北京广济寺举行。会议通过了中国佛教协会代理会长喜饶嘉错所作《关于中国佛教协会两年来工作报告》《关于中国佛教访缅代表团工作报告的决议》和《关于拥护国家发展国民经济的第一个五年计划,肃清一切反革命分子和保卫世界和平的决议》,以及《关于筹办中国佛学院的决议》。会议推选喜饶嘉错为中国佛教协会会长,并增选法尊、应慈、柯檀、明真(以上为汉族)、郎德哥(傣族)、萨迦法王(藏族)等 6 人为中国佛教协会常务理事。会议还增选了 33 名中国佛教协会理事。

8 月 16 日 外交部发言人就日本政

府提出所谓撤退在中国大陆的日本人问题发表声明：①关于侨民问题，中国政府对愿意回国的在华日本侨民一向是给予各种便利的。到本年 3 月底，经中国红十字会同日本有关方面共同努力，在原有约 3.5 万名日侨中，已有约 2.9 万愿意回国的日侨返日，现仍居留中国大陆的有 6000 多名日侨，他们表示愿意长期或暂时居留中国。如果他们中有人改变意图，申请回国，中国政府仍将给予各种便利，中国红十字会亦会尽力协助。②关于日本战犯问题。中国政府早已说过准备按照宽大政策进行处理。在 1954 年 8 月，已将 417 名在日本侵华战争中和在中国人民解放战争中犯有各种罪行的前日本军人免予惩处，送回日本，以后，中国红十字会又将 1069 人的战犯名单和情况通知了日本红十字会。对于这些战犯，中国政府将按照中国的法律程序进行处理，这是属于中国主权的事情，日本政府无权过问。

同日　中国和苏联在北京签订《关于农作物检疫和防治病虫害的协定》。

8 月 17 日　中国研制的第一部中文电传打字电报机在北京初步试验成功。

8 月 18 日　国务院颁布《关于加强防御台风工作的指示》。

同日　中国轮船"南海 175 号"载运大米到达海防。这是到达越南民主共和国的第一艘中国轮船。

8 月 19 日　公安部命令颁布《城市交通规则》，并决定于 1955 年 10 月起施行。《规则》共 6 章、60 条，对交通指挥信号与标志、车辆、行人、交通违章和交通事故的处理等作了具体规定。本规则自施行之日起，中央人民政府公安部 1951 年公布的《城市陆上交通管理暂行规则》即行废止。

同日　中国农工民主党中央执行局向全党发出《关于拥护、宣传和贯彻第一

届全国人民代表大会第二次会议通过的发展国民经济第一个五年计划和各项决议的指示》。

8 月 20 日　台湾"总统府"参谋长孙立人因涉及郭廷亮案被免职。

8 月 20 日—23 日　1955 年全国游泳竞赛大会在上海举行。男子 100 米蛙泳和女子 100 米自由泳，400 米自由泳接力，均打破了全国纪录。

8 月 20 日—9 月 1 日　第二次全国油脂专业会议在北京举行。会议确定，下半年油脂工业的增产节约竞赛的中心，是加强思想领导和组织领导，加强对土榨油坊的管理，继续推广先进的榨油经验，开辟新油源，贯彻加工协议，加强企业管理，反对浪费和厉行节约。

8 月 20 日—9 月 5 日　全国棉产工作会议召开。

8 月 22 日　中国和埃及在北京签订中埃两国政府贸易协定第一个协定年度议定书。根据协定，埃及将从中国进口钢材 6 万吨，中国将从埃及进口棉花 4.5 万包（1.5 万吨）。

同日　教育部颁发《关于高等师范院校附属学校的设置及领导关系的规定》。1954 年大行政区撤销时，政务院文教委员会曾规定高等师范院校附属学校统交所在地省、市教育行政部门统一领导和管理，高等师范院校仅负责业务指导工作。由于附属学校领导关系改变后不利于高等师范院校科研工作的进行，为此教育部重新规定，由高等师范院校对附属学校进行全面领导管理。关于附属学校的设置，规定高等师范学校只设附属中学一所。设有学前教育专业的院校得设附属幼儿园一所。师范院校附属中学应为完全中学，且男女学生兼收。师范专科学校附属中学得单设初中班级，而且各年级应有

双班。

同日 高等教育部发出执行《全国高等学校(不包括高等师范学校)一般学生助学金实施办法》的指示。规定自1955年10月起,全国高校(高等师范学校除外),不论新生旧生的人民助学金由全体发给改为部分发给,凡家境富裕能自费者,不发给助学金。人民助学金包括定期补助费和临时补助费。定期补助费分为伙食补助费(又分为补助全部、2/3和1/2伙食费3种)和日常学习、生活用品补助费。临时补助费分为学习、被服和其他补助费。经济特殊困难的学生的其他费用可另外申请补助。革命烈士子女学生、少数民族学生、归国华侨学生及体育、航海专业的学生在和一般学生同等经济条件下应优先予以照顾。

8月25日 中共中央发出《关于彻底肃清暗藏的反革命分子的指示》。《指示》指出,肃反运动证明,敌情是严重的,运动是正确的,运动的发展是健康的,并已取得了初步胜利。《指示》重申了中共中央"七一指示"中已指出的,我们现在的党政军民各机关、团体、学校、企业中绝大多数(百分之九十九)是好人。作出了暗藏的反革命分子或其他坏分子约占5%左右的估计。《指示》指出运动的关键问题在于:①必须反对右倾思想;②必须充分发动群众、特别要注意发动中间和落后分子;③斗争的重点,必须选择那些明显地或比较明显地有反革命嫌疑的分子,不应采取大家人人过关和盲目乱斗的方法;④专案小组对反革命嫌疑分子应追问历史,追问反革命组织,并向各有关方面追查材料,一直追查到底;⑤要反复交待政策:坦白从宽,隐瞒从严;⑥对反革命嫌疑分子,必要时可进行搜查;⑦逮捕的批准权,属于省市委。

同日 国务院颁布《农村粮食统购统销暂行办法》。《办法》共7章、41条。规定:根据1955年春耕前后分配到乡的粮食定产、定购、定销数字,结合实际情况,由乡政府发动群众深入讨论,划分余粮户、自足户、缺粮户,并一次评定全年粮食的产量、交售任务和供应量。1955年分户核定的余粮户粮食交售任务,在正常情况下,自1955年起,3年不变,增产不增购;缺粮户的粮食供应量,每年核定一次。国家向余粮户统购粮食,一般应占其余粮数量的80%至90%。余粮户完成粮食交售任务后的剩余粮食、自足户因增产节约多余的粮食,都有权自由处理,但禁止任何人以粮食进行投机。缺粮户粮食丰收时,应根据其丰收情况适当核减其原定的粮食供应量。

同日 国务院颁布《市镇粮食定量供应办法》。《办法》规定,市镇非农业人口按劳动差别年龄大小,及不同地区的粮食消费习惯,分别确定具体供应等别和每月口粮定量标准,在省、自治区、直辖市所属区域内执行。供应标准分9种等级:特殊重体力劳动、重体力劳动、轻体力劳动、脑力劳动、大中学生,一般居民与10岁以上儿童,6岁至10岁儿童,3岁至6岁儿童,3岁以下儿童。工商行业用粮和粮食制成品,由各生产单位依据消耗定额编制用粮计划,经有关部门批准核发工商行业用粮供应证,市镇机关、团体、企业、学校和一般居民饲养的从事生产、运输的牲畜及供科研试验或展览、表演、配种用的动物所需饲料,由饲养户编制计划,经批准核发市镇饲料供应证。

8月27日 监察部发出《关于加强检查工业企业执行国家计划和贯彻中央厉行节约方针的情况的指示》。《指示》说,生产企业中各种浪费现象普遍而严重。

许多部门没有全面、均衡地完成国家计划,有些企业连产值计划都未完成,有些企业没有完成国家规定的品种计划,特别是新产品试制计划完成得不好;许多产品质量不好,废品率高,次品和返修品多,部分产品因不合需要或质量不好而大量积压,企业人员劳动效率不高的情况普遍,闲工、停工所造成的损失很大;许多企业成本超支严重,原材料、燃料、电力使用中的浪费很大;流动资金周转期比计划延长很多,物资超储和积压现象十分严重;至于在设备利用,资源开采,各种费用开支和基金运动等方面的浪费也是十分严重的。《指示》要求在生产计划和成本计划的执行方面进行专题检查。

同日　李一氓致各国议会联盟理事会主席,要求纠正联盟执行委员会阻挠中国参加联盟第 44 届大会的错误决定。信中对各国议会联盟执委会仅仅由于美国等少数委员的坚持反对,搁置中国派团出席联盟第 44 届大会的申请使中国代表团不能如期到会表示万分遗憾。并以出席联盟大会中国人民代表团秘书长名义对联盟执委会的决定表示严正的抗议,并请求理事会和大会纠正这一错误决定。

8 月 30 日　北京市青年志愿垦荒队出发,赴黑龙江萝北县建立北京青年农庄。8 月 9 日,北京青年杨华、李秉衡、庞淑英、李连成、张生等五人致信青年团北京市委,要求发起组织北京市青年志愿垦荒队。青年团北京市委批准了他们的申请。北京市青年自动捐资近 7 万元支持这个爱国行动,北京及外省市报名参加人数达 803 人。8 月 30 日,北京青年为"北京市青年志愿垦荒队"一行 60 人举行欢送大会。青年团中央书记胡耀邦作了《向困难进军》的讲话,并代表团中央将"北京青年志愿垦荒队"队旗授予他们。

8 月 31 日　国务院发布《关于国家机关工作人员全部实行工资制和改行货币工资制的命令》。《命令》规定,为实行"按劳取酬"、"同工同酬"的原则,自 1955 年 7 月起,将现在国家机关一部分工作人员实行的包干制待遇一律改为工资制待遇,以统一国家机关工作人员待遇制度。实行工资制后,工作人员及其家属的一切生活费用,都应由个人负担。现行包干制的一切费用规定同时废除。

同日　教育部长发出通知,取消统一布置小学生假期作业的做法。

同日　国务院颁布《中国科学院科学奖金暂行条例》。《条例》规定,凡中华人民共和国公民的科研工作或科学著作,在学术上有重大成就或对国民经济、文化发展上具有重大意义的,不论属于个人或集体的,均可按本条例的规定授予中国科学院科学奖金。中国科学院科学奖金分为三等:一等奖金 1 万元,同时授予荣誉证书及金质奖章;二等奖金 5000 元,同时授予荣誉证书及银质奖章;三等奖金 2000 元,同时授于荣誉证书及银质奖章,中国科学院科学奖金每两年颁发一次,奖励名额,奖金颁发日期及推荐日期,由中国科学院统一公布。

8 月　中共中央批发中宣部《关于学校教育工作座谈会的报告》,并就此给各地党委发出指示。指示指出,应当明确地认识到办好一所大学的重要性不亚于办好一所大工厂,而管理学校比起管理工厂来还有它许多特殊的困难。高等学校和中等专业学校是直接为国家培养建设人才的地方,对于国家各项建设事业的关系特别重大。资产阶级正在学校中同我们争夺领导权,这里进行着严重的阶级斗争。指示指出,要保证做好学校工作,首先必须建立起那里的强有力的党的领导。

为了建立起学校中首先是高等学校中党的强有力的领导，必须选派得力的干部到这些学校中担任领导职务，办好这些学校。只重视社会主义经济建设，不重视培养社会主义建设人才的做法，是缺乏远见的。必须迅速加以改变。

同月 中国民主建国会中央常务委员会举行第5次会议，通过了一项指示，号召所属组织及成员贯彻全国人大通过的关于发展国民经济的"一五"计划等重要决议。

同月 重庆市公安机关破获"和平之光"反革命组织。"和平之光"是以穆建成为首的反动党团骨干分子于新中国成立初期建立的反革命组织。"和平之光"制定了一整套的纲领、政策、方针和计划，盗用"和平"之名，大肆进行反革命宣传，欺骗群众，企图积蓄力量，在重庆配合国民党蒋介石集团反攻大陆。重庆市公安机关经侦察破获了该组织。穆建成等反革命分子相继落网，并依法受到惩处。

同月 中共中央批转安徽、辽宁、湖北等省省委关于农业合作化问题的报告。9月至10月，又批转了山西、河南、浙江、甘肃、福建、云南、山东等省委关于农业合作化问题的报告。各省省委报告了根据毛泽东《关于农业合作化问题》报告的精神，对所谓"右倾保守情绪"的检查，以及按照1957年冬和1958年春使全国农村人口的50%加入半社会主义合作社的要求，重新作出的发展农业生产合作社的规划。

同月 中国青年艺术团参加在波兰华沙举行的第五届世界青年与学生和平友谊联欢节。古典歌舞剧《双射雁》和京剧《闹龙宫》、《水漫金山》荣获一等奖，《猎虎》荣获哑剧一等奖，蒙古族民间舞《鄂尔多斯舞》荣获民间舞一等奖，朝鲜族民间舞《扇舞》、藏族民间舞《友谊舞》荣获民间舞二等奖，浙江汉族民间舞《龙灯》和双人舞《飞天》荣获民间舞三等奖。联欢节后，组成了以京剧为主的中国古典歌舞剧团，赴芬兰、瑞典、挪威、丹麦、冰岛等国家进行友好访问演出。

9月1日 国务院向各省、市、自治区发出通知，为了更好地将爱国卫生运动推进一步，责成卫生部、铁道部组成三个卫生检查组，分赴南京、上海、杭州、广州、天津、沈阳、旅大等城市及沿路进行卫生大检查。其他省、市亦应组织力量进行检查，务使卫生状况有所改善。

同日 内蒙古自治区人民委员会颁发《关于推行新蒙文的决定》。

9月2日 教育部颁发《小学教学计划》，并发出《关于执行〈小学教学计划〉的指示》。《小学教学计划》注重实施基本生产技术教育（即综合技术教育）和加强劳动教育及体育，更完整地体现全面发展的教育方针，为此，《计划》增设了"手工劳动"科，增加了"自然"和体育的课时。为减轻学生负担，适当精简了课时。9月21日，教育部发出通知，盲童学校也应执行《小学教育计划》，并规定了相应的变通方法。

同日 中共中央批转商业部，全国供销合作总社党组《关于加强城市、工矿区副食供应工作的报告》。中共中央在批示中指出，副食品特别是蔬菜和水产等季节性很大，做好季节性的调剂工作，是加强副食品的供应工作的重要一环。关于经营副食品的私营商业的社会主义改造工作，应根据国营商业和合作社商业分工的原则，分别由国营商业部门和供销合作社负责。

9月4日 教育行政学院在北京开学。学院由教育部创办，共举办了4期，每期1年。学院培训了高级中学、完全中学、师范学校、工农速成中学的正副校长和教导主任,教师进修学院正副院长、教务长,省、市、自治区教育行政机关的处、科级干部和政治教师等共 2051 人。1960 年 8 月 25 日,教育部发出通知停办教育行政学院。

9 月 5 日　国务院发出《关于调整各地海关任务和领导关系的通知》。《通知》说:①各口岸海关及其分支机构现在所执行的签发许可证、对私营进出口厂商的登记管理,零星小土特产的审价工作,移交给各地对外贸易局(处)负责办理。未设外贸局(处)的口岸,由有关的省外贸局在该地设立工作组或由外贸局商请当地人民委员会在其财经和商业管理部门内设立对外贸易科(组)办理此项工作。②地方海关受对外贸易部和所在地的省或直辖市人民委员会双重领导,并受该省(市)对外贸易商的指导。各分支机构的双重领导关系由地方海关和省(市)人民委员会研究决定后报外贸部备案。③各地海关的建制,地方海关及其分支机构的设点、变更和撤销,仍按暂行海关法及前政务院《关于海关与对外贸易管理机关实行合并的决定》办理。④有关海关业务的政策,方针、法令、章则、制度等由中央决定,地方负责监督海关贯彻实施。

同日　中国自己设计的第一套新型酿酒设备,由国营上海烟草工业机械厂全部制成。

同日　蒋介石派叶公超为出席联大的"首席全权代表"。

9 月 6 日　教育部决定在盲童学校试教新编初小语文课文第一册(试用本)。由于新课文先学字母,可使盲童在两个月内初步掌握摸读和听写技能,因此盲童学校同时取消原先开设半年预科班的规定。

9 月 7 日　人民解放军总参谋部发出

《关于建立县、市兵役局的指示》。

9 月 8 日　我国第一批派往苏联进行短期专业进修的高等学校教师 33 人启程。

同日　上海市公安局破获暗藏在天主教内的以上海教区主教龚品梅为首的反革命集团。依法逮捕了龚品梅及其集团中的首要分子金鲁贤、李式玉、陈公棠、朱洪声、张希斌等。

9 月 10 日　中美两国大使级代表就双方平民回国问题达成协议,并发表《中华人民共和国和美利坚合众国两国大使协议的声明》。两国大使协议公布各自政府就平民回其本国问题所采取的措施。中华人民共和国承认,在中华人民共和国的美国人愿意返回美利坚合众国者,享有返回的权利,并宣布已经采取,且将继续采取适当措施,使他们能够尽速行使其返回的权利。联合王国(英国)政府将被委托对愿意回国的美国人返回美利坚合众国提供帮助。美利坚合众国政府承认,在美利坚合众国的中国人愿意返回中华人民共和国者,系有返回的权利,并宣布已经采取,且将继续采取适当措施,使他们能尽速行使其返回的权利。印度共和国政府将被委托对愿意返回的中国人返回中华人民共和国提供协助。

同日　国务院批准自本日起降低 13 种主要新式农具的零售价格。

9 月 12 日　国务院发出《关于地方人民广播电台管理办法的规定》。

9 月 13 日　全国人大常务委员会举行第 21 次会议,会议通过决议:批准国务院总理周恩来的议案,成立新疆维吾尔自治区,撤销新疆省建制,并以原新疆省的行政区域为新疆维吾尔自治区的行政区域。

9 月 16 日　国务院举行第 18 次全体会议。会议根据《中华人民共和国兵役法》规定的定期征兵制度,通过了《关于1955年度征兵的命令》。会议讨论了关于授予中国人民解放军有功人员勋章问题,通过了应授予一级八一勋章、一级自由独立勋章、一级解放勋章的第一批人员的名单,决定提请全国人大常委会审议。会议讨论和批准了中国人民解放军新的服装制式和军衔肩章、领章和兵种、勤务符号的样式,决定自1955年10月1日起实行。会议通过了《中华人民共和国内蒙古自治区各级人民代表大会和各级人民委员会组织条例(草案)》,决定提请全国人大常委会批准。会议听取了中国司法工作者访苏代表团团长史良所作的访问苏联的报告。通过了《关于撤销广西省都安县的建制,成立都安、巴马两瑶族自治县的决定》。

9月18日 中国新民主主义青年团举行二届三中全会。会议讨论和通过了《关于召开青年团第三次全国代表大会和建议更改中国新民主主义青年团的名称为中国共产主义青年团的决议》。会议认为,更改团的名称是全国青年政治生活中的一件大事。"中国共产主义青年团"这个名称既确切地体现出青年团组织在中国社会主义革命时期的性质和任务,又能表达中国年轻一代立志为共产主义的实现而斗争的远大理想。会议还讨论和通过了将由青年团中央委员会书记处书记胡耀邦代表青年团中央向全国青年社会主义建设积极分子大会所作的报告。

9月19日 高等教育部发出通知,在高等学校教师学衔条例颁布以后,只办理助教升讲师,讲师升副教授的晋升手续,并规定提升副教授由高等教育部审查批准。1956年4月23日,高教部又发出通知,办理一次高等学校教师提升教授的工作。

同日 人民解放军总参谋部召集全军动员工作会议。参加会议的共119人。会议主要讨论研究解放军队列、动员(兵役)部门的工作任务、职责。

同日 西康省第一届人大第三次会议在雅安举行。会议着重讨论了贯彻执行一届人大二次会议关于撤销西康省的决议,全体各族代表一致拥护这一决议,并决定自本年10月1日起,西康省人民委员会及所属机构停止行使职权,宣布撤销,各自治州、市、县人民委员会和各专署受四川省人民委员会领导。

9月19至21日 北京市一届人大三次会议召开。会议通过了关于北京市1954年财政收支决算和1955年财政收支预算的决议。

9月20日—28日 全国青年社会主义建设积极分子大会在北京举行。胡耀邦代表青年团中央作了《中国青年为实现第一个五年计划而斗争的任务》的报告;国务院副总理兼国家计委主任李富春作了关于"一五"计划前三年的成就和后两年的任务的报告;国务院第一办公室主任兼公安部长罗瑞卿作了《为保卫祖国的经济建设而斗争》的报告;国务院第二办公室主任林枫作了《努力学习文化,掌握科学技术》的报告;中华全国总工会主席赖若愚、中华全国民主妇女联合会副主席邓颖超也向大会作了讲话。

9月20日—30日 新疆省第一届人民代表大会第二次会议在乌鲁木齐举行。会议通过了关于新疆省人民政府6年来的工作报告,新疆发展国民经济第一个五年计划的报告等重要决议。会议还一致通过了关于拥护全国人大常委会关于成立新疆维吾尔自治区,撤销新疆省建制的决议的决议,并根据这一决议选举赛福鼎为新疆维吾尔自治区主席,高锦纯为副主席,艾沙等 37 人为自治区人民委员会委员,中共中央和中央人民政府代表董必武在开幕式上致贺词。在大会闭幕时,中华人民共和国新疆维吾尔自治区同时宣告成立。

9 月 20 日—28 日　河北省第一届人民代表大会在保定市举行。会议通过了河北省发展国民经济的第一个五年计划,并作出分期分批发展农业生产合作社和互助组的计划。按照全省的总规划,到 1957 年将由目前的 9.7 万多个农业生产合作社发展到 15 万个左右。1955 年冬到 1956 年春,要发展 2.5 万到 3 万个农业生产合作社。

9 月 21 日　国家统计局发布《关于 1954 年国民经济发展和国家计划执行结果的公报》。其内容为:①工业生产计划完成情况;②工业生产的增长和社会主义经济成分的增长;③国营工业技术水平的提高;④农业的发展;⑤基本建设的增长;⑥交通运输和邮电事业的发展;⑦国内外贸易的扩大;⑧职工人数的增加,劳动生产率的提高和职工生活的改善;⑨文化、教育、卫生事业的成就。

9 月 22 日　外交部以复照通知英国代办欧念儒,同意英国政府受美国政府委托担负中美两国大使关于双方平民回国问题协议声明中所规定的责任。

同日　中国科学院举行院务常务会议。决定自 1956 年颁发第一次科学奖金。奖励名额是 20 名到 30 名,推荐日期自 1955 年 10 月 1 日至 12 月 31 日止。1956 年 5 月 4 日公布得奖名单。

同日　中国红十字会捐款 5 万元人民币,救济巴基斯坦水灾。11 月 3 日中国红十字会再度捐赠印度总理全国救济基金会和巴基斯坦红十字会人民币各 5 万元,作为对印、巴两国水灾区人民的援助。

9 月 23 日　中国矿产公司、中国五金进口公司和日本启明交易株式会社签订关于中国开滦煤、铁砂和日本平白铁的贸易合同。合同规定,中国将向日本输出开滦煤 40 万吨,总值 108 万英镑。日本将向中国输出镀锌平白铁、马口铁、黑铁皮及各种钢板作为从中国进口 40 万吨开滦煤的回头货(其中平白铁 5 千吨,总值 39.4 万英镑)。同时还规定,中国向日本输出海南岛铁砂 5 万吨,总值 16 万英镑。双方在 9 个月内决定等值的、中国需要的各种钢材为回头货。

9 月 24 日　台湾"教育部"通过《发展初级中等学校方案》,鼓励民间兴办初中。

9 月 25 日　毛泽东为《怎样办农业生产合作社》一书撰写序言。这本书收集各省、市、自治区的办社实例共 121 篇,绝大部分材料是 1955 年 1 月至 8 月的,一小部分是 1954 年下半年的,由毛泽东亲自主持编选,目的是推动农业合作化运动的开展。毛泽东在序言中批评在农业合作化问题上,1953 年春和 1955 年春的两次反冒进是"完全不应该有的动摇"。这本书公开出版时,改名为《中国农村的社会主义高潮》。

同日　台湾"外交部"宣布承认阿根廷临时政府。

9 月 27 日　中华人民共和国主席授衔授勋典礼在北京举行。9 月 23 日,全国人大常委会第 22 次会议通过了《关于授予中华人民共和国元帅军衔的决议》、《关于授予在中国人民革命战争时期有功人员一级八一勋章、一级独立自由勋章、一级解放勋章的决议》。27 日下午 5 时,中华人民共和国主席授衔授勋典礼在中南海怀仁堂隆重举行。全国人大常委会副委员长兼秘书长彭真宣读了中华人民共和国主席授予中国人民解放军军官以中华人民共和国元帅军衔的命令，毛泽东主席将授予中华人民共和国元帅军衔的命令状——授予朱德、彭德怀、林彪、刘伯承、贺龙、陈毅、罗荣桓、徐向前、聂荣臻、叶剑英。接着，彭真宣读了中华人民共和国主席授予中国人民解放军在中国人民革命战争时期有功人员勋章的命令。毛泽东主席将一级八一勋章、一级独立自由勋章、一级解放勋章分别授予在中国工农红军时期、抗日战争时期、解放战争时期直接领导原国民党军队起义的有功人员，以及对和平解放西藏地区的有功人员。

同日 下午2时30分，国务院授予中国人民解放军军官将官军衔典礼隆重举行。国务院秘书长习仲勋宣读了中华人民共和国国务院总理授予中国人民解放军军官将官军衔的命令。周恩来总理分别把授予大将、上将、中将、少将军衔的命令状，一一授予粟裕等在京军官。

9月28日 首都各界在天安门广场举行盛大阅兵式和群众游行，庆祝中华人民共和国成立6周年。毛泽东、朱德、刘少奇、周恩来、宋庆龄、林伯渠、李济深等在天安门检阅台上检阅了阅兵式和群众游行队伍。各国驻华使节和60多个国家的来宾也参加了国庆观礼。

9月28日—10月9日 日本国会议员访华团由团长上林山荣吉率领到中国进行访问。这次访问活动是应全国人大常委会委员长刘少奇和秘书长彭真的邀请而进行的，也是日本国会第一次派团访问中国。访问期间，中日双方就中日友好亲善、和平、两国邦交正常化以及贸易等问题交换了意见，并就一些重大问题取得了一致意见。

9月29日 毛泽东邀集中华全国工商业联合会执行委员会的委员们座谈关于如何更适当地进行私营工商业的社会

主义改造问题。参加会议的还有陈叔通、李烛尘、荣毅仁、李济深、沈钧儒、何香凝等工商业人士、各民主党派和人民团体的代表500多人。毛泽东要求工商业者认清社会发展的规律、掌握自己的命运、积极接受社会主义改造。毛泽东指出，你们要主动，要掌握自己的命运，不要像15只水桶打水一样，七上八下的，社会主义是大势所趋，不应该来反对，应该来主动参加。资本家只要接受社会主义改造，就有前途。毛泽东还说明党和国家将对接受改造的工商界人士给以政治上和工作上的适当安排，继续贯彻"赎买"政策。他鼓励工商业人士把自己从剥削者改造成自食其力的劳动者。

同日 彭德怀元帅发布中华人民共和国国防部命令。命令各军兵种的士兵、军官、将军们：时刻提高警惕，保持战斗准备，努力加强各军兵种的军事和政治的训练，严格遵守各种条令制度，爱护武器和资财，增强军内军外的团结，发扬革命英雄主义的光荣传统，在一切岗位上忠诚地履行宪法赋予的崇高职责！

同日 中国人民银行根据国务院的批准，自本月起降低存放款利率。

同日 全国大部分邮电局开始实行长途电话预约办法和长途电话夜间减价办法。

9月 根据中共中央和国务院的指示，高等教育部、教育部等有关单位着手起草有关我国学位、学衔制度的条例草案。

10月2日 中国美术家协会和人民美术出版社在帅府园美术展览馆联合举办《荣宝斋木刻水印画展览会》，展出作品380件。

10月2日—9日 全国第一届工人体育运动会在北京举行。

10月3日　国民党在台湾召开七届六中全会。

10月4日—11日　中国共产党七届六中全会（扩大）在北京举行。全会听取了陈伯达代表中央政治局所作的《关于农业合作化问题的决议草案的说明》，邓小平代表中央政治局所作的《关于召开党的第八次全国代表大会的决议草案的说明》，毛泽东作了题为《农业合作化的一场辩论和当前的阶级斗争》的总结发言。会议通过了《关于农业合作化问题的决议》、《关于召开党的第八次全国代表大会的决议》、《关于党的第八次全国代表大会名额和选举办法的规定》。会议基本上通过了在试行中经过多次修改的《农业生产合作社示范章程》的草案，决定提交国务院和全国人大常务委员会讨论。

10月4日　中共中央下达《关于编制1956年度国民经济计划草案的指示》，批准国家计划委员会党组《关于1956年度国民经济计划控制数字的报告》。1956年计划控制数字为：①工业总产值483.5亿元，比1955年预计增长10％。主要工业产品：原煤10794.2万吨，发电量150.7亿度，钢357.6万吨，棉纱450万件，棉布1447.5万匹，增长速度分别为11.6％、19.8％、30.8％、14.8％、12.1％。②粮食总产量为3740.5亿斤，增产速度为5.1％，棉花产量为2996万担，增长14.7％，烤烟和油料（花生，油菜籽）的增长速度分别为24.4％和34.8％。《报告》要求把1956年农业生产计划"订得积极些，紧张些"。③全国基本建设投资总额为112.7亿元，比上年预计增长30.4％。其中，施工的限额以上厂矿建设单位为555个（包括新开工的161个），年内建成完工的162个。④社会商品零售总额估计为451亿元，商品供应量同社会购买力还存在一定差额。⑤全国铁路货运总量为20800万吨，货物周转量为1046.2亿吨公里，低于五年计划所规定的1956年指标。⑥国民经济各部门（不包括私营企事业）职工人数达到1463万人。国营工业劳动生产率与1955年相比，提高10.5％。国民经济各部门人员的平均工资增长4.9％。中央8个工业部平均降低生产成本6.6％。《报告》提议国营工业主要产品的出厂价格比1955年总的平均降低6.2％，降低总额为8亿元。⑦全国高校招生12.6万人，毕业学生6.7万人，在校学生达到34.9万人。

同日　中共中央对中共广东省委《关于在初中增加农业课程问题的报告》作出批示。指示，目前我国中小学教育存在着一大基本缺点，就是旧社会所遗留下来的教育与生产脱节的毛病，学生不仅缺乏劳动观点，并且还缺少基本的生产知识和技能。这显然是和中小学教育的目的不相符合。因此，当前的问题不是去考虑改变中小学性质，而应研究如何克服脱离生产的偏向的问题。中共中央同意广东省在大中城市以外的一般地区的初三年级暂设农业生产知识课，作为临时的课目，每周2课时，以作试验。

同日　台湾当局开始颁发"反共义士"授田凭据。

10月4日—15日　中国新民主主义青年团二届四中全会召开。会议讨论和通过了《关于动员和组织广大农村青年迎接农业合作化高潮的决议》；会议还讨论了协助中国共产党加速扫除全国农村青年文盲问题和关于颁发青年扫除文盲的奖章和奖状的决定。

10月5日　文化部发出《关于少年儿童读物的出版情况和今后改进意见的请示报告》。

10月7日 拉(萨)日(喀则)公路全线修通。公路全长337公里。

10月8日 朝鲜祖国战线中央委员会召开盛大集会,欢送中国人民志愿军6个师撤离朝鲜,返回祖国。10月10日,志愿军归国先头部队抵达安东市。10月27日,中国人民志愿军总部发言人宣布,从10月10日起到26日止,中国人民志愿军6个师已全部撤返祖国。

同日 中共中央批转财政部党组《关于1956年国家预算控制数字的报告》。计划1956年财政收入为279亿元,财政支出升为279亿元,其中经济建设费为135亿元,扣除不可比因素,比1955年增加了15.95%。文教费32亿元,行政管理费22.8亿元,都比上年预计略有增长,而与五年计划原控制数字相比,行政管理费减少1.1亿元,文教费减少4.8亿元。

10月9日 敦煌艺术展览会在北京开幕。

10月9日—12月18日 应俄罗斯共和国教育部的邀请,以教育部副部长陈曾固为团长的中国中小学教师访苏代表团启程前往苏联访问和考察。

10月10日 国务院批准施行监察部《关于中央和地方财经部门国家监察机关组织设置及对现有监察室(局、司)进行调整的方案》。决定在国务院所属重工业部、煤炭工业部、电力工业部、石油工业部、第一机械工业部、第二机械工业部、纺织工业部、轻工业部、建筑工业部、铁道部、交通部、水利部、林业部等设立监察局。

10月10日—20日 第一次全国水土保持工作会议举行。会议确定:1956年全国水土保持工作的任务为33524平方公里的控制面积。其中黄河流域为15847平方公里,永定河流域为2400平方公里,其他地区共15277平方公里。会议要求水土流失严重的省份,在1956年底作出全省所有山区的水土保持规划和分年实施计划。

10月12日 集(宁)二(连浩特)线轨距的拨宽工程提前完成。

10月14日 国务院发出通知:在高等学校设置校(院)长助理职位,以培养副校(院)长级的干部。

10月15日 蒋介石"婉拒"各界祝寿活动,提出6点问题,征询"献言"。

10月15日—23日 全国文字改革会议在北京举行。会议听取和讨论了中国文字改革委员会主任吴玉章所作《文字必须在一定条件下加以改革》的报告和教育部部长张奚若所作《大力推广以北京语言为标准音的普通话》的报告;讨论了中国文字改革委员会所提出的《汉字简化方案修正草案》和《第一批异体字整理表草案》,并听取和讨论了叶恭绰《关于汉字简化工作的报告》。在进行了必要的修正补充后,会议通过了《汉字简化方案修正草案》,并通过了有关文字改革和推广以北京语音为标准音的普通话的决议。

10月15日—25日 中国人民解放军射击与体育检阅大会在北京举行。

10月18日 中共中央批准李维汉《关于调查研究方针的请示》。《报告》说,根据"一五"对资本主义工商业的要求,并根据一年来对资本主义工商业进行社会主义改造的新的发展情况,以及阶级斗争发展的情况和资产阶级内部分化的情况,我们认为对于资本主义工商业的规划问题和某些政策问题需要作进一步的研究。为此,需要进行一次实地调查。这次调查研究工作的方针是:①着重研究在工业和商业两方面都采用基本上实行全行业合营方针的可能性,并且研究能否在今后两年即第一个五年计划最后两年基本上实现这个方针。对于以加工订货、代销、经销形式直接过渡为国营企业的可能和条件，也拟进行研究。②对于国家资本主义阶段的一些具体政策和组织形式亦即阶级斗争的策略问题，需要加以检查和研究，看有无过时了的，哪些要重新提出和确定的，哪些要修改的。③研究《从国家资本主义企业改变为国营企业的条件和开始实行国有化的时机，这个问题的适当结论，必然有利于推动工作，创造条件；创造了条件，也就创造了时机。调查地点拟为北京、天津、上海（拟包括两个中等城市）。

10 月 21 日   国务院发出《关于处理 1955 年度报考高等学校未被录取的考生的通知》。《通知》要求对 4.5 万余名未被录取的考生，在根据需要，合格及不增加国家总编制的条件下，尽可能吸收他们参加本地区的小学教育、工农业生产等工作。各地如有多余或不足之数，应上报劳动部，由劳动部负责协同教育部、农业部加以统一调配。录用的条件，应为政治上可靠、身体健康，并确实具有高中程度。

同日   高等教育部发出《关于中等专业学校毕业设计工作的指示》，并附发了《中等技术学校毕业设计和毕业设计答辩规程》。

同日   台湾当局宣布，终止对德战争状态，在和约签订之前，保留因对德战争所生之一切权利与要求。

同日   台湾"行政院"公布修订《戒严时期取缔统匪办法》。

10 月 22 日   中国科学院举行隆重仪式，接受苏联科学院赠送的一批珍贵礼物：古生物标本，地震仪器、胞子花粉试验研究设备和哲学书籍。

同日   规模巨大、设备完善的北京体育馆竣工落成。

10 月 23 日   国务院发布《关于将水产品生产、加工、运销企业划归商业部统一领导的指示》，根据这个指示，农业部水产管理总局划归商业部领导。

10 月 24 日   教育部发出《关于 1955 年冬到 1956 年春组织农民参加学习的通知》。《通知》传达了毛泽东关于编三种识字课本的指示，即第一步教农民学习本村乡土的人名、地名、合作社名、农活名、庄稼名、度量衡名、年月日、数字及其他一些记工账所必需的文字和语言，大约 200 至 300 字。这个课本，由从事指导合作化工作的干部各就自己的合作社具体情况去编。每处自编一本，不要上级审查。第二步课本，按一个较小范围的地方（一个县、一个专区）的常见事物和语言（加上全国性的）去编，也只要 300 字左右。第三步课本，由省教育厅编。在此之后，许多地方编写、使用了这三种课本。

同日   中国第一个天文馆——北京天文馆动工兴建。北京天文馆建馆的目的，主要是向广大人民宣传唯物的以天文学为主的自然科学知识，宣传科学无神论，破除人民群众中因长期封建统治而遗留下来的迷信思想和命运观点，并宣传我国古代天文学的伟大成就，启发群众的爱国主义思想。

10 月 25 日   中共中央发出《关于肃清暗藏的反革命分子的运动在群众已经发动之后必须注意保证运动的健康发展的指示》。《指示》指出，肃反运动的成绩是很大的，运动的发展是健康的。中央认为，必须把这个运动进行到底，依照新的情况，采用新的斗争方法，组织人数少而精的专案小组，进行细致的调查研究，仔细了解反革命分子的思想和动态，使用灵活的策略去争取起义和动摇敌人，讲求正确的审问方法，并把这一工作与继续深入发动群众配合起来，打破"顶牛"局面，并根据证据，分清是非轻重，对坏分子加以正确处理。这样做，运动就能健康发展。《指示》规定运动大体应经过四个阶段：准备阶段、小组斗争阶段，专案小组阶段和甄别定案阶段。《指示》还要求全国各省市政法机关——公安机关、检察院和法院必须动员起来，积极配合运动，并在运动中把政法机关健全起来。

10月25日—29日　中共甘肃省委召开扩大会议，讨论贯彻党的七届六中全会决议等问题。会议决定，从现在起到1956年秋收前，新建农业生产合作社16849个，加上原有的，共达24000个合作社。

10月26日　美国众议院军事委员会七人小组抵台考察军援情况。

10月26日—11月3日　牧区民族教育汇报会在北京召开。会议听取了内蒙古自治区、新疆维吾尔自治区和甘肃省等地关于牧区教育情况的汇报，讨论和研究了加强牧区教育的有关问题。会议指出，牧区办学采取固定的、流动的、半固定的三种方式是正确的。在全国统一学制下，牧区学制可酌情变通，校方应照顾牧区生产季节，教材可结合牧区民族的特点适当补充，要长期培养各民族自己的师资。会议对加强牧区教育工作的领导和做好学校卫生保健工作等提出了要求。

10月26日—11月8日　中共江苏省委召开全省第三次区委书记会议。会议讨论了在今后5个月内全力整顿巩固现有14.6万多个新老农业生产合作社的要求、步骤和做法，安排了1955年冬1956年春在农村中的各项工作。

10月28日　中共中央批转教育部党组的报告，决定取消各地干部子女学校。要求自1956年始，各地干部子弟学校逐步改变为普通小学，招收附近机关的工作人员和群众的子女为走读生，停招寄宿生。各部门办的干部子女学校，交由地方教育行政部门接管，取消公费生待遇。到1957年9月，在北京的干部子女小学全部改为普通小学。

同日　中共中央批转教育部党组的报告，同意取消各地干部子女学校。自1956年开始，这类学校逐步改变为普通小学，统一由地方教育行政部门管理。

10月28日—30日　中共黑龙江省委举行扩大会议。会议讨论了党的七届六中全会（扩大）关于农业合作化问题的决议，研究了黑龙江当前农业合作化运动的情况，对全省1955年冬季农村工作作了安排，还通过了关于召开黑龙江省第一次党代表大会的决议。

10月28日—11月8日　中共山西省委召开全省农村工作会议。会议通过了山西省以农业合作化为中心的农村工作全面规划。

同日　国务院批准财政部的《修订印花税税率税额表》。1950年公布的印花税共有税目25个。1953年初修正税制时曾将若干税目分别并入营业税、货物税、屠宰税及商品流通税。此次修订后，共留有9个税目。

10月29日　中共中央、国务院决定成立中缅未定界勘察委员会，指定由云南省委和昆明军区负责。省委书记、军区政委谢富治任主任委员，公安部、内务部、外交部、民委、公安军司令部、总参作战部、测绘局派人参加。昆明军区与云南省委协商决定，从地方政府和军队抽调干部、战士1000人组成2个勘测团，对中缅边界南段进行全面勘测调查，为中缅两国政府解决南段未定界问题提供资料。勘测工作于1956年2月1日开始，6月中旬结束。

10 月 30 日　聂耳逝世二十周年、冼星海逝世十周年纪念会在北京举行。

10 月 31 日　台湾《自由中国》推出《祝寿专号》,由于涉及一些政治敏感问题,引起轰动。其后,台湾"国防部"总政治部针对祝寿文章,发行了《向毒素思想总攻击》的小册子。

10 月 31 日—11 月 9 日　中共辽宁省委举行扩大会议。会议根据辽宁省当前农业合作化运动的新情况,讨论和布置了全省的合作化工作。

10 月　中央实验歌剧院舞剧团成立。

同月　苏联小白桦舞蹈团首次访华演出。在全国 10 个城市演出 41 场,观众达 12 万人次。主要节目有《小白桦树》、《小链子舞》等。

11 月 1 日　中共中央发出《关于农村工作的季节安排问题的指示》。要求全国各省、市、自治区将合作社的建社、整社工作提早一季,即夏季完成建社的准备工作,秋季完成建社工作,冬春两季完成整社工作。据此,安排 1956 年的工作。《指示》认为,按照上述的季节规划,一年只有一季是发展时间,其余各季都是准备发展和整顿时间,这样就可以基本上避免由于漫无限制而引起的左倾错误。

同日　中共中央批转国务院第三办公室《关于厂矿领导问题座谈会的报告》。《报告》检讨了各地推行一长制存在的问题及企业中党的政治思想工作薄弱问题。指出:企业中党组织必须认真帮助确立和巩固企业管理方面的一长制,并教育一切工作人员严格遵守企业行政纪律和秩序。党组织必须把确立一长制作为自己的一个基本的政治任务,因为在企业中只有建立了严格的一长制,才能确立各方面的负责制,才能确立有效的经济秩序和工作秩序,这种秩序正是办好一个企业所必需

的,而无人负责则是一种最可怕的不良现象。任何企业绝不要容忍这种混乱现象继续存在。

同日　国务院发出《关于试行工业计划产品分工管理办法的通知》。《通知》说,目前全国工业产品大致可分为两类:一类是计划产品,另一类是非计划产品。计划产品可分为 4 种:①国家统配产品;②部分配产品;③部平衡产品;④地方平衡产品。国务院规定:凡是引入国家生产计划的轻工业产品,分别由中央有关部负责统一筹划,合理安排;地方亦须负责本地区的具体安排。

同日　美国驻台联络中心,改称美国台湾协防司令部。

11 月 2 日　福建前线中国人民解放军海防炮兵摧毁金门岛蒋军弹药库一座。

同日　台湾军队在新竹湖口举行大规模军事演习。

11 月 2 日—12 日　各省、市、自治区城市建设局长会议在北京召开。

11 月 3 日—14 日　人民解放军在辽东半岛举行现代条件下抗登陆战役演习。演习由叶剑英担任总导演,计有陆军 1 个兵团、4 个军、1 个机械化师,空军 2 个军,海军旅顺基地和独立机械化师等 18 个师以上单位指挥机关,32 个团,共 4.8 万余人,飞机 262 架、舰艇 65 艘,坦克和自行火炮 1000 余辆(门)参加。刘少奇、周恩来、邓小平、彭德怀、贺龙、陈毅、聂荣臻等观看演习,并检阅了演习部队。全军高中级干部 809 人随演习部队一起作业和参观见学。苏联、朝鲜、越南、蒙古等国派军事代表团观看演习。这是人民解放军第一次组织大规模演习。

11 月 3 日—18 日　第一届全国酿酒会议召开。会议大力推广山东烟台酒厂采用"低温发酵"、"定温蒸烧"、"绿麦加酵

母"提高出酒率的经验,并决定1956年在推广先进经验,加强技术管理,保证质量的条件下,提高出酒率,稳步地利用新酒源,为国家节约12.5万吨粮食。

11月4日 中共中央转发教育部党组《关于实用主义思想在中国教育中的影响和批判实用主义教育思想的初步计划》。中共中央在批示中指出,几年来,在教育工作领域中没有对资产阶级教育思想进行不断的批判,是党在这方面思想工作的一个重大弱点。当前抓紧批判杜威、胡适的实用主义教育思想,进而批判其他资产阶级教育思想,这是宣传唯物主义思想,批判资产阶级唯心思想的一个重要组成部分,同时也是我国教育建设中的一个重要任务。

同日 台湾"行政院"公布《动员勘乱时期无线电广播收音机管制办法》。

11月5日 中国佛教协会秘书长赵朴初致电日本佛教界人士,要求将在日本的玄奘顶骨送还中国。电报说,1956年是我释迦牟尼佛涅槃2500周年,中国佛教徒将对传布和译述佛理最有贡献的玄奘法师同时举行庄严的纪念。查玄奘法师顶骨三大部分目前分别供奉在北京广济寺、南京玄湖山塔、广州六榕寺、天津佛教协会和成都迈慈寺,而另一部分,则在第二次世界大战中被劫运到日本,现今仍在日本埼玉县慈云寺内。我们希望日本佛教界的朋友们能将上述尚在日本之玄奘法师顶骨的一部分设法送还我国。

11月5日—21日 中共河南省委举行有区委书记参加的省委扩大干部会议。会议通过了全省新的农业合作化全面规划,规划规定:全省农业生产合作社1995年冬发展到17.3万个,1956年9月以前基本上实现半社会主义合作化。

同日 国务院任命:罗瑞卿为中央人

民公安学院院长;钟夫翔为北京邮电学院院长;胡传揆为北京医学院院长;郭以青为内蒙古师范学院院长;马哲民为中南财经学院院长。

同日 国务院举行第20次全体会议。会议听取了农业部部长廖鲁言的说明,讨论并通过了中共中央提出的《农业生产合作社示范章程草案》和《1956年国家经济建设公债条例(草案)》,决定将其提请全国人大常委会审议。会议还通过了《关于城、乡划分标准的规定》和《关于国营企业新建或扩建附属工厂(车间)的时候应充分利用原有地方工业生产能力的指示》。《指示》说,建附属工厂(车间)的原则是:一、尽量利用当地原有工业企业;二、新建时尽量做到几个同类性质的工厂或一个工业区共同使用一个附属工厂(车间)。

同日 中国红十字会为了援助越南海防地区遭受台风灾害的灾民,捐赠给越南民主共和国红十字会价值人民币20万元的布匹和药品。

同日 教育部发出关于加强中等学校在职教师业余进修的指示。《指示》要求在8年内,主要通过入教师进修学院和函授学习的形式,将不及师专毕业程度的教师提高到师专毕业水平。《指示》规定:今后函授教育及教师进修学院负有提高在职中学师资及培养新师资的双重任务。

11月8日 第一届全国人大常务委员会举行第23次会议。会议通过了《关于处理违法的图书杂志的规定》、《关于地方各级人民委员会的组成人员是否限于本级人民代表大会代表问题的决定》和《关于在地方各级人民代表大会闭会期间省长、自治区主席、市长、州长、县长、区长、乡长、镇长和地方各级人民法院院长缺额补充问题的决定》。

同日 中国和缅甸两国航空运输协

定在仰光正式签字。根据协定规定,中国民用航空局将经营昆明—曼德勒—仰光往返航线;缅甸联邦航空公司将经营仰光—曼德勒—昆明—广州往返航线。11日,中国民航同缅甸联邦航空公司根据中缅两国航空运输协定,在仰光签订了《办理中缅两国航空业务协议书》。

同日   台湾"立法院"通过《华侨回"国"投资条例》。

11月9日   全国人大常委会举行第24次会议。会议听取了农业部部长廖鲁言的说明。讨论和通过了中共中央向国务院提出的并且经国务院全体会议通过后提请常务委员会审议的《农业生产合作社示范章程草案》。会议决议将这一草案交由国务院发给县以上各级人民委员会讨论和征求人民意见。会议还决议:各地农业生产合作社可以把这一草案作为自己的社章使用。

同日   中国文字改革委员会拟定第一批异体字整理表,废除 1000 多个异体字。

11月10日   全国人大常委会第25次会议与政协第二届全国委员会常委委员会第8次会议联合举行。会议讨论和通过了《关于 1955 年秋后视察工作的通知(草案)》,决定这次视察工作由全国人大代表和省、自治区、直辖市人大代表以及全国政协委员和省、自治区、直辖市地方政协委员组织起来共同进行。视察时间自 11 月 15 日左右开始,12 月 15 日左右结束。视察工作的主要内容是,在农村主要视察农业合作化运动及粮食生产、消费、统购统销等;在城市主要视察工业、商业(包括资本主义工商业的社会主义改造)和手工业。

同日   全国人大常委会举行第26次会议。会议通过了国务院提出的《1956年

国家经济建设公债条例》,会议还通过了《批准中华人民共和国政府和苏维埃社会主义共和国联盟政府关于农作物检疫和防治病虫害的协定的决议》,以及《关于地方各级人民法院院长、人民检察院检察长可否兼任各级人民委员会的组成人员问题的决定》。《决定》规定人民法院院长、人民检察院检察长不得兼任其他职务。

同日   国务院发布《农业生产合作社示范章程草案》。《草案》共 12 章,82 条。

11月10日—19日   中共安徽省委第3次代表会议在合肥举行。会议指出,在传达了毛泽东主席关于农业合作化问题的指示以后,全省很快就办好了 4.9 万多个农业生产合作社,搭好架子的有 3.6 万余个。会议预计,经过 1955 年冬至 1956年春的大发展之后,全省农业将基本上实现半社会主义性质的合作化。

11月11日   中国和捷克斯洛伐克两国政府在布拉格签订 1956 年交换货物和付款协定。协定规定,中国将供给捷克斯洛伐克各种矿产、畜产、食品、茶叶、丝绸、土产品等;捷克斯洛伐克将供给中国发电设备、各种机械、钢材、仪器、化工原料和石油产品等。

同日   北京市西山碧云寺内的孙中山纪念堂,已经修缮完毕。

同日   全国人大常委会举行第27次会议。会议经过讨论和修正,批准了《内蒙古自治区各级人民代表大会和各级人民委员会组织条例》。同日,毛泽东主席发布命令公布了这一条例。

11月15日—12月8日   全国农业科学研究会议召开。会议制定了从 1956 年至 1967 年 12 年内的农业科学研究工作方案和 1956 年的工作要点,制定了国际技术合作中农业部门的工作方案。

11月16日—24日   各省、自治区和

人口满 50 万以上的大中城市党委负责人会议召开。会议听取了陈云所作《关于资本主义工商业改造问题的决议（草案）》。《草案》指出："我们对于资产阶级，第一是用赎买和实行国家资本主义的方法，有偿地而不是无偿地，逐步地而不是突然地改变资产阶级的私有制；第二是在改造他们的同时，给予他们必要的工作安排；第三是不剥夺资产阶级的选举权，并且对于他们中间积极拥护社会主义改造，并在这个改造事业中有所贡献的代表人物，给予恰当的政治安排。"《草案》要求，把私营工商业逐行逐业、分批分期地纳入公私合营的全面规划。个别或部分的小手工业可以和资本主义工商业一起实行公私合营。城市中的小商业可以在长时期内替国营商业和合作社商业执行代销经销的任务。

11 月 17 日 教育部发出《关于在中、小和各级师范学校大力推广普通话的指示》。《指示》要求全国中、小学和各级师范学校必须逐步用普通话教学，使学生学会说普通话。在学校中用普通话教学，首先从语文科做起，逐渐推广到各科。语文科以外的学科如条件允许，也应该尽早用普通话教学。

11 月 18 日—30 日 全国救济工作会议在北京举行。会议总结了救济工作如何依靠农业生产合作社等方面的经验，确认 1956 年的农村救济工作必须进一步依靠互助合作组织，进行全面规划，贯彻执行生产救灾的方针。

11 月 19 日 中国佛教协会秘书长赵朴初致电日本佛教界人士，坚决抗议将玄奘顶骨送往台湾。电报说，玄奘法师的一部分顶骨当初系在何种情况下运至日本已属过去之事。如日本佛教界同仁愿将玄奘法师顶骨继续留在日本护持供奉，则根据中日两国佛教的悠久渊源，我们可无

异议。但对拟将玄奘法师顶骨送一部分给台湾，我们断难容忍，并且坚决抗议。22 日，赵朴初再电日本佛教界人士，坚决反对把玄奘法师遗骨运往台湾，敦请日本佛教界人士对玄奘法师灵骨善为护持，并制止此种不利于中日两国佛教徒友好关系的行动。11 月 25 日，中国佛教先哲玄奘法师顶骨的一部分终被从东京送往台湾。

同日 教育部、国家体育运动委员会等 8 个单位发出《关于在全国小学中推行儿童广播体操的联合通知》。这套儿童广播体操适用于小学一、二年级学生。

同日 台湾地区举行演习，测验灯火、交通管制及反空降作战。

11 月 20 日 中国和民主德国两国政府在柏林签订关于 1956 年交换货物和付款协定。协定规定，中国将供给民主德国各种矿产品、畜产品、食品、茶叶、丝绸和轻工业品等；民主德国将供给中国成套设备和发电站、各种机械、精密仪器、运输工具和化学肥料等。

11 月 21 日 教育部发出《关于在中学、小学、各级师范学校及工农业余学校推行简化汉字的通知》。《通知》规定：1. 全国中小学和各级师范学校以及工农业余学校的教学、学生作业和日常书写布告、函件等，必须使用简化汉字，原有繁体字课本，阅读时可教繁体字，书写时不再要求用繁体字。2. 各级教育行政部门和各级学校的公文、函件、出版物、印刷物等应该逐步地使用简化汉字，并应逐步横排、横写。学生的作业本、试卷等也应尽量横排、横写。1956 年 1 月，国务院公布了汉字简化方案，到 1958 年初，全国小学语文课本和扫盲教材已普遍使用了汉字简化方案中的简化汉字。

同日 国民党中常会通过《海外对

"匪"斗争工作统一领导办法》。

11 月 24 日 文化部发出《关于加强通俗图书出版发行工作的请示报告》。

11 月 25 日 文化部将北京以外的直属书刊印刷厂下放当地政府领导。

同日 唐代高僧玄三藏大师灵骨从日本运抵台湾。

同日 中国和越南民主共和国在北京签订了《关于人民币和越南币比价协定》。

11 月 25 日—12 月 11 日 农业部、全国供销合作总社和全国手工业生产合作社联合总社筹备委员会召开第三次全国农具会议。

11 月 27 日 中国自己设计、自己制造和自己检验的第一艘新型沿海客货轮"民主 10 号"在上海开航。

11 月 27 日—12 月 2 日 广东省一届人大三次会谈举行。会议确定：广东省要在 1956 年底以前基本上实现半社会主义的农业合作化，1957 年底以前基本上把资本主义工商业纳入国家资本主义的高级形式——公私合营的轨道。

11 月 28 日—12 月 9 日 全国第一次蔬菜工作会议召开。会议认为蔬菜问题是涉及全国大、中城市和工矿区四五千万居民日常生活的问题，并不是"萝卜白菜"的小问题。加速蔬菜生产的合作化，有计划地提高蔬菜的产量，是保证蔬菜供应的物质基础。为了稳定蔬菜价格，必需加速对菜商的社会主义改造工作，同时，还要加强对农民蔬菜贸易市场的领导和管理。会议根据目前蔬菜供应中的问题，规定了关于蔬菜生产合作化和菜商社会主义改造的工作原则。

11 月 29 日 中共中央手工业管理局、中华全国手工业生产合作社联合总社筹备委员会联合发出《关于对手工业社会主义改造工作进行全面规划的通知》。《通知》说，到 1955 年 6 月底，全国手工业生产合作社组织已达 5 万多个，共有社员（或组员）145.9 万人，生产总值达 9.3 亿元。据中央最近的各项指示，三大改造的任务应加速进行，《通知》要求各地手工业部门迅速作出积极的、先进的手工业合作化的全面规划。12 月 21 日召开的第 5 次全国手工业生产会议制定了手工业社会主义改造的全面规划，确定在第一个五年计划期间基本上完成全国手工业合作社的组织工作。

12 月 21 日 中共中央同意国家计划委员会党组《关于修改 1955 年国民经济计划的请示报告》。《报告》说，1955 年度国民经济计划在执行过程中发生了某些新的变化，主要是：①在编制 1955 年计划时，由于对 1954 年农业因受灾而减产的情况估计不足，有的轻工业生产指标定得偏高；②在计划执行中，贯彻中央关于厉行节约的指示，影响了工业生产、基本建设、国内商业和运输计划的变动；③有的产品因生产和基建措施跟不上而减产。《报告》提出，为适应上述情况，有必要对 1955 年度计划进行适当修改。工业总产值计划由 444.1 亿元修改为 434 亿元，计划产品共 208 种，需修改的有 50 种；商业部购进计划由 174.3 亿元修改为 170.5 亿元，销售计划由 243.1 亿元修改为 240.3 亿元；铁路货运周转量计划减少 66.8 亿吨公里；由于贯彻了厉行节约的方针，削减了非生产性工程的投资和降低了工程造价，减少了投资。全国基本建设总投资额计划由 97.9 亿元修改为 91.7 亿元。

11 月 30 日 国民党举行党员"自清"运动。

11 月 中宣部召开地方出版社座谈会。

12月1日　新建成的集（宁）二（连浩特）铁路交付国家使用。集二铁路全长338.7公里，1953年5月动工兴建，1954年12月11日修通。集二路建成后，由北京经乌兰巴托到莫斯科，比原来由北京经哈尔滨、满洲里到莫斯科，距离缩短1141公里。

同日　共青团中央发布《关于在7年内扫除全国农村青年文盲的决定》。《决定》指出：为适应农业合作化运动的发展，必须加快扫盲速度。在党和政府统一规划下，团中央决定在7年之内，也就是在第二个五年计划完成前扫除全国青年文盲。扫盲工作应紧紧掌握为农业合作化和农业生产服务的原则，做到"学以致用"。应当根据"不忙多学，小忙少学，大忙放学"的原则，实行"定期开学，按时放假"的制度，坚持常年学习，不致妨碍生产。应当普遍提倡开办业余小学，暂时无条件办的可成立自学小组。

同日　团中央发布《关于奖励扫除文盲运动中的青年积极分子的办法》。

同日　蒋介石完成《苏俄在中国》一书。

12月1日—8日　黑龙江省一届人大三次会议举行。会议讨论和通过了黑龙江省省长韩光所作的《团结全省人民，为完成与超额完成黑龙江在国家发展国民经济第一个五年计划中的任务而奋斗》、《为在黑龙江省实现农业合作化而奋斗》以及关于财政决算和预算、私营工商业的社会主义改造、垦荒移民增加粮食生产和进一步加强护林防火工作等报告，并且作出了有关的决议。

12月2日　中国民主同盟在北京座谈知识分子的团结和改造问题。同日，中国农工民主党中央执行局暨北京市委员会也举行了关于知识分子团结改造问题

的座谈会。随后，中国民主促进会中央理事会、中国国民党革命委员会、中国民主建国会中央常务委员会、九三学社中央常务委员会也都陆续开会，讨论知识分子团结和改造问题。

同日　中共广东省委最近制定了新的海洋渔业生产合作化规划，要求1956年秋季全省发展到2300多个渔业生产合作社，入社渔户达到总渔户的80％。

同日　文化部发出《关于书籍、杂志使用字体的原则规定》。30日，又发出《关于汉文书籍、杂志横排的原则规定》。

12月4日　中国第一次试制地霉素成功，并在改进青霉素制造方法方面取得了成绩。同时，1955年在实验室中制造的一批金霉素，治疗效果很好，达到国际标准。

同日　长江中、下游两岸堤防整修工程继续开工。

12月6日　教育部发出筹备成立扫除文盲协会的通知。通知指出，根据苏联和各兄弟国家扫除文盲的经验和中国黑龙江省教育厅本年1月在肇东县重点试办扫除文盲协会取得的初步经验，说明成立扫除文盲协会是广泛动员、组织社会力量和群众力量，协助政府开展扫除文盲工作的有效组织形式。各地应着手筹备成立扫除文盲协会。

12月6日—13日　各省、市文化局长会议召开。会议由文化部主持在北京举行。会议检查了1955年文化工作的成绩和缺点，讨论了1956年文化工作的方针、任务和计划，并且提出了配合农业合作化高潮、为农业的社会主义改造服务的农村文化工作全面规划。会议认为1956年全国文化工作应采取"积极发展、提高质量、全面规划、加强领导"的方针，大力发展文艺创作和工矿、农村的群众文化事业，继

续加强艺术实践,加速进行对私营文化企业的社会主义改造,基本上完成对公私文化事业的统筹安排,继续批判资产阶级思想和整顿文化队伍,努力实现文化事业企业化,提高文化工作的质量。

12 月 7 日　国务院发布《关于增产生猪的指示》。

12 月 9 日　中国抗日烈士遗骨 131 具由日本轮船"兴安丸"运回天津新港。以竹中胜男为首的中国抗日烈士遗骨护送随船同来。随船同时抵津的还有 156 名旅日华侨。

12 月 10 日　旅大市人民为永远纪念苏军而建立的"中苏友谊馆"开幕。

12 月 11 日　德意志民主共和国总理格罗提渥、副总理博尔茨访问齐白石,并代表德国艺术科学院授予齐白石通讯院士荣誉状。

12 月 12 日　周恩来总理题词:"发扬祖国医学遗产,为社会主义建设服务。"

12 月 12 日—23 日　全国农业工作会议在北京举行。会议提出了 1956 年农业生产要达到第一个五年计划原定 1957 年指标的任务。其中粮食总产量要达到 3980 亿斤,超过 1957 年计划指标 275 万担;烤烟总产量要超过 1957 年计划的 27 万担;茶叶和柞蚕丝的总产量也要求达到 1957 年的生产指标。会议还讨论了"二五"、"三五"的农业远景规划,提出 7 年内要在全国范围内消灭一般水旱灾害,主要农作物普遍使用良种,并基本上消灭蝗虫、螟虫等 10 大主要农作物病害虫和牛瘟、猪瘟等兽疫,以及麻雀、田鼠等有害鸟兽。会议还揭发和批判了过去农业工作中的"右倾保守主义倾向",要求改进工作作风,总结和推广先进经验,保证增产指标的实现。

12 月 12 日—26 日　第一次全国党的监察工作会议召开。会议讨论和修改了《关于加强党在农业合作化中的监察工作的决定》、《关于处理农村中共党员违反党的纪律问题的几项规定》、《关于肃反斗争中有关党的纪律问题的几项规定》等文件草案。会议还根据中共中央关于"反右倾"的指示,检查了在党的监察工作中存在的"右倾保守思想。"

12 月 13 日　我国第一座新型工作母机制造厂——沈阳第一机床厂开工生产。

同日　台湾在联合国的"首席代表"在安理会投票时,否决蒙古加入联合国。

12 月 14 日　农业部发布《关于奖励农业增产模范的暂行规定》。规定国营农场、国营牧场、农业机器拖拉机站,农、牧、渔业生产合作社和互助组、个体农民、牧民、渔民和农业科学技术工作人员,在爱国增产运动中获得显著成绩的,都依照本规定给予奖励。同时还规定了获奖条件、获奖成绩计算标准、报奖名额、增产成绩审查评选办法等。

12 月 15 日　由波兰帮助中国建设的佳木斯糖厂正式开工生产。

12 月 15 日—22 日　第三次全国广播工作会议在北京举行。会议提出 1956 年到 1962 年的发展农村有线广播网的全面规划。并确定"依靠群众、利用现有设备、分期发展、逐步正规、先到村户、后到院户"的方针。

12 月 16 日　台湾"立法院"通过《行政院国军退除役官兵就业辅导委员会组织条例》。

12 月 16 日—28 日　全国乡村邮电工作会议召开。会议提出了发展乡村邮电的初步规划:全国要在七年内建成乡和大型农业生产合作社的电话网,并尽可能提前建成,通乡的电话约需新建 100 万左右杆程公里的线路,通大型农业生产合作社的电话需几十万公里的线路。关于乡村邮政,到1962年要在农村的集镇及必要的乡都设立邮电服务机构,发展规模将为1955年的6倍左右,到1957年,乡邮路线除极少数边远地区的乡以外,要全部发展到乡。

12月17日 国务院发布《关于保护幼畜的指示》。《指示》指出,现在有些农业生产合作社单纯从眼前利益打算,只要强壮的牲畜,不注意爱护幼畜,以至有些地方幼畜上市量增多,价格下跌。这种现象必须立即纠正。各地在粮食统购统销工作中,对于幼畜、孕畜必须留有充足的饲料粮。对于饲养幼畜的农场,农业生产合作社和农户,应给予减轻农业税的优待。合作社收买、租用或雇用社员耕畜的时候,必须坚持自愿互利的原则,按质分等、公道作价,或评定合理租价,作价应以一年平均价格作标准,稍高于秋后和冬季市场价格。

12月19日 中国中医研究院在北京成立。设内科、外科、针灸、中药4个研究所,1个附属医院和1个中医研究班、各研究所初步确定的研究题目大多是中医有显著疗效的常见病症。各研究所都配备有用现代科学方法辅助诊断的检验室或X光室等设备。附属医院设有内、外、小儿、妇、针灸、口腔、眼、耳鼻喉等科,暂设床位100张。中医研究班第1期招收学员120人,学期为2年。首任院长鲁之俊。

12月19日—28日 全国职工业余教育会议召开。会议指出:职工业余教育担负着两大任务:一是普遍地提高职工群众的文化技术水平,二是培养科技人才和管理干部。会议决定,到1958年,将全部扫除现有职工中的文盲,到1962年,将现有近代产业职工大部分提高到业余小学毕业程度;到1967年,将现有近代产业职工

中基层干部和技术工人提高到业余高中毕业程度。同时要积极发展业余中专和业余高等教育。会议决定对扫盲工作和业余小学教育必须采取“大量发展,注意质量”的工作方针。对中等以上的业余学校必须采取“积极发展,力求正规,提高质量”的工作方针;并要求各级业余学校的学制、课程、培养目标和入学条件一般应与同级正规日校基本相同,但修业年限要适当延长,课程、内容要适当精简,为保证教学工作正常进行,除兼课教师外,还必须配合一定数量的专职教师。

12月20日 中国文字改革委员会和文化部联名发布《第一批异体字整理表,自1956年2月1日起实施》的通知。

同日 高等教育部发出《关于厦门大学发展方向的决定》,确定该校以面向东南亚华侨、面向海洋为今后发展方向。

同日 台湾“立法院”通过《勘乱时期窃盗犯赃物犯保安处分条例》及《惩治走私条例》。

同日 新竹县青草湖水库竣工。

12月21日 中共中央发出由毛泽东起草的《农业十七条》,征询各地意见。《农业十七条》主要内容是:①1956年下半年基本完成初级形式的建社工作,1959年基本完成合作社的高级形式;②几年内全国基本消灭荒地荒山、实行绿化;③几年内,大部分地区90%的肥料、一部分地区80%的肥料,由地方和合作社自己解决;④几年内粮食平均亩产,在黄河、秦岭、白龙江、黄河(青海境内)以北,要求达到400斤,黄河以南,淮河以北达到500斤。淮河、秦岭、白龙江以南800斤。⑤在7年内,基本消灭十几种不利于农作物的虫害和病害,以及若干种危害人民和牲畜最严重的疾病,消灭老鼠、苍蝇、蚊子、麻雀等四害。⑥7年内基本上扫除文盲,每人至

少识 1500 到 2000 个字,并将省、地、县、区、乡的各种必要的道路按规格修好,还要建立有线广播网和乡、大型合作社的电话网。

同日 国务院举行第 21 次全体会议。会议在听取了民族事务委员会副主任刘春的说明后,通过了《国务院关于更改相当于区的民族自治区的指示》、《国务院关于建立民族乡若干问题的指示》和《国务院关于改变地方民族民主联合政府的指示》,并于 29 日发布。会议在听取了国务院编制工资委员会秘书长曾一凡的说明后,批准了副总理贺龙《关于中央一级机关精简工作的报告》,并通过了《国务院关于进一步做好国家机关精简工作的指示》、《国务院关于处理中央一级国家机关精简中调整出来的工作人员的指示》,于 29 日发布。会议听取并批准了国务院秘书长习仲勋《关于国家机关工作人员退休、退职、病假期间生活待遇问题的报告》,通过了《国务院关于颁发国家机关工作人员退休、退职、病假期间待遇等暂行办法和工作年限计算暂行规定的命令》、《国家机关工作人员退休处理暂行办法》、《国家机关工作人员退职处理暂行办法》、《国家机关工作人员病假期间生活待遇暂行办法》和《国务院关于处理国家机关工作人员退职、退休时计算工作年限的暂行规定》,于 29 日发布。会议在听取了国家计划委员会副主任骆耕漠的说明后,决定由国务院颁发关于节约汽油的指示。会议在听取了国防部副部长黄克诚的说明后,通过了《国务院关于地方各级国家行政机关兵役委员会的组织和任务的规定》、《国务院关于长期保护测量标志的命令》,并且决定提高全国人大常委会批准设立国家测绘总局,作为国务院的一个直属机构。会议还批准了《公安部关于 1956

年实行中国人民警察新式服装装备、帽徽制式的报告》。

同日 中国和波兰两国政府在华沙签订关于 1956 年交换货物和付款协定。协定规定,中国将供应波兰矿砂、有色金属、石棉、食品、茶叶、烟草、水果、丝绸和其他货物;波兰将供应中国成套设备、机器、运输机械、拖拉机和其他农业机械、钢材、纺织品、糖和其他货物。

12 月 21 日—28 日 全国第 5 次手工业生产合作会议召开。会议着重讨论了今后全国手工业社会主义改造的全面规划,确定在第一个五年计划内基本上完成全国手工业合作化的组织任务,从而在今后两年内争取把全部半社会主义性质的生产合作社(组)过渡到完全社会主义性质的生产合作社(组),并逐步进行对手工业进行技术改造。以逐步实现半机械化、机械化生产,从根本上改变手工业生产的落后状态。会议还检查和批判了过去工作中的"保守落后思想"。与会代表还讨论了《工艺合作社基层社示范章程(草案)》、《中华全国工艺合作社联合总社章程(草案)》,以及关于手工艺合作社基层社示范章程(草案)说明的报告。

12 月 22 日 国务院发布《1956 年预购棉花工作的指示》。

12 月 24 日 新华社社长吴冷西传达毛泽东、刘少奇对新华社工作的指示。毛泽东说,新华社要准备大发展。新华社很重要,没有新华社我们就活不下去,眼耳不灵了。刘少奇说,考虑外交学院专设一个班。

同日 蒋介石在台湾核定九首军歌。

12 月 26 日—29 日 热河省一届人大三次会议举行。会议拥护全国人大一届二次会议所作的关于撤销热河省建制的决议,决定在 1955 年 12 月 31 日正式结束热河省人民委员会的工作,从 1956 年 1 月 1 日起,停止行使职权。

12 月 26 日—29 日 中央防治血吸虫病科学研究委员会成立会议在上海举行。血吸虫病是对中国人民危害最大的疾病之一,在中国流行已有两千多年。新中国成立后,人民政府就着手建立防治机构,有重点地开展了调研和防治工作,中共中央并成立了防治血吸虫病的 9 人小组,领导这一工作。这次会议确定了今后防治血吸虫病的科学研究工作,必须重视预防同治疗相结合的综合措施的研究。

12 月 27 日 毛泽东为《中国农村的社会主义高潮》一书作序。《怎样办农业合作社》一书,发给七届六中全会与会同志征询意见后,毛泽东又主持重编,将原有的 121 篇材料删去 30 篇,另增加 85 篇新材料,共收入 127 篇,书名改为《中国农村的社会主义高潮》。毛泽东再次写了序言,并以"本书编者"的名义,为 104 篇材料写了按语。序言和按语认为,全党对贫农、下中农走社会主义道路的积极性估计不足。提出党的第八次代表大会的任务是克服右倾保守思想。序言和按语对社会主义建设提出了一些操之过急的设想。

同日 中国和苏联两国政府在莫斯科签订关于 1956 年换货议定书。议定书规定,苏联将供给中国金属切削机床、压延设备、锅炉、柴油发动机、矿山起重机、筑路机械、空气压缩机、仪器、汽车、农业机械和其他设备、石油产品、黑色金属、电缆产品等;中国将向苏联供应矿砂、水泥、锡、水银、羊毛、生丝、黄麻、苎麻、丝织品、毛织品、大豆、烟叶、猪鬃、花生仁、食品、肉类、茶叶、水果、桐油、动物油、皮革原料、食盐、手工艺品等。1956 年 7 月 25 日,中苏两国政府又签订 1956 年补充换货议定书,苏联补充供给中国金属切削机床、钻探设备、土建机械、农业机械、各种仪器、黑色金属等;中国将补充供应苏联硫磺、水银、烧碱、大米、茶叶、呢绒、毛织品、缝纫制品、皮革等。

同日 《列宁全集》第一卷中译本出版。

12 月 28 日 外交部发言人就南朝鲜海军在公海上劫夺中国渔船掳走中国船员事发表谈话。1955 年 12 月 25 日 3 时 30 分,中国 51 号渔船在北纬 34 度 15 分,东经 123 度 50 分公海上捕鱼时,遭到南朝鲜海军的侵犯。南朝鲜水兵强行登上 51 号渔船,掳走中国渔船船员一名,并企图将该船劫走。当中国其他渔船赶往救援时,南朝鲜军舰竟向中国渔船开枪射击。在中国渔船被迫采取自卫措施后,南朝鲜海军方被迫放弃 51 号中国渔船,但仍掳走船员 1 名。南朝鲜派上中国 51 号渔船执行劫夺任务的 4 名水兵未及逃走,已由中国捕渔船队带回。外交部发言人说,南朝鲜海军在公海上劫夺和袭击中国渔船并掳走中国船员,违背了各国在公海上应当共同遵守的原则,这是对中华人民共和国最严重的挑衅行为。中国政府对此提出严重抗议。南朝鲜当局必须立即停止这种挑衅行为,防止再有此类事件发生。

同日 全国人大常委会举行第 30 次会议。会议经过讨论,通过决定:在中华人民共和国主席和副主席休假或者外出期间,由全国人大常务委员会委员长接见外国使节。

12 月 29 日 国务院发布《关于长期保护测量标志的命令》。

同日 国务院颁发关于国家机关工作人员退休、退职和病假期间待遇等办法。自次年 1 月 1 日起,国家举办的教育事业单位的教职工,均按国务院规定享受退职、退休和病假期间的各项生活待遇。

同日 台湾"省政府"拟订第二期农业增产计划。

12月30日 国务院发出《关于防止滥宰耕牛和保护发展耕牛的指示》。指出在我国农业合作化以后,在一个相当长的时期内,还不可能一下子用大量的拖拉机来代替牲畜,耕牛和其他耕畜仍然是农业生产上的主要动力。如果我们在农业合作化的大发展中,不及时领导农民克服排挤弱牛、小牛和牛犊的盲目性,不坚决采取保护现有全部耕牛的措施,就会给今后的农业生产和农业的社会主义改造带来极为不利的后果。

同日 文化部发出《关于汉文书籍、杂志横排的原则规定》。

同日 教育部、高等教育部公布《中等学校学生会组织条例》。

12月31日 中国和黎巴嫩共和国签订贸易协定。根据协定,中国将对黎巴嫩输出钢铁制品、机械、电讯器材、建筑材料、化学品、药品、纺织品、丝绸、农业品、油籽、茶叶及其他产品;黎巴嫩对中国输出白糖、烟草、植物油、麻袋及其他产品。双方对经过双方领土的过境贸易尽可能给予方便。

12月 毛泽东针对新华社在发展国外工作方面思想保守,行动迟缓的情况指出,新华社这几年做了一些工作。但是,驻外记者派得太少,没有自己的消息,有,也太少,为什么不派?没有干部?中国这么大,抽不出人?是不是中宣部过去没有管?应该大发展,尽快做到在世界各地都能派有自己的记者;发出自己的消息,把地球管起来,让全世界都能听到我们的声音。

同月 从新中国成立到1955年底,中国人民解放军利用进口和国产的武器装备共装备了陆军和空军师186个,海军舰艇支队9个,除海军外,陆军、空军基本实现了武器装备的制式化、现代化。

同月 中国美协主办的写生习作展览在美术展览馆举行,展出吴作人、王式廓、宗其香等画家到各地基本建设工地和农村写生的作品100余幅。吴作人的油画《黄河三门峡》受到美术界好评。

1956 年

1月1日 《人民日报》和地方报纸文字自即日起一律横排。

同日 中国人民解放军军内报纸《解放军报》公开出版。

同日 蒋介石发表《告军民书》。

1月2日 教育部制定发展普通、师范教育初步规则,12年内使全国人民摆脱无文化状态。

1月3日 中国和罗马尼亚两国政府在布加勒斯特签订1956年交换货物和付款协定。协定规定,中国向罗马尼亚出口铁矿砂、石棉、羊毛、皮张、食品、茶叶、黄麻、棉纱等;罗马尼亚向中国供应发电设备、深井钻探设备、拖拉机、石油、石油产品等。

1月4日 全国总工会第七届执行委员会主席团第九次会议通过《关于在三年内扫除全国职工中文盲的决定》。

同日 美国参谋首长联席会议主席雷德上将抵台北,主持协防美军军事会议。

1月5日 中国第一套有线广播设备由上海人民广播器材厂试制成功。

1月6日 文化部和中国文字改革委员会发出通知,2月1日起废除一批异体字。

1月9日 台湾"国防部"与美国军事

援台顾问团发表联合公报《"中国"陆军后备及补充制度方案》。美国将协助台湾当局成立 9 个预备师。

1月10日　中共中央转发民族事务委员会党组《关于少数民族语文工作中几个问题的报告》。

1月10日—2月7日　第三次全国计划会议在北京召开。这次会议按照反对"右倾保守思想"的精神，讨论了 1956 年计划草案，座谈了第二个五年计划和 15 年远景计划轮廓。

1月11日　中华人民共和国体育运动委员会公布了 1955 年的 102 项全国纪录。这是我国第一次正式公布全国纪录。其中 78 项是在 1955 年创造的，18 项是在解放以后其他年份创造的，只有 6 项是在解放前创造的。

1月13日　全国的农业劳动模范李顺达、郭玉恩、申纪兰和武候梨，联名提出为提早和超额完成五年计划开展农业增产竞赛的倡议。

1月14日—20日　中共中央召开关于知识分子问题座谈会。会议的主题是讨论加强党对知识分子和整个科学文化工作的领导问题。周恩来在会上作了《关于知识分子问题的报告》。

1月15日　北京各界 20 多万人举行庆祝社会主义改造胜利大会，庆祝北京市第一个实现了工商业的全行业公私合营。

同日　新诗现代派在台北召开第一届年会。

1月17日　台湾"行政院"公布《华侨或外国人投资输入出售物资办法》。

1月18日　外交部发言人发表声明，公布中美会谈的经过并说明中国方面的立场。

同日　中共中央发出向科学进军的号召。

1月19日　金门发生炮战。

同日　美国总统艾森豪威尔在记者招待会上表示支持杜勒斯的"战争边缘说"。

1月21日　中国和保加利亚两国政府在索非亚签订关于 1956 年交换货物和付款协定。协定规定，中国将向保加利亚出口矿产品、茶叶、畜产品、工业原料和其他物资；保加利亚将向中国出口肥料、农业机械、烤烟、棉纺织品和其他物资。

1月23日　中共中央政治局讨论通过《1956 年到 1967 年全国农业发展纲要（草案）》。《纲要》要求各省、市、自治区在 1956 年基本上达到 85% 左右的农户加入初级社，同时要求合作基础较好的并且已办了一批高级社的地区，在 1957 年基本上完成高级形式的农业合作化，其他地区则在 1958 年基本上完成高级形式的农业合作化。

同日　国务院召开第 22 次全体会议。会议通过《中华人民共和国和德意志民主共和国友好合作条约》等。

1月25日　毛泽东召集最高国务会议讨论中共中央提出的 1956 年到 1967 年全国农业发展纲要（草案），陈云在会上作了《公私合营中应注意的问题》的发言。

1月27日　中国和匈牙利两国政府在布达佩斯签订 1956 年交换货物和付款协定。协定规定，中国将供应匈牙利矿砂、化工和纺织原料、茶叶、油料、皮毛和农业产品；匈牙利将供应中国农业机械、电讯设备、车辆、药品、石油产品、纺织品和其他物资。

1月28日　国务院召开第 23 次全体会议。会议批准《关于汉字简化、推广普通话和汉语拼音方案的报告》，通过《国务院关于公布汉字简化方案的决议》、《汉字简化方案（草案）》和《国务院关于推广普通话的指示》,批准成立中央推广普通话工作委员会。

1月30日　文化部、供销合作总社联名发出《关于加强农村图书发行工作的联合指示》。

1月30日—2月7日　全国政协二届二次会议在北京举行。周恩来作政治报告,李济深作政协第二届全国委员会常务委员会工作报告。

1月　中国人民解放军炮兵部队装备新型国产火炮。

2月1日—7日　北京体育学院举行新中国成立后的第一次体育科学讨论会。

2月5日　新旧年画、民间玩具展览会在北京举办。

2月6日　金门驻军举行反登陆演习。

2月8日　国务院召开第24次全体会议。会议通过《国务院关于在公私合营企业中推行定息办法的规定》《国务院关于私营企业实行公私合营时对财产清理估价几项主要问题的规定》和《国务院关于目前私营工商业和手工业的社会主义改造中若干事项的决定》。

2月9日　中国文字改革委员会发表《汉语拼音方案(草案)》。

2月10日　比利时氮肥联合公司和中国进出口公司签订1956—1957年度供应中国42.5万吨氮肥的合同。

2月11日　公安部党组向中共中央报送《第七次全国公安会议的报告》、《1956年全国公安工作计划》和《关于保卫农业合作化的决议》。

同日　外交部发表关于中国政府建议中日两国政府就促进中日关系正常化问题进行谈判的公报。

2月13日　中国和罗马尼亚签订文化合作协定。

同日　美国经济合作总署批准6290万美元对台技术及经济援助。

2月13日—21日　柬埔寨王国首相诺罗敦·西哈努克亲王应邀对中国进行友好访问。

2月15日　中国政府和丹麦政府达成协议,将公使馆升格为大使馆并互换大使。

2月17日　中国和南斯拉夫在贝尔格莱德签订中南贸易和支付协定。协定规定,双方对于彼此进出口的货物将互相给予最惠国待遇。并规定,1956年内,双方各出口价值为25万英镑的货物。同时还签订了中南科学技术合作协定,有效期为5年。

2月18日　文化部发出《颁发全国杂志、书籍定价标准的通知》。

2月18日—26日　中国人民解放军开展创"三手"(神枪手、神炮手、技术能手)活动。

2月20日　中宣部发出《关于加强农民读物的出版发行工作的报告》。

2月21日—27日　第一次全国性考古工作会议召开,讨论了考古工作的规划、方针和任务。

2月29日　中国和匈牙利两国科学技术联合合作委员会签订议定书。议定书规定,匈牙利将在煤炭、钢铁、化学、医药、汽车、纺织、电讯器材、水电站设备制造业以及农业、交通、卫生等方面给中国以技术援助;中国将在轻工业、交通、食品工业、农业和林业以及防洪方面给匈牙利以科学技术援助。

同日　美国宣布加强"协防"台湾实力。

2月29日—4月7日　全国工员会议在北京召开。会议按照"在发展生产和提高劳动生产率的基础上逐步改善职工生活"和"按劳付酬"的原则,对工资和生产的关系、工资水平的高低、改善工资制度中的若干政策等问题进行了研究,在统一认识的基础上,制定了新的工资方案。

3月1日 台湾"行政院"公布《中央文职公教人员生活必需品配给实施细则》。

3月1日—11日 青年团中央、林业部、黄河水利委员会在延安联合召开五省(区)(陕西、甘肃、山西、河南、内蒙古)青年造林大会。参加大会的代表共1204人。会议通过了《关于绿化黄土高原和全面开展水土保持工作的决议》。

3月1日—4月20日 第一届全国话剧观摩大会在北京举行。参加观摩演出的有41个剧团,共演出50个剧目。

3月3日 台湾"省政府"订定《人民团体总检查实施要点》。

3月5日 郑州市花园口黄河淤灌工程开始田间工程施工。这个工程共分淤区、灌区两部分,包括渠道、隔堤、围堤等土方工程910万土方,桥梁、涵洞、闸门等建筑物1394座。

3月6日—15日 中共中央军委在北京召开第二次扩大会议。会议确定我国采取积极防御的战略方针,并就落实这一方针对作战形式、作战指导作出了规定,对国防建设提出了相关要求。会议还决定把全军现有员额减少1/3。

3月9日 国务院召开第25次全体会议。会议通过《农业生产合作社示范章程草案》,基本通过《中共中央、国务院关于扫除文盲的决定》、《文化娱乐税暂行条例(草案)》。

3月14日 国务院成立科学规划委员会,开始制定1958年至1967年全国自然科学和社会科学12年长期规划。

3月14日—22日 农业部在北京召开全国畜牧兽医工作会议。会议制定了今后12年发展畜牧业生产的远景规划。

3月15日 全国扫除文盲协会成立。陈毅任会长,吴玉章等5人任副会长。

3月16日 国务院通知,"六一儿童节"小学和幼儿园放假由半天改为一天。

同日 美国国务卿杜勒斯抵台访问。

同日 台湾省实施都市平均地权,土地所有权移转开始补办登记。

3月16日—26日 全国手工艺管理局和中华全国手工业合作社联合总社筹备委员会召开城市手工业改造座谈会。

3月16日—28日 中央气象局在北京召开全国气象工作会议,主要研究气象事业12年发展远景规划。

3月21日—31日 水利部召开第一次全国水利施工会议,着重研究了今后12年的水利施工规划。

3月22日 台湾成立手工业推广中心。

3月23日 我国第一个五年计划期间兴修农田水利的计划已经超额完成。国家原计划五年内扩大农田灌溉面积480万公顷,现在已扩大了800万公顷。

3月26日 国务院发布《关于切实做好春荒救灾工作的指示》。

3月29日 中共中央、国务院联合作出《关于扫除文盲的决定》,要求2至3年扫除机关中的文盲,3至5年扫除工矿企业中的文盲,5至7年扫除农村和城市居民中的文盲。

3月30日 陈云在全国工商业者家属和女工商业者代表会议上发表讲话。他说,企业改组,采取大部不变,小部调整的方针,70%～80%的企业在改组中不要合并,过去合并得不合适的要分开来,退回去。为保证公私合营后提高质量和增加品种,对一部分商品国家不再统购包销；对商品要实行优质优价，并由内行的人专门负责抓质量、品种。对资方人员，合营后要根据每个人的情况适当安排。对资方人员的工资待遇，政府的政策是不予降低，夫妻店公私合营以后，采取经销、代销的办法，不采取合并起来给定息、拿工资的办法。

同日   台湾"国防部"称台已从事研究使用原子武器。

3月31日   中国政府和芬兰政府在北京就两国关于相互实行关税和航行方面最惠国待遇问题交换信件。双方一致确认，自1956年4月1日起，对于两国间进出口货物的关税以及其他一切税费和来往于两国间的船只及其船员和货物等彼此实行最惠国待遇。

3月   航空科技情报研究所创办《国际航空》月刊杂志。

4月1日   为保持军力，台湾实施《官兵退除役总检办法》。

4月3日   国务院召开第26次全体会议。会议通过《中共中央、国务院关于勤俭办社的联合指示》，批准《中华人民共和国、黎巴嫩共和国贸易协定》等。

同日   中越两国在北京签订中华人民共和国政府和越南民主共和国政府民用航空协定。根据协定，中越两国将新辟由广州经南宁到河内的航线。4月24日，中越民用航线正式开通。

4月10日   浙江昆苏剧团进京演出昆曲《十五贯》，毛泽东看戏后提出"是好戏，要推广，要奖励"三条意见。

4月11日   英国贸易部宣布，英国政府已经发给一些公司以出口许可，准许它们向中国输出若干数量的拖拉机。拖拉机是美国主持的巴黎统筹委员会列在西方国家对中国"禁运"货单上的货物。

同日   中国、缅甸两国间的航空线开航。

4月12日   中国政府同苏丹政府根据平等互利的原则，就发展经济合作和贸易关系问题，达成协议。

4月13日   国务院召开第27次全体会议。会议基本同意工业部门的工资改革方案；通过1956年国家预算收入控制数字等。

同日   国防部发出通知，航空工业委员会成立。聂荣臻任主任，黄克诚、赵尔陆任副主任。

同日   台湾"立法院"通过《三军军官任官条例》。

4月14日—1957年3月8日   中国和瑞士两国政府在北京换文达成商标注册互惠协议。

4月15日   中国政府和埃及政府签订中、埃文化合作协定。

4月16日   国务院发出《关于改善高级知识分子工作条件的通知》。《通知》要求尽快解决科学研究机关、高等学校和医院中高级知识分子缺少行政工作助手和研究、教学辅助人员的困难。积极解决所缺房屋、所需实验用土地和基本建设的地皮等问题。切实改善图书、文物、档案和各种资料的收集、保管、整理、利用的状况等。

4月18日   中共中央、国务院联合发布《关于加强护林防火工作的紧急指示》。

4月19日   马祖海域发生海战。

4月20日   毛泽东、刘少奇、周恩来致电祝贺西藏自治区筹备委员会成立。4月22日，筹备委员会成立大会举行。

4月20日—5月10日   中共中央召开了全国先进生产者代表会议。

4月21日   国务院发出《关于在农业生产建设中保护文物的通知》。

同日   一届人大常委会第34次会议

通过《关于处理在押日本侵略中国战争中战争犯罪分子的决定》。

同日 中国波兰技术和技术科学合作联合常任委员会，签订进一步扩大和加强两国之间的技术和技术科学合作协定。协定规定，波兰将在机器制造、冶金、煤炭、建筑材料、化学肥料、轻工业和食品工业等方面给予中国以技术科学帮助；中国将派遣一批技术科研人员到波兰煤炭和制糖工业部门进行生产实习。波兰还将提供采石场的技术文件、化学肥料厂的技术设计，派遣顾问和专家到中国在甜菜种植方面给予帮助。中国将在有色冶金、水利工程、纺织、造纸和食品工业以及生产建筑用瓦等方面给波兰以技术科学帮助；波兰将派遣工程师和技术人员到中国实习丝织品、地毯和纸张的生产，考察钢笔和墨的生产，以及参加热带器材的研究工作，中国也将向波兰提供有关水晶石、氟酸盐等的生产技术资料。

4月26日 汉水下游杜家台分洪工程举行盛大的竣工典礼。

4月27日 台湾"国防部"通令军队实施《国军心理建设实施纲要》，培养"五大信念"。

4月28日 毛泽东在中共中央政治局扩大会议上说，艺术问题上的"百花齐放"，学术问题上的"百家争鸣"应该成为我们发展科学、繁荣文学艺术的方针。5月26日，中央宣传部举行报告会，陆定一作题为《百花齐放，百家争鸣》的讲话，对中共中央的这个方针作了全面的阐述。

同日 南京航空专科学校升格为南京航空学院，吴继周任院长。

4月 文化部召开地方出版社座谈会。

4月至10月 由蔡楚生、司徒慧敏等5人组成的中国电影工作者代表团赴法国、意大利、英国、南斯拉夫、瑞士、捷克等欧洲国家访问和考察电影事业。

5月1日 教育部和中国教育工会全国委员会合办的《教师报》创刊。

5月2日 农垦部成立。

同日 毛泽东召集第七次最高国务会议。在会上作了《论十大关系》的报告。刘少奇谈了代表、委员出去视察和今年人大会议的问题；周恩来谈了国务院的分部问题。参加这次会议的共110多人。

5月4日 国务院召开常务会议。会议同意财政部、商业部《关于调整盐税提高盐价以增加财政收入的请示报告》。《报告》说，目前盐价较低，建议自1956年5月份起，将现行盐价平均提高15%。并且用提高盐税的办法将提价后增加的销售收入，纳入国家预算。会议还讨论监察部《关于国家行政机关工作人员的纪律处分与奖励的暂行规定》。会议决议由监察部修改后再报国务院核定。

5月5日 淮河中游史河上游的梅山水库连拱坝（安徽省金寨县境内）已经建成。坝身全长558米，坝高88.24米，是当时世界上最高的几座连拱坝之一。

同日 国民党召开七届七中全会。

5月8日 国务院召开常务会议。会议通过《国务院关于加强设计工作的决定》、《国务院关于加强和发展建筑工业的决定》、《国务院关于加强新工业区的新工业城市建设工作几个问题的决定》和薄一波副总理在基本建设会议上作的《为提前和超额完成第一个五年计划的基本建设任务而努力》的报告。会议批准国防部制定的《非军事系统请领和送修兵器的规定》，由国防部发布。

5月9日 国务院发出《关于1956年预付部分粮食统购价款的通知》。《通知》说，今年国家发放了近23亿元农业贷款和

4 亿多元的农产品的预购款。但是各地反映，农村一部分人还是没有钱购买生活资料。原因是绝大多数农业合作社把国家的贷款和预购款，过多地投入了农业基本建设，或过多地用于非生产性开支。对社员个人生活需要照顾不够。为此，特决定对全国农村再投放 8 亿元，作为粮食统购的预付价款。预付款主要用来解决农民日常生活上的困难。所有预付款，都应该在统购粮食的时候扣还，不应当做救济款使用。

5 月 10 日 中国政府和巴基斯坦政府代表在卡拉奇签订关于中国供应巴基斯坦 30 万吨煤的合同。

5 月 11 日 国务院召开第 28 次全体会议。会议通过《国务院关于 1956 年选举工作的指示》。决定向全国人大常委会提出改写关于直辖市、县、市、市辖区、乡、民族乡、镇人民代表大会代表名额的建议案。通过向全国人大常委会提请决定 1956 年直辖市和县以下各级选举工作时间的议案。通过向全国人大常委会提请《关于调整国务院所属财经部门组织机构的议案》、《关于批准国务院设立专家局的议案》。通过向人大常委会提请《关于决定任免几个委员会主任、部长的议案》。

5 月 12 日 中共中央、国务院发出《关于人大代表和政协委员在进行视察时应注意事项的通知》。通知要求，对人大代表和政协委员视察的地区和项目由代表和委员自行选定，不规定视察重点。各地应该教育干部，积极帮助代表和委员进行视察，让代表和委员视察好的典型，也视察坏的和中等的典型，不要害怕暴露工作上的缺点和错误，不要害怕他们看到和知道坏事情。要让代表和委员自由地接见干部和群众，不能有所限制。对少数目标较大的视察的代表和委员，可以配备工作人员和警卫人员，但应该力求少而精干，对一般代表和委员，只要视察的地点秩序是良好的，就可以不必配备警卫人员。在生活招待方面，要简单朴素，不要铺张浪费。

同日 我国南北交通的枢纽浦口—下关的长江护岸防洪工程竣工。

5 月 15 日 国务院召开常务会议。会议通过关于国务院财经系统新批准成立部门的组建问题。决议：国家经委的组成问题由薄一波提出方案；国家技术委员会的组成问题由黄敬提出方案；冶金、化学、建筑材料三部组成问题由王鹤寿提出方案；食品工业部的组成和轻工业部业务调整由贾拓夫提出方案；机械工业部门组织分工由黄敬提出方案；农垦、森工二部的组成由廖鲁言提出方案；城建部的组成由万里提出方案；水产部的组成由商业部提出方案。

5 月 18 日 国务院召开常务会议。会议原则通过国家计委《关于向苏联提出的 188 个项目中若干修正问题的请示》。会议确定 1956 年双轮双铧犁的生产，控制在 200 万部到 250 万部之间。推销双轮双铧犁的方针是，适应和保证农民的生产需要，决不勉强摊派。对已经销售给农民的，不能使用而挂起来的双轮双铧犁，应该允许农民退回。

5 月 20 日 国务院发布《关于迅速解决日本归国华侨中现存问题的指示》。《指示》说，从 1953 年 7 月，日本华侨成批回国，在各级国家机关关怀安置下，使大多数归侨实现了参加祖国建设的愿望。但还有少数人的工作，没有做好。为了团结广大华侨，扩大祖国的政治影响，对日本归侨安置不当的，要进行调整。在生活待遇上如家属多、工资收入少者，应予以适当的补助。对归侨中的知识分子的待遇，则应该按照规定调整。对归侨中所带回来的原为日本籍的家属，如申请加入中国国籍的，应速予解决。对于归侨的家属中，有工作能力的，应设法安置。对归侨的日本人家属，不得欺侮辱骂。对归侨所提合理化建议，应该加以重视。对个别归侨违法乱纪经多次耐心教育仍不改的，分别按情节严肃处理。

5月21日 国务院批复高教部，同意所报《关于高等学校教师调动的暂行规定》。《暂行规定》提出，高等学校教师，应该服从国家调动。高教部可作统一的调动和调整。各中央业务部门和各省、自治区、直辖市人民委员会，可以在所主管的高等学校之间进行教师的调动或调整。高等学校之间教师的调动，学校双方可以自行办理。

5月21日—26日 全国博物馆工作会议在北京举行。会议讨论了12年规划初步草案等问题。

5月22日 国务院召开常务会议。会议讨论扫除文盲问题和职工业余教育问题。会议强调扫盲工作应分期分批进行。对工人扫除文盲的期限，可以规定5年至7年。对职工业余教育更需要强调自愿的原则。原则批准文化部关于各省、市文化局长会议的报告和文化部1955年文化工作的基本总结和1956年文化工作计划纲要。

同日 台湾"内政部"声明，南沙群岛是中国领土。

5月24日 中国电影出版社在北京成立，由陈荒煤任社长兼总编辑。

5月25日 国务院召开第29次全体会议。会议原则通过《中华人民共和国征收民事诉讼费用暂行办法（草案）》，提请全国人大常委会审议。司法部史良部长作了说明。她说，世界各国都收诉讼费，我国过去也有缴纳诉讼费的习惯。新中国成立以后，我们在若干城市进行了试点工作，认为征收诉讼费用是可行的。征费范围，暂只限于民事案件。诉讼费采取败诉人负担的原则。同意司法部《关于建立律师工作的请示报告》，批准《律师收费暂行办法》。同意司法部《关于开展公证工作的请示报告》。原则同意司法部《关于人民陪审员名额、任期和产生办法的指示》。通过《工厂安全卫生规程》、《建筑安装工程安全技术规程》、《工人职员伤亡事故报告规程》。通过国务院《关于防止厂、矿企业中矽尘危害的决定》。批准《中华人民共和国政府和柬埔寨王国政府贸易协定》、《中华人民共和国政府和柬埔寨王国政府支付协定》。会议通过下列行政区划的决定：①同意辽宁省设置沈阳县和本溪县。将沈阳市郊区划出的434个行政村和抚顺市郊区划出的7个行政村合并，成立沈阳县；将本溪市郊区划出的173个行政村、2个镇和抚顺市划出的56个行政村合并成立本溪县。②将黑龙江省双鸭山矿区改设为双鸭山市。③将山东省长山岛特区改为长岛县。

5月26日 北京至拉萨航线试航成功。

同日 中宣部部长陆定一在怀仁堂作"百花齐放，百家争鸣"的报告。

同日 航空材料研究所在北京成立。

5月28日 国产第一种喷气发动机后改称涡喷—5型，在沈阳发动机制造厂试制成功。

同日 国务院转发农产品采购部《关于农产品采购厅、局长座谈会中几个主要问题的报告》。并批示，关于农产品采购部系统的机构应根据"统一领导，统一计划，直接采购，分工管理"的组织领导原则，采取行政机构与企业管理机构合一的组织形式设置。

同日　国务院转发内务部《关于复员军人安置工作问题报告》的通知。

5月29日　国务院召开常务会议。会议听取陈云副总理作的《关于全国私营工商业改造汇报会议的总结报告》。《报告》说，在这次全面公私合营的高潮中，私营企业进入公私合营的是大企业少，小企业多。改造工作大体是正常的，少数地方、少数行业有些混乱。许多小商业有困难，有的埋怨政府，说"共产党爱富嫌贫，富的要，贫的不要"。困难的小商店约占全部小商业的 25％～50％。他们提出了四大要求：一要货源，二要资金，三要照顾税收，四要求社会主义。合作商店，生意都很好，但是工资一般地都减少了，他们是有意见的。这次改造，由于没有归口管理，把工商业原来的整体，人为地割裂了。在农村中，手工业究竟应该归谁改造，也成了问题。这种状况对经济的发展是不利的。过去公私之间的关系，现在变为公公关系了，生产关系根本改变了，需要在新的基础上，重新作出若干新的规定。国家过去与资本家的关系，一般的是企业外部的关系，现在变为企业内部的关系了。这就需要规定若干与资本家共事的制度和办法，并且需要教育干部学习资本主义生产和经营中一切有用的东西。小业主中有一部分是定股定息的，他们在定息后的主要困难是疾病医疗问题。这类事情，应在企业内部加以解决。公私合营的工厂商店，工资高低不一，长期不变，是会影响生产和经营的，需要有所改进。经过全面的公私合营，私营企业已成为国家企业的一部分，私方人员已开始成为公务人员的一部分。现在政府布置工作，不仅要布置国营企业的工作，同时必须布置私营企业的改造工作。

同日　我外交部发言人关于南沙群岛主权问题发表声明：菲律宾外交部长加西亚在一次记者招待会上曾说，南中国海上包括太平岛和南威岛在内的一群岛屿，"理应"属于菲律宾，理由是它们距离菲律宾最近。对此，中国政府郑重声明：南中国海上的上述南沙群岛向来是中国领土的一部分。中国对这些岛屿具有无可争辩的合法主权，绝不容许任何国家以任何借口和采取任何方式加以侵犯。

5月30日　中国政府和埃及共和国政府发表联合公报，决定建立两国外交关系并且互派大使级的外交代表。

5月31日　高等教育部发出通知：自1956年秋季起，在若干所综合大学举办函授教育。

同日　台湾"省议会"副议长林顶立因面粉非法抛售案被判刑。

6月1日　国务院召开常务会议。会议通过《国务院关于检查第一个五年计划执行情况的几项具体规定》。《规定》指出，为了加强对第一个五年计划执行情况的检查，亟须有一个全国统一的检查标准和检查方法，以期改进和提高工作质量，促进和发挥广大群众的积极性和创造性，防止和及时纠正可能发生的只注意数量忽略质量和品种规格，只能一时突击不能均衡地完成计划，以及做假报告、虚报成绩、骗取奖金或荣誉等现象，以保证均衡地、全面地完成五年计划。此件于6月25日发出。会议同意国家计委《关于1956年度计划的修改问题和编制1957年计划控制数字的进度安排问题的报告》，并决定：①1956年度计划一般不再修改变动，个别的可根据实际情况调整。②预备项目，有自供、自产、自销条件的，财政上也能自给，确有余力的可以搞一些，否则，一般不搞。③1957年计划控制数字草案，应加紧编制,于8月份报国务院审批下达。会议同意国家计委《关于委托各部、会、局和各省、自治区、直辖市人民委员会审批设计任务书的报告》。批准建立中央工艺美术学院一所、电影学院一所,改建一个音乐专科学校、一个美术专业学校。东北、中南音乐专科学校和美术专科学校,西南音乐专科学校,从今年秋季起改为五年制,1957年到1958年分别改为5个学院。

同日 中国儿童剧院在北京成立。

同日 台湾"省政府"被授权发行1.5亿元土地债券。

6月1日—15日 文化部在北京召开第一次全国戏曲剧目工作会议,提出"破除清规戒律,扩大和丰富传统戏曲上演剧目"。

6月2日 国务院发出《关于"伊斯兰教"名称问题的通知》。《通知》说,在我国汉民族地区,一般都把伊斯兰教称为"回教",意思是,这个教是回民族信奉的宗教。报纸、杂志也相因成习,经常使用"回教"这个名称,这是不确切的。伊斯兰教是一种国际性的宗教,伊斯兰教这个名称也是国际间通用的名称。我国信仰伊斯兰教的除了回族以外,还有维吾尔、哈萨克、乌兹别克、塔吉克、塔塔尔、柯尔克孜、东乡、撒拉、保安等9个民族,约共1000万人。因此,今后对于伊斯兰教一律不要使用"回教"这个名称,应该称为"伊斯兰教"。

6月4日 国务院发出《关于照顾从资本主义国家归国留学生夫妇关系的通知》。《通知》说,现在还有不少从资本主义国家回国的留学生,因为分配工作时没有将夫妇双方安排在同一地区工作,以至引起他们的不满。各有关单位应当设法把已经分配工作的留学生同他的爱人调在同一地区工作。对于还没有分配工作的留学生,在分配工作时就应当注意这个问题。

同日 云南省西河水库建成。

6月5日 国务院发出《关于保护和发展竹林的通知》。

同日 国务院召开常务会议。会议讨论1956年国家预算问题。周恩来指出,去年预算的收入和支出都没有完成计划。今年预算收入又比去年增加11%,支出增加20%,数字太大了。省市反映税收打得太高,过去还努力争取完成,今年就没劲了。既然认识到预算不可靠,就应把它减掉。会议决定:将1956年预算收入总数由原来确定的303亿元中减少5.86亿元。支出由原来确定的317亿元中减少10亿元。预算中将基本建设用款控制数由147亿元减为140亿元,削减出来的7亿元,列为预备费。会议同意总参谋部《关于组织军工产品定型委员会的建议》委员会以聂荣臻为主任,以黄克诚为副主任。

同日 台湾"外交部长"叶公超向菲律宾驻台"大使"重申南沙群岛主权属于中国。

6月7日 侨委副主任廖承志、方方向中共中央报送《关于制止侨眷外流和侨汇下降等问题的报告》。《报告》说,据各地侨区负责同志反映,目前侨眷大批外流,侨汇趋于下降。其原因,一是有些农业社对依靠侨汇为生和劳动力弱、缺乏劳动习惯的侨眷有严重强迫劳动现象,甚至提出"有劳有吃,无劳去乞","打倒小姐"的口号,有病不准请假,不准会亲,违者即扣工分、粮票、油票、开会批评斗争。二是强迫投资捐献,有的甚至连侨眷、归侨的手表、钢笔、单车、金戒子、金项链甚至金牙都动员出来。为了要钱,干部见有挂号信就追问,开动员会常到三更半夜,不出钱不散会。有的强迫侨眷迁坟,将坟碑、洋灰板拉去修水利、修桥补路、打猪圈,影响很坏。为解决当前存在的问题,提出以下意见:①对依靠侨汇为生的,不排工,不计出勤率,对劳动力弱、缺乏劳动习惯的,由社主动照顾,或由他们自报工种和工数。②以国务院名义下令,一律暂时停止农业社吸收侨眷和归侨的侨汇作为投资和任何名义下的捐献,禁止强迫华侨、侨眷迁坟,并由各省政府出布告。③侨户建房地基,可准许不入社;建房没有地基的,社应允许卖给。④取消广东、福建两省吸收投资的硬性的规定任务额数。中共中央同日批转此报告。并批示,望即参照廖、方所提意见,采取紧急措施,制止侨眷大批外流和侨汇下降的趋势。

同日　在上海举行的中国人民解放军和上海市联队同来访的前苏联队的举重比赛中,陈镜开以 133 公斤的成绩,打破最轻量级挺举世界纪录,成为新中国打破世界纪录的第一人。

6 月 8 日　国务院召开常务会议。会议批准外贸部《关于 1955 年工作情况和 1956 年工作安排的报告》。《报告》说,1955 年进出口贸易总额是 109.8 亿元,完成年度计划 109.67%,其中进口计划完成 109.13%,出口计划完成 110.35%。上缴利润总额是 9.31 亿元,完成年度计划 74.79%。关税收入总额 4.66 亿元,完成计划 108.36%。1956 年进出口贸易计划总额初步确定为 111.57 亿元,其中进口计划总额 52.89 亿元,出口计划总额是 58.68 亿元。1956 年进口工作,主要是摸清国内外供需情况,拟出长期订货方案,出口工作,继续贯彻"内销服从外销"的政策,在制订外销计划时,对于一些对国内市场有很大影响的主要商品(如粮、油、猪肉),应当充分考虑内销的需要;继续巩固和发展对苏联和各人民民主国家的贸

易和技术合作;进一步开展对亚非各国和西方各国的贸易;继续改进进出口货物运输工作;积极领导对私营进出口商的社会主义改造工作;厉行节约,建立和改进各项规章制度,改善经营管理,加强内地特派员的办事机构。此件国务院于 6 月 22 日转发。

6 月 12 日　国务院召开第 30 次全体会议。会议通过《1955 年国家决算草案和 1956 年国家预算草案》,提请第一届全国人民代表大会第三次会议审议。6 月 30 日第一届全国人大三次会议批准此决算和预算。批准国家计委、财政部《关于 1956 年工业产品降低出厂价格和调整预算收支的报告》等。

同日　中国、苏联、朝鲜、越南在北京签订太平洋西部渔业、海洋学和湖沼学研究的合作协议。

6 月 13 日　河南省引黄济卫灌溉总干渠第 3 号跌水上的水力发电站开始发电。这是黄河上的第一座水力发电站。

同日　中央军委批准彭德怀《关于派驻军事代表制度问题的报告》。

6 月 14 日　国务院召开第 31 次全体会议。会议通过《高级农业生产合作社示范章程(草案)》,提请第一届全国人民代表大会第三次会议审议。一届人大三次会议 6 月 30 日批准此章程。通过《国务院关于内蒙古自治区东部联合旗划分为东乌珠穆沁旗和西乌珠穆沁旗并将西部联合旗改名为阿巴嘎旗的决定》等。

6 月 15 日　中国药材公司成立。同年成都中医学院、上海中医学院、北京中医学院、广州中医学院相继成立。

6 月 15 日—30 日　第一届人大第三次会议在北京举行。国务院副总理兼财政部部长李先念作《关于 1955 年国家决算和 1956 年国家预算的报告》,农业部部长

廖鲁言作《关于高级农业生产合作社示范章程(草案)的说明》,李富春作《关于我国发展国民经济第一个五年计划的执行情况》的报告,人大常委会副委员长彭真作全国人大常委会工作报告。陈云作关于私营工商业社会主义改造问题的报告,邓子恢作关于农业合作化问题的报告。周恩来作《关于目前国际形势,我国外交政策和解放台湾问题》的报告。会议批准1955年国家决算和1956年国家预算,通过了《高级农业生产合作社示范章程》和《关于全国人大常委会工作报告的决议》以及本次会议的提案审查意见。

6月16日 国务院召开第32次全体会议。会议通过《国务院关于工资改革的决定》和《国务院关于工资改革中若干具体问题的规定》、《国务院关于工资改革方案实施程序的通知》。

同日 国家计委向中共中央报送《关于实行第一个五年计划的基本情况的报告》。《报告》说,根据预计,在社会主义建设方面,我国的工业和农业的生产,都有可能在1956年就达到以至超过第一个五年计划所规定的1957年要达到的生产水平。在社会主义改造方面,到现在为止已经大大地超额完成了原定的五年计划任务。第一个五年的工业基本建设计划将有可能超额完成,五年内开始建设的限额以上的单位将达800多个,并且将有500多个建设完成而投入生产;五年内实际完成的基本建设投资总额可能达到500亿元以上,新增加的固定资产可能达到370亿元左右。随着国家的新工业企业的建成特别是原有工业企业潜力的发挥,五年内我国工业总产值(不包括手工业产值)将增长1.4倍,达到每年平均递增约19%的速度。农业生产在第一个五年计划的前两年,我国虽然遇到了相当严重的自然灾害,但计划规定的1957年农业生产的水平,在1956年就可以争取达到以至超过。

6月20日 国务院召开常务会议。会议原则通过《国务院关于建立和改进奖励工资制度的指示》,由黄敬召集有关部门研究修改后送国务院核批。通过关于建议修改中华人民共和国地方各级人民代表大会和地方各级人民委员会组织法第二十五条第二款第四项、第五项规定的议案,提请第一届全国人大三次会议审议。议案称,随着农业合作化的发展,全国乡、镇、市辖区的行政区划普遍扩大,原组成人员名额的规定已不适应,建议修改如下:将原第四项规定的"市辖区9人至21人",拟修改为"市辖区9人至21人,人口特多的市辖区至多不超过27人"。将原第五项规定的"乡、民族乡、镇3人至13人",拟修改为"乡、民族乡、镇5人至15人,人口特多的乡、民族乡、镇至多不超过25人"。6月30日第一届全国人大三次会议通过此议案。

6月21日 中国和柬埔寨王国政府签订中、柬两国关于经济援助的协定和实施经济技术援助协定的议定书。援助协定规定,中国将在1956年和1957年内无偿援助柬埔寨物资和商品,价值8亿柬元,折合8百万英镑。

6月22日 空军航空兵在国土防空作战中首次夜间击落敌机。23时许,1架美制国民党军B—17型飞机从浙江路桥以南进犯大陆,空军航空兵第12师34团团长鲁珉驾驶米格—17型歼击机起飞拦截,并于23日1时许将敌机击落。敌机坠落在江西广丰县岭底乡境内,国民党军少校飞行员叶拯民以及8人丧命。

同日 台湾"立法院"通过《军事审判法》。

6月26日 中共中央批准并转发周

恩来总理《关于工资问题的报告》。《报告》说,全国工资会议确定增加工资 14.08 亿元,分两年实现。这次工资改革,主要从制度方面解决了 4 个主要问题:①取消工资分和物价津贴制度,实行直接用货币规定工资标准的制度。②改进产业之间、地区之间、部门之间的工资关系。③改进工人的工资等级制度。④改进企业职员和工程技术人员的工资制度。

同日　文化部党组向中共中央报送《关于加强对于民间和私营文化事业、企业领导管理和社会主义改造的请示报告》。《报告》说,民间和私营文化事业、企业、行业众多,从业人员估计全国在 20 万以上。民间和私营文化事业、企业,是我们国家长期积累起来的宝贵财富,也是今天国家整个文化事业的重要组成部分。他们中间蕴藏着无数人才,拥有丰富的技艺和知识,是一支不可忽视的力量。无论从当前满足人民文化生活需要以及今后发展和繁荣文化事业着眼,对于他们必须加强管理、实行统筹兼顾、全面安排,使他们各得其所,人尽其才。因此,充分地重视和调度这一支文化队伍的力量,积极地而又稳步地进行社会主义改造,发挥他们工作上和经营上的积极性,更好地为社会主义服务,是有很重要的意义的。报告对民间职业剧团、零散艺人、美术画像业、游艺场、书场、影剧院、出版业、新书发行业、古书收集业、图书租赁业、文物业等的领导管理和社会主义改造提出了具体的建议。7 月 10 日中共中央批转此报告。

同日　国务院批复民航局,同意民航局新局徽图案:图案为中间一大红星,下面四小红星,成一弧形,表示团结在大红星的周围,组成红五星代表中国,从大红星左右引伸金色两翼,代表中国的民用航空。

6 月 27 日　台湾当局将金门、马祖列为"战地政务区"。

6 月 28 日　国务院发出《关于我国工业品出口问题的几项决定》。《决定》说,目前在我国的出口商品中,工业品到 1955 年已经占到 40.4%。今后要有计划地扩大我国工业品的出口。但目前我国出口产品品质、规格、包装等方面还存在着不少问题,严重地影响了出口商品在国际市场上的信誉和销路,并且造成了国家在政治上和经济上的损失。为了解决以上问题,各有关工业部门应当有专管出口供货工作的机构,或者指定专人管理这项工作,负责对外贸易部联系、研究、安排、督促出口工业品的生产和供应出口货源的工作。各有关工业部门应当根据国家批准的出口计划,编制出口工业品的生产计划,并且规定商品质量规格的指标,督促所属工厂,不但完成数量指标,也要完成质量规格指标。各有关工业部门对于供应出口的大宗产品,应当指定专门工厂或者在工厂中指定专门车间,按照出口的要求进行生产。

同日　高等教育部颁发《高等学校科学研究奖励暂行办法(草案)》。

6 月 29 日　台湾当局发表声明,拒绝中共提出的和谈要求。

6 月　哲学社会科学规划办公室领导制定哲学社会科学 12 年规划。

7 月 1 日　国务院发布《关于发展养猪的指示》。《指示》要求:积极组织社员家庭多养猪,"私有、私养、公助"是当前发展养猪的主要办法。各级农业部门和农业生产合作社,必须尽力帮助社员家庭解决养猪所遇到的各种困难。对集体养猪,必须做好养猪场的经营管理工作。切实解决好猪的精饲料。调整生猪收购价格与猪肉销售价格相差较大的问题,使养猪有利可图。同时对售猪户的肉食供应作统筹安排。

7月2日 国务院发出《关于地方机电工业按行业归口管理的通知》。《通知》说，第一机械工业部，管理通用机械、农业机械、工作母机、重型机械、动力机械、汽车、机车及船舶仪表等。第二机械工业部，管理电讯工业（包括照明灯泡）。电机制造工业部，管理电机、电器及电气材料。纺织工业部，管理纺织机械。建筑材料工业部，管理建筑五金制品。

同日 国务院批复河北省人民委员会，关于改变乡级的民族民主联合政府为民族乡或一般乡的问题，可由省、自治区人民委员会自行审批，抄送内务部和民族事务委员会备查，不必报请国务院批准。

同日 国务院发出《关于1956年中国人民解放军退出现役干部转业工作的通知》。《通知》说，今年分配军队转业干部的方向，主要为地质、石油、第二机械等中央的几个工业部门，其次是青海、甘肃、贵州等边远地区，此外适当照顾中央某些部门和各省、区、市的需要。

7月3日 中国、苏联、朝鲜三国政府共同签订海上救生和援助协定。

同日 国务院批复吉林省人民委员会，同意将西安县改名为东辽县。

7月3日—5日 国务院召开常务会议。会议讨论第二个五年计划第二方案轮廓初步试算草案。国家计委作了说明：自1955年8月开始编制第二个五年计划草案，中间经过反对右倾保守的运动，因而虽然自今年年初起中央已经提出防止冒进、反对冒进，但第二个五年计划的盘子已经很大，很不易削减。虽然计委今年6月提出的第一方案，比各部方案减低很多，但是仍然偏高偏大，如财政收支2900亿元，为第一个五年预计的2.1倍，其中基建投资为第一个五年预计的2.9倍。中央多次指示，长期计划必须建立在既积极而又稳妥可靠的基础上。最近中央又具体指示国家计委，要按照2600亿元左右的数字来编制第二个方案。根据中央的指示精神，用了10天时间，提出了一个第二方案轮廓初步试算草案。

7月5日 中国和苏联签订文化合作协定。

7月6日 国务院发出《关于颁发国家机关工作人员工资方案的通知》。《通知》指出：颁发国家机关工作人员工资标准表和各地区适用工资标准种类及生活费补贴表。1956年中央和地方国家机关工作人员升级控制数字。国家机关工作人员工资级别审核程序。关于审核程序作了如下规定：国务院各部部长、副部长，各委员会主任、副主任，各直属机构的局长、行长、社长、主任的工资级别，都由国务院确定。各省省长、副省长、自治区主席、副主席、直辖市和沈阳、旅大、哈尔滨、西安、武汉、重庆、广州等省辖市市长、副市长的工资级别，由省、自治区、直辖市人民委员会提出意见以后，报国务院核定。各民主党派、各人民团体可参照本通知及附表执行。

7月7日 国务院发布《关于纠正若干地区银行、信用合作社在吸收存款、扩大股金工作中强迫命令现象的指示》。

同日 美国副总统尼克松抵台访问。

7月8日 第二届全国国画展览在北京开幕。

7月9日 国务院召开第34次全体会议。会议通过《国务院关于1956年暑期高等学校毕业生统筹分配工作的指示》。讨论处理城市反革命分子的办法。会议决议，将文件送请政协全国委员会组织座谈后再提交国务院讨论通过。会议还通过国务院关于福建省区划变动的决定和《国务院关于撤销焦作矿区设置焦作市的决定》。

同日 毛泽东主席根据全国人大常委会 7 月 9 日第 43 次会议批准,颁布新疆维吾尔自治区各级人民代表大会和各级人民委员会的组织条例。

同日 中国、苏联、英国、法国等 10 国民间贸易团体在巴黎举行会议,讨论促进东西方贸易问题,中国方面出席会议的是中国国际贸易促进委员会副主席冀朝鼎。

7 月 10 日 国务院批转劳动部《关于目前初中生的招收、使用情况及存在问题的报告》。

7 月 11 日 国务院批转监察部《关于第五次全国监察工作会议的报告》《关于 1955 年工作总结和今后工作意见的报告》《关于 1956 年和 1957 年监察工作的规划》。

同日 台湾当局派兵驻防南沙群岛。

7 月 12 日 周恩来总理复信达赖喇嘛。信中说,西藏自治区筹备委员会的成立,的确是一个不小的成就,这主要是你和班禅额尔德尼几年来为西藏的团结和进步事业努力的结果。

7 月 13 日 国务院召开第 35 次全体会议。会议批准高教部《关于 1956 年高等学校招生计划问题的报告》。批准教育部《关于 1956 年高等师范学校和中学招生问题的请示报告》。原则批准《粮食部关于 1956 年—1957 年度国家粮食收支计划(草案)》的报告。1956—1957 年度粮食征、购计划为 812 亿斤,销售计划为 710 亿斤。通过《国务院关于农业生产合作社粮食统购统销的规定》。通过《西藏自治区筹备委员会组织简则(草案)》,提请全国人大常委会审议。原则批准外贸部叶季壮部长关于越南请求我国援助 13 个轻工

业工厂问题的请示。但具体搞多少厂,需派小组赴越南进行研究,回来后再定。

同日 我国第一汽车制造厂建成投产。

7 月 17 日 国务院召开常务会议。会议批准国家经委《关于 1956 年钢材、水泥、木材供需上存在问题和处理意见的报告》。

同日 周恩来总理致函班禅额尔德尼:关于西藏自治区筹备委员会成立的情况,陈毅副总理回来后已经谈过。这几年,你协助达赖喇嘛做了许多工作。我们很高兴地看到你和达赖喇嘛在增强中央和西藏地方的关系方面和西藏内部团结方面所作的积极努力。中央和毛主席对你们的工作是满意的。

同日 台湾"行政院"公布《动员时期台湾省各港口管制办法》。

7 月 18 日 国务院召开常务会议。会议同意财政部《关于 1957 年不继续降低工业产品价格的意见的报告》。会议批准工商局、外贸部、公安部、外交部《关于对外资企业在我国设置联络员管理办法》。

7 月 21 日 奥地利工商界代表团访问北京同中国进出口各专业公司签订了 47 个贸易合同,双方进出口总额为 555.2 万英镑,大大超过了 1955 年全年中奥的贸易额。

同日 人民解放军空军第 15 师第 45 团飞行员刘亚臣驾机在福建三都澳地区击落来犯的台湾国民党空军 F—86 型战斗机 1 架。

同日 周恩来在中共上海市第一次代表大会上作《专政要继续,民主要扩大》的讲话。

同日 陈云在全国省市商业、采购厅局长会议和供销合作社主任会议上发表讲话。针对一些同志怕犯右倾机会主义

和失掉立场错误的顾虑,指出使用资方人员的两个好处,一是把资本家拉出来唱对台戏;一是可以利用资本家的长处。

7月23日 国务院通知,在目前工资调整期间,为了避免因物价的调整而引起职工群众中某些不谅解,除个别商品外,其余商品价格一律冻结,停止调整。

7月25日 国务院召开常务会议。会议决定拨给安徽、河南等省自然灾害救济款3500万元,由内务部掌握使用。

7月26日 中国和越南在河内签订关于1956年度互相供应货物和付款协定。根据协定,中国将以棉衣、棉纱、布匹、钢材、药品和文化用品等供应越南;越南将以煤碳、水泥、木材、磷灰石、土特产等供应中国。同时还签订了中国援助越南的议定书和给予越南技术援助的议定书,分别规定:中国供应越南工厂的成套设备和钢材、机床、机车、车辆、船只以及其他发展工农业产品和交通运输业所需的器材;中国将派遣工业、农业、林业、水利、交通运输、邮电等方面的专家和技术人员到越南进行技术援助。越南也将派遣实习生到中国有关厂矿进行生产实习。

7月28日 国务院召开常务会议。会议原则同意《中国和苏联共同进行调查黑龙江流域自然资源和生产力发展远景的科学研究工作及编制额尔古纳河和黑龙江上游综合利用规划勘测设计工作的协定》。《国务院关于对私营商业、手工业、私营运输业的社会主义改造中若干问题的指示》。批准拨出专款500万元,对民间戏曲演员和艺人进行救济补助。原则同意在1962年以前,对高等学校的学生实施军事训练,并在训练过程中培养12万预备役军官。原则同意侨委、高教部、团中央报告提出的,凡参加全国高考的港澳学生,成绩达到最低录取标准的,应按照他

们的志愿录取。同意1956年再增加农贷3亿元。批准中国人民解放军第二批申请授予各种奖章问题的报告。即授予"八一"奖章212人,授予"独立自由"奖章5220人,授予"解放"奖章的41405人。

7月31日 中国和芬兰两国政府在赫尔辛基签订1956年度的政府贸易协定。协定规定,缔约国的每方交换货物出口总额各为6千1百万卢布。

同日 国务院发出《关于制止向农业社乱派工和压低工资等强迫命令的通知》。

7月 教育部、高等教育部分别发出指示,要求国家举办的教育事业单位和学校执行国务院《关于工资改革的决定》。

同月 中央乐团成立。

8月1日 首届全国音乐周在北京举行。有14个民族地区的代表团、中央民族歌舞团和各省市的代表团参加。

同日 台湾成立产品外销促进委员会。

8月3日 国务院转发内务部《关于1956年基层选举工作中若干问题的报告》。

8月4日 国务院对遭受台风侵袭地区发出紧急指示。指示说,本月2日,浙江、江苏、安徽、河南、河北、上海的大部分地区,以及山东、福建、江西、湖南、湖北的部分地区都遭受12级以上台风的侵袭。各地房屋倒塌、人畜伤亡,特别是农作物的损害严重。许多可望丰收的地区又发生了新灾。因此,要求各地切实做好抢救和恢复生产等工作。国务院将派出工作组分赴各省市了解情况,帮助工作。

8月6日 国务院批复高教部、卫生部,同意在北京、上海、广州、成都,分别成立4所中医学院。

8月10日 中国和叙利亚两国政府决定互派大使,并且互设大使馆。

同日 上海美术展览馆正式成立。

8 月 11 日 中央卫生研究院改建为中国医学科学院。

同日 国务院发布《关于高等学校和中等专业学校毕业生分配工作以后临时工资待遇的规定》。

同日 国务院转发政协全国委员会《关于社会主义学院学员条件的暂行规定》、《社会主义学院第一期学员申请入学办法》、《关于社会主义学院学习方法的规定》和《社会主义学院 1956 年度教学计划（草案）》等 4 个文件。

8 月 14 日 国务院通知：为了满足国家建设人才的需要，各地在招聘工作中，除了肃反中确定劳动教养的分子不准应聘外，对被判处过徒刑现在已经释放的分子，已解除管制的分子，和刑期已满留在劳改企业就业的人员，如有条件应聘的，应该准予应聘。

同日 台湾与美国签订《剩余农产品协定》。美售农产品所得款用于"共同防御"。

8 月 15 日 中国政府发表声明，支持埃及把苏伊士运河收归国有。

同日 飞机、发动机设计室在沈阳成立。

8 月 18 日 国务院批转华侨事务委员会、内务部《关于在选举中改变华侨户地主成分的意见》。《意见》说，在今年下半年的选举工作中，对于华侨户地主，只要没有血债，土改后基本守法，无破坏行为者，不论有无从事劳动生产，均予宽大处理，改变成分，给予选举权。另外，对现在归国的华侨和由香港、澳门回国的人，可以不作全面审查，只要不是现行反革命分子，或者在出国以前没有血债，虽有民愤而不够剥夺政治权利条件的，都应该给予选举权利。

8 月 19 日—28 日 应周恩来总理的邀请，老挝王国首相梭发那·富马亲王和他率领的老挝王国政府代表团对中国进行友好访问。

8 月 21 日 国务院发出《关于处理取消国家机关和事业单位职工保留工资问题的通知》。《通知》说一般职工在 1955 年取消了保留工资，在这次工资改革中仍然不能恢复原有工资水平的，如果生活困难，可以从福利费中给予一定数额的生活补贴。工人提拔为干部以后，工资降低或者 1955 年取消了保留工资的，可以采取适当放宽升级尺度，给予一定数额的生活补贴等办法解决。

同日 国务院通知，在有地区津贴的地区工作的乡干部、小学教员，可以享受地区津贴。

8 月 22 日 国务院发出《关于中央国家机关民主人士如何参加所在机关政治理论学习的通知》。《通知》指示：①在中央国家机关任职的民主人士，其职务属于司、局级以上或工资级别相当于司、局级以上的高级干部，都可以提出要求短期离职学习。②参加短期离职学习的民主人士，可以自愿选择社会主义学院的课程，进行自修。③不具备参加离职学习条件的民主人士，可以听凭他们自己决定参加所在机关组织的高、中级组理论学习，或者参加政协全国委员会组织的学习，或者独立自修。

8 月 22 日—10 月 4 日 新加坡贸易考察团访问中国。考察团与中国有关方面举行会谈，贸易额超过 320 万英镑。新加坡出口橡胶、椰子油、椰干、木材、锡、槟榔、香油等；中国出口大米、大豆、各种罐头、食品、水果、蔬菜、糖、棉布、丝绸、玻璃制品、铜等。

8 月 23 日 马祖海域发生海战。

8月24日 毛泽东接见参加音乐周的各地代表,并在怀仁堂与部分音乐工作者谈话,提出了"古为今用、洋为中用、推陈出新"的原则。

8月25日 中央民委和文化部邀请内蒙古、西藏、新疆等14个省、自治区、自治州代表团,以及中央民族歌舞团部分少数民族和汉族音乐工作者,就有关少数民族音乐问题进行座谈。

8月28日 国务院召开第36次全体会议。会议讨论《国务院关于改进国家行政体制的决议(草案)》。听取陈云副总理关于调整中央商业机构的初步意见的说明。原则通过《国务院关于改善职工生活的若干问题的决定(草案)》。原则通过《国务院关于取消劳动保险条例中关于职工患病或非因工负伤医治时贵重药费由本人自理的规定的通知》。原则通过《国务院关于国家机关工作人员福利费掌管使用的暂行规定》。听取李先念副总理关于今年全国各地受灾情况和救灾工作情况的报告。他说,夏秋两季受灾面积1.6亿亩,粮食约减产200亿斤,棉花约减产600万担以上。会议决议,除国务院拨款救济外,各受灾省市,必须加强领导,做好生产救灾工作。

8月29日 中蒙两国签订中华人民共和国给予蒙古人民共和国经济和技术援助协定。中国于1956年到1959年内,无偿地援助蒙古人民共和国政府1.6亿卢布。

9月1日 经国务院批准,在北京、上海、成都、广州建立了4所中医学院。

同日 北京电影学院举行建院开学典礼。该院由北京电影学校改建,暂设导演、演员和摄影三个系。

同日 台湾"外交部"就越南海军侵犯南沙群岛提出抗议。

9月2日 我国外交部发表声明严重抗议美国飞机侵犯我国领空。声明说,8月23日零时,美国海军飞机一架侵入我马鞍列岛、嵊泗列岛上空被我空军击落。美国政府对这种侵犯中国领海领空的挑衅行动,不仅没有接受中国政府的抗议,反而向中国政府提出赔偿的要求,这是完全没有道理的。在此之后,美国海军舰队和飞机更大批地侵犯中国的领海和领空。对此,中国政府提出严重的抗议,并坚决地要求美国停止这种挑衅行为。

9月3日—5日 中国和捷克斯洛伐克科学与技术合作联合委员会第四届会议在布拉格举行。会议签订了中捷科学技术合作议定书。议定书规定:中国将供给捷克斯洛伐克有关煤矿工业、造纸工业和其他工业方面的技术资料,捷克斯洛伐克将提供中国有关机器制造工业、动力工业、化学工业等部门的技术资料,并派大批水电站建设方面的专家帮助中国建设。

9月7日 文化部任命高戈为电影局副局长,钱筱璋为中央新闻纪录电影制片厂厂长。

9月8日 沈阳飞机厂试制成功中国第一种喷气式歼击机歼-5(米格-17F型),并获准批量生产。

同日 李先念向中共中央报送《关于物价工作情况》。报告说,最近对7年来的物价工作进行了一次较为全面的检查,认为党的物价政策是正确的,执行这个政策的结果也基本上是成功的。表现在,实现和保持了全国物价的基本稳定,人民购买力和物资的供应是相适应的,主要农产品的收购价格和相互之间的比价基本适当,工农业产品的"剪刀差"逐步缩小,但物价工作也存在不少问题。

9月10日 陈毅作关于1956年国庆节外宾接待工作的动员报告。报告说,今年国庆节应邀来我国访问和参加观礼的外宾总数达 2100 余人,来自 63 个国家,不论从其范围、数量和身份来说,都超过历年。关于外宾接待工作中应注意的几个问题是:①接待工作的总方针是,发扬国际主义精神,反对大国主义思想。②做好政治准备工作,加强工作的思想性。③加强接待工作的计划性和外宾去外地参观旅行的组织工作。

9 月 11 日　国务院召开第 37 次全体会议。会议通过《中共中央、国务院关于加强农业生产合作社的生产领导和组织建设的指示》。通过《国务院关于设置辽宁省葫芦岛市的决定》。通过《国务院关于贵州省区划变动的决定》和通过《国务院关于调整内蒙古自治区察哈尔盟所属旗县行政区划的决定》。

9 月 12 日　丰满水电站改建工程中第一个五年计划期间的主要工程已全部完成。

9 月 14 日　中华人民共和国代表团和锡兰政府代表团发表联合公报:中锡两国政府于 1956 年 9 月 8 日至 14 日就两国在互惠基础上设立外交代表、扩大两国贸易关系、发展两国经济合作和加强两国文化联系的问题进行了会谈。

9 月 15 日　近代画家任伯年、吴昌硕、陈师曾、黄宾虹作品展览会在北京展出。

同日　官厅水力发电站正式移交生产。

9 月 15 日—27 日　中国共产党第八次全国代表大会在北京举行。

9 月 16 日　台湾地区实施户口普查。

9 月 17 日　经国务院第七办公室批准,中央气象局颁发《危险天气通报网组织办法》,并规定自 1957 年元旦起在全国执行。

9 月 18 日　国务院发出《关于如何掌握执行国家机关工程技术人员工资标准的通知》。《通知》要求,省(市)各厅、局的总工程师、总技师一般应在三级以下评定,工程师一般应在五级以下评定。个别总工程师、总技师确有特殊贡献和专长,需要评为一、二级时,经省(市)人民委员会审查后,报国务院批准;一般工程师中,个别技术水平较高需要评为四级或四级以上时,需经省(市)人民委员会批准并报国务院备案。

9 月 23 日　中华人民共和国政府代表团和尼泊尔王国政府代表团发表谈判公报:中尼两国政府根据和平共处的五项原则就中尼两国关系以及关于中国西藏地方和尼泊尔之间的通商贸易和往来朝圣等问题进行了友好和恳切的协商,并签订了《中华人民共和国和尼泊尔王国保持友好关系以及关于中国西藏地方和尼泊尔之间的通商和交通的协定》。

9 月 24 日　国务院关于旅蒙华侨退籍问题批复公安部、外交部:今后旅蒙华侨和赴蒙员工提出退出中国国籍问题,由中国驻蒙古人民共和国大使馆审查批准和代发退籍证书。对苏联、朝鲜、越南兄弟国家的华侨退籍问题,亦可按照上述规定办理。

同日　中国政府和也门王国政府决定建立外交关系,并且互派公使级的外交代表。

同日　美国国务院声明,称中共不放弃对台使用武力,绝不取消对大陆禁运。

9 月 25 日　中国美术片《神笔》获威尼斯国际儿童电影展览一等奖。

9 月 25 日—10 月 11 日　应周恩来总理的邀请,尼泊尔王国首相坦卡·普拉萨德·阿查理雅阁下对中国进行了友好访问。

9 月 27 日　首批 10 架国产歼－5 型

(原定名"五六式")喷气式歼击机装备部队。

9月28日—11月28日 航空工业局在北京举办成果汇报展览,毛泽东、刘少奇、朱德等前往参观。

9月30日 中国出版界参观访问团赴苏联参观访问。

9月30日—10月14日 应毛泽东主席的邀请,印席尼西亚共和国苏加诺总统正式访问了中国。

9月 文化部召开北京部分出版社负责人座谈会,讨论在出版工作中贯彻"双百"方针问题。

同月 北京故宫博物院绘画馆展出隋朝至元代历代名画精品,并增加古代书法展览。

同月 文化部呈请国务院批准,拨专款500万元救济艺人。

同月 刘诗昆参加李斯特国际钢琴比赛获得第三名及演奏《匈牙利狂想曲》特别奖。

10月1日 北京举行庆祝中华人民共和国成立七周年群众游行。

同日 《版画》双月刊创刊。由李桦、力群、野夫、赖少其、杨可扬主编,上海人民美术出版社出版。至1961年停刊、前后共出版23期。

同日 国民党空军F-84型飞机4架,窜至汕头地区侦察,驻惠阳机场的解放军航空兵第18师第54团大队长赵德安驾机,率4架米格-17型飞机截击,激战6分20秒钟,击落击伤国民党空军飞机各1架。

10月4日 中共中央批准国家计委党组提出的《1956年度国民经济计划控制数字的报告》。《报告》说,第一个五年计划只剩下两年的时间了,要保证完成并争取超额完成五年计划所规定的指标,只有

把1956年的计划指标定得更加积极些。为此,对1956年的计划控制数字拟定如下:工农业总产值为483.5亿元,比1955年预计完成数增长10.4%;粮食总产量为3740.5亿斤,棉花2996万担,分别增长5.1%和14.7%;全国基建投资额为112.7亿元,比1955年预计完成数增长30.4%。考虑到前三年只完成五年计划投资总额的51%,要求把那些有条件提前施工的建设单位,特别是工业建设单位尽可能提早施工;社会商品零售总额初步估算为451亿元,增长速度为8.5%;国营工业的劳动生产率比1955年提高10.5%;国民经济各部门人员的平均工资增长4.9%。

10月6日 国务院发布《关于更改相当于区和相当于乡的民族自治区的补充指示》。《指示》要求:①凡是可以改建、扩大建立或者合并建立自治县的相当于区的民族自治区,现在就可以着手建立自治县。②关于改建相当于乡的民族自治区为民族乡的问题,如果当地少数民族现在还不同意,也可以缓办。③过去在城市内建立的相当于区的民族自治区,可以改为民族区。过去在镇内建立的相当于乡的民族自治区,凡适合将所在镇改为民族镇的,可以将所在镇改为民族镇。

10月7日 中国政府与尼泊尔政府签订经济援助协定。

10月8日 国防部第五研究院在北京成立,钱学森任院长。这是我国最早成立的导弹研究机构。该机构是根据航空工业委员会主任聂荣臻提出成立导弹研究、管理机构的建议,经过中央军委的讨论,由航空工业委员会负责组建,并在其领导下负责导弹的研究、设计、试制工作。

10月10日 《中国电影》在北京创刊,1959年7月,更名为《电影艺术》。

同日 国务院召开第38次全体会议。

会议同意成立汉语拼音方案审订委员会，郭沫若为委员会主任，张奚若、胡乔木为副主任。会议核准《中华人民共和国政府和苏维埃社会主义共和国联盟政府文化合作协定》、《中华人民共和国政府、叙利亚共和国政府文化合作协定》，提请全国人大常委会审议。全国人大常委会 10 月 20 日第 49 次会议批准这两个协定。通过《国务院关于 1956 年度征兵的命令》。命令决定 1956 年度全国征兵 60 万人。此件同日发布。通过《中华人民共和国人民警察条例（草案）》、《中华人民共和国人民警察警衔条例（草案）》，提请全国人大常委会审议。同意批准 1949 年 8 月 12 日各国政府代表在日内瓦签订的《改善战地武装部队伤者病者境遇之日内瓦公约》、《改善海上武装部队伤者病者及遇船难者境遇之日内瓦公约》、《关于战俘待遇之日内瓦公约》、《关于战时保护平民之日内瓦公约》和外交部提出的保留条款的意见，提请全国人大常委会审议。全国人大常委会 11 月 5 日第 50 次会议批准这 4 个条约。原则通过《国务院关于修改中华人民共和国婚姻法第 17 条条文的议案》，提请全国人大常委会审议决定。原 17 条的规定是，办理离婚和恢复结婚登记工作的机关是"区人民政府"，现在，全国各地逐步撤销区级建制，扩大乡的范围，因此建议将 17 条中的"区人民政府"修改为"不设区的市、市辖区、乡、镇人民委员会"。

10 月 12 日 国务院召开第 39 次全体会议。会议通过《国务院关于新公私合营企业工资改革中若干问题的规定》。批准全国总工会《关于新公私合营企业工资会议的报告》。通过《国务院关于吉林省设置公主岭市的决定》。公主岭市的行政区域为原公主岭镇的行政区域。通过《国务院关于安徽省设置马鞍山市和铜官山市的决定》。马鞍山市的行政区域辖当涂县马鞍山矿区的全部、采石镇的全部和雨山、汤扬、冯扬、霍里、尚中等乡的各一部；铜官山市的行政区域辖铜陵县铜官山矿区的全部、横港乡的全部和谢珑乡的一部。通过《国务院关于撤销河北省峰峰市的决定》。将峰峰市所属的行政区域全部划归邯郸市领导。

同日 中共中央、国务院发布《关于目前粮食销售和秋后粮食统购统销工作的指示》。《指示》说，秋季粮食征收和统购即将开始，许多地方出现销量盲目扩大，征购要求减少的情况。为此，要求各地继续贯彻执行什么时候缺粮什么时候供应的原则，切实控制国家的粮食销量，对于合理的需要必须保证，对不合理的供应，要坚决纠正。国家粮食征购，应当同农业合作社社内分配结合进行，使农业合作社首先完成国家核定的粮食征购任务，然后进行社内分配。必须继续坚持购销结合的原则，使农村粮食统购和统销同时得到安排。不要重复过去征购时只管征购，将来销售无法控制的错误。

10 月 14 日 鲁迅遗体从上海万国公墓迁葬至虹口公园。17 日，新版《鲁迅全集》第一卷出版。19 日，鲁迅逝世 20 周年纪念大会在北京举行，周恩来出席了大会。

10 月 16 日 外交部发表关于中美两国大使级会谈的声明。声明说，鉴于美国在关于中美两国不使用武力的问题上坚持侵犯中国主权和干涉中国内政的立场，使中美大使级会谈陷于长期拖延的局面。为了促进会谈的进展，中国方面在美方拒绝讨论我方提出的关于解除禁运方案以后，又在 1956 年 9 月 22 日提出关于促进中美人民来往和文化交流的协议声明草案。但是，美国方面却以双方还未对不使用武力问题达成协议和还有少数在中国犯法的美国人在中国服刑为借口拒绝讨论中国方面提出的关于促进中美人民来往和文化交流的建议。美国采取这种态度只能表明它蓄意要使中美大使级会谈得不到任何进展,害怕中美关系得到任何改善。

同日　国家建设委员会、卫生部颁发《饮用水水质标准》。

同日　北京—拉萨航线正式通航。

10月17日　陈半丁国画展,艾中信访问民主德国写生画展,关山月、刘蒙天访问波兰写生展览在北京举行。

10月18日—29日　应周恩来总理的邀请,巴基斯坦伊斯兰共和国苏拉瓦底总理来我国进行访问。

10月22日　《第二届全国版画展览会》在北京故宫博物院武门城楼上开幕,展出18个省市的158人的作品331件。闭幕后移于南京、上海、贵阳、广州、西安。

同日　文化部、供销合作总社联名发出《关于巩固供销社农村图书发行业务的联合指示》。

10月22日—11月9日　应周恩来总理的邀请,缅甸联邦反法西斯人民自由同盟主席吴努来中国访问。

10月24日　国务院发布《关于放宽农村市场管理问题的指示》。指示说,近两个月来,湖北、广东、山西、山东、江西、四川、福建、河北、江苏等9省相继开放了在国家领导下的自由市场。过去农民停止生产的一部分土产品,恢复了生产,活跃了城乡交流,增加了商品供应,消费者满意,农民更满意,同时也促进了国营商业和合作社商业的发展。但是也出现了新的问题。有些地方的供销社放弃了统一收购,有些农民把统购物资在没有完成统购任务前就在自由市场出卖。为此规定,凡属国家统购的农产品,如粮、棉、油等,都必须继续统购;凡属由国营商业、供销合作社统一收购的物资,都必须仍由该两个部门统一收购。凡属供不应求的物资,一般都不应开放自由市场。农村市场中可以放宽管理的,只能是供求正常的或供过于求的小土产品。

12月26日　中央群众艺术馆在北京正式成立,该馆以指导全国群众文艺活动作为主要工作任务。

10月26日—11月24日　电影局召开制片厂厂长会议(即"舍饭寺会议")。会议讨论如何落实"双百方针"和中共北大会议精神,听取了蔡楚生等人赴欧考察汇报。会议决定对以苏联为模式建立的故事片厂的组织形式和领导方式进行重大改进,并提出"三自一中心"(自选题材、自由组合、自负盈亏和以导演为中心)为主要内容的改革方案。

10月　上海实验歌剧院成立。

11月1日　中央工艺美术学院在京成立。

同日　国务院发布《关于加强棉花收购工作的指示》。《指示》说,1956年至1957年度全国棉花统购2522万担的任务,必须保证完成。完成任务的措施是,切实加强棉花收购工作的领导。贯彻执行划片定点的采购方法。认真做好棉花的检验和评级、加工、调运和保管工作。做好棉花预购合同的清理和注销工作。对有加工能力和技术条件的农业社,应允许和帮助他们将籽棉加工后出售给国家。

同日　中国政府就苏联政府1956年10月30日发表的《关于发展和进一步加强苏联同其他社会主义国家的友谊和合作的基础的宣言发表声明》。《声明》说,中国政府认为,苏联政府的这个宣言是正确的。这个宣言对于改正社会主义国家相互关系方面的错误,对于增强社会主义国家间的团结,具有重大的意义。

同日　中国政府发表《关于英、法武装侵略埃及的声明》。声明说,中国同一切爱好和平和正义的国家和人民一起,坚决要求英、法政府立即停止对埃及的侵略,制止对阿拉伯国家的武装挑衅,并且不再迟延地就苏伊士运河问题进行和平协商。如果英、法殖民主义者坚持执行它们的侵略政策和战争政策,那么,它们必将自食其果。

11 月 3 日　中国政府和印度尼西亚政府签订贸易协定。一年内双方各出口价值 1200 万英镑的货物。

11 月 6 日　国务院发布《关于严格审查与控制 1956 年基本建设的紧急指示》。

11 月 9 日　周恩来在国务院常务会议发表讲话。他说,最近的国际形势,是最值得我们注意的。从苏共 20 次代表大会批判斯大林以来,暴露了社会主义建设的不少问题。联系到我们国家,引以为教训的事也不少。从"七大"到"八大",我们党一个胜利接着一个胜利,但也还有不少问题,这就是胜利以后与苏联的接触频繁。在经济上,我们自己没有经验,向苏联学习,好的学来了,坏的也学来了。文教方面也学了一些。在政治上、军事上个别的也搬用了一些教条。但在政治方面由于我们觉悟得早,影响比较少,而在经济建设方面,影响是比较大的,在讨论经济建设问题时,我们应该有这种自觉。苏联发展重工业过多,忽视轻工业和农业的发展,影响了人民的生活。我们对学习苏联,要冷静的考虑。中心就一条,搞重工业不要失掉人民。要注意轻工业和农业,使人民的长远利益和目前利益结合起来。

11 月 10 日　周恩来总理致电埃及总统纳赛尔,支持埃及人民进行反侵略斗争。中国政府决定赠送埃及 2000 万瑞士法郎。

11 月 10 日—13 日　文化部、剧协在上海举行"盖叫天舞台生活六十周年纪念会"。

11 月 16 日　国务院召开第 40 次全体会议。会议同意周恩来关于调整国务院办公机构等问题的报告。报告说,国务院要增加聂荣臻和薄一波为副总理。聂荣臻分管自然科学和国防工业。薄一波仍负责国家经委的工作。陈云副总理兼任商业部部长。撤销农产品采购部,其业务交由供销合作总社办理。设立第三机械工业部,任命宋任穷为部长。任命杨一辰为城市服务部部长。免去曾山商业部部长职务。上述任免事项,提请全国人大常委会审议。关于总理、副总理的分工,作如下安排:国务院一办、二办归陈毅管,建委、技术委、六办归李富春管,三办、四办归薄一波管,五办分为两个口,财政由李先念管、商业由陈云管,七办、八办归陈云管,外交部、侨委归周恩来管,民委归邓小平管。核准中国和尼泊尔王国保持友好关系以及关于中国西藏地方和尼泊尔之间的通商和交通的协定,提请全国人大常委会审议。全国人大常委会 11 月 16 日第 51 次会议批准。同意公安部《关于宽大处理和安置城市残余反革命分子的决定(草案)》,提请全国人大常委会审议。通过《国务院关于国家机关停止增设机构扩大编制的通知》,要求各级国家机关,一律停止增设新的机构和增加人员,原有人员因外调或入学有了空额时也不再补充。通过国务院关于云南省行政区划变动的决定。

11 月 18 日　中共中央同意并批转中央手工业管理局、全国手工业合作总社筹委会党组《关于全国手工业改造工作汇报会议的报告》。报告说,到 1956 年 6 月底止,组织起来的手工业合作社(组)有 1.4 万余个,社(组)员达 468 万余人,组织起来的人数占手工业从业人员总数的 90%。手工业合作社有相当一部分,要逐步地由集体所有制发展为全民所有制。手工业合作社转向全民所有制的时候,社员的股金应该全部退还,但入社费不退。

11 月 18 日—21 日　周恩来总理应邀访问了越南民主共和国。陪同访问的有贺龙副总理。

11 月 21 日　电共中央、国务院发布《关于当前粮食工作的指示》。《指示》指出:①1956—1957 年度的粮食征购任务,必须及时完成。必须在粮食"三定"的基础上,认真贯彻执行在丰收地区酌量增购的原则。②农村粮食统销工作,必须核定本年度缺粮社(户)的粮食供应指标。③市镇粮食定量应当进行合理的压缩和调整。④各级粮食机构,对市镇和农村的粮食销量,必须按月制定计划,下达月度销售指标,严格控制。

11 月 22 日—27 日　周恩来总理应诺罗敦·西哈努克亲王殿下以柬埔寨国王和王后陛下的名义的邀请,并应王国政府和柬埔寨人民的邀请,访问了柬埔寨王国。陪同访问的有贺龙副总理。

11 月 23 日　国务院通知各机关不得直接向外国驻华大使馆洽购汽车。

11 月 24 日　中共中央、国务院发布《关于农业生产合作社秋收分配中若干具体问题的指示》。《指示》指出,秋收分配工作,是一项极其复杂和艰巨的工作。因此规定:凡是做不到 90% 的社员增加收入的,必须总结经验教训,特别注意帮助他们把冬季的副业生产做好,从副业收入中加以弥补。由于包工包产不尽合理和劳动报酬定额不够准确而引起社员不满的,要适当加以调整,求得大体公平合理。

11 月 25 日　中共中央军委作出裁减军队数量加强质量的决定。根据军委作出的《关于裁减军队数量加强质量的决定》,拟在 3 年内将解放军员额减少 1/3,即从 383 万人中裁减 130 万人左右,保持 250 万人的规模。

11 月 28 日　陈云在全国公私合营企业工会基层干部大会上谈国家的赎买政策。他说,目前不少公私合营企业的职工,对赎买政策的意义还不够了解,应该进行一次对赎买政策的宣传解释工作。赎买政策的必要性有以下 4 点:①在国民经济恢复时期,实行赎买政策对于经济恢复有利。②合营后一定时期给资本家的定息是必要的,对国家和人民是有利的。③资产阶级中的多数人是有生产技术和管理知识的,他们和资产阶级知识分子的这种技术和知识是社会主义建设所需要的,实行赎买政策可以鼓励他们更积极地为社会主义建设服务。④中国是在六亿人口的大国中建设社会主义,建设工作需要十分谨慎,力求正确。我们对资本主义改造得适当,是有重大国际意义的。

11 月 28 日—12 月 10 日　周恩来总理应印度政府的邀请,到印度共和国进行访问。陪同访问的有贺龙副总理。

11 月　中宣部召集文学期刊编辑工作会议,讨论贯彻"双百"方针问题。

同月　昆明军区在云南砚山、文山地区组织集团军、军首长—司令部"在原子和化学武器的条件下集团军山地防御战役演习"。

同月　吴作人作《黄河三门峡》,董希文作油画《红军过草地》

12 月 1 日　国务院帮助建设的拉萨水电站的三台机组全部送电。

12 月 4 日　国务院召开常务会议。

会议通过《国务院关于编制 1957 年度国民经济计划草案的指示》。薄一波作了说明。他说,1956 年基本建设投资达 140 亿元,摊子铺多了,造成全面紧张。1957 年、1958 年建设是高潮,如按 1956 年的水平继续前进,至少要 150 亿元,但财政、材料都不可能。所以 1957 年大体只能安排基本建设投资 135 亿元。1958 年,财政也只能增加 30 亿元。因此,不能希望在 1957 年把摊子再铺大。

12 月 7 日　国务院批转劳动部《关于企业、工人技术学校招收的初中生闹事请愿问题的报告》。并批示,技术学校学生请愿问题,值得有关领导部门十分注意。除劳动部检讨报告外,各有关部门还应进行深刻的检查,以便取得教训。劳动部的报告说,今夏以来,有一些企业和工人技术学校招收的初中学生,以对他们的使用不当为理由,纷纷要求调到中等技术学校或专业干部学校学习,或要求调作干部。达不到目的时,就停工、罢课、请愿、闹事,情况相当严重。这些学生闹事,一是劳动部的工作有缺点。二是企业和工人技术学校夸大优点,隐瞒困难。初中生进厂校后认为受了欺骗,不满不安。处理闹事事件的方针,应该是说服教育,安定情绪,一般不动,个别调整。

12 月 10 日　国务院发出《关于 1957 年供应出口物资计划控制数字的通知》。《通知》说,国务院确定 1957 年出口总额为 58 亿元。现将 1957 年中央各部和各省、市、区供应出口物资控制数字总表及需由你部你省(市、区)供应出口物资计划控制数字明细表发下,请你们按此编制明年计划,安排生产,保证供应。

12 月 10 日—20 日　周恩来总理应邀到缅甸联邦作友好访问。陪同访问的有贺龙副总理。

12 月 10 日—23 日　中华全国工商联第二届会员代表大会在北京举行。会前,毛泽东邀请全国工商联正副主任委员及各省市代表团负责人座谈如何进一步发展工商联的积极作用,为社会主义建设服务的问题。

12 月 10 日,薄一波在讲话中指出:定息是国家对资产阶级的赎买政策,国家对待定息政策是实事求是的,条件不成熟就不会取消。中、小资本家的资本本来很少,而且许多人都参加劳动,这一部分人,可以不称他们为资产阶级而称他们为小资产阶级或上层小资产阶级。目前中国资产阶级和工人阶级之间的矛盾已经不是对抗性的了。中国的资产阶级及其知识分子约有 800 万人,他们比较有文化、有技术、有管理企业的经验,国家需要他们来建设社会主义。12 月 15 日,陈云作报告。陈云说,工商业者的定息时间从今年起可定为 7 年,如果工商业者生活有困难 7 年后还可拖一个尾巴。有些小型工商业者愿意放弃定息,我们是欢迎的。有的提出,放弃定息后,希望能加入工会,全国总工会表示可按规定申请加入,但并不是说所有的人都可以立即加入工会。在公私合营企业中要恢复和建立企业管理委员会,它可以发挥工人、公方、私方各方面的积极性。今后搞好共事关系的关键是搞好私方人员和职工的关系,这两方面关系的正常是改进企业管理的重要条件,也是私方人员改进自己工作环境的重要前提。所以私方人员在改进公私关系中要采取积极正确的态度。政府和工会也应对职工广泛进行赎买政策的教育。会议选举了工商联第二届执委会,通过了《工商业联合会章程》等。12 月 24 日,在第二届执委会第一次会议上,陈叔通当选为主任委员,李火蛙、章乃器、许涤新、盛丕华、荣毅仁等 15 人为副主任委员。

12 月 14 日 文化部发布《关于国营剧团试行付给剧作者剧本上演报酬的通知》。

12 月 14 日—26 日 济南军区组织了在使用原子、化学武器条件下，集团军、军两级首长及其领率机关携带通信工具并有部分实兵参加的海岸防御战役演习。

12 月 15 日 国务院发出《关于各省、自治区、直辖市召开人民代表大会会议请示报告事项的通知》：各省、自治区、直辖市人民委员会，按照规定举行人民代表大会会议的时候，关于会议日期和议程等问题，可以自行决定，不必报国务院批准。在每次举行人民代表大会会议之后，应当把会议举行情况，连同会议的决议和重要文件，报送全国人大常委会、国务院、内务部。人民代表大会补选了全国人民代表大会的代表，省、自治区、直辖市人民委员会，应当专案报告全国人大常委会；凡选举了省、自治区、直辖市人民委员会的组成人员，应当专案报送国务院备案。选举了本级人民法院院长，应当报告最高人民法院和司法部备案。

12 月 16 日 全国漫画展览会在北京开幕。

12 月 18 日 国务院召开第 41 次全体会议。会议通过《国务院关于 1956 年国家预算调整和预计执行情况的报告》，报送全国人大常委会审议。报告说，全国人民代表大会批准的 1956 年国家预算总收入和总支出均为 307.42 亿元，由于对重工业产品降低内部调拨价格和经济情况的变化以及发生台风、水灾、旱灾的影响，1956 年国家预算的总收入和总支出均调整为 297.82 亿元。关于国家预算执行的情况，从 10 个月来的情况看，按调整后的数字计算，国家预算总收入可以完成或稍

有超过，国家预算总支出还有一定的剩余。因此收支差额预计可以缩小为 11 亿元左右。通过 1957 年国家经济建设公债条例（草案），批准关于发行 1957 年公债的报告，提请全国人大常委会审议。1957 年国家经济建设公债发行总额为人民币 6 亿元。全国人大常委会 12 月 29 日第 52 次会议通过。通过《国务院关于降低国家机关十级以上干部的工资标准的决定》。《决定》指出，为了在社会主义建设中发扬艰苦奋斗的优良作风，使国家机关领导干部以身作则地贯彻勤俭建国的方针，决定将 1956 年规定的国家机关工作人员工资标准表中十级以上干部的工资标准予以降低。各级降低的比例是：1—5 级为 10％；6—8 级为 6％；9—10 级为 3％。

12 月 20 日—30 日 周恩来总理应邀到巴基斯坦进行访问。陪同访问的有贺龙副总理。

12 月 23 日 亚洲作家会议在新德里召开。茅盾、周扬、老舍率中国代表团出席会议。

12 月 24 日—27 日 全国少数民族文化工作会议在北京举行。

12 月 27 日 林业部颁发《森林抚育采伐规程》。

12 月 29 日 中科院少数民族语言所在北京成立，包尔汉任所长。

12 月 30 日 国务院发出《关于防止农村人口盲目外流的指示》。

同日 高等教育部发出《关于全国高等学校研究生人民助学金标准问题的通知》。

12 月 电影局发布《关于改进艺术片生产管理的暂行规定》，决定将剧本等的审查权限下放给制片厂。

同月 中央音乐学院华东分院（原上海国立音乐专科学校）定名上海音乐学院。

同月　香港油画家作品展在北京举行,展出作品 133 件。

同月　《马克思恩格斯全集》中译本开始分卷出版。

同月　周恩来总理向全国人大常委会提请决定任命谭政为中国人民解放军总政治部主任,肖华为中国人民解放军总干部部长,洪学智为中国人民解放军总后勤部部长。并提请免去罗荣桓中国人民解放军总政治部主任、总干部部长的职务,免去黄克诚中国人民解放军总后勤部部长的职务。全国人大常委会 12 月 29 日第 52 次会议批准此任免事项。

同年　在波兰华沙举行的第一届国际杂技大会演中,中国杂技演员金山、乔贵州、张玉峰的《板凳游戏》,孟琦瑛等人的《爬杆》,乔平海等人的《盘子》,孙泰的《口技》,张敏的《踩钢丝》分别获得金质奖;徐少章等人的《车技》,王葵英等人的《铃址》,金山的丑角表演分别获银质奖;张玉田、张玉和等三人的《椅子顶》,凌友生的《顶花罐》,乔桂香的《软功》分别获铜质奖。

1957 年

1 月 1 日　《人民日报》发表题为《新年的展望》的社论。社论说,1957 年是第一个五年计划的最后一年。在新的一年里,应该总结过去一年的经验和教训,合理安排各项工作,把年度计划放在充分可靠的基础上,保证和超额完成第一个五年计划。社论说,1956 年工业总产值增长的速度约为 25%,是过去 4 年内增长速度最快的一年。

同日　蒋介石在台湾发表元旦文告。

1 月 3 日　国家计委作关于第一个五年计划执行情况和十五年远景计划及第二个五年计划的基本任务的报告,并经周恩来审阅。报告提出,十五年远景计划的基本任务,就是提早完成国家的过渡时期的总任务。具体地说,就是要在 1967 年以前完成国家的社会主义工业化,完成对工业的技术改造,并基本上完成对农业、运输业的技术改造;完成对农业、手工业和资本主义工商业的社会主义改造,消灭阶级和产生阶级的根源;建成社会主义社会,使人民生活走向富裕,消灭失业和贫困。第二个五年计划的基本任务,就是继续进行以重工业建设为中心的经济建设,建立我国社会主义工业化的巩固基础;基本上完成工业的技术改造,推进对农业和运输业的技术改造,进一步巩固国防力量;基本上完成对于农业、手工业和资本主义工商业的社会主义改造,消灭城乡资产阶级和剥削制度;进一步提高劳动人民的物质和文化生活水平,基本上消灭城市失业和乡村贫困。

同日　《人民日报》发表社论《抓紧农田基本建设》。社论说,1956 年的水旱风灾比 1954 年重,可是全国粮棉产量超过了丰收的 1955 年,根本原因是全国范围的农业合作化运动的成功。成千上万的农业社采用了过去不能采用的增产措施,其中主要是农田基本建设。1956 年全国大约增加 1.5 亿亩灌溉面积。

同日　台湾当局与美国达成协议,由美国援助拨款在台湾中部兴建新式军用机场。

1 月 3 日—13 日　教育部委托北京函授师范学校召开函授教育研究会议,集中研究中等函授师范学校的教学计划、学校设置、领导及教学工作等问题。会议召开时,全国有 720 余所中等函授师范学校或函授部,参加学习的小学教师共 45 万人左右。

1月3日—23日 全国专业团体音乐舞蹈会演在北京举行。会演期间，共演出187个舞蹈节目和175个音乐节目，观众30多万人。23日，中共中央主席毛泽东，副主席刘少奇、陈云，总书记邓小平等接见了参加会演的全体人员。

1月4日 《人民日报》发表《利用废料和代用品》的社论。同日，为加强对国营企业解交利润的监督，以保证国营企业利润及时足额地解交金库，财政部发布《关于监督国营企业解交利润的临时规定》。

同日 新华社报道：1956年全国发放农贷的累计数（包括1956年发放和前几年发放尚未收回的部分），据上年11月底统计，已超过32亿元。这比1956年农民向国家交纳的公粮（包括地方附加）折钱，还多1亿元。

同日 高等教育部发出通知：提倡各校之间互派教师作短期讲学。13日又发出通知，对互派教师讲学的有关事项作了规定。

1月5日 苏联对外文化协会代表团团长、俄罗斯联邦共和国教育科学院院长凯洛夫，应中央教育科学研究所筹备处邀请，作关于苏联教育科学研究工作的讲演。19日，凯洛夫向北京教育工作者作了讲演。

1月6日 国务院发出《关于工商之间的业务关系仍按现行办法执行的通知》。通知说，实行全行业公私合营和定息之后，曾考虑把商业部门向工业部门实行的加工定货统购包销，改为工厂购进原料、销售成品的办法，把统购包销商品的一部分，改变为由商业部门选购的办法，以便使工厂进行独立的经济核算，促使它们提高质量、降低成本。但是，这就必须把原由商业部门多收的那一部分利润，转移到财政部门，通过税收的办法向工厂拿回来上缴国库。同日，《人民日报》发表了《充分考虑经济效果》的社论。

1月7日 国家体委公布第一批150名国家级裁判员名单。

1月7日—16日 教育部召开高等师范学校教育实习讨论会。会议讨论了教育实习的任务、内容、安排、组织领导等问题。拟定了《高等师范学校本科和专科教育实习大纲（草案）》。

1月7日—10日、17日—19日 周恩来总理和贺龙副总理率政府代表团应邀访苏。代表团就国际形势中的重要问题、进一步巩固和加强社会主义国家友好合作关系和进一步发展两国间友好合作问题，同赫鲁晓夫等举行了会谈。1月18日，发表了《中苏联合声明》。周恩来为首的中国政府代表团访苏期间，于1月7日、8日同以格罗提渥总理为首的德意志民主共和国政府代表团举行了会谈；1月10日，匈牙利、中国和苏联三国党和政府代表团在莫斯科举行了会谈，11日，发表了会谈公报。

1月7日—27日 中共中央军事委员会召开扩大会议。会议主要讨论了加强国民经济建设同加强国防建设的关系问题，并通过了《关于裁减军队数量加强质量的决定》，讨论并决定了全军编制的调整问题。

1月9日 在国务院科学规划委员会领导下，1956年卫生部组织制定了十二年科学发展远景规划医药卫生部分。是日，卫生部转发国务院科学规划委员会《1956—1967年科学技术发展远景纲要（修正草案）》（包括医药卫生部分）。

1月9日—15日 中国教育工会在北京召开各省市教育工会主席联席会议，确定了 1957 年教育工会的工作任务。

1 月 10 日　中共中央发出《关于成立中央经济工作五人小组的通知》。由陈云、李富春、薄一波、李先念、黄克诚组成五人小组,在中央政治局领导下,统一领导国家的经济工作,陈云任组长。同日,教育部发出通知:加强中学思想政治教育。通知要求:①在任何时候、任何情况下,不能放松政治思想教育工作。要把严格要求与发挥学生主动精神结合起来。②加强学校的时事政策教育并经常化。③根据中共"八大"文件对学生进行教育。④认真地经常地对学生进行劳动教育。⑤进一步关心学生的生活和健康。

同日　农业部、科学院、中央气象局同意联合成立农业气象科学研究室。

同日　国家投资 300 万元,全长 200 公里的拉萨到泽当公路全线通车。

1 月 10 日—19 日　国家体育运动委员会、教育部联合召开 1957 年全国体育工作会议。会议决定继续发动广大群众进行有组织的经常性的体育锻炼,提高运动技术水平。会议期间,同时召开了体育学院院长座谈会,研究了体育学院的政治思想工作、提高教学质量、招生工作、学制等问题。

1 月 11 日—16 日　周恩来总理率代表团访问波兰,同波兰部长会议主席西伦凯维兹、第一书记哥穆尔卡,就进一步巩固和发展两国关系,加强社会主义阵营各国的团结和当时国际形势的基本问题交换了意见。

同日　国务院发出《关于职工生活方面若干问题的指示》,对职工的住宅、上下班交通、疾病医疗、生活必需品的供应、困难补助等问题作了指示。

同日　为纪念刘胡兰牺牲十周年,毛泽东第二次为刘胡兰亲笔题词:"生的伟大,死的光荣",送往烈士故乡,作为烈士墓地纪念碑的铭文。

同日　公安部、教育部联合发出通知:在若干适中地点建立少年管教所,以贯彻执行教育改造为主、以轻微劳动为辅的方针,从而把少年犯教育、改造成为社会主义的建设者。

1 月 11 日—21 日　高等教育部召开修订高等工业学校典型教学计划座谈会。

1 月 12 日　达赖喇嘛在那烂陀代表中华人民共和国政府,把玄奘顶骨的一份赠送给印度共和国政府。尼赫鲁总理代表印度政府接受了顶骨。

1 月 14 日　国务院发出《关于工商之间的业务关系仍按现行办法执行的补充通知》。同日,《人民日报》发表社论《订好今年的农业计划》。

同日　毛泽东主席接见了出席第三次全国妇女儿童福利工作会议的西藏爱国妇女联谊会筹备委员会索康夫人德吉拉孜。

同日　国务院山区生产规划办公室发出《山区生产规划纲要》。

1 月 15 日　国务院发布《关于各部负责综合平衡和编制各该管生产、事业、基建和劳动计划的规定》。《规定》指出,做好计划经济工作,是一个极为复杂和繁重的任务。国民经济计划的各个环节都是一个统一的有机的整体,它们都是互相影响和互相制约的,任何一个环节过分突出和过分落后,都会引起比例的失调,妨碍国民经济的全面发展。《规定》要求,必须根据中共中央关于改进国家行政体制的精神,进一步健全和加强综合平衡同分级分工负责相结合的制度。《规定》对如何做好工业生产计划、农林水利和气象计划、交通运输计划、商业计划、基本建设计划、文教卫生事业计划、劳动和干部计划以及有关技术协作等问题,作了具体的规定。

同日 文化部党组向中共中央呈报《关于改进电影制片若干问题的报告》,提出对电影制片事业的组织形式和领导方式的改进方案。2月5日,中共中央书记处讨论批准该报告。

1月16日 《人民日报》报道了我国林业建设。全国现有森林面积7660万公顷,全国人均占有林地0.13公顷,木材8立方米。报道说:若我国像苏联那样每年采伐4亿立方米木材,全国现有森林12年就会被伐光。现根据林业部初步规划,12年内将1.05亿公顷荒山荒地造成森林。

1月16日—17日 周恩来率中国代表团访问匈牙利,同卡达尔总理等就匈牙利局势、双方关心的政治经济问题和一系列国际问题交换了意见。

1月18日—27日 中共中央召开省、自治区、直辖市党委书记会议。会议主要讨论了思想动向问题、农村问题和经济问题。中共中央主席毛泽东于18日、25日在会上讲话。他在讲话中着重分析了近一年来国内外形势的变化和党内外的思想动向,以及对生产资料私有制的社会主义改造基本完成以后,中国社会存在的人民内部矛盾和阶级矛盾。18日,陈云在会上发表题为《建设规模要和国力相适应》的讲话。他总结了1956年财经工作的经验和教训,并且指出,建设规模要同国力相适应,物资、财政、信贷必须平衡;要重视研究国民经济的比例。他认为,纠正保守比纠正冒进更容易些。

1月21日 教育部发出《关于中学教学研究组工作条例(草案)》,要求各地试行。

同日 《人民日报》发表《把劳动纪律巩固起来》的社论。

同日 内务部、财政部、人民银行发出《关于城市烈属、军属和贫民生产单位的税收减免和贷款扶助问题的通知》。

1月23日 外贸部发出《进口货物许可证签发办法》,将自3月1日起实行。

1月24日 中国科学院颁发1956年度科学奖金(自然科学部分),获奖的研究成果共有34项,其中一等奖3项,二等奖5项,三等奖26项。得奖者获得了金质奖章、奖状和奖金。奖金为一等奖10000元,二等奖5000元,三等奖2000元。

1月25日 国务院发出《关于解决第一季度煤炭紧张的一个紧急通知》,要求全体煤矿职工春节只休假一天。

同日 台湾当局成立作战计划委员会。

1月26日 林业部颁发《国营林场经营管理试行办法》。

1月27日 陈云在省、市委书记会议上谈到中央和地方的体制中的权力和财力分配问题时指出:有些企业的管理权要下放,财务要下放,利润也要下放。地方上要求税收和企业利润收入按比例分成,三年不变。他还指出中央应该有适当的分权,重点不能过分集中。

1月30日 林业部颁发《森林经营所抚育采伐的几项规定》。

1月31日 国务院发出《关于棉花、棉布购销工作的指示》。《指示》说,1956年棉花收购计划很差,进口棉花的计划亦有大部分不能实现。1957年的棉纱也将因之减产,势必涉及市场供应、生产安排、财政收入等一系列问题。指示要求严格控制棉布供应计划,贯彻凭票供应办法,目前有的地方不收或少收布票现象,必须坚决纠正。

同日 文化部文物局在北京博物院展览西藏佛教艺术图片。

1月　舞研会、山东省文化局和曲阜县有关单位共同组成孔庙古乐舞整理委员会,在吴晓邦同志的带领下搜集整理祭孔乐舞,历时4个月。搜集工作结束后舞研会编印了《曲阜祭孔乐舞》,并拍摄了一部电影资料片。

同月　《诗刊》创刊号发表了毛泽东《关于诗的一封信》及其历年创作的旧体诗词18首。毛泽东在信中说:"诗当然应以新诗为主体,旧诗可以写一些,但是不宜在青年中提倡,因为这种体裁束缚思想,又不易学。"

2月2日　国务院接受中共八大关于"二五"计划的建议。经国务院全体会议第四十二次会议讨论,一致同意中共中央提交国务院的中央"八大"关于发展国民经济的第二个五年计划(1958—1962)的建议,并且责成国家计委根据这个建议会同各部、各委员会、国务院各办公室和各省、自治区、直辖市人民委员会迅速编制第二个五年计划草案,报经国务院审查后,提请全国人民代表大会审议决定。

同日　1956年全国新公私合营工业的总产值比1955年增加30%左右。

同日　全国可以开垦的荒地面积有15亿亩左右。1956年开垦荒地面积达3000多万亩,接近于1953年至1955年全部开垦荒地面积的总和。

2月5日　国务院批转商业部《关于1957年钢铁材料市场供应办法的报告》。报告指出了1956年钢材市场混乱的情况,并提出了钢材供应的若干办法。

同日　美国援外计划考察团抵台。

2月7日　中共中央批转组织部《关于县、区、乡组织形式和领导方法的若干问题的报告》。《报告》说:乡的规模一般不宜过大。在交通不便、地区辽阔、管辖人口多和乡单位过多的县,以不撤区为好,或保留那些离县城较远的区。

同日　中华人民共和国和锡兰(今斯里兰卡)决定建立外交关系,并互派大使。

同日　国务院举行第42次全体会议。会议讨论通过了国务院关于向农民推销1957年国家经济建设公债工作的指示。

2月8日　中共中央政治局通过《1957年开展增产节约运动的指示》。《指示》说:"为了缓和物资供应和财政支出的紧张局面","必须在1957年对建设的规模和速度作适当的调整,必须用更大的努力在全国范围内开展群众性的增产节约运动"。

同日　中国决定参加国际地球物理年7个学科的规划观测。国际科学界商定从1957年7月1日至1958年12月底为国际地球物理年。

2月8日—21日　青年团中央召开团的各省市委书记会议,着重研究青年团当前的思想教育工作。会议认为:现在"国内阶级矛盾已基本解决","人民内部的矛盾则相对地突出了"。"共青团的任务,就是要不断提高青年的共产主义的自觉性","当前应该特别强调以艰苦奋斗、勤俭建国和集体主义精神教育青年"。

2月12日　中共中央批准第八次全国公安会议文件,并对会议的文件批示说:国内大规模的阶级斗争已经过去了,我们的国家已经有了比较完备的法制,而法制是有利于保护人民和镇压敌人的。因此,今后的肃反斗争,一定要完全遵守法制。

同日　国务院决定中国农业银行及其分支机构与中国人民银行合并。5月7日,中国人民银行总行转发了国务院《关于撤销中国农业银行的通知》。

2月14日　美国国务院表示,将用导弹装备台湾军队。

2月15日 中共中央发出《关于1957年开展增产节约运动的指示》。《指示》要求对1957年建设的规模和速度作适当的调整，用更大的努力在全国范围内开展群众性的增产节约运动。对原定在1957年开工的建设项目进行具体分析，重新排队。大量节减行政管理费用，严格限制人员的增加，合理调整现有的机构和人员，逐步改变某些不合理的工资福利制度，消灭铺张浪费。17日和27日，《人民日报》发表了两篇有关增产节约的社论。一个全国性的增产节约运动逐渐开展起来。

2月16日 中国第一台4.05千伏安、15.4千伏的巨型电力变压器由沈阳变压器厂试制成功。

同日 高等教育部、教育部联合发出通知，同意清华大学、北京工业学院、北京铁道学院关于附设工农速成中学的优秀毕业生可以免试直接升入本校学习的意见。

同日 台湾"行政院长"俞鸿钧宣布，开始实施第二期四年经建计划。

2月18日 马祖海面发生海战。

2月18日—26日 全国农业劳动模范会议在北京举行。出席会议的全国各省、区代表900多人。会议交流了各地的先进生产经验，鼓励劳动模范们在农业中更好地发挥骨干作用。会议通过了《关于想尽一切办法争取1957年农业大丰收的决议》。22日，党和国家领导人毛泽东、周恩来、陈云、邓小平、彭德怀接见了参加大会的全体代表。

2月20日 林业部与国务院山区生产规划办公室在西安召开三门峡水库周围地区的山区生产规划会议，研究布置了水库周围山区生产规划工作。

2月20日—3月11日 财政部召开全国财政厅局长会议。会议确定了1957年财政工作的主要任务。

2月20日—7月31日 全国农业展览会首次在北京举行，展出的农、林、牧业方面的实物有2000多种，标本、模型、图表、仪器、机器等5000多件，记录了农业战线上的各种创造性成就。

2月21日 中国人民解放军空军和防空军合并，保留空军番号，取消防空军建制。

2月22日—3月11日 第四次全国计划会议召开。会议根据统筹兼顾和全面安排的方针，安排了1957年国民经济发展计划。1957年，工业总产值计划为603.4亿元，比上年增长4.5%；农业总产值计划为611.5亿元，比上年增长4.9%。安排基本建设投资总额为111亿元，较上年减少20.60%，同财力、物力基本上做到了平衡。会议还确定压缩行政费、军费、社会购买力、劳动计划和文教开支等，适当增加农业投资。

2月23日 政协第二届全国委员会常务委员会举行会议。会议通过了常务委员会将向第二届全国委员会第三次全体会议提出的工作报告。

2月26日 北京广播器材厂最近制造出一部120千瓦短波发射机（由30多万个零件组成），并在北京正式播音。这部短波发射机可以用于向全世界广播，也能用于国际间的通报或通话。

2月27日 毛泽东在第十一次最高国务（扩大）会议上发表《关于正确处理人民内部矛盾的问题》的讲话。《讲话》分析了社会主义社会的矛盾，提出了一系列的方针政策，如在共产党和民主党派的关系上，实行"长期共存，互相监督"；在科学文化工作中，实行"百花齐放、百家争鸣"；在经济工作中，实行对全国城乡各阶层统筹安排和"兼顾国家利益、集体利益和个人利益"。毛泽东的这个讲话,在 3 月 5 日至 20 日举行的政协二届三次会议上,在 3 月 6 日至 13 日举行的中共中央全国宣传工作会议上,在各民主党派的中央机构召开的会议上,以及中共中央各部门和各省、市、自治区,都进行了传达。讲话经补充整理,于 6 月 19 日在《人民日报》发表。发表时因受 6 月开始的反右派斗争的影响,加上了"社会主义和资本主义之间谁胜谁负的问题还没有真正解决"的话,修改了中共八大关于"我国的无产阶级同资产阶级之间的矛盾已经基本上解决"、"我国社会主义和资本主义谁战胜谁的问题,现在已经解决了"的论点。

2 月 28 日　中共中央、国务院发布《关于发展养猪生产的决定》。《决定》分析了生猪生产下降的原因,要求贯彻执行"私有、私养、公助"的方针,加强对生猪生产发展的组织领导。同时,决定对生猪收购价格在全国范围内作较大幅度的提高,农村、城市的销售价也略予提高。

同日　国务院同意并批转中央工商行政管理局《关于城市市场管理的意见》。

同日　卫生部发布《职业病范围和职业病患者处理办法的规定》。

同日　商业部副部长姚依林在第七届全国商业厅、局长会议上发言,谈今年公私合营和对小商贩改造的任务。

2 月　文化部公布第一批得奖戏曲剧目 18 个,它们是评剧和河北梆子《秦香莲》,评剧《刘巧儿》,京剧《猎虎记》、《黑旋风李逵》,粤剧《搜书院》,梨园戏《陈三五娘》,豫剧《穆桂英挂帅》,闽剧《炼印》,吕剧《李二嫂改嫁》,越剧《春香传》,川剧《彩楼记》,扬剧《挑女婿》,常德高腔《祭头巾》,滇剧《牛皋扯旨》,锡剧《双推磨》,山东梆子《两狼山》,甬剧《两兄弟》。

同月　中国剧协、中国音协联合召开新歌剧研讨会。

3 月 1 日　中国农业科学院在北京成立。

同日　大同水泥厂正式投入生产。该厂投产后,年产数十万吨硅酸盐水泥。

3 月 3 日　中国第一座遥远测量水电站——北京西郊模式口水电站开始向北京送电。

3 月 4 日　国民党在台湾召开七届八中全会,会议通过《台湾建设计划基本方针及进行程序》。

3 月 5 日　《人民日报》发表社论《应当适当地节制生育》。社论说:几年来,我国人口每年约增长 2.2%,超过世界上别的一些国家。同时我国工业每年平均增长 10% 左右,农业增长 5%,如果人口增长得慢一些,那么人民生活改善就会更快一些。

3 月 5 日—20 日　全国政协二届三次全体会议在北京举行。会前,全体政协委员列席最高国务会议,听取了毛泽东《关于正确处理人民内部矛盾的问题》的讲话。会议期间,周恩来总理作关于访问亚洲和欧洲 11 国的报告,陈叔通副主席作二届政协常委会工作报告。会议通过了《关于增产节约运动的决议》,号召全国人民大力开展增产节约运动,贯彻勤俭建国、勤俭办企业、勤俭办合作社、勤俭办一切事业的方针。会议还确定了正确肃反的工作原则,即"有反必肃,有错必纠"。会议认为,应该肯定农业合作化的成绩,总结它的成功经验,同时又要恰当地指出和克服各地工作中的缺点。

3 月 6 日　南越伪军非法侵占中国的甘泉岛、珊瑚岛、金银岛等岛屿,并打伤中国渔民。

3 月 6 日—13 日　中共中央在北京召开有党外人士参加的全国宣传工作会议。

会议传达和讨论了毛泽东《关于正确处理人民内部矛盾的问题》的讲话。12日毛泽东在会议上发表讲话，着重讲了知识分子问题、准备整风问题和加强党的思想工作问题，强调要继续贯彻执行"百花齐放，百家争鸣"方针。同时，讲话还指出：我们现在思想战线上的一个重要任务，就是要开展对于修正主义的批判。

3月7日 毛泽东同7个省、市教育厅、局长座谈中小学教育问题。毛泽东指出：教材要减轻，课程要减少，古典文学要减少。教材要有地方性，应当增加一些地方乡土教材。农业课本要由本省编。讲点乡土文学。讲自然科学也是一样。"戴帽子"（小学附设初中班）是好办法。农民子女就近上学方便，将来毕业后好回家生产。要加强政治思想教育。应该允许有条件的农业合作社、厂矿、企业、机关办学。

3月7日—19日 农业部召开全国农业生产合作社经营管理会议。会议进一步明确：勤俭办社和民主办社是农业社经营管理的基本方针；恰当地安排好生产和做好劳动规划及财务管理工作，是勤俭办社、发展生产的重要环节。会议要求各地依照这一精神，根据优先发展粮食生产，同时发展其他多种经营的方针，全面部署农业生产。副总理邓子恢在16日的会议上作了报告。

3月8日 教育部发出《关于扫除文盲工作的通知》。《通知》对扫盲工作作了具体的指示。《通知》要求各地根据"八大"的决议和中共中央、国务院《关于扫除文盲的决定》以及《通知》的精神作出具体部署。

同日 我国丝绸工业中第一座现代化联合工厂——杭州丝绸印染联合厂正式兴建。

同日 美国国务卿杜勒斯称，支持台湾当局，反对中共进入联合国。

3月10日—25日 第二届全国民间音乐舞蹈会演在北京举行。会演期间，共有28个民族的1300多名业余演员表演了近300个音乐舞蹈节目。27日，周恩来、朱德等接见了参加会演的全体人员。

3月12日 毛泽东在中共全国宣传工作会议上的讲话中，分析了我国知识分子的状况。他指出：我国"五百万左右的知识分子中，绝大多数人都是爱国的"，毛泽东还论述了知识分子的改造问题和知识分子同工农相结合的问题，并提出教授、教员等要向自己的教育对象学习。

3月13日—30日 第二次全国党的监察工作会议在北京举行。会议检查总结了1956年党的监察工作，讨论和纠正了对少数案件处理上发生的偏差和错误的方法，讨论了1957年党的监察工作任务和党的监察干部中存在的一些思想作风问题。

3月14日 经国务院批准，交通部发布《中华人民共和国对外国籍船舶进出港口管理办法》。

3月14日—16日 中国新闻工作者代表会议在北京召开。会议讨论并通过了《中华全国新闻工作者协会章程》，选举了由65人组成的理事会。

3月15日 中共中央发出《关于民主办社几个事项的通知》：①农业社要按时公开财政收支，让全体社员知道，由群众参预评议，而不能由少数干部独揽支配大权。②社和队决定问题要同群众商量。既要照顾国家的计划和政策，又要因地制宜。③干部要参加生产。

3月16日 中共中央宣传部发出通知：加强中小学毕业生劳动生产教育。

同日 教育部负责人就中小学毕业

生升学和参加生产问题发表谈话。《人民日报》发表社论:《劳动教育必须经常化》。

同日　全国青年美术工作者作品展览会(即第一届全国青年美展)在北京开幕。共展出 845 位青年作者的 972 件作品。

同日　台湾"财政部长"徐柏园称,财政配合军事反攻,业已分别拟就方案,并称已准备好"反攻大陆"后所使用的新币铜版。

3 月 17 日　毛泽东就中学政治课问题写信给周恩来、陈云、彭真、陆定一等同志。信中提出:"要恢复中学方面的政治课,取消宪法课,要编新的思想政治课本。"

3 月 17 日—26 日　政协第二届全国委员会邀请广西省代表团全体人员,广西籍政协委员和有关的政协委员以及在北京、上海、广州、武汉、长春等地工作的广西籍人士共 91 人(到会 82 人)进京,就建立广西壮族自治区问题进行协商和讨论。周恩来主持会议。

3 月 18 日　毛泽东在济南党员干部会议上发表讲话指出:革命胜利后,党内一部分同志,意志有些衰退。他提出要经过整风,把艰苦奋斗的传统好好发扬起来,使革命意志衰退的人,重新振作起来。3 月 19 日毛泽东在南京党员干部会议上发表讲话,强调"我们要保持革命战争时期那么一股劲,那么一股革命热情,那么一种拼命精神,把革命工作做到底"。

同日　《中国科学院 1958—1962 年计划纲要草案》初步编制完成。

3 月 18 日—28 日　教育部在北京召开第三次全国教育行政会议。教育部长张奚若作了报告。会议讨论了本年的教育事业计划、加强思想政治教育和教学计划安排等问题。

3 月 19 日　国务院发出《关于中药材经营管理交由卫生部门统一领导的通知》。

同日　国务院发出《关于 1957 年预购主要农产品的指示》。

同日　中共中央、国务院发出《关于做好春耕工作、争取 1957 年农业大丰收的指示》。

3 月 21 日　中共中央同意并批转商业部党组《关于 1957 年棉布供应问题的报告》。中共中央在批示中指出,商业部党组提出的将第二期布票按对折使用的办法,是在不得不减少棉花供应的条件下,为了保证人民冬装用布需要的较为可行的办法。

3 月 21 日—4 月 26 日　全国分两批召开了省、自治区、直辖市手工业改造工作会议。会议就手工业合作社(组)的组织形式问题,供产销和增产节约问题,社员的工资福利问题和民主办社问题进行了讨论。

3 月 25 日　中共中央发出《关于处理罢工、罢课问题的指示》。1956 年 9 月以后的近半年中,全国各地约有 1 万多工人罢工,1 万多学生罢课。中央要求,必须避免用类似处理敌我矛盾的方法去处理这类问题。

同日　台湾"监察院"促请当局厉行节约,杜绝浪费。

3 月 26 日　一届人大常务委员会举行第 53 次会议。会议听取了国务院总理周恩来《关于中华人民共和国政府和捷克斯洛伐克共和国政府代表团进行谈判问题的报告》,并决定派周恩来为签订条约的全权代表。27 日,中华人民共和国和捷克斯洛伐克共和国友好合作条约在北京签订。

同日　中国佛教协会第二届全国代

表会议在北京举行。

3月26日—31日　中国佛教协会第二届全国代表会议在北京举行。会议讨论和修改了中国佛教协会的章程，选举喜饶嘉措为会长。

3月27日　云南省少数民族语言文字问题科学讨论会结束。会议通过了傈僳、景颇、纳西、佤、拉祜、哈尼等民族文字方案（草案）7种。从此，云南边疆各主要少数民族都有了本民族的新文字。

3月29日　新华社报道：今年我国有487项大厂矿工程同时进行建设，其中有102项是苏联帮助我国建设的。今年新开工的有70项，有175项工程将在今年建成。

同日　国家计委关于检查国营企业第一个五年计划完成情况的标准问题向各省、市、自治区和各部发出通知。

3月31日　中华医学总会节育技术指导委员会在北京成立。林巧稚任主任委员。同年3月，毛泽东在最高国务会议第11次会议上强调说："人类要控制自己，做到有计划地增长。"

3月　广州电影制片厂正式动工兴建。1958年建成投产，改名为珠江电影制片厂。

同月　刘海粟个展在上海美术馆举行，展出国画、油画194件。

4月1日　我国目前第二个大水电站——新安江水电站的主体工程开工。

同日　根据文化部改进电影制片工作的方案，上海电影制片公司正式成立。公司下辖江南电影制片厂、海燕电影制片厂、天马电影制片厂、美术片厂、翻译片厂、技术供应厂，以及乐团和演员剧团等。

同日　《中国体育》杂志（英文版）创刊。

4月6日　国务院举行第四十四次全体会议。8日、12日举行了第四十五次、第46次全体会议。会议通过了《国务院关于批准1957年国民经济计划草案的决定》和《1957年度国民经济计划草案和1956年财政收支情况和1957年预算安排问题》，并决定报请第一届全国人民代表大会常务委员会审议。会议讨论了棉布供应的问题，通过了《关于1957年棉布供应的决定》。

4月7日—15日　文化部派出以副部长陈克寒为团长的出版代表团，参加在德意志民主共和国莱比锡举行的社会主义国家出版会议。

4月8日　《人民日报》发表社论：《关于中小学毕业生参加农业生产问题》。这篇社论，是根据刘少奇2、3月间在河北、河南、湖南、湖北、广东等地视察时，针对教育工作和中小学毕业生的安置、就业问题发表的多次讲话整理的，并经本人修改。据《光明日报》9月22日报道，《社论》发表后，全国有200万中小学毕业生到农村参加生产。

同日　中国第二个规模巨大的钢铁基地——武汉钢铁联合企业工程正式开工。

4月9日　美国国务卿杜勒斯称，美国对外援助，军援、经援将分开，对台湾将继续采用赠予方式。

4月10日　《人民日报》发表社论：《继续放手，贯彻"百花齐放，百家争鸣"的方针》。

同日　美国军人雷诺在台湾无故枪杀台湾"革命实践研究院"职员刘自然。

4月11日　文化部举行1949年至1955年优秀影片授奖大会。大会宣布了69部获奖影片和获奖人员名单。故事片《钢铁战士》、《白毛女》、《渡江侦察记》、《董存瑞》，舞台艺术片《梁山伯与祝英台》、木偶片《神笔》、长纪录片《中国人民的胜利》、《解放了的中国》、《百万雄师下江南》、《抗美援朝》（第一部）等获得一等奖。14 日，毛泽东、朱德、周恩来等党和国家领导人接见了获奖影片的代表。

同日 中国外交部发表声明，对美国导弹部队进驻台湾表示极大的愤慨。5 月 7 日，美国宣布将在台湾驻扎装备导弹的美国空军部队。次日，美国侵台军事指挥官宣布，导弹部队的先头部队已进驻台湾。外交部的声明说，中国人民解放自己领土台湾的决心是不可动摇的，美国必须对它的侵略行径负完全的责任。连日来，朝鲜、越南和印度等国舆论也纷纷谴责美国把导弹运往台湾。

同日 文化部举行第一次优秀影片奖授奖大会，奖励 1949—1955 年的 69 部优秀影片和 396 位创作人员。来自全国（包括香港）的电影工作者约 1400 人参加了大会。

同日 台湾"在野党"及无党籍人士召开选务座谈会。

4 月 11 日—16 日 第二届中国电影工作者代表大会在北京举行，出席会议的代表共 350 人，夏梦等 4 位香港代表参加了大会。大会宣布成立中国电影工作者联谊会。

4 月 12 日 国务院发出《关于发展小煤窑的指示》，国务院要求在有煤炭资源的地区有领导地积极恢复和开办些小煤窑。取消了过去对地方和群众采煤的限制。《人民日报》4 月 14 日发表了评论员文章《适当发展小煤窑》。

同日 中国道教协会在北京正式成立。会议通过了中国道教协会章程，选出了中国道教协会理事 61 人组成第一届理事会。

同日 据新华社报道：瑞士联邦决定将瑞士驻华公使升格为大使馆，中国政府已予同意。

同日 教育部、青年团联合颁发《关于少年宫和少年之家工作的几项规定》。

同日 国务院全体会议第 46 次会议作出批准国家经委提出的 1957 年度国民经济计划草案及其说明的决定。会议还通过了国务院《关于撤销中国农民银行的通知》。

同日 文化部发出《关于地方出版社工业问题的意见》。

同日 现代中国画展览会在莫斯科开幕。

同日 全长 697.72 公里的鹰（江西鹰潭）厦（福建厦门）铁路全线通车。

4 月 13 日 治理和开发黄河的三门峡水利枢纽工程举行开工典礼。

4 月 14 日 中共中央批转国家计划委员会党组《关于初步总结"一五"计划和研究"二五"计划的有关重大问题的报告》。《报告》说：在初步总结第一个五年计划基础上对第二个五年计划所应研究的重大问题主要是：①研究国民收入的分配，即国力和建设的关系，积累和消费的比例关系，分配制度以及计划统计的体制和方法问题。②研究国民经济各部门之间首先是工业农业之间的比例关系，以及工业、农业内部的比例关系。③研究财政金融、内外贸易、轻工业以及人民购买力、利润、税收、物价、成本等问题。

同日 毛泽东、朱德、周恩来、邓小平等党和国家领导人接见出席文化部第一次优秀影片奖授奖大会和第二届中国电影工作者代表大会的全体代表。

4 月 15 日 台湾国民党空军 RF－84 型飞机 2 架进入沪杭地区侦察，驻上海航空兵第 2 师飞行员杨正刚等驾驶米格－17 型飞机拦截，在接近敌机时，1 架敌机仓皇逃离，另1架敌机被杨正刚追击击落。

4月15日—5月6日、5月24日—26日 苏联最高苏维埃主席团伏罗希洛夫主席应邀对我国进行友好访问。

4月18日 全国人大常委会举行第六十六次会议，听取了国务院副总理兼国家经委主任薄一波关于1957年度国民经济计划的说明。周恩来总理在会上作了补充说明。

4月20日 国务院发出《关于消火血吸虫病的指示》。血吸虫病流行我国12个省（市）的350个县（市），患病人数约有1000多万，受到感染威胁的人口在1亿以上，成为我国当时流行病中危害最大的一种病害。《指示》要求：第一，必须采取积极治疗的方针；第二，必须积极预防；第三，充分发动群众和科学技术相结合；第四，防治工作和发展农业生产、兴修水利相结合；第五，进行反复斗争，坚持到底。

同日 国家计委党组将执行《中央关于1957年开展增产节约运动的指示》的情况向中共中央报告。

4月21日 台湾全省投票选举第三届县、市长和临时省议员。

4月22日 高等教育部发出通知：在有条件的高等学校试开"唯心主义派别的学说介绍与批判"课程或讲座，从而教育学生能够区别唯物主义和唯心主义学说。

4月22日—30日 全国气象先进工作者代表会议在北京召开。毛泽东、朱德同志在中南海接见了全体代表。

4月23日 水产部颁发《水产资源繁殖保护暂行条例（草案）》。

4月25日—5月25日 第一届中国出口商品交易会在广州举行，以后每年举办春、秋季两次出口商品交易会。从2007年起改称中国进出口商品交易会。

4月27日 刘少奇在中共上海市委召开的党员干部大会上发表《如何正确处理人民内部矛盾》的讲话。

同日 中共中央发出《关于整风运动的指示》。《指示》要求把正确处理人民内部矛盾问题作为主题，在全党进行一次普遍深入的反对官僚主义、反对宗派主义、反对主观主义的整风运动，提高全党的马克思主义思想水平，改进作风，以适应社会主义改造和社会主义建设新形势新任务的需要。《指示》指出：这次整风运动，应该是一场既严肃认真又和风细雨的思想教育运动。提倡实事求是，具体分析，采取团结—批评—团结的方针，以达到"惩前毖后，治病救人"的目的。该《指示》于5月1日在《人民日报》公开发表。5月2日，《人民日报》发表《为什么要整风》的社论。此后，整风运动首先从县级以上的党组织、大的厂矿和大专学校党组织开始，并逐步展开。同时，还召开了党外人士座谈会，广泛征求意见。

4月28日 国务院总理周恩来在上海工商界人士座谈会上作《关于香港问题》的讲话。他说：香港是纯粹的资本主义市场，不能社会主义化，也不应社会主义化。香港要完全按资本主义制度办事，才能存在和发展。香港可以作为同国外进行经济联络的基地，可以通过它吸收外资，争取外汇。香港企业家是朋友，是可以合作的。香港的主权总有一天是要收回的。港澳的同胞不要担心前途。

同日 台湾首家制造人造丝的"中国人造纤维公司"开工生产。

4月29日 陈云就市场物价问题答新华社记者问。他指出：现在我们主动地有计划地提高猪肉和一部分食油的销售价，提高食盐的税率，提高呢绒和高级纸烟的价格，都是为了求得财政收支的平衡，求得社会购买力和商品供应量之间的平衡。

同日　国务院举行第 47 次全体会议。会议根据国家已进入有计划的经济建设和资本主义工商业已实行全行业公私合营定股定息的情况，通过了《国务院关于取消工商业税暂行条例第 10 条的决议》，取消了 1950 年公布的文件中对某些行业减征所得税 10%～40%的规定。

同日　林业部向各省、市、自治区发出《山区林业规划纲要》。

4 月 30 日　王震部长向毛主席汇报农垦工作，毛主席对农垦的方向问题作了指示。

4 月　文化部、中国剧协、中国戏曲研究院、北京市文化局联合发起组织"整理著名老艺人表演艺术经验筹备委员会"。

同月　李名强参加"布拉格之春"国际音乐节第三届斯美塔那国际钢琴比赛获第三名。

5 月 1 日　中国游泳运动员戚烈云在广州以 1 分 11 秒 6 的成绩创造了男子 100 米蛙泳世界新纪录。

同日　李富春、薄一波给中共中央的报告，提出了对解决目前经济建设和文化建设方面存在的一些问题的意见。

5 月 3 日　周恩来为纪念"五四"青年节给《中国青年报》题词："纪念五四，新中国的青年们，要努力学习，参加劳动，热爱祖国，提高政治思想觉悟，树立艰苦朴素作风，准备作一个有文化有技术的工人和农民，准备作一个体力劳动和脑力劳动相结合的知识分子。"

5 月 4 日　中共中央发出《关于继续组织党外人士对党政所犯错误缺点开展批评的指示》。《指示》指出：应当继续展开对我党错误的批评，不要停顿和间断，以利我党整风。此后，各地党组织都采取各种形式，继续请党外人士对党政工作提意见。在这一过程中，毛泽东对赵超构主张鸣放的意见颇赞赏。

5 月 5 日　《中国青年报》发表社论：《提倡勤工俭学，开展课余劳动》。6 月 5 日《人民日报》发表社论：《一面劳动、一面读书》，提倡学生参加课余劳动。

5 月 6 日　一届人大常务委员会举行第六十八次会议。会议决定批准《中华人民共和国和捷克斯洛伐克共和国友好合作条约》。

同日　农业部、林业部、粮食部、交通部、水利部、教育部、食品工业部发出《关于发动社会力量充分利用闲地大量种植油料作物的通知》。

5 月 7 日　台、美达成协议，美国导弹部队驻台"协防"。

5 月 8 日—6 月 5 日　中共中央统战部邀请各民主党派负责人和无党派民主人士先后举行 13 次座谈会，有 70 多位党外人士对党的工作和国家政治生活提出了批评和意见。统战部部长李维汉在结束会上讲话指出：从各方面提出的批评和意见，"有很多是正确的，应该认真地加以接受和处理；有相当一部分是错误的，还需要进一步加以研究和分析"。这后一句，是毛泽东在审阅发言稿时所加。

5 月 9 日　台湾当局通过第二期四年经济建设计划纲要。

5 月 10 日　中共中央发出《关于各级领导人员参加体力劳动的指示》。《指示》说：各级领导干部参加一部分体力劳动，是发扬优良传统的一个制度，也是当前整风运动要求达到的一个目的。各级党委、政府和人民团体的领导干部，包括党的中央委员在内，凡是能参加体力劳动的，都应该每年抽出一部分时间参加体力劳动；在基层组织中，要尽可能地减少脱离生产的人员。

同日 国务院举行第 48 次全体会议。会议通过了《科学规划委员会工作情况的报告》和科学规划委员会新的负责人选。国务院科学规划委员会主任聂荣臻、副主任郭沫若、林枫、李四光、黄敬，秘书长范长江。

5 月 11 日 外交部发表声明，就美国在台湾驻扎装备导弹空军部队的挑衅行为，提出强烈抗议。声明指出：1957 年 5 月 7 日，美国宣布将在中国的领土台湾驻扎装备导弹的美国空军部队。5 月 8 日，美国侵台军事人员宣布，导弹部队的先头部队已经开到台湾。中国政府和人民对此表示极大的愤慨，并且提出强烈的抗议。声明还指出：中国政府一直主张通过和平谈判和缓消除台湾地区的紧张局势，并为此作了多次努力。但是美国政府却不仅拒绝中国政府的主张，而且还百般加紧它对台湾的控制，蓄意阻挠和破坏中国人民自己解决解放台湾的内政问题。美国在台湾驻扎导弹部队，是美国政府一意推行侵略中国，加剧远东紧张局势的政策中的又一项严重的挑衅行为。中国政府庄严地宣告：中国人民解放自己的领土台湾的决心是不可动摇的，美国必须对它的侵略行为担负完全的责任。

5 月 14 日 中共中央下发《关于报道党外人士对党政各方面工作的批评的指示》，《指示》要求各地报刊继续充分报道党外人士的言论，特别是对于右倾分子、反共分子的言论，必须原样地、不加粉饰地报道出来。

同日 北京中国画院成立，齐白石为名誉院长，叶恭绰为院长。周恩来总理出席了成立大会并讲话，并建议定名中称"中国画"，不称"国画"。为庆祝画院成立，文化部举办国画展览会，展出古代、近代和现代国画家作品。

5 月 15 日 毛泽东作《事情正在起变化》一文。文章提出：现在应当开始注意批判修正主义。并指出：右派的出路只有两条：一条夹紧尾巴，改邪归正；一条继续胡闹，自取灭亡。

5 月 15 日—25 日 中国新民主主义青年团在北京举行第三次全国代表大会。中共中央总书记邓小平代表中共中央向大会致祝词。大会决定将中国新民主主义青年团，改名为中国共产主义青年团，并通过了新的团章，选举胡耀邦为团中央第一书记。25 日，毛泽东在接见大会代表时指出："中国共产党是全国人民的领导核心。没有这样一个核心，社会主义事业就不能胜利。"并指出："一切离开社会主义的言论和行动是完全错误的。"

5 月 15 日—6 月 8 日 中共中央统一战线工作部和国务院第八办公室先后联合召开 25 次工商界座谈会，有 108 人讲了话。会上，有人断言，定息不是剥削，资产阶级已经没有两面性，资产阶级分子决不需要脱胎换骨的改造等。李维汉在 6 月 8 日作总结发言指出：大多数意见是正确的，是善意的；有一部分是错误的，其中一部分错误的性质是严重的。

5 月 16 日 中共中央发出《关于对待当前党外人士批评的指示》。《指示》说：党外人士的批评，对我整党，改正缺点，大有利益。但是，最近一些天来，社会上有少数带有反共情绪的人跃跃欲试，发表一些带煽动性的言论，企图将正确解决人民内部矛盾、巩固人民民主专政、以利社会主义建设的正确方向，引导到错误方向去。要求各地注意好好掌握形势，设法团结多数中间力量，逐步孤立右派，争取胜利。

5 月 20 日 中共中央发出《关于加强对运动的领导的指示》。《指示》说，整风运动已经展开的北京、上海等地,右翼分子的言论颇为猖狂。应该集中力量先在机关、文教系统内解决我们同党外人士和知识分子之间的矛盾,此外不要到处点火。

5月21日 《人民日报》发表社论:《抗议南越政府迫害华侨》。我国华侨事务委员会也于20日发表声明,对南越政府迫害华侨的行径进行了强烈的谴责。

5月23日 雷诺兹在台湾因杀人案被美国顾问团军事法庭审判,判决无罪。

5月23日—30日 中国科学院学部委员会举行第二次全体会议。会议宣布增聘21名学部委员。

5月24日 国务院举行第49次全体会议。会议通过了《中华人民共和国水土保持暂行纲要》,并决定设立全国水土保持委员会,负责领导全国水土保持工作的开展。

同日 台湾省台北市5000多名群众今天捣毁了美国大使馆,抗议驻台美军释放开枪杀害一名中国人的美军上士罗伯特·雷诺兹。

同日 “刘自然案”引发台北反美浪潮。美国向台湾当局提出强烈抗议。台北市戒严。

5月26日 周恩来在中华职业教育社建社40周年纪念会上发表讲话。他指出:中国知识分子是具有爱国热情的。知识分子,在今天中国社会中是急需的。知识分子的改造是个长期的工作,应该用和风细雨的方法进行。要活到老,学到老,改造到老。中华职业教育社理事长黄炎培介绍了建社40年的历史。

5月27日 叶公超宣称,“刘自然案”引发的暴力事件,绝非普遍反美。

5月27日—31日 政协第二届全国委员会常务委员会连续举行第三次扩大会议。会议讨论了省一级回族自治地方和壮族自治地方的建立问题。与会者经过协商和讨论后一致赞同建立甘肃省东北部回族自治区和广西壮族自治区以及这两个自治区的区划方案。

5月28日—31日 中共中央办公厅和国务院秘书厅联合召开处理人民来信、来访工作会议。6月3日,《人民日报》发表题为《结合整风运动,加强人民来信来访工作》的社论。

5月29日 杜勒斯称美国对台政策不会受反美事件的影响。

5月31日 中国美术家代表团赴捷克访问。

5月31日—6月7日 全国设计会议在北京召开,目的是为动员全国10万设计人员“用整风的精神”总结“一五”的设计工作,更好地进行“二五”的设计工作。李富春、薄一波在会上作了报告。6月14日,新华社报道:“二五”计划绝大部分项目我国自己能够设计。

5月 文化部负责人对新华社记者发表谈话,指出优秀影片评奖有严重错误,对私营电影评价过低,并决定补发《乌鸦与麻雀》一等奖。

6月1日 国务院举行第50次全体会议。会议通过了《国务院关于进一步开展增产节约运动的指示》,并于6月3日发布。

同日 在中共中央统战部召开的民主人士座谈会上,邓初民发言对1951年批评陶行知教育思想提出异议。后来。他又在《人民教育》第七期上发表文章:《我们必须对陶行知先生给以重新评价》。

同日 蒋介石就“五二四”反美事件发表文告。

6月2日 中共中央批转《江苏省委关于正确处理农村人民闹事问题的

指示》。

同日 日本首相岸信介抵台访问。

6月3日 教育部发出通知：提倡群众办学。通知指出：今后除国家办学以外，必须大力提倡群众办学，动员城乡居民和工矿企业、机关、团体、院校、合作社等单位的员工，根据需要、自愿和可能的原则，集资兴办学校。此外，还应鼓励华侨办学，并允许私人办学。本年，群众办学出现高潮。

同日 农业部、农垦部、公安部、林业部联合公布《关于农、林、牧业生产用火管理暂行办法》。

同日 薛暮桥提出《对现行计划管理制度的意见》的报告。他提出，改进计划管理制度的两条原则：一是我们的计划管理制度必须集中性和灵活性相结合，既有必要的集中性，又有必要的灵活性，也就是陈云所提出的"大计划、小自由"的原则。二是我们的计划管理制度必须采取统一领导、分级管理的原则，给各部门、各地区、各企业和事业单位一定程度的自主权。

6月3日—15日 文化部与中国音乐家协会在北京召开戏曲音乐工作者座谈会。

6月6日 中共中央发出《关于抓紧时间继续开展整风运动的指示》。《指示》说：各省市一级机关、高等学校及地市一级机关用大鸣大放方法的整风要加紧进行。各民主党派及社会人士的大鸣大放，使建设性的批评与牛鬼蛇神（即破坏性批评）都放出来，以便分别处理，大有好处。必须注意争取中间派，团结左派，以便时机一成熟，即动员他们反击右派和反动分子。反动分子只占各单位人数的百分之几，最反动的分子不过百分之一，百分之九十几是中间派和左派。

同日 国务院第七办公室批准中央气象局成立农业气象研究室。

同日 国际舞蹈协会在北京授予梅兰芳荣誉勋章，授予楚图南、马少波、任虹三人功勋奖章。

6月6日—9月17日 中国作家协会党组织召开扩大会议，批判所谓"丁玲、陈企霞反党集团"。这起冤案，中共十一届三中全会以后得到平反处理。

6月8日 中共中央发出毛泽东亲自起草的《关于组织力量准备反击右派分子进攻的指示》。《指示》要求各省市机关、高等学校和各级党报都要积极准备反击右派分子的进攻。同日《人民日报》发表题为《这是为什么？》的社论，9日至14日又发表了《工人说话了》等社论。此后，大规模的反右派斗争在全国范围展开。

6月10日 中共中央发出《关于准备学生回乡工作和在反击右派分子的斗争中对人物应有具体分析的指示》。

6月11日 美国13特种航空队所属第七战斗轰炸中队调驻台湾。

6月12日 中共中央、国务院发出《关于做好夏收分配工作的指示》。

同日 美国航空母舰大黄蜂号的4架海军攻击机，侵入我国广东汕头地区上空骚扰。解放军驻汕头高射炮部队当即猛烈炮击，击伤美机1架。13日，该部队又击落国民党军F-84型战斗机2架。

6月13日—15日 国务院科学规划委员会扩大会议决定建立中心图书馆和编制全国图书联合目录。

6月14日 中共中央和国务院严肃处理广西因灾饿死人事件。国务院第五十二次全体会议上，讨论了监察部钱瑛部长关于广西省1956年因灾饿死人事件的检查报告，并通过处分有关失职人员的决定。同时，中共中央也就此事作出给予有关党员干部处分的决定。6 月 18 日,《人民日报》发表社论:《坚决同漠视民命的官僚主义作斗争》。15 日,周恩来在一届人大常委会第七十三次会议上就此事作了报告。

同日　《人民日报》编辑部发表文章:《文汇报在一个时间内的资产阶级方向》。7 月 1 日,《人民日报》发表毛泽东为该报写的社论:《文汇报的资产阶级方向应当批判》。文章说:文汇报在春季里执行民盟中央反共反人民反社会主义的方针,向无产阶级进行了猖狂的进攻,和共产党的方针背道而驰。7 月 2 日,《文汇报》发表了《向人民请罪》的社论,"承认这几个月中确确实实成了章罗联盟向无产阶级猖狂进攻的喉舌"。此后,反右派斗争进入高潮。

同日　台湾"行政院"俞鸿钧公布"五二四"事件处理经过。

6 月 15 日　中共中央批转中央交通工作部《关于省、市、自治区党委交通工作部部长会议的情况向中央的报告》。

6 月 18 日　国家主席毛泽东根据一届人大常务委员会第七十四次会议的决定发布命令,分别授予在中国人民革命战争时期有功的杨成武、王建安等 10253 人以八一勋章、独立自由勋章、解放勋章。

同日　中国科学院副院长兼综合考察委员会主任竺可桢向院务常委会议作关于综合考察工作的现状与亟待解决的问题的报告。报告称自 1951 年以来,结合国民经济发展的需要,中国科学院进行的综合考察工作计有:①1951 年开始的西藏考察;②1953 年组成热带生物资源考察队,进行海南岛及雷州半岛等地考察,1955 年组织进行云南紫胶虫考察,1956 年扩大为云南生物资源考察;③1953 年组织黄河中游水土保持考察,1956 年组成土

壤队,进行黄河长江流域各灌区的土壤测量;④1956 年开始的黑龙江流域综合开发的科学考察;⑤1956 年开始新疆综合考察及河西走廊(甘肃)的考察;⑥1956 年 9 月开始柴达木盆地盐湖考察。

6 月 18 日—7 月 6 日　民革、民盟、民建、民进、农工民主党、致公党、九三学社等民主党派,分别召开中央常务委员会,作出开展整风的决定。从此,各民主党派开始了以反右派为中心内容的整风运动。

6 月 20 日—25 日　一届人大第四次会议预备会在常务委员会委员长刘少奇主持下举行,各代表小组讨论了关于正确处理人民内部矛盾的问题,座谈了国家决算预算(草案)和国民经济的年度计划。

6 月 24 日　中共中央批准中央 10 人小组《关于肃反运动的进展情况和当前任务》的报告,《关于反革命分子和其他坏分子的解释及处理的政策界限的暂行规定》的补充解释。

6 月 25 日　中共中央工业工作部、交通工作部下发《关于企业党群领导干部停止领取奖金等问题的通知》。

同日　一届人大常委会举行第七十六次会议,讨论周恩来提出的关于适当增加社员自留地的议案。决定每人使用的这种土地,连同分配给社员种植蔬菜的土地,合计不能超过当地每人平均土地数的 10%。

6 月 25 日—7 月 3 日　教育部和中国文字改革委员会联合召开全国普通话推广工作汇报会议。会议要求各省、市教育行政部门积极贯彻"大力提倡、重点推行、逐步普及"的方针,进一步加强普通话推广工作。

6 月 26 日　中共中央发出《关于打击、孤立资产阶级右派分子的指示》。《指示》要求,对资产阶级右派分子要实行内

外夹击,无情地给他们以歼灭性的打击。

同日 台湾当局"各界支援越南华侨维护国籍后援会"成立。

6月26日—7月15日 一届人大四次会议在北京举行。会议的中心任务是:确定当前的工作方针,确定1957年度的国民经济计划和国家的预算。会议听取和讨论周恩来《关于政府工作的报告》,李先念作《关于1956年国家决算和1957年国家预算草案的报告》,乌兰夫作《关于建立广西僮族自治区和宁夏回族自治区的报告》。会议通过、批准了上述报告,并通过关于成立广西僮族自治区、宁夏回族自治区等决议。

6月28日 一届人大常务委员会第77次会议召开。会议讨论和通过了人大常务委员会的报告。会议讨论了《中华人民共和国刑法草案》,并决定将草案发给全国人民代表大会代表征求意见。

同日 中共中央发出《关于在一两个月后吸收一批高级知识分子入党的通知》。

6月29日 中共中央发出《关于争取、团结中间分子的指示》。《指示》说,争取和团结中间分子,是使目前反对资产阶级右派的这场政治斗争、思想斗争获得完满胜利的一个关键。

7月1日 武汉钢铁联合企业的第一号高炉提前一个月开工,它的生产规模和设备是世界一流。

同日 我国第一座宽银幕立体声电影院在北京开幕,周恩来总理参加了开幕式。

同日 薄一波在一届人大四次会议上作《关于1956年度国民经济计划的执行结果和1957年度国民经济计划草案的报告》。

7月2日 台湾"立法院"通过《退除役官兵辅导委员会组织条例》。

7月3日 北京大学校长马寅初在一届人大四次会议上作《新人口论》的书面发言。7月5日,《人民日报》发表了《新人口论》。马寅初的观点在反右派斗争中受到批评。他的许多意见和建议被当做马尔萨斯人口论进行批判。

7月7日 新华社报道:中国第一座综合性的制造无线电器材的工厂——华北无线电器材厂在北京建成试产。

同日 中共中央转发吉林省委《关于高等学校反右派斗争的情况报告》。中央在批示中说,吉林省委报告中关于发现"鲨鱼"一点很重要,请各地注意。吉林省委在《报告》中认为,先前在第一线公开向我们进攻的右派分子,主要是一批虾兵蟹将,更凶恶的"鲨鱼"多在暗地活动。

同日 中共中央转发内务部党组《关于下放干部担任县长和乡长的法律程序问题的意见的报告》。

同日 毛泽东在上海接见沈浮、应云卫、郑君礼、赵丹、金焰、黄宗英等电影工作者。

7月8日 中国第一座生产人造羊毛的化学纤维厂——安东(后改名"丹东")化学纤维厂开始连续试产。

同日 台湾与巴拉圭"建交"。

7月9日 毛泽东在上海干部会议上作《打退资产阶级右派的进攻》的讲话。他说:"这次反右派斗争的性质,主要是政治斗争"。"右派的老祖宗就是章伯钧、罗隆基、章乃器,发源地都是在北京。"他认为:"大字报是个好东西,我看要传下去。"

7月15日—8月2日 中国天主教代表会议举行。会上成立了中国天主教爱国会,并通过了《进一步开展反帝爱国运动的决议》。8月3日,中国天主教爱国委员会举行第一次会议,选举皮漱石为中国天主教爱国会主席。

7月16日 台湾"行政院"公布《股份有限公司债券发行办法》。

7月17日 国务院举行常务会议。会议通过了《关于高等学校1957年暑假毕业生分配工作的几项原则规定》。7月31日,国务院发出《关于1957年暑期高等学校毕业生统筹分配工作的指示》。同日,高等教育部发出高等学校毕业生调配、派遣办法。

同日 台湾"外交部"谴责日本放宽对大陆禁运。

7月17日—21日 中共中央在青岛召开省市委书记会议,着重讨论了反右派斗争问题。毛泽东在会议期间写了《1957年夏季的形势》一文,并在会议上印发给代表。文章说:"资产阶级右派和人民的矛盾是敌我矛盾,是对抗性的不可调和的你死我活的矛盾。"文章还说,在我国建立一个现代化的工业基础和现代化的农业基础,从现在起,还要10年至15年。只有经过10年至15年的社会生产力的比较充分的发展,社会主义经济制度和政治制度才算获得了比较充分的物质基础,国家才算充分巩固,社会主义社会才算从根本上建成了。

7月20日 中共中央发出《关于知识分子工作中三项组织措施的指示》。要求各地:①下最大决心,从党、政府、工矿企业抽调一批得力干部,去担负高等学校、中等学校、报纸、刊物、出版社、广播、文化机关、卫生机关等的领导工作。②从上述各界知识分子中,挑选一批左派分子和政治上好的科学家,发展入党。③党委的宣传文教部门,要配备一批有文化知识、经过政治斗争考验、能够团结知识分子的干部。

7月20日—8月6日 第一届全国人民代表大会民族委员会在青岛召开民族工作座谈会。参加座谈会的代表包括29个民族的105名全国人民代表大会代表。座谈会检查了民族政策执行情况,交流了民族工作经验,讨论了今后民族工作中的一些重大问题。周恩来在会议期间作了《关于我国民族政策的几个问题》的报告。8月5日下午,毛泽东、周恩来接见了与会代表。

7月21日 中共中央发出《1956年到1967年全国农业发展纲要(草案修改稿)》。《修改稿》指出:《纲要》是在规划期间,为着迅速发展农业生产力,以便加强中国社会主义工业化,提高农民以及全体人民生活水平的一个斗争纲领。

同日 戏曲界全国人大代表梅兰芳、周信芳、程砚秋、袁雪芬、常香玉、陈书舫、郎咸芬7人联名建议戏曲界"不演坏戏"。

7月22日—29日 全国工艺美术艺人代表会议召开。会议的目的在于广泛交流技艺,互相学习,取长补短,共同提高,把全国工艺美术生产事业大大地向前推进。

7月24日 驻闽炮兵部队炮击小金门。自1954年9月3日人民解放军炮击金门后,金门国民党军经常对其沿海进行破坏射击(平均每日五六十发炮弹),严重影响解放军部队训练和人民群众的生产生活。24日,驻闽解放军炮兵以3000余发炮弹,对驻小金门岛国民党军第81师师部和经常活动的炮兵阵地,实施突然的火力急袭,杀伤其50余人,击毁火炮1门及其他武器1部。

7月25日—8月22日 第五次全国计划会议在北京举行。会议提出编制1958年度计划控制数字的方针是:在肯定以发展重工业为中心的基础上,贯彻执行发展工业和发展农业同时并举的方针;积极发展原材料工业的生产；继续贯彻执行大中小型企业相结合和充分利用小工业、手工业的政策。

7月26日 国务院举行第55次全体会议。会议通过了《国务院机关工作人员参加整风运动和反对资产阶级右派斗争的决定》。会议还通过了《国务院关于设置黑龙江省伊春市的决定》。

7月27日 上海江南造船厂制造的中国第一艘03型潜艇，经验收合格，进入人民解放军海军潜艇部队序列。该艇被命名为"新中国15号"潜艇。

7月28日 中国运动员陈镜开在莫斯科举行的第三届国际青年友谊运动会上以139.5公斤的成绩打破最轻量级举重世界纪录。

7月30日 台湾"财政部"修正公布《票据承兑贴现办法》。

7月 中国青年艺术团参加在莫斯科举行的第六届世界青年与学生和平友谊联欢节。《孔雀舞》、《花鼓舞》、《龙舞》荣获民间舞金质奖。《春到茶山》、《花鼓灯》、《盘子舞》和《铃舞》、《种瓜舞》、《双人孔雀舞》、《牧笛》等荣获民间舞银质奖。《织女穿花》荣获东方古典舞银质奖。《剑舞》荣获东方古典舞铜质奖。《草原上的"热巴"》、《挤奶员舞》等荣获民间舞铜质奖。夏菊花的"顶碗"，金业勤的"车技"，乔平海的"碟子"分别获金质奖；王清源的"飞叉"，王桂英、王淑英的"空竹"，张华的"晃板"，金业勤等"三人滑稽"，魏国有的"皮条"分别获银质奖；夏英武、夏英霞的"晃板"，程小林的"戏法"，刘宝城的"爬杆"分别获铜质奖。

同月 北京舞蹈学校上演《无益的谨慎》，是为中国首次上演世界芭蕾名剧。

8月1日 一届人大常务委员会第78次会议召开。会议批准了《国务院关于劳动教养问题的决定》，于3日公布。会议批准了《华侨捐资兴办学校办法》和《华侨投资于国营华侨投资公司的优待办法》，均于2日公布。

同日 中共中央发出《关于继续深入反对右派分子的指示》。《指示》首次并列地使用了极右派、普通右派、中间偏右分子三个概念，要求准确地鉴定这三种人。《指示》要求对党内团内的右派分子要同党外团外的一样看法，一律批判。该登报的，即应登报。

同日 国家统计局公布关于1956年度国民经济计划执行结果的公报。

同日 国防部颁布《中国人民解放军纪律条令》。新条令共5章75条，是在1953年公布执行的纪律条令（草案）的基础上，根据几年来执行中取得的经验修改制定的。

同日 《中国人民解放军建军三十周年纪念美术展览会》，在北京劳动人民文化宫开幕，展出美术作品396件，其中版画98件。

同日 《自由中国》半月刊推出系列社论《今日的问题》，引起社会关注。

8月5日 中共中央决定从中央一级党政机关中抽调1000名高、中级党员干部，派往大中学校和若干科学、文教单位工作，以加强对文教战线的领导。9月15日和10月31日，高等教育部长杨秀峰和副部长刘皑风在座谈会上介绍了高等教育的情况和高等教育在第二个五年计划期间的展望。

8月6日 国务院发出《关于各级人民委员会应该设立物价委员会的通知》。

8月7日 台湾"省政府"主席严家淦辞职获准；"行政院"通过周至柔接任"省政府"主席一职。

8月8日 中共中央发出《关于向全

体农村人口进行一次大规模的社会主义教育的指示》。《指示》提出教育的中心题目是:第一,合作社优越性问题;第二,粮食和其他农产品统购统销问题;第三,工农关系问题;第四,肃反和遵守法制问题,等等。教育的方式是:利用生产间隙和休息时间,在全体农村人口中就这些中心题目举行大辩论。8 月 10 日,《人民日报》发表题为《在农村中大放大鸣大争》的社论。

同日　国务院发出《关于各级人民委员会应即设立物价委员会的通知》。

8 月 9 日　国务院全体会议第 56 次会议通过《关于由国家计划收购(统购)和统一收购的农产品和其他物资不准进入自由市场的规定》,通过《关于撤销铁路、水上运输法院的决定》,撤销了 19 个铁路、水上运输法院和 31 个派出庭。

8 月 10 日　中共中央批转邮电部党组《关于撤销政治工作办公室、政治副职后如何加强邮电企业党的领导的请示》。

同日　鞍山钢铁公司建设的第 6 座自动化高炉建成,并于今天出了头一炉铁水。至此,第一个五年计划规定在鞍山建设的 6 座高炉已全部完成。

8 月 13 日　中共中央批转《浙江省委转发杨心培同志关于仙居县群众闹事问题的报告》。

同日　《中国现代版画展览会》在南斯拉夫展出。

同日　文化部发出《关于一般书籍的印数应该由出版社决定和改进社店经销关系的通知》。

8 月 17 日　中共中央转发北京市委《关于反右派斗争情况的报告》。《报告》反映,到 8 月 7 日止,全市已发现右派分子 7511 人,已在大小不同范围内重点批判 3529 人,占右派总数的 47%。

同日　广播局党组通过《关于设立电视试验台筹备机构的决定》。北京电视试验台筹备处主任罗东后来担任了北京电视台台长。

同日　教育部发出通知,决定在中学和师范学校设置政治课。8 月 27 日,教育部、共青团中央联合发出通知:将 1957 年下半年中学和师范学校原定各年级政治课的内容,改为以反右派斗争为中心的社会主义思想教育。

8 月 18 日　国务院发布《关于由国家计划收购(统购)和统一收购的农产品和其它物资不准进入自由市场的规定》。

8 月 21 日　国家经委提出关于改进计划工作制度的初步意见。国家经委认为,我国现行的计划工作制度,存在着集中过多和控制得过严的问题,不能充分发挥各部各地方、基层单位的积极性。因而提出改进计划工作制度的具体工作原则:①实行"大计划、小自由"的计划工作制度。②实行分级管理、层层负责的制度。③简化计划程序、简化不必要的表格,加强各级计划机关的综合平衡和调查研究工作。

8 月 23 日　中国人民解放军高等军事学院在北京成立。国防部发布命令,以原军事学院战役系为基础,在北京成立中国人民解放军高等军事学院。刘伯承任院长兼政治委员。1969 年,高等军事学院撤销,并与军事学院、政治学院合并组建中国人民解放军军政大学。

8 月 25 日　中共中央发出《关于反对资产阶级右派斗争中应注意的事项的通知》。《通知》指出:有两种已经表现出来的不适当的办法必须避免。一种是,从追究历史问题转到简单地追究同国民党和帝国主义特务的关系;另一种是,追究右派分子龌龊的私人生活。这两种作法,都妨碍从政治上、思想上对人民进行教育,必须加以避免。

8月25日—9月5日　共青团中央委员会召开各省、市委书记会议。会议指出，共青团在这次整风、反右斗争中，要引导全国青年过好社会主义关。

8月26日　周恩来、陈云在北戴河国务院常委会上谈国家建设和发展的有关问题。周恩来指出：①第二个五年计划建议的缺点是同中国情况和中国特点结合不够，从6亿人民出发不够。②农业增产主要靠肥料、水利，化肥作用大，水利要综合搞。③工业发展是个内部安排问题。陈云谈了中国人多是个最大的矛盾，必须提倡节育，中央和省市都要成立委员会，大力宣传；20年以后才能见效，要提倡晚婚。

8月27日　中央爱卫会、卫生部发出《开展秋季爱国卫生运动的通知》，为防止季节性传染病发生与流行，各地应进行一次秋季卫生突击运动。

同日　台湾"外交部长"叶公超提出，美国不应削减对亚洲"反共国家"军事和经济援助。

8月29日　农业部发出通知，奖励1956年第一批农业增产模范共68个单位和个人。

8月31日　中国人民解放军和中国人民志愿军广大官兵，为支援农业合作化共捐款2427万多元，可建成36个农业拖拉机站和两个农业机械修配厂。

同日　台湾当局与日本在东京签订贸易新协定。

8月31日—9月25日　由中国人民对外友好协会和中国影联联合举办、有16个国家和地区参加的"亚洲电影周"在北京、天津、上海等十大城市分批举行。周恩来、陈毅、郭沫若等国家领导人出席了开幕式，并接见各国电影代表团。

8月　全国扫盲协会办公室和教育部工农教育局联合召开部分省、县（市）扫盲协会工作座谈会。会议讨论了扫盲协会的性质、任务，协会与有关方面的联系，以及加强领导等问题，并交流了基层扫盲协会的工作经验。

同月　北京高等学校七百多名师生到郊区农村参加社会主义教育运动。

同月　中央实验歌剧院舞剧团上演民族舞剧《宝莲灯》，是为中华人民共和国成立后演出的第一部大型民族舞剧。

同月　半年中农村人员来京上访骤增。据中共中央办公厅转发的中央农村工作部《关于当前接待群众来访的重要情况和今后意见的报告》称，今年上半年已接待来访群众2700人。来访群众反映的主要问题是退社。原因一是收入减少，生活水平降低，发生困难无法解决；二是干部不民主，打骂群众，违法乱纪，财务账目不公开；三是生产资料入社作价过低。闹退社，大多是工作上的原因造成的。

9月1日　《学前教育》（不定期）创刊，共出版了4期。

9月2日　中共中央发出《关于严肃对待党内右派分子问题的指示》。《指示》说，已经发现的党内右派分子约有3000余人。《指示》批评了一些同志在反对党内右派分子斗争中的严重温情主义，说他们对同党外右派分子政治面貌完全相同的"党员"，往往姑息宽容，不愿意把他们划为右派，特别是对于一些应该划为右派的老党员，更加惋惜，心软，下不了手。这是完全错误的。

9月3日　地质部西藏石油普查队，在藏北进行石油普查工作。

9月4日　中共中央发出《关于在工人、农民中不划右派分子的通知》。《通知》说：工人、农民中已经划了右派分子的,应当改正。

同日 国务院举行常务会议。会议讨论了冶金工业部和中国人民银行《关于目前黄金生产情况及今后发展黄金生产的意见的报告》,决定今后要大力恢复和发展黄金生产,并于同日发布了《关于大力组织群众生产黄金的指示》。

同日 广西僮族自治区筹备委员会在今天举行的广西省第一届人民代表大会第五次会议闭幕式上宣布成立,由韦国清任广西僮族自治区筹备委员会主任委员。

同日 国务院发布《关于发布 1957 年工业产品不变价格的决定》。

9 月 5 日 周恩来在国务院劳动工资座谈会上作报告。周恩来指出:在劳动工资方面要考虑的,一是国情,二是从 6 亿人民出发统筹安排,也就是要把积累与消费、建设与生活安排好,实质上就是建设、就业、生活三者要结合。建设是为了发展生产,解决就业,改善人民生活。

9 月 6 日 国务院举行第 57 次全体会议。会议讨论了中央救济委员会关于 1957 年灾情和救灾工作的报告,批准了《关于进一步做好救灾工作的指示》和《中央救灾委员会组织简则》。会议讨论并通过了《中国科学院规划委员会第四次扩大会议的报告》等文件。

同日 陈云在全国粮食工作会议上作《重视粮食工作》的总结发言。发言强调全党要重视粮食工作。陈云提出:"保证正常收购和实行少销",以丰补歉。

同日 胡适在美国向台湾记者否认参与筹组"反对"党一事。

9 月 7 日 中国政府工业代表团(团长聂荣臻,主要成员陈赓、宋任穷、李强、钱学森等),到达莫斯科。15 日,中、苏双方代表团就苏联政府帮助中国政府进行

关于原子武器、导弹、火箭武器和作战飞机的研制,提供样品、基地建设等方面的问题,正式达成协议。聂荣臻和苏方别尔乌辛分别代表各自政府在协定文本《中华人民共和国政府关于生产新式武器和军事技术装备以及在中国建立综合性的原子工业的协定》上签字。

9 月 8 日 中共中央发出《关于自然科学方面反右派斗争的指示》。《指示》说,科学界的高级知识分子,是资产阶级右派和我们夺取领导权的一个重要方面。因此,在科学界高级知识分子中间,必须认真严肃地开展反右派斗争,决不能有温情主义。

同日 沈阳发动机厂试制的涡喷－5甲(轰－5 轻型轰炸机的动力装置)经国家鉴定验收,转入批量生产。

9 月 9 日 中共中央、国务院在《关于今年国庆节前后几起国宾访问我国的通知》中谈中国和南斯拉夫关系。

9 月 9 日—21 日 中国妇女第三次全国代表大会在北京举行。大会决定将全国妇女领导机构"中华全国民主妇女联合会"改名为"中华人民共和国妇女联合会"。其主要任务是进一步团结和动员全国妇女为建设社会主义祖国而奋斗。会议修改了《中华人民共和国妇女联合会章程》,选出了中华人民共和国妇女联合会第三届执行委员会。9 月 21 日。全国妇联第三届执委会第一次会议选举宋庆龄、何香凝为名誉主席,蔡畅为主席。

9 月 10 日 中共中央发出《关于死刑案件审批办法的指示》。

9 月 11 日—24 日 第六届全国统计会议在京召开。会议全面总结了"一五"期间的统计工作,讨论了今后的任务,要求统计工作在"二五"期间大大提高一步,提出"统计机关提供的统计资料应当更适

合于国家建设、计划管理和科学研究的需要"。

9月12日 中共中央发出《关于在企业中进行整风和社会主义教育运动的指示》。《指示》要求，在整风期间，一切企业都应该保持正常的生产秩序，做到整风和生产两不误。

同日 中共中央发出《关于农村举行社会主义大辩论中侨区应当注意的几项问题的指示》。《指示》要求各地党、政部门在社会主义大辩论中，应该尽可能缩小打击面，集中打击反攻倒算分子。

9月13日 新华社报道：在内蒙古伊克昭盟乌审旗发现距今7万年至10万年的"河套人"顶骨和股骨化石。

9月14日 中共中央发出《关于整顿农业生产合作社的指示》、《关于做好农业合作社生产管理工作的指示》和《关于农业合作社内部贯彻执行互利政策的指示》。《指示》要求各地农业合作社继续进行一系列整顿工作，主要整顿干部作风，调整社队组织，统筹安排社员的劳动和收入，改善生产管理。

9月16日 中国著名画家齐白石在北京逝世，终年97岁。1953年齐白石曾被文化部授予"人民艺术家"称号。

同日 毛泽东在上海国棉一厂参观了工人的大字报，并不时加以称赞。

9月17日 哈尔滨市防汛指挥部宣布，哈尔滨市已经解除了特大洪水的威胁，战胜了有水文记载以来的最大洪水。

9月19日 中国第一座制造自动电话交换机工厂——国营北京有线电厂提前两个半月正式开工生产。

9月20日 中共八届三中全会对爱国卫生运动进行讨论，进一步明确爱国卫生运动的任务和目的是："除四害，讲卫生，消灭疾病，振奋精神，移风易俗，改造

国家。"

同日 台湾军队两栖部队在澎湖举行三军联合登陆演习。

9月20日—10月9日 中国共产党八届三中全会在北京举行。会议听取和讨论了邓小平关于整风运动的报告，陈云关于改进国家行政管理体制问题和关于农业增产问题的报告，周恩来关于劳动工资和劳保福利问题的报告。会议基本通过了《1956年到1967年全国农业发展纲要（修正草案）》。会议主要讨论了整风运动和反右派斗争的方针政策和具体部署等问题。毛泽东10月9日在大会最后的讲话中断言："无产阶级和资产阶级的矛盾，社会主义道路和资本主义道路的矛盾，毫无疑问，这是当前我国社会的主要矛盾。"

9月23日 我国第一座现代化的炼油化工设备厂——兰州炼油化工设备厂动工兴建。

9月24日 中共中央、国务院发出《关于今冬明春大规模地开展兴修农田水利和积肥运动的决定》。《决定》要求切实贯彻执行小型为主、中型为辅，在必要和可能的条件下兴修大型工程的水利建设方针。

9月25日 中共中央发布《关于农业合作社干部必须参加生产劳动的指示》。《指示》规定，农业社干部，从主任、副主任起，都必须参加生产劳动。

同日 "一五"计划主要项目之一的武汉长江大桥全部完工。10月15日举行了通车典礼。

9月26日 一届人大常务委员会第七十九次会议和二届政协常务委员会第四十五次会议举行联席会议。会议决定成立中华人民共和国庆祝伟大的十月社会主义革命40周年筹备委员会。

同日 "亚洲反共联盟理事会"在台北召开。

9 月 27 日 在北京举行的英国英格兰游泳队和中国青年游泳队的友谊比赛中,中国运动员戚烈云以 1 分 12 秒 6 的成绩第二次打破 100 米男子蛙泳世界纪录。

同日 我国继武汉长江大桥之后的第二座铁路、公路两用大桥——衡阳湘江大桥架设完工。

9 月 29 日 中国第一座天文馆——北京天文馆落成开馆。

9 月 《人民教育》9 月号发表社论:《认真学习,大力贯彻毛主席提出的教育方针》。毛泽东《关于正确处理人民内部矛盾的问题》的讲话于 6 月 19 日在《人民日报》发表后,教育战线和全国人民一道认真学习。《人民教育》为此发表社论。

同月 人民教育出版社编辑出版《列宁教育文选》。

10 月 1 日 国务院在审议了国家经济委员会提出的《关于 1958 年度国民经济计划控制数字安排的意见》后,发布了《关于编制 1958 年度国民经济计划草案的指示》。《指示》要求各部和各省、自治区在接到这一指示后,立即抓紧时间编好 1958 年度计划草案,报送国务院,并抄送国家经委和国家计委,由国家经委进行审查和综合平衡后,于 12 月初向国务院提出 1958 年度国民经济计划草案。

同日 《中国现代版画展览会》在苏联列宁格勒国家埃尔米达斯博物馆开幕,展出作品 157 件。版画家力群、李桦随画展访苏。后移展于莫斯科。

同日 台湾土地银行宣布试办扶植自耕农耕地放款。

10 月 3 日 国务院同意并批转工商管理局《关于当前城市市场管理工作若干问题的报告》。

10 月 4 日 中国已建立起一个完整的邮电通信网,拥有自办局、所 2.38 万个,长途电话线路 30.6 万多公里,市内电话容量 65.8 万门,邮路长度 217 万公里。

10 月 5 日 世界最高的公路——新藏公路已经建成,它自新疆南部的叶城,越过昆仑山与冈底斯山,到西藏阿里地区的噶大克止,全长 1179 公里,最高海拔 5500 米。

同日 我国第一座规模巨大的现代化的制造无线电元件的综合工厂——国营华北无线电器材厂举行开工生产典礼。

同日 美国协防台湾司令宣称驻台美军导弹部队已完成作战准备。

10 月 8 日 中国第一个天然石油基地——玉门油矿基本建成,它是一座拥有地质勘探、钻井、采油、炼油、机械修配、油田建设和石油科学研究部门的大型石油联合企业。

同日 中国人民解放军海军军事学院在南京举行成立典礼。方强任该院院长兼政治委员。

同日 据林业部统计,五年来全国造林共达 1032 万余公顷。超过"一五"计划指标 71%;5 年造林比国民党统治时期造的多 30 多倍,约为我国现有森林面积的 1/7。

10 月 10 日—23 日 国民党在台湾召开第八届"全国"代表大会。

10 月 11 日 国务院发布关于粮食统购统销的补充规定。

10 月 12 日 中共中央批示在船员中不划分右派。湖北省委在 9 月 30 日向中央请示时提出:大小船只上的船员概不扣右派帽子为好。对此,中央表示基本同意,同时指示:在普通船员中,同工矿企业工人一样,不划右派,不用右派名称;在高级船员中,一般的也不划右派。但个别情节严重者,可戴右派帽子。

10月13日 毛泽东召集最高国务会议第十三次会议,会议主要讨论整风问题和全国农业发展纲要问题。会议同意继续深入开展整风运动和深入开展整风运动的步骤。对于修改后的全国农业发展纲要草案,会议同意召集全国人民代表大会常务委员会和人民政协全国委员会常委会的联席会议加以讨论之后,提到全国人民中讨论。毛泽东在会上发表《要坚定地相信群众的大多数》的讲话。

10月15日 中共中央发出《关于在中等学校和小学的教职员中开展整风和反右派斗争的通知》。据此,中等学校和小学的教职员在寒假中集中进行了整风和反右派斗争,延长了放假时间。

同日 中共中央发出《关于在少数民族中进行整风和社会主义教育的指示》。

同日 武汉长江大桥比原计划提前两年建成,于本日举行落成典礼。这是我国第一座跨越长江的大桥。正桥是铁路公路两用的双层钢桁梁桥。正桥长1155.5米,连同两端公路引桥总长1670.4米。

同日 中共中央发出《关于划分右派分子标准的通知》。《通知》规定的标准是:①反对社会主义制度。②反对无产阶级专政、反对民主集中制。③反对共产党在国家政治生活中的领导地位。④以反对社会主义和反对共产党为目的而分裂人民的团结。⑤组织和积极参加反对社会主义、反对共产党的小集团;蓄谋推翻某一部门或者某一基层单位的共产党的领导;煽动反对共产党、反对人民政府的骚乱。⑥为犯有上述罪行的右派分子出主意,拉关系,通情报,向他们报告革命组织的机密。《通知》还规定了极右分子的标准。

同日 中华人民共和国政府和苏维埃社会主义共和国联盟政府缔结《关于国防新技术的协定》。协定规定苏联向中国提供原子弹样品和生产原子弹的技术资料。

10月16日 一届人大常务委员会第八十次会议和二届政协常务委员会第四十六次会议举行联席会议。会议讨论《1956—1967年全国农业发展纲要(修正草案)》。

同日 台湾"立法院"五个委员会审议第二期四年经建计划。

10月18日 国务院举行第58次全体会议。会议核准了《中华人民共和国和阿富汗王国交换货物和支付协定》。会议批准了《国务院关于撤销四川省合川市和内蒙古自治区集宁县的决定》、《国务院关于设置青海省玛沁县、玛多县和云南省楚雄彝族自治州的决定》。

同日 高等教育部、农业部联合发出通知:除北京农业大学、北京农业机械化学院由农业部直接领导外,其他原部属农业院校实行以省、自治区人民委员会为主和农业部双重领导。

10月21日 福建前线击溃小股国民党军偷袭。2时40分,国民党军"马祖守卫区两栖侦察队"15人,分乘2艘快艇,在黄岐半岛某地登陆偷袭。解放军守备部队待敌人接近后立即猛烈射击,打死国民党军1人,打伤3人(随即俘获),缴获快艇1艘,火箭筒1具,轻机枪1挺,长短枪7枝,报话机1部,弹药和其他军用物资。

10月22日 一届人大常务委员会第八十一次会议和二届政协常务委员会第47次会议举行联席会议。会议讨论通过了《中华人民共和国治安管理处罚条例》。同日,中华人民共和国主席毛泽东发布命令公布。

同日　国务院发出《关于统一管理农村副业生产的通知》。

同日　国务院批准国内植物检疫试行办法。12 月 4 日由农业部发布。

10 月 23 日　一届全国人大常务委员会举行第八十二次会议。会议原则批准了《国务院关于国家行政机关工作人员的奖惩暂行规定》，于 26 日公布。会议还决定批准《中华人民共和国政府与南斯拉夫联邦人民共和国政府文化合作协定》；决定承认《国际船舶载重线公约》，并审查和决定接受 1930 年国际船舶载重线公约附件二的澳大利亚联邦政府修正建议。

10 月 25 日　国务院举行第 59 次全体会议。会议讨论通过了《国务院关于高等学校和中等专业学校毕业生见习期间的临时工资待遇的规定》、《国务院关于高等学校和中等专业学校毕业生中反对社会主义分子及其他坏分子在工作考察期间生活补助费的规定》。会议通过了《国务院关于改进城市、工矿区猪肉供应的规定》和《国务院关于高级脑力劳动者食油补助供应的规定》以及《中华人民共和国户口登记条例》。

同日　吉林三大化工厂——年产 5 万吨合成氨的吉林肥料厂、年产 1840 吨染料的吉林染料厂、年产 6.2 万吨电石的吉林电石厂建成投产。这是中国化学工业发展的一个里程碑。

同日　中共中央公布《1956 年到 1967 年全国农业发展纲要》（修正草案）。10 月 26 日中共中央发出《关于组织全民讨论〈1956—1967 年全国农业发展纲要〉（修正草案）的通知》。

10 月 30 日　中共中央批转北京市委《关于北京高校整风和反右派斗争情况和今后工作部署的报告》。

同日　教育部、全国扫除文盲协会、共青团中央、全国妇联联合发出通知：今冬明春，配合农村开展大生产运动和社会主义教育这个中心任务，推进农民业余文化教育工作。

10 月 31 日　杨振宁、李政道获 1957 年度诺贝尔物理学奖。

10 月　学校的整风运动进入整改阶段，首都高等学校首批下放人员去农村劳动。清华大学教职员 179 人，中国人民大学教职员 612 人，于本月中旬分别去农村参加生产劳动。

同月　高等学校中掀起红专大辩论高潮。辩论中有三种主张，即"先专后红"、"边专边红"、"先红后专"。10 月 13 日，《光明日报》编辑部请高校和科研机构负责人、教授、专家座谈"红"与"专"的关系问题。

11 月 1 日　中共中央批转中宣部关于设立社会主义教育课程的报告。报告提出：在高等学校和中级以上的党校设立社会主义教育课程。社会主义教育课程，以毛泽东同志的《关于正确处理人民内部矛盾的问题》为中心教材，同时阅读一些必要的马克思主义经典著作、党的文件和其他文件。

同日　国务院第 60 次会议通过了《关于工人、职员退休处理的暂行规定（草案）》，该规定 11 月 20 日公布。

同日　中共中央农村工作部召开山区座谈会，认为"面向山区，向山区进军，全面发展山区生产是我国发展农业生产的重要方向之一"。山区、半山区占大陆全部面积 80% 左右，资源丰富，有 2 亿多人口。会议确定山区建设的总目标是：把现在经济上文化上落后的山区建设成为社会主义的经济上文化上进步、繁荣、康乐幸福的山区。

11 月 2 日　中国访苏科学技术代表

团团长兼中国科学院访苏代表团团长郭沫若启程赴苏(翌年1月20日回国)。国家代表团成员15人中,有科学院副院长竺可桢、副秘书长杜润生,代表团顾问组由科学家60人组成,其中有科学院的科学家17人,他们同时是中国科学院代表团的顾问。中国科学院代表团副团长为竺可桢,团员有杜润生、钱三强、吴学周、冯德培、刘导生、于光远。

11月2日—21日　毛泽东率中国党政代表团应邀访问苏联。6日,在苏联最高苏维埃庆祝十月革命40周年庆祝大会上,毛泽东发表讲话。11月14日至16日,代表团出席12个社会主义国家共产党和工人党代表会议。16日至19日,参加了64个共产党和工人党代表会议。并分别在两个代表会议通过的《社会主义国家共产党和工人党宣言》和《和平宣言》上签了字。14日、16日,毛泽东在12个党的代表会议上讲了话。17日,毛泽东同莫斯科等地的中国留学生、实习生见面并讲了话。18日,毛泽东又在64个党的代表会议上发言,谈了形势问题,团结问题。中国共产党代表团于10日向苏共中央提交了一份《关于和平过渡问题的意见提纲》,全面系统地阐明了自己的观点,表明了自己的不同意见。21日,毛泽东率中国代表团从莫斯科回到北京。

11月3日　新华社报道:作为五年计划建设中的苏联全面援助我国建设的156项工业工程,截至三季度,已有57项全部建成或部分建成投产。

11月5日　《文星》杂志创刊。

同日　马祖南海面发生海战。

11月6日　一届人大常务委员会举行第八十三次会议。会议通过了《1958年国家经济建设公债条例》《县级以上人民委员会任免国家机关工作人员条例》,同

日,由中华人民共和国主席毛泽东发布命令公布之。

同日　我国最大的新闻纸厂——广州造纸厂扩建完成,举行开工典礼。

11月7日　我国第一对水力采煤竖井——河南省鹤壁四矿的风井工程动工兴建。

11月8日　苏联国民教育展览会在北京开幕,周恩来、贺龙、陈毅和徐特立出席开幕式。

同日　国务院第61次全体会议讨论和通过了10月八届三中全会通过的《国务院关于改进财政管理体制的规定(草案)》《国务院关于改进工业管理体制的规定(草案)》《国务院关于改进商业管理体制的规定(草案)》等文件,并决定将这些草案提请人大常委会审议。人大常委会八十四次会议11月14日原则上通过了国务院关于改进财政、工业、商业等管理体制的规定,1958年起实行。这三项草案是我国"经济体制改革"的先声。其中心是扩大地方权限。

11月10日　中共中央批转中央国家机关党委《关于目前反右派斗争和转入第三阶段的情况与问题的报告》。中央批示说,凡是在反右派斗争已经取得决定性胜利的单位,应该及时地转入以整改为主的第三阶段。整改是这次整风运动的主题,较之反右派斗争的任务,更加艰巨。

11月11日　为推动农业机械化,台"土地改革协会"于高雄成立耕耘机实验总站。

11月13日　《人民日报》发表题为《发动全民,讨论四十条纲要,掀起农业生产的新高潮》的社论。社论号召批判右倾保守思想,在生产建设战线上"来一个大跃进"。这是"大跃进"口号的第一次提出。毛泽东在关于这篇社论的一个批语

中说:建议把一号博士头衔赠给发明"跃进"这个伟大口号的那一位(或者几位)科学家。

同日　国务院同意并批转中国人民银行《关于调整现行贷款利率的报告》。

11 月 14 日　一届人大常务委员会举行第八十四次会议。会议讨论了国务院总理周恩来提出的《关于提请修改省、直辖市人民代表大会每年举行会议次数的议案》,决定省、市、直辖市人民代表大会可以每年举行一次。

11 月 15 日　国务院举行第 62 次全体会议。会议通过了《国务院关于监察机关的体制方案》、《国务院关于 1958 年选举工作若干问题的决定》和《国务院关于处理地方各级行政区域变更事项的规定》。会议还通过了《国务院关于 1957 年度征兵的命令》、《国务院关于发行金属分币的命令》等文件。

同日　中国人民保卫世界和平委员会、中央教育科学研究所等 5 单位联合举行纪念世界文化名人、捷克伟大的教育家夸美纽斯教育论著出版 300 周年纪念会。人民教育出版社重新出版夸美纽斯的教育论著《大教学论》。

11 月 16 日　一届人大常务委员会举行第八十六次会议。会议经过讨论,原则批准了《国务院关于工人、职员退休处理的暂行规定》、《国务院关于企业、事业和国家机关中普通工和勤杂工的工资待遇的暂行规定》、《国务院关于国营、公私合营、合作社营、个体经营的企业和事业单位的学徒的学习期限和生活补贴暂行规定》、《国务院关于工人、职员回家探亲的假期工资待遇的暂行规定》。这些规定,从 6 亿人口出发,统筹兼顾,适当安排,对劳动工资和劳保福利中存在的问题进行了调整和改进。

11 月 17 日　《人民日报》发表题为《紧缩机构,下放干部》的社论。《社论》说:据不完全统计,在整风中,从各级国家机关中回到生产岗位和下放的干部,已达 30 多万人。据 11 月 26 日统计,全国各地下放干部已达 81 万多人。

同日　中国女运动员郑凤荣在北京市田径运动会比赛中,以 1.77 米的成绩打破了女子跳高世界纪录。

同日　毛泽东主席同邓小平、彭德怀、乌兰夫、陆定一、杨尚昆、胡乔木等在莫斯科大学会见我国在莫斯科的 3000 名留学生、实习生。

11 月 18 日　毛泽东在莫斯科举行的 64 个共产党和工人党代表会议上发言。发言进一步阐述了关于各国共产党、工人党相互关系,关于战争与和平的问题,以及关于"一切反动派都是纸老虎"和"在战略上要藐视一切敌人,在战术上要重视一切敌人"等重要论断。

同日　台湾当局与约旦签订"友好条约"。

11 月 19 日　国务院发出由周恩来总理签署的《关于加强处理人民来信和接待人民来访工作的指示》。《指示》要求结合本地区、本部门的整风运动,采取具体措施,切实改进工作。

11 月 20 日　中共中央发出《关于禁止用个人名字作地名、街名和企业等名字的通知》。

同日　国防部发布关于执行新的《内务条令(草案)》的通知。

11 月 21 日　中国人民解放军总政治部作出《关于动员军官家属还乡生产、参加社会主义建设的指示》。国务院于 11 月 23 日为此发出《关于协助军官家属还乡生产劳动就业的通知》,要求各地对回乡军官家属遇到的住房、家具、子女转学、生产等方面的困难，予以协助解决，并且发动群众帮助解决。

同日 铁道部决定对铁路管理体制作重大改进。其主要内容是，撤销铁路分局这一层管理机构，由各地的铁路管理局直接领导基层的生产单位。

11月27日 《人民日报》发表社论《开辟盲人生产自立的道路》，要求逐渐使有劳动能力的盲人能够通过参加劳动，摆脱经济上的依赖状态和政治文化上的落后状态。

11月28日—12月12日 全国计划会议召开。会议根据全国农业发展纲要和15年后在钢铁和其他重要工业产品的产量方面赶上或者超过英国的战略任务，结合第二个五年计划的建设任务编制了1958年国民经济计划。这一年的计划安排，在物资购销方面基本上可以保持平衡。

11月29日 《人民日报》发表题为《更深入地开展增产节约运动，掀起新的工业生产高潮》的社论，要求更多、更快、更好、更省地超额完成今年的增产节约计划。

同日 一届人大常务委员会举行第八十六次会议。会议原则批准了《消防监督条例》，批准了《吉林省前郭尔罗斯蒙古族自治县人民代表大会和人民委员会组织条例》。

同日 国务院举行第63次全体会议。会议批准了《爆炸物品管理规则》。在这次会议和12月6日的会议上，国务院总理周恩来对干部下放劳动锻炼问题作了指示。

11月 由苏联援建的航空发动机附件厂、飞机附件厂、航空仪表厂、航空电气厂、飞机雷达厂竣工，12月初，国家对上述厂正式验收后投入生产。

同月 中共中央副主席刘少奇对11月8日《参考资料》刊载的《美国大学生有三分之二半工半读》一文作了批示："此件送团中央一阅。中国是否可以个别试办？请你们研究。"

12月2日 国务院公布《汉语拼音方案草案》。国务院第60次全体会议通过的《关于公布汉语拼音方案草案的决议》指出，应用汉语拼音方案为汉字注音来帮识字和统一读音，对于改进学校语文教学，推广普通话，扫除文盲，都将起推进作用，对于少数民族制定文字和学习汉语也有着重大意义。

同日 《人民日报》报道：全国有7个县消灭了血吸虫病，100多个乡消灭了钉螺。

同日 台湾军队在台北部举行陆空联合演习。

12月2日—12日 中国工会第八次代表大会在北京举行。出席大会的代表共有989人，代表全国1630万工会会员。大会听取并通过了赖若愚代表全国总工会第七届执行委员会作的《团结全国人民，勤劳节俭，建设社会主义新中国》的报告。大会号召工人群众掀起新的生产高潮，迎接第二个五年计划。刘少奇代表中共中央向大会致祝词。李富春向大会作了《关于我国第一个五年计划的成就和今后社会主义建设任务、方针的报告》。

12月4日 国家计委会议传达毛泽东关于"二五"计划的指示。毛泽东指出：一、关于怎样贯彻多快好省的问题。二、15年赶上或超过英国的问题。三、保证重点的方针仍很重要，不能百废俱兴，分散力量。具体要注意如下几点：第一，生产性的多搞，非生产性的少搞；第二，基本建设多有所为，事业费要少有所为；第三，军、政费要减。

12月4日—21日　国务院水土保持委员会召开第二次全国水土保持工作会议。会议制定了今后 10 年开展水土保持工作的初步规划,确定 1958 年要初步控制水土流失面积 63800 平方公里。

12月7日　一届人大常务委员会举行第八十七次会议。会议讨论并原则批准了《国务院关于调整获利较大的经济作物的农业税附加比例的规定》,讨论了《户口登记条例(草案)》和《国务院卫生检疫条例(草案)》。

同日　中共中央转发河南省委《关于当前农业生产新高潮的情况简报》。

12月9日　人民解放军第一个导弹专业训练机构在北京成立。这个机构对外称炮兵教导大队,建制隶属军委炮兵,业务工作由国防部五院领导。主要负责培训导弹部队各级指挥员、参谋和技术干部,为创建人民解放军导弹部队创造条件。1959 年 7 月,教导大队完成培训任务,机构撤销,所属的第 1 教导营改归炮兵建制。

12月9日—24日　全国农业工作会议举行。朱德在会上讲话。他指出:更快地发展农业,已成为社会主义建设中的一个关键问题。农业部长廖鲁言 24 日在大会作总结,他总结了“一五”计划期间农业发展的成就,以及农业发展计划完成的不全面、不平衡状况。他提出要“苦干十年,实现四十条”,1958 年争取农业大跃进。会议研究了 1958 年和第二个五年计划期间的全国农业生产规划,讨论了实现全国农业发展纲要(修正草案)的具体规划,交流了制定这些规划的经验。

12月10日　中共中央发出《关于第二个五年计划时期接收党员工作的通知》。《通知》提出今后主要应该是按照党章规定的标准更加提高党员的质量,而不

是大量地增加党员的数量。当时全国已有党员 1272 万余人。

同日　南昌飞机厂试制的运—5 飞机,由试飞员陈达礼试飞成功。1958 年 3月 27 日,由国务院军工产品定型委员会批准定型并投入批量生产。

同日　高等教育部、教育部联合发出指示,在高等学校及中等专业学校开设社会主义教育课程。

同日　《汉语拼音方案(草案)》公布试行。

12月11日　中苏两国科学院在莫斯科签订了《中国科学院和苏联科学院合作议定书》及《中国科学院和苏联科学院关于 1958 年度科学合作协议》。《议定书》和《协议》对共同进行研究、考察、培养干部和工作人员来往以及科学器材供应等方面均有规定。在合作项目方面,规定了两国科学院 1958—1962 年间的 92 个项目,其中自然科学和技术科学方面有 70 项(在两国政府协议中,还另有由科学院负责或有关的项目)。

12月12日　《人民日报》发表社论:《必须坚持多快好省的建设方针》。

12月13日　国务院举行第 65 次全体会议。会议通过了《国务院关于正确对待个体农户的指示》和《国务院关于各单位从农村中招用临时工的暂行规定》。《指示》指出:我国农村中除少数民族地区外,还有 3% 左右的个体农户,其中多数是富裕农民,也还有一部分是缺乏劳动力的贫苦农民。不少地方出现了个体农户进行投机活动,违反国家统购统销政策,逃避公粮负担,甚至对农业社进行破坏,为此要对个体农户加强教育和领导。

12月14日　中共中央批转最高人民法院、司法部党组《关于司法工作座谈会和最高人民法院的反右派斗争情况的报

告》。9月10日至20日的司法工作座谈会，主要内容是根据毛泽东在青岛会议上的指示，着重解决司法工作中的右倾等问题。

同日　中共中央作出《关于一届人大代表中右派分子的处理问题的决定》。《决定》指出：在反右派斗争中，已揭发出一届人大代表中的右派分子62人。经中央决定，其中53人由原选区的人民代表大会撤销其代表资格。

同日　北京国家中心图书馆成立。

12月15日—1958年3月6日　罗东等组成北京电视工作者代表团出访苏联和民主德国。回国后，根据考察所得设置了中国最初的电视节目。

12月16日　我国最大的火力发电厂——辽宁发电厂正式破土动工。

同日　国家经委、水利部、农业部、第一机械工业部、全国供销合作总社联合召开的全国农田排灌机械及农业机械化会议闭幕。

同日　团中央书记胡耀邦号召青年上山下乡。

12月16日—26日　中华全国手工业合作社第一次社员代表大会在北京举行。大会讨论了进一步巩固和提高手工业合作社，继续完成对手工业的社会主义改造的任务，讨论和通过了手工业合作社的示范章程，并成立了中华全国手工业合作社。朱德在大会上作了《发展手工业生产，满足人民需要》的讲话。

12月18日　中共中央、国务院发出《关于制止农村人口盲目外流的指示》。《指示》要求加强对群众的思想教育和盲目外流的劝阻工作。对盲目流入的农村人口，动员他们返回原籍。

12月19日　根据16日结束的国家经委、水利部、农业部、一机部、供销总社联合召开的全国农田排灌机械及农业机械化会议的决定，《人民日报》发表社论《保证50万马力排水灌溉机械顺利下乡》。社论说这是我国排灌事业上空前的壮举，1958年将下乡的这个数字几乎等于目前全国排水灌溉动力机械的总和。

12月20日　李富春传达刘少奇关于经济计划工作的指示。刘少奇指出：要贯彻统筹兼顾、勤俭建国的方针，集中资金，促进生产建设。

同日　国务院举行第66次全体会议。会议决定撤销广西省桂西壮族自治州。会议批准了《中华人民共和国国境卫生检疫条例实施细则》。

同日　台湾"立法院"通过《铁路法》。

12月21日　《今日新闻》报道：中共中央农村工作部、国务院民族事务委员会和农业部最近联合召开了牧区畜牧业生产座谈会。

12月23日　一届人大常务委员会举行第88次会议。会议讨论通过了《中华人民共和国国境卫生检疫条例》，通过了《关于接受1948年伦敦海上人命安全国际会议制定的海上船舶避碰规则的决定》。会议还讨论了《国家建设征用土地办法（草案）》。

同日　台湾"监察院"通过《弹劾"行政院长"俞鸿钧违法失职案》。

12月24日　中国第一架多用途飞机——"安二"型飞机制造成功。

同日　中国第一座自行设计制造安装的大糖厂——南海糖厂（位于珠江之滨）正式投产。

12月25日　中共中央批转教育部党组《关于用机关下放干部代替中小学和业余学校被清洗及不称职教职员的请示报告》。《报告》指出：清理教师队伍和机关下放干部的工作，应紧密结合，以保证教学工作正常进行,并改变教师阵容。

同日　我国第一座生产高级耐火材料的工厂——鞍钢大石桥镁砖第一期工程投入生产。

12 月 26 日　杭州吴昌硕纪念馆正式开馆。

同日　福建省泉州附近发生海战。

12 月 28 日　中共中央发出《关于第二届全国、省人民代表大会、第三届市、县人民代表大会和第三届政协全国、市、县委员会、第二届政协省委员会人事安排的通知》(政治局会议通过)。《通知》指出:党在今后工作中必须坚决贯彻执行统一战线方针,注意克服清一色倾向,加强党和非党的联盟。因此,在全国、省、市、县人民代表大会、人民政协和人民政府改选的时候,有必要继续安排民主党派、无党派民主人士、非党的知识分子代表人物和非党的劳动人民代表人物。

12 月 30 日　一届人大常务委员会举行第八十九次会议。会议讨论并批准了《中华人民共和国和印度尼西亚共和国关于双重国籍问题的公约》。

12 月 31 日　国家计委传达毛泽东关于经济计划工作的几点指示。

12 月 31 日—1958 年 1 月 13 日　也门穆塔瓦基利亚王国副首相兼外交大臣巴德尔来华访问。1958 年 1 月 12 日国务院总理兼外交部长周恩来和巴德尔在中也联合公报上签字,同时签订了《中国和也门穆塔瓦基利亚王国友好条约》、《中国和也门穆塔瓦基利亚王国商务条约》、《中国和也门穆塔瓦基利亚王国科学、技术和文化合作协定》。

同日　国务院发出通知:将高等医药院校逐步下交省、市、自治区人民委员会领导。据此,卫生部决定除北京中医学院仍暂归卫生部直接领导外,将其余的 37 所

高等医药学院交由各所在省、直辖市、自治区人民委员会领导。

12 月　航空材料立足于国内取得重大进展,批量生产的雅克-18 飞机为 98%,M-11 发动机为 96%,米格-17 飞机为 81%,维克-1 发动机为 78%。

同月下旬　首都开展大规模的除四害、讲卫生运动。周恩来亲自视察,并向干部提出一定要使运动经常的要求。

同月　1957 年全国主要经济指标完成情况:按 1952 年不变价格计算,工农业总产值 1388 亿元,比 1952 年增长 67.84%。其中,工业总产值 784 亿元,比 1952 年增长 128.6%。农业总产值 604 亿元,比 1952 年增长 24.8%。主要工农业产品产量:钢,535 万吨,比 1952 年增长 296.3%;煤,13100 万吨,比 1952 年增长 98.5%;发电量,163 亿千瓦时,比 1952 年增长 164%;粮食,19505 万吨,比 1952 年增长 19%;棉花,164 万吨,比 1952 年增长 25.8%;油料,419.6 万吨,比 1952 年增长 0.07%。基本建设投资总额 143.32 亿元,比 1952 年增长 229%。财政总收入 310.2 亿元,总支出 304.2 亿元,结余 6 亿元。

本年　我国发展国民经济的第一个五年计划(1953—1957)胜利完成,教育事业有很大发展。至本年末,全国共有高等学校 229 所,在校学生 44.1 万人;中等学校 12474 所,在校学生 708.1 万人;小学 547300 所,在校学生 6428.1 万人。

本年夏　台湾当局秘密处决 34 名非死刑政治犯,制造了一起骇人听闻的屠杀事件。

1958 年

1 月 1 日　《人民日报》发表元旦社论

《乘风破浪》。社论回顾了我国人民在1957年所取得的成就并预言在整风、反右之后，我国将掀起一个规模宏大的生产建设高潮。社论明确向全国人民提出了超英赶美和过渡到共产主义社会的战略设想，以便逐步地由社会主义社会过渡到共产主义社会。

同日　文化部、中国美协联合举办的齐白石遗作展在北京开幕。同时展出了黄宾虹、徐悲鸿部分遗作。展览延期至2月23日闭幕。

同日　鹰厦铁路开始正式运营。

同日　从宝鸡到成都的宝成铁路正式通车。这条铁路贯穿陕西、甘肃、四川三省，全长668公里，于1952年7月开工修筑，历时5年半，实际累计投资7.9785亿元，它是连结我国西北和西南的交通干线。

同日　《学习》杂志第1期发表公安部部长罗瑞卿在中共中央直属各机关、中央国家各机关、中共北京市委和人民解放军驻京干部大会上所作《我国肃反斗争的成就和今后的任务》的报告。罗瑞卿在报告中说，全国规模的内部肃反斗争，从1955年6月开始到1957年10月止，取得了巨大的成绩：①查出了10万多名反革命分子和其他坏分子，其中已经混入党内的有5000多名，当上了县级以上各种领导干部的就有260名，在国家机关中就查出220多名血债累累、民愤极大的反革命刽子手。②查出了65000多名普通的反革命分子、各种反动分子和刑事犯罪分子。③查清了177万多人的政治历史问题，其中问题严重的占13万人。罗瑞卿接着指出，肃反工作中也有错误，有些错误还比较严重。运动发动之前，对反革命分子的思想言论熟视无睹，不进行坚决斗争；运动进入高潮后，一些地方和单位斗争面宽了一

些，斗错了少数好人，也发生过错捕现象。但总的来说，运动中严格执行了"坦白从宽、抗拒从严、立功折罪、立大功受奖"的政策原则，保证运动正确开展和取得了胜利。同内部肃反同时进行的社会上的镇反运动，成绩也是巨大的，发展也是健康的。全国投案自首的反革命分子和其他犯罪分子有37万多人。

同日　蒋介石发表"告同胞书"。

同日　台湾"经济部"宣布解除水泥分配管制制度。

1月5日　毛泽东主席视察杭州市小营巷的卫生工作。

同日　空军部队击伤国民党飞机1架。国民党军F－84型飞机2架，从福建平潭岛以南窜犯大陆上空。空军第9师起飞米格－15型飞机进行截击，副师长刘玉堤击伤其中1架。

1月6日　《人民日报》发表社论《在伟大成就的基础上奋勇前进》。社论指出，"一五"计划的执行情况证明，我国国民经济完全有可能以较高的速度发展。为了取得更高的发展速度，要集中力量发展工农业生产，做到又多又快又好又省。社论强调了在优先发展重工业的基础上，发展工业和发展农业同时并举的基本方针，提出"二五"计划期间农业总产值平均每年递增6％以上。

同日　全国人大常委会举行第90次会议。原则批准《国家建设征用土地办法》，讨论通过《全国人民代表大会常务委员会关于适当提高高级农业生产合作社公积金比例的决定》。原则批准《国务院关于农业生产合作社股份基金的补充规定》。

1月9日　第一届全国人大常委第91次会议通过公布《中华人民共和国户口登记条例》。

同日　卫生部发出《动员全国医药卫生人员积极参加爱国卫生运动的通知》。

1月10日　政协全国委员会举行报告会。周恩来作《当前文字改革的任务》的报告，提出当前文字改革的三个任务是：简化汉字，推广普通话，制定和推行汉语拼音方案。

同日　高等教育部、外交部联合颁发《关于管理派赴各国留学生的规定》，废止过去颁发的有关规定。

1月11日—22日　中共中央在南宁召开有部分中央领导人和部分省、市委书记参加的工作会议。这次会议讨论了1958年的国民经济计划和预算问题以及关于工作方法问题。会议还对1956年的反冒进进行了严厉批评。南宁会议大批反冒进的结果，使党内在经济建设上急于求成的"左"倾思想迅速发展起来。有些地区和部门开始提出一些不切实际的"大跃进"计划。

1月13日—26日　中国各民主党派分别召开会议，撤销被定为右派分子者所担任的领导职务。其中，绝大多数是被错划的。

1月15日　中共中央批准河南省委的请示，规定：乡（区）级整风，不进行反右派斗争。

1月17日　台湾"立法院"通过《公务人员保险法》。

1月18日　苏联派专家来华帮助建设导弹研究院、试制工厂、试验基地，以及组织4个型号的导弹生产。

1月27日　《人民日报》发表经毛泽东修改的《奇文共欣赏，毒草成肥料——王实味、丁玲、萧军、罗烽、艾青等文章的再批判》一文。1958年第2期的《文艺报》有一个再批判的特辑，刊登了15年前在延安《解放日报》的文艺副刊和文艺杂志《谷雨》上发表过的一批文章：王实味的《野百合花》，丁玲的《三八节有感》和《在医院中》，萧军的《论同志之"爱"与"耐"》，罗烽的《还是杂文的时代》，艾青的《了解作家，尊重作家》。《人民日报》的文章把上述作品称为"奇文"，说"奇就奇在以革命者的姿态写反革命的文章"。

1月28日　共青团中央发布《关于在学生中提倡勤工俭学的决定》。

1月28日—30日　毛泽东在最高国务会议上发表讲话。主要讲了我国工农业发展目标、工作方法、知识分子、对右派分子的政策等问题。

1月29日　台湾中部横贯公路雾社支线竣工通车。

1月31日　毛泽东在杭州会议和南宁会议讨论的基础上，提出了《工作方法六十条（草案）》。2月19日，中共中央将这个文件转发全党。文件包括的内容相当广泛，主要有：①提出从1958年起，要把党的工作着重点放到技术革命上去。②要求生产计划制定三本账。中央两本账：一本是必成的计划，这一本公布；第二本是期成的计划，不公布。地方也有两本账。第一本就是中央的第二本账，这在地方是必成的；第二本账，在地方是期成的。全国评比，要以中央的第二本账为标准。③论述了红与专、政治与业务的相互关系。④提出改革规章制度。⑤提出了一些不切实际的口号和计划。如苦战三年，使大部分地区的面貌基本改观；在今后五年到八年内，普遍地提前实现原定1967年完成的农业发展纲要规定的任务；在五年到十年内，各地方的工业产值（不包括中央直属企业的产值）都要超过当地的农业产值。⑥提出了一些领导原则和工作方法。规定"大权独揽，小权分散。党委决定，各方去办，办也有决，不离原则。工作检查,党委有责"。在工作方法上,提出抓实验田,突破一点推动全面;抓两头,带中间;组织干部和群众参观学习先进经验,集中地展览先进产品等等。

1月上旬 中央工作会议在杭州召开,讨论经济建设的领导方法、政治与业务的关系及技术革命等问题。毛泽东在会上作了两次讲话,批评"右倾保守"。

1月 中国舞蹈界第一本定期公开刊物《舞蹈》双月刊创刊发行。

同月 中国人民解放军总政文化部主办的《解放军歌曲》创刊。

同月 中国音乐家协会主办的《儿童音乐》创刊。

同月 卫生部发布中医学院试行教学计划,并发出《关于高等医药学院增设中医药课程的通知》,全国掀起学习中医中药热潮。

2月1日—11日 第一届全国人大第五次会议在北京举行。会议修正批准了1958年国家预算和1958年国民经济计划。会议通过的1958年经济发展计划,预计与1957年相比,工业总产值增长14.6%,生产资料生产增长18.8%,消费资料生产增长9.7%;农业总产值增长6.1%,粮食生产增长5.9%;基本建设投资增长17.8%。各省、市、自治区和各部门再在此第一本账的基础上,编制第二本账。会议还讨论通过了关于调整国务院所属组织机构的决定及罢免人大常委会民族委员会、法案委员会和国防委员会中的"右派分子"黄绍竑等10人职务的决议。国家主席毛泽东于2月1日发布命令,根据本次会议的决定,撤销龙云国防委员会副主席职务和黄琪翔的委员职务。

2月2日 《人民日报》发表社论《我们的行动口号——反对浪费,勤俭建国!》。社论根据南宁会议的精神,提出了国民经济"全面大跃进"的口号。

2月3日 《人民日报》发表社论《鼓足干劲,力争上游》。社论批判了1956年的反冒进,指出我们的国家现在面临着一个全面大跃进的新形势,要打破一切右倾保守思想,苦战三年,基本改变面貌。

2月7日 中共中央转发《河南省委关于传达和讨论毛主席六十条指示向中央的报告》。

同日 台湾军队于马祖列岛举行军事演习。

2月9日 国务院公布施行《关于工人、职员退休处理的暂行规定》、《关于企业、事业单位和国家机关中普通工和勤杂工的工资待遇的暂行规定》、《关于企业和事业单位的学徒的学习期限和生活补贴的暂行规定》、《关于工人、职员回家探亲的假期和工资待遇的暂行规定》。

2月11日 一届人大五次会议通过《关于调整国务院所属组织机构的决定》,电力部与水利部合并为水利电力部,毛泽东主席任命傅作义为水利电力部部长;高等教育部和教育部合并为教育部,毛泽东主席任命杨秀峰为教育部部长。

2月12日 中共中央、国务院联合发出《关于除四害讲卫生的指示》。这一《指示》主要反映了毛泽东的意见。《指示》提出要在10年或更短一些的时间内,完成消灭苍蝇、蚊子、老鼠、麻雀的任务,使我国人民由病弱转为强壮,由落后转为先进。1958年是全国向四害和疾病大进军的一年。中央要求各基层单位每星期,各大单位每月检查评比一次,年终大检查评比一次。《指示》发出后,全国掀起除"四害"运动。

2月13日—23日 中共中央在北京召开政治局扩大会议,传达南宁会议精神,继续批评"反冒进",规定以后不准再提反冒进的口号。

2 月 14 日　中共中央发出通知,要求全国各地区各方面普遍推行湖北省委关于各级干部种试验田的经验。

同日　毛泽东视察长春电影制片厂,并参观了《红孩子》拍摄现场。

2 月 14 日—21 日　周恩来率我国政府代表团访问朝鲜民主主义人民共和国。在访问期间,中朝两国政府就从朝鲜撤军问题发表联合声明。声明中说:中国政府本着一贯促进朝鲜问题和平解决的立场,经过同朝鲜政府协商后,向中国人民志愿军提出了主动撤出朝鲜的建议。中国人民志愿军完全同意中国政府这一建议,决定在 1958 年年底以前分批全部撤离朝鲜。3 月 15 日,首批中国人民志愿军启程回国。同年 10 月 6 日,中国人民志愿军全部人员撤出朝鲜。

2 月 16 日　第三届全国版画展览在帅府园美术展览馆举行,展出了 21 个省、市的 206 位版画家的 302 件作品。该展览曾在天津、武汉、长沙、乌鲁木齐、伊犁、南京、重庆、西安、上海、昆明、沈阳、福州、长春、广州、南昌巡回展出。

2 月 18 日　《人民日报》发表毛泽东亲自起草的社论:《反浪费反保守是当前整风运动的中心任务》。

同日　海军航空兵击落国民党军RB−57 型高空侦察机 1 架。该机窜入山东临沂以东上空,并继续向诸城、即墨侦察。海军航空兵第 4 师 10 团中队长胡春生、飞行员舒积成驾机拦截,在诸城上空 1.55 万米高空将敌机击落。战后,参战部队受到海军领导人通令嘉奖。

2 月 19 日　《人民日报》发表社论,要求军队在本年的拥政爱民活动中,把支援生产大跃进作为主要内容之一。

2 月 24 日　中共中央发出《在全国各地区各方面普遍推行种试验田的通知》。

2 月 27 日　共青团中央、全国科普协会、全国妇联、林业部决定 1958 年在全国范围内广泛开展宣传绿化祖国的重大意义和普及林业科学技术知识的活动。本日向全国发出联合通知,要求 4 个部门的各级组织必须密切配合相互支援,使绿化祖国的宣传活动,能做到家喻户晓。

同日　美国国务卿宣称,中共任何攻台行动,必将遭美国反击。

2 月 28 日　中共中央发出《关于下放干部进行劳动锻炼的指示》。

同日　《人民日报》发表社论《打破旧的平衡,建立新的平衡》。社论说,许多省份不是用 10 年,而是要用 5 年、6 年、7 年完成《全国农业发展纲要(修正草案)》;许多省市的地方工业今后 5 年内不是增长百分之几十,而是增长几倍。社论提出,要用积极的态度去组织平衡,"我们必须反对庸俗的平衡论,或均衡论,反对消极的平衡方法"。

2 月　国务院科学规划委员会成立古籍整理出版规划小组。

3 月 1 日　中国人民解放军高等军事学院开学。学院于 1957 年夏在北京成立,刘伯承任院长兼政治委员。学院的任务是:训练陆、海、空军正师级以上的军事、政治、后勤干部、高级参谋及军事理论人员,提高中国人民解放军高级将领的政治、军事理论水平和组织指挥现代化诸兵种联合作战的能力。

同日　中共中央转发文化部党组《关于组织各类艺术工作者参加体力劳动和基层工作锻炼问题的报告》。

3 月 3 日　中共中央发出《关于开展反浪费反保守运动的指示》。

同日　中国医学科学院 130 多位医学科学家向全国医学卫生工作者倡议,把心交给党，力争作左派，专深又红透。

3月5日 广西僮（后改为"壮"）族自治区成立，韦国清任自治区主席。当时广西壮族自治区有1900多万人口，是我国建立的第三个省一级的自治区。国务院副总理贺龙率领代表团代表党中央、国务院前往祝贺。

同日 台湾"省政府"拟订整饬自治行政风气办法。

3月6日 中共中央和国务院决定：中共中央设立外事小组；国务院设立外事办公室。中共中央外事小组全盘领导外事工作，陈毅任组长。国务院外事办公室是党中央外事小组的办事机构，中共中央国际活动指导委员会即行撤销。

3月7日 中共中央提出《对民主人士中的右派分子进行工作的意见》。提出，在对右派分子作了组织处理之后，应对他们进行有计划的教育工作，以分化、改造右派分子，争取中间分子。①对他们进行经常的政治思想工作，交代政策，指明前途；消除他们的抵触情绪，批判其错误态度，推动和帮助他们接受改造。②对于右派分子，除实行劳动教养、监督劳动和劳动察看的以外，一般应按照他们新的职务给以适当的工作。③按照他们新的职务和级别，给以相应的生活待遇，在政治待遇上，让他们参加某些应该参加的会议和政治理论学习，阅读某些可以让他们阅读的文件。但对于某些公开出面的政治活动，凡是会在群众中造成错觉或造成他们的政治资本的，不要让他们参加。

同日 国务院第72次会议通过《民族自治地方财政管理暂行办法（草案）》。该草案的要点6月13日发布，并确定自1958年起开始实行。

3月8日 《人民日报》报道：冶金部、铁道部反浪费、反保守，提出当年大跃进新指标。

3月8日—26日 中共中央召开成都会议。会议通过了《关于1958年计划和预算第二本账的意见》《关于发展地方工业问题的意见》《关于把小型的农业合作社适当地合并为大社的意见》和《关于继续加强对残存的私营工业、个体手工业和对小商小贩进行社会主义改造的指示》等37个文件。会议继续批判1956年的反冒进。会议确定把"鼓足干劲，力争上游，多快好省"的口号作为党的建设社会主义总路线的基本内容。

3月9日 京剧表演艺术家程砚秋在北京逝世。

3月10日 陈伯达在国务院科学规划委员会第五次会议上谈哲学社会科学如何跃进的问题。他说，哲学社会科学应该跃进，也能够跃进。办法就是厚今薄古，边干边学。他指责哲学社会科学中的主要缺点是"言必称三代"（夏、商、周）。陈伯达讲话后，高等学校发动文科师生批判教学中的所谓"厚古薄今"的"资产阶级思想倾向"，调整古今内容和教学时间的比例，搞哲学社会科学"大跃进"。

同日 台湾"总统府"成立临时行政改革委员会。

3月11日 新华社报道，中国第一架半导体收音机在上海诞生。

3月13日 台湾"行政院"经委会通过援助小型民营工业贷款办法。

3月14日 美国国务卿杜勒斯抵台访问。

3月15日 中国人民解放军军事科学院在北京成立，叶剑英任院长兼政治委员。

同日 文化部在北京召开第一次全国性艺术科学研究座谈会。戏剧、音乐、电影、美术、曲艺、舞蹈等研究和教学人员

300 余人参加会议。

3 月 16 日　民主党派和无党派民主人士在北京举行自我改造促进大会和盛大游行,通过自我改造公约,上书毛主席,决心把心交给共产党和人民。

同日　毛泽东主席视察四川郫县红光农业生产合作社的卫生工作。

3 月 17 日　我国第一套试制成功的电视发送设备在京试播。

同日　美国驻台军事机构改组合并,成立美军驻台"协防"军援司令部。

3 月 18 日　台湾当局宣称在日本未明确答复其与大陆进行贸易问题之前,不与日本签订商务合同。

3 月 22 日　毛泽东对上海化工学院两个右派分子的大字报写批语说,更多地、彻底地灭掉资产阶级的自由,无产阶级的自由就会大为扩张,这种情况在资产阶级看来,就叫做这个国家没有自由。实际上是兴无灭资,无产阶级的自由兴起来了,资产阶级的自由就被灭掉了。

同日　中共中央同意财政部党组的报告,决定对我国的税收制度进行重大改革。①减少税收的种类,把商品流通税、货物税、营业税和印花税等四种税合并成一种,叫做"统一税"。②简化征税办法,把原来的多次征税改为工业品在工厂一般只征一道税。为了取得经验,从 1958 年 4 月起,先对棉纺织与印染、日用化学、制笔和热水瓶等四个行业的产品,试行改革办法。在试点的基础上,国务院制定了《中华人民共和国工商统一税条例(草案)》,于 9 月 3 日起在全国各行各业普遍试行。

3 月 24 日—4 月 8 日　第四次全国教育行政会议在北京举行。会议的目的是"反掉右倾保守思想,促进教育事业的大跃进"。会议指出,教育工作要学会用两条腿走路。勤工俭学、半工半读是体现教育方针的一项根本措施,破资本主义思想,立社会主义思想,把学生教育成有社会主义觉悟的人,是学校基本任务之一。会议召开前,一些省、市、自治区提出"一年变成文化省","今年内普及小学,乡乡有中学","今年内扫除文盲"等不切实际的口号。

3 月 25 日　台湾"省政府"通过扩建高雄港口 10 年计划。

3 月 28 日　新华社报道:解放军普遍推广"试验连",首长下连队和士兵同吃同住同操练。

3 月 28 日—4 月 16 日　第二次少数民族语言文字科学讨论会举行,会议制定可帮助少数民族创制文字的原则,并制定出民族语言文字工作的规划。

3 月 31 日　黄河下游南岸又一引用黄河水的大型水利工程——郑州岗李引黄灌溉工程开工。

同日　中共中央发出通知:在生产高潮中应当控制劳动强度;防止和反对任何挫伤群众情绪、对群众生产高潮散布怀疑空气的言行。

同日　我国援助越南民主共和国的议定书和协定在京签字。我国在 4 年内将援助越南建设和改建 18 项工业企业。

3 月　中共中央成都会议通过了《关于发展军垦农场的意见》。3 月至 5 月在毛主席、党中央提出的"上山下乡"的号召下,几十万转业官兵参加农垦建设。其中,有 10 万转业官兵奔向"北大荒",大规模地开垦建场。同时,全国各地也出现了上山下乡开垦荒地的热潮。其中规模较大的为江西省,有 5 万名干部奔赴山区、农村,办起了国营农林垦殖场,并创办了共产主义劳动大学。湖北的湖区、甘肃的河西走廊和甘南地区,都出现了垦荒的高潮。

同月 "大跃进漫画展"在北京开幕。

同月 全国开展反浪费反保守运动。高等院校开始结合改革教学工作，批判工作和教学中的"官气、暮气、阔气、骄气、娇气"。4月起，各校在"双反"运动中，开展了自觉革命、向党交心、拔白旗、插红旗、红专辩论、制定红专规划、教育方针大辩论和批判资产阶级教育思想、学术思想等一系列"兴无灭资"的思想斗争。

同月 西部地区南水北调查勘队以黄委为主，四川省水利厅参加组成。郝步荣为队长，竺可桢为顾问，中科院的地质专家谷德振、地震专家李善邦参加了重点地区的查勘。查勘历时5个月，行程1.6万公里。同年9月27日写出查勘报告《开凿万里长河南水北调，为共产主义建设服务》。查勘的可能引水线路有四：①通天河协曲河口到积石山；②金沙江的阿坝到洮河；③金沙江的翁水河口到定西大营梁；④金沙江的石鼓到天水。

3月—4月 日本松山树子芭蕾舞团首次访华，在北京等6个城市演出38场，观众2万人次，演出剧目有芭蕾舞剧《白毛女》。

3月—8月 兰州军区根据中央军委的指示镇压甘肃、青海反革命武装叛乱，共歼灭叛匪11.6万余人，收缴各种枪械70000余支。

4月1日 蒋介石召见日本驻台"大使"，表明台湾当局坚决反对日本和大陆进行贸易的立场。

4月1日—6日 中共中央在汉口召开工作会议。会议听取了河南省关于一年实现农业发展纲要40条的规划汇报，还听取了安徽省大搞水利突击的情况汇报。

同日 中国第一座古代遗址博物馆开放。这座博物馆建立在陕西西安附近半坡村的一座距今约5000年以前的新石器时代村落遗址上。

4月2日 中共中央发出《关于整风问题的指示》，要求各地区、各部门一定要把整风坚持到底。《指示》指出，在"双反"运动告一段落后，要及时地转入整风的第四阶段。整风第四阶段，以揭发批判官僚主义、主观主义和宗派主义为主要内容。在揭发批判主观主义的时候，应当着重揭发和批判在执行党的路线、政策方面的右倾保守思想和教条主义、经验主义倾向；在揭发批判宗派主义的时候，应联系到个人主义、地方主义、大国主义、大民族主义、地方民族主义等错误思想，加以揭发和批判，以提高全党的共产主义思想水平。

同日 中共中央发出《关于继续加强对残存的私营工业、个体手工业和对小商小贩进行社会主义改造的指示》。1956年社会主义改造基本完成后，在很多地区，适应人民生活的需要，自发地出现了一些小型私营工业、个体手工业和小商小贩。《指示》认为，这些个体经济存在着很大的盲目性和"资本主义自发倾向"，不仅妨害市场管理和危害消费者的利益，而且影响若干手工业、农业合作社和商业合作组织的巩固，因此提出了一系列严厉的限制和改造措施。主要是：①对于个体手工业户，除不适合组织集体生产的某种特种手工业品允许继续进行个体生产外，都要组织他们加入手工业合作社。对于小商小贩，也要把他们组织成合作小组、合作商店或者使他们成为国营商业的代购和代销人员。②个体手工业者的收入水平，一般不得超过同行业手工业合作社社员的平均收入；小商小贩的收入水平，一般不得超过当地国营商业职工的平均工资。对于某些收入过高的个体户，国家要采取经济措施加以控制。

4月5日 中共中央政治局批准成都会议通过的《关于发展地方工业问题的意见》。该文件指出,地方工业的任务是:为农业服务;为国家大工业服务;为城乡人民生活服务;为出口服务。实现这些任务的方法是:打破对于工业化的神秘观点,全党办工业,各级办工业,全面规划,加强领导,走群众路线。

同日 中共中央颁发《关于在发展中央工业和发展地方工业同时并举的方针下有关协作和平衡的几项规定》。《规定》提出,对于各类产品要实行国家与省、市、自治区及专区、县分级管理、分级平衡的制度。对于计划管理工作,要在全国范围内,逐步实行"双轨"的计划体制,以利于处理好"条条"与"块块"之间的矛盾。这个文件,还放松了国家对限额以上基建项目的审查管理。

同日 国务院科学规划委员会召开历史考古学座谈会。会议指出,历史科学必须厚今薄古,学术研究同政治结合。

同日 台湾"省政府"通令各县市加强推广"国语"运动。

4月7日 中共中央、国务院联合发布《关于在全国大规模造林的指示》,国务院发布《利用和搜集我国野生植物原料的指示》。

4月8日 中共中央政治局批准成都会议通过的《关于农业机械化问题的意见》。这一文件说,有广大农民参加的群众性的农具改革运动是技术革命的萌芽,全国各地应普遍地积极推广,并且在7年内(争取5年内做到)基本上实现农业机械化和半机械化,实现农业生产力的大发展。

同日 中共中央政治局批准成都会议通过的《关于把小型的农业合作社适当地合并为大社的意见》。《意见》阐述了小社并大社的必要性、条件和合并后的乡、社规模。《意见》下达后,全国各地开始了小社并大社的工作。4月间,河南省遂平县嵖岈山卫星社,由27个小社合并成有9369户社员的一个大社。

同日 中共中央发出的《关于加强地方党委对军队的领导和密切地方党委同军队关系的指示》,决定继续贯彻执行军事系统和地方党委对军队的双重领导制度。

4月9日 台湾"外交部"发表公报,称台湾当局与日本达成协议,日本政府认可日商与大陆"贸易协定"为民间协定,日本无意承认中国大陆政权。

4月12日 台湾当局公布《改进外汇贸易方案》及《外汇贸易管理办法》。

4月13日 中国电力工业的重大技术革新——不停电检修电力线路方法在鞍山试验成功。水力电力部决定有步骤地在全国推广。

同日 中国第一座野生纤维工厂建成。

4月15日 毛泽东发表《介绍一个合作社》一文。在这篇文章中,毛泽东预言:我国在工农业生产方面赶上资本主义大国,可能不需要从前想的那样长的时间了。他认为,6亿人口是一个决定性的因素,人多议论多,热气高,干劲大。他还断言,中国一穷二白,看起来是坏事,其实是好事。穷则思变,要干,要革命,一张白纸,没有负担,好画最新最美的图画。

同日 台湾报界9位代表赴"行政院",要求将《出版法》修正条文草案从"立法院"撤回或暂停审议,以便征求各方意见。

4月16日 中科院和国家民委在北京召开第二次少数民族语文科学讨论会。

4月18日 新华社报道,12个少数民族在国家帮助下创制和改进了文字。这12个少数民族是:壮、布依、苗、彝、黎、纳西、傈僳、景颇、哈尼、拉祜、佤和傣族。至此,连同通用汉字的回、满、畲3个民族在内,全国50多个少数民族中,已有24个有了文字。

4月20日 河南省遂平县嵖岈山卫星人民公社成立。这是中国最早建立的一个农村人民公社。

4月21日 成都军区发起平息康南地区叛乱的战斗。至6月底,共消灭叛乱分子3100余人,缴枪1000余支,其主力大部被歼。

4月24日 苏联国防部长马利诺夫斯基向中国提出,共同建立长波电台。中国政府表示,同意在中国建设该设施,但是全部费用由中国负担,所有权归中国。后因中苏关系恶化,此事未达成协议。

4月25日 中国人民志愿军总部发布撤军公报:从3月15日至4月25日,志愿军第一批6个师8万人已经全部撤出朝鲜回国。

4月26日 台湾"内政部"颁布《男女同工同酬条例》。

4月28日 土耳其总理曼德列斯抵台访问。

4月29日 中国文字改革委员会、文化部发出联合通知,推行第三批70个简化字。

4月 人民解放军2个营在四川盐边地区平叛作战结束。共作战142次,歼灭叛乱分子1471名,缴获枪529支,大股叛乱分子被肃清。

同月 教育部根据中央关于下放高等学校和中等技术学校的指示精神,会同有关部门将原中央各部门领导的229所高等学校中的187所和大部分中等技术学校下放归地方领导。

同月 刘诗昆参加在莫斯科举行的第一届柴可夫斯基国际音乐比赛,获钢琴比赛二等奖。

同月 中央爱卫会组成11个卫生检查组,从4月上旬开始,分赴北京、天津等27个省、市、区进行了为期一个月的卫生大检查。

同月 北京大学开始批判校长马寅初。1957年7月5日,马寅初在《人民日报》上发表《新人口论》一文。文章认为,人多固然是一个极大的资源,但也是一个极大的负担,若不加控制,任其盲目增长,必将严重影响经济发展和人民生活的提高,因此他提出要节制生育,控制人口增长。1959年12月,马寅初在《新建设》上发表《重申我的请求》,表示要坚持真理,决不向专以权力压服不以理说服的那些批判者们投降。康生据此提出,马寅初的问题已不是学术问题,而是右派向党进攻的政治问题,下令"要像批帝国主义分子艾奇逊那样批判马寅初"。于是,对马寅初的批判进一步升级。1960年,马寅初被撤销北大校长职务,党的十一届三中全会以后,马寅初及其人口理论才得到平反。

同月下旬 交通部继在汉口召开南方交通工作会议以后,又在北京召开北方交通工作会议。这两次会议,对过去的交通建设方针予以否定,批评以往在"片面强调专业化、正规化和技术性",结果造成少慢差费。为了紧跟当时工农业"大跃进"的形势,会议提出了"全党全民办交通,水陆空运大跃进"的口号,把它作为交通建设的新方针。

5月1日 人民英雄纪念碑建成揭幕。

同日 周恩来召集电影局及各制片厂负责人开会,指示迅速组织创作人员到

"大跃进"的火热斗争中去深入生活,并提出多拍一些"艺术性的纪录片",以迅速反映新形势的要求。

同日　中国第一座电视台——北京电视台开始试播。

同日　黄河位山水利枢纽工程开工。

同日　台湾"国防部"将澎湖群岛列为军事禁区。

5月2日　台湾"立法院"否决161位"立法委员"所提《出版法》修正案应公开审议的复议案。

5月5日—23日　中共八大第二次会议在北京举行。会议讨论通过了刘少奇作的中央委员会的工作报告和谭震林作的关于农业发展纲要(第二次修正草案)的说明,会议正式通过了中共中央根据毛泽东的倡议而提出的"鼓足干劲,力争上游,多快好省地建设社会主义"的总路线。会议还根据毛泽东的意见,改变了八大一次会议关于国内主要矛盾已经转变的正确论断,认为当前我国社会的主要矛盾仍是无产阶级与资产阶级、社会主义与资本主义的矛盾。会议肯定了当时已经出现的"大跃进",认为这标志着我国正在经历着"一天等于二十年"的伟大时期,号召全党和全国人民,认真贯彻执行社会主义建设总路线,争取15年,或者在更短时间内,在主要工业产品产量方面赶上和超过英国,并提出了新的第二个五年计划的高指标,会议再次批判了1956年的反冒进。会后,在全国各条战线上迅速掀起"大跃进"高潮。

5月5日　《人民日报》发表《现代修正主义必须批判》的社论,批判南斯拉夫共产主义者联盟纲领草案。5月9日,中共中央批发了中联部和中宣部《关于在国内批判南共纲领草案宣传问题的请示》,说批判南共修正主义,是一场在国际共产主义运动中有十分重大意义的理论性政治性斗争。

5月6日　中共中央将国家经委关于1958年第二本账的报告批转全国,要求各部门、各地区努力实现第二本账规定的各项高额指标。第二本账,即使按照当时的平衡,也是一个留有很大缺口的计划。但是,这种不平衡的状况,却被认为是"大跃进"的一种正常现象。

5月7日　中央爱卫会、卫生部发出《关于六一国际儿童节卫生活动的通知》。

5月12日　第一辆国产轿车"东风牌"轿车在第一汽车制造厂诞生。

5月15日　台湾"警备总司令部"成立。

5月17日　毛泽东在中共八大二次会议上提出:"我们也要搞人造卫星。"中央书记处同意科学院搞人造地球卫星。聂荣臻委派张劲夫、钱学森、王铮(国防部五院副院长)负责卫星规划。

同日　台湾"立法院"三委员会开始秘密审查《出版法》修正案。

5月24日　中央西藏工委黑河分工委在4月上旬组成4个工作组,分赴黑河地区的南至当雄、北至安多的青藏公路沿线的27个村落及黑河进行社会救济等工作,分别在5月中旬基本结束。约有2500多个贫苦牧民得到了15000斤青稞的救济。

5月25日　中共中央举行八届五中全会。增选林彪为中央委员会副主席,政治局常委;增选柯庆施、李井泉、谭震林为政治局委员;增选李富春、李先念为书记处书记。全会还决定出版党中央理论半月刊《红旗》,由陈伯达任总编辑。6月1日,《红旗》创刊号正式出版。

5月27日　台北市报业公会发表声明,指出《中央日报》、《青年日报》等报昨日向"立法院"所发表的声明不能代表全体报业同仁。

同日 我国第一架万能投影显微镜制成。

同日 天津市第一所厂办半工半读学校——国棉一厂半工半读学校开学。

5月27日—7月22日 中共中央军事委员会举行扩大会议,主要检查和总结建国8年多来人民解放军的建设工作,讨论当时局势、国防工作和今后的建军方针。会议将建国以来军事训练和军事院校教育工作中的某些缺点,说成是系统的教条主义错误,上纲为"一条与党的军事路线相对抗的资产阶级的军事路线",是"两个阶级的斗争在我军内部的反映",并对刘伯承、肖克等主持部队军事训练和军事院校工作的几位将师进行了错误、过火的批判。1980年,邓小平明确指出:1958年"那次反教条主义是错误的"。1986年10月7日,胡耀邦代表中共中央为在那次斗争中被错误批判的人予以平反。

5月29日 国务院第77次会议通过关于从1959年起停止发行国家经济建设公债和允许各省、自治区、直辖市发行地方经济建设公债的议案以及《中华人民共和国地方经济建设公债条例(草案)》。该条例6月5日公布。

5月30日 刘少奇在中共中央政治局扩大会议上提出:我国应该有两种主要的教育制度和劳动制度同时并行:一种是现在的全日制的学校教育制度;现在工厂里面、机关里面8小时工作的劳动制度,这是主要的。此外,还可以采取一种制度,跟这种制度相辅而行,就是一种半工半读的学校教育制度和一种半工半读的工厂劳动制度。不论在学校、工厂、机关、农村中,都要比较广泛地采用半工半读的办法。

5月 电影业开展"拔白旗"的运动,以肃清电影中的右倾主义倾向。

同月 文化部召开全国电影事业跃进工作会议。会议决定电影事业的跃进目标是"省有制片厂、县有电影院、乡有放映队",并决定各省、市、自治区年内均开始生产电影。

6月1日 中共中央发出《关于加强协作区工作的决定》,将全国划分为东北、华北、华东、华南、华中、西南、西北等7个协作区。要求各协作区根据各个区域的资源等条件,按照全国统一的规划,尽快地分别建立大型的工业骨干和经济中心,形成若干个具有比较完整的工业体系的经济区域。

6月2日 中共中央作出《关于企业、事业单位和技术力量下放的规定》,要求中央各部门除留下几个重要的、特殊性质的企业归中央管理外,其余必须于6月15日前全都下放给地方。到6月15日,各工业部门就将确定下放的880多个单位的下放手续全部办理完毕。至此,中央各部门所属的企业、事业单位,有80%下放给地方管理。

同日 中共中央发出《关于企业、事业单位和技术力量下放的规定》。规定要求下放的交接工作"应该一律于6月15日以前完成"。到6月25日,中央工业部门所属的企业和事业单位,已经有80%左右下放地方管理。

6月3日 全国人大常委会通过《中华人民共和国农业税条例》。条例规定,全国平均税率为常年产量的15.5%。

同日 《人民日报》发表《向技术革命进军》的社论。社论认为,中国的革命现已进入一个以技术革命和文化革命为中心的社会主义建设的新时期。

6月5日 全国人大常委会第九十七

次会议决定从 1959 年起停止发行全国性的国家经济建设公债。

6 月 10 日　中共中央发出《关于成立财经、政法、外事、科学、文教小组的通知》。《通知》指出,这些小组直属中央政治局和书记处。各组组长分别是:财经小组为陈云;政法小组为彭真;外事小组为陈毅;科学小组为聂荣臻;文教小组为陆定一。

同日　台湾"经济部"公布台湾省横贯公路沿线矿产开发方案。

6 月 13 日　台湾 135 位"立法委员"提出促请重付审查《出版法》修正案遭否决。

6 月 13 日—7 月 15 日　文化部委托中国戏曲研究院在北京召开戏曲表现现代生活座谈会,确定"以现代剧目为纲"的戏剧工作方针。

6 月 17 日　薄一波向中央政治局提出《两年超过英国》的报告。

同日　中央农村工作部批转中央气象局党组《关于第一个五年计划的初步总结与第二个五年计划方针任务的报告》。报告说:全国气象台站已由解放时的 72 个发展到 1660 个;旧中国没有探空站,现已建立 73 个;还创办了北京、成都、湛江三所中级气象学校和 22 所初级技术学校。气象仪器已经基本自给。

同日　人民解放军空军某部击落国民党空军飞机 1 架。当日下午 17 时 30 分,国民党空军 2 架 RF-84 型飞机窜扰福建连城地区。解放军空军当即起飞迎击,经战斗,敌机一架狼狈逃窜,另一架被击落,机毁人亡。

同日　教育部发出通知:本年高等学校招生,对工农速成中学毕业生、工人、农民、工农干部和参加革命时间较久的老干部以及优秀的高中毕业生,经审查认为符合条件的,可采取保送入学的办法。

6 月 18 日　新华社报道:最近在北京召开的全国地方冶金会议决定今后一年内建成 200 座中、小型炼钢转炉,说可以产钢 1000 万吨。会议还决定一年内建 2000 座小炼铜炉,可年产粗铜 15 万吨。

同日　中国画家潘天寿被苏联艺术研究院聘为名誉院士。

6 月 19 日　华东地区召开农业协作会议。会议提出,今明两年内把粮食产量提高到每人平均 1000—1500 斤;3—5 年内,把粮食产量提高到每人平均 2000 斤。7 月,西北、华北、西南等区相继召开农业协作区会议,提出农业"大跃进"的奋斗目标。其中西北地区提出 1962 年粮食产量每人平均要超过 3000 斤。在生产措施方面,这些会议普遍强调大搞土地深翻和推行密植。华东地区提出,1959 年秋天以前,把全部耕地深翻一次,深度达到 1 尺到 2 尺。中南区则要求高度密植,晚稻每亩苑数要增加到 4 万到 5 万或更多。

6 月 20 日　苏联科学院选举郭沫若为苏联科学院历史科学院士,李四光为地质地理科学院士。

同日　台湾"立法院"不顾舆论反对通过《出版法》修正案。

6 月 21 日　《人民日报》发表社论《力争高速度》。社论认为,用最高的速度发展我国的社会生产力,实现国家工业化和农业现代化,是社会主义建设总路线的基本精神。可以说,速度是总路线的灵魂。速度问题是建设路线问题,是我国社会主义事业的根本方针,快是多快好省的中心环节。

同日　全国人大常委会委员、著名诗人柳亚子逝世。

6 月 22 日　毛泽东批准冶金部党组《关于产钢计划的报告》。《报告》说:政治局扩大会议的时候,华东地区提出争取明年华东地区产钢量达到 800 万吨。根据这一指标,我国钢铁工业的发展速度,又将进入一个新水平。这表明我国第二个五年计划钢的生产水平将不是 3000 万—4000 万吨,而可能超过 6000 万吨。各大协作区分别开会研究后,认为明年钢的产量可以超过 3000 万吨,而 1962 年的生产水平则可能达到 8000 万—9000 万吨以上。

6 月 24 日 台湾"立法院"通过《实施都市平均地权条例》修正案。

6 月 25 日 毛泽东、刘少奇、周恩来、朱德等同志,中共中央政治局委员、候补委员,中央书记处书记、候补书记,以及中央委员和候补委员,到十三陵水库工地参加义务劳动。

6 月 26 日 国家统计局在保定召开全国统计工作现场会议。这次会议改变了统计工作的科学性质和基本任务,提出统计工作必须"为政治服务",党政领导需要什么,就统计什么。从此,统计工作严重脱离实际,出现了极大的混乱,大大助长了高指标和浮夸风。

同日 文化部发出《关于改变新华书店体制的通知》。

6 月 28 日 上海广慈医院医务人员成功地抢救了被铁水烫伤面积达 89.3%的炼钢工人丘财康,首创医学史上没有记载的奇迹。

同日 中国第一台电气机车制成。

同日 《东风》美术月刊在上海创刊。

同日 中国文联、剧协等单位在北京举行"元代伟大戏剧家关汉卿戏剧创作七百周年纪念"。

6 月 29 日 中共中央同意劳动部的报告,决定放宽对招收工人的审批管理,确定今后劳动力的招收、调剂等工作,由各省、市、自治区负责管理,不必经过中央批准。文件下达后,当年职工队伍急剧膨胀。

同日 邓小平批准聂荣臻提出的《关于自行设计和试制原子潜艇问题的报告》,并由罗舜初(任组长)、刘杰、张连奎、王铮组成四人小组,负责筹划和领导这一工作。

6 月 30 日 《人民日报》报道:河北省安国县南娄底乡卓头村农业社创小麦亩产 5103 斤的全国最高纪录。此后,各地报刊竞相报道粮食高产"卫星"。在此期间,《人民日报》还连续发表社论,大批所谓"条件论"、"悲观论"和"农业增产有限论",提出"人有多大胆,地有多大产","只怕想不到,不怕做不到",宣称现在"我国粮食要增产多少,是能够由我国人民按照自己的需要来决定了","只要我们需要,要生产多少就可以生产多少粮食出来"。

同日 在苏联帮助下,中国第一座实验性原子反应堆建成,并正式运转。回旋加速器也建成,准备进行科学研究工作,这座原子反应堆是实验性重水型的,它的热功率是 7000—10000 瓦,这个回旋加速器,可以把阿尔法粒子加速,使它的能量达到 2500 万电子伏特。9 月 27 日在工程现场举行了隆重的移交生产典礼。参加典礼仪式的有党和国家领导人陈毅、聂荣臻等。典礼仪式由张劲夫主持。由国家验收委员会主任聂荣臻签字验收。

同日 台湾"行政院长"俞鸿钧辞职。

6 月 各地学校掀起学习毛主席著作的读书运动。

同月 长春电影制片厂摄制完成《水库上的歌声》。影片被评价为"将纪录片和故事片很好结合的"、"大跃进中的新典型"、"新样式",受到大力提倡。

同月中旬 李富春向中央政治局提出《第二个五年计划要点》的报告。《计划要点》认为,今年工农业大跃进已成定局,现在看,以钢铁为主的几种主要工业产品的产量,有可能不用 3 年便赶上和超过英国,全国农业发展纲要有可能 3 年基本实现。第二个 5 年计划安排全国限额以上的工业建设项目大约 5000 个以上,其中重大的重工业项目 800 个左右。生产指标,以 1962 年生产 6000 万吨钢为中心来安排,再加上第三个五年计划前期建设的钢厂,到 1967 年,我国的钢产量将达到 1 亿吨以上。5 年需要投资 3000 亿元,其中重工业占 60%。初步计算,第二个五年计划需要补充职工 1500 万到 2000 万人。

同月中旬　农业部向中共中央政治局提出《农业大有希望》的报告。报告提出,1962 年粮食产量达到 8500 亿斤,平均每人 1200 斤;棉花产量 8000 万担,平均每人 11.5 斤;油料作物、茶叶、烟、麻、糖也将有大幅度增长。大家畜计划发展到 1.5 亿头,猪 5 亿头到 7 亿头,羊 2.5 至 3 亿只。毛泽东阅后批示:"粮食、钢铁、机械是三件最重要的事。有了这三件,别的也就会有了。三件中,粮食及其他产品又是第一件重要的事,我们应十分注意农业问题。"

同月　中共中央统战部召开统战工作四级干部会议,徐冰副部长作了《关于资产阶级分子、资产阶级知识分子和民主党派的根本改造问题》的报告。会议讨论制定了《1958 年至 1962 年改造资产阶级知识分子工作纲要(草稿)》和《1958 年至 1962 年改造民主党派工作纲要(草稿)》。报告和纲要反映了毛泽东对知识分子的看法,有着严重的"左"倾错误。

同月　中共中央文教小组副组长康生在中央宣传部召开的教育工作会议上宣布,教育部制定的教育规章制度,一律作废。此后,他到处"视察教育",宣扬其"教育革命"的主张。

7 月 1 日　《人民日报》报道毛泽东接见河南省封丘县应举社社长崔希彦。毛泽东在接见时说:不要很久,全国每人每年就可以平均有粮食 1000 斤,猪肉 100 斤,油 20 斤,棉花 20 斤。再过一个时间,每人每年就平均有粮食 1500 斤,这样全国人民的生活水平就会大大提高了。

同日　教育部发出《关于高等学校 1958 年招考新生的规定》,改变全国统一招生的制度,实行由学校单独招生或者联合招生的办法。

同日　台湾"警备总司令部"开始行使职权。

7 月 4 日　台湾"立法院"通过"副总统"陈诚兼"行政院长"。

7 月 5 日　刘少奇在石景山发电厂同工人座谈时说:现在赶上英国不是十几年,2、3 年就行了,明年后年要超过英国。钢铁、煤炭明年可以超过,电要慢点。中国进入共产主义,不要好久,你们大多数可以看到共产主义。

7 月 8 日　《人民日报》刊登题为《农业社办食堂促进生产发展和集体主义思想成长》的专题报道,介绍了湖南邵阳、桃源县,湖北公安县和福建安溪县部分地区的农业社办公共食堂的情况。8 月 18 日,《人民日报》报道:河南已建立公共食堂 31 万多个,参加的群众占全省总人口的 71%;辽宁省已办起农村公共食堂 18000 多个;青海省农业区 24 万户农民,全部参加了公共食堂。此外,新疆、广西、广东、云南、贵州、福建、安徽等地,也大量办起了公共食堂。

同日　经中央批准,撤销水利电力部治淮委员会,全部人员并入安徽省水利厅。淮河流域的水文工作分别由河南、安徽、江苏和山东四省水利厅管理。

同日　台湾当局公布《民营厂商申请

进口管制物资办法》。

7月9日　全国民间文学工作者大会在北京举行。

7月14日　文化部颁发《关于文学和社会科学书籍稿酬的暂行规定（草案）》，在北京、上海两地有关出版社试行。

7月14日—18日　黄河三门峡至花园口区间普降暴雨，雨区范围还包括汾河、淮河上游以及汉江中游等广大地区。最大24小时雨量达650毫米。黄河防总征得河南、山东两省同意提出"依靠群众，固守大堤，不分洪，不滞洪，坚决战胜洪水"的方案，并报中央防总。周恩来总理于18日飞抵郑州指挥，并批准这一方案。

7月14日—18日　刘少奇视察山东工厂、农村。刘少奇在视察中说，工业生产要实行一厂多种经营，所有工厂都应该自己炼钢，农村没矿石的地方也要到有矿石的地方开采冶炼。农业方面，要兴修水利，增施肥料，深翻土地，改良农具和技术。关于教育问题，应使教育和生产劳动相结合，做到一个工厂就是学校，半工半读，学生是工人，工人也是学生。农村也可以这样做，拨出几百亩地，办一个学校，学生一面生产一面学习，既是学生又是农民。刘少奇在讲话中还赞扬公共食堂、托儿所、缝纫组等，使家务劳动集体化，既省钱又省人，使广大妇女能更好地参加生产劳动，在社会主义建设中发挥更大作用。

7月15日　陈诚就任"行政院长"并完成"组阁"。

7月16日　蒋介石在国民党中央评议委员会上宣讲《革命民主政党的性质与党员重新登记的意义》。

7月18日　空军部分部队奉命入闽作战。为支援中东人民反帝斗争，严惩国民党军挑衅活动，中央军委决定抽调部分空军部队入闽作战。人民解放军空军（含海军航空兵）入闽作战历时作战3个多月，共出动飞机691批次，3778架次，空战13次，击落国民党军飞机14架、击伤9架；高炮部队作战7次，击落国民党飞机2架、击伤2架。国民党空军连遭打击，从此不敢出动大量飞机与人民空军争夺制空权。

7月19日　中国同柬埔寨建立外交关系。

同日　为解除工商业出现的危机，台湾当局拟订《工厂营运资金临时贷款办法》。

7月23日　农业部发布1958年夏收粮食作物生产公报，宣布当年夏收粮食作物空前丰收，总产量达1010亿斤，比上年增长413亿斤，增长幅度达69%。同日，《人民日报》发表社论《今年夏季大丰收说明了什么》，宣布我国小麦的总产量已经超过美国而跃居世界第二位。

7月25日—30日　教育部、中国文字改革委员会联合召开全国首次普通话教学成绩观摩会。后来，又于1959、1960、1964年召开过这类观摩会。

7月26日　中国自行设计制造的第一架喷气教练机歼教－1在沈阳首飞成功。8月4日，叶剑英元帅参加了在沈阳举行的庆功大会。

7月29日　台湾海峡南部发生空战。

7月31日—8月3日　苏共中央第一书记赫鲁晓夫来华访问。访华期间，赫鲁晓夫同中共中央领导人毛泽东等讨论了国际形势和中苏关系等问题，发表了《毛泽东和赫鲁晓夫会谈公报》。在会谈中，毛泽东严正拒绝了苏联在不久前提出的企图侵犯我国主权的关于建立联合舰队和在我国建长波电台的建议。

7月上、中旬　《红旗》杂志发表陈伯达的文章，阐述毛泽东关于人民公社的构想。《红旗》杂志第13期陈伯达的文章《全新的社会、全新的人》和第 14 期《在毛泽东同志的旗帜下》，传达了毛泽东的话："把一个合作社变成为一个既有农业合作又有工业合作的基层组织单位，实际上是农业和工业相结合的人民公社。""我们的方向，应该逐步地有次序地把'工（工业）、农（农业）、商（交换）、学（文化教育）、兵（民兵，即全民武装）'组成一个大公社，从而构成为我国社会的基本单位。"河南省遂平县卫星社根据《红旗》杂志所登毛泽东的这两段话，建立起了全省第一个人民公社，河南各县也都很快开始试办人民公社。

同月　经中央批准，中国科学院原子核科学委员会成立。李四光任主任委员，张劲夫、刘杰、钱三强任副主任委员，委员有竺可桢、吴有训等 25 位科学家。同时批准成立属于该委员会的同位素应用委员会，吴有训任主任委员，赵忠尧、严济慈、陈凤桐、杨承宗任副主任委员，委员有童第周、尹赞勋等 10 位科学家。

同月　中国科学院党组向聂荣臻呈送了卫星研制分"三步走"的计划：第一步发射探空火箭；第二步发射小卫星；第三步发射大卫星。分工是：运载火箭以国防部五院为主，科学院配合；探空头和卫星及观测工作以科学院为主，国防部五院配合。

同月　云南西北德庆藏族地区叛首桑树林、董小狗等率领叛乱分子窜入西藏昌都地区进行破坏活动。西藏军区以昌都警备区平叛部队 1000 余人组织围歼。经战斗，击毙叛首桑树林、董小狗以下 39 人，俘 164 人，缴获各种枪 118 支。

同月　北京舞蹈学校正式演出芭蕾舞剧《天鹅湖》。这是我国第一次自己排练、正式演出的大型世界经典芭蕾舞剧。

同月　长江流域规划办公室荆江河床实验站技术员韩其为在南京观测队协作下，运用航空上的远读磁罗盘，试制成一部新型自动同步流向仪，被命名为"长江 58 型流向仪"。经初步鉴定，其观测精度已达国际水平。10 月 15 日，为了奖励韩其为这项创造，苏联电站部代表团团长巴连柯在北京向他授予奖章和奖状。

7 月—8 月　长江流域规划办公室林一山主任在武汉向毛泽东汇报了长江泥沙及三峡水库寿命问题。当谈到三峡入库泥沙每年约 5 亿吨，约 200 年水库可能淤满时，毛泽东说："这是百年大计、千年大计，只两百年太少了。"指出要研究水库长期利用问题。

8 月 1 日　江西共产主义劳动大学总校和附设在全省 30 个垦殖场的 30 所分校开学。该校实行半工半读，勤工俭学，学习与劳动相结合，政治与业务相结合。

同日　包（头）兰（州）铁路建成并开始临时运营。这条铁路全长 1000 公里，1954 年开始施工。

8 月 1 日—14 日　第一届全国曲艺会演大会在北京举行。会演期间举行了中国曲艺工作者第一次代表大会，成立了中国曲艺工作者协会。

8 月 4 日　中共中央、国务院发布《关于教育事业管理权力下放问题的规定》，改变教育事业条条为主的管理体制，根据中央集权和地方分权相结合的原则，加强地方对教育事业的领导管理。

同日　文化部在北京召开全国报纸、书刊印刷工作会议。

同日　美军"协防"台湾司令部宣布美国"超级军刀机"调驻台湾。

8 月 6 日　毛泽东视察河南省新乡县七里营人民公社，发出"人民公社好"的号召。

同日　台湾"国防部"宣布：金门前

线、台湾全省进入紧急备战状态。

8月7日 空军部队击伤国民党军飞机1架。国民党军 RF－84 型飞机 2 架窜入福建莲塘、晋江进行侦察活动，人民解放军空军第 9 师第 7 团立即派飞机拦击，并在晋江上空将其中 1 架击伤。

8月8日 《人民日报》发表社论《土洋并举是加速发展钢铁工业的捷径》。社论号召一年之内要建成中小转炉 200 座，增加 1000 万吨钢；建成 13000 多座中小型高炉，增加 2000 万吨铁。

同日 中国科学院民族研究所组成的包括 500 人的 16 个少数民族社会历史调查组，分批从北京出发，前往西藏等民族地区进行调查。

8月10日—13日 毛泽东在天津市视察。他说，地方应该想办法建立独立的工业体系，协作区和省都要建立比较独立的但是情况不同的工业体系。13 日，毛泽东在天津大学说，高等学校应抓住三个东西：一是党委领导，二是群众路线，三是把生产劳动结合起来。以后要学校办工厂，工厂办学校，学生要勤工俭学，教师也要搞，老师也要参加劳动，不能光动嘴不动手。

8月11日 中央革命博物馆在北京正式开放。

8月11日—13日 新疆天山地区发生了一场范围较大的降雨，雨区跨天山南北，暴雨中心位于天山西部伊犁河上游库克苏河源头至天山腹地大尤尔都斯盆地一带，中心库克苏站 3 天雨量 117.5 毫米。库车河、渭干河出现了罕见大洪水，库车河兰干站实测洪峰流量达 1940 立方米每秒，约为 150～200 年一遇。库车（古龟兹国）遭受毁灭性破坏，受灾 8200 余人，死亡 507 人，冲毁房屋 5700 间。乌鲁木齐至南疆各地交通中断数日之久。通过这次洪灾促进了新疆水文情报预报工作的开展，各水文站开始安装电话和配备电台向领导部门及时报告水情。

8月13日 海军航空兵部队击伤国民党军飞机 2 架。国民党军 RF－84 型飞机 2 架窜入福建福州地区上空，人民解放军福建前线海军航空兵第 4 师 10 团立即派飞机拦击，并将 2 架敌机击伤。

8月14日 空军部队击落击伤国民党军飞机 3 架。国民党军 F－86 型飞机 12 架窜入福建平潭岛地区上空，人民解放军空军第 16 师第 46 团起飞 8 架米格－17 型飞机拦击，并与敌机展开空战。飞行员周富春先后击落敌机 2 架、击伤敌机 1 架，其后座机被敌机击中，被迫跳伞落海，壮烈牺牲。空军战后给周富春追记一等功。

同日 马祖附近发生激烈空战。

8月16日 近百年中国画展览在北京举行。

8月17日 中共中央政治局扩大会议作出《关于民兵问题的决定》，要求在全国范围内把能拿武器的男女公民武装起来，以民兵组织的形式，实行全民皆兵。9 月，毛泽东提出：我们不但要有强大的正规军，我们还要大办民兵师。由此，全国迅速掀起了办民兵的热潮。民兵组织不但在农村原有的基础上壮大了，而且城市的工厂、学校、机关普遍地建立了民兵组织。据 1958 年年底统计，全国民兵由原有 4000 多万人发展到 22000 多万人，其中基干民兵达 6000 多万人。民兵占全国总人口的 35％。

同日 中国第一套电视发送设备制成。

8月17日—30日 中共中央政治局在北戴河召开扩大会议，讨论 1959 年的国民经济计划以及当前的工业生产、农业生产、农村工作和商业工作等问题。会议通过了《中共中央政治局扩大会议号召全党全民为生产 1070 万吨钢而奋斗》的决定，《中共中央关于在农村建立人民公社问题的决议》和《关于 1959 年计划和第二个五年计划问题的决定》等 40 项决议。会议决定，1958 年的钢产量由原计划的 620 万吨，提高到 1070 万吨；到 1962 年，经过三年苦战，粮食产量要达到 15000 亿斤，钢产量达到 8000 万吨到 1 亿吨。"二五"计划期间，将我国建成为具有现代工业、现代农业和现代科学文化的伟大社会主义国家，并创造条件开始向共产主义过渡。会议还要求在全国农村要普遍建立政社合一、工农商学兵相结合的人民公社，并利用人民公社这一形式，摸索出一条过渡到共产主义的具体途径。会后，在全国很快形成了全民炼钢和人民公社化运动的高潮，以高指标、瞎指挥、浮夸风和"共产风"为标志的"左"倾错误严重地泛滥开来。

8 月 18 日　中共中央总书记邓小平就如何对待西藏部分地区上层叛乱分子问题，对西藏军区司令员张国华、副司令员邓少东谈话时指出：要巩固自己的阵地，维护交通，有把握的就打，没有把握的就不打；让他们（指叛乱分子）闹大点，闹的愈大，改革就愈彻底；解放军不要轻易上阵，不要轻易把部队拉上去；要提高警惕，生产时把枪放在旁边。

8 月 19 日　在全国协作区主任会上，毛泽东谈了破除资产阶级法权问题。他说，争地位、争级别、按劳分配、工资制度以及脑力劳动者与体力劳动者之间的收入差别，都是资产阶级法权思想的残余。要考虑逐步废除工资制，恢复供给制。在此后的一段时间内，理论和实践中出现了否定物质利益原则、否定按劳分配，主张实行供给制、无偿调拨劳动力和产品、取消商品交换的现象。

同日　中国奥林匹克委员会（中华全国体育总会）发表关于同国际奥林匹克委员会断绝关系的声明。同时，宣布退出国际游泳、田径、篮球、举重、射击、摔跤、自行车联合会及亚洲乒乓球联合会。

8 月 20 日　中央科学小组和科学规划委员会在给中央的关于 12 年科学规划执行情况的报告中提出：苦战三年，"就可以基本改变我国科学技术面貌。争取提前 5 年，即在 1962 年，就完成 12 年科学技术远景规划，赶上世界先进的科学技术水平"。

同日　中国同伊拉克建立外交关系。

8 月 22 日　《人民日报》报道，中华全国手工业合作社最近召开全国各省、市、自治区手工业联社主任会议，集中研究手工业合作社逐步向全民所有制过渡的问题。会议认为，向全民所有制过渡有多种多样的形式，主要是两种：一种是转为一个地区或一个行业手工业联社经营的合作工厂；另一种是直接过渡为地方国营工厂，过渡的速度快一点比慢一点好。

8 月 23 日　人民解放军福建前线部队开始向占据金门、马祖岛屿并经常骚扰大陆沿海地区的国民党军队进行警告性的大规模炮击。

同日　中国人民解放军从下午 6 时始猛烈炮击大、小金门等岛屿的军事阵地。金门防卫副司令赵家骧、吉星文、章杰重伤死亡。

8 月 24 日　美国国务卿杜勒斯宣称，中共如攻夺金门、马祖，美国将视为威胁和平。

8 月 25 日　空军部队击落国民党军飞机 2 架。国民党军 F－86 型飞机 8 架窜入福建漳州地区，人民解放军空军第 9 师起飞 8 架歼－5 型飞机拦击。飞行员刘维敏单机与 4 架敌机激战，在击落 2 架敌机后座机中弹,壮烈牺牲。空军领导机关战后为刘维敏追记一等功。

8 月 26 日 黄河青铜峡水利枢纽工程开工兴建,全部竣工后可发电 26 万千瓦,并可灌溉 1000 万亩的平原和山区。

8 月 27 日 《人民日报》以《人有多大胆,地有多大产》为题,刊登中央办公厅到山东寿张县了解情况的人写的一封信。

同日 新中国自行设计研制的第一架初级教练机初教－6,在南昌首次试飞成功,后经多次改进,于 1962 年 1 月 5 日投入批生产。

8 月 28 日 中共中央、国务院发出《关于改进计划管理制度的决定》。《决定》的基本内容是:国家计划必须统一,各地方、各部门的经济、文化建设都要纳入全国统一计划内;在国家的统一计划的前提下,实行分级管理的计划制度;实行在中央集中领导下,以地区综合平衡为基础的、专业部门和地区相结合的计划管理制度。

同日 美国调派航空母舰、驱逐舰增援第七舰队。

8 月 29 日 中央发出关于深耕和改良土壤的指示,把深翻土地作为农业增产技术措施的中心,要求各地区在今后两三年内,必须把一切可能深耕的土地,全部深耕一遍;并且每三年轮流深耕一次,周而复始。深耕的标准是 1 尺以上,丰产田 2 尺以上。同时,全国需要改良的 3 亿 3 千万亩盐碱地、红壤土等瘠薄田地,要求两三年内,必须全部改完。这一指示下达后,各地农村都调动了大批劳动力,掀起了所谓"让土地来个大翻身"的浪潮。

同日 中共中央北戴河会议作出了动员城市青年上山下乡,参加边疆建设的决定,并责成农垦部负责进行此项工作。经国务院批准,内务部移民局合并到农垦部,负责移民工作。

同日 中共中央发出《关于继续开展除四害的决定》。

8 月 30 日 上海市第一人民医院尹惠珠医师等最先用针刺麻醉代替药物麻醉,成功地施行了扁桃体摘除术。

8 月上旬 毛泽东视察河北、河南、山东农村。8 月 4 日,当徐水县干部汇报他们的粮食如何"高产"时,毛泽东说:你们粮食多了吃不完怎么办呀?他建议粮食多了,就让社员多吃,一天可以吃五顿。他还说粮食多了,以后就少种些,一天做半天活儿,另外半天搞文化,学科学,闹文化娱乐。8 月 9 日,当山东省委负责同志汇报说历城县打算办大农场时,毛泽东提出,还是办人民公社好,它的好处是,可以把工、农、商、学、兵合在一起,便于领导。毛泽东的话见报后,全国立即兴起了办人民公社的热潮。

同月 中国科学院召开会议,决定由钱学森、赵九章、郭永怀、陆元九等负责拟定发展人造卫星的规划草案,并把卫星研制任务定为该院 1958 年头号重点任务,代号 581。为此成立"581 组",钱学森任组长,赵九章、卫一清任副组长,负责组织和协调人造卫星、火箭探空业务。会议还议定成立三个设计院:第一设计院负责卫星总体设计与运载火箭的研制,设由郭永怀、杨南生任正、副院长,钱学森指导全面工作;第二设计院负责控制系统的研制,吕强任主任,陆元九、张翰英、屠善澄为技术领导;第三设计院负责探空仪器与空间物理研究,赵九章、钱骥为技术指导。这三个设计院分别为力学所、自动化所和地球物理所的二部。经过两个月紧张的组织工作和试验研究,已完成运载火箭结构图和两个探空火箭箭头模型;高能燃料和高温合金研究工作也取得进展。

同月　北京、上海、天津、黑龙江、贵州、山东、陕西、安徽、河南等省市订出高中文理分科教学计划,从本年秋季开始在部分学校试行。

同月　农垦部创办新疆塔里木农垦大学和黑龙江八一农垦大学。

同月　西安电影制片厂正式成立,钟纪明任厂长。

同月　文化部直属单位举行现代题材舞蹈创作跃进会演,演出了一批反映现代生活的舞蹈节目。

同月　人民解放军第145团完成川西北平叛任务返回原贵州驻地。该团自1958年3月调川西北地区执行平叛任务以来,连续转战于青、甘、川交界地区,共歼敌1411名,缴获各种枪1541支。

同月底　光学机精密机械研究所已先后完成八种光学仪器的研制,被称为"八大件"。这八种仪器是:中型电子显微镜、高温金相显微镜、万能工具显微镜、特宽度多倍投影仪、大型石英摄谱仪、中子衍射仪、高精度经纬仪和红外望远镜。

9月1日　《红旗》杂志第7期发表河南省遂平县嵖岈山卫星人民公社试行简章。嵖岈山卫星人民公社,4月间由27个农业社合并组成,8月7日,拟定这一简章,主要内容是:①办人民公社的宗旨是巩固社会主义制度,并创造条件,准备逐步过渡到共产主义。②确定生产大队是管理生产的单位,盈亏由公社统一负责。③各个农业社并入公社以后,要将一切公有财产交给公社,多者不退,少者不补。农业社社员加入公社时,要将自留地全部交出,将私有的房基、牧畜、林木等生产资料全部转为公社所有;④在分配上一律实行工资制,同时实行粮食供给制,即全体社员,都按照家庭人口免费供应粮食。都要以生产队为单位,组织公共食堂。

同日　《人民日报》发表长篇报道,宣传河北省徐水县实行组织军事化、生产战斗化和生活集体化,并说徐水县正准备发射亩产山药120万斤,一棵白菜500斤,小麦亩产120000斤,皮棉亩产5000斤的高产卫星,还宣称:"徐水的人民公社,将会在不远的时期,把社员们带向人类历史上最高的仙境,这就是'各尽所能,各取所需'的自由王国的时光"。

同日　东海舰队护卫艇31大队,在金门岛以南海域击沉了国民党军"沱江"号猎潜舰。

同日　汉水丹江口水利枢纽工程提前动工兴建。拦河大坝高达110米,水库总容量为283亿立方,灌溉面积为1520万亩。

同日　北京密云水库开工兴建,水库建成后可蓄水41亿立方,灌溉农田400万亩。

同日　《体育报》创刊。

9月2日　中国第一座电视台——北京电视台正式播放。1978年5月1日,改为中央电视台。

同日　人民解放军空军开始装备米格19型歼击机。该型飞机作战性能优异,成为人民空军装备数量最多的主力战机。我国航空技术人员在该型飞机的基础上开发衍生多种型号、不同用途的作战飞机。

9月4日　中国政府发表关于领海的声明。声明中宣布:中华人民共和国的领海宽度为12海里。

9月6日　周恩来发表关于台湾海峡地区局势的声明。声明中说,中国政府完全有权利对盘踞在沿海岛屿的国民党部队给予坚决打击和采取必要的军事行动,任何外来的干涉,都是侵犯中国主权的罪恶行为。全国人民集会游行,拥护周恩来的声明。

9月7日 美军舰开始为台湾船队"护航"。

9月8日 毛泽东在第十五次最高国务会议上发表讲话，说农业、工业、文化教育以及其他建设事业方面，都形成了大跃进的形势。我们领导工作的重心要适时地从农业和农村工作转到工业建设方面来，从现在开始，要把重点放到工业方面。在工业上，要首先抓钢铁和机械工业。

同日 空军部队击落击伤国民党军飞机2架。国民党军F—86型飞机2架入窜广东省南澳岛上空。人民解放军空军第18师第54团起飞米格—17型飞机拦截，并击落1架、击伤1架。

9月9日 中国第一台内燃电动机车在长辛店机车车辆修理工厂试制成功。

9月10日—29日 毛泽东先后视察湖北、安徽、江苏、上海等地。在安徽视察时，当毛泽东听说该省舒茶人民公社实行了吃饭不要钱时，毛泽东说：吃饭不要钱，既然一个社能办到，其他有条件的社也能办到。既然吃饭可以不要钱，将来穿衣服也可以不要钱。他还认为，人民公社实行工资制、供给制。工资发给每个人，而不发给家长，妇女、青年一定很高兴，这样就破除了家长制，破除了资产阶级法权思想。当谈到钢铁生产时，毛泽东指出：发展钢铁工业一定要搞群众运动，什么工作都要搞群众运动，没有群众运动是不行的。9月29日，毛泽东从上海返回北京后，对新华社记者发表了谈话。在谈话中，他对那种认为工业方面搞大规模群众运动是不正规、农村习气和游击作风的意见，进行了批评。毛泽东还说，在当前的生产建设中，首先要完成钢铁生产任务。在军事上，毛泽东提出要大办民兵师。

9月12日 毛泽东视察武汉大学。

毛主席在视察时说："学生自觉地要求实行半工半读，这是好事情，是学校大办工厂的必然趋势，对这种要求可以批准，并应给他们以积极的支持和鼓励。"并提出："在教学改革中应注意发挥广大师生的积极性，多方面集中群众的智慧。"

9月13日—20日 中央宣传部召开文艺创作座谈会。会议提出，创作和批评都必须发动群众，依靠全党全民办文艺。与会者表示要像生产1070万吨钢一样，在文学、电影、戏剧、音乐、美术、理论研究等方面争取"大跃进"，放"卫星"。10月，全国文化行政会议又提出，群众文化活动要做到，人人能读书，人人能写诗，人人看电影，人人能唱歌，人人能画画，人人能舞蹈，人人能表演，人人能创作。

9月15日 中央美术学院举办工农美术训练班开课。

9月15日—10月19日 文化部、教育部、民族事务委员会联合召开了全国少数民族出版工作会议。

9月16日 中国青年钢琴家李名强在布加勒斯特举行的乔治·埃奈斯库第一届国际音乐比赛会上获得钢琴比赛第一名。

9月17日 《人民日报》发表《祝河南大捷》的社论，宣传河南省放"生铁卫星"的情况。报道说，9月15日，河南省土高炉日产生铁达18694吨。这个数字，竟比老钢铁工业基地辽宁以及吉林、黑龙江三个省当时的生铁日产量还要高。社论要求各地像河南一样，狠抓钢铁生产，完成和超额完成9月份的产铁计划。10月1日，《人民日报》又发表了《"卫星"齐上天，跃进再跃进》的社论，继续宣传各地大放钢铁"高产卫星"的情况。

9月18日 新中国第一座超音速风洞在沈阳兴建。1960年2月20日建成并投入使用。

同日　空军部队击落击伤国民党军飞机2架。国民党军F－86型飞机数架，窜入广东澄海地区上空。人民解放军空军第18师第52团正在训练的8架米格－17型飞机与敌机展开空战，并击落1架、击伤1架。

同日　北京体育科学研究所成立（现名国家体育总局体育科学研究所）。

9月19日　中共中央、国务院发出《关于教育工作的指示》。指示提出了"教育为无产阶级政治服务，教育与生产劳动相结合"的口号；并把它作为党的教育方针。指示还要求各大协作区，各省、市、自治区以至各专区和县都要建立起比较完整的教育体系。并提出，全国用3至5年的时间，基本上扫除文盲，普及小学教育，每个农业合作社都有中学，用15年左右的时间基本上普及高等教育。

同日　中共中央发布关于体育工作的批示，指出，体育运动的根本任务是增强人民体质，为劳动生产和国防建设服务。

9月20日　人民解放军总政治部，根据毛泽东主席在北戴河中共中央政治局扩大会议上号召军队干部参加体力劳动的指示和中共中央、国务院关于各级干部参加体力劳动的决定，作出关于各级干部每年下连当兵1个月的规定。

同日　中国科学技术大学在北京西郊正式开学。首届招生1600名。郭沫若兼任校长。1970年初，举校迁安徽合肥。

同日　西藏昌都警备区在金沙江以东进行平叛作战。在友邻部队配合下，昌都警备区以16个连零1个排兵力在宁静以北地区对普巴本为首的叛乱分子进行围剿。经85次战斗，歼灭叛乱分子1231名，缴获枪支1149支。

9月21日　耿桂芳、林建华、崔秀英在北京以9.81米的成绩，打破女子日间1000米集体定点跳伞世界纪录。

9月21日—29日　上海河道工程局在长江口组织了一次综合性水文测验，范围包括崇明岛上端至滨海的100余公里水域。在青龙港、七丫口、鸭窝沙、南港及北港设控制断面，在崇明水道、铜沙、余山三处设垂线，施测流速、流向、泥沙、含盐度、河床质等项目，实施全潮同步调查测验。在长江口进行这样大规模的水文测验，尚属首次。

9月22日　文化部出版局在上海召开第一次全国印刷技术革新经验交流会议。会议期间举办了全国印刷技术革新展览。

9月23日　人民解放军开始组建电子对抗部队。总参谋部将原通信兵学院练习营改建为独立无线电技术勤务营，这是我军建立的第一支电子对抗分队。1960年4月4日，该营扩建为无线电技术勤务团。

同日　海岸炮兵某连击落国民党军飞机1架。福建前线人民解放军海岸炮兵第108连在福建镇海地区击落来犯的国民党军C－46型运输机1架。

9月24日　国民党空军出动24架F－86型战斗机大规模窜入浙江温州地区，其中部分战机携带了新式的美制"响尾蛇"导弹。海军航空兵第2师出动8架飞机迎击。飞行员王自重在遭受12架敌机围攻的情况下英勇作战，击落携带导弹的敌机2架，在撤出战斗时不幸被导弹命中，壮烈牺牲。战后，海军党委给王自重追记一等功。29日，国防部就国民党空军在美国支持下使用导弹武器进攻大陆解放军发表声明，并宣布将对此类罪行予以严惩。

同日　经国务院批准，在拉萨郊区建设纳金水力发电站，并由水电部派来了工程技术人员指导筹建工作。10月1日，发电量约6000千瓦的纳金水电站动工兴建。

9月25日　中共中央书记处召开电话会议，讨论研究钢铁生产问题。会议要求，各省、市、自治区要力争把9月份的钢铁任务多完成一些。到9月30日，必须达到日产钢6万吨、铁10万吨。这次会议之后，全民大办钢铁的群众运动迅猛地开展起来。10月底，全国用于钢铁战线的劳动力由几百万人增加到6000万人，全国新建炼铁炼钢的土炉达到数百万座。

同日　中共中央、国务院发布《关于干部参加体力劳动的决定》。

同日　中华人民共和国科学技术协会（以下简称"中国科协"）在北京成立。中国科协是由全国科联和全国科普合并组成的。

同日　空军部队击伤国民党军飞机3架。国民党军F－86型飞机4架窜入福建漳浦地区进行袭扰，人民解放军空军第18师第54团立即派飞机拦击，并将其中3架击伤。

9月27日　我国第一座试验性原子反应堆和回旋加速器已经建成并移交生产，这标志着我国已经开始进入原子能科学的领域。这座原子能反应堆是重水型的，热功率为7千到1万千瓦。回旋加速器，可以把粒子加速，使它的能量达到2千5百万电子伏特。

9月29日　人民解放军某部击落国民党军飞机1架。人民解放军某部高炮营和海军某部炮艇，在福建镇海地区击落国民党军C－46型飞机1架，并俘获飞行员2名。有关单位给予参战部队通报表扬，并给某舰队炮艇记集体二等功。

9月30日　美国国务卿杜勒斯称，如台湾海峡地区获得"相当可靠的停火"，台湾军队继续驻在金门、马祖等沿海岛屿，"就是不明智的"。

9月　中科院物理所半导体研究室在林兰英领导下制出中国第一根硅单晶。

同月　逃缅国民党军残部在云南西盟地区煽动1000余人叛乱，同时组织约500人，分多路向孟连地区进行渗透破坏活动。人民解放军某师对其发动攻击，迅速平息了暴乱和窜扰，共歼敌49人，缴枪25支。

同月　中国电影学院技术研究所成立，由电影局副局长司徒慧敏兼任所长。

同月　中国电影资料馆成立。

同月　各地开始进行缩短中小学学制的试验。

10月1日　《人民日报》报道：全国农村基本实现人民公社化，共有人民公社23397个，参加的农户达到总农户的90.4％，平均每社4797户，一县建成一社和已经建立了县级联社的，据13省的统计，已有94个。

同日　北京电视台首次转播国庆游行实况。

同日　中国第二座电视台——上海电视台试验播出。

同日　中国戏曲学院成立，张庚担任首任院长。

同日　蒋介石表示台湾没有接受杜勒斯从金门、马祖等沿海岛屿撤军"停火"建议的义务。

10月3日　《人民日报》发表毛泽东诗词《送瘟神》二首，称赞江西余江县消灭血吸虫病。

同日　空军部队击落国民党军飞机2架。人民解放军空军第16师第48团第3大队4架歼－5型飞机，从低空出航，在金门岛以东海面上空击落国民党军C－46

型运输机 2 架,粉碎了敌人向金门岛空投物资的计划。

10 月 5 日　《人民日报》报道:中国科学院举行献礼祝捷万人大会,说北京 1 万多名科学工作者,短短 3 个月共献出 2152 项科学成果,其中超过世界水平的共 66 项,达到世界水平的有 167 项。

同日　中国科学院向聂荣臻副总理呈送报告,提出除继续配合五院的工作外,科学院也组织一支运载火箭研制队伍,双方采取不同途径,齐头并进。五院以仿制为主,先从一般燃料入手;科学院则完全靠自己摸索,从高能燃料入手。为此,在组织上也采取了措施:经与上海市委协商,把第一设计院迁往上海,以充分利用上海的工业基础。该院对外称"中国科学院上海机电设计院",由科学院和上海市委双重领导。随后,中科院又提出《组织科学院有关所及有关方面力量制造和发射人造卫星的方案(草案)》,这个方案总的要求是"苦战三年(1958—1960),实现上天"。

同日　中国科学院自然科学跃进成果展览会开幕,11 月 9 日闭馆。共有展品 3000 余件,其中主要展品 136 件。展览共分五个馆。第一馆是新技术和数理化,第二馆是技术科学,第三馆是综合考察及地学,第四馆是生物学,第五馆是图书、情报和编译出版。此外,另有一个保密馆,专门展出机密性较大的尖端技术方面的科研成果。参观展览会的有院内外 445 个单位 38392 人次,并受到党和国家领导人的关怀和重视,毛泽东、刘少奇、周恩来、朱德、陈云、邓小平、彭德怀、彭真、李富春、聂荣臻等先后到展览会参观,并对有关展品做了详细询问。

10 月 6 日　人民解放军空军第一批地空导弹部队组建。第一批首个地空导弹营在北京成立,番号为中国人民解放军空军高级防空学校技术系教导营,隶属高级防空学校建制,后改称空军地空导弹第 1 营,装备苏制新型萨姆－2 型高空防空导弹。

10 月 7 日—9 日　冶金部在天津召开全国地方土法炼钢促进会。11 日,又在河南商城召开全国土法炼钢现场会议。据当时计算,在 1958 年最后 3 个月,现代化高炉炼出来的生铁,仅能满足钢产量翻番需要的四分之一,大部分炼钢用生铁,只能用土法冶炼。因此,冶金部召开这两次会议,宣传炼铁要搞"小土群",炼钢也要大搞小(小转炉、小平炉)、土(土法炼钢)、群(群众运动)。会议要求大破保守思想和怀疑论,让土法炼铁、炼钢遍及全国各地。会后,全国掀起土法炼铁、炼钢的高潮。

10 月 8 日　美国宣布中止护送台湾军队为金门运送补给的船只,但声称中共如再炮击将恢复"护航"。

10 月 9 日　空军部队击落搔扰的国民党空军飞机 2 架,并俘虏 1 名飞行员。国民党空军 F－86 型飞机 6 架骚扰福建三都澳、龙田地区上空,空军航空兵第 14 师第 42 团飞行员杜凤瑞起飞迎击,击落国民党飞机 2 架,俘虏飞行员张乃军。

10 月 10 日　中国和罗马尼亚签订广播电视合作协定。此后又分别和匈牙利、波兰、民主德国、捷克斯洛伐克、保加利亚、古巴等国签订协定。

同日　文化部发出《关于北京各报刊、出版社降低稿酬标准的通报》。

10 月 11 日　毛泽东题词:"中国医药学是个伟大的宝库,应当努力发掘,加以提高。"当月第一本中医教材《中医学概论》出版。

10 月 15 日　中共中央批转北京市委

关于取消计件工资的报告。报告罗列了实行计件工资的"五大缺点"，肯定了一些企业取消计件工资的做法。中央批转北京市委这个报告后，很多地区和行业先后废除了计件工资制度。

10月16日 国防部国防科学技术委员会成立。中共中央批准中央军委的报告，将国防部航空工业委员会改组为中华人民共和国国防部国防科学技术委员会，简称国防科委，聂荣臻任国防科委主任。1968年2月10日，改称中国人民解放军国防科学技术委员会，1982年并入国防科工委。

同日 中国科学院派出"高空大气物理访苏代表团"。团长赵九章，副团长卫一清，成员有杨嘉墀、钱骥等。代表团在苏联考察73天。通过考察、访问，代表团进一步认识到发射人造卫星的难度。代表团回国后提出：发展空间技术要适应中国的具体情况，应由小到大，由低级向高级发展，走自力更生的道路。并建议推迟正在进行的人造卫星研制工作，把力量转移到探空火箭上来。

10月17日 中国文化代表团由北京去莫斯科途中飞机失事，团长郑振铎、副团长蔡树藩等16人全部遇难。

10月18日—30日 全国计划会议在京召开。会议提出，1959年工业的中心任务是为生产3000万吨钢而奋斗。中央北戴河会议提出的1959年国民经济计划稍作调整和改变：煤由3.8亿吨提高到5.4亿吨，发电量由520亿度提高到640亿度，新建铁路由1万公里提高到1.2万公里。

10月20日 国务院第81次会议批准《劳动卫国体育制度条例》。这个条例由国家体委发布施行后，现在推行的《劳动与卫国制度暂行条例草案》即行废止。

同日 人民解放军海军试验基地在河北某地成立。该基地担负飞航式导弹、火炮、导航设备、潜地导弹和水中兵器、电子对抗设备和雷达等海军高技术装备的靶场试验。

10月22日 中共中央、国务院发出《关于突击完成农产品收购调运任务的紧急指示》。《指示》说，今年我国农业获得了史无前例的大丰收，但农产品的收购和调运工作完成得不理想，造成若干城市和工矿区的农产品供应，已经显得紧张。在大搞钢铁、大搞农业的同时，要发动群众进行农产品的收购和调运工作。

同日 经国务院科学规划委员会批准，林业部成立林业科学研究院。

同日 中国人民志愿军总部官兵在志愿军司令员杨勇上将、政委王平上将等率领下启程返国。

10月23日 中国印刷器材公司成立。

同日 美国国务卿杜勒斯在台湾与蒋介石会谈后发表联合公报。

10月24日 《人民日报》报道：河北安国县、山西长治地区、陕西长安县、山东单县，根据毛泽东提出的"三三制"（用总耕地的三分之一种庄稼、三分之一种树种草、三分之一休闲）的耕作制度，确定实行少种、高产、多收的方针，大搞大面积高额丰产田。这种做法，在当时不仅被认为是农业耕作制度上的革命，而且被肯定为全国各地发展农业所应该走的道路。

10月25日 《人民日报》发表题为《办好公共食堂》的社论。

同日 宁夏回族自治区正式成立，刘格平（回族）当选为自治区人民政府主席。

10月25日—29日 国家体委根据国务院全体会议第八十一次会议批准，发布《"劳动卫国"体育制度条例和项目标准》。

10月25日—11月22日 西北五省

区第一届戏曲观摩演出大会在西安举行。

10 月 26 日 中国人民志愿军总部发布撤军公报说：志愿军已全部撤离朝鲜。

10 月 27 日—11 月 20 日 中共中央农村工作部、国务院第七办公室、国务院科学规划委员会在呼和浩特市联合召开新疆、内蒙古、甘肃、青海、陕西、宁夏六省、自治区治沙规划会议。

10 月 28 日 山东省范县（现划归河南）规划三年向共产主义过渡。范县县委书记在全县共产主义积极分子大会上作报告，谈向共产主义过渡的规划，其中谈到共产主义的生活情景时说："人人进入新乐园，吃喝穿用不要钱，鸡鸭鱼肉味道鲜，顿顿可吃四个盘；天天可以吃水果，各样衣服穿不完，人人都说天堂好，天堂不如新乐园。"11 月 6 日，毛泽东在此规划上作批语说：此件很有意思，是一首诗，似乎也是可行的，时间似太仓促，只三年。也不要紧，三年完不成，顺延可也。

10 月 31 日 国务院发布《关于发展中药材生产问题的指示》。

10 月 第一部中外合拍故事片《风筝》（中法合拍）问世。

同月 经文化部和上海市人民政府决定，上海电影制片公司改为上海市电影局，袁文殊任局长。

同月 峨嵋电影制片厂、新疆电影制片厂（1979 年更名为天山电影制片厂）成立。

同月 文化部组织山东省跃进歌舞巡回演出团、河北丰润唐坊人民公社百花农民歌舞团、河北遵化人民公社农民歌舞团来北京举行联合演出。

同月 中国戏剧家协会主编的《中国地方戏曲集成》开始分卷出版。

同月 顾圣婴在第 14 届日内瓦国际音乐比赛中获女子二等奖（无一等奖）。

11 月 1 日 中国同摩洛哥王国建立外交关系。

11 月 2 日—10 日 中共中央在郑州召开有部分中央领导人、大区负责人和部分省市委书记参加的工作会议，即第一次郑州会议。会前，毛泽东在视察河北、河南等省农村时，发现在人民公社问题上存在许多混乱现象，决定予以纠正。毛泽东在会上讲了话。会议期间，毛泽东还给县以上各级党委委员写了一封《关于读书的建议》的信，建议他们认真阅读斯大林的《苏联社会主义经济问题》和《马恩列斯论共产主义社会》，指出，现在有很多人有一大堆混乱思想，读这两本书就可能给以澄清。第一次郑州会议是毛泽东和党中央领导全党纠正"左"倾错误的开端。

11 月 3 日 国民党中常会通过《粉碎中共和谈阴谋实施计划要点》。

11 月 5 日 台湾"经济部"制定《防止厂商恶性倒闭办法》。

11 月 12 日—12 月 2 日 中国国民党革命委员会第四届全国代表大会在北京举行。会议通过中国国民党革命委员会章程、工作纲要。

11 月 16 日 中共中央国务院发出《关于全国爱国卫生评比会议与全国农业先进单位代表会议合并召开的决定》。

11 月 17 日—2 月 9 日 中国民主促进会第三次全国代表大会在北京举行。

11 月 18 日 中共中央作出《对卫生部党组关于组织西医离职学习中医班总结报告的批示》。

11 月 19 日 外交部长陈毅就日、美修改《安全条约》发表声明。声明谴责美、日军事勾结，同情和支持日本人民争取独立、和平、民主的斗争，表达了希望日本成为一个和平中立国家的良好愿望。

同日 国务院发布《关于农副产品、

食品、畜产品、丝、绸等商品分级管理办法的规定》，把上述产品分为中央集中管理的重要商品；中央实行差额调拨的一般商品和地方自行管理必要时由商业部组织交流的商品等三类。

11月20日 新华社报道：广东粮食亩产1600斤，提前9年超额一倍实现农业纲要指标。

11月21日 国家技术委员会批准颁发《直接使用原木、加工用原木和原木检验规程为国家标准》，自1959年1月1日起开始试行。

同日 全国美术工作会议在北京召开，推广交流群众美术普及和专业美术干部下乡下厂与群众结合的经验。

同日 台湾"行政院"通过修正外汇贸易管理办法，实施单一汇率。

11月21日—27日 中共中央政治局在武昌召开扩大会议。会议围绕人民公社和1959年国民经济计划，着重讨论了高指标和浮夸风的问题。毛泽东在会上的讲话中指出，不要弄虚作假，虚报成绩，要压缩空气，把根据不足的高指标降下来。要有清醒头脑，看来"两个过渡"还是时间长一点为好；破除迷信，不要把科学也破除了。在谈到阶级问题时，毛泽东指出，作为经济剥削上的阶级容易消灭，现在我们可以说已经消灭了，但政治思想上的阶级尚未消灭。会议根据毛泽东的意见，决定将1959年钢的生产指标降为2000万吨，对外公布为1800万吨。

11月25日 台湾"行政院"核定《劳工教育实施办法》。

11月27日 大连造船厂建造的中国第一艘苏联设计、中国自己制造的排水量2.21万吨、载货量1.34万吨的远洋货轮"跃进号"下水。

11月28日—12月3日 九三学社第二届全国社员代表大会在北京举行。

11月28日—12月4日 中国民主同盟第三次全国代表大会在北京举行。

11月28日—12月10日 中共中央八届六中全会在武昌举行。会议通过了《关于人民公社若干问题的决议》、《关于改进农村财政贸易管理体制的决议》、《关于1959年国民经济计划的决议》等文件。这些决议指出：现阶段的人民公社仍是社会主义集体所有制，不应当无根据地宣布农村人民公社立即实行全民所有制，甚至立即进入共产主义。在今后一个历史时期内，人民公社应继续发展商品生产和实行按劳分配原则。鉴于1958年国民经济出现了比例失调的问题，决议提出要注意国民经济各部门按比例发展的客观法则，一方面要继续反对保守，破除迷信；另一方面要压缩空气，反对浮夸。会议调整了1959年国民经济计划，降低了基本建设投资和钢铁等主要工业品的生产指标：钢产量由2700万吨到3000万吨降为1800万吨到2000万吨，生铁由4000万吨降为2900万吨，原煤由37000万吨提高到38000万吨，基本建设投资由500亿元降为360亿元。另外，会议还通过了同意毛泽东同志提出的他不作下届中华人民共和国主席候选人的建议的决定。

12月3日 国务院批准了《中国科学院关于禁止随便采掘古脊椎动物和古人类化石的报告》。

同日 国民党中常会通过"策进大陆反共革命运动案"。

12月7日 财政部反映炼铁大量亏损。中共中央批准财政部《关于土法炼铁的亏损处理问题向中央的报告》。《报告》指出，目前在土法炼铁上问题不少，亏损是急需解决的问题。建议从北戴河会议以后算起，生铁亏损采取国家和地方分担的原则。即国家补贴生铁亏损,平均每吨为 100 到 150 元;各地具体补贴多少,由各省、市、自治区根据上述原则和实际亏损情况,提出意见和财政部商量决定。

同日　中共中央批准粮食部关于粮食调运问题的报告。报告反映 1958 年粮食供应紧张。同上年同期比较,粮食征购数量减少 88 亿斤,销售和出口数量增加 52 亿斤,10 月底全国粮食库存减少一百几十亿斤。许多地区由于粮食库存量降低很多,纷纷要求调入粮食。

同日　中共中央政治局武昌会议批转轻工业部《关于人民公社大办工业问题的报告》。

12 月 8 日—10 日　中国农工民主党第七届全国党员代表大会在北京举行。会议决定将全国干部会议改为全国代表大会。

12 月 9 日　黄河三门峡截流工程全部结束。三门峡水利枢纽工程是 1957 年 4 月 13 日开工兴建的,是根治和开发黄河的规划中最大和最重要的一座防洪、发电、灌溉的综合性工程。黄河截流后,可造成一个 3500 平方公里的水库,容水量 647 亿立方米,灌溉农田 4000 万亩。

同日　文化部发出《关于举办全国书籍装帧插图展览会的通知》。

12 月 10 日　中共中央批转中央宣传部《关于作家下乡下厂问题的报告》。《报告》说,文艺工作者在劳动和斗争中与工农群众长期相结合,是建立工人阶级的文艺队伍的根本途径,应该成为我们文艺工作的经常制度。《报告》要求中青年作家应一律到工厂、农村或其他基层组织担任实际工作,并参加一定的体力劳动,年老体弱的老作家应每年有 2 至 3 个月的时间到各地考察,或到基层群众中去短期生活。

同日　台湾当局在渔村推行民生建设实践运动。

12 月 14 日　哈尔滨飞机厂和航空发动机厂仿制的苏联米—4 型直升机(后定名为直—5 型)试飞成功。1960 年 2 月 25 日投入批生产。

12 月 20 日　中共中央、国务院发出《关于改进农村财政贸易体制的决定》。《决定》指出,中央决定,根据统一领导、分级管理的方针,对农村财政贸易体制实行机构下放、计划统一、财政包干的办法,即实行"两放、三统、一包"的办法;下放人员,下放资产;统一政策,统一计划,统一流动奖金管理;包财政任务。

同日　成都军区下达《一九五九年平叛斗争任务的指示》。指示要求坚决消灭集股叛乱武装,彻底捕歼零散残存叛乱分子,预防可能发生的局部叛乱,确保社会治安。指示的下达,对维护西藏地区的国防安全和社会稳定起了推动作用。

同日　全国爱国卫生运动展览会在北京开幕。展出内容包括在各地除四害、防治疾病等方面取得的成绩。展览会于 1959 年 2 月底闭幕。

12 月 21 日　周恩来总理批准中央气象局关于《民航气象保证工作和海洋水文气象工作有关问题的报告》。

同日　台湾当局在北部地区举行反空降演习。

12 月 22 日　中共中央批转教育部《关于教育问题的几个建议》。《建议》提出,在炼钢和"三秋"任务已基本完成的情况下,各级各类学校应当照常上课。既要继续克服只重教学而忽视生产的倾向,又要防止只注意生产而忽视教学的现象,大中小学教师的主要劳动是教学,参加体力劳动以不妨害教学为原则。文件下达后,师生的休息和学习开始受到重视。

12月24日 蒋介石在台湾"光复大陆设计委员会"上称,"光复大陆"以主义为主,以军事为辅。

12月25日 全国农业社会主义建设先进单位代表会议开幕。刘少奇同志代表党中央致词,号召总结推广1958年的成功经验,继续广泛的开展群众运动,争取在最近几年内除尽四害,逐步消灭危害人民健康最严重的疾病。

12月26日 社会主义国家造型艺术展览会在莫斯科开幕。我国参展作品共277件。

12月30日 中央气象局报告:截至11月底,全国已有气象台212个,气象站2760个,气象哨38000多个,看天小组48万多个,农村气象员168万多人。除少数民族地区外,全国已基本实现了专区有台,县有站,社有哨,组成了全国气象服务网。

12月31日 1958年生产建设的"全面大跃进",打乱了正常的经济秩序,使主要的经济比例出现了严重失调的现象;农村生产关系超越客观实际的变革,挫伤了农民的积极性,使农业生产力受到了很大的损害。具体说来,主要有以下几方面的问题:①钢铁等重工业孤军突出,猛烈增长。1958年,重工业总产值比上年猛增78.8%,重工业总产值在工农业总产值中的比重,由上年的25.5%上升到35.2%。主要重工业产品的产量,都比上年大大增长。其中,钢产量800万吨(另有300万吨不能用的土钢),增长49%;生铁1369万吨,增长1.3倍;煤炭2.7亿吨,增长1倍多;机床8万台,增长1.8倍。②农业的发展速度放慢,一些主要农产品的产量有所下降。1958年,粮食的实际产量只有4000亿斤,只比上年增长2.5%;棉花产量3938万担,比上年增长20%。生猪年末头数比

上年减少760多万头,下降5.2%;大牲畜比上年减少600多万头,降到了1952年的水平。③粮食征购过了头,农民口粮有所降低。1958年,由于受浮夸风、高估产的影响,粮食征购量由上年的960亿斤增加到1175亿斤,增长了22.3%。而在这一年里,农村平均每人的粮食消费量由上年的409斤降到402斤。④基本建设规模急剧膨胀,积累率大幅度上升。1958年全国投资总额达269亿元,比上年增加126亿元,增长87.7%。投资在国民收入中的比重,由上年的15.3%上升到24%。由于基本建设投资增加,加上其他因素的影响,这一年的积累率从上年的24.9%提高到33.9%。

1959 年

1月1日 《人民日报》发表社论:《迎接新的更伟大的胜利》。社论说,无论就中国,还是全世界来说,1958年都是一个伟大的转折。在世界上,帝国主义一天天烂下去,社会主义一天天好起来。在中国,1958年社会主义建设的大跃进和人民公社运动,是一个伟大的实践。我们要在1958年伟大胜利和丰富经验的基础上,在1959年的经济建设中继续反对保守,破除迷信,鼓足干劲,力争上游,争取更大的跃进。

同日 西藏拉萨人民广播电台正式试播。

同日 北京运动医学研究所成立(现名为国家体育总局运动医学研究所)。

同日 蒋介石发表《告军民书》,提出"光复大陆"纲领。

1月2日—13日 农业部召开全国农业会议,会议提出:①1959年的粮食产量

要争取达到 13000 亿斤,棉花产量要争取达到 12000 万担。②实现耕地"三三制"不能过急。③人民公社必须确立多种经营的思想,1959 年农林牧副渔五业必须全面发展,全面跃进。④要使农村劳动力经常能有一半用于农业生产。⑤要继续鼓劲,要继续同"观潮派"、"右倾保守思想"作斗争。

1 月 3 日　全国农业展览会在北京开幕。

同日　台湾"外汇贸易审议委员会"公布修正《贸易商申请进口外汇办法》。并公布《外汇审核准则》。

同日　金门、厦门间发生激烈炮战。

1 月 5 日　《人民日报》报道:我国煤产量压倒英国,1958 年中国煤产量为 2.702 亿吨,英国为 2.1578 亿吨,我国 1958 年的煤炭产量仅次于美国。

同日　中共中央发出《关于立即停止招收新职工和固定临时工的通知》。1958年,全国工业和建筑行业共增加新职工 2190 万人,相当于原有职工的两倍。为控制职工队伍急剧膨胀,中央通知各企事业单位立即停止招收新职工和固定临时工。

1 月 10 日　中国第一条输油管线——新疆克拉玛依到独山子间的输油管线建成并开始输油,管线全长 147 公里。

1 月 12 日—3 月 1 日　中共中央在北京召开教育工作会议。会议主要讨论了贯彻执行党的教育方针的主要经验及存在问题。

1 月 13 日—26 日　中共中央农村工作部在京召开全国农村工作部长会议。这次会议的中心议题是:讨论贯彻执行八届六中全会关于人民公社若干问题的决议,分析农村公社化以来的农村形势,研究改进和加强人民公社的经营管理问题。

1 月 14 日　总政治部发出《关于在干部中普及中等和高等教育的指示》。

1 月 16 日　《人民日报》发表《农村福利事业的新阶段》一文。文中说,自 1958 年夏季以来的短短几个月里,农村福利事业发展非常迅速,26000 多个人民公社就建立了 200 多万个公共食堂,400 多万个托儿所、幼儿园,11 万多个敬老院。

同日　张劲夫在院党组会上传达中共中央书记处书记邓小平指示:"卫星明后年不放,与国力不相称"。随后,院领导召开会议,认真总结了"大跃进"以来开展火箭研制中的经验教训,提出"大腿变小腿,卫星变探空"的工作方针,决定调整任务、收缩机构、停止研制大型运载火箭和人造卫星,把工作重点转向研制探空火箭上来。这次调整不是任务下马,而是着重打基础,先从研制探空火箭开路,开展高空探测活动;同时开展人造卫星有关单项技术研究,以及测量、试验设备的研制,从而为发展中国航天器技术和地面测控技术作准备。

1 月 17 日　台湾"行政院"决定设置专款,用于实施发展科学计划。

1 月 22 日　中共中央批转山东省委、省府关于馆陶县食堂停伙、逃荒问题的检查报告。山东省馆陶县一些公社,因粮食短缺食堂停伙,人员外出逃荒。中共中央要求各地党委在春节前把受灾地区,减产平产或者增产不多地区,虚报较大地区,进行认真的检查和安排,千万不可疏忽大意。

1 月 23 日　中国近百年画展在巴黎开幕。

1 月 23 日—31 日　中共中央监察委员会召开第四次监察工作会议。会议总结了 1958 年党的监察工作,讨论了 1959年的工作任务。

1 月 24 日　周恩来率领中共代表团

前往莫斯科,参加1月27日至2月5日举行的苏共第21次代表大会。28日,周恩来在大会上致词并宣读了中共中央贺词。周恩来在致词中介绍了中国工农业生产大跃进和人民公社运动,并肯定人民公社是中国条件下发展社会主义的最好形式,是中国农村由集体所有制过渡到全民所有制,由社会主义过渡到共产主义的最好形式。他还表示,我们准备在15年、20年或者更多一些的时间内把中国建成为一个具有高度发展的现代工业、现代农业和现代科学文化的社会主义国家。

1月下旬 中共中央召开省、市、自治区党委书记会议,讨论1959年国民经济计划问题,以及工农业生产和财政贸易问题。

同月 中央美术学院编辑的《群众美术》(月刊)创刊。

2月1日 台湾当局正式成立长期发展科学委员会,并公布《长期发展科学计划纲领》。

2月2日 《人民日报》发表社论《把大跃进的战鼓敲得更响》。指出,1959年是苦战三年的第二年,也是决定性的一年。社论认为,继续跃进,有充分的有利条件,再加上冲天干劲,就能实现更大、更好、更全面的跃进。

同日 人民海军某部击沉国民党海军炮艇1艘。福建前线海军炮艇部队在福建平潭岛附近海面击沉正在捕捉大陆渔船渔民的国民党军"情报局马祖闽北工作处"的63号炮艇,击毙国民党特务11人,活捉敌少校副队长以下12人,缴获军用物资一部。

2月3日 国务院批准并转发财政部和人民银行总行关于国营企业流动资金改由人民银行统一管理的补充规定。

2月4日 中国和苏丹建立外交关系。

2月7日 全长605公里的黔(贵州贵阳)桂(广西柳州)铁路全线通车。

2月12日 《人民日报》发表社论《为1800万吨钢而奋斗》。社论说:为1800万吨钢而战,是我国人民今年生产建设的一项中心任务。以钢为纲,全面跃进的方针,在今后一个时期内,都要继续贯彻执行。

同日 台湾当局就日本政府计划与中国大陆进行大使级谈判提出抗议。

2月14日—5月11日 以中国科学院副院长吴有训为团长的中国科学院代表团,访问了东欧七国科学院和若干高校及产业部门的研究组织。代表团在访问期间,受到各国科学院和科学家的热情接待。并分别签订了中德、中保科学院五年科学合作协议和1959年执行计划,中捷、中罗科学院三年科学合作协议和1959年执行计划,与波兰和匈牙利科学院在原有两国科学院合作协议的基础上,签订了1959年执行计划。代表团还在阿尔巴尼亚进行友好访问。根据新的科学合作协议和1959年执行计划,中国同东欧各国的科学合作和经验交流侧重在物理学、化学、力学、电子学和生物学方面。

2月16日—21日 中国科学院和水电部联合召开西部地区南水北调考察规划工作会议。

2月17日 《人民日报》发表社论:《人民公社要建立和健全生产责任制》。

2月24日 中共中央转发国家计委、国家经委《关于市场情况和轻工业生产问题的报告》。1958年冬季以来,市场出现了副食品和一些工业品供应严重不足的情况;粮食全年库存比去年减少50亿斤,许多城市油料只能供应几天、十几天;有些副食品长期紧张;市场上排队争购现象很多,有些商品产生了黑市,价格高于国家牌价很多。《报告》提出,为改进商品管理方法,拟对全国商品分三类进行管理。中共中央要求各省、市、自治区党委切实加强对市场的领导,力争在本年度第一、第二季度内,把市场供应基本调整好。

2 月 26 日 《军队参加社会主义建设工作纲要》发表。

同日 台湾当局重申西沙群岛是中国领土。

2 月 27 日—3 月 5 日 中共中央在郑州召开政治局扩大会议(即第三次郑州会议)。会议主要讨论人民公社问题,研究进一步整顿和建设人民公社的方针和方法。会议的主题是纠正人民公社中一平、二调、三收款的"共产风"错误。会议同意了毛泽东的意见,形成并下发了《郑州会议记录》。《记录》规定了进一步整顿人民公社的各项方针:统一领导,队为基础;分级管理,权力下放;三级核算,各计盈亏;分配计划,由社决定;适当积累,合理调剂;物资劳动,等价交换;按劳分配,承认差别。会议还起草了《关于人民公社管理体制的若干规定(草案)》,对公社、管理区和生产大队三级的职权范围作了具体划分,确定以生产大队为基本核算单位。生产大队有权按照公社的计划和有关规定,统一安排本单位的农业生产、收益分配,兴办和管理小型工厂以及文化教育和公共福利事业,搞好劳动管理。

2 月 28 日 文化部、教育部、民族事务委员会联名发出《关于民族出版工作的基本情况和对今后的方针任务问题的意见向中央的报告》。

2 月 中国海军向苏联订购五型战斗舰艇。其中包括两型导弹舰艇和两型导弹的材料、设备和技术资料。

2 月—7 月 朱德在各地视察过程中,对农村办公共食堂提出一系列批评意见。2 月 17 日,朱德在广东视察时说:农村办公共食堂,都吃一样的饭菜,像军队一样,这有点生硬。社员的生活如果长期这样搞下去,就成问题了。6 月 16 日,他在听取吉林省委负责人汇报时说:吃饭不要钱不行,一办食堂,就会造成很大的浪费。7 月 11 日,他在湖南又进一步指出,把粮食分到户和节约粮食结合起来,他们知道在家吃饭比在公共食堂吃好,可以把粮食节约下来,把猪、鸡、鸭喂起来,去年吃大锅饭把东西吃掉了,这是个极大的教训。

3 月 1 日 《红旗》杂志第 5 期发表陈云题为《当前基本建设工作的几个重大问题》的文章。指出,工业的布局,只能首先从全国范围开始,然后才是各个协作区,再后才是一些有条件的省、市、自治区。现代工业不能没有分工和协作,在一个省、自治区内企图建立完整无缺、万事不求人的独立的工业体系是不切实际的。

3 月 2 日 煤炭工业部和中央人民广播电台联合举行"全国煤矿职工红旗竞赛"广播大会。会议提出,煤矿职工永远要鼓足干劲,反对保守,破除迷信,提倡敢想、敢说、敢干,确保完成 1959 年生产 3.8 亿吨煤炭的任务。会议要求煤炭生产要快速化,每个矿井要"面面高产","月月高产","大面积丰产"。会后,许多煤矿采用了一些不正确的采煤方法,打乱了平衡生产的正常秩序,使一些矿井很快出现采掘比例失调的现象。

同日 台湾"省政府"暨"警备总司令部"公布《台湾省民防车辆编组实施办法》。

3 月 3 日 以邓小平为首的中国共产党代表团和以宫本显治为首的日本共产党代表团,在郑州签署关于两党的联合声明，毛泽东、刘少奇等参加了签字仪式。

同日 台湾当局重申反对日本扩大与大陆贸易立场。

3月4日 台湾"经济部"修正《饰金买卖管理办法》。

3月6日—18日 应波兰统一工人党的邀请，中共中央副主席朱德率领中国共产党代表团去华沙参加波兰统一工人党第三次全国代表大会。朱德向大会致词并宣读了中共中央贺电。

3月9日 毛泽东写信给各省、市、自治区党委第一书记，要求抓紧时间召开省市的六级干部大会和县的四级干部大会，贯彻第二次郑州会议精神。

3月10日 西藏地方政府和上层反动集团，在拉萨发动武装叛乱，并在3月19日夜向驻拉萨中国人民解放军发动全面进攻。为了维护祖国统一和民族团结，彻底解放西藏人民，人民解放军驻藏部队奉命于3月20日开始平定叛乱。到11月，叛乱集团的主要力量被歼灭，武装叛乱基本平息。同时，人民解放军进驻西藏边防。在西藏地方政府和上层反动集团发动武装叛乱后，国务院命令解散西藏地方政府，决定由西藏自治区筹备委员会行使西藏地方政府职权。由班禅额尔德尼代理主任委员职务。

同日 台湾"临时省议会"通过《台湾省七种地方自治法规》修正草案。

3月11日 国务院发出《关于调整若干企业隶属关系的通知》。根据党的八届六中全会关于企业管理体制不变，个别调整的精神，国务院决定将一部分地方企业划归中央部门领导，或者由中央部门和地方双重领导。《通知》批准调整40个企业的隶属关系，其中34个企业由地方交归国务院有关部领导，6个企业由中央有关部门下放地方领导。4月28日，国务院又发出通知，批准46个企业调整隶属关系，其中21个企业由地方交归国务院有关部领导，1个企业由中央有关部下放地方领导，24个企业改由中央与地方双重领导。

3月12日 中国第二中心图书馆在上海成立。

3月15日 毛泽东针对各省、市、自治区传达贯彻第二次郑州会议精神过程中提出的一些问题，以《党内通信》的方式，进一步提出了一些指导性意见。关于人民公社所有制是以生产队还是以生产大队为基本核算单位的问题，他在《通信》中指出，对这一问题，无论采用什么办法，一定要得到基层干部的同意和支持，要按群众的意见办；否则终究是行不通的。采用以生产大队为基本核算单位的地区，一定要得到基层干部的真正同意，如果他们觉得勉强，则宁可采用以生产队即原高级社为基本核算单位，这才不至于脱离群众。3月17日，毛泽东又发出通信，提出除讨论三级所有、三级核算，还应当讨论生产小队部分所有制的问题。毛泽东还告诫基层组织的同志：一定要每日每时关心群众利益，时刻想着自己的政策措施一定要适合当前群众的觉悟水平和当前群众的迫切要求。凡是违背这两条的，一定行不通，一定要失败。

同日 《人民日报》发表社论：《有破必有立》。

3月22日 中共中央、国务院发出关于整顿1958年新建全日制和半日制高等学校的通知。同日，中央还作出决定，把北京大学、清华大学、中国人民大学、中国科技大学、哈尔滨工业大学等16所高等院校，确定为重点大学。

3月25日—4月1日 中共中央在上海召开政治局扩大会议，为召开八届七中全会作准备，并讨论1959年国民经济计划草案和检查人民公社的整顿工作。会议提出了《关于人民公社的十八个问题》的会议纪要，规定了整顿人民公社的一系列重要政策和具体措施。纪要规定：①人民公社三级所有、队为基础的制度，要有一个相当长的稳定时期，不能很快改变。②对人民公社化和大炼钢铁运动中平调生产队的物资、劳力等项旧账要算，而且要退赔。③农村人民公社的全部劳力，用于农业生产方面的，一般不应少于 80%。会议还对 1959 年国民经济计划的指标进行了一些调整。会议期间，毛泽东根据各地整社中群众普遍提出的清算人民公社化运动和大炼钢铁中平调生产队的物资、劳力等账目的要求，对第二次郑州会议关于旧账一般不算的规定作了纠正。

3 月 26 日　蒋介石发表《告西藏同胞书》，对西藏地方叛乱表示支持。

3 月 27 日—4 月 6 日　中国运动员容国团在联邦德国多特蒙德举行的第 25 届世界乒乓球锦标赛中，获得世界男子单打冠军。

3 月　中共中央就市、县人民委员会中党员比例及市县设置政协委员会等问题发出通知，规定市人民委员会的委员中，党员一般不超过 60%，县人民委员会的委员中，党员只应占 50%，市、县人民委员会的正副局长、科长中，必须配备适当数量的非党干部和民主人士。市一般可设政协委员会，县一般不设政协委员会。

同月　印度军队越过"麦克马洪线"，侵占该线以北的中国领土塔马顿、朗久和兼则马尼。

同月　中国现代绘画展览会在瑞士拉秀德封市开幕。

4 月 1 日　台湾"经济部"宣布恢复纱布自由买卖，取消交易管制。

4 月 2 日—5 日　中共中央八届七中全会在上海举行，会议主要是检查人民公社的整顿工作，进一步调整生产指标及通过 1959 年国民经济计划等。在会上，薄一波作《关于第一季度工业生产情况和第二季度的安排的报告》，李先念作《关于财贸工作的情况和意见的报告》，邓小平作《关于经济工作和国家机构人事配备的说明》，李富春作《关于准备提交第二届全国人民代表大会讨论的 1959 年国民经济计划主要指标的说明》。全会讨论并通过了 1959 年国民经济计划草案，对主要经济指标作了适当调整。全会决定将调整后的计划提交二届人大一次会议审定后公布。全会检查了人民公社的整顿工作，同意 3 月下旬召开的中央政治局扩大会议作出的《关于人民公社的十八个问题》的会议纪要。全会还讨论并决定了准备向第二届全国人民代表大会第一次会议提出的国家机构领导人员候选人的提名方案。毛泽东主持了这次会议并讲了话。他在讲话中说服在经济建设上坚持高指标的人不能每天都有高潮，要波浪式前进。毛泽东在会上还着重讲了工作方法问题。他指出，要实现总路线必须有好的工作方法，要多谋善断，要多听人家的不同意见。善于观察形势，当机立断，在党内要造成有话就讲，有缺点就改进的空气，要敢于坚持真理。

4 月 3 日　毛泽东给谭震林写信，建议 5 月上、中旬召开社、队代表大会，彻底解决 3 月中央政治局会议没有彻底解决的权力下放，算清账目，包产指标三个问题，以及生产队干部和生产小队干部、全体社员群众间的矛盾、小集体与社员的矛盾。

4 月 10 日　《人民日报》发表社论《现代化工业企业要继续大搞群众运动》，说这是大跃进最重要的经验。社论还说，现代化企业具有复杂的技术装备这个特点，并不排斥大搞群众生产运动。

4月11日 成都军区发动川西北平叛作战。成都军区在对付西藏昌都地区叛乱的同时，以6个团兵力，在兰州军区部队配合下，组织了川西北作战，共歼敌8000余人，平息了该地区的叛乱。

4月13日 国家统计局发表《关于发展国民经济的第一个五年(1953年到1957年)计划执行结果的公报》。《公报》说，"一五"计划在党中央和毛主席的领导下，经过全国人民的辛勤努力，到1957年底已提前完成。计划执行的结果，基建投资达550亿元，新建扩建10000多个工矿企业单位，工业总产值增长141%，农副业总产值增长25%，在工农业总产值中，工业和手工业的比重提高到56.5%。

同日 台湾"农复会"主任蒋梦麟发表《让我们面对日益迫切的台湾人口问题》。

4月15日 毛泽东召集第十六次扩大的最高国务会议。会议就第二届全国人民代表大会一次会议的议程和主席团成员的名单，中国人民政治协商会议第三届全国委员会一次会议的议程及主席团成员名单交换了意见。会议还讨论了准备在二届人大一次会议上提出的国家机构领导人员候选人名单的问题，以及准备在政协三届一次会议上提出的政协第三届全国委员会领导人员候选人名单的问题。毛泽东在会上讲了话，他在讲话中谈到了国际形势、国内形势以及西藏问题。

4月17日—29日 中国人民政治协商会议第三届全国委员会第一次会议在北京举行。全国政协副主席李维汉作《中国人民政治协商会议第二届全国委员会常务委员会工作报告》。会议通过了《关于常务委员会工作报告的决议》和《中国人民政治协商会议第三届全国委员会第

一次会议的政治决议》。会议推举毛泽东为中国人民政治协商会议第三届全国委员会名誉主席，选举周恩来为政协主席；会议还选举了政协三届全国委员会副主席、秘书长和常务委员。

4月18日 北京电视台首次转播重大会议实况——周恩来在二届人大一次会议作政府工作报告。

4月18日—28日 第二届全国人民代表大会第一次会议在北京举行。会议通过了《政府工作报告》、《关于1959年国民经济计划草案的报告》、《关于1958年国家决算和1959年国家预算草案的报告》、《关于西藏问题的决议》、《关于撤销司法部、监察部的决议》等一系列文件。大会同意毛泽东关于他不再担任国家主席的提议，一致选举刘少奇为国家主席，宋庆龄、董必武为副主席，朱德为人大常委会委员长，并决定周恩来继续担任国务院总理。会议通过的1959年国民经济计划，是一个继续"大跃进"的计划，会议确定的1959年的主要计划指标是：工业总产值增长41%，农业总产值增长39%，钢产量1800万吨，煤产量3.8亿吨，粮食产量10500亿斤。棉花产量1亿担，基建投资270亿元。

4月21日 北京电视台首次对外寄送节目——向苏联、民主德国、罗马尼亚、匈牙利、波兰、捷克斯洛伐克航寄二届人大一次会议的新闻影片。

4月22日 中央书记处提出，7月15日以前，要集中力量打一个钢铁战役。1959年以来，钢的日产水平一直在3万吨左右，低于计划要求的每日4万吨左右。为了把钢产量突击上去，书记处决定：从现在起到5月15日止为第一阶段，要把每日钢产量搞到4万吨，从5月16日到6月15日为第二阶段，钢的日产量要增长到4

万 5 千吨,6 月 16 日到 7 月 15 日为第三阶段,要把钢的日产量提高到 5 万吨。按照这一部署,国家经委、计委与中央工业交通各部门,组成 4 个工作组,分别到东北、华东、华北、华中地区协助地方进行检查督促。但这一突击战役并未奏效。7 月份钢的日产量仍为 3.13 万吨,基本上维持过去几个月的水平。

4 月 24 日 以国防部长彭德怀为首的中国军事友好代表团应波兰、德意志民主共和国、捷克斯洛伐克、匈牙利、罗马尼亚、保加利亚、阿尔巴尼亚等 7 个国家国防部和蒙古人民共和国军事和公安部的邀请,前往上述各国进行友好访问。

4 月 26 日 米格—19B 型(歼—6 甲)全天候喷气歼击机及其发动机涡喷—6 试制成功,并于 1963 年投入批生产。

4 月 29 日 中共中央书记处召开会议研究钢铁以及整个工业生产建设问题。会议后,中央财经小组又反复研究了这些问题,在认真分析生产能力和运输条件的基础上,确定 1959 年钢材的可靠指标为 900 万吨,钢的生产指标为 1300 万吨,5 月 11 日和 15 日,陈云先后向中央政治局和毛泽东报告了财经小组关于落实钢铁指标的意见。

同日 毛泽东给省、地、县、社、队、小队六级干部写了一封党内通信,就包产、密植、粮食、播种面积、机械化、讲真话等问题谈了自己的意见。

4 月 30 日 陈云写信给中央财经小组,就市场问题谈了几条重要意见。据当时计算,1959 年商品货源与社会购买力之间约有四五十亿元的差额,市场供应出现了紧张局面。为缓和市场紧张状况,陈云提出:①粮食是现在稳定市场的重要物资,一定要省吃俭用,不管今年粮食增产多少,都必须控制销量。②组织 10 亿元的

猪、鸡、鸭、鱼和蛋类,供应市场,弥补一部分差额。发展养猪养鸡养鸭,国营、集体和个人三种方式可同时并行,而在目前由农户分散喂养可能是最可靠和收效最快的办法。③专门拨出一部分原料和材料,安排日用必需品的生产。④对上年多招收的 1 千多万工人,应该认真精减下来,以便压缩一部分现有的购买力。⑤优先安排供应市场物资所需要的运输力量。工业不要去和农业、商业争短途运输力量。陈云在信中还谈了编制 1960 年计划的方法问题。

4 月 中科院冰雪研究队赴新疆天山考察冰雪资源。随后,在乌鲁木齐河河源建立起中国第一个高山冰川研究实验站。

5 月 1 日 蒋介石明令公布《男女劳工同工同酬公约》。

5 月 2 日 台湾"外汇贸易审议委员会"拨款 400 万元,供应各厂商进口原料加工出口。

5 月 3 日 周恩来在中南海紫光阁邀请文艺界部分人大代表、政协委员召开座谈会,并且在会上作了题为"关于文学艺术工作两条腿走路的问题"的讲话。

5 月 7 日 中共中央发出《关于农业的五条紧急指示》。《指示》说,据 11 个省市小麦会议的材料,1959 年夏收作物比 1958 年减少 1 亿 1 千万亩,今年农业生产任务有完不成的危险。为完成农业生产任务,中央要求:①各级党委的第一书记必须在 5、6 两个月内,以抓农业生产为中心。②继续努力,争取小麦增产几十亿甚至成百亿斤。③扩大春播和夏种面积。④迅速扭转养猪头数大大减少的局面,集体喂养和社员私人喂养应当并重。⑤主席关于农业方面六个问题的意见,应当立即发到生产小队,在群众中普遍地进行传达讨论和执行,真正调动起群众的积

极性。

5月10日 中共中央批转湖北、河北、广东三省委关于人民公社和农村情况的报告。这三省的报告一致反映粮食问题是当时农村最严重的问题。湖北省从旧历年到4月底，闹粮之风，此起彼伏，全省有170多万人口的重灾区，春荒相当严重。河北省有30个县闹粮荒，严重的有10个县。在广东，情形更加严重，在崖县、南雄、罗定、钦县等地，据不完全统计，已经饿肿10930人，其中已死134人。

5月13日 台湾当局决定提早役龄一年，满19岁即服常备兵、补充兵役。

5月15日 国民党召开八届二中全会。全会通过《策进大陆反共革命运动》、《"光复大陆"政治行动纲领》等案。

5月17日 中共中央转发《教育部党组关于1959年教育事业发展计划的意见》等10个文件。中共中央在通知中指出，今后的任务是，我们在学校工作中，不但要善于领导劳动，还要善于领导教学；不但要善于解决知识分子劳动化的问题，还要善于解决工农分子知识化的问题，善于办好教育，提高质量。各级党委要团结知识分子，贯彻"百花齐放、百家争鸣"的政策，学生要身体好、工作好、学习好。

同日 中共中央决定在高等学校中指定北京大学等16校为重点学校。次年，又增加中国医科大学等4校。

同日 为新安江水电站制造的我国第一套72500千瓦水力发电设备全部完成。

5月21日 郭沫若创作的话剧《蔡文姬》在北京公演。

5月22日 李富春召集会议讨论1959年国民经济计划落实情况。会议认为经济战线存在的主要问题是：①工业战线上，钢铁一马当先，其他跟不上。②基本建设战线规模过大，战线过长，压缩不下来。③农业战线上对1958年产量估计偏高，对1959年任务安排过重。1959年粮食产量安排为10500亿斤，比上年最后落实的产量（5500亿斤）增长近一倍。④市场供应紧张。1959年社会购买力650亿元，大于商品可供量40至50亿元。在分析经济情况的基础上，会议对4月上海会议确定的计划指标，提出了调整意见。

5月24日 中共中央、国务院发出《关于整顿1958年新建的全日制和半日制高等学校的通知》、《关于在农村中继续扫除文盲和巩固发展业余教育的通知》和《关于试验改革学制的规定》。

同日 台湾中部横贯公路宜兰支线正式通车。

5月25日 中共中央发出对算账和召开人民公社代表大会等问题的指示。指示要求：从现在起，集中全力搞好农业生产。在账目已经算清楚的公社，应该退的一定要退，有钱退钱，有实物退实物，无钱无物的记上账，缓期分期退还。在尚未算账的单位，应通知各级干部将应该退的实物，特别是生产资料，主动地退还给原单位，以利生产，并取得社员谅解。还没有召开代表大会进行算账的公社，可以等到秋后或其他农活间隙时间再来进行。

同日 南京军区在浙江穿山半岛组织了一次加强师规模的渡海登陆作战实弹演习。参加这次演习的部队有：1个军部、1个师另2个步兵团、11个炮兵营、海军东海舰队的舰艇部队和航空兵部队等。计参加演习的各军、兵种不同建制单位39个，总兵力达22600余人，各型舰船265艘，作战飞机114架。参观演习的有军委各总部、军兵种、各大军区、军事院校及苏联军事专家共1466人。

5月26日 中共中央发出《关于人民

公社夏收分配的指示》,对农村分配工作中的几个重要问题,作了具体规定。①必须实行少扣多分的原则,分配给社员的部分应当占收入的 60% 左右,并且使 90% 以上的社员收入有所增加。②认真执行包产、包工、包成本的三包责任制和奖惩制度。③继续推行工资制与供给制相结合的制度。在分配给社员的收入中,工资部分要占到 60%～70% 左右,供给部分要占到 30%～40% 左右。某些收入水平过低,暂时无力实行供给制的地方,可以继续按照高级社的办法对"五保户"实行"五保",对困难户实行定额的粮食补助。④认真地整顿公共食堂。

同日　中共中央发出《关于采取非常措施解决当前食油供应问题的紧急指示》。由于食油收购量减少、销售量增加和库存量下降,1959 年以来,食油供应出现了非常紧缺的情况。中共中央决定采取非常措施:停止对农村用油的供应,以保证城镇居民、出口、工业和行业用油的需要。

5 月 29 日　空军部队击落国民党军电子侦察飞机 1 架。29 日 21 时许,国民党军 B－17G 型电子侦察飞机 1 架,从雷州半岛空域低空飞至广西梧州附近山区进行侦察。人民解放军空军第 18 师第 52 团截击机大队中队长蒋哲伦驾驶米格－17ПФ 型飞机拦击,飞行员利用机载雷达搜索、接敌,并将之击落。敌机坠毁于广东省恩平县地区,机上 15 人全部毙命。

6 月 1 日　中共中央批转工业部《关于目前企业管理工作中的若干情况和问题的报告》。

同日　中共中央发出《关于大力紧缩社会购买力和在群众中解释当前经济情况的紧急指示》。1958 年以来,由于职工人数不断扩大,社会集团购买力增加过多,加上补贴土钢土铁的大量亏损等因素,使社会商品购买力急剧膨胀起来,造成市场供应紧张。为缓和市场的紧张状况,中央决定,除了努力发展工农业生产、增加商品供应以外,必须大力压缩社会购买力。主要措施是:①从本年 6 月份起,要求节约公用开支 8 亿元,把全年的集团购买力压缩到 1958 年的水平。②控制企业职工人数和工资总额。本年内要把县以上企业职工人数减少 800 万到 1000 万人,从而减少工资支出 15 亿到 18 亿元。③按照国家计划,严格控制农村货币投放。各地农业贷款指标,一律不再增加。④动员城乡居民积极参加储蓄。

6 月 1 日—7 月 24 日　中国人民解放军第二届文艺会演在北京举行。

6 月 2 日　中共中央同意国家计委党组的报告,决定今后国务院各部委直接领导的高等学校的毕业生,由中央统一分配。地方领导的高等学校的毕业生,原则上采取中央提成的分配办法。

同日　国务院发出《关于注意适当地解决高等学校所必需的校舍建筑、仪器、设备及原材料供应等问题的通知》。

同日　台湾"立法院"修正通过《冤狱赔偿法》。

6 月 7 日　台湾龙涧水力发电厂正式发电。

6 月 9 日　台湾当局与美国签订《剩余农产品销售协定》。

6 月 11 日　中共中央发出《关于社员私养家畜家禽、分配自留地和充分利用零星闲散土地等四个问题的指示》。《指示》明确规定:①对猪、鸡、鸭、鹅实行集体喂养与社员私人喂养并重的方针。生猪 80%～90% 应放到承包单位和社员私人喂养,只留少数由基本核算单位喂养。②恢复自留地制度,社员自留地数量,按原高级社章程规定为每人平均占有土地面积的 5％。③鼓励社员充分利用房前屋后、水边路旁的零星闲散土地种植庄稼、林木，谁种谁收，不收公粮。《指示》还明确提出：这种大集体当中的小私有，在一个长时间内是必要的，并不是发展资本主义。禁止搞这些家庭副业，一切归公的简单办法，是有害的，也是行不通的。

6月12日 卫生部向各省、市、自治区卫生厅、局发出《关于切实整理秘方验方，认真推广应用的通知》。

6月13日 中共中央发出《关于调整1959 年主要物资分配和基本建设计划的紧急指示》。1958 年"大跃进"以来，由于工业生产建设计划定得过高过大，造成燃料、原材料供应紧张，使一些建设工程处于半停顿状态。根据这一情况，国家计委对 1959 年生产建设指标又进行了一次调整：钢产量由 1650 万吨降为 1300 万吨；钢材由 1150 万吨降为 900 万吨；煤炭由 3.8 亿吨降为 3.4 亿吨；发电量由 410 亿—420 亿度降为 390 亿—400 亿度；基本建设投资由 260 亿—280 亿元缩减为 240 亿元，限额以上建设项目由 1092 个减为 788 个。中央批准了国家计委的上述调整计划，要求各地区、部门依据调整后的计划，安排和组织下半年的生产和基本建设工作。

6月15日 毛泽东召集由少数中央领导同志参加的会议，讨论工业、农业和市场问题。毛泽东、恩恩来、李富春在会上发了言。他们都指出，"大跃进"中的主要问题是综合平衡、有计划按比例地发展经济抓得很不够。

6月17日 中共中央批转共青团中央《关于对学生进行思想政治教育中几个问题的报告》。《报告》提出，对学生进行思想政治教育，要按照学校的特点进行工作，不能硬搬工农业生产的某些形式和做法，不适当的评比、竞赛活动应当停止。

6月18日—23日 中共中央在上海召开全国大中城市副食品和手工业品生产会议。会议提出：发展副食品生产应当实行城乡并举的方针，一方面大中城市实行"自力更生为主，力争外援为辅"的原则，积极发展副食品生产；另一方面广大农村要大力发展副食品生产，支援城市。在发展生产中，应当实行公私并举的政策，既要发展国营和集体经营的副食品生产，又要允许社员个人饲养家畜家禽和进行其他副食品的生产。关于手工业的发展，会议提出首先应当恢复过去被挤掉的、目前人民迫切需要的商品生产，同时考虑长远的市场需要。

6月20日 苏联片面地撕毁了中苏双方在 1957 年 10 月签订的关于国防新技术的协定，拒绝向中国提供原子弹样品和生产原子弹的技术资料。

6月24日 台湾"临时省议会"改称为"台湾省议会"。

6月25日 国务院发布《关于统一中国计量制度的命令》。

6月29日 毛泽东在庐山同各协作区主任谈经济工作，主要谈了三个问题：①关于国民经济计划的安排方针问题。他说，过去安排经济计划的次序是重、轻、农，今后要倒过来，要以农、轻、重的次序来安排国民经济计划。②关于综合平衡问题。毛泽东说：大跃进的重要教训之一就是没有搞好综合平衡。在整个经济工作中，综合平衡是个根本问题。③关于经济管理体制问题。他说，现在有些半无政府主义，"四权"（人权、财权、商权和工权）过去下放多了一些，快了一些，造成了混乱，应当强调一下统一领导，中央集权，下放的权力，要适当收回。

同日 中国文字改革委员会和文化

部联合发出通知,自 7 月 15 日推行第四批 92 个简化汉字。从 1956 年到 1959 年,已先后公布了四批共计 517 个简化汉字。

7 月 1 日   中国第一座电视转播台——无锡台开始试验转播上海电视台节目。

7 月 2 日—8 月 16 日   中共中央在庐山先后召开了政治局扩大会议(7 月 2 日—8 月 1 日)和八届八中全会(8 月 2 日—16 日),即庐山会议。会议原定的议题是总结 1958 年"大跃进"以来的经验教训,继续纠正"左"的错误。毛泽东在会议开始时,提出 19 个问题供大家讨论。他对当时国内形势的看法是:成绩伟大,问题不少,前途光明。在随后的讨论中,对如何估计国内形势问题,会议出现了两种意见:一部分人批评了"大跃进"中的错误,认为农村"共产风"、公共食堂、供给制等损害了农民的积极性;另一部分人则不满对实际工作中缺点错误的批评,认为是泼冷水、是右倾。为了更好地总结经验教训以改正错误,彭德怀于 7 月 14 日给毛泽东写了一封信。彭德怀在信中首先充分肯定了 1958 年的工作成绩,然后指出了 1958 年工作的缺点错误。他指出:"大跃进"的缺点错误造成的突出矛盾,主要是由于比例失调而引起各方面的紧张。在全民炼钢中有失有得。他认为,在思想方法和工作作风上,1958 年以来,小资产阶级的狂热性、浮夸风普遍地滋长起来,想在一年或者几个月里就实现本来需要几年或十几年才能达到的目标,一些"左"的倾向有了相当程度的发展,总想一步跨进共产主义,例如轻易否定等价交换等经济法则,过早地提出吃饭不要钱等等。他希望这次会议系统地总结一下去年下半年以来工作中的成绩和错误,达到明辨是非、提高思想的目的。7 月 16 日,毛泽东

批示将彭德怀的信印发与会同志讨论。讨论过程中,许多人一度赞同信中的观点,也有人表示反对。黄克诚、张闻天、周小舟则明确表示同意彭德怀的观点。7 月 23 日,毛泽东在全体会议上严厉地批判了彭德怀的信,认为这封信表现了"资产阶级的动摇性",是向党进攻,是右倾机会主义的纲领,是有计划、有组织、有目的的。毛泽东讲话后,会议形势急转直下,由纠"左"转为批判彭德怀等人的"右倾"。8 月 2 日至 16 日,召开了八届八中全会。会议主要议程是:①检查 1959 年国民经济计划的执行情况;②继续揭发批判所谓的"以彭德怀同志为首的右倾机会主义反党集团"。8 月 2 日,毛泽东在会议开幕时讲了话,他说,现在有一种分裂的倾向,已经有显著的迹象了。现在庐山会议不是反"左"的问题,而是反右的问题了。8 月 7 日,中共中央向全党发出《关于反对右倾思想的指示》,要求"立即在干部中,在各个党的组织中,对右倾思想和右倾情绪,加以检查和克服"。全会通过了《关于开展增产节约运动的决议》、《为保卫党的总路线,反对右倾机会主义而斗争》的决议和《关于以彭德怀同志为首的反党集团的错误的决议》。8 月 16 日,毛泽东在一个批示中断言:庐山出现的这一场斗争,是一场阶级斗争,是过去十年社会主义革命过程中资产阶级与无产阶级两大对抗阶级的生死斗争的继续。庐山会议后,全党开展了一场"反右倾"斗争,错误地打击了一批同志,使党内从中央到基层的民主生活受到严重损害,"左"的错误进一步发展。

7 月 5 日   毛泽东看了李先念、陈国栋关于粮食工作的报告后,提出了几点意见:①多种粮,是上策。田头地角,零星土地,谁种谁收,不征不购,要恢复私人菜

园，酌留自留地；②农民要恢复糠菜半年粮，有稀有干，粮菜混吃，要多储备，少食用，以人定量，粮食归户，食堂吃饭，节约归己；③除灾区外，各地要增加牲口和猪的饲料粮。要在三五七年内，力争做到一亩田一头猪。

同日 "贝多芬第九交响乐"（即合唱交响乐）第一次在中国由中国乐团演出。

7月6日 人民解放军第一支地地导弹部队组成。人民解放军炮兵领导机关决定，将原国防部第五研究院第四教导大队第一教导营扩编，组成一个完整的地地导弹战斗营，这是人民解放军组建最早的地地导弹部队。

7月7日 中共中央决定在西藏地区使用人民币，对旧藏币，不提禁止流通或收兑。7月29日，中共中央又决定立即以人民币收兑旧藏币。

同日 中国男女混合登山队的33名运动员，登上我国新疆境内的慕士塔格山（7546米）顶峰。这是世界登山运动集体安全登上7500米以上高山人数最多的一次。其中，8名女运动员创造了女子登山高度的世界纪录。

7月11日—28日 文化部召开全国故事片厂厂长会议，重点讨论献礼片生产以及如何提高影片质量和加强艺术领导等问题。夏衍在讲话中提出要突破老一套的"革命经"、"战争道"，思想要解放，题材要宽广，有意识地增加新品种。陈荒煤批评了"强调政治忽视艺术"等"左"的错误，呼吁要"出大师"、"出流派"。

7月15日 台湾"省政府"公布《改善民俗办法》。

7月23日 台湾"行政院"公布实施《台湾省实施耕者有其田保护自耕农办法》。

7月28日 台日贸易计划会议正式达成协议。

7月31日 中共中央作出《关于当前财政金融工作方面的几项决定》。规定：凡是1958年以来，动用银行贷款和流动资金进行基本建设或者用于其他财政性开支的，都应当用财政款项归还银行和企业。根据中央指示，财政部会同有关部门对过去的账目进行了清理。结果查出：1958年和1959年各地区、各部门动用银行贷款和企业流动资金作为财政性开支的款项共有100亿元，除已经处理的50.5亿元外，剩余的49.5亿元，由中央财政负责归还39.1亿元，由地方财政和企业部门负责归还10.4亿元。

同日 中共中央发出《关于粮食工作的指示》。1959年以来，国家的粮食情况越来越严重。到6月份，全国各大、中、小城市和工矿区供应的粮食，都是随调随销；许多地区的库存已经挖空。6月底，全国粮食周转库存只有340亿斤，减去已被地方临时借用的部分，实际库存还要小。针对上述严重情况，中央曾在4月21日发出通知，要求各地把城市的粮食销量压缩十分之一左右。7月31日的指示，则从粮食的生产、收购、销售、管理等环节提出了全面的要求。主要是：在城市继续实行粮食定量供应的办法，在农村继续实行粮食定产、定购、定销的办法。为了鼓励农民的生产积极性和保证国家的基本需要，中央确定：1959年度粮食定产为5000亿斤，定购为1100亿斤，定销为820亿斤。这些数字，从1959年起到1961年三年不变。中共中央还要求，各个地区在上年借用中央库存的粮食，1959年内应当归还一部分。各省、市、自治区必须保证完成征购计划，不突破销售计划。

同日 台湾"立法院"通过《志愿兵服役条例》。

7 月　由于苏共中央致函中共中央，提出暂缓向中国提供原子弹教学模型和图纸资料，中共中央决定自己动手，从头摸起，准备用八年时间把原子弹研制出来。

同月　北京舞蹈学校上演芭蕾舞剧《海侠》。

同月　卫生部在南京召开座谈会，讨论编写全国中医学院统一教材等问题。

7 月下旬　卫生部在上海召开了《全国中医经络针灸学术座谈会》，并出了资料选编，收载论文 163 篇。

8 月 1 日　毛泽东给王稼祥写信说：一个百花齐放，一个人民公社，一个大跃进……这三件要向全世界作战，包括党内大批反对派和怀疑派。

同日　第七届世界青年与学生和平友谊联欢节国际展览会美术作品评奖公布，蒋正鸿的套色木刻《新城市》获得金质奖章。吴凡的套色水印木刻《蒲公英》获二等奖，吴光华的套色水印木刻《春》和修军的《重建家园》获三等奖。

同日　成都军区举办四川省民兵展览，宣传建国十年来民兵建设的成就。展览至 10 月 10 日结束，参观者达十万人。

8 月 3 日—17 日　中国电影代表团携片参加第一届莫斯科国际电影节。《老兵新传》获电影节技术成就奖，《小鲤鱼跳龙门》获动画片银质奖。

8 月 4 日　国家科委批准《印刷、书写及绘图用原纸尺寸》和《印刷、书写及绘图用纸幅面尺寸》的国家标准。

同日　蒋介石在台湾公布《陆海空军士官服役条例》。

8 月 5 日　中共中央发出《迅速恢复和进一步发展手工业生产的指示》。1958 年以来，手工业合作社经历了一个"转厂过渡、经济改组"的过程。据统计，全国 10 万多个手工业合作社的 500 多万社员中，过渡为国营工厂的占 37.8%，转为联社经营的合作工厂的占 13.6%，转为人民公社领导的工厂的占 35.3%，保留原来合作社形式的只占 13.3%。由于"转厂过渡"，加上手工业所需的原材料没有及时解决等原因，全国各地出现了手工业品供应十分紧张的局面。为改变上述状况，中央提出了 18 条措施。这些措施，一类属于调整所有制和企业规模，强调凡是转为全民所有制以后对生产不利的手工业合作社，要采取适当步骤退回来，由小并大以后，不能保持原有品种和数量的、对人民生活不便的，要适当地划小；一类属于落实生产条件和供销渠道，确定手工业所需的原材料，基本上依靠地方统筹安排，有一些主要原材料由中央统一安排；再一类属于加强经营管理，强调应当对手工业按行业、按产品实行分工分级管理，应当实行经济核算。

8 月 7 日　中共中央发出《关于反对右倾的指示》。指出，现在右倾思想，已经成为工作中的主要危险，如不加以彻底批判和克服，贯彻党的总路线是不可能的。

同日　台湾中南部发生空前大水灾。

8 月 11 日　台湾当局紧急拨款救灾。

8 月 14 日　中共中央转发辽宁省委关于执行《中共中央关于反对右倾思想的指示》的报告和毛泽东的批示。辽宁省委在《报告》中反映，在辽宁省部分干部中，右倾保守思想有所抬头，畏难松劲情绪有所滋长，右倾思想已成为当前工作中的主要危险。一是怀疑否定 1958 年大跃进的伟大成就，攻击建设社会主义总路线；二是害怕困难，缺乏干劲，不依靠群众，不相信群众的积极性创造性的巨大威力，不敢继续大跃进。毛泽东批示说，看来各地都有右倾情绪、右倾思想，右倾活动存在着，增长着。有各种不同的情况。有些地方存在着右倾机会主义分子向党猖狂进攻的形势。必须按照具体情况，加以分析，把这种歪风邪气打下去。

8月15日 美国将"胜利女神"力士型导弹及相关全部设备移交台湾军队使用。

8月16日 新华社报道，中国人民革命军事博物馆在北京建成。

8月18日—9月12日 中共中央军委扩大会议在北京举行。会议的主要内容是揭发、批判彭德怀、黄克诚的所谓"资产阶级军事路线"和"反党罪行"。毛泽东、刘少奇、周恩来、李富春等与会作了报告。会议通过了相应的决议。会后，全军各大单位召开干部会议，批判彭德怀、黄克诚的所谓"资产阶级军事路线"和本单位的所谓"右倾机会主义分子"。

8月20日 台湾"行政院"颁布征用土地令。

8月24日 国家主席刘少奇在北京召集扩大的第十七次最高国务会议。会议讨论国民经济继续跃进的情况和进一步开展增产节约运动问题。周恩来在会上报告了1959年上半年国民经济计划完成的情况和厉行增产节约的任务。刘少奇在讨论结束时就国内外形势作了讲话。与会的民主党派负责人和无党派民主人士多人发言，拥护中共中央的号召，要求全国各族人民在工业、农业、运输业和其他战线上，实现1959年国民经济的继续跃进。

8月26日 国家统计局公布修订后的1958年农业统计数字，粮食产量由原先公布的7500亿斤改为5000亿斤，棉花产量由6638万担改为4200万担，年末生猪头数1.6亿头。修订后的1958年农业总产值为671亿元，比上年增长25%。这些修订数字实际上仍然脱离实际，1961年再加核实，1958年粮食产量只有4000亿斤。

同日 二届人大常委会举行扩大的第五次会议，周恩来代表国务院作了《关于调整1959年国民经济计划主要指标和进一步开展增产节约运动的报告》。会议确定，对1959年的生产指标进行调整：钢产量减为1200万吨，原煤减为3.35亿吨，粮食减为5500亿斤，棉花减为4620万担。

8月30日 中国最大的一座新型的综合体育场——北京工人体育场建成，占地35万平方米。建筑面积8万平方米。

8月31日 蒋介石在台湾颁布十一项紧急处分令。

8月 西藏、新疆、云南、贵州、广西、浙江、福建、安徽8个省、自治区歌舞汇报演出在北京举行。有13个民族的优秀节目共56个，舞蹈节目有《丰收之夜》、《走雨》、《采茶舞》、《婚礼舞》、《欢乐的苗家》、《赶摆舞》、《双莲灯》、《小卜少》等。

同月 文化部派出以副部长夏衍为团长的代表团参加在德意志民主共和国莱比锡举行的国际书籍艺术展览会。我国送展的展品获得10枚金质奖章、9枚银质奖章和5枚铜质奖章。在莱比锡国际书籍艺术展览会的版画比赛中，吴凡的水印木刻《蒲公英》获金质奖章，李平凡的木刻《我们要和平》获银质奖章。

同月 中国青年艺术团参加在奥地利维也纳举行的第七届世界青年与学生和平友谊联欢节。梁素芳表演的独舞《春江花月夜》、阿依吐拉表演的维吾尔族舞蹈《摘葡萄》荣获东方古典舞金质奖章。汉族民间舞《采红菱》、《花伞舞》、《江南三月》荣获集体舞银质奖章。蒙古族民间舞《欢乐的青年》荣获集体舞银质奖章。

8月—9月 工人文工团观摩演出在北京举行。有舞剧《并蒂莲》、《都江堰》、舞蹈《新产品舞》、《狮舞》、《盘舞》等。

9 月 1 日　《人民日报》和《红旗》杂志分别发表题为《"得不偿失"论可以休矣》和《驳"国民经济比例失调"的谬论》的社论,对那种认为大炼钢铁经济效益不高、得不偿失和"大跃进"导致国民经济比例失调的意见进行了严厉批判。

9 月 4 日　国务院批准试行《中华人民共和国大地测量法式(草案)》,首次建立国家高程基准,称"1956 年黄海高程系",简称"黄海基面",系以青岛验潮站 1950—1956 年验潮资料算得的平均海面为零的高程系统。原点设在青岛市观象山。该原点以"1956 年黄海高程系"计算的高程为 72.289 米。

9 月 8 日　周恩来就中印边界问题致信印度总理尼赫鲁,阐明中国对中印边界问题和边境局势的立场。

9 月 9 日　彭德怀给毛泽东写信,要求在军委扩大会议后,进行学习或离开北京到人民公社去,一边学习,一边参加部分劳动,以便在劳动人民集体生活中得到锻炼和思想改造。毛泽东当天批示:我热烈地欢迎彭德怀同志的这封信,他的立场和观点是正确的,态度是诚恳的。倘从此彻底转变,不再有大的动摇,那就是"立地成佛",立地变成一个马克思主义者,我建议,全党同志都对彭德怀同志此信所表示的态度,予以欢迎。

9 月 11 日　毛泽东在军委扩大会议和外事会议上发表讲话,批判彭德怀等。毛泽东说,有几位同志,据我看,他们从来不是一个马克思主义者,是马克思主义的同路人。他们只是资产阶级分子、投机分子混在我们党内。

9 月 11 日—13 日　全国人大常委会举行扩大会议,讨论中印边界问题,谴责印度军队侵犯我国领土。9 月 11 日,周恩来作关于中印边界问题的报告,阐明了我国政府对中印边界问题的立场、态度和方针。

9 月 13 日—10 月 3 日　第一届全国运动会在北京工人体育场举行。毛泽东、刘少奇、朱德、周恩来等党和国家领导人出席了开幕式,贺龙致开幕词。比赛项目有 36 个。共有 7 名运动员在游泳、跳伞、射击和航空模型等项中 4 次打破 4 项世界纪录;664 人 844 次打破 106 个单项全国纪录;数以千计的运动员刷新了省、市、自治区的各项运动成绩。闭幕式上,首次向十年来打破世界纪录和获得世界冠军的 40 多名运动员颁发"体育运动荣誉奖章"。

9 月 14 日　中共中央向全国人民代表大会常务委员会提出特赦确已改恶从善的战争罪犯、反革命罪犯和普通刑事罪犯的建议。二届人大常委会于 9 月 17 日召开第九次会议,讨论并一致通过这一建议,决定在国庆 10 周年时,实行特赦。同日,国家主席刘少奇颁布了特赦令,12 月 4 日,最高人民法院特赦第一批战犯 33 人。根据国家主席特赦令,各省、市、自治区第一批特赦了反革命罪犯和刑事罪犯共 12082 人。

同日　中国第一架电子数字计算机试制成功。这架计算机每秒钟可运算 1 万次,能从事较复杂的计算。它是中国科学院计算技术研究所和其他有关部门、工厂以及研究机关合作研究试制成功的。这架计算机的研制成功,为中国电子计算机技术的发展奠定了良好的基础。

9 月 15 日　毛泽东邀集各民主党派、各人民团体的负责人、著名无党派民主人士和著名文化教育界人士举行会议,就关于反右倾、鼓干劲、坚持社会主义建设总路线的问题,关于在中华人民共和国成立 10 周年之际对确已改恶从善的各种罪犯实行特赦,以及对确实表现好了的右派分子摘掉右派帽子的问题进行座谈。

同日 北京新火车站建成。

9月16日 中共中央、国务院发布《关于确实表现改好了的右派分子的处理问题的决定》。《决定》指出,凡是已经改恶从善,并且在言论和行动上表现出确实是改好了的右派分子,今后不再当做资产阶级右派分子看待,摘掉他们的右派的帽子。17日,中共中央发出《关于摘掉确实悔改的右派分子帽子的指示》,具体规定了摘掉帽子的条件,并规定,摘掉右派帽子的人数比例可控制在10%左右。根据上述规定,各地进行了为右派分子摘帽子的工作。到12月底,全国已经摘掉右派帽子的有28165人,占右派分子总数的6.4%,第一批计划摘掉帽子的为37506人,占总数的8.5%。对于摘掉右派帽子的人员的安置,根据中央11月2日颁发的《关于摘掉右派帽子的人员的工作分配和生活待遇的规定》,各单位区别情况,分别予以分配工作、帮助就业、返校学习等安排。

9月17日 中华人民共和国主席令:根据中华人民共和国第二届全国人大常委会第九次会议决定,任命林彪兼任国防部长,罗瑞卿兼任中国人民解放军总参谋长,谢富治任公安部长;免去彭德怀的国防部长和黄克诚的总参谋长职务。从此,林彪开始主持中共中央军委的日常工作。

同日 卫生部颁发《生活饮用水卫生规程》。

同日 台湾"行政院"通过《八七水灾重建工作施政纲要》。

9月19日 位于首都天安门广场东侧的中国革命博物馆和中国历史博物馆建成。

9月20日 中共中央决定继续上收企事业单位。根据民航事业统一集中性较强、技术性较高的特点,中央决定对民航的各项事业实行统一集中管理。1958年6月下放地方管理的地方航线和农业航线,改为以中央为主的双重领导。10月15日,中共中央、国务院又决定:从1960年1月1日起,改变若干煤矿企业的管理体制,实行以煤炭部为主的双重领导。12月18日,中央根据石油地质勘探多是大区域性勘探的特点,又决定除江西、福建、广东、山西之外,收回1958年下放地方的石油普查队,建立区域性综合性的石油普查大队,由地质部领导。

同日 李可染水墨写生画展在北京举办。

9月21日 英国皇家学会会长、物理化学家欣歇耳伍德爵士,应郭沫若院长的邀请到达北京,来中国进行访问和讲学。中国科学院副院长吴有训、中国化学化工学会理事长侯德榜等人前往迎接。此次访问活动,打开了中英学术界友好往来的大门。

9月21日—10月10日 各地艺术团体在首都参加建国十周年的文艺献礼演出。

9月22日 《人民日报》发表社论《公共食堂前途无量》。

9月23日 为了促进人民公社多种经营的发展,便利社员交换和调剂商品,中共中央、国务院发出关于组织农村集市的指示。中央规定:①人民公社、生产队生产的第一类物资(国家计划收购和计划供应的物资)和第二类物资(国家统一收购的物资),以及某些国家规定有交售任务的第三类物资,在完成国家规定的交售任务后,剩余的部分可以拿到集市进行交易。社员家庭和个人生产的副业产品、手工业品,不论属于哪一类物资,都可以在集市出售。②出售第一、第二类物资，一律执行国家收购牌价，其他物资，按照不同品种，分别实行国家牌价、限价或者议价。

同日　国产坦克开始装备部队。首批我国自行制造的 33 辆 1959 式（简称 59 式中型坦克）中型坦克于 10 月 1 日参加国庆 10 周年受阅后装备部队。59 式中型坦克是仿照苏联 T－54 坦克由我国自行制造的，具有同时代的先进技术水平，也是建国以后生产数量最大的一型坦克，至今仍然在军中服役。

同日　中国第一台电脉冲成型冲孔机床制成。

同日　台湾"外汇贸易审议委员会"修订公布《民营工厂以托收方式进口工业原料办法》。

9 月 24 日　为了贯彻庐山会议"反右倾，鼓干劲"的精神，国家计委、建委确定新上一批基本建设项目。两委提出，在今后几个月里，要新开工 230 个限额以上的项目。这样一来，使全年施工的限额以上项目又增加到 1000 多项，同年 8 月 26 日刚刚确定的缩减项目的计划一下子全泡汤了。11 月 22 日又确定追加 13.6 亿元基建投资。这些追加投资，加上 8 月 26 日调整计划 248 亿元和上年结转投资 20 亿元，国家投资总额又达到 281 亿元，重新回到了 4 月上海会议确定的水平上。

同日　新华社报道，北京人民大会堂建成，建筑面积 17 万多平方米，施工时间仅用了 10 个多月。

同日　中国第一台 2500 吨纯水式水压机制成。

9 月 25 日　我国石油勘探工人在东北松辽盆地陆相沉积中找到了工业性油流。时值国庆 10 周年，故油田命名为"大庆"。大庆油田的发现和投入开发，打破了大油田只能在"海相地层"（即古代是海的地方）才能找到，而中国绝大部分地区在古代都是陆地，因此是"贫油国"的论调。中国原油产量急剧增长。

9 月 25 日—10 月 24 日　文化部在全国各大城市举办"庆祝建国 10 周年国产新片展览月"。这是新中国成立以来规模最大的一次新片展览活动，共展出《林家铺子》《青春之歌》《林则徐》等影片 35 部，其中故事片 17 部；除 3 部短片外，全部故事片均为彩色片。影片中包括我国第一批彩色宽银幕立体声故事片《老兵新传》、《万水千山》等。

9 月 26 日　中共中央军事委员会发出《关于军委组成人员的通知》。中共中央政治局决定：中共中央军事委员会主席为毛泽东，副主席为林彪、贺龙、聂荣臻；军委常委由毛泽东、林彪、贺龙、聂荣臻、朱德、刘伯承、陈毅、邓小平、罗荣桓、徐向前、叶剑英、罗瑞卿、谭政组成。林彪主持军委日常工作。

同日　北京天安门广场扩建工程竣工。广场面积由 11 万平方米扩大为 40 万平方米。

同日　中国第一台 50000 千瓦用氢气冷却的汽轮发电机制成。

9 月 27 日　中国制成第一台自动化分析仪。

9 月 28 日　中国第一台高温高压双抽气 2500 千瓦汽轮机制成。

9 月 29 日　蒋介石接见西藏叛乱代表。

9 月 30 日　沈阳飞机厂制造的米格－19S型（歼－6）歼击机首飞成功。于 1963 年底经批准定型投产。

9 月　毛泽东视察天津市杨柳青农场。

同月　为迎接中华人民共和国国庆

10 周年,数万名建设者经过近一年的奋战,人民大会堂、中国人民革命军事博物馆、北京工人体育场、民族文化宫、民族饭店、全国农业展览馆、中国革命博物馆、中国历史博物馆、北京火车站等先后在北京建成。

10 月 1 日 中华人民共和国建国 10 周年庆祝大典在天安门广场举行。登上天安门检阅台的有毛泽东、刘少奇、朱德、周恩来及党和国家其他领导人,应邀前来我国参加庆祝活动的社会主义国家的领导人、60 个兄弟党的代表团团长和政府代表等。观礼的有我国各民族、各界人民的代表和华侨、港澳代表以及来自世界各国的贵宾。大会举行了阅兵式和有 70 万人参加的群众游行。

同日 美协在北京和重庆两地同时举行第四届全国版画展览会,展出作品 291 件,参加作者 199 人。

同日 中国戏曲学院正式成立,梅兰芳任院长,张庚、罗合如、晏甬任副院长。

同日 画家八大山人纪念馆正式开馆。

10 月 4 日 中国同几内亚建立外交关系。

10 月 6 日 《人民日报》发表周恩来撰写的《伟大的十年》一文。文章综述了 10 年来的建设成就,10 年来,中国钢产量从占世界第 26 位升为第 7 位,煤炭由第 9 位升为第 3 位,发电量由第 25 位升为第 11 位,棉纱由第 5 位升为第 2 位。国民经济结构发生了显著变化,工业总产值在工农业总产值中的比重和生产资料产值在工业总产值中的比重,已由 1949 年的 30% 和 26.6% 升至 1958 年的 63.3% 和 57.3%。铁路通车里程从 1949 年的 22000 公里增加到 1958 年约 31000 公里。

同日 台湾"行政院"公布《军品采购规则》。

10 月 7 日 空军地空导弹部队首次击落国民党军高空侦察机。空军地空导弹第 2 营在北京通县上空击落由浙江温岭北犯大陆的国民党空军 RB-57D 型高空侦察机 1 架,飞行员王英钦当即毙命。这是中国地空导弹部队首次击落敌机,也是世界防空史上首次用地空导弹击落飞机。战后,国防部给第 2 营记集体二等功,并予以通令嘉奖。

10 月 10 日 国务院决定:从即日起,提高大豆、花生、甘蔗、甜菜、菜牛的收购价格,以促进这些产品的生产。收购价格提高以后,按照不同地区的不同情况,相应地提高了销售价格。

10 月 11 日 我国外交部长陈毅和印度尼西亚外交部长苏班德里约在北京签署了联合公报。公报指出:双方认为,凡有可能在亚非国家间造成隔阂的问题,均应按照万隆会议的原则以友好方式加以处理。在印尼经济发展和稳定的过程中,应该寻找适当的方法,解决定居在那里的华侨的经济地位可能受到影响的问题,使这个问题的解决有利于印尼经济的发展和华侨的正当权利和利益受到尊重。

10 月 12 日 中共中央批转河南省委关于右倾机会主义分子的几个典型材料的报告。河南省委反映,新乡地委第一书记耿起昌和洛阳地委第二书记王慧智,借着整社和实行包工包产的机会,推行"地段责任制",重新丈量土地,立界碑,主张把土地、牲畜、农具、劳力等,按户包给家长,在家长指导下干活。想把"一大二公"的人民公社,倒退为"一小二私"的互助组或者单干户。中央的批示认为,耿起昌和王慧智的做法,明显地暴露出右倾机会主义分子反对人民公社的本心和实质,是根本反对农业合作化,反对走社会主义道路而走资本主义道路,是企图使资本主义在农村复辟,实质上是反党反人民的资产阶级思想在党内的反映,对于这种思想,各地党委应该组织党员干部进行深入彻底的揭发和批判。

同日　考古工作者在北京周口店发掘出一件中国猿人左右下颌体相连的成年下颌骨。

10 月 13 日　中共中央批转江苏省委《关于立即纠正把全部农活包到户和包产到户的通知》。《通知》规定:生产队组织劳动的基本形式,应当是集体劳动,包工到户的办法只限于田间管理方面部分零星分散、不容易统一安排、包工到户比集体劳动更加有利的农活。今后一律不准提田间管理包到户。中央批示认为,把全部或大部农活包到户或包产到户的做法,实际上是在农村中反对社会主义道路、而走资本主义道路的做法,凡有这种意见和活动的地方,都必须彻底地加以揭露和批判。

10 月 15 日　中共中央批转农业部《关于庐山会议以来农村形势的报告》,决定在农村批判和反击所谓"右倾歪风邪气"。1959 年 5、6、7 几个月里,有些地区的农村,从实际情况出发,对人民公社的所有制形式和经营管理,作了一些变动和改进。例如,有些地方改变当时规定的"基本队有制"即以大队为基本核算单位的制度,实行以生产队为基本核算单位的办法,或者在保持"基本队有制"的前提下,把收入的 50%～60% 以上归生产队支配。有些地方在田间管理方面,实行把农活包工到户的责任制度,或者实行包产到户的办法。有些地方在国家确定的"大集体、小私有"的政策范围内,允许发展私人副业。有些地方取消了部分供给制和解散了公共食堂。上述这些做法,当时被说

成是恢复单干、开倒车,是一股反对社会主义道路的逆流,必须加以反击和批判。

同日　中共中央转发湖南省委关于结合生产进行整社试点即进行两条道路的斗争的经验。庐山会议后,湖南省委选择了 10 个公社的 10 个大队进行整社试点。中央认为:湖南的试点情况十分清楚地表明,目前在农村中正在进行着一场两条道路的斗争,是一场激烈而深刻的阶级斗争,各省市区党委,都应该安排一个适当的时间,以进行两条道路的斗争和社会主义教育为纲,有计划、有步骤地进行一次整社、整风运动。

10 月 16 日　中国第一台装有废气涡轮增压器的 2000 马力低速重型船用柴油机在上海制成。

同日　中国第一台百万分之一高精度微量分析天平在上海天平仪器厂诞生。

同日　台湾"外交部"针对台湾法律地位发表声明:根据开罗宣言、波茨坦宣言及"台日和约",台湾为中国行省,并无法律地位问题。

10 月 16 日—29 日　全国工业生产、交通运输会议在北京举行。会议主要讨论了如何超额完成 1959 年的工业生产、交通运输计划和为明年第一季度生产做好准备工作的问题。

10 月 19 日　文化部发出《关于在北京、上海两地有关出版社继续试行〈关于文学和社会科学书籍稿酬的暂行规定〉的通知》。

10 月 21 日　中国西藏边防军在空喀山口(中印边界西段)击退入侵印军。印军 60 余人,于 1959 年 10 月 21 日 15 时许包围并攻击了中国西藏边防军空喀山口边防站阵地,边防分队副班长吴国庆牺牲。中国边防军被迫还击,于 19 时 30 分将印军击退。这次战斗,击毙入侵印军 9

人,击伤3人,俘虏7人。

10月23日 台湾"立法院"通过《公务人员退休法案》。

10月24日 中共中央、国务院发出《关于今冬明春继续开展大规模兴修水利和积肥运动的指示》。

同日 我国政府就联合国大会14届会议通过所谓"西藏问题"的非法决议发表声明,强烈抗议美国挟持联合国干涉我国内政。声明郑重指出,西藏是我国的领土,平定叛乱,实行民主改革完全是我国内政,任何国家和组织都无权过问。

10月25日—11月26日 第八次全国计划会议在北京举行。会议着重研究了1960年发展国民经济的方针和任务,研究确定了编制计划的方法和1960年国民经济计划草案。会议提出,1960年工农业总产值比1959年预计增长26%(其中工业增长31%,农业增长17%);钢1840万吨,煤炭4.25亿吨,发电量555亿至580亿度,粮食6500亿斤,棉花6000万担,猪3亿头。基本建设投资340亿元,限额以上项目1596个,财政收入700亿元。会议还研究了支援农业问题。1960年供应农业的生产资料总值可达100亿元,比1959年预计增长33%;财政支出中农林水利基本建设投资安排为39.1亿元,比1959年预计增长78%。银行增拨人民公社贷款5亿元。

10月26日 中华人民共和国外交部发布《关于印度武装人员侵犯中国西藏地方的西北边境非法越入了我国领土并且进行武装挑衅的声明》。

10月26日—11月18日 全国工业、交通运输、基本建设、财贸方面社会主义建设先进集体和先进生产者代表大会在北京召开。大会要求贯彻党的八届八中全会精神,大反右倾,大鼓干劲,大搞群众运动,大搞增产节约运动。

10月29日 中共中央政治局召开会议,听取了关于工业生产会议情况的汇报。会议指出,庐山会议后,大跃进运动发展得很快很猛,在生产、财贸各个战线上有些问题也露了头。是否头脑有点开始发胀,要注意。中央决定1959年减少职工600万至800万人,9月底已减少500万人,但下面又开始招工,要注意控制。

10月 湖北省实验歌剧院创作演出歌剧《洪湖赤卫队》,朱本和等人编剧,张敬安、欧阳谦叔作曲。

11月1日 中共中央转发解放军总政治部关于贯彻党的八届八中全会和军委扩大会议《当前情况和工作部署的报告》。报告说:在传达贯彻党的八届八中全会和军委扩大会议过程中,各单位发现和揪出了一批右倾机会主义分子和阶级敌对分子。截至10月19日止,各单位报来的这类人员和近似这类人员的重点批判对象,共有党员干部847人,占这些单位干部的1‰强。

同日 我国第一拖拉机制造厂在洛阳举行落成典礼。该厂是1959年开始动工兴建的,年生产15万台54马力"东方红"牌柴油履带拖拉机。

11月2日 刘少奇视察海南岛橡胶农场。

11月5日 台湾"行政院"公布修正所谓的《原子能委员会组织规程》。

11月8日 中国第一座规模巨大的现代化炼油厂——兰州炼油厂正式投入生产。

11月9日—28日 中共中央文教小组召开省、市委文教书记会议,主要讨论教育事业的长远发展规划、理论工作和文教系统的反右倾等问题。会议提出,在第二个五年计划期间,要力争完成扫盲任务,并普及小学教育;第三个五年计划期间,力争普及初级中学;第四个五年计划时,高等学校要发展到约有占全国劳动力的 1％的在校学生(200 万人左右),大力发展业余高等教育,大办业余的中等专业学校,预计在第三至第四个五年计划内,使不能升入高中学习的初中毕业生都可入业余中等专业学校学习。在 1962 年前,力争在每个协作区都形成一个比较完整的教育体系。要发展师范教育,解决好师资的培养问题。会议认为,在发展教育事业上要抓两头,一头是办好重点学校,另一头是抓好普及教育。

11 月 10 日 周恩来就中印边界问题写信给印度总理尼赫鲁,建议中印两国军队立即从东边的所谓"麦克马洪线"和西边的双方实际控制线各自后撤 20 公里。在双方撤出武装部队的地区,双方保证不再派遣武装人员驻守和巡逻,但是仍然保留民政人员和非武装的警察,以执行行政任务和维持秩序。信中还建议两国总理近期举行会谈。

同日 中国第二座长江大桥——重庆白沙沱长江大桥建成通车。桥长 820 米,是 1958 年 9 月开始动工兴建的。

11 月 12 日 中国第一台液力传动的内燃机车在青岛四方机车车辆厂试制成功。

同日 美国国务院报告宣称,台湾是"自由世界"中远东防御堡垒。

11 月 12 日—21 日 卫生部在山西省稷山县召开全国农村卫生工作现场会。

11 月 15 日 台湾"省政府"宣布实施《台湾各县市噪音管理取缔实施办法》。

11 月 20 日—12 月 4 日 国家科委、教育部、中国科学院联合召开高等学校科学研究工作(自然科学部分)会议。

11 月 21 日 中共中央批转中央统战部《关于在民主党派、资产阶级分子和资产阶级知识分子中不进行反右倾斗争的整风运动的意见》,指出,这次斗争实际上是一场两条道路在党内争胜负的斗争,是一场剧烈的斗争,但这是党内斗争,是党内反右整风的思想斗争。因此,第一,必须坚决地、彻底地弄清大是大非;第二,在态度上必须坚持治病救人的精神,方式上必须和风细雨。重点批判对象一般应该控制在百分之几。

11 月 24 日 国务院批转教育部、财政部《关于进一步加强教育经费管理的意见》。

11 月 27 日 中共中央批准解放军总政治部《关于划分右倾机会主义分子的标准和处理办法》。此文件规定:凡是党员干部,在言论、行动上,属于下列性质的,都应当列为重点批判对象,其中经过充分的揭发和批判,查明情节确实严重的,划为右倾机会主义分子:①公开散布系统性的右倾言论,从多方面攻击总路线、大跃进和人民公社的;②积极支持以彭德怀为首的右倾机会主义反党集团的纲领,公开为反党集团辩护,攻击党中央毛主席的;③历史上多次犯错误,屡教不改,对党心怀不满,这次又借批评大跃进的缺点为名,猖狂向党进攻的;④执行党的路线、政策一贯右倾,1958 年大跃进以来又有严重的右倾言论和行动,而在学习八届八中全会文件后仍然执迷不悟,不主动作深刻检讨的。文件规定对右倾机会主义分子的处理办法是:①情节严重、态度恶劣的,撤销其行政职务,党内给以留党察看的处分,另行分配次要工作;个别品质恶劣,坚持错误,顽抗到底的,开除党籍,作转业处理。②情节较重,但检讨较好的,酌情撤销其党和行政的职务或者部分职务,如果这种人现在还在重要工作岗位或要害部门,应当予以调离,改做其他工作。

11月30日 美国将增拨的7艘登陆艇移交台湾当局。

11月 《中国植物志》编辑委员会成立,挂靠在科学院植物研究所。钱崇澍、陈焕镛任主编。全书完全由中国植物学家编写,计划出版80卷125册,包括蕨类植物、裸子植物和被子植物,达4千余属、5万余种,共计约5千万字、5千幅图版,是世界各国已出版植物志中种类最多、规模最大的植物志。

同月 北京舞蹈学校首次上演中国舞剧《鱼美人》,编导北京舞蹈学校编导班,作曲吴祖强、杜鸣心。

12月1日 中共中央军委国防工业委员会在北京成立,贺龙任主任。1961年11月18日,国务院国防工业办公室成立后,国防工业委员会的日常工作即由国防工业办公室组织进行。1963年9月,国防工业委员会撤销。

12月8日 中共中央宣传部召开全国文化工作会议。会议认为修正主义、资产阶级思想影响仍是文学艺术上的主要危险,其主要表现是以人性论反对阶级论,以人道主义反对革命斗争,并强调19世纪欧洲资产阶级文学艺术在当前的消极作用。会议提出,必须开展一个彻底批判资产阶级文学艺术的运动,批判修正主义,批判19世纪欧洲文学。

同日 为加强吸引外资,台湾"立法院"修正通过《外国人投资条例》。

12月9日 外交部长陈毅写信给印尼外交部长苏班德里约,严重抗议印尼进行大规模的反华排华活动。一个时期以来,印尼一部分敌视中国和华侨的有影响的势力,肆意侵犯华侨的正当权益,强迫他们迁移,断绝他们生计,甚至出动军队,鸣枪射击,发生了流血事件。印尼华侨的

生命财产遭到巨大损失。大批华侨丧失生计,流离失所,甚至受到惨无人道的拘禁虐待。对于这种令人不能容忍的状况,中国政府提出严重的抗议。为全面解决华侨问题,陈毅在信中建议:①两国政府立即交换关于双重国籍问题条约的批准书,同时讨论和规定实施这个条约的办法。②切实保护自愿保留中国国籍或者选择印尼国籍而未获准的华侨的正当权利和利益。③对于流离失所或不愿继续留印尼的华侨,我国政府准备安排他们回国参加建设,希望印尼政府分期分批遣送他们回国,并保证他们归国途中的安全。

12月12日 教育部向中共中央宣传部报告全国高等学校出版学报的情况:建国十年来,全国有168所高等学校出版了各种学报及学术刊物331种。其中已停刊的56种,目前继续出版的275种(内有176种公开发行)。

12月23日 蒋介石重申不赞成"修宪"主张。

12月25日 浙、皖、苏、沪四省市座谈会讨论人民公社过渡(从基本队有制过渡到基本社有制)问题。会议主要讨论了过渡条件和时间问题,公社、生产大队、生产小队三级经济问题,分配问题,公共积累问题和发展社办工业实现公社工业化问题。会议认为,从现在起,就应当积极发展社有经济,为过渡创造条件。生产大队的经济同样要积极发展,保留生产小队小部分所有制但必须进行适当的控制。会后,一些地方开始进行从基本队有向基本社有制过渡的试点。

12月26日 中共中央批转湖南省委关于开展整风运动的情况和今后意见的报告。

同日 台"国大代表"年会决议明年"国大"会议上修改"临时条款",使蒋介石

可连选连任。

12 月 30 日　中国第一个芭蕾舞剧团——北京舞蹈学校实验芭蕾舞剧团成立。团长戴爱莲。

12 月　中央军委决定复员 4 万名战士参加海南岛、湛江橡胶农场的建设。

同月　经中央书记处同意,由国家科委、国家计委等组成"中央新技术材料小组"(科学院也派人参加),负责提出对新材料的要求、安排科学研究、中试和工业化生产。

同月　中国科学院古脊椎动物研究所在山西芮城市风陵渡黄河岸发现了多处旧石器时代遗址。

同月　1959 年全国主要经济指标完成情况:按 1957 年不变价格计算,工农业总产值 1959 亿元,比上年增长 19.5%。其中,重工业的比重,由上年的 36% 上升到 44.6%,农业的比重由上年的 33.5% 下降到 24.2%。工农业产品产量:粮食,17000 万吨,比上年下降 15%,棉花 170.9 万吨,比上年下降 13.2%;油料,410.4 万吨,比上年下降 14%;钢,1387 万吨,比上年增长 73.3%;原煤,36900 万吨,比上年增长 36.7%;原油,373 万吨,比上年增长 65%。社会商品零售总额 638 亿元,比上年增长 16.4%。进出口贸易总额 149.3 亿元,比上年增长 15.7%。基本建设投资总额 349.72 亿元,比上年增加 30%。财政总收入 487.1 亿元,总支出 552.9 亿元,赤字 65.8 亿元。

本年　《列宁全集》中译本 38 卷本全部出齐。《鲁迅全集》10 卷本和《鲁迅译文集》10 卷本出齐。

本年　上海实验歌剧院演出舞剧《小刀会》,编导张拓、白水等人,商易作曲。

1960 年

1 月 1 日　《人民日报》发表元旦社论:《展望六十年代》。社论说:根据最近时期的经验,找到了三个法宝,这就是:建设社会主义的总路线,大跃进的发展速度和人民公社的组织形式。社论宣布,党的八届八中全会关于在 1959 年提前三年完成第二个五年计划的主要指标的号召,已经胜利实现。中国人民的奋斗目标是,在新的十年间,要在主要工业产品的产量方面赶上或者超过英国,基本上建立起完整的工业体系,基本上实现工业、农业和科学文化的现代化,从而把中国建设成为一个强大的社会主义国家。

同日　黄河刘家峡水利枢纽工程胜利截流。这项工程是 1958 年 9 月开始兴建的。大坝截流后,可形成一个面积达 100 多平方公里的水库,蓄水 49 亿立方米,灌溉农田 1500 多万亩。

同日　蒋介石发表元旦文告。

1 月 3 日　新华社报道:全国各省、市、自治区政府机关及民主党派的地方组织最近为 2.6 万人摘掉右派分子的帽子。

同日　中国第一座利用地下水发电的云南六郎洞电站建成。

1 月 6 日　为稳定粮源,台湾"省粮食局"宣布限期出售余粮。

1 月 7 日—17 日　中共中央在上海举行政治局扩大会议。会议确定了 1960 年国民经济计划,讨论了今后 3 年和 8 年的设想。会议认为 1960 年还将是一个大跃进,可能比 1959 年更好。会议规定,1960 年的钢产量为 1840 万吨,粮食产量为 6000 亿斤。会议设想 8 年完成人民公社从基本队有制过渡到基本社有制。会后,各省响应号召,纷纷大办县、社工业,大办水利,大办养猪等,为继续"大跃进",为提前实现过渡创造条件。

1月11日　全国总工会、教育部、共青团中央分别在北京召开全国工会、学校和军事体育工作会议。

同日　陈诚宣布用3个月时间清理台湾的军用土地。

1月11日—19日　中国人民解放军总参谋部、总政治部在北京联合召开全国民兵工作会议。会议着重讨论了民兵的战略地位问题,同时研究了构成全民防御网的民兵战略布局和开展民兵工作方法问题。

1月11日—20日　国家计委、建委和财政部在广州联合召开全国基本建设投资包干经验交流会。据当时的不完全统计,1959年全国实行投资包干的建设单位有5000多个,占全国投资总额的40%左右,会议肯定了投资包干制度的积极作用,确定要广泛地推行这项制度。2月24日,中共中央批转了关于这次会议的报告,要求各地区、各部门在1960年继续推行基本建设投资包干的办法。

1月12日　台湾"省政府"通过《在县市直接放租的公地范围内,扶植耕农自有自营,续办公有土地纲领》。

1月14日　国务院发布《关于加强综合财政计划工作的决定》。《决定》要求,各省、市、自治区在编制1960年计划的同时,都必须编制综合财政计划,随同国民经济计划一同上报。省属专区、市、县原则上也要逐步编制综合财政计划。

同日　我外交部就日美签订军事同盟条约发表声明。声明指出:日美军事同盟条约的签订,标志着日本军国主义的复活,中华人民共和国政府坚决反对日美军事同盟条约。

1月15日　中共中央批准中央直属机关党委、中央国家机关党委《关于在反右倾斗争中和整风运动中犯有错误同志的处理问题的请示报告和关于划分右倾机会主义分子的标准和处理原则》。《报告》指出:中央直属机关的反右倾整风运动,从1959年8月中旬开始。两党委所属党员中被列为重点批判对象的共1900人,占党员总数的3%;重点批判对象中司局长以上的党员干部有287人,占同级党员干部的9.3%。《报告》还提出了一系列划分右倾机会主义分子的标准和处理原则。

1月16日　中共中央、国务院发出《关于建立业余教育委员会的通知》。《通知》说,广泛开展业余教育工作,是我国文化革命中的重大任务之一,也是培养干部的一个重要方法。

1月18日　国务院转发教育部《关于改进工人、农民、干部学生人民助学金标准的暂行规定》和《关于研究生人民助学金标准的暂行规定》,同意自本年2月起执行。

1月19日　中宣部讨论有计划地出版中外文化遗产问题。会后起草了《关于加强和改进出版中国古籍和翻译出版外国学术和文艺著作问题的意见(草稿)》。

1月20日　中国和印度尼西亚在北京互换双重国籍问题条约批准书。根据条约规定,条约在互换批准书3日起生效,2月2日,国务院发布关于接待和安置归国华侨的指示,在回国华侨入境的港口,设立接待机构,负责接待无端遭受东南亚某些国家迫害和所有愿意回国的华侨。《指示》责成广东、福建、广西、云南等省(自治区)的人民委员会负责做好归国华侨的安置工作。

1月22日　新华社发布关于1959年国民经济发展情况的新闻公报,宣布第二个五年计划提前三年胜利完成。

1月22日—27日　中央军委在广州召开扩大会议。会上,林彪、贺龙、聂荣臻、刘伯承、罗荣桓、徐向前、叶剑英等作了报告和发言。会议在研究讨论了我军战略方针、国防建设问题之后,通过了《1960年的国防建设工作纲要》。

1月24日　台湾电力公司深奥火力发电厂第一部机开始发电。

1月24日—29日　应周恩来总理的邀请,缅甸联邦总理奈温将军来我国访问。28日中缅双方在北京签订了《中华人民共和国政府和缅甸联邦政府关于两国边界问题的协定》、《中华人民共和国与缅甸联邦之间的友好和互不侵犯条约》。

1月26日　中共中央印发《关于1960年计划和今后三年、八年设想的口头汇报提纲》,提出了今后三年的奋斗目标:①提前五年实现中央八届八中全会提出的十年赶上英国的口号。②提前五年实现十二年农业发展纲要,争取提前完成农业机械化四年小解决的任务,并为提前完成十年大解决的任务作准备。③提前五年实现十二年科学规划纲要。八年的基本任务是:①建成全国独立的经济体系。②基本上完成四个现代化。③分期分批地采取各种不同的形式完成人民公社由基本生产队所有制到基本公社所有制的过渡,并开始向全民所有制过渡。④人民公社的收入分配要以工资制为主,采取工资制和供给制相结合的分配形式,逐步增加分配制度中共产主义的、按需分配的因素。

1月30日　中共中央批转太原市委《关于开展以机械化和半机械化为中心的技术革新和技术革命运动的决议》,要求各地立即掀起一个以大搞半机械化和机械化为中心的技术革新和技术革命的群众运动。

同日　中共中央批转国家计委《关于1960年国民经济计划的报告》。国家计委报告了1959年11月召开的全国计划会议讨论和拟定的1960年国民经济计划草案的情况,1960年工农业总产值,计划为3060亿元,比上年增长22%,钢产量1840万吨,比上年增长33%,粮食6000亿斤,比上年增产11%,财政收入701.5亿元,增长22%。中央批示:力争我国的国民经济在1960年获得更好、更大、更全面的跃进。

1月31日　《人民日报》发表新华社记者述评:《中小型企业在1959年创立丰功伟绩》,赞颂中小型企业。据初步统计,全国已建成投产的中小企业,有钢铁企业1000多个,煤矿1.7万座,电站50多万千瓦,石油厂400多个,水泥厂100多个,以及成千上万的机械厂、化工厂、轻工厂。

1月　国家计委正式批准中国科学院新技术局系统建设四个配备全套设备的工厂。这四个配套厂是:特种无线电器件工厂(0305厂,北京),特种仪器、仪表和自动控制元件工厂(0306厂,北京),高温材料及特殊合金试验厂(0307厂,沈阳),光学精密机械仪器实验工厂(0308厂,长春)。

同月　中共中央上海会议讨论通过农垦部党组和广东省委《关于开发建设橡胶垦区的专案报告》。

同月　中国电影艺术研究所在北京成立,袁文殊任所长。

1月—4月　中苏两国在榆林海区进行了联合预备水声考察,中方负责人为汪德昭,苏方负责人为马捷波夫。考察工作顺利,在中国南海取得了宝贵的水声资料,整理出中苏南海联合水声考察报告。这是中国第一套较为完整的水声资料,中苏各持一套。后来由于中苏关系日益紧张，合作中断。

2月3日 首都医药界和有关部门发扬共产主义协作精神，成功地抢救了61名砒霜（三氧化二砷）中毒的筑路民工。

同日 新疆维吾尔自治区博物馆南疆考古队在塔克拉玛干大沙漠南部民丰县探掘一座古代遗址时，发掘出一对男女合葬的"木乃伊"。两具"木乃伊"的身躯都很完整。据鉴定，死者大约是距今2000年（相当于东汉时代）的人物。

2月4日 中国第一条架设在武汉跨越长江的高压输电线架通。

同日 台湾"行政院"通过所谓的《台湾省议员选举罢免规程》。

2月11日 台湾"省政府"公布修正所谓的《台湾省县市议会议事规则》。

2月12日 中国人民解放军第二届美术作品展览会在北京举行。

同日 国民党中常会决议设置"中山奖学金"。

2月16日 中共中央批转国家科委《关于1960年科学技术发展计划的报告》。中央批示指出：科学技术的发展，对促进工业生产和国防现代化的作用愈来愈大，要求各地方党委、各部门应把科学技术工作提到更重要的日程上来，加强领导检查，及时总结经验。科学技术工作一定要政治挂帅和大搞群众运动，继续破除迷信，解放思想。

同日 台湾海峡发生空战。

2月18日 中共中央、国务院发出《关于当前蔬菜工作的指示》。指出：当前的任务是进一步抓紧蔬菜生产，同时做好全年工作安排，要一季接着一季，季季都抓紧。

同日 农业部、林业部、商业部、教育部、粮食部、团中央发出《关于发动群众利用空闲地种植油料作物的通知》，要求发动广大群众，利用一切可利用的河边、湖边、塘边、堤边、沟边、田边、场边、屋边、路边，大种油料作物。

2月19日 上海机电设计院自行设计制造的T－7M试验型液体燃料探空火箭，在上海南汇简易发射场试射成功，开始了中国的"空间时代"。这是中国探空火箭技术取得的第一个具有工程实践意义的成果。

2月19日—21日 中国民主建国会第二次全国代表大会和中华全国工商业联合会第三届会员代表大会在北京举行，与会的2000多名代表总结了1957年以来工商业者在为社会主义服务和自我改造方面所取得的成就，就服务和改造的关系、自我教育和自我改造的看法、工商界今后进行自我教育和自我改造的要求和措施等问题，进行了讨论，取得了比较一致的认识。大会号召全国工商业者坚决响应党的号召，更好地进行思想改造，为社会主义建设作出更多的贡献。

2月20日 台湾当局召开"国民大会"一届三次会议。

2月22日—3月4日 卫生部召开全国西医学习中医经验交流座谈会。

2月24日 中共中央批转国家计委、建委和财政部关于全国基本建设投资包干经验交流会的报告，肯定了投资包干制度的积极作用，确定要广泛推行这项制度。中央在批示中，要求各地区、各部门在1960年继续推行基本建设投资包干的办法。

同日 黄河青铜峡水利枢纽工程拦河坝合龙截流。这一工程于1958年8月26日动工。大坝合龙后，可控制宁夏、内蒙古等地区的黄河凌汛，并形成1000万亩面积的黄河平原灌溉网和山区扬水灌溉网。

2月26日 《人民日报》报道：全国许多厂矿企业以厂社挂钩、分片包干、一包到底等办法,大力支援农业技术改造,辽宁、江苏、上海、甘肃、黑龙江等省、市许多厂矿企业帮助广大农村修理农具、农械。辽宁省412个公社中已有386个同工厂挂了钩。这些厂矿还有计划地传播技术经验,从人力、设备、技术等方面帮助公社建立和发展自己的工业。

2月27日 山东省委报告农村中生活安排上的突出问题。山东省委报告说,生活未安排好的基本核算单位,平均约有15%。人口外流和水肿病的情况已经出现,至今尚未能完全停止。去秋至今累计:全省共外流人口包括流向外县和外省的达90多万人,经劝阻安排返回的已有50多万人,共发生水肿病达90000多人,已治愈的35000余人,死亡1000多人。据统计全省入冬以来死亡牲畜31936头,死亡生猪127577头。

2月28日 台北民众抗议美军将阳明山公园一地辟为禁区,迫使美军撤出。

2月 新疆维吾尔族优秀古典音乐《十二木卡姆》经整理后用汉文和维文由音乐出版社、民族出版社联合出版。

3月1日 海军部队击沉国民党军炮艇1艘。隶属于台湾国民党军"反攻救国军第一总队"海上突击队第1突击舰队的"远征517"号炮艇,窜入福建东北霜岛渔场,破坏渔业生产。人民解放军福建前线海军某水警区护卫舰大队派出3艘护卫舰拦击。经半小时激战,击沉该艇,击毙敌中尉艇长以下12人,俘虏10人。

3月3日 蒋介石强调国民党籍"国大代表"要贯彻国民党的决定,并再次申明不赞成"修宪"主张。

3月5日 中共中央批转广东省委《关于当前人民公社工作中几个问题的指示》。广东省委在《指示》中指出了农村存在的一些重要问题:①存在着想加快从人民公社基本队有制向基本社有制过渡的倾向。②在发展公社一级经济力量的问题上,存在着重复"一平二调"刮"共产风"的错误。③在分配问题上,没有贯彻按劳分配原则,存在着集体积累多、社员增收少的问题。④在经济核算问题上,不爱惜人力、物力和财力,大搞非生产性的建筑和购置。⑤在干部作风问题上,不实事求是、脱离群众、命令主义等缺点开始萌芽。针对这些问题,广东省委提出了改进措施和意见。中央指示认为,这是一个很好的文件,甚为切合现时人民公社在缺点错误方面的情况和纠正这些错误缺点的迫切要求。

同日 国务院颁发《关于高等学校教师职务名称及其确定与提升办法的暂行规定》和《关于评定和提升全日制中小学教师工资级别的暂行规定》。

3月6日 中共中央批转《贵州省委关于目前农村公共食堂情况的报告》,要求各地仿行。贵州省委的报告说:全省农村公共食堂13万多个,多数办得好,少数不好。中央的《批示》说,贵州省委这一报告,是一个科学总结,可以使我们在从社会主义向共产主义过渡的事业中,在五年至十年内,跃进一大步,因此,应当在全国仿行,不要例外。

3月7日—12日 中共中央文教小组在北京召开各省、市委文教书记会议,5月16日至21日,会议继续举行。会议讨论了教学改革的方针、原则和文教部门大办生产企业、开展学术批判、学生参加生产劳动等问题的具体政策。中央宣传部长陆定一在会上提出,要在哲学、社会科学和文艺方面批判修正主义,挖十八九世纪资产阶级学术思想的"老祖坟",并在教育战线进行教学革命。会后，各省、市在高等学校、文艺界、教育界、学术界开展了以反对现代修正主义为中心的学术批判运动。主要批判"人道主义"、"人性论"、"和平主义"、"学术自由"等观点。

3月8日 中共中央转发辽宁省委工业部《关于工业企业管理情况的报告》和中央工业工作部的意见。中央工业工作部的意见认为：十年来，我们领导和管理现代化工业企业工作，取得了丰富的经验。其中最基本的经验是，在社会主义现代化工业企业中，必须加强党对各方面工作的统一领导，坚持政治挂帅，贯彻和执行党的群众路线，大搞群众运动，并且根据生产发展的需要，不断改进企业管理工作。党的八次全国代表大会所确定的党委领导下的厂长负责制和党委领导下的职工代表大会制，以及中央1958年总结群众实践经验所肯定的两参、一改、三结合的企业领导制度和管理制度，就是上述原则的具体运用。

同日 中国第一所电视大学——北京电视大学开学。其后，上海、沈阳、长春、哈尔滨、广州等城市也相继成立电视大学。

同日 台湾工业总会促请当局改善投资环境。

3月9日 中共中央发出《关于城市人民公社问题的批示》，决定在全国各个地区组织试验和推广城市人民公社。中央要求，全国城市要在上半年普遍试点，下半年全面推广。除北京、上海、天津、武汉、广州五个大城市外，其他一切城市应一律挂出人民公社的牌子，以大造声势。中央的指示下达以后，各个城市纷纷大办人民公社。据全国总工会统计，到7月底，全国190个大中城市里，已经建立了1064个人民公社。参加公社的人口为5500多万人，占上述城市人口总数的77％。

3月10日 在广东省韶关马坝市郊区狮子山石灰岩洞穴中，发掘出马坝人化石，这是中国在华南地区第一次发现的远古人类化石。据鉴定，马坝人化石是中国除周口店中国猿人化石以外已发现的最早的人类化石，是生活在距今约一二十万年以前的古人类。

3月10日—23日 尼泊尔首相柯伊拉腊应邀访华。3月21日，中、尼两国签订了《中华人民共和国政府和尼泊尔国王陛下政府关于两国边界问题的协定》、《中华人民共和国政府和尼泊尔国王陛下政府经济援助的协定》以及两国政府的联合公报。

3月11日 台湾"国民大会"决议在"动员戡乱时期""总统"、"副总统"可连选连任。

同日 蒋介石明令公布《动员戡乱时期临时条款》。

3月12日 台湾"行政院"公布《加速经济发展19项措施》。

3月15日 中共中央批转文化部和共青团中央《关于进一步改善少年儿童读物的报告》。

3月18日 中共中央发出《关于加强公共食堂领导的批示》，批转《八个省农村公共食堂情况》、《河南省农村公共食堂情况》和《1959年底全国农村公共食堂情况》等三个材料。中央批示认为，办好公共食堂是个极端重要的问题。指出，就全国来说，争取占全体农村人口80％的人到食堂吃饭就很好了，争取到90％以上的人到食堂吃饭更好。据统计，截至1959年底，全国农村在食堂吃饭的约占人民公社总人数的72.6％，其中，比例最高的为河南省（97.8％），最低的为内蒙古（16.70％）。中央要求把公共食堂恢复整顿好，在粮食管理上推行"统一用粮、指标到户、实物到食堂"的办法。

同日　中共中央发出由毛泽东主席起草的《中央关于卫生工作的指示》。

同日　台湾"立法院"通过《华侨投资条例》修正案。

3月19日　全国3万多名野生植物资源普查人员,一年来已查出2000多种野生植物可以加工利用。

3月20日　国家体委发出《关于建立各级各项国防体育俱乐部的通知》。

3月21日　蒋介石当选第三任"总统"。

3月22日　中共中央批转《鞍山市委关于工业战线上的技术革新和技术革命运动开展情况的报告》。中央要求各地区、各部门把这个报告转发所属大企业和中等企业,转发一切大中城市的市委以及地委,让干部学习一遍,启发他们动脑筋想一想自己的事情,以便在1960年内,有领导地、一浪接一浪地开展城乡经济技术革命。

同日　毛泽东提出"半修正主义"概念和中国未来四十年的设想。毛泽东提出的"半修正主义"是指当时国际共产主义运动中的情况而言的。关于中国,他写道:"如果给我们四十年时间的话,那时候……我国则很有可能平均每人有1吨钢,平均每人有2000斤至3000斤粮食和饲料,多数人民有大学的文化程度,那时人们的政治觉悟水平和理论水平将提到比现在高得多,整个社会很有可能在那时过渡到共产主义社会。"

3月23日　中共中央对山东六级干部大会情况作批示。中央批示:山东发现的问题,肯定各省、市、自治区都有,不过大同小异而已,问题严重,不处理不行。在一些县、社中,去年3月郑州会议忘记

了,去年4月上海会议18个问题的规定也忘记了,共产风、浮夸风、命令风又都刮起来了,一些公社工作人员很狂妄,毫无纪律观念,敢于不经上级批准,一平二调。另外还有三风:贪污、浪费、官僚主义,又大发作,危害人民,要查清楚,分别情况,适当处理。

同日　在杜布纳联合原子核研究所,王淦昌领导的研究组(其中包括中国科学家丁大钊、王祝翔和其他国家的科学家),用丙烷气泡室发现了一种新基本粒子——"反西格马负超子"。这个发现是杜布纳联合原子核研究所少数几个重要的发现之一,在该所历史上占有重要地位。该项研究成果获1982年国家自然科学奖一等奖。

3月27日　台湾当局与美国联合举行的蓝星两栖作战18天演习结束。

3月29日—4月11日　政协第三届全国委员会第二次会议在北京举行。会议选举何香凝为政协第三届全国委员会副主席。

3月30日　中共中央发出《关于反对官僚主义的指示》指出:从山东省历城县的材料来看,当前官僚主义严重存在的突出表现是五多、五少,即会议活动多,联系群众少;文件报表多,经验总结少;蹲在机关多,调查研究少;事务多,学习少;一般号召多,细致工作少。中央要求各省、县利用六级或四级干部大会,公开指出问题的严重性,提出反贪污、反浪费、反官僚主义的任务。

3月30日—4月10日　第二届全国人民代表大会第二次会议在北京举行。会议讨论并通过了国务院向大会提出的《关于1960年国民经济计划的报告》、《1959年国家决算和1960年国家预算草案的报告》、《1956年—1967年全国农业

发展纲要》，以及相应的三个报告。大会肯定了 1958 年的"大跃进"，并决定在 1960 年要实现国民经济的"继续跃进"。1960 年计划的主要指标为工农业总产值 2980 亿元，其中工业总产值 2100 亿元，农业总产值 880 亿元；国家预算内基本建设投资 325 亿元，钢产量 1840 万吨，煤 4.25 亿吨，粮食 5940 亿斤，棉花 5300 万担，农业机械化方面的目标，是从 1959 年起，"争取 4 年小解决，7 年中解决，10 年大解决"。《全国农业发展纲要》共 40 条，《纲要》规定：从 1956 年开始，在 12 年内，粮食每亩平均产量在黄河、秦岭、白龙江、黄河以北地区，由 1955 年的 150 多斤增加到 400 斤；黄河以南、淮河以北地区，由 1955 年的 208 斤增加到 500 斤；淮河、秦岭、白龙江以南地区，由 1955 年的 400 斤增加到 800 斤。棉花每亩平均产量（皮棉），由 1955 年的 35 斤（全国平均数），按照各地情况，分别增加到 40 斤、60 斤、80 斤和 100 斤。

3 月 中国科学院制定了《关于大力发展尖端科学研究三年规划和八年设想（草案）》，这是以原子能利用和喷气技术为纲，争取三年之内，基本实现十二年科学技术发展远景规划的设想。围绕"两弹一星"（原子弹、导弹和人造卫星）提出了六个方面的研究任务：探空技术和喷气技术，原子能利用，无线电电子学（包括水声）和半导体技术，计算技术，新型元件、仪表及测试设备，特种材料和特种燃料。

同月 在云南省孟连自治县消灭了全国最后一例天花，至此取得了我国消灭天花的巨大成果。

4 月 2 日 中共中央批准教育部《关于农村扫盲、业余教育情况和今后工作方针任务的报告》。中央批示各地，要在保证生产任务的原则下，抓紧农民识字教育，力争在 1962 年以前基本上完成农村扫盲任务。

4 月 6 日 教育部和卫生部发出《关于在各级学校中大搞爱国卫生运动和加强体育运动的联合通知》。

4 月 7 日—13 日 《人民日报》分别报道了郑州、哈尔滨、北京、上海、天津等城市人民公社成立以来的变化。北京过去一年中，先后办起 716 座街道工厂，3511 个生产组，全市 33 万 16 岁至 60 岁没有职业的居民 75% 已组织起来。首都的第一个城市人民公社——石景山中苏友好人民公社 1958 年 8 月成立起来，经过发展、巩固和提高，已基本形成一个以大工业为中心的生产体系和生活服务体系。上海全市 11000 多条里弄，现有 85.6 万居民（主要是家庭妇女）参加了各项社会劳动和生产组织，占里弄能从事劳动人口的 70%，建立生产组织 4600 个，还兴办了大批公共食堂、托儿所、服务组织和中小学校。

4 月 8 日 台湾"行政院长"陈诚向"立法院"说明"施政"计划。

4 月 9 日 中央文教小组组长陆定一在全国人大二届二次会议上作《教学必须改革》的发言。他提出，从现在起，进行规模较大的试验，在全日制的中小学教育中，适当缩短年限，适当提高程度，适当控制学时，适当增加劳动。以 10 年到 20 年的时间，逐步地分期分批地实现全日制中小学教育的学制改革，初步设想是把现行的 12 年中小学年限的学制缩短到 10 年左右，并且把教育程度提高到相当于现在大学一年级的水平。

4 月 10 日 中共中央批转山西省委《关于六级干部会议情况报告》。山西省六级干部会议分析人民公社存在的问题认为：①关于过渡问题，公社一级有三种态度，一是方向明确，积极发展社营经济，为过渡创造条件,二是抢先过渡,迟不如早,越早越有名、越有利,三是消极等待。有的社看到别的社试验过渡,就急忙抽调下边的经济为公社所有,合并穷富管理区,人为制造过渡条件。富区怕,就改变了发展生产的计划;穷区等,停止了赶富的计划,想靠一平二调搞过渡。②关于发展公社一级经济问题,一平二调的方法较普遍。③在分配上,积累偏大,个别县社社员分配只占管理区总收入的44%。④在财务管理和干部作风问题上,一些单位大手大脚,挥霍浪费,大搞社堂、饭厅等非生产性建筑的购置;请客,送礼,随便浪费劳力,随意扩大编制。干部中出现贪污、搞特权、腐化堕落等问题。⑤公共食堂形势很好,节节上升。对于以上问题,山西省委相应地提出了解决办法。中共中央批示认为,这是一个对人民公社现存问题作了认真分析和适当处理的带系统性的文件,望各地结合自己的情况酌情予以采纳。

同日 台湾当局举行孔孟学会成立大会。蒋介石到会致词。

4月11日 刘少奇主席发布命令,公布《1956年到1967年全国农业发展纲要》。

4月13日 《人民日报》发表社论:《各行各业都来支援农业》。社论说:要实现全国农业发展纲要,不仅要发挥人民公社的积极性,贯彻农业"八字宪法",农业、水利、林业、水产等部门要努力做好工作,而且还要求工业、交通、财政、金融、贸易、科学、教育、文化、卫生等部门和各行各业都把支援农业当做分内的重要任务,在全国掀起一个规模更大的各行各业全面支援农业的群众运动。

4月14日 中共中央批准冶金部提出的钢产量三本账的计划,并批准铁道部、煤炭部和冶金部关于实现这个计划的联合报告。

同日 中国美协举办林风眠画展。

4月15日 美国向台湾当局提出驻台美军地位协定具体方案。

4月15日—29日 周恩来总理、陈毅副总理出访缅甸、印度和尼泊尔。4月19日,中缅联合公报发表。在印度,两国总理商谈了中印之间有关边境地区的某些分歧意见,并发表了中印两国总理联合公报。在尼泊尔访问期间,签订了《中华人民共和国和尼泊尔王国和平友好条约》,并交换了《中华人民共和国政府和尼泊尔国王陛下政府关于两国边界问题的协定》批准书。

4月16日 中共中央在批转中央监委的两个报告时,发出"对坏人坏事要彻底检查认真处理"的指示。中央监委的报告说,1960年3月15日起召开了全国城市监察工作会议,各地反映了一些值得注意的问题。主要是:①许多城市发现地下工厂、地下运输队、地下旅馆和地下商业投机集团。广州市揭发地下工厂、地下商业投机集团1095个,参加者6600多人。上海市发现地下旅馆150多处,新包工头1410人……他们发展资本主义,严重地破坏国家经济建设事业。②少数资本家、五类分子和社会渣滓窃取了社办工业的领导权,利用社办工业进行投机破坏活动。③财贸、企业单位少数职工贪污现象比较突出,比较严重。④有些厂矿企业职工队伍不纯,致使常常发生破坏事故,生产跃进任务难以完成,泄密失密现象相当严重。中共中央对此批示:这些都说明两个阶级、两条道路的斗争是相当复杂的,在某些地区和某些方面还是尖锐的。各地区、各部门在适当时期要结合三反整风运动和正在全国开展的城市人民公社化运动,彻底查处坏人坏事。

4月18日—27日 全国民兵代表会议在北京召开。国防部长林彪在会上讲话。会议通过了《致全国民兵的倡议书》。

4月19日—26日 在上海召开中国科学院第三次学部委员会议(自然科学部分)。出席会议的有自然科学方面学部委员131人,并邀请了各地研究机关、产业部门、高等院校的代表和有卓越成就的工农专家。出席会议总人数400余人。

4月20日 国家体委、教育部、共青团中央发出《关于在青少年中广泛开展田径运动竞赛和大力开展游泳活动的联合通知》。

4月21日 十六省市的财贸书记在合肥举行的粮食工作会议上,着重研究了改变农村粮食管理体制的问题。过去,除了国家的征购粮食以外,留在农村的粮食基本上都是由承包单位(当时为生产小队)管理,有些则分到社员家庭里。会议认为,这种管理制度,不符合兴办公共食堂、实行生活集体化的要求,不利于加强基本队有制和逐步向公社所有制过渡,因而提出将留在农村的粮食全部由基本核算单位统一保存和管理,任何动支必须经过基本核算单位批准。

同日 郑州黄河大桥建成通车,大桥全长近3公里,是中国当时黄河上最大的一座铁路复线桥。

4月22日 为纪念列宁诞辰90周年,中共中央举行纪念大会,《红旗》杂志编辑部发表《列宁主义万岁》,《人民日报》发表《沿着伟大列宁的道路前进》,中央宣传部长陆定一发表《在列宁的旗帜下团结起来》等三篇文章,文章提出了高举列宁的旗帜批判"现代修正主义"的问题。

同日 中共中央发出《关于推广注音识字的指示》。山西省万荣县用注音识字

的方法,在两个月内消灭了青壮年文盲。中央认为,这是我国文化革命中一次很重要的创造,应在全国迅速推广。为贯彻中央指示,5月14日,国务院业余教育委员会、教育部、全国总工会、共青团中央联合发出通知,在业余初等学校推广注音识字。

4月23日 中国自行设计、自行建造的第一艘万吨级远洋货轮"东风号"最近在上海下水。

4月24日 台湾第四届"县市长"及第二届"省议员"选举揭晓。

4月25日 国家体委发出《关于贯彻中共中央关于卫生工作的指示精神,大力开展群众体育活动的意见》。

4月26日 美国援助台湾兴建兵工厂第一批设备运抵台湾。

4月27日 铁道部、交通部、煤炭部提出将计件工资制改为计时工资加奖励的制度。上述三个行业的工人,特别是从事井下采掘、装卸和基建等工作的工人,多年来一直实行适应本行业特点的计件工资制。1958年以后,计件工资制被说成是生产技术发展的障碍。铁道部、交通部、煤炭部决定加以改变。

4月28日 中共中央批转《广东省委关于"五多"情况的检查报告》。中央在《批示》中指出:广东省委的报告又一次用惊人的事实告诉我们,会议(包括电话会、广播会)和文件、报表已经多得成了灾,使干部几乎完全淹没在文山会海里。如不迅速克服"五多"现象,任其蔓延,将会使更多的干部更严重地被淹没在会议、文件的大海里而无法深入基层接触实际,好好指导工作。中央要求各地、各机关把粗制滥造、量多质低的会议、文件好好过滤,加以改进提高,剔除那些劳民伤财却不能解决问题的会议和文件,把"五多"现象,首

先是会议多、文件多的现象,加以扫除,把官僚主义、文牍主义的恶习,加以扫除,这是当前需要解决的一个重要问题。

4月29日 中共中央批准 1960 年 4 月各省、市、自治区党委工业书记会议的两个文件。各省、市、自治区党委工业书记会议,主要讨论了当时工业交通战线的 10 个问题。

4月 为纪念列宁九十周年诞辰,出版了我国自己编辑的《列宁选集》(四卷本)。

同月 广西壮族自治区在南宁举行"刘三姐"文艺会演。之后,会演大会创编了著名的歌舞剧《刘三姐》。

5月1日 北京电视台开始试播彩色节目。

5月3日 中共中央批转河北省吴桥县的"二五制"领导方法。"二五制"领导方法内容是:每星期一、星期二为县委、公社党委、管理区总支各自开会,检查研究工作和学习的时间,其余星期五、星期六时间是到生产小队深入工作,参加生产的时间。中共中央在批转这一文件时指出:农村中"五多""五少"现象是使农村工作干部陷入官僚主义泥坑中的具体表现,希望各地县以下党委一律参照吴桥县的"二五制"的办法试行,改进工作作风。批示还指出,中央一般的电话会议和报表过多,责成各部委各党组认真检查一下,必须采取措施限期减少。

5月6日 台湾与菲律宾发表联合公报。

5月7日 中共中央同意商业部的报告,决定减少民用棉布供应定量。1959 至 1960 年度,由于棉花大幅度减产,致使棉布生产大量减少,为此,决定把 1960 年全国平均每人的棉布定量减少 2 尺,由原来的 24 尺降为 22 尺。5 月 27 日,中央又发出通知,要求全国平均每人的棉布定量在 7 日规定的基础上再减少 1 尺多。

5月9日 台湾中部东西横贯公路正式通车。

5月12日 台湾"行政院"核定《台湾戒严期间无线电台管制办法》。

5月15日 中共中央发出《关于在农村中开展"三反"运动的指示》。《指示》规定,这次"三反"运动的内容是反贪污、反浪费、反官僚主义,而以反贪污为重点。凡是犯有贪污、多占、挪用等错误的人,不论数量多少,都必须退赔。运动的原则是教育为主,惩办为辅,处分的面一般不宜太宽,大体上以控制在 3% 以下为宜。

同日 中共中央发出《关于切实注意劳逸结合保证持续大跃进的指示》。中央指出,为使群众的革命热情持久下去,保证社会主义建设的持续大跃进,必须根据有张有弛、劳逸结合的原则,根据既有大集体又有小自由的原则,对群众的生产、工作、学习和生活进行统一的安排,要保证群众每天睡眠 8 小时和必要的自由支配时间,公休、假日应尽可能地让群众自由支配。

同日 中共中央发出《关于农村人民公社分配工作的指示》。《指示》说,1959 年度相当一部分人民公社没有做到 90% 以上的社员增加收入,分配给社员的粮食和现金有少部分公社没有全部落实兑现;没有固定结账期限,分配工作拖的时间较长,有的核算单位至今没有把账目结算清楚;农业合作社时代留下来的临时预支办法弊病较多,亟待改进;经济作物如棉花等社员自留办法有毛病,影响支援工业。《指示》指出,1960 年的农村人民公社分配,要在正确处理国家、集体和个人的关系,正确处理积累和消费的关系的原则下,保证做到:90% 以上的社员增加收入;

分配给社员的粮食和现金全部落实兑现，不打欠条；年终分配在春节一律结束，不拖尾巴；经济作物必须首先保证国家的需要，国家所必须掌握的粮食也要首先保证。

同日 中共中央发出《关于农村劳动力安排的指示》。1958年以来，由于农业基建工作浩大，需用劳动力逐步增多，农村青壮年过多地投入了基建战线，大大影响了田间生产和多种经营。为加强农业生产第一线，中央在《指示》中要求今后农村劳动力，用于生活服务、文教卫生和生产行政管理的约占10%，林渔副业和社办工业约占15%左右，基本建设约占10%到15%，农业和牧业生产应该不少于60%到65%，在农忙季节用于农业生产的则应达到80%以上。此后，中央又多次指示，要保证农业生产第一线有足够的劳动力。

5月16日 中共中央对冶金部《关于继续大办钢铁"小洋群"和"小洋群"升级问题的报告》批示：两年多的经验证明，钢铁工业及其他行业的"小洋群"具有伟大的生命力，它对加速我国工业的发展和改善工业的地区分布，都有十分重要的战略意义。它打破了人们办工业的神秘观点，成为技术革命的开路先锋，同时也是支援农业的一个关键。《批示》进一步提出两条腿走路，大中小结合，中小为主，"小洋群为主"的方针。

5月17日 美国首批援台F—104星式战斗机运抵台湾。

5月18日 台湾"在野"人士举行本届地方选举检讨会，决定筹组地方选举改进座谈会。

5月20日 蒋介石、陈诚宣誓就任"总统"、"副总统"。

5月25日 我国登山队队员王富洲、贡布（藏族）和屈银华成功登上海拔8882

米的世界第一高峰——珠穆朗玛峰，实现了人类历史上第一次从北坡登上珠穆朗玛峰的创举。

5月26日 台湾"外汇贸易审议委员会"公布《收兑外币及处理汇入款办法》。

5月27日—6月1日 周恩来总理和陈毅副总理访问蒙古人民共和国。访问期间，签订了《中华人民共和国和蒙古人民共和国友好互助条约》、《中华人民共和国政府和蒙古人民共和国政府关于中华人民共和国政府给予蒙古人民共和国政府经济技术援助的协定》、《中华人民共和国政府和蒙古人民共和国政府联合声明》等。

5月28日 中共中央发出《关于调运粮食的紧急指示》。1960年以来，粮食供应日趋紧张，4、5月份，北京、上海、天津和辽宁省调入的粮食都不够销售，库存几乎挖空，如不马上突击赶运一批粮食去接济，就有脱销的危险。中共中央要求各省、区立即采取有效措施，把一切需要调运和能够调运的粮食尽快集运外调。6月6日，中央再次发出《关于为京、津、沪和辽宁调运粮食的紧急通知》。但由于各地粮食都很紧张，粮食调运工作一直进展不快，上述各地粮食库存越来越少，到了随调随销的地步。

5月29日 中共中央政治局委员、全国人大常委会副委员长林伯渠在北京逝世，终年75岁。

同日 全国妇联、全国总工会、共青团中央、中国人民保卫儿童全国委员会决定表扬、奖励1万名儿童工作的先进工作者和先进集体，并授予奖状。

5月30日 中共中央批转国家计委、经委、基建委员会三个党组《关于1960年工业生产、交通运输、基本建设计划第二本账的安排的报告》。第二本账比第一本账的指标大为提高,主要指标是:钢 2040 万吨,煤 46200 万吨,铁路运输量 76000 万吨。工业总产值的增长速度从原计划增加 25% 提高到增加 47.6%。基建规模进一步扩大,国家预算内投资 382 亿元,比原计划增加 57 亿元,限额以上的建设项目 980 多个。中央指出,这是确保完成和超额完成的计划,各部门、各地方一律以此为准,立即组织执行。并要求各级领导干部深入生产第一线,"集中力量大抓煤、铁、矿、运,以此为中心,大力保钢,带动其他。努力争取今年钢的产量达到 2100 万吨和 2200 万吨"。

同日　中共中央批转第一机械工业部《关于反官僚主义运动情况的报告》。一机部在《报告》中检查了该部存在的严重官僚主义作风:全部一年召开全国性会议 328 次,致使有的省的厅长一年在部里开会达 5 个月,全部一年发公文达 135000 件,出版刊物 41 种,内部简报 89 种,每月刊印总字数达 600 万字。中央在《批示》中要求各部委、各党组必须抓紧时机,广泛深入地开展反官僚主义的斗争,达到增强党性,健全领导,精简机构,改进工作方法的目的。

同日　台湾"行政院"改组。

5 月　上海美术电影制片厂试制成功水墨动画片《小蝌蚪找妈妈》。

同月　根据 1 月中央军委扩大会议精神,人民解放军总政治部发出《关于培养三八作风的指示》。人民解放军普遍开展培养"三八作风"运动。

同月　中共中央宣传部在北京景山学校开始进行教学改革试验。此后,国务院文教办公室和教育部分别在北京丰盛学校和二龙路学校开始进行教学改革试验。各省、市、自治区也选择了一批学校进行教学改革试验。

同月　第一届"上海之春"音乐会举行。

6 月 1 日—11 日　全国教育和文化、卫生、体育、新闻方面社会主义建设先进单位和先进工作者代表大会(全国文教群英会)举行。

6 月 2 日　陈诚发表"施政"方针。

6 月 3 日　台湾 162 名"立法委员"联名对"行政院长"资格提出质询。

6 月 4 日　海军炮兵击伤国民党军军舰 1 艘。台湾国民党军"西江"号猎潜舰驶至福建省围头附近海面进行骚扰、侦察活动。人民解放军福建前线海军海岸炮兵某部当即开炮,将其击伤。该舰受伤后被国民党军两艘"永"字号扫雷舰拖往金门。

6 月 8 日　中共中央批转全国总工会《关于当前城市人民公社发展情况和几个问题的报告》。自从 3 月 9 日中央发出关于城市人民公社的指示后,到 5 月 9 日,全国 180 多个大中城市中,已经建立了 1039 个城市人民公社,公社人口已达 3900 多万,占城市人口的 55.6%。5 月 10 日至 16 日,全总党组召集各省、市、区工会主席会议,研究和讨论了当时城市人民公社工作中的若干问题。会议认为,整顿和纯洁干部队伍,保证党对公社工作的绝对领导,是当前整顿和巩固城市公社的中心环节,也是今后进一步发展城市人民公社必须注意的根本问题。

6 月 11 日　台湾党外人士成立选举改进座谈会,决定向成立常设政治团体发展。

6 月 14 日　《人民日报》发表社论:《大跃进的速度和有计划的按比例是辩证的统一》。

6 月 14 日—18 日　中共中央政治局在上海举行扩大会议。会议主要讨论国际形势和第二个五年计划后三年(1960—

1962年）补充计划问题。毛泽东在会上讲话指出：1958年、1959年我们曾经讲数量，今年要讲质量、品种，要把质量、品种放在第一位。他指出计划指标还要加以调整，真正的大跃进是留有余地的，只有留有余地，劲才能鼓起来。6月18日，毛泽东写了《十年总结》，提到"大跃进"中指标过高，人民公社化运动中不认识公社内部三级所有制问题等教训。

6月17日—7月31日　全国美术作品展览会在北京展出。共展出27个省市自治区的美术作品907件。

6月18日　美国总统艾森豪威尔抵台访问，其间发表联合公报，重申"共同防御"。

6月23日　在国务院的关心下，中国民航伊尔18大型客机北京—拉萨航线试航线试航成功。

6月24日—26日　社会主义国家共产党和工人党代表在布加勒斯特举行会谈，彭真率领中国共产党代表团参加了会谈，会谈的中心问题是就当时国际局势中的重要问题交换意见。在会谈前夕，以赫鲁晓夫为首的苏共代表团突然向与会各党代表散发了苏共中央6月21日致中共中央的通知书，对中国共产党进行全面攻击。在会谈期间，赫鲁晓夫又带头组织对中国共产党的大规模围攻，诬蔑中国共产党是"疯子"，"要发动战争"，中国共产党在中印边界问题上是"纯粹的民族主义"，中共对苏共采取"托洛茨基方式"。中共代表团遵照中共中央规定的坚持原则、坚持团结的方针，同他们进行了严肃的斗争，为了顾全大局，中共代表团在会议公报上签了字。同时，根据中共中央指示，6月26日散发了一个书面声明，指出赫鲁晓夫在布加勒斯特会谈中的做法在国际共产主义运动中开了一个极端恶劣的先例。

在会谈结束后，苏联领导采取了一系列步骤，把中苏两党之间的思想分歧扩大到国家关系方面，进一步对中国施加压力。

6月26日　台湾"在野"人士成立的选举改进座谈会宣布筹组新党。

6月　中国人民解放军艺术学院成立。

7月1日　台湾当局成立"国民大会宪政研讨委员会"。

7月2日　经国家计委批准，中国科学院新技术局成立，负责管理全院有关国防尖端科研工作。谷羽任局长。

7月5日　中国和加纳建立外交关系。

7月5日—8月10日　中共中央在北戴河举行工作会议，主要讨论研究国际问题和国内经济调整问题。会议批准了李富春、薄一波提出的《1960年第三季度工业交通生产中的主要措施》，制定了《关于全党动手，大办农业，大办粮食的指示》、《关于开展以保粮、保钢为中心的增产节约运动的指示》等文件。会议确定压缩基本建设战线，保证钢铁等工业生产，认真清理劳动力，加强农业第一线，保证农业生产等措施；并决定以后国民经济不再搞两本账，只搞一本账，不搞计划外的东西，不留缺口。毛泽东在会上讲了话。他指出，农村以生产队为基本核算单位的三级所有制，至少五年不变，死死规定下来。在集体所有制占优势的前提下，要有部分的个人所有制，总要给每个社员留点自留地，多少一定要给他们留一点，使社员能够种菜、喂猪、喂鸡、喂鸭，只有大集体，没有小自由，不行。

7月6日　台湾"外汇贸易审议委员会"公布废止23种外汇贸易法令。

7月9日　台湾"外汇贸易审议委员会"修正公布实施《贸易商申请进口外汇

办法》及《贸易商进口外汇审核准则》。

7 月 10 日　台湾运动员杨传广在美国举行的运动会上打破男子 10 项世界纪录。

7 月 16 日　苏联政府突然照会中国政府,片面地撕毁了 353 个专家合同和合同补充书,废除了 257 个科学技术合同,自 1960 年 7 月 25 日到 9 月 1 日,撤走全部苏联在华专家 1390 名,并终止派遣专家 900 多名。这些苏联专家分布在中国经济、国防、文化教育和科学研究等部门的 250 多个企业和事业单位,在技术设计、工程施工、设备安装、产品试制和科学研究等方面担负着重要任务。苏联专家撤走时,带走了全部设计图纸、计划和资料。苏联还停止供应中国建设急需的重要设备,大量减少成套设备和各种设备中关键部件的供应,使中国一些重大设计项目和科研项目被迫中断,一些正在施工的建设项目被迫停工,一些正在试验生产的厂矿不能按期投入生产。苏联政府这种背信弃义的行为,严重打乱了中国发展国民经济的计划,加重了中国的经济困难,给中国的社会主义经济建设事业造成了重大损失。

7 月 21 日　台湾"行政院"通过《戡乱时期台湾地区入境出境管理办法》。

7 月 22 日—8 月 14 日　中国文学艺术工作者第三次代表大会在北京举行。

7 月 23 日　台湾"省政府"公布施行《台湾省山地人民生活改进办法》。

同日　台湾选举改进座谈会决议新党名称将定为"中国民主党"或"中国自由党"。

7 月 27 日　台湾当局公布实施《货品进口管制准则》。

7 月 30 日　总政治部发出《关于在军队中进一步开展技术革新和技术革命运动的指示》。

同日　中共中央同意北京市委的意见:北京市饮食业实行凭粮票供应的办法。当时北京附近的大中城市饮食业都凭粮票供应,只有北京市不收粮票。由于当时粮食和副食品供应紧张,北京市以及外地许多人都到北京饭馆吃饭,致使北京饮食业供应紧张,粮食消费量很大。针对这一情况,中央同意北京市饮食业实行凭粮票供应的办法。同时,保留少数高级宾馆,不收粮票,高价销售。

7 月 30 日—8 月 4 日　中国影联举行第二次会员代表大会,会议决定中国影联更名为"中国电影工作者协会",并选举蔡楚生为主席。

7 月 30 日—8 月 9 日　中国美协第二次会员代表大会在北京召开。中国美协第二届理事会第一次会议选举何香凝为主席,蔡若虹、刘开渠、叶浅予、吴作人、潘天寿、傅抱石为副主席。

7 月　毛泽东提出今冬再发动群众大炼钢铁。

同月　卫生部在上海召开全国中西医结合研究经验交流会。

8 月 1 日　由于城市副食品供应日益困难,中央决定从 8 月份起对北京的高级干部和高级知识分子给予不同等级的特殊照顾。

8 月 3 日　蒋介石对美国记者谈话时宣称不放弃金、马外岛。

8 月 5 日　中共中央发出《关于大力紧缩社会集团购买力的指示》,规定:全国一切机关、团体、部队、学校、企业事业单位,在今后 5 个月里,要把公用经费中的商品性支出部分压缩 20% 左右,全国共压缩 5 亿元。这些经费都应存入人民银行,在 1961 年 2 月底以前不得动用。

8 月 7 日　《人民日报》报道:西藏建

成 8400 多个互助组，有 10 万多农户参加，参加的农户占已完成民主改革地区总农户的 85％。

8 月 10 日 中共中央发出《关于全党动手大办农业、大办粮食的指示》。1960 年夏收之后，粮食生产和供应出现了非常紧张的局面。据统计，这一年夏粮产量只有 626 亿斤，比上年大幅度减产，1 至 7 月累计，国家征购的粮食只有 244 亿斤，比上年同期减少了 26％，城乡人民生活极为困难。为改变这种困难局面，中央在《指示》中明确指出：农业是国民经济的基础，粮食是基础的基础，加强农业战线是全党的长期的首要任务。必须全党动手，全民动手，大办农业，大办粮食。

8 月 14 日 中共中央发出《关于开展以保粮、保钢为中心的增产节约运动的指示》。

8 月 15 日 国家计划委员会、国家建设委员会提出缩短 1960 年基本建设战线的具体意见。据国家统计局统计，1960 年上半年全国实际施工的大中型建设项目达 1500 多个，小型项目 43000 多个，到 6 月份全国实际投资规模达 450 亿元以上，比国家安排的第二本账还多 50 亿元。因此，国家计委、建委提出，凡未开工的限额以上建设项目一般不再开工，已开工项目除确保一批增产原材料和支援农业的项目外，其余停建或推迟；规模过大的化大为中，化中为小，非生产性的公共建筑和文化福利设施，除必要的学校、宿舍、营房外，尚未开工的一律不再开工，刚刚开工的一律停建。1960 年预算内投资计划由第二本账的 382 亿元压缩为 344.8 亿元。8 月 19 日，中共中央批准国家计委、建委的报告，并强调指出，根据调整计划，该停建和推迟的项目，必须坚决停建和推迟；非经中央批准，不得再增加项目。

8 月 18 日 在北戴河中央工作会议讨论运输问题时，李富春根据前段时间开始酝酿的想法，集中大家的意见，提出对工业应当进行"调整、巩固、提高"。以后在会议讨论农业、冶金和计划等问题时，他又多次重申了这个意见。8 月底，国家计委在向国务院汇报 1961 年计划时，再一次提出对国民经济进行调整、巩固、提高的问题，周恩来表示赞成，并且加了"充实"两字，从而形成了"调整、巩固、充实、提高"的八字方针。9 月 30 日，中央在转发国家计委党组《关于 1961 年国民经济计划控制数字的报告》的批语中指出：1961 年，我们要把农业放在首位，使各项生产、建设事业在发展中得到调整、巩固、充实和提高。这是中央第一次正式提出调整国民经济的八字方针。

8 月 19 日 中共中央批准国家计委党组、国家建委党组《关于缩短基本建设战线保证生产的措施》的报告。

8 月 21 日—27 日 陈毅副总理在阿富汗进行友好访问。26 日，发表了中阿两国联合公报，并签订了《中华人民共和国和阿富汗王国友好和互不侵犯条约》，续订了《中华人民共和国政府和阿富汗王国政府交换货物和支付协定》。

8 月 22 日 台湾"国防部"公布施行《戡乱时期台湾地区出入境办法》等措施。

8 月 26 日 台湾当局就国际奥委会要求台湾当局改名"中国台北奥委会"，提出抗议。

8 月 30 日 国务院同意并批转教育部《关于抽调学生培养师资的报告》，以解决一些高等学校新设专业的师资来源问题。

同日 台湾"立法院"通过《奖励投资条例》。

8 月 受二机部委托，中国科学院地质所进行中国铀矿资源的调查与研究。

同月　中国音协、音乐出版社、中国音乐研究所共同组成《中国民间歌曲集成》工作组,发起并组织各地编辑《中国民间音乐集成》。

9月1日　莫国雄以1分11秒的成绩打破男子100米蛙泳世界纪录。

同日　在台湾,雷震等人声明,对组建新党过程中受到的压力表示抗议。

9月1日—10日　总参谋部举行全军步兵武器射击竞赛。在北京举行的这次比赛是总参谋部根据中共中央军委加强部队技术训练精神组织的。竞赛分13个项目,广州军区代表队获得团体总分第一名。

9月4日　台湾"警备总司令部"以"涉嫌叛乱"等罪名,拘捕了《自由中国》杂志社社长雷震等人。

9月5日　在台湾,李万居、高玉树一致表示"反对党"筹组工作将继续进行。

9月7日　中共中央发出《关于压低农村和城市的口粮标准的指示》。1960年,全国受灾面积达9亿多亩,灾情比上年严重,农业大幅度减产,夏粮征购大大减少,全国各地粮食供应困难的情况越来越严重,夏收之后,浮肿病、非正常死亡和人口外流现象继续发生。据当时统计,从7月1日到8月25日,征购粮入库139亿斤,比上年同期减少51亿斤,而粮食销售152亿斤,比上年同期增加13亿斤,这样一加一减,再加上6月底以前的库存减少数,使这个时期的粮食库存比上年同期减少了100亿斤。针对这种情况,中央决定立即压低城乡居民的口粮标准。农村的口粮标准,淮河以南直到珠江流域的地区,应当维持每人一年360斤粮,其中灾区应当更低一些,丰收地区可稍高些,但最多不能超过400斤。淮河以北地区,应当降到平均每人一年300斤左右,而各省的重灾区,则应当压低到平均每人300斤以下。城市的口粮标准,除了高温、高空、井下和重体力劳动的职工以外,其余的城市人口,每人每月必须压低标准2斤左右。

同日　中央爱卫会、卫生部、农业部联合发出《关于加强粪便、垃圾、污水管理和灭螺、防治家畜血吸虫病的通知》。

9月10日　中国首次发射近程地地导弹成功。人民解放军某导弹试验发射基地的科研人员和干部、战士使用国产推进剂,自行操作,发射苏制尔－2型弹道地地导弹,导弹准确命中目标。

9月12日　"中国民主党"筹备委员会宣布成立,并要求台湾当局释放雷震等人。

9月14日　中共中央批转国务院副总理习仲勋《关于中央各部门机构编制情况和精简意见的报告》。《报告》说:当前中央各部门机构臃肿、人浮于事、组织不纯、浪费人力的现象十分惊人。1957年中央各部门人员为25.3万人,现已增加到41.4万人。此次精简,拟将任务重复和不合理的机构进行适当的合并和裁撤,精简人员的指标为:行政部门15%～20%,事业单位30%～50%。精简下来的人员,大部分要坚决下放到基层,加强工农业生产第一线。

9月14日—10月24日　中共中央军事委员会在北京举行扩大会议。林彪主持中央军委工作后,大肆制造个人崇拜。在9月14日召开的军委扩大会议上,集中讨论了加强军队的思想政治工作问题。林彪在会上继续制造个人崇拜,歪曲思想工作,说什么现在的马列主义就是我们毛主席的思想。它今天在世界上站在最高峰,站在时代的思想顶峰。林彪还把会议的矛头指向谭政等人,罗织罪名,进行了

30多天的揭发批判。会议通过了《关于加强军队政治思想工作的决议》。《决议》肯定了林彪提出的"四个第一"，指出："人的因素第一，政治工作第一，思想工作第一，活的思想第一。这是我军政治思想工作的方向，也是整个军队建设的方向。"《决议》共14条，主要内容包括：高举毛泽东思想红旗，贯彻执行群众路线，发扬三大民主，思想工作，党支部工作，青年工作，民兵工作等。会议还错误地通过了《关于谭政同志错误的决议》，指责部队的政治工作犯了"方向偏"的错误。会后，林彪又在总政治部内制造了一个所谓"谭政反党宗派集团"，撤销了谭政的总政治部主任的职务，处分了总政治部的一些同志，12月21日，中共中央批准了中央军委《关于加强政治思想工作的决议》。

9月16日 美国将援台首批全天候"军刀战斗机"移交台湾当局。

9月17日 中共中央批转中央组织部、统战部《关于右派分子工作的几点意见的报告》。1959年9月后，全国44万右派分子中，约有4万人摘掉了右派帽子，占总数的9%左右。为了进一步改造和分化右派，中央组织部和统战部在《报告》中建议：今年再摘掉一批右派分子的帽子，数量控制在15%～20%。中央同意国庆节前后再摘掉一批右派分子的帽子。

9月23日 中共中央发出《关于压缩食油销量和加强油脂收购的指示》。1960年，由于严重自然灾害和花生播种面积减少，油料作物产量比上年减少一半左右，为此，中央决定：①本年度食油销量严格控制在19.5亿斤，较上年压缩了3.8亿斤。②降低食用油定量标准。③适当压缩工业用油中的食用植物油用量和食品业用油量。

9月26日 中共中央转发国家计委、

劳动部《关于当前劳动力安排和职工工资问题的报告》。《报告》提出，为了实现中央提出的以保粮保钢为中心的增产节约任务，今后安排劳动力的方针是：①坚决迅速地从多方面抽调劳动力加强农业战线，首先是粮食生产。②城市必须坚决停止从农村招工，紧缩基本建设队伍。③从现有职工中调剂劳动力，充实工业生产第一线，首先保证钢铁生产的需要。④切实安排好农村人民生活，适当压低城市人民的生活水平，以利巩固农村的劳动力和工农团结。《报告》还提出：今后三五年内，不提高职工工资标准。从10月开始，要逐步地不同程度地降低17级以上党员干部的工资标准，以缩小高低工资之间的差距。

9月28日 中国同古巴建立外交关系。

同日 国务院同意教育部建立高等学校科学技术委员会。

同日 国民党召开八届三中全会。

9月28日—10月4日 缅甸总理吴努率政府代表团访问中国。10月1日，中缅边界条约在北京签订。

9月30日 中共中央同意并批转国家计委《关于1961年国民经济计划控制数字的报告》。《报告》提出，1961年要把农业放在首要地位，使各项生产、建设事业在发展中得到调整、巩固、充实、提高，争取国民经济在牢固的基础上更好地继续跃进。1961年国民经济计划控制数字主要是：①农业增长速度安排为10%左右。②工业的发展，要着重注意增加品种，提高质量，搞好填平补齐，加强新产品的研制，工业总产值拟比上年增加23%左右。③基本建设以中小为主，继续缩短战线，保证重点。国家预算内投资安排275亿元，比上年预计减少20.3%。④在全面安排劳动力和人民生活的条件下,安排好生产和建设,保证灾区群众休养生息。⑤各项文化教育事业必须有控制地发展,着重进行巩固、提高。国家计委还提出,1961年计划只搞一本账,各地区、各部门在执行计划时,不要层层加码。

同日 《毛泽东选集》第 4 卷由人民出版社出版。这一卷收集了毛泽东在解放战争时期的重要著作共 70 篇,其中 35 篇为第一次公开发表。

9 月 中共中央政治局决定成立华北、东北、华东、中南、西南、西北 6 个党的中央局,以加强对 6 个地区的各项工作,特别是对建立区域性的比较完整的经济体系工作的领导。随后相继决定:陶铸为中南局第一书记,宋任穷为东北局第一书记,李井泉为西南局第一书记,刘澜涛为西北局第一书记,李雪峰为华北局第一书记,柯庆施为华东局第一书记。

同月 中国第一枚气象火箭(T－7型)在安徽广德发射场发射成功。

同月 新安江水电站建成。这座总容量为 65 万千瓦的大型水电站的设计、施工和安装,完全依靠中国自己的力量,全套发电及附属设备均由中国自制。

10 月 4 日 中共中央作出《关于发展"两参一改三结合"制度提高企业管理工作的指示》,转发了黑龙江省委的报告和该省北安庆华工具厂的有关材料。

10 月 7 日 中共中央在转发《晋、冀、鲁、豫、北京五省市农业书记会议纪要》的指示中指出:今年冬季,要以中央的有关文件和毛泽东对农村工作指导思想为武器,彻底肃清"共产"风、浮夸风、命令风和某些干部的特殊化作风,清除混入我们队伍中的不纯分子。通过整风整社,把国家、集体与个人之间的关系,把大集体与小集体之间的关系,把领导和群众之间的

关系彻底搞好。

同日 文化部发出《改进和创造新的印刷字体》的通知。

同日 第二届工人业余美术创作展览会在北京举办。

10 月 8 日 台湾"警备总司令部"军事审判庭判处雷震十年徒刑。

10 月 11 日 中共中央批转文化部、中国作家协会《关于废除版税制、彻底改革稿酬制度的报告》。

10 月 12 日 中共中央在批转湖北省委和福建省委的两个文件中指出:从 1958年冬天以来,中央和毛泽东同志再三指示要坚决纠正一平二调的"共产风",但这一问题至今在不少地方仍未解决。中央指示强调:纠正"共产风",纠正强迫命令、浮夸风和某些干部的特殊化,坚决实行以生产队为基础的公社三级所有制,是调整当前农村社会主义生产关系的关键问题。

同日 "北大荒"美术作品展览会在北京举行。

10 月 13 日 美国国务院发表声明,否认与台湾当局磋商撤退裁减金、马外岛部队。

10 月 15 日 中共中央同意并批转建筑工程部《关于解决城市住宅问题的报告》。《报告》提出,要调动国家的、地方的、工矿企业和广大群众的力量,分期分批地建设住宅,力争三五年内基本缓和居住紧张的局面。

10 月 20 日 台湾"土地银行"公产代管部宣布,台北等主要城市"国有特种土地"开放出租。

10 月 22 日 中共中央决定增加全国重点高等学校 44 所。并转发教育部《关于全国重点高等学校暂行管理办法》。至此,全国重点高等学校共 64 所。

10 月 23 日 《人民日报》报道:一个

学邢燕子、发愤图强大办农业,积极建设农村人民公社的高潮,在河北广大青年中兴起,并在全国产生巨大的影响。据上海、山西、黑龙江等18个省市的统计,全国有600万青年响应党的号召,走上农业第一线。邢燕子是河北宝坻县回乡知识青年。

10月25日 中国同马里建立外交关系。

10月27日 台湾"行政院"通过《军工协力台湾经济建设实施办法》。

10月 人民解放军开展五好战士和四好连队运动。

11月3日 中共中央发出《关于农村人民公社当前政策问题的紧急指示信》。1958年冬以后,党中央和毛泽东一再指示要坚决纠正农村人民公社化运动中产生的一平二调的"共产风",但实际上大部分社队并未根本解决问题,1959年冬以后又重新刮起"共产风",严重破坏了农村生产力。为挽救农村的形势,周恩来受中央委托,主持起草了这个"紧急指示信"。内容十二条:①三级所有,队为基础,是现阶段人民公社的根本制度。②坚决反对和彻底纠正一平二调的错误。③加强生产队的基本所有制。④坚持生产小队的小部分所有制。⑤允许社员经营少量的自留地和小规模的家庭副业。⑥少扣多分,尽力做到90%的社员增加收入。⑦坚持各尽所能、按劳分配的原则,供给部分和工资部分三七开。⑧从各方面节约劳动力,加强农业生产第一线。⑨安排好粮食,办好公共食堂。⑩有领导有计划地恢复农村集市,活跃农村经济。⑪认真实行劳逸结合。⑫放手发动群众,整风整社。指示信传达到农村后,得到广大农民群众的拥护,对煞住"共产风"起了重要作用。

11月4日 北京电视台播出9月5日周恩来会见英籍记者费利克斯·戈林的电视片。这是中国领导人首次发表电视谈话。

11月5日 中国自制的第一枚P-2近程地地导弹发射成功。12月6日、16日,再成功发射两枚。其中1枚为遥测弹,首次获得了比较完整的遥测数据。1961年6月该型导弹开始装备炮兵特种部队。1977年10月31日,中央军委批准其退役。

同日 台湾"省政府"公布实施《台湾省实施耕者有其田保护自耕农办法》。

11月5日—12月8日 刘少奇、邓小平率中国党政代表团赴苏联参加十月革命43周年庆祝典礼,并参加了在莫斯科举行的81个共产党和工人党的会议。苏共领导不顾中国共产党和其他许多党代表团的消除分歧、加强团结的愿望,在会议前夕,向各国党代表团散发了一份攻击中国共产党的信件,长达6万字,中共代表团同苏联代表团进行了激烈的争论,由于出席会议的多数党希望团结,中苏双方各自作了一些让步。会议通过了《各国共产党和工人党代表会议声明》,取得了积极的成果。

11月7日 解放军总政治部批转《兰州军区党委及军区部队工作团关于在连队开展忆苦运动的主要经验》。

11月10日—12月1日 81国共产党、工人党代表会议在莫斯科举行。刘少奇、邓小平率中共代表团参加会议。

11月12日 中共中央发出《关于妥善安排精简下来的职工的通知》。

11月14日 中共中央发出《关于立即开展大规模采集和制造代食品运动的紧急指示》,要求各地抓紧秋收已经完毕的时机,大规模地动员群众,采集和制造代食品,以克服困难,度过灾荒。中共中央根据科学院的建议,推荐了玉米根粉、小麦根粉、玉米秆麦曲粉、橡子面粉、叶蛋白、人造肉精、小球藻等若干种代食品。

11 月 15 日　中共中央发出毛泽东亲自起草的中央《关于彻底纠正"五风"问题的指示》。《指示》严令必须在几个月内下决心彻底纠正十分错误的"共产风"、浮夸风、命令风、干部特殊风和对生产瞎指挥风,而以纠正"共产风"为重点,带动其余四项歪风的纠正。

同日　毛泽东对中央精简干部和安排劳动力五人小组的报告作出批示。10日,五人小组提出《关于中央一级机关抽调万名干部下放基层情况的报告》,初步确定从中央机关抽调10176名干部下放农村基层,分别担任县、社、队干部和从事其他工作,支援农业生产。

11 月 15 日—23 日　第九次全国计划会议在北京召开。会议初步总结了1958年以来经济、计划工作的经验教训,主要是:①发展国民经济必须以农业为基础,同时和以工业为主导结合起来。②为解决工农业这个根本的比例关系,首先必须坚持以队为基础的三级所有制。③贯彻全国一盘棋的方针,全面安排国民经济计划,指标必须留有余地。④基本战线必须缩短战线,集中力量打歼灭战。⑤在生产中必须注意产品的质量和品种。⑥进一步合理地改进管理体制,要把权力适当集中到省市、中央局和中央。会议还提出了1961年国民经济的方针和计划安排,这就是:在调整、巩固、充实、提高的基础上,争取国民经济的继续跃进,首先争取农业大丰收,具体指标是:钢产量2010万吨、煤炭4.52亿吨,粮食初步定为3900亿斤,棉花3200万担,猪1.5亿头,预算内基本建设投资194亿元,财政收入初步估算为680亿元,精简全民所有制职工502万人,职工

人数降为4119万人。

11 月 17 日　国务院第105次会议通过《文物保护管理暂行条例》,批准《第一批全国重点文物保护单位的名单》。以上两文件1961年4月1日公布。

同日　美军顾问团团长戴伦宣称,美对台军援数量不变,并称将更新台湾军队的装备。

11 月 19 日　第二届人大常委会第三十二次会议通过《关于特赦确实改恶从善的蒋介石集团和伪满洲国的战争罪犯的决定》。刘少奇主席即日发布特赦令。28日,最高人民法院特赦释放第二批战犯50名。

11 月 22 日　中缅联合勘界警卫作战。1960年下半年,中国和缅甸开始边界勘察和树立界碑工作。由于中国逃缅国民党军残部的破坏和累次窜扰我边境,两国达成联合歼灭逃缅国民党军残部的协议。是日起,人民解放军先后两次奉命入缅作战。在缅甸政府、国防军和人民群众的配合下,两次作战共歼灭国民党军741人,摧毁了其经营十多年的老巢,保证了边境安全和勘界、树立界碑工作的顺利进行。

11 月 23 日　中共中央发出《关于各级党委必须注意职工、学生和居民的生活安排的指示》。中央要求各级党委必须注意职工、学生和居民的安排。要抓紧瓜菜和其他副食品的生产,大搞代食品的采集和制造。要严格控制劳动和工作时间,保证足够的睡眠和休息。干部和学生参加体力劳动要严加控制,不可过度,凡是口粮标准已经减得差不多了的地方,不要再减少口粮标准。对现有的浮肿病人,要限期治好。

11 月 28 日　中共中央对《甘肃省委关于贯彻中央紧急指示信的第四次报告》

作了重要批示。中央批示说,甘肃省委在作自我批评了,已经有了真正改正错误的决心了。批示还指出:无论何时,队的产业永远归队所有或使用,永远不许一平二调,公共积累一定不能多,公共工程也一定不能过多,不是死规定几年改变农村面貌,而是依情况一步一步地改变农村面貌。

12月2日 台湾"内政部长"连震东称,当局已变更或废止有关耕地转为工业用地的限制。

12月3日 中共中央发出《关于保钢问题的紧急指示》。8月间中央发出保粮、保钢指示后,钢的生产并未有大变化,日产水平一直维持在5万吨左右。经过突击,11月中旬平均日产量暂时突破了6万吨,下旬又很快跌了下来,原定全年钢产量有完不成的可能。中央在紧急指示中强调指出:能否完成1860万吨钢的生产任务,是国内外瞩目的一件大事,是一个政治问题。要求各地区、各部门抓紧时机,克服困难,集中力量抓煤、铁、钢、运,把钢铁生产突击上去。在中央全力保钢的号令下,经过大力突击,当年钢产量达到1866万吨。

12月8日 中共中央在转发《贵州省遵义和毕节地区群众生活和干部作风方面存在的问题》时,对山东、河南、甘肃和贵州某些地区所发生的严重情况作了指示。中央指出,贵州遵义和毕节地区的群众生产、生活中的严重情况,特别是干部中的极其严重的不可容忍的铺张浪费、贪污腐化、破坏党章、违法乱纪、不顾人民死活的情况,有些简直不能想象,其中某些反革命的破坏行为,显然是封建势力在地方上篡夺领导,实行绝望性的破坏性的报复。这是农村中阶级斗争的最激烈表现。

12月14日 国家统计局提出《对目前市场情况的分析报告》。《报告》说,上半年市场商品供应紧张的状况,下半年不仅没有缓和,而且更为严重。1至10月累计,农副产品收购总额为166.6亿元,比上年同期下降9.7%。其中粮食收购量下降34%,食油收购量下降42%,生猪收购量下降23%。全国市场商品供应量明显减少,有些生活必需品时有脱销。到9月底,各地实行凭票证限量供应的商品已经达到了30多种,11月份,全国商品零售额为52.5亿元,比上年同期下降15.6%。据全国42个大中城市统计,11月,猪牛羊肉销售量比上月减少29.4%,家禽减少51.3%,鲜蛋减少30.4%。

同日 中国同索马里建立外交关系。

同日 中宣部批转文化部《关于书籍中的政治错误和处理意见的报告》。

12月15日 中国政府和印度尼西亚政府关于双重国籍问题的条约的实施办法在雅加达签字。12月21日,双方在雅加达互换批准书。

12月17日 中共中央劳动力安排和干部下放五人小组提出《关于1961年劳动计划的安排要点》。大跃进以来,农业第一线的劳动力大大削弱,两年来共减少整、半劳动力2300万人,而企、事业单位用人过多,全国职工由1957年的2450万人增加到现在的5023万人。为改变这一状况,《要点》提出1961年劳动力安排的方针是,按照首先保证农业生产的需要,其次基本建设需要,第三服务行业的需要,第四其他非生产性建设需要的原则,全面地合理分配劳动力,要进一步从各方面压缩劳动力,加强农业第一线,使农业第一线的整、半劳动力数量,恢复到1957年的水平,即1.55亿人左右,要进一步精减下放国营企业、事业的职工,从现有职工中精减502万人。

12 月 20 日　中共中央、国务院联合发出《关于冻结、清理机关团体在银行的存款和企业专项存款的指示》。《指示》规定：①从 1960 年 12 月 25 日起，下列各项存款予以冻结：各机关、团体、学校、事业单位在银行的存款（不包括工资、伙食费、助学金、救灾费、外事费、对人民公社的清理退赔款等）；国营企业在银行的专项存款；基本建设单位的已完工程包干结余资金存款和自筹资金存款。②经过审查清理，凡是资金来源合乎国家规定的，承认存款单位的所有权，但在 1961 年 6 月 30 日以前原则上不要动用；凡不符合国家规定的资金，一律交回中央财政和地方财政，或归还银行。

同日　台湾"立法院"通过《军人及其家属优待条例》。

12 月 21 日　中共中央、国务院发出《关于保证学生、老师身体健康的紧急通知》。《通知》指出，不少城市的大中学校师生，由于劳逸结合不好，营养较差，生活安排不好，发生了水肿病和其他疾病，并且还在继续发展。《通知》重申了 5 月 15 日中央关于劳逸结合的指示，并进一步提出：要立即抓紧治疗学生和教师的疾病，把办好学校伙食作为当前的一项中心任务，抓紧落实；进一步适当减少工作、劳动的分量，增加睡眠和休息时间，今冬明春不再安排学生参加校外义务劳动，严格控制校内重体力劳动；调整教学、科研的要求，不搞突击竞赛，不搞献礼，要以抓生活为中心抓政治思想工作。

12 月 22 日　国务院财贸办公室提出《关于 1961 年粮食和市场问题的安排要点》。《要点》指出财贸工作存在的重大困难：城乡粮食和市场供应都很紧张，1960 年底粮食库存比上年同期减少 40 多亿斤，1960 年 11 月中央下达的 996 亿斤的征购计划不能完成，1961 年社会购买力和商品可供量差额估计为 40 多亿元，商品可供量大量减少。针对上述紧张情况，《要点》提出，1961 年粮食和市场的安排，必须强调吃饭第一，全面安排人民生活，度过灾荒，稳定市场。关于平衡市场消费品差额的主要措施，一是国内增产商品 20 亿元；二是进口原料增产商品 13 亿元；三是停发 1960 年年终奖金 4.6 亿元；四是提高少数高档消费品的价格，大约 2 亿至 3 亿元。以上措施若能落实，1961 年秋后市场供求将会大体平衡，但 1961 年上半年仍将很紧张。

12 月 24 日—1961 年 1 月 13 日　中共中央在北京召开工作会议，会议讨论了 1961 年国民经济计划，总结了近两个月来各地区整风整社试点的经验，作出了《关于农村整风整社和若干政策问题的讨论纪要》。会议确定 1961 年所有社队都必须以贯彻执行中央 12 条紧急指示为纲，进行整风整社，彻底检查和纠正"共产风"、浮夸风、瞎指挥风、干部特殊风、强迫命令风；彻底清算平调账，坚决退赔。《纪要》还在 12 条紧急指示的基础上，又确定了农村工作的若干具体政策。主要是：①提高农副产品收购价格和退赔平调账，都要分作两步走。1961 年除继续实行超额交售余粮的奖励办法外，准备再拿出 10 亿元专门用于提高粮食收购价格，同时适当提高油料、生猪和禽蛋的收购价格；棉花和其他农产品的收购价格 1962 年再提。国家准备拿出 25 亿元作为退赔补贴。②社员家庭副业和手工业，是社会主义经济的必要补充，是大集体下的小自由，允许有适当发展。社员自留地占当地每人占有耕地的比例，要从 12 条紧急指示规定的 5% 提高到 7%。③对农村集市采取活而不乱、管而不死的方针，目前要放手活跃农村集市,不要过多限制。毛泽东在会上讲了话,提出要大兴调查研究之风。1961年要成为实事求是年。

12月27日 台湾"立法院"通过《台湾省内"中央及地方"各项税捐统一稽征条例》。

12月28日 新华社报道,全国农业生产1960年遭受了近百年来没有过的严重自然灾害,受灾面积达9亿亩,占全国耕地一半以上,其中有3亿亩到4亿亩遭到重灾,甚至有一部分农田灾害特别严重,没有收成。1960年受旱灾农田达6亿亩,受台风和洪涝灾害的有22个省、区。许多省份还发生了严重的病虫害,还有些省受了频繁和严重的霜冻。

12月31日 为克服近年来广泛出现的财经纪律松弛、奖金管理混乱和财权分散的现象,财政部提出《关于改进财政体制加强财政管理的报告》。《报告》提出:国家财权应当基本上集中在中央、大区、省市区三级,专区、县、公社的财权应适当缩小,国家财政预算从中央到地方都应实行上下一本账,各级财政必须一律不打赤字预算,对地方的预算外资金,要采取"纳、减、管"的办法进行整顿;预算外收入一律纳入国家预算,企业利润留成比例减掉一半;企业要严格实行资金管理和成本管理制度;各项基建投资,都必须由建设银行进行拨款监督;基建投资包干结余用于新增项目须经国家计划部门批准;工商统一税税目的增减和税率的调整,盐税税额的调整,必须报经中央批准,地区性税收的开征、税目税率的变动,须报经中央局批准。1961年1月15日,中共中央批准了该报告,同意该报告的基本精神。

12月 1960年全国主要经济指标完成情况如下:按1957年不变价格计算,1960年工农业总产值为2094亿元,比上年增长5.4%。其中,重工业的比重由上年的44.6%上升到53.3%,农业的比重由上年的24.2%下降到20.1%。工农业产品产量:钢,1866万吨,比上年增长34.5%;煤,3.97亿吨,比上年增长7.6%,原油520万吨,比上年增长39.4%;粮食,2870亿斤,比上年下降15.6%,棉花,2126万担,比上年下降37.8%,粮棉总产量都降到了1951年的水平。油料,194.1万吨,比上年下降52.7%。基本建设投资总额388.69亿元,比上年增长11.1%,社会商品零售总额669.9亿元,比上年增长9.2%,进出口贸易总额128.5亿元,比上年下降13.9%。国家财政总收入572.3亿元,总支出654.1亿元,赤字达到81.8亿元。

本年 中国科学院完成新疆综合科学考察计划和青海、甘肃的综合科学考察计划。

本年 新中国第一部彩色歌舞片《刘三姐》完成,受到观众的热烈欢迎。同年出品的重要作品还有《红旗谱》、《林海雪原》和《革命家庭》。纪录片《为了61个阶级兄弟》以宣传共产主义优越性在全国引起轰动。

1961年

1月1日 中共中央批转《信阳地委关于整风整社运动和生产救灾工作情况的报告》,推广信阳地委在三类社队进行夺权斗争,打倒反革命复辟势力,进行民主革命补课的经验。《报告》认为"当前敌我矛盾十分突出","坏人当权,打人死人,粮食减产,吃不饱饭,民主革命尚未完成,封建势力大大作怪,对社会主义更加仇视,破坏社会主义生产关系和生产力,这就是阳阳问题的实质"。中央在批示中肯定了信阳地委的报告,要求全国三类社队整风都应照此执行,迅速掀起整风整社的高潮。中央还建议一切公社和生产队都成立社员代表会,一切权力归代表会。要求一切社、队都必须一边抓整风整社,一边抓生产救灾,一边抓群众生活,三件事同时做好。

同日　蒋介石发表元旦文告。

同日　陈诚以节约储蓄为题,倡导三一储蓄运动(即 1 人 1 天储蓄 1 元钱)。

1月2日—9日　周恩来总理应邀率中国政府代表团,参加缅甸独立 13 周年庆典,并进行正式友好访问。双方互换了具有重大历史意义的边界条约批准书,缔结了两国经济技术合作协定和支付协定。周恩来接受了吴温貌总统授予的一枚特别"崇高、伟大、博爱和光荣的拥有者"勋章。此后,在仰光举办了中国工业、农业展览会。

1月4日　台湾"行政院"宣布,开始实施第三期四年经济建设计划。

1月5日—14日　北京电视台首次拍摄出访新闻——周恩来访问缅甸。

1月7日　中共中央批转安子文《关于中央一级机关精简刊物工作的报告》。《报告》提出,今后所有的出版物,都必须强调政治第一,质量第一。中央要求各地各部门党组织必须加强对于刊物的领导,使它们成为党在思想政治路线上的锐利武器。

同日　中共中央批转轻工业部《关于紧急安排日用工业品生产的报告》。

1月11日　在太平天国起义 110 周年纪念日之际,在曾经作为太平天国首都的南京建立了太平天国历史博物馆。

1月14日—18日　中共八届九中全会在北京举行。毛泽东主持会议,与会的有中央委员 83 人,中央候补委员 87 人,列席人员 23 人。会议听取和讨论了邓小平关于 1960 年 11 月在莫斯科举行的各国共产党和工人党代表会议的报告,并通过了相应的决议。会议听取和讨论了李富春关于 1960 年国民经济计划执行情况和 1961 年国民经济计划主要指标的报告,正式批准了对国民经济实行"调整、巩固、充实、提高"的方针。全会决定在农村深入贯彻《12 条》,进行整风整社。并宣布:"1961 年应当适当地缩小基本建设的规模,调整发展的速度,在已有胜利的基础上,采取巩固、充实和提高的方针。"全会建议国务院根据全会所决定的方针编制 1961 年国民经济计划草案,提交全国人民代表大会审议。全会批准中央政治局 1960 年 9 月关于成立中央局的决定,并作出《关于成立中央局的决议》,指出成立东北、华北、华东、中南、西南和西北 6 个中央局,"以加强对 6 个战略性地区的各项工作,特别是建立区域性的比较完整的经济体系工作的领导"。毛泽东在会上号召全党大兴调查研究之风。

1月15日　中共中央批转财政部《关于改进财政体制和加强财政管理的报告》。其基本内容是:财政大权集中于中央、大区和省、市、自治区三级,认真实行"全国一盘棋",坚决纠正财权过于分散的现象;在坚持政治挂帅、大搞群众运动的基础上,坚持制度,严格纪律,加强监督,坚决纠正财政纪律松弛、不遵守财政制度的现象;加强经济核算,切实降低成本,大力促进劳动生产率的提高和增产节约运动的开展,坚决纠正把不应摊入成本的开支挤入成本的现象;坚持资金分口,任何人不许把流动资金用于基本建设,不许把信贷资金(银行贷款)用于财政性支出,不得赊销和挪用国家的商品物资。

同日 中共中央发布《关于目前农产品收购工作中几个政策问题的规定》。

同日 中共中央批准粮食小组《关于提高粮食收购价格问题的报告》,提出从1961年夏收起,全国粮食收购价格平均提高20%。同时,1960年已实行的对主要产粮区加价奖励全国平均5%,照旧实行。粮食销售价格暂不提高。肉、禽、蛋和油脂等农产品,从1961年3月到夏收期间,先后提高收购价格,相应提高销售价格。执行结果,全国平均收购价格粮食提高25%,生猪提高26%,家禽和蛋类提高37%,油料提高13%。

1月18日 国务院财贸办公室向中共中央报告《关于1961年对外贸易工作安排意见》,总的是贯彻执行中央确定的"吃饭第一、建设第二"的精神。2月7日,中央批准了这个计划。

1月20日 中共中央发出《中央工作会议关于农村整风整社和若干政策问题的讨论纪要》。《纪要》认为总的形势是大好的,农村中约80%的县、社、队是好的或基本上是好的;只有约20%存在着性质不同和程度不同的严重问题。90%以上的农村干部是好的或基本上是好的;只有近7%是犯有严重或较严重错误的;其中真正属于五类分子和蜕化变质分子的约为3%。即使20%左右问题严重、形势不好或不大好的地区,只要情况明、决心大、办法对,经过彻底整顿,也可以在12个月内,把局势从根本上扭转过来。整风整社应首先集中力量整顿三类社队,首要的是把领导权夺回来,一二类社队也必须进行整顿。

同日 中共中央作出《关于调整管理体制的若干暂行规定》,中心是强调集中统一。所有生产、基建、收购、财务、文教、劳动等各项工作,都必须执行全国一盘棋、上下一本账的方针。

同日 财政部调低企业利润留成比例,加强企业利润留成资金管理。指出,企业利润留成资金一律不得用于计划外的基本建设,不得用于行政、事业单位的经费开支,更不允许用于建造行政用房。规定主管部门集中的部分不得超过企业利润留成的20%。从1961年起,把全国企业利润留成由1960年的13.2%左右降低到6.9%。其中,中央各部属企业利润留成率由1960年的15.82%调整为6.7%;地方企业利润留成率由1960年的12%调整为7%。

1月21日 台湾"省政府"发布公告:全省私有耕地出租者今起按条例与租佃户换约,以确保三七五减租成果。

1月23日 中共中央、国务院作出《关于进一步压缩社会集团购买力的决定》,规定:①从预算拨款中预扣一部分可以预扣的经费;②所有单位一律停止非生产性购置,企业单位要自行核减有关支出;③严格各项开支标准,企业单位要向行政单位看齐;④坚决紧缩一部分可以紧缩的劳保福利开支;⑤进一步降低企业成本,切实加强成本管理;⑥对各部门各单位主要商品实行计划管理,凭证供应;⑦彻底清理仓库,发掘物资潜力;⑧进一步开展各部门各单位内部的节约运动。中央要求,通过以上措施,把1961年的社会集团购买力从上年的80亿元左右压缩到40至50亿元。

同日 国家计委、建委联合发出通知,调整1961年第一季度基本建设计划。决定第一季度将基本建设投资由28.8亿元压缩到20亿元左右;大中型建设项目由原安排的855项压缩到不超过500项。非重点项目和非重点单项工程,坚决停建。2月23日,中央又发出关于安排1961年第一季度基本建设计划的紧急通知,责成国家计委按照有多少材料、设备做多少事情的原则,编制年度基本建设计划,在年度计划未下达之前,把结转的材料、设备都调用于生产上最急需的项目上去。

1月24日 台湾基隆殷台造船公司工人罢工。

1月26日—2月4日 教育部召开全国重点高等学校工作会议,着重研究贯彻执行"调整、巩固、充实、提高"的方针,对全国重点高等学校实行"四定"(即定规模、定任务、定方向、定专业)的问题。

1月27日 中共中央发出《党政干部三大纪律、八项注意(草案第二次修正稿)》。三大纪律是:①一切从实际出发,②正确执行党的政策,③实行民主集中制。八项注意是:①同劳动同食堂,②待人和气,③办事公道,④买卖公平,⑤如实反映情况,⑥提高政治水平,⑦工作要同群众商量,⑧没有调查没有发言权。

同日 新华社报道:解放军积极参加国家经济建设,去年,各部队共做了4600多万个劳动日,其中70%用于支援农业。

1月30日 第二届全国人大常委会第三十五次会议通过决议,撤销国家基本建设委员会,其业务合并到国家计划委员会。2月8日,中央作出决定,国家建委与国家计委合并,工交政治部与国家经委合并,明确国家建委的工作由国家计委负责。

同日 文化部发言人严重警告美国政府,立即停止盗窃我国珍贵文物。

1月上旬 李富春主持的国家经委等单位组成的调查组,前往北京第一机床厂等单位进行调查研究。这次调查研究,是为了寻找整顿企业的办法,草拟工业工作条例。6月间,中央指定薄一波准备条例的草拟工作。7、8、9三个月,邓小平主持

中央书记处会议,对工业条例草稿进行了多次讨论修改,最后归纳为70条,提交8月在庐山召开的中央工作会议讨论通过。

1月下旬—2月下旬 毛泽东亲自组织和领导的几个调查组,到浙江、湖南、广东等省的农村进行调查。2月下旬,各调查组集中在广州,同部分地方负责人一起,在毛泽东的主持下,着手起草农村人民公社工作条例。

1月 《海瑞罢官》在北京首次演出。在1959年下半年的一次政协会上,北京京剧团要求吴晗给他们写一出海瑞戏。1960年底,剧本写成,原名《海瑞》,后为区别于其他的海瑞戏,改名为《海瑞罢官》。

2月1日 国家体委公布了294项截至1960年底的各项运动全国纪录,其中197项是1960年创造的。

2月2日 我国和阿尔巴尼亚签订通商航海条约和中国给予阿贷款协定等文件。

同日 台湾"行政院"针对大陆发生自然灾害,拟定救助饥民办法。

2月4日 中共中央批转铁道部党组《关于铁路系统建立政治工作部门和改进铁路管理体制的报告》。《报告》指出:1957年铁路上撤销了政治工作部门,同时,实行了铁道部和地方省(市)、自治区党委对各铁路局、工程局、设计院、工厂的双重领导。鉴于过去的经验和现在的情况,根据铁路运输的特点,迫切需要有一个专门的政治部门来加强铁路职工的思想政治工作,为此,铁道部和铁路各级组织应该从上到下地建立起政治工作部门,铁道部党组应相应地改为党委。铁道部党委、政治部和中央局、省(市)、自治区党委对各铁路总局、铁路局、工程局、设计院、铁道部直属工厂的党委和政治部实行双重领导,以铁道部党委和政治部的领导

为主。各铁路总局、铁路局、工程局、设计院、铁道部直属工厂党委和政治部门，对所属单位的党委和政治部门实行垂直领导。

同日 台湾"经济部"为防止人为操纵物价垄断市场，宣布取缔工商联营。

2月7日 根据中共中央1月关于调整管理体制的规定精神，原下放地方管理的大连、秦皇岛、天津、烟台、青岛、连云港、上海、湛江等10个沿海港口，收归交通部领导。以后，重庆、九江等10个长江干线重点港口，天津航道局、上海筑港局等6个工程局以及2个工厂、2个交通学校和1个驳船公司，改为以交通部为主管理。在1961年中，一些工业部门也对部分企事业单位的隶属关系作了变动。

同日 中共中央批转中央文教小组《关于1961年和今后一个时期文化教育工作安排的报告》。在"大跃进"中，文教事业发展过快，出现了多招农村劳动力，质量提高跟不上数量发展的情况，为此，《报告》提出，1961年和今后一个时期教育工作的安排是：节约劳动力，支援农业生产。规定农村16岁以上的在校生占农村劳动力的比例，应控制在2%左右，中小学一般都不招超龄生，部分农村全日制中学和高小，改为半学习，半劳动，农业中学改为业余学校。要求1961年高等学校招生25万人，比上年减少9.4万人，中专学校招生50万人，比上年减少11万人，普通中学招生335万人，减少99万人。文化教育基本建设投资减为4.62亿元，为1960年预计8亿元的58%。

2月15日 我国在台湾珍贵文物中的253件精品，已被美舰由基隆盗运美国。

2月20日 中国同刚果(斯坦利维尔)建立外交关系。

2月21日 彭真在全国煤炭工业系统领导干部电话会议上谈生产形势时说，目前工业生产情况不好。煤炭的下降量很大，已影响了整个经济。面对严重的工业情况，他要求第一还是要政治挂帅，第二安排好群众生活，第三抓紧各项生产措施。他指出当前中心问题是政治挂帅，加强领导。首先是加强政治思想工作问题。3月3日，中共中央办公厅印发了彭真的这个讲话。

2月22日 《人民日报》发表社论：《一切企业都要建立和健全责任制度》。社论强调指出：规章制度的改革，必须先立后破。社论要求所有企业都要建立健全党委领导下的厂长负责制和各科室的责任制，都要建立健全安全生产、设备检修、材料管理、定额管理、质量检查等各项规章制度。

2月23日 台湾"行政院"公布《"国有"财产处理办法》。

2月25日 国务院财贸办公室提出并经中央批准，在全国各地区进一步扩大高价糕点和高价糖果的供应范围。在3月底以前，把高价糕点的供应范围扩大到全国一切大中小城镇；把高价糖果的供应范围扩大到全国所有城市和乡村。

2月26日 台湾"省政府"决定开放投资开发现有公有荒地。

2月27日 我国最大的体育馆——能容纳1.5万观众的北京工人体育馆建成。

2月28日 《人民日报》报道：去年归侨人数等于过去10年的总和。为妥善安置归侨，国家新扩建了25个华侨农场、11所中等以上华侨学校和47万平方米建筑物。

2月 自动化所正式组建151任务(研制大型热应力试验设备，该设备是研究高速飞行器结构的重要设备，代号151

工程)办公室,同时组成了以自动化所为主,七机部 702 所参加的研究队伍,开始研制工作。协作单位还有长春光机所、沈阳金属所、上海冶金所、力学所。

3 月 3 日　林业部、公安部、农业部、农垦部发布《关于烧垦烧荒、烧灰积肥和林副业生产安全用火试行办法》。

同日　台湾当局与韩国在汉城签订贸易协定。

3 月 4 日　国务院发布《关于进一步加强文物保护和管理工作的指示》。同时公布了 1960 年 11 月 17 日国务院第 105 次会议通过的《文物保护管理暂行条例》和《第一批全国重点文物保护单位名单》。《指示》指出,必须做好文物的保护和管理工作,必须坚持勤俭办事业的原则,不要大兴土木。《条例》规定,在中华人民共和国境内,一切具有历史、艺术、科学价值的文物,不得破坏和擅自运往国外。各级人民委员会对于所辖境内的文物负有保护责任。一切现在地下遗存的文物,都属于国家所有。列入文物保护单位的名单有:革命遗址及革命纪念馆建筑物共 33 处;石窟共 14 处;古建筑及历史纪念建筑物共 77 处,石刻及其他共 11 处;古遗址共 26 处;土墓葬共 16 处。

3 月 6 日　安徽省委根据农民群众的要求,决定试行"定产到田,责任到人"的田间管理责任制。

3 月 6 日—15 日　国家体委在北京召开北京、上海、西安、武汉、沈阳、成都等 6 个体育学院院长座谈会。会议讨论了编写体育院校教材问题,成立了体育院校教材编审委员会。

3 月 7 日　中科院实验生物研究所所长朱洗及其助手实现了世界上第一只无父的母蟾蜍产卵传种。

3 月 10 日—13 日　在广州举行由党

中央召集、毛泽东主持的华东、中南、西南三个中央局和省、市、区党委负责人参加的会议,简称"三南会议",讨论了农村人民公社工作条例草案。

同时,在北京举行由党中央召集,刘少奇、周恩来、邓小平主持的华北、东北、西北中央局和省、市、区党委负责人参加的会议,简称"三北会议",讨论了农村人民公社工作条例草案。

3 月 12 日　美国赠台湾 10 艘扫雷艇运抵台湾。

3 月 15 日　中共中央转发中央宣传部《关于毛泽东思想和领袖革命事迹宣传中一些问题的检查报告》。指出,在对毛泽东思想的宣传中存在着简单化、庸俗化的现象;在宣传领袖革命事迹的出版物中,有的文章所写事实不真实。希望各地党委和中央有关各部党组,督促报刊书籍出版部门认真对待这一工作。

3 月 15 日—23 日　党中央将"三南会议"、"三北会议"合并,于广州召开中央工作会议。会议讨论并通过了《农村人民公社工作条例(草案)》,简称《农业六十条》。会议还起草并通过了中共中央《关于认真进行调查工作问题给各中央局、各省、市、区党委的一封信》。

3 月 17 日　为继续扶持西藏的广大农民牧民进一步发展农牧业生产,中国人民银行西藏分行将 250 万元的农牧业生产和生活贷款发往拉萨、昌都、日喀则、山南、林芝、江孜、那曲、阿里等地区。

3 月 19 日　周恩来在中央工作会议中南、华北小组发表"调查研究,实事求是"的讲话,指出是好是坏,要从客观存在出发,不能从主观想象出发,我们必须对事物进行分析、综合和比较。目前的毛病,还是我们发号施令太多,走群众路线太少。

3月20日 安徽省委书记曾希圣给毛泽东写信，为安徽农民的"定产到田，责任到人"的办法争取支持。国家经济困难时期，安徽农民搞起了"定产到田，责任到人"的生产责任制，因1959年庐山会议后批判纠正过"包产到户"，安徽省委一面支持农民的"责任田"，一面又力图避免"包产到户"的名称。曾希圣在信中写道："我们并不是一成不变的采纳"包产到户的办法，而是"吸取它的好处，又规定办法防止它的坏处。所以特别强调了'五个统一'"。并表示：绝大多数干部和社员都认为这个办法能够增产，今后是否会出现新的问题，需要在实践中继续摸索。

同日 纪念中国古代十大画家展览会在故宫绘画馆开幕，展出两个月，展出期间召开了学术研讨会。

3月22日 中共中央发出《关于讨论农村人民公社工作条例给全党同志的信》。要求全国农村支部和全体农村人民公社社员，全体党员，都来讨论，以便对于人民公社的性质，各级应该做什么和不应该做什么，应该怎样做和不应该怎样做，有个统一的、全面的、正确的了解。信中还规定：作为基本核算单位的管理区和生产队，以后一律改名为生产大队和生产队。

3月23日 中共中央根据毛泽东的倡议，发出关于认真进行调查工作问题给各中央局，各省、市、自治区党委的一封信。中央决定将毛泽东1930年春写的《关于调查工作》一文印发给全党高、中级干部学习。中央还要求县级以上各级党委，首先是第一书记，要深入基层蹲下来，亲身作有系统的典型调查，每年都要有几次，当做领导工作的首要任务，并且定出制度，造成风气。强调一切从实际出发，不调查就没有发言权，必须成为全党干部

的思想和行动的首要准则。

3月30日 以刘亚楼为团长的专家政府代表团，经与苏联政府谈判，签订转让米格-21飞机及其发动机和卡-13空空导弹制造技术的有关协议。

3月31日 新华社报道，在美国和老挝叛军纵容下，蒋军残余窜扰云南边境。

4月2日 国家计委对1961年基本建设计划进行调整。确定预算内投资由原定的167亿元缩减为129亿元。正式施工的大中型项目由原定的900个减为771个（不包括国防工业）；加上少量的施工收尾、维持和筹建等项目325个，共为1096个，比1960年预计完成数减少739个。

4月3日 中共中央发出《关于收购重要经济作物实行粮食奖励的指示》。决定在1961年到1962年的粮食年度，每收购一担棉花，奖励35斤粮食；每收购一担花生仁、芝麻或烤烟，奖励20斤粮食。为实行这种办法，这一年度国家共需拿出17亿斤粮食作奖励。

同日 中共中央批转国家计委、经委关于节约煤炭的报告。报告指出，自1960年第四季度以来，煤炭生产出现紧张局面，要求各行各业都必须制定分年度、分季度、分地区的节约指标和具体措施，纳入国家计划。中央同意在工业、交通10人小组的领导下，设置一个煤炭节约办公室，由国家计委、经委和煤炭部各指定一位党组成员兼任此项工作。

4月4日—14日 第26届世界乒乓球锦标赛在北京举行。来自五大洲30多个国家和地区的200多名优秀选手进行了精彩的比赛。中国男队获团体冠军，女队获团体亚军，庄则栋获男单冠军，丘钟惠获女单冠军。

4月6日—16日 缅甸总理吴努应周恩来总理之邀来我国云南度假，两国总理

借此机会就当前国际问题和进一步发展两国间的友好合作问题进行了亲切友好的会谈。16 日,发表联合公报。

4 月 7 日　新华社报道:西藏各地文物古迹得到妥善保护,目前已初步整理文物 11 万多件,修缮古迹 10 多处。

同日　台湾"经济部长"杨继增在"立法院"说,台湾今后经济的任务是努力向外竞争,开拓产品外销市场。

4 月 9 日　中共中央批准《关于国防工业部门 1961 年基本建设计划安排的报告》。《报告》提出国防工业的材料、设备和投资的分配原则是:基建重于生产,尖端重于一般,质量重于数量,维修重于制造。基本建设的重点,是确保"两弹一机"的研究试制和小批生产的重点项目及配套工程。这一年国防工业部门的基本建设投资为上年实际完成的一半左右,但占全国基本建设投资的比重,则比 1960 年有所上升。

同日　中共中央转发中央精简干部和安排劳动力 5 人小组《关于调整农村劳动力和精简下放职工问题的报告》。《报告》提出,必须继续精简职工,动员部分在外的民工和自流农民回乡。计划到 1961 年底,将精简职工人数由 502 万人增加到 800 万人,其中带工资和不带工资的各为 400 万人。今后需用农村劳动力时可优先录用带工资下放农村的职工。除精简下放职工外,争取在两年内有 200 万左右城镇人口下乡。

4 月 11 日—25 日　中共中央宣传部会同教育部、文化部召开全国高等学校文科和艺术院校教材编选计划会议,规定了文科的培养目标、课程设置、教学方针,以及中文、历史、哲学、政治经济学、政治、教育、外语 7 类共 14 个专业的教学方案,制定了这些专业最急需的 126 种教材的编选计划。

4 月 13 日　我外交部发表反对美国加紧干涉越南的声明。

同日　文化部发出《关于对历年出版的图书进行重点清理的通知》。

4 月 14 日　周恩来视察云南西双版纳国营农场并作指示。

4 月 17 日—28 日　全国民兵工作座谈会在北京召开。

4 月 18 日　农垦部讨论通过《橡胶技术规程》、《机务规章制度》和《割胶制胶劳动保护(草案)》,并决定成立六个小组负责起草《国营农场工作条例》。

4 月 18 日—24 日　我国政府和人民支持古巴政府和人民反对美国武装侵略的斗争。18 日,周恩来总理致电卡斯特罗总理,表示我国坚决支持古巴人民的斗争。20 日,我国政府发表反对美国武装侵略古巴的声明。同日,我国各民主党派也联合发表声明,谴责美国的野蛮行径。21 日,北京各界 60 万人分别在数十个集中地点举行声势浩大的示威和集会,支持古巴人民的反侵略斗争。周恩来、彭真等党和国家领导人出席了大会。《人民日报》于 17 日、19 日、21 日连续发表 3 篇社论,抗议美国的侵略罪行,坚决支持古巴政府和人民的反侵略正义斗争。

4 月 21 日　中共中央发出关于西藏工作方针的指示。指示指出,在民主改革基本完成之后,今后西藏工作必须采取稳定发展的方针,从今年算起,五年以内不搞社会主义改造,不搞合作社(连试点也不搞),更不搞人民公社,集中力量把民主革命搞彻底,让劳动人民的个体所有制稳定下来,让农(牧)民的经济得到发展,让翻了身的农奴群众确实尝到民主改革给他们带来的好处。在这五年我们在西藏的一切政策包括经济政策、财贸政策、社会改革政策、民族政策、对上层人士的团结改造政策、宗教政策,等等,都一定要力求稳妥,都要防左防急。

4月22日 总参谋部命令颁发《中国人民解放军飞行条令》。

同日 国务院举行110次会议,通过《中华人民共和国和阿尔巴尼亚人民共和国通商航海条约》,并提请人大常委会审议批准。会议还核准了《中华人民共和国和印度尼西亚共和国文化合作协定》,通过了《工农业产品和工程建设技术标准暂行管理办法》和《新产品新工艺技术鉴定暂行办法》。

4月24日 中共中央转发人民银行《关于1961年全国分行行长会议情况向中央的报告》。《报告》提出,为贯彻以调整为主的八字方针,除了适当降低农贷利率,免收1955年合作化时给贫下中农的放款和清理旧农贷以外,要改进信贷计划管理体制和企业流动奖金供应办法。

同日 美国赠台湾"长白号"油船交接典礼在海军基地举行。

4月25日 中共中央同意侨委党组《关于农村整风整社运动对平调侨眷、归侨房屋家具、侵占侨汇等的处理意见》。《意见》中说,在公社化运动过程中,不少地方曾发生了平调侨眷、归侨的房屋、家具、缝纫机、自行车等财物,强迫或变相强迫以侨汇、黄金、白银、金银首饰作投资捐献,掠夺华侨、侨眷的财富的情况,违背了中央生活资料永远归个人所有的指示,必须根据中央关于农村人民公社当前政策问题的紧急指示信,通过整风整社运动,认真处理。对占用的华侨房屋,必须坚决退还,并按使用的时间补给合理租金。凡是强迫侨眷、归侨投资捐献的财物,一律坚决清理退还,并付给应得的利息。无偿占用侨眷、归侨的家具、自行车、缝纫机等一切财物,坚决清理退还原物,并付给使用期间应给的报酬;损坏要修,原物不在要赔。平调侨眷、归侨的家畜及屋前屋后零星果树等,应坚决退还永远归个人所有,无法退还时,折价赔偿。并指出,上述规定适用于港澳同胞家属。中央批示同意上述意见,并要求将执行结果检查总结报告中央。

同日 毛泽东写信给邓小平,要他代中央起草一个通知,建议5月下旬在北京召开中央工作会议。信中说:为此,到会各同志,应利用目前这段时间,对农村若干关键问题(食堂问题、粮食问题、供给制问题、自留山问题、恢复手工业问题、恢复供销合作社问题,等等)进行重点调查,下10至15天苦工夫,向群众寻求真理,以便5月会议能比较彻底地完成上述任务。

同日 我国与老挝建交。26日,我国政府发表关于支持日内瓦会议两主席和平解决老挝问题的建议的声明。

4月29日 新华社报道:国务院批准中国人民银行降低农业放款利息。

4月 由同济大学道路桥梁系孙均教授率领34名师生和沈阳军区空军后勤部设计室共同设计,在吉林修建中国空军第一个飞机洞库机场。

同月 国务院任命陈荒煤为文化部电影局局长,司徒慧敏、季洪为副局长。

5月1日 刘少奇对《人民日报》的工作提出批评,说《人民日报》报喜不报忧,只登好的,不登缺点、错误。宣传了很多高指标、放卫星,使我们党在国际上陷于被动,给实际工作造成了很大恶果。刘少奇要《人民日报》好好总结一下三年来在宣传生产建设成就方面的浮夸风,在推广先进经验方面的瞎指挥风,在政策宣传和理论宣传方面的片面性。

同日 中共中央军委颁发人民解放

军战斗条令。根据毛泽东"一定要搞出我们自己的战斗条令来"的指示,在中共中央军委统一组织领导下,人民解放军于1959年开始编写战斗条令。经过几年努力,《合成军队战斗条令概则》和《步兵战斗条令》于1961年5月1日颁发全军。

5月2日　中柬友好和互不侵犯条约交换批准仪式在金边举行。3日,此条约在北京公布。

同日　"山河新貌"江苏中国画家写生作品展览在北京开幕。

5月4日　台湾"行政院"通过《证券管理办法》。

5月7日　毛泽东转发周恩来关于农村政策问题的调查报告。随后,又批转了胡乔木8日的报告和邓小平、彭真10日的联合报告。这些报告汇报了当时广大农村干部和社员意见比较集中、反映比较强烈的几个重要政策问题,主要是:①社员普遍不赞成办食堂。②供给制这种办法带有平均主义性质,害处很多。③社员群众迫切要求恢复高级社时的评工记分办法。

同日　刘少奇在湖南省宁乡县花明楼公社炭子冲,同干部和社员谈公共食堂、包产到户、退赔、民主办社等几个农村政策问题。他指出:社员生活下降了,主要是工作中犯了错误,上边要负主要责任,根子还在中央,食堂没有优越性,这样的食堂要解散;有些零星生产可以包产到户,但分田到户不行;退赔问题,要扎扎实实算一回账,算得疼一点,这次教训很深刻;办事讲民主,整人这个风气不好,要由社员当家做主。

5月9日　朱德写信给毛泽东反映农村食堂问题。信中认为各地干部群众对办公共食堂不满,主要表现在:社员吃不够标准,生活太苦;分散领导力量,大量浪费劳动力和劳动时间;对病人、老幼和来客照顾不到;对群众不方便。

5月10日　李富春谈1961、1962年的计划问题。1961年以来,国民经济仍然处于被动局面。一是物资供应紧张,工业生产水平继续大幅度下降;二是基本建设战线仍然过长;三是农村春播进展缓慢,田间管理很差;四是商品库存逐月下降;五是财政金融也出现不少问题。他指出,5月间,国家计委要会同各部门、各地区把当前各个行业的实际情况摸清楚,计划指标不能实现的,则延长到1962年去完成,可以不再重新编制1961年计划。

5月14日　美国副总统约翰逊抵台访问。

5月15日　中共中央同意国家计委、科委《关于安排九种大型设备生产任务的报告》,要求列入年度计划,争取按期投入生产。九种大型关键设备是:3万吨模锻水压机,1.2万吨卧式挤压水压机,1万吨油压机,2800毫米铝板热轧机,2800毫米铝板冷轧机,2800毫米单机架冷轧薄钢板机,20辊500毫米冷轧带钢机,8—80毫米冷轧钢管机,120—200毫米冷轧钢管机,共计13套,合计主机重3.8万吨。

同日　新华社报道,各界民主人士参加"神仙会"(敞开思想,百家争鸣,自己提问题,自己解决问题),这是我国资产阶级分子和资产阶级知识分子自我教育的有效形式。

5月16日　陈毅外长率领我国代表团前往参加和平解决老挝问题的扩大的日内瓦会议。陈毅5月24日在大会上发言,提出了和平解决老挝问题的五项原则。

同日　由中央人民政府拨款资助修建的"德庆颇章"新宫在日喀则落成,班禅额尔德尼大师举行盛典庆祝。

5月17日　中共中央书记处决定由卫生部对全国 17 个大制药厂派驻厂代表，以加强对药品质量的监督。

同日　中国人民银行总行、财政部联合发出通知，提出从 1961 年 7 月 1 日起，国营企业所需的流动资金原为全部由银行贷款，改为 80％由财政部门拨款，20％由银行贷款。

5月19日　台湾当局公布《代理商管理办法》。

5月21日—6月12日　中共中央在北京举行工作会议。会议在中央和各地负责人调查研究的基础上，对《农村人民公社工作条例（草案）》进行了修改，制定了《农村人民公社工作条例（修正草案）》，修改部分主要是取消了原草案中公共食堂和供给制的规定。会议还讨论了商业工作和城乡手工业问题。陈云在会上就精减职工和城市人口下乡问题作了题为"一项关系全局的重要工作"的讲话。会议制定了《关于减少城镇人口和压缩城镇粮食销量的九条办法》，规定在 1960 年底 1.29 亿城镇人口的基数上，三年内减少城镇人口 2000 万以上，本年内减少 1000 万人。会议还决定调整当年的钢产量，由原定的 1800 万吨降为 1100 万吨。会议还决定对几年来受批判处分的党员和干部，进行实事求是的甄别平反，并规定以后在不脱产干部和群众中，不再开展反右反"左"的斗争，也不许戴政治帽子。李先念、周恩来、刘少奇等在会上作了重要发言，毛泽东主持这次会议并为会议作了总结。

5月22日　新华社报道：中国科学院上海实验生物研究所所长朱洗和副研究员王幽兰等，从 1951 年开始在蟾蜍科动物中用涂血针刺法进行人工单性生殖的实验。1959 年 3 月出生的世界上第一只"无父母"蟾蜍，今年 3 月产卵，繁殖出 800 多只蝌蚪，其中多数已成长为小蟾蜍。

5月23日　中共中央同意国家计委《关于改进和加强国家物资储备体制的报告》。《报告》提出，恢复设置专业物资储备领导机构，与物资供应合并的要分开。同时规定，国家储备物资是后备力量，不经中央批准各地无权使用；国家储备仓库的固定资产和机械设备等，地方也不得自行拆除和动用。

同日　由《大众电影》主办的百花奖在北京举行第一届授奖大会，《红色娘子军》获最佳故事片奖，祝希娟获最佳女演员奖，崔嵬获最佳男演员奖。

5月25日　中共中央批准教育部《关于北京地区高等学校及中等专业学校调整工作的报告》。教育部提出，对北京地区高等学校及中等专业学校的调整，分别采取定（定发展规模）、缩（缩小发展规模）、并（合并）、迁（全部或部分迁离北京）、放（下放给北京市领导）、停（停办）等方式。高等学校由原来的 90 所调整为 51 所，中等专业学校由原来的 130 所调整为 80 所。

5月30日　陈云在外贸专业会议上发表题为"做好外贸工作"的讲话。

5月31日　刘少奇在中央工作会议上发表"当前经济困难的原因及其克服办法"的讲话。讲话指出：现在，各方面的矛盾，如工业和农业的矛盾，文教和其他方面的矛盾，都集中表现在粮食问题上。总起来讲，这几年的问题，就是工业、交通、文教都办多了。非农业人口搞多了，农民养不起这么多人，所以非减少不可。工业战线要缩短，农业战线要延长，使工业文教战线同农业战线的比例协调。对这几年发生问题的原因，他引用湖南农民的话说是"三分天灾，七分人祸"，在大多数地方，我们工作中的缺点错误是主要原因。

5月31日—6月1日　我民航局试航机完成往返锡兰（今斯里兰卡）的试航任务。

5月　中央军委颁发中国人民解放军战斗条令。在中央军委统一组织领导下，人民解放军于1959年开始编写战斗条令。其中，《合成军队战斗条令概则》和《步兵战斗条令》，于1961年5月1日颁发全军，《合成军队军师战斗条令》和《合成军队团营战斗条令》，于1963年5月颁发全军。1972年5月以后，对上述四种条令又进行了几次修改，并颁发全军，叶剑英在中央军委条令验收委员会第一次会议上的总结报告指出：我军条令的产生，是以我为主思想的体现。我们有几十年丰富的作战经验，在几十年的作战中，我们锻炼出一整套的全军共同承认的战法，全军共同承认的制度，这都是在毛泽东直接领导下，在斗争中产生和发展起来的，是我军的光荣传统。

同月　钱学森主持召开国防部五院与中国科学院力学所协作会议（称518会议），为发挥科学院的科技潜力，为火箭和导弹服务，确定五大协作任务，即液体火箭发动机燃烧，传热理论与实验研究（代号101任务），导弹气动力学问题研究（102任务），导弹弹体结构强度的研究（103任务），冲压喷气发动机的关键理论问题（104任务），金属薄板典型零件爆炸成型的基本理论研究（105任务）。

同月　洪腾在第二届乔治·埃涅斯库国际音乐节钢琴比赛中获第三名，鲍惠荞获第五名。

6月1日　中共中央下发毛泽东关于《调查成灾的一例》的批示。中央办公厅秘书室下放到长辛店机车车辆厂的工作人员戚本禹，同该厂下放干部姜德久等人一起，就各级领导机关到长辛店机车车辆厂做调查研究工作的情况，写了一份《关于"调查研究"的调查》，寄给毛泽东的秘书田家英。这份材料反映了调查工作中的许多问题。田家英把它转送毛泽东。毛泽东5月28日作出第一次批示，指出，派调查组下去，无论城乡，无论人多人少，都应先有训练，讲明政策、态度和方法，不然调查达不到目的，引起基层同志反感，使调查这样一件好事，反而成了灾难。5月30日，毛泽东又作了批示，要求将此件发至基层党委，引起他们的注意，帮助下去调查的人们，切实做好调查工作。

同日　台湾"警备总司令部"通令查禁257首歌曲。

同日　台湾实行官价美元单一汇率。

6月1日—28日　中共中央召开文艺座谈会。会议讨论了《关于当前文学艺术工作的意见（草案）》（即《文艺十条》）的初稿。6月28日，周扬作总结报告指出：政治是灵魂，灵魂要依附在肉体上。业务、艺术就是肉体；没有肉体，灵魂就无所依附了。我们的文艺队伍是可爱的，是同党一条心的。

6月2日　中国美协在北京召开关于革命历史画创作问题座谈会。

6月5日　中缅两国政府关于交接片马、古浪、岗房地区，班洪、班老部落辖区，猛卯三角地和骑线村寨调整地区的联合新闻公报发表。

6月8日—7月2日　全国故事片创作会议在北京召开。会议制定了电影工作32条。7月14日，《人民日报》报道：全国故事片创作会议，决定进一步贯彻百花齐放、百家争鸣方针，扩大题材范围，提高艺术质量。

6月9日　新华社报道：16个少数民族的文学史或文学概论已由有关部门编写完成。

6月10日—16日 以范文同总理为首的越南民主共和国政府代表团应邀来我国访问,于15日签署了联合公告。

6月11日 台湾当局取消进口物资限制采购地区规定。

6月13日—15日 印度尼西亚总统苏加诺应邀来我国访问。14日,双方交换了中国印尼友好条约批准书和核准中国印尼文化合作协定的照会。

6月15日 中共中央发出《关于讨论和试行农村人民公社工作条例(修正草案)的指示》。指出:中央3月22日提出的农村人民公社工作条例草案,在全国农村讨论和部分地区试行后,得到很好的反应。经过中央工作会议修改后,发给全国农村讨论和试行。修正草案与原草案相比,取消了分配上的部分供给制;规定办不办公共食堂完全由社员讨论决定,社员的口粮分配到户,由社员自己支配;允许把国有或公社所有的山林划给大队所有,大队可以把小片的零星的山林分配给生产队和社员所有。中央还要求各地对最近几年受过批评和处分的干部和党员,实事求是地加以甄别、改正、平反。并规定,在不脱产的干部和群众中间,不许再开展反右倾或者"左"倾的斗争,禁止给他们戴政治帽子。

6月16日 中共中央发出《关于减少城镇人口和压缩城镇粮食销量的九条办法》。其内容为:①城镇减人,必须造成声势;②全国城镇只许减人,不许加人,特殊需要加人的必须得到中央和中央局批准,减少城镇人口必须同压缩粮食销量结合进行;③中央和地方共同核实城镇首先是大中城市的人口,清查黑人黑户,做到人、粮相符,严禁虚报冒领和营私舞弊;④为解决粮食问题并且使国家和社、队都有粮食储备,三五年内全国口粮一般仍应实行"低标准、瓜菜代"的方针;⑤1961年7月至1962年6月粮食的产、购、销、调、存的数字只供各地研究讨论用,待8月份中央工作会议再决定;⑥职工的升级、转正和工资调整,推迟到下半年后再进行;⑦中央各部门会同有关省、市、自治区提出各部在该地区单位的精减计划;⑧城市征兵,重点放在大中城市适龄的中等学校学生和青年职工;⑨为在今后三年达到恢复1957年粮食产量的目的,应在整风整社和贯彻"12条"、"60条"、中央指示信的同时,拟定工商业支农计划、粮食增产计划。

6月17日 我国女子登山队创世界纪录,登上海拔7595米的公格尔九别峰。

同日 经中央批准,财政部将农业税的实际负担率,从1957年全国平均的11.6%降为不超过10%;各地的地方附加相当于正税额的比例,由过去的15%到30%,降为不超过10%,新税率稳定三年不变,增产不增税。

6月18日 新华社报道:长江以南广大地区连降大雨。主要江河涨水,南方六省群众抗洪防汛。

6月19日 中共中央发出《关于城乡手工业若干政策问题的规定(试行草案)》(简称《手工业三十五条》)。文件明确规定,我国的手工业在整个社会主义阶段实行三种所有制:全民所有制、集体所有制、社会主义经济领导下的个体所有制,其中,集体所有制是主要的,全民所有制只能是部分的,个体手工业是社会主义经济的必要补充和助手。手工业生产合作社是手工业的主要组织形式,有些城市也可以以人民公社工业为主要组织形式。不论采取哪种形式,原则上都要实行入社自愿,退社自由,经济民主,自负盈亏,反对不讲经济核算的"吃大锅饭"做法,反对依赖国家包下来的"铁饭碗"思想。文件对手工业生产单位的组织规模、手工业者的归队、收益分配和工资福利、产销价格、企业管理等都作出了规定。

同日　中共中央发出《关于改进商业工作的若干规定（试行草案）》，简称《商业四十条》。文件规定：现阶段我国的商品流通应该有三条渠道：国营商业是全民所有制经济，是商业的领导力量；供销合作社商业是集体所有制经济，是国营商业的有力助手；农村集市贸易是国营商业和供销合作社商业的必要补充。必须认真整顿商业企业的经营管理工作。一切商业企业单位，都应该坚持勤俭办企业的方针，建立和健全各种责任制度，实行经济核算，节约人力、物力、财力。商业工作人员必须勤勤恳恳地为人民服务，遵守以下规矩：买卖公平，实事求是，便利群众，待人和气，勤劳节约，不开"后门"，钻研业务，学习政治。

同日　中共中央发出《关于坚决纠正平调错误，彻底退赔的规定》。文件指出：平调从人民公社成立后算起，凡违反等价交换和按劳分配的原则，抽调和占用生产大队、生产队和社员个人的生产资料、生活资料、劳动力和其他财物的，都必须彻底清算和退赔。

同日　周恩来在文艺工作座谈会和故事片创作会议上作了重要讲话，阐述了艺术民主、解放思想、物质生产与精神生产、阶级斗争与统一战线、为谁服务、文艺规律、遗产和创造以及文艺领导等问题。

同日　我国和苏联经济合作和科学技术合作协定在莫斯科签订。

同日　国防部颁布施行《中国人民解放军连队管理教育工作条例》。这是新中国成立以来我军第一个指导基层连队工作的法规条例。

6 月 22 日　国家计委发出《关于重新调整基本建设项目的通知》，要求把全年预算内基本建设投资由 129 亿元压缩到 70 亿元左右，并立即下决心压缩一批建设项目。

同日　毛泽东批转习仲勋的报告，要求进一步精简各级机关。自 1960 年 9 月以后，中央各部门在京单位原有 24 万多人，已精简了 8 万多人。毛泽东提出，应当再减 4 万人，共减 12 万人。他要求各省、市、自治区、专区、县都应按照这个计划坚决精简。

6 月 23 日　台湾"立法院"决议，反对蒙古进入联合国。

6 月 24 日　新华社报道：我国正在建设 8 个新的大型化肥厂，另有 7 个化肥厂正在进行扩建工程。今年国家计划在哈尔滨扩建、新建的 13 个轻工化工厂和车间，正加紧建设。重庆 15 个轻工业工厂，正在扩建、改建一批车间和增添部分设备。

6 月 25 日　新华社报道：我国最大的内湖——青海湖中的鸟岛，1959 年 5 月被发现，从 1960 年 4 月起，科学院运动研究所的科学工作者就到岛上进行考察研究。人民政府并把鸟岛列为禁游区，加以保护。

6 月 26 日　中共中央转发教育部党组《关于做好高等学校毕业生工作的报告》。文件指出，全国高等学校继 1957 年反右斗争之后，连续开展了交心运动、红专辩论、教育改革、反右倾机会主义等一系列运动。运动中对某些问题的处理，存在着政策界限不清、组织处理不妥当的地方，应趁今年应届毕业生进行毕业鉴定的机会，进行一次检查，实事求是地作出结论。对原来批判、斗争、处理错了或基本上错了的，应当坚决更改过来；对过去戴上"白旗"帽子的，应该在原批判范围内正式宣布取消；原来不符合实际情况的批判材料和本人的检讨材料，一律不要放在档案里。对本届毕业生中右派分子的悔改程度和实际表现，应进行一次全面考察，其中符合中央规定摘掉右派帽子条件的，应予以摘掉右派帽子，符合毕业条件的，发给毕业证书，正式分配工作。

同日 中共中央颁布《关于确定林权，保护山林和发展林业的若干政策规定（试行草案）》。

6月28日 中共中央发出《关于精减职工工作若干问题的通知》。《通知》在《关于减少城镇人口和压缩城镇粮食销量的九条办法》的基础上，对有关具体政策问题作了补充规定。《通知》指出，这次精减的对象，主要是1958年1月以来参加工作的来自农村的新职工。在此以前参加工作的来自农村的职工，确系自愿要求回乡，准许其离职回乡。精减的职工，都按离职处理，一律不用带工资下放的办法，但发给当月工资和一定数量的生产补助费。职工返乡后，城乡两方面都必须认真安排，负责到底，帮助他们解决口粮、住房、种子、小农具等一系列安家生产的有关问题。

6月29日 中共中央批准国家计委《关于1961年高等学校毕业生分配计划的报告》。这一年，共有毕业生16.2万人，约有6万左右分配到县、镇和公社，占毕业生总数的1/3以上。从1962年开始，对地方实行6个大区分配大学生，不再直接分配到省、市、自治区。

6月30日 国家科委党组、中国科学院党组制定《关于自然科学研究机构当前工作的14条意见（草案）》。其内容主要有：保持科研工作的相对稳定；科研计划既要力争先进，又要留有余地，并且要有适当的灵活性；贯彻执行百花齐放、百家争鸣的方针；红与专统一起来。研究所的行政、业务工作，党组织不要包办代替，应当通过行政、业务部门去组织实现。

同日 航空研究院在北京成立，属国防科工委领导。

同日 庆祝中国共产党成立40周年大会在首都举行，毛泽东等党和国家领导人出席。刘少奇在大会上讲话说，中国共产党成立以来的40年，是领导全国人民进行英勇斗争和取得伟大胜利的40年，是马克思列宁主义在中国广泛传播和取得伟大胜利的40年。在40年间，中国共产党同中国人民一起，主要做了两件大事：第一件，是在中国进行人民民主革命。第二件，是在中国进行社会主义革命和社会主义建设。我们党现在有1700多万党员。其中80%是中华人民共和国成立以后入党的，70%是1953年以后入党的，这是党的新的血液，但是他们缺少经验，许多人还没有受到系统的马克思列宁主义的教育。解放以前入党的党员，对于革命是熟悉的，但对于社会主义建设经验不多。因此，不论新党员或者老党员，都有一项严重的任务，就是要认真地系统地学习社会主义建设，进一步认识和掌握我国社会主义建设客观规律，以便多快好省地进行我国的社会主义建设。

7月1日 为庆祝中国共产党成立40周年，《人民日报》发表社论：《光荣伟大的40年》。

同日 中国革命博物馆和历史博物馆同时开幕。革命博物馆陈列的文物记录了100多年来中国革命斗争的历史，展出的陈列品有历史文献、图片、资料、革命领袖人物、先烈和革命群众使用过的实物和他们的手迹等。

同日 台湾当局邀集海内外人士召开首次阳明山座谈会。

7月5日　新华社报道:国防部最近颁布施行《中国人民解放军连队管理教育工作条例》。

7月7日　中共中央批转财政部《关于当前财政收支情况的简要报告》。1961年上半年,国家预算收入预计172亿元,支出预计167亿元,比上年同期各减少50%以上。根据半年多的实践,预计全年预算收入最多能达到350亿元左右,比年初预算的608亿元少258亿元。为了做到收支平衡,财政部提出把预算支出压缩到350亿元,其中,基建拨款由192亿元减为88.5亿元,增拨企业流动资金由70亿元减为30亿元,经济建设事业费由53.4亿元减为38.5亿元,社会文教费由65亿元减为51.4亿元,其他费用也都作了压缩。

7月8日　李富春在华北三省汇报煤炭生产和分配问题会议上传达了中央书记处的几点意见:①煤炭、粮食是关键问题。不抓住这两个环节,全国的经济形势就会溃退;②要估计暂时的困难不是一年的问题,调整、巩固、充实、提高要有两三年或更长时间;③重工业要有计划按比例地退,轻工业和农业要有计划按比例地上;④今年按农轻重比例次序安排计划,但没有抓住要害,今后两三年要少搞农业机械,多搞小农具、化肥和农民生活日用品,同时注意城乡兼顾;⑤要恢复手工业,恢复传统产品、传统原料和传统基地;⑥当前城市职工实际工资降低,物资供应紧张,城市人口下乡,多数企业靠贷款生活,这四个问题交织在一起,如没有思想工作和具体政策解决,就有出问题的可能。

同日　各级民兵工作组改为人民武装委员会。中共中央军委决定撤销1959年12月成立的军委民兵工作组,成立中共中央军委人民武装委员会。原组长罗荣桓任主任,人民武装委员会的日常工作由总参谋部动员部负责承办。同年12月,中共中央、国务院发出通知,决定把各级民兵工作组相应改为人民武装委员会,其办事机构分别为各级人民武装部,是领导民兵工作的协调机构。

7月9日　国务院第111次会议通过了《中华人民共和国和蒙古人民共和国通商条约》、《关于结束班禅堪布会议厅委员会的决定》。

7月10日—15日　以朝鲜劳动党中央委员会委员长、朝鲜内阁首相金日成为首的朝鲜民主主义人民共和国党政代表团应邀访问我国,会见了毛泽东等中国领导人,同以刘少奇为首的中国党政代表团就进一步巩固和发展两国友好互助合作关系以及当前重大国际问题,进行了亲切友好的会谈。

7月11日　中共中央转发聂荣臻《关于调整地方科学技术机构的请示报告》。报告说,全国省、市、自治区一级的科学研究机构发展到约900个,8万人,其中研究技术人员3.2万人。这些机构在国家建设中发挥了一定作用,但也存在兵多将少、设备缺乏、力量分散等问题。他提出了六点调整意见:①各省、市、自治区研究机构的设置,目前不可能考虑各地形成科学技术体系问题。②各地科学分院已办的尖端技术方面的研究机构,应以大区为单位,统一调整合并。③一般的工业、农业和医学方面的科学研究机构,以省、市、自治区为单位,专业重复或相近的,应适当予以合并。④各省、市、自治区科学分院,一般均应撤销。⑤各大区管理科学技术工作的机构,目前可采取不同形式。⑥对于研究机构中过多的辅助人员和行政人员必须坚决精减,附设工厂规模过大的,应加以压缩。合并中,要注意保存研究技术骨干,要注意科学技术的全面安排,不可简单化地把一些不能马上见效的研究课题,都加以削弱。

7月12日—31日 裴丽生、钱三强带领中国科学院与二机部共同组成的工作组,赴沈阳、长春、哈尔滨,与中国科学院金属所、应化所、土木建筑所共同磋商,分别安排了二机部有关金属铀冶炼、核燃料化学、反应堆结构力学的研究任务。

7月13日 台湾"行政院"通过《征召特种技术预备军官办法》。

7月14日 《人民日报》发表社论:《只有一个中国,没有两个中国》,严斥美国肯尼迪政府为推行"两个中国"的阴谋玩弄的新花招——所谓"继承国方式"。

同日 新华社报道:粤、桂、湘、鄂、豫、云、贵等省、区化工部门,6月底7月初在梧州举行物资调剂会议。会上签订协议合同1380份,调剂物资1000多种,总值达1171万多元。

7月16日 中共中央作出《关于加强原子能工业建设若干问题的决定》,决定自力更生,组织力量,突破原子能技术。

7月17日—8月12日 国家计委召开全国计划会议,讨论1961年计划执行情况和1962年计划控制数字。会议对1962年计划指标作了如下安排:粮食产量,1961年预计2700亿斤,1962年增产8%~10%;煤炭,1961年预计为2.7亿吨,1962年底拟定为2.5亿吨;钢产量,1961年预计定850万吨,1962年拟定为750万吨;基本建设1961年预计78亿元,1962年拟安排42.3亿元。

7月18日 中央气象局发布《气象服务暂行工作条例(草案)》。

7月19日 中共中央发出《关于自然科学工作中若干政策问题的批示》。聂荣臻主持制定了国家科委和中国科学院党组《关于自然科学研究机构当前工作的十四条意见(草案)》(简称《科研十四条》)。6月20日,聂荣臻向中共中央、毛泽东作了《关于当前自然科学工作中若干政策问题的请示报告》。中共中央同意这两个文件,作出批示指出:文件的精神对一切有知识分子工作的部门和单位都是适用的。近年来,对待知识、对待知识分子问题上的片面认识,简单粗暴现象,必须引起严重注意。目前有必要强调对知识分子的团结和使用问题,以争取一切可以争取的知识分子,使用一切有用的力量,为社会主义建议事业服务。在学术研究工作中,一定要坚持百花齐放、百家争鸣的方针,不戴帽子,不打棍子,不抓辫子。对几年来批判错了的人,要进行甄别平反。

7月19日—8月8日 刘少奇视察大兴安岭和小兴安岭林区,同干部、工人进行了座谈。刘少奇对林业工作作了一系列讲话。

7月20日 新华社报道:东北西部防护林带已初步建成,南起辽东半岛,北迄大兴安岭南麓,绵延1200余公里,东西宽约300公里。

同日 台湾"行政院"通过《简化外销品退还税捐办法》。

7月22日 中共中央批转交通部党组《关于在交通部直属水运企业建立政治工作部门的报告》。《报告》决定交通部及其直属水运企业从上到下建立政治工作部门,即在交通部建立政治部,在上海海运局、广州海运局、长江航运局、远洋运输局和他们认为必要的所属单位设立政治部、政治处或专职政治工作人员。直属港口方面,拟先在上海、天津和汉口港进行试点,待取得经验后,再普遍建立。

7月23日 南京武定门抽引江水站正式放水,每天抽的水可灌溉20万亩田。

7月24日 安徽省委向中央作了《关

于试行田间管理责任制加奖励办法》的报告。其办法是：包产到队，定产到户，大农活包工到组，田间管理农活包工到户，按大小农活的用工比例计算奖赔。报告强调：这个办法不是包产到户，不是单干，并没有违背集体经济的基本原则，它只是社会主义集体经济的一种管理方法，是不会造成两极分化的。同月，曾希圣向毛泽东直接汇报，得到毛泽东的可以试一试的认可。

7 月 30 日 毛泽东给江西共产主义劳动大学写信，庆祝该校成立 3 周年。信中说：你们的事业，我是完全赞成的。半工半读、勤工俭学，不要国家一文钱，小学、中学、大学都有，分散在全省各个山头，少数在平地。这样的学校确实很好，我希望不但在江西有这样的学校，各地也应有这样的学校。党、政、民（工、青、妇）机关，也要办学校，半工半读。

7 月 31 日 陈诚抵美国华盛顿，与美国总统肯尼迪会谈。

7 月 中国科学院金属所承接的生产堆元件是中国大型生产反应堆的核心部分。到 1966 年初，先后建立了生产堆核燃料元件工艺技术实验室 10 个，测试仪器设备 29 台（其中自行研制 18 台），四年多共完成较大研究课题 30 余个，写出研究报告 60 余篇。

8 月 1 日 中共中央批转安子文《关于精减职工减少城镇人口工作中几个问题的简报》。《简报》说，各地计划今年内减少城镇人口 1400 万人（其中职工 800 万人左右），超过中央要求数字 400 万人，只要这个计划能实现，中央决定在三年内减少城镇人口 2000 万以上的要求就好办了。

同日 新华社报道：我国动画片《小蝌蚪找妈妈》获得 14 届洛迦诺国际电影节银帆奖。

同日 日本首相岸信介抵台访问。

8 月 2 日 空军高炮部队击落国民党军飞机 1 架。国民党军 RF－101 型飞机 1 架，窜入福建，企图侦察福州机场。人民解放军福建前线空军高射炮兵部队第 2 连首先开火，首发命中目标，接着 10 余个高炮连以密集火力将之击落，敌机飞行员跳伞后被俘。

同日 美国总统肯尼迪与陈诚发表联合公报。

8 月 3 日 中共中央将煤炭工业部《关于三年来工作的检查报告》转发各地区、各部门和中央直属煤矿。《报告》指出：在生产方面，重点加强现有矿井的开拓、延伸、掘进和巷道的维修，停止一切不合理的采煤方法，对近年来简易投产的新井进行配套补齐工作；在基本建设方面，重点是提高工作质量，严格按照标准移交新井；在企业管理方面，重点是建立健全各种规章制度，改进劳动工资工作，安排好职工生活。

同日 《知识丛书》编委会在北京召开第一次编委扩大会议。编委会由学术界、艺术界 56 人组成，胡愈之担任主编。具体编辑出版任务，由人民出版社、人民文学出版社、中华书局、商务印书馆、世界知识出版社和科学普及出版社担任。从 1962 年 5 月开始出书，到 1965 年为止，共出版了 83 种。

8 月 8 日 文化部发出《关于剧院（团）工作条例（修正案）试行的通知》，就剧院（团）的方针、任务，提高舞台艺术质量，提高艺术水平，培养人才等问题作了规定。

同日 戏曲艺术家、全国人大代表、政协常务委员、戏剧家协会副主席、戏曲学院院长、京剧院院长梅兰芳在京病逝，享年 67 岁。

8月9日 毛泽东、刘少奇致电赫鲁晓夫、勃列日涅夫,热烈祝贺苏联成功发射第二个载人宇宙飞船。

8月11日 中共中央转发中央化肥小组《关于加速发展氮肥工业的报告》。报告提出:在1962年到1964年这三年内,氮肥厂的规模应该搞大型的,建设的部署应该是集中力量,每年建成年产20万吨到25万吨合成氨的生产能力。应该尽快先在经济作物的集中产区和粮食的高产区布点,然后分期分批在其他地区布点。

8月12日 政协全国委员会副主席、人大常委会委员、国家侨务委员会委员、全国侨联主席陈嘉庚在北京病逝,享年88岁。

8月14日—19日 加纳总统兼政府首脑恩克鲁玛访问我国。18日,两国签订友好条约、经济技术合作协定、贸易和支付协定及文化合作协定。

8月17日 中共中央批转全国总工会党组《关于省、市、自治区工会主席会议情况的报告》。《报告》指出:会议认为在过去三年的工作中取得了三条基本经验:①工会必须在政治上、组织上、业务上完全服从党的统一领导;②工会必须把党的中心任务作为自己的中心任务;③工作中,与行政等有关方面团结一致,通力协作。

同日 中共中央转发教育部党组《关于资产阶级子女升学问题的报告》。《报告》提出,对资产阶级子女着重看本人的表现,如果他们的政治、健康条件合格,学业成绩达到了规定标准,就应当与其他考生一样考虑录取,不要因为他们是资产阶级子女,就对他们有所歧视而不予录取。

8月18日 日商与台商合资设立台湾钢管股份有限公司。

8月22日 台湾"中国石油公司"与美国公司签约合资建厂。

8月23日—9月16日 中共中央在庐山举行工作会议,讨论工业、粮食、财贸及教育等问题。会议拟定了中央《关于当前工业问题的指示》、《国营工业企业工作条例(草案)》(即《工业七十条》)、《中华人民共和国教育部直属高等学校暂行工作条例(草案)》(即《高教六十条》)。会议的重点是讨论工业问题,有关文件指出:所有工业部门在今后相当长的一个时期内,都必须毫不动摇地切实地贯彻执行调整、巩固、充实、提高的方针。只有经过一系列的调整,才能建立新的平衡,才能逐步地巩固、充实和提高,为工业和整个国民经济的进一步发展做好准备。邓小平在会上发言说:大跃进过了头,违反了客观规律。过了头的要退下来,退到这次调整的目标为止。调整要抓重点,工业集中力量加强煤炭,农业主要是粮、棉。要宣传提倡党的实事求是传统。三年初见效,七年大见效。毛泽东在讲话中分析了当时的经济形势,认为问题暴露出来了,将走向反面,现在是退到山谷了,形势到了今天,是一天天向上升了。

8月25日 第二次阳明山会议在台湾开幕。

8月26日 中共中央发出《关于限期停办中央一级机关所属的各种干部学校和干部训练班的通知》。《通知》指出,为切实减少城镇人口,压缩城镇粮食销量,大力精简机构,支援农业生产,决定中央一级机关所属的各种干部学校和干部训练班,一律停办2至3年,并不得新设干部学校和训练班。目前在校学员,应一律提前在9月底以前结业离校。

同日 中共湖南省委发出《关于借冬闲田给社员生产的通知》。《通知》说,为了生产自救,所有农村人民公社的大队和生产队,在不妨碍明年春种的前提下,应当千方百计充分利用冬闲田土大种冬菜和冬种春收作物,增加集体收入。

8 月 27 日　新华社报道:鞍钢等钢铁企业上半年赶轧 20 万吨钢材,供应 27 个省、市、区的轻工业部门。上海轻工业机械制造部门制成近 3000 台专用设备,供应各地轻工业工厂使用。

8 月 31 日　我国政府发表关于支持苏联政府决定进行核武器试验性爆炸以捍卫世界和平的声明。

9 月 1 日　美国众议院通过支持台湾当局在联合国地位的决定。

9 月 6 日　毛泽东对中央农村工作部上报的《各地贯彻执行六十条的情况和问题》作指示。

9 月 10 日　台湾"省政府"决定开发海埔新生地。

9 月 14 日—10 月 20 日　中央军委在北京召开扩大会议,中心是讨论加强军队政治思想工作。会议作出的《关于加强军队政治思想工作的决议》,继承和发扬了 1929 年古田会议的传统,总结了 1949 年以来军队建设和政治工作的经验。

9 月 15 日　中共中央将《教育部直属高等学校暂行工作条例(草案)》(即《高教六十条》),发到部属 26 所高等学校讨论试行。文件指出,高等学校必须以教学为主,努力提高教学质量。正确执行知识分子政策,充分发挥教授、副教授等老教师的作用;执行百花齐放、百家争鸣的方针,努力提高学术水平。学校实行党委领导下的校长为首的校务委员会负责制,充分发挥校长和各级行政组织的作用;学校中党的领导权力集中在校党委一级;系的总支委员会对行政工作是起保证和监督作用。

同日　中共中央发出《关于当前工业问题的指示》,要求所有工业部门和企业,今后 7 年都必须执行调整、巩固、充实、提高的方针,实行高度统一的领导,抓住煤炭、钢材生产中的中心环节。努力增产日用品和农业生产资料,以扭转工业工作的被动局面。

同日　中共中央发出《关于轮训干部的决定》。《决定》指出,根据毛泽东关于在全党开展一个新的学习运动、重新教育干部的提议,中央决定对全党各级各方面的领导干部,采取短期训练班的方式,普遍进行一次轮训。

9 月 16 日　中共中央将《国营工业企业工作条例(草案)》(即《工业七十条》),发给各地区讨论和试行。文件规定国营工业企业是社会主义的全民所有制的经济组织,其根本任务是全面完成和超额完成国家计划,增加社会产品,扩大社会主义积累。文件根据当时的实际情况,提出了整顿国营工业企业,改进和加强企业管理工作的一些指导原则。

同日　中共中央批转李先念《关于市场物价和货币流通问题的报告》。针对市场和财政方面存在的问题,《报告》提出:①完成农产品收购计划,增加商品供应,稳定国内市场。②多挤出一些东西出口,换取外汇,保证 1961 年进口 100 多亿斤粮食的用汇。③把 18 类生活必需品的销售价格稳定下来,以保持人民生活的基本稳定。④严格控制财政支出和信贷投放。1961 年的社会集团购买力,要由上年的 80 亿元压缩到 40 亿元。

9 月 18 日　外交部新闻司发言人宣布,基赞加代总理领导的刚果合法政府已经宣告结束,而刚果的利奥波德维尔政府则同台湾蒋介石集团保持所谓外交关系,中刚两国外交关系不得不暂时终止,我国政府决定撤回我驻刚果大使。

9 月 19 日 文化部发出《关于加强戏曲、曲艺传统剧目、曲目的挖掘工作的通知》。指出，对各种不同的剧种、曲种，不同的艺术流派和各种体裁的传统剧目、曲目，以及有特点的唱腔、曲牌、表演技术、脸谱、服装道具等，都应根据不同情况，分别采取笔记、画图、记谱、录音、照相等办法，如实地记录下来。

同日 西藏自治区筹委员会举行第四十一次常务（扩大）会议，决定成立西藏自治区选举委员会，班禅任主席，张国华、阿沛·阿旺晋美、帕巴拉·格烈朗杰等 5 人任副主席。

同日 台湾云林"县议员"苏东启夫妇被以"涉嫌叛乱"罪名逮捕，陆续被捕者达 300 余人。

9 月 22 日 中国、马里政府经济技术合作协定在北京签订。

9 月 22 日—10 月 3 日 古巴共和国总统奥斯瓦耳多·多尔蒂科斯·托拉多应邀访问我国。10 月 2 日，两国签署了《中华人民共和国主席和古巴共和国总统联合公报》。

9 月 23 日 毛泽东在武汉接见英国蒙哥马利元帅。

9 月 26 日 台湾"省政府"通过《简化警察业务方案》。

9 月 28 日—10 月 15 日 尼泊尔国王马亨德拉和王后应邀访问我国。10 月 5 日，签订《中华人民共和国和尼泊尔王国边界条约》。10 月 15 日，发表两国政府联合公报；同日，两国还签订了《关于修建公路的协定》。

9 月 29 日 新华社报道：煤都抚顺大规模开发深部煤层。胜利、老虎台等几个大型矿井普遍延伸 100 米，开拓出 7 个采区。地面运输网和电力网改建工程也基本完成。

9 月 裴丽生、钱三强率领工作组到湖南铀矿厂视察，并到中国科学院矿冶所具体布置协同二机部开展"三矿一厂"（三个铀矿、一个水冶厂）的采矿、选矿、化学冶金方面的研究攻关工作。

同月 中国科学院长春光机所王之江、邓锡铭等一批青年科研人员在王大珩领导下，成功地用国产红宝石研制出了中国第一台激光器，并在《科学通报》上发表了第一篇有关激光的文章。尽管它比美国在 1960 年 5 月问世的第一台激光器晚了一年，但却有自己的特色。它采用球形照明器作为激发光源并首先采用了外腔结构，比美国第一台红宝石激光器性能更优越、效率更高。

同月 中央歌剧舞剧院赴苏联、波兰演出舞剧《宝莲灯》。

10 月 1 日 首都举行国庆盛典，50 万人集会游行。毛泽东、刘少奇等参加，彭真发表节日讲话。

10 月 4 日 台湾"省农会"在 67 个乡镇实施"家庭计划"。

10 月 7 日 中共中央发出《关于农村基本核算单位问题给各中央局，各省、市区党委的指示》。指出：就大多数的情况来说，以生产队为基本核算单位，是比较好的。它最大的好处，是可以改变生产的基本单位是生产队，而统一分配单位却是生产大队的不合理状态，解决集体经济中长期以来存在的这种生产和分配不相适应的矛盾。中央要求各级党委对此问题，要进行调查研究，选择试点，以便取得经验。

同日 中共中央原则上同意国家计委提出的《关于改进计划工作的几项规定》，转发各级计委试行。针对"大跃进"中计划工作存在的问题，国家计委规定：①计划工作必须按照有计划、按比例的经济规律办事,加强综合平衡。②各项计划之间必须互相衔接,比例恰当。③人力、物力和财力的使用,应先保证当年生产,然后再安排基本建设。④年度计划和长期计划必须密切结合。⑤对集体所有制的农业和手工业实行间接计划。⑥工业和交通计划的编制,要从综合生产能力出发,结合企业的外部条件安排。⑦按照需要和可能相结合的原则安排基本建设。⑧重要的协作关系应当列入计划,并以合同的形式固定下来。⑨各级计划机关必须编制综合财政计划,进行全面的财力平衡。⑩国家计划必须全国一盘棋,防止和克服各自为政的分散现象。⑪确定计划必须实事求是,确定生产指标应该留有适当的余地,分配财力、物力应保留适当的机动。⑫改进计划程序和计划方法。⑬改进计划机关工作作风,加强调查研究,真正做到情况明、决心大、方法多。

同日 毛泽东接见来华访问的黑田寿男等日本朋友,并书赠鲁迅诗一首:"万家墨面没蒿莱,敢有歌吟动地哀。心事浩茫连广宇,于无声处听惊雷。"毛泽东在谈话中说:日本人民同中国人民是好朋友,我们要扩大团结的范围,把全亚洲、非洲、拉丁美洲以及全世界除了帝国主义和各国反动派以外的 90% 以上的人民团结在一起。

10 月 8 日 新华社报道:3 年来,江西省以下放干部为骨干建成的 200 多个国营垦殖场,有职工 140 多万人,开荒 30 万亩,造林 570 多万亩。

10 月 9 日 首都各界隆重纪念辛亥革命 50 周年。国家主席刘少奇出席了大会,政协主席周恩来致开幕词,董必武和何香凝先后讲了话。10 日,《人民日报》发表题为《一次伟大的民主革命——纪念辛亥革命 50 周年》的社论和朱德的文章:《辛

亥革命回忆录》。

10 月 12 日 中共中央、国务院发布《关于切实做好秋季农产品收购工作的指示》。

10 月 13 日 国家计委和财政部发出《关于加强成本计划管理工作的几项规定的联合通知》,规定中央各部负责编制所属企业的计划,省、市、自治区计委负责编制所属县以上的地方企业和农业计划。基本建设、事业费、四项费用、农副业生产及生活福利等费用均不得计入成本和流通费。

同日 中缅两国在京签订边界议定书。1962 年 2 月 22 日开始生效。

10 月 15 日—31 日 周恩来率中共代表团应邀参加苏共第二十二次代表大会。代表团成员有彭真、康生、陶铸、刘晓。19日,周恩来在大会上讲话并宣读毛泽东的贺词。周恩来在讲话中强调:社会主义各国、各国共产党之间,应当在独立自主和完全平等的基础上,实行兄弟般的互相支持和合作,决不应该有让亲者痛、仇者快,有损团结的言论和行动。21 日,周恩来拜谒了列宁、斯大林陵墓,并敬献了花圈。24 日,周恩来回到北京。31 日,彭真等离开莫斯科回国。

10 月 16 日 国产第一列双层新型客车首次由北京驶抵沈阳。

10 月 18 日 北京一百多名中医、西医、医史工作者,在雍和宫集会,探讨藏族和蒙古族医学的经验。

10 月 18 日—11 月 4 日 解放军全军政治工作会议在北京召开,通过了连队政治指导员、党支部、团支部和革命军人委员会等工作条例。《政治指导员条例》要求政治指导员做好政治教育和思想工作,并系统地总结了如何做好政治思想工作的经验。《党支部工作条例》强调了党支

部委员会的集体领导,党员做群众工作和党的民主生活。《团支部工作条例》强调了对团员和青年群众的教育。《革命军人委员会条例》肯定了在连队中要开展三大民主。革命军人委员会是在党支部领导下和连长、政治指导员指导下全体军人的群众组织。总政治部副主任肖华在会上讲话,提出了做好连队政治教育和思想工作的10条原则和经验。会议期间,林彪就加强连队建设和改进工作方法作了讲话。会议结束不久,四个条例经中共中央批准,由总政治部正式颁布在全军施行。

10月21日 新华社报道:珠江三角洲电动排灌网广州—佛山—江门之间的一条11万伏高压送电线路,3月施工,现已正式送电。

10月23日 中共中央转发邢台地委《关于南宫县贯彻大包干政策的通报》。《通报》用南宫县的实例说明大包干政策和群众一见面就产生了巨大力量。

10月23日—27日 中国红十字会全国代表会议在京召开。李德全被推选为会长。

10月24日 沈阳发动机厂重新试制的涡喷-6发动机优质过关。

10月25日 新华社报道:著名的"尺算法"创造人,木匠出身的于振善应聘到河北大学任教。他继"尺算法"和"数块计算法"之后,又创"画线计算法"和"连乘连除立体画线法"模型。

10月26日 台湾当局放弃对蒙古加入联合国使用否决权,未参加投票。

10月 陈云在煤炭工作座谈会上指出:社会主义经济有计划,就是按比例。要做到按比例,第一条是算账,第二条是根据算账结果定计划,第三条是根据实际情况调整计划指标。过去几年,指标高,物资少,生产吃老本,基础不配套。现在

的问题,仍然是摊子太大,又不下决心下马。

11月1日—9日 中国道教协会第二届全国代表会议在京召开。会议通过了《第一届理事会的工作报告》、《中国道教协会章程》和《中国道教协会第二届全国代表会议决议》,选举了第二届理事会领导机构人员,陈樱宁被选为会长。

11月6日 空军高炮部队击落国民党军飞机1架。国民党军P—2V型电子侦察机1架,窜入辽东半岛地区。19时许,人民解放军空军发现该敌机,驻地空军高炮第10师第502团及陆军高炮部队随即开火射击,将敌机击落,机上13人全部毙命。

同日 胡适的演说《科学发展所需要的社会改革》,引发中西文化论战。

11月8日 英国宣布限制台湾纺织品每年进口数量。

11月12日 国民党召开八届四中全会。

11月13日 中共中央作出《关于在农村进行社会主义教育的指示》,其目的是为了调动农民的积极性,争取1962年的农业生产有较大的增长。《指示》还指出:这次教育,要完全采取正面教育的方法。不单独开展运动,但一定要深入普遍,家喻户晓。要教育农民群众,必先教育干部。

11月15日 《人民日报》报道:北京部分经济工作者和经济理论工作者座谈,讨论如何进一步开展对社会主义再生产问题的研究。许多同志认为,今后对于国民经济建设的各种重大比例关系,除了继续从理论上深入加以研究外,还应具体探讨这些关系的数量界限。

11月17日 新华社报道:我国塑料工业发展迅速,全国有20个省市建立了塑

料工厂,今年前 10 个月生产的聚氯乙烯塑料为 1958 年的 12 倍。

11 月 20 日 中共中央对财贸办公室《关于"反对商品'走后门'会议"情况的报告》作批示。

11 月 22 日 新华社报道:台北地区新近发掘大批史前文化,证明原始文化和中原同一系统。

11 月 23 日 中共中央批转邓子恢《关于农村人民公社基本核算单位试点情况的调查报告》。《报告》是邓子恢根据在福建龙岩等地的试点情况写成的,认为体制下放后,小队调整的规模,应以 30 户为宜,最少不得少于 20 户。关于小队改划后的土地调整,采用按人口搭配同按劳力搭配相结合的办法、采用按初级社时期各队所有土地归还原建制的办法、插花地根据自愿互利原则交换的办法,都可以。牲畜随土地多少适当调整。体制下放后大队的职权主要是四个方面:一是属于政权方面的工作,二是党与政治工作,三是联村社工作,四是办好大队企业。关于粮食分配,认为基本口粮与劳动粮相结合的办法比较好。关于山林问题,应一律归大队所有,划片分给小队管理。中央认为邓子恢的报告很好,建议各省委第一书记带若干工作组,采取邓子恢的办法,下乡去,做十天左右的调查研究工作。

11 月 24 日 中朝两国代表团在北京签订补充议定书,同意延长关于在鸭绿江和图们江运送木材议定书的有效期限。

11 月 25 日 中共中央批转农业部和水利电力部《关于加强水利管理工作的十条意见》。

同日 邮电部发行一套"西藏人民的新生"特种邮票。

11 月 26 日 台湾私有耕地换订租约全部完成。

11 月 中国音乐家协会召开民族乐队音乐创作座谈会并举行五场民族音乐会。

同月 中共中央同意聂荣臻提出的《关于建立学位、学衔、工程技术称号等制度的建议》。此后,1962 年 3 月,国家科委组织由周培源等 11 人参加的学位、学衔和研究生条例起草小组,在 1956 年条例草案基础上反复征求意见、研究、修改。1963 年 10 月、12 月,先后将条例草案上报中共中央、国务院审核。1964 年 4 月,根据国务院法律室的意见又进行修改。此后,这一工作停顿了十余年。

12 月 1 日 《人民日报》发表题为《高举〈莫斯科声明〉的马克思列宁主义的革命旗帜》的社论。社论回顾了《莫斯科声明》发表一年来的国际形势,重申了《声明》的一些重要论点,特别强调了维护社会主义阵营和国际共产主义运动内部的团结问题。

同日 台湾"行政院"通过第三期四年经济建设计划。

12 月 6 日 我外交部发表《关于中印边界问题的声明》,驳斥了印度方面所谓中国入侵印度领土事件和中国军队越界设立"新哨所"的指控,指出这都是凭空捏造的。声明揭露印度侵犯中国领土领空,加强边境军事部署,从拒绝通过谈判解决边界问题转向以武力实现对中国的领土要求,希望印度政府改弦易辙。

12 月 6 日—11 日 周恩来、陈云、邓小平、李富春听取国家计委关于 1962 年计划安排情况的汇报,并作重要指示:①当前是形势好、成绩大、困难多、调整紧。②真正的调整工作在明年,当前重要的是解决吃的问题。③明年指标较低,有意留了余地,争取超额完成。④中央决定把劳动、工资总额、银行、物价的权力收回。⑤

明年计划以调整为中心,基本建设加强集中统一,投资可安排50亿元左右。

12月9日 我国与坦噶尼喀建交。

同日 新华社报道:辽宁省建平县发现一个原始人类的上臂骨化石。这具化石和周口店中国猿人的上臂骨较为近似。这具化石被命名为"建平人上臂骨化石"。

同日 中国第一座自己设计的大型氮肥厂——上海吴泾化工厂试制出首批硫酸铵。

同日 中国美协主办1931—1949年中国木刻展览会在北京开幕。共展出413幅作品。展出期间举行了座谈会。

12月11日 新华社报道:唐代京都长安城遗址已被挖掘出来。中国科学院唐城发掘队四年多的辛勤劳动,发掘勘测结果证明:长安城当时周围有70多里,比今天的西安旧城大五倍以上。

同日 中共中央、国务院颁布《民兵工作条例》,对民兵的组织、编制、训练、干部配备作了明确规定。

12月15日 国务院全体会议第一百一十四次会议通过了国务院关于在西藏地区设立海关的决定,批准"中华人民共和国西藏地区海关征收进出口税暂行办法"。

12月16日 第二届全国人大常委会第四十七次会议通过《关于特赦确实改恶从善的蒋介石集团和伪满洲国的战争罪犯的决定》。同日,国家主席刘少奇发布特赦令。25日,最高人民法院特赦释放廖耀湘等68名战犯。

同日 中央国家机关和各民主党派中央机关等单位,根据1959年9月16日中共中央、国务院关于确实表现改好了的右派分子的处理问题的决定,又摘掉370多名右派分子的帽子,其中有:钱端升、冯雪峰、柳湜、黄药眠、徐懋庸等。

12月18日 国务院国防工业办公室成立。中共中央决定成立该办公室,列入军队编制,同时作为国务院的国防工业口,在党内向中央书记处和军委负责。国防工业办公室归口管理原子能、航空、无线电电子、常规兵器、造船工业部和国防科委所属范围的工作。国务院副总理、总参谋长罗瑞卿兼主任,赵尔陆任常务副主任。1969年,中共中央决定撤销国务院国防工业办公室,成立军委国防工业领导小组。

同日 财政部、林业部发出联合通知,在东北、内蒙古国有林区,森林工业企业建立"育林基金"和"维持再生产基金",将更新费用改为育林基金制。每立方米原木提取10元育林基金和5元维持再生产基金。

12月19日 美国国际开发总署官员表示美对台经援方式,将由赠款方式改为长期贷款方式。

12月21日 我外交部发表关于联合国大会就所谓"中国代表权问题"和"西藏问题"通过非法决议的声明。

同日 台湾"行政院"核准《证券商管理补充办法》。

12月22日 新华社报道:1958年以来,我国农村出现一批新的电力灌溉区。电力灌溉面积在100万亩以上的灌区已有10多个。今年我国生产的动力排灌机械,可灌溉700多万亩良田。

同日 新华社报道:我国抗菌素生产发展迅速,今年前11个月,青霉素、合霉素等的产量比1958年以前8年的总和还多。

同日 《光明日报》发表翦伯赞《对处理若干历史问题的初步意见》一文,认为农民反封建并非把它作为一种制度来反对。《历史研究》第4期发表蔡美彪《对中国农民战争史讨论中几个问题的商榷》一文也认为农民起义并不曾自觉到反抗封建制度。随后,史学界就农民战争问题展开了讨论。其焦点是:农民革命是否反对封建制度和农民战争的自发性与自觉性;农民起义军所建立的政权性质;农民战争是反对王朝官府还是反对地主,以及农民战争的历史作用等。

12 月 25 日　《人民日报》报道:我国初步建成纤维板工业体系,现在全国 27 个省、市、区建立了纤维板工厂或车间。

12 月 28 日—1962 年 1 月 6 日　我国第一次全国性骨科学术会——中西医结合骨科学术座谈会在京举行。

12 月 29 日　蒋介石明令公布《1962年度所得税税率条例》。

12 月 31 日　新华社报道:我国钢铁企业获得新成就,1961 年炼成 40 多种重要钢种,轧成 30 多种重要钢材。

1962 年

1 月 1 日　《人民日报》发表通栏标语:"更高地举起三面红旗,在党和国家集中统一领导下,奋勇前进!"

同日　故宫博物院举办沈周诞生 535周年、陈洪绶逝世 310 周年纪念展览会。

同日　蒋介石发表元旦文告,提出"革新、动员、战斗"的口号,号召"反攻大陆"。

1 月 2 日　黄河流域水土保持工作取得伟大成绩。河南、山西、陕西、内蒙古、宁夏、甘肃、青海等 7 个省、自治区初步治理水土流失面积 14.3 万平方公里,比1957 年增加一倍多。

同日　台湾"美援运用委员会"拨款1.6 亿元新台币,试办民营工业营运资金贷款。

1 月 3 日　《人民日报》报道:自 1955年以来,根据蒙古人民共和国政府的请求,我国通过无偿援助、长期贷款和贸易出口等方式先后帮助蒙古建成的工厂、农场、水利工程、社会福利建筑物等已达 34项。这些工程项目建成后,蒙古过去不能生产的一些工业日用品,现在可由本国制造而不再进口或少进口了,有的还可以出口。

1 月 4 日　政协全国委员会举行报告会,政协副主席、西藏自治区筹委会副主任委员阿沛•阿旺晋美作关于西藏情况的报告。

同日　中共中央转发《关于团中央工作会议情况的报告》及其两个附件。共青团中央于 1961 年 10 月召开了有各省、市、自治区和 19 个大中城市团委书记参加的工作会议,着重研究了农村团的建设、团在学校中的思想政治工作问题、团的工作方法作风问题。会议认为,十二年来,农村团的组织是有发展,有提高的。团的支部有 70 多万个,团员 1400 多万人,在实现农村各项任务中,是党的有力助手。

同日　中华书局在北京开会,庆祝成立 50 周年。

1 月 9 日　《大公报》报道:第七次全国粮油工作会议最近在北京召开,研究和安排了 1962 年的工作任务。

1 月 10 日　财政部和国家计委发出《关于颁发国营企业四项费用管理办法的通知》。《通知》提出,根据《国营工业企业工作条例(草案)》的有关规定,自 1962 年起,除了商业部门仍实行利润留成办法外,其他各部门的企业,不再实行利润留成办法。企业所需要的技术组织措施费、新产品试制费、劳动安全保护费、零星固定资产购置费等"四项费用",改由国家拨款。企业主管部门在国家分配的"四项费用"拨款指标范围内,分别确定企业的上述费用指标。

1月11日—2月7日 中共中央在北京召开扩大的中央工作会议（七千人大会）。会议的主要目的是总结经验,统一认识,加强民主集中制,切实贯彻调整国民经济的方针,以迅速扭转国民经济的困难局面。会上,刘少奇代表中央提出了书面报告,并作了重要讲话。1月30日,毛泽东在会上讲话,着重指出必须健全党的民主集中制,必须在总结正反两个方面的经验的基础上,加深对社会主义建设规律的认识。他作自我批评说:凡是中央犯的错误,直接的由我负责,间接的我也有份,因为我是中央主席。到会人员热烈讨论了毛泽东的讲话,在对中央和部、省提批评意见的同时,也纷纷作了自我批评。2月3日,朱德在山东组会议上发言说:这几年,党内斗争扩大化了,吃了一些亏,这次会议,畅所欲言,上下通了气。2月6日,邓小平就党的工作问题讲了话,强调要把党的优良传统恢复起来。2月7日,周恩来讲话,详细地分析了当时的经济形势,全面布置了1962年继续贯彻八字方针、克服严重经济困难的各项工作。2月8日,陈云在陕西组会议上讲话说:这几年我们党内生活不正常,"逢人只说三分话,不可全抛一片心",这种现象是非常危险的。只要通过开展批评与自我批评这一条,坚持真理,改正错误,我们共产党就将无敌于天下。林彪于1月29日在会上讲话说:现在这些困难,恰恰是由于没有照着毛主席的指示、毛主席的思想去做,当时和事后都证明,毛主席的思想总是正确的。可是我们有些同志,不能够很好体会毛主席的思想,把问题总是向"左"边拉,向"右"边偏。如果毛主席的意见受不到尊重,或者受到很大干扰的时候,事情就要出毛

病。林彪的讲话与会议的气氛不协调,但受到毛泽东的欣赏。这次大会在当时历史条件下取得了重要成果。会议对待缺点错误的比较实事求是的态度,会议的民主精神和自我批评精神,给全党以鼓舞,使广大党员心情比较舒畅,在动员全党为战胜困难而团结奋斗方面起了积极作用。

1月13日 中阿在京签订五项协定和议定书。中国给予阿尔巴尼亚贷款和成套设备等。

同日 东方歌舞团在京举行建团典礼。

1月15日 中共中央发表关于谴责美国政府反共暴行,支持美共正义斗争的声明。

1月16日 北京到乌兰巴托直达列车开始运行。

1月19日 中国天主教爱国会第二届代表会议在北京开幕。会议通过《中国天主教爱国会第二届代表会议决议》和皮漱石作的《中国天主教爱国会四年来的工作和今后任务》的报告;修改了该会章程;选举了第二届委员会的领导机构人员,皮漱石主教被选为主席。

同日 中共中央决定成立全国清仓领导小组,由薄一波、袁宝华和有关部委负责同志等11人组成。薄一波兼任组长。领导小组下设办公室,袁宝华兼任办公室主任。

同日 台湾"立法院"通过《少年事件处理法修正案》。

1月20日—23日 全国水稻科学研究工作座谈会,对水稻科学研究方向、关键性课题以及如何改进试验、研究的方法等问题进行了讨论。

1月27日 首都地质工作者集会纪念我国成立最早的自然科学学术团体——中国地质学会成立40周年。

同日 新华社报道:上海郊区发现九处远古时代文化遗址,说明上海一带冲积平原早在 2000 至 3000 年以前就已形成。

1 月 30 日 国家经委同财政部、中国人民银行联合发出《关于结合"五定"进行清产和核定流动资金的试点工作的通知》,要求:①发动群众彻底清查物资和流动资金。②核定流动资金。③提出加强物资和资金管理的建议。

1 月 31 日 台湾"省政府"颁订《都市计划法施行细则》。

1 月 上海戏剧学院表演系藏族表演班首批 29 名藏族学员举行毕业公演,用藏语演出了田汉的大型历史话剧《文成公主》。

2 月 1 日 首都各界人士集会纪念民族英雄郑成功收复台湾 300 周年。同日,郑成功纪念馆在厦门开馆。19 日到 28 日,郑成功研究学术讨论会在厦门举行,对郑成功所处时代的社会主要矛盾、收复台湾的重大意义等问题展开讨论。

同日 李敖在《文星》杂志上发表题为《给谈中西文化的人看看病》,引起中西文化论战。

2 月 3 日 新华社报道:解放军大力支援农业。一年来,全军支援各地生产建设的义务劳动日共 2000 多万个,其中 80% 以上是支援农业生产的。各部队还为公社生产队修理制造各种农业机械 1.5 万台,农具 10 多万件,培训技术人员 1.2 万多人。

2 月 5 日 解放军总政治部举行盛大拥政爱民联欢晚会,毛泽东、刘少奇等同革命军民共度春节。

同日 中国革命博物馆将馆藏 70 余件美术品举办展览。

同日 敦煌艺术展览会在上海举行。

2 月 8 日 中共中央作出《关于 1962 年基本建设初步安排的紧急规定》。为贯彻基本建设集中力量打歼灭战的方针,缩小投资和项目与所需材料设备之间的缺口,《规定》要求,在正式的基建计划下达以前,暂按国家计委 1961 年 12 月 20 日印发的安排意见,即投资 59.5 亿元,大中型项目 718 个来部署工作。凡不属这个范围的工程,都应一律停止施工;个别计划外项目,地方和部门认为必须继续施工的,必须报中央审查批准。对已安排的基建投资和项目,要逐项进行审查和排队,力争最重要的项目的材料、设备、投资不留缺口,并且动员库存物资用于当年工程。

2 月 9 日 台湾证券交易所正式营业。

2 月 12 日—27 日 中国佛教协会第三届全国代表会议在京举行。会议选出第三届理事会,推举班禅额尔德尼和应慈为名誉会长,选举喜饶嘉措为会长、阿旺嘉措为副会长。

2 月 13 日 中共中央发出《关于改变农村人民公社基本核算单位问题的指示》。决定原来以生产大队为基本核算单位的普遍改为以生产小队为基本核算单位,至少 30 年不变。

2 月 14 日 中共中央决定,要求 1962 年上半年全国城镇减少人口 700 万人,其中职工 500 万人以上,下半年继续减少城镇人口 600 万人。这次精减的主要对象,仍然是 1958 年以来来自农村的新工人。家居城市的工人,如果自愿下乡,也可以让其到农村安家落户。各级机关、事业单位也应精减多余干部。据统计,从 1961 年 1 月到 1963 年 6 月这两年半的时间里,全国共精减职工 1940 万人,扣除新安排就业的人数,净减少职工 1744 万人;同期全国城镇人口共减少 2600 万人左右。

2 月 15 日 台湾"行政院"核定所谓

的《财政部授权中央银行检查金融机构业务办法》。

2月16日—3月8日 国家科委在广州召开科学工作会议。会上，周恩来作了《论知识分子问题的报告》。他着重指出：正确对待知识分子，就要做到：信任他们，帮助他们，改善关系，要解决问题，一定要承认过去的错误，承认了错误还要改正。讲到知识分子的自我改造时，他指出：所有的人包括共产党员在内都要自我改造，思想改造是长期的，不能粗暴，改造要互相帮助，互相学习，人总是有缺点的，世界上没有完人，事物总是有促进其发展的矛盾，如果停止发展就会灭亡。会议充分肯定了我国绝大多数知识分子是属于劳动人民的知识分子，并强调在社会主义建设中要发挥科学和科学家的作用。会议还指出，破除迷信不是破除科学，而是同尊重科学相结合。

2月17日 商务印书馆在北京开会，庆祝成立65周年。

2月18日 《文汇报》报道：敦煌文物研究所对莫高窟的修建年代进行全面复查，肯定第275窟和较晚的10余洞建于十六国时期。

2月21日—23日 中共中央政治局举行常委扩大会议（西楼会议），讨论1962年国家经济预算和整个经济形势问题。会议由刘少奇主持。会议分析了当前的经济形势，认识到当前经济困难比七千人大会时的估计要重。刘少奇在讲话中指出：现在看来，最困难的时期还没有过去，现在类似非常时期，要采取非常措施。陈云提出了调整国民经济的一系列重要措施，提出了十年分两步走的调整方案：前五年先下马，后退，进行恢复；后五年再发展。陈云的意见得到其他常委的一致赞同。在得到毛泽东同意后，3月18日将这个讲话批发各地区、各部门。4月19日，中央决定由陈云担任中央财经小组组长，统管财经工作。毛泽东在外地，未参加这次会议。

2月22日 中共中央对《中央精简小组关于各级国家机关、党派、人民团体精简的建议》作出批示。《建议》主要内容是：全国国家机关原有职工268万余人，拟减为174万人，精减94万余人，占原有人数的35％。《建议》对中央、省市、自治区、地专、县社各级的精减数字提出了意见。中央批示，各地精简后的编制人口，只许比《建议》规定的少，不许超过。精简工作要争取在今年上半年内完成。

同日 中央书记处会议决定：成立"国家机关编制小组"，负责调查研究有关全国行政编制方面的问题，由谭震林任组长。会议又决定：成立"中央精减小组"，负责处理有关全国精减职工和城镇人口的日常事务，由杨尚昆任组长。原由安子文任组长的中央精减五人小组，随即撤销。

同日 台湾"国防部"宣布成立战地政务局。

2月23日 《人民日报》转载《新华日报》社论：《说老实话，办老实事，做老实人》。

2月24日 胡适于台北病逝，享年72岁。

2月25日 国务院批转文化部《关于目前农村剧团问题的报告》。《报告》重申必须坚持贯彻执行中央关于农村人民公社不允许有脱产文工团和群众文化工作必须坚持业余、自愿原则的指示。

2月27日 中共中央联络部部长王稼祥，征得部党委的同意，就中央的对外工作政策问题联名给中央负责同志写了一个书面建议，提出为有利于国民经济的调整和恢复工作,争取时间度过困难,党应该在对外政策上采取和缓的方针;在困难形势下,我国对外援助应实事求是,量力而行。这些正确的建议后来被毛泽东说成是修正主义的主张,受到不公正的批判。

2月28日 为了改变前几年财务机构被大大削弱的状况,中央发出紧急通知,要求各地区迅速健全财务机构,补充业务人员。中央决定,1962 年财政部门的编制人员增加 4 万人,银行部门增加 6 万人,商业部门补充 50 万人。

同日 中共中央批转对外贸易部党组《关于 1962 年对外贸易计划的报告》,指出,1962 年通过外贸,换取粮食和若干其他急需物资进口,是全党一项重要任务。为了完成这个任务,保证进出口平衡,并且归还到期欠账,决不增加新的欠账,要求各地区、各部门作艰苦的努力。

2月 中央民族乐团成立。

同月 维吾尔族传统民间古典音乐文献《十二木卡姆》由音乐出版社、民族出版社联合出版。

2月—5月 中共中央军委先后在广州和北京召开了全军编制装备会议。会议根据周恩来总理提出的"整军备战"的建议,确定了战备方针、整编方案和编制原则,确定了新的编制装备方案,规定了部队整编的步骤和时间。

3月1日 台湾"警备总司令部"发起"反共自觉运动"。

3月2日—26日 文化部、剧协在广州召开话剧、歌剧、儿童剧创作座谈会(即"广州会议")。参加会议的有 160 多名剧作家、导演、理论家和戏剧工作者。3月2日,周恩来在这个座谈会和全国科技工作会议共同组织的大会上作《关于知识分子问题的报告》,指出,就一般范畴说,应把知识分子放在劳动者之中。3月6日,陈毅在讲话中也指出,知识分子是为无产阶级服务的劳动者。他还说,应该取消"资产阶级知识分子"的帽子。他给与会的知识分子们行"脱帽礼"。文化部部长沈雁冰、副部长齐燕铭及田汉、阳翰笙、老舍、曹禺等也在会上讲话或发言。

3月4日 新华社报道:武汉医学院第二附属医院成功施行切除腹动脉瘤和移植塑料血管手术。

3月7日 陈云在中央财经小组会议上,就计划工作发表讲话。提出:安排好农业和市场,这是关系到 5 亿多农民和 1 亿多城市人口生活的大问题,是民生问题,应该成为重要的国策。今年的年度计划要做相当大的调整,要准备对重工业、基本建设的指标"伤筋动骨",实质上是要把它们放慢一点,以便把重点真正放在农业和市场上。以后再不要只想到钢了,应该在综合平衡的基础上综合安排。周恩来把陈云的这些思想概括为:先抓吃穿用,实现农轻重,综合平衡。

3月8日 台湾与美国海军联合举行侦潜演习。

3月10日 中共中央、国务院作出《关于切实加强银行工作的集中统一,严格控制货币发行的决定》。规定:收回几年来银行下放的一切权力,对银行业务实行完全彻底的垂直领导;严格信贷管理,加强信贷的计划性;严格划清银行信贷和财政资金的界限,不准用银行贷款作财政性支出;加强财政管理,严格结算纪律;各级人民银行必须定期向当地党委和人民委员会报告货币投放、回笼和流通等情况;在加强银行工作的同时,必须严格财政管理。

3月11日 中共中央批转中央监委《关于〈广西农村有不少党员干部闹单干

的情况〉简报》。中央的批语指出:农村中有些群众和基层干部搞单干的情况,最近一个时期,在不少地方继续发生,要求派出得力干部,向农民很好地说服解释,帮助他们搞好集体生产,使情况逐步地改变过来。

3月14日 中共中央和国务院作出《关于厉行节约的紧急规定》。《规定》包括:坚决压缩社会集团购买力;立即彻底清理机关仓库;全国各级招待部门库存备用的高级物品一律冻结,听候调作国内外市场商品处理;不准用公款请客送礼;专业会议尽量减少;大力压缩差旅费的开支;不得扩建、改建、粉刷和油饰办公用房和宿舍等,共12条。

同日 台湾"外汇贸易审议委员会"废止《加工厂申请借贷原料办法》,公布实施《外销贷款通则》。

3月15日 美国援台大型两栖登陆艇驶抵台湾,编入台湾海军。

3月17日 新华社报道:2000多年前秦代都城咸阳的故址,已由陕西省社会科学院考古研究所作过部分勘探和发掘。从已出土的遗址和器物中,对咸阳故都的位置、范围等情况和秦的物质文化特点有了进一步的了解。

3月18日 中共中央转发2月26日陈云在国务院各部、委党组成员会议上的讲话:《目前财政经济的情况和克服困难的若干办法》。陈云把财政方面的困难归结为五个方面:①农业近几年有很大的减产。②已经摆开的基本建设规模,超过了国家财力物力的可能性,同现在的工农业生产水平不相适应。③钞票发得太多,通货膨胀。④城市的钞票大量向乡村转移,一部分农民手里的钞票很多,投机倒把在发展。⑤城市人民的生活下降。陈云提出了克服困难的措施:①把十年经济规划

分为两个阶段。前一阶段(从1960年算起,大体上是五年)是恢复阶段,在经济工作中,一方面要有更多的集中统一,另一方面一切步骤要稳扎稳打。后一阶段才是发展阶段。②减少城市人口,"精兵简政"。③要采取一切办法制止通货膨胀。④尽力保证城市人民的最低生活。⑤把一切可能的力量用于农业增产。⑥计划机关的主要注意力,应该从工业、交通方面,转移到农业增产和制止通货膨胀方面,并且要在国家得到体现。我们工作的基点是,争取快,准备慢。

3月20日 中共安徽省委作出《关于改正"责任田"办法的决议》。《决议》纠正1961年3月以来的"责任田"的做法,认为"责任田"办法实际上就是包产到户,这是迎合农民资本主义自发倾向的办法,过去省委提出的这个办法,是不符合社会主义原则的,这个错误的责任,完全应由以曾希圣同志为中心的省委来承担。《决议》要求实行"责任田"的生产队在1962年和1963年内改过来。

同日 中共中央发出《关于严禁各地进行计划外工程的通知》。

3月21日 刘少奇主席召集第十八次最高国务会议。与会的有宋庆龄、董必武、朱德、周恩来及有关方面人士158人。会议就即将召开的人大二届三次会议的主要问题进行了商讨。刘少奇和周恩来就当前形势和工作中的主要问题作了重要讲话。刘少奇向与会者详谈了中共中央七千人大会的基本精神,对1958年以来的工作特别是缺点错误、原因教训,作了坦诚的说明,对克服困难,调整国民经济的方针安排作了介绍。

3月23日—4月19日 政协全国委员会三届三次会议在北京召开。出席会议的政协委员897人,被邀列席的各界人

士 816 人,共计 1713 人。周恩来主席致开幕词,陈叔通副主席作《中国人民政治协商会议第三届全国委员会常务委员会工作报告》。会议决议指出,人民政协要进一步加强团结,加强工作,在中国共产党和毛泽东的领导下,同心同德,奋发图强,为实现政府工作报告中提出的任务而努力,为把我国建设成为一个具有现代工业、农业和科学文化的社会主义国家而奋斗。

3 月 25 日 国务院财贸办公室就1962 年如何实现财政信贷收支平衡、消灭赤字问题向中央提出报告,要求采取三个方面的措施:①增产日用品 20 亿元,可增加财政收入 4 亿元;②压缩各种财政支出和货币投放 31 亿元;③增加七种新的高价商品,可增加财政收入 10 亿元。此外,由银行压缩工商贷款和合作社贷款,财政可以少拨银行信贷资金 5 亿元。

3 月 26 日 中共中央将财政部关于征收农业税两项措施的报告,转批各地执行。1962 年的全国农业税由 1958 年的388 亿斤调减到 215 亿斤,大体只相当于1949 年的水平。

3 月 27 日—4 月 16 日 第二届全国人民代表大会第三次会议在北京举行。毛泽东、刘少奇、宋庆龄、董必武、朱德、周恩来等出席了大会。会议听取和通过了周恩来所作的政府工作报告。会议还批准了全国人大常委会的工作报告,批准了预算委员会的审查报告,通过了提案审查委员会的提案审查意见和代表资格审查委员会关于补选的代表资格审查报告。周恩来在报告中,详细说明了 1958 年以来社会主义建设中的成绩和缺点,总结了工作中的经验教训,指出摆在我们面前的任务,就是切实做好调整国民经济的各项工作。他提出了争取农业增产、合理安排轻

工业和重工业生产、进一步缩短基本建设战线、适当减少城镇人口和职工、清仓核资、改善市场供应等 1962 年国民经济调整工作的十项任务。周恩来强调要进一步发扬民主,贯彻民主集中制,并指出知识分子中的绝大多数已属于劳动人民的知识分子,如果还把他们看做是资产阶级的知识分子,显然是错误的。

3 月 30 日 美国总统肯尼迪声明:美国未曾与台湾当局磋商"反攻大陆"。

3 月 31 日 新华社报道:沪、津、沈、宁等地已建成十个以上的玻璃纤维厂。我国电机、电气、建筑和轻工业等工业部门已采用玻璃纤维制品代替工业用布,效果很好。

3 月 中央军委先后在广州和北京召开全军编制装备会议。会议根据周恩来提出的"整军备战"的建议,确定了整编方针和编制原则,制定了新的编制装备方案,并规定了整编的步骤和时间。

4 月 1 日 台湾全面展开工商普查。

4 月 2 日 在中央财经小组讨论调整1962 年计划的会议上,周恩来在谈到调整措施时指出:①精简城市人口,必须同"拆庙"、"拆架子"结合起来,这样才有出路。②每个部都要按行业提出企业排队计划,下决心关一批,并一批,转一批,缩小一批。③要通过控制各种购买力和动员全面节约,来弥补市场差额。④要合理地控制货币投放,坚决地控制外汇,有意识地抽紧银根。⑤要紧缩文教、科研部门的开支。

4 月 3 日 中共中央、国务院作出《关于加强商业资金的统一管理和改进商业利润解缴办法的规定》。为了便于国家集中使用财力物力,统一组织全国的商品流通,执行全国统一的规章制度和改善企业的经营管理,中共中央和国务院规定:①

责成商业部根据集中领导、分级管理的原则，迅速把商业部系统的资金统一管理起来。②除内蒙古、新疆、宁夏、广西、西藏5个民族自治区的商业利润，和各省、市、自治区的平价饮食业、服务业企业留成以外的商业利润，作为省、市、自治区的财政收入以外，其他一切商业利润，都要按照规定分别上缴中央财政，或实行中央与地方分成办法。

4月8日 台湾第一台计算机启用。

4月9日 中共中央发出《关于切实做好当前农村粮食统销工作的紧急通知》，要求各地在贯彻执行3月14日紧急指示的时候，一定要把农村粮食统销工作切实做好。

4月10日 新华社报道：清代道光年间女作家李桂玉写的弹词长篇小说《榴花梦》在福州发现了完整的抄本。这是目前我国流传的一部最长的古典小说。

4月10日—17日 中国电子学会成立大会及第一届年会召开。

4月12日 新华社报道：几种国产名纸（宣纸、元书纸等）陆续恢复生产。

4月13日 第二届全国人大常委会批准国务院将交通部所属中国民用航空局改为国务院直属局，并改名为"中国民用航空总局"。

同日 我外交部公布中印两国政府间22件照会，同时公布两国官员关于边界问题的报告。外交部新闻司发言人就此发表谈话指出，这些文件说明了中印两国政府对中印边界问题和谈判缔结新的中印通商和交通协定问题的态度。中国政府一贯争取在和平共处五项原则的基础上，通过友好谈判，和平解决历史上遗留下来的中印边界问题，在和平解决以前，中印双方应该维持边界现状，以保证边境的安宁。

同日 台湾"立法院"通过所谓的《国营事业转投资案》。

4月16日 国务院批准《财政部集市交易税试行规定》。《规定》指出：征收集市交易税，应该根据集市交易活动"活而不乱，管而不死"的方针，有利于发展农副业生产以及国家对其收购政策。集市交易税征收管理原则是：对国家不需要掌握的产品从宽，需要掌握的从严；对售价低的产品从宽，对售价高的产品从严；对农民出售自产品从宽，对从事贩卖的从严。

同日 新疆自治区塔城、裕民、霍城三县6万余人，由于苏联通过其领事的长期策动诱骗，逃往苏联。5月25日，苏联又制造了伊犁暴乱事件，被我粉碎。

同日 第二届全国人大第三次会议新闻公报中讲道：民族资产阶级的定息从1963年起延长3年。

同日 维吾尔族传统民间古典音乐《十二木卡姆》部分节目在乌鲁木齐首次专场演出。

同日 美国公布本年度对台湾军援为1.5亿余美元。

4月18日 周恩来在政协三届三次会议上作"我国人民民主统一战线的新发展"的讲话，指出：我国人民民主统一战线的新任务是：在社会主义改造和社会主义建设取得伟大成果的基础上，现在要团结一切可以团结的力量，动员更多可以动员的因素，来参加社会主义建设，扩大我们的民主生活。讲话还谈到有关政协的工作问题，共产党在政协的责任，各民主党派的责任，工、青、妇等组织的作用，以及兄弟民族的关系问题和宗教问题、华侨问题等。

同日 中央爱卫会、农业部、粮食部、卫生部联合发出《关于开展灭鼠工作的通知》，要求在野鼠出蛰幼鼠分居和粮食入仓前后开展几次灭鼠工作,把灭鼠工作和保苗、保粮、防病工作密切结合起来。

4 月 19 日　中国亚非学会在京成立,选出周扬为会长。

同日　上海第一医学院中山医院为高血压病人移植人造纺绸血管成功。

4 月 21 日　中共中央、国务院再次作出严格控制财政管理的六条决定:①切实扭转企业大量赔钱的状况。②坚决制止一切侵占国家资金的错误做法。③坚决制止各单位之间相互拖欠货款。④坚决维护应当上缴国家的财政收入。⑤严格控制各项财政支出。⑥切实加强财政监督。

同日　我国政府照会印度政府,严重抗议印军连续侵入新疆。

4 月 21 日—5 月 29 日　全国人大民族委员会和民族事务委员会在北京举行民族工作会议。会议总结了几年来民族工作取得的成绩和经验,讨论了今后民族工作的方针和任务。5 月 15 日,主持会议的乌兰夫、李维汉等向中央呈送了《关于民族工作会议的报告》,指出几年来民族工作中的缺点错误主要是:忽视民族特点,忽视宗教问题的民族性、群众性和由此而来的长期性和复杂性、忽视少数民族的平等权利和自治权利,忽视对少数民族上层人士的团结工作等。当前民族工作的方针应当是:调整民族关系,加强民族团结,加强同一切爱国民主人士的团结,以调动和发挥各少数民族人民的积极性,恢复和发展经济,改善人民生活。中共中央于 6 月 20 日批转了这一报告,并指出,在许多少数民族中,必须长期坚持宗教信仰自由政策。

4 月 23 日　由彭真率领的全国人民代表大会代表团访问朝鲜,金日成首相接见了代表团。5 月 2 日,朝鲜最高人民会议常务委员会授予彭真一级国旗勋章。

4 月 27 日　中共中央发出《关于加速进行党员、干部甄别工作的通知》,指出,当前甄别工作的重点,是县级以下的农村基层干部。凡是在拔白旗、反右倾、整风整社、民主革命补课运动中批判和处分完全错了和基本错了的党员、干部,应当采取简便的方法,认真地、迅速地加以甄别平反。

同日　中共中央批转周恩来《关于改进高等学校毕业生分配办法的意见》向中央书记处的报告。周恩来在报告中指出:在以往毕业生的分配和使用上,存在着学非所用、不能充分发挥作用等比较严重的浪费现象。为了解决这个问题,周恩来提出:①今后高等学校毕业生的分配工作必须与培养工作密切结合。②成立以习仲勋为首的分配委员会,负责 1962 年高等学校毕业生的分配工作。③成立以聂荣臻为首的专门小组,负责审查、拟订各方面录用毕业生的政治审查标准。

同日　新华社报道:以"百花奖"命名的读者影片评奖结果揭晓,获奖的影片有:故事片《红色娘子军》,纪录片《两种命运的决战》、《亚洲风暴》、《征服世界高峰》,科教片《没有"外祖父"的癞蛤蟆》,美术片《小蝌蚪找妈妈》,戏曲片《杨门女将》等。

同日　新华社报道:农业机械部门今年以来把 10 万马力的排灌动力机械和 5000 多台水泵运往农村。其中 90% 是支援粮食主要产区和经常受旱涝灾害的地区的。

同日　台湾"立法院"通过所谓的《国防临时特别捐征收条例》。

4 月 30 日　中共中央批转《关于当前文学艺术工作若干问题的意见(草案)》。1961 年 6 月,全国文艺工作座谈会讨论了这一文件的最初稿《文艺十条》,经中共中央宣传部修改,正式定稿时改为八条,简称《文艺八条》,其内容为:①进一步贯彻执行百花齐放、百家争鸣的方针;②努力提高创作质量;③批判地继承民族遗产和吸收外国文化;④正确地开展文艺批评;⑤保证创作时间,注意劳逸结合;⑥培养、奖励优秀人才;⑦加强团结,继续改造;⑧改进领导方法和领导作风。

同日 我国政府再次照会印度政府,最强烈抗议印军连续侵入新疆地区并设立新的军事据点。

同日 国家体委下达《关于进一步开展广播体操活动的通知》。

4月 中国美术馆主楼在北京建成。

同月 殷承宗在第二届柴可夫斯基国际音乐比赛钢琴比赛中获二等奖。

5月1日 首都300万人民精神焕发,欢庆"五一"节。毛泽东、刘少奇同首都百万群众共度"五一"之夜。

同日 国家经委对物资管理办法提出改革意见:①改变目前各个生产部门分别管理产品销售、各自组织物资供应的做法,由国家物资部门统一组织物资供销工作;②改变目前物资部门只管统配物资的做法,实行全面管理一、二、三类各种物资的做法;③改变目前中转仓库的生产部门各自设立、分散管理的办法,逐步地由物资部门实行统一管理;④整编目前分散在各部门、各企业的物资工作人员,组成一支统一的物资队伍;⑤改变目前多数部门各自有一套供应系统,各部门和各地区在全国各地都有一套办事机构的状况,建立全国统一的,从中央到省、市、自治区以省辖市垂直领导的物资管理系统和业务经营网。中共中央基本同意上述改革意见,要求经过试点、总结经验,分期分批地逐步推行。

5月2日 蒋介石明令废止《陆海空军籍条例》。

5月4日 中共中央、国务院发出《关于供销合作社几个问题的通知》,决定恢复全国供销合作总社。从1962年7月1日起,同商业部分开办公,在国营商业的领导下,负责组织大部分农副产品的收购,组织对农村的商品供应,为农业生产和农村人民生活服务,并负责领导农村市场。供销社系统,大体上恢复到1957年以前的状况。

5月5日 《人民日报》报道:一块刻载11世纪中叶中国和印度尼西亚友谊事迹的《重修天庆观记》石碑已在广州出土。

5月7日—11日 中共中央政治局常委在北京召开工作会议,讨论1962年国民经济调整计划。刘少奇作"目前的形势到底怎么样"的讲话,指出,政治形势是好的,但经济形势不好,基础不巩固。周恩来在题为《认清形势,掌握主动》的报告中指出:精兵简政、增产节约、保证市场、整顿秩序,这是我们目前工作的中心,也是我们调整的目的。朱德在题为"农村工作问题"的讲话中,强调发展农业多种经营的问题。邓小平作了《当前的中心工作、甄别平反和加强各级党委领导核心问题》的报告。会议分析了财政经济困难的严重程度,提出应抓好两项中心工作:一是抓精减城市人口,二是加强各方面对农村的支援,解决好以生产队为基本核算单位的问题。会议确定1962年的计划调整方案:工农业总产值从原计划的1400亿元降为1300亿元;工业总产值降为880亿元,农业总产值降为420亿元。会议还对加强财政、物资管理、搞好甄别平反工作等问题进行了讨论研究。

5月9日 中共中央、国务院发出《关于精减职工中发放退职补助费问题的决定》,决定对于被精减的 1957 年底以前参加工作的职工,仍然按照 1958 年 3 月间颁布的《国务院关于工厂、职员退职处理的暂行规定(草案)》发给退职补助费。凡退职补助费在本人 10 个月工资以内的,退职时一次发给;超过 10 个月工资的,采取分期付款的发放办法。

同日　中共中央批转财贸办公室、统战部《关于反对商品"走后门"运动情况的报告》。报告指出,自从中央批转财贸办公室关于反对商品"走后门"会议情况的报告后,截至 3 月中旬,反对商品"走后门"运动已在 21 个省、市、自治区展开,取得了一定成效。为了进一步明确具体政策界限,报告规定反对商品"走后门"运动,只在国营商业企业和供销合作社企业中进行,一定要实事求是,不要规定批判斗争和处分的比例;要把一般性"走后门"与严重"走后门"区别开来;"走后门"检查的时间限制在 1961 年 1 月以后等共计 8 条。

5 月 11 日　台湾与巴拉圭签订经济合作条约。

5 月 18 日　中共中央、国务院决定建立全国物价委员会,薛暮桥为主任。物价委员会隶属于国务院,受国务院直接领导。其任务是根据中央既定的方针政策,负责全国物价水平的综合平衡工作,管理工业品出厂价格和调拨价格,农产品采购价格,各种商品的市场销售价格。

同日　《人民日报》报道:陕西乾县唐代永泰公主墓的发掘工作已基本结束,出土的大型壁画、石刻线画、彩陶雕塑和工业品等文物,为研究我国盛唐时代社会文化提供了珍贵资料。

5 月 19 日　教育部确定进一步调整教育事业和精减职工,提出:①大幅度裁并高等学校,特别是裁并急剧发展起来的、条件很差的专科学校。高等学校原有

845 所,保留 400 所,减少学生 12 万人。②大幅度裁并中等专业学校。原有 2724 所,保留 1265 所,减少学生 32 万人。③进一步精减职工。中等以上各级学校共精减教职工 34 万人,其中教师 7.3 万人。

同日　我国政府严重抗议印军侵犯西藏朗久地区。

5 月 21 日　日本防卫厅军事访问团抵台。

5 月 22 日　第一届《大众电影》百花奖评选结果揭晓,《红色娘子军》获最佳故事片奖,祝希娟获最佳女主角奖;影片插曲《娘子军连歌》亦广为流行。周恩来、陈毅、郭沫若等出席了在京举行的"百花奖"授奖大会,并接见全体获奖人员。

5 月 23 日　首都文艺界纪念毛泽东《在延安文艺座谈会上的讲话》发表 20 周年。《人民日报》发表《为最广大的人民群众服务》的社论,强调要加强文艺队伍的团结。

同日　刘少奇向中央政法小组谈"政法工作和正确处理劳动人民内部矛盾"。他指出,这几年政法工作总的经验教训是混淆两类不同性质的矛盾,用对付敌人的办法处理自己人的问题,处理人民的问题,这是个根本错误。政法机关是专政的工具,同时也有教育人民、处理人民内部矛盾的任务。

同日　文化部、中国美协在新建成的中国美术馆联合举办全国美术展览会(即第三届全国美术展)。共展出绘画和雕塑作品 1115 件,工艺美术品和设计图稿 355 件,美术出版物 544 册(幅)。

5 月 26 日　中共中央批发中央财经小组《关于讨论 1962 年调整计划的报告》。报告如实指出经济上的严重困难,提出了 3 项重要决策:①整个国民经济需要进行大幅度调整,根据财力物力进行各项建

设；②财政经济情况的基本好转，要争取快，准备慢；③坚持缩短工业生产建设战线，继续精减职工和减少城镇人口，大大加强农业生产战线，对没有生产任务和生产任务不足的企业，分别实行停产关闭，适当合并、缩小规模、改变任务。

5月27日 中共中央、国务院作出《关于进一步精简职工和减少城镇人口的决定》，要求全国职工人数要在1961年年末的4170万人的基础上，再减少1056到1072万人。全国城镇人口要在1961年年末1.2亿人的基础上，再减少2000万人。上述精简任务，要求在1962、1963年内完成，1964年上半年扫尾。

同日 新华社报道：内蒙古境内的黄河航道与贵州昔称天险的乌江，最近先后开辟了客运业务。

5月28日 台湾"省议会"决议，"省府"官员不得经商。

5月30日 中共中央转发中央财经小组《关于全国各地货币回笼情况的资料》。资料显示从年初到现在已回笼货币26亿多元，但各地的货币流通和回笼情况不平衡。

5月31日 中共中央同意颁发《关于编制和审批基本建设设计任务书的规定》、《关于加强基本建设计划管理的几项规定》、《关于基本建设设计文件编制和审批办法的几项规定》。前一个文件规定：中央各部直属的大中型项目，一律由国家计委审核，报国务院批准。地方大中型项目中的重大项目由国务院批准，其余大中型项目由国家计委批准。后两个文件主要要求，一切基本建设都必须按照国家规定的审批权限报请批准，按照基本建设程序办事。

同日 中共中央批准中央华侨事务委员会党组《关于所谓"海外关系"问题的报告》。报告列举了不少地方和部门，不加具体分析地把归国华侨、侨眷、归侨学生在国外的家庭和亲友关系，一律作为"资产阶级关系"或"复杂的政治关系"看待而滥加怀疑与歧视的现象。报告建议贯彻执行党的侨务政策，必须从人事、鉴定、审查工作中取消所谓海外关系这一项，对历次运动和政治审查中被批判、追查、处分的归国华侨、侨眷和归侨学生，应坚决、迅速、切实纠正，取消处分，恢复名誉，在干部提拔、入党入团、就学、实习等方面，应一视同仁，不得歧视。中央同意报告中的看法和建议，要求有关单位和地方，应对所谓"海外关系"而引起的一系列问题有步骤地加以处理。

5月 根据周恩来的指示，文化部组织评选出22位受到观众喜爱的"新中国人民演员"，并将他们的照片悬挂于各影院中，取代此前悬挂的22位苏联明星，即新中国"22大明星"。入选"22大明星的演员"为：崔嵬、谢添、陈强、张平、于洋、于蓝、谢芳、赵丹、孙道临、白杨、张瑞芳、秦怡、上官云珠、王丹凤、祝希娟、李亚林、庞学勤、张圆、金迪、王心刚、田华、王晓棠。

6月1日 国务院第116次会议核准《中华人民共和国政府和阿拉伯联合共和国政府贸易协定和支付协定》。会议决定设立国家房产管理局，作为国务院的直属机构，6月8日，人大常委会予以批准。

同日 台湾"立法院"通过《教职员退休条例》。

6月2日 文化部发出贯彻执行《关于当前文学艺术工作若干问题的意见（草案）》的通知，提出要进一步贯彻执行双百方针，批判地继承民族文化遗产和吸收外国文化，正确地开展文艺批评。

6月4日 株洲发动机厂试制的活塞—6发动机经国家鉴定投入批生产。

6 月 10 日 中共中央发出准备粉碎蒋军窜犯东南沿海地区的指示。从 1962 年春起,台湾蒋军在美国的怂恿和支持下,积极策划窜犯我东南沿海地区。中央要求全党全军全国人民提高警惕,从各方面做好准备,决不让蒋军阴谋得逞。人民解放军遵照中央的指示精神,立即投入紧张的战备工作。东南沿海地区的人民群众和民兵,也在地方党委统一领导下,积极行动起来,投入支援前线的备战工作。由于人民解放军严阵以待和新华社的公开揭露,蒋军被迫放弃了军事冒险。

6 月 13 日 中共中央、国务院发出《关于改变中国人民银行在国家组织中地位的通知》,规定中国人民银行总行,由现在的国务院直属机构改为同国务院所属部、委居于同样的地位。人民银行省分行,专区中心支行,县支行分别同省、市、自治区所属各厅、专、县所属各局,居于同样的地位。

6 月 14 日 中共中央批转中央统战部《关于全国统战工作会议的报告》。统战部于 4 月 23 日至 5 月 21 日召开全国统战会议。会议报告提出:①在精兵简政、压缩城镇人口的情况下,做好各界党外人士的工作,做好甄别平反工作,做好对摘了右派帽子的人和右派分子的安置工作;②加强合作,改善同党外人士的共事关系;③发扬民主,认真实行互相监督的方针;④组织学习,帮助党外人士逐步改造世界观。

6 月 15 日 美国国际开发总署宣布,美已核准给予台湾当局 2000 万美元的非计划贷款。

6 月 16 日 彭德怀给党中央和毛泽东呈递了一封长信(即"万言书"),详述自己的历史,请求中央全面审查,并特别申明,他在党内从未组织过什么"反党小集团",也没有"里通外国"的问题。8 月 22 日,彭德怀又写了一封短信给毛泽东、党中央,再次恳求中央组织专案组审查,以便弄清他犯错误的性质,作出正确处理。这两封信在党的八届十中全会上被当做彭德怀搞翻案的证据,受到批判。

6 月 18 日 我国政府强烈抗议印度军队枪击我国居民。

6 月 19 日 毛泽东发出民兵工作"三落实"的指示,要求做到组织落实、政治落实和军事落实。

同日 国务院发布《关于奖励农村人民公社兴修水土保持工程的规定》。

6 月 20 日 中共中央批转民族事务委员会《关于民族工作会议的报告》。

6 月 22 日 上海江南造船厂制成 1.2 万吨压力的自由锻造水压机。它是当时中国机械工业中最大的一台锻压设备。

6 月 24 日 中共中央、国务院发出紧急指示,要求妥善保管、处理停建下马基建单位和关闭停产企业的物资。

6 月下旬 中央书记处会议讨论"包产到户"问题。邓子恢、邓小平、陈云等支持"包产到户"的做法,在会上,邓小平引用安徽农民的话说:不管黑猫黄猫,能逮住老鼠就是好猫。7 月初,陈云向毛泽东和其他中央常委提出,认为有些地方可以用重新分田包产到户的办法来刺激农民生产的积极性,以迅速恢复农业产量。

7 月 3 日 中共中央、国务院发出通知,要求严格控制和合理压缩城镇粮食销售量。

同日 教育部颁发高等工业学校本科(五年制)22 门基础课程和基础技术课程的 51 种教学大纲试行草案。同时发出《教育部直属高等工业学校本科(五年制)修订教学计划的规定(草案)》和机械制造工艺及其设备等 5 个专业教学计划。

同日 菲律宾海军总司令卡斯陶抵台访问。

7月7日 陈诚对美国记者再次宣称,"光复大陆"是台湾当局的基本"国策"。

7月8日 我国政府就印度军队新近侵入新疆地区严重事件向印度政府致送备忘录。我外交部并于10日、14日向印度政府提出照会,严正要求印军必须全部停止挑衅,撤出中国领土。如印方逼人太甚,中国方面被迫自卫,全部责任应由印方承担。

7月9日、11日 邓子恢在中央党校作《关于农业问题的报告》。他认为现在集体经济的经济管理大部分没有搞好,集体经济的优越性没有发挥出来。主张要固定所有制,使所有权、生产权、管理权、分配权统一起来,都在生产队,使土地、牲畜、大农具都归生产队所有。提出要建立严格的生产责任制,实行队(生产队)包产,组包工,田间管理到户;对一些特殊的技术活,可以实行联系产量超产奖励的个人责任制。对社员的一些小自由可以固定下来,有些地方可以适当扩大。他不同意把单独干活等同于单干,不能把田间管理责任制的包产到户认为是单干。他的这些意见,在党的八届十中全会上被批判为刮"单干风"。

7月15日 中共中央转发《人民日报》、新华社《关于新华社各省市区分社体制问题的报告》。《报告》建议对新华分社的管理体制加以调整:新华分社是新华总社和《人民日报》派出的专职机构,它的任务是根据新华社和《人民日报》的意图和指示,在各地采写新闻和供中央领导同志参阅的内部材料。它在政治上、组织上、业务上接受新华总社、《人民日报》和省市自治区党委的双重领导,而以新华总社和《人民日报》的领导为主。中央同意这个报告。

同日 新华社报道:一块1400多年前"东魏侍中骠骑大将军太保刘懿墓志铭"石刻,最近由山西省忻县专署农业科学研究所干部王连喜捐献给国家,这块石刻是几十年来下落不明的书法艺术珍品。

7月16日 陈毅外长率领我国代表团前往日内瓦参加关于老挝问题的扩大的日内瓦会议。

7月18日 刘少奇对中央机关下放干部作题为"加强基层领导,改进工作作风"的讲话。

同日 中央无线电管理委员会成立。根据中共中央的决定,中央无线电管理委员会成立,杨成武任主任,办事机构设置在中国人民解放军通信兵部。主要负责统一管理无线电频率的划分和使用,审定无线电台的建设和布局,负责战时通信保密和防止敌人利用我广播电台导航所需的无线电管制。1971年5月4日,改称国务院、中央军委无线电管理委员会;8月1日,改称全国无线电管理委员会;1984年4月21日,改称国家无线电管理委员会。

7月20日 中共中央原则批准《外国留学生工作试行条例(草案)》,和《外国实习生工作试行条例(草案)》。

7月22日 毛泽东批发陶铸、王任重在广西龙胜县举行的关于如何巩固生产队集体经济问题座谈会的记录。座谈会认为,如果不建立严格的生产责任制,集体生产是不能搞好的。对于目前出现的各种生产管理方式,要谨慎对待。只要支持生产资料集体所有,坚持生产统一安排,坚持劳动力统一调配,坚持生产收入统一分配,就是集体经济。即使对于那些单干户,也不应该采取行政命令的办法硬性地去"纠",而应当做好示范工作,说服他们自愿走集体经济的道路。毛泽东指出,这个文件所作的分析是马克思主义的,所提出的意见也是马克思主义的,并指示可发给省、地两级进行讨论。

7月23日　台湾当局在马祖举行反击实兵演习。

7月24日　国家计划委员会、卫生部颁发《工业企业设计卫生标准》。

7月25日　解放军福建前线司令部颁发通告,宣布对驾机和驾舰艇起义的蒋军人员的奖励规定和联络办法。

同日　人民解放军福建前线司令部颁发对国民党海、空军起义规定和联络办法。

7月31日　台湾"立法院"通过《技术合作条例》。

7月　西北民族学院为自治区培养出了第一批藏族初级畜牧兽医人员。

8月1日　《红旗》杂志第15—16期合刊,刊载了刘少奇修改补充的《论共产党员的修养》。

8月2日　中共安徽省太湖县委宣传部干部钱让能直接向中央主席写了《关于保荐责任田办法的报告》。

8月4日　我国著名男子跳高选手倪志钦在北京以2.1米的成绩创造了"剪式"跳高的世界最高纪录。

8月5日　蒋帮特务在拱北边防站制造血腥爆炸事件,炸死炸伤由港澳回乡探亲的旅客20多人。

同日　广州市公安局破获蒋帮特务阴谋爆炸红星轮案件,随后广东省高级人民法院依法判处特务分子伍珠死刑,立即执行。

8月6日—8月下旬　中共中央在北戴河召开中央工作会议,主要讨论了农业、财贸、城市等方面问题。毛泽东在会上多次讲话,阐明阶级还存在,有阶级就有阶级矛盾和阶级斗争,有社会主义和资本主义两条道路的斗争,这种斗争要贯彻到整个社会主义历史时期。他把刘少奇、陈云、周恩来等春天对经济形势的好转要"争取快、准备慢"的估计,批评为"黑暗风";把一些农村的"包产到户"的做法和邓子恢、陈云等对这种做法的支持,批评为"单干风";把彭德怀等要求对自己历史重新审查,去掉不实之词,批评为"翻案风"。毛泽东提出:右倾机会主义就是修正主义,党内有人搞修正主义,会议以较大的精力讨论了毛泽东的讲话,并以讲话为指导,为八届十中全会准备文件。

8月7日　教育部发出通知,要求各地指定一些办得好的城市中学招收少量优秀的农村学生,其口粮由国家供应。

8月8日　张家口地委第一书记胡开明向毛泽东提出了一份《关于推行"三包"到组的生产责任制的建议》,主张由生产组向生产队包工包产包成本,超产奖全部归生产组。

8月11日　新华社报道:津浦、沪宁、沪杭、浙赣四条铁路部分地段使用钢筋混凝土轨枕代替木轨枕,是铁路部门节约木材的重要技术改造之一。

8月14日　台湾"立法院"通过《货物税条例》修正案。

8月15日　中国共产党党员、中国人民解放军沈阳部队工程兵某部班长、五好战士雷锋因公牺牲。

同日　中共中央对国家科委党组和中国科学院党组关于科学研究机构精简问题的两个文件作出批示。

同日　毛泽东、刘少奇、周恩来致电赫鲁晓夫、勃列日涅夫,祝贺"东方二号"、"东方三号"宇宙飞船发射成功、编队飞行和胜利着陆。

8月19日　新华社报道:我国历史上

收辑范围最广的古籍目录书——《中国丛书综录》由上海图书馆编纂完成。

8月22日 新华社报道：几千名水文地质人员两年来踏勘南北重要农牧业区，查明了10万多平方公里面积的地下水分布详情，为华北平原的200多个县编制了农田灌溉水文地质图。

同日 台湾"外交部"就印度尼西亚禁止台湾参加亚运会提出抗议。

8月28日 中共中央、国务院发出《关于农业生产资金问题的通知》，指出：国家决定增加一部分农业贷款，帮助生产队解决生产资金不足的困难。据统计，银行发放农村社队的各贷款全年累计19.9亿元，占当年农业生产资料供应总值的33％。

8月29日 蒋帮特务又在深圳制造血腥爆炸事件，炸死炸伤香港旅客3人，杀害我边防检查员1人。

9月7日 老挝联合政府与台湾"断交"。

9月8日 文化部发出关于对违反当前政策精神的影片停止发行的通知。决定《柳湖新色》、《你追我赶》、《新的一课》等46部影片停止发行。

9月9日 空军部队在华东某地上空击落美制蒋军U−2高空侦察机1架。此后，空军部队又于1963年11月至1967年9月，先后在华东、华北地区上空击落同类飞机4架。

同日 台湾当局美制U−2型高空侦察机在华北地区上空被中国人民解放军空军部队击落。

9月11日 文化部发出通知：博物馆、图书馆可以根据本身业务需要直接收购文物、图书。

同日 107名从上海市师范院校毕业的学生，陆续到达拉萨，参加新西藏的教育保育工作。

9月13日 中共中央、国务院批转国家经委、计委《关于充分利用木材资源、大力开展木材的节约代用工作的报告》。

9月14日 国务院发出《关于积极保护和合理利用野生动物资源的指示》。

9月18日 美国赠台湾当局海军的登陆运输舰"美乐号"驶抵台湾。

9月19日 周恩来在日本友人松村谦三举行的告别宴会上，重申中日两国关系的原则，应建立在政治三原则、贸易三原则和政治经济不可分的原则上。

9月21日—29日 印度军队继续在我扯冬地区进行武装挑衅，打死打伤我边防官兵多名，我边防部队被迫还击。

9月22日 台湾工商团体为建立工商信用，发起不收付期票运动。

9月23日 中共中央对粮食工作作出新的规定：①1962年度粮食征购任务为641.26亿斤贸易粮，销售指标为703亿斤。②在粮食逐年增产和农民粮食消费状况逐年有所改善的基础上，对粮食征购、上调、进口的数量，实行五年一定，一年一议的办法，使粮食征购量以后每年计划平均递增30亿斤左右，粮食上调量以后每年计划平均递增20亿斤左右，进口粮食每年计划递减14亿斤，国家粮食库存每年计划增加10亿到20亿斤。③从1962年度开始，实行国家对粮食统一征购、统一销售、统一调拨的办法。④从1962年秋后开始，只允许基本核算单位保留一定比例的储备粮，以减轻生产队和社员的负担。⑤允许集体经济单位和农民在完成国家粮食征购任务后，把剩余的粮食拿到集市上去卖。

9月24日—27日 中共八届十中全会在北京召开。到会的有中央委员82人，候补中央委员88人。中央有关部门和各省、市、自治区党委领导 33 人列席会议。中央政治局决定,彭德怀、习仲勋、张闻天、黄克诚、贾拓夫 5 人不参加会议。在会前召开的中央工作会议和会议期间,毛泽东屡次作关于阶级、形势、矛盾和党内团结问题的讲话,断言在整个社会主义历史发展阶段中都存在着资本主义复辟的危险,同时又要求把做好当前的经济调整工作放在首位,不要为阶级斗争而干扰了这项工作。康生在会上诬蔑小说《刘志丹》是"为高岗翻案",随即把与此有关的习仲勋、贾拓夫、刘景范打成"反党集团"。会议对彭德怀、习仲勋、邓子恢等人展开了批判,并成立了两个审查委员会,对彭德怀、习仲勋分别进行审查。通过《关于进一步巩固人民公社集体经济、发展农业生产的决定》、《农村人民公社工作条例(修正草案)》、《关于商业问题的决定》、《关于粮食问题的决定》、《关于有计划地交流各级党政主要领导干部的决定》、《关于加强党的监督机关的决定》等文件。会议增选陆定一、康生、罗瑞卿为中央书记处书记,增选中央监察委员 21 人,候补委员 21 人,并宣布撤销黄克诚、谭政 2 人中央书记处书记职务。

9 月 25 日　中国佛学院举行开学典礼。

9 月 26 日　我国第一座自己设计制造的大型氮肥厂——上海吴泾化工厂首期工程建成试车。

同日　新华社报道:天津新港新建成能停泊 5 艘万吨轮船的第三码头。

同日　全国电力排灌设备能力 1962 年年底达到 100 多万千瓦。为 1957 年的 20 倍。从 1958 年到 1962 年架设的农业专用输电线路将近 5 万公里。

9 月 29 日　毛泽东和江青接见印尼总统夫人哈蒂尼·苏加诺。这是江青在政治舞台上首次公开亮相。

9 月 30 日　宁夏回族自治区创办的第一所综合性大学——宁夏大学正式成立。

9 月　全国政协文教组召开编译工作者座谈会。

同月　上海天马电影制片厂摄制完成我国第一部彩色宽银幕立体声故事片《魔术师的奇遇》。

10 月 1 日　首都隆重庆祝建国 13 周年。

10 月 1 日—12 月 6 日　广东沿海地区军民密切配合,全部、干净、彻底地歼灭了从海上登陆和空投到沿海一带 9 股台湾特务,总计歼灭武装特务 172 人,击沉运送特务的机帆船 3 艘,缴获了一批美制军用物资。

10 月 6 日　中共中央、国务院发出关于当前城市工作中若干问题的指示,要求把工作的重点转到组织工业生产和职工生活上。

同日　毛泽东主席等中央领导同志接见了包括西藏参观团在内的六个少数民族参观团。

10 月 8 日　国务院发出保护和利用我国野生动物资源的指示,要求贯彻"护、养、猎并举"方针。

10 月 9 日　中共中央、国务院发出《关于充实和调整农业科学研究机构的通知》,要求:①各级农业科研机构,已精简的科技人员,凡对新任工作不适应的,都可以归队,科学家可根据实际需要,按定额配备助手。②农业技术推广站、种子站、畜牧畜医站、水文站等基层技术组织,要健全充实起来。③地、县两级的农村工作部,在精简中未撤销的,可以保留。④不要精简国营农场、林场、牧场、拖拉机站等企业中的技术人员。

10月10日 新华社报道：国家科委和农业部最近邀请各个学科的60多位农业科学家在北京举行会议，商讨大力加强农业科研工作和农业科技队伍的问题。周恩来讲话指出：必须把各个方面、各个部门的力量动员起来，组织起来，抓住农业技术改革这个中心环节。

同日 台湾电视公司举行开播典礼。

10月11日 中共中央将八届十中全会通过的《关于进一步巩固人民公社集体经济、发展农业生产的决定》发到全党。决定指出，第一步实现农业集体化，第二步实现农业机械化，这是党在农业问题上的根本路线。现在的要求是：在进一步调动全体农民生产积极性的同时，要集中和动员全党全国的力量，积极地、尽可能地支援农业，支援人民公社集体经济。决定具体提出了12项兴农措施。

同日 中共中央将八届十中全会通过的《农村人民公社工作条例（修正草案）》发给全党。新的修正草案，保留了草案关于人民公社集体经济的基本规定，继续贯彻各尽所能、按劳分配的原则。同时，作了一些重要的修改和补充：①改变原来以生产大队为基本核算单位的规定，实行以生产队为基本核算单位的制度。②明确规定人民公社是一乡一社，可以是公社、生产队两级，也可以是公社、生产大队、生产队三级。③在今后若干年内，公社和生产大队一般不要从生产队提取公积金和公益金。④强调人民公社的体制和规模，以及工作条例中的各项重大决定，确定以后，长期不变。

10月16日 中共中央、国务院发出《关于坚决扭转工商业亏损、增加赢利的通知》，指出：1963年应当争取全国工商企业亏损比1962年减少30至40亿元。为实现这个目标，要求那些亏损企业力争在

1962年第四季度或1963年第一、二季度内，基本上做到不亏损。那些产品质量低劣，成本很高，短期内又不能扭亏的企业，要坚决停止生产。

10月17日 一批优秀的藏戏传统剧目已由藏、汉族文艺工作者共同整理改编出来，计有《朗萨姑娘》、《卓娃桑姆》、《文成公主》、《苏吉尼玛》、《白玛温巴》等10多个。

10月18日 中国和乌干达建立外交关系。

同日 台湾当局与美军举行联合空降演习。

10月20日 中共中央批转全国手工业合作社党组《关于调整手工业队伍巩固手工业合作社的报告》。《报告》提出：手工业合作社的调整，应当根据生产任务、市场需要以及原材料供应情况，适当精简人员，充实技术骨干力量。原来由集体所有制的手工业合作社转为全民所有制企业，转得不合适的，应经精简人员后再退回到集体所有制的手工业合作社。城市和农村人民公社工业，经调整保留下来，需转给手工业部门的，可分别组织手工业合作社、手工业供销生产社、手工业生产小组，独立核算，自负盈亏。对手工业的管理体制也应当作相应的调整。

同日 印度侵略军在中印边界东西两段，向中国边防部队发动全面进攻，解放军边防部队被迫自卫还击。

10月23日 中共中央批转《湖南省委关于怎样纠正"单干风"的报告》。

10月29日 台湾当局声明，从未承认过"麦克马洪线"为中印边界。

10月下旬 全国计划会议讨论1963年国民经济计划。会议提出，明年的计划要贯彻执行以农业为基础、工业为主导的总方针。计划的主要安排是：①集中力量

加快农业的发展,尽可能地发展轻工业,继续放慢重工业的速度,重点搞好内部比例的调整和产品的质量、品种。会议拟定,1963 年,农业增长 8.5%,轻工业增长 7.2%,重工业增长 4.4%。③财政收入安排 327 亿元,比上年增加 27 亿元。③国家预算内基本建设投资增加到 85 亿元,加上上年结转的投资和地方自筹资金等,总投资为 100 亿元。

10 月 北京、上海、广州、成都四所中医学院首届毕业生共 500 余人陆续走上工作岗位。

同月 印军入侵我国,我军进行了自卫反击作战。9 月间,印军悍然向中印边境东段非法的"麦克马洪线"以北推进,开枪打死打伤我边防人员,制造流血事件。10 月 20 日,印度不顾我国政府的多次抗议和警告,公然以陆军 10 多个旅的兵力,在中印边境东、西段同时向我发动了大规模的进攻。我边防部队被迫于 10 月 20 日开始自卫反击作战。经过两个阶段的反击作战,我全歼印度 2 个旅和 3 个旅的大部,共毙、伤、俘印官兵 8700 余人。11 月 21 日,我国政府发表声明,宣布 22 日零时起主动停火,自 12 月 1 日起,我边防部队从 1959 年 11 月 7 日中印双方实际控制线后撤 20 公里。我国政府还主动把缴获的武器弹药和其他军用物资全部交还印方,释放和遣返了全部被俘的印度军事人员。

11 月 1 日 中共中央、国务院批转内务部《关于对使用不当的高等学校毕业生进行调整工作的报告》。报告列举了许多高校毕业生使用不当的情况,建议结合当前国民经济调整,对于这些情况尽可能地本着学用一致的原则和加强基层、保留专业人才的精神,认真地、合理地加以调整和安排,使毕业生各得其所,发挥所长。

同日 台湾"国庆大会"主席团通过《革新、动员、战斗公约》实施办法。

11 月 2 日 周恩来总理主持会议,讨论成立东北林业、农垦两个总局的决定。

11 月 5 日 中朝在北京签订通商航海条约和货物供应协定等文件。

11 月 9 日 国务院任命李先念、谭震林、薄一波、陈伯达、邓子恢等为国家计委副主任,谭震林为国务院农林办公室主任;免去邓子恢的国务院农林办公室主任职务。

同日 廖承志和高碕达之助签订备忘录,在平等互利基础上采取渐进的积累的方式,进一步发展中日民间贸易。

11 月 12 日 国民党召开八届五中全会。会上通过所谓的《光复大陆指导纲领》。

11 月 15 日 周恩来就中印边界问题致信亚非国家领导人,全面介绍中印边界问题的背景和中国政府的立场,并呼吁亚非国家主持公道,运用自己的影响,促进中印边界问题在公平合理的基础上得到和平解决。

11 月 19 日 中共中央、国务院发出《关于当前财政金融方面若干问题的通知》,指出进入第四季度,货币投放过快,要求控制货币投放工作不能放松,否则,将给国民经济的调整和发展带来不利影响。

同日 全国工业工作会议在广州召开,主要讨论今后工业生产建设的任务,提出 1963 年工业方面要抓好的几项工作。

同日 台湾"行政院"公布施行《县市民防队团编组召集办法》。

11 月 21 日 中国政府就中印边境武装冲突发表声明,宣布中国边防部队自 22 日零时起,在中印边界全线停火。

11 月 22 日 中共中央、国务院作出《关于发展农村副业生产的决定》。决定针对几年来忽视发展农村副业生产的状况，指出：恢复和发展农村的副业生产，是当前巩固集体经济，恢复和发展农业生产的一个重要问题。各地应该根据当地的传统习惯，根据现有的原料、设备、技术、资金和劳动力等条件，因地制宜地逐步发展副业生产。要认识这是社会主义经济不可缺少的补充部分，不是"资本主义"，不应该采取行政手段乱加干涉和限制。各级党委在加强对农业生产领导的同时，应把副业摆在应有的重要地位。

同日　中共中央、国务院作出《关于发展大牲畜的几项规定》。

同日　中共中央、国务院发布《关于加强种子工作的决定》。

11月26日　国家计委、经委、财贸办公室、财政部、人民银行联合提出《关于处理1961年以前财政遗留问题的报告》。为了消除虚假现象，正确反映国家财政的真实情况，《报告》提出利用国家财政账面上的结余资金，加上其他方面可能动用的资金，对上述财政遗留问题进行一次彻底的清理。《报告》还提出一些具体措施，以防止今后再发生类似的错误。中共中央同意并批转了这个报告。

同日　共青团中央召开第五次全国少年先锋队工作会议，会议要求少先队积极开展文娱体育活动，促进少年儿童身心健康发展。

11月29日　农业部在北京召开的全国农业会议结束。会议讨论了农村形势，交流了增产经验，要求争取明年以粮棉为中心的农业和畜牧业丰收。

11月　文化部出版局起草《出版社工作条例试行草案》。

12月1日　劳动部在《关于加强城市闲散劳动力的安置和管理工作的意见》中，提出几条安置闲散劳动力的途径：①有计划有步骤地动员一切可以动员的闲散劳动力下乡上山，参加农业生产。②组织他们到企业、事业、机关从事各种临时性的工作。③组织各种集体所有制的手工业、服务业和商业的生产服务社（组、站）。④适当提倡从事各种家庭副业，鼓励个人开业和自谋正当职业。⑤举办一些技术业务训练学校，招收一批未能升学的青年，分别给予长期或短期的训练。建议各大中城市把1958年以后撤销的劳动力介绍所恢复起来，专门负责闲散劳动力的组织、管理、安置和教育工作。12月20日中央同意并批转了这个报告。

同日　台湾"省政府"改组，黄杰接任"省政府"主席。

12月2日　台湾"省政府"决定采取5项措施，实施都市平均地权。

12月5日—12日　国家体委在北京召开全国体育工作会议。会议强调了要加强优秀运动队的思想教育与二线队员的培养，提出今后的"工作重点仍然放在运动训练方面"。

12月8日　中国共产党代表团在捷共第十二次代表大会上发表书面声明，对捷共和某些兄弟党同志利用这次代表大会的讲坛，继续攻击阿尔巴尼亚劳动党、并大肆攻击中国共产党，我们不能不表示最大遗憾。中国共产党再一次呼吁弄清是非、加强团结、共同对敌。

12月9日　中国自己设计、自己制造设备的大型氮肥厂——上海吴泾化工厂11月20日试制出第一批氮肥。该厂1960年第二季度开始建设。第一期工程包括年产2.5万吨合成氨、8万吨硫酸、10万吨硫酸铵3个车间。

12月10日　中共中央、国务院发出《关于严格执行基本建设程序、严格执行经济合同的通知》，规定从1963年起，基本建设、设计任务书和设计文件未经批准的,不得开始施工。各企业必须按全国要求进行生产,保证产品质量和交货时间。订货部门必须按时提货交款,一律不准退货。

12 月 11 日　中共中央批转《安徽改正"责任田"的情况报告》。《报告》列举改正"责任田"的进展后,认为实行"责任田"的"恶果"是:①生产资料支配权逐渐转移到个人手里,所有权也发生很大变化。②在生产上不能统一计划,统一使用劳动力。③统一分配受到破坏,国家和集体利益受到损害。④出现了严重的两极分化现象。⑤农民中个人主义、自私观念日益发展,社会主义和爱国主义思想逐渐削弱。《报告》提出,改正"责任田"的工作必须继续贯彻"积极谨慎"的方针,坚持自愿原则,在 1964 年春耕以前完成。

同日　文化部颁发《关于各种电影剧本与影片审查的规定(草案)》。

12 月 14 日　中共中央专门委员会成立。中共中央 15 人专门委员会(简称中央专委)由周恩来任主任,成员包括:贺龙、李富春、李先念、薄一波、陆定一、聂荣臻、罗瑞卿、赵尔陆、张爱萍、王鹤寿、刘杰、孙志远、段君毅、高扬。中央专委办公室设在国防工办,罗瑞卿兼办公室主任,主要负责领导管理原子能工业、核武器研制。1965 年 3 月 2 日,中共中央决定中央专委兼负导弹武器的研制、生产,并增补余秋里、王净、邱创成、方强、王秉璋、袁宝华、吕东(接替王鹤寿)等七人为中央专委委员。中共中央 15 人专门委员会随之改称中央专门委员会。

12 月 15 日　文化部党组提出关于艺术表演团体领导体制向中央的请示报告。报告要求建立和健全院(团)务委员会的集体领导,改变那种由党委(总支、支部)代替行政领导全面工作的做法,并规定了艺术表演团体的党总支或支部的主要任务。

同日　国务院公布《工农业产品和工程建设技术标准管理办法》。

同日　《人民日报》发表社论:《全世界无产阶级联合起来,反对我们的共同敌人》。

12 月 18 日　中共中央、国务院发出《关于认真提倡计划生育的指示》,指出:在城市和人口稠密的农村地区,各级党委和政府都要加强对计划生育工作的领导,有关部门要做好计划生育的宣传与技术指导,做好避孕药具的生产和供应。

同日　我外交部照会印度驻华大使馆,再一次最严重抗议印度政府迫害华侨,并决定派船前往印度,接回愿意返回祖国的华侨。

同日　新华社报道:全国产棉省、市、区和集中产棉县代表最近在北京开会,讨论了粮棉并举的方针和奖励种棉的政策等。

12 月 20 日　国民党开始举办党员总登记。

12 月 21 日　中共中央组织部呈送《关于处理原来是党员的右派分子摘帽子后重新入党问题向中央书记处的请示》,提出了接收原来是党员的右派分子摘帽后重新入党的原则:①必须经过长时间的、全面的、系统的考察,必须着重审查他们在政治思想方面和工作方面的一贯表现,对过去所犯错误真正有了认识,并且在实际行动中确实证明已经彻底改正;对一些重大政治问题能站在党的立场上,服从党的领导,坚决执行党的政策。②批准入党的权限可以根据他们原来的职务大体上按照各级党委管理干部的范围履行批准手续。这些意见,经中央书记处审阅同意。

12 月 25 日 中共中央、国务院发出指示，要求坚决执行国家计划和预算，严格管理资金和物资。

同日 中共中央、国务院作出 1963 年发展棉花生产的决定，要求 1963 年在大力完成粮食增产计划的同时，必须千方百计地保证棉花实收面积达到 6000 万亩，棉产量达到 2100 万担到 2200 万担，国家收购1700 万担到 1800 万担。

同日 台湾当局决定 12 月 25 日为"行宪纪念日"。

12 月 25 日—27 日 蒙古共和国部长会议主席泽登巴尔来我国访问。26 日，《中蒙两国边界条约》在北京签字。

12 月 28 日 台湾"省妇女会"召开代表大会，会上代表对脱衣舞在乡间泛滥现象予以抨击。

12 月 30 日 中共中央发出通知，严禁私自招收职工。

同日 国务院发出关于发布《工商企业登记管理试行办法》的通知，要求在1963 年 9 月底以前依照本办法的规定，对已开业的城乡工商企业立即进行一次全面登记。

12 月 31 日 全国气象服务网基本建成，气象专业人员达 22000 人左右。

同日 《人民日报》发表社论：《陶里亚蒂同志同我们的分歧》，对意大利共产党总书记陶里亚蒂和意共第十次代表大会进行了批评，并再次呼吁召开各国共产党和工人党的代表会议，解决目前国际共产主义运动中的分歧问题。

同日 台湾当局宣布已完成实施"耕者有其田"，从明年起自耕农不必交纳地价税。

12 月 31 日—1963 年 1 月 9 日 锡兰总理班达拉奈克夫人代表锡兰政府和科伦坡会议的亚非六国访问我国，8 日发表《中锡联合公报》。

12 月 由上海天文台订定的中国授时系统，所测定标准时间的精确度，误差已不超过千分之二秒，达到了国际先进水平，被认为是世界上最好的授时系统之一。

同月 中国美协组织 12 位美术家到福建前线深入生活慰问写生。

同月 中国版画展在阿尔巴尼亚、波兰举行。

同月 中国音协召开独唱独奏音乐座谈会并举行十场独唱独奏音乐会。

1963 年

1 月 1 日 根据著名的云南彝族撒尼人民间传说《阿诗玛》改编的大型歌剧，由辽宁歌剧院在沈阳上演。

同日 蒋介石发表元旦文告。

1 月 2 日 中共中央批转国务院财贸办《关于 1963 年财政、信贷、外汇、市场平衡问题向中央汇报的提纲》。《提纲》要求：通过挖掘生产潜力和利用清仓物资，增加更多的商品，增加一两亿元的财政收入；在支出方面，将原定的 1963 年支援农业的长期无息贷款减少 2 亿元，对供销社的贷款也要通过扩大股金的办法适当减少；严格控制劳动工资，切实完成 1963 年的减人计划；社会集团开支总数，不得超过 1962 年的水平；在外贸方面，适当扩大以进养出；此外，还要全力抓工商企业的扭亏增盈工作。

同日 新华社报道：国家经委最近召开全国工业交通工作会议，讨论工业形势和任务，确定今年主要工作，坚决完善地把工业转到以农业为基础的轨道上来。

同日　上海第六人民医院主治医师陈中伟等成功地把一个工人完全被轧断的右手进行断肢再植,这在国内是第一次。

同日　台湾"省政府"宣布以完成"都市平均地权"为施政重点。

1月3日　中共中央批准下达1963年基本建设计划草案。草案是按照77.1亿元的总规模进行安排的。中共中央在指示中强调指出:1963年的基建投资只能适当增加,步子不能迈得太大;各地、各部门必须坚决按此计划办事;自筹资金的建设项目,也必须一律纳入计划。

1月8日　台湾"国防部"证实曾派出大批"游击干部"赴大陆建立基地。

1月9日　中国自己设计自己制造的大型氮肥厂(年产10万吨硫酸铵)吴泾化工厂建成并投产。

1月13日　中国和尼泊尔政府在加德满都签订《关于修建加德满都—拉萨公路议定书》。

1月15日　台湾"立法院"通过《所得税再修正案》。

1月16日　台湾"行政院"核定公布《台湾"省议会"组织规则》。

1月17日　新华社报道:香港英国当局最近企图强拆九龙城寨房屋,迫迁居民。我外交部严重抗议这一侵犯我国主权的行为。

1月18日　中国共产党代表团团长伍修权在德国统一社会党第六次代表大会上致词,再一次呼吁兄弟党平等协商、消除分歧、加强团结。

同日　中共中央同意并批发国家计委《关于1963年国民经济计划(草案)的报告》。草案主要内容是:农业总产值比上年预计增长8.5%,工业总产值增长5.7%,国家财政收支各327亿元,社会商品零销总额563亿元。草案对主要产品产量均作了计划。中央认为这个计划草案注意了综合平衡,是能够争取完成和超额完成的,要求各地、各部门按此先行安排工作。

1月20日　中央军委决定航空研究院由国防科委领导,业务上接受空军指导。

1月21日　国防部批准授予沈阳部队工程兵某部四班"雷锋班"的光荣称号,沈阳部队领导机关举行盛大的命名大会。同日,雷锋烈士生前事迹展览馆开幕。

同日　中共中央对《组织工作会议纪要》作出批示。1962年10月25日—12月8日,中央组织部召开了组织工作会议,着重讨论了执政党的建设问题。《会议纪要》认为,今后党在基层工作方面的主要任务是,继续做好重新教育党员的工作,有重点地整顿党的基层组织,加强党的基层组织的经常工作,并在此基础上,有领导、有计划、有步骤地对所有的党员进行一次重新登记,以达到进一步提高党员质量、纯洁和巩固党的组织、增强党的战斗力的目的。中央在批示中指出:党要管党。执政的党,必须永远注意加强党的建设,必须认真地执行民主集中制,必须对干部和党员提出更高更严的要求。

1月22日　中共中央批转中宣部、中组部《关于一年来轮训干部工作的情况和今后意见向中央的报告》。批示指出:由于国际共产主义运动中两条路线的斗争已进入了一个新阶段,由于干部的社会主义思想准备需要继续加强,各地党委必须认真作好干部轮训工作,帮助干部进一步提高思想政治水平,以便他们能更好地完成党和国家的艰巨复杂的斗争任务。

1月23日　文化部在《关于加强农村电影发行放映工作向国务院文教办公室

的报告》中提出：调整农村放映网，充实农村放映力量；改进农村影片节目的供应，增加农村影片拷贝的供应量；整顿和培训农村放映队伍，提高农村放映队的服务质量。

1月27日 中共中央对《关于整顿商业队伍会议的纪要》作出批示。财贸办公室于1962年12月召开全国整顿商业队伍会议，讨论了继续精减商业人员问题和调整、充实、提高商业队伍的问题。《纪要》提出1963年坚决完成中央决定精简80万商业人员的指示。中央在批示中指出，商业工作任务十分繁重，政策性很强，必须下决心把商业队伍整顿好、教育好、培养好。

1月29日 周恩来在上海科学技术工作会议上发表"建设社会主义强国，关键在于实现科学技术现代化"的讲话。他提出了如何实现科技现代化的具体意见。

同日 "台湾电力公司"宣布，在台湾南部地区筹建第一座原子能发电厂。

2月1日 华东农业先进集体代表会议和农业科技工作会议在上海开幕。会上，周恩来号召踏踏实实开展农业生产运动。柯庆施提出办好人民公社的三个环节：民主办社好，干部思想作风好，党的支部好。

2月2日—27日 全军政治工作会议在北京举行。罗荣桓、罗瑞卿到会讲话。肖华作《两年来军队创四好连队的基本经验》的报告。3月27日，中共中央颁布这次会议通过的《中国人民解放军政治工作条例》。该《条例》规定军队必须实行党委员会制度、政治委员会制度和政治工作制度，政治工作必须发扬党的工作作风，贯彻群众路线等。

2月3日 新华社报道：全国跨省的公路班车线，目前比1961年增加了12条。

2月7日 北京、武汉、郑州等地隆重纪念"二七大罢工"40周年，"二七烈士纪念碑"在江岸落成。

2月8日 中共中央决定国家计委成立由李富春、李先念、谭震林、薄一波、陈伯达、邓子恢、程子华、薛暮桥八人组成的领导小组，主要是研讨年度计划和长远计划的方针、政策、任务及主要指标，研究和确定实现计划的重大措施，并且定期听取计委日常工作的汇报。

同日 周恩来出席文艺界元宵晚会，要求作家、艺术家加强同人民群众的联系，并过好五关：思想关、政治关、生活关、家庭关、社会关。

同日 中共中央、国务院决定成立第四机械工业部。该部除直接管理原第三机械工业部第十总局所属企业、事业单位外，同时管理地方无线电工业，并对整个的无线电工业的建设，进行统筹规划，全面安排。

同日 蒋介石宣称"国军准备随时收复大陆"。

2月8日—28日 柬埔寨国家元首诺罗敦·西哈努克亲王应刘少奇主席之邀来我国进行国事访问。

2月8日—3月底 中共中央和国务院联合在北京召开全国农业科学技术工作会议。来自各地科研机关、产业部门和高校等几十个不同学科的科学工作者、教授和工程技术专家们，同政府有关部门的领导人一起，制定了今后若干年内我国农业科技的发展规划，提出了3000多项实现全国农业发展纲要所需进行的科研课题。毛泽东以及党和国家其他领导人接见了出席会议的代表，周恩来、谭震林、聂荣臻到会讲话。

2月9日 台湾"行政院"修正公布所谓的《台湾省议员选举罢免规则》。

2月9日、15日　解放军总政治部和团中央分别发出通知,号召广泛开展"学习雷锋"的教育运动。

2月11日—28日　中共中央在北京召开工作会议,讨论关于在城市开展"五反"运动、严格管理大中城市集市贸易和坚决打击投机倒把、1963年国民经济计划和中小学工作条例等问题。会上,毛泽东介绍了湖南开展社会主义教育运动及河北保定地区清理账目、清理仓库、清理财物、清理工分(简称"四清")的经验。提出"阶级斗争,一抓就灵",督促各地注意阶级斗争和社会主义教育问题。

2月11日—3月12日　人民解放军总参谋部、总政治部、总后勤部在福州联合召开岛屿战备工作业务会议。参加会议的有沿海军区、警备区、要塞区、陆军军、海军舰队、基地,军区空军和军兵种及总部有关部门的负责人。3月31日,三总部向中共中央、中央军委上报了《关于岛屿战备工作业务会议的综合报告》《关于岛屿防御作战指导原则》。

2月13日　台湾"省议会"通过《台湾省社会救济调查办法》及《台湾省各公立医院附设贫民施医办法》。

2月15日　中国政府和阿拉伯也门共和国政府决定将两国公使级外交代表升格为大使级。

2月17日　《人民日报》报道:国家计委草拟的《李富春同志关于编制长期规划工作的讲话要点》,报送中共中央,并发各地。《要点》提出:编制长期规划,要有20年的远景设想,就是要基本上实现农业、工业、国防和科学文化四个现代化,基本上建立全国统一的、独立完整的、现代化的国民经济体系;还有10年的轮廓计划,目标需要在计划编制过程中逐步明确起来;并要有第三个五年计划的具体目标,

就是集中力量基本上解决吃穿用问题。

同日　中央军委发出指示,号召全军立即掀起学习郭兴福教学方法的热潮。

2月21日　王金玉、罗致焕在第57届世界男子速度滑冰锦标赛上,打破男子速度滑冰全能世界纪录。罗致焕在1500米比赛中获得世界冠军。

2月22日—3月10日　全国医学科学工作会议在北京召开。会议提出制定了《1963至1972年科学技术发展规划(草案)》医学科学部分;卫生部医学科学研究委员会改称卫生部医学科学委员会,并下设各专题委员会。

2月23日　我外交部照会印度驻华使馆,再次强烈抗议印方变本加厉冻结和夺取中国银行在印资产、加紧迫害该行人员的行径。

同日　台湾与美军联合举行"天兵3号"伞兵空降演习。

2月27日　中央音乐学院中国音乐研究所几年来搜集整理了各民族歌舞、说唱、器乐和戏曲等音乐艺术大量资料,出版了《苗族民歌》、《苗族芦笙》、《西藏古典歌舞——囊玛》和《西藏民间歌舞——堆谢》等书。

2月　中国科学院成立星际航行委员会,由竺可桢、裴丽生、钱学森、赵九章、谷羽等组成。

3月1日　中共中央发出《关于厉行增产节约和反对贪污盗窃、反对投机倒把、反对铺张浪费、反对分散主义、反对官僚主义运动的指示》。"五反"运动是又一次大规模地打击和粉碎资本主义势力猖狂进攻的社会主义革命斗争。《指示》提出运动分为三个阶段进行:第一阶段,先把增产节约运动切实地深入地开展起来;第二阶段,结合增产节约,反对铺张浪费,整顿制度;第三阶段,再结合前两个阶段,

大张旗鼓地开展群众性的反对贪污盗窃和投机倒把的运动。运动的各个阶段，都必须以增产节约为中心。

同日 国防部发言人发表声明，宣布中国边防部队2月28日全部完成在中印边界全线主动后撤计划。

3月3日 中共中央、国务院作出《关于全部完成和力争超额完成精减任务的决定》，并附发了中央精简小组、国家计委、劳动部《关于继续完成精减任务和调整工资的报告》。《决定》提出，1963年，全国必须减少职工160万人以上，减少城镇人口800万人，并尽可能超额完成。此外，准备今后15年左右时间里，每年动员和组织城镇中上百万的青壮年下乡，参加农业生产。所附《报告》提出：在减少大量职工后，国家预计拿出11亿元来调整职工的工资。

同日 中共中央、国务院发出《关于粮食工作和农产品收购工作的几个问题的决定》，指出：①今后5年内，在粮食逐年增节和农民生活逐渐改善的基础上，要适当增加征购，增加上调，严格控制销售，减少进口，补充库存；②对生产队包干的粮食征购数目应在中央分配的征购计划的基础上，按照全国平均计算，加上10%左右的机动数；③收购主要农产品奖售物资，除个别调整外，一般维持在上年水平。

同日 中共中央、国务院发出《关于严格管理大中城市集市贸易和坚决打击投机倒把的指示》，指出为了巩固和发展社会主义市场阵地，今后对大中城市集市贸易，应采取加强管理、缩小范围、逐步代替、区别对待、因地制宜的方针。

3月5日 《人民日报》发表毛泽东为雷锋的题词："向雷锋同志学习。"刘少奇题词是："学习雷锋同志平凡而伟大的共产主义精神。"周恩来题词是："向雷锋同志学习憎爱分明的阶级立场，言行一致的革命精神，公而忘私的共产主义风格，奋不顾身的无产阶级斗志。"朱德题词是："学习雷锋，做毛主席的好战士。"邓小平题词是："谁愿当一个真正的共产主义战士，就应该向雷锋同志的品德和风格学习。""雷锋模范事迹展览"19日在京展出，各报刊登了"雷锋日记摘抄"。全国掀起了学习雷锋的热潮。

同日 台湾"省议会"通过《警察机关监管应注意分子办法》。

3月13日 中共中央将《民委党组关于少数民族牧业区工作和牧业区人民公社若干政策的规定（草案）》发给各少数民族及有关地区研究执行。

3月15日 台湾当局与美军联合举行"银锋"两栖登陆演习。

3月16日 中共中央同意轻工业部党组的报告，决定全国烟草工业统一由轻工业部管理，并成立中国烟草工业总公司，统管原料收购和产品销售工作。

同日 国务院全体会议举行第127次会，通过西藏自治区各级人民代表大会选举条例（草案）、统计工作试行条例等。

3月19日 中共中央、国务院同意全国物价委员会的报告，决定提高粮食的销售价格和棉花的收购价格。

3月20日 中共中央发出《关于各地对社员宅基地问题作一些补充规定的通知》。文件指出：社员的宅基地，都归生产队所有，一律不准出租和买卖，但仍归各户长期使用。社员宅基地上的附着物，如房屋、树木、厂棚等永远归社员所有，社员有买卖或租赁房屋的权利。社员需建用宅基地，经社员大会讨论同意，由生产队统一规划，利用闲散地，新建住宅地，不收地价；社员不能随便扩大墙院、宅基地。

3月21日 中共广西壮族自治区委

员会批准恢复广西壮族自治区少数民族语言文字工作委员会。

3 月 23 日 中共中央发出《全日制小学暂行工作条例(草案)》和《全日制中学暂行工作条例(草案)》及《关于讨论试行全日制中小学工作条例草案和对当前中小学教育工作几个问题的指示》。这些文件规定了全日制中小学教育的方针、任务、学生的培养目标和中小学的领导体制等。

3 月 25 日 国务院发出《关于打击投机倒把和取缔私商长途贩运的几个政策界限的暂行规定的通知》。

同日 美援公署署长在台湾称,公署决定协助台湾诱导外人来台投资。

3 月 26 日 美国国防部长麦克纳马拉反对削减对台湾的军援。

3 月 27 日 中共中央颁布《中国人民解放军政治工作条例》。

同日 农垦部制定了《国营农场二十年发展规划纲要(草案)》。

3 月 29 日 中共中央批转文化部党组《关于停演"鬼戏"的请示报告》。《报告》要求全国各地,一律停演有鬼魂形象的各种"鬼戏";新编剧本一律不得采用鬼魂形象的题材。

3 月 30 日 刘少奇主席发布特赦令,对于确实改恶从善的蒋介石集团、伪满洲国和伪蒙疆自治政府的战犯,实行特赦。最高人民法院 4 月 9 日特赦释放战犯35 名。

同日 刘少奇主席命令公布《西藏自治区各级人民代表大会选举条例》。

同日 全国人大常委会举行第九十一次会议,批准西藏自治区各级人民代表大会选举条例和商标管理条例。

3 月 31 日 中华人民共和国体育运动委员会发出《关于试行运动队伍工作条

例(草案)的通知》。

3 月 中国科学院新技术局主持制定了《中国科学院关于国防科研成果管理暂行办法(草案)》,并成立了成果管理机构,加强对科研成果的管理。

4 月 2 日 云南省人民委员会根据佤族人民的要求,改"佧瓦族"称谓为"佤族",并报请国务院批准。

4 月 4 日 石油部提出 1963 年增产节约计划。主要指标是:保证增产原油 12万吨,争取 20 万吨;节约用水 1381 万吨,节约用电 2615 万度,节约燃料油 31700吨,节约管理费用 5%,增加上缴利润 2000万元。

同日 中央农民运动讲习所旧址纪念馆在武汉开幕。

同日 台湾"省政府"公布实施《台湾省内伪劣农药取缔办法》。

4 月 5 日—14 日 第 27 届世界乒乓球赛在布拉格举行。中国队获男团冠军,庄则栋获男单冠军,张燮林、王志良获男双冠军。

4 月 8 日 总政举行优秀剧目授奖大会,周总理接见获奖作家。话剧《霓虹灯下的哨兵》、《第二个春天》等作者获优秀创作奖。电影《槐树庄》、《东进序曲》等获优秀电影奖。

4 月 10 日 全国农业发展和农业技术改革规划委员会在北京召开第一次会议,讨论制定农业长期规划的方针、任务、政策和方法问题。

同日 国务院第 130 次会议,决定设立全国物价委员会和国家编制委员会,作为国务院的两个直属机构,并提请人大常委会审议批准。会议通过《关于物价管理的试行规定》。规定指出:物价的管理,必须贯彻执行统一领导、分级管理的原则,既要集中统一,全面安排,又要因地制宜。

据此,对物价管理体制作了 12 项具体规定。

4 月 11 日 台湾当局决定 4 月 29 日为郑成功收复台湾纪念日。

4 月 12 日 中共中央、国务院同意并批发全国物价委员会《关于 1963 年调整物价问题的报告》。报告对各种物价的具体安排意见是:农产品收购价格适当提高;消费品零售价格进行有升有降的调整;农业生产资料的出厂价适当降低;重工业产品出厂价不作重大调整;集市贸易价格争取继续有较大幅度的下降,并调整和平抑短途运价。

4 月 12 日—5 月 16 日 刘少奇主席和夫人先后访问了印度尼西亚、缅甸、柬埔寨和越南。国务院副总理兼外交部长陈毅和夫人陪同访问。

4 月 13 日 新华社报道:解放军射箭女选手李淑兰在广州全国射箭通讯比赛中打破 5 项世界纪录;男选手徐开财打破两项世界纪录。

同日 内蒙古草原科学研究所在呼和浩特成立。

4 月 15 日 新华社报道:我国自己制造的第一艘远航西非海岸的"和平号"远洋货轮最近从科纳克里胜利返回广州。

同日 中华人民共和国体育运动委员会、教育部、卫生部、民族事务委员会、中国人民解放军总参谋部、广播事业局、共青团中央委员会、全国总工会、全国妇女联合会、全国青年联合会和全国学生联合会等 11 个单位发出《关于做好推行第四套广播体操工作的联合通知》。

4 月 17 日 中共中央办公厅通知:中央决定设立国务院内务办公室,统一管理国务院的公安部、内务部、民族事务委员会和宗教事务局四个单位的政策性问题和重要业务,党内受中央政法小组领导。

内务办公室主任由谢富治担任。

同日 文化部发布《文物保护单位管理暂行办法》,规定:各级文化部门,对本地区的文物进行系统的调查研究,作出鉴定和科学记录。

同日 国家体委公布第四套广播体操。

4 月 19 日 新华社报道:最近在陕西兴平县窦马村发现一件 2000 多年前的珍贵文物"嵌金铜犀尊",为研究我国铜器、手工艺史、美术史提供了很有价值的资料。

4 月 20 日 我国著名举重选手陈镜开,在北京以 151 公斤的成绩打破次轻量级挺举世界纪录。

4 月 25 日 国防部发布命令,授予驻上海某部八连以"南京路上好八连"光荣称号。《命令》号召全军部队,学习八连高举毛泽东思想红旗,不断提高无产阶级觉悟,发扬我军艰苦奋斗的优良传统,永远保持劳动人民勤劳勇敢的本色。命名大会 5 月 5 日在上海举行。毛泽东后来写了《八连颂》,赞扬他们的革命精神和高尚品质。

4 月 26 日 中央书记处讨论增产节约和"五反"运动问题,决定:①今年计划不变。不再搞"一年计划、计划一年"。②价格不变。增产节约,降低成本后,价格不要降低。③减人仍按中央原定指标。随着运动的开展,能够多减的人也不要多减,以保护职工的积极性。④对领导干部特殊供应的物品,取消肉、蛋、糖,保留植物油、烟、黄豆。

4 月 27 日 首批印度受难华侨 900 多人回到祖国怀抱,到达湛江。

同日 农垦部颁发试行《国营农场农业生产规章(草案)》。

4 月 28 日 中共中央统战部发出《关

于在增产节约和五反运动中如何对待党外人士的通知》。《通知》规定:对于上层民主人士,不组织他们参加五反运动,可以结合社会主义、爱国主义和国际主义教育,适当地进行有关五反问题的学习。对国家机关、国营和公私合营企业、学校中的一般党外人士、民主党派成员和私方人员,应当同国家工作人员一样参加五反运动,并且按照对国家工作人员的要求,一视同仁地对待。各民主党派、工商联和其他有关团体的中央一级的机关内,不搞五反运动。这些机关的干部可以适当进行学习。

同日　台湾投票选举第三届"省议员"。

4月29日　教育部发出通知:试行《高等学校培养研究生工作暂行条例(草案)》,和《教育部直属高等学校自然科学研究工作暂行简则(草案)》。

同日　台湾运动员杨传广在美国比赛时创下10项全能运动世界新纪录。

4月　中宣部召开出版工作座谈会。会后,中央批转了《中宣部关于出版工作座谈会情况和改进出版工作问题的报告》。

同月　我国政府应阿尔及利亚政府的邀请,第一次向第三世界国家派出中国医疗队。

同月　中共中央宣传部在北京召开文艺工作会议。会上,就柯庆施提出的所谓"写13年"问题展开激烈争论。周扬、林默涵、邵荃麟等人在发言中指出,"写13年"这个口号有片面性,批驳了那种认为只有写社会主义时期的生活才是社会主义文艺的错误论调。张春桥进行了无理辩解,拼凑了所谓"写13年十大好处"。

5月1日　我国"跃进号"远洋货轮(载重15930吨)赴日途中,在苏岩附近突然沉没。

同日　台湾"总统府"秘书长张群代表蒋介石访问日本。

5月2日—12日　毛泽东在杭州召集有部分中央政治局委员和大区书记参加的小型会议,讨论农村社会主义教育问题。这次会议制定了《关于目前农村工作中若干问题的决定(草案)》,即"前十条"。20日,中共中央将它印发全党贯彻执行。会后,各地根据"前十条"的精神,重新训练干部,进行试点,为大规模地开展农村社会主义教育运动进行准备。

5月4日　新华社报道:我国解放13年来,人民出版社出版的马克思、恩格斯著作共160多种,700多万册。

5月6日　江青组织围剿昆曲《李慧娘》的文章《评"有鬼无害"论》在《文汇报》上发表,从此开始了在报刊上一系列的点名批判。

同日　党和国家领导人周恩来、朱德、邓小平、贺龙、李先念接见来京参加"五一"节庆祝活动的黑龙江、辽宁、吉林、广东、广西、湖南、甘肃、青海、宁夏等省区的少数民族参观团和内蒙古、新疆少数民族青年学习参观团的全体代表,以及中央民族学院的应届毕业生。

5月6日—13日　人民解放军总参谋部在北京召开海边防作战会议。参加会议的有各军区、军兵种及总部有关业务部门领导人。会议总结了广东沿海地区军民全歼国民党军9股武装特务的经验,以及福建厦门前埔驻军对入窜的国民党军7名武装特务未能及时发现和全歼的教训。制定了"放上陆来打,断其退路,包围歼灭,同时在海上把其输送船打掉"的反小股武装力量袭扰的作战方针。确定建立和健全四道反小股武装特务防线:第一道是海上打击小股武装特务输送船;第二道是加强对海岸的警戒和港口船只的检查、管理;第三道是陆地防线,小股武装特务万一窜入大陆要迅速歼灭;第四道防线是隐蔽斗争防线,严密掌握社情动态,加强治安保卫工作。这四道防线,给敌人布下了天罗地网,使来犯者插翅难逃。

5月7日 新华社报道:我国邮电通信网路已延伸到广大农村,目前一般的县都有了10个左右的邮电局、所,95%以上的农村人民公社通上电话,邮路总长达270多万公里,长途电信线路总长比1957年增长54.9%。

5月8日 毛泽东在对东北、河南的两个报告的批示中指出:用讲村史、家史、社史、厂史的方法教育青年群众这件事是普遍可行的。此后,各级各类学校普遍开展了访贫问苦,请"三老"(老贫民、老工人、老红军)作忆苦思甜报告,通过社会调查写村史、家史、社史、厂史等活动,向学生进行阶级和阶级斗争的教育。

5月9日 毛泽东为《浙江省七个关于农村干部参加劳动的材料》写了批语,提出阶级斗争、生产斗争和科学实验,是建设社会主义强大国家的三项伟大革命运动,是使共产党员免除官僚主义、避免修正主义和教条主义,永远立于不败之地的确实保证,是使无产阶级能够和广大劳动群众联合起来,实行民主专政的可靠保证。

同日 中国人民解放军总政治部发表文章,介绍了南京路上好八连政治思想工作的八条主要经验:一是带着问题学习毛主席著作;二是运用活的教材,进行阶级教育和传统教育;三是抓苗头,把思想工作做在前面;四是坚持表扬好人好事进行正面教育;五是发挥骨干作用;六是党支部要管好干部;七是做好群众工作;八是正确地对待荣誉。总政号召全军连队向好八连学习。

5月10日 中共中央将宋任穷报告一份、河南省委报告一份,批转给各中央局和省、市、区党委,指出:在社会主义教育运动中,必须团结绝大多数(90%以上)的干部和群众,适当地解决人民内部矛盾。对坏人坏事,也要有分析。轻重不同,处理的方法也不同。必须以教育为主,以惩办为辅。

同日 中共中央、国务院批转国家计委《关于1963年高等学校毕业生分配计划的报告》。

同日 中华人民共和国体育运动委员会公布《中华人民共和国教练员等级制度》和《关于中华人民共和国教练员等级制度的说明》。

同日 台湾"立法院"修正通过所谓的《内政部组织法》。

5月14日 教育部颁发《中等专业学校学生成绩考核和升留(降)级办法(草案)》和《中等专业学校学生学籍管理办法(草案)》。

5月15日 中共中央批转最高人民法院党组《关于处理"五反"案件的报告》。根据中央书记处指示,《报告》提出:无论是运动中揭发出来或者是运动前定案的贪污盗窃、投机倒把分子,在运动期间,一律不杀,一般也一律不判;运动结束后,除罪恶严重,民愤很大并经中央政法小组报经中央批准者外,一律不杀。

5月16日 台湾当局决定停征临时"国防"特别捐。

5月21日 全国文联三届二次会议在北京举行,讨论了当前国内外形势下,如何进一步加强文艺战线,发挥文艺战斗作用的问题。

5月22日 第二届"百花奖"评奖结果揭晓。《李双双》获最佳故事片奖,《槐树庄》导演王苹获最佳导演奖。张良、张瑞芳分获最佳男女演员奖,仲星火获最佳配角奖。29 日,授奖大会在京举行。

5 月 23 日　教育部发出通知:试行重新制订的《中学生守则(草案)》,和《小学生守则(草案)》。

5 月 25 日　我全部完成释放和遣返被俘印军人员。26 日,国防部发表声明,被俘的全部印军人员 3942 名,以及死亡的 26 名被俘印军人员的尸体和骨灰,都交还了印度。

5 月 27 日　国务院颁布《森林保护条例》。

5 月 29 日　周恩来在中共中央和国务院直属机关负责干部会上作《反对官僚主义和过好"五关"》的报告。周恩来指出:官僚主义是领导机关最容易犯的一种病症,我们绝对不能容许官僚主义继续发展下去。各级领导干部要严格要求自己,一步一步地过好"五关",即思想关、政治关、社会关、亲属关和生活关。

5 月 30 日　中华人民共和国体育运动委员会公布"各项运动全国最高纪录审查及奖励制度"。

5 月　国家科委和文化部联合在北京召开科技出版工作会议。

同月　根据中央决定,从 1963 年 5 月起,解放军开始分期分批抽调干部,在地方党委的统一领导下,参加以"四清"为中心内容的城乡社会主义教育运动。

6 月 1 日　台湾空军上尉飞行员徐廷泽驾机起义,飞返祖国大陆。2 日,国防部长林彪授予他少校军衔,按规定奖给他黄金 2500 两。

6 月 1 日—15 日　国家计委在京召开年度计划工作座谈会,研究当前政治经济形势,对 1964 年发展国民经济的方针任务和主要指标的设想交换了意见。会议确定 1964 年计划的主要任务是,在大力发展农业的基础上,努力发展工业生产,加强国防,加强交通运输,适当扩大建设规模,适当改善人民生活,重点解决吃穿用问题,争取国民经济进一步的全面好转。具体指标为:农业增长 7% 左右,工业增长 8%～10%,财政收入增长 10% 左右,基本建设投资增长 15%～20%。

6 月 2 日　《人民日报》发表《昔阳干部劳动成风》,叙述了陈永贵的事迹。

同日　新华社奉命发表声明,"跃进号"货轮因触礁沉没。

同日　台湾第三届"省议会"组成。

6 月 11 日　全国人大常务委员会副委员长、政协全国委员会副主席、中国民主同盟主席沈钧儒在京逝世,享年 88 岁。

6 月 13 日　美国国防部长宣称,美国在亚洲有赖台湾和南朝鲜对抗"大陆中国"。

6 月 14 日　中共中央复信苏共中央,提出关于国际共产主义运动总路线的建议。

6 月 16 日　中共中央批转总政治部报告,将基层专职人民武装干部列入地方编制,他们的工资、福利费由国防费开支,其他经费和一切待遇,均与各单位编内的同级干部一样由地方解决。

6 月 17 日　《人民日报》全文刊载中共中央 6 月 14 日对苏共中央 1963 年 3 月 30 日来信的复信,题目是《关于国际共产主义运动总路线的建议》。复信就国际共产主义运动总路线以及当代世界的基本矛盾、无产阶级和无产阶级专政、战争与和平等问题,阐明了自己的观点,作为对中苏两党会谈内容的建议,共计 25 条。复信决定派代表团到莫斯科去,同意把两党会谈由 6 月中旬推迟到 7 月 5 日举行。

6 月 19 日　人民解放军空军部队在

华东地区上空击落美制蒋介石集团 P2V 型飞机 1 架。

同日 劳动部、教育部、全国总工会联合发出《关于企业职工业余学校专职工作人员配备的暂行规定》。

6 月 20 日 国家计委发出《关于单独列出天津、沈阳、武汉、广州、重庆、西安等六大城市计划指标的通知》。11 月 23 日，又决定从 1964 年开始，对哈尔滨也单独列出计划指标。

同日 中央拨给内蒙古自治区白银五万两，供专门制作各种民族用品和银饰品。

6 月 23 日 中共中央转发最高人民法院党组《关于恢复和健全司法行政机构的请示报告》。《报告》提出：最高人民法院设立司法行政厅，高级人民法院和大城市的中级人民法院，均设立司法行政处，一般城市和地区中级人民法院，设司法行政科。司法行政工作的任务，以管理干部和管理政法教育和干部训练工作为主，同时管理人民调解委员会、人民法院、人民陪审员，以及政策法律宣传、公证、法院的设置和编制等项工作。

6 月 26 日 中共中央、国务院转发教育部《关于高等院校专业调整会议的报告》。4 月 8 日至 25 日，教育部召开会议，主要讨论进一步调整全国高等学校专业设置问题。会议确定：两三年内，一般不增设新专业；全国高校保留本科专业 549 种，2527 个；结合专业调整裁并 9 所学校，恢复 12 所学校，将 4 所高等学校改为中等学校。会议还确定了高校的修业年限和发展规模的原则意见等问题。中共中央、国务院在批转这一报告时说，专业调整的目的在于稳定专业设置，集中人力、物力办好学校，从而有效地提高教学质量。

同日 中共中央、国务院颁布《关于加强高等学校统一领导、分级管理的决定（试行草案）》。

同日 中国参加第一届新兴力量运动会筹备委员会在京成立。筹委会决定派出中国体育代表团参加首届运动会。贺龙被推为筹委会主席。

同日 蒋介石对美国记者称，"光复大陆"时机愈益迫近。

6 月 29 日 公安部发表公报：我东南沿海军民 21 日至 28 日连续歼灭从海上偷渡登陆的 6 股美蒋武装特务。

6 月 29 日—7 月 10 日 中央安置工作领导小组召开城市精简职工和青年学生安置工作会议。会议指出，在今后 15 年内，每年大约有百万左右的青年需要有计划地安置下乡，参加农、林、牧、副、渔业生产。确定安置下乡的学生，年龄可以由 18 岁放宽到 16 岁，条件是能够独立生活。安置的主要方向是插入农村生产队。

7 月 1 日 中共中央发表《关于中苏两党会谈的声明》。宣布：根据已达成的协议，中国共产党和苏联共产党将在 7 月 5 日开始在莫斯科举行两党会谈。中共中央决定，中共代表团团长为邓小平，副团长为彭真，团员为康生、杨尚昆、刘宁一、伍修权、潘自力。中共中央责成我代表团在会谈中，遵循我党坚持原则、坚持团结的一贯立场。

7 月 3 日 李富春在第二届全国人大常委会第九十九次会议上作《关于第二个五年计划后两年的调整计划和计划执行情况的报告》，认为"二五"计划的前三年，计划指标过高，基本建设规模过大，国民经济比例关系不协调。后二年调整工作收到的成效主要是：加强了农业战线，使农业生产有了恢复；降低了某些重工业品的生产量，增加了农业生产资料、日用工业品、某些重要的原材料的生产；缩小了基本建设规模,调整了投资分配比例,提高了工程质量;大量地减少了职工和城镇人口;改进了国营商业的购销工作,恢复了供销合作社,加强了集市贸易管理;外贸顺差 18 亿元左右,按期偿还苏联借款和利息 52.89 亿元。

7 月 4 日　古典藏剧《诺桑》经过西藏藏剧团整理搬上舞台。

7 月 5 日　台湾"立法院"通过《戡乱时期贪污治罪条例》。

7 月 5 日—20 日　中苏两党代表团在莫斯科举行会谈。22 日,新华社发布两党会谈公报。《公报》说,会谈中,双方就现代世界发展,国际共产主义运动和中苏关系等一系列重大原则问题,阐述了各自的观点和立场。根据中共代表团建议,双方达成协议:代表团的工作暂时告一段落,再过一些时候,继续举行会谈。

7 月 6 日—25 日　国家经委召开中央局经委主任会议。会议认为,我国工业开始出现了全面好转的新形势,但也存在一些问题,最突出的是产供销之间发生了新的不平衡。为促进工业形势的更大好转,会议要求:①下半年要尽一切可能增加生产建设和人民生活急需的各种产品,对少数供过于求的产品适当地限制或减少生产。②积极解决某些工业企业产品的积压问题。③改进企业管理。提高质量,降低成本。

7 月 10 日　中共中央宣传部发出《关于调整初级中学和加强农业、工业技术教育的初步意见(草稿)》,并要求各省、市、自治区协同有关部门提出举办职业、技术学校的初步措施和规划。

7 月 14 日　苏共中央发表《给苏联各级党组织和全体共产党员的公开信》,采取歪曲事实,颠倒是非的手法,对中国共产党进行攻击。中国共产党为了说明真相,辨明是非,不得不详加答辩。这样,中苏两党之间便开始了公开论战。

同日　中国科技大学首届 1600 多名毕业生举行毕业典礼。陈毅、聂荣臻到会祝贺。

7 月 15 日　教育部发出《关于开办外国语学校的通知》。据此,北京、上海等地先后举办外国语学校,至 1964 年全国共有 14 所。

7 月 18 日　首都万人集会,热烈欢迎参加莫斯科世界妇女大会的中国代表团。团长杨蕴玉在报告中揭露,苏联代表团操纵大会,精心策划了一次反华大合唱。

7 月 20 日　台湾与象牙海岸"建交"。

7 月 21 日　中共中央、国务院批转《劳动部关于 1963 年工资工作安排意见的报告》。其内容为:工资总额由原来的 212 亿元增为 213 亿元;调整工资指标由原来的 11.5 亿元减为 11 亿元,为 40% 的职工调整工资。按照这样的安排,今年职工的年平均工资,预计可以达到 643 元。

同日　新华社报道:我国跳伞选手崔秀英、耿桂芳、赵月英 21 日在京打破女子日间 1500 米集体定点跳伞世界纪录。

7 月 23 日　中共中央、国务院决定中西药品的经营管理实行由商业部、卫生部共管,卫生部门要充实和加强药政机构,作好药政管理工作。

同日　新华社报道:"毛泽东号"机车包承组,16 年来已安全行车 150 万多公里。

同日　教育部发出通知:从本年起,对少数特别优秀的高等学校毕业生采取提前选拔、单独分配的办法。并决定先在全国重点高等学校的理、工、农、医各科和浙江大学试行。

7 月 24 日　周恩来批准国家计委关于追加下半年基本建设投资 7.75 亿元的

建议。把原定的基本建设投资和全年追加的投资算在一起，共 86.84 亿元。

7月29日 美国售台一批猛犬型装甲战车移交台湾陆军。

7月30日 邓小平在工业问题座谈会上传达毛泽东的指示：还要进行三年调整，重点是巩固、充实、提高。邓小平强调，今后三年，必须创造条件，为第三个五年计划做好准备。每个行业都要确定重点是什么。

7月31日 中共中央批转中央精简小组《关于精减任务完成情况和结束精减工作的意见的报告》。《报告》说：从1961年1月到今年6月的两年半时间里，全国职工减少了1887万人，城镇人口减少了2600万人，吃商品粮人数减少了2800万人。由于大量减少了职工、城镇人口和吃商品粮的人口，加强了农业战线，减少了工资开支，减少了粮食销量，提高了企业的劳动生产率，对于改善城乡关系，争取财政经济状况好转，起了很大作用。《报告》宣布，全国性的精减工作基本结束。

同日 中国政府发表声明，主张全面、彻底、干净、坚决地禁止和销毁核武器，倡议召开世界各国政府首脑会议。8月2日，周恩来写信给世界各国政府首脑，转达了这一声明，并表示希望能够得到各国政府的认真考虑和积极响应。

8月2日 国务院批转教育部《关于调整中等专业学校学生人民助学金问题的报告》。

8月4日—10日 索马里共和国总理阿卜迪拉希德·阿里·舍马克，应邀来华访问。中索两国签订了经济技术合作协定，10日发表联合公报。

8月6日 薄一波在各部委负责人会议上谈1964年计划。他说，1964年计划归纳起来就是，吃穿用第一，基础工业第二，兼顾国防第三。这是发展工业的方向，也是国民经济计划的方向。在三年之内，调整就是这样摆法。

同日 台湾"行政院"重新修正《都市平均地权条例》。

8月8日 毛泽东发表呼吁世界人民联合起来，反对美帝国主义的种族歧视、支持美国黑人反对种族歧视的斗争的声明。

同日 教育部电报传达周恩来关于应届毕业生工作的指示。指示要求领导在处理毕业生工作分配问题时，要注意"公私兼顾，先公后私"的精神，尽可能照顾个人的合理要求。

8月9日—18日 国务院在北京召开第二次全国集中产棉县棉花生产会议，主要讨论了几项增产棉花的重要工作。会议提出了《做好当前棉花增产几项重要工作的建议》和《提高明年棉花产量几项主要技术措施的建议》。8月25日，国务院转发了这两个《建议》，要求各产棉区的省、专、县政府和农业部门，应该认真组织社队干部和社员，学习这两个建议，改进技术措施。力争棉花超产。

8月14日 中共中央、国务院批转国家财贸办公室《关于在大中城市集市贸易中进一步开展代替私商工作的报告》。《报告》说：代替私商的工作，是同加强市场管理、打击投机倒把和平抑集市价格的工作结合进行的。它是经济战线上阶级斗争的一个方面，是增产节约和"五反"运动以及社会主义教育运动的一个组成部分。

同日 美援公署署长白慎士在台湾表示，美援将从下年度起缩减，并在4年内停止援助。

8月15日 国务院发出《关于收购子棉和皮棉若干问题的规定》，指出：目前棉花收购工作,应根据兼顾国家、集体、个人三方面利益的原则,统筹兼顾、全面安排。

8月17日　国家计委印发8月15日报告中央的《关于1964年国民经济控制数字的初步安排意见》和附件。计划控制数字的总轮廓是:1964年工农业总产值1475亿元左右,其中农业产值495亿元左右,工业产值980亿元左右。安排意见还初步设想了1965年国民经济主要指标的轮廓。

同日　国务院发出通知:高等学校毕业生见习一年的制度逐步改为先参加劳动实习一年,然后再见习一年的制度。1963年先行试点。

同日　国务院批转国防部、教育部《关于制定高等学校和高级中学(中专)民兵试点训练大纲(草案)问题的请示报告》。

8月18日　泥人张彩塑展览在中国美术馆开幕。

8月22日　哈尔滨军事工程学院低速风洞建成,并首次试车成功。

同日　台湾"行政院"通过,台湾参加签署禁止核试验条约。

8月28日　《全日制小学暂行工作条例(草案)》和《全日制中学暂行工作条例(草案)》以中央文件下发试行。

8月29日　毛泽东接见正在北京访问的越南南方民族解放阵线代表团,发表《反对美国——吴庭艳集团侵略越南南方和屠杀越南南方人民的声明》,强烈谴责美吴集团血腥镇压越南南方佛教徒、大中学校学生、知识分子和广大人民的罪行,热情支援越南人民的反美爱国正义斗争。

同日　国家计委、国防工业办公室向中共中央、国务院和中央军委提出《关于国防工业1964年计划控制数字的报告》,《报告》提出,1964年国防工业的主要任务是:争取在尖端科研试制方面取得决定性的胜利,力争原子能工业两年计划目标的实现;加强常规装备生产,争取主要装备的生产有较多的增长,更好地满足军队装备和储备的需要。基本建设投资的重点是:继续以"两弹"为中心,保证原子能工业和导弹生产、科研建设的重点工程,适当地增加无线电、航空工业和其他急需的补缺配套项目的建设。

8月上旬　河北省部分地区连降暴雨,造成有记录以来最大的一次洪水。海河水系各河(北运河除外)沿岸各地党、政、军、民,英勇地展开了抗洪抢险斗争。

8月　周恩来在人民大会堂对首都音乐舞蹈界就音乐舞蹈问题谈话,提出音乐舞蹈必须进一步民族化、群众化、树立民族音乐舞蹈为主体和"先分后合"的方针。

9月1日　台湾"美援运用委员会"改名为"国际经济合作发展委员会"。陈诚兼主任委员。

同日　台湾花莲港正式开放为国际港。

9月5日　国家计委、经委、财贸办公室和对外贸易部在京召开对外贸易计划会议,确定1963年对外贸易收购计划由原来的53.8亿元增加到60.25亿元。由于对苏联和东欧各国出口商品的减少,今后组织出口货源工作的指导思想应当是:大力发展适合对资本主义市场出口的商品的生产,进一步提高产品的质量,增加花色品种,以适应资本主义市场的特点。

9月6日　《人民日报》、《红旗》杂志联合发表编辑部文章:《苏共领导同我们分歧的由来和发展》(一评)。文章说:在中苏两党之间,在国际共产主义运动中,分歧的产生完全是由于苏共领导背离了马克思列宁主义,背离了1957年宣言和1960年声明的革命原则,在国际共产主义运动中推行一条修正主义路线、分裂主义路线。《人民日报》、《红旗》杂志编辑部评论文章到 1964 年 7 月 14 日，先后共发表九篇（简称"九评"）。

同日 北京故宫博物院举办历代名画陈列。

同日 蒋经国访问美国。

9 月 6 日—9 月 27 日 中共中央在北京举行工作会议，讨论了农村工作、1964 年国民经济计划等问题，并着重讨论了工业发展的方针问题。会议确定把 1963 年到 1965 年的三年时间作为第二个五年计划到第三个五年计划的过渡阶段。在这个阶段中，应贯彻执行以下四条方针：①以农业为基础、以工业为主导的发展国民经济的总方针；②自力更生，奋发图强，艰苦奋斗，勤俭建国的方针；③按照解决吃穿用，加强基础工业，兼顾国防，突破尖端的次序安排经济计划的方针；④继续实行调整、巩固、充实、提高的八字方针。在这个阶段，工业的各个部门，要认真做好提高质量，增加品种，增平补齐，成龙配套的工作；并要搞好设备更新和专业化协作。会议对三年后的任务，提出了分两步走的设想：第一步建立一个独立的、比较完整的工业体系和国民经济体系，使我国工业大体接近世界先进水平；第二步，使我国工业走在世界前列，全面实现农业、工业、国防和科学技术现代化。会议提出了 1964 年国民经济计划（草案），制定了《关于农村社会主义教育运动中一些具体政策和规定（草案）》（简称"后十条"）。"后十条"强调"以阶级斗争为纲"，同时又指出团结 95% 以上的农民群众和农村干部的重要性，规定了依靠基层组织和基层干部，以及正确对待地主、富农子女等政策。会后，各地在试点的基础上，在部分县、社开始进行社会主义教育运动。

9 月 7 日 中共中央发出《关于在农村社会主义教育运动中对待侨户问题的指示》。《指示》指出，在社会主义教育运动中，侨眷归侨众多的地区，不仅要真正团结 95% 以上的干部和群众，并且还应做到进一步扩大统一战线。《指示》提出了 9 条对待侨户问题的措施，总的精神就是要贯彻落实党的侨务政策。

9 月 10 日 中国电视代表团首次参加阿联第二届国际电视节。

9 月 13 日 《人民日报》、《红旗》杂志再次联合发表编辑部文章：《关于斯大林问题》（二评）。文章说：斯大林是伟大的马克思列宁主义者，赫鲁晓夫反对斯大林，实际上是疯狂地反对苏维埃制度，反对苏维埃国家，是为了扫除这个伟大的无产阶级革命家在苏联人民中和世界人民中不可磨灭的影响，也是为了否定斯大林曾经捍卫和发展的马克思列宁主义，为他们全面推行修正主义路线开辟道路。

9 月 14 日 国务院第 135 次会议，通过《中国人民解放军军官服役条例修正草案》。9 月 28 日人大常委会第一百零二次会议修改后批准。

同日 新华社报道：中国音乐家协会向全国推荐 8 首革命歌曲：《全世界无产者联合起来》、《高举革命红旗》、《学习雷锋好榜样》、《听话要听党的话》等。

同日 第一次全国棉花学术讨论会在京举行，评定一批科研成果。

9 月 15 日—27 日 国家主席、中共中央副主席刘少奇访问朝鲜。

9 月 16 日 国务院举行全体会议，讨论和批准了"西藏地区各县、区、乡农民协会章程"和"西藏地区减租减息办法"等议案。

9 月 16 日—10 月 12 日 中共中央和国务院召开第二次城市工作会议。会议提出当前城市工作的主要任务是：继续做好工业的调整工作,进一步确定企业的发展方向、生产规模和协作关系,加强设备和厂房的维修,加强科学技术的研究,改善企业的经营管理;努力做好商业工作,按照经济区划合理地组织商品流通,更好地为生产和生活服务;大力发展城市郊区的农副业生产,建立副食品生产基地,保证城市副食品供应;加强房屋和其他市政设施的维修,在工厂中,解决废水、废气、废渣的处理和利用问题;积极开展计划生育,争取在 3 年调整时期,把城市人口增长率降到 20‰以下。

9 月 17 日　中共中央、国务院决定将兵器工业、造船工业从第三机械工业部分出来,分别成立第五、第六机械工业部。

9 月 18 日　我国自己设计制造的第一个硫化铁厂——安徽向山硫化铁厂首期工程完工,每年能处理 40 万吨原矿。

同日　日本首相池田勇人对美国记者表示台湾当局无望“反攻大陆”。台北日本“大使馆”前发生抗议示威。

9 月 20 日　中共中央、国务院发出通知,要求中央各部门和地方各级组织的接待人民来访的单位,应加强工作。群众提出的各种要求,凡是合理的、现在可以解决的,都应当负责地、及时地给以解决;不合理的、现在还不能解决的,都应当耐心地向人民群众进行解释。通知规定:中央各部门和省、市、自治区党委、人委,都要有一位领导同志主管这项工作;对人民群众提出的各种问题,一般采取归口处理;省地(专)两级的党政机关,对于人民来信来访提出的问题,应当力求多办,少往下转。县的党政机关,对于人民来信来访中提出的问题,一般应当只办不转。

同日　台北日本“大使馆”遭到投掷石块袭击。

9 月 22 日　新华社报道:我国自行设计、施工和安装的新安江水电站已向上海、南京、杭州输送强大电流,还为长江三角洲地区的农田排灌提供了大量动力。

9 月 26 日　中共中央办公厅发出通知,要求对中央草拟的《关于工业发展问题(初稿)》继续研究。文件提出我国工业发展的方针是:①工业和农业密切结合,以农业为基础,以工业为主导。②生产资料的生产和消费资料的生产密切结合,发展重工业与发展轻工业同时并举。③民用工业和国防工业密切结合,发展基础工业与发展尖端技术同时并举。文件还提出若干政策性问题:①充分发挥老工业基地的作用,同时要解决新基地、新企业存在的问题。②实行大中小企业相结合。③技术政策在战略上迎头赶上,在战术上是循序渐进。④管理工业企业,主要是用经济的办法,而不能片面地依靠行政手段。⑤整个工业管理体制,集中过多或过于分散,都是不对的。

同日　《人民日报》、《红旗》杂志联合发表编辑部文章:《南斯拉夫是社会主义国家吗?》(三评),称南斯拉夫已“资本主义复辟”,南斯拉夫国家政权已从无产阶级专政“蜕变成资产阶级专政”。

9 月 28 日　刘少奇主席发布命令,公布《中国人民解放军军官服役条例》。

9 月 29 日　新华社发布消息:我国国民经济在克服了连续三年严重自然灾害造成的困难后,已经开始全面好转。

9 月 30 日　国家科委下达《1964 年科学技术中间试验计划控制数字》,列入计划的共 149 个项目。

同日　首批直-5 型直升机经批准定型投产,其动力装置活塞-7 也于同年 12 月 25 日投入批量生产。

9 月　中国自行研制的直-5 型直升机试飞成功,并于同年开始装备部队。

直—5型直升机是首型国产军用多用途直升机。

同月　中国科学院经济研究所所长孙冶方作《社会主义计划经济管理体制中的利润指标》的研究报告,提出要抓企业利润,反对不计成本、不讲效益的企业管理体制。他的观点被说成是修正主义的经济观点,当即遭到康生、陈伯达组织的批判和围攻。孙冶方坚持自己的观点,康生对他进行政治陷害,派"四清"工作队进驻该研究所,搞孙冶方与张闻天(该所的特邀研究员)的"反党联盟问题"。把孙冶方打成该所"反党联盟"的头目,罢了官,下放农村"劳动改造"。

10月1日　由邮电部和人民解放军共同建设的成都至拉萨的长途电信架空明线线路竣工。

10月4日　中日友好协会在京成立,郭沫若为名誉会长,廖承志为会长。

同日　蒋介石对美国记者称,要乘大陆粮荒严重时"反攻大陆"。

10月8日　中共中央、国务院作出《关于建立中国农业银行,统一管理国家支援农业资金的规定》。中央决定从上而下地建立中国农业银行的各级机构,把过去由财政部门直接拨付的各项支援农业的资金和由人民银行办理的各项农业贷款,统一管理起来,并统一领导农村的信用社工作。农业银行的编制总额规定为135000人。

10月10日　国家体委发出通知,决定10月15日起实行新的运动员和裁判员等级制度,同时公布新的运动员等级标准。

10月12日　中央军委颁发《中国人民解放军保守国家军事机密条例》,并发出通知,要求全军以《条例》为保密工作的依据,坚决贯彻执行。

同日　画家徐悲鸿逝世10周年纪念展在中国美术馆举行。

同日　台湾当局特设专用电台,与大陆反动分子进行联络。

10月13日　台湾与美国就台湾纺织品输入美国签署四年协定。

10月16日—25日　中华全国手工业合作社第二次社员代表大会在京召开,该社主任陈一帆作了报告。大会通过了《中华全国手工业合作总社章程》。

10月17日　国务院批准农垦部成立华南热带作物产品公司。

10月18日　中共中央发出《关于加强少年儿童校外教育和整顿中小学教师队伍的指示》,并附发了共青团中央《关于加强城市少年儿童校外教育工作的报告》。

10月19日　台湾当局与美军举行"天兵4号"空降演习。

10月22日　《人民日报》、《红旗》杂志联合发表编辑部文章:《新殖民主义的辩护士》(四评)。文章论述了中国共产党对于民族解放运动的基本观点,说赫鲁晓夫在为帝国主义新殖民主义效劳方面,比老修正主义在为帝国主义老殖民主义效劳方面,做得并没有丝毫逊色。

10月26日　中共中央、国务院批准下达1964年国民经济计划和国家预算。1964年计划的基本要求是:争取农业有一个更好的收成,工业生产持续上升,人民生活继续有所改善,基本建设着重做好水利工程和基础工业的充实提高、填平补齐、成龙配套、更新改造的工作,国防工业有所壮大,整个国民经济进一步地全面好转。计划主要目标:工农业总产值1467亿元,比1963年预计增长8%左右,其中农业7%以上,工业8%左右。粮食3410亿斤至3435亿斤,棉花2442万担至2553万担;钢 840 万吨,煤炭 2.13 亿吨,原油 760 万吨。国家预算收入 382 亿元左右,增长 11.9％左右。国家预算内基本建设投资 111.08 亿元。社会商品零售总额,大体可以和购买力相适应。

10 月 28 日 新华社报道:陈永康水稻高产经验已形成一套比较完整的科学经验,在正常年景下,他的试验田亩产可达千斤左右。

同日 国务院批转教育部《关于中等专业学校专业的设置和调整问题的规定》。

同日 教育部发出《关于全日制高等学校举办的函授部和夜大学人员编制的暂行规定(草案)》。

10 月 29 日 中国印刷公司在北京成立。

11 月 1 日 人民解放军再次击落窜扰华东地区上空的美制台湾 U－2 型飞机 1 架。

同日 台湾空军 U－2 型高空侦察机在华北地区上空被击落。

11 月 2 日 新华社报道:我国独创的新型耐火材料——镁铝砖在天津钢厂等处显示优异性能,天津钢厂一座平炉连续炼出 1304 炉钢,鞍钢一座大型平炉连续 11 个月炼出 626 炉钢。

11 月 3 日 国务院发布《发明奖励条例》和《技术改进奖励条例》。

11 月 4 日 公安部发表公报:我东南沿海军民连续歼灭 9 股美蒋武装特务;在越南偷渡登陆企图窜入我广东的 6 股美蒋武装特务,被越南军民全部歼灭。

11 月 6 日 毛泽东等致电赫鲁晓夫等,热烈祝贺十月革命 46 周年。

11 月 8 日 中国伊斯兰教第三次代表大会在京闭幕,包尔汉继续当选为第三届委员会主任。

11 月 9 日 中共中央批转国家科委党组和文化部党组《关于进一步加强科学技术出版工作的报告》,《报告》针对近年来科技新书品种大幅度下降的情况,提出了改进意见。

11 月 10 日—22 日 第一届新兴力量运动会在印度尼西亚雅加达举行。中国体育代表团参加了 14 个项目的比赛,获得 66 个第一名、56 个第二名和 46 个第三名,13 人 17 次打破了 16 项全国纪录,2 人 2 次打破 2 项世界纪录。

11 月 10 日—20 日 北京电视台首次出国报道体育活动——雅加达第一届新兴力量运动会。

11 月 12 日 中国农业银行在北京成立。它是国家的专业银行,是国务院的一个直属机构。

同日 国民党第九次"全国"代表大会召开。

11 月 13 日 新华社报道:上海制成我国自行设计的第一艘大型捕鲸船。

11 月 14 日 中共中央发出《关于印发和宣传农村社会主义教育运动问题的两个文件的通知》,对 9 月中央工作会议制定的《后十条》进行了一些小的修改,增加了"必须注意点面结合,积极做好面上的社会主义教育工作"一段话。《通知》还改变了中央 5 月 20 日《通知》中关于凡是暂时不准备推行社会主义教育运动的县、社和大队,暂时不要下达《前十条》的规定。《通知》要求做一次伟大的宣传运动,使《前十条》和《后十条》在全国家喻户晓。

11 月 17 日 毛主席为河北抗洪抢险斗争展览会题词:"一定要根治海河。"

同日 台湾当局在各地学生中推行针对日本的"五不运动"——不买日货、不看日本电影、不听日本音乐、不读日本书刊、不讲日本话。

11月17日—12月3日 第二届全国人民代表大会第四次会议在北京召开。会议听取、审查并批准了李富春所作的《关于1963年国民经济计划执行情况和1964年国民经济计划草案的报告》，国务院副总理兼财政部部长李先念代表国务院作的《关于1963年国家预算草案和预计执行情况、1964年国家预算初步安排的报告》。周恩来在会上就当前国内外的形势和任务作了讲话。会议指出，我国的国民经济，在调整、巩固、充实、提高的工作中，取得了巨大成就，已经开始全面好转。会议着重指出了我国在进行社会主义建设中坚持自力更生的重大意义。同时宣布，我国需要的石油，过去绝大部分依靠进口，现在已经可以基本自给了。

11月17日—12月4日 政协三届四次会议在京召开。会议听取了政协副主席陈叔通作的政协三届常委会工作报告。全体委员列席了人大二届四次会议。会议一致同意陈叔通在报告中提出的政协今后的六大任务：①推动各界人士在社会主义建设的各个战线上，积极贡献力量。②在各界人士中继续广泛开展爱国主义、国际主义和社会主义的思想教育运动，帮助各界人士进行自我教育和自我改造。③政协各级组织要根据中国共产党的加强民主集中制的要求，进一步密切同各界人士的联系，积极宣传党和政府的政策方针，向党和政府反映各方面人士的意见和建议。④帮助政协地方委员会在统一战线工作中发挥更多的作用。⑤继续从各方面为解放台湾而斗争。⑥坚决拥护我国对外政策总路线。彭真在闭幕会上讲了话。

11月18日 中共中央、国务院对教育部党组《关于减少教授、副教授校外兼职和社会活动问题的请示报告》作出批示。批示说，我国教授、副教授不多，他们是我国社会主义建设和科学、教育事业的宝贵财富。合理而恰当地安排和使用这一部分力量，是加速发展我国科学、教育事业的重要因素。要采取坚决有效的措施，切实减少这一部分人的校外兼职和社会活动，切实保证他们有5/6的业务工作时间。在学校内部，也要切实帮助他们安排好工作，充分发挥他们的专长，减少行政事务，保证业务工作时间，配备必要的较强的助手，使他们能有更多的精力与时间，在教学、科研工作和培养后备力量方面发挥更大的作用。

同日 解放军班长欧阳海舍身救列车，光荣牺牲。

11月19日 国务院批复财政部、林业部、中国人民银行，在执行国务院《关于国营企业销货收入扣款顺序的暂行规定》时，森林工业企业应该提取的维持生产基金和育林基金，可以同预留工资基金和大修基金一样，按照规定的提取比例预留。

11月22日 中国阿富汗边界条约在北京签字。

同日 国务院农林办公室、财贸办公室批转农业部、林业部、水电部、财政部《关于农业资金的分配、使用和管理的暂行规定（草案）》。文件对农业水利资金的分配和使用原则、农业事业费、支援穷队投资、农业贷款的使用和管理等九个问题做了规定。

11月26日 美国新任总统约翰逊致电蒋介石，强调美国与台湾当局的"友谊"不变。

11月29日 新华社报道：我国海洋运输业日益发展，沿海运输网初步形成，海港吞吐能力扩大；远洋航开辟通往东南亚、欧洲、非洲三条航线，先后到达过30多个港口。

11 月　毛泽东对《戏剧报》和文化部进行了两次批评。认为，一个时期，《戏剧报》尽宣传牛鬼蛇神。文化部不管文化，封建的、帝王将相的、才子佳人的东西很多。文化部要好好检查一下，认真改正，如果不改，文化部就要改名字，改为帝王将相部、才子佳人部或外国死人部。

同月　中国科学院半导体所研制出五种硅平面管样管百余只。

12 月 1 日　新华社报道：我国自制的电子计算机应用范围日益扩大。几年来，在天气预报、农业机械化规划等方面，在力学、原子能等科研中都使用了电子计算机。

12 月 2 日　中共中央、国务院原则批准了中央科学小组、国家科学技术委员会党组《关于 1963 年—1972 年科学技术发展规划的报告》、《科学技术发展规划和科学技术事业规划》。在 10 年规划中，选定 32 个国家重点项目，由国家科委会同有关部门逐步作出安排，并组织科技力量全力以赴，务求尽早作出结果。

同日　中共中央、国务院发出《关于加强基本建设拨款监督工作的指示》。

12 月 4 日　陈诚辞台湾"行政院长"一职获准。

12 月 6 日　中国水产学会成立大会暨学术讨论会在北京举行。

12 月 10 日　台湾"立法院"通过严家淦出任"行政院长"。

12 月 12 日　毛泽东在中宣部文艺处编印的一份上海举行故事会活动的材料上批示：各种艺术形式——戏剧、曲艺、音乐、美术、舞蹈、电影、诗和文学等等，问题不少，人数很多，社会主义改造在许多部门中，至今收效甚微。许多部门还是"死人"统治着。又说：许多共产党人热心提倡封建主义和资本主义的艺术，却不热心提倡社会主义的艺术，岂非咄咄怪事。根据这个批语，中华全国文学艺术界联合会及其所属各协会开始整风。

同日　中共中央发出《关于加强相互学习，克服故步自封、骄傲自满的指示》。

12 月 13 日　中共中央批转湖南省委关于参观农业生产情况的报告，并作了重要批示。湖南省委派遣大批省、地、县三级干部到先进的省市学习，努力克服盲目骄傲自满的问题。中央认为，这种虚心学习外省经验的态度和办法是发展我国经济、政治、思想、文化、军事、党务的重要方法之一。要求把学习别部、别省、别单位的好经验、好作风、好办法，作为一项制度定下来。按照中央的指示，全党进行了一次反骄破满的教育。

12 月 14 日　中国同肯尼亚建立外交关系。

同日　国务院批转财政部、中央民委《关于改进民族自治地方财政管理体制的报告》和《关于改进民族自治地方财政管理的规定（草案）》。

12 月 14 日—1964 年 2 月 29 日　国务院总理周恩来访问阿联（即阿拉伯联合共和国，当时包括埃及和叙利亚，这次访问了埃及）、阿尔及利亚、摩洛哥、突尼斯、加纳、马里、几内亚、苏丹、埃塞俄比亚、索马里、缅甸、巴基斯坦、锡兰等国家，增进了中国同亚非国家的友好合作关系，加强了中国人民同亚非人民之间的友谊和团结。在访问索马里期间，周恩来总理宣布了中国政府对外提供经济援助一贯根据平等互利、严格尊重受援国的主权和独立、尽量减少受援国的负担、帮助受援国逐步走上自力更生、经济上独立发展的道路等八项原则。

12 月 15 日—1964 年 1 月 7 日　国务院在北京召开全国工业交通工作会议。

会议期间，毛泽东在一封信中指出：现在有人提议从上至下都学解放军，都设政治部、处和政治指导员，实行"四个第一"和"三八作风"。我也建议从解放军调几批好的干部去工业部门做政治工作。看来不这样做是不能振作起整个工业部门（还有商业部门、农业部门）成百万成千万的干部和工人的革命精神的。按照毛泽东的指示精神，会议决定，加强政治思想工作，广泛开展比学赶帮，掀起增产节约运动的新高潮。

12月16日 中共中央委员、政治局委员、人大常委会副委员长、国防委员会副主席罗荣桓元帅在京逝世，享年61岁。

12月18日 谭震林传达邓小平关于制定农业长期规划的指示。邓小平提出，第三个五年计划可以先搞5亿亩稳产高产田，第二步再搞5亿亩。第三个五年用于农业的总投资可以从国家投资、群众投资（劳力为主）和国家贷款三个方面考虑，主要用于水利。关于肥料问题，从增加有机肥料到增加化学肥料两方面考虑。解决穿的问题，一方面增产棉花，一方面积极搞合成纤维。第三个五年计划就是解决吃穿用的问题。

12月21日 中国同布隆迪建立外交关系。

12月23日—1964年1月4日 解放军总政治部在北京召开全军政治工作会议。会议要求全军更高地举起毛泽东思想红旗，坚持四个第一，发扬三八作风，把创造四好连队的工作做得好上加好。

12月25日 新华社报道：我国石油产品基本自给，从国外进口"洋油"的时代即将一去不复返。原油产量达648万吨，石油产品产量占全国消费量71.5%。这是我国自力更生地进行经济建设取得的一项重大成就。

同日 哈尔滨发动机厂改型设计和试制的可一机四用的活塞－8型发动机通过鉴定验收投入批生产。该机可用于图－2、伊尔－14、伊尔－12、C－46飞机，使因缺少发动机及其备件的几百架飞机"复活"。

12月28日 文化部、中国人民保卫世界和平委员会、中国人民对外文化协会、中国文联以及中国美协联合举办的世界文化名人、画家齐白石诞生100周年纪念展览，在中国美术馆举行。

同日 中国美协举行全国连环画评奖，并在中国美术馆举行授奖大会。

12月29日 第五届全国版画展览会同时在北京、上海、广州、重庆开幕。

12月30日 国务院全体会议批准《中华人民共和国飞行基本规则》和《外国民用航空器飞行管理规则》。

同日 台湾当局就日本政府将大陆叛逃人员周鸿庆遣返一事提出抗议，并召回驻日"大使"。

12月31日 中共中央转发《关于加强研究外国工作的报告》，决定成立由廖承志、周扬等21人组成的"国际研究指导小组"，廖承志为组长，周扬、张彦为副组长，姚溱为秘书长。毛泽东作关于加强研究宗教问题的批语：对世界三大宗教，我们没有知识，国内没有一个由马克思主义者领导的研究机构，没有一本可看的刊物。不批判神学，就不能写好哲学史，也不能写好文学史或世界史。

12月 中宣部召开宣传工作会议，布置关于《共产党宣言》等30本马列著作的学习问题。人民出版社迅速组织了30本书的出版工作。

1964 年

1月1日 《人民日报》发表题为《乘胜前进》的社论。

同日 人民文学出版社和文物出版社同时出版发行《毛主席诗词》。这本诗词除收入毛泽东以前发表过的 27 首外,还收入了未发表过的 10 首新作。

同日 北京科学会堂正式开放。这座"科学家之家"是由中国科学技术协会主办的。

同日 新华社报道,我国 1963 年新建和扩建了 10 个毛纺织厂,分布在青海、新疆、内蒙古等盛产羊毛的地区和北京、天津、沈阳、哈尔滨、咸阳等城市。按设计要求,这 10 个厂的规模约 6 万枚纺锭,每年可以生产 1100 多万米毛纺织品。

同日 大型飞机设计研究所成立,1968 年迁至西安阎良。

同日 蒋介石发表元旦文告。

1月2日 中共中央批转中央监委《关于五反运动中对贪污盗窃、投机倒把问题的处理意见的报告》。中央在批示中指出:在五反这类运动中,党的一贯的指导方针是:敌我问题从严,人民内部问题从宽;在人民内部问题中,批评与自我批评从严,党纪、政纪、法律处分要分别情况,酌量从宽,必须严肃与谨慎相结合。要防止把问题扩大化,防止打击面过宽,处分人过多,而事后又要对处分过重、处分错了的人进行甄别平反,赔礼道歉。中央监委在报告中指出:要注意划分贪污盗窃与非贪污盗窃,投机倒把与非投机倒把的界限。在对有贪污盗窃、投机倒把行为的人进行组织处理时,必须坚持"过去从宽、现在从严,坦白从宽、隐瞒从严,退赃从宽、不退从严"的方针。共产党员贪污盗窃、投机倒把非法所得在 5000 元以上的,一律开除党籍。凡属贪污盗窃的赃物赃款和投机倒把的非法所得,不论数量多少,包括受刑事处分的,都必须彻底退还。

1月3日 刘少奇召集中宣部和文艺界的有关同志谈文艺问题。会上,刘少奇传达了毛泽东 1963 年 12 月关于文学艺术工作的批示。

同日 中国人民解放军开展学习郭兴福教学法活动。郭兴福是某军发现培养的训练教学典型,军委常委叶剑英观看郭兴福教学方法表演后,在报告中给予了高度评价。其后,总参谋部、总政治部推广、宣传了郭兴福教学法。

1月5日 中共中央、国务院转发教育部拟订的《中小学教育和职业教育七年(1964—1970)规划要点(初步草案)》。规划要点提出除办好一批中小学校、提高教育质量外,应采取多种形式普及小学教育,积极试办和发展职业教育,为青少年劳动就业做好必要的准备。

同日 《人民日报》报道:1963 年与1957 年相比,全国农机站增加 2.87 倍,拖拉机增加 4.67 倍。全国已有 60% 以上的县建立了农机站。

1月8日 中共中央主席毛泽东以及党和国家其他领导人刘少奇、邓小平、彭真、李富春、薄一波、罗瑞卿、杨尚昆等,下午接见了出席中国人民解放军全军政治工作会议、全军后勤工作会议、中国人民公安部队干部会议、全国工业交通工作会议、全国省市自治区工会主席会议、全国职工业余教育工作会议、第一机械工业部工厂设计工作会议、成套设备工作会议的全体人员。

同日 中国人民解放军总政治部和国务院财贸办公室就选调转业军官到商

业部门服务的问题,向中共中央和国务院写出报告。报告提出,准备在1964年选调3万名军官到商业部门工作。1月16日,中共中央、国务院批示同意此报告。

1月9日 中国人民解放军总政治部为国家工业、交通、财贸、农林部门建立政治机构,从军队抽调干部。中央决定,在中央、大区两级的工业、交通、财贸、农林部门及省、市、自治区的工业、交通、财贸系统普遍建立政治机构。并决定第一批从军队抽调205名师以上各级政治领导干部,分别去工业、交通、财贸、农林部门的政治部担任领导工作。

同日 去年10月在日本叛逃的大陆人员周鸿庆返回大陆。台湾当局就此发表声明,称日本政府"亲共",损害了"台日关系"。

1月9日—2月5日 中华人民共和国国务院总理周恩来先后到突尼斯共和国、加纳共和国、马里共和国、几内亚共和国、苏丹共和国、埃塞俄比亚、索马里共和国等国进行友好访问。陪同周恩来访问的有国务院副总理兼外交部长陈毅及其他人员。

1月10日 中国同突尼斯建立外交关系。

同日 台湾当局宣布暂停与日本"政府间"的贸易。

1月11日 台湾"行政院"宣布"政府机关"和公营事业机构暂停向日本采购。

1月12日 中共中央主席毛泽东对《人民日报》记者发表谈话指出:目前巴拿马人民正在英勇地进行的反对美国侵略、维护国家主权的斗争,是伟大的爱国斗争。中国人民坚决站在巴拿马人民一边,完全支持他们反对美国侵略者,要求收回巴拿马运河区主权的正义行动。

同日 中华人民共和国主席刘少奇、

国务院总理周恩来、全国人大常委会委员长朱德分别致电巴拿马总统恰里和议长罗萨斯,表示中国政府和人民坚决站在巴拿马这一边,支持巴拿马政府和人民为维护国家主权和民族尊严的正义斗争。各民主党派和人民团体也分别发表声明或谈话,声援巴拿马人民的斗争。

1月13日 中共中央批转徐冰《关于中央统战部几年来若干政策理论性问题的检查总结》。1962年八届十中全会后,中央统战部在政策思想检查的名义下,对李维汉自1956年以来在政策研究过程中提出过的一些理论政策性意见进行了不点名批评,共开了40多次会议。作为这次批判的结果,1963年5月27日,将徐冰所作的总结报送中共中央。毛泽东审阅了此报告,并作了具体修改。

1月14日 中共中央发出《关于依靠群众力量,加强人民民主专政,把绝大多数四类分子改造成新人的指示》。这个指示是在批发谢富治、谢觉哉、张鼎丞在人大二届四次会议上的发言时作出的。中央指出:我们应当基本上实行"一个不杀,大部(90%)不抓",依靠群众力量,把绝大多数的四类分子改造成为新人的方针。这样做,有利于争取四类分子的子女,能够更大限度地孤立和改造那些迄今还表现不好的四类分子。

同日 台湾新闻界拒登日商广告。

1月15日 周恩来总理访问加纳共和国期间,在答加纳通讯社记者问时,提出中国政府对外经济技术援助的八项原则:①不把援助看作单方面的赐予;②提供援助绝不附带任何条件;③以无息或低息贷款方式提供援助,尽量减少受援国负担;④不造成受援国对中国的依赖;⑤力求投资少、收效快;⑥中国政府提供自己所能生产的、质量最好的设备和物资;⑦

保证使受援国的人员充分掌握所援助的技术;⑧中国专家同受援国自己的专家享受同样的物质待遇。这八项原则,写入 21 日发表的中国同马里共和国两国政府的联合公报中。

1 月 17 日　国务院发出《关于 1964 年预算管理制度的几项规定》:①关于 1964 年地方财政收支范围的划分。②根据统一领导、分级管理原则,各省、自治区、直辖市有相应的预算调剂权。③1964 年地方预备费一般按省市支出总额的 2% 计算;民族自治区、州、县按 5%、4%、3% 计算。④关于对各地区、各部门动用历年结余的控制办法。⑤超收的安排使用办法。⑥地方追加支出的原则。⑦对天津、广州、沈阳、重庆、武汉、西安、哈尔滨七大城市的预算管理办法,其财政收支范围,比照中央对省划分收支的办法。

1 月 20 日　台湾停止放映日语电影。

1 月 20 日—2 月 11 日　文化部在南京召开故事片厂厂长、党委书记扩大会议,传达毛泽东、刘少奇等的指示。会议提出今后故事片题材应按现代题材(建国后)60%,革命历史题材 30%,其他题材 10%的比例分配。

1 月 21 日　台湾装甲兵副司令赵志华在新竹县湖口装甲基地,意图率兵向蒋介石实施兵谏未果被捕。

1 月 27 日　中共中央主席毛泽东接见正在我国访问的日本亚非团结委员会常务理事、日中友好协会副会长、日本贸易促进会理事长铃木一雄,日本亚非团结委员会常务理事、亚洲及太平洋区域和平联络委员会副秘书长西园寺公一和日本共产党中央委员会机关报《赤旗报》驻京记者高野好久。毛泽东就日本人民反对美帝国主义的斗争发表了谈话。

同日　中华人民共和国政府和法兰西共和国政府发表关于中法两国建立外交关系的联合公报。两国政府为此商定在 3 个月内任命大使。

同日　中国人民解放军总后勤部颁布《划区供应方案(草案)》。

同日　台湾当局就中法宣布建交向法国提出强烈抗议。

1 月 28 日—2 月 9 日　召开全国农业会议。会议认为农业生产面临着令人振奋的大好形势,1963 年出现了全面增长。会议要求各级农村干部高举毛泽东思想红旗,学习解放军,加强思想政治工作。会议期间交流了各地农业生产的经验,例如山西省介绍了大寨大队的经验。

同日　《人民日报》发表社论:《管好用好国家支援农业的资金》。社论说:中国农业银行最近召开了全国分行行长会议,讨论迅速建立各级农业银行的问题。农业银行的基本任务是统一管理国家支援农业的资金。社论说,农业生产资金主要依靠农业本身的积累,但要把我国农业经济逐步改造成为"现代化的社会主义的大农业经济",还需要国家从财政上大力支援,从农业信贷上给予援助。

1 月 30 日　全国体总第四次代表大会在北京举行。会上,讨论修改了全国体总章程,选举了全国体总第四届委员会,委员共 147 人,选举马约翰为主席。

1 月　中国自行研制的 62 式轻型坦克、63 式水陆坦克、63 式履带装甲输送车、64 式中型坦克牵引车开始装备部队。至此,人民解放军陆军已经拥有 59 式主战坦克、62 式轻型坦克、63 式水陆两栖坦克、64 式装甲人员输送车等成体系的各型装甲战斗、勤务车辆,标志着人民解放军的现代化建设跨上了一个重要台阶。

同月　文化部召开农村读物出版工作座谈会。会后,中宣部批转了文化部

《关于农村读物出版工作座谈会的报告》。

2月1日《人民日报》发表社论：《全国都要学习解放军》。

同日《中国人民解放军纪律条令》发布。

2月2日—10日应中共中央的邀请，新西兰共产党总书记维乔·威尔科克斯来我国访问和休假。9日，毛泽东主席会见了威尔科克斯和夫人，同他们进行了亲切友好的谈话。

2月4日《人民日报》、《红旗》杂志联合发表编辑部文章：《苏共领导是当代最大的分裂主义者》（七评）。文章指出：苏共领导用修正主义来同马克思列宁主义相对抗，用大国沙文主义和民族利己主义来同无产阶级国际主义相对抗，用宗派主义和分裂主义来同无产阶级的国际团结相对抗。苏共领导就使自己成为整个国际共产主义运动的分裂制造者，成为社会主义阵营的分裂制造者，也成为许多兄弟党内部的分裂制造者。

2月5日中共中央发出《关于传达石油工业部关于大庆石油会战情况的报告》的通知。石油部关于大庆石油会战情况的报告总结了大庆石油会战取得的成果：一是拿下了一个大庆油田，这个油田是目前世界上特大油田之一。二是建成了年产原油几百万吨的生产规模和大型炼油厂第一期工程，质量良好。三是三年多累计生产原油1000多万吨，油田生产管理水平不断提高。四是进行了大量的科学研究工作，解决了世界油田开发上的几个重大科技难题。五是经济效果好，国家投资已经全部收回，并开始为国家积累资金。六是锻炼培养出了一支有阶级觉悟，有一定技术素养，干劲大，作风好，有组织，有纪律，能吃苦耐劳，能打硬仗的石油工业队伍，并且取得了比较丰富的经验。

大庆石油会战的基本经验：①社会主义的现代化企业，必须革命化。②高度的革命精神与严格的科学精神相结合。③现代化企业要认真搞群众运动。④认真做好基础工作，狠抓基层建设。⑤领导干部亲临前线，一切为了生产。⑥积极培养和大胆提拔年轻干部。⑦培养一个好作风。⑧全面关心职工生活。⑨认真地学习人民解放军的政治工作。通知发出后，全国工交战线开始了学习大庆经验的运动。

同日新华社报道，国防部最近发布三项命令：①授予人民解放军某部六连以"硬骨头六连"称号。命令说，六连是一个战备思想硬、战斗作风硬、军事技术硬、军政纪律硬的英雄连队。命令号召全军各部队，认真学习六连英勇顽强、艰苦奋斗精神，为提高我军战斗力而加倍努力。②授予人民解放军某部一营三连七班以"欧阳海班"的称号，表彰和纪念这个班的班长欧阳海舍身救列车的伟大精神。命令号召全军指战员学习欧阳海全心全意为人民服务的崇高品质。③追授人民解放军某部炮兵连驭手谢臣为"爱民模范"，并以"谢臣班"的光荣称号授予谢臣生前所在的五班，表彰谢臣舍己救人的高贵品质。

2月6日解放军总政治部发出《关于给国防工业部门抽调干部和训练干部问题的通知》。遵照毛泽东关于从军队抽调干部到工业部门工作和军队院校为工业部门训练干部的指示，总政治部决定抽调2048名干部到国防工业政治部和第二、三、四、五、六机械工业部工作，并为上述工业部门训练4315名党政干部。

同日中共中央决定成立学制问题研究小组。小组成员由林枫、蒋南翔、张劲夫等9人组成。林枫为组长，蒋南翔为副组长。5月，又增加小组成员3名。中央认为,我国现在的学校教育,存在两大问题亟待解决:一是修业年限长,一是课程负担重。现行学制有改革的必要。学制研究小组的任务是组织力量,调查研究,讨论酝酿,草拟一种或数种改革方案,提请中央审核决定。此后,学制研究小组进行了一系列调查研究工作。

2 月 9 日、29 日 毛泽东先后会见两个外国党的领导人。在谈话中,毛泽东批评中央联络部部长王稼祥,说他主张"三和一少",中央统战部有人不讲阶级斗争,中央农村工作部部长邓子恢主张"三自一包"(三自是自留地、自由市场、自负盈亏;一包是包产到户),目的是要解散社会主义农业集体经济,要搞垮社会主义制度。毛泽东还说,"三和一少"是他们的国际纲领,"三自一包"是他们的国内纲领。这些搞修正主义的人,有中央委员、书记处书记、还有副总理。除此以外,每个部都有,每个省都有,支部书记里头更多。

2 月 10 日 《人民日报》发表新华社记者所写的通讯报道《大寨之路》,并发表社论《用革命精神建设山区的好榜样》,号召全国学习大寨的革命精神。这个报道和社论发表后,全国农业战线开展了学习大寨经验的运动。

同日 台湾当局宣布与法国"断交"。

2 月 11 日 国家体委公布第一批 43 名围棋手段位称号。

2 月 13 日 毛泽东在人民大会堂召开教育工作座谈会(当天是甲辰年春节,亦称"春节座谈会")。刘少奇、邓小平、彭真、陆定一、康生、林枫、章士钊、陈叔通、郭沫若、许德珩、黄炎培、朱穆之、张劲夫、杨秀峰、蒋南翔、陆平 16 人参加。毛泽东在会上说:教育的方针路线是正确的,但是方法不对。我看教育要改变,现在这样还不行。课程多、压得太重是很摧残人

的。学制、课程、教学方法、考试方法都要改。学制可以缩短,课程可以砍掉一半。学生要有娱乐、游泳、打球、课外自由阅读的时间。现在的考试方法是用对付敌人的方法,实行突然袭击。题目出的很古怪,使学生难以捉摸,还是考八股文章的办法,这种做法是摧残人才,摧残青年,我很不赞成,要完全改变。毛泽东还列举了孔夫子、李时珍、富兰克林、高尔基自学的事例,说明很多人都是自学成才的,主张改革教育。

同日 台湾当局与美军联合举行"枕戈"两栖作战演习,蒋介石前往观看。

2 月 15 日 中共中央和毛泽东作出关于组织高级干部学习马、恩、列、斯著作的批示。八届十中全会后,根据毛泽东的意见,中共高级干部开始读马恩列斯的书。同日,中共中央批转了《关于高等军事学院高干读书班学习情况的报告》和《关于空军几个单位高级干部读书情况的汇报》,并批示:现在国际共产主义运动正处在一个极其重要的关键时期,为了粉碎现代修正主义的进攻,我们必须重新学习马克思、恩格斯、列宁、斯大林、毛泽东的著作,掌握马克思列宁主义这个锐利的武器。我们党的高级干部中的不少人,由于长期处在战争条件下,或者由于长期以来工作十分繁忙,缺少认真读书的机会,缺少必要的理论修养,必须下决心挤出一定时间,认真坐下来读书,补一补课。中共中央同时下发了《干部选读马克思、恩格斯、列宁、斯大林著作目录(草案)》,提出 30 本书,由各地从中圈定,组织地委以上干部阅读。

2 月 16 日 《人民日报》发表社论《继续动员和组织城市知识青年积极参加建设社会主义新农村》,28 日发表社论《热情关怀回乡下乡的知识青年》。有的县回乡

和下乡知青已占农村整半劳动力的 20% 左右,有的公社甚至占 50% 左右。3 月 20 日,《人民日报》又发表社论《知识青年上山下乡是移风易俗的革命行动》。

2 月 17 日 由中华全国总工会拨款修建的西藏第一所工人疗养院在林芝县落成。

2 月 20 日 《人民日报》报道:国务院财贸办最近在北京举行全国商业部门改善经营管理工作会议。会议总结了 1963 年商业部门开展的改善经营管理运动的情况,特别指出 1963 年全国商业部门节约的费用共达 14 亿元。会议还着重讨论了商业部门如何学习人民解放军加强政治思想工作问题。《人民日报》为此发表了社论《商业部门也要学习解放军》。

2 月 20 日—28 日 中国航空学会在北京召开成立大会,沈元任理事长。学会出版《航空学报》和《航空知识》。

2 月 20 日—3 月 9 日 全国国营农场工作会议在北京举行。1963 年全国国营农场耕地面积比 1957 年增长 1 倍多,粮食总产增产 2 倍多,农场人口增长 4 倍多;农垦系统所属国营农场上交国家的商品粮增长 5 倍多。国营农场 1963 年粮豆总产量比 1962 年增加 36%,上交国家的商品粮豆增加 81%。会议着重讨论了农垦战线学习解放军,学先进、赶先进问题。3 月 23 日《人民日报》发表《国营农场要积极为建设稳产高产农田而斗争》。

2 月 21 日 法国拒绝台湾当局派“代表”驻欧洲六国共同市场。

2 月 22 日 中华人民共和国政府和刚果共和国(布拉柴维尔)政府发表建立外交关系的联合公报,决定相互承认并建立大使级外交关系。

2 月 24 日—3 月 19 日 国务院财贸办召开全国财贸工作会议,着重讨论了农产品收购政策问题。会议提出,随着生产的增长,要相应合理地增加统购派购任务;主要农产品的计划收购价格,应在现有的水平上稳定下来;奖售的范围应逐步缩小,奖售的标准应适当降低,各方面的奖售标准应适当平衡;任务外换购粮食的办法应改为超购超奖的办法;议购的品种和数量应当严格控制。会议确定 1964 年粮食年度(1964.4.1—1965.3.31)粮食征购 720 亿斤,销售 722.5 亿斤(按:1964 年粮食实际完成征购 802.7 亿斤,销售 744 亿斤)。

2 月 26 日 美国将一批 F104G 星式战斗机移交台湾空军使用。

2 月 26 日—29 日 中华人民共和国副主席宋庆龄和国务院总理周恩来,应锡兰总理西丽玛沃·班达拉奈克夫人的邀请,到锡兰进行友好访问。陪同访问的有国务院副总理兼外交部长陈毅和夫人张茜及其他人员。访问期间,周恩来同班达拉奈克夫人举行了会谈,并于 29 日发表了《中锡联合公报》。

2 月 29 日 国家经济委员会召开第一次工业、交通系统各部政治部主任会议。会议要求各部的政治工作机构必须在 3 月份建立齐全,并必须抽调一部分政治素质好、干劲足的青年干部到政治机构中工作,使各部的政治工作部门成为朝气蓬勃的一个部门。会议确定了工业、交通系统政治工作的总任务是:高举毛泽东思想红旗,大学解放军,大学先进部门,把工业交通系统的思想政治工作做好。

同日 中共中央给苏共中央写信,答复苏共中央 1963 年 11 月 29 日的来信。中共中央在信中,就苏共中央在 1963 年 11 月 29 日来信中提到的中苏边界、援助、苏联专家、中苏贸易、停止公开论战等问题,用事实说明了事情真相,反驳了苏共中央对中国共产党的攻击。中共中央在信中,再次提出恢复和加强团结、解决问题的具体措施和建议,主要是:①停止公开论战,经过中苏两党和其他有关兄弟党,进行各种双边的和多边的会谈,通过协商,找出一个能为各方所接受的公平合理的办法,达成共同的协议。②中国共产党一贯主张并且积极支持召开世界各国共产党和工人党代表会议。在举行这次会议之前,应当做好准备工作,克服困难和障碍。我们愿意同其他兄弟党一起,尽一切努力,使这个会议成为在马克思列宁主义革命原则的基础上团结的大会。③中苏两党继续举行会谈,是开好兄弟党会议的必要准备步骤。我们建议,1964 年 10 月 10 日至 25 日在北京继续举行中苏两党会谈。④中苏会谈之后,举行阿尔巴尼亚、保加利亚、匈牙利、越南等 17 个国家的兄弟党代表会议,为各国兄弟党代表会议作进一步的准备。

3 月 2 日　日本首相池田称,台湾并非中国领土,仅是属于中国行政权的管辖范围。

3 月 3 日　安子文在各中央局组织部长座谈会上谈培养提拔新生力量问题。2 月底 3 月初,中央组织部召开各中央局组织部长座谈会,用 10 多天的时间,主要讨论了培养提拔新生力量问题。安子文就这一问题发表了专题讲话,并提出了 8 条措施,落实培养提拔新生力量的工作。

同日　周恩来在云南昆明海口林场亲手栽植了从国外引种的油橄榄树。

3 月 4 日　中南五省版画联合展览分别在广州、南宁、武汉、长沙、郑州等地同时举行。

同日　日本外务省次长毛利平访台,称日本政府对中国的政策是政经分离。

3 月 5 日—14 日　国务院在北京召开全国集中产棉县棉花生产会议。会上,来自各地的代表交流了去年棉花增产的经验,并且根据国家要求,全面安排了今年棉花生产计划。

3 月 6 日　共青团中央工作会议在北京结束。会议认为,1963 年,广大团员和青年积极开展了“向雷锋同志学习”的活动,逐步形成了学习毛主席著作的新高潮,参加了城乡社会主义教育运动,进行了以“四史”为中心内容的阶级教育。全国团的工作已经逐步走上了比较健全和活跃的道路。会议提出,1964 年团的工作任务是,更高地举起毛泽东思想红旗,大学解放军,积极发动青年参加社会主义教育运动和增产节约运动,狠抓阶级教育,大力创造四好支部,建立团结和教育青年的活动阵地,开展比学赶帮的革命竞赛,为促进青年的更加革命化而努力。

同日　新华社报道,在中国关押的日本战犯,到本日已经全部获得释放。1956 年我国最高人民法院特别军事法庭经过审判,对 45 名日本战争犯罪分子分别判处 8 年至 20 年的有期徒刑。其中有 36 名判刑后在抚顺战犯监狱服刑,有 9 名开始关押在太原战犯监狱,后来也移到抚顺战犯监狱服刑。在 45 名被判刑的日本战争犯罪分子中,前伪满国务院总务长官武部六藏,因患重病,在判刑后就予以假释回国,前日本陆军第 39 师团中将师团长佐佐真之助在服刑期间因病死亡。其余 43 名,从 1957 年到现在已先后陆续释放,其中刑满释放的 14 名,因服刑期间表现良好,经最高人民法院军事审判庭裁定,予以提前释放的 29 名。这次提前释放的齐藤美夫、富永顺太郎和城野宏,就是其中最后的 3 个人,至此,关押在我国的所有日本战争犯罪分子已经全部处理完毕。

3 月 10 日　毛泽东对北京铁路二中

校长魏连一的一封信作批示,指出:现在学校课程太多,对学生的压力太大。讲授又不甚得法。考试方法以学生为敌人,举行突然袭击。这三项都不利于培养青年们在德智体诸方面生动活泼地主动发展。

3月12日 台湾"行政院"任命蒋经国兼任"国防部副部长"。

3月13日 第二届全国人民代表大会常务委员会举行第一百一十四次会议。会议批准了《外国人入境出境过境居留旅行管理条例》。4月13日国务院公布实施。

3月16日—4月3日 全国工业、交通第一次政治工作会议在北京举行。会议对工业交通部门政治机关的性质,政治工作机构的建立,政工人员的配置,政治工作的方法和作风问题,政治机关同有关各方面的关系问题,作了研究和规定。会议还研究了工业交通政治工作条例草案,制定了1964年工业交通政治工作要点。另据报道,工业交通系统15个部和两个局,都已陆续建立了政治部。其中除铁道部等部建立较早外,其余大都是在今年第一季度建立的。

3月20日 《人民日报》发表新华社记者文章:《做有社会主义觉悟有文化的新农民》,报道江苏省盐城县知识青年董加耕回乡参加生产劳动的模范事迹。同时发表社论:《知识青年下乡上山是移风易俗的革命行动》。《社论》号召,一切有志于参加农村社会主义建设的城市知识青年们,下乡上山,投入到农业战线的阶级斗争、生产斗争和科学实验的伟大革命运动中去。

3月22日 中共中央批发中央组织部《关于科学技术干部管理工作条例试行草案的报告》和《条例试行草案》,决定成立科技干部局。为了全面、系统地考察了解科学技术干部,充分发挥科学技术干部的专长,合理地组织和安排科学技术干部的工作,建立统一的科学技术干部管理体制,中央组织部制定了《科学技术干部管理工作条例试行草案》。中共中央还决定,设立国务院科学技术干部局,作为负责统一管理科学技术干部的行政机构,委托国家科委管理。

同日 中共中央发出《关于继续抓紧进行"五反"运动的指示》。

3月23日、25日、26日 我国新开辟的京昆、京沪、京广三条直达航线先后通航。

3月30日 台湾"省政府"修订通过《实施都市平均地权台湾省施行细则》。

3月31日 《人民日报》、《红旗》杂志联合发表编辑部文章:《无产阶级革命和赫鲁晓夫修正主义》(八评)。文章说,暴力革命是无产阶级革命的普遍规律,赫鲁晓夫提出的所谓"和平过渡"道路,是同十月革命道路根本对立的。"国际共产主义运动历史上的一切修正主义者,他们背叛马克思主义,背叛无产阶级,都集中表现在反对暴力革命,反对无产阶级专政,主张从资本主义和平过渡到社会主义。赫鲁晓夫修正主义也正是这样"。

3月 国务院水土保持委员会发布《关于水土保持设施管理养护办法(草案)》。

同月 教育部分设为高等教育部和教育部。杨秀峰任高等教育部部长,何伟任教育部部长。

同月 文化部出版局在北京中国美术馆举办1963年新书展览,其后又在上海举行。

4月2日 国务院发出通知:将技工学校的综合管理工作由劳动部划归教育部主管。

4 月 3 日　台湾"外交部"声称"反攻大陆"后将给西藏以自决权。

4 月 4 日　应中华人民共和国国务院总理周恩来的邀请,老挝王国政府首相梭发那·富马亲王殿下率领老挝王国政府代表团来中国进行友好访问。5 日,中华人民共和国主席刘少奇接见了梭发那·富马首相和老挝王国政府代表团全体成员,并同他们进行了友好的谈话。访问期间,周恩来同梭发那·富马举行了会谈。8 日,发表了联合公报。

4 月 5 日　贺龙副总理视察体育报社,并指示《体育报》要坚持毛泽东思想,认真贯彻党的路线,方针,政策,反对资产阶级思想,抓好表扬和批评,提高《体育报》的思想性和战斗性。

同日　中国第一台电子血球计数仪制造成功。

4 月 6 日　劳动部发出《企业计时奖励工资暂行条例(草案)》和《企业计件工资暂行条例(草案)》,予以试行。前者适用于国营和公私合营的工业、基本建设、交通运输、水产、商业、饮食业、服务业、金融业等企业单位;后者适用于国营和公私合营的工业、基本建设、交通运输企业单位。

4 月 10 日　美国将一批新型"鹰式"地对空导弹交给台湾军方。

4 月 11 日　由株洲航空发动机厂试制的"霹雳－1 型"空空导弹定型,并投入批生产。

4 月 13 日　中共中央和国务院发出《关于进一步开展代替私商工作的指示》。《指示》要求,各有关单位进一步开展代替私商的工作。在大中城市凡是与国计民生关系密切、影响较大的行业,国营和供销合作社应当全部或者基本上掌握起来,争取在年内把应当代替私商的行业和地区基本上代替起来。

4 月 14 日　中华人民共和国体育运动委员会发出《关于大力开展足球运动、迅速提高技术水平的决定》。

4 月 15 日　美国国务卿腊斯克抵台访问。

4 月 17 日　台湾当局与刚果"断交"。

4 月 18 日　陈镜开以 151.5 公斤的成绩,打破次轻量级挺举世界纪录。这是他第九次打破举重世界纪录。

同日　应日中文化交流协会邀请,王益率中国印刷代表团赴日本访问。

4 月 22 日　中共中央批转中央外事小组、中央组织部《关于抽调 1400 名干部充实加强外事战线的报告》。建国后到 1964 年初,我国已经同世界上 153 个国家和地区中的 47 个国家建立了外交关系。随着国际形势的发展,特别是在周恩来出访和中法建交的影响下,我国对外关系将有新的更大的发展。但是我国外事干部力量不能适应新形势下日益繁重的国际文化往来和对外经济援助任务的需要。在 47 个驻外使馆和代办处中,有 25 个没有对外文委派出的专职文化干部;接受我国经济援助的国家有 28 个,其中有 20 个没有对外经济联络总局派出的专管援外工作的干部。为适应外事工作大发展的需要,中央外事小组、中央组织部建议,本着全面规划,"配套成龙",保证前线,重点使用,先解决基本需要和赶前不赶后的精神,在一两年内把今后两个五年内所需要的外事干部基本上准备好。在今明两年内,从各地先给外事部门和涉外任务重的单位,抽调 1400 名干部。中共中央同意这个计划,要求各地将那些适合做外事工作的优秀干部,积极输送到外事战线。

4 月 24 日　中共中央批转共青团中央《关于组织城市知识青年参加农村社会

主义建设的报告》，提出了有计划地做好动员大批知识青年上山下乡的工作。

4月26日 周恩来向全国人大常委会和国务院全体会议联席会报告中国同非洲和阿拉伯国家相互关系的五项原则。1963年12月13日到1964年2月5日周恩来访问了非洲和阿拉伯14国，历时72天，行程108000里，获得了圆满成功，增进了中国同亚非国家的友好合作关系。周恩来报告说，在访问期间，我们提出了中国同非洲国家和阿拉伯国家相互关系的五项原则，即①支持非洲和阿拉伯国家各国人民反对帝国主义和新老殖民主义、争取和维护民族独立的斗争。②支持非洲和阿拉伯各国政府奉行和平中立的不结盟政策。③支持非洲和阿拉伯各国人民用自己选择的方式实现统一和团结的愿望。④支持非洲和阿拉伯国家通过和平协商解决彼此之间的争端。⑤主张非洲国家和阿拉伯国家的主权应当得到一切其他国家的尊重，反对来自任何方面的侵犯和干涉。

同日 中华人民共和国和坦桑尼亚联合共和国建立外交关系。

同日 台湾第五届"县市长"选举揭晓。

4月27日、28日 《人民日报》发表了《苏共中央二月全会的反华报告》、《苏共中央二月全会的反华决议》、《苏联〈真理报〉4月3日的反华社论》和《赫鲁晓夫最近期间的反华言论》等文件。《人民日报》编辑部为此加按语声明：对苏共领导的这批反华文件、讲话和文章，以及在此以前和以后公布的一切反华文件、讲话和文章，我们都要在对苏共中央公开信答复完毕以后，依次给予回答。

4月30日 《人民日报》刊登了中华全国总工会主席刘宁一4月25日发出的《中华全国总工会就全苏工会拒绝两国工会"五一"友好往来再次邀请全苏工会派代表团访问我国》的电文。

4月 中国人民解放军开展大比武活动。全军比武筹备委员会成立并下达《中国人民解放军1964年比武大会若干问题规定》，掀起全军大比武活动。各部队分别组织了比武和军事训练汇报表演，选拔参加全军比武的集体和个人代表。7月16日至8月23日，全军性大比武在18个区进行（海军舰艇、岸炮、航空兵部队除外），共有部队、民兵1.37万人参加，8.7万余干部参观。

同月 文化部召开年画、连环画出版工作座谈会。

5月1日 北京300万人同党和国家领导人刘少奇、董必武、朱德、周恩来、邓小平等与来自五大洲的国际友人，分别在各个集会联欢中心场所共庆"五一"劳动节。《人民日报》发表社论：《更踏实地开展比学赶帮的增产节约运动》。

5月2日 中国登山队的10名登山运动员把五星红旗插上了我国西藏境内海拔8012米的希夏邦马峰顶，从而在世界登山史上首次征服了地球上最后一个海拔8000米以上的"处女峰"。当日，贺龙副总理致电祝贺。6月6日，国家体委在北京举行授奖大会。

同日 台湾第一条高速公路"麦克阿瑟路"建成通车。

5月3日 中共中央批发1964年2月全国财贸工作会议纪要。2月24日至3月19日，国务院财贸办公室召开了全国财贸工作会议，着重讨论农产品收购政策问题。会议确定，1964年至1965年度粮食征购720亿斤；销售722亿斤，上调中央91.8亿斤，进口90亿斤；1964年出口商品的收购计划增加到64亿元；1964年国家预算支出增加到 392 亿元。城市食油定量，从 5 月份起，大中城市每人每月增加到 3 两，小城市一般增加到 2 两。

5 月 4 日 《人民日报》发表社论：《知识青年要和工农群众变成一体》，表彰投身农业战线的新型农民和他们的先进分子邢燕子、侯隽、赵耘、王培珍、董加耕、周明山、张韧等人，号召知识青年上山下乡，走与工农相结合的道路。

同日 中共中央、国务院批转教育部临时党组《关于克服中小学学生负担过重现象和提高教学质量的报告》。

5 月 5 日 台湾"立法院"通过《"国军"退除役官兵辅导条例》。

5 月 9 日 《人民日报》全文刊登中共中央公布的中共中央和苏共中央来往的七封信。这些信件是：中共中央 1964 年 5 月 7 日给苏共中央的信，以及在这以前中共中央在 1964 年 2 月 20、27、29 日给苏共中央的信，苏共中央 1963 年 11 月 29 日、1964 年 2 月 22 日、3 月 7 日给中共中央的信。新华社在发布这一消息时说：苏共领导今年 4 月 3 日公布的苏共中央 2 月全会的文件和苏联《真理报》4 月 3 日的社论，歪曲地透露了从 1963 年 11 月以来中共中央和苏共中央内部交换信件的内容，企图欺骗苏共党员和苏联人民，欺骗全世界一些不明真相的人。中共中央在 1964 年 5 月 7 日的信件中通知苏共中央：为了澄清事实，说明真相，中共中央认为有必要全文公布 1963 年 11 月以来中苏两党交换的信件。

5 月 12 日 中共中央组织部、解放军总政治部发出《关于从军队抽调 5300 名干部到地方政治机构工作的通知》。《通知》说，经中央批准从解放军抽调 5500 名连以上干部到地方政治机构和企业、事业政治机构工作。除去前已抽调分配的师职以上干部 200 余名以外，还应抽调 5300 名。这批干部，确定分配给中央工交、财贸、农林部门所属企业事业单位 2335 名，分配给各中央局 2965 名。

5 月 13 日 中华人民共和国政府贸易代表团和苏维埃社会主义共和国联盟政府贸易代表团签订了 1964 年货物交换议定书。根据货物交换议定书的规定，中华人民共和国在 1964 年内将供应苏联有色金属和有色金属砂、冻猪肉、猪肉罐头、冻羊肉、蛋品、苹果、柑橘、羊毛、呢绒、绸缎、缝制品、针织品、化工产品和其他商品。苏联在 1964 年内将供应中国金属切削机床、拖拉机、伊尔－18 型客机、卡车、机械和配件、仪器、黑色和有色金属、石油产品、原木、化工产品、洗衣皂和其他商品。双方还签订了中国提前偿还对苏联 1960 年贸易欠账的议定书，规定中国方面用 1963 年中国贸易顺差提前偿还应在 1965 年偿还的对苏联方面的贸易欠账。上述 1960 年的贸易欠账，双方原协议应分 4 年(1962 年到 1965 年)还清，现将提前 1 年，在 1964 年还清。

5 月 15 日 毛泽东发表关于文艺要反映工农兵的谈话。毛泽东在接见外宾时谈到，电影、戏剧、文学不反映现代工农是不好的。作为上层建筑的一部分的意识形态，应反映工农。文艺为工农兵服务已经提了几十年了，可是我们的一些工作同志，嘴里赞成，实际反对。包括一些党员、党外人士，爱好那些死人，除了死人就是外国人，外国的也是死人，反映死人，不反映活人。

5 月 15 日—6 月 6 日 全国财贸政治工作会议在北京举行。会议认为，财贸部门的政治工作一定要和经济工作密切结合起来，要把政治工作做到业余活动中去，做到职工日常生活中去，使思想政治工作在业务活动中发挥出巨大的力量。另据新华社报道,商业部、粮食部、对外贸易部、中国人民银行总行、中国农业银行总行、中华全国供销合作总社和财政部税务总局都已陆续建立了政治部。

5月15日—6月17日 中共中央在北京召开工作会议。会议讨论了第三个五年计划、政治工作、财贸工作、农业发展规划的初步设想和农村工作等问题。

会议期间,毛泽东从存在着新的世界战争的严重危险的估计出发,指出,在原子弹时期,没有后方不行。他提出了把全国划分为一、二、三线的战略布局,要下决心搞三线建设,首先把攀枝花钢铁基地以及与此相联系的交通、煤、电建设起来。根据这些意见,国家计委对第三个五年计划进行修改。

会议讨论社会主义教育运动问题认为,全国基层有三分之一的领导权不在我们手里。根据这样的分析,毛泽东指出,农村、城市的社会主义教育运动,要搞四五年,不要急急忙忙。城市"五反"要增加划阶级的内容。刘少奇说,四不清不仅下面有根子,上面也有根子,而危险性在于上层。会议提出,要放手发动群众彻底革命,追查"四不清"干部在上面的根子。刘少奇认为,一年多来运动没搞透是上层干部在起作用,提出要发动群众,要进行夺权斗争。会议还讨论了两种劳动制度、两种教育制度等问题。会议肯定了刘少奇提出的关于两种劳动制度、两种教育制度的意见,即固定工制度和临时工、合同工制度并存,全日制学校和半工半读、半农半读学校两种教育制度同时推行,互相补充。关于国民经济建设问题,会议在有多少钱办多少事,留有余地,作好综合平衡的思想指导下,提出第三个五年计划的初步设想,并提出了一、二、三线的战略布局

和建设"大三线"的方针。会议强调搞好"五反"、"社教"是挖掉"修正主义"根子,是防止资本主义复辟,使国家永不变色的保证。

5月16日 苏丹共和国武装部队最高委员会主席、部长会议主席易卜拉欣·阿布德应中华人民共和国主席刘少奇和国务院总理周恩来的邀请,来中国进行友好访问。18日,中共中央主席毛泽东会见了阿布德主席及其随行人员,并进行了亲切友好的谈话。17日,刘少奇和周恩来同易卜拉欣·阿布德举行了会谈。19日,发表了会谈联合公报。

5月18日 中共中央发出《关于当前工作中应该注意的几个问题的指示》。《指示》说,目前全国各方面的形势已经开始全面好转,绝大多数地区开始出现了新的工农业生产的高潮。但同时也发现极少数领导机关、领导干部或企业和生产队,发生了一些追求表面的华而不实的轰轰烈烈,滋长起一股形式主义的浮夸作风。中央认为,摆在全党面前的严重任务是,在群众革命和生产的高潮面前,领导干部要更加头脑清醒,更加注意从当时、当地的实际情况出发,坚持实事求是的作风,高度珍惜和善于运用群众的革命热情和生产积极性,把轰轰烈烈的群众运动领导好,使社会主义革命和生产建设工作持久地健康地向前发展。中央要求精简会议和报表,报刊、广播的宣传要鼓实劲,不要鼓虚劲,要做扎扎实实的、科学的、冷静的促进派;要注意劳逸结合;参观学习必须讲求实效;必须抓紧生产工作。农业生产紧张阶段,一切工作都应该服从生产的需要,只能促进生产,决不能妨碍生产。革命工作和生产工作,必须密切结合。

同日 高等教育部发出通知:根据中共中央关于积极地培养提拔新生力量和

革命事业接班人的指示精神,从本年起,每年挑选 60 名应届大学毕业生进行短期训练后,分配到农村、厂矿进行基层工作和劳动锻炼。

同日 谭震林副总理派工作组到辽宁盘锦垦区调查"三包一奖"等的经验和优越性。

5 月 19 日 台湾"立法院"通过《技术合作条例》。

5 月 21 日 中共中央、国务院转发内务部《关于进一步对使用不当的高等学校毕业的干部进行调整工作的报告》。经过一年调整,据 27 个省、市、自治区的调查,对使用不当的高等学校毕业的干部,已经调整了 45% 强。《报告》提出,高等学校毕业的干部所担负的工作不符合或者基本不符合所学专业,不能发挥所长的,都是使用不当的,都应该采取各种措施,积极、认真地进行调整。对当前国民经济发展和国防建设所急需的机械、建筑、农业、林业、水利、外文、财经等用非所学的高等学校毕业的干部,应当尽快予以调整。

5 月 25 日 廖鲁言向中共中央报送《大寨大队调查报告》。根据周恩来总理的指示,廖鲁言带领农业办公室、农业科学院的三位同志,从 4 月 21 日到 5 月 12 日,到大寨大队作了 21 天调查,着重调查了大寨自力更生建设稳产高产农田的具体办法、措施和物质技术条件等方面的具体材料。《调查报告》认为,大寨是自力更生建设旱涝保收、稳产高产农田的典型,是全国农业战线的一面旗帜。

5 月 28 日 新华社报道:中国科学院最近在北京召开工作经验交流会,奖励了 12 个先进单位和 33 位先进工作者,表扬了 112 项优秀的科学研究和技术工作成果。《人民日报》为此发表社论:《建设一支强大的科学技术队伍》。

同日 美国国务院正式宣布对台湾的经济援助于明年中期停止,军援及农产品法案仍将继续。

5 月 29 日 《光明日报》发表了由中共中央党校哲学教研室教员艾恒武、林青山写的《"一分为二"与"合二而一"》的文章。文章在把辩证法通俗表达为"一分为二"的同时,强调了辩证法的另一种通俗概括——"合二而一"。经过一段时间的"学术讨论"之后,7 月 17 日《人民日报》发表了《就"合二而一"的问题和杨献珍同志商榷》一文,在报刊上开始点名批判杨献珍。到 8 月底止,各地报刊上发表的讨论文章共达 90 余篇。康生说"合二而一"在哲学上就是否定斗争,调和矛盾,反对转化。1964 年第 16 期《红旗》杂志发表了题为《哲学战线上的新论战——关于杨献珍同志的"合二而一"论的讨论报道》,开展政治批判。认为杨献珍讲的"合二而一"是"有目的有计划地用资产阶级反动的世界观,对抗无产阶级的唯物辩证法的世界观",是抹杀阶级界线,取消阶级斗争的阶级调和论,是有意识地适应现代修正主义的需要,对抗社会主义教育运动。9 月 23 日,康生在一次会议上说"合二而一"是"国内外意识形态上的阶级斗争"。

同日 中国试制成功第一个人工喉。

5 月中旬 全国农业区划工作经验交流会议在江苏无锡市召开。这次会议是由全国农业科学技术工作协调委员会召开的。这次会议总结出了一些农业区划工作的基本经验:在进行农业区划时,必须具有明确的生产观点。我国发展农业生产中有一些重大问题,像如何因地制宜地贯彻以粮为纲,多种经营,全面发展的方针,如何因地制宜地贯彻"农业八字宪法",如何逐步实现农业现代化等,农业区划必须环绕这些问题来开展工作。各地代表认识到我国国民经济情况去年已经开始全面好转,一个新的农业生产高潮正在形成和发展。在这个新形势下,农业区划工作不仅具有重要性,而且具有迫切性。

5月 《毛泽东著作选读》甲种本由人民出版社出版,乙种本由中国青年出版社出版。

同月 文化部召开全国农村图书发行工作会议。

同月 由于中国电影家协会进行文艺整风,第三届《大众电影》"百花奖"中止活动。

同月 根据林彪授意,解放军总政治部编辑出版《毛主席语录》。

6月1日 阿拉伯也门共和国总统阿卜杜拉·萨拉勒元帅应中华人民共和国主席刘少奇和国务院总理周恩来的邀请,到中国进行友好访问。陪同阿卜杜拉·萨拉勒访问的有副总理穆罕默德·拉埃尼准将,副总理阿卜杜·拉赫曼·埃里尼亚等。9日,中共中央主席毛泽东接见了阿卜杜拉·萨拉勒和陪访人员,并进行了亲切友好的谈话。3日,刘少奇和周恩来同阿卜杜拉·萨拉勒进行了会谈。9日,发表了《中也联合公报》。

同日 中国共产主义青年团中央委员会、中华人民共和国教育部、中华人民共和国体育运动委员会发出《关于在男少年中开展小足球活动的联合通知》。

6月5日 国务院全体会议举行第145次会议。会议通过了《外国籍非军用船舶通过琼州海峡管理规则》;通过设立对外经济联络委员会,将教育部分为高等教育部和教育部,提请人大常委会审议决定;决定设立海洋局、中国旅行游览事业管理局、国务院科学技术干部局,提请人大常委会审议批准。

同日 台湾当局拟定经济发展十年计划。

6月5日—7月31日 1964年京剧现代戏观摩演出大会在北京举行。大会历时两个月,有29个剧团、2000多人参加,共演出了《芦荡火种》、《红灯记》、《奇袭白虎团》、《节振国》、《红色娘子军》、《六号门》、《智取威虎山》、《洪湖赤卫队》、《红岩》等37个剧目。大会期间,6月17、23日,毛泽东同党和国家其他领导人,先后观看了京剧现代戏《智取威虎山》和《芦荡火种》。6月23日,周恩来接见各演出团、观摩团的负责人、主要演员和创作人员,同他们一起座谈。陆定一、彭真分别在开幕式和闭幕式上讲话,周扬为大会作了总结报告。8月1日,《人民日报》发表社论:《把文艺战线上的社会主义革命进行到底》。江青插手会演,枪毙了《红旗谱》和《朝阳沟》,在座谈会上攻击戏曲舞台是"牛鬼蛇神",并与康生在总结大会上把电影《早春二月》、《舞台姐妹》、《北国江南》、《逆风千里》,京剧《谢瑶环》、昆曲《李慧娘》等打成"大毒草"。

6月6日 中共中央批转罗瑞卿《关于在国防工业系统建立各级政治工作机关的若干问题的建议》。罗瑞卿建议:设置中央国防工业政治部,统一领导和管理国防工业系统的思想政治工作;国防工业各部设政治部,统一领导和管理部属企业、事业单位的思想政治工作;各国防工业企业、事业单位,凡职工在1000人以上者设政治部,1000人以下500人以上者设政治处,500人以下者设政治教导员会、协理员或政治指导员;成立国防工业党委,在中央和中央军委领导下,对中央国防工业政治部和国务院国防工业办公室的工作,实行统一的集体领导。

6月9日 国务院全体会议举行第

146 次会议。会议通过了《中华人民共和国和阿拉伯也门共和国友好条约》(草案),提请人大常委会审议。

同日 中华人民共和国主席刘少奇根据第二届全国人民代表大会常务委员会第一百一十九次会议的决定,任命方毅为中华人民共和国对外经济联络委员会主任。会议决定设立中华人民共和国对外经济联络委员会,批准国务院撤销对外经济联络总局。

6 月 10 日 由第二副总统拉希迪·姆福米·卡瓦瓦率领的坦噶尼喀和桑给巴尔联合共和国政府友好经济代表团应中华人民共和国政府的邀请,到中国进行友好访问。14 日,中共中央主席毛泽东和中华人民共和国主席刘少奇接见了卡瓦瓦和代表团全体成员,并同他们进行了亲切友好的谈话。12 日、16 日国务院总理周恩来同卡瓦瓦举行了会谈。19 日,签署中国政府和坦桑联合共和国联合公报。

6 月 11 日 中国人民解放军海军防空部队击落一架窜扰华北地区上空的台湾美制 P2V 型飞机。12 日,国防部长林彪颁发嘉奖令。16 日,周恩来总理接见击落敌机的有功人员。29 日,中华人民共和国公安部为此发表公报,公布了从 1963 年 11 月到 1964 年 6 月,广东、福建、浙江沿海地区军民 9 次歼灭美蒋武装特务的战况。

6 月 11 日—29 日 中国共产主义青年团第九次全国代表大会在北京举行。中共中央主席毛泽东、副主席刘少奇、周恩来、朱德,总书记邓小平等领导人出席了大会开幕式。会议的主要议题是:听取并讨论上届中央委员会的工作报告,确定共青团今后工作的方针和任务;修改团章;选举新的中央委员会。会议期间,胡耀邦代表上届中央委员会作了《为我国青年革命化而斗争》的工作报告。13 日,胡克实向大会作了《关于修改团章的报告》。会议在认真讨论了这两个报告后,一致认为贯彻执行这两个报告提出的方针任务,一定会使我国青年运动和共青团的建设,推向一个新的阶段。会议期间,邓小平向大会作了政治报告。大会一致通过了关于工作报告的决议和新修改的团章,选举出第九届中央委员会。7 月 2 日至 3 日,共青团第九届中央委员会举行第一次全体会议。会议选举了中央委员会常务委员会委员和书记处第一书记、书记、候补书记。胡耀邦当选为书记处第一书记,胡克实、王伟、杨海波、张超、王照华、路金栋、王道义、惠庶昌为书记。

6 月 13 日 由国家投资 8 万多元,有 3000 多名翻身农民参加的西藏雅砻河中段治理工程竣工。

6 月 14 日 台湾石门水库竣工。

6 月 15 日、16 日 毛泽东、刘少奇等党和国家领导人检阅北京、济南部队军事表演,对受阅分队和民兵代表的汇报表演给予了高度的评价和赞扬。毛泽东指示全军要普及"尖子"经验,所有部队都要学会游泳。

6 月 16 日 毛泽东在北京十三陵作了关于军事工作落实与培养革命接班人的讲话,提出革命接班人的五个条件:①要搞马列主义,不要搞修正主义;②要为大多数人服务;③要能够团结大多数人;④要有民主作风;⑤自己有了错误,要自我批评。后来经过充实,形成了在"九评"文章中关于无产阶级革命事业接班人五个条件的表述。

同日 1400 多项工业新产品在北京受奖。国家计委、经委和科委在北京展览馆举行了隆重的授奖仪式。其中 300 多项是支援农业技术改造、供应市场和吃、穿、用所需产品，600 多项是各工业部门所需机械、仪器、仪表、计算机、原料、材料；还有 400 多项是其他部门所需产品。生产这些产品的企业有二三千个，遍及全国各地，分属于冶金、机械、煤炭、化工、石油、建筑、轻工、纺织、交通运输、邮电、水产、林业、广播电视、卫生医疗、文化教育、消防公安、科学院等 29 个部门。

同日 《人民日报》发表社论：《样板田是推广先进经验的好方法》。10 月 25 日，《人民日报》再次发表社论《"样板田"是农业科学为生产服务的主要阵地》，指出："'样板田'是试验田和大田之间的桥梁。"

6 月 20 日 台湾民用航空公司 106 号班机从台中起飞后 5 分钟爆炸坠毁，机上 57 人全部遇难。空难死者大都是香港和台湾电影界知名人士。

6 月 22 日 中共中央批转贺龙《关于吴自立反党问题的报告》。贺龙到湖南，省委负责人报告了吴自立（少将，军区副司令）主持搞平江革命斗争史的事，被认为是为彭德怀翻案。贺龙报告了中央。中央批转贺龙的报告说：最近两年来，彭德怀、周小舟、吴自立又相继进行反党活动，绝不是偶然的。这是国际国内阶级斗争在我们党内的反映。所有同编写"平江革命斗争史"有过联系的同志，更应该通过这次事件，认真地汲取教训。中央在批转贺龙的报告时，还印发了几个附件。8 月 30 日，中共中央批转中南局《关于吴自立反党意见的请示报告和关于吴自立同志反党活动问题的决定》。《决定》说：撤销吴自立广州军区副司令员职务，责成周小舟交代反党活动；平江县委检讨接受教训；彭德怀在湘潭、平江的影响及其放过毒的地方，应适当教育、消毒。中共十一届三中全会后为吴自立等平了反。

6 月 23 日 中共中央批转甘肃省委、冶金工业部党组《关于夺回白银有色金属公司的领导权的报告》。白银有色金属公司，是 1962 年部分建成投产的大型铜、硫联合企业。甘肃省委和冶金部党组认为，这个企业的领导核心烂掉了，一个全民所有制的社会主义企业，变成了由贪污盗窃、投机倒把集团，也就是地主、资产阶级所统治的企业。因此，他们于 1963 年 3 月派工作组进厂开展"五反"运动和夺权斗争。在 10 个月的时间里，先后夺取了该公司及下属 8 个厂矿、22 个车间的领导权，并提出对总公司 3 名主要领导人分别给予开除党籍、厂籍、留党察看或逮捕法办等处分。对另外两名领导干部判处长期徒刑或死刑。

中央同意并批转了甘肃省委和冶金工业部党组关于这一问题的报告，并批示说：一个刚建设起来的社会主义全民所有制的大型企业，很快就被地主、资产阶级集团篡夺了企业的领导大权，变成地主、资产阶级集团统治的独立王国。这绝不是一种偶然的现象，它是社会阶级斗争的反映。如果我们对过渡时期的阶级、阶级矛盾和阶级斗争问题认识不足，那么，就会对资本主义、封建主义和修正主义的侵蚀和进攻失去警惕，不加防范，地主、资产阶级的复辟阴谋随时就有可能得逞。

党的十一届三中全会后，甘肃省委和冶金部对"白银厂事件"进行复查，结果表明，这是一起冤案。原报告中列举的事实，许多是颠倒黑白，无中生有。1979 年 3 月，中共中央批准为"白银厂事件"冤案彻底平反。

6 月 24 日 中共中央批转高等教育部关于直属高等学校领导干部（扩大）会议的报告。3 月 18 日至 4 月 11 日，高等教育部在北京召开了直属高等学校领导干部(扩大)会议。会议学习和讨论了本年 2 月以来毛泽东关于教育工作的指示,认为毛泽东关于使学生生动活泼主动地得到发展和必须进行学制、课程、教学方法、考试制度等四个方面的改革,以及学校要学习解放军,学习大庆的指示,指出了改进高等教育工作的方向,是提高教育质量的关键。会议还讨论了进一步加强学校思想政治工作,建立政治工作机构和开展比学赶帮等问题。6 月 10 日,中共中央批转高教部党组《关于加强高等学校政治工作和建立政治工作机构试点问题的报告》。1965 年 3 月 1 日,高教部通知各直属高等学校:迅速建立政治部,大力充实政治工作干部队伍。

6 月 25 日 中共中央发出《关于印发〈中华人民共和国贫下中农协会组织条例(草案)〉的指示》。农村"四清"运动开展以后,中共中央认为有必要在农村建立贫下中农的组织。《条例》共 18 条,对这个组织的性质、任务、会员、组织机构、领导成员、同党的农村基层组织和同社、队组织的关系以及它的经常性工作等问题,都作了较具体的规定。《条例》规定:贫农下中农协会,是在中国共产党领导下的、由贫下中农自愿组成的、革命群众性的阶级组织。中共中央在《指示》中指出,组织贫下中农协会,是我党在农村工作中的一项组织方面的基本建设;县和公社的党委、大队和生产队的党组织,必须采取有效方法,帮助各级贫下中农组织贯彻执行好《条例》。

同日 文化部召开全国印刷工作会议。

6 月 27 日 毛泽东对中共中央宣传部《关于全国文联和各协会整风情况的报告》作了批示。1964 年 2 月 3 日,中国戏剧家协会在政协礼堂举行"迎春晚会",参加的有北京的和外地的戏剧工作者约 2000 多人。事后有的人对演出不满,写信提出意见。陆定一进行了严厉的批评。中宣部立即向剧协党组作了传达,责成他们检查,并于 3 月下旬召集文联和各协会党组成员、总支和支部书记 50 多人,连续开了 3 次会,进行讨论。随后,又在全国文联、作家协会、戏剧家协会、音乐家协会、美术家协会、电影工作者协会、曲艺工作者协会、舞蹈工作者协会、民间文艺研究会和摄影学会等 10 个单位的全体干部中集中 20 多天时间进行整风。中宣部将情况向中央作了汇报。毛泽东批示说:这些协会和他们所掌握的刊物的大多数(据说有少数几个是好的),15 年来,基本上(不是一切人)不执行党的政策,做官当老爷,不去接近工农兵,不去反映社会主义的革命和建设。最近几年,竟然跌到了修正主义的边缘。如不认真改造,势必在将来的某一天,要变成像匈牙利裴多菲俱乐部那样的团体。毛泽东批示后,文化部和中华全国文学艺术界联合会及所属各协会再次进行整风。随后,文艺界、教育界、学术界都展开了批判活动。经济学界则批判了孙冶方关于价值规律、价格政策、利润考核、企业留成、奖励制度等一系列经济理论观点。

6 月 29 日 中国自行研制的中近程地地导弹发射成功。继成功发射中国仿制的近程地地导弹后,在西北某综合导弹试验基地,由中国自行设计、制造的中近程地地导弹发射获得成功。1964 年下半年又多次发射该型导弹,进行全程飞行试验,均获成功。1966 年 9 月 15 日,该型导弹开始装备部队。

6 月 29 日—8 月 8 日 董必武副主席、朱德委员长等国家领导人赴河北、辽宁、吉林、黑龙江和内蒙古等省、自治区视察工作,对林业工作作了指示。

6月30日 24时为第二次全国人口普查的标准时间。普查结果,全国大陆人口为7.2307亿人。

同日 毛泽东为《体育报》题刊头。

同日 台湾"立法院"通过《著作权法修正案》。

6月 毛泽东对《人民日报》提倡鬼戏和不抓理论工作进行了批评。他在一次谈话中说,1961年,《人民日报》宣传了"有鬼无害论",事后一直没有对这件事作过交代。1962年十中全会后,全党都在抓阶级斗争,但是《人民日报》一直没有批判"有鬼无害论"。在文化艺术方面,《人民日报》的工作做得不好。《人民日报》长时期以来不抓理论工作。从《人民日报》开始办起,我就批评了这个缺点,但是一直没有改进,直到最近才开始重视这个工作,过去《人民日报》不搞理论工作,据说是怕犯错误,要报上登的东西都是百分之百的正确。不要怕犯错误,而是犯了错误就改,这就好了。

7月初 根据中共中央、毛泽东的意见,在中央直接领导下,成立了以彭真为组长、陆定一为副组长的文化革命5人小组。

7月1日 《人民日报》转载《红旗》杂志第12期社论:《文化战线上的一个大革命》。社论说,京剧改革是一件大事情。它不仅是一个文化革命,而且是一个社会革命。

同日 "台湾军管区"正式成立。

7月4日—6日 《人民日报》连续发表了题为《从管好全部农田出发建设稳产高产农田》、《因地制宜地建设稳产高产农田》和《依靠群众自力更生建设稳产高产农田》的社论。这些社论强调了发展国民经济必须执行以农业为基础的方针。

7月7日 中国人民解放军空军部队在华东某地上空再次击落美制蒋军U-2飞机1架。这是自1958年以来击落的第10架台湾间谍飞机。8日,林彪颁发嘉奖令表扬击落U-2飞机的空军某部英雄部队。14日,北京军民集会庆祝歼敌胜利,声讨美帝侵略行为。23日,毛泽东主席同党和国家其他领导人接见了击落U-2飞机的全体指战员。

同日 中华人民共和国外交部照会印度驻华大使馆,就印度方面在1964年上半年内不断侵犯中国领土和领空的行为,向印度政府提出强烈抗议,并且要求印度方面立即停止这类非法的入侵活动。

7月10日 《毛泽东著作选读》甲种本和乙种本正式出版发行。《毛泽东著作选读》是为了适应广大干部和群众学习毛泽东著作的需要而编辑出版的。甲种本适合一般干部阅读。乙种本适合工农群众和青年知识分子阅读。甲种本编入毛泽东从1927年到1958年的著作37篇,其中《反对本本主义》、《被敌人反对是好事而不是坏事》、《在中国共产党全国宣传工作会议上的讲话》等三篇文章是第一次公开发表。乙种本编入毛泽东从1926年到1963年的著作37篇,其中除编入《反对本本主义》和《被敌人反对是好事而不是坏事》两文以外,还编入了过去没有公开发表过的《人的正确思想是从哪里来的?》一文。

同日 中华人民共和国国务院总理周恩来、副总理兼外交部长陈毅应邀对缅甸进行友好访问。11日,发表了《中缅联合公报》。

同日 台湾当局宣布解除公营事业机关对日采购禁令。

7月10日—8月3日 中共中央宣传部、高等教育部、教育部在北京联合召开全国高等学校政治理论课工作会议。会议传达了中共中央主席毛泽东在中央工作会议上提出的关于深入开展社会主义教育、防止资本主义复辟的指示和关于培养革命接班人的指示,传达了中共中央总书记邓小平在共青团"九大"所作的报告。会议确定应以毛泽东思想为指针,贯彻"少而精"原则来改进课程和教材,把毛泽东著作作为最基本的教材。确定高等学校开设"形势与任务"、"中共党史"、"哲学"和"政治经济学"。中等学校除学习时事政策外,开设"做革命的接班人"、"社会发展史"、"中国社会主义革命和建设"、"辩证唯物主义常识"、"毛泽东著作选读"。10月11日,中共中央批转了这次会议的报告和《改进高等学校、中等学校政治理论课的意见》。

7月14日 《人民日报》、《红旗》杂志联合发表编辑部文章:《关于赫鲁晓夫的假共产主义及其在世界历史上的教训》(九评)。文章阐述了毛泽东关于社会主义社会和无产阶级专政所提出的理论和政策。

7月15日 中国人民解放军第三届美术作品展览会在中国美术馆开幕。

7月17日 《人民日报》发表署名文章,点名批判杨献珍的"合二而一"论。不久,《红旗》杂志第16期发表报道员文章:《哲学战线上的新论战》,说杨献珍在国内外阶级斗争尖锐化的时候,大肆宣扬"合二而一"论,是有意识适应现代修正主义的需要,帮助现代修正主义者宣传阶级和平和阶级合作,宣传矛盾调和论;同时,也是有意识适应国内资产阶级和封建残余势力的需要,给他们提供所谓"理论"武器,对抗社会主义教育运动。文章断定,哲学战线上这场谁战胜谁的新论战,是意识形态领域的一场严重的阶级斗争。

同日 毛泽东主席同党和国家其他领导人观看京剧现代戏《智取威虎山》和《芦荡火种》,接见了参加京剧现代戏观摩演出大会的全体演出人员,以及出席高等学校、中等学校政治理论课工作会议的全体代表和中央戏剧学院新疆民族班的全体毕业生。

同日 台湾"立法院"通过《商业法修正案》。

7月18日 新华社报道:中国土木工程学会召开的全国给水净化学术会议最近在上海举行。目前我国给水事业有很大发展,全国有自来水设施的城市198个,相当于1949年以前的3倍。

7月19日 第一枚"T-7A(S1)"生物试验火箭发射成功,1965年6月,又重复试验2枚。3枚火箭均飞达60~70公里高度。密封生物舱安全回收,大、小白鼠全部生还,箭内摄影及数据获取系统工作正常,拍摄了大白鼠从超重到失重状态的图片。火箭生物试验为宇宙生物学研究和生物保障工程设计积累了宝贵经验。

7月20日 国务院发出《关于国家建设征用土地审批权限适当下放的通知》。《通知》说:1962年国务院规定暂时将征用土地的审批权限收归省、自治区、直辖市掌握以来,严格了国家建设征用土地的审批,对克服浪费土地的现象起了积极作用,这在当时是完全必要的。但从目前建设用地较前增多的情况来看,不论征用土地多少,仍归省统一审批,不仅难以做到件件准确及时,增加不必要的公文往返,而且影响集中精力办好大面积用地的审批工作。为此决定:征用土地10亩以下和迁移居民5户以下的(不包括水利、水电工程移民),可分别城市和农村、城市的近郊和远郊以及土地好坏等情况,将审批权适当下放。至于在这一规定权限内具体下放到专、州还是县市，请各省、自治区、直辖市自行确定后报内务部备案。征用土地的审批权限下放后，承办审批的机关仍应从严掌握，尽量利用空地、荒地，尽量不拆除民房、不占用农田。

7月22日 第二届全国人民代表大会常务委员会举行第一百二十四次会议。会议通过决议，批准《1963年国家决算和1964年国家预算》。会议还讨论、批准了《第三届全国人民代表大会300名少数民族代表名额分配方案》。会议通过《关于调整国务院所属组织机构的决议》，决定将教育部分为高等教育部和教育部，设立国家海洋局、中国旅行游览事业管理局和国务院科学技术干部局，作为国务院的直属机构。会议决定任命：吕东为冶金工业部部长，孙大光为交通部部长，杨秀峰为高等教育部部长，何伟为教育部部长；免去王鹤寿的冶金工业部部长职务，王首道的交通部部长职务。

7月23日 中华人民共和国体育运动委员会发出《关于开展游泳、射击、通讯、登山四项活动的指示》。

7月29日 康生在全国京剧现代戏观摩演出大会总结会上讲话，公开点名批判影片《北国江南》、《逆风千里》、《早春二月》、《舞台姐妹》及京剧《谢瑶环》、昆曲《李慧娘》是"坏电影"、"坏戏"。随后，报刊上相继刊登批判这些作品的文章。

7月30日 台湾"行政院"通过所谓的《国营事业经营方针总纲》。

7月31日 《人民日报》发表中共中央7月28日对苏共中央6月15日来信的复信，同时刊登了苏共中央的来信。中共中央在复信中声明：我们决不参加你们分裂国际共产主义运动的国际会议和它的筹备会议。并指出，在国际共产主义运动中的分歧这样严重，争论这样激烈的情况下，如果急急忙忙地召开国际会议，只会开坏，不会开好。中国共产党坚持主张召开经过充分准备的、在马克思列宁主义基础上团结的国际会议，坚决反对召开分裂会议。

7月至8月 刘少奇在向中央各部、北京市党员干部作报告，以及在天津、安徽、山东、湖北、广西等地视察时，多次讲到两种劳动制度和两种教育制度。

7月 铁道兵部队修建大兴安岭林区和西南地区铁路。铁道兵奉命修建嫩林铁路、贵昆铁路、成昆铁路、襄渝铁路，总计3400余公里。

同月下旬 中共中央学制问题研究小组召开扩大会议，集中研究学制改革问题，草拟了《学制改革初步方案》（征求意见稿）。《方案》提出：在全国的新学制中将有全日制、半工半读和半农半读、业余三类学校。在全日制学校中：小学的基本学制为5年；中学基本学制为4年；设立高等学校预备教育，其方式为高等学校办2年制的预科和由地方办2年制的分科预备学校。对半工（农）半读学校的中等阶段，明确定为中等技术教育和师范教育。业余学校则分初、中、高三级。中共中央副主席刘少奇到会讲了话。他指出：全日制学校现在还是需要的，等到半工半读的大、中、小学大量办起来，而且办好了以后，全日制学校就可逐步缩小。后来由于情况变化，学制改革方案未形成正式文件。

8月1日 刘少奇在中央机关和北京市党员干部会议上作报告，谈社教问题和两种劳动制度、两种教育制度问题。8月22日，刘少奇在广西干部会议上又谈了"实行固定工和合同工并存的劳动制度"。

8月3日 《人民日报》发表题为《培养和造就千百万无产阶级革命接班人》的

社论。社论说:根据共产主义运动和无产阶级专政的经验教训,无产阶级革命事业的接班人必须具备五个条件:①必须是真正的马克思列宁主义者。②必须是全心全意为中国和世界的绝大多数人服务的革命者。③必须是能够团结大多数人一道工作的无产阶级政治家。不但要团结和自己意见相同的人,而且要善于团结那些和自己意见不同的人,还要善于团结那些反对过自己并且已被实践证明是犯了错误的人。④必须是党的民主集中制的模范执行者,必须学会"从群众中来,到群众中去"的领导方法,必须养成善于听取群众意见的民主作风。⑤必须谦虚谨慎,戒骄戒躁,富于自我批评精神,勇于改正自己工作中的缺点和错误。为了切实按照五个条件挑选各级领导核心的革命接班人,必须特别注意贯彻执行党的阶级路线,选择和培养的重点应当是先进的工人、贫农、下中农出身的干部。

8 月 4 日　中国新兴力量运动会全国委员会在北京成立,推选贺龙为名誉主席。

同日　新华社报道:我国自立更生发展磷肥工业获得成就,全国三分之二省市已建起了由我国自己设计、自己制造设备和施工的近百个大中小型磷肥厂,年生产能力达 200 万吨以上。

8 月 6 日　北京—杭州—广州直达航线正式开航。

同日　中国人民解放军开展游泳泅渡活动。毛泽东发出指示:"部队的大多数都可以试验学游泳。"总参随后发出《全军迅速开展游泳训练》的通知,全军热烈响应毛泽东的号召,凡有条件的部队都开展了游泳泅渡训练,并出现了一批整连、整营、整团泅渡大江、大河或海峡的部队。

8 月 10 日　台湾申报地价工作已完成。

8 月 14 日　国务院批转水产部制定的《水产资源繁殖保护条例(草案)》。

8 月 15 日　卫生部颁发《卫生防疫站工作条例试行草案》。

8 月 17 日　中共中央书记处召开会议,讨论内地建设问题。中共中央主席毛泽东在 8 月 17 日、20 日的两次谈话中指出,要准备帝国主义可能发动侵略战争。现在工厂都集中在大城市和沿海地区不利于备战。工厂可以一分为二,要抢时间迁到内地去。各省都要搬家,都要建立自己的战略后方,不仅工业交通部门要搬家,而且学校、科学院、设计院、北京大学都要搬家。成昆、川黔、滇黔这三条铁路要抓紧修好,铁轨不够,可以拆其他线路的。

同日　中共中央、国务院同意并批转国家经委党组《关于试办工业、交通托拉斯的意见的报告》。新中国成立以来工业主要用行政办法管理,多头多级,政出多门,加上有些规章制度不合理,给工业生产、建设带来不少问题。根据中央和刘少奇试办托拉斯的意见,报告提出:组织托拉斯的工作应尽快进入试办阶段。今年由中央各部试办 12 个托拉斯,它们是:烟草公司和盐业公司(轻工部所属),华东煤炭工业公司(煤炭部所属),汽车工业公司(一机部所属),拖拉机、内燃机配件公司(农机部所属),纺织机械公司(纺织部所属),制铝工业公司(冶金部所属),橡胶工业公司和医药工业公司(化工部所属),地质机械、仪器公司(地质部所属),京津唐电力公司(水电部所属),长江航运公司(交通部所属)。这些公司力争在三季度组织起来,并以托拉斯为单位编制 1965 年的计划。报告指出,托拉斯性质的工业交通公司,是社会主义全民所有制的集中统一管理的经济组织,是在国家统一计划下的独立的经济核算单位。国家通过主管部向它下达计划,它对完成国家计划全面负责,并对所属分公司、厂(矿)以及科研、设计等单位实行统一的经营管理。基本建设统一纳入国家计划。托拉斯应有专门的科学研究机构和负责新产品、新技术发展工作的机构,并将科研成果及时用于工业生产,迅速提高本行业的技术水平。国家将固定资产和流动资金(包括必要的和机动的物资储备资金)拨给托拉斯,并将基本折旧费的一部分留给托拉斯,由其掌握使用。"四项费用"(技、新、劳、零)可从对托拉斯实行的利润留成中解决。托拉斯统一掌握国家批准的劳动计划和工资总额,有权根据国家规定,在所属单位之间调剂使用。中共中央、国务院在批示中指出:在社会主义制度下试办托拉斯,用托拉斯的组织形式来管理工业,这是工业管理体制上的一项重大改革。后因"文化大革命"开始而中断。

8月18日 中共中央批转卫生部党组《关于高级干部保健工作问题的报告》,作出《关于保健工作制度问题的决定》。6月24日,毛泽东在接见越南外宾时,对我国的高干保健工作提出了批评,说:衣、食、住、行受太多的照顾,是高级干部生病的四个原因。卫生部党组认为,这一批评是完全正确的。卫生部党组在《报告》中提出了改进办法。中央同意卫生部党组的意见,决定在全国范围内撤销专为高级干部设立的保健机构,取消专职保健医生、保健护士制度,并向群众开放专为高级干部看病的医院。

同日 中共中央作出《关于县以上干部学习毛主席哲学著作的决定》。《决定》说,从中央一级起到县(团)委一级,一切干部,特别是重要的负责干部,都应该精读毛主席的《实践论》、《矛盾论》、《关于正确处理人民内部矛盾的问题》、《人的正确思想是从哪里来的》这些哲学论文。

同日 台湾证券交易股价大跌,引起数百人至证券交易所请愿。

8月19日 中共中央、国务院转发《高等学校毕业生劳动实习试行条例》和高等教育部全国高等学校毕业生劳动实习领导小组《关于高等学校毕业生劳动实习试点情况和今后意见的报告》,并发出通知,指出:高校毕业生劳动实习制度是促进青年知识分子劳动化、革命化,提高社会主义觉悟,抵制资产阶级思想侵蚀,防止修正主义和教条主义的一项重大措施,要把这项制度建立并巩固下来。今后的试点面应扩大到毕业生总数的50%左右。《条例》规定:凡属高校本科、专科毕业生、毕业研究生和毕业回国留学生,在分配工作后,都应该参加为期一年的劳动实习。

同日 新华社报道:上海创办的一种半工半读新型高等学校——业余工业大学,培养出既能体力劳动、又能脑力劳动的第一批毕业生800多人。

同日 中华人民共和国国务院批转了教育部、体育运动委员会、卫生部《关于中、小学学生健康状况和改进学校体育、卫生工作的报告》。

8月21日—31日 1964年北京科学讨论会举行。来自44个国家和地区的367名科学家参加了这次讨论会。全国人民代表大会常务委员会委员长朱德,国务院副总理陈毅、聂荣臻,全国人大常委会副委员长郭沫若、林枫,政协全国委员会副主席李四光等国家和科技界领导人出席了讨论会的开幕式,朱德接见了讨论会的主席团成员。各国科学家在理、工、农、医、政治、法律、经济、教育、语言文字与文学、哲学与历史等学科委员会中宣读和讨论了 200 多篇科学论文,广泛探讨了自然科学和社会科学各个领域中的学术问题,提出了一些学术水平较高的科研成果。会议认为这种多学科性的科学讨论会很有益处,有必要继续举行,并确定 1968 年在北京再举行一次科学讨论会。会议决定成立 1968 年北京科学讨论会联络处,有关事务由中国方面担任。

8 月 24 日　李富春、薄一波向党中央提出关于建设攀枝花钢铁基地的报告。攀枝花地区,地理位置很好,资源丰富,地形隐蔽,是建设后方战略基地的理想地区。这个地区铁矿储量丰富,附近地区有煤、电、水可以利用,可能建成年产钢 500 万吨的钢铁基地。国家计委根据党中央和毛泽东关于加快三线建设的指示,组织了西南工作组,会同西南局和云、贵、川三省,对成昆沿线和攀枝花地区进行了实地考察,提出了建设攀枝花钢铁基地的意见:一是加快西南地区铁路建设;二是加快进行攀枝花铁矿冶炼的科学试验;三是在成昆沿线根据靠山、隐蔽、分散的原则建 4、5 个钢铁厂,"三五"期间先建攀枝花钢铁厂,争取在 1972 年前建成一个年产 60 万吨左右钢和 5 万吨化肥的联合企业。四是积极为农业的发展创造条件,争取三四年内,农业生产有较大的发展;五是抓紧进行重庆、昆明、贵州 3 个普通钢厂和重庆特殊钢厂的填平补齐工作,继续进行成都无缝钢管厂的建设。

同日　新华社报道:江西共产主义劳动大学实行半工半读教育制度,6 年来为国家培养了 1 万多专业人才。

8 月 25 日　新华社报道:国防部最近发布命令,授予解放军沈阳部队某部九连以"学习毛主席著作的模范红九连"称号、沈阳部队某团四连为"神枪手四连"称号、

海军某部三连为"节约炊事用煤先进连"称号。

同日　台湾"立法院"通过《少年观护所条例》。

8 月 26 日　农机部和农业部联合召开全国半机械化农机具工作会议,决定在全国范围内进一步开展农具改革运动,今后要继续贯彻执行党的机械化半机械化并举,以半机械化为主的方针。《人民日报》为此于 10 月 15 日发表社论:《农具改革运动要坚持自力更生的精神》。

8 月 27 日　台湾"省政府"决定在澎湖兴建跨海大桥。

8 月 28 日　《人民日报》发表社论《干部坚持劳动才能坚持革命》、《干部经常参加劳动才能密切联系群众》,指出,干部不参加和热爱劳动,就不可能坚定地站在绝大多数劳动人民一边,就容易受到剥削阶级思想侵蚀,向资本主义道路"和平演变"。

8 月 29 日　毛泽东在接见尼泊尔教育代表团时说:我们正在进行教育制度的改革。现行的学制年限太长,课程太多,教学方法有很多是不好的。考试方法也有很多是不好的。最脱离实际的是文科。文科要把整个社会作为自己的工厂。师生应该接触农民和城市工人,接触工业和农业。不然,学生毕业,用处不大。

同日　中宣部发出《关于放映和批判影片〈北国江南〉和〈早春二月〉的通知》。毛泽东在该通知的报告上批示:"应在几十个至一百多个中等城市放映,使这些修正主义材料公之于众。可能不只这两部影片,还有些别的,都需要批判。"

8 月 31 日　《人民日报》发表中共中央 8 月 30 日对苏共中央 7 月 30 日来信的复信,同时刊登了苏共中央的来信。中共中央在复信中,针对苏共中央不经过中苏

两党和其他有关兄弟党进行各种双边的和多边的会谈，就擅自决定召开起草委员会和国际会议的做法，再次重申坚持主张召开经过充分准备的、在马克思列宁主义基础上团结的兄弟党国际会议，坚决反对苏共中央召开分裂会议，并庄严声明，决不参加苏共中央分裂国际共产主义运动的国际会议和它的筹备会议。苏共中央片面决定在今年12月召开起草委员会，明年中召开国际会议，必须承担由此产生的公开分裂国际共产主义运动的一切后果。

8月 《红旗》杂志第15期发表柯庆施1963年底至1964年初，在华东地区话剧观摩演出会上的讲话。文章说："我们的戏剧工作和社会主义经济基础还很不相适应……对于反映社会主义的现实生活和斗争，15年来成绩寥寥，不知干了些什么事。他们热衷于资产阶级、封建阶级的戏剧，热衷于提倡洋的东西，古的东西，大演'死人'、鬼戏"，"所有这些，深刻地反映了我们戏剧界、文艺界存在的两条道路、两种方向的斗争。"

同月 毛泽东主席指示，"要准备打仗"、"三线建设要抓紧"。兵器工业开始规划和组织三线建设，各省小三线建设亦陆续开始。

9月1日 中共中央转发《关于一个大队的社会主义教育运动的经验总结》（简称"桃园经验"）。"桃园经验"是1963年11月至1964年4月，刘少奇的夫人王光美率工作组在河北省抚宁县桃园大队开展社会主义教育运动的经验。1964年7月5日由王光美在河北省委工作会议上作了介绍，以后又在安徽、北京等地作了报告。其"经验"的主要内容是：先搞扎根串联，访贫问苦，从小到大逐步组织阶级队伍；然后开展背靠背的揭发斗争，搞"四清"；再集中地和系统地进行阶级教育，开展对敌斗争；最后进行组织建设。"经验"认为，团结两个百分之九十五不能并重，重点应该是团结百分之九十五的群众；对待基层组织和基层干部要又依靠，又不完全依靠。"四不清"干部不仅有受地主、富农和资本家影响这个根子，还有上面的根子，不解决上面的问题，"四清"就搞不彻底。"四清"的内容已经不止是清工、清账、清财、清库，而是要解决政治、经济、思想和组织上的"四不清"。中共中央批示认为，"桃园经验"是在农村进行社会主义教育的一个比较完全、比较细致的典型经验总结，在许多问题上有普遍性。9月1日中共中央转发"桃园经验"的报告，说它"是在农村进行社会主义教育的一个比较完全、比较细致的典型经验总结"，并提出"这次社会主义教育运动确实是一次比土地改革运动更尖锐、更复杂、更艰巨的阶级斗争"。

9月3日—12日 北京市五届一次人代会在京举行。会议选举毛泽东、刘少奇、周恩来、邓小平、彭真等为第三届全国人大代表，并选举彭真继续任北京市市长。

9月4日 毛泽东在同外宾谈话时说，旧社会的知识分子不改造不行。谁战胜谁的问题，是无产阶级战胜资产阶级还是资产阶级战胜无产阶级？这个问题还没有解决。有些人不懂，赫鲁晓夫就是这样。苏联搞了40多年，现在资本主义复辟了，搞修正主义。我们还只搞了15年，将来马列主义会胜利。教育青年是个大问题。如果我们麻痹睡大觉，自以为是，资产阶级就会起来夺取政权，资本主义复辟。

同日 中国人民解放军空军政治部歌舞团演出歌剧《江姐》，编剧阎肃，作曲羊鸣、姜春阳、金砂。

9 月 5 日　中央书记处作出关于计划工作的指示。主要内容是：①三线建设要落实。铁路建设队伍要在 9 月底到达工地，计委、经委成立支援小组，楼、馆、堂、所要利用起来为三线建设服务。②一线的调整要立即行动。留下的企业进行技术改造，保证提高产量。③基本建设投资，首先要保证三线建设的需要，其他方面有多少钱办多少事。④工业生产，不论三线还是一线，都要发展。三线建设的中心是成昆线，要成立铁路指挥部、西南筹建处、后方支援小组，要什么给什么。西南建设以攀枝花为中心，重庆周围搞成一个小体系。在后方搞的厂子，一定要采用新技术。

同日　新华社报道：天津市一批工厂企业试办半工半读中等技术学校 6 年取得良好成绩，从 1961 年到 1963 年全市已培养出 2300 多名专业人才。

同日　美国第七舰队司令访台。

9 月 11 日　中共中央、国务院发出《关于组织高等学校文科师生参加社会主义教育运动的通知》。《通知》规定：从 1964 年冬季开始，高等学校文科师生都应该分批下去参加社会主义教育运动，主要是参加农村的"四清"运动。

9 月 13 日　李富春向毛泽东汇报经济工作和计划工作问题，并要求国家计委按照汇报提纲精神搞明年计划。主要内容是：①根据毛泽东提出的调整第一线，集中力量建设第三线的战略思想，争取用 7 到 10 年，改变目前工业布局的面貌。②积极研究和采用新技术，进行工业革命。③按专业化和协作原则改组工业，加强产品的标准化、系列化、通用化，逐步推行"托拉斯"。④改革劳动工资政策，1965 年选择有条件的技校、中专、农中试行半工半读，在季节性工厂试行亦工亦农，在某些矿山试行轮换制。⑤改革设计、施工和基本建设程序工作。⑥改进财政体制和制度，对非生产性的东西控制严些，对生产事业以促进生产为原则。⑦建议中央成立国民经济工作的统帅部，由毛泽东和刘少奇挂帅，以利于中央决策后雷厉风行地行动起来。⑧彻底改革计划工作，克服从苏联框框出发的错误。计委要认真搞调查研究，提出重要的、带有方针政策性的、远见性的意见，起到中央的经济工作参谋部的作用。

9 月 15 日　北京电视台开始使用微波线路向天津传送节目，天津电视台成为第一个转播北京节目的电视台。

9 月 18 日　中共中央发出《关于印发〈农村社会主义教育运动中一些具体政策的规定（修正草案）〉的通知》。1963 年 9 月中央工作会议，制定了《关于农村社会主义教育运动中一些具体政策的规定（草案）》（简称《后十条》草案）。《后十条》对我国阶级斗争形势的估计，同《前十条》没有区别，重申"这次运动应当以阶级斗争为纲"，抓住对敌斗争，社会主义教育，组织贫下中农阶级队伍，"四清"，干部参加集体劳动等。1964 年 5、6 月中央工作会议后，由刘少奇主持，对《后十条》作了一些重要修改，经毛泽东批改后，交同年 9 月的中央工作会议讨论通过，成为修正草案，简称《后十条》修正草案。修正草案同原草案相比，对形势的估计严重了，提出敌人拉拢腐蚀干部，建立反革命的两面政权，是敌人反对我们的主要形式；认为这次运动，是一次比土地改革运动更为广泛、更为复杂、更为深刻的大规模的群众运动；提出有的地区还要进行民主革命补课工作；改变了修改前的《后十条》中依靠基层组织和基层干部的规定，要求必须把放手发动群众放在第一位，首先解决干部中的问题,并规定整个运动都由工作队领导。这些指导方针,在1964年下半年使不少基层干部受到不应有的打击。

同日 新华社报道:我国国营农场事业不断发展和扩大,与1957年相比,农场总数增加一倍,耕地面积扩大1.37倍;1963年向国家提供的商品粮食和豆类比1962年增加88%。

9月19日 第二届全国人民代表大会常务委员会举行第一百二十五次会议。中国科学院副院长张劲夫在会上介绍了1964年北京科学讨论会所取得的成就。会议还决定任命肖华为中国人民解放军总政治部主任。

9月20日 台大教授彭明敏及其学生因起草《台湾人民自救宣言》被捕。

9月21日 根据周恩来同志的倡议及其对文化部《关于建立中国音乐学院和中国舞蹈学校的请示报告》的批示,文化部在原北京艺术学院音乐系和中央音乐学院民族音乐专业和中国音乐研究所的基础上,从全国挑选了一批民族音乐专家成立了中国音乐学院,直属文化部。

9月21日—10月19日 国家计划委员会召开全国计划会议。8月27日,中共中央主席毛泽东在给陈伯达的一封信上说:“计划工作方法,必须在今明两年内实行改变。如果不变,就只好取消现在的计委,另立机构。”按照这个批示精神,会议着重讨论了计划工作方法改革和内地建设问题。会议根据毛泽东的批示集中讨论了计划工作的革命化问题。

9月24日 新华社报道:我国钢铁工业取得巨大成就:今年试制成功新钢种新钢材400多种;制造载重汽车、拖拉机、万吨远洋轮、破冰船和25000吨氮肥设备的钢材已经自给或大部自给。

9月25日 新华社报道:我国化学工业突飞猛进,今年100多种重点产品的产量比去年同期有大幅度增长;高效化肥和高效农药增加很多,有机化工产品和药品的生产发展很快;过去没有的一些生产部门已经建立起来。目前全国有50多个大中型化工工程正在施工。

9月26日 新华社报道:我国轻工业和纺织工业日益繁荣,今年头8个月以农产品为原料的轻纺工业部门总产值比去年同期有大幅度增长;纺织、制糖、造纸等行业的23种主要产品的产量超过去年同期。

同日 文化部、中国美协联合举办庆祝中华人民共和国成立15周年全国美术展览会(即第四届全国美展)分别在北京、上海、重庆举行。华北地区作品首先在中国美术馆展览。

9月28日—10月14日 为庆祝中华人民共和国国庆15周年,朝鲜劳动党中央委员会副委员长、朝鲜民主主义人民共和国最高人民会议常任委员长崔庸健率领朝鲜党政代表团;越南劳动党中央政治局委员、越南民主共和国总理范文同率领越南党政代表团;罗马尼亚工人党中央政治局委员、部长会议主席毛雷尔率领罗马尼亚党政代表团;马里共和国总统莫迪博·凯塔;刚果(布)总统阿方斯·马桑巴—代巴;老挝爱国战线党主席、老挝民族团结政府副首相苏发努冯亲王以及苏联、阿尔巴尼亚、保加利亚、匈牙利、德意志民主共和国、古巴、蒙古、波兰、捷克斯洛伐克等国共产党、工人党代表团;友好国家代表团等共80多个国家和地区的3000多人到中国访问和参加中华人民共和国国庆15周年庆祝活动。

9月29日 中国和中非共和国建立外交关系。

9月 西安飞机厂完成轰—6核武器

运载机的改装。

同月　南京天文仪器厂研制的国内第一台 43/60/80 厘米折反射望远镜试制成功。主要用于对人造卫星作精密摄影定位观测，也可用作通常的天文摄影观测。仪器的精度和自动化程度都有相当高的要求：在仪器摄得的人造卫星底片上可获得在 350 公里高空以每秒 8 公里的速度飞行的卫星的精确位置，误差不大于 1.5 米；对应的时间记录要准确到千分之一秒；卫星飞过当地上空的几分钟内，能拍得三张以上的完整底片。这台仪器是该厂自己设计、自己加工、自己装校的。

同月　《中国古代音乐史稿》（杨荫浏著）由音乐出版社出版。

同月　芭蕾舞剧《红色娘子军》首演，编导李承祥、蒋祖慧，作曲吴祖强、杜鸣心、戴宏威、施万春、王燕樵。

同月　中央民族学院、中央政法干校、西藏公学的藏族应届毕业生近四百人经过国家四至七年的教育培养，回到西藏陆续走上工作岗位。

同月　为迎接国庆 15 周年，《人民日报》发表了一系列关于我国经济情况的报道：9 月 30 日发表《我国国民经济已经全面好转》，9 月 23 日发表《我国机械工业新产品迅速增长》，9 月 24 日发表《我国钢铁工业生产能力日益强大》，9 月 25 日发表《我国化学工业突飞猛进》，9 月 26 日发表《我国轻纺工业日益繁荣》，9 月 26 日发表《我国工业部门提供大量设备和物资支援农林建设》，9 月 19 日发表《我国国营农场事业不断发展壮大》，9 月 25 日发表《我国机电排灌事业迅速发展》，9 月 26 日发表《我国林业生产获得重大进展》，9 月 29 日发表《我国少数民族地区经济繁荣文化发展》，10 月 20 日发表《我国农业机械站事业有重大进展》，10 月 13 日发表《全国大

牲畜继续增长》，10 月 18 日发表《我国淡水养鱼事业不断发展》。

10 月 1 日　北京和全国各地举行隆重集会和盛大游行，欢庆中华人民共和国成立 15 周年。毛泽东主席、刘少奇副主席等党和国家领导人参加了首都 70 万人庆祝盛典，并检阅了游行队伍；西哈努克亲王、凯塔总统、马桑巴—代巴总统、崔庸健委员长、范文同总理、毛雷尔主席、阿卜杜拉亲王和社会主义国家代表团、兄弟党代表团、亚非友好国家代表团等来自六大洲 80 多个国家和地区的 3000 多外宾参加了庆祝典礼。中共中央政治局委员、北京市市长彭真在会上作了重要讲话。当晚，毛泽东、刘少奇等党和国家领导人同各国贵宾及首都 150 万人一起观看了焰火，欢度节日之夜。国庆前夕，毛泽东主席、刘少奇主席、宋庆龄和董必武副主席、朱德委员长、周恩来总理共同举行盛大国庆招待会。刘少奇在会上代表中国人民、中国共产党和政府向参加招待会的各国朋友表示热烈欢迎和衷心谢意。《人民日报》当日发表国庆社论：《鼓足干劲、力争上游、多快好省地建设社会主义的总路线万岁》。《红旗》杂志也发表了社论：《高举毛泽东思想的革命旗帜前进！》

10 月 2 日　大型音乐舞蹈诗史《东方红》在北京人民大会堂首演。

10 月 4 日　台湾国民党海军"大金门水面侦察队"下士赵宗礼驾驶登陆艇起义返回祖国大陆。5 日，国防部长林彪发布命令，授予赵宗礼以解放军海军少尉军衔，并奖给他黄金 600 两，以表彰他弃暗投明的行动。

10 月 7 日　国民党中常会通过《加强社会福利措施案》。

10 月 10 日　首都少先队员集会欢庆北京少先队建队 15 周年。北京市市长彭

真参加大会并发表讲话,勉励孩子们努力做好共产主义接班人。

10月12日 中共中央批转李雪峰给刘少奇的信。中共中央在批转这封信时指出,在目前情况下,不向党内各级干部明确地指出当前的主要危险是右倾危险,是不利的。应及时地提出反对右倾的问题,怕左不怕右、宁右勿左的问题,进行认真的讨论,以便为当前的社会主义革命打好思想基础。《批示》还说,对于已经烂掉的地委、县委、区委、公社、大队和厂矿企业及其他机构,应当在调查确实以后,采用信阳经验、小站经验、白银厂经验,进行夺权斗争,发动群众,迅速加以解决。

同日 台湾当局与南朝鲜在台北签订"友好条约"。

10月16日 中国在西部地区爆炸了一颗原子弹,成功地进行了第一次核试验。中华人民共和国政府就中国第一次核试验成功发表了声明,详细地阐明了中国对核武器的一贯立场。声明说:中国进行核试验,发展核武器,是被迫而为的。中国政府一贯主张全面禁止和彻底销毁核武器。中国掌握核武器,不是由于中国相信核武器是万能的,要使用核武器。恰恰相反,中国发展核武器,完全是为了防御,为了保卫中国人民免受美国发动核战争的威胁。中国政府郑重宣布,中国在任何时候,任何情况下,都不会首先使用核武器。为此,中国政府向全世界各国政府郑重建议,召开世界各国首脑会议,讨论全面禁止和彻底销毁核武器问题。17日,周恩来总理致电世界各国政府首脑,转达了我国政府的上述意见。

10月18日 广东省委向中央和中南局提出《关于国防工业和三线备战工作的请示报告》。报告规划于短期内,在省后方的连县、连山、连南一带建设小型枪厂、

子弹厂、手榴弹厂、炸药厂、在海南建设地雷厂、合成氨厂(平时生产化肥,战时生产硝铵炸药);各专区都建立军械修配和子弹厂;将广东和沿海城市的部分民用工厂和高等院校迁至三线(小三线);加强国防公路、通讯网、电力及物资储备仓库等的建议;加速后方农业和山区经济的发展,并适当增建学校和医院。毛泽东对广东省委的这个报告很感兴趣,于22日批请少奇、恩来、小平、彭真和罗瑞卿同志传阅,并写了以下批语:"广东是动起来了,请总理约瑞卿谈一下,或者周、罗和邓(小平)、彭(真)一起谈一下,是否可以将此报告转发第一线和第二线省,叫他们也讨论一下自己的第三线问题,并向中央提出一个合乎他们具体情况的报告。"

10月20日 中共中央发出《关于认真讨论刘少奇同志答江渭清同志的一封信的指示》。刘少奇在信中说:"我们的原则,是向一切有真理的人学习,不只是向职位高的人学习。""同不能把马克思、列宁主义的学说当成教条一样,也不能把毛泽东的著作和讲话当成教条。"

同日 开滦煤矿范各庄竖井投入生产。范各庄竖井设计年产原煤180万吨,是1949年以后国内自己勘探、自己设计、自己施工的最大的一座竖井煤矿,机械化程度较高。经试生产证明,质量符合标准。

10月21日 中华人民共和国外交部长陈毅致电赞比亚共和国外交部长西蒙·卡普韦普韦,通知他中国政府已决定承认赞比亚共和国。10月29日,中国和赞比亚就两国建立正式外交关系和互派大使级外交代表达成协议。

10月23日 新华社报道:我国农业科学研究沿着革命道路向前发展,不少科学人员深入农村建立样板田,群众性的科

学实验活动广泛开展。目前,全国已选育出各种大田作物的优良品种 1000 个左右。《人民日报》为此发表了社论《农业科学工作者到农村去》和《"样板田"是农业科学为生产服务的主要阵地》。

同日 台湾"行政院长"严家淦在"立法院"称,必须在中共未完成核子武器前,摧毁中共政权。

10 月 24 日 中共中央发出《关于社会主义教育运动夺权斗争问题的指示》,并转发了天津市委关于小站地区夺权斗争的报告。天津小站地区的社会主义教育运动,是 1964 年 1 月开始的。3 月下旬,陈伯达到小站蹲点,并抽调了大批干部加强工作队,把三个党支部打成"反革命集团",开展夺权斗争。8 月 12 日,中共中央转发了三个所谓"反革命集团"的社会关系分布图和"集团头子"的历史大事记。中共中央在《指示》中肯定了小站地区这种首先解决领导权问题,然后再解决经济上的"四不清"问题的做法。《指示》提出,凡是被敌人操纵或篡夺了领导权的地方,被蜕化变质分子把持了领导权的地方,就必须进行夺权的斗争。此后,社会主义教育运动在很多基层开展了"夺权斗争"。

10 月 27 日 台湾当局与美军举行"天兵 6 号"空降演习。

10 月 28 日 《人民日报》发表社论《开展黄河中游地区群众性的水土保持运动》,指出,这里是黄河流域水土流失最严重的地区,也是一个很大的粮食低产区。去年国务院做出关于该地水土保持工作的决定。最近在西安举行的黄河中游水土保持工作会议确定了该地区 1965 年水土保持任务。社论还指出:"水土保持,是一项造福子孙万代的基本建设。"

10 月 29 日 中国和赞比亚建立外交关系。

10 月 30 日 中共中央批准并下发了国家计委提出的《1965 年计划纲要(草案)》,要求据此安排经济计划工作。1965 年计划的基本指导思想是,争取时间,积极建设三线战略后方,防备帝国主义发动侵略战争。计划提出,1965 年三线建设要结合第 3 个五年计划来考虑和安排。三线建设总的目标是:要采取多快好省的方法,在纵深地区建立起一个工农业结合的、为国防和农业服务的比较完整的战略后方工业基地。

同日 阿富汗国王穆罕默德·查希尔·沙阿和王后霍梅拉访问中国。11 月 12 日发表了《中阿联合公报》。

10 月上旬到中旬 毛泽东主席同党和国家领导人先后观看了由 3000 多人演出的大型音乐舞蹈史诗《东方红》、中央歌剧舞剧院芭蕾舞剧团演出的现代芭蕾舞剧《红色娘子军》和空政文工团歌舞剧一团演出的歌剧《江姐》。16 日,毛泽东同党和国家其他领导人接见参加演出音乐舞蹈史诗《东方红》的全体人员。

10 月 全国京剧现代戏观摩演出领导小组决定,选出《智取威虎山》、《节振国》、《红管家》等剧目,拍摄彩色影片。

同月 高等教育部批准清华大学和南京工学院试办二年制预科。次年,天津大学也试办预科。

11 月 2 日—14 日 中国旅游事业管理局召开第一次旅游工作会议,提出发展旅游事业应该采取"政治精神,逐步发展、稳步前进"的方针;确定 1965 年接待 8000人,到 1969 年达 4.5 万人,5 年可收入 4300 万美元。

11 月 3 日 中国科学工作者在陕西省蓝田县的公主岭发现一个猿人头盖骨。这是中国现有的唯一的猿人头盖骨(1929

年在北京周口店发现的猿人头盖骨,已在1949年以前被盗而下落不明)。猿人头盖骨是研究人类起源的极为珍贵的资料。到1964年,在世界范围内,只有在中国的周口店、印度尼西亚的爪哇和阿尔及利亚的突尼芬发现过猿人头盖骨。

11月5日 第二届全国人大常委会举行第一百二十九次会议。会议批准了《中华人民共和国和刚果共和国（布拉柴维尔）友好条约》；通过了《关于设立物资管理部的决议》。决定设立物资管理部,撤销国家物资管理总局。会议决定任命李人俊为建筑工程部部长,袁宝华为物资管理部部长,免去刘秀峰的建筑工程部部长职务。

同日 台湾当局与中非共和国"断交"。

11月5日—13日 中共中央副主席、中华人民共和国国务院总理周恩来率领中国党政代表团,到莫斯科参加十月革命47周年纪念活动。在10月间,苏共领导人赫鲁晓夫被免去苏共中央第一书记、部长会议主席职务。勃列日涅夫接任后,中国共产党主动和勃列日涅夫等进行接触,但他们仍坚持大国沙文主义立场,声称他们的对华政策同赫鲁晓夫完全一样,苏国防部长马利诺夫斯基还说了一些极端无理的挑衅性话语。因而这次接触没有解决任何问题。

11月8日 台湾当局与塞内加尔"断交"。

11月9日 高等教育部转发《毛主席与毛远新谈话纪要》。《谈话纪要》是毛远新(毛泽东的侄子,哈尔滨军事工程学院学生)追记的当年7月5日毛泽东同他的谈话内容。毛泽东在谈到教育问题时说:阶级斗争是你们的一门主课。你们学院应该去农村搞"四清",去工厂搞"五反"。

阶级斗争都不知道,怎么能算大学毕业？反对注入式教学法,连资产阶级教育家在"五四"时期早已提出来了,我们为什么不反？教改的问题,主要是教员问题。

11月10日 台湾"监察院长"于右任病逝,终年86岁。

11月11日 西藏又有一批翻身农奴担任领导职务。今年上半年,仅拉萨、日喀则、昌都、黑河等地区就有300多人参加县、区领导工作；目前全区已有1.7万多名劳动人民出身的干部担任基层领导职务。

11月12日 中共中央对中共湖南省委《关于由贫协行使问题严重的大队、生产队权力的请示报告》作了批示。

同日 中华人民共和国政府和达荷美共和国（现称贝宁）政府正式建立大使级外交关系。

同日 卫生部批复《脊髓灰质炎口服活疫苗制造及检定暂行规程》,脊髓灰质炎活疫苗正式投产。

11月13日 中共中央发出《关于农村社会主义教育运动中工作团的领导权限的规定（草案）》的通知。通知说,凡有地委以上党委负责同志领导的工作团集中进行社会主义教育运动的地方,所在县的党和政府的各级组织交由工作团领导；除县委书记、县长以上干部外,其他各行各业干部和职工的提拔、调整、交流、选举、罢免、撤职、退职、清洗和补进,一律由工作团党委决定；除属于中央和中央局管理的干部、县委书记、县长外,其他干部、党员、团员和职工的处分,一律由工作团党委决定；除对罪犯判处死刑和对县委书记、县长以上干部的逮捕法办一律报中央审批外,对于有破坏活动的四类分子、坏干部和群众中的犯罪分子的拘留、隔离反省、逮捕、判处管制和徒刑,以及对四类分子戴帽子、摘帽子等,均由工作团党委审查决定。

11月15日　中共中央转发了中国人民解放军总政治部《民兵政治工作会议纪要》。《纪要》规定：总政治部和大军区政治部必须实行一手抓部队，一手抓民兵的两套领导方法；省军区、军分区要把民兵工作放在第一位；县（市）人民武装部除了抓好必要的经常性业务工作以外，主要应当采取工作队的方式进行工作。

同日　中国人民解放军空军部队在中南地区上空击落美国军用无人驾驶高空侦察机1架。16日，国防部长林彪颁发嘉奖令表扬。17日，解放军空军某部举行祝捷授奖大会。

11月16日　解放军总政治部最近在北京召开民兵政治工作会议，进一步研究贯彻毛主席关于民兵工作组织落实、政治落实、军事落实的指示。林彪、贺龙、徐向前对会议作了重要指示。17日，《人民日报》发表了社论：《在社会主义教育运动中加强民兵建设》。

11月16日—30日　国务院农林办公室召开农村面上工作座谈会。会议认为，今冬明春面上工作的要求是：以阶级斗争为纲，以生产为中心，搞好社会主义教育，煞住歪风邪气；抓好农产品收购工作，打击投机倒把分子；组织好冬季生产工作，安排好群众生活；争取明年农业生产全面的更大的丰收。12月10日，中共中央、国务院对这次会议的纪要作了批示。批示说：农村面上的工作是大量的，是决定当前大局的。在今冬明春，必须把面上社会主义教育和生产、收购、分配等工作，认真地抓起来。做好这些工作，对争取明年的农业丰收，对国民经济的进一步高涨，具有重大的意义。同时，对点上的工作，也是有力的支援。一部分干部蹲点，一部分干部主持面上的工作，这种工作形式是长期的。因此，主持面上工作的同志，必须从长远出发，克服临时观点。

11月17日　山东民兵最近在济南举行比武大会，1000多名选手表演了高超的杀敌本领，贺龙元帅、罗瑞卿大将等亲临现场观看表演。湖南省最近在长沙举行民兵比武大会，检阅几年来民兵军事训练成绩，叶剑英元帅等到场观看了表演。

同日　中共中央对中共江苏省委《关于发展半工（耕）半读教育制度的规划（草案）》作出批示。

11月18日　中共中央、国务院发出《关于今后修建纪念建筑物等有关问题的通知》。《通知》规定：今后非经中央批准，一律不准新建和扩建纪念个人的建筑物；举办个人纪念会、个人事迹展览以及印刷纪念册等，应当事先请示中央；已经省、市、自治区以上机关批准正在修建的纪念建筑物，请各中央局统一加以审查，如果有涉及党史和军史的重大问题，必须经中央批准，方可继续修建；对刘胡兰、黄继光等工农兵群众革命烈士的纪念和宣传工作，由省、市、自治区党委和军委总政治部负责掌握，但都不要搞纪念建筑，其涉及党史和军史的重大问题，也须向中央请示。

同日　文化部提出《关于改革稿酬制度的请示报告》，再次决定废除印数稿酬。

11月19日　《人民日报》在社论《依靠群众兴修水利》中说，各地已开始今冬明春兴修农田水利的群众运动。社论要求发扬自力更生的革命精神，大搞群众运动。"如果只是靠国家投资，结果必然是水利工程修得少、修得慢、管得差、作用小。"12月6日，《人民日报》发表社论《眼睛向下》，赞扬了不久前举行的北京市水利工作会议，批评"只要有钱有东西，一切事情都好办"的说法，强调政治挂帅，"思想永远是行动的向导"。

11 月 21 日 《人民日报》转载《红旗》杂志第 21、22 期合刊社论：《赫鲁晓夫是怎样下台的》。

11 月 22 日—12 月 1 日 第一届全国体育科学报告会在北京举行。与会者 126 人，会上报告和讨论了有关运动训练、体育教学、运动生理和运动医学等方面的科学论文 109 篇。

11 月 23 日 中共中央决定成立第七机械工业部，统一管理导弹工业的科研、设计、试制、生产和基本建设工作，加快导弹工业的发展。

11 月 24 日 国民党召开九届二中全会。

11 月 26 日—12 月 29 日 文化部和中央民委联合举办的全国少数民族群众业余艺术观摩演出会在北京举行。18 个省、市、自治区 53 个少数民族的 700 多位代表，演出 200 多个音乐、舞蹈、曲艺、戏剧节目。内蒙古代表团乌兰牧骑的方向，得到了大会的肯定和赞扬。12 月 27 日，党和国家领导人毛泽东、周恩来、朱德、邓小平、宋庆龄、董必武等接见了全体代表。

11 月 28 日 中国共产党中央委员会主席毛泽东发表《关于支持刚果（利奥波德维尔）人民反对美国侵略的声明》。

同日 国务院、中央监委、中组部、农垦部和黑龙江省委联合派出工作组检查原牡丹江农垦局农场问题。

12 月 1 日 台湾土地开发股份有限公司正式营业。

12 月 3 日 中共中央批转王任重同志在农村社教工作会议上的讲话。

12 月 5 日 中共中央主席毛泽东对谢富治的蹲点报告《沈阳冶炼厂资本主义经营管理方法种种》作了批示。

12 月 4 日 沈阳飞机厂试制的红旗—1 地空导弹定型投产。

12 月 7 日 经中共中央主席毛泽东同意，国家计划委员会将所拟编制长期计划的程序印发中共中央政治局、中共中央书记处、各中央局、有关部委党委，并准备按此程序同有关部门着手进行工作。国家计委认为，1964 年春的"三五"计划初步设想对内地建设和战略部署注意得很不够，在编制 1965 年计划时已作了修改。为加强内地建设，"三五"期间已确定增加的基本建设投资有：①加快以攀枝花、酒泉和重庆为中心的建设，约需增加投资 38 亿元。②增加成昆等 5 条铁路干线，约需增加投资 42 亿元。③省市区的后方建设约需增加投资 30 亿元，以上三项共需 110 亿元，加上军工、机械、有色金属、化工、建材和配合酒泉、重庆的钢、煤、电、公路等投资，可能需增加近 200 亿元，总投资规模达 1200 亿元左右。基本建设投资增加了，农业、财贸、文教、城市等方面投资必须减少。

同日 国家编制委员会、卫生部颁发《关于卫生防疫站组织机构和人员编制的规定（草案）》。

12 月 10 日 中国第一台 1500 千瓦燃气轮机发电机组在南京制成。

同日 台湾"行政院"通过《长期发展科学委员会组织条例》。

12 月 12 日 第二届全国人民代表大会常务委员会举行第一百三十五次会议。会议通过《全国人民代表大会常务委员会公告》，将新当选的三届全国人大代表共 3037 人名单公布。会议批准了《中华人民共和国和马里共和国友好条约》，批准了《青海省果洛藏族自治州各级人民代表大会和各级人民委员会组织条例》、《贵州省镇宁布依族苗族自治县人民代表大会和人民委员会组织条例》、《广东省连山壮族瑶族自治县人民代表大会和人民委员会组织条例》《内蒙古自治区鄂温克族自治旗人民代表大会和人民委员会组织条例》《内蒙古自治区莫力达瓦达斡尔族自治旗人民代表大会和人民委员会组织条例》《云南省屏边苗族自治县人民代表大会和人民委员会组织条例》《云南省河口瑶族自治县人民代表大会和人民委员会组织条例》。会议决定对于经过一定时期改造、确实改恶从善的蒋介石集团、伪满洲国和伪蒙疆自治政府的战争罪犯实行特赦。同日，国家主席刘少奇发布特赦令：①蒋介石集团、伪满洲国和伪蒙疆政府的战争罪犯，关押已满 10 年，确实改恶从善的，予以释放。②判处死刑缓期 2 年执行的战犯，缓刑时间已满 1 年，可以减为无期徒刑或 15 年以上有期徒刑。③判处无期徒刑的战犯，服刑时间已满 7 年，可以减为 10 年以上有期徒刑。12 月 28 日，最高人民法院释放战犯 53 名。

同日　毛泽东在陈正人关于洛阳拖拉机厂蹲点报告的批示中提出所谓"官僚主义者阶级"和"走资本主义道路的领导人"的概念。《批示》说：官僚主义者阶级与工人阶级和贫下中农是两个尖锐对立的阶级。又说：这些走资本主义道路的领导人，是已经变成或者正在变成吸工人血的资产阶级分子。这些人是斗争对象，革命对象，社教运动绝对不能依靠他们。这是毛泽东第一次提出走资本主义道路的领导人的概念。

12 月 14 日　北京宣武医院成功切除脑干两侧听神经瘤。

12 月 15 日　中共中央政治局在北京召开全国工作会议，主要讨论农村社会主义教育运动问题。会议由中共中央副主席刘少奇主持，各地负责人介绍了社教运动情况，会议讨论了运动性质和农村的主要矛盾问题。会上，毛泽东批评了关于运动的性质是四清和四不清的矛盾、党内外矛盾的交叉、敌我矛盾和人民内部矛盾的交叉等提法，提出运动的性质是社会主义和资本主义的矛盾。毛泽东还批评了北京有两个"独立王国"（按：指邓小平和中央书记处、李富春和国家计划委员会）。年底，会议制定了《中央政治局召集的全国工作会议讨论纪要》，共 17 条。文件对运动的性质作了统一的规定，指出是"社会主义与资本主义的矛盾"；运动的名称，城乡社教运动一律简称为"四清"，即清政治、清经济、清组织、清思想；运动在七年内全国搞完，三年内搞完三分之一的地区。1965 年 1 月初以后，中共中央主席毛泽东在会上批评了社教运动中只靠工作队，搞神秘主义，打击面过宽的问题。在毛泽东主持下，会议又重新讨论了已经通过的会议纪要。

同日　成都飞机厂测绘试制的歼－5甲型截击机定型，并投入批生产。

12 月 15 日、16 日、18 日　《人民日报》先后发表社论《及早动手准备开展植树造林运动》《林业建设要以营林为基础》和《采育必须结合》。

12 月 17 日　中共中央作出《关于农村社教工作队工作方法问题的批示》。中央在批转安子文在农村工作 40 天的报告时指出，社教工作队到农村，采取反群众路线的形式主义的大轰大嗡的方法，是完全不对的。但是，怕犯错误，不敢放手工作，不敢接近基层干部，甚至不敢接近中农，只是冷冷清清地选根扎根；对敌人和四不清干部，不在适当的时候采取进攻的策略，这些，实际上是右倾情绪。《批示》还说，公社领导干部和机关企业负责人的四清，是很重要的，他们的四不清同各大队和生产队的四不清常常连在一起，他们

之间常有攻守同盟，不同时清理他们，就
要增加各大队和生产队四清的困难。

同日　国务院第 151 次会议通过决
定，撤销叛国分子达赖喇嘛·丹增嘉措的
西藏自治区筹备委员会主任委员和委员
的职务。

12 月 18 日　刘少奇主席召集最高国
务会议。会上，周恩来总理就将在三届人
大首次会议上作的政府工作报告的主要
内容作了说明；彭真副委员长就三届人大
首次会议和政协四届全国委员会首次会
议的议程等主要问题作了说明。

同日　中国人民外交学会举行第四
次会员大会，庆祝外交学会成立 15 周年。
大会通过学会章程，选举周恩来总理、陈
毅副总理为名誉会长，张奚若为会长。

同日　中国人民解放军海军航空兵
部队在华东某地上空，击落台湾美制
RF-101 侦察机 1 架，驾驶员谢翔鹤被海
上渔民民兵捕获。国防部长林彪当日发
布嘉奖令表扬。22 日，国防部通报表扬捕
获敌机驾驶员的渔民民兵。同日，解放军
海军在上海举行祝捷授奖大会。29 日，周
恩来总理、罗瑞卿副总理接见了击落敌机
的海军航空兵某部有功人员及渔民民兵
代表。

12 月 19 日　中共中央批转高扬文在
白银有色金属公司的蹲点报告。高扬文
的报告讲了阶级斗争是核心，首先必须把
阶级斗争的仗打好等 7 个问题。毛泽东对
高扬文的报告也作了批示，认为这个报告
写得精简节约，又具体生动，又概括，是一
个好报告。

12 月 20 日—1965 年 1 月 5 日　中国
人民政治协商会议第四届全国委员会第
一次会议在北京举行。政协第三届全国
委员会副主席郭沫若在会上作了《中国人
民政治协商会议第三届全国委员会常务

委员会工作报告》。《报告》指出：在社会
主义时期，人民民主统一战线的根本任
务，就是要在中国共产党的领导下，巩固
无产阶级专政，把社会主义革命进行到
底，团结、教育和改造资产阶级分子、各民
主党派和一切爱国人士，调动一切积极因
素，为社会主义建设事业服务。全体委员
列席了第三届全国人民代表大会第一次
会议。会议推举毛泽东为政协第四届全
国委员会名誉主席，选举周恩来为全国政
协主席，彭真、陈毅、叶剑英、黄炎培、陈叔
通、刘澜涛、宋任穷、徐冰、高崇民、蔡廷
锴、韦国清、邓子恢、李四光、傅作义、滕代
远、谢觉哉、沈雁冰、李烛尘、帕巴拉·格
列朗杰、许德珩、李德全、马叙伦为全国政
协副主席。

12 月 21 日—1965 年 1 月 4 日　第三
届全国人民代表大会第一次会议在北京
举行。国务院总理周恩来作《政府工作报
告》。《报告》指出：全国的国民经济从
1961 年起进入调整、巩固、充实、提高时
期。现在，调整国民经济的任务已经基本
完成，工农业生产已经全面高涨，整个国
民经济已经全面好转，即将进入一个新的
发展时期。《报告》中首次提出了在中国
实现四个现代化的问题，要“在不太长的
历史时期内，把我国建设成为一个具有现
代农业、现代工业、现代国防和现代科学
技术的社会主义强国”。《报告》还提出在
今后发展国民经济中，应该注意正确处理
农业、轻工业、重工业的关系，正确处理自
力更生同国际合作的关系，实行技术革
命，实行领导干部、专家、群众三结合。会
议还发出了“工业学大庆、农业学大寨、全
国学习解放军”的号召。会议通过了《关
于政府工作报告》、《1965 年国民经济计划
主要指标和 1965 年国家预算初步安排的
决议》、《关于全国人民代表大会常务委员

会工作报告的决议》、《关于最高人民法院和最高人民检察院工作报告的决议》。会议选举刘少奇为中华人民共和国主席,宋庆龄、董必武为副主席。会议选举朱德为全国人民代表大会常务委员会委员长,彭真、刘伯承、李井泉、康生、郭沫若、何香凝、黄炎培、陈叔通、李雪峰、徐向前、杨明轩、程潜、赛福鼎•艾则孜、林枫、刘宁一、张治中、阿沛•阿旺晋美、周建人为副委员长,刘宁一兼秘书长。选举杨秀峰为最高人民法院院长,张鼎丞为最高人民检察院检察长。根据国家主席刘少奇的提名,会议决定周恩来为国务院总理,并决定林彪、刘伯承、贺龙、陈毅、邓小平、徐向前、聂荣臻、叶剑英、罗瑞卿、程潜、张治中、傅作义、蔡廷锴为国防委员会副主席。根据国务院总理周恩来的提议,决定林彪、陈云、邓小平等16人为国务院副总理,任命周荣鑫为国务院秘书长,任命了各部部长和各委员会主任。

12 月 22 日　台湾"立法院"通过《奖励投资条例》修正案。

12 月 27 日　毛泽东为北京电视台题写台名。

12 月 30 日　中华人民共和国主席刘少奇召集最高国务会议。会议就即将在第三届全国人民代表大会第一次会议上提出的国家领导人候选人名单和即将在中国人民政治协商会议第四届全国委员会第一次会议上提出的政协领导人名单问题,进行了协商。

12 月 31 日　北京举行有5万军民参加的盛大的拥军优属、拥政爱民新年联欢晚会。毛泽东主席、刘少奇主席等党和国家领导人参加了联欢晚会,并在晚会开始前,接见了各方面的英雄模范代表人物。

同日　台湾当局与美国签订总值6000余万美元农产品协定。

12 月　文化部和文字改革委员会联名发布《印刷通用汉字字形表》,规定了标准的印刷体,使铅字字形尽量接近手写楷书。

同月　1964年全国主要经济指标完成情况:工农业总产值1648亿元,比上年增长17.6%。其中,工业总产值1103亿元,比上年增长9.6%;农业总产值545亿元,比上年增长13.5%(以上按1957年不变价格计算)。工农业产品产量:钢,964万吨,比上年增长26.5%;原煤,21500万吨,比上年下降0.9%;原油,848万吨,比上年增长30.9%;发电量,560亿度,比上年增长14.3%;粮食,18750万吨,比上年增长10.3%;棉花,166.3万吨,比上年增长38.6%;油料,336.8万吨,比上年增长37%。基本建设投资总额144.12亿元,比上年增长46.8%。社会商品零售总额638.2亿元,比上年增长5.6%。国家财政总收入339.5亿元,总支出339亿元,结余5000万元。

本年　中国第一台自行设计的大型通用数字电子管计算机119机研制成功,平均浮点运算速度每秒5万次,参加119机研制的科研人员约有250人,有十几个单位参与协作。

1965 年

1 月 1 日　《人民日报》发表题为《争取社会主义事业新胜利的保证——1965年新年献词》的社论。

同日　党和国家领导人及有关方面负责人同外地来京的全国人大代表和政协委员在人民大会堂进行新年团聚。周恩来等同志同大家畅叙国内外大好形势,互相勉励在新的一年争取更大胜利。

同日　紫金山天文台用双筒望远镜，在"双子星座"发现了一颗亮度微弱的新天体，经5日晚再度观测证实，确定是一颗彗星。发现时的亮度为15等，星象稍显朦胧，未见彗尾。这是中国自己发现的第一颗彗星。11日，该台又在"巨蟹星座"发现一颗彗星，亮度约为15等，并有模糊的彗尾。

1月1日　蒋介石发表元旦文告，声称台湾必须在大陆核弹投射系统完成前"反攻大陆"。

1月2日　台湾"经济部长"杨继曾表示，去年输出约4.5亿美元，是实施经建计划以来成就最大的一年。

1月2日—3日　航空工业部决定在贵州、陕西、四川、湖南、湖北几省设立三线建设基地。

1月3日　刘少奇主席根据三届人大首次会议的决定，任命周恩来为国务院总理；4日任命国务院副总理、秘书长、各部部长、各委员会主任和国防委员会副主席、委员。

同日　北京和全国各地万民欢腾，纷纷集会、游行，欢庆刘少奇主席等再度当选为国家领导人。

同日　中华人民共和国外交部照会印度驻华大使馆，强烈抗议印度军队越过中国—锡金边界，进行一系列的新的严重入侵活动。照会说：中国有关当局经过仔细查核后证实，印度军队进行了下列新的入侵活动：①在则里拉山口，印军在山口的中国一侧和边界线上构筑了地堡、露天掩体等共27个工事。②在卓拉山口，印军已在边界线上修筑了4个工事。③一批印军越过中锡边界上的拉多拉山口，侵入中国境内进行侦察骚扰，并且劫走了中国牧民阿借等的牦牛59头。照会最后说：中国政府再次敦促印度方面立即拆除它在中

锡边界中国境内和边界线上构筑的全部工事，撤走非法盘踞在那里的全部印军，送还被印军劫走的中国牧民的牲畜，停止一切侵略活动。

1月8日　刘少奇主席召集国防委员会全体会议。会上，刘主席作了重要讲话，国防委员会副主席、解放军总参谋长罗瑞卿作了关于国防建设工作的报告。

同日　为促进工业"起飞"，台湾"经济部"公布《工业辅导准则》。

1月10日　中国人民解放军空军部队在华北地区上空，击落第4架美制蒋匪帮U-2型高空侦察机。国防部长林彪本日发布嘉奖令，表扬在华北地区上空击落第4架前来窜扰的美制蒋匪帮U-2型高空侦察机的中国人民解放军空军部队。嘉奖令说，这是继今年1月2日击落美国军用无人驾驶高空侦察机后，不到10天时间内，打下的第2架敌机。

1月12日　中共中央军委印发林彪关于当前部队工作的指示。

同日　中华人民共和国主席刘少奇接见了以空运部部长伊斯坎达为首的印度尼西亚友好代表团。交谈中，刘少奇热情赞扬苏加诺总统宣布印度尼西亚退出联合国是英明的决定，表示全中国人民坚决支持印度尼西亚人民大无畏的革命行动。刘少奇说，苏加诺总统提出了印度尼西亚人民要走自力更生道路的正确口号，自力更生对于新独立国家来说是极其重要的政策。只要政策正确，人民努力，印度尼西亚人民将一定能够克服前进道路上的困难，建设好自己的国家。同刘少奇一起接见印度尼西亚朋友的，还有国务院总理周恩来和副总理陈毅。

1月14日　中共中央印发了《农村社会主义教育运动中目前提出的一些问题》（简称《23条》）。这个文件，是在1964年

12 月中央政治局召开的全国工作会议纪要基础上，由中共中央主席毛泽东主持作了重要修改后制定的。

同日　教育部、国家编制委员会联合发出通知，为中等学校配备 1.4 万名专职政治课教师。

1 月 15 日—27 日　中华全国青年联合会四届二次会议和中华全国学生联合会第十八届代表会议同时在北京举行。青联会议讨论并通过青联常委会的工作报告，修改了青联章程，选举和补选了青联主席、副主席和常务委员。在全国学生代表会议上，讨论并通过全国学联向会议作的报告，修改了学联章程，决定恢复中等学校学生会参加学联组织，恢复省、自治区和省辖市的学联组织；推选出新的全国学联委员会。中共中央主席毛泽东等党和国家领导人在会议期间，接见了参加两个会议的全体代表。

1 月 17 日　中共中央主席毛泽东、国家主席刘少奇、国务院总理周恩来等领导人接见了来北京参加一些全国性会议的人员。他们是：出席中国人民解放军全军后勤工作会议、全军干部工作会议、中国人民公安部队政治工作会议、中国人民解放军铁道兵政治工作会议和中国人民解放军空军训练工作会议的全体人员；两次击落美帝国主义军用无人驾驶高空侦察机的有功人员；来北京汇报演出的中国人民解放军战士业余演出队的全体人员；出席中华全国青年联合会第四届委员会第二次会议、中华全国学生第十八届代表会议、全国体育工作会议，以及中国农业银行全国分行行长会议和政治工作会议的全体人员。

同日　《人民日报》加编者按语（按语传达了毛主席对这篇讲话的批示精神）发表了乒乓球运动员徐寅生对中国女子乒乓球运动员的讲话：《关于如何打乒乓球》。

同日　新华社报道：1964 年全国大批农业科学工作者深入农村蹲点，同群众结合，建立农村研究基地。中国农业科学院 22 个直属研究单位和 21 个省、市、自治区农科院直属研究单位在全国各地建立了 1000 多个研究基地和样板田；许多人在实践过程中加强了群众观点，提高了阶级觉悟。

1 月 18 日　中华人民共和国外交部就印度方面在 1964 年下半年内继续侵犯中国领土、领空的严重行为，照会印度驻华大使馆，向印度政府提出强烈抗议。《照会》指出，1964 年下半年内，印军越过中印边界实际控制线和中锡边界侵犯中国领土的事件共 24 起，越界或跨边界线构筑了约 50 个工事，并且派人据守，印度飞机飞越中印边界实际控制线以及中锡、中不边界，侵入中国新疆和西藏上空，共 21 架次。照会向印度政府提出强烈抗议，并要求印方立即停止这类非法的入侵活动。

1 月 19 日　中共中央、国务院作出《关于当前市场物价的决定》。经济困难时期，市场供应紧张，国家对 10 种商品实行高价供应，高出平价 3 倍以上。随着经济形势的全面好转，市场物价已基本恢复了正常。为进一步解决市场物价方面的问题，《决定》对当时市场物价作如下调整：①把全国城镇粮食统销价格提高到同统购价格相平。全国平均每百斤粮食大约需要提高 1 元，提价总金额约 3 亿元，对收入低的职工另给粮价补贴。②适当提高煤炭的市场销售价格，全国平均每吨提价 1 元上下，提价金额约 7000 万元。③在不影响棉布市场销售总水平的条件下，提高某些低档布价格，降低某些高档布价格，调整地区差价、批零差价。全国提价金额约 90 万元。④农产品收购价格应稳定一个时期。从 1965 年开始，对提供商品粮较多的生产队，实行加价奖励的办法。⑤1965 年，争取把粮食的集市价格降到比计划价格高出 50% 上下，食油的集市价格降到比计划价格高出 20%~30%，丰产区则争取接近计划价格。⑥继续降低农业生产资料价格。

同日 第三届全国人民代表大会常务委员会举行了第一次会议。人大常委会委员长朱德主持了会议。会议讨论并通过了《关于军士和士兵的现役期限的决定》。《决定》规定：陆军步兵中军士和士兵服现役 4 年；陆军特种兵和公安部队中军士和士兵服役 5 年；空军的军士和士兵服役 5 年；海军舰艇部队的军士和士兵服役 6 年，岸上部队的军士和士兵服役 5 年。同日，国家主席刘少奇命令公布《关于军士和士兵的现役期限的决定》。

1 月 22 日 高等教育部、财政部联合颁发试行《高等教育部直属高等学校固定资产管理办法（草案）》、《高等教育部直属高等学校材料、低值易耗品管理办法（草案）》、《高等教育部直属高等学校特种资金、代管经费及其他款项管理办法（草案）》和《高等教育部直属高等学校教学、科研设备、器材损坏丢失赔偿处理办法（草案）》。

1 月 23 日—28 日 印度尼西亚总统苏加诺特派的由第一副总理兼外交部长苏班德里约率领的代表团应中国政府的邀请，前来进行友好访问。访问期间，中共中央主席毛泽东、国家主席刘少奇等接见印度尼西亚贵宾；国务院总理周恩来、副总理陈毅同苏班德里约举行了会谈。28 日签订中国和印度尼西亚联合声明，同时签订了两国政府经济技术合作协定和贷款协定。

1 月 25 日 台湾"立法院"通过《加工出口区设置管理条例》。

1 月 26 日 卫生部颁布《中华人民共和国药典（1963 年版）》。

1 月 29 日 布隆迪王国政府宣布暂时中断中布外交关系。中国外交部 1 月 31 日发表声明，抗议布隆迪政府无理中断两国外交关系。

1 月 30 日 文化部、文字改革委员会联名发出《关于统一汉字字形的联合通知》。

1 月 31 日 第四届全国美展华东地区作品展在中国美术馆开幕。

1 月 航空研究院与航空工业部合并。

2 月 1 日 中共中央决定成立第二轻工业部，撤销中央手工业管理总局，并将原轻工业部改为第一轻工业部。

同日 公安部发表公报，从 1964 年 7 月到 1965 年 1 月，我广东、福建、浙江、江苏沿海地区军民，又连续歼灭 7 股美蒋武装特务 196 人，其中击毙 28 人，俘获 168 人。缴获和击沉运载武装特务的船只 8 艘，再次获得了对敌斗争的重大胜利。

2 月 6 日 中共中央批转国家经委《关于集中力量在经济建设上打歼灭战》的报告。1964 年，国家经委直接抓的 12 个重点建设项目，除天津拖拉机厂外，都取得了显著成绩。国家经委认为，这是集中力量打歼灭战的结果。国家经委提出，1965 年，除继续抓紧尚未完成的 10 个重点项目外，还准备把西南 3 条铁路的建设工程、川汉铁路的勘察、设计工作和四川德阳重型机械厂等工程，列入打歼灭战的项目。

2 月 8 日—10 日 北京各界共有 300 多万人举行强大示威，声讨美帝国主义武装侵略越南，坚决支援越南兄弟反美斗争。中共中央主席毛泽东、国家主席刘少奇、国务院总理周恩来等党和国家领导人参加了 10 日首都举行的规模巨大的群众集会。

2月8日—25日　中华全国总工会召开各省、自治区、直辖市工会主席会议。会议学习了《二十三条》,总结了 1964 年的工会工作,并确定 1965 年的工会工作的中心任务是深入开展以"五好"为目标的比学赶帮增产节约运动。

2月9日—16日　应中共中央邀请,由摩洛哥共产党第一书记阿里·亚塔率领的摩洛哥共产党代表团访问中国。访问期间,中共中央总书记邓小平等同摩洛哥共产党代表团进行了亲切友好的会谈。

2月11日　毛泽东、刘少奇等党和国家领导人接见路过我国前往朝鲜访问的苏联部长会议主席柯西金和由他率领的苏联代表团。毛泽东在谈话中说:公开论战很好,许多问题大概要用公开论战的方式才能搞清楚。公开论战不过打笔墨仗而已,一个人也死不了。第一,天塌不下来;第二,树木照样生长;第三,河里的鱼照样游;第四,女人照样生孩子。

2月14日　台湾"行政院"提出 1966 年"施政"方针。

2月15日　国务院举行第 153 次全体会议。会议核准了中华人民共和国政府和古巴共和国革命政府贸易协定、支付协定,中华人民共和国政府和肯尼亚共和国政府贸易协定,以及中华人民共和国政府和阿拉伯联合共和国政府经济技术合作协定。

2月16日　中共中央批转中央组织部《关于在"四清"运动中吸收新党员预备期问题的意见》。中央组织部在《意见》中指出:据有些省反映,在"四清"运动中有些支部问题严重,原有的支部的党员已不

再任领导职务;而新发展的党员按规定又要有一年预备期。因此,这些支部领导核心建立不起来。《意见》建议那些准备担任领导工作的新党员,可以不要预备期。中央在转发这个《意见》时指出:在农业集体化和"四清"运动中,经过考察,确实优秀、可靠的贫下中农积极分子,吸收入党时可以由工作队党委决定,经分团党委或者县委批准,缩短或者不要预备期。

同日　《人民日报》发表社论《以革命的精神做好 1965 年的商业工作》。社论说,1965 年商业工作的原则是:"及时收购,积极推销,生意做活,活而不乱。"

2月16日—23日　坦桑尼亚联合共和国总统朱利叶斯·克·尼雷尔和夫人,应中华人民共和国主席刘少奇和国务院总理周恩来的邀请到中国进行访问。20 日在北京签订了《中坦友好条约》。

2月18日　新华社报道:1964 年全国有 30 多万城市知识青年上山下乡,参加农村社会主义建设事业。

2月22日　中共中央主席毛泽东、国务院总理周恩来等党和国家领导人接见参加工业、交通、财贸、农林、工会等系统在京召开的全国性专业会议的代表,以及中国人民解放军在京召开的一些业务会议的代表和第三批战士演出队的全体人员。

同日　《解放军报》发表社论《怎样突出政治》。同一天,毛泽东在接见海军干部工作会议、解放军报编辑部记者会议和第三批战士演出队时说:"四个第一好,这是个创造。"毛泽东在 1963 年 12 月 16 日的一个批示中还说过:"解放军的思想政治工作和军事工作,经林彪同志提出四个第一、三八作风之后,比较过去有了一个很大的发展,更具体化又更理论化了。"

2月23日　全国工业交通工作会议

和全国工业交通政治工作会议在北京召开。会议确定了1965年的主要工作是：①改革企业管理体制，主要是简化机构，减少层次。②改革工业生产组织，继续革"大而全"、"小而全"的命，推行专业化协作。③改革工业管理办法，除试办12个托拉斯外，再试办石油、仪器仪表、木材加工等3个托拉斯。④改革物资供应办法，除主要物资外，一般物资部门根据国家计划就地就近组织供应。⑤改革规章制度。⑥加快技术革命。⑦加强战略后方建设。会议通过了1965年工业交通工作要点和1965年工业交通政治工作要点。

同日　台湾"外交部长"沈昌焕在加拿大宣称，台湾当局决定与任何承认中共的国家"绝交"。

2月24日　台湾"行政院"通过《整顿招商局办法》。

2月25日　国务院批准高等教育部的报告，同意本年向资本主义国家派遣自然科学留学生50名。我国自1957年起，开始向意大利、比利时、瑞士、瑞典、挪威、丹麦等国派出留学生。至1965年1月，8年共派出200名，绝大部分学习外语，其中自然科学留学生仅21名。

2月25日—3月1日　国务院召开第四次全国集中产棉县棉花生产会议。去年全国棉花总产量比1963年增长37％；单位面积产量提高23％，超过历史最高水平。3月4日、12日，《人民日报》发表社论《1965年棉花生产的方针》和《产棉区要力争粮棉双丰收》。

2月26日　中共中央、国务院作出《关于西南三线建设体制问题的决定》。《决定》说，为加强对整个西南三线建设的领导，中央决定成立西南三线建设委员会。3月29日，中央又作出《关于西南三线建设委员会组成人员的批复》，同意李井泉为主任，程子华、阎秀峰为副主任。

2月28日　据《大公报》报道，最近在天津召开了全国财贸政治工作会议。会议认为目前工农业生产迅速发展，全国财政收支平衡，货币流通正常，物资供应充裕，市场物价稳定，商品库存增加，对外贸易发展，财贸部门的经营管理工作继续有所改善。但目前"财贸工作中存在着一个突出的问题"，是许多部门和单位中"四个第一"还没有落实。《大公报》还为此发表社论《高举毛泽东思想红旗，狠抓四个第一落实》。

3月1日　《人民日报》发表社论：《学习长沙政治学校的革命学风》。同日，《人民日报》还刊载了解放军长沙政治学校用革命精神办学的经验。

3月2日　中共中央书记处召开会议。会上对文化战线上出现的围攻、批判文艺作品和文艺界代表人物的错误进行批评。邓小平在会上指出：现在有人不敢写文章了，新华社每天只收到两篇稿子。戏台上只演兵，只演打仗的，电影哪有那么多完善？这个不让演，那个不让演。那些"革命派"是想靠批判别人出名，踩着别人的肩膀自己上台。要赶快刹车。他的意见未被采纳和执行。

同日　《人民日报》报道，解放军总政治部发出通知，要求全军学习好司务长孙乐义的模范事迹。

3月2日—9日　巴基斯坦伊斯兰共和国总统穆罕默德·阿尤布·汗元帅，应中华人民共和国主席刘少奇和国务院总理周恩来的邀请前来中国进行国事访问。4日，中共中央主席毛泽东接见并宴请了阿尤布·汗，并进行了亲切友好的谈话。在访问期间，中华人民共和国主席刘少奇、国务院总理周恩来同阿尤布·汗就当前国际形势、进一步发展中巴两国之间的友好合作关系和双方共同关心的其他问题进行了坦率、诚挚和友好的会谈。7 日，签署了中巴联合公报。双方对会谈的结果表示十分满意。

3 月 3 日 中共中央批转《财贸工作座谈会纪要》。1965 年 1 月举行的财贸工作座谈会，主要讨论了打击投机倒把，进一步改造小商小贩等问题。

3 月 4 日 新华社报道：全国总工会最近召开全国省、市、自治区工会主席会议。会议确定今年工会工作的中心任务是：继续高举毛泽东思想红旗，深入开展以五好为目标的比学赶帮增产节约运动。

3 月 5 日 台湾"副总统"国民党副总裁陈诚于台北去世，终年 69 岁。

3 月 8 日 北京电视台派驻越南的记者朱景和到达河内，建立了北京电视台第一个驻外记者站。

3 月 11 日 国家体委发出《关于青少年体育锻炼标准（草案）的通知》。并颁发《青少年体育锻炼标准条例（草案）和青少年体育锻炼标准少年级、一级、二级项目标准（草案）》。

3 月 14 日 第四届全国美展西南地区作品在中国美术馆展出。

3 月 15 日 《解放军报》发表叶剑英的文章：《高举毛泽东思想伟大红旗，把院校办得非常无产阶级化非常战斗化》。

同日 沈阳飞机厂研制成新中国第一艘气垫船。

3 月 16 日—27 日 由巴勒斯坦解放组织主席艾哈迈德·舒凯里率领的巴勒斯坦解放组织代表团来中国进行访问。中共中央主席毛泽东、国家主席刘少奇分别接见了代表团。国务院总理周恩来、副总理陈毅同舒凯里进行了会谈。22 日，中国人民外交学会和巴勒斯坦解放组织在北京签署了联合声明。中国人民外交学会名誉会长周恩来、会长张奚若和舒凯里主席在联合声明上签字。

3 月 17 日 新华社报道，我国自己设计、制造和安装的第一套尿素设备最近在上海吴泾化工厂试车成功，并已生产出了第一批高效化肥尿素。这套设备是上海机械工业部门继成套制造年产 25000 吨合成氨设备以后，在不到 1 年半的时间内制造出来的。设备的年产尿素量是 40000 吨，从二氧化碳的回收、压缩，一直到尿素的合成、分解、加工，共有 200 多台主机和辅机。其中，最大的主机由 1000 多个重要部件和辅机组成，重达 120 多吨。它是由化学工业部第七设计院设计的。

3 月 18 日 中国人民政治协商会议第四届全国委员会常务委员会举行首次会议。政协全国委员会主席周恩来主持会议。会议通过了徐冰、陈叔通、高崇民为政协第四届全国委员会常务副主席。

3 月 18 日、31 日 中国人民解放军空军部队、海军航空兵部队先后在东南沿海地区和华南地区的上空，击落入窜侦察的台湾美制 RF－101 型飞机和美帝军用无人驾驶高空侦察机各 1 架。国防部长林彪发布嘉奖令表扬有功部队。

3 月 19 日 台湾"省政府"公布《农业推广实施办法》。

3 月 20 日 《人民日报》在《苏共领导分裂国际共产主义运动的严重步骤》标题下，刊登了关于苏共领导非法召开的莫斯科 3 月会议的消息、公报，以及苏共中央在 1964 年 7 月 30 日和 11 月 24 日致中共中央的两封信。《人民日报》刊登这个消息时加了编者按语，按语说，中共中央在 1964 年 8 月 30 日致苏共中央的复信中，就苏共中央 1964 年 7 月 30 日的来信，表明了自己的明确立场：中国共产党坚决反对苏共领导非法召开分裂会议，并且庄严地声明,决不参加非法的分裂会议。对于苏共中央1964年11月24日的来信,我们认为没有必要再给予答复,因为我们同这个会议没有一丝一毫的关系。我们已经在一系列的场合,重申了我们坚决拒绝参加非法的分裂会议的严正立场。

3月23日 《人民日报》、《红旗》杂志联合发表编辑部文章:《评莫斯科三月会议》。文章说,1965年3月1日到5日在莫斯科举行的共产党和工人党代表协商会晤会议,是一个非法的分裂会议。这一会议的召开,是公开分裂国际共产主义运动的极其严重的步骤。

3月24日 中华人民共和国和阿富汗王国在喀布尔签订了中国和阿富汗边界议定书、文化合作协定、经济和技术合作协定。中华人民共和国国务院副总理兼外交部长陈毅代表中国政府,阿富汗副首相阿卜杜勒·查希尔、财政大臣赛义德·卡西姆·里什提亚和教育大臣穆罕默德·阿纳斯分别代表阿富汗政府,在这3个文件上签字。

3月25日 台湾"行政院"订颁《加强社会福利措施,增进人民生活实施方针》。

3月26日 中共中央决定基本建设项目一律不再增加。鉴于各部门、各地方不断提出增加1965年基本建设项目,为避免战线拉得很长,物资供应过紧,影响重点建设和应付国际形势变化的需要,中共中央决定基本建设项目暂时一律不再增加,现有的战略储备物资、当年准备的物资以及增产指标以外再超产的物资,未经中央批准不准动用,并责成国家计委对本年计划内的和已批准增加的建设项目重新审查,凡是可不上的项目都不要上,项目中某一部分可暂时不上的也应缓上,各地自筹资金只能在国家已分配给地方的材料范围内安排;今后,各部门、各地方除了国家已批准的项目外,即使有资金、有材料、有设备,计划外新增加的任何建设项目,也必须经中央批准才能动工。

3月26日—4月23日 教育部在北京召开第一次全国农村半农半读教育会议。自1964年以来,各地举办了各种形式的半农半读学校,全国耕读小学的学生已达1360多万人,试办的半农半读中等技术学校近百所。会议总结和交流了各地试办半农半读学校的经验,提出今后农村教育的任务是巩固已有的成绩,继续实行两种劳动制度、两种教育制度,争取在第3个五年计划期间普及小学教育,积极试办农业中学、半农半读中等技术学校。7月14日,中共中央批转了教育部党组关于这次会议的报告。中央在批示中说,推行两种劳动制度、两种教育制度,是逐步消灭三大差别,防止资本主义复辟的大事情。抓好半农半读教育工作,对改变我国教育事业面貌,具有决定性的作用。除了要抓好方针、政策和思想工作外,还应该进一步研究并妥善解决半农半读学校的学制、课程、教材和师资等实际问题,使这种学校能逐步定型,逐步形成体系。

3月27日 新华社报道,国务院召开的全国农业科学实验工作会议最近在北京举行。会议号召农业科学工作者上山下乡同群众一起大力发展样板田,促进农业生产新高潮。会议期间,国务院总理周恩来、副总理李先念作了报告,农业部副部长江一真作了题为《积极开展以样板田为中心的农业科学实验运动,多快好省地发展农业科学,为农业生产服务》的报告,国家科委副主任韩光作了题为《高举毛泽东思想红旗,大力开展农业科学实验运动》的讲话。全国28个省、自治区、直辖市共1000多人参加了会议。

同日 中共中央副主席、国务院总理周恩来率领中国党政代表团应阿尔巴尼亚劳动党中央政治局委员、部长会议主席穆罕默德·谢胡的邀请,在阿尔巴尼亚进行访问。访问期间,周恩来和阿尔巴尼亚劳动党中央第一书记恩维尔·霍查、部长会议主席谢胡等进行了会谈。29 日,周恩来在地拉那群众欢迎大会上发表重要讲话,30 日,发表了关于周恩来总理访问阿尔巴尼亚的新闻公报。4 月 1 日,《人民日报》发表了社论:《战斗的友谊,伟大的团结》。

3 月 28 日　《人民日报》报道:国务院最近在北京召开全国农业科学实验工作会议,号召农业科技工作者上山下乡,在党的领导下,积极开展以样板田为中心、以专业科技队伍为骨干、以广大农民群众的科学实验活动为基础的农业科学实验运动。会议认为,样板田是 1958 年后在我国出现的一种领导农业生产、发展农业科学的新形式,去年在全国各地有大规模的发展。会议对发展样板田的部署进行了讨论。

3 月 29 日　台湾当局声明关闭驻澳门"办事处"。

3 月 29 日—4 月 19 日　共青团九届二中全会在北京举行。会议期间,刘少奇、邓小平、彭真、李先念、谭震林、陆定一等党和国家领导人接见了出席会议的全体人员。全会认真学习了最近党中央关于进一步把全国青少年组织起来,把基层群众工作活跃起来的指示;认真学习了彭真同志关于国内外形势和任务的报告。会议还通过了《关于在工农业生产新高潮中团的工作任务的决议》、《高举毛泽东思想伟大红旗,为培养少年儿童成为无产阶级革命接班人而奋斗》的决议。

3 月 30 日　中华人民共和国国务院总理周恩来应本·贝拉总统的邀请访问阿尔及利亚。访问期间,周恩来同本·贝拉总统进行了会谈。31 日,发表了中阿联合公报。双方强烈谴责美帝对南越人民的不断侵略和扩大在越南民主共和国的军事行动,坚决支持南越人民的反美正义斗争。周恩来重申中国坚决支持巴勒斯坦人民和他们的组织——巴勒斯坦解放组织的正义斗争。双方相信,即将在阿尔及利亚召开的第二次亚非会议具有特别重要的意义,双方保证进行一切努力使会议获得成功。

3 月 31 日　第三届全国人民代表大会常务委员会举行第五次会议。会议批准了中国坦桑尼亚友好条约。会议决定设立国家基本建设委员会,决定将建筑工程部分为建筑工程部和建筑材料工业部。同日,国家主席刘少奇任命谷牧为国家基本建设委员会主任,刘裕民为建筑工程部部长,赖际发为建筑材料工业部部长。

4 月 1 日　经国务院批准,藏族人民的生活必需品砖茶、沱茶和金尖茶,分别降低销售价格 10% 和 36%。这次降低茶叶销售价格,全区人民一年内就可减少 360 万元的开支。

4 月 2 日　台湾军事法庭审判"彭明敏师生叛乱案",彭明敏被判处 8 年徒刑。

4 月 3 日　刘少奇等党和国家领导人接见了出席由国家经济委员会、对外经济联络委员会、冶金工业部、第四机械工业部、第五机械工业部、邮电部、林业部、物资管理部、第二轻工业部、教育部分别召开的一些会议的人员,以及出席共青团九届二中全会和全国铁路共青团代表会议的人员,中国人民解放军在京院校毕业生和出席海军宣传教育工作会议的人员,参加华北区话剧歌剧观摩演出的人员。

4 月 3 日、18 日　中国人民解放军空军部队在中南地区上空,先后击落入窜侦察的美国军用无人驾驶高空侦察机 2 架。国防部长林彪发布嘉奖令表扬有功部队。8 日、20 日，朱德委员长、陶铸副总理分别接见了击落美机的有功人员。4 日、7 日、21 日，解放军海军和空军分别举行祝捷授奖大会。

4 月 6 日—25 日 国家经济委员会召开全国专业化和协作工作会议。5 月 25 日，中共中央、国务院批转了《全国专业化和协作工作会议纪要》。中央指出："按照专业化和协作的原则，根据需要和可能逐步改组我国现有的加工工业特别是机械工业，是解放生产力、提高技术、促进生产发展的有力措施，是经济管理革命的一个重要内容。要争取从 1965 年开始，用 3 年到 5 年的时间，基本上完成这一重大的改组工作。"

4 月 7 日 中共中央作出《关于调整文化部领导问题的批复》，免去了齐燕铭、夏衍等在文化部的领导职务。这是在文艺界开展错误的批判和整风的结果。

4 月 9 日 中国共产党中央委员会发出讣告，中国共产党中央委员会委员会、中央政治局委员、国务院副总理、中共中央华东局第一书记、南京军区第一政治委员、中共上海市委第一书记、上海市市长柯庆施因患重病治疗无效，于本日在成都逝世，享年 63 岁。10 日，在成都的党和国家领导人朱德、董必武等向柯庆施遗体告别。13 日，北京各界 1 万多人隆重公祭柯庆施同志，刘少奇同志主祭，邓小平同志致悼词。

4 月 12 日 中共中央发出《关于加强备战工作的指示》。《指示》说，鉴于美帝国主义正在越南采取扩大侵略的步骤，直接侵犯越南民主共和国，严重地威胁中国的安全，因此中央认为：在目前形势下，应加强备战。《指示》号召全党、全军和全国人民在思想上准备应付最严重的局面，要发扬爱国主义和国际主义精神，尽一切可能支援越南人民抗美救国斗争。

4 月 13 日 中共中央同意新技术进口小组《关于引进新技术工作几个主要问题的报告》。

4 月 14 日 中共中央原则批准经全国工业交通工作会议讨论通过的《1965 年工业交通工作重点》。全国工业交通工作会议、全国工业交通政治工作会议 1965 年 2 月在北京举行。会议确定当年工交部门的基本任务是：以阶级斗争为纲，以生产建设为中心，推动比学赶帮运动，组织生产建设高潮，完成和超额完成国家计划。

4 月 15 日 台湾《中央日报》公布国民党中常会通过的《当前社会革新工作重点》。

4 月 15 日—25 日 第 28 届世界乒乓球锦标赛在卢布尔雅那举行。我国运动员在 7 个项目中获得 5 项冠军、4 项亚军。5 项冠军是：男子团体、女子团体、男子单打、男子双打、女子双打。中国女选手是第一次夺得团体和女子双打两项世界冠军。中国男选手是连续第四次获得单打冠军，连续第三次获得团体冠军。获得冠军的中国运动员是：男子单打冠军庄则栋，男子双打冠军庄则栋和徐寅生，女子双打冠军林慧卿和郑敏之。

4 月 16 日—26 日 中华人民共和国国务院总理周恩来和副总理兼外交部长陈毅等一行到雅加达参加万隆会议 10 周年庆祝活动。周恩来在机场上发表了书面谈话。25 日，周恩来在雅加达发表了告别讲话，周恩来首先向苏加诺总统和印度尼西亚政府和人民表示衷心的感谢。接着他说：像十年前的万隆会议一样，这一次的庆祝活动组织得非常成功。

4 月 20 日 第三届全国人大常委会

举行第六次会议。会议一致通过了《中华人民共和国全国人民代表大会常务委员会关于支持越南民主共和国国会呼吁书的决议》。

同日　中国体育代表团(包括举重、羽毛球、体操、排球、篮球)参加在雅加达举行的庆祝万隆会议十周年亚非体育比赛。

4月21日　遭受巴西当局政治迫害,并被非法监禁一年多的我国贸易、新闻工作者王耀庭、侯法曾、王唯真等九位同志平安回到祖国首都。22日,刘少奇主席接见九位同志,向他们表示亲切慰问,表扬他们威武不屈,同美帝、巴西反动派和蒋介石匪帮进行了英勇顽强的斗争。同日,我国际贸易促进委员会、全国记协和新华社就九位中国工作人员平安回到祖国发表声明。23日,我九位同志在京举行中外记者招待会,王唯真在会上列举大量事实,有力地揭露和控诉了美帝及其走狗迫害他们的骇人听闻的罪行。24日,首都万人举行欢迎会,陆定一副总理代表党、政府和全国人民向他们表示亲切慰问,并号召大家学习他们坚贞不屈的革命气节;九位同志的代表王耀庭和国际贸易促进委员会主席南汉宸在会上讲了话。21日,《人民日报》发表社论:《美国和巴西反动派反华阴谋的可耻破产》。

4月22日　中共中央、国务院转发中央安置领导小组《关于安置工作会议的报告》。1965年2月,中央安置领导小组召开安置工作会议,总结、检查了3年来安置工作的情况。据统计,1962年和1963年,全国共动员了30万人上山下乡。1964年全国动员下乡、回乡人员共达68万余人。其中包括知识青年、退伍军人、闲散劳动力及其家属和农村有家可归的城镇居民。会议还初步核定1965年计划安置上山下乡54万余人,有的插队,有的投亲靠友,有的新建队,有的安置到国营农场。会议要求各地立即着手编制15年安置规划。

同日　中宣部发出关于公开放映和批判《林家铺子》和《不夜城》的通知。

4月25日—7月25日　由文化部、全国美协联合举办的"全国美展中南地区作品展览"(即"第四届全国美展")在北京中国美术馆开幕,共展出492件作品。

4月26日　国民党新闻党部正式成立。

4月30日　国务院全体会议举行第155次会议。会议通过了《边防检查条例》,并通过了贯彻执行这一条例的《中华人民共和国国务院命令》。《条例》规定,为了保卫中华人民共和国主权和国家安全,便利进出国境的人们和交通运输工具的通行,在对外开放的港口、机场、国境车站等地建立边防检查站,负责对进出国境的人员及其护照和其他进出国境证件、行李物品和进出国境的交通运输工具及其载运的物资,实行边防检查。会议还核准了中华人民共和国政府和柬埔寨王国政府文化科学合作协定,以及中华人民共和国和阿拉伯叙利亚共和国文化合作协定。会议还通过了市、县行政区划变更事项和任免事项。

同日　中国第一座维尼纶工厂建成投产。

4月　中国科学院半导体所研制成功了四种固体组件,其中一块组件内含有7个晶体管,1个二极管,7个电阻和6个电容。这是中国最早研制成功的固体组件。

同月　文化部整风结束。中央组织部调萧望东任文化部第一副部长,石西民、林默涵、赵辛初、刘白羽等任副部长。

5月1日　北京300万人同党和国家领导人刘少奇、周恩来、朱德、邓小平等与来自五大洲 70 多个国家和地区的国际友人,分别在各个庆祝活动场所共庆"五一"国际劳动节。全国总工会等 13 个团体举行盛大招待会,周恩来总理在会上向来自各国的朋友们祝酒,刘宁一同志在会上讲了话。《人民日报》当天发表社论:《为加强社会主义建设和援越抗美而斗争》。

同日 福建东引海面发生激烈海战。

5 月 2 日 台湾"省政府"拟定《推行社会福利实施纲要》。

5 月 4 日 共青团中央发出《关于军事体育工作要点》,提出在青少年中开展射击、游泳、防空、投掷、通讯联络、军事野营、越野跑、攀登、武术等十项活动。

5 月 5 日 《人民日报》在题为《热情关怀下乡上山的知识青年》的社论中说,去年一年,全国共有 32 万城市知识青年下乡上山,"晒黑了皮肤炼红了心",这是我们无产阶级革命事业后继有人的繁荣景象。社论还说,动员和组织大批城市知识青年下乡上山,是我国社会主义革命和建设时期的一项重大事业,是党的一项长期方针。另据新华社 9 月 23 日报道,自 1955 年毛泽东号召知识青年到农村去以来,到今年 8 月,全国已有百万知识青年下乡上山。

5 月 6 日 中共中央批转国家建委提出的《关于严格控制沿海地区大中城市非生产性建设的报告》。国家建委根据李富春提出的立即停止沿海地区非生产性建设的指示,邀请北京、天津、上海三市进行座谈,大家认为今年沿海地区大中城市的非生产性建设确实安排多了,与备战形势不相适应,有必要适当调整。4 月 29 日,国家建委向中央提出,对于沿海地区大中城市的非生产性建设,除了即将竣工的工程可以继续建设外,其他刚开工和尚未开工的非生产性建设工程,凡不属下列范围内的,都不应当继续建设:①原属非生产性建设,但与备战直接有关的;②直接为生产服务而又急需的;③有关涉外急需的工程;④必需的中小学校舍;⑤对外贸易和疏散物资所必不可少的仓库;⑥其他特殊需要经中央和国务院批准的工程。虽属上述范围的工程,但材料设备等条件不具备的,也不应开工。

同日 中共中央、国务院批转农村办、八机部和农业部《关于改进农业机械化工作管理体制的报告》,把由农业部门管理的农业机械业务(包括农村机电排灌机械的修理业务、农业机械规划工作和有关的院校、科研单位),全部划归八机部统一管理,并成立全国统一的农机销售公司,实行托拉斯式的经营管理方法,以克服全国各地销售业务过于分散、中间环节过多等混乱现象。

5 月 7 日 中共中央委员、国防委员会委员、国防部副部长、解放军空军司令员刘亚楼同志在上海逝世。

5 月 11 日 中共中央作出《关于在全国工业交通系统建立政治工作机关的决定》。要求所有工业交通部门,都要学习解放军,把思想政治工作放在第一位;各级党委必须把工业交通系统的政治机关建立起来,并逐步地建立起一套适合工业交通部门情况的政治工作制度;中央设置中央工业交通政治部,统一领导和管理全国工业交通系统的思想政治工作;各中央局、各省、自治区、直辖市党委以及其他大、中城市的党委都设置工业交通政治部;工业交通企业、事业单位,根据规模大小和任务繁简,分别设置政治部、政治处或者政治教导员、政治指导员。《决定》还指出,这个决定的基本原则,也适用于农业、商业和国民经济的其他部门。

同日 台湾"立法院"通过《电业法》。

5月12日 中共中央主席毛泽东发表支持多米尼加人民反对美国武装侵略的声明;3日,我国政府也发表声明,强烈谴责美国武装侵略多米尼加,坚决支持多米尼加人民的正义斗争。同日,首都各界1万多人举行盛大集会和示威游行,强烈抗议和严厉声讨美帝国主义武装侵略多米尼加的滔天罪行,完全拥护毛泽东的声明和我国政府的声明。大会通过了支持电文。中华人民共和国主席刘少奇等领导人参加了大会。

同日 《人民日报》报道:国家经委最近在天津召开全国专业化生产和协作经验交流会。会上着重介绍了上海、天津、北京和沈阳的加工工业的经验。武汉、广州、重庆、西安和其他一些工业比较集中的城市,正在参照四大城市经验推行专业化生产和协作。会议要求将"全能厂"变为"大而专"、"中而专"、"小而专",并以中、小"专"为主。《人民日报》同日发表社论:《以革命精神推行加工工业的专业化和协作》。

5月14日 新华社发表新闻公报:中国在本国西部地区上空,又爆炸了一颗原子弹,成功地进行了第二次核试验。

同日 国家体委、解放军总参谋部、共青团中央联合发出《关于大力开展群众性游泳活动的通知》。

同日 廖文毅宣布解散台湾独立统一战线,自东京返台。

5月16日 中共中央发出《关于加强工业生产建设高潮领导的通知》。年初以来,有些部门和地方擅自给企业追加任务,冲击国家计划,导致有些企业片面追求数量,产品质量下降,人身和设备事故增加,有些单位甚至打乱了生产秩序。为纠正这些问题,《通知》要求:①进一步动员和组织群众,保证全面完成今年国家原定的生产计划和新增的增产任务。任何部门、地方都不得随意再向企业压任务。对于援越、备战和军工急需产品追加的任务,统一由主管部门研究下达。②在生产建设中,必须坚持质量第一的方针,质量检验制度必须坚持,质量检验机构和专职人员不得撤销。③保持良好的生产秩序,保证安全生产和劳逸结合。为宣传贯彻这一通知,《人民日报》从6月2日到12月13日相继发表《好字当头》、《劳逸结合》等六篇社论。

5月17日 中共中央对湖北、河北两省委关于今后农村四清运动部署问题作了批示。湖北、河北两省委根据本省情况,采取不同方法部署了今后的农村四清运动,并决定在1967年底基本完成农村四清运动。中央同意两省委的报告,并在《批示》中提出,各省、市、自治区要在符合6条标准的条件下尽可能快一点完成农村的四清运动,这对农业生产和备战都是大有好处的。

5月19日 航空工业部高空救生和空降设备设计所由南京降落伞厂改编成立。

5月22日 第三届全国人民代表大会常务委员会举行第九次会议。会议讨论了国务院提出的关于取消中国人民解放军军衔制度的建议,决定取消中国人民解放军军衔制度。为了能够充分体现出我军是伟大的党、伟大的毛泽东思想领导下的伟大军队的革命精神和光荣传统,做到三军一样、官兵一样,国务院对新的帽徽、领章和部分军服样式作了以下决定:①陆、海、空军、公安部队一律佩戴新的全红五角星帽徽和全红领章。现行的帽徽、军衔肩章、军衔领章和军种、兵种、勤务符号,均予以废止。②官兵一律戴解放帽。现行的大沿帽、女无沿软帽、水兵大顶帽、均予以废止。③海军军服的样式改与陆、空军相同，其颜色为深灰色。④官兵每人发腰带一条，原军官武装带予以废止。⑤原校级以上军官的西式大礼服和女裙服予以废止。本决定从1965年6月1日起开始实行。22日，国家主席刘少奇发布命令，公布人大常委会关于取消中国人民解放军军衔制度的决定。25日，《解放军报》发表社论说，取消军衔制度，有利于官兵之间、上下级之间、军民之间的团结，有利于发扬我军的光荣传统，也有利于促进我军指战员思想的进一步革命化。

5月25日 中共中央、国务院批转《全国专业化和协作会议纪要》。4月，国家经委在天津召开了全国专业化和协作工作会议，上海、北京、天津、沈阳4个城市在会上介绍了经验。会议认为，实行专业化生产和协作，是工业大生产发展的客观规律和必然趋势，可以多快好省地发展加工工业的生产。中共中央和国务院在批转这次会议纪要时指出，按照专业化和协作的原则，根据需要和可能逐步改组我国现有的加工工业特别是机械工业，是解放生产力，提高技术，促进生产发展的有力措施，是经济管理革命的一个重要内容。要争取从1965年开始，用3到5年的时间，基本上完成这一重大的改组工作。今后建设新厂要贯彻专业化和协作的原则，不要再走全能厂的老路。

同日 台湾与美国和国际原子能总署签订《原子能安全保障检查三边协定》在台北换文。

5月28日 中国制成双水内冷汽轮发电机。

5月29日 中共中央批转《1965年5月财贸工作会议纪要》。这次会议讨论的主要问题是：①备战问题。工作的安排要立足于战争，平战结合，要抓紧物资的储备和疏散，保证军需供应。②粮食工作。1965年度的粮食征购、超购、议购任务要比上年略有增加，但大体不超过800亿斤。力争1965年度增加中央粮食储备几十亿斤，地方的周转库存和储备要适当增加，农村基本核算单位也要尽可能储备一部分。从1965年开始，以生产队为单位，平均每人提供商品粮数量超过100斤的部分，公粮不奖励，购粮加价12%。③商业购销和商业各部门的经营管理问题。商业各部门的工作必须在国家计划指导下，实行"及时收购，积极推销，生意做活，活而不乱"的原则，对供过于求和供不应求的商品采取积极有效的措施，促进工农业生产新高潮的发展。④外贸工作。要增加进口物资和对外援助，同时，增加出口任务和收购任务，1965年外贸收购计划要由年初安排的83亿元增加到93亿元左右。⑤财政问题。各地应当保证完成调整后的财政收入任务455亿元，并且力争达到460亿元或者略多一点，争取财政收支平衡。

5月—1973年8月 根据越南民主共和国的请求和中越两国政府的协议，人民解放军奉命先后派出防空、工程、铁道、后勤等部队32万余人赴越执行抗美援越任务。在执行援越任务中，中国援越部队有4200余名指战员负伤，1070余名指战员牺牲并安葬在越南。此外，中国还无偿为越南提供总值200多亿美元的军事装备和作战物资，为越军培养各类人员1.6万余人。

5月 国家科委中医中药专业组成立，标志着中医药研究和事业发展已进一步纳入国家科学技术研究和规划的正常轨道。

6月1日 国家主席刘少奇参加试办托拉斯工作的座谈会。他在会上说：试办托拉斯的目的,就是要解决整个国民经济更有计划些,更有组织些。组织起来就可以搞专业化、标准化、系列化。他还说,可以考虑托拉斯有三种形式,一种是人权、财权、物权全部统一,工厂全部收;另一种是只统一计划、价格、原材料供应和产品销售;第三种是只管计划、安排任务、交流经验……统起来是必要的。有些分公司给它一定的独立性,分公司之间,不就可以竞赛了吗? 总之,要提高质量,增加品种,降低成本,提高劳动生产率,提高技术,适合人民的需要。要按经济管理的原则,考虑合理性。

同日 经专家们鉴定,1957 年在四川省合川县发现的一个巨大恐龙化石,是迄今为止在中国发现的最大、最完整的恐龙化石,全世界还没有发现过。这个恐龙化石复原后长达 22 米,高 3.5 米,原来是生活在距今约 1.4 亿年前的巨大动物。经研究,这种恐龙是一个新种。它已被命名为"合川马门溪龙"。

6 月 2 日—4 日 中华人民共和国国务院总理周恩来应巴基斯坦总统阿尤布·汗的邀请到巴基斯坦进行访问。2 日到达拉瓦尔品第时,周恩来在机场发表了书面谈话。访问期间,周恩来同阿尤布·汗总统进行了会谈。

6 月 4 日—8 日 周恩来应尼雷尔总统的邀请,到坦桑尼亚进行访问。访问期间,周恩来同尼雷尔总统进行了会谈。8日,签署了中国坦桑尼亚联合公报。

6 月 5 日 1964 年京剧现代戏观摩演出大会在北京开幕。陆定一副总理在开幕式上作重要讲话。6 日,《人民日报》发表社论:《京剧艺术发展的新阶段——祝京剧现代戏观摩演出大会开幕》。《红旗》杂志第 12 期发表社论:《文化战线上的一个大革命》。

同日 中国制成大马力内燃机车,并成批生产。

6 月 6 日 蒋介石宣布赦免廖文毅,并发还其财产。

6 月 8 日 台湾"立法院"修正通过《证券交易税条例》。

6 月 10 日 文化部从内蒙古自治区选调的三个乌兰牧骑(红色文化工作队)从北京动身到全国各地巡回演出,并且向各地文艺界介绍他们坚持深入牧区和农村,开展文化普及工作的经验。

6 月 11 日 中国人民解放军海军防空部队在华北地区上空击落 1 架台湾美制 P_2V 型飞机。12 日,国防部长林彪颁发嘉奖令。16 日,周恩来总理等接见击落敌机的有功人员。

6 月 13 日 第四届全国美展中南地区作品在中国美术馆展出。自 1964 年 9 月至 1965 年 7 月,第四届全国美展,先后分为华北、东北、西北、华东、西南、中南六个大区,巡回于北京、上海、重庆三地展览,合计展出全国各省市、自治区作品 2818 件。

同日 上海之春音乐会期间,上海舞蹈学校根据同名歌剧创作演出了中国芭蕾舞剧《白毛女》。

6 月 14 日 中共中央转发高等教育部党委《关于分配一批高等文科毕业生到县以下基层单位工作的请示报告》。根据刘少奇提出的关于分配一批高等学校文科毕业生到县以下的基层单位工作的建议,《报告》提出:今明两年共抽出高等学校毕业生 1 万余人(包括文科及部分到农村工作的理工科和生物等有关专业毕业生),分配到县以下的基层单位。先组织他们参加"四清"运动,一两年以后,再有计划、有重点地分配他们到县以下的基层单位工作。中共中央在批示中指出:中央同意这个报告；分配一批大学毕业生到农村，是实现知识分子同工农群众相结合，培养革命接班人的有效途径之一，是加强基层建设的一项重要措施；除今明两年分配这批大学生到农村外，以后每年都要有计划地分配一些大学毕业生到农村去；各省、自治区、直辖市党委必须加强对这项工作的领导。

同日　中国制成并生产改性聚苯乙烯塑料。

同日　台湾当局放宽对加工出口贸易的限制，简化结汇手续。

6月15日　中国第一个压延玻璃车间建成投入生产。

同日　台湾"经济部"宣布，自今日起证券交易所停止交易10天；改组证券管理委员会。

6月16日　中华人民共和国主席刘少奇根据第三届全国人大常委会第十一次会议的决定，任命国务院总理周恩来为中华人民共和国出席第二次亚非会议政府代表团团长，国务院副总理兼外交部长陈毅为副团长，廖承志为中国政府代表团首席顾问。

同日　毛泽东在杭州听取余秋里关于编制第三个五年计划和长期计划的一些问题的汇报，并作了指示。主要内容是：①基本建设投资太多，指标定得过高。5年投资要从1080亿元压到八九百亿。三线建设也要从四五百亿元压到300多个亿元。建设项目不要搞那么多，少搞些项目就能打歼灭战。粮食4800亿斤能达到吗？1970年钢搞到1600万吨就行了。要留点余地在老百姓那里。②农轻重的次序要违反一下。吃、穿、用每年略有增加就好。搞农业要靠大寨精神，农业投资不要那么多，要减少下来。搞化肥我不反对，但还是靠养猪、养羊，搞绿肥。③内地

建设鉴于过去的经验欲速则不达，还不如小一点、慢一点能达到。④工业布局不能分散了。⑤对老百姓不能搞得太紧张。把老百姓搞翻了不行，这是个原则问题。总之，第一是老百姓，不要丧失民心；第二是打仗；第三是灾荒。计划要考虑这三个因素。根据毛泽东的这些意见，国家计委对第三个五年计划进行了修改。

6月16日—29日　全国畜牧工作会议在北京举行，毛泽东主席、刘少奇主席等党和国家领导人在会议结束后接见了与会代表。

6月18日—30日　中华人民共和国国务院总理周恩来和副总理陈毅，应阿拉伯联合共和国政府的邀请，对阿联进行友好访问。访问期间，周恩来同阿联总统纳赛尔、印度尼西亚总统苏加诺、巴基斯坦总统阿尤布·汗进行了会谈。30日，发表了关于中国总理周恩来和阿联总统纳赛尔、印度尼西亚总统苏加诺和巴基斯坦总统阿尤布·汗友好会谈的新闻公报。

6月25日　台湾"国防部"决定革新军队福利，增发薪饷。

6月26日　毛泽东提出要把医疗卫生工作的重点放到农村去。毛泽东认为，当时卫生部的工作只为全国人口的15%服务，而这15%主要还是"城市老爷"。广大农民却得不到医疗，他们一无医，二无药。再这样下去，卫生部可改名为"城市老爷卫生部"。医疗卫生工作应该把主要人力、物力放在一些常见病、多发病、普遍存在的病的预防和医疗上。城市里的医院应该留下一些毕业一二年，本事不大的医生，其余的都到农村去，把医疗卫生工作的重点放到农村去。根据毛泽东的这些意见，卫生部党委提出《关于把卫生工作重点放到农村的报告》。《报告》说，今后要做到经常保持1/3的城市医药卫生技

术人员和行政人员到农村,大力加强农村卫生工作。

6 月 28 日—7 月 10 日　国家体委在北京召开全国群众体育工作会议。

6 月 29 日　公安部发表公报:从 1963 年 11 月到 1964 年 6 月,粤、闽、浙沿海军民共歼 9 股美蒋武装特务,共 74 人。

同日　美国宣布本月底结束对台经济援助。自 1951 年到结束之日,美国对台湾当局提供的经济援助达 14 亿多美元。

6 月　中国独立设计研制的第一台大型晶体管电子数字计算机(109 乙)通过国家鉴定。

同月　中国人民解放军派部队援越抗美。至 1968 年 3 月,我国先后参加援越的部队共计 32 万余人,人民解放军无偿地向越南人民军提供了大量军事装备和战略物资,其中飞机 170 余架,舰船 140 余艘,坦克 500 余辆,汽车 1.6 万余辆,火炮 3.7 万余门,枪 216 万余支(挺),枪炮弹 12.8 亿余发等。此外,还为越军义务培训了军事、政治和技术人员 6000 余人。在整个越南抗美救国战争期间,中国对越南的物资援助折价达 200 多亿美元。

7 月 1 日　毛泽东主席、刘少奇主席等党和国家领导人接见出席有关军事、公安、农业、农垦专业会议的代表和公安部队学院、政法干校的一批学员。

同日　毛泽东接见参加农垦系统政治工作会议的全体代表。

同日　美国政府保证继续给予台湾当局军事援助。

7 月 3 日　毛泽东在看了《北京师范学院一个班学生生活过度紧张,健康状况下降》的材料后,给中央宣传部部长陆定一写信说:学生负担太重,影响健康,学了也无用。建议从一切活动总量中,砍掉三分之一。邀请学校师生代表,讨论几次,决定实行。为了贯彻这一指示,教育部在 8 月 13 日召开各省、市、自治区教育厅、局长座谈会,会议提出,贯彻毛泽东“七三”指示,必须从实际出发,不同地区、不同学校要区别对待。省、县教育行政部门应对学生的各种活动作统一的调整和安排,中小学课程和教材,必须根据少而精的原则进一步改革。

同日　周恩来总理视察新疆生产建设兵团,并为兵团题词。周总理在石河子垦区还接见了上海知识青年。

7 月 5 日　《人民日报》报道,自 1963 年中共中央主席毛泽东发出“一定要根治海河”的伟大号召以后,中共河北省委根据国家主席刘少奇指示的“上蓄、中疏、下排”治水方针,对根治海河作出了安排:近期以排为主,以除涝治碱为重点,首先解除涝碱灾害。

7 月 7 日　新华社报道:中国在上海、江苏、河南、浙江、广东、辽宁、吉林、黑龙江等省市新建的一批化学纤维厂正式投入生产。这批化学纤维厂都是依靠中国自己的技术力量和原材料建设起来的。这些工厂 1 年生产的粘胶纤维,可以织成 10 亿多尺纺织品。这批化学纤维厂的诞生,为我国纺织工业开辟了新的原料来源。

7 月 8 日　新华社报道:目前我国已能制造上千种纺织机械。棉、毛、麻、丝、针织、印染、粘胶纤维设备都能成套生产供应。上半年,全国又有 70 多万纱锭投入生产。

同日　台湾“行政院”公布《改进户口查证办法》及《动员时期民防办法》。

7 月 9 日　中国第一部 24 阶中型电子模拟计算机,在天津电子仪器厂制造成功。这部中型电子模拟计算机,精度高,用途广。它除了供科学研究机关作复杂的数学计算工具以外,还可以用于工业、国防上有关自动控制系统的设计、分析等方面。这部中型电子模拟计算机,是天津电子仪器厂从1958年以来生产的第五种型号的电子模拟计算机。

7月10日 新华社报道,1965年上半年,中国有28个制造化学肥料的建设工程投入生产,为支援农业增添了一支新生力量。这28个工程中属于大中型的有12个,分别建设在华北、华东、中南等地。今年上半年全国化肥厂,比去年同期为农业多生产160万吨化学肥料。

同日 《人民日报》报道:最近全国畜牧工作会议在北京召开。三年来全国大牲畜总头数增长将近1000万头,1964年底猪的存栏数已超过历史最高水平。但会议指出,大牲畜的发展仍然不够多,不够快。《人民日报》发表社论《农牧并举,以牧促农》,指出畜牧业战线上大寨式先进单位还不多,"从农业生产的全局来看,大牲畜还是一个薄弱环节"。

同日 中共中央、国务院批准国家计委对高等学校1966年毕业生试行提前一年预分的办法。

7月11日—16日 应中华人民共和国国务院总理周恩来的邀请,乌干达总理阿波洛·密尔顿·奥博特和他的随行人员,来我国进行友好访问。14日,中共中央主席毛泽东、中华人民共和国主席刘少奇接见了奥博特总理,并进行了亲切友好的谈话。16日,中国和乌干达联合公报在广州签字。

7月15日—30日 农业部召开全国中等和高等农业教育会议。会议主要讨论了农业学校的教育方向、方针、任务和教学改革等问题。据统计,自1964年以来,全国66所高等农业院校中,已试行半农半读的有37所,半农半读的学生占在校

学生总数的15%。全国307所中等农业学校中,实行半农半读的220所,半农半读学生占在校学生总数的52%。农业系统的160所中等农业学校的绝大部分和个别高等农学院还实行了"学生从社里来回社里去"的办法。会议期间,刘少奇听取了汇报并作了指示。他建议今后中高等学校要下伸到专区、县;学生社来社去,国家除给少数补贴外,既不包助学金和口粮,又不包分配当职工;除少数培训外国留学生和尖端科学技术人员的学校、专业或班级外,不再实行全国统一招生。根据刘少奇的建议,会议确定:在第三个五年计划期间,高等农业院校已经试办半农半读的,坚持办好;尚未试办的应选择一两个专业经省委批准后试办;争取到1970年,半农半读的学生占当年招生数的70%~80%,中等农业学校在3年内全部实现半农半读。高、中等农业院校试行社来社去,可以分两步走:最近三五年一般先做到毕业后国家不包分配;以后再逐步做到不包助学金和口粮。争取到1970年。高等农业院校试行国家不包分配的社来社去的学生,占当年招生数的30%~50%;中等农业学校全部实行社来社去,国家不包分配。"三五"期间,还要积极举办函授、夜校、短期训练班等业余教育。会议提出,要把学校办到农村去,使农业教育更好地面向农村,面向农民,面向生产。8月19日,中共中央批转了这次会议的报告。

7月18日 《人民日报》报道,一项中国首创的化肥生产新流程,在江苏丹阳化肥厂取得了成功,为中国多快好省地发展化学肥料工业开辟了一条新路。它与传统的氮肥生产的老流程比较,投资少,建设时间短。

同日 毛泽东在中央美院教员闻立

鹏、王式廓、李化吉 5 月 12 日关于美术院校使用模特儿问题给江青的信上作批语："男女老少裸体模特儿，是绘画和雕塑必需的基本功，不要不行，封建思想，加以禁止，是不妥的。即使有些坏事出现也不要紧，为了艺术学科，不惜小有牺牲……"

同日　西藏民族学院 683 名毕业生进藏工作。

7 月 19 日　国务院举行第 157 次全体会议。会议审议核准《中华人民共和国政府和阿拉伯联合共和国政府航空交通协定》、《中华人民共和国和罗马尼亚人民共和国文化合作协定》以及《中华人民共和国政府和阿富汗王国政府文化合作协定》。会议还通过了 1964 年国家决算和 1965 年国家预算草案，通过了四川省凉山彝族自治州和甘孜藏族自治州的各级人民代表大会和各级人民委员会组织条例草案。

同日　中华人民共和国与毛里塔尼亚伊斯兰共和国关于建立外交关系的联合公报在努瓦克肖特签署，决定两国互派大使级外交代表。

7 月 20 日　前国民党政府代总统李宗仁先生和他的夫人郭德洁女士，从海外归来，到达北京。中国人民政治协商会议全国委员会主席、国务院总理周恩来，政协全国委员会副主席、人大常委会副委员长彭真和夫人张洁清到机场欢迎。随同李宗仁先生从海外回国的，还有程思远先生。李宗仁在机场宣读了声明，他在声明中对中国共产党和国家领导人的多方照顾和热烈欢迎，表示感谢。他还希望留在台湾的国民党人，秉持民族大义，毅然回到祖国怀抱，团结抗美，一致对外，为完成国家最后统一作出有用的贡献。20 日晚上，周恩来接见并宴请李宗仁、郭德洁、程思远。周恩来在宴会上讲话。他代表中

共中央、国务院和政协全国委员会，对李宗仁先生和他的夫人郭德洁女士毅然从海外归来，表示热烈的欢迎。27 日，中共中央主席毛泽东接见了李宗仁先生和他的夫人。毛泽东说：你们回来，很好，欢迎你们。毛泽东还说：祖国是比过去强大了一些，但还不很强大，我们至少还得再建设二三十年才能真正强大起来。

同日　中共中央批转王任重上报的九个材料，并作出关于改进领导方法问题的指示。中央在指示中指出：领导干部到基层单位蹲点，了解真实情况，取得解决问题的经验，然后以点带面，点面结合，解决面上的问题，这是领导"四清"运动的重要方法，也是领导其他各项工作的重要方法；各级领导干部必须在今后的各项工作中，经常地坚持这种领导方法，改变主观主义和官僚主义的领导方法。

同日　为适应西藏文化事业发展的新需要，由上海计算机打字机厂专门生产的藏文打字机，第一批四台运往拉萨。

同日　台湾高雄加工出口区开始受理设厂登记。

7 月 21 日　国家计委向周恩来汇报调整和修改后的第三个五年计划的初步设想。汇报谈到，"三五"计划实质是一个以国防建设为中心的备战计划。要从准备应付帝国主义早打、大打出发，把国防放在第一位，抢时间把三线建设成具有一定规模的战略大后方。经过第三个五年或稍多一些的时间的建设，三线地区将成为一个部门比较齐全的新的工业基地。全国五年建设投资为 900 亿元。修改后的"三五"计划设想，对主要生产指标也进行了适当的压缩和调整。并设想分两步调整物价：第一步在长期计划中先安排粮食提价，农业生产资料和部分消费品降价；第二步在年度计划中再安排一般重工业

产品降价。

7月21日—28日　索马里共和国总统亚丁·阿卜杜拉·欧斯曼，应中华人民共和国主席刘少奇和国务院总理周恩来邀请，在中国进行友好访问。访问期间，中共中央主席毛泽东会见了索马里贵宾，同他们进行了亲切友好的谈话。刘少奇和周恩来同欧斯曼就当前国际形势、反对帝国主义和新老殖民主义问题和进一步发展中索两国之间的友好合作关系，进行了会谈。中华人民共和国和索马里共和国的代表就执行1963年签订的中华人民共和国政府和索马里共和国政府经济技术合作协定进行了富有成果的讨论，双方表示将进一步加强和巩固中索两国人民的友谊和两国的友好合作关系。

7月22日　第二届全国人民代表大会常务委员会举行第十三次会议，审查国务院提出的《1964年国家决算和1965年国家预算（草案）》，决定批准《1964年国家决算和1965年国家预算》，并通过了相应的决议。决议对1964年国家预算执行结果表示满意，认为这个决算，收支都超额完成原定的预算，而且比原来预计的执行情况更好一些。

7月24日—8月1日　缅甸联邦革命委员会主席、革命政府部长会议主席奈温将军和夫人，应中华人民共和国主席刘少奇和国务院总理周恩来的邀请，在中国进行友好访问。访问期间，中共中央主席毛泽东接见了奈温和其他缅甸客人，并且同奈温进行了亲切友好的谈话。刘少奇和周恩来同奈温就进一步发展两国之间的友好合作关系问题和共同关心的国际问题进行了会谈。

7月25日　中共中央发出关于组织高等院校、科学研究和文化单位干部参加农村社会主义教育运动的通知。《通知》说，这些单位，是知识分子集中的地方，让知识分子参加农村"四清"运动，是对他们进行思想改造，加强他们同劳动群众相结合的最重要、最有效的方式。对于帮助知识分子改进工作，促进文化教育、科学研究事业进一步为5亿农民服务等，也有极大好处。

7月26日—8月11日　文化部召开电影题材规划会议。周恩来总理到会作关于文艺方针和电影创作问题的讲话，并再次提出要拍摄艺术性纪录片，以便迅速反映社会主义时代，并促进创作人员深入生活、改造世界观。

7月27日—8月6日　卫生部召开全国农村医学教育会议，学习讨论党中央、毛泽东主席对卫生工作和医学教育工作的指示，研究随着卫生工作重点放到农村，医学教育如何面向农村的问题。会议提出，要采取城市医药院校、医疗卫生单位到县和县以下的村办半农半读的农村医学专科班、学生从社队来回社队去的办法，为农村培养大量不脱产、半脱产的卫生人员和半农半医的农村医生。

7月29日　新华社报道：我国铁路部门推行"运输方案"，全面改革运输组织工作。

7月　文化部、一机部在上海召开全国印刷机械生产规划会议。

同月　四川美院雕塑系的部分教师带领毕业班学生，前往大邑地主庄园陈列馆，会同该馆美工组及民间艺人10余人，为该馆"收租院"创作大型彩塑。至10月泥塑《收租院》创作完成，历时四个半月。共114个人物形象，泥塑总长96米，安排在总长为118米的收租院四周的围廊内。收租院的内容分"被迫交租"、"验租盘剥"、"算账逼租"、"走向斗争"四部分（后来在北京展出时分"交租"、"验租"、"过斗"、"算账"、"逼租"、"反抗"六个部分)。

8月1日 新华社报道,1965 年 4 月 1 日至 6 月 30 日全国行政区划变动情况如下:黑龙江省:①松花江专员公署由哈尔滨市迁驻绥化县绥化镇,并改名为绥化专员公署。②设立松花江专员公署,驻哈尔滨市。将哈尔滨市所属的宾县、阿城、呼兰、通河、五常、木兰、双城、巴彦 8 个县划归松花江专员公署领导。安徽省:①设立巢湖专员公署,驻巢县。②设立池州专员公署,驻贵池县。河南省:①设立驻马店专员公署,驻确山县驻马店镇。②设立周口专员公署,驻商水县周口镇。湖南省:设立株洲县。以株洲市的部分行政区域为株洲县的行政区域。株洲县由株洲市领导。广东省:设立梅县专员公署,驻梅县。广东省、广西壮族自治区:将广东省所属的合浦县、灵山县、钦州壮族自治县、东兴各族自治县和北海市划归广西壮族自治区领导。广西壮族自治区:①设立河池专员公署,驻河池县。②设立钦州专员公署,驻钦州壮族自治县。

同日 台湾"省政府"制定扩展职业教育十年计划和改进"国民"教育五年计划。

8月1日—6日 由印度尼西亚共产党中央委员会主席迪·努·艾地率领的印度尼西亚共产党代表团,应中国共产党中央委员会的邀请,在中国进行访问。3 日,中国共产党中央委员会举行宴会,热烈欢迎迪·努·艾地和由他率领的印度尼西亚共产党代表团。中共中央副主席刘少奇、周恩来,总书记邓小平等出席了宴会。刘少奇和艾地在宴会上致词。3 日至 4 日,以刘少奇为首的中国共产党代表团同以迪·努·艾地为首的印度尼西亚共产党代表团举行了会谈。双方对当前国际形势、国际共产主义运动问题以及两

党共同关心的其他问题,充分地交换了意见。在上述所有问题上,双方的立场和观点完全一致。5 日,中共中央主席毛泽东会见并宴请了艾地和由他率领的代表团全体成员,同他们进行了亲切的谈话。

8月2日 新华社报道,中国第一台一级大型电子显微镜,最近在上海试制成功。它是由中国科学技术人员和工人自行设计、自行制造,全部采用国产原材料制成的。经国家鉴定认为:这台仪器性能良好,达到了一级电子显微镜的水平。它的试制成功,说明中国工业和科学技术提高到了一个新的水平。

同日 中央专委第 13 次会议讨论,原则同意中国科学院 7 月 1 日向中央呈报的《关于发展我国人造卫星工作规划方案建议》,并同意在中国科学院内设立一个卫星设计院(代号 651 设计院)。

同日 中国人民解放军战友文工团在北京首次演出《长征组歌——红军不怕远征难》(肖华作词,晨耕、生茂、唐诃、遇秋作曲)。

8月6日 南海舰队担任护渔任务的舰艇部队,在广东省南澳岛、福建省东山岛附近渔场,击沉美制蒋军大型猎潜舰"剑门号"和小型猎潜舰"章江号",受到国防部通令嘉奖。17 日,毛泽东、周恩来、刘少奇、邓小平等党和国家领导人接见了参战有功部队的代表。

同日 中共中央西北局发出《关于建立黄河中游水土保持建设兵团的决定》(后改称中国人民解放军西北林业建设兵团)。

同日 台湾海军"剑门号"、"章江号"猎潜舰在往福建一带运送"特种部队"时,被中国人民解放军舰艇部队击沉。

8月7日 北京市市长彭真同志在北京工人体育场向首都高等院校应届毕业

生等,就当前形势、知识分子的方向和道路、培养革命接班人等问题,作了重要报告。10日,《中国青年报》发表致高等学校应届毕业生的社论:《走历史要走的道路》。

8月10日　台湾当局掀起"建舰复仇运动"。

8月15日　雷锋纪念馆在抚顺举行落成仪式。

同日　中国第一台高精度半自动万能外圆磨床制成。

8月18日　《人民日报》报道:在六七月间,中共中央华北局经济委员会在北京召开华北区地方机械工业支援农业工作经验交流会议。会议指出:地方机械工业部门要同社队群众结合,大搞农业工具改革运动,并为此发表社论《思想下乡,工作下乡,产品下乡,技术下乡》。

8月18日—30日　卫生部召开全国高等医学教育会议,讨论贯彻党中央和毛泽东主席对卫生工作和医学教育工作的指示。

8月21日　中国人民解放军海军航空兵部队在华南地区上空,又击落美军无人驾驶高空侦察机1架。国防部长林彪颁令嘉奖作战有功人员。

同日　国家建委在北京召开全国搬迁工作会议。会议对1966年的搬迁计划和第三个五年计划期间的搬迁规划交换了意见。会议提出,搬迁工作必须立足于帝国主义发动侵略战争,从准备大打、准备早打出发。对搬迁项目要实行大分散、小集中的原则。少数国防尖端项目,要按照"分散、靠山、隐蔽"的原则建设,有的还要进洞。会议确定了第三个五年计划期间搬迁的项目。会议认为,大规模的搬迁,实质上是一次国民经济的大调整,要把搬迁、建设战略后方和当前生产很好地结合起来。

同日　新华社报道:中共中央农林政治部最近在北京召开全国农林系统政治工作会议。会议期间,毛泽东、刘少奇等党和国家领导人接见了出席会议的全体人员,谭震林在会上作了报告。

8月23日　中共中央发出《关于当前农村工作问题的指示》。1965年夏收,获得了好收成,这是继1962年以来连续三年丰收后的又一个丰收。在这种情况下,中央认为,如果领导同志不能保持清醒的头脑,在生产发展比较快的地区,就有可能产生自满情绪,不再愿意谨慎从事,不再愿意因地制宜、实事求是地、扎扎实实地进行工作了。在生产发展较慢的地区,也有可能产生急躁情绪,重犯"强迫命令"的错误。同时,停滞不前,无所作为,不求有功,但求无过的精神状态,在不少地区的领导同志中间还相当普遍存在,这是革命不革命的大问题,必须迅速纠正。中央要求县以上各级党委,认真总结和全面接受合作化以来,特别是公社化以来的经验教训,以保证新的农业生产高潮的持续发展,争取在一个较短的时间内,实现全国农业发展纲要所规定的粮、棉、油等各项主要指标。

同日　新华社报道:西藏全区乡的基层选举和县一级选举已胜利结束,全区各县召开了人民代表大会会议或代表会议,选出正副县长,建立了县人民委员会,并选出出席自治区首届人代会的代表。

同日　国务院举行第158次全体会议,同意召开西藏自治区第一届人民代表大会第一次会议,正式成立西藏自治区。

8月25日　全国人民代表大会常委会举行第15次会议,批准国务院案成立西藏自治区。

同日　在国家的支援下,连接青藏和

川藏公路的永久性钢筋混凝土公路桥拉萨大桥胜利建成,举行了隆重的通车典礼。

8月26日 毛泽东同志亲笔为《西藏日报》题写报头。

8月28日 据新华社讯,全国农业机械经营管理会议在北京举行,这是我国实行农机的制造、销售、使用、修理"四合一"体制之后,由八机部召开的第一次全国性的有关农业机械化问题会议。目前,我国除已经建成和装备了一批国营机械农场外,还在农村中建立起1488个为公社服务的农机站,成为我国发展农业机械化事业的主要阵地。去年全国农机站工作总量比1963年增加42%以上,平均每个标准台拖拉机的工作量增加18%,每标准亩的作业成本降低14%。《人民日报》于31日为此发表社论:《农业机械管理工作要更好地为农业生产服务》。

8月30日 西藏自治区筹委会举行末次常委会会议,讨论并决定向西藏自治区人代会首次会议提出的报告。至此,西藏自治区筹委会胜利完成历史任务。

8月31日 中国自己设计、自己设备和自己施工的第一座尼纶工厂投入生产。

同日 台湾当局与美方代表在台北签订《美军在台地位协定》。

8月 中央专委提出建造远洋观测船。同时批准由西北综合导弹试验基地负责建设酒泉卫星发射中心。

同月 卫生部部长钱信忠、副部长崔义田、贺彪,亲自率领农村卫生工作队到北京市通县、江苏省句容县、湖北省麻城县进行农村卫生试点工作。

9月1日—9日 西藏自治区第一届人民代表大会第一次会议在拉萨举行。全国人大常委会和国务院8月30日致电祝贺。会议总结了西藏人民15年来革命和建设的成绩和经验,讨论和决定了今后一个时期西藏革命和建设的任务,选举了自治区的领导人,通过了西藏自治区各级人民代表大会和各级人民委员会组织条例。西藏自治区筹备委员会代理主任委员阿沛·阿旺晋美在会议上作了筹委会的工作报告。报告指出,西藏今后的主要任务是:继续开展互助合作运动;在条件成熟的地区,有计划有领导地、稳妥地、经过试办逐步进行社会主义改造;大力发展生产力,进行社会主义建设;加强国防建设,保卫国防;巩固工农联盟,巩固人民民主专政。中央代表团团长谢富治代表党中央,代表中共中央主席毛泽东,代表国家主席刘少奇和国务院,向大会致以热烈的祝贺。

中共西藏自治区委员会第一书记张国华在会上作了题为《高举毛泽东思想的伟大红旗,为争取社会主义革命的伟大胜利,为建设社会主义的新西藏而奋斗》的报告。中央代表团副团长、中央人民政府驻西藏代表张德武和中共中央西南局书记处书记阎秀峰在会上讲话。会议对上述各项讲话和报告通过了相应的决议。大会最后进行了选举,选举阿沛·阿旺晋美为自治区主席,周仁山等为副主席。在当选的西藏自治区37名委员中,藏族占绝大多数,另外有汉族、门巴族、珞巴族和回族等。委员中有劳动人民,也有爱国进步的上层人士和宗教界人士。大会还通过了自治区各级人民代表大会和各级人民委员会组织条例。通过了向毛泽东致敬电,给各兄弟省、市、自治区、自治州人民感谢电和驻藏部队慰问电。10日,《人民日报》发表社论:《为建设社会主义的新西藏而奋斗》。

9月2日 国家计委根据毛泽东杭州谈话的精神和各大区的意见,草拟了第三个五年计划安排情况的汇报提纲。安排第三个五年计划的指导思想是：必须积极备战，把国防建设放在第一位，加快内地建设，逐步改变工业布局；发展农业生产，相应发展轻工业，逐步改善人民生活；加强基础工业和交通运输的建设；充分发挥沿海地区的生产能力；积极地、有目标、有重点地发展新技术，努力赶上和超过世界先进技术水平。第三个五年计划的初步设想是："三五"期间基本建设投资总规模为 850 亿元；财政收支各 3050 亿元；1970 年，粮食总产量 4400 亿—4800 亿斤，钢产量 1600 万吨；1970 年工农业总产值约为 2700 亿—2750 亿元，每年递增 7% 左右。其中农业总产值约 700 亿—750 亿元，每年递增 4%～5%；工业总产值约为 2000 亿元，每年递增 8% 左右。这个提纲 9 月 12 日报送党中央和毛泽东，提交 10 月中央工作会议和全国计划会议讨论。

9 月 3 日 北京各界人民隆重集会，庆祝抗日战争胜利 20 周年。刘少奇、周恩来、朱德等领导人出席大会。罗瑞卿同志在会上发表重要讲话："人民战胜了日本法西斯，人民也一定能够战胜美帝国主义。"

同日 《人民日报》发表林彪的文章：《人民战争胜利万岁——纪念中国人民抗日战争胜利二十周年》。

9 月 4 日 台湾"省政府"决定全面整建公路。

9 月 5 日 中共中央、国务院发出《关于大力发展农村副业生产的指示》。全国粮食和主要经济作物的生产已经接近或超过新中国成立以来的最高水平，而副业生产还低于 1957 年的水平，这不仅影响了市场供应、对外贸易，而且影响了社员个人收入和集体经济的巩固。《指示》要求各级党委和政府，进一步贯彻执行"以农

为主，以副养农，综合经营"的方针，大力发展农村副业，积极地有计划地增加集体副业在整个副业生产中的比重，凡是资源集中、使用劳动力较多、投资较大的项目都应当由集体经营。凡属《农村人民公社工作条例修正草案》规定的家庭副业项目都应当允许和鼓励社员经营，不要乱加干涉和限制。商业部门要积极收购和推销农副产品，各有关部门要积极支援和帮助农村发展副业生产。

9 月 6 日 中共中央、国务院作出《关于严格控制今年下半年增加国家职工的指示》。1965 年计划全国增加固定职工和临时工各 40 万人。后又专门批准云南省和中央几个部门追加计划指标 16.31 万人。还有几个部门去年的增人指标没有用完，要结转到 1965 年继续使用的有 8.6 万人。另外，各部门、各地区还要求计划外增加职工 77 万人。根据这种情况，中共中央、国务院在批转劳动部报告时，作出了严格控制增加国家职工的指示。要求各地方、各部门根据已经压缩的生产建设盘子和许多机关企业人员过多的情况，对各单位提出的增人指标认真进行审查，如果确实需要增加，应当首先通过调配调剂解决。

9 月 7 日 新华社报道，最近卫生部在北京召开全国高等医学教育会议。会议认为，随着卫生工作的重点转向农村，高等医学教育也必须面向农村，多快好省地为农村培养政治坚定、技术优良、防治结合、能够处理农村常见疾病和地方病、全心全意为劳动人民特别是 5 亿农民服务的白求恩式的医药卫生人才。为此，高等医药院校必须高举毛泽东思想红旗，发扬革命传统，批判资产阶级教育思想，克服只重业务、忽视政治，只重城市、忽视农村，只重基础理论、忽视实践，只重疑难

病、忽视常见病和基本技能训练的倾向，打破各种洋框框或土框框，采取既积极又稳妥的步骤，对医学教育的学制、教学内容和教学方法进行改革。会议认为，高等医学教育必须贯彻"两条腿走路"的方针，实行长短学制并存，以短学制为主的办法。医学专科学校多数应该逐步办到县或县以下的农村去，实行从公社招生，毕业后仍回到公社的"社来社去"的方法和半农半读的制度。会议认为，高等医学教育的内容，必须力求做到少而精和学以致用，农村常见病和地方病的防治应编入教材内容。医学院的学生要学习一些祖国医学的基本知识，掌握针灸、常用的成方成药和其他常用的中医治疗方法。中医学院的学生也要学习一些解剖学、生理学和病原学等方面的基本知识。会议强调指出，所有高等医学院校、医学专科学校和综合大学医学系都必须突出政治，用毛泽东思想武装学生的头脑。

9 月 8 日　新华社报道，全国水利会议最近在北京召开。会议根据 16 年来水利建设的经验，提出了今后一段时期水利工作的基本方针是："大寨精神，小型为主，全面配套，狠抓管理，更好地为农业增产服务。"会议期间，中共中央主席毛泽东、副主席刘少奇等党和国家领导人接见了出席会议的全体代表。国务院总理周恩来作了重要指示，国务院副总理谭震林在会上作了报告。

9 月 9 日　西藏自治区正式成立，阿沛·阿旺晋美任自治区主席。

9 月 10 日—10 月 10 日　中共中央财贸政治部在北京召开全国财贸政治工作会议。会议是为检查财贸部门学习解放军、加强政治工作的情况而召开的。会议认为，财贸部门的政治工作正在不断加强，财贸政治工作机构已经基本建立，政

治干部已经大部分配备起来。全国县以上各级党委已有 90% 以上建立了财贸政治部，财贸行政部门也有 80% 左右建立了政治工作机构；基层单位的政治教导员和政治指导员已配备了 60%～70%。这次会议还着重研究了加强经常性政治思想工作问题。会议重申，财贸部门的政治思想工作要两手抓，一手抓社会主义教育运动，一手抓经常性的政治思想工作。

9 月 11 日　台湾当局与毛里塔尼亚"断交"。

9 月 11 日—28 日　中华人民共和国第二届运动会在北京举行。中共中央主席毛泽东、国家主席刘少奇等领导人出席了开幕式，国务院副总理贺龙致开幕词。全国各省、自治区、直辖市和中国人民解放军共 29 个体育代表团参加了这届运动会。代表中有 28 个民族的 5922 名运动员，其中女运动员 2011 人。比赛期间，有 24 名举重、射箭、射击、跳伞运动员 10 次打破 9 项世界纪录，有 330 名运动员 469 次打破 130 项全国纪录。在闭幕式上，刘少奇主席、周恩来总理及西哈努克亲王向运动员发奖，陆定一副总理致闭幕词。11 日、29 日，《人民日报》发表社论：《高举毛泽东思想红旗，推动体育运动的更大发展》、《政治与技术相结合就能无往不胜》。

9 月 12 日　中共中央、国务院批准宁夏回族自治区、陕西省建立农业建设师。确定宁夏为农业建设第十三师，陕西为农业建设第十四师。

9 月 16 日　台湾"行政院"核定辅导退除役官兵就业、就养、就学管理办法。

9 月 17 日　中国科学院上海生物化学研究所等单位密切合作，在世界上首次成功合成胰岛素（随后人工合成结晶牛胰岛素）。这是世界上第一次人工合成的一种具有生物活力的结晶蛋白质，也是迄今

为止人工合成的具有生物活力的最大的有机化合物。这项研究方案的制定、合成路线的设计以及有关微量分离分析技术的建立等方面，都有独到之处。

9月18日 聂耳纪念碑在日本重新建成，日方在日本神奈川县藤泽市和平公园举行揭幕式。

9月18日—10月12日 中共中央在北京举行工作会议。会议主要讨论1966年的国民经济计划和长远规划问题。中央批准了国家计委提出的1966年国民经济计划纲要，强调省、地、县、社四级党委要把农业放在首要地位。要求各地区、各部门必须在继续深入开展社会主义教育运动的同时，掀起一个群众性的增产节约运动。会议同意国家计委提出的"国防建设第一，加速三线建设，逐步改变工业布局"的"三五"计划方针。会议还讨论了财贸和党的建设问题，指出：要"藏粮于民"，稳定征购，三年一定。并决定在第三个五年计划期间，拿出200亿元来调整物价，降低农业生产资料和部分生活资料的价格，使广大城乡人民首先是农民获得好处。为了加强党在基层的领导，会议决定在经过"四清"的地方积极慎重地发展党员，争取农村人民公社每一个生产队都有党的小组或党员。会议期间，毛泽东提出，明年后年最好一个省搞一个小钢铁厂，小三线没有钢厂不行，有大钢铁厂的地方就不要再搞。

9月20日 中国人民解放军海军航空兵部队在海南岛海口地区上空，击落美军F—104型战斗机1架，并活捉美军上尉飞行员1名。国防部长林彪颁令嘉奖海军航空兵部队。同日，国防部负责人就美国军用飞机侵入海南岛上空之事对新华社记者发表谈话，对美国的战争挑衅表示坚决抗议。21日，《人民日报》发表评论员文章：《中国人民严阵以待》。

同日 新华社报道：解放军总参谋部、总政治部最近召开民兵工作会议。会议强调，必须以毛泽东的人民战争思想武装亿万民兵，进一步实现民兵工作的组织、政治、军事三落实，百倍警惕，加强战备。会议期间，毛泽东主席、刘少奇主席等领导人接见到会的全体同志。21日，《人民日报》发表题为《国防建设的一项重要的战略任务》的社论，指出：加强民兵建设，是对付美帝国主义扩大侵略战争的一项至关重要的措施，是加强我国国防建设的一项战略任务。我们一定要根据民兵工作会议的精神，把我国的民兵建设搞得更好。

同日 台湾"国立中山博物院"（现故宫博物院）正式成立。

9月22日—10月4日 柬埔寨国家元首西哈努克亲王访问中国。访问期间，中共中央主席毛泽东接见了西哈努克亲王等贵宾；中华人民共和国主席刘少奇、国务院总理周恩来同西哈努克亲王进行了会谈。10月3日签署了中柬联合声明，刘少奇和西哈努克代表双方签字。

9月23日 中国新建的现代化大型电影胶片厂——保定电影胶片厂最近建成投产。

同日 中国第一台电弧高离体射流喷枪研究成功。

9月24日 中共中央批转中央高级党校校委会《关于杨献珍问题的报告》。1964年7月起，高级党校对杨献珍进行揭发批判。1965年6月9日，校委会向中央提交了《关于杨献珍问题的报告》。《报告》说，杨献珍"是资产阶级在党内的代言人，是彭德怀的一伙，是个小赫鲁晓夫"。《报告》列举的杨献珍的所谓错误是：①反对毛泽东思想；②制造反对社会主义的理论;③攻击总路线、大跃进、人民公社;④鼓吹资本主义复辟,大刮单干风;⑤攻击历次政治运动,大闹翻案风;⑥同彭德怀一道反党;⑦站在赫鲁晓夫一边;⑧包庇、安插恶霸、地主、反革命分子;⑨把高级党校变成独立王国,进行宗派活动;⑩企图抓全国党校领导权,并伸手到许多方面去。中央批示同意撤销杨献珍中央高级党校副校长和校委委员的职务,另行分配工作。

9 月 28 日　中国自己设计、制造、安装的第一套尿素设备在上海投入生产。

9 月 29 日　中华人民共和国国务院副总理兼外交部部长陈毅举行中外记者招待会,回答了各国记者所提出的有关中国的对外政策和当前国际局势的许多重大问题。有近 300 名中外记者出席了这个招待会。在招待会上,陈毅发表重要讲话。关于中印边界问题,陈毅说,印度的侵扰活动必须停止,占领中国领土的问题必须彻底解决。中国的忍耐是有限度的。关于美国侵略越南的战争,陈毅说,约翰逊的所谓无条件讨论,是一个骗局。在越南问题上,如果不分侵略者与被侵略者,进行调解活动,客观上都是有利于美帝国主义的。陈毅还说,中国人民在反对帝国主义的战斗中,愿意作出一切必要的牺牲。我们对美帝国主义不存在任何幻想,为了反对美国侵略,我们一切都准备好了。如果美帝国主义决心要把侵略战争强加于我们,那就欢迎他们早点来,欢迎他们明天就来,结果肯定是美帝国主义灭亡,全世界人民大翻身。关于国共合作的问题,陈毅答日本记者问时说,现在北京和各省市有一个中国国民党革命委员会,和共产党合作得很好。新中国就是以共产党为首的,包括 8 个民主党派合作的局面。我们欢迎李宗仁参加这个合作。我们也欢迎蒋介石、蒋经国能像李宗仁这样参加这个合作,欢迎台湾省和台湾的任何个人和集团回到祖国怀抱,参加这个合作。陈毅还回答了关于第二次亚非会议、关于恢复中国在联合国的合法权利、关于中日关系、关于中国第三个五年计划、关于中国发展核武器的情况、关于中蒙划界、关于美国在侵越战争中使用香港为据点等问题。

同日　著名国画家、美术家协会副主席傅抱石先生逝世,终年 62 岁。

9 月　人造心脏瓣膜制造成功并在临床应用。

10 月 1 日　北京和全国各地举行隆重集会和盛大游行,欢庆中华人民共和国成立 16 周年。毛泽东主席、刘少奇主席等党和国家领导人参加了首都 50 万人庆祝盛典,并检阅了游行队伍。柬埔寨国家元首西哈努克亲王及 80 多个国家和地区的 2000 多贵宾参加了观礼。中共中央政治局委员、中共北京市委第一书记、北京市市长彭真在会上作了重要讲话。当晚,刘少奇主席等领导人同各国贵宾参加首都人民大联欢,并观赏节日焰火。国庆节前夕,周恩来总理在人民大会堂举行了盛大的国庆招待会,并在会上发表重要讲话。毛泽东主席、刘少奇主席等领导人都出席了招待会。《人民日报》发表了社论《高举毛泽东思想伟大红旗奋勇前进》。《红旗》杂志发表了社论《用无产阶级的宇宙观创造我们的新世界》。

同日　《红旗》杂志第 11 期发表陶鲁笳的文章:《让大寨精神遍地开花结果——山西开展学大寨运动的初步总结》。

同日　由八一、北影、新影联合摄制的大型彩色舞台艺术片《东方红》在全国正式上映。

同日 台湾"外交部长"沈昌焕称,台湾当局愿竭力援助南越。

10月5日 美国军用战斗机4架侵入我国广西地区上空挑衅,中国人民解放军空军部队起飞迎战,击落美机1架。国防部部长林彪颁令嘉奖空军部队。同日,我国防部负责人坚决抗议美机侵入我国领空并向美国发出警告:你们来多少,我们就准备消灭多少。

10月9日 新华社报道:全国掀起文化下乡热潮,农村电影放映网进一步扩大,艺术表演团体分批上山下乡巡回演出,毛主席著作和革命图书大量在农村发行,讲革命故事、唱革命歌曲在许多农村成为群众性活动,农村文化室、俱乐部办起了30多万个。

10月10日 毛泽东在同大区第一书记谈话时说:要备战。各省要把小三线建设好。不要怕敌人不来,不要怕兵变,不要怕造反。他又说:中央出了修正主义,你们怎么办?如果中央出了修正主义,你们就造反,各省有了小三线,就可以造反嘛。过去有些人就是迷信国际,迷信中央。现在你们要注意,不管谁讲的,中央也好,中央局也好,省委也好,不正确的,你们可以不执行。

10月12日 国务院批准将"僮族"改为"壮族","广西僮族自治区"改为"广西壮族自治区"。

10月13日—11月15日 全国计划会议在北京召开。根据中央工作会议精神,会议主要讨论落实1966年的国民经济计划,主要内容是:国家预算内基本建设投资155.7亿元,比上年预计数增长3.8%。其中大小三线建设和一二线国防工业、备战工程占总投资的一半。全国施工的大中型项目846个,当年全部和部分建成投产的424个,继续迁建和新迁建项

目152个。1966年各行业的建设重点:钢铁工业是攀枝花、酒泉、武汉、包头、太原5大钢铁基地以及三线地区为国防工业服务的10个迁建和续建项目;煤炭工业是贵州的六枝、水城和盘县等12个矿区;电力工业是四川的映秀湾、龚咀,甘肃的刘家峡等水电站和四川的夹江、湖北的青山等火电站;石油工业是开发四川的天然气,继续进行华北和大庆油田的建设;机械工业是四川德阳重机厂,以及重庆地区为国防工业配套的项目;化学工业主要是三线地区为国防服务的项目。1966年工农业主要产品产量指标:粮食3900亿～4000亿斤,棉花3900万～4000万担,钢1300万吨,煤炭2.39亿吨,发电量750亿度,化肥1065万吨,棉纱770万件,铁路货运量52亿吨,工农业总产值2112亿元,比上年预计增长10%,其中,农业总产值增长5%,工业总产值增长12%;国家财政收支各510亿元;职工人数计划达到3721万人,国家职工工资总额为246亿元,比上年增长12亿元,其中4.8亿元用于职工升级,物资供需基本上可以平衡。11月21日,中共中央批准下达了这个计划纲要。

10月15日 高雄树德女子中学因附近化工厂溢出二氧化硫有害气体,致使百余名师生中毒。

10月18日 台湾"省政府"通过18项加强社会福利的工作计划。

10月20日 新华社报道:全国农村人民公社生产队会计制度改革会议最近在武汉举行。会议提出必须发扬革命精神,分期分批地有步骤地帮助公社生产队把烦琐、难学、难懂的会计制度改革成简明适用、易学易懂的会计制度。

10月20日—11月30日 中国科学院主持召开了中国第一颗人造地球卫星的方案论证会(代号651会议)。参加会议

的有国防科委、国防工办、国家科委、有关军兵种、有关工业部、发射试验基地、军事医学科学院和中国科学院所属单位的代表 120 名。中科院代表报告了中国第一颗人造卫星的总体方案、卫星本体方案设计提纲。七机部代表报告了运载工具方案设想。根据四机部的建议,由中国科学院代表报告了地面系统方案设想。

10 月 22 日　新华社报道,1965 年 7 月 1 日至 10 月 15 日全国行政区划有以下主要变动:山西省:大同市领导的大同、怀仁两个县划归雁北专员公署领导。内蒙古自治区:呼伦贝尔盟所属的科尔沁右翼中旗划归哲里木盟领导。甘肃省:设立嘉峪关市,以酒泉县和肃南裕固族自治县各一部分行政区域为嘉峪关市的行政区域。湖北省:设立咸宁专员公署,驻咸宁县;咸宁专员公署领导原属孝感专区的咸宁、武昌、嘉鱼、蒲圻、通城、通山、崇阳 7 个县和原属黄冈专区的鄂城、阳新两个县,共 9 个县。设立郧阳专员公署,驻郧县。郧阳专员公署领导原属襄阳专区的郧县、郧西、竹山、竹溪、房县、均县 6 个县。湖南省:邵阳专区所属的湘乡县划归湘潭专员公署领导。广东省:连山侗族瑶族自治县改为连山壮族瑶族自治县。广西壮族自治区:广西僮族自治区改为广西壮族自治区;撤销钦州壮族自治县。贵州省:设立兴义专员公署,驻兴义县。兴义专员公署领导原属安顺专区的兴仁、兴义、盘县、普安、晴隆 5 个县和原属黔南布依族苗族自治州的安龙、贞丰、册享、望谟 4 个县共 9 个县。将黔南布依族苗族自治州所属的紫云县,遵义专区所属的开阳、息烽两个县划归安顺专员公署领导。云南省:文山侗族苗族自治州改为文山壮族苗族自治州。

10 月 23 日　新型柴油机心脏"复合"燃烧室试制成功。

10 月 25 日　据新华社讯,北京最近举办废旧物资回收利用展览会。从 1955 年到 1964 年,全国供销社系统回收了价值达 88 亿元的废旧物资。十年间供销社收购了 400 多万吨破布废纸,其中 356 万吨作了造纸原料,能造 150 万吨纸(如用木材,需 950 万立方米)。去年一年回收头发 5000 多吨,换回外汇折合 11 万两黄金。

10 月 25 日—11 月 23 日　教育部在北京召开全国城市半工半读教育会议,讨论在我国逐步推行两种劳动制度、两种教育制度和发展城市半工半读教育问题。会议认为,目前全国各地试办的城市半工半读学校,已经显示出它的优越性。今后,必须坚持"五年试验,十年推广"的方针,坚定方向,继续积极试办。会议期间,中共中央政治局召开扩大会议听取汇报,并进行了讨论。1966 年 5 月 21 日,中共中央转发了教育部党组关于这次会议的报告和关于半工半读学校财务管理、劳动管理及学生参加劳动的口粮补助等 3 个暂行办法。

10 月 27 日—11 月 20 日　物价委员会召开第四次全国物价会议。会议确定:①从 1966 年起,将 6 种主要粮食的收购价格,平均提高 13.6%,由原来每百斤的平均收购价格由 9.36 元提高到 10.62 元。收购价格提高后,现行超额部分加价奖励的办法停止执行。同时,把农村销粮价格提高到同购价相平。②1966 年对农用生产资料,包括化肥、硝铵、高效农药和农机具等,降低价格或实行优待价格。③1966 年解决西南、西北地区和豫西、鄂西等地区的石油、食盐、百货和文化用品等工业产品的地区差价问题,降低金额为 3.5 亿元。④适当降低西药、卷烟及其他日用工业品的价格,降低金额约 2 亿元。

10 月 31 日　孙中山先生诞辰 100 周

年纪念筹备委员会举行第一次会议。中华人民共和国主席、孙中山先生诞辰 100 周年纪念筹备委员会主任刘少奇主持会议，筹委会副主任宋庆龄、董必武、周恩来、朱德、彭真、陈毅、李富春、贺龙、李先念等出席了会议。在筹备委员会上，刘少奇作了讲话。

10 月 应以胡志明为首的越南政府的要求，中国人民解放军开始向越南派出防空、工程、铁道、后勤保障等支援部队。到 1968 年 3 月止，先后派出 32 万余人，最高年份达 17 万余人。我援越部队同越南人民一起，用鲜血和生命保卫越南北方的领空，保证越南北方运输线的畅通，并使越南人民军得以抽调大批部队到越南南方作战。完成任务后，我援越部队奉命于 1970 年 7 月全部撤回我国。在这期间，我国人民还从道义上、物质上给予越南人民以大力支援，物资援助折价达 200 多亿美元。

同月 大型泥塑群像《收租院》在四川省大邑县塑成展出。

同月 中央乐团演出交响合唱《沙家浜》。

同月 卫生部举行中医中药研究成果鉴定会。

11 月 1 日 周恩来在接见中华医学会第一届全国妇产科学术会议代表时，谈农村卫生工作和计划生育问题。他说：我国农村人口约占总人口的 87%～88%，城市人口只不过占 12%～13%。如果我们的卫生工作不把重点放到农村，为绝大多数劳动人民服务的口号等于没有兑现。一定要组织大中城市、工矿企业、机关、学校以及军队的医务人员，分期分批组成医疗队，到农村去，主要做两件事：一是治病，一是培养医务人员。城市也不能不管，城市有一亿多人，要做好他们的医疗保健工作。对计划生育要进行宣传教育，一方面要有一些优待的规定；一方面要自觉自愿，绝对不能强迫命令，又要自觉自愿又要有所约束。怎样使我国人口能有计划地生育，这是一个伟大的事业。要使全社会都能够按照计划生育的要求，在 20 世纪以内把人口纯增率控制在 1%，这就很了不起。

同日 就全国大寨式农业典型展览开幕，《人民日报》发表社论《农业靠大寨精神》。展览会共展出 52 个农业先进单位，有山区、丘陵地区和平原地区的，有内地和边疆的。

11 月 2 日 台湾首届科学会议在台北举行。

11 月 3 日 中共中央同意中国人民银行党组和农业银行党组的请示报告，决定全国各级中国农业银行同各级中国人民银行合并为中国人民银行一个机构，中国农业银行的任务，由中国人民银行继续执行。两行合并后，仍保留各级中国农业银行的名义，挂中国人民银行和中国农业银行两个牌子。

同日 蒋介石特赦彭明敏。

11 月 4 日 中华人民共和国驻印度尼西亚大使馆向印度尼西亚共和国外交部递交了一项照会。照会就印度尼西亚右派势力组织的暴徒在 2 日袭击中国驻棉兰领事馆，侮辱中国的国旗、国徽和国家领导人的极端严重事件，向印度尼西亚政府提出最强烈的抗议。中国政府要求印度尼西亚政府对这次事件公开道歉，正式送还被劫去的中国国旗和中国国徽，惩办肇事者和主使人，并且采取有效措施，保证不再发生类似事件。中国政府并且保留要求印度尼西亚政府赔偿一切损失的权利。照会指出：印度尼西亚右派势力的暴行，粗暴地破坏了国际法准则，蛮横地侵犯了我领事馆享有的特权,严重地侮辱了我国家尊严,损伤了我国人民的感情,进一步损害了两国友好关系的基础,是对我和我国人民的极其严重的挑衅行为。

同日　人大常委会举行第十八次会议,讨论张经武作的《关于西藏自治区情况的报告》和刘春作的《关于新疆维吾尔自治区情况的报告》。

11月6日—8日　中国人民解放军总政治部、全国总工会、共青团中央先后发出通知,号召向王杰学习。王杰1942年生于山东金乡,1961年8月参加中国人民解放军,在济南部队装甲兵某部工兵一连当班长。1965年7月,他到江苏省邳县张楼公社帮助民兵训练,在炸药发生意外爆炸的紧急时刻,他为了掩护在场的12名民兵和人民武装干部的生命安全,用身体扑到炸药包上,英勇牺牲。根据他生前的申请,部队党委追认他为中国共产党党员。8日,《人民日报》发表社论:《一不怕苦二不怕死——学习王杰同志一心为革命的崇高精神》。9日、15日,全国人大常委会委员长朱德和国务院总理周恩来先后题词。朱德的题词是:"学习王杰同志不怕苦不怕死的革命精神。"周恩来的题词是录王杰的诗:"座座高山耸入云,我们施工为人民。不怕工作苦和累,愿把青春献人民。"其间,《解放军报》刊登了王杰日记《一心为革命》,在全军和全国人民中掀起学习王杰的热潮。27日,国防部命名王杰生前所在班为"王杰班"。

11月10日　上海《文汇报》发表姚文元的《评新编历史剧〈海瑞罢官〉》。《海瑞罢官》是吴晗根据1959年4月毛泽东在党中央会议期间,提倡学习海瑞"直言敢谏"的精神而开始写作的,1960年底完成,1961年初开始上演。主要宣传海瑞刚直不阿、不畏强暴、敢于斗争的精神。《评新编历史剧〈海瑞罢官〉》,是1965年初江青在上海与张春桥秘密策划,由姚文元执笔起草写成的。整个过程,都是在中央政治局除毛泽东外无人知道的秘密状态下进行的。姚文元的这篇文章,把《海瑞罢官》中所写的"退田"、"平冤狱",毫无根据地同所谓"单干风"、"翻案风"联系到一起,硬说"退田"、"平冤狱""就是当时资产阶级反对无产阶级专政和社会主义革命的斗争焦点","《海瑞罢官》就是这种阶级斗争的一种形式的反映","是一株毒草"。毛泽东不通知中央政治局就批准发表这篇文章,并示意全国转载。当时,中共中央书记处采取了慎重态度,《人民日报》11月30日才转载姚文元的文章,并加了经周恩来修改的按语,强调作为学术问题展开讨论,"既允许批评的自由,也允许反批评的自由;对于错误意见,我们也采取说理的方法,实事求是,以理服人"。但是,在江青、张春桥、姚文元的操纵下,对《海瑞罢官》的批判,很快就发展成为文学艺术领域的批判运动,成为"文化大革命"的序幕和直接导火线。

同日　中共中央批转团中央《关于减轻先进人物负担、保证他们劳动和休息的报告》。团中央在《报告》中指出:有些先进人物,只要一出了名,职务、会议、协作、报告、参观、来信、访问、约稿、照相、录音、拍电影、陪外宾等等,纷至沓来,应接不暇;他们被社会活动压得喘不过气来,弄得劳不能劳,逸不能逸,身体拖垮,脱离群众,在生产上不能创出新成绩。中共中央批示指出:这是几年来我们工作中经常遇到而一直没有得到解决的老问题。党中央希望各地党委,中央各政治部及其他有关部门,按照本单位、本地区的情况,参照团中央的建议,制定出切实改进的办法来,以正确发挥先进人物的带头作用、骨干作用和桥梁作用。

11月13日—19日 毛泽东到山东、安徽、江苏、上海等省、市视察。沿途，对战备、生产、教育等各项工作作了一系列指示。他说，要争取快一点把后方建设起来，把小三线搞起来。打起仗来，不要靠中央，要靠地方自力更生，粮食和棉布都要储备一些，要自己搞点钢，制造武器。要修工事、设防，多挖些防空洞。军队要恢复过去的三大传统，要打仗，要生产，还要做群众工作。搞地方工作的要管军事，搞军队工作的也要管地方工作。要抓紧粮食生产，不然打起仗来怎么办？猪还是要发展，一头猪等于一个化肥厂。他还说，现在的教育制度要改革，一个小孩子要学习17年，太长了。大学文科只要2年半到3年，要办抗大式的学校。现在学生连马牛羊、鸡犬猪都不认识，怎么不出修正主义。学生负担太重，我看要减轻1/3到1/2。

11月14日 东海舰队担任护渔任务的舰艇部队，凌晨在福建崇武以东海域一举击沉美制蒋军炮舰"永昌号"，击伤大型猎潜艇"永泰号"，取得海上作战的又一重大胜利，受到国防部嘉奖。26日，周恩来、罗瑞卿在上海接见了作战有功人员。

11月17日 中共中央批转中央组织部关于提拔新生力量、接收新党员、加强农村党的建设等3个报告。中央组织部在《关于培养提拔新生力量参加县、地、省领导工作的报告》中，汇报了最近中组部根据党中央的指示召开的中央局组织部长座谈会的情况。

11月25日 参加越战美军首批到台湾度假人员抵台。

11月28日 新华社报道，全国基本建设工作会议最近在北京举行。会议总结了基本建设工作的经验，讨论了改进工作的措施，部署了明年的和整个第三个五年计划期间的工作。会议指出，今年全国基本建设工作取得了很大的成就。预计今年完成的预算之内的建设投资，将比去年增长20％以上。全年可以全部或部分建成的大中型建设项目，将是历年来竣工投产项目最多的一年。

11月中旬 中共中央政治局召开扩大会议。会议讨论城市半工半读教育问题。中共中央副主席刘少奇在会上指出：我们的国民教育有三种形式：全日制、半工（农）半读制、业余教育。半工半读要培养有社会主义觉悟、有文化科学知识、有技术、有实际操作能力的新型劳动者。

同月 合金铸造空心涡轮叶片通过第一次地面试车，不久又试飞成功。使中国采用这种技术比美国只晚五年，成为世界上第二个采用铸造合金涡轮叶片的国家，而早于苏联和英国。

12月2日 毛泽东对兰州军区的报告批示说："那些不相信突出政治，对于突出政治表示阳奉阴违，而自己另外散布一套折中主义（即机会主义）的人们，大家应当有所警惕。"12月8日至15日，毛泽东在上海主持召开了政治局扩大会议。会上，林彪、叶群、吴法宪、李作鹏等对副总理、总参谋长罗瑞卿发动突然袭击，说他"反对突出政治"，并撤销了他的职务，由杨成武担任代理总参谋长。

同日 台湾"行政院"通过第四期四年经济建设计划。

12月5日 新华社报道，教育部最近在北京召开的全国城市半工半读教育会议指出：在我国逐步推行两种劳动制度、两种教育制度，是巩固无产阶级专政、防止资本主义复辟的根本措施之一。目前正在全国各地试办的城市半工半读学校，已经在促进教育和生产劳动相结合，培养有社会主义觉悟有文化的劳动者,逐步缩小脑力劳动和体力劳动的差别等方面,显示出它的优越性。今后必须坚持"五年试验,十年推广"的方针,坚定方向,继续积极试办,以便掌握它的规律,实现教育战线上的这一大革命。这次会议是在党中央和刘少奇主席的直接领导下,由教育部主持召开的。出席会议的有中央和地方的计划、工业、交通、财贸、劳动和教育等部门的代表和各种不同类型学校的代表。会议期间,国家主席刘少奇、国务院总理周恩来以及党和国家其他领导人作了重要指示。中共中央政治局候补委员、国务院副总理陆定一向代表们作了报告,11日,《人民日报》发表了社论:《坚持"五年试验、十年推广"方针,办好半工半读教育》。

12 月 7 日　台湾当局确定发展经济计划目标,将交通部门的海运列在优先地位。

12 月 8 日　新华社报道,最近在南京召开的全国高等函授教育会议指出:高等业余、函授教育是国家整个高等教育事业的一个重要组成部分,它不仅在发展我国高等教育、多快好省地培养城乡革命和建设人才方面能够发挥重要作用,从长远看,又能为逐步缩小城乡差别、工农差别、脑力劳动与体力劳动的差别创造条件。因此,在办好全日制、半工半读高等教育的同时,必须积极发展高等业余函授教育,利用函授大学、夜大学、广播电视大学等各种形式,逐步在我国城乡建成一个适应阶级斗争、生产斗争和科学实验三大革命运动需要的业余教育网。这次会议是由高等教育部召开的。出席会议的有 21个省、自治区、直辖市的高等教育厅、局和各函授院校(部)的代表。

12 月 9 日　北京青年集会纪念"一二·九"运动 30 周年。蒋南翔在大会上作了"学习一二·九运动的历史经验,做无产阶级革命事业的接班人"的讲话。同日,《人民日报》发表社论《同工农结合是知识青年的历史道路》,《中国青年报》发表社论《中国知识青年的革命道路》。

同日　美国将一批 F—5A 型超音速战斗机移交台湾空军使用。

12 月 10 日　美国太平洋协防司令总部宣布,明年每月将有 15 艘军舰载运大批美军到台湾度假。

12 月 11 日　台湾"省环境卫生实验所"说台湾空气污染非常严重。

12 月 14 日　中共中央发出《关于党内同志之间的称呼问题的通知》。关于党内同志之间的称呼问题,毛泽东早在 1959年就有过指示,要大家互称同志,改变以职务相称的老习惯。但几年来,许多地方和部门,一直没有认真执行。为切实纠正这种不良风气,《通知》重申,今后对担任党内职务的所有人员,一律互称同志。

12 月 18 日　商业部决定从 1966 年起在全国商业单位实行一项革命性的改革——废除借贷记账法,采用增减记账法。

12 月 19 日　由全国美协、四川省文化局、美协四川分会、大邑地主庄园陈列馆联合举办的"'收租院'——四川大邑地主庄园泥塑群像展览",在北京中国美术馆开幕。

12 月 20 日　周恩来在越南南方民族解放阵线常驻中国代表团团长陈文成举行的招待会上发表讲话。

12 月 21 日　中华人民共和国全国人民代表大会常务委员会副委员长、中国人民政治协商会议全国委员会副主席、中国民主建国会主任委员黄炎培先生,因病医治无效,在北京逝世,享年 88 岁。24 日,首都各界人民在中山公园中山堂公祭黄炎培先生。中共中央主席毛泽东、副主席刘少奇等领导人以及中共中央、全国人民代表大会常务委员会、政协全国委员会、国务院和其他国家机关、中国民主建国会等送了花圈。全国人民代表大会常务委员会委员长朱德主祭，国务院总理周恩来等领导人陪祭，全国人民代表大会常务委员会副委员长刘宁一致悼词。

同日 毛泽东在杭州的一次会议上发表关于教育制度的讲话。他说：现在这种教育制度，我很怀疑。从小学到大学，一共16—17年，20多年不见稻、粱、菽、麦、黍、稷，看不见工人怎样做工，看不见农民怎样种田，看不见商品是怎样交换的，身体也搞坏了，真是害死人。他提出：要改造文科大学，要学生下去搞工业、农业、商业。至于工科、理科，情况不同，他们有实习工厂，有实验室，在实习工厂做工，在实验室做实验，但也要接触社会实际。他认为，高中毕业后，就要先做点实际工作。单下农村还不行，还要下工厂，下商店，下连队。这样搞它几年，然后读两年书就行了。

12月22日 周恩来在中南海紫光阁接见内蒙古自治区乌兰牧骑、新疆和田专区文工团和中国大学生7人演出小组，并作了重要讲话。

12月25日 台湾"立法院"通过修正《营业税法》。

12月27日 新华社报道，从去年5月以来，全国各地积极试行了亦工亦农的劳动制度。试行这一制度的行业有矿山、森林工业、建筑工程、建筑材料、轻工业、邮电、纺织、商业、水产、交通、运输、水利电力、地质勘探，以及农村拖拉机站、排灌站和农副产品加工等30多个行业。全国制糖企业和陕西省棉绒加工、辽宁省柞蚕缫丝、湖南省肉食水产品加工等行业，由于是季节性生产，普遍实行了这一制度。实践表明，亦工亦农劳动制度对国家、对集体、对个人都有好处。它既有利于多快好省地发展工农业生产和其他事业，也有利于加速社会主义建设的进程。更重要的是，这种劳动制度是逐步缩小工农差别、城乡差别的根本措施之一。在试行过程中，各地根据企业的特点，创造出了10多种亦工亦农的形式。常年生产的矿山、森林工业、建筑施工、地质勘探等企业，实行轮换工制。轮换工在一定的年限内，常年在企业工作，期满回乡务农。季节性生产的企业，采取季节工的形式，生产旺季到工厂当工人，淡季回生产队当农民。各地试行亦工亦农劳动制度的时间虽然还不长，但是这种制度的优越性已经显示出来了。试行亦工亦农劳动制度的企业，普遍避免了窝工浪费，节约了劳动力，提高了劳动生产率，降低了成本，减少了开支。在钢铁、煤矿、化工等行业试行亦工亦农劳动制度，还有利于防止工人患职业病。

12月30日 国务院批准辽宁省将盘山县改设为盘锦垦区并设立垦区人民委员会，试行政场合一，盘锦垦区由省直接领导。

12月30日—1966年1月18日 解放军总政治部在北京召开全军政治工作会议。这次会议着重研究如何贯彻执行林彪关于继续突出政治的五项原则，并据此总结了两年来的政治工作的经验，安排了1966年的政治工作。

12月31日 改型设计的活塞－6甲发动机设计定型投入批量生产。

12月 中国自行设计的强－5飞机初步设计定型。

同月 第一台6000千瓦燃气轮机制成。

同月　第一台反射天文望远镜制成。

同月　文化部在北京召开年画、连环画出版工作座谈会。

同月　成都—拉萨线正式通航。

同月　《红旗》杂志发表戚本禹的文章:《为革命而研究历史》,对翦伯赞的历史观点进行批判。1961 年以来,翦伯赞先后发表《对处理若干历史问题的初步意见》、《目前史学研究中存在的几个问题》等文章,提出历史研究既要重视阶级观点,又要注意历史主义等意见。戚本禹在文章中,攻击翦伯赞的这些观点是"超阶级"、"纯客观"的资产阶级观点。1966 年 3 月,《红旗》杂志又发表戚本禹等三人的文章:《翦伯赞同志的历史观点应当批判》,把翦伯赞上述两篇文章当成"反马克思主义的史学纲领"进行批判,给翦伯赞扣上"资产阶级史学代表人物"的帽子。在他们的煽动下,其他报刊也指名对翦伯赞进行了批判。

1966 年

1 月 1 日　《人民日报》发表题为《迎接第三个五年计划的第一年——1966 年》的元旦献词。文章说,第三个五年计划,是一个宏伟的发展国民经济的计划。在第三个五年计划期间,必须高举毛泽东思想伟大红旗,继续深入开展阶级斗争、生产斗争和科学实验三大革命运动。要在农村和城市更加广泛地开展社会主义教育运动;要力争农业生产逐年有所增长,更加有效地贯彻执行《全国农业发展纲要》;要在不断进行技术革新、不断提高劳动生产率的基础上,充分发挥现有工业企业的生产潜力和交通运输业的运输能力,同时要大力建设一批新的企业,加强国防建设,加强基础工业,加强交通运输业,进一步改进全国工业布局,并且相应发展轻工业;要在生产发展的基础上,逐步改善人民生活;要建立起一个独立的、比较完整的工业体系和国民经济体系,争取用二三十年的时间,赶上和超过世界科学技术的先进水平,把中国建设成为具有现代农业、现代工业、现代国防和现代科学技术的社会主义强国。

同日　《红旗》杂志发表题为《政治是统帅,是灵魂》的元旦社论。社论说,突出政治,政治挂帅,就是毛泽东思想挂帅,就是把活学活用毛泽东思想放在一切工作的首位,加强政治工作。政治工作同经济工作、军事工作、科学技术工作,同一切业务工作的关系,政治工作是第一位。政治是"阶级对阶级的斗争"。突出政治,就要在各条战线抓阶级斗争,抓社会主义和资本主义两条道路的斗争,贯彻执行党的阶级路线,活学活用毛泽东思想,促进人的思想革命化是最大的政治。是无产阶级政治作统帅作灵魂,还是物质刺激、个人名利作统帅作灵魂,是两种根本对立的世界观,是两条根本对立的政治路线。

同日　汉丹铁路(湖北武汉至湖北均县丹江口)全线通车。这条铁路全长 420 公里,是从 1958 年起采取分期分批和边建设边通车的办法陆续建成的。

同日　蒋介石发表元旦文告,称今年为"反共复国"的"决定性关头"。

1 月 2 日　《人民日报》发表题为《中国工业化的正确道路》的社论。社论说,大庆人靠"两论"(即《矛盾论》和《实践论》)起家,在实践中不断总结经验,不断有所发现,有所发明,有所创造,有所前进,花了 3 年的时间就拿下了大庆油田。大庆油田的建设,自始至终坚持了集中领导同群众运动相结合的原则,坚持了高度革命精神同严格科学态度相结合的原则，坚持了技术革命的原则，坚持了勤俭建国的原则，全面体现了社会主义建设总路线多快好省的要求，为中国的工业化开辟了一条正确的道路。此后《人民日报》还于9日、10日、14日、15日、17日连续发表文章，介绍大庆人建设石油基地的经验。

1月3日—15日　国务院在北京召开第五次全国棉花会议。会议指出，1965年全国棉花总产量和单产都创造了历史最高水平，平均亩产百斤的皮棉县比1964年成倍增加，出现了一批亩产皮棉200斤的社队。会议提出，1966年全国棉花总产量要比1965年增长一成左右，并要求各地在抓好集中产棉区的同时，还应当因地制宜地、有计划有步骤地发展分散棉区和新棉区的棉花生产。会议还强调，产棉区要贯彻以粮为纲、粮棉并举的方针，以粮保棉，以棉促粮，力争粮棉双丰收。

1月7日　中国外交部发表声明，对中非政府6日悍然单方面撕毁中国和中非两国建交协议，无理断绝两国外交关系，提出严重抗议，并决定从中非撤出中国大使馆全体人员和中国专家。

1月8日　高教部部长蒋南翔向中共中央书记处汇报全国半工半读高等教育会议讨论情况。周恩来指示说：发展半工（农）半读教育要谨慎一点、稳妥一点。文科改革，至少要经过两年的试点。高等学校的专业，分科不要分那么细。邓小平作指示说：半工半读方向是肯定的，步子要适当。不以阶级斗争的观点办文科是不行的。总之，一个原则，不能降低教育质量和科学技术水平。步子要稳点。会议确定，按中央指示"决心要大，步子要稳"的精神进行半工半读试验和对全日制的改革。

同日　中共中央发出《关于增加军委副主席的通知》，决定增加陈毅、刘伯承、徐向前、叶剑英为中共中央军事委员会副主席。

1月10日　中共中央批转中央工商行政管理局党组《关于当前反对资本主义势力的斗争和加强市场管理的报告》。《报告》提出：①今后打击投机倒把，应当争取改造多数，打击少数，抓大案，打尖子，挖窝子，打准打狠。②对国营企业和集体企业的投机违法行为，也要坚持原则，认真检查处理。③加强对战备物资和生产建设重要物资的管理，防止投机倒把分子插手倒卖，对社会主义企业计划外的采购推销活动，也要加强引导和管理。④管好集市贸易，凡不准进入集市的重要农副产品，一律不准流入集市，制止黑市活动。⑤做好闲散人员的安置工作。

1月11日　农垦部部务会议讨论通过《国营农场成本核算试行办法（草案）》、《关于改进国营农场核算体制的意见》、《国营农场会计科目（草案）》、《国营农场财务管理办法（草案）》和《关于国营农场固定资产更新改造基金管理问题的规定（草案）》。

1月13日　国家经济委员会提出《1966年工业交通企业支援农业的十项措施》。主要内容是：①所有工交企业都应该根据农业生产的需要和可能，充分发挥企业潜力，为支援农业办好事。②工交部属企业应尽一切可能条件，在地质水文、勘察设计、设备安装、技术培训等方面，积极支持地方"五小"工业的发展。③地方工业应面向农村，把为农业服务放在第一位，兼顾市场、国防、外贸出口和大工业的需要。④继续试行亦工亦农的劳动制度和厂社结合、厂社挂钩的办法，实行工农结合。⑤工交部属企业在保证完成国家计划和本企业设备检修计划的前提下，应充分利用生产能力,承担地方的农机具带料加工的生产和检修任务,大力协助地方工厂进行技术改造,增强地方工业支农能力。⑥各工交企业应当组织"三结合"的技术服务队,为社队修理农机具和传授技术,做好技术服务工作。⑦工交企业凡有独立水源、电源的,除保证本企业需要外,要把多余的水、电支援当地社队的农业生产。⑧各工交企业凡多占的土地。应退给社队耕种,有害农业的污水、废气和废渣,要抓紧进行处理。⑨各农业拖拉机站应努力改善经营管理,降低机耕收费标准,农业用电的收费标准应按国家统一规定执行。⑩工交各部和省、市、自治区经委要切实加强支农工作的领导,把支农作为首要任务。

1月16日 中共中央、国务院批转国家计划委员会《关于反对浪费,厉行节约,开展"三查"和废金属回收工作的报告》,对节约工作的组织领导提出了具体建议。同时提出,查设备、查材料、查流动资金的主要对象是国营工业、交通、农业企业和基建单位,县以上的手工业合作社,大专学校和科研单位,清查的内容是库存设备、闲置设备、库存材料、积压材料、废旧物资和流动资金。为了加强对这一工作的领导,中共中央批准成立国务院"三查"节约领导小组,并要求各部门、各地区也要成立"三查"小组及办事机构。

同日 《人民日报》报道,农业部最近在广东省佛山市召开了南方水稻生产会议。会议指出:在继续抓好稳产高产地区水稻生产的同时,狠抓低产地区的水稻生产;在继续抓好早稻生产的同时,狠抓中稻、晚稻的生产,这是水稻产区在第三个五年计划期间的重要任务。

1月17日 中共中央转发教育部党组《关于减轻学生负担,保证学生健康问题的报告》、高等教育部党委《关于减轻高等学校学生学习负担,促进学生德智体全面发展问题的报告》和高等教育部《关于增进高等学校学生健康,实行劳逸结合的若干规定(草案)》。

同日 沈阳飞机厂试制的高空高速歼-7型飞机首飞成功。12月28日定型投入批生产。

1月18日 《人民日报》发表了《解放军报》记者、《中国青年报》记者和新华社记者联合采写的《毛泽东思想武装的钢铁战士麦贤得》的长篇通讯,记述了海军战士麦贤得的英雄事迹。1965年8月6日。麦贤得所在的"海上英雄艇"参加了对美蒋舰"章江号"和"剑门号"的战斗。麦贤得在战斗中头部负重伤,失去知觉,苏醒后,他以惊人的毅力,继续参加战斗,直到"章江号"和"剑门号"被击沉。在医院里,他与伤痛作斗争,表现了一个革命军人的非凡毅力。3月18日,国防部在广州举行表彰大会,授予麦贤得"战斗英雄"称号。

1月25日 中共中央批转全国物价委员会《关于第四次全国物价会议的汇报提纲》时指出,物价工作是复杂的,在处理物价问题时,必须深入调查研究,慎重稳当。各地调整物价,必须经全国物价委员会统一安排,重要问题要报中央批准。后来,由于"文化大革命"运动的干扰,物价调整未能进行下去。

1月27日 中共中央发出《关于当前粮食工作几个问题的通知》。《通知》指出:没有完成本年度粮食征购和超产超购任务的地方,要抓紧时机尽可能完成任务。各地应当抓紧控制粮食销量的工作。在城镇,应当严格控制非农业人口的增长,坚决不再提高粮食定量标准,应当厉行节约,同一切浪费粮食的现象进行坚决的斗争。在农村,应当在切实安排好农村人民生活的同时,适当控制粮食销量,加强集体储备粮的管理。应当说服农民瞻前顾后,以丰补欠,计划用粮,节约用粮,反对浪费。各地都要认真贯彻备战、备荒、为人民和合理负担、藏粮于民的战略方针。

1月27日—3月5日 全国工业交通工作会议和全国工业交通政治工作会议在北京联合召开。中华人民共和国主席刘少奇、国务院总理周恩来、中共中央总书记邓小平等接见了参加会议的全体人员。周恩来、邓小平在会上作了重要报告。会议通过了《1966年工业交通工作纲要》和《1966年工业交通政治工作要点》,并推荐了70个大庆式先进单位。会议提出了工业交通工作1966年的六条工作方针是:①高举毛泽东思想伟大红旗,以解放军为榜样,大力突出政治。②广泛开展学大庆、创五好的比学赶帮运动,实现企业革命化。③多快好省,好字当头,努力增产,狠反浪费,促进工业生产新高潮。④进一步开展群众性的技术革新、技术革命,在赶超国内外先进技术水平中突出"超"字。⑤大力支援农业,巩固工农联盟。⑥积极支援国防,保证国防重点建设,为促进工农业生产新高潮,为全面完成和超额完成国家计划而奋斗。

1月28日 中共中央对卫生部部长钱信忠《有关计划生育的几个问题》的报告作了批示并转发全国。《报告》提出,"三五"计划要求到1970年全国人口控制在8亿。为了实现这一目标,必须在3至5年内把人口出生率由目前的39‰压缩到25‰以下。中共中央批示指出:实行计划生育是一项极为重要的大事,不仅符合广大群众的要求,而且符合有计划发展国家各项社会主义建设的需要。要求在城市和人口稠密的农村,要积极开展计划生育工作,使人口增长的幅度继续下降,同国民经济和改善人民生活的要求相适应。

1月30日 中共中央、国务院批转国务院财政贸易办公室《关于进一步推广唐山地区按经济区域组织商品流通经验的报告》。《报告》提出:要积极地、有步骤地、扎扎实实地扩大按经济区域组织商品流通的试点工作。按经济区域组织商品流通的工作重点是调整不合理的商品流向,取消不合理的中间环节,相应调整商业机构,改革不合理的规章制度。按经济区域组织商品流通,必须符合"发展经济、保障供给"的总方针,有利于商业工作为生产服务、为人民生活服务,有利于体现商业工作的政治观点、生产观点和群众观点,有利于商业工作面向农村,面向群众。中共中央、国务院批示指出:按经济区域组织商品流通,是商业工作革命化的一件大事,也是整个经济工作的一件重要的事情。

1月 中国科学院新技术委员会成立,裴丽生任主任,秦力生、李德仲、谷羽、高原、杨刚毅、张从周任副主任。

同月 中国科学院卫星设计院(代号651设计院)正式成立。

同月 户县农民画在北京展出。

2月1日 1966年全国体育工作会议在北京召开。会议讨论了体育事业第三个五年发展规划的问题。通过了《在体育战线上掀起一个活学活用毛主席著作新高潮的决定》。国务院副总理贺龙到会讲话。5月2日,中共中央批转了全国体育运动委员会《关于1966年全国体育工作会议的报告》。批示指出:在体育竞赛中,还发生锦标主义甚至弄虚作假的严重问题,这是资产阶级思想在体育战线的反映。必须紧紧抓住阶级斗争这个纲,开展兴无灭资的斗争。体育要突出政治,以毛泽东思想挂帅,走中国体育运动自己的路,促进中国体育事业的发展。

2月1日—8日　第一届"国民大会"临时会在台北召开。会议通过修正《动员戡乱时期临时条款》。

2月1日—22日　全国林业工作会议在北京召开。会议提出,林业工作要贯彻"突出政治,立足战备,依靠群众,自力更生,大力造林,造管并重,采育结合,综合利用,林粮结合,多种经营"的方针,并要求5年内造林更新2亿亩,封山育林1亿亩。

2月2日—20日　林彪委托江青在上海召开部队文艺工作座谈会。4月10日,中共中央批准《林彪同志委托江青同志召开的部队文艺工作座谈会纪要》。《纪要》提出"文艺黑线专政"论,全面否定新中国成立以来中国共产党领导的文艺事业。1979年5月,中央正式通知撤销《纪要》。

2月3日　《解放军报》发表社论《永远突出政治》。

2月6日　《人民日报》报道,农业部最近在北京召开了全国旱播粮食作物座谈会。座谈会提出要给旱粮摘掉"杂粮"、"粗粮"的帽子。同时要求各地要发扬大寨精神,搞好以土为主,土、肥、水并举的农田基本建设,改良品种,精耕细作,把旱粮生产搞上去。

2月7日　《人民日报》发表《县委书记的榜样——焦裕禄》长篇通讯和《向毛泽东同志的好学生——焦裕禄同志学习》的社论。焦裕禄自1962年冬担任河南省兰考县县委书记后,不顾自己身患肝癌,为解除兰考36万人民遭受内涝、风沙、盐碱三害的痛苦,在一年多的时间里,跑遍全县149个大队中的120个生产队,跋涉5000多里,查清了全县84个风口,1600个沙丘以及大小河流,并都编了号,绘了图。

他以不改造好兰考死不瞑目的决心,总结典型经验,带领群众战天斗地治理"三害"。焦裕禄心里装着全体党员和人民,唯独没有他自己。1964年5月14日,焦裕禄逝世,只有42岁。9日、11日,解放军总政治部、全国总工会、共青团中央先后发出向焦裕禄学习的通知。与此同时,各中央局、省、市、县委也都号召学习焦裕禄。全国掀起了向焦裕禄学习的热潮。

2月12日　中共中央转发以彭真为组长的中共文化革命五人小组关于当前学术讨论的汇报提纲。即《二月提纲》。《二月提纲》提出,要坚持毛泽东1957年3月在党的全国宣传工作会议上所讲的"放"的方针,要坚持实事求是、在真理面前人人平等的原则。要以理服人,不要像学阀一样武断和以势压人。要提倡坚持真理,随时修正错误。要有破有立。要准许和欢迎犯错误的人和学术观点反动的人自己改正错误。对他们要采取严肃和与人为善的态度,不要和稀泥,不要"不准革命"。还提出,在报刊上公开点名作重点批判要慎重。2月5日,刘少奇主持中央政治局在京常委会议讨论通过了《二月提纲》。2月8日,彭真、陆定一、许立群等专程到武昌向毛泽东汇报,毛泽东问了一些问题,但没有说不同意发表。2月12日,中央将《二月提纲》批发全党。根据提纲的精神,中央宣传部没有同意发表关锋、戚本禹对《海瑞罢官》从政治上无限上纲的批判文章。毛泽东对此非常不满。4月1日,张春桥拿出一份《对〈文化革命五人小组关于当前学术讨论汇报提纲〉的几点意见》。随后,由陈伯达主持起草,毛泽东七次修改,在5月的中央政治局会议上通过了关于撤销和批判《二月提纲》的《五一六通知》。

2月12日　"大庆铁人"王进喜在北

京电视台发表电视讲话。

2月15日 国家基本建设委员会发出《关于重点建设项目的管理办法》。《办法》规定：从1966年起，国家建委直接抓一批重点项目。重点项目所需的投资、材料、设备和施工力量必须保证，不留缺口；所需主要设备，由机电设备成套总局一次安排生产订货，按建设进度分期交货。为及时掌握重点项目的建设情况和问题，决定由主持重点项目的领导人作为国家建委的联络员，直接同国家建委联系。

2月19日 毛泽东看了《中共湖北省委关于逐步实现农业机械化的设想》后，给王任重写信指出：实现农业机械化问题，已经过去10年了，这10年我们抓得不大好。要抓紧从今年起的15年。各省、市、自治区应当在自力更生的基础上做出一个5年、7年、10年的计划，从少数试点，逐步扩大，用25年时间，基本上实现农业机械化。

同日 南朝鲜总统朴正熙抵台访问。

2月19日—25日 台湾第一届"国民大会"第四次会议在台北召开，出席代表1446人。通过《增订宪法动员戡乱时期临时条款》；"选举"蒋介石为第四任"总统"，严家淦为"副总统"。大会增订《动员戡乱时期临时条款》第四项第五项。会议通过提案及临时动议393件。

2月20日 中共中央同意并批转国家基本建设委员会党组《关于施工队伍管理问题的报告》。《报告》提出，对全国现有300万（集体所有制企业除外）的施工队伍，要分期分批进行整顿和整编，逐步实现统一管理、统一调度。施工队伍较多的冶金、建工、煤炭、水电、交通、化工、石油等部在西南、西北地区的一批施工企业中建立5个基本建设工程师，进行军事化管理的试点。其他地区也开始抓施工队伍

的整顿工作，还有一些单位进行工役制和亦工亦农的试点。《报告》建议施工队伍较多的工交各部成立基本建设总局，管理所属基建队伍。各部基本建设工作包括队伍管理，由国家建委归口领导；各部施工力量的部署以及基建队伍大的调动，须经国家建委批准。

2月21日 中共中央发出《关于增加对资出口任务的指示》。《指示》说：因进口增加，1966年应完成对资本主义市场出口任务16.5亿美元，比原定任务14.5亿美元增加2亿美元，为增加出口货源，责成对外贸易部在国家计划委员会和国务院财政贸易办公室领导下提出货单，同各地协商确定。凡是原料、材料、包装物料没有落实的，由主管部门切实负责解决，力争多出口，多收汇。上半年，除个别必要的外，不再追加进口货单。

2月22日 中共中央、国务院在《关于贵州省设市和特区问题》报告的批复中，要求新设市和特区的建设，必须贯彻执行"工农结合、城乡结合、有利生产、方便生活"的方针，发扬延安精神，学习大庆的革命精神，一律不搞大城市、大马路、楼堂馆所和高标准的民用建筑。设置政企合一的特区政府，是一个新问题，要在实践中注意总结经验。

2月23日 周恩来同出席全国林业工作会议的西北各省、自治区林业厅（局）长和西北林业建设兵团、林业部负责人谈话。他说："林业工作要面向全国，依靠全党全民，要两条腿走路。林业部过去只注意林区采伐，我看主要任务还是造林。""我国森林覆盖率只有10%多一点。16年来，全国砍多于造，是亏了。20世纪还剩下三十几年，再亏下去不得了。造林是百年大计，要好好搞。""造林也要两条腿走路，要依靠6亿农民"。"国营与群众营林，

重点放在群众;伐木与育林,重点放在育林;前方与后方,重点放在前方。重点放对了,才能用得少,造得多"。"植树造林是百年大计,总得坚持到 21 世纪。"

2 月 23 日—3 月 7 日 中共中央西南局在成都召开西南建设会议。会议研究了加强三线建设问题,总结了三线建设的经验。这些经验是:①基本建设管理工作革命化,中心是实行党委一元化领导,取消甲、乙承发包制度,成立现场统一领导机构,书记由工厂书记担任,厂长参加现场指挥部,指挥部由施工单位负责。②集中力量打歼灭战。③队伍革命化,发挥工人的作用。

2 月 24 日 教育部发出《关于巩固提高耕读小学和农业中学的指示》。

2 月 林彪、康生等人为陷害中共中央军委副主席贺龙捏造了"二月兵变"的罪名。1966 年 2 月,中央军委为加强地方武装建设,决定北京市新组建一个团归卫戍区建制。为了便于这个团集中训练,北京卫戍区曾向有关单位联系暂借一所营房。"文化大革命"开始后,北京大学一些人把部队联系借房一事作为"调动军队要搞政变"的材料加以揭发,并贴出所谓揭露"二月兵变"的大字报。康生知道后,在 7 月间中央文革小组会上作了肯定性的表态,随后又在北京师范大学、北京大学的群众大会上说:"今年 2 月,北京市彭真这个大黑帮,他们策划政变。"后来经过林彪、康生等的密谋策划,又把所谓"二月兵变"的罪名加到了当时主持中央军委日常工作的贺龙身上,说"贺龙私自调动军队搞'二月兵变',在北京郊区修了碉堡",对贺龙进行陷害。1974 年 9 月 29 日中共中央为贺龙恢复名誉的通知指出:"关于所谓贺龙同志搞'二月兵变'的问题,纯系讹传。"

2 月—3 月 卫生部在上海召开全国针刺麻醉会议。

3 月 5 日 空军部队击落美军无人驾驶高空侦察机 1 架。

3 月 7 日 中共中央、国务院发出《关于成立北方八省(市、自治区)农业小组的通知》。《通知》确定把山西、河北、山东、河南、陕西、内蒙古、辽宁、北京 8 个省(市、自治区)的农业,作为农业战线上的一个战略主攻方向。中共中央和国务院决定成立有 24 人组成的中央北方 8 省(市、区)农业小组,周恩来任组长,李富春、李先念、谭震林、李雪峰、薄一波、谢富治、余秋里任副组长。

3 月 8 日 河北省邢台地区发生强烈地震。有 5 个县的 30 个公社、350 个大队、34 万人受灾。由于事先作了预报,没有造成重大人员伤亡。中共中央和国务院立即动员,组织巨大的人力物力开展救灾工作。周恩来在余震未息的情况下,亲临震中地区,代表中共中央和国务院慰问受灾群众,指导救灾工作。

3 月 10 日 周恩来在隆尧县白家寨慰问灾区人民大会上讲话。他说:"你们受了灾,损失很大,党中央和政府非常关心你们,毛主席让我来看望大家,慰问大家。""你们组织起来,办法一定会有的。""愚公能够移山,我们对现在的困难也一定能够战胜。"周恩来最后和大家一起呼口号:"奋发图强!自力更生!发展生产!重建家园!"在党的领导和解放军大力支援下,灾区人民很快战胜了困难,重建家园,恢复了生产。

3 月 12 日 毛泽东在给刘少奇的一封信中指出:农业机械化问题以各省、市、自治区自力更生为主,中央只能在原材料等等方面,对原材料不足的地区有所帮助。为了农业机械化,要为地方争一部分机械制造权，就是大超额分成权。凡国家管理、地方制造、超出国家计划甚远者，在超过额内，准予留下3成至5成，让地方购买使用。此制不立，地方积极性是调动不起来的。一切统于中央，卡得死死的，不是好办法。农业机械化应与备战、备荒、为人民联系起来，第一是备战，第二是备荒，第三是国家积累不可太多。农业机械化，要同这几方面联系起来，才能动员群众，为较快地但是稳步地实现此种计划而奋斗。苏联竭泽而渔、脱离群众的做法，应该引以为戒。

3月14日—4月7日 国务院在北京召开全国财贸工作会议。会议要求：①认真贯彻备战、备荒、为人民的战略方针，切实抓好备战的具体工作。②全面贯彻执行党的粮食政策。在粮食增产的基础上，逐步做到藏粮于民，逐步增加国家的粮食储备，适当改善农民生活，力争较快地做到不进口粮食。③进一步贯彻执行面向农村的方针，大力促进农业机械化的逐步实现。在以粮为纲的原则下，大力促进多种经营，增加集体积累和农民收入。④在工农业生产进一步发展的基础上，做到市场和物价的稳定。⑤在对外贸易工作上，坚决执行积极收购和大力推销并举的方针。⑥切实执行勤俭办企业的方针，广泛深入地开展增产节约运动。5月16日，中共中央、国务院批转了这次会议的纪要。批示指出，财贸工作最根本的问题，就是突出政治，使政治工作成为全盘工作的基础，把商业、财政、银行办成社会主义的商业、财政、银行。

3月16日 林业部、水产部、全国供销合作总社联合发出《保护水禽资源，严禁拣拾鸟蛋的通知》。

3月20日 中共中央主席毛泽东在杭州召开的中共中央政治局扩大会议上讲话。他说，中央还是虚君共和好。中央只管虚，只管政策方针，不管实，或少管点实。中央部门收上来的厂多了，凡是收的都叫他们出中央，到地方去，连人带马都出去。他还说，现在是"南粮北调"，"北煤南运"，这样不行，要改变。

3月23日 全国安置工作座谈会在北京召开。这次会议检查了动员和安置工作中存在的问题，并且提出，今后安置工作必须面向农村。4月29日。国务院批转了中央安置城市下乡青年领导小组《关于安置工作座谈会纪要》。《纪要》建议各大区安置办归农口领导，各省、市、自治区安置办公室除直属省委、省人委领导的外，其余也归农口领导。国务院批转《纪要》时指出，安置部门的任务是动员不能就业的城市知识青年下乡上山，把他们安置在农业战线上。

同日 空军部队击落美军无人驾驶高空侦察机1架。

3月26日—4月19日 中华人民共和国主席刘少奇和夫人王光美在国务院副总理陈毅的陪同下，对巴基斯坦伊斯兰共和国、阿富汗王国、缅甸联邦进行访问。

3月28日—30日 中共中央主席毛泽东于3月28日至30日在杭州三次同中共中央书记处书记康生等人谈话，严厉指责北京市、中共中央宣传部包庇坏人，不支持"左派"。他说：北京市针插不进，水泼不进，要解散市委；中宣部是阎王殿，要"打倒阎王，解放小鬼"；说史学家、北京市副市长吴晗和史学家、北京大学副校长翦伯赞是学阀，上面还有包庇他们的大党阀（指中共北京市委书记兼市长彭真）；并点名批评吴晗、邓拓（中共北京市委文教书记）、廖沫沙（中共北京市委统战部部长）写的《三家村札记》和邓拓写的《燕山夜话》是反党反社会主义的。他还号召地方造反,向中央进攻,说各地应多出一些孙悟空,大闹天宫。毛泽东的这些谈话,预示着"文化大革命"的风暴日益迫近。

3月29日   中华人民共和国主席刘少奇根据第三届全国人民代表大会常务委员会通过的《关于特赦确实改恶从善的蒋介石集团、伪满洲国和伪蒙疆自治政府的战犯的决定》发布特赦令。最高人民法院于4月16日宣布特赦释放第六批战犯57名。

3月30日   中共中央批转国家基本建设委员会党组《关于施工队伍整编为基本建设工程兵试点意见的报告》时指出,施工队伍的整编,是一项艰巨复杂的工作,必须采取既积极又慎重的态度,坚持试点,取得经验后再逐步全面推行,并同意试点工作先在西南、西北两地区进行。7月26日,中共军委批准在国家建委内暂设中国人民解放军基本建设工程兵整编办公室。8月1日,中央军委正式发布命令,授予基本建设工程兵部队番号。

3月   毛泽东在中共中央常委扩大会议上说,我们在1949年后,对知识分子实行包下来的政策,有利也有弊。现在学术界和教育界是资产阶级知识分子掌握实权。社会主义革命越深入,他们就越抵抗,就越暴露出他们的反党反社会主义的面目。吴晗和翦伯赞等人是共产党员,也反共,实际上是国民党。各地都要注意学校、报纸、刊物、出版社掌握在什么人手里,要对资产阶级的学术权威进行切实的批判,我们要培养自己的年轻的学术权威,不要怕青年人犯"王法",不要扣压他们的稿件。中宣部不要成为农村工作部。

4月1日   国家科委批准文化部提出的《图书、杂志开本及其幅面尺寸》国家标准(编号 GH788—65),于1966年4月1日试行。

同日   国家体委在北京举办全国业余体校田径、体操、游泳、举重、足球、篮球、排球、乒乓球教练员训练班,800多人参加。

4月1日—20日   中国共产主义青年团第九届中央委员会第三次会议在北京召开。会议的中心议题是进一步突出政治,并提出了突出政治的五项基本要求:①更好地开展活学活用毛主席著作的运动,在"用"字上狠下工夫。②积极参加社教运动,加强阶级教育和战备教育。③开展创四好团支部活动,把青年组织起来,把基层工作活跃起来。④发扬大庆精神和大寨精神,发挥青年在实现第三个五年计划中的突出作用。⑤狠抓各级团委机关和团干部的革命化。共青团中央书记处书记胡克实作了《一定要把共青团办成活学活用毛泽东思想的大学校》的报告。共青团中央第一书记胡耀邦在会议结束时讲了话。全会通过了《关于在全国青年中更好地开展学习毛主席著作运动的决议》。

4月10日   国务院总理周恩来在接见巴基斯坦《黎明报》记者时,谈了中国对美国的政策。他说,中国不会主动挑起对美国的战争。中国努力通过谈判要求美国从台湾省和台湾海峡地区撤走它的一切武装力量。中国人说话是算数的。如果亚洲、非洲和世界上任何国家遭到以美国为首的帝国主义的侵略,中国政府和中国人民一定要给以支持和援助。如果由于这种正义行动引起美国侵犯中国,中国将奋起抵抗,战斗到底。如果美国要把战争强加于中国,不论它来多少人,用什么武器,包括核子武器在内,它将进得来,出不去。美国侵略者不管来多少,必将被消灭在中国。

同日   中共中央批发《林彪同志委托

江青同志召开的部队文艺工作座谈会纪要》。1966年1月21日，江青由上海赶到苏州，同林彪谈"文艺革命"问题。22日，林彪给总政治部下达指示：江青对文艺工作方面在政治上很强，在艺术上也是内行，她有很多宝贵的意见，你们要很好重视，并且要在思想上、组织上认真落实。2月2日到20日，江青根据林彪的委托，在上海邀请刘志坚、谢镗忠、李曼村、陈亚丁，就部队文艺工作的若干问题进行座谈。江青在座谈会上宣称："在文艺方面，有一条与毛主席思想相对立的反党反社会主义的黑线"，"这条黑线专了我们17年的政，该是我们专他们政的时候了。"会后，写出《林彪同志委托江青同志召开的部队文艺工作座谈会纪要》。《纪要》认为，文艺界在建国后，被一条与毛泽东思想相对立的反党反社会主义的黑线专了我们的政。这条黑线就是资产阶级的文艺思想，现代修正主义的文艺思想和所谓30年代文艺的结合。"写真实"论、"现实主义广阔的道路"论、"现实主义的深化"论、反"题材决定"论、"中间人物"论、反"火药味"论、"时代精神汇合"论、"离经叛道"论，等等，就是他们的代表性论点。《纪要》说，要坚决进行一场文化战线上的社会主义大革命，彻底搞掉文艺界的这条黑线。搞掉这条黑线之后，还会有将来的黑线，还得再斗争。这是一场艰巨、复杂、长期的斗争，要经过几十年甚至几百年的努力，才能完成。这个《纪要》经毛泽东修改三次，由林彪转中央军委批准，再报中共中央，4月10日，以中共中央文件下发。1979年5月3日，中共中央批转总政治部的请示，正式决定撤销这个《纪要》。

同日 中共中央对中共湖北省委《关于逐步实现农业机械化的设想》作了批示，同时转发了中共中央主席毛泽东2月19日写给中共湖北省委第一书记王任重的信及中华人民共和国主席刘少奇2月23日给国务院总理周恩来、国务院副总理邓小平的信。湖北省委的《设想》提出：从今年算起，力争在5年、7年、10年内，在全省实现农业机械化。毛泽东在信中指出：农业机械化的问题，各省（市、区）应当在自力更生的基础上做出一个5年、7年、10年的计划，从少数试点逐步扩大，用25年的时间，基本实现农业机械化。刘少奇的信同意将中共湖北省委的设想和毛泽东的批示转发全国，并提出召开一次会议讨论这个问题。中共中央批示指出，农业要在集体化的基础上，逐步实现机械化和电气化，这是一个极为重要的战略任务，应当抓紧这项工作。实现农业机械化的具体步骤，应当由各中央局和各省、市、自治区党委负责，机械制造业的生产要适应农业机械化的需要。同时决定在4月下旬或5月初在湖北省召开现场会议，研究实现农业机械化的问题。

同日 中共中央批发王任重关于政治挂帅问题的意见。1966年1月24日，王任重在省委常委会上发言，谈政治挂帅问题说：现在农村有许多地方是工分挂帅，不是政治挂帅；许多工厂是奖金挂帅，商业系统也有许多单位是奖金挂帅。其实质是物质刺激。他提出："凡是不合于主席思想和生产发展制度的都可以改。工厂可以把奖金加到工资里去，只要不超过工资总基金就可以。以后就是搞五好职工、光荣榜、表扬，只搞精神鼓励，不搞物质刺激。农村的基本办法是底分制，靠政治挂帅调动大家的积极性。评积极分子、五好社员、先进集体，搞光荣榜，搞精神奖励，不搞物质奖励。"中央在批发这个文件时指出：现在实行的一些奖金制度等，是不符合政治挂帅精神的。我们调动广大人民群众的积极性不是靠工资、工分以外的物质奖励,而是靠毛泽东思想,靠政治挂帅,靠人们的政治觉悟的不断提高。在"文化大革命"中,工厂企业的奖金制度陆续改成了附加工资。

4月10日　蒋介石在孔孟学会会员大会上称,要完成"反共复国使命"。

4月11日　台湾当局"教育部长"阎振兴招待记者,报告当前教育方针,将注重德、智、体、群四育平衡发展,并提倡民族精神教育。

4月11日—22日　卫生部药品生物制品检定所负责召开会议,对麻疹活疫苗进行成果鉴定。麻疹活疫苗开始大量投产和广泛使用。

4月12日　空军部队击落美国军用A3—B型重型攻击机1架。

4月16日　《北京日报》以3个版的篇幅,对中共北京市委书记邓拓写的《燕山夜话》和邓拓、吴晗、廖沫沙三同志合写的《三家村札记》进行了错误的批判。

同日　国家体委等九单位联合发出关于1966年开展游泳活动的意见,号召广大干部和群众"为革命而游泳",鼓足干劲,踏踏实实地把群众性游泳活动开展起来。

4月16日—5月29日　中国美协主办的"毛主席的好学生焦裕禄"美术作品展览在北京中国美术馆展出,展出作品80件。

4月18日　国民党第五次联合服务开始全面展开。

4月20日　河南省林县人民开山导河工程——"引漳入林"的红旗渠全线完工放水。

4月24日　蒋经国赴南朝鲜访问。

4月26日—5月11日　阿尔巴尼亚劳动党政治局委员、部长会议主席穆罕默德·谢胡率领阿党政代表团访问中国。中共中央副主席、中华人民共和国主席刘少奇,中共中央副主席、国务院总理周恩来同谢胡举行了会谈。5月14日发表了联合声明。

4月30日　大型革命现代芭蕾舞剧《白毛女》在北京公演。

5月3日　新华社报道,第一批国产新型"红旗"高级轿车最近在长春第一汽车制造厂制成出厂。

同日　中国科学院决定组建卫星地面观测系统管理局,先成立筹备处,代号"701工程处",具体负责卫星地面观测系统的总体设计、台站选址、勘探和建设、观测人员的培训,以及全国台站网的安装、调整和联系运行等。

5月4日—5月26日　为了全面发动"文化大革命",中共中央政治局扩大会议在北京举行。出席会议的有中央政治局委员和有关负责人76人。包括"文件起草小组"(即会后正式成立的中央文化革命小组)提议增加的江青、张春桥、关锋、戚本禹等8人。会议由刘少奇主持。毛泽东在外地,没有出席会议。会议按照毛泽东4月在杭州主持召开的中央政治局常委扩大会议的部署和会前的安排进行,由康生负责向毛泽东汇报请示。会议的主要内容:①康生传达毛泽东关于批判彭真和陆定一,要解散中共中央宣传部和中共北京市委,要"大闹天宫"的一系列意见,介绍中共中央通知(即这次会议于5月16日通过的中共中央通知)的起草情况。6日,张春桥作主要发言,系统地介绍彭真、陆定一等在中共八届十中全会以后"对抗文化革命路线"的情况。②对彭真、罗瑞卿、陆定一、杨尚昆等进行揭发批判,给他们加上所谓"反党反社会主义反毛泽东思想"等罪名。23日作出决定,停止彭真、陆定

一、罗瑞卿的中央书记处书记职务，停止杨尚昆的中央书记处候补书记职务；撤销彭真的北京市委第一书记和市长职务，撤销陆定一的中央宣传部部长职务；调陶铸任中央书记处常务书记，并兼任中央宣传部部长，调叶剑英任中央书记处书记，并兼任中央军委秘书长；李雪峰兼任北京市委第一书记。24日，中央政治局常委决定成立专案审查委员会，审查所谓"彭真、罗瑞卿、陆定一、杨尚昆反党集团"问题。③通过了在会前由陈伯达等人起草、经毛泽东多次修改的中共中央通知（5月16日通过，所以又称《五一六通知》）。《通知》宣布：中央决定撤销1966年2月12日批转的《文化革命五人小组关于当前学术讨论的汇报提纲》（即《二月提纲》），撤销以彭真为组长的"文化革命五人小组"及其办事机构，重新设立中央文化革命小组，隶属于政治局常委之下。《通知》说《二月提纲》"反对把社会主义革命进行到底，反对以毛泽东同志为首的党中央的文化革命路线，打击无产阶级"左派"，包庇资产阶级右派，为资产阶级复辟作舆论准备"，是"彻头彻尾的修正主义"。《通知》认为，学术界、教育界、新闻界、文艺界、出版界的领导权都不在无产阶级手里，在中央和中央机关，各省、市、自治区，都有一大批反党反社会主义的资产阶级代表人物，"混进党里、政府里、军队里和各种文化界的资产阶级代表人物，是一批反革命的修正主义分子，一旦时机成熟，他们就会要夺取政权，由无产阶级专政变为资产阶级专政"。"赫鲁晓夫那样的人物，他们现正睡在我们的身旁"。《通知》号召："高举无产阶级文化革命的大旗，彻底揭露那批反党反社会主义的所谓'学术权威'的资产阶级的反动立场，彻底批判学术界、教育界、新闻界、文艺界、出版界的资产阶级反动

思想，夺取在这些文化领域中的领导权"，"同时批判混进党里、政府里、军队里和文化领域的各界里的资产阶级代表人物，清洗这些人，有些则要调动他们的职务"。5月18日林彪在政治局全体会议上发表长篇讲话，渲染古今中外各种政变，诬陷彭真、罗瑞卿、陆定一等人要"搞政变"、"搞颠覆"。他说："最近有很多鬼事、鬼现象，要引起注意。可能发生反革命政变，要杀人，要篡夺政权，要搞资本主义复辟，他们（按指彭真、罗瑞卿、陆定一）现在已经在搞鬼。……他们现在就想杀人。"他还称颂毛泽东的个人"天才"，说毛泽东的话"句句是真理，一句超过我们一万句"，"他的话都是我们行动的准则。谁反对他，全党共诛之，全国共讨之"（经毛泽东批准，中共中央1966年9月22日印发了林彪的这个讲话，并予以高度评价）。22日和23日，会议批判朱德，把朱德不同意说毛泽东思想是马列主义顶峰的意见说成是反对毛泽东思想。会议最后一天，刘少奇发言，作了自我批评。这次会议的召开，标志着"左"倾方针在党中央占据了统治地位。

5月4日 《解放军报》发表题为《千万不要忘记阶级斗争》的社论。社论认为，当前文化战线上的大论战是一场十分尖锐的阶级斗争，同吴晗等"一小撮反党反社会主义分子"的斗争是一场你死我活的斗争。

5月7日 毛泽东看了5月6日林彪转送的解放军总后勤部《关于进一步搞好部队农副业生产的报告》，给林彪写了一封信。这封信通称《五七指示》。信中说："人民解放军应该是一个大学校"。"这个大学校，要学政治，学军事，学文化，又能从事农副业生产，又能办一些中小工厂，生产自己需要的若干产品和与国家等价

交换的产品。这个大学校,又能从事群众工作,参加工厂、农村的社会主义教育运动;社会主义教育运动完了,随时都有群众工作可做,使军民永远打成一片;又要随时参加批判资产阶级的文化革命斗争。这样,军学、军农、军工、军民这几项都可以兼起来。""同样,工人以工为主,也要兼学军事、政治、文化,也要搞社会主义教育运动,也要批判资产阶级,在有条件的地方,也要从事农副业生产,例如大庆油田那样。公社农民以农为主(包括林、牧、副、渔),也要兼学军事、政治、文化。在有条件的时候,也要由集体办些小工厂,也要批判资产阶级。学生也是这样,以学为主,兼学别样,即不但学文,也要学工、学农、学军,也要批判资产阶级。学制要缩短,教育要革命,资产阶级知识分子统治我们学校的现象,再也不能继续下去了。商业、服务行业、党政机关工作人员,凡有条件的,也要这样做。"15 日,中共中央转发了这封信,予以高度评价,认为:"毛泽东同志给林彪同志的信,是一个极为重要的具有历史意义的文献。"8 月 1 日。《人民日报》发表社论《全国都应该成为毛泽东思想的大学校——纪念中国人民解放军建军 39 周年》。社论说:"毛泽东同志提出的各行各业都要办成亦工亦农,亦文亦武的革命化大学校的思想,就是我们的纲领。"

　　同日　全国农村群众科学实验运动经验交流会议在福州市举行。8 日,《人民日报》发表社论:《农民自觉掌握农业科学和哲学的时代开始了》。

　　5 月 8 日　成都飞机厂改型设计的歼教—5 飞机首飞成功。12 月 28 日,该机设计定型投入生产。

　　同日　《解放军报》发表"高炬"的文章《向反党反社会主义的黑线开火》,同日《光明日报》发表何明(即关锋)的《擦亮眼睛,辨别真假》。高炬的文章诬蔑邓拓是"三家村黑店的掌柜"、"反党反社会主义分子的一个头目",诬蔑《前线》、《北京日报》和《北京晚报》是"反党工具"。何明的文章指责《北京日报》4 月 16 日对《燕山夜话》和《三家村札记》的批判是"假批判,真掩护,假斗争,真包庇"。两篇文章都把矛头直接指向北京市委。

　　5 月 9 日　国家计划委员会、国家基本建设委员会向中共中央和国务院总理周恩来提出《关于老基地、老企业支援新厂建设的几点建议》。《建议》认为,三线建设中的许多重点企业,采用老基地带新基地、老厂矿带新厂矿、老工人带新工人的办法,可以加快新厂矿的建设,发挥老厂矿的潜力。《建议》提出:攀枝花钢铁基地和贵州水城钢铁厂由辽宁省和鞍山钢铁公司包建;昆明钢铁厂由上海市包建;酒泉钢铁公司由北京市和石景山钢铁公司包建。从筹建、施工到建成投产,要一包到底。具体任务是:①为新厂配备领导班子和技术骨干。②为新厂提供设备和材料,凡是新厂需要的,支援单位能调出的要调出,能制造的帮助制造,能够配套的帮助配套,而不是由国家统一解决。③为新厂的试验研究工作提供技术资料和投产初期必需的备品备件,使新厂投产后很快出产品。

　　同日　北京时间 16 时整,中国在西部地区上空成功地进行了一次含有热核材料的核爆炸,它标志着中国国防现代化建设取得新成就。

　　5 月 10 日　上海《解放日报》、《文汇报》发表姚文元的文章《评"三家村"——〈燕山夜话〉、〈三家村札记〉的反动本质》。11 日,《人民日报》全文转载了这篇文章。文章诬蔑《燕山夜话》、《三家村札记》是吴晗、邓拓、廖沫沙合股开办的一个黑店,说他们把《前线》、《北京日报》、《北京晚报》当做反党反社会主义的工具,执行了一条反党反社会主义的右倾机会主义即修正主义的路线。文章还说,《燕山夜话》、《三家村札记》是继《海瑞罢官》之后有组织有步骤有指挥地向党继续进攻。"贯穿着一条与《海瑞骂皇帝》、《海瑞罢官》一脉相承的反党反人民反社会主义的黑线"。并且声言,要"彻底挖掉'三家村'的根子",横扫"三家村"在新闻、教育、文艺、学术界中的赞赏者和追随者。这篇文章与中共中央政治局扩大会议对彭真、罗瑞卿、陆定一、杨尚昆的批判相呼应,预示着一场更大的政治迫害将迅速遍及全国。

5月10日—25日 中国科学院召开卫星系列规划论证准备会议,组织有关单位,对中国卫星系列规划进行了系统论证。

5月16日 中共中央政治局扩大会议通过中共中央主席毛泽东主持起草的《中国共产党中央委员会通知》,即《五一六通知》。《通知》对"文化大革命"的目的、对象及方针作出了完全错误的规定。《通知》肯定了"文化大革命"的性质是"一场你死我活的阶级斗争",具有严重的政治性质。《通知》还把这场"文化大革命"的意义说成是"关系我们党和国家的命运,关系我们党和国家的前途,关系我们党和国家将来的面貌,也是关系世界革命的一件头等大事",号召向党、政、军各界的"资产阶级代表人物"猛烈开火。

同日 中共中央批转中央工作小组关于罗瑞卿错误问题的报告。中央在批语中说:罗瑞卿的错误,"是反对党中央、反对毛主席、反对林彪同志的错误。是资产阶级个人主义野心家篡军反党的错误"。"中央决定停止罗瑞卿同志的党中央书记处书记、国务院副总理的职务"。

5月18日 由于印度尼西亚政府自1965年10月以来掀起大规模的反华排华活动,对华侨进行惨无人道的迫害,并无理拒绝中国政府要求印尼政府履行送回受害华侨的责任。中华人民共和国外交部照会印度尼西亚驻华大使馆,宣布中国政府决定在最近期间派船前往印度尼西亚接回在印尼遭受迫害、自愿回国的华侨。10月10日和11月28日,中国远洋轮船"光华号"先后共接回被印尼政府迫害的2000多名华侨。

同日 中共中央华北局候补书记、中共北京市委主管文教工作的书记邓拓,含冤逝世,终年54岁。邓拓曾任晋察冀中央局宣传部副部长、新华社晋察冀总分社社长、北京市委宣传部部长,人民日报社总编辑、社长等职,是新闻学家、历史学家、书法家、诗人。

5月20日 蒋介石、严家淦在台北宣誓就任"总统"、"副总统"。

5月20日—24日 1966年新兴力量举重邀请赛在北京举行。中国次轻量级选手肖明祥先后以155公斤和157.5公斤的成绩,两次刷新了这一级别的挺举世界纪录;中国选手邓国银以145.5公斤的成绩打破了苏联运动员创造的轻量级抓举145公斤的世界纪录。

5月23日 中共中央办公厅副主任田家英含冤离世,终年44岁。强加给他的罪名是:一贯右倾,篡改毛泽东谈话记录。他在21日得到通知:撤职交代,搬出中南海。田家英1938年加入中国共产党,历任毛泽东的秘书、中华人民共和国主席办公厅副主任、中共中央政治研究室副主任等职,先后被选为党的八大代表和第三届人大代表。参加过《毛泽东选集》1—4卷和毛泽东其他著作的编辑、注释和出版工作。

5月24日 中共中央发出《关于陆定一同志和杨尚昆同志错误问题的说明》。关于陆定一,这个文件说他与其妻严慰冰写"集中攻击和辱骂毛泽东同志最亲密的战友林彪同志和他的一家"的"反党反革命的匿名信"有"密切牵连";"把活学活用当代马克思列宁主义的顶峰毛泽东思想,骂成是'实用主义'、'庸俗化'、'简单化'";在"文化大革命问题上","立场和观点同彭真完全一致"。强加给杨尚昆的罪名是"私设窃听器,私录毛主席和常委同志的讲话"。

5月25日 北京大学哲学系聂元梓、宋一秀、夏剑豸、杨克明、赵正义、高云鹏、李醒尘7人在校内贴出题为《宋硕、陆平、彭珮云在文化大革命中究竟干了些什么?》的大字报。这张大字报是在康生策划下,由当时在北大的"中央理论调查组"负责人曹轶欧(康生之妻)怂恿和支持写的。大字报攻击中共北京市委大学工作部副部长宋硕、北大党委书记兼校长陆平、党委副书记彭珮云。说北大党委和北京市委搞修正主义,并说要"坚决、彻底、干净、全部地消灭一切牛鬼蛇神和一切赫鲁晓夫式的反革命修正主义分子"。中央、北京市委和北大广大群众都不同意这张大字报的观点,而康生把它密报在外地的毛泽东。

同日 解放军总政治部发出《关于执行中央5月16日通知的通知》。《通知》规定:运动要在全军各级党委领导下进行;"着重抓好宣传、文化、报刊、院校、出版、科研部门的文化革命";"在连队和一般机关干部中,着重进行正面教育";点名批判都要经过党委批准。

5月27日 国民党中常会通过"行政院"政务委员及兼任各部会首脑人选。

同日 国民党中常会决定由孙科出任"考试院长"。

5月28日 中共中央发出关于设立中央文化革命小组的通知。组长陈伯达,顾问康生,副组长江青、王任重、刘志坚、张春桥,组员谢镗忠、尹达、王力、关锋、戚本禹、穆欣、姚文元。后来华北、东北、西北、西南四大区分别提出参加中央文革小组的成员:郭影秋(华北局)、郑季翘(东北局)、杨植霖(西北局)、刘文珍(西南局)。实际上他们并未参加中央文革小组。8月2日,中共中央通知:陶铸兼任中央文革小组顾问。8月30日,中共中央通知:在陈伯达病假期间,或今后离京外出期间,由第一副组长江青代理中央文革小组组长。陶铸、王任重、刘志坚、谢镗忠、尹达、穆欣因受迫害或打击,不久即脱离中央文革小组。《五一六通知》规定中央文革小组"隶属于政治局常委之下",《中国共产党中央委员会关于无产阶级文化大革命的决定》又规定它为"无产阶级文化大革命的权力机构",使它得以逐步取代中央政治局和中央书记处。

5月29日 清华大学附属中学成立全国第一个红卫兵组织——清华附中红卫兵。之后,北京大学附属中学等校的一些学生,也成立了"保卫毛泽东"、"保卫红色江山"的"红卫兵"、"红旗战斗小组"等群众组织。首都一些中学学生相继仿效。

5月30日 刘少奇、周恩来、邓小平为组织临时工作组去人民日报社一事写信给毛泽东请示:"拟组织临时工作组,在陈伯达同志直接领导下,到报馆掌握报纸的每天版面,同时指导新华社和广播电台的对外新闻。"毛泽东当天批示:"同意这样做。"31日,以陈伯达为组长的工作组进驻人民日报社。

5月 社会主义教育运动结束。

同月 陈景润在《科学通报》第 17 期上宣布他已证明了(1,2),即任何一个充分大的偶数,都可以表示为 2 个数之和,其中一个是素数,另一个或为素数,或为两个素数的乘积。但当时未给出详细证明,没有得到国际数学界的承认。后于 1973 年发表了详细证明(1,2)的论文,并改进了 1966 年宣布的数值结果。陈景润取得了世界上迄今为止关于哥德巴赫猜想的最好成果(最接近于"1+1"),在世界数学界引起强烈反响,称之为"陈氏定理"。

6 月 1 日 《人民日报》发表中共中央文化革命小组组长陈伯达授意、修改和审定的社论《横扫一切牛鬼蛇神》。社论声称在短短的几个月里,"亿万工农兵、广大革命干部和革命知识分子,以毛泽东思想为武器,横扫盘踞在思想文化阵地上的大量牛鬼蛇神,把所谓的资产阶级的'专家'、'学者'、'权威'、'祖师爷'打得落花流水,使他们威风扫地"。社论提出,要"彻底破除几千年来一切剥削阶级所造成的毒害人民的旧思想、旧文化、旧风俗、旧习惯",并煽动揪斗所谓"牛鬼蛇神",对广大干部和知识分子进行迫害。

同日 根据毛泽东的指示,中央人民广播电台于晚间播发了北京大学聂元梓等 7 人的大字报。2 日,《人民日报》全文刊登,并发表评论员文章《欢呼北大的一张大字报》,称北大是"反党反社会主义的顽固堡垒",北大的党组织是"假共产党"、"修正主义的'党'",号召群众起来彻底摧毁"黑帮"、"黑组织"。

6 月 2 日 《人民日报》开始在报头刊登《毛主席语录》。

同日 湖南省第一个大型引水工程——韶山总干渠和北干渠竣工通水。

6 月 3 日 中共中央决定改组中共北京市委,由中共中央华北局第一书记李雪峰兼任市委第一书记。北京市"文化大革命"工作,由新市委直接领导。

同日 为了坚持党的领导,使"文化大革命"运动有领导、有秩序地进行,刘少奇、邓小平主持的中央政治局常委扩大会议决定向北京市的大学和中学派出工作组,领导"文化大革命"。拟定了 8 条指示,要求在运动中要"内外有别","注意保密","大字报不要上街","不要示威游行","不搞大规模声讨会","不要包围黑帮住宅"等。此后 50 多天里,各地一般都采用了派工作组的办法领导"文化大革命"运动。

6 月 4 日 《人民日报》公布中共中央改组中共北京市委的决定:中共中央华北局第一书记李雪峰兼任市委第一书记,调中共吉林省委第一书记吴德任第二书记。北京市的"文化大革命"工作,由新市委直接领导。同时发表北京新市委决定:派以张承先为首的工作组到北京大学对"文化大革命"进行领导;撤销中共北京大学党委书记陆平、副书记彭珮云的一切职务。改组北京大学党委。北京市委和北京大学党委是被"文化大革命"第一个冲垮的中共地方基层组织,《人民日报》发表《撕掉资产阶级"自由、平等、博爱"的遮羞布》,不指名地公开批判了《关于当前学术讨论的汇报提纲》。5 日,《人民日报》发表社论《做无产阶级革命派,还是做资产阶级保皇派?》煽动文化教育领域广大群众起来同资产阶级"保皇派"进行坚决的斗争。在这些事件的影响下,各地部分青年学生响应号召,起来造反,使学校党委瘫痪。

6 月 6 日 《解放军报》发表《高举毛泽东思想伟大红旗 把无产阶级文化大革命进行到底——关于文化大革命的宣传要点》。《人民日报》同日转载并加编者按。《宣传要点》照林彪的提法，要求"读毛主席的书，听毛主席的话，照毛主席的指示办事，做毛主席的好战士"，"念念不忘阶级斗争，念念不忘无产阶级专政，念念不忘突出无产阶级政治"。

同日　中央军委决定成立人民解放军第二炮兵。中共中央军委决定，以原中国人民公安军领导机构为基础，与军委炮兵管理导弹部队的机构合并，组建战略导弹领导机构。周恩来主持筹建工作，并将战略导弹部队命名为"第二炮兵"。7月1日，中国人民解放军第二炮兵领导机关在北京正式成立，同时启用中国人民解放军第二炮兵番号。

同日　中央军委电令，自7月1日起，各省市自治区公安部队划归各军区建制领导，公安部队番号撤销。

6月7日　中共中央、国务院同意并批转国家物价委员会党组《关于调整工业品地区差价的报告》。《报告》说：鉴于工业品地区差价相当大，内地、农村价高，沿海、城市价低，为了加快内地建设和促进工农业的发展，需要逐步缩小工业品差价。调价的原则是：①不能用沿海和城市普遍提价的办法，只能采取内地和农村降价的办法。②不能打击地方工业。③不能妨碍各地工业品的互相交流。《报告》要求在今后3年内，将调整工业品地区差价的降价金额控制在6亿元，重点解决三线地区的问题，并给边远农村和山区以适当照顾。中共中央、国务院指出，这将有利于支援三线建设，缩小沿海和内地、城市和农村之间的差别，进一步发挥社会主义制度的优越性。在缩小工业品的地区差价时，还应注意缩小工资的地区差距。

同日　国家计划委员会向国务院总理周恩来呈送《关于第三个五年计划地方小钢铁厂发展规划和产品分配问题》的报告。报告是根据"备战"和1966年计划安排中对"三五"计划期间小钢铁厂建设提出的要求草拟的。报告指出，地方小钢铁厂的建设，必须从矿山抓起，建立自己的原料生产系统，根据原料供应的可能，确定冶炼和轧钢的建设规模。报告提出：①"三五"期间计划建设101个小钢铁厂，到1970年生产生铁390万吨，钢280万吨。②要求到1970年除西藏以外，每个省、自治区都要建设一个或几个小钢铁厂。③建设地方小钢铁厂，要有计划、有步骤地进行，并以地方为主，国家扶持。④地方小钢铁厂的产品从1967年起。除产量较多的5个省上调一部分给国家外，其余部分归地方自行分配使用。

6月10日　毛泽东在杭州同胡志明谈话。他说，中国现在也出现了修正主义，彭真、罗瑞卿、陆定一、杨尚昆，都是你的朋友，也是我的朋友。北京市是个独立王国，谁也不能过问。这次是大大小小可能要整倒几百人、几千人，特别是学术界、教育界、新闻界、出版界、文艺界、大学、中学、小学。

6月10日—30日　中国共产党中央委员会副主席中华人民共和国国务院总理周恩来率领中国党政代表团先后访问了罗马尼亚、阿尔巴尼亚及巴基斯坦三个国家。

6月12日　南京大学举行万人大会，批判校党委书记兼校长匡亚明"压制革命"。根据中央文革小组的意见，中共江苏省委作出撤销匡亚明一切职务的决定。16日，《人民日报》为此发表社论《放手发动群众彻底打倒反革命黑帮》，高度赞扬"罢了那些反党反社会主义分子的官"，声称"对于那些被资产阶级代表人物篡夺了领导权的部门和单位来说，是一个夺权的斗争"，号召"把一切牛鬼蛇神统统揪出来，把他们斗臭、斗垮、斗倒"。

6月13日 中共中央、国务院发出《关于改革高等学校招生考试办法的通知》。《通知》认为，高等学校招生考试办法，"基本上没有跳出资产阶级考试制度的框框，不利于贯彻执行党中央和毛主席提出的教育方针，不利于更多地吸收工农兵革命青年进入高等学校，这种考试制度，必须彻底改革。"《通知》说，中共中央和国务院决定，将1966年高等学校招收新生的工作推迟半年进行。18日，《人民日报》全文发表了这个决定，并发表题为《彻底搞好文化革命 彻底改革教育制度》的社论。社论说，改革招生考试制度是"彻底搞掉资产阶级教育路线的一个突破口，我们将从这里着手，对整个旧教育制度实行彻底的革命"。7月24日，中共中央、国务院又发出《关于改革高等学校招生工作的通知》。《通知》提出，从本年起，高等学校招生工作下放到省、市、自治区办理。高等学校招生取消考试，采取推荐与选拔相结合的办法。但因"文化大革命"，各省、市、自治区未能办理招生工作。从本年起，全国高等学校停止按计划招生达6年之久。

同日 中共中央、国务院批转教育部党组《关于改革高级中学招生办法的请示报告》。《报告》说："现行的招生考试办法，是资产阶级的办法，没有突出无产阶级政治，是业务第一，分数挂帅。"提出废除现行招生考试办法，实行推荐与选拔相结合的办法招生。工人、贫下中农、革命干部、革命军人、革命烈士子女及其他劳动人民子女，凡合乎条件的，应该优先保证升入高中。

同日 中共中央、国务院批转教育部党组《关于1966—1967学年度中学政治、语文、历史教材处理意见的请示报告》。

中央批示：目前中学所用教材，没有以毛泽东思想挂帅，没有突出无产阶级政治，不能再用。并指出：不论高小或初小都要学习毛主席著作，初小各年级学习毛主席语录，高小可以学"老三篇"（按指毛泽东的三篇著作：《愚公移山》、《纪念白求恩》，《为人民服务》）以及其他适合于小学生思想政治水平和语文程度的一些文章。《请示报告》提出：中学历史课暂停开设；政治和语文合并，以毛主席著作为基本教材。

同日 周恩来总理视察酒泉运载火箭发射基地，观看中近程火箭发射试验，祝贺发射成功。

6月15日 中共中央转发解放军总政治部《关于部队开展社会主义文化大革命几项措施的请示报告》。《请示报告》提出十条措施，主要是：在连队和师以下的战斗部队中，着重进行正面教育。各大单位党委要着重抓好宣传、文化、报刊、院校、出版、科研部门的文化革命，进行思想上、组织上的整顿。凡是确定要夺权的军以上机关的个别单位，经上级党委批准。军队一律不准上街游行，一般不参加地方的批判大会、声讨大会。总政设立全军文化革命小组及文化革命办公室。中共中央在批语中说："部队在任何情况下，都要保持高度的戒备和集中统一。"刘志坚（总政治部副主任）任全军文化革命小组组长。

6月16日 台湾当局"监察院"投票同意孙科为"考试院长"。

6月18日 《人民日报》公布中共中央、国务院13日发出的《关于改革高等学校招生考试办法的通知》和北京女一中高三（四）班、北京四中高三（五）班学生写给党中央和毛主席的强烈要求废除旧升学制度的信。

同日 北京大学发生揪斗干部、群众的"六一八事件"。一些人避开工作组,揪斗干部、群众40多人,出现了抹黑脸、戴高帽、罚跪、打人、侮辱妇女的现象。工作组发现后,对群众进行了教育,明确指出避开工作组乱打乱斗是有害于革命运动的行为。20日,刘少奇批转北大工作组处理这一事件的简报,指出:"北大工作组处理乱斗现象的办法是正确的、及时的。各单位如果发生这种现象,都可以参照北大的办法办理。"这个文件对稳定局势起了一定的积极作用。在外地的毛泽东认为"六一八事件"是革命事件。陈伯达于7月23日,江青于7月26日,在北大群众大会上宣称:"六一八事件"是革命事件。8月5日,根据毛泽东的意见,中共中央下发文件宣布:"中央1966年6月20日批发北京大学文化革命简报(第9号)是错误的,现在中央决定撤销这个文件。"

6月19日　《人民日报》在头版头条发表林彪1966年3月11日《就工业交通战线活学活用毛主席著作写的信》。信中说:"毛泽东思想……把马克思列宁主义提高到了一个崭新的阶段。""工交系统强调政治挂帅,突出政治,这种做法很好……你们把大学毛主席著作作为工交系统全部工作方针的第一项,很好。"

6月20日　中共中央转发《文化部为彻底干净搞掉反党反社会主义反毛泽东思想的黑线而斗争的请示报告》,《请示报告》称,文艺界有一条"又长又粗又深又黑反毛泽东思想的黑线",要对文艺队伍实行"犁庭扫院","彻底清洗"。《请示报告》是江青、张春桥策划拟定的。

6月25日　蒋介石主持国民党示范小组长表扬大会,训示各人作更大贡献,强化基层组织。

6月27日　高等教育部发出通知:因开展"文化大革命"运动,1966年和1967年研究生招生工作暂停。6月30日高等教育部发出通知:因开展"文化大革命"运动,选拔、派遣留学生工作推迟半年进行。7月2日,高等教育部向我国驻外使馆发出通知:目前全国各高等学校正在进行"文化大革命",经中央批准,将接受来华留学生的工作推迟半年或1年。9月19日,高等教育部给各国驻华使馆的《备忘录》中提出:"从现在起,在华外国留学生(包括大学生、研究生、进修生)回国休学1年。回国的往返旅费由我国负担。这些留学生返华学习的具体时间,届时将另行通知。"

6月27日—7月9日　亚非作家紧急会议在北京举行。参加会议的有亚非地区53个国家和地区的代表及5个国际组织的观察员,以中国作家协会主席郭沫若为团长的中国代表团参加了会议。会议通过了37项决议,通过了《亚非作家紧急会议公报》,表达了亚非作家和亚非人民坚决支持越南人民抗美救国斗争的巨大决心和反对帝国主义及新老殖民主义的团结精神。7月7日,中共中央主席毛泽东接见了出席会议的全体代表和观察员。

6月30日　刘少奇、邓小平向毛泽东报送《中共中央、国务院关于工业交通企业和基本建设单位如何开展文化大革命运动的通知》稿,并在致毛泽东的信中说明了《通知》的基本点:"在文化革命运动的部署方面,重点放在文化教育部门、党政机关。对于工业交通、基建、商业、医院等基层单位,仍按原定的四清部署和二十三条结合文化大革命进行。"7月2日,毛泽东复信表示"同意",当天下发《通知》。22日,中共中央、国务院发出《关于企业和基本建设单位如何开展文化大革命运动的补充通知》,再次强调指出:"这次文化大革命的重点是文教部门和党政机关。"

"在县以下单位、基本建设单位、设计单位以及科研单位，应把文化大革命和四清结合起来，分期分批进行。"

6月 北京和全国一些大中城市的大专院校和中等学校，仿效北京大学等校的做法开展"文化大革命"，贴大字报，揪斗学校领导干部和教师。学校的党政干部被诬为"黑帮"、"三反分子"，一批教授、专家、教师被诬为"牛鬼蛇神"，遭到批斗和迫害。

各地一批高等学校的党委书记、中等学校的支部书记，先后以"镇压革命群众"、"破坏文化大革命"等罪名，被撤销党内外职务，或被停职反省。随后，中小城镇和农村的各级学校，也停课搞运动。此后，各学校行政领导及党、团组织陷于瘫痪，多数由上级派来的工作组领导运动，有的由校文化革命委员会（或文化革命小组、文化革命委员会筹备委员会）领导运动。

7月1日 《红旗》杂志第9期重新发表毛泽东《在延安文艺座谈会上的讲话》，编辑部按语中说："24年来，周扬等人始终拒绝执行毛泽东同志的文艺路线，顽固地坚持资产阶级、修正主义的文艺黑线。"

7月3日 美国国务卿腊斯克抵台，两次会晤蒋介石，强调美国总统约翰逊对台政策不变。

7月4日 国务院批转全国物价委员会《关于提高粮食销价后对职工实行补贴的报告》。《报告》说，国务院批准提高粮食的收购价格，全国平均提高17.1%。在收购价格提高后，不能不相应提高粮食销售价格。粮食销价提高后，对职工如何补贴，请各省、市、自治区自行规定补贴办法。每个城市、每个地区补贴的金额，不能超过居民口粮提价的金额。不论实行哪种办法补贴，都必须使低工资的职工不因粮食提价而增加生活困难。

7月6日 新华社报道，中国独立编纂的1969年和1970年天文年历已全部完成。天文年历是经济建设需要的一种重要工具书。它详细登载太阳、月亮、大行星和千百颗恒星在一年内不同时间的各种精确位置，以及预告日食、月食和各种特殊天象。天文历书在世界上只有少数几个科学技术发达的国家能够独立编纂。

同日 中共中央批转中共北京市委《关于当前文化革命运动中几个问题的报告》和中共中央华东局《关于文化大革命情况的报告》。此后还批转了其他中央局关于"文化大革命"的报告。有的报告给一些文化教育部门的负责人加上了"反党反社会主义"的帽子。中共中央中南局6月28日在《关于文化大革命的情况和意见的报告》中说："目前，各地已经揪出了一批反党反社会主义的头面人物，例如广东省作协副主席、羊城晚报副总编辑秦牧，中山医学院党委书记兼院长柯麟、副书记兼副院长刘志明，武汉大学校长李达、副校长何定华、前党委书记朱劭天，武汉市文化局党委书记程云、文联副主席武克仁，湖南省文联副主席康濯，河南省郑州大学副校长、省社联主席郭晓棠，广西区党委宣传部副部长陆地，等等。各地的运动正迅速地广泛深入地向前发展。"华东局在报告中也点了名。

7月8日 中共中央主席毛泽东给中央文革小组副组长江青写信，这封信对中共中央副主席林彪5月18日的讲话表示不安，说："他是专讲政变问题的。这个问题，像他这样讲法过去还没有过。他的一些提法，我总感觉不安。"信中还说，"天下大乱，达到天下大治，过七八年又来一次"。"全世界100多个党，大多数的党不信马列主义了，马克思、列宁也被人们打得粉碎了"。"有些反党分子……他们是要整个打倒我们的党和我本人……现在的任务是要在全党全国基本上（不可能全部）打倒右派，而且在七八年以后还要有一次横扫牛鬼蛇神的运动，尔后还要有多次扫除。"

7月14日《人民日报》报道，中国人民解放军总政治部发出通知，号召全军广泛开展宣传和学习沈阳部队某部炮连战士刘英俊的活动。刘英俊于1966年3月15日，为保卫人民群众的生命安全，勇拦惊马而牺牲。

7月16日 中共中央主席毛泽东以73岁的高龄在湖北武汉再一次畅游长江，历时1小时零5分，游程近30华里。7月26日《人民日报》以"特大喜讯"作了报道，并发表社论，号召全国人民紧跟毛泽东在大风大浪中奋勇前进。此后每逢7月16日，全国各地都组织群众性的横渡江湖的活动。

7月17日 在武汉召开农业机械化现场会议。会议认为，实现农业机械化，必须从中国实际情况出发，充分发挥地方和广大农民群众的积极性。并且提出，农业机械化应因地制宜，适应精耕细作和高产稳产的要求；农业机械的制造，应当以地方自力更生为主，国家积极支持；农业机械主要供给社队集体使用，资金以社队的集体积累为主，国家支援为辅。会议还提出了农业机械化长远规划的初步设想，要求到1980年，基本实现农业机械化。

7月19日 中共中央批转中共上海市委《关于当前工业生产情况的报告》。《报告》说，"文化大革命"运动以来，上海市工业生产中出现事故增多、设备维护差、某些产品产量下降、生产技术协作中断、基本建设完不成计划、干部放松生产和业务工作等问题。为此，提出以下解决

措施：①组织专门班子负责抓业务、抓生产。②把质量品种放在第一位，同时抓好设备维修工作。③努力完成出口援外任务。④科研项目和新产品试制、设计工作要大力抓紧，已同外地中断了的协作关系要早日恢复。中央认为，以上所提措施，各地可以参照办理。

7月20日 中共中央通知：中央宣传部已经改组，陶铸任部长，陈伯达任顾问（仍挂副部长名义）。原中央宣传部、原文化部和原北京市委，被称为"旧中宣部"、"旧文化部"、"旧北京市委"（统称"三旧"）。

同日 为了加强毛泽东著作的编辑出版工作，中共中央决定成立毛泽东著作编辑委员会。主任为刘少奇，副主任为康生、陈伯达、陶铸。

7月22日 中华人民共和国主席刘少奇发表声明。声明说，中国最坚决地最热烈地支持越南民主共和国主席胡志明7月17日发表的《告全国同胞书》；中国准备承担最大民族牺牲支援越南人民战胜美帝；中国7亿人民是越南的后盾，中国辽阔国土是越南的大后方。同日，首都近百万人在天安门广场举行声势浩大的集会和示威游行，支持越南人民的抗美救国斗争。刘少奇、朱德、周恩来、邓小平、宋庆龄、董必武等党和国家领导人出席了大会。22日至24日，全国各地共有1000万人为此举行了集会游行示威。

7月23日 中共中央同意中央宣传部的建议，将高等教育部与教育部合并为教育部，何伟任部长。9月，何伟被批斗。一些副部长和司、局长陆续被批斗，前高等教育部、教育部部长杨秀峰也被批斗。高等教育部、教育部及其所属单位的业务工作陷于停顿。各地教育行政机关也出现类似情况。从高等教育部、教育部瘫

痪，到1975年1月重建教育部，历时八年半。其间1970年7月以后的四年半，全国教育行政工作由国务院科教组管理。

7月23日—31日 北京科学讨论会1966年暑期物理讨论会在北京召开。亚洲、非洲、拉丁美洲和大洋洲33个国家及一个地区性学术组织的100多位科学家参加了大会。以周培源为团长的中国科学家代表团参加了这次讨论会。中华人民共和国国务院副总理聂荣臻向大会致贺词，中国全国人民代表大会常务委员会副委员长郭沫若在闭幕式上讲了话。大会通过并发表了《北京物理讨论会公报》。讨论会收到99篇学术论文。这些论文广泛涉及物理学的很多领域，特别是在基本粒子、原子核物理和固体物理方面，都有创造性的见解。

7月24日 中共中央、国务院发出《关于改革高等学校招生工作的通知》，提出高等学校招生取消考试，采取推荐与选拔相结合的办法。从本年起，全国高校实际停止招生达6年之久（1970年和1971曾在部分高校试点招收工农兵学员）。

7月25日 中共中央西北局三线建设委员会在兰州召开座谈会，研究加强西北地区三线建设问题。座谈会提出：坚决贯彻执行"靠山、分散、隐蔽"的方针；在施工管理体制方面，认真实行现场党委一元化领导，消除甲、乙方承发包制度。为了加强三线建设的组织领导，中共中央1966年1月批准成立了西北局三线建设委员会。

7月27日 康生在北京师范大学群众大会上制造谎言，诬陷彭真等人策划"二月兵变"，说这是"千真万确的事情"。8月2日，邓小平在人民大学群众大会上作了澄清，说明根本没有"二月兵变"这回事。

7月28日 国家经济委员会向中共中央提出《关于今年上半年全国工业生产和交通运输情况的报告》。《报告》说，1966年上半年，全国工业总产值完成794亿元，为年计划的52.5%，比1965年同期增长20.3%，其中重工业增长26.7%，轻工业增长12.9%。主要产品80%完成年计划的一半以上。存在的问题是：①钢铁、煤炭日平均产量6月份稍有下降。②安全情况不够好，上半年发生重大事故与去年同期比较，次数增加。③部分产品质量下降。④设备大修计划完成较差，完好率下降。⑤金属材料供应紧张，有些地方轻工、市场、小农具用料受到影响。⑥机电配套产品和配件还有缺口。⑦电力供应紧张，有9个地区严重缺电。⑧有的干部不敢抓生产。

同日 清华大学附属中学"红卫兵"写信给中共中央主席毛泽东，并寄去《论无产阶级革命造反精神万岁》和《再论无产阶级革命造反精神万岁》两张大字报。8月1日，毛泽东写信给清华大学附属中学"红卫兵"，认为他们的行动"说明对反动派造反有理"，"表示热烈的支持"；同时，要求他们"注意争取团结一切可以团结的人们"。消息传出后，"红卫兵"运动风起云涌，"红卫兵"迅速遍及全国。

7月 北京航空学院附属中学有人贴出宣传血统论的对联："老子英雄儿好汉，老子反动儿混蛋。"随后，北京一些学校的学生就这副对联展开辩论。宣扬血统论的观点迅即流传首都和全国各地。许多学校先后出现"红五类"学生（指出身好的）歧视、污辱、批斗"黑七类"学生（指出身不好的）的事件。

同月 中共北京市委根据毛泽东的意见决定撤销各学校工作组。7月18日，毛泽东从武汉回到北京。回京后即听取了江青等人关于工作组的汇报。19 日至 23 日，刘少奇主持关于"文化大革命"的汇报会。在这期间，毛泽东说，回到北京后感到很难过，冷冷清清，有些学校大门都关起来了，甚至有人镇压学生运动。谁才镇压学生运动？只有北洋军阀！又说，"内外有别"是怕革命，大字报贴出来又盖起来，这种情况不能允许。这是方向错误，赶快扭转。把一切条条打个稀巴烂，给群众定框框不行。北京大学看到学生起来，定框框，美其名曰"纳入正轨"，其实是纳入邪轨。23 日下午，刘少奇等在汇报会上说：这么大的运动，依靠谁去抓？党的领导总得通过一定的形式。工作组大多数是好的。现在谁也没有经验，新工作拿不出章程，对工作组是帮助问题而不是撤换问题。工作组不能不要，人不要那么多是可以的。24 日，毛泽东同中央政治局常委和中央文革小组谈工作组问题，指出要撤掉工作组。25 日，毛泽东接见各中央局书记和中央文革小组成员时说：工作组"起坏作用，阻碍运动"，"不要工作组，要由革命师生自己闹革命"。22 日，毛泽东要中央一些领导人和江青等人到各学校深入群众，进行调查研究。陈伯达、康生、江青等人到一些学校公然煽动造反。江青在各种集会上代表毛泽东向大家问好。他们的讲话，迅速传遍全国。28 日，中共北京市委作出《关于撤销各大专学校工作组的决定》，并说明这一决定"也适用于中等学校"。29 日，北京市委召开全市大专院校和中等学校师生"文化大革命"积极分子大会。李雪峰在大会上宣读了市委 28 日的决定，并根据中央指示宣布大中学校放假半年闹革命。刘少奇在大会上说："过去派工作组，是中央决定的，中央同意的。现在看来工作组的方式已不适应于当前文化大革命形势的需要。""至于怎样

进行无产阶级文化大革命，你们不大清楚，不大知道，你们问我们，我老实回答你们，我也不晓得。我想党中央其他许多同志、工作组的成员也不晓得。"邓小平在大会上讲话，说明派工作组"是根据中央的意见办的"。周恩来在大会上说明了派工作组的原委。毛泽东在大会结束前接见了到会人员。

此后全国都撤销了工作组。造反者受到极大的鼓舞。在江青等人的煽动下，普遍发生揪斗工作组组长的现象。北京航空学院一个群众组织为揪出工作组组长，在国防科委静坐 28 个昼夜，轰动全国。全国各学校纷纷"踢开党委闹革命"、"踢开工作组闹革命"，拥护工作组的"文革筹委会"一类的组织也被冲垮。许多学校处于既无党委领导也无行政领导的无政府状态，学生成天忙于造反。由于"黑帮"、"顽固堡垒"、"牛鬼蛇神"等本无确定含义，各人的理解都不相同，所以一方面产生了乱揪乱斗的现象，另一方面开始造成群众之间的分裂。

8 月 1 日　台湾当局"监察院"为东亚公司货款案，提出对"财政"、"经济"两部首脑弹劾案。

8 月 1 日—12 日　毛泽东在北京主持召开中共八届十一中全会。到会中央委员和候补中央委员 141 人，各中央局和各省、市、自治区党委的负责人、中央文革小组的成员、中央有关部门的负责人、首都高等学校师生的代表 47 人列席会议。7月 27 日至 31 日开了预备会。全会原定开 5 天。主要议程是：①讨论和批准十中全会以来中央关于国内国际问题的重大决策和重大措施；②讨论和通过《中国共产党中央委员会关于无产阶级文化大革命的决定》；③补行 5 月中央政治局扩大会议关于人事变动决定的手续；④通过会议公

报。会议第一天，邓小平、刘少奇、陈伯达讲话，刘少奇报告了十中全会以来的中央工作，对派工作组承担了责任。毛泽东插话，严厉指责工作组犯了方向、路线错误，说工作组实际上是站在资产阶级立场，反对无产阶级革命。当天，全会印发了毛泽东写给清华大学附中红卫兵的复信。在4日召开的中央政治局常委扩大会议上，毛泽东对派工作组提出更加严厉的指责，他说："这是镇压，是恐怖，这个恐怖来自中央。""牛鬼蛇神，在座的就有。"根据毛泽东的意见，传达和讨论他的讲话，改变了会议议程。7日，全会印发了毛泽东5日写的《炮打司令部——我的一张大字报》，会议立即转为批判刘少奇。8日，林彪在接见中央文革小组成员时讲话，表示坚决支持毛泽东发动"文化大革命"。他说："这次文化大革命最高司令是我们毛主席"，"要弄得翻天覆地，轰轰烈烈，大风大浪，大搅大闹，这半年就要闹得资产阶级睡不着觉，无产阶级也睡不着觉。"他的讲话，在全会上作了传达。8日，全会通过了《中国共产党中央委员会关于无产阶级文化大革命的决定》(简称《十六条》)。

根据毛泽东的意见，全会11日印发了林彪5月18日在中央政治局扩大会议上的讲话，12日改组了中央领导机构，选举毛泽东、林彪、周恩来、陶铸、陈伯达、邓小平、康生、刘少奇、朱德、李富春、陈云为中央政治局常务委员会委员。林彪名列第二位，成了毛泽东的接班人。全会没有重新选举主席和副主席，但刘少奇、周恩来、朱德、陈云的副主席职务，以后不再提及。全会还增补陶铸、陈伯达、康生、徐向前、聂荣臻、叶剑英为政治局委员，增补李雪峰、宋任穷、谢富治为政治局候补委员；同时改组了中央书记处，撤销彭真、罗瑞卿、陆定一的中央书记处书记，杨尚昆的候补

书记职务，补选谢富治、刘宁一为中央书记处书记。

全会12日通过了公报。公报说："全会讨论和批准了1962年9月八届十中全会以来中央政治局关于国内和国际问题的重大决策和重大措施。毛泽东同志关于无产阶级文化大革命的一系列指示，是我国当前文化革命的行动指南，是马克思列宁主义的一个重大发展。""毛泽东同志是当代最伟大的马克思列宁主义者。毛泽东同志天才地、创造性地、全面地继承、捍卫和发展了马克思列宁主义，把马克思列宁主义提高到一个崭新的阶段。毛泽东思想是在帝国主义走向全面崩溃，社会主义走向全世界胜利的时代的马克思列宁主义。"全会认为，林彪同志号召人民解放军在全军开展学习毛泽东同志著作的群众运动，为全党全国树立了光辉的榜样。

8月1日 毛泽东主席写信给清华大学附属中学红卫兵，向他们"表示热烈的支持"。随后，大中学校中普遍建立红卫兵组织。次年冬，小学中出现的"红小兵"组织取代了少年先锋队。

同日 根据中共中央将国家基建施工队伍逐步整编为劳武结合、能工能战的队伍的决定，中国人民解放军基本建设工程兵开始组建。在基本建设工程兵领导机构组成前，国家建委内设立基本建设工程兵办公室。

8月3日 国民党中常会修正通过《中共驻海外工人人员立功起义来归奖励办法》。

8月4日 中共中央把毛泽东7月25日关于不要再用"最高最活"、"顶峰"、"最高指示"一类语言的意见通知全党。8月7日，新华社报道，中共中央决定把加速大量出版毛泽东著作，作为压倒一切的任

务。文化部根据中共中央指示,召开了全国毛主席著作印制发行工作会议,制定了大量印制毛主席著作的具体计划和发行计划。《毛泽东选集》在会后两年印行3500万部,《毛泽东著作选读》甲种本、乙种本和毛主席著作单行本,一般都由各省、市、自治区自行负责印刷。

8月7日 毛泽东批准解放军总政治部准备下发的一份电报。电报规定:派往军事院校的工作组也要撤销,军事院校的文化大革命在党委领导下进行,必要时上级可以派人到军事院校去。

8月8日 《人民日报》发表《孙冶方的"理论"是修正主义谬论》一文,对著名经济学家孙冶方进行"批判"。文章认为孙冶方主张把计划和统计放在价值规律的基础上,是"要使社会主义经济蜕化为资本主义经济";说孙冶方主张把折旧下放给企业。给企业相对的独立性,"是鼓吹经济自由化","反对无产阶级国家对经济的统一领导和管理";指责孙冶方主张用利润指标来推动企业管理,"就是妄图改变社会生产关系,把社会主义企业变成资本主义企业"。

8月10日 中共中央主席毛泽东下午7时15分来到中共中央所在地的群众接待站,会见前来庆贺《中国共产党中央委员会关于无产阶级文化大革命的决定》的通过和发表的首都群众。毛泽东对大家说:"你们要关心国家大事,要把无产阶级文化大革命进行到底!"

8月13日—23日 为了贯彻八届十一中全会精神,中共中央召开工作会议。13日林彪在会上讲话说:"我们根据主席讲的无产阶级革命事业接班人的五条原则,提出三条办法,主席同意了。第一条,高举不高举毛泽东思想红旗。反对毛泽东思想的,罢官。第二条,搞不搞政治思

想工作。同政治思想工作捣乱的,同文化大革命捣乱的,罢官。第三条,有没有革命干劲。完全没有干劲的,罢官。……这次要罢一批人的官,升一批人的官,保一批人的官。组织上要有个全面的调整。"又说:"军级以上机关,则发动群众搞大民主,大字报,大鸣大放,大辩论,大搞文化革命,大体上准备搞三个月。"他还提出,"以主席为轴心,我们做磨盘"。经毛泽东批准,这个讲话印发全党。23日,毛泽东在会上讲话。他说,我的意见乱它几个月,坚决相信大多数是好的,坏的是少数。没有省委也不要紧,还有县委、地委呢!他还要求:工农兵不要干涉学生的活动。要文斗不要武斗。

8月18日 首都百万群众在天安门广场举行"庆祝无产阶级文化大革命群众大会"。毛泽东在天安门城楼上首次接见来京进行大串联的全国各地的红卫兵、学生和教师。林彪在大会上讲话。他说:"我们坚决地支持你们敢闯、敢干、敢革命、敢造反的无产阶级革命精神!""我们要打倒走资本主义道路的当权派,要打倒资产阶级反动权威,要打倒一切资产阶级保皇派,要反对形形色色的压制革命的行为,要打倒一切牛鬼蛇神!""我们要大破一切剥削阶级的旧思想,旧文化,旧风俗,旧习惯……我们要扫除一切害人虫,搬掉一切绊脚石!""要大立无产阶级的新思想,新文化,新风俗,新习惯"。"向资产阶级意识形态、旧风俗、旧习惯势力,展开猛烈的进攻!要把反革命修正主义分子,把资产阶级右派分子,把资产阶级反动权威,彻底打倒,打垮,使他们威风扫地,永世不得翻身!"周恩来在大会上讲话。他说:"一切革命者应当全心全意为人民服务,做人民的勤务员,先当群众的学生,后当群众的先生。要坚决反对包办代替,做

官当老爷，站在群众头上瞎指挥。""无论是北京市的革命师生，还是各地的革命师生，主要的任务都是把本单位的文化大革命搞好"。林彪和周恩来的讲话稿，都经毛泽东审阅过。毛泽东身着军装，让红卫兵给他戴上了"红卫兵"袖章。新华社当天以《伟大的领袖伟大的统帅伟大的舵手毛主席万岁》为题报道了大会的情况，在报道中首次披露中共中央领导机构的改组情况（即按八届十一中全会的选举结果排列中央常委的名次）。

8月20日　首都和各大城市红卫兵开始走上街头，横扫"四旧"。从20日起，北京、上海、天津等地的红卫兵先后走上街头，张贴标语、传单、大字报，集会演说，发出通令、倡议书，将原有地名、店名、医院名、校名改为"反修路"、"红卫商店"、"反帝医院"、"井冈山战校"一类新名称，倡议修改宪法、废除国歌，干预群众的衣着、发型。并乱揪乱斗"牛鬼蛇神"。新华社连续报道，予以肯定。《人民日报》23日发表社论《好得很》。《红旗》杂志第12期发表评论员文章《红卫兵赞》。北京和全国各地的红卫兵受到鼓励，采取了更为激烈的违法行动，冲击寺院、古迹，捣毁神像、文物，焚烧书画、戏装。从城市赶走"牛鬼蛇神"，勒令政协、民主党派解散，通令宗教职业者还俗。进而自行抓人、揪斗、抄家、游街示众。极少数红卫兵甚至私设公堂，滥施酷刑，打人致残、致死。

8月21日　《红旗》杂志第11期刊登清华大学附属中学红卫兵的《论无产阶级革命造反精神万岁》、《再论无产阶级革命造反精神万岁》、《三论无产阶级革命造反精神万岁》，重新发表聂元梓等7人的大字报和《人民日报》6月2日评论员文章《欢呼北大的一张大字报》。清华附中红卫兵在文章中说："毛泽东思想的灵魂就是造

反。""我们过去造反，现在造反，将来还要造反！……革命的造反精神，100年需要，1000年需要，1万年1亿年还需要！""把旧世界打个天翻地覆，打个人仰马翻，打个落花流水，打得乱乱的，越乱越好！""搞一场无产阶级的大闹天宫，杀出一个无产阶级的新世界！"重新发表的《欢呼北大的一张大字报》，加进了毛泽东8月5日对这篇文章批注的话："危害革命的错误领导，不应当无条件接受。而应当坚决抵制。"

同日　中共中央军委总参谋部、总政治部发出《绝对不许动用部队武装镇压学生运动》，规定：①所有部队绝对不准动用武装镇压革命学生运动，更不得向学生放空枪、开枪；②经大军区党委批准，少数部队可应地方党政机关邀请参加庆祝集会；③地方党政机关要求调动部队时，必须报经军委批准；④军队不要介入地方文化大革命；⑤任何逃避斗争，跑到军队躲藏的人，军队要他们回去，不得隐藏他们。

8月22日　中共中央批转公安部《严禁出动警察镇压革命学生运动》，规定：警察不许干涉、镇压革命学生运动；"重申除了确有证据的杀人、放火、放毒、破坏、盗窃国家机密等现行反革命分子，应当依法处理外，运动中一律不逮捕人"；"重申警察一律不得进入学校"。

8月23日　由中央美院红卫兵举办的"黑画展览"在中央美院教室举行。

8月24日　著名作家老舍，在遭受毒打和侮辱后投湖自尽，终年67岁。老舍原名舒舍予，满族，北京市人，1899年生。抗日战争时期，老舍曾主持中华全国文艺界抗敌协会，后来到美国讲学。1949年应召回国后，曾任政务院文教委员会委员，全国人民代表大会代表，政协全国委员会常务委员，中国文联副主席，中国作家协会副主席、书记处书记，北京市人民委员会

委员,北京市文联主席等职。一生中创作了许多优秀作品,曾被授予"人民艺术家"称号。

同日　武汉大学校长、著名的马克思主义哲学家、曾参加创建中国共产党活动的李达,因遭受林彪、江青等的迫害逝世,终年 74 岁。李达,湖南醴陵人,1920 年参加上海共产主义小组,1921 年出席了在上海召开的中国共产党第一次全国代表大会,被选为党中央宣传主任。新中国成立后,历任湖南大学校长,武汉大学校长,中国科学院武汉分院院长、党组书记,中国科学院社会科学学部委员,中国哲学学会会长,中共"八大"代表,一、二、三届全国人民代表大会代表;三届全国人大常委会委员,一、二届全国政协委员。

8 月 25 日　蒋介石到台中成功基地主持大专学生集训结训典礼。

8 月 30 日　台湾当局"考试院长"孙科宣誓就职。

8 月 31 日　毛泽东第二次接见外地来京师生和红卫兵,约 50 万人受接见。林彪在接见大会上讲话。他说:"红卫兵和其他青少年的革命组织,像雨后春笋一样地发展起来。他们走上街头,横扫'四旧'。文化大革命,已经触及到政治,触及到经济。学校的斗、批、改,发展到社会的斗、批、改。""打击的重点,是钻进党内走资本主义道路的当权派。一定要掌握这个斗争的大方向。"周恩来在大会上讲话。他说:"永远做人民忠实的勤务员。要学习解放军的三八作风,遵守三大纪律八项注意,保护群众利益,保卫国家财产,造成良好的社会主义的新风气。""在斗争中,要用文斗,不要武斗。""中央决定,全国各地大学生的全部和中学生的一部分代表,分期分批到北京来。"

8 月中旬　全国各地学生纷纷离校进行"大串联"。据不完全统计,从 1966 年 7 月 29 日到 8 月 28 日一个月当中,仅到北京大学串联的就有 212.4 万人次,其中 8 月 12 日一天就达 17.9 万人次。

8 月—11 月　毛泽东在天安门城楼上八次接见红卫兵,新影共拍摄了七部大型纪录片。

9 月 2 日　中共中央、国务院发出《关于铁路企业单位分期分批地开展文化大革命运动和整顿车站、列车秩序的通知》。主要内容是:①"全国铁路各单位的无产阶级文化大革命运动……结合四清运动,有领导有计划地分期分批地进行。"②"切实负责管好各项运输生产工作。铁路分局和分局以下的单位,可暂缓开展文化革命运动"。③"铁路工厂的文化革命运动,也应当分期分批进行。"④"进一步整顿车站和列车上的革命秩序。"

9 月 3 日　著名翻译家傅雷遭受迫害与夫人朱梅馥同时自缢,终年 58 岁。他是上海市南汇县人。留学法国回国后一直从事翻译工作。共翻译了 32 部外国文学名著,研究与翻译巴尔扎克著作有卓越成就。

9 月 5 日　中共中央发出通知:为了"把高等学校和中等学校的无产阶级文化大革命运动推向新的高潮",组织外地高等学校学生、中等学校学生代表和教职工代表来京参观文化大革命运动。《通知》规定:"从 9 月 6 日起分期分批来北京参观、学习、相互支援,交流革命经验","来京参观一律免费坐火车"。"生活补助费和交通费由国家财政中开支"。早在 6、7 月,便有外地学生到北京串联。8 月,到北京的学生越来越多。通知发出后,大串联在全国出现高潮。大批北京学生也到全国各地串联、"点火",建立"联络站"、冲击机关、揪斗干部。

大串联造成重重矛盾。中共中央、国务院10月29日发出《关于北京大中学校革命师生暂缓外出串联的紧急通知》。11月16日、12月1日又连续发出通知：一律暂停乘火车、轮船、汽车来北京和到各地进行串联。1967年2月3日、3月19日，中共中央连续发出通知：停止全国大串联。在此以后，中央又几次重申了停止全国大串联的决定。1968年6月30日，北京市革命委员会重新印发1967年5月的《关于立即停止外出串联的通知》。

同日 《人民日报》发表社论《用文斗，不用武斗》。社论说："毛泽东同志反复地告诉我们，无产阶级文化大革命是一场触及人们灵魂的大革命"，"实现这场大革命，要用文斗，不用武斗。"

9月6日 以蒯大富等人为头头的"首都大专院校红卫兵革命造反总司令部"（即"首都第三司令部"，简称"首都三司"）成立。"首都三司"是中央文革小组的造反工具。

9月7日 毛泽东致林彪、周恩来、陶铸、陈伯达等人的信说：青岛、长沙、西安等地……组织工农反学生，都是错误的，这样下去是不行的。试以中央发指示，不准各地这样做。再发社论告工农不要干预学生运动。11日，中共中央发出指示："不准用任何借口、任何方式挑动和组织工人、农民、市民反学生。"

同日 《人民日报》发表社论《工农群众和革命学生在毛泽东思想旗帜下团结起来》。

同日 《人民日报》发表社论《抓革命、促生产》。社论提出："要以文化大革命为纲，一手抓革命，一手抓生产，保证革命和生产两不误。"社论要求所有工矿企业、人民公社、基本建设单位和科学研究单位的领导人员，都要紧紧抓住文化革命和发展生产这两个环节，适当地分工，搞两个班子，一个班子主要抓"文化革命"，一个班子主要抓生产。

9月8日 中共中央、国务院作出《关于在文化大革命运动中保障党和国家机密安全的规定》。《规定》说：据各地报告，在文化大革命运动中已经发生了"机要人员被红卫兵捉斗"、"密码被红卫兵封存"、"机要通信员在递送机密文件途中受到红卫兵的拦阻、检查"、"将党内未公布的机密文件，随便拿走"等现象。《规定》要求确保党和国家的机密安全。

同日 林彪在中央军委常委会议上说，毛主席的意思，要在高级干部中打个招呼，贺龙有问题。10月，打招呼的范围扩大到解放军各总部、各军兵种、各大军区的负责人。

9月12日 台湾当局"国防部长"蒋经国主持大专集训二期授枪典礼。

9月14日 中共中央发出《关于抓革命促生产的通知》。《通知》提出，必须一手抓革命，一手抓生产，保证"文化大革命"和生产、建设双胜利。并且要求：工业、农业、交通、财贸部门应加强或组成指挥机构，保证生产、建设、科研、设计、市场、收购等工作正常进行；各行各业职工都应坚守岗位，积极参加本单位的"文化大革命"和生产；各企、事业单位，凡已开展"文化大革命"的，应在党委统一领导下，组成两个班子，一个班子抓革命，一个班子抓生产、抓业务；职工的"文化大革命"应放在业余时间搞；各企、事业单位在"文化大革命"中，需撤换的领导干部应由上级党委加以调整，不要采取群众罢官的作法；各级生产、建设指挥机构在抓生产、建设的同时，必须抓好质量、品种、节约、安全等各项工作。

同日 中共中央颁发《关于县以下农

村文化大革命的规定》,指出:①县以下的文化大革命,仍按原"四清"的部署结合进行。北京和外地的学生、红卫兵,除省、地委另有布置外,均不到县以下各级机关和社队去串连,县以下各级干部和社员也不要外出串联。②秋收大忙时,"四清"运动可以暂时停下来。③县以下各级干部,应在本地群众和本单位干部的帮助下,批评错误、改正错误。不能继续担任工作的,由上级党委作出决定。对由上级党委和政府任命的干部,不应采取群众直接"罢官"的办法。④县以下各级领导,已陷于瘫痪的,应迅速调整干部,恢复和加强领导力量,把各项工作全面抓起来。

9 月 15 日　毛泽东第三次接见来京的约百万师生和红卫兵。林彪在接见大会上讲话说:"你们斗争的大方向,始终是正确的。毛主席和党中央坚决支持你们!""那些走资本主义道路的当权派,那些资产阶级反动'权威',那些吸血鬼、寄生虫,都被你们搞得狼狈不堪。你们做得对,做得好!""这次运动的重点,是斗争那些党内走资本主义道路的当权派。"周恩来在大会讲话中强调:"搞好工农业生产,关系很大。"要求红卫兵和革命学生不要到工厂、企业单位和县以下的机关、农村人民公社去进行革命串联。

9 月 16 日　康生致函毛泽东,并送上1936 年薄一波等根据党中央决定办理手续出狱刊登启事的报纸影印件。康生在信中说:"我长期怀疑少奇同志要安子文、薄一波等人'自首出狱'的决定。""……这一决定是完全错误的,是一个反共的决定。"

9 月 17 日　《红旗》杂志第 12 期发表社论《掌握斗争的大方向》。社论说:"集中力量打击一小撮资产阶级右派分子,打击党内走资本主义道路的当权派。这是

斗争的大方向。""钻到党和国家领导岗位的反党、反社会主义、反毛泽东思想的反革命修正主义分子,只是一小撮。""无产阶级文化大革命的目的,绝对不是斗争一切领导干部,也绝对不是斗争群众。"这篇社论,经毛泽东审阅过。

9 月 18 日　林彪接见解放军高等军事学院、政治学院和总政治部宣传部负责人,要求"把学习毛主席著作提高到一个新阶段"。他说:"马克思、列宁的书太多,读不完,他们离我们又太远。在马克思列宁主义的经典著作中,我们要 99%地学习毛主席著作,这是革命的教科书。""毛主席比马克思、恩格斯、列宁、斯大林高得多。""毛泽东思想是最高水平的马克思列宁主义。""毛主席这样的天才,全世界几百年、中国几千年才出现一个。毛主席是世界最大的天才。"

9 月 18 日—9 月 20 日　中央"文革"小组召开北京大专院校部分师生座谈会,以听取意见为名,收集反刘少奇的材料。会上,蒯大富、王大宾等人攻击刘少奇等在"文化大革命"中推行"右倾机会主义路线",诬蔑周恩来"搞调和","把右倾机会主义路线保了下来";还提出"怀疑现在是否还有一个暗中与党中央、毛主席对抗的司令部"。

9 月 20 日　根据中华人民共和国政府和法兰西共和国政府的航空交通协定,巴黎—上海航线今天正式通航。

9 月 21 日　经陶铸批准,新华社播发了天津市委第一书记万晓塘死亡公告。万晓塘被斗被关,9 月 19 日逝世。50 万人参加了追悼会。毛泽东指出,这实际是向党示威,这是用死人压活人。

9 月 22 日　中共中央军委、总政治部发出通知:中央军委决定江青担任中国人民解放军文化工作顾问。

9月23日　中共中央转发国务院财贸办公室和国家经济委员会《关于财政贸易和手工业方面若干政策问题的报告》。《报告》提出：公私合营企业应改为国营企业，资本家的定息一律取消，资本家代表一律撤销，资方人员工作另行安排；大型合作商店，有条件有步骤地转为国营商店；把小商小贩转入国营商店的代购代销店；把个体劳动者凡有条件的组成合作小组、合作社。

9月24日　中共中央转发国务院财政贸易办公室和国家经济委员会《关于财政贸易和手工业方面若干政策问题的报告》。《报告》提出了10条政策性的意见：①改换旧商店的招牌，扫除服务行业的陈规陋习，应继续有领导地实行。②公私合营企业应改为国营企业，取消资本家定息，撤销资本家代表，资方人员工作另作安排。③大型合作商店有条件有步骤地转为国营商店，小型的合作商店，不转为国营商店，不要停业。小商小贩，为群众需要应让他们存在。大量的小商小贩应为国营商店代购代销。④集体所有制的手工业合作组织，目前不要改变。⑤独立劳动者，应当允许继续存在，以利于社会就业和满足社会某些方面的需要。⑥银行和信用合作社的储蓄存款，继续执行存款自愿、取款自由的原则，利息照付。反革命分子的存款应当没收，依法处理。⑦公债仍按原定方法还本付息。⑧出口商品，在商标、图案、造型等方面有明显反动内容的，必须立即改变外，一般目前暂不变动。⑨国内市场的商品在商标、图案、造型等方面，应有领导地进行改革，改革的步子要快些。⑩城乡非农业人口的粮食供应标准。目前不要提高，严格控制粮食销量和吃商品粮的人数。

9月25日　新华社报道，英雄集体32111石油钻井队在今年6月20日凌晨1时发生井喷的时候，进行了英勇搏斗，扑灭了冲天大火，6人牺牲，21人负伤。中共中央工业交通政治部、各中央局、全国总工会、石油工业部分别发出了关于广泛开展宣传和学习32111钻井队英雄事迹的通知或决定。

9月29日　宋美龄在美国斯里安大学发表演说，强调美国对中共政权应采取坚决政策。

9月30日　《人民日报》以整版篇幅刊登"毛主席语录歌"，并加了"编者按"。此后，"语录歌"风行一时。

10月1日　毛泽东在中华人民共和国成立17周年庆祝大会上第四次接见来京的师生和红卫兵，约150万人受接见。林彪在大会上讲话说："在无产阶级文化大革命中，以毛主席为代表的无产阶级革命路线，同资产阶级反动路线的斗争还在继续。"同日，《红旗》杂志第13期社论《在毛泽东思想的大路上前进》称："两条路线的斗争并未就此结束。有些地方，有些单位，两条路线的斗争还是很尖锐，很复杂的。有极少数人采取新的形式欺骗群众，对抗《十六条》，顽固地坚持资产阶级反动路线"，"对资产阶级反对革命路线，必须彻底批判。"此后，全国各地开始批判"资产阶级反动路线"。林彪的讲话经毛泽东审阅过。周恩来对"彻底批判资产阶级反动路线"的提法曾提出不同意见。

同日　台湾当局"光复大陆"设计委员会综合会议通过《厉行战时生活方案》。

10月4日　国务院批准财政部《关于对农村人民公社、生产队所办企业试行按比例税率征收工商所得税的报告》。《报告》提出，要进一步减轻农村社队企业的所得税负担，简化征税手续，以便促进农村社队企业的发展，扩大资金积累，逐步实现农业机械化。《报告》规定,对农村社、队企业工商所得税,可按比例税率计算征收,税率定为 20%。需要照顾的社队,税率可低于 20%;全年所得额不足 600 元的,免征所得税;对农村社、队企业征收所得税的范围,仍按国务院 1965 年 8 月 5 日的文件执行。

10 月 5 日 经毛泽东批准,中共中央批转中共中央军委、总政治部《关于军队院校无产阶级文化大革命的紧急指示》。《紧急指示》说:根据林彪的建议,"军队院校的文化大革命运动,必须把那些束缚群众运动的框框统统取消,和地方院校一样,完全按照《十六条》的规定办"。"要注意保护少数,凡运动初期被院校党委和工作组打成'反革命'、'反党分子'、'右派分子'和'假左派、真右派'等的同志,应宣布一律无效,予以平反,当众恢复名誉。个人被迫写出的检讨材料,应全部交还本人处理,党委或工作组以及别人整理的他们的材料,应同群众商量处理办法,经过群众和被整的人的同意,也可以当众销毁"。《紧急指示》宣布取消"军队院校的文化大革命在撤出工作组后由院校党委领导的规定"(这个文件经中央文革小组逐段逐句修改后定稿,取消党委领导的规定系中央文革小组所加)。中央批示指出:"这个文件很重要,对全国县以上大中学校都适用。"10 月 5 日中央军委召开大会,10 月 6 日中央文革小组召开大会,公布《紧急指示》(中央文革小组成员在各种场合的讲话中,说明《紧急指示》适用于一切单位。1966 年 11 月 16 日下达的《中共中央关于处理无产阶级文化大革命中档案材料问题的补充规定》也说明它适用于"各单位")。此后全国掀起了"踢开党委闹革命"的浪潮。除野战部队外,各级党委陷于瘫痪,基层党组织停止活动。军队院校

和地方学校出现要求平反、追查运动初期的"黑材料"的热潮,引起无数纠纷,进一步加剧了干部、群众与领导的对立和群众之间的分裂。

10 月 6 日 中国第一座自动化纯氧顶吹转炉车间在上海建成。

10 月 8 日 中国制成第一批十万千瓦水轮机发电机组。

10 月 8 日夜—9 日凌晨 江腾蛟按照江青、叶群的指使,在上海组织一些人抄了赵丹、郑君里、童芷苓、陈鲤庭的家,把抄来的材料空运北京,被江青、叶群烧毁。

10 月 9 日 蒋介石发表告中共党人书,号召大陆党、政、军干部"起义"。

10 月 9 日—28 日 以"批判资产阶级反动路线"为中心内容的中央工作会议在北京召开,毛泽东主持。为了进一步排除来自党内各级干部的所谓"阻力",中央决定将各省、市、自治区党委负责人召集起来,举行这一次中央工作会议。毛泽东 25 日在讲话中说:"时间很短,来势很猛。我也没有料到,一张大字报(按指聂元梓等 7 人的大字报)一广播,就全国轰动了。""这个运动才五个月,可能要搞两个五个月,或者还要多一点时间。""现在学生不是冲得厉害吗,没有设想到的事来了。来了就来了。这一冲,我看有好处。过去多少年我们没有想的事情,这一冲就要想一下了。"林彪 25 日在大会上讲话,高度评价"文化大革命",宣称"革命的群众运动,它天然是合理的",公开点名攻击刘少奇、邓小平,要人们以"无所畏惧的精神"去批判"资产阶级反动路线"。林彪在讲话中也说道:"现在的中央局书记、省委书记、市委书记,是老好人的多。个别坏的也有,多数是好的。"陈伯达 16 日在会上作题为"无产阶级文化大革命中的两条路线"的讲话,总结了两个月的运动。他说:"斗争

一直围绕在群众的问题上"。"无产阶级的革命路线与资产阶级的反对革命路线的斗争，还是很尖锐，很复杂的。"根据毛泽东的意见，林彪、陈伯达的讲话会后大量印发，广为传播。17日，朱德在第六小组会议上发言说：在文化大革命运动中，要注意"抓革命，促生产"。今年是第三个五年计划的第一年，我们应该使工农业生产有大幅度的增长。23日，刘少奇、邓小平在会上作了检查。会议最后一天，周恩来根据毛泽东的意见，对会议如何传达作了具体部署，说明"文化大革命"运动在春节前基本结束，并对运动中若干具体问题作了原则性的答复。

会后，全国掀起批判所谓"资产阶级反动路线"的高潮。党和政府机关的绝大部分领导干部被审查，挨批斗。很多知识分子、劳动模范被当做"反动权威"、"修正主义苗子"受到冲击，甚至被抄家、坐牢房。社会秩序更加混乱。

10月16日 世界上第一座合成苯车间在上海建成。

10月18日 毛泽东第五次接见外地来京师生和红卫兵，约150万人受接见。

中共中央宣传部17日废除了16日发下的为这次接见拟定的"标语口号"，另发了一个"呼喊口号"。后者删去了一些过长的文字，如"以毛主席为代表的无产阶级革命路线"。"首都三司"立即起来造反，提出"谁反对毛主席就打倒谁！"结果中央政治局开会讨论通过了"首都三司"提出的"革命口号"。这就是所谓"口号事件"。

10月22日 外交部照会苏联驻华大使馆。就苏联无理决定中国全部留苏学生休学一事，向苏联政府提出强烈抗议，并决定中国在苏联的留学生于10月27日离莫斯科回国。

同日 宋美龄在旧金山发表演讲，严斥"两个中国"谬说。

10月23日 中国首创自有发酵脱脂技术。

10月26日 台湾当局"总统资政"陈立夫自美返台。

10月27日 中国在本国国土上首次成功地进行了导弹核武器的试验。导弹飞行正常，核弹头在预定的距离精确地命中目标，实现了核爆炸。这次发射导弹核武器试验的成功，标志着中国的科学技术和国防力量正快速地向前发展。

10月28日 中国驻加纳大使馆照会加纳外交部，对加纳当局20日片面宣布中断两国关系，撤离驻华使馆一事，提出最强烈的抗议，并宣布撤回中国驻加纳大使馆全体人员。

10月31日 首都各界举行纪念鲁迅逝世30周年大会。周恩来、陶铸、陈伯达、康生、江青、姚文元等人到会。姚文元在大会上作了题为"纪念鲁迅革命到底"的讲话，陈伯达致了闭幕辞。11月1日《红旗》杂志第14期发表社论《纪念我们的文化革命先驱鲁迅》。姚文元的讲话和《红旗》杂志的社论都突出地批判了"折中、公允、调和"。

10月 毛泽东语录单幅印刷品开始在全国发行，首批出版的有60条。

同月 蒋兆和创作国画《你们要关心国家大事》。

同月 《新体育》杂志从277期停刊。

11月1日 《红旗》杂志第14期发表社论《以毛主席为代表的无产阶级革命路线的胜利》。社论着重宣传陈伯达10月16日在中央工作会议上的讲话的内容，并指出："对于犯路线错误的人，应当加以区分。应当把提出错误路线的（只不过是一两个或几个人）和执行错误路线的区别开来,把自觉执行(这是少数的)和不自觉执行的(这是大量的)区别开来,把执行错误路线的轻重程度区别开来,把坚持错误的和愿意改正并且实行改正错误的区别开来。一般说来,犯了路线错误的同志,他们同党同群众的矛盾,还是人民内部的矛盾。……如果坚持错误路线,他们同党同群众的矛盾的性质就会起变化。"

11 月 2 日　《体育报》从 998 期停刊。人民体育出版社停止出版图书。

11 月 3 日　毛泽东第六次接见外地来京的师生和红卫兵,约 200 万人受接见。林彪在接见大会上讲话,他说:"无产阶级文化大革命的形势很好!巨大规模的群众运动,轰轰烈烈。一天比一天深入。""毛主席的无产阶级革命路线,同资产阶级反动路线,是水火不相容的。""无所畏惧地让广大群众运用大鸣、大放、大字报、大辩论、大串联的形式……是毛主席对马克思列宁主义关于无产阶级革命和无产阶级专政学说的新贡献。"

11 月 5 日—12 月 10 日　第一届亚洲新兴力量运动会在柬埔寨金边举行,中国体育代表团一行 311 人参加。中国运动员共获得 113 枚金牌,59 枚银牌,36 枚铜牌,2 人 2 次破 2 项举重世界纪录。我国举重运动员陈满林以 118.5 公斤的成绩打破他本人保持的轻量级推举的世界纪录;肖祥明以 158 公斤的成绩打破他本人保持的次轻量级推举的世界纪录。

11 月 9 日　以潘国平、王洪文等人为头头的"上海工人革命造反总司令部"(简称"工总司")成立。上海市委根据《十六条》精神,并经请示中央文革小组,决定采取"不赞成、不支持、不参加"的态度,被王洪文等人诬为"资产阶级反动路线对工人的迫害"。"工总司"群众 10 日冲到上海北站强行登车,要到北京"告状"。中午,又

在安亭车站卧轨拦截客车,制造了使沪宁全线停驶 30 多小时的"安亭事件"。陈伯达根据周恩来的指示,11 日电告工人回沪。张春桥奉命处理这一事件,于 13 日擅自承认"工总司"是合法组织,承认他们的行动是"革命行动",承认造成的后果全部应由华东局、上海市委负责,承认上海市市长曹荻秋必须向群众作公开检查。事后,中央文革小组同意张春桥的处理。毛泽东也批准了张春桥的处理。他说:可以先斩后奏,总是先有事实,后有概念。

11 月 9 日—12 月 7 日　北京师范大学一派红卫兵组织的头头谭厚兰,在戚本禹唆使下,带领 200 多学生到山东曲阜,串联当地一些学校的造反派,成立"彻底捣毁孔家店革命造反联络站"。他们砸毁国务院为孔庙、孔林、孔府竖立的"全国重点文物保护单位"的石牌,发出给国务院的"抗议信"。他们刨古坟,烧古籍,砸古碑,毁文物,共破坏文物 6618 件。

11 月 10 日　毛泽东第七次接见外地来京的师生和红卫兵,约 200 万人受接见,这次接见采用检阅式。受接见者坐北京大道两旁,毛泽东乘敞篷汽车检阅。

同日　台湾当局"行政院"会议通过《大专军训及预备军官制度改革方案》。

11 月 11 日　为纪念孙中山诞辰 100 周年,《孙中山选集》、《宋庆龄选集》出版。12 日,北京集会纪念孙中山诞辰 100 周年。董必武副主席致词,周恩来总理讲话,宋庆龄副主席发表题为"孙中山——坚定不移、百折不挠的革命家"的长篇讲话。

11 月 13 日　在北京工人体育场召开军队院校和文体单位来京人员大会,有 10 万人参加。周恩来绕场一周与大家见面,旋即离去。陈毅讲话说:"人民解放军不能乱,一定要有秩序。""今天陈老总在体

育场给你们泼冷水。泼冷水不好，有时热过了头，泼冷水擦一擦有好处。""我1927年参军，当解放军39年了，还未见过解放军打解放军。""在斗争中，我不赞成逐步升级。不是口号提得愈高愈好。""作路线斗争，要有限制。有好大错误，作好大估计，不要一味扩大。"徐向前在会上说："我们解放军，海军、陆军、空军，随时保持战斗状态，一声令下，就要开得动。"叶剑英说："真理就是真理，跨过真理一步，就是错误，就变成了谬误。""学习毛主席著作，要在'用'字上狠下工夫，不要当圣经念。""允许人家犯错误，更要允许人家改正错误。有少数人，有的干部心脏病都发了，倒下了还要抓人家斗。对这少数人我很愤恨！"贺龙在大会上也讲了话。29日，又在北京工人体育场召开军队院校和文体单位来京人员大会，有10万人参加。周恩来绕场一周与大家见面后离去。陈毅在大会上讲话，他说："凭主观空想干革命，就要犯错误。""我的讲话是有意得罪人的，整天讲伟大、伟大，这有什么好处？这不好。""现在的斗争我非常担心……每个部都在斗他们的部长，每个单位都在斗他们的首长，抓住一句话就斗……我很担心，这样下去文化大革命搞不好"。"一讲黑帮，所有的都是黑帮；一讲走资本主义道路的当权派，所有的都是走资本主义道路的当权派；一讲资产阶级反动路线，所有的都是资产阶级反动路线。这样打击面太宽、太大。"叶剑英说："如果你们不改就是废品，将来不能用的。"江青在中央文革小组会议上说："军队这些接见，是镇压群众。"在江青等人煽动下，军内造反派批判了陈毅、叶剑英的讲话。

11月14日 陈毅在解散外交部红卫兵大会上讲话。他说，这场文化大革命，我是完全没有估计到的，很不自觉，很不理解。什么"罪魁祸首"，什么"滔天罪行"，就由你一张大字报定了吗？外交部有些大字报里写什么"罪魁祸首"、"刽子手"、"滔天罪行"等，这不解决问题，是纸老虎，是在追求惊心动魄。

11月15日 大庆油田1202和1205钻井队，双破10万米，超过苏联的40816米和美国的90325米，成为世界最高纪录。

11月16日 中共中央发布《关于处理无产阶级文化大革命中档案材料问题的补充规定》。《补充规定》说："中央认为，对于文化革命中各学校、各单位编写的整群众的档案材料，都应该宣布无效，全部清出，一律当众焚毁。"

同日 中共中央、国务院发出《关于革命师生进行革命串联问题的通知》。《通知》说：学校放假闹革命的期限持续到明年暑假；从11月21日起到明年春暖季节，全国各地一律暂停乘火车、轮船、汽车来北京和到各地进行串联。12月1日，中共中央、国务院发出《关于大中学校革命师生进行革命串联问题的补充通知》，规定：从12月21日起，在北京吃饭、乘车不再免费，在全国各地乘车船不再免费。

11月17日—12月25日 全国计划、工业交通会议在北京召开。会议讨论了工业交通企业的"文化大革命"运动和生产中迫切需要解决的问题，以及1967年国民经济计划的安排，起草了向中共中央提交的《关于1967年国民经济安排情况的汇报提纲》。《汇报提纲》在分析总结了1966年工农业生产形势的基础上，提出了第三个五年计划新的奋斗目标。会议认为，当前工业生产存在的主要问题是：生产指挥系统不健全，有些工业企业领导班子瘫痪；各省主管业务的领导干部，一般都忙于运动和接待工作，不能集中精力抓生产；省市一级厅局的领导班子多数不健全,没有形成一个从上到下的生产指挥系统;运输紧张,铁路运输到年底可能有1000万吨物资运不出来,水运、港口物资积压;设备维修差,地方企业的维修计划只能完成60%左右;机械工业的在制品大量减少;学生、青年、徒工外出串联,大学生和一部分不升学的中学生。推迟分配和招收,影响企业对劳动力的需要。会议期间,根据国务院总理周恩来的提议,举行了部分省、市和中央一些部的负责同志参加的工交座谈会。座谈会指出,由于"文化大革命"的冲击,使工交战线出现了混乱现象。为了确保生产秩序,急需制定一个适合工交企业特点的规定。周恩来提出:要组织国务院业务组,抓工交业务的生产、管理经济工作;工交企业的"文化大革命",必须坚持在党委领导下开展运动,分期分批进行;要坚持8小时工作制,业余闹革命,不得擅自离开工作岗位,不搞跨地区串联。根据周恩来的指示和与会代表讨论的意见,国务院业务组组织有关部门起草了《工业交通企业进行文化大革命的若干规定》。

11月20日　中共中央把中央"文革"小组拟定的中共北京市委11月18日的《重要通告》转发全国。《通告》规定:"任何厂矿、学校、机关或其他单位,都不许私设拘留所、私设公堂、私自抓人拷打。……从今天起,如有再犯以上罪行的要立即处理。"由于种种违法行为的发生,无不直接地或间接地与中央"文革"小组的支持、怂恿有关,因而这个文件基本上没有得到贯彻执行。

11月22日　中国第一台一百万伏高压标准电容器制成。

11月24日　中共中央电复西北局关于红卫兵追查刘澜涛出狱问题的请示:"请向南开大学卫东红卫兵和西安炮打司令部战斗队同学说明,他们揭发的刘澜涛同志出狱的问题,中央是知道的。如果他们有新的材料,可派代表送来中央查处,不要在大会上公布和追查。"批复系由周恩来起草,经毛泽东批准。26日,中共中央对吉林省委关于红卫兵追查赵林出狱问题的请示作了内容同上的电复。30日,周恩来电告查问赵林问题的吉林毛泽东主义教育大学(即吉林师范大学)"红色造反团"、"毛泽东主义红卫兵"王秋红:按中共中央26日电示执行。

同日　亚非新闻工作者协会书记处举办的"亚非人民反帝漫画展"在北京中国美术馆开幕。展览会展出的180余件漫画作品,来自阿尔及利亚、安哥拉、缅甸、柬埔寨、锡兰、中国、刚果(布)、印度尼西亚、日本、朝鲜、老挝、马尔加什、摩洛哥、尼泊尔、巴基斯坦、越南南方民族解放阵线、苏丹、叙利亚、坦桑尼亚、泰国、土耳其、阿联酋和越南民主共和国24个国家和地区。

11月26日—29日　国民党九届四中全会在台北召开。会议通过《改进本党组织适应战斗需要方案》、《中华文化复兴运动推行方案》、《展开反共革命行动加速摧毁匪伪政权案》、《动员戡乱机构规划设置案》等。会议选举蒋经国等29人为国民党中央常务委员。

11月27日　"联合行动委员会"(简称"联动")成立。这是北京海淀区十几所中学的一些老红卫兵组成的群众组织,在政治倾向上反对中央文革小组和它支持的造反派,主张保护老干部。一些成员在行动上也搞打、砸、抢。成立后为中央文革小组和蒯大富、聂元梓等人所仇视,受到围剿和镇压。

同日　关锋根据江青的授意,给江青写信,攻击陶铸。他说:"陶铸同志到中央工作以来，就积极支持刘邓路线，并参与了刘邓路线的制定"；"陶铸同志的说法，是直接同主席的《炮打司令部》的大字报唱对台戏。"信中还列举了七条"罪名"，建议中央"密切注视，加以考察"。江青把这封信转给了毛泽东。

11月27日—12月5日 上海发生造反组织进驻解放日报社的"《解放日报》事件"。11月27日"红卫兵上海市大专院校革命委员会"（简称"红革会"），要求上海市邮电局报刊发行处代为发行批判中共上海市委"资产阶级反动路线"的第9期《红卫战报》，而且要与《解放日报》一道发行，以便"消毒"。发行处根据市委指示，拒绝了这一要求。30日，红卫兵进驻解放日报社，不准《解放日报》发行。12月2日，"工总司"的工人造反队进驻解放日报社，成为造反的主力。解放日报社门口和周围被围得水泄不通。上海人民反对这种做法，约50万人去解放日报社附近，呼喊"我们要看《解放日报》"的口号。迫于形势，上海市委签字同意了"红革会"和"工总司"的要求。

11月28日 首都举行"文艺界无产阶级文化大革命大会"。大会由陈伯达主持，首都和来自全国各地的2万多人参加。江青、周恩来先后讲了话。江青声称，要"彻底揭发、彻底清算"所谓"旧北京市委、旧中宣部、旧文化部互相勾结，对党、对人民犯下的滔天罪行"和所谓"党内以反对毛主席为首的党中央的无产阶级革命路线为目标的资产阶级反动路线"。谢镗忠在会上宣布：中共中央军委决定江青担任"中国人民解放军文化工作顾问"。又说："根据中共中央军委的指示，中共中央文化革命小组的决定，将北京市京剧一团（包括北京戏剧专科学校参加国庆演出的红卫兵演出队）、中国京剧院（包括中国戏

曲学校参加国庆演出的红卫兵演出队）、中央乐团、中央歌剧舞剧院的芭蕾舞剧团及其乐队，划归中国人民解放军建制，列入部队序列。"

11月 "长征一号"运载火箭和"东方红一号"人造卫星开始研制。

11月下旬 北京和其他一些城市贴出批判林彪9月18日讲话、责问中央文革小组、谴责戚本禹的大字报。中央文革小组下令逮捕大字报的作者。

12月2日 重新复制的四川大邑阶级斗争教育展览馆《收租院》全部泥塑群像，在北京故宫博物院奉先殿正式展出。原作114个塑像，现修改复制成119个塑像，其中16个塑像是新创作的。在复制过程中，改动较大的是整个作品结尾的《反抗》部分。此前，四川和北京等地的美术工作者复制了《收租院》的部分塑像，连同原作的全部照片一起，先后在北京中国美术馆和故宫神武门城楼展出11个月。

12月3日 中共中央军委转发毛泽东、林彪同意的南京军区党委的三条意见。主要内容是："一切转业、复员军人不准成立红卫军或其他名义的单独组织"，"不准许冲击解放军机关及所属部队，也不许到部队串联和散发传单。"

同日 中国第一辆十吨双向行驶自卸汽车制成。

同日 台湾高雄加工出口区初步建成。

12月4日—6日 中共中央政治局扩大会议在北京召开。会议由林彪主持。林彪、陈伯达、康生否定了《工交企业进行文化大革命的若干规定》，批判了谷牧根据周恩来的指示所写的工业交通情况的汇报提纲。林彪在会上说：工交战线有严重的阶级斗争，工矿企业的文化大革命必须大搞。刘少奇的问题不是50天的问题，

而是 10 年、20 年的问题。康生在会上说,经济基础方面的修正主义更值得重视,必须批判"唯生产力论"。会议讨论制定《中共中央关于抓革命、促生产的十条规定(草案)》。6 日,朱德在会上发言说:现在群众已经起来了,我有点怕出乱子,特别是怕生产上出乱子。15 日,在北京召开中共中央政治局扩大会议,讨论制定了《中共中央关于农村无产阶级文化大革命的指示(草案)》。这就改变了中共中央关于工厂和农村原则上不开展"文化大革命"的决定。

12 月 8 日　沈阳发动机厂试制的涡喷-7 发动机通过国家定型。该机全部采用国产材料。

12 月 9 日　经毛泽东批准,中共中央发布《关于抓革命促生产的十条规定(草案)》。内容包括:①坚决实行毛主席、党中央关于抓革命、促生产的指示。②让群众在文化大革命中自己教育自己。③8 小时以外的时间,除每周一次讨论生产问题以外,由群众自己安排,进行文化大革命。④坚持 8 小时工作制,遵守劳动纪律。完成生产定额。⑤保证产品的质量。⑥由工人群众认真讨论,健全或者改选领导生产的班子,这个班子为国家生产计划的完成担负责任。⑦有问题,要在本单位协商解决。必要的时候,可向上级机关反映,特别必要的时候,也可以派少数代表来京反映,不要大批离开厂矿。⑧不许厂矿领导打击报复,不准克扣工资,不许开除职工。被打成"反革命"的工人,必须平反;被迫离开工厂的工人,必须允许他们回厂参加生产,离厂时的工资应该照发。⑨工人群众在文化大革命中有建立革命组织的权利。坚持文斗,不要武斗。工人组织中工作人员一般不要脱离生产。⑩各单位工人群众之间、工人群众组织之间,可

以在业余时间在本市进行串联。学生可以有计划地到厂矿,在工人业余时间进行串连。工人也可以派代表到本市学校进行串联。这个文件的下达,使"文化大革命"正式扩及全国工交财贸各部门的基层单位。

同日　南昌飞机厂试制的"上游-1"舰舰导弹正式批准定型。

12 月 12 日　无产阶级革命家、教育家吴玉章因病在北京逝世,终年 88 岁。吴玉章,四川荣县人,早年参加过孙中山领导的同盟会和辛亥革命。1927 年参加南昌起义。1928 年至 1937 年被派往苏联、法国和西欧工作,出席了共产国际第七次代表大会。1938 年回国后,历任延安鲁迅艺术学院院长、延安大学校长、陕甘宁边区文化委员会主任、中共四川省委书记、华北大学校长等职。1949 年以后,历任中国人民大学校长、中国教育工会主任、中苏友好协会副会长、中国文字改革委员会主任,一、二、三届全国人大常委会委员,中共六、七、八届中央委员。

12 月 13 日　《红旗》杂志第 15 期发表王力等人的长篇文章《无产阶级专政和无产阶级文化大革命》。这是第一篇系统地说明"文化大革命"的文章。文章称:文化大革命"是无产阶级革命的新的高级的阶段";"是历史上最广泛、最深刻、规模最大的革命的群众运动";"是防止反革命修正主义篡夺领导的斗争,是无产阶级防止资本主义复辟的斗争";"是使我国社会生产力发展的一个强大的推动力";"也是一场反对以美国为首的帝国主义和反对……现代修正主义的斗争"。

12 月 14 日　江青对北京部分高等院校群众代表讲话说:"张霖之是彭真的死党。"正在大庆的煤炭工业部部长张霖之中止病休回京,19 日去矿业学院时被扣

留。24 日,戚本禹在矿业学院群众大会上说:"张霖之是彭真死党","要集中炮火狠狠地打击。"张霖之在不到一个月内,被造反派批斗、刑讯达 50 多次,遍体鳞伤,于 1967 年 1 月 22 日含冤而死。张霖之,1908 年生,河北南宫人。1957 年起任煤炭工业部部长。

12 月 15 日 经毛泽东批准,中共中央发出《关于农村无产阶级文化大革命的指示(草案)》。内容包括:①坚决执行毛主席和党中央"抓革命,促生产"的指示。②农村的文化大革命,按照《十六条》和社会主义教育运动的《前十条》、《23 条》的原则进行。一般不派工作队。③重点是整党内一小撮走资本主义道路的当权派和没有改造好的地富反坏右分子。把四清运动纳入文化大革命中去。④依靠贫农、下中农,团结中农,逐步做到团结两个"百分之九十五"。⑤领导农村文化大革命的权力机构是贫下中农文化革命委员会,由贫下中农选举产生。⑥建立和发展以贫下中农青少年为骨干的红卫兵。⑦农村文化大革命,也要采取大鸣、大放、大字报、大辩论,实行大民主。社、队之间,可以利用生产空闲时间,进行串联。还可以组织一批学生下乡串联。要坚持文斗,不要武斗。防止坏人挑起宗派斗争。⑧对向领导提意见、贴大字报的群众,不许打击报复,不许扣工分。因为提意见被打成"反革命"、"破坏分子"等的群众,应当平反。地富反坏右是专政的对象,不允许他们造无产阶级的反。这个文件的下达,把"文化大革命"动乱扩及农村。

12 月 16 日 著名京剧表演艺术家马连良遭受迫害含冤逝世,终年 65 岁。马连良创造了独特风格的"马派"艺术,在国内外享有盛名。

12 月 17 日 《人民日报》发表署名林彪的《〈毛主席语录〉再版前言》。《前言》除鼓吹个人崇拜外,还提出"要带着问题学,活学活用,学用结合,立竿见影,在'用'字上狠下工夫"的方法学习毛泽东著作。

同日 国家计划委员会、财政部联合发出的《1967 年固定资产更新和技术改造资金的管理办法和分配计划(草案)》指出,在固定资产更新和技术改造资金管理办法上存在的主要问题是:资金渠道多,不利于统筹安排;基本建设投资中,还包括一些为老企业安排的属于简单再生产的投资,这些项目,投资少,工程简单。采用和大中型项目相同的管理办法,是不妥当的;各项资金"条条"控制过死,企业的机动权很小,不能充分调动企业的积极性,不利于发展生产。针对上述问题,"草案"提出了几点解决办法:①把"三项费用"、固定资产更新和基本建设中属于简单再生产的投资合并统称固定资产更新和技术改造资金,实行基本折旧基金抵留的办法。②煤炭、林业、冶金等采掘、采伐企业的开拓延伸费用、固定资产更新和技术改造资金按产量提取,摊入成本,不再提取基本折旧基金。③取消短线产品措施费及锅炉、柴油机、汽车、机车设备更新专款,统一并入固定资产更新和技术改造资金开支。④扩大企业机动权,基本折旧基金要留给企业一部分,留多少由各部及各地确定。⑤实行基本折旧基金和大修理基金分提合用。⑥基本折旧率、大修理折旧率和煤炭、林业、冶金等采掘、采伐企业按产量提取费用的标准,由财政部统一管理。

12 月 18 日 江青在接见北京院校造反派代表时说:现在的合同工制度是刘少奇提倡的,我们不知道。他们(指全国总工会)不为工人服务,干脆让工人们到全国总工会大楼里去住。让他们滚出去。合同工这个东西,随时可以解雇,是资本主义的一套。26 日,陈伯达、康生、江青等人在人民大会堂接见"全国红色劳动者造反总团"代表。江青说:合同工制度"是反动的资产阶级旧制度","封建主义也不能比这个制度残酷","合同工要革命"。姚文元说:"非造这个反不可。"康生说:"制定合同工制度的就是(中国的)赫鲁晓夫……把中国变成资本主义,这是个夺权的大问题。"造反派代表声称:我们全部查封了劳动部及其所属单位,已向全国各地分团发电。全部查封劳动调配部门,并决定明天查封全国总工会。江青说:"好!封得好!我赞扬你们!"江青当场口授了一个支持合同工、临时工造反的通知。

同日　王光美专案组成立。

张春桥单独接见清华大学造反派头头蒯大富。张春桥说:"中央那一两个提出资产阶级反动路线的人至今不投降","你们革命小将应该联合起来,发扬彻底革命精神,痛打落水狗,把他们搞臭。"蒯大富于 12 月 25 日在北京组织游行示威,张贴标语、大字报。散布传单,呼喊口号,公开煽动打倒刘少奇、邓小平。

12 月 23 日　新华社报道,中国科学工作者经过 6 年零 9 个月的艰苦努力,在世界上第一次用人工合成方法制成具有生物活力的蛋白质——结晶胰岛素。这一杰出的科学成果,标志着人类在认识生命、揭开生命奥秘的伟大进程中又迈出了一大步,为生命起源的唯物辩证学说取得了一项有力的新论据。

12 月 26 日　中国研制的中程火箭首次飞行试验基本成功。

同日　"联合行动委员会"在北京展览馆召开"破私立公"大会。会上散发并宣读了署名"红后代"的传单,提出:"坚决批判中央文革某些人近几天发表的反毛泽东思想的讲话!""反对乱揪革命老前辈!"几名"联动"成员高呼"坚决拥护中央军委几位副主席的讲话!""中央文革某些人不要太狂了!"等口号。此后不久,联动即被宣布为"反动组织",不少成员遭到逮捕和批斗。1967 年 4 月 22 日,根据毛泽东的指示,释放了全部被监禁的联动成员。

12 月 27 日　中央文化革命小组成员江青、戚本禹等指使北京一些"红卫兵"前往四川,将不久前担任三线建设副总指挥的彭德怀绑架回北京监押批斗。彭德怀在监押期间,遭到轮番批斗和人身摧残。

在此之前,4 月 12 日,关锋、戚本禹根据江青、康生的授意,写了一份指责中央宣传部的材料,其中提到:对彭德怀到三线任副总指挥"思想上有保留,我们反对这样处理"。6 月 16 日,他们又给陈伯达、康生、江青写信,诬告"彭德怀到三线以后,还在积极进行不正当的活动",表示"希望中央考虑撤销他的三线副总指挥职务"。又说:"从这次文化大革命运动中揭发的许多材料看,彭德怀直到现在还是修正主义的一面黑旗","希望中央能够考虑在适当时机,在群众中公布彭德怀的反党反社会主义的罪恶活动"。

同日　林彪答复南京军区的请示,指出处理军队与学生的关系要注意三条:①"领导同志要挺身而出";②"对学生提出的正确批评要诚恳接受";③"从头到尾要贯彻对学生热情、友好、耐心的态度"。根据毛泽东 29 日的批示,中共中央军委转发了这三条意见。

12 月 28 日　中国在西部地区又成功地进行了一次新的核爆炸。这次核爆炸的成功,把中国核武器的科学技术提高到一个新的水平。

同日　在张春桥指使下,王洪文等人制造了上海康平路武斗事件。上海"赤卫队"因反对"工总司"进驻解放日报社而被骂为"保皇派"。"赤卫队"万余人于12月28日开进康平路上海市委办公处静坐,要求陈丕显、曹荻秋出面承认"赤卫队"是革命群众组织,大方向是对的。张春桥密令"工总司"与以徐景贤等人为头头的"上海机关革命造反联络站"采取行动,瓦解"赤卫队"。根据徐景贤和"工总司"头头耿金章等人的决定,宣传车散布"赤卫队"抄了柯庆施和张春桥的家的谣言,蛊惑群众。根据耿金章与聂元梓的"代表"孙蓬一等人的决定,"工总司"工人造反队员30日2时开始向"赤卫队"冲击,大打出手,打伤91人,在全国开大规模武斗的先例。30日6时,"赤卫队"被打垮。31日,"工总司"抓了"赤卫队"的全部负责人。

12月30日　中共中央、国务院发出《关于制止大搞所谓"红色海洋"的通知》。"红色海洋"或"红海洋"指的是:把大门和大片墙壁涂上红色油漆,写上毛泽东语录。《通知》指出:"必须坚决制止这种错误的做法。"

同日　王力给江青写信,提出要给刘结挺、张西挺翻案。刘、张曾分别任四川宜宾地委书记、宜宾市委第一书记。1962年他们打击干部,制造冤案,严重违法乱纪。1965年2月,经中央批准,给予开除党籍处分。1966年冬,刘、张以"受修正主义迫害"为名,要求中央文革小组为其翻案。王力给江青的信中,反映了刘、张捏造的情况说,"这是一个重大案件","对于突破李井泉这个顽固堡垒,将有重要作用"。

12月31日　中共中央、国务院发出《关于对大中学校师生进行短期军政训练的通知》。《通知》转引了中共中央主席毛泽东的指示:派军队干部训练革命师生的方法很好,训练一下和不训练大不一样。这样做,可以向解放军学政治,学军事,学四个第一、学三八作风,学三大纪律八项注意,加强组织纪律性。《通知》指出,从现在起到1967年暑假,由解放军派出干部和战士,分期分批对全国大中学校师生普遍进行一次短期(10到15天)军政训练。《通知》发出后,人民解放军开始派遣干部、战士进驻各级学校,开展军政训练,办"毛泽东思想学习班"。1967年5月16日,《人民日报》发表《军政训练好》的社论,号召广大革命师生响应"拥军爱民"的号召,虚心"向解放军学习",和人民解放军密切合作,把大中学校军政训练搞好,把"无产阶级文化大革命"进行到底。

12月　周恩来、聂荣臻为保证"东方红一号"卫星工程按计划进行,决定对651设计院及有关卫星工程的研究所、厂实行军管。

同月　谢富治与陈伯达、张春桥合谋炮制的《关于在无产阶级文化大革命中加强公安工作的若干规定》(即《公安六条》)颁发全国。

1967 年

1月1日　《人民日报》、《红旗》杂志联合发表经毛泽东审定的元旦社论《把无产阶级文化大革命进行到底》。社论提出:"1967年,将是全国全面展开阶级斗争的一年","将是无产阶级联合其他革命群众,向党内一小撮走资本主义道路的当权派和社会上的牛鬼蛇神,展开总攻击的一年","将是更加深入地批判资产阶级反动路线,消除它的影响的一年","将是一斗、二批、三改取得决定性的胜利的一年。"

1967 年的政治任务是：工厂、农村"抓革命、促生产"，大搞文化大革命；革命师生、革命知识分子到工厂、农村去，和工农群众相结合；充分发扬大民主；继续开展对资产阶级反动路线的批判。

同日　《红旗》杂志 1967 年第 1 期发表经毛泽东审阅过的姚文元的长文《评反革命两面派周扬》。首都各报 3 日转载。文章除周扬外，还点名批判了夏衍、田汉、阳翰笙、林默涵、齐燕铭、陈荒煤、邵荃麟、何其芳、翦伯赞、于伶等，诬蔑茅盾、巴金、老舍、赵树理、曹禺等是"资产阶级'权威'"。毛泽东审稿时加了一段话："无产阶级文化大革命是触及人们灵魂的大革命。它触动到人们根本的政治立场，触动到人们世界观的最深处，触动到每个人走过的道路和将要走的道路，触动到整个中国革命的历史。这是人类从未经历过的最伟大的革命变革。它将锻炼出整整一代坚强的共产主义者。"文章加了一条长注，把斗争矛头指向刘少奇。长注中说："鼓吹《清宫秘史》的'大人物'当中，就包括有在当前这场无产阶级文化大革命中提出资产阶级反动路线的人，他们反毛泽东思想的反动资产阶级世界观，他们保护剥削阶级、仇恨革命的群众运动的本质，早在建国初期吹捧《清宫秘史》时就表现出来了。"

同日　蒋介石在台湾发表元旦文告，称唯有中国人才能解决中国问题。

同日　台湾"省政府"实施《田赋征收实物台湾省实施办法》。

1 月 2 日　"全国红色劳动者造反总团"、劳动部、中华全国总工会发出《联合通告》，作出以下紧急决定："一、为了保证'合同工'、'临时工'、'外包工'等参加无产阶级文化大革命、参加生产的权利，一律不得解雇。二、1966 年 6 月 1 日以来被解雇的'合同工'、'临时工'、'外包工'等，必须立即召回本单位，参加运动，参加生产，补发解雇期间的工资。三、凡遭受资产阶级反动路线迫害的'合同工'、'临时工'、'外包工'等，必须当众恢复名誉。赔偿损失，妥善安排，认真处理。"这三条基本上就是江青 1966 年 12 月 26 日接见"全国红色劳动者造反总团"代表时口授的三条。江青支持他们占领了劳动部和中华全国总工会，命令劳动部、中华全国总工会把他们当做"毛主席的客人"。《联合通知》发出后，经济主义歪风愈演愈烈。2 月 12 日，中共中央、国务院发出《通知》宣布："所谓全国性组织，中央一律不予承认，所有这些组织应当立即取消。"17 日，中共中央、国务院发出《通告》宣布："全国红色劳动者造反总团"、劳动部、中华全国总工会 1967 年 1 月 2 日《联合通告》，是非法的，当予以取消；各省市劳动局根据"三团体"的《联合通告》所决定的一切文件，一律作废。

1 月 3 日　中共中央发出《关于报纸问题的通知》，指出：省市报纸可以停刊闹革命；但是，不应停止代印《人民日报》、《解放军报》、《光明日报》的航空版。

同日　上海《文汇报》、《解放日报》被"造反派"夺权。

1 月 4 日　陈伯达、康生、江青在北京接见武汉"赴广州专揪王任重造反兵团"时称：陶铸到中央来，并没有执行以毛主席为代表的无产阶级革命路线，实际上是刘、邓路线的坚决执行者。陶铸被作为"资产阶级反动路线的忠实执行者"、"中国最大的保皇派"突然被打倒，中共中央委员、中央文革小组副组长王任重也被打倒。1 月 8 日，毛泽东在中央会议上说，陶铸问题很严重。陶铸这个人是邓小平介绍到中央来的。我起初就说，陶铸这个人不老实。邓小平说,陶铸还可以。陶铸领导下的几个部都垮了。陶铸问题,红卫兵起来就解决了。

同日 中央"文革"小组副组长、全军"文革"小组组长、总政治部副主任刘志坚被作为"刘、邓资产阶级反动路线在军队的代表"而被打倒。

同日 《文汇报》发表该社"星火燎原革命造反总部"《告读者书》,宣布接管《文汇报》。

1月5日 "上海工人革命造反总司令部"等十一个造反组织在《文汇报》发表《抓革命,促生产,彻底粉碎资产阶级反动路线的新反扑——告上海全市人民书》。

同日 张春桥、姚文元以"中央文革小组调查员"的身份在上海接见"工总司"等造反组织的头头。张春桥说:当前的"基本问题是把领导权从走资派手里夺回来,希望革命造反派把要害部门控制起来"。

1月6日 解放日报社"革命造反联合司令部"《告读者书》在《解放日报》发表,宣布1月5日下午8时接管了《解放日报》。

同日 在张春桥、姚文元策划指挥下,上海造反派组织召开了"打倒市委大会",篡夺了上海市的党政大权,刮起了所谓"一月革命"风暴。

1月8日 毛泽东高度赞扬文汇报社、解放日报社的夺权和《告上海全市人民书》,说:"这是一个阶级推翻一个阶级,这是一场大革命。""上海革命力量起来,全国就有希望。它不能不影响整个华东,影响全国各地。""死了张屠夫,不吃活毛猪。"

同日 林彪在中央军委常委会议上宣布关锋任总政治部副主任。

1月9日 《人民日报》转载《告上海全市人民书》,并加上经毛泽东审定的编者按。

1月10日 关锋等人拟定《解放军报》的《宣传要点》,提出"揪军内一小撮"的口号。《宣传要点》经江青看过,林彪批示"完全同意"。

同日 戚本禹在江青唆使下,策动造反派打倒朱德。他对中共中央办公厅秘书局的造反派头头说:朱德是反毛主席的"黑司令,大军阀",可以贴大字报揭发,到全国妇联点火,反对康克清。当晚,造反派围攻了康克清。翌日,在中南海,全国妇联和北京大街上贴出了"打倒朱德"、"打倒康克清"的大标语。

1月中旬 在江青的怂恿下,造反派扣押王光美,批斗刘少奇。6日,蒯大富等人把刘少奇夫人王光美骗出中南海加以扣押。后经周恩来干预,放出。12日,中南海的造反派冲进刘少奇家,在院里、办公室里贴满侮辱性大标语,并批斗刘少奇。16日深夜,周恩来打电话慰问王光美:"要经得起考验。"18日,中南海的造反派撤掉了刘少奇的电话机。

1月11日 根据毛泽东的意见,由中央文革小组起草,以中共中央、国务院、中央军委、中央文革小组的名义给上海"工总司"等造反团体发去贺电。

同日 中共中央发出《关于反对经济主义的通知》。《通知》说,近来出现工人外出,闹转正、闹复工、闹工资福利待遇、闹增发劳保用品和保健食品等,刮起了一股经济主义歪风,严重冲击了国家财政经济。《通知》要求各地各部门要立即制止在"文化大革命"中大闹经济主义的倾向。并且提出:①要说服那些受蒙蔽的群众认清形势,揭露少数坏人,保护国家和集体财产。②过去有些不合理的规定,中央将进行调查研究,在中央没有提出新办法前,暂不变动。③前几年下放农村的群众和上山下乡知识青年,要安心参加农业生产,安置工作中存在的问题,由各级党委解决。④各级银行对国家机关、国营企业事业单位、集体经济单位一切不符合国家规定的支出,都要一律拒绝支付。⑤集体所有制企业、手工业合作社、合作商店等等,现在都不要改变为国家所有制。12日,《人民日报》、《红旗》杂志编辑部联合发表《反对经济主义,粉碎资产阶级反动路线的新反扑》的文章。文章号召"要百倍提高警惕,识破阶级敌人玩弄的阴谋诡计,彻底粉碎资产阶级反动路线的新反扑"。把一些职工在江青等人的煽动下强令领导干部为他们增加工资福利等现象,说成是"走资派"腐蚀、拉拢、欺骗群众。18日,《人民日报》还转载了《光明日报》整理的《毛主席论反对经济主义的语录》,在全国掀起了批判经济主义的运动。

同日 中央军委发出改组全军文化革命小组的通知:中央军委决定并经毛主席和中共中央批准,改组全军文化革命小组,成立新的全军文化革命小组,在中央军委和中央文化革命小组的直接领导下进行工作。组长:徐向前,顾问:江青,副组长:肖华、杨成武、王新亭、徐立清、关锋、谢镗忠、李曼村,组员:王宏坤、余立金、刘华清、唐平铸、胡痴、叶群、王蜂、和谷岩、张涛。

同日 中共中央发出《关于广播电台问题的通知》,宣布各地广播电台一律由当地人民解放军实行军事管制,停止编辑和播送本地节目,只能转播中央广播电台的节目。

同日 《人民日报》发表文章批判蔡若虹、华君武,编者按诬蔑他们是"美术界的反党头目",并称美协是"裴多菲俱乐部"。

同日 台湾"省政府"公布《台湾省兴建平价住宅租售管理规则》。

1月12日 中国自己设计、制造的万吨巨轮"朝阳号"胜利下水。

同日 戚本禹按照江青的授意,怂恿中共中央办公厅秘书局的造反派批斗邓小平、陶铸。当晚,中办秘书局的造反派冲进邓小平、陶铸住处,揪斗、围攻他们。

1月13日 中共中央、国务院发出《关于在无产阶级文化大革命中加强公安工作的若干规定》(即《公安六条》)。《规定》主要内容是:①"对于确有证据的杀人、放火、放毒、抢劫、制造交通事故进行暗害、冲击监狱和管制犯人机关、里通外国、盗窃国家机密、进行破坏活动等现行反革命分子,应当依法惩办。"②"凡是投寄反革命匿名信,秘密或公开张贴、散发反革命传单,写反动标语,喊反动口号,以攻击诬蔑伟大领袖毛主席和他的亲密战友林彪同志的,都是现行反革命行为,应当依法惩办。"③"保护革命群众和革命群众组织,保护左派,严禁武斗。……对那些打死人民群众的首犯,情节严重的打手,以及幕后操纵者,要依法惩办。"④"地、富、反、坏、右等类人员,一律不准外出串联,不得混入革命群众组织,更不准自己建立组织。"⑤"不得利用大民主或用其他手段散布反动言论。"⑥"党、政、军机关和公安机关人员,如果歪曲以上规定,捏造事实,对革命群众进行镇压。要依法查办。"《公安六条》公布后。不少干部和群众因喊错口号,写错字,或受人诬陷,以反对毛泽东,反对林彪、康生、江青、陈伯达,"反对无产阶级司令部"等罪名,被关进监狱。这个规定是造成"文化大革命"中大量冤、假、错案的主要原因之一。

同日 解放军报社肖力(即李讷)等8人组成的"革命造反突击队",贴出《〈解放军报〉向何处去?》的大字报,抨击解放军报社领导人。报社主要领导人被打倒。17日,林彪写信支持"革命造反突击队"。此信经毛泽东批准。

同日 刘少奇向毛泽东提出辞职。是日深夜,刘少奇应邀去人民大会堂见毛泽东。他郑重地向毛泽东提出:①这次路线错误的责任在我,广大干部是好的,特别是许多老干部是党的宝贵财富,主要责任由我来承担,尽快把广大干部解放出来,使党少受损失;②辞去国家主席、中央常委和《毛泽东选集》编委会主任职务,和妻子儿女去延安或老家种地,以便尽早结束"文化大革命",使国家少受损失。毛泽东沉吟不语。

同日 在国家的帮助下,西藏年楚河上第一座现代化公路桥梁日喀则大桥正式通车。

同日 台湾"立法院"通过《刑事诉讼法》。

1月14日 中共中央发出《关于不得把斗争锋芒指向军队的通知》,规定:决不准在幕前或幕后煽动群众把斗争锋芒指向军事机关。

同日 山西"革命造反总指挥部"夺了山西省、太原市党政大权。

1月15日 中央军委发出《重申绝不允许当防空洞的通知》。《通知》重申:"军队(包括医院、疗养院、招待所等)决不能成为防空洞,窝藏一小撮党内走资本主义道路的当权派,庇护那些坚持执行资产阶级反动路线的以及逃避群众斗争的人。"

同日 全国文联副主席、中国音乐家协会副主席、中央音乐学院院长马思聪,因不堪凌辱而出走。

1月16日 毛泽东批准上海市的夺权。

同日 《人民日报》刊登《红旗》杂志评论员文章《无产阶级革命派联合起来》,支持上海的夺权,转达了毛泽东的意见:无产阶级革命派联合起来,向党内一小撮走资本主义道路的当权派夺权。这是在无产阶级专政条件下,一个阶级推翻一个阶级的革命。

1月17日 中共中央批转公安部关于各级公安部门开展文化大革命的通知。《通知》说:公安机关过去的某些规定,如民警和劳改单位的文化大革命只作正面教育等,已经同目前形势不相适应,应该立即作废。"坚决支持革命左派,支持左派的一切革命行动(包括夺权'接管'),彻底粉碎资产阶级反动路线"。

1月18日 教育部和外交部联合向中国驻外大使馆发出通知,规定在国外的留学生,除科技进修生有特殊需要或其他特殊情况可以在国外继续学习外,都要回国参加"文化大革命"运动。1965年的留学生向校方交涉休学半年。1964年出国的留学生,一般都要提前毕业,即在2月10日前回国。回国后不再出国。

1月19日 中共中央、国务院、中央军委作出《关于保护粮食、物资仓库和监狱等问题的决定》:一切重要的粮食和物资仓库、监狱,以及其他中央规定必须保护和监视的重要单位,都要立即派出军队,实行军事管制。国家仓库中的一切物资,没有国家调拨的指示,任何机关和个人都不得私自动用,违背者以国家纪律严厉惩处。

1月20日 中共中央、国务院、中央军委、中央文革小组对湖南一些红卫兵到省军区动手打人抓人发出指示:"军队负有战备任务和保卫文化大革命的任务。不能允许外人冲入,指挥、保密系统不许接管。"

1月21日 中国第一台重型挂车(车

身长 15 米,载重 150 吨)在上海制成。

1月 22 日 《人民日报》发表社论《无产阶级革命派大联合,夺走资本主义道路当权派的权》,肯定和支持上海的夺权,号召全国"无产阶级革命派联合起来,从党内一小撮走资本主义道路的当权派和坚持资产阶级反动路线的顽固分子手里,自下而上地夺权"(2 月中旬以后,根据毛泽东的意见,不再提向"坚持资产阶级反动路线的顽固分子"夺权)。

同日 青岛"革命造反委员会"夺了青岛市党政大权。

1月 25 日 中共中央、国务院、中央军委、中央文革小组作出《关于人民解放军坚决支持革命左派群众的决定》。"文化大革命"进入"夺权阶段"后,使全国处于"打倒一切"、"全面内战"的混乱局面,地方党政机关陷于瘫痪或半瘫痪,公、检、法机关失去了作用,武斗成风,工矿企业停产或半停产,交通严重堵塞。在这种情况下,中共中央主席毛泽东决定派人民解放军执行"三支两军"任务。1 月 20 日,毛泽东给中共中央副主席林彪写信,要求解放军支持左派。他在信中说:"所谓不介入是假的,早已介入了。问题不是介入不介入的问题,而是站在哪一边的问题,是支持革命派还是支持保守派甚至右派的问题,人民解放军应当积极支持革命左派。"中共中央、国务院、中央军委、中央文革小组作出的《决定》,就执行毛泽东的指示作了 5 条规定:①以前关于军队不介入地方"文化大革命"的指示,一律作废。②积极支持广大革命左派的夺权斗争。③坚决镇压反对无产阶级革命左派的反革命分子、反革命组织。④军队不得做一小撮"党内走资本主义道路当权派和坚持资产阶级反动路线顽固分子"的防空洞。⑤在全军深入进行两条路线斗争的教育。

根据这些规定,人民解放军开始支左,介入地方的"文化大革命"运动。3 月 19 日,中央军委发出《关于集中力量执行支左、支农、支工、军管、军训任务的决定》。《决定》要求军委各总部、各军兵种机关抽调人员,立即投入支左、支农、支工、军管、军训的工作。这样人民解放军支左任务,就具体化为"三支两军"任务。先后参加"三支两军"的人民解放军指战员有 280 万人。

同日 中共中央发布《关于保卫四清运动成果的通知》。《通知》针对有些农村和企业、事业单位要把四清工作队员揪回去批斗的情况指出:四清运动有伟大的成绩,当时派工作队是正确的。

同日 卜大华等 100 多名在 1966 年 8 月 18 日以前参加"红卫兵"组织的老红卫兵,陆续被捕入狱。他们鉴于"文化大革命"造成的全国混乱,无数老干部被批斗,各级党组织被冲击,产生了对江青和中央文革小组的不满情绪,并以言论、大字报等形式进行反对中央文革小组的活动,因而受到打击和迫害。

同日 贵州"无产阶级革命造反总指挥部"夺了贵州省党政大权。

1月 26 日 国务院、中央军委发出《关于民用航空系统由军队接管的命令》。

1月 28 日 中共中央军委副主席叶剑英、陈毅、聂荣臻、徐向前、刘伯承等为了制止林彪、江青一伙搞乱军队的企图,在经中共中央主席毛泽东同意后,以中央军委名义发布了《八条命令》。主要内容有:①"必须坚决支持真正的无产阶级革命派";②一切人员"必须坚守岗位,不得擅离职守";③"严格区别两类矛盾。不允许用对待敌人的方法来处理人民内部矛盾,不允许无命令自由抓人,不允许任意抄家、封门,不允许体罚和变相体罚,例如,戴高帽,挂黑牌,游街,罚跪";④院校文体单位外出串联者"应迅速返回本地区、本单位进行斗批改"；⑤左派冲击过军事领导机关，可以不予追究，"今后则一律不许冲击"；⑥"军队内部战备系统和保密系统，不准冲击，不准串联"；⑦"军以上机关应按规定分期分批进行文化大革命。军、师、团、营、连和军委指定的特殊单位，坚持采取正面教育的方针"；⑧干部特别是高级干部要"严格管教子女"。这个八条，是以林彪的意见为基础，经军委其他领导人、一些地方领导人研究确定的，经毛泽东批准。2月21日，中共中央发出通知，指出："中央军委1967年1月28日的八条命令很好。这个命令，除第七条关于军队的文化大革命的部署外，其他各条，都适用于地方。"

同日　中央军委发出《重申军区文化大革命分期分批进行的指示》。《指示》规定："处于反帝、反修第一战线的军区（济南、南京、福州、广州、昆明、新疆）和有随时策应各军区任务的武汉军区的文化大革命运动，都应照前次指示暂缓进行，把自己稳定起来，以便支援地方文化大革命，保卫国防。"

同日　"红卫兵上海市大专院校革命委员会"（简称"红革会"）的红卫兵在上海友谊宫北大厅面对面地与张春桥、姚文元进行斗争，批判他们在造反派之间施展阴谋诡计，向他们提出种种质问。29日，中央文革小组发出特急电报，支持张春桥和姚文元。此后，"红革会"遭到压制，负责人遭到迫害。

1月29日　中共山西省委第一书记卫恒在被工人造反派非法关押下含冤去世。

1月31日　黑龙江省红色造反者革命委员会成立，潘复生任革命委员会主任。

1月　西安发动机厂试制的涡喷—8型大推力发动机通过鉴定，并转入批生产。

1月底　戚本禹在接见人民大学两派组织负责人时煽动反对朱德，他说："孙泱（人民大学副校长）给朱德当过秘书。你们通过搞孙泱的问题，可以把朱德的问题搞清楚。"一夜之间，在人大校园和大街上，贴出了许多"打倒朱德"的大标语。2月初，由人大群众组织组成的"揪朱联络站"决定2月10日召开斗争朱德大会，被周恩来制止。

2月1日　蒋介石公布《动员戡乱时期国家安全会议组织纲要》。

同日　台湾"财政部"修正公布《营利所得税计算申报查核准则》。

2月3日　中共中央主席毛泽东接见了阿尔巴尼亚党政代表团。在与阿尔巴尼亚劳动党政治局委员、书记处书记卡博和阿尔巴尼亚劳动党政治局委员、国防部长巴卢库谈话时指出："过去我们搞了农村的斗争，工厂里的斗争，文化界里的斗争，进行了社会主义教育运动，但不能解决问题，因为没有找到一种形式，一种方式，公开地、全面地、由下而上地发动广大群众来揭露我们的黑暗面。""现在，两方面的决战还没有完成，大概2、3、4这三个月是决胜负的时候。至于全部解决问题可能要到明年2、3、4月或者还要长。""现在流行着一种无政府主义思潮，口号是一切怀疑，一切打倒，结果弄到自己身上。你一切怀疑，你自己呢？你一切打倒，你自己呢？资产阶级要打倒，无产阶级呢？他那个理论就是不行。"他认为"文化大革命"是唯一能"解决问题"的一种形式。

同日　《红旗》杂志第3期发表社论《论无产阶级革命派的夺权斗争》。毛泽东对这篇社论的第三部分做了很多修改和增添。其中指出:"必须足够重视革命干部在夺权斗争中的作用。坚持无产阶级革命路线的领导干部,是党的宝贵财富,他们可以成为夺权斗争中的骨干,可以成为夺权斗争中的领导。""不分青红皂白,反对一切,排斥一切,打倒一切,是违背马克思列宁主义、毛泽东思想的阶级观点的。""只要不是反党反社会主义分子而又坚持不改和屡教不改的,就要允许他们改过。鼓励他们将功赎罪。"根据这一精神,一批干部被结合进各单位夺权后的领导班子。

同日　中共中央、国务院发出《关于革命师生和红卫兵进行步行串联问题的通知》。《通知》说:"长途步行串联,在全国都停止。""步行串联队在返回的时候,原则上应当步行。""在串联和回程期间的伙食费、市内交通费,一般应当自理。""来北京的革命师生和红卫兵凡是吃饭尚未交费的,自 2 月 8 日起一律交费,不再免费。"

同日　山东省革命委员会成立,王效禹任革命委员会主任。

2 月 4 日　中共中央发出《关于小学无产阶级文化大革命的通知(草案)》。《通知(草案)》规定,春节后各地小学一律开学,在外串联的教师和学生应返回本校;五、六年级和 1966 年毕业的学生,学习毛泽东语录、"老三篇"和"三大纪律八项注意",学习《十六条》,学唱革命歌曲;一、二、三、四年级的学生学习毛主席语录,兼学识字;学唱革命歌曲,学习一些算术和科学常识;小学生可以组织"红小兵"。《通知》还规定,小学的"文化革命委员会"或"文化革命小组"由教师和高年级学生选举产生;在"文化大革命"中重点打击"党内走资派",同时把教职员工队伍中那些坚持反动立场的地富反坏右分子清除

出去,由教育机关安排,就地劳动改造。

2 月 5 日　经毛泽东批准,"上海市人民公社"成立。这是上海市的临时权力机构。7 日,《解放日报》、《文汇报》刊登《一月革命胜利万岁!——上海人民公社宣言》。2 月 12 日,中共中央主席毛泽东为此召见中央文革小组副组长张春桥、成员姚文元。毛泽东说,原想建立北京人民公社,后考虑到国家体制改变的问题很复杂,因此还是叫革命委员会好一些。2 月23 日,根据毛泽东和中共中央的指示,上海人民公社改为上海市革命委员会,张春桥任革命委员会主任。

2 月 6 日　中央军委转发《福建前线部队公告》。《公告》指出:少数别有用心的人一再冲击军事机关,冲击部队会场。应当受到制裁。如继续冲击,一定坚决采取必要的措施。

2 月 8 日　中央军委发出《关于外出串连人员限期返回本单位的通知》。《通知》规定:一切外出串联的人员一律于 2 月20 日前返回,各单位的接待站从 2 月 21日起一律停止接待,过期不归者不予报销差旅费。18 日,中央军委发出《重申切实执行军委 2 月 8 日通知》。

2 月 11 日　中央军委作出《关于军以上领导机关文化大革命的几项规定》。主要内容是:军以上机关分期分批进行"四大",军委决定暂时不开展"四大"的单位进行正面教育,军以下单位一律不搞"四大";各级军事领导机关一律不允许夺权和冲击;军以上机关的文化大革命必须由党委领导,军队领导机关不宜成立各种文化革命战斗组织;要分清无产阶级当权派和资产阶级当权派,不能一概打倒当权派;没有上级命令停职、罢官的领导干部,继续工作。

同日　中华人民共和国公安部、中国

人民解放军北京卫戍区司令部联合发出《布告》。《布告》说：奉国务院、中央军委命令，由北京卫戍区司令部接管北京市公安局，建立军事管制委员会，对市公安局所属机构一律派出军事代表，实行军事管制。

同日　中共中央、国务院、中央军委对新疆军区生产建设兵团的文化大革命作出规定。主要内容是：新疆军区生产建设兵团在军事管制下进行文化大革命，地方上任何群众组织和个人都不许干预和串联；在党委领导下进行文化大革命；文教、医疗、科研部门经上级批准可以夺权，其他单位一概不搞夺权斗争。

2月11日—3月18日　2月11日，周恩来在怀仁堂主持中央碰头会，谭震林、陈毅、叶剑英、李富春、李先念、徐向前、聂荣臻等对"文化大革命"的错误做法提出了强烈的批评，同陈伯达、康生、张春桥、谢富治一伙进行了面对面的斗争。在16日怀仁堂碰头会上，斗争更加激烈，时称"大闹怀仁堂"。斗争涉及三个原则问题：①运动要不要党的领导。②老干部应不应该都打倒。③要不要稳定军队。张春桥、姚文元等人把谭震林等人的正确意见说成"反党言论"，由王力执笔，整理成一份16日会议记录，并根据江青的意见，向毛泽东报告。17日，谭震林给林彪写信，斥责江青一伙"手段毒辣是党内没有见过的"，并表示："这个反，我造定了，下定决心，准备牺牲，斗下去，拼下去。"17日和18日，周恩来在三次接见干部或群众时，严厉批评了对待干部的种种错误做法，号召领导干部坚持工作。18日夜，毛泽东召集部分政治局委员开会，严厉指责在怀仁堂会议上提意见的老同志。28日，毛泽东在陈伯达送去的一个材料上批示："从上至下各级都有这种反革命复辟的现

象。"从2月25日至3月18日，在怀仁堂召开了七次"政治生活会"，江青、康生、陈伯达、谢富治等以"二月逆流"的罪名，批斗了这些同志。此后，中央政治局停止活动，中央文革小组完全取代了中央政治局，并在全国掀起所谓"反击自上而下的复辟逆流"的浪潮。

2月12日　中共中央、国务院发出《通知》。《通知》说，在"文化大革命"中，"北京和各地出现了一些所谓全国性组织，它们都不是自下而上经过民主选举产生的，而是由少数人临时凑合在一起组成的"。"所谓全国性组织，中央一律不予承认，所有这些组织应当立即取消"。

同日　中共中央发出《关于党员党籍处理问题的通知》。《通知》说："最近，有些单位的党组织或群众组织按照某些群众的要求，开除了一些党员的党籍，有的还当场烧毁了入党志愿书等档案材料。"中央制止了这种行为，指出："群众及其组织，无权对党员进行党纪处分"。"一般党员的党籍处理，应该放在运动后期进行。"

2月12日—18日　毛泽东三次与张春桥、姚文元谈话。毛泽东说，"彻底改善无产阶级专政"的口号是反动的，正确的说法只能是部分地改善无产阶级专政。"怀疑一切，打倒一切"的思想是反动的。上海人民公社应改为上海市革命委员会。以后不要提"打倒坚持资产阶级反动路线的顽固分子"，还是提"打倒党内走资本主义道路的当权派"。刘少奇的《论共产党员的修养》，我看过几遍，是反马列主义的。刘少奇看来九大还要选他当中央委员。现在不要挂牌子、戴高帽子。

2月13日　贵州省革命委员会成立，李再含任革命委员会主任。

2月14日　严家淦向"立法院"提出下年度施政方针。严家淦强调"把握时

机,遂行国策,达成建设台湾,光复大陆任务"。

2月16日 中央军委作出《关于军队夺权范围的规定》。主要内容是:军队可以夺权的范围只限于学院学校、文艺团体、体工队、医院、军事工厂。在这些单位中,要不要夺权,要看党委领导存在问题的性质。对领导干部严格区别两类不同性质的矛盾,不能不加分别地一棍子打死。夺权必须是由本单位真正的无产阶级革命派在大联合、"三结合"的基础上进行,必须经过上级批准。

2月17日 国家计划委员会向国务院副总理李富春报告《当前煤炭生产、供应情况》。报告指出,当前工业生产中最突出的问题是煤炭生产下降,供应十分紧张,工业生产用煤供应不足,市场用煤大量超销,库存下降。煤炭供应不足的主要原因是两派群众严重对立,原有的生产指挥系统有的已瘫痪,新建立的生产指挥系统不健全,基层干部不敢抓生产,劳动纪律松弛,出勤率和工时利用率低,影响了煤炭生产。国家计委建议:召开"抓革命,促生产"电话会议,请国务院总理周恩来或国务院副总理李富春讲话;抓重点煤矿的生产,调整生产任务和分配计划。调整生产任务的原则是:首先保证机车用煤和重要企业保温用煤;力争按2、3月份的煤炭分配计划供应发电用煤,不足时,采取临时限电措施;冶金、化工、军工等企业在煤炭供应不足时,有计划停开一部分设备或采取保温措施;出口、援外用煤争取按原订合同执行,市场用煤既要保,又要压;其他工业企业,要根据煤炭供应情况安排生产。

同日 中共中央、国务院发出《通知》。《通知》指出,"全国红色劳动者造反总团"、劳动部、中华全国总工会1967年1月2日的《联合通告》是非法的,应予取消;各省、市劳动局根据《联合通告》所决定的一切文件,一律作废;"全国红色劳动者造反总团"及各地的分团应当取消。在此以前,中央文革小组副组长江青于1966年12月26日接见所谓"全红总"头头时说:"现在临时工、合同工制度就像资本主义对待工人一样,非造这个反不可。"随后,"全红总"把江青的讲话散发全国,并迫使当时中华全国总工会和劳动部的负责人同"全红总"签署了所谓《联合通告》,对临时工、合同工问题作了一系列错误的规定,使党政机关和企业主管部门受到冲击。

同日 中共中央、国务院发出《关于处理下乡上山知识青年外出串联、请愿、上访的通知》。主要内容是:①这类人员"应立即返回本单位";②做了错事的回到本单位认真检查改正,可不再追究;坏分子则要依法惩办;③安置工作中的问题应由各地党委负责逐步加以解决。

同日 中共中央发出《关于文艺团体无产阶级文化大革命的规定》。《规定》提出,文艺界的斗争重点是打击"党内一小撮走资本主义道路的当权派",彻底揭发和清算彭、罗、陆、杨"反革命集团"的"罪恶",肃清以周扬、夏衍为代表的"反革命修正主义文艺路线的毒害",批判"资产阶级的反动学阀"、"反动权威"。彭真、罗瑞卿、陆定一、杨尚昆、周扬、夏衍和许多领导干部、文艺界人士进一步遭到迫害。

2月19日 中共中央发出《关于中学无产阶级文化大革命的意见(供讨论和试行用)》。《意见》规定:从3月1日起,中学师生停止外出串联,一律返校,一边上课,一边闹革命,分期分批进行军政训练;上课学习毛泽东著作、批判旧教材和教学制度,以必要时间复习数、理、化、外语和其他必要的知识；在农忙时，师生下乡参加劳动；在大联合的基础上，由革命学生、革命教职员和革命领导干部民主选举文化革命委员会，领导学校的"文化大革命"运动，并具体安排上课，搞好师生生活；不能选举的学校，可协商成立一个临时领导班子。

同日 中共中央发出《关于夺权斗争宣传报道问题的指示》。中央规定：各省、市、自治区领导夺权斗争的临时权力机构的名称和"三结合"的领导班子的组成要先报告中央，经中央批准后，再在当地报纸上发表。各省、市、自治区和各城市的政权组织形式，除对上海，中央另有指示外，一般的不要采用人民公社的名称。

同日 毛泽东对北京卫戍区 2 月 18 日的《关于五所高等院校短期军政训练试点的总结报告》和《关于两个中学军训试点工作总结报告》作了批示：大学、中学和小学高年级每年训练一次，每次 20 天。党、政、军机关，除老年外，中年、青年都要实行军训，每年 20 天。

2 月 20 日 中共中央发出《给全国农村人民公社贫下中农和各级干部的信》，号召贫下中农"认真地抓革命、促生产"。信中指出："农村人民公社各级干部绝大多数是好的和比较好的。犯过错误的同志，也应该努力在春耕生产中将功补过。" 23 日，中央军委发出《关于军队大力支援地方抓好春耕生产的指示》。

2 月 21 日 中央军委作出《关于五一研究所和机要密码工厂文化大革命的几项规定》，指出："这些单位的文化大革命，一律进行正面教育，不搞四大。""这些单位不允许自下而上的夺权，已夺了权的要立即交回。"

2 月 22 日 中央派飞机给西藏阿里运送防治牛瘟病血清。

2 月 23 日 国家计划委员会发出《关于编制、下达 1967 年搬迁项目计划的通知》。《通知》说，1967 年的搬迁项目计划，大部分项目没有经过迁出迁入双方协商一致，急需对这一计划作进一步审定和落实，以便早日下达。《通知》指出，各部以全国计划、工交会议提出的 1967 年搬迁项目草稿作基础，由主管部向迁出企业所在省、市、自治区计委和厅局征求意见，进行协商；凡协商意见一致的搬迁项目，由主管部报国家计委审批下达，没有取得一致意见的项目，可继续协商，或报国家计委研究确定；已批准在 1967 年搬迁项目，仍按原计划执行。搬迁工作的部署，由迁出迁入双方商定。

同日 台湾"行政院"通过修正《工业辅导标准》第五条，解除面粉工业设厂限制，开放小麦自由进口。

2 月 26 日—3 月 25 日 中共中央、中央军委召开军以上干部会议。会议的主题是在打倒刘少奇，认清"文化大革命"的"重要性"和"迫切性"，分清"主流和支流"等重大问题上统一军队高级干部的思想。3 月 9 日，康生在会上传达毛泽东 1966 年 5 月和 1967 年 2 月同外宾谈话的主要内容。两次谈话的主题是：文化大革命是两个阶级、两条道路、两条路线的尖锐斗争，是防止资本主义复辟、把社会主义革命进行到底的斗争。3 月 9 日、10 日，陈伯达、康生在会上讲话，在从历史到现实的一系列重大问题上诬蔑刘少奇、邓小平、彭真，颠倒是非地批判了刘少奇的发展生产的主张，并传达了毛泽东批判《论共产党员的修养》的意见。3 月 20 日，林彪在军以上干部会议上讲话。他把阶级斗争扩大化、绝对化、永久化，并鼓吹文化大革命"损失是最小最小最小，而得到的成绩是最大最大最大"，要"采取主动的进攻"，

"刮他十一级、十二级的台风"。4月7日，中共中央、国务院、中央军委、中央文革小组发出《关于播放林彪同志讲话录音的通知》。《通知》说："我们伟大领袖毛主席指示，林彪同志1967年3月20日讲话的录音，应向中国人民解放军全军人员和全国红卫兵播放。"24日，中共中央印发了林彪的讲话，并予以高度评价。

2月27日　"国家安全会议"新任官员宣誓就职。

3月1日　《红旗》杂志第4期发表社论《必须正确地对待干部》。社论指出：干部大多数是好的。必须对干部队伍有一个基本估计；对犯错误干部要实行惩前毖后、治病救人的政策。社论引用了毛泽东的话："只要不是反党反社会主义分子而又坚持不改和屡教不改的，就要允许他们改过，鼓励他们将功赎罪。"

同日　北京电视台向日本"中国通讯社"提议建立合作关系，由其代销中国电视片，并将电视片向日本各电视台的发行权授予该社。"中国通讯社"是由旅日华侨在东京创办的。

3月2日　中共中央作出《关于在文化大革命运动中处理红卫兵抄家物资的几项规定》。主要内容是：地、富、反、坏、右或其他不法分子的财物，除日常生活必需品退给本人外，其余一律上交；革命群众和劳动人民的财物，全部退还本人。

3月4日　台湾"外交部"强调反对任何国家承认蒙古。

3月6日　鞍钢生产出中国第一批25米长钢轨。

3月7日　中共中央主席毛泽东对《天津延安中学以教学班为基础实现全校大联合和整顿巩固红卫兵的体会》的材料作了批示。毛泽东指出：军队应分期分批对大学、中学和小学高年级实行军训，并

且参与开学、整顿组织、建立"三结合"领导机关和"斗批改"的工作。先作试点，取得经验，逐步推广。在军训时不要排斥犯错误的教师和干部。除老年和生病的以外，要让这些人参加，以利改造。毛泽东的批示后来被称为《三七指示》。3月8日，中共中央转发了毛泽东的批示和天津延安中学的材料，要各地参照执行。此后，各地大、中、小学的军训工作即全面展开。

同日　中共中央发出《关于农村生产大队和生产队在春耕期间不要夺权的通知》。《通知》要求：在春耕期间，生产大队和生产队不要夺权；已夺权的生产大队和生产队的领导班子，应切实挑起革命和生产两副担子，抓好春耕生产；领导班子瘫痪的生产大队和生产队，应由贫下中农积极分子、革命干部组成临时领导班子抓春耕生产。《通知》还指出，农村干部大多数是好的或比较好的，对于犯有错误的干部，应本着"惩前毖后，治病救人"的方针，进行批评教育，帮助他们改正错误；要维护"四清"运动的成果。

同日　中共中央发出《关于大专院校无产阶级文化大革命的规定（草案）》。其中规定：外出的师生，于3月20日前返校，进行短期军政训练，在校内批判斗争走资派和反动学术权威，着手研究改革旧的教育制度、教学方针和教学方法。并规定由革命学生、教职员工和革命领导干部组成临时权力机构，领导文化大革命，行使本校的权力。同日，《人民日报》发表社论《中小学复课闹革命》，号召中小学革命师生，响应党中央的号召复课闹革命。社论提出："复课闹革命，复的是毛泽东思想的课，上的是无产阶级文化大革命的课。"

同日　《人民日报》发表题为《中小学复课闹革命》的社论。《社论》提出："复课

闹革命,复的是毛泽东思想的课,上的是无产阶级文化大革命的课"。"同时应当用必要的时间,中学复习一些数学、物理、化学、外语和必要的知识,小学学一些算术、科学知识。"在此之后,大批学生回到学校,中小学陆续复课。但由于夺权斗争的开展,各派组织在校内打"内战",并未真正实现"复课闹革命"。

3 月 10 日 《人民日报》转载《红旗》杂志 1967 年第 5 期社论《论革命的"三结合"》。《社论》发表了中共中央主席毛泽东关于"文化大革命夺权"问题的一段指示:"在需要夺权的那些地方和单位,必须实行革命的'三结合'的方针,建立一个革命的、有代表性的、有无产阶级权威的临时权力机构。这个权力机构的名称叫革命委员会好。"《社论》要求,要把革命委员会这种"三结合"的临时权力机构推广到各地方,推广到一切单位。

同日 中央军委发出《关于军队院校、文艺团体、体工队等支左、支农、工业问题的通知》。

3 月 11 日 中共中央发出通知,要求各省、市、自治区和地、县,在农业、工业、财贸各方面成立"三结合"的"抓革命,促生产"指挥部。

3 月 16 日 经毛泽东批准,中共中央印发《薄一波、刘澜涛、安子文、杨献珍等 61 人的自首叛变材料》,把 1936 年薄一波等执行组织决定出狱定为"自首叛变"。这是一起重大错案。1931 年前后,由于敌人的搜捕和叛徒的出卖,党的许多干部在北方被捕,关押在北平军人反省分院。他们在狱中坚贞不屈,组成党支部,领导被关押的人员同国民党反动派进行了英勇顽强的斗争,始终保持了共产党员的崇高品质和革命气节。1936 年,刘少奇主持的北方局根据当时华北民族斗争和阶级斗

争的迫切需要,经中共中央批准,指示他们履行敌人规定的手续出狱,以便迅速开展斗争。他们出狱后,立即同党组织接上关系,党组织及时分配了他们的工作。党中央数次对他们出反省院的问题作过严格审查,一直认为没有问题。1966 年 9 月 16 日,康生把这件事重新提了出来。到 1967 年,由于薄一波等人已被当做所谓"党内走资本主义道路的当权派"、"反革命修正主义分子"或"反党分子"打倒,由于"左"倾错误的发展,不能历史地看待这一问题,因而康生的诬陷起了作用。此后,在江青、康生、谢富治等人的煽动下,全国到处"揪叛徒"。由群众组织任意推倒组织对在白区工作过的、被捕过的干部作出的正确结论,重新审查,甚至刑讯逼供。江青、康生、谢富治等人更对他们无中生有地罗织罪名,长期监禁,残酷迫害。到这年 6 月,全国有 5000 多人受到审查。廖鲁言、杨之华、徐子荣、胡锡奎、刘锡五、王其梅等一批老革命家,因长期遭受折磨,含恨逝世。

同日 中共中央转发中国人民解放军北京卫戍区司令部对实行军事管制的厂矿发布的《布告》,要求各地参照执行。《布告》规定,实行军事管制的厂矿的文化大革命、生产和业务工作,要在军管会的领导下进行。军管会要支持无产阶级革命派,促进无产阶级革命派大联合,筹备组成革命的"三结合"的临时权力机构。

同日 中共中央、国务院、中央军委发布《关于保护国家财产,节约闹革命的通知》。针对一些地方出现的破坏国家财产,私分集体的生产资料,砸毁工矿、企业、机关、学校等单位的设备和物资等问题,《通知》规定:不准私分生产队的公积金、集体储备粮和种子,不准随便动用农业生产的专用款项,不准破坏农具和机

器;杜绝一切不必要的开支;节约使用交通工具,不准随意强占公房公物;主动退回在经济主义泛滥期间领取的各种交通工具、装备和公款等;对文物、图书要加强管理和保护工作;对盗窃或破坏国家资财者,必须按情节轻重给予必要的教育和处分,并要酌情赔偿;其中情节严重的,必须坚决镇压。

同日　中共中央作出《关于各省、市、自治区报纸宣传问题的几项规定》,主要内容是:报纸绝不能成为一个革命组织攻击另一个革命组织的工具;报纸应接受革命委员会或军管会的领导;严格遵守毛主席和党中央的指示;报社内革命派如不能控制局面,可以实行军事管制,如不能正常出版,可以刊载新华社电讯和中央报刊上的文章。

3 月 17 日　中共中央发出通知:各省、市、自治区一级的夺权,在采取行动之前,应先取得中央同意,派代表来京同中央商量。没有经过中央同意,不要成立临时权力机构(革命委员会),不要在地方报纸上报道和广播电台上广播夺权。

3 月 18 日　中共中央发出《给全国厂矿企业革命职工、革命干部的一封信》,要求全国厂矿企业革命职工和革命干部要成为"大联合"的模范;要巩固劳动纪律,坚持在 8 小时以外搞"文化大革命",并同无故旷工、敷衍了事的不良现象作斗争;要研究精兵简政的经验,既要减少脱产人员,又要提高工作效率;要保护国家财产,对破坏国家财产的人,必须按国家法律严格惩办;在厂矿工作的革命干部,应该带头做好各项工作,为完成和超额完成国家生产和建设计划,尽最大的努力,并号召"犯过错误"的人在工作中改造自己,"将功补过"。

同日　山西省革命委员会成立,刘格平任革命委员会主任。

同日　中共中央转发北京市公安局军事管制委员会《布告》,要求各大、中城市有类似情况者参照办理。《布告》颁发了《关于在文化大革命中被遣送后返京人员的处理办法》。

3 月 19 日　中共中央发出《关于停止全国大串联的通知》,指出:"目前正在实现无产阶级革命派大联合,建立三结合的临时权力机构。继续停止全国大串联,取消原定的今年春暖后进行大串联的计划。"

同日　台湾"行政院"主计处宣布,台湾 1966 年出口达 57 亿美元。

3 月 20 日　台湾"立法院"通过《奖励投资条例》第三条条文修正案,将国际观光旅馆业纳入奖励投资范围。

3 月 22 日　台湾"省议会"通过《台湾省各县市实施地方自治纲要》修正案,重新确定地方财政归属。

3 月 24 日　中共中央、国务院、中央军委、中央文革小组作出《关于青海问题的决定》。

3 月 27 日　中共中央作出《关于安徽问题的决定》。

同日　陈伯达与北京大学师生代表座谈教学改革问题。他说:"教育制度要搞个大革命。""我们的教育制度是从清朝末年演变来的,后来又接受苏修一套东西。教育制度、教学内容、教学方法基本上是资本主义的……我们一定要大破大立。"

3 月 28 日　刘少奇写信给毛泽东,驳斥小报上说他吹捧过电影《清宫秘史》。

同日　台湾"立法院"通过《房屋税条例》。

3 月 29 日　中共中央发出通知:"在无产阶级文化大革命中,各地区都不宜按民族划分单独成立群众组织,也不要以民族名称命名群众组织。"

同日 首批国产轰—5型轰炸机装备空军部队。

3月30日 《红旗》杂志第5期发表社论《论革命的"三结合"》。社论引用了毛泽东的话:"在需要夺权的那些地方和单位,必须实行革命的'三结合'的方针,建立一个革命的、有代表性的、有无产阶级权威的临时权力机构。这个权力机构的名称叫革命委员会好。"社论说:"从上至下,凡要夺权的单位,都要有军队代表或民兵代表参加,组成'三结合'。不论工厂、农村、财贸、文教(大、中、小学)、党政机关及民众团体都要这样做。县以上都派军队代表,公社以下都派民兵代表,这是非常之好的。军队代表不足,可以暂缺,将来再派。"这一段话是毛泽东审稿时加上的。

4月1日 台湾"行政院"公布施行《台湾地区戒严时期军法机关自行审判及交法院审判案件划分办法》。

4月4日 澳大利亚总理霍特抵台访问。

4月6日 经毛泽东批准,中央军委发布十条命令。要求保护造反的各种群众组织。主要内容是:①对群众组织,无论革命的,或者被反动分子所控制的,或者情况不清楚的,都不准开枪,只能进行政治工作。②不准随意捕人,更不准大批捕人。对于确实查明的反革命分子要逮捕,但必须证据确凿,经过批准手续。③不准任意把群众组织宣布为反动组织,加以取缔。更不准把革命组织宣布为反革命组织。④对于过去冲击过军事机关的群众,无论左、中、右,概不追究。⑤采取重大行动前,应向中央文革小组和全军文革小组请示报告。⑥一概不要进行群众

性的"请罪"运动,也不要强迫群众写检讨。

同日 一些群众组织到中南海揪斗刘少奇。

4月7日 台湾当局决定放宽进口解体旧船规定,以降低废钢原料成本。

4月8日 《人民日报》发表《高举无产阶级的革命的批判旗帜》的社论,把斗争矛头指向刘少奇。

同日 《光明日报》发表社论《批判中国的赫鲁晓夫》。

4月10日 经中共中央批准,清华大学召开几十万人参加的大会,批斗王光美,公然对王光美百般侮辱。彭真、陆定一、薄一波、蒋南翔等人也被揪到台上"陪斗"。

4月12日 江青在中央军委扩大会议上说:"要看到文教战线的重要性。对这个问题,我们过去认识不足。那些有问题的、能力不怎么强的干部,都被放到文教战线上去,还不说我们包下来的几百万资产阶级知识分子。这样,他们的资产阶级的、封建主义的东西就大量地泛滥。""这十七年来……大量是名、洋、古的东西,或者是被歪曲了的工农兵形象。""在教育方面,培养出一些完全脱离工农兵、脱离无产阶级政治和脱离生产的知识分子。比过去还多了。"江青的这次讲话,随后被作为中央文件印发全国。文教方面大批领导干部和知识分子进一步遭到打击、迫害。

4月13日 中共中央作出《关于处理内蒙问题的决定》,支持呼和浩特"三司"等群众组织,打倒王逸伦、王铎等内蒙党、政、军负责人,由原青海省军区司令员刘贤权担任内蒙军区司令员,由吴涛任军区政治委员。成立以刘贤权、吴涛为首的内蒙古革命委员会筹备小组,并要求在内蒙

公开揭露"党内走资本主义道路当权派乌兰夫问题"。17 日,中央文革小组、全军文革小组以上述同一内容发出《给内蒙人民的一封信》。

4 月 15 日　《解放军报》发表评论员文章《历史的铁证——评党内最大的走资本主义道路的当权派 1949 年天津之行》。文章指责刘少奇 1949 年在天津贯彻中共七届二中全会精神,要求恢复和发展民族资本主义工商业的讲话,说:"党内最大的走资本主义道路的当权派 1949 年的天津之行,说明他早就站在资产阶级的立场上,设计了他在中国发展资本主义、走资本主义道路的蓝图。"

4 月 17 日　戚本禹陪同陈伯达接见"批陈联络站"等组织,他们说到中南海揪陈毅"没有错","外事口盖子还是要揭开的",使"批陈联络站"等组织马上发表了"打倒陈毅"的声明,外事口造反派也先后到中南海和外交部揪斗陈毅。

4 月 19 日　台湾"内政部"修订公布《战时新闻用纸节约办法》。

4 月 20 日　北京市革命委员会成立。谢富治为主任委员,吴德、郑维山、傅崇碧、聂元梓为副主任委员。21 日,《人民日报》《解放军报》为北京市革命委员会成立发表社论。

4 月 23 日　毛泽东在《陕西驻军负责同志虚心听取群众意见改进工作》上批示:"军队这样做是很正确的,希望全军都采取此种做法。"同日,毛泽东又在成都军区一个报告上批示:现在另一种思潮又起来了,即有些人说,他们那里军队做的事情都错了,弄得有些军队支左、军管、军训人员下不得台,灰溜溜的。遇到这种情况,要沉得住气,实事求是地向群众公开承认错误并立即改正。另外,向军队和群众双方都进行正面教育,使他们走上正

轨。我看现在这股风不会有二月那样严重,因为军队和群众都有了经验。伟大的人民解放军一定会得到广大群众拥护的。

4 月 24 日　人民解放军空军某部击落美军入侵飞机两架。美军两架 F－4B 型战斗机侵入中国广西板兴地区上空,进行挑衅。设伏的空军高射炮兵第 30 团立即开火,击落一架。另一架飞机扔掉副油箱和火箭架企图逃跑,被空军航空兵第 26 师中队长宋义民驾驶歼－5 型飞机击落。

4 月 29 日　国务院批准了国家计划委员会向国务院提出的《关于建议少进口粮食而多进口一些国家急需的钢材问题的报告》。《报告》说:1967 年计划进口粮食 515 万吨,已订购 346 万吨,还有 168 万吨没订购,建议减少未订购数的进口,用这笔外汇进口一些国家急需的钢材等物资。《报告》认为,国内粮食库存增加比较快,而国内生产的钢材、生铁和某些化工原料,特别是一些短线产品,不能适应生产、建设的需要。为了实现 1967 年工业生产计划,保证三线建设和农业机械化的进行,需要增加一些钢材、废钢铁和化工原料的进口。

同日　人民解放军空军某部击落美军无人驾驶高空侦察机 1 架。美军 1 架无人驾驶高空侦察机侵入中国广西南宁地区上空。空军第 54 团中队长张金堂驾驶歼－6 型飞机拦截,将其击落。

4 月 30 日　中共中央提出《关于福建问题的意见》。

5 月 1 日　人民解放军空军某部击落美军攻击机 2 架。美国海军 3 架 A－4B 型舰载攻击机侵入中国广西峒中地区上空,进行挑衅。驻防该地的空军高射炮兵第 30 团集中火力,在 55 秒内击落其中 2 架,另 1 架飞机侥幸逃脱。

5 月 4 日　毛泽东全身塑像在清华大

学落成。

5月5日　台湾"立法院"通过《政府向国外借款及保证条例》。

5月6日　严家淦途经日本赴美国访问。

5月7日　中共中央作出《关于处理四川问题的决定》。

5月8日　《人民日报》、《红旗》杂志发表编辑部文章《〈修养〉的要害是背叛无产阶级专政》。

5月9日　国务院发出《关于取消非贸易外汇分成办法的通知》。《通知》认为，非贸易外汇分成办法，会助长分散主义。《通知》规定：自1967年起，取消现行各种非贸易外汇地方分成办法（包括黄金生产分成办法），各省、市、自治区不再进行非贸易外汇的清算；各地为收入非贸易外汇需要提供的各项物资，应一律纳入地方商品流转计划，除个别物资外，中央不再做专项安排；各口岸外轮供应公司按国家价格出售商品、提供服务所产生的人民币亏损，仍由地方财政核销。

5月10日—6月　首都和全国纪念毛泽东《在延安文艺座谈会上的讲话》发表25周年。5月10日，江青《谈京剧革命》（1964年7月在京剧现代戏观摩演出人员座谈会上的讲话）发表。《红旗》杂志第6期为此发表的社论《欢呼京剧革命的伟大胜利》说："京剧革命的胜利，宣判了反革命修正主义文艺路线的破产，给无产阶级新文艺的发展开拓了一个崭新的纪元。"23日，北京、上海集会纪念毛泽东的《在延安文艺座谈会上的讲话》发表25周年，陈伯达和戚本禹在北京、姚文元在上海发表讲话。陈伯达在讲话中吹捧江青说：她"一贯坚持和保卫毛主席的革命文艺路线。她是打头阵的。这几年来，她用最大的努力，在戏剧、音乐、舞蹈各个方面，做

了一系列革命的样板，把牛鬼蛇神赶下了文艺的舞台，树立了工农兵的英雄形象"，"成为文艺革命披荆斩棘的人"。25至28日，《人民日报》连续发表毛泽东关于文学艺术问题的五个文件：《看了〈逼上梁山〉以后写给延安平剧院的信》（1944年1月9日）、《应当重视电影〈武训传〉的讨论》（1951年5月20日）、《关于红楼梦研究问题的信》（1954年10月16日）、《关于文学艺术的两个批示》（1963年12月12日、1964年6月27日）。其中《看了〈逼上梁山〉以后写给延安平剧院的信》，1950年曾在《人民戏剧》创刊号上发表。这次重新发表，删去了收信人杨绍萱、齐燕铭的名字和"郭沫若在历史话剧方面做了很好的工作，你们则在旧剧方面做了此种工作"两句话。作为纪念活动，现代京剧《智取威虎山》等八个"样板戏"同时在首都舞台上演，历时37天，演出218场。31日，《人民日报》以《革命文艺的优秀样板》为题发表社论，说这八个戏"宣告了反革命修正主义文艺黑线的破产"。6月18日，《人民日报》报道会演结束，号召"把革命样板戏推向全国去"。

5月11日　中共中央发出通知，要求各单位"进一步深入地开展对党内最大的一小撮走资本主义道路当权派的大批判运动"。刘少奇提出申诉意见被置之不理。

5月12日　经毛泽东批准，中共中央、中央军委、中央文革小组、军委文革小组提出《关于甘肃问题的几点意见》。中央决定对甘肃省实行军事管制，以冼恒汉为军管会主任。

5月13日　北京军队内部两派为纪念毛泽东《在延安文艺座谈会上的讲话》发表25周年举行演出问题在北京展览馆剧场发生冲突。李作鹏等人违背周恩来

关于联合演出的指示,支持一派演出,有预谋地压制另一派。事后,林彪、江青等人通过观看演出等活动支持单独演出的这一派,这一派也就成为"林副主席所支持的三军无产阶级革命派"。

同日 煤炭工业部请求将完不成生产计划的所属乌达、包头、平顶山、鹤壁、淮南、通化六个矿务局实行军事管制,国家计委同意这个意见。同日,煤炭工业部向国家计委反映鸡西各煤矿从 4 月 22 日起发生武斗,有伤亡,生产下降。煤炭日产量由 4 月上旬的 2.13 万吨下降到 5 月上旬的 7000 吨。十一个矿只有三个矿生产。

5 月 14 日 北京市革命委员会发布毛泽东批准的《重要通告》。主要内容是:①必须坚决执行毛主席关于"抓革命、促生产、促工作"的指示。②严禁打、砸、抢、抄、抓,煽动武斗的少数坏人和情节严重的打人凶手应该受到国家法律制裁。③不准破坏国家财产,不准动用交通工具参加武斗,不准参加外单位的武斗。④不许破坏劳动纪律,不许无故旷工。⑤坚决执行中央 4 月 20 日关于停止外出串联的通知。

同日 中共中央发出《关于无产阶级文化大革命中保护文物图书的几点意见》。中共中央指出,文物图书都是国家的财产,应加强保护和管理工作;革命遗址和纪念建筑物必须坚决保护,保持原状,不得大拆大改;重要的古建筑、古窟寺、石刻及雕塑、壁画等都应保护,不宜开放的,暂行封存;古文化遗址、古墓葬要注意保护,严禁挖掘古墓;出土文物应交文化部门保管;对有毒的书籍不要烧掉;各地应尽快成立文物图书清理小组,对破"四旧"中查抄的文物和书籍、文献、资料进行清理,收集起来,集中保管,勿使损坏;各炼铜厂、造纸厂、废品收购站对收到的文物图书一律不要销毁,经文化部门派人鉴定、拣选后再处理;各地博物馆、图书馆、文管会、文物工作队、文化馆、文物商店、古籍书店所藏文物图书应妥善保管,一律不要处理或销毁。

同日 中共中央、国务院、中央军委、中央文革小组联合发出《关于半工半读学校复课闹革命和毕业生分配问题的通知》。

同日 中共中央、中央军委、中央文革小组、军委文革小组向全军转发广州军区、湖南省军区关于在"支左"中犯了错误的报告,在批语中指出:"凡犯了错误的必须坚决改正。如不改正,越陷越深,到头来还得改正,威信损失就太大了。及时改正,威信只会比前更高。""要坚决相信绝大多数群众是好的,坏人只是极少数,不过百分之一二三。这样一想,就什么都通了。"批语是毛泽东写的。

同日 中共中央发布《关于改进革命群众组织的报刊宣传的意见》。主要意见是:不许擅自刊登和印发毛泽东、林彪没有公开发表的文章、讲话、批示,不许擅自刊登和印发中央的内部文件;不得公开发表反对人民解放军的文章和报道;严格保守党和国家的机密。

5 月 15 日 中国外交部负责人召见英国驻华代办,面交中国外交部声明,最紧急最强烈抗议香港英国当局对香港中国工人和居民的暴行。声明指出,5 月 6 日下午,新蒲岗人造塑胶花工厂中国工人为反对资方加重剥削进行斗争,香港英国当局竟出动武装警察和"防暴队"对该厂工人和其他中国居民进行镇压。事后逮捕了前往香港警署抗议的工会主席和工人代表。11 日下午,香港英国当局再次出动大批武装警察,多次使用警棍、防暴枪、催泪弹，并开来军车和直升机，对赤手空拳的工人进行更大规模的镇压，逮捕了很多人。对此，我国外交部向英国政府提出强烈抗议。

5月17日 《人民日报》公开发表《五一六通知》。

同日 江青把《伍豪等脱离共党启事》送给林彪、康生和周恩来，并写信给他们说：红卫兵"查到一个反共启事，为首的是伍豪（周恩来），要求同我面谈"。企图诬陷周恩来。江青一伙把持下的上海市革委会还把《伍豪等脱离共党启事》列入《抓叛徒》简报。这个启事是国民党1932年在上海伪造的，纯属造谣诬蔑。事实上，周恩来当时早已离开上海到了江西中央苏区。当时还在上海的陈云、康生已及时采取措施，揭穿了敌人阴谋。

同日 台湾"省议会"修正通过《在营军人贫困家属生活扶助实施办法》。

5月18日 《红旗》杂志、《人民日报》发表经毛泽东审阅过的编辑部文章《伟大的历史文件》。文章指出："这个文件，提出了无产阶级文化大革命的理论、路线、方针和政策……吹响了无产阶级文化大革命进军的号角。""马克思和恩格斯创立了科学社会主义的理论，列宁和斯大林发展了马克思主义……毛泽东同志发展了马克思列宁主义，解决了当代无产阶级革命的一系列的问题，解决了在无产阶级专政下进行革命、防止资本主义复辟的理论和实践问题。这是马克思主义发展史上三个伟大的里程碑。"文章还说："现在的文化大革命，仅仅是第一次，以后还必然要进行多次。毛泽东同志近几年经常说，革命的谁胜谁负，要在一个很长的历史时期内才能解决。如果弄得不好，资本主义复辟将是随时可能的。全体党员，全国人民，不要以为有一二次、三四次文化大革

命，就可以天下太平了。千万注意，决不可丧失警惕。"这段话是毛泽东审稿时加写的。

同日 台湾"行政院"修正通过《各机关优先录用退除役官兵实施办法》。

5月19日 周恩来写信报告毛泽东，并附上有关历史材料，说明所谓"伍豪启事"纯系伪造。毛泽东批示：交文革小组各同志阅，存。后来又有人向毛泽东反映所谓"伍豪启事"问题。1968年1月16日，毛泽东批示："此事早已弄清，是国民党造谣诬蔑。"

5月20日 国家计划委员会开会讨论"抓革命、促生产"的问题。会议传达了国务院副总理李富春对将要召开的订货会议所作的指示：订货会议要开成"抓革命、促生产"的会议；要做到在革命性下讲科学性和组织纪律性，把会议开好；要讲科学性就要算账。李富春提出，1967年的工业生产计划指标将不进行调整，能完成的就完成，不能完成的就顺延到1968年的1月、2月或1季度。他要求国家计委、国家建委和中央各部要保证交通运输，并帮助把煤炭、冶金搞上去，强调各部委的业务班子必须健全，业务班子搞业务应同学习毛泽东著作一样"雷打不动"。

同日 《人民日报》发表了一组"毛主席语录歌曲"。此后，"语录歌"风行一时。

5月22日 《人民日报》发表《立即制止武斗》的社论。社论指出，在一些地方、一些单位、一些群众组织之间，出现了一股武斗的歪风。它影响和破坏生产，破坏革命的秩序，破坏国家财产，危及人民的生命安全。社论要求坚决贯彻执行中共中央主席毛泽东"要用文斗，不用武斗"的指示和5月15日北京市革命委员会发布的《重要通告》，坚决刹住武斗这股歪风。

5月23日 中央文革小组成立文艺

组。江青任组长,戚本禹、姚文元任副组长。10 月 12 日,根据毛泽东的指示,文艺组宣布解散。

同日　"毛泽东思想胜利万岁革命画展"在北京中国美术馆开幕,该展由北京 84 个革命造反组织联合发起主办。

同日　台湾"立法院"通过《分类职位公务人员考试法》。

5 月 25 日　中央决定对航空工业部实行军事管制。

同日　"无产阶级文化大革命万岁巡回美展"在天安门广场开幕,并在工厂、农村、部队巡回展出。

5 月 26 日　中国自行设计制造的中程地地导弹发射成功。1971 年 5 月,该型导弹开始在第二炮兵部队服役。

5 月 28 日　经毛泽东批准,中共中央、国务院、中央军委、中央文革小组发出《关于对××部(委)实行军事管制的决定(试行草案)》。

5 月 29 日　《林彪同志委托江青同志召开的部队文艺工作座谈会纪要》公开发表。这个纪要经毛泽东多次修改,中共中央曾于 1966 年 4 月 10 日作为正式文件转发。公开发表时改动二十多处,未作说明。

同日　经毛泽东、林彪、周恩来同意,中央军委、军委文革小组发出《关于目前军队院校无产阶级文化大革命的指示》。

5 月 31 日　中共中央、国务院、中央军委、中央文革小组发布《关于对铁道部和交通部实行军事管制的决定(试行草案)》。《决定》说,根据中共中央主席毛泽东"军队不但要协同地方管农业,对工业也要管",以及"只管工业,不管交通运输,是不对的"指示,决定对铁道部和交通部实行军管。

5 月—6 月　为纪念毛泽东《在延安文艺座谈会上的讲话》发表 25 周年,《红灯记》等 8 个革命样板戏在北京会演。

6 月 1 日　中共中央、国务院、中央军委、中央文革小组针对某些地区发生破坏铁路、交通运输秩序,影响运输计划完成,影响生产建设和人民生活的严重问题,发布《关于坚决维护铁路、交通运输革命秩序的命令》。

同日　台湾"省议会"休会以示对"经济部"收回商检权抗议。

6 月 2 日　"首都红卫兵革命造反成果展览会"在北京展览馆开幕。这是根据林彪 1966 年 10 月在中央工作会议上提出的意见举办的。展览会展示了横扫"四旧"、揪斗领导干部、冲击领导机关、"大串联"的图表和实物。

6 月 3 日　中共中央、国务院、中央军委、中央文革小组发出的文件指出:目前全国已进入夏收、夏种大忙季节,各级领导必须十分重视,立即动员和组织人力,投入夏收、夏种的战斗。11 日,国务院、中央军委发出《关于保证做好夏季粮油征购和分配工作的通知》,要求在夏季粮油征购和分配工作中贯彻兼顾国家、集体、个人三方面利益,及时收购,及时安排,合理负担,藏粮于民,计划用粮和节约用粮等政策,保证完成和超额完成征购任务。

同日　刘少奇、王光美专案组成立。

6 月 4 日　中共中央决定,进行大专学校 1966 年毕业生及 1965 年待分配毕业生的分配工作。

6 月 5 日　《解放日报》发表题为《发展社会主义,还是复辟资本主义?——评"工业七十条"》的文章,在全国首次公开批判 1961 年由邓小平主持制订的《国营工业企业工作条例(草案)》。此后,又陆续发表了四篇文章,批判《工业七十条》。这些文章,把《工业七十条》诬蔑为"瓦解社会主义经济、复辟资本主义的黑纲领"。

同日 台湾"经济部"公布《侨外投资证券实施办法》。

同日 国民党中常会通过《中华文化复兴运动推行委员会组织章程》

6月6日 中共中央、国务院、中央军委、中央文革联合发出《通令》（即"六六通令"）。《通令》要求"纠正最近出现的打、砸、抢、抄、抓的歪风，防止反革命分子和破坏分子浑水摸鱼，乘机捣乱"。《通令》规定：除国家专政机关依法执行逮捕拘留任务外，任何团体和个人，都不准抓人，不准私设公堂或变相私设公堂；各级党政军机关的文件档案和印章，不准抢夺、窃取或破坏；国家和集体财产，不准任何人侵占、砸抢和破坏；严禁武斗、行凶打人、抢夺个人财物；除国家专政机关奉命执行任务外，不准对任何团体或个人进行搜查或抄家。上述各条由各地卫戍部队和驻军负责保证执行，对违犯者应严加处理。各群众组织应成为执行本《通令》的模范。

6月8日 台湾"行政院"核定公布《简化投资及外销行政手续》。

6月11日 国务院、中央军委发出《关于保证做好夏季粮油征购和分配工作的通知》。

6月14日 蒋介石主持"国家安全会议"第一次会议。

6月16日 新华社报道，《红灯记》等8个"革命样板戏"在北京会演，于15日结束，历时37天，共演出218场。此后数年，在中国的文艺舞台上，只准演出《红灯记》等8个样板戏，见不到其他剧目。

6月17日 中国在西部地区上空成功爆炸了第一颗氢弹。

6月18日 台湾"省政府"实施《省属机关主管人员定期轮调办法》。

6月21日—25日 赞比亚共和国总统卡翁达应中华人民共和国政府邀请对中国进行国事访问，国务院总理周恩来与卡翁达举行了会谈。23日两国签订了经济技术合作协定。25日发表了两国联合公报。

6月21日—7月1日 姚文元、谭厚兰等7人组成的中国红卫兵代表团，应邀参加阿尔巴尼亚劳动青年联盟第五次代表大会，并对阿尔巴尼亚进行访问。

6月22日 中共中央、国务院、中央军委、中央文革发出《关于进一步抓革命，促生产，增加收入，节约支出的通知》。

同日 无产阶级革命家、中国工人运动的杰出领导人之一李立三，因受林彪、江青一伙的残酷迫害，不幸逝世，终年68岁。

同日 周恩来总理亲自组派第一批北京医疗队去西北农村。

6月24日 人民解放军空军部队击落美军无人驾驶高空侦察机1架。美国空军1架BQM-147H型无人驾驶高空侦察机侵入中国广西地区上空。空军航空兵第3师飞行员刘光才驾驶歼-7型飞机迎击，在距敌机180米处开炮将其击落。

同日 中共中央发出《通知》。《通知》要求浙江、江西、广西、湖南、河南、鞍钢、鞍山市来京会谈的代表团保证以下六条能在各地实现："①不上街游行。②互不打架，互不冲击。③不抓人、不扣人。④不阻碍铁路、公路、轮船运输。⑤不动员农民进城、拦路、拦车。⑥不夺枪，不开枪。"

6月25日 《人民日报》转载《文汇报》社论《无产阶级革命性与小资产阶级摇摆性》，在编者按里传达了毛泽东的意见："必须善于把我们队伍中的小资产阶级思想引导到无产阶级革命的轨道，这是无产阶级文化大革命取得胜利的一个关键问题。"

6月26日 人民解放军海军航空兵某部击落美军战斗机1架。美国空军1架F—4C型战斗机侵入中国海南岛榆林地区上空,海军航空兵第26师第16团副大队长王柱书,飞行员吕纪良驾驶歼—6型飞机迎击,并将敌机击落。

同日 国家计划委员会召开生产供应会。这次会议讨论了1967年头5个月的工业生产形势,研究了对1967年工业、交通运输计划的调整意见,落实了订货计划。国务院副总理李富春在会上讲话。他说,全国夏粮丰收已成定局,头5个月的工业产值比去年同期增长70%,多数工业产品产量比去年同期有所增加。但4月下旬以来,由于许多地方少数坏人挑起武斗,冲击铁路,破坏生产和运输,使煤炭生产和铁路运输没有完成计划。根据上半年的情况,对1967年全国计划、工交会议拟定的1967年的主要生产指标,需要进行调整。今年的生产指标,确实完不成的,可顺延一两个月或一个季度。这次订货会,凡是能按原计划订货的,尽可能按原计划订货;不能按原计划的,则应按调整后的计划落实订货数字,要集中力量狠抓农业、煤炭和铁路运输。为迅速扭转煤炭生产下降的局面,中共中央决定对煤炭部直属的68个矿务局实行军管。

6月28日 中共中央发出《关于"抓叛徒"的通知》,针对"抓叛徒"中出现的十分混乱的情形,作出规定:①"不要根据不充分的、未经核实的材料,自行宣布某人为叛徒。"②"应当把重点放在清查党内一小撮走资本主义道路当权派中的叛徒。"③"要把有一般历史问题的干部同叛徒、特务,严格区别开来。"④"各群众组织不要借'抓叛徒'的名义,进行宗派斗争,互相攻击。"

同日 严家淦率团赴南朝鲜参加朴正熙就职典礼。

6月29日 中共中央发出《关于节约闹革命、防止铺张浪费的通知》。

7月1日 成昆铁路建成通车。这条铁路1958年7月开始修建,全长1085.8公里。

同日 新华社报道:《毛主席语录》的14种外文版已发行80多万册。

同日 台北市正式改制为院辖市。

7月2日 国务院同意停办出国师资班。

7月4日 人民解放军海军组建第一个导弹艇基地。海军司令部根据总参谋部的批复发布命令,在山东省青岛组建第一个导弹艇基地,并确定海军201导弹艇大队进驻该基地。

7月6日 台"教育部长"表示,台湾当局决定明年起把义务教育的年限由6年改为9年。

7月9日 刘少奇根据中共中央的意见,为北京建筑工业学院师生员工写了检讨书。他既违心地作了一些检讨,也如实地作了一些说明(1966年8月初,刘少奇在北京建筑工业学院就"文化大革命"问题讲过话)。

7月13日 中共中央发出《关于禁止挑动农民进城武斗的通知》。

同日 中共中央发出《关于建造毛主席塑像问题的指示》,转发了毛泽东的意见:"此类事劳民伤财,无益有害,如不制止,势必会刮起一阵浮夸风。"中央要求遵照毛泽东的意见,制止建造毛主席塑像。全国各地到处建造毛泽东塑像,越造越多,越造越大,已形成一股风。

7月17日 国务院、中央军委批发粮食部《关于春季粮、油保管情况及今后工作意见的报告》。国务院、中央军委的批示中引用了中共中央主席毛泽东的一段话:"要十分重视节约粮食问题……每年一定要把收割、保管、吃用三件事(收、管、吃)抓得很紧很紧。而且要抓得及时,机不可失,时不再来。"

同日 《人民日报》在题为《中央直属文艺系统革命派高举毛泽东思想的革命批判旗帜,联合起来向文艺黑线总后台及其代理人发起总攻击》的长篇报道中,集中公开点名批判陆定一、周扬、林默涵、夏衍、齐燕铭、田汉、阳翰笙、肖望东、陈荒煤、张致祥、邵荃麟等,诬蔑他们是"文艺界党内最大的一小撮走资本主义道路的当权派"。

7月18日 北京群众组织数十万人在中南海西门外召开揪斗刘少奇誓师大会,围困中南海,要求"刘少奇滚出中南海"。

同日 江青、康生、陈伯达、戚本禹在毛泽东离开北京期间,组织批斗刘少奇、王光美,逼令低头弯腰,罚站两个多小时,同时抄了他们的家。

同日 北京航空学院经中共中央批准集会批斗彭德怀。在戚本禹的怂恿下,造反派头头韩爱晶殴打了彭德怀,一些人对彭德怀拳打脚踢,将彭打倒在地七次,前额打伤,肋骨打断,肺部内伤。

同日 《人民日报》发表《打倒修正主义教育路线的总后台》的文章。文章认为1949年以来的教育工作"推行了一条反革命修正主义的教育路线","是为资本主义复辟效劳",也是"为地主、资产阶级传宗接代服务的","是封建主义、资本主义、修正主义的破烂",全盘否定解放以来17年的教育工作。

7月19日 台湾当局与马耳他"建交"。

7月20日 武汉发生了一起打击武汉军区和一派群众组织的事件。早在4月16日,中央文革小组副组长江青就说过:"成都、武汉那是问题比较严重的地方,可以冲一冲。"在他们的支持和煽动下,武汉少数坏头头挑起武斗,绑架武汉军区政委钟汉华。7月14日,中央文革小组成员王力和谢富治以中央代表团的名义到武汉。他们到武汉后,违背中共中央主席毛泽东和国务院总理周恩来关于不要公开露面,不作倾向性表态,促使两派群众组织联合起来的指示,四处活动,找"造反派"谈话,公然支一派压一派,加剧了群众组织之间的对立情绪。7月20日,武汉市的群众和武汉军区的一些战士与王力等进行说理斗争,指责他们进行支一派压一派的阴谋活动,被林彪、江青说成是"反革命事件",说武汉军区司令员陈再道"搞兵变"。7月25日,林彪、江青在北京举行支持武汉"造反派"的群众大会,并在报刊上公开提出"打倒军内一小撮走资本主义道路的当权派"的口号。7月28日,中共中央、国务院、中央军委、中央文革小组发出《给武汉市革命群众和广大指战员的一封信》。信中把"七二〇事件"称之为"严重的政治事件",提出"要追查一小撮坏人和打人凶手,依法严办","要彻底揭露'公检法'中的一小撮坏头头和武汉军区内个别坏人"。随后,在全国各地掀起了一股"揪军内一小撮"的歪风,许多地方开始冲击军事机关,抢劫枪支弹药,挑动武斗,制造事端。

7月21日 国家计划委员会同意并批转国家物资管理部《关于内地重点建设物资供应情况和意见的报告》。《报告》说,最近有的地方已把负责内地重点建设项目物资供应的机构撤销,与一般物资机构合并,有的机构虽未撤销,但已把人员调走,工作处于瘫痪,严重影响了内地重点项目的物资供应。物资部提出的意见是:①专为重点建设项目物资供应的专案机构应维持现状,不能撤销或合并。②专案机构的工作人员不应调动。③保证重点建设项目需要的物资不许挪用。④有关内地重点建设项目的文件、资料,要作为国家机密管理,不许抢夺、窃取和破坏。

同日　新华社报道,北京第二机床厂自行设计和制造成功一台具有世界先进水平的高精度万能外圆磨床。这台磨床采用了许多国内成功的先进技术,为中国国防工业和精密机器制造工业提供了新的优良装备。

7 月 22 日　中央文革小组副组长江青在河南对一派群众组织的代表团讲话中提出"文攻武卫"的口号,煽动武斗。她说:"你们自卫的武器不能放下！我记得好像就是河南一个革命组织提出这样的口号,叫做'文攻武卫',这个口号是对的！"

7 月 23 日　"文攻武卫"的口号在上海《文汇报》上公开提出。从此,全国各地武斗急剧升级,不断出现抢夺人民解放军武器装备、武装占领校舍、火烧大楼、踏平不同观点的群众组织、开枪打死打伤学校师生和群众的事件,社会秩序更加混乱。

同日　中央文革小组组织了数万人在北京西郊机场欢迎谢富治、王力回到北京。

7 月 24 日　国务院、中央军委发出《关于保证做好粮食调运、加工和供应工作的通知》。《通知》说,最近由于一些地方出现大规模武斗,使粮食调运、加工和供应不能正常进行,甚至发生抢粮、停产、供应中断等情况,严重影响城乡人民生活和社会主义建设,这种情况必须制止。

7 月 25 日　林彪在天安门城楼上对肖力(李讷)说:"要战斗！要突击！要砸

烂总政阎王殿!"总政治部主任、副主任、部长们和大批干部遭到诬陷、迫害。总政治部被"砸烂"后,被实行军管。

同日　北京举行欢迎谢富治、王力归来,支持武汉造反派的群众大会。

同日　康生等人在新华社电讯稿中提出"揪军内一小撮"的口号。

同日　台湾"立法院"通过《关税法》。

7 月 26 日　北京航空学院、地质学院联合召开万人斗彭(德怀)大会,彭德怀再次挨打,并被拉上大卡车带到市内游斗,因彭伤势严重不能行走,由战士用担架抬回卫戍区。

同日　经毛泽东、中共中央批准,武汉军区发表《公告》,将武汉"七二〇"事件定性为反革命事件。

同日　中共中央在《关于纪念"八一"建军节的通知》中说:"彻底批判反党分子彭德怀、罗瑞卿的反动资产阶级军事路线,揭露他们同党内最大走资本主义道路当权派相勾结,在党内最大的走资本主义道路当权派支持和策划下进行篡党、篡军的罪恶活动,把目前对党内最大的一小撮走资本主义道路当权派大批判运动推向一个更深入的阶段。"

同日　戚本禹根据江青的指示,向造反的群众表示慰问和支持。

7 月 27 日　中共中央、国务院、中央军委、中央文革小组发出《给武汉市革命群众和广大指战员的一封信》,祝贺他们"英勇地打败了党内、军内一小撮走资本主义道路当权派的极端狂妄的进攻"。

7 月 28 日　蒋介石下达"行政院"设置人事行政局的命令。

同日　台湾"中华文化复兴运动"推行委员会成立。

8 月 1 日　《红旗》杂志第 12 期发表社论《无产阶级必须牢牢掌握枪杆子——

纪念中国人民解放军建军40周年》，提出："要把军内一小撮走资本主义道路的当权派揭露出来。"

8月3日 台湾"行政院"通过《九年国民教育实施纲要》。

同日 谢富治、戚本禹到中南海西门宣布中央文革小组根据毛泽东意见而作出解除围困中南海的决定。

8月5日 毛泽东的《炮打司令部（我的一张大字报）》在《人民日报》发表。《人民日报》发表社论《炮打资产阶级司令部》，认为这张大字报具有伟大意义，又说："党中央号召，全国无产阶级革命派动员起来，集中火力，集中目标，进一步深入地、广泛地从政治上、思想上、理论上，对党内最大的一小撮走资本主义道路当权派，开展革命的大批判。"

8月7日 公安部举行群众大会，公安部部长谢富治在会上讲话时提出"砸烂公检法"（公检法指公安机关、检察院、法院）的口号。

同日 中央文革小组成员王力在接见外交部"造反派"时提出"外交部可以夺权"，他说："部党委班子没有动吧？这么大的革命，班子不动还行？""现在外交部还是原班人马，原封未动。……还是三结合班子好，以革命造反派为主体。"周恩来把王力7日讲话送给在外地的毛泽东，毛泽东斥之为"大、大、大毒草"。8月底，经毛泽东批准，王力、关锋被隔离审查。

8月8日 《人民日报》发表署名"贡文声"整理的《孙冶方的"理论"是修正主义谬论》的材料，并加了编者按。按语说："在经济学界，孙冶方等人提出一整套修正主义谬论。他们反对毛泽东思想挂帅、政治挂帅，主张利润挂帅、钞票挂帅。他们妄图改变社会主义的生产关系，把社会主义企业变成资本主义企业。"

8月9日 林彪接见曾思玉、刘丰时讲话。他说："我们发动文化大革命靠两个条件：一是靠毛泽东思想和毛主席的崇高威望，再是靠解放军的力量。""这次文化大革命胜利很大。真是代价最小最小最小，胜利最大最大最大。""现在不少地区党、政机关都瘫痪了，表面上看来很乱。这个乱是必要的，正常的，不乱，反动东西就不能暴露。""乱有四种情况：（一）好人斗坏人，应该。（二）坏人斗坏人。这是'以毒攻毒'，是我们可以间接利用的力量。（三）坏人斗了好人……好人挨整，暴露了坏人，锻炼了自己，好人吃点苦头，但尝到很大的甜头。（四）好人斗好人……可以从中得到教训。""要坚决站在毛主席一边，站在左派一边……在现实的阶级斗争中，站在哪一边，这是个立场问题，是个首要问题，其他都是附带的问题。""现在的革命是革我们原来革过命的命。""文化大革命以来，有的班子垮了，部分国家机器不灵，要建立新的国家机器。"10月19日，中共中央批转了这个讲话，并予以高度评价。此后，社会秩序更加混乱。有些地方甚至出现破坏交通、火烧房屋、抢劫银行、抢夺援越物资、枪毙武斗中的"俘虏"的事件。

8月10日 中共中央、国务院、中央军委、中央文革小组发布《关于派国防军维护铁路交通的命令》，决定在8月15日以前派出部分国防部队担负护路任务。对原铁路局、分局的军管会和站段的军管小组，进行必要的调整或改组，以便实施统一指挥。各站段的铁路公安人员，统归所在站段护路部队指挥。

同日 中共中央、国务院、中央军委、中央文革小组发布《命令》："铁路、交通运输部门的群众组织和革命职工，与铁路、交通运输系统以外的群众组织之间一律不许互相冲击。铁路、交通运输部门的群众组织,除中央特许者外,暂不参加本单位以外的群众组织","外地、外单位的群众组织在铁路、交通运输部门设置的联络机构,必须撤出。"

同日　中共中央作出《关于湖南问题的决定》。

同日　经毛泽东批准,中共中央作出《关于处理江西问题的决定》。

8 月 11 日　中央文革小组召集北京大专院校红代会、中学红代会各群众组织的代表开会,根据毛泽东的指示着重指出:无产阶级革命派要相信和依靠中国人民解放军,"揪军内一小撮"的提法是完全错误的,"第三次大串连"的观点是错误的。

8 月 12 日　青海省革命委员会成立,刘贤权任革命委员会主任。

同日　外交部照会英国驻华代办处,强烈抗议港英当局在文锦渡、罗坊等边境地区制造事件。

同日　北京西单商场发生武斗事件,商场被迫停业 40 多天。

同日　中共中央、国务院、中央军委、中央文革小组转发《贵州省市场管理工作会议纪要》。

8 月 14 日　中共中央发出《关于在报刊上点名批判问题的通知》。《通知》说,为了把这场革命的大批判更好地同各地区、各部门的斗、批、改结合起来,批准除原来已在报刊上点名批判的中央和省、市的 21 名"走资派"外,再公开点名批判 34 名"走资派"。这以后,中央部门及省、市、区又有许多领导人被报刊公开点名批判。

同日　台湾当局将原"国家长期发展科学委员会"改组为"国家科学委员会"。

8 月 15 日　《人民日报》发表题为《走社会主义道路,还是走资本主义道路》的文章。

8 月 16 日　由毛泽东批发,中共中央、国务院、中央军委、中央文革小组给煤炭工业战线职工发出一封信,要求:正在武斗和停产的煤矿,应当立即停止武斗,恢复生产;离开生产岗位的职工,应立即返回原单位参加生产;生产时间不离开生产岗位,不在生产岗位上搞辩论,不因观点分歧而影响生产。

同日　《人民日报》摘要公布中共八届八中全会《关于以彭德怀同志为首的反党集团的错误的决议》,删去了《决议》标题和正文中"彭德怀"后面的"同志"二字。

同日　外交部"造反派"在王力等人支持下,宣布正式夺权。由于周恩来根据毛泽东"外交部是总理领导的,别人不能插手"的指示,指名陈伯达去向造反派宣布,封闭外交部无效,才及时制止了事态的发展。

8 月 17 日　中共中央、国务院、中央军委、中央文革小组作出《关于处理鞍山问题的决定》。决定对鞍山市、鞍山钢铁公司实行全面军事管制。

同日　中共中央、国务院、中央军委、中央文革小组发出《关于毒菌、毒物的安全保管和麻风病等传染病医院不许串联问题的通知》。

同日　根据中共中央、中央军委决定,由吴法宪、叶群、邱会作、张秀川四人组成军委办事组,吴法宪负责。9 月下旬,经中共中央主席毛泽东批准,中共中央、中央军委任命杨成武为军委办事组组长,成员还增加了黄永胜、李作鹏、谢富治等人。

同日　《红旗》杂志发表社论《从彭德怀的失败到中国赫鲁晓夫的破产》、《彻底摧毁资产阶级司令部——纪念党的八届十一中全会召开一周年》。

8月20日 中共中央、国务院、中央军委、中央文革小组发出《关于进一步实行节约闹革命，控制"社会集团购买力"，加强资金、物资和物价管理的若干规定》。

同日 《红旗》杂志发表社论《伟大的中国人民解放军是我国无产阶级专政和无产阶级文化大革命的可靠支柱》。

同日 外交部照会英国驻华代办处，要求英国政府在48小时内撤销对香港三家爱国报纸的停刊令，释放所有被捕的爱国新闻工作者。

8月21日 人民解放军空军部队击落美军攻击机2架。美国海军2架A—6A型舰载攻击机，从广西隘店附近侵入中国领空，进行挑衅。人民解放军空军航空兵第18师起飞4架歼—6型飞机拦截。第52大队副中队长陈丰霞、飞行员韩瑞阶各击落1架。美海军上尉罗伯特·J·弗林跳伞后被俘。

8月21日—9月4日 国务院农业办公室和国家计划委员会在北京召开山东、陕西、山西、内蒙古、辽宁、河北、河南和北京、天津九省、市、自治区农业座谈会。座谈会提出：要建立健全各级生产领导班子；进一步解决扭转"南粮北调"的问题；北方九省、市、自治区要集中主要力量更多地增产粮食；要组织好今冬明春的农田基本建设，重点放在修建小型工程上，并狠抓配套和管理，提高工程效益；要大力发展山区的粮食生产和多种经营，在投资分配和物资供应上，对山区要适当照顾；要编制好农业机械化计划，抓紧搞好农业机械检修配套，抓好零配件和配套农具的生产和供应。

8月22日 第三届全国人民代表大会常务委员会副委员长杨明轩在北京逝世，终年77岁。

同日 "造反派"制造了火烧英国驻华代办处涉外事件，严重破坏了中国的对外关系和声誉。

同日 中共中央作出《关于改组浙江军管会和省军区的决定》。《决定》说："为了加强浙江地区的军管和战备，进一步做好'三支''两军'工作，经中央批准，决定浙江省以6409部队和7350部队为基础，改组浙江军管会和省军区。"

同日 台湾"省议会"通过对地方自治6种法规的修正案。

8月23日 周恩来、陈伯达、谢富治等接见了外交部"革命造反联络站"代表，批评了火烧英国代办处，私自查封外交部党委和冲击外办等行动。周恩来向英方赔礼道歉，并由我国为英代办处重盖房屋。

8月24日 上海《文汇报》、《解放日报》、《支部生活》编辑部联合发表题为《两条根本对立的经济建设路线》的文章。文章批判党和国家领导人刘少奇"按经济办法管理经济"，是"物质刺激"、"利润挂帅"，是"让资本主义的价值规律支配一切，发展自由竞争，破坏社会主义，复辟资本主义"。

同日 台湾"行政院"通过《行政机关实施分层负责准则》。

8月25日 毛泽东批发中共中央、国务院、中央军委、中央文革小组《关于开展拥军爱民运动的号召》。

8月29日 中央军委、中央文革小组发出通知，要求各级领导高度重视毛泽东亲自批发的中央关于展开拥政爱民运动的号召。

8月31日 国家计划委员会、国家基本建设委员会联合发出《关于第二汽车制造厂建设问题的通知》。

8月 国产轰炸机开始装备部队。中国自行制造的仿自苏制伊尔—16型的亚音速喷气式轰炸机命名为轰—5。作战半径约 700 公里,最大载弹量 3 吨,是近距离支援地面部队作战的飞机。

同月　由国家投资 195.8 万元,全长 91 公里的西藏泽当—罗布莎矿区公路竣工。

同月　大型通用晶体管计算机(109丙)通过鉴定。

9 月 1 日　北京市革命委员会举行扩大会议,周恩来、陈伯达、康生、江青等代表党中央和中央文革小组在会上讲话指出:要坚决取缔"五一六兵团"这个反革命组织。

9 月 2 日　国务院根据黑龙江省革命委员会的要求,决定将牡丹江、伊春、哈尔滨和完达山四个林管局下放给黑龙江省统一领导。

同日　台湾"国防部"公布《大陆军人"起义"来归鼓励办法》。

9 月 5 日　中华人民共和国政府和坦桑尼亚联合共和国政府、赞比亚共和国政府关于修建坦桑尼亚—赞比亚铁路的协定在北京签字,确定中国援助坦桑尼亚和赞比亚近 10 亿元人民币,均属无息贷款。

同日　康生、江青接见安徽来京代表。江青讲话说:要反对从极左、从右边来动摇以毛主席为首的党中央的领导班子;要坚决拥护人民解放军,"揪军内一小撮"的口号是错误的;要拥护革命委员会;"要揭露'五一六兵团'以极左面目出现",把矛头直指以毛主席为首的党中央的罪恶阴谋。

同日　毛泽东批发中共中央、国务院、中央军委、中央文革小组《关于不准抢夺人民解放军武器、装备和各种军用物资的命令》。

9 月 6 日　《解放军报》发表社论《揭开一个复辟资本主义的大阴谋》和《关于桃园大队"四清"情况的调查报告》。社论和调查报告把"四清"运动中王光美在河北桃园大队蹲点,说成是"党内最大的走资本主义道路的当权派,推行形'左'实右的资产阶级反动路线,破坏社会主义教育运动,实行资本主义复辟的滔天罪行"。

9 月 7 日　台湾"行政院"核准公布《中小企业辅导准则》。

9 月 8 日　在国家计划委员会召开的业务办公会上,传达了国务院副总理李富春关于经国务院批准成立国务院工交办事组的决定。办事组的任务是:研究和拟定工业生产方面的重要方案,处理工业生产、交通运输中急需调度的有关事宜。

同日　经毛泽东审阅的姚文元《评陶铸的两本书》一文在《人民日报》发表,第一次公开点名批判陶铸和王任重。文章诬陷陶铸是"赫鲁晓夫式的野心家"、"叛徒"、"漏网的大右派"、"修正主义者"、"混进来的反革命两面派",诬蔑他的两本书(《理想,情操,精神生活》和《思想·感情·文采》)宣扬"资产阶级反革命派的'理想'"、"叛徒加奴才的'精神生活'"、"对无产阶级刻骨仇恨的'感情'"。

9 月 9 日　国家计划委员会、国防工业办公室、国家基本建设委员会联合发出《关于抓紧小三线生产建设工作的通知》。《通知》要求,加强各级领导班子,摸清和解决"小三线"建设与生产中存在的各种问题,在 1968 年全面完成前三年"小三线"建设规划。

9 月 13 日　中共中央、国务院、中央军委、中央文革小组联合发出《关于严禁抢夺国家物资商品,冲击仓库,确保国家财产安全的通知》。

同日　中共中央发出《关于认真贯彻执行中央"七一三"指示的通知》,要求各地建造毛泽东塑像必须经中央或中央军委批准。

同日 河北省根治海河的关键性工程——子牙新河工程胜利竣工。一条长143公里的人工河展现在冀中平原的献县和天津市附近的北大港之间。

9月14日 《人民日报》发表社论《在革命的大批判中大力促进革命的大联合》,传达了毛泽东的意见:"在工人阶级内部,没有根本的利害冲突。在无产阶级专政下的工人阶级内部,更没有理由一定要分裂成为势不两立的两大派组织。"16日和17日,周恩来、陈伯达、康生、江青在接见首都大专院校红代会各校代表时讲话,传达了毛泽东的意见:"告诉小将们,现在正是他们有可能犯错误的时候。"

9月17日 人民解放军空军地空导弹部队击落美军无人驾驶高空侦察机1架。美国军用无人驾驶高空侦察机1架侵入中国广西地区上空,进行侦察挑衅活动。驻防该地的空军地空导弹部队用导弹将其击落。

9月23日 中共中央、国务院、中央军委、中央文革小组发出《关于在外地串联学生和在京上访人员立即返回原单位的紧急通知》。《通知》提出:在北京串联的学生和上访人员,要迅速返回原单位,坚持就地闹革命。

同日 中共中央、国务院、中央军委、中央文革小组下达《关于取缔私设电台、广播电台、报话机的命令》。

同日 中共中央、国务院、中央军委、中央文革小组发出《关于加强山林保护管理,制止破坏山林、树木的通知》。

9月24日 新华社报道,中共中央主席毛泽东最近一个时期视察了华北、中南和华东地区,调查了河南、湖北、湖南、江西、浙江、上海等省、市的"文化大革命"情况,沿途发表了一系列谈话。

9月25日 中共中央、国务院、中央军委、中央文革小组发出《关于抓紧做好秋季农产品征收、收购工作的通知》。

同日 "世界反共联盟"在台北召开第一届会议,蒋介石到会致词。

9月26日 外交部发表关于关闭中国驻突尼斯大使馆的声明。

9月26日—10月11日 刚果(布)共和国政府总理努马扎莱率刚果(布)全国革命运动和政府代表团访问中国。国务院总理周恩来同努马扎莱举行了会谈,10月16日发表了联合公报。

9月26日—10月14日 应中国共产党中央委员会和中华人民共和国政府的邀请,阿尔巴尼亚劳动党中央委员会政治局委员、阿尔巴尼亚人民共和国部长会议主席穆罕默德·谢胡率领阿尔巴尼亚党政代表团访问中国。访问期间,中共中央政治局常委、国务院总理周恩来同谢胡举行了会谈,10月14日发表了新闻公报。

9月30日 国务院、中央军委发出《关于停止和拒付上访、串联经费汇款的通知》。

9月下旬 中共中央、中央文革小组决定成立中央军委办事组。组长杨成武,副组长吴法宪,成员叶群、邱会作、李作鹏。

10月1日 《人民日报》、《红旗》杂志、《解放军报》发表编辑部文章《无产阶级专政下的文化大革命胜利万岁》,转达毛泽东的意见:"革命的红卫兵和革命的学生组织要实现革命的大联合。只要两派都是革命的群众组织,就要在革命的原则下实现革命的大联合。"

同日 林彪在中华人民共和国成立18周年大会上讲话。他说,"文化大革命"是"在无产阶级专政的国家内,由无产阶级自己发动的第一次大革命","是毛主席对马克思列宁主义的天才的、创造性的、划时代的新发展"。要"用'斗私、批修'这四个字为纲","开办各种学习班","把全国办成毛泽东思想的大学校"。

同日 印度侵略军越过中国—锡金边界卓拉山口,进入中国境内,向中国边防部队发起进攻,中国边防部队被迫进行自卫还击。外交部第一亚洲司负责人,紧急召见印度驻中国大使馆临时代办沙梯,就印度军队越过中国—锡金边界进行武装挑衅的严重罪行,提出强烈的抗议。

同日 "毛主席革命路线胜利万岁"美展在北京中国美术馆开幕,共展出国画、油画、版画、宣传画、泥塑和工艺品1600 多件。

同日 "毛泽东思想的光辉照亮了安源工人运动"展览会在北京中国革命博物馆预展,油画《毛主席去安源》是展览会上的展品。

同日 新修订的 6 种地方自治法规公布实施。

10 月 6 日 《人民日报》发表题为《"斗私、批修"是无产阶级文化大革命的根本方针》的社论。社论指出,中共中央主席毛泽东提出的"要斗私、批修","很科学地概括了无产阶级文化大革命的基本内容,它是保证我国无产阶级文化大革命取得全面彻底胜利的根本方针"。随后,《人民日报》发表题为《全国都来办毛泽东思想学习班》的社论,提出要"以斗私批修为纲,普遍地举办毛泽东思想学习班",要"把全国的工厂、农村、机关、学校、部队都办成红彤彤的毛泽东思想大学校。"

同日 新华社报道,一台最新型的晶体管大型数字计算机最近在中国科学院计算技术研究所试制成功。这台大型通用数字计算机是全部采用国产材料,用自己的技术力量,通过有关工厂和科研部门大力协作研制成功的。

同日 新华社报道,目前国内最大的太阳无线电望远镜最近在中国科学院北京天文台安装、调试成功。

同日 台湾"行政院"命令颁布《台湾省议会选举罢免规程》。

10 月 7 日 中共中央转发《毛主席视察华北、中南、华东地区时的重要指示》(记录稿),要求各地组织群众认真学习,贯彻执行。毛泽东从 7 月起视察了华北、中南和华东地区,调查了河南、湖北、湖南、江西、浙江、上海等省、市"文化大革命"的情况,9 月 25 日回到北京。他沿途发表了一系列的谈话。他说:"全国的无产阶级文化大革命形势大好,不是小好。整个形势比以往任何时候都好。""有些地方前一段好像很乱,其实那是乱了敌人,锻炼了群众。""各地革命群众组织实现革命的大联合。""绝大多数的干部都是好的,不好的只是极少数。""要团结干部的大多数。犯了错误的干部,包括犯了严重错误的干部,只要不是坚持不改,屡教不改的,都要团结教育他们。""要扩大教育面,缩小打击面","要解放一批干部,让干部站出来。""要办学习班,分期分批地轮训。""专政是群众的专政","一个组织里的坏头头,要靠那个组织自己发动群众去处理。""要告诉革命造反派的头头和红卫兵小将们,现在正是他们有可能犯错误的时候。""要斗私、批修,要拥军爱民,要抓革命促生产,促工作,促战备。"

10 月 10 日 蒋介石发表文告,称台湾当局采取以时间换空间的反攻战略,并声称"七分政治"作战效果辉煌,"三分军事"行动时机已来临。

10 月 12 日 《人民日报》根据毛泽东视察三大区时的指示发表社论《全国都来办毛泽东思想学习班》。此后全国各地陆续举办各种形式的毛泽东思想学习班。中央举办多期毛泽东思想学习班，分期分批抽调未成立革命委员会的省、自治区的有关人员来京学习，以解决这些省、区的问题。中央毛泽东思想学习班主任为林彪。

10月14日 中共中央、国务院、中央军委、中央文革小组发出《关于大、中、小学校复课闹革命的通知》。

同日 中国第一台自动化立体摄影机创制成功。

10月15日 《人民日报》报道，中国第一台自动化立体摄影机在上海制成。它可以逼真地表现出实体的立体形象，在工业、医学、新闻、文教等方面都有广泛的用途。

10月17日 中共中央、国务院、中央军委、中央文革发出《关于按照系统实现革命大联合的通知》。

同日 中国人民政治协商会议全国委员会委员爱新觉罗·溥仪在北京逝世，终年61岁。溥仪是北京人，满族，中国末代皇帝。1909年，溥仪不满3岁时即位，称宣统皇帝。

10月20日—24日 毛里塔尼亚伊斯兰共和国总统达达赫率领毛里塔尼亚政府代表团访问中国，国务院总理周恩来与达达赫进行会谈，25日发表了两国联合公报。

10月21日 中共中央、中央文革小组发出《关于征询对"九大"问题意见的通知》，着手筹备党的第九次全国代表大会。为召开九大，毛泽东指定张春桥、姚文元在上海做调查。姚文元将调查结果写信报告毛泽东。其中说：九大的代表"可以各方面协商产生"；"要多一些工人和红卫兵代表列席大会"，"最好能吸收一批工人和红卫兵入党"；"'刘邓陶'选不选？彭、

罗、陆、杨选不选？一致说不选"。《通知》把姚文元的信发给各地参考。

10月24日 国务院业务小组向中央汇报1967年前三季度的主要经济情况和第四季度要抓紧的几项主要工作。农业增产。工业生产和铁路运输从5月份开始大幅度下降。到9月份，钢和生铁的平均日产量都降到1.2万吨，为全年计划平均日产量的26％左右；原煤（部直属矿）的平均日产量下降到26.8万吨，为全年计划日产量的50％；发电量每天平均下降到1.57亿度，为全年计划日发电量的60％；原油的平均日产量下降到1.86万吨，为全年计划日产量的40％；铁路平均日装车数下降到1.91万车。为计划日装车数的46％。第三季度全国工业生产平均水平大约只有原计划的50％左右。第四季度要抓好的工作，主要是认真解决干部问题和生产领导班子问题，建立革命和生产的新秩序。

10月25日 毛泽东批示同意聂荣臻于1967年提出《关于国防科研体制调整、改组方案的报告》，改组方案内容涉及新技术局及其归口各单位要纳入国防部门的有关研究院。

10月27日 中共中央、中央文革小组发出《关于已经成立了革命委员会的单位恢复党的组织生活的批示》。毛泽东在《批示》中指出："党组织应是无产阶级先进分子所组成，应能领导无产阶级和革命群众对于阶级敌人进行战斗的朝气蓬勃的先锋队组织。"这个以阶级斗争为纲进行党的建设的要求，后来被称为"五十字建党方针"。《批示》提出，党组织内不应当再容许所谓叛徒、特务和死不改悔的走资派再过组织生活。

同日 中华人民共和国政府发表声明，强烈抗议印度尼西亚共和国政府中断

两国外交关系。声明指出,由于印度尼西亚政府出动大批军警和暴徒武装袭击中国驻印度尼西亚大使馆,枪伤、打伤中国临时代办和大使馆人员,悍然关闭其驻华大使馆和撤走全部人员,中国政府不得不宣布暂时关闭中国驻印度尼西亚大使馆和各领事馆,并撤回使馆全部人员。

同日 蒋介石视察三军联合两栖突击登陆演习。

11 月 1 日 内蒙古自治区革命委员会成立,滕海清任革命委员会主任。

11 月 2 日 台湾“文复会”拟订《中华文化复兴运动推行计划》。

11 月 3 日 国家计划委员会、国家基本建设委员会、国防工业办公室联合向中共中央和国务院提出《关于小三线当前建设情况和今后三年补充规划的报告》。

同日 《人民日报》发表同济大学、北京林学院和北京师范大学三个“教育革命”的初步方案。并在编者按语中引述了毛泽东主席关于进行无产阶级教育革命,要依靠学校中的无产阶级革命派的指示。

11 月 5 日 毛泽东同中央文革小组成员谈九大和整党问题。他说:“打了一年多仗,搞出了不少坏人。现在要打出一个党来。”“文化大革命就是整党、整团、整政府、整军队,党、政、军、民、学,都整了。”“我赞成康生的意见,一个是叛徒、特务,一个是文化大革命当中表现很坏而又死不悔改的人,不能再参加党的组织生活,这就很宽了。”“我们的党要吸收新血液。工人、贫农、红卫兵中的积极分子要吸收到党里来。旧血液中二氧化碳太多,要清除掉。……一个党也要吐故纳新,不清除废料,就没朝气。”“恢复组织生活,不要恢复老样子。”“邓小平要批,请军委准备一篇文章。我的意见还要把他同刘少奇区别一下,怎样把刘、邓拆开来。”“废除级别

问题,也要谈一谈。”

11 月 6 日 林彪在首都庆祝苏联十月革命 50 周年大会上讲话,称毛泽东是“当代世界无产阶级的伟大导师”,说文化大革命“是马克思列宁主义发展到毛泽东思想阶段的一个极其重大的标志”,并提出把“祖国建成更加强大的世界革命根据地”。

同日 《人民日报》、《红旗》杂志、《解放军报》发表编辑部文章《沿着十月社会主义革命开辟的道路前进——纪念伟大的十月社会主义革命 50 周年》。文章首次把毛泽东关于“文化大革命”的论点概括为所谓“无产阶级专政下继续革命的理论”,指出了这个理论的 6 个要点:①“必须用马克思列宁主义的对立统一的规律来观察社会主义社会。”②“在社会主义这个历史阶段中,还存在着阶级、阶级矛盾和阶级斗争,存在着社会主义同资本主义两条道路的斗争,存在着资本主义复辟的危险性。”“为了防止资本主义复辟,为了防止‘和平演变’,必须把政治战线和思想战线上的社会主义革命进行到底。”③“无产阶级专政下的阶级斗争,在本质上,依然是政权问题”,“无产阶级必须在上层建筑其中包括各个文化领域中对资产阶级实行全面的专政。”④“社会上两个阶级、两条道路的斗争,必然会反映到党内来。党内一小撮走资本主义道路的当权派,就是资产阶级在党内的代表人物。”⑤“无产阶级专政下继续进行革命,最重要的,是要开展无产阶级文艺大革命。”⑥“无产阶级文化大革命的思想领域中的根本纲领是‘斗私、批修’。”社论说:这一理论“在马克思主义发展史上,树立了第三个伟大的里程碑”。这篇文章经毛泽东审阅。

11 月 9 日 陈伯达、康生、江青召集中直文艺系统部分单位的军代表和群众

代表开座谈会，提出文艺界要再"乱"一下。江青在会上说："像新影，像芭蕾舞剧团，这是属于捂着的，没有真正的搞好革命的大联合、革命的三结合"，"这样的单位，再乱一下是有好处的。"又说："50天要算，17年也要算，30年也要算！这个根长得很哩！"13日，中共中央、中央文革小组转发了江青的讲话。

11月12日 经毛泽东批准，中共中央、国务院、中央军委、中央文革小组作出《关于广东问题的决定》，指出：广州军区是中央信任的，决定建立以黄永胜、陈郁、孔石泉、王首道、陈德等和实现了革命大联合的革命群众组织的代表组成的广东省革命委员会筹备小组。

同日 国民党召开九届五中全会。会议期间通过了《建立讨毛救国联合阵线方针案》等。

11月14日 中共中央、国务院、中央军委、中央文革小组发出《关于各级军区机关目前不搞"四大"和军以下部队坚持正面教育的通知》。

同日 台湾"立法院"通过《商业登记法》修正案。

11月15日 新华社报道，中国科学工作者在北京周口店又一次发现研究人类起源极为珍贵的中国猿人头盖骨化石。这次发现的中国猿人头盖骨，包括额骨、枕骨等。一起发现的还有石英和燧石制作的石器以及一些哺乳动物化石。

11月17日 中共中央转发北京针织总厂向毛主席报喜的信和8341部队关于该厂问题的报告。8341部队的报告，汇报了他们贯彻执行毛泽东三条指示的情况。三条指示是：①下去后要做好宣传工作，要做深入的、细致的、艰苦的思想政治工作。厂子里女工多，要派些女同志下去，便于工作。②下去后不要匆匆忙忙急于表态，经过调查研究，如果两派都是革命的群众组织，就要逐步地把他们联合起来。就是两派严重对立的群众组织，群众也是愿意联合的，不愿意联合的只是少数的几个头头。③要向工人群众学习，不怕犯错误，错了就改。要关心群众的生活，组织医疗组，给他们看病。毛泽东11月15日在报喜信上批示：看过，很好，谢谢同志们！12月17日，三条指示在《人民日报》发表。

11月18日 经毛泽东批准，中共中央、国务院、中央军委、中央文革小组作出《关于广西问题的决定》。

11月19日 台湾"行政院"制定《人口调节、家庭计划，人口政策纲要》。

11月20日 《新美术》出版，该刊是中央直属文艺系统美术革命大联合刊物。

11月23日 《人民日报》、《红旗》杂志、《解放军报》编辑部发表题为《中国农村两条道路斗争》的文章。文章指责党和国家领导人刘少奇"鼓吹富农经济、扼杀农业合作化"，并把自由贸易、自留地、自负盈亏和包产到户的责任制，概括为"三自一包"，进而说"三自一包"是在农村刮起的"一股黑风"，是"妄图瓦解社会主义集体经济"，"实行资本主义复辟"。

11月27日 江青在北京工人座谈会上讲话。她说："在整党建党过程中，要突出两条路线斗争的历史。""在整党建党过程中，在整个无产阶级文化大革命的过程中，都要逐渐地清理队伍，有党内，也有党外；党内的，就是要清除叛徒、特务及犯了严重错误死不悔改的人。"这是在"文化大革命"中第一次提出所谓"清理阶级队伍"的问题。此后，上海开始"清理阶级队伍"，形成运动，打击了一大批干部。

同日 中共中央发出《关于征询召开九大的通报》，其中写道："九大要大力宣传林彪,进一步提高林彪的威望。"

11 月 28 日 科学院革命委员会通知,遵照聂荣臻副总理的指示,为了加强地震预报工作,将科学院原地球物理局撤销,有关人员充实到国家科委京津地区地震办公室,成立"国家科委、中国科学院地震办公室",统一负责组织管理全国地震及抗震的科研工作,并直接领导管理原地球物理局所属的中国科学院地质研究所、地球物理研究所、昆明地球物理研究所、兰州地球物理研究所、武汉测量与地球物理研究所、哈尔滨工程力学研究所、长沙中南大地构造研究室等研究单位。办公室自即日起开始对外办公,原地球物理局同时停止一切对外业务活动。

同日 江青、陈伯达召开文艺界大会,会上宣布江青任解放军文化工作顾问,北京京剧一团、中国京剧院、中央乐团、中央歌剧舞剧院的芭蕾舞剧团列入解放军建制。

11 月 28 日—12 月 5 日 陈伯达由谢富治陪同,先后到北京市草场地中学、二十三中、泄水湖小学、清华大学附属中学视察。视察中,陈伯达提出在复课闹革命过程中,要批判"旧的教育路线","提出新的教改方案"。关于教育改革,他主张:"要搞些劳动,学做工,学做农",要补"阶级教育课";要让学生讲课,"让学生教学生","要个个准备当先生,不能是一两个当先生"。缩短学制,"小学四年,中学四年,大学四年"。

11 月 30 日 台湾当局通过与美国资源交换计划草案。

11 月 江青、姚文元等向北影、新影和八一等制片厂布置拍摄"样板戏电影"。

12 月 1 日 经毛泽东同意,中共中央批准天津市成立革命委员会的报告。

12 月 2 日 中共中央、国务院、中央军委、中央文革小组发出《关于正确对待犯过错误的老造反派的通知》。

同日 中共中央发出《关于整顿、恢复、重建党的组织的意见和问题》。

同日 中共中央、国务院、中央军委、中央文革小组作出规定:中央在各地直属单位的无产阶级文化大革命和抓革命促生产工作,统归所在地方领导。

同日 中共中央、国务院、中央军委、中央文革小组发出《关于确保铁路运输物资安全的通令》,坚决制止盗窃、抢夺铁路仓库、货场和火车上物资的严重违法行为。

12 月 4 日 中共中央发出《关于今冬明春农村文化大革命的指示》,要求继续按照《十六条》和农村文化大革命《十条》的原则进行,继续贯彻执行抓革命、促生产的方针。

12 月 5 日 台湾"立法院"通过《公务职位分类法》。

同日 台湾"监察院"通过《新、速、实、简加强行政革新一般政治施行意见》。

12 月 6 日 天津市革命委员会成立,解学恭任革命委员会主任。

12 月 7 日 中共中央、国务院、中央军委、中央文革小组刊发《毛主席论教育革命》一书。该书收录毛泽东 1927 年后关于教育工作的书信、语录等共 51 条。

12 月 8 日 林彪、周恩来、陈伯达、康生、江青等人接见军委政工小组、文艺组、军报组。林彪说:"军队有今天,国家有今天,主要靠毛泽东思想。离开这个,解放军就不成其为解放军。""我军两条路线的斗争,一条是突出军事,一条是突出政治,我们要坚定地走突出政治的道路。""我们要把政治工作摆在一切工作的第一位……政治工作是管思想、管灵魂、管革命化的,是各行各业的总管。""以毛泽东思想挂帅,搞好人的思想革命化,这是关系到国家的存亡,党的存亡,政治的存亡,是人民得到一切或者丧失一切的头等重大问题。这是政治中的政治。灵魂中的灵魂,核心中的核心。"1968 年 1 月 19 日,中央军委批转政工小组《关于贯彻执行林副主席对政治工作者指示的报告》。

12 月 9 日 中共中央、国务院、中央军委、中央文革小组作出《关于公安机关实行军管的决定》。

12 月 17 日 毛泽东在湖南省革命委员会筹备小组 1967 年 12 月 13 日《关于庆祝毛主席塑像落成、韶山通车向中央的请示报告》上批示:①"绝对权威说法不妥。从来没有单独的绝对权威,凡是权威都是相对的,凡绝对的东西都只存在相对的东西之中,犹如绝对真理是无数相对真理的总和,绝对真理只存在于各个相对真理之中一样。"②"大树特树的说法也不妥。权威和威信只能从斗争实践中自然地建立,不能由人工去建立,这样建立的威信必然会垮下来。"③"党中央很早就禁止祝寿,应通知全国重申此种禁令。"④"湖南的集会应另择日期。"(原定于 12 月 26 日毛泽东诞辰举行)⑤"我们不要题字。"

12 月 22 日 中共中央、中央文革小组批转北京市香厂路小学关于取消中国少年先锋队、建立"红小兵"的一份材料。这份材料认为"少先队基本上是一个少年儿童的全民组织,它抹杀了阶级和阶级斗争,根本不突出毛泽东思想,实际上已经失去了先锋战斗作用"。而"红小兵是少年儿童的一种很好的组织形式,它富于革命性、战斗性,有利于推动少年儿童的思想革命化"。此后,全国各地小学仿效香厂路小学的做法,以"红小兵"取代少年先锋队达 11 年之久。

同日 中共中央发出《关于城市(镇)街道无产阶级文化大革命的意见(草案)》,规定街道要开展大批判,举办学习班,进行斗、批、改。

同日 针对一些矿区群众在全国已经开发或即将开发的煤田范围内开办小煤窑的情况,中共中央、国务院、中央军委、中央文革小组联合发出《关于加强煤炭资源保护,严禁乱开小煤窑的通知》。

12 月 25 日—1968 年 1 月 8 日 毛主席著作出版计划会议在北京召开。

12 月 26 日 新华社报道:1967 年出版《毛泽东选集》8000 万部的任务提前完成。

12 月 28 日 国务院发出《关于职工转正定级问题的通知》。

同日 台湾"行政院"通过《台湾地区户警联系办法》。

12 月 29 日 中华人民共和国政府与达荷美共和国政府在北京签署联合公报,宣布自即日起恢复两国间大使级外交关系。

12 月 30 日 中共中央批准江西省成立革命委员会。

12 月 陈伯达等人在河北制造了"冀东叛徒案"冤案。冀东地区的老党员、干部 22600 多人遭受打击迫害,其中 2670 多人被迫害致死。

本年 停止对资本家支付定息,公私合营经济完全变成了社会主义国营经济。

本年 "和平二号"固体燃料气象火箭试射成功。

1968 年

1 月 1 日 《人民日报》、《红旗》杂志、《解放军报》发表元旦社论《迎接无产阶级文化大革命的全面胜利》。社论说:在新的一年中,战略目标是:从思想上、政治上、经济上、组织上夺取无产阶级文化大革命的全面胜利。战斗任务是:第一,更加广泛和深入地开展活学活用毛泽东思想的伟大群众运动。第二,继续深入开展革命的大批判,促进和巩固革命的大联合和革命的三结合,深入展开各单位、各部门的斗、批、改。第三,整顿党的组织,加强党的建设。在整顿党的组织的同时,要打倒资产阶级、小资产阶级派性。第四,大力加强军民团结。第五,抓革命,促生产,促工作,促战备。

同日 国家计划委员会发出《关于1968 年水利建设计划的初步意见》。

同日 航空研究院改为中国人民解放军第六研究院,归国防科委领导。1969年,航空研究院移交空军领导。

同日 红太阳画展在上海美术展览馆展出,是由工厂、农村、部队、学校 34 个基层单位群众组织倡议筹办,展出作品300 多幅。

同日 蒋介石发表元旦文告。

1 月 4 日 中共中央、国务院、中央军委、中央文革小组发布《关于对长江航运系统实行全线军事管制的决定》。长江航运系统实行军管后,运输任务计划的安排、船舶航行的调度指挥,由交通部军管会通过长江航运公司军管会组织实施,其他各项工作统归所在地方领导。

同日 严家淦赴泰国访问。

1 月 5 日 江西省革命委员会成立,程世清任革命委员会主任。

1 月 5 日—13 日 全国铁路系统抓革命、促生产会议在北京召开。会议指出:铁路是国民经济的大动脉,保证铁路运输畅通无阻,迅速掀起铁路运输生产新高潮,是全国铁路职工的光荣任务。

1 月 8 日 国家计划委员会向中共中央、国务院提出《关于 1968 年计划轮廓的汇报要点(草稿)》。《草稿》提出,在 1968年,要尽最大可能加快大小三线、新工业基地、国防和铁路干支线的建设,特别要大力发展国防科研事业;要大力发展农业生产,争取粮食比上年增产 700 亿斤,棉花增产 200 至 300 万担;要切实安排好轻纺工业的生产和建设,进一步繁荣经济,活跃市场;要力争在短期内把煤炭生产和铁路运输搞上去,尽快扭转北煤南调局面;要集中力量攻克一批具有战略意义的科学研究项目。后来,由于"文化大革命"的严重干扰和政治局势的动乱,没有正式形成文件和下达 1968 年计划,使 1968 年成为国家建立计划经济制度以来唯一没有年度计划的一年。

同日 新华社报道,中国第一艘自行研究、设计、建造的,排水量为 1.8 万多吨,载货量 1.17 万多吨的远洋货轮"东风"号制造成功。该货轮总长 161.4 米,航速每小时 17 海里,能在海上连续航行 40 个昼夜,中途不停靠任何港口,可以直达欧洲、非洲或美洲。

1 月 9 日 台湾"立法院"通过《民事诉讼法》《民事诉讼法施行法》及《民事诉讼费用法》修正案。

1 月 15 日—18 日 林业部军管会在北京召开关于撤销东北林业总局,下放内蒙古、大兴安岭和吉林林业管理局的座谈会。

1 月 17 日 新华社报道,1966 年和1967 年,全国由近 30 个学科的 100 多名科学工作者组成的综合科学考察队,对珠穆朗玛峰海拔 7000 多米的地区进行了全面、系统的综合科学考察。考察内容有:地层、古生物、岩石、构造地质、第 4 纪地质与地貌、地球物理、自然地理、表生地球化学、土壤、植物生态、区系植物、鸟兽、昆虫、水生生物、冰川、气象、水文、天文大地测量、地面立体摄影测量、高山生理等。通过考察，获得了一系列比较完整、重要的科学资料。

1月18日　中共中央、国务院、中央军委、中央文革小组发出《关于进一步打击反革命经济主义和投机倒把活动的通知》。

1月19日　台湾"立法院"通过《九年国民教育实施条例》。

1月20日　人民解放军空军某部击落入侵中国云南地区的美军一架无人驾驶高空侦察机。

1月21日　台湾第七届县市议员选举举行投票。

1月23日　中共中央批示同意成立甘肃省革命委员会。革命委员会由105名委员组成，其中以冼恒汉、张达志等24人为常务委员，并由冼恒汉任主任，徐国珍、张忠、胡继忠、邱裕民、肖泽民5人任副主任。汪锋等被定为"一小撮反革命修正主义分子"、"中国赫鲁晓夫"在甘肃的代理人。24日，甘肃省革命委员会成立。26日，《人民日报》、《解放军报》联合发表社论祝贺。

1月25日　中共中央批示同意刘建勋、王新1968年1月18日关于成立河南省革命委员会的请示报告，同意河南省革命委员会由155名委员组成。由刘建勋任主任，王新、纪登奎、耿起昌、杨力勇等任副主任，由刘建勋、王新等41人任常委。在批示中，文敏生、赵文甫被说成是"中国赫鲁晓夫在河南的代理人"。批示引用了毛泽东的最新指示："支左不支派。"27日，河南省革命委员会成立。30日，《人民日报》、《解放军报》联合发表社论祝贺。

1月26日　毛泽东、林彪接见中国人民解放军总参谋部、总后勤部、空军、二炮活学活用毛主席著作积极分子。

同日　台湾"立法院"通过《实施都市平均地权条例》修正案。

1月27日　河南省革命委员会成立，刘建勋任革命委员会主任。

1月28日　《解放军报》发表社论《认真执行支左不支派的原则——纪念伟大统帅毛主席号召"人民解放军应该支持左派广大群众"1周年》。"支左不支派"是毛泽东新近提出的。

1月29日　中共中央、国务院、中央军委、中央文革小组批准河北省成立革命委员会。中央同意郑维山、李雪峰1968年1月28日关于成立河北省革命委员会的报告。同意革命委员会由121名委员组成，并由李雪峰任主任，刘子厚任第一副主任，马辉、曾美、张英辉、刘殿臣、耿长锁为副主任，同意河北省省会迁至石家庄。林铁被定为"中国赫鲁晓夫在河北的代理人"。2月3日，河北省革命委员会成立。5日，《人民日报》、《解放军报》发表社论祝贺。

1月31日　山东胜利炼油厂全部建成投产。建设工期1年零9个月，投资1.3亿元，年加工原油250万吨。

同日　中华人民共和国政府和南也门人民共和国（现名也门民主人民共和国）政府关于两国建立正式外交关系的协议在埃及首都开罗签订。双方于2月2日发表新闻公报，决定互换大使级外交代表。

2月1日　中共中央、国务院、中央军委、中央文革小组批准成立湖北省革命委员会。湖北省革命委员会由175名委员组成，其中曾思玉、刘丰等37人为常务委员，并由曾思玉任主任，刘丰、张体学、任爱生、梁仁魁、朱洪霞、饶兴礼、杨道远、张立国8人任副主任。王任重被定为"走资本主义道路当权派"。5 日,湖北省革命委员会成立。7 日,《人民日报》《解放军报》发表社论祝贺。

2 月 3 日 河北省革命委员会成立,李雪峰任革命委员会主任。同时经中共中央同意,河北省省会由保定改为石家庄。

2 月 5 日 湖北省革命委员会成立,曾思玉任革命委员会主任。

同日 中共中央、国务院、中央军委、中央文革小组转发黑龙江省革命委员会《关于深挖叛徒工作情况的报告》。中央的指示称:"刘(少奇)、邓(小平)、陶(铸)及其同伙彭(德怀)、贺(龙)、彭(真)、罗(瑞卿)、陆(定一)、杨(尚昆)、安(子文)、肖(华)等叛徒和反革命修正主义分子,长期隐藏在党内,窃踞了党政领导机关的重要职位,结成了叛徒集团。"中央要求"坚持群众路线,彻底清查敌伪档案,把隐藏在各地区、各部门、各角落的叛徒、特务、里通外国分子和一切反革命分子彻底清查出来"。此后即在全国形成一个由群众组织清查干部历史的运动,大批干部遭到打击、诬陷和迫害。

2 月 6 日 中共中央、国务院、中央军委、中央文革小组联合发布《命令》。《命令》针对有人欺骗和蒙蔽群众、破坏铁路交通、炸毁桥梁建筑、袭击列车、杀人劫货等情况指出:煽动、操纵和指挥上述行为的极少数坏头头是反革命分子,必须坚决镇压法办。《命令》要求铁路职工必须坚守岗位,忠于职守,同这种反革命行为作斗争,确保铁路运输畅通。担任护路和铁路沿线的人民解放军和公安人员,要同铁路职工和铁路沿线的革命群众密切配合,确保铁路交通的安全畅通。

2 月 10 日 《人民日报》发表任立新的文章《加强社会主义劳动纪律》。

同日 台湾"省政府"修订《保障军人及其家属权利实施细则》。

2 月 13 日 外交部 91 名司局长、大使在外交部贴出拥护陈毅的大字报《揭露敌人,战而胜之,彻底批判"打倒陈毅"的反动口号》。这篇大字报后来被诬为"二月逆流翻案的代表作"。

2 月 14 日 台湾"教育部"公布《大专院校预备军官初选组织规程》。

2 月 18 日 中共中央根据两年来生产下降,财政经济状况极为困难的情况,发出《关于进一步实行节约闹革命,坚决节约开支的紧急通知》。

2 月 19 日 毛泽东、林彪接见中国人民解放军北京卫戍区部队的代表、在北京执行"三支两军"任务的部队和 8341 部队指战员。

2 月 20 日 中共中央、国务院、中央军委、中央文革小组批准成立广东省革命委员会。广东省革命委员会由 180 名委员组成,由黄永胜、孔石泉、陈郁等 39 人担任常委,并由黄永胜任主任,孔石泉任第一副主任,陈郁、王首道、邱国光、阎仲川、黄荣海、刘继发、黄育英和待补 1 人至 2 人任副主任。中央的批示说,陶铸、赵紫阳是"走资本主义道路当权派"。21 日,广东省革命委员会成立。23 日,《人民日报》《解放军报》发表社论祝贺。

同日 空间技术研究院成立。

2 月 21 日 陈伯达、江青、姚文元在接见天津市革命委员会成员和天津群众代表时,攻击天津党政领导干部、公检法机关工作人员和文艺工作者。他们诬蔑一些文艺工作者"参与文艺黑会",参与导演、演出"黑戏"(指话剧《新时代的狂人》),点名攻击方纪、孙振等 20 多位文艺工作者。据不完全统计,在江青等人讲话的煽动下,天津文艺界被斗、被整、被审查的达 800 多人,原天津市文联是个只有 80 多人的单位,有 20 多人被拘捕、绑架或监禁。天津百花文艺出版社被彻底砸烂。在全国文艺界被牵连审查的竟达上千人之多。

同日 广东省革命委员会成立,黄永胜任革命委员会主任。

2 月 22 日 中共中央、国务院、中央军委、中央文革小组批准成立吉林省革命委员会。吉林省革命委员会由 135 名委员组成,由王淮湘、阮泊生等 35 人担任常委,并由王淮湘任主任,阮泊生、郑季翘、肖道生、何友发和地方干部工人、群众组织代表 1 至 2 人(暂缺)任副主任。中央的批示说赵林是"走资本主义道路当权派"。3 月 6 日,吉林省革命委员会成立。10 日,《人民日报》、《解放军报》发表社论祝贺吉林省革命委员会成立。

同日 台湾"教育部"宣布废止高中生保送大专办法。

2 月 24 日 人民解放军海军航空兵击落击伤美军入侵飞机 2 架。美军 2 架 A-1H 型攻击机侵入中国海南岛万宁地区上空。海军航空兵第十八团副大队长陈武禄、飞行员王顺义驾驶歼—5 型飞机迎击,并击落敌僚机,击伤敌长机。

2 月 25 日 《人民日报》发表任立新的《无政府主义是通向反革命的政治桥梁》。文章说:"无政府主义已经成为当前资产阶级向无产阶级进行疯狂反扑的主要手段。如果不坚决打倒无政府主义,就必然会干扰毛主席的伟大战略部署。"又说:"这种反动思潮……是对机会主义和官僚主义罪过的一种惩罚。"3 月 1 日,《人民日报》发表《把无政府主义思潮从工人阶级内部清除出去》。

2 月 26 日 谢富治在"王光美专案组"报告上批:"大叛徒刘少奇一案,主要

工作都是由江青同志亲自抓的。今后一切重要情况的报告和请示都要直接先报告江青同志。"

同日 台湾当局驻日"大使馆"声明,抗议日本与蒙古建立外交关系。

3 月 2 日 水上飞机设计研究所在湖北荆门成立。

3 月 4 日 国家计划委员会、国务院财政贸易办公室提出《关于继续执行出口工业品增产措施专案贷款的请示报告》。

同日 柏杨因《中华日报》家庭版刊登名为《大力水手》的外国漫画,被台湾当局以"匪谍"和"侮辱元首"的罪名逮捕,并被判以 10 年徒刑。

3 月 6 日 吉林省革命委员会成立,王淮湘任革命委员会主任。

3 月 6 日—5 月 8 日 国家计划委员会、国家基本建设委员会和国防工业办公室在北京联合召开全国小三线建设工作会议。会议认为三年来小三线建设取得了显著的成绩,初步形成了各地区自己的军工生产后方基地,改善了全国轻兵器工业的布局。会议还对今后三年小三线建设的任务、方针和布局等问题进行了研究并提出了意见。

3 月 7 日 毛泽东、林彪接见出席中国人民解放军炮兵、装甲兵、工程兵、铁道兵、通信兵、防化学兵、高等军事院校、政治学院学习毛主席著作积极分子代表大会的代表,以及在北京出席专业会议的代表。

同日 《人民日报》重新发表毛泽东 1967 年对天津延安中学的批示(即"三七指示")。各地举行游行、集会,展开宣传活动,用以推动和巩固学校的"大联合",促进建立"三结合"的革命委员会,实行"复课闹革命"。

同日 台湾"行政院"通过《强化投资

审议机构方案》。

3月7日、15日、22日 美军无人驾驶高空侦察机各1架,先后两次侵入云南上空、一次侵入广西上空,均被人民解放军空军一举击落。

3月8日 中共中央、国务院、中央军委、中央文革小组发出的《关于开好1968年春季出口商品交易会的通知》称:交易会是对外宣传毛泽东思想的一个重要阵地,但应注意,不要强加于人;交易会和同交易会有直接关系的宾馆、旅店、剧场等单位,从3月20日起到5月20日止,一律暂停"四大"。

同日 中共中央、国务院、中央军委、中央文革小组发出《关于紧急动员起来,迅速掀起春季农业生产高潮的指示》,提出"坚持业余闹革命,就地闹革命,节约闹革命"。

3月11日 新华社报道:国内外农业生产上长期以来被认为难以解决的马铃薯退化问题,在我国已经找到解决的途径。

3月12日 台湾"立法院"通过废除《荣誉军人授田条例》、《工业奖励法》、《华侨回国兴办实业奖励法》和《取缔违反限价议价条例》。

3月18日 中共中央、国务院、中央军委、中央文革小组批准成立浙江省革命委员会。浙江省革命委员会由150名委员组成,由南萍、陈励耘等37人组成常委,由南萍为主任,陈励耘为第一副主任,熊应堂、周建人、赖可可、王子达、张永生、华银凤和一位工人为副主任。24日,浙江省革命委员会成立。28日,《人民日报》、《解放军报》发表社论祝贺。

3月20日 中共中央、国务院、中央军委、中央文革小组批准成立江苏省革命委员会。许世友为革命委员会主任,杨广立、彭冲等为副主任。中央的批示把江渭清、陈光说成"党内最大的一小撮走资派在江苏省的代理人"。23日,江苏省革命委员会成立。25日,《人民日报》、《解放军报》发表社论祝贺。

同日 涡轮轴发动机研究所在长沙组建。1978年迁入湖南株洲。

3月21日 《人民日报》发表评论员文章《革命大批判要坚持开展下去》。文章针对"革命大批判"已经相当冷落的情况,提出:"对党内最大的一小撮走资派及其在各地的代理人,展开深入的革命大批判,这是无产阶级文化大革命斗争的大方向。我们必须自始至终地、牢牢地掌握这个大方向。任何放松革命大批判的偏向,都必须防止和纠正。"

3月22日 中共中央、国务院、中央军委、中央文革小组发布《命令》:撤销杨成武中国人民解放军代总参谋长和中共中央军委常委、军委副秘书长、总参党委第一书记职务,任命黄永胜为中国人民解放军总参谋长;撤销余立金空军政治委员、空军党委第二书记职务;撤销傅崇碧北京卫戍区司令员职务,任命温玉成兼北京卫戍区司令员。不久,根据毛泽东的意见,决定中央军委常委不再开会,改由黄永胜任组长的军委办事组主持军委常务工作,实际上取代了军委常委。

3月23日 江苏省革命委员会成立,许世友任革命委员会主任。

3月24日 深夜,林彪在军队干部大会上讲话,制造谎言,诬陷杨成武、余立金、傅崇碧。他说:"最近从空军里面发生了杨成武同余立金勾结要篡夺空军的领导权,要打倒吴法宪。杨成武同傅崇碧勾结要打倒谢富治。""傅崇碧前一个时期带着几辆汽车全副武装冲进中央文革的地点去抓人,这件事情本来是杨成武的命令。周恩来、陈伯达、康生、江青、姚文元也在会上讲了话，拥护关于杨、余、傅的决定。毛泽东在他们讲话以后，接见了到会的一万多人，表示对这次报告会的认可。

同日 浙江省革命委员会成立，南萍任革命委员会主任。

3月28日 国家计划委员会向国务院提出《关于从资本主义国家进口机电设备的报告》。《报告》说，1968年各方面提出从资本主义国家进口约2亿美元机电设备，先安排1.04亿美元，主要进口最急需的机械配件、仪器仪表、机床、汽车、工具、轴承和空压机、钻岩机、矿灯等生产建设物资，着重满足军工、煤炭、外援配套的需要。国务院副总理李富春、李先念同意了这个报告。

3月29日 台湾"省政府"规定，下年度各县市地方税一律课附加30%的教育捐。

3月30日 《人民日报》、《红旗》杂志、《解放军报》联合发表题为《革命委员会好》的社论。社论指出，现在全国已有18个省、市、自治区先后成立了革命委员会，大量的基层单位也都建立了革命委员会，"无产阶级文化大革命形势大好，越来越好"。社论引用了中共中央主席毛泽东的指示："在需要夺权的地方和单位，必须实行革命的'三结合'的方针，建立一个革命的、有代表性的、有无产阶级权威的临时权力机构，这个权力机构的名称，叫革命委员会好。""革命委员会的基本经验有三条：一条是有革命干部的代表，一条是有军队的代表，一条是有革命群众的代表，实行了革命的三结合。革命委员会要实行一元化的领导，打破重叠的行政机构，精兵简政，组织起一个革命化的联系群众的领导班子。"社论认为"三结合"的革命委员会，"是我国亿万革命群众向党

内一小撮走资本主义道路当权派进行夺权过程中的一个伟大创举"，会更加适应社会主义经济基础的需要，更加"适应巩固无产阶级专政、防止资本主义复辟的需要"。

3月 机载雷达研究所在杭州成立，8月改址四川内江。

3月—5月 中国人民解放军三零一六部队卫生科毛泽东思想宣传队打开了聋哑"禁区"，用针灸疗法治好大批聋哑病人。

4月2日 康生等人制造山东的所谓"阴谋陷害江青的重大反革命集团案"。山东省公安厅副厅长李秉政等，因曾经调查过江青的哥哥李干卿（充当过国民党警长、津浦铁路防奸小组组员）的历史而遭残酷迫害，被株连者39人。

4月3日 美国向台湾提供的F—5A型战斗机运抵台湾。

4月4日 中共中央、国务院、中央军委、中央文革小组批准成立宁夏回族自治区革命委员会。宁夏革命委员会由81名委员组成，由康健民任主任，张怀礼、徐洪学、王志强、安建国任副主任。中央在批示中说杨静仁、马玉槐是"走资本主义道路当权派"。10日，宁夏回族自治区革命委员会成立。12日，《人民日报》、《解放军报》发表社论祝贺。

同日 中共中央、中央军委、中央文革小组转准黑龙江省革命委员会《关于大专院校毕业生分配工作的报告》，要求："对大、中、小学一切学龄已到毕业期限的学生，一律及时地做出适当安排，做好分配工作。"据此，大量实际未学完规定课程的学生毕业。

4月5日 《人民日报》发表国务院财贸办公室革命造反联合委员会的文章《对资本主义工商业改造的两条路线斗争》。

文章宣称:"18 年来,我国对资本主义工商业改造的历史……是毛主席无产阶级革命路线节节胜利、不断前进的历史,是中国赫鲁晓夫的资产阶级反动路线节节抵抗而又遭到失败的历史。"

4 月 6 日 中共中央、国务院、中央军委、中央文革小组批准成立湖南省革命委员会。湖南省革命委员会由黎原任主任、龙书金任第一副主任,华国锋、杨大易等任副主任。中央在批示中说王延春是"党内最大的一小撮走资本主义道路当权派在湖南的代理人"。

4 月 8 日 黄梅戏表演艺术家严凤英被迫害致死。

同日 湖南省革命委员会成立,黎原任革命委员会主任。

4 月 9 日 全国人大常务委员会副委员长、中国国民党革命委员会副主席程潜因病在北京逝世,终年 86 岁。

4 月 10 日 《人民日报》、《解放军报》发表社论《芙蓉国里尽朝晖——热烈欢呼湖南省革命委员会成立》。社论公布了毛泽东 3 月间对"文化大革命"的新判断:"无产阶级文化大革命,实质上是在社会主义条件下,无产阶级反对资产阶级和一切剥削阶级的政治大革命,是中国共产党及其领导下的广大革命人民群众和国民党反动派长期斗争的继续,是无产阶级和资产阶级阶级斗争的继续。"

同日 宁夏回族自治区革命委员会成立,康健民任革命委员会主任。

4 月 13 日 中共中央发出《关于安置1968 年退伍军人的通知》。《通知》说,1968 年的退伍军人的安置工作,要继续贯彻国务院规定的"从哪里来,回哪里去"的精神,特别要动员他们到农村去劳动和工作,尤其是从事农村教育工作。

同日 谢富治授意"中央清理敌伪档案小组",将香港《工商导报》1934 年 6 月 4 日和 11 月 29 日造谣诬蔑叶剑英的文章抄报中央,阴谋陷害叶剑英。毛泽东阅后斥责:"还是老一套谣言,早已看过,现在又送来。"

4 月 14 日 中共中央、国务院、中央军委、中央文革小组批准成立安徽省革命委员会。由李德生任主任,廖成美、宋佩璋、李任之、杨效椿、徐文成、张秀英、张家云任副主任。中央在批示中说李葆华、黄岩是"刘邓在安徽的代理人"。

同日 "中央文革"小组发出通知,禁止各地"私自放映毒草影片"。至此,新中国 17 年来生产的影片除《地雷战》、《地道战》等少数几部外,一律被封存禁映。

4 月 16 日 毛泽东发表支持美国黑人斗争的声明。4 月 4 日,一向主张"非暴力"的黑人牧师马丁·路德·金被白人种族主义者枪杀。美国各地的黑人纷纷走上街头,袭击军警,焚烧商店,美国首都华盛顿和纽约、芝加哥、底特律、巴尔的摩等大城市陷入一片混乱。美国统治集团出动军队,进行镇压,打死打伤数以百计的黑人,逮捕黑人达一万多名。毛泽东在声明中指出:"美国黑人的斗争,不仅是被剥削、被压迫的黑人争取自由解放的斗争,而是整个被剥削、被压迫的美国人民反对垄断资产阶级残暴统治的新号角。"毛泽东的声明在国内外引起强烈反响。我国人民纷纷集会游行,热烈欢呼毛泽东声明的发表,支持美国黑人的斗争。

同日 台湾"立法院"通过《证券交易法》。

4 月 18 日 安徽省革命委员会成立,李德生任革命委员会主任。

同日 台湾"行政院"通过《人口政策纲领》。

4 月 19 日 航空机载计算机研究所

在上海成立。

4月20日　《人民日报》、《解放军报》发表社论《无产阶级革命派的胜利——热烈祝贺安徽省革命委员会成立》，社论指出："当前，要特别警惕和坚决反对右倾分裂主义，右倾投降主义，右倾保守主义。"社论传达了毛泽东的最近指示："对派性要进行阶级分析。"

4月25日　政协全国委员会副主席、中国国民党革命委员会副主席蔡廷锴在北京逝世，终年76岁。

4月26日　泥塑《收租院》展览在阿尔巴尼亚首都地拉那开幕，共展出99座塑像，全部用石膏翻制而成。阿尔巴尼亚劳动党第一书记恩维尔·霍查出席开幕式并接见筹备该展的工作人员。

4月27日　《人民日报》刊登《红旗》杂志评论员文章《对派性要进行阶级分析》。这篇文章根据毛泽东的最近指示，一反以前的说法，把"党性"和"派性"混为一谈，宣称："世界上没有超阶级的党性，也没有超阶级的派性。""我们反对资产阶级派性，正是为了维护和增强无产阶级革命派的派性，即无产阶级先锋队的党性。"此后派性更加泛滥。5月1日，《人民日报》、《解放军报》在社论《乘胜前进》中传达了毛泽东的最新指示："派别是阶级的一翼。"

4月29日　台湾"省政府"公布实施《都市平均地权台湾省施行细则》。

4月30日　中共中央、国务院、中央军委、中央文革小组批准成立陕西省革命委员会。陕西省革命委员会由149名委员组成，常委35名，由李瑞山任主任，黄经耀、胡炜、杨焕民、肖纯、张培信、马希圣、单英杰、王凤琴、李世英、孙福林、杨梦云任副主任。中央在批示中说："……揪出了西北和陕西地区以刘澜涛、赵守一、李

启明为首的一小撮叛徒、特务和党内走资本主义道路的当权派，摧毁了彭德怀、高岗、习仲勋在西北的老巢。"

同日　蒋介石核准颁布《国民生活须知》。

5月1日　陕西省革命委员会成立，李瑞山任革命委员会主任。

5月2日　台湾"行政院"公布实施《台湾地区家庭计划实施办法》。

5月3日　中共中央发出《关于1968年防汛工作的紧急通知》，要求立即成立各级防汛指挥机构，落实防汛措施。

5月5日　中央文革小组发出《通知》。《通知》说：《革命委员会好》、《芙蓉国里尽朝晖》、《无产阶级革命派的胜利》、《对派性要进行阶级分析》、《乘胜前进》"传达了毛主席的一系列最新指示，总结了革命委员会的经验，指出了无产阶级文化大革命的方向"，要认真组织学习。

5月8日　中共中央、国务院、中央军委、中央文革小组批准成立辽宁省革命委员会。辽宁省革命委员会由175名委员组成，设45名常委，由陈锡联任主任，李伯秋、杨春甫、王良、杨迪、杨弃、毛远新、尉凤英、任宝成、王凤恩、刘忠礼、于桂兰、张治国、魏礼玲、郝义田、刘盛田任副主任。中央在批示中还说："马明方、顾卓新、喻屏、周桓是党内一小撮最大的走资本主义道路当权派在东北和辽宁的代理人。"

同日　毛泽东等领导人接见在北京学习的西藏两个学习班的人员。

5月9日　蒋介石公布《原子能法》。

5月10日　辽宁省革命委员会成立，陈锡联任革命委员会主任。

5月12日　《人民日报》、《解放军报》发表社论《东北大地红烂漫——热烈欢呼辽宁省革命委员会成立》。社论传达了毛泽东的最新指示："要相信百分之九十以

上干部是好的和比较好的。犯了错误的人,大多数是可以改的。"

同日　中共中央、国务院、中央军委、中央文革小组发布对全国体育系统实行军事接管的命令。

5月13日　姚文元将载于新华社《文化革命动向》第1220期的《北京新华印刷厂军管会发动群众开展对敌斗争的经验》送毛泽东。19日,毛泽东批示:"建议此件批发全国。""在我看过的材料中,此件是写得最好的。"25日,中共中央、中央文革小组转发毛泽东的批示和《经验》,要求"有步骤地有领导地把清理阶级队伍这项工作做好"。《经验》转发以后,全国许多地区"清队",一批干部和群众被当做"一小撮阶级敌人"受到"最大限度地孤立和狠狠打击"。

5月15日　谢富治在北京市革命委员会第十三次全体会议上就"清理阶级队伍"问题讲话。他说:"当前,要反右防'左',以反右为中心,要注意防止扩大打击面。""清理阶级队伍必须同革命的大批判紧密结合。"会议通过《北京市革命委员会关于清理阶级队伍工作中几个问题的通知》。《通知》说:"要继续反对右倾机会主义、右倾分裂主义、右倾投降主义,同时也要警惕阶级敌人以极'左'的面目出现,扩大打击面,制造混乱。""必须正确执行党的政策,掌握准、狠、稳的原则。"事实上,北京和全国各地的"清队",都"以反右为中心","狠抓阶级斗争",打击了一大片。

5月中旬　全国铁路、交通会议在北京召开。会议要求:要加强组织纪律性,坚决贯彻执行中央有关维护铁路、交通运输革命秩序的命令和指示,掀起运输生产的新高潮。

5月17日　中共中央、国务院、中央军委、中央文革小组批转了《全国铁路交通会议决议》。中央希望:全国铁路、交通部门的全体职工,要把铁路、交通事业发展成为国民经济更突出的"红色大动脉",为迎接社会主义建设新高潮作出更大的贡献。

同日　《人民日报》发表经毛泽东审定的《人民日报》、《红旗》杂志、《解放军报》编辑部的文章《划时代的文献——纪念〈通知〉发表两周年》。文章说:"中国赫鲁晓夫等党内一小撮最大的走资派,是代表国民党反动派利益,代表帝国主义、资产阶级和地、富、反、坏、右利益的反革命黑帮。其中,相当一部分人,就是国民党反动派的残渣余孽。中国赫鲁晓夫,这个党内头号的走资派,就是多次跪倒在帝国主义和国民党反动派脚下的可耻叛徒。党内另一个最大的走资派以及陶铸、彭德怀、彭真、谭震林、罗瑞卿、陆定一、杨尚昆、安子文等等,都是隐藏在我们党内的形形色色的叛徒、特务和反革命修正主义分子。"毛泽东审稿时在"彻底粉碎右倾翻案的妖风"之前,加上了"坚决反对右倾机会主义、右倾投降主义、右倾分裂主义"。

5月18日　《人民日报》刊登《全国亿万军民热烈欢呼〈划时代的文献〉重要文章的发表》,并加编者按。编者按颂扬了两年来"政治上的大胜利"和"组织上的大胜利"。

同日　中共中央、中央文革小组发出《重要通知》。文件上写明:"毛主席批示:照发。"《重要通知》说:最近毛主席批评了在一个文件中用了"世界革命的中心——北京"这种提法。毛主席再一次指出:"这种话不应由中国人口中说出,这就是所谓'以我为中心'的错误思想。"中央要求一律不要再用"世界革命的中心"这种说法。

5月23日　于会泳在《文汇报》发表

《让文艺舞台永远成为宣传毛泽东思想的阵地》一文。第一次公开提出"三突出"的口号。文章写道："我们根据江青同志的指示精神，归纳为'三突出'，作为塑造人物的重要原则。即在所有人物中突出正面人物来；在正面人物中突出主要英雄人物来；在主要人物中突出最主要的中心人物来。"

5月24日 北京部队某部卫生科（即"全心全意为人民服务的先进卫生科"）成功地切除了女社员张秋菊腹中90斤的大肿瘤。

5月25日 中共中央发出通知，转发了中共中央主席毛泽东关于《北京新华印刷厂军管会发动群众开展对敌斗争的经验》的批示，即："在我看过的同类材料中，此件是写得最好的。"通知要求各地要学习新华印刷厂开展对敌斗争的经验，在"清理阶级队伍中，要贯彻执行毛主席的无产阶级革命路线，区别两类不同性质的矛盾，掌握毛主席历来关于对敌斗争的一系列方针政策……打击一小撮阶级敌人"。由于这个《经验》是在"左"的思想指导下产生的，实际上搞的是无限上纲，残酷斗争，制造了许多冤假错案。

5月28日 中共中央、国务院、中央军委、中央文革小组批准成立四川省革命委员会。由张国华任主任，李大章、梁兴初、刘结挺、天宝、张西挺、徐驰、邓兴国、江海云、王桓霖、彭家治、张泗洲、冯玉德、蔡文彬、杨志诚、但坤蓉任副主任。中央在批示中说："党内最大的一小撮走资本主义道路的当权派刘少奇、邓小平、陶铸、彭德怀、贺龙、彭真、李井泉、罗瑞卿、陆定一、薄一波、杨尚昆、安子文等和他们在四川的代理人廖志高、任白戈、黄新廷之流……妄想把四川变成复辟资本主义的独立王国。"31日，四川省革命委员会成立。

5月31日 台湾"立法院"通过《监狱组织条例》和《看守所组织条例》。

6月1日 《人民日报》报道，中华人民共和国政府、几内亚共和国政府、马里共和国政府于5月24日在北京签订了《关于修建几内亚—马里铁路的协定》。5月25日，三国政府发表了会谈联合公报。

6月2日 《人民日报》、《解放军报》发表社论《七千万四川人民在前进——热烈欢呼四川省革命委员会成立》。社论传达了毛泽东的最新指示："对广大人民群众是保护还是镇压，是共产党同国民党的根本区别，是无产阶级同资产阶级的根本区别，是无产阶级专政同资产阶级专政的根本区别。"

同日 台湾第四届"省议会"组成。

6月4日 国家计划委员会和煤炭工业部发出《关于充分利用煤矸石等燃料资源的通知》。

6月8日 蒋介石接见日本编辑访问团时称，废除"吉田书简"（"吉田书简"为日本政治元老吉田茂1963年写给蒋介石的一个私人信函）等于废除"台日和约"。

6月15日 中共中央、国务院、中央军委、中央文革小组发出《关于1967年大专院校毕业生分配问题的通知》。《通知》说，1967年大专院校毕业生从1968年6月开始分配。同时提出：①毕业生分配工作，必须打破只能分配当干部，不能当工人、农民的旧制度。②毕业生分配，要坚持面向农村、面向边疆、面向工矿、面向基层，与工农群众相结合的方针。1966年、1967年大专院校毕业生（包括研究生），一般都要先当普通农民、普通工人。根据国家需要，分配当中小学教师和担任医疗工作的毕业生，也要一面工作，一面劳动。③1967年毕业生，不论分配到全民所有制或集体所有制单位,其工资暂按原定标准发给。同日,中共中央、国务院、中央军委、中央文革小组还发出《关于分配一部分大专院校毕业生到解放军农场去锻炼的通知》,要求到农场去的毕业生一律实行军事管理,过战士生活,按部队组织形式单独编成连队,但非现役军人。

同日　中共中央、国务院、中央军委、中央文革小组发出《关于1967年中等专业学校、技工学校、半工半读学校毕业生分配的通知》。《通知》规定:1967年应届毕业生,一律于1968年7月毕业,并开始分配。按原办学部门原来的规定办法进行分配和安排,待遇按原规定执行。原定分配到全民所有制单位的,也可分配到集体所有制单位。原定由农村招生,毕业后回社、队的,仍应回社、队参加劳动,评工记分。原定从城市招生,毕业后到农村去劳动的,由各省、市、自治区按上山下乡知青安置办法,进行妥善处理。

6月16日　中共中央转发国务院《关于1968年度收购农副产品奖售标准的通知》。

同日　中共中央、国务院、中央军委、中央文革小组联合发出《关于1968年城乡居民棉布定量的通知》。

同日　台湾"内政部"制定《劳工法》草案。

6月18日　中共中央、国务院、中央军委、中央文革小组发出《关于建立沈阳军区黑龙江生产建设兵团的批示》,同意筹建沈阳军区黑龙江生产建设兵团。农垦部所属东北农垦总局建制划归沈阳军区,由沈阳军区委托黑龙江省革命委员会和省军区领导。东北农垦总局所属农场,与黑龙江某些省属农场、黑河农建一师、合江农建二师合编为中国人民解放军沈阳军区黑龙江生产建设兵团。

6月18日—22日　坦桑尼亚联合共和国总统尼雷尔对中国进行国事访问。国务院总理周恩来同尼雷尔举行了会谈。

6月29日　台湾"财政部"核定公布《台湾地区烟酒零售管理办法》。

7月1日　《人民日报》、《红旗》杂志、《解放军报》社论《发扬党的紧密联系群众的作风——纪念中国共产党诞生47周年》发表。社论说:"毛主席亲自发动和领导的无产阶级文化大革命,进一步从根本上解决党、政权和人民群众的关系问题,从而保证了我们国家永远不变颜色。""无产阶级文化大革命,是发动亿万革命群众进行整党的一次伟大运动。"

同日　《人民日报》、《解放军报》发表油画《毛主席去安源》。

同日晚　毛泽东、林彪出席了中央文革小组为庆祝中国共产党成立47周年而举办的文艺晚会。

同日　中央乐团和中国京剧团联合演出钢琴伴唱《红灯记》,钢琴演奏及曲作者为殷承宗。

7月2日　台湾"经济合作发展委员会"成立"能源规划发展小组"。

7月3日　中共中央、国务院、中央军委、中央文革小组发布《布告》。指出:最近两个月来,在广西柳州、桂林、南宁地区连续发生了一系列反革命事件:破坏铁路交通,至今不能恢复通车;抢劫援越物资,拒不送还;连续冲击人民解放军机关、部队,抢夺武器,杀伤指战员。《布告》要求:立即停止武斗;无条件地迅速恢复柳州铁路局全线的铁路交通运输;无条件地交回抢去的援越物资;无条件地交回抢去的武器装备;一切外地人员和倒流城市的上山下乡青年,应立即返回本单位;对于确有证据的杀人放火、破坏交通运输、冲击监狱、盗窃国家机密、私设电台等现行反革命分子,必须依法惩办。

7月5日 台湾"立法院"通过《劳工保险条例》修正案。

7月6日 中国援建的坦桑尼亚"友谊纺织厂"正式建成投产。这个纺织厂是1966年7月初动工兴建的,它是坦桑尼亚第一个国营现代化纺织印染联合企业,也是东非第一个拥有印染设备的最完备的工厂,可以年产2400万平方码印花布和染色亚麻布及200万磅棉纱。

7月9日 中共中央、国务院、中央军委、中央文革小组作出《关于查阅中央管理干部的档案的规定》。《规定》的第一条是:"凡查阅原中央机关正、副部长,省(市)、自治区委书记处书记,正、副省(市)长及相当职务的干部档案时,须由中央机关各部(委)、省(市)、自治区革命委员会或筹备小组、军管会报经中央组织部业务组郭玉峰同志审查,再呈恩来、伯达、康生、江青、永胜同志批准后方可查阅。"

7月11日 《人民日报》报道《灵宝县革委会实行领导班子革命化——精兵简政,密切联系群众》,并为这篇报道加了按语:各级革命委员会,中央各工作部门,都要像灵宝县那样,认真落实毛主席的最新指示,做好清理阶级队伍的工作,走"精兵简政"的道路。

7月15日 著名电影艺术家、中国电影工作者协会主席蔡楚生,因受江青一伙残酷迫害,含冤逝世,终年62岁。

7月19日 台湾"经济合作发展委员会"公布《中小企业个别辅导贷款办法》。

7月21日 中央文革小组副组长江青、顾问康生合谋炮制了一个诬陷中共八届中央委员会成员名单。在这个名单里,被诬陷为"叛徒"、"特务"、"里通外国分子"、"反党分子"的中共中央委员、候补中央委员有88人;被列为"靠边站尚未列入

专案"的7人;被列为"有错误或历史上要考察的"29人,总共被诬陷的中央委员和候补中央委员124人,占中共八届中央委员、候补中央委员总数193人的64%。

同日 我国试制成功人造金刚石,并投入了生产。

7月22日 《人民日报》发表关于《从上海机床厂看培养工程技术人员的道路》的调查报告,毛泽东在编者按中加写了一段话:"大学还是要办的,我这里主要说的是理工科大学还要办,但学制要缩短,教育要革命,要无产阶级政治挂帅,走上海机床厂从工人中培养技术人员的道路。要从有实践经验的工人农民中间选拔学生,到学校学几年以后,又回到生产实践中去。"(这段话后来简称为"七二一指示")调查报告提出:要从工人中培养技术人员,大学毕业生应先到工厂、农村参加劳动,当普通劳动者;由有经验的工人当教师;由基层选拔经过劳动实践的初高中毕业生入大专院校。编者按语说:这个调查报告"提出了学校教育革命的方向"。

7月24日 中共中央、中央文革小组批转《全国煤炭工业战线抓革命、促生产会议决议》。号召煤炭工业战线广大职工和家属胸怀祖国,放眼世界,加强开拓掘进,保证安全生产,搞好地质、设计、施工、运输、科研、机械修配和制造等各方面的工作,多快好省地完成和超额完成煤炭生产计划。《决议》还要求大力开发江南煤田,扭转北煤南运,加速内地建设,巩固国防。

同日 中共中央、国务院、中央军委、中央文革小组又针对陕西省一些地方连续发生抢劫国家银行、仓库、商店、烧毁和炸毁国家仓库、公共建筑和人民房屋,抢劫车船,中断铁路、交通、邮电,私设电台,冲击人民解放军机关,抢夺武器装备,杀

伤人民解放军指战员等一系列严重事件，再次发出《布告》(即"七二四"布告)。《布告》重申：①必须坚持执行《"七三"布告》，不得违抗。②立即停止武斗，解散专业武斗队，拆除工事、据点、关卡。③抢去的现金、物资和武器装备，必须立即交回。④被中断的车船、交通、邮电，必须立即恢复。⑤对于确有证据的现行反革命分子及幕后操纵者，必须坚决依法惩办。

7 月 27 日　北京 60 多个工厂 3 万多人组成的"首都工人毛泽东思想宣传队"(简称"工宣队")进驻北京大专院校，宣传毛泽东指示，制止武斗，促进联合。工宣队开进清华后，该校群众组织的头头蒯大富下令开枪，打死工宣队员 5 人，打伤多人。

7 月 28 日　毛泽东、林彪、周恩来和中央文革小组成员接见聂元梓、蒯大富、谭厚兰、韩爱晶、王大宾，同他们谈话达 5 小时之久，批评他们一不斗、二不批、三不改，头脑膨胀，严厉告诫他们要听从指挥。

同日　中共中央、国务院、中央军委、中央文革小组发出通知：中央决定对教育部实行军事管制，成立军事管制小组，任命朱奎为组长，梁维瑛为副组长。1969 年 5 月 21 日，中央任命刘鸿益接替朱奎的组长职务。1969 年 4 月 3 日，首都工人毛泽东思想宣传队进驻教育部，会同军事管制小组领导斗、批、改。

7 月 31 日　台湾第一个调频电台——"中国广播电台"开播。

7 月　林彪、江青反革命集团诬陷迫害中国人民解放军的大批干部，制造了大批冤案，使 8 万多人遭到诬陷迫害，1169 人被迫害致死。林彪、江青反革命集团还诬陷迫害了各省、市、自治区的大批领导干部，先后制造了大量冤案，如"新疆叛徒集团"冤案，"广州地下党"冤案，云南"赵健民特务案"冤案，"内蒙古人民革命党"冤案，"东北帮叛党投敌反革命集团"冤案，等等。

8 月 3 日　新华社报道，中国科学工作者最近在湖北省境内第一次发现对研究人类进化问题有重大参考价值的巨猿齿化石。巨猿是生存在大约距今 100 万年的一种体型巨大的古代猿类。巨猿化石对于研究和探讨包括人类在内的灵长类动物的进化和正确理解恩格斯劳动创造人类的学说具有重大意义。

8 月 5 日　毛泽东把外国朋友赠送的芒果转送给清华大学的工宣队。

同日　国家计划委员会编制出《1968 年基本建设计划(草案)》。初步安排大中型项目 155 个，基本建设投资总额 155 亿元。

同日　《人民日报》发表社论《在以毛主席为首的无产阶级司令部的领导下团结起来》。社论批判了"多中心论"和"以我为中心"的无政府主义思想，着重指出："以毛主席为首、林副主席为副的无产阶级司令部，是全党、全军、全国和广大革命群众唯一的领导中心。全党、全军、全国只能有这样一个中心，不能有第二个中心。"

8 月 7 日　《解放日报》发表社论《统一意志、统一步伐、统一行动》。这篇社论指出：对毛主席的指示抱什么态度，对无产阶级司令部抱什么态度，这是一个在两个阶级、两条道路、两条路线的斗争中站在哪一边的问题，是要不要将无产阶级文化大革命进行到底的问题。

8 月 10 日　中共中央、国务院、中央军委、中央文革小组批准成立云南省革命委员会。由谭甫仁任主任，周兴、陈康、鲁瑞林、刘明辉、黄兆其、李毅、徐学惠、段宝珍任副主任。中央在批示中称阎红彦、赵健民为"党内最大的一小撮走资本主义道路的当权派在云南的代理人"。13日，云南省革命委员会成立。15日，《人民日报》《解放军报》发表社论《热烈欢呼云南省革命委员会成立》。社论公布了毛泽东最近的指示："我国有七亿人口，工人阶级是领导阶级。要充分发挥工人阶级在文化大革命中和一切工作中的领导作用。工人阶级也应当在斗争中不断提高自己的政治觉悟。"

同日　中共中央、国务院、中央军委、中央文革小组发出《关于任命国家计划委员会、国家物价委员会、国家统计局军事代表的通知》，决定对这三个单位派驻军事代表。到1972年8月21日，中共中央、中央军委决定"三支两军"人员撤回部队，三单位的军事代表才撤出。

8月11日　《人民日报》报道，杭州机床厂最近试制成功一种十字工作台型精密平面磨床，经过鉴定，磨削精度和光洁度都达到世界先进水平。它的试制成功，填补了国内机床品种的一个空白点，为机械制造工业和国防工业建设提供了所需要的关键设备。

同日　毛泽东、林彪接见中国人民解放军六地区毛泽东思想学习班的同志和在京参加中央毛泽东思想学习班的一些同志。

8月13日　毛泽东、林彪接见了首都工宣队队员。

8月14日　中共中央、国务院、中央军委、中央文革小组批准成立福建省革命委员会。韩先楚任主任，皮定均等11人任副主任。中央在批示中称叶飞、范式人、侯振亚为"党内最大的一小撮走资本主义道路的当权派在福建的代理人"。19日，福建省革命委员会成立。21日，《人民日报》《解放军报》发表社论祝贺。

同日　台湾"行政院"审定赋税改革措施，提交"立法院"。

8月15日　毛泽东接见驻清华大学工宣队队员。

8月16日　人民解放军派部队支援老挝公路建设。根据中老两国政府的协议，毛泽东签发命令，由援越筑路的中国后勤部队五支队组成筑路指挥部，率援老筑路队赴老挝执行筑路施工任务。从1968年9月至1978年5月，人民解放军先后派出15个工程团、3个地面警卫团、8个高炮团和大批后勤保障部队与民工等，共11万余人执行援老任务。经过10年努力，共修建6条全长约760公里的沥青公路，另铺设沥青路面82公里，有力地支援了老挝人民的抗美斗争和战后的经济建设。

8月17日　康生、谢富治等人制造了以冯基平（原中共北京市委书记处书记、副市长）、邢相生（原中共北京市委常委、市公安局党组书记、局长）为首的北京市公安局"反革命大特务集团"冤案，将冯基平、邢相生等23名局、处级以上干部逮捕。随后，市公安局有1600多人受到迫害，其中72人被捕入狱。

同日　新华社报道：北京、上海、天津大批中学毕业生奔赴边疆、农村。

8月19日　中国社会科学院考古研究所和河北省文物工作队在河北省满城县完成西汉中山靖王刘胜墓及王后窦绾墓的发掘工作。

同日　国民党中常会通过蒋介石交议的《中央委员会重要人事调整案》。

8月20日　中共中央、国务院、中央军委、中央文革小组批准成立广西壮族自治区革命委员会。由韦国清任主任，欧致富等12人任副主任。中央在批示中说王任重、贺希明、谢玉岗是"党内最大的一小撮走资本主义道路的当权派在中南、广西的代理人"。26 日,广西壮族自治区革命委员会成立。28 日,《人民日报》《解放军报》发表社论《紧跟毛主席的伟大战略部署前进——热烈欢呼广西壮族自治区革命委员会成立》。社论传达了毛泽东的最近指示:"认真搞好斗、批、改。"

同日　台湾当局公布第五期四年经建计划。

8 月 23 日　中国政府强烈谴责苏联侵占捷克斯洛伐克。国务院总理周恩来在罗马尼亚驻中国大使杜马举行的国庆招待会上,强烈谴责苏联悍然出动大量武装力量侵占捷克斯洛伐克,坚决支持捷克斯洛伐克人民反抗苏军占领的英勇斗争。

同日　康生组织编造了《关于中央监察委员政治情况的报告》,把中共八届中央监察委员会中 60 名委员和 37 名候补委员分别诬陷为"叛徒"、"特务"、"反革命修正主义分子",被诬陷的人数占中共八届中央监察委员会委员、候补委员总数的62%。

8 月 25 日　中共中央、国务院、中央军委、中央文革小组发出《关于派工宣队进学校的通知》。《通知》引用了中共中央主席毛泽东的指示:"我国有 7 亿人口,工人阶级是领导阶级,要充分发挥工人阶级在文化大革命中和一切工作中的领导作用。工人阶级也应当在斗争中不断提高自己的政治觉悟。"《通知》提出,在已经建立了革命委员会,在工人中已经实现了大联合,"清理阶级队伍"已经有了显著成效的大、中城市,要在革命委员会的领导下,以优秀产业工人为主体,配合人民解放军战士,组成毛泽东思想宣传队,分期分批进入各学校,先进大学,后进中小学。没有两派组织,没有武斗的学校,也要进入。农村的学校,要派贫下中农毛泽东思想宣传队去。《通知》要求,工宣队进校后,要发现和团结积极分子,共同工作,推动学校的教育革命。从此各地陆续向大专院校、中小学校派驻工宣队,领导学校的"斗、批、改"。

同日　国家计划委员会、国家基本建设委员会、国家物资管理部和第一机械工业部发出《关于冶金、石油、化工、电力、煤炭工业所需仪器仪表现行办法的通知》。

8 月 26 日　《人民日报》刊载《红旗》杂志 1968 年第 2 期发表署名姚文元的文章:《工人阶级必须领导一切》。文章引述了中共中央主席毛泽东的指示:"建立三结合的革命委员会,大批判,清理阶级队伍,整党,精简机构,改革不合理的规章制度,下放科室人员,工厂里的斗、批、改,大体经历这么几个阶段。""实现无产阶级教育革命,必须有工人阶级领导,必须有工人群众参加,配合解放军战士,同学校的学生教员、工人中决心把无产阶级教育革命进行到底的积极分子实行革命的三结合。工人宣传队要在学校长期留下去,参加学校斗、批、改任务,并且永远领导学校。在农村,则应由工人阶级最可靠的同盟者贫下中农管理学校。"文章说,毛主席的这个指示,指出了教育革命的方向和道路,是彻底摧毁资产阶级教育制度的锐利武器。文章说 1949 年后的学校"基本上还是被资产阶级知识分子所垄断",并提出"凡是知识分子成堆的地方,不论是学校,还是别的单位,都应有工人、解放军开进去,打破知识分子独霸的一统天下,占领那些大大小小的'独立王国',占领那些'多中心即无中心'论者盘踞的地方。"

8 月 27 日　康生又组织编造了《关于第三届人大常委会委员政治情况的报告》和《关于第四届全国政协常委会委员政治情况的报告》。

同日 台湾"立法院"通过《国防海道测量组织公约》。

8月28日 中共中央、国务院、中央军委、中央文革小组批准成立西藏自治区革命委员会。由曾雍雅任主任,任荣、陈明义等13人任副主任。中央在批示中说周仁山、王其梅是"党内最大的一小撮走资本主义道路的当权派在西藏的代理人"。9月5日,西藏自治区革命委员会成立。

同日 台湾"经济合作发展委员会"制定人力发展规划。

9月1日 中共中央、国务院、中央军委、中央文革小组批准成立新疆维吾尔自治区革命委员会。由龙书金任主任,王恩茂、赛福鼎等9人任副主任。中央在批示中称习仲勋、刘澜涛和武光、吕剑人、张仲瀚、伊敏诺夫、包尔汉为"党内最大的一小撮走资本主义道路当权派在西北和新疆的代理人"。5日,新疆维吾尔自治区革命委员会成立。

同日 《人民日报》、《红旗》杂志、《解放军报》发表编辑部文章《把新闻战线的大革命进行到底——批判中国赫鲁晓夫反革命修正主义的新闻路线》,文章是陈伯达、姚文元授意写作又经他们修改,由毛泽东审定的。文章说"中国赫鲁晓夫"即刘少奇"为实行资本主义鸣锣开道","主张资产阶级自由化","为复辟资本主义大造舆论","反对宣传毛泽东思想";制造了一个"新闻黑线专政"论。

9月2日 中央军委、中央文革小组发出《关于工人进军事院校及尚未联合起来的军事院校实行军管的通知》,传达了毛泽东的批示:"如工人条件成熟,所有军事院校均应派工人随同军管人员进去。打破知识分子独霸的一统天下。"

9月3日 新华社报道,常州内燃机厂、大连工矿车辆厂、石家庄动力机械厂等单位,在有关科研单位的协助和支持下,自行研究设计并试制成功国内第一批静压传动内燃机车,使中国工矿内燃机车的生产技术跨入了世界先进水平的行列。

同日 台湾"中国电视公司"在台北成立。

9月5日 《人民日报》刊登《红旗》杂志第3期(9月10日出版)发表的上海市的调查报告《从上海机械学院两条路线斗争看理工科大学的教育革命》和毛泽东写的编者按。编者按说:"这里提出一个问题,就是过去大量的高等及中等学校毕业生早已从事工作及现正从事工作的人们,要注意对他们进行再教育,使他们与工农结合起来。其中必有结合得好的并有所发明创造的,应予以报道,以资鼓励。实在不行的,即所谓顽固不化的走资派及资产阶级技术权威,民愤很大需要打倒的,只是极少数。就是对于这些人,也要给出路,不给出路的政策,不是无产阶级的政策。上述各项政策,无论对于文科、理科新旧知识分子,都应是如此。"《红旗》杂志第3期还发表了评论员文章:《关于知识分子再教育问题》。文章说,"用无产阶级世界观教育知识分子,使他们改变过去从资产阶级教育中接受的资产阶级思想,这就是再教育的内容。同工农兵结合,为工农兵服务,则是再教育的根本途径"。《红旗》杂志第3期还发表另一篇调查报告:《从"赤脚医生"的成长看医学教育革命的方向》。调查报告引述了中共中央主席毛泽东的一段指示:"从旧学校培养的学生,多数或大多数是能够同工农兵相结合的,有些人并有所发明、创造,不过要在正确路线领导之下,由工农兵给他们再教育,彻底改造旧思想。"调查报告提出,医学院校的招生对象主要应是"赤脚医生"和卫生员。他们在农村里滚上 2 至 3 年,再进医学院校学习。

同日 经毛泽东批示"照办",中共中央、中央文革小组转发北京市革命委员会《关于选调和派遣工人毛泽东思想宣传队的几条规定》。《规定》作出了"选调工人,必须从那些实现了革命大联合、成立了革命委员会的工厂"、"选调工人,必须从那些清理了阶级队伍,并取得了显著成效的工厂"等十条规定。

同日 西藏、新疆两个自治区的革命委员会同时成立。至此,全国 29 个省、市、自治区都已先后建立了革命委员会。

9 月 6 日 根据毛泽东的意见,中共中央、中央文革小组转发北京市革命委员会、北京卫戍区《关于召开工人和解放军毛泽东思想宣传队负责人会议情况的报告》。《报告》说:工人、解放军毛泽东宣传队要对学校实行无产阶级的政治领导;要相信群众的大多数;要对学生加强两条路线斗争的教育;对学校的问题不要轻易表态。

9 月 7 日 北京召开庆贺西藏自治区和新疆维吾尔自治区革命委员会成立、庆贺全国 29 个省市自治区革命委员会成立大会。

同日 《人民日报》、《解放军报》联合发表题为《无产阶级文化大革命的全面胜利万岁!》的社论。社论说,9 月 5 日,西藏、新疆两个自治区的革命委员会同时成立,至此,全国 29 个省、市、自治区(台湾省除外)全部成立了革命委员会,实现了"全国山河一片红"。社论认为,全国各省、市、自治区革命委员会的成立,"是夺取文化大革命全面胜利进程中的重大事件,它标志着整个运动已在全国范围内进入了斗、批、改的阶段"。

9 月 10 日 新华社报道,国内第一座

黑色金属重介质选矿厂在河北省龙烟铁矿建成。选矿厂经过试生产,选矿质量超过了国家规定指标和冶炼要求。这个厂的建成,填补了国内重介质选矿的一个空白,为充分利用地下资源,促进钢铁工业的发展,创造了有利条件。

9 月 12 日 中共中央委员、国务院文教办公室主任张际春,因遭受迫害含冤逝世,终年 68 岁。张际春曾任抗日军政大学政治部主任、中共西南局第二书记、中共中央宣传部副部长等职。

同日 台湾"行政院"决定成立交通法庭,通过修正《道路交通管理处罚条例》,并决定有限度开放小汽车和空调大客车进口。

9 月 16 日 江青操纵的"刘少奇、王光美专案组"整理报送了三本所谓刘少奇的"罪证材料"。江青在对这些材料的批语中,诬陷刘少奇是"大叛徒、大内奸、大工贼、大特务、大反革命",是"美国远东情报代表"。29 日,林彪写了批语,表示"完全同意","向出色地指导专案工作并取得巨大成就的江青同志致敬"!

9 月 19 日 新华社报道:中国农科院研究出一批新成果。其中有小麦杂交后代"红旗一号",防治马鼻疽的初步意见以及黄苗甘蓝原种。

9 月 22 日 《人民日报》报道,由中国科学院、北京天文台、紫金山天文台、地球物理研究所、大气物理研究所、中央气象局、人民解放军国防科委以及有关高等院校等 10 多个单位共 100 多名科学工作者组成的科学队伍,在新疆西部、南部及乌鲁木齐等地日全食、偏食地带进行了地面和高空观察,取得了太阳活动区对电离层影响的丰富的综合性资料和太阳周围很大范围的观测结果,以及日全食对大气和地球物理影响的大量观测数据,使中国的

日食研究进入了世界先进行列。

9月25日 《人民日报》、《解放军报》联合发表社论《落实毛主席的指示就是胜利——庆祝毛主席视察华北、中南和华东地区1周年》。社论突出地指出：工人群众和解放军战士组成的毛泽东思想宣传队开进上层建筑各个领域，这就能够更有力地保证毛主席最新指示的全面落实。

9月28日 《毛泽东选集》1—4卷64开精装合订本出版发行。

9月29日 毛泽东在上海市革命委员会《关于工人宣传队进入中、小学的情况报告》上批示："此件很有用，似可转发各地。"10月7日，中共中央、中央文革小组转发了这个文件。

同日 根据毛泽东的批示，中共中央、中央文革小组同意并转发上海市革命委员会《关于在产业工人中有步骤地发展新党员的请示报告》。《请示报告》的主要内容是："在造反派中吸收一批优秀分子入党，使党增加新鲜血液。"

同日 国家计划委员会、财政部军管会、水电部军管会、物资部军管会联合发出《关于安排今冬明春农田水利建设的通知》。

9月 上海机床厂为贯彻执行毛泽东主席的"七二一指示"，创办七二一工人大学。在此以后，各地相继仿办。

10月1日 天安门广场举行了中华人民共和国成立19周年庆祝会。毛泽东出席大会，检阅游行队伍。林彪在大会上讲话。他说："现在，摆在我们面前的中心任务，就是遵循毛主席的伟大教导，认真搞好斗、批、改。""根据毛主席的指示，全国成千成万的产业工人组成的工人毛泽东思想宣传队，配合人民解放军毛泽东思想宣传队，已经或者正在开进大、中、小学和一切知识分子成堆的地方，登上了上层建筑各个领域斗、批、改的政治舞台。这是20世纪60年代的伟大事件。"

同日 南京长江大桥的铁路桥正式通车。大桥通车后津浦、沪宁两线接通，从北京可直达上海。大桥全长6700多米，公路桥全长4500多米。是继武汉长江大桥、重庆白沙沱长江大桥之后第三座跨越长江的大桥。

同日 大型雕塑《毛主席无产阶级革命路线胜利万岁》在沈阳红旗广场建成。

10月2日 《人民日报》刊登新华社关于国庆19周年庆祝大会的报道。在出席大会的领导人名单中，把"江青、张春桥、姚文元、谢富治、黄永胜、吴法宪、叶群、汪东兴、温玉成"排在最高层次，亦即高于中共中央政治局委员的层次。在公开的报道中，这样排列是第一次。

同日 台湾"教育部"公布《家庭教育推行办法》。

10月3日 台湾"行政院"通过在高雄设立第二加工出口区。

10月5日 《人民日报》刊登《柳河"五七"干校为机关革命化提供了新的经验》的报道，并加编者按。按语发表了毛泽东关于干部下放劳动的指示："广大干部下放劳动，这对干部是一种重新学习的极好机会，除老弱病残者外都应这样做。在职干部也应分批下放劳动。"按语说，我们已经有了关于精简机构方面的经验，再加上关于干部下放劳动方面的经验，对如何实现机关革命化、干部革命化，认识就比较完整了。

10月8日 台湾"省政府"订定《省属各行库辅导发展民营中小企业工作要点》。

10月13日—31日 中共八届扩大的十二中全会在北京召开。中共中央主席毛泽东主持了这次会议。他在开幕式上讲话,要求讨论"文化大革命"究竟是否必要,是否正确,成绩是否是主要的等问题。他认为,"这次无产阶级文化大革命,对于巩固无产阶级专政,防止资本主义复辟,建设社会主义,是完全必要的,是非常及时的",并号召"要把无产阶级文化大革命进行到底"。全会讨论了毛泽东的讲话以及"文化大革命"以来所采取的一系列措施。全会认为,毛泽东关于"文化大革命"的部署以及在"文化大革命"中各个时期的一系列重要指示"都是正确的",并认为"文化大革命",已经取得了伟大的、决定性的胜利"。全会的主要议题是通过关于刘少奇专案的审查报告和修改党章草案。

10 月 16 日　《人民日报》全文刊载了《红旗》杂志 1968 年第 4 期题为《吸收无产阶级的新鲜血液——整党工作中的一个重要问题》的社论。社论把"文化大革命"说成"是一次以革命的方法进行的空前规模的开门整党运动","是全国最广大的革命群众在毛主席的号召下行动起来,揭露和批判中国赫鲁晓夫等钻进党内的一小撮叛徒、特务、死不改悔的走资派和其他反革命分子的伟大斗争"。社论引用了毛泽东的一段话:"一个人有动脉、静脉,通过心脏进行血液循环,还要通过肺部进行呼吸,呼出二氧化碳,吸进新鲜氧气,这就是吐故纳新。一个无产阶级的党也要吐故纳新,才能朝气蓬勃。不清除废料,不吸收新鲜血液,党就没有朝气。"这段话被称做"建党纲领"。社论捏造了刘少奇的所谓"六论",即"阶级斗争熄灭论"、"驯服工具论"、"群众落后论"、"入党做官论"、"党内和平论"、"公私溶化论"("吃小亏占大便宜")。

10 月 26 日　蒋介石视察三军"光华"演习。

10 月　中国第一座现代化大型体育

馆——首都体育馆正式交付使用。整个工程从设计、施工到材料、设备都是依靠中国的力量建造的,全部工程造价 1500 多万元。

11 月 5 日　国家计划委员会、国家基本建设委员会向国务院业务小组提出《关于建设城市战备电源问题的报告》对 8 月 26 日水电部提出的《关于 1968 年基本建设计划中的一些重要城市战备电站安排意见》,国家计委和国家建委拟先同意上海、青岛、大同、徐州、大连、南京等地的 6 个项目作为技术性的试点项目进行建设,取得经验后再推广到其他城市。并要求对这 6 个城市的试点项目所需的设备作进一步试验,以保证战备电站的工程质量。《报告》要求水电部继续研究并提出建设战备电源的各项具体政策和规划,以便报中央审批。

11 月 7 日　国家计划委员会、全国供销合作总社、粮食部联合发出《关于下达 1968 年度主要农副产品收购、调拨计划的通知》。《通知》要求各地要完成 1968 年度各项农副产品收购任务,同时下达了 1968 年度棉花、黄红麻、苎麻、烤烟收购计划及食用植物油、桐油、毛竹的收购调拨计划:棉花收购 3790 万～4005 万担,黄红麻收购 710 万担,苎麻收购 53 万担,烤烟收购 1000 万担,食用植物油收购 14 亿斤。

同日　中国第一座胡麻纤维纺织厂——张家口市七一化学纤维纺织厂建成投产。

11 月 8 日　台湾"立法院"通过《警械使用条例》。

11 月 12 日　中共中央、中央文革小组按照毛泽东的批示,同意并转发有关传达八届十二中全会的两个报告:北京市革命委员会 11 月 9 日《关于召开北京市党员干部大会的请示报告》和张春桥 11 月 11

日《关于传达十二中全会的几个问题的报告》。张春桥在《报告》中说："'二月逆流'的那几个人，要不要点名？看来，点名很有必要。"

11月13日 台湾"立法委员"雷鸣因勒索未遂被判处三年有期徒刑。

11月14日 《人民日报》发表山东省嘉祥县马集公社马集小学二教师的信。信中"建议所有（农村）公办小学下放到大队来办，国家不再投资或少投资小学教育经费，教师国家不再发工资，改为大队记工分"，"教师都回本大队工作"。编者按中号召就此建议"展开讨论"。此后该报开辟"关于公办小学下放到大队来办的讨论"专栏，发表了大量支持这一建议的来信和文章。许多地方还立即付诸实施。12月2日，《人民日报》发表读者来信，提出城市的中小学由工厂办、街道办的建议，同时开展"城市的小学及中学应当如何办"的讨论。随后，连续刊登了大量支持这一建议的来信和文章。许多地方付诸实施。

11月15日 中共中央、国务院发出《关于1968年大专院校毕业生分配问题的通知》，决定1968年大专院校毕业生从11月中旬开始分配。《通知》指出，大专院校毕业生的分配，应当坚决贯彻执行面向农村、面向基层的方针。一般都必须去当普通农民、普通工人。大专院校毕业生要坚定地走同工农兵相结合的道路，不一定要分配到自己所学的专业部门去。分配当农民的毕业生，除了继续安排到解放军农场、国营农场外，各省、市、自治区可按当地的实际情况，组织他们参加改造盐碱地、兴修水利等。有条件的地方，也可以分配一部分毕业生到农村人民公社去进行插队试点。

同日 中共中央发出《关于1968年中等专业学校、技工学校、半工（农）半读学校毕业生分配问题的通知》。《通知》规定，中等专业学校、技工学校、半工（农）半读学校1968年毕业生，从1968年11月开始分配。这些毕业生的分配、安置办法，以及报到期限等问题，本《通知》未作规定的，均按中共中央1968年6月15日《关于1967年中等专业学校、技工学校、半工半读学校毕业生分配的通知》中有关规定执行。1966年、1967年、1968年上述学校毕业生分配到全民所有制单位的，在工资制度没有改革以前，暂不转正定级。

11月19日 新华社报道：我国北方和南方许多省、市、自治区贫下中农登上农业科学技术研究工作的舞台，培育和推广杂交高粱取得新成就，种植面积比1965年增加235倍，单产比一般高粱高30%左右。

11月21日 万吨级远洋巨轮"高阳号"胜利下水。

11月25日 《人民日报》重新发表中共中央主席毛泽东《在中国共产党第七届中央委员会第二次全体会议上的报告》。

同日 《人民日报》、《红旗》杂志、《解放军报》联合发表题为《认真学习两条路线斗争的历史》的社论。社论引用了毛泽东的一段话："历史的经验值得注意。一条路线，一种观点要经常讲，反复讲。只给少数人讲不行，要使广大群众都知道。"社论把新中国建立以来19年的历史，归结为"就是无产阶级专政建立之后，工人阶级和广大革命群众继续同帝国主义、国民党、资产阶级进行政治斗争、经济斗争、文化斗争的历史"，斗争的中心"是政权问题"。而围绕政权问题的"是对待人民群众的态度问题，是承认或者否认广大人民群众中蕴藏着极大的社会主义积极性的问题，是支持或者镇压无产阶级、贫下中农、革命知识分子进行反对资产阶级的社会主义革命的问题"。社论要求在全国大搞"两条路线斗争的学习运动",完成斗、批、改的任务。

11月28日　中共中央委员、全国人大常务委员会委员、著名教育家徐特立在北京逝世,终年91岁。

同日　联合国统计报告指出,5年来台移居美国人口逾50万人。

11月29日　中国第一台深井石油钻井机制造和试钻成功。

12月1日　中国自行设计、自行制造的第一台具有世界先进水平的深井石油钻机在油田试钻成功。全机总重量为300吨,由总功率为3000马力的柴油机带动。钻机的单机较轻,便于运载移动。

12月2日　《人民日报》发表上海、天津、北京等地的读者来信,提出城市的中小学由工厂办、街道办的建议。并发起"城市的小学及中学应当如何办"的讨论。由此,全国许多城镇中小学由工厂接办,或搞"定厂办学"。上海、北京等一些大中城市还将小学改为由街道办事处管理。

12月3日　中共中央、中央文革小组批发《北京市革命委员会转发新华印刷厂在对敌斗争中坚决执行党的"给出路"政策的经验报告》。毛泽东12月1日在批示中说:"建议将此件转发各地参考。对反革命分子和犯错误的人,必须注意政策,打击面要小,教育面要宽,要重证据,重调查研究,严禁逼、供、信。对犯错误的好人,要多做教育工作,在他们有了觉悟的时候,及时解放他们。"

12月5日　《人民日报》发表湖北省长阳县乐园公社实行合作医疗制度的一篇报道《深受贫下中农欢迎的合作医疗制度》。

12月10日　著名戏剧家和戏剧活动家田汉遭受迫害逝世,终年70岁。

同日　《人民日报》转载《红旗》第五期的调查报告《"土专家"和农业教育革命》,提出"农业院校要统统搬到农村,由贫下中农管理学校"。

12月13日　台北市第一家民营公共汽车公司,经核准成立。

12月15日　台湾当局为解决都市土地问题决定严格管制各都市地区土地使用。

12月16日　中共中央、中央文革小组发出《关于进行修改党纲党章工作的通知》,要求各地参照上海市革命委员会开展群众性修改党纲党章运动的经验,组织党纲党章修改小组和群众性的讨论,提出关于修改党纲党章的方案。

12月18日　北京大学副校长、历史系主任、著名马克思主义史学家翦伯赞和他的夫人戴叔宛,因遭受残酷迫害逝世。

12月22日　《人民日报》刊登《我们也有两只手,不在城市里吃闲饭!》的报道,并加了编者按。报道说,甘肃省会宁县城部分城镇居民,纷纷奔赴农业生产第一线,到农村安家落户。从7月中旬到12月中旬,全县688户城镇居民中已有191户、995人分别下到13个公社和生产队安家落户。编者按引述了中共中央主席毛泽东的指示:"知识青年到农村去,接受贫下中农的再教育,很有必要。要说服城里干部和其他人,把自己初中、高中、大学毕业生的子女,送到乡下去,来一个动员。各地农村的同志应当欢迎他们去。"编者按认为:这是一种值得大力提倡的新风尚,希望广大知识青年和脱离劳动的城镇居民到农业生产第一线去。随后,全国各地掀起了知识青年上山下乡,奔赴农业生产第一线的运动。"文化大革命"以来的初中毕业生,除已回乡、下乡和参加工作的以外,纷纷被动员去农村、边疆落户。

12 月 23 日 财政部军管会发出《关于做好 1968 年财政决算编审工作的通知》。

同日 由西安飞机制造厂制造的轰—6 甲（图—16）试飞成功,次年转入批量生产。1969 年 2 月装备空军部队。

12 月 25 日 中国自行设计、施工、安装的浙江富春江大型水电站建成发电。这座水电站的建成为上海、南京和浙江杭嘉湖平原等城乡提供强大电力。

12 月 26 日 中共中央、中央文革小组发出《关于对敌斗争中应注意掌握政策的通知》。《通知》引用了中共中央主席毛泽东的指示:"对反革命分子和犯错误的人,必须注意政策。""在犯走资派错误的人们中,死不改悔的是少数,可以接受教育改正错误的是多数,不要一提起走资派就认为是坏人。"毛泽东还加上:"即使是反革命分子的子女和死不改悔的走资派的子女,也不要称他们为'黑帮子女',而要说他们是属于多数或大多数可以教育好的那些人中间的一部分(简称'可以教育好的子女'),以示他们与其家庭有所区别。实践结果,会有少数人坚持顽固态度,但多数是肯定可以争取的。"《通知》确定的敌人的范围包括"叛徒、特务、死不改悔的走资派,没有改造好的地、富、反、坏、右分子,现行反革命分子"。

同日 北京电视台首次用微波由天津向北京回传新闻。

同日 著名京剧表演艺术家荀慧生遭迫害逝世。

同日 中华人民共和国政府与巴基斯坦伊斯兰共和国政府在拉瓦尔品第签订经济技术合作协定,确定中国政府给予巴基斯坦政府以无偿援助 1 亿元。1968 年,中国对外援助支出为 22.4 亿元,占国家财政总支出的 6.2%。比上年增加 12.3%。

12 月 27 日 中国在西部地区又成功地爆炸了一颗氢弹。

同日 亚洲开发银行向台"中国石油公司"提供 1020 万美元贷款,兴建纤维原料厂。

12 月 29 日 南京长江大桥全面建成通车。在此之前,南京长江大桥的铁路桥已于今年 10 月 1 日正式建成通车。南京长江大桥是继武汉长江大桥、重庆白沙沱长江大桥之后的第三座跨越长江的大桥,也是当时国内最大的大桥。南京长江大桥从 1960 年 1 月 18 日正式动工修建,共用了 8 年多的时间全部建成通车。这座大桥是中国自行设计、自行施工建成的。大桥位于南京市的下关和浦口之间,正桥为铁路公路两用的双层钢桁梁桥,上层为公路桥,车行道宽 15 米,两边人行道各宽 2.25 米,下层为双线铁路桥。正桥有 10 孔,长 1577 米,连同两端引桥,铁路桥总长 6772 米,公路桥总长 4589 米。

同日 "亚洲蔬菜中心"在台南成立。

12 月 由涡喷—7 甲改进的涡喷—7 乙发动机试制成功,作为歼—7 飞机的动力装置。

1969 年

1 月 1 日 《人民日报》、《红旗》杂志、《解放军报》联合发表《用毛泽东思想统帅一切》的社论。社论公开发表毛泽东在 1962 年"七千人大会"上的两段讲话,公布了毛泽东的两条指示:"对反革命分子和犯错误的人,必须注意政策,打击面要小,教育面要宽,要重证据,重调查研究,严禁逼、供、信。对犯错误的好人,要多做教育工作,在他们有了觉悟的时候,及时解放他们。""清理阶级队伍,一是要抓紧,二是要注意政策。"社论还提出,1969 年中国共产党要召开第九次全国代表大会。

同日　我国最大的现代化水泥厂——邯郸水泥厂建成投产。

同日　蒋介石发表元旦文告,提出"加强复国准备"。

同日　台湾"经济部"国际贸易局和"中央银行"外汇局正式成立。

1月2日　台湾"经济部长"李国鼎提出改变台湾商品输出结构。

1月3日　新华社报道,《毛泽东选集》从 1966 年到 1968 年 11 月底,共发行 1.5 亿部,相当于文化大革命前 15 年出版总和的 13 倍。同时,还出版发行《毛泽东著作选读》1.4 亿多册,《毛主席语录》7.4 亿多册,各种单行本近 20 亿册,《毛主席诗词》9600 万册。

1月4日　中国政府外交部就中国驻印使馆被砸事件向印度政府提出强烈抗议。1968 年 12 月 30 日上午,数百名印度暴徒和西藏叛匪手持匕首、棍棒,冲进中国大使馆,破坏建筑物和汽车,殴打使馆工作人员,致使 4 人受伤。

1月5日　中国自行设计、施工、安装的富春江电站建成发电。

1月8日—29日　中共中央在北京召开解决浙江问题的会议。会议前期由中央军委办事组主持,后期由中央文革小组碰头会主持。1月8日,毛泽东召集中央文革小组碰头会成员开会,周恩来、陈伯达、康生、江青、张春桥、姚文元、谢富治、黄永胜、吴法宪等人出席会议,南京军区许世友、杜平列席会议。会议主要解决南京军区支持的浙江省军区阮贤榜、李国厚等人与中央文革小组支持的驻浙部队第二十军、空第五军南萍、陈励耘、熊应堂等

人的对立问题。毛泽东提出各自要多做自我批评,不要批评对方:"地方问题在军队,军队问题在于做工作。"为了减少矛盾,二十军、空五军是否调防,离开浙江。江青、张春桥等人以及康生、谢富治操纵会议,偏袒南萍等人。浙江省军区阮贤榜、李国厚、罗晴涛留在北京作检查,8 月被送往五七干校劳动。南萍、陈励耘等掌握浙江省大权,1971 年,"九一三"事变后被免职。

1月9日　台湾"行政院"公布实施《外销品冲退税捐办法实施细则》。

1月11日　《人民日报》转载《广东省曲江县群星大队坚持合作医疗制度 11 年的情况调查》。《调查》指出,群星大队从 1965 年起采取三级(大队、生产队、社员)负担医疗费用的办法,每年分配时,由三级共同筹集医疗资金。这种合作医疗制度,适应目前农村三级所有制的经济基础和农村经济水平,深受广大贫下中农的欢迎。

1月12日　周恩来为中共中央起草给新疆自治区革命委员会的电报。电报指示,新疆自治区出席党的九大的代表应包括王恩茂同志在内。你们为此已做了不少工作。现在你们正面临新的困难,如说服党员干部和党内外革命群众需要时间才能选出,可先将王恩茂同志全家送来北京,以便继续工作。

1月13日　国家计委向国务院呈报《1969 年分配地方外汇计划的安排》。依照惯例,国家每年将当年向资本主义国家出口所获外汇总收入的 7% 分配给地方,解决部分计划物资分配不足的问题。计委提出 1969 年分配给地方外汇 1.2 亿美元,比前些年略有增加。对此周恩来总理批示同意。

同日　李哲人去世。李哲人曾任华

北行政委员会贸易局长、外贸部副部长、商业部副部长、国家经委副主任。"文化大革命"中遭受迫害。

1月14日 中共中央、国务院、中央军委发出《关于对长江航运系统实行全线军事管制的决定》。《决定》规定，由所在地区的大军区、或省军区、或者军管会派出并任命军管人员，运输计划的安排和船舶航运调度指挥仍由交通部军管会通过长江航运公司军管会组织实施，其他工作归所在地方领导。

同日 外贸部发布《关于废除海关对国营进出口公司货物的监管手续的意见》。

同日 台湾"立法院"通过《道路交通管理处罚条例》修正案。

1月15日 财政部、外贸部联合发出《关于下放查私罚没收入和查私费用的通知》，规定从1969年1月1日起，查私罚没收入一律改作地方财政收入，海关查私费用由地方财政预算安排。

1月16日 毛泽东、林彪批准中央军委命令，授予黑龙江省军区某部一连"为人民战胜烈火的英雄连"光荣称号。1968年1月26日，某化工厂发生严重火灾，一连奋勇灭火，14人受伤，3人牺牲，防止了更大爆炸事故的发生。

1月18日 《人民日报》发表《农村商业是否由贫下中农管理好的调查报告》。报告是根据毛泽东1968年12月批示写成的。《人民日报》编者按认为：农村商业由贫下中农管理，是商业战线为了更好地执行毛主席"发展经济，保障供给"方针而进行的一项改革。

1月20日 物资部向国务院呈报《1969年全国废金属回收工作会议纪要》。会议认为，回收几百万吨废钢铁是完全有可能的。

1月22日 新华社报道，我国大规模日全食观测取得辉煌成果。1968年9月22日我国科技工作者对在新疆发生的日全食现象进行了空前规模的综合观测，包括在1.1万米高空采用非密封舱飞机观测日冕——黄道光观测。拍摄到非常清晰的日冕照片，获得了大量日全食对大气和地球物理影响的观测数据。

1月23日 我国大规模日全食综合观察取得辉煌成果，使我国日全食研究工作进入世界先进行列。

1月24日 新华社报道，中共中央军委发出开展"拥政爱民"活动的通知。

1月25日 新华社报道，毛泽东接见来自全国的4万多名革命战士，陪同接见的有周恩来、陈伯达、康生、江青、张春桥、姚文元、谢富治等，参加接见的还有朱德、陈云、李富春、陈毅等。

同日 台湾"国家安全会议"通过《科学发展计划》。

1月28日 新华社报道，清华大学革命委员会成立。

同日 台湾"立法院"通过《台湾地区实施平均地权土地债券发行条例》修正案。

1月29日 中共中央、中央文革小组转发驻清华大学工人、解放军宣传队关于《坚决贯彻执行对知识分子"再教育""给出路"的政策》的报告。报告称，清华大学165名处长、部长、系主任、总支书记，80%是1949年以前受资产阶级教育出来的知识分子，87%出身非劳动人民家庭。对知识分子必须进行再教育。对于犯走资派错误的人和资产阶级学术权威，在深入进行批判的基础上再"给出路"。在"文化大革命"中，清华大学不足6000人的教职员中，被立案审查的达1228人，受批判冲击的2000人。

同日　周恩来接见中央气象局军代表、领导干部和群众代表并作了指示。

1 月 30 日　李宗仁逝世。

同日　台湾"行政院"通过《林口、内湖新社区开发计划》。

1 月 31 日　我国用塑料板印刷代替铅板印刷成功。

1 月　林彪、江青集团制造"东北帮"叛党投敌反革命案。他们编造了一个 90 人的"军阀张学良东北地区残余分子名单",株连省军级以上干部 12 名,厅、局级干部 36 名,全国政协委员 7 名,省政协委员 17 名。1978 年,辽宁省委为这一案件彻底平反。

2 月 1 日　中共中央、国务院、中央军委批准筹建黑龙江生产建设兵团,此后内蒙古、甘肃、江苏、福建、江西、安徽、广东、浙江、山东、广西、湖北和西藏等地也陆续建立了生产建设兵团(或农建师)。

2 月 2 日　国务院下发《关于 1969 年第一季度基本建设工作的安排》。

2 月 4 日　财政部提出《关于冻结存款情况和处理意见的报告》。根据 1968 年 2 月 18 日中共中央《关于进一步实行节约闹革命,坚决节约开支的紧急通知》,全国被冻结存款 70 亿元。财政部的报告提出,按大部分上缴国家财政,小部分留给各单位的原则进行处理。留给单位使用 25 亿元,上交财政 45 亿元,其中中央单位上缴 15 亿元,全部归中央财政,地方单位上缴 30 亿元,按中央财政与地方财政对半分成的原则分配。6 月 17 日,国务院批准此报告执行。

同日　黑龙江省革命委员会潘复生宣布"欧阳钦、李范五为首的里通苏修反党叛国集团"案。这是潘复生指使省革委会保卫组和原省委机关红色造反团制造的一起假案,7 名省委书记和 5 名常委被打成"叛徒集团"的主要成员,中央和 10 个省市的近 180 名各级领导干部受到株连。1979 年 3 月,黑龙江省委为这一假案平反。

2 月 6 日　中国政府外交部抗议荷兰政府和美国政府制造反华阴谋。1 月 24 日,中国驻荷兰代办处前临时代办、二等秘书廖和叔被荷兰政府策划叛逃。2 月 4 日,被美国中央情报局带往美国。

2 月 8 日　台湾"经济部"国际贸易局成立"美援采购临时工作小组"。

2 月 9 日　台湾"省政府"公布《员工研究发展奖励办法》。

2 月 11 日　台湾"财政部"颁行《入境旅客携带行李物品报验税收办法》。

2 月 13 日　台湾"省财政厅"公布、出售自宅地课征 10％土地增值税。

2 月 14 日　新华社报道,去冬以来农田基本建设成绩显著。投入水利建设的群众达 3700 万人。

2 月 15 日　中央军委授予总后某汽车部队李显文等 10 名烈士"无限忠于毛主席的川藏运输线上十英雄"的光荣称号。

2 月 16 日—3 月 24 日　全国计划会议在北京召开。会议着重讨论了《1969 年国民经济计划纲要(草案)》。《纲要(草案)》提出的 5 项主要任务是:①年内出版《毛泽东选集》1 至 4 卷 2000 万部,《毛主席语录》和《最高指示》3 亿册;②大力发展农业,粮食比上年增长 6％左右,棉花增长 10％左右。加强工业对农业的支援,用于农业的钢材由前两年的 83 万吨增加到 160 万吨;③大力加强国防工业、基础工业和内地建设;④要搞好轻工市场,继续提倡晚婚和计划生育;⑤狠抓交通。

2 月 19 日　外交部新闻司发表声明。声明强烈抗议美国政府勾结荷兰政府,蓄意制造严重反华事件,策划前中国驻荷兰外交人员廖和叔叛逃，并由美国中央情报局送往美国。声明说，中国政府认为，在目前这种美国政府一手制造的反华气氛下，按照预定日期在 2 月 20 日举行第 135 次中美大使级会谈，显然是很不适宜的。

同日　中共中央军委办事组颁发《军队院校调整方案》。该方案规定：全军 125 所院校，裁撤 82 所，保留 43 所。原则是，指挥、政治、体育、艺术学校一律撤销；技术学校，凡在部队能学到的技术一律在部队培养，高级技术学校基本保留；撤销各军区的步兵学校。

2 月 21 日　《人民日报》发表社论《抓革命促生产、夺取工业战线的新胜利》。社论传达了两段毛泽东的最新指示："无产阶级文化大革命的斗、批、改阶段，要认真注意政策。""在订计划的时候，必须发动群众，注意留有充分的余地。"社论说，到 1968 年底，国内公债已全部还清，我国已经成为世界上既没有内债、又没有外债的一个强大的独立的社会主义国家。社论认为，生产的大好形势是革命的大好形势促成的，应该以革命来挂帅，来促生产。

2 月 24 日　台湾"国防部长"蒋经国赴南朝鲜进行访问。

2 月 26 日　台湾"国家安全会议"核定第五期经济建设四年计划。

2 月 27 日　全国计划座谈会议印发有关体制改革的 3 个文件。①《关于改革财政管理体制的初步意见（草案）》，指出，在财政收入方面，除中央直接管理的企业收入、银行收入、关税收入仍列中央财政外，其余各项收入，包括地方企业收入、工商税收入、盐税收入、农业税收入和其他收入一律列地方财政。在财政支出方面，除了国防战备费、对外援助支出、国家物资储备支出以及中央直接管理的基建投资、流动资金、行政事业等支出仍列中央

财政外，其余各项支出，包括地方基建投资、流动资金、新产品试制费、支援农业资金，以及文教、卫生事业费和行政费等，一律列地方财政。②《中央各部关于企业管理体制下放的初步设想》。③《关于改革物资管理体制的初步意见》。文件发出后，全国开始了以下放企业、实行包干制、精简机构为主的工业管理体制改革试点，至 1970 年全面展开。

同日　台湾"行政院"通过《促进外销罐头食品事业发表方案》。

2 月 28 日　毛泽东接见几内亚政府代表团。代表团团长为政府贸易、运输和邮电部长恩法马拉·凯塔。毛泽东说，中国的经验有两方面，一方面是好的，另一方面就不一定都好了。有些可以参考，有一些在你们那里就不一定适合。双方还谈到了互相援助、非洲"协商委员会"、"法兰西共和体"、反对帝国主义斗争等历史和现实问题。同日，中几贸易议定书和中国向几内亚提供贸易贷款的协定在北京签字。

同日　台湾"财政部"公布修正《台湾地区都市平均地权土地债券发行条例》。

3 月 2 日　中苏两国边防军在珍宝岛发生武装冲突。2 日晨，苏联边防军出动 70 余人、4 辆装甲车和汽车，侵入我国黑龙江省虎林县境内的珍宝岛，开枪打死打伤我边防军多人。我边防军在多次警告无效的情况下，被迫进行自卫还击。苏联政府却称珍宝岛属于苏联，反诬中国边防军入侵苏联，并且公布了苏联政府对中国政府的"抗议照会"。同日，中国政府向苏联政府提交了抗议照会。照会强烈抗议苏联的侵略行为，坚决要求苏联政府惩办这次事件的肇事凶手，立即停止侵犯中国领土和武装挑衅，并保留要求苏方赔偿我方一切损失的权利。从 4 日至 12 日，苏军

又出动装甲车、直升机和多名边防军入侵珍宝岛和该岛西侧的中国河道。13 日,中国外交部照会苏联大使馆,再次提出强烈抗议,重申中国领土绝不允许任何人侵犯。然而,15 日,苏军又出动五十余辆坦克和装甲车,在直升飞机的掩护下,从冰上越过乌苏里江主航道侵入珍宝岛地区,开到岛的中部、南端和西侧的中国航道,向正在执行巡逻任务的中国边防部队挑衅,并于 8 时许首先开枪开炮,我边防部队奋起自卫,打退苏军 3 次进攻,至下午 7 时许,将苏军赶出中国领土。珍宝岛事件,加重了中共党内关于国际形势日益严重、世界大战不可避免的判断。15 日,毛泽东在中央文革小组碰头会上着重谈了准备打仗的问题,成为九大的一个重要指导思想。

3 月 3 日　台湾"经济部"公布实施申请进口大宗物资处理原则。

3 月 4 日　中共中央、中央文革小组转发上海市革委会《关于吸收部分干部参加工宣队的情况报告》。

同日　中共中央、中央文革小组发出通知,批评阻碍记者向中央反映情况的现象。通知规定,广大人民群众,包括记者在内,都有权向毛主席、林副主席,向中央和中央文革小组反映当地的情况和问题。绝不允许任何人封锁中央。

同日　中共中央、中央文革小组、国务院、中央军委就 1969 年城乡居民棉布分配问题发出通知。通知规定,1969 年按人口平均棉布基本定量为 16.1 尺,比上年增加 7.1 尺;各省、市、自治区的调剂用布,规定平均每人 1 尺,比上年增加 0.5 尺;取消职工补助、寒冷地区补助、渔盐民补助、少数民族补助、边民补助、南方蚊帐补助等补助用布;各项农副产品奖售用布,除对生猪、松脂、中药材继续保留外,其他全部取消。

3 月 7 日　新华社报道:1968 年度全国棉花收购计划胜利完成,许多省市都大幅度地超额完成收购计划。棉花的品级质量均好于往年。

3 月 8 日　国民党中常会通过《全面实施平均地权方案》。

3 月 9 日—27 日　中央文革小组碰头会召集九大准备会议。各省、市、自治区革命委员会及各大军区和中央各部门的负责人共 128 人参加,会议为九大的召开作了准备。毛泽东提出,九大的任务是总结经验,落实政策,准备打仗。这三句话成为九大的指导思想。

3 月 10 日　新华社播发新闻"南口机车车辆机械厂军管会迅速改变南口厂老大难面貌的经验。"

3 月 11 日　水电部军管会和兰州军区联合向国务院业务组、周恩来提交《关于将刘家峡至关中 330 千伏超高压输变电工程列为重点建设项目的报告》。330 千伏线路工程全长 532 公里,投资 1.1 亿元。周恩来在报告上批示:"这项基建项目是否已作安排? 又要进口,我看动员上海、哈尔滨潜力就可上去,请在全国计划会议上一议。"后全国计划会议对此项目作了具体安排。

3 月 12 日　新华社播发"北京新华印刷厂用毛泽东思想统率定案工作的做法和体会"。这一材料称,在对干部的定案过程中,采取"一清、二批、三分析",清理干部的全部历史和问题;发动群众批判干部的错误,干部本人批判自己的错误和罪行;分析本质,把犯错误的好人与坏人分开。

3 月 14 日　最后一批参加援越抗美作战的空军高射炮兵部队撤离回国。在三年七个月的援越抗美作战中,空军入越高射炮兵共击落美军飞机 597 架，击伤 479 架。

3月15日 毛泽东在中央文革小组碰头会上首先谈了打仗问题，他说：一个县成立一个团，全国都要搞。大县三个营，中县两个营，小县一个营。平时坚持地方，战争起来了就补充野战军。战争打起来，依靠一年一度的征兵工作是不行的。……东北、华北、西北要准备一下。准备好了，他不来也不要紧。大敌当前，动员、准备一下有利。苏联知道我们不会到他那里去，他们那里很冷。我们是后发制人。原子弹基地要有准备，防止他用飞机轰炸。毛泽东说：红卫兵打仗勇敢，红卫兵还是要称赞一下，他们还很活跃。凡是过去武斗比较厉害的学校，现在就转得比较好。对这些武斗的学生，军队不愿意要，地方也不愿意要。红卫兵不听话是个暂时现象，或者是有坏人指挥。红卫兵前期、后期，甚至于中期都是好的，就是在中后期之间有一个时间不听话，现在就好了。毛泽东还强调了政策落实的问题。他说道：政策落实是个大问题，尽管有清华的经验，有的就学，有的就不学。天津大学、南开大学，有一个就传达，有一个就不传达，并且还关了很多人，解放的人很少。无非是特务、叛徒、死不改悔的走资派嘛！死不改悔的走资派难道他一辈子就不改？内查外调，外调的人太多，关的人多了，外调的人就多，统统把他们放了算了。只要不是杀人、放火、放毒，几个反动标语算什么？教授、讲师不像军队，他们是手无寸铁。教授、讲师要放，当然不是一个不关。特务、叛徒无现行活动的，也可以戴，也可以不戴，等他们造反的时候再给他戴嘛！坦白了是否要从宽，手里拿着帽子不戴，个别人戴，多数人不戴。一个人戴了右派的帽子，不但他自己难

办，一家人也就不好办了。一是总结经验，落实政策；二是负责人要抓点，心中有数。在谈到"二月逆流"时，毛泽东先后说道：我对二月逆流的人不一定恨得起来，二月逆流不仅北京有，其他地区也有；二月逆流不仅冲击了地方机关，也冲击了军队机关。那个时候，一时打倒这个，一时打倒那个，可多了，无非是说错了话嘛！报告上（指九大报告）不要讲二月逆流了，这次会要开成一个团结的会。他们一肚子气。只讲刘少奇一小撮，都包括了嘛！现在与那个时候不同了，那时他们是公开发表的。二中全会（七届）就讲了，要依靠工人，不能依靠资产阶级。刘少奇到天津，就依靠资产阶级。

同日 《红旗》杂志第 3 期、第 4 期发表社论《关于总结经验》。社论传达了毛泽东最近的两段指示："要认真总结经验。""到一个单位去了解情况，要了解运动的全过程，开始怎样，后来怎样，现在怎样，群众是怎么搞的，领导是怎么搞的，发生过一些什么矛盾和斗争，这些矛盾后来发生了什么变化，人们的认识有什么发展，从中找出规律性的东西。"

3月16日 台湾"省政府"颁布《农家综合发展与贫农特别辅导计划》。

3月17日 中国科学院紫金山天文台预报 3 月 18 日将发生日环食。我国台湾、南海诸岛、东南沿海一带可以看到日偏食。

同日 舒绣文去世。舒绣文，1915 年生，女电影艺术家。安徽安庆人。曾主演中国第一部抗日影片《保卫我们的土地》。参加演出《一江春水向东流》等影片。中华人民共和国成立后，任全国人大代表、全国政协委员、全国妇联执行委员、中国剧协常务理事、中国影协常务理事。主演过《骆驼祥子》、《北京人》、《伊索》等话剧。

"文化大革命"中被江青集团迫害致死。

3月18日 《人民日报》发表驻北京大学工人、解放军宣传队帮助落实知识分子政策的文章。文章写道,宣传队在全校办起了120多个落实党的政策的毛泽东思想学习班,破除了"北大特殊"的思想。发动群众人人宣传政策,个个做团结、教育、改造知识分子的工作。贯彻落实毛主席的知识分子政策,使很多知识分子的思想态度有了很大转变,团结了大多数知识分子。

3月22日 中共中央、国务院、中央军委、中央文革小组发布《关于做好军队复员干部安置工作的通知》。通知指出,对军队复员干部的安置,应贯彻执行"从哪里来到哪里去"的精神。各地群众要做好接收安置复员干部的工作,组织他们参加生产。

同日 西藏自治区革命委员会、西藏军区发出《关于建立各级革命委员会的范围的通知》。随后,西藏各地、县、区、公社(乡)以及各学校、企事业单位,先后成立了革命委员会或革命领导小组,并恢复了党的各级组织。各级革委会和党组织在九大的错误方针指导下,从总体上执行了"左"的路线、方针和政策。

3月27日 台湾"国家安全会议"通过《动员戡乱时期自由地区中央公职人员增补选办法》。

3月29日 《人民日报》开展"社会主义大学应当如何办"的讨论。驻清华大学工人、解放军毛泽东思想宣传队以《工人阶级要牢牢掌握教育革命的领导权》为题介绍了经验:用毛泽东思想武装师生员工的头脑,批判修正主义教育路线;坚持不懈地对知识分子进行再教育;落实毛主席的各项无产阶级的政策,实现政策领导;改革旧的教育制度,改造教师队伍,改革教学内容和方法。

3月29日—4月9日 国民党第十次"全国"代表大会在台北阳明山举行。

3月31日 周恩来致信毛泽东,建议徐海东参加九大主席团。九大召开前,根据毛泽东的临时提议,增加徐海东为主席团成员,使主席团名单人数为176名。

3月初—10月中旬 根据毛泽东和周恩来的布置,军委副主席陈毅、叶剑英、聂荣臻、徐向前等举行二十多次讨论会,向中央呈递了四份报告,对中、美、苏三大力量之间的斗争态势作了比较全面的分析,并就外交方针问题向中央提出重要建议。

4月1日—24日 中国共产党第九次全国代表大会在北京举行。出席大会的共有1512人,代表党员2200万人。毛泽东主持会议并致开幕词,希望大会"能够开成一个团结的大会,胜利的大会"。林彪代表党中央作政治报告,报告共分8个部分,对文化大革命的准备、过程、斗批改、党的整顿与建设、中国与外国的关系等问题作了说明。报告将"无产阶级专政下继续革命的理论"作为社会主义革命的指导思想和"文化大革命"的理论依据肯定下来,使"文化大革命"的理论与实践合法化。报告首次将整个社会主义历史阶段始终存在着阶级、阶级斗争,在任何情况下都要以阶级斗争为中心的指导思想规定为"我党在整个社会主义历史阶段的基本路线",并以此规定了斗批改的任务。提交大会的党章修改草案片面地规定了党的性质和任务,删掉了有关党员权利的规定,并把林彪作为"毛泽东同志的亲密战友和接班人"写入总纲。大会一致通过了林彪代表党中央作的政治报告和党章。选举出由170名中央委员和109名候补中央委员组成的中央委员会。原八届中央委员和候补委员只有53人当选,不及总数的1/5。九大加强了林彪、江青等人在党中央的地位。历史实践证明,九大在思想上、政治上和组织上的指导方针都是错误的。

4月5日 周恩来在《关于陶铸的病情报告》上批示,陶铸应送入医院治疗。这一批示经毛泽东圈阅。

4月6日 周恩来会见日本朋友。参加会见的日本朋友有:日本日中备忘录贸易办事处代表古井喜实等,日本工业展览会会长宇都宫德马等。李先念等参加了会见。

同日 张治中逝世。

4月8日 中共"九大"主席团致电阿尔巴尼亚劳动党中央和霍查。对阿尔巴尼亚西南部6个区发生强烈地震表示慰问。

同日 新华社报道一批工业成果。上海机修总厂在我国第一次用电弧炉试炼微碳纯铁获得成功;包头钢铁公司轨梁厂轧制成功我国急需的大型钢材;长沙硅整流厂制成可控硅管(晶体管);甘肃冶金公司金属加工厂建成一座具有先进水平的机械化硫黄冶炼炉。

同日 蒋介石获推举连任国民党总裁。

4月11日 台湾"行政院"通过"人口政策纲领",提倡适当生育,以缓解台湾面临的人口过多的压力。

4月13日 新华社报道:武汉钢铁公司建成我国又一座现代化高炉——武钢三号。

同日 新华社报道:我国建造的第一艘巨型油轮下水。这艘被命名为"大庆27号"的巨型油轮,是我国自行设计,并使用国产钢材建造的。

4月14日 新华社报道:人民解放军空军部队"以林副主席为光辉榜样掀起'三忠于'活动的新高潮"。"三忠于",即"无限忠于毛主席、无限忠于毛泽东思想、无限忠于毛主席无产阶级革命路线"。

同日 我国第一台新式大型液氨罐车制造成功。

4月19日 为因应台能源需求持续增加,台湾当局提出7项开发能源措施。

4月22日 新华社报道:中国政府与芬兰政府在赫尔辛基签订两国1969年贸易协定。

4月23日 郑君里去世。郑君里,1911年生。广东香山(今中山)人。著名电影艺术家。早年参加左翼戏剧电影活动。抗日战争胜利后,曾导演了《一江春水向东流》、《乌鸦与麻雀》(此片在1955年荣获文化部颁发的一等金质奖章)等优秀电影。新中国成立后,曾任中国文联委员、中国戏剧家协会理事、全国政协委员、上海海燕电影制片厂导演。导演了纪录片《人民的新杭州》,故事片《林则徐》、《聂耳》、《枯木逢春》等。1957年,获得1949—1955年优秀影片创作人员奖。"文化大革命"中遭受林彪、江青集团迫害,含冤去世。1978年8月19日,在上海革命公墓举行了郑君里骨灰安放仪式。

4月24日 我国第一台具有先进水平的韶山型大功率半导体干线电力机车制造成功。

同日 台湾"行政院"通过修正《护照条例施行细则》。"财政部"修正公布《盐政条例施行细则》。

4月28日 中共九届一中全会在北京举行,毛泽东主持会议。会议选举毛泽东为中央委员会主席,林彪为副主席,周恩来、陈伯达、康生为中央政治局常务委员。选举中央政治局委员21人:毛泽东、林彪、(以下按姓氏笔画为序)叶群、叶剑英、刘伯承、江青、朱德、许世友、陈伯达、陈锡联、李先念、李作鹏、吴法宪、张春桥、邱会作、周恩来、姚文元、康生、黄永胜、董必武、谢富治。选举出政治局候补委员 4人:纪登奎、李雪峰、李德生、汪东兴。毛泽东在会议上讲了话,大意是:社会主义革命还要继续。这个革命,有些事没有做完,现在还要继续做,比如讲斗、批、改。过若干年,也许又要进行革命。毛泽东说:"看来,无产阶级文化大革命不搞是不行的,我们这个基础不稳固。据我观察,不讲全体,也不讲绝大多数,恐怕是相当大的一个多数的工厂里头,领导权不在真正的马克思主义者、不在工人群众手里。过去领导工厂的,不是没有好人。有好人,党委书记、副书记、委员,都有好人,支部书记有好人。但是,他是跟着过去刘少奇那条路线走,无非是搞什么物质刺激,利润挂帅,不提倡无产阶级政治,搞什么奖金,等等。""团结起来,为了一个目标,就是巩固无产阶级专政,要落实到每个工厂、农村、机关、学校。"毛泽东强调,要准备打仗。不仅是讲物质上的准备,还要有精神上的准备。毛泽东指出,现在进了城是好事,但又是坏事,使得我们这个党不那么好了。所以,有些外国人、新闻记者说,我们这个党在重建。现在我们自己也提出这个口号,叫整党建党。

同日 中共九届中央政治局举行第一次会议。会议通过了中共中央军委主席、副主席和委员名单:中共中央军委主席毛泽东,副主席林彪、刘伯承、陈毅、徐向前、聂荣臻、叶剑英,委员42人。并通过了军委办事组名单:军委办事组组长黄永胜,副组长吴法宪,成员叶群、刘贤权、李天佑、李作鹏、李德生、邱会作、温玉成、谢富治。

4月30日 台湾"国防部"决定,自本年度起停止普遍征训大专毕业生为预备军官,改为按军事需要实施志愿考选。

4月 全国学校出现"教育革命"浪潮。许多高等学校改组学校行政、教学机构。中小学合并课程,组建"新课程"。不少城镇学校实行厂校合一、工厂办校或"定厂办学"。高等学校则建立专业连队或教育革命小分队,到厂矿、农村进行"教育革命实践"。有的在校内外举办各种短训班、试点班,进行"教育革命探索"。

5月1日 毛泽东、林彪等在天安门城楼上与首都 50 万军民欢庆"五一"。参加庆祝"五一"活动的有出席九大的代表、新当选的中央政治局委员、候补委员以及中央委员。毛泽东在天安门城楼先后接见了阿尔巴尼亚等 8 国新任驻华大使,并同他们进行了谈话,实际上是传达了中国愿意同世界各国改善和发展关系的信息。

同日 世界银行给台湾贷款 3120 万美元,以改善铁路、路轨、车辆及设备。

5月3日 巫山长江边赤溪沟发生泥石流。大量泥石堆在沟口下马滩,滩体向长江江心伸延 23 米,滩势突然变险,对长江航运安全造成严重威胁。

同日 台湾"行政院人事行政局"决定建立主管轮调一人一职制度。

5月4日 周恩来提出不要批斗民主党派的领导人。他在给国务院直属口军代表丁江并转人大、政协军代表的信中写道:"机关革命造反派的任务是清理机关干部的队伍,而不要去斗批民主党派的领导人,即他们的中央委员、省市党部委员。如他们中间出现了现行的反革命分子,自当别论,但也需先报告军管代表,得中央或省市革委会同意后,方能采取行动。机关干部也要在清理队伍时,按具体情况区别对待,不能以中共党内标准要求。"

同日 《人民日报》、《红旗》杂志、《解放军报》发表社论《五四运动五十周年》。社论说，50年来，中国革命的青年运动沿着同工农兵相结合的道路，由新民主主义革命阶段发展到红卫兵运动，在中国革命历史上起了巨大的作用。在工人阶级的领导下，五四反帝反封建的文化革命，在新的历史阶段上，发展到这一场反对资产阶级和一切剥削阶级的"无产阶级文化大革命"。

5月4日—28日 参加九大的山东省革命委员会和济南部队的27人在北京集中学习，讨论解决山东问题。毛泽东、周恩来等先后7次就山东问题及王效禹的错误作出指示。5月24日，根据中央指示精神，王效禹、杨得志、袁升平以给中央报告的形式，就解决山东问题提出10条措施。次日，中共中央和毛泽东对此作出批示，指出王效禹犯了严重的错误，解决山东问题的原则是："既要彻底纠正错误，又要照顾大局，努力稳定山东局势。"为了加强领导，便于纠正错误，经中央批准，充实了山东省革命委员会，建立了王效禹、杨得志、袁升平、李水清、李耀文、穆林、赵修德等7人组成的山东省革命委员会党的核心小组，作为山东省的最高领导机构。王效禹回到济南后，顽固坚持错误，拒不接受批评，拒绝出席山东省革委会党的核心小组会议。因此，山东工作实际上由以杨得志、袁升平等部队领导人为核心负起主要领导责任。1971年3月，中央决定撤销王效禹的一切职务，杨得志任山东省革命委员会主任。

5月8日 中共中央转发《北京北郊木材厂认真落实党对民族资产阶级和小资产阶级的各项政策》。材料称：该厂是1956年以来，由私营小厂合并发展起来的地方国营企业。"文革"前，该厂对民族资产阶级只讲团结，不讲斗争，只讲利用，不要限制和改造，先后有60多个资本家当了干部，资本家利用把持的部分权力，排挤打击工人，拉拢腐蚀干部。在斗批改运动中，该厂革委会和军宣队的主要做法和经验是，对资本家的大多数，坚持执行"团结、批评、教育"的政策。以斗争之手段，达到团结之目的。对资本家中的极少数的反动分子，坚决斗争，彻底批判，区别对待，给予出路。对能低头认罪愿意改悔的反动资本家，从宽处理，不戴反动资本家的帽子，对负隅顽抗的则戴上反动资本家的帽子。对不够资本家的，把他们划出来定为小业主，让小业主在群众运动中进行自我教育和改造。

5月11日 《人民日报》发表署名蔡正的文章《毛主席的独立自主、自力更生伟大方针的胜利——欢呼我国成为一个既无内债、又无外债的社会主义国家》。文章写道，从1950年到1958年，我国先后发行过6次公债，发行总额为38.4亿元，加上应付利息9.8亿元，还本付息总数共计48.2亿元，已在去年年底全部还完。在新中国成立初期，特别是在抗美援朝期间，当时斯大林领导下的苏联曾向我国提供过援助贷款，本息共计14.06亿新卢布。此项外债，我们一直坚持按期归还，并且已经在1965年初提前全部还清。文章在欢呼我国既无内债又无外债的同时，又将这一点归结为坚持毛主席的无产阶级革命路线、粉碎刘少奇反革命修正主义路线的结果。

同日 中国外交部发言人就美机美舰侵入我领空领海提出第468次严重警告。

5月12日 《人民日报》发表吉林省梨树县《农村中、小学教育大纲（草案）》。《大纲》说：农村中、小学是在党的领导下，由贫下中农直接管理的社会主义新型学校。学校把活学活用毛泽东思想摆在一切工作的首位,废除旧学校一切不合理的规章制度。小学由大队办,中学由公社办,学校经费实行民办公助。打破入学年龄限制,废除旧的考试制度。学校教师的工资改为工分制。

5 月 13 日　台湾"立法院"通过将电话电报临时捐征收延长一年。

5 月 15 日　台湾"省政府"公布实施《家庭计划实施办法施行细则》。

5 月 17 日　毛泽东对新华社报道外电作出指示。指示说:外国人、外国党评论"九大"的,编者不要随意加"妄评"字样,如实地向中央提供就可以了。这一指示是针对新华社 1969 年 4 月 10 日《内部参考》增刊第 1256 期登载 5 条外电外报对我"九大"的反应,有 3 条的标题有"妄评"字样的。

同日　章伯钧去世。

5 月 19 日　毛泽东、林彪接见来自全国各地的 1 万多名解放军指战员。参加接见的有周恩来、陈伯达、康生及在京的中共中央政治局委员及政治局候补委员。

5 月 24 日　中华人民共和国政府就中苏两国边界问题发表声明。声明指出:中国共产党和中国政府历来主张通过外交途径谈判解决边界问题,在解决以前,维护边界现状,避免冲突。"珍宝岛事件"是苏联政府蓄意挑起的。苏联政府则破坏边界现状,挑起边境冲突。中国政府主张和平谈判,反对诉诸武力。并就此在声明中提出了一系列解决问题的建议,希望苏联政府对这些建议作出积极的响应。

5 月 27 日　周恩来出席阿富汗驻华大使举行的庆祝独立日招待会。招待会上,苏海尔大使和李先念副总理先后讲话,双方满意地谈到了中阿签订了边界协定,解决了历史遗留下来的边界问题。

5 月 29 日　台湾"行政院"核定《劳工保险条例施行细则》修正案。

5 月 30 日　国家建委向中共中央提出关于成立三线建委的报告。报告提出,三线建委的主要任务是:①协助各省制定三线地区的发展规划,进行地区基本建设的综合平衡和协作配合。②组织各省执行经中共中央批准的三线建设计划。对三线地区的施工力量、设备材料和物资运输等各项工作统一指挥、统一调度。③根据"靠山、分散、隐蔽"的方针,审批重点建设项目的选厂定点。④抓典型,树样板,以点带面,推动三线地区的基本建设工作。

同日　南越"总统"阮文绍抵台访问。

5 月 31 日　新华社播发"首都工人、解放军驻清华大学宣传队总结落实干部政策的经验"。报道说,这个宣传队具体经验是,区分两类不同性质的矛盾,坚持破字当头,通过各种机会,采取各种形式,对其走资派错误进行广泛深入的揭发批判,使他们猛醒回头,真正从错误中解放出来。同时,对他们交代问题、揭发一小撮反革命修正主义分子的罪行、批判自己的错误等方面的每一点进步,都给予肯定。使犯走资派错误的干部增强用毛泽东思想改造自己的信心。在做法上,密切依靠广大群众,让犯错误的干部到群众中接受教育。

同日　财政部向国务院呈交《关于下放工商税收管理权限的报告》。《报告》提出下放给地方的主要管理权限有:①对国营企业、手工业合作社等,由于生产、经营、价格等有较大变化,按照规定纳税有困难,需要给予定期减税、免税照顾的审批权限。②关于自行制定本地区对农村人民公社工商统一税征税办法的权限。③对个体经济增加征税和规定起征点的权限。④城市房地产税、屠宰税、车船使用牌照税、牲畜交易税和集市交易税等5种地方税的管理权限。⑤关于审批减免拖欠税款的权限。

5月 "强五型"超音速强击机开始装备部队。该型飞机完全由中国设计制造，1966年6月5日试飞成功。该型飞机装备部队后，有关人员又进行了改进，先后研制出"强五Ⅰ型"、"强五Ⅱ型"强击机，陆续装备部队。

6月2日 天津新港工人自力更生制成一艘百吨浮吊。

6月2日—7月12日 浙江省"红暴"派群众组织制造赴京静坐事件。6月2日至4日，浙江省"红暴"派群众组织不满省革委会对他们的压制，组织了150多人到北京告状。6月，又组织由各地、县参加的赴京代表汇报团，拟写了"上京告状的汇报讨论提纲"，向中央提出《对浙江问题的几点初步要求》。6月12日，"红暴"派近200人到北京新华社总社静坐一昼夜，受到中央联合接待站的批评。20日，中央决定派北京卫戍区一个连队给"红暴"派办学习班，进行批评教育，动员他们返回浙江。25日，北京卫戍区发出经中共中央批示的通知，指出："通知方剑文和他同来的人，包围新华社是完全错误的，要他对包围新华社一事，拿出一个触及灵魂、承认错误的检讨，限他三天内写出，并叫他和同来的人都立即回去。"11日，北京卫戍区又宣读了经中共中央批示的第二个通知，指出："自6月26日向你们宣布通知后，至今你们没有执行，我们多次动员你们回去抓革命、促生产，有问题在当地解决，但你们没有这样做。我们根据上级指示精神，把你们送回浙江。从现在开始，你们的一切行动听从我们指挥。"7月12日，北京卫戍区将"红暴"派赴京人员200多人分两批

护送回杭州。

6月3日 周恩来先后会见坦桑尼亚驻华大使萨利姆和瑞典驻华大使比扬贝格。

同日 外交部新闻发言人谈话，强烈抗议保加利亚政府制造"两个中国"的反华行为。

同日 许光达逝世。

6月5日 台湾"行政院"通过《水污染防治推动方案》。

6月6日 外交部就苏联政府加紧对中国进行武装挑衅提出强烈抗议。

同日 新华社军管小组编发《新华社清理阶级队伍工作情况简报》。简报介绍了新华社清理阶级队伍的概况："运动初期和中期被审查274人，占全社总人数的8％；已初步定性处理的151人，占审查对象的55％；初步定为敌我矛盾、从宽处理、不戴帽子的38人；逮捕法办的4人；中央点名定性的3人；由我们定性戴帽子的3人；运动以来自杀的9人。"

6月7日 台湾"行政院"通过《药物药商管理法》。

6月9日 贺龙逝世。

同日 《人民日报》、《红旗》杂志、《解放军报》联合发表社论《高举"九大"的团结旗帜争取更大的胜利》。社论强调要团结一切可以团结的力量。要团结、教育、改造知识分子。对于那些犯了严重错误而不是不可救药的人，对于那些犯了走资派错误而不是死不改悔的人，都应该按照党的政策团结他们。社论指出，要巩固革命的三结合。对已解放了的干部，要大胆使用，不要一犯错误就算老账，重新打倒。对革命群众组织要"一碗水端平"，不要亲一派、疏一派，你支一派，他支一派。克服资产阶级派性。

6月10日 国家建委与建工部、建材

部合并为国家基本建设委员会。

6月11日　中国政府就苏联军队6月10日侵入我国新疆巴尔鲁克山西部地区，绑架并开枪打死我边民，制造新的流血事件提出强烈抗议。

同日　周恩来等出席尼泊尔大使庆祝尼泊尔国王诞辰招待会。苏巴大使和李先念讲了话，共祝两国人民友谊和两国睦邻关系不断发展。

6月12日　中共中央发出《关于宣传毛主席形象应注意的几个问题》，要求各级革命委员会在宣传毛泽东形象时，"不要追求形式，要讲究实效"；报纸平时"不要用毛主席像作刊头画"；"不经中央批准，不能再制作毛主席像章"；"禁止在瓷器上制作毛主席像"；"不要搞忠字化运动"；"不要早请示、晚汇报，饭前读语录，向毛主席像行礼等形式主义的活动"。

同日　台湾"行政院"通过《政治革新办法》和《动员戡乱时期自由地区中央公职人员增选补选办法施行细则》。

6月13日　国家计委批准六机部、交通部《关于增建8个万吨级船台的报告》。国家计委根据周恩来和李富春的指示精神，经国务院业务组审查后，同意在上海、天津、大连等地区的6个造船厂新建8个万吨级船台。国家计委同时还指出，这8个万吨级船台不宜在1969年全部开工，应分批分期进行建议，并纳入六机部和交通部1969年基建报告计划。

同日　在拉萨市尼木县，以让穹、干登、赤烈曲珍、强巴丹增、嘎金等为首的坏人，以跳神为名，开会策划要"接管国家"，并公开张贴反动文告。他们策划就绪以后，于6月13日凌晨用突然袭击的方式，残酷杀害驻帕古区的解放军指战员和地方干部25人。后又胁迫千余群众手持长矛、大刀、枪支、手榴弹和炸药包，包围攻

打县人民武装部和县中队，杀害军政干部和群众64人，驻藏部队按中共中央、中央军委的部署，迅速平息了这起事件。

6月14日　台湾"教育部"公布《国民教育发展计划》。

6月15日　中国政府祝贺并承认越南南方共和临时革命政府成立。

6月16日　国务院业务组向周恩来报告1969年上半年钢铁生产情况和下半年钢材订货问题。1969年原计划生产钢铁1600万吨，但上半年预计只能生产钢铁680万吨左右，为全年计划的41%。为此，国务院业务组会同物资部、冶金部等有关部门进行了研究，提出在下半年订货时，要从实际出发，采取"计划不变，保证重点，区别情况，灵活安排"的原则。

6月17日　国务院计划起草小组向中央提交《关于1969年第三季度煤炭生产和分配的汇报提纲》。主要内容有：1.煤炭生产情况。部属煤矿1月至5月生产煤炭7649万吨，比1966年同期增长3%。但是，进入5月份以来，煤炭生产出现了下降现象。1月至4月平均日产量为53.2万吨，5月份为48.7万吨，6月上半月只有43.9万吨。2.煤炭部召开了河北、山西、辽宁、山东、河南、吉林、黑龙江、安徽、四川、北京等10省（市）煤炭生产工作座谈会，初步议定了第三季度煤炭生产计划，部属煤矿日产53万吨，地方统配煤矿为日产5.1万吨。3.为了保证第三季度各个工业部门的持续发展和市场用煤的供应，第三季度煤炭的分配应基本上保持第三季度的生产水平。

同日　台湾"内政部"核定施行《台湾省劳工保险投保工资分级表》。

6月19日　劳动部向国务院提出《关于附加工资问题的请示报告》。

6月20日　国务院计划起草小组向

国务院业务小组提出《关于抓紧抢运东北、内蒙林区木材的请示报告》。

6月22日 中国研制的33型鱼雷潜艇装备部队。中国第一艘全部采用国产材料和设备制成的33型常规动力鱼雷潜艇编入海军部队序列，命名为"新中国42号"。33型潜艇是我国自行生产的海上高技术常规兵器，同时也是我军生产和装备数量最大的常规动力潜艇。

同日 我国独创的、具有世界先进水平的新型柴油机——筒式二九〇柴油机成批生产。

同日 我国最大的两台农用水泵试制成功。

6月23日 李富春就《全国生产供应会议业务小组报告》作出批示。报告认为，工矿配件生产与供应之间的矛盾，是1969年订货会议中最突出的问题之一。为了解决这一问题，必须打破"重主机轻配件"的思想，成立专门小组进行工矿配件规划的工作。采取有力措施，从计划、体制、安排等方面提出具体办法。李富春指出："这个问题积累很久，不是一下子可以解决的，供需双方都要从全局出发，照顾整体，互相支持，通力合作，从实际出发，分别轻重缓急，有计划、有步骤、实事求是地把工矿配件的生产和供应搞好。"

同日 中国就美机美舰侵犯中国领空领海提出第469次严重警告。

6月25日 台湾"行政院"进行局部改组，蒋经国出任副院长。

6月26日 周恩来会见越南南方共和临时革命政府部长陈宝剑及其随行人员。

6月28日 新华社播发"北京针织总厂革委会在8341部队驻厂宣传队帮助下认真落实干部政策"。报道说，8341部队毛泽东思想宣传队进厂后，着手抓解放干部工作。到目前为止，中层以上干部除1人外，其余全部获得解放。在工作过程中，他们坚持"拉过来"，反对"推过去"，满腔热情地帮助干部认识和改正错误；坚持"帮到底"，反对"挂起来"，发扬无产阶级的彻底革命精神，做耐心细致的思想政治工作；坚持在有了觉悟的时候及时解放，反对"一风吹"。

同日 北京电视台日常播出不再用"敬祝"语。

6月29日 台湾"行政院"核定修正《行业管理办法》。

6月29日—9月2日 周恩来对新华社工作中的极"左"做法多次提出批评。

6月30日 中共中央军委办事组黄永胜、吴法宪、叶群、李作鹏、邱会作等人主持召开座谈会。会议按照毛泽东"要准备打仗"和林彪提出的"用打仗的观点，观察一切，检查一切，落实一切"的要求，提出了庞大的军事装备生产计划。邱会作等人先后提出，要搞"独立的完整的国防工业体系"，声称"什么比例不比例，打仗就是比例"。由于盲目扩大军工生产，1969年的国防战备费比上年猛增34％，1970年、1971年又继续递增15％和16％以上。1969年到1971年3年中，国防工业和国防科研投资在国家基本建设总投资中所占比重平均高达11％，超过1968年（不到9％）的比重，严重影响了国民经济的正常发展。

6月 中央军委办事组公布总参谋部、总后勤部机关的精简整编方案。总参谋部原编15个部、局，除合并或精简的部外，又根据中共中央决定，将中共中央调查部与总参谋部情报部合并，中央气象局与总参谋部气象局合并，国家测绘总局与总参谋部测绘局合并，这样，总参谋部共设13个部、厅、局。总后勤部原编13个部、局,调整后为 8 个部,1 个局,另设 6 个地区性的物资工厂管理局。同年 11 月,又公布了总政治部机关的精简整编方案。1971 年 10 月以后,中央军委着手整顿军队的组织机构。至 1975 年,将合并于军队系统的国家机关重新划归政府系统,恢复了总部机关的一些职能部门。但这一工作直到 1977 年后才陆续完成。

7 月 1 日　《人民日报》《红旗》杂志、《解放军报》发表社论《中国共产党万岁——纪念中国共产党诞生 48 周年》。社论引用毛泽东在九届一中全会上的讲话:"'无产阶级文化大革命',还有些事没有做完,现在还要继续做,譬如讲斗、批、改。"社论还公布了毛泽东关于整党工作的指示:"每一个支部,都是要重新在群众里头进行整顿。要经过群众,不仅是几个党员,要有党外的群众参加会议,参加评论。"毛泽东在审阅社论文稿时,将第二段中"把一个贫穷落后的旧中国,变成一个繁荣昌盛的社会主义强国"一句,改为"建成一个有了初步繁荣昌盛的社会主义国家"。并批示:"请注意:以后不要这种不合实际情况的自己吹擂。"

同日　台湾由"民政厅"管理的户籍业务改由警方管理,实施户警合一制度。

7 月 3 日　新华社报道:河北治理独流减河工程竣工。参加施工的有河北省邯郸、邢台、石家庄、保定、沧州、天津、衡水等 7 个地区的 80 多个县(市)和天津市郊区的近 30 万人。在 100 多天中,他们开挖河道 136 里,修建千米混凝土桥梁 3 座,大型枢纽闸两座,共开挖土方 6200 多万立方米,填筑土方 800 万立方米,达到了河成、堤成、桥成、路成、田成的高标准。

7 月 4 日　《人民日报》刊载《红旗》杂志第 6、7 期合刊文章《一个朝气蓬勃的党支部——北京木城涧煤矿二段党支部的调查报告》。《报告》说,他们注意处理好四个关系:①政治与业务的关系。狠批刘少奇的"生产第一"、"专家治厂"的反革命修正主义路线。②阶级斗争和生产斗争的关系。以阶级斗争促生产斗争。《报告》介绍说:回采十六队一个班生产长期上不去,一个支委深入井下,"结果揭发出一个长期进行反动活动的小集团,揪出首要分子",这个班一跃进入先进行列。③思想教育与规章制度的关系。过去这个段生产月初松月底紧,只采取卡出勤、卡进度办法,仍然不得解决。现在建立了学习毛主席著作讲用制度,"思想革命化了,出勤率就高了"。④帮思想与帮技术的关系。对分来当工人的高中毕业生,采取结成"一对红",讲矿史、讲"文化大革命"路线斗争史的办法进行再教育。

7 月 7 日　台湾"财政部国税局"拟订《自由业所得税查核标准》。

7 月 8 日　中国外交部对苏联边防军侵入黑龙江八岔岛提出强烈抗议。7 月 8 日上午,苏联边防军乘坐两艘舰艇,侵入中国黑龙江省抚远县境内八岔岛,向中国居民和民兵开枪射击,我民兵被迫自卫还击。下午,苏联炮艇又侵入上述地区,苏联边防军上岛将我民房烧毁。苏联飞机 6 架次同日侵入上述地区低空盘旋。照会指出:中国政府要求苏联政府不在口头上而是在实际上立即停止侵犯中国领土,并警告苏联政府,如果继续顽固地坚持对中国推行侵略和武将挑衅的政策,必将遭到中国人民更严厉的惩罚。

同日　新华社报道:林县红旗渠工程全部建成。红旗渠是在 1960 年开始动工兴建的。从山西平顺县起,穿越太行山的许多悬崖绝壁,到 1966 年,建成了宽 8 米、深 4.3 米,引水量为 25 秒立方米,长达 140 华里的总干渠和 203 华里的干渠,把漳河水引进林县。后又完成了以红旗渠为主的1896华里的支渠配套工程,使全县从山坡到梯田,从丘陵到盆地,形成了一个水利灌溉网,全县水浇地面积已由1949年前的不到1万亩扩大到60万亩。历史上"水贵如油,十年九旱"的林县,如今变成了"渠道绕山头,清水到处流,旱涝都不怕,年年保丰收"的富饶山区。

7月11日 《人民日报》发表署名丁学雷的文章《为刘少奇复辟资本主义鸣锣开道的大毒草——评〈上海的早晨〉》。文章给周而复的这部小说加上了"美化资产阶级"、"诬蔑工人阶级"、"鼓吹修正主义路线"的三项罪名,攻击这部以'五反'运动为题材的小说,鼓吹刘少奇的反革命修正主义路线,为复辟资本主义制造舆论,梦想使上海以至全中国都变成资产阶级的"早晨"也就是说变成资产阶级的一统天下! 此后,《人民日报》又连续发表多篇批判这部小说的文章,诬蔑小说中的区委统战部长杨健是"刘少奇的化身"。

7月12日 《人民日报》刊载《红旗》杂志第6、第7期合刊文章《三股绳紧紧拧成一股绳——黑龙江省双鸭山市的调查报告》。《报告》介绍该市的经验是:在开展积极的思想斗争中,用毛泽东思想实现五个"统一",即"统一认识,统一政策,统一计划,统一指挥,统一行动","在紧跟毛主席的伟大战略部署中,结成一个坚强的战斗整体";"反对骄傲自满情绪,继续发扬谦虚谨慎、艰苦奋斗的作风"。

7月13日 《人民日报》报道"一不怕苦、二不怕死的共产主义战士"杨水才的事迹。报道说,杨水才是河南省许昌县桂村公社水道杨大队党支部副书记,兼桂村农业中学的校长。他的主要事迹是:"与阶级敌人斗争毫不留情,走社会主义道路坚定不移"。带头搞农业合作社、人民公

社,抵制"三自一包"妖风。率领贫下中农,挖塘治岗,艰苦奋斗,改造水道杨的恶劣自然环境。他不顾自己身患肺结核、胃溃疡、肾结石等严重疾病,不怕苦,不怕死,顽强奋战。他经常说:"小车不倒只管推。"1966年12月4日,杨水才因病逝世。这篇报道发表后,河南省120多个地、市、县革委会,驻军机关、企业等都作出了学习杨水才的决定。全国也掀起了"学杨水才精神,做杨水才式战士"的热潮。

7月16日 《人民日报》发表《评斯坦尼斯拉夫斯基"体系"》文章。文章把俄国戏剧家斯坦尼斯拉夫的戏剧艺术理论说成是"现代修正主义艺术理论基础",诬蔑说:长期以来,这个资产阶级的戏剧体系,被刘少奇、周扬"当做对抗马克思列宁主义、复辟资本主义的工具,披上了一层社会主义戏剧理论的外衣"。"在戏剧电影界横行霸道,不可一世,被作为导演和演员人人必读的教科书,简直成了一部艺术圣经"。"我国在一九六二年前后,在刘少奇反革命修正主义路线支配下,在彭真、陆定一、周扬、夏衍、田汉等反革命分子操纵、支持下出笼的一批毒草电影",实际上"就是反革命演反革命,地主资产阶级演地主资产阶级"。文章号召"在文化领域中实行无产阶级专政","彻底破除资产阶级赖以复辟的文化资本"。这篇文章是在江青、张春桥等人授意下,由"上海革命大批判写作小组"写成的。

7月18日 台湾与美国签署《科学合作计划实施方案》。

7月20日 新华社发表辟谣声明:所谓中国发行"纪念亚非拉革命领导人和组织的邮票"完全是凭空捏造。声明指出:肯尼亚、坦桑尼亚、乌干达一些报纸刊登消息,胡说中国发行了一套8张印有"坦桑尼亚工商部长巴布"、"肯尼亚人民联盟的

奥廷加"等人头像的邮票。制造这种无耻谣言有着不可告人的目的。

7月22日　《人民日报》刊载《红旗》杂志第6、第7期合刊文章《改革不合理的规章制度是一场革命——北京市北郊木材厂的调查报告》。《调查报告》指出：北郊木材厂从1968年12月起,在8341部队支左人员帮助下,"开展了改革不合理规章制度的群众运动"。彻底破除叛徒、内奸、工贼刘少奇的"利润挂帅"、"物质刺激"、"生产第一"、"专家治厂"的反革命修正主义办企业路线,"对于修正主义的规章制度,如各种奖金制度,应当废除;但是,对于社会主义企业和现代化大生产所必需的计划管理制度、成本核算制度、质量检验制度、工艺规程、安全操作规程以及必要的劳动纪律等,是不能'砸烂'的"。

7月23日　《中国共产党中央委员会布告》发布。《布告》指出：在太原市、晋中、晋南的部分地区,混在各派群众组织中的一小撮阶级敌人和坏头头,利用资产阶级派性,蒙蔽一部分群众,抗拒执行中央历次发布的通知、命令和布告,组织专业武斗队,搞打、砸、抢、抓、抄,危害人民生命财产安全,破坏革命秩序。冲击解放军机关、部队,抢夺武器装备,殴打、绑架、杀伤指战员。破坏铁路、公路、桥梁,袭击列车。抢占国家银行、仓库、商店,私设银行,抢劫国家大量资财等等严重罪行。为此,中央决定：①重申过去发布的布告和通令,任何组织和个人都要坚决、彻底、全部地执行。②双方立即停止武斗,解散武斗队,撤除武斗据点,放下武器,由解放军集训。拒不执行本布告,负隅顽抗者,由解放军实行军事包围,强制缴械。逃跑流窜者,实行追捕,归案法办。③解放军武器、弹药、车辆等物资等一律不许侵犯。④立即恢复铁路、公路交通运输,冲击铁

路、抢劫物资,都是土匪行为,要逮捕法办。⑤不得霸占银行、仓库、商店,要严办抢劫主犯,追回物资。⑥对杀人放火等现行犯罪分子,应发动群众检举,交群众家家户户讨论,依法惩处。⑦自布告公布之日起,逾期一月不回工厂、机关生产者,停发工资。长期不回者,给予处分,直至开除。对回本单位的人不许歧视和打击报复。⑧分裂大联合,破坏三结合,另立山头,中央概不承认,应立即解散。《布告》最后指出：山西两派群众都是要革命的,应在山西省革命委员会领导下和解放军支持下,夺取更大胜利。

7月25日　国家计委发出关于九省、市《今年上半年工业生产情况》简报。简报指出：北京、河北等9个省、市,今年上半年工业总产值比1966年同期增长16.8%,这九省、市上半年完成的工业总产值约占全国计划的47%。主要工业产品产量,如生铁、铝、煤炭、石油、发电量、木材、烧碱、农药、医药、塑料、棉纱、棉布、机制纸等,比1966年同期有显著增长,石油、棉纱等产量创历史最高纪录。但是,从5月份开始,煤炭、钢、铁等一部分产品产量有所下降,对生产和建设影响较大。钢、铜、水泥、纯碱、化肥等产量都比1966年同期减少。轻工业产品一般都比1966年同期有显著增长。机制纸、自行车、钟、酒精、日用搪瓷、自来水笔、牙膏、干电池等都达到和超过计划;卷烟、铅笔、肥皂等接近完成全年计划的50%。

同日　《人民日报》报道：河南、安徽、江苏三省治理沱河、开挖新汴河土方工程基本完工。新汴河深达4至5米,两堤相距600米,有地下涵洞等11座大型建筑物,实行洪涝分家。它使从6900多平方公里面积来的水,在河道里注入下游,解决了历史上常遭受水灾的三省1500多万亩

耕地的排涝防涝问题。这项工程还开辟了皖北与苏北的一条新内河航线。

同日 台湾"内政部"制定《空气污染管制长期计划》。

7月27日 《人民日报》发表《工人阶级向上层建筑领域进军的一周年——欢呼我国第一支工人、解放军毛泽东思想宣传队进驻清华大学一周年》。文章引用了毛泽东的指示："无产阶级必须在上层建筑其中包括各个文化领域中对资产阶级实行全面的专政。"文章指责说，"像清华大学这样的文化教育阵地，十几年来反革命修正主义教育路线的流毒是那样深，几千年来形成的所谓'劳心者治人，劳力者治于人'之类剥削阶级的传统观念是那样重"，从而完全否定了新中国成立以来的高等教育战线，要求"打破知识分子独霸的一统天下"。

7月29日 范文澜去世。

同日 贵阳清镇发电厂发生严重武斗事件。一派群众组织调集1000余名武斗人员围攻据守发电厂的另一派群众组织，武斗中使用了轻、重机枪和炮。双方伤亡约数十人。清镇发电厂是建设中的西南最大的火力发电厂，原定本年国庆节投入运行。这次武斗使厂房设备损失严重，推迟了发电计划，直接损失达100万元以上。

同日 台湾"内政部"公布施行《台湾航空警察所组织规程》。

7月30日 蒋介石明令公布《发展观光条例》。

7月31日 国务院批准将中国人民银行并入财政部。这是根据毛泽东关于"精兵简政"的指示作出的。合并后，中国人民银行成为财政部领导下的一个独立业务单位，但对外仍保留原名称。总行大批干部下放入"五七"干校劳动，留在机关从事金融业务工作的只有87人，处于应付状态。各地银行根据这一决定，陆续并入财政部门，对内以财政局名义开展各项业务活动。

8月1日 《人民日报》、《红旗》杂志、《解放军报》发表社论《人民解放军所向无敌——纪念中国人民解放军诞生42周年》。社论公布了毛泽东在中共九大期间的讲话指示："我赞成这样的口号，叫做'一不怕苦，二不怕死'。"还公布了毛泽东"最新指示"："要过细地做工作。要过细，粗枝大叶不行，粗枝大叶往往搞错。"

同日 江汉石油会战开始。武汉军区副司令员韩东山任指挥长，康世恩和武汉军区副参谋长张显扬任副指挥长。这次会战到1972年5月结束，共钻井1065口，获工业油、气井145口，发现6个油田、1个气田，达到了年产100万吨原油的生产能力，并建成与油田配套的荆门炼油厂。

同日 国家计委发出《关于竣工投产项目情况简报》。简报指出，已经建成和部分建成投产的项目，据5个部门不完全统计，截至6月底有63项。许多重点工程进度较快。有的基本上具备投产条件，因只缺几台关键设备，无法投产，或勉强投产，生产效率很低，产品质量无法保证。有的较长时间没有解决，形成"老大难"问题。如西南铝加工厂主要设备正在安装，但配套的7组直流大电动机和2台淬火快速吊车一直未能落实，影响今年宽铝板轧机的投产。四川德阳重机厂已投资4亿元，进口了主要设备，建成厂房，但因缺少一些设备，影响竣工投产。简报要求对上述问题抓紧解决。

同日 国家计委发出《关于企业体制下放情况简报》。

同日 美国国务卿罗杰斯抵台访问。

8月4日 《人民日报》发表《政权建设中的一个新问题》。文章介绍8341部队驻南口机车车辆厂宣传队的经验是：①防止包办代替；②防止骄傲、松劲、放手不管；③防止在工作中重一个，轻一个；④防止当裁判员；⑤发生问题主动承担责任，防止埋怨情绪；⑥发生分歧虚心听取意见，防止主观武断；⑦群众有意见时，防止急于表态，扩大干群矛盾；⑧共同研究通气，防止擅自处理；⑨领导班子个别成员闹派性时应严肃斗争，防止无原则的调和；⑩支左人员起模范作用，防止对人严，对己宽。

8月7日 《人民日报》发表北京电力学校的调查报告《搞好中等技术学校的教育革命》。报告指出："目前中等技术学校的现状是：有的已经改成工厂；有的办成工厂，也承担教学任务；有的准备继续办下去；有的干脆下马不办了。"报告认为："理工科技术学校不是多了，而是少了"，"三大革命运动的需要，就是办中等技术学校的依据"。

8月8日 《人民日报》刊载《红旗》杂志第8期文章《储粮储草，备战备荒——吉林伊通县柴家岗子生产队的调查报告》。报告介绍说：这个生产队"每到收益分配时，就进行备战备荒的教育"，"年年储备，逐年增加"。1963年，这个队遇到严重自然灾害，粮食减产，仍决定留下3000斤备战备荒粮。

同日 中国援助老挝建立"五七"学校。中国代表和老挝人民党中央代表在北京签订的《中老双方关于南宁老挝"五七"学校问题的会谈纪要》决定：由中国援助老挝在中国南宁建立"五七"学校。1975年，这所学校迁回老挝。

同日 台湾"中国石油公司"与美国油商签约，合作勘探台湾海域油气。

同日 "立法院"通过修正《分类职位公务人员任用法》。

8月13日 中国外交部向苏联大使馆提出照会，强烈抗议苏联军队侵入中国新疆铁列克提地区制造流血事件。8月13日上午，苏联军队出动直升机、坦克、装甲车和武装部队数百人，侵入中国新疆裕民县铁列克提地区，打死打伤中国边防战士多名。照会要求苏联政府立即撤出全部入侵的军队，立即停止射击，否则，由此产生的一切严重后果，必须由苏联政府承担全部责任。

同日 我国自行设计、制造的世界上第一台125000千瓦双火内冷气轮发电机组，已经胜利安装正式进行试运转。

8月14日—16日 新华社报道：新疆各地军民及北京、上海、天津等全国各地，纷纷举行盛大的抗议集会和示威游行，抗议苏联武装挑衅制造流血事件的罪行。

8月16日 新华社报道广东省湛江专区军民拦海造田的事迹。报道说，在湛江专区革委会的决定下，调动1万多军民，经过半年多时间，在北部湾畔的海康县企水公社沙尾洋至海角波涛汹涌的海面上，筑起了一条长达2100米、底宽25米、高5米，内涵20个孔大水闸的拦海大坝，向大海夺取了5万多亩肥沃的良田。此后，广东、广西、福建、云南等地都掀起了"填海造田"、"填湖造田"的热潮。杭州西湖、昆明滇池等一批公园名胜，都不同程度地遭到了破坏。

8月18日 《人民日报》举办《关于如何办好"五七"干校的讨论》专栏。编者按说："五七"干校是具有重大意义的新事物，它正在发展，广大干部和革命群众在实践中已经创造了不少经验，同时也还存在着一些需要解决的问题。我们欢迎全国各种类型的"五七"干校的领导干部、学员及广大革命干部和革命群众,积极参加这一讨论。在第一期专栏中,发表了黑龙江柳河"五七"干校革委会的文章《坚持以"五七"指示为办校的根本方针》和天津市革委会干部下放劳动办公室的文章《把帮助干部重新学习作为"五七"干校的任务》。

8月19日 中国外交部向苏联大使馆提出照会,强烈抗议苏军6、7两月在中苏边界蓄意制造挑衅行为。

8月22日 台湾"立法院"通过《非讼事件法》。

8月25日 《人民日报》、《红旗》杂志、《解放军报》发表社论《抓紧革命大批判》。社论指出:"大批判搞得差不多了"的看法是"阶级斗争熄灭论的表现",当前批判的锋芒应当指向:第一,要进一步批判修正主义,包括哲学、历史、教育、新闻、卫生、文艺理论、经济理论、自然科学研究中的"毒草"。第二,要批判"党内、革命队伍内部"的"宗派主义、山头主义、小团体主义、无政府主义、自由主义、个人主义等等错误倾向"。第三,要批判社会上的资本主义倾向。社论将"利用封建宗教迷信"、"破坏各民族团结"等都归结于"总的都是搞资本主义,反对社会主义"。

8月27日 中共中央决定成立全国人民防空领导小组。周恩来任组长,副组长有黄永胜、谢富治、吴法宪、阎仲川(副总参谋长)。此后,根据中共中央、中央军委的指示,各省、市、自治区及大中城市也相继成立了人民防空领导小组,普遍开展了群众性的挖防空洞和防空壕的活动。

8月28日 《中国共产党中央委员会命令》发布。《命令》要求边疆各级革命委员会、各族革命人民、解放军驻边疆部队全体指战员,高度树立敌情观念,充分做好反侵略战争的准备。大敌当前,全体军民要团结得像一个人一样。军队指战员必须严守岗位。一切革命群众组织,必须实行大联合。所有跨行业的群众组织,要立即解散;另立山头,重拉队伍的,要强令解散。坚决停止武斗,解散武斗队,上缴武器。凡负隅顽抗者,解放军要实行军事包围,强制缴械。绝对不准冲击军队,抢夺武器,如有违反,以现行反革命论处。

同日 台湾"行政院"通过《戡乱时期台湾地区流动人口登记办法》。

9月1日 台湾"财政部"决定棉花、棉纱保税额度提高5成。

9月3日 《人民日报》发表《用毛泽东思想对下乡知识青年进行再教育——辽宁营口松树大队的调查报告》。报告介绍该大队的经验是:"贫下中农必须掌好再教育的大权",派出贫下中农做知识青年的政治指导员,一起斗私批修,发动广大贫下中农对知识青年进行再教育,"上阶级斗争这门主课"。针对知识青年中的思想倾向,进行忆苦思甜,组织现场批判会,批判"智育第一"、"读书做官"、"下乡镀金"等"反革命修正主义谬论"。"充分发挥知识青年的积极作用",对他们正确使用,担任一些工作,在使用中进行再教育。

9月4日 中共中央致唁电越南劳动党中央,沉痛哀悼胡志明主席逝世。9月5日,人大常委会、国务院也分别致唁电越南国会常委会、越南政府会议,对胡志明的逝世表示深切哀悼。

同日 周恩来率中共代表团前往河内吊唁胡志明主席逝世。代表团副团长、中央政治局委员、中央军委副主席叶剑英,代表团团员、中共中央委员、广西革命委员会主任韦国清同机前往。到达河内后,中共代表团前往越南民主共和国主席府向胡志明遗像告别、敬献花圈,并与越南党政军领导人黎笋、长征、范文同等举行了会谈。

9 月 6 日　台湾"财政部"决定推动使用统一发票。

9 月 8 日　李先念率中国党政代表团前往河内参加胡志明主席葬礼。副团长、中央政治局候补委员、安徽省革命委员会主任李德生同机前往。

9 月 10 日　新华社报道：首钢向武钢、包钢、太钢、重钢提出开展革命竞赛建议。

同日　台湾当局决定全面实施平均地权。

9 月 11 日　周恩来总理与苏联部长会议主席柯西金在北京首都机场会谈。以柯西金为首的苏联代表团在参加了胡志明的葬礼后传话说，希望途经北京同中国领导人见面。9 月 10 日，当柯西金等人乘飞机回到苏联塔吉克共和国首府杜尚别时得到回音：中国总理欢迎同他会晤。柯西金又转经伊尔库茨克飞往北京，于 9 月 11 日上午 10 时 30 分到达北京首都机场。周恩来总理、李先念、谢富治副总理，乔冠华等中国领导人前往迎接。双方在候机楼西侧的贵宾室进行了坦率而诚恳的会谈。针对 3 月中苏两国在珍宝岛地区发生的武装冲突及 6 月苏共领导在共产党、工人党国际会议上对中国共产党的攻击，周恩来对柯西金说："你们说要用先发制人的手段来摧毁我们的核基地，如果你们这样做，我们就宣布，这就是战争，这就是侵略，我们就要坚决抵抗，抵抗到底。我们不希望出现这种情况，所以我才把这个话告诉你。"周恩来又说：不管争吵得怎么样，来往总是要的，谈判总是要的。我们同美国还谈嘛，何况我们两个邻国呢？周恩来把双方讨论的结果，归纳为维持边界现状、避免武装冲突、双方武装力量在

争议地区脱离接触，在双方遇有争论时由双方边防部门协商解决等四条，柯西金当即表示：完全赞同。双方就边界谈判代表团的成员、地点、双边贸易等问题交换了意见。最后，中苏双方相约，就上述协议各自向自己的中央报告后，交换信件予以确认。会谈一共进行了 3 小时 40 分钟。

9 月 13 日　《人民日报》发表《用毛泽东思想统率一切，促进革命和生产不断发展——北京针织总厂抓革命、促生产的基本经验》。文章介绍了该厂革命委员会在驻厂 8341 部队支左人员帮助下的具体做法：发动群众开展"四好连队"运动和"红哨兵"活动，建立工人管理小组等。深入持久地开展革命大批判，狠抓生产领域里的阶级斗争。"狠抓一个不变（革命的统率地位永远不变），防止两种倾向（生产冲击政治和忽视生产的倾向）"。这篇文章是由叶群一手组织的。

9 月 15 日　《人民日报》发表《深入进行农村两条道路斗争的教育——浙江德清县下高桥大队的调查报告》。《调查报告》认为："在如何对待种植计划、产品出售、收益分配这三个问题上，两条道路的斗争仍然十分激烈。"在种植计划上，"突出地表现在，是从全局的、长远的利益出发，自觉地服从国家计划经济的要求，还是从局部的、眼前的利益出发，搞自由种植"。在产品出售上，"是服从国家要求，着眼于支援工业、支援城市，还是搞'自由买卖'，着眼于挣钱牟利"。在收益分配上，"决不是造造方案、打打算盘的具体事务，这里也存在着十分尖锐复杂的两条道路斗争"。

9 月 17 日　《人民日报》刊载"庆祝中华人民共和国成立二十周年口号"。口号共 29 条。其中第 22 条是毛泽东增加的，内容是："全世界人民团结起来，反对任何

帝国主义、社会帝国主义发动的侵略战争,特别要反对以原子弹为武器的侵略战争! 如果这种战争发生,全世界人民就应以革命战争消灭侵略战争,从现在起就要有所准备!"

同日　中共中央发出《关于增补、调动、撤换各级革命委员会成员的通知》。《通知》规定:1. 各级革命委员会需要增补委员、常委和副主任时,要注意增补革命领导干部和革命群众代表,要着重增补优秀的产业工人代表。2. 革命委员会中,有调往他处的或红卫兵从学校毕业后下放劳动的,都不要忙于免除他们的职务;对犯有某些错误的革命委员会成员,应按照"团结——批评、自我批评——团结"的原则进行帮助教育,不要轻易进行组织处理;对于有严重政治历史问题的革命委员会成员的处理,应报请中央或上级革命委员会批准;对于十分急需调动、撤销的革命委员会中的委员、常委、副主任、主任,要在群众民主协商的基础上再上报中央或上级革命委员会,批准后施行。

9 月 18 日　周恩来总理致信苏联部长会议主席柯西金。信中说:"1969 年 9 月 11 日,在北京机场的会见中,我们双方同意:长期悬而未决的中苏边界问题,应该在不受任何威胁的情况下,通过和平谈判解决;在解决前,双方采取临时措施,维持边界现状,避免武装冲突。"信中还重申了双方当时就应该采取的临时措施达成的五条意见。并提出:"以上各项临时措施,如能得到你来信确认,即作为中苏两国政府之间的协议,立即生效,并付诸实施。"

同日　新华社报道:中国第一批矿用 15 吨自卸载重汽车制成。上海货车制造厂设计、生产这批汽车,仅用了 156 天,标志着中国汽车制造技术达到了一个新的水平。

同日　新华社报道:中国第一台大张塑料复合钢板机组制成。上钢三厂制成的这一机组,长达 90 米。零件繁多,目前只有少数国家能够制造。机组轧出的中国第一张大张塑料复合钢板,质量达到世界先进水平。

同日　台湾"行政院"决定设立卫生署。

9 月 19 日　新华社报道:中国第一台 32 吨自卸载重汽车制成。由上海汽车制造厂、上海柴油机厂等单位联合制成的这台汽车,宽 3.5 米,长 7.5 米,近两人高,自重 20 多吨。

9 月 20 日　中央军委命令授予孙玉国等 10 人"战斗英雄"称号。命令说:在 1969 年 3 月 2 日和 15 日的珍宝岛自卫反击战中,孙玉国、杜永春、华玉杰、周登国、冷鹏飞、孙征民、杨林、陈绍光、王庆容、于庆阳 10 人,在苏军大炮、坦克、装甲车进攻面前,以鲜血和生命保卫了祖国神圣领土。命令号召全军指战员向他们学习。同日,授予称号的命名大会在沈阳举行。

同日　新华社报道:中国第一台大型粉煤气化熔渣炉建成。由吉林化肥厂仅用 4 个月建成的这台熔渣炉,具有温度高,煤粉燃烧彻底、造气质量好的特点。生产化肥可以使煤中含炭利用率由 70％ 提高到 95％ 以上,生产能力提高一倍。

9 月 23 日　中国成功进行首次地下核试验。

同日　毛泽东视察天津。他分别接见了天津市革委会主任解学恭、副主任郑三生、警备区政委刘政和市革委会核心小组成员及驻天津陆、海、空三军部队负责人。

同日　国务院批准筹建北京石油化工总厂。

同日　台湾"行政院"颁布《行政院所属各机关各级主管考核责任实施要点》。

9 月 24 日　全国药品全面大幅度降价。降价以后的药品价格水平,比 1969 年 8 月 1 日降价以前下降了 37%,比 1950 年下降约 80%。医疗器械、化学制剂和生物制品的价格也有不同程度的下降。

同日　北京邮电局邮政机械修配厂的工人自己设计和制造成功我国第一台包裹自动收寄机。

9 月 25 日　新华社报道:江都水利枢纽工程全部建成。这项工程是由中国自行设计、全套设备自行制造安装的。整个工程包括 3 座大型抽水机站、5 座中型节制水闸、3 座船闸和疏浚河道等 10 多项工程。它把长江、淮河、大运河和黑下河联结起来,实行南水北调,引长江水,灌溉大运河自流灌区的淮安、宝应、兴化、高邮、江都 5 个县的 250 多万亩稻田,受益范围包括高邮、江都、泰县、兴化、泰州等 5 个县。

同日　新华社报道:中国第一台电子式中文电报快速收报机研制成功。这台由中国自行设计和制造的收报机,采用半导体等新型元件,运用静电记录方式,自动译电,自动印字。

9 月 25 日—10 月 14 日　刚果(布)总理拉乌尔访问中国。10 月 10 日,双方签订了中刚(布)两国经济技术合作协定。

9 月 26 日　1970 年中国给予越南经济援助的协定和协定书在北京签订。中国向越南提供的这笔援助,折合人民币 6.56 亿元,全属无偿性质。1970 年包括同其他国家和地区签订的援助协议在内,援外协议总额度为 9.43 亿元。

同日　中国第一台 12 万千瓦双水内冷汽轮发电机组制成。由上海汽轮机厂制成的这台发电机组采用中国首创的双水内冷世界新技术,在锅炉和汽轮机上采用高温高压、中间再热等世界先进技术,具有容量大、体积小、重量轻、耗煤低等特点,从试制到发电只用了 10 个月的时间。

同日　我国第一台自行设计、自行制造的单节 4000 马力电传动内燃机在大连机车车辆厂试制成功。

9 月 27 日　中共中央发出《对武汉问题的指示》。

同日　中共中央转发财政部军管会《今年上半年财政收支情况简报》。《简报》指出,1969 年计划财政收支各为 570 亿元,是根据工业总产值比 1966 年增长 15%,工业生产成本比 1966 年降低 4% 的安排确定的。从上半年执行情况看,实际上都没有达到预定指标,财政收入仅完成年度计划的 40.8%。估计全年可能少收几十亿元。《简报》提出,必须抓紧增产节约,加强经济核算,严格财经纪律,增加财政收入,同时压缩财政开支。

同日　北京大学革命委员会成立。

同日　北京东方红炼油厂一期工程建成。该厂为国家重点项目,在 1.4 万人和 27 个省、市、自治区,400 多个单位的协作努力下,按期全部建成,一次投产出油。1970 年加工原油 254.53 万吨,生产汽油、煤油、柴油总量达 116 万吨,完成工业总产值 5.21 亿元,实现利税 1.1 亿元。

同日　强台风横扫台湾,造成严重损失。

9 月 27 日—10 月 3 日　柬埔寨首相朗诺访问中国。

9 月 27 日—10 月 26 日　越南总理范文同访问中国。

9 月 29 日　新华社报道:中国自行制造的万吨级挖泥船下水。这艘命名为"劲松号"的挖泥船是由江南造船厂制造的,具有载泥量大、功效高、操纵灵活、适应性强的特点，主要用于疏浚沿海港口的航道。

同日 新华社报道：中国自行制造的第一台5千马力液压传动内燃机车制成。由青岛四方机车车辆厂制造的这种大型内燃机车，目前在世界上只有少数国家能够生产。

9月29日—10月20日 越南南方临时政府主席阮友寿访问中国。

9月30日 《人民日报》、《红旗》杂志、《解放军报》联合发表社论《为进一步巩固无产阶级专政而斗争——庆祝中华人民共和国成立二十周年》。社论引用了毛泽东在中共九届一中全会上的讲话："团结起来，为了一个目标，就是巩固无产阶级专政，要落实到每个工厂、农村、机关、学校。"社论号召：为了进一步巩固无产阶级专政，必须认真注意进一步巩固和完善三结合的各级革命委员会。在斗、批、改的工作中，必须进一步开展活学活用毛泽东思想的群众运动，抓紧革命大批判。

同日 《红旗》杂志第10期发表北京市革命委员会写作小组的文章《中国社会主义工业化的道路》。文章把引进外资、学习国外的先进经验，说成是"刘少奇的买办洋奴哲学、爬行主义"，"就是要我们照搬西方资本主义的一套，把社会主义工业倒退为资本主义工业"。文章把中国社会主义工业化的道路归结为五个方面：独立自主，自力更生，走自己的工业发展道路；坚持无产阶级政治挂帅；走群众路线，大搞群众活动；正确处理工业和农业、重工业和轻工业的关系；备战、备荒、为人民。文章引用毛泽东的指示："地方应该想办法建立独立的工业体系。首先是协作区，然后是许多省，只要有条件，都应建立比较独立的但是情况不同的工业

体系。"

同日 国务院发出下放林业部直属大兴安岭特区的《通知》。《通知》决定将林业部直属的大兴安岭特区及其所属企事业单位，下放给黑龙江省革委会领导，林区下放后，人员调配、物资供应、计划、财务、劳动工资的管理，从1970年起列入该省计划。

同日 当夜，林彪突然视察北京西郊机场。他命令该机场的飞机当晚全部转场，用砖头把跑道堵起来并配备足够的武器，搞一个小规模的演习。吴法宪根据林彪的指示，当夜命令"所有空军部队进入一等战备；所有指挥所进入一等战备；所有指挥员坚守指挥岗位，不准离开"。9月30日至10月3日，空军所有部队、学校、机关和民航进入一等战备，共有1683架飞机在机场担任战斗值班，3900多架飞机进入洞库或野外疏散，东北、西北、华北地区的机场都用机械和车辆设置了防敌机降落的障碍。吴法宪以空军党委名义向林彪报告说："这一战备行动是空军建立以来规模最大的一次演习。"

同日 周恩来总理举行庆祝中华人民共和国成立20周年盛大招待会。出席招待会的有：中共中央政治局常委陈伯达、康生，政治局委员叶群、叶剑英、朱德、李先念、李作鹏、吴法宪、邱会作、姚文元、黄永胜、董必武、谢富治，候补委员汪东兴，中华人民共和国副主席宋庆龄，中央军委副主席陈毅、徐向前、聂荣臻，人大常委会副委员长郭沫若、阿沛·阿旺晋美、周建人，国务院副总理陈云、李富春，全国政协副主席邓子恢、李四光、傅作义、滕代远、许德珩、李德全。

9月30日—10月3日 朝鲜人民议会委员长崔庸健访问中国。

9月 林彪授意他人代作《西江月·

重上井冈山》。词的全文是:"繁茂三湾竹树,苍茫五哨云烟。井冈博斗忆当年,唤起人间巨变。红日光弥宇宙,战旗涌作重洋。工农亿万志昂扬,誓把敌顽埋葬。四十年前旧地,万千往事萦怀。英雄烈士启蒿莱,生死艰难度外。志壮坚信马列,岂疑星火燎原。辉煌胜利尽开颜,斗志不容稍减。"20 年代,林彪曾对中国革命前途悲观失望。1930 年 1 月,毛泽东写了《星星之火,可以燎原》的长信,对这种悲观思想进行了严肃的批评。林彪对此深感不满,他将别人代拟词稿中"坚信英明领袖",改为"志壮坚信马列";将"何疑星火燎原",改为"岂疑星火燎原"。1970 年 1 月 1 日,叶群将这首词书录送李作鹏。叶群、黄永胜、李作鹏、吴法宪还把这首词谱成歌曲录音。

10 月 1 日　首都隆重举行庆祝中华人民共和国成立 20 周年集会和游行。会后,首都 40 多万军民举行了庆祝游行。当晚,毛泽东、林彪、周恩来、陈伯达、康生及在京的中共中央政治局委员、候补委员又登上天安门城楼,参加国庆晚会,观看节日焰火。

同日　毛泽东主席会见朝鲜崔庸健委员长。毛泽东在谈到中朝友谊时说:咱们关系不同,应该搞好关系嘛。我们的目标是一致的。当年反对日本军国主义的时候,朝鲜同志长期和我们一起作战;反美战争的时候,我们也同朝鲜同志一起作战,将来这种可能性还是有的。在谈到反对修正主义时,毛泽东说:反对赫鲁晓夫修正主义,我们是一道走过来的嘛!对苏修,我们不一定天天骂,有时可以停一下,天天骂不一定灵。关于斯大林问题,毛泽东说:我们是老朋友,我们反对反斯大林,这一点早就一致。斯大林有错误,我们不能说他没有错误,但他基本是个好人。斯

大林对苏联革命,对世界革命有贡献。反斯大林,实际反的是十月革命后继续执行列宁主义路线。关于中苏两国关系,毛泽东说:中苏分裂,美国高兴。中苏边境已有十几天不打了,只要它不打,我们巴不得,我们是不希望打的。

同日　中国第一条地下铁道线路建成。这条线路由北京火车站到西郊石景山苹果园,全程 23.6 公里,设 17 个车站,是 1965 年 7 月 1 日开工的,毛泽东亲自审查批准了建设方案。

同日　台湾当局拨款 24 亿元实施首期科学发展计划。

10 月 4 日　新华社报道:中国第一座旋转氧气转炉投产。这种转炉操作精确,可冶炼多种优质钢种,具有建设快、设备轻、产量高的特点,采用了液压传动装置的新技术。

10 月 7 日　中华人民共和国政府发表《声明》,就中苏边界谈判阐明立场。《声明》重申了中国政府的一贯立场:目前中苏边界的条约是历史上的不平等条约,但中国政府仍然准备以此为基础全面解决中苏边界问题,避免武装冲突。《声明》建议:"中苏双方首先就维持边界现状、避免武装冲突、脱离接触的临时措施达成协议。"

同日　周恩来召开参加中苏边界谈判的中国政府代表团第一次会议。会议在北京京西宾馆举行,外交部代部长姬鹏飞、总参谋长黄永胜等参加。中国代表团团长为外交部副部长乔冠华,副团长为外交部苏欧司司长余湛、国防部外事局局长柴成文,团员有:章文晋、王荩卿、蔡洪江、安怀、王步苍。周恩来在讲话中指出:代表团的首要任务是就临时措施达成协议,不然,局势是缓和不下来的。谈判的领导,要分为一、二、三线,乔冠华、柴成文是

第一线，第二线是姬鹏飞、黄永胜，第三线是党中央。关于谈判的准备工作，周恩来要求：代表团的全体成员立即集中，放下其他工作，全力以赴进行准备：首先熟悉两国政府来往的声明和照会；熟悉边界的历史和现状。第一步要解决的临时措施，更同全局形势紧密相连。他指出：这不只是边界谈判，而是两国关系的谈判。

同日 陈寅恪去世。

10月8日 中华人民共和国外交部发表《文件》，驳苏联政府1969年6月13日声明。共包括五个方面的内容：①历史上，是中国侵略了俄国，还是俄国侵略了中国？②究竟是谁在奉行扩张主义政策？③是我们歪曲了马克思列宁主义，还是你们背叛了马克思列宁主义？④苏联政府真正准备以条约为基础解决中苏边界问题吗？⑤中国政府的立场是不容歪曲的。

同日 中国最长的双曲拱桥公路桥——江苏省沭阳新沂河大桥最近建成通车。该桥全长1267米，由连续39孔具有中国民族特色的双曲拱组成。

10月11日 毛泽东接见全国来京参加国庆观礼的代表。参加接见的有：林彪、周恩来、陈伯达、康生、叶群、江青、李先念、李作鹏、吴法宪、邱会作、姚文元、黄永胜、董必武、谢富治、李德生、汪东兴。在人民大会堂受到接见的有全国各地的工人、农民、解放军、红卫兵、干部、知识分子及中共中央、国务院各部门"五七"干校的代表1万人。

同日 吴晗去世。

10月14日 毛泽东接见在京的解放军指战员。参加接见的有：林彪、周恩来、陈伯达、康生、叶群、江青、李先念、李作鹏、吴法宪、邱会作、姚文元、黄永胜、董必武、谢富治、纪登奎、李德生、汪东兴。在人民大会堂受到接见的有解放军总参谋部、总后勤部及各军种、兵种在北京的指战员。

10月17日 中共中央通知紧急疏散在京党和国家领导人。根据10月中旬中央政治局会议决定，为了防范苏联利用谈判之机进行军事袭击，立即开始加强战备。10月20日以前，在京的老同志全部战备疏散。此前，毛泽东已前往武汉；林彪已在苏州。此后，朱德、董必武、叶剑英等人前往广东，陈云、王震等人前往江西，聂荣臻、陈毅等人前往河北，徐向前等人前往河南。同时，已被"打倒"的刘少奇、邓小平、陶铸、张闻天也分别被疏散到河南、江西、安徽、广东等地。"战备热"渐趋平静后，林彪等人由苏州回到北京，但被疏散的大部分老同志仍被滞留当地，直至1971年"九一三"事件后才先后回京。刘少奇、陶铸则在疏散地被迫害致死。

同日 林彪发布"第一个号令"。按照周恩来总理和苏联部长会议主席柯西金在北京会谈达成的协议，将于10月20日在北京进行中苏两国边界谈判。根据毛泽东关于国际形势有可能突然恶化的估计，警惕苏联利用谈判发动突然袭击，林彪经毛泽东同意，在苏州作出"关于加强战备，防止敌人突然袭击的紧急指示"。18日21时30分，总参谋长黄永胜以"林副主席指示（第一个号令）"正式下达这个"紧急指示"，要求全军进入紧急战备状态。这个指示传达到11个大军区和海军、空军、卫戍区。

同日下达的还有林彪给第二炮兵的指示（第二个号令），给总参二部、三部的指示（第三个号令）和给各总部、各兵种、国防工办、国防科委的指示（第四个号令）。根据林彪的号令，空军、海军和各军区，特别是东北、华北、西北地区的部队和重型装备、物资，都进行了紧急疏散。全军共疏散 95 个师,94 万人,4100 余架飞机和 600 余艘舰艇。此后的一年中,解放军经铁路运输人员和物资达 60 万车,比上一年增加 34%,比抗美援朝时期运量最大的 1951 年多 17 万车。运输团以上部队有 8 个整军、48 个整师另 19 个团,新老兵 157 万人。经水路运输的人员有 20 万人,物资 55 万吨,物资运输比上一年增加 46%。经全军后勤汽车部队运输的物资约 3000 万吨。

同日　在林彪指使下吴法宪任命林立果为空军司令部办公室副主任兼作战部副部长。1970 年 7 月 6 日,在空军党委常委会上,周宇驰传达了吴法宪提出的"空军的一切可以由立果同志指挥,空军的一切可以由立果同志调动"的指示。空军各单位便掀起了一个贯彻吴法宪提出的"两个一切"的浪潮。空军政治部提出"五条措施":对林立果、林立衡要时时想到他们,事事请教他们,处处保卫他们,把他们看成是自己的好领导,老老实实地服从他们的调动,服服帖帖地听从他们的指挥。"九一三"事件之后,周恩来严厉地批判这"五条措施"是最封建、最买办、最法西斯的。

10 月 18 日　中国人民银行发布《关于发行 1960 年版 5 元券和 1 元券的通告》。《通告》宣布:自 10 月 20 日起发行 1960 年版的 5 元券和 1 元券,与现行人民币在市场上同时流通使用。

同日　炮兵技术学院改归第二炮兵建制。经中央军委批准,中国人民解放军炮兵技术学院归第二炮兵建制。

10 月 20 日　中苏两国边界谈判在北京恢复。根据 9 月 11 日中国总理周恩来和苏联部长会议主席柯西金会谈达成的谅解,中苏两国政府决定恢复边界谈判。10 月 19 日,以苏联外交部第一副部长库

兹涅佐夫任团长的苏联政府代表团乘专机到达北京。次日谈判正式开始。

10 月 22 日　兰州市破获美国间谍案。兰州市专政机关在公开宣判中指出:美国间谍特鲁茨·封·许林德,于 1965 年 10 月以西德"鲁奇公司""开箱检验员"身份来到中国,偷摄我禁区照片、窃取我国军事、政治、经济及"文化大革命"的重要情报。现依法判处其有期徒刑 10 年。《人民日报》为此发表评论员文章《提高警惕,粉碎一切帝国主义的破坏阴谋》。

10 月 23 日　台湾"行政院"通过《台湾省各级青果运销合作社改进方案》。

10 月 24 日—12 月 18 日　全国电讯工作会议(代号 6910 会议)在北京召开。会议由全国电讯工业领导小组组长李作鹏主持。李作鹏否定新中国成立以来十几年电子工业所实行的方针政策和取得的伟大成就,在政治上进一步迫害原部长王诤等领导干部。他提出的所谓"转折点"、"新起点"说法,遭到部分与会领导人的坚决抵制。这次会议盲目追求高指标、高速度,在三线建设上,提出要在三年内实行按"六大块、四小块各自不同特点的地区成龙配套"的脱离实际的要求,给电子工业的生产建设造成了灾难性的后果。

10 月 26 日　中央发出《关于高等院校下放问题的通知》。《通知》要求:国务院各部门所属的高等院校(包括半工半读、函授学校),设在北京市的,仍归各有关部门领导;如果搬到外地,可交由当地省、市、自治区革命委员会领导,与厂矿结合办校的,也可交由厂矿革委会领导;设在其他地方的,交由当地省、市、自治区革命委员会领导。此后,一些高等院校被裁并,一批在北京、上海、广州、长春、郑州等大中城市的高等学校被外迁;更多的高等院校则以办"五七"干校、试验农场、分校、

进行教育革命实践等名义,在农村设立战备疏散点,将大批师生员工及部分家属下放农村。

同日 中共中央批示解决贵州问题。贵州自1967年2月造反派夺权成立革命委员会以来,掌握革委会权力的一派与另一派不断发生激烈争斗,动乱持续发生。1969年7月,在贵阳发生严重武斗事件后,中共中央于10月26日批示决定,调整中共贵州省核心领导小组成员。调昆明军区副政委兼任贵州省军区第一政委,在省革命委员会主任、中共贵州省核心领导小组组长李再含留京学习期间代理核心小组组长,张荣森为副组长,何光宇、石新安、李立、张明、罗锡康、张健民、刘兴胜、鲍德金、张琦、朱德兰、刘绍贤、徐英年为组员。调6908部队进驻贵州,担任支左工作。此后,李再含实际上已离开了领导岗位。1971年3月至4月,中共贵州省核心领导小组进行整风,点名批判了李再含的严重错误。

10月28日 空军击落美国无人驾驶高空侦察机一架。侵入中国广西南宁地区上空、被我空军地空导弹6营击落的这架美国军用飞机,是1964年以来我空军击落的第17架美国无人驾驶高空侦察机。中央军委为此颁发嘉奖令表扬参战部队。

同日 国务院批转一机部军管会《关于加速第二汽车厂建设的报告》。《报告》说,"二汽"产品以军为主,军民结合,总规模定为年产汽车10万辆。总体布置:"靠山、分散、隐蔽",将24个专业厂分4片布置在东西20多公里、南北约10公里、面积200平方公里的19条山沟的范围内,各片之间有一定距离,每片各专业厂之间隔山相靠。"二汽"建成后,内地将有一个军民结合的汽车生产基地,汽车生产能力均有较大幅度的增长。

10月29日 《红旗》杂志第11期发表《智取威虎山》剧本。剧本发表时所加的"编者的话"要求,各地剧团演出时,要以1969年10月演出本为准。

10月30日 宋硕去世。

10月31日 国民党经营的"中国电视公司"正式开播。

10月 西藏集中大批干部办学习班,进行"清队整党"运动。自治区革命委员会参照黑龙江柳河"五七"干校的做法,把自治区的各地、市党政机关和群众团体的大部分干部,包括部分工勤人员,集中到西藏的林芝和松宗两地办学习班,直到1973年9月才结束。在学习班上,采用"左"的做法,不少领导干部和职工被批判斗争,有的被隔离审查,有的被迫害致残致死。多数干部和职工从1971年后陆续重新分配工作。

10月 林彪擅自发出"紧急指示"后,一批设在大中城市的高等学校被外迁,一批高等院校和大批中等专业学校被裁并,更多的高等院校以致一些中等学校则以办试验农场、分校,进行教育革命实践等名义,在农村建立"战备疏散点",将大批师生员工及部分家属下放农村。

11月5日 国务院、中央军委转发铁道部军管会、交通部军管会、邮电部军管会、通讯兵部《关于邮电体制改革的意见》。《意见》说,电信、邮政从中央到基层都分开。属电信系统的事业、企业单位以及人员、设备统归军队领导;属邮政系统的事业、企业单位以及人员、设备统归交通部门领导。邮电部撤销后,电信部分成立一个电信总局,管理电信业务,归通讯兵部直接领导。邮政部分成立一个邮政总局,管理邮政业务,与铁道部、交通部合并。省以下各级邮电部门撤销后,电信部分成立电信局,由省军区、军分区、县(市)

人武部和各级革命委员会双重领导,以军事部门为主。邮政部分与交通部门合并,实行由省、市、自治区与交通部门的双重领导,以省、市、自治区为主。全国电信、邮政分开的工作,于 1969 年 12 月 1 日前完成。

同日 《人民日报》发表社论《注意工作方法》。社论指出当前需要注意的工作方法是:①抓好带头人的思想工作。②抓点。③抓三分之一。④要考虑到全局。⑤要考虑到群众。⑥领导和群众直接见面。⑦办好毛泽东思想学习班。⑧开讲用会。⑨少而精。⑩留有余地。⑪劳逸结合。⑫讲究实效。社论要求:"认真学习毛主席关于领导方法、工作方法的许多指示,把各级党组织和各级革命委员会的领导水平提高一步。"

11 月 5 日—12 月 27 日 中共中央在北京召开解决四川问题的会议。由于"文化大革命"初期的动乱和省革命委员会成立以后的"反复旧"运动,四川省的工农业生产遭到了严重破坏。会议认为,四川的革命和生产落后了,落后的原因不在群众,而在省革委会领导。根据会议讨论情况,写出了四川省革委会、成都军区党委《关于解决四川当前若干问题的报告》和《关于加速四川地区三线建设的请示报告》。省革委会、成都军区党委在报告中对省革委会成立以来工作中出现的失误集体承担了责任,同时也严肃地揭发了省革委会副主任刘结挺、张西挺的问题。12 月 25 日,在周恩来主持下,中共中央对两个报告作出批示,决定调整四川省革委会领导班子,确定了省革委会核心领导小组成员名单和决定成立成都军区支左领导小组、四川三线建设领导小组及其组成人员。关于刘、张的问题,中共中央领导人明确指出,刘结挺、张西挺是个人野心家,

要发动群众揭发批判。此后,刘结挺、张西挺实际已被撤销职务。

11 月 6 日 台湾"行政院"通过《大陆礁层公约》,重申对邻接海岸大陆礁层天然资源的主权。

11 月 7 日 水利电力部向国务院提出《关于 1970 年中央直属和中央安排地方水利计划的报告》。《报告》说,1970 年由中央控制的水利投资,安排重点为黄河、海河、淮河流域等缺粮低产地区,及三线建设的重点地区,计划投资为 8 亿元。具体安排是:海河流域安排 2.2 亿元投资;淮河流域安排 1 亿元以上投资;黄河流域安排 1.6 亿元投资;三线重点地区安排 1.5 亿元投资;其他地区安排 1.7 亿元投资。

11 月 10 日 国务院、中央军委发出《关于总参测绘局与国家测绘总局合并,国家测绘总局合并后撤销的通知》。《通知》说:"国家测绘总局撤销后,为便于对外交流,在总参测绘局保留国家测绘总局的名称。国家测绘总局原担负的测绘任务,由总参测绘局承担。战备测图任务,纳入统一规划。经济建设测图任务,属国家安排的项目和大三线建设测图,由总参测绘局统一安排;属于省、市、自治区的一般经济建设测图,以省、市、自治区为主组织实施。"

同日 台湾"行政院"核定公布《行政院限制所属公务人员兼职要点》。

11 月 11 日 韶山井冈山公路通车。全长 465 公里,途经安源、三湾、宁冈、兴国、茅坪等地。当日和次日,分别在韶山和井冈山举行了通车典礼。

11 月 12 日 刘少奇去世。

11 月 13 日 王亚南去世。

同日 台湾"内政部"决定禁止制造、销售及使用 DDT 杀虫剂。

11 月 14 日 国务院指示冶金部主持

召开攀枝花钢铁基地建设问题联席会议。会议听取了渡口市关于攀枝花工业区的汇报，传达和讨论了冶金部就加快建设攀枝花钢铁基地问题向国务院的报告。

11月15日　国家计委向国务院提出《关于疏运天津港积压进口物资的报告》。报告提出：截至本月13日，天津港积压待运物资达16.9万吨，大大超过该港8万吨的正常吞吐能力。如不立即组织疏散，港口就有因堵塞而停产的危险。在港待卸的8条船和在大沽锚地待进港卸货的18条船，每条船多停泊一天就要罚款800英镑。报告提出了由天津市革委会统一领导，组成天津港积压物资疏运小组，争取在11月底前使港口正常。铁道部增加港口车皮，由50至70个增至250个。积压物资中，应运往东北、西北、西南的，除急需非运不可的外，暂时倒运至物资部在石家庄、天津、北京仓库，或在天津开辟临时货仓等项措施。

11月16日　国务院发出关于抓紧粮、棉、油收购工作的《通知》。《通知》指出：一部分地方收购工作抓得不够紧，进度不够快。各地必须把粮、棉、油的收购工作当做一项政治任务来抓，把政策交给群众，加强市场管理，打击投机倒把活动，批判资本主义倾向和各种非无产阶级思想，力争完成和超额完成任务。要严格控制城乡粮食销售，加强管理，反对浪费，堵塞漏洞。

同日　全国肿瘤工作会议在天津召开，周恩来总理作了多次讲话，其中指出"要提倡西医学中医，形成风气"。

11月20日　国务院、中央军委批准中共民航总局党委《关于进一步改革民航体制和制度的报告》，决定把国家民航总局划归中国人民解放军建制。成为空军的组成部分，各项制度按空军执行，各级机构按军队组织序列进行调整，但对外名称不变，仍为国务院直属局。有关国际航空交通运输业务和外事工作，除由军事系统请求报告外，也可请示国务院有关部门。民航基本建设投资、生产资金、行政事业费和其他经常费用，由民航每年编制预算和计划，按军队系统上报，由国家统一拨给军队。民航所需装备及各种器材物资，统一纳入军队渠道。这是民航在组织体制上受到的一次严重破坏。此后一个时期，不计成本、不讲经济效益、飞"政治航线"等"左"倾思潮泛滥。民航总局政委刘锦平等人利用这一决定为林彪集团的活动提供了大量物资和经费。

同日　全国灯泡业抓革命促生产会议在沈阳召开。会议由一机部、四机部、商业部联合召开。由于"文化大革命"的干扰，1969年全国计划生产灯泡3.3亿只，但预计只能完成2.5亿只。会议确定：1970年灯泡生产要增加到3.72亿只。要逐步实现灯泡生产机械化、自动化；积极发展原材料、配件和专用设备的生产；在三线建设一批小型灯泡厂、灯头厂，力争普通灯泡在两三年内做到省、市、自治区自给等。此后灯泡供应紧张的局面有所缓解。

同日　台湾"行政院"通过在台中县谭子工业区中心设置加工出口区。

11月22日　国务院批转建工部军管会《关于支援内地建设的沿海建筑力量问题的请求报告》。《请示报告》说，1965年从北京、河北等10省、市借调了11个建筑公司共2.4万名职工，到西南、西北地区参加建设。当时曾宣布以3至5年为期，家属仍留在原地。"文化大革命"期间，不少职工离开建设岗位，向原省、市提出回去的要求。有的公司要求回原省，个别省也提出要他们回来，或采取轮换办法。针对这种情况,《请示报告》建议:凡是所在地区需要他们留下来,职工也基本上安心在那里工作和承担任务的,应改变借调关系,按长期调遣处理,不再调回原省、市。对于确有困难的职工,应同意调回。这类公司有 8 个,计 1.5 万人,原则上应下放给所在地区领导。有的三线建设地区,建筑力量发展比较快,对借调去的公司不十分需要,调出省又同意调回的,在近期完成所承担任务后,至迟到 1970 年底以前,调回原省、市。属于这类情况的有 3 个公司,计 9000 人。

同日 中共中央发出《关于进一步开展打坦克、打飞机训练的指示》。

11 月 23 日 国家计委发出简报指出铁路运输和煤炭生产的严重问题。由于"文化大革命"的干扰,铁路运输和煤炭生产出现了严重混乱。简报指出:20 日上海市电告煤炭供应紧张,要求中央和有关部门采取紧急措施,已从大同、阳泉等矿抢运 16.9 万吨煤炭。15 日煤炭部报告坑木供应紧张。经商定,林业、物资、铁道部门必须立即派专人抓坑木节约代用工作,降低坑木消耗量,采用水泥支柱、金属支架。天津港等物资积压问题要作为重点尽快解决。东北电网缺煤,国家计委 21 日召开了负责人会议,要求广泛宣传节约闹革命精神。组织专人抓节约工作。各地区抽调的支援三线建设职工因长期与家属分离,影响生产情绪。黑龙江省电告,哈尔滨铁路局几个月来一直没有完成装车计划,造成大量物资积压待运。

11 月 28 日 毛泽东、林彪、周恩来致电霍查、列希、谢胡,祝贺阿尔巴尼亚祖国解放 25 周年。

11 月 30 日 陶铸去世。

11 月 中共中央批准成立电影工业生产协作指导小组,由刘贤权任组长,石少华、狄福才任副组长。

12 月 1 日 台湾"教育部"公布"留学规程"修正案及新订的《国外留学甄试办法》。

12 月 4 日 国务院、中央军委发出《关于总参军事气象局与中央气象局合并问题的通知》。《通知》决定总参谋部军事气象局与中央气象局合并,撤销总参谋部军事气象局,称中央气象局,归总参谋部领导。两局合并后的主要任务是:组织安排国防和经济建设的气象保障;统一规划和组织落实气象工作的基本建设;组织气象科学技术的研究和人员的培训、补充;办理国际气象业务;筹划主要气象仪器、机器设备、器材工作。各省、市、自治区以下各级气象部门仍归当地各级革命委员会领导。

同日 《人民日报》发表《红旗》杂志第 12 期评论员文章《革命青年的榜样》,号召学习知识青年金训华。金训华是上海市吴淞第二中学 1968 届高中毕业生,在"文化大革命"中,带头组织红卫兵,任上海市中学红代会常委。1969 年 5 月,又带头到黑龙江省逊克县逊河公社双河大队插队落户。8 月 15 日,双河两岸山洪倾泻,金训华为了抢救国家物资,奋战山洪,不幸牺牲,被追认为中共党员。本期《红旗》杂志还发表了《金训华同志日记摘抄》。

12 月 5 日 台湾"立法院"通过《请愿法》修正案。

12 月 8 日 《人民日报》刊载《北京二七机车车辆工厂认真落实对敌斗争政策》。报道介绍说:清理阶级队伍的目的,一方面要分清敌我,划清阶级阵线;一方面要把从敌人营垒中投降过来的多数人改造成新人。这样做的好处是:使敌人的队伍缩小,我们的队伍扩大;能够团结争取阶级敌人的家人；利用他们的技术力量。报道认为，二七工厂的对敌斗争经验是：尽可能地扩大坦白面，不是让他们单纯交代反动身份和罪行，而且也清理他们的反动思想；不轻易采用群众揪斗的办法，而是采用政策攻心；对少数死心塌地的敌人，坚决揪出，从严惩处；树立"宽严样板"，先后召开了 7 次宽严大会，每次会后，都有敌人坦白交代；帮助清理对象办好家庭学习班，加强对他们的管制和教育。粉碎"四人帮"以后，二七工厂这个经验被彻底否定。

12 月 9 日 《人民日报》发表《红旗》杂志第 12 期署名江建农的文章《论干部插队落户》。文章认为，干部插队落户同办好"五七"干校，干部下厂当工人一样，是一项新生事物。文章批驳了干部插队落户中存在的不同看法和问题，如埋没干部、影响国家机关改革、分散难以领导、在田少人多地区增加农民负担等等。

12 月 11 日 台湾"教育部"明令实施《特殊教育推行办法》。

12 月 15 日 直升机设计研究所在江西景德镇成立。

同日 哈尔滨飞机厂在直—5 基础上改进的直—6 直升机试飞。

12 月 16 日 《人民日报》刊载《北京新华印刷厂整党建党调查报告》。《报告》认为，这个厂的经验是："从思想整顿入手，普遍提高党员的阶级斗争和两条路线斗争觉悟。"在整党建党中，组织有干部、工人、军宣队党员参加的三结合小组，学习毛主席的五十字建党纲领，批判刘少奇的建党路线。"在'清除废料'的同时，加强对犯错误党员的教育"。"把那些证据确凿的叛徒、特务、死不改悔的走资派、蜕化变质分子、阶级异己分子坚决清除出党"。"积极慎重吸收新鲜血液，健全党的

组织，实现一元化领导"。《报告》介绍说，党委的建立必须具备的条件是：①大联合和三结合比较巩固；②进行过清理阶级队伍；③建立了支部，吸收了新党员。一元化领导必须做到：①党委、革委会严格按毛泽东思想办事；②革委会与党委的办事机构合为一体；③革委会执行党委的决议；④执行党的民主集中制。这个《报告》发表以后，成为全国整党建党运动的基本经验之一。

同日 《人民日报》刊载《着重思想整顿，多做教育工作——清华大学在整党建党工作中用毛主席无产阶级专政下继续革命的理论武装党员头脑》。报道介绍说，清华大学整党建党的经验是："思想上的整顿和建设贯穿于整党建党的全过程。"正确处理几个关系：①知识分子党员一方面要到群众中汲取营养，一方面要自觉斗私批修；②组织群众参加评论，既要全面分析，又要正确对待群众意见；③使党员和群众都受到教育，"引导党员集中解决阻碍继续革命的主要问题"。针对一部分知识分子党员在"文化大革命"后期的革命不彻底性，组织对派性和"多中心即无中心论"的批判。"使组织上'吐故纳新'的过程成为思想上'吐故纳新'的继续"。

12 月 18 日 中共中央发出《关于1969 年、1970 年中等专业学校、技工学校、半工半读学校毕业生分配的通知》。《通知》规定：中等专业学校、技工学校、半工半读学校 1969 年、1970 年应届毕业生，均于 1969 年 12 月 1 日毕业，开始进行分配。上述学生的分配、安置办法、工资待遇等均按 1968 年分配毕业生时中央规定的办法执行。在分配工作中，必须做好思想政治工作，号召毕业生到农村去，到边疆去，到工矿去，到基层去，当普通农民，当普通工人，接受工农兵的再教育。

同日　国务院批转全国食糖及糖料生产会议纪要。会议决定:1970 年至 1971 年榨季,全国计划产糖 190 万吨,1975 年至 1976 年榨季,计划产糖 300 万吨。要求 1970 年糖料种植面积产量提高 20%,两三年内全国糖料种植面积在原有 760 万亩基础上增加到 1000 万亩。在充分挖掘现有糖厂潜力的同时,有计划地办一些 50 万吨以下的小糖厂,提高加工能力。会议还规定,种植糖料的土地,可以现金抵缴农业税;糖料集中产区群众的口粮标准,保证不低于附近产粮区,粮食品种也要注意调剂。

同日　台湾首座卫星通信地面电台开始启用。

12 月 19 日　毛泽东、林彪、周恩来致电阮友寿,祝贺越南南方民族解放阵线成立 9 周年。

同日　《人民日报》发表报道,介绍北京大学宣传队落实各项政策的经验。报道说:北京大学工人、解放军宣传队认真落实政策的经验是:"狠抓各级领导对落实毛主席各项无产阶级政策的态度"。"把落实政策变为广大革命群众的自觉行动。""坚持无产阶级党性,排除对落实政策的干扰"。"抓落实政策的样板,加快斗批改步伐"。具体做法有:"四个不"(不带框框,不回避矛盾,不搞折中,不当"裁判员")、"一对红、一串红"、"三讲三批"(大讲历史趋向,狠批敌人幻想;大讲"给出路",狠批敌人的态度;大讲唯物辩证法,狠批敌人的主观唯心主义和形而上学)。

12 月 20 日　中共中央决定成立中央军委国防工业领导小组。中央军委办事组成员邱会作任组长。领导小组下设军委国防工业领导小组办公室,撤销原国务院国防工业办公室。军委国防工业领导小组办公室的任务是:组织领导和协调第

三、第四、第五、第六机械工业部的生产建设和科研工作。

同日　新华社报道《六厂二校先进经验在首都普遍开花结果,推动斗批改群众运动蓬蓬勃勃向前发展》。报道说:驻北京针织总厂、北京新华印刷厂、北京化工三厂、北京北郊木材厂、北京二七工厂、北京南口机车厂和清华大学、北京大学的 8341 部队支左人员,在"文化大革命"的斗批改阶段,"创造了极其丰富的、极其宝贵的经验"。北京市革命委员会积极领导学习这一经验,"全市先后参加六厂二校先进经验报告会和交流经验现场会的在百万人次以上"。此后,全国也掀起了学习"六厂二校经验",掀起"斗批改"的热潮。

12 月 22 日　中央军委国防工业领导小组成立。国务院、中央军委成立国防工业领导小组,由中央军委办事组成员邱会作任组长。同时撤销国务院国防工办。另设国防工业办公室作为军委国防工业领导小组的办事机构。

12 月 26 日　中国第一艘自行制造的 3200 吨破冰船在上海下水。

同日　台湾"行政院"核定《免役、禁役、缓征、缓召实施办法》。

12 月 27 日　台湾"经济部"订定《长期工业发展研究方案》。

12 月 29 日　解放军总政治部发出《关于 1970 年新年、春节期间开展拥政爱民活动的通知》。《通知》要求:"大力宣传毛泽东思想。用毛泽东思想武装广大人民群众的头脑,是最根本的爱民。""坚决贯彻毛主席'备战备荒为人民'的战略方针。""坚决拥护和支持革命委员会。""继续发扬'三大纪律八项注意'的光荣传统。"

同日　中国自行设计制造的强—5 型飞机装备部队。该型飞机是中国根据苏制米格—19 型战斗机改进制造的前线支

援战斗轰炸机。

12月 江西掀起"第二次工业革命"高潮。主要内容是推广"一步炼钢法"、"两个突破"、"汽车和拖拉机大会战"。"一步炼钢法"指用矿石直接炼钢，被吹嘘为"世界钢铁工业的大革命"而强令推广。在一年多的时间里，全省上马的114座高炉，没有一座成功。"两个突破"指机械工业无切削加工工艺和开发新产品不经过设计阶段，结果全省仅生产无级变速铣床、插秧机、1105型柴油机等几种未定型产品就损失800万元，还挤掉了中央下达的生产计划。"汽车和拖拉机大会战"指从1963年底到1971年生产1万辆汽车和10万台拖拉机的集中突击。全省共布点15个汽车主机厂、306个配件厂、152个拖拉机总装厂。在工业布局上大拆大迁工厂，仅南昌市就拆掉60万平方米厂房和不少生产线。江西手扶拖拉机厂原已有年产3000台的生产能力，因强令由南昌迁往靖安县，停产半年多。"大会战"使国家计划受到冲击，损失严重，打乱了全省机械工业布局，留下了严重的后遗症，仅汽车和拖拉机产品不合格就报废3000多万元。

同月 国务院和中央军委指示农垦部所属新疆生产建设兵团划归新疆军区领导。兵团按照军队建制进行改编，配备了现役军队干部担任兵团各级的主要领导。本年，在国营农场的基础上，先后建立了内蒙古、兰州、江苏、福州、安徽、广东生产建设兵团和江西农建师、西藏生产建设师，分别由有关军区领导。

1970 年

1月1日 《人民日报》、《红旗》杂志、《解放军报》联合发表元旦社论《迎接伟大

的70年代》。社论说："过去的10年，是敌人一天天烂下去，我们一天天好起来的10年；是马克思主义、列宁主义、毛泽东思想同现代修正主义公开论战，激烈搏斗，取得胜利的10年；是全世界革命人民反对以美国为首的帝国主义……现代修正主义和各国反动派的伟大斗争蓬勃发展的10年。""70年代，将是人民革命风暴在全世界更大兴起的年代，将是帝国主义在重重矛盾中加速崩溃的年代，将是全世界革命势力同垂死挣扎的反革命势力进行剧烈搏斗的重要的年代。"在新的一年里，要"用毛主席关于'提高警惕，保卫祖国'，'备战、备荒、为人民'的伟大战略思想推动斗、批、改，检查斗、批、改。"社论突出地提出两项任务："在清理阶级队伍的基础上，要抓紧整党建党"；"抓革命、促生产、促工作、促战备。"

同日 《红旗》杂志第1期发表8341部队驻北京二七机车车辆工厂毛泽东思想宣传队的《沿着毛主席的建党路线胜利前进》。文章称：毛泽东的"建党50字大纲"是对我们党几十年建党经验最科学的总结；按照"建党50字大纲"整党建党，存在着激烈的阶级斗争，斗争集中表现在要不要党的领导、建设一个什么样的党和怎样建设党的问题上。坚决维护党的领导，加强党的领导，是整党建党工作沿着毛主席建党路线胜利前进的根本保证。文章提出：要发动群众，实行开门整党，要重视思想上的整顿和建设，增强无产阶级党性，反对资产阶级派性；对于党的队伍和党员的政治思想状况要反对肯定一切和否定一切；党员斗私要抓要害，触灵魂；要"吐故纳新"，反对"大吐大纳"、"不吐不纳"或"一吐了之"；要帮助一些同志克服"造反有功，入党有份"等错误思想；要建立一个好的领导班子。

同日　《人民日报》刊登中共北京新华印刷厂委员会的文章:《继续为巩固无产阶级专政而斗争》。这篇文章介绍了经中共中央主席毛泽东批准的"六厂二校"经验之一——北京新华印刷厂的三条整党经验,即从思想整顿入手,普遍提高党员的阶级觉悟和两条路线斗争觉悟;在清除"废料"的同时,加强对犯错误党员的教育;积极慎重吸收新鲜血液,健全党的组织,实现党的一元化领导。

同日　《红旗》杂志第 1 期发表上海市革命大批判小组的《文科大学一定要搞革命大批判》。文章提出:"革命大批判既是社会主义文科大学的基本任务,又是当前改造旧文科大学的迫切的战斗任务。"革命大批判"不仅应该批判社会上的资产阶级,还应该把革命大批判深入到文科各个学科,批判哲学、历史学、文学、政治经济学、新闻学、教育学等领域内的反动的资产阶级思想体系。"

同日　中央气象局与总参气象局合并。

同日　蒋介石发表元旦文告。

1 月 2 日　周恩来总理对国家科委与科学院合并后的任务和体制改革问题作指示。

同日　美国副总统阿格纽抵台访问。

1 月 3 日　在美国协助下"台独"领导人彭明敏逃离台湾。

1 月 4 日　国务院、中央军委决定将农垦部直属的云南、福建、广西和广东汕头橡胶垦区,广州军区生产建设兵团的海南、湛江橡胶垦区及其所属企业单位和华南热带作物学院,分别下放给所在省、自治区革命委员会或军区领导。有关垦区的方针政策、长远规划仍由中央有关部门负责。

1 月 5 日　凌晨 1 时,云南省昆明以南地区发生地震。震中位置在北纬 24°12′,东经 102°41′,震级烈度为 7.8 级。受震地区的人民在云南省及当地党和政府的领导下,在人民解放军的帮助下,积极进行抗震救灾工作。中共中央在地震发生后,立即向受灾地区的人民群众发了慰问电,并采取了抗震救灾的有力措施。

1 月 10 日　美国国务院宣布,将向台湾提供 18 架 F104 战斗机。

1 月 11 日　国务院决定将水电部所属的华东电业管理局领导的华东电网,改由上海市领导;东北电力局领导的东北电网,改由沈阳军区领导 2 月 12 日,国务院又决定将徐州电业局领导的徐州电网,改由江苏省领导。华东电业管理局、东北电力局和徐州电业局作为办事机构,处理日常业务。

1 月 13 日　国家计划委员会生产组向国务院汇报煤炭供应情况。1969 年入冬以来,全国煤炭供应紧张的矛盾更为突出,其原因一是随着生产发展,煤炭需要量增加;二是煤电消耗过高,一时降不下来;三是煤炭库存减少;四是煤炭质量下降;五是事故频繁,停产、停运时有发生;六是某些地区由于煤矿生产和铁路运输不好,影响按计划到煤。为扭转上述情况,国家计委生产组提出采取以下措施:要确保国防、军工、钢铁生产,及机车和十大电网等重点用煤的需要;要求煤炭部和铁道部超额完成煤炭的生产和运输计划;增加燃料中油的比重,1970 年计划烧油 900 万吨;多拉煤矿存煤;开展增产节约运动,降低消耗。

1 月 15 日　北京市革命委员会作出《关于学习王国福同志的决定》。20 日,《北京日报》发表由新华社记者、北京市革命委员会调查组、《北京日报》记者合写的长篇通讯《拉革命车不松套,一直拉到共产主义——记无产阶级优秀战士王国福》。此后，全国报纸都宣传了王国福，北京红星公社建立了王国福事迹展览馆。当时大张旗鼓地宣传捏造出来的王国福的"路线斗争事迹"，是出于北京市革委会个别领导人的政治需要。

同日 美国、日本、加拿大等地的"台独"团体联合组成"台湾独立联盟"。

同日 台湾"行政院"通过《增加储蓄推动方案》和《促进银行业务现代化方案》。

1月20日 中国和美国大使级会议第135次会议在华沙举行。

1月24日 张春桥等人在上海制造"桑伟川事件"。张春桥等人控制的上海市委写作组以丁学雷的笔名，在1967年7月11日的《人民日报》上发表文章，把小说《上海的早晨》说成是"为刘少奇复辟资本主义鸣锣开道的大毒草"。桑伟川（上海煤气公司助理技术员）撰文投寄《文汇报》予以驳斥。在张春桥的策划与指挥下，丁学雷于1970年1月24日在《人民日报》上抛出文章，把桑伟川的文章说成是为毒草翻案的"毒草文章"。上海文教系统和有关单位组成"批桑"班子，对桑伟川连续进行290多次大型批斗。桑伟川被戴上现行反革命帽子，投入监狱，长达7年之久。

1月26日—2月14日 国务院在北京召开棉花生产会议。会议总结和交流了经验，讨论和研究了1970年全国棉花生产计划和各项增产措施。1970年棉花生产计划是：播种面积7500万亩，亩产平均70斤，总产5250万担，收购4750万担。会议还提出：棉田播种面积要在适当集中的原则下，合理布局；在一些老棉区和大三线地区，适当扩大面积，云南、甘肃等地要开辟新棉区；全国凡宜于植棉的粮区生产队，都要种2～3亩棉花，逐步解决絮棉

自给问题。3月4日，中共中央同意并批发了国务院《关于全国棉花生产会议情况的报告》。

1月27日 台湾"立法院"通过11名"增额立法委员"当选资格。

1月29日 国务院、中央军委决定，将国防科委所属9所高等院校（北京航空学校、南京航空学院、西北工业大学、成都电讯工程学院、北京工业学院、华东工程学院、太原机械学院、上海交通大学、西北电讯工程学院）及哈尔滨工程学院的两个系，分别划归第三、第四、第五、第六机械工业部领导。此后，国务院、中央军委又批准撤销太原机械学院，改为仪器制造厂；新建武汉船舶工程学院。并决定上述各院校由所在地区的省、市革命委员会和主管部门实行双重领导。6月15日，国务院、中央军委又发出电报，决定将哈尔滨工程学院迁至长沙，改称长沙工学院；哈尔滨工业大学迁至重庆，改称重庆工业大学。两校内迁后，分别由湖南省和四川省革命委员会、省军区及第二、第七机械工业部实行双重领导。

1月30日 中国自行研制的中远程地地导弹试飞成功。中国在甘肃某地的导弹试验基地发射1枚自行研制的中远程地地导弹，进行飞行试验，获得圆满成功。

同日 中远程火箭"长征1号"飞行试验首次成功。它是自1968年开始进行地面试验的。

同日 台湾"立法院"通过《军人保险条例》。

1月31日 中共中央发出《关于打击反革命破坏活动的指示》，主要内容是："一、要放手发动群众。用战备的观点，观察一切，检查一切，落实一切。使群众认清打击反革命破坏活动是一场激烈的阶级斗争，是打击帝、修、反'别动队'的斗

争……实际上也是一项重要的战备工作。""二、要突出重点。打击的重点是现行的反革命分子。""三、要严格区分两类不同性质的矛盾,分清敌我,区分轻重。""四、要大张旗鼓地、广泛深入地做好宣传动员。""五、要统一掌握批准权限。按照中央规定,杀人由省、市、自治区革命委员会批准,报中央备案。""六、要加强领导。必须首长负责,自己动手,具体指导,深入实施。"据统计,1970 年 2 月至 11 月共 10 个月捕了"反革命分子"等 28.48 万多名。许多案件属于冤假错案。1970 年 8 月 20 日张志新以"现行反革命"罪名被判处无期徒刑,后来又改判死刑被处死。

同日　美国国防部宣布赠台 34 架军刀式战斗轰炸机。

同日　台湾"警备总部"通缉前台湾大学教授彭明敏。

2 月 2 日　台美航空公司开通直达航线。

2 月 5 日　中共中央发出《关于反对贪污盗窃、投机倒把的指示》和《关于反对铺张浪费的通知》。中央认为,在经济领域内,有一小撮阶级敌人与暗藏在国家财经部门的坏人相勾结,利用派性和无政府主义倾向,煽动经济主义妖风,破坏社会主义经济基础。同时,有些单位大兴土木,挥霍浪费国家资财。为此,中央提出,有必要在全国掀起一个大检举、大揭发、大批判、大清理的高潮,坚决打击贪污盗窃、投机倒把活动,"粉碎阶级敌人在经济领域的进攻";要发动群众,雷厉风行地开展反对铺张浪费的斗争。中央还重申:一切按照规定不许上市的商品,一律不准上市;除经过当地主管部门许可以外,任何单位不准到集市和农村社队自行采购物品;不准以协作为名,以物易物,不准"走后门";一切地下工厂、商店、包工队、运输

队必须坚决取缔;严禁新建、扩建和改建楼堂馆所,已施工的要一律暂停下来;任何地方不许兴建高标准的城市建设工程;一切机关、部队、团体、学校、企业、事业单位,一律停止添置非生产性设备。上述几个文件下达后,一个打击反革命破坏活动、反对贪污盗窃、反对投机倒把和反对铺张浪费的"一打三反"运动迅速在全国掀起。这次"一打三反"运动打击了一批反革命分子和贪污盗窃、投机倒把分子。但由于"文化大革命"指导思想上的错误,加之一些地方派性严重,在贯彻执行上述文件和《公安六条》中,造成了很多冤假错案。

2 月 10 日　美国一架军用无人驾驶高空侦察机,侵入我国广东省海南岛地区上空进行侦察挑衅活动,当即被我人民解放军海军防空部队击落。这是中国人民解放军自 1964 年以来击落的第 20 架美国军用无人驾驶高空侦察机。11 日,中共中央军委颁令嘉奖击落美机的人民解放军海军防空部队某部。

2 月 14 日　国家基本建设委员会向中共中央、中央军委提出《关于基建职工改为基建工程兵的报告》。《报告》说,根据中共中央 1966 年 3 月 30 日的批示,已在建工、冶金、煤炭、水电、化工、交通等 6 个部的直属施工队伍中进行了试点,先后整编成 5 个支队(师)、4 个独立大队(团),共 12.7 万人。《报告》建议对现存的 160 万人的施工队伍继续进行整编,列入解放军序列。整编工作争取在今明两年内完成。

2 月 15 日—3 月 21 日　国务院召开全国计划会议,制定 1970 年国民经济计划,拟定了《第四个五年计划纲要(草案)》。主要内容:①根据毛泽东关于经过四个五年计划"可以有 3500 万到 4000 万

吨钢"的设想,提出 1975 年产钢 3500 万至 4000 万吨（比 1970 年增长 106％ 至 135％）,生产能力达到 4000 万吨以上。② "四五"期间将内地建成一个部门比较齐全、工农业协调发展的强大战略后方。③ 把全国划分为西南、西北、中原、华南、华北、东北、山东、闽赣、新疆 10 个经济协作区。每个大协作区都要有计划有步骤地建设冶金、国防、机械、燃料动力、化学等工业,建设比较强大的农业、轻工业和比较发达的交通运输业。山东、闽赣、新疆地区要建立小而全的经济体系。④ 农业要以粮为纲,全面发展,尽快扭转南粮北调状况。1975 年要求按农业人口平均每人达到一亩高产稳产农田,耕作机械化程度达到 40％ 至 50％。⑤ 大力发展地方"五小"工业,各省、市、自治区都要建立小煤矿、小钢铁厂、小有色金属厂矿、小化肥厂、小电站、小水泥厂和小机械厂等,形成为农业服务的地方工业体系。⑥ 加速发展石油、天然气和电力工业,积极改变燃料构成。⑦ 大家动手办机械工业,各行各业都要自己武装自己。会议确定:1970 年工业总产值 2100 亿元,比上年增长 17％; 基本建设投资 228 亿元,比上年增长 46％;大中型建设项目 1113 个,其中大三线战略后方的建设项目 663 个;财政收入 580 亿元,比上年增长 12％左右;对外贸易出口 20.6 亿美元,进口 23.1 亿美元。工农业主要产品产量指标是:粮食 4500 亿斤;棉花 5000 万担至 5200 万担;钢 1600 万吨至 1700 万吨;煤 2.8 亿吨至 2.85 亿吨;电 1050 亿度至 1100 亿度;原油 2600 万吨;木材 3400 万立方米;棉纱 1050 万件;铁路货运量 5.8 亿吨至 6 亿吨。这些都是不合实际的过高的指标。国民经济计划经党的九届二中全会批准下达。会议还大力推广上海梅山铁厂和湖北焦枝

铁路建设大搞群众运动的经验,批判"专家路线"、"大洋全"和"条条专政"。

2 月 16 日 铁道部、交通部、林业部军管会联合发出《关于加速铁路、公路绿化的通知》。

2 月 20 日 亚洲开发银行将向台湾提供 1780 万美元贷款,兴建南北高速公路。

2 月 23 日 台湾"内政部"宣布去年共查扣不良出版品 423 万件。

2 月 吉林省革委会写作组撰写题为《社会主义建设与经济学领域中的阶级斗争》的文章,"批判"孙冶方的所谓"修正主义经济理论"。文章认为孙冶方提出的利润多少应成为企业技术进步和经营管理好坏的标志的观点,"是用利润挂帅对抗无产阶级政治挂帅";"我国的国民经济计划,要服务于无产阶级这个伟大的政治目标","坚决反对把价值规律作为调节生产的依据,作为制定计划的基础"。

3 月 5 日 国务院拟定《关于国务院工业交通各部直属企业下放地方管理的通知(草案)》。《通知(草案)》要求国务院各部在 1970 年把直属企业、事业单位绝大部分下放给地方管理;少数由中央部和地方双重领导,以地方为主;极少数的大型或骨干企业,由中央部和地方双重领导,以中央部为主。正在施工的各直属基本建设项目按同样精神分别下放地方管理。下放工作要求年内进行完毕。同日,中共中央决定:大庆油田、长春汽车厂、开滦煤矿、吉林化学工业公司等 2600 多个中央直属企事业单位下放地方管理。

3 月 7 日 台湾当局提出现阶段农村建设新纲领。

同日 台湾当局与美国签订合作制造直升机合约。

3 月 8 日 毛泽东提出召开四届人大

和修改宪法的意见,同时提出关于改变国家体制、不设国家主席的建议。9 日,中央政治局遵照毛泽东的意见,开始了修改宪法的准备工作。16 日,中央政治局就修改宪法的指导思想和修改宪法中的一些原则性问题,向毛泽东写了《关于修改宪法问题的请示》。毛泽东阅批了这个请示。17 日,中央召开工作会议,讨论了召开四届人大和修改宪法的问题。4 月 11 日,林彪提出要毛泽东任国家主席。中央政治局开会讨论林彪的意见,多数人表示同意。12 日,毛泽东在中央政治局关于林彪的意见的报告上批示:"我不能再做此事,此议不妥。"4 月下旬,毛泽东在中央政治局会议上第三次提出他不当国家主席,不设国家主席。他说:孙权劝曹操当皇帝,孙权是要把他放在炉火上烤。我劝你们不要把我当曹操,你们也不要做孙权。林彪仍然主张设国家主席。5 月中旬他对吴法宪说,不设国家主席,国家没有一个头,名不正言不顺。林彪要吴法宪和李作鹏在宪法工作小组会上,提出写上"国家主席"一章。7 月,叶群私下对吴法宪说:如果不设国家主席,林彪怎么办,往哪里摆?7 月中旬,在中央修改宪法起草委员会开会期间,毛泽东第四次提出不设国家主席。他指出,设国家主席,那是形式,不要因人设事。8 月初,叶群私下对吴法宪说:林彪的意见还是要坚持设国家主席,你们应在宪法工作小组提议写上这一章。8 月 13 日下午,吴法宪在宪法工作小组会议上说:"有人利用伟大领袖毛主席的伟大谦虚,贬低毛泽东思想。"在会议中间吴打电话告诉了黄永胜,黄即报告林彪,林彪说:吴胖子放炮放得好。13 日晚和 14 日下午,叶群分别打电话给陈伯达和黄永胜,要他们准备关于天才方面的和"四个伟大"("伟大导师、伟大领袖、伟大统帅、伟

大舵手")的语录。林彪一伙坚持设国家主席,江青一伙竭力反对,各有打算。

3 月 11 日 美国众议院军事委员会通过借给台湾三艘潜艇法案。

3 月 15 日 经毛泽东批示"照发",中共中央批发北京市革命委员会报送的北京大学宣传队关于斗、批、改经验总结的三个报告。三个报告是:《发动群众总结经验,团结起来落实政策》、《关于清理和改造阶级敌人的情况报告》、《整党建党的情况报告》。北京市革委会说明:"这是8341 支左部队进入北大后,对该校斗批改三个阶段的经验总结。"北大宣传队的经验总结报告说:"北京大学的红卫兵小将和广大革命师生员工,在'文化大革命'初期……写了一张响应中央号召的大字报……立下了功勋。但是,在运动的中、后期背离了毛主席的革命路线,使北大成为一不斗、二不批、三不改,'内战'不休的'老大难'单位。"在 8341 支左部队进驻以前,宣传队"对待两派革命群众组织'一碗水没端平',特别是在清理阶级队伍中,造成扩大化"。

3 月 17 日—20 日 中共中央召开工作会议。讨论中共中央主席毛泽东于 3 月8 日提出的召开第四届全国人民代表大会和修改宪法的意见,以及关于改变国家体制,不设国家主席的建议。会议赞同毛泽东的意见和建议。

3 月 19 日 应中华人民共和国政府邀请,柬埔寨国家元首西哈努克亲王和夫人在柬埔寨发生政变后由莫斯科到达北京。国务院总理周恩来告诉他:"我们已发表了亲王作为柬埔寨国家元首抵京的消息","我们支持你的立场是很清楚的","只要亲王有决心斗争到底,我们一定支持你,我们决心支持亲王直到胜利回国。"3 月 23 日,西哈努克在北京倡导成立了以

他为首的柬埔寨民族统一战线；5月5日，又组成了以宾努亲王为首相的民族团结政府。中国政府第一个承认了西哈努克亲王在北京宣布成立的民族团结政府为柬埔寨的唯一合法政府。在柬埔寨人民抗美救国战争中，中国在政治上和物质上都予以大力支援。

3月21日—28日 巴勒斯坦解放组织执行委员会主席阿拉法特率领巴勒斯坦民族解放运动（法塔赫）代表团访问中国。22日下午，李先念副总理同阿拉法特主席进行了会谈。

3月22日 《辽宁日报》发表社论《伟大的〈鞍钢宪法〉万岁——纪念毛主席亲自制定〈鞍钢宪法〉10周年》。23日，《人民日报》全文转载。社论说：坚持政治挂帅，加强党的领导，大搞群众运动，实行两参一改三结合，大搞技术革新和技术革命，是"办好社会主义企业的五项基本原则"。"坚持政治挂帅，是办好社会主义企业的根本方向"。"群众路线是办好社会主义企业的根本路线"。

3月25日 中国人民解放军卓越的指挥员徐海东由于受林彪、江青一伙迫害在河南开封逝世，终年70岁。

3月26日 中华人民共和国外交部发表声明，支持老挝爱国战线党中央委员会发言人3月21日强烈谴责美国和泰国加紧扩大侵略老挝战争的严正声明。

3月27日 中共中央发出《关于清查"五一六"反革命阴谋集团的通知》。《通知》说："认为根本不存在'五一六'反革命集团，对清查'五一六'极为抵触，甚至为他们翻案，是完全错误的。""'五一六'是一个秘密的反革命阴谋集团"，"揭露'五一六'反革命阴谋集团，重点应当是揭露它的骨干分子和幕后操纵者。"

所谓"五一六"反革命集团，原系北京一度存在的一个名为"首都五一六红卫兵团"的小组织。该组织在1967年6月至8月间进行秘密活动，散发诬蔑攻击周恩来的传单。毛泽东在1967年9月8日《人民日报》发表的《评陶铸的两本书》一文中加了一段话，指出"五一六"的组织者和操纵者是一个搞阴谋的反革命集团，应予彻底揭露。1968年中央成立清查"五一六"专案领导小组，陈伯达任组长，谢富治、吴法宪为领导小组成员。林彪、江青一伙借机把反对他们的许多干部、群众打成"五一六"分子。清查"五一六"集团的斗争，又演变为全国性的两派群众组织之间的大混战。数以百万计的人遭到残酷迫害。

3月29日 中国人民的忠实朋友、美国著名进步作家安娜·路易斯·斯特朗因患动脉硬化性心脏病，久治无效，在北京逝世，终年84岁。斯特朗于1925年首次来到中国，报道了著名的香港大罢工。1927年，她深入湖南农村，称赞湖南农民斗争是"中国工农中兴起的崭新力量"。抗日战争时期，她两次来中国并热情报道了中国共产党领导的人民军队英勇抗战的壮丽史实。1946年，她访问了延安和其他解放区。她称颂毛泽东接见她时发表的"一切反动派都是纸老虎"的论断"照亮了世界大事的进程"，"是现时代的伟大真理"。1958年，72岁高龄的斯特朗克服重重阻难，毅然第六次来到中国，热情地向全世界读者报道中国社会主义革命和社会主义建设的辉煌成就，为增进中美两国人民之间的友谊作出了贡献。

3月29日—4月2日 国民党召开十届二中全会。

3月31日 毛泽东在接见8341部队驻北京二七机车车辆厂负责人谈话时指出：出操这办法很好。增强体质，锻炼身体。15分钟到20分钟太少，要半个小时。

工作时间当中可以出来活动活动,搞搞广播操。

4月3日—7日 台湾"外交部"召开驻外"使节"会议,强调加强亚太地区反共国家合作。

4月5日—7日 国务院总理周恩来应朝鲜民主主义人民共和国首相金日成的邀请,对朝鲜进行友好访问。访问期间,双方在亲切、诚挚、友好的气氛中进行了会谈,并于7日发表了《中华人民共和国政府和朝鲜民主主义人民共和国政府联合公报》。双方表示完全支持和声援越南人民的抗美救国斗争,谴责美国对老挝的侵略和武装干涉,谴责美国在柬埔寨制造的政变。

4月9日 台湾"经合会"制定台湾经济发展十年计划。

4月10日—22日 经国务院批准,煤炭工业部在江西省萍乡矿务局召开全国煤炭工业会议。会议确定,1970年生产煤炭3.18亿吨(其中地方煤矿1.03亿吨),比国家计划2.85亿吨多3300万吨。会议提出"大干三年,扭转北煤南运状况"的口号,要求到1972年内地的煤炭基地基本建成,江南九省煤炭基本自给;提出力争1975年全国煤炭产量超过美苏,跃居世界第一位。6月26日,中共中央转发煤炭部军代表《关于全国煤炭工业会议情况的报告》。

4月11日 林彪提出要设国家主席,并建议仍由毛泽东担任此职。

4月12日 毛泽东批示"我不能再做此事,此议不妥。"

同日 成都飞机厂研制的歼—7I型飞机首飞。

4月13日 国务院批准财政部军管会《关于下放工商税收管理权的报告》:①扩大地方减税、免税的批准权。国营企业、手工业生产合作社因生产、经营、价格发生较大变化和国营企业试制新产品,使整个企业发生亏损,按照国家规定纳税确有困难的,经省、自治区、直辖市革委会批准,可以给予定期的减税、免税照顾,不再报财政部审批。②下放对农村人民公社征税的管理权。省、自治区、直辖市革委会可以在全国统一税法的基础上,确定工商统一税的征税范围,采取减税、免税措施,制定简便易行的收税办法。③对投机倒把罚款和对个体经济加成征税的办法,由省、自治区、直辖市革委会结合具体情况掌握处理。④下放城市房地产税、屠宰税、车船使用牌照税、牲畜交易税和集市交易税的管理权。

同日 台湾"行政院"修正《陆海空军军官服役条例》草案。

4月18日 康生在中央和全军整党建党工作座谈会上发表长篇讲话称:"学习、理解'50字'的整党方针,必须同整个的毛泽东思想、整个的毛主席的建党路线联系起来。""'党组织应是无产阶级先进分子所组成',这是针对叛徒刘少奇的叛徒路线讲的;'应能领导无产阶级和革命群众',这是针对'文化大革命'中有些党员脱离群众的现象讲的;'对于阶级敌人进行战斗',这是针对叛徒刘少奇的'阶级斗争熄灭论'讲的,针对刘、邓走资本主义道路的问题讲的;'进行战斗的朝气蓬勃的',这是针对叛徒刘少奇的'驯服工具论'讲的,这都是有当时的针对性的。"九大通过的新党章有五个特点:①"重新明确规定了党的指导思想的理论基础是马克思主义、列宁主义、毛泽东思想。"②"明确规定了林彪同志是毛主席的接班人。"③"概括地阐明了毛主席继承、捍卫和创造性地发展了马克思列宁主义,把马克思列宁主义提高到一个崭新的阶段。"④"根据毛主席建党思想和无产阶级革命路线，明确了我们党最终的和当前的战斗任务。"⑤"吸收了国际国内过去党章中的长处，否定了那些形式主义的东西。"

同日 蒋经国赴美国访问。

4月22日 首都人民集会，纪念列宁诞辰100周年。《人民日报》、《红旗》杂志、《解放军报》编辑部的长篇文章《列宁主义，还是社会帝国主义——纪念伟大列宁诞辰100周年》发表。这篇文章经毛泽东修改。他删去五段，增写了两段，删去了"毛泽东思想是帝国主义走向全面崩溃、社会主义走向全世界胜利的时代的马克思列宁主义"、"毛泽东同志就是当代的列宁"等文字，并于4月3日写了批语："此文写得较好，已看过，另一篇待看。用这一篇似乎就够了，可用两报一刊名义。关于我的话，删掉了几段，都是些无用的，引起别人反感的东西。不要写（这）类话，我曾讲过一百次，可是没有人听，不知是何道理，请中央各同志研究一下。有用的话，不至于引起反感的话，保留了几段，并未全删。以上请酌。"

4月24日 我国成功地发射了第一颗人造地球卫星。卫星运行轨道距地球最近点439公里，最远点2384公里，轨道平面和地球赤道平面的夹角为68.5度，绕地球一周114分钟。卫星重173公斤，用20009兆周的频率，播送《东方红》乐曲。卫星运行情况良好，各种仪器工作正常，遥测仪器不断发回各种数据。

4月25日 蒋经国在美国纽约遭"台独分子"郑自才、黄文雄行刺未遂。

4月28日 中华人民共和国政府声明，坚决支持4月22至25日举行的印度支那人民最高级会议，即柬埔寨人民代表团、老挝人民代表团、越南南方共和人民代表团、越南民主共和国人民代表团三国四方最高级领导人会议。声明指出：中国政府和中国人民一贯支持印度支那三国人民反对美帝国主义侵略的斗争，并把这种支持看做自己应尽的国际主义义务。

4月29日 钢琴协奏曲《黄河》在北京公演。由中央乐团演奏的这一节目成为革命样板戏系列作品之一。

4月30日 台湾发行"爱国奖券"满20年，盈余达14亿元。

4月 中共中央召开整党建党座谈会。中共中央政治局常委康生、陈伯达到会讲话。会议宣布，这次整党由康生和政治局委员张春桥、谢富治3人组成的小组负责领导，政治局候补委员纪登奎、中央组织部军代表郭玉峰及曹轶欧等分管整党的各项具体工作。座谈会交流了各地整党试点的情况和经验，并确定以中共中央主席毛泽东亲自肯定的"六厂二校"的经验作为整党的"样板"。

5月1日 毛泽东等领导人在天安门城楼接见了我国卫星和运载火箭研制人员代表。

同日 蒋经国返台。

5月2日 康生伙同陈伯达、叶群、黄永胜、吴法宪、李作鹏、邱会作等人，到北京市文物管理处库房，掠夺各种文物。据统计，在"文化大革命"期间，康生先后30多次到北京市文物管理处掠夺文物。康生、江青、叶群等人掠夺图书总共10172部，34598册，文物5571件。

同日 周宇驰（空军司令部办公室处长）、王飞（空军司令部参谋长）、刘沛丰（空军司令部办公室处长）等人被邀到林彪家中"做客"，林彪接见、谈话并照相。在这以前，经吴法宪批准，在空司办公室成立了一个"调查研究小组"，成员有周宇驰、王飞、刘沛丰、刘世英（空司办公室原副主任）、林立果。它搜集情报，秘密联系,实际上是林立果进行阴谋活动的工具。林立果被非法授予在空军可以"调动一切,指挥一切"的特权之后,"调研小组"的活动范围更为广泛。这样,在林立果周围形成了一个极为特殊的小圈子。

5 月 3 日　周宇驰、王飞等人召集一些受到林彪接见的人开会,向林彪表忠心,并共推林立果为他们的"头"。中共九届二中全会后"调研小组"发展为反革命组织,林立果定名为"联合舰队"。在这前后,林立果在上海建立了"上海小组",在广州组织了"战斗小分队",配备枪支,规定联络密语,进行特种训练,要求向林彪、林立果宣誓效忠。林立果、周宇驰还指使空军司令部副参谋长胡萍、空四军政委王维国、广州民航局政委米家农、广州空军司令部参谋长顾同舟等人,在北京、上海、广州、北戴河建立多处秘密据点,用以进行联络,私藏枪支、弹药、电台、窃听器、党和国家的机密文件。

5 月 4 日　中华人民共和国政府发表声明,强烈谴责美国侵略柬埔寨和扩大印度支那战争。声明指出:对西哈努克亲王和越南民主共和国政府、越南南方共和临时革命政府和老挝爱国战线党中央强烈谴责美国扩大侵略战争的声明,表示坚决的支持。

同日　中国人民政治协商会议第四届全国委员会副主席马叙伦在北京逝世,终年 86 岁。

5 月 5 日　周恩来总理写信给西哈努克亲王和宾努亲王,代表中国政府正式承认柬埔寨民族统一阵线领导下的王国民族团结政府。

5 月 7 日　国务院批转国家计委《关于加强废钢铁回收的报告》。要求一切企业、事业单位和机关、部队、学校、街道、人民公社,发动群众,把各个角落的废钢铁

挖掘出来。据估计,这一年共回收废钢铁 1000 万～1200 万吨。

5 月 10 日—13 日　越南劳动党中央委员会第一书记黎笋到中国访问。11 日,中共中央政治局常委周恩来同黎笋举行了会谈,同日,中共中央主席毛泽东接见了黎笋。5 月 25 日,中华人民共和国政府1970 年向越南民主共和国政府提供经济、军事无偿援助补充议定书在北京签字。

5 月 11 日　国家计划委员会同意煤炭工业部《关于东北地区实行煤炭产需平衡统一管理的请示报告》。《报告》认为,当前煤炭分配体制仍是沿用过去以条条为主的分配办法,权限集中过多,管得过死,已不适应形势发展的要求。当前中央各部所属企业已陆续下放,为实行煤炭按地区平衡创造了有利条件。《报告》提出,拟从当年第三季度开始,先在东北地区实行煤炭地区平衡,统一管理的办法;建立东北地区煤炭调拨的管理机构,在沈阳军区领导下,统一管理该地区的煤炭分配和调拨。9 月 19 日,国家计委批准东北地区焦炭的生产和分配计划,并确定自 1971 年元月起,在国家统一计划下实行地区平衡。

5 月 12 日　国务院批准中国人民银行军代表《关于撤销华侨投资公司的报告》,决定撤销华侨投资公司。各地的华侨投资公司是在 50 年代末和 60 年代初成立的,10 多年来共吸收华侨投资 5281 万美元,支援了国家经济建设。"文化大革命"以来,由于错误地把吸收华侨投资当成资本主义经营思想加以批判,致使华侨投资公司不能发挥作用。

同日　中共中央转发国家计划委员会军代表《关于进一步做好知识青年下乡工作的报告》。《报告》提出:各级党组织和革命委员会必须十分重视下乡知识青

年的工作，领导干部要亲自动手，一年要抓几次，定期派人下去检查；下乡知识青年较多的社、队，可在党支部和革命委员会的领导下，建立有干部、贫下中农和知识青年代表参加的"三结合"小组；各地要抽调一批下放干部到知识青年那里去，一面参加劳动锻炼，一面协助社、队加强领导。

5月13日—6月10日 经国务院批准，冶金部在北京召开全国重点钢铁企业座谈会。参加会议的有42个重点企业、事业单位的主要负责人和工人代表，共134人。会议讨论制定1970年和"四五"期间的计划任务，确定：1970年全国产钢1700万吨，力争超过历史最高水平；到1975年，产钢4000万吨，生产能力达到5000万吨，基本建成内地的钢铁基地，并在各经济区建立起比较完整的、不同水平和各有特点的钢铁工业体系。会议提出了若干措施。6月26日，中共中央转发《冶金部全国重点钢铁企业座谈会纪要》。

5月15日 台湾"立法院"通过《陆海空军官服役条例》修正案。

5月16日 新华社报道，北京玻璃总厂自己设计和制造成功一台具有先进水平的大型单晶炉，并且生产了制造大型可控硅元件所必需的大面积硅材料，为进一步发展中国的电子工业作出了新贡献。

5月18日 新华社报道，横贯豫、皖、苏三省的大型水利工程——开挖新汴河、治理沱河工程全部竣工。这项工程从1966年11月开始动工，经过淮北45万民工几个冬春奋战，把拓宽的沱河与开挖的新汴河相连接，构成了一条横贯豫、皖、苏三省，长250公里的大型河道。这项工程的竣工，为沱河及濉河流域的洪水开辟了一条宽畅的出路，从而减轻了淮河的排洪量，解决了历史上经常遭受水灾的豫、皖、

苏三省14个县（市）的1500万亩耕地的排洪排涝问题，对根治淮患具有重大意义。

5月19日—22日 国家计委、物资部、财政部、农垦部发出《关于橡胶垦区下放后若干问题的联合通知》和《关于新疆军区生产建设兵团下放后若干问题的联合通知》。

5月20日 中共中央主席毛泽东发表《全世界人民团结起来，打败美国侵略者及其一切走狗！》的声明（简称"五二〇"声明），支持印度支那三国和世界各国人民的抗美斗争。声明说："新的世界大战的危险依然存在，各国人民必须有所准备。但是，当前世界的主要倾向是革命。""我热烈支持柬埔寨国家元首诺罗敦·西哈努克亲王反对美帝及其走狗的斗争精神，热烈支持印度支那人民最高级会议的联合声明，热烈支持柬埔寨民族统一阵线领导下的王国民族团结政府的成立。""无数事实证明，得道多助，失道寡助。弱国能够打败强国，小国能够打败大国。"21日，首都举行支持世界人民反对美帝国主义斗争大会。毛泽东、党和国家其他领导人出席了大会，西哈努克也出席了大会。会上宣读了毛泽东的声明。

5月22日 台湾"国防部"公布《台湾地区戒严时期出版物管制办法》。

5月24日 台湾驻菲律宾"大使馆"遭土制炸弹袭击。

5月26日—6月21日 水电部在北京召开全国电力工业增产节约会议。参加会议的有27个省、市、自治区和各电业单位的275人。会议在钢铁、机械、煤炭等工业企业提出产量翻番口号的影响下，确定到1972年实现"老厂一厂变一厂半，新厂快马加鞭，发电能力翻一番，全国县县都有电"的目标，1975年发电能力超过英国、联邦德国。

5月29日　经毛泽东批示"照办",中共中央批发北京二七机车车辆工厂、上海国棉十七厂整党建党的两个报告。两个报告强调:整党建党要"狠抓两条路线斗争";"放手发动群众,实行开门整党";"搞好吐故纳新","加强领导班子革命化","在斗争中整党建党"。

同日　中共中央发出《关于开展增产节约运动的指示》。《指示》要求,各地区、各单位要克服"生产到顶"、"潜力挖尽"的保守思想,千方百计增产节约,在全国开展一个声势浩大的、深入持久的、群众性的增产节约运动。具体要求是,最大限度地发挥现有生产能力,努力增加生产;基本建设要集中力量打歼灭战,建成一批,投产一批,尽快形成生产能力;大搞综合利用;提高劳动生产率;大力降低消耗定额;提高运输效率;提高产品质量,改善经营管理,加强经济核算,降低成本;大抓清仓查库,注意修旧利废、加工改革、节约代用。这一年增产节约运动取得了一定的成绩。据统计,全国共清出积压物资32亿元,节约煤炭2200万吨,节约电力70亿度。

5月　化学工业部在北京召开化学工业"四五"规划座谈会。座谈会提出,第四个五年计划期间化学工业的任务是,加速内地建设,大搞化学肥料和农药的生产,大力发展合成橡胶、工程塑料、合成纤维、医药、化工原料工业,特别是有机化工原料工业,提高设备制造能力。

6月1日　国家科委军管会和中国科学院革命委员会联合向周恩来、陈伯达和国务院业务组呈送《关于国家科委、中国科学院现有科研单位体制调整的请示报告》和《关于落实"国务院、中央军委批转国防科委党委关于体制调整意见的报告"的情况报告》,两个报告均获批准。报告分别就现有的84个单位以及由国防部门交回科学院或转交的31个单位,提出调整体制的意见。

6月3日　农林部提供的材料说,1969年我国农业生产获得了连续第八个丰收年,全国粮食产量超过了历史上最高水平。上海、浙江、北京粮食亩产达到了《全国农业发展纲要》规定的指标。河北、江西、广东、广西、云南、山西等六省、区粮食产量超过了历史上最高年产量。各地涌现出一大批粮食高产县。据初步统计,全国有242个县、市达到《全国农业发展纲要》规定的指标。

6月4日　台湾"行政院"决定再度修正1960年8月31日通过实施的《奖励投资条例》,并决定继续实施10年。

6月7日　中共中央批准国务院的报告,同意国务院在经过精简、合并之后,成立23个部、委,两个组(文化组、科教组)和一个办公室,并在各部委建立党的核心小组和革命委员会。报告规定,各部委党的核心小组直属党中央领导;各部委革委会中群众代表应占50%左右;党的核心小组成员应为革委会主任、副主任和委员;革委会对本部门的工作方针、政策、计划有讨论、建议之权,对人事、财务有审查之权,对工作实施有监督之权。

6月10日　应中共中央和全国人大常委会的邀请,罗共中央执委会委员、常设主席团委员、罗马尼亚社会主义共和国国务委员会主席埃米尔·波德纳拉希和由他率领的罗马尼亚社会主义共和国大国民议会和国务委员会代表团,到达北京对我国进行访问。

6月11日　国务院转发财政部军管会、中国人民银行军代表《关于加强基建拨款工作改革建设银行机构的报告》,同意把建设银行并入人民银行,今后基建拨款由财政部门确定计划指标,其他业务统由人民银行办理。人民银行根据当地基建拨款任务,配备一定数量人员,管好这项工作。大三线地区和基建工程比较集中的地方,由于基建拨款任务很重,人民银行要充实力量,加强管理和监督。建设银行并入人民银行后,财政资金、信贷资金、流动资金和基建资金都要分别管理,不准互相挪用。

同日 中共西藏自治区革委会核心小组向中央提出《关于实现西藏农牧业社会主义改造的请示报告》。西藏自治区根据中央指示从1965年开始试办人民公社,截至1970年4月,全区办起人民公社600个,占全区总乡数的30%。《请示报告》提出"今冬明春实现农村人民公社化,明年实现牧区人民公社化"。后经毛泽东同意,中央派出两个小组会同成都军区、西藏自治区党的核心小组到西藏调查研究。11月3日调查组在报告中一致认为:"新办公社有相当一批质量不好,政策不落实,问题很多",有的社牲畜减少严重。因此,西藏自治区革委会党的核心小组重新决定"今冬明春暂缓办新社,积极创造条件,做好办社充分准备,再分期分批进行"。后至1974年10月,西藏90%以上的乡建立了人民公社。

6月14日 台湾女运动员纪政在美国打破两项女子短跑世界纪录。

6月15日—20日 应我国政府邀请,索马里民主共和国最高革命委员会副主席穆罕默德·艾南希·古莱德率领索马里政府代表团对我国进行了友好访问。国务院副总理李先念同艾南希副主席进行了会谈。

6月16日 新华社报道,治理大清河工程提前完成。这是整个根治海河工程的一个重要组成部分。大清河位于河北省中部津浦铁路和京广铁路之间。过去,由于河道淤塞窄小,上游洪水不能畅通下泄,每当汛期,洪水泛滥,造成沿河地区的洪涝灾害,严重地威胁天津市和津浦铁路的安全。现在,大清河两岸河堤已经加固,河道已经浚深展宽,在部分地段又进行了裁弯取直,同独流减河相连接,构成了横贯河北省中部的一条长达210公里的大型河道。从此,汛期洪水能够畅通入海,使天津、保定、沧州等地、区14个县不再受洪涝灾害威胁,确保了天津市和津浦铁路的安全,为促进沿河地区工农业生产和发展航运事业创造了有利条件。

6月18日 台湾"行政院"通过"辅导中学毕业生升学就业实施计划纲要"。

6月22日 中共中央同意国务院1970年6月7日《关于国务院各部门建立党的核心小组和革命委员会的请示报告》。中共中央在批示中指出:国务院各部、委革命委员会通过党的核心小组加强对各部、委的一元化领导,认真实行党的民主集中制,重大问题必须经过集体讨论决定。在落实国家计划的工作中,要正确处理中央各部门和地方的关系,充分发挥地方的积极性和群众的首创精神。各部、委所属各企业、事业单位,除极少数一时不宜下放外,一般都应下放。经过这次大下放,中央各民用工业部门的直属企业、事业单位只剩下500多个,中央直属企业的工业产值在全民所有制工业总产值中的比重下降到8%左右。这次经中共中央批示同意的国务院各部、委的党的核心小组及革命委员会负责人名单如下:国家计划革命委员会党的核心小组组长、革委会主任余秋里;国家基本建设革命委员会党的核心小组组长、革委会主任李良汉;冶金工业部党的核心小组组长、革委会主任陈绍昆;第一机械工业部党的核心小组组长、革委会主任李水清;燃料化学工业部党的核心小组组长、革委会主任伊文;水利电力部党的核心小组组长、革委会主任张文碧;交通部党的核心小组组长、革委会主任杨杰;轻工业部党的核心小组组长毛洪祥,革委会主任钱之光;第二机械工业部党的核心小组组长、革委会主任袁学凯;第三机械工业部党的核心小组组长、革委会主任周洪波;第四机械工业部党的核心小组组长、革委会主任彭林;第五机械工业部党的核心小组组长、革委会主任邱创成;第六机械工业部党的核心小组组长、革委会主任黄忠学;第七机械工业部党的核心小组组长韦统泰(革委会正筹备);农林部党的核心小组组长、革委会主任沙风;财政部党的核心小组组长、革委会主任殷承桢;商业部党的核心小组组长、革委会主任范子瑜;对外贸易部党的核心小组组长、革委会主任白相国;外交部党的核心小组代组长、革委会代主任姬鹏飞;对外经济联络部党的核心小组组长、革委会主任方毅;公安部党的核心小组组长、革委会主任李震;国务院办公室党的核心小组组长丁江(不设革委会);中国科学院革委会主任郭沫若(党的核心小组正筹备);卫生部党的核心小组和革委会均正筹备。国务院文化组、科教组均不设党的核心小组和革委会。

6 月 23 日 台湾"行政院"决定加强发展职业教育。

同日 台湾"教育部"公布实施《师范生公费待遇实施办法》。

6 月 25 日 首都军民 10 万人隆重集会,纪念朝鲜祖国解放战争 20 周年。

6 月 25 日—8 月 20 日 财政部召开全国财政银行工作座谈会。座谈会重点讨论了财政银行工作的改革问题,提出:①在确保国防战备、大三线建设、对外援助等重点需要和"多留后备力量"的前提下,从 1971 年起实行财政大包干办法,对基本建设投资、农村信贷也同样采取包干的办法,具体指标,一年一定。②随着中央企业的下放,原上缴财政的折旧基金全部下放给地方,其中一部分留给企业,一部分由地方调剂,用于技术改造和综合利用。③为支持地方"五小"企业的发展,今后 5 年内安排 80 亿元专项资金,由省、市、自治区统一掌握,重点使用。新建县办"五小"企业在二三年内所得利润,可留60%给县,40%纳入预算。有些县办"五小"企业暂时亏损的,可以由财政给予补贴,或在一定时期内减税免税。资金确有困难的,可由银行或信用社贷款支持。④改革不合理的规章制度。除全国性的重大制度外,其他制度可以由省、市、自治区自行规定。改革国营企业工商税收制度,一个行业一般按一个税率征收。进一步贯彻"低利借贷"的政策,利率总水平降低30%左右,农村信用社按银行利率执行。⑤建立经济核算制,抓好成本核算。不能以估计成本代替实际成本,不能扩大成本开支范围和提高各项开支标准。⑥农业税继续执行"增产不增税"的政策。

6 月 26 日 中共中央转发《北京大学、清华大学关于应届毕业生的情况报告》。《报告》反映了两校通过办"毛泽东思想学习班"进行毕业生鉴定工作的做法,提出:对少数犯有严重错误的学生,要重在教育;对"可以教育好的子女"要帮助他们继续做到"划、清、站";对极少数属于敌我矛盾的学生,要"批"字当头,立足于"拉",执行"发动群众,认真监督,就地改造"的方针。中共中央在批示中要求各地参照这个《报告》把应届毕业生的工作做好。

6 月 27 日 中共中央批转《北京大

学、清华大学关于招生（试点）的请示报告》。《报告》认为两校已具备了招生条件，计划于本年下半年开始招生。学制：根据各专业具体要求，分别为 2 年至 3 年。另办一年左右的进修班。学习内容：设置"以毛主席著作为基本教材的政治课；实行教学、科研、生产三结合的业务课；以备战为内容的军事体育课"。各科学生都要参加生产劳动。学生条件：政治思想好、身体健康、具有 3 年以上实践经验、年龄在 20 岁左右、有相当于初中以上文化程度的工人、贫下中农、解放军战士和青年干部。有丰富实践经验的工人、贫下中农，不受年龄和文化程度的限制。还要注意招收上山下乡和回乡知识青年。招生办法：实行群众推荐、领导批准和学校复审相结合的办法。10 月 15 日，国务院电报通知各地：1970 年高等学校招生工作，按北京大学、清华大学请示报告提出的意见进行。本年，部分高等学校试点招收工农兵学员 41870 人。

同日　中共中央发出《关于 1969、1970、1971 年大专院校毕业生分配的通知》。《通知》提出：1969、1970、1971 年大专学校应届毕业生，从 1970 年 7 月开始分配，一般于 7 月底前分配完毕。《通知》要求各校要认真做好政治思想工作，使毕业生服从革命需要，到农村去，到边疆去，到工矿去，到基层去，接受工农兵的"再教育"，在"三大革命"的第一线作出新贡献。分配办法、工资待遇等，均按 1968 年分配毕业生时中央的有关规定执行。已外迁的院校，原则上就地分配，不再回到北京和其他大城市。为执行《通知》中关于外语院校毕业生分配的规定，国务院于 7 月 18 日发出《关于外语院校应届毕业生分配办法的通知》，规定了具体的分配办法。11 月 9 日，国务院又转发了外交部的报

告，同意在解放军农场进行劳动锻炼的 67届、68 届及少数 66 届外语毕业生，均予以分配工作。至此，全国大专院校在"文化大革命"前招收的学生基本上分配完毕。

6 月　上海实验生物研究所（1978 年改称上海细胞生物学研究所）和上海第二医院等单位协作，在中国首先研究人体 AFP，8 月制成 AFP 抗血清，建立 AFP 琼脂双扩散法，对就诊肝癌、其他肿瘤、肝病患者及正常人血样进行检测，对肝癌确诊率达 65% 左右。

7 月 1 日　《人民日报》、《红旗》杂志、《解放军报》社论《共产党员应是无产阶级先进分子——纪念中国共产党成立 49 周年》发表。社论提出，九大新党章规定的共产党员必须做到的 5 条，"归结起来，一个就是忠于马克思主义、列宁主义、毛泽东思想，忠于毛主席的无产阶级革命路线；一个就是相信和依靠群众；一个就是正确对待自己。"

同日　成昆铁路建成并正式通车。这条铁路全长 1085 公里。它是纵贯我国西南、西北地区的交通动脉，从 1958 年动工，共凿穿几百座大山，修通 427 座隧道，架设 653 座桥梁。总投资 33 亿元，平均每公里投资 305 万元。

同日　我国第一座采用无介质干磨干选新工艺的新型选矿厂，在北京铁矿建成，投入生产。我国原有的选矿厂，在有矿缺水的地方不能建矿。北京铁矿采用无介质干选，把原来的 10 道工序简化为 4道，实现了"选矿不用水"，标志我国选矿技术跨入了先进行列。

同日　国家科委与中国科学院合并，成立新的中国科学院革命委员会。

同日　台湾"财政部"成立税制委员会，"经济部"成立对外贸易发展协会。

7 月 2 日　大型人工河——湖北省汉

北河胜利竣工。河长 110 多公里,河槽深 7 米,连接天门、汉川、应城、云梦、孝感等县的主要湖泊,把积水引入新河,排入长江,使农田免遭水涝之灾。

7 月 8 日　台湾"行政院财经会报"通过对外贸易推广方案。

7 月 9 日　《人民日报》发表社论《抓好下乡知识青年的工作》,要求加强政治思想上的领导,强调在工作中必须狠抓阶级斗争。

7 月 12 日　中共中央发出《关于整团建团工作的通知》。要求各地抓紧试点工作,在 11 月底,向中央提供一两批典型材料和修改团章的草案,作为中央召开整团建团座谈会的准备。

同日　女运动员纪政在德国创女子 200 米短跑世界纪录。

7 月 16 日　台湾警方开始"全面扫荡""竹联帮"。

7 月中旬　毛泽东在宪法起草委员会上又一次提出不设国家主席,指出:"设国家主席,那是形式,不要因人设事。"

7 月 20 日　中共中央发出《通知》,要求各地认真动员各厂矿、公社、军队、机关、学校、企业事业单位、街道组织讨论修改宪法,提出修改意见,以及讨论和通过第四届全国人大的候选代表。

7 月 20 日—8 月 12 日　轻工业部在北京召开全国轻工业抓革命促生产座谈会。会议确定,到 1975 年轻工业产值达到 1300 亿元,主要轻工业产品产量翻一番。"四五"期间,除少数受资源限制的产品仍由国家统一调配外,一般轻工业品实现省、自治区自给;实现除棉布以外的主要轻工业产品逐步敞开供应。会议决定将商业部直接管理的 72 个企业、事业单位,在年底前分期分批全部下放给地方,其中一部分实行双重领导,以地方为主。

7 月 21 日　《人民日报》全文转载《红旗》杂志第 8 期发表驻清华大学工人、解放军毛泽东思想宣传队的长文《为创办社会主义理工科大学而奋斗》。文章提出:"工人阶级必须在斗争中牢牢掌握教育革命的领导权";"对原有教师坚持边改造、边使用,建立三结合的教师队伍";"开门办学,厂校挂钩,校办工厂,厂带专业,建立教育、科研、生产三结合的新体制";"培养工农兵学员,必须坚持以阶级斗争为主课,坚持理论与实践的统一";"大破买办洋奴哲学、爬行主义,编写无产阶级新教材";"结合生产、科研任务,坚持群众路线,实行新的教学方法"。《红旗》杂志"编后记"说:"这篇文章很好。它紧紧抓住两个阶级、两条道路、两条路线斗争这个纲,全面地总结了实践毛主席无产阶级教育革命思想的经验,包括总结了若干政策性的问题,具有普遍的意义。"

7 月 22 日　台湾"行政院"决定,凡接受周恩来所提出的大陆对日贸易四原则的日商,台即停止与其贸易。

7 月 25 日—8 月 20 日　财政部召开全国财政银行工作座谈会。会议重点讨论了财政银行工作的改革问题。会议提出:①下放财政、信贷管理权限。从 1971 年起,实行财政收支包干、基建投资包干和农村信贷包干,一年一定。②将企业上缴财政的折旧基金全部下放给地方,用于技术改造和综合利用,在当年折旧基金尚未到期提取之前,企业临时周转所需要的资金,银行可以贷款。③积极支持地方"五小"工业的发展。④改革国营企业工商税收制度,一个行业,一般按一个税率征收;调整银行存款、贷款的利率,利率总水平降低 30% 左右。⑤农业税继续执行"增产不增税"的政策。

7 月 27 日　第一个相控阵预警雷达

团组建。

7月29日 鞍山电业局的技术人员和工人成功创造了带电自由作业新技术,即在不停电的情况下,能够快速地进行检修和维护输电线路。

7月30日 北京电视台恢复《体育节目》专栏。

同日 台湾"立法院"通过《药物药商管理法》。

7月31日 林立果在空军司令部干部大会上作了所谓"讲用报告"。主要讲政治与经济、业务、技术的关系问题。林彪听了"讲用报告"录音后说:"不仅思想像我的,语言也像我的。"8月4日,空军党委决定在空军"三代会"上放"讲用报告"的录音。吴法宪在空军"三代会"上吹捧林立果的"讲用报告"是"放了一颗政治卫星,是天才"。

7月 根据周恩来总理的指示,成立国务院科教组,主管原教育部和国家科委的工作。李四光任组长,刘西尧、迟群主持日常工作。1972年7月31日,中共中央发出通知:北京市丁国钰、谢静宜,上海市徐景贤、余海涛,天津市王曼恬,辽宁省温巨敏,中国科学院武衡、王建中等8人,为国务院科教组兼职成员。

8月1日 台湾"中华电视台"成立。

8月2日 中国人民解放军空军首个试飞基地组建。

8月6日 国家计划委员会发出《关于拟订1971年和第四个五年计划工作的通知》。《通知》要求各地区根据《1970年和第四个五年国民经济计划纲要(草案)》中提出的各项任务,结合各基层企业、单位的计划,对本地区(包括国务院各直属企业在内)进行综合平衡,在9月底以前,提出1971年计划和"四五"主要生产指标、基建项目的设想。与此同时,国务院各部门对本系统的计划提出初步设想,主动与各省、市、自治区交换意见。《通知》还要求各地区在拟订计划时,必须充分发动群众讨论,"彻底改变少数人关门作计划的老一套方法",计划要切实可行,要留有余地,要有具体措施。

同日 中国人民解放军军政大学在北京成立,黄永胜兼任校长,张秀川任政治委员。9月15日正式开学。中国人民解放军高等军事学院、南京军事学院和政治学院被撤销。

8月10日 我国自行设计、自己制造的万吨级远洋货轮"东风"号横渡太平洋,首次抵达加拿大西海岸的温哥华港。

8月12日 年产90万吨煤的现代化矿井——河南平顶山矿务局六矿建成投产。

8月13日 台"中国石油公司"与美"台湾大洋探采公司"签订采油合约。

8月15日—9月2日 全军民兵工作座谈会在北京召开。

8月21日 台湾"立法院"通过《大陆礁层公约》。

8月23日—9月6日 中国共产党第九届中央委员会第二次全体会议在江西庐山举行。全会的前一天,中央政治局常委召开会议,毛泽东在会上讲话,要求把这次全会开成一个团结的会,胜利的会。23日,全会开幕。出席会议的中央委员155人,候补中央委员100人。毛泽东主持会议,议程为:讨论修改宪法,审定国民经济计划,讨论战备问题。在开幕会上,林彪在事先没有向毛泽东和中央请示报告的情况下,突然发表长篇讲话,在鼓吹设国家主席的同时,又大讲天才问题。林彪讲话以后,陈伯达、叶群、吴法宪、邱会作、李作鹏等人按照林彪讲话定下的框子,纷纷到各小组活动,造成会议的混乱。

8 月 25 日,毛泽东召开中央政治局常委扩大会议,批判了陈伯达,责令陈伯达检讨。毛泽东找林彪谈了话。周恩来找吴法宪、李作鹏、邱会作谈了话,要他们向中央作检查。8 月 31 日,全会印发了毛泽东写的《我的一点意见》。此文批评了英雄创造历史的观点和唯心论的先验论,告诫人们"不要上号称懂得马克思,实际上根本不懂马克思那样一些人的当";并严厉指出,陈伯达搞"突然袭击,煽风点火,唯恐天下不乱,大有炸平庐山,停止地球转动之势"。全会在批判陈伯达等人之后,经过讨论,批准了国务院关于全国计划会议和 1970 年国民经济计划的报告,批准了中央军委关于加强战备工作的报告,并决定建议全国人大常委会在适当的时候召开四届人大。会议基本通过了《中华人民共和国宪法修改草案》。在闭幕会上,毛泽东着重讲了高级干部的学习和党内外团结问题。周恩来讲话,代表中央宣布对陈伯达进行审查。

8 月 25 日—10 月 5 日　国务院召开北方地区农业会议。参加会议的有 14 个省、市、自治区代表共 1259 人。几年来农业生产遭到严重破坏,粮食产量增长缓慢。特别是北方 14 个省、市、自治区粮食不能自给。为了改变这种状况,会议提出,《六十条》中关于人民公社现阶段的基本政策仍然适用,三级所有、队为基础的制度和自留地的制度一般不要变动。在集体经济占绝对优势的条件下,社员可以经营少量的自留地和家庭副业。要坚持按劳分配的原则,不要搞平均主义。要允许生产队有因地制宜种植的灵活性,对于随意调用生产队的劳动力和物资的做法要加以制止。为了尽快实现《农业发展纲要》和第四个五年计划农业发展的规划,会议要求:①加快北方缺粮地区农业生产的发展,尽快扭转南粮北调状况。②大搞农田基本建设。第四个五年计划期间,要做到每个农业人口有一亩旱涝保收的稳产高产田。③努力增加肥料,主要是发展养猪。第四个五年计划期间要实现两人一猪,争取做到一人一猪;要继续执行交售肥猪由国家适当补助饲料粮的政策;社员投肥要合理付酬。④搞好农业机械化。第四个五年计划争取耕作机械化水平达到可机耕面积的 50％左右,排灌机械化水平达到 60％左右。12 月 11 日,中共中央转发国务院《关于北方地区农业会议的报告》。

8 月 26 日—10 月 5 日　外贸部在北京召开全国对外贸易计划会议。会议确定 1971 年对外贸易计划指标为:收购总额 91.2 亿元,比 1970 年的计划增加 5.7 亿元;出口总额 109.5 亿元,比 1970 年的计划增加 6.5 亿元;进口总额 95 亿元,比 1970 年的计划减少 20.5 亿元。会议还确定,从 1971 年起,外贸部在各地的企业下放给地方,实行双重领导,以地方为主。

8 月 27 日　台湾明德水库竣工蓄水。

8 月 30 日　台湾"省政府"投资 40 亿推行九年国民教育二期计划。

8 月　国务院召开了全国生产建设兵团工作会议。出席会议的有全国 12 个生产建设兵团和西藏生产建设师师以上的主要领导干部。国务院总理周恩来接见了会议代表并讲了话。他针对当时兵团否定农垦事业优良传统的现象指出:"南泥湾精神不能丢,丢了要恢复起来。"他还针对兵团组建后限制家属从事集体生产的做法指出:"家属组织集体劳动,组织起来潜力很大。"

9 月 4 日　前《自由中国》负责人雷震刑满出狱,其在狱中所写的 400 万字的回忆录被狱方扣留。

9月13日 台湾电力公司拟订十年发展计划。

9月20日 为配合实施长期经济发展计划，台湾"行政院"拟订"十年运输发展计划"。

9月21日 台湾与美国在台湾海峡进行联合军事演习。

9月22日 《光明日报》以《改造学校教育阵地的一支重要的革命力量》为题，加编者按发表调查报告，介绍北京市香厂路小学举办的工农兵讲师团的经验。

9月23日 《人民日报》发表山西省昔阳县学大寨的调查报告：《从大寨大队到昔阳县》，同时发表题为《农业学大寨》的社论。社论指出："大寨的道路，就是在毛泽东思想指引下建设社会主义农业的道路。""为了更快地发展我国社会主义农业，加强我国的经济力量和国防力量，我们决不能满足已经出现了成千上万个大寨式的先进大队，满足于部分县、地区和几个省、市跨过了纲要，那是远远不够的。我们要进一步深入开展学大寨的群众运动。"社论提出了普及大寨县的问题。

同日 著名作家赵树理受林彪、江青反革命集团残酷迫害，在惨遭毒打后，含冤逝世，终年64岁。

9月25日 据国家计委有关部门提供的情况，截至9月底，工交9个部门直属的3082个企业、事业单位，已下放2237个，占总数的73%。其中，完全下放给地方的有1412个；双重领导，以地方为主的814个；双重领导，以中央为主的11个。

同日 《人民日报》报道：江西909地质队依靠群众、艰苦奋斗，在红层盆地找到了一个蕴藏量十分丰富的大盐矿。

9月 北京电影制片厂摄制完成第一部"样板戏电影"——彩色京剧艺术片《智取威虎山》。

10月1日 首都隆重集会，庆祝中华人民共和国成立21周年。林彪在大会上讲话。《人民日报》、《红旗》杂志、《解放军报》联合发表社论《继续革命乘胜前进——庆祝中华人民共和国成立21周年》。

同日 新疆、青海、宁夏、广西和福建6个省、自治区新建的电视台开始播放或试播节目。至此，全国除西藏外，各省、自治区、直辖市都建立了电视台。

同日 大型雕塑《毛主席无产阶级革命路线胜利万岁》在沈阳红旗广场建成。

10月6日 台湾"行政院"决定将高雄大社综合工业区改为石油化学工业区。

10月7日 国务院同意国家计委的报告，决定再追加基本建设投资27.3亿元。全年追加基建投资共50.3亿元。全年基建财政拨款，也由原计划212亿元，增加到262亿元，积累率由1969年的23%猛增到33%。

10月13日 中国同加拿大建立外交关系。

同日 台湾当局宣布与加拿大"断交"。

10月14日 中国又成功地进行了一次核试验。

10月15日 中国同赤道几内亚建立外交关系。

10月16日 中国西北地区第一个年产煤150万吨的现代化大型露天煤矿——新疆哈密矿务局露天煤矿建成投产。这个煤矿是1962年2月开始建设的，总储量8653万吨，总投资1.093亿元。

同日 世界银行向台湾贷款2000万美元。

10月16日—11月10日 国家计委召开清仓节约工作座谈会。会议强调要把清仓节约工作持久地开展下去。初步设想,1971 年回收废钢铁 800 万—1000 万吨,节约金属材料 150 万—200 万吨,煤炭 2500 万—3000 万吨,电力 100 亿—120 亿度,石油 100 万—120 万吨,木材 200 万—250 万立方米。

10 月 23 日　著名的新闻工作者,原国家科委副主任,全国科协党组书记、副主席范长江,因遭受林彪、"四人帮"迫害逝世。

同日　台湾与欧洲共同市场总部达成一项棉纺织品贸易协定。

10 月 28 日　中共中央发出《关于召开地方各级党代表大会的通知》。《通知》提出了召开地方党代表大会、产生新党委所必须具备的条件,即广大党员阶级斗争、路线斗争和继续革命的觉悟大大提高;革命"大联合"、革命"三结合"是巩固的;经过清理阶级队伍和"一打三反",阶级阵线基本分明;绝大多数基层党组织通过整顿,进行了"吐故纳新",纯洁了党的队伍,密切了党群关系;形成了一个革命的、联系群众的领导核心。《通知》还提出,各地区可以分期分批召开省、地、县各级党代表大会和建立各级党委,在建党 50 周年之前,把全国各省、市、自治区的党委基本上建立起来。

10 月 29 日　安徽省濉(溪)阜(阳)铁路建成通车。濉阜铁路纵贯安徽淮北的宿县、阜阳两个专区 4 个县,正线 140 多公里。这条铁路是由国家投资,地方主建而成的。

10 月　为纪念抗美援朝 20 周年,全国重新上映《英雄儿女》《打击侵略者》等 5 部影片,这是"文革"以来,第一次放映过去拍摄的影片。

10 月　全国中草药和新医疗法成就展览会在北京举行。

11 月 6 日　中共中央作出《关于成立中央组织宣传组的决定》。中央组织宣传组管辖中央组织部、中央党校、人民日报社、红旗杂志社、新华总社、中央广播事业局、光明日报社、中央编译局的工作,工、青、妇中央一级机构和它们的"五七"干校,以及中央划归该组管辖的单位的工作。原中宣部、政治研究室均取消。中央组织宣传组组长为康生,组员为江青、张春桥、姚文元、纪登奎、李德生。

同日　中共中央发出《关于高级干部学习问题的通知》。《通知》要求"全党要认真学习毛主席的哲学著作,提倡辩证唯物论和历史唯物论,反对唯心论和形而上学"。"要进一步提高党的高级干部学习的自觉性",并建议各单位第一次读以下 6 本马、恩著作和 5 本毛主席著作:马克思、恩格斯:《共产党宣言》。马克思:《哥达纲领批判》。马克思:《法兰西内战》(选读)。恩格斯:《反杜林论》(选读)。列宁:《唯物主义和经验批判主义》(选读)。列宁:《国家与革命》(选读)。毛主席 5 本著作:《实践论》。《矛盾论》。《关于正确处理人民内部矛盾的问题》。《在中国共产党全国宣传工作会议上的讲话》。《人的正确思想是从哪里来的》。

同日　中国同意大利建立外交关系。

同日　台湾当局宣布与意大利"断交"。

11 月 8 日　我国优秀跳高运动员倪志钦在湖南省长沙市跳过 2.29 米的高度,打破苏联运动员布鲁梅尔保持多年的 2.28 米的男子跳高世界纪录。

同日　台湾首座原子能发电厂开工兴建。

11 月 10 日—14 日　巴基斯坦伊斯兰共和国总统阿迦·穆罕默德·叶海亚·汗应邀来中华人民共和国进行国事访问。国务院总理周恩来同叶海亚·汗总统举行了会谈。13 日,中共中央主席毛泽东会见叶海亚·汗,进行了友好谈话。毛泽东谈话的要点是:①对巴基斯坦的经济援助提出在原定援助 3 亿元人民币的基础上,再增加 2 亿元。②管理经济很不容易,早先不会搞,经过几个周折才学会了一点。例如,有一年北戴河会议,提出一年要搞 1800 多个建设项目,结果物力、财力都不够,要什么没有什么,没办法就砍。一砍,又砍得太多,只剩下 800 项。③有些项目搞得越来越大,叫"大、洋、全"。而通过实践提出搞"小、土、群",后来一扫而光,现在又搞起来了。④钢铁工业这几年总在年产钢 1000 万—1800 万吨之间徘徊,徘徊了 10 年还是上不去。现在许多人觉悟了,今后有可能上去,但不要太急了,急了会吃亏的。现在要防止有些人动不动就要翻一番。14 日中、巴两国政府在北京签署了经济技术合作协定,并发表了联合公报。

11 月 11 日 台湾在台北、台中、高雄三地开设少年法庭。

11 月 15 日 中共中央委员、全国人大代表、全国劳动模范王进喜,因病在北京逝世,终年 47 岁。他发扬"一不怕苦,二不怕死"的无产阶级革命精神,为发展我国的石油工业作出了贡献,被人们誉为"铁人"。

11 月 16 日 中共中央发出《关于传达陈伯达反党问题的指示》。《指示》说:"在党的九届二中全会上,陈伯达采取了突然袭击,煽风点火,制造谣言,欺骗同志的恶劣手段,进行了分裂党的阴谋活动。伟大领袖毛主席洞察一切,立即写了《我的一点意见》一文,粉碎了陈伯达的反党阴谋,拨正了全会的航向。在毛主席亲自领导下,全会揭露了陈伯达反党、反'九大'路线,反马克思主义、列宁主义、毛泽东思想的严重罪行,揭露了他假马克思主义者、野心家、阴谋家的面目。""中央决定将毛主席《我的一点意见》一文印发给你们。""各单位应由主要负责同志,亲自传达陈伯达反党的问题。陈伯达历史复杂,是一个可疑分子。中央正在审查他的问题。"文件下达后,全党开展了"批陈整风"运动(对外称为"批修整风"运动)。

11 月 17 日 治理海河水系"北四河"下游骨干河道开工。"北四河"包括海河水系北部的永定河、北运河、潮白河和蓟运河。流域面积达 85600 多平方公里。这项工程将为河北北部和京津郊区防洪排涝、发展农业生产,创造有利的条件;将从根本上解除海河水系北系的洪水对天津市和京山铁路的威胁。

11 月 20 日 台湾"立法院"通过"原子能委员会组织条例"。

11 月 24 日 毛泽东对北京卫戍区《关于部队进行千里战备野营拉练的总结报告》作了批示。要求全军"利用冬季实行长途野营训练一次"。遵照这一批示,全军进行了野营拉练。毛泽东在批示中还指出:"大、中、小学(高年级)学生是否利用寒假也可以实行野营训练一个月。"12 月 10 日,中共中央发出通知,要求大中城市学校,在寒假或暑假期间分期分批进行野营训练。在此以后的三四年内,全国大中城市的学校都按照这一批示进行了野营训练。

同日 中华人民共和国外交部发表声明,强烈谴责美国侵略者悍然出动大批飞机,对越南民主共和国的广大地区进行野蛮的轰炸和扫射,谴责美国对越南的新的战争挑衅。

同日 中国同埃塞俄比亚建立外交关系。

同日 解放军全军进行长途野营拉

练。毛泽东在北京卫成区《关于部队进行千里战备野营拉练的总结报告》上批示要求，全军利用冬季实行长途野营训练。12月6日，中共中央军委发出通知要求全军贯彻落实毛泽东的批示。这种野营拉练，一直持续到1978年。

11月26日—29日 中国乒乓球队在第13届斯堪的纳维亚国际乒乓球锦标赛中，获得了女子团体、女子单打、女子双打、男子双打、混合双打五项冠军。

11月 新中国第一部多功能单脉冲机载歼击轰炸雷达，由航空工业部航空兵器与空空导弹设计研究所研究成功。

同月 全国中西医结合工作会议在北京召开。

12月1日—1971年1月26日 中共中央、国务院各部门"五七"干校会议在北京召开。会议讨论了进一步办好"五七"干校的问题，提出：充分认识办干校的意义，明确干校的发展方向；用毛泽东思想教育人，培养一支忠于毛主席的干部队伍；狠抓阶级斗争，继续"认真搞好斗、批、改"；以干校为基地，实行留校与插队相结合；发扬"抗大"传统，一面学习，一面生产；做好干部的轮训和分配工作；做好老弱病残人员的安置工作；加强对知识青年和家属的教育。

12月2日 台湾"行政院"决定，如无重大经济价值，将不再设置加工出口区。

12月3日 新华社报道：中共中央军委最近发布命令，授予北京部队装甲兵某部战士叶洪海以"模范饲养员"的光荣称号，表彰他成功地创造"中曲"发酵饲料所作出的贡献。

12月6日 毛泽东在一个批示中指出："对于一切外国人，不要求他们承认中国人的思想，只要求他们承认马列主义的普遍真理与该国革命的具体实践相结合，

这是一个基本原则。至于除马、列之外，还杂有一些别的不良思想，他们自己会觉悟，我们不必当做严重问题和外国同志交谈，只要看我们党的历史经过多少错误路线的教育才逐步走上正轨，而且至今还有问题，即对内对外都有大国沙文主义，必须加以克服，就可以知道了。"

12月8日 中共中央发出《关于西藏社会主义改革问题的指示》，原则同意西藏地区在完成民主改革的基础上，有领导、有计划、有步骤地实现人民公社化，并作了若干政策规定。

12月10日 中国人民解放军陆军第三十八军委员会《关于检举揭发陈伯达反党罪行的报告》送军委办事组并报中共中央。报告说："陈伯达千方百计地突出自己，反对伟大领袖毛主席和他的亲密战友林副主席，对抗毛主席的革命路线。""陈伯达不择手段地插手军队，搞宗派活动，妄图乱军、夺权。""陈伯达在处理保定问题中，大搞分裂，挑动武斗，镇压群众，破坏大联合、三结合。"16日，毛泽东、林彪对这个报告作了批示，以中共中央文件下发。毛泽东的批示要求北京军区党委开会讨论："为何听任陈伯达乱跑乱说"，"是何原因陈伯达成了北京军区及华北地区的太上皇？"18日，中央政治局会议传达和讨论毛泽东对三十八军报告的指示，一致拥护毛泽东的意见，决定先开北京军区党委常委会，后开北京军区党委扩大会。22日，华北会议召开，揭发批判陈伯达，株连北京军区政治委员李雪峰、北京军区司令员郑维山。1971年1月24日，周恩来根据毛泽东的指示，代表党中央在华北会议上作了重要讲话，宣布了中央改组北京军区的决定：李德生任北京军区司令员，谢富治任北京军区第一政委，纪登奎任第二政委；谢富治任北京军区党委第一书记，

李德生任第二书记，纪登奎任第三书记。

同日 中共中央发出通知：大、中城市学校在寒假或暑假期间分期分批进行野营训练。

12月11日 台湾"监察院"弹劾台北市市长高玉树。

12月11日—1971年2月11日 第15次全国公安会议在北京召开。会议认为，为了贯彻执行毛主席的革命路线，必须狠批"阶级斗争熄灭论"，狠抓阶级斗争；反对垂直领导，加强党委领导；打破关门主义和神秘主义，坚持走群众路线；严禁逼、供、信，加强调查研究；狠批业务挂帅，坚持政治挂帅。会议对今后工作提出：继续抓紧"一打三反"运动；继续落实"专政是群众的专政"；加强同帝、修、反、特务间谍的隐蔽斗争；加强首脑机关、要害部门的保卫保密工作；加强治安管理；恢复和整顿劳改农场、工厂；加强党委对公安机关的领导；建设一支以解放军为榜样的公安队伍。1971年2月26日，中共中央批转了《第十五次全国公安会议纪要》。

12月15日 中国同智利建立外交关系。

12月16日—1971年2月19日 全国计划会议召开。会议讨论拟定了1971年发展国民经济计划：工农业总产值3350亿元，比上年增长12%。其中农业总产值750亿元，比上年增长7%；工业总产值2600亿元，比上年增长13%。工农业主要产品的产量指标是：粮食4900亿—5100亿斤；棉花4800万—5000万担；钢2000万—2100万吨；煤3.6亿—3.7亿吨；电1300亿—1350亿度；石油3900万—4000万吨。社会商品零售总额850亿元。财政收支计划各705亿元。国家预算内基建投资270亿元，比上年增加20亿元。会议提出，从现在起，必须把工业建设的重点转到矿山上去，大打矿山之仗。

12月18日 中共中央主席毛泽东会见美国友好人士埃德加·斯诺，并同他进行了长达5个小时的谈话。其主要内容：一是"个人崇拜"问题。毛泽东说：过去"倒是需要一点个人崇拜"，但"现在就不同了，崇拜得过分了，搞了许多形式主义。比如什么'四个伟大'，讨嫌！"他还说，搞个人崇拜的人有三种，一种是真的，第二种是随大流，第三种是假的。二是关于"文化大革命"中的问题。毛泽东说，他对"文化大革命"中的两个东西很不赞成，即讲假话和虐待俘虏。他说，有人一面说要文斗，不要武斗，而实际上却在桌子下面踢人家的脚，然后把脚收回来。当人家问他为什么踢人时，他又说"没有踢"。这就是讲假话。毛泽东强调说，如果一个人不讲真话，他就得不到别人的信任。三是关于中美关系、中苏关系和外交关系方面的其他一些问题。关于中美关系，毛泽东说，中国政府正在研究让美国人左、中、右都来访但更寄希望于美国人民。毛泽东说，欢迎尼克松来访问中国，作为旅行者来也行，作为总统来也行。关于中苏关系，毛泽东说，尽管中苏意识形态的分歧现在是不可调和的，但是最终还是可以解决两个国家之间的问题的。此外，毛泽东还谈到发挥中央和地方两个积极性的问题。毛泽东说，过去叫"南粮北调"，现在各省市逐步在解决；再一个就是"北煤南运"，说是湖北、湖南、广东、福建、浙江和江苏的南部没有煤炭，所以要从北边运来，现在都有了。所以，要充分发挥中央和地方两个积极性，让他自己去搞，中央不要包办。没有煤炭和石油，他们就自己去找，每个公社去找，每个县去找，七找八找就找出来了。中央一个积极性，地方一个积极性,已讲了十几年了,就是不听,现在听了。

12 月 22 日 按照毛泽东的提议,周恩来主持召开华北会议。会议揭发批判了反革命分子陈伯达的罪行。会上宣布了中央改组北京军区的决定。1971 年 1 月下旬华北会议结束后,党的各级领导机构逐步开展了"批陈整风"运动。

12 月 24 日 台湾"行政院"通过"修正奖励投资条例"。

12 月 25 日 中共中央批准兴建宜昌长江葛洲坝水利枢纽工程。中共中央在给武汉军区和国家计划委员会等单位的批复中强调,兴建此项工程,既要考虑到战时万一遭到破坏,不致危害下游的可靠措施,也要考虑到今后保证三峡高坝建设的有效措施。中共中央责成武汉军区和湖北省革命委员会主持,由水利电力部、交通部、第一机械工业部和长江规划办公室等有关方面参加,组成施工指挥部,进行现场设计,并提出设计方案报国务院。由于技术和管理上的原因,工程未能按期完成,直到 1981 年 1 月第一期工程基本建成,并开始发挥效益。1981 年底累计投资额为 26.95 亿元。

同日 西安飞机制造厂生产的运—7 型飞机首飞成功。

12 月 26 日 南昌飞机制造厂自行研制的歼—12 飞机首飞成功。

12 月 27 日 新华社报道:全国有近 300 个县、市办起了小钢铁厂,有 20 多个省、市、自治区建起了手扶拖拉机厂、小型动力机械厂和各种小型农机具配件厂,有 90% 左右的县建立了自己的农机修造厂。据不完全统计,1970 年地方小钢铁厂的炼铁能力比上年增长一倍半,生铁产量增长 1.8 倍;小化肥厂生产的氮肥和合成氨比 1969 年增长 60%～70%;小水泥厂、小化肥厂的产量已占全国水泥、化肥总产量的 40%。南方各省,1970 年的煤炭产量将比上年增长 70% 左右。

12 月 28 日 上海电子光学技术研究所设计,并全部采用国产材料试制成功 40 万倍一级大型电子显微镜。

12 月 29 日 姚文元在给毛泽东的报告中提出批判"地主、资产阶级的人性论"的意见。姚文元说:刘少奇的"许多文章、'报告'中,都有抽象的即资产阶级人性论的提法和论点。这是同国民党反动观点一致的。从这里,可以直接引出右倾机会主义路线,以及极'左'、形'左'实右的路线,可以直接引出复辟资本主义、为地富反坏右等剥削阶级服务的修正主义理论,同主席历来倡导的马克思列宁主义的阶级分析、阶级斗争的根本观点相对抗;在认识论上,则必然同时既反对马克思列宁主义的普遍真理,又反对进行社会的调查研究和革命实践,同毛泽东思想关于理论和实践的具体的、历史的统一这个根本观点相对抗。从国际上看,苏修叛徒们的复辟资本主义的理论也是建立在所谓'人道主义''人性论'之上的。批刘的文章,在这个问题上仍未批透。想认真搞一点材料及文章。"毛泽东于姚文元送上报告的当天作了"都同意"等批示。毛泽东在批示中说:"我的意见,274 个中央委员,及 1000 个以上的高、中级在职干部都应程度不同地认真看书学习,弄通马克思主义,方能抵制王明、刘少奇、陈伯达一类骗子。"1971 年 1 月 6 日,中共中央印发毛泽东、林彪批示的全文和姚文元的报告。此后,在全国报刊上掀起了以刘少奇为靶子的批判所谓"地主、资产阶级的人性论"的浪潮。

同日 台湾"省政府"订立"四年贫民生活改善计划"。

12月30日　台湾当局公布今年台对外贸易额总值达 30 亿美元。

12月　011 基地试制的歼－6Ⅲ飞机首次试飞成功。

同月　全国主要经济指标完成情况：工农业总产值 3137 亿元，比上年增长 25.7％。其中，工业总产值 2421 亿元，比上年增长 30.7％；农业总产值 716 亿元，比上年增长 11.5％（以上按 1957 年不变价格计算）。工农业产品产量：粮食 2.3996 亿吨，比上年增长 13.7％；棉花 227.7 万吨，比上年增长 9.5％；油料 377.2 万吨；钢 1779 万吨，比上年增长 33.5％；原煤 354 亿吨，比上年增长 33％；原油 3065 万吨，比上年增长 41％；发电量 1159 亿度，比上年增长 23.3％。棉纱 1131 万件，比上年增加 136 万件。铁路货运量 6.6552 亿吨，比上年增加 1.4765 亿吨。基本建设总投资额 312.55 亿元，比上年增加 111.72 亿元；建成投产项目 235 个；新增固定资产 204 亿元。社会商品零售总额 858 亿元，比上年增长 70％。进出口贸易总额 112.9 亿元，比上年增加 5.9 亿元。国家财政收入 662.9 亿元，比上年增加 136.1 亿元；财政支出 649.4 亿元，比上年增加 123.5 亿元；收大于支 13.5 亿元。1970 年工农业生产发展很快，财政收入增长幅度很大。存在的问题是：1. 钢铁等指标订得过高，重工业生产增长过快，基本建设规模太大，造成积累和消费的比例关系失调。2. 过急地扩大内地建设，把大量投资投在内地，给整个经济发展带来了严重后果。3. 片面强调自给自足和发展"五小"工业，阻碍了各地经济优势的发挥，造成很大的浪费和损失。4. 不加区别地仓促地把大部分中央企业下放给地方管理，不仅没有根本解决体制中存在的弊病，而且打乱了原有协作关系，给生产带来许多不必要的困难和损失。

1971 年

1月1日　《人民日报》、《红旗》杂志、《解放军报》联合发表元旦社论《沿着毛主席革命路线胜利前进》。提出 1971 年的任务：继续广泛深入地开展活学活用毛泽东思想群众运动；在全党进行一次思想和政治路线方面的教育，抓紧革命大批判，进一步肃清"反革命修正主义路线"的余毒；认真落实党的各项无产阶级政策，把斗、批、改搞得更深入、更扎实；抓紧"一打三反"运动，认真完成整党建党任务，做好整团建团工作，进一步开展"工业学大庆，农业学大寨，全国学人民解放军"的群众运动；继续贯彻执行"提高警惕，保卫祖国"和"备战、备荒、为人民"的伟大战略方针。

同日　国家计委、国务院文化组联合发出《关于建立 16 毫米影片洗印点的通知》，决定在北京、上海等 7 个城市建立 16 毫米影片洗印点。

同日　在上海市的支援下，西藏林芝毛纺厂新建的毛线车间投入生产。

同日　蒋介石发表元旦文告，声称"再进行一次辛亥革命"。

1月5日　台湾当局宣布与智利"断交"。

1月7日　台湾"行政院"颁布《加强行政处分执行原则》。

1月9日　中央军委召开座谈会。座谈会期间，黄永胜、吴法宪、叶群、李作鹏、邱会作既不批陈，也不作检讨。

1月11日　中共中央、中央军委、总政治部发出《关于贯彻执行毛主席 1 月 8 日重要批示的通知》，要求"军队、地方和中央机关，都要以毛主席的批示为纲，利用当前极好时机,开展一场反对骄傲自满,提倡谦虚谨慎的自我教育运动"。据此,全军开展了反骄破满的自我教育运动。

1 月 15 日　著名京剧表演艺术家盖叫天被迫害致死,终年 83 岁。他历任中国剧协理事、浙江省剧协分会主席,曾被授予"表演艺术家"的称号。

1 月 19 日　台湾"行政院"核定《军、公、民营机械合作方案》。

1 月 21 日　川西平原都江堰渠系改造工程基本完成。

1 月 21 日—22 日　国务院科教组邀请各省、市、自治区和中央有关部门负责人座谈高等学校的调整问题,并会同国家计委于 1 月 31 日向国务院提出了《关于高等院校调整问题的报告》。

1 月 22 日　台湾"行政院"制定《国防与教育结合实施纲要》。

1 月 24 日　京郊治涝工程三条主河道通水工程提前完工。这三条河是流经北京市东南郊区的温榆河、凤河、港沟河,均是海河水系上游的河流。工程从 1970 年 10 月起,经过 10 万民工两个多月的奋战,提前胜利完成。

1 月 25 日　我国外交部发表声明,谴责美国加紧扩大侵略印度支那战争,支持印度支那三国人民的抗美救国斗争。

同日　现代京剧《红灯记》和现代舞剧《红色娘子军》彩色影片摄制完成,27 日起在全国各地上映。

1 月 26 日　国务院、中央军委决定调整航空客运票价和专包机、专业飞行收费标准。将原来不分航程远近收费改为递远递减收费。客运票价国际航线不变,国内航线平均降低 28% 左右。因公需要乘飞机者,不受过去规定职务和 B 级以上级别的限制。以上自 3 月 1 日起实行。

同日　中共中央发出《反党分子陈伯达的罪行材料》。2 月 21 日,中共中央发出《关于扩大传达反党分子陈伯达问题的通知》。

1 月 29 日　周恩来接见国家体委有关领导同志,就中国乒乓球协会同日本乒乓球协会会谈和我国乒乓球代表团赴日本参加第 31 届世界乒乓球锦标赛作了重要批示。

同日　旅居美国各地的台湾留学生和学人成立"保钓委员会",掀起保卫钓鱼岛运动。

1 月 31 日　《人民日报》发表社论《毛主席建党路线的胜利》。社论说:"最近,有一批省、市相继隆重举行了党的代表大会,选举产生了新的省委和市委;其他省、市、自治区也正在积极准备召开党的代表大会,选举新党委。这是党的建设的一件大事。"地方各级党代表大会和建立的新党委具有"鲜明的新特点":"突出地抓了思想建设";"认真地贯彻了民主集中制";"体现了老、中、青三结合"。

2 月 2 日　台湾自制第一座工业用原子炉开始运转。

2 月 5 日　台北市美国花旗银行发生爆炸。

2 月 8 日　我国外交部发表声明,表示最坚决地支持老挝爱国战线党中央委员会 4 日发表的庄严声明,强烈谴责美国及其走狗大规模入侵老挝的罪行。

同日　中共中央作出《关于建立五一六专案联合小组的决定》,以吴德为组长,李震为副组长,杨俊生、黄作珍、于桑、杨德中、迟群、王连龙、李韬、刘西尧、丁江、李忠、耿建民为组员,共 13 人组成。

2 月 10 日　《中华人民共和国和尼日利亚联邦共和国建立外交关系的联合公报》发表,宣布两国建立大使级外交关系。

2月11日 周恩来向中央政治局报告1971年全国计划会议情况。会议确定1971年发展国民经济的重点是：大力进行大三线战略后方和国防军工的建设，继续大办农业，加快农业机械化的进程，狠抓原料工业，特别是钢铁工业，大打矿山之仗，发展科学技术，大搞技术革新，努力赶超世界先进水平。基本建设投资270亿元，比上年预计完成的国家预算内投资增加20亿元。其中国防和国防科研增加8.3亿元，基础工业增加8.6亿元，农林水和支援农业增加5.7亿元，基建投资用于大三线地区的投资150亿元。大中型项目1168项，其中新开工项目112项。国家预算收支各列705亿元。会议还就第四个五年计划、建立经济协作区、整顿和充实经济部门和工矿企业领导班子以及解决能源和交通运输紧张等问题提出了意见。3月26日中共中央转发了会议纪要，要求各地区、各部门"照此部署工作，坚决贯彻执行"。4月7日，国务院正式下达1971年国民经济计划。

同日 周恩来接见出版部门负责人时指出青少年没有书看的问题，要求赶快恢复连环画的编创出版。

同日 台湾"行政院"核定颁行《第三期人力发展计划》。

2月11日—23日 越南劳动党中央委员会政治局委员、越南民主共和国政府副总理黎清毅率领的政府经济代表团来我国访问。13日，周恩来总理会见了代表团。15日和22日，两国政府关于中国给予越南1971年经济、军事补充援助的协定和议定书分别在北京签字。

2月12日 我国政府发表声明，对柬埔寨国家元首诺罗敦·西哈努克亲王同越南民主共和国主席孙德胜、同老挝爱国战线党主席苏发努冯亲王，分别于8日和

9日发表的联合声明，表示最坚决的支持。14日至16日，首都50万军民举行示威游行，拥护我国政府的声明，支持印度支那三国人民的抗美救国战争。南宁、南京、沈阳、上海、昆明、武汉、西安、广州、天津、重庆、兰州等城市也分别举行了示威游行。

2月14日 在全国计划会议上，各省、区、市和国务院有关部门负责人座谈当前农业学大寨运动中的一些问题，指出：有些地区出现了"改变核算单位和收自留地之风"，"'分光吃光'，不搞积累"，"重犯'一平二调'的错误"，"抽调生产队的劳动力过多"，"增加非生产性用工和开支"等问题。提出坚持"各尽所能，按劳分配"，"对待所有制问题应持慎重态度"，"保证农业生产第一线有足够的劳动力"，"严格控制非生产性用工和开支"等意见。

2月15日 中国中日友好协会打电报给日本"恢复日中邦交国民会议"，祝贺"恢复日中邦交国民会议"成立。

2月19日 中央政治局邀集参加全国计划会议的各大军区党委和各省、市、自治区党委或党的核心小组主要负责人开会。会上，宣读了毛泽东的指示：要求开展批陈整风运动时，重点是批陈，其次才是整风，陈一定要批，而且要彻底地批。

2月20日 军委办事组对毛泽东的批评，写了检讨报告。2月23日，中共中央转发了毛泽东的这个指示。

2月21日 中日友协名誉会长郭沫若举行宴会，欢迎藤山爱一郎先生一行和冈崎嘉平太、古井喜实等日中备忘录贸易谈判代表团的成员。郭沫若在讲话中，希望各位先生在坚持中日关系政治三原则和政治经济不可分的原则基础上，为发展中日友好和贸易往来作出新的贡献。

2月23日 台湾"外交部长"魏道明

声明:维护钓鱼岛主权决不让步。

2月26日 台湾"外交部"对美国总统尼克松准备改善同中华人民共和国的关系表示坚决反对。

2月28日 中共中央批转中央机关"五七"干校会议领导小组《关于进一步办好中央机关"五七"干校的报告》。这一《报告》是1月26日写出的,2月13日,中央政治局讨论时作了某些增改。《报告》说,两年来,中央机关创办了106所"五七"干校,有近90000名干部,10000名工勤人员,5000名知识青年,30000名家属,共13.5万人到干校学习和劳动。

2月 周恩来总理接见全国中西医结合工作代表和全国中草药和新医疗法展览会工作人员并讲了话。

3月1日 财政部发出《关于实行财政收支包干的通知》,决定从1971年起,实行"定收定支,收支包干,保证上缴(或差额补贴),结余留用,一年一定"的体制,简称财政收支包干。

3月3日 我国成功发射了一颗科学实验人造地球卫星。卫星重量221公斤。卫星运行轨道,距地球最近点266公里,最远点1828公里,轨道平面与地球赤道平面夹角69.9度,绕地球一周106分钟。卫星在运行过程中,成功地向地面发回了各项科学实验数据。

3月3日—30日 国务院在北京召开全国棉花、油料、糖料生产会议。会议明确了如下政策:①合理安排油料、糖料集中产区的粮食征购任务和统销指标,保证社员口粮不低于邻近产粮区的标准。②油料统购,超额完成任务的部分继续实行加价奖励的办法。留油标准由省、市、自治区自定,增产多、贡献大的可以适当多留。食油继续执行在农村基本上只购不销的政策。③适当提高花生、油菜籽、芝麻、大豆等部分油料、油脂的收购价和糖料的收购价。④大豆面积和产量与粮食分别计算。一年一熟的大豆集中产区,上《纲要》指标定为260斤。⑤南方和北方的丘陵山区,要大力发展木本油料。⑥社员自留棉换购,由1斤皮棉换3尺布票改为换5尺布票。30日,中共中央批转了国务院《关于全国棉花、油料、糖料生产会议的报告》。

3月4日 台湾驻美国"大使"周书楷就美国总统尼克松在报告中使用中华人民共和国称呼一事,提出抗议。

3月5日 以中共中央政治局常委、国务院总理周恩来为团长的中国党政代表团,应越南劳动党和越南民主共和国政府的邀请,访问越南民主共和国。

3月8日 周恩来和范文同在河内签署了《中国共产党中央委员会、中华人民共和国政府和越南劳动党中央委员会、越南民主共和国政府联合公报》。

3月15日 毛泽东审阅《无产阶级专政胜利万岁》一稿时写下批语:"我党多年来不读马、列,不突出马、列,竟让一些骗子骗了多年,使很多人甚至不知道什么是唯物论,什么是唯心论,在庐山闹出大笑话。这个教训非常严重,这几年应当特别注意宣传马、列。"中共中央转发了这个批语。

3月15日—7月22日 国务院召开了全国出版工作座谈会。会议期间,毛泽东批示同意整理出版二十四史和《清史稿》。

3月17日 新华社报道:为纪念巴黎公社100周年,中共中央马克思恩格斯列宁斯大林著作编译局最近重新编辑校订了《马克思恩格斯列宁斯大林论巴黎公社》,并且翻译了《马克思恩格斯全集》第20卷。这两本书从3月18日开始在全国各大城市新华书店发行。

同日 台湾"行政院"成立卫生署。

3月18日—24日 林立果制定反革命政变计划。18日，林立果在上海对于新野和李伟信说："根据目前局势，要设想一个政变计划。"21日，林立果在上海秘密据点召集周宇驰、于新野、李伟信密谋，分析形势，研究制定反革命政变计划。于新野在22至24日草拟了反革命政变纲领。林立果按"武装起义"的谐音，将这个反革命政变纲领定名为《"571工程"纪要》。

3月19日—5月6日 由团长赵正洪率领的中国乒乓球代表团一行60人参加在日本名古屋举行的第31届世界乒乓球锦标赛。揭开了"乒乓外交"的序幕。

3月20日 国家计委召集研究改革机电产品订货会议。提出对不同产品实行区别对待的措施：国家重点建设项目所需的专用、大型关键设备，实行成套预安排；主要机械厂单机配套所需的协作、配套产品，就近就地组织定点供应，规格品种、技术复杂的产品，可召开小型会议或直接到厂订货；有些小型通用产品，可由商业部门或物资部门设立门市部供应。

3月22日 国际乒乓球联合会主席罗伊·伊万斯来我国访问，周恩来会见了他。

同日 《中华人民共和国政府和科威特政府关于两国建立外交关系的联合公报》在科威特签署，决定建立大使级外交关系。

同日 科威特同台湾当局"断交"。

同日 台湾"经济部"宣布台"民营"工业产值已超过"公营"工业产值。

3月25日—27日 越南劳动党中央第一书记黎笋率领越南劳动党代表团访问我国。

3月26日 中华人民共和国和喀麦隆联邦共和国建立大使级外交关系。

同日 喀麦隆同台湾当局"断交"。

同日 澎湖跨海大桥通车。

3月29日—5月31日 全国基本建设财务会议在北京召开。会议针对基建财务工作中给钱"大撒手"，不讲效果；投资"大敞口"，任意加码，任意超支；花钱"吃大锅饭"，不惜工本，不讲核算等情况，提出：①基建资金必须专户管理。自筹资金必须先存后用；要按照概算控制投资，不许任意突破。②各地区、各部门已经进行基建投资包干试点的，要总结经验，加以推行，没有试点的，要积极试行。③要通过清产核资，把储备资金占用的比例降低20%。④各省、市、自治区要根据建设的需要，尽快建立和健全财政、银行的基建财务机构。

同日 全国设计革命会议在北京召开，参加会议的有29个省市自治区和国务院工交各部的代表。

3月30日 台湾"教育部"为配合改善各级学校的需要，拟订教育发展政策。

3月31日 菲律宾一架客机非法进入我领空，我有关当局命令该机在广州机场降落。我国政府经过调查决定予以宽大处理，限令该机飞离中国。

同日 中华全国体育总会向国际草地网球联合会发出抗议信，强烈谴责国际草地网球联合会追随美国制造"两个中国"的阴谋，并严正声明，自即日起退出国际网联，断绝同它的一切关系。

同日 中国射箭协会发出抗议信，强烈谴责国际射箭联合会追随美国制造"两个中国"的阴谋，并郑重声明，退出国际射箭联合会，断绝同它的一切关系。

同日 林立果在上海召开江腾蛟、王维国、陈励耘、周建平参加的"三国四方会议"，研究其反革命暴乱计划。

4 月 2 日　周恩来总理指示整理校点二十四史和《清史稿》,由中华书局负责组织,请顾颉刚总其成。工作即于 5 月开始。

同日　台湾"财政部"修正完成《海关管理保税工厂办法》。

4 月 6 日　全国一些大学第一次从西藏招收新生的工作基本结束。

4 月 7 日　毛泽东、中共中央派纪登奎、张才千参加军委办事组,对黄永胜、吴法宪的军委办事组"掺沙子"。

同日　毛泽东决定,立即邀请美国乒乓球队访问我国。

同日　中国乒乓球队在日本名古屋举行的第 31 届世界乒乓球锦标赛中,获得男子团体、女子单打、女子双打和男女混合双打等 4 项冠军。

4 月 9 日　台湾"行政院"卫生署完成修正《空气污染管制法》。

4 月 10 日　台湾"外交部"就美国政府表示于明年将钓鱼岛主权交给日本一事发表声明,重申对钓鱼岛的主权。

4 月 10 日—17 日　以美国乒乓球协会主席格雷厄姆·基廷霍文为团长的美国乒乓球代表团,在参加第三十一届世界乒乓球锦标赛后应邀访问中国。

4 月 12 日　中共中央、国务院、中央军委批转军委国防工业领导小组《关于国防工业管理体制的报告》,决定对国防工业的管理,实行中央和地方双重领导。国防工厂的管理体制只下放到省一级。第四、五机械部的工厂全部下放;第三、第六机械部的工厂部分下放,由大军区国防工业领导小组领导。国防工厂下放后,其产品方向、方案、协作关系一律不变。各大军区国防工业领导小组的编制列入军队序列,为军区的一个部门。

4 月 14 日　周恩来总理会见应邀来我国访问的加拿大、哥伦比亚、英格兰、尼日利亚和美国乒乓球代表团全体队员。邀请美国乒乓球代表团来访,是毛泽东决定的。

同日　台湾一些大学生在台北举行"保钓"集会和游行。

4 月 15 日　中央批陈整风汇报会开始。

4 月 15 日—29 日　中共中央召开"批陈(伯达)整风"汇报会议。中央、地方和军队的负责人共 99 人参加。

4 月 15 日—7 月 31 日　全国教育工作会议在北京召开。在会议通过经中共中央批发的《全国教育工作会议纪要》中说,新中国成立 17 年,"毛主席的无产阶级教育路线基本上没有得到贯彻执行",大多数教师和新中国成立后培养的大批学生的"世界观基本上是资产阶级的"。从这"两个基本估计"出发,会议确定:要工人宣传队长期领导学校,让原有的大多数教师到工农兵中接受再教育,选拔工农兵上大学、管大学、改造大学,缩短大学学制,将多数高等院校交由地方领导等等。

4 月 16 日　国务院批转国家计委、财政部《关于开展清产核资工作的报告》。要求进行一次全面的清产核资工作。通过清产核资,使工交企业的流动资金节约 20%,生产建设单位的设备利用率提高 20%。这次清产核资工作由地方统一领导,在两年内完成。国务院为此成立了清产核资领导小组。

4 月 17 日—27 日　人民解放军总参谋部在大连召开"三防"(防原子、防化学、防生物武器)现场经验交流会,研究贯彻以群防为主,土洋结合的方针措施。

4 月 18 日　新华社报道,我国外交部照会苏联大使馆,对于苏联轮船"台尔曼号"违反有关国际规则,撞沉我渔船一艘,造成我渔民 11 人受伤、11 人死亡的严重海损事件表示愤慨，并要求苏联政府赔偿中国渔民的一切损失，保证今后不再发生类似事件。

4月19日　国家计委向国务院提出《关于改革物资管理体制意见的报告》。提出在二三年内在全国实行物资分配大包干。

4月21日　昌都、山南、日喀则、阿里、那曲、拉萨、林芝等地区都建立了气象站、台，整个西藏已初步形成了气象网。

同日　台湾"省政府"完成北回铁路兴建计划。

4月23日　农林部、国家计委物资局发出联合通知，决定将国家计委管理的木材分配计划的执行和调运业务，从1971年5月1日起划归农林部管理。原中国木材公司各一级站也相应地移交农林部领导。

同日　"联合舰队"主要成员召开会议，讨论中央会议情况，确定提前实行反革命政变计划。

4月29日　中共中央委员、全国政协副主席、中国科学院副院长、国务院科教组组长李四光在北京病逝，终年82岁。

同日　中共中央发出《关于把批陈整风运动推向纵深发展的通知》。周恩来在中央批陈整风汇报会上对黄永胜、吴法宪、叶群、李作鹏、邱会作所犯政治方向性错误进行了严肃批评。

4月30日　台湾"立法院"通过《少年事件处理法》修正案。

5月6日　中国和圣马力诺关于建立领事级正式关系的议定书在法国首都巴黎签字。两国政府决定自1971年5月6日起建立领事级正式关系。

5月7日　台湾"家庭计划推行委员会"表示，台湾人口密度已达每平方公里407人，居世界之首。

5月11日　新华社报道：流经豫皖苏鲁的淮河流域，经过20年的治理，陆续建成一批中小型和大型水利工程。兴建了一批蓄洪工程；整修了河道，开辟了新沂河、新沭河和苏北灌溉总渠等入海出路，兴建了一批灌溉工程。从而使淮河流域抗御洪、涝、旱灾能力加强，灌溉面积扩大，多灾低产面貌发生了巨大变化。

5月15日—20日　农林部在北京召开沿海八省二市关于海洋鱼类资源调查座谈会。

5月17日　台湾当局逮捕涉嫌宣布"台独"从事颠覆活动的日本人小林正成。

5月19日　台北市议员郑娟娥等建议，采用"原籍"与"现籍"两栏记载籍贯的方式，消除省籍隔阂。

5月26日　中共中央政治局召开会议，讨论中美预备性秘密会谈的问题，就处理中美关系特别是关键的台湾问题以及印度支那等问题提出了八条原则。会后，政治局把讨论情况写成报告，毛泽东审批了这个报告。

同日　中国和奥地利关于建立外交关系的联合公报在罗马尼亚首都布加勒斯特签字。决定自1971年5月28日起，互相承认并建立外交关系。

5月26日—7月初　全国冶金矿山会议召开。会议认为冶金工业长期徘徊，主要是调整时期"大砍大杀"，推行"马鞍宪法"、"条条专政"、"大、洋、全"和"抓中间带两头"造成的，并对此作了批判。会议强调矿山落后是当前国民经济中的突出矛盾，要把矿山建设作为一条长期的重要方针，作长远考虑，长期安排。把矿山搞上去，要充分利用现有基础，多搞中小矿山，先搞富矿，提高回收率。

5月27日　台湾"行政院"通过《亚洋邮政公约》。

5月28日　中国红十字会打电报给

土耳其红新月会,对土耳其东部地震地区受灾人民表示同情和慰问,并赠送人民币150万元。同日,土耳其红新月会回电,表示感谢。

5月30日—7月30日 全国体育工作会议在北京召开。

6月1日—9日 罗马尼亚共产党总书记、国务委员会主席乔奥塞斯库率领党政代表团来我国访问。

同日 台湾"立法院"决议发表声明,反对中华人民共和国进入联合国。

6月6日 中罗两国联合公报在北京签字。

6月7日 蒋介石明令公布《政府总预算施行条例》。

6月10日 无产阶级文艺理论家邵荃麟,因遭受迫害,病逝于狱中,终年65岁。

同日 美国、加拿大、哥伦比亚、英国、尼日利亚、澳大利亚乒乓球代表团相继访问中国。

同日 台湾当局就美国公布对大陆非战略性项目贸易货单、结束贸易禁运提出抗议。

6月15日 政协全国委员会副主席谢觉哉因病医治无效,在北京逝世,享年88岁。

同日 蒋介石在"国家安全会议"上称要"庄敬自强"、"处变不惊"。

6月17日 就美日签订《归还冲绳协定》,非法将钓鱼岛屿列入"归还区域",台湾大学学生举行示威游行,向美日驻台"大使馆"递交抗议书。

6月20日 中国红十字会打电报给乍得共和国政府,对乍得霍乱疫区人民表示深切慰问,并且赠送霍乱疫苗20万人份,捐款人民币100万元。

6月21日 著名历史学家、北京师范大学校长陈垣在北京逝世。

同日 国民党中央通过《当前重要劳工问题及其改进意见》。

6月24日 台湾"行政院"核定《国营事业方针总纲》。

6月27日 上海江南造船厂建造的我国第一艘两万吨级货轮"长风"号下水。

6月29日—7月16日 周恩来总理两次打电报给智利共和国总统萨尔瓦多·阿连德·戈斯森,就最近智利中南部及中部一些省区遭受暴风雨雪灾害,向阿连德总统、智利政府、智利人民和灾区居民表示深切的同情和慰问。中国红十字会6月29日打电报给智利内政部长何塞·托亚,慰问受灾人民,并捐赠人民币500万元。

7月1日 《人民日报》、《红旗》杂志、《解放军报》发表经毛泽东审定的编辑部文章《纪念中国共产党50周年》。文章突出所谓"路线斗争",颂扬毛泽东,指责刘少奇,把党的历史归结为路线斗争史;全盘肯定"左"的阶级斗争,批判了所谓"唯生产力论"。

7月3日 中共中央军委发布命令,授予济南军区某部二连排长盛习友"爱民模范"荣誉称号。盛习友1964年入伍,1965年入党。1969年7月17日,盛习友在山东省章丘县巴漏河中抢救被洪水冲走的群众时,壮烈牺牲。

7月3日—11日 国家计委和华北经济协作区联络组召开华北区计划座谈会。会议提出,华北地区"四五"期间:①钢铁产量赶上东北,钢材品种赶上上海;②石油、塑料、橡胶、合成纤维三大合成材料自给;③机械产品的配套水平赶上上海;④轻工业的原料和产品自给,品种质量向上海看齐;⑤粮食产量上《纲要》,达到自给有余。

7月8日 国务院转发卫生部、商业部、燃料化学工业部《关于做好计划生育工作的报告》,提出在"四五"计划期间人口自然增长率要逐年降低,争取到1975年,一般城市降到10‰左右,农村降到15‰以下。

同日 中央任命王猛为国家体委革命委员会主任。

同日 台湾"省政府"通令各机关学校推行《加强推行国语实施计划》。

7月9日—11日 周恩来总理同美国总统尼克松的国家安全事务助理基辛格博士在北京举行会谈。

7月10日 以中共中央政治局委员、国务院副总理李先念为团长的中国党政代表团,应朝鲜政府的邀请,到达平壤,参加朝中友好合作互助条约签订10周年庆祝活动。同日,以朝鲜党中央委员会委员、党中央委员会书记金仲麟为团长的朝鲜党政代表团,应中共中央和我国政府的邀请,到达北京,参加中朝友好合作互助条约签订10周年庆祝活动。

7月12日 中共中央办公厅印发毛泽东关于对外宣传工作的23则批示。这是毛泽东1967年3月至1971年3月在中央办公厅、军委办事组、中央对外联络部和外交部等文电上的一部分批示和修改。

7月14日 国务院批转国家计委、国家建委《关于内迁工作中几个问题的报告》:1964年以来,已经从沿海迁往内地的职工有14.5万人,其中家属随迁的只占20%～30%,大部分职工同家属长期两地分居,生活上带来许多困难,而且每年探亲,增加国家开支,耽误生产。因此国家现在规定:内迁职工的家属都允许随迁;原来户口在农村的直系亲属,生活确有困难的,可以落城镇户口。

7月16日 中美双方发表会谈公告。

公告宣布,获悉尼克松总统曾表示希望访问中华人民共和国,周恩来总理代表我国政府邀请尼克松总统于1972年5月以前的适当时间访问中国。尼克松愉快地接受了这一邀请。

同日 台湾驻美国"大使"沈剑虹就尼克松将访问中国向美国提出抗议。

同日 台湾"立法院"通过《核子损害赔偿法》。

7月18日 新华社报道,中国医务工作者和科学工作者创造成功针刺麻醉。

7月21日 财政部向中共中央提出《上半年财政金融情况的报告》:上半年财政收入343亿元,支出323亿元,结余20亿元,银行信贷收入119亿元,信贷支出109亿元,回笼货币10亿元。上半年完成全年财政收入计划的48.6%,比上年同期增长21%。上半年基本建设支出127亿元,完成年度计划的47%,比上年周期增长18%。外援显著增加,上半年支出7.2亿元,比上年同期增加84%。全年国家安排的基建投资共270亿元,到了基层实际达到330多亿元。

同日 美国参议院外交委员会通过撤销《台湾决议案》。

7月23日 新华社报道:在近几年中,我国文物、考古工作者发掘和清理了很多文化遗址和古墓葬,发现大批珍贵的历史文物。如1968年在河北满城发掘的西汉(公元前100多年)中山靖王刘胜及其妻子窦绾的两座古墓,凿成于石山之中,工程艰巨,规模宏大,浑如地下宫殿。墓中有各种随葬品2800多件。其中有第一次发掘出来的两套"金缕玉衣",以玉石琢成长方形的小薄片,四角穿孔,用黄金制成的丝缕缀联而成,具有重要的文物价值。

7月26日 周恩来批准举办出土文

物展览,并同意《考古学报》、《文物》和《考古》杂志复刊。

7 月 28 日　我国首次成功地在普通铁路上进行歼—6 飞机高速弹射跳伞救生装备综合试验。

7 月 29 日　周恩来接见出席教育、出版等 7 个专业会议的代表时指出,"培养教育后代,这是百年大计,不能忽视";"小学教育要求在第四个五年计划期间能够普及,主要是在农村";"必须把小学经费固定下来,只有民办、集体办,没有公办就办不起来";"小学教育的经费,年年还要增长一点";"初中、高中在农村要因地制宜,凡能办的就办,师资不够的也不要勉强"。

同日　中国同塞拉勒窝内(现译名塞拉利昂)建立外交关系。

同日　台湾"行政院"通过台中港建港财务计划。

7 月 30 日　我国政府发表声明,表示不能接受苏联政府提出的关于召开拥有核武器的苏联、美国、中华人民共和国、法国和英国五国会议的建议。

7 月 31 日　《人民日报》刊载新华社关于《人民画报》合刊和《解放军画报》合刊于 8 月 1 日出版的报道。介绍合刊刊登江青拍摄的林彪学习毛泽东著作的照片。报道说:"这张照片把林副主席无限忠于毛主席的深厚的无产阶级感情,生动形象地展现在人们面前,给了人们巨大的激励和鼓舞。"这期画报还以"数风流人物,还看今朝"的标题,发表了江表(署名峻岭)的摄影艺术作品。《庐山仙人洞》也染印成彩色重新发表。

7 月　国务院文化组成立。吴德任组长,刘贤权任副组长,成员有石少华、于会泳、浩亮、刘庆棠、王曼恬、吴印咸、狄福才、黄厚民。后于会泳任副组长。

同月　根据国务院关于调整部分工

人和工作人员工资的通知,全国公办学校自本月起调整工资。

8 月 2 日　周恩来总理打电报给阿富汗王国政府首相阿卜杜勒·查布尔,对阿富汗最近遭受严重旱灾地区的农牧民表示深切的同情和慰问。

同日　中国红十字会致电阿富汗红新月会会长艾哈迈德·沙河皇太子殿下,并捐赠价值 500 万元人民币的物资。

同日　国务院通知成立国家地震局,作为中央地震工作小组的办事机构,由中国科学院代管。

同日　美国国务卿罗杰斯宣布美国将"支持"要求使中华人民共和国取得联合国席位的行动,但反对驱逐台湾当局。

8 月 4 日　我国同土耳其共和国在巴黎签署建交公报。

同日　土耳其与台湾当局"断交"。

8 月 6 日　台湾"立法院"通过修正《关税法》。

8 月 6 日—12 日　缅甸联邦革命委员会主席、政府总理奈温偕夫人,应我国政府的邀请,来我国进行友好非正式的访问。

8 月 7 日　新华社报道:海河水系"北四河"的主要工程之一——永定新河和北京排污河的开挖治理工程胜利完成。

8 月 11 日　国务院批准全面调整银行利率。这次调整利率的原则是:适当降低利率水平,简化利率种类,取消某些不合理的优待利率。贷款利率降低 30% 左右。存款利率降低 20% 左右。调整利率时间,国营企业自 1972 年 1 月 1 日起执行,其他自 1971 年 10 月 1 日起执行。

同日　台湾"行政院财经会报"通过改进"肥料换谷制度"。

8 月 12 日—9 月 19 日　国务院在北京召开全国林业工作会议。会议确定:①

维护国家、集体的山林所有权。②社队附近的国有荒山、荒地,可以委托给社队集体造林;集体的荒山、荒地,近期无力造林的,经过协商,可由国营单位造林,谁造的林,林权归谁所有;也可以由国家和集体合作造林,按比例分益。③鼓励社员在宅旁、屋前屋后或生产队指定的其他地方种树,自种自有。④国家鼓励和支持社队发展林业生产,改革育林基金制度,原来由省统一调剂使用的育林基金和返还给社队的育林基金,由省、市、自治区统一调剂使用,用于扶植发展社队集体造林、育林。

8月14日 中共中央批复同意国务院《关于1971年物价调整方案》。农副产品的收购价,油料、油脂平均调高16.7%,甘蔗调高15.3%,东北菜牛调高5.8%,黄连、党参、黄芪、红花等中药材平均提高12.3%。工业产品的销售价和出厂价,化肥分别降低9.7%和12.4%。农药分别降低15%和9.6%,煤油分别降低20.8%和21.6%,柴油分别降低9.7%和8.8%,润滑油销售价降低10.5%,内燃机、齿轮箱、联合收割机、多级水泵、仪器仪表、工业锅炉、汽车配件的出厂价平均降低15.7%,电子工业基础产品的出厂价平均降低17.1%,其中地方企业产品降低18.8%。

8月14日—9月12日 毛泽东离开北京去南方各地巡视。在武汉、长沙、南昌、杭州和上海,分别同湖北、湖南、广西、广东、福建、江西、浙江、江苏、上海等省、市、自治区负责人谈话。谈话中揭露和批评了林彪及其一伙。在武汉,毛泽东说:在庐山会议上的阴谋活动"是有计划、有组织、有纲领的","有人想急于当国家主席,要分裂党,急于夺权"。"虽然在北京开了工作会议,几个大将作了检讨,但吞吞吐吐","林彪不开口,这些人是不会开口的","庐山这件事还没有完,还没有解

决","林彪"当然要负一些责任","陈伯达后面还有人"。在长沙,毛泽东当着大家的面,直截了当地质问广州部队司令员丁盛、政委刘兴元说:"你们同黄永胜关系这么密切,来往这么多,黄永胜倒了,你们得了?!"在杭州,毛主席面对面地查问了原7350部队政委陈励耘的经历和他同吴法宪的关系。毛泽东对林彪及其同伙关于林立果的种种吹捧进行了严厉的批驳,指出:"二十几岁的人捧为'超天才',这没有什么好处。"毛泽东强调要加强政治、思想教育,指出:"思想上政治上的路线正确与否是决定一切的。"在南昌,毛泽东还特地把许世友等人召来,向他们讲了划分正确路线和错误路线的三项基本原则:"要搞马克思主义,不要搞修正主义;要团结,不要分裂,要光明正大,不要搞阴谋诡计。"重申了党的干部政策,强调对犯错误的同志要实行"惩前毖后,治病救人"的方针,指出:我们的干部大多数是好的,不好的总是极少数。在南巡途中,毛泽东还多次带领被接见的各地党政军负责人唱《国际歌》和《三大纪律八项注意》,并亲自逐字逐句地讲解这两首歌词。毛泽东说:"不仅要唱,还要讲解,还要按照去做。"要用"三大纪律八项注意,教育干部,教育群众,教育党员和人民"。

8月16日 我国和伊朗在伊斯兰堡签署建立外交关系的联合公报。

同日 伊朗与台湾当局"断交"。

8月16日—9月15日 国务院在北京召开全国农业机械化会议,提出了今后10年的奋斗目标:1980年我国农、林、牧、副、渔的主要作业机械化水平达到70%以上,基本上实现农业机械化。

8月20日 我外交部发表声明,坚决反对美国政府在联合国制造"两个中国"的阴谋。

8 月 21 日　中共中央决定实行粮食征购任务一定 5 年的政策（从 1965 年开始，连续 6 年实行了粮食征购一定 3 年的政策）。中央决定将 1971 年至 1975 年的粮食征购基数调整为 765.5 亿斤，比现行的 726 亿斤增加 39.5 亿斤。各省、市、自治区向下分配任务时，允许再增加 5% 左右的机动数，以调剂受灾减免。丰收的地区，可以通过协商向社队超购，超购加价幅度不高于统购牌价的 30%。

同日　北京电视台恢复播出北京地区天气预报。

8 月 23 日　台湾"经济部"公布实施《代理商登记办法》。

8 月 25 日—9 月 10 日　财政部召开全国工商税制改革座谈会。会议指出，税制改革，主要是要合并税种，简化征税办法，改革不合理的工商税收制度。

8 月 26 日　台湾"行政院"通过实行台湾铁路干线电气化工程贷款计划。

8 月 27 日　《人民日报》发表社论《我们党在朝气蓬勃地前进》，强调"切实加强党的一元化领导"。社论说："全国各省、市、自治区（除台湾省外）相继隆重地召开了党的代表大会，选举产生了新的省委、市委和自治区党委。""不要以为经过这次整党，建立了新党委，党内就没有矛盾，就没有两条路线斗争了。"

8 月 28 日　国务院、中央军委发布《关于在全国试行新广播体操的通知》。

9 月 2 日　台湾"行政院"核定《核子原料矿及矿物管理办法》。

9 月 5 日、6 日　毛泽东南巡期间的谈话内容，为林彪一伙所窃知。他们猜测在国庆节前后召开九届三中全会，要解决他们的问题。

9 月 5 日　著名国画家、美术教育家、中国美术家协会副主席潘天寿在杭州逝世。

9 月 7 日　林立果向"联合舰队"下达了"一级战备"的命令。

9 月 8 日　林彪在北戴河下达了反革命的手令："盼照立果、宇驰同志传达的命令办。"林立果一伙决定实行两项反革命阴谋：①乘毛泽东外出巡视之机，在途中谋害毛泽东，林彪则以"接班人"的身份宣布"接班"；②如上一计不成，则南逃广州，另立中央，发动内战。8、9、10 三日，林立果一伙加紧策划、实施谋害毛泽东，但由于毛泽东突然改变行程，使得他们的阴谋未能得逞。

9 月 10 日　洲际火箭首次飞行试验基本成功。

9 月 12 日　毛泽东于下午安全返回北京。

9 月 13 日　林彪、叶群、林立果等于本日凌晨仓皇外逃，摔死在蒙古温都尔汗。"九一三事件"从客观上宣告了"文化大革命"的理论和实践的失败。

9 月 16 日　《全国农业机械化发展纲要（1971—1980 年）》发布。

9 月 18 日　经毛泽东批示"同意"，中共中央发出《关于林彪叛国出逃的通知》，说："林彪于 1971 年 9 月 13 日仓皇出逃，狼狈投敌，叛党叛国，自取灭亡。""根据确实消息，出境的三叉戟飞机已于蒙古境内温都尔汗附近坠毁。林彪、叶群、林立果等全部烧死，成为死有余辜的叛徒、卖国贼。""中央号召全党同志首先是高级干部同林彪划清界限。中央对于坚决同林彪划清界限的同志，不论他过去是否受过林彪的影响，是否犯过错误，都是同样爱护，不会轻易怀疑的。"这文件从上到下，到 10 月下旬传达到全国人民。

9 月 19 日　现代京剧《沙家浜》彩色影片摄制完成，21 日起在北京和全国各地陆续上映。

9月22日 美国、日本等国向联合国正式提出让中华人民共和国得到联大和安理会的席位，但不驱逐台湾当局的提案。

同日 台湾"省议会"通过《都市计划法台湾省实施细则》。

9月24日 经国务院批准，决定撤销黄河水利委员会，另外成立黄河治理领导小组。领导小组由黄河流域各省区的主要负责人参加，原属黄委的事业单位和勘测、设计、科研任务，分别下放给黄河流域各省区。

同日 中央决定由军委副主席叶剑英主持军委日常工作，并筹组军委办公会议，进行集体领导。

同日 中共中央命令黄永胜、吴法宪、李作鹏、邱会作离职反省，彻底交代。

9月26日 新华社报道：我国科学工作者成功地用X光衍射法完成了分辨率为2.5埃的猪胰岛素晶体结构的测定工作。这是继我国首先在世界上人工合成蛋白质—结晶牛胰岛素以后，在蛋白质研究工作中取得的又一重要成果。

9月27日 中国政府和越南政府在河内签订1972年中国向越南提供经济、军事物资援助协定，无偿援助价值27.98亿元。包括这项援助协议在内，1971年中国同越南签订的援助协议共有7笔，援助数额折合人民币36.14亿元，均属无偿性质。在这一年中，中国签订的援外协议总额度为74.25亿元，实际对外承担的援助金额为66.77亿元，是新中国成立22年来承揽援外任务最重的一年。由于对外援助协议签订过多，使得1971年的对外援助支出，由上年的22.59亿元增加到37.6亿元，对外援助支出占国家财政支出的比重，由上年的3.5%上升到5.1%。

9月29日 经毛泽东同意，中共中央发出通知，指出："中央鉴于黄永胜、吴法宪、李作鹏、邱会作四同志参加林、陈反党集团的宗派活动，陷入很深，实难继续现任工作，已令他们离职反省，彻底交代。军委日常工作，中央已决定由军委副主席叶剑英同志主持，并筹备军委办公会议，进行集体领导。"

9月30日 台湾"行政院"通过《台湾省议员选举罢免规则》及《台湾省议会组织规程》。

同日 郑州二七大罢工纪念塔建成，连体双塔平面为五角星。

9月 中国自己建造的第一艘核潜艇安全下水，试航成功。

10月1日 中国历史名画展览在北京故宫博物院展出，共展出作品228件。

同日 台湾"省政府"获亚洲银行1000万美元贷款。

10月2日 国家计委通知各地区、各部门，从1972年起，开始执行1970年工农业产品不变价格。工业产品以1970年第四季度的工业产品出厂价格为基础制订；农产品根据各省、市、自治区1970年农产品的收购价格制订，植物油料和甘蔗根据1971年调整价格制订。为了衔接，1971年统计年报按两种不变价格计算；编完1971年年报以后，停止使用1957年不变价格。

10月3日 中共中央通知："中央决定，撤销军委办事组，成立军委办公会议。军委办公会议由军委副主席叶剑英主持，并由叶剑英、谢富治、张春桥、李先念、李德生、纪登奎、汪东兴、陈士榘、张才千、刘贤权10同志组成，即日工作，在中央军委领导下负责军委日常工作。"

同日 经毛泽东同意，中共中央发出通知："中央决定增补华国锋同志为国务院业务组成员并任副组长。"

同日 中共中央发出关于成立中央专案组的通知。中央专案组由周恩来、康生、江青、张春桥、姚文元、纪登奎、李德生、汪东兴、吴德、吴忠等 10 人组成。

10 月 4 日 毛泽东接见军委办公会议成员。他在谈话中指出:"四好运动搞形式主义,把部队作风带坏了,要改变。""军队要严格训练,严格要求,才能打仗。锻炼部队,一是靠打仗,一是靠平时训练。"此后,人民解放军中开展的"四好连队"、"五好战士"运动即停止进行。

10 月 6 日 中共中央发出《通知》(文件上写明"毛主席批示:照发。")说:林彪叛党叛国是"九大"以来,特别是九届二中全会以来两个司令部,即以毛主席为首的无产阶级司令部和以林彪为头子的资产阶级司令部之间斗争的继续。现已查明,林彪不但另立资产阶级司令部,而且通过他儿子林立果纠合一小撮死党在北京、广州、上海等地成立了十分秘密的法西斯特务组织,准备反革命叛乱。他们决定实行两项蓄谋已久的极其恶毒的反革命阴谋:①谋害毛泽东。②另立中央。中央要求各级党委将传达、讨论揭发批判林陈反党集团的罪行,当做当前头一位的大事来抓。《通知》要求:传达讨论的情况逐级上报。

同日 日本首相岸信介抵台访问。

10 月 6 日—13 日 埃塞俄比亚皇帝海尔·塞拉西一世来我国进行国事访问。9 日,两国政府经济技术合作协定和贸易协定在北京签字。

10 月 7 日 中共中央向全党转发了《毛主席在外地视察期间同沿途各地负责同志的谈话纪要》。

10 月 8 日 新华社报道:中华人民共和国政府同突尼斯共和国政府经过友好商谈,中国政府决定恢复中国驻突尼斯大使馆工作,并将派出大使。

10 月 9 日 美国总统尼克松私人代表里根抵台访问。

10 月上旬 大庆至抚顺输油管道建成投入使用。管道全长 667 公里,总投资 2.5 亿元,建设工期 13 个月。

10 月 13 日 我国同布隆迪恢复大使级外交关系。

10 月 20 日—26 日 周恩来总理同美国尼克松总统的国家安全事务助理基辛格博士在北京举行会议,为尼克松访华进行安排。

10 月 25 日 我国同比利时在巴黎签署建交联合公报。

同日 新华社报道:我国农村培育杂交高粱和杂交玉米获得显著成绩。据 17 个省、市、自治区的不完全统计,1970 年杂交高粱发展到 910 多万亩,1971 年上升到 2280 多万亩,占全国高粱总面积的 20% 左右。据 19 个省、市、自治区的不完全统计,杂交玉米 1970 年为 3960 多万亩,1971 年发展到 6720 多万亩,占全国玉米总面积的 1/3 左右。

同日 第 26 届联合国大会通过了恢复中华人民共和国在联合国一切合法权利和立即把蒋介石集团的代表从联合国一切机构中驱逐出去的提案。

同日 比利时宣布与台湾当局"断交"。

10 月 26 日 外交部代理部长姬鹏飞,收到联合国秘书长吴丹发来的正式通知。

同日 联合国通过恢复中华人民共和国在联合国的一切合法权利。台湾当局宣布"退出"联合国。蒋介石就此发表"告同胞书"。

10 月 29 日 我国政府发表声明,对坚持原则、主持正义的一切友好国家的政府和人民表示衷心的感谢，宣布中华人民共和国政府即将派出自己的代表团参加联合国的工作。

10月31日 台湾"中华电视台"正式开播。

10月 人民文学出版社出版郭沫若所著《李白与杜甫》。这是作者自新中国成立以来所写篇幅最大的学术著作，也是"文化大革命"以来出版的仅有的几部学术著作之一。

11月1日 美国总统尼克松称美国不会改变对台政策。

11月2日 中华人民共和国政府和秘鲁共和国政府发表关于两国建立外交关系的联合公报。

同日 台"中国钢铁公司"正式成立。

同日 台湾当局宣布与秘鲁"断交"。

11月2日—14日 由朝鲜、埃及、日本、毛里求斯、尼泊尔和中国乒乓球协会共同发起的亚非乒乓球友好邀请赛在北京举行。周恩来总理出席闭幕式。

11月8日 台湾"行政院"卫生署订定《水污染管制办法》。

11月9日 我国和黎巴嫩在巴黎签署建立外交关系的联合公报。

11月10日 国务院同意国家计委《关于追加1971年基本建设投资问题的报告》。《报告》说，根据16个省、市和9个部门提出追加投资29亿元的要求，国家计委从财政部掌握的1971年财政超收中能动用的资金和国家预备费基金中拿出9.2亿元作追加投资，连同其他几次追加投资，合计比原计划投资增加51亿元，投资总额达到321亿元。

11月11日 台湾当局宣布与黎巴嫩"断交"。

11月11日—12月18日 以乔冠华、黄华为正副团长的中国代表团出席联合国大会第26届会议。乔冠华团长11月15日在联合国大会上发言，阐明中国的对外政策。

11月12日 我国同卢旺达签署建交公报。

11月14日 中共中央印发《"571工程"纪要》，并发出通知说："中央在审查林陈反党集团案件中，从林彪的儿子林立果在北京空军学院的秘密据点里，查获了林彪一伙制定的反革命政变纲领《"571工程"纪要》。这个《纪要》证明，林彪一伙发动反革命政变是早有预谋的。"

同日 毛泽东接见参加成都地区座谈会的同志时说："二月逆流"是什么性质？是他们对付林彪、陈伯达、王、关、戚。那个王、关、戚，"五一六"；要打倒一切，包括总理、老帅。老帅们就有气嘛，发点牢骚。你们再不要讲"二月逆流"了。

11月16日 财政部发出《关于做好1971年财政决算编审工作的通知》，要求各省、自治区、直辖市认真抓好年前增收节支工作。

同日 国际劳工组织取消台湾"会籍"。

11月18日 我国进行了一次新的核试验。

11月20日 财政部发出《中央级基本建设拨款限额管理办法》（自1972年起实行）。《办法》规定：①国家预算内的中央级基本建设资金，都实行限额管理。②基本建设拨款限额，是建设单位拨款的最高额度。③中央各主管部门根据建设进度和实际需要，分次向财政部申请拨款，然后再对所属建设单位分配拨款限额。④建设单位根据基本建设拨款限额通知，在银行开立账户，对于异地工程的用款，应当转拨限额不得汇拨资金，以拨作支。

⑤对于边远地区、交通不便或者急需用款的单位,可用电报下达拨款限额。

同日 国际航空组织取消台湾"会籍"。

11 月 20 日—27 日 越南政府总理范文同率领越南党政代表团访问我国。

11 月 20 日—12 月 6 日 中国乒乓球队参加在瑞典举行的第 14 届斯堪的纳维亚乒乓球锦标赛。

11 月 22 日 国家计委发出《关于检查今年国家经济合同的通知》,规定:凡是没有完成国家计划内的协作任务和国家经济合同的,不能算全面完成计划。对于拒不执行国家经济合同,擅自动用国家计划内产品的单位,要检查、处理,已动用的产品要追回补还。各省、市、区和国务院各部委,要将重点企业、重点产品和各企业的检查情况,于 1972 年 1 月 15 日前报国家计委。

11 月 28 日 新华社报道:我国 29 个省、市、自治区已建设起 1800 多个小水泥厂,这种小水泥厂分布在全国 60% 的县,产量约占全国水泥总产量的 40%。

同日 新华社报道:甘肃省在近几年间,出土了一批珍贵的历史文物。武威县雷台于 1969 年发现了一座东汉墓,出土的金器、铜器、铁器、玉器、骨器、漆器、石器共 200 多件,其中有一件罕见的古代艺术珍品——踏飞燕的铜质奔马,造型奇特,长尾翅举,作昂首嘶鸣飞腾前进状,马的右后脚下踏着一飞燕,其他三脚悬空。

11 月 30 日 国务院发出《关于严格控制社会集团购买力制止年终突击花钱的通知》,要发各部、各地对此严格控制,各级财政部门认真监督;要发动群众,进行检查;情节严重的,要给予纪律处分。

同日 国务院发出通知,决定调整工资。其范围是:1957 年底以前参加工作的三级工,1960 年底以前参加工作的二级工,1966 年底以前参加工作的一级工和低于一级工的工人,以及与上述工人工作年限相同,工资等级相似的职工,工资调高一级。

11 月 财政部发出《关于扩大工商税试点的通知》,决定在 1972 年试点一年后,于 1973 年在全国实行。其试点内容是:①合并税种;②简化税目、税率;③废除征收上的烦琐办法,把一部分管理权限下放给地方;④对少数税率作调整。同时,随文颁发了《中华人民共和国工商税条例(草案)》,对税目、税率作了详细的规定。

12 月 1 日 《人民日报》、《红旗》杂志、《解放军报》发表社论《总结加强党的领导的经验》,提出:要增强党的观念;要继续深入进行思想和政治路线方面的教育;要增强党的团结;要光明正大;要加强纪律性;要搞马列主义,不要搞修正主义。

12 月 5 日 周恩来在听取国家计委汇报全国计划会议情况时指出,现在管理乱得很,要整顿。在周恩来的指示下,国务院主持起草了《1972 年全国计划会议纪要》,提出了整顿企业的若干措施。接着,国家计委又起草了《关于坚持统一计划,加强经济管理的规定》。

12 月 6 日 台湾"省政府"决定加强实施家庭计划。

12 月 7 日 中国和塞内加尔在达喀尔签署建立外交关系的联合公报。

12 月 8 日 中国和冰岛在哥本哈根签署建交公报。

12 月 10 日 台湾"立法院"通过《预算法》修正案。

12 月 10 日—28 日 中央军委在北京召开航空质量座谈会,由叶剑英主持。

12 月 11 日 中共中央下发《粉碎林陈反党集团反革命政变的斗争(材料之

一）》，要求组织传达和讨论。这个材料的结论说："粉碎林彪陈伯达反党集团反革命政变阴谋的斗争，是一场惊心动魄的阶级斗争。这场斗争，是'九大'以来，特别是九届二中全会以来，两个阶级、两条道路、两条路线斗争的继续，是两个司令部，即以毛主席为首的无产阶级司令部，同以林彪为头子的资产阶级司令部斗争的继续。""林彪陈伯达反党集团的罪恶目的，是要分裂我们党，用阴谋手段篡夺党和国家的最高权力，背叛'九大'路线，从根本上改变党在整个社会主义历史阶段的基本路线和政策，颠覆无产阶级专政，复辟资本主义。"

12月13日 新华社报道：我国专政机关最近宽大处理了在押的美国中央情报局间谍分子约翰·托马斯·唐奈和理查德·乔治·费克图。对原判无期徒刑的唐奈改判为有期徒刑5年（刑期从改判之日算起）；对费克图给予提前释放。

12月14日 我国和塞浦路斯在纽约签署联合公报，决定自即日起建立大使级外交关系。

12月15日 台湾当局将"中国银行"开放为民营金融机构，更名为"中国国际商业银行"。

12月16日 由苏丹民主共和国副总统兼国防部长哈立德·哈桑·阿巴斯率领的苏丹政府高级代表团到达北京，对我国进行友好访问。20日，中国和苏丹两国政府签订两国经济技术合作协定。

同日 我国政府发表声明，反对印度对巴基斯坦发动的侵略战争，坚决支持巴基斯坦反对印度侵略的正义立场。

12月16日—29日 我国外交部和我国驻印度大使馆先后多次分别照会印度驻华使馆和印度外交部，就印度武装人员和印度飞机侵入中国境内进行侦察事件；就印度政府纵容印度人和西藏叛匪到中国驻印度大使馆前挑衅事件，分别向印度政府和印度外交部提出强烈抗议。

12月16日—1972年2月12日 国务院在北京召开全国计划会议，起草了《1972年全国计划会议纪要》，提出加强统一计划，整顿企业管理，反对无政府主义，把产品质量放在首位等整顿措施。但由于张春桥的反对，这个纪要中共中央没有批转下发。这次会议拟定的1972年国民经济计划，其主要指标是：工农业总产值（按1957年不变价格计算）3730亿元，比上年预计数增长8.7％，其中农业增长4.0％，工业增长10.1％。主要产品产量：粮食5100亿斤，比上年预计数增加172亿斤；棉花4800万—5000万担，增加405万—605万担；钢2300万吨，增加200万吨；原煤3.86亿吨，增加0.22亿吨；原油4500万吨，增加600万吨；发电量1500亿度，增加140亿度；棉纱1000万件，保持上年水平；铁路货运量7.65亿吨，增加0.3亿吨。国家预算内基建投资安排265亿元，加上自筹资金安排的基本建设，总规模为285亿元左右，计划施工的大中型项目1215个。社会商品购买力和商品可供量各920亿元。进出口贸易总额276亿元。对外援助55亿元。国家财政收入和支出各为770亿元。

12月17日 新华社报道：我国公路建设事业取得很大成绩。1970年全国公路通车里程比1949年前增长了7.5倍，民用汽车增长9倍，70％以上的农村人民公社和大部分生产大队都通了汽车。近5年来，全国新建公路十几万公里。1970年铺的沥青、渣油路面里程比1965年增长5倍，民用汽车增加了60％，运输成本降低19％。特别是一些原来交通比较落后的山区，公路建设发展更为迅速。

12 月 26 日 中共中央作出关于农村人民公社分配问题的指示：①应在生产发展的基础上逐步增加积累，但在正常年景下，要从增加生产中增加个人收入。②口粮分配要采取基本口粮和按工分分粮相结合的办法。③不要硬搬照套大寨的劳动管理办法，要总结当地好的经验。④社队办集体福利企业，要和经济发展水平相适应，不许任意增加脱产人员。大队、生产队干部补贴工分不能超过《六十条》规定。国家在农村举办文教、卫生和其他企事业，或者把企事业下放给生产队管理的，其开支由主管部门负担，不得转嫁给集体和社员。国家补助给民办公助学校和民办教师的经费，不得任意挪用。⑤干部要带头偿还欠款。⑥不能把政策允许的多种经营当做资本主义去批判。

12 月 30 日 我国外交部发表声明，抗议美国、日本把我国钓鱼岛等岛屿划入日本"归还区域"，重申我国对这些岛屿的领土主权。

12 月 31 日 台湾"立法院"通过《农业管理法》。

12 月 中国自行研制的第一艘导弹驱逐舰正式编入人民解放军海军战斗序列，代号为 051 型。051 型驱逐舰材料和设备全部立足国内，是全国 22 个省、市 260 多个厂、所协作配合研制的中国第一代中型水面舰艇。

1972 年

1 月 1 日 《人民日报》、《红旗》杂志、《解放军报》联合发表元旦社论《团结起来，争取更大的胜利》。社论指出了 1972 年的任务："要继续深入进行思想和政治路线方面的教育，加强党的领导，把各条战线的斗、批、改深入下去，推动社会主义革命和社会主义建设的更大发展，进一步巩固无产阶级专政，坚持执行党的'九大'提出的路线，团结起来，争取更大的胜利。"

同日 由外交、合作和计划部长辛巴纳尼耶率领的布隆迪共和国政府代表团到达北京。

同日 人民解放军总政治部发出《关于认真贯彻执行毛主席关于解放军学全国人民的指示的通知》。

同日 蒋介石发表元旦文告，称台湾退出联合国是为了维护联合国宪章。并称台湾与中共势不两立，绝无任何妥协余地。

1 月 6 日 周恩来总理，王新亭副总参谋长会见布隆迪代表团全体成员。中华人民共和国政府和布隆迪共和国政府经济技术合作协定、贸易协定在北京签字。

同日 中共第九届中央委员会委员、中共中央军事委员会副主席、国务院副总理兼外交部长、中国人民政治协商会议全国委员会副主席、国防委员会副主席陈毅，因患肠癌，医治无效，不幸与世长辞，终年 71 岁。

同日 台湾"行政院"通过《长期经济发展计划》。

1 月 7 日 南昌飞机厂改装强—5 核武器运载机，由空军进行了成功的核弹试投。

1 月 9 日 国家计委发出《关于认真抓好 1972 年第一季度工业生产的意见》。《意见》要求第一季度工业的平均日产水平保持并力争高于上年的全年平均日产水平，第一季度要完成 1972 年计划的 23％左右，条件好的争取达到 25％；第一季度进行一次安全生产大检查；大力抓好设备维修，全年各行各业设备完好率平均要达到80%至90%。

同日 建筑学家梁思成逝世。

同日 新华社报道：北京二七机车车辆厂制成我国第一台6000马力液压传动内燃机车。

1月11日 台湾"立法院"通过《行政院国家科学委员会组织条例》。

1月13日 国务院、中央军委通知：1969年以来军队复员干部安排工作后，按工龄和表现，评定工资等级。工龄不满8年的定2级工，8年至15年、15年至20年、20年以上的分别定3级、4级、5级工。分配当干部的按上述年限，定为国家机关行政级25级至22级。

同日 新华社、人民日报和中央广播事业局向中共中央联合上报《关于宣传报道中废止不利于党、不利于人民的提法的初步意见》。《意见》提出："最高指示"、"马列主义顶峰"、"最高最活"和"一句顶一万句"等等提法，应一概废止。

1月15日 台湾当局决定为配合重大改革措施，延期举行6项地方选举。

1月21日 新华社报道：我国地质工作者在山东省发现一具恐龙化石，为鸭嘴龙科的新属、新种，从脚趾到头顶高达8米，从嘴至尾长近15米。是目前世界上发现的鸭嘴龙化石中最高大的一具。

1月22日 中华人民共和国政府和越南民主共和国政府关于1972年中国无偿补充供应越南军事装备、经济物资的议定书在北京签字。

1月24日—2月10日 总政治部在北京召开全军干部工作座谈会，全军各大单位的干部部（处）长出席。

1月26日 台湾"外交部"表示，今后台将采取"弹性外交"。

1月27日 台湾"行政院"核定"经合会"拟定的《支援民营事业发展基金办法》。

1月31日 我国和马耳他在罗马签署联合公报，决定自即日起互相承认和建立外交关系。

同日 巴基斯坦总统布托应我国政府的邀请到达北京，对我国进行国事访问。2月1日下午，毛泽东主席会见了布托总理，2月2日，周恩来总理和布托总理签署了联合公报。

2月2日 台北市警察局表示，去年下半年"取缔"蓄长发男子近两万人。

2月4日 中华人民共和国政府声明，坚决支持越南南方临时革命政府2月2日关于和平解决越南问题的声明。

同日 台湾"外交部长"周书楷在"监察院"重申将采取"弹性外交"，并提出以经济、财政、贸易、教育、文化等配合推动"外交"。

2月5日 毛泽东、周恩来批准国家计委《关于进口成套化纤、化肥技术设备的报告》。国家计委与有关部门商定在上半年与外商签订合同，引进化纤新技术成套设备4套、化肥设备2套，以及部分关键设备和材料，约需4亿美元，争取五六年内建成投产。投产后，一年可生产化纤24万吨、化肥400万吨。1972年，连同上述6套成套设备，中共中央和国务院共批准进口14套化纤、化肥成套设备，这些成套设备是"四三"方案（43亿美元引进方案）中26套成套设备的一部分。

2月9日 台湾当局指示"教育部"，年满16岁男子出境须由"警备总部"严格审查。

2月12日 现代舞剧《白毛女》和钢琴伴唱《红灯记》、钢琴协奏曲《黄河》、交响音乐《沙家浜》等彩色影片摄制完成，春节起陆续在全国各地上映。

2 月 14 日　我国和墨西哥合众国发表建立外交关系的联合公报。

2 月 16 日　毛泽东、周恩来等分别致电斯诺夫人，就埃德加·斯诺先生逝世，表示沉痛的哀悼和亲切的慰问。

2 月 17 日　台湾"外交部"发表声明，称"中共无权代表人民"。

2 月 19 日　我国和阿根廷共和国发表建立外交关系的联合公报。

2 月 20 日—3 月 25 日　台湾"国民大会"第五次会议在台北召开。

2 月 21 日—28 日　美国总统理查德·尼克松应周恩来总理的邀请，访问了中国。陪同总统的有尼克松夫人、美国国务卿威廉·罗杰斯、总统助理亨利·基辛格博士和其他美国官员。

2 月 21 日　毛泽东会见了尼克松，两位领导人就中美关系和国际事务认真、坦率地交换了意见。访问中，周恩来就中美关系正常化等问题同尼克松进行了广泛、认真和坦率的讨论，外交部长姬鹏飞和威廉·罗杰斯也以同样精神进行了会谈。

同日　《人民日报》在《长江中下游水利建设取得重大成绩》一文中报道：解放 22 年来，长江中下游兴修了各种水利工程，共完成土石方 180 亿立方米。目前，长江中下游的灌溉总面积已达 1.5 亿亩，其中建成旱涝保收农田 1.1 亿亩。沿江平原一般可以排泄 5 年到 10 年一遇的渍涝，丘陵灌溉区可以抗御 50 天到 70 天或更长时间的干旱。

同日　"国民大会"通过临时动议《忠告美国总统尼克松访华声明书》。

2 月 27 日　中美双方在上海就《联合公报》达成协议。

2 月 28 日　《联合公报》发表。《联合公报》说："中美两国的社会制度和对外政策有着本质的区别。但是双方同意，各国不论社会制度如何，都应根据尊重各国主权和领土完整、不侵犯别国、不干涉别国内政、平等互利、和平共处的原则来处理国与国之间的关系。国际争端应在此基础上予以解决，而不诉诸武力和武力威胁。美国和中华人民共和国准备在他们的相互关系中实行这些原则。""中国方面重申自己的立场：台湾问题是阻碍中美两国关系正常化的关键问题；中华人民共和国政府是中国的唯一合法政府；台湾是中国的一个省，早已归还祖国；解放台湾是中国的内政，别国无权干涉；全部美国武装力量和军事设施必须从台湾撤走。中国政府坚决反对任何旨在制造'一中一台'、'一个中国，两个政府'、'两个中国'、'台湾独立'和鼓吹'台湾地位未定'的活动。美国方面声明：美国认识到，在台湾海峡两边的所有中国人都认为只有一个中国，台湾是中国的一部分。美国对这一立场不提出异议。它重申它对由中国人自己和平解决台湾问题的关心。考虑到这一前景，它确认从台湾撤出全部美国武装力量和军事设施的最终目标。"中美《联合公报》的发表，标志着中美两国开始走向关系正常化。

同日　尼克松总统和夫人一行结束在中国的访问，离开上海回国。

同日　关杰明在台《中国时报》上发表《中国现代诗人的困境》引发现代诗论战。

同日　台湾当局就中美发表《联合公报》称，"中共无权代表中国"，"中美之间任何协议无效"。

2 月 29 日　我国和加纳在拉各斯签署新闻公报，决定自即日起恢复两国外交关系，并尽快互派大使。

同日　蒋介石公布施行《妨害军机治罪修正条例》。

2月29日—4月14日 国务院文化组、科教组和中国科学院联合召开科教电影座谈会。在此前后,上海、北京等地的科教片厂从"五七干校"调回部分创作人员,恢复科教片生产。

3月1日 台湾"经济部"决定加强与无邦交国家的经济关系。

3月2日 美国副国务卿格林抵台,向台湾通报访华情况。

3月3日 国家计委发出《关于加强物价工作的通知》。《通知》要求:①对价格不作大的调整,只对柴油、机械等支农产品和某些不合理的产品作必要的调整。②属国家统一管理的产品价格,由国务院有关部门分别负责管理;属地方管理产品的价格,由各省、市、自治区管理;国家统一管理的同类商品(产品)价格没有调整时,地方不得自行调整。③各地区要分期分批地开展审价工作,严格价格纪律,整顿基层价格。④要求县以上各级革委会要尽快建立、健全物价工作机构。

3月4日 台湾"行政院"确定推行农业机械化的四项具体办法。

3月13日 新华社报道,就蒋介石集团盗卖中国银行和交通银行股权事件,中国人民银行总行发言人发表谈话。谈话指出:1971年12月25日,蒋介石集团制定了一项所谓"中国银行组织法",并将"中国银行"改名为"中国国际商业银行"。这是蒋介石集团妄图以偷梁换柱、改头换面的手法盗窃国家财产的又一重要阴谋。旧中国被蒋介石集团控制的中国银行和交通银行的官僚资本,是蒋介石集团长期搜刮的中国人民的血汗,中华人民共和国一成立,就由我国政府明令宣布并予以没收,并委由我行接管。该两行在台湾省和外国分支机构的全部财产均属两行总管理处所有,只有中国人民银行和两行总管理处才有权处置,决不容许任何人以任何手段进行侵吞或盗卖。为此,本行申明,不论蒋介石集团采取什么形式和手法转移或盗卖两行财产,都是非法和无效的。本行和两行总管理处保留一切追索权利。

同日 我国和大不列颠及北爱尔兰联合王国在北京签署联合公报。宣布:中国政府和联合王国政府决定自即日起将本国派驻对方首都的外交代表由代办升格为大使。联合王国政府承认台湾是中华人民共和国的一个省的立场,决定于1972年3月13日撤销其在台湾的官方代表机构。

3月17日 台湾"国民大会"通过修订《动员戡乱时期临时条款》。

3月21日 蒋介石、严家淦当选第五任正副"总统"。

3月25日 新华社报道:河南省最近几年发现和发掘出一批重要的历史文物。如1971年12月,在安阳市小屯"殷墟"遗址又发掘出21片古代作占卜用的完整的牛肩胛骨,其中6片刻有文字,最多的一片有60多个字。这是1949年以来出土甲骨文较多的一次。

同日 美国总统尼克松电贺蒋介石当选"总统"。

同日 新华社报道:我国科学工作者在湖北大冶地区第一次采集到了远古人类的劳动工具——旧石器,这为研究古人类的历史提供了新资料。

3月26日 江青反革命集团主要成员谢富治病死。

3月27日 国家计委发出重点钢铁企业主品分成的通知:①全国重点钢铁企业,按1972年钢产量计划的3%分给所在省、市、自治区使用。②各地分成钢材的数量品种,均纳入全国的产需衔接订货,于每季度末提取。③超额部分,也按同样的比例分成,但必须在年终结账后提取。④对所需钢材,各地区在分成留用的钢材数中,适当照顾。

3 月 29 日 国家计委发布关于两个地区物资包干试点暂行办法:①国务院各部门的直属企业、事业单位和地方单位所需物资,由省、市、自治区供应;国防、军工、援外、出口等部门的直属企业、事业单位所需物资,由主管部门供应。②从 1972 年起,对物资调出调入计划,一年一定或一定几年,产品增长全归地方。③先由各省、市、自治区组织产需衔接,然后组织华北五省、市、自治区之间的平衡衔接。

3 月 30 日 国务院发布《中华人民共和国工商税条例(草案)》。扩大税制改革试点:①合并税种。把工商统一税及其附加、城市房地产税、车船使用牌照税、盐税、屠宰税合并为工商税。②减少税目、税率。税率由过去的 141 个减少为 82 个。多数企业可以简化到只用一个税率征税。③一部分管理权限下放给地方。地方有权对当地的新兴工业、"五小"企业、社队企业等确定征税或者减免税。④调整税率,降低了农机、农药、化肥、水泥的税率,提高了印染、缝纫机的税率。按新的税制,国家的工商税收入比原征收额约减少 0.5%。

3 月 31 日 财政部发出《关于改进财政收支包干办法的通知》。对从 1971 年起实行的"大包干"办法作了改进:①中央对各省、市、自治区仍然实行"定收定支,收支包干,保证上缴或差额补贴。结余留用,一年一定"的办法。但各省对地、县不宜层层包干。②地方财政支出的年终结余,仍全部归地方。超收部分,凡超收一亿元以上的部分,上缴中央财政 50%。③地方预算可层层加码。地方的超支和结余,应主要用于发展工农业生产。不要全部用于基本建设。④财政资金和信贷资金,基本建设资金和企业流动资金,必须分口管理、划清界限。

同日 我国外交部发表声明,谴责美国政府无限期停止参加美国和越南在巴黎的会谈,蓄意破坏巴黎会谈的无理行为。

4 月 1 日 台湾"省政府"决定推行自来水区域供水制度。

4 月 2 日 以明托夫总理为首的马耳他政府代表团,应我国政府邀请到我国进行友好访问。8 日,中、马两国政府签订关于中国向马耳他提供长期无息贷款协定。

同日 有日本"台独"幕后主持人之称的邱永汉放弃"台独"主张返台投资设厂。

4 月 6 日 台湾"行政院经济合作发展委员会"拟定为期 20 年的"综合开发计划"。

4 月 7 日 国家计委发出《关于认真抓好第二季度工业生产的意见》。第一季度多数工业产品实现了计划要求。工业计划完成了全年计划的 22.3%,比上年同期增长 11.6%。《意见》要求第二季度工业产品产量比第一季度有较大幅度增长,上半年要完成全年计划的 48%～50%。

同日 国家计委发出《关于严格控制增加职工、充分挖掘现有劳动潜力的通知》。

4 月 9 日 我国和圭亚那经济技术协定在乔治敦签订。

4 月 12 日 越南美军全面停止赴台度假。

4 月 12 日—15 日 毛里求斯总理拉姆古兰和夫人对我国进行友好访问。15 日,我国和毛里求斯在北京签署联合公报,商定建立大使级的外交关系。

4 月 14 日 台湾第一座人造卫星观

测站在成功大学航空测量中心开始启用。

4月16日 《人民日报》发表社论《以粮为纲，全面发展》。指出：农业战线在继续增产粮食的同时，进一步开展多种经营，为集体经济积累更多资金，加速农业机械化。还指出有的同志划不清正当的多种经营和资本主义倾向的界限，不敢抓多种经营，把"资本主义的多种经营"同"社会主义的多种经营"混为一谈。重申在积极办好集体经济，保证在集体经济占绝对优势的条件下，应该允许和指导社员利用剩余时间和假日，从事适当的家庭副业。

4月18日 国务院决定恢复建设银行。1970年5月建设银行并入人民银行以后，对于基建财务和拨款的监督工作放松了，有时甚至连一些基本情况和拨款数字也反映不上来。为了加强对基本建设财务的管理和监督，国务院决定恢复中国人民建设银行总行，省、市、自治区恢复建设银行分行，省以下建设任务比较集中的地点、大中型建设工程所在地，以及国防军工和跨省、跨地区施工的大型建设工地，也设立分行、支行或办事处，各地建设银行实行上级业务部门和地方的双重领导，以地方领导为主。

同日 中国乒乓球代表团访问美国，尼克松总统在华盛顿白宫接见了中国乒乓球代表团。

4月19日 中央军委发出《关于办好教导队加速轮训部队基层干部的指示》。

同日 国务院决定调整甜菜、毛竹、木炭、柴油、铱金笔的价格。甜菜收购价由每吨52元提高到60元，毛竹收购价由每根0.68元提高到0.78元，木炭收购价由每担3元左右提高到5元至6元，每吨柴油在原来70元到100元的基础上再增加40元左右，铱金笔的零售价平均每支由1.41元降为1.1元。上述5种产品调价，使国家财政全年减少收入约2.2亿多元。

4月23日 中国人民政治协商会议第四届全国委员会副主席、第三届全国人民代表大会代表、中华人民共和国全国妇女联合会副主席李德全因长期患病医治无效，在北京逝世。终年77岁。

4月24日 《人民日报》发表了根据周恩来的意见改写的社论：《惩前毖后，治病救人》。社论针对"文化大革命"中林彪、江青两个反革命集团疯狂地打击和迫害老干部，冤案、假案、错案遍及全国的事实，重申了党的干部政策，强调指出：要相信90％以上的干部是好的和比较好的。即使是"犯了错误的人"，大多数也是可以改的。对于他们，不论是老干部、新干部、党内的同志、党外的同志，都要按照"团结—批评—团结"的公式，采取以教育为主的原则，贯彻执行"惩前毖后，治病救人"的方针。

4月26日 国民党中常会通过《实践庄敬自强，以开拓中兴机运方案》。

4月上旬 陈正人和曾山在一星期之内相继去世，周恩来多次指示，对副部长以上的干部普遍进行身体检查，同时改善医疗条件。

5月1日 中共中央发出《关于杜绝高等学校招生工作中"走后门"现象的通知》。《通知》要求各级领导部门加强对招生工作的领导，严格按照党的方针、政策办事，对违犯招生规定的予以制止纠正。今后如再有违犯规定的，除对有关干部进行严肃处理外，也要把学生退回。

5月4日 新华社报道：由中共中央马克思、恩格斯、列宁、斯大林著作编译局编辑的《马克思恩格斯选集》（四卷本），已由人民出版社出版。

5月4日—17日 亚洲乒乓球联盟筹

备会议和成立会议在北京举行。

同日　国家计委、一机部联合发出关于加强下放机械产品管理工作的通知。将原有 96 种下放产品中少数需要全国统一规划组织生产的和主要属于单机配套,应随主机出厂的 17 种产品,调整为部管产品。列入一机部计划的下放机械产品所需要的材料和配套产品,由国家拨给。各省、市、自治区对一机部下达的调出计划和品种要求要严格执行,以保证国防军工、援外、出口、支援工业基础薄弱地区和品种调剂的需要。

5 月 6 日　中共中央发出《关于召开批林整风汇报会的通知》。

5 月 8 日　国家决定取消私营侨汇业,由银行接办其业务。私营侨汇业原有 318 家,分布在广东、福建、浙江、广西等省区,有股金 56 万美元,国外股东占股东的 66%,主要是经营和吸收禁汇、限汇国家和地区的侨汇。他们经营的侨汇占全国侨汇的 40% 左右。将私营侨汇业全部由银行接办,从业人员由地方安置,其财产除了由省、自治区提存部分资金,留作发付退职金、退休金、人员安置费用、国外股东的股金及应分发的红利外,其余的动产和不动产全部交给地方使用。

同日　国务院科教组转发北京市革委会科教组《关于高等学校试办补习班的报告》。

5 月 9 日　为促进全军"批林整风"运动的开展,人民解放军总政治部印发《关于高、中级干部学习的意见》和《关于连队政治教育的意见》。

同日　台湾"外交部"声明不放弃对钓鱼岛的领土主权。

5 月 10 日—6 月 20 日　国务院科教组召开综合大学和外语院校教育革命座谈会。参加会议的有北京大学、复旦大学、上海外语学院等 15 所院校以及北京、上海、辽宁等教育部门的代表。会议提出要从教育革命的实际出发,分析林彪一伙是怎样从右的和极"左"的两个方面破坏毛主席的革命路线的。要抓落实干部政策,对原有干部要安排适当工作。要全面落实党对知识分子的政策,发挥教师的业务专长,合理安排他们的工作,鼓励教师为革命刻苦钻研科学技术,教学中对学员严格要求。会议还提出,要加强基础理论教学。会议还对综合大学文、理两科的培养目标问题进行了讨论。至本年底,教育界在落实干部和知识分子政策,在加强基础理论教学等方面,都有了新的起色。

5 月 12 日　台美签署《农业技术合作合约》。

5 月 14 日—18 日　由索马里最高革命委员会主席西亚德率领的索马里民主共和国代表团,应我国政府的邀请,对我国进行了国事访问。

5 月 15 日　台湾大学"保钓委员会"发表忠告美国青年书。

5 月 16 日　我国同荷兰在北京签署联合公报,同意自 1972 年 5 月 18 日起将本国派驻对方的外交代表机构由代办处升格为大使馆。

同日　新华社报道:我国农村积极开展群众性选育、推广农作物良种科学实验活动,取得了良好成绩。据统计,1971 年南方水稻良种面积已占水稻总面积的 80% 左右;杂交高粱约占高粱播种面积的 1/5;杂交玉米占玉米播种面积的 1/3;小麦抗锈、抗倒伏、高产品种已在全国普遍推广。

5 月 19 日　国家计委发出《关于东北地区煤炭以省为单位实行地区平衡的通知》。

5 月 20 日　蒋介石、严家淦在台北宣誓就职。

同日 蒋介石提名蒋经国出任"行政院长"。

5月21日—6月23日 批林整风汇报会在北京召开。中央各部门和各省、市、自治区负责人共312人参加。5月21日，周恩来在第一次全体会议上讲话，着重介绍会议文件，说明与林彪集团的斗争过程，批判林彪等人。经毛泽东、中央政治局确定的会议文件是：《九届二中全会公报和九届二中全会以来毛泽东的文章、指示和重要谈话》（共12件）、九届二中全会以来中央的有关文件（共两本）、《粉碎林陈反党集团反革命政变的斗争（材料之三）》、《关于国民党反共分子、托派、叛徒、特务、修正主义分子陈伯达的反革命历史罪行的审查报告》和陈伯达的历史罪证、毛泽东1966年7月8日给江青的信。会议的参阅文件是：批判林彪反革命的修正主义军事路线的罪行材料、朱德等9位老同志的书面揭发材料、李力群对林彪罪行的揭发、林彪《论短促突击》、关于中苏关系的11个问题。会议最主要的文件是毛泽东给江青的信。到会同志学习了这一封信，政治局9人分到各组解释了这一封信。江青的解释刊登在会议简报上，她说毛泽东早就看出来林彪"不是马克思主义者"。这显然是不合事实的。根据毛泽东的指示，周恩来6月10日、11日、12日在会上作了民主革命时期党内6次路线斗争的报告。在讲到王明"左"倾教条主义的时候，周恩来光明磊落地作了自我解剖。根据毛泽东的指示，周恩来6月23日在会上作了《关于国民党造谣诬蔑地登载所谓"伍豪启事"的真相》的报告，中共中央又发了文件加以说明，并附若干原始材料，传达至党内高级领导干部。毛泽东说过，这样做的用意是：让党内高级干部了解事

实真相，不允许任何人今后在这个问题上诬陷周恩来。批林整风汇报会一方面比较系统地批判了林彪一伙，使人们认清林彪一伙的真面目；一方面又把粉碎"以林彪为头子的资产阶级司令部"作为"文化大革命"的又一个"伟大胜利"，从而回避了应汲取的基本教训。

5月23日 纪念毛泽东同志《在延安文艺座谈会上的讲话》发表30周年全国美展在中国美术馆开幕。共展出中国画、油画、版画、水粉画、连环画、年画、宣传画、雕塑等作品270多件。

同日 现代京剧《海港》、《龙江颂》和《红色娘子军》的彩色影片开始在北京和全国各地上映。

5月24日 我国和叙利亚经济技术合作协定在北京签字。

5月25日 新华社报道：我国扩大农田灌溉面积取得显著成就。仅河北、河南、山东三省，近年来就新建机井40多万眼，利用机井灌溉农田面积已占总灌溉面积的一半。

同日 中央军委向全军师以上单位印发了总政治部《关于调整部分干部级别的通知》。8月15日，总政治部下达了《关于执行中央军委〈关于调整部分干部级别的通知〉若干具体问题的处理意见》。

5月26日 农林部、财政部颁发《育林基金管理暂行办法》。规定：凡采伐或收购木材、竹材的单位和出售木材、竹材的社队，均须征缴育林基金。采伐国有林，按每立方米木材或每百根毛竹（楠竹）征收10元。采伐或收购集体林的单位，按每立方米木材或每百根毛竹（楠竹）征收7元。

同日 台湾"立法院"投票通过蒋经国为"行政院长"。

5月29日 蒋经国完成"行政院"改

组,原 17 位"政务委员"及部会主管仅留任 7 人,变动幅度达二分之一以上,其中阁员中台湾省籍人士占三分之一。台湾省籍人士谢东闵出任"省主席"。

5 月 30 日 国务院批准试行国家计委、国家建委、财政部提出的《关于加强基本建设管理的几项意见》:①各地区、各部门一律不准搞计划外工程。②用自筹资金安排的基本建设所需资金,要先收后用。③建设项目要认真按照基建程序办事。要制订计划任务书;编好初步设计和工程概算;工程完毕,必须进行验收,作出竣工报告和竣工决算。④建设项目的选址,要经济合理。⑤基建项目所需设备,实行成套供应。⑥加强施工管理和质量检查、工程验收。⑦加强经济核算,降低工程造价。⑧积极进行基建投资大包干的试点。

6 月 5 日 我国和希腊在地拉那签署联合公报,决定自即日起建立大使级外交关系。

同日 美国参议院外交委员会通过向台湾提供 1 亿余美元军援案。

6 月 7 日 希腊与台湾当局"断交"。

6 月 8 日 蒋经国提出十项革新行政、整饬政风的指示。

6 月 9 日 国务院发出《关于加强工资基金管理的通知》。规定:1972 年的工资总额,暂以 1971 年 12 月份的实际职工总数和工资总额为基数,予以控制。各单位的工资总额计划,报经上级主管部门和劳动部门核实后,送当地人民银行。未经批准超计划招收职工以及违反国家政策和规定增加工资的,银行有权拒绝支付。

同日 台湾警方全面查禁公务人员涉足特定营业场所。

6 月 12 日 国务院批转国家计委、国家建委、财政部《关于处理基本建设报废工程的报告》。根据 1970 年基建决算,15 个部门提出要求报废 239 项基建工程,金额达 1.2 亿元。因此,《报告》提出:①报废的工程,应由各地区或主管部门逐项审查。②对报废的工程,要千方百计地加以改造利用;残存的设备、材料要回收,不能一笔勾销。③对于报废工程的财务处理,要经当地建设银行审查签证。

6 月 14 日 台湾"经济部"公布实施《物力调查实施办法》。

6 月 23 日 新华社报道:我国油菜籽在去年丰收的基础上,今年又有较大幅度增产。主要产区总产量比历史最高的 1971 年增产近 2 成。

同日 台湾"立法院"通过《新商标法》。

6 月 25 日—7 月 5 日 斯里兰卡共和国总理西丽玛沃·班达拉奈克夫人应我国政府的邀请访问我国。

6 月 27 日 我国和圭亚那在伦敦签署联合公报。联合公报宣布:中国和圭亚那合作共和国政府根据进一步发展两国友好合作关系的共同愿望,决定自即日起建立大使级外交关系。29 日,中国政府和斯里兰卡政府经济技术合作协定、关于建设棉纺织印染厂的协定在北京签字。

同日 台湾"立法院"通过《电话电报临时捐征收条例》。

6 月 29 日 台湾当局公布《动员戡乱时期自由地区增加中央民意代表名额选举办法》。

6 月 刘家峡水电站——陕西眉县的刘天关输电线建成输电。它是我国自行设计、制造和施工的第一条超高压输电线,也是我国目前距离最长、电压最高、输电量最大的输变电工程,电压为 33 万伏,输电能力为 42 万千瓦,全长 534 公里。

7 月 2 日 国务院总理周恩来会见美

籍中国学者。会见时，周恩来对在座的北京大学革委会副主任周培源说，要"把北大理科办好，把基础理论水平提高"。

7月5日 周恩来同班达拉奈克总理会谈后，在上海签署了两国联合公报。

7月8日—17日 南也门临时最高人民委员会主席、民族阵线总书记伊斯梅尔率领政府代表团访问我国。12日，我国和南也门经济技术协定在北京签订。

7月9日 国家计委召集国务院工交各部委负责人座谈会。会议要求：到9月底，煤炭产量要超过年度计划的75%；钢铁、有色金属、主要燃料化工产品和矿山设备，锻压设备等产量完成年度计划的75%；发电设备、石油设备、化工设备、轧机设备完成年度计划的65%以上。

7月11日 台湾"经济部"宣布将采取稳定经济的四项措施。

7月14日 周恩来会见正在中国参观、探亲的美籍华人学者参观团和美籍华人学者访问团全体成员。

7月15日 毛泽东批示要派人查明回复徐悲鸿纪念馆。翌日，周恩来亲笔写信给廖静文，转达毛泽东批示，并派人前去洽商。

7月15日—8月9日 国务院科教组在北京召开高等学校招生工作座谈会。会议研究了1973年的招生工作。本年，全国高等学校共招收工农兵学员13.35万人。

7月16日 世界卫生组织调查环境卫生，显示台北市、高雄市空气污染严重。

7月16日—27日 北也门总理兼外长艾尼率领政府代表团访问我国。21日，我国和北也门经济技术合作协定在北京签订。

7月20日 蒋经国发表谈话，宣称反对中日建交，并告诫日本应"明辨是非"。

7月20日—8月8日 人民解放军总参谋部在北京举办反坦克武器展览和汇报表演。

7月25日 著名文艺理论家、作家王任叔（巴人）遭受"文化大革命"的摧残迫害，含冤逝世，终年71岁。

同日 台湾"立法院"通过《货物税条例》修正案。

同日 台湾"行政院"取消公务员不得进入歌厅的限制。

7月27日 中共中央、中央军委批转北京军区、六十六军、天津警备区党委在批林整风运动中关于整顿军队纪律、纠正不正之风的三个报告。中央在批示中指出：占用学校、医院和工矿企业的房屋，无偿占有地方的车辆和物资等情况，"不仅天津一地有，全国许多地方也有；不仅军队有，党政机关也有。这种不正之风，必须引起各级地方和部队党委的严重注意，并且采取坚决的措施予以克服。"

7月 中国应越南民主共和国政府的请求，派出扫雷工作队赴越南协助海上扫雷。工作队以海军为主，有各型扫雷艇12艘、保障艇4艘、人员318名。工作队分五批入越，1973年8月完成任务回国。

8月1日 国防部为庆祝建军45周年举行盛大招待会。叶剑英发表讲话。陈云、王震、滕代远等一批被迫害的老干部出席了招待会。

同日 新华社报道：一座距今2100多年的西汉早期墓葬，最近在湖南省长沙市郊的马王堆出土。在这座古墓葬里，从尸体、棺椁到大批随葬器物，都保存比较完整，是我国考古发掘工作中一项极为罕见的重要发现。古墓埋葬女尸一具，由于墓葬采取了防腐措施，使尸体不仅外形基本完整，而且皮下松结缔组织有弹性，纤维清楚。墓的随葬器物共有千余件，其中最珍贵的是覆盖在内棺上的一幅长 2 米多，上宽 92 厘米，下宽 47 厘米的彩绘帛画。帛画内容丰富。整个画面，从下到上，表现了地下、人间、天上的景物，线条流畅、描绘精细、色彩绚丽而对比强烈。实为我国古代帛画中前所未见的杰作。是我国现存的 2100 年前唯一的一件画在丝织品上的绘画珍品。这座古墓葬的发掘出土，为研究西汉初期的历史、文化、手工业生产、农业生产以及医药、防腐等方面提供了极有价值的资料。

8 月 3 日　邓小平致毛泽东信，批判了林彪。14 日，毛泽东在邓小平来信上写批语说："他(指邓小平)在中央苏区是挨整的，即邓、毛、谢、古(邓小平、毛泽覃、谢唯俊、古柏)四个罪人之一，是所谓毛派的头子。整他的材料见两条路线，六大以来两书。""他没历史问题。即没有投降过敌人。""他协助刘伯承同志打仗是得力的，有战功。"

8 月 4 日　台湾"立法院"通过《侨务委员会组织法》修正案。

8 月 7 日　国务院科教组发出通知：重建人民教育出版社，逐步承担编辑出版高等学校工科教材、中小学教材及其他教育书籍的任务。

8 月 8 日　周恩来接见回国大使时讲话，针对林彪、江青在政治和业务的关系问题上制造的混乱，明确提出政治挂帅要挂到业务上，鼓励各级领导干部理直气壮地抓生产、抓业务。国家计委负责人将周恩来这一指示精神，向全国物资会议领导小组作了传达，并写进了全国扭亏增盈会议纪要。江青一伙知道后，追查来源，并阻挠贯彻执行。

同日　蒋经国发表谈话，谴责日本与中国谈判建交事宜。

8 月 11 日　台湾"立法院"通过《大学法》修正案。

8 月 10 日—1973 年 1 月 10 日　全国科学技术工作会议在北京召开。

8 月 12 日　中华人民共和国外交部长姬鹏飞受权宣布：中华人民共和国国务院总理周恩来欢迎并邀请日本首相田中角荣访问中国，谈判并解决中日邦交正常化问题。在此之前，8 月 11 日上午，日本外相大平正芳会晤了中国上海舞剧团团长孙平化和中国中日备忘录贸易办事处驻东京联络处首席代表肖向前，正式转告：日本首相田中角荣要为谈判实现日中邦交正常化访问中国。

8 月 14 日　奉周恩来总理指示，自即日起向台湾同胞发布台风和大风警报和预报。

8 月 15 日　因福熙轮走私舞弊案，有 54 名军警和海关关员被起诉。

8 月 18 日　美国全国广播公司电视摄影队一行八人来中国采访拍片，回国后制作了题为《故宫》(又名《紫禁城》)的电视片。这是新中国成立以来接待的第一个美国大型电视摄影队。

8 月 19 日　国家计委向中共中央作出《关于当前国民经济中几个问题的报告》：一是基建战线长，设备、材料、投资跟不上。1972 年计划安排预算内投资 265 亿元。但各地区、各部门实际安排了 345 亿元。二是职工人数增加多，部分地区一个季度已把全年指标用完，并且还在增加，对市场供应造成很大压力，购买力与商品供应的差额达 25 亿元至 30 亿元。

8 月 20 日　台湾美和青少年棒球队获世界第十二届青少年棒球锦标赛冠军。

8 月 21 日　中共中央发出《关于征询对三支两军问题的意见的通知》，附《关于三支两军若干问题的决定》(草案)。草案中规定在已建立党委的地方和单位，撤销

"三支两军"的机构和人员。此后，"三支两军"的人员陆续撤回军队。

同日 中共中央、国务院批准从联邦德国、日本进口1.7米轧机，建在武汉钢铁公司。这次工程全部概算投资为38.9亿元，其中国外引进费用22.28亿元，折合外汇约6亿美元，国内费用16.16亿元。全部建成投产后，按设计能力，年产300万吨热轧板卷，可加工成279万吨成品板材。这项工程从1975年6月正式施工，到1978年12月基本建成。1.7米轧机建设中存在不少问题：①浪费很大。建设中劳动生产率低，机械利用率差，材料耗用过多，加上工期比原定计划延长一年半左右，延聘专家多花一大笔费用，使得整个工程决算投资比概算投资多花1.9亿元（不含停缓建工程投资1.56亿元）。②没有很好地实行考察、谈判、建设到组织生产的一贯制，对掌握设备影响很大。③主体工程建设与辅助工程建设的关系处理不当，影响设备的调试和正常运转。④外部协作配套条件没有相应跟上，电力、原料缺乏保证。到1980年，热轧、冷轧、硅钢和连铸的产量才分别达到设计能力的29%、26%、18%和40%。

8月24日 我国外交部发表声明，强烈抗议美国飞机轰炸停泊在越南义安省附近海面的我国商船。

8月26日 台湾少棒队获得世界少棒赛冠军。

8月27日 我国和突尼斯经济技术合作协定在北京签订。

8月29日 国务院批准国家计委、外贸部《关于同日本签订钢材长期贸易协议的请示》。决定同日本签订从1973年到1977年的5年钢材贸易协议。每年从日本进口150万吨到200万吨钢材，价值3亿到4亿美元。

8月30日 国民党中常会决定将中国通史及中国现代史列为大学生必修课程。

8月31日 国务院决定统一全国油料超购加价幅度，自9月1日起执行。油料超购加价幅度调整到相当统购牌价的30%。各地超过和不及这个幅度的，一律按此调整。对于社员出售多余的自食油料，也按超购加价幅度收购。

8月31日—9月18日 国家计委召开华北地区和江苏省经济管理体制改革试点座谈会。讨论按照"四五"计划纲要（草案），在1973年加快华北地区和江苏省经济管理改革的步伐。

9月1日 全国人大常务委员会副委员长、中国国民党革命委员会主席、中华全国妇女联合会名誉主席何香凝，因病在北京逝世，终年95岁。

9月2日 台湾"外交部"声明反对日本首相田中角荣访问大陆。

9月2日—13日 第一届亚洲乒乓球锦标赛在北京举行。中国队获得女子团体、女子单打两项冠军。

9月3日—13日 国家体委在四平市召开五省（四川、安徽、陕西、辽宁、吉林）二市（北京、天津）三小球会议。

9月3日—1973年1月27日 全国工艺美术展览会先后在北京民族文化宫和农业展览馆举办。这是"文化大革命"以来第一次大型工艺美术展览。

9月5日 台湾"司法行政部"自10月10日起接管监狱行政权。

9月5日—21日 农业部在黑龙江牡丹江市召开黑龙江、吉林、陕西、甘肃、四川、云南、广东、湖南、江西、福建等十省森林工业学大庆，加强企业管理经验交流会。

9月6日 财政部决定将财政收支办

法改为"收入按固定比例留成,超支另定分成比例,支出按指标包干"的办法。1973 年先在华北、东北地区和江苏省试行。其办法是:①地方财政收入,按固定比例给地方留成,留成比例全国平均 2.3%,但各省不等,比例一定三年。②超收部分的分成比例另定,一般控制在 30% 以内。③财政支出按中央核定的指标包干。

9 月 8 日 台湾"经济部"国贸局决定,如申请向日本进口超过 2 万美元物资,应改向欧美地区进口。

9 月 11 日 周恩来给张文裕、朱光亚写信,指示要抓高能物理及高能加速器预制研究。提醒科学院必须把基础科学和理论研究抓起来。

9 月 14 日 国务院批准国家计委《关于当前市场安排意见的报告》。决定从国外进口手表、的确良布等价值 2500 万美元的商品,预计回笼货币 4 亿元,以缓和市场供应紧张,使当年零售商品货源与社会商品购买力的差额缩小到 9 亿元。

9 月 17 日 由赞比亚共和国副总统乔纳率领的赞比亚友好代表团到达北京,对我国进行友好访问。董必武代主席会见乔纳副总统和夫人及代表团全体成员。周恩来总理举行欢迎宴会。

9 月 18 日—27 日 伊朗法拉赫·巴列维王后访问我国。周恩来总理同巴列维王后进行了会谈。

9 月 19 日 我国和多哥在北京签署联合公报,决定自即日起建立大使级外交关系。同日,我国和多哥经济技术合作协定在北京签订。

9 月 20 日 国家计委成立进口设备领导小组,负责审查进口设备。

9 月 25 日 新华社报道:我国根治黄河水害,开发黄河水利的工作已取得巨大成绩。现在,经过 20 多年坚持不懈的努力,黄河历史上"三年两决口"的险恶局面已经得到扭转。黄河下游两岸已建成引黄涵闸 60 多座,虹吸工程 80 多处,灌溉面积已达 800 多万亩。1971 年,黄河流域的粮、棉产量分别比 1949 年增长 79% 和 137%。

9 月 25 日—30 日 日本国内阁总理大臣田中角荣在外务大臣大平正芳等陪同下,应国务院总理周恩来的邀请访问我国。在此期间,周恩来同田中角荣就两国邦交正常化问题以及双方关心的其他问题先后举行多次会谈。27 日,毛泽东主席会见了田中角荣。29 日,中日两国政府联合声明在北京签字。联合声明宣布:自本声明公布之日起,中国和日本国之间迄今为止的不正常状态宣告结束;两国政府决定自 1972 年 9 月 29 日起建立外交关系,并尽快互换大使。

同日 日本外务大臣大平正芳在北京举行记者招待会,指出作为日中邦交正常化的结果,日蒋条约已宣告结束。

9 月 29 日 国务院批转《国务院办公室关于老干部、高级知识分子和爱国人士住房情况的调查报告》,要求各单位认真检查这三种人的住房情况,并规定:住房被挤占的,原则上应予退还。据此,国务院科教组、北京市革命委员会对北京大学、清华大学、北京医学院、北京工业大学中上述三种人的住房情况作了调查。这 4 所学校中的老干部(副部长级以上)、高级知识分子(3 级教授以上)和爱国人士(全国人大、政协常委以上)共 208 人,"文化大革命"前原住房 1036 间,20105 平方米。在"文化大革命"中,住房被挤占的有 191 人(189 户),占三种人总数的 91.8%。被挤占住房 508 间,共 10101 平方米。此外,这 4 所学校行政 9 至 12 级的干部还有 17

人被挤占住房 88 间,687 平方米,占原住房总面积的 41% 以上。

同日 中日两国发表《联合声明》正式建立外交关系。台湾与日本间的"外交关系"和"和平条约"随之终止。台湾当局宣布与日本"断交"。

9 月 30 日 长沙湘江公路大桥正式建成通车。它是一座 17 孔双曲拱桥,主桥长 1250 米,宽 20 米,可以并排通过 4 辆卡车,在最高水位时,2000 吨的轮船也可以在桥下通行无阻。通到橘子洲头的长 282 米的支桥也同时建成。

10 月 1 日 山东省北镇黄河大桥建成正式通车。大桥全长 1394 米,是我国目前黄河上最长的一座公路桥。桥面可以并排通过 3 辆卡车,两侧各有 1.5 米宽的人行道。这座大桥的建成,把原来被黄河隔断的公路连接了起来。

同日 为庆祝中华人民共和国成立 23 周年,《人民日报》、《红旗》杂志、《解放军报》发表社论《夺取新的胜利》。这篇社论表达了周恩来要求批判极"左"思潮和恢复党的八大的正确路线和方针的意图,要求加快社会主义建设的步伐。

同日 由国务院文化组主办的全国连环画、中国画展览在北京中国美术馆开幕。

同日 由国务院文化组主办的户县农民画展览在北京中国美术馆开幕。

10 月 3 日 财政部召开财政厅（局）长电话会议。通报 1—8 月份只完成财政收入年度计划的 62%;从 5 月份以来,连续出现当月支出大于当月收入的情况;工业贷款占用过多。因此,要求各地财政金融部门抓紧时机,改进工作,严格管理,发展生产,保证完成年度财政收入计划。

10 月 5 日 台湾"经济部"宣布停止办理日元贷款,并提出 72 项"辅导外销工业自主自强"措施。

10 月 5 日—23 日 财政部在郑州召开全国改革工商税制座谈会。会议指出:要切实加强税收管理,加强组织建设,充实基层力量,迅速扭转有税无人收、有人不收税、有人不会收税的情况。

10 月 6 日 《光明日报》发表周培源的《对综合大学理科教育革命的一些看法》。文章的主要观点是:理科既要培养当前生产所需的自然科学工作人员,又要培养为国家今后发展生产、发展科学的理论工作人员。工和理、应用和理论都必须受到重视,不可偏废。改造和建设实验室,加强实验训练,是理科教育革命的一个重要组成部分。在学校中,基础课的教学工作一定要搞好。综合大学理科要对基本理科的研究予以足够的重视。文章是根据周恩来关于要重视自然科学理论的指示写成的。文章本为应《人民日报》之约而写,而姚文元、张春桥不准在《人民日报》刊登。文章在《光明日报》发表后,张春桥向《文汇报》下达指示:"周培源有后台,不管他的后台多大多硬,就是要批!"张春桥、姚文元指使《文汇报》连续发表《这样提出问题是否妥当》、《马克思主义是最基础的理论》、《打什么基础理论》等文章,对周培源的文章进行围攻,并把矛头指向周恩来。

10 月 6 日—12 月 16 日 以贝时璋为团长、白介夫为副团长的中国科学家代表团,对英国、瑞典、加拿大和美国进行访问。代表团团员还有张文裕、钱伟长、钱人元、胡世全、李福生。代表团先后访问了 4 个国家的 23 个城市及其附近地区,参观了 68 所大学、研究所与工厂企业所属的研究单位,以及政府机构、学术团体、博物馆等。

10 月 10 日 新华社报道:辽宁、吉林两省 1949 年后大规模地治理辽河,取得重大成就。在辽河上游和各主要支流共修建水库 220 座。修筑堤防 4500 公里。全辽河流域共有电力排灌站 920 处,可灌溉农田 1100 多万亩。随着水利建设事业的发展,辽河流域的粮食单位面积产量和总产量比解放前增加 1 倍以上。辽河的治理为沈阳、鞍山、抚顺、本溪、辽阳、四平等大中城市工业用水提供了充足的水源。

同日　蒋介石发表文告,声称"精诚团结,力排横逆,自谋自强,再开新局"。

10 月 11 日　新华社讯:《我国对外关系中与各国人民的友好往来又有很大发展》。这篇报道说:"今年,我国已先后同墨西哥、阿根廷、马耳他、毛里求斯、希腊、圭亚那、多哥等国建立了外交关系,同加纳恢复了外交关系,在英国和荷兰的驻外代表机构都由代办处升格为大使馆。……中国和德意志联邦共和国的政府代表顺利结束了关于两国建立外交关系的会谈,谢尔外长前来访华,签署关于建立外交关系的联合公报。"此后,我国又同马尔代夫、马尔加什、卢森堡、牙买加、乍得、澳大利亚、新西兰、达荷美等许多国家建立了外交关系。

10 月 12 日—18 日　1972 年全国田径运动会在南京举行。这是"文化大革命"以来的第一次全国田径运动会。

10 月 12 日—11 月 10 日　经国务院批准,国家计委和财政部、农林部在北京召开加强经济核算、扭转企业亏损会议。会议的中心议题,是解决当时发现的"三个 100 亿"的问题,即同历史上的较好水平比,工业税利少收了 100 亿元,工业流动资金多占用了 100 亿元,基本建设尾巴拖了 100 亿元。针对这些问题,会议批判了林彪等人的"政治可以冲击其他"、"嘴巴就是计划"、"3 年不算账,钱也跑不到外国

去"等谬论,根据周恩来指示精神,重新肯定了"政治挂帅要挂到业务上,挂到生产上,政治工作要结合经济工作一道去做"的原则。会议从多方面研究和拟订了扭亏增盈措施。

10 月 13 日　湘(湖南湘潭)黔(贵州贵阳)铁路建成通车。这条铁路全长 902 公里。它的东头和湘赣铁路相连,西头和 1966 年建成的贵昆铁路相接。这样就在我国南方构成了和陇海路平行、横贯我国东西的第二条交通大干线。这条铁路建成后,大大缩短了西南地区与北京和华东、中南地区的距离,密切了西南与北京和全国的联系。使云、贵、川三省增加了一个大的进出通道,从根本上改善了西南地区交通闭塞的状况。

10 月 14 日　新华社报道:北京工农兵医院、积水潭医院,为一女社员进行同体断肢移植手术获得成功。这对于发展我国创伤外科和肢体移植手术具有重大意义。

同日　我国和马尔代夫政府在北京签署联合公报,同意自即日起建立两国的外交关系。

同日　《人民日报》发表龙岩的《无政府主义是假马克思主义骗子的反革命工具——学习笔记》等 3 篇文章,批判无政府主义,反对"左"倾思潮。这 3 篇文章是报社根据周恩来关于批判极"左"思潮的指示精神而组织的。姚文元看后说:"当前要警惕的是右倾思潮抬头,怎么现在去批无政府主义思潮?"张、姚密令《文汇报》组织一个"工人座谈会"。11 月 4 日,《文汇报》的内部刊物《文汇情况》登出一篇所谓工人座谈会纪要,猛烈攻击龙岩的文章。24 日,《文汇情况》又把龙岩文章发表后一些报纸上的正确提法作为反面论点。从 1973 年至 1974 年,江青、张春桥在人民日

报社进行了一场名曰"批邪"的反革命围剿。

10月15日　台湾"司法行政部"推动司法文书口语化,令台北地方法院第一次以正式白话文判决书对一案件进行了宣判。

10月17日—11月17日　商业部召开粮食工作会议。会议估计,1972年粮食购销将有136亿斤的"窟窿",除进口30亿斤外,尚需挖库存106亿斤。如不采取措施,预计到年底粮食销量将突破900亿斤。商业部于11月23日提出了解决问题的意见,主要是:①处理好农轻重的关系,加强各行各业对农业的支援,大力发展粮食生产。②认真整顿城镇粮食统销工作,压缩一切不合理的供应。③控制职工人数和吃商品粮的人口。④力争在丰收地区多购一点粮食,以丰补歉。⑤农村不合理的销量要核减,民工过高的粮食补助要压缩,社办企业事业人员国家不再补助粮食,收购农副产品奖励粮不得扩大范围、提高标准。通过各方面努力,1972年粮食征购争取完成820亿斤,粮食销量尽量做到不超过880亿斤。国务院同意商业部的报告,并于11月24日向中央写了《关于粮食问题的报告》。12月10日,中央将国务院关于粮食问题的报告和商业部的报告转发各地。

10月17日　国务院科教组召开教材工作座谈会,讨论了大、中、小学教材的改革和建设问题。

10月18日　国务院批准恢复北京语言学院。

10月23日　台湾"省政府"修改小康计划。

10月29日　台北县淡水镇一家公司连续5名女工中毒死亡,致使500多名女工辞职。

10月31日　台湾南部横贯公路全线通车。

同日　台湾"立法院"通过《饮用水管理条例》。

10月　《新体育》、《连环画报》、《建筑学报》等杂志复刊。

10月中旬　国务院文化组召集北影、长影、上影、八一电影制片厂有关创作人员总结拍摄"革命样板戏"的"经验"。此后,各制片厂即按照所谓"样板戏经验"拍摄故事片。长影拍摄了《艳阳天》、《青松岭》、《战洪图》,北影重拍《南征北战》,上影拍摄《火红的年代》,重拍《年轻的一代》,珠影拍摄粤剧《沙家浜》,西影计划拍摄《渔岛怒潮》等。

11月1日　经中共中央军委批准,人民解放军总政治部印发《基层保卫工作的任务和注意事项》。

11月1日—9日　中央军委国防工业办公室召开电子工业座谈会。会议认为应当尽快恢复电子工业的统一领导,建议将三机部、五机部、六机部领导的35个工厂,从1973年1月1日起划归四机部领导。国务院、中央军委批准了这一建议。以后国务院又把过去强行上收的那部分军工企业,重新划归地方领导,并撤销了军委国防工业领导小组,成立国务院国防工业办公室,统一领导几个军工部门的工作。

11月2日　国家计委同意《邯郸邢台地区钢铁、煤炭工业基地综合规划报告》。《报告》中规划:1975年,邯郸、邢台地区粮食产量达到70亿—75亿斤;钢56万吨;煤2024万吨;合成氨4.5万吨。在"四五"后3年投资15亿元。在第五个五年计划期间,使邯郸、邢台地区形成一个钢铁工业基地。这个规划于1973年4月10日经国务院、中央军委批准。但由于资源没有弄清,致使后来规划没有实现。

同日 美国宣布向台湾出售两艘普通动力军用潜艇。

11 月 3 日 我国和尼日利亚经济技术合作协定和贸易协定在拉各斯签订。

同日 台湾"经济部"核准美国福特汽车公司在台湾投资设厂。

11 月 5 日 国务院批转国家计委和国家建委《关于继续压缩基本建设中使用民工的报告》,要求各地区、各部门对民工使用情况进行一次严格检查,将多余民工迅速减下来;未经批准擅自动用的民工原则上一律退回农村。除水利、铁路、公路和大型土石方工程可以有计划地使用部分民工外,其他工程尽可能不用或少用民工。如劳动力确实不足,可在国家批准的劳动计划内招用少量临时工。

11 月 6 日 我国和马尔加什在北京签署联合公报,决定自即日起建立大使级外交关系。

11 月 8 日 台湾"中央银行"拨款 10 亿元作为促进中小企业发展贷款基金。

11 月 13 日 新华社报道:一台每秒钟能运算 11 万次的集成电路通用数字电子计算机在上海试制成功。

同日 我国和卢森堡在莫斯科签署联合公报,两国决定自 11 月 16 日起建立外交关系。

同日 财政部发出《关于编制基本建设财务计划的通知》。规定:①列入国家基本建设计划的建设单位和国营施工单位,都要编制财务计划,上报主管部门。②上年未完成的工程,本年度继续建设必须纳入计划,不得在国家计划之外另加一块。③1973 年国家对主管部门的基建拨款,原则上不能超过当年基建计划投资额。④动员内部资源应由主管部门抵充预算贷款,不得挪作他用或安排自筹基建。⑤基建过程中的矿产品收入,仍实行分成的办法。⑥施工企业必须认真编好施工图预算。

11 月 14 日 台湾"立法院"通过《中央再保险公司条例》。

11 月 14 日—25 日 尼泊尔首相比斯塔和夫人访问我国。18 日,我国和尼泊尔经济技术合作协定在北京签订。

11 月 16 日 国务院批准农业部、轻工业部、商业部《关于安排 1973 年糖料生产的报告》。报告建议 1973 年全国糖料播种面积 1225 万亩,总产量 4.228 亿担,榨季产糖量 200 万吨左右。

11 月 19 日 我国和扎伊尔发表联合公报,决定自 11 月 24 日起实现两国关系正常化,并互派大使级外交代表。

11 月 20 日—30 日 全国农村体育工作座谈会在芜湖召开,214 人参加。

11 月 21 日 我国和牙买加在渥太华签署联合公报,决定自即日起建立大使级外交关系。

11 月 24 日 财政部发出《关于做好 1972 年财政决算编审工作的通知》。要求:①抓紧清理拖欠的税收和利润;②严格执行收入退库制度;③认真审查亏损补贴;④严格执行国家规定的各种专项基金的提取比例和职工福利待遇标准;⑤清理预算外收支,严格划分预算内和预算外的收支。严禁把预算内的收入移作预算外,或将预算外亏损企业列入预算。

11 月 26 日 中国政府和越南政府在北京签订关于 1973 年中国无偿给予越南经济、军事物资援助的协定,确定援助数量价值 21.07 亿元。这一年,中国对越南签订的援助协议为 13 项,金额共 26.57 亿元,全部属于无偿性质。1972 年国家财政对外援助支出为 51.49 亿元,占国家财政支出的 6.7%,比 1971 年上升 31.6%。

11月28日 我国和乍得在北京签署联合公报，决定自即日起建立外交关系。

同日 中共中央对外联络部和外交部在关于召开外事会议的请示报告中提出："会议的任务：联系外事工作的实际，以批林整风为纲，彻底批判林彪反党集团煽动的极'左'思潮和无政府主义⋯⋯"30日，周恩来批示"拟同意"。12月1日，张春桥在批语中说："当前的主要问题是否仍然是极'左'思潮？批林是否就是批极'左'和无政府主义？我正在考虑。"12月2日，江青在批语中说："我个人认为应批林彪卖国贼的极右，同时批他在某些问题上形左实右。在批林彪叛徒的同时也应着重讲一下'无产阶级文化大革命'的胜利。"

同日 台湾"教育部"修订完成《大学及独立学院学生学籍规则》。

11月 甘肃武威旱滩坡汉墓出土大批医药简牍。

12月1日 经毛泽东批准，《红旗》杂志第12期发表广东中山大学历史系教授杨荣国的文章《春秋战国时期思想领域内两条路线的斗争——从儒法论争看春秋战国时期的社会变革》。

同日 日本成立"日华交流协会"，其后台湾亦由工商界人士成立了"亚东关系协会"。

12月5日 人民日报社王若水在给毛泽东的信中，表示拥护周恩来关于批判极"左"的意见，反映了张春桥、姚文元不同意批判极"左"的问题。

12月6日 国民党中常会责成台"外交部"展开"总体外交"。

12月7日 商业部、财政部发出《关于严格控制社会集团购买力的通知》。《通知》要求各省、自治区、直辖市大力压缩非生产性商品购置，要对集团购买力加强计划管理，控制其总额。一切企、事业单位和行政单位，都要编制年度集团购买商品的支出计划，报经主管部门核定支出总额。

12月9日—16日 由贝阿沃吉总理率领的几内亚政府代表团，应我国政府的邀请，访问了我国。13日，中国政府向几内亚政府提供财政贷款的协定和提供商品贷款的协定在北京签字。

12月10日 中国共产党第九届中央委员会委员、中国人民政治协商会议第四届全国委员会副主席、第三届全国人民代表大会代表邓子恢，因长期患病，医治无效，在北京逝世，终年76岁。

同日 中共中央在转发国务院11月24日《关于粮食问题的报告》时，传达了毛泽东关于"深挖洞，广积粮，不称霸"的指示。从1972年到1980年，仅国家财政拨付的人防专款就达几十亿元。

12月14日 我国选派16名留学生赴英国学习英语。本年连同派赴法国的留学生20人，共派出留学生36人。这是自1966年停止派留学生以来，首批派出的留学生。

12月17日 毛泽东与张春桥、姚文元谈话，认为极"左"思潮要少批一点，批林要批极右。此后，全国批林的极右实质，不再提批极"左"。

12月21日 我国和新西兰在纽约签署联合公报，决定自12月22日起建立大使级外交关系。

同日 我国和澳大利亚在北京签署联合公报，决定自即日起建立大使级外交关系。

12月22日 澳大利亚和新西兰分别同台湾"断交"。

12月23日 北京纸张供应站和中国印刷器材公司合并为中国印刷物资公司。

同日　台湾当局举行"增加中央民意代表选举"。

12 月 26 日　新华社报道:上海试制成功我国第一辆载重 300 吨的大平板车。车身长 21.3 米,加上牵引车全长 31 米多,宽 3.7 米,有 96 个大轮子,全部由液压控制。

12 月 29 日　我国和达荷美恢复大使级外交关系的联合公报在北京签订。

同日　国务院、中央军委发出《关于进一步做好从部队选调学员入地方高等学校培养工作的通知》。指出:从部队选调学员入地方高等学校培养,是加强部队建设的措施,要求进一步做好这一工作。

12 月 31 日　台湾"财政部"颁布《实施信用合作社安定基金设置管理办法》。

12 月　毛泽东根据被拘押干部的家属反映的情况,批评监狱实行"法西斯式的审查方式"。18 日,周恩来指示公安部会同北京卫戍区彻底清查北京监狱待遇问题。

同月　复刊的《考古学报》第一期上全文发表竺可桢的论文《中国近五千年来气候变迁的初步研究》。

1973 年

1 月 1 日　《人民日报》、《红旗》杂志、《解放军报》联合发表元旦社论《新年献词》。社论提出了 1973 年的任务:"在新的一年里,我们要把批修整风这个头等大事继续抓好。""更好地贯彻执行毛主席制定的鼓足干劲,力争上游,多快好省地建设社会主义的总路线。"社论转达了毛泽东提出的"深挖洞,广积粮,不称霸"。

同日　周恩来、叶剑英、李先念等中央政治局成员接见部分电影、戏剧、音乐工作者。周恩来根据广大人民群众的意见,指出电影太少,文化组要把电影工作大抓一下。江青也参加了会见,她指定于会泳、浩亮、刘庆棠抓创作,成立文化组创作领导小组办公室,于会泳任组长。

同日　蒋介石发表元旦文告,称要再造中华民族统一的"新中国"。

1 月 2 日　根据周恩来的指示,国家计委向国务院报送《关于增加设备进口、扩大经济交流的请示报告》,提出了从国外进口 43 亿美元成套设备和单机的方案,即"四三方案"。3 月 22 日,国务院原则同意国家计委 3 月 13 日提出的《关于成套设备进口问题的请示报告》,要求在抓紧进口成套设备的同时,与此相关的国内工作,如地质勘探、基本建设、协作配套、原材料供应,以及技术力量培训等,也要相应地跟上,保证进口设备迅速建成投产,达到设计水平,充分发挥投资效果。

1 月 3 日　严家淦以"特使"身份,赴美国参加前总统杜鲁门追思礼拜。

1 月 5 日　台湾"教育部"公布实施"青年报国教育"计划工作重点。

1 月 6 日　国家体委发布《关于进一步开展农村体育活动的意见》。

1 月 7 日—3 月 30 日　国务院在北京召开全国计划会议。会议决定对解决"三个突破"的问题采取如下措施:①大力加强农业。国家用于农业的财政拨款和支农工业的投资,比上年增加 19%;国家用于农业和农业机械化方面的钢材,比上年增加 30%;地方掌握的钢材要拿出 30% 到 40% 用于农业。争取 1973 年的农业生产有较大幅度的增长,做到当年粮食收支平衡,再用两年时间补上粮食"窟窿",使国家粮食储备达到 800 亿斤以上。②缩短基本建设战线。确定 1973 年预算内基建投资 270 亿元,比上年计划增长 1.9%,大中型建设项目 1280 个,比上年施工的大中型项目减少 280 个。③压缩国防和行政方面的开支。1973 年的国防费和行政费占财政支出的比重,要由 1972 年的 25.2% 降低到 24%。国防工业和国防科研投资占预算内总投资比重,由 1972 年的 9.6% 减到 8.5%。④精简职工。争取从几个方面减下 500 万人,1973 年不再招收新职工。会议最后确定:1973 年全年工农业总产值比上年增长 7.2%,其中工业增长 7.7%,农业增长 6.1%。粮食 5200 亿斤,增长 400 亿斤;棉花 4500 万担到 4800 万担,增长 589 万担到 889 万担;钢 2500 万吨,增长 166 万吨;原煤 3.9 亿吨到 3.96 亿吨,增长 350 万吨;原油 5200 万吨,增长 634 万吨;发电量 1600 亿度,增长 89 亿度,棉纱 1050 万件,增长 13 万件;铁路货运 8.2 亿吨到 8.3 亿吨,增长 3200 到 4200 万吨。社会商品零售额 1055 亿元,比上年增加 61 亿元。进出口贸易总额 80 亿美元,比上年增加 18.3 亿美元。财政收入和财政支出各 790 亿元,比上年各增加 30 亿元。

1 月 8 日 国家体委下发《关于进一步开展农村体育活动的意见》的通知,要求各级体委与有关部门紧密配合,切实做好农村体育工作。

1 月 9 日 台湾宣布废止肥料换谷办法,农民可用现金或稻谷折价方式购买肥料。

1 月 10 日 扎伊尔共和国总统蒙博托访问我国。

1 月 13 日 毛泽东主席在中南海会见了蒙博托总统。

1 月 14 日 中扎两国经济技术合作协定和贸易协定在北京签字。

同日 中央政治局成员接见部分电影、戏剧、音乐工作者,江青等责难《海港》。

1 月 15 日—29 日 1973 年全国冰上运动会在吉林省吉林市举行,这是“文化大革命”以来第一次冰上运动会。

1 月 18 日 国务院批准国家计委《关于增加 12 亿元轻工业产品的报告》。《报告》指出,1973 年轻工产品的增长原定 4.4% 的速度,不能适应国内外市场的需要,社会购买力与商品可供量之间有 25 亿元的差额。为此,提出增产 12 亿元轻工产品的方案,把增长速度提高到 6% 左右。

1 月 19 日 中国和罗马尼亚政府关于中国向罗马尼亚提供成套项目和技术援助的议定书在北京签字。

1 月 20 日 从巴基斯坦的卡拉奇经拉瓦尔品第和我国首都北京,到达上海的国际航线正式开航。

1 月 24 日 国务院、中央军委批转外交部、海军司令部、农林部《关于发展外海渔业问题的报告》。

1 月 25 日 台湾“立法院”通过《儿童福利法》。

1 月 26 日 台湾“立法院”通过《遗产及赠予税法》,有关官员指出,两税合并立法,是为防止逃漏,以赠予方式规避遗产税。

1 月 27 日 台湾“经济部”国贸局宣布,开放棉布、毛衣料等 319 种日用品及工业品进口。

1 月 北京印刷技术研究所恢复建制（现改名为中国印刷科学技术研究所）。

同月 经国务院和中共中央军委批准,航空、海军、陆军 3 个军工产品定型委员会成立。

同月 国务院科教组的机关刊物《教育革命通讯》创刊。这个刊物在迟群把持期间,曾经成为江青一伙的舆论工具。

2 月 6 日 18 时 37 分,四川西部甘孜藏族自治州境内发生强烈地震,震级为

7.9 级,震中地区在北纬 31.1 度,东经 100.4 度。

2 月 7 日　前高雄市长杨金虎夫妇因涉嫌在任内收受回扣贪污舞弊被收押。

2 月 8 日　总参谋部、农林部向国务院、中央军委上报《关于生产建设兵团领导管理体制问题的调查报告》。

2 月 9 日　新华社报道:国务院最近召开全国棉花生产会议,讨论 1973 年全国棉花生产计划,制定了发展棉花生产的措施。会议要求各级党组织要全面规划,加强领导,对农、林、牧、副、渔业和粮、棉、油、麻、丝、茶、糖、烟、果、药、杂等项生产,要因地制宜,统筹安排。要严格按照国家计划种足种好棉花,棉田面积要合理布局,适当集中,争取为国家提供更多的商品棉。

同日　财政部向中共中央报告《当前财政金融情况和存在的问题》,指出财政金融中存在的问题是:国家财政收入增长速度慢,企业积累水平下降,亏损增加;工业生产过程中占用的资金和物资过多,银行的工业贷款大量增加;在生产建设中存在着乱拉乱用资金的情况,管理不严,纪律松弛。

2 月 14 日　美国企业家访问团决定向台湾石化电力工业提供 4 亿美元投资。

2 月 15 日　美国国务卿罗杰斯表示,美国尚未考虑减少驻台美军。

2 月 15 日—19 日　美国总统国家安全事务助理基辛格访问我国。22 日发表公报宣布:经商定,中美双方在不久的将来相互在对方首都建立一个联络处。

2 月 17 日　巴基斯坦总统布托的夫人努斯拉特·布托到达北京,对我国进行友好访问。

同日　在"文革"开始后被停刊长达 7 年之久的《中国科学》和《科学通报》复刊。

同日　台湾当局拘捕了参加"民族主义座谈会"的台湾大学教师陈鼓应、王晓波等。

2 月 18 日　台湾大学学生郭誉孚在校门前持刀刎颈,血书"和平、统一、救中国"标语,抗议台湾当局对台大师生的政治迫害。

2 月 21 日　中国和埃塞俄比亚之间的国际航线正式开航。这条航线开航后,由埃塞俄比亚首都亚的斯亚贝巴横渡阿拉伯海,飞越南亚大陆到我国上海,航程 9000 多公里,只需 10 小时左右,大大方便了中埃两国和亚非两大洲之间的友好往来。

2 月 23 日　台湾与美国在台合作制造 F—5E 战斗机。

2 月 26 日　国家计委草拟《关于坚持统一计划,加强经济管理的规定》,提交全国计划会议讨论。当这个文件拿到 1973 年计划会议上讨论时,28 个省、市、自治区赞成,唯有上海反对。张春桥说,这是"拿多数压我们,我们坚决反对,我们是光荣的孤立",并强令把文件收回。

2 月 27 日—3 月 2 日　财政部召开财政金融工作座谈会。决定 1973 年财政体制实行两种办法:一种是试行财政收入固定比例留成的办法,另一种是财政包干办法。会议提出 1973 年财政金融工作的任务是:①加强对农业的支援,国家预算中的支农支出为 79 亿元,比重由上年的 8.9% 提高到 10%;农业贷款指标(包括预购定金)为 50 多亿元;要求地方的机动财力也要主要用于农业。②提高企业积累水平,改进企业亏损补贴制度,从 1973 年起,对亏损企业实行计划补贴、逐级负责、限期扭转的办法。③加强基本建设拨款的管理工作,从 1973 年起,对于原来实行经常费办法的建筑安装企业,国家不再拨给经常费。④加强企业流动资金管理，坚持财政资金和信贷资金分口管理的原则。⑤控制货币发行。

2月28日 中国人民政治协商会议全国委员会在人民大会堂台湾厅举行座谈会，纪念台湾人民"二二八"起义26周年。中共中央委员、人大常委会副委员长周建人，政协全国委员会副主席傅作义和许德珩、廖承志，以及各界人士和在京的台湾同胞代表共100多人出席了座谈会。座谈会由傅作义主持。到会的各界人士对"二二八"起义的烈士表示深切悼念，对烈士家属表示衷心的慰问，对台湾同胞表示亲切问候。

同日 原台湾当局驻澳大利亚大使馆商务专员宋伟斌和夫人及儿女一行四人，乘飞机到达北京，回祖国大陆参加社会主义建设。

同日 国务院同意财政部关于解决1972年地方财政收支平衡问题向国务院的报告。据财政部统计，1972年全国财政收支平衡。但从中央财政和地方财政分别来看，中央财政收大于支27.5亿元，主要是预备费没有用完，国防费少拨了10亿元。地方财政支大于收27.5亿元，有16个省、市、自治区没有完成收入任务，动用了地方财政的历年结余，占用了应上解中央的收入。地方财政短收的原因，有的是因为农业遭受严重自然灾害，有的是同当地形势不安定有关；有的支出安排过多，超过了年初指标。报告提出：①地方安排支出过多，以致收支不抵的，其收支差额由地方自己解决。②对短收完不成上解任务却努力增收节支的，拟核减其任务。③对平衡预算作了努力，但收支差额大，日子难过的，拟从中央结余中帮助其解决困难。

同日 《人民日报》发表初澜的文章：《评晋剧〈三上桃峰〉》。文章把《三上桃峰》说成是一株否定"无产阶级文化大革命"、为所谓"刘少奇反革命修正主义路线翻案的大毒草"。

3月1日—4月5日 国务院、中共中央军委在北京召开全国陆地边防工作会议。

3月6日 中共中央同意并批转国务院、中央军委《关于调整测绘、气象、邮电部门体制问题的请示》。建议将测绘、气象部门分开，国务院和总参分别设立测绘、气象机构；邮电部分从交通部划分出来，电信与邮政合并，恢复邮电部。地方各级测绘、气象、邮电体制，也作相应调整。

同日 蒋经国在"立法院"提出八点社会革新事项，并宣布九点平抑物价措施。

3月7日 新华社报道：我国机械工业部门努力发展组合机床，取得显著成绩。据不完全统计，从1966年到1972年，全国组合机床的产量超过了1966年前10年总和的2倍，技术水平和质量也有显著的提高。现在，以组合机床组成的自动线占我国现有机械加工自动线的四分之三以上，它已经在汽车、拖拉机、电机等行业广泛应用。组合机床是在集中专用机床和普通机床优点的基础上发展起来的一种高效自动化的机械加工设备，采用它或由它组成的自动线生产大批定型产品，可以成倍提高生产率，保证产品质量。

3月8日 周恩来在中联部、外交部举行的招待在京外国女专家和中国女专家的招待会上，严厉批判了"左"倾错误对外事工作的干扰破坏，对在"文化大革命"中被错误批斗或被迫离开我国的外国专家致以歉意，并欢迎他们重回中国。

3月9日 我国和西班牙政府建立大

使级外交关系。

同日　原教育部部长何伟因遭受迫害,在北京病逝,终年63岁。何伟,曾任中共广西省委副书记,广州市委第一书记、外交部部长助理、驻越南民主共和国大使、中共河南省委第二书记等职。

同日　西班牙宣布同台湾当局"断交"。

3月10日　中共中央决定恢复邓小平党的组织生活和国务院副总理的职务。

3月12日　首都各界人士在中山公园中山堂举行纪念仪式,纪念孙中山逝世48周年。同日,上海、南京、广州各界人士也分别举行仪式和活动,纪念孙中山逝世48周年。

同日　台湾当局与约旦签署技术合作协定。

3月13日　台驻南越军援团分批返台。

3月17日　国务院科教组发出通知:国务院批准恢复北京财贸学院、北京广播学院、北京师范学院、江西中医学院、江西大学、云南民族学院、西北民族学院和成都体育学院。1973年,国务院还批准恢复黑龙江建设兵团农垦大学、山西财经学院等高等学校。

同日　国家计委答复黑龙江省《关于"五七"农场资金的报告》。①"五七"农场属集体所有制,实行自负盈亏,评工记分;②不要依赖国家投资去扩大规模;③要开展多种经营;④创办阶段,开荒所需经费参照国营农场标准,国家应予以扶持。农场的干部工资,应与人民公社一样,由地方行政事业费开支;⑤农场所需生产资料由省国营农场管理局负责供应;⑥"五七"农场在业务上划归省农场管理局负责主管。

同日　台湾进行地方县市议员及乡镇长选举。

3月19日　国务院批转国家计委《关于实行农副产品统一奖售办法的请示报告》。《报告》规定:全国对棉花、麻、糖等95种农副产品实行统一奖售办法,比"文化大革命"以前减少61种;各地现行的收购生猪、食油等的奖售标准,可继续实行,全国不作统一规定。1973年需要奖售粮15亿斤,化肥300万吨,棉布1.3亿米。

同日　台湾"邮政总局"决定在基隆、台中、高雄建立海运邮件中心。

3月20日　国务院批转国家计委《关于建立出口工业品专厂、专车间和出口农副土特产品生产基地的通知》。

3月25日　由团长、中华全国体育总会负责人李梦华,副团长陈先、宋中、徐寅生(兼总教练)率领的中国乒乓球代表团离开北京前往南斯拉夫,参加第32届世界乒乓球锦标赛。

3月25日—4月2日　喀麦隆共和国总统阿希乔和夫人应邀来我国访问。26日,毛泽东主席会见阿希乔总统。28日,中喀两国政府经济技术合作协定在京签字。

3月31日　台湾"中央银行"宣布自4月1日起采取"停止接受国外银行短期融资"等措施。

4月3日　国务院批转国务院科教组《关于高等学校1973年招生工作的意见》。《意见》提出:1973年除继续采取前一年的办法外,要"重视文化考查,了解推荐对象掌握基础知识的状况和分析问题、解决问题的能力。保证入学学生有相当于初中毕业以上的实际文化程度。""考查的内容和方法,各省、市、自治区可根据本地具体情况和各专业的不同进行试验。"本年,全国高等学校共招收工农兵学员15万人。

4月5日　台湾陆军导弹部队举行实

弹演习。

4月5日—15日 第32届世界乒乓球锦标赛在南斯拉夫举行。中国运动员胡玉兰和郗恩庭分别获得女子单打和男子单打世界冠军。中国运动员梁戈亮和李莉获得男女混合双打世界冠军。

4月10日 国务院同意并批转国家计委《关于加强国家战略储备物资管理的报告》，指出，随着国民经济的发展和战备的需要，储备工作的任务越来越重，必须切实加强对储备工作的领导，切实做到保质、保量、保安全，一旦需要，保证调得出、用得上。国家计委的《报告》说，目前已在22个省、市、自治区建立了93座储备仓库，加上在建即将投产的33座，正在筹建12座，共计138座。储备物资的品种和数量日益增长，为国家储备了一定的后备物资力量。但是，在储备物资管理上还存在一些问题。

4月11日 中华人民共和国全国人民代表大会常务委员会和中华人民共和国政府，就朝鲜民主主义人民共和国最高人民会议4月6日致各国国会和政府的信，给朝鲜民主主义人民共和国最高人民会议常设会议和朝鲜民主主义人民共和国政府一封复信，对朝鲜民主主义人民共和国政府为促进朝鲜的自主和平统一作出的又一新的努力，表示坚决的支持和声援。

4月12日 南越"总统"阮文绍夫妇抵台访问。

4月12日—26日 黄河治理领导小组、水利部、农林部在延安联合召开黄河中游水土保持工作会议。会议交流了水土保持工作经验，研究了加快水土保持的治理措施，制定了"以土为首，水、土、林综合治理，为发展农业生产服务"的水土保持方针。

4月18日 原台湾陆军少校、中华航空公司编译赵明哲，回到祖国大陆，乘飞机到达北京。

同日 美国赠台海军三艘驱逐舰在美国举行交接仪式。

4月19日—24日 墨西哥总统路易斯·埃切维里亚·阿尔瓦雷斯应邀访问我国。24日，中墨两国发表联合公报。

4月21日 国务院批转外贸部、轻工部《关于发展工艺美术生产问题的报告》，提出两个方案：第一方案为工艺美术品出口值，1973年达3亿美元，1975年达5亿美元；第二方案为1973年达到4亿美元，1975年达到8亿美元。决定按第一方案去确保完成，按第二方案去努力做工作。工艺美术品生产所需原材料要纳入计划，专料专用；已下放农村的老艺人、创作设计人员要归队；工艺美术院校和科研机构要适当恢复。

4月24日 日本棋院理事长有光次郎宣布：日本棋院决定追赠中国已故陈毅副总理围棋名誉八段的称号。

4月28日 《人民日报》报道：北方地区投入农田灌溉的机井已经超过百万眼。

同日 台湾曾文水库开始关闸蓄水。

4月30日 台湾电影制片工业同业公会成立。

4月 国务院科教组在6个大区分别召开全国中小学教育工作会议预备会，着重研究了在第四个五年计划期间普及小学五年教育的问题。

5月1日 北京电视台彩色电视开始试播。

同日 台湾第八届县市"议会"成立。

5月4日 中国人民保险公司和阿尔及利亚保险再保险公司、阿尔及利亚保险公司关于中阿两国贸易海运货物分保合同在阿首都阿尔及尔签字。

同日　中国电信总局和日本邮电省关于建设中国和日本海底电缆的协议在北京签字。这项工程由中日两国合建，计划在 1976 年建成交付使用。

5 月 8 日　农林部向中共中央、国务院提出《关于生产建设兵团和国营农场试行工分制情况的报告》。

同日　我国政府派出的以黄树则为团长的首届代表团出席了第 26 届世界卫生大会。

同日　中国出土文物展览在法国巴黎开幕，这是新中国第一次在欧洲举办文物展览。

5 月 8 日—16 日　挪威外交大臣沃尔维克访问中国。12 日，周恩来总理会见沃尔维克。同日，中挪两国政府民用航空运输协定在北京签字。

5 月 9 日　台湾"行政院"文化局宣布，电影法草拟完成。

5 月 13 日　国务院、中央军委下达《关于调整气象部门体制的通知》。

5 月 14 日　国务院科教组发出《关于搞好高等学校搬迁合并问题调查的通知》，《通知》说，自 1969 年以来，全国共有 50 多所大专院校从大城市迁往大小三线地区、教育基础薄弱地区或靠近生产基地的地区。

同日　中共中央发出《关于无产阶级文化大革命中保护文物图书的几点意见》。

5 月 16 日　国家文化局发出《关于进一步加强保护古窑址的通知》。规定：①凡在著名古瓷窑遗址范围内兴建工程时，请施工单位必须按有关规定事先与文物部门共同协商，提出方案，报请省、市政府批准。②严禁个人或集体在古瓷窑遗址采集瓷片，同时要与外事部门取得联系，绝不准外国人采集。有关文物考古单位因工作需要采集者，要报当地文物主管部门同意。

同日　孙运璇在"立法院"强调应大力发展重化工业。

5 月 20 日—31 日　中共中央在北京召开工作会议。参加会议的有中央政治局委员、候补委员和各省、市、自治区党委负责人等共 246 人。5 月 20 日举行第一次全体会议，周恩来宣布会议的三项任务：筹备召开党的十大、讨论批林整风问题、讨论本年度的国民经济计划。国家计委关于 1973 年计划会议讨论的问题和今后三五年经济发展设想的报告，即《关于国民经济计划问题的报告》，提交会议进行了讨论。会议期间，传达了毛泽东的指示：①项目多了，计划工作至今还没有走上轨道。②搞计划要依靠地方，以省、市、自治区为主。③要把协作区搞起来，一旦有事好办。④只注意生产，不注意上层建筑、路线，不对。要批判孔子。根据毛泽东的意见，会议宣布解放谭震林、李井泉、乌兰夫等 13 名老干部。又决定王洪文、华国锋、吴德列席中央政治局会议并参加政治局的工作。会议决定由张春桥等负责中央党章修改小组，在中央政治局领导下，起草《中国共产党章程（草案）》。同年 7 月，由张春桥等起草的十大政治报告（草稿）、修改党章报告（草稿）、党章（草稿），经中央政治局讨论，并由毛泽东审阅，指示"原则同意"。

5 月 21 日　国务院科教组就科教领域批林整风的形势向中共中央、国务院提出报告。报告说：半年多来，在科教战线围绕着林彪路线实质是"左"还是右、当前的形势是好还是坏、知识分子是改造过头了还是要继续改造这三个基本问题展开了一场大辩论。科教领域群众对批林整风等问题，有以下看法和情绪：认为林彪路线是极左路线,"文化大革命"和科教战线斗批改搞过了头,现在要反"左"纠偏;认为"放着极左不批,而去批右,就会愈批愈'左'";认为现在教育质量低,"工农兵学员不像大学生",教育革命是"乱、糟、低";对《全国教育工作会议纪要》中的"两个估计"有抵触,认为《纪要》是压在知识分子身上的大包袱,是林彪极"左"路线的产物等。报告把这些正确的意见统统说成是"认识模糊","思想混乱",甚至说成是"攻击"。并提出,要继续批林彪修正主义路线的极右实质,进一步认清当前的大好形势,继续加强知识分子的改造。

同日 财政部、商业部发出《关于供销社利润上交办法的联合通知》。规定:①基层供销社仍应按照税法规定交纳所得税(所得税为实现利润的39%);其余利润按规定用于社员股金分红和补充流动资金等开支。基层供销社自有流动资金比例超过年末商品资金70%的部分可以调出,补充给不足40%的基层供销社。②县以上供销社(包括县以上供销社企业)实现的利润全部就地交库,亏损也就地弥补。原有利润留成办法解决的各项资金,改由财政从当年商业收入中退库,交给省、自治区、直辖市商业主管部门按规定的开支范围专款专用。

5月22日 原上海天马、海燕两制片厂合并成立上海电影制片厂。

5月23日 国务院、中央军委联合发出《关于调整测绘部门体制的通知》。决定保留总参谋部测绘局,国务院重建国家测绘总局,属国务院建制;健全省、自治区测绘机构,负责本地区经济建设测绘;重建测绘科学研究所和武汉测绘学院。

同日 国务院、中央军委发出《关于调整气象部门体制的通知》。中央气象局划归国务院建制,并恢复总参气象局。总

参气象局在业务上接受中央气象局指导。

同日 国务院、中央军委发出《关于调整邮电体制问题的通知》。邮电部恢复后,撤销电信总局和交通部邮政总局。各省、市、自治区邮政局和电信局合并,恢复省、市、自治区邮电管理局。

5月28日 国家颁发《短期外汇贷款试行办法》,决定利用我在港、澳的银行吸收的外币存款和外国银行存放在我国银行的信用资金,发展对外贸易。贷款的使用范围,主要用于进口国内短缺的原材料和某些见效快的关键设备,以增加出口产品生产。如发生外国银行和港澳银行挤提资金这类紧急情况时,用国家贸易外汇或其他支付手段抵补,以保证国家信誉。

5月30日 财政部发出《关于工商税制改革后城市维护费和工商税附加处理办法的通知》,指出:原由城市房地产税解决的城市维护费,改为纳入国家支出预算统筹安排,收支不再挂钩。为了不减少地方机动财力,原来随同"工商统一税"征收为1%的地方附加,从1973年起,改为从新的"工商税"收入中按月提取1%的留成,划归地方使用。原来随同"工商所得税"征收的1%的地方附加,仍按现行办法,由纳税单位随同正税缴纳,留归地方使用。

同日 国务院同意并转发外交部5月24日《关于加强地方旅游机构的请示报告》。《报告》建议分别情况逐步恢复和健全地方旅游机构,在各省、市、自治区或所在地党委和革命委员会外事部门统一领导下进行工作。

5月31日 台湾"经济合作发展委员会"改组为"行政院"经济设计委员会。

同日 蒋经国辞去"青年反共救国军"职务,所遗职务由李焕继任。

5月 沈阳飞机厂研制的歼教—6飞

机设计定型。

6月1日 周恩来总理会见瑞典王国外交大臣克里斯特·威克曼。同日,中瑞两国政府民用航空运输协定在京签字。

同日 台湾当局规定每年4月8日为保护动物节。

6月1日—12日 国家体委在长沙召开全国职工体育座谈会。

6月4日 国务院批准国家计委《关于计划外从资本主义国家进口情况和意见的报告》。《报告》提出,当年上半年,已先后批准追加了8.2亿美元的进口额。其中一部分是重要物资,另一部分是各部门要求进口的船舶、汽车、设备、原材料等。除此以外,各部门又先后提出80余项新进口要求,共计3.4亿美元。为此,国家计委建议,将其中2.2亿美元的要求留在国内解决或暂不安排,其余1.2亿美元的进口要求拟予以批准。这样,当年计划外共批准进口9亿多美元,当年用汇约5亿美元,其余部分下年支付。为解决外汇来源,一是决定将1.8亿美元的重要物资改为下年的预订货,由外贸部门调剂解决;二是用银行筹措的外汇资金暂时垫付一部分。《报告》提出,今后进口用汇要从严掌握,力争做到收支平衡。

6月4日—11日 越南劳动党中央第一书记黎笋和范文同总理率领越南党政代表团访问我国。中越联合公报于6月12日发表。

6月5日—18日 国务院科教组在北京召开文科教育革命座谈会。与会的有北京、辽宁等7省市教育、宣传部门和北京大学、复旦大学等7所大学及工农兵代表等共56人。会议着重研究如何抓住林彪修正主义路线的极右实质,联系教育实际深入开展批林整风进一步推动文科教育革命等问题。会议强调林彪的路线对教育战线的影响是极右的,提出要沿着以社会为工厂的道路,改造整个文科。这次座谈会上的经验交流材料,由《教育革命通讯》以《文科教育革命经验专辑》,选刊于8、9期合刊和第10期上。《人民日报》等一些报刊转载了其中的一些材料。

6月6日 国家计委、国家建委、财政部颁发《关于当前基本建设计划安排中几个问题的通知》。提出:①1973年国家计划所列的投资额是基本建设工作量。②安排给建设单位的投资,必须与计划要求完成的建设内容相适应,不得留缺口。③为下一年度建设准备的储备资金,都包括在国家下达的基建拨款计划指标之内。④建设单位动用库存物资必须用于今年计划内项目。

同日 国务院、中共中央军委批转总参谋部、总政治部、总后勤部和公安部拟定的《边防检查站交接方案》。

6月8日 中、越两国政府在北京签订关于1974年中国给予越南无偿经济和军事援助的协定。这次援助越南的有一般物资、军事装备、成套项目和现汇,折合人民币为24.93亿元。1973年,中国同越南共签订7笔援助协议,确定援助数量价值人民币25.39亿元,均属无偿性质。中国在1973年还同其他一些国家签订了援助协议,全年对外签订的援助协议总额度为40.063亿元,实际对外承担34.7亿元,比上年减少11.2亿元。尽管额度有所减少,但由于以前签订需要执行的援助数量多,使得1973年国家财政对外援助支出达到57.98亿元,为新中国成立二十多年来对外援助支出最多的一年;对外援助支出占国家财政支出的比重达到7.2%,是建国20多年来援外比重最大的一年。

同日 台湾"经济部"工业局宣布开放轧钢厂、炼铁厂设厂。

6月10日 毛泽东给李庆霖的复信印发全党。福建省蒲田县城郊公社下林小学教师李庆霖在写给毛泽东的信中,反映其子上山下乡后的生活困难。毛泽东于4月25日给李庆霖复信,寄去300元,并指出"全国此类事甚多,应当统筹解决"。为统筹解决知识青年上山下乡工作中的问题,国务院于6、7月间召开了全国知识青年上山下乡工作会议。

6月12日 台湾"省政府"为加强手工业发展,推广家庭副业,成立手工业研究所。

6月15日 台湾"国防部"证实,美国从1974年起将逐年缩减对台湾的军事援助。

6月18日 国务院决定,趁国际市场1吨大米可换回2吨小麦的时机,从国家储备中拨出100万吨大米增加出口,以换回小麦。这样,当年大米的出口量达200万吨。

同日 国务院、中央军委批转《总后勤部关于在援外军事装备中所发现的质量问题的报告》,规定,凡影响基本性能和使用安全的不援外;凡因质量问题而损坏又难以修复者给予退换;对尚未处理和新发现的援外装备质量问题,请有关部门即以技术通报形式通知受援国,并视需要情况及早派人检修、更换,或供应必要的部件,请受援国自行修换。

6月20日 国家计委向中共中央提出《关于国民经济计划问题的报告》。《报告》强调,在本年度内要把大型项目从1500多个压缩到1200个左右,今后的建设要把更多的投资用到技术改造方面来;建议三年内把军政费用占国家财政支出的比重,从1972年的25.2%,降到20%左右。要增加农业第一线的劳动力,1973年争取减少500万城镇人口和职工,严格控制人口增长速度,1975年要把城市人口净增率降到10‰左右,农村降到15‰以下;扩大对外贸易,在三五年内争取进出口总额增长1倍。

6月20日—27日 马里共和国国家元首兼政府总理穆萨·特拉奥雷,应邀访问我国。毛泽东在会见特拉奥雷时说:我们都是叫做第三世界,就是叫做发展中的国家。你不要看中国有什么展览会啊,其实啊,是一个很穷的国家。我说,越穷越好! 就会革命啊。西方国家呢,不大行了。又说,无论怎样,这些西方资本主义国家是创造了文化,创造了科学,创造了工业。现在我们第三世界可以利用他们的科学、工业、文化——包括语言——的好的部分。

6月21日 闽赣两省部分地区发生洪水灾害,仅江西受灾达63个县市。福州军区闻讯派出1.3万多人、船45只、车辆254台次抢险救灾,并派出医疗队为群众防病治病。

6月23日 中国在日本殉难烈士遗骨交接仪式在北京举行。27日,在北京还举行了在华死亡日本人遗骨交换仪式。

6月26日 国家计委转发出版口《关于图书定价试行标准的请示报告》。

6月27日 我国在西部地区上空,成功地进行了一次氢弹试验。

同日 国民党中常会研讨世界局势及"美苏高层会议",发表决议称,台"不受国际多元政治影响"坚持"复国建国"立场。

6月28日 台湾"立法院"通过《修正贪污罪条例》,通过维持第十八条,贪污罪不适用刑法假释规定的条文。

6月29日 财政部颁发《中国人民银行短期放款办法》。规定:放款对象为在建行开户的国营施工企业,专门供应基建物资的供销企业,地质部门的供销机构和附属修配厂,以及按国家规定实行包工包料的县以上视同国营企业管理的集体所有制建筑企业。放款种类包括超定额储备材料放款,大修理放款。前者放款期限不得超过 6 个月,后者不得超过 1 年。放款年息一律按月息 4.2‰计算,按季收取。

6 月 30 日　台湾成立工业技术研究院。

7 月 1 日　全国人大常委会委员、中央文史研究馆馆长章士钊病逝于香港,享年 91 岁。

同日　国家计委拟订出《第四个五年国民经济计划纲要(修正草案)》。《纲要修正案》提出:①改变以备战和三线建设为中心的经济建设指导思想,必须适当发展沿海,充分发挥沿海工业基地的生产潜力。②农业是国民经济的基础,要把发展农业放在第一位。③第四个五年计划要把钢铁的品种、质量放在第一位。④经济协作区由 10 个改为 6 个。

7 月 3 日　国务院决定全国中等专业学校、技工学校开始招生。这是自“文化大革命”停办中专、技校之后的第一次招生。

7 月 4 日　毛泽东同王洪文、张春桥谈话。他说,郭老(指郭沫若)在《十批判书》里头自称人本主义,即人民本位主义,孔夫子也是人本主义,跟他一样。郭老不仅是尊孔,而且是反法。尊孔反法,国民党也是一样啊!林彪也是啊!我赞成郭老的历史分期,奴隶制以春秋战国之间为界。但是不能大骂秦始皇。

7 月 5 日　中国政府和联邦德国政府贸易和支付协定在联邦德国首都波恩签字。

7 月 6 日　台湾“省政府”选定高雄林园乡和大寮乡规划面积为 750 公顷的工业区。

7 月 9 日　福州军区党委和中共福建、江西省委决定成立闽赣对台(湾)工作委员会。

同日　台湾公布《儿童福利法施行细则》,细则中规定禁止儿童充当特种营业场所侍应生等。

7 月 10 日　中央专案组将《关于林彪反党集团反革命罪行的审查报告》报中共中央。《报告》说:“林彪是长期隐藏在党内的资产阶级野心家、阴谋家、反革命两面派,林彪反党集团是一个叛党叛国的反革命阴谋集团。”“早在‘九大’前后,林彪招降纳叛,结党营私……结成以林彪为头子的资产阶级司令部。”“在党的九届二中全会上,林彪反党集团向党发动的突然袭击,是有预谋的。”“林彪反党集团的出现,是国内外激烈阶级斗争的尖锐表现。”“林彪反党集团罪大恶极,中央专案组建议党中央:①永远开除资产阶级野心家、阴谋家、反革命两面派、叛徒、卖国贼林彪的党籍。②永远开除林彪反党集团主要成员、国民党反共分子、托派、叛徒、特务、修正主义分子陈伯达的党籍,撤销其党内外一切职务。③永远开除林彪反革命集团主要成员、混进党内的阶级异己分子、特务、叛徒、卖国贼叶群的党籍。④永远开除林彪反革命集团主要成员黄永胜、吴法宪、李作鹏、邱会作、李雪峰的党籍,并撤销他们党内外一切职务。⑤对参与林彪反革命政变的其他骨干分子,由有关部门负责审查,按照党的政策,区别情况,提出处理意见,报中央审批。”

7 月 11 日　《人民日报》发表社论《一定要把“五七”干校办好》,说:“中央机关最近召开‘五七’干校工作会议,总结交流了经验,讨论了如何进一步办好干校的问题。”“‘五七’干校是在批判刘少奇的修正主义路线的基础上创建和发展起来的。它是按照毛主席的无产阶级干部教育路线培养教育干部的一种好形式。"

7月12日 周恩来批示同意国务院科教组关于恢复中国文字改革委员会的报告。

7月13日 台湾"立法院"通过《教育部组织法》修正草案。

同日 台湾"行政院"核定兴建北回铁路。

7月14日 台湾"外交部"重申维护台日航线立场，称如日方不与台合作，将不准日机飞越台湾。

7月16日 国务院决定成立计划生育领导小组，下设办公室，负责日常工作。

同日 毛泽东和周恩来指示恢复徐悲鸿纪念馆。

7月16日—19日 国务院科教组委托内蒙古自治区召开8省、区中小学蒙文教材工作座谈会。会议决定成立8省、区中小学蒙文教材协作组，协作编译修订一套十年制中小学蒙文教材。

7月18日 前教育部长、中国人民外交学会会长张奚若在北京病逝，终年84岁。

7月19日 《辽宁日报》按照中共辽宁省委书记毛远新的指示，以《一份发人深思的答卷》为题，发表了张铁生的一封信，并加编者按一语。张是1968年的下乡知识青年，任辽宁省兴城县白塔乡枣山大队第四生产队队长。他在1973年大学招生考试中，物理化学这门课得了零分。他在试卷背面写了一封信。信中说："本人自1968年下乡以来，始终热衷于农业生产，全力于自己的本职工作。""说实话，对于那些多年来不务正业、逍遥浪荡的书呆子们，我是不服气的，而有着极大的反感，考试被他们这群大学迷给垄断了。""我所

苦闷的是，几个小时的书面考试，可能将把我的入学资格取消。""我所理想和要求的，希望各级领导在这次入考学生之中，能对我这个小队长加以考虑为助！"（后一句话发表时被毛远新删去了）《辽宁日报》编者按语说："他对物理化学这门课的考试，似乎交了'白卷'，然而对整个大学招生的路线问题，却交了一份颇有见解、发人深省的答卷。""文化考核的目的，主要是了解分析问题、解决问题的能力，还是检查记住多少中学课程？录取的主要标准，是根据他在三大革命实践中的一贯表现，还是根据文化考试的分数？……"

同日 新华社报道：我国科技人员最近对长沙马王堆一号汉墓女尸进行了解剖和初步研究。结果表明：这只距今2100多年的尸体不仅内脏器官完整，而且主要病变尚可确认。这次解剖为我国古代医学、防腐以及其他方面的研究，提供了科学资料。

同日 国务院科教组转发经国务院批准的《关于1973年接受来华留学生若干问题的请示报告》。《报告》提出：从本年起恢复接受外国留学生，并对一部分留学生提供奖学金。《报告》重申了对留学生的管理教育方针：政治上积极影响，不强加于人；学习上严格要求，认真帮助；生活上严格管理，适当照顾。本年，共接受来华留学生383人，这是1966年停止接受外国留学生以来首批来华的留学生。

同日 无产阶级革命家冯白驹在京病逝，终年70岁。

7月22日 台湾"省政府"决定降低田赋。

7月24日 国务院批转国家计委《关于1973年调整物价计划的报告》，决定适当提高大麻、苎麻、柞蚕茧、棉短绒、生漆、棕片、山羊板皮、淡水鱼、海味海珍品等产

品和部分地区的耕畜、活羊、黄麻以及一部分茶叶、晒烟、绵羊皮的收购价格,提高幅度为 $10\%\sim20\%$,个别品种提价 30% 。对有些省的生猪价格与毗邻地区差距较大,价格不合理,也作了适当调整。农副产品的收购价格提高以后,相应地提高外调品种的调拨价和轻工产品的出厂价格,但市场销售价不动。工业品的价格有升有降,其中部分西药的销价降低 $22\%\sim38\%$;原来价格偏高的一部分冶金、机械、化工产品,农药和生产农药的化工原料,降低了出厂价格;一些铁木竹制中小农具,提高了出厂价、地区差价,对正新建铁路、公路的地区差价,进行了调整,边远地区的城乡差价适当减小。企业和经销部门由于调价而发生的亏损,财政上给予补贴。这次调价影响 1973 年财政少收入 3.5 亿元,农民收益 3 亿元,企业之间的利润转移 3 亿多元。

7 月 27 日—8 月 1 日 刚果总统马里安·恩古瓦比应邀访问我国。7 月 30 日,中国向刚果提供贷款的协定在京签字。

7 月 28 日 江青、张春桥、姚文元审查湘剧影片《园丁之歌》。该片描写青年女教师俞英耐心教育引导小学生克服缺点,成为爱学习、守纪律的学生,同时也教育青年教师方觉认识了自己对学生的态度是错误的,从而树立起正确的教育思想。影片塑造了一个忠于党的教育事业的青年教师形象。江青却指责说:"剧名就不合适,园丁应该是共产党,怎么是教员?""'没有文化怎能担起革命重担'(剧中的一句台词),这句话的问题更大,这句话简直是反攻倒算。"张春桥说:"这个戏在教育路线上也有问题,学生受老师摆布。"1974 年 7 月后,中央报刊均批判了这个影片。

同日 上海越剧团武功教师、演员朱锦多自本日起三次致书毛泽东,揭露张春桥、江青阴谋篡党夺权、攻击陈毅等罪行。信件均被扣留,朱锦多因此遭到残酷迫害,被打成反革命,投入监狱。

8 月 1 日 国家文物局发出《关于进一步加强考古发掘工作的管理的通知》。规定:凡是不配合基本建设进行的考古发掘,都必须征得当地省、市、自治区文化局同意,凡在基本建设范围内配合工程建设进行的考古发掘,应由省、市、自治区文化局组织力量进行。同时规定严禁以搞副业生产或其他名义乱挖古墓葬、古遗址。

8 月 5 日 毛泽东给江青念了他写的《读〈读封建论〉——呈郭老》:"劝君少骂秦始皇,焚坑事件要商量。祖龙虽死业犹在,孔学名高实秕糠。百代多行秦政治,'十批'(指郭沫若的《十批判书》)不是好文章。熟读唐人〈封建论〉,莫从子厚返文王。"毛泽东说:历代政治家有成就的,在封建社会前期有建树的,都是法家。这些人都主张法治,犯了法就杀头,主张厚今薄古。儒家满口仁义道德,一肚子男盗女娼,都是主张厚古薄今的。

8 月 5 日—20 日 国家计委召开全国环境保护会议。会议检查了我国环境保护情况,讨论制定了《关于保护和改善环境的若干规定》(试行草案)。

8 月 6 日—28 日 国家计委在北京召开全国物价工作座谈会。落实了 1973 年调价方案,讨论了此后两年物价调整和加强物价管理的问题。强调必须加强管理,不许变相提价,不许用提价的办法扭转亏损,企业的临时价格要调整,不经批准不得自行定价;协作物资原则上应执行调拨价格,随意变动价格和收费标准的要纠正;集市贸易要加强领导和管理。

8 月 7 日 《人民日报》发表了毛泽东批发的广东中山大学历史系教授杨荣国

的文章《孔子——顽固地维护奴隶制的思想家》。

同日 人民日报发表社论《进一步做好知识青年上山下乡的工作》。

8月9日 国务院发出通知,要求抓好当前生产,努力完成和超额完成今年国民经济计划。

8月10日 《人民日报》转载《一份发人深省的答卷》和《辽宁日报》的编者按语,并加编者按语,说:"这封信提出了教育战线上两条路线、两种思想斗争中的一个重要问题,确实发人深思。"随后,各地报刊加以转载并加以评论。说搞文化考查是"旧高考制度的复辟,是对教育革命的反动",是"资产阶级向无产阶级反扑"。张春桥、迟群说这是"复辟","反攻倒算"。江青说张铁生"真了不起,是个英雄,他敢反潮流"。

张铁生不仅进了大学,还担任了铁岭农学院的领导职务,混入了中国共产党,当上了四届人大常委会委员。张铁生成为"反潮流的英雄","闹而优则仕"的典型。全国刮起否定文化学习的歪风。

同日 台湾"经济部"成立"物价督导会报"。

8月11日 国务院科教组和中国科学院向各地、各部门发出联合通知,由中国科学院负责组织进行民用方面的科技长远规划和年度计划的制定,科学技术三项费用和相应的物资分配,规划、计划的协调、检查等项工作。24日,中国科学院办公会议决定,负责这方面工作的机构为"中国科学院科学技术办公室"。

同日 严家淦以"特使"身份率团赴巴拉圭参加总统就职典礼。

8月13日 国务院批准将中央直属9所艺术院校合并,改称中央五七艺术大学,下设三院三校,即音乐学院、戏剧学院、美术学院和戏曲学校、舞蹈学校、电影学校。中央五七艺术大学于11月成立。江青任名誉校长,于会泳、浩亮、刘庆棠、王曼恬任副校长。周恩来为了保护文艺队伍,指示将中央歌舞团、东方歌舞团和中央民族乐团合并为中国歌舞团,下设东方歌舞队;并对组建中国话剧团、中国歌剧团作了指示。但于会泳等拒不执行这些指示,直到1974年,中国歌舞团、中国歌剧团、中国话剧团,在群众的压力下才不得不相继成立。但于会泳等人又长期不给演出任务,并砍掉东方歌舞队。

8月14日 中共中央转发国务院《关于全国知识青年上山下乡工作会议的报告》。《报告》说,全国已有800多万城镇知识青年上山下乡,其中有59000人入党,83万多人入团,24万多人被选进各级领导班子。但是,工作中还存在很多问题:中央有关部门和地方有些领导干部把这项工作当做临时措施,抓得很不得力;不少下乡知识青年的生活困难长期得不到解决;培养、教育无人过问,有些领导干部"走后门"把子女留在城市或调离农村等。为了解决这些问题,会议拟定了6条统筹解决的办法,并起草了《关于知识青年上山下乡若干问题的试行草案》和《1973年到1980年知识青年上山下乡初步规划草案》,要求县以上党委都要建立领导小组和得力的办事机构,并由一名书记主管,组织党、政、军、民、学各方面的力量做好这项工作。

8月17日—23日 国家体委在烟台召开全国青少年儿童体育工作座谈会,153人参加。会议主要讨论了在全国建立健全业余训练网、试行《国家体育锻炼标准》和建立青少年儿童竞赛制度等问题。

8月20日 国务院、中央军委联合发出《关于小三线军工厂归地方领导的若干问题的通知》。《通知》说,1969 年,林彪一伙借口"统一规划",把小三线军工厂的管理权强行上收,严重损害了地方办军工的积极性。根据中央既定方针,小三线军工仍全部归省、市、自治区领导。

同日　中共中央批准中央专案组《关于林彪反党集团反革命罪行的审查报告》。

8 月 21 日　中国驻墨西哥特命全权大使熊向晖,代表我国政府签署《拉丁美洲禁止核武器条约》第二号附加议定书。熊向晖代表中国政府声明:中国政府签署该议定书,并不意味着中国在裁军和核武器问题上的原则和立场有任何改变,特别是这不影响中国政府反对"不扩散核武器条约"和"部分禁止核试验条约"的一贯立场。

同日　"亚洲反共联盟"在台北召开会议。

8 月 23 日　由空军领导的中国人民解放军第六航空研究院划归第三机械工业部建制领导,改称第三机械工业部航空研究院。

8 月 24 日—28 日　中国共产党第十次全国代表大会在京举行。毛泽东主持了大会。出席大会的代表共 1249 名,代表全国 2800 万党员。大会的议程有:周恩来代表党中央作政治报告;王洪文代表党中央作关于修改党章的报告,并向大会提出《中国共产党章程(草案)》;选举中国共产党第十届中央委员会。大会选出 195 名中央委员和 124 名候补中央委员。在 8 月 30 日召开的十一届一中全会上,毛泽东当选为中共中央委员会主席,周恩来、王洪文、康生、叶剑英、李德生当选为副主席。张春桥、江青、姚文元当选为政治局委员。王、张、江、姚在政治局中结成"四人帮"。

8 月 24 日　国务院科教组就高等学校抓意识形态斗争问题电话通知北京、上海、天津、辽宁、吉林、江苏、山东、湖北、广东、陕西、甘肃、四川 12 省、市教育部门,要求他们转告各高等学校:根据 5 月毛主席关于要注意抓路线、抓上层建筑、抓意识形态及要学一点历史等指示精神,"在深入批林整风过程中组织力量开展对孔子的批判,对《红楼梦》的研究工作等,发挥文科的作用,促进文科的教改。"

8 月 25 日—9 月 6 日　亚非拉乒乓球友好邀请赛在北京举行,来自 86 个国家和地区的乒乓球代表团参加。中国乒乓球队获得男子团体、女子团体和混合双打三项冠军。

8 月 26 日　新华社报道:我国第一台每秒钟运算 100 万次的集成电路电子计算机由北京大学、北京有线电厂和燃化部等有关单位共同设计试制成功。半年多来经过 3000 多小时的试算运转证明,性能稳定、质量良好,主机的解题能力、外部设备和管理、语言编译、符号汇编三套程序等主要指标,均已达到设计要求。

8 月　由科学院物理所、生物物理所和北京大学有关人员组成的北京胰岛素晶体结构研究组,完成 1.8 埃猪胰岛素晶体结构的测定工作。

9 月 1 日　台湾"内政部"警政署刑事警察局成立。

9 月 3 日　新华社报道:我国第一台光电等高仪研制成功。它的口径为 15 厘米,选用反射光学系统,将老式的自测改为光电自动记录,自动化程度较高,测时精度达到了 3‰秒,测纬精度达到了 4‰角秒。

9 月 4 日　"北京大学、清华大学大批判组"的《儒家和儒家的反动思想》一文在《北京日报》发表。这个"大批判组"有 30多人,实际由江青亲自指挥、直接控制。

直到 1976 年 10 月，这个"大批判组"共撰写文章 200 多篇，公开发表的有 181 篇，其中有 30 多篇是江青、姚文元直接点题授意的所谓"重点"文章，都是为"四人帮"篡党夺权阴谋服务的。这个"大批判组"有 10 几个笔名，如梁效、柏青、高路、景华、安杰、秦怀文、施均、郭平、金戈、万山红、祝小章、梁小章。他们除了享有在《红旗》杂志、《人民日报》等报刊上优先发表文章的特权外，还直接把持了《北京大学学报》，并一度控制《历史研究》。

9 月 6 日 由上海、江苏、湖北、河南、山东、辽宁、四川等 8 个省（市）共 445 名医务人员组成的中央赴藏医疗队到达西藏。

9 月 8 日 巴黎—北京航线正式通航。12 月 17 日，由法国总理皮埃尔·梅斯梅尔的夫人率领的法中友好代表团到达北京。代表团是前来参加法航开航北京的庆祝活动并进行友好访问的。

9 月 8 日—11 日 国务院科教组召开教育战线批判孔子问题座谈会。与会的有各省、市、自治区教育部门及有关高等学校负责人等 98 人。中山大学教授杨荣国在会上作《儒法的斗争和孔子反动思想的影响》的报告。科教组负责人迟群在会上提出，要把批孔作为贯彻党的十大精神、深入批林整风的一项大事来抓。并说不光文科院校要批孔，各类学校都要批孔，要把批孔和深入教育革命结合起来。迟群还在会上说："哪些地方不重视批孔"，哪些地方就属于"针插不进，水泼不进"。10 月初，周恩来批评了迟群的这些论调。

9 月 10 日 国务院、中央军委决定撤销军委国防工业领导小组，成立国务院国防工业办公室。第三、第四、第五、第六机械工业部，由军口领导变为由国务院直接领导。这几个部的直属企业和国防工业的院校下放给省、市、自治区，实行地方和部双重领导，以地方为主。省、市、自治区设立管理国防工业的机构和管理电子工业的专门机构，撤销各大军区管理国防工业的机构。

同日 台湾海军在台湾海峡进行反潜作战训练。

9 月 11 日—17 日 法国总统乔治·蓬皮杜应邀访问我国。

9 月 13 日 台湾"考试院长"孙科去世。

9 月 14 日 国务院同意商业部的报告，决定调整粮食征购和销售计划，从年初原计划征购粮食 800 亿—900 亿斤，销售 840 亿斤，改为征购 950 亿斤左右，销售 910 亿斤左右。

9 月 15 日 上海市委直接控制的《学习与批判》创刊。这个写作组以"石仑"的笔名在创刊号上发表《论尊儒反法》一文。该写作组是"四人帮"特别是张春桥、姚文元的写作班子，正式成立于 1971 年 7 月。从党的十大到 1976 年 10 月，这个写作组及其下属各组以罗思鼎、康立、石仑、翟青、方海、齐永红、梁凌益、戚承楼、靳戈、史尚辉、史锋、曹思峰、方岩梁、石一歌、任犊等 80 几个笔名，在《红旗》杂志等报刊上发表了大批的"左"倾或反动文章。除《学习与批判》外，这个写作组直接控制的刊物还有《朝霞》、《朝霞文艺丛刊》、《教育实践》、《自然辩证法杂志》等。这个批判组的头头说："我们所干的事，现在说出去，现在杀头，将来说出去，将来杀头。每一期《学习与批判》，就是一块我们的墓砖。"罗思鼎和梁效，南北呼应，同恶相济。

同日 中国和上沃尔特建交公报发表，宣布建立大使级外交关系。

9 月 17 日 新华社报道：为帮助西藏人民发展医疗卫生事业，上海、江苏、湖南、湖北、河南、山东、辽宁、四川 8 个省、市组织了 8 个医疗队，共 440 多名医务工作者，在最近先后出发去西藏。他们将分别深入西藏的拉萨、山南、日喀则、那曲、昌都等城乡，为各族人民治病防病，帮助藏族卫生员提高技术水平，扶持当地医疗卫生事业的发展，还要有计划地调查研究高山不适应症和当地常见病、多发病的情况，提出有效的防治措施，同时注意研究西藏特殊的药材。

9 月 18 日　国务院发出《关于组织沿海港口突击装卸、疏运的紧急通知》。9 月初在港船舶达到 200 余艘，超过历史最高数，国务院要求有关部门和地方，迅速改变这种局面。

同日　亚洲运动会联合会执委会会议在泰国曼谷召开。会议通过决议，确认我中华全国体育总会为该联合会会员。11 月 15 日至 16 日在德黑兰召开的亚洲运动联合会理事会特别会议上，批准了执委会决议。

9 月 20 日　中国和乍得政府间经济技术合作协定在北京签字。

9 月 21 日　台湾"省政府"宣布禁止以良田作为工业用地。

9 月 25 日　蒋经国在"立法院"作施政报告，声称要"开创外交新局面"。

9 月 26 日　国务院批准外贸部《关于广州交易会几个问题的请示报告》。《报告》提出：①广交会要坚持统一对外，反对在对外成交中争商品、争市场、争客户。②秋季交易会要有一部分下年度的出口商品，提前成交。要吸收少量的生产部门的有关人员参加工作。③交易会主要销售适宜看样成交商品，以中小客户为主要对象，以民间贸易为主，主要搞出口。大宗产品应以平时成交为主。④国家每年拨给广东省 50 万美元专款，用以解决广交

会接待工作中的实际问题。

同日　经国务院批准，国务院出版事业管理局正式成立。

9 月 27 日　中央党校写作班子以唐晓文的笔名在《人民日报》发表《孔子是"全民教育教家"吗?》一文。这是这个写作班子第一次发表文章。唐晓文也是"四人帮"篡党夺权的舆论工具，两三年中发表了许多影射攻击文章。它还有汤啸、辛风、学泽、唐拓、汤新、范秀文、史建文、宋明等笔名。

9 月 28 日　《人民日报》转载《辽宁日报》发表的《"焚书坑儒"辩》。文章主要观点是："'焚书坑儒'，就其性质来说，在当时是一个反篡权复辟的'厚今薄古'的进步措施。""秦始皇'焚书坑儒'的效果，也是应该肯定的。"

9 月　严文井、王仿子率中国出版印刷代表团到日本参观访问。

同月　国务院文化组召开电影制片厂负责人会议，强调拍摄故事片要贯彻"三突出"原则，并决定 1974 年计划生产故事片 24 部。

10 月 1 日　北京电视台开始正式播出彩色电视节目。

同日　全国连环画、中国画展览及户县农民画展览在中国美术馆开幕。

10 月 2 日　吉林省前扶松花江公路大桥建成通车。该桥 1972 年 4 月 20 日正式开工兴建。大桥全长 1389 米，桥面车行道宽 9 米，两侧人行道宽各 1.5 米，两侧引道总长 7.5 公里，是当时松花江上最长的一座预应力钢筋混凝土梁式公路桥。

10 月 4 日　新华社报道：中国科学院生物学教授童第周和美国坦普尔大学美籍中国科学家牛满江教授，在中国科学院动物研究所进行合作研究，第一次通过动物实验证明，细胞质内的信息核糖核酸对

细胞分化、个体发育和性状遗传有显著的作用。这一实验的成功，不仅对细胞遗传学的基础理论作出了新贡献，还将为医学和农业的实践开辟广阔道路。

同日　台湾当局为稳定日用品价格，决定全面开放进口。

10月5日　中国政府和越南政府关于1974年中国无偿供应越南军事装备物资的议定书在北京签字。

10月10日　农林部颁发《森林采伐更新规程》。

同日　蒋介石发表文告，声称"冲破横逆，再开新局"。

10月10日—17日　加拿大总理皮埃尔·埃利奥特·特鲁多应邀访问我国。13日中加政府贸易协定在北京签字。

10月13日—28日　北京军区根据中央军委、总参谋部的指示，在张家口地区举行首次诸军兵种协同打敌集群坦克研究性实兵演习。参加演习的有陆军、空军和民兵共2.1万余人，飞机55架，坦克、装甲车371辆，火炮385门。

10月15日　新华社报道：我国工业、农业、医学和科学研究方面广泛研究和应用放射性同位素与射线的新技术，取得了许多可喜成绩。

10月19日　中国人民的朋友、美国著名作家埃德加·斯诺的骨灰安葬仪式在北京举行，毛泽东主席献了花圈，我国领导人和有关方面负责人参加了安葬仪式。

同日　台湾"立法院"通过修正《公文程式条例》。

10月22日　新华社报道：我国铁道部门在南京东北郊建成一座大型列车编组站——南京尧化门车站。车站股道长100多公里，桥涵120多座，自动化程度较高。南北货运列车到达这里，经过解体作

业后，可以立即重新编组出站。

10月23日　国务院科教组在北京召开的理工科院校教育革命座谈会结束。此会本月11日召开，与会者共143人。会议总结交流了搞好学校批林整风和教育革命的经验，研究了按照"五七指示"和"七二一指示"组织教学工作，进一步搞好开门办学，使教育同三大革命运动相结合，使学校同社会建立广泛和密切的联系等问题。

同日　台湾"中央银行"宣布提存款利率。

10月24日　解放军总政治部宣传部发出《关于在部队中批判孔子的意见》，要求"各级党委、政治机关要认真学习5月中央会议传达的毛主席关于批孔的教导。注意阅读中央报刊发表的文章，充分认识批孔的重要意义。""当前，要认真学习十大文件，继续把批林整风放在首位。在深入批林中联系批孔"。江青在1974年1月25日大会上当众指责，说这是"三条屁话"。

10月26日　刘仁因遭受残酷迫害逝世，终年64岁。

10月28日　台湾曾文水库工程正式竣工。

10月31日　台中港工程正式开工。

10月31日—11月4日　澳大利亚总理惠特拉姆应邀访问我国。

10月—1974年1月　迟群一伙打着"反击修正主义"的旗号，在清华大学开展了所谓"反右倾回潮运动"（即"三个月运动"）。他们上揪"资产阶级复辟势力代表人物"，下扫"复辟势力的社会基础"，乱扣"裴多菲俱乐部"、"自由论坛"、"反对工人阶级领导"、"反对教育革命"、"反对七二一指示"等政治帽子；派人进驻教研组和一些"重点单位"，搞"揭盖子"、"夺权"、

"占领阵地",搜索打击对象。在这个运动中,被立案审查和重点批判的教职工有64人,被点名批判的有403人,被点名指责或被迫作检查交代的人数更多。迟群一伙在清华大学掀起的这个运动,曾影响到北京及其他地区的一些学校。

11月1日　罗思鼎撰写、姚文元修改的《秦王朝建立过程中复辟与反复辟的斗争——兼论儒法论争的社会基础》,在《红旗》杂志第11期发表。文章借批"宰相"、批"折中主义"、"反复辟",影射攻击周恩来。

同日　台湾电力公司投资400亿元,兴建第三核能发电厂。

11月8日　台湾"经济部长"孙运璇呼吁民众,面对世界能源危机要自动节约能源。

11月9日　国务院批准国家计委《关于增产煤炭保证冬季生产、生活用煤的报告》。到10月全国重点煤矿欠产782万吨,以致煤炭供应紧张。为此,要求对生产不好的煤矿加强领导,争取今后不再欠产,生产较好的煤矿要多产,加强山西煤炭的调运,完成增加调运150多万吨的任务。

11月10日　我外交部长姬鹏飞通知政府间海事协商组织秘书长科林·戈德:中华人民共和国政府决定参加1960年6月17日在伦敦签订的《国际海上人命安全公约》和1966年4月5日在伦敦签订的《国际船舶载重线公约》,并退出1930年7月5日在伦敦签订的《国际船舶载重线公约》。我国在加入1966年《国际船舶载重线公约》时,作了如下保留:关于中华人民共和国沿海区域的划分,不受该公约附则二第49条和第50条有关规定的约束。姬鹏飞部长还受权声明:蒋介石集团盗用中国名义对此两公约的接受,是非法的,无

效的。根据上述1960年和1966年两个公约的规定,这两个公约将于1974年1月5日起对我国生效。

同日　美国国务卿基辛格到达北京。11日到13日周恩来总理等同他举行了三次会谈。14日,发表了《公报》。

11月12日　国务院批转水电部《关于今年中小型水库垮坝情况的报告》。到9月上旬,全国中小型水库垮坝570座。为此,国务院要求逐个地解决水利大检查中发现的问题。

同日　财政部发出《关于1975年财政决算编审工作几个具体问题的通知》,提出:①1973年各地区上解中央的财政收入,由各级金库如数办理上解,年终决算后,由中央与地方进行结算,多退少补。凡试行财政收支包干办法的地区,地方财政超收部分,按全年结算收入数和固定的留成比例计算,留归地方。地方财政超收的部分,另按财政部核定的超收分成比例提留,其余部分上解中央财政。②关于基建拨款结余的处理。本年度国家分配的基建投资,其未完成部分,一律不结转下年。本年的基建拨款结余,一律交回中央财政。1974年连续需要的投资,在1974年国家计划中统一安排。③对城镇人口下乡经费的结余进行一次全面的清理。④严格执行预算收入退库制度。⑤在年终以前认真清理往来账款。

11月12日—11月15日　国民党召开十届四中全会。

11月14日　台湾当局就基辛格访华发表声明,称美国和大陆间任何协议均属无效。

11月16日　国务院、中央军委联合发出《关于严格控制社会集团购买力,制止年终突击花钱的通知》。

同日　《学习与批判》第三期发表《资

产阶级和儒法斗争》，第一次提出儒法斗争持续到现在的荒谬观点。

同日　新华社报道：10年来，海河流域人民，对洪、涝、旱、碱等灾害进行了全面治理，开挖和疏浚了子牙河等34条骨干河道，总长3700公里。

同日　新中国首次研制的Ⅰ型火箭弹射救生装置设计定型（歼—6飞机使用）。

同日　亚运会理事会投票确认中华人民共和国为会员国，同时取消台湾的会籍。

11月18日—25日　阮友寿主席率领越南南方共和国临时政府代表团访问中国。18日—20日，周恩来总理同阮友寿举行了三次会谈。20日，签署关于1974年中国给予越南南方共和国无偿经济援助的协定。

11月20日　国家出版事业管理局、商业部联名发出《关于进一步加强农村图书发行工作的意见》。

11月21日　《文汇报》、《解放日报》按照张春桥的意见，发表上海师范大学学生刘丽华的一次谈话记录，掀起以批判"智育第一"、批判"资产阶级习惯势力"为中心的讨论。这个讨论在上海的报刊上持续了三个月。上海的高校还通过贴大字报、召开座谈会等方式，错误地批判所谓"智育第一"。

11月22日　台湾"行政院"通过节约能源方案四原则。

11月25日　毛泽东在批评江青的一封来信上批示："印发政治局各同志。有些意见是好的，要容许批评。"来信署名"一个普遍的共产党员"。信的内容是批评江青"民主作风较差"，把文艺强调得过分，在文艺工作中不执行双百方针，等等。信中认为"一切为样板戏让路"的口号，吹捧江青是"文化大革命的英勇旗手"，都是

不恰当的。

11月26日　财政部提出《关于改进财政管理体制的意见》，提出：从1974年起，在全国普遍试行财政收入按固定比例给地方留成；对超收的部分另定分成比例，地方超收分成比例控制在30%的幅度以内；地方机动财力大体上应有70%用于发展农业生产，老企业的技术改造和补充流动资金，30%用于解决城市建设，各项事业费和行政费以及其他方面的一些急需开支；对少数民族地区在财政上的照顾，仍按过去的规定执行。

11月27日　台湾"中国石油公司"投资41亿元，勘测陆上及海域油源。

11月28日　《光明日报》以《一所深受贫下中农欢迎的大学》为题，发表关于辽宁农学院朝阳分院（即朝阳农学院的前身）的调查报告，开始宣传"朝农经验"。调查报告宣扬的经验是：①学生实行"社来社去"，即学生由社队选送，毕业后仍回原选送社队当农民。②教学实行"从农业需要出发"，以科研促教学，即根据当地农业生产发展需要解决的问题建立若干课题组，围绕科研课题组织教学。③办学方式实行"几上几下"，即每年分段组织学生回队参加农业学大寨的群众运动和在校学习。"上"就是在校学习，"下"就是回生产队实践。

11月30日　《光明日报》报道浙江4所大学到"三大革命"第一线举办短训班，并发表署名文章《大办短训班好》，认为大学办短训班是无产阶级教育革命的一个新生事物，是社会主义大学办学的一种重要形式，决不是临时措施。自本年起，一些高等学校陆续举办各种短训班。1974年"批林批孔"运动开始后，高等学校进一步大量举办各种形式的短训班。学习的时间长短不一，有的几天，有的几周，有的

半年或一年以上。学员少则几十人,多则几百人。有的学校一年办几十期短训班,如复旦大学在开展"批林批孔"运动后,4个月举办了 35 期短训班,培训了 2100 人。

11 月 毛泽东依据不可靠的汇报,误认为周恩来在一次外事活动中说了错话。根据毛泽东的意见,中央政治局开会批评了周恩来。江青在会上提出这是"第十一次路线斗争",诬陷周恩来"迫不及待"。12 月 9 日,毛泽东同周恩来、王洪文等人谈话中,一方面肯定"这次会开得好,很好",另一方面批评了江青的提法,说:"有人讲错了两句话。一个是讲十一次路线斗争,不应该那么讲,实际上也不是","一个是讲总理迫不及待。他(指周恩来)不是迫不及待,她自己(指江青)才是迫不及待"。

11 月 1970 年冬成立的中央五七艺术学校扩建为中央五七艺术大学,下设戏剧、音乐、美术、戏曲、电影、舞蹈等学院。

12 月 3 日 中央广播事业局以中华人民共和国广播电台和电视台的名义致电"亚洲—太平洋广播联盟"第十届全会和该联盟主席,决定行使亚广联正式会员的权利。

12 月 7 日 财政部召开全国税务工作座谈会。会议提出:①新的工商税制在征收办法上作了简化,符合企业生产经营的需要,必须认真搞好试行工作。②减免税要按照政策和税收管理权限确定,不能改变统一税目和税率。③下放的税收管理权限,主要应当集中在省、自治区、直辖市掌握,不要层层下放。

12 月 7 日—14 日 尼泊尔国王比兰德拉和王后应邀访问我国。

12 月 8 日 中央军委转发了经中共中央批准的全军院校领导小组《关于全军恢复和增建 41 所院校的报告》。《报告》提出了恢复和增建院校的原则和方案,对学制、校址、编制、名额等问题都作了明确的规定。

同日 国务院、中共中央军委发出通知,决定成立由人民解放军总参谋部、海军、空军和国家外贸部、交通部等部门负责人组成的海上安全指挥部,交通部部长杨杰为安全指挥部主任。

同日 大型客机设计院在上海成立,后改为上海飞机设计所。

12 月 9 日 西藏雅鲁藏布江的第二座桥梁——岗嘎大桥建成通车。大桥全长 416 米。

12 月 10 日 台美"中国大陆研讨会"在台北举行。

12 月 12 日 毛泽东在由他提出的关于大军区司令员对调问题的中央政治局会议上讲话。13 日—15 日又同政治局有关同志以及北京、沈阳、济南、武汉军区负责人谈话,批评"政治局不议政,军委不议军、不议政"。毛泽东提出由邓小平当军委委员,政治局委员,并说明是政治局请回来的,不是他一个人请回来的。毛泽东在谈话中再次说朱德是"红司令",还说整贺龙、罗瑞卿、杨成武、余立金、傅崇碧都是林彪搞的。"我是听了林彪一面之词,所以我犯了错误"。根据毛泽东的意见,22 日,中共中央发出通知说:中央决定:邓小平为中央政治局委员,参加中央领导工作,待十届二中全会开会时追认;邓小平为中央军委委员,参加军委领导工作。同时,中央军委发布八大军区司令员实行对调的命令:任命北京军区司令员李德生为沈阳军区司令员,沈阳军区司令员陈锡联为北京军区司令员;南京军区司令员许世友为广州军区司令员,广州军区司令员丁盛为南京军区司令员;济南军区司令员杨得志为武汉军区司令员,武汉军区司令员曾思玉为济南军区司令员；兰州军区司令员皮定钧为福州军区司令员，福州军区司令员韩先楚为兰州军区司令员。毛泽东在谈话中还肯定了福建李庆霖的信和辽宁张铁生的信，提出不要看不起"儿童团"，在北京要把八大学院的教授集中起来，出一批题目考他们。毛泽东的这些谈话，为江青一伙所利用，在教育领域掀起一股反所谓"回潮"、"复辟"的浪潮，导演了"考教授"之类的闹剧。

同日 《北京日报》发表《一个小学生的来信和日记摘抄》，并加长篇的编者按语。"小学生"是北京海淀区中关村第一小学五年级学生黄帅。黄帅的信是她和班主任教师之间产生了一些矛盾之后，家长让她写的，日记摘抄是《北京日报》按反"师道尊严"的需要摘编的。这个材料先是刊登在《北京日报》的一个内部刊物上，迟群、谢静宜见到后，即接见了黄帅，并由谢静宜指令《北京日报》加编者按语发表。编者按说："教育战线上修正主义路线的流毒还远远没有肃清"。"要警惕修正主义的回潮。"12月28日，《人民日报》全文予以转载又另加编者按语，从此，在全国掀起了"破师道尊严"的浪潮，教师对学生的教育与要求统统被说成是搞"师道尊严"，许多教师被迫作检查、受批判，粉碎林彪反革命集团后刚刚恢复教学秩序的学校又遭到破坏，一些学校又出现了"干部管不了，教师教不了，学生学不了"的混乱局面。

12月16日 康生的《汉代的一场儒法大论战——读〈盐铁论〉札记》在《学习与批判》第4期发表，借批霍光和宰相田千秋，影射攻击周恩来。

12月14日 梁漱溟在全国政协学习会上发言，表示"我对当前的'批林批孔'运动持保留态度"。后来又作发言，不同意把批林与批孔结合起来。

12月18日 联合国大会第28届会议决定把已是联合国大会和安全理事会正式语文的中文，列为联合国大会和安理会的工作语文。

12月19日 台湾"司法行政部"发布实施"家事事件处理办法"。

12月20日 国务院批准《1974—1975年印刷技术改造规划》。

同日 台湾金山轮船公司的一艘货轮"东方君主号"在加拿大温哥华外海沉没。

12月21日 新华社报道：自1968年12月22日起，5年来全国共有800万知识青年上山下乡。

12月22日 经中共中央军委副主席叶剑英批准，全军战备训练领导小组成立。战备训练领导小组成立后，院校调整领导小组、军教影片领导小组、全军军训会议领导小组不再单独设立。

12月25日 国际中学生体育联合会执委会通过决议，接纳中华人民共和国中学生体育协会为该联合会会员。

12月27日 孙运璇在能源会议上发表讲话，称能源危机日趋严重，要求工商业者全力支持当局，共度难关。

12月28日—1974年1月7日 国务院科教组在北京召开北京、天津、上海、辽宁、河北、江苏、广东、陕西、四川九省市中小学教育革命座谈会。会议提出在教育领域"修正主义仍然是当前主要危险"，要"向着资产阶级和一切剥削阶级的意识形态开展新的进攻"，要"打退资产阶级右倾势力的猖狂进攻"。

12月29日 台湾"教育部"决定，继续实施公费留学，此方式与实行奖学金制度并存。

12月30日 国务院科教组和北京市

革命委员会科教组根据毛泽东关于要出题目考教授的谈话,对北京地区 17 所高等院校的 631 名教授、副教授突然进行数理化考试。许多教授以拒绝参加考试、交白卷、在考卷上写反对意见等方式,进行抵制。事后,科教组还通过召开座谈会、发简报,在《教育革命通讯》上发表题为《考教授有感》的署名文章等办法,竭力扩大“考教授”的政治影响。在此以前,辽宁对大学教授进行过一次考试。在北京“考教授”之后,上海、天津等地也先后仿效。

1974 年

1 月 1 日　《人民日报》、《红旗》杂志、《解放军报》联合发表的元旦社论《元旦献词》说:“要继续开展对尊孔反法思想的批判……批孔是批林的一个组成部分。”

同日　《红旗》杂志第 1 期发表初澜的《中国革命历史的壮丽画卷——谈革命样板戏的成就和意义》一文称,“文化大革命”前文艺理论界的所谓“毒草”“简直多得充斥市场,泛滥成灾”,“要严加批判,把它们彻底扫进历史的垃圾堆里去”。此后一段时间内,报刊上连篇累牍大谈“文化大革命”前后文艺作品的“多”与“少”问题,直到 4 月底,刘庆棠在审查“五一”节目座谈会上还说:“说现在的文艺作品少,就是怀念过去的毒草多。”这些都是直接针对周恩来批评“文化大革命”以来文艺作品少的正确意见的,是“四人帮”反对所谓“文艺黑线回潮”的表现。

同日　《体育报》复刊,公开发行。

同日　蒋介石发表元旦文告。

同日　台湾省自来水公司在台北市成立。

1 月 3 日—6 日　日本外务省大臣大平正芳访问我国。5 月,中日贸易协定在北京签字。

1 月 4 日　邓小平对国家体委负责同志谈话,指出“要把学校体育工作搞好,要发展少年儿童业余训练”。

1 月 4 日—16 日　国务院在北京召开全国棉花生产会议,会议要求继续抓紧落实棉农口粮标准不低于邻近产粮区的政策和棉花奖售化肥的政策,并安排 1974 年棉花生产的指标是:播种面积 7500 万亩,总产 5500 万担,收购 5000 万担。

1 月 7 日　中国共产党第十届中央委员会委员、中央军事委员会委员、中华人民共和国国防部副部长、国防委员会委员、解放军军事科学院第二政治委员王树声大将逝世,终年 69 岁。

1 月 8 日　台湾“行政院”核定《突破交通瓶颈方案》。

1 月 9 日　新华社消息:沈阳军区部队高中级干部联系实际,刻苦读马列著作和毛主席著作,坚持三年已获成效,加强了对党的基本路线的理解,提高了无产阶级专政下继续革命的觉悟。

1 月 11 日　我国外交部发言人发表声明:南越西贡当局悍然宣布将中国南沙群岛中的 10 多个小岛屿划归南越管辖,是对中国领土主权的肆意侵犯。发言人重申了中国对南沙、西沙、中沙和东沙群岛的领土主权。

1 月 12 日　王洪文、江青在给毛泽东的信中,建议转发北京大学、清华大学大批判组汇编的《林彪与孔孟之道》(材料之一),在全国开展“批林批孔”运动。毛泽东批示:“同意转发。”

1 月 13 日　江青以个人名义给空军司令员写信,要求“批林批孔”。在 1、2 月份,江青就“批林批孔”问题还给全军指战员、某部防化连和海军、空军、南京部队、广州部队的领导机关、外交部、中国科学院、四机部第十设计院，以及下乡知识青年等，写信、送材料。

同日 江青把迟群、谢静宜等人找去谈话，派他们分别到海军、空军等单位"点火放炮"。

1月14日 台湾空军装配的F—5A战斗机正式投入使用。

1月15日 台湾"立法院"通过《公务人员保险法》修正案。规定公务人员退职或资遣将不发养老金。

1月16日—20日 国务院文化组召开电影制片厂负责人会议，传达江青、张春桥对《战洪图》、《火红的年代》、《年轻的一代》等影片的意见。之后，故事片《火红的年代》、《艳阳天》、《青松岭》、《战洪图》开始在全国各地陆续上映，这是"文化大革命"八年多来首次上映新的国产故事影片。

1月17日 台湾第一座蜡像馆竣工。

1月18日 中共中央转发《林彪与孔孟之道》（材料之一），并发出《通知》。《通知》说："资产阶级野心家、阴谋家、两面派、叛徒、卖国贼林彪，是一个地地道道的孔老二的信徒。他和历代行将灭亡的反动派一样，尊孔反法，攻击秦始皇，把孔孟之道作为阴谋篡党夺权、复辟资本主义的反动思想武器。"这个材料以林彪等人的言论与孔孟的言论相对照，共分八个部分：①"效法孔子'克己复礼'，妄图复辟资本主义"；②"鼓吹'生而知之'天才论，阴谋篡党夺权"；③"宣扬'上智下愚'的唯心史观，恶毒诬蔑劳动人民"；④"宣扬'德'、'仁义'、'忠恕'，攻击无产阶级专政"；⑤"贩卖'中庸之道'，反对马克思主义的斗争哲学"；⑥"用孔孟反动的处世哲学，结党营私，大搞阴谋诡计"；⑦"鼓吹'劳心者治人，劳力者治于人'的剥削阶级思想，攻击'五七'道路"；⑧"教子尊孔读经，梦想建立林家世袭王朝"。

同日 《人民日报》刊登南京大学哲学系工农兵学员钟志民的退学申请报告，编者按指出：钟志民"自觉批判了自己'走后门'上大学的错误，从而反映了工农兵学员向地主资产阶级意识形态展开了新的进攻"。"请各地教育部门组织高等学校干部和师生认真学习"。2月2日，国务院科教组在《教育革命简报》上转载这些材料并加编者按语提出："在批林批孔中，要抓现实的阶级斗争和路线斗争，严肃检查、批判和纠正'走后门'这种背叛马克思主义的不正之风。"在此之后，一些高等院校纷纷揭发追查"走后门"上大学的不正之风，一些"走后门"进大学的学员，要求退学，一些"走后门"、"开后门"的领导干部作了检查。

同日 台湾"外交部"发表声明，重申对南沙、西沙群岛的主权。

1月19日 我国外交部副部长余湛召见苏联驻华大使托尔斯季科夫面交一份抗议照会。照会指出：苏联驻华大使馆一等秘书维·伊·马尔琴柯夫妇，三等秘书尤·阿·谢苗诺夫夫妇和武官处翻译阿·阿·科洛索夫在中国进行间谍活动，1974年1月15日晚，他们在北京市郊区与苏联派遣特务李洪枢等秘密接头，交换情报、文件和电台、联络时间表、密写工具、伪造的边境通行证等间谍用品以及活动经费等，被中国公安人员和民兵当场捕获，对苏联大使馆人员的间谍活动，中华人民共和国政府向苏联政府提出强烈抗议。

同日 中国人民解放军在民兵、渔民配合下，与南越军队在西沙海域激战，次日战斗结束。在西沙海战中，中国军队击沉敌舰一艘，重创敌舰三艘，保卫了被南越侵犯的我国西沙群岛,江青背着党中央、毛泽东,用个人名义给西沙军民写贺信,派人代表她到西沙送材料,"送路线,送政治",并要他们回来时写出作品。在江青的授意下,为江青树碑立传的"诗报告"——《西沙之战》,经江青和于会泳加工后,于 3 月 15 日在《光明日报》上发表,这个"诗报告"把江青吹嘘成西沙之战胜利的"鼓舞者"和"力量的源泉"。

1 月 19 日—21 日　迟群、谢静宜按照江青的意见,到河南省唐河县马振扶公社中学调查初二年级学生张玉勤自杀事件,事情的经过是:1973 年 7 月 10 日下午,马振扶中学初二班进行英语考试,张玉勤交了白卷,并在试卷背面写道:"我是中国的人,何必要学外文,不学 ABCD,也能当接班人,接好革命班,埋葬帝修反。"为此,张玉勤受到班主任杨天成的批评,并要她写出检查,学校负责人罗天奇在 12 日初中班学生大会上要各班对此事讨论批判,张玉勤当日离校后未回家,投水自尽。事情发生后,公社、县有关部门和学校已作了妥善处理,江青在一份内部刊物上看到此事后,借题发挥,派迟群、谢静宜去调查。

1 月 20 日　我国外交部就南越西贡当局武装侵犯我国领土西沙群岛的琛航岛发表声明,重申了 1951 年 8 月 15 日周恩来外长在《关于美英对日和约草案及旧金山会议的声明》中表明的立场:"西沙群岛和南威岛正如整个南沙群岛及中沙群岛、东沙群岛一样,一向为中国领土。"

1 月 23 日—2 月 18 日　国务院文化组举办的华北地区文艺调演在京举行。调演期间,"四人帮"及其亲信于会泳等人,制造了震骇全国的《三上桃峰》事件。山西省参加演出的剧目《三上桃峰》,取材于《人民日报》1965 年 7 月 25 日的通讯《一匹马》,讲的是河北省抚宁县的事,戏中女主人公给因为买了病马而蒙受损失的桃峰大队送去一匹大红马支援春耕,王光美"文革"前在抚宁县桃园大队搞过社教。于会泳等人无中生有地说王光美 1966 年春也给桃园大队送过一匹大红马,诬蔑晋剧《三上桃峰》是吹捧"桃园经验",为刘少奇翻案的大毒草。2 月 28 日《人民日报》发表初澜写的《评晋剧〈三上桃峰〉》的文章,鼓噪击退所谓"反革命的修正主义文艺黑线的回潮"。一时间,破字猜谜,烦琐考证,大抓影射,罗织构陷之风盛行,"四人帮"从《三上桃峰》开刀,对全国文艺界又进行了一次大洗劫。

1 月 24 日、25 日　江青擅自召开驻京部队"批林批孔"动员大会,又参加中共中央、国务院直属机关"批林批孔"动员大会。在会上,迟群、谢静宜发表了煽动性的长篇讲话,他们介绍了《林彪与孔孟之道》(材料之一)产生的过程和"反复辟"的主题,强调"批林批孔"要联系现实,他们要联系批意大利一纪录片《中国》,联系河南唐河县马振扶中学所谓"修正主义教育路线反攻倒算",还要联系批"走后门"。江青一伙是以"批林批孔"为名,把矛头指向周恩来和一大批党政军领导人。会后,姚文元修改、整理会议讲话,准备下发,被毛泽东制止。

1 月 25 日　郭沫若被叫到"批林批孔"动员大会的会场上,几次三番被点名批判、罚站起来。江青诬蔑他"对待秦始皇,对待孔子那样态度,和林彪一样。"当日晚,周恩来派人到郭沫若家传达他的指示:"郭老已经是 80 岁的高龄了,要保护好郭老,要保证郭老的安全。"周恩来并具体指示了四条措施。

同日　中国共产党第十届中央委员、政协第四届全国委员会常务委员王稼祥逝世,终年 68 岁。

1月26日 迟、谢写出《河南省唐河县马振扶公社中学情况简报》,说:"张玉勤之死,完全是修正主义教育路线的迫害所造成的。"

1月30日 按照江青等人的布置,《人民日报》发表评论员文章:《恶毒的用心,卑劣的手法——批判安东尼奥尼拍摄的题为〈中国〉的反华影片》。安东尼奥尼是意大利摄影师,于1972年春经周恩来批准来华,拍摄了一部长达3个半小时的反映中国各方面情况的纪录影片——《中国》。

同日 台湾"行政院"通过《稳定当前经济措施方案》,蒋经国称制定此措施方案的目的在于保持经济增长并调和社会大众利益。

1月31日 中共中央转发了《河南省唐河县马振扶公社中学情况简报》并指出:"请河南省委认真复核,严肃处理这一修正主义教育路线进行复辟的严重恶果,并迅速将处理结果上报。"河南省委接到文件后,对这一事件重新作了处理。马振扶公社中学被夺权,罗天奇、杨天成被批斗,并被判刑两年,唐河县层层办学习班,揪"罗、杨式人物",共批斗了280余人。全国各省、市、自治区也按文件的精神,组织学校师生检查,"揭露"修正主义路线"回潮"、"复辟"等等。一批忠于职守、热心教育工作的中小学教师因之被打成"复辟"典型,或被下放,或被撤职,或被开除公职,甚至被判处徒刑,一时造成学校领导怕负责任、教师不敢管学生的现象,学生纪律松弛,学校秩序混乱。旷课、斗殴、破坏公物现象经常发生,不少学校、班级不敢抓文化课教学,不敢进行文化考核,教学质量大大下降。

2月1日 《人民日报》刊登上海港务局第五装卸区工人的一张大字报《要当码头的主人,不做吨位的奴隶》。大字报指责五区领导不是坚持无产阶级政治挂帅,而是吨位挂帅。《人民日报》为此加的编者按认为,大字报"抓住了当前企业管理中的要害问题,具有普遍的现实意义"。在"要当码头的主人,不做吨位的奴隶"的口号影响下,许多港口不敢抓装卸和疏运吨位指标,使得港口压船情况再度严重起来,在港船舶经常保持在240艘至250艘之间,仅1月份外贸租船等泊一项,就损失租金186万英镑。

同日 台湾"行政院"卫生署成立药物、食品、化妆品广告联合审查小组。

同日 台湾"省政府"发布通告,严禁各级税务人员配偶在其任职地区内经商。

2月4日 我国外交部发言人就日本政府和南朝鲜当局于1月30日在汉城签订所谓"共同开发大陆架协定"发表声明,指出,根据大陆架是大陆自然延伸的原则,东海大陆架应由中国与有关国家协商确定如何划分。日本政府和南朝鲜当局背着中国在东海大陆架划定所谓"日韩共同开发区",这是侵犯中国主权的行为。日本政府和南朝鲜当局在这一区域擅自进行开发活动,必须对由此引起的一切后果承担全部责任。

2月10日 江青到四机部讲话,说美国康宁公司送给我方彩色显像管生产线考察团蜗牛礼品"是骂我们,侮辱我们,说我们爬行",还说引进彩色显像管是"崇洋媚外"。并要四机部把"蜗牛"退到美国驻华联络处去,提出抗议。"蜗牛"在美国是一种工艺品,常作送礼和陈设之用,康宁公司送蜗牛并无恶意,外事部门根据周恩来的指示查明了事情的真相,中央决定收回江青在四机部的讲话,挫败了江青的阴谋。但是在"蜗牛事件"的影响下,彩色显像管生产线的引进工作被迫推迟了好几年,其他外国先进技术的引进也陷于停顿。

同日 台湾"财政部"通知各港口机场海关,出境观光旅客携带台硬币每种不得超过 20 枚。

2 月 11 日 《人民日报》在"反潮流是马列主义的一个原则"的通栏标题下,发表了黄帅复内蒙古生产建设部队十九团政治处王亚卓的一封公开信。并加编者按语说:黄帅的信和日记摘抄发表后,有人很看不惯,出来指责。这件事反映出教育战线上两条路线、两种思想的斗争,仍然十分尖锐。黄帅的这封信发表前,曾给迟群、姚文元、王洪文、张春桥、江青一伙看过,迟群还在王亚卓的信上批道:"完全是反革命复辟势力的语言"。王亚卓是内蒙古生产建设部队十九团政治处宣传干事王文尧、放映员恩亚立、新闻报道员邢卓三人的笔名,黄帅的公开信发表后,三人被诬为"资产阶级复辟势力的代表",遭到批斗,隔离审查,下放连队劳动,家属也被株连。

2 月 14 日 台湾当局决定实施精兵政策。

2 月 15 日—4 月 5 日 "四人帮"在中国美术馆和人民大会堂举办所谓"黑画"展,矛头指向周恩来,在此以前,周恩来曾指示:出口工艺美术品只要不是反动的、丑恶的、黄色的东西,都可以组织出口和生产。又说,风景画不能叫"四旧"。展出的 18 位作者的 215 幅所谓"黑画",就是有关部门根据周恩来的指示,组织创作的美术作品。在"黑画展"的影响下,上海、陕西等一些地方都办起了类似的展览,据不完全统计,被"四人帮"一伙定为黑画家或受到株连的美术工作者有上百名。

2 月 21 日 日本外相大平正芳首次表示,将与台湾当局谈判民航协定。

2 月 22 日 毛泽东在会见赞比亚总统卡翁达时,提出划分三个世界的战略,毛泽东说,美国、苏联是第一世界,日本、欧洲、加拿大、澳大利亚是第二世界,亚洲,除了日本,还有整个非洲、拉丁美洲都是第三世界。他强调:中国属于第三世界,因为政治、经济各方面,中国不能跟富国、大国比,只能跟一些比较穷的国家在一起。3 月 21 日,中共中央转发了《有关毛泽东主席与卡翁达总统、布迈丁主席谈话的文件》。

同日 台北三家电视台联播意大利导演安东尼奥尼在大陆拍摄的纪录片《中国》。

2 月 23 日 新华社报道,汉江丹江口水利枢纽初期工程建成。这项工程是为了根治和综合开发汉江而兴建的关键工程,具有防洪、发电、灌溉、航运、养殖等综合效益,整个枢纽包括一条总长达五里的大坝,一座装机总容量 90 万千瓦的电站,一套国内第一次制造的、一次可以提升载重 150 吨驳船的升船机,以及引水总量为 600 秒立方米的两个引水灌溉渠道。

2 月 25 日 应我国代主席董必武和国务院总理周恩来的邀请,阿尔及利亚民主人民共和国革命委员会主席、政府总理胡阿里·布迈丁访问我国。周恩来同布迈丁举行了会谈,并发表了联合公报。

3 月 4 日 蒋经国接见美国记者时重申不与中共、苏联作任何接触。

3 月 9 日 台湾"中华文化复兴运动推行委员会"发表《对中共"批孔"运动之申斥》。

3 月 11 日 台湾首座累犯专监正式启用。

同日 台湾第一所国际儿童村开始启用。

3 月 12 日 江青在北京市石景山区

永乐中学教师王惠生的来信上批道:"建议立即对此事进行调查研究,严肃处理。"并说:"北京市已有几个学校实行法西斯主义,让坏人专了学生的政","师道尊严,也要彻底批判,这类残害青年的败类,应对他们实行无产阶级专政。"王的信反映了该校 1971 年一个初一学生因躲避家长责打而跳楼造成下肢骨折一事。13 日,国务院科教组在迟群指使下,将江青的批语精神用电话通知各地教育部门。随后,不仅永乐中学的党支部被改组,主要干部被停职检查,遭受批斗,而且这一做法也波及别的学校。

3 月 15 日 中国同几内亚(比绍)建立外交关系。

3 月 18 日 台北市美国贸易中心成立。

3 月 20 日 毛泽东致江青信,全文如下:"不见还好些。过去多年同你谈的,你有好些不执行,多见何益?有马列书在,有我的书在,你就是不研究,我重病在身,八十一了,不体谅,你有特权,我死了,看你怎么办?你也是个大事不讨论,小事天天送的人。请你考虑。"

同日 我国第一艘 2.5 万吨级浮船坞"黄山号"建成投产。船坞里面有电站,以及修理船舶用的机械、电器、坞木加工等全套设备,自动化、电气化程度较高。

3 月 22 日 国务院批转黄河治理领导小组《关于黄河下游治理工作会议的报告》。《报告》要求把黄河下游同黄河中、上游的治理规划统一考虑;要人工加堤,放淤固堤,废除滩区生产堤,整治河道,搞滞洪区,修支流水库,进一步治理三门峡库区,抓紧完成山东齐河、垦利展宽工程等措施,共需投资 10 亿元。

3 月 23 日 我国外交部副部长余湛召见苏联驻华大使托尔斯季科夫,抗议苏联政府派遣飞机于 3 月 14 日侵入我国新疆维吾尔自治区哈巴河县境内进行间谍活动。

3 月 24 日 坦桑尼亚联合共和国总统叶·克·尼雷尔,应我国政府代主席董必武和国务院总理周恩来的邀请,来我国进行国事访问。周恩来总理同尼雷尔总统举行了会谈。

3 月 25 日 台湾公费留学考选增加学业操行评审项目。

3 月 27 日 针对江青反对派邓小平去联大出席会议一事,毛泽东致信江青,说:"邓小平同志出国是我的意见,你不要反对为好。"

同日 美国海湾石油公司决定扩大在台投资。

3 月 29 日 中华人民共和国政府和坦桑尼亚联合共和国政府经济技术合作协定在北京签字。

同日 中国在河北省怀来县自行设计建成一座试验性的地热发电站。

4 月 1 日 乔森潘团长,英·萨利副团长率柬埔寨民族统一战线和王国民族团结政府代表团应邀访问我国。

同日 《红旗》杂志第 4 期发表北京大学、清华大学大批判组按江青一伙旨意写出的《孔丘其人》一文,文章使用比附手法,把鲁国当时根本没有的"宰相"职务硬加在孔丘头上,影射周恩来,是一篇不批林、假批孔,真反周恩来的代表作。

4 月 2 日 毛泽东会见乔森潘等柬埔寨客人。

同日 在联合国亚洲及远东经济委员会第 30 届会议上讨论亚洲近海矿产资源的勘探议题时,中国代表重申:中国沿海海域及中国所属岛屿附近海域的海底资源所有权完全属于中国。只有中国才有权勘探和开发这些海底资源,任何无视中国主权,任意在中国沿海海域及其所属岛屿附近海域进行的勘探和钻探活动,都是非法的。对于中国和相邻或相向的国家间有关大陆架管辖范围的划分,应由有关国家在平等协商的基础上共同确定。

同日 台湾"立法院"通过《劳工安全卫生法》。

4月4日 台湾省儿童福利促进委员会成立。

4月5日—15日 国家计委在北京召开15个省、市抓革命促生产座谈会,国务院10个部委的负责人参加了会议,经"批林批孔"的冲击,燃料和交通运输紧张,煤炭库存下降,津浦路不畅通,影响到多数工业产品完不成计划,预计第一季度钢欠产83万吨,原煤欠产245万吨,洗煤欠产93万吨,化肥欠产83万吨,铁路货运欠运800万吨。为此,国家计委建议请生产形势较好的部分省、市来京,议一议如何尽快把生产搞上去。会议讨论了国家计委对当前工交形势的分析和会后工作的初步意见,交流了经验,研究了把钢铁、煤炭、运输促上去的措施。但由于当时正值"批林批孔"高潮,座谈会对于扭转工交生产的被动形势没有起到明显作用。

4月6日 邓小平率中国代表团出席联合国大会第六届特别会议。

4月9日 国务院、中央军委批转广州军区报告,同意成立南海区渔业指挥部。

4月10日 邓小平在联大第六届特别会议上发言,全面阐述了"三个世界"的理论并说明了我国的对外政策,他指出:中国是一个社会主义国家,也是一个发展中国家,中国属于第三世界。中国同大多数第三世界国家具有相似的苦难经历,面临共同的问题和任务,中国把坚决同第三世界其他国家一起为反对帝国主义、霸权主义、殖民主义而斗争,看作自己神圣的国际义务。

同日 中共中央发出《通知》,就"批林批孔"运动中的几个问题作出规定,主要内容有:1. 批林批孔运动在党委统一领导下进行,不要成立战斗队一类群众组织,也不要搞跨行业、跨地区一类的串联。2. 已经回部队的三支两军人员,不要再回支左单位参加批林批孔。3. 中央希望各级党委认真加强领导,团结95%以上的群众和干部,使批林批孔进一步开展起来。

4月11日 台湾"外交部长"沈昌焕就台日航线问题发表谈话,称日本若片面改变台日航线现状,台不惜放弃台日航线。

4月14日 新华社报道:黑龙江省肇源县发现了一具较完整的古代猛犸象化石,这次发现的猛犸象,鼻长6米左右,体高3.01米,其粗大扭转的门齿,曲线长度达1.43米。这种动物存在于第四纪晚期,这为研究松嫩平原一带第四纪晚期的地层、古生物、古气象、古地理提供了新的实物证据。

4月19日 中国人民政治协商会议第四届全国委员会副主席、国防委员会副主席傅作义在北京逝世,终年79岁。

4月20日 中国同加蓬建立外交关系。

同日 台湾"外交部"发表声明"中华航空公司"客机停飞日本。

4月22日 中共中央批转国家计委《关于1974年国民经济计划(草案)的报告》。《报告》的主要指标是:工农业总产值比上年预计数增长7.1%,其中工业增长8.3%,农业增长4.3%。粮食5400亿斤,棉花5100万担至5300万担,钢2700万吨,原油4.3亿吨,发电量1750亿度,铁路货运量8.5亿吨到8.6亿吨,国家直接安排的基本建设投资 300 亿元,加上地方自筹、军事工程、人防工程、援外项目等,总规模为 370 亿元。计划施工的大中项目 1135 个,其中新开项目 50 个,计划年内建成投产的大中型项目 250 个,社会商品供应量安排 1115 亿元,进出口贸易安排 130 亿美元,职工人数计划达到 5625 万人,国家财政收支计划各 850 亿元。

同日　"台湾电力公司"订购价值 1 亿美元的核能燃料铀。

4 月 26 日　国务院批转科教组《关于内地支援西藏大学、中学、专科师资问题的请示报告》。7 月,上海、江苏、四川、湖南、河南、辽宁 6 省、市和国家机关选派了大中学校教师和干部 389 人进藏,支援西藏教育事业,1976 年 4 月 11 日,国务院又发出支援西藏师资的通知;免除原由国家机关各部委轮换派出的任务,改由山东、湖北两省在 1976 和 1978 年分两批派出援藏教师,每期每批各派 45 名。

同日　台湾"行政院"通过《监狱行刑法》。

同日　台湾"捐血运动协会"决定建立捐血互助制度。

5 月 1 日　《红旗》杂志第 5 期发表大连海运学院无线电系工农兵学员赵兵的一份化学考试答卷,题为《在本学期化学学习中对对立统一规律的体会》。编者按说:"这份答卷是改革了旧的考试制度,由学生自选题目写学习体会或学习小结以后出现的,它是教育战线贯彻执行毛主席的无产阶级教育路线成果之一,也是对那些诬蔑无产阶级及'文化大革命'后大学教学质量'今不如昔'的论调的有力回击。"《人民日报》等报刊先后转载了这张答卷和《红旗》杂志的编者按。从此,这种写学习体会和学习小结的考试方式,不仅在高等学校,而且在中学以至小学都风行

一时。

5 月 4 日　台湾"行政院"新闻局公布,台湾已登记的杂志有 1500 多种。

5 月 6 日　塞内加尔共和国总统列奥波德·塞达·桑戈尔应邀访问我国,双方为进一步增进两国友好关系,在交换教师和留学生、交换新闻、电视、电影、图书资料、组织体育比赛等文化科学合作方面进行了协商。

5 月 11 日　我国云南省昭通地区与其邻接的四川省凉山彝族自治州境内,发生强烈地震,据我国地震台网测定,这次地震为 7.1 级,震中地区在北纬 28.2 度,东经 104 度。震后房屋、人、畜遭到不同程度的损失,党中央、国务院当即派慰问团赴灾区慰问。

5 月 12 日　蒋经国发表《致全省农友公开信》,称将使农民减轻生活负担,增加收益。

5 月 15 日　新华社报道,我国在华北东部滨海地区建成了大港油田,自 1966 年到 1973 年,这个油田年年提前完成国家计划,原油产量平均每年递增 60.9%。大港油田是继大庆油田、胜利油田之后,依靠我国自己的力量勘探、建设起来的一个新油田,已经获得的大量地质资料表明,这个油田的油气资源丰富,油层厚,渗透性强,原油油质好,经济价值高。

5 月 18 日　国务院批准国家计委《关于 1974 年市场情况和安排意见的报告》。《报告》提出:全年社会购买力计划为 1153 亿元,比上年增加 75 亿元,但商品可供量仅增加 37 亿元,有购买力差额近 40 亿元。为此,在计划外再增产 23 亿元轻工业品;增加商品进口和把一部分原拟出口的化纤产品转为内销,可回笼货币 4 亿元,从库存中拿出可回笼 13 亿元货币的商品投放市场。

同日　中共中央发出《通知》,就"批林批孔"运动中几个政策问题作出规定,中央规定的主要内容是:1.注意掌握党的政策,严格区别和处理两类不同性质的矛盾,以利于团结95%的干部和群众;2.在运动中清查的范围应限制在同林彪反党集团阴谋活动有关的问题,不要扩大化;3.确定三军军以下领导机关和部队,在批林批孔运动中,一律坚持正面教育;4.加强马克思主义理论队伍,使全党全军能文能武;5.我们的党、国家机关、人民解放军基本上是好的。

5月21日　现代京剧《平原作战》和《杜鹃山》彩色影片在北京和全国各地陆续上映。

同日　台湾"立法院"通过《陆海空军官服务条例》第九条修正案,建立职业军官制度。

5月23日　台湾"行政院"通过四大公开(人事、经费、意见、奖惩)实施纲要。

同日　台湾"经济部"成立中小企业服务中心。

5月27日　卫生部公布《五种职业中毒的诊断标准及处理原则》。

5月28日—6月2日　应周恩来总理邀请,马来西亚总理敦·阿卜杜勒·拉扎克·达图·侯赛因访问我国,周恩来总理、李先念副总理和拉扎克总理举行了会谈。5月31日发表联合公报,宣布自即日起,中、马两国互相承认并建立外交关系。

5月30日　我国外交部新闻发言人就5月23日塔斯社报道的苏联外交部关于界江问题的声明发表谈话。根据沙皇俄国强加给中国的不平等的《中俄北京条约》规定,中苏边界线经过黑龙江和乌苏里江的汇合口,这个汇合口就在哈巴罗夫斯克(伯力)城下。中国船舶经过两江汇合口的主航道航行,是中国不可剥夺的权力,但苏联竟把这段中苏界江说成是它的内水,并自1966年以来一直以武力阻挠中国船舶航行,苏联外交部现在的声明要中国首先承认苏联提出的上述要求,然后才能考虑中国民用船舶在这段界江的航行问题,对此,中国方面早已多次拒绝,现在也不接受这种无理要求。

同日　国务院科教组发出《关于1974年教育事业计划(草案)的通知》。《通知》指出:1974年发展教育事业,重点是继续大力普及农村小学5年教育,加强和发展高等教育,发展厂办七二一大学,积极开展工农特别是上山下乡知青的业余教育。在保证重点的前提下,有计划地安排中专和技工学校,同时积极创造条件,逐步在大中城市普及10年教育,农村有条件的地区普及7年教育。

5月31日　中国同马来西亚建立外交关系。

同日　台湾"立法院"通过修正《农会法》。

5月　复旦大学、同济大学、上海师范大学、上海交通大学等13所院校,分别在安徽、江西、云南、吉林、黑龙江省的部分县,为上山下乡知青试办函授教育,函授科目分政治和语文、农业生产知识、农村卫生三类,参加学习的达3万人。据《光明日报》报道:在本年内,上海、北京、吉林、河北等17个省、市73所院校举办以上山下乡知青为主要对象的函授教育,参加学习的达十几万人。

6月1日　周恩来积劳成疾,心力交瘁,住进解放军305医院。

同日　航空兵第13师派出飞机对中国海域进行航空物理探测。

同日　台湾"经济部"物价督导会报宣布解除议价制度。

6月4日　国务院科教组发出通知:

恢复和新建天津外国语学院、天津财经学院、四川农学院、西南民族学院、贵州民族学院、西安公路学院、蚌埠医学院、皖南医学院、广州体育学院、湖南林学院、云南工学院、浙江师范学院等27所高等院校。本年恢复和重建的高等学校还有山东大学、曲阜师范学院、湘潭大学、广东民族学院、西藏师范学院、浙江中医学院等，撤销山东科技大学。

6月5日 《教育革命通讯》第6期发表评论：《高等学校在理论战线上的战斗任务》。评论提出，高等学校要抓紧注释法家著作，改革教材，从理论上总结教育革命经验，组织理论工作的骨干分子，团结一切愿意批林批孔的知识分子参加战斗等。《教育革命通讯》从第6期起开辟"教育史上的儒法斗争"专栏，发表评介教育史上儒法斗争的文章。

6月6日 台湾"行政院"通过"针对经济近况决定当前财政、经济、金融政策的说明"。

6月7日 新华社报道，我国文物、考古工作者在山东临沂银雀山发掘的西汉前期墓葬中，发现了著名的《孙子兵法》和已经失传了一千多年的《孙膑兵法》等竹简4000多枚。这批先秦古籍的发现，是我国文物、考古工作取得的又一新成果，使《孙子兵法》作者孙武是否实有其人等国内外长期存在的疑案得到了解决。特别是失传已久的《孙膑兵法》的发现，对于研究我国古代军事思想提供了重要的新资料。

6月11日 第20届亚洲电影节大会在台北开幕。

6月12日 江青、王洪文、姚文元在人民大会堂接见梁效、唐晓文等写作班子成员，并举行座谈。江青大肆鼓吹儒法斗争继续到现在的荒谬观点，江青还武断地

说凡是法家都是爱国主义，凡是儒家都是卖国主义。

6月14日 江青提出："《园丁之歌》的电影应上演，上演的同时发表批判文章。"7月19日，国务院文化部组织北京、天津、上海、湖南的革命委员会发出《关于批判〈园丁之歌〉的通知》，接着报刊上发表了近百篇批判文章，诬蔑该影片"掩盖和抹杀教育战线的阶级斗争和两条路线斗争"，宣扬地主阶级"文化至上"。"智育第一"，否定"党对教育事业的领导，要让资产阶级知识分子重新统治我们的学校"，"否定无产阶级'文化大革命'，为反革命修正主义教育路线招魂，向无产阶级反攻倒算"。

6月15日 江青等在与梁效、唐晓文写作班子谈话时说："现在的文章很少提到现代的儒，除了林彪、陈伯达以外"，"现在有没有儒，有很大的儒，不然，不会搞这样大的运动。"

同日 国务院批转国务院科教组《关于1974年高等学校招生工作的请示报告》，提出：本年招生要以党的基本路线为纲，抓紧抓好批林批孔，坚定不移地贯彻执行毛主席的"七二一"指示。选拔学生要无产阶级政治挂帅，把政治表现、路线觉悟放在首位，注意选拔批林批孔的积极分子，坚持"自愿报名，群众推荐，领导批准，学校复审"的招生办法，文化考查可采用调查访问、座谈讨论等各种形式进行试验，反对"智育第一"，反对"用对付敌人的办法考学生"。本年，高等学校招收工农兵学员16.5万人。

6月16日 《光明日报》报道：批林批孔运动开展以来，全国各地普遍加强了驻校工人宣传队和贫管会的工作，河北省已有720所中小学充实、加强和重新派驻了工宣队，队员达2300多人，农村公社大都

健全或恢复了贫管会,中共北京市委向 17 所高等院校增派了 400 名工宣队员,各校院、系两级领导班子都有工宣队员参加,不少省、市健全或重建了各级工宣队的专门领导机构。

6月17日　我国在西部地区上空成功地进行了一次新的核试验。

同日　中小企业信用保证基金会正式成立。

6月17—28日　江青在天津的工厂、农村、部队,借宣讲儒法斗争史,散布儒法斗争继续到现代的谬论,煽动揪"现代大儒"。

6月20日　我国气象部门在台风的探测、预报、科研、联防服务等方面都取得了新成绩。在南起西沙群岛,北到山东半岛的漫长海岸线,初步建成了一条探测台风动向的雷达警戒线。

6月21日　中华人民共和国与特立尼达和多巴哥发表建立外交关系的联合公报,决定自即日起建立大使级外交关系。

6月22日　江青窜到天津小靳庄。专横地要一姓周的女社员改名"周克周",说:"用咱们这个周,克制他那个周。"

6月24日　国务院、中央军委批复"同意将广州军区生产建设兵团移交广东省委领导"。

同日　台湾"内政部"成立"技术人力协调会报"。

6月28日　中华人民共和国和委内瑞拉共和国公布建立外交关系的联合公报,决定自即日起建立大使级外交关系。

6月29日　台湾"外交部"宣布与委内瑞拉"断交"。

6月　160 胶片生产出正式样片。

7月1日　中共中央发出《关于抓革命促生产的通知》。6月18日,国家计委向中央政治局汇报:上半年工业生产"不少地区有所下降,主要问题是煤炭和铁路运输情况不好,钢铁、化肥等产品和一些军工产品也欠账较多,对整个国民经济和战备影响较大"。煤炭比去年同期下降 6.2％,铁路运输比去年同期下降 2.5％,钢比去年同期下降 9.4％,化肥比去年同期下降 3.7％。为了扭转工业生产萎缩和倒退的局面,《通知》规定:不准揪干部,不准抓人打人,擅离职守的领导和其他人员,必须返回工作岗位,对于那些把打内战、停工停产的行为说成是"反潮流"、"不为错误路线生产"的错误言论,必须加以批驳;各级党委要认真检查一次国民经济计划的执行情况,订出增产节约的有效措施。《通知》传达贯彻之后,7月份全国的工交生产继续下降,到8月份,工交生产有所回升。

同日　《红旗》杂志第7期上发表初澜的文章《京剧革命十年》。文章把江青、陈伯达、张春桥、姚文元早在 1968 年、1969 年就鼓吹的所谓"空白"论、"创业期"论,"新纪元"论,作了系统的发挥,说什么"第一批 8 个革命样板戏的诞生"宣告了"中国社会主义文艺的新纪元已经到来","过去的十年,可以说是无产阶级文艺的创业期"。

同日　苏澳港扩建工程正式开工。

7月3日　《人民日报》发表《天津市宝坻县小靳庄社员诗歌选》,并加写编者按(小靳庄是江青抓的批林批孔典型)。

7月4日　新华社消息:天津站工人用马克思主义观点研究和宣讲儒法斗争史,这是工人阶级在批林批孔中又一创举,是深入、普及、持久地开展批林批孔的好办法。5日,《人民日报》为此发表短评《敢想敢干》。

7月12日　台湾"教育部"规定,成绩

优秀的大学生可申请提前毕业。

7月15日 新华社消息:综合开发汉江流域的重点工程之一——湖北省黄龙滩水电站建成,这座水电站位于汉江最大支流堵河的下游。

7月16日 台湾"立法院"通过《废弃物清理法》。

同日 台湾"省政府"决定立即开办学生团体平安保险。

7月17日 毛泽东在中央政治局会议上批评江青、张春桥、姚文元、王洪文搞帮派活动,毛泽东批评江青说:"不要设两个工厂,一个叫钢铁工厂,一个叫帽子工厂,动不动就给人戴大帽子。"毛泽东说:"她并不代表我,她代表她自己。"毛泽东还批评"上海帮",他说:"她算上海帮呢!你们要注意呢,不要搞四人小宗派呢!"这是第一次提出"四人帮"的问题。

同日 国务院、中央军委发出《关于健全人民防空领导体制问题的通知》,决定成立各军区人民防空领导小组,进一步健全省、市、自治区人民防空领导小组机构。下设人防办公室,作为长期办事机构,列入编制。

7月18日 国务院办公室发出《通知》,转发了中国科学院、国家计委等部门《关于加强对外技术座谈工作的请示报告》和《关于对外技术座谈若干办法》。《请示报告》说,利用资本主义国家厂商推销产品的要求,从1970年到1973年共组织了1746次对外技术座谈,先后来我国参加座谈的有14个国家,2200多人。通过技术座谈,可以了解一些外国的较先进的科学技术。

7月19日 国务院文化组发出《关于批判〈园丁之歌〉的通知》。

7月20日 中华人民共和国和尼日尔共和国发表建立外交关系的联合公报,决定自即日起建立大使级外交关系,两国政府经济技术合作协定与两国建交联合公报同时签字。

7月21日 台湾"经济部"提出促进外销十项措施,将加强农产品外销,改进包装,扩大纺织品外销。

7月26日 基隆港高架公路开放通车。

7月29日 台湾南北高速公路三重至中坜段开始通车。

7月30日 屏东市长张河川涉及舞弊案,被判处9年有期徒刑。

7月 毛泽东批准为杨成武、余立金、傅崇碧平反,恢复名誉。

同月 在陕西省临潼县秦始皇陵东侧,发现了一处规模巨大的秦代陶俑坑,这一陶俑坑是当地农民在抗旱打井过程中发现的。随后,考古工作者同当地农民一起进行了勘探、清理。经探测,整个陶俑坑东西长110米、南北宽60米,深4.6米,总面积为12600平方米。考古工作者在陶俑坑的东端,已经试掘清理了南北60米、东西16米、深4.6米,约1000平方米的范围。发现东面有5个斜坡门道,进门后,南北宽达60米的地面上整齐地排列着3列72路横队,共216个武士俑,脸面一律朝东。武士背后,整齐地排列着蔚为壮观的40路纵队。因为当时挖掘面积东西长只有16米,40路纵队武士俑只出土一小部分,计有314个,陶马24匹。

8月1日 中央军委发布命令,将中国自行研制的第一艘核潜艇命名为"长征一号",正式编入海军战斗序列,并举行了庄严的军旗授予仪式。

8月2日 新华社报道:为支援西藏发展教育事业,上海、辽宁等6省市和国务院各部委选派389名教师前往西藏参加建设,这些教师将分配到8所中学教学,还将协助自治区在拉萨市筹办一所师范学校。

8 月 5 日　中共中央转发军事科学院编的《批判林彪资产阶级军事路线的若干问题》之一、之二。此后,报刊上发表了许多批判林彪资产阶级军事路线的文章。

同日　台湾与印尼就加强原油供求合作达成协议。

8 月 7 日　国家计委发出《关于拟定十年规划的通知》。《通知》提出,经中共中央批准,着手拟定 1976—1985 年发展国民经济的十年规划,国家计委设想:1980年以前,建成我国独立的比较完整的工业体系和国民经济体系,有步骤地建设经济协作区,基本上实现农业机械化;1985 年,基本建成 6 个大区不同水平、各有特点、工农业协调发展的经济体系,并为在本世纪内全面实现农业、工业、国防和科学技术的现代化打下牢固的基础。

8 月 8 日　邓小平在接见我国参加亚运会的队伍时说:"毛主席向来主张,体育方面主要是群众运动,就叫发展体育运动,增强人民体质,就是群众性问题。当然,这就是广泛的群众体育运动。体委应该主要在这方面要搞好。"

8 月 11 日　新华社报道:中国科学院吉林应用化学研究所研制出我国第一批气敏半导体器件,它是近年来出现的新技术,组装成各种检测仪器后,可以用于可燃性气体的监测、分析、报警,在石油、煤炭、化工、电力、电讯以及人民生活等方面有广泛的用途。

8 月 12 日　台湾"省政府"为鼓励农业研究,设立农业奖励基金。

8 月 15 日　新华社报道:在郑州市商代城墙遗址内,最近发掘出大面积的商代夯土台和成堆的奴隶头骨。郑州市商代城墙遗址,是我国目前发现最早的一座古城,距今已有 3500 多年。据鉴定,这次发掘出来的夯土台基,是属于比安阳殷墟要早的商代前期。

8 月 16 日　中华人民共和国和巴西联邦共和国公布建立外交关系的联合公报。

同日　台《中央日报》报道蒋介石健康状况。

同日　台湾当局与巴西"断交"。

8 月 18 日　新华社报道:我国文物、考古工作者从 1973 年 11 月到 1974 年初发掘长沙马王堆第二号、第三号汉墓获得大批珍贵文物,特别是三号墓出土的帛书,用墨把古书抄录在帛上,字体为小篆或隶书,共有 12 万多字,大部分是已经失传了一两千年的古籍,这些佚书的出土,为研究我国古代历史和哲学思想提供了丰富的新资料。

8 月 21 日　台湾"中央气象局"筹设卫星接收站。

8 月 22 日　国务院科教组、国家出版局发出《法家著作注释出版规划(草案)》。

8 月 27 日　国务院科教组、外交部联合颁发试行《出国留学生管理制度(草案)》及《出国留学生守则(草案)》。

8 月 31 日　新华社报道:我国研制成功 DIS 小型多用电子计算机,经试算运转证明,各项技术指标都达到设计要求。它的研制成功,为推广和普及电子计算机,提供了一种较好的机型。

9 月 1 日　中国体育代表团参加在德黑兰举行的第 7 届亚运会,共获得 33 枚金牌,46 枚银牌,27 枚铜牌,这是中国第一次参加亚运会。

同日　台湾成立新闻评议委员会。

9 月 6 日　台湾"交通部"电信局表示,去年台湾电信增长率居世界首位。

9 月 8 日　《人民日报》发表通讯《小靳庄的政治夜校》。

9月8日—15日 尼日利亚联邦共和国政府首脑、武装部队总司令雅库布·戈翁应邀访问我国。李先念副总理同戈翁总司令就进一步发展中、尼两国友好合作关系，非洲当前形势和两国共同关心的其他国际问题进行了会谈。

9月11日 我国外交部发表声明，强烈谴责印度对锡金的扩张主义行径。

9月13日 台湾驻洪都拉斯"大使"俞国斌被刺身亡。

9月14日 新华社报道：我国单机容量最大的一台30千瓦水轮发电机组在哈尔滨制造成功。经过一年多运行发电，表明质量符合要求。

9月15日 新华社报道：我国自己设计、建造的黄河青铜峡水利枢纽工程，已经基本建成并发挥效益。它坐落在宁夏青铜峡县境内，是以灌溉为主，结合发电、防洪、防凌等综合利用的大型水利枢纽工程。

9月20日 《中国摄影》杂志复刊。

同日 蒋经国在"立法院"宣布将原定九大建设改为十大建设。

9月26日 空军三叉戟型运输机试航拉萨成功。

9月29日 经周恩来提议、毛泽东批准，中共中央发出《关于为贺龙同志恢复名誉的通知》。《通知》中说："文化大革命"中，林彪一伙捏造事实，诬陷贺龙同志历史上"通敌"和"篡夺军权"，"九一三事件"后，中央又对贺龙同志的问题进行了审查，经中央查证甄别，①所谓"通敌"问题，完全是颠倒历史，蓄意陷害。②所谓"阴谋篡夺军权"和支持军队一些单位的人"篡夺军权"的问题，经调查并无此事。③关于贺龙同志搞"二月兵变"的问题，纯系讹传。《通知》说："中央决定，对贺龙同志予以平反，恢复名誉。"

同日 国务院科教组、财政部联合发出《关于开门办学的通知》。《通知》说：开门办学是无产阶级教育革命的新生事物，是上层建筑领域的一场深刻革命，开门办学中要始终把转变学生思想放在首位，以工农兵为师，要坚持教育革命的方向，彻底改革旧的教育体系。开门办学要以厂（社）校挂钩为主，并在本地区就近安排，相对稳定，要注意到中小工厂和农村中去。

同日 新华社报道：我国渤海湾地区建起一个新的大油田——胜利油田。这个油田是1961年9月23日钻出石油，1964年春天展开大规模勘探的，已探明石油可采储量近3.9亿吨，到1973年，胜利油田的原油产量达到了1084万吨。

9月30日 中共中央副主席、国务院总理周恩来，抱病在人民大会堂举行盛大招待会，热烈庆祝中华人民共和国成立25周年，我国党和国家领导人以及各条战线、各个方面的代表和人士，来自世界各地的来宾，共4500多人出席了招待会，周恩来出席招待会并致祝酒词，受到与会者极其热烈的欢迎。

同日 上海江南造船厂建造的万吨轮"风庆"号远航地中海后返抵上海港。

9月 美术学院举办工农兵学员普通班，学制4年，举办油画进修班，学制2年。

10月1日 《红旗》杂志第10期发表梁效的《研究儒法斗争的历史经验》。文章中心内容是：刘邦死后，吕后和汉文帝以后的几代，都继续贯彻了刘邦的法家路线，并重用像晁错、张汤、桑弘羊等法家人物，让他们在中央主持工作。"四人帮"以当代"法家"自命，这篇文章实际为他们"在中央主持工作"制造舆论。

同日 庆祝中华人民共和国成立25周年全国美展在中国美术馆开幕，共展出中国画、油画、版画、水粉画、连环画、年画、宣传画、雕塑等作品 430 多件。

同日　上海、阳泉、旅大工人画展览同时在京举行。

10 月 3 日　联邦德国向台"中国钢铁公司"贷款两亿马克。

10 月 4 日　毛泽东提议邓小平任国务院第一副总理。

10 月 4 日—9 日　加蓬共和国总统哈克·奥马尔·邦戈应邀访问我国,周恩来总理同邦戈总统交换了意见。10 月 6 日我国政府和加蓬共和国政府经济技术合作协定和贸易协定在北京签字。

10 月 6 日　台中德基水库竣工,德基电厂开始发电。

同日　台湾玉山林区管理处发生的特大盗林案结案,112 名被告中,98 人被判刑。

10 月 6 日—14 日　国家计委在北京召开全国生产会议,会议提出:农业要在今冬明春大搞农田基本建设,扩大冬种面积,抓好化肥、农机等支农产品的生产;轻工业要在第三季度生产水平的基础上,增产 40 亿元以上的产品,商业部门拿出 20 亿元商品库存投放市场;外贸部门拿出 5 亿元库存商品转为内销;统配煤矿的平均日产量在四季度要达到 76 万吨以上;钢平均日产量要达到 7 万吨,全国库存的近 200 万吨钢锭要尽可能轧成材;铁路要确保京广、津浦、浙赣、京包等干线的畅通;争取第四季度平均日装车达到 5.3 万车到 5.4 万车,重点是把山西存煤抢运出来,财政上不再动用国家总预备费和各部门掌握的待分配投资和费用、地方的预备费和机动财力。

10 月 7 日　《人民日报》报道:西藏在"文化大革命"中进行了农牧业的社会主义改造,目前全自治区已经有 90% 以上的乡建立了人民公社。1970 年 12 月 8 日,中央正式发出关于西藏社会主义改造问题的指示。中央认为,西藏的社会主义改造高潮已经出现,要求西藏的各级组织依靠贫下中农牧、联合中农牧、消灭农奴主、牧主和富农畜牧阶级的剥削制度,在两三年内基本实现人民公社化。根据中央的指示精神,西藏大规模地展开了以划分阶级和成立人民公社为主要内容的社会主义教育运动。在划分阶级问题上,牧区划出了牧主、富牧、中牧、贫牧几个主要阶级成分;在农区把富农从富裕农民中划出来,在人民公社体制上,西藏采取了两级所有、队为基础的体制;生产资料入社既有初级社的办法,也有高级社或内地人民公社的办法,对于中农牧入社股金的多余部分,由社队记账逐年偿还;贫农牧入社欠的股金,首先以没收和征收剥削阶级的财产解决,其次从国家发放的贫农牧基金和贷款中给以资助。这种脱离生产力发展水平的生产关系的急躁冒进,影响了西藏经济的发展。

10 月 8 日　台湾加入在香港成立的反贩毒中心。

10 月 11 日　中共中央为召开四届人大发出《通知》。《通知》转述了毛泽东的意见:"无产阶级文化大革命,已经八年,现在,以安定为好,全党全军要团结。"

10 月 16 日　台湾"教育部"公布实施《资深优良教师奖励办法》。

10 月 18 日　王洪文飞往长沙诬告周恩来和中央其他领导人。毛泽东当即批评了王洪文。

10 月 18 日—26 日　丹麦王国首相保罗·哈特林应邀访问我国。邓小平副总理同哈特林首相举行了会谈。

10 月 20 日　毛泽东指示王海容、唐闻生,回北京转告周恩来和王洪文:总理还是总理，四届人大的筹备工作和人事安排要总理和王洪文一起管，建议邓小平任党的副主席、第一副总理、军委副主席兼总参谋长。

10 月 21 日 中华人民共和国政府同丹麦王国政府海运协定和为发展两国间的贸易、经济关系组成中丹混合委员会的换文，在北京签字。

10 月 25 日 美国总统福特签署废除"台湾决议案"法案。

10 月 26 日 中华人民共和国和越南两国政府关于 1975 年中国给予越南经济、军事物资援助协定在北京签字。协定规定：中国无偿援助越南一般物资、军事物资和现汇共折合人民币 11.17 亿多元。这一年，中国对外签订并实际承担的援助总金额为 23.46 亿多元，比上年减少 11.26 亿多元；国家财政对外援助总支出为 50.15 亿多元，比上年减少 7.83 亿多元，对外援助支出占国家财政支出的比重为 6.3%，比上年降低 0.8%。

同日 吉林省长春市第一光学仪器厂工人史云峰，以投寄传单、张贴标语等方式，反对"四人帮"，为刘少奇和其他老一辈无产阶级革命家鸣不平。他认为"文化革命是极左路线大泛滥"。他说："刘少奇主席是我党的优秀革命家。"11 月 2 日，史云峰被捕，1974 年 12 月 11 日，史云峰被枪决。

10 月 29 日 北京—卡拉奇—巴黎国际航线正式开航。中国友好参观团乘坐首航班机前往巴基斯坦参加开航庆祝活动和进行友好访问。

11 月 1 日—8 日 国家体委在上海召开全国重点少年儿童业余体校工作座谈会，120 多人参加。会议研究、草拟了《关于办好重点少年儿童业余体校的意见（草案）》。

11 月 4 日—12 月 19 日 国家出版局在北京召开少数民族文字图书翻译出版规划座谈会。国务院于 1975 年 3 月 29 日批转了会议的报告。

11 月 6 日 国务院科教组按照江青关于检查大中小学教材的意见发出通知，要求各地检查修订学校现行教材。要求：1. 要充分反映无产阶级文化大革命的成果和开展批林批孔的要求；2. 先抓中小学历史、语文、政治和大学的文科教材的修订工作，然后再抓其他教材。为了具体传达贯彻江青的意见，迟群让国务院科教组于 11 月 22 日至 28 日在北京召开了部分省、市教材改革座谈会，研究了检查、修订教材的原则和措施。

11 月 7 日 台湾"行政院"通过《修正所得税法部分条文草案》。

11 月 10 日—18 日 应我国政府邀请，也门民主共和国总统委员会主席萨勒姆·鲁巴伊·阿里访问我国，邓小平副总理同鲁巴伊主席举行了会谈。13 日，我国政府和也门民主人民共和国政府经济技术合作协定在北京签字。

11 月 12 日 毛泽东在江青给他的信上批示："不要多露面，不要批文件，不要由你组阁（当后台老板），你积怨甚多。"江青不听告诫，又托人带口信给毛泽东；提出要王洪文当人大常委会副委员长，毛泽东指出："江青有野心。她是想叫王洪文做委员长，她自己做党的主席。"

11 月 14 日 台湾"行政院"颁布《十四项财经措施》。

11 月 24 日—11 月 27 日 国民党十届五中全会在台北召开。

11 月 15 日 国务院、中央军委发出《关于严禁机关、团体、部队、企业、事业单位自行到农村和集市采购农副产品的通知》，规定：一律不许到农村和集市采购国家统购统销的农副产品;农村社、队一律向当地商业部门交售统购派购产品,不得直接同商业部门以外的任何单位做交易;商业部门要积极组织农副产品收购,进一步沟通城乡物资交流。

同日　国务院科教组发出《关于大学学报公开发行的审批问题的暂行办法》。

11 月 16 日　国务院科教组发出经国务院批准的《关于改进和加强出国留学生选派、管理工作的请示报告》。

11 月 19 日　中国共产党第十届中央委员、第三届全国人民代表大会常务委员会委员张云逸在北京逝世,终年 82 岁。

11 月 21 日　新华社报道:我国农村信用合作事业迅速发展,基本上每个农村人民公社都设有信用合作社,三分之一的生产大队建立了信用服务站。

11 月 29 日　无产阶级革命家,党、国家和军队的杰出领导人,第八届中央委员、中央政治局委员彭德怀同志,在北京含冤逝世,终年 76 岁。

11 月 30 日　毛泽东在同李先念谈话时提出,要"把国民经济搞上去"。毛泽东的这一指示,连同"还是安定团结为好"以及要学习无产阶级专政的理论,被称为"三项指示"。

11 月　《教育革命通讯》第 11 期发表评论员文章《论开门办学》,说开门办学"成绩很大",强调要"坚持开门办学的正确方向"。

12 月 1 日　国务院、中央军委批转财政部、商业部、总后勤部《关于部队经费开支和军工、军农生产存在问题和今后意见的报告》。《报告》提出:不准用公款请客送礼,不准搞楼堂馆所,严格控制"社会集团购买力",不准私自出售部队生产的粮食或以粮易物,不准无偿调用、加工精米或精面,不准扩大补助范围和提高补助标准。

同日　中国共产党第十届中央委员、政协第四届全国委员会副主席、国防委员会委员滕代远逝世,终年 70 岁。

12 月 9 日　台湾"行政院"公布支援外销事业十项办法。

12 月 14 日　中华人民共和国和冈比亚共和国决定自即日起建立大使级外交关系。

12 月 16 日　国务院批转外贸部、商业部、国家文物局《关于加强文物商业管理和贯彻执行文物保护政策的意见》。《意见》提出了文物出口界限和鉴定标准,文物商业的管理和经商分工,文物商品的指定口岸等。

12 月 17 日　台湾"立法院"通过《工业团体法》。

12 月 19 日　新华社报道:三门峡水利枢纽工程改建获得初步成功,三门峡工程是黄河中游第一座大型水利枢纽工程。1957 年动工,1960 年 9 月建成蓄水,但泥沙淤积十分严重,水库有报废的危险,而且严重威胁关中平原和西安市的安全,为此,对水库进行了改建,以加大水库泄流排沙能力,使水库能保持一定库容。工程改建后,效果显著,能发挥防洪、防凌、灌溉和发电的综合效益。

同日　中共中央转发军事科学院编的《批判林彪的"六个战术原则"》,军内各报陆续发表了批判文章。

12 月 21 日—28 日　国务院科教组、农林部和中共辽宁省委联合召开学习朝阳农学院教育革命经验现场会,参加会议的有各省、市、自治区教育部门和农林部门的负责人,国务院各有关部委和各高等农林院校等单位的代表,辽宁省各类学校代表和市、地文教、农林部门负责人,朝阳地区贫下中农代表及朝阳农学院学生代表也参加了会议。会议提出:农业大学必须搬到农村去办,实行"社来社去";"学大寨"应当是农业大学学生的必修课、基本课,工业大学要把"学大庆"作为必修课、基本课,要"使学校真正成为无产阶级专政的工具"。会后,全国掀起了宣传、学习朝农经验的浪潮,报刊、电台发了大量的通讯、报道,各地组织了大批人员到朝农参观学习。据统计,到1975年底,朝阳农学院共接待来自全国29个省、市、自治区参观学习的单位1700多个,80000多人。

12月21日—29日 召开全国计划会议,研究和议定1975年国民经济计划。1975年2月10日,中共中央正式批准和下达了1975年国民经济计划。

12月23日 周恩来、王洪文到长沙向毛泽东汇报工作。从23日到27日,毛泽东同他们作了四次谈话,毛泽东再次告诫王洪文:"不要搞四人帮,团结起来,四个人搞在一起不好!"毛泽东批评江青说:"江青有野心。""她在批刘批林问题上是对的,说总理的错误是第十一次路线错误就不对了","批林批孔,批走后门,成了三个主题,就搞乱了。""说批林批孔是第二次文化大革命是不对的。"毛泽东还谈到邓小平"人才难得"政治思想强,再次提出由邓小平担任军委副主席、第一副总理兼总参谋长。

12月25日 西安飞机制造厂的运一8飞机首次试飞成功。

12月26日 毛泽东又对周恩来谈了人事安排和理论问题。关于人事问题,毛泽东提议增补邓小平为中共中央副主席、政治局常委。关于理论问题,毛泽东说:"列宁为什么说对资产阶级专政,要写文章,要告诉春桥、文元把列宁著作中好几处提到这个问题的找出来,印大字本送我,大家先读,然后写文章,要春桥写这类

文章,这个问题不搞清楚,就会变修正主义,要使全国知道。""我国现在实行的是商品制度,工资制度也不平等,有八级工资制等等。这只能在无产阶级专政下加以限制。""所以林彪一类如上台,搞资本主义制度很容易,因此,要多看点马列主义的书。""列宁说,'小生产是经常地、每日每时地、自发地和大批地产生着资本主义和资产阶级的。'工人阶级一部分,党员一部分,也有这个情况。""无产阶级中,机关工作人员中,都有发生资产阶级生活作风的。"毛泽东在此之前的10月20日会见丹麦首相保罗·哈特林时就讲过:"总而言之,中国属于社会主义国家。1949年前跟资本主义差不多,现在还实行八级工资制,按劳分配,货币交换,这些跟旧社会没有多少差别。所不同的是所有制变更了。"毛泽东关于无产阶级专政理论的谈话传达后,全国展开了对"资产阶级法权"的批判和舆论宣传,进一步加深了理论上和经济生活中的"左"的影响。

12月27日 中国第一条"地下大动脉"——大庆至秦皇岛输油管道建成输油。这条管道全长1152公里。

12月30日 新华社报道:我国自行设计建造的第一艘海洋地质勘探浮船"勘探一号"首次到较深的海区试钻,获得成功,这是我国海上地质勘探事业的一个新发展。

同日 冈比亚与台湾"断交"。

12月31日 中共中央转发上海市、河北省关于开展计划生育和晚婚工作的两个报告,要求各级党委要把计划生育和晚婚工作列入议事日程,切实抓紧,把生育计划落实到人,把避孕药具送上门。

12月 国民经济受到"批林批孔"运动剧烈冲击,出现严重混乱,许多企业处于半瘫痪状态,交通堵塞。全国主要经济

指标完成情况如下:工农业总产值 4.24 亿元,比上年增长 1.4%。其中,工业总产值 2796 亿元,比上年增长 0.3%,农业总产值为 1228 亿元,比上年增长 4.2%。工农业产品产量:粮食 2.7527 亿吨,比上年增长 3.9%;棉花 246.1 万吨,比上年下降 3.9%,油料 44.4 万吨,比上年增长 5.4%,钢,2112 万吨,比上年下降 16.3%,原煤 4.13 亿吨,比上年下降 0.96%;原油 6485 万吨,比上年增长 21%;发电量 1688 亿度,比上年增长 2.8%,铁路货运量 7.697 亿吨,比上年下降 3.2%,进出口贸易总额 292.2 亿元,比上年增长 32.5%。社会商品零售总额 1163.6 亿元,比上年增长 5.1%,国家财政总收入 783.1 亿元,总支出 790.8 亿元,赤字 7.7 亿元。

1975 年

1月1日　台湾当局举行纪念活动,严家淦代表蒋介石宣读"告同胞书",声称"捍卫民国、再造民国"。

1月4日　周恩来致信毛泽东,提出恢复文化部和教育部。

1月5日　中共中央下发 1 号文件,任命邓小平为中央军委副主席兼中国人民解放军总参谋长;同时任命张春桥为解放军总政治部主任。

1月5日—11日　第四届全国人大预备会在北京举行,会议代表讨论了会议文件和其他准备工作。

1月5日—13日　国务院科教组、国家出版局在天津联合召开翻译联合国文件座谈会。

1月6日　中华人民共和国和博茨瓦纳共和国关于建立外交关系的联合公报在纽约签字,决定双方建立大使级外交关系。

同日　台湾"内政部"公布台湾人口总数达 13801134 人。

1月8日—10日　中共十届二中全会在北京举行,周恩来主持会议,会议讨论了第四届全国人民代表大会的准备工作,决定将《中华人民共和国宪法修改草案》、《关于修改宪法的报告》《政府工作报告》和全国人民代表大会常务委员会、国务院成员的候选人名单,提请全国人民代表大会讨论,会议选举邓小平为中共中央副主席、中央政治局常委,批准李德生免除他所担任的中共中央副主席、中央政治局常委的请求。

1月9日　无产阶级革命家、中共第十届中央委员、国务院副总理李富春,在北京病逝,终年 75 岁。

1月10日　《人民日报》在《扭转南粮北调是粮食战线的巨大变化》一文中指出:河北、山东、河南与苏北、皖北地区实现粮食自给有余,初步扭转了南粮北调这一历史上存在的大问题。

同日　台湾"经济部"宣布从即日起降低公营事业所产铝锭等六项工业原料售价。

1月13日—17日　全国人大四届一次会议在北京举行,出席会议代表 2864 名。13 日在人民大会堂举行大会,朱德主持会议,张春桥代表中共中央作《关于修改宪法的报告》,周恩来代表国务院作《政府工作报告》。宪法规定人民群众有运用大鸣、大放、大字报、大辩论的权利,并根据毛泽东的建议,增加了公民有罢工自由的内容,宪法第 12 条还规定:"无产阶级必须在上层建筑中其中包括各个文化领域对资产阶级实行全面的专政,文化教育、文学艺术、体育卫生、科学研究都必须为无产阶级政治服务,为工农兵服务,与生产劳动相结合。"周恩来在《政府工作报告》中,重申三届人大提出的"两步设想":"第一步,用15年时间,即在1980年前,建成一个独立的比较完整的工业体系和国民经济体系;第二步,在本世纪内,全面实现农业、工业、国防和科学技术的现代化,使我国国民经济走在世界的前列。"大会一致通过了修改后的宪法和《关于修改宪法的报告》,一致通过了关于政府工作报告的决议,批准了周恩来所作的《政府工作报告》。大会投票选出了第四届全国人民代表大会常务委员会委员长、副委员长、委员,任命了国务院总理、副总理、各部委负责人。第四届全国人民代表大会常务委员会委员长为朱德,副委员长为董必武、宋庆龄、康生、刘伯承、吴德、韦国清、赛福鼎、郭沫若、徐向前、聂荣臻、陈云、谭震林、李井泉、张鼎丞、蔡畅、乌兰夫、阿沛·阿旺晋美、周建人、许德珩、胡厥文、李素文、姚连蔚,周恩来为国务院总理,邓小平、张春桥、李先念、陈锡联、纪登奎、华国锋、陈永贵、吴桂贤、王震、余秋里、谷牧、孙健为副总理。会后,周恩来病重,毛泽东决定由邓小平主持党政日常工作。

1月17日 中共中央发出《关于禁止抢夺武器问题的通知》,《通知》说:"毛主席最近指示:'凡有两派的地方,民兵不要搞进去。'但目前,浙江、云南的个别地区、单位,资产阶级派性严重,两派对立,把民兵组织搞了进去,坏人乘机挑动,分裂民兵,抢夺武器进行武斗,破坏革命、生产秩序,危害人民生命安全。"对此,中央明令禁止"以任何借口抢夺武器,利用民兵组织搞武斗"。

1月19日 国务院发出《关于进一步加强财政工作和严格审查1974年财政收支的通知》。规定:①凡属任意减免税款、扣留国家收入、乱摊生产成本、虚报企业亏损以及化大公为小公的,都要清理收回,补交国库;②对各项开支,特别是基本建设拨款,必须逐笔核实,不准采取预付等形式虚列开支,不准把预算外支出转为预算内开支,不准用任何手法转移资金;③1974年国家预算内的基本建设拨款结余,除经中央批准结转使用的外,全部上缴中央财政。未完工程需要的拨款,在1975年基本建设计划内统一安排。通知要求抓紧1975年的财政工作,做到收支平衡,略有结余。

同日 《人民日报》刊登新华社18日讯:我国有近1000万知识青年上山下乡。

同日 台湾"监察院"通过弹劾涉嫌贪污渎职的前驻哥伦比亚"大使"何凤山。

同日 台湾"立法院"通过《食品卫生管理法》。

1月20日 国务院批转国家计委的全国技术革新经验交流会综合简报,国务院在批示中指出:今后一个时期,凡是通过技术革新、技术改造可以提高生产能力的,凡是能用组织起来进行协作的办法扩大产量的,就不要新建,各地区、各部门要把群众性的技术革新搞得更好。

1月24日 美国将第一批核能发电用浓缩铀燃料运抵台湾。

1月25日 邓小平在中国人民解放军总参谋部团以上干部会上作了《军队要整顿》的讲话,传达毛泽东提出军队要整顿的指示。讲话指出:"从1959年林彪主管军队工作起,特别是在他主管的后期,军队被搞得相当乱,现在,好多优良传统丢掉了,军队臃肿不堪。"针对军队中存在的主要问题,邓小平指出:"军队的整顿,一个是要提高党性,消除派性,一个是要加强纪律性。"这是邓小平抓全面整顿的开端。

1月28日 国务院、中央军委批转国家体委、总参谋部《关于在全国恢复业余滑翔学校和开展其他军事体育活动问题的请示》。

1月 四届人大一次会议之后,国务院恢复文化部建制。同时,文化部成立电影局筹备小组,由司徒慧敏、张俊祥、钱筱璋等任负责人。

2月1日 第四届全国人大产生的国务院举行第一次会议,周恩来在会上宣布:国务院工作以邓小平为首,其他11位副总理协助。

2月2日 周恩来给毛泽东送上《关于国务院各副总理分工问题的请示报告》。《请示报告》说,"邓小平主管外事,在周恩来总理治病疗养期间,代总理主持会议和呈批主要文件",毛泽东批准了这一报告。邓小平在毛泽东支持下,实际上开始主持中央日常工作。

同日 新华社报道:中国科学院紫金山天文台在天文观测中发现了一颗轨道稍有特殊的小行星,它绕日运行轨道的半径比一般小行星稍小,而偏心率较大。

2月4日 新华社报道:我国最大的水电站——刘家峡水电站建成。这是一座以发电为主,兼有防洪、灌溉、防凌、养殖等综合利用效益的大型水利枢纽工程,它以黄河水为动力,总发电能力为122.5千瓦,一年能发电57亿度。刘家峡水电站于1958年开工建设,1974年全部机组建成投产,到1978年完成全部收尾工程,共投资6亿多元。

同日 辽宁省南部地区营口、海城一带发生7.3级地震,受灾面积约1200平方公里,灾区死亡1400多人,受伤1.7万多人,财产损失10亿元以上。

同日 台湾"行政院"在提交"立法院"的施政报告中强调,坚持"反共国策"、"开创外交新机"、"稳定经济"等为其施政重点。

2月5日 中共中央发出《通知》,决定取消军委办公会议,成立中央军委常委会,叶剑英、王洪文、邓小平、张春桥、刘伯承、陈锡联、汪东兴、苏振华、徐向前、聂荣臻、粟裕11人为常务委员,军委常委会由叶剑英主持。

2月7日 台湾"行政院"拨款3亿元协助省政府兴建基隆八斗子渔港。

2月9日 《人民日报》发表社论《学习无产阶级专政的理论》,传达毛泽东关于理论问题的指示。

2月10日 中共中央批准和下达1975年国民经济计划。计划确定,1975年工农业总产值比上年预计数增长11%左右,其中工业增长14%,农业增长3%,主要生产指标:粮食5600亿斤,比上年预计数增长200亿斤左右,棉花5200万担,增长200万担;钢2600万吨左右,增长490万吨,原煤4.3亿吨,增长2000万吨,原油7500万吨,增长1020万吨,发电量1830亿度到1900亿度,增长160亿度到230亿度;棉纱1150万件到1200万件,增长160万件到210万件,铁路货运量8.5亿吨,增长8100万吨,国家直接安排的基本建设投资300亿元,加上地方自筹、国防工程、人防工程、援外工程等,总数为375亿元,计划施工的大中型项目1106个,社会商品零售总额安排1210亿元,比上年预计数增长70亿元,进出口贸易安排133亿美元到138亿美元,国家财政收入和支出各850亿元。

2月13日 湖北省黄陂县发掘出商代宫殿遗址和奴隶殉葬墓。这是当时所知我国最早的古城。

2月14日 台湾当局发表声明,重申西沙群岛及南沙群岛固有主权不容置疑、不可侵犯。

2月17日　国家计委、国防科委向中共中央提出《关于发展我国卫星通信问题的报告》。《报告》指出：第一颗赤道同步卫星应该集中兵力打歼灭战，本着综合利用、军民结合、平战结合、国际国内通信、传送广播、电视兼顾的原则，以先满足各有关方面的试验要求为主要目的，在使用中考验卫星各系统的性能，卫星工作所需研制、建设费用初步估算，约需9亿元左右，由国防科委制定总体规划，经国家计委综合平衡后，列入年度计划实施。中共中央批准了这个报告。

2月18日　台湾"内政部"通知省市政府，切实取缔"世界基督教统一神灵协会"在台的活动。

2月20日　应我国政府邀请，莫桑比克解放阵线主席萨莫拉·莫伊塞斯·马谢尔率莫桑比克友好代表团访问我国，邓小平同萨莫拉举行了会谈。

2月21日　新华社报道：我国气象工作者围绕青藏高原天气气候特征及其对我国天气变化的关系，进行广泛研究，已提出了130多篇学术论文。研究证明：青藏高原的天气气候是我国暴雨、冰雹天气的产生源地之一。它还是个热源，并造成强大高压和我国东部地区的旱涝等等。

2月25日—3月8日　中共中央召开省、市、自治区主管工业书记会议，以解决铁路运输问题。由于江青一伙及其帮派势力的破坏，造成徐州、南昌、南京、太原等铁路局和铁路分局的运输长期堵塞，阻碍津浦、陇海、京广、浙赣四条铁路干线的畅通并影响其他铁路干线的运输。到1975年2月份，全国铁路日装车降为42900车，比计划欠装9000车，比实际需要差1.2万车，严重危及工业生产及一些城市人民生活，成为影响整个国民经济发展的薄弱环节。会议期间，邓小平于3月5日作了题为《全党讲大局，把国民经济搞上去》的重要讲话。根据邓小平对解决铁路问题的意见，经过铁路会议认真讨论，中共中央于3月5日作出《关于加强铁路工作的决定》，规定加强集中统一，全国铁路由铁道部统一管理；在铁路系统大力恢复和健全各项规章制度，增强组织纪律性；反对派性，调整充实各级领导班子，逮捕一小撮破坏铁路运输的坏头头。会后，铁道部部长万里率领工作组，先后去徐州、太原、郑州、长沙等地，在地方的配合下，对问题严重的路局进行了重点整顿。重新配备领导班子并法办了33个煽动搞派性、武斗、停工停产的坏人，经过一两个月的整顿，铁路运输的形势明显改观，到4月份，严重堵塞地段全部疏通，全国20个路局除南昌外都超额完成了国家计划，全国铁路平均日装车量创造了历史最高水平，列车正点率也大为提高。随着铁路运输的好转，整个工业生产打破了停滞不前的局面。1至4月份，全国工业总产值比1974年同期增长19.4％。邓小平的讲话在全国引起很大震动，受到广大党员、干部、群众的热烈欢迎。铁路的整顿，带动了整个工业的整顿。

2月26日—3月20日　中华全国总工会第九次全国代表大会、中国共产主义青年团第十次全国代表大会、中国妇女第四次全国代表大会各筹备组第一次会议分别在北京举行。会议讨论研究了为工、青、妇代表大会起草工作报告的问题，讨论了修改三个组织章程的问题，并商量决定了三个代表大会代表名额的分配和产生办法。会议决定在适当的准备以后，召开工、青、妇全国代表大会，建立全国的领导机构。

2月27日　刚果人民共和国总理亨

利·洛佩斯率政府代表团访问我国,邓小平同洛佩斯举行了会谈,两国政府经济技术合作项目的换文在北京签字。

同日 台湾当局与沙特阿拉伯签订民航空运协定。

2月28日 杰出的戏剧艺术家、著名导演焦菊隐,因遭受迫害含冤去世。

2月 春节期间,电影《创业》在全国公映,但随即受到"四人帮"的攻击。此后,影片《海霞》也受到"四人帮"的批判。《创业》的编剧张天民,《海霞》的编导谢铁骊、钱江先后给毛泽东写信反映情况。

3月1日 姚文元的《论林彪反党集团的社会基础》在《红旗》杂志第3期上发表。

同日 张春桥在全军各大单位政治部主任座谈会上讲话称:"对经验主义的危险,恐怕还是要警惕。"

3月2日 中国和莫桑比克发表《新闻公报》,宣布两国将于1975年6月25日莫桑比克独立纪念日建立大使级外交关系。

3月6日 台湾"行政院"表示,台日断航原因未消除前不考虑复航。

3月7日 台湾当局制定《废耕农地限期复耕实施要点》。

3月8日 著名京剧艺术大师周信芳遭受江青一伙迫害,含冤逝世,终年80岁。

3月12日—17日 圭亚那合作共和国总理林登·福布斯·伯纳姆访问我国,邓小平同伯纳姆举行了会谈。14日,两国政府在北京签订了经济技术合作协定。

3月15日 台湾"内政部"完成公职人员《选举罢免法》草案。

3月15日—28日 教育部在朝阳农学院举办第一期学习班。4月,举办第二期,参加学习的有28个省、市、自治区和国务院24个部委教育部门的负责人。学习班主要是学习朝阳农学院"同十七年修正主义教育路线对着干,在教育阵地加强对资产阶级专政,把学校办成无产阶级专政工具"等经验。

3月16日 国家计委召开长远规划工作会议。会议期间,各部门汇报了十年规划的初步设想,讨论了经济管理体制改革问题。关于经济发展指标,会议提出,1980年工农业生产指标为:粮食6500亿斤,棉花5700万—6200万担;钢4000万吨,煤炭5.5亿—5.8亿吨;石油1.5亿吨;电3000亿度,乙烯120万吨。1976年到1980年第五个五年计划期间,基建投资2400亿元,财政收入5000亿元。关于体制问题会议意见:①进一步搞好企业下放。②工业企业原则上实行省、市两级管理。③基建投资一小部分由国家安排,大部分由国家定任务,请地方统筹安排,包投资、包能力。④物资分配有步骤地实行在国家统一计划下"地区平衡、差额调拨、品种调剂、保证上缴"的办法。⑤财政收支,除地方仍按固定留成比例提取机动财力以外,对地方财政收支实行"经费比例包干、五年一定"的办法。地方多收了可以多支,少收了就要少支。⑥尽快把六个大区的经济计划协作机构建立起来。

3月17日 第四届全国人大常委会第二次会议,讨论周恩来根据中共中央、毛泽东的指示提出的关于特赦释放全部在押战争罪犯的建议,决定对全部在押战争罪犯实行特赦释放,并给予公民权。18日公布了这一决定,19日,最高人民法院在战犯管理所召开大会,宣布了特赦释放的全部在押战争罪犯名单,发放了特赦释放通知书。这次被特赦释放的战犯共293名,其中包括原来属于蒋介石集团的战犯290名,伪满洲国战犯2名,伪蒙疆自治政府战犯1名。至此,在押的战争罪犯全部处理完毕。4月13日，获释的王秉钺等10人离开北京，途经香港至台湾。

3月20日 国务院批转农林部、四川省革委会《关于四川省珍贵动物保护管理情况的调查报告》。

3月21日 《人民日报》在《领导干部要带头学好》的社论中，再次引用毛泽东1959年关于经验主义是主要危险的语录，并说："十多年的事实证明，经验主义是修正主义的助手。"

同日 中共中央军委召开会议，研究步兵部队的编制问题。11月中央军委颁发了新编制表：步兵师与1962年相比，装备的自动火器增加46%，反坦克火器增加3.2倍，汽车增加近1倍，骡马减少40.3%。

同日 台湾"行政院"核定《台湾省各级农会合并方案》，共要合并57个农会。

3月25日 中共中央决定撤销新疆军区生产建设兵团领导机构，兵团所属各企事业单位、农牧场，划归地方统一领导和管理。

3月27日 台湾"省政府"公布《违反台湾省消除脏乱方案各项行为处罚规定》。

3月29日 新华社报道，福建省文物、考古工作者在泉州湾发掘出一艘宋代木造海船，并在船内发现了大量香料、古钱、陶瓷等珍贵文物。

同日 美国众议院议长卡尔·艾伯特和众议院共和党领袖约翰·罗兹访问我国，邓小平、朱德先后会见了他们。

3月 河北考古工作者在河北省宣化县的辽代墓葬中，发现辽代彩绘星象图。

4月1日—8日 突尼斯共和国总理赫迪·努伊拉应邀访问我国。

同日 《红旗》杂志第4期发表张春桥的文章《论对资产阶级的全面专政》。

4月2日 伟大的无产阶级革命家、党和国家的卓越领导人，中国共产党的创始人之一，中共中央委员，中央政治局常务委员，全国人民代表大会常务委员会副委员长董必武，在北京逝世，终年90岁。

同日 国民党中常会通过《现阶段心理建设执行计划案》。

4月4日 优秀共产党员张志新惨遭杀害。

同日 江青在接见工人时说："现在我们的主要危险不是教条主义，而是经验主义。""经验主义是修正主义的帮凶，是当前的大敌。"

4月5日 蒋介石在台北病逝，终年89岁。

4月5日—26日 全国基本建设会议在北京召开。会议决定在基本建设管理上推行大包干的办法，1975年先选择一批项目试行，争取1980年全面铺开。会议确定，1975年基本建设的主攻方向，是进口成套设备项目、港口建设项目和燃料、动力、矿山、重要铁路枢纽、国防军工等骨干项目，要求全部建成投产的大中型项目为170个。会议还提出：争取1980年以前，全国主要城市和主要部门的施工实现机械化；1985年以前，全国大中城市新建房屋基本甩掉小块黏土砖，代之以新型墙体材料。

4月6日 "副总统"严家淦"宣誓继任总统"。严家淦称，将"力行已故蒋公伟大遗训，继承志业"。

4月8日 中国第一台大型HMJ—200型混合模拟电子计算机在北京无线电一厂试制成功。

4月10日 国务院批转教育部《关于边疆和少数民族地区普及小学五年教育问题的请示报告》。国务院在批示中指出：普及农村小学五年教育，是关系到我国亿万农民文化翻身、巩固工农联盟,加强无产阶级专政,促进社会主义革命和建设的一项大事,各地、各部门要切实解决边疆、少数民族地区普及教育工作中的实际问题,力争尽早地实现普及农村小学五年教育的任务。

4月14日　中共中央军委转发人民解放军总参谋部、总政治部、总后勤部《关于院校编制若干问题的报告》,要求各军区、各军兵种、各总部、国防科工委、军事科学院、军政大学等单位认真贯彻执行。

4月16日　蒋介石灵柩放置在蒋介石慈湖行宫内。

4月18日　江苏省靖江县发现一处距今约3000年的商代遗址。这是长江以南首次发现的大规模商代文化遗址。

4月18日—26日　应中共中央和中国政府邀请,金日成率领朝鲜民主主义人民共和国党政代表团于18日抵达北京,毛泽东会见了金日成,邓小平同金日成举行了四次会谈,双方讨论了进一步发展两党、两国关系及两国人民的战斗友谊、革命团结、当前国际形势和双方共同关心的问题,发表了联合公报。

4月19日　比利时王国首相廷德曼斯访问我国,中、比两国外长签订了中比海运协定和航空协定。

同日　严家淦举行记者招待会,声称将奉行蒋介石遗训,恪守“既定国策”。

4月20日　蒋经国指令“司法行政部”依法办理减刑,以实践蒋介石“矜恤困黎之德意”。

4月23日　邓小平曾就反经验主义问题请教毛泽东,毛泽东在对新华社有关报告的批示中指出:“提法似应提反对修正主义,包括反对经验主义和教条主义,二者都是修正马列主义的,不要只提一项,放过另一项。”

同日　中共中央发出压缩和调整我国对外援助支出的文件。我国援外支出占财政支出的比例,“一五”、“二五”期间为1%多一点。从1963年开始逐年有所增加,到1972年、1973年、1974年分别上升到6.7%、7.2%、6.3%,超过了国力所能负担的程度。中央决定:在第五个五年计划期间,将援外支出占财政支出的比例,由“四五”时期的预计6.5%降至5%以内,援外总额基本维持“四五”水平,大约平均每年50亿元,扣除结转因素,平均每年新提供二三十亿元,对朝鲜、越南、阿尔巴尼亚、老挝、柬埔寨王国援助占援外总额的比例,以不超过50%为宜。

同日　国务院批转教育部《关于推广辽宁朝阳农学院经验和有关政策问题的请示报告》。教育部在请示报告中提出:今年高等学校招生,农业院校学生一般实行“社来社去”,林、医、师范院校部分试行“社来社去”,其他各类院校可进行“社来社去”试点。

4月26日　南越前“总统”阮文绍抵台湾。

4月27日　中央政治局召开会议,批评了江青等人。

同日　台湾驻南越“大使”许经昌返台,自4月28日起,台驻南越“大使馆”停止办公。

4月28日　国民党十届中央委员会举行临时会议。会议推举蒋经国为国民党中央委员会主席。

4月29日　中华人民共和国政府发表声明,强烈谴责印度政府悍然派兵强行解散锡金国王的卫队,并指使它长期豢养的锡金卖国贼出面,在印度的刺刀下演出了一场所谓“公民投票”,要求废黜锡金国王,把锡金变成印度一个邦的丑剧。

4月30日　毛泽东主席、朱德委员长、周恩来总理打电报给越南南方和越南北方党政领导人,最热烈地祝贺越南军民彻底摧毁南越傀儡政权,解放西贡的伟大胜利。

4月底 根据毛泽东尽快结束专案审查把人放出来的意见,在周恩来、邓小平的推动下,中共中央作出决定,除与林彪集团有关的审查对象和其他极少数人之外,对绝大多数被关押受审查者予以释放,其中属于敌我问题的,有劳动能力的分配工作或劳动,属于人民内部矛盾的,妥善安置,补发工资,分配适当工作,党员恢复组织生活,搞错了的进行平反,对于还不能作结论的,问题在内部挂起来,分别由中央组织部和总政会同有关机关再作结论,待工作结束后,中央专案组自行撤销。根据这一决定,长期被关押的高级干部300多人被释放出来,其中一些人陆续分配了工作,这是在"文化大革命"中落实干部政策的一次重大行动。

5月1日 台湾"行政院"公布《施行农会信用部管理办法》。

5月3日 毛泽东在中央政治局会议上讲话说:"教育界、科学界、文艺界、新闻界、医务界,知识分子成堆的地方,其中也有好的,有点马列的。"并针对"文化大革命"中把知识分子说成是"臭老九"指出:"老九不能走。"毛泽东再次批评了江青,强调要坚持三要三不要,告诫"不要搞四人帮"。

同日 毛泽东在与中共中央政治局成员谈话时,对海军建设作出指示:"海军要搞好,使敌人怕。我们海军只有这样大(伸出小手指示意——编者注)。"根据这一指示,海军第一政治委员苏振华在呈送中央的报告中提出:"力争在10年左右建成一支较强大的海军。"毛泽东23日在报告上批示:"努力奋斗,10年达到目的。"

5月4日 欧洲经济共同体委员会副主席克里斯托弗·索姆斯访问我国,双方一致同意建立正式关系。8日,索姆斯在北京宣布达成协议,我国政府决定向该组织派驻代表。

5月5日 经国务院批准,国家体委公布《国家体育锻炼标准条例》,并开始在全国施行。

5月7日 蒋经国主持国民党中常会,表示"为贯彻国民革命任务而效命致力"。

5月7日—17日 中共山西省委在昔阳召开有400多人参加的教育革命现场会,北京、辽宁等15个省、市、自治区教育部门负责人参加会议。会上,中共昔阳县委、大寨大队党支部介绍了教育革命和把学校办成无产阶级专政的工具的经验。6月上旬,教育部召集没有参加昔阳现场会的上海、天津等教育部门负责人到昔阳开教育革命座谈会,在全国推广大寨、昔阳教育革命的经验。

5月8日—29日 中共中央在北京召开了先后有17个省、市、自治区和11个大钢厂及国务院有关部委负责人参加的钢铁工业座谈会。1975年的前4个月,全国欠产钢195万吨,鞍钢、武钢、包钢、太钢欠产严重。为扭转这一局面召开了这一座谈会。21日邓小平在国务院会议上就钢铁整顿发表了重要意见。29日邓小平、叶剑英、李先念在座谈会上作了重要讲话。邓小平的讲话提出了整顿钢铁工业的四条办法。①从部到厂要建立起强有力的、敢字当头的、有能力的领导班子,不能软、懒、散。②发动群众同资产阶级派性作斗争,寸土必争,寸步不让。③落实好政策,把受运动伤害的老工人、老干部、老劳模和技术骨干的积极性调动起来。④把必要的规章制度建立起来。在29日的讲话中，邓小平首次提出"三项指示为纲"。他说："毛主席最近三条重要指示，一条是关于理论问题的重要指示，要反修防修，再一条是关于安定团结的指示，还有一条把国民经济搞上去，这就是我们今后一个时期各项工作的纲。"会议确定，1975 年计划生产 2600 万吨钢的指标不能动，欠产要补上，几个大钢厂要限期扭转局势。6 月 4 日，中共中央作出《关于努力完成今年钢铁生产计划的指示》，关转发了中共冶金部核心小组《关于迅速把钢铁工业搞上去的报告》。经过一个月的整顿，6 月份，钢的日产量超过当年计划平均日产水平，太钢、武钢、鞍钢的生产形势逐步向好的方面转变。

5 月 11 日　"台湾电力公司"大林火力发电厂第五号机发电，最大发电量为 50 万千瓦。

5 月 12 日　国务院批准国家计委《关于 1975 年市场情况和安排意见的报告》。《报告》指出：城乡购买力的增长，仍然大于商品可供量的增长。初步计算，1975 年社会购买力 1210 亿元，而商品可供量仅 1170 亿元，差额约 40 亿元，商品库存同货币流量的比例有所减少。为此，决定采取以下措施：①抓紧农副产品收购。②努力增加轻工、化工产品，在计划外安排增产卷烟、白酒、化纤织品等产品，可回笼货币 20 亿元。③利用我记账外汇顺差，进口一部分原料、半成品和消费品，可回笼货币 2 亿—3 亿元。④认真"扫仓库"，从商业部门库存中拿出 8 亿元商品，外贸部门拿出 5 亿元商品。

5 月 12 日—17 日　国务院副总理邓小平应法国政府邀请，对法国进行正式友好访问，在访问期间，邓小平副总理同德斯坦总统和希拉克总理分别举行会谈，双方就当前重大国际问题和发展两国关系问题交换了意见。

5 月 13 日　台湾"立法院"通过《空气污染防制法》。

5 月 15 日　台湾"行政院"通过纪念蒋介石的七点办法，确定每年清明节为"蒋公逝世纪念日"。

5 月 16 日　农林部向国务院、中央军委写了《关于同意改变内蒙古生产建设兵团体制的报告》。5 月 24 日国务院、中央军委作了批复。

5 月 17 日　毛泽东对中央军委关于贺诚任职的报告批示："贺诚无罪，当然应予分配工作。"

5 月 19 日　全国著名劳动模范，第三届全国人大代表、淘粪工人时传祥被迫害致死。

5 月 22 日　台湾"省政府"表示，推动十项建设所需 2500 亿元投资，其中一半要向外国贷款。

5 月 23 日—6 月 17 日　国家出版局在广州召开中外语文词典编写出版规划座谈会。国务院于 8 月 22 日批转了会议的报告。

5 月 25 日　中国同莫桑比克建立外交关系。

5 月 27 日　中国登山队一名女运动员（潘多）和 8 名男运动员（索男罗布、罗则、侯生福、桑珠、大平措、贡嘎巴桑、次仁多吉、阿布钦），14 时 30 分从北坡登上世界最高峰——珠穆朗玛峰。

同日　台湾"省议会"通过将阿里山辟为"国家公园"，并将其命名为"中正公园"。

5 月 28 日　中共中央军委发布命令，授予西藏军区某部工程团五连副连长洛桑单增"爱民模范"荣誉称号，并号召全军指战员学习他的大无畏革命精神。洛桑单增生前曾 18 次奋不顾身地抢救战友和人民的生命财产,多次立功受奖。1974年12月30日,他为抢救一名落入冰窟的藏族儿童英勇牺牲。

5月28日—6月2日 人民解放军总参谋部在河南商丘召开全军"三防"(防原子、防化学、防生物武器)训练经验交流会。

5月30日 台湾"立法院"通过1975年罪犯"减刑条例"。

5月—8月 教育部部长周荣鑫按照周恩来、邓小平等中央领导人的指示精神,积极着手整顿教育工作,他多次召开教育系统内外干部、教师座谈会、汇报会,听取意见,了解情况,并针对江青一伙对教育的破坏发表了一系列重要谈话。周荣鑫的讲话,受到教育界的热烈拥护。6月至10月,《教育革命通讯》连续发表《全面关怀青少年的成长》、《培养无产阶级革命接班人的正确道路》、《研究基础理论为社会主义建设服务》、《按照马克思主义认识论搞好基础理论研究》、《实用主义教育思想剖析》等文章和评论,这些文章和评论提出要使青少年"努力学习社会主义革命和建设所需要的科学文化知识",批评了反对以学为主的错误认识和"以干代学"的实用主义主张。

6月2日 中共中央批转《中共江苏省委关于徐海地区贯彻执行中央9号文件的情况向中共中央、国务院的报告》。中央要求各地参考他们的经验,解决本地区的问题。全国许多地区和部门贯彻执行中央解决铁路问题和钢铁问题的精神,推广徐海的经验,迅速收到成效。河南刹住了突击入党、突击提干之风,把"双突"上来的10多万人,区别不同情况作了处理,浙江抓了反革命分子翁森鹤为坏头头张永生办了审查学习班,生产形势明显好转。这一系列的整顿,沉重地打击了"四人帮"一伙的帮派势力,使形势趋向安定,为经济发展创造了较好的政治条件。

6月6日 中国第一座现代化10万吨级的深水油港——大连新港最近建成投产。

6月7日 菲律宾与台湾当局"断交"。

6月7日—11日 菲律宾共和国总统费迪南德·埃·马科斯应朱德委员长和周恩来总理的邀请访问我国,邓小平同马科斯举行了会谈。9月,中菲两国政府联合公报在北京签字,两国政府决定即日起建立外交关系,联合公报由周恩来和马科斯签署。同日,中菲两国政府贸易协定也在北京签字。

6月9日 贺龙骨灰安葬仪式在北京举行,叶剑英主持仪式,周恩来致悼词。

6月14日 台湾"省政府"公布《县市摊贩管理规则》。

6月15日—7月4日 阿尔巴尼亚部长会议第一副主席阿迪尔·查尔查尼率阿经济代表团到达北京,李先念同查尔查尼举行了会谈。

6月16日—8月11日 国务院召开计划工作务虚会,研究经济工作的路线、方针和政策。会议提出:当前经济生活中的主要问题是乱和散,必须狠抓整顿,强调集中,在计划体制上,要实行自下而上、上下结合、块块为主的办法,国家计划不能层层加码或随便减少任务。在企业管理体制上,跨省市的铁路、邮电、电网、长江航运、民航、输油管和远洋航运、重要的科研设计单位、专业施工队伍,以及大油田等少数关键企业、关键建设项目,要由中央各部委为主管理,其余的由地方管理,但不能层层下放。在物资管理体制上,物资部门管通用物资,专业部门管专业物资,设备成套走向以地区成套为主。

在财政体制上,推行收支挂钩、总额分成的办法,大中型企业的折旧基金中央集中20％到30％。要整顿软、懒、散的班子,年老体弱的领导干部可以当顾问,对职工要严格训练、严格要求,要建立岗位生产责任制等各项生产管理制度,严格执行。大中型企业非生产人员不得超过职工总数的18％,中小企业不得超过10％等。

6月18日　国民党中常会通过《党员从宽恢复党籍党权实施要点》。

6月19日　台湾与菲律宾签署协议,台在菲设立"太平洋经济文化中心",菲在台设立"远东贸易促进中心"。

6月20日　经国务院、中央军委批准,六个科研事业单位从国防部门回归科学院,计有:中国科学院计算技术研究所、中国科学院长春光学精密机械研究所、中国科学院光电技术研究所（对外仍称6569工程指挥部）、中国科学院半导体研究所、中国科学院109厂、中国科学院电子学研究所。

6月23日　秦皇岛至北京的输油管道建成。至此,以大庆为起点的全长1507公里的大口径输油管道直通北京,输油能力600万吨。这项工程是1973年11月动工的,国家投资1.9亿多元。

6月24日—7月15日　中共中央军委召开扩大会议。会议以毛泽东提出的"军队要统一"、"军队要整顿"为指导方针,讨论军队的整顿问题。7月14日,邓小平在会上作了重要讲话,他分析了军队的状况,指出军队要解决"肿"、"散"、"骄"、"奢"、"惰"的问题,军队的领导班子要解决"懒"、"散"、"软"的问题。他提出:要争取时间,抓紧经济建设和国防建设,要抓编制,抓装备,还要抓战略,要把训练放在战略问题的一个重要位置上。15日,叶剑英就国际形势问题、压缩军队定额、调整编制体制和安排超编干部等问题,作了总结讲话。叶剑英在讲话中,离开讲稿,非常气愤地揭露了江青插手军队,妄图把军队搞乱的阴谋诡计,他说:你们要注意,现在有的人到处送书、送材料、写信,把部队思想搞乱了,你们要抵制,以后没有军委的同意,任何人不得这么做。会上,徐向前、聂荣臻也都讲了话,一致赞同邓小平、叶剑英的意见。接着,叶剑英一个军区一个军区、一个军种一个军种地分别找司令员、政治委员谈话,传达毛泽东的指示,他说:毛主席说现在有个"上海帮",你们要注意警惕,稳定部队,把部队掌握好。会后,叶剑英全力贯彻军委扩大会议精神,根据军委的部署,经毛泽东批准,调整配备全军各大单位的领导班子,这是防止"四人帮"插手军队的重要措施。这次会议受到全军上下的热烈拥护,大批军队超编干部陆续转业到地方工作,压缩军队定额而节省的军费,转用于加强军工生产,改善军队的技术装备。

同日　国务院、中央军委决定,改变内蒙古生产建设兵团体制,撤销兵团、师两级机构,把农牧业团改为国营农场。

6月26日　中共中央军委副主席兼人民解放军总参谋长邓小平陪同外宾视察海军106导弹驱逐舰时,为海军题词:"坚决贯彻执行毛主席的伟大号召,为建设一支强大的海军而努力奋斗。"

同日　台湾"行政院"通过设置"中正纪念堂筹建小组"。

6月30日　泰王国总理蒙拉差翁•克立•巴莫应我国政府邀请访问我国,邓小平同克立举行了会谈。

同日　河北省任丘地区发现古潜山油田。勘探查明油田总面积67平方公里,可采储量1.67亿吨,这是我国第一次在古生界地层找到的较大油田。

7月1日 中泰两国政府关于建立外交关系的联合公报在北京签字，决定自即日起建立大使级外交关系。

同日 我国第一条电气化铁路——宝成铁路电气化工程全部建成，全线通车。宝成铁路全长676公里，实行电气化通车后，货物通过能力比电气化以前提高一倍以上，投资仅为修建一条新线的1/10。

同日 泰国与台湾当局"断交"。

同日 台湾"立法院"通过《国宅条例》决定大量兴建国民住宅。

7月2日 毛泽东在一个批示中说："周扬一案，似可从宽处理，分配工作，有病的养起来并治病。"在此前后，根据毛泽东批示的精神，有一批老干部出狱治病或分配工作。

同日 严家淦宣布，蒋介石去世日和诞辰日为"国定纪念日"。

7月3日 中阿两国政府关于中国向阿尔巴尼亚提供长期无息贷款的协定，提供成套项目的议定书，供应一般物资的议定书和关于1976—1980年交换货物和付款的协定在北京签字。

7月4日 邓小平对中央读书班第四期学员作题为《加强党的领导，整顿党的作风》的讲话。他说明了三项指示为纲，强调要把国民经济搞上去，他说："前一个时期，毛泽东同志有三条重要指示：第一，要学习理论，反修防修；第二，要安定团结；第三，要把国民经济搞上去。这三条指示互相联系，是个整体，不能丢掉任何一条，这是我们这一时期工作的纲。毛泽东同志去年就讲过，'文化大革命'已经八年了，以安定为好，现在加一年，九年了，要团结起来，安定起来，我们有好多事要办，国际方面的斗争，事情很多，国内也有许多事情要做，特别是要把国民经济搞

上去。"

7月4日—7日 伊拉克共和国副总统塔哈·毛希丁·马鲁夫访问我国，邓小平同马鲁夫举行会谈。6日，中伊两国政府关于发展贸易和经济技术合作的文件在北京签字。

7月7日 台湾军方否认关于台湾发展核武器的报道。

7月8日 秦皇岛至北京的输油管道最近胜利建成（大庆至秦皇岛的输油管道已建成）。至此，以大庆为起点的全长1507公里的大口径输油管道直通北京。

7月9日 台日在台北签订民间航空协定，台日航线复航。

7月10日 新华社报道：陕西省临潼县秦始皇陵东侧，发现了一处规模巨大的秦代陶俑坑，自1974年发现后，经考古工作者探测，整个陶俑坑东西长210米，南北宽60米，深4.6至6.5米，总面积为12600平方米。从1974年7月开始，在坑的东端，试掘清理了南北60米、东西16米、深4.6米、约1000平方米的范围，发现从东面有5个斜坡门道，进门后，直达南北的60米的地面上排列着3列72路横队，共216个武士俑，脸面朝东。武士背后，整齐排列着人数壮观的40路纵队。据估计，此坑出土和未出土的武士俑约有6000左右，排列成一个完整的军阵场面。从已发掘的部分看，武士俑和车骑有规律地间隔并对称排列，阵容严整，武士俑形体高1.82米，身着战袍铠甲，挟弓拷箭，或手执剑、矛、弩机。雄骏的陶马，形体大小也与真马相似，以4匹为编组，拖1辆战车，根据现场清理和文献记载，这批陶俑大体是秦始皇在世时制作的，距今2100多年。出土的还有许多铁器农具、金、玉、骨器，以及麻布、丝织、木车等。

7月12日 我国政府同圣多美和普

林西比民主共和国临时政府决定自即日起建立大使级外交关系。两国政府代表于圣多美签署了联合公报。

7月14日　毛泽东发表关于文艺问题的谈话,指出:样板戏太少,而且稍微有点差错就挨批,百花齐放都没有了,别人不能提意见,不好,怕写文章,怕写戏。没有小说,没有诗歌,强调党的文艺政策应该调整一下,一年,两年,三年,逐步扩大文艺节目,一两年之内逐步活跃起来,三年、四年、五年也好。

同日　国民党中央委员会核定恢复260名曾受停止党权处分者的党权。

同日　台湾当局首批开释减刑3600余人今起开始陆续出狱。

7月18日　胡耀邦、李昌和王光伟到科学院主持工作。

7月19日—8月15日　在国务院研究长远规划的务虚会上成立的文教规划务虚小组举行会议。会议在教育部部长周荣鑫主持下,按照实现四个现代化的任务,研究了文化教育长远规划的方针、政策、综合平衡、奋斗目标和重大措施等问题。会议强调指出,要从指导思想等方面,解决不少单位不敢提教育、文化,在科学研究和教学工作中忽视基础科学,以及只顾当前,不顾长远等倾向。

7月20日—8月4日　经中共中央批准,中央军委召开了国防工业重点企业会议。军工企业自3月起已按中央9号文件精神开始整顿,国防工办也采取"调虎离山"的办法,把各主要企业的造反派头头召到北京开会,办学习班,使生产形势发生了变化。8月3日,邓小平在这次会议上作了《关于国防工业企业的整顿》的讲话,他针对许多军工企业领导不力、技术人员不受重视、职工生活有后顾之忧等问题,提出了三条整顿措施。①一定要建立

敢字当头的领导班子,要找能办事、敢于办事的同志来负责;②一定要坚持质量第一,必须抓紧科研工作,发挥科技人员的积极性,给科技人员创造比较好的条件,使他们能专心致志地研究一些东西;③一定要关心群众生活,要使工人有肉吃、有菜吃。叶剑英在会上指出现在有大大小小的野心家,不指名地批判了江青一伙。李先念在讲话中指出,要建立和健全总工程师、总会计师的责任制,保证企业的正常生产秩序。在这次会议的影响下,许多省开始抓军工企业的整顿,军工企业的工作有所改进。

7月23日　新华社报道:我国测绘工作者最近对珠穆朗玛峰进行了一次测量,精确测得珠峰峰顶的海拔高度为8848.13米。在此之前,我国沿用的8882米的珠峰海拔高度数据,是20世纪初外国人测定的。

7月24日　"台湾电力公司"拟订十年计划,提出发展长期电源、研究用海域石油发电等。

7月25日　毛泽东在张天民反映《创业》一片被加上10条意见、禁止上演的信中批示:"此片无大错,建议通过发行,不要求全责备,而且罪名有10条之多,太过分了,不利于调整党的文艺政策。"

同日　日本宣布,日本航空公司将组子公司,经营台日航线。

7月26日　我国成功地发射了一颗人造地球卫星。卫星运行轨道距地球最近点186公里,最远点464公里,绕地球一周需时91分钟。

同日　我国农业科学工作者培育成功异源八倍体小黑麦。

7月29日　毛泽东在谢铁骊、钱江的来信上批示:"印发政治局全体同志。"31日,邓小平主持中共中央政治局审看《海

霞》，决定在全国发行。

7月 卫生部成立中西医结合领导小组办公室，取消中医司。

同月 教育部为研究改进理科教育，编印了《周总理关于基础科学研究和理科教育革命的部分指示》，以后又编印了《毛主席关于自然科学的部分论述》，供内部学习。后来在"反击右倾翻案风"运动中，这两份材料被诬为周荣鑫"反对毛主席"，"分裂党中央"的"罪证"。

8月1日 我国第一部反映红军长征历程的大型纪录片《长征路上》播出。

8月8日 在毛泽东关于《创业》的指示的鼓舞下，中央五七艺术大学青年教师李春光贴出大字报，揭露批判"四人帮"扼杀《创业》，抵制毛泽东的批示和长期推行法西斯文化专制主义的罪行，大字报击中了"四人帮"的要害，1976年6月，李春光被"隔离审查"。

同日 河南的板桥、石漫滩两座大水库溃堤，主要原因是8月5日至8日驻马店、许昌、南阳地区降了特大暴雨所致。水库决堤后，人民生命财产遭到严重损失，国家拨给河南省7亿多元救灾费，帮助灾区恢复生产，安排生活。

同日 日本成立亚细亚航空公司，经营台北东京航线。

8月11日 由中国医学科学院儿科研究所和哈尔滨、北京、西安、上海、武汉、南京、广州、福州、昆明9市组成协作组，进行了对27万名0—18岁儿童的身长、体重、坐高、胸围、头围五项指标的抽样调查工作。

8月12日 四川苗溪茶场管制劳动的李天德，将自己写的《献国策——致党中央、国务院》送到中央接待站，他在《献国策》里明确否定了"文化大革命"，说："关于'文化大革命'，我认为是完全不必

要的，坏处大大超过好处。"他还建议废除领导职务终身制，提出："中央主席，不得连任20年。"四川芦山县将他判死刑，雅安地区中级人民法院改判20年徒刑。

8月13日 清华大学党委副书记刘冰、惠宪钧、柳一安和党委常委、政治部主任吕方正四人联合给毛泽东写信，揭发清华大学党委书记迟群的问题，信中揭发的问题是：迟群自党的十大、四届人大以来，由于没有当上中央委员和部长，个人野心没有得到满足，攻击中央领导人；毫无党的观念，搞一言堂；任人唯亲，封官许愿，违反党的政策。信中还揭发了迟群的资产阶级生活作风等。10月13日，刘冰再次给毛泽东写信，继续揭发迟群对毛主席、周总理不满，公开攻击中央领导人，还揭发迟群假左真右，以及与谢静宜大搞阴谋活动等问题，这两封信是经邓小平转给毛泽东的。

8月14日 毛泽东在一次谈话中对《水浒》作了评论："《水浒》这部书，好就好在投降，做反面教材，使人们都知道投降派。""《水浒》只反贪官，不反皇帝，屏晁盖于一百零八人之外。宋江投降，搞修正主义，把晁的聚义厅改为忠义堂，让人招安了……"经毛泽东批准，中共中央转发了毛泽东关于《水浒》的谈话，8月28日，《红旗》杂志第9期发表《重视对〈水浒〉的评论》，明确地提出评论《水浒》"是我国政治思想战线上的又一次重大斗争，是贯彻执行毛主席关于学习理论、反修防修重要指示的组成部分"，评论《水浒》是学习"无产阶级专政理论"运动的一个组成部分，它的主题就是要批判否定"文化大革命"的"投降派"。

同日 台湾"行政院国家科学委员会"宣布，以电脑处理中文输出输入设计技术已研究成功。

8月16日　教育部发表通告:国务院批准恢复景德镇陶瓷学院、浙江水产学院、浙江丝绸工学院、山东农业机械化学院、山东中医学院、安徽中医学院、雁北师范专科学校,原福建农林大学分建为福建农学院、福建林学院。

8月18日　中、柬两国政府经济技术合作协定在北京签字。协议规定,中国向柬埔寨提供价值6亿元人民币的一般物资和成套项目无偿援助。1975年,中国签订的援外协议总额折人民币22.25亿元,实际对外承担20.33亿元,比上年减少3.1亿元。国家财政当年对外援助支出40.87亿元,对外援助支出占国家财政收支的比重为5%,比上年降低1.3%。

同日　国务院讨论《关于加快工业发展的若干问题》,邓小平在讨论这一文件时提出一系列正确意见。①确定以农业为基础,为农业服务的思想。②引进新技术、新设备,扩大进出口。③加强企业的科学研究工作。④整顿企业管理秩序。⑤抓好产品质量,质量第一是个大政策。⑥恢复和健全规章制度,关键是建立责任制。⑦坚持按劳分配原则。9月上旬北京、上海等地的20个企业负责人在北京座谈这一文件,10月又把这一文件拿到在京讨论农业问题的12个省、市委书记中征求意见,得到普遍赞同,这一文件的主要内容是:①学习理论必须促进安定团结,促进生产发展,不能把搞好生产当做"唯生产力论"和"业务挂帅"来批判。②整顿企业,首先要整顿党的领导,用一年左右时间把所有企业的领导班子整顿好。③整顿企业管理,建立以岗位责任制为核心的生产管理制度。④落实党的政策,信任科技人员,积极发挥他们的才能。⑤对于"造反"、"反潮流"要进行具体分析,正确的要支持,错误的要批评,反动的要顶住,

要坚决同派性作斗争。⑥坚持按劳分配的原则。⑦虚心学习外国一切先进的东西,有计划有重点地引进国外的先进技术。⑧干部、工人、科技人员都要走又红又专的道路。邓小平认为这个文件很重要,发展了过去的《工业七十条》。这一文件在征求意见的过程中,对当时工业的整顿已经发生了积极的影响。

8月23日—30日　教育部召开北京、上海、天津、广东四省、市城市中小学教育座谈会,教育部部长周荣鑫在会上指出:"毛主席从来没有讲过不要文化。现在一谈起文化,就谈虎色变,怕得要死,赶忙出来说话,什么'回潮'啊,又是1972年的风啊!毛主席指示过的,也可以不管,这样不成!""几百万教师在培养学生,还天天说他们是资产阶级知识分子,这不是自己打自己的嘴巴吗?"周荣鑫在北京四省、市会上的讲话,在教育界引起热烈的反响。

8月24日　台湾当局宣布实施福利计划,将对1.8万名一级贫民实施强制性收容。

8月25日　时任副总理的华国锋按邓小平的指示,主持召开由中国科学院科学家参加的"百家争鸣"座谈会。会后,科学院受华国锋的委托,又连续召开了四次座谈会。

8月28日　台湾"中油公司"第二轻油裂解工场正式进油试炉。

8月30日　中共中央军委通知,经中共中央、毛泽东批准,各总部、各军(兵)种、大军区主官进行了调理配备。10月1日,中央军委对北京军区主要领导及其他领导理论联系实际进行任命和调整。10月5日,中央军委任命北京军区政治委员陈先瑞为成都军区政治委员。此时,邓小平任人民解放军总参谋长,杨成武、张才千、向仲华、彭绍辉、李达、王尚荣、胡炜、

何正文、伍修权任副总参谋长。

8月　为了阐明和宣传整顿的指导思想，国务院政治研究室在邓力群主持下，根据邓小平多次讲话的精神，开始起草《论全党全国各项工作的总纲》，10月中旬写出初稿，以后又作了较大修改，文章提出毛泽东提出的"学习无产阶级专政理论"，"还是安定团结为好"，"把国民经济搞上去"三项指示是各项工作的总纲，而发展生产、实现四化宏伟目标是各项工作的出发点和归宿，生产发展有其自身的特殊规律，不能用抓革命来代替生产，生产搞得很糟，硬说革命搞得很好，那是骗人的鬼话，一切政党工作成绩的大小好坏，路线正确与否，归根到底要看它对生产力的发展是否有帮助及帮助大小。文章针对"四人帮"的倒行逆施，尖锐地指出："马克思主义的阶级敌人，继承林彪的衣钵……打着反修正主义的旗号搞修正主义，打着反复辟的旗号搞复辟，把党的好干部和先进模范人物打下台，篡夺一些地方和一些单位的领导权，在这些地方和单位实行资产阶级专政。"

同月　国务院决定恢复哲学社会科学部的业务活动。同时，工宣队和军宣队撤出，哲学社会科学部成立临时领导小组。

8月　第一部描写"与走资派斗争"的影片《春苗》在全国公映。

9月1日　台北市"三军总医院"与美国国家癌症研究所合作进行防癌研究。

9月1日—5日　国家出版局在上海召开山东、江苏、浙江、安徽、上海五省、市关于协作编写《汉语大词典》的座谈会（以后福建省也参加了协作编写工作）。

9月5日　以中共中央政治局委员、国务院副总理华国锋为团长的中央代表团乘专机抵达拉萨，参加西藏自治区成立10周年庆祝活动，转达毛主席和党中央对西藏各族人民的亲切关怀。

9月6日　邓小平等党和国家领导人在北京亲切接见参加第3届全运会的台湾省体育代表团全体成员。

9月6日—9日　邓小平以周恩来总理的名义举行盛大宴会，欢送西哈努克亲王和夫人、宾努亲王和夫人回国。朱德委员长会见了柬埔寨贵宾。9日，首都数万群众热烈欢送西哈努克等返回祖国。

9月9日　拉萨各族人民5万多人冒雨举行集会和游行，热烈庆祝西藏自治区成立10周年。

9月10日　兰州至拉萨航线正式开通。

9月12日—28日　第三届全运会在北京举行。全国31个体育代表团共1万多名各族男女运动员和体育工作者参加。比赛中，有1个队、4人6次打破3项世界纪录，2人2次平2项世界纪录。

9月15日　著名美术教育家和画家丰子恺逝世。丰子恺，1898年生，浙江桐乡人。

9月15日—10月19日　国务院召开的全国"农业学大寨"会议于9月15日在山西省昔阳县开幕，10月19日在北京闭幕。邓小平在开幕式上讲话，着重强调搞好农业的重要性，他说，实现四个现代化，关键是农业现代化，如果农业搞得不好，很可能拖了我们建设的后腿。他还提出了各方面的整顿问题，他说："毛主席讲过，军队要整顿，地方要整顿，工业要整顿，农业要整顿，商业也要整顿，我们的文化教育也要整顿，科学技术队伍也要整顿，文艺，毛主席叫调整，实际上调整也就是整顿。"邓小平强调对各方面工作都要实行整顿的方针，实际上就是要系统地纠正"文化大革命"的"左"倾错误。10月15

日,华国锋作题为《全党动员,大办农业,为普及大寨县而奋斗》的总结报告,要求到 1980 年全国有 1/3 以上的县建成大寨县,基本实现农业机械化。10 月 19 日,中共中央批转了华国锋的总结报告。会后,全国抽调上百万干部帮助社队进行整顿,大抓农田基本建设。江青到会讲话另搞一套,说"评《水浒》就是有所指的,宋江架空晁盖,现在有没有人架空主席呀?我看是有的。"把矛头指向周恩来、邓小平等中央领导同志,妄图改变会议主题。江青要会议印发她的评《水浒》的稿子并放她评《水浒》的录音,毛泽东知道后,严厉批评江青的讲话是"放屁,文不对题",明确指示"稿子不要发,录音不要放,讲话不要印"。

9 月 16 日　中共中央发出《关于大力发展养猪业的通知》,《通知》重申积极发展集体养猪,继续鼓励社员养猪的方针。《通知》指出,不能限制社员个人养猪,不能把社员的正常家庭副业当做资本主义批判。

同日　台北县双溪乡牡丹煤矿发生爆炸,造成 25 名矿工死亡。

9 月 16 日—10 月 17 日　王仿子、张治率中国印刷友好代表团赴日本访问。

9 月 17 日　蒋经国表示台有制造核武器的能力,但决不制造核武器。

9 月 19 日—11 月 2 日　户县农民画展在第九届巴黎双年展中展出,共展出作品 80 件。

9 月 22 日　我国司法机关决定对在押的 95 名蒋介石集团武装特务和 49 名特务船船员,全部宽大释放。至此,自 1962 年 10 月至 1965 年 9 月间捕获的美蒋武装特务及特务船船员全部处理完毕,对被宽大释放人员,每人都给公民权,并根据他们的具体情况安排就业。愿意回台湾的

可以回去,并给足路费提供方便。此外,被宽大释放的还有 1965 年被我捕获的蒋帮伪国防部情报局特务船船员日本人 2 人,南朝鲜人 2 人。

9 月 22 日—28 日　越南劳动党中央第一书记黎笋率越南民主共和国党政代表团访问我国,邓小平、李先念同黎笋会谈。25 日,两国政府在北京签订了关于中国向越南提供无息贷款的协定和 1976 年中国向越南提供一般物资的议定书。

9 月 23 日—10 月 21 日　中共中央在北京召开农村工作座谈会,讨论陈永贵于 8 月 14 日提出的关于人民公社的基本核算单位迅速由生产队向大队过渡的建议。会上,由于赵紫阳、谭启龙等人的抵制,未能形成一致意见,陈永贵的意见被搁置。9 月 27 日、10 月 4 日邓小平在会上插话,他指出各方面都要整顿,而核心是党的整顿,主要放在整顿各级领导班子上。他还突出地讲了如何对待毛泽东思想的问题,说:"割裂毛泽东思想这个问题,现在实际上并没有解决,比如文艺方针,毛泽东同志说,要古为今用,洋为中用,百花齐放,推陈出新,这是很完整的,可是,现在百花齐放不提了,没有了,这就是割裂。……恐怕在相当多的领域里,都存在怎样全面学习、宣传、贯彻毛泽东思想的问题。"

9 月 26 日　邓小平等听取胡耀邦等关于《科学院工作汇报提纲》(即《关于科技工作的几个问题》讨论稿)的说明。《汇报提纲》分六部分,主要内容是:①科技部门一定要既有坚定的政治领导又有切实有力的业务领导,党政领导干部要朝又红又专的方向努力。②科学技术也是生产力,科研要走在前面,没有科学技术现代化,就不可能有工业、农业和国防现代化。③发展科学技术要靠两支队伍,一支是专业队伍,一支是群众队伍,不能不加区别

地要求任何科学研究工作都要实行"以工厂、农村为基地"，不宜笼统地提"开门办科研"的口号。④自力更生，又不闭关自守，为了争取时间和速度，有必要从国外引进一些先进技术和先进设备。⑤在搞好应用研究的同时，要重视和加强理论研究工作。⑥落实政策，把广大知识分子的积极性调动起来。邓小平充分肯定了这一文件，并认为《汇报提纲》对整个科技界、教育界和其他部门都适用。邓小平强调科研必须走在国民经济的前面；对有水平的人要爱护和赞扬，发挥其作用；要选党性好、组织能力强的人给科技人员搞后勤，邓小平尖锐地指出："我们有个危机，可能发生在教育部门，把整个现代化水平拉住了。"邓小平对科技、教育问题的谈话和科学院的《汇报提纲》传出之后，广大知识分子欢欣鼓舞，看到了希望。根据邓小平的意见，胡乔木等对《汇报提纲》作了多次修改，送交毛泽东，准备在他同意后再作进一步修改下发全国，毛泽东未表示同意。

9月26日—11月8日 周荣鑫主持起草教育部向国务院的汇报提纲，在起草小组研究汇报提纲时，周荣鑫传达了邓小平的指示精神，邓小平说："25年发展远景，关键是我们教育部门要培养人。""科学研究工作后继有人问题，中心是教育部门的问题。现在有个危机——不读书。教师有个地位问题，教育部门也有个调动教师积极性的问题。"后来，由于周荣鑫遭到迟群一伙的迫害，这个汇报提纲未能成稿。

9月28日 蒋经国召集有关财经官员研究应付国际石油涨价的对策。

9月底—11月初 毛泽东的联络员毛远新几次向毛泽东汇报，歪曲事实，攻击邓小平，他向毛泽东反映说："感觉到一

股风，比1972年借批极'左'而否定'文化大革命'时还要凶些。""担心中央，怕出反复。""我很注意小平同志的讲话，我感到一个问题，他很少讲'文化大革命'的成绩，很少批判刘少奇的修正主义路线"；"三项指示为纲"，"其实只剩下一项指示，即生产搞上去了。"毛远新的这些看法得到毛泽东的肯定，毛泽东说："有两种态度，一是对'文化大革命'不满意，二是要算账，算'文化大革命'的账。"他要毛远新找邓小平、汪东兴、陈锡联开会，把他的意见全讲出来，毛远新立即照办，邓小平对毛远新关于"中央搞了个修正主义路线"的说法和否定中央9号文件以后全国形势的意见，明确表示异议，并反驳说："昨天（11月1日）晚上我问了主席，这一段工作的方针政策是怎样，主席说对。"

10月1日 全国年画、少年儿童美术作品展览在中国美术馆开幕。

10月2日 台湾有关部门统计，台湾人口密度为每平方公里440.57人，居世界之首。

10月4日 中国政府代表同孟加拉人民共和国代表于纽约签署建立外交关系的联合公报，宣布两国政府自即日起建立外交关系并互派大使。

10月5日 中国西南地区的重要煤炭基地——四川省宝鼎矿区建成。

10月6日—12日 南斯拉夫社会主义联邦共和国联邦执行委员会主席杰马尔·比耶迪奇访问我国，邓小平同比耶迪奇举行会谈，双方同意建立两国贸易混合委员会。12日，两国政府在北京签订了科学技术合作协定，并发表了联合公报。

10月10日 国际象棋联合会通过决议，恢复我国象棋协会为该联合会会员。

10月11日—29日 国家出版局在长春市召开全国书刊装订技术革新经验交

流会。

10 月 15 日　"中华国术第一届世界观摩及擂台邀请赛"在台南举行。

10 月 16 日—26 日　全国体育事业发展规划座谈会在北京召开,共 182 人参加。

10 月 18 日　为纪念中国工农红军长征胜利 40 周年,北京军区战友歌舞团在邓小平等支持下,重新演出了萧华作词的长征组歌——《红军不怕远征难》。

10 月 19 日—23 日　美国国务卿兼总统国家安全事务助理亨利·基辛格访问我国,毛泽东、邓小平会见了基辛格,邓小平同基辛格举行会谈,双方就共同关心的国际问题和中美关系,坦率地交换了意见,重申了上海公报的各项原则并将根据这些原则促进中美关系的发展。

10 月 20 日　周荣鑫在听取铁道部人事局汇报 7 所高等学校情况时指出:"要把培养无产阶级革命事业接班人的任务和适应四个现代化的需要统一起来,不能割裂开。"并批评:"有人把政治和经济、业务、技术总是割裂开。"

10 月 20 日—31 日　中国农林科学院在长沙召开有 21 个省、市、自治区农业科学工作人员参加的杂交水稻鉴定会,对于从 1964 年开始研究、试种的籼型杂交水稻进行鉴定。以后,籼型杂交水稻在国内逐步大面积推广种植。

10 月 21 日　台湾"行政院"决定将"中国造船公司"及"中国钢铁公司"收归公营。

10 月 25 日　在清华大学党委书记迟群指使和参与下,该校人事处负责人给毛泽东写信,状告周荣鑫想把迟群"从政治上搞臭,组织上搞倒,把他从教育部门领导班子中赶出去","千方百计地要否定科教组几年来的工作","已在全国特别是教育战线产生了很坏的影响"。毛泽东批示:"先作调查,然后讨论一次。"

10 月 26 日　台湾"省政府"决定设立委员会开发林口特定区。

10 月 26 日—1976 年 1 月 23 日　全国计划会议在北京举行,会议讨论了发展国民经济的十年规划和 1976 年计划,原定会议还要讨论整顿经济工作和体制改革问题。由于会议期间开始"反击右倾翻案风",这两个议程没有进行,为这两个议程准备的《关于加快工业发展的若干问题》和有关条例,也没有拿到会上讨论,1976 年计划确定,工农业总产值比上年预计数增长 7% 到 7.5%,其中工业增长 8.2% 到 9%,农业增长 4%,主要产品产量,粮食 5800 亿斤,棉花 5200 万担,钢 2600 万吨,原煤 4.8 亿吨,原油 8700 万吨到 8900 万吨,发电量 2110 亿度,棉纱 1230 万件,铁路货运量 9 亿吨,社会商品零售额安排 1325 亿元,进出口贸易总额 146.6 亿美元,国家安排基本建设投资 326 亿元,加上地方自筹,军事工程,人防工程,集体所有制企业补助,共为 378 亿元,计划施工的大中型项目 1100 个,国家财政收入和支出各安排 890 亿元。关于十年规划问题,早在 3、4 份,国家计委同各有关部门就开了座谈会,研究了十年规划的指导思想、方针、政策和主要指标,草拟了《1976 至 1985 年发展国民经济十年规划纲要》(草案),10 月 25 日提交中央政治局讨论,经修改后,又拿到全国计划会议讨论,12 月 25 日、27 日中央政治局审议了经计划会议讨论修改的纲要草案,决定略加修改后试行一年,再作进一步修订。

10 月 29 日　联邦德国总理赫尔穆特·施密特访问中国,邓小平同施密特举行会谈。

10 月 31 日　中德两国政府在北京签订了海运协定和民用航空运输协定。当晚，双方还就成立促进中国和联邦德国两国经济贸易混合委员会进行了换文。

10 月 正在湖北咸宁下放劳动的长篇小说《李自成》的作者姚雪垠上书毛泽东，要求支持他继续写作《李自成》。毛泽东批示："我同意他写李自成小说二卷、三卷至五卷。"12 月，姚雪垠被调回北京，全力撰写《李自成》一书。

11 月 1 日 国民党中央农业金融决策机关通过《加速农村建设贷款扩大办法》。

11 月 3 日 吴德在清华大学党委扩大会议上传达毛泽东 10 月下旬的一次谈话，毛泽东说："清华大学刘冰等人来信告迟群和小谢，我看信的动机不纯，想打倒迟群和小谢，他们信中的矛头是对着我的。"毛泽东还认为，邓小平转了刘冰等人的信就是偏袒、支持刘冰的。

11 月 5 日 中华人民共和国政府代表同斐济政府代表在堪培拉签署关于建立外交关系的联合公报，决定自即日起互相承认并建立大使级外交关系。

11 月 6 日 中华人民共和国政府同西萨摩亚政府签署关于建立外交关系的联合公报，决定自即日起互相承认并建立外交关系。

同日 台湾"行政院"新闻局聘请专家成立审查小组，有计划地整理国乐、民谣，以保存民族音乐。

11 月 8 日 张春桥找周荣鑫面谈教育形势，责令周荣鑫作检查。周荣鑫指出，当前学生不读书等问题亟待解决，张春桥却说："社会上有否定'文化大革命'，否定教育革命的风。""一个是培养有资产阶级觉悟的有文化的剥削者、精神贵族，一个是培养有觉悟的没有文化的劳动者，你说要什么人？我宁要一个没文化的劳动者，而不要一个有文化的剥削者、精神贵族。"

11 月 10 日 台湾"行政院"宣布，未来五年间将为改善校舍与教学设备拨款 118 亿元。

11 月 12 日 美国总统福特要求美国国会向台湾当局提供 8000 万美元军事销售贷款。

11 月 13 日 中国同科摩罗建立外交关系。

同日 台湾当局针对美国宣布福特将访问大陆一事发表声明，重申其反对立场。

11 月 18 日 清华大学召开全校大会，揭发、批判刘冰、周荣鑫等"否定教育革命、翻'文化大革命'的案"，实际矛头指向邓小平。会后，清华、北大及其他学校相继展开"教育革命大辩论"。

11 月 20 日 中央政治局会议上讨论了对"文化大革命"的评价问题，对邓小平作了错误批评。毛泽东希望在"文化大革命"问题上统一认识，提出由邓小平主持作一个肯定"文化大革命"的决议，总的评价是"三分缺点，七分成绩"。邓小平婉拒。他说，由我主持作这个决议不适宜，我是桃花源中人，"不知有汉，无论魏晋"。邓小平在原则问题上不让步，致使对他的批评逐步升级，11 月下旬，中央政治局根据毛泽东的指示，在北京召开了有 130 多名党政军机关负责干部参加的打招呼会议，宣读了毛泽东批准的《打招呼的讲话要点》。正式提出"反击右倾翻案风"问题。

11 月 24 日 台湾工商界成立"中欧贸易促进会"。

11 月 26 日 中共中央向各省、市、自治区第一书记、各大军区党委第一书记、中央和国家机关各部委党的负责人、军委各总部和各军兵种党委第一书记，发出了

《关于转发〈打招呼的讲话要点〉的通知》，通报了打招呼会议情况，转发了《打招呼的讲话要点》，要求在党委常委中传达讨论。

同日　我国成功发射一颗人造地球卫星，这颗卫星正常运行后，按预定计划于12月2日返回地面，这是我国第一次成功地将卫星回收到地面。

12月1日—5日　美国总统杰拉尔德·福特访问我国。毛泽东、朱德分别会见福特，邓小平、李先念等参加了会见和谈话。双方认为，两国领导人直接交换意见，有助于增进相互了解；上海公报是有历史意义的文件，是中美关系的基础，是富有生命力的。

12月4日　《人民日报》转载《红旗》杂志第12期北京大学、清华大学大批判组文章《教育革命的方向不容篡改》。文章把根据党中央指示积极着手整顿教育工作的教育部长周荣鑫的讲话，诬称为"奇谈怪论"。说："教育界的奇谈怪论就是企图为修正主义教育路线翻案，进而否定'文化大革命'，改变毛主席的革命路线。""教育战线上的这场争论，是当前社会上两个阶级、两条道路、两条路线斗争的组成部分。"文章把矛头指向周恩来和邓小平。

12月5日　台湾"外交部"就福特访问大陆发表声明，重申其反对立场。

12月9日　美国助理国务卿哈比抵台，向台湾当局介绍福特访华情况，重申美台友好关系不变。

12月10日　农林部发出《关于保护、发展和合理利用珍贵树种的通知》。

12月12日　台湾"立法院"通过《工厂法》修正案，取消对工厂人数限制，并放宽对女工夜间工作限制。

12月13日　我国与英国罗—罗公司在北京签订引进斯贝航空发动机的专利合同。

12月14日　中共中央转发《清华大学关于教育革命大辩论的情况报告》，《报告》下发后，"教育革命大辩论"即推向全国。

12月16日　康生病死，终年77岁。

12月21日—25日　圣多美和普林西比民主共和国总统、圣普解放运动总书记曼努埃尔·平托·达科斯塔访问我国，李先念同达科斯塔举行了会谈。25日，两国政府经济技术合作协定和贸易协定在北京签字。

12月24日　新华社报道：焦枝铁路建成通车，这条铁路北起河南焦作，南至湖北枝城，全长近800公里，是联结山西、豫西、鄂西的一条南北重要干线。这条线路从1969年11月开工，到1975年7月正式交付运营，共投资10.75亿元。

12月25日　台湾"立法院"通过《广播电视法》。

12月27日　外交部副部长余湛通知苏联驻华大使托尔斯季科夫，我国决定释放1974年3月14日侵入我国境内的苏联武装侦察直升机机组人员并将飞机和机上一切装备、文件资料交还苏联方面。

同日　台湾当局勒令，台湾地方人士康宁祥、张俊宏主办的《台湾论坛》停刊。

12月28日　中国自行研制的第一艘导弹护卫舰编入海军舰艇部队序列，代号为053H型。此后，又先后建造了改进型的导弹护卫舰053H1、053H2型。

同日　国产歼侦－6飞机设计定型，并装备空军航空兵部队。

12月30日　新华社报道：彩色故事片《金光大道》等25部新影片最近摄制完成，将在元旦前后陆续上映。

12月　新中国第一台可供使用的伺服转台SFT－1－1由精密机械研究所研

制并调试成功,1976 年 6 月投入使用。

同月 湖北云梦县睡虎地的秦代古墓中,出土了 1155 枚秦简,这是中国考古史上第一次发现秦简。秦简上面有文字近 4 万个,内容以法律和文书为主。

同月 朱德和原中共辽宁省委书记周桓谈话,对邓小平主持中央日常领导工作后在许多方面进行整顿使形势有了好转感到很满意,并赞扬说:现在形势很好,组织上顺过来了,思想上还未顺过来。他还针对"四人帮"大搞"反击右倾翻案风",妄图打倒邓小平和一大批老干部,篡夺党和国家最高领导权的阴谋说:要抢班夺权是不行的,林彪不是垮了吗?

同月 邓小平主持党中央、国务院日常工作,果断地整顿各方面的工作,使国民经济由停滞下降迅速转向回升。全国主要经济指标完成情况:工农业总产值4504 亿元,比上年增长 11.9%,其中工业总产值 3219 亿元,比上年增长 15.1%;农业总产值 1285 亿元,比上年增长 4.6%(以上按 1970 年不变价格计算)工农业产品产量:粮食 2.8452 亿吨,棉花 238.1 万吨,油料 452.1 万吨,钢 2390 万吨,原煤4.82 亿吨,原油 7706 万吨,发电量 1958亿度,基建投资总额 409.32 亿元,比上年增长 17.7%,铁路货运量 8.67 亿吨,比上年增长 12.9%,进出口贸易总额 290.4 亿元,比上年下降 0.6%,社会商品零售总额1271.1 亿元,比上年增长 9.2%,国家财政总收入 815.6 亿元,总支出 820.9 亿元,赤字 5.3 亿元。

1976 年

1 月 1 日 《人民日报》和《红旗》杂志1976 年第 1 期转载《诗刊》1976 年 1 月号

发表的毛泽东 1965 年写的《水调歌头·重上井冈山》和《念奴娇·鸟儿问答》。

同日 《人民日报》、《红旗》杂志、《解放军报》发表元旦社论《世上无难事,只要肯登攀》。社论高度评价毛泽东的诗词《水调歌头·重上井冈山》和《念奴娇·鸟儿问答》,宣传国内形势是"到处莺歌燕舞",批评"今不如昔"论。社论传达了毛泽东对邓小平提出的"以三项指示为纲"的指责。毛泽东说:"安定团结不是不要阶级斗争,阶级斗争是纲,其余都是目。"社论还说:"以阶级斗争为纲,是毛主席 20多年来领导我们党进行社会主义革命的基本理论和基本实践。""最近教育战线那种刮右倾翻案风的奇谈怪论,就是代表资产阶级反对无产阶级的修正主义路线的突出表现。"

同日 全国性的文学刊物《诗刊》和《人民文学》重新出版。

同日 号召"向修正主义教育路线和旧教育制度宣战"的彩色故事影片《决裂》在全国公开放映。该片是根据"四人帮"的旨意拍摄的。

同日 严家淦主持"开国纪念典礼"并发表文告。

1 月 5 日 《人民日报》在"加强党的领导,开展教育战线的大辩论"的标题下,发表中共朝阳农学院委员会的文章《大是大非问题一定要辩论清楚》。文章把对朝阳农学院经验"持有异议"的观点,说成是"翻案"、"复辟"的奇谈怪论。

1 月 8 日 新华社报道:中朝两国共同建设的中朝友谊输油管竣工。我国对朝鲜供油,1970 年为 15 万吨,1972 年增至140 万吨,为了运输石油,中朝两国于 1972年商定建设输油管,这项工程于 1974 年 2月动工,1975 年建成,这条管道年输油能力为 400 万吨。

同日 伟大的马克思主义者、无产阶级革命家、中共中央副主席、国务院总理、政协全国委员会主席周恩来因患病医治无效,在北京逝世,终年 78 岁。

同日 美国第七舰队司令爱德华访问台湾。

1月9日 "四人帮"压制、破坏悼念周恩来的活动,下达禁令:不准戴黑纱、白花,不准送花圈,首都各校师生对此无比愤慨,冲破禁令,在校内外采用多种形式举行悼念活动。

1月10日 中央广播事业局和外交部印发《接待外国电视摄影队的几项原则》。

同日 台湾"省教育厅"表示,全省小学有 3800 余间教室有待改善或修建。

1月14日 在追悼大会前一天,《人民日报》不报道全国人民沉痛悼念的情况,竟在头版以通栏标题刊登《大辩论带来大变化——清华大学教育革命和各项工作出现新面貌》一文,说:"近来,全国人民都关心清华大学关于教育革命的大辩论。""1975 年夏季前后,清华大学有那么几个坚持修正主义教育路线的人,配合教育界的奇谈怪论,刮起一股右倾翻案风。……清华大学展开了教育革命大辩论,对这股右倾翻案风发动了猛烈回击。"

同日 台湾军队在台湾南部举行"同德三号"军事演习。

1月19日 《毛主席诗词》新版本由人民文学出版社出版,《毛主席诗词》收录了包括《水调歌头·重上井冈山》和《念奴娇·鸟儿问答》在内的 37 首诗词。

1月21日、28日 毛泽东先后提议,经中共中央政治局通过,确定华国锋任国务院代总理和主持中央日常工作。

1月22日 为挽救蝴蝶谷自然奇观,昆虫学家陈维寿建议台湾当局设立蝴蝶保护区。

1月28日 "四人帮"扣压新影厂摄制的纪录影片《敬爱的周恩来总理永垂不朽》,不准放映。

同日 四川、广东、浙江三省版画联展分别在成都、广州、杭州三市同时展出。

1月29日 中国和罗马尼亚两国政府 1976 年—1980 年长期贸易协定和两国政府 1976 年交换货物和付款议定书在北京签字。

1月31日 著名文艺理论家和作家、诗人冯雪峰逝世,终年 73 岁。

2月1日 《红旗》杂志第 2 期发表了北京大学、清华大学大批判组的《回击科技界的右倾翻案风》和辽宁大学大批判组的《不许为修正主义教育路线翻案》两篇文章。

同日 上海农民画展览会在上海展出。

同日 《人民日报》报道:西藏江孜县农业试验场 1975 年在"世界屋脊"上创造了我国冬小麦单产最高纪录——平均亩产达到 1610 斤。

同日 台中市台湾民俗文物馆开幕。

2月2日 中共中央正式发出通知(中央 1976 年 1 号文件):由华国锋同志任国务院代总理,在叶剑英生病期间,由陈锡联主持中央军委工作。3 日,张春桥写下了《1976 年 2 月 3 日有感》:"又是一个一号文件,去年发了一个一号文件,真是得志便猖狂,来得快,来得凶,垮得也快,错误路线总是行不通的。"暴露了他急于当总理的野心。

2月5日 中共中央通知将《打招呼的讲话要点》扩大传达到党内外群众。6日,中共中央批转中央军委关于停止学习和贯彻执行 1975 年 7 月邓小平、叶剑英在军委扩大会议上的讲话的文件。

2月6日 《人民日报》发表《无产阶级文化大革命的继续和深入》，为反击右倾翻案风推波助澜。

2月9日—28日 卫生部召开全国中西医结合工作汇报会。

2月10日 中国、柬埔寨两国政府签订中国向柬埔寨提供无偿军事援助协定，援助额折合人民币2.26亿元。1976年我国对外签订援助协议金额为11.15亿元，比上年减少9.18亿元，对外援助支出为30亿元，占国家财政支出的3.7%多一点。

同日 非国民党台湾地方人士白雅灿，被台湾当局以"犯多次叛乱罪"判无期徒刑。

2月12日 台湾"行政院"通过《国外留学规程》，停办自费留学考试。

2月13日 《光明日报》头版刊登高路写的《孔丘之忧》，把悼念周恩来的人们诬蔑为"哭丧妇"，文章恶毒地写道："让旧制度的'哭丧妇'抱着孔丘的骷髅去忧心如焚，呼天号地吧。"江青一伙的倒行逆施，激起全国人民的愤慨。

2月17日 台第一家短期票券金融公司"中兴票券金融公司"成立。

2月18日 中共中央发出学习毛泽东对理论问题指示的通知。

2月21日 美国前总统尼克松和夫人一行到达北京，华国锋等到机场迎接。我国领导人同尼克松举行了会谈。23日，毛泽东会见了尼克松和夫人及随行人员。

2月22日 《人民日报》发表《马克思、恩格斯、列宁论无产阶级专政》（语录33条），为毛泽东关于理论问题的讲话进行理论论证。

2月24日 《人民日报》发表北京大学、清华大学大批判组的《再论孔丘其人》，影射攻击邓小平，说："孔丘是'一个十足的翻案复辟狂'，'虽然掌权时间不长，却疯狂地从政治上、思想上、组织上对新兴地主阶级进行了全面的反攻倒算。'"

2月25日 中央召集各省、市、自治区和各大军区负责人会议，会上传达了毛泽东的指示，即由毛远新整理的毛泽东自1975年10月至1976年1月多次关于"批邓、反击右倾翻案风"的谈话。毛泽东说："什么'三项指示为纲'，安定团结不是不要阶级斗争，阶级斗争是纲，其余都是目。斯大林在这个问题上犯了大错误。列宁则不然，他说小生产每日每时都产生资本主义。列宁说建设没有资本家的资产阶级国家。为了保障资产阶级法权，我们自己是建设了这样一个国家，跟旧社会差不多、分等级，有八级工资，按劳分配，等价交换。""文化大革命是干什么的？是阶级斗争嘛。""问题是自己是属于小资产阶级，思想容易右。自己代表资产阶级，却说阶级矛盾看不清楚了。""一些同志，主要是老同志思想还停止在资产阶级民主革命阶段，对社会主义不理解，有抵触，甚至反对。对'文化大革命'有两种态度，一是不满意，二是要算账，算'文化大革命'的账。""做了大官了，要保护大官们的利益。他们有了好房子，有汽车，薪水高，还有服务员，比资本家还厉害。社会主义革命革到自己头上了，合作化党内就有人反对，批资产阶级法权他们有反感。""对文化大革命，总的看法：基本正确，有所不足。""三七开，七分成绩三分错误。""文化大革命犯了两个错误，①打倒一切，②全面内战。"邓小平"这个人是不抓阶级斗争的，历来不提这个纲。还是'白猫、黑猫'啊，不管是帝国主义还是马克思主义。"对邓小平"批是要批的，但不应一棍子打死。""还是人民内部问题，引导得好，可以不走到对抗方面去。"会上，根据毛泽东上述谈话精神，开展了对邓小平的所谓揭发和批判，华国锋在会上代表党中央讲话，要求"深入揭发批判邓小平同志的修正主义路线错误"，"在这个总目标下，把广大干部、群众团结起来"。还说："对邓小平同志的问题，可以点名批判。"在中央会议期间，张春桥信口雌黄，诬蔑攻击邓小平是"垄断资产阶级"、"买办资产阶级""对内搞修正主义，对外搞投降主义"。这次会议后，"批邓"的问题正式在党内公开。

2月29日　《人民日报》发表梁效、任明的《评"三项指示为纲"》，批判矛头直指邓小平。

2月下旬　在江青一伙支持下，唐岐山对郑州铁路局中抵制和反对他的干部，或撤换，或采取派所谓"工管组"、"帮办"、"助理"等办法，顶班夺权，把郑州铁路局搞得混乱不堪，造成交通运输严重堵塞，京广线处于半瘫痪状态，连东北地区运往四川的救灾粮食都受到影响。特别是煤炭大量欠运，造成 12 个省市煤炭供应紧张，影响了半个中国。铁路规章制度被打乱，行车事故激增，兰州、太原铁路局情况大致类似。这就造成全国十多条铁路干线经常不畅通的严重局面。1976 年少运了 4600 多万吨物资，有 1000 多万吨存煤运不出来，不少地区缺煤少电，一批工厂停工减产，市场供应紧张，国民经济和人民生活受到严重影响。

2月　北京、上海、辽宁等地若干学校掀起"反击右倾翻案风"的浪潮，迟群在清华大学党委会上多次说："尽管我们学校有 50 多个专业，实际上就是一个专业，就是造走资派反的专业。""我们学校对全国有举足轻重的影响，不仅是学校地位，而且培养的人是造走资派反的。"除清华大学、北京大学等少数学校外，绝大多数学校，由于师生员工的抵制，"反击"进展

缓慢。

2月　海中医学院首期外国医生针灸学习班开办。

3月1日　《红旗》杂志第 3 期发表池恒的《从资产阶级民主派到走资派》一文，《人民日报》2 日予以转载。3 日，《人民日报》又发表《批判党内那个不肯改悔的走资派》。这两篇文章攻击邓小平是不肯改悔的走资派，论证了"老干部就是民主派，民主派就是走资派"的反动公式。江青在一次讲话中说："老干部百分之七十五都是民主派，民主派发展到走资派是客观的必然规律。"在中央 2 月会议期间，张春桥召见在上海的亲信，提出：要研究社会主义革命的性质、对象、任务，研究现在的阶级关系，颠覆政权的不是老资产阶级，而是"党内走资派"，党内"有一批人根本是资产阶级"。

同日　《红旗》杂志发表翟青的《学一点中国哲学史》，影射邓小平和司马光一样，一上台就借"整顿为名，放手干他的复辟勾当"。

3月2日　美国众议院拨款委员会通过，向台湾当局提供 8000 万美元的军事贷款。

3月3日　财政部经国务院同意，通知各省、市、自治区从 1976 年起试行"定收定支，收支挂钩，总额分成，一年一变"的财政管理体制，规定超收部分分成比例为 30% 或 70%，即地方总额比例在 30% 以下的，超收部分按 30% 分成；总额分成比例在 70% 以上和受补助的地区，超收部分按 70% 分成。

3月5日　新华社播发了沈阳部队广大指战员纪念毛泽东发出"向雷锋同志学习"伟大号召十三周年的文章，文中引了周恩来给雷锋的题词。"四人帮"控制的《文汇报》在发表这条消息时，把周恩来的

题词全部删掉。报纸出版后，广大人民群众纷纷提出质问，对此，王洪文说删掉题词是"屁大的事"！张春桥则说："不要批评报纸了，报纸以后还要删！"

3月8日 吉林省吉林地区降落了一次世界历史上罕见的陨石雨。这次陨石雨散落范围达480平方公里，没有造成任何人员伤亡和物质损失，中国科学院联合调查组赶赴现场，进行了一系列科学考察工作。收集的陨石有100多块，总重量为2600公斤，其中最小块的重量在0.5公斤以下，有3块每块重量超过100公斤，最大的一块重量为1770公斤，比美国诺顿陨石重691公斤，是世界上最大的一块陨石。这次陨石雨无论是数量、重量和散落的范围，都是世界罕见的。它对天文学、天体物理、高能物理、宇宙化学、天体史、地球史等方面的研究，都具有非常重要的价值。

3月13日 台湾当局投资55亿元，扩建基隆、高雄、台中、花莲等港口。

3月14日 《学习与批判》第3期发表《梯也尔小传》，借批梯也尔整顿和改编军队，对邓小平进行攻击。

3月15日—24日 老挝人民革命党总书记、老挝人民民主共和国总理凯山·丰威汉率党政代表团访问我国，华国锋同凯山举行了会谈，中老两国政府经济技术合作协定于18日在北京签字。

3月19日 针对越南新地图将西沙、南沙群岛划为其领土一事，台湾"外交部"申明该岛主权属于中国。

3月25日 《文汇报》在一篇题为《走资派还在走我们就要同他斗》的报道中公然把周恩来打成"走资派"。文中写道："孔老二要'兴灭国，继绝世，举逸民'，党内那个走资派要把被打倒的至今不肯改悔的走资派扶上台。"这篇文章激起人们极大的愤怒，数日之内，各地向《文汇报》发出的抗议信、电达400多件，抗议电话1000多次。

同日 《美术》杂志复刊。

3月26日 国家计委发出《关于1976年单项新技术引进计划的通知》。《通知》要求，利用近几年国际上的有利时机，开辟引进单项关键技术的渠道，选择一批短期内我们还难以解决的技术关键项目，抓紧组织引进，同意冶金、石化、一机、轻工四个部门为配合国内研制工作，引进单项新技术，包括风扇磨煤制造技术，高压单晶炉等25项，全年计划引进技术成交额为500万美元。

同日 作家林语堂去世。

3月27日 新华社报道：最近在湖北省云梦县睡虎地，发掘12座战国末年至秦的墓葬，其中一座秦墓出土了一批秦代法律和文书的竹简以及铜器、陶器、漆器等。

3月30日 为使出狱者自力更生，预防再犯，台湾"立法院"通过《更生保护法》。

3月下旬 南京市许多学生和市民进行悼念周总理、反对"四人帮"的游行、集会，街道上和来往的车辆上贴出了"《文汇报》的反党文章是篡党夺权的信号弹"、"不揪出《文汇报》的黑后台誓不罢休"、"打倒大野心家、大阴谋家——张春桥"等大幅标语，人民群众高呼"保卫周恩来"、"打倒张春桥"等口号。

3月底—4月初 北京以天安门为中心出现了更大规模的悼念活动，人们自发地云集天安门广场，庄严肃穆、秩序井然，以送花圈花篮、张贴、朗诵和传抄条幅、挽联、悼词、祭文、诗歌、传单以及举行宣誓、默哀等各种形式，表达对周恩来的怀念和对"四人帮"的愤慨。在此前后，杭州、郑州、西安、太原、遵义、昆明、重庆、青岛、天津、长沙等许多城市都出现了这种悼念活动，这是全国性的规模浩大的抗议运动。

3 月 "文革"中的第一份电影刊物《人民电影》创刊。

4 月 1 日 《红旗》杂志第 4 期发表程越的《一个复辟资本主义的总纲——〈论全党全国各项工作的总纲〉剖析》。3 日，《人民日报》发表北京大学、清华大学大批判组的《翻案复辟的自供状——评党内最大的不肯改悔的走资派邓小平授意炮制的一篇文章》。5 月 12 日，《辽宁日报》发表《翻案复辟的铁证——剖析邓小平授意炮制的一篇文章》。这三篇文章是诬蔑、攻击《论全党全国各项工作的总纲》的代表作。4 月，《学习与批判》发表康立、延风的《〈汇报提纲〉出笼的前前后后》。5 月 14 日，《文汇报》发表《两个提纲一条黑线——从〈二月提纲〉到〈汇报提纲〉》，这是诬蔑和攻击《科学院工作汇报提纲》的代表作。

同日 中央政治局召开会议讨论南京和各地出现的悼念活动问题。当天，中共中央向各地发出经毛泽东批准的关于"南京事件"的通知说："最近几天，南京出现了矛头指向中央领导同志的大字报、大标语，这是分裂以毛主席为首的党中央、转移批邓大方向的政治事件。"要求立即采取有效措施"全部覆盖"。并且提出，"要警惕别有用心的人"借机扩大事态，要追查这次事件的"幕后策划人"和"谣言制造者"。

4 月 4 日 是清明节，首都人民的悼念活动达到高潮，数十万群众不顾重重禁令，涌向天安门广场，声讨"四人帮"，4 日晚，中央政治局召开会议讨论天安门事件问题，华国锋说："一批坏人跳出来了，写的东西有的直接攻击主席，很多攻击中央"，"很恶毒。"吴德说："看来这是一次

有计划的行动。邓小平从 1974—1975 年作了大量的舆论准备……今年出现这件事是邓小平搞了很长时间的准备形成的。""性质是清楚的，就是反革命搞的事件。"政治局认为：这是反革命事件，"文化大革命"以来没有过像这次这样严重的逆流。"是反革命煽动群众借此反对主席、反对中央，干扰、破坏斗争的大方向"。江青等人还蛮横地提出，清明已过，要连夜把花圈转走，要抓发表"反革命"演说的人。会议决定采取紧急措施，应付"更大事端"，其中包括清理天安门广场的花圈和标语，布置工人民兵和公安人员围住纪念碑，阻止群众去送花圈和集会，并且调动卫戍部队在二线待命。

4 月 5 日 在报告毛泽东后，凌晨撤走并销毁了广场上所有花圈，并逮捕了一些人。群众更加愤怒，要求"还我花圈"、"还我战友"，同一部分民兵、警察和战士发生严重冲突，群众又听说值勤人员中有人污辱周总理，有人诬蔑群众，义愤填膺，砸毁和烧毁了汽车，烧毁了广场东南角的"工人民兵指挥部"，群众和民兵、警察都有被打伤的。中央政治局一部分人在人民大会堂注视着广场事态的变化。晚上 6 时半，北京市委第一书记吴德出面发表广播讲话。他说："今天，在天安门广场有坏人进行破坏捣乱，进行反革命破坏活动"，"妄图扭转批判那个不肯改悔的走资派的修正主义路线、反击右倾翻案风的大方向，我们要认清这一政治事件的反动性"，"革命群众应立即离开广场，不要受他们的蒙蔽。"晚上 9 时半，1 万名民兵，5 个营的卫戍部队，3000 名公安人员带着木棍包围广场，对群众进行殴打，并且逮捕了 38 人，天安门抗议运动被镇压下去了。

4 月 6 日 凌晨，部分在京政治局委员听取北京市委关于天安门事件的汇报，

认为群众的行动是"反革命暴乱性质"，要准备"更大事件发生"。决定继续组织 3 万民兵集中在天安门广场附近待命，派出 9 个营的部队在市区内随时机动。

4 月 7 日　毛泽东在听取毛远新关于中央政治局讨论天安门事件情况报告时指出，要公开发表《人民日报》记者现场报道和吴德的广播讲话，并据此开除邓小平的一切职务，保留党籍，以观后效。又说：中央政治局作决议，登报。这次，首都，天安门，烧，打，这三件好，性质变了。毛泽东还提出华国锋任总理，一起登报。7 日下午，毛泽东补充说：华国锋任党的第一副主席，并写在决议上。当晚，中央政治局开会，宣读并通过了《关于华国锋任中国共产党中央委员会第一副主席、中华人民共和国国务院总理的决议》和《关于撤销邓小平党内外一切职务的决议》。

同日　台湾"内政部"警政署宣布，凡持有无照武器者须向当地警察机关报缴。

4 月 8 日　《人民日报》公布了这两个决议，发表了吴德在天安门广场的广播讲话和"现场报道"：《天安门广场的反革命政治事件》。根据中央要求，各省、市、自治区向中央打电报表示支持中央的两个决议和对天安门事件的处理，全国各地组织了拥护中央决议、声讨邓小平的游行集会，并且追查所谓政治谣言，搜捕天安门事件和类似事件的参加者和"幕后策划者"。北京市公安局立案追查的共 1984 件，北京前后共拘捕 388 人，各地也采取了类似的镇压措施。

同日　北京"天安门事件"发生后，蒋经国再三声称，充实"反攻准备"。

4 月 12 日　教育部长周荣鑫含冤逝世。1976 年 1 月以来，迟群一伙迫使重病住院的周荣鑫出院，接受追查、批斗达 50 多次，本日上午周荣鑫昏倒在追查会上，

当晚去世，终年 59 岁。

同日　国民党中央发表《告大陆同胞书》，号召"精神入党"。

4 月 18 日　《人民日报》又发表社论《天安门广场事件说明了什么？》诬称邓小平是"右倾翻案风的总后台"，"从清华少数人的诬告信，到天安门广场的反革命政治事件，都有深刻的政治背景和阶级根源，其源盖出于邓小平"。以天安门事件为中心的全国性的抗议运动虽然被镇压下去了，但是它为后来粉碎江青反革命集团奠定了伟大的群众基础。这次运动是人民群众自发的行动，是对"文化大革命"，特别是对"批邓、反击右倾翻案风"的怀疑、不满，对"四人帮"的义愤的总爆发。许多诗歌、悼词和讲演指出江青、张春桥等人是祸国殃民的"野心家"、"阴谋家"，提出了"打倒野心家、阴谋家"的口号，广场上出现了许多如"欲悲闻鬼叫，我哭豺狼笑。洒泪祭雄杰，扬眉剑出鞘"之类的诗词，表示坚决反对"四人帮"的决心。

4 月 19 日　国民党"立法院"党部建议台湾当局制订"反共复国"纲领。

4 月 21 日　新华社报道：我国京沪杭中同轴电缆 1800 路载波通信干线建成投产，全线路长 1700 多公里，纵贯 8 个省市，穿过黄河、长沙等 200 多条大小河流，它能使沿途主要城市之间数千人同时通电话，这条线路是 1969 年底开始研制设计，1973 年冬季施工建设的，共花投资和科研费 1.89 亿元。

4 月 23 日　四川省石油管理局打成了中国第一口 6011 米的超深井，标志着中国石油钻井技术达到了一个新的水平。

同日　台湾成立"国家癌症研究委员会"。

4 月 23 日—5 月 10 日　国家出版局在济南召开鲁迅著作注释工作座谈会。

4 月 25 日　中国同佛得角建立外交关系。

4 月 26 日　台湾当局与南非建立"大使级外交关系"。

4 月 30 日　毛泽东在接见华国锋时因说话不便,给华国锋写了三个条子:一是"慢慢来不要着急",二是"照过去方针办",三是"你办事我放心"。

4 月　"四人帮"布置各部门、各学校搜逮"反革命",追查"政治谣言"。他们把毛泽东在 1974 年和 1975 年批评江青等人的言论都作为"政治谣言",连 4 月初去过天安门,照过相,传抄过悼念周总理的诗词的都要追查。

5 月 3 日　国务院批准河南省、山东省、水电部《关于防御黄河下游特大洪水意见的报告》。《报告》提出了黄河的防洪方案和 1976 年紧急度汛措施,在三门峡以下兴建干支流工程,拦蓄洪水;改建现有滞洪设施,提高分滞能力;加大下游河道泄量,排洪入海;新建濮阳县渠村分洪闸,废除石头庄溢洪堰,并加高加固北金堤。

5 月 6 日　台湾"教育部"宣布,不承认任何宗教学院文凭。

5 月 6 日—6 月 23 日　教育部分三批召开 29 个省、市、自治区高等学校招生工作座谈会,推广辽宁省 1975 年高等学校试行"社来社去"、"哪来哪去"的经验。本年,全国高等学校共招收工农兵学员 21.7 万人。

5 月 9 日　《人民日报》发表《社会主义大集好——辽宁省彰武县哈尔套公社改造农村集市的调查》。哈尔套公社"社会主义大集",是当时任辽宁省委书记职务的毛远新等一手制造的典型。1975 年元旦,他们组织哈尔套公社社员群众,由各大队干部带领,挑着自家的农副产品,敲锣打鼓,从四面八方赶到哈尔套街里,把产品卖给供销社,然后再从供销社买回自己需要的商品。这样,他们就把过去可以自由交易的农副产品全部转归国营商业和供销社经营,取消了党的政策允许的农村集市贸易,挫伤了农民发展正常家庭副业的积极性,使国营商业失去了必要的补充。报刊上大肆宣扬这一经验,使这种极"左"的做法流毒全国。

5 月 10 日—23 日　新加坡共和国总理李光耀率代表团访问我国,华国锋同李光耀举行了会谈。

5 月 12 日　新华社报道:我国邮电部门职工自行研制、生产、设计、施工,用晶体管 960 路和电子管 600 路微波通信全套设备,建成以北京为中心连通全国 20 多个省、市、自治区的微波通信干线。全国主要城市之间通过微波干线开通了传送电视、各种传真、电报、电话等多种通信业务。

同日　国民党中常会通过《都市平均地权条例修正案》,同时决定废除《田赋征实条例》。

5 月 14 日　毛泽东"一定要把淮河治好"的号召发表 25 周年,河南、安徽、江苏、山东四省已经建成一批防洪、排涝、抗旱、治碱工程,淮河全流域的农田灌溉面积已达 1 亿亩,比 10 年前扩大 1 倍,淮河流域粮食产量比 10 年前增长 70%。

5 月 14 日—21 日　中国人民解放军海军南海舰队组织驱逐舰、护卫舰等参加的舰艇编队,首次远航中沙群岛。

5 月 15 日　台北"国立历史博物馆"举办"北京人生态展览"。

5 月 16 日　姚文元在《人民日报》送审的《党内确有资产阶级——天安门广场反革命政治事件剖析》文稿中,亲笔加上"邓小平就是这次反革命政治事件的总后台"。同日,《人民日报》、《红旗》杂志、《解放军报》编辑部联合发表了《文化大革命永放光芒——纪念中共中央1966年5月16日〈通知〉十周年》的文章，再次重申了"文化大革命"理论观点的正确性和"文化大革命"的必要性，攻击邓小平。此后，中央报刊先后发表了池恒的《无产阶级专政的伟大胜利》（《红旗》杂志第5期）、梁效的《党内确有资产阶级》（5月18日《人民日报》）、方刚的《走资派就是党内的资产阶级》（《红旗》杂志第6期）、高路、常戈的《评邓小平的买办资产阶级经济思想》（《红旗》杂志第7期）等诬蔑和攻击邓小平的大批判文章，这些批判文章，是张春桥、姚文元直接组织、授意、审定的。

5月24日 国务院对北京市基本建设综合计划作出批复。决定：对一般民用建筑实行统一管理的办法；民用建筑标准，由北京市确定；基本建设所需物资，由国家物资总局和北京市具体安排落实；从1976年开始，在前门大街和西二环路进行成街成片的房屋统建，在东郊、南郊工业区附近建设成片的居住区，并相应地改善城市交通和供气、供热、供水等设施。

5月26日—30日 巴基斯坦伊斯兰共和国总理佐勒菲卡尔·阿里·布托访问我国，毛泽东会见了布托，华国锋同布托举行了会谈。

5月27日 宁夏回族自治区贺兰山煤炭工业基地建成。

5月28日 我国政府代表同苏里南共和国政府代表于纽约签署关于建立外交关系的联合公报，决定自即日起建立大使级外交关系。

5月29日20时23分 云南省西部龙陵、潞西一带发生7.5级地震，22时0分在同一地区又发生7.6级地震，震中位置为北纬24.6度，东经98.7度。中共中央向灾区人民发了慰问电并派出中央慰问团前往灾区慰问，国务院有关部门迅速进行救灾工作。由于地震工作部门对这次强烈地震有预报，在云南省委统一领导下采取了预防措施，大大减轻了伤亡和损失。

5月30日 中巴发表联合公报，签订了科学技术合作协定和经济技术合作协定。

同日 台湾纵贯铁路竹南、谈文间发生火车对撞事件，死伤百余人。

5月31日 《人民日报》发表吕达的《一个加快复辟资本主义的〈条例〉——批判邓小平授意炮制的〈关于加快工业发展的若干问题〉》。6月3日，《北京日报》发表首都钢铁公司工人理论组的《加快工业发展是假，复辟资本主义是真——批判邓小平指使炮制的所谓发展工业的〈条例〉》。7月1日，《红旗》杂志第7期发表上海钟表元件厂工人理论小组的《一个复辟倒退的条例——关于〈加快工业发展的若干问题〉批判》。这三篇文章是诬蔑和攻击《关于加快工业发展的若干问题》的代表作。

6月1日 国家计委下达1976年地方自筹投资计划36亿元，主要用于农业和支农工业，以及轻工市场等人民生活方面的建设项目。规定自筹资金不能挤占国家财政收入和挖潜改造资金；自筹投资如超过国家批准数，必须报国家计委、财政部批准。

同日 台湾"中国造船公司"高雄造船厂完工。

6月2日—9日 尼泊尔国王比兰德拉访问我国，华国锋同比兰德拉举行会谈。

6月5日 "海鹰"—1舰用导弹设计定型。

6月6日 新华社报道：我国第一座

现代化 10 万吨级的深水油港——大连新港最近建成投产,这个港口于 1974 年 11 月正式开工,仅用 18 个月的时间就建成投产,比国家要求的期限提前 8 个月。

6 月 8 日　中国印刷公司恢复建制。

6 月 9 日　台湾"行政院"进行局部改组。

6 月 10 日　中国和古巴贸易协定、支付协定和 1976 年度贸易议定书在哈瓦那签字。

6 月 12 日　新华社报道:十年来,我国农村建成了 5.6 万座中小型水电站。

同日　台湾当局决定,1977 年起全面实施"国库集中支付制度"。

6 月 14 日　国家计委向中共中央报送《关于上半年国民经济计划执行情况和下半年安排意见的报告》。《报告》说,经济战线上问题比较突出的是铁路运输,许多地区产品运不出来,燃料、原材料运不进去。由于煤电和原材料供应不足,加上有些企业内部存在的问题没有解决,1—5 月,钢欠产 123 万吨,钢材欠产 86 万吨,化肥欠产 58 万吨,棉纱欠产 57 万件。这就影响了生产建设的物资供应,影响了市场和财政收入。1—5 月,轻工业生产大约少供应 14 亿元商品,财政收入大约少收 20 亿元。关于下半年的安排,《报告》提出了相应的意见。25 日,国家计委向中央政治局汇报工业生产和国民经济计划执行情况。江青一伙把出口原油、进口化肥和化纤成套设备,说成是"洋奴、卖国、汉奸",胡说"外贸部有一批卖国主义者","政治局内部有资产阶级、买办资产阶级"。

6 月 15 日　毛泽东在病情加重的情况下,召见华国锋、王洪文、张春桥、江青、姚文元、王海蓉等人,对他们说,人生 70 古来稀,我 80 多了,人老总想后事,中国有句古话叫盖棺论定,我虽未盖棺也快了,总

可以定论吧! 我一生干了两件事,一是与蒋介石斗了那么几十年,把他赶到那么几个海岛上去了,抗战 8 年,把日本人请回老家去了。对这些事持异议的人不多,只有那么几个人,在我耳边唧唧喳喳,无非是让我及早收回那几个海岛罢了。另一件事你们都知道,就是发动"文化大革命",这事拥护的人不多,反对的人不少,这两件事没有完,这笔遗产得交给下一代,怎么交? 和平交不成就动荡中交,搞不好就得血雨腥风了,你们怎么办,只有天知道。

同日　国产 30 万千瓦双水内冷汽轮发电机组最近建成投产。这是中国最大容量的火力发电机组,安装在江苏望亭发电厂。

6 月 20 日—27 日　澳大利亚联邦总理马尔科姆·弗雷泽应邀访问中国,华国锋与弗雷泽举行了会谈。23 日,两国政府在北京签订了中国出土文物运至澳大利亚展览的协定。

6 月 22 日　国务院转发国家计委、教育部《关于 1976 年高等院校毕业生分配问题的请示报告》。《报告》提出:要坚持使毕业生回到基层,回到生产第一线的原则,毕业生一般返回原单位、原地区工作,特殊需要的由国家统一分配,招生时规定"社来社去"的,应按原规定执行;毕业生自愿要求到农村当农民的,要积极支持。

6 月 24 日　美国政府宣布撤走在金门、马祖的美国军事顾问。

6 月 25 日　全国体总台湾省体育联络处在北京成立。

6 月 26 日　中共中央转发山西省委《关于大同铁路方面的情况报告》,强调指出任何人不准冲击铁路,不准串联,不准成立任何形式的战斗队。要维护铁路运输秩序,对破坏铁路运输的阶级敌人,要坚决打击,对反革命,对打、砸、抢者,要实

行镇压,同时号召全国铁路职工坚守工作岗位,抓革命,促生产。

6月28日 台湾"立法院"通过"补习教育法",将扩大补习教育范围,增加民众受教育机会。

6月29日 上海黄浦江大桥建成通车,这是黄浦江上第一座公路、铁路双层钢铁大桥,铁路桥全长3084米,于1975年9月11日建成通车;公路桥全长1860米,宽12米,这座桥是从1974年8月31日开始兴建的。

同日 美国证实,台湾当局已向美国订购了一套价值3400万美元的防空系统。

6月30日 中国同塞舌尔建立外交关系。

7月1日 老一辈无产阶级革命家和马克思主义理论家张闻天在江苏无锡含冤逝世,终年76岁。

同日 北京电视台(今中央电视台)开始试播新闻联播节目。

同日 台湾成立"联合船舶设计中心",将自行设计造船。

7月3日 毛泽东主席、朱德委员长、华国锋总理电贺越南实现全国统一。

7月5日 新华社报道:我国万吨远洋科学考察船"向阳红5号"和"向阳红11号",最近在太平洋的广阔海域,成功地进行了首次远洋科学调查,获得了大量的、多学科的第一手资料,为发展我国海洋科学事业作出了贡献。

7月6日 伟大的马克思主义者、无产阶级革命家、中共中央政治局委员、全国人大常委会委员长朱德,因病医治无效,在北京逝世,终年90岁。

同日 新华社报道:我国西南边疆又一条公路干线滇(云南下关)藏(西藏芒康)公路最近建成正式通车,全长716公里,是继川藏、青藏、新藏公路之后,从内地到西藏的第四条公路干线,这条公路于1967年开工,共投资2810万元。

7月6日—8月1日 中共中央在北京召开全国计划工作座谈会,议程两项:一是批判"条条专政",二是调整下半年计划。国家计委在经过中央政治局讨论同意后,向会议提出把钢的生产指标由原来的2600万吨下调到2400万吨,基本建设拨款比原定计划减少20亿元,从外贸库存中再拿出20亿元商品投放市场,进口计划压缩5亿美元,社会集团购买力压缩10%到20%,原定调整工资计划推迟到下一年实行,由于会议后期发生了唐山地震,在简单讨论了国家计委提出的计划调整方案之后匆匆结束。

7月7日 台湾"立法院"初审通过《税捐稽征法》草案,此法通过后将可依法申请查缉逃漏税。

7月9日 台湾当局以杨卓成的设计方案兴建"中正纪念堂"。

7月12日 国际奥委会拒绝台湾以中国代表团资格参加奥运会。

7月15日—20日 贝宁人民共和国总统马蒂厄·克雷库率代表团应邀访问中国,华国锋和克雷库举行了会谈,两国政府签订了经济技术合作议定书。

7月25日 我国地质科学工作者采用古地磁方法首次测出1965年在云南元谋发现的"元谋人"的年龄为距今170万年左右,证明"元谋人"是我国迄今发现的最早的古人类,这样就把我国过去发现最早的猿人年代推前了100多万年,从而将中国历史的开端推前到距今170万年以前。

7月26日 日亚航公司台日航线正式开航。

7月26日—8月9日 博茨瓦纳共和国总统塞雷茨·卡马应邀访问中国,华国锋同卡马举行了会谈。8月8日,两国政府经济技术合作协定在北京签字。

7 月 27 日　著名作曲家、中国歌剧院院长马可逝世。

7 月 28 日　河北省唐山、丰南一带 3 时 42 分发生强烈地震,天津、北京市也有强烈震感,这次地震为 7.8 级,震中烈度为 11 度,累计死亡 24.2 万多人,重伤 16.4 万人,整个唐山市夷为一片平地,中共中央当天向灾区人民发出慰问电。

8 月 4 日　中共中央、国务院派出以华国锋为总团长的中央慰问团慰问受灾群众,转达党中央、毛泽东对灾区人民的关怀。党中央成立了抗震救灾指挥部,国务院向灾区派出了工作组,十几万解放军官兵,两万多名医务人员和数万名各方面的支援人员迅速赶赴灾区,展开抢险救灾工作。大批救灾物资运到唐山,经过二十多天努力,抢救出大批受难人员,安顿了受难群众的吃穿住,初步恢复了生产和运输。

8 月 6 日　美国决定向台湾出售 60 架 F—5E 战斗机。

8 月 8 日　台湾"财政部"表示,台十大建设共需资金 2567 亿元。

8 月 11 日　《人民日报》发表的《深入批邓,抗震救灾》的社论,根据姚文元在一次编前会上的讲话,说什么"解放以来的历史事实证明,每当出现严重自然灾害的时候,也是两个阶级、两条道路、两条路线斗争激烈的时候,党内机会主义路线的头子总是妄图利用自然灾害造成的暂时困难,扭转革命方向,复辟资本主义"。

同日　台湾石化工业首座尼龙原料工厂进料试车。

8 月 13 日　台湾"行政院"公布,自本学期起实行"高中以上学生助学贷款办法",将以长期低利贷款方式对低收入家庭学生提供帮助。

8 月 16 日　四川省北部松潘、平武一带发生 7.2 级地震,我国地震部门对这次地震作了预报,四川省有关部门在事前采取了防震措施,因而造成损失很小。

同日　台湾"中国造船公司"与招商局首次签约承造 4 艘国有轮船。

8 月 19 日　台中港开放为国际港。

8 月 23 日　中国政府和中非共和国政府发表联合公报,决定自即日起实现两国关系正常化并互派大使。

同日　新华社报道:新疆维吾尔自治区已从 8 月 1 日起全面使用维吾尔、哈萨克新文字,停止使用维吾尔、哈萨克旧文字。

同日　《人民日报》发表社论《抓住要害深入批邓》,掀起批判所谓"三株大毒草"的新浪潮。所谓"三株大毒草"即未定稿的《论全党全国各项工作的总纲》、《科学院工作汇报提纲》和《关于加快工业发展的若干问题》。

同日　中国第一艘五万吨级远洋油轮——"西湖"号在大连红旗造船厂建成下水。

同日　中非共和国与台湾当局"断交"。

8 月 30 日　广东省博物馆和海南行政区文化局的考古人员两年来先后两次到西沙群岛进行文物考察,他们在当地政府和军民的支持协助下,进行了较大规模的文物发掘工作,获得了数以千计的文物资料,大量的文物资料无可争辩地说明,西沙群岛同南沙群岛、中沙群岛、东沙群岛一样,自古以来就是我国的神圣领土。

8 月 31 日　台湾当局表示,台从事核能开发仅限于和平用途。

8 月　王洪文调阅了国务院、中央军委、国防工办等单位从 1975 年 6 月至 1976 年 1 月的部分文件和会议简报,搜集攻击中央和国务院领导人的材料，"四人帮"的亲信把持的上海总工会，以断章取义的手法，整理了中央和地方领导人的材料43种，擅自印发25万多份，被点名的中央政治局委员、副总理、副委员长15人。

9月1日 台湾省证券交易所正式启用电脑设备处理证券交易资料。

9月2日—9日 西萨摩亚国家元首马列托亚·塔努马菲利第二殿下访问我国，两国经济技术合作协定8日在北京签订。

9月5日 台湾三家电视台再度联合播出反共电视影集《寒流》。

9月6日 台湾"行政院"卫生署决定，罐头食品一律禁止使用防腐剂。

9月9日 伟大的马克思主义者、无产阶级革命家、中国共产党、中国人民解放军、中华人民共和国的主要缔造者和领导人，中共中央主席、中央军委主席、全国政协名誉主席毛泽东，因患病医治无效，于0时10分在北京逝世，终年83岁。

9月中旬—10月初 毛泽东逝世后，江青一伙加紧了夺取党和国家最高领导权的阴谋活动。毛泽东刚逝世，王洪文就背着中央政治局，布置他身边工作人员以中央办公厅名义通知各省、市、自治区，在吊唁期间发生的重大问题要及时向王洪文报告。王洪文此举企图切断中央政治局与各省、市、自治区党委的联系，由他们指挥全国。

9月11日 蒋经国就毛泽东主席逝世发表《告大陆同胞书》，声称要"摧毁毛体制"，"为重建中华民国而努力"。

9月12日 迟群等人动员人们给江青写"效忠信"、"劝进书"。江青多次要看毛泽东的文稿和手迹，并骗取了毛泽东同杨得志、王六生的两次谈话纪录稿，加以篡改，江青一伙四处游说，煽动反对华国锋和党中央。

9月15日 台湾与美国签署渔业协定。

9月16日 "四人帮"有计划、有预谋地伪造"按既定方针办"的所谓毛主席临终嘱咐，写进《人民日报》、《红旗》杂志、《解放军报》社论《毛主席永远活在我们心中》。所谓"按既定方针办"就是"永远遵循毛主席的教导，坚持以阶级斗争为纲，坚持党的基本路线，坚持无产阶级专政下的继续革命"。

同日 台湾当局声明，台从未考虑制造核武器。

9月17日 从这天起，姚文元不断给新华社打电话，一再强调要反复宣传所谓临终嘱咐。江青一伙是借此把自己标榜成毛泽东的忠实继承人，打着毛泽东的旗号，夺取最高领导权。这时，"四人帮"加紧了与上海亲信的秘密串联，企图以上海为据点反对党中央。

同日 蒋经国表示要铲除社会四大害：职业赌博、流氓集团、走私、贩毒吸毒。

9月21日 张春桥在北京单独会见徐景贤，听取了8月间丁盛（当时为南京军区司令员）与马天水、徐景贤、王秀珍密谈的情报汇报，以及他们控制的上海民兵突击发枪的情况汇报。

9月23日 王洪文在电话中对王秀珍说："要提高警惕，斗争并未结束，党内资产阶级他们是不会甘心失败的，总有人会抬出邓小平的。"

9月24日 经国务院批准，国家计委《关于1976年挖潜改造措施资金安排的报告》决定：从1976年开始，企业的更新改造资金，国家不再上收；原定由地方集中的30%是否集中，由省、市、自治区党委决定；1976年挖潜改造计划中国家预算安排的更新改造资金8.3亿元，仍继续拨款。

9 月 27 日　　台湾当局选定"国花"——梅花的标准图案,供绘制参考。

9 月下旬—10 月 5 日　　华国锋、叶剑英、李先念、汪东兴等研究、谋划粉碎"四人帮"问题。

9 月末　　江青到清华大学大兴分校讲话,诬陷邓小平"迫害毛主席"。10 月 1 日离开大兴分校时,她告诉人们"等着特大喜讯,准备学习公报"。

10 月 2 日　　王洪文私拍了准备上台时用的"标准像",3 日他又到北京市平谷县讲话,说:"中央出了修正主义,你们怎么办?打倒!""今后还可能出什么唐小平、王小平之类","要把眼睛睁得大大的看着修正主义。"

10 月 2 日　　华国锋在审批乔冠华在联合国大会发言稿时,把原稿"按既定方针办"这句话删掉,并且指出,原话是"照过去方针办",张春桥以"免得引起不必要的纠纷"为理由,阻止华国锋上述批语的下达。

同日　　台湾大林电厂全部竣工。

10 月 4 日　　《光明日报》头版发表梁效文章《永远按毛主席的既定方针办》,宣称:"篡改毛主席的既定方针,就是背叛马克思主义,背叛社会主义,背叛无产阶级专政下继续革命的伟大学说。""任何修正主义头子胆敢篡改毛主席的既定方针,是决然没有好下场的。"矛头指向华国锋。这是一个严重的信号,说明他们加快了夺权的步伐。

10 月 6 日　　中央政治局执行党和人民的意志,采取断然措施,对江青、张春桥、王洪文、姚文元实行隔离审查。粉碎江青反革命集团的胜利,从危难中挽救了党,挽救了革命,结束了延续十年之久的"文化大革命"的灾难,使我们的国家进入了新的历史发展时期,全国亿万群众衷心拥护,随即举行盛大的集会游行,热烈庆祝粉碎"四人帮"的胜利。

10 月 7 日　　中央政治局作出关于华国锋任中共中央主席、中央军委主席的决议。

同日　　中国一座现代化深水油港——青岛港务局黄岛油港建成投产。

10 月 8 日　　中共中央、人大常委会、国务院、中央军委决定建立毛主席纪念堂。中共中央还决定尽快出版《毛泽东选集》第五卷和筹备出版《毛泽东全集》。

同日　　"四人帮"在上海的帮派势力开始在上海策动反革命武装叛乱,当徐景贤、王秀珍得知江青一伙在北京被隔离审查后,立即召开紧急会议,实行紧急动员,决定"要干","拉出民兵来,打一个礼拜不行,打五天,三天也好,让全世界都知道"。徐景贤下达手令,调集和部署民兵 33500 名,组织了指挥班子,设立了两个秘密指挥点,他们还研究了武装叛乱的初步方案。

10 月 9 日　　上海民兵指挥部召集 10 个区、5 个直属民兵师负责人开会进行部署。

10 月 10 日　　台湾"省主席"谢东闵被邮件炸弹炸伤左手。事后,台湾当局称此事为"台独分子"王幸男所为。

10 月 12 日　　准备发表《告全市、全国人民书》,拟定了 21 条反革命标语。当晚,王少庸、朱永嘉等人开会策划停产罢工,游行示威,控制电台,封锁中央发布的消息。中央政治局对解决上海问题作了周密部署,先将马天水召到北京,随后又通过马天水将徐景贤、王秀珍召到北京,使"四人帮"在上海的势力陷于群魔无首的困境,同时,派苏振华、倪志福、彭冲等率领一批领导干部到上海,控制事态的发展。同时,人民解放军也做好了应付事变的准备,"四人帮"残余势力在上海策划反革命武装叛乱,遭到上海广大干部、群众的抵制和反对。当 14 日中央正式宣布粉碎"四人帮"的消息时,人们纷纷起来声讨"四人帮",武装叛乱阴谋顷刻瓦解。

10 月 8 日—15 日 中央政治局分批召集各省、市、自治区及各大军区主要负责人会议,宣布粉碎了"四人帮"并揭露其篡党夺权的罪行。

10 月 11 日—17 日 巴布亚新几内亚总理索马雷和夫人访问中国。中国和巴布亚新几内亚建立外交关系的联合公报 12 日在北京签字,联合公报宣布自即日起双方建立外交关系。10 月 17 日,我国又成功地进行了一次地下核试验。

10 月 13 日 台湾"省政府"拨款对各地古迹文物进行维护整修。

10 月 14 日 台湾当局为推行台北地市防洪计划,拨款 45 亿元。

10 月 17 日 我国又成功地进行了一次地下核试验。

10 月 18 日 中共中央向党内发出通知,列举王洪文、张春桥、江青、姚文元反党篡权的罪行和毛泽东 1974 年 2 月以来对他们的批评。通知说:以华国锋为首的党中央,"代表全党全军和全国各族人民的根本利益和共同愿望,采取果断措施,解决了这个重大问题,消除了党内一大祸害"。

10 月 19 日 严家淦、蒋经国电贺丁肇中获诺贝尔物理奖。

同日 《台湾政论》副总编黄华,被"警备总部"以"意图颠覆"罪名判处十年有期徒刑。

10 月 21 日 台湾"行政院"修正核定"经济建设六年计划"。

10 月 27 日 上海召开党员大会,宣布中共中央决定,撤销张春桥、王洪文、姚文元在上海的一切职务,任命苏振华、倪志福、彭冲为上海市党政主要负责人。

同日 国家计委、国家建委、财政部发出《关于调整 1976 年基本建设拨款的通知》,经国务院批准,决定压缩基本建设拨款 20 亿元。

10 月 28 日 中共中央发出《关于冻结各单位存款的紧急通知》,立即冻结各单位存款。由于前 10 个月生产下降,财政收入比上年同期下降 6.3%,支大于收 23.7 亿元,市场每元货币供应的商品由正常情况的 8 元减为 6 元,为避免发生通货膨胀,物价上涨,决定各机关、团体、学校、企业、事业单位,10 月底各项经费和资金的结余存款,除已计划内的未完工程基建拨款,企业流动资金、当年提取的大修理基金和更新改造资金,当年安排的技术措施费、农田水利,优抚救济,知识青年上山下乡经费,以及 11 和 12 两个月的人员经费外,一律按银行存款的账面数字,实行冻结。个别需要解冻的资金,经省、市、自治区汇总,报国务院批准,停产 1 个月以上的企业,不得再提取更新改造资金和大修理基金。

10 月 31 日 台中国际商港一期工程竣工,正式启用通航。

10 月—11 月 《创业》、《海霞》、《园丁之歌》等受到"四人帮"批判的电影在全国恢复上映。

11 月 8 日 台湾"立法院"审查通过《平均地权条例》草案。

11 月 9 日 中共中央、国务院、中央军委发布解决河北保定地区武斗问题的《布告》。17 日,中共中央办公厅给各地发出这个《布告》。

同日 国家计委、建委、财政部、一机部拟定《关于 1977 年改革经济管理体制问题的报告》,提出:从 1977 年起,实行"统一计划,分级管理,条块结合,以块为主"的计划体制;对地方财政实行收支包干。

11 月 11 日　台湾"行政院"修正《台湾省各县市地方自治实施纲领》,规定 15 万人以上城镇可升为县辖市。

11 月 12 日—11 月 18 日　国民党在台北召开第十一次"全国代表大会"。蒋经国被推举为国民党主席。

11 月 16 日　国家计委对 1977 年第一季度国民经济计划作出安排,主要内容是:①为全年农业生产打好基础,支农产品产量要高于 1976 年第四季度水平。②轻工业生产所需的原材料、燃料和电力优先保证,其生产水平要超过 1976 年第四季度。③重工业要重点抓好原材料、燃料和电力的生产。④采取果断措施,解决郑州、兰州、成都、南昌、太原、昆明等铁路局堵塞问题,全国货运量要达到或超过历史同期水平。⑤全年基本建设投资,预算内控制在 250 亿元以内。⑥安排好灾区的生产建设和人民生活,重点是抓好开滦煤矿、唐山钢铁厂和天津三大化工厂的恢复工作。⑦大搞增产节约,力争财政收入比 1976 年第一季度有所增加,财政支出减少 10%。⑧停止招收新职工。⑨做好主要物资的预报工作。

11 月 17 日　我国成功地进行了一次氢弹试验。

11 月 23 日　"热烈庆祝华国锋同志任中共中央主席、中央军委主席;热烈庆祝粉碎'四人帮'篡党夺权的阴谋的伟大胜利美术作品展览"在上海美术馆开幕,共展出作品 240 余幅。

11 月 24 日　毛主席纪念堂奠基仪式在北京举行。华国锋在讲话中说:要坚持以阶级斗争为纲,坚持党的基本路线,坚持无产阶级专政下的继续革命。奠基仪式由吴德主持。

11 月 25 日　台北市开始执行《空气污染防制法》,违者最高可处以 1.5 万元罚款。

11 月 27 日　国务院批准国家计委提出的《关于申请追加 1976 年基本建设投资、设备储备和挖潜改造资金的请示报告》,决定根据有关部门和地区的急需,追加财政拨款 8.65 亿元。其中,交通部购买船舶投资增加 5.05 亿元;重点煤矿的挖潜改造资金追加 2 亿元;电力部门等设备储备资金 1.6 亿元。

11 月 29 日　台湾"省政府"扩大实施分层负责制,推行科负责任制。

11 月 30 日　美国宗教领袖访问团抵台访问。

11 月 30 日—12 月 2 日　第四届全国人大常委会第三次会议在北京召开,会议决定邓颖超为第四届人大常委会副委员长;通过国务院的提议,任命黄华为外交部长,免去乔冠华外交部长一职。

12 月 5 日　中共中央发出通知,指出:凡纯属反对"四人帮"的人和案件应给予彻底平反,凡不是纯属反对"四人帮"而有反对毛主席、反对党中央、反对"文化大革命"或其他反革命罪行的人,绝不允许翻案。

12 月 7 日　我国成功发射一颗人造地球卫星。10 日,这颗卫星按预定计划准确返回地面。

同日　著名作曲家郑律成逝世,终年 58 岁。

同日　台湾"省政府"公布渔会财务处理办法。

12 月 10 日　中共中央下发《王、张、江、姚反党集团罪证(材料之一)》。材料以大量事实揭露王洪文、张春桥、江青、姚文元结成"四人帮",妄图篡党夺权、危害人民的罪行。

12 月 10 日—27 日　第二次全国农业

学大寨会议在北京召开,陈永贵在会上作了《彻底批判"四人帮",掀起普及大寨县运动的新高潮》的讲话,这一讲话强调完成党中央提出的 1980 年把 1/3 以上的县建成大寨县,全国基本实现农业机械化的任务;提出大力发展社队企业,"要促进公社大队两级经济的发展,为逐步过渡创造条件"。华国锋也讲了话。会议检查了 1976 年普及大寨县规划的执行情况,布置了 1977 年的任务;总结交流普及大寨县运动和农业机械化的经验;讨论农田基本建设、农业生产等问题。

12 月 11 日 新华社报道:中国科学院计算技术研究所研制成功一台高速大型通用集成电路电子计算机,这是继 1973 年我国制成每秒 100 万次集成电路电子计算机之后的又一新成果。

同日 话剧《万水千山》在北京再次公演。

12 月 17 日 国际针灸大会在台北市召开。

12 月 18 日 歼教—6 飞机设计生产定型,投入批量生产。

12 月 20 日—26 日 阿拉伯也门共和国哈姆迪主席及其代表团访问我国,中阿两国政府经济技术合作协定 23 日在北京签字。

12 月 23 日 台湾"外交部长"沈昌焕称,台将坚持独立自主原则,推动总体外交。

12 月 25 日 中国向民主柬埔寨提供成套项目的议定书和两国科学技术合作协定在金边签字。

同日 《人民日报》发表毛泽东 1956 年 4 月 25 日在中共中央政治局扩大会议上的讲话《论十大关系》,这篇文稿是 1975 年由邓小平主持整理定稿,并经毛泽东同意的。

同日 国务院向中共中央作了《关于 1980 年基本上实现农业机械化的报告》。《报告》指出:1980 年基本上实现农业机械化的主要目标是:农、林、牧、副、渔主要作业的机械化水平达到 70% 左右;农业机械化要因地制宜,从实际出发,各有特点;要以各省、市、区自力更生为主,组织起来,多快好省地发展农业机械;要发扬艰苦奋斗精神,办好"五小"工业(即小钢铁、小煤炭、小水泥、小化肥、小机械等)1977 年 1 月 19 日中共中央批转了这个报告。

12 月 28 日 大庆油田一座年产相当于 100 万吨标准化肥的大型化肥厂——大庆化肥厂建成投产。

12 月 29 日 新华社报道:被"四人帮"长期打入冷宫的音乐舞蹈史诗《东方红》以及《洪湖赤卫队》等 6 部影片,将于 1977 年元旦重新上映。

12 月下旬 人民解放军海军 252 潜艇远航西太平洋训练,在连续训练 30 昼夜、舰行 3300 余海里后,于 1977 年 1 月 24 日胜利返航。

12 月 1976 年国民经济主要指标完成情况:工农业总产值 4579 亿元,比上年增长 1.7%,其中工业总产值 3262 亿元,比上年增长 1.3%;农业总产值 1317 亿元,比上年增长 2.5%(以上按 1970 年不变价格计算)。工农业产品产量:粮食 2.8631 亿吨,比上年增长 0.6%;棉花 205.5 万吨,比上年下降 13.7%,钢 2046 万吨,比上年下降 14.4%;原煤 4.83 亿吨,比上年增长 0.2%;原油 8716 万吨,比上年增长 13.1%;发电量 2031 亿度,比上年增长 3.7%。基本建设投资总额 376.44 亿元,比上年下降 0.8%,铁路货运量 8.2116 亿吨,比上年下降 0.35%。进出口贸易总额 264.1 亿元,比上年下降 9%,社会商品零售总额 1339.4 亿元,比上年增长

5.4%。国家财政总收入776.6亿元,总支出806.2亿元,赤字29.6亿元。

1977 年

1月1日 严家淦发表元旦文告,提出要把握时机开创新局面。

同日 台湾开始施行《广播电视法施行细则》。

1月11日 山东胜利石油化工总厂建成投产。这是一个包括炼油、化工、化肥、橡胶等产品的大型现代化石油化工联合企业,1966年4月开始建设,总投资6.6亿元。

同日 "文化大革命"中被禁演的一批戏剧重新与观众见面,受到欢迎。其中有《洪湖赤卫队》、《豹子湾战斗》、《东方红》等。

1月15日 台湾当局准备扩大公营事业、开放民营的范围,除台电公司、肥料公司、糖业公司、石油公司外,都将逐渐开放民营。

1月18日 台湾"立法院"完成《平均地权条例》,将由都市开始逐步扩展,全面推行土地改革。

1月25日 台湾"行政院"举行十项建设检查会。

1月28日 涉嫌用邮包炸弹炸伤谢东闵的王幸美,被判处无期徒刑。

同日 台湾"外交部"重申随时与美国合作,努力防止核武器扩散。

1月30日 据统计结果显示,台湾1976年新生儿逾40万,人口出生率呈回升趋势。

2月3日 台湾"教育部"公布《学位法》,并废止《名誉博士授予条例》。

2月4日 《平均地权条例》从今日起实施。

2月7日 《人民日报》、《红旗》杂志和《解放军报》发表社论,提出:"凡是毛主席作出的决策,我们都坚决维护;凡是毛主席的指示,我们都始终不渝地遵循。"这篇社论提出的"两个凡是"的方针是由汪东兴审定、报华国锋批准的。

2月下旬 北京地区经济学界首先开展对按劳分配、政治和经济、革命和生产的关系等问题的讨论,并带动全国经济学界理论讨论活跃起来。

2月9日 台湾"教育部"建成高中题库,内有9个学科的27193个试题。

2月10日 唐代文学家韩愈的后代韩思道告郭寿华诽谤韩愈案,在台北地方法院进行了判决,被告被处以罚款。

2月25日 蒋经国宣称,各国与中共任何协议一律无效。

2月28日 美国农业部指出,台湾是美国农产品主要市场。

3月2日 台湾"教育部"公布《特殊教育推行办法》。

3月3日—16日 1977年全国计划工作会议在北京召开。会议讨论了1977年的国民经济计划,并针对当时经济界的思想混乱,提出了"十个要不要"的问题。

3月7日 台湾"行政院政务委员"李登辉称,台湾农业已进入科学化阶段。

3月8日 台湾"国防部"否认外电关于台从以色列购买军用飞机的报道。

3月10日—22日 中央工作会议在北京召开。华国锋在会上作了长篇讲话,仍坚持"两个凡是"的方针,坚持把天安门事件说成"反革命事件",认为继续"批邓、反击右倾翻案风"是正确的。会上,陈云、王震正式提议恢复邓小平工作,为天安门事件平反,遭到华国锋压制。

3月19日 台湾"省政府"决定在农

村人口密集地区增设就业服务站。

3月24日　中共中央军委召开座谈会。叶剑英在会上强调要深揭狠批"四人帮"破坏军队的罪行。

3月25日　台湾"国防部"为纪念蒋介石,将4月定为台军队官兵"教孝月"。

4月8日　蒋经国在"立法院"提出把"更新武器、巩固国防、加强建设、改善国民生活"放在第一位。

同日　约旦同台湾当局"断交"。

4月10日　邓小平写信给中共中央并华国锋,针对"两个凡是"提出:"我们必须世世代代用正确的完整的毛泽东思想指导我们全党全军和全国人民,把党和社会主义事业,把国际共产主义运动的事业,胜利地推向前进。"邓小平对"两个凡是"的批评,成为思想解放运动的先导。

4月12日　国民党举行"清党"50周年纪念。进行有关学术讨论。

4月15日　《毛泽东选集》第5卷(收录毛泽东1949年9月至1957年11月写的70篇著作)发行。首批印发2800万册。

4月20日—5月13日　全国工业学大庆会议先后在大庆、北京召开。会议指出,要狠抓企业整顿,开展社会主义劳动竞赛,在第五个五年计划期间把全国1/3的企业建成大庆式企业。同时把学不学大庆,提到走不走自己工业发展道路的高度。华国锋还提出"石油光有一个大庆不行,要有十来个大庆"。

4月24日　台湾当局决定向农业建设投入24亿元。

4月28日　台湾"教育部"完成《国民教育法草案》。

5月3日　台湾"省政府"决定投资100亿元,开发林口、台中港区等5个卫星市镇。

5月4日　美国国防部决定向台湾出售总值3400余万元的飞机零件。

5月12日　台湾当局决定恢复设立"中央地质调查所"。

5月19日　台湾"省议会"通过临时动议,谴责"省议员"许信良出版的《风雨之声》诽谤同仁。

5月25日　台湾"交通部"公布实施《轮船业管理规则》。

6月3日　第一艘由台湾建造的超级油轮"珀玛奋进"号在高雄下水。

6月7日　台湾南部暴雨成灾,降雨量创70年来最高纪录。

6月10日　李先念代表中共中央与越南总理范文同谈判。双方就两党关系及领土问题各自阐明了立场。

6月13日　外交部受权声明:东海大陆架是中国大陆领土之自然延伸,中国对该大陆架享有不容侵犯的主权。

6月14日　为增加土地利用面积,台湾"省议会"通过《河川地开发办法》。

6月16日　美国国防部任命林德少将接任"台湾协防司令"。

6月23日　台湾当局重申反对美国与大陆接触的立场。

6月28日　台湾"立法院"通过修正盐政条例,从7月1日起正式取消盐税。

7月1日　台湾"立法院"通过《土地税法》。

同日　台湾"外交部长"沈昌焕就美国国务卿万斯在演说中表示将设法使中美关系正常化一事提出抗议。

7月3日　台湾"经济部"发表声明,表示钓鱼岛水域属中国领土不容置疑。

7月6日—8月5日　全国农田基本建设会议举行。会议要求迅速掀起大搞农田基本建设的新高潮,到1980年实现每个农业人口有一亩旱涝保收、高产稳产农田。此后,农田基本建设战线越拉越长,投入的劳动力越来越多。

7月10日　严家淦抵沙特阿拉伯访问。

7月16日—21日　中共十届三中全会在北京召开。会议通过了《关于追认华国锋同志任中国共产党中央委员会主席、中国共产党中央军事委员会主席的决议》、《关于恢复邓小平同志职务的决议》和《关于王洪文、张春桥、江青、姚文元反党集团的决议》。

7月17日　国家计委提出今后八年引进新技术和成套设备的规划。中央政治局原则批准了这一规划。规划提出围绕长远规划的目标和任务，除"四三方案"继续执行外，再进口一批成套设备、单机和技术专利。

7月25日　30年未遇的强台风袭击台湾南部，造成重大灾害。

7月31日　强台风袭击台湾北部，造成严重灾害。

8月1日　蒋经国指示迅速救助北部灾区。

8月4日—8日　邓小平在北京主持召开科教工作座谈会，科学界和教育界的三十多名专家应邀出席。邓小平在会议结束前发表《关于科学和教育工作的几点意见》的讲话。

8月8日　台湾"财政部"宣称历年岁余已达230亿元。

8月10日　国务院发出《关于调整部分职工工资的通知》，决定为部分低工资的职工调整工资，调资范围约为三千多万人。

8月12日—18日　中共十一大在北京召开。与会代表1510人。华国锋代表中共中央作政治报告，宣告"文化大革命"已经结束，但同时肯定党内存在"走资派"，提出"文化大革命"这种性质的政治

大革命今后还要进行多次。19日，在十一届一中全会上，华国锋被选为中共中央主席，叶剑英、邓小平、李先念、汪东兴被选为中共中央副主席。

8月13日—9月25日　全国高等学校招生工作会议在北京召开。会议决定高校招生采取统一考试、择优录取的办法。

8月15日　台湾当局与日本签约，合作兴建台湾至琉球间海底通讯电缆。

8月19日　蒋经国接见美国驻台"大使"，就台美关系交换意见。

8月26日　台湾"外交部"声明，中美之间达成的涉及台湾权益的任何协议，台湾一律不予承认。

8月29日　台湾"第二次文艺会谈"揭幕，会中讨论了乡土文学问题。

8月　中央军委召开座谈会，讨论如何开展部队正规化教育训练问题。此后，部队正规化教育训练被提到战略高度，得到了大力加强，并根据和平时期军队建设的特点，制定了政治、军事、文化和民用技术"一体化"的训练体制。

9月9日　"毛主席纪念堂"建成开放。

9月19日　邓小平同教育部主要负责人谈话，否定1971年《全国教育工作会议纪要》中的"两个估计"，提出大专院校招生应抓两条：一是本人表现好，二是择优录取；大专院校应恢复教授、讲师、助教等职称。

同日　美国国防部通知国会，将向台湾出售价值超过8000万美元的战车。

9月15日　台湾当局与美国在台北商谈双方贸易逆差问题。

9月17日　台湾当局核定设立证券金融公司。

9月23日　台湾北部地区暴雨成灾。

9月24日 台湾"经济部"修正《公司法》，推动员工入股分红。

10月3日 中国科学院根据邓小平多次提出恢复业务职称制度、破格提拔有贡献的中青年科技工作者的建议，决定提升原助理研究员陈景润为研究员，提升原研究实习员杨乐、张广厚为副研究员。由此开始恢复业务职称制度，在科技、教育领域，一批学有所成的中青年人才被破格提拔。

10月7日 《人民日报》发表根据胡耀邦意见、由中共中央党校几位同志写的《把"四人帮"颠倒了的干部路线是非纠正过来》的文章。此文为平反干部冤假错案作了舆论准备。

10月8日 台湾军方举行"金汤二号"军事演习。

10月9日 中共中央党校复校。中共中央主席华国锋兼中共中央党校校长，副主席汪东兴兼第一副校长。

10月12日 国务院决定高等学校招生实行统一考试，并可从应届高中毕业生中招生。中断11年的高校招生考试制度由此恢复。同日，国务院批转教育部《关于高等学校招收研究生的意见》，由此恢复招收研究生。

10月13日 台湾当局公布人口统计资料，台湾人口总数为1670万人。

10月22日 台湾"教育部长"李元簇表示，将采取措施全面禁绝恶性补习。

10月26日 台湾"教育部"通令学校和幼稚园学唱蒋经国改编的"梅花"歌曲。

10月28日 台湾首座地热电厂在宜兰试车发电。

11月5日 台湾当局宣称破获"人民解放阵线"组织。

11月6日 中共中央转发教育部党组《关于工宣队问题的请示报告》，批准工宣队撤出学校。

11月8日 中国自行设计、研制的第一个数字制卫星通讯地面站建成。

11月9日 台湾"五项地方公职选举"开始展开竞选活动。

11月10日 台湾"行政院"通过修正《印花税法》，大幅删减印花税，仅保留6个类目。

11月16日 台湾北部第一座核能电厂正式发电。

11月19日 台湾桃园县中坜镇万余群众包围警察局，反对国民党在选举中舞弊，抗议民众愤而烧毁警车、摩托车，并砸碎警察局门窗等。

11月24日 台湾"行政院"决定将"经济设计委员会"改组为"经济建设委员会"。

12月6日 台湾"教育部"研拟"国民教育法"草案，规定在6至15岁学龄阶段，必须入学接受教育。

12月10日 胡耀邦出任中共中央组织部部长。

同日 台湾最大渔港高雄县兴达港通航。

12月12日—31日 中共中央军委召开全体会议。华国锋、叶剑英、邓小平在会上讲话。会议制定并通过了《关于加强部队教育训练的决定》、《关于办好军队院校的决定》、《关于加强军队组织纪律的决定》等九项决定、条例。

12月16日 中坜妨害投票案中，投票所主任监察委员获不起诉。

12月28日 台湾当局开始对中坜事件进行调查处理。

12月 中国人民解放军开始开展培养军地两用人才活动。人民解放军自70年代末开始组织干部、战士在以军事教育训练为主的前提下，学习科学文化和民用技术,进行军事、政治、文化、民用技术"一体化教育训练"。率先开展这一工作的是南京军区 83024 部队、成都军区和济南军区某些团。

1978 年

1月4日　台湾"中国造船公司"在高雄成立。

1月5日　中国人民解放军军事学院、政治学院、后勤学院恢复。

1月7日　国民党中常会举行临时会议,决定向十一届二中全会提名蒋经国为第六任"总统"候选人。

1月11日　台湾当局"军事法庭"公开审理"人民解放阵线"案。

同日　台湾"行政院"核定"汽车责任险改进方案"。

1月13日　勘察证实长江源头为唐古拉山脉主峰各拉丹冬雪山西南侧的沱沱河,长江全长 6300 公里。

同日　国务院决定恢复和办好重点高等学校。重点高等学校增至 88 所。

同日　台湾"立法院"通过《惩治走私条例》修正案。

1月20日　蒋经国责成"卫生署"纠正医疗不良现象。

1月23日　台湾"省政府"决定举办家畜保险。

2月5日　蒋经国对美国记者重申反共国策绝不改变,并提出希望美国信守《共同防御条约》。

2月14日—15日　国民党第十一届二中全会在台北召开。

2月15日　国民党第十一届二中全会提名蒋经国、谢东闵为第六任"总统"、"副总统"候选人。

2月18日—22日　中共十一届二中全会在北京举行。

2月19日—3月25日　第一届"国民大会"第六次会议在台北召开。

2月23日　台湾"经济部"制定相应办法,鼓励海外学人回台创办科技密集型产业。

2月24日—3月8日　全国政协五届一次会议在北京举行。

2月25日　北回铁路和平大桥竣工。

2月26日　台美纺织品协定续约问题得以解决,双方签署五年协定。

2月26日—3月5日　五届全国人大一次会议在北京召开。华国锋作《政府工作报告》。会议讨论并通过了《1976 年至 1985 年发展国民经济十年规划纲要(草案)》、《中华人民共和国宪法》和关于政府工作报告的决议,并通过了中华人民共和国国歌新歌词。会议审议通过的《1976 年至 1985 年发展国民经济十年规划纲要(草案)》,要求到 1985 年,粮食产量达到 8000 亿斤,钢产量达到 6000 万吨;十年内农业总产值每年增长 4%～5%,工业总产值每年增长 10% 以上。农业方面要建设 12 个商品粮基地,工业方面要新建和续建 120 个大型项目。这个规划虽未正式公布和下达,但在实际工作中仍起了作用,加剧了国民经济长期形成的比例失调,促使"洋跃进"升级。会议还决定兴建将长江水引到黄河以北的"南水北调"工程,以补充华北地区经济生产用水需要,沟通南北内河航运。会议选举叶剑英为人大常委会委员长,继续任命华国锋为国务院总理。

3月1日　蒋经国在"国民大会"上抨击"台湾独立"论。

3月2日　台湾"教育部"正式公布《加强辅导中小学正常教学实施要点》。

3月10日　台湾"国立历史博物馆"展出"台湾山地艺术"。

3月18日　台湾首次以人体为创作主体的绘画雕塑展览在台中市举行。

3月18日—31日　中共中央在北京召开全国科学大会。华国锋作了题为《提高整个中华民族的科学文化水平》的讲话。邓小平在会上针对"文化大革命"中推行的极"左"路线，阐述了科学技术是生产力和科技人员是工人阶级的一部分的重要论断。会议制定了《1978—1985年全国科学技术发展规划纲要》。

3月21日、22日　蒋经国、谢东闵分别在"国民大会"上当选为"总统"、"副总统"。

3月30日　台湾"行政院"通过印花税修正草案。

3月　中国科技大学破格录取20名11—16岁的智力超常青少年，开办少年班，为中国超常教育之始。此后，一批重点大学相继招收少年大学生。

4月5日　中共中央批准中央统战部、公安部《关于全部摘掉右派分子帽子的请示报告》。此后，55万余"右派"全部摘帽，并补发工资。

4月14日　台湾"交通部"决定十年内使台湾电话电缆全部由空中转入地下。

4月20日　中共中央颁发《关于加快工业发展若干问题的决定（草案）》（简称"工业30条"），要求全国工交管理机关和工交企业试行。"工业30条"提出了企业整顿的要求和标准，明确了企业的任务、基本制度和工作方法，为搞好工业管理、加快发展速度提出了一系列方针和政策，对指导当时工交企业拨乱反正起到重要作用。

4月21日　美国总统里根访问台湾。

4月22日　国家计委、国家建委、财政部制订并试行基本建设的五个管理办法，即《关于加强基本建设管理的几项规定》、《关于加强自筹基本建设管理的规定》、《关于基本建设程序的若干规定》、《关于基本建设大中型项目划分标准的规定》、《关于基本建设投资和各项费用划分的规定》。中心内容是要整顿基本建设的混乱现象，加强建设资金管理，提高投资效果。

4月22日—5月16日　全国教育工作会议在北京举行。

4月23日　台湾当局决定投资兴建三座水库，治山防洪。

4月25日　国务院侨务办公室发言人谴责越南迫害华侨并驱赶大批华侨回中国的行为。

同日　台湾"立法院"通过《卸任总统礼遇条例》。

4月27日—6月6日　解放军全军政治工作会议在北京举行。

5月9日　台湾核能二厂第一部机完成安装原子炉。

5月11日　《光明日报》发表署名特约评论员文章《实践是检验真理的唯一标准》，提出检验真理的唯一标准只能是社会实践，由此展开对真理标准问题的大讨论。这一讨论为中共十一届三中全会作了舆论准备，并揭开了十年思想解放运动的序幕。

5月16日　台湾"立法院"通过《药物食品检验局组织条例》。

5月18日　台湾"行政院"通过《铁路法》草案。

5月20日　蒋经国、谢东闵就任第六任"总统"、"副总统"。

5月23日—24日　五届全国人大常委会第二次会议批准《国务院关于安置老弱病残干部的暂行办法》和《国务院关于

工人退休、退职的暂行办法》。

5 月 24 日　中共中央发出通知,根据宪法规定,重新设置人民检察院。

5 月 26 日　孙运璇就任台湾"行政院长"。

6 月 1 日　襄渝铁路建成通车。该铁路 1968 年 4 月动工兴建,全长 916 公里。总投资 36.19 亿元,是沟通西南和中南地区的重要交通干线。

同日　台湾"行政院"通过林洋港为"省政府主席"。

6 月 8 日　台湾当局核定"台湾电力公司"兴建兴达火力发电厂。

6 月 9 日　外交部发言人发表《关于越南驱赶华侨问题的声明》,抗议本年 4 月以来越南大规模排华反华。

6 月 16 日　蒋经国在北伐成功五十周年典礼活动上声称要完成"再北伐,再统一"。

6 月 19 日　台湾"省政府"与"国际部"决定合作改建"眷村"。

6 月 22 日　台湾"行政院"公布《行政院机关贯彻十项革新要求实施要点》。

6 月 24 日　台湾"外交部长"沈昌焕声称,美国如果玩弄联共权谋,可能引发战争危机。

6 月 30 日　台湾"青年反共救国团"正式改制为社会运动团体。

6 月　中央电视台第一次通过卫星转播外国电视节目——第九届世界杯足球决赛的实况。同年 8 月至 9 月,中央电视台首次派出卫星转播组,报道华国锋出访罗马尼亚等国的情况。

7 月 2 日　台湾第一座野生动物园破土兴建。

7 月 3 日　中国政府照会越南政府:由于越南当局不断加剧反华排华,严重破坏两国友好关系,中国政府被迫停止对越经济技术援助,调回尚在越工作的中国工程技术人员。截至 1978 年,中国给予越南的援助总值超过 200 亿美元。

7 月 7 日　"文化大革命"结束后,中国与阿尔巴尼亚在国际政治和社会主义革命等问题上分歧加深,导致两党两国关系恶化。是日,中国宣布终止对阿援助并撤回援阿经济和军事专家。

同日　为明确划分军令、军政系统统辖权,台湾"立法院"通过《国防部组织法》《国防部参谋本部组织法》。

7 月 14 日　台湾"经济部"决定从 8 月 1 日起实施西药进口自由化。

7 月 27 日　台湾"内政部"公布人口资料,台人口总数为 16949539 人。

8 月 4 日　教育部通知:本年出国留学生名额增至 3000 名以上,主要学习理、工、农、医科有关专业。教育部还决定从本年高考生、高校一年级学生、本年录取的研究生中选拔出国留学生,并首次派出赴美留学生。

8 月 10 日　台湾"中央银行"宣布修订"美元远期外汇买卖办法"。

8 月 11 日　《文汇报》发表短篇小说《伤痕》,在社会上引起强烈反响。此后,以反映"文化大革命"期间遭受政治迫害和生活磨难为内容的文学作品大批出现,被统称为"伤痕文学"。

8 月 12 日　《中日和平友好条约》在北京签订。10 月 22 日,邓小平赴日本参加条约批准书互换仪式。

同日　台湾"外交部长"沈昌焕宣称,"中共与日本签订条约不予承认"。

8 月 13 日　中共中央批转《关于港澳工作预备会情况的报告》,决定成立港澳小组协助中央掌管港澳工作。

8 月 29 日　蒋经国在接受南韩鲜记者访问时声称,"现有国家体制绝不改变"，"反共复国总目标绝不放弃"，"绝不向中共政权妥协"。

9月6日 台湾"中央银行"总裁俞国华宣称，台湾当局将准予出口厂商百分之百持有外汇。

9月14日 台湾当局与利比亚"断交"。

9月14日 台湾"行政院"通过修正《管理外汇条例》部分条文，汇率将由市场交易情况机动调整。

9月25日 台湾"内政部"与"经济部"联合主办"劳资关系研讨会"。

9月29日 高雄市侦破伪造百元大钞案。

10月4日 台湾"国防部"宣布雄蜂式导弹研制成功。

10月10日—11月4日 中共中央组织部分批召开落实知识分子政策座谈会，讨论《关于落实党的知识分子政策的几点意见》。会议就正确评价知识分子；平反昭雪冤假、错案；充分信任，放手使用；调整用非所学；改善工作、生活条件等问题提出六点意见。

10月12日 台湾"内政部"规定雇主不得雇用童工、女工从事危险性工作。

10月15日 台湾当局修正有关条例，放宽投资范围，扩大减免税捐，鼓励华侨到台湾投资。

10月26日 中共中央批转《关于国务院计划生育领导小组第一次全体会议的报告》。《报告》提出，提倡一对夫妇最好生一个、最多生两个子女。

10月31日 台湾南北高速公路全线通车。

10月31日—12月10日 中共中央召开全国上山下乡知识青年工作会议，决定彻底改变插队政策，将上山下乡工作纳入劳动就业的轨道。各城市采取病退、照顾独生子女、照顾身边无子女家长、职工退休子女顶替等方式帮助部分知识青年回城。1978年底形成返城高潮。

11月2日 台湾"行政院"决定，从明年1月1日起民众可以观光为由离台。

11月7日 美国决定向台湾出售48架F—5E改良型拦截机。

11月9日 台湾当局将劳工基本工资调整到2400元。

11月10日—12月15日 中共中央召开工作会议，为十一届三中全会作准备。

11月14日 经中共中央政治局常委批准，中共北京市委宣布：1976年清明节，广大群众到天安门广场悼念敬爱的周恩来总理，愤怒声讨"四人帮"，完全是革命行动。对于因悼念周恩来总理、反对"四人帮"而受到迫害的同志，一律平反，恢复名誉。

11月17日 台湾"立法院"通过《证券交易税条例》修正案，将证券交易税提高到3‰。

11月18日 近20名非国民党籍地方人士发表"联合政见"，提出开放党禁、解除戒严令等要求。

11月23日 台湾"行政院"通过《科学工业园区管理条例》。

11月24日 高雄县大社乡石化区发生氰化物外泄事件，造成员工和附近民众约300人中毒。

12月8日 台湾"立法院"通过修正《管理外汇条例》，确定采取机动汇率制度。

12月15日 国务院通知改用《汉语拼音方案》作为中国人名、地名罗马字母拼写法的统一规范。

12月16日 中美两国政府分别在北京和华盛顿同时发表联合公报，决定自

1979 年 1 月 1 日互相承认并建立外交关系。

同日　美国宣布同台湾当局"断交"。

同日　蒋经国指责美国"背信毁约"，并发布三项"紧急处分事项"：全面加强军事戒备，维持经济稳定，延期举行"增额民意代表选举"。

12 月 18 日—22 日　中国共产党十一届三中全会召开。会议批判了"两个凡是"的方针，高度评价了真理标准问题的讨论；会议决定基本结束全国范围的揭批"四人帮"的运动，停止使用"以阶级斗争为纲"和"无产阶级专政下继续革命"的口号，把党的工作重点转移到社会主义现代化建设上来；会议增补陈云为中共中央副主席、政治局委员和常委，增补邓颖超、胡耀邦、王震为政治局委员。这次会议被认为是中国改革开放的起点。

12 月 18 日　国民党十一届三中全会在台北召开。

12 月 19 日　台湾"立法院"支持蒋经国提出的"应变紧急处分"。

12 月 22 日　上海宝山钢铁总厂动工兴建。这是中国第一个新型的现代化钢铁联合企业，是由中共中央、国务院批准的从国外引进的特大成套项目。1979 年估算总投资 214 亿元，其中外汇 48 亿美元，国内投资 70 亿元。

12 月 26 日　新竹科学工业区正式开工。

12 月 27 日　美国副国务卿克里斯托弗抵台，就美台未来关系进行谈判。

12 月 28 日　国务院通知，决定在全国恢复和增设 169 所普通高等学校。

12 月 30 日　美国总统卡特提出一项总统备忘录，通知美国政府各个部门和机构，今后同台湾的关系将由一个非官方的具有法人形式的机构来处理。

12 月 31 日　台湾当局对美国终止《共同防御条约》向美提出强烈抗议。

12 月　全面平反冤假错案工作开始。至 1982 年底，这一工作基本结束。在此期间，经中共中央批准平反的影响较大的冤假错案有三十多件，全国共平反纠正了约 300 万名干部的冤假错案，47 万多名共产党员恢复了党籍，数以千万计的无辜受株连的干部和群众得到了解脱。

同月　《现代汉语词典》修订本出版。该词典系中国科学院语言研究所根据国务院 1956 年 2 月发布的关于推广普通话的指示，在 60 年代编辑的"试印本"的基础上加以修订的。该词典为以记录普通话语汇为主的中型词典，共收编 5.6 万余条。1978 年后多次重版。